DICTIONNAIRE DES AFFAIRES
ANGLAIS-FRANÇAIS • FRANÇAIS-ANGLAIS

DELMAS

BUSINESS DICTIONARY
ENGLISH-FRENCH • FRENCH-ENGLISH

DICTIONNAIRE DES AFFAIRES
ANGLAIS-FRANÇAIS · FRANÇAIS-ANGLAIS

DELMAS

BUSINESS DICTIONARY
ENGLISH-FRENCH · FRENCH-ENGLISH

by

Georges ANDERLA

M.A. and Ph. D., Columbia University
(New York)
Diplômé d'Études Supérieures de
Droit International (Paris)

and

Georgette SCHMIDT-ANDERLA

Licenciée ès Lettres

J. DELMAS et Cie

in Association with

GEORGE G. HARRAP & CO. LTD

First Published in Great Britain 1972

by GEORGE G. HARRAP & CO LTD.
182-184 High Holborn, London WCIV 7 AX

© « J. DELMAS ET Cᶦᵉ » PARIS 1972

All Rights reserved.

No part of this publication may be
reproduced in any form or by any means
without the prior permission of
George G. HARRAP & Co. Ltd.

ISBN 0 245 50976 3

Printed in France

FOREWORD

The advent of the all-purpose computer has set off a chain reaction. It started with a technological revolution and led to the ultimate realization of the paramount importance of economic issues in the broadest sense. These developments in turn gave a decided impetus to the designing and perfecting of quantitative methods and the shaping of new, powerful, analytical tools for dealing with the problems of the optimization of economic performance.

In order to attain true economic prosperity and freedom from social unrest, and to exert a real influence abroad, it is necessary for a nation to achieve balanced economic growth and to sustain a high level of expansion; it is however equally true that the state of a nation's economy also depends on short-term fluctuations, best illustrated by graphs showing production and consumption, saving and investment, employment and vocational training, monetary circulation and inflation, exports and imports, and foreign exchange reserves.

A new perspective has also developed in the private sector. In particular, business administration has ceased to be a simple matter of sound book-keeping and intuition based on personal experience; it has now become a complex operation requiring the sophisticated techniques of management by objectives and the optimal allocation of resources; it must be competent to steer the right course between environmental opportunities and limitations, and must be able to adapt its strategy and tactics to a consumption-oriented society conditioned by modern marketing methods and high-powered publicity.

The business schools of the United States and subsequently those of Western Europe have perfected and popularized this new approach to management and the corresponding operating concepts and techniques. These institutions have also played a most important rôle in drawing closer together businessmen and executives and the government officials and civil servants responsible for the economic and financial affairs of the nation, and consequently in giving each of these groups the same general outlook.

The majority of business executives, bankers, professional investors and business lawyers today have been trained to take into consideration population trends, monetary and fiscal issues, matters of public finance, the state of international payments, and many other issues which in the past used to be the concern of government officials only. Conversely, government officials and senior civil servants, far from being remote from these matters, are now fully conversant with problems of lending and insurance, stock exchange dealings and marketing, market surveys and data banks, operational research and information systems.

Finally, this growing interdependence between the public and private sectors of the economy, with its subsequent exchanges of ideas and personnel, has led to the creation of a specialized and virtually new language in the field of business and economics. While its origins are to be found in the vocabulary—very limited in scope—coined by the nineteenth century economists, it has today ceased to be a simple jargon and has developed into a language in its own right, characterized by concision, variety and vitality, a language that is constantly being enriched by new expressions. It covers not only economic analysis and finance, but extends over a wide legal field (including civil, commercial and international law), and also embraces the social sciences, economic psychology, statistics, applied mathematics, cybernetics, computer programming, automated management systems, and a whole range of associated fields of study.

This dictionary is, in fact, three books in one. It is not only the first reasonably comprehensive thesaurus of both the Anglo-American and of the French business language, but it is also a specialized bilingual dictionary, the first of its kind and of its size, consisting of some 70,000 entries of the most widely used English or French words and phrases with their closest equivalents in the other language. Its compilation took some ten years during which we lived, worked and taught first in the United States and then in Britain, prior to our returning to France. We were thus naturally led to incorporate not only standard expressions established by usage in the United Kingdom, but also a great many newer American words and phrases.

The time has come to express our gratitude to the many friends who gave us the benefit of their advice and extremely helpful suggestions.

Most of all, we are indebted to René Ledésert, *licencié en Droit, licencié ès Lettres*, a Director of George G. Harrap & Co. René Ledésert, who is widely known as the editor of *Harrap's New Standard French and English Dictionary*, encouraged us with a lively interest as the project developed, and his acute yet always kindly criticisms have contributed greatly to the shaping and making of this specialized thesaurus.

We should also like to express our sincere appreciation to Daniel Azéma, a distinguished *Avocat à la Cour de Paris* and one of the finest international business lawyers, not only for reading the entire manuscript with utmost care, but especially for bringing up to date and enlarging the English and French legal terminology and phraseology included in this dictionary.

Others whose inspiration and help we wish to acknowledge are Mrs Margaret Ledésert, who with her husband prepared the revised text of *Harrap's New Standard French and English Dictionary*, and Mrs Patricia Forbes, an equally fine dictionary-compiler; both made available to us their unparalleled experience and in particular read the proofs, respectively, of the French/English and English/French parts.

The contribution of the young talented economist André Mairey, especially in the field of financial terms and phrases, is also gratefully acknowledged.

Finally, we have benefited from the expertise and skill of the editorial staff of the firm of Jacques Delmas et Cie; we are grateful to them not only for their invaluable assistance, but also for remaining calm and cheerful throughout, while dealing with material and technical problems sufficiently complex to try anybody's patience.

Georges and Georgette Anderla

Paris, March 1972

AVANT-PROPOS

Si l'avènement des ordinateurs universels a déclenché une révolution technologique, leur vulgarisation rapide contribue puissamment à la fois à la prise de conscience de l'importance des problèmes économiques, au sens large, et au développement de méthodes quantitatives nouvelles, pour les résoudre.

Tandis qu'une expansion balancée et un taux de croissance élevé sont considérés comme les meilleurs garants de la prospérité d'une nation, de la paix sociale à l'intérieur et de son influence réelle à l'extérieur, le bulletin de santé du pays s'exprime désormais en termes de conjoncture et s'inscrit sur des courbes de production et de consommation, d'investissement et d'épargne, d'emploi et de formation professionnelle, de circulation monétaire et d'inflation, d'exportations et de réserves de change.

Et de même, la direction des entreprises n'est plus une simple affaire de bonne comptabilité et d'intuition fondée sur l'expérience, mais une opération complexe faisant appel à des techniques élaborées de gestion par objectifs, d'allocation optimale de ressources, compte tenu de l'environnement et des contraintes, de stratégie et de tactique adaptées à la société de consommation, conditionnée par la commercialisation et la publicité.

Sous l'influence des *Business Schools* américaines dont les méthodes d'enseignement et d'approche générale se répandent de plus en plus en Europe et dans le monde, on assiste à une interpénétration des secteurs public et privé de l'économie. Un chef d'entreprise, un homme d'affaires ou un avocat d'affaires, un banquier, et les techniciens qui les secondent, prêtent aujourd'hui autant d'attention à la démographie, aux questions monétaires, aux finances publiques, aux paiements internationaux, que les hauts fonctionnaires et les administrateurs de l'État en apportent aux problèmes de crédit et d'assurance, à la bourse et au marketing, aux études de marchés, aux banques de données, à la recherche opérationnelle et aux systèmes de gestion intégrée.

C'est ainsi qu'au cours des dix à quinze dernières années, une langue nouvelle s'est forgée : la langue vivante de l'économie et des affaires.

En très grande partie d'origine anglaise et américaine, elle embrasse l'analyse économique, les sciences financières, les grands secteurs de production, une partie du droit public, privé, commercial et international, la sociologie et la psychologie économiques, la statistique et les mathématiques appliquées, la cybernétique, la programmation et l'informatique de gestion.

Ce dictionnaire bilingue est le reflet de la richesse et de la variété de cette langue des cadres et dirigeants nouveaux, et de tous ceux qui se destinent à ces carrières.

Les quelque 70.000 entrées et locutions consacrées que comporte ce lexique original, furent rassemblées par les auteurs depuis une dizaine d'années, période pendant laquelle ils ont vécu, travaillé, enseigné, tour à tour en France, aux États-Unis, en Angleterre, puis à nouveau en France. C'est donc tout naturellement qu'ils ont fait place dans ce dictionnaire à des termes spécifiquement américains qui complètent ainsi une terminologie anglaise plus classique.

Dans leurs recherches personnelles, les auteurs ont bénéficié des suggestions et du concours de leurs amis, trop nombreux pour être cités, mais auxquels ils adressent leurs sincères remerciements.

Cependant, les auteurs doivent s'acquitter d'une dette de reconnaissance particulière à l'égard de René Ledésert, licencié en Droit, licencié ès Lettres, membre du Conseil d'administration de la Maison George G. Harrap & Co. René Ledésert, qui est connu surtout comme le rédacteur en chef du *Harrap's New Standard French and English Dictionary*, n'a cessé d'encourager les auteurs à persévérer et de leur dispenser ses critiques constructives mais toujours généreuses, qui ont grandement contribué à l'élaboration et à la rédaction de ce thésaurus bilingue.

Ils expriment de même leurs sincères remerciements à Maître Daniel Azéma, Avocat à la Cour de Paris et l'un des plus grands spécialistes du droit international des affaires, qui a bien voulu non seulement lire avec une minutie et une bonne humeur sans pareilles la totalité du manuscrit, mais qui a également et surtout mis à jour et complété la terminologie juridique dans les deux langues.

Parmi les autres parrainages qui ont inspiré et aidé les auteurs, il convient de mentionner tout particulièrement Mme Margaret Ledésert qui, avec son mari, a révisé et rénové le texte du *Harrap's New Standard French and English Dictionary*, et Mme Patricia Forbes, cet autre spécialiste de dictionnaires franco-anglais, qui ont mis au service de cet ouvrage leur expérience exceptionnelle et assuré la correction des épreuves, respectivement des parties français/anglais et anglais/français.

Des remerciements sont dus aussi au jeune et talentueux économiste André Mairey, pour sa contribution à la rédaction de plusieurs locutions financières spécialisées.

La reconnaissance des auteurs s'adresse enfin à toute l'équipe de direction de la Maison d'édition J. Delmas et Cie, dont plusieurs collaborateurs et collaboratrices ont, pendant de longs mois, apporté leurs compétences et leurs soins à la préparation et à la présentation matérielles de cet ouvrage — sans jamais se laisser départir de leur calme et de leur bonne humeur par des problèmes techniques d'une grande complexité.

Georgette et Georges Anderla

Paris, Mars 1972

TABLE OF CONTENTS

★
★   ★

TABLE DES MATIÈRES

SIGNES CONVENTIONNELS — CONVENTIONAL SYMBOLS

adjectif ; participe	*a*	adjective ; participle
adverbe	*adv*	adverb
forme de combinaison	*comb. fm*	combining form
substantif féminin	*f*	feminine noun (substantive)
substantif féminin pluriel	*f.pl*	feminine noun plural
pronom indéfini	*indef. pron*	indefinite pronoun
substantif masculin	*m*	masculine noun (substantive)
substantif masculin pluriel	*m. pl*	masculine noun plural
nom propre	*n. pr*	proper name
numéral	*num*	numeral
pluriel	*pl*	plural
préfixe	*pref*	prefix
préposition	*prep*	preposition
nom propre	*pr. n*	proper name
substantif	*s*	noun (substantive)
substantif pluriel	*s. pl*	plural noun (substantive)
verbe	*v*	verb.
locution ou terme spécifiquement anglais	*U.K:*	specifically English phrase or term
locution ou terme spécifiquement américain	*U.S:*	specifically American phrase or term
Les notions et systèmes juridiques anglo-saxons et français étant très différents, on doit, pour de nombreux termes et locutions, avoir recours à des équivalences approchées. Cette absence de parallélisme entre les deux langues est indiquée par un *astérisque* (*), en signe d'avertissement contre l'emploi purement mécanique de la « traduction » qui est suggérée.	*	The English, Americain, and French legal concepts and systems are so different that many such terms and phrases can be rendered only by approximate equivalents. This lack of parallelism between the two languages is indicated by an *asterisk* (*), which should be understood as a warning against indiscriminate use of the suggested « translation ».

ENGLISH — FRENCH

BUSINESS   DICTIONARY

DICTIONNAIRE DES AFFAIRES

ANGLAIS — FRANÇAIS

A *letter*, A.
"A" SHARES, actions « A » (prioritaires).

ABACUS *s*, abaque *m*.

ABATEMENT *s*, rabais *m*, réduction *f*, abattement *m*, dégrèvement *m*.
BASIC ABATEMENT, abattement à la base (en matière d'impôt).

ABBREVIATION *s*, abréviation *f*.
COMMONLY EMPLOYED ABBREVIATIONS, abréviations couramment employées.

ABEYANCE *s*, suspension *f*, souffrance *f*.
LAND IN ABEYANCE, biens vacants, jacents; terre sans maître.
WORK IN ABEYANCE, travail en souffrance.

ABILITY *s*, capacité *f*, aptitude *f*, compétence *f*, savoir-faire *m*.
ABILITY TO PAY, solvabilité.
ABILITY TO WORK, aptitude au travail.
ORGANIZING ABILITY, talent d'organisateur.

ABNORMAL *a*, anormal.
ABNORMAL CIRCUMSTANCES, circonstances anormales.

ABODE *s*, demeure *f*, habitation *f*, résidence *f*.
PLACE OF ABODE, résidence.

ABOLISH *v*, abolir, supprimer.

ABOLISHMENT *s*, abolition *f*.

ABOLITION *s*, abolition *f*, suppression *f*.
ABOLITION OF RATIONING, suppression du rationnement.

ABORIGINAL *a*, originel, primitif, aborigène.
ABORIGINAL COST, coût originel.

ABOUND *v*, abonder, être en abondance *f*.

ABOVE *adv or prep*, au-dessus.
ABOVE THE AVERAGE, au-dessus de la moyenne.
ABOVE THE LINE, « au-dessus de la ligne » (recettes et dépenses budgétaires définitives; somme de la balance des paiements courants et du compte capital).
ABOVE PAR, au-dessus du pair.
ABOVE STANDARD, au-dessus de la normale.

ABROAD *adv*, à l'étranger *m*.
CAPITAL INVESTED ABROAD, capitaux placés à l'étranger.
GOODS RE-EXPORTED ABROAD, marchandises réexportées.
NET FACTOR INCOME FROM ABROAD, revenu de facteurs net reçu de l'étranger.

ABROGATE *v*, abroger.

ABROGATION *s*, abrogation *f*.

ABSCISSA *s*, abscisse *f*.

ABSENCE *s*, absence *f*, défaut *m*.
ABSENCE OF CONSIDERATION, absence de contrepartie (contrat).
in the ABSENCE OF EVIDENCE TO THE CONTRARY, jusqu'à preuve du contraire.
LEAVE OF ABSENCE, congé.

ABSENTEE *a*, manquant.

ABSENTEE *s*, absent *m*.

ABSENTEEISM *s*, absentéisme *m*.

ABSOLUTE *a*, absolu.
ABSOLUTE ADVANTAGE, avantage absolu.
ABSOLUTE CODING, codage en absolu.
ABSOLUTE COST, coût absolu.
ABSOLUTE DEVIATION, écart absolu.
ABSOLUTE ERROR, erreur absolue.
ABSOLUTE INDEPENDENCE, indépendance absolue (de deux phénomènes).
ABSOLUTE LIABILITY, obligation inconditionnelle.
ABSOLUTE MAGNITUDE, valeur absolue.
ABSOLUTE MONARCHY, monarchie absolue.
ABSOLUTE NECESSITY, nécessité absolue.
ABSOLUTE POWER, pouvoir absolu.
ABSOLUTE VARIABILITY, dispersion absolue.
ABSOLUTE ZERO, zéro absolu.

ABSOLUTISM *s*, absolutisme *m*.

ABSORB *v*, absorber, résorber.
to ABSORB A SURPLUS, résorber un surplus.
MARGINAL PROPENSITY TO ABSORB, capacité d'absorption marginale.
SUFFICIENT TO ABSORB THE EXCESS OF, suffisant pour absorber l'excès de.

ABSORPTION *s*, absorption *f*, résorption *f*.
CAPACITY OF ABSORPTION, capacité d'absorption.
PRINCIPLE OF ABSORPTION, loi d'absorption.

ABSTAIN *v*, (s') abstenir.
to ABSTAIN FROM PRESENT CONSUMPTION, s'abstenir d'une consommation immédiate.

ABSTENTION *s*, abstention *f*, abstinence *f*.

ABSTINENCE *s*, abstinence *f*, renonciation *f*.

ABSTINENCY *s*, tempérance *f*, frugalité *f*.

ABSTRACT *a*, abstrait, rationnel.
ABSTRACT LABOUR, travail abstrait.
ABSTRACT MECHANICS, mécanique rationnelle.
ABSTRACT NUMBER, nombre abstrait.
ABSTRACT THEORY, théorie abstraite.

ABSTRACT *s*, résumé *m*, abrégé *m*, sommaire *m*, précis *m*, relevé *m*.
ABSTRACT OF STATISTICS, précis de statistiques.

ABSTRACTION *s*, abstraction *f*, soustraction *f*.

ABUNDANCE *s*, abondance *f*, affluence *f*, profusion *f*, quantité *f*.
ABUNDANCE OF TONNAGE, abondance de tonnage.

ABUNDANT *a*, abondant.
when MONEY IS RELATIVELY ABUNDANT, lorsque la monnaie est relativement abondante.
OVER-ABUNDANT, surabondant.

ACCELERATE *v*, (s') accélérer.

ACCELERATED *a*, accéléré.
ACCELERATED DEPRECIATION, amortissement accéléré.

ACCELERATION *s*, accélération *f*.
ACCELERATION PRINCIPLE, principe d'accélération.
ACCELERATION TIME, temps d'accélération.
CONSTANT ACCELERATION, accélération uniforme.

UNIFORM ACCELERATION, vitesse uniformément accélérée.

ACCELERATIVE a, accélérateur.
ACCELERATIVE FORCE, force d'accélération.

ACCELERATOR s, accélérateur m.
non LINEAR ACCELERATOR, accélérateur non linéaire.
MULTIPLIER-ACCELERATOR MODEL, modèle du multiplicateur-accélérateur.

ACCENTUATE v, accentuer.
to ACCENTUATE THE UNEMPLOYMENT, accentuer le chômage.

ACCEPT v, accepter.
to ACCEPT A BILL OF EXCHANGE, accepter une lettre de change.
REFUSAL TO ACCEPT, refus d'acceptation.

ACCEPTABILITY s, acceptabilité f.
GENERAL ACCEPTABILITY OF MONEY, acceptabilité générale, pouvoir libératoire, de la monnaie.

ACCEPTABLE a, acceptable.
ACCEPTABLE OFFER, offre acceptable.

ACCEPTANCE s, acceptation f.
non-ACCEPTANCE, refus d'acceptation.
ACCEPTANCE FOR HONOUR, acceptation par intervention.
ACCEPTANCE INTERVAL, intervalle d'acceptation.
ACCEPTANCE REGION, région d'acceptation.
CONDITIONAL ACCEPTANCE, acceptation conditionnelle.
DISHONOUR BY NON-ACCEPTANCE, refus d'accepter.
GENERAL ACCEPTANCE, acceptation sans réserves.
PARTIAL ACCEPTANCE, acceptation restreinte.
to PRESENT A BILL FOR ACCEPTANCE, présenter une traite à l'acceptation.
PRESENTATION FOR ACCEPTANCE, présentation à l'acceptation.
PRESENTMENT FOR ACCEPTANCE, présentation à l'acceptation.
PROTEST FOR NON ACCEPTANCE, protêt faute d'acceptation.
to PROVIDE A BILL FOR ACCEPTANCE, présenter un effet à l'acceptation.
QUALIFIED ACCEPTANCE, acceptation sous réserve.
to REPRESENT A BILL FOR ACCEPTANCE, représenter un effet à l'acceptation.
UNCONDITIONAL ACCEPTANCE, acceptation sans réserve.

ACCEPTATION s, acception f, acceptation f, signification f.

ACCEPTOR s, accepteur m.
ACCEPTOR OF A BILL OF EXCHANGE, accepteur d'une lettre de change.

ACCESS s, accès m.
ACCESS METHOD, méthode d'accès.
ACCESS TO THE MONEY MARKET, accès au marché financier.
ACCESS TIME, temps d'accès.
ACCESS TO WORLD MARKETS, accès aux marchés mondiaux.
AVERAGE ACCESS TIME, temps d'accès moyen.
DIRECT ACCESS, accès sélectif.
DIRECT ACCESS STORAGE, mémoire à accès sélectif.
QUEUED ACCESS METHOD, méthode d'accès avec file d'attente.
RANDOM ACCESS, accès sélectif, aléatoire.
RANDOM ACCESS STORAGE, mémoire à accès sélectif.

ACCESSIBILITY s, facilité f d'accès m.

ACCESSIBLE a, accessible.

ACCESSORY a, accessoire, subsidiaire.

ACCESSORY s, accessoire m.

ACCIDENT s, accident m, sinistre m.
ACCIDENT INSURANCE, assurance contre les accidents.
ACCIDENT POLICY, police d'assurance accidents.
FATAL ACCIDENT, accident mortel.
third PARTY ACCIDENT INSURANCE, assurance accidents aux tiers.
PERSONAL ACCIDENT INSURANCE, assurance accidents.
RAILWAY ACCIDENT, accident de chemin de fer.
SEA ACCIDENT, accident de mer.

ACCIDENTAL a, accidentel, fortuit.

ACCOMMODATE v, (s') adapter, loger, fournir un logement à.

ACCOMMODATION s, arrangement m, adaptation f, logement m.

ACCOMPLISHED a, accompli.
ACCOMPLISHED FACT, fait accompli.

ACCOUNT s, compte m, comptabilité f, relevé m, calcul m, budget m, acompte m, fonds m, position f, terme m, liquidation f.
on ACCOUNT, à valoir.
ACCOUNTS, comptabilité (d'une firme).
ACCOUNT-BOOK, livre de comptes; registre.
ACCOUNT CURRENT, compte courant.
ACCOUNT-DAY, jour de liquidation.
ACCOUNTS PAYABLE, dettes passives.
ACCOUNTS RECEIVABLE, dettes actives.

ACCOUNT WHICH SHOWS A LOSS, compte qui accuse une perte.
the ACCOUNTS DO NOT TALLY, les comptes ne concordent pas.
ADVANCE ACCOUNT, compte d'avances.
ADVERTISING ACCOUNT, budget de publicité.
AGIO ACCOUNT, compte d'agio; commerce du change.
to AGREE THE ACCOUNTS, faire accorder les livres.
AMOUNT PAID ON ACCOUNT, acompte versé.
to ANALYSE AN ACCOUNT, dépouiller un compte.
APPROPRIATION ACCOUNT, compte d'affectation.
to AUDIT THE ACCOUNTS, vérifier et certifier les comptes.
BALANCE OF AN ACCOUNT, solde, balance, d'un compte.
to BALANCE AN ACCOUNT, balancer, solder, un compte.
BALANCE ON CURRENT ACCOUNT, balance des paiements courants; solde d'un compte courant.
BALANCING PROPERTY OF THE ACCOUNTS, équilibre obligatoire des comptes.
BANK ACCOUNT, compte en banque.
BANKING ACCOUNT, compte en banque.
BARGAIN FOR ACCOUNT, marché, négociation, à terme; marché à livrer.
BEAR ACCOUNT, position vendeur; position à la baisse; découvert.
BROKER'S ACCOUNT, compte de liquidation.
BUDGET ACCOUNTS, comptes budgétaires.
BULL ACCOUNT, position acheteur; position à la hausse.
to BUY ON ONE'S OWN ACCOUNT, acheter pour son propre compte.
CAPITAL ACCOUNT, compte capital.
CAPITAL EXPENDITURE ACCOUNT, compte immobilisations.
CASH-ACCOUNT, compte de caisse.
CHARGE-ACCOUNT, U.S: compte crédit d'achats.
to CHARGE AN ACCOUNT WITH, imputer à un compte.
to CHARGE AN EXPENSE ON, TO, AN ACCOUNT, imputer une dépense à un compte.
CHART OF ACCOUNTS, U.S: cadre comptable (d'une entreprise).
CHECKING ACCOUNT, U.S: compte de chèques.
COMBINED ACCOUNTS, comptes additionnés.
COMMITTEE ON PUBLIC ACCOUNTS*, U.S: Cour des comptes.
CONSOLIDATED ACCOUNTS, comptes consolidés.
CONTRA ACCOUNT, compte contrepartie; jumelage.
CREDIT ACCOUNT, compte créditeur.
to CREDIT AN ACCOUNT, créditer un compte.
CREDITOR ACCOUNT, compte créditeur.
to COVER A SHORT ACCOUNT, couvrir un découvert.
CURRENT ACCOUNT, compte courant; liquidation courante.
DEALINGS FOR THE ACCOUNT, négociations à terme.
DEBIT ACCOUNT, compte débiteur.
DEBTOR ACCOUNT, compte débiteur.
DEPOSIT ACCOUNT, compte de dépôt.
DETAILED STATEMENT OF ACCOUNT, état détaillé de compte.
DORMANT ACCOUNTS, comptes dormants.
DRAWING ACCOUNT, compte de dépôt à vue.
DRAWINGS ON CURRENT ACCOUNT, prélèvements sur compte courant.
ENSUING ACCOUNT, liquidation suivante.
to EXAMINE AN ACCOUNT, vérifier un compte.
EXCHANGE EQUALIZATION ACCOUNT, fonds de stabilisation des changes.
EXTERNAL ACCOUNT, compte transférable.
EXTERNAL ACCOUNTS, comptes extérieurs.
FALSIFICATION OF ACCOUNTS, faux en écritures comptables.
FINAL ACCOUNT, compte final.
FIXED-DEPOSIT ACCOUNT, compte de dépôt à échéance.
FOLLOWING ACCOUNT, liquidation suivante.
to GIVE AN ACCOUNT OF, rendre compte de.
HOLDER OF AN ACCOUNT, titulaire d'un compte.
IMPERSONAL ACCOUNT, compte anonyme.
INTEREST ACCOUNT, compte d'intérêts.
ITEMIZED ACCOUNT, compte détaillé.
JOINT ACCOUNT, compte joint.
to KEEP THE ACCOUNTS, tenir les livres, la comptabilité.
LOAN ACCOUNT, compte de prêt; crédit; compte d'avances.
to LOOK OVER AN ACCOUNT (AGAIN), réviser un compte.
LORO ACCOUNT, compte loro.
MANAGEMENT ACCOUNT, compte de gestion.
to MANIPULATE ACCOUNTS, tripoter les comptes.
MONEY OF ACCOUNT, monnaie de compte.
MONEY AS A UNIT OF ACCOUNT, monnaie en tant qu'unité de compte.
NAME OF AN ACCOUNT, intitulé d'un compte.
NEXT ACCOUNT, liquidation prochaine.
OFFICE ACCOUNT, compte professionnel.
OPEN ACCOUNT, compte ouvert.
to OPEN AN ACCOUNT, ouvrir un compte.
to OVERDRAW AN ACCOUNT, mettre un compte à découvert.
OVERDRAWN ACCOUNT, compte découvert, désapprovisionné.
OWN-ACCOUNT CONSTRUCTION, construction pour son propre compte.
PARTICULARS OF AN ACCOUNT, détails d'un compte.
PARTNER IN JOINT ACCOUNT, coparticipant.
to PAY ON ACCOUNT, verser un acompte.

to PAY MONEY INTO AN ACCOUNT, verser une somme à un compte.
PAYMENT ON ACCOUNT, acompte.
PAYMENT ON ACCOUNT OF CAPITAL, acompte sur le capital.
PAYMENT ON CURRENT ACCOUNT, versement en compte courant.
PERSONAL ACCOUNT, compte personnel.
PLACING MONEY ON CURRENT ACCOUNT, dépôt à vue.
PRICE FOR THE ACCOUNT, cours à terme.
PRIVATE ACCOUNT, compte « particulier ».
PROFIT AND LOSS ACCOUNT, compte de pertes et profits.
PROPERTY ACCOUNT, compte domaine; compte de valeurs.
PROPERTY ACCOUNTS, comptes de l'exploitation.
PROPRIETARY ACCOUNTS, comptes de résultats.
PROVISIONAL ACCOUNT, compte provisoire.
PUBLIC ACCOUNTS, comptabilité publique.
PURCHASES ACCOUNT, compte d'achat.
REAL ACCOUNTS, comptes de l'exploitation; comptes de valeurs.
RECEIPT ON ACCOUNT, reçu à valoir.
to RECONCILE AN ACCOUNT, apurer un compte.
RECONCILIATION ACCOUNT, compte collectif.
to RENDER AN ACCOUNT, rendre compte.
to REOPEN AN ACCOUNT, rouvrir un compte.
RESERVE ACCOUNT, compte de réserve, de prévision.
RETIREMENT ON ACCOUNT OF AGE, retraite par limite d'âge.
RUNNING ACCOUNT, compte courant.
SALE FOR THE ACCOUNT, vente à terme.
SALES ACCOUNT, compte de vente(s).
SECURITIES DEALT IN FOR THE ACCOUNT, valeurs à terme.
to SETTLE AN ACCOUNT IN CASH, liquider une opération en espèces.
SETTLEMENT ACCOUNT, compte de liquidation.
SETTLEMENT OF ACCOUNT, arrêté de compte.
SHORT ACCOUNT, position vendeur; découvert.
SOCIAL ACCOUNTS, comptabilité sociale.
STATEMENT OF ACCOUNT, relevé de compte.
STOCK-ACCOUNT, compte de capital.
SUBSIDIARY ACCOUNT, sous-compte.
SUCCEEDING ACCOUNT, liquidation suivante.
SUNDRIES ACCOUNT, compte de divers.
SUSPENSE ACCOUNT, compte d'ordre.
to SWELL AN ACCOUNT, gonfler un compte.
SYSTEM OF ACCOUNTS, comptabilité.
to TAKE INTO ACCOUNT, tenir compte de.
to TAKE ON ACCOUNT, prendre à compte, à valoir.
to TICK OFF ITEMS IN AN ACCOUNT, pointer les articles d'un compte.
TOTAL ACCOUNT, compte collectif.
TRADING ACCOUNT, compte d'exploitation.
TRANSACTION FOR THE ACCOUNT, opération, négociation, à terme; opération, négociation, à livrer.
TURNING TO ACCOUNT, mise en valeur; mise à profit.
UNIT OF ACCOUNT, unité de compte.
VALUE IN ACCOUNT, valeur en compte.

ACCOUNT v, rendre compte m, justifier.
to ACCOUNT FOR AN EXPENDITURE, justifier une dépense.

ACCOUNTABILITY s, responsabilité f.

ACCOUNTABLE a, comptable, redevable, responsable.
ACCOUNTABLE RECEIPT, reçu certifié.
ACCOUNTABLE FOR A SUM OF MONEY, redevable d'une somme d'argent.

ACCOUNTABLENESS s, responsabilité f.

ACCOUNTANCY s, expertise f comptable, U.S: comptabilité f.

ACCOUNTANT s, comptable m.
CERTIFIED PUBLIC ACCOUNTANT*, U.S: expert comptable.
CHARTERED ACCOUNTANT*, U.K: expert comptable.
CHIEF ACCOUNTANT, chef comptable.
HEAD ACCOUNTANT, chef comptable.
QUALIFIED ACCOUNTANT, comptable diplômé.

ACCOUNTING a, qui justifie, comptable.
ACCOUNTING FOR 20 % OF TOTAL OUTPUT, représentant 20 % de la production totale.
ELECTRICAL ACCOUNTING MACHINE, machine comptable électrique.

ACCOUNTING s, comptabilité f, comptes m. pl.
ACCOUNTING DEPARTMENT, service comptable, de la comptabilité.
ACCOUNTING PRACTICES, pratiques comptables.
COST ACCOUNTING, comptabilité de prix de revient.
NATIONAL ACCOUNTING, comptabilité nationale.
SOCIAL ACCOUNTING, comptabilité sociale; comptes sociaux de la nation.

ACCREDIT v, accréditer.

ACCREDITED a, accrédité.

ACCRETE v, (s') accroître par addition f.

ACCRETION s, accroissement m (par additions f. pl de petites quantités).

ACCRUAL s, accumulation f.
on an ACCRUAL BASIS, d'après la méthode de comptabilité patrimoniale.

ACCRUE v, (s') accumuler.
INTEREST ACCRUES FROM, les intérêts courent à partir de.

ACCRUED a, cumulé, accumulé.

ACCRUING a, venant à échéance f, à échoir.

ACCUMULATE v, (s') accumuler.

ACCUMULATED a, accumulé.
ACCUMULATED DIVIDENDS, dividendes accumulés.

ACCUMULATION s, accumulation f.
ACCUMULATION OF MONEY, accumulation de monnaie.
ACCUMULATION OF UNSOLD STOCKS, accumulation de stocks invendus.
CAPITAL ACCUMULATION, accumulation du capital.
CAPITALIST ACCUMULATION, accumulation capitaliste.
RATE OF CAPITAL ACCUMULATION, taux d'accumulation, de formation, du capital.

ACCUMULATIVE a, qui s'accumule, thésauriseur.

ACCUMULATOR s, accumulateur m.

ACCURACY s, exactitude f, degré m de précision f, précision.
ACCURACY OF CALCULATION, précision d'un calcul.
ACCURACY OF OBSERVATIONS, exactitude des observations.
MATHEMATICAL ACCURACY, exactitude mathématique.

ACCURATE a, précis.

ACHIEVE v, obtenir, atteindre, accomplir, (se) réaliser.

ACHIEVEMENT s, réalisation f, accomplissement m, obtention f. réussite f, exploit m.
LEVEL OF ACHIEVEMENT, niveau de réalisation atteint.
TECHNICAL ACHIEVEMENT, niveau technique.

ACKNOWLEDG(E)MENT s, reconnaissance f, récépissé m, accusé m (de réception f).
ACKNOWLEDGMENT OF DEBT, reconnaissance de dette.
ACKNOWLEDGMENT OF INDEBTEDNESS, reconnaissance (de dette).

ACQUIRE v, acquérir.

ACQUIRED a, acquis.
after-ACQUIRED CLAUSE, clause gageant des obligations nouvelles sur une hypothèque ancienne.
ACQUIRED HABITS, habitudes acquises.
ACQUIRED SURPLUS, surplus acquis.
ILL-ACQUIRED, mal acquis.
PROPERTY ACQUIRED FOR VALUABLE CONSIDERATION, propriété acquise à titre onéreux.

ACQUISITION s, acquisition f.
COMPULSORY ACQUISITION OF PROPERTY (BY PUBLIC BODIES), expropriation dans l'intérêt public.
COST OF ACQUISITION AND DISPOSAL (OF SECURITIES), frais d'acquisition et de cession (de titres).
DATA ACQUISITION, saisie d'une donnée; acquisition de données.

ACQUISITIVE a, thésauriseur.

ACQUIT v, (s') acquitter.
to ACQUIT A DEBT, acquitter une dette; s'acquitter d'une dette.

ACQUITTAL s, acquittement m (d'une dette).

ACQUITTANCE s, acquittement m (d'une dette).

ACRE s, acre m (0,4 hectare).

ACREAGE s, superficie f.

ACROSS adv & prep, à travers.
ACROSS-THE-BOARD CUTS, réduction linéaire générale (des droits de douane).
ACROSS THE COLUMN, à travers la colonne.

ACT s, acte m, loi f.
ACT OF GOD, force majeure.
ACT OF INDIVIDUAL SAVING, acte d'épargne individuelle.
ACT OF PARLIAMENT, U.K: loi.
ACT OF SUBSTITUTION, acte subrogatoire.
ANTI-MONOPOLY ACT, loi anti-trust.
COMPANIES ACT*, U.K: loi sur les sociétés.
ENEMY ALIEN PROPERTY ACT, loi sur les biens ennemis.
FACTORY ACT*, U.K: législation industrielle; U.K: loi sur les accidents du travail.
FINANCE ACT, U.K: loi de finances.
ILLEGAL ACTS, actes illégaux.
LAND ACT, loi agraire.
NAVIGATION ACT, loi maritime.
PROVISIONS OF AN ACT, dispositions d'une loi.
SECTION OF AN ACT, article d'une loi.

ACT v, agir.
to ACT BY RIGHT, agir selon son droit.

ACTING a, agissant.
ACTING JOINTLY, agissant solidairement.
SELF-ACTING REGULATOR, autorégulateur.

ACTION s, action f.
ACTION FOR DAMAGES, action en dommages et intérêts.
ACTION AT LAW, action en justice.
the ACTION IS PENDING, l'action est en cours.
ACTION AND REACTION, action et réaction.
ECONOMIC FORCES COME INTO ACTION, les forces économiques se mettent à agir.
LEGAL ACTION, action juridique; procès.

ACTIVE a, actif.
ACTIVE BALANCE, balance excédentaire.
ACTIVE DEMAND FOR, forte demande.
ACTIVE MONEY, monnaie circulante; monnaie active.
ACTIVE PARTNER*, associé en nom.
ACTIVE POPULATION, population active.
ACTIVE TONNAGE, tonnage actif, en service.
ECONOMICALLY ACTIVE POPULATION, population active.
OVER-ACTIVE, trop actif.
RADIO-ACTIVE, radio-actif.

ACTIVITY s, activité f.
AGGREGATE ECONOMIC ACTIVITY, ensemble des activités économiques.
BUDGETED ACTIVITIES, activités prévues par le budget.
ECONOMIC ACTIVITY, activité économique.
FIELD OF ACTIVITY, champ d'activité.
OVER-ACTIVITY, suractivité.
PRODUCTIVE ACTIVITIES, activités productives.
RADIO-ACTIVITY, radio-activité.
RECRUDESCENCE OF ACTIVITY, regain d'activité.
RENEWAL OF ACTIVITY, reprise d'activité.
SCOPE OF ACTIVITIES, champ d'activité.

ACTUAL a, véritable, effectif, réel, observé, brut, empirique.
ACTUAL ATTITUDE OF WORKERS TOWARDS, comportement effectif des ouvriers vis-à-vis.
ACTUAL COST, prix de revient (effectif).
ACTUAL DATA, données brutes.
ACTUAL EMPLOYMENT, emploi effectif.
ACTUAL FACT, fait réel.
ACTUAL FREQUENCIES, fréquences observées, empiriques.
ACTUAL OR IMPUTED PAYMENTS, paiements effectifs ou imputés.
ACTUAL POSSESSION, possession de fait.
ACTUAL QUOTATION, cours effectif.
ACTUAL AND THEORETICAL DISTRIBUTIONS, distributions empiriques et distributions théoriques.
ACTUAL AND THEORETICAL FREQUENCIES, fréquences empiriques et théoriques.
ACTUAL VALUE, valeur effective.
on the FOOTING OF THE ACTUAL VALUE, sur la base de la valeur réelle.

ACTUALLY adv, effectivement.
PROFITS ACTUALLY REALIZED, bénéfice effectivement réalisé.

ACTUALITY s, réalité f.

ACTUARIAL a, actuariel.

ACTUARY s, actuaire m.
ACTUARIES' TABLES, tables de mortalité.

ACUTE a, aigu.
ACUTE ANGLE, angle aigu.
ACUTE CRISIS, crise aiguë.

ADAPTABLE a, adaptable.

ADAPTATION s, adaptation f.
RATE OF ADAPTATION, vitesse d'adaptation.

ADAPTATIVENESS s, souplesse f.
ECONOMIC ADAPTATIVENESS, souplesse économique.

ADAPTER s, adaptateur m.
COMMUNICATION ADAPTER, adaptateur de communication.
DATA ADAPTER UNIT, unité de contrôle et d'adaptation.

ADD v, (s') ajouter.
to ADD UP, totaliser.
to ADD THE INTEREST TO THE CAPITAL, ajouter l'intérêt au capital.
the ASSETS ADD UP TO, l'actif s'élève à.

ADDED a, ajouté.
VALUE-ADDED TAX, taxe à la valeur ajoutée.

ADDER s, additionneur m (électronique).

ADDIBLE s, additionnable.

ADDITION s, addition f, augmentation f, accroissement m, surcroît m, supplément m.

ADDITIONS, extensions (de constructions).
ADDITION OF PROBABILITIES, addition des probabilités.
ADDITION TO THE STOCK, augmentation de capital (par incorporation de réserves).
ADDITION TO THE STOCKS, accroissement des stocks.
ADDITION TO SURPLUS, U.S: (addition à la) réserve générale.
COMPOUND ADDITION, addition de nombres complexes.

ADDITIONAL a, supplémentaire, additionnel, subsidiaire.
ADDITIONAL CLAUSE, avenant.
ADDITIONAL EXPENDITURE, surcroît de dépenses.
ADDITIONAL INCOME, revenu(s) supplémentaire(s).
ADDITIONAL INVESTMENT, investissement supplémentaire.
ADDITIONAL PAYMENT, supplément.
ADDITIONAL POSTAGE, surtaxe postale.
ADDITIONAL RESERVE UNIT, unité de réserve (monétaire) additionnelle.
ADDITIONAL SECURITY, nantissement; sûreté; contre-caution.
ADDITIONAL TAX, impôt additionnel.
CALL FOR ADDITIONAL COVER, appel de marge.

ADDITIVE a, additif.

ADDITIVITY s, additivité f.

ADDRESSING s, adressage m.

ADEQUACY s, suffisance f, bien-fondé m.
to QUESTION THE ADEQUACY OF THE CLASSICAL ANALYSIS, mettre en doute le bien-fondé de l'analyse classique.

ADEQUATE a, suffisant, adéquat, efficace.

ADHERENCE s, adhésion f.

ADJACENCY s, contiguïté f, adjacence f, proximité f.
ADJACENCY OF TWO ANGLES, adjacence de deux angles.

ADJACENT a, adjacent, contigu.

ADJECTIVE a, adjectif.
ADJECTIVE LAW, règles de procédure.

ADJUDICATE v, juger, adjuger.
to ADJUDICATE SOMEONE A BANKRUPT*, déclarer quelqu'un en faillite.

ADJUDICATION s, adjudication f, jugement m, arrêt m.
ADJUDICATION OF BANKRUPTCY*, jugement déclaratif de faillite.

ADJUST v, (s') ajuster.

ADJUSTED a, ajusté.
INCOME ADJUSTED FOR INFLATION, revenu réel compte tenu de l'inflation.

ADJUSTMENT s, ajustement m, adaptation f, règlement m.
ADJUSTMENT FOR CHANGES IN STOCKS, ajustement pour tenir compte des variations dans les stocks.
ADJUSTMENT MECHANISM, mécanisme d'ajustement.
ADJUSTMENT PROCESS, processus, mécanisme, d'ajustement.
ADJUSTMENT FOR STOCK VALUATION, ajustement pour plus-value des stocks.
ADJUSTMENT OF THE TIMING OF PUBLIC INVESTMENT, modulation des investissements publics.
PERIOD OF ADJUSTMENT, période d'adaptation.
TIME ADJUSTMENT, ajustement chronologique.
TREND ADJUSTMENT, ajustement au trend.

ADJUSTOR s, régleur m (dans les assurances f. pl).

ADMINISTERED a, administré, dirigé.
ADMINISTERED PRICE, prix administré; prix imposé.

ADMINISTRATED a, U.S: administré; U.S: dirigé.
ADMINISTRATED PRICE, U.S: prix administré; U.S: prix imposé.

ADMINISTRATION s, administration f, gestion f, U.S: gouvernement m.
ADMINISTRATION OF INCOME, U.S: gestion du revenu.
the ADMINISTRATION IN WASHINGTON, U.S: gouvernement fédéral.
MUNICIPAL ADMINISTRATION, administration municipale.
NATIONAL AERONAUTICS AND SPACE ADMINISTRATION, U.S: Administration pour l'aéronautique et l'espace.
POOR-LAW ADMINISTRATION, assistance publique.
RAILWAY ADMINISTRATION, administration des chemins de fer.
TAX ADMINISTRATION, administration fiscale.

ADMINISTRATIVE a, administratif.
ADMINISTRATIVE EXPENSES, frais d'administration.
ADMINISTRATIVE UNIT, circonscription administrative.

ADMINISTRATOR s, administrateur m, gérant m.
ADMINISTRATOR OF AN ESTATE, administrateur d'une succession.

ADMISSIBLE a, admissible.
ADMISSIBLE HYPOTHESIS, hypothèse admissible.

ADMISSION s, admission f, accès m, entrée f.
ADMISSION FREE, entrée gratuite.

ADMISSION TO QUOTATION, admission à la cote.
to ENTER GOODS FOR TEMPORARY ADMISSION, déclarer des marchandises en admission temporaire.
FREE ADMISSION, accès libre; liberté d'entrée.
TEMPORARY ADMISSION, admission temporaire.

ADMITTANCE s, entrée f, permission f d'entrée.

ADOPT v, adopter.

ADOPTION s, adoption f.

ADULT s, adulte m.
ADULT EDUCATION, instruction des adultes.
ADULT FARE, plein tarif.
ADULT SCHOOL, cours d'adultes.

ADVANCE s, avance f, progrès m, hausse f, acompte m, prêt m, anticipation f.
ADVANCES, crédits à court terme.
ADVANCE ON, hausse sur (tel produit).
ADVANCE ACCOUNT, compte d'avances.
ADVANCE ON A CONTRACT, acompte sur contrat.
ADVANCE ON CURRENT ACCOUNT, avance en compte courant.
ADVANCE IN KNOWLEDGE, progrès de la science.
ADVANCE PAYMENT, paiement par anticipation.
ADVANCE IN PRICE, renchérissement.
ADVANCE AGAINST SECURITY, avance contre garantie.
ADVANCES ON SECURITIES, prêts sur titres.
ADVANCE ON WARRANT, avance sur warrant.
AMOUNT PAID IN ADVANCE, somme payée d'avance.
DUTY PAYABLE IN ADVANCE, droit exigible d'avance.
FIXED IN ADVANCE, fixé à l'avance; forfaitaire.
GENERAL ADVANCE IN PRICES, hausse générale des prix.
LOANS AND ADVANCES GRANTED, prêts et avances consentis.
to PAY IN ADVANCE, payer d'avance, par anticipation.
PAYMENT IN ADVANCE, paiement d'avance.
RATE FOR ADVANCES, taux (d'intérêt) des avances.
RATE FOR ADVANCES ON SECURITIES, taux du prêt sur titres.
RATE OF INTEREST ON ADVANCES, taux d'intérêt des avances.
SECURED ADVANCES, avances contre garanties.
UNCOVERED ADVANCE, avance à découvert.
UNSECURED ADVANCES, avances à découvert; avances sur notoriété.

ADVANCE v, avancer, progresser, augmenter.
to ADVANCE MONEY, avancer de l'argent.
PRICES ARE ADVANCING, les prix augmentent.
WORK HAS ADVANCED, le travail a avancé.

ADVANCED a, avancé, développé, supérieur.
ADVANCED ECONOMY, économie développée.
ADVANCED MATHEMATICS, mathématiques supérieures.
SUMS ADVANCED, avances.

ADVANCEMENT s, progrès m, essor m, progression f.
ECONOMIC ADVANCEMENT, essor économique.

ADVANCING a, qui progresse, progressif.
ADVANCING ECONOMY, économie progressive.

ADVANTAGE s, avantage m, émolument m.
ABSOLUTE ADVANTAGE, avantage absolu.
COMPARATIVE ADVANTAGE, avantage comparatif; avantage comparé.
DUBIOUS ADVANTAGE, avantage contestable.
non-ECONOMIC ADVANTAGE, avantage extra-économique.
LAW OF COMPARATIVE ADVANTAGE, loi des avantages comparés.
PRINCIPLE OF COMPARATIVE ADVANTAGE, loi des avantages comparatifs, comparés.
PRINCIPLE OF EQUAL ADVANTAGE, loi des avantages équivalents.
to TAKE ADVANTAGE OF, profiter de.
THEORY OF COMPARATIVE ADVANTAGE, théorie des avantages comparés.

ADVENTITIOUS a, adventice, fortuit.
ADVENTITIOUS PROPERTY, biens adventices.

ADVENTURE s, aventure f, entreprise f hasardeuse.

ADVENTUROUS a, hasardeux.

ADVERSE a, adverse, opposé.
ADVERSE BALANCE, balance déficitaire.

ADVERTISE, U.S: ADVERTIZE v, informer, faire de la publicité.

ADVERTISEMENT s, annonce f publicitaire.
CLASSIFIED ADVERTISEMENT, annonce classée; petite annonce.
FRONT-PAGE ADVERTISEMENT, annonce en première page.

ADVERTISER s, annonceur m.

ADVERTISING, U.S: ADVERTIZING s, publicité f, réclame f, annonces f. pl.
ADVERTISING ACCOUNT, budget de publicité.
ADVERTISING AGENCY, agence de publicité.
ADVERTISING AGENT, agent de publicité.

ADVERTISING CAMPAIGN, campagne de publicité.
ADVERTISING EXPENDITURE, dépenses de publicité.
ADVERTISING MEDIA, supports publicitaires.
ADVERTISING RATES, tarifs de publicité.
ADVERTISING REVENUES, recettes de publicité.
ADVERTISING SCHEDULE, programme des annonces.
ADVERTISING SPACE, emplacement réservé à la publicité.
DECEPTIVE ADVERTISING, publicité déloyale.
GRADED ADVERTISING RATES, tarifs d'annonces dégressifs.
INSTITUTIONAL ADVERTIZING, U.S: publicité de prestige.
POSTER ADVERTISING, publicité par affichage.

ADVICE s, conseil m, avis m.
ADVICE-NOTE, lettre d'avis.
until FURTHER ADVICE, jusqu'à nouvel avis.
PAYABLE WITHOUT PRELIMINARY ADVICE, payable sans avis préalable.

ADVISORY a, consultatif.
ADVISORY BOARD, comité consultatif.

AERIAL a, aérien.
AERIAL FLEET, flotte aérienne.
AERIAL NAVIGATION, navigation aérienne.

AERODYNAMIC a, aérodynamique.

AERONAUTICAL a, aéronautique.

AERONAUTICS s. pl, aéronautique f.
NATIONAL AERONAUTICS AND SPACE ADMINISTRATION, U.S: Aministration pour l'aéronautique et l'espace.

AESTHETICS s. pl, esthétique f.

AFFAIR s, affaire f.
CONDUCT OF AFFAIRS, gestion des affaires.
to MANAGE AFFAIRS, diriger, gérer, des affaires.
MERCANTILE AFFAIRS, affaires commerciales.
STATEMENT OF AFFAIRS (IN BANKRUPTCY), bilan de liquidation.

AFFECT v, affecter.

AFFECTATION s, affectation f.
AFFECTATION OF INTEREST, affectation d'intérêt(s).

AFFIDAVIT s, déclaration f sous serment m, par écrit m.

AFFILIATED a, affilié.
AFFILIATED COMPANY, filiale.
AFFILIATED FIRM, filiale.

AFFLUENCE s, affluence f, opulence f, abondance f.

AFFLUENT a, opulent, abondant.
AFFLUENT SOCIETY, société de l'opulence.

AFFLUENT s, affluent.

AFFOREST v, reboiser.

AFFORESTATION s, reboisement m.

AFFREIGHTMENT s, affrètement m.

AFLOAT adv, à flot.
TRANSIENTS AFLOAT, personnes de passage à bord de navires.

AGE s, âge m.
AGE DISTRIBUTION, répartition par âge.
AGE GROUPING OF THE POPULATION, répartition de la population par groupes d'âge.
AGE-LIFE METHOD OF DEPRECIATION, méthode d'amortissement par tranches annuelles égales.
AGE LIMIT, limite d'âge.
AGE STRUCTURE, structure par âge.
INDUSTRIAL AGE, âge industriel.
MIDDLE AGES, moyen âge.
OLD AGE, vieillesse.
OLD-AGE INSURANCE, assurance vieillesse.
OLD-AGE PENSION, pension de vieillesse; retraite.
OLD-AGE PENSION FUND, caisse d'assurance vieillesse.
OLD-AGE PENSION SCHEME, régime de retraites vieillesse.
OLD-AGE SECURITY FUND, fonds d'assurance vieillesse.
PENSIONABLE AGE, âge de la mise à la retraite.
RETIREMENT ON ACCOUNT OF AGE, retraite par limite d'âge.
RETIREMENT AGE, âge de la retraite.
SCHOOL-LEAVING AGE, âge de fin de scolarité.
WAIVING OF AGE LIMIT, dispense d'âge.

AGED s. pl, vieillards m. pl.
HOME FOR THE AGED, hospice des vieillards.

AGEING s, vieillissement m.

AGENCY s, agence f, bureau m, action f, institution f.
ADVERTISING AGENCY, agence de publicité.
CUSTOMS AGENCY, agence en douane.
EMPLOYMENT AGENCY, agence de placement.
ESTATE AGENCY, agence immobilière.
FREE AGENCY, libre arbitre.

LAND-AGENCY, agence foncière.
NEWS-AGENCY, agence de presse.
PRESS-AGENCY, agence de presse.
PUBLIC AGENCY, agence gouvernementale.
SHIPPING AGENCY, agence maritime.
SOCIAL SECURITY AGENCIES, institutions de sécurité sociale.
SPECIALIZED AGENCIES, institutions spécialisées.
SUB-AGENCY, sous-agence.

AGENT s, agent m, représentant m, mandataire m, commissionnaire m.
ADVERTISING AGENT, agent de publicité.
AGENT-GENERAL, représentant fondé de pouvoirs.
AGENT OF PRODUCTION, agent de production.
APPOINTED AGENT, agent attitré.
to BE A FREE AGENT, avoir son libre arbitre.
COMMISSION-AGENT, commissionnaire en marchandises.
ECONOMIC AGENTS, agents économiques.
FORWARDING AGENT, transitaire.
INSURANCE AGENT, agent d'assurances.
MANAGING AGENT, agent-gérant.
PAYING AGENT, domiciliataire.
PRINCIPAL AND AGENT, mandant et mandataire.
REAL-ESTATE AGENT, agent immobilier.
RECOGNIZED AGENT, agent accrédité.
SOLE AGENT, agent exclusif.
SUB-AGENT, sous-agent.
TRANSIT AGENT, transitaire.
TRANSPORT AGENT, commissionnaire de transport.

AGGREGATE a, global, collectif, agrégatif, agrégé.
AGGREGATE DEMAND FUNCTION, fonction de la demande globale.
AGGREGATE DEMAND FOR LABOUR, demande globale de main-d'œuvre.
AGGREGATE ECONOMIC ACTIVITY, ensemble des activités économiques.
AGGREGATE EMPLOYMENT, emploi global.
AGGREGATE FIGURES, données globales.
AGGREGATE MARKET DEMAND, demande agrégative, globale, du marché.
AGGREGATE MARKET SUPPLY, offre agrégative, globale, du marché.
AGGREGATE NET INCREMENT, accroissement global net.
AGGREGATE OUTPUT, production globale.
AGGREGATE PRODUCTION FUNCTION, fonction de production agrégée, globale.
AGGREGATE PROPENSITY TO CONSUME, propension globale à consommer.
AGGREGATE SUPPLY FUNCTION, fonction de l'offre globale.
AGGREGATE SUPPLY OF LABOUR, offre globale de main-d'œuvre.
AGGREGATE SUPPLY PRICE, prix de l'offre globale.
AGGREGATE VARIABLES, variables globales.

AGGREGATE s, agrégat m, ensemble m, total m, totalité f.
in the AGGREGATE, dans l'ensemble.
VALUE AGGREGATES, agrégats de valeurs.
WORLD AGGREGATES, totaux mondiaux.

AGGREGATE v, agréger, additionner.
to AGGREGATE THE ACTIVITIES OF ALL FIRMS, additionner les activités de toute les entreprises.

AGGREGATION s, agrégation f.
AGGREGATION OF PRODUCTION FUNCTIONS, agrégation de fonctions de production.

AGGREGATIVE a, agrégeable.

AGGREGATIVE s, quantité f agrégeable.

AGIO s, agio m, prix m du change, prime f du change.
AGIO ACCOUNT, compte d'agio; commerce du change.

AGIOTAGE s, agiotage m.

AGRARIAN a, agraire.
AGRARIAN REFORM, réforme agraire.

AGREE v, convenir, consentir, accorder, (s') entendre.
to AGREE THE ACCOUNTS, faire accorder les livres.
to AGREE THE BOOKS, faire accorder les livres.
to AGREE UPON, convenir de quelque chose.
to AGREE ABOUT THE PRICES, convenir des prix.

AGREED a, convenu, forfaitaire.
AGREED CONSIDERATION, prix ou contrepartie convenu.
AGREED PRICE, prix convenu.
AGREED SUM, forfait.
CONDITIONS AGREED UPON, conditions acceptées d'un commun accord.
CONTRACT AT AN AGREED PRICE, contrat à forfait.
PENALTY AGREED BEFOREHAND, indemnité forfaitaire, fixée d'avance; clause pénale.

AGREEMENT s, accord m, traité m, convention f, contrat m, entente f, acte m.
AGREEMENT ENTERED INTO BETWEEN, convention intervenue entre.

AGREEMENT BETWEEN PRODUCERS, cartel; entente entre producteurs.
AGREEMENT FOR SALE, contrat de vente.
ANTENUPTIAL AGREEMENT, contrat de mariage.
BINDING AGREEMENT, convention liant les parties.
CLEARING AGREEMENT BALANCES, soldes des accords de paiement et de compensation.
DRAFT AGREEMENT, projet de convention.
GENERAL AGREEMENT TO BORROW, Accord général de prêt.
GENERAL AGREEMENT ON TARIFFS AND TRADE (GATT), Accord général sur les tarifs douaniers et le commerce.
IMPLICIT IN THE AGREEMENT, contenu implicitement dans le contrat.
INTERNATIONAL COMMODITY AGREEMENT, Accords internationaux sur les produits de base.
LICENCE AGREEMENT, contrat de licence.
MANAGEMENT AGREEMENT, contrat de gérance.
MARKETING AGREEMENT, accord de commercialisation.
MUTUAL AGREEMENT, accord mutuel.
OTTAWA AGREEMENT, Accords d'Ottawa.
PRE-MARITAL AGREEMENT, U.S: contrat de mariage.
PRINCIPAL AGREEMENT, contrat principal.
PRIVATE AGREEMENT, acte sous seing privé.
REAL AGREEMENT, bail à long terme.
SECRET AGREEMENT, accord occulte.
TACIT AGREEMENT, convention tacite.
TARIFF AGREEMENT, accord tarifaire.
UNDERWRITING AGREEMENT, contrat de garantie; acte syndical.
WAGES AGREEMENT, convention des salaires.

AGRICULTURAL a, agricole, foncier, agronome.
AGRICULTURAL ECONOMICS, économie agricole, agraire.
AGRICULTURAL ENGINEER, ingénieur agronome.
AGRICULTURAL HOLDING, U.S: exploitation agricole; propriété affermée.
AGRICULTURAL IMPLEMENT, instrument aratoire.
AGRICULTURAL INCOMES, revenus agricoles.
AGRICULTURAL LABOURER, ouvrier agricole.
AGRICULTURAL MARKETING BOARD, office commercial des produits agricoles.
AGRICULTURAL MORTGAGE, hypothèque agricole.
AGRICULTURAL MORTGAGE CORPORATION*, U.S: Société de crédit agricole.
AGRICULTURAL POLICY, politique agricole.
AGRICULTURAL PRODUCE, produits agricoles.
AGRICULTURAL PRODUCT, produit agricole.
AGRICULTURAL PRODUCTION, production agricole.
AGRICULTURAL SUPPORT POLICY, U.S: politique de soutien à l'agriculture.
AGRICULTURAL WORKER, ouvrier agricole.
COST OF AGRICULTURAL SUPPORT POLICY, U.S: coût de la politique de soutien à l'agriculture.

AGRICULTURALIST s, agriculteur m.

AGRICULTURE s, agriculture f.
AGRICULTURE CREDIT CO-OPERATIVES, coopératives de crédit agricole.
EXTENSIVE AGRICULTURE, agriculture extensive.
FOOD AND AGRICULTURE ORGANIZATION, Organisation pour l'alimentation et l'agriculture.
GOVERNMENT AID TO AGRICULTURE, aide de l'État à l'agriculture.
INTENSIVE AGRICULTURE, agriculture intensive.
OWN CONSUMPTION IN AGRICULTURE, consommation par l'agriculture de ses propres produits.
POPULATION EMPLOYED IN AGRICULTURE, population employée dans l'agriculture.
POWER AGRICULTURE, motoculture.
PRODUCTIVITY OF LABOUR IN AGRICULTURE, productivité de la main-d'œuvre dans l'agriculture.
SUBSIDIES TO AGRICULTURE, subventions à l'agriculture.

AGRICULTURIST s, U.S: agriculteur m.

AGRONOMY s, agronomie f.

AID s, aide f, assistance f, secours m.
CONSTRUCTION UNDER STATE AID, construction avec assistance de l'État.
COUNCIL OF MUTUAL ECONOMIC AID (COMECON), Conseil d'aide mutuelle économique.
ECONOMIC AID, aide économique.
ECONOMIC AID TO UNDERDEVELOPED COUNTRIES, aide aux pays sous-développés.
FIRST-AID, premiers secours.
GOVERNMENT AID TO AGRICULTURE, aide de l'État à l'agriculture.
GRANT-IN-AID, subvention de l'État.
MARSHALL AID, aide Marshall.
MUTUAL-AID SOCIETY, société d'assistance mutuelle.

AID v, aider, assister.

AIDED a, aidé, subventionné.
GRANT-AIDED, subventionné par l'État.

STATE-AIDED, subventionné par l'État.

AIM s, but m, objectif m, fin f.
HIGHER AIM OF ECONOMICS, objectif final de l'économie politique.

AIR s, air m.
AIR(-)MAIL, poste aérienne.
AIR(-)PLANE, *U.S:* avion.
AIR(-)PORT, aéroport.
AIR(-)PORT TAX, taxe d'aéroport.
AIR TERMINAL, aérogare.
AIR TRAFFIC, trafic aérien.
AIR TRANSPORT, transport aérien.

AIRCRAFT s, navigation f aérienne, avion m.
AIRCRAFT INDUSTRY, industrie aéronautique.

AIRLINE s, compagnie f aérienne.
AIRLINES BASED IN, compagnies aériennes ayant des bases d'opération en.

ALCOHOL s, alcool m.
ALCOHOL MONOPOLY, monopole de l'alcool.

ALCOHOLIC a, alcoolique.
ALCOHOLIC BEVERAGES, boissons alcoolisées.

ALGEBRA s, algèbre f.
BOOLEAN ALGEBRA, algèbre de Boole.
ELEMENTARY ALGEBRA, rudiments, notions, d'algèbre.
LOGICAL ALGEBRA, algèbre logique.
MATRIX ALGEBRA, algèbre matricielle.

ALGEBRAIC(AL) a, algébrique.
ALGEBRAICAL EXPRESSION, expression, formule, algébrique.
ALGEBRAIC FUNCTION, fonction algébrique.
ALGEBRAIC INDENTITIES, identités algébriques.
ALGEBRAICAL SIGN, signe algébrique.
ALGEBRAIC THEORY, théorie algébrique.

ALGORITHM s, algorithme m.

ALIEN a, étranger.

ALIEN s, étranger m.
ENEMY ALIEN PROPERTY ACT, loi sur les biens ennemis.
non-RESIDENT ALIEN, étranger non résident.

ALIMENTARY a, alimentaire.

ALIMONY s, pension f alimentaire.

ALLIANCE s, alliance f.

ALLIED a, allié, connexe.
ALLIED INDUSTRIES, industries connexes.

ALLOCATE v, répartir, ventiler, affecter.
to ALLOCATE A PAYMENT TO A PREVIOUS YEAR, affecter un paiement à une année fiscale précédente.
to ALLOCATE RESOURCES TO DIFFERENT USES, affecter les ressources à des usages différents.

ALLOCATION s, affectation f, répartition f, adjudication f.
ALLOCATION OF CAPITAL, affectation des investissements.
ALLOCATION OF LABOUR, répartition de la main-d'œuvre.
ALLOCATION TO LOWEST TENDER, adjudication au mieux-disant.
ALLOCATION OF PROFIT, répartition des profits.
ALLOCATION OF RESOURCES, répartition des ressources.
OPTIMAL RESOURCE ALLOCATION, répartition optimale des moyens.
PLANNING AND ALLOCATION OF RESOURCES, estimation des besoins et répartition des moyens.

ALLOT v, attribuer, partager, distribuer, répartir.
to ALLOT SHARES, attribuer des actions.

ALLOTMENT s, attribution f, répartition f, distribution f, partage m.
ALLOTMENT MONEY, versement de répartition.
ALLOTMENT OF SHARES, attribution d'actions.
LETTER OF ALLOTMENT, avis d'attribution, de répartition.
PAYMENT IN FULL ON ALLOTMENT, libération (d'actions) à la répartition.

ALLOW v, accorder, tenir compte de, allouer, consentir, permettre.
to ALLOW 5 %, déduire 5 %.
to ALLOW A DEBTOR TIME TO PAY, accorder un délai à un débiteur.
to ALLOW A DISCOUNT, consentir un rabais.
to ALLOW AN EXPENSE, allouer une dépense.
to ALLOW INTEREST ON DEPOSITS, allouer des intérêts aux dépôts.
to ALLOW AN INTEREST IN THE PROCEEDS, allouer une part du produit.
to ALLOW A REDUCED PRICE, consentir un prix réduit.
to ALLOW FOR VARIATIONS, tenir compte des variations.

ALLOWABLE a, admissible, déductible, recevable, remboursable.
ALLOWABLE EXPENSE, dépense déductible; dépense remboursable.

ALLOWANCE s, allocation f, provision f, ration f, prévision f, ajustement m, déduction f, remise f, rabais m, prestation f, prime f, tolérance f, indemnité f, appointements m. pl, pension f, admission f.

ALLOWANCE FOR DEPRECIATION, provision pour amortissement
ALLOWANCE FOR EARNED INCOME, déduction au titre de revenus salariaux ou professionnels.
ALLOWANCE FOR EXCHANGE FLUCTUATIONS, prévision pour fluctations du change.
ALLOWANCE FOR EXPENSES, déduction (fiscale) pour dépenses.
ALLOWANCES IN KIND, prestations en nature.
ALLOWANCE FOR RISK, prime de risque.
APPROPRIATE ALLOWANCE, ajustements nécessaires.
CAPITAL ALLOWANCES, déductions fiscales sur les investissements.
COST-OF-LIVING ALLOWANCE, indemnité de cherté de vie.
DAILY (SUBSISTENCE) ALLOWANCE, indemnité journalière.
DEPRECIATION ALLOWANCE, provision pour amortissement.
DISCOUNT ALLOWANCE, remise.
FAMILY ALLOWANCES, allocations familiales.
FOOD ALLOWANCE, allocation pour nourriture.
FOREIGN CURRENCY ALLOWANCE, allocation en devises.
INVESTMENT ALLOWANCE, déduction fiscale sur les investissements.
LIVING-OUT ALLOWANCE, indemnité de logement.
to MAKE ALLOWANCE FOR, tenir compte de.
to MAKE AN ALLOWANCE ON, accorder un rabais sur.
MATERNITY ALLOWANCES, allocations de maternité.
MONEY ALLOWANCE, allocation en monnaie.
PERSONAL ALLOWANCE, abattement personnel (sur l'impôt).
RECIPIENT OF AN ALLOWANCE, allocataire.
RETIRING ALLOWANCE, pension de retraite.
SICK-ALLOWANCE, allocation pour maladie.
TAX ALLOWANCE, déduction avant impôt.
TRADE ALLOWANCE, remise; escompte.
TRAVEL ALLOWANCE, allocation de voyage.
TRAVELLING ALLOWANCE, indemnité de déplacement.
WEAR-AND-TEAR ALLOWANCE, provision pour amortissement.
ZERO ALLOWANCE, tolérance nulle.

ALLOWED a, consenti, accordé.
COMMISSION ALLOWED TO, commission, remise, accordée à.

ALLOY s, alliage m.
FERRO-ALLOY, ferro-alliage.

ALPHABETICAL a, alphabétique.
ALPHABETICAL ORDER, ordre alphabétique.

ALPHANUMERIC a, alphanumérique.
ALPHANUMERIC CHARACTER, caractère alphanumérique.

ALTERATION s, modification f, remaniement m, transformation f.
ALTERATIONS, travaux de transformation.
ALTERATION OF CAPITAL PROVIDED BY, modification du capital prévue par.
ALTERATIONS AND RENEWALS, réfections et améliorations.
ALTERATIONS AND REPAIRS, transformations et réparations.

ALTERNATE v, alterner.

ALTERNATING a, alternant, alternatif, alterné.
ALTERNATING CURRENT, courant alternatif.
ALTERNATING SERIES, série alternée.

ALTERNATION s, alternance f, roulement m.

ALTERNATIVE a, alternatif.
ALTERNATIVE COST, coût d'opportunité; produit marginal de l'emploi alternatif.
ALTERNATIVE EMPLOYMENT OF CAPITAL, emploi alternatif du capital.
ALTERNATIVE-USE COST, coût d'opportunité.

ALTERNATIVE s, alternative f, éventualité f.
ALTERNATIVES, les termes de l'alternative.
BEST ALTERNATIVE, choix optimal.

ALTRUISM s, altruisme m.

ALTRUISTIC a, altruiste.

AMALGAMATE v, amalgamer, fusionner, unifier.
to AMALGAMATE SHARES, fusionner des actions.

AMALGAMATION s, fusion f, fusionnement m, amalgamation f, unification f.
AMALGAMATION OF (SEVERAL) BANKS, fusion de (plusieurs) banques.
AMALGAMATION OF (SEVERAL) COMPANIES, fusion de (plusieurs) sociétés.
REPORT OF AMALGAMATION, bruits de fusion.

AMASS v, amasser, accumuler.
to AMASS IMMENSE RICHES, amasser d'immenses richesses.
to AMASS MONEY, amasser, accumuler, de l'argent.

AMEND v, amender, modifier.

AMENDMENT s, amendement m, modification f.

AMERICAN a, américain.

AMERICAN FEDERATION OF LABOR, Fédération américaine du travail.
AMERICAN SELLING PRICE, prix des importations alignés sur les prix intérieurs américains (par un droit de douane correspondant).

AMMUNITION s, munition f.

AMORTIZABLE a, amortissable.

AMORTIZATION* s, amortissement m.
AMORTIZATION OF A LOAN, amortissement d'un emprunt.
AMORTIZATION QUOTA, taux d'amortissement.

AMORTIZE v, amortir.

AMORTIZEMENT s, amortissement m (peu utilisé).

AMOUNT s, somme f, montant m, total m, quantité f.
AMOUNT OF CAPITAL PER WORKER, capital investi par ouvrier.
AMOUNT CARRIED FORWARD, report à nouveau.
AMOUNT PER CENT, pourcentage.
AMOUNT DEMANDED, quantité demandée.
AMOUNT OF LAND PER WORKER, superficie moyenne par ouvrier.
AMOUNT OF MONEY, somme d'argent.
AMOUNT OF MONEY INVESTED, mise de fonds.
AMOUNT PAID ON ACCOUNT, acompte versé.
AMOUNT PAID IN ADVANCE, somme payée d'avance.
AMOUNT PAID FOR OVERTIME, somme payée pour les heures supplémentaires.
AMOUNT STANDING AT YOUR CREDIT, votre solde créditeur.
AMOUNTS WRITTEN OFF, sommes amorties, passées par pertes et profits.
to BRING FORWARD AN AMOUNT, reporter une somme.
to DIVIDE AN AMOUNT AMONG CREDITORS, répartir une somme entre créanciers.
GROSS AMOUNT, montant brut.
NET AMOUNT, montant net.
RETURN OF AN AMOUNT OVERPAID, remboursement d'un trop-perçu.
·SPECIFIC AMOUNT, montant déterminé; forfait.
TOTAL AMOUNT, somme totale.

AMOUNT v, s'élever à, se chiffrer par.

AMPLE a, ample.

AMPLITUDE s, amplitude f.
AMPLITUDE OF FLUCTUATIONS, amplitude des fluctuations.

AMUSEMENT s, distraction f, spectacle m.
AMUSEMENT TAXES, taxes sur les spectacles.

ANALLAGMATIC a, anallagmatique.
ANALLAGMATIC CURVE, anallagmatique.

ANALOG(OUS) a, analogique.
ANALOG COMPUTER, U.S: calculateur analogique.
ANALOG DATA, données analogiques.
ANALOG MODEL, modèle analogique.
ANALOG REPRESENTATION, représentation analogique.

ANALOGUE s, analogue m.

ANALOGY s, analogie f.
MECHANICAL ANALOGIES, analogies (purement) mécaniques.

ANALYSE, U.S: ANALYZE v, analyser, dépouiller.
to ANALYSE AN ACCOUNT, dépouiller un compte.

ANALYSER, U.S: ANALYZER s, analyseur m.
DIGITAL DIFFERENTIAL ANALYSER, intégratrice numérique.

ANALYSIS s, analyse f, étude f, dépouillement m.
ANALYSIS OF CONSUMER'S BEHAVIOUR, analyse du comportement du consommateur.
ANALYSIS OF TIME SERIES, analyse de conjoncture.
CONTINGENCY ANALYSIS, analyse de contingence.
COST ANALYSIS, analyse des coûts.
COST-BENEFIT ANALYSIS, U.S: analyse des coûts et rendements.
COST-EFFECTIVENESS ANALYSIS, U.S: étude de coût et d'efficacité.
CO-VARIANCE ANALYSIS, analyse de covariance.
DISCRIMINANT ANALYSIS, analyse discriminante.
DYNAMIC ANALYSIS, analyse dynamique.
DYNAMIC MULTIPLIER ANALYSIS, analyse au moyen du multiplicateur dynamique.
ECONOMIC ANALYSIS, analyse économique.
FACTOR ANALYSIS, analyse factorielle.
FACTORIAL ANALYSIS, analyse factorielle.
GENERAL EQUILIBRIUM ANALYSIS, analyse de l'équilibre général.
HISTORY OF ECONOMIC ANALYSIS, histoire de l'analyse économique.
INDIFFERENCE CURVES ANALYSIS, analyse par courbes d'indifférence.
INPUT-OUTPUT ANALYSIS, analyse d'input-output; analyse intersectorielle; analyse d'échanges intersectoriels.
in the LAST ANALYSIS, en dernière analyse.
MACRO-ECONOMIC ANALYSIS, analyse macro-économique.

MARGINAL ANALYSIS, analyse marginale, de type marginal.
METHODS OF ECONOMIC ANALYSIS, méthodes d'analyse économique.
MICRO-ECONOMIC ANALYSIS, analyse micro-économique.
MULTIVARIATE ANALYSIS, analyse à plusieurs variables.
MULTIVARIATE ANALYSIS OF (THE) VARIANCE, analyse de (la) variance à plusieurs variables.
NUMERICAL ANALYSIS, analyse numérique.
OPERATING COSTS ANALYSIS, comptabilité analytique d'exploitation.
PARTIAL EQUILIBRIUM ANALYSIS, analyse de l'équilibre partiel.
PERIOD ANALYSIS, analyse par périodes.
PROCESS ANALYSIS, analyse des processus.
PSYCHOLOGICAL ANALYSIS OF ECONOMIC BEHAVIOUR, analyse psychologique du comportement économique.
QUALITATIVE ANALYSIS, analyse qualitative.
QUANTITATIVE ANALYSIS, analyse quantitative.
to QUESTION THE ADEQUACY OF THE CLASSICAL ANALYSIS, mettre en doute le bien-fondé de l'analyse classique.
REGRESSION ANALYSIS, analyse des corrélations; analyse de régression.
SEQUENCE ANALYSIS, analyse de séquence.
SEQUENTIAL ANALYSIS, analyse par séquences.
STATIC ANALYSIS, analyse statique.
STATISTICAL ANALYSIS, analyse statistique.
SUPPLY AND DEMAND ANALYSIS, analyse de l'offre et de la demande.
SYSTEMS ANALYSIS, analyse de systèmes.
VARIANCE ANALYSIS, analyse de la variance.

ANALYST s, analyste m, économiste-statisticien m.

ANALYTICAL a, analytique.
ANALYTICAL GEOMETRY, géométrie analytique.
ANALYTICAL MECHANICS, mécanique analytique.
ANALYTICAL TABLES, tableaux analytiques.
ANALYTICAL TOOL, instrument d'analyse.

ANARCHY s, anarchie f.

ANATOCISM s, anatocisme m.

ANGLE s, angle m.
ACUTE ANGLE, angle aigu.
ADJACENCY OF TWO ANGLES, adjacence de deux angles.
ANGLE OF CONTINGENCE, angle de contingence.
ANGLE OF GRADIENT, angle de déclivité.
ANGLE OF SLOPE, angle de déclivité.
ANGLE SUPPLEMENTAL TO ANOTHER, angle supplément d'un autre.
CONTIGUOUS ANGLES, angles adjacents.
CURVES THAT MEET AT AN ANGLE, courbes qui se coupent à un angle.
EXTERIOR ANGLE, angle extérieur.
INTERIOR ANGLE, angle interne.
LIMITING ANGLE, angle limite.
OBTUSE ANGLE, angle obtus.
RIGHT ANGLE, angle droit.
at RIGHT ANGLES TO, perpendiculaire à.
STRAIGHT ANGLE, angle de 180°.
SUPPLEMENT OF AN ANGLE, supplément d'un angle.
TRIHEDRAL ANGLE, (angle) trièdre.
VERTICAL ANGLES, angles opposés par le sommet.

ANGLED a, à angle m.
ACUTE-ANGLED TRIANGLE, triangle acutangle.
MANY-ANGLED, polygonal.
OBTUSE-ANGLED, obtusangle.
RIGHT-ANGLED, rectangulaire.
RIGHT-ANGLED TRIANGLE, triangle rectangle.

ANGULAR a, angulaire.

ANHARMONIC a, anharmonique.
ANHARMONIC RATIO, rapport anharmonique.

ANIMAL a, animal.
ANIMAL HUSBANDRY, élevage.
ANIMAL MANURE, engrais animal.
ANIMAL POWER, énergie animale.
FOOD OF ANIMAL ORIGIN, aliments d'origine animale.

ANIMAL s, animal m, bête f.
ANIMAL FEEDING STUFFS, aliments pour bétail.
ANIMALS SLAUGHTERED, animaux abattus.
DRAUGHT ANIMAL, bête de trait.
LIVE ANIMALS, animaux sur pied.

ANNUAL a, annuel.
ANNUAL ABSTRACT OF STATISTICS, annuaire de statistiques.
ANNUAL DEPRECIATION, amortissement annuel.
ANNUAL INCOME, revenus annuels; rente.
ANNUAL INCREASE, augmentation annuelle.
ANNUAL INSTALMENT, annuité.

ANNUAL LEAVE, congé annuel.
ANNUAL PRODUCE OF LAND, rendement, produit, annuel de la terre.
ANNUAL RATE, taux annuel.
ANNUAL RENT, rente annuelle; loyer annuel.
ANNUAL RENTAL VALUE OF THE PREMISES, valeur locative annuelle des locaux.
ANNUAL REPORT (OF A COMPANY), rapport de gestion.
ANNUAL VARIATIONS, variations annuelles.
DEBT REPAYABLE BY ANNUAL INSTALMENTS, dette annuitaire.
GUARANTEED ANNUAL WAGE, salaire annuel garanti.
SEMI-ANNUAL, semestriel.

ANNUAL s, annuaire m.

ANNUITANT s, rentier m, pensionnaire m, pensionné m.
LIFE ANNUITANT, rentier viager.

ANNUITY s, annuité f, rente f annuelle, viager m.
ANNUITY METHOD OF DEPRECIATION, méthode d'amortissement par annuités.
ANNUITY IN REVERSION, rente réversible.
to BUY AN ANNUITY, placer son argent en viager.
CONTINGENT ANNUITY, annuité contingente.
CONSOLIDATED ANNUITIES, fonds consolidés.
DEFERRED ANNUITY, annuité différée.
DISCOUNT VALUE OF ANNUITIES, valeur escomptée d'annuités; valeur de réversion.
FUNDS ON WHICH AN ANNUITY IS SECURED, fonds constitutifs d'une rente.
GOVERNMENT ANNUITY, rente sur l'État.
to INVEST MONEY IN A LIFE ANNUITY, placer de l'argent en viager.
LIFE ANNUITY, rente viagère.
LONG-TERM ANNUITY, annuité à long terme.
MONEY INVESTED IN AN ANNUITY, argent placé en viager.
MONEY SUNK IN AN ANNUITY, argent placé en viager, à fonds perdu.
to PAY AN ANNUITY, servir une rente.
PERPETUAL ANNUITY, rente perpétuelle.
to REDEEM AN ANNUITY, amortir une annuité.
RETIREMENT ANNUITIES, annuités différées jusqu'à la retraite.
REVERSIONARY ANNUITY, annuité réversible.
to SETTLE AN ANNUITY ON, constituer une annuité à.
SETTLEMENT OF AN ANNUITY ON, constitution d'une annuité à.
SETTLING OF AN ANNUITY ON, constitution d'une annuité à.
to SINK MONEY IN AN ANNUITY, placer de l'argent en viager, à fonds perdu.
SURVIVORSHIP ANNUITY, rente viagère avec réversion.
TERMINABLE ANNUITY, annuité résiliable.

ANNUL v, annuler, résilier, résoudre (un contrat).

ANNULMENT s, annulation f, résiliation f, abolition f, rescision f, résolution f (d'un contrat).

ANTENUPTIAL a, prénuptial.
ANTENUPTIAL AGREEMENT, contrat de mariage.

ANTHRACITIC a, anthraciteux.

ANTICIPATE v, anticiper, envisager, avancer (un paiement), escompter, prévoir.

ANTICIPATED a, anticipé, escompté, prévu, prévisible.
ANTICIPATED DEMAND, demande prévue, prévisible.
ANTICIPATED PROFIT, bénéfice escompté.
ANTICIPATED RETURN ON CAPITAL, rendement escompté du capital.

ANTICIPATION s, anticipation f, prévision f.
ELASTICITY OF ANTICIPATIONS, élasticité de l'anticipation; élasticité des prévisions.
the GENERAL ANTICIPATION IS THAT, on s'attend généralement à ce que.
to PAY IN ANTICIPATION, payer par anticipation.
PAYMENT IN ANTICIPATION, paiement par anticipation.
RELEVANT ANTICIPATIONS, prévisions, anticipations, pertinentes.

ANTICYCLICAL a, anticyclique.
ANTICYCLICAL POLICIES, mesures anticycliques.

ANTI-DUMPING a, anti-dumping.
ANTI-DUMPING LEGISLATION, législation anti-dumping.

ANTILOGARITHM s, antilogarithme m.

ANTI-MONOPOLY a, anti-trust.
ANTI-MONOPOLY ACT, loi anti-trust.

ANTINOMY s, antinomie f.

ANTIPROTECTIONIST a, antiprotectionniste.

ANTISOCIAL a, antisocial.

ANTISYMMETRIC a, antisymétrique.

ANTITHESIS s, antithèse f.

ANTI-TRUST a, anti-trust.
ANTI-TRUST LEGISLATION, législation anti-trust.

APARTMENT s, salle f, U.S: appartement m.
APARTMENT HOUSE, U.S: immeuble divisé en appartements.
FURNISHED APARTMENT, U.S: appartement meublé.
UNFURNISHED APARTMENT, U.S: appartement non meublé.

APERIODIC a, apériodique.

APEX s, sommet m.
APEX OF THE PYRAMID, sommet de la pyramide.

APODICTIC(AL) a, apodictique.

APPARATUS s, appareil m, dispositif m.
MEASURING APPARATUS, appareil de mesure.
STATISTICAL APPARATUS, appareil statistique.

APPARENT a, apparent.
APPARENT AVAILABLE SUPPLIES, disponibilités apparentes.
APPARENT CHANGE, changement apparent.
APPARENT CONSUMPTION, consommation apparente.

APPEAL s, appel m.
COURT OF APPEAL, cour d'appel.

APPENDIX s, annexe f, appendice m (d'un livre).

APPLIANCE s, appareil m.

APPLICABILITY s, applicabilité f.

APPLICABLE a, applicable.
not APPLICABLE, non applicable.

APPLICANT s, demandeur m, souscripteur m.
LIST OF APPLICANTS, liste de souscripteurs; liste de candidats.
REGISTERED APPLICANTS FOR WORK, demandeurs d'emploi.

APPLICATION s, application f, demande f, souscription f, imputation f.
APPLICATION IS COVERED, la souscription est couverte.
APPLICATION FOR CREDIT, demande de crédit.
APPLICATION FOR EXCESS SHARES, souscription à des actions à titre réductible.
APPLICATION FORM, bulletin de souscription; formulaire de demande; formulaire de candidature.
APPLICATION FOR A JOB, demande d'emploi.
APPLICATION MONEY, versement de souscription.
APPLICATION OF PAYMENTS, imputation de paiements.
APPLICATION PROGRAMS, programmes d'application(s).
APPLICATION FOR RELIEF, demande en dégrèvement.
APPLICATION RIGHTS, droit(s) de souscription.
APPLICATION AS OF RIGHT FOR NEW SHARES, souscription à des actions à titre irréductible.
APPLICATION FOR SHARES, souscription d'actions.
INDUSTRIAL APPLICATIONS OF A DISCOVERY, applications industrielles d'une découverte.
LETTER OF APPLICATION, bulletin de souscription.
OPENING OF THE LIST OF APPLICATIONS, ouverture de la souscription.

APPLIED a, appliqué, expérimental.
APPLIED CHEMISTRY, chimie appliquée.
APPLIED ECONOMICS, économie appliquée.
APPLIED MATHEMATICS, mathématiques appliquées.
APPLIED MECHANICS, mécanique appliquée.
APPLIED PSYCHOLOGY, psychotechnique.
APPLIED SCIENCES, sciences expérimentales.
WEIGHT APPLIED TO, coefficient de pondération appliqué à.

APPLY v, appliquer, demander, imputer, souscrire.
to APPLY FOR A POST, poser sa candidature à un poste.
to APPLY A PAYMENT TO, affecter, imputer, un paiement à.
to APPLY FOR SHARES, souscrire des actions.

APPOINT v, nommer, désigner.

APPOINTED a, désigné, attitré.
APPOINTED AGENT, agent attitré.

APPOINTMENT s, nomination f, désignation f, titularisation f.
APPOINTMENT OF AN OFFICIAL, nomination d'un fonctionnaire.

APPORTION v, répartir, ventiler, partager.
to APPORTION THE EXPENSES, ventiler les frais.
to APPORTION THE FRUITS OF LABOUR, répartir les fruits du travail.

APPORTIONMENT s, répartition f, ventilation f, partage m.

APPRAISAL s, évaluation f, estimation f, prisée f.
APPRAISAL METHOD OF DEPRECIATION, méthode d'amortissement fondée sur la valeur du moment.
OFFICIAL APPRAISAL*, expertise.

APPRAISE v, estimer, évaluer.

APPRAISEMENT s, prisée.

APPRAISER* s, priseur m, expert m.
OFFICIAL APPRAISER, expert.

APPRECIABLE a, appréciable, sensible.

APPRECIATE v, évaluer, (s') apprécier.
the FRANC HAS APPRECIATED IN TERMS OF OTHER CURREN-CIES, le franc s'est apprécié par rapport aux autres monnaies.

APPRECIATED a, apprécié.
APPRECIATED SURPLUS, plus-value.

APPRECIATION s, évaluation f, appréciation f, plus-value f, amélioration f.
APPRECIATION OF ASSETS, plus-value d'actif.
APPRECIATION IN PRICES, améliorations des cours.
to BENEFIT BY APPRECIATION OF THE EXCHANGE, bénéficier de la plus-value du change.

APPRENTICE s, apprenti m.
APPRENTICE TRAINING, formation d'apprentis.

APPRENTICESHIP s, apprentissage m.
APPRENTICESHIP COURSES, cours d'apprentissage.

APPROACH s, approche f, accès m.
APPROACH TO A PROBLEM, façon d'aborder un problème.
METHOD OF CONTINUAL APPROACHES, méthode des approximations successives.

APPROACH v, approcher.

APPROBATION s, approbation f, condition f, essai m, sanction f.
GOODS ON APPROBATION, marchandises à condition, à l'essai.
SALE ON APPROBATION, vente à l'essai.

APPROPRIATE a, approprié, nécessaire.
APPROPRIATE ALLOWANCE, ajustements nécessaires.

APPROPRIATE v, affecter, (s') approprier.
to APPROPRIATE FUNDS TO, affecter des fonds à.

APPROPRIATION s, appropriation f, imputation f, affectation f, répartition f, dotation f, crédit m budgétaire, prélèvement m.
APPROPRIATION ACCOUNT, compte d'affectation.
APPROPRIATION BILL, U.K: loi de Finances.
APPROPRIATION TO A DEBT, imputation sur une dette.
APPROPRIATION OF MONEY TO, imputation de paiements à.
APPROPRIATION OF NET PROFIT, répartition, affectation, du bénéfice net.
APPROPRIATION TO THE RESERVE, dotation, affectation, à la réserve.
PRIOR APPROPRIATION ON THE NET PROFITS, prélèvement prioritaire sur les bénéfices nets.

APPROVAL s, approbation f, homologation f, sanction f.
on APPROVAL, sous condition.

APPROXIMATE a, approximatif, approché.
APPROXIMATE CALCULATION, approximation.
APPROXIMATE ESTIMATE, devis approximatif.
APPROXIMATE VALUE, valeur approximative.

APPROXIMATE v, approcher, rapprocher.

APPROXIMATION s, approximation f.
APPROXIMATION METHOD, méthode par approximation.
LINEAR APPROXIMATION, approximation linéaire.
nth ORDER APPROXIMATION, approximation du $n^{ème}$ ordre.
to SOLVE AN EQUATION BY APPROXIMATION, résoudre une équation par approximations successives.
by SUCCESSIVE APPROXIMATION, par approximations successives.

APPURTENANCE s, dépendance f, servitude f.

APTITUDE s, aptitude f, talent m.

ARABIC a, arabe.
ARABIC NUMERALS, chiffres arabes.

ARABLE a, labourable, arable.
ARABLE FARMING, culture.
ARABLE LAND, terre arable.

ARBITRAGE s, arbitrage m.
ARBITRAGE IN BILLS, arbitrage sur les lettres de change.
ARBITRAGE OF EXCHANGE, arbitrage de change.
ARBITRAGE SHARES WITH, titres d'arbitrage avec.
ARBITRAGE IN STOCKS, arbitrage sur des valeurs.
ARBITRAGE SYNDICATE, syndicat arbitragiste.

ARBITRAGER s, arbitragiste m.

ARBITRAGEUR s, arbitragiste m.
PROFESSIONAL ARBITRAGEURS, arbitragistes professionnels.

ARBITRAGIST s, arbitragiste m.

ARBITRAL a, arbitral.

ARBITRARILY adv, arbitrairement.

ARBITRARY a, arbitraire.
ARBITRARY ASSESSMENT, imposition, taxation, d'office.
ARBITRARY CONSTANTS, quantités arbitraires (d'une équation).
ARBITRARY ORIGIN, origine arbitraire.
ARBITRARY VALUE, valeur arbitraire.

ARBITRATE v, arbitrer.

ARBITRATED a, arbitré, proportionnel.
ARBITRATED PAR OF EXCHANGE, pair proportionnel.

ARBITRATION s, arbitrage m.
ARBITRATION AWARD, sentence d'arbitrage.
ARBITRATION OF EXCHANGE, arbitrage du change.
ARBITRATION FOR QUALITY, arbitrage de qualité.
COMPULSORY ARBITRATION, arbitrage obligatoire.
COURT OF ARBITRATION, cour d'arbitrage.
FIXED BY ARBITRATION, établi par arbitrage.
SETTLEMENT BY ARBITRATION, règlement par arbitrage.
STRIKE ARBITRATION, arbitrage en cas de grève.
WAGE ARBITRATION, arbitrage en matière de salaires.

ARBITRATOR s, arbitre m.

ARC s, arc m.
ARC OF A CIRCLE, arc de cercle.
ARC ELASTICITY OF DEMAND, élasticité d'arc de la demande.

ARCHITECT s, architecte m.

AREA s, superficie f, aire f, surface f, zone f, territoire m, région f, district m, quartier m.
AREA UNDER THE DEMAND CURVE, surface située en-dessous de la courbe de la demande.
AREAS OF, UNDER, THE NORMAL CURVE, aires de la courbe normale.
CURRENCY AREA, zone monétaire.
CUSTOMS AREA, territoire douanier.
DEVELOPMENT AREA, zone de développement.
DISTRESSED AREAS, régions déprimées (où sévit la crise).
DOLLAR AREA, zone dollar.
EUROPEAN FREE TRADE AREA, Zone européenne de libre-échange.
FARMING OF SMALL AREAS, (régime de) petite exploitation.
FREE TRADE AREA, Zone de libre-échange.
LAND AREA, superficie terrestre.
LONDON AREA, le grand Londres.
METROPOLITAN AREA, district métropolitain.
MINING AREA, domaine minier.
OUTLYING AREAS, régions périphériques.
RESIDENTIAL AREA, quartier résidentiel.
SECTIONAL AREA, surface de section.
STERLING AREA, zone sterling.
SUBURBAN AREA, zone suburbaine.
TABLE OF AREAS UNDER THE NORMAL CURVE, tables de la distribution normale.
TOTAL FLOOR AREA, surface totale de plancher.
ZONED AREA, zone à construction réglementée.

ARGUE v, discuter, argumenter, arguer.
LEAST OF ALL COULD IT BE ARGUED THAT, ce n'est qu'en dernier lieu qu'on pourrait arguer que.

ARGUMENT s, raisonnement m, argument m, thèse f, débat m.
ARGUMENT OF THIS BOOK, thèse défendue dans ce livre.
the ARGUMENT BREAKS DOWN ENTIRELY, le raisonnement s'écroule tout entier.
CIRCULAR ARGUMENT, raisonnement en cercle vicieux.
ECONOMIC ARGUMENT, raisonnement économique.
WHOLE FABRIC OF ARGUMENTS, tout l'échafaudage d'arguments.

ARISTOCRACY s, aristocratie f,
TERRITORIAL ARISTOCRACY, aristocratie terrienne.

ARITHMETIC(AL) a, arithmétique.
ARITHMETIC AVERAGE, moyenne arithmétique.
ARITHMETIC DISCOUNT, escompte en dedans; escompte rationnel.
ARITHMETIC(AL) MEAN, moyenne arithmétique.
ARITHMETIC PROGRESSION, progression arithmétique.
ARITHMETICAL PROPORTION, proportion arithmétique.
ARITHMETICAL RATIO, raison, proportion, arithmétique.
COMMON DIFFERENCE OF AN ARITHMETIC PROGRESSION, raison d'une progression arithmétique.
WEIGHTED ARITHMETIC MEAN, moyenne arithmétique pondérée.

ARITHMETICS s. pl, arithmétique f.
MENTAL ARITHMETICS, arithmétique mentale.

ARMED a, armé.
ARMED FORCES, forces armées.

ARMAMENT s, armement m.

ARMY s, armée f.
RESERVE ARMY OF THE UNEMPLOYED, armée de réserve des chômeurs.

ARRANGE v, arranger, ordonner, organiser, (s') entendre.
to ARRANGE FOR A MEETING, organiser un rendez-vous.
to ARRANGE TERMS (IN ASCENDING OR DESCENDING ORDER), ordonner les termes (d'un polynôme).
to ARRANGE A TRIP, organiser un voyage.

ARRANGED a, arrangé, convenu, ordonné.
at an ARRANGED PRICE, à (un) prix débattu, convenu.

ARRANGEMENT s, arrangement m, accord m, entente f, aménagement m, disposition f.
to COME TO AN ARRANGEMENT WITH CREDITORS, parvenir à un accord avec ses créanciers.
PRICE BY ARRANGEMENT, prix à débattre.
PRIVATE ARRANGEMENT, accord à l'amiable.

ARRAY s, série f ordonnée, tableau m.
CLOSED ARRAY, tableau fermé.

ARREAR s, arriéré m, arrérages m. pl.
ARREARS OF INTEREST, intérêts arriérés; intérêts échus et non payés.
ARREARS OF WAGES, rappel de salaires.
to FALL INTO ARREARS, arrérager.
INTEREST IN ARREARS, intérêts arriérés; intérêts échus et non payés.
RENT IN ARREAR, loyer en retard; arriéré de loyer.
SALARY WITH ARREARS AS FROM, traitement avec rappel depuis.

ARREARAGE s, retard m, U.S: arriéré m.

ARREST s, arrestation f, arrêt m.
WARRANT OF ARREST, mandat d'arrêt.

ARRIVAL s, arrivée f, arrivage m.
ARRIVAL RATE, taux des arrivées (dans une file).
BATCH ARRIVAL, arrivée par groupes.
DAILY ARRIVALS, arrivages quotidiens.
PORT OF ARRIVAL, port d'arrivée.

ARRIVE v, arriver, parvenir.
to ARRIVE AT A PRICE, parvenir à un prix; calculer un prix.

ART s, art m.

ARTEL s, U.R.S.S: association f coopérative.
PRODUCER CO-OPERATIVE ARTELS, U.R.S.S: associations coopératives de production.

ARTICLE s, article m, objet m, clause f, statut m.
ARTICLES OF ASSOCIATION*, clauses des statuts; U.K: règlement intérieur (faisant partie des statuts de la société).
ARTICLE OF FOREIGN MANUFACTURE, article de fabrication étrangère.
ARTICLE IN GREAT REQUEST, article très demandé.
ARTICLE HARD TO GET RID OF, article difficile à écouler.
ARTICLES OF PARTNERSHIP*, acte d'association (peu utilisé).
ARTICLE OF VALUE, objet de valeur.
to COST AN ARTICLE, établir le prix de revient d'un article.
to DISCONTINUE THE PRODUCTION OF AN ARTICLE, arrêter la production d'un article.
FAULTY ARTICLE, article défectueux.
GENUINE ARTICLE, article garanti d'origine.
MEMORANDUM AND ARTICLES OF ASSOCIATION*, U.K: statuts.
one-PRICE ARTICLE, article à prix unique.
PROVIDED BY THE ARTICLES, prévu par les statuts.
to PUT AN ARTICLE ON THE MARKET, lancer un produit sur le marché.
RESERVE PROVIDED BY THE ARTICLES, réserve statutaire.
RETURNED ARTICLE, rendu; laissé pour compte.
TAXABLE ARTICLE, bien taxable.
VALUABLE ARTICLE, objet de valeur.

ARTIFICER s, ouvrier m, artisan m.

ARTIFICIAL a, artificiel, factice.
ARTIFICIAL FERTILIZERS, engrais chimiques.
ARTIFICIAL MANURE, engrais artificiel.
ARTIFICIAL SILK, soie artificielle.

ARTISAN s, artisan m.

ASCENDING a, ascendant.
ASCENDING SERIES, série ascendante.

ASCERTAIN v, établir.
to ASCERTAIN THE COST, établir le prix de revient.
to ASCERTAIN THE VALUE, établir la valeur.

ASK v, demander.
to ASK FOR A RISE, demander une augmentation.
to ASK FOR SECURITY, demander une caution, une garantie.
to ASK FOR TIME, demander un délai.

ASKED a, demandé.
PRICE ASKED, prix demandé.

ASPIRATION s, aspiration f.
LEVEL OF ASPIRATION, niveau d'aspiration.

ASSEMBLE v, assembler.

ASSEMBLING s, assemblage m, convocation f.

ASSEMBLY s, assemblement m, assemblée f, montage m.
ASSEMBLY-LINE, chaîne de montage.
CONVENTIONAL ASSEMBLY, assemblée conventionnelle.
LEGISLATIVE ASSEMBLY, Assemblée législative.
NATIONAL ASSEMBLY, Assemblée nationale.
PRODUCTION AND ASSEMBLY, production et montage.

ASSESS v, établir, répartir, coter, évaluer, déterminer.
to ASSESS THE DAMAGES, fixer des dommages et intérêts; évaluer les dégâts.
to ASSESS A PROPERTY FOR TAXATION, évaluer une propriété aux fins d'imposition.
COMPENSATION TO BE ASSESSED, compensation à déterminer.

ASSESSABLE a, imposable, répartissable, taxable.

ASSESSED a, établi, réparti, imposé, taxé.
ASSESSED TAXES, impôts directs.
PEOPLE ASSESSED FOR SURTAX, personnes assujetties à la surtaxe.

ASSESSMENT s, répartition f, évaluation f, estimation f, imposition f, fixation f, taxation f, cote f, cotisation f, taux m.
ARBITRARY ASSESSMENT, imposition, taxation, d'office.
ASSESSMENT OF DAMAGES, fixation de dommages et intérêts.
ASSESSMENT ON INCOME, impôt sur le revenu.
ASSESSMENT ON LANDED PROPERTY, cote foncière.
ASSESSMENT OF MARKET PROSPECTS, évaluation des perspectives du marché.
ASSESSMENT OF THE VALUE OF, estimation de la valeur de.
BASIS OF ASSESSMENT, assiette des impôts.
NOTICE OF ASSESSMENT, avertissement (des contributions).
OVER-ASSESSMENT, surimposition.
REDUCED ASSESSMENT, dégrèvement partiel.
TAX ASSESSMENT, assiette de l'impôt.
YEAR OF ASSESSMENT, année d'imposition.

ASSESSOR s, assesseur m, répartiteur m, contrôleur m.
ASSESSOR OF TAXES, contrôleur des contributions (directes).

ASSET s, avoir m, actif m, capital m, bien m, effet m, valeur f, fonds m. pl.
APPRECIATION OF ASSETS, plus-value d'actif.
ASSETS, masse active; masse.
ASSETS ADD UP TO, l'actif s'élève à.
ASSETS OF THE CENTRAL BANK, avoirs totaux de la banque centrale.
ASSETS ENCUMBERED WITH A CHARGE, actifs grevés d'une hypothèque; actifs gagés.
ASSETS HARDLY REALIZABLE, actif difficilement réalisable.
ASSETS AND LIABILITIES, actif et passif.
ASSETS AND LIABILITIES (OF A BANK), avoirs et engagements (d'une banque).
ASSET VALUATION RESERVE, provision pour évaluation d'actif.
AVAILABLE ASSETS, actif disponible, liquide.
CAPITAL ASSETS, actif immobilisé.
CIRCULATING ASSETS, capitaux circulants.
CONCEALMENT OF ASSETS, dissimulation d'actif.
CURRENT ASSETS, actif réalisable et disponible; actifs de roulement.
DISCOUNT ASSETS, effets escomptés.
DWINDLING OF ASSETS, dépérissement de capital.
EARNING ASSETS, actifs lucratifs.
ESTIMATE OF THE FUTURE YIELD OF CAPITAL ASSETS, estimation du rendement futur des capitaux.
EXCESS OF ASSETS OVER LIABILITIES, excédent de l'actif sur le passif.
EXPLOITATION OF A WASTING-ASSET, exploitation d'un bien consomptible.
FICTITIOUS ASSETS, actif fictif.
FINANCIAL ASSETS, avoirs financiers.
FIXED ASSETS, immobilisations.
FIXED ASSETS REQUIREMENT, U.S: proportion nécessaire d'immobilisations.
FLOATING ASSETS, capitaux circulants, flottants.
FOREIGN CURRENCY ASSETS, avoirs en monnaies étrangères.
FROZEN ASSETS, fonds non liquides; fonds bloqués.
INSUFFICIENCY OF ASSETS, insuffisance d'actif.
INTANGIBLE ASSETS, actif incorporel.
INVESTMENT IN FIXED ASSETS, investissements fixes.
LENGTH OF LIFE OF DURABLE ASSETS, longévité des capitaux durables.
LIQUID ASSETS, actif liquide.
MOVABLE ASSETS, biens meubles.
NET ASSETS, actif net.
OVERVALUATION OF ASSETS, surévaluation des avoirs.
PERMANENT ASSETS, actif immobilisé; capital fixe.
PERSONAL ASSETS, biens meubles.
PHYSICAL ASSETS, biens corporels.
PLEDGED ASSETS, biens gagés.
RATIO OF LIQUID ASSETS TO CURRENT LIABILITIES, coefficient, degré, de liquidité.
REAL ASSETS, biens immobiliers.
REALIZABLE ASSETS, actif réalisable.
REVENUE ASSETS, capitaux mobiles, circulants.
STATEMENT OF ASSETS AND LIABILITIES, relevé de l'actif et du passif.
SURPLUS OF ASSETS OVER LIABILITIES, excédent de l'actif sur le passif.

to TAKE OVER THE ASSETS AND LIABILITIES, prendre en charge l'actif et le passif.
TANGIBLE ASSETS, valeurs matérielles, tangibles; biens corporels.
TOTAL ASSETS, total de l'actif.
TRADING ASSETS, actif engagé.
UNDERVALUATION OF THE ASSETS, sous-estimation, minoration, de l'actif.
UNMARKETABLE ASSETS, actif non réalisable.
VALUATION OF ASSETS, évaluation des actifs.
VALUE OF ASSETS, valeur des actifs.
VALUE OF FIXED ASSETS, valeur des immobilisations.
WASTING-ASSETS, actifs défectibles.

ASSIDUITY s, assiduité f.

ASSIGN s, ayant cause m, ayant droit m, attributaire m.

ASSIGN v, assigner, transmettre, donner, céder, transférer.
to ASSIGN A PATENT TO, transmettre un brevet à.
to ASSIGN SHARES TO, céder des actions à.
to ASSIGN A VALUE TO A PARAMETER, donner une valeur à un paramètre.

ASSIGNABLE a, attribuable, afférent à, cessible, transférable.
RATES ASSIGNABLE TO AN ESTATE, U.K: contributions afférentes à une terre.

ASSIGNATION s, répartition f, attribution f, cession f, transfert m.
DEED OF ASSIGNATION, acte attributif; acte de transfert.

ASSIGNED a, assigné, transmis, donné, cédé, transféré.
RANK ASSIGNED TO A DEBT, rang assigné à une créance.

ASSIGNEE s, syndic m, ayant cause m, ayant droit m, cessionnaire m.

ASSIGNMENT s, affectation f, attribution f, cession f, apport m, transport m, transfert m, transmission f.
ASSIGNMENT OF DEBTS, transport-cession de créances.
ASSIGNMENT OF A PATENT, cession d'un brevet.
ASSIGNMENT OF PROPERTY (TO CREDITORS), cession de biens (à des créanciers).
DEED OF ASSIGNMENT, acte attributif; acte de transfert.

ASSIGNOR s, cédant m.
OFFICIAL ASSIGNOR*, liquidateur officiel (bourse).

ASSIMILATE v, assimiler.

ASSIMILATION s, assimilation f, comparaison f.

ASSIST v, aider, assister.

ASSISTANCE s, assistance f, secours m.
NATIONAL ASSISTANCE, assistance publique.
TECHNICAL ASSISTANCE, assistance technique.

ASSISTANT s, assistant m, aide m, commis m.
SHOP-ASSISTANT, commis de magasin; vendeur.

ASSOCIATE a, associé, adjoint.
ASSOCIATE PROFESSOR, professeur associé.

ASSOCIATED a, associé, lié.
ASSOCIATED SCIENCES, disciplines associées.
ASSOCIATED VARIABLE, variable liée.

ASSOCIATION s, association f, société f, syndicat m, union f.
ARTICLES OF ASSOCIATION*, clauses des statuts, U.K: règlement intérieur (faisant partie des statuts de la société).
EUROPEAN FREE TRADE ASSOCIATION, Association européenne de libre-échange (AELE).
to FORM AN ASSOCIATION*, constituer une société.
GUARANTEE ASSOCIATION, caisse de garantie.
INTERNATIONAL DEVELOPMENT ASSOCIATION, Association internationale pour le développement.
MEMORANDUM AND ARTICLES OF ASSOCIATION*, U.K: statuts.
PRODUCERS' ASSOCIATION, syndicat de producteurs.
TRADE ASSOCIATIONS, associations professionnelles.

ASSOCIATIONISM* s, fouriérisme m.

ASSOCIATIVE a, associatif, d'association f.
ASSOCIATIVE LAW, associativité.
ASSOCIATIVE PROPERTY, associativité.

ASSORTMENT s, assortiment m.

ASSUMABLE a, présumable.

ASSUME v, assumer, supposer, présumer.
to ASSUME THE DIFFICULTIES AWAY, supposer toutes les difficultés résolues.
to ASSUME ALL RISKS, assumer tous les risques.
LET US ASSUME THAT, supposons que.

ASSUMED a, supposé, présumé.
ASSUMED RATE OF INCREASE, taux d'accroissement présumé.

ASSUMING adv, à supposer que; en admettant que.
ASSUMING FREE COMPETITION, dans le cas d'une libre concurrence.

ASSUMPTION s, supposition f, hypothèse f, postulat m.
ASSUMPTION OF EQUALITY BETWEEN, hypothèse d'égalité entre.

the ASSUMPTIONS MADE ARE SUFFICIENTLY REALISTIC, les hypothèses faites sont suffisamment réalistes.
BASIC ASSUMPTION, hypothèse de base, fondamentale.
FAR-REACHING ASSUMPTION, hypothèse de grande portée.
GROUNDLESS ASSUMPTION, supposition gratuite.
ORIGINAL ASSUMPTION, hypothèse première.
UNDERLYING ASSUMPTION, hypothèse sous-jacente.

ASSUMPTIVE a, hypothétique.

ASSURABLE a, assurable.

ASSURANCE s, assurance f, promesse f.
ASSURANCE COMPANY, compagnie d'assurances.
ASSURANCE POLICY, police d'assurance.
LIFE ASSURANCE, assurance sur la vie.

ASSURE v, assurer.

ASSURED s, assuré m.

ASSURER s, assureur m.

ASTERISK s, astérisque m.

ASYMMETRIC(AL) a, asymétrique, dissymétrique.
ASYMMETRICAL DISTRIBUTION, distribution dissymétrique.
ASYMMETRIC INCOME-EFFECT, effet de revenu asymétrique.
MODERATELY ASYMMETRICAL DISTRIBUTION, distribution modérément asymétrique.
SYMMETRICAL AND ASYMMETRICAL CURVES, courbes symétriques et dissymétriques, obliques.

ASYMMETRY s, asymétrie f, dissymétrie f.
ASYMMETRY OF A DISTRIBUTION, dissymétrie d'une distribution.
ASYMMETRY BETWEEN SUPPLY AND DEMAND, asymétrie entre l'offre et la demande.

ASYMPTOTE s, asymptote f.
LOWER ASYMPTOTE, asymptote inférieure.
UPPER ASYMPTOTE, asymptote supérieure.

ASYMPTOTIC(AL) a, asymptotique, asymptote.
ASYMPTOTIC CURVE, courbe asymptote.
ASYMPTOTIC LINE, ligne asymptote.

ATMOSPHERE s, atmosphère f.

ATOM s, atome m.

ATOMIC a, atomique.
ATOMIC ENERGY COMMISSION, U.S: Commission de l'énergie atomique.
EUROPEAN ATOMIC ENERGY COMMUNITY, Communauté européenne de l'énergie atomique.

ATOMICITY s, atomicité f.

ATOMISTIC a, atomistique.
ATOMISTIC COMPETITION, concurrence atomistique.

ATTACHED a, attaché, afférent à, annexé.
ATTACHED HERETO, annexé aux présentes.
DEBTOR ATTACHED, débiteur saisi.
SALARY ATTACHED TO, salaire afférent à.

ATTAIN v, atteindre, (s') élever.
to ATTAIN HAPPINESS, atteindre le bonheur.
to ATTAIN A HIGHER INDIFFERENCE CURVE, s'élever à une courbe d'indifférence supérieure.
to ATTAIN AN OBJECTIVE, atteindre un objectif.

ATTAINABLE a, accessible, réalisable.
ATTAINABLE RATE OF GROWTH, taux de croissance réalisable.

ATTAINMENT s, réalisation f.

ATTEMPT s, tentative f, attentat m (à la vie de quelqu'un).

ATTENDANCE s, fréquentation f, présence f.
ANNUAL CINEMA ATTENDANCE, fréquentation annuelle des cinémas.
non-ATTENDANCE, absence.

ATTENUATION s, atténuation f.

ATTITUDE s, attitude f, comportement m, état m d'esprit m.
ACTUAL ATTITUDE OF WORKERS TOWARDS, comportement effectif des ouvriers à l'égard de.

ATTITUDINAL a, relatif au comportement m.
ATTITUDINAL RESEARCH, recherche sur les comportements.

ATTORNEY* s, procureur m, mandataire m, avocat m.
ATTORNEY IN FACT, mandataire.
ATTORNEY GENERAL, U.S: procureur général, ministre de la Justice.
ATTORNEY AT LAW, avocat.
DISTRICT ATTORNEY*, U.S: procureur.
to EXECUTE A POWER OF ATTORNEY, signer une procuration.
PRIVATE ATTORNEY*, fondé de pouvoir.
POWER OF ATTORNEY, procuration.

ATTRACTION s, attraction f, gravité f.
CENTRE OF ATTRACTION, centre de gravité.

ATTRACTIVE a, attrayant, intéressant, attractif.
ATTRACTIVE PRICES, prix intéressants.

ATTRIBUTABLE a, imputable, attribuable, dû.

ATTRIBUTE s, attribut m.

AUCTION* s, enchère(s) f, criée f, adjudication f.
by AUCTION, par voie d'adjudication.
AUCTION-ROOM, salle des ventes.
AUCTION-SALE, vente aux enchères.
DUTCH AUCTION, enchères au rabais.
NOTICE OF SALE BY AUCTION, avis de vente aux enchères.
to PUT UP FOR AUCTION, mettre aux enchères.
to SELL AT AUCTION, vendre aux enchères.

AUCTION* v, vendre aux enchères f. pl, à la criée.

AUCTIONEER* s, commissaire-priseur m.

AUDIENCE s, audience f, assistance f (à une conférence, au théâtre).

AUDIT* s, vérification f, vérification comptable.
AUDIT-OFFICE*, cour des comptes.

AUDIT v, vérifier et certifier, apurer.
to AUDIT THE ACCOUNTS, vérifier et certifier les comptes.

AUDITING* s, vérification f et certification f (des écritures f. pl), apurement m.

AUDITOR* s, commissaire m aux comptes m. pl, expert m comptable.
AUDITOR'S FINAL DISCHARGE, quitus.
AUDITOR-GENERAL, U.K: vérificateur des comptes.

AUGMENT v, augmenter.

AUGMENTATION s, augmentation f, aggravation f.

AUSTERITY s, austérité f.
AUSTERITY MEASURES, mesures d'austérité.
AUSTERITY POLICY, politique d'austérité.

AUSTRIAN a, autrichien.
AUSTRIAN ECONOMISTS, économistes de l'école autrichienne.
AUSTRIAN SCHOOL, école autrichienne (marginaliste).

AUTARKY s, autarcie f.

AUTHENTIC a, authentique.

AUTHOR s, auteur m.

AUTHORITY s, autorité f, administration f, institution f, collectivité f, pouvoir m.
AUTHORITIES, pouvoirs publics.
LOCAL AUTHORITIES, collectivités locales.
MISUSE OF AUTHORITY, abus de pouvoir.
MONETARY AUTHORITIES, autorités monétaires.
PUBLIC AUTHORITIES, pouvoirs publics.
PUBLIC INTERNATIONAL AUTHORITIES, institutions publiques internationales.
REVENUE AUTHORITIES, fisc; agents du fisc.
TAXATION AUTHORITIES, administration fiscale.

AUTHORIZATION s, autorisation f, pouvoir m.

AUTHORIZED a, autorisé, agréé, accrédité.
AUTHORIZED CAPITAL DIVIDED INTO 100 SHARES, capital social (autorisé) divisé en 100 actions.
AUTHORIZED DEALER, cambiste agréé.
DULY AUTHORIZED REPRESENTATIVE, représentant dûment accrédité.

AUTOMATED a, automatisé.
AUTOMATED MANAGEMENT, gestion automatisée.
AUTOMATED PRODUCTION MANAGEMENT, gestion de production automatisée.

AUTOMATIC a, automatique.
AUTOMATIC CODING, codage automatique.
AUTOMATIC DATA PROCESSING SYSTEM, système automatique de traitement de l'information.
AUTOMATIC PROGRAMMING, programmation automatique.
AUTOMATIC STABILIZERS, stabilisateurs automatiques.
AUTOMATIC TELEPHONE, (téléphone) automatique.

AUTOMATICS s. pl, automatique f.

AUTOMATION s, automation f.

AUTOMATISM s, automatisme m.

AUTOMATIZATION s, automatisation f.

AUTOMATON s, automate m.

AUTOMOBILE s, U.S: automobile f.

AUTONOMOUS a, autonome.
AUTONOMOUS INVESTMENT, investissement autonome.

AUTONOMY s, autonomie f.

AUXILIARY a, auxiliaire, subsidiaire.

AUXILIARY STORAGE, mémoire auxiliaire.
AUXILIARY VARIABLE, variable auxiliaire.

AVAILABILITY s, disponibilité f.
non-AVAILABILITY, non-disponibilité.
AVAILABILITY OF RESOURCES, ressources disponibles.

AVAILABLE a, disponible, utilisable.
APPARENT AVAILABLE SUPPLIES, disponibilités apparentes.
AVAILABLE ASSETS, actif disponible, liquide.
AVAILABLE FUNDS, fonds disponibles; disponibilités.
AVAILABLE RESOURCES, ressources disponibles.
DATA NOT AVAILABLE, données non disponibles.
POTENTIALLY AVAILABLE, existant en puissance.

AVERAGE a, moyen, commun.
AVERAGE ACCESS TIME, temps d'accès moyen.
AVERAGE COST, coût moyen; prix de revient moyen.
AVERAGE COST PER UNIT, coût unitaire moyen.
AVERAGE DEVIATION, écart moyen absolu.
AVERAGE DUE DATE, échéance commune.
AVERAGE DURABILITY OF CAPITAL, longévité moyenne de l'équipement.
of AVERAGE HEIGHT, de taille moyenne.
AVERAGE OVERDRAFT, découvert moyen.
AVERAGE PERIOD, durée moyenne.
AVERAGE PERIOD OF INVESTMENT, durée moyenne d'investissement.
AVERAGE PERIOD OF PRODUCTION, période moyenne de production.
AVERAGE PRICE, prix moyen.
AVERAGE PRODUCT, produit moyen.
AVERAGE PRODUCTIVITY, productivité moyenne.
AVERAGE PROPENSITY TO CONSUME, propension moyenne à consommer.
AVERAGE QUALITY LEVEL, niveau de qualité moyenne.
AVERAGE RATE OF INCREASE, taux d'accroissement moyen.
AVERAGE-REVENUE CURVE, courbe de la recette moyenne.
AVERAGE SALES, moyenne des ventes.
AVERAGE TARE, tare moyenne.
AVERAGE TOTAL COST, coût total moyen.
AVERAGE UNIT VALUE, valeur unitaire moyenne.
AVERAGE VARIABLE COST, coût variable moyen.
AVERAGE YIELD, rendement moyen.
FAIR AVERAGE QUALITY, qualité commerciale.
GOOD AVERAGE QUALITY, bonne qualité moyenne.
INDEX-NUMBERS OF THE VOLUME AND AVERAGE VALUE (OF EXTERNAL TRADE), indices du volume et des valeurs moyennes (du commerce extérieur).
LINE OF AVERAGE RELATIONSHIP, droite d'ajustement, d'estimation.

AVERAGE s, moyenne f, avarie f.
ABOVE THE AVERAGE, au-dessus de la moyenne.
ARITHMETIC AVERAGE, moyenne arithmétique.
on the AVERAGE, en moyenne.
AVERAGE CORRECTED FOR SEASONAL VARIATIONS, moyenne corrigée des variations saisonnières.
BELOW THE AVERAGE, au-dessous de la moyenne.
GENERAL AVERAGE, avaries communes.
GEOMETRIC AVERAGE, moyenne géométrique.
GROSS AVERAGE, grosses avaries.
HARMONIC AVERAGE, moyenne harmonique.
METHOD OF AVERAGES, méthode des moyennes.
METHOD OF MOVING AVERAGES, méthode des moyennes mobiles.
METHOD OF RATIOS TO MONTHLY AVERAGES, méthode des rapports à la moyenne mensuelle.
MOVING AVERAGES, moyennes mobiles.
ORDINARY AVERAGE, avarie(s) simple(s).
PARTICULAR AVERAGE, avarie(s) particulière(s).
PETTY AVERAGE, petite avarie.
POINT OF AVERAGES, point moyen (du nuage de points).
ROUGH AVERAGE, moyenne approximative.
to STRIKE A ROUGH AVERAGE, établir une moyenne approximative.
to TAKE AN AVERAGE OF RESULTS, faire la moyenne des résultats.
WEIGHTED AVERAGE, moyenne pondérée.
WEIGHTED GEOMETRIC AVERAGE, moyenne géométrique pondérée.
WEIGHTED HARMONIC AVERAGE, moyenne harmonique pondérée.

AVERAGE v, faire la moyenne, s'élever en moyenne à.
SALES AVERAGE (SO MUCH), la moyenne des ventes (est de).

AVERAGING s, les moyennes f. pl (bourse).

AVIATION s, aviation f.
INTERNATIONAL CIVIL AVIATION ORGANIZATION, Organisation internationale de l'aviation civile.

AVIONICS s. pl, U.S: électronique f aéronautique.

AVOID v, éviter, résoudre (un contrat), annuler.

AVOIDABLE a, évitable.

AVOIDANCE s, résiliation f, annulation f, résolution f (d'un contrat).

AWARD* s, sentence f arbitrale, dommages-intérêts m. pl, adjudication f.
ARBITRATION AWARD, sentence d'arbitrage.

AWARD v, allouer, adjuger, accorder.
to AWARD AN INCREASE IN SALARY, accorder une augmentation de salaire.

AXIOM s, axiome m.
CONSISTENCY OF AXIOMS, cohérence des axiomes.
AXIOM SET, axiomatique.

AXIOMATIC(AL) a, axiomatique, évident.
AXIOMATIC PROPOSITION, proposition, thèse, axiomatique.

AXIOMATICS s. pl, axiomatique f.

AXIOMATIZATION s, axiomatisation f.

AXIS s, axe m.
AXIS OF AN ELLIPSE, axe d'une ellipse.
AXIS OF REVOLUTION, axe de révolution.
CURVE CONCAVE TO THE AXES, courbe concave par rapport aux axes.
POSITION WITH REFERENCE TO TWO AXES, position par rapport à deux axes.
SYMMETRY AXIS, axe de symétrie.
TRANSVERSE AXIS, axe transverse.
X-AXIS, axe des abscisses.
Y-AXIS, axe des ordonnées.

BACK *s*, dos *m*, verso *m*.
BACK OF A BILL, verso, dos, d'un effet.
PAPER-BACK, livre broché; paper-back.

BACK *adv*, arrière, en arrière.
BACK INTEREST, arrérages.
BACK PAY, rappel de traitement.
BACK PAYMENT, arrérage.
BACK RENT, arriéré(s) de loyer.
FEED-BACK EFFECT, effet de retour.

BACK *v*, donner son aval *m*, avaliser, endosser.
to BACK A BILL, avaliser, endosser, un effet.

BACKED *a*, avalisé, endossé, garanti.
BACKED BILLS, effets avalisés; papier fait.
PAPER MONEY BACKED BY GOLD, monnaie de papier garantie par l'or.

BACKER *s*, donneur *m* d'aval *m*, avaliste *m*, commanditaire *m*.

BACK-EXPERIENCE *s*, éducation *f*, profession *f*.

BACKGROUND *s*, arrière-plan *m*, expérience *f* (professionnelle).

BACKING *s*, couverture *f*, garantie *f*.
GOLD BACKING OF THE CURRENCY, couverture or de la monnaie.

BACKLOG *s*, arriéré *m*, carnet *m* de commandes *f. pl*, commandes en attente *f*.

BACKWARD *a*, arriéré, rétrograde, rétrospectif, indirect.
BACKWARD-BENDING CURVE, courbe à rebroussement.
BACKWARD COUNTRY, pays arriéré.
BACKWARD EQUATION, équation rétrospective.
BACKWARD INTEGRATION, intégration verticale à partir de produits finis.
BACKWARD METHOD, méthode rétrograde; méthode indirecte.
BACKWARD SHIFTING OF A TAX, rejet en amont d'un impôt.

BACKWARDATION *s*, déport *m*.
BACKWARDATION RATE, taux des déports.
NORMAL BACKWARDATION, déport normal.

BACKWARDNESS *s*, retard *m*, arriération *f*.

BAD *a*, mauvais, faux, douteux.
BAD CLAIM, réclamation mal fondée; mauvaise créance.
BAD COIN, fausse monnaie.
BAD DEBT, mauvaise créance; créance douteuse, irrécouvrable.
BAD DEBTS RESERVE, provision pour créances douteuses.
in BAD FAITH, de mauvaise foi.
BAD HARVEST, mauvaise récolte.
BAD HUSBANDRY, mauvaise administration; gaspillage.
BAD MONEY DRIVES OUT GOOD, la mauvaise monnaie chasse la bonne.
BAD NAME, mauvaise réputation.
BAD PAPER, mauvais papier.
to WRITE OFF A BAD DEBT, passer une créance par pertes et profits.

BADLY *adv*, mal.
BADLY PRESERVED, en mauvais état de conservation.
MONEY IS COMING IN BADLY, les fonds rentrent mal.

BAG *s*, sac *m*.
MONEY-BAG, sacoche.

BAGGAGE *s*, bagage *m*.

BAIL *s*, caution *f*, cautionnement *m*, garant *m*, répondant *m*.
to BE GIVEN BAIL, être mis en liberté provisoire sous caution.
to GO BAIL FOR, se porter garant pour.

BAIL *v*, cautionner, se porter caution *f*.

BALANCE *s*, balance *f*, solde *m*, reliquat *m*, résidu *m*, équilibre *m*, pondération *f*, contrepoids *m*, soulte *f*, proportion *f*, appoint *m*.
ACTIVE BALANCE, balance excédentaire.
ADVERSE BALANCE, balance déficitaire.
BALANCE OF AN ACCOUNT, solde, balance, d'un compte.
BALANCE OF BIRTHS, DEATHS AND MIGRATION, équation d'équilibre des naissances, des décès et de la migration nette.
BALANCE BROUGHT DOWN, solde à nouveau.
BALANCE CARRIED FORWARD, report.
BALANCE IN CASH, soulte; soulte d'échange.
BALANCE ON CURRENT ACCOUNT, balance des paiements courants; solde d'un compte courant.
BALANCE FROM CURRENT REVENUES, solde des recettes courantes.
BALANCE DUE, solde dû.
BALANCE OF EXTERNAL CLAIMS AND LIABILITIES, balance de l'endettement international; balance des comptes.
BALANCE IN HAND, solde en caisse.
BALANCE OF INTERNATIONAL PAYMENTS, balance internationale des paiements.
BALANCE METHOD, méthode par soldes; méthode hambourgeoise.
BALANCE OF PAYMENTS, balance des paiements.
BALANCE OF PAYMENTS CRISIS, crise de la balance des paiements.
BALANCE OF PAYMENTS MANUAL, manuel des balances des paiements.
BALANCE OF PAYMENTS SURPLUSES AND DEFICITS, excédents et déficits des balances des paiements.
BALANCE-SHEET, bilan.
BALANCE-SHEET SHOWING A PROFIT, bilan bénéficiaire.
the BALANCE STANDS AT, le solde s'élève à.
BALANCE OF TRADE, balance commerciale.
BANK BALANCE, solde en banque; solde à la banque.
BASIC BALANCE OF PAYMENTS, balance fondamentale des paiements.
BLOCKED BALANCES, balances gelées.
to CARRY OVER A BALANCE, reporter un solde.
CLEARING AGREEMENT BALANCES, soldes des accords de paiement et de compensation.
CONSOLIDATED BALANCE-SHEET, bilan synthétique.
CREDIT BALANCE, solde créditeur.
DEBIT BALANCE, solde débiteur.
DETERIORATION OF THE BALANCE OF PAYMENTS, détérioration de la balance des paiements.
DOLLAR BALANCES, balances dollar.
DORMANT BALANCE, solde inactif.
FAKED BALANCE-SHEET, bilan truqué.
FAVOURABLE TRADE BALANCE, balance commerciale favorable.
FINAL BALANCE, solde net.
FOOD BALANCE-SHEET, bilan alimentaire.
FRAUDULENT BALANCE-SHEET, faux bilan.
FUNDAMENTAL BALANCE, balance de base.
GENERAL BALANCE-SHEET, bilan d'ensemble.
to GET OUT A BALANCE-SHEET, établir un bilan.
LACK OF BALANCE, déséquilibre.

NIL BALANCE, solde nul.
OLD BALANCE, solde ancien.
PASSIVE BALANCE OF TRADE, balance commerciale déficitaire.
to PAY THE BALANCE, verser le solde.
PROFIT BALANCE, solde bénéficiaire.
RECEIPT ON THE BALANCE, quittance finale; reçu libératoire.
REDUCING-BALANCE METHOD, méthode de l'amortissement décroissant.
SCHEDULES TO A BALANCE-SHEET, annexes d'un bilan.
SECOND TRIAL BALANCE, balance d'inventaire.
SHORT TRIAL BALANCE, balance d'inventaire.
to SHOW A BALANCE, présenter un solde.
to SHOW A CREDIT BALANCE, présenter un solde créditeur.
to SHOW A DEBIT BALANCE, présenter un solde débiteur.
STERLING BALANCES, balances sterling.
to STRIKE A BALANCE BETWEEN, faire, établir, la balance.
SYSTEM OF CHECKS AND BALANCES, système de freins et de contrepoids.
TRADE BALANCE, balance commerciale.
TRIAL BALANCE, balance d'ordre, de vérification.
UNCOVERED BALANCE, découvert.
UNEXPENDED BALANCE, solde non dépensé.
UNFAVOURABLE BALANCE OF TRADE, balance commerciale défavorable.
UNSPENT BALANCE, solde non dépensé.
WANT OF BALANCE, déséquilibre.

BALANCE v, (s') équilibrer, (se) balancer, (se) solder.
to BALANCE AN ACCOUNT, balancer, solder, un compte.
to BALANCE THE BUDGET, équilibrer le budget.

BALANCED a, équilibré, compensé, pondéré, stable.
BALANCED-BUDGET MULTIPLIER, effet multiplicateur d'un budget équilibré (d'expansion).
BALANCED GROWTH, croissance équilibrée.
BALANCED SAMPLE, échantillon compensé.
ILL-BALANCED, mal équilibré.

BALANCING a, pondérateur, compensateur, rééquilibrant, équilibrant.
BALANCING ITEMS, postes rééquilibrants.
BALANCING PROPERTY OF THE ACCOUNTS, équilibre obligatoire des comptes.
SELF-BALANCING, autoéquilibrant.

BALANCING s, mise f en équilibre m, règlement m, solde m, pondération f.
BALANCING OF ACCOUNTS, règlement, solde, des comptes.
BALANCING BETWEEN RECEIPTS AND EXPENDITURES, équilibre entre recettes et dépenses.

BALLAST s, lest m.
VESSELS IN BALLAST, navires sur lest.

BALLOT s, scrutin m, vote m.

BANG v, frapper, casser, faire baisser.
to BANG THE MARKET, casser les cours; faire baisser les prix.

BANK s, banque f, caisse f, institut m.
AMALGAMATION OF (SEVERAL) BANKS, fusion de (plusieurs) banques.
ASSETS OF THE CENTRAL BANK, avoirs totaux de la banque centrale.
BANK ACCOUNT, compte en banque.
BANK BALANCE, solde en banque; solde à la banque.
BANK-BILL, effet (tiré par une banque sur une autre); U.S: billet de banque.
BANK-BOOK, livret de banque.
BANK CHARGES, frais bancaires.
BANK CHEQUE, chèque de banque; chèque bancaire.
BANK CLEARINGS, compensations bancaires.
BANK OF COMMERCE, banque de commerce; banque commerciale.
BANK COMMISSION, commission bancaire.
BANK CRASH, krach d'une banque.
BANK CREATION OF MONEY, création de monnaie scripturale.
BANK CREDIT, crédit bancaire.
BANK DEPOSIT, dépôt bancaire.
BANK OF DEPOSIT, banque de dépôt.
BANK DISCOUNT, escompte en dehors.
BANK OF DISCOUNT, banque d'escompte.
BANK OF ENGLAND, Banque d'Angleterre.
BANK WHICH HAS FAILED, banque qui a fait faillite.
BANK OF FRANCE RATE, taux d'escompte de la Banque de France.
BANK GUARANTEE, caution, garantie, de banque.
BANK-HOLIDAY, fête légale; jour férié.
BANK FOR INTERNATIONAL SETTLEMENTS, Banque des règlements internationaux.
BANK OF ISSUE, institut d'émission.
BANK MERGER, fusion de banques.
BANK MONEY, monnaie scripturale, bancaire.
BANK NOTE, billet de banque.

BANK NOTES OF SMALL DENOMINATIONS, billets de banque de petites coupures.
BANK OVERDRAFT, avance bancaire; découvert d'un compte en banque.
BANK RATE, taux d'escompte; escompte officiel.
BANK RETURN, situation de la banque.
BANK SECRECY, secret bancaire.
BANK SHARES, valeurs de banque.
BANK SMASH, krach d'une banque.
BANK STATEMENT, bordereau de situation d'un compte; U.K: situation de la Banque d'Angleterre.
BANK STOCK, U.S: valeurs de banque.
BANK TRANSFER, virement bancaire.
BANK WEEKLY STATEMENT, U.K: bilan hebdomadaire de la Banque d'Angleterre.
BRANCH BANK, succursale d'une banque.
BUSINESS BANK, banque commerciale.
CAPITAL RESERVES OF A BANK, réserves de trésorerie d'une banque.
CASH IN THE BANK'S TILL, espèces dans la caisse de la banque.
CASH HOLDINGS OF BANKS, avoirs des banques en monnaie fiduciaire.
CASH RESERVE OF A BANK, réserve en espèces d'une banque.
CENTRAL BANK, banque centrale.
to CHANGE A BANK NOTE, changer un billet de banque.
CLEARING BANKS, banques appartenant à une chambre de compensation; banques de clearing.
COMMERCIAL BANK, banque de commerce.
COMMISSION CHARGED BY THE BANK, commission prélevée par la banque.
COUNTRY BANK, banque provinciale.
CREATION OF BANK DEPOSITS, création de dépôts bancaires.
DATA BANK, banque de données.
DEPOSIT BANK, banque de dépôt(s).
DEPOSIT-MONEY BANK, banque de dépôt(s).
DISCOUNTING BANK, banque d'escompte.
DISTRICT BANK, banque régionale.
EUROPEAN INVESTMENT BANK, Banque européenne d'investissement.
FEDERAL RESERVE BANK, U.S: Banque de la réserve fédérale.
FORGED BANK NOTE, billet de banque contrefait.
GOVERNMENT BANK, banque d'État.
GOVERNMENT INSURANCE OF BANK DEPOSITS, garantie des dépôts bancaires par l'État.
GOVERNMENT REGULATION OF BANKS, U.S: réglementation des banques par l'État.
to HAND OVER A DRAFT TO A BANK FOR COLLECTION, mettre une traite en banque pour encaissement.
to INCORPORATE ONE BANK WITH ANOTHER, fusionner une banque avec une autre.
INTERNATIONAL BANK FOR RECONSTRUCTION AND DEVELOPMENT, Banque internationale pour la reconstruction et le développement.
INVESTMENT BANK, banque d'affaires.
INVESTMENTS BY BANKS, investissements des banques.
ISSUE OF BANK NOTES, émission de billets de banque.
JOINT-STOCK BANK, banque de dépôt par actions; société de crédit.
LAND BANK, banque hypothécaire.
LENDING BANK, banque de prêts.
LOAN BANK, caisse de prêts.
LOANS BY BANKS, prêts des banques.
LOCAL BANK, banque locale.
to LOWER THE BANK RATE, abaisser le taux de l'escompte.
MERCHANT BANKS, U.K: banques pour le commerce international.
MERGING OF SEVERAL BANKS, fusion de plusieurs banques.
MORTGAGE BANK, banque hypothécaire.
NATIONAL BANK, banque nationale.
OVERDRAFT OF A BANK ACCOUNT, découvert d'un compte en banque.
PARTNER IN A BANK, associé d'une maison de banque.
to PAY A CHEQUE INTO THE BANK, donner un chèque à l'encaissement.
POPULAR BANK SYSTEM, banques de crédit populaire.
POSITION AT THE BANK, situation en banque.
POST OFFICE SAVINGS BANK, caisse d'épargne postale.
POSTAL SAVINGS BANK, caisse d'épargne postale.
PRESENTING BANK, banque présentatrice.
PRIVATE BANK, banque privée.
PROPERTY LODGED WITH A BANK, avoirs déposés en banque.
PROVINCIAL BANK, banque de province.
RAISING OF THE BANK RATE, relèvement du taux officiel de l'escompte.
RATIO BETWEEN THE ISSUE OF BANK NOTES AND THE BULLION RESERVE, rapport entre l'émission des billets de banque et la réserve métallique.
RECORD OF A BANK, écritures d'une banque.
to REDISCOUNT OTHER BANKS' BILLS, réescompter le portefeuille d'autres banques.

to REDUCE THE BANK RATE, réduire, abaisser, le taux officiel d'escompte.
RELIABLE BANK, banque sérieuse.
RIGHT OF ISSUING BANK NOTES, privilège d'émission de billets de banque.
RISE IN THE BANK RATE, relèvement du taux de l'escompte.
RUN ON BANKS, retraits massifs de dépôts bancaires.
SAVINGS BANK, caisse d'épargne.
STATE BANK, banque d'État.
TRADE BANK, banque de commerce; banque commerciale.
WITHDRAWAL OF BANK DEPOSITS, retrait des dépôts bancaires.

BANK v, déposer en banque, à la banque.

BANKABLE a, bancable.
BANKABLE BILLS, papier bancable.

BANKER s, banquier m.
ACCREDITED BANKER, banquier accrédité.
a BANKER'S CUSTOMERS, les ayants compte, les clients, d'un banquier.
BANKER'S DRAFT, chèque bancaire, de banque.
BANKER'S REFERENCE, référence de banquier.
to DEPOSIT FUNDS WITH A BANKER, déposer des fonds chez un banquier.
DISCOUNTING BANKER, banquier d'escompte.
FUNDS DEPOSITED WITH A BANKER, fonds déposés chez un banquier.
ISSUING BANKER, banquier émetteur.
LENDING BANKER, banquier prêteur.
PAYING BANKER, banquier payeur.
SYNDICATE OF BANKERS, syndicat, consortium, de banquiers.

BANKING s, affaires f. pl bancaires, opérations f. pl bancaires, la banque.
BANKING ACCOUNT, compte en banque.
BANKING COMPANY, société bancaire.
BANKING ESTABLISHMENT, établissement de banque.
BANKING HOUSE, établissement bancaire.
BANKING MECHANISM, mécanisme bancaire.
BANKING POLICY, politique bancaire.
BANKING REGULATIONS, réglementation des banques.
BANKING SYNDICATE, consortium de banques.
CENTRAL BANKING THEORY, théorie du système de banque centrale.
FRACTIONAL RESERVE BANKING, banques à couvertures fractionnaires.

BANKRUPT s, failli m, banqueroutier m.
to ADJUDICATE SOMEONE A BANKRUPT*, déclarer quelqu'un en faillite.
BANKRUPT'S CERTIFICATE*, concordat.
BANKRUPT'S TOTAL ESTATE, masse des biens de la faillite.
to BE BANKRUPT, être en faillite.
CERTIFICATED BANKRUPT*, concordataire.
to DISCHARGE A BANKRUPT, réhabiliter un failli.
DISCHARGED BANKRUPT, failli réhabilité.
FRAUDULENT BANKRUPT, banqueroutier frauduleux.
to GO BANKRUPT, faire faillite.
SURRENDER OF A BANKRUPT'S PROPERTY, abandon des biens d'un failli à ses créanciers.

BANKRUPT v, mettre en faillite f, ruiner.

BANKRUPTCY* s, banqueroute f, faillite f, liquidation f.
ADJUDICATION OF BANKRUPTCY*, jugement déclaratif de faillite.
BANKRUPTCY PROCEEDINGS*, procédure de faillite.
DECREE IN BANKRUPTCY*, jugement déclaratif de faillite.
DISCHARGE IN BANKRUPTCY*, réhabilitation d'un failli.
JUDGMENT IN BANKRUPTCY*, jugement déclaratif de faillite.
PETITION IN BANKRUPTCY*, requête des créanciers (en déclaration de faillite).
to PROVE CLAIMS IN BANKRUPTCY AND LIQUIDATION, produire à une faillite et à une liquidation.
RECEIVER IN BANKRUPTCY*, syndic de faillite; administrateur judiciaire.
SPATE OF BANKRUPTCIES, série de faillites.
TRUSTEE IN BANKRUPTCY*, syndic de faillite.
TRUSTEESHIP OF A BANKRUPTCY*, syndicat d'une faillite.

BAR s, barre f, lingot m.
BAR-CHART, graphique en barre; graphique en tuyau d'orgue.
BAR GOLD, or en barre.
BAR SILVER, argent en barre.

BARE a, nu.
BARE CONTRACT, contrat à titre gratuit.
BARE MINIMUM OF SUBSISTENCE, minimum pur et simple de subsistance.
BARE OWNER, nu propriétaire.
BARE OWNERSHIP, nue propriété.
BARE SUBSISTENCE WAGE, salaire à peine suffisant pour vivre.

BARGAIN s, marché m, affaire f, cours m, négociation f, transaction f, occasion f, solde m.

BARGAIN FOR ACCOUNT, marché, négociation, à terme; marché à livrer.
BARGAIN FOR CASH, marché, négociation, au comptant.
BARGAINS DONE, cours faits (en bourse).
BARGAINS DONE FOR CASH, cours pratiqués au comptant.
BARGAINS DONE FOR SETTLEMENT, cours pratiqués à terme.
BARGAIN-HUNTING, chasse aux soldes.
BARGAIN FOR MONEY, marché, négociation, au comptant.
BARGAIN PRICES, prix de solde; prix exceptionnels.
BARGAIN-SALE, vente réclame.
to CONCLUDE A BARGAIN, arrêter, clore, un marché.
to DISCUSS THE CONDITIONS OF A BARGAIN, débattre les conditions d'un marché.
to DO A BARGAIN, faire un marché.
to ENTER INTO A BARGAIN, passer un marché.
EXCELLENT BARGAIN, affaire d'or.
FIRM BARGAIN, marché ferme.
GOOD BARGAIN, marché avantageux; bonne affaire.
LOSING BARGAIN, mauvais marché.
OPTION BARGAIN, marché à prime.
SETTLEMENT BARGAIN, marché à terme, à livrer.
to SNAP UP A BARGAIN, sauter sur une occasion.
to STRIKE A BARGAIN, conclure un marché.
TIGHT BARGAIN, transaction qui laisse très peu de marge.
TIME-BARGAIN, marché à terme; marché à livrer.
to TRANSACT A BARGAIN, faire un marché.
UNCONSCIONABLE BARGAIN, contrat léonin; affaire de dupes.

BARGAIN v, négocier, céder à vil prix m.

BARGAINEE s, acheteur m.

BARGAINER s, marchandeur m.

BARGAINING s, marchandage m, négociation f, contestation f, tractation f.
BARGAINING POSITION, situation permettant de négocier.
BARGAINING POWER, pouvoir de négociation; pouvoir de contestation.
COLLECTIVE BARGAINING, négociations de conventions collectives.

BARGAINOR s, vendeur m.

BARGE s, chaland m, péniche f.
COAL-BARGE, péniche à charbon.
MOTOR BARGE, péniche à moteur.

BARLEY s, orge f.

BAROMETER s, baromètre m.
BAROMETER OF THE BUSINESS CYCLE, baromètre du cycle économique.
BAROMETER OF THE MARKET, baromètre du marché.

BARRED a, périmé, prescrit. caduc.
STATUTE BARRED DEBT, dette prescrite.

BARREN a, stérile, improductif.
BARREN GOLD, or en barre.

BARRIER s, barrière f, entrave f, barrage m.
CUSTOMS BARRIER, barrière douanière.
TRADE BARRIER, barrière commerciale; entrave au commerce.

BARRISTER* s, avocat m.

BARTER s, troc m, échange m.
BARTER TERMS OF TRADE, termes réels de l'échange.
EXCHANGE AND BARTER, troc.
GROSS BARTER TERMS OF TRADE, termes de l'échange bruts.
PURE BARTER, troc pur et simple.

BARTER v, troquer, échanger.

BARTERER s, troqueur m,

BASE a, bas, vil, mauvais, faux.
BASE COINAGE, monnaie de mauvais aloi; fausse monnaie.
BASE METAL, métal commun.

BASE s, base f, base de référence f.
BASE FIGURES, données de base.
BASE-LINE, ligne zéro (d'un diagramme).
BASE OF LOGARITHM(S), base logarithmique.
BASE METAL, métal de base.
BASE PAY, salaire de base.
BASE PERIOD, base; époque de référence.
BASE RATE, salaire de base.
BASE OF A TRIANGLE, base d'un triangle.
BASE YEAR, année de base (d'un indice, d'un plan).
CHOICE OF BASE PERIOD, choix de la base de départ.
COMBINATION OF YEARS AS BASE, moyenne de plusieurs années comme base.
SHIFT OF BASE, changement de base (des indices).
SHIFTABILITY OF BASE, transférabilité (des indices).
STANDARD BASE PERIOD, période de base adoptée; période de référence.

TAXABLE BASE, assiette de l'impôt; base d'imposition.

BASE v, baser, fonder, asseoir.
to BASE TAXATION ON INCOME, asseoir l'impôt sur le revenu.

BASED a, basé.
AIRLINES BASED IN, compagnies aériennes ayant des bases d'opération en.
BASED ON MANUFACTURERS' DELIVERIES, (données) établies d'après les livraisons des fabricants.

BASIC a, fondamental, principal.
BASIC ABATEMENT, abattement à la base (en matière d'impôt).
BASIC ASSUMPTION, hypothèse fondamentale, de base.
BASIC BALANCE OF PAYMENTS, balance fondamentale des paiements.
BASIC CODING, codage de base.
BASIC COMMODITY, produit de base.
BASIC INCOME, revenus directs.
BASIC RATE, salaire de base.
BASIC STATISTICS, statistiques fondamentales.
BASIC STORAGE, mémoire de base.
BASIC VARIABLE, variable principale.

BASIS s, base f, fondement m, assiette f, matrice f.
on an ACCRUAL BASIS, d'après la méthode de comptabilité patrimoniale.
BASIS OF ASSESSMENT, assiette des impôts.
BASIS MATRIX, matrice de base.
BASIS RATES, tarifs de base.
BASIS OF A TAX, assiette d'un impôt.
EMPLOYED ON A TEMPORARY BASIS, personnel temporaire.
on a GROSS BASIS, sur une base brute.
on a NET BASIS, sur une base nette.
TAX BASIS, assiette de l'impôt.

BASKET s, panier m.
BASKET OF COMMODITIES, panier de la ménagère.
BASKET OF GOODS, panier de provision de produits.

BATCH s, lot m, fournée f, groupe m, série f.
BATCH ARRIVAL, arrivée par groupes.
BATCH PROCESSING, traitement par lots.
ECONOMIC BATCH, série économique.
ECONOMIC BATCH QUANTITY, effectif de série économique.

BAUD s, baud m (électronique).

BE v, être.
to BE BANKRUPT, être en faillite.
to BE IN BOND, être en dépôt.
to BE BONDSMAN FOR, être le garant de.
to BE A FREE AGENT, avoir son libre arbitre.
to BE OUT OF A JOB, être en chômage.
to BE JUST AS WELL OFF, ne s'en trouver ni mieux, ni plus mal.
to BE PAID, à payer.
to BE IN THE RED, avoir un compte débiteur.
to BE SURE OF ONE'S INCOME, avoir son revenu assuré.
to BE SURETY FOR SOMEONE, se porter caution pour quelqu'un.
to BE IN TRADE, être dans le commerce.
to BE IN THE TRADE, être du métier.
to BE UNDERSTAFFED, manquer de personnel.
to BE UNSECURED, être à découvert.
to BE OF VALUE, avoir de la valeur.
to BE IN WANT, être dans le besoin, dans la gêne.
to BE WELL OFF, être à son aise (financièrement).
to BE OUT OF WORK, être en chômage.
to BE WORTH, valoir.

BEAR m, joueur m à la baisse, spéculateur m à la baisse, baissier m, découvert m.
BEAR ACCOUNT, position vendeur; position à la baisse; découvert.
BEAR MARKET, marché orienté à la baisse.
BEAR POSITION, position vendeur; position à la baisse; découvert.
BEAR SALE, vente à découvert.
BEAR SELLER, vendeur à découvert.
BEAR SPECULATION, spéculation à la baisse.
to FRIGHTEN THE BEARS, faire couvrir le découvert.
to GO A BEAR, jouer, spéculer à la baisse.
the MARKET IS ALL BEARS, la place est dégagée.
to RAID THE BEARS, chasser, pourchasser, le découvert.
to SELL A BEAR, vendre à découvert.
to SQUEEZE THE BEARS, étrangler les vendeurs à découvert.
UNCOVERED BEAR, baissier à découvert.

BEAR v, porter, supporter, spéculer à la baisse, produire.
to BEAR THE COST OF, prendre à sa charge les frais de.
to BEAR INTEREST, porter intérêt.
to BEAR A LOSS, supporter une perte.
to BEAR THE MARKET, chercher à faire baisser les cours.
CAPITAL WHICH BEARS INTEREST, capital qui porte intérêt.
CHARGING WHAT THE MARKET WILL BEAR, pratique des prix discriminatoires selon les capacités des acheteurs.

BEARABLE, a supportable, soutenable, tolérable.

BEARER s, porteur m.
BILL PAYABLE TO BEARER, billet, effet, au porteur.
BEARER BOND, bon au porteur.
BEARER CHEQUE, chèque au porteur.
BEARER DEBENTURE, obligation au porteur.
BEARER SECURITIES, valeurs au porteur.
BEARER SHARES, actions au porteur.
BEARER STOCK, actions au porteur.
PAY (TO) BEARER, payez au porteur.
PAYABLE TO BEARER, payable au porteur.
POLICY TO BEARER, police au porteur.
PROMISSORY NOTE MADE OUT TO BEARER, billet au porteur.
SHARE WARRANT TO BEARER, certificat d'action au porteur; titre au porteur.

BEARING a, porteur, qui rapporte, productif.
BEARING SURFACE, surface d'appui.
GOLD-BEARING, aurifère.
GRAIN-BEARING LANDS, terres à blé.
INTEREST-BEARING CAPITAL, capital qui rapporte.
INTEREST-BEARING INVESTMENT, placement qui porte intérêt.
INTEREST-BEARING SECURITIES, titres rapportant un intérêt; obligations.

BEARISH a, orienté à la baisse.
BEARISH MARKET, marché orienté à la baisse.
BEARISH TENDENCY, tendance à la baisse.

BECOME v, devenir.
to BECOME OPERATIVE, entrer en vigueur; devenir opérationnel.

BED s, lit m, couche f, filon m.
COAL-BED, filon houiller.
HOSPITAL BEDS, lits d'hôpital.
HOTEL BEDS, lits d'hôtels.
to MINE A BED OF COAL, exploiter une couche de houille.

BEER s, bière f.

BEET s, betterave f.
BEET INDUSTRY, industrie betteravière.

BEFOREHAND adv, d'avance.
to PAY BEFOREHAND, payer d'avance.
PENALTY AGREED BEFOREHAND, indemnité forfaitaire, fixée d'avance; clause pénale.

BEHAVE v, se comporter.

BEHAVIOUR s, comportement m.
BEHAVIOUR OF THE CONSUMER, comportement du consommateur.
BEHAVIOUR OF THE FIRM, comportement de la firme.
BEHAVIOUR OF PRICES, comportement des prix.
COLLECTIVE BEHAVIOUR OF INDIVIDUAL CONSUMERS, comportement collectif des consommateurs individuels.
IRRATIONAL BEHAVIOUR, comportement irrationnel.
LAWS OF MARKET BEHAVIOUR, lois de comportement sur le marché.
MONOPOLISTIC BEHAVIOUR, comportement monopolistique.
PSYCHOLOGICAL ANALYSIS OF ECONOMIC BEHAVIOUR, analyse psychologique du comportement économique.
RATIONAL BEHAVIOUR, comportement rationnel.

BEHAVIOURISM s, behaviourisme m.

BEING s, existence f, être m.
PUBLIC WELL-BEING, salut public.
WELL-BEING, bien-être.

BELGIAN a, belge.
BELGIAN FRANC, franc belge.

BELONG v, appartenir, être attaché à.

BELOW adv, au-dessous.
BELOW THE AVERAGE, au-dessous de la moyenne.
BELOW THE LINE, opérations à caractère temporaire (dans un budget); tous postes de la balance des paiements autres que la balance commerciale et le compte capital.
BELOW PAR, au-dessous du pair.
BELOW STANDARD, au-dessous de la normale.

BELT s, ceinture f, chaîne f.
BELT SYSTEM OF PRODUCTION, travail à la chaîne.
CONVEYOR-BELT SYSTEM, principe du travail à la chaîne.
DRIVE BELT, courroie d'entraînement; courroie de transmission.

BEND s, courbe f, courbure f, coude m, virage m.

BEND v, courber.

BENDING a, à rebroussement m.
BACKWARD-BENDING CURVE, courbe à rebroussement.

BENEFICIAL a, profitable, avantageux, salutaire.
BENEFICIAL OCCUPANT, usufruitier.
BENEFICIAL OWNER, usufruitier.

BENEFICIARY a, bénéficiaire.

BENEFICIARY s, bénéficiaire m.
JOINT BENEFICIARIES, bénéficiaires indivis.

BENEFIT s, bénéfice m, profit m, avantage m, indemnité f, allocation f, secours m, prestation m, revenu m, rendement m, émolument m.
BENEFIT CLUB, société de secours mutuels.
BENEFIT SOCIETY, société de secours mutuels.
COST-BENEFIT ANALYSIS, U.S: analyse des coûts et rendements.
FRINGE BENEFITS, avantages accessoires.
FRINGE BENEFITS FOR LABOUR, compléments de salaire en nature.
INTANGIBLE BENEFITS, bénéfices intangibles.
LONG-TERM BENEFIT, profit à long terme.
MEMBER OF A MUTUAL BENEFIT SOCIETY, mutualiste.
MUTUAL BENEFIT SOCIETY, mutuelle.
NET BENEFIT, bénéfices nets.
SICK-BENEFIT, prestation-maladie.
SICK-BENEFIT FUND, caisse de maladie.
SOCIAL BENEFITS, revenus sociaux.
SOCIAL BENEFIT SCHEMES FOR EMPLOYEES, systèmes de prestations en faveur des employés.
SOCIAL INSURANCE BENEFITS, prestations sociales.
SOCIAL SECURITY BENEFITS, prestations sociales; prestations de sécurité sociale.
UNEMPLOYMENT BENEFIT, secours de chômage; allocation de chômage.

BENEFIT v, bénéficier, profiter.
to BENEFIT BY APPRECIATION OF THE EXCHANGE, bénéficier de la plus-value du change.

BENT, a, recourbé, incurvé.
VERY BENT CURVE, courbe fortement incurvée.

BENTHAMISM s, benthamisme m.

BEQUEATH v, léguer.
to BEQUEATH A FORTUNE, léguer une fortune (biens meubles).

BEQUEST s, legs m (de biens m. pl meubles).

BERNOUILLI pr. n, Bernouilli.
BERNOUILLI TRIALS, essais de Bernouilli.

BEST a, le meilleur, optimal.
BEST ALTERNATIVE, choix optimal.
BEST COMBINATION OF INPUT, combinaison optimale de facteurs.
BEST FIT, ajustement optimal.
in the BEST INTERESTS OF, au mieux des intérêts de.
BEST-LAID PLANS, projets le mieux élaborés.
BEST PERFORMANCE, rendement maximum.
the BEST PROFFERER, le plus offrant.
BEST PROFIT, meilleur profit.
BEST-PROFIT EQUILIBRIUM, équilibre de meilleur profit.
BEST-PROFIT POINT, point de meilleur profit.
BEST-SELLER, livre à succès; auteur à succès; article de grande vente.
BEST-SELLING, à succès.

BET s, pari m.
to MAKE A BET, faire un pari.
to TAKE (UP) A BET, tenir, accepter, un pari.

BET v, parier.
to BET FIVE TO ONE, parier à cinq contre un.

BETTER a, meilleur.
BETTER BID, suroffre.
BETTER OFFER, suroffre.
to GO BETTER, s'améliorer.

BETTERMENT s, appréciation f, plus-value f.
BETTERMENT LEVY, impôt sur les plus-values.
BETTERMENT TAX, impôt sur les plus-values.

BETTING s, paris m. pl.
BETTING TAX, taxe sur les paris.

BEVERAGE s, boisson f.
ALCOHOLIC BEVERAGES, boissons alcoolisées.

BEWARE v, se méfier.
BEWARE OF SUBSTITUTES, se méfier des contrefaçons.

BIAS s, biais m, distorsion f, erreur f systématique, partialité f, prévention f.

BIAS(S)ED a, biaisé, partial, prévenu, décentré.
BIASED SAMPLE, échantillon biaisé; échantillon avec erreur systématique.

BID a, demandé.
PRICE(S) BID, cours demandé(s); cours acheteur(s).

BID s, enchère f, offre f, mise f, U.S: soumission f.
BETTER BID, suroffre.
CLOSING BID, dernière enchère.
FURTHER BID, surenchère; offre supérieure.
HIGHER BID, offre supérieure.
LAST BID, dernière mise.
to MAKE A BID FOR, faire une offre pour; mettre (une) enchère sur.

OPEN BIDS, U.S: marchés publics.
TAKE-OVER BID, offre publique d'achat.

BID v, offrir, faire une offre.
to BID FOR A COMPANY'S STOCK, faire une offre de rachat.
to BID A FAIR PRICE, offrir un juste prix.

BIDDER s, enchérisseur m.
HIGHEST BIDDER, plus offrant enchérisseur.

BIDDING s, enchères f. pl, ordre m.
COMPETITIVE BIDDING, appel d'offres.
COMPETITIVE BIDDING FOR NEW SECURITIES, émission d'actions nouvelles sur le marché.
INFLATIONARY BIDDING UP OF PRICES, hausse inflationniste des prix.

BIG a, grand, gros, fort.
BIG BUSINESS, capitalisme des grandes entreprises.
BIG DENOMINATIONS, grosses coupures.
BIG EMPLOYERS OF LABOUR, gros employeurs de main-d'œuvre.
BIG EXPORTER OF, gros exportateur de.
BIG FALL, forte baisse.
the BIG FIVE, les cinq grandes puissances.
BIG RISE, forte hausse.
the BIGGEST UNCERTAINTY, la plus grande incertitude.
LAW OF THE BIG NUMBERS, loi des grands nombres.

BILATERAL a, bilatéral.
BILATERAL CONTRACT, contrat bilatéral; contrat synallagmatique.
BILATERAL MONOPOLY, monopole bilatéral.

BILL s, note f, U.S: facture f, effet m de commerce m, papier m, lettre f de change m, traite f, U.S: billet m de banque f, projet m de loi f, U.K: loi f, mandat m, valeur f, billet m, bon m, acte m, contrat m, déclaration f, état m, change m, facture f, affiche f.
to ACCEPT A BILL OF EXCHANGE, accepter une lettre de change.
ACCEPTOR OF A BILL OF EXCHANGE, accepteur d'une lettre de change.
APPROPRIATION BILL, U.K: loi de Finances.
ARBITRAGE IN BILLS, arbitrage sur les lettres de change.
BACK OF A BILL, verso, dos, d'un effet.
to BACK A BILL, avaliser, endosser, un effet.
BACKED BILLS, effets avalisés; papier fait.
BANK-BILL, effet (tiré par une banque sur une autre); U.S: billet de banque.
BANKABLE BILLS, papier bancable.
BILL-BROKER (peu usité), agent de change.
BILL OF COSTS, état des frais.
BILL OF DEBT, reconnaissance de dette(s).
BILLS FOR DISCOUNT, effets à l'escompte.
BILLS DISCOUNTED, effets escomptés.
BILLS DIFFICULT TO NEGOTIATE, effets difficiles à placer.
BILL DOMICILED IN FRANCE, traite payable en France.
BILL AT DOUBLE USANCE, effet à double usance.
BILL EXCHANGE, change tiré; change commercial.
BILL OF EXCHANGE, lettre de change; traite.
BILLS IN HAND, effets en portefeuille; portefeuille effets.
the BILL HAS 30 DAYS TO RUN, l'effet a 30 jours à courir.
BILL OF LADING, connaissement; feuille d'expédition (par fer).
BILL AT THREE MONTHS, effet à trois mois.
BILL TO ORDER, billet à ordre.
BILLS PAYABLE, effets à payer.
BILL PAYABLE TO BEARER, billet, effet, au porteur.
BILLS-PAYABLE BOOK, échéancier.
BILL PAYABLE AT 3 DAYS' DATE, effet payable à 3 jours de date.
BILL PAYABLE AT SIGHT, effet payable, exigible, à vue.
BILL POSTING IS TAXED, l'affichage est frappé d'un impôt.
BILL OF QUANTITIES, devis.
BILLS RECEIVABLE, effets à recevoir.
BILLS RECEIVABLE BOOK, échéancier.
BILL OF RIGHTS, U.K: Déclaration des droits de citoyens.
BILL OF SALE, acte, contrat, de vente.
BILL SIGHTED, effet vu le.
BILL OF SUPPLY, U.K: collectif budgétaire.
BILLS IN SUSPENSE, effets en souffrance.
CLEAN BILL OF LADING, connaissement sans réserve.
to COLLECT A BILL, encaisser une traite.
CONTENTS OF A BILL OF EXCHANGE, montant d'une lettre de change.
the CURRENCY OF THE BILL OF EXCHANGE IS 3 MONTHS AFTER SIGHT, l'échéance de la lettre de change est de 3 mois de vue.
DAY BILL, effet à date fixe.
DEFICIENCY BILLS, crédits budgétaires intérimaires; collectifs budgétaires.
DEMAND FOR FOREIGN BILLS, demande d'effets sur l'étranger.
to DISCOUNT A BILL, escompter un effet.
to DISHONOUR A BILL, ne pas accepter un effet; ne pas payer un effet à son échéance.
DOCUMENTARY BILL, traite documentaire.
DUE-BILL, U.S: reconnaissance de dette.
to ENDORSE A BILL OF EXCHANGE, endosser une lettre de change.

to ENDORSE OVER A BILL OF EXCHANGE TO, transmettre par voie d'endossement une lettre de change.

EXCHEQUER-BILL, *U.K:* bon du Trésor.

EXPIRED BILL, effet périmé.

FINANCE BILL, effet de finance.

FOREIGN BILLS AND SECURITIES, effets et titres étrangers.

FOUL BILL OF LADING, connaissement avec réserve.

GENERAL BILL OF LADING, connaissement collectif.

GUARANTEE OF A BILL OF EXCHANGE, aval d'une lettre de change.

GUARANTEED BILLS, effets avalisés.

to HONOUR A BILL OF EXCHANGE, payer une lettre de change.

HONOURED BILL, traite acquittée.

INLAND BILL, effet sur l'intérieur.

INWARD BILL OF LADING, connaissement d'entrée.

LOCAL BILL, effet sur place.

LONG-DATED BILLS, papiers à longue échéance; papiers longs.

LONG BILL, effet à longue échéance.

to MEET A BILL OF EXCHANGE, honorer une lettre de change.

MONEY-BILL, loi de finances.

NEGOTIABILITY OF A BILL, négociabilité d'un effet.

NEGOTIATION OF A BILL, négociation d'un effet.

to NOTE PROTEST OF A BILL OF EXCHANGE, faire le protêt d'une lettre de change.

ORDINARY BILLS, papier commercial.

OUTWARD BILL OF LADING, connaissement de sortie.

PAWNED BILLS, effets en pension.

to PAY A BILL, régler une facture.

to PAY A BILL OF EXCHANGE FOR HONOUR, payer une lettre de change par intervention.

to PAY A BILL OF EXCHANGE AT MATURITY, payer une lettre de change à l'échéance.

PAYEE OF A BILL OF EXCHANGE, bénéficiaire d'un effet de commerce.

to PRESENT A BILL FOR ACCEPTANCE, présenter une traite à l'acceptation.

PRESENTER OF A BILL, présentateur d'un billet, d'une traite.

PRIME TRADE BILLS, papier hors banque; papier de haut commerce.

to PROLONG A BILL, proroger l'échéance d'un billet.

to PROTECT A BILL OF EXCHANGE, faire provision pour une lettre de change.

to PROTEST A BILL, protester une lettre de change; lever protêt d'une lettre de change.

to PROVIDE A BILL FOR ACCEPTANCE, présenter un effet à l'acceptation.

to PROVIDE FOR A BILL, faire provision pour une lettre de change.

PROVISIONS OF A BILL OF LADING, stipulations d'un connaissement.

REBATE ON BILLS NOT DUE, escompte d'effets.

to RECEIPT A BILL, acquitter une facture.

RECOURSE TO THE ENDORSER OF A BILL, recours contre l'endosseur ou l'accepteur d'un effet.

RED BILL OF LADING, connaissement rouge.

to REDISCOUNT A BILL, réescompter un effet.

to REDISCOUNT OTHER BANKS' BILLS, réescompter le portefeuille d'autres banques.

RE-EXCHANGE OF A BILL OF EXCHANGE, rechange d'une lettre de change.

to REMIT BILLS FOR COLLECTION, remettre des effets en recouvrement, à l'encaissement.

REMITTANCE OF A BILL FOR COLLECTION, remise d'un effet en recouvrement, à l'encaissement.

to RENEW A BILL, prolonger une lettre de change.

to REPRESENT A BILL FOR ACCEPTANCE, représenter un effet à l'acceptation.

to RETIRE A BILL, retirer, rembourser, un effet.

to RETURN A BILL DISHONOURED, retourner un effet impayé.

RETURN OF A BILL TO DRAWER, contre-passation.

to RETURN A BILL TO DRAWER, contre-passer un effet.

to RETURN A BILL UNPAID, retourner une traite faute de paiement.

RIDER TO A BILL OF EXCHANGE, allonge d'une lettre de change.

SHIPPING BILL, déclaration de réexportation.

SHORT (DATED) BILL, effet à courte échéance.

SIGHT BILLS, papier à vue.

to SIGHT A BILL OF EXCHANGE, présenter une lettre de change.

SIGHTING OF A BILL OF EXCHANGE, présentation d'une lettre de change.

to SIGN A BILL, accepter une traite.

STRAIGHT BILL OF LADING, connaissement nominatif.

to TABLE A BILL, *U.K:* déposer un projet de loi; *U.S:* ajourner (indéfiniment) un projet de loi.

TABLING OF A BILL, *U.K:* dépôt d'un projet de loi; *U.S:* ajournement d'un projet de loi.

to TAKE UP A BILL, honorer un effet.

TAKER OF A BILL, preneur d'une lettre de change.

TENOR OF THE BILL OF EXCHANGE, échéance de la lettre de change.

TIME BILL, effet à courte, longue, échéance; échéance à terme.

TRADE BILLS, papier de commerce; papier commercial.

TRANSIT-BILL, passavant.

to TRANSFER A BILL BY ENDORSEMENT, tranférer, céder, un billet par voie d'endossement.

TRANSFEREE OF A BILL OF EXCHANGE, cessionnaire d'un effet de commerce.

TRANSFEROR OF A BILL, cédant d'un effet.

TREASURY BILL, *U.S:* bon du Trésor.

TREASURY-BILL RATE, *U.S:* taux (d'intérêt) des bons du Trésor.

UNACCEPTED BILL, effet non accepté.

to UNDERTAKE THE COLLECTION OF BILLS REMITTED, se charger du recouvrement d'effets remis.

to UNDERTAKE TO PAY THE BILL, s'engager à payer une traite.

UNDISCOUNTABLE BILL, billet, effet, inescomptable.

UNNEGOTIABLE BILL, effet non négociable.

UNPROTESTED BILL, effet non protesté.

UNSTAMPED BILL, effet non timbré.

VERY SHORT BILL, effet à très courte échéance.

WAGES BILL, masse globale des salaires.

WAY-BILL, lettre de voiture.

WORTHLESS BILL, titre sans valeur.

BILL *v*, facturer, afficher, taxer.

BILLING *s*, facturation *f*, *U.S:* chiffre *m* d'affaires *f. pl*, affichage *m*.

BILLION *s*, billion *m*, *U.S:* milliard *m*.

BIMETALLIC *a*, bimétallique.

BIMETALLISM *s*, bimétallisme *m*.

BI-MODAL *a*, bimodal.
BI-MODAL DISTRIBUTION, distribution bimodale.

BINARY *a*, binaire.
BINARY CARD, carte binaire.
BINARY CODE, code binaire.
BINARY CODED DECIMAL, décimal codé binaire; binaire de position.
BINARY DATA, informations binaires.
BINARY DIGIT, signal binaire; digit binaire.
BINARY MEASURE, mesure binaire.
BINARY NUMBER SYSTEM, système binaire.
BINARY POINT, virgule binaire.
BINARY SYSTEM, système binaire.
DECIMAL TO BINARY CONVERSION, conversion décimal/binaire.

BINDING *a*, obligatoire, irrévocable.
BINDING AGREEMENT, convention liant les parties.

BINOMIAL *a*, binôme, binomial.
BINOMIAL DISTRIBUTION, distribution binomiale; loi binomiale.
BINOMIAL EXPANSION, développement d'un binôme.
BINOMIAL PROBABILITY, probabilité binomiale.
BINOMIAL THEOREM, binôme, théorème, de Newton.
LIMIT CURVE OF THE BINOMIAL DISTRIBUTION, courbe limite d'une distribution binomiale.

BINOMIAL *s*, binôme *m*.

BIQUADRATIC *a*, bicarré.

BIQUADRATIC *s*, nombre *m* à la puissance 4.

BIQUINARY *a*, biquinaire.
BIQUINARY CODE, code biquinaire.

BIRTH *s*, naissance *f*, natalité *f*.
BALANCE OF BIRTHS, DEATHS AND MIGRATION, équation d'équilibre des naissances, des décès et de la migration nette.
BIRTH CERTIFICATE, extrait d'acte de naissance.
BIRTH CONTROL, contrôle, régulation, des naissances.
BIRTH RATE, taux de natalité; natalité.
to BRING DOWN THE BIRTH RATE, réduire, abaisser, la natalité.
CRUDE BIRTH RATES, taux bruts de natalité.
DIFFERENTIAL BIRTH RATES, taux de naissances différentiels.
REGISTER OF BIRTHS, MARRIAGES, AND DEATHS, registre de l'état civil.
to REGISTER A BIRTH, déclarer une naissance.
REVIVAL IN THE BIRTH RATE, relèvement du taux de natalité.

BIRTHRIGHT *s*, droit *m* d'aînesse *f*.

BISECT *v*, diviser en deux, couper.

BISECTRIX *s*, bissectrice *f*.

BIT *s* (abbreviation of BINARY DIGIT), bit *m*, position *f* binaire.
BIT DENSITY, densité de bits.
BIT RATE, débit binaire.
CHECK BIT, bit de contrôle.

BLACK *a*, noir, clandestin, sauvage.
BLACK IVORY TRADE, traite des noirs.
BLACK LIST, liste noire.
BLACK-LISTED, à l'index.
BLACK MARKET, marché noir.
BLACK MARKET PRICE, prix du marché noir.
BLACK UNIONISM, syndicalisme non officiel, clandestin, sauvage.

BLACKMAIL *s*, chantage *m*.

BLACKMAIL *v*, faire du chantage.

BLANK *a*, blanc.
BLANK CHEQUE, chèque en blanc.
BLANK CREDIT, crédit en blanc.
BLANK ENDORSEMENT, endos en blanc.

BLANK *s*, blanc *m*, vide *m*.
CHEQUE SIGNED IN BLANK, chèque signé en blanc.

BLANKET *s*, couverture *f*.
BLANKET MORTGAGE, hypothèque générale.

BLAST *s*, soufflerie *f*, air *m*.
BLAST-FURNACE, haut fourneau.
COLD BLAST, air froid.
in FULL BLAST, en pleine activité.
FURNACE OUT OF BLAST, fourneau hors feu.
HOT BLAST, air chaud.
the WORKS ARE GOING AT FULL BLAST, l'usine travaille à plein rendement.

BLENDING *s*, mélange *m*.

BLIND *s*, aveugle *m*.
HOME FOR THE BLIND, hospice d'aveugles.

BLOCK *s*, bloc *m*, groupe *m*, paquet *m*, embouteillage *m*, pierre *f*.
BLOCK DIAGRAM, ordinogramme.
BLOCK OF FLATS, groupe d'immeubles divisés en appartements.
BLOCK OF SHARES, paquet d'actions.
STUMBLING-BLOCK, pierre d'achoppement.
TRAFFIC BLOCK, embouteillage de circulation.

BLOCKADE *s*, blocus *m*.
EFFECTIVE BLOCKADE, blocus effectif.
to TIGHTEN (UP) A BLOCKADE, renforcer un blocus.

BLOCKADE *v*, bloquer, faire le blocus.

BLOCKED *a*, bloqué, gelé.
BLOCKED BALANCES, balances gelées.
BLOCKED MONEY, argent bloqué.

BLUE *a*, bleu.
BLUE CHIP STOCKS, *U.S:* actions triées sur le volet.

BOARD *s*, bord *m*, comité *m*, commission *f*, office *m*, *U.K:* ministère *m* conseil *m*, pension *f*, nourriture *f*.
ADVISORY BOARD, comité consultatif.
AGRICULTURAL MARKETING BOARD, office commercial des produits agricoles.
across-the-BOARD CUTS, réduction uniforme générale (de droits de douane).
BOARD OF DIRECTORS, conseil d'administration.
BOARD OF GOVERNORS, conseil des gouverneurs.
BOARD AND LODGING, pension complète.
BOARD MEETING, réunion du conseil d'administration.
BOARD OF REFEREES, commission arbitrale.
BOARD OF TRADE, *U.K:* ministère du commerce.
BOARD OF TRADE RETURNS, *U.K:* statistique(s) du ministère du commerce.
BOARD OF TRUSTEES*, conseil de gestion (d'un hôpital, d'un musée, etc.).
BOARD-WAGES, indemnité de logement, de nourriture.
CHAIRMAN OF THE BOARD, président du conseil d'administration.
DISCIPLINARY BOARD, conseil de discipline.
FREE ON BOARD (F.O.B.), franco bord.
GOODS DELIVERED FREE ON BOARD (F.O.B.), marchandises rendues franco bord.
MARKETING BOARD, office de régularisation de vente; fonds de stabilisation du marché.
NATIONAL COAL BOARD, Charbonnages de Grande-Bretagne.
TOURIST BOARD, office du tourisme.

BOAT *s*, bateau *m*, navire *m*.
FERRY-BOAT, car-ferry.
FISHING-BOAT, bateau de pêche.
PLEASURE-BOAT, bateau de plaisance.

BODILY *a*, corporel, matériel.
BODILY WANTS, besoins matériels.

BODY *s*, corps *m*, ensemble *m*, institution *f*.
BODY OF ECONOMIC LAWS, ensemble de lois économiques.
BODY POLITIC (*littéraire*), corps politique; corps social.
GOVERNING BODY, conseil de direction.
PUBLIC INTERNATIONAL BODIES, institutions publiques internationales.
WHOLE BODY OF LABOUR, main-d'œuvre dans son ensemble.

BOGUS *a*, faux, simulé.
BOGUS COMPANY, société fantôme.
BOGUS SIGNATURE, signature de complaisance.
BOGUS TRANSACTIONS, transactions véreuses.

BOLCHEVISM *s*, bolchévisme *m*.

BONANZA *s*, *U.S:* filon *m*, prospérité *f*.

BONANZA YEAR, *U.S:* année de prospérité.

BOND *s*, bon *m*, titre *m*, certificat *m*, contrat *m*, engagement *m*, effet *m*, valeur *f*, *U.S:* obligation *f*, cautionnement *m*, dépôt *m*, entrepôt *m*; soumission *f*.
to BE IN BOND, être en dépôt.
BEARER BOND, bon au porteur.
ex BOND, à l'acquitté.
BOND DUE FOR REPAYMENT, obligation amortie.
BOND OF A GUARANTEE SOCIETY, cautionnement d'une société de cautionnement.
BOND INTEREST, intérêts obligataires.
BOND MARKET, marché des obligations.
BONDS MATURING 1998, obligations échéance 1998.
BOND-NOTE, acquit-à-caution.
BONDS THAT PRODUCE 5 %, obligations qui rapportent 5 %.
BONDS REDEEMABLE BY DRAWINGS, obligations amortissables par tirage au sort.
BONDS REDEEMABLE AT THE OPTION OF THE GOVERNMENT, obligations amorties à la suite d'une décision de l'État.
BONDS REPAYABLE BY DRAWINGS, obligations remboursables par tirage au sort.
BOND-STORE, entrepôt (sous douane).
BONDS WITH 10 YEARS OR MORE TO MATURITY, obligations à 10 ans ou davantage.
BOTTOMRY BOND, contrat à la grosse aventure.
CONSOLIDATED MORTGAGE BOND, obligation hypothécaire consolidée.
CONVERSION OF BONDS INTO STOCK, conversion d'obligations en actions.
CONVERTIBLE BONDS, obligations convertibles.
DEBENTURE-BOND, titre, certificat, d'obligation.
to DRAW BONDS FOR REDEMPTION, tirer au sort les bons destinés à être remboursés.
ENTRY UNDER BOND, acquit-à-caution.
EXCHEQUER BOND, *U.K:* bon du Trésor.
FIRST-MORTGAGE BOND, obligation de première hypothèque.
to FLOAT BONDS, émettre des obligations.
GOLD-BONDS, obligations-or.
GOODS OUT OF BOND, marchandises dédouanées.
GOVERNMENT BOND, obligations d'État.
GOVERNMENT SAVINGS BOND, certificat, bon, d'épargne.
GOVERNMENTAL BONDS, rentes sur l'État.
GUARANTEED BOND, obligation garantie.
INDEMNITY BOND, cautionnement.
IRREDEEMABLE GOVERNMENT BONDS, obligations d'État non amortissables.
JOINT BONDS, obligations émises par un groupe de sociétés.
JOINT AND SEVERAL BOND, obligation conjointe et solidaire.
JUNIOR BONDS, obligations de deuxième rang.
LOTTERY BONDS, obligations à lots.
MORTGAGE BOND, titre hypothécaire.
MUNICIPAL BONDS, obligations des collectivités locales.
NATIONAL WAR BONDS, bons de la défense nationale.
PERPETUAL GOVERNMENT BONDS, obligations d'État perpétuelles.
to PLEDGE ONESELF BY A SURETY BOND, s'engager par cautionnement.
PREFERENCE BOND, obligation privilégiée.
PREMIUM BONDS, obligations à prime.
PRIORITY BOND, obligation de priorité.
PRIZE BOND, obligation à lots.
PUBLIC BONDS, effets publics.
to REDEEM A BOND, amortir, rembourser, une obligation.
REDEEMABLE BONDS, obligations amortissables, remboursables.
REDEMPTION OF BONDS, remboursement d'obligations.
7 % REFUNDED INTERNAL DEBT BONDS, obligations de 7 % de remboursement de la dette intérieure.
REGISTERED BOND, obligation nominative.
REMOVAL UNDER BOND, mutation d'entrepôt.
RESPONDENTIA BOND, contrat à la grosse sur facultés.
SALE EX BOND, vente à l'acquitté.
SALVAGE BOND, contrat de sauvetage.
SAVINGS BONDS, bons d'épargne.
SECURED BONDS, obligations garanties.
to SERVICE THE BONDS, servir les obligations.
SHORTLY MATURING BONDS, bons à échéance rapprochée.
to SUBSCRIBE A BOND, souscrire une obligation.
SURETY-BOND, cautionnement.
to TAKE OUT OF BOND, retirer de l'entrepôt.
TAKING OUT OF BOND, dédouanage.
TRANSHIPMENT BOND, acquit-à-caution.
TREASURY BONDS, *U.S:* bons du Trésor.
UNDATED BONDS, obligations sans date d'échéance.
6 % UNIFIED DEBT BONDS, obligations 6 % dette unifiée.
UNREDEEMABLE BONDS, obligations non amortissables, non remboursables.
WAR BOND, bon de la défense nationale.
YIELDS OF BONDS, taux de rendement des obligations.

BOND *v*, entreposer, mettre en dépôt *m*.

BONDED a, entreposé, obligataire
BONDED DEBT, dette d'obligations; dette obligataire.
BONDED WAREHOUSE, entrepôt en douane.
SALE IN BONDED WAREHOUSE, vente en entrepôt.

BONDER s, entrepositaire m.

BONDHOLDER s, obligataire m, porteur m de bons m. pl.

BONDING s, entreposage m.

BONDMAN s, serf m, esclave m.

BONDSMAN s, garant m, caution f.
to BE BONDSMAN FOR, être le garant de.

BONUS s, prime f, gratification f, sursalaire m, indemnité f, surpaye f, bonus m, répartition f.
ex-BONUS, ex-bonus; ex-répartition.
BONUS-SHARES, actions d'attribution; actions gratuites.
BONUS ON SHARES, dividende supplémentaire.
COST-OF-LIVING BONUS, indemnité de vie chère.
EXPORT BONUS, prime à l'exportation.
MERIT BONUS, U.S: prime de rendement.
WORK ON THE BONUS SYSTEM, travail à la prime.

BOOK s, livre m, livret m, carnet m, registre m.
ACCOUNT-BOOK, livre de comptes; registre.
to AGREE THE BOOKS, faire accorder les livres.
BANK-BOOK, livret de banque.
BILLS-PAYABLE BOOK, échéancier.
BILLS-RECEIVABLE BOOK, échéancier.
BOOKS, livres comptables; comptabilité.
BOOK COST, prix de revient comptable.
BOOK DEBT, dette active; créance.
BOOK INVENTORY, U.S: inventaire comptable.
BOOK-KEEPING, comptabilité; tenue de livres.
BOOK-VALUE, valeur comptable; valeur en écritures.
CASH BOOK, livre de caisse.
CHECK-BOOK, U.S: chéquier.
CHEQUE-BOOK, carnet de chèques; chéquier.
to CLOSE THE BOOKS, arrêter les comptes.
COUNTER CASH-BOOK, main courante de caisse.
COUNTERFOIL OF THE CHEQUE BOOK, talon du carnet de chèques.
COUPON BOOK, livret d'épargne.
DEPOSITOR'S BOOK, livret nominatif.
to INSPECT THE BOOKS, examiner la comptabilité.
INVOICE BOOK, livre des achats.
LENGTHENING OF ORDER BOOKS, gonflement des carnets de commande(s).
PAID CASH-BOOK, main courante de dépenses.
PETTY CASH-BOOK, livre de petite caisse.
RECEIVED CASH-BOOK, main courante de recettes.
REGISTER-BOOK, registre de l'état civil des navires; registre des inscriptions.
SHIP'S BOOKS, livres de bord.
TELLER'S CASH-BOOK, main courante de caisse.
TIME-BOOK, registre de présence.

BOOK v, enregistrer, réserver, louer.

BOOKING s, enregistrement m, réservation f, location f.
THROUGH BOOKINGS, transports à forfait.

BOOLEAN a, de Boole m. pr.
BOOLEAN ALGEBRA, algèbre de Boole.

BOOM s, boom m, essor m, hausse f, période f de prospérité f.
TRADE BOOM, période de prospérité, d'essor économique.

BORDER s, bord m, bordure f, limite f, frontière f.
BORDER-LINE, limites de séparation.
BORDER-LINE CASE, cas limite.

BORDERING a, contigu, frontalier.

BORN a, né.
BORN AGAIN, régénéré.
FIRST-BORN, premier-né.

BOROUGH s, ville f ayant une municipalité.
BOROUGH RATES, taxes municipales.

BORROW v, emprunter.
to BORROW FROM, OF, emprunter à quelqu'un.
to BORROW AT INTEREST, emprunter à intérêt.
to BORROW LONG, emprunter à long terme, à longue échéance.
to BORROW MONEY ON THE SECURITY OF AN ESTATE, emprunter de l'argent sur une terre.
to BORROW ON MORTGAGE, emprunter sur hypothèque.
to BORROW SHORT, emprunter à court terme.
to BORROW STOCK, reporter des titres.
GENERAL AGREEMENT TO BORROW, Accord général de prêt.
PROPENSITY TO BORROW, propension à emprunter.
PROPENSITY TO BORROW LONG, propension à emprunter à long terme.

BORROWED a, emprunté.

BORROWED CAPITAL, capitaux empruntés.
COST OF BORROWED CAPITAL, coût de l'endettement.

BORROWER s, emprunteur m.
BORROWER'S CREDIT, crédit de l'emprunteur.
RISK OF DEFAULT BY THE BORROWER, risque de défaillance de l'emprunteur.

BORROWING s, emprunts m. pl.
BORROWING AND LENDING, emprunts et prêts.
BORROWING POWER, capacité d'emprunter.
EXPENDITURE FINANCED BY BORROWING, dépenses financées par des emprunts.
GOVERNMENT EXPENDITURES AND BORROWINGS, dépenses et emprunts de l'État.
TEMPORARY BORROWINGS, emprunts temporaires.

BOSS s, patron m, contremaître m (plus rarement).

BOTTLE s, bouteille f.
BOTTLE-NECK, goulot d'étranglement.

BOTTOM s, bas m, fond m.
the BOTTOM HAS FALLEN OUT OF THE MARKET, le marché s'est effondré.
BOTTOM-LINE, ligne inférieure.
ROCK-BOTTOM PRICE, prix le plus bas.

BOTTOMRY s, hypothèque f sur un navire.
BOTTOMRY BOND, contrat à la grosse aventure.
BOTTOMRY INTEREST, profit maritime.
BOTTOMRY LOAN, prêt à la grosse.

BOUGHT a, acheté.
GOODS-BOUGHT LEDGER, U.K: grand livre d'achats.
INVOICE OF GOODS BOUGHT, compte d'achat.
OVER-BOUGHT MARKET, marché surévalué.

BOUND s, limite f, saut m, bond m, élan m.
by LEAPS AND BOUNDS, à pas de géant.
NARROW BOUNDS, limites étroites.
PRICES ARE RISING BY LEAPS AND BOUNDS, les prix montent de façon vertigineuse.

BOUND v, borner, limiter.

BOUNDARY s, limite f.
BOUNDARY VALUE, valeur limite.

BOUNTY s, prime f, subvention f.
EXPORT BOUNTY, prime à l'exportation.
SYSTEM OF BOUNTIES, système de primes.

BOURGEOISIE s, bourgeoisie f.

BOX s, boîte f, coffre m.
BOX DIAGRAMS, diagrammes emboîtés.
BOX HEAD, sous-titre; en-tête.
CASH-BOX, caisse.
LETTER-BOX, boîte aux lettres.
MAIL BOX, U.S: boîte aux lettres.
POSTING BOX, boîte aux lettres.
SAFE-DEPOSIT BOX, U.S: coffre-fort.
STRONG-BOX, coffre-fort.

BOYCOTT s, boycottage m.

BOYCOTT v, boycotter.

BOYCOTTING s, boycottage m.

BRACKET s, support m, tranche f, parenthèse f, crochet m.
INCOME-BRACKET, tranche de revenus.
VARIABLES WITHIN THE BRACKETS, variables entre les crochets.

BRAIN s, cerveau m.
BRAIN DRAIN, drainage des cerveaux.
BRAINS TRUST, brain trust; équipe dirigeante.
BRAIN-WORK, travail intellectuel.

BRAKE s, frein m.

BRANCH s, branche f, succursale f, section f, bureau m.
BRANCH BANK, succursale d'une banque.
BRANCH OFFICE, agence; succursale.
COUNTRY BRANCH, succursale de province.

BRANCH v, (se) ramifier.

BRANCHING s, ramification f.

BRAND s, marque f, qualité f.
BRAND IMAGE, image de marque.
BRAND NAME, marque de fabrique.
ORDINARY BRANDS, marques ordinaires

BRANDED a, de marque(s) f.
BRANDED GOODS, articles de marque.

BRAZEN a, d'airain m.
BRAZEN LAW OF WAGES, loi d'airain des salaires.

BREACH s, rupture f, abus m, violation f.

BREACH OF CLOSE, effraction.
BREACH OF CONTRACT, rupture de contrat.
BREACH OF DOMICILE, violation de domicile.
BREACH OF TRUST, abus de confiance.

BREAD s, (pain m).
BREAD-QUEUE, queue pour le pain.
BREAD-WINNER, soutien de famille.
FLOUR FOR BREAD, farine panifiable.
to RATION BREAD, rationner le pain.

BREADTH s, largeur f.

BREAK s, rupture f, cassure f, effondrement m, écroulement m, interruption f, changement m, solution f, discontinuité f, manque m.
BREAK-DOWN, paralysie; écroulement.
BREAK IN COMPARABILITY, manque de comparabilité.
BREAK IN CONTINUITY, solution de continuité.
BREAK-EVEN POINT, point de seuil; seuil de rentabilité.
BREAK-POINT, point de rupture.
BREAK IN PRICES, effondrement des prix.
BREAK IN THE SERIES, interruption de la série.
BREAK OF SLOPE, changement de pente.
BREAK IN STOCKS, effondrement des prix, des cours.
SUBSTANTIAL BREAKS IN HOMOGENEITY, discontinuités dans l'homogénéité.

BREAK v, (se) briser, (se) casser, (s') écrouler.
the ARGUMENT BREAKS DOWN ENTIRELY, le raisonnement s'écroule tout entier.
to BREAK A STRIKE, briser une grève.

BREAKAGE s, casse f, rupture f.

BREAKER s, briseur m.
STRIKE-BREAKER, briseur de grève.

BREAKING s, rupture f, morcellement m.
BREAKING OFF, rupture; interruption.
BREAKING UP, dissolution; morcellement.
BREAKING UP OF LARGE ESTATES, morcellement des grands domaines.
BREAKING(-DOWN) POINT, point de rupture.
RECORD-BREAKING, record.

BREED s, race f (d'animaux m. pl).

BREEDING s, reproduction f, élevage m.
BREEDING STOCK, animaux élevés en vue de la reproduction.
FISH-BREEDING, pisciculture.
SHEEP BREEDING, élevage de moutons.

BRIBE s, pot-de-vin m.

BRIBERY s, corruption f.

BRIBING s, corruption f.

BRIDGE s, pont m, circuit m.
ROADS AND BRIDGES, ponts et chaussées.
TOLL-BRIDGE, pont à péage.

BRIDGE v, combler.
to BRIDGE A GAP, combler un écart.

BRING v, apporter, rapporter, porter.
to BRING IN, rapporter (un intérêt).
to BRING OUT, introduire (des valeurs sur le marché).
to BRING FORWARD AN AMOUNT, reporter une somme.
to BRING DOWN THE BIRTH-RATE, réduire, abaisser, la natalité.
to BRING IN INTEREST, porter intérêt.
to BRING DOWN THE PRICE OF, abaisser le prix de.
EQUILIBRIUM IS BROUGHT ABOUT THROUGH, l'équilibre s'établit grâce à.
INVESTMENT THAT BRINGS IN 5 %, placement qui rapporte 5 %.

BRINGING s, apport m.
BRINGING DOWN, réduction; diminution.
BRINGING FORWARD, report.
BRINGING UNDER, assujettissement.

BRISK a, vif, animé.
BRISK DEMAND, demande animée.
BRISK MARKET, marché animé.
BRISK TRADE, commerce actif.
BUSINESS IS BRISK, les affaires marchent.

BRISKNESS s, animation f, entrain m, activité f.

BRITAIN pr. n, Grande-Bretagne.

BRITISH a, britannique, anglais.
BRITISH-BUILT SHIP, navire de construction anglaise.

BROADCAST s, émission f (de radio f).
BROADCAST NEWS, journal parlé.

BROADCASTING s, diffusion f.
BROADCASTING NETWORK, réseau de stations radiophoniques.
BROADCASTING STATION, poste émetteur.
RADIO-BROADCASTING, radio-diffusion.

BROKEN a, brisé, rompu.
BROKEN CURVE, courbe brisée.
BROKEN LINE, ligne brisée.

BROKER s, courtier m; brocanteur m.
BILL-BROKER (peu usité), agent de change.
BROKER'S ACCOUNT, compte de liquidation.
BROKER'S CONTRACT, contrat de commission.
CERTIFIED BROKER, courtier agréé.
COTTON-BROKER, courtier en coton.
EXCHANGE-BROKER, cambiste; agent de change.
FOREIGN EXCHANGE BROKER, courtier de change; cambiste.
HONEST BROKER, courtier honnête.
INSURANCE-BROKER, courtier d'assurances.
INTERMEDIATE BROKER, remisier.
MERCANTILE BROKER, agent de change.
MONEY-BROKER, courtier de change.
NOTE-BROKER, U.S: courtier de change.
OUTSIDE STOCK-BROKER, coulissier.
PRODUCE BROKER, courtier en marchandises.
SECOND-HAND BROKER, brocanteur.
SHIP-BROKER, courtier maritime.
SHIP'S BROKER, cosignataire du navire.
STOCK-BROKER, agent de change; courtier de bourse.
STOCK-BROKER'S LIST OF RECOMMENDATIONS, liste de placements conseillés par un courtier.
SUGAR-BROKER, courtier en sucre.
UNLICENSED BROKER, courtier marron.

BROKERAGE s, courtage m, frais m. pl de courtage, profession f de courtier m, commission f.
BROKERAGE IS DEDUCTED FROM SALES, le courtage vient en déduction des ventes.
FREE OF BROKERAGE, franco courtage.
OUTSIDE BROKERAGE, affaires de banque.
PURCHASE PRICE, PLUS BROKERAGE, prix d'achat, plus le courtage.
SELLING BROKERAGE, courtage, commission, de vente.

BROKING s, courtage m.
STOCK-BROKING, profession d'agent de change.

BRONZE s, bronze m.

BROUGHT a, porté, apporté.
BALANCE BROUGHT DOWN, solde à nouveau.
BALANCE BROUGHT FORWARD, à reporter; report.
BALANCE BROUGHT INTO EQUILIBRIUM, l'équilibre de la balance rétabli.
ESTATE BROUGHT IN, biens d'apport.

BUBBLE s, bulle f, tromperie f.
BUBBLE SCHEME, entreprise véreuse.

BUDGET s, budget m, comptabilité f.
to BALANCE THE BUDGET, équilibrer, rééquilibrer, le budget.
BALANCED BUDGET MULTIPLIER, effet multiplicateur d'un budget équilibré (d'expansion).
BUDGET ACCOUNTS, comptes budgétaires.
BUDGET DEFICIT, déficit budgétaire.
BUDGET ESTIMATES, prévisions budgétaires.
BUDGET REVENUE, recettes budgétaires.
BUDGET WHICH SHOWS A DEFICIT, budget faisant apparaître un déficit.
BUDGET SURPLUS, excédent budgétaire.
CAPITAL BUDGET, budget en capital.
CONSUMER'S BUDGET, budget du consommateur.
CURRENT BUDGET, budget des dépenses et recettes courantes.
EXPENSES PROVIDED FOR IN THE BUDGET, dépenses prévues au budget.
EXTRAORDINARY BUDGET, budget extraordinaire.
FAMILY BUDGETS, budgets de familles; budgets de ménages.
to FIX THE BUDGET, établir le budget.
FLEXIBLE BUDGET, budget adaptable.
HEAVY CHARGE FOR THE BUDGET, lourde charge pour le budget.
HOUSEHOLD BUDGET, budget du ménage.
OPERATING BUDGET, budget d'exploitation.
ORDINARY BUDGET, budget ordinaire.
OVERBALANCED BUDGET, budget en suréquilibre; suréquilibre budgétaire.
to SHAVE THE BUDGET ESTIMATES, rogner les prévisions budgétaires.

BUDGET v, porter, inscrire, au budget.

BUDGETARY a, budgétaire.
BUDGETARY CONTROL, contrôle budgétaire.
BUDGETARY EXPENDITURE, dépenses budgétaires.
BUDGETARY POLICY, politique budgétaire.
BUDGETARY SURPLUS, excédent budgétaire.

BUDGETED a, prévu (par le budget), prévisionnel.
BUDGETED ACTIVITIES, activités prévues par le budget.

BUFFER s, amortisseur m, mémoire f tampon m.

BUFFER STOCKS, stocks de régularisation.
BUFFER STORAGE, mémoire tampon.

BUILD v, construire, bâtir.

BUILDER s, constructeur m, entrepreneur m.

BUILDING s, bâtiment m, construction f, édifice m.
BUILDING COMPANY, société de construction.
BUILDING COMPLETED, constructions achevées.
BUILDING CONTRACTOR, entrepreneur de bâtiment.
BUILDING ESTIMATE, devis de construction.
BUILDING GROUND, terrain à bâtir; terrains non bâtis.
BUILDING LAND, terrain à bâtir.
BUILDING LICENCE, permis de construire.
BUILDING MATERIALS, matériaux de construction.
BUILDING PERMIT, permis de construire.
BUILDING PLOT, terrain à bâtir.
BUILDING SITE, terrain à bâtir.
BUILDING-SOCIETY, société coopérative de construction.
BUILDING UP OF STOCKS, formation de stocks.
BUILDING-TRADE, le bâtiment.
BUILDING-TRADES, industries du bâtiment.
to DEVELOP BUILDING GROUND, mettre en valeur un terrain à
   construire; viabiliser un terrain.
DEVELOPMENT OF BUILDING GROUND, mise en valeur d'un terrain
   à construire; viabilisation (d'un terrain).
FOUNDATIONS OF A BUILDING, fondations d'un édifice.
INDUSTRIAL BUILDING, construction à usage industriel.
LAND AND BUILDINGS, terrain et bâtiments.
MUNICIPAL BUILDINGS, Hôtel de ville.
NEW BUILDING, constructions neuves.
RESIDENTIAL BUILDING, construction à usage d'habitation.
SHIP-BUILDING INDUSTRY, industrie de la construction navale.
SHIP-BUILDING YARD, chantier de construction navale.
TAXES ON LAND AND BUILDINGS, impôts fonciers bâti et non
   bâti.

BUILT a, construit, bâti.
BRITISH-BUILT SHIP, navire de construction anglaise.
BUILT-IN ECONOMIC STABILIZERS, mécanismes de stabilisation
   automatiques.
FOREIGN-BUILT, de marque étrangère.
JERRY-BUILT, en torchis; très légèrement construit.
OWNER-BUILT, construit par le propriétaire lui-même.

BULK s, charge f, volume m, capacité f, vrac m, gros m.
in BULK, en vrac; en gros.
BULK CORE STORAGE, mémoire à ferrites de grande capacité.
to BUY IN BULK, acheter en gros, par grosses quantités.
LOADING IN BULK, chargement en vrac.
to SELL IN BULK, vendre en gros, en vrac.

BULKY a, volumineux.

BULL s, taureau m, spéculateur m à la hausse, haussier m.
BULL ACCOUNT, position acheteur; position à la hausse.
BULL MARKET, marché orienté à la hausse.
BULL PURCHASE, achat à découvert.
BULL TRANSACTION, opération à la hausse.
to BUY A BULL, acheter à découvert.
to GO A BULL, spéculer à la hausse.
the MARKET IS ALL BULLS, le marché est à la hausse.

BULL v, spéculer à la hausse, acheter à découvert.
to BULL THE MARKET, acheter à découvert.

BULLION s, (or m, argent m) en lingots m. pl, en barres f. pl.
BULLION OFFICE, bureau chargé de l'achat de lingots d'or et d'argent.
BULLION POINT, gold-point.
BULLION RESERVE, réserve métallique.
COIN AND BULLION, réserves métalliques en pièces et en lingots.
EXPORT BULLION POINT, gold-point d'exportation.
GOLD BULLION STANDARD, étalon lingot-or.
GOLD COIN AND BULLION, encaisse-or.
GOLD AND SILVER BULLION, lingots d'or et d'argent.
GOLD AND SILVER COIN AND BULLION, réserves métalliques en
   pièces et en lingots d'or et d'argent.
IMPORT BULLION POINT, gold-point d'importation.
OUTGOING BULLION POINT, gold-point de sortie; point de sortie
   de l'or.
RATIO BETWEEN THE ISSUE OF BANK NOTES AND THE BULLION
   RESERVE, rapport entre l'émission des billets de banque et la réserve
   métallique.

BULLISH a, haussier.
BULLISH TENDENCY, tendance à la hausse.

BULLISHNESS s, tendance f à la hausse.

BUMPER s, rasade f.
BUMPER CROP, récolte exceptionnelle.

BUNDLE s, paquet m, collection f.
BUNDLE OF COMMODITIES, collection de produits.

BUOYANT a, soutenu, plein d'entrain m.
BUOYANT MARKET, marché soutenu.

BURDEN s, fardeau, m, poids m.
BURDEN OF PROOF, charge de la preuve.
HEAVY BURDEN, fardeau lourd.
TAX BURDEN, poids de la fiscalité.

BURDENED a, grevé, chargé.
BURDENED WITH DEBT, grevé de dettes.
BURDENED ESTATE, domaine grevé d'hypothèques.

BUREAU s, bureau m, office m, institut m.
CENSUS BUREAU, U.S: Bureau des statistiques.
EMPLOYMENT BUREAU, bureau de placement.
NATIONAL BUREAU OF ECONOMIC RESEARCH. U.S: Bureau
   national de recherches économiques; Institut national de conjoncture.

BUREAUCRACY s, bureaucratie f.

BUREAUCRATIC a, bureaucratique.

BURGLARY s, vol m avec effraction f.
BURGLARY INSURANCE, assurance-vol.

BUS s, autobus m.

BUSHEL s, boisseau m.

BUSINESS s, affaire f, affaires f. pl, commerce m, U.S: fonds m de
   commerce, occupation f, métier m, profession f, entreprise f, firme f,
   maison f, activité f, économie f, gestion f, finance f, chiffre m d'affaires,
   opération f, cours m. pl.
BAROMETER OF THE BUSINESS CYCLE, baromètre du cycle éco-
   nomique.
BIG BUSINESS, capitalisme des grandes entreprises.
BUSINESS BANK, banque commerciale.
BUSINESS CENTRE, centre des affaires.
BUSINESS CONNECTION, relation d'affaires.
BUSINESS CORPORATION*, U.S: société (anonyme); société com-
   merciale.
BUSINESS CYCLE, cycle économique.
BUSINESS DATA PROCESSING, informatique de gestion.
BUSINESS DAY, jour ouvrable.
BUSINESS DECISIONS, décisions des hommes d'affaires.
BUSINESS DEPRESSION, dépression économique.
BUSINESS DONE FOR CASH, cours pratiqué au comptant.
BUSINESS DONE ON THE KERB, opérations après clôture de bourse.
BUSINESS FINANCE*, U.S: gestion financière (de l'entreprise).
BUSINESS FORECASTING, prévision économique.
BUSINESS GAMES, jeux d'entreprise.
BUSINESS HOURS, heures d'ouverture.
BUSINESS HOUSE, maison de commerce.
BUSINESS INTERCOURSE, rapports de commerce.
BUSINESS IS BRISK, les affaires marchent.
BUSINESS IS BUSINESS, les affaires sont les affaires.
BUSINESS IS IN THE DOLDRUMS, les affaires souffrent d'un ma-
   rasme.
BUSINESS IS IMPROVING, les affaires reprennent.
BUSINESS IS LOOKING UP, les affaires reprennent, se raniment.
BUSINESS IS LOOKING WELL, les affaires vont bien.
BUSINESS IS SLACK, les affaires ne marchent pas.
BUSINESS IS SLACKENING, les affaires stagnent.
BUSINESS IS SLOW, les affaires languissent.
BUSINESS MAN, homme d'affaires.
BUSINESS MANAGEMENT, gestion des affaires; gestion de l'en-
   treprise.
BUSINESS MATTERS, affaires.
BUSINESS MOTIVES, motifs d'entreprise.
BUSINESS RELATIONS, relations d'affaires.
BUSINESS FOR SALE, affaire à céder.
BUSINESS TRANSFER PAYMENTS, paiements de transferts indus-
   triels et commerciaux.
BUSINESS TRUST, U.S: trust d'affaires.
BUSINESS YEAR, exercice (financier).
CAPITAL INVESTED IN A BUSINESS, capital investi dans une
   affaire.
CARRYING BUSINESS, entreprise de transports.
CONTENTIOUS BUSINESS, le contentieux.
DISCONTINUANCE OF BUSINESS, cessation d'activités.
DISHONEST BUSINESS, commerce interlope.
DISTURBANCE OF BUSINESS, perturbation dans les affaires.
to DO BUSINESS, faire des affaires.
to DO THE BUSINESS, conclure, faire, l'affaire.
to ENGAGE IN BUSINESS, se lancer dans les affaires.
to ENGAGE CAPITAL IN A BUSINESS, engager du capital dans une
   entreprise.
ESTABLISHMENTS IN BUSINESS, établissements en activité.
EXCELLENT BUSINESS, affaire d'or.
EXPERIENCED IN BUSINESS, rompu aux affaires.
to FINANCE A BUSINESS, financer une affaire.
FORECASTING THE BUSINESS CYCLE, prévision du cycle économique.

GENERAL BUSINESS, questions diverses.
GENERAL DULLNESS OF BUSINESS, marasme général des affaires.
GOOD BUSINESS, bonne affaire.
to HANDLE A LOT OF BUSINESS, brasser beaucoup d'affaires.
to HANDLE ANY SORT OF BUSINESS, exécuter n'importe quelle opération.
the INCREASE IN BUSINESS RUNS INTO, l'augmentation du chiffre d'affaires représente, s'élève à.
INDIRECT BUSINESS TAXES, impôts indirects acquittés par les entreprises.
to JEOPARDIZE ONE'S BUSINESS, laisser péricliter ses affaires.
LACK OF BUSINESS, manque d'affaires.
LAW OF BUSINESS CORPORATIONS*, U.S: droit des sociétés commerciales.
LITTLE BUSINESS, peu d'affaires.
LONG-TERM LEASE OF BUSINESS PROPERTY*, U.S: baux commerciaux et industriels à long terme.
MAIL-ORDER BUSINESS, vente par correspondance.
MANUFACTURING BUSINESS, entreprise industrielle.
MATTER OF BUSINESS, question d'affaires.
MEASURING THE BUSINESS CYCLE, mesure du cycle économique.
MERCANTILE BUSINESS, opérations mercantiles.
MOTIVES OF BUSINESS FIRMS, motivations des firmes.
PHASES OF THE BUSINESS CYCLE, phases du cycle économique.
PIECE OF BUSINESS, affaire.
PRINCIPAL OF A BUSINESS HOUSE, patron d'une maison de commerce.
PROFITABLE BUSINESS, affaire profitable, lucrative.
RECOVERY OF BUSINESS, reprise des affaires.
RESALE OF A BUSINESS, revente d'un fonds de commerce.
to RETIRE FROM BUSINESS, se retirer des affaires.
REVIVAL OF BUSINESS, reprise des affaires.
to RUN A BUSINESS, faire marcher, diriger, une affaire, un commerce.
to SET UP IN BUSINESS, s'établir dans le commerce.
SHIPPING BUSINESS, armement.
SLACK BUSINESS, marasme.
SLACK TIMES IN BUSINESS, ralentissement dans les affaires.
SMALL BUSINESS TAX*, U.S: patente.
STAGNANT STATE OF BUSINESS, état stagnant des affaires.
STAGNATING BUSINESS, marasme des affaires.
STAGNATION OF BUSINESS, stagnation, marasme, des affaires.
to START IN BUSINESS, se lancer dans les affaires.
to SUCCEED IN BUSINESS, réussir en affaires.
to SUCCEED TO A BUSINESS, prendre la suite des affaires d'une maison.
THEORIES OF THE BUSINESS CYCLE, théories du cycle économique.
to TRANSACT BUSINESS WITH, faire des affaires avec.
VOLUME OF BUSINESS, volume des affaires.
WAY OF BUSINESS, genre d'affaires; métier.
WELL-ESTABLISHED BUSINESS, maison solide.
WHOLE STOCK OF A BUSINESS, stock d'un fonds de commerce.

BUSY a, occupé, affairé, actif.
BUSY HOURS, heures de pointe.

BUTTER s, beurre m.

BUTTON s, bouton m.

PRESS-BUTTON INDUSTRY, industrie entièrement automatisée.
PUSH-BUTTON, presse-bouton.

BUY v, acheter.
to BUY BACK, racheter.
to BUY OUT, désintéresser.
to BUY UP, accaparer; acheter en masse.
to BUY AN ANNUITY, placer son argent en viager.
to BUY IN BULK, acheter en gros, par grosses quantités.
to BUY A BULL, acheter à découvert.
to BUY FOR CASH, acheter comptant.
to BUY IN AGAINST A CLIENT, exécuter un client.
to BUY ON CONTRACT, acheter à forfait.
to BUY UPON CREDIT, acheter à crédit, à terme.
to BUY ON A FALL, acheter à la baisse.
to BUY ON A FALLING MARKET, acheter en baisse.
to BUY FIRM, acheter ferme.
to BUY FUNDS, acheter de la rente.
to BUY IN ONE LOT, acheter en bloc.
to BUY FOR MONEY, acheter au comptant.
to BUY OUTRIGHT, acheter comptant, à forfait.
to BUY ON ONE'S OWN ACCOUNT, acheter pour son propre compte.
to BUY WHOLESALE, acheter en gros.

BUYER s, acheteur m, acquéreur m, preneur m.
BUYER BACK, racheteur.
BUYERS' MARKET, marché demandeur; marché orienté à la hausse.
BUYER'S OPTION, prime acheteur.
EAGER BUYER, acheteur empressé.
INTERMEDIATE BUYERS AND SELLERS, acheteurs et vendeurs intermédiaires.
LAST BUYER, dernier acheteur.
POTENTIAL BUYER, acheteur potentiel, en puissance.
PROSPECTIVE BUYER, acheteur éventuel.
WHOLESALE BUYER, acheteur en gros.

BUYING s, achat(s) m.
BUYING BACK, rachat.
BUYING IN, rachat; exécution d'un client.
BUYING OUT, désintéressement; rachat.
BUYING UP, accaparement.
BUYING OR EXPORT RATE, cours d'achat ou d'exportation.
BUYING ORDER, ordre d'achat.
BUYING QUOTATIONS, cours d'achat.
CONSISTENT BUYING, achats suivis.
CONSUMER BUYING OF GOODS AND SERVICES, achats par les consommateurs de produits et de services.
to COVER BY BUYING BACK, se couvrir en rachetant.
to HEDGE BY BUYING AT LONG DATE, se couvrir en achetant à long terme.
OFFICIAL BUYING IN, rachat d'office.
SHOP BUYING, achats professionnels (à la bourse).
SPECULATIVE BUYING, achats spéculatifs.
to SUPPORT PRICES BY BUYING, soutenir des cours par des achats.

BY(E)-LAW s, règlement m (interne).
CHARTER AND BY-LAWS, U.S: statuts (de société).

BY-PRODUCT s, sous-produit m, produit dérivé.

C

CABINET s, cabinet m, gouvernement m.
the CABINET HAS RESIGNED, le cabinet a démissionné.
CABINET MINISTER, ministre (d'État).
FILING-CABINET, classeur.
SHADOW CABINET, U.K: contre-gouvernement.

CABLE s, câble m.
COAXIAL CABLE, câble coaxial.

CABLE v, envoyer un câble, câbler.

CABLEGRAM s, câblogramme m, câble m.

CABOTAGE s, cabotage m.

CA'CANNY a, SCOTLAND: (grève) perlé(e).

CADASTRAL a, cadastral.
CADASTRAL SURVEY, cadastre.

CALCULABLE a, calculable, chiffrable.

CALCULATE v, calculer, estimer, chiffrer, supputer.

CALCULATED a, calculé.
CALCULATED RISK, risque calculé.

CALCULATING a, calculateur, intéressé.
CALCULATING MACHINE, machine à calculer.
CALCULATING POLICY, politique intéressée.

CALCULATION s, calcul m, supputation f.
ACCURACY OF CALCULATION, précision de calcul.
APPROXIMATE CALCULATION, approximation.
CALCULATION BY CAPITALIZATION, calcul par capitalisation.
CALCULATIONS WERE CARRIED BACK TO, on a fait remonter
  les calculs à.
ECONOMIC CALCULATION, calcul économique.

CALCULATOR s, calculateur m, calculatrice f.
ELECTRONIC CALCULATOR, calculatrice électronique.

CALCULUS s, calcul m.
CALCULUS OF VARIATIONS, calcul des variations.
DIFFERENTIAL CALCULUS, calcul différentiel.
INFINITESIMAL CALCULUS, calcul infinitésimal.
INTEGRAL CALCULUS, calcul intégral.
PROBABILITY CALCULUS, calcul des probabilités.

CALENDAR s, calendrier m.
CALENDAR YEAR, année civile.

CALIBRE s, calibre m.

CALL s, appel m, appel de fonds m. pl, appel téléphonique, appel
  de versement m, demande f, option f, option d'achat m, prime f, mar-
  ché m à prime, escale f, visite f.
CALL FOR ADDITIONAL COVER, appel de marge.
CALL FOR FUNDS, appel de capital, de fonds.
CALL LOAN RATE, taux des prêts au jour le jour.
CALL OF MARGIN, appel de marge.
CALL MONEY, argent au jour le jour; emprunt(s) remboursable(s)
  sur demande; U.S: argent comptant.
CALL MONEY RATE, taux d'intérêt de l'argent au jour le jour.
CALL OPTION, option.
CALL OPTION DAY, jour de liquidation.
CALL FOR THE PREMIUM, levée de la prime.

CALL PRICE, cours du dont.
DEPOSIT AT CALL, dépôt remboursable sur demande.
LOAN AT CALL, prêt remboursable sur demande; argent à vue.
MONEY AT (ON) CALL, emprunt remboursable sur demande.
PAYABLE AT CALL, payable à vue.
PAYMENT OF CALLS, versement d'appels de fonds; libération d'ac-
  tions.
PORT OF CALL, port d'escale.
PRICE OF CALL, cours du dont.
PRICE OF PUT AND CALL, cours de la double prime.
PUT AND CALL, double option; doubles primes; stellage.
SELLER OF A CALL OPTION, vendeur d'un dont, d'une prime directe.
to TAKE FOR THE CALL, vendre à prime.
TAKER FOR THE CALL, vendeur d'un dont, d'une prime directe.
TAKER FOR A PUT AND CALL, donneur d'option, de stellage.
TAKING FOR THE CALL, vente dont; vente à prime directe.
TRUNK CALL, appel téléphonique interurbain.

CALL v, appeler, convoquer, U.S: téléphoner à.
to CALL UP, appeler au téléphone.
to CALL OFF A DEAL, annuler un marché.
to CALL A MEETING, convoquer une assemblée.
to CALL IN ONE'S MONEY, faire rentrer ses fonds.
to CALL A STRIKE, ordonner une grève.

CALLED a, appelé.
CALLED CAPITAL, capital appelé.

CALLING s, convocation f.
CALLING IN, retrait (de la monnaie).
CALLING TOGETHER, convocation d'une assemblée.

CALORIFIC a, calorifique.
CALORIFIC CONTENT, capacité calorifique.
CALORIFIC VALUE, pouvoir calorifique.

CALORY s, calorie f.
CALORIES PER DAY, calories par jour.

CAMBRIDGE pr. n, Cambridge.
CAMBRIDGE ECONOMISTS, économistes de l'école de Cambridge.

CAMPAIGN s, campagne f.
PRESENT CAMPAIGN, campagne actuelle, en cours.
PRESS-CAMPAIGN, campagne de presse.
PUBLICITY CAMPAIGN, campagne de publicité.
SALES CAMPAIGN, campagne de vente.

CANAL s, canal m.
NETWORK OF CANALS, réseau de canaux.

CANCEL v, annuler, résilier, résoudre, ristourner, supprimer, décommander, rayer, oblitérer (un timbre).
to CANCEL OUT, s'annuler (mutuellement).
to CANCEL A CHECK, U.S: annuler un chèque.
to CANCEL A CHEQUE, annuler un chèque.

CANCEL(L)ABLE a, résiliable, résoluble.

CANCELLATION s, annulation f, radiation f, résiliation f, résolution f.
CANCELLATION OF A DEBT, radiation d'une dette; remise d'une
  dette.
CANCELLATION OF A LEASE, résiliation d'un bail.

CANCELLED a, nul et non avenu, résilié, annulé, oblitéré, rayé.

CANCELLING s, résiliation f, résolution f, retrait m, ristourne f.

CANCELLING PRICE, cours de résiliation.

CANDIDACY s, *U.S:* candidature *f.*

CANDIDATURE s, candidature *f.*

CANE s, canne *f.*
SUGAR-CANE, canne à sucre.

CANNING s, *U.S:* mise *f* en conserve *f.*
CANNING-INDUSTRY, *U.S:* industrie des conserves alimentaires.

CANON s, canon *m*, critère *m*, règle *f.*
CANONS OF TAXATION, principes d'imposition.

CANONICAL a, canonique.

CAPABILITY s, capacité *f*, pouvoir *m.*
CORE STORAGE CAPABILITY, capacité de (la) mémoire centrale.

CAPABLE a, capable, compétent.

CAPACITY s, capacité *f*, puissance *f*, pouvoir *m*, rendement *m*, potentiel *m.*
CAPACITY OF ABSORPTION, capacité d'absorption.
CAPACITY TO IMPORT, capacité d'importation.
CAPACITY OUTPUT, production maximum.
CAPACITY TO PRODUCE, capacité productive.
CAPACITY TO SAVE, capacité d'épargne.
CARRYING CAPACITY, charge utile.
CORE STORAGE CAPACITY, capacité de (la) mémoire centrale.
DEAD-WEIGHT CAPACITY, port en lourd.
DEAD-WEIGHT CARGO CAPACITY, port en marchandises.
EXCESS CAPACITY, capacité excédentaire.
IDLE CAPACITY, potentiel non utilisé.
INSTALLED CAPACITY, puissance installée.
LIMITED CAPACITY, capacité limitée.
MEASURE OF CAPACITY, mesure de capacité.
PRODUCTION CAPACITY, capacité de production.
PRODUCTIVE CAPACITY, capacité de production.
PROFIT-EARNING CAPACITY, rentabilité.
PURCHASING CAPACITY OF A COUNTRY, capacité d'achat d'un pays.
SPENDING CAPACITY, pouvoir d'achat.
STORAGE CAPACITY, capacité de stockage; capacité de mémoire.
THEORETICAL MAXIMUM CAPACITY, capacité théorique maximum.
UNUSED CAPACITY, capacité inemployée.
WORKING AT CLOSE TO CAPACITY, travaillant à capacité presque maxima.
YIELD-CAPACITY, productivité.

CAPITA s, tête *f.*
per CAPITA, par tête; par habitant.

CAPITAL a, capital.
CAPITAL TOWN, capitale.
QUESTION OF CAPITAL IMPORTANCE, question d'importance capitale.

CAPITAL s, capital *m*, capitaux *m. pl*, fonds *m. pl*, investissement(s) *m*, équipement(s) *m*, immobilisations *f. pl*, apport *m*, mise *f*, fortune *f.*
to ADD THE INTEREST TO THE CAPITAL, ajouter l'intérêt au capital.
ALLOCATION OF CAPITAL, affectation des investissements.
ALTERATION OF CAPITAL PROVIDED BY, modification du capital prévue par.
ALTERNATIVE EMPLOYMENT OF CAPITAL, emploi alternatif du capital.
AMOUNT OF CAPITAL PER WORKER, capital investi par ouvrier.
ANTICIPATED RETURN ON CAPITAL, rendement escompté du capital.
AUTHORIZED CAPITAL DIVIDED INTO 100 SHARES, capital social (autorisé) divisé en 100 actions.
AVERAGE DURABILITY OF CAPITAL, longévité moyenne de l'équipement.
BORROWED CAPITAL, capitaux empruntés.
CALLED-UP CAPITAL, capital appelé.
CAPITAL ACCOUNT, compte capital.
CAPITAL ACCUMULATION, accumulation du capital.
CAPITAL ALLOWANCES, déductions fiscales sur les investissements.
CAPITAL ASSETS, actif immobilisé.
CAPITAL WHICH BEARS INTEREST, capital qui porte intérêt.
CAPITAL BUDGET, budget en capital.
CAPITAL COEFFICIENT, coefficient de capital.
CAPITAL DECUMULATION, diminution du capital.
CAPITAL DUTY, droit de constitution (d'une société).
CAPITAL EQUIPMENT, biens d'équipement.
CAPITAL EXPENDITURE, dépenses en capital.
CAPITAL EXPENDITURE ACCOUNT, compte immobilisations.
CAPITAL FLIGHT, fuite des capitaux (vers l'étranger).
CAPITAL GAINS TAX, impôt sur les plus-values en capital.
CAPITAL GOODS, biens d'équipement; biens capitaux, instrumentaux.
CAPITAL GRANTS, subventions en capital.
CAPITAL INTENSITY REQUIRED (PER UNIT OF LABOUR), quantité de capital requise (par unité de travail).

CAPITAL INVESTED ABROAD, capitaux placés à l'étranger.
CAPITAL INVESTED IN A BUSINESS, capital investi dans une affaire.
CAPITAL INVESTMENT, investissement de capitaux.
CAPITAL AND LABOUR, capital et travail.
CAPITAL LEVY, prélèvement sur le capital, sur les fortunes.
CAPITAL MARKET, marché financier; marché des capitaux.
CAPITAL MOVEMENTS, mouvements de capitaux.
CAPITAL-OUTPUT RATIO, rapport capital/production.
CAPITAL PRODUCTIVE OF INTEREST, capital productif d'intérêts.
CAPITAL PROFITS, plus-value en capital.
CAPITAL RESERVES OF A BANK, réserves de trésorerie d'une banque.
CAPITAL-SAVING INNOVATION, innovation épargnant du capital.
CAPITAL SHARE, action de capital.
CAPITAL STOCK, actions; fonds propres.
CAPITAL STRUCTURE, structure financière.
CAPITAL TAX, impôt sur le capital.
CAPITAL VALUE, valeur en capital.
CAPITAL-VALUE CURVE, courbe de valeur en capital.
CAPITAL VALUE OF THE LOAN, valeur en capital de l'emprunt.
CIRCULATING CAPITAL, capitaux circulants, roulants.
CONSTANT CAPITAL, capital constant.
CONTRIBUTION OF CAPITAL, apport de capitaux.
COST OF BORROWED CAPITAL, coût de l'endettement.
CURRENT CAPITAL, capital courant.
DEBENTURE CAPITAL, capital-obligations.
DEEPENING OF CAPITAL, approfondissement du capital.
DIVIDEND PAID OUT OF CAPITAL, dividende prelevé sur le capital.
EFFLUX OF CAPITAL, sortie de capitaux.
to ENGAGE CAPITAL IN A BUSINESS, engager des capitaux dans une entreprise.
ESTIMATE OF THE FUTURE YIELD OF CAPITAL ASSETS, estimation du rendement futur des capitaux.
EXODUS OF CAPITAL, fuite de capitaux.
EXPECTATIONS AS TO THE FUTURE YIELD OF CAPITAL GOODS, prévisions relatives au rendement futur des biens de capital.
to FIND CAPITAL FOR, financer.
FIRM'S CAPITAL, capital d'une entreprise.
FIXED CAPITAL, capital fixe; capitaux fixes.
FIXED AND WORKING CAPITAL, capital fixe et capital circulant.
FLOATING CAPITAL, capitaux flottants.
FULLY PAID (UP) CAPITAL, capital entièrement versé.
FUNDED CAPITAL, capitaux investis.
GROSS DOMESTIC CAPITAL FORMATION, formation brute de capital intérieur.
GROSS FIXED CAPITAL FORMATION, formation brute de capital fixe.
HUMAN CAPITAL, capital humain.
IDLE CAPITAL, capital oisif.
IMMOBILIZATION OF CAPITAL, immobilisation de capitaux.
INCREASE OF CAPITAL, augmentation de capital.
INDESTRUCTIBLE CAPITAL, capital inconsommable.
INITIAL CAPITAL, capital d'apport; frais de premier établissement.
INITIAL CAPITAL EXPENDITURE, frais de premier établissement.
INSTRUMENTAL CAPITAL, capital productif.
INTEREST-BEARING CAPITAL, capital qui rapporte.
INTEREST ON CAPITAL, intérêt du capital.
INTEREST ON CAPITAL CONSTITUTES A CHARGE ON PRODUCTION, les intérêts du capital constituent un élément du coût de production.
INTEREST PAID OUT OF CAPITAL, intérêts prélevés sur le capital.
INVESTMENT CAPITAL, capitaux de placement.
to INVITE SHAREHOLDERS TO SUBSCRIBE THE CAPITAL, faire appel aux actionnaires pour souscrire le capital.
LABOUR-CAPITAL CONFLICTS, conflits capital-travail.
LACK OF CAPITAL, manque de capitaux.
to LACK CAPITAL, manquer de capitaux.
LEGAL CAPITAL TRANSFERS, transferts autorisés de capitaux.
LENDING CAPITAL, prêt de capitaux.
to LIBERATE CAPITAL, mobiliser des capitaux.
LIBERATION OF CAPITAL, mobilisation de capitaux.
LIQUID CAPITAL, capital liquide.
to LIVE ON ONE'S CAPITAL, vivre sur son capital.
LOAN CAPITAL, capital d'emprunt; fonds prêtables.
LOCK-UP OF CAPITAL, immobilisation de capitaux.
to LOCK UP CAPITAL, immobiliser des capitaux.
LOCKING UP OF CAPITAL, immobilisation de capitaux.
LONG-TERM CAPITAL, capitaux à long terme.
LONG-TERM CAPITAL INVESTMENT, investissement de capitaux à long terme.
LONG-TERM FUNDED CAPITAL, capitaux consolidés à long terem.
LOSS OF CAPITAL, perte, déperdition, de capital.
to MAINTAIN CAPITAL INTACT, conserver le capital en l'état.
MAINTAINING CAPITAL INTACT, maintien de l'intégrité du capital.
MARGINAL EFFICIENCY OF CAPITAL, efficacité marginale du capital.
MARGINAL RETURN ON CAPITAL, rendement marginal du capital.
MARKET FOR CAPITAL, marché financier; marché des capitaux.
MATURED CAPITAL, capitaux arrivés à échéance.

MOBILITY OF CAPITAL, mobilité des capitaux.
MOBILIZATION OF CAPITAL, mobilisation des capitaux.
MONEY CAPITAL, capital liquide.
non MONETARY CAPITAL SECTOR, capitaux du secteur non monétaire.
NET PRODUCTIVITY OF CAPITAL, productivité nette du capital.
NEW CAPITAL, capitaux frais.
NOMINAL CAPITAL, capital nominal; capital social.
ORIGINAL CAPITAL, capital d'origine, primitif.
OUTFLOW OF CAPITAL, sortie de capitaux.
PAID-IN (PAID-UP) CAPITAL, capital versé.
PAID-UP SHARE CAPITAL, capital-actions versé.
PARTNERSHIP CAPITAL, capital d'une société (à responsabilité illimitée) commerciale ou professionnelle.
PAYMENT ON ACCOUNT OF CAPITAL, acompte sur le capital.
PAYMENT OF DIVIDEND OUT OF CAPITAL, prélèvement du dividende sur le capital.
PRESENT CAPITAL, capital appelé.
PRIVATE CAPITAL MOVEMENTS, mouvements de capitaux privés.
PRODUCTIVE CAPITAL, capitaux productifs.
PROVISION OF CAPITAL, prestation de capitaux.
QUANTITY OF CAPITAL, volume du capital.
RATE OF CAPITAL ACCUMULATION, taux d'accumulation, de formation, du capital.
READY CAPITAL, capital circulant.
REAL CAPITAL, capital réel.
REDUCTION OF CAPITAL, réduction de capital.
REGISTERED CAPITAL, capital déclaré.
to REINVEST CAPITAL, réinvestir des capitaux.
to REPAY THE CAPITAL, rembourser le capital.
REQUISITE CAPITAL, capital nécessaire.
RETURN OF CAPITAL, remboursement de capital.
RETURN OF A CAPITAL SUM, remboursement d'un capital.
RETURN ON CAPITAL, rémunération, rendement, du capital.
to RETURN THE CAPITAL, rembourser le capital.
RETURN PER UNIT OF CAPITAL, rendement par unité de capital.
REVENUE-EARNING CAPITAL, capitaux de rapport.
RISK CAPITAL, capitaux spéculatifs.
SCHEDULE OF THE MARGINAL EFFICIENCY OF CAPITAL, courbe de l'efficacité marginale du capital.
SELF-INDUCED INCREASE OF CAPITAL, accroissement spontané du capital.
SHARE CAPITAL, capital-actions.
SHARE OF CAPITAL INTRODUCED BY A PARTNER, apport, mise, d'un associé.
SHORT-TERM CAPITAL, capitaux à court terme.
SHORT-TERM CAPITAL MOVEMENTS, mouvements de capitaux à court terme.
SHORTAGE OF CAPITAL, disette de capitaux.
SOCIAL OVERHEAD CAPITAL, (investissement d') infrastructure.
SPARE CAPITAL, capitaux, fonds, disponibles.
STATED CAPITAL, capital déclaré.
STOCK OF REAL CAPITAL, stock de capital réel.
to SUBSCRIBE THE CAPITAL, souscrire le capital.
SUBSCRIBED CAPITAL, capital souscrit.
SUPPLY CURVE OF LOAN CAPITAL, courbe d'offre de fonds prêtables.
TAXES ON CAPITAL PROFITS, taxe sur la plus-value en capital.
THEORY OF CAPITAL, théorie du capital.
THEORY OF CAPITAL AND INTEREST, théorie du capital et de l'intérêt.
TIE-UP OF CAPITAL, blocage de capital.
TRADING CAPITAL, capital engagé, de roulement.
to TURN OVER CAPITAL, faire rouler les capitaux.
UNCALLED CAPITAL, capital non appelé.
UNEMPLOYED CAPITAL, capitaux inemployés.
UNPRODUCTIVE CAPITAL, capitaux improductifs.
UNREALIZABLE CAPITAL, fonds non réalisables, non liquides.
UNWATERED CAPITAL, capital non dilué.
VARIABLE CAPITAL, capital variable.
WITHDRAWAL OF CAPITAL, retrait de fonds.
WORKING CAPITAL, capital circulant; fonds de roulement.
to WRITE OFF CAPITAL, amortir le capital.
YIELD OF CAPITAL, rendement du capital.

CAPITALISM s, capitalisme m.
CAPITALISM OF FREE COMPETITION, capitalisme de libre concurrence.
STREAM-LINED CAPITALISM, capitalisme dynamique.

CAPITALIST a, capitaliste.
CAPITALIST ACCUMULATION, accumulation capitaliste.

CAPITALISTIC a, capitaliste.
CAPITALISTIC ECONOMIES, économies capitalistes.
CAPITALISTIC PRODUCTION, production capitaliste.
CAPITALISTIC STAGE OF DEVELOPMENT, étape capitaliste de développement.

CAPITALIZABLE a, capitalisable.

CAPITALIZATION s, capitalisation f, U.S: structure f financière.
CALCULATION BY CAPITALIZATION, calcul par capitalisation.
CAPITALIZATION OF INTEREST, anatocisme.
CAPITALIZATION ISSUE, attributions d'actions gratuites.
CAPITALIZATION BY PRESENT DISCOUNTED VALUES, capitalisation sur la base des valeurs actuelles escomptées.
CAPITALIZATION OF RAILROADS, U.S: structure financière des chemins de fer.
MARKET CAPITALIZATION, capitalisation par le marché.
RATE OF CAPITALIZATION, taux de capitalisation.

CAPITALIZE v, capitaliser.
to CAPITALIZE INCOME, capitaliser les revenus.

CAPITALIZED a, capitalisé.
CAPITALIZED MARKET VALUE, valeur capitalisée par le marché.
CAPITALIZED MONEY VALUE OF PROSPECTIVE RECEIPTS, capitalisation de l'espérance de gain.
CAPITALIZED VALUE, valeur capitalisée.
the INCOME, IF CAPITALIZED, le revenu, en termes de capital.
OVER-CAPITALIZED, surcapitalisé.

CAPITATION s, capitation f.
CAPITATION TAX, impôt de capitation.

CAPTURE v, capturer, accaparer.
to CAPTURE THE MARKET, accaparer la vente.

CAR s, voiture f, automobile f, wagon m.
CAR-FERRY, car-ferry.
the CAR INDUSTRY HAS MADE DETROIT, l'industrie de l'automobile a fait la prospérité de Détroit.
CAR OF THE LATEST DESIGN, voiture dernier modèle.
CAR SALES, vente des voitures.
ESTATE CAR, break.
FREIGHT CAR, wagon de marchandises.
FREIGHT-CAR LOADINGS, wagons chargés.
MASS-PRODUCTION CAR, voiture de série.
MOTOR-CAR, automobile.
MOTOR-CAR INDUSTRY, industrie de l'automobile.
MOTOR-CAR INSURANCE, assurance automobile.
PASSENGER CAR, voiture de tourisme.
POPULAR-PRICED CAR, voiture de type économique.
PRIVATE CAR, voiture particulière.
QUALITY CAR, voiture de qualité.
RAILWAY CAR, wagon de chemin de fer.
TRADED-IN CARS, voitures de reprise.
TRAM-CAR, U.K: tramway.
USED CAR, voiture d'occasion.

CARAT s, carat m.
eighteen-CARAT GOLD, or à dix-huit carats.
GOLD EIGHTEEN CARATS FINE, or à dix-huit carats de fin.

CARD s, carte f, fiche f.
BINARY CARD, carte binaire.
CARD-INDEX, fichier.
CARD-INDEX FILE, fichier.
CARD PUNCH, perforateur de cartes.
CARD READ PUNCH, lecteur-perforateur de cartes.
CARD READER, lecteur de cartes.
CONTROL CARD, carte de contrôle.
CREDIT CARD, carte de crédit.
FOOD CARD, carte d'alimentation.
INDEX CARD, fiche.
INSURANCE CARD, carte d'assuré.
PERFORATED CARD, carte perforée.
PUNCHED CARD, carte perforée.
PUNCHED CARD UTILITY, générateur de fonctions classiques, simples.
RATION CARD, carte d'alimentation.

CARDINAL a, cardinal.
CARDINAL NUMBERS, nombres cardinaux.
CARDINAL NUMERALS, numéraux cardinaux.
CARDINAL UTILITY, utilité cardinale.

CARE s, soin(s) m, conservation f, garde f.
CARE OF (c/o), aux bons soins de.

CAREER s, carrière f.

CAREFUL a, attentif.

CARGO s, cargaison f, chargement m, fret m, charge f.
CARGO HOMEWARDS, cargaison de retour.
DEAD-WEIGHT CARGO, marchandises lourdes.
FULL CARGO, cargaison complète.
FULL-CARGO CHARTER, affrètement total.
GENERAL CARGO, charge à la cueillette.
GOODS LOADED BY TYPE OF CARGO, marchandises embarquées selon le type de cargaison.
HANDLING CARGO, manutention de la cargaison.
PART CARGO CHARTER, affrètement partiel.
PERISHABLE CARGO, chargement périssable.

CARPENTER s, charpentier m, menuisier m.
JOURNEYMAN CARPENTER, compagnon charpentier.

CARRIAGE s, transport m, voiture f, port m, wagon m.
CARRIAGE EXPENSES, frais de transport.
CARRIAGE FORWARD, port dû.
CARRIAGE FREE, franco.
CARRIAGE PAID, port payé.
CARRIAGE-ROAD, chaussée.
RAIL CARRIAGE, transport par voie ferrée.
RAILWAY CARRIAGE, wagon de chemin de fer; transport par chemin de fer.
SEA CARRIAGE, transport maritime.
THROUGH CARRIAGE, voiture directe.

CARRIED a, porté, reporté, transporté.
AMOUNT CARRIED FORWARD, report à nouveau.
GOODS CARRIED, trafic-marchandises.
STOCK CARRIED OVER, titres en report.

CARRIER s, transporteur m.

CARRY s, portée f.
CARRY-FORWARD, report.
CARRY-OVER, report.
CASH AND CARRY, marchandises à emporter contre paiement comptant.

CARRY v, porter, reporter, rapporter, supporter, transporter.
CALCULATIONS WERE CARRIED BACK TO, on a fait remonter les calculs à.
to CARRY OUT, mettre à exécution; exécuter.
to CARRY OVER, reporter.
to CARRY OVER A BALANCE, reporter un solde.
to CARRY A CUSTOMER FOR ALL SAVE A SMALL DEPOSIT, supporter les risques des transactions d'un client moyennant une avance minime.
to CARRY A FIGURE, retenir un chiffre.
to CARRY INTEREST, porter intérêt.
to CARRY AN INTEREST OF 5 %, rapporter un intérêt de 5 %.
to CARRY STOCK, reporter des titres; prendre des actions en report.
to CARRY OVER STOCK, reporter des titres; prendre des actions en report.

CARRYING s, port m, transport m, stockage m, conservation f.
CARRYING ON, continuation.
CARRYING OUT, exécution.
CARRYING OVER, report; transport.
CARRYING BUSINESS, entreprise de transports.
CARRYING CAPACITY, charge utile.
CARRYING COMPANY, entreprise de transports.
CARRYING COSTS OF SURPLUS STOCKS, coût de conservation des excédents de stocks.
COSTS OF CARRYING INVENTORY, coût de stockage.
OCEAN CARRYING TRADE, grande navigation.

CART s, charrette f.

CARTEL s, cartel m.
COMPULSORY CARTEL, cartel corporatif.
DOMESTIC CARTELS FAVOURED BY CUSTOMS PROTECTIONISM, cartels nationaux favorisés par le protectionnisme douanier.
GOVERNMENT CARTELS, cartels de droit public.
STEEL CARTEL, cartel de l'acier.

CARTEL(L)IZATION s, cartellisation f, système m de cartels m. pl.

CARTOGRAM(ME) s, cartogramme m.

CASE s, cas m, problème m, affaire f, procès m.
BORDER CASE, cas limite.
the CASE IS COMING FOR HEARING, l'affaire vient à l'audience.
the CASE IS COMING FOR TRIAL, U.S: l'affaire vient à l'audience (devant un jury).
in CASE OF A CONTINGENCY, en cas d'imprévu.
in CASE OF DEFAULT, en cas de défaillance.
in CASE OF EMERGENCY, en cas d'urgence.
CASE LAW, jurisprudence.
CASE METHOD, méthode des cas.
in CASE OF NECESSITY, en cas de besoin.
in CASE OF NEED, en cas de besoin.
CASE STUDY, monographie.
CONCRETE CASE, cas d'espèce.
to DECIDE A CASE, rendre un jugement.
EXTREME CASE, cas extrême.
FACTS OF THE CASE, données du problème.
MARGINAL CASE, cas limite.
POSTPONEMENT OF A CASE, remise d'une affaire.
REFEREE IN CASE OF NEED, donneur d'aval; avaliste.
SPECIFIC CASE, cas d'espèce.
TEST CASE, cas dont la solution fait jurisprudence; précédent.
to TRY A CASE, U.S: juger une affaire (par un jury).
to WITHDRAW A CASE, se désister d'un procès.

CASH s, espèces f. pl, numéraire m, argent m, argent comptant m, liquidité(s) f, trésorerie f, monnaie f, valeur f, paiement m, caisse f, encaisse f, finances f. pl, comptant m.

BALANCE IN CASH, soulte; soulte d'échange.
BARGAIN FOR CASH, marché, négociation, à terme; marché à livrer
BARGAINS DONE FOR CASH, cours pratiqués au comptant.
BUSINESS DONE FOR CASH, cours pratiqués au comptant.
to BUY FOR CASH, acheter comptant.
CASH-ACCOUNT, compte de caisse.
CASH BALANCES, soldes actifs.
CASH IN THE BANK'S TILL, espèces dans la caisse de la banque.
CASH-BOOK, livre de caisse.
CASH-BOX, caisse.
CASH AND CARRY, marchandises à emporter contre paiement comptant.
CASH COLLECTIONS, entrées de caisse.
CASH DEAL, transaction au comptant.
CASH ON DELIVERY, paiement à la livraison.
CASH DISBURSEMENTS, paiements effectués par la caisse.
CASH DISCOUNT, escompte au comptant; escompte de caisse.
CASH FLOW, cash flow; bénéfice net plus amortissements.
CASH IN HAND, espèces en caisse.
CASH HOLDINGS OF BANKS, avoirs des banques en monnaie fiduciaire.
CASH ITEM, article de caisse.
CASH LESS DISCOUNT, comptant avec escompte.
CASH LIQUIDITY, liquidités.
CASH AT MATURITY, valeur aux échéances.
CASH WITH ORDER, payable à la commande.
CASH PAYMENT, paiement comptant.
CASH PAYMENTS AND CASH COLLECTIONS, entrées et sorties de caisse.
CASH POSITION, situation de (la) caisse.
CASH PRICE, prix comptant.
CASH PURCHASE, achat comptant.
CASH RATIO, ratio de liquidité immédiate.
CASH RECEIPTS AND PAYMENTS, entrées et sorties de caisse.
CASH REQUIREMENTS, besoins de trésorerie.
CASH RESERVE, encaisse liquide.
CASH RESERVE OF A BANK, réserve en espèces d'une banque.
CASH RESERVE RATIO (OF A BANK), réserve obligatoire (d'une banque).
CASH SALE, vente au comptant.
CASH SHARES, actions de numéraire, en numéraire.
CASH SHORTS AND OVERS, déficits et excédents de caisse.
CASH IN SETTLEMENT, espèces pour solde.
CASH STATEMENT, état, relevé, de caisse.
CASH-STORE, magasin qui ne vend pas à crédit.
CASH TRANSACTIONS, transactions au comptant; opérations de caisse.
CASH VOUCHER, bon de caisse.
CONSOLIDATED CASH TRANSACTIONS, récapitulation des opérations de caisse.
COUNTER CASH BOOK, main courante de caisse.
DISCOUNTED CASH FLOW, flux monétaire actualisé.
to DRAW FROM ONE'S CASH, prélever sur ses liquidités.
EFFECTIVE COST OF HOLDING IDLE CASH, coût effectif de la détention d'argent oisif.
FRACTIONAL CASH RESERVES, réserves liquides fractionnaires.
HARD CASH, espèces sonnantes et trébuchantes.
LOOSE CASH, menue monnaie.
MARGIN OF 25 % IN CASH, marge, couverture, de 25 % en espèces.
NET (PROMPT) CASH, comptant net.
OVER IN THE CASH, excédent dans l'encaisse.
PAID CASH BOOK, main courante de dépenses.
to PAY CASH, payer comptant.
to PAY IN CASH, payer en espèces.
to PAY SPOT CASH, payer comptant.
PETTY CASH, petite caisse.
PETTY CASH BOOK, livre de petite caisse.
PRICE FOR CASH, cours du comptant.
PROMPT CASH, LESS DISCOUNT, comptant avec escompte.
RECEIVED CASH BOOK, main courante de recettes.
SECURITIES DEALT IN FOR CASH, valeurs au comptant.
to SELL FOR CASH, vendre (au) comptant.
to SETTLE AN ACCOUNT IN CASH, régler un compte en espèces.
to SETTLE IN CASH, régler au comptant.
SETTLEMENT IN CASH, règlement en espèces.
SHARES ISSUED FOR CASH, actions émises contre espèces.
SHORTAGE IN THE CASH, déficit de caisse.
SPOT CASH, (argent) comptant.
SUBSCRIPTION IN CASH, souscription en espèces.
SURPLUS IN THE CASH, surplus de caisse.
SURPLUS CASH SHARES, actions de numéraire de surplus.
TELLER'S CASH BOOK, main courante de caisse.
TERMS CASH, payable au comptant.
VALUE RECEIVED IN CASH, valeur reçue comptant.
VAULT CASH, réserves en espèces.

CASH v, encaisser.
to CASH A CHECK, U.S: toucher un chèque.
to CASH A CHEQUE, toucher un chèque.

CASHIER s, caissier m.
CASHIER'S OFFICE, caisse.
RECEIVING CASHIER, caissier des recettes.

CAST a, fondu, moulé.
CAST IRON, fonte.

CAST v, jeter, tirer, additionner, compter, mouler.
to CAST (UP) FIGURES, additionner des chiffres.
to CAST OUT THE NINES, faire la preuve par neuf.
to CAST (UP) THE TOTAL, faire l'addition; faire le total.
to CAST ONE'S VOTE, voter.
to CAST UP THE VOTES, compter les bulletins.
NUMBER OF VOTES CAST, nombre de voix, de suffrages.

CASTE s, caste f.
CASTE SYSTEM, système de castes.

CASTING a, prépondérant.
CASTING VOTE, voix prépondérante (du président).

CASTING s, moulage m, pièce f moulée, addition f.
CASTING (UP) OF FIGURES, addition de chiffres.
CASTING OUT NINES, preuve par neuf

CASUAL a, accidentel, occasionnel, intermittent, casuel.
CASUAL LABOUR, main-d'œuvre occasionnelle, temporaire.
CASUAL LABOURER, ouvrier employé par intermittence, à l'heure.
CASUAL PROFIT, profit casuel.
CASUAL WORKER, travailleur occasionnel.

CASUALTY s, accident m, sinistre m, accidenté m.
MAJOR CASUALTY, sinistre majeur.

CATALLACTICS s. pl, science f de l'échange m.

CATALOGUE s, catalogue m, album m, répertoire m.
CATALOGUE PRICE, prix marqué.
PRICED CATALOGUE, catalogue de prix.
TRADE CATALOGUE, tarif-album.

CATALOGUE v, cataloguer.

CATALYSER s, catalyseur m.

CATCH s, prise f.
FISH CATCHES, quantités pêchées.

CATCH v, attraper.
to BE CAUGHT SHORT, être à découvert.
to CATCH UP, rattraper.

CATCHWORD s, slogan m.

CATEGORIC(AL), a, catégorique.
CATEGORICAL IMPERATIVE, impératif catégorique.

CATEGORY s, catégorie f.
SOCIAL AND ECONOMIC CATEGORIES, catégories socio-professionnelles.

CATER v, approvisionner.

CATERING s, approvisionnement m.

CATTLE s, bétail m, bestiaux m. pl.
CATTLE ON FOOT, bétail sur pied.
CATTLE MARKET, marché aux bestiaux.

CAUCUS s, U.K: comité m politique, U.S: réunion f électorale préliminaire.

CAUSAL a, causal.
CAUSAL NEXUS, connexion causale.

CAUSALITY s, causalité f,

CAUSE s, cause f, raison f, motif m.
CAUSE BEYOND CONTROL, force majeure.
CAUSES OF DISEQUILIBRIUM, causes de déséquilibre.
CAUSE AND EFFECT, la cause et l'effet.
DIRECT CAUSE, cause immédiate.
FINAL CAUSE, cause finale.
FIRST CAUSE, cause originelle.
IMMEDIATE CAUSE, cause immédiate; cause directe.
the NATURE AND CAUSES OF WEALTH, nature et causes de la richesse.
OCCASIONAL CAUSE, cause occasionnelle.
PRIMARY CAUSE, cause première.
PRIME CAUSE, cause première.
PROXIMATE CAUSE, cause immédiate.
REMOTE CAUSE, cause lointaine.
ROOT CAUSE, cause première.
ULTIMATE CAUSE, cause finale, profonde.

CAUSE v, causer, occasionner, provoquer.
COMPETITION CAUSES A FALL IN PRICES, la concurrence provoque l'abaissement des prix.
SCARCITY CAUSES THE PRICES TO VARY, la rareté fait varier les prix.

CAUSED a, provoqué.

DAMAGES CAUSED BY DROUGHT, dommages provoqués par la sécheresse.

CAUSELESS a, sans raison f, sans motif m.

CAUTION s, prévoyance f, prudence f, précaution f.
CAUTION MONEY, cautionnement.

CAVEAT s, opposition f (au renouvellement d'un brevet), U.S: demande f de brevet provisoire.

CEASE v, cesser, arrêter.
to CEASE WORK, cesser le travail.

CEILING s, plafond m.
CEILING PRICE, prix-plafond.
MONETARY CEILINGS, plafonds monétaires.

CELERITY s, vitesse f, rapidité f, célérité f.

CELL s, cellule f.
DATA CELL STORAGE, mémoire de masse à cellules.

CEMENT s, ciment m.

CENSORSHIP s, censure f.

CENSURE s, censure f.
VOTE OF CENSURE, (vote de) censure.

CENSUS s, recencement m, dénombrement m, cens m.
CENSUS BUREAU, U.S: Bureau des statistiques.
CENSUS OF POPULATION, recensement, dénombrement, de la population.
COMPLETE CENSUS OF INDIVIDUALS, recensement complet des individus.
GENERAL CENSUS, recensement général.
LATEST CENSUS, dernier recensement.
PARTIAL CENSUS, recensement partiel.
POPULATION CENSUS, recensement de la population; recensement démographique.
SAMPLE CENSUS, recensement par sondage.

CENT s, U.S: cent m, cent num.
AMOUNT PER CENT, pourcentage.
hundred per CENT, cent pour cent.
hundred per CENT EFFICIENT, efficace au maximum.
per CENT, pour cent; taux.
the Three per CENT, la rente à 3 %.
COMMISSION OF 5 %, commission de 5 %.
HALF PER CENT, demi pour cent.
INCREMENT PER CENT, taux d'accroissement.
RATE PER CENT, taux pour cent.
UTILIZATION PER CENT, taux de rendement.

CENTENNIAL a, séculaire.

CENTER s, U.S: centre m, quartier m.

CENTILE s, centile m.

CENTRAL a, central, centré, moyen.
ASSETS OF THE CENTRAL BANK, avoirs totaux de la banque centrale.
CENTRAL BANK, banque centrale.
CENTRAL BANKING THEORY, théorie du système de banque centrale.
CENTRAL GOVERNMENT NON MONETARY SECTOR, secteur non monétaire de l'État.
CENTRAL HEATING, chauffage central.
CENTRAL LIMIT THEOREM, théorème central limite.
CENTRAL MOMENTS, moments centrés.
CENTRAL MONETARY INSTITUTIONS, établissements monétaires de l'État.
CENTRAL PROCESSING UNIT, unité centrale de traitement.
CENTRAL TENDENCY, tendance à la moyenne.
CENTRAL TENDENCY OF A DISTRIBUTION, tendance centrale d'une distribution.
CENTRAL UNIT, unité centrale.
CENTRAL VALUE, valeur centrale, moyenne.
PROCESSING CENTRAL UNIT, unité centrale de traitement.

CENTRALISM s, centralisme m.

CENTRALIZATION s, centralisation f.

CENTRALIZE v, centraliser.

CENTRALIZED a, centralisé.
CENTRALIZED PLANNING, planification centralisée.

CENTRE, U.S: CENTER s, centre m, quartier m.
BUSINESS CENTRE, centre des affaires.
off-CENTRE, désaxé; décalé.
CENTRE OF ATTRACTION, centre de gravité.
CENTRE-LINE, ligne médiane.
CITY CENTRE, centre de la ville.
SHOPPING CENTRE, quartier commerçant; centre commercial.
TOURIST CENTRE, centre de tourisme.
URBAN CENTRE, centre urbain.

CENTRE, U.S: CENTER v, centrer, ajuster la moyenne.

CENTRIFUGAL *a*, centrifuge.
CENTRIFUGAL FORCES, forces centrifuges.

CENTRING, *U.S*: CENTERING *s*, centrage *m*.

CENTRIPETAL *a*, centripète.
CENTRIPETAL TENDENCY, tendance centripète.

CENTRIST *s*, centriste *m*.

CENTUPLE *s*, centuple *m*.

CENTUPLE *v*, centupler.

CEREAL *s*, céréale *f*.

CERTAIN *a*, certain, assuré.

CERTAINTY *s*, certitude *f*, certain *m*.
ECONOMICS OF CERTAINTY, économie du certain.
PHYSICAL CERTAINTY, certitude matérielle.
REASONABLE CERTAINTY, certitude raisonnable.

CERTIFICATE *s*, certificat *m*, titre *m*, bon *m*, attestation *f*, brevet *m*.
BANKRUPT'S CERTIFICATE*, concordat.
BEARER CERTIFICATE, titre au porteur.
BIRTH CERTIFICATE, extrait d'acte de naissance.
CERTIFICATE OF INSURANCE, attestation d'assurance.
CERTIFICATE OF NECESSITY, certificat de nécessité (d'amortissement accéléré).
CERTIFICATE OF ORIGIN, certificat d'origine.
CERTIFICATE OF REGISTRY, certificat de nationalité (d'un navire).
DEATH CERTIFICATE, extrait d'acte de décès.
GOVERNMENT SAVINGS CERTIFICATE, bon d'épargne.
HEALTH CERTIFICATE, certificat médical.
LOAN CERTIFICATE, titre de prêt.
MARRIAGE CERTIFICATE, extrait d'acte de mariage.
MEDICAL CERTIFICATE, certificat médical.
NEGOTIABLE EXCHANGE CERTIFICATE, certificat de change négociable.
ORDINARY SHARE CERTIFICATE, certificat d'action ordinaire.
REGISTERED CERTIFICATE, certificat nominatif.
REGISTERED SHARE CERTIFICATE, certificat nominatif d'action(s).
RENTE CERTIFICATE, titre de rente.
SCRIP CERTIFICATE, certificat d'actions provisoire.
SHARE CERTIFICATE, certificat d'action.
STOCK CERTIFICATE, certificat d'action.
TRUSTEE'S CERTIFICATE, certificat fiduciaire.

CERTIFICATED *a*, diplômé.
CERTIFICATED BANKRUPT*, concordataire.

CERTIFICATION *s*, certification *f*.

CERTIFIED *a*, certifié, authentifié, attitré, déclaré.
CERTIFIED BROKER, courtier agréé.
CERTIFIED CHEQUE, chèque certifié.
CERTIFIED PUBLIC ACCOUNTANT, *U.S*: expert comptable.
CERTIFIED TRANSFERS, transferts déclarés.

CERTIFY *v*, certifier, authentifier.

CESSATION *s*, cessation *f*, arrêt *m*, suspension *f*.
CESSATION FROM WORK, arrêt, suspension, du travail.

CESSION *s*, cession *f*.

CHAIN *s*, chaîne *f*, enchaînement *m*.
CHAIN INDEXES, indices en chaîne continue; indices en chaîne de rapports; indices-chaîne.
CHAIN INDEXES OF PRICES, indices-chaîne de prix.
CHAIN PRINTER, imprimante à chaîne.
CHAIN STORES, magasins à succursales multiples.
CHAIN OF SUBSTITUTES, chaîne des substituts.

CHAINING *s*, chaînage *m* (méthode *f* de mémorisation *f* ou d'exploitation *f*).
DATA CHAINING, chaînage de données.

CHAIRMAN *s*, président *m*.
CHAIRMAN OF THE BOARD, président du conseil d'administration.
DEPUTY CHAIRMAN, vice-président.
VICE-CHAIRMAN, vice-président.

CHAIRMANSHIP *s*, présidence *f*.

CHALLENGE *s*, défi *m*.

CHAMBER *s*, chambre *f*.
CHAMBER OF COMMERCE, chambre de commerce.
CHAMBER OF EMPLOYERS, chambre patronale.
CHAMBER OF TRADE, chambre des métiers.
DOUBLE CHAMBER SYSTEM, système bicaméral.
INTERNATIONAL CHAMBER OF COMMERCE, Chambre de commerce internationale.
LOWER CHAMBER, *U.K*: Chambre des Communes.
UPPER CHAMBER, *U.K*: Chambre des Lords.

CHANCE *s*, chance *f*, hasard *m*, probabilité *f*, aléa *m*, sort *m*.
the CHANCES ARE THAT, il est probable que.
same CHANCE OF BEING CHOSEN, chance égale d'être choisi.

CHANCE DISCOVERY découverte accidentelle.
CHANCE GAIN, gain aléatoire.
CHANCE VARIABLE, variable aléatoire.
EVEN CHANCES, chances égales.
FREAK OF CHANCE, jeu du hasard.
GAME OF CHANCE, jeu de hasard.
it is a CHANCE IN A THOUSAND, il y a une probabilité de 1 pour 1.000.
MERE CHANCE, pur hasard.

CHANCELLOR *s*, chancelier *m*.
CHANCELLOR OF THE EXCHEQUER, *U.K*: Chancelier de l'échiquier (ministre des Finances).

CHANCY *a*, chanceux, risqué.

CHANGE *s*, change *m*, changement *m*, variation *f*, modification *f*, fluctuation *f*, adaptation *f*, remaniement *m*, monnaie *f*.
ADJUSTMENT FOR CHANGES IN STOCKS, ajustement pour tenir compte des variations des stocks.
APPARENT CHANGE, changement apparent.
on 'CHANGE, à la bourse.
CHANGE-OVER FROM... TO, transfert de... à.
CHANGE OF DIRECTION, inflexion.
CHANGE IN EXPECTATIONS, changement dans les prévisions.
CHANGES IN INVENTORIES, variations des stocks.
CHANGE OF INVESTMENTS, arbitrage de portefeuille.
CHANGE OF OWNERSHIP, mutation.
CHANGES IN PRODUCTION, fluctuations de la production.
CHANGE OF REGIMEN, remaniement de la structure (du budget de référence).
CHANGES IN RESERVE REQUIREMENTS, variations des réserves obligatoires des banques.
CHANGES IN STOCKS, variations de stocks.
CORRESPONDING CHANGE, variation correspondante.
CYCLICAL CHANGE, variation cyclique.
ENDOGENOUS CHANGES, changements endogènes.
ENVIRONMENTAL CHANGES, changements provoqués par le milieu.
to GAIN BY THE CHANGE, gagner au change.
to GET CHANGE, faire de la monnaie.
to GIVE CHANGE FOR, rendre la monnaie de.
PHYSICAL CHANGE, changement matériel.
PRICE CHANGES, variations de prix.
PROPORTIONATE CHANGES, variations proportionnelles.
PROSPECTIVE CHANGES, changements escomptés.
SLOW RESPONSE TO CHANGE, lente adaptation aux changements.
SMALL CHANGE, petite monnaie; appoint.
TEMPORARY CHANGES IN DEMAND, modifications temporaires de la demande.
UNFORESEEABLE CHANGE, changement imprévisible.
UNFORESEEN CHANGE, changement imprévu.
WINDFALL CHANGES, changements imprévisibles.

CHANGE *v*, changer, échanger, transformer, varier.
to CHANGE A BANK NOTE, changer un billet de banque.

CHANGEABILITY *s*, variabilité *f*, aptitude *f* à changer.

CHANGEABLE *a*, variable, changeant.

CHANGELESS *a*, immuable, constant.

CHANGING *a*, changeant.
CHANGING VALUES, valeurs changeantes.

CHANGING *s*, changement *m*.

CHANNEL *s*, lit *m*, débouché *m*, canal *m*.
the CHANNEL, la Manche.
to OPEN UP NEW CHANNELS FOR TRADE, créer de nouveaux débouchés au commerce.

CHANNEL *v*, creuser, orienter, diriger.
to CHANNEL INVESTMENTS INTO INDUSTRY, diriger les investissements vers l'industrie.

CHARACTER *s*, caractère *m*.
ALPHANUMERIC CHARACTER, caractère alphanumérique.

CHARACTERISTIC *s*, caractéristique *f*, particularité *f*.
CHARACTERISTICS OF FREQUENCY DISTRIBUTIONS, caractéristiques des distributions de fréquences.

CHARGE *s*, charge *f*, obligation *f*, servitude *f*, frais *m. pl*, tarif *m*, prix *m*, droit *m*, taxe *f*, imposition *f*, coût *m*, redevance *f*, emploi *m*, garde *f*, privilège *m*.
ASSETS ENCUMBERED WITH A CHARGE, actifs grevés d'une hypothèque; actifs gagés.
BANK CHARGES, frais bancaires.
CHARGE-ACCOUNT, *U.S*: compte crédit d'achats.
CHARGES ON AN ESTATE, charges d'une succession.
CHARGES FORWARD, frais à percevoir à la livraison.
CUSTOMS CHARGES, frais de douane.
DEMURRAGE CHARGE, droits de magasinage; taxe de stationnement.
DEPRECIATION CHARGES, charges d'amortissement.
DISCOUNT CHARGES, frais d'escompte; agio.
EXTRA CHARGE, supplément.

FIXED CHARGES, charges fixes; frais généraux.
FORWARDING CHARGES, frais d'expédition.
FREE OF CHARGE, sans frais; gratis.
HEAVY CHARGE ON THE BUDGET, lourde charge pour le budget.
HIRED LABOUR CHARGES, charges salariales.
INCLUSIVE CHARGE, tarif tout compris.
INSURANCE CHARGES, frais d'assurances.
INTEREST ON CAPITAL CONSTITUTES A CHARGE ON PRO-
   DUCTION, les intérêts du capital constituent un élément du coût
   de production.
INTEREST CHARGES, intérêts.
LANDING CHARGES, frais de débarquement.
LEGAL CHARGES, frais de contentieux.
MAINTENANCE CHARGES, frais d'entretien.
MARINE CHARGE, taxe maritime.
MORTGAGE CHARGE, hypothèque.
NET OF CHARGES FOR DEPRECIATION, après déduction de l'amor-
   tissement.
NIGHT CHARGE, tarif de nuit.
OVERHEAD CHARGES, frais fixes; frais généraux.
PAID ON CHARGES, débours.
PORT CHARGES, droits de port.
PORTERAGE CHARGE, (taxe de) factage.
RATE OF CHARGE, taux d'imposition.
RELOADING CHARGES, frais de transbordement.
REMISSION OF CHARGES, détaxe.
RETURN OF CHARGES, détaxe.
to RETURN THE CHARGES ON, détaxer.
SALVAGE CHARGES, frais de sauvetage.
SCALE CHARGE, prix de barème.
SCALE OF CHARGES, barème des prix.
SCHEDULE OF CHARGES, tarif.
SHIP CHARGE, taxe de bord.
SHIPPING CHARGES, frais d'expédition.
STANDARD CHARGE, redevance forfaitaire.
STANDING CHARGES, frais généraux.
STORAGE CHARGES, frais de magasinage.
SUPPLEMENTARY CHARGE, taxe supplémentaire.
TABLE OF CHARGES, barème des prix.
TERMINAL CHARGES, charges terminales.
TRADE CHARGE, remboursement.
TRANSPORT CHARGES, frais de transport.
WAREHOUSING CHARGES, frais de magasinage.

CHARGE v, charger, imputer, compter à, prélever.
to CHARGE AN ACCOUNT WITH, imputer à un compte.
to CHARGE WITH A COMMISSION, charger d'une commission;
   donner une commission.
to CHARGE AN EXPENSE ON, TO, AN ACCOUNT, imputer une
   dépense à un compte.
to CHARGE A PRICE FOR, compter, demander, un prix pour.
to CHARGE A SUM TO THE DEBIT OF, passer une somme au débit de.

CHARGEABLE a, imposable, imputable.
DAMAGE CHARGEABLE TO, dégâts à la charge de.
REPAIRS CHARGEABLE TO THE OWNER, réparations à la charge
   du propriétaire.
SUM CHARGEABLE TO A RESERVE, somme imputable sur une
   réserve.

CHARGED a, imputé, prélevé.
COMMISSION CHARGED BY THE BANK, commission prélevée
   par la banque.
PENSION CHARGED ON AN INCOME, pension payée sur un revenu.
PROPERTY CHARGED AS SECURITY FOR A DEBT, immeuble
   affecté à la garantie d'une créance.

CHARGEE s, créancier m privilégié.

CHARGING s, chargement m, taxation f.
CHARGING ON THE TONNAGE, taxation sur la jauge (du navire).
CHARGING WHAT THE TRAFFIC WILL BEAR, pratique de prix
   discriminatoires selon les capacités des acheteurs.

CHARITABLE a, charitable.
CHARITABLE DONATION, acte de bienfaisance.
CHARITABLE INSTITUTION, institution de bienfaisance.
CHARITABLE SOCIETY, œuvre de bienfaisance.
CHARITABLE TRUST, trust de bienfaisance.

CHARITY s, charité f, bienfaisance f, aumône f, secours m.
CHARITY FUND, caisse de secours.
CHARITY ORGANIZATION, œuvre de charité.
PRIVATE CHARITY, charité privée.
to SUBSIST ON CHARITY, subsister d'aumônes.

CHART s, graphique m, diagramme m, cadre m, charte f.
BAR-CHART, graphique en barre; graphique en tuyau d'orgue.
CHART OF ACCOUNTS, U.S: cadre comptable (d'une entreprise).
DOT CHART, diagramme de points.
FLOW-CHART, diagramme; ordinogramme; organigramme.
OPERATION PROCESS CHART, graphique d'analyse générale
   (des activités successives).

ORGANIZATION CHART, organigramme.
PIE CHART, graphique à secteurs.
PROCESS CHART, graphique de processus; graphique d'analyse
   d'opérations.
RATIO CHART, diagramme semi-logarithmique.
SCATTER CHART, diagramme de dispersion.
TIME SERIES CHART, diagramme temporel.

CHART v, établir le graphique (de).

CHARTER s, affrètement m, transport m, contrat m de société f,
   acte m de constitution f de société f.
CHARTERS, transport à la demande.
CHARTER AND BY-LAWS, U.S: statuts (de société).
FULL CARGO CHARTER, affrètement total.
PART CARGO CHARTER, affrètement partiel.
PROFIT ON CHARTER, bénéfice d'affrètement.
SUB-CHARTER, sous-affrètement.

CHARTER v, affréter, fréter.

CHARTERED a, institué, privilégié, affrété.
CHARTERED ACCOUNTANT*, U.K: expert comptable.
CHARTERED COMPANY*, U.K: compagnie privilégiée.

CHARTERER s, affréteur m.
OWNER-CHARTERER, armateur-affréteur.

CHARTERING s, affrètement m, frètement m, fret m.

CHATTEL s, bien m meuble, bien mobilier, meubles m. pl, effets m. pl.
CHATTEL MORTGAGE, hypothèque mobilière.
CHATTEL PERSONAL, bien meuble; effets.
CHATTEL REAL, droit immobilier.
PLEDGED CHATTELS, biens nantis.

CHAUVINISM s, chauvinisme m.

CHEAP a, bon marché, réduit, bas, vil.
CHEAP FARE, tarif réduit.
CHEAP LABOUR, main-d'œuvre bon marché.
CHEAP MONEY, argent bon marché.
CHEAP MONEY MARKET, marché à bas taux d'intérêt.
CHEAP MONEY POLICY, politique de l'argent à bon marché.
CHEAP RATE, tarif réduit.
to OBTAIN CHEAPER CREDIT, obtenir du crédit à meilleur compte.

CHEAPEN v, diminuer le prix; baisser de prix.

CHEAPNESS s, bon marché m.

CHEAT v, tricher, tromper, frauder.

CHEATING s, tricherie f, tromperie f, trucage m.

CHECK s, contrôle m, vérification f, frein m, obstacle m, U.S: chèque m.
CHECK BIT, bit de contrôle.
CHECK-BOOK, U.S: chéquier.
CHECK DIGIT, digit de contrôle.
CHECKS ON ECONOMIC DEVELOPMENT, obstacles au dévelop-
   pement économique.
CHECK-POINT, point de contrôle.
CROSS CHECK, moyen de recoupement; contre-vérification; contre-
   épreuve.
ECHO CHECK, contrôle par écho.
FRONTIER CHECK, contrôle aux frontières.
SYSTEM OF CHECKS AND BALANCES, système de freins et de
   contrepoids.

CHECK v, vérifier, pointer, apurer, freiner, enrayer.
to CHECK COMPETITION, enrayer la concurrence.

CHECKING s, contrôle m, vérification f, pointage m.
CHECKING ACCOUNT, compte de chèques.
CHECKING DEPOSIT, dépôt en compte de chèques.
CROSS-CHECKING, recoupement.
SPOT CHECKING, contrôle par sondage.

CHEMICAL a, chimique.
CHEMICAL INDUSTRY, industrie chimique.
CHEMICAL MANURE, engrais chimique.

CHEMICALS s. pl, produits m. pl chimiques.

CHEMISTRY s, chimie f.
APPLIED CHEMISTRY, chimie appliquée.
INORGANIC CHEMISTRY, chimie minérale.
ORGANIC CHEMISTRY, chimie organique.
TECHNICAL CHEMISTRY, chimie industrielle.
THEORETICAL CHEMISTRY, chimie pure.

CHEQUE, U.S: CHECK s, chèque m.
BANK CHEQUE, chèque de banque; chèque bancaire.
BEARER CHEQUE, chèque au porteur.
BLANK CHEQUE, chèque en blanc.
to CANCEL A CHECK, U.S: annuler un chèque.
to CASH A CHEQUE, toucher un chèque.
CERTIFIED CHEQUE, chèque certifié.
CHEQUE-BOOK, carnet de chèques; chéquier.
CHEQUE FORM, formule de chèque.

the CHEQUE IS PROTESTABLE, le chèque est protestable.
CHEQUE TO ORDER, chèque à ordre.
to COLLECT A CHEQUE, encaisser un chèque.
COUNTERFOIL OF THE CHEQUE BOOK, talon du carnet de chèques.
COUNTRY CHEQUE, chèque de place à place.
CROSSED CHEQUE, chèque barré.
DISHONOURED CHEQUE, chèque impayé.
DRAFT OF A CHEQUE, tirage d'un chèque.
to ENCASH A CHEQUE, encaisser un chèque.
ENDORSABLE CHEQUE, chèque endossable.
to FILL UP A CHEQUE, remplir un chèque.
FORGED CHEQUE, faux chèque.
to ISSUE A CHEQUE, émettre un chèque.
to MAKE OUT A CHEQUE TO, établir un chèque à l'ordre de.
MARKED CHEQUE, chèque visé.
OPEN CHEQUE, chèque non barré.
ORDER CHEQUE, chèque à ordre.
PAID CHEQUES, chèques encaissés.
to PASS A CHEQUE THROUGH THE CLEARING-HOUSE, compenser un chèque.
to PAY IN A CHEQUE, donner un chèque à l'encaissement.
to PAY A CHEQUE INTO THE BANK, donner un chèque à l'encaissement.
PAYEE OF A CHEQUE, bénéficiaire d'un chèque.
PAYMENT BY CHEQUE, règlement par chèque.
to PRESENT A CHEQUE FOR PAYMENT, présenter un chèque à l'encaissement.
to REFER A CHEQUE TO DRAWER, refuser d'honorer un chèque.
REGULARITY OF A CHEQUE, régularité d'un chèque.
SAVING DEPOSIT SUBJECT TO CHEQUE, dépôt d'épargne sujet à retrait par chèque.
STALE CHEQUE, chèque prescrit.
to STOP A CHEQUE, suspendre le paiement d'un chèque.
to STOP PAYMENT OF A CHEQUE, frapper un chèque d'opposition
STOPPING OF A CHEQUE, arrêt de paiement d'un chèque.
TOWN CHEQUE, chèque sur place.
TRANSFER CHEQUE, chèque de virement.
TRAVELLER'S CHEQUE, chèque de voyage.
UNCROSSED CHEQUE, chèque non barré.
UNPAID CHEQUE, chèque impayé.
to VALUE CHEQUES ON NEW YORK, valoriser des chèques sur New York.
VALUING OF CHEQUES ON NEW YORK, valorisation de chèques sur New York.
to WRITE OUT A CHEQUE, remplir, libeller, un chèque.
WORTHLESS CHEQUE, chèque sans provision.

CHERRY s, cerise f.
CHERRY-PICKING, achat des seuls articles-réclame.

CHI letter, khi.
CHI-SQUARE, carré de contingence.
CHI-SQUARE TEST, test du khi; test de Pearson.

CHIEF a, principal.
CHIEF ACCOUNTANT, chef comptable.
CHIEF CREDITOR, créancier principal.

CHILD s, enfant m.
CHILD LABOUR, travail des enfants.
CHILD WORK, travail des enfants.

CHILDHOOD s, enfance f.

CHIP s, éclat m.
BLUE CHIP STOCKS, U.S: actions triées sur le volet.

CHOICE s, choix m, préférence f, sélection f.
CHOICE OF BASE PERIOD, choix de la base de départ.
CHOICE OF ITEMS, choix des éléments à retenir.
CHOICE OF REGIMEN, choix d'un budget de référence.
CHOICE OF UNITS, choix des unités.
CHOICE OF WEIGHTS, choix de la pondération.
CONSUMER'S CHOICE, choix, préférence, du consommateur.
FREE CHOICE, libre choix; choix arbitraire.
HOBSON'S CHOICE, choix qui ne laisse pas d'alternative.
RANDOM CHOICE, choix fait au hasard.
RATIONAL CHOICE, choix rationnel.
THEORY OF CHOICE, théorie des choix.
THEORY OF ECONOMIC CHOICE, théorie des choix économiques.

CHOOSE v, choisir, sélectionner.

CHOOSING s, choix m, sélection f.

CHOSEN a, choisi.
same CHANCE OF BEING CHOSEN, chance égale d'être choisi.
EQUAL PROBABILITY OF BEING CHOSEN, chance égale d'être choisi.

CHROMATIC a, chromatique.
CHROMATIC NUMBER, nombre chromatique.

CHRONIC a, chronique.

CHRONIC ILL-HEALTH, invalidité permanente.

CHRONOLOGICAL a, chronologique, temporel.
CHRONOLOGICAL ORDER, ordre chronologique.
CHRONOLOGICAL SERIES, série(s) temporelle(s).

CINEMA s, cinéma m.
ANNUAL CINEMA ATTENDANCE, fréquentation annuelle des cinémas.

CIPHER s, zéro m, marque f.

CIRCLE s, cercle m.
ARC OF CIRCLE, arc de cercle.
HALF-CIRCLE, demi-cercle.
to QUADRATE THE CIRCLE, faire la quadrature du cercle.
to REASON IN A CIRCLE, tourner dans un cercle vicieux.
SEGMENT OF A CIRCLE, segment de cercle.
VICIOUS CIRCLE, cercle vicieux.

CIRCUIT s, circuit m, pourtour m.
CLOSED CIRCUIT, circuit fermé.
DIGITAL CIRCUIT, circuit numérique.
FULL CIRCUIT, circuit complet.
HYBRID INTEGRATED CIRCUIT, circuit semi-intégré.
INTEGRATED CIRCUIT, circuit intégré.
LOGICAL CIRCUIT, circuit logique.
MICRO-CIRCUIT, microcircuit.
MINIATURIZED CIRCUIT, circuit miniaturisé.
PRINTED CIRCUIT, circuit imprimé.

CIRCUITRY s, U.S: ensemble m de circuits m. pl.

CIRCULAR a, circulaire.
CIRCULAR ARGUMENT, raisonnement en cercle vicieux.
CIRCULAR CONSTANT, pi; rapport de la circonférence au diamètre.
CIRCULAR ERROR PROBABILITY, erreur circulaire probable.
CIRCULAR FLOW, flux circulaire.
CIRCULAR FUNCTIONS, fonctions circulaires.
CIRCULAR LETTER OF CREDIT, lettre de crédit circulaire.
CIRCULAR NOTE, lettre de crédit circulaire.
CIRCULAR TEST FOR INDEX-NUMBERS, test de réversibilité des indices.

CIRCULARITY s, circularité f.

CIRCULATE v, circuler.
MONEY CIRCULATES FREELY, la monnaie circule librement.

CIRCULATING a, circulant, roulant, périodique.
CIRCULATING CAPITAL, capitaux circulants, roulants.
CIRCULATING FRACTION, fraction périodique.
CIRCULATING MEDIUM, support monétaire.

CIRCULATION s, circulation f, tirage m, cours m.
CIRCULATION OF MONEY, circulation monétaire.
CIRCULATION OF NEWSPAPERS, tirage des journaux.
COINAGE WITHDRAWN FROM CIRCULATION, pièces n'ayant plus cours.
CREDIT CIRCULATION, circulation fiduciaire.
CURRENCY IN CIRCULATION, monnaie fiduciaire.
FIDUCIARY CIRCULATION, circulation fiduciaire.
INCOME VELOCITY OF CIRCULATION OF MONEY, vitesse en revenu de la circulation de la monnaie.
MEDIUM OF CIRCULATION, support monétaire.
MONEY CIRCULATION, circulation monétaire.
to RETIRE A COIN FROM CIRCULATION, retirer une pièce de la circulation.
UNCOVERED CIRCULATION, circulation à découvert.
VEHICLES TEMPORARILY NOT IN CIRCULATION, véhicules temporairement retirés de la circulation.
VELOCITY OF CIRCULATION OF MONEY, vitesse de circulation de la monnaie.
to WITHDRAW COINS FROM CIRCULATION, retirer des pièces de la circulation.

CIRCUMFERENCE s, circonférence f, circuit m, pourtour m.

CIRCUMSCRIBED a, circonscrit.

CIRCUMSCRIPTION s, circonscription f.

CIRCUMSTANCE s, circonstance f.
ABNORMAL CIRCUMSTANCES, circonstances anormales.
CIRCUMSTANCES BEYOND HIS CONTROL, circonstances indépendantes de sa volonté.
FORCE OF CIRCUMSTANCES, force des choses.

CITIZEN s, citoyen m.
PRIVATE CITIZEN, simple particulier.

CITY s, cité f, ville f.
CITY, U.K: Cité de Londres (place financière).
CITY COMPANIES*, U.K: corporations de la Cité de Londres.
CITY-HALL, Hôtel de ville.
CITY PLANNING, plans d'urbanisme.
FREE CITY OF, ville libre de.

CIVIC a, civique.

CIVIL a, civil, civique.
CIVIL ENGINEER, ingénieur civil.
CIVIL ENGINEERING, génie civil.
CIVIL LAW*, droit civil.
CIVIL PROCEEDINGS*, procédure, action, civile.
CIVIL RIGHTS, droits civiques.
CIVIL SERVICE, administration.
CIVIL STATUS, état civil.
CIVIL WAR, guerre civile.
ESTABLISHED CIVIL SERVANTS, fonctionnaires titulaires.
non-ESTABLISHED CIVIL SERVANTS, fonctionnaires contractuels.
INTERNATIONAL CIVIL AVIATION ORGANIZATION, Organisation internationale de l'aviation civile.

CIVILIZATION s, civilisation f.
MECHANICAL CIVILIZATION, civilisation mécanique.

CLAIM s, réclamation f, revendication f, titre m, droit m, créance f, actif m, passif m, indemnité f, U.S: concession f.
BAD CLAIM, réclamation mal fondée; mauvaise créance.
BALANCE OF EXTERNAL CLAIMS AND LIABILITIES, balance de l'endettement international; balance des comptes.
CLAIMS ESTABLISHED, créances établies.
CLAIMS AND LIABILITIES, créances et engagements.
CLAIM OF OWNERSHIP, action pétitoire.
CONTRACTUAL CLAIMS, créances contractuelles.
CREDITOR'S PREFERENTIAL CLAIM, privilège du créancier; créance privilégiée.
to FORMULATE A CLAIM, formuler une réclamation.
HOLDER OF DEBT CLAIMS, créancier.
LEGAL CLAIM, titre juridique; créance légalement fondée.
to LITIGATE A CLAIM, porter une demande devant les tribunaux.
LITIGIOUS CLAIM, créance litigieuse.
LIVE CLAIMS, créances valables, qui subsistent.
MINERAL CLAIM, U.S: concession minière.
PAYMENT OF THE CLAIM, règlement de l'indemnité, de la dette.
PREFERENTIAL CLAIM, privilège; créance privilégiée.
to PROVE CLAIMS IN BANKRUPTCY AND LIQUIDATION, produire à une faillite et à une liquidation.
RESIDUAL CLAIMS, actif net.
SETTLEMENT OF THE CLAIM, règlement de l'indemnité, de la dette.
WAGE CLAIMS, revendications de salaire.

CLAIM v, réclamer, demander.
to CLAIM ONE'S DUES, réclamer son dû.
to CLAIM IMMUNITY FROM A TAX, demander l'exemption d'un impôt.

CLAIMANT s, demandeur m, réclamant m.
CLAIMANT FOR A PATENT, demandeur d'un brevet.
ESTATE WITHOUT A CLAIMANT, succession vacante.

CLANDESTINE a, clandestin.

CLASS s, classe f, catégorie f, qualité f.
CLASS CONSCIOUSNESS, conscience de classe.
CLASS-INTERVAL, intervalle de classe.
CLASS-LIMITS, limites de classe.
one-CLASS LINER, paquebot à classe unique.
CLASS-MARK, valeur médiale.
the CLASSES AND THE MASSES, les possédants et les prolétaires.
CLASS STRUGGLE, lutte des classes.
CLASS WAR, guerre sociale; lutte des classes.
FIRST CLASS, première classe.
FIRST-CLASS, de première qualité.
FIRST-CLASS TICKET, billet de première classe.
HIGH-CLASS, de premier ordre; de première qualité.
HIGHER CLASSES, classes supérieures.
HUMBLER CLASSES, menu peuple.
LABOURING CLASS, classe ouvrière.
LEISURED CLASSES, classes oisives.
LOWER CLASSES, prolétariat; bas peuple.
LOWER MIDDLE-CLASS, petite bourgeoisie.
MIDDLE CLASS, classes moyennes.
MIDDLE MIDDLE-CLASS, bourgeoisie moyenne.
MONEYED CLASSES, classes possédantes.
OPERATIVE CLASS, classe ouvrière.
POORER CLASSES, prolétariat.
PRIVILEGED CLASSES, classes privilégiées.
PROFESSIONAL CLASSES, membres des professions libérales.
PROPERTIED CLASSES, classes possédantes.
PROPRIETARY CLASSES, classes possédantes.
RULING CLASSES, classes dirigeantes.
SECOND CLASS, deuxième classe.
SECOND-CLASS, de deuxième qualité; de qualité inférieure.
SUBSTANTIAL MIDDLE CLASS, grosse bourgeoisie.
TAXABLE CLASS OF GOODS, catégorie de biens taxable.
UNEVEN CLASS-INTERVALS, intervalles de classes inégaux.
UPPER-CLASS, haute société.
UPPER MIDDLE-CLASS, bourgeoisie aisée.
VARIANCE BETWEEN CLASSES, variance interclasse.
VARIANCE WITHIN CLASSES, variance conditionnelle moyenne; variance résiduelle; variance intraclasse.

VARIATION BETWEEN CLASSES, variation interclasse.
VARIATION WITHIN CLASSES, variation intraclasse.
WEALTH-OWNING CLASS, classes possédantes.
WORKING CLASSES, classes laborieuses; classe(s) ouvrière(s).
WORKING-CLASS FAMILY, famille ouvrière.

CLASSIC(AL) a, classique.
CLASSICAL ECONOMICS, économie classique; théorie économique classique.
CLASSICAL ECONOMISTS, économistes classiques.
CLASSICAL THEORY, théorie classique.
as LONG AS THE CLASSICAL POSTULATES HOLD GOOD, aussi longtemps que les postulats classiques restent vrais.
NEO-CLASSICAL ECONOMISTS, économistes néo-classiques.

CLASSIFICATION s, classification f, typologie f.
STANDARD ECONOMIC CLASSIFICATION, classification économique internationale type.

CLASSIFIED a, classé, groupé.
CLASSIFIED ADVERTISEMENT, annonce classée; petite annonce.
CLASSIFIED DATA, données groupées, classées.

CLASSIFY v, classifier, classer.

CLASSIFYING s, classification f.

CLAUSE s, clause f, disposition f, condition f.
after-ACQUIRED CLAUSE, clause gageant des obligations nouvelles sur une hypothèque ancienne.
ADDITIONAL CLAUSE, avenant.
CLAUSE CONTRARY TO PUBLIC POLICY, clause contraire à l'ordre public.
CLAUSES GOVERNING A SALE, conditions d'une vente.
CLAUSE OF A WILL, disposition testamentaire.
CUSTOMARY CLAUSE, clause d'usage.
DETERMINATION CLAUSE, clause résolutoire.
EXEMPTION CLAUSE, clause d'exonération.
FALL CLAUSE, clause de parité.
most-FAVOURED NATION CLAUSE, clause de la nation la plus favorisée.
FORFEIT CLAUSE, clause de dédit.
INOPERATIVE CLAUSE, clause inopérante.
to INSERT A CLAUSE, insérer une clause.
LIMITING CLAUSE, clause limitative.
NEGLIGENCE CLAUSE, clause (de) négligence.
OVERRIDING CLAUSE, clause dérogatoire.
PENALTY CLAUSE, clause pénale.
RESTRICTIVE CLAUSE, clause restrictive.
STRIKE CLAUSE, clause de grève.
WAR CLAUSE, clause de guerre.

CLEAN a, propre, libre.
CLEAN BILL, effet libre.
CLEAN BILL OF LADING, connaissement sans réserve.
CLEAN RECEIPT, reçu sans réserve.

CLEANING s, nettoiement m.

CLEAR a, clair, net.
CLEAR ESTATE, bien non hypothéqué, libre d'hypothèque.
CLEAR LOSS, perte sèche.
CLEAR PROFIT, bénéfice clair et net.

CLEAR v, débarrasser, acquitter, éclaircir, solder, liquider.
to CLEAR OFF, purger (une hypothèque); solder (des marchandises).
to CLEAR THROUGH THE CUSTOMS, dédouaner.
to CLEAR AN EQUATION OF FRACTIONS, éliminer les dénominateurs d'une équation.
to CLEAR GOODS, solder, liquider, des marchandises; dédouaner des marchandises.
to CLEAR ONE'S PROPERTY OF DEBT, purger son bien de dettes.

CLEARANCE s, vente f, réalisation f des stocks m. pl, vente f de soldes m. pl, compensation f de chèques m. pl, acquittement m, élimination f, formalité f.
CUSTOMS CLEARANCE, formalités douanières.
SLUM CLEARANCE, élimination des taudis.

CLEARED a, contrôlé, dédouané, sorti.
VESSELS ENTERED AND CLEARED, navires entrés et sortis.

CLEARING s, éclaircissement m, compensation f, acquittement m.
BANK CLEARINGS, compensations bancaires.
CLEARING OFF, acquittement (d'une dette); solde; liquidation.
CLEARING AGREEMENT BALANCES, soldes des accords de paiement et de compensation.
CLEARING BANKS, banques appartenant à une chambre de compensation; banques de clearing.
CLEARING OF GOODS, liquidation; solde.
CLEARING-HOUSE, chambre de compensation.
to PASS A CHEQUE THROUGH THE CLEARING-HOUSE, compenser un chèque.

CLERICAL a, de bureau m.
CLERICAL WORK, travail de bureau.

CLERICAL WORKER, employé de bureau.

CLERK s, employé m, commis m.
to EMPLOY A CLERK, employer un commis.

CLEVER a, habile.
CLEVER FINANCIER, habile financier.

CLIENT s, client m.
to BUY IN AGAINST A CLIENT, exécuter un client.

CLIENTELE s, clientèle f.

CLIMAX s, apogée m, point m culminant.

CLIMB v, monter, grimper, augmenter.
PRICES KEEP CLIMBING, les prix continuent d'augmenter.

CLIPPING s, contrôle m, poinçonnage m.
CLIPPING OF COINS, réduction de la couverture métallique des pièces (de monnaie).

CLOSE a, fermé, proche, serré, approfondi.
CLOSE COMPANY, société à peu d'actionnaires.
CLOSE EXAMINATION OF THE DIAGRAM, examen approfondi du graphique.
CLOSE FIT, ajustement presque parfait.
CLOSE PRICE, prix qui ne laisse qu'une marge négligeable.
in CLOSE PROXIMITY OF THE EQUILIBRIUM POINT, à proximité immédiate du point d'équilibre.
CLOSE SUBSTITUTES FOR MONEY, proches substituts de la monnaie.

CLOSE adv, près, de près.
WORKING AT CLOSE TO CAPACITY, travaillant à capacité presque maxima.

CLOSE s, fin f, conclusion f, clôture f.
BREACH OF CLOSE, effraction.
CLOSE-DOWN OF FACTORY, fermeture d'usine.

CLOSE v, fermer, liquider, arrêter.
to CLOSE THE BOOKS, arrêter les comptes.
to CLOSE ONE'S POSITION, liquider sa position.

CLOSED a, fermé.
CLOSED ARRAY, tableau fermé.
CLOSED CIRCUIT, circuit fermé.
CLOSED ECONOMY, économie fermée.
CLOSED-END INVESTMENT COMPANY, société d'investissement fermée.
CLOSED ISSUE, émission réservée (aux actionnaires).
CLOSED MODEL, modèle fermé.
CLOSED PROFESSIONS, professions fermées.
CLOSED SHOP, entreprise n'admettant que des syndiqqés.
CLOSED SYSTEM, système fermé.
MULTIPLIER IN A CLOSED ECONOMY, multiplicateur d'économie fermée.

CLOSENESS s, rapprochement m, proximité f.
CLOSENESS OF FIT, quasi-perfection de l'ajustement.

CLOSING a, dernier, final.
CLOSING BID, dernière enchère.
CLOSING PRICES, cours de clôture; derniers cours.
CLOSING QUOTATIONS, cote en clôture.

CLOSING s, fermeture f, clôture f.
CLOSING(-DOWN) OF A FACTORY, fermeture, chômage, d'une usine.
CLOSING TIME, heure de fermeture.
PREVIOUS CLOSING, clôture précédente.

CLOTHING s, habillement m, vêtement(s) m.

CLOUD s, nuage m.

CLUB s, club m, association f, société f.
BENEFIT CLUB, société de secours mutuels.

CLUSTER s, grappe f, essaim m.
CLUSTER SAMPLING, sondage en grappes.

CLUSTER v, grouper en grappes f. pl.

CLUSTERED a, groupé en grappes f. pl.
CLUSTERED ROUND THE CENTRAL VALUE, groupés autour de la moyenne.

COACH s, carrosse m, voiture f, autocar m, wagon m.
RAILWAY COACH, wagon de chemin de fer.

COAL s, charbon m, houille f.
BIG EXPORTER OF COAL, gros exportateur de charbon.
BLIND COAL, anthracite.
BROWN COAL, lignite.
COAL-BARGE, péniche à charbon.
COAL-BED, filon houiller.
COAL-DEPOT, dépôt de charbon.
COAL EQUIVALENT, équivalence en charbon.
COAL-FIELD, bassin houiller.

COAL-GAS, gaz d'éclairage.
COAL INDUSTRY, industrie houillère.
COAL-MERCHANT, négociant en charbon.
COAL-MINE, mine de charbon.
COAL-MINING, charbonnage.
COAL-MINING DISTRICT, district houiller.
COAL-MINING INDUSTRY, industrie houillère.
COAL STRIKE, grève dans les charbonnages.
COAL YARD, dépôt de charbon.
ENGLAND IS A BIG EXPORTER OF COAL, l'Angleterre est un gros exportateur de charbon.
EUROPEAN COAL AND STEEL COMMUNITY, Communauté européenne du charbon et de l'acier.
to EXPLORE FOR COAL, chercher des filons houillers.
FAT COAL, houille bitumeuse.
HARD COAL, houille anthraciteuse.
HARD-COAL EQUIVALENT, équivalence en anthracite.
to MINE A BED OF COAL, exploiter une couche de houille.
NATIONAL COAL BOARD, Charbonnages de Grande-Bretagne.
to REPLACE COAL BY (WITH) ELECTRICITY, substituer l'électricité au charbon.
SOFT COAL, houille tendre.
STONE COAL, anthracite.
WHITE COAL, houille blanche.

COALITION s, coalition f.

COAST s, côte f, littoral m.
COAST FISHERY, pêche côtière.

COASTAL a, côtier.
COASTAL NAVIGATION, cabotage.

COASTING s, cabotage m.
COASTING TRADE, cabotage.

COASTWISE a, côtier.
COASTWISE SHIPPING, cabotage.

COAXIAL a, coaxial.
COAXIAL CABLE, câble coaxial.

COBDENISM s, cobdénisme m, doctrine f de libre-échange m (de Richard Cobden).

COBWEB s, toile f d'araignée f.
COBWEB THEOREM, théorème de la toile d'araignée.

CO-CREDITOR s, cocréancier m.

CODE s, code m.
BINARY CODE, code binaire.
BIQUINARY CODE, code biquinaire.
MNEMONIC CODE, code mnémonique.
TELEGRAPH CODE, code télégraphique.

CODED a, codé.
BINARY CODED DECIMAL, décimal codé binaire; binaire de position.

CODER s, codeur m, personne f qui travaille au codage m.

CODIFICATION s, codification f

CODIFY v, codifier.

CODING s, codage m.
ABSOLUTE CODING, codage en absolu.
AUTOMATIC CODING, codage automatique.
BASIC CODING, codage de base.

COEFFICIENT s, coefficient m, donnée f.
CAPITAL COEFFICIENT, coefficient de capital.
COEFFICIENT OF CAPITAL, coefficient de capital.
COEFFICIENT OF CORRELATION, coefficient de corrélation.
COEFFICIENT OF DEPRECIATION, coefficient d'amortissement.
COEFFICIENT OF ELASTICITY, coefficient d'élasticité.
COEFFICIENT OF MULTIPLE CORRELATION, coefficient de corrélation multiple.
COEFFICIENT OF OCCUPATION, coefficient de remplissage.
COEFFICIENT OF PARTIAL CORRELATION, coefficient de corrélation partielle.
COEFFICIENT OF RANK CORRELATION, coefficient de corrélation à rangs multiples.
COEFFICIENT OF REGRESSION, coefficient de régression.
COEFFICIENT OF RENEWAL, coefficient de remplacement.
the COEFFICIENTS AND THE UNKNOWNS, les données et les inconnues.
the COEFFICIENTS AND THE VARIABLES, les données et les inconnues.
COEFFICIENT OF VARIATION, coefficient de variation.
CONFIDENCE COEFFICIENT, coefficient de confiance.
CONVENTIONAL COEFFICIENT, coefficient conventionnel.
DERIVED COEFFICIENT, coefficient dérivé.
DIFFERENTIAL COEFFICIENT, coefficient différentiel; dérivée.
DISCOUNT COEFFICIENT, coefficient d'actualisation.
DISTRIBUTION OF THE COEFFICIENT OF CORRELATION, distribution des coefficients de corrélation.

to REDUCE A COEFFICIENT TO UNITY, réduire un coefficient à l'unité.
RISK COEFFICIENT, coefficient de risque.
SCATTER COEFFICIENT, coefficient de dispersion.
WORKING COEFFICIENT, coefficient d'exploitation.

COEQUAL a, égal.

COERCION s, coercition f, contrainte f.
COERCION OF LABOUR, travail obligatoire.

CO-EXISTENCE s, co-existence f.
PACIFIC CO-EXISTENCE, co-existence pacifique.

COFFEE s, café m.
COFFEE IS THE STAPLE COMMODITY OF BRAZIL, le café est la ressource principale du Brésil.
INTERNATIONAL COFFEE MARKET, marché international du café.

COFFER s, coffre m, caisse f; fonds m. pl.
COFFERS OF STATE, coffres de l'État; fonds publics.

COGENCY s, bien-fondé m.

COHERENCE s, cohérence f.

COHERENCY s, cohérence f.

COHERENT a, cohérent, suivi.

COIN s, pièce f de monnaie f, monnaies f. pl; numéraire m, espèces f. pl.
BAD COIN, fausse monnaie.
CLIPPING OF COINS, réduction de la couverture métallique des pièces de monnaie.
COIN AND BULLION, réserves métalliques en pièces et en lingots.
COINS OF LEGAL FINENESS, pièces de monnaie au titre légal.
COIN TOSSING, jeu de pile ou face.
COPPER COIN, monnaie de cuivre, de bronze.
COUNTERFEIT COIN, fausse monnaie.
DEMONETIZATION OF OLD COINS, démonétisation des anciennes pièces.
DIVISIONAL COINS, monnaie divisionnaire, d'appoint.
FALSE COIN, fausse monnaie.
FRACTIONAL COINS, monnaie divisionnaire, d'appoint.
GENUINE COIN, pièce de bon aloi.
GOLD COIN, pièce d'or.
GOLD COIN AND BULLION, encaisse-or.
GOLD AND SILVER COIN AND BULLION, réserves métalliques en pièces et en lingots d'argent et d'or.
HEAD OF A COIN, face d'une pièce de monnaie.
MINOR COIN, monnaie divisionnaire.
OVERWEIGHT COIN, pièce forte.
PROVISION AND ISSUE OF COINS, frappe et émission de monnaies.
to REMINT DEMONETIZED COINS, refrapper, refondre, des pièces démonétisées.
to RETIRE A COIN FROM CIRCULATION, retirer une pièce de la circulation.
SMALL COIN, petite monnaie; appoint.
SPURIOUS COIN, pièce de monnaie fausse.
STANDARD COIN, pièce droite.
SUBSIDIARY COINS, monnaie divisionnaire.
to TEST A COIN FOR WEIGHT, trébucher une pièce de monnaie.
to TOSS (UP) A COIN, jouer à pile ou face.
to WITHDRAW COINS FROM CIRCULATION, retirer des pièces de la circulation.

COIN v, frapper, battre monnaie f.
to COIN INGOTS, transformer des lingots en monnaie.
to COIN MONEY, frapper de la monnaie; battre monnaie.

COINABLE a, monnayable.
COINABLE METALS, métaux monnayables.

COINAGE s, monnayage m, frappe f; monnaies f. pl, numéraire m, typologie f des pièces f. pl en circulation f.
BASE COINAGE, monnaie de mauvais aloi; fausse monnaie.
COINAGE RECEIPTS, recettes de frappe.
COINAGE WITHDRAWN FROM CIRCULATION, pièces n'ayant plus cours.
to DEBASE THE COINAGE, adultérer les monnaies.
DEBASEMENT OF THE COINAGE, adultération des monnaies.
FREE COINAGE, libre frappe.
to LOWER THE TITLE OF THE COINAGE, détitrer la monnaie.
RIGHT OF COINAGE, droit de frappe; droit de battre monnaie.
SUBSIDIARY COINAGE, monnaie d'appoint.

COINCIDE v, coïncider.

COINCIDENCE s, coïncidence f.

COINED a, monnayé.
COINED GOLD, or monnayé.
COINED MONEY, argent monnayé; espèces monnayées.

CO-INSURANCE s, coassurance f.

COKE s, coke m.
COKE-OVEN, four à coke.

FOUNDRY COKE, coke de fonderie.
GAS-COKE, coke de gaz.

COKING s, cokéfaction f.

COLD a, froid.
COLD STORAGE, conservation par le froid; congélation.
COLD STORE, entrepôt frigorifique.

COLLAPSE s, effondrement m, déconfiture f, écroulement m.
COLLAPSE OF THE MARKET, effondrement du marché.
PRICE COLLAPSE, effondrement des prix.

COLLAPSE v, (s') effondrer, (s') écrouler.

COLLAR s, col m.
WHITE-COLLAR WORKER, employé de bureau.

COLLATE v, assembler (les pages f. pl d'un livre); collationner.

COLLATERAL a, collatéral, complémentaire.
COLLATERAL SECURITY, garantie; nantissement.

COLLATERAL* s, nantissement m, U.S: garantie f.
LOAN ON COLLATERAL, prêt sur nantissement; prêt garanti; lombard.
SECURITIES LODGED AS COLLATERAL, titres déposés, remis, en nantissement.

COLLECT v, encaisser, percevoir, collectionner, recouvrer, toucher.
to COLLECT A BILL, encaisser une traite.
to COLLECT A CHEQUE, encaisser un chèque.
to COLLECT A DEBT, recouvrer une créance.
to COLLECT MONEY, encaisser les fonds.
to COLLECT RATES AND TAXES, U.K: lever, recouvrer, impôts et taxes.

COLLECTABLE a, recouvrable, percevable.
COLLECTABLE TAX, taxe percevable.

COLLECTED a, encaissé, perçu.
RETURN OF TAXES UNDULY COLLECTED, restitution d'impôts indûment perçus.

COLLECTING s, collecte f, collection f.

COLLECTION s, rassemblement m, collecte f, recouvrement m, encaissement m, perception f, levée f, rentrée f, collection f; échantillon m, échantillonnage m, panier m, assemblage m.
CASH COLLECTIONS, entrées de caisse.
COLLECTION OF COMMODITIES, échantillonnage de produits; panier.
COLLECTION OF CUSTOMS DUTIES, perception des droits de douane.
DATA COLLECTION, collecte de données.
ERRORS IN COLLECTION, erreurs de dépouillement.
to HAND OVER A DRAFT TO A BANK FOR COLLECTION, mettre une traite en banque pour encaissement.
to REMIT BILLS FOR COLLECTION, remettre des effets en recouvrement.
REMITTANCE OF A BILL FOR COLLECTION, remise d'un effet en recouvrement, à l'encaissement.
REVENUE COLLECTION, recouvrement d'impôts.
TAX COLLECTION, recouvrement d'impôts.
to UNDERTAKE THE COLLECTION OF BILLS REMITTED, se charger du recouvrement d'effets remis.
VALUE FOR COLLECTION, valeur à l'encaissement; valeur en recouvrement.

COLLECTIVE a, collectif.
COLLECTIVE BARGAINING, négociation de convention collective.
COLLECTIVE BEHAVIOUR OF INDIVIDUAL CONSUMERS, comportement collectif des consommateurs individuels.
COLLECTIVE FARM, U.R.S.S: ferme collective; kolkhoze.
COLLECTIVE LIABILITY, responsabilité collective.
COLLECTIVE OWNERSHIP, propriété collective.
COLLECTIVE RESERVE UNIT (C.R.U.), unité de réserve (monétaire) collective.
COLLECTIVE SECURITY, sécurité collective.

COLLECTIVISM s, collectivisme m.

COLLECTIVIST a, collectiviste.
COLLECTIVIST ECONOMIES, économies collectivistes.

COLLECTIVITY s, collectivité f, collectif m.

COLLECTOR s, receveur m, percepteur m.
COLLECTOR OF CUSTOMS, receveur des douanes.
DEBT COLLECTOR, agent de recouvrement.
OFFICE OF COLLECTOR OF CUSTOMS, recette des douanes.
RATE-COLLECTOR, U.K: receveur des impôts locaux.
TAX COLLECTOR, percepteur (d'impôts).

COLLEGE s, collège m.

COLLISION s, collision f.
COLLISION RISK, risque de collision.

COLLUSION s, collusion f.

COLLUSIVE a, collusoire.

COLLUSIVE TENDERING, pratique collusoire des offreurs.

CO-LOGARITHM s, cologarithme m.

COLONIAL a, colonial.
COLONIAL EXPANSION, expansion coloniale.
COLONIAL PRODUCE, produits coloniaux.
COLONIAL STOCKS, fonds coloniaux; emprunts de colonies.
PREFERENCE GRANTED TO COLONIAL PRODUCE, régime de faveur accordé aux produits coloniaux.
SEMI-COLONIAL, semi-colonial.

COLONIALISM s, colonialisme m.
ECONOMIC COLONIALISM, colonialisme économique; théorie des motifs économiques du colonialisme.
NEO-COLONIALISM, néo-colonialisme.

COLONIZATION s, colonisation f.

COLONIZE v, coloniser.

COLONY s, colonie f; cité f.
LABOUR COLONY, cité ouvrière.
OVERSEA COLONIES, colonies d'outre-mer.

COLOSSAL a, colossal.

COLOURED a, de couleur f.
WHITE AND COLOURED LABOUR, main-d'œuvre blanche et de couleur.

COLUMN s, colonne f.
across the COLUMN, à travers la colonne.
COLUMN DIAGRAM, histogramme.
COLUMN OF FIGURES, colonne de chiffres.
CREDIT COLUMN, colonne créditrice.
DEBIT COLUMN, colonne débitrice.
to DIVIDE A SHEET INTO COLUMNS, diviser une feuille en colonnes.
DOUBLE COLUMNS, doubles colonnes.
GROUPED COLUMNS, colonnes groupées.
ROWS AND COLUMNS (OF FIGURES), lignes et colonnes (de chiffres).
to TOT UP A COLUMN OF FIGURES, additionner une colonne de chiffres.

COMBINATION s, combinaison f, fusion f, intégration f, association f.
BEST COMBINATION OF INPUT, combinaison optimale de facteurs.
COMBINATION OF INPUT WHICH MINIMIZES (VARIABLE) COSTS, combinaison de facteurs qui minimise les coûts (variables).
COMBINATION OF YEARS AS BASE, moyenne de plusieurs années comme base.
HORIZONTAL COMBINATION, intégration horizontale.
LEAST-COST COMBINATION, combinaison de coût minimum.
LEAST-OUTLAY COMBINATION, combinaison de dépense minimum.
NUMBER OF COMBINATIONS, nombre de combinaisons.
RIGHT OF COMBINATION, droit d'association; droit de se syndiquer.
VERTICAL COMBINATION, intégration verticale.

COMBINATORY a, combinatoire.
COMBINATORY LOGIC, logique combinatoire.

COMBINE s, entente f industrielle, cartel m.
HORIZONTAL COMBINE, cartel horizontal; consortium.

COMBINE v, combiner, fusionner, (s') unir.

COMBINED a, combiné, additionné, total, global.
COMBINED ACCOUNTS, comptes additionnés.
COMBINED RATE, tarif combiné.
COMBINED TOTALS, données globales.
IMPORTS AND EXPORTS COMBINED, total des importations et des exportations.

COMBINING s, combinaison f.

COMBUSTIBLE a, combustible.

COMBUSTION s, combustion f.
INTERNAL-COMBUSTION ENGINE, moteur à combustion interne.

COME v, venir, arriver, s'élever à.
the CASE IS COMING FOR HEARING, l'affaire vient à l'audience.
the CASE IS COMING FOR TRIAL, U.S: l'affaire vient à l'audience (devant un jury).
to COME TO AN ARRANGEMENT WITH CREDITORS, parvenir à un accord avec ses créanciers.
to COME TO FRUITION, porter fruit; se réaliser.
to COME OFF THE GOLD STANDARD, abandonner l'étalon-or.
to COME INTO A LEGACY, recevoir un legs.
to COME INTO A PROPERTY, hériter d'une terre, d'un domaine.
to COME OUT ON STRIKE, se mettre en grève.
to COME TO TERMS, s'entendre sur les conditions; s'arranger.
FIRST COME, FIRST SERVED, premier arrivé premier servi.
INTEREST ALWAYS COMES FIRST, l'intérêt prime tout.
MONEY IS COMING IN BADLY, les fonds rentrent mal.
PRICES CAME DOWN, les prix ont baissé.

COMER s, arrivant m.
FIRST COMER, premier arrivé.
LATE-COMER, retardataire; nouveau venu.
NEW-COMER, nouveau venu.

COMFORTABLE a, confortable, agréable.
COMFORTABLE INCOME, ample revenu.

COMING s, venue f, arrivée f.
COMING DOWN, baisse (des prix).
COMING IN, rentrée (de fonds).
COMING INTO VALUE, entrée en valeur.

COMMENSURATE a, proportionné.

COMMERCE s, commerce m, négoce m.
BANK OF COMMERCE, banque de commerce; banque commerciale.
CHAMBER OF COMMERCE, chambre de commerce.
DEPARTMENT OF COMMERCE, U.S: ministère du commerce.
DIRECT COMMERCE, commerce de gros.
INTERNATIONAL CHAMBER OF COMMERCE, Chambre de commerce internationale.
LEGAL COMMERCE, commerce licite.
MARITIME COMMERCE, commerce maritime.
TREATY OF COMMERCE, traité de commerce.

COMMERCIAL a, commercial, marchand, commerçant.
COMMERCIAL BANK, banque de commerce.
COMMERCIAL CONCERN, affaire commerciale.
COMMERCIAL COURT, tribunal de commerce; tribunal consulaire.
COMMERCIAL EXCHANGE, change commercial; change tiré.
COMMERCIAL HOUSE, maison de commerce.
COMMERCIAL LAW, droit commercial.
COMMERCIAL LIQUIDITY, liquidités destinées à l'économie.
COMMERCIAL PAPER, billet à ordre; effet de commerce.
COMMERCIAL POLICY, politique commerciale.
COMMERCIAL PORT, port de commerce.
COMMERCIAL PURSUITS, carrière commerciale.
COMMERCIAL SCHOOL, école de commerce.
COMMERCIAL TRANSACTION, transaction commerciale.
COMMERCIAL TRAVELLER, voyageur de commerce.
COMMERCIAL TRAVELLER'S TERRITORY, région assignée à un commis voyageur.
COMMERCIAL UNDERTAKING, entreprise commerciale.
COMMERCIAL VALUE, valeur vénale, marchande.
COMMERCIAL VEHICLE, véhicule utilitaire.
COMMERCIAL WORLD, le commerce.
MACHINERY OF COMMERCIAL LIFE, rouages de la vie commerciale.
SAMPLE OF NO COMMERCIAL VALUE, échantillon sans valeur marchande.

COMMERCIALIZE v, commercialiser.

COMMERCIALIZED a, commercialisé.
COMMERCIALIZED VILLAGE PRODUCTION, production commerciale de village.

COMMISSION s, commission f, remise f, courtage m, titre m, brevet m, ordre m, mandat m.
ATOMIC ENERGY COMMISSION, U.S: Commission de l'énergie atomique.
BANK COMMISSION, commission bancaire.
five per CENT COMMISSION, commission de 5 %.
to CHARGE WITH A COMMISSION, charger d'une commission; donner une commission.
COMMISSION-AGENT, commissionnaire en marchandises.
COMMISSION ALLOWED TO, commission, remise, accordée à.
COMMISSION CHARGED BY THE BANK, commission prélevée par la banque.
COMMISSION ON INTERNATIONAL COMMODITY TRADE, Commission internationale des produits de base.
COMMISSION-MERCHANT, négociant-commissionnaire.
COMMISSION PERCENTAGE, guelte.
COMMISSION RATES, tarif des courtages.
DEL CREDERE COMMISSION, commission ducroire.
FREE OF COMMISSION, franco courtage.
ILLICIT COMMISSION, pot-de-vin.
JOINT COMMISSION, commission mixte.
RETURN COMMISSION, commission allouée en retour.
to RETURN A COMMISSION, rétrocéder une commission.
SALE ON COMMISSION, vente à la commission.
SCALE OF COMMISSIONS, tarif de courtages.
SECURITIES AND EXCHANGE COMMISSION, U.S: Commission des opérations de bourse.
to SELL ON COMMISSION, vendre à la commission.
SELLING COMMISSION, courtage, commission, de vente.
SUB-COMMISSION, sous-commission.
SUBSTANTIVE COMMISSION, commission de base.
WORK DONE ON COMMISSION, travail fait sur commande.

COMMISSIONER s, commissaire m.
COMMISSIONERS OF INLAND REVENUE, fisc.
SPECIAL COMMISSIONER OF TAXES, U.S: directeur des contributions directes.

COMMITMENT s, engagement m.
COMMITMENTS ENTERED INTO, engagements contractés.

COMMITTEE s, comité m, conseil m, commission f.
COMMITTEE OF MANAGEMENT, comité de direction.
COMMITTEE ON PUBLIC ACCOUNTS*, U.K: Cour des comptes.
COMMITTEE OF SUPPLY, U.S: Commission des finances.
COMMITTEE OF WAYS AND MEANS, U.S: Commission du budget.
DEPARTMENTAL COMMITTEE, comité ministériel.
EXECUTIVE COMMITTEE, bureau (exécutif).
INSPECTION COMMITTEE, comité de surveillance.
INVESTIGATING COMMITTEE, comité d'enquête.
MANAGEMENT COMMITTEE, comité de direction.
MANAGING COMMITTEE, comité de direction.
ORGANIZING COMMITTEE, comité d'organisation.
SELECT COMMITTEE, commission d'enquête.
STOCK EXCHANGE COMMITTEE, chambre syndicale des agents de change.
STRIKE COMMITTEE, comité de grève.
WORKS COMMITTEE, comité d'entreprise.

COMMODITY s, marchandise f, produit m, denrée f, bien m.
BASIC COMMODITY, produit de base.
BASKET OF COMMODITIES, panier de la ménagère.
BUNDLE OF COMMODITIES, collection de produits.
COFFEE IS THE STAPLE COMMODITY OF BRAZIL, le café est la ressource principale du Brésil.
COLLECTION OF COMMODITIES, échantillonnage de produits; panier.
COMMISSION ON INTERNATIONAL COMMODITY TRADE, Commission Internationale des produits de base.
COMMODITY CREDITS, crédits commerciaux.
COMMODITY EXCHANGE, bourse de marchandises.
COMMODITY FUTURES, opérations à terme sur marchandises.
all COMMODITIES INDEX, indice relatif à l'ensemble des produits.
COMMODITY INTENDED FOR EXPORT, produit destiné à l'exportation.
COMMODITY MARKET, marché de matières premières.
COMMODITY MONEY, monnaie-marchandise.
COMPLEMENTARY COMMODITIES, produits complémentaires.
INDIVIDUAL COMMODITIES, produits séparés.
INTERNATIONAL COMMODITY AGREEMENT, Accords internationaux sur les produits de base.
PRIMARY COMMODITY, produit de base.
STANDARD COMMODITY, bien étalon; article de référence.
TAX ON COMMODITIES, impôt sur la consommation.

COMMON a, commun, ordinaire, courant, usuel, conjoint, communal.
COMMON DENOMINATOR, dénominateur commun.
COMMON DIFFERENCE OF AN ARITHMETIC PROGRESSION, raison d'une progression arithmétique.
COMMON DIVISOR, diviseur commun.
COMMON FRACTION, fraction ordinaire.
COMMON FUND, caisse commune.
for the COMMON GOOD, dans l'intérêt commun; dans l'intérêt général.
COMMON LABOUR, main-d'œuvre non qualifiée.
COMMON LAW, droit coutumier.
COMMON LOGARITHM, logarithme ordinaire, à base 10.
COMMON MARKET, Marché commun.
COMMON OWNERSHIP, collectivité.
COMMON PEOPLE, bas peuple.
COMMON PRICE, prix courant.
COMMON PRICING, prix de cartel; soumission conjointe.
COMMON RATIO OF A GEOMETRIC PROGRESSION, raison d'une progression géométrique.
COMMON SENSE, bon sens.
COMMON SHARES, actions ordinaires.
COMMON STOCK, actions ordinaires.
COMMON USAGE, usage courant.
ENTRY INTO THE COMMON MARKET, entrée dans le Marché commun.
GREATEST COMMON FACTOR, le plus grand commun diviseur.
GREATEST COMMON MEASURE, le plus grand commun diviseur.
HIGHEST COMMON FACTOR, le plus grand commun diviseur.
LEAST COMMON MULTIPLE, le plus petit commun multiple.
MATTER OF COMMON KNOWLEDGE, de notoriété publique.

COMMONALTY s, communauté f (humaine).

COMMONLY adv, communément, généralement, couramment.
COMMONLY EMPLOYED ABBREVIATIONS, abréviations couramment employées.

COMMONS s, peuple m, tiers-état m.
HOUSE OF COMMONS, U.K: Chambre des communes.

COMMONWEALTH s, état m, union f, commonwealth m.

COMMUNAL a, communal.
COMMUNAL OWNERSHIP OF LAND, propriété communale de la terre.
COMMUNAL TENURE, droits exercés en commun.

COMMUNALISM s, théorie f de la décentralisation des pouvoirs m. pl.

COMMUNICATION s, communication f, transmission f.
COMMUNICATION ADAPTER, adapteur de communication.
DATA COMMUNICATION, transmission de données.
RADIO COMMUNICATION, radiocommunication.
SEVERANCE OF COMMUNICATIONS, interruption de communications.

COMMUNISM s, communisme m.

COMMUNIST a, communiste.
COMMUNIST MANIFESTO, Manifeste communiste.

COMMUNITY s, communauté f, société f.
COMMUNITY OF INTEREST, communauté d'intérêts.
COMMUNITY'S PROPENSITY TO CONSUME, propension de la communauté à consommer.
EUROPEAN ATOMIC ENERGY COMMUNITY, Communauté européenne de l'énergie atomique.
EUROPEAN COAL AND STEEL COMMUNITY, Communauté européenne du charbon et de l'acier.
EUROPEAN ECONOMIC COMMUNITY, Communauté économique européenne.
the RICHER THE COMMUNITY, plus la communauté est riche.
WEALTH OF THE COMMUNITY, richesse de la communauté.

COMMUTATION s, commutation f.
PRINCIPLE OF COMMUTATION, loi de commutativité.

COMMUTATIVE a, commutatif.
COMMUTATIVE LAW, commutativité.
COMMUTATIVE PROPERTY, commutativité.

COMPANY* s, société f, compagnie f, entreprise f, corporation f.
AFFILIATED COMPANY, filiale.
AMALGAMATION OF (SEVERAL) COMPANIES, fusion de (plusieurs) sociétés.
ASSURANCE COMPANY, compagnie d'assurances.
BANKING COMPANY, société bancaire.
to BID FOR A COMPANY'S STOCK, faire une offre de rachat.
BOGUS COMPANY, société fantôme.
BUILDING COMPANY, société de construction.
CARRYING COMPANY, entreprise de transports.
CHARTERED COMPANY*, U.K: compagnie privilégiée.
CITY COMPANIES*, U.K: corporations de la Cité de Londres.
CLOSE COMPANY, société à peu d'actionnaires.
CLOSED-END INVESTMENT COMPANY, société d'investissement fermée.
COMPANIES ACT*, U.K: loi sur les sociétés.
COMPANY LIMITED BY SHARES*, U.K: société par actions.
COMPANY IN LIQUIDATION, société en liquidation.
COMPANY PROMOTER, promoteur de société.
COMPANY REGISTRAR, U.K: directeur du registre des sociétés.
COMPANY SAVING, épargne des sociétés.
to CONTRIBUTE SOMETHING TO A COMPANY, apporter quelque chose à une société.
DIVIDEND PAYING COMPANY, société payant des dividendes.
DISSOLUTION OF A COMPANY*, dissolution d'une société.
FINANCE COMPANY, société de financement.
FINANCING COMPANY, compagnie de financement.
FOREIGN COMPANY, société étrangère.
to FORM A COMPANY, constituer une société.
FUNDS OF A COMPANY, fonds social.
GAS-COMPANY, compagnie du gaz.
HOLDING COMPANY, société holding; société à portefeuille; société de contrôle.
to INCORPORATE A COMPANY, constituer une société.
INCORPORATED COMPANY, société constituée.
INSURANCE COMPANY, compagnie d'assurances.
INTEREST IN THE COMPANY, commandite.
INVESTMENT COMPANY, société de placement; société de portefeuille.
ISSUING COMPANY, société émettrice.
JOINT-STOCK COMPANY*, U.K: (expression ancienne, peu utilisée), société par actions.
LEASING COMPANY, société fermière; société de leasing, de location à long terme.
LIFE-COMPANY, compagnie d'assurances sur la vie.
LIFE INSURANCE COMPANY, compagnie d'assurances sur la vie.
LIMITED COMPANY*, U.K: société (avec limitation de la responsabilité des associés au capital).
to LIQUIDATE A COMPANY, liquider une compagnie.
NAME OF A COMPANY, raison sociale d'une société.
NAVIGATION COMPANY, compagnie de navigation, d'armement.
OBJECTS FOR WHICH THE COMPANY IS ESTABLISHED, la société a pour objet (social).
OIL COMPANY, compagnie pétrolière.
OMNIUM INVESTMENT COMPANY, omnium de valeurs.
PARENT COMPANY, société mère.
PRIVATE COMPANY*, U.K: société à responsabilité limitée.
to PROMOTE A COMPANY, lancer une société.
PUBLIC COMPANY*, U.K: société anonyme.

PUBLIC UTILITY COMPANY, société d'utilité publique; service public.
PURCHASING COMPANY, société preneuse.
RAILWAY COMPANY, compagnie de chemins de fer.
REAL-ESTATE COMPANY, société immobilière.
SCHOOL-FURNISHING COMPANY, entreprise de fournitures et de matériel scolaires.
SHIPBUILDING COMPANY, société de construction navale.
SHIPPING COMPANY, compagnie de transports maritimes.
SISTER COMPANY, compagnie sœur.
STEAMSHIP NAVIGATION COMPANY, compagnie de navigation maritime.
SUBSIDIARY COMPANY, filiale.
TRADING COMPANY, société de commerce.
TRANSPORT COMPANY, compagnie de transport.
TRUST-COMPANY, *U.S:* trust-company; *U.S:* société financière.
VENDOR COMPANY, société apporteuse.
WATER-COMPANY, compagnie des eaux.
to WIND UP A COMPANY, liquider une société.

COMPARABILITY *a*, comparabilité *f*.
BREAK IN COMPARABILITY, manque de comparabilité.
LACK OF COMPARABILITY, défaut de comparabilité.

COMPARABLE *a*, comparable.

COMPARATIVE *a*, comparatif, comparé.
COMPARATIVE ADVANTAGE, avantage comparatif; avantage comparé.
COMPARATIVE COST, coût comparatif, relatif.
COMPARATIVE ECONOMICS, économie comparée.
COMPARATIVE STATISTICS, statistique comparative.
COMPARATIVE TABLE, tableau comparatif.
LAW OF COMPARATIVE ADVANTAGE, loi des avantages comparés.
THEORY OF COMPARATIVE ADVANTAGE, théorie des avantages comparés.
THEORY OF COMPARATIVE COST, théorie des coûts comparés, comparatifs.

COMPARE *v*, comparer, rapprocher.

COMPARING *s*, comparaison *f*, rapprochement *m*.

COMPARISON *s*, comparaison *f*, rapprochement *m*.
INDEX-NUMBERS COMPARISONS, comparaisons d'indices.
INTERPERSONAL COMPARISONS OF UTILITY, comparaisons d'utilité interpersonnelles.
for PURPOSES OF INTERNATIONAL COMPARISONS, pour permettre les comparaisons d'un pays à l'autre.
QUANTITATIVE COMPARISON, comparaison quantitative.

COMPATIBILITY *s*, compatibilité *f*.

COMPATIBLE *a*, compatible.

COMPENSATE *v*, compenser, indemniser.

COMPENSATING, *a*, compensé, indemnisé, compensateur.
COMPENSATING ERRORS, erreurs se compensant.
COMPENSATING PAYMENT, règlement en compensation.
COMPENSATING VARIATION IN INCOME, variation compensatrice de revenu.

COMPENSATION *s*, compensation *f*, indemnité *f*, rémunération *f*, secours *m*.
COMPENSATION TO BE ASSESSED, compensation à déterminer.
COMPENSATION OF EMPLOYEES, rémunération des salariés.
MULTILATERAL COMPENSATION, compensation multilatérale.
UNEMPLOYMENT COMPENSATION, secours de chômage.
WORKMEN'S COMPENSATION ACT, loi sur les accidents du travail.

COMPENSATORY *a*, compensatoire.
COMPENSATORY MEASURES, mesures compensatoires.
COMPENSATORY OFFICIAL FINANCING (C.O.F.), financement compensatoire officiel.

COMPETE *v*, faire concurrence, soutenir la concurrence.

COMPETENCE *s*, compétence *f*, ressort *m*.

COMPETENCY *s*, compétence *f*, ressort *m*.

COMPETENT *a*, compétent.
COURT OF COMPETENT JURISDICTION, tribunal compétent.

COMPETING *a*, concurrent, concurrentiel.
COMPETING FIRM, firme concurrentielle.
COMPETING INDUSTRIES, industries concurrentes.
COMPETING PRODUCTS, produits concurrents.
COMPETING USES, usages, emplois, concurrentiels.

COMPETITION *s*, concurrence *f*, compétition *f*, rivalité *f*.
ASSUMING FREE COMPETITION, dans le cas d'une libre concurrence.
ATOMISTIC COMPETITION, concurrence atomistique.
CAPITALISM OF FREE COMPETITION, capitalisme de libre concurrence.
to CHECK COMPETITION, enrayer la concurrence.
COMPETITION CAUSES A FALL IN PRICES, la concurrence provoque l'abaissement des prix.

CUT-THROAT COMPETITION, concurrence acharnée, ruineuse, à couteaux tirés.
FREE COMPETITION, libre concurrence.
FREE PLAY OF COMPETITION, libre jeu de la concurrence.
IMPERFECT COMPETITION, concurrence imparfaite.
KEEN COMPETITION, concurrence acharnée.
MAINTENANCE OF COMPETITION, préservation de la concurrence.
MONOPOLISTIC COMPETITION, concurrence monopolistique.
PERFECT COMPETITION, concurrence parfaite.
to PROTECT AN INDUSTRY AGAINST UNFAIR COMPETITION, protéger une industrie contre la concurrence déloyale.
PROTECTION AGAINST FOREIGN COMPETITION, protection contre la concurrence étrangère.
PURE COMPETITION, concurrence pure.
RUTHLESS COMPETITION, concurrence sans frein.
SUPPRESSION OF COMPETITION, suppression de la concurrence.
THEORY OF IMPERFECT COMPETITION, théorie de la concurrence imparfaite.
THEORY OF MONOPOLISTIC COMPETITION, théorie de la concurrence monopolistique.
UNFAIR COMPETITION, concurrence déloyale.
WASTES OF COMPETITION, gaspillage résultant de la concurrence.
WASTE IN MONOPOLISTIC COMPETITION, gaspillage en concurrence monopolistique.

COMPETITIVE *a*, compétitif, concurrentiel, concurrent.
COMPETITIVE BIDDING, appel d'offres.
COMPETITIVE BIDDING FOR NEW SECURITIES, émission d'actions nouvelles sur le marché.
in COMPETITIVE CONDITIONS, en conditions de concurrence.
COMPETITIVE GAME, jeu concurrentiel.
COMPETITIVE GOODS, biens concurrents.
COMPETITIVE MARKET, marché concurrentiel.
COMPETITIVE PRICE, prix concurrentiel.
COMPETITIVE PRICING, formation concurrentielle des prix.
COMPETITIVE PRODUCTS, produits concurrents, compétitifs.
COMPETITIVE SUPPLY AND DEMAND, l'offre et la demande concurrentielles.
FULL COMPETITIVE COSTS, coûts concurrentiels intégraux.

COMPETITOR *s*, concurrent *m*, rival *m*.

COMPLEMENT *s*, complément *m*, effectif *m*.

COMPLEMENTARITY *s*, complémentarité *f*.
COMPLEMENTARITY OF TWO FACTORS OF PRODUCTION, complémentarité de deux facteurs de production.
COMPLEMENTARITY OR SUBSTITUTABILITY OF TWO FACTORS OF PRODUCTION, complémentarité ou substituabilité de deux facteurs de production.
REVERSIBILITY OF COMPLEMENTARITY, réversibilité de la complémentarité.

COMPLEMENTARY *a*, complémentaire.
COMPLEMENTARY COMMODITIES, produits complémentaires.
COMPLEMENTARY GOODS, produits complémentaires.
COMPLEMENTARY PRODUCTS, produits complémentaires, de complément.

COMPLETE *a*, complet, total.
COMPLETE CENSUS, recensement complet.
COMPLETE MULTIPLIER, effet total du multiplicateur.
COMPLETE QUADRILATERAL, quadrilatère complet.
COMPLETE WORLD COVERAGE, portée mondiale.

COMPLETE *v*, compléter, parachever, parfaire, terminer.
to COMPLETE PAYMENT, parfaire le paiement.

COMPLETED *a*, terminé, achevé.
BUILDING COMPLETED, constructions achevées.

COMPLETELY *adv*, complètement.

COMPLETION *s*, achèvement *m*.

COMPLEX *a*, complexe.
COMPLEX NUMBER, nombre complexe.
COMPLEX PRODUCTION, processus de production complexe.
COMPLEX QUANTITY, quantité complexe.

COMPLEX *s*, ensemble *m*, complexe *m*.
non-HOMOGENEOUS COMPLEX, ensemble non homogène.
INFERIORITY COMPLEX, complexe d'infériorité.

COMPLEXITY *s*, complexité *f*.

COMPLICATED *a*, compliqué.

COMPONENT *a*, constituant, composant, élémentaire.
COMPONENT PART, composante.
COMPONENT SERIES, séries élémentaires.

COMPONENT *s*, composante *f*.
CYCLICAL COMPONENT, composante cyclique, conjoncturelle.
RANDOM COMPONENT, composante aléatoire.
SEASONAL COMPONENT, composante saisonnière.
SECULAR COMPONENT, composante intra-séculaire.
VARIANCE COMPONENT, composante de la variance.

COMPOSITION s, composition f, accomodement m, transaction f.
COMPOSITION WITH CREDITORS, accomodement avec les créanciers.
COMPOSITION OF CURRENT OUTPUT, composition de la production courante.
COMPOSITION OF INVESTMENT, composition des investissements.
COMPOSITION TAX, impôt forfaitaire (fixé par voie d'abonnement).
LAWS OF COMPOSITION, lois de composition.
SCHEME OF COMPOSITION BETWEEN DEBTOR AND CREDITORS, concordat préventif (à la faillite).

COMPOUND a, composé, complexe.
COMPOUND ADDITION, addition de nombres complexes.
COMPOUND FRACTION, fraction de fraction.
COMPOUND GAME, jeu composé.
COMPOUND INTEREST, intérêts composés.
COMPOUND NUMBERS, nombres complexes.
COMPOUND SUBTRACTION, soustraction des nombres complexes.
PROBABILITY OF A COMPOUND EVENT, probabilité composée.

COMPOUND v, composer, transiger, concorder.
to COMPOUND WITH ONE'S CREDITORS, arriver à un concordat avec ses créanciers.
to COMPOUND A DEBT, transiger sur le montant d'une dette.
to COMPOUND FOR A TAX, payer un impôt à forfait.

COMPREHENSIVE a, exhaustif, complet.
COMPREHENSIVE PROGRAMME, programme détaillé et complet.
COMPREHENSIVE SURVEY, étude exhaustive.

COMPRESSIBLE a, compressible.
non-COMPRESSIBLE, non-compressible.

COMPRISE v, comprendre.

COMPROMISE s, compromis m, accommodement m, transaction f, solution f transactionnelle.

COMPROMISE v, compromettre, transiger.

COMPTROLLER s, vérificateur m des comptes m. pl, contrôleur m.

COMPTROLLERSHIP* s, U.S: commissariat m aux comptes m. pl.

COMPULSORY a, obligatoire, forcé.
COMPULSORY ACQUISITION OF PROPERTY (BY PUBLIC BODIES), expropriation dans l'intérêt public.
COMPULSORY ARBITRATION, arbitrage obligatoire.
COMPULSORY CARTEL, cartel corporatif.
COMPULSORY LABOUR, travail obligatoire.
COMPULSORY LIQUIDATION, liquidation forcée.
COMPULSORY LOAN, emprunt forcé.
COMPULSORY QUOTATION, cours forcé.
COMPULSORY REGISTRATION, enregistrement obligatoire.
COMPULSORY RETIREMENT, retraite d'office.
COMPULSORY SALE, adjudication forcée.
COMPULSORY SURRENDER, expropriation.
COMPULSORY UNEMPLOYMENT INSURANCE, assurance chômage obligatoire.

COMPUTABLE a, calculable.

COMPUTATION s, calcul m, computation f, estimation f, supputation f.
ELECTRONIC COMPUTATION, calcul électronique.

COMPUTE v, calculer, computer, évaluer, supputer.

COMPUTED a, calculé, estimé.
COMPUTED DISTANCE, distance estimée.
COMPUTED VALUE, valeur calculée.

COMPUTER s, calculateur m, ordinateur m, calculatrice f.
ANALOG COMPUTER, U.S: calculateur analogique.
COMPUTER CONTROL OF INVENTORY, gestion automatisée de stocks.
COMPUTER GAME, jeu sur ordinateur.
COMPUTER GAMING, jeux opérationnels sur ordinateur.
COMPUTER INDUSTRY, industrie de l'informatique.
COMPUTER LANGUAGE, langage machine.
COMPUTER PROCESSING, traitement sur ordinateur.
DIGITAL COMPUTER, calculateur digital; calculatrice numérique.
ELECTRONIC COMPUTER, calculateur, calculatrice, électronique.
GENERAL PURPOSE COMPUTER, ordinateur universel; calculateur universel.
NUMERICAL COMPUTER, calculateur numérique.
SPECIAL PURPOSE COMPUTER, ordinateur spécialisé.
STORED PROGRAM COMPUTER, ordinateur.

COMPUTING s, évaluation f, estimation f.

CONCAVE a, concave.
CURVE CONCAVE TO THE AXES, courbe concave par rapport aux axes.
CURVE CONCAVE UPWARDS, courbe concave vers le haut.

CONCAVITY s, concavité f.
CONCAVITY OF CURVES, concavité des courbes.

CONCEALMENT s, dissimulation f, recel m.

CONCEALMENT OF ASSETS, dissimulation d'actif.
CONCEALMENT OF PROFITS, dissimulation de bénéfices.

CONCENTRATING s, concentration f.

CONCENTRATION s, concentration f; agglomération f.
DEGREE OF CONCENTRATION, indice de concentration.
HORIZONTAL CONCENTRATION, concentration horizontale.
LARGE URBAN CONCENTRATIONS, grandes agglomérations urbaines.
VERTICAL CONCENTRATION, concentration verticale.

CONCEPT s, concept m, conception f.
CONCEPTS OF CONTINUITY AND DISCONTINUITY, concepts du continu et du discontinu.
CONCEPT OF ELASTICITY, concept d'élasticité.
PARITY CONCEPT, concept de parité.

CONCEPTION s, conception f, concept m.

CONCEPTUAL a, conceptuel, théorique.
CONCEPTUAL AND EMPIRICAL PROBABILITIES, probabilités théoriques et empiriques.

CONCERN s, affaire f, entreprise f.
COMMERCIAL CONCERN, affaire commerciale.
GOING CONCERN, affaire qui marche (bien).
INDUSTRIAL CONCERN, entreprise industrielle.
PAYING CONCERN, entreprise payante.
TRADING CONCERN, entreprise commerciale.
VALUE AS A GOING CONCERN, valeur d'usage.

CONCERN v, concerner.
to whom It may CONCERN, à qui de droit.

CONCERNED a, concerné, intéressé.
PARTY CONCERNED, partie intéressée.
PERSONS CONCERNED, intéressés.

CONCESSION s, concession f, octroi m.
EXPIRATION OF A CONCESSION, expiration d'une concession.
MINERAL CONCESSION, concession minière.
MINING CONCESSION, concession minière.
PROSPECTING CONCESSION, droit de prospection.
RAILWAY CONCESSION, concession de chemins de fer.
RECIPROCAL CONCESSIONS, concessions réciproques.

CONCLUDE v, conclure, arranger, arrêter, clore.
to CONCLUDE A BARGAIN, arrêter, clore, un marché.
to CONCLUDE A CONTRACT, conclure un contrat.

CONCLUSION s, conclusion f.
to JUMP TO A CONCLUSION, conclure (trop) hâtivement.
TENTATIVE CONCLUSION, conclusion provisoire.

CONCLUSIVE a, concluant, probant.

CONCOMITANCE s, concomitance f.

CONCOMITANT a, concomitant.

CONCRETE a, concret.
CONCRETE CASE, cas d'espèce.
CONCRETE LABOUR, travail concret.

CONCRETE s, béton m, ciment m.

CONDEMN v, condamner.

CONDEMNATION s, condamnation f.

CONDITION s, condition f, réserve f, situation f, état m.
in COMPETITIVE CONDITIONS, en conditions de concurrence.
in CONDITION, en bonne condition.
on CONDITION, sous réserve.
out of CONDITION, en mauvais état.
CONDITIONS AGREED UPON, conditions acceptées d'un commun accord.
CONDITIONS OF THE CONTRACT, cahier des charges.
CONDITIONS OF DEMAND, conditions de la demande.
CONDITIONS OF EQUILIBRIUM, conditions d'équilibre.
CONDITION IN LIFE, sort.
CONDITION OF THE MARKET, état du marché.
CONDITIONS OF MEMBERSHIP, conditions d'adhésion.
CONDITION PRECEDENT, condition suspensive.
CONDITION OF THE ROAD, état de viabilité d'une route.
CONDITIONS OF SALE, conditions de vente.
CONDITION SUBSEQUENT, condition résolutoire.
CONDITION OF THE WORKERS, situation des travailleurs.
ECONOMIC CONDITIONS PREVAILING IN, conditions économiques actuelles en.
EQUILIBRIUM CONDITIONS, conditions d'équilibre.
to ESTABLISH THE CONDITIONS OF EQUILIBRIUM, établir les conditions d'équilibre.
to FULFIL A CONDITION, remplir une condition.
GOODS SOLD IN THE SAME CONDITION, marchandises revendues en l'état.
IMPLICIT CONDITION, condition implicite.
to IMPOSE CONDITIONS, imposer des conditions.

LIVING CONDITIONS, conditions de vie.
MINIMUM COST CONDITION, hypothèse du coût minimum.
NAVIGABLE CONDITION, état de navigabilité.
NECESSARY CONDITION, condition nécessaire.
OPTIMUM CONDITIONS, conditions optima.
in PROPER CONDITION, en bon état.
STABILITY CONDITIONS, conditions de stabilité.
SUBSIDIARY CONDITION, condition subsidiaire.
SUFFICIENT CONDITION, condition suffisante.
TERMS AND CONDITIONS OF AN ISSUE, modalités d'une émission.

CONDITIONAL *a*, conditionnel.
CONDITIONAL ACCEPTANCE, acceptation conditionnelle.
CONDITIONAL MEAN, moyenne conditionnelle.
CONDITIONAL PROBABILITY, probabilité conditionnelle.

CONDUCT *s*, conduite *f*, gestion *f*.
CONDUCT OF AFFAIRS, gestion des affaires.
SAFE-CONDUCT, sauf-conduit.

CONDUCT *v*, conduire.

CONE *s*, cône *m*.
CONE-SHAPED, conique.
RIGHT CONE, cône droit.
TRUNCATED CONE, cône tronqué.

CONFEDERACY *s*, confédération *f*.

CONFERENCE *s*, conférence *f*.
DISARMAMENT CONFERENCE, conférence du désarmement.
SHIPPING CONFERENCE, conférence maritime.

CONFIDENCE *s*, confiance *f*.
CONFIDENCE COEFFICIENT, coefficient de confiance.
95 % CONFIDENCE INTERVAL, intervalle de confiance de 95 %.
CONFIDENCE LEVEL, niveau de confiance.
CONFIDENCE LIMITS, limites de confiance.
OVER-CONFIDENCE, confiance exagérée.
PUBLIC CONFIDENCE, confiance du public.
RETURN OF CONFIDENCE, retour de la confiance.

CONFIGURATION *s*, configuration *f*.
SYSTEM CONFIGURATION, configuration d'un système.

CONFIRM *v*, confirmer.

CONFIRMATION *s*, confirmation *f*.
CONFIRMATION OF CREDIT, confirmation de crédit.

CONFIRMED *a*, confirmé.
CONFIRMED CREDIT, crédit confirmé (à l'exportation).
CONFIRMED LETTER OF CREDIT, lettre de crédit confirmée.

CONFISCATION *s*, confiscation *f*.

CONFISCATORY *a*, spoliateur, de spoliation *f*.
CONFISCATORY TAXATION, taxes spoliatrices.

CONFLICT *s*, conflit *m*.
LABOUR-CAPITAL CONFLICTS, conflits capital-travail.

CONFORMITY *s*, conformité *f*, convenance *f*.
in CONFORMITY, conformément.
INDEX OF CONFORMITY, indice de conformité.

CONGESTION *s*, embouteillage *m*.

CONGRESS *s*, réunion *f*, congrès *m*.
CONGRESS OF INDUSTRIAL ORGANIZATIONS (C.I.O.), *U.S*: Congrès des organisations industrielles.

CONGRUENCE *s*, congruence *f*.
THEORY OF CONGRUENCES, théorie des congruences.

CONIC *a*, conique.
CONIC SECTIONS, sections coniques.

CONJECTURE *s*, conjecture *f*, hypothèse *f*, supposition *f*.

CONJUNCTURE *s*, conjoncture *f*, circonstance *f*.

CONNECTEDNESS *s*, connexité *f*.

CONNECTION *s*, connexion *f*, rapport *m*, liaison *f*, relation *f*.
BUSINESS CONNECTION, relation d'affaires.

CONNEXITY *s*, connexité *f*.

CONSCIOUSNESS *s*, conscience *f*.
CLASS CONSCIOUSNESS, conscience de classe.

CONSCRIPTION *s*, conscription *f*.

CONSECUTIVE *a*, consécutif.

CONSENSUAL *a*, consensuel.
CONSENSUAL CONTRACT, contrat consensuel.

CONSENT *s*, consentement *m*
UNANIMOUS CONSENT OF ALL THE SHAREHOLDERS, consentement unanime de tous les actionnaires.

CONSENT *v*, consentir.
to CONSENT A REDUCTION IN PRICE, consentir une réduction de prix.

to CONSENT TO A SALE, consentir à une vente.

CONSEQUENCE *s*, conséquence *f*.

CONSEQUENTIAL *a*, conséquent, consécutif, indirect.
CONSEQUENTIAL DAMAGES, dommages indirects.

CONSERVANCY *s*, conservation *f*, préservation *f*.

CONSERVATION *s*, conservation *f*, protection *f*.
CONSERVATION OF ENERGY, conservation de l'énergie.
CONSERVATION OF FORESTS, conservation forestière.

CONSERVATISM *s*, conservatisme *m*.

CONSERVATIVE *a*, conservateur, prudent.
CONSERVATIVE ESTIMATE, évaluation prudente.
CONSERVATIVE PARTY, *U.K*: parti conservateur.

CONSIDERABLE *a*, considérable.
CONSIDERABLE DIFFERENCE, différence considérable.

CONSIDERABLY *adv*, considérablement.

CONSIDERATION *s*, considération *f*, réflexion *f*, examen *m*, étude *f*, délibération *f*; contrepartie *f*, compensation *f*. indemnité *f*, rémunération *f*, prix *m*, espèces *f. pl*.
ABSENCE OF CONSIDERATION, absence de contrepartie (contrat).
AGREED CONSIDERATION, prix ou contrepartie convenu.
after CONSIDERATION, après délibération.
for a CONSIDERATION, moyennant contrepartie; moyennant paiement.
in CONSIDERATION OF, compte tenu de; moyennant.
LACK OF CONSIDERATION, absence de contrepartie (contrat).
CONSIDERATION MONEY, prix.
CONSIDERATION FOR SALE, prix de vente.
DUE CONSIDERATION, mûre réflexion.
FURTHER CONSIDERATION, examen plus attentif.
to GIVE CONSIDERATION FOR, donner une contrepartie pour; provisionner.
PROPERTY ACQUIRED FOR VALUABLE CONSIDERATION, propriété acquise à titre onéreux.
QUESTION UNDER CONSIDERATION, question à l'étude.
for a VALUABLE CONSIDERATION, à titre onéreux.

CONSIGN *v*, consigner, expédier.

CONSIGNATION *s*, consignation *f*, dépôt *m* en banque *f*.

CONSIGNED *a*, consigné, expédié.
GOODS CONSIGNED TO A FOREIGN COUNTRY, marchandises consignées à un pays étranger.

CONSIGNEE *s*, consignataire *m*, destinataire *m*.

CONSIGNMENT *s*, envoi *m*, expédition *f*, consignation *f*, dépôt *m*.
on CONSIGNMENT, en dépôt; en consignation.
CONSIGNMENT NOTE, lettre de voiture; note de remise.
GOODS ON CONSIGNMENT, marchandises en consignation.
PAQUET CONSIGNMENT, envoi à couvert.
VALUE OF THE CONSIGNMENT, valeur du chargement.

CONSIGNOR *s*, consignateur *m*, expéditeur *m*.

CONSISTENCY *s*, consistance *f*, cohérence *f*, compatibilité *f*, logique *f*.
CONSISTENCY OF AXIOMS, cohérence des axiomes.
INTERNAL CONSISTENCY OF THE SYSTEM, cohérence interne du système.

CONSISTENT *a*, consistant, cohérent, suivi, compatible, concordant.
CONSISTENT BUYING, achats suivis.
CONSISTENT EXPECTATIONS, prévisions concordantes.
IDEAS THAT ARE NOT CONSISTENT, idées qui ne sont pas cohérentes.
THEORY THAT IS NOT CONSISTENT WITH FACTS, théorie qui ne s'accorde pas avec les faits.

CONSOLE *s*, console *f*, pupitre *m* (de commande *f*).
CONTROL CONSOLE, pupitre de commande.

CONSOLIDATE *v*, consolider, unifier.

CONSOLIDATED *a*, consolidé, unifié, synthétique.
CONSOLIDATED ACCOUNTS, comptes consolidés.
CONSOLIDATED ANNUITIES, fonds consolidés.
CONSOLIDATED BALANCE-SHEET, bilan synthétique.
CONSOLIDATED CASH TRANSACTIONS, récapitulation, regroupement, des opérations de caisse.
CONSOLIDATED DEBT, dette consolidée.
CONSOLIDATED MORTGAGE BOND, obligation hypothécaire consolidée.

CONSOLIDATION *s*, consolidation *f*, unification *f*, regroupement *m*, tassement *m*.
CONSOLIDATION OF THE FLOATING DEBT, consolidation de la dette flottante.
RAILROAD CONSOLIDATION, *U.S*: regroupement des compagnies ferroviaires.

CONSOLS *s* (pour: consolidated annuities), *U.K*: rente *f* perpétuelle, fonds *m. pl* consolidés.

CONSORTIUM *s*, consortium *m*.

CONSPICUOUS a, visible, manifeste, ostentatoire.
CONSPICUOUS CONSUMPTION, consommation ostentatoire.

CONSTANCY s, constance f.

CONSTANT a, constant, uniforme, systématique, continuel.
CONSTANT ACCELERATION, accélération uniforme.
CONSTANT CAPITAL, capital constant.
CONSTANT COST, coût constant.
CONSTANT DRAIN ON THE ECONOMY, ponction continuelle sur l'économie.
CONSTANT ENDEAVOUR, préoccupation constante.
CONSTANT ERROR, erreur systématique.
CONSTANT PRICES, prix constants.
CONSTANT RETURNS, rendements constants.
CONSTANT SUM GAME, jeu à somme constante.
CONSTANT WANTS, besoins constants.
to KEEP THE LEVEL OF UTILITY CONSTANT, tenir constant le niveau d'utilité.
to KEEP OUTPUT CONSTANT, maintenir la production constante; considérer la production comme constante.

CONSTANT s, constante f.
ARBITRARY CONSTANTS, quantités arbitraires (d'une équation).
CIRCULAR CONSTANT, pi; rapport de la circonférence au diamètre.
TIME-CONSTANT, constante de temps.

CONSTITUENCY s, circonscription f électorale.
CONSTITUENCY POLL, scrutin d'arrondissement.

CONSTITUENT a, constitutif, composant, constituant.

CONSTITUTION s, constitution f, composition f, statut m.

CONSTRAINT s, contrainte f, servitude f, sujétion f.

CONSTRUCT v, construire, bâtir.

CONSTRUCTION s, construction f, établissement m; interprétation f.
CONSTRUCTION OF INDEX-NUMBERS, établissement d'indices.
CONSTRUCTION OF A LAW, interprétation d'une loi.
CONSTRUCTION MACHINERY, machines employées dans la construction.
CONSTRUCTION OF A PROVISION, interprétation d'une disposition (d'un contrat).
CONSTRUCTION UNDER STATE AID, construction avec assistance de l'État.
MODEL CONSTRUCTION, construction de modèles.
OWN-ACCOUNT CONSTRUCTION, construction pour son propre compte.
in PROCESS OF CONSTRUCTION, en cours de construction.

CONSTRUCTIONAL a, de construction f.
CONSTRUCTIONAL DEFECT, défaut de construction.

CONSTRUCTIVE a, constructif, supposé (par voie de déduction).
CONSTRUCTIVE TOTAL LOSS, perte censée totale.

CONSULATE s, consulat m.
NOTARIAL SECTION (OF A CONSULATE), section notariale (d'un consulat).

CONSULTANT s, conseil m, consultant m.
ENGINEERING CONSULTANT, ingénieur-conseil.
MANAGEMENT CONSULTANT, ingénieur-conseil en organisation.

CONSULTATIVE a, consultatif.

CONSUMABLE a, consommable, consomptible.
CONSUMABLE GOODS, produits consommables, consomptibles.

CONSUME v, consommer.
AGGREGATE PROPENSITY TO CONSUME, propension globale à consommer.
AVERAGE PROPENSITY TO CONSUME, propension moyenne à consommer.
COMMUNITY'S PROPENSITY TO CONSUME, propension de la communauté à consommer.
MARGINAL PROPENSITY TO CONSUME, propension marginale à consommer.
PROPENSITY TO CONSUME, propension à consommer.

CONSUMED a, consommé.
FUEL CONSUMED IN REFINING, combustibles consommés dans les raffineries.

CONSUMER s, consommateur m, abonné m.
BEHAVIOUR OF THE CONSUMER, comportement du consommateur.
COLLECTIVE BEHAVIOUR OF INDIVIDUAL CONSUMERS, comportement collectif des consommateurs individuels.
CONSUMER'S BUDGET, budget du consommateur.
CONSUMER BUYING OF GOODS AND SERVICES, achats par les consommateurs de produits et de services.
CONSUMER'S CHOICE, préférence, choix, du consommateur.
CONSUMER COUNCIL, U.K: comité (consultatif) des consommateurs.
CONSUMER CREDIT, crédit à la consommation.
CONSUMER DEBT, endettement des consommateurs.
CONSUMER DURABLES, biens de consommation durables.
CONSUMER EDUCATION, éducation des consommateurs.

CONSUMER OF GAS, abonné au gaz.
CONSUMER GOODS, biens de consommation.
CONSUMER INDEBTEDNESS, endettement des consommateurs.
CONSUMER'S OPTIMAL EQUILIBRIUM, équilibre optimal du consommateur.
CONSUMER PANEL, groupe-témoin de consommateurs.
CONSUMER PRICE INDEX-NUMBERS, indices des prix à la consommation.
CONSUMERS' SOVEREIGNTY, primauté du consommateur.
CONSUMER'S SURPLUS, surplus, rente, du consommateur.
CONSUMER'S TASTES, goûts des consommateurs.
CONSUMER UNIT SCALES, échelle d'unité de consommateur.
DURABLE CONSUMERS' GOODS, biens de consommation durables
EQUILIBRIUM OF THE CONSUMER, équilibre du consommateur.
INDEX-NUMBERS OF CONSUMER PRICES, indices des prix de détail.
INDIVIDUAL CONSUMER, consommateur individuel.
LAST CONSUMER, consommateur final.
LAW OF CONSUMER'S DEMAND, loi de la demande du consommateur.
MOTIVES OF CONSUMERS, motivations des consommateurs.
the PRODUCERS AND THE CONSUMERS, les producteurs et les consommateurs.
THEORY OF CONSUMER'S DEMAND, théorie de la demande du consommateur.
ULTIMATE CONSUMER, dernier consommateur.

CONSUMPTION s, consommation f.
to ABSTAIN FROM PRESENT CONSUMPTION, s'abstenir d'une consommation immédiate.
APPARENT CONSUMPTION, consommation apparente.
CONSPICUOUS CONSUMPTION, consommation ostentatoire.
CONSUMPTION PER CAPITA, consommation par tête.
CONSUMPTION OF DOMESTIC PRODUCTION, consommation de la production nationale.
CONSUMPTION EXPENDITURE, dépenses de consommation.
CONSUMPTION OF A FORTUNE, dilapidation d'une fortune.
for CONSUMPTION FRESH, pour la consommation immédiate.
CONSUMPTION FUNCTION, fonction de consommation.
CONSUMPTION GOODS, biens de consommation.
CONSUMPTION IN KIND, consommation en nature.
CONSUMPTION LOAN, prêt à la consommation.
CONSUMPTION-POSSIBILITY LINE, ligne de(s) possibilités de consommation.
COMSUMPTION SCHEDULE, courbe de la consommation.
CONSUMPTION TAX, impôt à la consommation.
CONSUMPTION UNIT, unité de consommation.
CURRENT CONSUMPTION, consommation courante.
DAILY CONSUMPTION, consommation journalière.
to DAMP DOWN DOMESTIC CONSUMPTION, réduire la consommation intérieure.
EQUILIBRIUM BETWEEN PRODUCTION AND CONSUMPTION, équilibre entre la production et la consommation.
EXPENDITURE ON CONSUMPTION, dépense pour la consommation.
FINAL DOMESTIC CONSUMPTION, consommation nationale définitive.
FOOD CONSUMPTION, consommation de denrées alimentaires.
FUTURE CONSUMPTION, consommation future.
GOVERNMENT CONSUMPTION, consommation des administrations publiques.
HOME CONSUMPTION, consommation intérieure.
INCOME-CONSUMPTION CURVE, courbe de la consommation par rapport au revenu.
INTERMEDIATE CONSUMPTION, consommation intermédiaire.
LOW-CONSUMPTION, à faible consommation.
MOTIVATIONS FOR CONSUMPTION, motifs de la consommation.
NATIONAL CONSUMPTION, consommation nationale.
NEWSPRINT CONSUMPTON, consommation de papier-journal.
OVER-ALL CONSUMPTION, consommation totale.
OWN CONSUMPTION IN AGRICULTURE, consommation par l'agriculture de ses propres produits.
PETROL CONSUMPTION, consommation d'essence.
POSTPONEMENT OF CONSUMPTION, ajournement de la consommation.
POWER CONSUMPTION, énergie consommée.
PRICE CONSUMPTION CURVE, courbe de la consommation par rapport au prix.
PRIVATE CONSUMPTION, consommation privée; consommation des ménages.
PRIVATE CONSUMPTION EXPENDITURE, dépenses de consommation privée.
to PROVIDE FOR FUTURE CONSUMPTION, pourvoir à la consommation future.
PUBLIC CONSUMPTION, consommation publique.
to RESTRICT CONSUMPTION, réduire la consommation.
SELF-CONSUMPTION, autoconsommation.
SHIFTS IN CONSUMPTION, variations dans la consommation.
SOCIAL CONSUMPTION, consommation sociale.
SUBSISTENCE CONSUMPTION, consommation de subsistance.

SUBSTITUTION BETWEEN LEISURE AND CONSUMPTION, substitution loisir-consommation.
THEORY OF CONSUMPTION, théorie de la consommation.
TOTAL CONSUMPTION, consommation totale.
UNDER-CONSUMPTION, sous-conscmmation.
UTILITY AND CONSUMPTION THEORY, théorie de l'utilité et de la consommation.
YEARLY CONSUMPTION, consommation anuelle.

CONTACT s, contact m, tangence f.
POINT OF CONTACT, point de contact, de tangence.

CONTAIN v, contenir.

CONTAINED a, contenu.
SELF-CONTAINED FLAT, appartement indépendant.
SELF-CONTAINED INDUSTRIES, industries qui se suffisent à elles-mêmes.

CONTAINER s, récipient m, emballage m.

CONTANGO s, report m, taux m du report.
CONTANGOES ARE HEAVY, les reports sont chers.
CONTAGOES ARE LOW, les reports sont bon marché.
CONTANGO-DAY, jour des reports.
the CONTANGO IS EVEN, le (taux de) report est au pair.
CONTANGO-RATE, taux des reports.
CONTANGOES STIFFEN IF, les reports se tendent lorsque.
EASING OFF OF CONTANGOES, détente des reports.
FIRMNESS OF CONTANGOES, tension des reports.
GAMBLING IN DIFFERENCES AND CONTANGOES, spéculation sur les différences et les reports.
JOBBING IN COTANGOES, arbitrage en reports.
to LEND MONEY ON CONTANGO, placer des capitaux en report.
MONEY ON CONTANGO, capitaux en report.
PAYER OF CONTANGO, le reporté.
SPECULATING IN CONTANGOES, jeu sur les reports.
STIFFNESS OF CONTANGOES, tension des reports.

CONTAGOABLE a, reportable.

CONTEMPORARY a, contemporain.
CONTEMPORARY ECONOMISTS, économistes contemporains.
CONTEMPORARY THOUGHT, pensée contemporaine.

CONTENT s, contenu m, capacité f, montant m, contenance f, teneur f.
CALORIFIC CONTENT, capacité calorifique.
CONTENTS OF A BILL OF EXCHANGE, montant d'un effet de commerce.
COPPER CONTENT, contenu en cuivre.
FAT CONTENT, contenu en matières grasses.
FINE GOLD CONTENT, contenu en or fin.

CONTENTIOUS a, contentieux.
CONTENTIOUS BUSINESS, le contentieux.

CONTIGUITY s, contiguïté f.

CONTIGUOUS a, contigu, adjacent.
CONTIGUOUS ANGLES, angles adjacents

CONTINGENCE s, contingence f.
ANGLE OF CONTINGENCE, angle de contingence.

CONTINGENCY s, contingence f, éventualité f, imprévu m.
in CASE OF A CONTINGENCY, en cas d'imprévu.
CONTINGENCIES, faux frais divers.
CONTINGENCY ANALYSIS, analyse de contingence.
CONTINGENCY FUND, fonds de prévoyance.
CONTINGENCY RESERVE, réserve de prévoyance.
CONTINGENCY TABLES, tables de contingence.
MARGIN FOR CONTINGENCIES, marge pour les éventualités.
to PROVIDE FOR CONTINGENCIES, parer à l'imprévu.
UNFORSEEN CONTINGENCIES, éventualités imprévues.

CONTINGENT a, contingent, aléatoire, éventuel, imprévu.
CONTINGENT ANNUITY, annuité contingente.
CONTINGENT EXPENSES, dépenses imprévues.
CONTINGENT FEE, honoraire éventuel (conditionné par le gain de l'affaire).
CONTINGENT GAIN, gain aléatoire.
CONTINGENT LIABILITY, passif éventuel.
CONTINGENT ORDER, ordre lié.
CONTINGENT PROFIT, profit aléatoire.

CONTINUABLE a, reportable.

CONTINUAL a, continuel.
METHOD OF CONTINUAL APPROACHES, méthode des approximations successives.

CONTINUATION s, continuation f, report m.
CONTINUATION-DAY, jour des reports.
CONTINUATION ON FOREIGN EXCHANGES, report sur devises.
CONTINUATION-RATE, prix du report.

CONTINUE v, continuer, reporter.

CONTINUED a, continu, persistant.

CONTINUED DEMAND, demande persistante.
CONTINUED FRACTION, fraction continue.

CONTINUITY f, continuité f, continu m.
BREAK OF CONTINUITY, solution de continuité.
CONCEPTS OF CONTINUITY AND DISCONTINUITY, concepts du continu et du discontinu.
PRINCIPLE OF CONTINUITY, loi de continuité.
SOLUTION OF CONTINUITY, solution de continuité.
STOCHASTIC CONTINUITY, continuité stochastique.

CONTINUOUS a, continu, permanent.
CONTINUOUS CURVE, courbe continue.
CONTINUOUS FULL EMPLOYMENT, maintien continu du plein emploi.
CONTINUOUS FUNCTION, fonction continue.
CONTINUOUS INVENTORY, inventaire tournant.
CONTINUOUS POPULATION REGISTER, registre de population permanent.
CONTINUOUS PROCESS, processus continu.
CONTINUOUS PROCESSING, production continue.
CONTINUOUS REVIEW SYSTEM, système d'inventaire permanent.
CONTINUOUS VARIABLE, variable continue.

CONTINUUM s, continu m, continuum m.

CONTOUR s, contour m.
EQUAL-UTILITY CONTOUR, contour de même utilité.

CONTRA s, contrepartie f.
CONTRA ACCOUNT, compte contrepartie; jumelage.

CONTRACT s, contrat m, accord m, acte m, convention f, forfait m marché m.
ADVANCE ON A CONTRACT, acompte sur contrat.
BARE CONTRACT, contrat à titre gratuit.
BILATERAL CONTRACT, contrat bilatéral; contrat synallagmatique.
BREACH OF CONTRACT, rupture de contrat.
BROKER'S CONTRACT, contrat de commission.
to BUY ON CONTRACT, acheter à forfait.
to CONCLUDE A CONTRACT, conclure un contrat.
CONDITIONS OF CONTRACT, cahier des charges.
CONSENSUAL CONTRACT, contrat consensuel.
CONTRACT AT AN AGREED PRICE, contrat à forfait.
CONTRACT DATE, date contractuelle.
CONTRACT LABOUR, main-d'œuvre contractuelle.
CONTRACT NOTE, bordereau.
CONTRACT PRICE, prix stipulé au contrat.
the CONTRACT PROVIDES THAT, le contrat stipule que.
CONTRACT UNDER SEAL, contrat avec sceau.
CONTRACT WORK GIVEN OUT, travaux sous-traités en dehors de l'établissement.
DETERMINATION OF A CONTRACT, résiliation d'un contrat.
DIRECT CONTRACT, contrat direct, sans intermédiaires.
DRAFT CONTRACT, projet de contrat.
ESSENCE OF A CONTRACT, essence d'un contrat.
EXCEPTIONS STIPULATED IN A CONTRACT, réserves stipulées dans un contrat.
EXCHANGE CONTRACT, bordereau de change; aval de change.
FREIGHT CONTRACT, contrat de fret.
FULFILMENT OF A CONTRACT, exécution d'un contrat.
IMPLIED CONTRACT, contrat implicite; quasi-contrat.
to IMPUGN A CONTRAT, attaquer un contrat.
INTEGRAL PART OF A CONTRACT, partie intégrante d'un contrat.
INVALIDITY OF A CONTRACT, invalidité d'un contrat.
LABOUR CONTRACT, contrat de travail.
LONG-TERM CONTRACT, contrat à long terme.
MARRIAGE CONTRACT, contrat de mariage.
MULTILATERAL LONG-TERM CONTRACTS, accords de contingentement multilatéraux à long terme.
NAKED CONTRACT, contrat sans contrepartie; contrat non exécutable.
NUDE CONTRACT, contrat sans contrepartie; contrat non exécutable
PASSENGER CONTRACT, contract de voyage, de passage.
PRE-CONTRACT, contrat préalable.
PRINCIPAL CONTRACT, contrat principal; contrat de base.
PRIOR CONTRACT, contrat antérieur.
PRIVATE CONTRACT, acte sous seing privé.
QUASI-CONTRACT, quasi-contrat.
REAL CONTRACT, contrat réel.
SALE CONTRACT, contrat de vente.
to SIGN A CONTRACT, signer un contrat.
SIGNATORY OF A CONTRACT, signataire d'un contrat.
SIGNING OF THE CONTRACT, signature du contrat.
SPECIFIC PERFORMANCE OF A CONTRACT, exécution en nature d'un contrat.
SIMPLE CONTRACT, convention verbale; contrat sous seing privé.
SIMPLE-CONTRACT CREDITOR, créancier en vertu d'un contrat sous seing privé.
SUCCESSFUL TENDERER FOR A CONTRACT, adjudicataire.
SYNALLAGMATIC CONTRACT, contrat synallagmatique.
to TENDER FOR A CONTRACT, soumissionner à une adjudication.
TERMS OF A CONTRACT, clauses d'un contrat.
TERMINABLE CONTRACT, contrat résoluble.

to TERMINATE A CONTRACT, résilier un contrat.
TIME IS THE ESSENCE OF THE CONTRACT, le terme est l'essence du contrat.
UNDERWRITING CONTRACT, contrat de garantie; acte syndical.
UNILATERAL CONTRACT, contrat unilatéral.
to VOID A CONTRACT, annuler un contrat.

CONTRACT *v*, contracter, entreprendre, (se) resserrer.
to CONTRACT OUT, renoncer par contrat à.

CONTRACTING *a*, contractant.
CONTRACTING PARTIES, contractants.
HIGH CONTRACTING PARTIES, hautes parties contractantes.

CONTRACTION *s*, contraction *f*, resserrement *m*.
CONTRACTION OF CURRENT DEMAND, contraction de la demande courante.
MONETARY CONTRACTION, contraction monétaire.

CONTRACTIONARY *a*, contractif, de contraction *f*.
CONTRACTIONARY MONETARY POLICY, politique de contraction monétaire.

CONTRACTOR *s*, entrepreneur *m*, pourvoyeur *m*.
BUILDING CONTRACTOR, entrepreneur de bâtiment.
HAULAGE CONTRACTOR, entrepreneur de transports.
LABOUR CONTRACTOR, embaucheur.

CONTRACTUAL *a*, contractuel, forfaitaire.
CONTRACTUAL CLAIMS, créances contractuelles.

CONTRADICT *v*, contredire, démentir.

CONTRADICTION *s*, contradiction *f*, antinomie *f*.
in CONTRADICTION WITH, en contradiction avec.
CONTRADICTION TO A STATEMENT, démenti.
CONTRADICTION IN TERMS, contradiction dans les termes.
to IMPLY CONTRADICTION, impliquer contradiction.

CONTRADICTORY *a*, contradictoire.
CONTRADICTORY PROPOSITIONS, propositions contradictoires.

CONTRARY *a*, contraire, opposé.
CLAUSE CONTRARY TO PUBLIC ORDER, clause contraire à l'ordre public.
CONTRARY DIRECTION, sens opposé.
CONTRARY TO NATURE, contre nature.
CONTRARY PROPOSITIONS, propositions contraires.
CONTRARY TO REASON, contraire à la raison.
CONTRARY TENDENCY, tendance contraire.

CONTRARY *adv*, contrairement.
CONTRARY TO ALL EXPECTATIONS, contrairement à toute attente.

CONTRARY *s*, contraire *m*, opposé *m*.
in the ABSENCE OF EVIDENCE TO THE CONTRARY, jusqu'à preuve du contraire.
on the CONTRARY, au contraire.
NOTIFICATION TO THE CONTRARY, contre-ordre.
NOTWITHSTANDING ANY PROVISION TO THE CONTRARY, nonobstant toute clause contraire.
QUITE THE CONTRARY, tout le contraire.
by RULE OF CONTRARIES, par raison des contraires.

CONTRIBUTE *v*, contribuer, apporter.
to CONTRIBUTE EQUAL SHARES TO, contribuer pour une part égale à.
to CONTRIBUTE SOMETHING TO A COMPANY, apporter quelque chose à une société.

CONTRIBUTION *s*, contribution *f*, cotisation *f*, apport *m*.
CONTRIBUTION OF CAPITAL, apport de capitaux.
FORCED CONTRIBUTIONS, impôts de guerre (imposés par l'occupant).
PRORATABLE CONTRIBUTION, contribution proportionnelle.
RATEABLE CONTRIBUTION, contribution proportionnelle.
SOCIAL SECURITY CONTRIBUTIONS, cotisations à la sécurité sociale.

CONTRIBUTORY *a*, contributif.
CONTRIBUTORY NEGLIGENCE, faute de la victime.

CONTROL *s*, contrôle *m*, maîtrise *f*, commande *f*, gestion *f*, régulation *f*, réglementation *f*, régie *f*.
BIRTH CONTROL, contrôle, régulation, des naissances.
BUDGETARY CONTROL, contrôle budgétaire.
CAUSE BEYOND CONTROL, force majeure.
CIRCUMSTANCES BEYOND HIS CONTROL, circonstances indépendantes de sa volonté.
COMPUTER CONTROL OF INVENTORY, gestion automatisée de stocks.
CONTROL CARD, carte de contrôle.
CONTROL CONSOLE, pupitre de commande.
CONTROL DATA, données de contrôle.
CONTROL OF EXCHANGES, réglementation des changes.
CONTROL OF INTEREST RATES, contrôle des taux d'intérêt.
CONTROL MODE, mode de controle.
CONTROL PANEL, tableau de commande.
CONTROL PROGRAM, programme de contrôle.

DIRECT IMPORT CONTROLS, contrôle direct des importations.
EXCHANGE CONTROL, contrôle des changes.
FOOD CONTROL, ravitaillement.
FOREIGN EXCHANGE CONTROL, contrôle des changes.
under GOVERNMENT CONTROL, sous le contrôle du gouvernement.
INFLATION IS GETTING OUT OF CONTROL, l'inflation échappe à tout contrôle.
INVENTORY CONTROL, tenue de stocks; contrôle d'inventaire.
MONETARY CONTROL, contrôle monétaire.
MONEY CONTROL(S), contrôle(s) monétaire(s).
MONOPOLY CONTROL, contrôle monopolistique.
NUMERICAL CONTROL, commande numérique.
POWER CONTROL, commande mécanique.
PRICE CONTROL, taxation (des prix).
REMOTE CONTROL, commande à distance.
RENT CONTROL, contrôle, réglementation, des loyers.
SELECTIVE CREDIT CONTROL, contrôle sélectif du crédit.
STATE CONTROL, étatisme.
STOCK CONTROL, gestion de(s) stock(s).
STRATEGIC CONTROLS, contrôle des matières stratégiques.

CONTROL *v*, contrôler, diriger, réglementer, contenir, enrayer, taxer.
to CONTROL INFLATION, contenir l'inflation.
to CONTROL THE RISE (IN THE COST OF LIVING), enrayer la hausse (du coût de la vie).

CONTROLLED *a*, contrôlé, dirigé, réglementé.
CONTROLLED CURRENCY, monnaie dirigée.
CONTROLLED ECONOMY, économie dirigée.
CONTROLLED FINANCE, économie dirigée.
CONTROLLED MARKET, marché réglementé.
CONTROLLED MARKET RATES, cours du marché réglementé.
CONTROLLED PRICES, prix taxés.

CONTROLLER *s*, contrôleur *m*, vérificateur *m* de comptes *m. pl.*

CONTROLLERSHIP* *s*, *U.S:* commissariat *m* aux comptes *m. pl.*

CONTROLLING *a*, qui contrôle, dirigeant, directeur.
CONTROLLING INTEREST, participation donnant le contrôle.
CONTROLLING UNIT, unité directrice.

CONTROVERSY *s*, controverse *f*.
FOOD FOR CONTROVERSY, matière à controverse.
MONETARY CONTROVERSIES, controverses monétaires.

CONVENTION *s*, convention *f*, contrat *m*.
LEONINE CONVENTION, contrat léonin.
MONETARY CONVENTION, convention monétaire.

CONVENTIONAL *a*, conventionnel.
CONVENTIONAL ASSEMBLY, assemblée conventionnelle.
CONVENTIONAL PRICES, prix conventionnels.

CONVERGE *v*, converger, concourir.

CONVERGENCE *s*, convergence *f*.
CONVERGENCE IN PROBABILITY, convergence en probabilité.

CONVERGENT *a*, convergent.
CONVERGENT SERIES, série convergente.

CONVERSE *a*, converse, réciproque.

CONVERSION *s*, conversion *f*.
CONVERSION OF BONDS INTO STOCKS, conversion d'obligations en actions.
CONVERSION OF DEBT, conversion de la dette.
CONVERSION FACTOR, facteur de conversion.
CONVERSION LOAN, emprunt de conversion.
CONVERSION OF THE ORE INTO METAL, métallisation du minerai.
CONVERSION RATE, taux de conversion.
CONVERSION OF REALTY INTO PERSONALTY, ameublissement d'un bien.
DECIMAL TO BINARY CONVERSION, conversion décimal/binaire.
RATE OF CONVERSION OF MONEY, taux de conversion d'une monnaie.
SUBSCRIPTION BY CONVERSION OF SECURITIES, souscription en titres.

CONVERT *v*, convertir.

CONVERTED *a*, converti.
MEASUREMENT CONVERTED INTO WEIGHT, cubage converti en poids.

CONVERTIBILITY *s*, convertibilité *f*.
CONVERTIBILITY OF CURRENCIES, convertibilité des monnaies.
RETURN TO CONVERTIBILITY (OF CURRENCIES), retour à la convertibilité (des monnaies).

CONVERTIBLE *a*, convertible, interchangeable.
CONVERTIBLE BOND, obligation convertible.
CONVERTIBLE CURRENCIES, monnaies convertibles.
CONVERTIBLE INTO GOLD, convertible en or.
CONVERTIBLE PAPER, papier convertible.
CONVERTIBLE PAPER MONEY, monnaie de papier convertible.
CONVERTIBLE TERMS, termes interchangeables.

CONVEX a, convexe.
CURVE CONVEX TO THE ORIGIN, courbe convexe par rapport à l'origine.
CURVE CONVEX UPWARDS, courbe convexe vers le haut.

CONVEXITY s, convexité f.
CONVEXITY OF CURVES, convexité des courbes.

CONVEY v, transporter, transmettre.
to CONVEY GOODS, transporter des marchandises.

CONVEYANCE s, transport m, transmission f, transfert m, cession f, mutation f.
CONVEYANCE DUTY, droits de mutation.
CONVEYANCE OF PASSENGERS, transport des personnes.
CONVEYANCE OF A PATENT, transmission de propriété d'un brevet.
CONVEYANCE OF PROPERTY, transmission de biens.
LAND CONVEYANCE, transmission d'une propriété immobilière; transports terrestres.
PUBLIC MEANS OF CONVEYANCE, transports en commun.

CONVEYANCING s, rédaction f d'actes m. pl translatifs de propriété f.

CO-OPERATE v, coopérer.

CO-OPERATION s, coopération f, concours m.
INTERNATIONAL MONETARY CO-OPERATION, coopération monétaire internationale.
ORGANISATION FOR EUROPEAN ECONOMIC CO-OPERATION (OEEC), Organisation européenne de coopération économique (OECE).

CO-OPERATIVE a, coopératif.
CO-OPERATIVE DAIRIES, coopératives laitières.
CO-OPERATIVE ENTERPRISE, entreprise coopérative.
CO-OPERATIVE GAME, jeu coopératif.
non CO-OPERATIVE GAME, jeu non-coopératif.
CO-OPERATIVE SOCIETY, société coopérative.
CO-OPERATIVE STORES, société coopérative de consommation.
PRODUCER CO-OPERATIVE ARTELS, U.R.S.S: associations coopératives de production.

CO-OPERATIVE s, coopérative f.
AGRICULTURAL CREDIT CO-OPERATIVES, coopératives de crédit agricole.
MARKETING CO-OPERATIVE, coopérative de vente.

CO-OPT v, coopter.

CO-OPTED a, coopté.
CO-OPTED MEMBER, membre coopté.

CO-ORDINATE s, coordonnée f.
CO-ORDINATE GEOMETRY, géométrie analytique.
HOMOGENEOUS CO-ORDINATES, coordonnées homogènes.
PUNCTUAL CO-ORDINATES, coordonnées d'un point.
SPACE-TIME CO-ORDINATES, coordonnées espace-temps.
SPATIO-TEMPORAL CO-ORDINATES, coordonnées espace-temps.

CO-ORDINATE v, coordonner.

CO-ORDINATION s, coordination f.

CO-OWNER s, copropriétaire m.

CO-OWNERSHIP s, copropriété f.

COPARTNER s, coassocié m.

COPARTNERSHIP* s, société f en nom m collectif, société professionnelle.
INDUSTRIAL COPARTNERSHIP, actionnariat ouvrier.

COPPER s, cuivre m.
COPPERS, valeurs cuprifères.
COPPER COIN, monnaie de cuivre (de bronze).
COPPER CONTENT, contenu en cuivre.
COPPER ORE, minerai de cuivre.

CO-PROPERTY s, copropriété f.

CO-PROPRIETOR s, copropriétaire m.

COPYRIGHT s, droit m d'auteur m, propriété f littéraire.
INFRINGEMENT OF COPYRIGHT, contrefaçon littéraire.
TERMS OF COPYRIGHT, délai de protection (littéraire).

CORE s, centre m, noyau m.
BULK CORE STORAGE, mémoire à ferrites de grande capacité.
CORE STORAGE, mémoire centrale; mémoire à ferrites.
CORE STORAGE CAPABILITY, capacité de (la) mémoire centrale.
CORE STORAGE CAPACITY, capacité de (la) mémoire centrale.

CORN s, grain m, blé m, céréales f. pl, U.S: maïs.
CORN EXCHANGE, bourse des céréales; marché aux grains.
CORNFIELD, champ de blé.
CORN-GROWING, culture du blé.
CORN LAWS, U.K: lois sur les céréales.
CORN MARKET, marché des grains.
CORN STATES, U.S: États producteurs de maïs.
CORN TRADE, commerce des grains.

CORNER v, acculer, accaparer, mettre au pied du mur.

CORNERING s, accaparement m.
CORNERING THE MARKET, accaparement du marché.

COROLLARY s, corollaire m.
COROLLARY OF THIS DOCTRINE, corollaire de cette doctrine.

CORPORATE a, de société f, corporatif.
CORPORATE IMAGE, image de la firme.
CORPORATE NAME, raison sociale.
CORPORATE PROFIT, profit des sociétés.
CORPORATE STATE, État corporatif.

CORPORATION* s, corporation f, compagnie f, U.S: société f, U.S: société par actions f. pl, fonds m, entreprise f, U.K: municipalité f, personne f morale.
AGRICULTURAL MORTGAGE CORPORATION, U.S: Société de crédit agricole.
BUSINESS CORPORATION*, U.S: société anonyme; société commerciale.
CORPORATION EARNINGS, U.S: bénéfices des sociétés par actions.
CORPORATION INCOME-TAX, impôt sur le revenu des personnes morales.
CORPORATION NET INCOME-TAX, impôt sur le revenu net des sociétés.
CORPORATION STOCKS, emprunt de ville(s).
DIRECT TAXES ON CORPORATIONS, impôts directs frappant les sociétés.
FINANCE DEVELOPMENT CORPORATION, Fonds de développement économique.
INTERNATIONAL FINANCE CORPORATION, Société financière internationale.
LAW OF BUSINESS CORPORATIONS*, U.S: droit des sociétés commerciales.
MONEYED CORPORATIONS, compagnies bancaires et d'assurances.
non-PROFIT-SEEKING CORPORATION*, U.S: société sans but lucratif.
PUBLIC CORPORATIONS, entreprises publiques.
SAVINGS OF CORPORATIONS, épargne des sociétés.

CORPORATIVE a, corporatif.

CORPOREAL a, corporel, matériel.
CORPOREAL HEREDITAMENT, terres et immeubles.

CORRECT a, correct, exact.
CORRECT FIGURE, chiffre exact.

CORRECT v, corriger, rectifier.
to CORRECT AN ERROR, rectifier une erreur.

CORRECTION s, correction f, rectification f.
CORRECTION OF PRICE, rectification de cours.
CORRECTION FOR SEASONAL VARIATIONS, correction des variations saisonnières; désaisonnalisation.
SEASONAL CORRECTIONS, corrections des variations saisonnières.
SHEPPARD'S CORRECTION(S), correction de Sheppard.

CORRELATE v, mettre, être, en corrélation f.

CORRELATION s, corrélation f.
COEFFICIENT OF CORRELATION, coefficient de corrélation.
COEFFICIENT OF MULTIPLE CORRELATION, coefficient de corrélation multiple.
COEFFICIENT OF PARTIAL CORRELATION, coefficient de corrélation partielle.
COEFFICIENT OF RANK CORRELATION, coefficient de corrélation à rangs multiples.
CORRELATION MATRIX, matrice de corrélation.
CORRELATION RATIO, rapport de corrélation.
CORRELATION TABLE, table de corrélation.
DISTRIBUTION OF THE COEFFICIENT OF CORRELATION, distribution des coefficients de corrélation.
INDEX OF CORRELATION, indice de corrélation (curviligne).
LINEAR CORRELATION, corrélation linéaire.
MULTIPLE CORRELATION, corrélation multiple.
NEGATIVE CORRELATION, corrélation négative.
PARTIAL CORRELATION, corrélation partielle.
RANK CORRELATION, corrélation à rangs multiples.
SIMPLE CORRELATION, corrélation simple.
SPURIOUS CORRELATION, corrélation illusoire.

CORRELATIVE a, corrélatif.

CORRELOGRAM, s corrélogramme m.

CORRESPOND v, correspondre.
to CORRESPOND TO SAMPLE, être conforme à l'échantillon.
REWARD WHICH CORRESPONDS TO THE MARGINAL PRODUCTIVITY, rénumération correspondant à la productivité marginale.

CORRESPONDING a, correspondant, pareil.
CORRESPONDING CHANGE, variation correspondante.
CORRESPONDING DATA, données correspondantes.
CORRESPONDING PERIOD, période correspondante; pareille époque.

CORRUPTION s, corruption f.

COSINE s, cosinus m.
COSINE CURVE, cosinusoïde.
TABLE OF SINES AND COSINES, table des sinus et cosinus.

COST s, coût m, prix m, prix de revient m, frais m. pl, dépense f, charge f, dépens m. pl.
ABORIGINAL COST, coût originel.
ABSOLUTE COST, coût absolu.
ACTUAL COST, prix de revient; prix d'achat.
ALTERNATIVE COST, coût d'opportunité; produit marginal de l'emploi alternatif.
ALTERNATIVE-USE COST, coût d'opportunité.
to ASCERTAIN THE COST, établir le prix de revient.
AVERAGE COST, coût moyen; prix de revient moyen.
to BEAR THE COST OF, prendre à sa charge les frais de.
BILL OF COSTS, état des frais.
BOOK COST, prix de revient comptable.
CARRYING COSTS OF SURPLUS STOCKS, coût de conservation des excédents de stocks.
COMBINATION OF INPUT WHICH MIMINIZES (VARIABLE) COSTS, combinaison de facteurs qui minimise les coûts (variables).
COMPARATIVE COST, coût comparatif, relatif.
CONSTANT COST, coût constant.
at COST, au prix coûtant.
COST ACCOUNTING, comptabilité de prix de revient.
COST OF ACQUISITION AND DISPOSAL (OF SECURITIES), frais d'acquisition et de cession (de titres).
COST OF AGRICULTURAL SUPPORT POLICY, U.S: coût de la politique de soutien à l'agriculture.
COST ANALYSIS, analyse des coûts.
COST-BENEFIT ANALYSIS, U.S: analyse des coûts et rendements.
COST OF BORROWED CAPITAL, coût de l'endettement.
COSTS OF CARRYING INVENTORY, coût de stockage.
COST-EFFECTIVENESS ANALYSIS, U.S: étude de coût et d'efficacité.
COST ESTIMATE, devis.
COST AND EXPENSES OF THE BUSINESS, frais et charges de l'entreprise.
COST AND FREIGHT, coût-fret.
COST INFLATION, inflation des coûts.
COST, INSURANCE, FREIGHT (c.i.f.), coût, assurance, fret (c.a.f.).
COST OF INVESTMENT, coût de l'investissement.
COST OF LABOUR, coût de la main-d'œuvre.
COST OF LIVING, coût de la vie.
COST OF LIVING ALLOWANCE, indemnité de cherté de vie.
COST OF LIVING BONUS, indemnité de vie chère.
COST OF MAINTENANCE, coût de conservation.
COST OF MATERIALS, coût des matières premières.
COST OF ORDERING, coût de passation des commandes.
COST PRICE, prix de revient; prix coûtant.
COST OF PRODUCTION, coût de production.
COST PULL, inflation par la hausse des prix de revient.
COST PUSH, poussée s'exerçant sur les coûts.
COST-PUSH INFLATION, inflation par poussée sur les coûts.
COST OF RISK, coût de risque.
COST SCHEDULE, courbe du coût.
COSTS TAXABLE TO, frais à la charge de.
COST OF TRANSPORT, coût de transport.
COST-UNIT, unité de coût.
CURRENT REPLACEMENT COST, coût courant de remplacement.
CURVE OF MARGINAL COST, courbe de coût marginal.
DECREASING COST, coût décroissant.
DECREASING MARGINAL COST, coût marginal décroissant.
to DEFRAY THE COST OF, couvrir les frais de.
DEVELOPMENT COST, coût de développement.
DIFFERENCE BETWEEN COST AND THE SALE PRICE, écart entre prix de revient et prix de vente.
DIFFERENTIAL COST, coût différentiel.
DIMINISHING COST, coût décroissant.
DIMINISHING MARGINAL COST, coût marginal décroissant.
DIVERSITY OF COSTS, diversité des coûts.
EFFECTIVE COST OF HOLDING IDLE CASH, coût effectif de la détention d'argent oisif.
ELEMENTS OF COST, éléments constitutifs du prix de revient.
EQUAL-MARGINAL-COST PRINCIPLE, principe d'égalité des coûts marginaux.
to EQUATE PRICE WITH MARGINAL COST, égaler le prix au coût marginal; faire coïncider le prix avec le coût marginal.
ESTIMATED COST, coût estimatif.
EXTRA COST, coût supplémentaire, additionnel.
FACTOR COST, coût de facteur(s).
at FACTOR COST, au coût des facteurs.
FINAL COST, prix de revient final.
each FIRM MINIMIZES ITS VARIABLE COSTS, chaque firme minimise ses coûts variables.
FIXED COST, frais fixes; prix de revient invariable, fixe.
FULL COMPETITIVE COSTS, coûts concurrentiels intégraux.
FUTURE COSTS, coûts à venir.
GROSS COST, prix de revient brut.

GROSS NATIONAL PRODUCT AT FACTOR COST, produit national brut au coût des facteurs.
HIGH-COST FIRM, firme à prix de revient élevé.
HISTORIC COST, coût d'acquisition primitif.
IMPLICIT COSTS, coûts implicites, supplétifs.
INCREASED COST OF LIVING, renchérissement du coût de la vie.
INCREASING COST, coût croissant.
INCREMENTAL COST, coût d'accroissement.
INITIAL COST, coût initial.
INTEREST COST, coût d'intérêt.
LABOUR COST, coût du travail.
LEAST-COST COMBINATION, combinaison de coût minimum.
LEAST-COST SUBSTITUTION PRINCIPLE, principe de diminution des coûts par substitution.
LEGAL COSTS, frais de justice; dépens.
LOW-COST FIRM, firme à bas prix de revient.
MANUFACTURING COST, coût de fabrication.
MARGINAL COST, coût marginal.
MARGINAL COST EQUALS MARGINAL REVENUE, le coût marginal égale la recette marginale.
MARGINAL COST PRICE, prix au coût marginal.
MARGINAL COST PRICING, fixation du prix au coût marginal; prix de vente égaux aux coûts marginaux.
MARGINAL FACTOR COST, coût de facteur marginal.
MARGINAL OPPORTUNITY COST, produit marginal de l'emploi alternatif.
MARGINAL USER COST, coût d'usage marginal.
MEAN COST, coût moyen.
MINIMIZING COST, minimisation des coûts.
MINIMUM COST, coût minimum.
MINIMUM COST CONDITION, hypothèse du coût minimum.
MINIMUM TOTAL COST, coût total minimum.
MONEY COST, coût en termes de monnaie.
NET NATIONAL PRODUCT AT FACTOR COST, produit national net au coût des facteurs.
OPERATING COSTS, frais d'exploitation.
OPERATING COSTS ANALYSIS, comptabilité analytique d'exploitation.
OPPORTUNITY COST, coût d'option; coût d'opportunité; produit de l'emploi alternatif.
ORDER TO PAY COSTS, condamnation aux frais et dépens.
to ORDER TO PAY THE COST, condamner aux dépens.
ORIGINAL COST, coût initial.
OVERHEAD COSTS, frais généraux.
OVERRUN COSTS, U.S: dépassement du coût estimé.
POINT OF MINIMUM COST, point de coût minimum.
PRIME COST, coût premier.
PROCUREMENT COSTS, dépenses d'acquisition; U.S: dépenses d'équipement.
PRODUCTION COST, coût de production.
PROVED COST, coût justifié.
REAL COST, coût réel.
to REDUCE THE COST OF LIVING, faire baisser le coût de la vie.
to REIMBURSE COSTS, rembourser les frais.
SAVING IN HANDLING COSTS, économie dans le coût de la manutention.
SECURITY FOR COSTS, caution judicatum solvi.
SELLING COSTS, frais de vente.
SHADOW COST, U.S: coût fictif.
SHORTAGE COST, coût de pénurie; coût de rupture de stock.
SOCIAL COST, coût social.
SOCIAL MARGINAL COST, coût marginal social.
STANDARD COSTS, coût normal; coût standard.
STRICT COST PRICE, prix de revient calculé au plus juste.
SUPPLEMENTARY COST, coût supplémentaire.
SURPLUS OF RECEIPTS OVER COSTS, excédent des recettes sur les dépenses.
THEORY OF COMPARATIVE COSTS, théorie des coûts comparés comparatifs.
TOTAL COST, coût total; prix de revient total.
TRANSPORTATION COST, frais de transport.
UNAVOIDABLE COST, dépenses inévitables.
UNIT COST, coût de l'unité.
UNTAXABLE COSTS, faux frais.
USER COST, coût d'usage.
VARIABLE COST, coût variable.
WAGE COSTS, coût de la main-d'œuvre.

COST v, coûter, évaluer le coût, évaluer le prix de revient m, établir le coût.
to COST AN ARTICLE, établir le prix de revient d'un article.
to COST A JOB, établir le coût d'une entreprise, d'un marché.
it COSTS AT LEAST $ 1,000, cela coûte au moins 1.000 dollars.

COSTING s, établissement m des prix m. pl de revient m, évaluation f du coût.
SYSTEMS COSTING, évaluation du coût d'un système.

COSTLESS a, sans frais m. pl, gratis.

COSTLINESS s, cherté f.

COSTLY a, coûteux.

COTANGENT s, cotangente f.

CO-TENANT s, colocataire m.

COTTAGE s, chaumière f, petite maison f de campagne f.
COTTAGE FARMING, petite culture.
COTTAGE INDUSTRY, industrie artisanale.

COTTON s, coton m.
COTTON-BROKER, courtier en coton.
COTTON-GROWING, culture du coton.
COTTON LOOM, métier à tisser le coton.
COTTON MARKET, marché du coton.
COTTON MILL, filature de coton.
COTTON-SEED, graines de coton.
COTTON SPINNING SPINDLES, broches à filer le coton.
COTTON YARN, filés de coton.
INTERNATIONAL FEDERATION OF COTTON AND ALLIED TEX-
TILE INDUSTRIES, Fédération internationale du coton et des indus-
tries textiles connexes.
PROMPT COTTON, coton livrable sur-le-champ et comptant.

COUNCIL s, conseil m, comité m.
CITY COUNCIL, conseil municipal.
CONSUMER COUNCIL, U.K: comité (consultatif) des consommateurs.
COUNCIL OF MUTUAL ECONOMIC AID (COMECON), Conseil
d'aide mutuelle économique.
INTERNATIONAL SUGAR COUNCIL, Conseil international du sucre.
INTERNATIONAL TIN COUNCIL, Conseil international de l'étain.

COUNSEL s, avocat-conseil m.
COUNSEL'S FEES, honoraires d'avocat.

COUNT s, compte m, calcul m, dénombrement m.
YEAR OF COUNT, année du dénombrement.

COUNT v, compter.
OVERTIME COUNTS TIME AND A HALF, les heures supplémentaires
se paient 50 % plus cher.

COUNTED a, compté.

COUNTER adv, en sens m inverse, contre prep.
COUNTER ORDER, contre-ordre.
COUNTER SECURITY, contre-caution.
COUNTER SURETY, contre-caution.

COUNTER s, comptoir m, guichet m, caisse f, bureau m, compteur m.
COUNTER CASH BOOK, main courante de caisse.
to PAY OVER THE COUNTER, payer à guichet ouvert.
PAYABLE OVER THE COUNTER, payable au guichet.
PAYING COUNTER, bureau payeur.
(SOLD) OVER THE COUNTER, (vendu) comptant.

COUNTERBALANCE v, (se) contrebalancer.
to COUNTERBALANCE EACH OTHER, se contrebalancer.

COUNTERFEIT a, contrefait, faux.
COUNTERFEIT COIN, fausse monnaie.
COUNTERFEIT MONEY, fausse monnaie.

COUNTERFEITING s, contrefaçon f.

COUNTERFOIL s, souche f, talon m.
COUNTERFOIL BOOK, carnet à souches.
COUNTERFOIL OF THE CHEQUE BOOK, talon du carnet de chèques.
COUNTERFOIL AND LEAF, talon et volant.

COUNTERPART s, contrepartie f.
COUNTERPART FUNDS, fonds de contrepartie.

COUNTERSIGN v, contresigner, viser.

COUNTERVAILING a, compensatoire, compensateur.
COUNTERVAILING DUTY, droit compensateur.

COUNTERWEIGHT s, contrepoids m.

COUNTING s, compte m, dénombrement m.

COUNTLESS a, innombrable.

COUNTRY s, pays m, région f, contrée f, province f, campagne f.
territoire m.
BACKWARD COUNTRY, pays arriéré.
COUNTRY BANK, banque provinciale.
COUNTRY BRANCH, succursale de province.
COUNTRY CHEQUE, chèque de place à place.
COUNTRIES DEBARRED FROM TRADE, pays fermés au commerce.
COUNTRY HOUSE, maison de campagne.
COUNTRY OF ORIGIN, pays d'origine.
COUNTRY PLANNING, aménagement du territoire.
COUNTRY PEOPLE, population(s) rurale(s).
no COUNTRY PRODUCES ALL IT NEEDS, aucun pays ne produit
tout ce dont il a besoin.
ECONOMIC AID TO UNDERDEVELOPED COUNTRIES, aide aux
pays sous-développés.
ECONOMICS OF THE DEVELOPING COUNTRIES, économie des
pays en voie de développement.

EXPORTING COUNTRY, pays exportateur.
GOLD-STANDARD COUNTRY, pays à étalon-or.
GOODS CONSIGNED TO A FOREIGN COUNTRY, marchandises
consignées à un pays étranger.
HOME COUNTRY, métropole.
IMMIGRATION COUNTRY, pays d'immigration.
IMPORTING COUNTRY, pays importateur.
INEQUALITY BETWEEN COUNTRIES, inégalité entre pays.
MOTHER COUNTRY, métropole.
NEW COUNTRY, pays neuf.
to OPEN (UP) A COUNTRY TO TRADE, ouvrir un pays au commerce.
RESERVE-CURRENCY COUNTRY, pays à monnaie de réserve.
RICE-GROWING COUNTRY, contrée rizière.
TOWN AND COUNTRY PLANNING, aménagement du territoire.
UNDER-DEVELOPED COUNTRY, pays sous-développé.

COUNTY s, comté m.
COUNTY STOCKS, emprunts des comtés.
HOME COUNTIES, comtés de la région londonienne.

COUPLE s, couple m, paire f.

COUPON s, coupon m, timbre-épargne m, ticket m.
cum COUPON, coupon attaché.
ex COUPON, coupon détaché.
COUPON BOOK, livret d'épargne.
COUPON RATIONING, rationnement par les tickets.
to CUT OFF A COUPON, détacher un coupon.
to DETACH A COUPON, détacher un coupon.
DIVIDEND COUPON, coupon de dividende.
DOMICILED COUPON, coupon domicilié.
DUE DATE OF COUPON, échéance de coupon.
INTEREST COUPON, coupon d'intérêt.
INTERNATIONAL REPLY COUPON, coupon-réponse international.
OUTSTANDING COUPONS, coupons en souffrance.
PAYABLE ON PRESENTATION OF THE COUPON, payable contre
remise du coupon.

COURSE s, cours m, course f.
APPRENTICESHIP COURSES, cours d'apprentissage.
DEVELOPMENT COURSE, cours de perfectionnement.
GOODS IN THE COURSE OF PRODUCTION, marchandises en cours
de production.

COURT s, cour f, cour de justice f, tribunal m.
COMMERCIAL COURT, tribunal de commerce; tribunal consulaire.
COURT OF APPEAL, cour d'appel.
COURT OF ARBITRATION, cour d'arbitrage.
COURT OF COMPETENT JURISDICTION, tribunal compétent.
COURT OF JUSTICE, tribunal.
HIGH COURT OF JUSTICE, U.K: Haute Cour de Justice (de Londres).
LAW-COURT, tribunal; palais de justice.
LIQUIDATION SUBJECT TO SUPERVISION OF COURT, liquidation
judiciaire.
the LOWER COURT, le tribunal inférieur (en cas d'appel).
ORPHANS COURT, U.S: Tribunal des tutelles et des successions.
PROBATE COURT, U.S: Tribunal des successions et des tutelles.
SALE BY ORDER OF THE COURT, vente judiciaire.
SUPREME COURT, U.S: Tribunal de grande instance.
WINDING UP SUBJECT TO SUPERVISION OF COURT, liquidation
judiciaire.

CO-VARIANCE s, covariance f.
CO-VARIANCE ANALYSIS, analyse de covariance.

COVARIANT s, covariant m.

CO-VARIATION s, covariation f.

COVENANT s, convention f, stipulation f, pacte m.

COVER s, couverture f, marge f, garantie f, nantissement m, provision f.
CALL FOR ADDITIONAL COVER, appel de marge.
without COVER, à découvert.
COVER ON STOCK EXCHANGE TRANSACTIONS, couverture d'opérations de bourse.
FULL COVER, garantie totale.
FURTHER COVER, marge supplémentaire.
GOLD COVER, couverture-or.
to LODGE STOCK AS COVER, déposer des titres en nantissement.
to OPERATE WITHOUT A COVER, opérer à découvert.
not to UNDERTAKE ANY TRANSACTION WITHOUT COVER,
n'accepter aucune opération à découvert.

COVER v, (se) couvrir.
APPLICATION IS COVERED, la souscription est couverte.
to COVER BY BUYING BACK, se couvrir en rachetant.
to COVER ONE'S EXPENSES, couvrir ses dépenses.
to COVER A SHORT ACCOUNT, couvrir un découvert.
POLICY COVERS THE RISKS OF LOSS, la police couvre le risque
de perte.

COVERAGE s, U.S: portée f.
COMPLETE WORLD COVERAGE, portée mondiale.

COVERING *a*, de couverture *f*.
COVERING PURCHASES, rachats (en bourse).

COVERING *s*, couverture *f*.

COW *s*, vache *f*.

CRAFT *s*, habileté *f*; métier *m* manuel.

CRAFTSMAN *s*, artisan *m*.

CRASH *s*, débâcle *f*, krach *m*.
BANK CRASH, krach d'une banque.

CREATE *v*, créer.
to CREATE AN INDUSTRY, créer une industrie.
to CREATE A MORTGAGE, constituer une hypothèque.
to CREATE PURCHASING POWER, créer du pouvoir d'achat.

CREATION *s*, création *f*.
BANK CREATION OF MONEY, création de monnaie scripturale.
CREATION OF BANK DEPOSITS, création de dépôts bancaires.
CREATION OF CREDIT, création de crédit.
CREATION OF MONEY, création de monnaie.
LIQUIDITY CREATION, création de liquidités.

CREDIBILITY *s*, crédibilité *f*.

CREDIBLE *a*, croyable, digne de foi *f*.

CREDIT *s*, crédit *m*, avoir *m*, accréditif *m*, créance *f*.
AGRICULTURAL CREDIT CO-OPERATIVES, coopératives de crédit agricole.
AMOUNT STANDING TO YOUR CREDIT, votre solde créditeur.
APPLICATION FOR CREDIT, demande de crédit.
BANK CREDIT, crédit bancaire.
BLANK CREDIT, crédit en blanc.
BORROWER'S CREDIT, crédit de l'emprunteur.
to BUY UPON CREDIT, acheter à crédit, à terme.
CIRCULAR LETTER OF CREDIT, lettre de crédit circulaire.
COMMODITY CREDITS, crédits commerciaux.
CONFIRMATION OF CREDIT, confirmation de crédit.
CONFIRMED CREDIT, crédit confirmé (à l'exportation).
CONFIRMED LETTER OF CREDIT, lettre de crédit confirmée.
CONSUMER CREDIT, crédit à la consommation.
CREATION OF CREDIT, création de crédit.
CREDIT ACCOUNT, compte créditeur.
CREDIT BALANCE, solde créditeur.
CREDIT CARD, carte de crédit.
CREDIT CIRCULATION, circulation fiduciaire.
CREDIT COLUMN, colonne créditrice.
CREDIT INFLATION, inflation de crédit.
CREDIT INSTITUTION, établissement de crédit.
CREDIT INSURANCE, assurance contre les mauvaises créances.
CREDIT LIMIT, plafond des crédits.
CREDIT LINE, ligne de crédit.
CREDIT MARKET, marché du crédit.
CREDIT NOTE, note de crédit; note d'avoir.
CREDIT POLICY, politique de crédit.
CREDIT PURCHASE, achat à crédit.
CREDIT RATING, degré de solvabilité.
CREDIT RESTRICTIONS, restriction du crédit.
CREDIT IS REVIVING, le crédit se rétablit.
CREDIT SALE, vente à crédit.
CREDIT SETTLEMENT, règlement à terme.
CREDIT SIDE, avoir.
CREDIT SLIP, bordereau de versement.
CREDIT VOTE, douzième provisoire.
DEARNESS OF CREDIT, cherté du crédit.
DEBIT AND CREDIT, doit et avoir.
DEMAND FOR CREDIT, demande de crédit.
DOCUMENTARY CREDIT, accréditif documentaire.
to EXCEED THE NORMAL LIMIT OF CREDIT, dépasser la limite normale du crédit.
to EXTEND THE VALIDITY OF A CREDIT, proroger la durée d'un crédit.
EXTENSION OF CREDIT, prolongation d'un crédit.
FROZEN CREDITS, crédits gelés, bloqués.
FURTHER CREDIT, crédit supplémentaire.
GENERAL LETTER OF CREDIT, lettre de crédit collective.
to GIVE CREDIT, faire crédit.
HIRE-PURCHASE CREDIT, crédit à tempérament.
INFLATION OF CREDIT, inflation de crédit.
INSTABILITY OF CREDIT, instabilité du crédit.
INSTALMENT CREDIT, crédit à tempérament.
INSTRUMENT OF CREDIT, instrument de crédit.
INVALID LETTER OF CREDIT, lettre de crédit non valide.
LETTER OF CREDIT, lettre de crédit.
LONG CREDIT, crédit à long terme; long crédit.
a MONTH'S CREDIT, un mois de crédit.
to OBTAIN CHEAPER CREDIT, obtenir du crédit à meilleur compte.
to OBTAIN A MONTH'S CREDIT, obtenir un mois de crédit.
OPEN CREDIT, crédit à découvert.
to OPEN A CREDIT FOR, ouvrir un crédit pour.

PAYEE OF A LETTER OF CREDIT, bénéficiaire d'une lettre de crédit
PERSONAL CREDIT, crédit personnel.
PERSONAL CREDIT IS BASED ON THE REPUTATION, le crédit personnel est basé sur la réputation.
PURE CREDIT MONEY, pure monnaie de crédit.
PURE CREDIT SYSTEM, système de crédit pur.
PYRAMID OF CREDIT, pyramide du crédit.
to RE-ESTABLISH A FIRM'S CREDIT, raffermir le crédit d'une maison.
RESTRICTED CREDIT, crédit restreint.
REVERSE SIDE OF A LETTER OF CREDIT, dos d'une lettre de crédit.
REVOLVING CREDIT, crédit par acceptation renouvelable.
SELECTIVE CREDIT CONTROL, contrôle sélectif du crédit.
to SELL ON CREDIT, vendre à crédit, à terme.
SHORT CREDIT, crédit à court terme; court crédit.
SHORTENING OF CREDIT, réduction de crédit.
to SHOW A CREDIT BALANCE, présenter un solde créditeur.
SIMPLE CREDIT, crédit, accréditif, simple, non confirmé.
SPECIAL LETTER OF CREDIT, lettre de crédit simple.
STAND-BY CREDIT, crédit « stand-by ».
SWAP CREDIT DEAL, facilités de crédits réciproques.
to TAKE ON CREDIT, prendre à crédit.
TIGHTNESS OF CREDIT, resserrement de crédit.
TIGHTENING OF CREDIT, resserrement de crédit.
TRADE RESTS UPON CREDIT, le commerce repose sur le crédit.
TRANSACTION UPON (ON) CREDIT, opération à terme; opération à livrer.
TRANSFER TO CREDIT OF, virement au crédit de.
UNCONFIRMED CREDIT, crédit, accréditif, non confirmé.
WORLD-WIDE LETTER OF CREDIT, lettre de crédit valable dans le monde entier.

CREDIT *v*, créditer.
to CREDIT AN ACCOUNT, créditer un compte.
to CREDIT A SUM TO, porter une somme au crédit de.

CREDITOR *s*, créancier *m*, créditeur *m*.
ASSIGNMENT OF PROPERTY (TO CREDITORS), cession de biens (à des créanciers).
CHIEF CREDITOR, créancier principal.
CO-CREDITOR, cocréancier.
COMPOSITION WITH CREDITORS, accommodement avec les créanciers.
to COMPOUND WITH ONE'S CREDITORS, arriver à un concordat avec ses créanciers.
CREDITOR ACCOUNT, compte créditeur.
CREDITOR OF A CREDITOR (IN BANKRUPTCY), créancier en sous-ordre.
CREDITOR ON MORTGAGE, créancier hypothécaire.
CREDITOR NATION, nation créditrice.
CREDITOR POSITION, position créditrice.
CREDITOR'S PREFERENTIAL CLAIM, privilège du créancier; créance privilégiée.
CREDITOR SIDE (OF A BALANCE), compte avoir.
DESIRE TO DEFRAUD ONE'S CREDITORS, volonté de frustrer ses créanciers.
DISSENTING CREDITORS, créanciers dissidents.
DISTRIBUTION AMONG CREDITORS, répartition entre créanciers.
to DIVIDE AN AMOUNT AMONG CREDITORS, répartir une somme entre créanciers.
EQUALITY (OF RANK) BETWEEN CREDITORS, concours entre créanciers.
FULLY SECURED CREDITOR, créancier entièrement nanti.
JOINT CREDITOR, cocréancier.
MEETING OF CREDITORS, assemblée de créanciers.
ORDINARY CREDITOR, créancier ordinaire.
PARTLY SECURED CREDITOR, créancier partiellement nanti.
PAYING OFF CREDITORS, désintéressement, remboursement, des créanciers.
PETITION OF CREDITORS, requête des créanciers.
PREFERENTIAL CREDITOR, créancier privilégié.
PREFERENTIAL CREDITORS RANK BEFORE ORDINARY CREDITORS, les créanciers privilégiés prennent rang avant les créanciers ordinaires.
PRESSED BY ONE'S CREDITORS, pressé, harcelé, par ses créanciers.
PRINCIPAL CREDITOR, principal créancier.
PRIORITY OF A CREDITOR, privilège d'un créancier.
PRIVILEGED CREDITOR, créancier privilégié.
to REPAY ALL THE CREDITORS, rembourser tous les créanciers.
RIGHTS OF CREDITORS, droits des créanciers.
to SATISFY THE CREDITORS IN FULL, désintéresser intégralement les créanciers.
SCHEME OF COMPOSITION BETWEEN DEBTOR AND CREDITORS, concordat préventif (à la faillite).
SIMPLE-CONTRACT CREDITOR, créancier en vertu d'un contrat sous seing privé.
SUNDRY CREDITORS, créditeurs divers.
to TAKE AWAY A CREDITOR'S SECURITY, dénantir un créancier.
UNSECURED CREDITOR, créancier chirographaire.

CREDULITY *s*, crédulité *f*.

to EXPLOIT THE CREDULITY OF THE PUBLIC, exploiter la crédulité du public.

CREEPING a, rampant.
CREEPING INFLATION, inflation rampante.

CREW s, équipage m.
the OFFICERS AND CREW, officiers et équipage.

CRIMINAL a, criminel; pénal.
CRIMINAL LAW, droit pénal.

CRISIS s, crise f.
ACUTE CRISIS, crise aiguë.
BALANCE OF PAYMENTS CRISIS, crise de la balance des paiements.
DOLLAR CRISIS, crise du dollar.
ECONOMIC CRISIS, crise économique.
FINANCIAL CRISIS, crise financière.
INTERNATIONAL MONETARY CRISIS, crise monétaire internationale.
WORLD-WIDE FINANCIAL CRISIS, crise financière mondiale.

CRITERION s, critère m.
CRITERIA OF MAXIMIZATION, critères de maximation.
MINIMAX CRITERION, critère du minimax.

CRITICAL a, critique.
CRITICAL LEVEL, seuil critique.
CRITICAL PATH, chemin critique.
CRITICAL PATH METHOD, méthode du chemin critique.
CRITICAL POINT, point critique.

CROP s, récolte f, moisson f, culture f.
BUMPER CROP, récolte exceptionnelle.
out of CROP, en jachère.
under CROP, en culture.
CROP RESTRICTION, limitation des récoltes.
EXPORTABLE CROP, récolte destinée à l'exportation.
to GET IN THE CROPS, rentrer la moisson.
GRAIN CROP, récolte de céréales.
GROWING CROPS, récoltes sur pied.
HEAVY CROP, récolte abondante.
PRODUCTION OF CROPS AND LIVESTOCK PRODUCTS, production d'origine végétale et animale.
ROTATING CROPS, cultures alternantes.
ROTATION OF CROPS, rotation des cultures; assolement.
SECOND CROP, regain.
SHARE-CROP SYSTEM, U.S: métayage.
SHIFT OF CROPS, assolement.
SUCCESSION OF CROPS, rotation des récoltes.
to WIN THE CROPS, récolter la moisson.

CROPPER s, U.S: métayer m.
SHARE-CROPPER, métayer.

CROSS a, transversal, croisé, réciproque.
CROSS CHECK, contre-vérification; moyen de recoupement.
CROSS-EFFECTS, effets réciproques.
CROSS-ELASTICITY, élasticité croisée; élasticité transversale.
CROSS-ELASTICITIES OF DEMAND, élasticités croisées de la demande.
CROSS-RATIO, rapport anharmonique.
CROSS REFERENCE, moyen de recoupement.
CROSS-ROADS, carrefour.
EXAMINATION AND CROSS EXAMINATION OF A WITNESS, interrogatoire et contre-interrogatoire d'un témoin.

CROSS s, croix f, croisement m.

CROSS v, croiser, barrer.
to CROSS BREEDS, croiser les races.

CROSSED a, croisé, barré.
CROSSED CHEQUE, chèque barré.

CROSSING s, croisement m, traversée f, passage m.

CROWN s, couronne f.
CROWN LAND, U.K: terres appartenant à la Couronne.

CRUCIBLE s, creuset m.

CRUDE a, brut, simple.
CRUDE BIRTH RATES, taux bruts de natalité.
CRUDE DEATH RATES, taux bruts de mortalité.
CRUDE IRON, fer brut.
CRUDE MARRIAGE RATES, taux bruts de nuptialité.
CRUDE OIL, mazout; pétrole brut.
CRUDE PETROLEUM, pétrole brut.
CRUDE QUANTITY, quantité brute.
CRUDE STEEL, acier brut.
CRUDE THEORY, théorie simpliste.

CRUISE s, croisière f.

CRUMBLE v, (s')effriter, (s')effondrer.

CRUMBLING a, qui s'effondre.
CRUMBLING EMPIRE, empire qui s'effondre.

CRUMBLING PRICES, effritement des cours.

CRUMBLING s, effritement m.

CUBAGE s, cubage m.

CUBE s, cube m.
CUBE ROOT, racine cubique.

CUBIC a, cubique, cube.
CUBIC EQUATION, équation du troisième degré.
CUBIC FOOT, pied cube.
CUBIC INCH, pouce cube.
CUBIC MEASURE, mesure de volume.
CUBIC METRE, mètre cube.
CUBIC YARD, yard cube.

CULMINATING a, culminant.

CULTIVATE v, cultiver.

CULTIVATED a, cultivé.
CULTIVATED LAND, terre cultivée.
CULTIVATED TERRITORY, superficie cultivée.

CULTIVATION s, culture f.
EXTENSIVE CULTIVATION, culture extensive.
INTENSIVE CULTIVATION, culture intensive.

CULTIVATOR s, cultivateur m, exploitant m.

CULTURAL a, culturel.
UNITED NATIONS EDUCATIONAL, SCIENTIFIC AND CULTURAL ORGANIZATION (UNESCO), Organisation des Nations Unies pour l'éducation, la science et la culture.

CUMULATE v, (se) cumuler, (s') accumuler.

CUMULATED a, accumulé, cumulé.
CUMULATED PERCENTAGES, pourcentages cumulés.

CUMULATIVE a, cumulatif, cumulé.
CUMULATIVE CURVE, courbe cumulative.
CUMULATIVE DISTRIBUTION, distribution cumulée.
CUMULATIVE DIVIDEND, dividende cumulatif.
CUMULATIVE FREQUENCIES, fréquences cumulées.
CUMULATIVE GRAPHING, représentation cumulée.
CUMULATIVE INFLATION, inflation cumulative.
CUMULATIVE INTEREST, intérêts cumulatifs.
CUMULATIVE PREFERENCE SHARES, actions de priorité cumulatives.
CUMULATIVE PROCESS, processus cumulatif.

CURATOR s, conservateur m (de musée m).

CURB s, restriction f.
CURB(-STONE) MARKET, U.S: marché hors cote; coulisse.

CURRENCY s, monnaie f, cours m, circulation f; échéance f, date f d'échéance.
CONTROLLED CURRENCY, monnaie dirigée.
CONVERTIBILITY OF CURRENCIES, convertibilité des monnaies.
CONVERTIBLE CURRENCY, monnaie convertible.
CURRENCY AREA, zone monétaire.
the CURRENCY OF THE BILL OF EXCHANGE IS 3 MÒNTHS AFTER SIGHT, l'échéance de la lettre de change est de 3 mois de vue.
CURRENCY IN CIRCULATION, monnaie fiduciaire.
CURRENCY EXPANSION, expansion monétaire.
CURRENCY NOTE, coupure.
CURRENCY PRINCIPLE, théorie métallique.
CURRENCY REFORM, réforme monétaire.
CURRENCY UNIT, unité monétaire.
to DEBASE THE CURRENCY, déprécier la monnaie; avilir la monnaie.
DEPRECIATION OF CURRENCY IN RELATION TO GOLD, dépréciation de la monnaie par rapport à l'or.
FIDUCIARY CURRENCY, monnaie fiduciaire.
FORCED CURRENCY, cours forcé.
FORCED CURRENCY PAPER, papier à cours forcé.
FOREIGN CURRENCY, devise.
FOREIGN CURRENCY ALLOWANCE, allocation en devises.
FOREIGN CURRENCY ASSETS, avoirs en monnaies étrangères.
FOREIGN CURRENCY DEPOSITS, dépôts en monnaie étrangère.
the FRANC HAS APPRECIATED IN TERMS OF OTHER CURRENCIES, le franc s'est apprécié par rapport aux autres monnaies.
GOLD BACKING OF THE CURRENCY, couverture-or de la monnaie.
GOLD-CURRENCY, monnaie-or.
HARD CURRENCY, monnaie forte.
HOME CURRENCY, monnaie nationale.
HOME CURRENCY ISSUES, billets émis à l'intérieur du pays.
to INFLATE THE CURRENCY, faire de l'inflation monétaire.
INFLATED CURRENCY, inflation monétaire.
INFLATION OF THE CURRENCY, inflation fiduciaire; inflation monétaire.
KEY CURRENCY, monnaie clé.
LAWFUL CURRENCY, monnaie ayant cours légal.
LEGAL TENDER CURRENCY, monnaie à cours légal; monnaie libératoire.

to LOWER THE CURRENCY, avilir la monnaie.
MANAGED CURRENCY, monnaie dirigée.
METALLIC CURRENCY, monnaie métallique.
OVERVALUED CURRENCY, monnaie surévaluée.
PAPER CURRENCY, monnaie de papier.
RESERVE CURRENCY, monnaie de réserve.
RESERVE CURRENCY COUNTRY, pays à monnaie de réserve.
SILVER CURRENCY, monnaie d'argent.
SOUND CURRENCY, monnaie saine.
STABILIZATION OF THE CURRENCY, stabilisation de la monnaie.
STABLE CURRENCY, monnaie stable.
UNITS OF NATIONAL CURRENCY, unités de monnaie nationale.

CURRENT a, courant, en cours m, présent, actuel.
ACCOUNT CURRENT, compte courant.
ADVANCE ON CURRENT ACCOUNT, avance en compte courant.
BALANCE ON CURRENT ACCOUNT, balance des paiements courants; solde d'un compte courant.
BALANCE FROM CURRENT REVENUES, solde des recettes courantes.
to BE CURRENT, avoir cours.
COMPOSITION OF CURRENT OUTPUT, composition de la production courante.
CURRENT ACCOUNT, compte courant; liquidation courante.
CURRENT ASSETS, actif réalisable et disponible; actifs de roulement.
CURRENT BUDGET, budget des dépenses et recettes courantes.
CURRENT CAPITAL, capital courant.
CURRENT CONSUMPTION, consommation courante.
CURRENT DATA, données courantes.
CURRENT DEMAND, demande courante.
CURRENT EXPENDITURE ON GOODS AND SERVICES, dépenses courantes en biens et services.
CURRENT FALLACY, erreur courante.
CURRENT INCOME, revenu courant, présent.
CURRENT INTEREST, intérêts courants.
CURRENT INVESTMENT, investissement courant.
CURRENT LIABILITIES, passif exigible; exigibilités.
CURRENT MARKET PRICES, prix courants du marché.
CURRENT MATTERS, affaires courantes.
CURRENT MONTH, mois en cours.
CURRENT PERIOD, période courante.
CURRENT PRICE, prix courant; prix du marché.
CURRENT QUOTATIONS, cours actuels.
CURRENT RATE OF WAGES, taux actuel des salaires.
CURRENT REPLACEMENT COST, coût courant de remplacement.
CURRENT SETTLEMENT, liquidation courante (en bourse).
CURRENT TRANSFERS, transferts courants.
CURRENT VALUE OF EXPORTS, valeur courante des exportations.
CURRENT WAGE, salaire courant.
CURRENT WANTS, besoins courants.
CURRENT YEAR, année en cours.
CURRENT YIELD, rendement courant.
to DISPATCH CURRENT BUSINESS, expédier les affaires courantes.
EXPENDITURE ON CURRENT GOODS AND SERVICES, dépenses en biens et services courants.
PAYMENT ON CURRENT ACCOUNT, versement en compte courant.
PLACING MONEY ON CURRENT ACCOUNT, dépôt à vue.
PRICE CURRENT, prix courant; prix du marché.
PROPORTION OF CURRENT INTEREST, prorata d'intérêts en cours.
RATE OF EXCHANGE CURRENT IN PARIS, taux de change en cours à Paris.
RATIO OF LIQUID ASSETS TO CURRENT LIABILITIES, coefficient, degré, de liquidité.
VOLUME OF CURRENT OUTPUT, volume de la production courante.

CURRENT s, courant m, cours m.
ALTERNATING CURRENT, courant alternatif.
CURRENT OF EVENTS, cours des événements.
DIRECT CURRENT, courant continu.
to FURNISH A FACTORY WITH CURRENT, alimenter l'usine en courant.
INDUCED CURRENT, courant induit.

CURTAIL v, contingenter, restreindre.
to CURTAIL THE OUTPUT, restreindre, contingenter la production.

CURTAILMENT s, restriction f, réduction f.

CURVATURE s, courbure f, inflexion f.
CURVATURE OF SPACE, courbure de l'espace.
CURVATURE OF A SURFACE, courbure d'une surface.
DEGREE OF CURVATURE, degré d'inflexion.

CURVE s, courbe f, ligne f.
ANALLAGMATIC CURVE, anallagmatique.
AREA UNDER THE DEMAND CURVE, surface située en-dessous de la courbe de la demande.
AREAS OF, UNDER, THE NORMAL CURVE, aires de la courbe normale.
ASYMPTOTIC CURVE, courbe asymptote.
to ATTAIN A HIGHER INDIFFERENCE CURVE, s'élever à une courbe d'indifférence supérieure.

AVERAGE REVENUE CURVE, courbe de la recette moyenne.
BACKWARD-BENDING CURVE, courbe à rebroussement.
BROKEN CURVE, courbe brisée.
CAPITAL-VALUE CURVE, courbe de valeur en capital.
CONCAVITY OF CURVES, concavité des courbes.
CONTINUOUS CURVE, courbe continue.
CONVEXITY OF CURVES, convexité des courbes.
COSINE CURVE, cosinusoïde.
CUMULATIVE CURVE, courbe cumulative.
CURVE CONCAVE TO THE AXES, courbe concave par rapport aux axes.
CURVE CONCAVE UPWARDS, courbe concave vers le haut.
CURVE CONVEX TO THE ORIGIN, courbe convexe par rapport à l'origine.
CURVE CONVEX UPWARDS, courbe convexe vers le haut.
CURVE FITTING, ajustement statistique.
CURVE WITH TWO HUMPS, courbe à deux bosses.
CURVE OF MARGINAL COST, courbe de coût marginal.
CURVES THAT MEET AT AN ANGLE, courbes qui se coupent à un angle.
CURVE WITH TWO PEAKS, courbe à deux bosses.
CURVE SHOWING VIOLENT FLUCTUATIONS, courbe très saccadée.
CURVE OF STRICTION, ligne de striction.
DEMAND CURVE, courbe de demande.
DIP IN A CURVE, inflexion dans une courbe (vers le bas).
DOWNWARD-SLOPING CURVE, courbe descendante.
ENGEL CURVES, courbes d'Engel.
ENVELOPE CURVE, courbe enveloppante.
ERRATIC CURVE, courbe irrégulière.
to FIT A CURVE, ajuster une courbe.
FITTING (OF) A CURVE, ajustement statistique.
FITTING AN EXPONENTIAL CURVE, ajustement par une exponentielle.
FREE-HAND CURVE, courbe à main levée.
FREQUENCY CURVE, courbe de fréquences
GROWTH CURVE, courbe de la croissance.
HARMONIC CURVE, sinusoïde.
HIGHER INDIFFERENCE CURVE, courbe d'indifférence supérieure.
HYPERBOLIC CURVE, hyperbole.
INCOME-CONSUMPTION CURVE, courbe de la consommation par rapport au revenu.
INDIFFERENCE CURVE, courbe d'indifférence.
INDIFFERENCE CURVE ANALYSIS, analyse par courbes d'indifférence.
INTERSECTING CURVES, courbes intersectées.
ISO-PRODUCT CURVE, courbe d'iso-produit.
JERKY CURVE, courbe brisée.
KICK-UP OF A CURVE, saut brusque d'une courbe.
KINKS IN THE CURVE, coudes de la courbe.
KINKY CURVE, courbe coudée.
LIMIT CURVE OF THE BINOMIAL DISTRIBUTION, courbe limite d'une distribution binomiale.
LOGISTIC CURVE, courbe logistique.
LORENZ CURVE, courbe de Lorenz; courbe de concentration.
MARKET (DEMAND) CURVE, courbe de la demande sur le marché.
MONEY DEMAND CURVE, courbe de demande monétaire.
MOVEMENT ALONG THE CURVE, mouvement le long de la courbe.
NORMAL CURVE, courbe de Gauss; courbe normale.
NORMAL CURVE OF ERROR, courbe de probabilité normale; courbe normale (des erreurs).
PARABOLIC CURVE, courbe parabolique.
at every POINT OF THE CURVE, en tout point sur la courbe.
POINT OF INTERSECTION OF TWO CURVES, point d'intersection de deux courbes.
POINT OF REFLECTION OF A CURVE, point de rebroussement d'une courbe.
PRICE-CONSUMPTION CURVE, courbe de la consommation par rapport au prix.
PROBABILITY CURVE, courbe de la cloche.
PRODUCTION CURVE, courbe de production.
PRODUCTION-POSSIBILITY CURVE, courbe des possibilités de production.
PROPERTIES OF THE CURVE, propriétés de la courbe.
RECIPROCAL DEMAND CURVES, courbes de demande réciproque.
RECIPROCAL SUPPLY CURVES, courbes d'offre réciproque.
RISE OF A CURVE, pente (ascendante) d'une courbe.
RUN OF A CURVE, allure d'une courbe.
to SET OUT A CURVE, tracer une courbe.
SHAPE OF A CURVE, forme d'une courbe.
SLOPE OF A CURVE, pente d'une courbe.
SMOOTH CURVE, courbe continue.
SMOOTHING OF CURVES, lissage, adoucissement, de courbes.
STEEPNESS OF A CURVE, degré d'inclinaison d'une courbe.
SUPPLY CURVE, courbe d'offre.
SUPPLY CURVE OF LOAN CAPITAL, courbe d'offre de fonds prêtables.
SYMMETRICAL AND ASYMMETRICAL CURVES, courbes symétriques et dissymétriques, obliques.

TABLE OF AREAS UNDER THE NORMAL CURVE, table de la distribution normale.
TORTUOUS CURVE, courbe gauche, à double courbure.
TOTAL REVENUE CURVE, courbe de recette totale.
TOTAL UTILITY CURVE, courbe d'utilité totale.
TRANSFORMATION CURVE, courbe de transformation.
UPWARD-SLOPING CURVE, courbe ascendante.
VERY BENT CURVE, courbe fortement incurvée.
VERY FLAT CURVE, courbe très aplatie.

CURVED a, courbe.

CURVILINEAR a, curvilinéaire, curviligne.
CURVILINEAR RELATIONSHIP, corrélation curvilinéaire.

CUSP s, point m de rebroussement m, sommet m.

CUSTODY s, garde f, dépôt m.
to DEPOSIT SECURITIES IN SAFE CUSTODY, mettre des valeurs en dépôt.
to PLACE SECURITIES IN SAFE CUSTODY, mettre des valeurs en dépôt.

CUSTOM s, usage m, us m. pl, coutume f, droit m coutumier, clientèle f, douane(s) f.
DOMESTIC CARTELS FAVOURED BY CUSTOMS PROTECTIONISM, cartels nationaux favorisés par le protectionnisme douanier.
to CLEAR THROUGH THE CUSTOMS, dédouaner.
COLLECTION OF CUSTOMS DUTIES, perception des droits de douane.
COLLECTOR OF CUSTOMS, receveur des douanes.
CUSTOMS, douane(s).
CUSTOMS AGENCY, agence en douane.
CUSTOMS AREA, territoire douanier.
CUSTOMS BARRIER, barrière douanière.
CUSTOMS CHARGES, frais de douane.
CUSTOMS CLEARANCE, formalités douanières.
CUSTOMS DECLARATION, déclaration en douane.
CUSTOMS DUTIES, droits de douane.
CUSTOMS ENTRY, déclaration en douane.
CUSTOMS EXAMINATION, visite douanière.
CUSTOMS FORMALITIES, formalités douanières.
CUSTOMS HOUSE, bureau de douane.
CUSTOM-HOUSE NOTE, bordereau de douane.
CUSTOM-HOUSE RECEIPT, quittance de douane.
CUSTOM-HOUSE SEAL, plomb de la douane.
CUSTOMS OFFICER, douanier.
CUSTOMS OFFICIAL, fonctionnaire de la douane.
CUSTOMS PERMIT, permis de douane.
CUSTOMS REGULATIONS, règlements douaniers.
CUSTOMS SEAL, cachet de douane.
CUSTOMS TARIFFS, tarifs douaniers.
CUSTOMS TARIFFICATION, tarification douanière.
CUSTOMS TARIFFICATION BY MEASUREMENT, tarification douanière au volume.
CUSTOMS TARIFFICATION BY WEIGHT, tarification douanière au poids.
CUSTOMS UNION, union douanière.
CUSTOMS VALUE, valeur de douane.
CUSTOMS VISA, visa de la douane.
CUSTOMS WALLS, barrières douanières.
to DO AWAY WITH CUSTOMS DUTIES, abolir les droits de douane.
FREE OF CUSTOMS DUTIES, franco de douane.
LOCAL CUSTOM, usages locaux.
OFFICE OF COLLECTOR OF CUSTOMS, recette des douanes.
to PAY CUSTOMS, payer les droits de douane.
REMISSION OF CUSTOMS DUTY, remise de droits de douane.
USAGES AND CUSTOMS, les us et coutumes.
USES AND CUSTOMS, les us et coutumes.
WAYS AND CUSTOMS, les us et coutumes.

CUSTOMARY a, usité, d'usage m, usuel, coutumier.
as CUSTOMARY, comme il est d'usage.
CUSTOMARY CLAUSE, clause d'usage.

CUSTOMER s, client m.
a BANKER'S CUSTOMERS, les ayants-compte, les clients, d'un banquier.
to CARRY A CUSTOMER FOR ALL SAVE A SMALL DEPOSIT, supporter les risques des transactions d'un client moyennant une avance minime.

CUT a, coupé, réduit.
PRICES ARE CUT VERY FINE, les prix sont calculés au plus juste.
PROFITS CUT VERY FINE, profits réduits à presque rien.

CUT s, réduction f.
ACROSS-THE-BOARD CUTS, réduction linéaire générale (des droits de douane).
CUT-OFF, fermeture.
CUT-OFF LIMIT, minimum de référence.
TAX CUTS, réduction d'impôts.
WAGE CUTS, réductions de salaires.

CUT v, couper, réduire, rogner.
to CUT OFF A COUPON, détacher un coupon.
CUT-THROAT COMPETITION, concurrence acharnée, ruineuse à couteaux tirés.

CUTTING s, baisse f, diminution f, rabais m.
PRICE-CUTTING, rabais des prix.
RATE-CUTTING, rabais des tarifs.

CYBERNETICS s. pl, cybernétique f.

CYCLE s, cycle m, circuit m, séquence f.
BAROMETER OF THE BUSINESS CYCLE, baromètre du cycle économique.
BUSINESS CYCLE, cycle économique.
CYCLE OF FALLING PRICES, cycle de baisse des prix.
CYCLE OF RISING PRICES, cycle de hausse des prix.
CYCLE PER SECOND, Hertz (unité de fréquence).
DURATION OF CYCLES, durée des cycles.
FORECASTING THE BUSINESS CYCLE, prévision du cycle économique.
GAME CYCLE, séquence de jeu; cycle de jeu.
IDEAL CYCLE, cycle théorique.
MEASURING THE BUSINESS CYCLE, mesure du cycle économique.
MONETARY EXPLANATION OF CYCLES, explication monétaire des cycles.
OPERATING CYCLE, cycle de fonctionnement.
ORDERING CYCLE SYSTEM, U.S: politique de réapprovisionnement périodique.
PHASES OF THE BUSINESS CYCLE, phases du cycle économique.
REFERENCE CYCLE, cycle de référence.
RESIDUALS AS CYCLES, résidus cycliques.
SPECIFIC CYCLE, cycle spécifique.
THEORIES OF THE BUSINESS CYCLE, théories du cycle économique.
TRADE CYCLE, cycle économique.
TRADE CYCLE THEORIES, théories des cycles.

CYCLIC(AL) a, cyclique, conjoncturel.
CYCLICAL CHANGE, variation cyclique.
CYCLICAL COMPONENT, composante cyclique, conjoncturelle.
CYCLICAL FLUCTUATIONS, fluctuations cycliques.
CYCLICAL MOVEMENT, mouvement cyclique.
CYCLICAL PEAKS, maxima cycliques.
CYCLICAL PHENOMENA, phénomènes cycliques.
CYCLICAL SHIFT, décalage cyclique.
CYCLICAL STOCK, stock cyclique.
CYCLICAL SWINGS, oscillations cycliques.
CYCLICAL VARIABILITY (OF INTEREST RATES), variabilité cyclique (des taux d'intérêt).
CYCLICAL VARIATIONS, variations cycliques.

CYLINDER s, cylindre m.
OBLIQUE CYLINDER, cylindre oblique.
RIGHT CYLINDER, cylindre droit.

DABBLE v, barboter.
to DABBLE ON THE STOCK EXCHANGE, boursicoter.

DABBLER s, boursicoteur m.
DABBLER ON THE STOCK EXCHANGE, boursicoteur.

DAILY a, quotidien, journalier, au jour le jour.
DAILY ALLOWANCE, indemnité journalière.
DAILY ARRIVALS, arrivages quotidiens.
DAILY CLOSING PRICES, cours de clôture quotidiens.
DAILY CONSUMPTION, consommation journalière.
DAILY LOANS, prêts au jour le jour.
DAILY MILEAGE, parcours quotidien.
DAILY MONEY, argent au jour le jour.
DAILY QUOTATIONS, cours quotidiens.
DAILY RETURNS, recettes journalières, relevés journaliers.

DAILY adv, quotidiennement, journellement.

DAIRY s, laiterie f.
CO-OPERATIVE DAIRIES, co-operatives laitières.
DAIRY-FARMING, industrie laitière.
DAIRY-PRODUCE, produits laitiers.

DAIRYING s, industrie f laitière.

DAM s, barrage m, digue f.

DAMAGE s, dommage m, dégât m, avarie f, dégradation; f préjudice m.
ACTION FOR DAMAGES, action en dommages et intérêts.
to ASSESS THE DAMAGES, fixer les dommages et intérêts.
ASSESSMENT OF DAMAGES, fixation de dommages et intérêts.
CONSEQUENTIAL DAMAGES, dommages indirects.
DAMAGES, dommages-intérêts.
DAMAGE CAUSED BY DROUGHT, dommages provoqués par la sécheresse.
DAMAGE CHARGEABLE TO, dégâts à la charge de.
DAMAGE TO PROPERTY, dommages matériels.
DAMAGE REPORT, rapport d'avaries.
DAMAGE SURVEY, expertise de dégâts, d'avaries.
DAMAGE IN TRANSIT, avaries de route.
EXTENT OF THE DAMAGE, importance du dommage.
to GIVE DAMAGES, accorder des dommages-intérêts.
LIABLE FOR DAMAGES, passible de dommages-intérêts.
LIQUIDATED DAMAGES, dommages-intérêts fixés en argent.
PROVED DAMAGE, préjudice justifié.
to RECOVER DAMAGES, obtenir des dommages-intérêts.
RECOVERY OF DAMAGES, obtention de dommages-intérêts.
SEA DAMAGE, avaries de mer.
to SUE FOR DAMAGES, poursuivre en dommages-intérêts.

DAMAGED a, endommagé, avarié.
DAMAGED GOODS, marchandises avariées.

DAMP v, étouffer; réduire.
to DAMP DOWN DOMESTIC CONSUMPTION, réduire la consommation intérieure.

DAMPED a, étouffé, amorti.
DAMPED OSCILLATION, oscillation forcée, amortie.

DANGER s, danger m.

DATA s. pl, see under DATUM s.

DATE s, date f; échéance f, terme m, jour m.
AVERAGE DUE DATE, échéance commune.

BILL PAYABLE AT THREE DAYS' DATE, effet payable à trois jours de date.
out of DATE, périmé.
to DATE, à ce jour.
up to DATE, à jour.
DATE-LINE, ligne de changement de date.
DATE OF MATURITY, échéance.
DATE OF SAILING, date de départ.
DISPATCH DATE, date d'envoi.
DUE DATE, (date d') échéance.
DUE DATE OF COUPON, échéance de coupon.
EARLY DATE, date rapprochée.
FINAL DATE, terme de rigueur.
at FIXED DATES, à échéances déterminées.
to HEDGE BY BUYING AT LONG DATE, se couvrir en achetant à long terme.
INTEREST TO DATE, intérêts à ce jour.
LATEST DATE, terme de rigueur.
LOAN REPAYABLE AT FIXED DATES, emprunt remboursable à des échéances fixes.
LOW DATE, date récente.
MEAN DUE DATE, échéance moyenne; échéance commune.
MORTGAGES WHICH RANK ACCORDING TO THE DATE OF THEIR REGISTRATION, hypothèques qui prennent rang suivant leur date d'inscription.
PRIORITY OF DATE, antériorité de date.
REMINDER OF DUE DATE, rappel d'échéance.
STARTING DATE, date de départ.
VALUE DATE, échéance; date d'entrée en valeur.

DATE v, dater.
to DATE BACK, antidater.
to DATE FORWARD, postdater.
to POST(-)DATE, postdater.

DATED a, daté, à échéance f.
LONG-DATED, à longue échéance.
LONG-DATED BILLS, papiers à longue échéance; papiers longs.
LONG-DATED OPTION, prime à longue échéance.
SHORT-DATED, à courte échéance.
SHORT-DATED BILL, effet à courte échéance.

DATING a, qui date de, remontant à.
DEBT DATING BACK SEVERAL YEARS, dette remontant à plusieurs années.

DATING s, action f de dater.
DATING OF ECONOMIC QUANTITIES, élément temporel des grandeurs économiques.

DATUM s, donnée f, information f, observation f.
ACTUAL DATA, données brutes.
ANALOG DATA, U.S: données analogiques.
AUTOMATIC DATA PROCESSING SYSTEM, système automatique de traitement de l'information.
BINARY DATA, informations binaires.
BUSINESS DATA PROCESSING, informatique de gestion.
CLASSIFIED DATA, données groupées, classées.
CONTROL DATA, données de contrôle.
CORRESPONDING DATA, données correspondantes.
CURRENT DATA, données courantes.
DATA, données; informations; observations.

DATA ACQUISITION, saisie d'une donnée; acquisition de données.
DATA ADAPTER UNIT, unité de contrôle et d'adaptation.
DATA NOT AVAILABLE, données non disponibles.
DATA BANK, banque de données.
DATA CELL STORAGE, mémoire de masse à cellules.
DATA CHAINING, chaînage de données.
DATA COLLECTION, collecte de données.
DATA COMMUNICATION, transmission de données.
DATA-GATHERING, collecte des observations, des données.
DATA INPUT AND OUTPUT, entrée et sortie de données, d'informations.
DATA PROCESSING, traitement des données; traitement de l'information.
DATA PROCESSING SYSTEM, ensemble de traitement de l'information.
DATA PROCESSOR, machine de traitement de l'information.
DATA SET, ensemble de données.
DATA TRANSMISSION, transmission de données.
ELECTRONIC DATA PROCESSING, traitement électronique de l'information.
ELECTRONIC DATA PROCESSING MACHINE, calculateur électronique.
ESSENTIAL DATA, données essentielles.
EXPERIMENTAL DATA, données expérimentales.
INTEGRATED DATA PROCESSING, traitement intégré de l'information.
LACK OF SUFFICIENT DATA, défaut de données suffisantes.
RAW DATA, données brutes.

DAY s, jour m, journée f.
ACCOUNT DAY, jour de liquidation.
BUSINESS DAY, jour ouvrable.
CALL DAY, jour de liquidation.
CALORIES PER DAY, calories par jour.
CONTANGO-DAY, jour de reports.
CONTINUATION-DAY, jour des reports.
DAY OFF, jour de congé.
DAY BILL, effet à date fixe.
DAY-TO-DAY LOAN, prêt au jour le jour.
DAY-TO-DAY MONEY, argent au jour le jour.
DAY-TO-DAY RATE, taux au jour le jour.
one-DAY OPTION, prime au lendemain.
eight-HOUR WORKING DAY, journée de travail de huit heures.
LABOURING DAY, jour de travail.
LAST-DAY MONEY, emprunt remboursable fin courant.
LATTER-DAY, récent; moderne.
to LIVE FROM DAY TO DAY, vivre au jour le jour.
MAN-DAY, journée de travail.
MARKET-DAY, jour de bourse; jour de place.
OPTION DAY, réponse des primes; jour de la réponse des primes.
PAY-DAY, jour de paie; jour de liquidation (bourse).
PENALTY OF SO MUCH PER DAY OF DELAY, pénalité de tant par jour de retard.
PRICE OF THE DAY, cours du jour.
QUARTER-DAY, jour du terme.
RENT-DAY, jour du terme.
SETTLEMENT DAY, jour de liquidation.
SETTLING DAY, jour de liquidation.
WORK-DAY, jour ouvrable.
to WORK BY THE DAY, travailler à la journée.
WORKING DAY, jour ouvrable.

DEAD a, mort.
DEAD FREIGHT, faux fret; dédit pour défaut de chargement.
DEAD LOAN, emprunt irrécouvrable.
DEAD LOSS, perte sèche.
DEAD MARKET, marché mort.
DEAD MONEY, argent qui dort.
DEAD SEASON, morte-saison.
DEAD STOCK, matériel.
DEAD TIME, temps mort.
DEAD-WEIGHT CAPACITY, port en lourd.
DEAD-WEIGHT CARGO, marchandises lourdes.
DEAD-WEIGHT CARGO CAPACITY, port en marchandises.
TON DEAD WEIGHT, tonneau de portée en lourd; tonneau d'affrètement.

DEAL s, affaire f, opération f, transaction f, marché m; distribution f; quantité f.
to CALL OFF A DEAL, annuler un marché.
CASH DEAL, transaction au comptant.
DEAL ON JOINT ACCOUNT, opération en participation.
EVEN DEAL, opération blanche.
FAIR DEAL, distribution équitable; marché équilibré.
FIRM DEAL, marché ferme.
a GREAT DEAL, grande quantité.
NEW DEAL, politique du « New Deal ».
OPTION DEAL, opération à prime.
PACKAGE DEAL, contrat global.
SWAP CREDIT DEAL, facilités de crédits réciproques.

DEAL v, traiter, négocier.
to DEAL IN OPTIONS, faire le commerce des primes.

DEALER * s, marchand m, U.S: courtier m de change m, cambiste m.
AUTHORIZED DEALER, cambiste agréé.
EXCHANGE DEALER, cambiste; courtier de change.
FOREIGN EXCHANGE DEALER, cambiste.
LICENSED DEALER, commerçant patenté.
RETAIL DEALER, détaillant.
SECOND-HAND DEALER, revendeur; brocanteur.
WHOLESALE DEALER, grossiste.

DEALING s, commerce m, opération f, transaction f, négociation f, tractation(s) f, affaires f. pl, procédé m.
DEALINGS FOR THE ACCOUNT, négociations à terme.
DEALING FOR A FALL, opération à la baisse.
DEALING IN LEATHER, commerce des cuirs.
DEALING FOR MONEY, négociation au comptant.
DEALING FOR A RISE, opération à la hausse.
DEALINGS FOR THE SETTLEMENT, négociations à terme.
DEALINGS VERY RESTRICTED, transactions très restreintes.
DEALINGS FOR TIME, négociations à terme.
DOUBLE-DEALING, dissimulation; duplicité.
FAIR AND SQUARE DEALING, loyauté en affaires.
FORWARD DEALINGS, négociations, opérations, de change à terme.
OPTION DEALING(S), opérations, négociations, à prime, à option.
STRAIGHT DEALINGS, procédés honnêtes.
WHOLESALE DEALING IN SMALL QUANTITIES, vente en demi-gros.

DEALT a, traité, négocié.
SECURITIES DEALT IN FOR THE ACCOUNT, valeurs à terme.
SECURITIES DEALT IN FOR CASH, valeurs au comptant.

DEAR a, cher, coûteux.
too DEAR, trop cher.
DEAR MONEY, argent cher.
to GET DEARER, enchérir; renchérir.
GOODS ARE DEAR, les marchandises sont chères.

DEARNESS s, cherté f.
DEARNESS OF CREDIT, cherté du crédit.
DEARNESS OF MONEY, cherté des capitaux.

DEARTH s, rareté f, pénurie f.
DEARTH OF STOCK, pénurie de titres.

DEATH s, mort f, décès m; mortalité f.
BALANCE OF BIRTHS, DEATHS AND MIGRATION, équation d'équilibre des naissances, des décès et de la migration nette.
CRUDE DEATH RATES, taux bruts de mortalité.
DEATH CERTIFICATE, extrait d'acte de décès.
DEATH DUTIES, droits de succession.
DEATH AND GIFT DUTIES, impôts sur donations et successions.
DEATH RATE, taux de mortalité.
DEATH STATISTICS, statistiques de la mortalité.
REGISTER OF BIRTHS, MARRIAGES, AND DEATHS, registres de l'état civil.
TRANSFER BY DEATH, mutation par décès.
TRANSMISSION ON DEATH, mutation par décès.

DEBARRED a, exclu, interdit; fermé.
COUNTRIES DEBARRED FROM TRADE, pays fermés au commerce.

DEBASE v, déprécier, avilir, adultérer.
to DEBASE THE COINAGE, adultérer les monnaies.
to DEBASE THE CURRENCY, déprécier la monnaie; avilir la monnaie.

DEBASEMENT s, avilissement m, dépréciation f, adultération f.
DEBASEMENT OF THE COINAGE, adultération des monnaies.

DEBENTURE s, obligation f.
BEARER DEBENTURE, obligation au porteur.
DEBENTURE-BOND, titre, certificat, d'obligation.
DEBENTURE-CAPITAL, capital-obligations.
DEBENTURE-DEBT, dette obligataire.
DEBENTURE-HOLDER, porteur d'obligations; obligataire.
DEBENTURE LOAN, emprunt obligataire.
DEBENTURES ARE REDEEMED BY LOT, les obligations sont rachetées par voie de tirage.
DEBENTURE-STOCK, obligations non remboursables.
GRADUATED-INTEREST DEBENTURE, obligation à taux progressif.
INTEREST ON DEBENTURES, intérêt des obligations.
IRREDEEMABLE DEBENTURES, obligations non amortissables.
ITEM DEBENTURES, poste obligations.
LOAN ON DEBENTURES, emprunt-obligations.
MORTGAGE DEBENTURE, obligation hypothécaire.
NAKED DEBENTURE, obligation non valable.
to REDEEM A DEBENTURE, amortir, rembourser, une obligation.
REGISTERED DEBENTURE, obligation nominative.
SIMPLE DEBENTURE, obligation chirographaire.
UNDATED DEBENTURE, obligation perpétuelle.
UNISSUED DEBENTURES, obligations à la souche.
UNREDEEMABLE DEBENTURES, obligations non amortissables, irremboursables.

DEBIT s, débit m, doit m.
to CHARGE A SUM TO THE DEBIT OF, passer une somme au débit de.
DEBIT ACCOUNT, compte débiteur.
DEBIT BALANCE, solde débiteur.
DEBIT COLUMN, colonne débitrice.
DEBIT AND CREDIT, doit et avoir.
to SHOW A DEBIT BALANCE, présenter un solde débiteur.

DEBIT v, débiter.

DEBT s, dette f, créance f, endettement m.
ACKNOWLEDGMENT OF DEBT, reconnaissance de dette.
to ACQUIT A DEBT, acquitter une dette; s'acquitter d'une dette.
APPROPRIATION TO A DEBT, imputation sur une dette.
ASSIGNMENT OF DEBTS, transport-cession de créances.
BAD DEBT, mauvaise créance; créance douteuse, irrécouvrable.
BAD DEBTS RESERVE, provision pour créances douteuses.
BILL OF DEBT, reconnaissance de dettes.
BONDED DEBT, dette d'obligations; dette obligataire.
BOOK DEBT, dette active; créance.
BURDENED WITH DEBT, grevé de dettes.
CANCELLATION OF A DEBT, radiation d'une dette; remise d'une dette.
to CLEAR ONE'S PROPERTY OF DEBT, purger son bien de dettes.
to COLLECT A DEBT, recouvrer une créance.
DEBT COLLECTOR, agent de recouvrement.
to COMPOUND A DEBT, transiger sur le montant d'une dette.
CONSOLIDATED DEBT, dette consolidée.
CONSOLIDATION OF THE FLOATING DEBT, consolidation de la dette flottante.
CONSUMERS' DEBT, endettement des consommateurs.
CONTRACTION OF DEBTS, endettement.
CONVERSION OF DEBT, conversion de la dette.
DEBENTURE-DEBT, dette obligataire.
out of DEBT, quitte de dettes.
DEBT DATING BACK SEVERAL YEARS, dette remontant à plusieurs années.
DEBT DEFLATION, diminution du volume des dettes.
DEBT DUE, créance exigible.
DEBT-HOLDER, créancier.
DEBT FOR WHICH A MORATORIUM HAS BEEN GRANTED, dette moratoriée.
DEBT REDEEMABLE BY YEARLY PAYMENTS, dette annuitaire.
DEBT REDEMPTION, amortissement de la dette.
DEBT REPAYABLE BY ANNUAL INSTALMENTS, dette annuitaire.
DEBT ON SIGHT, dette à vue.
to DISCHARGE SOMEONE FROM A DEBT, libérer quelqu'un d'une dette.
DISTRIBUTION OF DEBTS, répartition des dettes.
DOUBTFUL DEBT, créance douteuse.
EXTINCTION OF A NATIONAL DEBT, extinction d'une dette publique.
FLOATING DEBT, dette flottante.
FOREIGN DEBT, dette extérieure.
to FREE FROM DEBT, purger de dettes.
to FUND A PUBLIC DEBT, consolider une dette publique.
FUNDED DEBT, dette consolidée.
GAMING DEBT, dette de jeu.
to GET INTO DEBT, s'endetter.
GOOD DEBT, bonne dette; bonne créance.
GOVERNMENT DEBT, dette publique.
GRADUAL EXTINCTION OF A DEBT, extinction graduelle d'une dette.
GROWING DEBT, dette qui augmente.
to GUARANTEE A DEBT, garantir une dette.
HOLDER OF DEBT CLAIMS, créancier.
IMMERSED IN DEBT, accablé de dettes.
INTEREST ON DEBTS, intérêts sur les dettes.
INTEREST ON THE PUBLIC DEBT, intérêt de la dette publique.
INTERNAL DEBT, dette intérieure.
to INVOLVE IN DEBT, (s') endetter.
IRRECOVERABLE DEBT, créance irrécouvrable.
JUDGMENT DEBT, dette reconnue judiciairement.
LIQUID DEBT, dette liquide.
to LIQUIDATE A DEBT, liquider une dette.
LIQUIDNESS OF DEBTS, liquidité des créances, des dettes.
MORTGAGE DEBT, dette hypothécaire.
NATIONAL DEBT, dette nationale.
OLD-STANDING DEBT, dette de longue date.
ORDINARY DEBT, créance ordinaire.
OUTSTANDING DEBTS, créances à recouvrer.
PARTNERSHIP DEBT, dette de société (à responsabilité illimitée, professionnelle).
PASSIVE DEBT, dette passive (ne portant pas intérêt).
to PAY OFF A DEBT, rembourser une dette.
PREFERENTIAL DEBT, créance privilégiée.
PREFERRED DEBT, créance privilégiée.
to PRESS FOR A DEBT, réclamer une dette (à).
PRESSING DEBT, dette criarde.
PRIVILEGED DEBT, dette privilégiée.

PROPERTY CHARGED AS SECURITY FOR A DEBT, immeuble affecté à la garantie d'une créance.
PUBLIC DEBT, dette publique.
RANK ASSIGNED TO A DEBT, rang assigné à une créance.
to RECOVER A DEBT, recouvrer une créance.
RECOVERABLE DEBT, dette recouvrable; créance recouvrable.
to REDEEM A DEBT, amortir une dette.
REDEMPTION OF THE NATIONAL DEBT, amortissement de la dette publique.
to REMIT A DEBT, remettre une dette.
REMITTAL OF A DEBT, remise d'une dette.
REPAYABILITY OF A DEBT, exigibilité d'une dette.
to REQUIRE THE REPAYMENT OF A DEBT, exiger le remboursement d'une créance.
RESERVE FOR DOUBTFUL DEBTS, provision pour créances douteuses.
to RID A PROPERTY OF DEBT, purger un bien de dettes.
to RUN INTO DEBT, s'endetter.
SCORING (UP) OF A DEBT, inscription, enregistrement, d'une dette.
to SECURE A DEBT BY MORTGAGE, garantir une créance par une hypothèque.
SECURED DEBT, créance garantie.
SECURITY FOR A DEBT, sûreté en garantie d'une créance.
to SET OFF A DEBT, compenser une dette.
SIMULATED DEBT, dette simulée.
to SINK THE NATIONAL DEBT, amortir la dette publique.
to STAND AS SECURITY FOR A DEBT, cautionner une dette.
STATUTE BARRED DEBT, dette prescrite.
SUBSTITUTION OF DEBT, novation de créance.
to SUMMON(S) FOR A DEBT, assigner en paiement d'une dette.
SURETY FOR A DEBT, garant d'une dette.
to TENDER MONEY IN DISCHARGE OF A DEBT, faire une offre réelle.
TRANSFER OF A DEBT, transport d'une créance.
to TRANSFER A DEBT, transporter une créance.
TRANSFERABILITY OF A DEBT, cessibilité, commercialité, d'une dette.
TRANSFERENCE OF A DEBT, transfèrement d'une créance.
UNCONSOLIDATED DEBT, dette non consolidée.
UNDISCHARGED DEBT, dette non acquittée.
UNFUNDED DEBT, dette non consolidée.
6 % UNIFIED DEBT BONDS, obligations 6 % dette unifiée.
UNPAID DEBT, dette non acquittée.
UNPAYABLE DEBT, dette inacquittable.
UNSECURED DEBT, créance sans garantie; créance chirographaire.
WAR DEBT, dette de guerre.
to WIPE OFF A DEBT, apurer, liquider, une dette.
to WRITE OFF A BAD DEBT, passer une créance par profits et pertes.
to WRITE OFF A DEBT, amortir une créance.
WRITING OFF OF A DEBT, amortissement d'une créance.

DEBTOR s, débiteur m.
to ALLOW A DEBTOR TIME TO PAY, accorder un délai à un débiteur.
DEBTOR ACCOUNT, compte débiteur.
DEBTOR ATTACHED, débiteur saisi.
DEBTOR ON MORTGAGE, débiteur hypothécaire.
INSOLVENT DEBTOR, débiteur insolvable.
JOINT DEBTOR, co-débiteur.
LIEN ON THE PERSONAL PROPERTY OF A DEBTOR, privilège sur les meubles d'un débiteur.
PRINCIPAL DEBTOR, débiteur principal.
PROCEEDINGS AGAINST A DEBTOR, poursuites contre un débiteur.
SCHEME OF COMPOSITION BETWEEN DEBTOR AND CREDITORS, concordat préventif (à la faillite).
SOLVENT DEBTOR, débiteur solvable.
to SUE A DEBTOR, poursuivre un débiteur.
SUNDRY DEBTORS, débiteurs divers.

DECADE s, décennie f.

DECADENCE s, décadence f.

DECAY s, décadence f, dépérissement m, ruine f, usure f, désuétude f, délabrement m.
USE, DECAY AND OBSOLESCENCE, l'usure, le dépérissement et la désuétude.

DECEASED a, décédé.
DECEASED ESTATE, succession.

DECEDENT s, défunt m.
DECEDENT'S ESTATE, succession.
RELINQUISHMENT OF DECEDENT'S ESTATE, renonciation à une succession.

DECEIVE v, tromper, induire en erreur f.

DECELERATE v, ralentir, décélérer.

DECELERATION s, décélération f.
DECELERATION TIME, temps de décélération.

DECEMBER s, décembre m.

YEAR ENDING 31st DECEMBER, exercice se terminant au 31 décembre.

DECENNIAL *a*, décennal.
DECENNIAL INTERVALS, intervalles de dix ans.

DECENTRALIZATION *s*, décentralisation *f*.

DECENTRALIZE *v*, décentraliser.

DECEPTIVE *a*, trompeur, mensonger, déloyal.
DECEPTIVE ADVERTISING, publicité déloyale.

DECIDE *v*, décider.
to DECIDE A CASE, rendre un jugement.

DECIDED *a*, décidé, marqué, arrêté.
DECIDED DIFFERENCE, différence marqué.
DECIDED OPINION, opinion bien arrêtée.
DECIDED RECOVERY, reprise marquée.
DECIDED STEP FORWARD, progrès très marqué.

DECILE *s*, décile *m*.

DECIMAL *a*, décimal.
DECIMAL TO BINARY CONVERSION, conversion décimal/binaire.
DECIMAL FIGURE, nombre décimal.
DECIMAL FRACTION, fraction décimale.
DECIMAL LOGARITHM, logarithme ordinaire, à base 10.
DECIMAL NOTATION, numération décimale.
DECIMAL NUMERAL, nombre décimal.
DECIMAL SYSTEM, système décimal.
TERMINATE DECIMAL FRACTION, fraction décimale exacte.

DECIMAL *s*, décimale *f*.
BINARY CODED DECIMAL, décimal codé binaire; binaire de position.
to three PLACES OF DECIMALS, jusqu'à la troisième décimale.
REPEATING DECIMAL, fraction périodique.

DECISION *s*, décision *f*.
BUSINESS DECISIONS, décisions des hommes d'affaires.
DECISION-MAKING, prise de décision.
DECISION PROCESSES, processus de décision.
DECISION TABLE, table de décision.
DECISION THEORY, théorie de la décision.
GROUP DECISION, décision collective.

DECLARATION *s*, déclaration *f*, réponse *f*, énoncé *m*.
CUSTOMS DECLARATION, déclaration en douane.
DECLARATION OF OPTIONS, réponse des primes.
FALSE DECLARATION, fausse déclaration.
FRAUDULENT DECLARATION, déclaration frauduleuse.
STATUTORY DECLARATION, attestation.
TIME FOR DECLARATION OF OPTIONS, heure de la réponse des primes.

DECLARATORY *a*, déclaratif.

DECLARE *v*, déclarer, répondre.
to DECLARE A DIVIDEND, déclarer un dividende.
to DECLARE AN OPTION, répondre à une prime.

DECLARED *a*, déclaré.
DECLARED VALUE, valeur déclarée.

DECLINE *s*, baisse *f*, perte *f*, décroissance *f*; marasme *m*.
DECLINE IN FOREIGN STOCKS, baisse des fonds étrangers, des valeurs étrangères.
QUALITATIVE DECLINE OF A DECLINING INDUSTRY, pertes qualitatives d'une industrie déclinante.

DECLINING *a*, déclinant, décroissant, en baisse *f*, baissant.
DECLINING MARGINAL VALUE, valeur marginale décroissante.
DECLINING MARKET, marché en baisse.

DECLIVITY *s*, déclivité *f*, pente *f*.

DECODE *v*, décoder.

DECOMPOSE *v*, décomposer.

DECOMPOSITION *s*, décomposition *f*.

DECONTROL *v*, libérer, détaxer.
to DECONTROL THE PRICE OF, détaxer; rendre libre le prix de.

DECREASE *s*, diminution *f*, baisse *f*, décroissance *f*, amoindrissement *m*, déchet *m*.
on the DECREASE, en baisse.
DECREASE OF OUTPUT, diminution de la production.
DECREASE OF PRICE, baisse de prix.
DECREASE IN VALUE, diminution de valeur.
DECREASE IN VALUE OF SHARES, moins-value des actions.
PROPORTIONATE DECREASE, diminution proportionnelle.

DECREASE *v*, diminuer, amoindrir; décroître.

DECREASING *a*, décroissant, descendant.
DECREASING COST, coût décroissant.
DECREASING MARGINAL COST, coût marginal décroissant.
DECREASING RETURNS, rendements décroissants.

DECREASING RETURN AT THE MARGIN, rendement marginal décroissant.
DECREASING SERIES, progression descendante.
LAW OF DECREASING RETURNS, loi des rendements décroissants.

DECREE *s*, décret *m*, arrêté *m*; jugement *m*.
DECREE IN BANKRUPTCY*, jugement déclaratif de faillite.

DECREMENT *s*, décrément *m*, décroissement *m*, diminution *f*, décroissance *f*.

DECUMULATION *s*, diminution *f*, décumulation *f*.
CAPITAL DECUMULATION, diminution du capital.

DEDUCE *v*, déduire, inférer.

DEDUCT *v*, déduire, défalquer, retenir.
to BE DEDUCTED, à déduire.
BROKERAGE IS DEDUCTED FROM SALES, le courtage vient en déduction des ventes.
to DEDUCT THE DISCOUNT, retenir l'escompte.
to DEDUCT INCOME-TAX, déduire l'impôt sur le revenu.
to DEDUCT FROM THE PRICE, rabattre sur le prix; déduire du prix.
to DEDUCT FROM THE WAGES, faire une retenue sur les salaires.

DEDUCTIBLE *a*, déductible.
DEDUCTIBLE LOSS, perte déductible.
TAX DEDUCTIBLE, déductible de l'impôt.

DEDUCTING *s*, déduction *f*.
after DEDUCTING, déduction faite de.

DEDUCTION *s*, déduction *f*, défalcation *f*, retenue *f*; prélèvement *m*.
after (before) DEDUCTION OF DIRECT TAXES, après (avant) déduction des impôts directs.
DEDUCTION FOR EXPENSES, déduction pour frais professionnels (avant imposition).
DEDUCTION FROM THE WAGES, prélèvement sur le salaire.
FALLACIOUS DEDUCTION, déduction erronée.

DEDUCTIVE *a*, déductif.
DEDUCTIVE ECONOMICS, économie déductive.
DEDUCTIVE METHOD, méthode déductive.
DEDUCTIVE REASONING, raisonnement par déduction.

DEED *s*, acte *m*, acte notarié, titre *m*, contrat *m*.
DEED OF ASSIGNMENT, acte attributif; acte de transfert.
DEED OF GIFT, acte de donation.
DEED INDENTED, contrat de vente d'immeuble (à exécution fractionnée).
to DRAW UP A DEED, rédiger un acte.
to EXECUTE A DEED, passer un acte.
MORTGAGE DEED, acte hypothécaire.
ORIGINAL OF A DEED, original, minute, d'un acte.
PREMISES OF A DEED, intitulé d'un acte.
PRIVATE DEED, acte sous seing privé.
to REGISTER A DEED, enregistrer un acte.
to SEAL A DEED, sceller un acte.
TITLE DEED, titre (constitutif) de propriété; acte.

DEEP *a*, profond.
DEEP-SEA FISHING, grande pêche.
DEEP-SEA NAVIGATION, navigation au long cours.

DEEPENING *s*, approfondissement *m*.
DEEPENING OF CAPITAL, approfondissement du capital.

DEFALCATION *s*, détournement *m* de fonds *m. pl.*

DEFAULT *s*, défaut *m*, défaillance *f*.
in CASE OF DEFAULT, en cas de défaillance.
in DEFAULT OF, à défaut de.
DEFAULT INTEREST, intérêts compensatoires.
DEFAULT IN PAYING, défaut de paiement.
DEFAULT PRICE, cours de résiliation.
DEFAULT RISK, risque de défaillance.
JUDGMENT BY DEFAULT, jugement par défaut.
RISK OF DEFAULT BY THE BORROWER, risque de défaillance de l'emprunteur.

DEFAULTER *s*, défaillant *m*, failli *m*.
PURCHASING AGAINST A DEFAULTER, rachat d'un défaillant.
to SELL AGAINST A DEFAULTER, revendre un défaillant.
SELLING AGAINST A DEFAULTER, revente d'un défaillant.

DEFAULTING *a*, défaillant.
DEFAULTING PARTY, partie défaillante.

DEFECT *s*, défaut *m*, défectuosité *f*, vice *m*.
CONSTRUCTIONAL DEFECT, défaut de construction.
DEFECTS OF THE ECONOMIC SYSTEM, défauts du système économique.
HIDDEN DEFECT, vice caché.
INTRINSIC DEFECT, vice intrinsèque.
LATENT DEFECT, vice caché.

DEFENCE *s*, défense *f*.
DEFENCE EXPENDITURE, dépenses de défense nationale.
HOME-DEFENCE, défense nationale.

SELF-DEFENCE, autodéfense.

DEFER v, différer, ajourner, suspendre.
to DEFER PAYMENT, différer le paiement.
to DEFER A SCHEME, ajourner un programme.

DEFERRED a, différé.
DEFERRED ANNUITY, annuité différée.
DEFERRED INTEREST, intérêt différé.
DEFERRED PAYMENT, paiement différé; paiement par versements échelonnés.
DEFERRED PAYMENT SYSTEM, vente à tempérament.
DEFERRED RESULTS, résultats à longue échéance.
DEFERRED SHARES (STOCKS), actions différées.

DEFICIENCY s, insuffisance f, déficience f, déficit m; découvert m.
DEFICIENCY BILLS, crédits budgétaires intérimaires; collectifs budgétaires.
DEFICIENCY PAYMENT, U.K: subvention (aux agriculteurs).

DEFICIENT a, déficient, insuffisant.
DEFICIENT EFFECTIVE DEMAND, demande effective insuffisante.

DEFICIT s, déficit m.
BALANCE OF PAYMENTS SURPLUSES AND DEFICITS, excédents et déficits des balances des paiements.
BUDGET DEFICIT. déficit budgétaire.
BUDGET WHICH SHOWS A DEFICIT, budget faisant apparaître un déficit.
CHRONIC DEFICIT, déficit chronique.
EXPANSION OF A DEFICIT, augmentation d'un déficit.
to MAKE UP A DEFICIT, combler un déficit.

DEFINABLE a, définissable.
PROBABILITY DEFINABLE FOR, probabilité donnée pour.

DEFINE v, définir.

DEFINED a, défini.
ILL-DEFINED, mal défini.
WELL-DEFINED, clairement défini.

DEFINITE a, défini, précis, ferme.
DEFINITE NEEDS, besoins précis.
DEFINITE ORDER, commande ferme.
DEFINITE SALE, vente ferme.

DEFINITION s, définition f.
it FOLLOWS FROM THIS DEFINITION, de cette définition il s'ensuit.
REVERSIBLE DEFINITION, définition réversible.
STANDARD DEFINITIONS, définitions normalisées.
TRUE BY DEFINITION, vrai par définition.
WIDE DEFINITION, définition très large.

DEFLATE v, faire (de) la déflation.

DEFLATING s, déflation f, dégonflement m.

DEFLATION s, déflation f, diminution f, dégonflement m.
DEBT DEFLATION, diminution du volume des dettes.
MONETARY DEFLATION, déflation monétaire.

DEFLATIONARY a, déflationniste.
DEFLATIONARY GAP, écart déflationniste.
DEFLATIONARY MEASURES, mesures déflationnistes.
DEFLATIONARY TENDENCY, tendance déflationniste.

DEFLATOR s, déflateur m.

DEFORESTATION s, déboisement m.

DEFRAUD v, frauder, escroquer.
DESIRE TO DEFRAUD ONE'S CREDITORS, désir de frustrer ses créanciers.

DEFRAY v, défrayer, payer.
to DEFRAY THE COST OF, couvrir les frais de.

DEGREE s, degré m: valence f; palier m.
DEGREE OF CONCENTRATION, indice de concentration.
DEGREE OF CURVATURE, degré d'inflexion.
DEGREES OF FREEDOM, degrés de liberté.
DEGREE OF INDUSTRIALIZATION, degré d'industrialisation.
DEGREE OF INTEGRATION, degré d'intégration.
DEGREE OF LIQUIDITY, degré de liquidité.
DEGREE OF PROBABILITY, degré de probabilité.
DEGREE OF RELATIONSHIP, degré de liaison.
DEGREE OF SKEWNESS, degré d'aplatissement: kurtosis; coefficient de dissymétrie.
DEGREE OF SUBSTITUTABILITY, degré de substituabilité.
DEGREE OF UNCERTAINTY, degré d'incertitude.
DEGREE OF WEAR, degré d'usure.
EQUATION OF THE SECOND (THIRD) DEGREE, équation du second (troisième) degré.
FUNCTION OF THE SECOND DEGREE IN THREE VARIABLES, fonction du deuxième degré à trois variables.
by INSENSIBLE DEGREES, imperceptiblement.
of VARIOUS DEGREES OF, de différents degrés de.

DEGRESSION s, dégressivité f (de l'impôt m).

DEGRESSIVE a, dégressif.
DEGRESSIVE TAXATION, impôt dégressif.

DELAY s, retard m, délai m, retardement m, sursis m.
PENALTY OF SO MUCH PER DAY OF DELAY, pénalité de tant par jour de retard.

DELAY v, retarder, différer.
to DELAY A PAYMENT, différer un paiement.

DEL CREDERE s, ducroire m.
DEL CREDERE COMMISSION, commission ducroire.

DELEGATE s, délégué m.
UNION DELEGATE*, U.S: délégué du personnel.

DELIVER v, livrer, remettre, délivrer.
to DELIVER GOODS, livrer des marchandises.
to DELIVER THE GOODS, livrer les marchandises; tenir ses engagements.
to DELIVER TO THE ORDER OF, délivrer à l'ordre de.
to DELIVER STOCKS, livrer des titres.

DELIVERABLE a, livrable.
GOODS IN COURSE OF PRODUCTION DELIVERABLE AT A LATER DATE, marchandises en cours de production livrables à une date ultérieure.

DELIVERED a, livré, fourni, rendu.
ENERGY DELIVERED TO DISTRIBUTING NETWORK, énergie fournie au réseau de distribution.
GOODS DELIVERED FREE ON BOARD (F.O.B.), marchandise rendue franco bord
SITE DELIVERED, (prix) rendu à pied d'œuvre.

DELIVERY s, livraison f, remise f, délivrance f; cession f.
BASED ON MANUFACTURERS' DELIVERIES, (données) établies d'après les livraisons des fabricants.
CASH ON DELIVERY, paiement à la livraison.
non-DELIVERY, défaut de livraison.
on or before DELIVERY, comptant contre remboursement.
DELIVERY FREE, livré franco.
DELIVERY ORDER, bon de livraison, d'enlèvement.
DELIVERY OF SHARES, délivrance d'actions.
DELIVERY OF STOCKS, remise de titres.
EXCHANGE FOR FORWARD DELIVERY, opérations, négociations, de change à terme.
EXCHANGE FOR FUTURE DELIVERY, opérations, négociations, de change à terme.
EXCHANGE FOR SPOT DELIVERY, opérations, négociations, de change au comptant.
EXPRESS DELIVERY, livraison par exprès.
FUTURE DELIVERY, livraison à terme.
NOTICE OF DELIVERY, accusé de réception.
PARCEL(S) DELIVERY, factage; service de livraison.
PAYABLE ON DELIVERY, payable à la livraison.
PAYMENT ON DELIVERY, livraison contre remboursement.
PROMPT DELIVERY, livraison immédiate.
PURCHASE FOR FUTURE DELIVERY, achat à terme.
SALE FOR DELIVERY, vente à livrer.
SALE FOR FUTURE DELIVERY, vente à terme ferme.
to SELL FOR DELIVERY, vendre à couvert.
SPECIAL DELIVERY, distribution (de courrier) par exprès.
SPOT DELIVERY, opération au comptant; livraison immédiate.
STAGGERED DELIVERIES, livraisons échelonnées.
to TAKE DELIVERY OF STOCK, prendre livraison de titres; lever des titres.
TAKING DELIVERY, levée (de titres).
TRANSACTION FOR FUTURE DELIVERY, transaction à terme.

DEMAND s, demande f, revendication f; sommation f.
ACTIVE DEMAND FOR, forte demande.
AGGREGATE DEMAND FUNCTION, fonction de la demande globale.
AGGREGATE DEMAND FOR LABOUR, demande globale de main-d'œuvre.
AGGREGATE MARKET DEMAND, demande agrégative, globale, du marché.
ANTICIPATED DEMAND, demande prévue, prévisible.
ARC ELASTICITY OF DEMAND, élasticité d'arc de la demande.
AREA UNDER THE DEMAND CURVE, surface située en-dessous de la courbe de la demande.
ASYMMETRY BETWEEN SUPPLY AND DEMAND, asymétrie entre l'offre et la demande.
BRISK DEMAND, demande animée.
COMPETITIVE SUPPLY AND DEMAND, l'offre et la demande concurrentielles.
CONDITIONS OF DEMAND, conditions de la demande.
CONTINUED DEMAND, demande persistante.
CONTRACTION OF CURRENT DEMAND, contraction de la demande courante.
CURRENT DEMAND, demande courante.

DEFICIENT EFFECTIVE DEMAND, demande effective insuffisante.
on DEMAND, sur demande; à vue.
DEMAND FOR CREDIT, demande de crédit.
DEMAND CURVE, courbe de demande.
DEMAND DEPOSIT, dépôt à vue.
the DEMAND EXCEEDS THE SUPPLY, la demande excède l'offre.
DEMAND FOR FOREIGN BILLS, demande d'effets sur l'étranger.
DEMAND FUNCTION FOR LABOUR, fonction de demande du travail.
DEMAND FOR LABOUR, demande de travail; demande de main-d'œuvre.
DEMANDS OF LABOUR, revendications ouvrières.
DEMAND LIABILITIES, engagements à vue.
DEMAND FOR MONEY, demande de monnaie.
DEMAND NOTE, billet à ordre payable à vue.
DEMAND PRICE, prix de demande.
DEMAND PRICE OF LABOUR, prix de la demande de travail.
DEMAND PULL, pression de la demande.
DEMAND RATE, cours à vue.
DEMAND SCHEDULE FOR EMPLOYMENT, courbe de la demande de main-d'œuvre.
DEMAND SCHEDULE FOR INVESTMENT, courbe de la demande d'investissement.
DEMAND SHIFTS, déplacements, translations, de la demande.
DERIVED DEMAND, demande induite.
EFFECTIVE DEMAND, demande effective.
ELASTIC DEMAND, demande élatisque.
ELASTICITY OF DEMAND, élasticité de la demande.
EQUILIBRIUM OF SUPPLY AND DEMAND, équilibre de l'offre et de la demande.
EXCESS DEMAND, excès de la demande; demande excédentaire.
EXCESS DEMAND INFLATION, inflation par excès de demande.
FORCES OF SUPPLY AND DEMAND, forces d'offre et de demande.
INCREASE IN DEMAND, accroissement de la demande.
INDUCED DEMAND, demande induite.
INELASTIC DEMAND, demande inélastique.
INELASTICITY OF DEMAND, inélasticité de la demande.
INFINITELY ELASTIC DEMAND, (courbe de la) demande infiniment élastique.
INSUFFICIENCY OF EFFECTIVE DEMAND, insuffisance de la demande effective.
INTERMITTENT DEMAND, demande à caractère intermittent.
JOINT DEMAND, demande liée.
KEEN DEMAND, forte demande.
LAW OF CONSUMER'S DEMAND, loi de la demande du consommateur.
LAW OF DEMAND, loi de la demande.
LAW OF SUPPLY AND DEMAND, loi de l'offre et de la demande.
LEVEL OF MONETARY DEMAND, niveau de la demande monétaire.
LOAN REPAYABLE ON DEMAND, emprunt remboursable sur demande.
MARKET DEMAND, demande du marché.
MARKET (-DEMAND) CURVE, courbe de la demande sur le marché.
to MEET A DEMAND, faire face à une demande.
MONEY DEMAND CURVE, courbe de demande monétaire.
MONOPOLY DEMAND FOR A FACTOR, demande d'un facteur en situation de monopole.
to PAY ON DEMAND, payer à présentation.
PERSISTENT DEMAND, demande suivie.
PRECAUTIONARY DEMAND, demande de précaution.
the PRICE IS REGULATED BY SUPPLY AND DEMAND, le prix est déterminé par l'offre et la demande.
RECIPROCAL DEMAND CURVES, courbes de demande réciproque.
REPAYABLE ON DEMAND, remboursable sur demande.
REPLACEMENT DEMAND, demande de remplacement.
SEASONAL DEMAND, demande saisonnière.
SHIFT IN DEMAND, déplacement de la demande.
SLACK DEMAND, faible demande.
SPECULATIVE DEMAND, demande spéculative.
STEADY DEMAND, demande suivie.
the STRIKE ORIGINATED IN THE DEMANDS OF, la grève a eu pour origine les revendications de.
SUPPLY CREATES ITS OWN DEMAND, l'offre crée sa propre demande.
SUPPLY AND DEMAND ANALYSIS, analyse de l'offre et de la demande.
SUPPLY OF AND DEMAND FOR LAND, offre et demande de terre.
TEMPORARY CHANGES IN DEMAND, modifications temporaires de la demande.
THEORY OF CONSUMER'S DEMAND, théorie de la demande du consommateur.
THEORY OF DEMAND, théorie de la demande.
TOTAL DEMAND, demande totale.
TRANSACTION DEMAND, demande courante.
UNITARY ELASTICITY OF DEMAND, élasticité unitaire de la demande.
WITHDRAWAL ON DEMAND, retrait à vue.

DEMANDABLE a, exigible.

DEMANDED a, demandé.

AMOUNT DEMANDED, quantité demandée.
INCREASE IN THE QUANTITY DEMANDED, accroissement de la quantité demandée.

DEMANDER s, demandeur m, acheteur m.

DEMISE s, vente f d'immeuble m, cession f à bail m.

DEMISE v, vendre (un immeuble), céder à bail m.

DEMOCRACY s, démocratie f.
LIBERAL DEMOCRACY, démocratie libérale.
PARLIAMENTARY DEMOCRACY, démocratie parlementaire.
POPULAR DEMOCRACY, démocratie populaire.
SOCIAL DEMOCRACY, social-démocratie.

DEMOCRAT s, démocrate m.
SOCIAL DEMOCRAT, social-démocrate.

DEMOCRATIC a, démocratique, démocrate.
DEMOCRATIC PARTY, U.S: parti démocrate.

DEMOCRATIZATION s, démocratisation f.

DEMOGRAPHER s, démographe m.

DEMOGRAPHIC a, démographique.
DEMOGRAPHIC EXPLOSION, explosion démographique.
DEMOGRAPHIC SAMPLE SURVEY, enquête démographique par sondage.
DEMOGRAPHIC YEARBOOK, annuaire démographique.

DEMOGRAPHY s, démographie f.

DEMONETIZATION s, démonétisation f.
DEMONETIZATION OF GOLD, démonétisation de l'or.
DEMONETIZATION OF OLD COINS, démonétisation des anciennes pièces.

DEMONETIZE v, démonétiser.

DEMONETIZED a, démonétisé.
to REMINT DEMONETIZED COINS, refrapper, refondre, des pièces démonétisées.

DEMONSTRABLE a, démontrable, apodictique.
CLEARLY DEMONSTRABLE PROPOSITION, proposition apodictique.

DEMONSTRATE v, démontrer.

DEMONSTRATION s, démonstration f.
DEMONSTRATION EFFECT, effet de démonstration.

DEMONSTRATOR s, démonstrateur m; préparateur m.

DEMORALIZED a, démoralisé.
DEMORALIZED MARKET, marché démoralisé.

DEMULTIPLYING a, démultiplicateur.

DEMURRAGE s, surestarie(s) f, souffrance f, magasinage m.
DEMURRAGE CHARGES, taxe de stationnement.
GOODS ON DEMURRAGE, marchandises en souffrance.

DENATIONALIZATION s, dénationalisation f.

DENATIONALIZE v, dénationaliser.

DENIAL s, déni m, démenti m, dénégation f.
DENIAL OF RESPONSIBILITY, dénégation de responsabilité.
FORMAL DENIAL, démenti formel.

DENOMINATION s, dénomination f, coupure f; dénominateur m.
BANK NOTES OF SMALL DENOMINATIONS, billets de banque de petites coupures.
BIG DENOMINATIONS, grosses coupures.
to REDUCE FRACTIONS TO THE SAME DENOMINATION, réduire des fractions au même dénominateur.

DENOMINATOR s, dénominateur m.
COMMON DENOMINATOR, dénominateur commun.
to REDUCE FRACTIONS TO THE SAME DENOMINATOR, réduire des fractions au même dénominateur.

DENSE a, dense.
DENSE POPULATION, population dense.

DENSELY adv, avec densité f.
DENSELY PEOPLED, très peuplé.
DENSELY POPULATED, très peuplé.

DENSENESS s, densité f.

DENSITY s, densité f.
BIT DENSITY, densité de bits.
DENSITY OF POPULATION, densité de la population.

DEPARTMENT s, département m, service m, bureau m, U.S: ministère m.
ACCOUNTING DEPARTMENT, service comptable, de la comptabilité.
DEPARTMENT OF COMMERCE, U.S: ministère du commerce.
DEPARTMENT STORE, grand magasin.
HEAD OF DEPARTMENT, chef de service.

HIGHWAYS DEPARTMENT, ponts et chaussées.
LAW DEPARTMENT, service du contentieux.
MEDICAL DEPARTMENT, service de santé.
MUDDLE AND WASTE OF GOVERNMENT DEPARTMENTS, gabegie de l'administration.
RESEARCH DEPARTMENT, bureau d'études; service de recherches.
SALES DEPARTMENT, service ventes.
STOCK DEPARTMENT, service des titres.
TREASURY DEPARTMENT, *U.S:* ministère des Finances.

DEPARTMENTAL *a*, départemental; ministériel.
DEPARTMENTAL COMMITTEE, comité ministériel.
DEPARTMENTAL STORE, grand magasin.

DEPARTURE *s*, départ *m*; déviation *f*, dérogation *f*, exception *f*.
DEPARTURES FROM THE GENERAL RULE, exceptions à la règle générale.
DEPARTURE FROM A LAW, dérogation à une loi.
MAXIMUM DEPARTURE, écart maximum.
NEW DEPARTURE, nouvelle orientation.
PORT OF DEPARTURE, port de départ.

DEPAUPERATION *s*, paupérisation *f*.

DEPEND *v*, dépendre, être tributaire.
to DEPEND ON FOREIGN SUPPLIES, être tributaire de l'étranger.

DEPENDABLE *a*, digne de confiance *f*.

DEPENDENT *a*, dépendant, à la charge, tributaire.
DEPENDENT VARIABLE, variable dépendante.
PERSONS DEPENDENT ON THE TAX-PAYER, personnes à la charge du contribuable.

DEPENDENT *s*, personne *f* à charge *f*.

DEPLETE *v*, épuiser.

DEPLETION *s*, épuisement *m* (des ressources *f. pl*), raréfaction *f*.

DEPOPULATED *a*, dépeuplé.
DEPOPULATED REGION, région dépeuplée.

DEPOPULATION *s*, dépeuplement *m*, dépopulation *f*.

DEPOSIT *s*, dépôt *m*; consignation *f*, arrhes *f. pl*, versement *m*.
to ALLOW INTEREST ON DEPOSITS, allouer des intérêts aux dépôts.
BANK DEPOSIT, dépôt bancaire.
BANK OF DEPOSIT, banque de dépôt.
CHECKING DEPOSIT, dépôt en compte de chèques.
CREATION OF BANK DEPOSITS, création de dépôts bancaires.
DEMAND DEPOSIT, dépôt à vue.
DEPOSIT ACCOUNT, compte de dépôt.
DEPOSIT BANK, banque de dépôt.
DEPOSIT BOOK, livret (d'épargne) nominatif.
DEPOSIT AT CALL, dépôt remboursable sur demande.
DEPOSIT AND CONSIGNMENT OFFICE, Caisse de dépôts et consignations.
DEPOSIT AT SEVEN DAYS' NOTICE, dépôt à sept jours de préavis.
DEPOSIT FOR A FIXED PERIOD, dépôt à terme fixe.
DEPOSIT MONEY, monnaie scripturale.
DEPOSIT-MONEY BANK, banque de dépôt.
DEPOSIT AT NOTICE, dépôt sujet à avis de retrait.
DEPOSIT PAYABLE AT SIGHT, dépôt payable à vue.
DEPOSIT AT SHORT NOTICE, dépôt à court terme.
FIXED DEPOSIT, dépôt à échéance fixe.
FIXED-DEPOSIT ACCOUNT, compte de dépôt à échéance.
FOREIGN CURRENCY DEPOSITS, dépôts en monnaie étrangère.
GOVERNMENT INSURANCE OF BANK DEPOSITS, garantie des dépôts bancaires par l'État.
INTERBANK DEPOSIT, dépôt interbancaire.
LOANS MAKE DEPOSITS, les crédits font les dépôts.
MINIMUM DEPOSIT, acompte minimum.
NOTICE DEPOSITS, dépôts sujets à avis de retrait.
to PAY A DEPOSIT ON, donner des arrhes.
PROMISE OF SALE MADE WITH A DEPOSIT, promesse de vente faite avec des arrhes.
to RECEIVE MONEY ON DEPOSIT, recevoir de l'argent en dépôt.
RESERVE DEPOSIT, dépôt de couverture.
SAFE DEPOSIT, dépôt en coffre-fort.
SAFE-DEPOSIT BOX, *U.S:* coffre-fort.
SAVING DEPOSIT SUBJECT TO CHEQUE, dépôt d'épargne sujet à retrait par chèque.
SIGHT DEPOSIT, dépôt à vue.
TIME DEPOSIT, dépôt à terme.
to WITHDRAW A DEPOSIT, retirer un dépôt.
WITHDRAWAL OF BANK DEPOSITS, retraits des dépôts bancaires.

DEPOSIT *v*, déposer, consigner, verser.
to DEPOSIT 100 FRANCS, verser 100 francs d'arrhes.
to DEPOSIT FUNDS WITH A BANKER, déposer des fonds chez un banquier.
to DEPOSIT A MARGIN, fournir une couverture (bourse).
to DEPOSIT MONEY WITH, déposer, consigner, de l'argent chez.
to DEPOSIT MONEY IN THE POST OFFICE SAVINGS BANK, verser des fonds à la caisse d'épargne postale.

to DEPOSIT SECURITIES IN SAFE CUSTODY, mettre des valeurs en dépôt.

DEPOSITARY *s*, dépositaire *m*; séquestre *m*.

DEPOSITED *a*, déposé, versé, consigné.
FUNDS DEPOSITED WITH A BANKER, fonds déposés chez un banquier.
REFUND OF THE MONEY DEPOSITED, remboursement de l'acompte versé.
RENT ON GOODS DEPOSITED, droit de magasinage.

DEPOSITOR *s*, déposant *m*.
DEPOSITOR'S BOOK, livret nominatif.

DEPOSITORY *s*, dépôt *m*, entrepôt *m*.

DEPOT *s*, dépôt *m*, *U.S:* gare.
COAL-DEPOT, dépôt de charbon.
FREIGHT DEPOT, *U.S:* gare de marchandises.

DEPRECIATE *v*, (se) déprécier, (s') amortir, (s') avilir.
to DEPRECIATE BY 10 % PER ANNUM, amortir de 10 % par an.
PERISHABLES DEPRECIATE RAPIDLY, les marchandises périssables s'avilissent rapidement.

DEPRECIATION *s*, dépréciation *f*, amortissement *m*, moins-value *f*, tare *f*.
ACCELERATED DEPRECIATION, amortissement accéléré.
AGE-LIFE METHOD OF DEPRECIATION, méthode d'amortissement par tranches annuelles égales.
ALLOWANCE FOR DEPRECIATION, provision pour amortissement.
ANNUAL DEPRECIATION, amortissement annuel.
ANNUITY METHOD OF DEPRECIATION, méthode d'amortissement par annuités.
APPRAISAL METHOD OF DEPRECIATION, méthode d'amortissement fondée sur la valeur du moment.
COEFFICIENT OF DEPRECIATION, coefficient d'amortissement.
DEPRECIATION ALLOWANCE, provision pour amortissement.
DEPRECIATION CHARGES, charges d'amortissement.
DEPRECIATION OF CURRENCY IN RELATION TO GOLD, dépréciation de la monnaie par rapport à l'or.
DEPRECIATION ON DIMINISHING VALUES, amortissement dégressif.
DEPRECIATION OF MONEY, dépréciation de la monnaie.
DEPRECIATION ON PREMISES, amortissement sur immeubles.
DEPRECIATION OF SHARES, moins-value des actions.
FIXED DEPRECIATION, amortissement fixe.
NET OF CHARGES FOR DEPRECIATION, après déduction de l'amortissement.
PROVISION FOR DEPRECIATION OF INVESTMENTS, provision pour moins-value des investissements.
PROVISION FOR DEPRECIATION OF SECURITIES, prévision pour moins-value du portefeuille.
RESERVE FOR DEPRECIATION OF PLANT, provision pour dépréciation de matériel, pour amortissement de matériel.
SECURITY WHICH SUFFERS A DEPRECIATION, valeur qui subit une dépréciation.
STRAIGHT-LINE DEPRECIATION, amortissement en ligne droite.

DEPRESS *v*, déprimer.

DEPRESSED *a*, déprimé, maussade.
DEPRESSED MARKET, marché déprimé, maussade.

DEPRESSION *s*, dépression *f*, crise *f*, baisse *f*.
BUSINESS DEPRESSION, dépression économique.
WAVE OF DEPRESSION, vague de baisse.

DEPUTY *s*, fondé *m* de pouvoir *m*, substitut *m*, adjoint *m*.
DEPUTY CHAIRMAN, vice-président.
DEPUTY GOVERNOR, sous-gouverneur.
DEPUTY MANAGER, sous-directeur; directeur adjoint.

DERATE *v*, dégrever.

DERATING *s*, dégrèvement *m*.

DEREGISTRATION *s*, radiation *f*.

DERESTRICT *v*, libérer, lever les restrictions *f. pl*.

DERIVABLE *a*, dérivable.
INCOME DERIVABLE FROM AN INVESTMENT, revenu que l'on peut tirer d'un placement.

DERIVATION *s*, dérivation *f*.
DERIVATION OF A FUNCTION, dérivation d'une fonction.

DERIVATIVE *s*, dérivée *f*.
DERIVATIVE OF A FUNCTION, dérivée d'une fonction.
DERIVATIVE OF THE FIRST (SECOND) ORDER, dérivée du premier (second) ordre.

DERIVE *v*, tirer, dériver.
to DERIVE PROFIT FROM, tirer profit de.

DERIVED *a*, dérivé, induit, provenant.
DERIVED DEMAND, demande induite.
DERIVED EXPENSE, dépense dérivée.

DERIVED FUNCTION, fonction dérivée.
INCOME DERIVED FROM AN INVESTMENT, revenu provenant d'un placement.
REVENUE DERIVED FROM TAXES, recettes fiscales.

DEROGATION s, dérogation f.

DEROGATORY a, dérogatoire.

DESCENDING a, descendant, décroissant.
DESCENDING ORDER OF IMPORTANCE, (par) ordre décroissant d'importance.
DESCENDING SERIES, série descendante.
TAX ON A DESCENDING SCALE, impôt dégressif.

DESCRIPTION s, description f, désignation f; libellé m.
DESCRIPTION OF SECURITIES, désignation des titres.

DESCRIPTIVE a, descriptif.
DESCRIPTIVE GEOMETRY, géométrie descriptive.

DESIGN s, dessein m, projet m, plan m; structure f, modèle m, dessin m, procédé m, conception f.
CAR OF THE LATEST DESIGN, voiture dernier modèle.
of FAULTY DESIGN, de construction déficiente.
INDUSTRIAL DESIGN, esthétique industrielle.
LOGICAL DESIGN, conception logique; structure logique.
PRODUCT DESIGN, conception du produit.
SAMPLING DESIGN, procédé d'échantillonnage; plan d'échantillonnage.

DESIGN v, dessiner, créer, destiner.

DESIGNER s, dessinateur m, créateur m.
FASHION DESIGNER, créateur de mode.

DESIRABLE a, désirable, souhaitable.

DESIRE s, désir m, volonté f.
DESIRE TO DEFRAUD ONE'S CREDITORS, désir de frustrer ses créanciers.

DESPOIL v, spolier.

DESPOTISM s, despotisme m.

DESTABILIZER s, facteur m de déséquilibre m.

DESTINATION s, destination f.
PORT OF DESTINATION, port de destination.

DESTITUTE a, dépourvu, dénué.
the DESTITUTE, les pauvres, les miséreux.

DESTITUTION s, dénuement m, misère f.

DETACH v, détacher.
to DETACH A COUPON, détacher un coupon.

DETAIL s, détail m.
DETAIL OF NO IMPORTANCE, détail sans importance.

DETAILED a, détaillé.
DETAILED ACCOUNT, décompte.
DETAILED STATEMENT OF ACCOUNT, état détaillé de compte.

DETECTION s, détection f.
ERROR DETECTION ROUTINE, routine de détection d'erreurs.

DETERIORATE v, détériorer.

DETERIORATION s, détérioration f, dépérissement m.
DETERIORATION OF THE BALANCE OF PAYMENTS, détérioration de la balance des paiements.

DETERMINABLE a, déterminable, que l'on peut déterminer, résoluble.
DETERMINABLE INTEREST SECURITIES, valeurs à revenu variable.

DETERMINANT s, déterminant m.
rth DETERMINANT IN THE SERIES, rme déterminant de la série.
FUNDAMENTAL DETERMINANTS OF PRICES, déterminants fondamentaux des prix.
RATIOS OF DETERMINANTS, rapports des déterminants.
RECIPROCAL DETERMINANTS, déterminants réciproques.
SIGNS OF THE DETERMINANTS, signes des déterminants.
SOLUTION BY MEANS OF DETERMINANTS, solution par les déterminants.

DETERMINATION s, détermination f, résiliation f, expiration f.
DETERMINATION CLAUSE, clause résolutoire.
DETERMINATION OF A CONTRACT, résiliation d'un contrat.
DETERMINATION OF EQUILIBRIUM OF PRODUCTION, détermination de l'équilibre de la production.
DETERMINATION OF EXCHANGE EQUILIBRIUM, détermination de l'équilibre de l'échange.
DETERMINATION OF A LEASE, expiration d'un bail.
DETERMINATION OF NATIONAL INCOME, détermination du revenu national.
DETERMINATION OF PRICES, détermination des prix.
DETERMINATION OF THE RATE OF INTEREST, détermination du taux d'intérêt.
DETERMINATION OF THE VALUE OF, détermination de la valeur de.

MUTUAL DETERMINATION, détermination réciproque.
SELF-DETERMINATION, auto-détermination.
WAGE DETERMINATION, détermination des salaires.

DETERMINE v, déterminer, fixer.
the PRICE IS DETERMINED BY, le prix est fixé, déterminé, par.

DETERMINED a, déterminé.
PRICE-DETERMINED, déterminé par le prix.

DETERMINING a, qui détermine, déterminant.
PRICE-DETERMINING, déterminant du prix.

DETERMINISM s, déterminisme m.

DETERMINISTIC a, déterministe.
DETERMINISTIC PROGRAM, programme déterministe.

DETRIMENT s, détriment m, préjudice m.

DETRIMENTAL a, préjudiciable.
DETRIMENTAL TO OUR INTERESTS, préjudiciable à nos intérêts.

DEVALORIZATION s, dévalorisation f.
DEVALORIZATION OF STERLING, dévalorisation du sterling.

DEVALORIZE v, dévaloriser.

DEVALUATE v, dévaluer.

DEVALUATION s, dévaluation f.
DEVALUATION OF THE FRANC, dévaluation du franc.

DEVALUE v, dévaluer.

DEVASTATION s, dévastation f, ravage(s) m; dilapidation f.

DEVELOP v, développer, viabiliser.
to DEVELOP BUILDING GROUND, mettre en valeur un terrain à construire; viabiliser un terrain.

DEVELOPED a, développé.
UNDER-DEVELOPED COUNTRY, pays sous-développé.

DEVELOPING a, en voie f de développement m.
ECONOMICS OF THE DEVELOPING COUNTRIES, économie des pays en voie de développement.

DEVELOPMENT s, développement m, exploitation f; perfectionnement m.
CAPITALISTIC STAGE OF DEVELOPMENT, étape capitaliste de développement.
CHECKS ON ECONOMIC DEVELOPMENT, obstacles au développement économique.
DEVELOPMENT AREA, zone de développement.
DEVELOPMENT OF BUILDING GROUND, mise en valeur d'un terrain à construire; viabilisation (d'un terrain).
DEVELOPMENT COST, coût de développement.
DEVELOPMENT COURSE, cours de perfectionnement.
DEVELOPMENT PLAN, plan de développement.
DEVELOPMENT RESEARCH, recherche de développement.
ECONOMIC DEVELOPMENT, développement économique.
FINANCE DEVELOPMENT CORPORATION, Fonds de développement économique.
INTERNATIONAL BANK FOR RECONSTRUCTION AND DEVELOPMENT, Banque internationale pour la reconstruction et le développement.
INTERNATIONAL DEVELOPMENT ASSOCIATION, Association internationale pour le développement.
LAND DEVELOPMENT, mise en valeur d'un terrain.
LAW OF UNEVEN ECONOMIC DEVELOPMENT, loi de l'inégalité du développement économique.
OVER-DEVELOPMENT, développement excessif.
in PROCESS OF DEVELOPMENT, en voie de développement.
STRATEGY OF ECONOMIC DEVELOPMENT, stratégie du développement économique.
UNDER-DEVELOPMENT, sous-développement.

DEVIATE s, écart m.
NORMAL DEVIATE, écart réduit.

DEVIATE v, dévier, (s') écarter.

DEVIATION s, déviation f, écart m, divergence f.
ABSOLUTE DEVIATION, écart absolu.
AVERAGE DEVIATION, écart moyen absolu.
DEVIATION FROM THE MEAN, écart à la moyenne.
DEVIATIONS OF THE SEPARATE POINTS, WHEN SQUARED AND TOTALLED, somme de carrés des écarts des points observés.
DEVIATIONS FROM TREND, écarts au trend.
MAJOR DEVIATIONS FROM, divergences importantes par rapport à.
MEAN DEVIATION, écart à la moyenne; moyenne de déviation; écart absolu moyen.
the MEAN DEVIATION IS EQUAL TO 4/5 OF THE STANDARD DEVIATION, la moyenne de déviation est égale aux 4/5e de la déviation standard.
MEAN OF THE SQUARED DEVIATIONS FROM THE MEAN (VARIANCE), moyenne des carrés des écarts à la moyenne (variance).
QUARTILE DEVIATION, déviation quartile.

STANDARD DEVIATION, écart type; déviation standard; moyenne quadratique; écart quadratique.
STANDARD ERROR OF THE STANDARD DEVIATION, erreur type de l'écart type.
SUM OF THE SQUARES OF THE DEVIATIONS, somme des carrés de tous les écarts.

DEVICE s, expédient m; dispositif m.
THEFT-PREVENTION DEVICE, dispositif antivol.

DEVOTE v, consacrer, affecter.

DEXTERITY s, dextérité f.

DIAGONAL a, diagonal.
DIAGONAL MATRIX, matrice diagonale.

DIAGONAL s, diagonale f.

DIAGRAM s, diagramme m, graphique m, tableau m, schéma m.
BLOCK DIAGRAM, ordinogramme.
BOX DIAGRAMS, diagrammes emboîtés.
CLOSE EXAMINATION OF THE DIAGRAM, examen approfondi du graphique.
COLUMN DIAGRAM, histogramme.
FLOW-DIAGRAM, organigramme.
ISOMETRIC DIAGRAM, diagramme isométrique.
LOGICAL DIAGRAM, diagramme logique.
PIE-DIAGRAM, diagramme à secteurs.
to PLOT A DIAGRAM, relever un diagramme.
PRICE-QUANTITY DIAGRAM, graphique de prix et de quantités.
SCATTER DIAGRAM, diagramme de dispersion.
STRING DIAGRAM, diagramme à ficelles.
to TRACE (OUT) A DIAGRAM, faire le tracé d'un diagramme.
WEIGHTING DIAGRAM, tableau indiquant la pondération utilisée.

DIAGRAMMATIC a, graphique, schématique.
DIAGRAMMATIC REPRESENTATION, représentation graphique.

DIALECTICAL a, dialectique.
DIALECTICAL MATERIALISM, matérialisme dialectique.

DIALECTICS s. pl, dialectique f.

DIAMETER s, diamètre m.

DIAMOND s, diamant m.
DIAMONDS, valeurs diamantifères.
GENUINE DIAMOND, diamant véritable.
INDUSTRIAL DIAMONDS, diamants industriels.

DICE s. pl, see under DIE s.

DICE v, jouer aux dés m. pl.

DICHOTOMY s, dichotomie f.
DICHOTOMY BETWEEN REAL AND MONETARY ECONOMICS, dichotomie entre l'économie réelle et l'économie monétaire.

DICTATORSHIP s, dictature f.
DICTATORSHIP OF THE PROLETARIAT, dictature du prolétariat.

DIE s, dé m.
DICE-ROLLING, jeu de dés.
LOADED DICE, dés pipés.

DIET s, alimentation f, nourriture f.

DIFFER v, différer, être différent de.

DIFFERENCE s, différence f, écart m, divergence f.
COMMON DIFFERENCE OF AN ARITHMETIC PROGRESSION, raison d'une progression arithmétique.
CONSIDERABLE DIFFERENCE, différence considérable.
DECIDED DIFFERENCE, différence marquée.
DIFFERENCE BETWEEN COST AND THE SALE PRICE, écart entre prix de revient et prix de vente.
DIFFERENCE IN KIND, différence de nature.
DIFFERENCE OF LEVEL, dénivellation.
DIFFERENCE OVER OR UNDER, différence en plus ou en moins.
DIFFERENCES IN PRICE, écarts de prix.
ERROR IN THE DIFFERENCE, erreur de la différence.
GAMBLING IN DIFFERENCES AND CONTANGOES, spéculation sur les différences et les reports.
HUGE DIFFERENCE, différence énorme.
IMPERCEPTIBLE DIFFERENCE, différence insensible.
MARKED DIFFERENCE, différence marquée.
MINUS OR PLUS DIFFERENCE, différence en plus ou en moins.
NOTICEABLE DIFFERENCE, différence notable.
PARTIAL DIFFERENCES, différences partielles.
POTENTIAL DIFFERENCE, différence de potentiel.
STANDARD ERROR OF THE DIFFERENCE, erreur type de la différence.
SUBSTANTIAL DIFFERENCE, différence sensible.
TANGIBLE DIFFERENCE, différence sensible.

DIFFERENT a, différent, divers.
DIFFERENT OPPORTUNITIES FOR PRODUCTION, différentes possibilités de production.

DISTRIBUTION OF A GIVEN VOLUME OF EMPLOYED RESOURCES BETWEEN DIFFERENT USES, répartition entre différentes utilisations d'un volume donné de ressources.

DIFFERENTIAL a, différentiel.
DIFFERENTIAL BIRTH RATES, taux de naissances différentiels.
DIFFERENTIAL CALCULUS, calcul différentiel.
DIFFERENTIAL COEFFICIENT, coefficient différentiel; dérivée.
DIFFERENTIAL COST, coût différentiel.
DIFFERENTIAL DUTIES, droits différentiels.
DIFFERENTIAL EQUATION, équation différentielle.
DIFFERENTIAL TARIFF, tarif différentiel.
DIGITAL DIFFERENTIAL ANALYSER, intégratrice numérique.

DIFFERENTIAL s, différentielle f, différence f.
WAGE DIFFERENTIALS, différences de salaires.

DIFFERENTIATED a, différencié.
DIFFERENTIATED PRODUCTS, produits différenciés.

DIFFERENTIATION s, différenciation f, discrimination f.
PRODUCT DIFFERENTIATION, différenciation du produit.

DIFFICULT a, difficile, pénible.
BILLS DIFFICULT TO NEGOTIATE, effets difficiles à placer.
TAXES DIFFICULT TO GET IN, impôts qui rentrent difficilement.

DIFFICULTY s, difficulté f, embarras m.
to ASSUME THE DIFFICULTIES AWAY, supposer toutes les difficultés résolues.
PECUNIARY DIFFICULTIES, embarras financiers.

DIGEST s, sommaire m, abrégé m.
MONTHLY DIGEST OF STATISTICS, Bulletin mensuel de statistiques.

DIGGER s, celui qui creuse, chercheur m.
GOLD-DIGGER, chercheur d'or.

DIGGING s, fouilles f. pl, exploitation f.
GOLD-DIGGING, exploitation de quartz aurifère.

DIGIT s, chiffre m, digit m, nombre m, signal m.
BINARY DIGIT, signal binaire; digit binaire.
CHECK DIGIT, digit de contrôle.
the ten DIGITS, le zéro et les neuf chiffres.
RANDOM DIGIT, nombre aléatoire.

DIGITAL a, digital, numérique.
DIGITAL CIRCUIT, circuit numérique.
DIGITAL COMPUTER, calculateur digital; calculatrice numérique.
DIGITAL DIFFERENTIAL ANALYSER, intégratrice numérique.
DIGITAL PROCESSING, traitement numérique.
DIGITAL SIMULATION, simulation numérique.

DIKE s, digue f.

DILAPIDATE v, délabrer.

DILAPIDATED a, délabré.
DILAPIDATED HOUSE, maison délabrée, en ruines.

DILAPIDATION s, délabrement m.
DILAPIDATIONS, dégradations.

DILEMMA s, dilemme m.

DIMENSION s, dimension f.
FOURTH DIMENSION, quatrième dimension.
LINEAR DIMENSION, dimension linéaire.

DIMENSIONAL a, dimensionnel.
three- (four)- DIMENSIONAL GEOMETRY, géométrie à trois (quatre) dimensions.
three-DIMENSIONAL MODEL, modèle à trois dimensions.
two- (three-) DIMENSIONAL SPACE, espace à deux (trois) dimensions.

DIMENSIONLESS a, sans dimensions f. pl.

DIMINISH v, diminuer, amoindrir, décroître.

DIMINISHING a, décroissant.
DIMINISHING COST, coût décroissant.
DIMINISHING MARGINAL COST, coût marginal décroissant.
DIMINISHING MARGINAL RATE OF SUBSTITUTION, taux marginal décroissant de substitution.
DIMINISHING MARGINAL UTILITY, utilité marginale décroissante.
DIMINISHING MARGINAL VALUE, valeur marginale décroissante.
LAW OF DIMINISHING RETURNS, loi des rendements décroissants.
PRINCIPLE OF DIMINISHING MARGINAL UTILITY, principe de l'utilité marginale décroissante.

DIMINUTION s, diminution f, réduction f, déchet m.

DIP s, inclinaison f, inflexion f.
DIP IN A CURVE, inflexion dans une courbe (vers le bas).

DIP v, baisser, (s') infléchir.
SHARES DIPPED TO, les actions s'infléchirent à.

DIRECT a, direct, immédiat, sélectif.
DIRECT ACCESS, accès sélectif.
DIRECT ACCESS STORAGE, mémoire à accès sélectif.

DIRECT CAUSE, cause immédiate.
DIRECT COMMERCE, commerce de gros.
DIRECT CONTRACT, contrat direct (sans intermédiaires).
DIRECT CURRENT, courant continu.
DIRECT EXCHANGE, change direct.
DIRECT EXPENSES, frais proportionnels.
DIRECT IMPORT CONTROLS, contrôle direct des importations.
DIRECT INVESTMENT, investissement direct.
DIRECT TAX, impôt direct.
DIRECT TAXES ON CORPORATIONS, impôts directs frappant les sociétés.
DIRECT TAXATION, contributions directes.
DIRECT TRADE, commerce de gros.

DIRECT adv, directement.
to HAND OVER THE MONEY DIRECT, payer de la main à la main.

DIRECT v, diriger.
to DIRECT AN ENTERPRISE, diriger une entreprise.

DIRECTION s, direction f, sens m; administration f.
CHANGE OF DIRECTION, inflexion.
CONTRARY DIRECTION, sens opposé.
in every DIRECTION, en tous sens.
DIRECTIONS (FOR USE), mode d'emploi.
OPPOSITE DIRECTION, direction inverse, opposée.
REVERSE DIRECTION, direction opposée.

DIRECTLY adv, directement, tout droit.
DIRECTLY OPPOSITE EFFECT, effet exactement contraire.
y VARIES DIRECTLY AS x, y varie en raison directe de x.

DIRECTOR s, administrateur m.
BOARD OF DIRECTORS, conseil d'administration.
DIRECTORS' FEES, jetons de présence des administrateurs.
DIRECTORS' PERCENTAGE ON PROFITS, tantièmes d'administrateur.
DIRECTORS' REPORT, rapport des administrateurs.
MANAGING DIRECTOR, administrateur délégué; gérant.
RETIRING DIRECTOR, administrateur sortant.

DIRECTORY s, répertoire m, annuaire m.
SHIPPING DIRECTORY, répertoire maritime.
TELEPHONE DIRECTORY, annuaire des téléphones.

DISABILITY s, incapacité f, invalidité f.
DISABILITY PENSION, pension d'invalidité.
PHYSICAL DISABILITY, infirmité.

DISABLED a, estropié, invalide.
DISABLED PERSON, un (une) invalide.

DISABLEMENT s, invalidité f, incapacité f de travail m.
DISABLEMENT INSURANCE, assurance contre l'invalidité.
PERMNNENT DISABLEMENT, incapacité permanente.
TEMPORARY DISABLEMENT, incapacité temporaire.

DISADVANTAGE s, désavantage m.

DISAGREE v, être en désaccord m.

DISAGREEMENT s, désaccord m, dissentiment m, différend m.
DISAGREEMENT BETWEEN THE EXPERTS, désaccord entre les experts.

DISALLOW v, ne pas admettre, rejeter.
to DISALLOW AN EXPENSE, rejeter une dépense.

DISALLOWANCE s, rejet m.

DISAPPOINTING a, décevant.
DISAPPOINTING RESULT, résultat décevant.

DISARMAMENT s, désarmement m.
DISARMAMENT CONFERENCE, conférence du désarmement.

DISASTER s, désastre m, sinistre m.

DISASTROUS a, désastreux.
DISASTROUS RESULTS, résultats désastreux.

DISAVING s, désépargne f.

DISBURSE v, débourser.

DISBURSEMENT s, déboursement m, débours m, frais m. pl.
CASH DISBURSEMENTS, paiements effectués par la caisse.
DISBURSEMENTS, débours.

DISCARD v, écarter.
to DISCARD THE UNESSENTIAL, écarter tout ce qui n'est pas essentiel.

DISCHARGE s, décharge f, libération f, quittance f, quitus m, paiement m; réhabilitation f; licenciement m, congé m.
AUDITOR'S FINAL DISCHARGE, quitus.
DISCHARGE IN BANKRUPTCY, réhabilitation d'un failli.
FINAL DISCHARGE, quitus.
PAYMENT IN FULL DISCHARGE, paiement libératoire.
RECEIPT IN FULL DISCHARGE, reçu libératoire.
to TENDER MONEY IN DISCHARGE OF A DEBT, faire une offre réelle.

DISCHARGE v, décharger, congédier, licencier, libérer, (s') acquitter, réhabiliter.
to DISCHARGE A BANKRUPT, réhabiliter un failli.
to DISCHARGE SOMEONE FROM A DEBT, libérer quelqu'un d'une dette.
to DISCHARGE AN EMPLOYEE, licencier un employé.
to DISCHARGE THE GOODS, décharger les marchandises.
to DISCHARGE ONE'S LIABILITIES TO THE FULL, acquitter intégralement le montant de son passif.

DISCHARGED a, déchargé, réhabilité; congédié; quitte.
DISCHARGED BANKRUPT, failli réhabilité.

DISCHARGING s, décharge f.
DISCHARGING OF WORKMEN, débauchage.

DISCIPLINARY a, disciplinaire.
DISCIPLINARY BOARD, conseil de discipline.

DISCLAIM v, désavouer, décliner.
to DISCLAIM ALL RESPONSIBILITY, décliner toute responsabilité.

DISCLAIMER s, déni m, dénégation f.
DISCLAIMER OF RESPONSIBILITY, dénégation de responsabilité.

DISCLOSE v, révéler, divulguer.

DISCLOSURE s, révélation f, divulgation f.

DISCONTENT s, mécontentement m.
GENERAL DISCONTENT, mécontentement général.

DISCONTINUANCE s, cessation f, suspension f.
DISCONTINUANCE OF BUSINESS, cessation d'activités.
DISCONTINUANCE OF A SUIT, interruption, cessation, d'un procès.

DISCONTINUE v, discontinuer, arrêter, cesser.
to DISCONTINUE THE PRODUCTION OF AN ARTICLE, arrêter la production d'un article.

DISCONTINUITY s, discontinuité f, discontinu m.
CONCEPTS OF CONTINUITY AND DISCONTINUITY, concepts du continu et du discontinu.

DISCONTINUOUS a, discontinu, intermittent; discret.
DISCONTINUOUS FUNCTION, fonction discontinue.
DISCONTINUOUS MARKET, marché discontinu.
DISCONTINUOUS QUANTITY, quantité discrète.
DISCONTINUOUS RISE, hausse intermittente.
DISCONTINUOUS VARIABLE, variable discontinue.

DISCOUNT s, escompte m, rabais m, remise f, déduction f, réduction f; report m; actualisation f.
to ALLOW A DISCOUNT OF 5%, consentir un rabais de 5%.
ARITHMETICAL DISCOUNT, escompte en dedans; escompte rationnel.
BANK DISCOUNT, escompte en dehors.
BANK OF DISCOUNT, banque d'escompte.
to BE AT A DISCOUNT, se vendre au rabais.
BILLS FOR DISCOUNT, effets à l'escompte.
CASH DISCOUNT, escompte au comptant; escompte de caisse.
CASH LESS DISCOUNT, comptant avec escompte.
to DEDUCT THE DISCOUNT, retenir l'escompte.
DISCOUNT OF 25%, remise du quart.
DISCOUNT ALLOWANCE, remise.
DISCOUNT ASSETS, effets escomptés.
DISCOUNT BANK, banque d'escompte.
DISCOUNT CHARGES, agio; frais d'escompte.
DISCOUNT COEFFICIENT, coefficient d'actualisation.
DISCOUNT HOUSE, maison d'escompte; magasin de détail vendant au rabais; centre distributeur.
DISCOUNT MARKET, marché de l'escompte.
DISCOUNT MECHANISM, mécanisme de l'escompte.
DISCOUNT NOTE, bordereau d'escompte.
DISCOUNT FOR QUANTITIES, réduction sur la quantité.
DISCOUNT RATE, taux d'escompte.
DISCOUNT RATE OF THE OPEN MARKET, taux d'escompte hors banque.
DISCOUNT RATIO, taux d'escompte.
DISCOUNT REBATE, rabais.
DISCOUNT TIGHTENS, l'escompte se serre.
DISCOUNT VALUE OF ANNUITIES, valeur escomptée d'annuités; valeur de réversion.
DROP IN THE RATE OF DISCOUNT, baisse du taux de l'escompte.
to ISSUE SHARES AT A DISCOUNT, émettre des actions au-dessous du pair.
MARKET RATE OF DISCOUNT, taux d'escompte hors banque.
OFFICIAL RATE OF DISCOUNT, taux officiel d'escompte; escompte officiel.
OPEN DISCOUNT MARKET, marché de l'escompte hors banque.
OPEN MARKET DISCOUNT RATE, taux d'escompte hors banque.
PRICES SUBJECT TO 5% DISCOUNT, prix bénéficiant d'une remise de 5%.
PRIVATE RATE OF DISCOUNT, taux d'escompte privé.
PROMPT CASH LESS DISCOUNT, comptant avec escompte.

PURCHASE PRICE, LESS DISCOUNT, prix d'achat, sous déduction d'escompte.

RATE OF DISCOUNT, taux d'escompte.

to SELL AT A DISCOUNT, (se) vendre au rabais.

to STAND AT A DISCOUNT RELATIVELY TO, subir un escompte par rapport à.

TIGHT DISCOUNT, escompte serré.

TRADE DISCOUNT, escompte d'usage; remise, escompte, sur marchandises.

TRUE DISCOUNT, escompte en dedans.

DISCOUNT v, escompter, anticiper, actualiser.

to DISCOUNT A BILL, escompter un effet.

to DISCOUNT A RISE IN STOCKS, anticiper sur une hausse des valeurs.

DISCOUNTABLE a, escomptable.

DISCOUNTED a, escompté, actuel (après escompte m), actualisé.

BILLS DISCOUNTED, effets escomptés.

CAPITALIZATION BY PRESENT DISCOUNTED VALUES, capitalisation sur la base des valeurs actuelles escomptées.

DISCOUNTED CASH FLOW, flux monétaire actualisé.

DISCOUNTED PRESENT VALUE, valeur actualisée.

DISCOUNTED PRICES, prix escomptés.

DISCOUNTED RETURN, bénéfice actualisé.

DISCOUNTED VALUE, valeur escomptée.

DISCOUNTED VALUE OF THE ADDITIONAL PROSPECTIVE YIELD, valeur actuelle du rendement additionnel probable.

DISCOUNTER s, escompteur m, U.S: centre m distributeur, U.S; magasin m de vente f à marges f. pl réduites.

DISCOUNTING s, escompte m, pratique f de l'escompte, actualisation f.

DISCOUNTING BANKER, banquier escompteur.

DISCOUNTING IS EASY, l'escompte est facile.

RATE OF TIME DISCOUNTING, taux auquel on escompte le temps.

DISCOVERY s, découverte f.

CHANCE DISCOVERY, découverte accidentelle.

INDUSTRIAL APPLICATIONS OF A DISCOVERY, applications industrielles d'une découverte.

DISCREDIT s, discrédit m.

DISCREPANCY s, écart m, désaccord m.

STATISTICAL DISCREPANCY, écart statistique.

DISCRETE a, discret, discontinu.

DISCRETE REPRESENTATION, représentation discrète; représentation digitale.

DISCRETE VARIABLE, variable discrète.

DISCRETIONARY a, discrétionnaire, arbitraire.

DISCRETIONARY NUMBER, nombre choisi a priori.

DISCRETIONARY ORDER, ordre à appréciation.

DISCRETIONARY VALUE, valeur librement choisie.

DISCRIMINANT a, discriminant.

DISCRIMINANT ANALYSIS, analyse discriminante.

DISCRIMINANT s, discriminant m.

DISCRIMINATE v, distinguer, discriminer.

DISCRIMINATING a, qui discrime, différentiel.

DISCRIMINATING DUTY, droit différentiel.

DISCRIMINATING TARIFF, tarif différentiel.

DISCRIMINATION s, discrimination f.

RACE DISCRIMINATION, discrimination raciale.

DISCRIMINATORY a, discriminatoire.

DISCRIMINATORY PREFERENCES, préférences discriminatoires.

DISCUSS v, discuter, débattre.

to DISCUSS THE CONDITIONS OF A BARGAIN, débattre les conditions d'un marché.

DISCUSSION s, discussion f, échange m d'observations f. pl, débat m, délibération f.

to INVITE DISCUSSION, appeler la discussion.

PANEL DISCUSSION, conférence-réunion; réunion-débat.

DISECONOMY s, déséconomie f.

EXTERNAL DISECONOMIES, déséconomies externes.

DISEMBARK v, débarquer.

DISENCUMBER v, dégrever, déshypothéquer.

to DISENCUMBER A PROPERTY, dégrever une propriété.

DISEQUILIBRIUM s, déséquilibre m.

CAUSES OF DISEQUILIBRIUM, causes de déséquilibre.

DISGUISED a, déguisé, caché.

DISGUISED UNEMPLOYMENT, chômage caché.

DISHONEST a, malhonnête, interlope.

DISHONEST BUSINESS, commerce interlope.

DISHONESTY s, malhonnêteté f, mauvaise foi f.

DISHONOUR v, ne pas honorer.

to DISHONOUR BY NON-ACCEPTANCE, refuser d'accepter.

to DISHONOUR A BILL, ne pas accepter un effet; ne pas payer un effet à son échéance.

to DISHONOUR BY NON-PAYMENT, refuser de payer.

DISHONOURED a, refusé, impayé.

DISHONOURED CHEQUE, chèque impayé.

to RETURN A BILL DISHONOURED, retourner un effet impayé.

DISINFLATION s, désinflation f.

DISINFLATIONARY a, désinflationniste.

DISINFLATIONARY EFFECT, effet désinflationniste.

DISINTEGRATION s, désintégration f, dissolution f.

DISINTERESTED a, désintéressé, non commercial.

DISINVESTMENT s, désinvestissement m.

MARGINAL DISINVESTMENT, désinvestissement marginal.

DISK s, disque m.

DISK STORAGE, mémoire à disques.

MAGNETIC DISK, disque magnétique.

DISLOCATE v, disloquer, désorganiser.

DISLOCATION s, dislocation f, désorganisation f.

DISMANTLE v, démanteler.

DISMEMBER v, démembrer, disloquer.

DISMEMBERMENT s, démembrement m, dislocation f.

DISMISS v, congédier, licencier, renvoyer, révoquer.

to DISMISS AN EMPLOYEE, renvoyer un employé.

to DISMISS ALL THE STAFF, congédier tout le personnel.

DISMISSAL s, renvoi m, licenciement m, révocation f.

DISMISSAL PAYMENT, indemnité de licenciement.

MENACE OF DISMISSAL, menace de licenciement.

THREAT OF DISMISSAL, menace de renvoi.

DISORDER s, désordre m.

DISORGANIZATION s, désorganisation f.

DISORGANIZE v, désorganiser.

DISPARITY s, disparité f.

DISPARITY IN WAGE RATES, disparité des salaires.

DISPATCH s, envoi m, expédition f ; célérité f, rapidité f.

with DISPATCH, promptement.

DISPATH DATE, date d'envoi.

DISPATCH MONEY, prime de rapidité.

DISPATCH NOTE, bulletin d'envoi.

DISPATCH SERVICE, service des expéditions.

DISPATCH v, expédier, acheminer.

to DISPATCH CURRENT BUSINESS, expédier les affaires courantes.

to DISPATCH GOODS TO, acheminer des marchandises vers.

DISPATCHER s, distributeur m, expéditeur m.

DISPERSION s, dispersion f.

DISPERSION OF POSSIBLE PRICES, dispersion des prix possibles.

MEASURE OF DISPERSION, mesures, paramètres, de dispersion.

DISPLACED a, déplacé, déclassé.

DISPLACED PERSONS, personnes déplacées (réfugiées).

DISPLACED SHARES, actions déclassées.

DISPLACEMENT s, déplacement m, déclassement m.

DISPLACEMENT OF FUNDS, déplacement de fonds.

DISPLACEMENT OF LABOUR, déplacement de la main-d'œuvre.

DISPLACEMENT OF SHARES, déclassement d'actions.

DISPLACEMENT TON, tonneau-poids.

DISPLACEMENT OF WEALTH, déplacement de richesses.

TON DISPLACEMENT, tonneau-poids; tonneau de déplacement.

DISPLAY s, exposition f, étalage m ; affichage m ; visualisation f.

DISPLAY UNIT, unité d'affichage.

DISPLAY OF WEALTH, (faire) étalage de luxe.

DISPOSABLE a, disponible.

DISPOSABLE FUNDS, disponibilités ; fonds disponibles.

DISPOSABLE INCOME, revenu disponible.

DISPOSABLE SURPLUS, surplus disponible.

DISPOSAL s, disposition f ; vente f, cession f.

COST OF ACQUISITION AND DISPOSAL (OF SECURITIES), frais d'acquisition et de cession (de titres).

DISPOSAL OF PROPERTY, disposition de biens; aliénation de biens.

MEANS AT HIS DISPOSAL, moyens dont il dispose.

DISPOSE v, disposer, vendre, céder, régler, écouler.

to DISPOSE OF GOODS, écouler des marchandises.

to DISPOSE OF A MATTER, régler une affaire.

to DISPOSE OF A PROPERTY, céder un bien.

DISPOSSESS v, déposséder, expulser.

DISPOSSESSION s, dépossession f, expulsion f.

DISPROPORTION s, disproportion f.

DISPROPORTIONATE a, disproportionné.

DISPUTE s, contestation f, différend m, débat m.
MATTER IN DISPUTE, affaire dont il s'agit.

DISQUALIFICATION s, incapacité f, disqualification f.

DISREPAIR s, délabrement m.
to FALL INTO DISREPAIR, tomber en ruines.
WALLS IN DISREPAIR, murs croulants.

DISREPUTE s, discrédit m, mauvaise réputation f.

DISRUPTION s, rupture f, dislocation f.

DISSATISFACTION s, mécontentement m.

DISSENT s, dissentiment m, avis m contraire.

DISSENTING a, dissident.
DISSENTING CREDITORS, créanciers dissidents.
DISSENTING OPINION, U.S: opinion minoritaire (d'un ou plusieurs juges).

DISSIMILAR a, dissemblable.

DISSIMILARITY s, dissimilitude f.

DISSIMULATION s, dissimulation f.

DISSOLUTION s, dissolution f.
DISSOLUTION OF A COMPANY*, dissolution d'une société.
DISSOLUTION OF A PARTNERSHIP*, dissolution d'une association commerciale, professionnelle.

DISSYMMETRICAL a, dissymétrique, asymétrique.

DISSYMMETRY s, dissymétrie f, asymétrie f.

DESTABILIZING a, déstabilisateur.
DESTABILIZING EFFECT, effet déstabilisateur.

DISTANCE s, distance f, parcours m.
COMPUTED DISTANCE, distance estimée.

DISTANCE v, distancer.

DISTANT a, distant, lointain, éloigné.
in the DISTANT FUTURE, dans un avenir lointain.
in the none too DISTANT FUTURE, dans un avenir assez proche.

DISTASTE s, aversion f, répugnance f.

DISTILLATION s, distillation f, raffinage m.
DISTILLATION OF OIL, raffinage du pétrole.

DISTILLERY s, distillerie f, raffinerie f.
OIL DISTILLERY, raffinerie de pétrole.

DISTILLING s, distillation f.

DISTINCT a, distinct, marqué.
DISTINCT PREFERENCE, préférence marquée.

DISTINGUISH v, distinguer.

DISTINGUISHING a, distinctif.
DISTINGUISHING MARK, signe distinctif.

DISTORTING a, de distorsion f.
DISTORTING EFFECTS, effets de distorsion.

DISTORTION s, distorsion f.
QUALITATIVE DISTORTION OF INVESTMENT, distorsion qualitative de l'investissement.

DISTRESS s, détresse f, misère f.

DISTRESSED a, déprimé, arriéré.
DISTRESSED AREAS, régions déprimées (où sévit la crise).

DISTRIBUTABLE a, distribuable, répartissable.
DISTRIBUTABLE PROFIT, bénéfice pouvant être distribué.

DISTRIBUTE v, distribuer, répartir.
to DISTRIBUTE A DIVIDEND, mettre en distribution un dividende.

DISTRIBUTED a, réparti, échelonné, distribué.
DISTRIBUTED LAGS, retards échelonnés.
NORMALLY DISTRIBUTED, distribué(s) normalement.

DISTRIBUTING a, distributeur.
DISTRIBUTING NETWORK, réseau de distribution.

DISTRIBUTION s, distribution f, répartition f, distributivité f, commerce m, partage m.
ACTUAL AND THEORETICAL DISTRIBUTIONS, distributions empiriques et distributions théoriques.
AGE DISTRIBUTION, répartition par âge.
ASYMMETRICAL DISTRIBUTION, distribution dissymétrique.
ASYMMETRY OF A DISTRIBUTION, dissymétrie d'une distribution.
BI-MODAL DISTRIBUTION, distribution bimodale.
BINOMIAL DISTRIBUTION, distribution binomiale; loi binomiale.
CENTRAL TENDENCY OF A DISTRIBUTION, tendance centrale d'une distribution.

CHARACTERISTICS OF FREQUENCY DISTRIBUTIONS, caractéristiques des distributions de fréquences.
CUMULATIVE DISTRIBUTION, distribution cumulée.
DISTRIBUTION OF THE COEFFICIENT OF CORRELATION, distribution des coefficients de corrélation.
DISTRIBUTION AMONG CREDITORS, répartition entre créanciers.
DISTRIBUTION OF DEBTS, répartition des dettes.
DISTRIBUTION OF AN ESTATE, partage d'une succession.
DISTRIBUTION FUNCTION, fonction de répartition.
DISTRIBUTION OF A GIVEN VOLUME OF EMPLOYED RESOURCES BETWEEN DIFFERENT USES, répartition entre différentes utilisations d'un volume donné de ressources.
DISTRIBUTION OF INCOME, distribution, répartition, des revenus.
DISTRIBUTION OF LABOUR, répartition de la main-d'œuvre.
DISTRIBUTION OF NATIONAL INCOME, distribution du revenu national.
DISTRIBUTION OF NATIONAL PRODUCT AMONG DIFFERENT USES, répartition du produit national entre les différents emplois.
DISTRIBUTION OF OWNERSHIP, répartition de la propriété.
DISTRIBUTION OF PROFITS, répartition des bénéfices.
DISTRIBUTION OF SAMPLE MEANS, distribution des moyennes d'échantillons.
DISTRIBUTION OF WEALTH, distribution des richesses.
EQUAL DISTRIBUTION OF, égale répartition, distribution, de.
F DISTRIBUTION, distribution de F; loi de F.
FINAL DISTRIBUTION (AMONG CREDITORS), dernière répartition.
FREQUENCY DISTRIBUTION, distribution de fréquences.
GAUSSIAN DISTRIBUTION, loi de Gauss.
INEQUITABLE DISTRIBUTION OF TAXATION, répartition inéquitable de l'impôt.
J-SHAPED DISTRIBUTION, distribution en forme de J.
KURTOSIS OF A DISTRIBUTION, kurtosis d'une distribution.
LAPLACE DISTRIBUTION, première loi de Laplace.
LIMIT CURVE OF THE BINOMIAL DISTRIBUTION, courbe limite d'une distribution binomiale.
LOGARITHMIC DISTRIBUTION, distribution logarithmique.
LOGNORMAL DISTRIBUTION, distribution lognormale.
MARGINAL PRODUCTIVITY THEORY OF DISTRIBUTION, théorie de la répartition basée sur la productivité marginale.
MODERATELY ASYMMETRICAL DISTRIBUTION, distribution modérément asymétrique.
MOMENT OF A FREQUENCY DISTRIBUTION, moment d'une distribution de fréquences.
MULTIVARIATE DISTRIBUTION, distribution à plusieurs variables.
NORMAL DISTRIBUTION, distribution normale.
PARAMETERS OF A DISTRIBUTION, paramètres d'une distribution.
PARETO'S LAW (OF INCOME DISTRIBUTION), loi de Pareto (de la répartition du revenu).
PARTICIPANT IN A DISTRIBUTION, participant à une répartition.
PEAKEDNESS OF A DISTRIBUTION, kurtosis d'une distribution.
PERCENTAGE DISTRIBUTION, répartition en pourcentage.
POISSON DISTRIBUTION, distribution de Poisson.
PRINCIPLE OF DISTRIBUTION, loi de distributivité.
PROBABILITY DISTRIBUTION, distribution de probabilité.
RANDOM DISTRIBUTION, distribution aléatoire.
RETAIL DISTRIBUTION, commerce de détail.
SAMPLING DISTRIBUTION OF, distribution de... d'une famille d'échantillons.
SHARES IN A DISTRIBUTION, participants à une distribution; lots (dans un partage).
SKEWNESS OF THE DISTRIBUTION, aplatissement de la distributions.
SYMMETRICAL DISTRIBUTION, distribution symétrique.
t-DISTRIBUTION, distribution de t (loi de Student-Fisher).
TAIL OF A DISTRIBUTION, queue d'une distribution.
THEORY OF DISTRIBUTION, théorie de la répartition.
TYPES OF FREQUENCY DISTRIBUTIONS, morphologie des distributions de fréquences.
U-SHAPED DISTRIBUTION, distribution en forme de U.
UNEQUITABLE DISTRIBUTION OF TAXATION, répartition inéquitable des impôts.
WHOLESALE AND RETAIL DISTRIBUTION, commerce de gros et de détail.

DISTRIBUTIONAL a, de répartition f.
DISTRIBUTIONAL EFFECTS, effets sur la répartition.

DISTRIBUTIVE a, distributif.
DISTRIBUTIVE LAW, distributivité.

DISTRIBUTOR s, distributeur m.
LAST DISTRIBUTOR, détaillant.
ROBOT DISTRIBUTOR, distributeur automatique.

DISTRICT s, district m, quartier m, circonscription f, région f.
DISTRICT ATTORNEY, U.S: procureur.
DISTRICT BANK, banque régionale.
DISTRICT MANAGER, directeur régional.
DISTRICT OFFICE, bureau régional.
FEDERAL DISTRICT, district fédéral.

FRONTIER DISTRICT, région frontalière.

DISTURBANCE s, perturbation f.
DISTURBANCE OF BUSINESS, perturbation dans les affaires.

DISTURBED a, troublé, agité.
DISTURBED MARKET, marché agité.

DISTURBING a, perturbateur.
DISTURBING ELEMENT, élément de trouble, d'instabilité.

DISUSE s, désuétude f.

DISUSED a, hors d'usage m.

DISUTILITY s, désutilité f.
DISUTILITY OF MARGINAL EMPLOYMENT, désutilité de l'emploi marginal.
DISUTILITY OF SAVING, désutilité de l'épargne.
MARGINAL DISUTILITY, désutilité marginale.
MARGINAL DISUTILITY OF LABOUR, désutilité marginale du travail.

DIVERGE v, diverger, dévier.

DIVERGENCE s, divergence f, différence f, écart m.
DIVERGENCES BETWEEN SAVING AND INVESTMENT, différence entre l'épargne et l'investissement.
MODAL DIVERGENCE, écart entre moyenne et mode.

DIVERGENT a, divergent.
DIVERGENT VIEWS, opinions divergentes.

DIVERSE a, divers, varié.

DIVERSIFICATION s, diversification f.

DIVERSIFY v, diversifier, varier.

DIVERSIFYING s, diversification f.

DIVERSITY s, diversité f, variété f.
DIVERSITY OF COSTS, diversité des coûts.

DIVERT v, détourner.
to DIVERT MONEY, détourner des fonds.

DIVIDE v, diviser, répartir, partager, fractionner.
to BE DIVIDED, à partager.
to DIVIDE AN AMOUNT AMONG CREDITORS, répartir une somme entre créanciers.
to DIVIDE ONE NUMBER BY ANOTHER, diviser un nombre par un autre.
to DIVIDE A PIECE OF LAND, partager un terrain.
to DIVIDE A PROFIT, répartir le bénéfice.
to DIVIDE A SHEET INTO COLUMNS, diviser une feuille en colonnes.
six DIVIDES BY THREE, six est divisible par trois.

DIVIDED a, divisé, réparti, partagé.
AUTHORIZED CAPITAL DIVIDED INTO 100 SHARES, capital social (autorisé) divisé en 100 actions.
DIVIDED OPINIONS, avis partagés.

DIVIDEND s, dividende m, revenu m.
ACCUMULATED DIVIDENDS, dividendes accumulés.
CUMULATIVE DIVIDEND, dividende cumulatif.
to DECLARE A DIVIDEND, déclarer un dividende.
to DISTRIBUTE A DIVIDEND, mettre en distribution un dividende.
cum DIVIDEND, U.S: coupon attaché.
ex DIVIDEND, U.S: ex-dividende.
DIVIDEND OFF, ex-dividende.
DIVIDEND ON, coupon attaché.
DIVIDEND COUPON, coupon de dividende.
DIVIDENDS LIABLE TO INCOME-TAX, dividendes soumis à l'impôt sur le revenu.
DIVIDEND MAINTAINED AT 5 %, dividende maintenu à 5 %.
DIVIDEND PAID OUT OF CAPITAL, dividende prélevé sur le capital.
DIVIDEND PAYABLE ON, dividende avec jouissance au.
DIVIDEND-PAYING COMPANY, société payant des dividendes.
DIVIDEND SHARE, action de jouissance; action de bénéficiaire.
DIVIDENDS ON SHARES, dividendes d'actions.
FICTITIOUS DIVIDEND, dividende fictif.
FIRST AND FINAL DIVIDEND, première et unique répartition.
HALF-YEARLY DIVIDEND, dividende semestriel.
INTEREST AND DIVIDENDS ARE PAYABLE ON, les intérêts et dividendes sont payables le.
INTERIM DIVIDEND, dividende intérimaire.
NATIONAL DIVIDEND, dividende national; revenu national.
to PASS A DIVIDEND, passer un dividende.
to PASS A DIVIDEND OF 5 %, approuver un dividende de 5 %.
PASSING OF THE DIVIDEND, passation du dividende.
to PAY A DIVIDEND OF 6 %, payer un dividende de 6 %.
PAYMENT OF A DIVIDEND, mise en paiement d'un dividende.
PAYMENT OF DIVIDEND OUT OF CAPITAL, prélèvement du dividende sur le capital.
PREFERENTIAL DIVIDEND, dividende privilégié.
PREFERRED DIVIDEND, dividende privilégié.
to RAISE THE DIVIDEND FROM... TO, porter le dividende de... à.
RECOMMENDATION OF DIVIDEND, proposition de dividende.

SHAM DIVIDEND, dividende fictif.
SHARED DIVIDENDS, dividendes distribués.
SHARES THAT RANK FIRST IN DIVIDEND RIGHTS, les actions qui priment en fait de dividende.
SHARES THAT YIELD A DIVIDEND OF, actions productives d'un dividende de.
SOCIAL DIVIDEND, dividende social.
SURPLUS DIVIDEND, superdividende.
UNCLAIMED DIVIDEND, dividende non réclamé.

DIVIDING s, division f.

DIVISIBILITY s, divisibilité f.

DIVISIBLE a, divisible, répartissable.
DIVISIBLE PROFITS, profits répartissables.

DIVISION s, division f, partage m, répartition f.
DIVISION OF LABOUR, division du travail.
DIVISION OF PROFITS, répartition des bénéfices.
DIVISION OF A PROPERTY, division d'une propriété.

DIVISIONAL a, divisionnaire.
DIVISIONAL COINS, monnaie divisionnaire (d'appoint).

DIVISOR s, diviseur m.
COMMON DIVISOR, diviseur commun.

DO v, faire.
to DO A BARGAIN, faire un marché.
to DO BUSINESS, faire des affaires.
to DO THE BUSINESS, conclure (faire) l'affaire.
to DO AWAY WITH A CUSTOMS DUTY, abolir un droit de douane.
to DO THE NECESSARY REPAIRS, faire les réparations nécessaires.

DOCK s, dock m, bassin m.
DOCK DUES, droits de dock.
DOCK STRIKE, grève des dockers.
DOCK WAREHOUSE, dock-entrepôt.
DRY DOCK, cale sèche.
FLOATING DOCK, dock flottant.
LOADING DOCK, embarcadère.
UNLOADING DOCK, débarcadère.

DOCKER s, docker m, débardeur m.

DOCKYARD s, chantier m de constructions f. pl navales.

DOCTOR s, docteur m.

DOCTRINE s, doctrine f.
COROLLARY OF THE DOCTRINE, corollaire de cette doctrine.
DOCTRINE OF NECESSITY, déterminisme.
ECONOMIC DOCTRINE, doctrine économique.
FREE-TRADE DOCTRINES, doctrines libre-échangistes.
TRUMAN DOCTRINE, doctrine Truman.

DOCUMENT s, document m, titre m, pièce f.
DOCUMENT WITHOUT INTRINSIC VALUE, document sans valeur intrinsèque.
DOCUMENTS IN SUPPORT, pièces à l'appui.
DOCUMENTS OF TITLE, titres de propriété.
to GATHER DOCUMENTS, réunir des documents.
OFFICIAL DOCUMENT, document officiel.
PROMISSORY DOCUMENTS, documents à ordre.

DOCUMENTARY a, documentaire, probant.
DOCUMENTARY BILL, traite documentaire.
DOCUMENTARY CREDIT, accréditif documentaire.
DOCUMENTARY EVIDENCE, preuve écrite.
DOCUMENTARY PROOF, preuve documentaire.

DOGMA s, dogme m.

DOGMATIC a, dogmatique.

DOLDRUMS s. pl, marasme m.
BUSINESS IS IN THE DOLDRUMS, les affaires souffrent d'un marasme.

DOLE s, aumône f, secours m, charité f; allocation f, indemnité f.
UNEMPLOYMENT DOLE, indemnité de chômage.

DOLLAR s, dollar m.
DOLLAR AREA, zone dollar.
DOLLAR BALANCES, balances dollar.
DOLLAR CRISIS, crise du dollar.
DOLLAR SHORTAGE, pénurie de dollars.
DOLLAR STORE, U.S: magasin à prix unique (à un dollar).
EURO-DOLLAR, Euro-dollar.
EXCHANGE VALUE OF THE DOLLAR, cours du dollar.

DOMAIN s, domaine m.

DOMANIAL a, domanial.

DOMESTIC a, intérieur, national, domestique.
CONSUMPTION OF DOMESTIC PRODUCTION, consommation de la production nationale.
to DAMP DOWN DOMESTIC CONSUMPTION, réduire la consommation intérieure.

DOMESTIC CARTELS FAVOURED BY CUSTOMS PROTECTION-ISM, cartels nationaux favorisés par le protectionnisme douanier.
DOMESTIC ORES, minerais nationaux.
DOMESTIC TRADE, commerce intérieur.
non-DOMESTIC WATER, eau impropre à la consommation.
FINAL DOMESTIC CONSUMPTION, consommation nationale définitive.
GROSS DOMESTIC CAPITAL FORMATION, formation brute de capital intérieur.
GROSS DOMESTIC PRODUCT, produit national brut.
NET DOMESTIC PRODUCT, produit intérieur net.
PRODUCTION FOR DOMESTIC SALES, production pour vente dans le pays.

DOMICILE s, domicile m.
BREACH OF DOMICILE, violation de domicile.
DOMICILE OF ORIGIN, domicile d'origine.
LEGAL DOMICILE, domicile légal.

DOMICILED a, domicilié.
BILLS DOMICILED IN FRANCE, traites payables en France.
DOMICILED COUPON, coupon domicilié.

DOMICILIATION s, domiciliation f.

DOMINANT a, dominant.
DOMINANT ECONOMY, économie dominante.
DOMINANT FIRM, firme dominante.

DOMINATION s, domination f.

DOMINION s, dominion m, domination f.

DONATED a, fourni gratuitement.
SERVICES DONATED, services fournis gratuitement.

DONATION s, donation f, don m.
CHARITABLE DONATION, acte de bienfaisance.

DONE a, fait, pratiqué.
BARGAINS DONE, cours faits (en bourse).
BARGAINS DONE FOR CASH, cours pratiqués au comptant.
BARGAINS DONE FOR SETTLEMENT, cours pratiqués au comptant.
BUSINESS DONE FOR CASH, cours pratiqués au comptant.
BUSINESS DONE ON THE KERB, opérations après clôture de bourse.
BUSINESS DONE FOR SETTLEMENT, cours pratiqués au comptant.
PAYMENT IN PROPORTION TO WORK DONE, rémunération au prorata du travail accompli.
WORK DONE ON COMMISSION, travail fait sur commande.

DONEE s, donataire m.

DONOR s, donateur m, donneur m.

DOOR s, porte f.
OPEN-DOOR POLICY, politique de la porte ouverte.
OPEN-DOOR PRINCIPLE, principe de la porte ouverte.

DORMANT a, inactif, dormant.
DORMANT ACCOUNTS, comptes dormants.
DORMANT BALANCE, solde inactif.
DORMANT PARTNER, commanditaire.

DOT s, point m.
DOT CHART, diagramme de points.

DOTTED a, pointillé.
DOTTED LINE, pointillé.

DOUBLE a, double.
BILL AT DOUBLE USANCE, effet à double usance.
DOUBLE-CHAMBER SYSTEM, système bicaméral.
DOUBLE COLUMNS, doubles colonnes.
DOUBLE-DEALING, dissimulation; duplicité.
DOUBLE ENTRY, partie double.
DOUBLE-ENTRY BOOK-KEEPING, comptabilité en partie double.
DOUBLE FLOW, flux alternatif.
DOUBLE INSURANCE, assurance cumulative.
DOUBLE LEDGER, grand livre double.
DOUBLE MEANING, double sens.
DOUBLE OPTION, prime double; double option; stellage.
DOUBLE PUNCH, double perforation.
DOUBLE SAMPLING, échantillonnage à deux degrés.
DOUBLE STANDARD (GOLD AND SILVER), double étalon (or et argent).
DOUBLE TRACK, ligne à deux voies.
DOUBLE THE VALUE, double de la valeur.
PRICE OF DOUBLE OPTION, cours de la double prime.

DOUBLE s, double m.

DOUBLE v, doubler.
to DOUBLE THE STAKES, doubler la mise.
POPULATION DOUBLES EVERY 25 YEARS, la population double tous les 25 ans.

DOUBLING s, doublement m.
DOUBLING OF POPULATION, doublement de la population.

DOUBT s, doute m.

DOUBTFUL a, douteux.
DOUBTFUL DEBT, créance douteuse.
DOUBTFUL HONESTY, moralité douteuse.
DOUBTFUL RESULT, résultat douteux.
DOUBTFUL VALUE, valeur douteuse.

DOW-JONES pr. n, Dow-Jones.
DOW-JONES INDEX, U.S: indice Dow-Jones.

DOWN adv, en bas.
on the **DOWN-GRADE**, sur une pente descendante.
DOWN-PAYMENT, versement à la commande; acompte.
DOWN-STREAM, en aval.

DOWNFALL s, chute f, effondrement m.

DOWNWARD a, descendant.
DOWNWARD ERROR, erreur par défaut.
DOWNWARD MOVEMENT OF STOCKS, mouvement de baisse des valeurs.
DOWNWARD-SLOPING CURVE, courbe descendante.
DOWNWARD TENDENCY, tendance à la baisse.
DOWNWARD TREND, tendance à la baisse.

DOWRY s, dot f.

DOZEN s, douzaine f.
HALF A DOZEN, demi-douzaine.

DRAFT s, traite f, lettre f de change m, effet m, bon m, chèque m ; mandat m ; tirage m, projet m, plan m, esquisse f, dessin m ; U.S: conscription f.
BANKER'S DRAFT, chèque bancaire, de banque.
DRAFT AGREEMENT, projet de convention.
DRAFT OF A CHEQUE, tirage d'un chèque.
DRAFT CONTRACT, projet de contrat.
DRAFTS AND ESTIMATES, plans et devis.
DRAFT (PAYABLE) AT SIGHT, traite à vue.
to HAND OVER A DRAFT TO A BANK FOR COLLECTION, mettre une traite en banque pour encaissement.
to HONOUR A DRAFT, honorer une traite.
to MEET A DRAFT, honorer une traite.
SIGHT DRAFT, traite à vue.
TIME DRAFT, traite à terme.

DRAFT v, rédiger.
to DRAFT A CONTRACT, préparer le projet d'un contrat.

DRAIN s, perte f, épuisement m, drainage m, ponction f.
BRAIN DRAIN, drainage des cerveaux.
CONSTANT DRAIN ON THE ECONOMY, ponction continuelle sur l'économie.
DRAIN OF MONEY, drainage de capitaux.
DRAIN ON THE RESOURCES, ponction sur les ressources.

DRAIN v, drainer, assécher, épuiser.
to DRAIN THE WEALTH OF A COUNTRY, épuiser les richesses d'un pays.
GOLD IS BEING DRAINED TOWARDS, l'or est drainé vers.

DRAINING s, assèchement m, épuisement m.

DRASTIC a, drastique, rigoureux.
DRASTIC MEASURES, mesures rigoureuses.
DRASTIC REMEDY, remède drastique.

DRAUGHT s, traction f, trait m.
DRAUGHT ANIMAL, bête de trait.
DRAUGHT-HORSE, cheval de trait.

DRAW s, tirage m, tirage au sort m, attraction f, réclame f.
the **GAME ENDED IN A DRAW**, la partie s'est terminée par un match nul.
this **WEEK'S DRAW**, réclame de la semaine.

DRAW v, tirer, toucher, prélever, dessiner.
to DRAW BONDS FOR REDEMPTION, tirer au sort les bons destinés à être remboursés.
to DRAW FROM ONE'S CASH, prélever sur ses liquidités.
to DRAW A CHEQUE, tirer un chèque.
to DRAW UP A DEED, rédiger un acte.
to DRAW A LINE, tirer une ligne.
to DRAW BY LOT, tirer au sort.
to DRAW MONEY, toucher, retirer, de l'argent.
to DRAW A PRIZE AT A LOTTERY, gagner un lot à une loterie.
to DRAW PROFIT FROM A TRANSACTION, tirer du profit d'une opération.
to DRAW ON THE RESERVES, prélever sur les réserves.
to DRAW A SALARY, toucher un salaire.
to DRAW ON SAVINGS, prendre sur les économies.

DRAWBACK s, désavantage m, inconvénient m, déduction f, remise f, prime f d'exportation f.

DRAWEE s, tiré m.

DRAWER s, tireur m, souscripteur m.
to REFER A CHEQUE TO DRAWER, refuser d'honorer un chèque.
RETURN OF A BILL TO DRAWER, contre-passation.
to RETURN A BILL TO DRAWER, contre-passer un effet.

DRAWING s, tirage m, tirage au sort m, prélèvement m; dessin m.
BONDS REDEEMABLE BY DRAWINGS, obligations amortissables par tirage au sort.
BONDS REPAYABLE BY DRAWINGS, obligations remboursables par tirage au sort.
CASH DRAWINGS, prises d'espèces.
DRAWING ACCOUNT, compte de dépôt à vue.
DRAWINGS ON CURRENT ACCOUNT, prélèvements sur compte courant.
DRAWING RIGHT, droit de tirage.
DRAWING TO SCALE, dessin à l'échelle.
DRAWING ON STOCKS, prélèvement sur les stocks.
PERIODICAL DRAWINGS, tirages au sort périodiques.
PRIZE-DRAWINGS, tirage à lots.
RANDOMNESS IN DRAWING, tirage au hasard.
SAMPLE DRAWING, tirage au sort de l'échantillon.
SPECIAL DRAWING RIGHTS, droits de tirage spéciaux.

DRAWN a, tiré, prélevé.
FAIRLY DRAWN SAMPLE, échantillon tiré consciencieusement.
SAMPLE DRAWN, échantillon tiré.

DRESSING s, habillement m.
WINDOW-DRESSING, bel étalage pour faire impression.

DRIB(B)LET s, petite somme f.
PAYMENT IN DRIBLETS, paiement fractionné.

DRIFT s, dérive f, tendance f, mouvement m, migration f.
DRIFT OF LABOUR INTO THE TOWNS, migration progressive de la main-d'œuvre vers les villes.

DRILLING s, forage m, perforation f.

DRINK s, boisson f.
FOOD AND DRINKS, aliments et boissons.

DRIVE s, dispositif m d'entraînement m, U.S: campagne f.
DRIVE BELT, courroie d'entraînement; courroie de transmission.
PRODUCTIVITY DRIVE, campagne de productivité.

DRIVE v, conduire.
BAD MONEY DRIVES OUT GOOD, la mauvaise monnaie chasse la bonne.

DRIVING a, moteur.
DRIVING FORCE, force motrice.

DROP s, baisse f, chute f, régression f.
DROP IN PRICES, baisse de prix.
DROP IN THE RATE OF DISCOUNT, baisse du taux d'escompte.
DROP IN SUGAR, baisse sur le sucre.
DROP IN VALUE, moins-value.

DROP v, baisser, fléchir, reculer, tomber.
PRICES DROPPED TO, les prix ont fléchi à.
SHARES DROPPED A POINT, les actions ont reculé d'un point.

DROUGHT s, sécheresse f.
DAMAGE CAUSED BY DROUGHT, dommages provoqués par la sécheresse.

DRUG s, produit m pharmaceutique, drogue f.
DRUG-STORE, U.S: pharmacie; bazar.

DRUM s, tambour m.
DRUM STORAGE, mémoire à tambour magnétique.
MAGNETIC DRUM, tambour magnétique.

DRY a, sec.
DRY DOCK, cale sèche.
DRY FARMING, culture à sec.
DRY MONEY, argent liquide.

DUAL a, double; dual.
DUAL PROBLEM, problème dual.
PRIMAL-DUAL METHOD, méthode primale-duale.

DUALITY s, dualité f.

DUBIOUS a, douteux, équivoque, contestable.
DUBIOUS ADVANTAGE, avantage contestable.
DUBIOUS PAPER, papier de valeur douteuse.
DUBIOUS RESULT, résultat douteux.

DUE a, exigible, échu, dû, requis, prescrit, régulier, mérité.
AVERAGE DUE DATE, échéance commune.
BALANCE DUE, solde dû.
BOND DUE FOR REPAYMENT, obligation amortie.
DEBT DUE, créance exigible.
DUE-BILL, U.S: reconnaissance de dette.
DUE CARE, soins requis.
DUE CONSIDERATION, mûre réflexion.
DUE DATE OF COUPON, échéance de coupon.
DUE FORM, bonne et due forme.

DUE LIMITS, limites prescrites.
DUE MEASURES, mesures requises.
DUE REWARD, récompense méritée.
DUE WARNING, avertissement en bonne et due forme.
to FALL DUE, venir à échéance.
MEAN DUE DATE, échéance moyenne; échéance commune.
POSTAGE DUE STAMP, timbre-taxe.
REBATE ON BILLS NOT DUE, escompte d'effets.
RECEIPT IN DUE FORM, quittance régulière.
REMINDER OF DUE DATE, rappel d'échéance.

DUE s, droit(s) m, impôt m, taxe f, dû m.
to CLAIM ONE'S DUES, réclamer son dû.
DOCK DUES, droits de dock.
FERRY DUES, droits de passage.
HARBOUR DUES, droits de port.
MARKET DUES, droits de hallage.
NAVIGATION DUES, droits de navigation.
PIER DUES, droits de quai.
PILOTAGE DUES, droits de pilotage.
PORT DUES, droits de port.
REGISTRATION DUES, droits d'enregistrement.
SALVAGE DUES, droits de sauvetage.
TAXES AND DUES, impôts et taxes.
TOWN DUES, (droits d') octroi.
WHARF DUES, droits de quai.

DULL a, maussade, terne, alourdi, inactif.
DULL MARKET, marché alourdi.
DULL SEASON, morte-saison.
SHARES ARE DULL, les actions sont inactives.

DUL(L)NESS s, stagnation f, marasme m.
GENERAL DULLNESS OF BUSINESS, marasme général des affaires.

DULY adv, dûment.
DULY AUTHORIZED REPRESENTATIVE, représentant dûment accrédité.
DULY LICENSED, dûment patenté.

DUMMY a, factice, postiche, muet.
DUMMY VARIABLE, variable muette.

DUMMY s, prête-nom m, homme m de paille f.

DUMPING s, dumping m.
ANTI-DUMPING LEGISLATION, législation anti-dumping.

DUOPOLY s, duopole m.

DUPLICATE a, double.
DUPLICATE PARTS, pièces de rechange.
DUPLICATE RECEIPT, duplicata de reçu.

DUPLICATE s, double m, duplicata m.
DONE IN DUPLICATE, fait en double (exemplaire).
MADE IN DUPLICATE, fait en double (exemplaire).

DUPLICATE v, faire en double.
this COMMITTEE DUPLICATES WITH ANOTHER COMMITTEE, ce comité fait double emploi avec un autre comité.

DUPLICATING a, duplicateur.
DUPLICATING-MACHINE, duplicateur; machine à polycopier.

DUPLICATION s, duplication f, double-emploi m.

DURABILITY s, durabilité f, longévité f.
AVERAGE DURABILITY OF CAPITAL, longévité moyenne de l'équipement.

DURABLE a, durable, stable.
DURABLE CONSUMERS' GOODS, biens de consommation durables.
DURABLE AND NON-DURABLE GOODS, biens durables et non durables.
LENGTH OF LIFE OF DURABLE ASSETS, longévité des capitaux durables.

DURABLE s, bien m durable.
CONSUMER DURABLES, biens de consommation durables.

DURATION s, durée f, longévité f.
DURATION OF CYCLES, durée des cycles.
DURATION OF A LEASE, durée du bail.
DURATION OF MACHINERY, longévité des machines.
DURATION OF A PATENT, durée d'un brevet.
of SHORT DURATION, de courte durée.

DUTCH a, hollandais.
DUTCH AUCTION, enchères au rabais.

DUTIABLE a, taxable.
DUTIABLE OR FREE, sujet à une taxe ou exonéré.
DUTIABLE GOODS, marchandises sujettes à des droits.

DUTY s, droit(s) m, taxe f, impôt m, redevance f, devoir m, fonction f.
CAPITAL DUTY, droit de constitution (d'une société).
COLLECTION OF CUSTOMS DUTIES, perception des droits de douane.
CONVEYANCE DUTY, droits de mutation.

COUNTERVAILING DUTY, droit compensateur.
CUSTOMS DUTIES, droits de douane.
DEATH DUTIES, droits de succession.
DEATH AND GIFT DUTIES, impôts sur donations et successions.
DIFFERENTIAL DUTIES, droits différentiels.
DISCRIMINATING DUTY, droit différentiel.
DUTY-FREE, exempt de droits; libre à l'entrée.
DUTY-FREE GOODS, marchandises exemptes de droits.
DUTY-PAID GOODS, marchandises acquittées.
DUTY-PAID SALE, vente à l'acquitté.
DUTY PAYABLE IN ADVANCE, droit exigible d'avance.
DUTIES TOWARDS SOCIETY, devoirs envers la société.
ESTATE DUTY, droits de succession.
EXCESS PROFITS DUTY, impôt sur les superbénéfices; impôt sur les bénéfices de guerre.
EXCISE DUTY, droit d'accise; taxe à la consommation.
EXPORT DUTY, droits d'exportation.
EXERCISE OF ONE'S DUTIES, exercice de ses fonctions.
FIXED DUTY, droit fixe.
FREE OF CUSTOMS DUTIES, franco de douane.
FREE OF DUTY, exempt de droit; libre à l'entrée.
FULL DUTY, droit plein.
GOODS LIABLE TO IMPORT DUTY, marchandises sujettes à des droits d'entrée.
GOODS SOLD DUTY PAID, marchandises vendues à l'acquitté.
HIGH-DUTY GOODS, marchandises fortement taxées.
HOUSE-DUTY, impôt sur les propriétés bâties.
IMPORT DUTY, droits d'entrée; droits d'importation.
to IMPOSE NEW DUTIES, imposer des droits nouveaux.
INHABITED-HOUSE DUTY, taxe sur les habitations.
INLAND DUTIES, taxes intérieures.
LEGACY-DUTY, droits de succession.
to LEVY A DUTY ON, frapper d'une taxe.
LIABLE TO DUTY, passible de droits.
LOW-DUTY GOODS, marchandises faiblement taxées.
MINERAL (RIGHTS) DUTY, redevance minière.
MORTGAGE DUTY, taxe hypothécaire.
PAYMENT OF DUTY, acquittement des droits.
PROBATE-DUTY, droits de succession (par testament).
PROHIBITIVE DUTY, droit prohibitif.
PROTECTIVE DUTY, droit protecteur.
RECEIPT STAMP DUTY, droit de timbre à quittance.
REGISTRATION DUTY, droits d'enregistrement.
REMISSION OF CUSTOMS DUTY, remise de droits de douane.

to REMIT THE DUTIES ON, détaxer.
RETURN OF DUTIES, détaxe.
to RETURN THE DUTIES ON, détaxer.
REVENUE DUTY, droit fiscal.
SAFEGUARDING DUTIES, droits de sauvegarde.
SPECIFIC DUTY, droit spécifique.
STAMP DUTY, droits de timbre.
STAMP DUTY PAYABLE BY THE SELLER, droit de timbre à la charge du vendeur.
SUBJECT TO STAMP DUTY, soumis au timbre.
to TAKE THE DUTY OFF, exonérer; abolir le droit.
TONNAGE DUTY, droit de tonnage.
TRANSFER DUTY, droits de mutation.
TRANSIT-DUTY, droits de transit.
TREBLE DUTY, triple droit.
to UNDERTAKE TO PAY THE DUTY, prendre les droits à sa charge.

DWELLING s, habitation f, logement m, demeure f.
OWNER-OCCUPIED DWELLINGS, habitations occupées par leurs propriétaires.
TOTAL DWELLINGS STARTED, nombre total de logements commencés.
WORKMEN'S DWELLINGS, habitations ouvrières.

DWINDLING a, diminuant, faiblissant.
DWINDLING PRODUCTION OF SISAL, production décroissante du sisal.

DWINDLING s, dépérissement m, déperdition f.
DWINDLING OF ASSETS, dépérissement de capital.

DYKE s, digue f.

DYNAMIC a, dynamique.
DYNAMIC ANALYSIS, analyse dynamique.
DYNAMIC ECONOMICS, économie dynamique.
DYNAMIC INCREMENT, accroissement dynamique.
DYNAMIC MODEL, modèle dynamique.
DYNAMIC MULTIPLIER ANALYSIS, analyse au moyen du multiplicateur dynamique.
DYNAMIC PROGRAMMING, programmation dynamique.
DYNAMIC STORAGE, mémoire cyclique.
THEORY OF DYNAMIC STABILITY, théorie de la stabilité dynamique.

DYNAMICS s. pl, dynamique f.
ECONOMIC DYNAMICS, dynamique économique.

DYNAMISM s, dynamisme m.

EAGER *a*, ardent, empressé.
EAGER BUYER, acheteur empressé.
EAGER SELLER, vendeur empressé.

EARLY *a*, précoce, prochain, rapproché.
EARLY DATE, date rapprochée.
EARLY RECOVERY, reprise rapide

EAR-MARK *v*, affecter.
to EAR-MARK FUNDS (FOR A PURPOSE), donner à des fonds une affectation (spéciale).
to EAR-MARK SECURITIES, mettre sous dossier des titres pour le compte d'une autre banque.

EAR-MARKED *a*, affecté.
EAR-MARKED TAXES, produits d'impôts affectés.
FUNDS EAR-MARKED FOR, fonds affectés à.

EAR-MARKING *s*, affectation *f* (de fonds *m. pl*).

EARN *v*, gagner.
to EARN GOOD MONEY, gagner largement sa vie.
to EARN ONE'S LIVING, gagner sa vie.
to EARN MONEY, gagner de l'argent.
to EARN A SALARY, gagner un salaire.
PAY-AS-YOU-EARN (P.A.Y.E.), *U.K*: impôt cédulaire; retenue à la source.

EARNED *a*, gagné.
ALLOWANCE FOR EARNED INCOME, déduction au titre de revenus salariaux ou professionnels.
EARNED INCOME, revenus salariaux; revenus du travail.
PROFIT EARNED ON A SALE, profit réalisé sur une vente.

EARNEST *s*, arrhes *f. pl*.
EARNEST MONEY, arrhes.
to GIVE AN EARNEST, verser des arrhes.

EARNING *a*, profitable, qui rapporte, lucratif.
EARNING ASSETS, actifs lucratifs.
EARNING CAPACITY, productivité financière.
PROFIT-EARNING CAPACITY, rentabilité.
REVENUE-EARNING CAPITAL, capitaux en rapport.
REVENUE-EARNING HOUSE, maison de rapport.

EARNINGS *s. pl*, salaire *m*, rémunération *f*, gages *m. pl*, gain *m*, bénéfice *m*, profit *m*, recette *f*.
CORPORATION EARNINGS, *U.S*: bénéfices des sociétés par actions.
EARNINGS IN MANUFACTURING, gains dans les industries manu-facturières.
EARNINGS PER WEEK, salaire hebdomadaire.
FLOW OF EARNINGS, flux de rémunérations.
GROSS EARNINGS, recettes brutes.
MONOPOLY EARNINGS, bénéfices de monopole.
PRICE-EARNINGS RATIO, ratio cours-bénéfice (par action).
UNDISTRIBUTED EARNINGS, bénéfices non distribués.

EARTHWORK *s*, terrassement *m*.

EASE *s*, aisance *f*, facilité *f*, aise *f*.
EASE OF TRANSPORT, facilités de transport.

EASE *v*, (se) détendre, mollir.
SHARES EASED, les actions ont molli.

EASEMENT *s*, servitude *f* (foncière).

EASINESS *s*, aisance *f*, facilité *f*, aise *f*.
EASINESS OF MONEY, facilité de l'argent.
MONETARY EASINESS OF THE MARKET, aisance monétaire du marché.

EASING *s*, allègement *m*, soulagement *m*, détente *f*, fléchissement *m*.
EASING OFF OF CONTANGOES, détente des reports.

EASY *a*, à l'aise *f*, facile, calme, mou, aisé.
DISCOUNT IS EASY, l'escompte est facile.
EASY MARKET, marché calme.
EASIER MARKET, marché moins soutenu.
EASY MONEY, argent gagné sans peine.
by EASY PAYMENT, avec facilités de paiement.
on EASY TERMS, avec facilités de paiement.
PRICES ARE GETTING EASY, les prix fléchissent.
SHARES ARE EASY, les actions sont molles.

EBB *s*, reflux *m*, baisse *f*.
the EBB AND FLOW, flux et reflux.

ECHO *s*, écho *m*.
ECHO CHECK, contrôle par écho.
ECHO EFFECT, effet d'écho.

ECOLOGICAL *a*, écologique.

ECOLOGY *s*, écologie *f*.

ECONOMETRIC *a*, économétrique.
ECONOMETRIC MODEL, modèle économétrique.
ECONOMETRIC STUDIES, études économétriques.

ECONOMETRICS *s. pl*, économétrie *f*.

ECONOMIC *a*, économique.
BUILT-IN ECONOMIC STABILIZERS, mécanismes de stabilisation automatiques.
COUNCIL OF MUTUAL ECONOMIC AID (COMECON), Conseil d'aide mutuelle économique.
ECONOMIC ACTIVITY, activité économique.
ECONOMIC ADAPTATIVENESS, souplesse économique.
ECONOMIC ADVANCEMENT, essor économique.
non-ECONOMIC ADVANTAGE, avantage extra-économique.
ECONOMIC AGENTS, agents économiques.
ECONOMIC AID, aide économique.
ECONOMIC ANALYSIS, analyse économique.
ECONOMIC ARGUMENT, raisonnement économique.
ECONOMIC BATCH, série économique.
ECONOMIC BATCH QUANTITY, effectif de série économique.
ECONOMIC CALCULATION, calcul économique.
ECONOMIC COLONIALISM, colonialisme économique; théorie des motifs économiques du colonialisme.
ECONOMIC CONDITIONS PREVAILING IN, conditions économiques actuelles en.
ECONOMIC CRISIS, crise économique.
ECONOMIC DEVELOPMENT, développement économique.
ECONOMIC DOCTRINE, doctrine économique.
ECONOMIC DYNAMICS, dynamique économique.
ECONOMIC EFFICIENCY, efficacité économique.
ECONOMIC AND FINANCIAL RECONSTRUCTION, restauration économique et financière.
ECONOMIC FLOW, flux économique.
ECONOMIC FORCES forces économiques.

ECONOMIC GOODS, biens économiques.
ECONOMIC GROWTH, croissance économique.
ECONOMIC HISTORY, histoire économique.
ECONOMIC IMPERIALISM, impérialisme économique.
ECONOMIC INTEGRATION, intégration économique.
ECONOMIC INTELLIGENCE, nouvelles économiques.
ECONOMIC ISOLATION, isolement économique.
ECONOMIC ISSUE, problème économique.
ECONOMIC JOURNALS, revues économiques.
ECONOMIC LAW, loi économique.
ECONOMIC LIBERALISM, libéralisme économique.
ECONOMIC LIFE, période d'utilisation; durée de vie.
ECONOMIC LITERATURE, littérature économique.
ECONOMIC LOT SIZE, quantité économique de commande; quantité économique de réapprovisionnement.
ECONOMIC MAN, homo œconomicus.
ECONOMIC MODELS, modèles économiques.
ECONOMIC MORPHOLOGY, morphologie de l'économie.
ECONOMIC ORDER QUANTITY, quantité économique de commande; quantité économique de réapprovisionnement.
ECONOMIC PHILOSOPHY, philosophie économique.
ECONOMIC PLANNING, planification économique.
ECONOMIC POLICY, politique économique.
ECONOMIC PRINCIPLES, principes, lois, économiques.
ECONOMIC PSYCHOLOGY, psychologie économique.
ECONOMIC RENT, rente économique.
ECONOMIC SCIENCE, science économique.
ECONOMIC SELF-SUFFICIENCY, non-dépendance économique.
ECONOMIC SEMANTICS, sémantique économique.
ECONOMIC SERVICE, Service d'observation économique; institut de conjoncture.
ECONOMIC AND SOCIAL COUNCIL, Conseil économique et social.
ECONOMIC SPACES, espaces économiques.
ECONOMIC STABILITY, stabilité économique.
ECONOMIC SYSTEM, système économique.
ECONOMIC THEORY, théorie économique.
ECONOMIC THOUGHT, pensée économique.
ECONOMIC UNIT, unité économique.
ECONOMIC WELFARE, bien-être économique.
EUROPEAN ECONOMIC COMMUNITY, Communauté économique européenne.
HISTORY OF ECONOMIC ANALYSIS, histoire de l'analyse économique.
HISTORY OF ECONOMIC THOUGHT, histoire des doctrines économiques.
INTERNATIONAL ECONOMIC RELATIONS, relations économiques internationales.
LAW OF UNEVEN ECONOMIC DEVELOPMENT, loi de l'inégalité du développement économique.
LOCATION IN ECONOMIC SPACE, localisation dans l'espace économique.
MACRO-ECONOMIC ANALYSIS, analyse macro-économique.
MAINTENANCE OF ECONOMIC PROSPERITY, maintien de la prospérité économique.
METHODS OF ECONOMIC ANALYSIS, méthodes d'analyse économique.
MICRO-ECONOMIC ANALYSIS, analyse micro-économique.
NATIONAL BUREAU OF ECONOMIC RESEARCH, U.S: Bureau national de recherches économiques; Institut national de conjoncture.
NEW ECONOMIC POLICY (NEP), U.R.S.S: Nouvelle politique économique.
OBJECTIVES OF ECONOMIC POLICY, objectifs de la politique économique.
ORGANIZATION FOR EUROPEAN ECONOMIC CO-OPERATION (OEEC), Organisation européenne de coopération économique (OECE).
PURE ECONOMIC RENT, rente économique pure.
SELF-SUFFICIENT ECONOMIC UNIT, unité économique se suffisant à elle-même.
SHORT-TERM ECONOMIC FORECASTING, tests conjoncturels.
SOCIAL AND ECONOMIC CATEGORIES, catégories socio-professionnelles.
STANDARD ECONOMIC CLASSIFICATION, classification économique internationale type.
STRATEGY OF ECONOMIC DEVELOPMENT, stratégie du développement économique.
THEORY OF ECONOMIC CHOICE, théorie des choix économiques.

ECONOMICAL a, économique : économe.
ECONOMICAL SPEED, vitesse économique.
POLITICO-ECONOMICAL, politico-économique.

ECONOMICALLY adv, économiquement.
ECONOMICALLY ACTIVE POPULATION, population active.

ECONOMICS s. pl, économie f, économie politique, économique f théorie f.
AGRICULTURAL ECONOMICS, économie agricole, agraire.
APPLIED ECONOMICS, économie appliquée.

CLASSICAL ECONOMICS, économie classique; théorie économique classique.
COMPARATIVE ECONOMICS, économie comparée.
DEDUCTIVE ECONOMICS, économie déductive.
DICHOTOMY BETWEEN REAL AND MONETARY ECONOMICS, dichotomie entre l'économie réelle et l'économie monétaire.
DYNAMIC ECONOMICS, économie dynamique.
ECONOMICS OF CERTAINTY, économie du certain.
ECONOMICS OF THE DEVELOPING COUNTRIES, économies des pays en voie de développement.
ECONOMICS OF IMPERFECT COMPETITION, théorie de la concurrence imparfaite.
ECONOMICS OF RISK, économie du risque.
ECONOMICS OF UNCERTAINTY, économie de l'incertain.
ECONOMICS OF WELFARE, théorie de l'avantage collectif; économie du bien-être.
the HIGHER AIM OF ECONOMICS, objectif final de l'économie politique.
INDUSTRIAL ECONOMICS, économie industrielle.
INTERNATIONAL ECONOMICS, économie internationale.
LAWS OF ECONOMICS, lois de l'économie; lois économiques.
MACRO-ECONOMICS, macro-économie.
MATHEMATICAL ECONOMICS, économie mathématique.
MICRO-ECONOMICS, micro-économie.
MONETARY ECONOMICS, économie monétaire.
NORMATIVE ECONOMICS, économie normative.
POSITIVE ECONOMICS, économie positive.
PRINCIPLES OF ECONOMICS, principes d'économie politique.
QUANTITATIVE ECONOMICS, économie quantitative.
WELFARE ECONOMICS, théorie de l'avantage collectif; économie du bien-être.

ECONOMIST s, économiste m.
AUSTRIAN ECONOMISTS, économistes de l'école autrichienne.
CAMBRIDGE ECONOMISTS, économistes de l'école de Cambridge.
CLASSICAL ECONOMISTS, économistes classiques.
CONTEMPORARY ECONOMISTS, économistes contemporains.
KEYNESIAN ECONOMISTS, économistes keynésiens.
NEO-CLASSICAL ECONOMISTS, économistes néo-classiques.
POST-KEYNESIAN ECONOMISTS, économistes post-keynésiens.

ECONOMIZATION s, économie f dans l'emploi m de.

ECONOMIZE v, économiser, épargner.

ECONOMY s, économie f.
ADVANCED ECONOMY, économie développée.
ADVANCING ECONOMY, économie progressive.
CAPITALISTIC ECONOMIES, économies capitalistes.
CLOSED ECONOMY, économie fermée.
COLLECTIVIST ECONOMIES, économies collectivistes.
CONTROLLED ECONOMY, économie dirigée.
DOMINANT ECONOMY, économie dominante.
DYNAMIC ECONOMY, économie dynamique.
ECONOMIES OF LARGE SCALE, économies de grande échelle.
ECONOMIES OF MASS PRODUCTION, économies d'échelles.
ECONOMIES OF SCALE, économies d'échelles.
EXPORT-ORIENTED ECONOMY, économie orientée vers les exportations.
FULL-EMPLOYMENT ECONOMY, économie de plein emploi.
FUTURES ECONOMY, économie à terme.
INTERNAL ECONOMIES, économies internes.
LAISSEZ-FAIRE ECONOMY, économie du laissez-faire; économie purement libérale.
MARKET ECONOMY, économie du marché.
MATURE ECONOMY, économie en pleine maturité.
MEASURE OF ECONOMY, mesure d'économie.
MIXED ECONOMY, économie mixte.
MONETARY ECONOMY, économie monétaire.
MONEY ECONOMY, secteur monétaire de l'économie.
MULTIPLIER IN A CLOSED ECONOMY, multiplicateur d'économie fermée.
OPEN ECONOMY, économie ouverte.
PLANNED ECONOMY, économie planifiée, dirigiste.
POLITICAL ECONOMY, économie politique.
PRINCIPLES OF MOTION ECONOMY, principes d'économie des mouvements.
PRIVATE SECTOR OF THE ECONOMY, secteur privé de l'économie.
PUBLIC SECTOR OF THE ECONOMY, secteur public de l'économie.
to REFLATE THE ECONOMY, ranimer, relancer, l'économie.
SPOT ECONOMY, économie au comptant.
STAGNANT ECONOMY, économie stagnante.
STATIC ECONOMY, économie statique.
STATIONARY ECONOMY, économie stationnaire.

EDGE s, arête f, angle m.

EDGED a, tranchant.
GILT-EDGED INVESTMENT, placement de père de famille.
GILT-EDGED SECURITIES, valeurs de tout repos.
GILT-EDGED STOCK, valeurs de tout repos.

EDIBLE a, comestible.
EDIBLE FISH PRODUCTS, produits comestibles à base de poisson.
EDIBLE OILS, huiles comestibles.

EDUCATION s, éducation f, enseignement m, instruction f.
ADULT EDUCATION, instruction des adultes.
CONSUMER EDUCATION, éducation des consommateurs.
EDUCATION GRANT, bourse d'études.
HIGHER EDUCATION, enseignement supérieur.
PRIVATE EDUCATION. enseignement privé.
TECHNICAL EDUCATION, enseignement technique.

EDUCATIONAL a, éducationnel.
UNITED NATIONS EDUCATIONAL, SCIENTIFIC AND CULTURAL
ORGANIZATION (UNESCO), Organisation des Nations Unies pour
l'éducation, la science et la culture.

EFFECT s, effet m, influence f, conséquence f ; biens m. pl.
after-EFFECT, conséquence.
ASYMMETRIC INCOME-EFFECT, effet de revenu asymétrique.
CAUSE AND EFFECT, la cause et l'effet.
DEMONSTRATION EFFECT, effet de démonstration.
DESTABILIZING EFFECT, effet déstabilisateur.
DIRECTLY OPPOSITE EFFECT, effet directement opposé.
DISINFLATIONARY EFFECT, effet désinflationniste.
DISTORTING EFFECTS, effets de distorsion.
DISTRIBUTIONAL EFFECTS, effets sur la répartition.
ECHO EFFECT, effet d'écho.
in EFFECT, en fait.
of no EFFECT, inutile; non avenu.
FEED-BACK EFFECT, effet de retour; effet de contre-incidence.
GIFFEN EFFECT. effet de Giffen.
IMMEDIATE EFFECT, effet immédiat.
INCOME EFFECT, effet de revenu.
INDIRECT EFFECTS, conséquences indirectes.
LINKAGE EFFECTS, effets de liaison.
MOVABLE EFFECTS, biens mobiliers.
MULTIPLIER EFFECT, effet de multiplicateur.
PERSONAL EFFECTS, effets personnels.
PIGOU EFFECTS, effets Pigou.
PRICE EFFECT, effet de prix.
RATCHET EFFECT, effet mémoire; effet souvenir.
REDISTRIBUTIONAL EFFECTS, effets de redistribution.
RETROSPECTIVE EFFECT, effet rétroactif.
SUBSTITUTION EFFECT, effet de substitution.
to TAKE EFFECT, prendre effet.
TAX EFFECT ON, influence des impôts sur.
TRANSFER EFFECTS, effets de transferts.
VEBLEN EFFECT, effet de Veblen.

EFFECT v, effectuer, procéder.
to EFFECT CUSTOMS CLEARANCE, procéder aux formalités
douanières.
to EFFECT A PAYMENT, effectuer un paiement.

EFFECTIVE a, effectif, réel, efficace.
EFFECTIVE BLOCKADE, blocus effectif.
EFFECTIVE COST OF HOLDING IDLE CASH, coût effectif de la
détention d'argent oisif.
EFFECTIVE DEMAND, demande effective.
EFFECTIVE MONEY, monnaie réelle.
EFFECTIVE POWER, puissance effective.
EFFECTIVE RATES, cours effectifs.
EFFECTIVE YIELD, rendement effectif.
INSUFFICIENCY OF EFFECTIVE DEMAND, insuffisance de la
demande effective.

EFFECTIVELY adv, effectivement, réellement.

EFFECTIVENESS s, efficacité f.
COST-EFFECTIVENESS ANALYSIS, U.S: étude de coût et d'efficacité.
EFFECTIVENESS OF MONETARY POLICY, efficacité de la politique
monétaire.

EFFECTUAL a, valide, en vigueur f, efficace.

EFFICACIOUS a, efficace.

EFFICACIOUSNESS s, efficacité f, efficience f.

EFFICACITY s, efficacité f.

EFFICACY s, efficacité f.

EFFICIENCY s, efficacité f, efficience f, rendement m.
ECONOMIC EFFICIENCY, efficacité économique.
HEAT EFFICIENCY, rendement calorifique.
HIGHEST EFFICIENCY, rendement maximum.
IDEAL EFFICIENCY, rendement optimum.
MARGINAL EFFICIENCY OF CAPITAL, efficacité marginale du
capital.
MARGINAL EFFICIENCY OF INVESTMENT, efficacité marginale de
l'investissement.
MARGINAL EFFICIENCY OF LABOUR, efficacité marginale du
travail.

OPERATIONAL EFFICIENCY, efficacité opérationnelle.
SCHEDULE OF THE MARGINAL EFFICIENCY OF CAPITAL, courbe
de l'efficacité marginale du capital.
TECHNICAL EFFICIENCY, efficacité technique.
THERMAL EFFICIENCY, rendement thermique, calorifique.

EFFICIENT a, efficient, efficace.
EFFICIENT MACHINE, machine d'un rendement élevé.
EFFICIENT WORKING, bon fonctionnement.
HUNDRED PER CENT EFFICIENT, efficace au maximum.

EFFLUX s, flux m, sortie f.
EFFLUX OF CAPITAL, sortie de capitaux.
EFFLUX OF GOLD, sortie d'or.

EFFORT s, effort m, peine f.
SUSTAINED EFFORT, effort soutenu.
WASTED EFFORT, peine perdue.

ELABORATE a, compliqué, fouillé, approfondi, poussé.
ELABORATE RESEARCH, recherche poussée.
ELABORATE STUDY, étude approfondie.

ELABORATE v, élaborer.
to ELABORATE A THEORY, élaborer une théorie.

ELABORATION s, élaboration f, préparation f.
ELABORATION OF A FIVE-YEAR PLAN, préparation d'un plan
quinquennal.

ELASTIC a, élastique.
ELASTIC DEMAND, demande élastique.
ELASTIC SUPPLY, offre élastique.
INFINITELY ELASTIC DEMAND, demande infiniment élastique.

ELASTICITY s, élasticité f, souplesse f.
ARC ELASTICITY OF DEMAND, élasticité d'arc de la demande.
COEFFICIENT OF ELASTICITY, coefficient d'élasticité.
CONCEPT OF ELASTICITY, concept d'élasticité.
CROSS-ELASTICITY, élasticité croisée; élasticité transversale.
CROSS-ELASTICITIES OF DEMAND, élasticités croisées de la
demande.
ELASTICITY OF ANTICIPATIONS, élasticité de l'anticipation; élas-
ticité des prévisions.
ELASTICITY OF DEMAND, élasticité de la demande.
ELASTICITY OF EMPLOYMENT, élasticité de l'emploi.
ELASTICITY OF EXPECTATIONS, élasticité des prévisions.
ELASTICITY OF FACTOR SUBSTITUTION, élasticité de substitution
des facteurs.
ELASTICITY OF INTEREST-EXPECTATIONS, élasticité des prévi-
sions d'intérêt.
ELASTICITY METHOD, méthode des élasticités.
ELASTICITY OF PARTIAL SUBSTITUTION, élasticité de substi-
tution partielle.
ELASTICITY OF SUBSTITUTION, élasticité de substitution.
ELASTICITY OF SUPPLY, élasticité de l'offre.
ELASTICITY OF WANTS, élasticité des besoins.
INCOME ELASTICITY, élasticité-revenu.
POINT ELASTICITY, élasticité ponctuelle.
PRICE ELASTICITY, élasticité-prix.
in TERMS OF ELASTICITIES, en langage d'élasticité.
UNITARY ELASTICITY OF DEMAND, élasticité unitaire de la
demande.

ELECT v, élire, choisir.

ELECTION s, élection f.
GENERAL ELECTION, élection(s) générale(s).
PARLIAMENTARY ELECTION, élections législatives.
TRIANGULAR ELECTION, élection triangulaire.

ELECTORAL a, électoral.

ELECTORATE s, électorat m.

ELECTRIC(AL) a, électrique.
ELECTRICAL ACCOUNTING MACHINE, machine comptable élec-
trique.
ELECTRICAL ENGINEERING, construction électrique.
ELECTRIC FURNACE, four électrique.
ELECTRIC-POWER PRODUCTION, production d'énergie électrique.

ELECTRICITY s, électricité f.
ELECTRICITY WORKS, centrale électrique.
OPERATED BY ELECTRICITY, actionné par l'électricité; fonctionnant
à l'électricité.
to REPLACE COAL BY (WITH) ELECTRICITY substituer l'électricité
au charbon.
TOTAL GENERATION OF ELECTRICITY, production totale d'électricité.

ELECTRIFICATION s, électrification f.
ELECTRIFICATION OF A RAILWAY, électrification d'un chemin de
fer.

ELECTRIFY v, électrifier.

ELECTRONIC a, électronique.
ELECTRONIC CALCULATOR, calculatrice électronique.
ELECTRONIC COMPUTATION, calcul électronique.
ELECTRONIC COMPUTER, calculateur, calculatrice, électronique.
ELECTRONIC DATA PROCESSING, traitement électronique de l'information.
ELECTRONIC DATA PROCESSING MACHINE, calculateur électronique.

ELECTRONICS s. pl, électronique f.

ELEMENT s, élément m, principe m, partie f, facteur m.
DISTURBING ELEMENT, élément de trouble, d'instabilité.
ELEMENTS OF COST, éléments constitutifs du prix de revient.
ELEMENT OF UNCERTAINTY, élément d'incertitude.
EUCLID'S ELEMENTS, éléments de géométrie d'Euclide.
MONOPOLISTIC ELEMENTS, éléments de monopole.
PERSONAL ELEMENT, facteur humain.
TIME-ELEMENT, élément de temps.

ELEMENTAL a, élémentaire.

ELEMENTARY a, élémentaire.
ELEMENTARY ALGEBRA, rudiments, notions, d'algèbre.
ELEMENTARY MATRIX, matrice élémentaire.

ELEVATION s, élévation f; altitude f.
FRONT ELEVATION, façade.
HIGHEST ELEVATION, point culminant.
SECTIONAL ELEVATION, coupe verticale.

ELIGIBILITY s, éligibilité f.

ELIGIBLE a, éligible, admissible.
ELIGIBLE INVESTMENT, placement avantageux.
ELIGIBLE FOR RETIREMENT, ayant droit à la retraite.

ELIMINATE v, éliminer.

ELIMINATION s, élimination f.

ELLIPSE s, ellipse f.
AXIS OF AN ELLIPSE, axe d'une ellipse.

ELLIPTIC(AL) a, elliptique.
ELLIPTICAL FORM, forme elliptique.

ELONGATED a, allongé.

EMANCIPATION s, émancipation f, affranchissement m.

EMBARGO s, embargo m, séquestre m.
to LAY AN EMBARGO ON A SHIP, mettre l'embargo sur un navire.
to RAISE THE EMBARGO ON, lever l'embargo sur.

EMBARGO v, mettre l'embargo m sur, séquestrer.

EMBARK v, embarquer.

EMBARKATION s, embarquement m.
PORT OF EMBARKATION, port d'embarquement.

EMBARKED a, embarqué.
EMBARKED PASSENGERS, passagers embarqués.

EMBARRASSED a, embarrassé, grevé.
EMBARRASSED ESTATE, propriété grevée d'hypothèques.

EMBELLISHMENT s, embellissement m.

EMBEZZLE v, détourner.
to EMBEZZLE MONEY, détourner de l'argent.

EMBEZZLEMENT s, détournement m de fonds m. pl, abus m de confiance f.

EMERGENCY s, cas m urgent, nécessité f pressante.
in CASE OF EMERGENCY, en cas d'urgence.
EMERGENCY FUND, fonds de secours.
EMERGENCY MEANS, moyens de fortune.
EMERGENCY MEASURES, mesures d'urgence.
EMERGENCY REPAIRS, réparations urgentes.
EMERGENCY TAX, impôt extraordinaire.

EMIGRANT s, émigrant m.

EMIGRATE v, émigrer.

EMIGRATION s, émigration f.

EMOLUMENT s, émoluments m. pl, traitement m, appointements m. pl.

EMPHYTEUTIC(AL) a, emphytéotique.

EMPIRE s, empire m.
the EMPIRE, empire britannique.
INDIAN EMPIRE, empire des Indes.
OVERSEAS EMPIRE, empire d'outre-mer.

EMPIRIC(AL) a, empirique.
CONCEPTUAL AND EMPIRICAL PROBABILITIES, probabilités théoriques et empiriques.
EMPIRICAL METHOD, méthode empirique.

EMPIRICALLY adv, empiriquement.

EMPIRICISM s, empirisme m.

EMPLOY s, emploi m.
out of EMPLOY, sans emploi.

EMPLOY v, employer.
to EMPLOY A CLERK, employer un commis.
to EMPLOY HUNDREDS OF WORKERS, employer des centaines d'ouvriers.

EMPLOYABLE a, employable.

EMPLOYED a, employé.
DISTRIBUTION OF A GIVEN VOLUME OF EMPLOYED RESOURCES BETWEEN DIFFERENT USES, répartition entre différentes utilisations d'un volume donné de ressources.
EMPLOYED ON A TEMPORARY BASIS, personnel temporaire.
EMPLOYERS AND EMPLOYED, le patronat et les salariés.
ENTERPRISES WITH 5 OR MORE EMPLOYED, établissements occupant au moins 5 employés.
FORCE OF MEN EMPLOYED, effectif de la main-d'œuvre.
POPULATION EMPLOYED IN AGRICULTURE, population employée dans l'agriculture.
QUANTITY OF LABOUR EMPLOYED, quantité de travail employée.

EMPLOYEE s, employé m, salarié m.
COMPENSATION OF EMPLOYEES, rémunérations des salariés.
to DISCHARGE AN EMPLOYEE, licencier un employé.
to DISMISS AN EMPLOYEE, renvoyer un employé.
all the EMPLOYEES TO GO, tous les employés vont être licenciés.
EMPLOYEE INVESTMENT, actionnariat ouvrier.
to ENGAGE AN EMPLOYEE, engager un employé.
OFFICE EMPLOYEE, employé de bureau.
to OVERPAY AN EMPLOYEE, surpayer un employé.
to RE-ENGAGE AN EMPLOYEE, rengager un employé.
to SACK AN EMPLOYEE, congédier un employé (familier).
SALARIED EMPLOYEES, salariés.

EMPLOYER s, employeur m, patron m.
BIG EMPLOYERS OF LABOUR, gros employeurs de main-d'œuvre.
CHAMBER OF EMPLOYERS, chambre patronale.
EMPLOYERS' ASSOCIATION, syndicat patronal.
EMPLOYERS AND EMPLOYED, le patronat et les salariés.
EMPLOYERS' FEDERATION, syndicat patronal.
EMPLOYER OF LABOUR, employeur de main-d'œuvre.
EMPLOYERS' LIABILITY, responsabilité patronale.
EMPLOYERS' LIABILITY INSURANCE, assurance accidents de travail.
EMPLOYERS' RETURN, déclaration patronale.
EMPLOYER'S SHARE, cotisation patronale.
FEDERATIONS OF EMPLOYERS, syndicats patronaux.

EMPLOYMENT s, emploi m.
ACTUAL EMPLOYMENT, emploi effectif.
AGGREGATE EMPLOYMENT, emploi global.
ALTERNATIVE EMPLOYMENT OF CAPITAL, emploi alternatif du capital.
CONTINUOUS FULL EMPLOYMENT, maintien continu du plein emploi.
DEMAND SCHEDULE FOR EMPLOYMENT, courbe de la demande de main-d'œuvre.
DISUTILITY OF MARGINAL EMPLOYMENT, désutilité de l'emploi marginal.
ELASTICITY OF EMPLOYMENT, élasticité de l'emploi.
out of EMPLOYMENT, sans emploi; sans travail.
EMPLOYMENT AGENCY, agence de placement.
EMPLOYMENT BUREAU, bureau de placement.
EMPLOYMENT EXCHANGE, bureau de placement.
EMPLOYMENT IS FALLING, l'emploi décline.
EMPLOYMENT FUNCTION, fonction de l'emploi.
EMPLOYMENT MULTIPLIER, multiplicateur d'emploi.
EMPLOYMENT POLICY, politique de l'emploi.
EMPLOYMENT TAX, taxe sur l'emploi.
EQUILIBRIUM LEVEL OF EMPLOYMENT, niveau d'équilibre de l'emploi.
FLUCTUATION IN EMPLOYMENT, fluctuation de l'emploi.
FULL EMPLOYMENT, plein emploi.
FULL-EMPLOYMENT ECONOMY, économie de plein emploi.
FULL-EMPLOYMENT POLICY, politique de plein emploi.
GENERAL THEORY OF EMPLOYMENT, INTEREST AND MONEY, théorie générale de l'emploi, de l'intérêt et de la monnaie.
MEANS OF INCREASING EMPLOYMENT, moyens d'accroître l'emploi.
OPTIMUM EMPLOYMENT OF RESOURCES, emploi optimum des ressources.
OVERFULL EMPLOYMENT, suremploi.
PRIMARY EMPLOYMENT, emploi primaire.
to RE-ENTER AN EMPLOYMENT, reprendre un emploi.
to SEEK EMPLOYMENT, chercher un emploi.
VARIOUS HYPOTHETICAL QUANTITIES OF EMPLOYMENT, différents volumes possibles de l'emploi.
VOLUME OF EMPLOYMENT, niveau d'emploi.

EMPOWERED a, habilité.

EMPTY a, vide.

WEIGHT WHEN EMPTY, poids à vide.

EMPTY v, vider; dévaliser.
they have EMPTIED THE SHOP, ils ont dévalisé le magasin.

ENCASH v, encaisser.
to ENCASH A CHEQUE, encaisser un chèque.

ENCASHED a, encaissé.
when ENCASHED, après encaissement.

ENCASHMENT s, encaissement m, recette f, rentrée f.

ENCLOSED a, enclos, inclus.
ENCLOSED HEREWITH, ci-inclus.
ENCLOSED THEREWITH, sous le même pli; y inclus.
SPACE ENCLOSED IN A PARALLELOGRAM, espace limité par un parallélogramme.

ENCLOSURE s, clôture f.

ENCROACH v, empiéter; entamer.
to ENCROACH ON ONE'S CAPITAL, entamer son capital.
to ENCROACH ON ONE'S INCOME, anticiper sur ses revenus.

ENCROACHMENT s, empiètement m; usurpation f.

ENCUMBERED a, grevé.
ASSETS ENCUMBERED WITH A CHARGE, actifs grevés d'une hypothèque; actifs gagés.
ENCUMBERED ESTATE, propriété grevée d'hypothèques.

ENCUMBRANCE s, charge f, servitude f.
ESTATE FREE FROM ENCUMBRANCES, immeuble sans servitudes ni hypothèques.
MAN WITHOUT (FAMILY) ENCUMBRANCES, homme sans charges de famille.

END s, fin f, terme m; extinction f.
CLOSED-END INVESTMENT COMPANY, société d'investissements fermée.
END OF THE FINANCIAL YEAR, fin de l'exercice.
for END JANUARY, pour fin janvier.
the END AND THE MEANS, la fin et les moyens.
at the END OF THIS PERIOD, au terme de cette période.
END-PRODUCT, produit fini; produit final.
END OF A RISK, extinction d'un risque.
END-USE, utilisation finale; fin dernière.
END-YEAR REBATE, ristourne de fin d'année.
PRIVATE ENDS, intérêts personnels.

END v, (se) terminer.
the GAME ENDED IN A DRAW, la partie s'est terminée par un match nul.

ENDEAVOUR s, effort m, préoccupation f, tentative f.
CONSTANT ENDEAVOUR, préoccupation constante.

ENDEAVOUR v, s'efforcer.
to ENDEAVOUR TO MAXIMIZE OUTPUT, chercher à rendre la production maximum.

ENDING a, final.
YEAR ENDING 31st DECEMBER, exercice se terminant au 31 décembre.

ENDLESS a, sans fin f.
ENDLESS SPACE, infini.

ENDOGENOUS a, endogène.
ENDOGENOUS CHANGES, changements endogènes.
ENDOGENOUS AND EXOGENOUS VARIABLES, variables endogènes et exogènes.

ENDORSABLE a, endossable.
ENDORSABLE CHEQUE, chèque endossable.

ENDORSE v, endosser, avaliser.
to ENDORSE A BILL OF EXCHANGE, endosser une lettre de change.
to ENDORSE OVER A BILL OF EXCHANGE OVER TO, transmettre par voie d'endossement une lettre de change à.

ENDORSEE s, endossataire m, tiers porteur m.

ENDORSEMENT s, endossement m, endos m, aval m.
BLANK ENDORSEMENT, endos en blanc.
ENDORSEMENT WITHOUT RECOURSE, endossement à forfait.
to GUARANTEE AN ENDORSEMENT, avaliser la signature.
REGULAR ENDORSEMENT, endossement régulier.
to TRANSFER A BILL BY ENDORSEMENT, transférer, céder, un billet par voie d'endossement.

ENDORSER s, endosseur m, accepteur m, avaliste m.
RECOURSE TO THE ENDORSER OF A BILL, recours contre l'endosseur ou l'accepteur d'un effet.
SECOND ENDORSER, tiers porteur.

ENDOW v, doter.

ENDOWED a, doté.
ENDOWED WITH FINANCIAL MEANS, doté de moyens financiers.

ENDOWMENT s, dotation f.
ENDOWMENT INSURANCE, assurance à terme fixe; assurance à capital différé.

ENDURANCE s, résistance f, endurance f.
ENDURANCE TEST, test d'endurance.

ENEMY a, ennemi.
ENEMY ALIEN PROPERTY ACT, loi sur les biens ennemis.

ENEMY s, ennemi m.

ENERGY s, énergie f.
ATOMIC ENERGY COMMISSION, U.S: Commission de l'énergie atomique.
CONSERVATION OF ENERGY, conservation de l'énergie.
ENERGY DELIVERED TO DISTRIBUTING NETWORK, énergie fournie au réseau de distribution.
EUROPEAN ATOMIC ENERGY COMMUNITY, Communauté européenne de l'énergie atomique.
HEAT-ENERGY, énergie thermique.
KINETIC ENERGY, énergie cinétique.
NUCLEAR ENERGY, énergie nucléaire.
TRANSFORMATION OF ENERGY, transformation de l'énergie.
WORLD ENERGY SUPPLIES, ressources mondiales en énergie.

ENFRANCHISEMENT s, affranchissement m.

ENGAGE v, (s') engager.
to ENGAGE IN BUSINESS, se lancer dans les affaires.
to ENGAGE CAPITAL IN A BUSINESS, engager du capital dans une entreprise.
to ENGAGE AN EMPLOYEE, engager un employé.

ENGAGEMENT s, engagement m.

ENGEL pr. n, Engel.
ENGEL CURVES, courbes d'Engel.
ENGEL LAWS, lois d'Engel.

ENGINE s, machine f. moteur m.
EXPLOSION ENGINE, moteur à explosion.
INTERNAL-COMBUSTION ENGINE, moteur à combustion interne.
RAILWAY ENGINE, locomotive.
STEAM-ENGINE, machine à vapeur.

ENGINEER s, mécanicien m, ingénieur m.
AGRICULTURAL ENGINEER, ingénieur agronome.
CIVIL ENGINEER, ingénieur civil.
MINING ENGINEER, ingénieur des mines.

ENGINEERING s, construction f, engineering m, génie m, organisation f, étude f.
CIVIL ENGINEERING, génie civil.
ELECTRICAL ENGINEERING, construction électrique.
ENGINEERING CONSULTANT, ingénieur-conseil.
FEES FOR ENGINEERING, honoraires d'engineering.
HYDRAULIC ENGINEERING, hydraulique.
INDUSTRIAL ENGINEERING, organisation scientifique du travail.
MECHANICAL ENGINEERING, construction mécanique.
PRODUCT ENGINEERING, étude de production.
WATER-SUPPLY ENGINEERING, hydrotechnique.

ENGLAND pr. n, Angleterre f.

ENGLISH a, anglais.

ENHANCE v, rehausser, mettre en valeur f, augmenter de prix m.
to ENHANCE IN PRICE, augmenter de prix.
to ENHANCE THE VALUE OF LAND, mettre une terre en valeur.

ENHANCEMENT s, renchérissement m, hausse f, augmentation f.
ENHANCEMENT OF PRICE, augmentation de prix.

ENJOY v, aimer, goûter.

ENJOYMENT s, jouissance f.

ENORMOUS a, énorme.

ENQUIRE v, (se) renseigner, enquêter.
to ENQUIRE INTO THE PRESENT POSITION OF AN INDUSTRY, enquêter sur la situation actuelle d'une industrie.

ENQUIRY s, enquête f. recherche f, demande f de renseignements m. pl.
EXHAUSTIVE ENQUIRY, enquête approfondie.
FURTHER ENQUIRY, enquête complémentaire; plus ample informé.
STATISTICAL ENQUIRY, enquête statistique.
THOROUGH ENQUIRY, enquête approfondie.

ENRICH v, enrichir.

ENRICHMENT s, enrichissement m.

ENROLMENT s, embauche f, embauchage m, enregistrement m.

ENSUING a, suivant.
ENSUING ACCOUNT, liquidation suivante.
ENSUING SETTLEMENT, liquidation suivante.

ENSURE v, assurer.

ENTER *v*, entrer ; inscrire.
to ENTER INTO A BARGAIN, passer un marché.
to ENTER GOODS FOR TEMPORARY ADMISSION, déclarer des marchandises en admission temporaire.
to ENTER A PORT, entrer dans un port.

ENTERED *a*, pris, contracté; entré; inscrit.
AGREEMENT ENTERED INTO BETWEEN, convention intervenue entre.
COMMITMENTS ENTERED INTO, engagements contractés.
VESSELS ENTERED AND CLEARED, navires entrés et sortis.

ENTERPRISE *s*, entreprise *f*, maison *f*, établissement *m*, affaire *f*.
CO-OPERATIVE ENTERPRISE, entreprise coopérative.
to DIRECT AN ENTERPRISE, diriger une entreprise.
ENTERPRISES WITH 5 OR MORE EMPLOYED, établissements occupant au moins 5 employés.
FREE ENTERPRISE, libre entreprise.
to LAUNCH AN ENTERPRISE, lancer une affaire.
MIXED ENTERPRISE SYSTEM, système d'économie mixte.
NATIONALIZED ENTERPRISE, entreprise nationalisée.
PARENT ENTERPRISE, maison mère.
PRIVATE ENTERPRISE, entreprise privée.
UNINCORPORATED ENTERPRISE, entreprise non constituée en société.

ENTERPRISING *a*, entreprenant.

ENTERTAINMENT *s*, spectacle *m*.
ENTERTAINMENT EXPENSES, frais de représentation.
ENTERTAINMENT TAX, taxe sur les spectacles.

ENTIRE *a*, entier, total.
ENTIRE POPULATION, population tout entière.

ENTIRETY *s*, intégralité *f*, totalité *f*, ensemble *m*.
in its ENTIRETY, en entier; totalement.
ENTIRETY OF THE ESTATE, totalité du domaine.

ENTITLED *a*, habilité, ayant droit.
GOODS ENTITLED TO A PREFERENCE, marchandises bénéficiant d'un régime de faveur.
PARTY ENTITLED, ayant droit.

ENTITY *s*, entité *f*.

ENTRANCE *s*, entrée *f*, admission *f*.
ENTRANCE FEE, cotisation d'admission; droit d'entrée.
ENTRANCE TO THE HARBOUR, entrée du port.

ENTREPRENEUR *s*, entrepreneur *m*.
ENTREPRENEURS' EXPECTATION OF PROFITS, prévision de profit des entrepreneurs.
the ENTREPRENEUR MAXIMIZES HIS PROFITS, l'entrepreneur maximise le profit.

ENTREPRENEURIAL *a*, d'entrepreneur *m*.
ENTREPRENEURIAL FUNCTION, fonction, rôle, de l'entrepreneur.
ENTREPRENEURIAL RESOURCES, ressources d'entreprise; ressources de l'entrepreneur.

ENTREPRENEURSHIP *s*, esprit *m* d'entreprise *f*, initiative *f* privée.

ENTRUST *v*, confier.
to ENTRUST A TASK TO SOMEBODY, confier une tâche à quelqu'un.

ENTRY *s*, entrée *f*, enregistrement *m*, déclaration *f*, inscription *f*.
CUSTOMS ENTRY, déclaration en douane.
DOUBLE-ENTRY BOOK-KEEPING, comptabilité en partie double.
ENTRY UNDER BOND, acquit-à-caution.
ENTRY INTO THE COMMON MARKET, entrée dans le Marché commun.
ENTRY-FORM, feuille d'inscription.
ENTRY OF SATISFACTION OF MORTGAGE, radiation d'hypothèque.
HOME USE ENTRY, sortie de l'entrepôt pour consommation.
JOURNAL-ENTRY, article d'un livre de comptes.
PRELIMINARY ENTRY, déclaration préliminaire.
RIGHT OF FREE ENTRY, droit de passer librement les frontières.
SIGHT ENTRY, déclaration provisoire.
SINGLE-ENTRY BOOK-KEEPING, comptabilité en partie simple.
WAREHOUSING ENTRY, déclaration d'entrée en entrepôt.

ENUMERATED *a*, dénombré.
POPULATION ACTUALLY ENUMERATED, population effectivement dénombrée.

ENUMERATION *s*, dénombrement *m*, recensement *m*.

ENUNCIATION *s*, énoncé *m*.

ENVELOPE *s*, enveloppe *f*.
ENVELOPE CURVE, courbe enveloppante.

ENVELOPING *a*, enveloppant.
ENVELOPING MOVEMENT, mouvement enveloppant.

ENVIRONMENT *s*, environnement *m*, milieu *m*.

ENVIRONMENTAL *a*, environnant.
ENVIRONMENTAL CHANGES, changements provoqués par le milieu.

ENVISAGE *v*, envisager.

EPHEMERAL *a*, éphémère.

EPICUREANISM *s*, épicurisme *m*.

EPISODICAL *a*, épisodique.

EPOCH *s*, époque *f*, âge *m*.
EPOCH METHOD, méthode rétrograde (indirecte).

EQUAL *a*, égal, même, identique, équivalent, paritaire.
to CONTRIBUTE EQUAL SHARES TO, contribuer pour une part égale à.
EQUAL DISTRIBUTION OF, égale répartition, distribution, de.
EQUAL DISTRIBUTION OF TAXES, péréquation de l'impôt.
EQUAL FOOTING, pied d'égalité.
EQUAL-MARGINAL-COST PRINCIPLE, principe d'égalité des coûts marginaux.
EQUAL PROBABILITY OF BEING CHOSEN, chance égale d'être choisi.
in EQUAL PROPORTIONS, par parts égales.
of EQUAL QUALITY, de qualité égale.
EQUAL SUM OF MONEY, même somme d'argent.
on EQUAL TERMS, à conditions égales.
EQUAL TOTALS, totaux identiques.
EQUAL-UTILITY CONTOUR, contour de même utilité.
EQUAL VOTING, partage de voix.
the MEAN DEVIATION IS EQUAL TO 4/5 OF THE STANDARD DEVIATION, la moyenne de déviation est égale aux 4/5e de la déviation standard.
PRINCIPLE OF EQUAL ADVANTAGE, loi des avantages équivalents.
PRINCIPLE OF EQUAL PAY, non-discrimination en matière de salaires; principe d'égalité des salaires.
all THINGS BEING EQUAL, toutes choses égales.
other THINGS BEING EQUAL, toutes choses égales.
the WAGE IS EQUAL TO THE MARGINAL PRODUCT OF LABOUR, le salaire est égal au produit marginal du travail.

EQUAL *v*, égaler.

EQUALITARIAN *a*, égalitaire.

EQUALITARIANISM *s*, principes *m*. *pl* égalitaires.

EQUALITY *s*, égalité *f*.
ASSUMPTION OF EQUALITY BETWEEN, hypothèse d'égalité entre.
EQUALITY (OF RANK) BETWEEN CREDITORS, concours entre créanciers.
EQUALITY OF SAVING AND INVESTMENT, égalité de l'épargne et de l'investissement.
EQUALITY OF TREATMENT, égalité de traitement.
EQUALITY OF VOTES, partage des voix.
EQUALITY OF WAGE(S), égalité des salaires.
EQUALITY OF YIELD, égalité des rendements.
MINIMAX EQUALITY, égalité minimax.

EQUALIZATION *s*, égalisation *f*, péréquation *f*, compensation *f*, régularisation *f*, stabilisation *f*.
EQUALIZATION OF FACTOR-PRICES, égalisation des prix des facteurs.
EQUALIZATION FUND, fonds de régularisation.
EQUALIZATION TAX, taxe de péréquation.
EQUALIZATION OF TAXES, péréquation des impôts.
EQUALIZATION OF WAGES, péréquation des salaires.
EXCHANGE EQUALIZATION ACCOUNT, Fonds de stabilisation des changes.
LAW OF FACTOR PRICE EQUALIZATION, loi de proportion des facteurs.

EQUALIZE *v*, égaliser, compenser, faire la péréquation.
to EQUALIZE WAGES, faire la péréquation des salaires.

EQUALIZER *s*, égaliseur *m*, compensateur *m*.

EQUALIZING *s*, égalisation *f*, péréquation *f*.

EQUALLY *adv*, également.
EQUALLY RESPONSIBLE, responsable au même degré.
to RANK EQUALLY, prendre le même rang; concourir.

EQUALS *s*. *pl*, quantités *f*. *pl* égales.

EQUATE *v*, égaler, égaliser.
to EQUATE PRICE WITH MARGINAL COST, égaler le prix au coût marginal; faire coïncider le prix avec le coût marginal.

EQUATION *s*, équation *f*, égalisation *f*; échéance *f*.
BACKWARD EQUATION, équation rétrospective.
to CLEAR AN EQUATION OF FRACTIONS, éliminer les dénominateurs d'une équation.
CUBIC EQUATION, équation du troisième degré.
DIFFERENTIAL EQUATION, équation différentielle.
EQUATION OF THE SECOND (THIRD) DEGREE, équation du second (troisième) degré.
EQUATION OF PAYMENT, échéance commune.
EQUATION OF TIME, équation du temps.
EQUILIBRIUM EQUATION, équation d'équilibre.
EXPONENTIAL EQUATION, équation exponentielle.

to FIND THE EQUATION OF A PROBLEM, mettre un problème en équation.

it FOLLOWS FROM THE EQUATION THAT, il résulte de l'équation que.

FORWARD EQUATIONS, équations du futur.

FUNDAMENTAL EQUATION (OF VALUE THEORY), équation fondamentale (de la théorie de la valeur).

IDENTICAL EQUATION, identité.

INCONSISTENT EQUATIONS, équations incompatibles.

LEFT-HAND MEMBER OF AN EQUATION, premier membre d'une équation.

LINEAR EQUATION IN ONE UNKNOWN, équation linéaire à une inconnue.

LOGARITHMIC EQUATION, équation logarithmique.

MARKET EQUATION, équation du marché.

NORMAL EQUATION, équation normale.

to PLOT THE GRAPH OF AN EQUATION, tracer le graphique d'une équation.

QUADRATIC EQUATION, équation quadratique.

QUANTITY EQUATION OF EXCHANGE, équation quantitative des échanges.

RECURRENCE EQUATION, équation fonctionnelle de récurrence.

REGRESSION EQUATION, équation de régression.

RIGHT-HAND MEMBER OF AN EQUATION, second membre d'une équation.

SIMPLE EQUATION, équation du premier degré.

SIMULTANEOUS EQUATIONS, équations simultanées.

SIMULTANEOUS EQUATIONS METHOD, méthode des équations simultanées.

SOLUTION OF AN EQUATION, résolution d'une équation.

to SOLVE AN EQUATION, résoudre une équation.

to SOLVE AN EQUATION BY APPROXIMATION, résoudre une équation par approximations successives.

SYSTEMS OF LINEAR EQUATIONS, systèmes d'équations linéaires.

to TRANSFORM AN EQUATION, transformer une equation.

TRANSFORMATION OF AN EQUATION, transformation d'une équation.

EQUATORIAL *a*, équatorial.

EQUIDISTANCE *s*, équidistance *f*.

EQUIDISTANT *a*, équidistant.

EQUILATERAL *a*, équilatéral.

EQUILIBRATE *v*, (s') équilibrer.

EQUILIBRATING *a*, équilibrant, rééquilibrant.
EQUILIBRATING MECHANISM, mécanisme rééquilibrant.

EQUILIBRATION *s*, équilibration *f*, mise *f* en équilibre *m*.
PROCESS OF EQUILIBRATION, processus d'équilibration.

EQUILIBRIUM *s*, équilibre *m*.
BALANCE BROUGHT INTO EQUILIBRIUM, l'équilibre de la balance rétabli.

BEST-PROFIT EQUILIBRIUM, équilibre de meilleur profit.

in CLOSE PROXIMITY OF THE EQUILIBRIUM POINT, à proximité immédiate du point d'équilibre.

CONDITIONS OF EQUILIBRIUM, conditions d'équilibre.

CONSUMER'S OPTIMAL EQUILIBRIUM, équilibre optimal du consommateur.

DETERMINATION OF EQUILIBRIUM OF PRODUCTION, détermination de l'équilibre de la production.

DETERMINATION OF EXCHANGE EQUILIBRIUM, détermination de l'équilibre de l'échange.

ex-ante EQUILIBRIUM, équilibre ex-ante.

ex-post EQUILIBRIUM, équilibre ex-post.

EQUILIBRIUM ANALYSIS, analyse de l'équilibre.

EQUILIBRIUM IS BROUGHT ABOUT THROUGH, l'équilibre s'établit grâce à.

EQUILIBRIUM CONDITIONS, conditions d'équilibre.

EQUILIBRIUM OF THE CONSUMER, équilibre du consommateur.

EQUILIBRIUM DISTRIBUTION OF ASSETS, répartition équilibrée des actifs.

EQUILIBRIUM EQUATION, équation d'équilibre.

EQUILIBRIUM OF THE FIRM, équilibre de la firme.

EQUILIBRIUM LEVEL OF EMPLOYMENT, niveau d'équilibre de l'emploi.

EQUILIBRIUM MARKET PRICE, prix d'équilibre du marché.

EQUILIBRIUM PRICE, prix d'équilibre.

EQUILIBRIUM BETWEEN PRODUCTION AND CONSUMPTION, équilibre entre la production et la consommation.

EQUILIBRIUM REAL WAGE, salaire réel d'équilibre.

EQUILIBRIUM OF SUPPLY AND DEMAND, équilibre de l'offre et de la demande.

EQUILIBRIUM OVER TIME, équilibre temporel.

to ESTABLISH THE CONDITIONS OF EQUILIBRIUM, établir les conditions d'équilibre.

GENERAL EQUILIBRIUM, équilibre général.

GENERAL EQUILIBRIUM ANALYSIS, analyse de l'équilibre général.

GENERAL EQUILIBRIUM OF EXCHANGE, équilibre général des échanges.

GENERAL EQUILIBRIUM MODEL, modèle d'équilibre général.

GENERAL EQUILIBRIUM OF PRODUCTION, équilibre général de la production.

IMPERFECT EQUILIBRIUM, équilibre imparfait.

INSTANTANEOUS EQUILIBRIUM, équilibre instantané.

LONG-RUN EQUILIBRIUM, équilibre à long terme.

MOMENTARY EQUILIBRIUM, équilibre instantané.

MULTIPLE POSITIONS OF EQUILIBRIUM, positions d'équilibre multiples.

in the NEIGHBOURHOOD OF THE EQUILIBRIUM POSITION, dans le voisinage de la position d'équilibre.

NEUTRAL EQUILIBRIUM, équilibre indifférent, neutre.

OPTIMUM EQUILIBRIUM, équilibre optimal.

PARTIAL EQUILIBRIUM ANALYSIS, analyse de l'équilibre partiel.

to RESTORE THE EQUILIBRIUM, rétablir l'équilibre.

SHORT-TERM EQUILIBRIUM, équilibre à court terme.

STABLE EQUILIBRIUM, équilibre stable.

STATIC EQUILIBRIUM THEORY, théorie de l'équilibre statique.

STATIONARY EQUILIBRIUM, équilibre stationnaire.

TEMPORARY EQUILIBRIUM, équilibre temporaire.

THEORY OF GENERAL EXCHANGE EQUILIBRIUM, théorie de l'équilibre général des échanges.

UNIQUE EQUILIBRIUM VALUE, seule valeur d'équilibre.

UNSTABLE EQUILIBRIUM, équilibre instable.

UPSETTING OF THE EQUILIBRIUM, rupture de l'équilibre.

EQUIP *v*, équiper, doter.
to EQUIP A WORKS WITH NEW PLANT, doter une usine d'un équipement neuf.

EQUIPMENT *s*, équipement *m*, outillage *m*, matériel *m*.
CAPITAL EQUIPMENT, biens d'équipement.

EQUIPMENT SPENDING, dépenses d'équipement.

FARM EQUIPMENT, matériel agricole.

MILITARY EQUIPMENT, matériel militaire.

MODERN EQUIPEMENT, outillage moderne.

OBSOLESCENT EQUIPMENT, équipement désuet.

PERIPHERAL EQUIPMENT, équipement périphérique; matériel périphérique.

TOOL EQUIPMENT, outillage.

EQUITABLE *a*, équitable.

EQUITABLENESS *s*, équité *f*.

EQUITY *s*, équité *f*; actif *m* net, actions *f. pl.*
EQUITY INVESTMENT, placement en actions.

EQUITY SECURITIES, actions.

MARKET VALUE OF EQUITIES, valeur boursière des actions.

EQUIVALENCE *s*, équivalence *f*, parité *f*.
EQUIVALENCES OF EXCHANGE, parités de change.

EQUIVALENT *a*, équivalent.
EQUIVALENT VARIATION, variation équivalente.

EQUIVALENT *s*, équivalent *m*, équivalence *f*.
COAL EQUIVALENT, équivalence en charbon.

HARD-COAL EQUIVALENT, équivalence en anthracite.

MEAT EQUIVALENT, équivalent en viande.

MECHANICAL EQUIVALENT OF HEAT, équivalent calorifique.

EQUIVOCAL *a*, équivoque.

EROSION *s*, érosion *f*.

ERRATIC *a*, irrégulier, inégal.
ERRATIC CURVE, courbe irrégulière.

ERRATIC WORKING OF A MACHINE, rendement inégal d'une machine.

ERRONEOUS *a*, erroné.

ERROR *s*, erreur *f*, écart *m*, déviation *f*.
ABSOLUTE ERROR, erreur absolue.

BIASED ERROR, erreur biaisée.

CIRCULAR ERROR PROBABILITY, erreur circulaire probable.

COMPENSATING ERRORS, erreurs se compensant.

CONSTANT ERROR, erreur systématique.

to CORRECT AN ERROR, rectifier une erreur.

DOWNWARD ERROR, erreur par défaut.

ERROR OF ADDITION, erreur d'addition.

ERRORS IN COLLECTION, erreurs de dépouillement.

ERROR DETECTION ROUTINE, routine de détection d'erreurs.

ERROR IN THE DIFFERENCE, erreur de la différence.

ERRORS IN ESTIMATION, erreurs d'estimation.

ERROR OF JUDGEMENT, erreur de jugement.

ERRORS OF OBSERVATION, erreurs d'observation.

ERRORS AND OMISSIONS EXCEPTED, sauf erreur ou omission.

ERRORS OF POSTING, erreurs de report.

ERROR IN THE SUM, erreur de la somme.

ERROR VARIANCE, variance de l'erreur.

ESTIMATE OF THE STANDARD ERROR (OF THE COEFFICIENT OF CORRELATION), erreur de sondage (sur le coefficient de corrélation).
ESTIMATED STANDARD ERROR OF A SAMPLE MEAN, approximation de l'écart type de la moyenne d'échantillon.
FIXING PRICES BY TRIAL AND ERROR, détermination des prix par tâtonnements.
FREQUENCY OF ERRORS, répartition des erreurs.
HUMAN ERROR, erreur humaine.
INSTRUMENTAL ERROR, erreur due à l'instrument employé.
MARGIN OF ERROR, marge d'erreur.
NET ERRORS AND OMISSIONS, erreurs et omissions nettes.
NORMAL CURVE OF ERROR, courbe de probabilité normale; courbe normale (des erreurs).
POPULAR ERROR, erreur courante.
PROBABLE ERROR, erreur probable.
to PUT AN ERROR RIGHT, corriger une erreur.
RANDOM ERROR, erreur aléatoire.
to RECTIFY AN ERROR, rectifier une erreur.
RELATIVE ERROR, erreur relative.
RELATIVE ERROR IN THE PRODUCT, erreur relative du produit.
RELATIVE ERROR IN THE QUOTIENT, erreur relative du quotient.
SAMPLING ERROR, erreur d'échantillonnage; erreur de sondage.
SQUARE OF THE STANDARD ERROR OF ESTIMATE, résidu quadratique moyen.
STANDARD ERROR, erreur type; erreur aléatoire.
STANDARD ERROR OF THE DIFFERENCE, erreur type de la différence.
STANDARD ERROR OF THE MEAN, erreur type de la moyenne.
STANDARD ERROR OF THE STANDARD DEVIATION, erreur type de l'écart type.
SYSTEMATIC ERROR, erreur systématique.
TOLERANCE FOR ERROR IN WEIGHT, tolérance de poids.
UNBIASED ERROR, erreur non biaisée.
UPWARD ERROR, erreur par excès.
ZERO ERROR, déviation du zéro.

ERUDITION s, érudition f.

ESCALATION s, escalade f.
ESCALATION OF INTEREST RATES, escalade des taux d'intérêt.

ESPECIAL a, spécial, particulier.

ESSENCE s, essence f, fond m.
ESSENCE OF A CONTRACT, essence d'un contrat.
ESSENCE OF THE MATTER, fond de l'affaire.
TIME IS OF THE ESSENCE, le facteur temps est capital.
TIME IS THE ESSENCE OF THE CONTRACT, le terme est l'essence du contrat.

ESSENTIAL a, essentiel, indispensable.
ESSENTIAL DATA, données essentielles.
ESSENTIAL FOODSTUFFS, denrées de première nécessité.
ESSENTIAL PRODUCTS, produits de première nécessité.

ESSENTIALITY s, essentialité f.
THEORY OF ESSENTIALITY, théorie d'essentialité.

ESTABLISH v, établir, fonder, créer; constater.
to ESTABLISH THE CONDITIONS OF EQUILIBRIUM, établir les conditions d'équilibre.
to ESTABLISH AN INDUSTRY, créer une industrie.
OBJECTS FOR WHICH THE COMPANY IS ESTABLISHED, la société a pour objet (social).

ESTABLISHED a, établi; acquis; titulaire; avéré, constaté; patenté, fondé.
CLAIMS ESTABLISHED, créances établies.
ESTABLISHED CIVIL SERVANTS, fonctionnaires titulaires.
non-ESTABLISHED CIVIL SERVANTS, fonctionnaires contractuels.
ESTABLISHED FACT, fait avéré; fait acquis.
ESTABLISHED RELIGION, religion d'État.
ESTABLISHED REPUTATION, réputation solide.
OLD-ESTABLISHED, établi depuis longtemps.
PRE-ESTABLISHED, préétabli.
WELL-ESTABLISHED BUSINESS, maison solide.

ESTABLISHMENT s, établissement m, création f, maison f.
BANKING ESTABLISHMENT, établissement de banque.
the ESTABLISHMENT, U.K: les classes dirigeantes.
ESTABLISHMENTS IN BUSINESS, établissements en activité.
GOVERNMENT-OWNED ESTABLISHMENTS, établissements publics.
HANDICRAFT ESTABLISHMENT, établissement artisanal.
INDOOR ESTABLISHMENT, service sédentaire.
MERCANTILE ESTABLISHMENT, maison de commerce.
PARENT ESTABLISHMENT, maison mère.
PUBLICLY-OWNED ESTABLISHMENTS, établissements publics.

ESTATE s, bien m, propriété f, immeuble m, domaine m, terre f; succession f.
ADMINISTRATOR OF AN ESTATE, administrateur d'une succession;
BANKRUPT'S TOTAL ESTATE, masse des biens de la faillite.

to BORROW MONEY ON THE SECURITY OF AN ESTATE, emprunter de l'argent sur une terre.
BREAKING UP OF LARGE ESTATES, morcellement des grands domaines.
BURDENED ESTATE, domaine grevé d'hypothèques.
CHARGES ON AN ESTATE, charges d'une succession.
CLEAR ESTATE, bien non hypothéqué, libre d'hypothèque.
DECEASED ESTATE, succession.
DECEDENT'S ESTATE, succession.
DISTRIBUTION OF AN ESTATE, partage d'une succession.
EMBARRASSED ESTATE, propriété grevée d'hypothèques.
ENCUMBERED ESTATE, propriété grevée d'hypothèques.
ENTIRETY OF THE ESTATE totalité du domaine.
ESTATE-AGENCY, agence immobilière.
ESTATE BROUGHT IN, biens d'apport.
ESTATE WITHOUT A CLAIMANT, succession vacante.
ESTATE DUTY, droits de succession.
ESTATE FREE FROM ENCUMBRANCES, immeuble sans servitudes ni hypothèques.
FUTURE ESTATE, biens à venir.
HOUSING ESTATE, immeuble résidentiel.
to INVEST MONEY IN REAL ESTATE, placer de l'argent en valeurs immobilières.
INVESTMENTS IN REAL ESTATE, placements immobiliers.
JOINT ESTATE, biens en commun.
LANDED ESTATE, propriété foncière.
LIFE ESTATE, biens en viager.
PERSONAL ESTATE, biens mobiliers; biens meubles.
PRODUCTION OF ESTATES, production des grands domaines.
RATES ASSIGNABLE TO AN ESTATE, U.K: contributions afférentes à une terre.
REAL ESTATE, biens immobiliers; affaires immobilières.
REAL-ESTATE AGENT, agent immobilier.
REAL-ESTATE COMPANY, société immobilière.
REAL-ESTATE MARKET, marché immobilier.
REAL-ESTATE TAX, impôt immobilier.
RELINQUISHMENT OF DECEDENT'S ESTATE, renonciation à une succession.
SEIZURE OF REAL ESTATE, saisie immobilière.
SEPARATE ESTATE, biens propres (de la femme mariée).
SHARER IN AN ESTATE, portionnaire.

ESTIMATE s, estimation f, devis m, évaluation f, appréciation f, prévision f (de dépenses f. pl), crédits m. pl budgétaires.
APPROXIMATE ESTIMATE, devis approximatif.
BUDGET ESTIMATES, prévisions budgétaires.
BUILDING ESTIMATE, devis de construction.
CONSERVATIVE ESTIMATE, évaluation prudente.
COST ESTIMATE, devis.
DRAFTS AND ESTIMATES, plans et devis.
ESTIMATE OF EXPENDITURE, prévision de dépenses.
ESTIMATE OF THE FUTURE YIELD OF CAPITAL ASSETS, estimation du rendement futur des capitaux.
ESTIMATE OF THE LOSSES, évaluation des pertes.
ESTIMATION OF THE RISK, appréciation du risque.
ESTIMATE OF THE STANDARD ERROR (OF THE COEFFICIENT OF CORRELATION), erreur de sondage (sur le coefficient de corrélation).
MINIMAX ESTIMATE, estimation minimax.
OVER-ESTIMATE, surestimation; surévaluation.
POPULATION ESTIMATES, estimations démographiques.
PRELIMINARY ESTIMATES, avant-projet de devis.
RATIO ESTIMATE, estimation par la méthode des quotients.
REGRESSION ESTIMATE, estimation par la méthode de régression.
RELIABLE ESTIMATE, estimation sérieuse.
REVISED ESTIMATES, prévisions budgétaires rectifiées.
ROUGH ESTIMATE, estimation (très) approximative.
SAFE ESTIMATE, estimation de tout repos.
to SHAVE THE BUDGET ESTIMATES, rogner sur les prévisions budgétaires.
SOBER ESTIMATE, évaluation prudente.
SQUARE OF THE STANDARD ERROR OF ESTIMATE, résidu quadratique moyen.
SUPPLEMENTARY ESTIMATES, crédits budgétaires supplémentaires.
UNDER-ESTIMATE, sous-estimation.

ESTIMATE v, estimer, évaluer.
to UNDER-ESTIMATE, sous-estimer; sous-évaluer.

ESTIMATED a, estimé, estimatif, approximatif, prévisionnel.
ESTIMATED COST, coût estimatif.
ESTIMATED FIGURE, estimation.
ESTIMATED PRODUCTION, production estimée.
ESTIMATED STANDARD ERROR OF A SAMPLE MEAN, approximation de l'écart-type de la moyenne d'échantillon.
ESTIMATED VALUE, valeur estimée.

ESTIMATION s, estimation f.
ERRORS IN ESTIMATION, erreurs d'estimation.
INTERVAL ESTIMATION, estimation par intervalles.
MULTIPLE LINEAR ESTIMATION, estimation linéaire multiple.

PARAMETER ESTIMATION, estimation de paramètre(s).
POINT ESTIMATION, estimation ponctuelle.
UNBIASED ESTIMATION, estimation sans distorsion.

ESTIMATIVE a, estimatif.

ETATISM s, étatisme m.

ETHICS s. pl, éthique f, morale f.

EUCLID pr. n, Euclide.
EUCLID'S ELEMENTS, éléments de géométrie d'Euclide.

EUCLIDIAN a, d'Euclide n. p, euclidien.
EUCLIDIAN GEOMETRY, géométrie d'Euclide.
non-EUCLIDIAN, non-euclidien.

EURO-DOLLAR s, Euro-dollar m.

EUROPEAN a, européen.
EUROPEAN ATOMIC ENERGY COMMUNITY, Communauté euro-
péenne de l'énergie atomique.
EUROPEAN COAL AND STEEL COMMUNITY, Communauté euro-
péenne du charbon et de l'acier.
EUROPEAN ECONOMIC COMMUNITY, Communauté économique
européenne.
EUROPEAN FREE TRADE AREA, Zone européenne de libre-échange.
EUROPEAN INVESTMENT BANK, Banque européenne d'investis-
sement.
EUROPEAN PAYMENTS UNION, Union européenne des paiements.
EUROPEAN PLAN, U.S: chambre (d'hôtel) sans pension.
EXTRA-EUROPEAN, extra-européen.
ORGANIZATION FOR EUROPEAN ECONOMIC CO-OPERATION
(OEEC), Organisation européenne de coopération économique (OECE).

EVADE v, éviter, éluder.
to EVADE TAXES, frauder le fisc.

EVALUATE v, évaluer.

EVALUATION s, évaluation f.
OPERATIONAL EVALUATION, évaluation opérationnelle.
PROGRAM EVALUATION AND REVIEW TECHNIQUES (P.E.R.T.),
méthode P.E.R.T.; techniques d'évaluation et de révision des programmes.

EVASION s, évasion f, échappatoire f, fraude f, moyen m d'éluder.
EVASION OF TAX, fraude fiscale.

EVEN a, pair, uni, égal.
the CONTANGO IS EVEN, le (taux de) report est au pair.
EVEN CHANCES, chances égales.
EVEN DEAL, opération blanche.
EVEN MONEY, compte rond.
EVEN NUMBER, nombre pair.

EVENT s, cas m, événement m, occurrence f.
CURRENT OF EVENTS, cours des événements.
FORTUITOUS EVENT, cas fortuit.
INDEPENDENT EVENTS, événements indépendants.
MUTUALLY EXCLUSIVE EVENTS, événements s'excluant mutuel-
lement.
POSSIBILITY OF AN EVENT, éventualité d'un événement.
PROBABILITY OF A COMPOUND EVENT, probabilité composée.
PROBABILITY OF AN EVENT, probabilité d'un événement.
RANDOM EVENT, événement aléatoire.
STATISTICS ALWAYS LAG BEHIND THE EVENTS, les statistiques
sont toujours en retard sur les faits.
UNFORESEEABLE EVENT, occurrence imprévisible.
UNFORESEEN EVENT, occurrence imprévue.

EVENTUAL a, éventuel, final.
of a DOUBTFUL OR EVENTUAL VALUE, d'une valeur douteuse ou
éventuelle.
EVENTUAL PROFITS, profits éventuels.

EVENTUALITY s, éventualité f.

EVERYBODY indef. pron, tout le monde m.
EVERYBODY ELSE, tous les autres.

EVERYTHING indef. pron, tout.
MONEY IS EVERYTHING, l'argent fait tout.

EVICT v, évincer, expulser.
to EVICT A TENANT, expulser un locataire.

EVICTION s, éviction f, expulsion f.

EVIDENCE s, évidence f, preuve f, titre m; témoignage m, témoin m.
in the ABSENCE OF EVIDENCE TO THE CONTRARY, jusqu'à preuve
du contraire.
DOCUMENTARY EVIDENCE, preuve écrite.
prima facie EVIDENCE, preuve présumée valable.
EVIDENCE OF INDEBTEDNESS, titre de créance.
the EVIDENCE FOR THE PROSECUTION, témoins de l'accusation.
EVIDENCE OF THE SENSES, témoignage des sens.
EVIDENCE IN WRITING, preuve écrite.
to FURNISH EVIDENCE, fournir la preuve.

INDIRECT EVIDENCE, preuve indirecte.
the MINUTES ARE EVIDENCE, le procès-verbal fait foi.
NEGATIVE EVIDENCE, preuve négative.
ORAL EVIDENCE, preuve orale.
PRESUMPTIVE EVIDENCE, (preuve par) présomption.
to TENDER EVIDENCE, offrir des preuves.
WRITTEN EVIDENCE, preuve écrite.

EVIDENT a, évident.

EVOLUTE s, développée f.

EVOLUTION s, évolution f.
FACTOR OF EVOLUTION, facteur d'évolution.

EVOLUTIONARY a, évolutionnaire.
EVOLUTIONARY PROCESS, processus de l'évolution.

EXACT a, exact, strict.
EXACT SCIENCES, sciences exactes.

EXACT v, exiger, extorquer.

EXACTING a, exigeant, astreignant.
non-EXACTING WORK, travail peu astreignant.

EXACTION s, exaction f.

EXACTLY adv, exactement.

EXACTNESS s, exactitude f, rigueur f, précision f.
EXACTNESS OF REASONING, rigueur de raisonnement.

EXAGGERATE v, exagérer.

EXAGGERATED a, exagéré, excessif.
EXAGGERATED IMPORTANCE, importance excessive.

EXAGGERATION s, exagération f.
EXAGGERATION OF VALUE, exagération de valeur.

EXAMINATION s, examen m, inspection f, dépouillement m, visite f.
CLOSE EXAMINATION OF THE DIAGRAM, examen approfondi
du graphique.
CUSTOMS EXAMINATION, visite douanière.
EXAMINATION AND CROSS-EXAMINATION OF A WITNESS,
interrogatoire et contre-interrogatoire d'un témoin.
EXAMINATION OF GOODS, inspection des marchandises.
to PASS AN EXAMINATION, passer un examen avec succès.
to TAKE AN EXAMINATION, passer un examen.

EXAMINE v, examiner, inspecter, vérifier, dépouiller, interroger.
to EXAMINE AN ACCOUNT, vérifier un compte.
to EXAMINE A WITNESS, interroger un témoin.

EXAMINING a, examinateur.
EXAMINING MAGISTRATE, juge d'instruction.

EXAMPLE s, exemple m.
PRACTICAL EXAMPLE, cas concret.

EXCEED v, excéder, dépasser, surpasser.
the DEMAND EXCEEDS THE SUPPLY, la demande excède l'offre.
to EXCEED INSTRUCTIONS RECEIVED, excéder les instructions
reçues.
to EXCEED THE NORMAL LIMIT OF CREDIT, dépasser la limite
normale du crédit.
the OUTGOINGS EXCEED THE INCOMINGS, les dépenses excèdent les recettes.

EXCELLENT a, excellent.
EXCELLENT BARGAIN, affaire d'or.
EXCELLENT BUSINESS, affaire d'or.
EXCELLENT REFERENCES, excellentes références.

EXCEPT prep, à l'exception f de, sauf.

EXCEPTED a, excepté, sauf.
ERRORS AND OMISSIONS EXCEPTED, sauf erreur ou omission.

EXCEPTION s, exception f, réserve f.
beyond EXCEPTION, irrécusable.
with the EXCEPTION OF, exception faite de.
without EXCEPTION, sans exception.
EXCEPTION TO A RULE exception à une règle.
EXCEPTIONS STIPULATED IN A CONTRACT, réserves stipulées
dans un contrat.
with a FEW EXCEPTIONS, à quelques exceptions près.
to TAKE EXCEPTION, objecter.

EXCEPTIONAL a, exceptionnel.

EXCESS s, excès m, excédent m, surplus m.
APPLICATION FOR EXCESS SHARES, souscription à des actions
à titre réductible.
EXCESS OF ASSETS OVER LIABILITIES, excédent de l'actif sur le
passif.
EXCESS CAPACITY, capacité excédentaire.
EXCESS DEMAND, excès de la demande; demande excédentaire.
EXCESS-DEMAND INFLATION, inflation par excès de demande.
EXCESS FARE, supplément.

EXCESS OF INDIRECT TAXES OVER SUBSIDIES, excédent des impôts indirects sur les subventions.
EXCESS LIQUIDITIES, liquidités excédentaires.
EXCESS LUGGAGE, excédent de bagage.
EXCESS PRICE, surprix.
EXCESS PROFIT, superbénéfice.
EXCESS PROFITS DUTY, impôt sur les superbénéfices; impôt sur les bénéfices de guerre.
EXCESS PROFITS TAXES, impôts sur les superbénéfices.
EXCESS OF RECEIPTS OVER EXPENSES, excédent des recettes sur les dépenses.
EXCESS SPEED, excès de vitesse.
EXCESS WEIGHT, excédent de poids.
to RETURN THE EXCESS, ristourner l'excédent.

EXCESSIVE a, excessif, excédentaire.
EXCESSIVE INVENTORIES, stocks excédentaires.
EXCESSIVE TAXATION, fiscalité excessive.

EXCHANGE s, échange m, bourse f, marché m, bureau m, central m; change m, devise f, effet m, traite f, papier m.
to ACCEPT A BILL OF EXCHANGE, accepter une lettre de change.
ACCEPTOR OF A BILL OF EXCHANGE, accepteur d'une lettre de change.
ALLOWANCE FOR EXCHANGE FLUCTUATIONS, prévision pour fluctuations du change.
ARBITRAGE OF EXCHANGE, arbitrage de change.
ARBITRATED PAR OF EXCHANGE, pair proportionnel.
ARBITRATION OF EXCHANGE, arbitrage du change.
to BENEFIT BY APPRECIATION OF THE EXCHANGE, bénéficier de la plus-value du change.
BILL EXCHANGE, change tiré; change commercial.
BILL OF EXCHANGE, lettre de change; traite.
COMMERCIAL EXCHANGE, change commercial; change tiré.
COMMODITY EXCHANGE, bourse de marchandises.
CONTENTS OF A BILL OF EXCHANGE, montant d'un effet de commerce.
CONTINUATION ON FOREIGN EXCHANGES, report sur devises.
CONTROL OF EXCHANGES, réglementations des changes.
CORN EXCHANGE, bourse des céréales; marché aux grains.
the CURRENCY OF THE BILL OF EXCHANGE IS 3 MONTHS AFTER SIGHT, l'échéance de la lettre de change est de 3 mois de vue.
to DABBLE ON THE STOCK EXCHANGE, boursicoter.
DABBLER ON THE STOCK EXCHANGE, boursicoteur.
DETERMINATION OF EXCHANGE EQUILIBRIUM, détermination de l'équilibre de l'échange.
DIRECT EXCHANGE , change direct.
EMPLOYMENT EXCHANGE bureau de placement.
to ENDORSE A BILL OF ECXHANGE, endosser une lettre de change.
to ENDORSE OVER A BILL OF EXCHANGE TO, transmettre par voie d'endossement une lettre de change.
EQUIVALENCES OF EXCHANGE, parités de change.
EXCHANGE AND BARTER, troc.
EXCHANGE BROKER, courtier de change; cambiste.
EXCHANGE CONTRACT, bordereau de change; aval de change.
EXCHANGE CONTROL, contrôle des changes.
EXCHANGE DEALER, courtier de change; cambiste.
EXCHANGE EQUALIZATION ACCOUNT, Fonds de stabilisation des changes.
EXCHANGE FOR FORWARD DELIVERY, opérations, négociations, de change à terme.
EXCHANGE FOR FUTURE DELIVERY, opérations, négociations, de change à terme.
EXCHANGE MARKET, marché des changes.
EXCHANGE OF MONEYS, change des monnaies.
EXCHANGE OFFICE, bureau de change.
EXCHANGE AT PAR, change au pair, à parité.
EXCHANGE AT PARITY, change à (la) parité.
EXCHANGE PAYMENTS AND RECEIPTS, paiements et recettes en devises.
EXCHANGE PREMIUM, agio.
EXCHANGE RATES, cote des changes.
EXCHANGE, SHARE FOR SHARE, échange, titre pour titre.
EXCHANGE OF SHARES ONE FOR ONE, échange d'actions une pour une.
EXCHANGE FOR SPOT DELIVERY, opérations, négociations, de change au comptant.
EXCHANGE STABILIZATION FUND, fonds de stabilisation des changes.
EXCHANGE SURCHARGE, surtaxe de change.
EXCHANGE SYSTEM, régime des changes.
EXCHANGE TAXES, taxes de change.
EXCHANGE TAXES AND SURCHARGES, taxes et surtaxes d'échange.
EXCHANGE TRANSACTIONS, opérations, négociations, de change.
EXCHANGE-VALUE, valeur d'échange.
EXCHANGE VALUE OF THE DOLLAR, cours du dollar.
EXTERNAL EXCHANGE, change étranger, extérieur.
FAVOURABLE EXCHANGE, change favorable.
FIXED EXCHANGE, change fixe.

FIXED EXCHANGE RATES, taux de change fixes.
FLOATING EXCHANGE RATE, taux de change flottant.
FLUCTUATING EXCHANGE RATES, taux de change variables, fluctuants.
FLUCTUATION IN EXCHANGE, fluctuation du change.
FLURRY ON THE STOCK EXCHANGE, panique de bourse.
FOREIGN EXCHANGE, effet étranger; devise.
FOREIGN EXCHANGE BROKER, courtier de change; cambiste.
FOREIGN EXCHANGE CONTROL, contrôle des changes.
FOREIGN EXCHANGE DEALER, cambiste.
FOREIGN EXCHANGE HOLDINGS, avoirs en devises étrangères.
FOREIGN EXCHANGE MARKET, marché des changes.
FOREIGN EXCHANGE RATES, cours des changes; cote des changes.
FORWARD EXCHANGE MARKET, marché des changes à terme.
FORWARD EXCHANGE RATES, cours des changes à terme.
FORWARD EXCHANGE TRANSACTIONS, négociations, opérations, de change à terme.
to GAMBLE ON THE STOCK EXCHANGE, jouer à la bourse.
GAMBLER ON THE STOCK EXCHANGE, joueur à la bourse.
GAMBLING ON THE STOCK EXCHANGE, spéculation à la bourse.
GENERAL EQUILIBRIUM OF EXCHANGE, équilibre général des échanges.
GOLD EXCHANGE STANDARD, étalon devise-or; étalon-or de change.
GOLD AND FOREIGN EXCHANGE RESERVES, réserves d'or et de devises.
GRAIN EXCHANGE, marché des grains.
GUARANTEE OF A BILL OF EXCHANGE, aval d'une lettre de change.
to HONOUR A BILL OF EXCHANGE, payer une lettre de change.
INTERNAL EXCHANGE, change intérieur.
LABOUR EXCHANGE, bourse du travail.
LETTER OF EXCHANGE, lettre de change.
LONG EXCHANGE, papier long.
LOSS ON EXCHANGE, perte au change, sur le change.
to MAINTAIN THE EXCHANGE ABOVE THE GOLD-POINT, maintenir le change au-dessus du gold-point.
MARKET FOR FOREIGN EXCHANGE, marché des devises étrangères.
MEDIUM OF EXCHANGE, moyen d'échange.
to MEET A BILL OF EXCHANGE, honorer une lettre de change.
METAL EXCHANGE, marché des métaux.
MINT PAR OF EXCHANGE, pair intrinsèque; pair métallique.
MINT PARITY OF EXCHANGE, parité de deux monnaies convertibles.
MONEY OF EXCHANGE, monnaie d'échange.
MONEY AS MEDIUM OF EXCHANGE, monnaie en tant que moyen d'échange.
MULTIPLE EXCHANGE RATES, taux de change multiples.
NEGOTIABLE EXCHANGE CERTIFICATE, certificat de change négociable.
NEGOTIABLE ON THE STOCK EXCHANGE, négociable(s) en bourse.
NOMINAL EXCHANGE, change nominal.
to NOTE PROTEST OF A BILL OF EXCHANGE, faire le protêt d'une lettre de change.
to OFFER IN EXCHANGE, offrir en échange.
PANIC ON THE STOCK EXCHANGE, panique sur la bourse.
PAR OF EXCHANGE, pair intrinsèque; pair métallique.
PART EXCHANGE, reprise.
to PAY A BILL OF EXCHANGE FOR HONOUR, payer une lettre de change par intervention.
to PAY A BILL OF EXCHANGE AT MATURITY, payer une lettre de change à l'échéance.
not to PAY THE EXCHANGE AND THE RE-EXCHANGE ALTOGETHER, ne pas payer le change et le rechange.
PAYEE OF A BILL OF EXCHANGE, bénéficiaire d'un effet de commerce.
to PEG THE EXCHANGE, maintenir le cours du change.
PRIVATE FOREIGN EXCHANGE HOLDINGS, avoirs privés en devises.
PRODUCE EXCHANGE, bourse de marchandises.
to PROTECT A BILL OF EXCHANGE, faire provision pour une lettre de change.
PURCHASES AND SALES OF EXCHANGES, achat et vente de devises.
PURE EXCHANGE, pur échange.
QUANTITY EQUATION OF EXCHANGE, équation quantitative des échanges.
to QUOTE MOVABLE EXCHANGE, donner, coter, l'incertain.
to QUOTE VARIABLE EXCHANGE, donner l'incertain (bourse).
RATE OF EXCHANGE, taux de change.
RATIO OF EXCHANGE, taux d'échange.
REAL EXCHANGE, change réel.
REAL EXCHANGE RATIO, rapport d'échange (international).
RE-EXCHANGE OF A BILL OF EXCHANGE, rechange d'une lettre de change.
REINSURANCE EXCHANGE, traité de réassurance.
REMAINING FOREIGN EXCHANGE, reliquat des devises étrangères.
RIDER TO A BILL OF EXCHANGE, allonge d'une lettre de change.
ROYAL EXCHANGE, Bourse de commerce (de Londres).

SECURITIES AND EXCHANGE COMMISSION, *U.S:* Commission des opérations de bourse.
SECURITIES QUOTED ON THE STOCK EXCHANGE, valeurs cotées en bourse.
SHIPPING EXCHANGE, bourse des frets.
SHORT EXCHANGE, papier court.
to SIGHT A BILL OF EXCHANGE, présenter une lettre de change.
SIGHTING OF A BILL OF EXCHANGE, présentation d'une lettre de change.
to SPECULATE ON THE STOCK EXCHANGE, spéculer sur la bourse.
SPOT EXCHANGE TRANSACTIONS, négociations de change au comptant.
STABILITY OF THE EXCHANGE RATE, stabilité du taux de change.
STOCK EXCHANGE, bourse; bourse des valeurs.
STOCK EXCHANGE COMMITTEE, Chambre syndicale des agents de change.
STOCK EXCHANGE ORDERS, ordres de bourse.
STOCK EXCHANGE REGULATIONS, règlements de bourse.
STOCK EXCHANGE SECURITIES, valeurs, titres, de bourse.
STOCK EXCHANGE SPECULATIONS, spéculations de bourse.
STOCK EXCHANGE TIP, tuyau de bourse.
STOCK EXCHANGE TRANSACTIONS, opérations de bourse.
STOCKS MARKETABLE ON THE STOCK EXCHANGE, titres négociables en bourse.
TELEPHONE EXCHANGE, central téléphonique.
TENOR OF THE BILL OF EXCHANGE, échéance de la lettre de change.
TERMS OF EXCHANGE, termes de l'échange.
THEORY OF EXCHANGE, théorie des échanges.
THEORY OF GENERAL EXCHANGE EQUILIBRIUM, théorie de l'équilibre général des échanges.
THIRD OF EXCHANGE, troisième de change.
TRANSFEREE OF A BILL OF EXCHANGE, cessionnaire d'un effet de commerce.
UNFAVOURABLE EXCHANGE, change défavorable, contraire.
VALUE IN EXCHANGE, valeur d'échange.
VARIABLE EXCHANGE, incertain (bourse).

EXCHANGE *v*, échanger, troquer, changer.
to EXCHANGE POUNDS STERLING FOR FRANCS, changer des livres contre des francs.
to EXCHANGE PREFERENCE SHARES FOR ORDINARY SHARES, échanger des actions privilégiées contre des actions ordinaires.

EXCHANGEABILITY *s*, échangeabilité *f*.

EXCHANGEABLE *a*, échangeable.
EXCHANGEABLE GOODS, biens échangeables.
EXCHANGEABLE VALUE, valeur d'échange.
EXPONENT OF EXCHANGEABLE VALUE, indice de la valeur d'échange.

EXCHANGER *s*, échangiste *m*.

EXCHEQUER *s*, trésorerie *f*, trésor *m*, fisc *m*.
CHANCELLOR OF THE EXCHEQUER, *U.K:* Chancelier de l'échiquier (ministre des finances).
EXCHEQUER-BILL, *U.K:* bon du Trésor.
EXCHEQUER BOND, *U.K:* bon du Trésor.

EXCISABLE *a*, imposable.

EXCISE *s*, contributions *f. pl* indirectes, impôt *m* sur la consommation; régie *f*, accise *f*.
EXCISE DUTY, droit d'accise; taxe à la consommation.
EXCISE OFFICE, régie.
EXCISE OFFICER, receveur des contributions indirectes.
EXCISE TAX, impôt indirect.

EXCISE *v*, imposer, frapper d'un droit.

EXCLUDE *v*, exclure.

EXCLUDED *a*, exclu, non compris.

EXCLUDING *a*, à l'exclusion *f* de.

EXCLUSION *s*, exclusion *f*.
METHOD OF EXCLUSION, méthode d'exclusion.

EXCLUSIVE *a*, exclusif, exclusivement.
EXCLUSIVE OF RATES, non compris l'impôt mobilier.
EXCLUSIVE RIGHT, droit exclusif.
MUTUALLY EXCLUSIVE EVENTS, événements s'excluant mutuellement.

EXCLUSIVELY *adv*, exclusivement.

EXCURSION *s*, excursion *f*.
EXCURSION TICKET, billet d'excursion.

EXECUTABLE *a*, exécutable.

EXECUTE *v*, exécuter, réaliser, affecter, passer, signer.
to EXECUTE A DEED, passer un acte.
to EXECUTE A PLAN, réaliser un plan.
to EXECUTE A POWER OF ATTORNEY, signer une procuration.
to EXECUTE A TRANSFER, effectuer un transfert.
to EXECUTE A WILL, faire un testament.

EXECUTION *s*, exécution *f*, saisie *f*; réalisation *f*.
EXECUTION OF A PLAN, réalisation d'un plan.
EXECUTION OF A WILL, signature d'un testament.
STAY OF EXECUTION, suspension de l'exécution d'un jugement.

EXECUTIVE *a*, exécutif.
EXECUTIVE COMMITTEE, bureau (exécutif).
EXECUTIVE ORDER, *U.S:* décret-loi.
EXECUTIVE POWERS, pouvoirs exécutifs.
EXECUTIVE SESSION, *U.S:* session à huis clos.

EXECUTIVE *s*, cadre *m*, dirigeant *m*, exécutif *m*.
EXECUTIVE RETIREMENT PLANS, *U.S:* retraites des cadres.
HIGH EXECUTIVE, cadre supérieur.

EXECUTOR *s*, exécuteur *m* testamentaire.

EXEMPT *a*, exempt, franc.
EXEMPT FROM TAXATION, franc d'impôts.

EXEMPT *v*, exempter, exonérer, dispenser.
to EXEMPT FROM LIABILITY, exonérer de responsabilité.
to EXEMPT FROM TAX, exonérer d'impôts.

EXEMPTION *s*, exemption *f*, dispense *f*, exonération *f*, franchise *f*.
EXEMPTION CLAUSE, clause d'exonération.
TAX EXEMPTION, exonération d'impôt.

EXERCISE *s*, exercice *m*; levée *f*.
EXERCISE OF ONE'S DUTIES, exercice de ses fonctions.
EXERCISE OF AN OPTION, levée d'une prime; consolidation d'un marché à prime.

EXERCISE *v*, exercer, user, lever.
to EXERCISE AN OPTION, lever une prime; consolider un marché à prime.
to EXERCISE THE OPTION OF SUBSCRIBING, exercer la faculté de souscrire.
to EXERCISE A RIGHT, exercer un droit.
to EXERCISE THE RIGHT OF OPTION, user du droit d'option.

EXHAUST *v*, épuiser.

EXHAUSTED *a*, épuisé, usé.
EXHAUSTED LAND, terre usée.

EXHAUSTING *a*, épuisant.

EXHAUSTION *s*, épuisement *m*; exhaustion *f*.
EXHAUSTION OF MINERAL OILS, épuisement des réserves de pétrole.
EXHAUSTION OF NATURAL RESOURCES, épuisement des ressources naturelles.
METHOD OF EXHAUSTIONS, méthode d'exhaustion.

EXHAUSTIVE *a*, exhaustif, approfondi.
EXHAUSTIVE ENQUIRY, enquête approfondie.
EXHAUSTIVE METHOD, méthode exhaustive.
EXHAUSTIVE STUDY, étude exhaustive.

EXHIBIT *s*, pièce *f*, document *m* à l'appui *m*.

EXHIBIT *v*, exhiber, présenter.
to EXHIBIT PROFITS, faire apparaître des bénéfices.

EXHIBITION *s*, exposition *f*, salon *m*.
EXHIBITIONS AND FAIRS, expositions et foires.
IDEAL HOME EXHIBITION, *U.K:* Salon des arts ménagers.
MOTOR EXHIBITION, Salon de l'automobile.

EXHIBITOR *s*, exposant *m*.

EXIGENCE *s*, exigence *f*.

EXIGENCY *s*, exigence *f*.

EXIGENT *a*, urgent, pressant.
EXIGENT NEEDS, besoins pressants.

EXIST *v*, exister.
wherever these CONDITIONS EXIST, partout où ces conditions prévalent.
to PRE-EXIST, préexister.

EXISTENCE *s*, existence *f*, vie *f*, être *m*.
in EXISTENCE, existant.
non-EXISTENCE, non-existence; non-être ; néant.
STRUGGLE FOR EXISTENCE, lutte pour la vie.

EXISTENT *a*, existant, actuel.
PRE-EXISTENT, préexistant.

EXODUS *s*, exode *m*, fuite *f*.
EXODUS OF CAPITAL, fuite de capitaux.

EXOGENOUS *a*, exogène.
ENDOGENOUS AND EXOGENOUS VARIABLES, variables endogènes et exogènes.

EXONERATE *v*, exonérer, dispenser.
to EXONERATE FROM LIABILITY, exonérer de responsabilité.

EXONERATION *s*, exonération *f*, dispense *f*.

EXORBITANCE s, exorbitance f.

EXORBITANT a, exorbitant; usuraire.
EXORBITANT PRICE, prix exorbitant.

EXPAND v, (se) développer.

EXPANDING a, qui se développe.

EXPANSE s, étendue f.

EXPANSION s, expansion f, développement m, augmentation f.
BINOMIAL EXPANSION, développement d'un binôme.
COLONIAL EXPANSION, expansion coloniale.
CURRENCY EXPANSION, expansion monétaire.
EXPANSION OF A DEFICIT, augmentation d'un déficit.
EXPANSION OF THE OUTPUT OF, expansion de la production de.
MONETARY EXPANSION, expansion monétaire.
PRIMARY EXPANSION, expansion première.
RATE OF EXPANSION, taux d'expansion.
SECONDARY EXPANSION, expansion secondaire.

EXPANSIONARY a, expansionniste.
EXPANSIONARY MONETARY POLICY, politique monétaire expansionniste.

EXPANSIONISM s, expansionnisme m.

EXPECT v, (s') attendre (à), prévoir, envisager.

EXPECTANCY s, expectative f, espérance f.
LIFE EXPECTANCY, espérance de vie.

EXPECTATION s, prévision f, probabilité f, espérance f, attente f.
CHANGE IN EXPECTATIONS, changement dans les prévisions.
CONSISTENT EXPECTATIONS, prévisions concordantes.
CONTRARY TO ALL EXPECTATIONS, contrairement à toute attente.
ELASTICITY OF EXPECTATIONS, élasticité des prévisions.
ELASTICITY OF INTEREST-EXPECTATIONS, élasticité des prévisions d'intérêt.
ENTREPRENEURS' EXPECTATION OF PROFITS, prévision de profit des entrepreneurs.
beyond EXPECTATIONS, au-delà des prévisions.
up to EXPECTATIONS, conforme aux prévisions.
EXPECTATION OF FUTURE VENDIBILITY, prévision des ventes futures.
EXPECTATIONS AS TO THE FUTURE YIELD OF CAPITAL GOODS, prévisions relatives au rendement futur des biens de capital.
EXPECTATION OF LIFE, probabilités de vie.
EXPECTATION OF LIFE TABLES, tables de survie.
EXPECTATION VALUE, valeur d'attente.
INELASTIC EXPECTATIONS, prévisions inélastiques.
LONG-TERM EXPECTATIONS, prévisions à long terme.
MATHEMATICAL EXPECTATION, espérance mathématique.
MEDIUM-TERM EXPECTATIONS, prévisions à moyen terme.
PAST EXPECTATIONS, prévisions antérieures.
PRICE-EXPECTATIONS, prévisions de prix.
SHORT-TERM EXPECTATIONS, prévisions à court terme.
UNCERTAINTY OF EXPECTATIONS, incertitude des prévisions.

EXPECTED a, prévu, attendu, probable.
EXPECTED PRICES, prix prévus.
EXPECTED VALUE, valeur probable; espérance mathématique.

EXPEDIENCY s, opportunité f, convenance f.
on GROUNDS OF EXPEDIENCY, pour des raisons d'opportunité.

EXPEDIENT a, expédient, commode.
EXPEDIENT METHOD, méthode commode.

EXPEDIENT s, expédient m.
to RESORT TO EXPEDIENTS, user d'expédients.

EXPEDITE v, activer.
to EXPEDITE A MATTER, activer une affaire.

EXPEND v, dépenser.
to EXPEND MONEY, dépenser de l'argent.

EXPENDITURE s, dépense f, frais m. pl.
to ACCOUNT FOR AN EXPENDITURE, justifier une dépense.
ADDITIONAL EXPENDITURE, surcroît de dépenses.
ADVERTISING EXPENDITURE, dépenses de publicité.
BALANCING BETWEEN RECEIPTS AND EXPENDITURES, équilibre entre recettes et dépenses.
BUDGETARY EXPENDITURE, dépenses budgétaires.
CAPITAL EXPENDITURE, dépenses en capital.
CAPITAL EXPENDITURE ACCOUNT, compte immobilisations.
CONSUMPTION EXPENDITURE, dépenses de consommation.
CURRENT EXPENDITURE ON GOODS AND SERVICES, dépenses courantes en biens et services.
DEFENCE EXPENDITURE, dépenses de défense nationale.
ESTIMATE OF EXPENDITURE, prévision de dépense.
EXPENDITURE ON CONSUMPTION, dépense pour la consommation.
EXPENDITURE ON CURRENT GOODS AND SERVICES, dépenses en biens et services courants.

EXPENDITURE FINANCED BY BORROWING, dépenses financées par des emprunts.
EXPENDITURE ON GROSS NATIONAL PRODUCT, dépense imputée au produit national brut.
EXPENDITURE MET FROM TAXATION, dépenses financées par le produit des impôts.
GOVERNMENT EXPENDITURE, dépenses publiques.
GOVERNMENT EXPENDITURES AND BORROWINGS, dépenses et emprunts de l'État.
HEAVY EXPENDITURE, lourdes dépenses.
HOUSEHOLD EXPENDITURE, dépenses de ménage.
to INCREASE THE EXPENDITURE, augmenter les dépenses.
INITIAL CAPITAL EXPENDITURE, frais de premier établissement.
ITEMS OF EXPENDITURE, postes de dépense.
LARGE EXPENDITURE, forte dépense.
LAVISH EXPENDITURE, dépenses folles.
MILITARY EXPENDITURES, dépenses militaires.
NATIONAL EXPENDITURE, dépenses de l'État.
NATIONAL INCOME AND EXPENDITURE, comptabilité nationale.
OPERATING EXPENDITURE, dépenses d'exploitation.
to PROPORTION ONE'S EXPENDITURE TO ONE'S INCOME, mesurer sa dépense à son revenu.
to REDUCE ONE'S EXPENDITURE, réduire ses dépenses.
RESTRICTION OF EXPENDITURE, réduction des dépenses.
TRANSFERENCE OF EXPENDITURE FROM... TO, transfert de dépense de... à.
WASTEFUL EXPENDITURE, dépenses en pure perte; gaspillage.
WELFARE EXPENDITURES, dépenses sociales.

EXPENSE s, dépense f, frais m. pl, débours m. pl.
ADMINISTRATIVE EXPENSES, frais d'administration.
to ALLOW AN EXPENSE, allouer une dépense.
ALLOWABLE EXPENSE, dépense déductible; dépense remboursable.
ALLOWANCE FOR EXPENSES, déduction (fiscale) pour dépenses
to APPORTION EXPENSES, ventiler les frais.
CARRIAGE EXPENSES, frais de transport.
to CHARGE AN EXPENSE ON, TO, AN ACCOUNT, imputer une dépense à un compte.
CONTINGENT EXPENSES, dépenses imprévues.
COST AND EXPENSES OF THE BUSINESS, frais et charges de l'entreprise.
to COVER ONE'S EXPENSE, couvrir ses dépenses.
DEDUCTION FOR EXPENSES, deduction pour frais professionnels (avant imposition).
DERIVED EXPENSES, dépense dérivée.
DIRECT EXPENSES, frais proportionnels.
to DISALLOW AN EXPENSE, rejeter une dépense.
ENTERTAINMENT EXPENSES, frais de représentation.
EXCESS OF RECEIPTS OVER EXPENSES, excédent des recettes sur les dépenses.
at the EXPENSE OF, aux frais de.
EXPENSES INVOLVED, dépenses à prévoir.
EXPENSE ITEM, chef de dépense.
EXPENSE LEDGER, grand livre de frais.
EXPENSES PROVIDED FOR IN THE BUDGET, dépenses prévues au budget.
EXPENSES OF SELLING, frais de vente.
GENERAL EXPENSES, frais généraux.
GROSS WORKING EXPENSES AND RECEIPTS, dépenses et recettes d'exploitation brutes.
HOUSEHOLD EXPENSES, budget du ménage; budget domestique.
INCIDENTAL EXPENSES, faux frais.
INDIRECT EXPENSES, frais généraux; frais fixes.
to INVOLVE EXPENSES, entraîner des frais.
LEGAL EXPENSES, frais de justice; dépens.
MANAGEMENT EXPENSES, frais d'administration; frais de gérance.
to MEET EXPENSES, faire face aux dépenses.
MINOR EXPENSES, menus frais.
NOTE OF EXPENSES, note de frais.
OFFICE EXPENSES, frais de bureau.
OUT-OF-POCKET EXPENSES, menues dépenses; débours.
OUTSTANDING EXPENSES, frais échus.
OVERHEAD EXPENSES, frais généraux.
PETTY EXPENSES, menus débours.
PORT OF REFUGE EXPENSES, frais du port de relâche.
PRELIMINARY EXPENSES, frais de constitution.
PUBLICITY EXPENSES, dépenses publicitaires.
RECEIPTS AND EXPENSES, recettes et dépenses.
to RECKON THE RECEIPTS AND EXPENSES, supputer, calculer, la recette et la dépense.
RECONDITIONING EXPENSES, frais de remise en état.
to REIMBURSE EXPENSES, rembourser les dépenses.
RELIEF FOR EXPENSES, déduction pour dépenses.
REMOVAL EXPENSES, dépenses de déménagement.
to RESTRICT EXPENSES, restreindre les dépenses.
RETURN OF EXPENSES, état de frais.
RUINOUS EXPENSE, dépenses ruineuses.
RUNNING EXPENSES, frais d'utilisation; dépenses courantes.

SALVAGE EXPENSES, frais de sauvetage.
SHIPPING EXPENSES, frais d'expédition.
SPECIAL EXPENSES INCURRED, frais spéciaux encourus.
STANDING EXPENSES, frais généraux.
STATEMENT OF EXPENSES, état de frais.
SUNDRY EXPENSES, frais divers.
TOTAL EXPENSES, dépenses totales.
TOTAL EXPENSES INCURRED, total des dépenses encourues.
TRADE EXPENSES, frais de commerce.
TRAVELLING EXPENSES, frais de déplacement.
UPKEEP EXPENSES, frais d'entretien.
WORKING EXPENSES, dépenses d'exploitation.

EXPENSIVE *a* cher, coûteux.

EXPENSIVENESS *s*, cherté *f*.

EXPERIENCE *s*, expérience *f*.
to REASON FROM PAST EXPERIENCE, fonder ses raisons sur l'expérience du passé.

EXPERIENCE *v*, éprouver.
to EXPERIENCE A LOSS, éprouver une perte.

EXPERIENCED *a*, éprouvé, qui a du métier *m*.
EXPERIENCED IN BUSINESS, rompu aux affaires.

EXPERIMENT *s*, expérience *f*, essai *m*, test *m*.
as an EXPERIMENT, à titre d'essai.
EXPERIMENT FARM, ferme laboratoire.
FIELD EXPERIMENTS, *U.S:* essais en vraie grandeur.
MODEL EXPERIMENTS, essais sur modèles.
by WAY OF EXPERIMENT, à titre d'expérience.

EXPERIMENTAL *a*, expérimental.
EXPERIMENTAL DATA, données expérimentales.
EXPERIMENTAL FORESTRY, expérimentation forestière.
EXPERIMENTAL METHOD, méthode expérimentale.
EXPERIMENTAL PLOT, champ d'essai.

EXPERIMENTATION *s*, expérimentation *f*.

EXPERT *a*, expert, habile.
EXPERT WORKMANSHIP, travail de spécialiste.

EXPERT *s*, expert *m*, spécialiste *m*, connaisseur *m*.
DISAGREEMENT BETWEEN THE EXPERTS, désaccord entre les experts.
EXPERT'S FEE, honoraires d'expert.
EXPERT'S REPORT, expertise.
QUALIFIED EXPERT, expert diplômé.

EXPIRATION *s*, expiration *f*, échéance *f*.
EXPIRATION OF A CONCESSION, expiration d'une concession.
EXPIRATION OF AN OPTION, échéance d'un marché à prime; expiration d'une option.
EXPIRATION OF TENANCY, expiration de location.

EXPIRE *v*, expirer.

EXPIRED *a*, expiré, déchu.
EXPIRED BILL, effet périmé.
EXPIRED POLICY, police expirée.

EXPIRY *s*, expiration *f*, échéance *f*.
on EXPIRY, à l'expiration.

EXPLAINED *a*. expliqué.
EXPLAINED PORTION OF THE VARIANCE, variance liée.

EXPLANATION *s*, explication *f*.
MONETARY EXPLANATION OF CYCLES, explication monétaire des cycles.

EXPLANATORY *a*, explicatif.
EXPLANATORY NOTES, notes explicatives.
EXPLANATORY VARIABLES, variables explicatives.
SELF-EXPLANATORY, qui s'explique de soi-même.

EXPLICIT *a*. explicite, exprès.
EXPLICIT FUNCTION, fonction explicite.
EXPLICIT RENT, rente explicite.
IMPLICIT AND EXPLICIT RETURNS, revenus implicites et revenus explicites.

EXPLODED *a*, discrédité.
EXPLODED OPINION, opinion discréditée.
EXPLODED THEORY, théorie discréditée.

EXPLOIT *v*, exploiter.
to EXPLOIT THE CREDULITY OF THE PUBLIC, exploiter la crédulité du public.
to EXPLOIT FOR PETROLEUM, mettre en exploitation un gisement de pétrole.

EXPLOITATION *s*, exploitation *f*.
EXPLOITATION OF LABOUR, exploitation de la main-d'œuvre.
EXPLOITATION OF A WASTING-ASSET, exploitation d'un bien consomptible.

THEORY OF MONOPOLISTIC EXPLOITATION, théorie de l'exploitation monopolistique.

EXPLOITER *s*, exploiteur *m*.

EXPLOITING *s*, exploitation *f*.

EXPLORATION *s*, exploration *f*.

EXPLORE *v*, explorer, chercher.
to EXPLORE FOR COAL, chercher des filons houillers.

EXPLOSION *s*, explosion *f*.
DEMOGRAPHIC EXPLOSION, explosion démographique.
EXPLOSION ENGINE, moteur à explosion.

EXPONENT *s*, indice *m*, exposant *m*.
EXPONENT OF EXCHANGEABLE VALUE, indice de la valeur d'échange.
FRACTIONAL EXPONENTS, exposants fractionnaires.

EXPONENTIAL *a*, exponentiel.
EXPONENTIAL FUNCTION, fonction exponentielle.
EXPONENTIAL LAW, loi exponentielle.
FITTING AN EXPONENTIAL CURVE, ajustement par une exponentielle.

EXPONENTIAL *s*, exponentielle *f*.

EXPORT *s*, exportation *f*, sortie *f*.
BUYING OR EXPORT RATE, cours d'achat ou d'exportation.
COMMODITY INTENDED FOR EXPORT, produit destiné à l'exportation.
CURRENT VALUE OF EXPORTS, valeur courante des exportations.
EXPORT BONUS, prime à l'exportation.
EXPORT BOUNTY, prime à l'exportation.
EXPORT BULLION POINT, gold-point d'exportation.
EXPORT CREDIT, crédit à l'exportation.
EXPORT DUTY, droits d'exportation.
EXPORT GOLD POINT, gold-point de sortie; point de sortie de l'or.
EXPORT LICENCE, licence d'exportation.
EXPORT MARKETS, marchés d'exportation.
EXPORT OF MONEY, exportation de capitaux.
EXPORT MULTIPLIER, multiplicateur d'exportation.
EXPORT ORDERS, commandes d'exportation.
EXPORT-ORIENTED ECONOMY, économie orientée vers les exportations.
EXPORT PERMIT, autorisation d'exporter.
EXPORT PRICE, prix d'exportation.
EXPORT PRICE INDEX, indices des prix des exportations.
EXPORT PROHIBITION, prohibition de sortie.
EXPORT QUOTAS, contingents d'exportation.
EXPORT SPECIE POINT, point de sortie de l'or.
EXPORT TAXES, taxes à l'exportation.
EXPORT TRADE, commerce d'exportation.
EXPORT UNIT VALUE INDEX, indices de la valeur unitaire des exportations.
IMPORTS AND EXPORTS COMBINED, total des importations et exportations.
INVISIBLE EXPORTS AND IMPORTS, exportations et importations invisibles.
NET EXPORTS, exportations nettes.
VISIBLE EXPORTS, exportations visibles.
VOLUME INDEX FOR EXPORTS, indice du volume des exportations.
WORLD EXPORTS, exportations mondiales.

EXPORT *v*, exporter.
to EXPORT GOLD, exporter de l'or.
to EXPORT GOODS, exporter des marchandises.

EXPORTABLE *a*, exportable.
EXPORTABLE CROP, récolte destinée à l'exportation.
EXPORTABLE GOODS, marchandises destinées à l'exportation.
EXPORTABLE SURPLUS, surplus exportable.

EXPORTATION *s*, sortie *f*, exportation *f*.
EXPORTATION STIMULATES PRODUCTION, l'exportation stimule la production.

EXPORTER *s*, exportateur *m*.
ENGLAND IS A BIG EXPORTER OF COAL, l'Angleterre est un gros exportateur de charbon.

EXPORTING *a*, exportateur.
EXPORTING COUNTRY, pays exportateur.

EXPOUND *v*, exposer, interpréter.

EXPRESS *a*, exprès, express.
EXPRESS DELIVERY, livraison par exprès.
EXPRESS LETTER, lettre par exprès.
EXPRESS PARCEL TRAIN, train pour le service de colis de grande vitesse.
EXPRESS SERVICE, service rapide.
EXPRESS TRAIN, train express.

EXPRESS *s*, rapide *m*, express *m*.

EXPRESS *v*, exprimer.
to EXPRESS ONE QUANTITY IN TERMS OF ANOTHER, exprimer une quantité en termes d'une autre.

EXPRESSION *s*, expression *f*, formule *f*.
ALGEBRAICAL EXPRESSION, expression, formule, algébrique.
to RATIONALIZE AN EXPRESSION, faire disparaître les quantités irrationnelles d'une expression.
to REDUCE A POLYNOMIAL TO THE SIMPLEST EXPRESSION, réduire un polynome à sa plus simple expression.

EXPROPRIATE *v*, exproprier.

EXPROPRIATION *s*, expropriation *f*.
EXPROPRIATION FOR PUBLIC PURPOSES, expropriation pour cause d'utilité publique.
INDEMNITY FOR EXPROPRIATION, indemnité pour cause d'expropriation.

EXPULSION *s*, expulsion *f*.

EX-SERVICE MAN *s*, ancien combattant *m*.

EXTEND *v*, étendre, proroger.
to EXTEND THE TIME OF PAYMENT, proroger l'échéance.
to EXTEND THE VALIDITY OF A CREDIT, proroger la durée d'un crédit.

EXTENSION *s*, extension *f*, prorogation *f*, prolongation *f*.
by EXTENSION, par extension.
EXTENSION OF CREDIT, prolongation d'un crédit.
to GET A TIME EXTENSION, obtenir un délai.
to OBTAIN AN EXTENSION OF TIME FOR PAYMENT, obtenir un délai de paiement.
VERTICAL EXTENSIONS, addition d'étages.

EXTENSIVE *a*, extensif, étendu, considérable, approfondi.
EXTENSIVE AGRICULTURE, agriculture extensive.
EXTENSIVE CULTIVATION, culture extensive.
EXTENSIVE KNOWLEDGE, connaissances considérables.
EXTENSIVE RESEARCH, recherche approfondie.

EXTENT *s*, étendue *f*, importance *f*; quotité *f*.
EXTENT OF THE DAMAGE, importance du dommage.
EXTENT OF TAXATION RELIEF, quotité du dégrèvement fiscal.
the NATURE AND EXTENT OF A RISK, nature et étendue d'un risque.

EXTERIOR *a*, extérieur.
EXTERIOR ANGLE, angle extérieur.

EXTERNAL *a*, externe, extérieur, étranger.
BALANCE OF EXTERNAL CLAIMS AND LIABILITIES, balance de l'endettement international; balance des comptes.
EXTERNAL ACCOUNT, compte transférable.
EXTERNAL ACCOUNTS, comptes extérieurs.
EXTERNAL DISECONOMIES, déséconomies externes.
EXTERNAL ECONOMIES, économies externes.
EXTERNAL EXCHANGE, change étranger, extérieur.
EXTERNAL LOAN, emprunt extérieur.
EXTERNAL STORAGE, mémoire externe.
EXTERNAL TRADE, commerce extérieur.
EXTERNAL TRADE STATISTICS, statistiques du commerce extérieur.

EXTINCTION *s*, extinction *f*.
EXTINCTION OF A NATIONAL DEBT, extinction d'une dette publique.

GRADUAL EXTINCTION OF A DEBT, extinction graduelle d'une dette.

EXTINGUISH *v*, éteindre.

EXTINGUISHMENT *s*, extinction *f*.

EXTORT *v*, extorquer.
to EXTORT MONEY, extorquer de l'argent.

EXTORTION *s*, extorsion *f*, exaction *f*.

EXTORTIONATE *a*, extorsionnaire, exorbitant.
EXTORTIONATE PRICE, prix exorbitant.

EXTRA *a*, supplémentaire, extra-, additionnel.
EXTRA CHARGE, supplément.
EXTRA COST, coût supplémentaire.
EXTRA-EUROPEAN, extra-européen.
EXTRA FARE, supplément.
EXTRA PAY, sursalaire; surpaye.
EXTRA PREMIUM, surprime.
EXTRA PROFIT, profit additionnel.
EXTRA WORK, heures supplémentaires; surcroît de travail.

EXTRA *s*, supplément *m*, extra *m*.
EXTRAS, frais supplémentaires.

EXTRACT *s*, extrait *m*.

EXTRACT *v*, extraire, soutirer.
to EXTRACT MONEY FROM, soutirer de l'argent à.

EXTRACTION *s*, extraction *f*.

EXTRACTIVE *a*, extractif.
EXTRACTIVE INDUSTRIES, industries extractives.

EXTRAORDINARY *a*, extraordinaire.
EXTRAORDINARY BUDGET, budget extraordinaire.
EXTRAORDINARY FINANCING, financement extraordinaire.
EXTRAORDINARY GENERAL MEETING, assemblée générale extraordinaire.
EXTRAORDINARY RESERVE, réserve extraordinaire.

EXTRAPOLATE *v*, extrapoler.

EXTRAPOLATION *s*, extrapolation *f*.

EXTRATERRITORIAL *a*, extraterritorial.

EXTRATERRITORIALITY *s*, extraterritorialité *f*.

EXTRAVAGANCE *s*, prodigalité *f*.

EXTRAVAGANT *a*, extravagant, exorbitant.
EXTRAVAGANT PRICE, prix exorbitant.

EXTREME *a*, extrême.
EXTREME CASE, cas extrême.
EXTREME POVERTY, extrême misère.
EXTREME VALUES, valeurs extrêmes.

EXTREME *s*, extrême *m*.
from one EXTREME TO THE OTHER, d'un extrême à l'autre.
the PRODUCT OF THE EXTREMES EQUALS THE PRODUCT OF THE MEANS, le produit des extrêmes égale le produit des moyens.

EXTREMITY *s*, extrémité *f*.

EXTRINSIC *a*, extrinsèque.
EXTRINSIC VALUE, valeur extrinsèque.

F

F *letter*, F.
F DISTRIBUTION, distribution de F; loi de F.

FABIAN *a*, fabien.
FABIAN SOCIALISM, socialisme fabien.

FABIANISM *s*, fabianisme *m*.

FABRIC *s*, édifice *m*, structure *f*; tissu *m*.
FABRIC OF LAW, ensemble du système légal.
WHOLE FABRIC OF ARGUMENTS, tout l'échafaudage d'arguments.
WHOLE FABRIC OF SOCIETY, tout l'édifice social.

FABRICATE *v*, fabriquer, contrefaire.

FABRICATION *s*, fabrication *f*, contrefaçon *f*.

FABULOUS *a*, fabuleux.
FABULOUS PRICE, prix fabuleux.

FACE *s*, face *f*, surface *f*.
on the FACE OF IT, à première vue.
FACE-VALUE, valeur nominale.

FACILE *a*, facile.

FACILITATE *v*, faciliter.

FACILITATION *s*, action *f* de faciliter.
FACILITATION OF TRADE, facilités de commerce.

FACILITY *s*, facilité *f*, complaisance *f*.
FACILITIES FOR PAYMENT, facilités de paiement.
OVERDRAFT FACILITIES, facilités de caisse.
SWAP FACILITIES, facilités de crédits réciproques.

FACT *s*, fait *m*.
ACCOMPLISHED FACT, fait accompli.
ACTUAL FACT, fait réel.
ATTORNEY IN FACT, mandataire.
to BE SUPPORTED BY FACTS, être démontré par les faits.
ESTABLISHED FACT, fait avéré; fait acquis.
in FACT, en fait.
FACTS OF THE CASE, données du problème.
FACT AND FICTION, le réel et l'imaginaire.
the FACT IS (QUITE) IMMATERIAL, cela n'a aucune importance.
HARD FACT, fait brutal, indiscutable.
to IGNORE THE FACTS, méconnaître les faits.
ISSUE OF FACT, question de fait.
to JUGGLE WITH FACTS, escamoter les faits.
KNOWN FACTS, faits constatés.
to MARSHAL FACTS, présenter les faits ordonnés.
MATERIAL FACT, fait matériel; fait pertinent.
as a MATTER OF FACT, en fait; à vrai dire.
to NOTE A FACT, relever, constater, un fait.
OBVIOUS FACT, fait évident.
PRESUMPTION OF FACT, présomption de fait.
SCIENTIFIC FACTS, vérités scientifiques.
to STICK TO FACTS, s'en tenir aux faits.
THEORY THAT IS NOT CONSISTENT WITH FACTS, théorie qui ne s'accorde pas avec les faits.
the THEORY DOES NOT TALLY WITH THE FACTS, la théorie ne correspond pas aux faits.
THEORY AT VARIANCE WITH THE FACTS, théorie en désaccord avec les faits.

FACTITIOUS *a*, factice.
FACTITIOUS VALUE, valeur factice.

FACTOR *s*, facteur *m*; commissionnaire *m*; élément *m*.
COMPLEMENTARITY OF TWO FACTORS OF PRODUCTION, complémentarité de deux facteurs de production.
COMPLEMENTARITY OR SUBSTITUTABILITY OF TWO FACTORS OF PRODUCTION, complémentarité ou substituabilité de deux facteurs de production.
CONVERSION FACTOR, facteur de conversion.
ELASTICITY OF FACTOR SUBSTITUTION, élasticité de substitution des facteurs.
EQUALIZATION OF FACTOR-PRICES, égalisation des prix des facteurs.
FACTOR ANALYSIS, analyse factorielle.
FACTOR COST, coût de facteur(s).
at FACTOR COST, au coût des facteurs.
FACTOR OF EVOLUTION, facteur d'évolution.
FACTOR OF PRODUCTION, facteur de production.
FACTOR REVERSAL TEST (OF INDEX-NUMBERS), test de transférabilité (des indices).
GREATEST COMMON FACTOR, le plus grand commun diviseur.
GROSS NATIONAL PRODUCT AT FACTOR COST, produit national brut au coût des facteurs.
HIGHEST COMMON FACTOR, le plus grand commun diviseur.
HUMAN FACTOR, élément humain.
IMMOBILITY OF (THE) FACTORS, immobilité des facteurs.
INDIVISIBILITY OF FACTORS AND PROCESSES, indivisibilité des facteurs et des processus.
INTANGIBLE FACTORS, impondérables.
LABOUR AS A FACTOR OF PRODUCTION, travail en tant que facteur de production.
LAGGING FACTOR, frein.
LAND AS FACTOR OF PRODUCTION, terre en tant que facteur de production.
LAW OF FACTOR PRICE EQUALIZATION, loi de proportion des facteurs.
LOAD FACTOR, facteur de charge.
LOCATION FACTORS, facteurs de situation.
MARGINAL FACTOR COST, coût de facteur marginal.
MOBILITY OF FACTORS, mobilité des facteurs.
MONOPOLY DEMAND FOR A FACTOR, demande d'un facteur en situation de monopole.
NET FACTOR INCOME FROM ABROAD, revenu de facteurs net reçu de l'étranger.
NET NATIONAL PRODUCT AT FACTOR COST, produit national net au coût des facteurs.
OPERATIONAL FACTORS, facteurs opérationnels.
POWER-FACTOR, facteur de puissance.
PRICE OF FACTOR, prix du facteur.
PRIMARY FACTORS OF PRODUCTION, facteurs primaires de production.
PRIME FACTOR, diviseur premier.
PRODUCTIVE FACTOR, facteur productif.
RANDOM FACTORS, facteurs aléatoires.
REDUCTION FACTOR, coefficient de réduction.
SAFETY FACTOR, facteur de sécurité.
SUBSTITUTE FACTORS, facteurs de substitution.
SUBSTITUTION AMONG FACTORS, substitution entre les facteurs.

FACTORAGE *s*, courtage *m*, commission *f*.

FACTORAL a, factoriel.
FACTORAL TERMS OF TRADE, termes factorieis de l'échange.

FACTORIAL a, factoriel.
FACTORIAL ANALYSIS, analyse factorielle.
FACTORIAL SUM, somme factorielle.
FACTORIAL x, factorielle de x.

FACTORIAL s, factorielle f.

FACTORIZATION s, factorisation f.

FACTORIZE v, décomposer en facteurs m. pl.

FACTORSHIP s, office m de courtier m.

FACTORY s, fabrique f.
CLOSE-DOWN OF FACTORY, fermeture d'usine.
CLOSING (-DOWN) OF A FACTORY, fermeture, chômage, d'une usine.
ex FACTORY, prix usine.
FACTORY ACT*, U.K: législation industrielle; loi sur les accidents du travail.
FACTORY FUMES, fumées d'usine.
FACTORY-GIRL, ouvrière d'usine.
FACTORY-HAND, ouvrier d'usine.
FACTORY INSPECTION, inspection du travail.
FACTORY INSPECTOR, inspecteur du travail.
FACTORY LYING IDLE, usine qui chôme.
FACTORY OVERHEADS, frais de fabrication.
FACTORY SALES, ventes par les usines.
FACTORY SHIPMENTS, livraisons des usines.
to FURNISH A FACTORY WITH CURRENT, alimenter l'usine en courant.
GENERAL FACTORY OVERHEADS, frais généraux de fabrication.
MUNITION FACTORY, fabrique de munitions.
SPINNING FACTORY, filature.

FACTUAL a, effectif, positif.
FACTUAL KNOWLEDGE, connaissance des faits.

FACULTATIVE a, facultatif.

FACULTY s, faculté f, pouvoir m, talent m.

FAIL s, manque m, faute f.
without FAIL, sans faute.
FAIL-YEAR, U.S: mauvaise année (pour les récoltes).

FAIL v, manquer, faillir, faire défaut m, échouer.
BANK WHICH HAS FAILED, banque qui a fait faillite.

FAILED a, qui a failli.
FAILED FIRM, U.S: maison en faillite.

FAILING a, faiblissant, baissant, défaillant.

FAILING prep, à défaut m de.
FAILING PAYMENT WITHIN A MONTH, faute de paiement dans le délai d'un mois.
FAILING YOUR REPLY, sans réponse de votre part.

FAILING s, manquement m, échec m, baisse f, défaillance f.

FAILURE s, défaut m; faillite f; échec m, non-fonctionnement m, défaillance f, déconfiture f.
FAILURE TO MAKE A RETURN, défaut de déclaration.
FAILURE TO PAY, défaut de paiement.
FAILURE OF A PLAN, échec d'un projet.
FAILURE RATE, taux de défaillance.
MISUSE FAILURE, U.S: défaillance due à une mauvaise utilisation.
PARTIAL FAILURE, défaillance partielle.
PROBABILITY OF FAILURE, probabilité d'échec; probabilité de non-fonctionnement.
RANDOM FAILURE, défaillance imprévisible.
to START AGAIN AFTER A FAILURE, redémarrer après une faillite.

FAIR a, équitable, loyal, juste, honnête, franc; raisonnable.
to BID A FAIR PRICE, offrir un juste prix.
FAIR AVERAGE QUALITY, qualité commerciale.
FAIR DEAL, distribution équitable; marché équilibré.
FAIR MEANS, voies honnêtes.
FAIR PLAY, franc jeu; fair play.
FAIR PRICE, prix raisonnable.
FAIR AND SQUARE DEALING, loyauté en affaires.
FAIR TRADE, libre-échange réciproque; fair-trade.
FAIR WAGE, salaire équitable; juste salaire.
FAIR WEAR AND TEAR, usure normale.

FAIR adv, loyalement.
to PLAY FAIR, jouer loyalement.

FAIR s, foire f.
EXHIBITIONS AND FAIRS, expositions et foires.
WORLD FAIR, exposition universelle.

FAIRLY adv, équitablement, raisonnablement.
FAIRLY DRAWN SAMPLE, échantillon tiré consciencieusement.
FAIRLY STABLE FUNCTION, fonction raisonnablement stable.

FAIRNESS s, équité f.

FAITH s, confiance f; foi f, credo m.
in BAD FAITH, de mauvaise foi.
in GOOD FAITH, de bonne foi.
POLITICAL FAITH, credo politique.
PURCHASER IN GOOD FAITH, acquéreur de bonne foi.

FAKE s, trucage m; article m truqué.

FAKED a, truqué.
FAKED BALANCE-SHEET, bilan truqué.

FALL s, chute f, baisse f, abaissement m.
BIG FALL, forte baisse.
to BUY ON A FALL, acheter à la baisse.
COMPETITION CAUSES A FALL IN PRICES, la concurrence provoque l'abaissement des prix.
DEALING FOR A FALL, opération à la baisse.
FALL CLAUSE, clause de parité.
FALL IN FOREIGN STOCKS, baisse des fonds étrangers.
FALL IN POPULATION, dépopulation.
FALL IN PRICE, baisse de prix.
FALL IN THE RATE OF INTEREST, baisse du taux d'intérêt.
FALL IN VALUE, dévalorisation.
FALL IN WHEAT, baisse des blés.
HEAVY FALL, forte baisse.
to OPERATE FOR A FALL, jouer à la baisse.
to PROVIDE AGAINST A FALL, se prémunir contre la baisse.
the RISE OR (THE) FALL OF STOCKS AND SHARES, la hausse ou la baisse des titres de bourse.
SHARP FALL, baisse (très) accusée.
SHORT-FALL, déficit; manque.
to SPECULATE FOR A FALL, spéculer à la baisse.

FALL v, baisser, tomber, (se) déprécier, décliner; échoir.
the BOTTOM HAS FALLEN OUT OF THE MARKET, le marché s'est effondré.
EMPLOYMENT IS FALLING OFF, l'emploi décline.
to FALL INTO ARREARS, arrérager.
to FALL INTO DISREPAIR, tomber en ruines.
to FALL DUE, venir à échéance; échoir.
to FALL (OFF) IN VALUE, baisser de valeur; se déprécier.
PRICES ARE INCLINED TO FALL, les prix tendent à baisser.
the PRICE OF SILVER HAS FALLEN, le prix de l'argent a baissé.
SHARES FELL BACK A POINT, les actions se sont repliées d'un point.
SHARE WHICH HAS FALLEN TO ZERO, valeur qui est tombée à zéro.

FALLACIOUS a, fallacieux, erroné.
FALLACIOUS DEDUCTION, déduction erronée.

FALLACY s, sophisme m, erreur f, faux raisonnement m.
CURRENT FALLACY, erreur courante.

FALLING a, tombant.
CYCLE OF FALLING PRICES, cycle de baisse des prix.
FALLING MARKET, marché orienté à la baisse.
to SELL ON A RISING MARKET AND TO BUY ON A FALLING MARKET, vendre en hausse et acheter en baisse.

FALLING s, baisse f, fléchissement m.
FALLING OFF OF ORDERS, ralentissement des commandes.
RISING AND FALLING, mouvement de hausse et de baisse.

FALLOW s, jachère f, friche f.
to LAY LAND FALLOW, mettre la terre en jachère.

FALLOWING s, défrichage m, mise f en jachère f.

FALSE a, faux, erroné, inexact.
FALSE COINS, fausse monnaie.
FALSE DECLARATION, fausse déclaration.
FALSE PRICE, prix erroné.
FALSE STATEMENT, fausse déclaration.
FALSE TRADE MARK, fausse marque de fabrique.
FALSE TRADING, transaction à prix erroné.
FALSE WEIGHT, poids inexact.
FALSE WORKS, échafaudages.

FALSIFICATION s, falsification f, faux m.
FALSIFICATION OF ACCOUNTS, faux en écritures comptables.

FALSIFY v, falsifier.

FAMILY s, famille f.
FAMILY ALLOWANCES, allocations familiales.
FAMILY BUDGETS, budgets des familles; budgets des ménages.
FAMILY INCOME, revenu familial.
FAMILY PLANNING, limitation des naissances; planning familial.
LARGE FAMILIES, familles nombreuses.
MAN WITHOUT FAMILY ENCUMBRANCES, homme sans charges de famille.
to SUPPORT A FAMILY, subvenir aux besoins d'une famille.
UNPAID FAMILY WORKERS, travailleurs familiaux non rémunérés.
WORKING-CLASS FAMILY, famille ouvrière.

FAMINE *s*, famine *f*.
FAMINE PRICES, prix de famine.

FANCY *a*, de fantaisie *f*.
FANCY GOODS, nouveautés; articles de luxe.

FANCY *s*, fantaisie *f*.

FAR *adv*, loin; beaucoup; fort.
FAR-REACHING ASSUMPTION, hypothèse de grande portée.

FARE *s*, tarif *m*, prix *m*.
ADULT FARES, plein tarif.
CHEAP FARE, tarif réduit.
EXCESS FARE, supplément.
EXTRA FARE, supplément.
FULL FARE, plein tarif.
HALF-FARE, demi-tarif.
LEGAL FARE, tarif autorisé.
PASSENGER FARES, prix de transport des voyageurs.
RETURN FARE, billet d'aller et retour.
SINGLE FARE, billet d'aller.
TARIFF OF FARES, barème.

FARM *s*, ferme *f*, exploitation *f* agricole.
COLLECTIVE FARM, *U.R.S.S:* ferme collective; kolkhoze.
EXPERIMENT FARM, ferme laboratoire.
FARM EQUIPMENT, matériel agricole.
FARM-HOUSE, maison de fermier; ferme.
FARM INCOMES, revenus agricoles.
FARM LABOURER, ouvrier agricole.
FARM PRODUCTION, production agricole.
FARM TRACTOR, tracteur agricole.
to RESTRICT FARM PRODUCTION, réduire la production agricole.
SUBSISTENCE FARM, *U.S:* terre assurant la subsistance d'une famille.

FARM *v*, affermer, exploiter.

FARMER *s*, fermier *m*, cultivateur *m*, agriculteur *m*.
FARMER-GENERAL, fermier général.
FARMER OF REVENUES, fermier des impôts.
FARMER'S TAX, impôt sur les bénéfices agricoles.
FARMER WORKING ON SHARES, métayer.
GENTLEMAN-FARMER, gentleman-farmer.
LARGE FARMER, gros fermier.
PRODUCE-SHARING FARMER, *U.S:* métayer.
STOCK FARMER, éleveur.
TAX-FARMER, fermier général.
TENANT-FARMER, fermier; cultivateur à bail.
TILLAGE FARMER, laboureur.

FARMING *a*, aratoire.

FARMING *s*, agriculture *f*, culture *f*; élevage *m*; exploitation *f* agricole; affermage *m*.
ARABLE FARMING, culture.
COTTAGE FARMING, petite culture.
DAIRY-FARMING, industrie laitière.
DRY FARMING, culture à sec.
FARMING IMPLEMENT, instrument aratoire.
FARMING ON A LARGE SCALE, grande exploitation agricole.
FARMING LEASE, bail à ferme.
FARMING OF SMALL AREAS, (régime de) petite exploitation.
FRUIT-FARMING, fructiculture.
FUR-FARMING, élevage des animaux à fourrure.
MOTORIZED FARMING, motoculture.
OYSTER-FARMING, élevage d'huîtres; ostréiculture.
POULTRY-FARMING, élevage de volaille.
SHEEP-FARMING, élevage de moutons.
STOCK FARMING, élevage.

FASCISM *s*, fascisme *m*.

FASHION *s*, mode *f*.
out-of-FASHION, démodé.
FASHION DESIGNER, créateur de mode.
FASHION PAPER, revue de mode.
FASHION TRADE, haute mode.

FASHIONABLE *a*, à la mode.

FASHIONED *a*, façonné, travaillé.
NEW-FASHIONED, à la mode.
OLD-FASHIONED, démodé; suranné.

FASHIONING *s*, façonnage *m*.

FAST *a*, rapide.
FAST GOODS TRAIN, train de marchandises de grande vitesse.
FAST INCREASE, accroissement rapide.
FAST TRAIN, train rapide; rapide.

FAT *a*, gros, gras.
FAT COAL, houille bitumeuse.
FAT JOB, emploi grassement rétribué.
FAT LIVING, prébende qui rapporte gros.

FAT SALARY, gros émoluments.

FAT *s*, matière *f* grasse, graisse *f*.
FATS, corps gras.
FAT CONTENT, contenu en matières grasses.

FATAL *a*, fatal, mortel.
FATAL ACCIDENT, accident mortel.

FAULT *s*, défaut *m*, vice *m*, faute *f*.
LATENT FAULT, vice caché.
PRESUMPTION OF FAULT, présomption de faute.

FAULTY *a*, défectueux, déficient, vicieux.
FAULTY ARTICLE, article défectueux.
of FAULTY DESIGN, de construction défectueuse.
FAULTY WORKMANSHIP, vice de construction.

FAVOUR *s*, faveur *f*, préférence *f*.

FAVOURABLE *a*, favorable.
FAVOURABLE EXCHANGE, change favorable.
FAVOURABLE TRADE BALANCE, balance commerciale favorable.
SPECIALLY FAVOURABLE RATE, taux de faveur.

FAVOURED *a*, favorisé.
most-FAVOURED NATION CLAUSE, clause de la nation la plus favorisée.
most-FAVOURED NATION TREATMENT, traitement de la nation la plus favorisée.

FAVOURITISM *s*, favoritisme *m*.

FEASIBILITY *s*, praticabilité *f*, plausibilité *f*.
FEASIBILITY TEST, essai probatoire.

FEASIBLE *a*, faisable, possible, probable, praticable.

FEATURE *s*, dispositif *m*, particularité *f*.
SPECIAL FEATURE, dispositif spécial.

FECUNDITY *s*, fécondité *f*.

FEDERAL *a*, fédéral.
FEDERAL RESERVE BANK, *U.S:* Banque de la réserve fédérale.
FEDERAL RESERVE SYSTEM, *U.S:* Système de réserve fédérale.

FEDERALISM *s*, fédéralisme *m*.

FEDERATION *s*, fédération *f*, syndicat *m*.
AMERICAN FEDERATION OF LABOR, Fédération américaine du travail.
EMPLOYERS' FEDERATION, syndicat patronal.
INTERNATIONAL FEDERATION OF COTTON AND ALLIED TEXTILE INDUSTRIES, Fédération internationale du coton et des industries textiles connexes.

FEDERATIVE *a*, fédératif.

FEE *s*, honoraires *m. pl*, cachet *m*, vacation *f*, redevance *f*, droit *m*; cotisation *f*, taxe *f*, frais *m. pl*.
CONTINGENT FEE, honoraire éventuel (conditionné par le gain de l'affaire).
COUNSEL'S FEES, honoraires d'avocat.
DIRECTORS' FEES, jetons de présence des administrateurs.
ENTRANCE FEE, cotisation d'admission; droit d'entrée.
EXPERT'S FEE, honoraires d'expert.
FEES FOR ENGINEERING, honoraires d'engineering.
MEDICAL FEES, honoraires médicaux.
PROPERTY HELD IN FEE SIMPLE, bien détenu en toute propriété.
REGISTRATION FEES, droits d'enregistrement.
RESERVATION FEE, taxe de location (d'une place de théâtre).
SCHOOL FEES, frais de scolarité.

FEED *v*, alimenter, nourrir.

FEED-BACK *s*, rétroaction *f*, retour *m*, contre-incidence *f*.
FEED-BACK EFFECT, effet de retour; effet de contre-incidence.

FEEDER *s*, affluent, chargeur.
FEEDER LINES, lignes d'intérêt local.

FEEDING *s*, alimentation *f*.
ANIMAL FEEDING STUFFS, aliments pour bétail.

FELLOW *s*, compagnon *m*, collègue *m*.
FELLOW-MAN, semblable.
FELLOW-WORKER, compagnon (d'un ouvrier); collègue.

FEMALE *a*, féminin.
FEMALE LABOUR, main-d'œuvre féminine.

FEMALE *s*, femme *f*, femelle *f*.

FERRITE *s*, ferrite *m*.

FERRO-ALLOY *s*, ferro-alliage *m*.

FERROUS *a*, ferreux.
FERROUS SULPHIDE, pyrite de fer.

FERRY *s*, bac *m*.
FERRY-BOAT, car-ferry.

FERRY DUES, droits de passage.
TRAIN FERRY, transbordeur de trains; ferry-boat.

FERTILE a, fertile, fécond.

FERTILITY s, fertilité f, fécondité f.

FERTILIZATION s, fertilisation f.

FERTILIZE v, fertiliser.

FERTILIZER s, engrais m, fertilisant m.
ARTIFICIAL FERTILIZERS, engrais chimiques.
NITRATE FERTILIZERS, engrais azotés.

FEUDAL a, féodal.
FEUDAL TENURE, tenure féodale.

FEUDALISM s, régime m, féodal, féodalité f.

FEUDALITY s, féodalité f.

FEVER s, fièvre f.
GOLD-FEVER, fièvre de l'or.

FEW a, peu, peu nombreux.
with a FEW EXCEPTIONS, à quelques exceptions près.
the FORTUNATE FEW, minorité de gens comblés.

FIAT s, décret m, ordre m; consentement m, autorisation f.
FIAT (PAPER) MONEY, papier-monnaie; monnaie fiduciaire; monnaie à cours forcé.

FIBRE s, fibre f.

FICTION s, fiction f.
FACT AND FICTION, le réel et l'imaginaire.
LEGAL FICTION, fiction légale.

FICTITIOUS a, fictif.
FICTITIOUS ASSETS, actif fictif.
FICTITIOUS BILL, traite en l'air.
FICTITIOUS DIVIDEND, dividende fictif.

FIDUCIARY a, fiduciaire; scriptural.
FIDUCIARY CIRCULATION, circulation fiduciaire.
FIDUCIARY CURRENCY, monnaie fiduciaire.

FIELD s, champ m; district m, région f, bassin m.
COAL-FIELD, bassin houiller.
CORN FIELD, champ de blé.
FIELD OF ACTIVITY, champ d'activité.
FIELD OF CONJECTURE, champ des hypothèses.
FIELD EXPERIMENTS, U.S: essais en vraie grandeur.
FIELD STUDY, enquête sur les lieux.
FIELD SURVEY, enquête sur les lieux.
GOLD-FIELD, champ aurifère.
GOLD-FIELDS, régions aurifères.
MINE FIELD, région minière.
OIL FIELD, gisement pétrolifère.
PASTURE FIELD, pré.

FIFTH num. a, cinquième.
FIFTH FREEDOM, cinquième liberté (aviation).

FIGHT v, lutter, combattre.
to FIGHT FOREIGN COMPETITION, lutter contre la concurrence étrangère.

FIGURE s, chiffre m; figure f; nombre m, donnée f.
AGGREGATE FIGURES, données globales.
to CARRY A FIGURE, retenir un chiffre.
to CAST (UP) FIGURES, additionner des chiffres.
CASTING (UP) OF FIGURES, addition de chiffres.
COLUMN OF FIGURES, colonne de chiffres.
CORRECT FIGURE, chiffre exact.
DECIMAL FIGURE, nombre décimal.
ESTIMATED FIGURE, estimation.
five-FIGURE LOGARITHM TABLES, table de logarithmes à cinq décimales.
five-FIGURE NUMBER, nombre de cinq chiffres.
FIGURE TO RETURN FOR, chiffre à déclarer pour.
GEOMETRICAL FIGURE, figure géométrique.
his INCOME RUNS INTO FIVE (SIX) FIGURES, il a un revenu de plus de cinq (six) chiffres.
to INTERPRET FIGURES, interpréter les chiffres.
to JUGGLE WITH FIGURES, jongler avec les chiffres.
ROUND FIGURES, chiffres ronds.
ROUNDED FIGURE, chiffre arrondi.
ROUNDING STATISTICAL FIGURES, pratique des nombres arrondis.
SALES FIGURE, chiffre d'affaires.
SIGNIFICANT FIGURE, chiffre significatif.
to TOT UP A COLUMN OF FIGURES, additionner une colonne de chiffres.

FIGURE v, chiffrer, calculer.

FILATURE s, filature f.

FILE s, fichier m, classeur m, dossier m; file f.
CARD-INDEX FILE, fichier.
MASTER FILE, fichier principal.
TRANSACTION FILE, fichier (des) mouvements.

FILING s, classement m.
FILING-CABINET, classeur.

FILL v, remplir, garnir, pourvoir, satisfaire, combler.
to FILL UP A CHEQUE, remplir un chèque.
to FILL AN ORDER, exécuter un ordre.
to FILL EVERY REQUIREMENT, répondre à tous les besoins.
to FILL A VACANCY, pourvoir un poste vacant.

FILLED a, rempli.
WELL-FILLED ORDER BOOK, carnet de commandes largement garni.

FILM s, film m.

FINAL a, final, dernier, définitif, ultime.
FINAL ACCOUNT, compte final.
FINAL BALANCE, solde net.
FINAL CAUSE, cause finale.
FINAL COST, prix de revient final.
FINAL DATE, terme de rigueur.
FINAL DISCHARGE, quitus.
FINAL DISTRIBUTION, dernière répartition.
FINAL DOMESTIC CONSUMPTION, consommation nationale définitive.
FINAL INSTALMENT, dernier versement.
FINAL JUSTIFICATION, raison dernière.
FIRST AND FINAL DIVIDEND, première et unique répartition.

FINALITY s, finalité f.

FINANCE s, finance f; financement m; gestion f, économie f; capitaux m. pl, trésorerie f.
BUSINESS FINANCE*, U.S: gestion financière (de l'entreprise).
CONTROLLED FINANCE, économie dirigée.
FINANCE ACT, U.K: loi de finances.
FINANCE BILL, effet de finance.
FINANCE COMPANY, société de financement.
FINANCE DEVELOPMENT CORPORATION, Fonds de développement économique.
FINANCE STAMP, timbre d'effets.
FINANCE SYNDICATE, syndicat financier.
HIGH FINANCE, haute finance.
INTERNATIONAL FINANCE CORPORATION, Société financière internationale.
LACK OF FINANCE, manque de capitaux.
LONG-TERM FINANCE, financement à long terme.
MAGNATES OF FINANCE, pontifes de la finance.
MEDIUM-TERM FINANCE, financement à moyen terme.
MINISTRY OF FINANCE, ministère des Finances.
PUBLIC FINANCE, finances publiques.
to PURGE THE FINANCES OF, assainir les finances de.
RESTORATION OF PUBLIC FINANCES, assainissement des finances publiques.
SOUND FINANCE, de la bonne finance.
STATEMENT OF FINANCES, situation de trésorerie.
WORLD OF FINANCE, monde de la finance.

FINANCE v, financer, commanditer.
to FINANCE A BUSINESS, financer une affaire.

FINANCED a, financé.
EXPENDITURE FINANCED BY BORROWING, dépenses financées par des emprunts.

FINANCIAL a, financier, fiscal.
ECONOMIC AND FINANCIAL RECONSTRUCTION, restauration économique et financière.
END OF THE FINANCIAL YEAR, fin de l'exercice.
ENDOWED WITH FINANCIAL MEANS, doté de moyens financiers.
FINANCIAL ASSETS, avoirs financiers.
FINANCIAL CRISIS, crise financière.
FINANCIAL HOUSE, établissement de crédit.
FINANCIAL JUGGLE, tripotage financier.
FINANCIAL NEWS, informations financières.
FINANCIAL PRESSURE, embarras financier.
FINANCIAL PRUDENCE, prudence financière.
FINANCIAL RESOURCES, ressources financières.
FINANCIAL SHARKS, requins de la finance.
FINANCIAL STANDING, situation, surface, financière.
FINANCIAL STATEMENT, état des finances; bilan.
FINANCIAL SYNDICATE, syndicat financier.
FINANCIAL WORLD, monde de la finance.
FINANCIAL YEAR, exercice (financier).
HUB OF THE FINANCIAL WORLD, centre du monde de la finance.
to IMPROVE THE FINANCIAL POSITION, améliorer la situation financière.
STRONG FINANCIAL POSITION, forte situation financière.
WORLD-WIDE FINANCIAL CRISIS, crise financière mondiale.

FINANCIALLY adv, financièrement.
FINANCIALLY SOUND, solide au point de vue financier; solvable.

FINANCIER s, financier m.
CLEVER FINANCIER, habile financier.
SHADY FINANCIER, financier véreux.

FINANCING s, financement m.
COMPENSATORY OFFICIAL FINANCING (C.O.F.), Financement compensatoire officiel.
EXTRAORDINARY FINANCING, financement extraordinaire.
FINANCING COMPANY, compagnie de financement.
FINANCING OF INVESTMENT, financement des investissements.
SELF-FINANCING, autofinancement.

FIND s, découverte f, trouvaille f.

FIND v, trouver; se rendre compte; procurer.
to FIND CAPITAL FOR, financer.
to FIND THE EQUATION OF A PROBLEM, mettre un problème en équation.
to FIND MONEY, se procurer des fonds; procurer des fonds.
to FIND THE SUM (OF THE TERMS OF A SERIES), sommer (les termes d'une série).
to FIND A TAKER, trouver preneur.
to FIND THE VALUE OF THE UNKNOWN QUANTITY, trouver la valeur de l'inconnue.

FINE a, beau; fin; bon.
FINE GOLD CONTENT, contenu en or fin.
FINE JOB, belle situation.
FINE WORKMAN, très bon ouvrier.
of FINEST QUALITY, de premier choix.
FINE WORKMANSHIP, beau travail.
GOLD EIGHTEEN CARATS FINE, or à dix-huit carats de fin.
PRICES ARE CUT VERY FINE, les prix sont calculés au plus juste.
PROFITS CUT VERY FINE, profits réduits à presque rien.

FINE s, amende f.
HEAVY FINE, forte amende.
NOMINAL FINE, amende de principe.

FINENESS s, titre m, aloi m, qualité f supérieure.
COINS OF LEGAL FINENESS, pièces de monnaie au titre légal.
REMEDY OF (FOR) FINENESS, tolérance de titre.
TOLERANCE OF FINENESS, tolérance de titre.

FINES s. pl, minerai m de haute teneur f.

FINISH s, fin f, clôture f.
at the FINISH, en fin de séance.

FINISH v, (se) terminer, finir.
SHARES FINISHED AT, les actions ont terminé à.

FINISHED a, fini; ouvré; terminé.
FINISHED IRON, fer marchand.
FINISHED PRODUCTS, produits finis.

FINITE a, fini, limité.
FINITE POPULATION, population finie.

FINITE s, fini m.
the FINITE AND THE INFINITE, le fini et l'infini.

FIRE s, incendie m.
FIRE-INSURANCE, assurance incendie.
FIRE-INSURANCE POLICY, police incendie.
FIRE-PROTECTION, protection contre l'incendie.
FIRE-RISK, risque d'incendie.

FIRM a, ferme; tenu; stable.
to BUY FIRM, acheter ferme.
FIRM BARGAIN, marché ferme.
FIRM DEAL, marché ferme.
FIRM MARKET, marché bien tenu.
FIRM OFFER, offre ferme.
FIRM STOCK, valeur ferme.
FIRM UNDERWRITING, garantie de prise ferme.

FIRM s, firme f, entreprise f, maison f, société f commerciale, nom m social, raison f sociale.
AFFILIATED FIRM, filiale.
to AGGREGATE THE ACTIVITIES OF ALL FIRMS, additionner les activités de toutes les entreprises.
BEHAVIOUR OF THE FIRM, comportement de la firme.
COMPETING FIRM, firme concurrentielle.
DOMINANT FIRM, firme dominante.
EQUILIBRIUM OF THE FIRM, équilibre de la firme.
FAILED FIRM, U.S: maison en faillite.
FIRM'S CAPITAL, capital d'une entreprise.
each FIRM MAXIMIZES ITS PROFIT, chaque firme rend maximum son profit individuel.
each FIRM MINIMIZES ITS VARIABLES COSTS, chaque firme minimise ses coûts variables.
GIVEN FIRM, entreprise déterminée.
HIGH-COST FIRM, firme à prix de revient élevé.

HOUSE-FURNISHING FIRM, maison d'ameublement.
INDIVIDUAL FIRM, entreprise individuelle.
LAW FIRM, cabinet d'avocats.
LEADING FIRM, firme dominante.
LEGAL FIRM, cabinet d'avocats.
LOW-COST FIRM, firme à bas prix de revient.
MARGINAL FIRM, firme, entreprise, marginale.
MEDIUM-SIZED FIRM, entreprise moyenne.
MOTIVES OF BUSINESS FIRMS, motivations des firmes.
NAME OF FIRM, raison sociale.
to RE-ESTABLISH A FIRM'S CREDIT, raffermir le crédit d'une maison.
to REPRESENT A FIRM, représenter une firme.
SIZE OF THE FIRM, taille de l'entreprise.
STYLE OF A FIRM, raison sociale.
THEORY OF THE FIRM, théorie de la firme.
to TRAVEL FOR A FIRM, représenter une maison de commerce.

FIRM v, (se) raffermir.

FIRMNESS s, fermeté f, raffermissement m, tension f.
FIRMNESS OF CONTANGOES, tension des reports.
FIRMNESS OF THE MARKET, fermeté du marché.

FIRST num. a, premier.
DERIVATIVE OF THE FIRST ORDER, dérivée du premier ordre.
FIRST-AID, premiers secours.
FIRST-BORN, premier né.
FIRST CAUSE, cause originelle.
FIRST CLASS, première classe.
FIRST-CLASS, de première qualité.
FIRST COMER, premier arrivé.
FIRST AND FINAL DIVIDEND, première et unique répartition.
FIRST-FRUITS, prémices.
FIRST LUXURY TO GO, première dépense somptuaire à supprimer.
FIRST MOMENT (OF THE DISTRIBUTION), moment d'ordre 1 (de la distribution).
FIRST MORTGAGE, première hypothèque.
FIRST MOVE, premier coup; premier pas.
FIRST OUTLAY, frais de premier établissement.
FIRST-PREFERENCE SHARES, actions de priorité de premier rang.
FIRST-QUALITY, de première qualité.
FIRST QUARTILE, premier quartile.
FIRST-RATE, de premier ordre.
FIRST THINGS FIRST, les choses essentielles d'abord.
RIGHT OF FIRST REFUSAL, droit de préférence.

FIRST adv, au début m, d'abord.
FIRST COME, FIRST SERVED, premier arrivé, premier servi.
INTEREST ALWAYS COMES FIRST, l'intérêt prime tout.

FISC s, fisc m.

FISCAL a, fiscal, budgétaire, financier.
FISCAL INCENTIVES, incitations fiscales.
FISCAL INDUCEMENT, incitation fiscale.
FISCAL LAW, loi fiscale.
FISCAL PERIOD, exercice (financier).
FISCAL POLICY, politique fiscale; politique budgétaire.
FISCAL SURPLUS, excédent budgétaire.
FISCAL YEAR, exercice budgétaire.
FRENCH FISCAL SYSTEM, système fiscal français.

FISCALITY s, fiscalité f.

FISH s, poisson m.
EDIBLE FISH PRODUCTS, produits comestibles à base de poisson.
FISH-BREEDING, pisciculture.
FISH CATCHES, quantités pêchées.
FISH-MANURE, engrais de poisson.

FISHER pr. n, Fisher.
FISHER'S IDEAL INDEX, indice idéal (de Fisher).

FISHERY s, pêche f.
COAST FISHERY, pêche côtière.
HIGH-SEA(S) FISHERY, pêche en haute mer; grande pêche.
WHALE FISHERY, pêche à la baleine.

FISHING s, pêche f.
DEEP-SEA FISHING, grande pêche.
FISHING-BOAT, bâteau de pêche.
FISHING FLEET, flottille de pêche.
FISHING PORT, port de pêche.

FISHMONGER s, marchand m de poisson m.
FISHMONGER'S SHOP, poissonnerie.

FISSILE a, fissile.

FISSION s, fission f.
NUCLEAR FISSION, fission nucléaire.

FISSIONABLE a, fissile.

FIT a, apte, convenable, capable, propre.
FIT FOR HABITATION, en état d'être habité.
FIT TO SAIL THE SEA, apte à naviguer sur mer.

HOUSE NOT FIT TO LIVE IN, maison inhabitable.
HOUSE FIT FOR OCCUPATION, maison habitable.

FIT s, mouvement m; ajustement m.
BEST FIT, ajustement optimal.
CLOSE FIT, ajustement presque parfait.
CLOSENESS OF FIT, quasi-perfection de l'ajustement.
GOODNESS OF FIT, qualité d'un ajustement; ajustement conforme
GOODNESS OF FIT TEST, test d'ajustement.

FIT v, (s') ajuster, aménager, (s') adapter, agencer, convenir.
to FIT A CURVE, ajuster une courbe.
to FIT A MACHINE TOGETHER, assembler une machine.
to FIT INTO ONE'S SURROUNDINGS, s'adapter à son milieu.
to FIT UP A WORKSHOP, agencer un atelier.

FITNESS s, aptitude f.

FITTING s, ajustement m, installation f, agencement(s) m; accessoire m.
CURVE FITTING, ajustement statistique.
FITTING (OF) A CURVE, ajustement statistique.
FITTING AN EXPONENTIAL CURVE, ajustement par une exponentielle.
FITTING A PARABOLA, ajustement par une parabole.
FITTING PROCESS, ajustement statistique.
FITTING A STRAIGHT LINE, ajustement par une droite.
STATISTICAL FITTING, ajustement statistique.
TREND FITTING, ajustement de la tendance.

FIVER s, billet m de cinq livres f. pl; U.S: billet de cinq dollars m. pl.

FIX v, fixer, établir.
to FIX THE BUDGET, établir le budget.
to FIX THE INCOME-TAX AT, fixer l'impôt sur le revenu à.
to FIX A PRICE, établir un prix, un cours.
to FIX THE RATE OF INTEREST, fixer le taux de l'intérêt.

FIXED a, fixe, fixé, établi, déterminé, invariable; immeuble, immobilisé.
DEPOSIT FOR A FIXED PERIOD, dépôt à terme fixe.
FIXED IN ADVANCE, fixé à l'avance; forfaitaire.
FIXED BY ARBITRATION, établi par arbitrage.
FIXED ASSETS, immobilisations.
FIXED ASSETS REQUIREMENT, U.S: proportion nécessaire d'immobilisations.
FIXED CAPITAL, capital fixe; capitaux fixes.
FIXED CHARGES, charges fixes; frais généraux.
FIXED COST, frais fixes; prix de revient invariable, fixe.
at FIXED DATES, à échéances déterminées.
FIXED DEPOSIT, dépôt à échéance fixe.
FIXED-DEPOSIT ACCOUNT, compte de dépôt à échéance.
FIXED DEPRECIATION, amortissement fixe.
FIXED DUTY, droit fixe.
FIXED EXCHANGE, change fixe.
FIXED EXCHANGE RATES, taux de change fixes.
FIXED INCOME, revenu fixe.
FIXED-INTEREST SECURITY, valeur à revenu fixe.
FIXED INVESTMENT, investissement(s) fixe(s).
FIXED MARGINS, limites fixes.
FIXED PARAMETER, paramètre invariable.
FIXED PLANT, installations fixes.
FIXED POINT, virgule fixe.
FIXED POINT PART, mantisse.
FIXED PRICE, prix fixe.
FIXED PRODUCTIVE OPPORTUNITY, possibilité de production fixe.
FIXED PROPERTY, biens immeubles.
in FIXED PROPORTIONS, dans des proportions fixes.
FIXED SALARY, traitement fixe.
FIXED WAGES, salaire fixe.
FIXED AND WORKING CAPITAL, capital fixe et capital circulant.
FIXED-YIELD INVESTMENT, placement à revenu fixe.
FIXED-YIELD SECURITY, valeur à revenu fixe.
INCOME FROM FIXED INVESTMENTS, revenus fixes.
INCOME FROM FIXED-YIELD INVESTMENTS, revenus fixes.
INVESTMENT IN FIXED ASSETS, investissements fixes.

FIXING s, fixation f, détermination f, cotation f.
FIXING PRICES BY TRIAL AND ERROR, détermination des prix par tâtonnements.
PRICE FIXING, fixation des prix; cotation par opposition.

FIXITY s, fixité f, stabilité f.
FIXITY OF SUPPLY, fixité de l'offre.
FIXITY OF TENURE, durabilité d'un bail; stabilité d'un emploi.

FIXTURE s, appareil m fixe; prêts m. pl.
INVENTORY OF FIXTURES, état des lieux.
WEEKLY FIXTURES, prêts à sept jours.

FLAG s, drapeau m, pavillon m.
FOREIGN FLAG, pavillon étranger.
FRIENDLY FLAG, pavillon ami.
LAW OF THE FLAG, loi du pavillon.
NATIONAL FLAG, pavillon national.
NEUTRAL FLAG, pavillon neutre.

TRADE FOLLOWS THE FLAG, le commerce suit le pavillon.

FLAT a, plat, aplati, horizontal; net, uniforme; calme, languissant.
FLAT COST, prix de revient uniforme.
FLAT MARKET, marché languissant.
FLAT PRICE, prix unique.
FLAT PROJECTION, coupe, projection, horizontale.
FLAT QUOTATION, U.S: cotation sans intérêts.
FLAT RATE, tarif uniforme.
FLAT RATE OF PAY, taux uniforme de salaires.
VERY FLAT CURVE, courbe très aplatie.

FLAT s, appartement m.
BLOCK OF FLATS, groupe d'immeubles divisés en appartements.
FURNISHED FLAT, appartement meublé.
RESIDENTIAL FLAT, appartement d'habitation.
SELF-CONTAINED FLAT, appartement indépendant.
SERVICE-FLAT, appartement avec service et repas compris.
UNFURNISHED FLAT, U.K: appartement non meublé.

FLATTENED a, aplati.

FLAX s, lin m.

FLEET s, flotte f, flotille f.
AERIAL FLEET, flotte aérienne.
FISHING FLEET, flotille de pêche.
MERCHANT FLEET, flotte marchande.
PREMIER FLEET OF THE WORLD, première flotte commerciale du monde.

FLEX s, point m d'inflexion f (d'une courbe).

FLEXIBILITY s, flexibilité f, souplesse f, élasticité f.
PRICE FLEXIBILITY, flexibilité des prix.

FLEXIBLE a, flexible, souple, adaptable.
FLEXIBLE BUDGET, budget adaptable.
FLEXIBLE PRICES, prix flexibles.
FLEXIBLE PRICE SUPPORT, soutien flexible des prix.

FLIGHT s, vol m, fuite f.
CAPITAL FLIGHT, fuite des capitaux (vers l'étranger).
TRIAL FLIGHT, vol d'essai.

FLOAT v, flotter, émettre; transporter.
to FLOAT BONDS, émettre des obligations.
to FLOAT A LOAN, émettre un emprunt.

FLO(A)TATION s, flottaison f, lancement m, émission f.
FLOATATION OF A LOAN, émission d'un emprunt.

FLOATER s, police f flottante; titre m de premier rang m.

FLOATING a, flottant.
FLOATING ASSETS, capitaux circulants, flottants.
FLOATING CAPITAL, capitaux flottants.
FLOATING DEBT, dette flottante.
FLOATING DOCK, dock flottant.
FLOATING EXCHANGE RATE, taux de change flottant.
FLOATING POINT, virgule flottante.
FLOATING POLICY, police flottante; police d'abonnement.
FLOATING POPULATION, population flottante.
FLOATING WORKSHOP, navire-atelier.

FLOOR s, plancher m.
FLOOR SPACE, surface de plancher.
PRICE-FLOOR, plancher de prix.
TOTAL FLOOR AREA, surface totale de plancher.

FLOUR s, farine f.
FLOUR FOR BREAD, farine panifiable.
FLOUR-MILLING, minoterie.

FLOURISHING a, florissant, prospère.
FLOURISHING TRADE, commerce prospère.

FLOW s, flux m, mouvement m, débit m.
CASH FLOW, cash flow; bénéfice net plus amortissements.
CIRCULAR FLOW, flux circulaire.
DISCOUNTED CASH FLOW, flux monétaire actualisé.
DOUBLE FLOW, flux alternatif.
the EBB AND FLOW, flux et reflux.
ECONOMIC FLOW, flux économique.
FLOW-CHART, diagramme; ordinogramme; organigramme.
FLOW-DIAGRAM, organigramme.
FLOW OF EARNINGS, flux de rémunérations.
FLOW OF MONEY, flux monétaire.
FLOW OF PRODUCTS, flux de produits.
FLOW-PRODUCTION, travail à la chaîne.
HOT MONEY FLOWS, mouvements de capitaux spéculatifs.
INPUT-OUTPUT FLOWS, flux entrants et sortants.
MONETARY FLOW, flux monétaire.

FLOW v, circuler.

FLUCTUATE v, fluctuer, varier.
INCOME THAT FLUCTUATES BETWEEN, le revenu qui varie entre.
PRICES FLUCTUATE BETWEEN, les prix varient entre.

FLUCTUATING a, variable, fluctuant.
FLUCTUATING (EXCHANGE) RATES, taux (de change) variables, fluctuants.
FLUCTUATING FREE MARKET RATES, cours libres variables.
FLUCTUATING PRICES, prix variables.

FLUCTUATION s, fluctuation f, oscillation f, variation f, mouvement m.
ALLOWANCE FOR EXCHANGE FLUCTUATIONS, prévision pour fluctuations du change.
AMPLITUDE OF FLUCTUATIONS, amplitude des fluctuations.
CURVE SHOWING VIOLENT FLUCTUATIONS, courbe très saccadée.
CYCLICAL FLUCTUATIONS, fluctuations cycliques.
FLUCTUATION IN EMPLOYMENT, fluctation de l'emploi.
FLUCTUATION IN EXCHANGE, fluctuation du change.
FLUCTUATION IN INVESTMENT, fluctuation de l'investissement.
MARKET FLUCTUATIONS, fluctuations du marché.
RANDOM FLUCTUATIONS, fluctuations accidentelles.
SEASONAL FLUCTUATIONS, variations saisonnières.
SUDDEN FLUCTUATIONS OF PRICES, brusques mouvements des prix.

FLUIDITY s, fluidité f.

FLURRY s, agitation f, panique f.
FLURRY ON THE STOCK EXCHANGE, panique de bourse.

FLUVIAL a, fluvial.

FLUX s, flux m, changement m fréquent.
FLUX AND REFLUX, flux et reflux.
in a STATE OF FLUX, sujet à des changements fréquents.

FLUXION s, fluxion f, différentielle f.
METHOD OF FLUXIONS, méthode des fluxions.

FLUXIONAL a, fluxionnaire.

FLYING s, vol m, aviation f.

FOCAL a, focal.

FOCUS s, foyer m, centre m.

FODDER s, fourrage m.

FOIL s, feuille f, lame f.
GOLD-FOIL, feuille d'or.
PLATINUM FOIL, platine laminé.
SILVER-FOIL, argent battu; feuille d'argent.

FOLLOW v, suivre, s'ensuivre; découler.
it FOLLOWS FROM THIS DEFINITION, de cette définition il s'ensuit.
it FOLLOWS FROM THE EQUATION, il résulte de l'équation que.
GRANTED THIS, EVERYTHING ELSE FOLLOWS, cela étant admis, tout le reste en découle.
TRADE FOLLOWS THE FLAG, le commerce suit le pavillon.

FOLLOWING a, suivant.
FOLLOWING ACCOUNT, liquidation suivante.
FOLLOWING SETTLEMENT, liquidation suivante.

FOOD s, nourriture f, aliment(s) m, vivres m. pl, provisions f. pl, nutrition f, alimentation f.
FOOD AND AGRICULTURE ORGANIZATION, organisation pour l'alimentation et l'agriculture.
FOOD ALLOWANCE, allocation pour nourriture.
FOOD OF ANIMAL ORIGIN, aliments d'origine animale.
FOOD BALANCE SHEET, bilan alimentaire.
FOOD CARD, carte de ravitaillement.
FOOD CONTROL, ravitaillement.
FOOD FOR CONTROVERSY, matière à controverse.
FOOD AND DRINKS, aliments et boissons.
FOOD PRODUCTS, produits alimentaires.
FOOD SHARES, valeurs d'alimentation.
FOOD-STUFF, denrées alimentaires.
FOOD SUBSIDIES, subventions à l'alimentation.
FOOD SUPPLIES, vivres.
FOOD VALUE, valeur nutritive.
GROSS FOOD SUPPLIES, disponibilités alimentaires brutes.
INSUFFICIENT FOOD SUPPLIES, manque de vivres.
PRESERVED FOOD, conserves.
TINNED FOODS, conserves de produits alimentaires.

FOODSTUFF s, denrées f. pl alimentaires.
ENGLAND IS A BIG IMPORTER OF FOODSTUFFS, l'Angleterre est un gros importateur de denrées alimentaires.
ESSENTIAL FOODSTUFFS, denrées de première nécessité.
GROSS SUPPLIES OF FOODSTUFFS, disponibilités brutes en denrées alimentaires.
INDEX OF FOODSTUFFS, indice des denrées alimentaires.
PENURY OF FOODSTUFFS, pénurie de denrées.
PROCESSED FOODSTUFFS, denrées alimentaires élaborées.

FOOT s, pied m.
CATTLE ON FOOT, bétail sur pied.
CUBIC FOOT, pied cube.
FOOT-NOTE, renvoi (en bas de page).
FOOT-PASSENGER, piéton.

FOOT-SECOND, pied par seconde.
SQUARE FOOT, pied carré.

FOOTAGE s, longueur f (en pieds m. pl).

FOOTING s, pied m, base f.
EQUAL FOOTING, pied d'égalité.
FOOTING UP, addition.
on the FOOTING OF THE ACTUAL VALUE, sur la base de la valeur réelle.

FORAGE s, fourrage(s) m.
GREEN FORAGE, fourrages verts.

FORCE s, force f, vigueur f, effectif m.
ACCELERATIVE FORCE, force d'accélération.
ARMED FORCES, forces armées.
CENTRIFUGAL FORCES, forces centrifuges.
ECONOMIC FORCES, forces économiques.
DRIVING FORCE, force motrice.
in FORCE, en vigueur.
FORCE OF CIRCUMSTANCES, force des choses.
FORCE OF GRAVITY, pesanteur.
FORCE OF HABIT, force de l'habitude.
FORCE OF MEN EMPLOYED, effectif de la main-d'œuvre.
FORCES OF SUPPLY AND DEMAND, forces d'offre et de demande.
FULL FORCE OF MEN, effectif au complet.
IMPELLING FORCE, force impulsive.
IMPRESSED FORCE, force imprimée (à un corps).
LABOUR FORCE, force de travail.
LAWS IN FORCE, législation en vigueur.
MARKET FORCES, forces du marché.
METHODS IN FORCE, méthodes appliquées actuellement.
MOTIVE FORCE, force motrice.
PARALLELOGRAM OF FORCES, parallélogramme des forces.
PERIPHERAL FORCE, force tangentielle.
PROPELLING FORCE, force motrice.
RADIAL FORCE, force centrifuge.
RATES IN FORCE, tarifs en vigueur.
to REMAIN IN FORCE, rester en vigueur.
RESULTANT FORCE, résultante.
SOCIAL FORCES, forces sociales.

FORCE v, forcer, contraindre.
to FORCE DOWN PRICES, faire baisser les prix.
to FORCE UP PRICES, faire monter les prix.

FORCED a, forcé, obligatoire, imposé.
FORCED CONTRIBUTIONS, impôts de guerre (imposés par l'occupant).
FORCED CURRENCY, cours forcé.
FORCED CURRENCY PAPER, papier à cours forcé.
FORCED LABOUR, travail forcé.
FORCED LANDING, atterrissage forcé.
FORCED LOAN, emprunt forcé.
FORCED SAVING, épargne forcée.

FORCIBLE a, de force f, par force.

FORECAST s, prévision f, pronostic m.

FORECAST v, faire des prévisions f. pl, augurer, prévoir, pronostiquer.

FORECASTING s, prévision f.
BUSINESS FORECASTING, prévision économique.
FORECASTING THE BUSINESS CYCLE, prévision du cycle économique.
SHORT-TERM ECONOMIC FORECASTING, tests conjoncturels.

FORECLOSE v, forclore, saisir.
to FORECLOSE THE MORTGAGE, poursuivre la vente de l'immeuble hypothéqué.

FORECLOSURE s, forclusion f, poursuites f. pl (sur une hypothèque).

FOREIGN a, étranger; extérieur.
ARTICLE OF FOREIGN MANUFACTURE, article de fabrication étrangère.
CONTINUATION ON FOREIGN EXCHANGES, report sur devises.
to DEPEND ON FOREIGN SUPPLIES, être tributaire de l'étranger.
FOREIGN BILLS AND SECURITIES, effets et titres étrangers.
FOREIGN-BUILT, de marque étrangère.
FOREIGN COMPANY, société étrangère.
FOREIGN COUNTRY, pays étranger.
FOREIGN CURRENCY, devise.
FOREIGN CURRENCY ALLOWANCE, allocation en devises.
FOREIGN CURRENCY ASSETS, avoirs en monnaies étrangères.
FOREIGN CURRENCY DEPOSITS, dépôts en monnaie étrangère.
FOREIGN EXCHANGE, effet étranger; devise.
FOREIGN EXCHANGE BROKER, courtier de change; cambiste.
FOREIGN EXCHANGE CONTROL, contrôle des changes.
FOREIGN EXCHANGE DEALER, cambiste.
FOREIGN EXCHANGE HOLDINGS, avoirs en devises étrangères.
FOREIGN EXCHANGE MARKET, marché des changes.
FOREIGN EXCHANGE RATES, cours des changes; cote des changes.
FOREIGN GOVERNMENT STOCKS, fonds d'État étrangers.
FOREIGN-GROWN, de provenance étrangère.

FOREIGN INVESTMENT, investissement(s) étranger(s); investissements à l'étranger.
FOREIGN LABOUR, main-d'œuvre étrangère.
FOREIGN LOAN, emprunt extérieur.
FOREIGN MARKET, marché extérieur, étranger.
FOREIGN MONEY, devise.
FOREIGN MONEY ORDER, mandat international.
FOREIGN POLITICS, politique étrangère.
FOREIGN PRODUCE, produits étrangers.
FOREIGN PRODUCT, produit étranger.
FOREIGN SECURITIES, valeurs étrangères; fonds étrangers.
FOREIGN STOCK, valeurs étrangères; fonds étrangers.
FOREIGN TOURISTS, touristes étrangers.
FOREIGN TRADE, commerce extérieur.
FOREIGN TRADE MULTIPLIER, multiplicateur de commerce international, extérieur.
FOREIGN TRAVEL, voyages à l'étranger; tourisme étranger.
GOLD AND FOREIGN EXCHANGE RESERVES, réserves d'or et de devises.
to **IMMIGRATE FOREIGN LABOUR,** importer de la main-d'œuvre étrangère.
MARKET FOR FOREIGN EXCHANGE, marché des devises étrangères.
PLACING OF PRODUCTS ON FOREIGN MARKETS, écoulement de produits sur les marchés étrangers.
PRIVATE FOREIGN EXCHANGE HOLDINGS, avoirs privés en devises.
PROTECTION AGAINST FOREIGN COMPETITION, protection contre la concurrence étrangère.
REMAINING FOREIGN EXCHANGE, reliquat des devises étrangères.

FOREIGNER s, étranger m.

FOREKNOWLEDGE s, prescience f.

FOREMAN s, contremaître m, chef m d'équipe f.
HEAD FOREMAN, chef d'atelier.

FOREMOST a, (tout) premier.
FOREMOST RANK, tout premier rang.

FORERUNNER s, avant-coureur m.

FORESEE v, prévoir, augurer.

FORESEEABLE a, prévisible.
FORESEEABLE FUTURE, avenir prévisible.

FORESEEING a, prévoyant.

FORESEEING s, prévoyance f.

FORESIGHT s, prévision f, prévoyance f.
WANT OF FORESIGHT, imprévoyance.

FORESIGHTED a, prévoyant.

FOREST s, forêt f.
CONSERVATION OF FORESTS, conservation forestière.
RICH IN FORESTS, riche en forêts.
STATE FOREST, forêt domaniale.

FORESTALL v, anticiper, devancer.

FORESTRY s, sylviculture f.
EXPERIMENTAL FORESTRY, expérimentation forestière.

FORETELL v, prédire, pronostiquer.

FOREWARNING s, avertissement m.

FORFEIT a, confisqué.

FORFEIT s, amende f, forfait m, dédit m.
FORFEIT CLAUSE, clause de dédit.
to **RELINQUISH THE FORFEIT,** abandonner la prime.

FORFEITURE s, perte f par confiscation f; déchéance f.
FORFEITURE OF PATENT, déchéance de brevet.

FORGE s, forge f, usine f métallurgique.

FORGE v, forger, contrefaire, falsifier.

FORGED a, forgé, contrefait, falsifié.
FORGED BANK NOTE, billet de banque contrefait.
FORGED CHEQUE, faux chèque.

FORGER s, faussaire m, faux-monnayeur m.

FORGERY s, contrefaçon f, faux m, falsification f.

FORGO v, renoncer à.

FORGOING s, renoncement m, abstention f.

FORM s, forme f; formule f, formulaire m, bulletin m, feuille f; formalité f; figure f.
APPLICATION FORM, bulletin de souscription; formulaire de demande; formulaire de candidature.
CHEQUE FORM, formule de chèque.
DUE FORM, bonne et due forme.
ELLIPTICAL FORM, forme elliptique.
FORM OF GOVERNMENT, régime.
FORMS OF MONEY, formes de la monnaie.

FORM OF RETURN, feuille de déclaration (de revenu).
the FORM AND THE SUBSTANCE, la forme et le fond.
FORM OF TENDER, modèle de soumission.
GENERAL QUADRATIC FORM, forme quadratique générale.
MATTER OF FORM, pure formalité.
ORDER-FORM, bulletin de commande, de souscription.
PRINTED FORM, formulaire.
PROPER FORM, bonne et due forme.
QUADRATIC FORMS, formes quadratiques.
RECEIPT IN DUE FORM, quittance régulière.
STATISTICS IN TABULAR FORM, statistiques sous forme de tableau

FORM v, former, constituer.
to **FORM AN ASSOCIATION*,** constituer une société.
to **FORM A COMPANY*,** constituer une société.
to **FORM AN OPINION,** se faire une opinion.
to **FORM A UNION,** former un syndicat.

FORMAL a, formel.
FORMAL DENIAL, démenti formel.
FORMAL NOTICE, mise en demeure.
FORMAL RECEIPT, quittance comptable.

FORMALITY s, formalité f.
CUSTOMS FORMALITIES, formalités douanières.
FRONTIER FORMALITIES, formalités aux frontières.

FORMAT s, format m, modèle m.

FORMATION s, formation f, constitution f.
FORMATION OF PRICES, formation des prix.
FORMATION OF A RESERVE FUND, constitution d'un fonds de réserve.
GROSS DOMESTIC CAPITAL FORMATION, formation brute de capital intérieur.
GROSS FIXED CAPITAL FORMATION, formation brute de capital fixe.
HONEYCOMB FORMATION, formation alvéolaire.
RATE OF CAPITAL FORMATION, taux de la formation du capital.

FORMULA s, formule f.
LASPEYRES FORMULA, formule de Laspeyres.
PAASCHE FORMULA, formule de Paasche.
TIME FORMULA, barème de temps.

FORMULATE v, formuler; élaborer.
to **FORMULATE A CLAIM,** formuler une réclamation.

FORMULATION s, formulation f, élaboration f.

FORTHCOMING a, prochain.
FORTHCOMING SESSION, prochaine session.

FORTNIGHT s, U.K: quinzaine f.

FORTUITOUS a, fortuit, casuel.
FORTUITOUS EVENT, cas fortuit.

FORTUNATE a, heureux, fortuné.
the FORTUNATE FEW, minorité de gens comblés.

FORTUNE s, fortune f, richesse f.
to **BEQUEATH A FORTUNE,** léguer une fortune (biens meubles).
CONSUMPTION OF A FORTUNE, dilapidation d'une fortune.
HANDSOME FORTUNE, belle fortune.
to **MAKE A FORTUNE,** faire fortune.
MAN OF FORTUNE, homme riche.
to **PILE UP A FORTUNE,** amasser une fortune.

FORWARD a, en avant, d'avant, à terme m.
FORWARD DEALINGS, négociations, opérations, de change à terme.
FORWARD DELIVERY, livraison à terme.
FORWARD EQUATIONS, équations du futur.
FORWARD EXCHANGE MARKET, marché des changes à terme.
FORWARD EXCHANGE RATES, cours des changes à terme.
FORWARD EXCHANGE TRANSACTIONS, négociations, opérations, de change à terme.
FORWARD MARKET, marché à terme.
FORWARD MARKET FOR LOANS, marché à terme du crédit.
FORWARD METHOD, méthode progressive, directe.
FORWARD PRICE, cours du livrable.
FORWARD RATE, cours à terme.
FORWARD RATE OF INTEREST, taux d'intérêt à terme.
FORWARD SALE, vente à terme.

FORWARD adv, dorénavant, désormais, à terme m.
AMOUNT CARRIED FORWARD, report à nouveau.
CARRIAGE FORWARD, port dû.
CHARGES FORWARD, frais à percevoir à la livraison.
to **DATE FORWARD,** postdater.
to **SELL FORWARD,** vendre à terme.

FORWARD v, expédier, acheminer.
to **FORWARD GOODS TO,** acheminer des marchandises vers.
PLEASE FORWARD, prière de faire suivre.

FORWARDING s, expédition f, envoi m, transport m.
FORWARDING AGENT, transitaire.

FORWARDING CHARGES, frais d'expédition.
FORWARDING HOUSE, maison d'expédition.

FOUL a, malpropre; déloyal.
FOUL BILL OF LADING, connaissement avec réserves.
FOUL PLAY, tricherie.

FOUND a, découvert.
NEW-FOUND, récemment découvert.

FOUND v, fonder, créer.

FOUNDATION s, fondation f; assises f. pl, fondement m.
FOUNDATIONS OF A BUILDING, fondations d'un édifice.
FOUNDATIONS OF MODERN SOCIETY, assises de la société moderne.

FOUNDED a, fondé, établi.
ILL-FOUNDED, mal fondé.
WELL-FOUNDED HYPOTHESIS, hypothèse bien fondée.

FOUNDER s, fondateur m.
FOUNDER MEMBER, membre fondateur.
FOUNDER'S SHARE, part de fondateur.

FOUNDING s, fonderie f, moulage m.
METAL FOUNDING, moulage des métaux.

FOUNDRY s, fonderie f.
FOUNDRY COKE, coke de fonderie.
FOUNDRY WORK, fonderie.
IRON-FOUNDRY, fonderie; usine métallurgique.

FOURFOLD a, quadruple.

FOURFOLD adv, au quadruple.
to INCREASE FOURFOLD, quadrupler.

FOURIERISM s, fouriérisme m.

FOURTH num. a, quatrième.
FOURTH DIMENSION, quatrième dimension.

FRACTION s, fraction f.
CIRCULATING FRACTION, fraction périodique.
to CLEAR AN EQUATION OF FRACTIONS, éliminer les dénominateurs d'une équation.
COMMON FRACTION, fraction ordinaire.
COMPOUND FRACTION, fraction de fraction.
CONTINUED FRACTION, fraction continue.
DECIMAL FRACTION, fraction décimale.
FRACTION IN ITS LOWEST TERMS, fraction irréductible.
FRACTIONS OF NEW SHARES, fractions d'actions nouvelles.
IMPROPER FRACTION, expression fractionnaire.
PROPER FRACTION, fraction inférieure à l'unité.
to REDRESS FRACTIONS TO THE SAME DENOMINATION, réduire des fractions au même dénominateur.
to REDUCE A FRACTION TO LOWER TERMS, réduire une fraction.
to REDUCE A FRACTION TO ITS LOWEST TERMS, simplifier une fraction.
to REDUCE FRACTIONS TO THE SAME DENOMINATOR, réduire des fractions au même dénominateur.
SAMPLING FRACTION, fraction sondée.
SHARES LOST A FRACTION, les actions ont abandonné une fraction.
to SPLIT UP A FRACTION, décomposer une fraction.
SPLITTING UP INTO PARTIAL FRACTIONS, décomposition en fractions partielles.
TERMINATE DECIMAL FRACTION, fraction décimale exacte.
UNIFORM SAMPLING FRACTION, fraction sondée constante.
VARIABLE SAMPLING FRACTION, fraction sondée variable.
VULGAR FRACTION, fraction ordinaire.

FRACTIONAL a, fractionnaire, divisionnaire.
FRACTIONAL CASH RESERVES, réserves liquides fractionnaires.
FRACTIONAL COINS, monnaie divisionnaire, d'appoint.
FRACTIONAL EXPONENTS, exposants fractionnaires.
FRACTIONAL MONEY, monnaie divisionnaire.
FRACTIONAL NUMBER, nombre fractionnaire.
FRACTIONAL RESERVES, couvertures fractionnaires.
FRACTIONAL RESERVE BANKING, banques à couvertures fractionnaires.

FRACTIONIZE v, fractionner.

FRAGMENTING s, fractionnement m.

FRAME s, cadre m, structure f.
FRAME OF REFERENCE, système de coordonnées.

FRAMEWORK s, cadre m.

FRANC s, franc m.
BELGIAN FRANC, franc belge.
to DEPOSIT 100 FRANCS, verser 100 francs d'arrhes.
DEVALUATION OF THE FRANC, dévaluation du franc.
to EXCHANGE POUNDS STERLING FOR FRANCS, changer des livres contre des francs.
the FRANC HAS APPRECIATED IN TERMS OF OTHER CURRENCIES, le franc s'est apprécié par rapport aux autres monnaies.

FRENCH FRANC, franc français.
GOLD FRANC, franc or.
PAYABLE IN FRANCS, libellé, payable, en francs.
REVALORIZATION OF THE FRANC, revalorisation du franc.
SWISS FRANC, franc suisse.

FRANCE pr. n, France.
BANK OF FRANCE RATE, taux d'escompte de la Banque de France.
MADE IN FRANCE, fabriqué en France.

FRANCHISE s, franchise f; concession f; suffrage m.
FRANCHISE FOR ALL, suffrage universel.

FRANKING s, affranchissement m.
FRANKING MACHINE, machine à affranchir.

FRAUD s, fraude f, filouterie f, supercherie f.

FRAUDULENT a, frauduleux.
FRAUDULENT BALANCE-SHEET, faux bilan.
FRAUDULENT BANKRUPT, banqueroutier frauduleux.
FRAUDULENT DECLARATION, déclaration frauduleuse.
FRAUDULENT MEANS, moyens frauduleux.
FRAUDULENT MISUSE OF FUNDS, détournement de fonds.
FRAUDULENT TRANSACTION, transaction entachée de fraude.

FREAK s, caprice m.
FREAK OF CHANCE, jeu du hasard.

FREE a, libre, gratuit, franco, exonéré, franc, exempt.
ADMISSION FREE, entrée gratuite.
ASSUMING FREE COMPETITION, dans le cas d'une concurrence libre.
to BE A FREE AGENT, avoir son libre-arbitre.
CAPITALISM OF FREE COMPETITION, capitalisme de libre concurrence.
CARRIAGE FREE, franco.
DELIVERY FREE, livré franco.
DUTIABLE OR FREE, sujet à une taxe ou exonéré.
DUTY-FREE, exempt de droits; libre à l'entrée.
DUTY-FREE GOODS, marchandises exemptes de droits.
ESTATE FREE FROM ENCUMBRANCES, immeuble sans servitudes ni hypothèques.
EUROPEAN FREE TRADE AREA, Zone européenne de libre-échange.
FLUCTUATING FREE MARKET RATES, cours libres variables.
FREE ADMISSION, accès libre; liberté d'entrée.
FREE AGENCY, libre arbitre.
FREE ON BOARD (F.O.B.), franco bord.
FREE OF BROKERAGE, franco courtage.
FREE OF CHARGE, sans frais; gratis.
FREE CHOICE, libre choix.
FREE CITY OF, ville libre de.
FREE COINAGE, libre frappe.
FREE OF COMMISSION, franco courtage.
FREE COMPETITION, concurrence libre.
FREE OF CUSTOMS DUTIES, franco de douane.
FREE OF DUTY, exempt de droits; libre à l'entrée.
FREE FROM ALL ENCUMBRANCES, libre de toute charge.
FREE ENTERPRISE, libre entreprise.
FREE FOOD, denrées non grevées d'impôts.
by FREE GIFT, à titre gratuit.
FREE GOLD, or à l'état natif.
FREE GOLD MARKET, marché libre de l'or.
FREE-HAND CURVE, courbe à main levée.
FREE OF INCOME TAX, exempt d'impôts sur le revenu.
FREE INGRESS, droit de libre accès.
FREE LABOUR, travail libre.
FREE LIST, liste d'exemptions.
FREE MARKET, marché libre.
FREE MARKET RATE, cours libre.
FREE MINING, exploitation minière libre.
FREE FROM MORTGAGE, libre d'hypothèque.
FREE OFFER, offre spontanée.
FREE PASS, carte de circulation; billet de faveur; laissez-passer.
FREE PLAY OF COMPETITION, libre jeu de la concurrence.
FREE PORT, port franc.
FREE ON QUAY, franco à quai.
FREE ON RAIL, franco gare.
FREE READMISSION, réadmission en franchise.
FREE SAMPLE, échantillon gratuit.
FREE ALONGSIDE SHIP, franco quai.
FREE OF TAX, exempt d'impôts.
FREE TICKET, billet de faveur.
FREE TRADE, libre-échange.
FREE TRADE AREA, Zone de libre-échange.
FREE TRADE DOCTRINES, doctrines libre-échangistes.
FREE TRADE POLICY, politique de libre-échange.
FREE TRADER, libre-échangiste.
FREE TRIAL, essai gratuit.
FREE AT WHARF, franco à quai.
FREE ZONE, zone franche.

INTEREST FREE OF TAX, intérêts nets d'impôts.
PORT FREE, franco de port.
RIGHT OF FREE ENTRY, droit de passer librement les frontières.
STRONGHOLD OF FREE-TRADE, citadelle du libre-échange.

FREE v, (se) libérer, affranchir.
to FREE FROM DEBT, purger de dettes.
to FREE A PROPERTY FROM MORTGAGE, déshypothéquer, dégrever, une propriété.

FREEDOM s, liberté f, franchise f, affranchissement m; immunité f, exemption f; droit m.
DEGREES OF FREEDOM, degrés de liberté.
FIFTH FREEDOM, cinquième liberté (aviation).
FREEDOM OF RELIGION, liberté du culte.
FREEDOM FROM TAX, exemption, immunité, d'impôts.
FREEDOM FROM WANT, affranchissement du besoin.

FREEHOLD* s, U.K: propriété f foncière perpétuelle.

FREEHOLDER* s, U.K: propriétaire m foncier (à perpétuité f).

FREELY adv, librement.
MONEY CIRCULATES FREELY, la monnaie circule librement.

FREEMAN s, homme m libre, citoyen m; citoyen d'honneur m.

FREEMASON s, franc-maçon m.

FREEMASONRY s, franc-maçonnerie f.

FREEZE s, gel m, blocage m.
WAGE FREEZE, blocage des salaires.

FREEZE v, geler, bloquer.
to FREEZE WAGES, bloquer les salaires.

FREEZING s, congélation f, blocage m.
FREEZING OF WAGES, blocage des salaires.

FREIGHT s, fret m, cargaison f, chargement m, transport m maritime, U.S: marchandises f. pl transportées; prix m de transport des marchandises.
COST AND FREIGHT, coût-fret.
COST, INSURANCE, FREIGHT (C.I.F.), coût, assurance, fret (c.a.f.)
DEAD FREIGHT, faux fret; dédit pour défaut de chargement.
FREIGHT CAR, wagon de marchandises.
FREIGHT-CAR LOADINGS, wagons chargés.
FREIGHT CONTRACT, contrat de fret.
FREIGHT DEPOT, U.S: gare de marchandises.
FREIGHT INSURANCE, assurance sur fret.
FREIGHT MARKET, marché des frets.
FREIGHT OFFICE, bureau du fret.
FREIGHT QUOTATION, cote de fret.
FREIGHT PRO RATA, fret proportionnel à la distance.
FREIGHT RATE, cours de fret.
FREIGHT AT RISK, fret en risque.
FREIGHT SERVICE, service de marchandises.
FREIGHT TON, tonneau de fret (de portée).
FREIGHT TRAFFIC, trafic de marchandises.
FREIGHT TRAIN, train de marchandises.
GOODS, FREIGHT, AND INSURANCE, marchandises, fret et assurance.
GROSS FREIGHT, fret brut.
HEAVY FREIGHT, marchandises pondéreuses.
HOME FREIGHT, fret de retour.
HOMEWARD FREIGHT, fret de retour.
OCEAN FREIGHT, fret au long cours.
OUTWARD FREIGHT, fret d'aller.
PREPAID FREIGHT, fret payé d'avance.
to RAISE FREIGHT RATES, relever les taux des frets.
RETURN FREIGHT, fret de retour.
THROUGH FREIGHT, fret à forfait.
TIME FREIGHT, fret à terme.

FREIGHT v, fréter, affréter.
to FREIGHT (OUT) A SHIP, donner un navire à fret.

FREIGHTAGE s, fret m, affrètement m, cargaison f; transport m maritime, U.S: transport terrestre, U.S: transport des marchandises f. pl.

FREIGHTER s, affréteur m, U.S: consignateur m; cargo, U.S: wagon m de marchandises f. pl.

FREIGHTING s, fret m, affrètement m, frètement m, cargaison f; transport m maritime, U.S: transport terrestre, U.S: transport des marchandises f. pl.
FREIGHTING ON MEASUREMENT, affrètement au volume.
FREIGHTING PER TON, affrètement à la tonne.
FREIGHTING AD VALOREM, affrètement ad valorem.
FREIGHTING ON WEIGHT, affrètement au poids.

FRENCH a, français.
FRENCH FISCAL SYSTEM, système fiscal français.
FRENCH FRANC, franc français.
of FRENCH MAKE, de fabrication française.
FRENCH MARKET, marché français.
FRENCH RENTE, rente française.

FREQUENCY s, fréquence f; répartition f.
ACTUAL FREQUENCIES, fréquences observées, empiriques.
ACTUAL AND THEORETICAL FREQUENCIES, fréquences empiriques et théoriques.
CHARACTERISTICS OF FREQUENCY DISTRIBUTIONS, caractéristiques des distributions de fréquences.
CUMULATIVE FREQUENCIES, fréquences cumulées.
FREQUENCY CURVE, courbe de fréquences.
FREQUENCY DISTRIBUTION, distribution de fréquences.
FREQUENCY OF ERRORS, répartition des erreurs.
FREQUENCY POLYGON, polygone de fréquences.
FREQUENCY RATIO, fréquence relative.
FREQUENCY SERIES, série de fréquences.
FREQUENCY TABLE, table des fréquences.
HIGH-FREQUENCY, à haute fréquence.
MOMENT OF A FREQUENCY DISTRIBUTION, moment d'une distribution de fréquences.
OBSERVED FREQUENCIES, fréquences observées.
RELATIVE FREQUENCIES, fréquences relatives.
TYPES OF FREQUENCY DISTRIBUTIONS, morphologie des distributions de fréquences.

FREQUENT a, fréquent, très répandu.

FRESH a, frais, nouveau.
for CONSUMPTION FRESH, pour la consommation immédiate.
FRESH IMPETUS, nouvelle impulsion.
FRESH MONEY, argent frais.
FRESH WATER, eau douce.

FRICTION s, friction f, frottement m.

FRICTIONAL a, frictionnel.
FRICTIONAL UNEMPLOYMENT, chômage frictionnel.

FRIENDLY a, amical, bienveillant.
FRIENDLY FLAG, pavillon ami.
FRIENDLY SOCIETY, société de secours mutuels.

FRIGHTEN v, effrayer.
to FRIGHTEN THE BEARS, faire couvrir le découvert.

FRINGE s, frange f, marge f.
FRINGE BENEFITS, avantages accessoires.
FRINGE BENEFITS FOR LABOUR, compléments de salaire en nature.
on the FRINGE OF SOCIETY, en marge de la société.

FRONT s, front m, façade f.
FRONT ELEVATION, façade.
FRONT-PAGE ADVERTISEMENT, annonce en première page.

FRONTAGE s, terrain m en bordure f; étendue f de la façade.

FRONTIER s, frontière f.
FRONTIER CHECK, contrôle aux frontières.
FRONTIER DISTRICT, région frontalière.
FRONTIER FORMALITIES, formalités aux frontières.
FRONTIER STATION, gare frontière.
FRONTIER TOWN, ville frontière.
LAND FRONTIER, frontière terrestre.
SEA FRONTIER, frontière maritime.

FROZEN a, congelé; bloqué, gelé.
FROZEN ASSETS, fonds non liquides; fonds bloqués.
FROZEN CREDITS, crédits gelés, bloqués.
FROZEN MEAT, viande congelée.

FRUCTIFY v, fructifier.

FRUIT s, fruit m, résultat m.
to APPORTION THE FRUITS OF LABOUR, répartir les fruits du travail.
FIRST-FRUITS, prémices.
FRUIT-FARMING, fructiculture.

FRUITFUL a, fructueux, fécond, fertile.

FRUITFULNESS s, fécondité f, fertilité f, productivité f.

FRUITION s, maturité f, réalisation f.
to COME TO FRUITION, porter fruit; se réaliser.

FRUITLESS a, stérile.

FRUITLESSNESS s, stérilité f; inutilité f.

FRUSTRATE v, frustrer.

FRUSTRATION s, frustration f.

FUEL s, combustible m, carburant m.
FUELS CONSUMED IN REFINING, combustibles consommés dans les raffineries.
FUEL GAS, gaz combustible.
FUEL OIL, mazout.
HEAVY FUEL, carburant lourd.
OIL FUEL, pétrole; mazout.

FULFIL v, remplir, (s') acquitter.
to FULFIL A CONDITION, remplir une condition.
OBLIGATIONS TO BE FULFILLED, obligations à remplir.

FULFILMENT s, accomplissement m, exécution f.
FULFILMENT OF A CONTRACT, exécution d'un contrat.
non-FULFILMENT, inexécution.

FULL a, plein, entier, intégral, complet, total.
CONTINUOUS FULL EMPLOYMENT, maintien continu du plein emploi.
at FULL BLAST, à plein rendement.
in FULL BLAST, en pleine activité.
FULL CARGO, cargaison complète.
FULL-CARGO CHARTER, affrètement total.
FULL CIRCUIT, circuit complet.
FULL COMPETITIVE COSTS, coûts concurrentiels intégraux.
FULL COVER, garantie totale.
FULL DUTY, droit plein.
FULL EMPLOYMENT, plein emploi.
FULL-EMPLOYMENT ECONOMY, économie de plein emploi.
FULL-EMPLOYMENT POLICY, politique de plein emploi.
FULL FARE, plein tarif.
FULL FORCE OF MEN, effectif au complet.
FULL OF GO, plein d'entrain.
FULL-GROWN, pleinement développé.
FULL MARKET RENTAL VALUE, valeur locative au prix du marché.
FULL MEASURE, bonne mesure.
FULL PARTICULARS, tous (les) détails, renseignements.
FULL-PAY LEAVE, congé à salaire plein.
FULL PRICE, prix fort.
FULL RATE, plein tarif.
FULL REPAYMENT, remboursement intégral.
FULL REPORT, rapport complet.
FULL RIGHT OF USE OF, plein droit d'usage de.
FULL RIGHT OF USER OF, plein droit d'usage de.
FULL SESSION, réunion plénière.
FULL SET, jeu complet.
in FULL SETTLEMENT, pour solde de tout compte.
FULL TARIFF, plein tarif.
FULL-TIME, à temps complet.
FULL-TIME JOB, travail à temps complet.
FULL VALUE, valeur pleine.
FULL WEIGHT, bon poids.
PAYMENT IN FULL DISCHARGE, paiement libératoire.
RECEIPT IN FULL DISCHARGE, reçu libératoire.
TICKET AT FULL RATE, billet à plein tarif.

FULL adv, intégralement, en totalité f.
in FULL, en entier; intégralement.
PAYMENT IN FULL, paiement intégral.
PAYMENT IN FULL ON ALLOTMENT, libération (d'actions) à la répartition.
PAYMENT IN FULL OF A SHARE, libération intégrale d'une action.
PAYMENTS MADE IN FULL, versements faits en totalité.
to SATISFY THE CREDITORS IN FULL, désintéresser intégralement les créanciers.

FULL s, cœur m, apogée m; intégralité f.
to DISCHARGE ONE'S LIABILITIES TO THE FULL, acquitter intégralement le montant de son passif.

FULLY adv, entièrement, pleinement.
FULLY PAID (UP), entièrement versé.
FULLY PAID (UP) CAPITAL, capital entièrement versé.
FULLY PAID SHARES, actions entièrement libérées.
FULLY PAID STOCK, titres libérés.
FULLY SECURED CREDITOR, créancier entièrement nanti.

FUME s, fumée f.
FACTORY FUMES, fumées d'usine.

FUNCTION s, fonction f, rôle m.
AGGREGATE DEMAND FUNCTION, fonction de la demande globale.
AGGREGATE PRODUCTION FUNCTION, fonction de production agrégéé, globale.
AGGREGATE SUPPLY FUNCTION, fonction de l'offre globale.
AGGREGATION OF PRODUCTION FUNCTIONS, agrégation de fonctions de production.
ALGEBRAIC FUNCTION, fonction algébrique.
CIRCULAR FUNCTIONS, fonctions circulaires.
CONSUMPTION FUNCTION, fonction de consommation.
CONTINUOUS FUNCTION, fonction continue.
DEMAND FUNCTION FOR LABOUR, fonction de demande du travail.
DERIVATION OF A FUNCTION, dérivation d'une fonction.
DERIVATIVE OF A FUNCTION, dérivée d'une fonction.
DERIVED FUNCTION, fonction dérivée.
DISCONTINUOUS FUNCTION, fonction discontinue.
DISTRIBUTION FUNCTION, fonction de répartition.
EMPLOYMENT FUNCTION, fonction de l'emploi.
ENTREPRENEURIAL FUNCTION, fonction, rôle, de l'entrepreneur.
EXPLICIT FUNCTION, fonction explicite.
EXPONENTIAL FUNCTION, fonction exponentielle.
FAIRLY STABLE FUNCTION, fonction raisonnablement stable.
as a FUNCTION OF, en fonction de.

FUNCTION OF A FUNCTION, fonction d'une fonction.
FUNCTIONS OF MONEY, fonctions de la monnaie.
FUNCTION OF THE SECOND DEGREE IN THREE VARIABLES, fonction du deuxième degré à trois variables.
HOMOGENEOUS LINEAR FUNCTION, fonction homogène linéaire.
HYPERBOLIC FUNCTION, fonction hyperbolique.
IMPLICIT FUNCTION, fonction implicite.
INCREMENT OF A FUNCTION, différentielle.
INTEGRAL FUNCTION, fonction intégrale.
INVERSE FUNCTION, fonction inverse.
LINEAR FUNCTION, fonction linéaire.
MATHEMATICAL FUNCTIONS, fonctions mathématiques.
MULTI-VALUED FUNCTION, fonction à plusieurs inconnues.
NORMAL SHAPE OF A FUNCTION, forme normale d'une fonction.
NOTARIAL FUNCTIONS, fonctions notariales.
PARABOLIC FUNCTION, fonction parabolique.
POTENTIAL FUNCTION, fonction potentielle.
QUADRATIC (HOMOGENEOUS) FUNCTIONS, fonctions quadratiques.
SINE FUNCTION, fonction de sinus.
is the SUPPLY OF LABOUR A FUNCTION OF REAL WAGES ALONE? l'offre de travail est-elle exclusivement une fonction du salaire réel ?
TECHNICAL PRODUCTION FUNCTION, fonction de production technique.
TRANSCENDENTAL FUNCTION, fonction transcendante.
TRIGONOMETRIC FUNCTION, fonction trigonométrique.
UTILITY FUNCTION, fonction d'utilité.

FUNCTION v, fonctionner.

FUNCTIONAL a, fonctionnel.
FUNCTIONAL RELATION, relation fonctionnelle.
FUNCTIONAL RELATIONSHIP, relation fonctionnelle.

FUNCTIONARY s, fonctionnaire m.

FUND s, fonds m, caisse f, capital m, rente f, provision f.
to APPROPRIATE FUNDS TO, affecter des fonds à.
AVAILABLE FUNDS, fonds disponibles; disponibilités.
to BUY FUNDS, acheter de la rente.
CALL FOR FUNDS, appel de capital, de fonds.
CHARITY FUND, caisse de secours.
COMMON FUND, caisse commune.
CONTINGENCY FUND, fonds de prévoyance.
COUNTERPART FUNDS, fonds de contrepartie.
to DEPOSIT FUNDS WITH A BANKER, déposer des fonds chez un banquier.
DISPLACEMENT OF FUNDS, déplacement de fonds.
DISPOSABLE FUNDS, fonds disponibles; disponibilités.
to EAR-MARK FUNDS (FOR A PURPOSE), donner à des fonds une affectation (spéciale).
EMERGENCY FUND, fonds de secours
EQUALIZATION FUND, fonds de régularisation.
EXCHANGE STABILIZATION FUND, fonds de stabilisation des changes.
FORMATION OF A RESERVE FUND, constitution d'un fonds de réserve.
FRAUDULENT MISUSE OF FUNDS, détournement de fonds.
FUNDS, fonds publics; dette publique.
FUNDS ON WHICH AN ANNUITY IS SECURED, fonds constitutifs d'une rente.
FUNDS OF A COMPANY, fonds social.
FUNDS DEPOSITED WITH A BANKER, fonds déposés chez un banquier.
FUNDS EAR-MARKED FOR, fonds affectés à.
FUND-HOLDER, rentier.
FUNDS ARE LOW, les fonds sont bas.
GUARANTEE FUND, fonds de garantie.
INSUFFICIENT FUNDS, insuffisance de provision.
INSURANCE FUND, fonds d'assurance.
INTERNATIONAL MONETARY FUND, Fonds monétaire international.
LACK OF FUNDS, pénurie de fonds.
LENDABLE FUNDS, fonds prêtables.
LOANABLE FUNDS, fonds prêtables.
MUTUAL FUNDS, U.S: sociétés d'investissement à capital variable.
MUTUAL INVESTMENT FUNDS, fonds des sociétés d'investissement mutualistes; fonds d'investissement mutualistes.
NATIVE TRUST FUND, fonds des affaires indigènes.
OFFSHORE FUNDS, Fonds d'investissement.
OLD-AGE PENSION FUND, caisse d'assurance vieillesse.
OLD-AGE SECURITY FUND, fonds d'assurance vieillesse.
PARTNERSHIP FUNDS, fonds sociaux.
PENSION FUND, caisse de retraites.
to POOL FUNDS, mettre des fonds en commun.
PROVIDENT FUND, caisse de prévoyance.
PUBLIC FUNDS, fonds publics.
REDEMPTION FUND, caisse d'amortissement.
RELIEF FUND, caisse de secours.
to REPATRIATE FUNDS, rapatrier des fonds.
RESERVE FUND, fonds de réserve.

RETIRING FUND, caisse des retraites.
ROAD FUND, fonds d'investissements routiers.
to SET APART FUNDS FOR, affecter des fonds à.
SICK-BENEFIT FUND, caisse de maladie.
SINKING FUND, (fonds d') amortissement.
STAFF PROVIDENT FUND, caisse de prévoyance du personnel.
to START A FUND, lancer une souscription.
SOCIAL INSURANCE FUNDS, caisses d'assurances sociales.
STOPPAGE ON WAGES FOR THE MAINTENANCE OF RELIEF
    FUNDS, retenue sur les salaires pour l'alimentation des caisses
    de secours.
SUPERANNUATION FUND, caisse des retraites.
TRANSFER OF FUNDS, virement de fonds.
UNAVAILABLE FUNDS, fonds indisponibles.
UNEMPLOYED FUNDS, fonds inactifs, improductifs.
UNEMPLOYMENT FUND, fonds d'assurance chômage.
WAGE-FUND, fonds disponible pour la rétribution du travail.
for WANT OF FUNDS, faute de provision.

FUND v, consolider, fonder.
to FUND INTEREST, consolider les arrérages.
to FUND MONEY, placer de l'argent dans les fonds publics.
to FUND A PUBLIC DEBT, consolider une dette publique.

FUNDABLE a, consolidable.

FUNDAMENTAL a, fondamental, essentiel.
FUNDAMENTAL BALANCE, balance de base.
FUNDAMENTAL DETERMINANTS OF PRICES, déterminants fon-
    damentaux des prix.
FUNDAMENTAL EQUATION (OF VALUE THEORY), équation fon-
    damentale (de la théorie de la valeur).
FUNDAMENTAL OBJECTION, objection fondamentale.
FUNDAMENTAL PRINCIPLE, principe fondamental.
FUNDAMENTAL PSYCHOLOGICAL LAW, loi psychologique fon-
    damentale.
FUNDAMENTAL RESEARCH, recherche fondamentale.

FUNDAMENTALS s. pl, principe m, partie f essentielle.

FUNDED a, consolidé, investi.
FUNDED CAPITAL, capitaux investis.
FUNDED DEBT, dette consolidée.
FUNDED PROPERTY, biens en rentes.
LONG-TERM FUNDED CAPITAL, capitaux consolidés à long terme.

FUNDING s, consolidation f, assiette f.
FUNDING LOAN, emprunt de consolidation.

FUR s, fourrure f, peau f.
FUR-FARMING, élevage d'animaux à fourrure.
FUR-MAKING, pelleterie.
FUR-TRADE, commerce de fourrures.

FURNACE s, fourneau m, four m.
BLAST-FURNACE, haut fourneau.
ELECTRIC FURNACE, four électrique.
FURNACE OUT OF BLAST, fourneau hors feu.
GAS FURNACE, four à gaz.
GLASS FURNACE, four de verrerie.
OPEN-HEARTH FURNACE, four à sole.

FURNISH v, fournir, meubler, alimenter.
to FURNISH EVIDENCE, fournir la preuve.
to FURNISH A FACTORY WITH CURRENT, alimenter l'usine en
    courant.

FURNISHED a, équipé, meublé.
FURNISHED APARTMENT, U.S: appartement meublé.
FURNISHED FLAT, appartement meublé.
FURNISHED ROOMS, chambres meublées.

FURNISHING s, fourniture f, ameublement m.
HOUSE-FURNISHING FIRM, maison d'ameublement.
SCHOOL-FURNISHING COMPANY, entreprise de fourniture et de
    matériel scolaires.

FURNITURE s, meuble(s) m, mobilier m, ameublement m.
FURNITURE REPOSITORY, garde-meubles.
FURNITURE-SHOP, maison d'ameublement.
FURNITURE-WAREHOUSE, garde-meubles.

FURTHER a, supplémentaire, complémentaire, ultérieur, supérieur.
until FURTHER ADVICE, jusqu'à nouvel avis.
FURTHER BID, surenchère; offre supérieure.
FURTHER CONSIDERATION, examen plus attentif.
FURTHER COVER, marge supplémentaire.
FURTHER CREDIT, crédit supplémentaire.
FURTHER ENQUIRY, enquête complémentaire; plus ample informé.
FURTHER INFORMATION, renseignements complémentaires.
FURTHER INQUIRY, plus ample informé.
FURTHER MARGIN, marge supplémentaire.
FURTHER ORDERS, commandes ultérieures.
FURTHER PARTICULARS, plus amples renseignements.
FURTHER REASON, raison supplémentaire.

FURTHERANCE s, avancement m, progrès m.

FUSE v, fusionner, amalgamer.

FUSELAGE s, fuselage m.

FUSION s, fusion f, fusionnement m.

FUTURE a, futur, à terme m, à venir.
EXCHANGE FOR FUTURE DELIVERY, opérations, négociations, de
    change à terme.
EXPECTATION OF FUTURE VENDIBILITY, prévision des ventes
    futures.
FUTURE CONSUMPTION, consommation future.
FUTURE COSTS, coûts à venir.
FUTURE DELIVERY, livraison à terme.
FUTURE ESTATES, biens à venir.
FUTURE INCOME, revenu(s) futur(s).
FUTURE OUTPUT, production future.
FUTURE PROFITS, profits futurs.
FUTURE PROSPECTS, perspectives d'avenir.
FUTURE WANTS, besoins futurs.
PROPERTY PRESENT AND FUTURE, biens présents et à venir.
to PROVIDE FOR FUTURE CONSUMPTION, pourvoir à la con-
    sommation future.
PURCHASE FOR FUTURE DELIVERY, achat à terme.
SALE FOR FUTURE DELIVERY, vente à terme ferme.
TRANSACTION FOR FUTURE DELIVERY, transaction à terme.

FUTURE s, futur m, avenir m, opération f à terme m, cotation f à
    terme, livraison f à terme.
COMMODITY FUTURES, opérations à terme sur marchandises.
in the DISTANT FUTURE, dans un avenir lointain.
in the none too DISTANT FUTURE, dans un avenir assez proche.
FORESEEABLE FUTURE, avenir prévisible.
FUTURES, cotations, livraisons, à terme.
FUTURES ECONOMY, économie à terme.
FUTURES MARKET, marché du terme.
IMMEDIATE FUTURE, proche avenir.
in the NEAR FUTURE, dans un avenir rapproché.
PROMISE TO PAY MONEY IN THE FUTURE, promesse de paiement
    à terme.
PROSPECTS FOR THE FUTURE, perspectives d'avenir.
to PUT BY FOR THE FUTURE, économiser pour l'avenir.
QUOTATIONS FOR FUTURES, cotations, livraisons, à terme.
REMOTE FUTURE, avenir très lointain.

G

GADGET s, accessoire m, gadget m.

GAGE s, gage m, garantie f.

GAIN s, gain m, profit m, bénéfice m, avantage m, augmentation f, enrichissement m, plus-value f.
CAPITAL GAINS TAX, impôt sur les plus-values en capital.
CHANCE GAIN, gain aléatoire.
CONTINGENT GAIN, gain aléatoire.
GAIN TO KNOWLEDGE, enrichissement des connaissances.
my GAIN IS YOUR LOSS, le profit de l'un est la perte de l'autre.
GAIN OF SEVERAL POINTS, gain de plusieurs points.
GAIN FROM TRADE, gains de l'échange.
GAIN IN UTILITY, augmentation d'utilité.
GREED OF GAIN, avidité du gain.
ILLICIT GAIN, gain illicite.
PECUNIARY GAIN, gain lucratif.
to SET OFF A GAIN AGAINST A LOSS, compenser une perte par un gain.
WINDFALL GAIN, gain imprévisible, inattendu.

GAIN v, gagner.
to GAIN BY THE CHANGE, gagner au change.
to GAIN ONE'S LIVING, gagner sa vie.
to GAIN MONEY, gagner de l'argent.
to GAIN TIME, gagner du temps.
to GAIN WEALTH, gagner des richesses.

GAINFUL a, rémunérateur, avantageux.

GAINFULLY adv, profitablement.
GAINFULLY EMPLOYED, ayant un emploi rémunéré.

GALLON s, gallon m (= U.K: 4,54 litres; U.S: 3,78 litres).

GALLOPING a, galopant.
GALLOPING INFLATION, inflation galopante.

GAMBLE s, jeu m de hasard m, pari m, spéculation f.
PURE GAMBLE, pure spéculation.

GAMBLE v, jouer de l'argent m, jouer, spéculer.
to GAMBLE ON A RISE IN PRICES, jouer à la hausse.
to GAMBLE ON THE STOCK EXCHANGE, jouer à la bourse.

GAMBLER s, joueur m, spéculateur m.
GAMBLER ON THE STOCK EXCHANGE, joueur à la bourse.

GAMBLING s, jeu m, jeu d'argent m, spéculation f.
GAMBLING-DEBTS, dettes de jeu.
GAMBLING IN DIFFERENCES AND CONTANGOES, spéculation sur les différences et les reports.
GAMBLING ON THE STOCK EXCHANGE, spéculation à la bourse.

GAME s, jeu m, jeu opérationnel; gibier m.
BUSINESS GAMES, jeux d'entreprise.
COMPETITIVE GAME, jeu concurrentiel.
COMPOUND GAME, jeu composé.
COMPUTER GAME, jeu sur ordinateur.
CONSTANT SUM GAME, jeu à somme constante.
CO-OPERATIVE GAME, jeu coopératif.
non CO-OPERATIVE GAME, jeu non-coopératif.
GAME OF CHANCE, jeu de hasard.
GAME CYCLE, séquence de jeu; cycle de jeu.
the GAME ENDED IN A DRAW, la partie s'est terminée par un match nul.

GAME OF HAZARD, jeu de hasard.
GAME-LICENCE, permis de chasse.
to PLAY THE GAME, respecter les règles.
OPERATIONAL GAME, jeu opérationnel.
two-PERSON GAME, jeu à deux joueurs.
to PLAY THE GAME, respecter les règles.
THEORY OF GAMES, théorie des jeux.
ZERO SUM GAME, jeu à somme nulle.

GAMING s, jeu m, jeu opérationnel.
COMPUTER GAMING, jeux opérationnels sur ordinateur.
GAMING DEBT, dette de jeu.
OPERATIONAL GAMING, jeux opérationnels.

GAMUT s, gamme f.

GANG s, équipe f, gang m.

GAP s, écart m; fossé m, trou m; disparité f.
to BRIDGE A GAP, combler un écart.
DEFLATIONARY GAP, écart déflationniste.
INFLATIONARY GAP, écart inflationniste.
STOP-GAP, bouche-trou.
TECHNOLOGICAL GAP, disparité de niveau technologique.
WIDENING GAP, écart grandissant.

GARAGE s, garage m.

GARDEN s, jardin m.
GARDEN-PRODUCE, produits maraîchers.

GARDENING s, jardinage m.
LANDSCAPE-GARDENING, art de dessiner des jardins paysagers.
MARKET-GARDENING, maraîchage.

GARMENT s, vêtement m.

GAS s, gaz m.
COAL GAS, gaz d'éclairage.
FUEL GAS, gaz combustible.
GAS-COKE, coke de gaz.
GAS-COMPANY, compagnie du gaz.
GAS FURNACE, four à gaz.
GAS-INDUSTRY, industrie gazière.
GAS-WORKS, usine à gaz.
LIGHTING GAS, gaz d'éclairage.
MANUFACTURED GAS, gaz d'usine.
NATURAL GAS, gaz naturel.
POWER-GAS, gaz combustible.
TOWN GAS, gaz de ville.

GASIFICATION s, gazéification f.

GASOLINE s, U.S: essence f (de pétrole m).

GATHER v, prendre; acquérir; percevoir; assembler; déduire; réunir.
to GATHER DOCUMENTS, réunir des documents.
to GATHER INFORMATION, réunir des informations.
to GATHER PACE, prendre de la vitesse.
to GATHER RENTS, percevoir les loyers.
to GATHER SPEED, acquérir de la vitesse.
to GATHER TAXES, percevoir les impôts.

GATHERER s, ramasseur m, percepteur m.
TAX-GATHERER, percepteur des contributions.

GATHERING s, collecte f, collection f, rassemblement m, accumulation f.

DATA-GATHERING, collecte des observations, des données.
GATHERING OF SPEED, accélération.

GAUGE s, calibre m, jauge f, écartement m, gabarit m.
GAUGE OF THE TRACK, écartement de la voie.
STANDARD GAUGE, écartement normal.
TRACK-GAUGE, gabarit; écartement des rails.

GAUSSIAN a, de Gauss n. pr. gaussien.
GAUSSIAN DISTRIBUTION, loi de Gauss.

GAZETTE s, gazette f, journal m; U.K: Journal officiel.

GEM s, pierre f précieuse.

GENE s, déterminant m, facteur m d'hérédité f, gène m.

GENERAL a, général, universel, collectif, grand, d'ensemble m, sans réserves f. pl.
ATTORNEY GENERAL, U.S: procureur général, ministre de la Justice.
AUDITOR-GENERAL*, U.K: vérificateur des comptes.
DEPARTURES FROM THE GENERAL RULE, exceptions à la règle générale.
FARMER-GENERAL, fermier général.
GENERAL ACCEPTABILITY, acceptabilité générale; pouvoir libératoire.
GENERAL ACCEPTANCE, acceptation sans réserves.
GENERAL ADVANCE IN PRICES, hausse générale des prix.
GENERAL AGREEMENT TO BORROW, Accord général de prêt.
GENERAL AGREEMENT ON TARIFFS AND TRADE (GATT), Accord général sur les tarifs douaniers et le commerce.
GENERAL AVERAGE, avaries communes.
GENERAL BALANCE-SHEET, bilan d'ensemble.
GENERAL BILL OF LADING, connaissement collectif.
GENERAL BUSINESS, questions diverses.
GENERAL CARGO, charge à la cueillette.
GENERAL CENSUS, recensement général.
GENERAL DISCONTENT, mécontentement général.
GENERAL DULLNESS OF BUSINESS, marasme général des affaires.
GENERAL ELECTION, élection(s) générale(s).
GENERAL EQUILIBRIUM, équilibre général.
GENERAL EQUILIBRIUM ANALYSIS, analyse de l'équilibre général.
GENERAL EQUILIBRIUM OF EXCHANGE, équilibre général des échanges.
GENERAL EQUILIBRIUM MODEL, modèle d'équilibre général.
GENERAL EQUILIBRIUM OF PRODUCTION, équilibre général de la production.
GENERAL EXPENSES, frais généraux.
GENERAL FACTORY OVERHEAD(S), frais généraux de fabrication.
GENERAL GOVERNMENT INCOME, revenu(s) de l'État.
GENERAL HOLIDAY, jour férié.
GENERAL INCREASE IN, augmentation générale de.
GENERAL INTEGRAL, intégrale générale.
GENERAL KNOWLEDGE, connaissances générales.
GENERAL LEDGER, grand livre des comptes généraux.
GENERAL LEGATEE, légataire à titre universel.
GENERAL LETTER OF CREDIT, lettre de crédit collective.
GENERAL LEVEL OF PRICES, niveau général des prix.
GENERAL LEVEL OF WAGES, niveau général des salaires.
GENERAL LIEN, privilège général.
GENERAL MEETING, assemblée générale.
GENERAL MORTGAGE, hypothèque générale.
GENERAL PARALYSIS, paralysie générale.
GENERAL PARTNERSHIP*, société en nom collectif
GENERAL POWER, procuration générale.
GENERAL PRICE THEORY, théorie générale des prix.
GENERAL PRINCIPLE, règle générale.
as a GENERAL PRINCIPLE, en règle générale.
GENERAL PUBLIC, grand public.
GENERAL PURPOSE COMPUTER, ordinateur universel; calculateur universel.
GENERAL QUADRATIC FORM, forme quadratique générale.
GENERAL RESERVE, réserve générale.
GENERAL RULE, règle générale.
GENERAL SLUMP, dépression générale.
GENERAL STORE, bazar; épicerie.
GENERAL STRIKE, grève générale.
GENERAL THEORY OF EMPLOYMENT, INTEREST AND MONEY, théorie générale de l'emploi, de l'intérêt et de la monnaie.
GENERAL TRADE, commerce général.
GENERAL TREND, tendance générale.
GENERAL TREND OF THE MARKET, tendances d'ensemble, orientation, du marché.
GOVERNOR-GENERAL, gouverneur général.
INSPECTOR-GENERAL, inspecteur général.
SECRETARY-GENERAL, secrétaire général.
THEORY OF GENERAL EXCHANGE EQUILIBRIUM, théorie de l'équilibre général des échanges.

GENERALITY s, généralité f.
GENERALITY OF MANKIND, grande majorité des hommes.

GENERALIZATION s, généralisation f.

HASTY GENERALIZATIONS, généralisations hâtives.

GENERALIZE v, généraliser.

GENERALIZING s, généralisation f.

GENERALLY adv, généralement.

GENERATING a, générateur.
GENERATING STATION, centrale électrique.
STEAM-GENERATING STATION, centrale thermique.

GENERATION s, génération f, production f.
GENERATION OF INCOME, génération des revenus.
GENERATION OF POWER, production d'énergie.
PRESENT GENERATION, génération actuelle.
RISING GENERATION, jeune génération.
TOTAL GENERATION OF ELECTRICITY, production totale d'électricité.

GENERATRIX s, génératrice f.

GENERIC(AL) a, générique.

GENEROSITY s, générosité f.

GENEROUS a, généreux; fertile.
GENEROUS SOIL, sol fertile.

GENESIS s, genèse f, origine f.

GENETICS s. pl, génétique f.

GENTLEMAN s, gentilhomme m, gentleman m.
GENTLEMAN-FARMER, gentleman-farmer.

GENTRY s, petite noblesse f.
LANDED GENTRY, aristocratie terrienne.

GENUINE a, authentique, véritable, sérieux, vrai.
GENUINE ARTICLE, article garanti d'origine.
GENUINE COIN, pièce de bon aloi.
GENUINE DIAMOND, diamant véritable.
GENUINE MONEY, monnaie authentique.
GENUINE PURCHASER, acheteur sérieux.
GENUINE SAVING, épargne véritable.

GEOGRAPHIC(AL) a, géographique.
GEOGRAPHICAL MILE, mille marin.

GEOGRAPHY s, géographie f.
POLITICAL GEOGRAPHY, géographie politique.
STATISTICAL GEOGRAPHY, géographie économique et statistique.

GEOMETER s, géomètre m.

GEOMETRIC(AL) a, géométrique.
COMMON RATIO OF A GEOMETRIC PROGRESSION, raison d'une progression géométrique.
GEOMETRIC AVERAGE, moyenne géométrique.
GEOMETRICAL FIGURE, figure géométrique.
GEOMETRICAL MEAN, moyenne géométrique.
GEOMETRICAL PROGRESSION, progression géométrique.
GEOMETRICAL PROPORTION, proportion géométrique.
GEOMETRICAL RATIO, raison, proportion, géométrique.
WEIGHTED GEOMETRIC AVERAGE, moyenne géométrique pondérée.

GEOMETRY s, géométrie f.
ANALYTICAL GEOMETRY, géométrie analytique.
CO-ORDINATE GEOMETRY, géométrie analytique.
DESCRIPTIVE GEOMETRY, géométrie descriptive.
four-DIMENSIONAL GEOMETRY, géométrie à quatre dimensions.
three-DIMENSIONAL GEOMETRY, géométrie à trois dimensions.
EUCLIDIAN GEOMETRY, géométrie d'Euclide.
HIGHER GEOMETRY, géométrie supérieure.
PLANE GEOMETRY, géométrie plane.
PROJECTIVE GEOMETRY, géométrie descriptive.
SOLID GEOMETRY, géométrie dans l'espace.
SPHERICAL GEOMETRY, géométrie sphérique.
TRANSCENDENTAL GEOMETRY, géométrie transcendante.

GERM s, germe m.

GERMINATION s, germination f.

GESTATION s, gestation f.

GET s, rendement m (d'une mine).

GET v, obtenir, procurer, acquérir; atteindre, recevoir; prendre, attraper; aller chercher; comprendre; devenir; tirer.
ARTICLE HARD TO GET RID OF, article difficile à écouler.
to GET OUT A BALANCE-SHEET, établir un bilan.
to GET IN THE CROPS, rentrer la moisson.
to GET DEARER, renchérir; enchérir.
to GET INTO DEBT, s'endetter.
to GET CHANGE, faire de la monnaie.
to GET IN THE HARVEST, engranger la récolte.
to GET ONE'S LIVING, gagner sa vie.
to GET OUT WITHOUT LOSS, s'en tirer sans perte.

to GET MONEY IN, faire rentrer ses fonds.
to GET MONEY OUT OF, tirer de l'argent de.
to GET ONE'S MONEY WORTH, en avoir pour son argent.
to GET ORDERS, recueillir des commandes.
to GET RICH, s'enrichir.
to GET RID OF (OLD) STOCK, écouler les stocks.
to GET RID OF SECULAR TREND, se débarrasser de la tendance
séculaire.
to GET RID OF x, éliminer x.
to GET INTO ONE'S STRIDE, atteindre la vitesse de croisière.
to GET A TIME EXTENSION, obtenir un délai.
to GET VALUE FOR ONE'S MONEY, en avoir pour son argent.
to GET WEALTH, acquérir des richesses.
TAXES DIFFICULT TO GET IN, impôts qui rentrent difficilement.

GIANT a, gigantesque, géant.
with GIANT STRIDES, à pas de géant.

GIFFEN pr. n, Giffen.
GIFFEN EFFECT, effet de Giffen.
GIFFEN PARADOX, paradoxe, effet, de Giffen.

GIFT s, don m, donation f; talent m.
DEED OF GIFT, acte de donation.
by FREE GIFT, à titre gratuit.
GIFTS IN KIND RECEIVED, dons en nature reçus.
OUTRIGHT GIFT, don pur et simple.

GIFTED a, doué, apte.
POORLY GIFTED, peu apte.

GIGANTIC a, gigantesque.

GILT s, dorure f.
GILT-EDGED INVESTMENT, placement de père de famille.
GILT-EDGED SECURITIES, valeurs de tout repos.
GILT-EDGED STOCK, valeurs de tout repos.

GIMMICK s, truc m, gimmick m.

GIRL s, jeune fille f.
FACTORY-GIRL, ouvrière d'usine.
MODERN GIRL, jeune fille moderne.
SHOP-GIRL, vendeuse.
WORK-GIRL, ouvrière.

GIST s, substance f, essence f; vif m.
GIST OF THE MATTER, vif du sujet.

GIVE v, donner, accorder; attribuer; verser; rapporter, fournir.
to BE GIVEN BAIL, être mis en liberté provisoire sous caution.
to GIVE ACCOUNT OF, rendre compte de.
to GIVE CHANGE FOR, rendre la monnaie de.
to GIVE CONSIDERATION FOR, donner une contrepartie pour; provisionner.
to GIVE CREDIT, faire crédit.
to GIVE DAMAGES, accorder des dommages-intérêts.
to GIVE AN EARNEST, verser des arrhes.
to GIVE AN ORDER FOR, donner un ordre; passer une commande.
to GIVE A RISE, augmenter le salaire.
to GIVE SECURITY, fournir caution; cautionner.
to GIVE A STIMULUS TO TRADE, donner de l'impulsion au
commerce.
to GIVE AND TAKE, se faire des concessions mutuelles.
to GIVE A TIP, donner un tuyau à.
to GIVE x A VALUE, attribuer une valeur à x.
INVESTMENT THAT GIVES 10 %, placement qui rapporte 10 %.

GIVE-AND-TAKE s, concessions f. pl mutuelles.

GIVEN a, donné, déterminé.
CONTRACT WORK GIVEN OUT, travaux sous-traités en dehors de
l'établissement.
DISTRIBUTION OF A GIVEN VOLUME OF EMPLOYED RESOURCES
BETWEEN DIFFERENT USES, répartition entre différentes utilisa-
tions d'un volume donné de ressources.
GIVEN FIRM, entreprise déterminée.
GIVEN ANY TWO POINTS, étant donnés deux points quelconques.
at a GIVEN PRICE, à un cours donné.
GIVEN TASTES, goûts donnés.
in a GIVEN TIME, dans un délai déterminé.
in a GIVEN TRIANGLE, dans un triangle donné.
GIVEN WANTS, besoins donnés.

GIVER s, donneur m, payeur m, reporté m.
GIVER OF AN OPTION, optionnaire.
GIVER OF OPTION MONEY, acheteur de primes.
GIVER OF THE RATE, payeur de la prime.
GIVER OF STOCK, reporté.
the MARKET IS ALL GIVERS, la place est chargée.
the TAKER RECEIVES FROM THE GIVER A PREMIUM, le repor-
teur touche du reporté une prime.

GIVING s, don m, donation f; passation f.
GIVING FOR AN OPTION, achat d'une prime.

GIVING ORDERS, passation d'ordres.
GIVING WAY, fléchissement.

GLASS s, verre m, vitre f; serre f.
CUT GLASS, cristal taillé.
GLASS-FURNACE, four de verrerie.
GLASS INDUSTRY, industrie du verre.
GLASS-MAKING, verrerie.
GLASS-WARE, articles de verre.
GLASS-WORK(S), verrerie.
GLASS-WORKER, verrier.
GROWN UNDER GLASS, cultivé en serre.
PRESSED GLASS, verre moulé.
WINDOW GLASS, verre à vitres.

GLOBE s, globe m, sphère f.

GLOVE s, gant m.
GLOVE-MAKING, ganterie.
GLOVE-TRADE, ganterie.

GLUT s, surabondance f, pléthore f.
GLUT OF MONEY, pléthore de capitaux.

GLUTTED a, encombré, regorgeant, pléthorique.
GLUTTED MARKET, marché regorgeant de, encombré.

GO s, essai m, coup m; entrain m.
FULL OF GO, plein d'entrain.
at one GO, d'un seul coup.
GO-BETWEEN, intermédiaire.

GO v, aller.
all the EMPLOYEES TO GO, tous les employés vont être licenciés.
FIRST LUXURY TO GO, première dépense somptuaire à supprimer
to GO ABROAD, partir à l'étranger.
to GO BAIL FOR, se porter garant pour.
to GO A BEAR, jouer, spéculer, à la baisse.
to GO BETTER, s'améliorer.
to GO A BULL, jouer, spéculer, à la hausse.
to GO GUARANTEE FOR, se porter garant pour.
to GO INTO LIQUIDATION, se mettre en liquidation.
to GO SHARES WITH, partager avec.
to GO SHOPPING, courir les magasins.
GO-SLOW STRIKE, grève perlée.
to GO ON STRIKE, se mettre en grève.
to GO SURETY FOR SOMEONE, se porter garant de quelqu'un.
INDUSTRIES THAT HAVE KEPT GOING, industries qui ont maintenu
leur activité.
to KEEP INDUSTRY GOING, maintenir l'activité de l'industrie.
the LOT WENT FOR, le lot fut adjugé pour.
ORDERS ARE GOING DOWN, les commandes diminuent.
PRICES ARE GOING DOWN, les prix baissent.
PRICES WENT UP, les prix ont augmenté.
the SHORTAGE IS NOT GOING TO LAST, la disette ne durera pas.
STOP-GO POLICY, politique de coups de frein et d'accélérateur
alternés.
THINGS ARE GOING BADLY, les affaires vont, marchent, mal.
the VALUE HAS GONE DOWN, la valeur a diminué.
WHEAT HAS GONE UP, le prix du blé a augmenté.

GOAL s, but m, objectif m.

GOD s, dieu m.
ACT OF GOD, force majeure.

GOING a, qui marche; courant.
GOING CONCERN, affaire qui marche (bien).
GOING WAGES, salaires courants.
OCEAN-GOING VESSEL, navire au long cours.
VALUE AS A GOING CONCERN, valeur d'usage.

GOLD s, or m.
BAR GOLD, or en barres.
BARREN GOLD, or en barres.
eighteen-CARAT GOLD, or à dix-huit carats.
COINED GOLD, or monnayé.
to COME OFF THE GOLD STANDARD, abandonner l'étalon-or.
DEMONETIZATION OF GOLD, démonétisation de l'or.
DEPRECIATION OF CURRENCY IN RELATION TO GOLD, dépré-
ciation de la monnaie par rapport à l'or.
DOUBLE STANDARD (GOLD AND SILVER), double étalon (or et
argent).
EFFLUX OF GOLD, sortie d'or.
to EXPORT GOLD, exporter de l'or.
EXPORT GOLD-POINT, gold-point de sortie; point de sortie de l'or.
FINE GOLD CONTENT, contenu en or fin.
FREE GOLD MARKET, marché libre de l'or.
GOLD BACKING OF THE CURRENCY, couverture-or de la monnaie.
GOLD-BEARING, aurifère.
GOLD BONDS, obligations-or.
GOLD BULLION STANDARD, étalon lingot-or.
GOLD EIGHTEEEN CARATS FINE, or à dix-huit carats de fin.
GOLD COIN, pièce d'or.

GOLD COIN AND BULLION, encaisse-or.
GOLD COVER, couverture-or.
GOLD-CURRENCY, monnaie-or.
GOLD-DIGGER, chercheur d'or.
GOLD-DIGGING, exploitation de quartz aurifère.
GOLD IS BEING DRAINED TOWARDS, l'or est drainé vers.
GOLD EXCHANGE STANDARD, étalon devise-or; étalon-or de change.
GOLD-FEVER, fièvre de l'or.
GOLD-FIELD, champ aurifère.
GOLD-FIELDS, régions aurifères.
GOLD-FOIL, feuille d'or.
GOLD AND FOREIGN EXCHANGE RESERVES, réserves d'or et de devises.
GOLD FRANC, franc or.
GOLD HOLDINGS, réserves d'or.
GOLD-LEAF, feuille d'or.
GOLD MARKET, marché de l'or.
GOLD-MINE, mine d'or.
GOLD IN NUGGETS, or brut.
GOLD PARITY, parité-or.
GOLD PLATE, vaisselle d'or.
GOLD-PLATED, plaqué or.
GOLD-PLATING, placage d'or.
GOLD-POINT,· gold-point; point d'or.
GOLD POOL, pool de l'or.
GOLD IS AT A PREMIUM, l'or fait prime.
GOLD IN PRIVATE HOARDS, or thésaurisé par des particuliers.
GOLD-PROBLEM, problème de l'or.
GOLD PRODUCTION, production de l'or.
GOLD RATIO, rapport de l'encaisse d'or à la monnaie en circulation.
GOLD RESERVE, réserve d'or.
GOLD-RUSH, ruée vers l'or.
GOLD-SEEKER, chercheur d'or.
GOLD SHARES, valeurs aurifères.
GOLD AND SILVER BULLION, lingots d'or et d'argent.
GOLD AND SILVER COIN AND BULLION, réserves métalliques en pièces et en lingots d'or, d'argent.
GOLD AND SILVER HOLDINGS, encaisse or et argent.
GOLD SPECIE, or monnayé.
GOLD SPECIE STANDARD, étalon-espèces or.
GOLD STANDARD, étalon-or.
GOLD-STANDARD COUNTRY, pays à étalon-or.
GOLD STOCK, stock d'or.
GOLD-WASHING, orpaillage.
GOLD WITHDRAWALS, sorties d'or.
to HOARD GOLD, thésauriser l'or.
HOARDING OF GOLD, thésaurisation de l'or.
IMITATION GOLD, similor.
IMPORT GOLD-POINT, gold-point d'entrée; gold-point d'importation; point d'entrée de l'or.
INFLUX OF GOLD, afflux d'or.
INGOT GOLD, or en barres.
to MAINTAIN THE EXCHANGE ABOVE THE GOLD-POINT, maintenir le change au-dessus du gold-point.
to MINE FOR GOLD, creuser à la recherche de l'or; exploiter une mine d'or.
to MINT GOLD, frapper l'or.
NONMONETARY GOLD, or non monétaire.
OFFICIAL GOLD RESERVES, réserves en or officielles.
OUTFLOW OF GOLD, sortie d'or.
OUTGOING GOLD-POINT, gold-point de sortie; point de sortie de l'or.
PAPER-GOLD, or-papier (unité de réserve supplémentaire).
PAPER MONEY BACKED BY GOLD, monnaie de papier garantie par l'or.
to PAY IN GOLD, payer en or.
PREMIUM ON GOLD, agio sur l'or.
PRICE OF GOLD, prix de l'or.
to PROSPECT FOR GOLD, chercher de l'or.
PURE GOLD, or pur.
RATE OF GOLD, cours de l'or.
RATIO BETWEEN GOLD AND SILVER, rapport entre l'or et l'argent.
REFLUX OF GOLD, reflux d'or.
REGULAR GOLD-MINE, une vraie mine d'or; une affaire en or.
STANDARD GOLD, or au titre; or standard.
STOCK OF GOLD, stock d'or.
SURFEIT OF GOLD ON THE MARKET, surabondance d'or sur le marché.
WORLD MONETARY GOLD HOLDINGS, avoirs mondiaux en or monétaire.

GOLDSMITH s, orfèvre m.

GONE a, parti, disparu.

GOOD a, bon; valable, avantageux, utile; vrai.
BAD MONEY DRIVES OUT GOOD, la mauvaise monnaie chasse la bonne.
to EARN GOOD MONEY, gagner largement sa vie.
GOOD AVERAGE QUALITY, bonne qualité moyenne.
GOOD BARGAIN, marché avantageux; bonne affaire.

GOOD BUSINESS, bonne affaire.
GOOD DEBT, bonne dette; bonne créance.
in GOOD FAITH, de bonne foi.
GOOD HUSBANDRY, bonne gestion.
GOOD-NEIGHBOURHOOD, rapports de bon voisinage.
GOOD OFFICES, bons offices.
GOOD OPPORTUNITY, bonne occasion.
GOOD RECEIPT, quittance valable.
in GOOD TIME, en temps utile.
GOOD TONE (OF WALL STREET), bonne tenue (de Wall Street).
INVESTMENT THAT RETURNS GOOD INTEREST, placement qui rapporte des intérêts élevés.
as LONG AS THE CLASSICAL POSTULATES HOLD GOOD, aussi longtemps que les postulats classiques restent vrais.
to MAKE GOOD, réparer; indemniser.
PURCHASER IN GOOD FAITH, acquéreur de bonne foi.
STATE OF GOOD PRESERVATION, bon état de conservation.

GOOD s, marchandise f, produit m, bien m, article m, denrée f, objet m.
BASKET OF GOODS, panier de provisions, de produits.
BRANDED GOODS, articles de marque.
CAPITAL GOODS, biens d'équipement; biens capitaux, instrumentaux.
to CLEAR GOODS, solder, liquider, des marchandises; dédouaner des marchandises.
CLEARING OF GOODS, liquidation; solde.
for the COMMON GOOD, dans l'intérêt commun.
COMPETITIVE GOODS, biens concurrents.
COMPLEMENTARY GOODS, produits complémentaires.
CONSUMABLE GOODS, produits consommables, consomptibles.
CONSUMER BUYING OF GOODS AND SERVICES, achats par les consommateurs de produits et de services.
CONSUMPTION GOODS, biens de consommation.
to CONVEY GOODS, transporter des marchandises.
CURRENT EXPENDITURE ON GOODS AND SERVICES, dépenses courantes en biens et services.
DAMAGED GOODS, marchandises avariées.
to DELIVER GOODS, livrer des marchandises.
to DELIVER THE GOODS, livrer les marchandises; tenir ses engagements.
to DISPATCH GOODS TO, acheminer des marchandises vers.
to DISPOSE OF GOODS, écouler des marchandises.
DURABLE CONSUMERS' GOODS, biens de consommation durables.
DURABLE AND NON-DURABLE GOODS, biens durables et non durables.
DUTIABLE GOODS, marchandises sujettes à des droits.
DUTY-FREE GOODS, marchandises exemptes de droits.
DUTY-PAID GOODS, marchandises acquittées.
ECONOMIC GOODS, biens économiques.
to ENTER GOODS FOR TEMPORARY ADMISSION, déclarer des marchandises en admission temporaire.
EXCHANGEABLE GOODS, biens échangeables.
EXPECTATIONS AS TO THE FUTURE YIELD OF CAPITAL GOODS, prévisions relatives au rendement futur des biens de capital.
EXPENDITURE ON CURRENT GOODS AND SERVICES, dépenses en biens et services courants.
to EXPORT GOODS, exporter des marchandises.
EXPORTABLE GOODS, marchandises destinées à l'exportation.
FANCY GOODS, nouveautés; articles de luxe.
FAST GOODS TRAIN, train de marchandises de grande vitesse.
to FORWARD GOODS TO, acheminer des marchandises vers.
GOODS ON APPROBATION, marchandises à condition, à l'essai.
GOODS-BOUGHT LEDGER, U.K: grand livre d'achats.
GOODS CARRIED, trafic-marchandises.
GOODS CONSIGNED TO A FOREIGN COUNTRY, marchandises consignées à un pays étranger.
GOODS ON CONSIGNMENT, marchandises en consignation.
GOODS IN THE COURSE OF PRODUCTION, marchandises en cours de production.
GOODS ARE DEAR, les marchandises sont chères.
GOODS DELIVERED FREE ON BOARD (F.O.B.), marchandise rendue franco bord.
GOODS ENTITLED TO A PREFERENCE, marchandises bénéficiant d'un régime de faveur.
GOODS OF FOREIGN ORIGIN, marchandises d'origine étrangère.
GOODS, FREIGHT, AND INSURANCE, marchandises, fret et assurance.
GOODS LEFT ON HAND, marchandises laissées pour compte.
GOODS LIABLE TO IMPORT DUTY, marchandises sujettes à des droits d'entrée.
GOODS LOADED BY TYPE OF CARGO, marchandises embarquées selon le type de cargaison.
GOODS LOADED AND UNLOADED, marchandises embarquées et débarquées.
GOODS RATED, marchandises tarifées, imposées.
GOODS RATES, tarif marchandises.
GOODS RE-EXPORTED ABROAD, marchandises réexportées.
GOODS SOLD IN THE SAME CONDITION, marchandises revendues en l'état.

GOODS SOLD DUTY-PAID, marchandises vendues à l'acquitté.
GOODS-SOLD LEDGER, grand livre de ventes.
GOODS-STATION, gare de marchandises.
GOODS TAXABLE ON VALUE, marchandises imposables à la valeur.
GOODS TRAFFIC, trafic de marchandises.
GOODS TRAIN, train de marchandises.
GOODS IN TRANSIT, marchandises en transit.
HIGH-DUTY GOODS, marchandises fortement taxées.
HIGH-PRICED GOODS, marchandises chères.
HOUSEHOLD GOODS, mobilier; meubles.
INFERIOR GOODS, marchandises inférieures.
INVESTMENT GOODS, biens d'investissement.
INVOICE OF GOODS BOUGHT, compte d'achat.
INVOICED GOODS, marchandises facturées.
INVOICING OF GOODS, facturation de marchandises.
KNITTED GOODS, bonneterie.
LEATHER GOODS, maroquinerie.
LIEN ON GOODS, droit de rétention de marchandises.
LOOSE GOODS, marchandises en vrac.
LOT OF GOODS, lot de marchandises.
LOW-DUTY GOODS, marchandises faiblement taxées.
MANCHESTER GOODS, produits cotonniers.
MANUFACTURED GOODS, produits manufacturés.
MARKETABLE GOODS, marchandises destinées à la vente.
to ORDER GOODS, commander des marchandises.
OWNER OF THE GOODS, propriétaire de la marchandise.
to PACK GOODS, emballer des marchandises.
PASSENGER AND GOODS TRAIN, train mixte.
PERISHABLE GOODS, denrées périssables.
QUALITY OF GOODS, qualité des marchandises.
RECEIVING OF STOLEN GOODS, recel.
REDUCED GOODS, soldes.
RE-EXAMINATION OF GOODS, contre-visite des marchandises.
REFUSAL OF GOODS, non-acceptation de marchandises.
REINTRODUCTION OF GOODS, réimportation de marchandises.
RELATED GOODS, biens liés.
RELEASE OF GOODS AGAINST PAYMENT, libération des marchandises contre paiement.
RENT ON GOODS DEPOSITED, droit de magasinage.
RETURNABLE GOODS, marchandises en consignation.
RETURNED GOODS, marchandises de retour.
SALE GOODS, soldes.
SALE OF GOODS NOT PROCESSED BY THE ESTABLISHMENT, marchandises revendues en l'état.
SALEABLE GOODS, marchandises vendables.
to SEIZE GOODS, confisquer des marchandises.
SEIZING OF GOODS, saisie de marchandises.
SEIZURE OF GOODS, saisie de marchandises.
to SELL GOODS, vendre des marchandises.
SEMI-MANUFACTURED GOODS, produits semi-manufacturés.
SMUGGLED GOODS, marchandises de contrebande.
SPOILT GOODS, marchandises avariées.
STALE GOODS, articles défraîchis.
STOCK OF GOODS, stock de marchandises.
to TAKE IT OUT IN GOODS, se faire payer en marchandises.
TAXABLE CLASS OF GOODS, catégorie de biens taxable.
TRANSIT GOODS, marchandises en, de, transit.
TURN-OVER OF GOODS, écoulement des marchandises.
UNCLEARED GOODS, marchandises non dédouanées.
UNDELIVERED GOODS, marchandises non livrées.
UNSALEABLE GOODS, marchandises invendables.
UNSOLD GOODS, marchandises invendues.
VALUABLE GOODS, objets de valeur.
to VALUE GOODS, évaluer, inventorier, des marchandises.
VALUE OF GOODS PRODUCED, valeur des marchandises produites.
WAREHOUSED GOODS, marchandises entreposées.
WEIGHT GOODS, marchandises pondéreuses.

GOODNESS s, bonne qualité f; bonté f.
GOODNESS OF FIT, qualité d'un ajustement; ajustement conforme.
GOODNESS OF FIT TEST, test d'ajustement.

GOODWILL s, bon vouloir m; fonds m de commerce m (éléments m. pl incorporels), clientèle f.

GOVERN v, gouverner, régir.
PRICES ARE GOVERNED BY, les prix sont régis par.

GOVERNED a, gouverné.
the GOVERNORS AND THE GOVERNED, les gouvernants et les gouvernés.
SELF-GOVERNED, autonome.

GOVERNING, a, gouvernant.
CLAUSES GOVERNING A SALE, conditions d'une vente.
GOVERNING BODY, conseil de direction.
SELF-GOVERNING, autonome.

GOVERNMENT s, gouvernement m; ministère m, État m, administration f, pouvoirs m. pl publics, régime m; U.S: conseil m municipal, U.S: conseil de direction f (d'un collège).

CENTRAL GOVERNMENT NONMONETARY SECTOR, secteur non monétaire de l'État.
FORM OF GOVERNMENT, régime.
GENERAL GOVERNMENT INCOME, revenu(s) de l'État.
GOVERNMENT AID TO AGRICULTURE, aide de l'État à l'agriculture.
GOVERNMENT ANNUITY, rente sur l'État.
GOVERNMENT BANK, banque d'État.
GOVERNMENT BOND, obligation d'État.
GOVERNMENT CARTELS, cartels de droit public.
GOVERNMENT CONSUMPTION, consommation des administrations publiques.
under GOVERNMENT CONTROL, sous le contrôle du gouvernement.
GOVERNMENT DEBT, dette publique.
GOVERNMENT EXPENDITURE, dépenses publiques.
GOVERNMENT EXPENDITURES AND BORROWINGS, dépenses et emprunts de l'État.
GOVERNMENT INSURANCE OF BANK DEPOSITS, garantie des dépôts bancaires par l'État.
GOVERNMENT LOAN, emprunt public.
GOVERNMENT MONOPOLY, monopole d'État.
GOVERNMENT OFFICES, ministères.
GOVERNMENT OFFICIAL, fonctionnaire (de l'administration).
GOVERNMENT-OWNED ESTABLISHMENTS, établissements publics.
GOVERNMENT-OWNED PLANT, usines appartenant à l'État.
GOVERNMENT PENSION, pension de l'État.
GOVERNMENT BY THE PEOPLE, gouvernement par le peuple.
GOVERNMENT REGULATION OF BANKS, U.S: réglementation des banques par l'État.
GOVERNMENT REVENUE, revenus publics.
GOVERNMENT SAVINGS BOND, certificat, bon, d'épargne.
GOVERNMENT SECURITIES, fonds d'État.
GOVERNMENT STOCK, fonds d'État; fonds publics; rentes sur l'État.
GOVERNMENT TRADE, commerce pour le compte du gouvernement.
GRANT TO FOREIGN GOVERNMENTS, aide aux États étrangers.
INTERVENTION BY GOVERNMENT, intervention(s) de l'État.
LABOUR GOVERNMENT, gouvernement travailliste.
LOCAL GOVERNMENT, administration décentralisée.
MUDDLE AND WASTE OF GOVERNMENT DEPARTMENTS, gabegie de l'administration.
PROVISIONAL GOVERNMENT, gouvernement provisoire.
REPRESENTATIVE GOVERNMENT, gouvernement représentatif.
SELF-GOVERNMENT, autonomie.

GOVERNMENTAL a, gouvernemental.
GOVERNMENTAL BONDS, rentes sur l'État.

GOVERNOR s, gouverneur m, gouvernant m.
BOARD OF GOVERNORS, conseil des gouverneurs.
DEPUTY GOVERNOR, sous-gouverneur.
GOVERNOR OF THE BANK OF ENGLAND, gouverneur de la Banque d'Angleterre.
GOVERNOR-GENERAL, gouverneur général.
the GOVERNORS AND THE GOVERNED, les gouvernants et les gouvernés.
SUB-GOVERNOR, sous-gouverneur.

GRADATION s, gradation f; progression f.

GRADE s, grade m, niveau m; qualité f, teneur f; rang m, degré m.
HIGH-GRADE, à haute teneur.
LOW-GRADE, de qualité inférieure.
TOP-GRADE QUALITY, qualité (tout à fait) supérieure.

GRADE v, classer, graduer.

GRADED a, classé, progressif, dégressif.
GRADED ADVERTISING RATES, tarifs d'annonces dégressifs.
GRADED HOTELS, hôtels classés.
GRADED TAX, impôt progressif; impôt dégressif.

GRADIENT s, pente f, déclivité f, gradient m.
ANGLE OF GRADIENT, angle de déclivité.
LOW GRADIENT, pente faible.
STEEP GRADIENT, forte pente.

GRADING s, classement m, gradation f.

GRADUAL a, graduel, progressif.
GRADUAL EXTINCTION OF DEBT, extinction graduelle d'une dette.
GRADUAL PROCESS, gradation.
GRADUAL SLOPE, pente douce.

GRADUALLY adv, graduellement, par degrés m. pl, progressivement.

GRADUATED a, gradué, progressif.
GRADUATED INCOME-TAX, impôt progressif sur le revenu.
GRADUATED-INTEREST DEBENTURE, obligation à taux progressif.
GRADUATED PENSION SCHEME*, U.K: régime de retraites complémentaires (obligatoire).
GRADUATED SCALE, échelle graduée.
TAX GRADUATED ACCORDING TO INCOME, impôt progressif sur le revenu.

GRADUATION s, gradation f, graduation f.

GRAFTING s, greffe f, greffage m.

GRAIN s, grain m, blé m, céréales f. pl.
GRAIN-BEARING LANDS, terres à blé.
GRAIN CROP, récolte de céréales.
GRAIN EXCHANGE, marché des grains.
GRAIN MARKET, marché des grains.
GRAIN TRADE, commerce des grains.

GRANARY s, grenier m; entrepôt m de grain m.

GRAND a, grand, grandiose.
GRAND TOTAL, total général.

GRAND s, U.S: mille dollars m. pl.

GRANT s, concession f, aide f, aide pécuniaire, subvention f, don m, donation f, allocation f, prime f, octroi m; délivrance f.
CAPITAL GRANTS, subventions en capital.
EDUCATIONAL GRANT, bourse d'études.
GRANT-IN-AID, subvention de l'État.
GRANT-AIDED, subventionné par l'État.
GRANT TO FOREIGN GOVERNMENTS, aide aux États étrangers.
GRANT OF LAND, concession de terrain.
GRANTS AND LOANS, dons et prêts.
STATE GRANT, subvention de l'État.

GRANT v, octroyer, concéder, consentir.
DEBT FOR WHICH A MORATORIUM HAS BEEN GRANTED, dette moratoriée.
to GRANT A MONOPOLY, concéder un monopole.
to GRANT AN OVERDRAFT, consentir un découvert.

GRANTED a, admis, consenti, accordé.
GRANTED THIS, ALL THE REST FOLLOWS, cela étant admis, tout le reste en découle.
LOANS AND ADVANCES GRANTED, prêts et avances consentis.
PREFERENCE GRANTED TO COLONIAL PRODUCE, régime de faveur accordé aux produits coloniaux.

GRANTING s, concession f, don m, octroi m.

GRAPH s, graphique m, diagramme m, tracé m.
GRAPH PAPER, papier quadrillé.
to PLOT THE GRAPH OF AN EQUATION, tracer le graphique d'une équation.

GRAPHIC a, graphique.
GRAPHIC METHOD, méthode graphique.
GRAPHIC PRESENTATION, représentation graphique.

GRAPHICALLY adv, graphiquement.

GRAPHING s, tracé m de diagramme(s) m.
CUMULATIVE GRAPHING, représentation cumulée.

GRATIS adv, gratuitement, gratis.

GRATUITOUS a, gratuit, bénévole.

GRATUITY s, gratification f, pourboire m, prime f.

GRAVE a, grave, sérieux.
GRAVE SYMPTOMS, symptômes graves.

GRAVITATIONAL a, attractif.
GRAVITATIONAL PULL, gravitation.

GRAVITY s, gravité f, pesanteur f.
FORCE OF GRAVITY, pesanteur.
SPECIFIC GRAVITY, poids spécifique.

GRAZING s, pâturage m, pacage m.

GREAT a, grand.
ARTICLE IN GREAT REQUEST, article très demandé.
a GREAT DEAL, grande quantité.
THE GREAT MARTS OF TRADE OF EUROPE, les grands centres commerciaux européens.
GREAT NEED OF REPAIRS, grand besoin de réparations.
GREAT POWERS, grandes puissances.
GREAT TRADE ROUTES, grandes routes commerciales.
GREATEST COMMON FACTOR, le plus grand commun diviseur.
GREATEST COMMON MEASURE, le plus grand commun diviseur.
to MAKE GREAT STRIDES, faire de grands progrès.
MATTER OF GREAT IMPORT, affaire de toute importance.

GREED s, cupidité f, avidité f.
GREED OF GAIN, avidité du gain.

GREEN a, vert.
GREEN FORAGE, fourrages verts.

GREENHOUSE s, serre f.

GREGARIOUS a, grégaire.

GRESHAM pr. n, Gresham.
GRESHAM'S LAW, loi de Gresham.

GROCER s, épicier m.

GROCERY s, épicerie f.

GROSS a, brut, gros, fort.
EXPENDITURE ON GROSS NATIONAL PRODUCT, dépense imputée au produit national brut.
GROSS AMOUNT, montant brut.
GROSS AVERAGE, grosses avaries.
GROSS BARTER TERMS OF TRADE, termes de l'échange bruts.
on a GROSS BASIS, sur une base brute.
GROSS COST, prix de revient brut.
GROSS DOMESTIC CAPITAL FORMATION, formation brute de capital intérieur.
GROSS DOMESTIC PRODUCT, produit national brut.
GROSS EARNINGS, recettes brutes.
GROSS FOOD SUPPLIES, disponibilités alimentaires brutes.
GROSS FREIGHT, fret brut.
GROSS INVESTMENT, investissement brut.
GROSS NATIONAL PRODUCT, produit national brut.
GROSS NATIONAL PRODUCT AT FACTOR COST, produit national brut au coût des facteurs.
GROSS NATIONAL PRODUCT AT MARKET PRICE, produit national brut aux prix du marché.
GROSS PRICE, prix brut.
GROSS PROCEEDS, produit brut; recettes brutes.
GROSS PROFIT, bénéfice brut.
GROSS RECEIPT, recette brute.
GROSS REGISTER TON, tonneau de jauge brute.
GROSS RENTAL INCOME, montant brut des loyers.
GROSS REPRODUCTION RATE, taux brut de reproduction.
GROSS RETURN, rendement brut.
GROSS RETURNS, recettes brutes.
GROSS SUPPLIES OF FOODSTUFFS, disponibilités brutes en denrées alimentaires.
GROSS TON, tonne forte.
GROSS TONNAGE, tonnage brut; jauge brute.
GROSS VALUE OF PRODUCTION, valeur brute de la production.
GROSS WEIGHT, poids brut.
GROSS WORKING EXPENSES AND RECEIPTS, dépenses et recettes d'exploitation brutes.
TON GROSS REGISTER, tonneau de jauge brute.

GROUND s, terre f, sol m, terrain m; raison f, motif m, fond m.
BUILDING GROUND, terrains à bâtir; terrains non bâtis.
to DEVELOP BUILDING GROUND, mettre en valeur un terrain à construire; viabiliser un terrain.
DEVELOPMENT OF BUILDING GROUND, mise en valeur d'un terrain à construire; viabilisation (d'un terrain).
on GROUNDS OF EXPEDIENCY, pour des raisons d'opportunité.
GROUND-LANDLORD, propriétaire foncier.
GROUND-RENT, rente foncière.
to LOT OUT A PIECE OF GROUND, lotir un terrain.
PIECE OF GROUND, terrain.
SHARES LOST GROUND, les actions ont perdu du terrain.
STERLING LOST GROUND, la livre a perdu du terrain.
TESTING-GROUND, terrain d'expérience.
UNBUILT (ON) GROUND, terrains non bâtis, vagues.

GROUNDAGE s, droits m. pl de mouillage m, droits d'ancrage m.

GROUNDLESS a, mal fondé.
GROUNDLESS ASSUMPTION, supposition gratuite

GROUP s, groupe m, collectivité f.
GROUP DECISION, décision collective.
GROUP THEORY, théorie des ensembles.
SUB-GROUP, sous-groupe.
TASK GROUP, groupe de travail.
WORK-GROUP, atelier.

GROUP v, (se) grouper.

GROUPED a, groupé.
GROUPED COLUMNS, colonnes groupées.
GROUPED OBSERVATIONS, observations groupées.

GROUPING s, groupement m, répartition f.
AGE GROUPING OF THE POPULATION, répartition de la population par groupes d'âge.

GROW v, croître; cultiver.

GROWER s, cultivateur m, planteur m.

GROWING a, croissant, grandissant.
GROWING CROPS, récoltes sur pied.
GROWING DEBT, dette qui augmente.
GROWING TENDENCY, tendance de plus en plus marquée.

GROWING s, croissance f; culture f.
CORN-GROWING, culture du blé.
COTTON-GROWING, culture du coton.
GROWING-PAINS, douleurs de croissance.
GROWING POINT, pôle de croissance.
POTATO-GROWING, culture de la pomme de terre.
RICE-GROWING COUNTRY, contrée rizière.

WINE-GROWING, viticulture.

GROWN a, grand, développé, cultivé.
FULL-GROWN, pleinement développé.
GROWN-UP, adulte.
GROWN UNDER GLASS, cultivé en serre.
HOME-GROWN PRODUCE, produits d'origine nationale.

GROWTH s, croissance f, accroissement m.
ATTAINABLE RATE OF GROWTH, taux de croissance réalisable.
BALANCED GROWTH, croissance équilibrée.
ECONOMIC GROWTH, croissance économique.
GROWTH WITHOUT INFLATION, croissance sans inflation; croissance dans la stabilité.
GROWTH MODEL, modèle de croissance.
GROWTH POINT, pôle de croissance.
GROWTH OF PRODUCTIVITY, accroissement de la productivité.
GROWTH TRENDS, tendances de croissance.
RATE OF GROWTH, taux de croissance.
SECOND GROWTH, regain.
SLOWING DOWN THE RATE OF GROWTH, ralentissement du taux de croissance.
THEORY OF GROWTH, théorie de la croissance.
WARRANTED RATE OF GROWTH, taux de croissance (dit) garanti.

GUARANTEE s, garantie f, caution f, garant m, cautionnement m, aval m, sûreté f.
BANK GUARANTEE, caution, garantie, de banque.
BOND OF A GUARANTEE SOCIETY, cautionnement d'une société de cautionnement.
to GO GUARANTEE FOR, se porter garant pour.
GUARANTEE ASSOCIATION, caisse de garantie.
GUARANTEE OF A BILL OF EXCHANGE, aval d'une lettre de change.
GUARANTEE FUND, fonds de garantie.
GUARANTEE OF QUALITY, garantie de qualité.
GUARANTEE SOCIETY, association de cautionnement.
GUARANTEE OF SOLVENCY, garantie de solvabilité.
MUTUAL GUARANTEE SOCIETY, société de cautionnement mutuel.
RELIABLE GUARANTEE, garantie solide.
to STIPULATE A GUARANTEE, stipuler une garantie.

GUARANTEE v, garantir, cautionner, avaliser.
to GUARANTEE A DEBT, garantir une dette.

to GUARANTEE AN ENDORSEMENT, avaliser la signature.
to GUARANTEE AN ISSUE OF STOCK, garantir une émission de titres.
to GUARANTEE A MINIMUM INTEREST, garantir un minimum d'intérêt.

GUARANTEED a, garanti, avalisé.
GUARANTEED ANNUAL WAGE, salaire annuel garanti.
GUARANTEED BILLS, effets avalisés.
GUARANTEED BOND, obligation garantie.
GUARANTEED MINIMUM WAGE, salaire minimum interprofessionnel garanti.
GUARANTEED OBLIGATIONS, obligations garanties.
GUARANTEED STOCK, valeur garantie.
MINIMUM GUARANTEED WAGE, U.S: salaire minimum garanti

GUARANTEEING s, cautionnement m.

GUARANTOR s, garant m, répondant m, avaliste m

GUESS s, conjecture f, estimation f.
GUESS-WORK, conjecture.

GUESS v, deviner, conjecturer.

GUESSED a, conjecturé, estimé.
GUESSED PRICE, prix estimé au jugé.

GUESSING s, conjecture f, estimation f.

GUEST s, invité m; pensionnaire m, hôte m.
GUEST-HOUSE, pension de famille.
PAYING GUEST, pensionnaire.

GUIDE s, guide m, indicateur m.
RAILWAY GUIDE, indicateur des chemins de fer.

GUIDING a, directeur.
GUIDING PRINCIPLE, principe directeur.

GUILD s, corporation f, confrérie f, g(u)ilde f.
GUILD SOCIALISM, socialisme coopératif.
MERCHANT GUILD, gilde de commerçants.
TRADE GUILD, corps de métier.

GUM s, gomme f; caoutchouc m.

HABIT *s*, habitude *f*, coutume *f*.
ACQUIRED HABITS, habitudes acquises.
FORCE OF HABIT, force de l'habitude.

HABITABLE *a*, habitable.

HABITANT *s*, habitant *m*.

HABITAT *s*, habitat *m*.

HABITATION *s*, habitation *f*, demeure *f*.
FIT FOR HABITATION, en état d'être habité.

HABITUAL *a*, habituel, usuel.

HABITUATE *v*, (s') habituer, (s') accoutumer.

HABITUATION *s*, accoutumance *f*.

HAGGLE *v*, marchander, chicaner.
to HAGGLE OVER THE PRICE OF, chicaner sur le prix de.

HAGGLING *s*, marchandage *m*.

HALF *a*, (à) moitié *f*, demi.
HALF PER CENT, demi pour cent.
HALF-CIRCLE, demi-cercle.
HALF A DOZEN, demi-douzaine.
HALF-FARE, demi-tarif.
HALF-MEASURE, demi-mesure.
HALF-MONTHLY, bi-mensuel.
HALF-PAY, demi-salaire.
HALF-PRICE, à moitié prix.
HALF A QUARTER, demi-terme.
HALF-TIME, à mi-temps.
HALF-TIMER, travailleur à mi-temps.
HALF-WAY, à mi-chemin.
HALF-YEAR, semestre.
HALF-YEARLY, semestriellement.
HALF-YEARLY DIVIDEND, dividende semestriel.

HALF *s*, moitié *f*.

HALL *s*, (grande) salle *f*.
CITY-HALL, Hôtel de ville.

HALL-MARK *s*, poinçon *m* (de contrôle *m*).

HALL-MARK *v*, poinçonner, contrôler.

HALL-MARKED *a*, poinçonné, contrôlé.
HALL-MARKED SILVER, argenterie contrôlée.

HALT *s*, halte *f*, arrêt *m*.

HALT *v*, (s') arrêter.

HALVE *v*, diviser en deux.

HALVING *s*, partage *m* en deux.

HAMMER *v*, marteler.
to HAMMER PRICES, faire baisser les prix.

HAND *s*, main *f*, écriture *f*; ouvrier *m*, manœuvre *m*, main-d'œuvre *f*.
BALANCE IN HAND, solde en caisse.
BILLS IN HAND, effets en portefeuille; portefeuille effets.
CASH IN HAND, espèces en caisse.
FACTORY-HAND, ouvrier d'usine.
FREE-HAND CURVE, courbe à main levée.

GOODS LEFT ON HAND, marchandises laissées pour compte.
HAND-LABOUR, travail manuel.
HAND-LUGGAGE, bagages à main.
HAND-MADE, fait à la main.
HAND TO MOUTH, au jour le jour.
HAND PICKING, triage à la main.
HANDS WANTED, on demande de la main-d'œuvre.
to HAVE MONEY AT HAND, avoir de l'argent devant soi.
HIDDEN HAND, influence occulte.
HUMAN HAND, main de l'homme.
LEFT HAND MEMBER OF AN EQUATION, premier membre d'une équation.
MADE BY HAND, fait à la main.
MONEY IN HAND, argent disponible.
NOTE OF HAND, reconnaissance de dette; promesse.
ORDERS IN HAND, commandes en carnet.
RIGHT HAND MEMBER OF AN EQUATION, second membre d'une équation.
SECOND-HAND, d'occasion.
SECOND-HAND BROKER, brocanteur.
SECOND-HAND MARKET, marché de biens d'occasion.
STOCK IN HAND, marchandises en magasin.
SUPPLIES IN HAND, ressources existantes.
WORK IN HAND, travail en cours.

HAND *v*, remettre, déposer.
to HAND OVER A DRAFT TO A BANK FOR COLLECTION, mettre une traite en banque pour encaissement.
to HAND OVER THE MONEY DIRECT, payer de la main à la main.
to HAND OVER MONEY PERSONALLY, remettre de l'argent en main propre.
to HAND IN ONE'S RESIGNATION, remettre sa démission.

HANDBOOK *s*, manuel *m*.

HANDICAP *s*, handicap *m*, désavantage *m*.

HANDICAPPED *a*, handicapé, désavantagé.

HANDICRAFT *s*, artisanat *m*, travail *m* manuel.
HANDICRAFT ESTABLISHMENT, établissement artisanal.
LICENCED HANDICRAFTS, établissements artisanaux autorisés.
LOCAL HANDICRAFTS, artisanat local.

HANDICRAFTSMAN *s*, artisan *m*, ouvrier *m*.

HANDIWORK *s*, travail *m* manuel, ouvrage *m*.

HANDLE *v*, manier, manipuler, brasser, exécuter.
to HANDLE LARGE ORDERS, s'occuper de grosses commandes.
to HANDLE A LOT OF BUSINESS, brasser beaucoup d'affaires.
to HANDLE ANY SORT OF BUSINESS, exécuter n'importe quelle opération.

HANDLING *s*, maniement *m*, manutention *f*.
HANDLING CARGO, manutention de la cargaison.
HANDLING OF LARGE SUMS OF MONEY, maniement de sommes importantes.
INDUSTRIAL HANDLING, manutention industrielle.
SAVING IN HANDLING COSTS, économie dans le coût de la manutention.

HANDSOME *a*, beau, appréciable.
HANDSOME BENEFIT, de beaux bénéfices.
HANDSOME FORTUNE, belle fortune.

HANDSOME PRICE, bon prix.

HANDWORK s, travail m manuel, travail à la main.

HANDWORKER s, ouvrier m.

HANDY a, adroit, habile.
HANDYMAN, homme à tout faire; bricoleur.

HANGAR s, hangar m.

HANSE s, Hanse f, Ligue f hanséatique.

HANSEATIC a, hanséatique.
HANSEATIC LEAGUE, Ligue hanséatique.

HAPPENING s, événement m.

HAPPINESS s, bonheur m.
to ATTAIN HAPPINESS, atteindre le bonheur.
PURSUIT OF HAPPINESS, poursuite du bonheur.

HAPPY a, heureux.
HAPPY MEDIUM, juste milieu.

HARBOUR s, port m, refuge m, asile m.
ENTRANCE TO THE HARBOUR, entrée du port.
HARBOUR DUES, droits de port.
HARBOUR-STATION, gare maritime.
OUTER HARBOUR, avant-port.

HARD a, dur, fort, ingrat, difficile, sévère.
ARTICLE HARD TO GET RID OF, article difficile à écouler.
HARD CASH, espèces sonnantes et trébuchantes.
HARD COAL, houille (anthraciteuse).
HARD-COAL EQUIVALENT, équivalence en anthracite.
HARD CURRENCY, monnaie forte.
HARD FACT, fait brutal, indiscutable.
HARD MONEY, espèces sonnantes et trébuchantes.
HARD TO SELL, difficile à vendre.
HARD WORK, dur travail.
STOCKS ARE HARDER, les actions sont mieux tenues.

HARDEN v, (se) raffermir, (se) redresser, (se) tendre.
the TENDENCY HARDENED, la tendance s'est raffermie.

HARDENING s, raffermissement m.

HARDLY adv, difficilement.
ASSETS HARDLY REALIZABLE, actif difficilement réalisable.

HARDSHIP s, privation f, (dure) épreuve f.

HARDWARE s, quincaillerie f; hardware m; matériel m de traitement m de l'information f.

HARM s, mal m, tort m.

HARMFUL a, nocif, nuisible.

HARMONIC a, harmonique.
HARMONIC AVERAGE, moyenne harmonique.
HARMONIC CURVE, sinusoïde.
HARMONIC MEAN, moyenne harmonique.
HARMONIC PROGRESSION, progression harmonique.
HARMONIC RATIO, proportion harmonique.
WEIGHTED HARMONIC AVERAGE, moyenne harmonique pondérée.

HARMONY s, harmonie f.
NATURAL HARMONIES, harmonies naturelles.

HARNESS v, aménager une chute d'eau f.

HARVARD pr. n, Harvard.
HARVARD INDEX (OF BUSINESS CONDITIONS), baromètre de Harvard.

HARVEST s, moisson f, récolte f.
BAD HARVEST, mauvaise récolte.
to GET IN THE HARVEST, engranger la récolte.
HARVEST OF INFORMATION, moisson de renseignements.
UNCROPPED HARVEST, récolte sur pied.

HARVEST v, moissonner, récolter.

HARVESTER s, moissonneuse f, moissonneur m.

HASTE s, hâte f, célérité f.

HASTEN v, accélérer, presser, (se) hâter.

HASTINESS s, précipitation f.

HASTY a, précipité, hâtif.
HASTY GENERALIZATIONS, généralisations hâtives.

HAT s, chapeau m.
TOP-HAT INSURANCE SCHEME, U.K: régime de retraites des cadres (facultatif).

HAUL s, transport m (par roulage m ou remorquage m), parcours m, trajet m.

LENGTH OF HAUL, distance de transport.
RAILROAD HAUL, U.S: trajet par voie ferrée.

HAUL v, remorquer, transporter.

HAULAGE s, transport m, camionnage m, halage m, remorquage m, frais m. pl de transport.
HAULAGE CONTRACTOR, entrepreneur de transports.

HAULIER s, camionneur m, entrepreneur m de transports m. pl.

HAULING s. transport m, traction f, remorquage m, halage m.
HAULING STOCK, matériel remorqueur.

HAVE v, avoir.
to HAVE MONEY AT HAND, avoir de l'argent devant soi.
to HAVE A NUISANCE VALUE, avoir pour seul mérite de gêner autrui.
to HAVE A STAKE IN, avoir des intérêts dans.
to HAVE A SUFFICIENCY, être dans l'aisance.

HAVE-NOT a, déshérité.
HAVE-NOT NATIONS, nations déshéritées.

HAVEN s, havre m, refuge m, port m

HAVING s, possession f.
HAVINGS, biens: fortune.

HAVOC s, ravages m. pl, dévastation f.

HAWKER s, colporteur m, marchand m des quatre saisons f. pl.

HAWKING s, colportage m (de titres m. pl).

HAZARD s, hasard m, danger m, risque m.
GAME OF HAZARD, jeu de hasard.
HAZARDS OF WAR, risques de la guerre.

HAZARD v, risquer, hasarder.

HAZARDOUS a, hasardeux, risqué, aventureux.
HAZARDOUS PLAN, projet aventureux.
HAZARDOUS SPECULATION, spéculation hasardeuse.

HEAD s, tête f; face f; chef m, chapitre m, rubrique f.
per HEAD, par tête.
at the HEAD OF, à la tête de.
HEAD ACCOUNTANT, chef comptable.
HEAD OF A COIN, face d'une pièce de monnaie.
HEAD OF DEPARTMENT, chef de service.
HEAD FOREMAN, chef d'atelier.
HEAD-MASTER, directeur d'école; proviseur.
HEAD-MONEY, capitation.
HEAD OFFICE, siège.
HEAD POST OFFICE, bureau central des postes.
HEAD TAX, impôt de capitation.
HEAD-WORK, travail intellectuel.
HEAD-WORKER, travailleur intellectuel.
PIT-HEAD PRICE, prix (du charbon) sur la carreau.
under SEPARATE HEADS, sous des rubriques différentes.
to TOSS HEADS OR TAILS, jouer à pile ou face.

HEAD v, être à la tête de.

HEADING s, rubrique f, chapitre m, intitulé m, en-tête m.
HEADING INVESTMENTS, rubrique investissements.

HEADQUARTERS s. pl, quartier m général.

HEADWAY s, progrès m.
to MAKE HEADWAY, faire des progrès.

HEALTH s, santé f, hygiène f.
CHRONIC ILL-HEALTH, invalidité permanente.
HEALTH CERTIFICATE, certificat médical.
HEALTH INSURANCE, assurance maladie.
HEALTH OFFICER, officier de santé.
HEALTH RESORT, station thermale.
HEALTH SERVICE, service de la santé.
NATIONAL HEALTH SERVICES, services de santé publique.
PUBLIC HEALTH, santé publique.
WORLD HEALTH ORGANIZATION, Organisation mondiale de santé.

HEALTHFUL a, salubre, salutaire.

HEAP s, tas m, quantité f.
HEAP OF MONEY, tas d'argent.

HEAPED a, entassé, amoncelé, comble.
HEAPED MEASURE, mesure comble.

HEARING s, audience f.
the CASE IS COMING FOR HEARING, l'affaire vient à l'audience.

HEARTH s, foyer m, four m, creuset m.
OPEN-HEARTH FURNACE, four à sole.

HEAT s, chaleur f, température f.
HEAT EFFICIENCY, rendement calorifique.
HEAT-ENERGY, énergie thermique.
MECHANICAL EQUIVALENT OF HEAT, équivalent calorifique.

HEATING s, chauffage m.
CENTRAL HEATING, chauffage central.
HEATING POWER, puissance calorifique.

HEAVILY adv, lourdement, fortement.
HEAVILY-TRAVELLED LINE, ligne à fort trafic.

HEAVY a, lourd, fort, élevé, considérable, cher.
CONTANGOES ARE HEAVY, les reports sont chers.
HEAVY BURDEN, fardeau lourd.
HEAVY CHARGE ON THE BUDGET, lourde charge pour le budget.
HEAVY CROP, récolte abondante.
HEAVY EXPENDITURE, lourdes dépenses.
HEAVY FINE, forte amende.
HEAVY INDUSTRIES, industries lourdes.
HEAVY LOSSES, lourdes pertes.
HEAVY MANUFACTURING, industrie lourde.
HEAVY PERCENTAGE, pourcentage élevé.
HEAVY PRESSURE, forte pression.
HEAVY SALES, ventes massives.
HEAVY TAXES, lourds impôts.
HEAVY WEIGHT, poids lourd.
the MARKET IS HEAVY, le marché est lourd.

HECTARE s, hectare m.

HEDGE s, arbitrage m, couverture f, refuge m.
HEDGE AGAINST INFLATION, refuge contre l'inflation.

HEDGE v, arbitrager, arbitrer, (se) couvrir.
to HEDGE BY BUYING AT LONG DATE, se couvrir en achetant à long terme.
to HEDGE ONE STOCK AGAINST ANOTHER, arbitrager une valeur contre une autre.

HEDGING s, arbitrage m, U.S: contrepartie f.
HEDGING FOR THE SETTLEMENT, arbitrage à terme.

HEDONISM, s, hédonisme m.

HEDONISTIC a, hédonistique.

HEIGHT s, taille f; altitude f.
of AVERAGE HEIGHT, de taille moyenne.
HEIGHT ABOVE SEA LEVEL, altitude au-dessus du niveau de la mer.

HEIR s, héritier m.

HELD a, détenu, tenu, conservé, ajourné.
LAND HELD IN SEVERALTY, bien tenu individuellement; bien divis.
PROPERTY HELD IN FEE SIMPLE, bien détenu en toute propriété.
SECURITIES HELD IN PAWN, valeurs détenues en gage.
SECURITIES HELD IN PLEDGE, titres détenus en gage.
STOCKS HELD FOR A RISE, valeurs conservées en vue d'une hausse.
STOCKS HELD AS SECURITY, titres détenus en garantie.

HELP s, secours m, aide f.
HELP WANTED, offre d'emploi.

HELP v, aider, assister.

HEMISPHERE s, hémisphère m.

HEMP s, chanvre m.

HERD s, troupeau m.
HERD INSTINCT, instinct grégaire.

HEREDITAMENT s, bien m transmissible par héritage m.
CORPOREAL HEREDITAMENT, terres et immeubles.

HEREDITARY a, héréditaire.

HEREDITY s, hérédité f.

HERESY s, hérésie f.

HERETIC(AL) a, hérétique.

HERITAGE s, héritage m.

HETEROCLITE a, hétéroclite.

HETERODOX a, hétérodoxe.

HETEROGENEITY s, hétérogénéité f.

HETEROGENEOUS a, hétérogène.

HEURISTIC a, heuristique.
HEURISTIC PROGRAM(ME), programme heuristique.

HEURISTICS s. pl, heuristique f.

HEXAGON s, hexagone m.

HIDDEN a, caché, occulte, latent.
HIDDEN DEFECT, vice caché.
HIDDEN HAND, influence occulte.
HIDDEN RESERVE, réserve latente.

HIDE s, peau f, cuir m.

HIERARCHIC(AL) a, hiérarchique.
in HIERARCHICAL ORDER, par ordre hiérarchique.

HIERARCHY s, hiérarchie f.

HIGGLER s, marchandeur m; colporteur m.

HIGGLING s, marchandage m; colportage m.

HIGH a, haut, élevé.
HIGH-CLASS, de premier ordre; de première qualité.
HIGH CONTRACTING PARTIES, hautes parties contractantes.
HIGH-COST FIRM, firme à prix de revient élevé.
HIGH COURT OF JUSTICE, U.K: Haute Cour de Justice (de Londres)
HIGH-DUTY GOODS, marchandises fortement taxées.
HIGH EXECUTIVE, cadre supérieur.
HIGH FINANCE, haute finance.
HIGH-FREQUENCY, à haute fréquence.
HIGH-GRADE, à haute teneur.
HIGH INTEREST, intérêt élevé.
HIGH-LOW MID-POINTS METHOD, méthode des points moyens; tracé de la moyenne cyclique.
HIGH MONEY, argent emprunté à un taux élevé.
HIGH OFFICIAL, haut fonctionnaire.
HIGH IN OFFICE, (avoir un) poste élevé.
HIGH PERCENTAGE, pourcentage élevé.
HIGH PRICE, prix élevé.
HIGH PRICE OF MONEY, cherté de l'argent.
HIGH-PRICED GOODS, marchandises chères.
HIGH RANK, rang élevé.
HIGH RATE OF INTEREST, taux d'intérêt élevé.
HIGH SEAS, hautes mers.
HIGH-SEA(S) FISHERY, pêche en haute mer; grande pêche.
HIGH-SEAS NAVIGATION, navigation au long cours.
HIGH SPEED, grande vitesse.
HIGHER AIM OF ECONOMICS, objectif final de l'économie politique.
HIGHER BID, offre supérieure.
HIGHER CLASSES, classes supérieures.
HIGHER EDUCATION, enseignement supérieur.
HIGHER GEOMETRY, géométrie supérieure.
HIGHER INDIFFERENCE CURVE, courbe d'indifférence supérieure.
HIGHER MATHEMATICS, mathématiques supérieures.
HIGHEST BIDDER, plus offrant enchérisseur.
HIGHEST COMMON FACTOR, le plus grand commun diviseur.
HIGHEST EFFICIENCY, rendement maximum.
HIGHEST ELEVATION, point culminant.
HIGHEST AND LOWEST PRICES, plus hauts et plus bas cours.
HIGHEST OFFERER, le plus offrant.
HIGHEST PRICE, prix maximum.
HIGHEST SCALE OF TAXATION, barème d'imposition maximum.
PRICES RUN HIGH, les prix sont plutôt élevés.
PRICES ARE RULING HIGH, les prix restent élevés.
to REACH A HIGH PRICE, atteindre un prix élevé.
to REALIZE A HIGH PRICE, rapporter un prix élevé.

HIGHLY adv, hautement, largement, fortement.
HIGHLY-PAID, fortement rémunéré.
HIGHLY-PRICED, d'un prix élevé.
HIGHLY-TAXED, fortement taxé.

HIGHWAY s, route f à grande circulation f, U.S: autoroute f.
HIGHWAYS DEPARTMENT, ponts et chaussées.
HIGHWAY TO INDIA, route des Indes.
HIGHWAY NETWORK, réseau routier.

HILL s, colline f.
HILL-TOP, sommet.

HINDRANCE s, empêchement m, obstacle m.

HINTERLAND s, arrière-pays m.

HIRE s, location f, louage m, loyer m; salaire m, gages m. pl.
for HIRE, à louer; libre.
HIRE OF MONEY, loyer de l'argent.
HIRE-PURCHASE, location-vente; vente à tempérament
HIRE-PURCHASE CREDIT, crédit à tempérament.

HIRE v, louer, donner en location f.

HIRED a, loué.
HIRED LABOUR CHARGES, charges salariales.

HIRING s, louage m, embauchage m.

HISTOGRAM s, histogramme m.

HISTORIC(AL) a, historique; primitif.
HISTORIC COST, coût d'acquisition primitif.
HISTORICAL VARIABLES, variables dans le temps.

HISTORY s, histoire f.
ECONOMIC HISTORY, histoire économique.
HISTORY OF ECONOMIC ANALYSIS, histoire de l'analyse économique.
HISTORY OF ECONOMIC THOUGHT, histoire des doctrines économiques.

HIT v, frapper.
TAX WHICH HITS ALL INCOMES, impôt frappant tous les revenus.

HOARD s, amas m, thésaurisation f, montant m thésaurisé.
GOLD IN PRIVATE HOARDS, or thésaurisé par des particuliers.
HOARD OF MONEY, trésor; bas de laine.

HOARD v, thésauriser, amasser.
to HOARD GOLD, thésauriser l'or.
PROPENSITY TO HOARD, propension à thésauriser.

HOARDER s, thésauriseur m.

HOARDING s, thésaurisation f.
HOARDINGS, montants thésaurisés.

HOBBY s, passe-temps m.

HOBSON n. pr, Hobson.
HOBSON'S CHOICE, choix qui ne laisse pas d'alternative.

HOCK s, U.S: gage.
in HOCK, U.S: au mont-de-piété.

HOLD s, prise f.

HOLD v, tenir, posséder, détenir, conserver.
to HOLD A GENERAL MEETING, tenir une assemblée générale.
to HOLD ON (UNDER) A LEASE, tenir à bail.
to HOLD ONESELF LIABLE FOR, se porter garant.
to HOLD OVER A PAYMENT, différer un paiement.
to HOLD THE PURSE STRINGS, tenir les cordons de la bourse.
to HOLD A SECURITY, détenir un gage, une garantie.
to HOLD SHARES, détenir des actions.
as LONG AS THE CLASSICAL POSTULATES HOLD GOOD, aussi
longtemps que les postulats classiques restent vrais.
THEORY THAT DOES NOT HOLD WATER, théorie qui ne tient pas
debout.

HOLDER s, détenteur m, possesseur m, porteur m, titulaire m, pro-
priétaire m.
DEBENTURE-HOLDER, porteur d'obligations; obligataire.
DEBT-HOLDER, créancier.
mala fide HOLDER, détenteur de mauvaise foi.
HOLDER OF AN ACCOUNT, titulaire d'un compte.
HOLDER OF DEBT CLAIMS, créancier.
HOLDER OF A SECURITY, détenteur d'un gage, d'une garantie.
LOAN-HOLDER, prêteur.
PLEDGE HOLDER, créancier gagiste.
SMALL HOLDER, petit propriétaire.

HOLDING s, détention f, possession f, holding m, titre m, avoir(s) m,
portefeuille m; encaisse f, réserve f, placement m, participation f;
propriété f, ferme f.
AGRICULTURAL HOLDING, U.S: exploitation agricole; propriété
affermée.
CASH HOLDINGS OF BANKS, avoirs des banques en monnaie fidu-
ciaire.
EFFECTIVE COST OF HOLDING IDLE CASH, coût effectif de la
détention d'argent oisif.
FOREIGN EXCHANGE HOLDINGS, avoirs en devises étrangères.
GOLD HOLDINGS, réserves d'or.
GOLD AND SILVER HOLDINGS, encaisse or et argent.
HOLDINGS, portefeuille effets; portefeuille titres; valeurs.
HOLDING COMPANY, société holding; société à portefeuille; so-
ciété de contrôle.
HOLDING STOCK, détention de titres.
LARGE HOLDING OF SHARES, gros portefeuille d'actions.
LOCK-UP HOLDING, placement à long terme.
MAJORITY HOLDING, participation majoritaire.
MINORITY HOLDING, participation minoritaire.
PAPER HOLDINGS, papiers-valeurs; portefeuille.
PARCELLING OUT OF LAND INTO SMALL HOLDINGS, morcel-
lement des terres.
PEASANT PROPERTY-HOLDING, petite propriété foncière.
PRIVATE FOREIGN EXCHANGE HOLDINGS, avoirs privés en
devises.
SMALL HOLDINGS SYSTEM, régime de la petite propriété.
WORLD MONETARY GOLD HOLDINGS, avoirs mondiaux en or
monétaire.

HOLE s, trou m, perforation f.

HOLIDAY s, fête f; congé m, vacances f. pl.
BANK-HOLIDAY, fête légale; jour férié.
GENERAL HOLIDAY, jour férié.
HOLIDAY-MAKER, vacancier; touriste.
HOLIDAYS WITH PAY, congés payés.
HOLIDAY TRIP, voyage de vacances.
LEGAL HOLIDAY, fête légale.
PUBLIC HOLIDAY, fête légale.
SUMMER HOLIDAYS, vacances d'été.

HOME a, intérieur, national, métropolitain; de retour m.
HOME CONSUMPTION, consommation intérieure.
HOME COUNTIES, comtés de la région londonienne.
HOME COUNTRY, métropole.
HOME CURRENCY, monnaie nationale.
HOME CURRENCY ISSUES, billets émis à l'intérieur du pays.

HOME-DEFENCE, défense nationale.
HOME FREIGHT, fret de retour.
HOME-GROWN PRODUCE, produits d'origine nationale.
HOME INVESTMENT, investissement intérieur.
HOME JOURNEY, voyage de retour.
HOME MARKET, marché intérieur.
HOME OFFICE, U.K: ministère de l'Intérieur.
HOME PRODUCE, produits d'origine nationale.
HOME PRODUCT, produit d'origine nationale.
HOME RULE, autonomie.
HOME STATION, gare terminus.
HOME TRADE, commerce intérieur.
HOME USE ENTRY, sortie de l'entrepôt pour consommation.
HOME-WORKER, travailleur à domicile.

HOME s, maison f, foyer m, chez soi m, logis m; hospice m, refuge m.
HOME FOR THE AGED, hospice des vieillards.
HOME FOR THE BLIND, hospice d'aveugles.
IDEAL HOME EXHIBITION, U.K: Salon des arts ménagers.

HOMECRAFT s, art(s) m ménager(s).

HOMELESS a, sans-logis m.

HOMESTEAD s, ferme f (avec dépendances f. pl), U.S: bien m de
famille f.
SUBSISTENCE HOMESTEAD, U.S: terre assurant la subsistance
d'une famille.

HOMEWARD a, de retour m.
HOMEWARD FREIGHT, fret de retour.
HOMEWARD JOURNEY, voyage de retour.
HOMEWARD VOYAGE, voyage de retour.

HOMEWARDS adv, de retour m.
CARGO HOMEWARDS, cargaison de retour.
LOADING HOMEWARDS, chargement de retour.

HOMOGENEITY s, homogénéité f.
SUBSTANTIAL BREAKS IN HOMOGENEITY, discontinuités dans
l'homogénéité.

HOMOGENEOUS a, homogène.
non-HOMOGENEOUS COMPLEX, ensemble non homogène.
HOMOGENEOUS CO-ORDINATES, coordonnées homogènes.
HOMOGENEOUS LINEAR FUNCTION, fonction homogène linéaire.
HOMOGENEOUS RESOURCES, ressources homogènes.
QUADRATIC HOMOGENEOUS FUNCTIONS, fonctions quadratiques.

HONEST a, honnête, loyal; légitime.
HONEST BROKER, honnête courtier.
HONEST MEANS, moyens légitimes.

HONESTY s, honnêteté f, loyauté f.
DOUBTFUL HONESTY, moralité douteuse.

HONEYCOMB s, rayon m de miel m, alvéole m.
HONEYCOMB FORMATION, formation alvéolaire.
HONEYCOMB STRUCTURE, structure alvéolaire.

HONEYCOMBED a, alvéolaire.

HONORARY a, honoraire, bénévole.

HONOUR s, honneur m; intervention f.
ACCEPTANCE FOR HONOUR, acceptation par intervention.
to PAY A BILL OF EXCHANGE FOR HONOUR, payer une lettre de
change par intervention.
PAYER FOR HONOUR, payeur par intervention.
PAYMENT FOR HONOUR, paiement par intervention.

HONOUR v, honorer.
to HONOUR A BILL OF EXCHANGE, payer une lettre de change.
to HONOUR A DRAFT, honorer une traite.

HONOURED a, honoré, acquitté.
HONOURED BILL, traite acquittée.

HORIZONTAL a, horizontal.
HORIZONTAL COMBINATION, intégration horizontale.
HORIZONTAL COMBINE, cartel horizontal; consortium.
HORIZONTAL INCREASE IN SALARIES, augmentation uniforme
de tous les salaires.
HORIZONTAL INTEGRATION, intégration horizontale.
HORIZONTAL PLANE, plan horizontal.

HORSE s, cheval m.
DRAUGHT-HORSE, cheval de trait.
HORSE-POWER (H.-P.), cheval-vapeur; puissance motrice.
HORSE-POWER HOUR, cheval heure.

HORTICULTURAL a, horticole.
HORTICULTURAL SHOW, exposition d'horticulture.

HORTICULTURE s, horticulture f.

HOSIERY s, bonneterie f.
HOSIERY TRADE, bonneterie.

HOSPITAL s, hôpital m, hospice m.
HOSPITAL BEDS, lits d'hôpital.

HOSPITAL NURSE, infirmière.
MENTAL HOSPITAL, maison d'aliénés.

HOSTEL s, hôtellerie f, auberge f, pension f.

HOSTILITY s, hostilité f.
HOSTILITIES, hostilités.

HOT a, chaud.
HOT BLAST, air chaud.
HOT MONEY, capitaux spéculatifs.
HOT MONEY FLOWS, mouvements de capitaux spéculatifs.

HOTEL s, hôtel m.
GRADED HOTELS, hôtels classés.
HOTEL BEDS, lits d'hôtel.
HOTEL-KEEPER, hôtelier.
HOTEL TRADE, industrie hôtelière.
RESIDENTIAL HOTEL, pension de famille.

HOUR s, heure f.
BUSINESS HOURS, heures d'ouverture.
BUSY HOURS, heures de pointe.
HORSE-POWER HOUR, cheval heure.
HOURS OF LABOUR, heures de travail.
HOUR OF OVERTIME, heure supplémentaire.
HOURS OF WORK, durée du travail.
HOURS WORKED, heures ouvrées.
eight-HOUR WORKING DAY, journée de travail de huit heures.
HOUR-ZONE, fuseau horaire.
KILOWATT-HOUR, kilowatt-heure.
LONG HOURS, longues journées (de travail).
MAN-HOURS, heures d'ouvrier.
NUMBER OF HOURS WORKED, nombre d'heures de travail.
OFFICE HOURS, heures de bureau.
OUTPUT PER HOUR, rendement à l'heure.
to PAY BY THE HOUR, payer à l'heure.
PEAK HOURS, heures de pointe.
RUSH HOURS, heures d'affluence.
THRONG HOURS, heures de pointe.

HOURLY a, horaire.
HOURLY WAGE, salaire horaire.

HOUSE s, maison f, habitation f, logis m, bâtiment m, immeuble m;
propriété f; établissement m, magasin m, banque f, firme f, chambre f.
APARTMENT HOUSE, U.S: immeuble divisé en appartements.
BANKING HOUSE, établissement bancaire.
BUSINESS HOUSE, maison de commerce.
COMMERCIAL HOUSE, maison de commerce.
COUNTRY HOUSE, maison de campagne.
CUSTOM-HOUSE NOTE, bordereau de douane.
CUSTOM-HOUSE RECEIPT, quittance de douane.
CUSTOM-HOUSE SEAL, plomb de la douane.
DILAPIDATED HOUSE, maison délabrée, en ruines.
DISCOUNT HOUSE, maison d'escompte; magasin de détail vendant
au rabais; centre distributeur.
FARM-HOUSE, maison de fermier; ferme.
FINANCIAL HOUSE, établissement de crédit.
FORWARDING HOUSE, maison d'expédition.
GUEST-HOUSE, pension de famille.
the HOUSE, Bourse.
HOUSE OF COMMONS, U.K: Chambre des Communes.
HOUSE-DUTY, impôt sur les propriétés bâties.
HOUSE NOT FIT TO LIVE IN, maison inhabitable.
HOUSE FIT FOR OCCUPATION, maison habitable.
HOUSE-FURNISHING FIRM, maison d'ameublement.
HOUSE-LETTING, baux à loyer.
HOUSE OF LORDS, U.K: Chambre des Lords.
HOUSE-PAINTER, peintre en bâtiment.
HOUSE PROPERTY, immeubles.
HOUSE OF REPRESENTATIVES, U.S: Chambre des Représentants.
HOUSE FOR SALE, maison à vendre.
HOUSE WORK, travaux domestiques.
INHABITED-HOUSE DUTY, taxe sur les habitations.
to INVEST IN HOUSE PROPERTY, placer son argent en immeubles.
ISSUING HOUSE, maison d'émission; banque de placement.
JOBBING-HOUSE, firme de courtage de titres.
to KEEP A HOUSE IN A STATE OF TENANTABLE REPAIR, mainte-
nir une maison en état d'habitabilité.
LAND AND HOUSE PROPERTY, biens immobiliers; biens fonds.
to LEASE A HOUSE, donner une maison à bail.
LODGING-HOUSE, hôtel garni.
to OWN A HOUSE, posséder une maison.
PARENT HOUSE, maison mère.
to PASS A CHEQUE THROUGH THE CLEARING HOUSE, compen-
ser un chèque.
PICTURE-HOUSE, cinéma.
PRINCIPAL OF A BUSINESS HOUSE, patron d'une maison de commerce.
PRIVATE HOUSE, maison particulière.

PUBLISHING HOUSE, maison d'édition.
REVENUE-EARNING HOUSE, maison de rapport.
to TAKE A HOUSE ON LEASE, prendre une maison à bail.

HOUSE v, loger, héberger.

HOUSEHOLD s, ménage m, famille f, domesticité f.
HOUSEHOLD BUDGET, budget du ménage.
HOUSEHOLD EXPENDITURE, dépenses de ménage.
HOUSEHOLD EXPENSES, budget du ménage; budget domestique.
HOUSEHOLD GOODS, mobilier; meubles.
INCOME OF HOUSEHOLDS, revenu des ménages.
INCOME TRANSFERS TO HOUSEHOLDS, transferts de revenu au
compte des ménages.
LARGE HOUSEHOLD, nombreuse domesticité.

HOUSEHOLDER s, chef m de famille f.

HOUSEKEEPING s, ménage m, économie f domestique.

HOUSEWIFE s, ménagère f, mère f de famille f.

HOUSEWIFERY s, économie f domestique.

HOUSING s, logement m, habitation f, résidence f.
HOUSING ESTATE, immeuble résidentiel.
HOUSING PROBLEM, problème du logement.
HOUSING QUESTION, problème du logement.
HOUSING RAMP, hausse scandaleuse des loyers.
HOUSING SUBSIDIES, subventions au logement.
HOUSING UNIT, unité d'habitation.

HUB s, centre m d'activité f.
LONDON IS THE HUB OF THE FINANCIAL WORLD, Londres est
le centre du monde de la finance.

HUCKSTER v, marchander, trafiquer.

HUGE a, énorme, immense.
HUGE DIFFERENCE, différence énorme.
HUGE PRICES, prix d'or.

HUMAN a, humain.
HUMAN CAPITAL, capital humain.
HUMAN ERROR, erreur humaine.
HUMAN FACTOR, élément humain.
HUMAN HAND, main de l'homme.
HUMAN KIND, espèce humaine.
HUMAN NATURE, nature humaine.

HUMANE a, humanitaire.
HUMANE MEASURES, mesures humanitaires.
HUMANE STUDIES, humanités.

HUMANISM s, humanisme m.

HUMANISTIC a, humaniste.
HUMANISTIC STUDIES, humanités.

HUMANITY s, humanité f, genre m humain.

HUMANKIND s, genre m humain.

HUMANLY adv, humainement.

HUMANS s. pl, humains m. pl.

HUMBLE a, humble, modeste; menu.
from HUMBLE STOCK, d'origine modeste.
HUMBLER CLASSES, menu peuple.

HUMDRUM a, monotone, banal.
HUMDRUM WORK, travail monotone.

HUMP s, bosse f.
CURVE WITH TWO HUMPS, courbe à deux bosses.

HUNDRED num, cent, centaine f.
to EMPLOY HUNDREDS OF WORKERS, employer des centaines
d'ouvriers.
HUNDRED PER CENT, cent pour cent.
HUNDRED PER CENT EFFICIENT, efficace au maximum.

HUNDREDFOLD s, centuple m.
a HUNDREDFOLD, cent fois autant.
to INCREASE A HUNDREDFOLD, centupler.

HUNGER s, faim f.
HUNGER-STRIKE, grève de la faim.

HUNGRY a, affamé.
LAND-HUNGRY, assoiffé de terre.

HUNTING s, chasse f.
BARGAIN-HUNTING, chasse aux soldes.

HURRY s, hâte f, précipitation f.

HUSBAND s, mari m, époux m.
HUSBAND AND WIFE, époux; conjoints.

HUSBANDING s, culture f (de la terre), gestion f.

HUSBANDRY s, agronomie f; gestion f.
ANIMAL HUSBANDRY, élevage.
BAD HUSBANDRY, mauvaise administration; gaspillage.
GOOD HUSBANDRY, bonne gestion.

HYBRID a, hybride.
HYBRID INTEGRATED CIRCUIT, circuit semi-intégré.

HYDRAULIC a, hydraulique.
HYDRAULIC ENGINEERING, hydraulique.
HYDRAULIC POWER, force hydraulique.

HYDRAULICS s. pl, hydraulique f.

HYGIENE s, hygiène f.

HYPERBOLA s, hyperbole f.

HYPERBOLIC(AL) a, hyperbolique.
HYPERBOLIC CURVE, hyperbole.
HYPERBOLIC FUNCTION, fonction hyperbolique.
HYPERBOLIC LOGARITHM, logarithme naturel.

HYPERDEFLATION s, hyperdéflation f.

HYPERINFLATION s, hyperinflation f.

HYPOTENUSE s, hypoténuse f.
SQUARE ON THE HYPOTENUSE, carré de l'hypoténuse.

HYPOTHECATE v, hypothéquer (des biens meubles).

HYPOTHECATION s, prise f d'hypothèque f mobilière.

HYPOTHESIS s, hypothèse f.
ADMISSIBLE HYPOTHESIS, hypothèse admissible.
HYPOTHESIS THAT THERE IS NO RELATION BETWEEN THE VARIABLES, hypothèse de l'absence de dépendance entre les variables.
NULL HYPOTHESIS, hypothèse nulle.
TESTING OF THE HYPOTHESIS OF LINEARITY, test de linéarité.
VERY WORST HYPOTHESIS, la pire des hypothèses.
WELL-FOUNDED HYPOTHESIS, hypothèse bien fondée.

HYPOTHETIC(AL) a, hypothétique, possible.
VARIOUS HYPOTHETICAL QUANTITIES OF EMPLOYMENT, différents volumes possibles de l'emploi.

I

IDEA s, idée f.
IDEAS THAT ARE NOT CONSISTENT, idées qui ne sont pas cohérentes.
PRECONCEIVED IDEA, idée préconçue.

IDEAL a, idéal, théorique, optimum.
FISHER'S IDEAL INDEX, indice idéal (de Fisher).
IDEAL CYCLE, cycle théorique.
IDEAL EFFICIENCY, rendement optimum.
IDEAL HOME EXHIBITION, *U.K:* Salon des arts ménagers.

IDEAL s, idéal m.

IDEALISM s, idéalisme m.

IDENTICAL a, identique.
IDENTICAL EQUATION, identité.

IDENTIFIABLE a, identifiable.

IDENTIFICATION s, identification f.

IDENTIFY v, identifier, reconnaître.

IDENTITY s, identité f.
ALGEBRAIC IDENTITIES, identités algébriques.
PROOF OF IDENTITY, preuve d'identité.
to PROVE THE IDENTITY OF, justifier de l'identité de.

IDEOGRAM s, idéogramme m.

IDEOGRAPH s, idéogramme m.

IDEOLOGICAL a, idéologique.

IDEOLOGY s, idéologie f.

IDLE a, oisif, en chômage m, inactif, désœuvré.
EFFECTIVE COST OF HOLDING IDLE CASH, coût effectif de la détention d'argent oisif.
FACTORY LYING IDLE, usine qui chôme.
IDLE CAPACITY, potentiel non utilisé.
IDLE CAPITAL, capital oisif.
IDLE CASH, argent oisif.
IDLE MONEY, monnaie oisive.
IDLE PERIOD, temps mort.
IDLE PLANT, outillage inactif.
IDLE RICH, riches désœuvrés.
IDLE TIME, temps mort.

IDLENESS s, oisiveté f, chômage m.

IGNORANCE s, ignorance f.

IGNORANT a, ignorant.

IGNORE v, ignorer, méconnaître.
to IGNORE THE FACTS, méconnaître les faits.

ILL a, mauvais; malade.
CHRONIC ILL-HEALTH, invalidité permanente.

ILL adv, mal.
ILL-ACQUIRED, mal acquis.
ILL-BALANCED, mal équilibré.
ILL-DEFINED, mal défini.
ILL-FOUNDED, mal fondé.
ILL-PLANNED, mal conçu.
ILL-QUALIFIED, incompétent.

ILLEGAL a, illégal.

ILLEGAL ACTS, actes illégaux.

ILLEGALITY s, illégalité f.

ILLEGITIMATE a, illégitime.

ILLIBERAL a, peu libéral.
ILLIBERAL LEGISLATION, législation peu libérale.

ILLICIT a, illicite.
ILLICIT COMMISSION, pot-de-vin.
ILLICIT GAIN, gain illicite.
ILLICIT PROFITS, profits illicites.
ILLICIT TRADE IN OPIATES, trafic des stupéfiants.

ILLIQUIDITY s, non liquidité f.
ILLIQUIDITY RISK, risque de non-liquidité.

ILLITERACY s, analphabétisme m.

ILLNESS s, maladie f.

ILLOGICAL a, illogique.

ILLOGICALITY s, illogisme m.

ILLOGICALNESS s, illogisme m.

ILLUSION s, illusion f.
OPTICAL ILLUSION, illusion d'optique.

ILLUSORY a, illusoire, mensonger.
ILLUSORY PROFIT, profit illusoire.
to SHOW ILLUSORY PROFITS, faire apparaître des bénéfices mensongers.

ILLUSTRATION s, illustration f, exemple m.

IMAGE s, image f, idée f, conception f.
BRAND IMAGE, image de marque.
CORPORATE IMAGE, image de la firme.

IMAGINARY a, imaginaire.
IMAGINARY NUMBER, nombre imaginaire.
IMAGINARY QUANTITY, quantité imaginaire.

IMBALANCE s, déséquilibre m.
IMBALANCE OF PAYMENTS, déséquilibre des paiements.
MEASUREMENT OF IMBALANCE, mesure du déséquilibre.

IMITATION s, imitation f.
IMITATION GOLD, similor.
IMITATION LEATHER, similicuir.

IMMATERIAL a, immatériel, sans importance f.
that FACT IS (QUITE) IMMATERIAL, cela n'a aucune importance.
IMMATERIAL TO THE SUBJECT, n'ayant aucun rapport avec la question.

IMMATERIALISM s, immatérialisme m.

IMMATERIALITY s, immatérialité f.

IMMATURE a, pas mûr, prématuré.
IMMATURE PROJECT, projet (qui n'est) pas mûr.

IMMATURENESS s, immaturité f.

IMMATURITY s, immaturité f.

IMMEASURABILITY s, incommensurabilité f.
IMMEASURABILITY OF UTILITY, incommensurabilité de l'utilité.

IMMEASURABLE a, incommensurable, infini.

IMMEDIACY s, relation f directe; imminence f.

IMMEDIATE a, immédiat, sans intermédiaire m, direct; premier, proche.
IMMEDIATE CAUSE, cause immédiate, directe.
IMMEDIATE EFFECT, effet immédiat.
IMMEDIATE FUTURE, proche avenir.
IMMEDIATE OBJECT, premier but.
IMMEDIATE POSSESSION, jouissance immédiate (d'une maison).
IMMEDIATE VICINITY, voisinage immédiat.
WORK OF IMMEDIATE URGENCY, travail de première urgence.

IMMEDIATELY adv, immédiatement.

IMMEDIATENESS s, proximité f immédiate.

IMMENSE a, vaste, immense.

IMMENSELY adv, immensément.
IMMENSELY RICH, immensément riche.

IMMENSENESS s, immensité f.

IMMENSITY s, immensité f.

IMMENSURABLE a, immensurable.

IMMERSED a, immergé, plongé.
IMMERSED IN DEBT, accablé de dettes.

IMMIGRANT s, immigrant m.

IMMIGRATE v, immigrer, faire venir, importer.
to IMMIGRATE FOREIGN LABOUR, importer de la main-d'œuvre étrangère.

IMMIGRATION s, immigration f.
IMMIGRATION COUNTRY, pays d'immigration.
IMMIGRATION OFFICER, officier de police (de frontière).
IMMIGRATION POLICY, politique d'immigration.
IMMIGRATION QUOTAS, contingents d'immigration.
RESTRICTIONS ON IMMIGRATION, restrictions à l'immigration.

IMMINENCE s, imminence f, proximité f.

IMMINENT a, imminent.
IMMINENT PERIL, péril imminent.

IMMISERIZATION s, paupérisation f.
LAW OF IMMISERIZATION OF THE MASSES, loi de paupérisation des masses.

IMMIXTURE s, mélange m.

IMMOBILE a, immobile, fixe.

IMMOBILITY s, immobilité f, fixité f.
IMMOBILITY OF THE FACTORS, immobilité des facteurs.

IMMOBILIZATION s, immobilisation f.
IMMOBILIZATION OF CAPITAL, immobilisation de capitaux.

IMMOBILIZE v, immobiliser.

IMMODERATE a, immodéré.

IMMORAL a, immoral.

IMMORALITY s, immoralité f.

IMMOVABILITY s, immuabilité f, fixité f.

IMMOVABLE a, immobilisé, fixe; immeuble.

IMMOVABLENESS s, immuabilité f, fixité f.

IMMOVABLES s. pl, biens m. pl immobiliers.

IMMUNE a, immunisé, exonéré.

IMMUNITY s, exemption f, exonération f, immunité f.
to CLAIM IMMUNITY FROM A TAX, demander l'exemption d'un impôt.
IMMUNITY FROM WAR INDEMNITIES, exclusion des dommages de guerre.

IMPACT s, impact m, choc m; incidence f.
IMPACT OF INFLATION ON, incidences de l'inflation sur.
POINT OF IMPACT, point d'impact.

IMPAIR v, affaiblir, altérer.

IMPAIRMENT s, affaiblissement m, altération f.

IMPARTIAL a, impartial.

IMPARTIALITY s, impartialité f.

IMPATIENCE s, impatience f.

IMPATIENT a, impatient.

IMPECUNIOSITY s, impécuniosité f.

IMPECUNIOUS a, impécunieux.

IMPEDE v, entraver, empêcher.

IMPEDIMENT s, entrave f, empêchement m.

IMPEDIMENT TO TRADE, entrave aux échanges.

IMPEL v, pousser, forcer.

IMPELLING a, impulsif, urgent, harcelant.
IMPELLING FORCE, force impulsive.
IMPELLING NEED, besoin harcelant.

IMPENDING a, imminent, menaçant.

IMPERATIVE a, impératif, impérieux.
IMPERATIVE NEED, besoin impérieux.
IMPERATIVE REASON, raison majeure.

IMPERATIVE s, impératif m.
CATEGORICAL IMPERATIVE, impératif catégorique.

IMPERCEPTIBLE a, imperceptible, insensible.
IMPERCEPTIBLE DIFFERENCE, différence insensible.

IMPERCEPTIBLY adv, imperceptiblement.

IMPERFECT a, imparfait, défectueux.
ECONOMICS OF IMPERFECT COMPETITION, économie de la concurrence imparfaite.
IMPERFECT EQUILIBRIUM, équilibre imparfait.
PERFECT AND IMPERFECT STABILITY, stabilité parfaite et stabilité imparfaite.
THEORY OF IMPERFECT COMPETITION, théorie de la concurrence imparfaite.

IMPERFECTION s, imperfection f, défectuosité f, vice m.
IMPERFECTIONS OF THE MARKET, imperfections du marché.

IMPERFECTNESS s, imperfection f.

IMPERIAL a, impérial.
IMPERIAL PREFERENCE, préférence impériale.

IMPERIALISM s, impérialisme m.
ECONOMIC IMPERIALISM, impérialisme économique.

IMPERIALISTIC a, impérialiste.

IMPERIL v, mettre en danger m.

IMPERIOUS a, impérieux, impératif.
IMPERIOUS NECESSITY, besoin impérieux; besoin impératif.

IMPERSONAL a, impersonnel.
IMPERSONAL ACCOUNT, compte anonyme.

IMPERSONALITY s, impersonnalité f.

IMPETUS s, élan m, impulsion f.
FRESH IMPETUS, nouvelle impulsion.

IMPLAUSIBLE a, peu plausible.

IMPLEMENT s, outil m, instrument m, ustensile m, matériel m.
AGRICULTURAL IMPLEMENT, instrument aratoire.
FARMING IMPLEMENT, instrument aratoire.
IMPLEMENTS OF WAR, matériel de guerre.
TILLAGE IMPLEMENTS, instruments de culture.

IMPLEMENT v, mettre à exécution f.
to IMPLEMENT AN OBLIGATION, s'acquitter d'une obligation.

IMPLEMENTATION s, exécution f, mise f en œuvre f.

IMPLEMENTING s, exécution f, mise f en œuvre f.

IMPLICATE v, impliquer.

IMPLICATION s, implication f; insinuation f.
by IMPLICATION, implicitement.

IMPLICIT a, implicite.
IMPLICIT IN THE AGREEMENT, contenu implicitement dans le contrat.
IMPLICIT CONDITION, condition implicite.
IMPLICIT COSTS, coûts implicites, supplétifs.
IMPLICIT AND EXPLICIT RETURNS, revenus implicites et revenus explicites.
IMPLICIT FUNCTION, fonction implicite.
IMPLICIT RENT, rente implicite.

IMPLICITLY adv, implicitement.

IMPLIED a, implicite, tacite.
IMPLIED CONTRACT, contrat implicite; quasi-contrat.
IMPLIED WARRANTY, garantie implicite.

IMPLY v, impliquer, donner à entendre.
to IMPLY CONTRADICTION, impliquer contradiction.

IMPONDERABILITY s, impondérabilité f.

IMPONDERABLE a, impondérable.

IMPONDERABLE s, impondérable f.

IMPORT s, importation f; importance f; entrée f.
DIRECT IMPORT CONTROLS, contrôle direct des importations.
GOODS LIABLE TO IMPORT DUTY, marchandises sujettes à des droits d'entrée.
IMPORT BULLION POINT, gold-point d'importation.
IMPORT DUTY, droits d'entrée; droits d'importation.

IMPORTS AND EXPORTS COMBINED, total des importations et exportations.
IMPORT GOLD-POINT, gold-point d'entrée; point d'entrée de l'or.
IMPORT LICENCE, licence d'importation.
IMPORT LIST, liste des importations.
IMPORT PRICE, prix d'importation.
IMPORT PRICE INDEX, indices des prix des importations.
IMPORT PROHIBITION, prohibition d'entrée.
IMPORT QUOTAS, contingents d'importation.
IMPORT RATE, cours d'importation.
IMPORT SPECIE POINT, gold-point d'importation; point d'entrée de l'or.
IMPORT TRADE, commerce d'importation.
IMPORT UNIT VALUE INDEX, indices de la valeur unitaire des importations.
INVISIBLE EXPORTS AND IMPORTS, exportations et importations invisibles.
MATTER OF GREAT IMPORT, affaire de toute importance.
QUOTAS FOR IMPORT, contingents d'importation.
VISIBLE IMPORTS, importations visibles.
VOLUME INDEX FOR IMPORTS, indice du volume des importations.
WORLD IMPORTS, importations mondiales.

IMPORT v, importer.
CAPACITY TO IMPORT, capacité d'importation.
to IMPORT LABOUR, importer de la main-d'œuvre.
MARGINAL PROPENSITY TO IMPORT, propension marginale à importer.
PROPENSITY TO IMPORT, propension à importer.

IMPORTANCE s, importance f.
DETAIL OF NO IMPORTANCE, détail sans importance.
DESCENDING ORDER OF IMPORTANCE, (par) ordre décroissant d'importance.
EXAGGERATED IMPORTANCE, importance excessive.
POINT OF IMPORTANCE, point qui a son importance.
POINT OF SECONDARY IMPORTANCE, point d'importance secondaire.
QUESTION OF CAPITAL IMPORTANCE, question d'importance capitale.
QUESTION OF PRIMARY IMPORTANCE, question d'importance primordiale.

IMPORTANT a, important.

IMPORTATION s, importation f, article m importé.
RESTRICTION ON IMPORTATION, restrictions sur les importations.
for TEMPORARY IMPORTATION, en franchise temporaire.

IMPORTED a, importé.
IMPORTED FROM ENGLAND, importé d'Angleterre.
IMPORTED INFLATION, inflation importée.

IMPORTER s, importateur m.
ENGLAND IS A BIG IMPORTER OF FOODSTUFFS, l'Angleterre est un gros importateur de denrées alimentaires.

IMPORTING a, importateur.
IMPORTING COUNTRY, pays importateur.

IMPORTING s, importation f.

IMPORTUNATE a, importun.

IMPOSE v, imposer.
to IMPOSE CONDITIONS, imposer des conditions.
to IMPOSE NEW DUTIES, imposer des droits nouveaux.
to IMPOSE A TAX ON, imposer; taxer.

IMPOSITION s, imposition f, impôt m.
MULTIPLE IMPOSITION ON THE SAME INCOME, multiples impositions sur le même revenu.

IMPOSSIBILITY s, impossibilité f.
PHYSICAL IMPOSSIBILITY, chose matériellement impossible.

IMPOSSIBLE a, impossible.

IMPOST s, droit m d'octroi m, droit d'entrée f.

IMPOUND v, confisquer, saisir.

IMPOUNDING s, arrêt m, saisie f.

IMPOVERISH v, appauvrir.

IMPOVERISHED a, appauvri.

IMPOVERISHMENT s, appauvrissement m.
IMPOVERISHMENT OF THE SOIL, dégradation du sol.

IMPRACTICABLE a, infaisable, irréalisable.

IMPRESCRIPTIBLE a, imprescriptible.

IMPRESSED a, imprimé, acquis.
IMPRESSED FORCE, force imprimée (à un corps).
IMPRESSED MOVEMENT, mouvement acquis.

IMPREST s, avance f de fonds m. pl.

IMPROBABILITY s, improbabilité f, invraisemblance f.

IMPROBABLE a, improbable.

IMPROPER a, impropre, inexact.
IMPROPER FRACTION, expression fractionnaire.

IMPROPRIATION s, sécularisation f.

IMPROVE v, améliorer, perfectionner, progresser.
BUSINESS IS IMPROVING, les affaires reprennent.
to IMPROVE THE FINANCIAL POSITION, améliorer la situation financière.
to IMPROVE UPON THE PRICE OFFERED, enchérir sur le prix offert.

IMPROVED a, amélioré, perfectionné.

IMPROVEMENT s, amélioration f, embellissement m, progrès m, perfectionnement m.
IMPROVEMENT OF LAND, amélioration de la terre.
IMPROVEMENT LOAN, prêt destiné à la modernisation.
IMPROVEMENT IN PAY, amélioration des traitements.
IMPROVEMENT OF PRICES, amélioration des cours.
INCAPABLE OF IMPROVEMENT, non susceptible d'amélioration.
MARKED IMPROVEMENT, amélioration sensible.
SOIL IMPROVEMENT, amélioration des sols.

IMPROVING a, en voie f d'amélioration f.

IMPROVING s, amélioration f.

IMPUGN v, attaquer.
to IMPUGN A CONTRACT, attaquer un contrat.

IMPULSE s, impulsion f.

IMPULSION s, impulsion f.

IMPUTABLE a, imputable.

IMPUTE v, imputer, attribuer.

IMPUTED a, imputé, attribué.
ACTUAL OR IMPUTED PAYMENTS, paiements effectifs ou imputés.
IMPUTED VALUE, valeur imputée.

IMPUTING s, imputation f.

INABILITY s, incapacité f.

INACCESSIBILITY s, inaccessibilité f.

INACCESSIBLE a, inaccessible.

INACCESSIBLENESS s, inaccessibilité f.

INACCURACY s, inexactitude f.

INACCURATE a, inexact.

INACTION s, inaction f, immobilisme m.
POLICY OF INACTION, politique d'immobilisme.

INACTIVE a, inactif, en chômage m, passif.
INACTIVE MONEY, monnaie passive, inactive.

INACTIVITY s, inactivité f, immobilisme m.

INADEQUACY s, insuffisance f.

INADEQUATE a, insuffisant, inadéquat.
INADEQUATE SALARY, salaire insuffisant.

INALIENABLE a, inaliénable.
INALIENABLE RIGHT, droit inaliénable.

INALTERABLE a, inaltérable, immuable.

INAPPLICABILITY s, inapplicabilité f.

INAPPLICABLE a, inapplicable.

INAPPROPRIATE a, peu approprié, impropre.

INAPT a, inapte, incapable.

INAPTITUDE s, inaptitude f, incapacité f.

INCALCULABLE a, incalculable.
INCALCULABLE LOSSES, pertes incalculables.

INCAPABILITY s, incapacité f, inéligibilité f.

INCAPABLE a, incapable, incompétent.
INCAPABLE OF IMPROVEMENT, non susceptible d'amélioration.

INCAPACITY s, incapacité f, incompétence f.
INCAPACITY OF THE STAFF, incompétence du personnel.

INCENTIVE s, stimulant m, incitation f, mobile m, prime f.
FISCAL INCENTIVES, incitations fiscales.
INCENTIVE PAY FOR HIGHER PRODUCTIVITY, primes de productivité.
INCENTIVE WAGES, U.S: primes au rendement; U.S: salaires au rendement.
MONETARY INCENTIVES, incitations monétaires.
PRODUCTION INCENTIVES, stimulants de la production.
TAX INCENTIVES, incitations fiscales.

INCH s, pouce m (= 2,54 cm).
CUBIC INCH, pouce cube.

INCIDENCE s, incidence f.
INCIDENCE OF A TAX, incidence d'un impôt.

INCIDENT a, qui appartient, incident.

INCIDENT s, incident m.

INCIDENTAL a, fortuit; afférent à.
INCIDENTAL EXPENSES, faux frais.

INCIDENTALS s. pl, faux frais m. pl.

INCITATION s, incitation f, stimulant m.

INCITE v, inciter, pousser, stimuler.

INCITEMENT s, incitation f; stimulant m.

INCLINATION s, inclinaison f, pente f; penchant m, propension f.

INCLINE s, pente, f, déclivité f, inclinaison f.

INCLINE v, incliner, pencher, tendre.
PRICES ARE INCLINED TO FALL, les prix tendent à baisser.

INCLINED a, incliné, penchant.
INCLINED PLANE, plan incliné.

INCLUDE v, comprendre, renfermer, inclure.

INCLUDED a, compris, y compris.

INCLUDING a, y compris.
PRICE, INCLUDING TRANSPORT, prix, y compris le transport.

INCLUSION s, inclusion f.
PROBABILITY OF INCLUSION IN THE SAMPLE, probabilité de figurer dans l'échantillon.

INCLUSIVE a, inclus, compris, forfaitaire, global.
all-INCLUSIVE, tout compris.
all-INCLUSIVE TOUR (A.I.T.), voyage à forfait.
INCLUSIVE CHARGE, tarif tout compris.
INCLUSIVE RATE, tarif forfaitaire.
INCLUSIVE SUM, somme globale.
INCLUSIVE TERMS, prix tout compris.
TERMS INCLUSIVE, tout compris.

INCOHERENCE s, incohérence f.

INCOHERENCY s, incohérence f.

INCOHERENT a, incohérent.

INCOME s, revenu m, rente f, fortune f.
ADDITIONAL INCOME, revenu(s) supplémentaire(s).
ADMINISTRATION OF INCOME, U.S: gestion du revenu.
AGRICULTURAL INCOMES, revenus agricoles.
ALLOWANCE FOR EARNED INCOME, déduction au titre de revenus salariaux ou professionnels.
ANNUAL INCOME, revenus annuels; rente.
ASSESSMENT ON INCOME, impôt sur le revenu.
ASYMMETRIC INCOME-EFFECT, effet de revenu asymétrique.
to BASE TAXATION ON INCOME, asseoir l'impôt sur le revenu.
to BE SURE OF ONE'S INCOME, avoir son revenu assuré.
to CAPITALIZE INCOME, capitaliser les revenus.
COMPENSATING VARIATION IN INCOME, variation compensatrice de revenu.
COMFORTABLE INCOME, ample revenu.
CORPORATION INCOME-TAX, impôt sur le revenu des personnes morales.
CORPORATION NET INCOME-TAX, impôt sur le revenu net des sociétés.
CURRENT INCOME, revenu courant, présent.
to DEDUCT INCOME-TAX, déduire l'impôt sur le revenu.
DETERMINATION OF NATIONAL INCOME, détermination du revenu national.
DISPOSABLE INCOME, revenu disponible.
DISTRIBUTION OF INCOME, distribution, répartition, des revenus.
DISTRIBUTION OF NATIONAL INCOME, distribution du revenu national.
DIVIDENDS LIABLE TO INCOME-TAX, dividendes soumis à l'impôt sur le revenu.
EARNED INCOME, revenus salariaux; revenus du travail.
to ENCROACH ON ONE'S INCOME, anticiper sur ses revenus.
FAMILY INCOME, revenu familial.
FARM INCOMES, revenus agricoles.
to FIX INCOME-TAX AT, fixer l'impôt sur le revenu à.
FIXED INCOME, revenu fixe.
FUTURE INCOME, revenu(s) futur(s).
GENERAL GOVERNMENT INCOME, revenu(s) de l'État.
GENERATION OF INCOME, génération des revenus.
GRADUATED INCOME-TAX, impôt progressif sur le revenu.
GROSS RENTAL INCOME, montant brut des loyers.
INCOME ADJUSTED FOR INFLATION, revenu réel compte tenu de l'inflation.
INCOME-BRACKET, tranche de revenus.
INCOME CONSUMPTION CURVE, courbe de la consommation par rapport au revenu.

INCOME DERIVABLE FROM AN INVESTMENT, revenu que l'on peut tirer d'un placement.
INCOME DERIVED FROM AN INVESTMENT, revenu provenant d'un placement.
INCOME EFFECT, effet de revenu.
INCOME ELASTICITY, élasticité-revenu.
INCOME FROM FIXED INVESTMENTS, revenus fixes.
INCOME FROM FIXED-YIELD INVESTMENTS, revenus fixes.
INCOME THAT FLUCTUATES BETWEEN, revenu qui varie entre.
INCOME OF HOUSEHOLDS, revenu des ménages.
INCOME ON INVESTMENTS, revenu d'investissements.
INCOME OF (FROM) LABOUR, revenu du travail.
INCOME FOR LIFE, revenu à vie ; viager.
INCOME-MOTIVE, motif de revenu.
INCOMES POLICY, politique des revenus.
INCOME FROM PROPERTY, revenus de la propriété.
his INCOME RUNS INTO FIVE (SIX) FIGURES, il a un revenu de plus de cinq (six) chiffres.
INCOME STATEMENT (OF A CORPORATION), compte d'exploitation ; compte de profits et pertes.
INCOME-TAX, impôt sur le revenu.
INCOME-TAX RETURN, déclaration de revenu.
INCOME TRANSFERS TO HOUSEHOLDS, transferts de revenu au compte des ménages.
INCOME FROM VARIABLE-YIELD INVESTMENTS, revenus variables.
INCOME-VELOCITY OF CIRCULATION OF MONEY, vitesse en revenu de la circulation de la monnaie.
INCOME-VELOCITY OF MONEY, vitesse de transformation de la monnaie en revenu.
INDEPENDENT INCOME, fortune personnelle.
INEQUALITY OF INCOME, inégalités des revenus.
INVESTMENT INCOME, revenu des investissements.
LABOUR INCOME, revenus du travail.
LEVELLING OF INCOMES, nivellement des revenus.
LIFE INCOME, revenu à vie ; viager.
to LIVE ON ONE'S INCOME, vivre de ses rentes.
to LIVE UP TO ONE'S INCOME, mener un train de vie en rapport avec son revenu.
LOW INCOME, faible revenu.
MONEY-INCOME, revenu nominal.
MULTIPLE IMPOSITION ON THE SAME INCOME, multiples impositions sur le même revenu.
NATIONAL INCOME, revenu national.
NATIONAL INCOME AND EXPENDITURE, comptabilité nationale.
NATIONAL INCOME STATISTICS, statistiques du revenu national.
NET FACTOR INCOME FROM ABROAD, revenu de facteurs net reçu de l'étranger.
NET INCOME, revenu net.
PARETO'S LAW (OF INCOME DISTRIBUTION), loi de Pareto (de la répartition du revenu).
PENSION CHARGED ON AN INCOME, pension payée sur un revenu.
PERSONAL INCOME, revenus des particuliers.
PRIVATE INCOME, rente(s) ; revenus des ménages.
to PROPORTION ONE'S EXPENDITURE TO ONE'S INCOME, mesurer sa dépense à son revenu.
REAL INCOME, revenu réel.
REDISTRIBUTION OF INCOME, redistribution du revenu:
REGULAR INCOME, revenu régulier.
RETURN OF INCOME, déclaration de revenu.
to RETURN ONE'S INCOME, faire une déclaration de revenu.
SAVING-TO-INCOME RATIO, rapport épargne/revenu.
SCANTY INCOME, maigre revenu.
SHARES OF INCOME, parts de revenu.
SLENDER INCOME, revenu modique.
SMALL INCOME, faible revenu.
SOCIAL INCOME, revenu national.
SOURCE OF INCOME, source de revenu.
to SUPPLEMENT ONE'S INCOME BY, compléter son revenu par.
TAX GRADUATED ACCORDING TO INCOME, impôt progressif sur le revenu.
TAX WHICH HITS ALL INCOMES, impôt frappant tous les revenus.
TAX ON INCOME, impôt sur le revenu.
TAX ON INCOME FROM SECURITIES, impôt sur le revenu des valeurs mobilières.
to TAX INCOME, imposer le revenu.
TAXABLE INCOME, revenu imposable.
THEORY OF INCOME, théorie du revenu.
UNEARNED INCOME, revenus ne provenant pas d'un travail.

INCOMING a, qui arrive; accru.
INCOMING MAIL, courrier à l'arrivée.
INCOMING PROFIT, profits réalisés ; profits à réaliser.

INCOMINGS s. pl, recettes f. pl.
the OUTGOINGS EXCEED THE INCOMINGS, les dépenses excèdent les recettes.

INCOMMENSURABILITY s, incommensurabilité f.

INCOMMENSURABLE a, incommensurable.

INCOMMENSURABLE NUMBER, nombre irrationnel.

INCOMMENSURATE *a*, disproportionné.
MEANS INCOMMENSURATE WITH WANTS, moyens sans rapport avec les besoins.

INCOMPARABLE *a*, incomparable.

INCOMPARABLENESS *s*, incomparabilité *f*.

INCOMPARABLY *adv*, incomparablement.

INCOMPATIBILITY *s*, incompatibilité *f*.

INCOMPATIBLE *a*, incompatible.

INCOMPETENCE *s*, incompétence *f*.

INCOMPETENCY *s*, incompétence *f*.

INCOMPETENT *a*, incompétent, incapable.

INCOMPLETE *a*, incomplet, partiel.

INCOMPUTABLE *a*, incalculable.

INCONCLUSIVE *a*, peu concluant, non concluant.

INCONSIDERABLE *a*, négligeable.
a not INCONSIDERABLE NUMBER OF, un nombre non négligeable de.

INCONSISTENCY *s*, incompatibilité *f*, contradiction *f*.

INCONSISTENT *a*, incompatible, inconsistent.
INCONSISTENT EQUATIONS, équations incompatibles.

INCONSUMABLE *a*, inconsommable.

INCONTINENCE *s*, incontinence *f*.

INCONVENIENCE *s*, inconvénient *m*.

INCONVERTIBLE *a*, inconvertible.
INCONVERTIBLE PAPER MONEY, papier-monnaie non convertible.

INCORPORATE *v*, constituer, fusionner.
to INCORPORATE ONE BANK WITH ANOTHER, fusionner une banque avec une autre.
to INCORPORATE A COMPANY, constituer une société.

INCORPORATED *a*, incorporé, constitué.
INCORPORATED COMPANY, société constituée.
INCORPORATED TOWN, municipalité.

INCORPORATION *s*, incorporation *f*, constitution *f*.
INCORPORATION OF RESERVES, incorporation des réserves.

INCORRECT *a*, inexact.

INCORRECTLY *adv*, incorrectement, inexactement.

INCORRECTNESS *s*, inexactitude *f*.

INCREASABLE *a*, susceptible d'augmentation *f*.

INCREASE *s*, augmentation *f*, accroissement *m*, surcroît *m*, gain *m*, hausse *f*, majoration *f*.
ANNUAL INCREASE, augmentation annuelle.
ASSUMED RATE OF INCREASE, taux d'accroissement présumé.
AVERAGE RATE OF INCREASE, taux d'accroissement moyen.
to AWARD AN INCREASE IN SALARY, accorder une augmentation de salaire.
FAST INCREASE, accroissement rapide.
GENERAL INCREASE IN, augmentation générale de.
HORIZONTAL INCREASE IN SALARIES, accroissement uniforme de tous les salaires.
the INCREASE IN BUSINESS RUNS INTO, l'augmentation du chiffre d'affaires représente, s'élève à.
INCREASE OF CAPITAL, augmentation de capital.
INCREASE IN DEMAND, accroissement de la demande.
INCREASE IN POPULATION, accroissement démographique.
INCREASE IN PRICE, augmentation de prix.
INCREASE IN THE QUANTITY DEMANDED, accroissement de la quantité demandée.
INCREASE IN STOCKS, accroissement des stocks.
INCREASE OF TAXATION, augmentation d'impôt.
INCREASE IN VALUE, plus-value.
INCREASE IN WAGES, augmentation de salaires.
INCREASE IN THE WEALTH OF A NATION, accroissement de la richesse d'une nation.
LINEAR INCREASE OF TAXES, augmentation linéaire des impôts.
NATURAL INCREASE, accroissement naturel.
PAY INCREASE, augmentation de salaire.
RESULTANT INCREASE IN PRICE, hausse des prix consécutive (à).
SELF-INDUCED INCREASE OF CAPITAL, accroissement spontané du capital.
SLOW INCREASE, augmentation lente.
UNEMPLOYMENT ON THE INCREASE, chômage en augmentation.

INCREASE *v*, augmenter, (s')accroître, majorer.
to INCREASE THE EXPENDITURE, augmenter les dépenses.
to INCREASE FOURFOLD, quadrupler.
to INCREASE IN PRICE, enchérir ; augmenter de prix.

to INCREASE THE PRICE OF, augmenter le prix de.
to INCREASE A SALARY, augmenter un salaire.
to INCREASE IN VALUE, augmenter de valeur.
to INCREASE THE TAXES, majorer les impôts.
MEANS OF INCREASING EMPLOYMENT, moyens d'accroître l'emploi.

INCREASED *a*, accru.
INCREASED COST OF LIVING, renchérissement du coût de la vie.
INCREASED WEALTH, richesse accrue.

INCREASING *a*, croissant, ascendant, en augmentation *f*.
INCREASING COST, coût croissant.
INCREASING RETURNS, rendements croissants.
INCREASING SERIES, progression ascendante.

INCREASING *s*, augmentation *f*, accroissement *m*.
INCREASING LIQUIDITY, accroissement des liquidités.
INCREASING THE RESOURCES OF, accroissement des ressources de.

INCREMENT *s*, accroissement *m*, augmentation *f*, profit *m*, plus-value *f*.
AGGREGATE NET INCREMENT, accroissement global net.
AVERAGE INCREMENT, accroissement moyen.
DYNAMIC INCREMENT, accroissement dynamique.
INCREMENT PER CENT, taux d'accroissement.
INCREMENT OF A FUNCTION, différentielle.
INCREMENT OF UTILITY, accroissement d'utilité.
UNEARNED INCREMENT, plus-value.
UNEARNED LAND INCREMENTS, plus-values foncières spontanées.

INCREMENTAL *a*, d'augmentation *f*.
INCREMENTAL COST, coût d'accroissement.

INCUMBRANCE *s*, charge *f*, servitude *f*.

INCUR *v*, encourir, subir.
to INCUR EXPENSES, encourir des frais.
to INCUR LARGE LOSSES, subir des pertes sensibles.
to INCUR A LIABILITY, encourir une responsabilité.
to INCUR A RISK, encourir un risque.

INCURRED *a*, encouru.
SPECIAL EXPENSES INCURRED, frais spéciaux encourus.
TOTAL EXPENSES INCURRED, total des dépenses encourues.

INCURVATE *v*, incurver.

INCURVATION *s*, incurvation *f*, courbure *f*.

INDEBTED *a*, endetté, redevable.
INDEBTED TO A LARGE AMOUNT, devoir une somme élevée.

INDEBTEDNESS *s*, dette *f*, endettement *m*, créance *f*.
ACKNOWLEDGMENT OF INDEBTEDNESS, reconnaissance (de dette).
CONSUMER INDEBTEDNESS, endettement des consommateurs.
EVIDENCE OF INDEBTEDNESS, titre de créance.
MUTUAL INDEBTEDNESS OF TWO COUNTRIES, créances et dettes réciproques de deux pays.
PROOF OF INDEBTEDNESS, titre de créance.

INDECISIVE *a*, peu concluant.

INDEFINABLE *a*, indéfinissable.

INDEFINITE *a*, indéfini, indéterminé, vague.

INDEFINITELY *adv*, indéfiniment.
to POSTPONE SOMETHING INDEFINITELY, ajourner quelque chose indéfiniment.
to PROLONG A LINE INDEFINITELY, prolonger une ligne à l'infini.

INDEFINITENESS *s*, indétermination *f*.

INDEMNIFICATION *s*, indemnisation *f*, dédommagement *m*, indemnité *f*.
by WAY OF INDEMNIFICATION, à titre d'indemnité.

INDEMNIFY *v*, indemniser, dédommager.

INDEMNITY *s*, indemnité *f*, dédommagement *m*, garantie *f*, caution *f*.
IMMUNITY FROM WAR INDEMNITIES, exclusion des dommages de guerre.
INDEMNITY BOND, cautionnement.
INDEMNITY FOR EXPROPRIATION, indemnité pour cause d'expropriation.
LETTER OF INDEMNITY, cautionnement.
WAR INDEMNITY, dommage de guerre.

INDENTED *a*, denté, dentelé.
DEED INDENTED, contrat de vente d'immeuble (à exécution fractionnée).

INDENTURE *s*, contrat *m* synallagmatique.
INDENTURES, contrat d'apprentissage.

INDENTURED *a*, sous contrat *m*.
INDENTURED LABOUR, main-d'œuvre sous contrat à long terme ; main-d'œuvre sous contrat d'apprentissage.

INDEPENDENCE *s*, indépendance *f*.

ABSOLUTE INDEPENDENCE, indépendance absolue (de deux phénomènes).
TEST OF INDEPENDENCE, test d'indépendance.

INDEPENDENT a, indépendant.
INDEPENDENT EVENTS, événements indépendants.
INDEPENDENT INCOME, fortune personnelle.
INDEPENDENT VARIABLE, variable indépendante.
PERSON OF INDEPENDENT MEANS, rentier.

INDEPENDENTLY adv, indépendamment.

INDESTRUCTIBLE a, indestructible, inconsommable.
INDESTRUCTIBLE CAPITAL, capital inconsommable.

INDETERMINABLE a, indéterminable.

INDETERMINACY s, indétermination f.

INDETERMINATE a, indéterminé.
INDETERMINATE PROBLEM, problème indéterminé.
INDETERMINATE QUANTITY, quantité indéterminée.

INDETERMINATION s, indétermination f.

INDEX s, indice m, index m, baromètre m; coefficient m, répertoire m.
CARD-INDEX, fichier.
CARD-INDEX FILE, fichier.
CHAIN INDEXES, indices en chaîne continue; indices en chaîne de rapports; indices-chaîne.
CHAIN INDEXES OF PRICES, indices-chaîne de prix.
CIRCULAR TEST FOR INDEX-NUMBERS, test de réversibilité des indices.
all COMMODITIES INDEX, indice relatif à l'ensemble des produits.
CONSTRUCTION OF INDEX-NUMBERS, établissement d'indices.
CONSUMER PRICE INDEX-NUMBERS, indices des prix à la consommation.
DOW-JONES INDEX, U.S: indice Dow-Jones.
EXPORT PRICE INDEX, indices des prix des exportations.
EXPORT UNIT VALUE INDEX, indices de la valeur unitaire des exportations.
FISHER'S IDEAL INDEX, indice idéal (de Fisher).
HARVARD INDEX (OF BUSINESS CONDITIONS), baromètre de Harvard.
IMPORT PRICE INDEX, indices des prix des importations.
IMPORT UNIT VALUE INDEX, indices de la valeur unitaire des importations.
INDEX-CARD, fiche.
INDEX OF CONFORMITY, indice de conformité
INDEX OF CORRELATION, indice de corrélation (curviligne).
INDEX OF FOODSTUFFS, indice des denrées alimentaires.
INDEX OF INDUSTRIAL PRODUCTION, indice de la production industrielle.
INDEXES OF LABOUR REQUIREMENTS, indices des quantités requises de main-d'œuvre.
INDEX-NUMBERS, indices.
INDEX-NUMBERS COMPARISONS, comparaisons d'indices.
INDEX-NUMBERS OF CONSUMER PRICES, indices des prix de détail.
INDEX-NUMBERS OF INDUSTRIAL PRODUCTION, indices de la production industrielle.
INDEX-NUMBERS OF THE VOLUME AND AVERAGE VALUE (OF EXTERNAL TRADE), indices du volume et des valeurs moyennes (du commerce extérieur).
INDEX-NUMBERS OF WHOLESALE PRICES, indices des prix de gros.
INDEX OF REAL WAGES, indice des salaires réels.
INDEX OF SECURITY PRICES, indice boursier.
INDEX OF TILTING, indice d'infléchissement (du plan).
INDUSTRIAL PRODUCTION INDEX-NUMBERS, indices de la production industrielle.
LASPEYRES INDEX, indice Laspeyres.
OVER-ALL INDEXES, indices globaux.
PAASCHE INDEX, indice Paasche.
PARITY INDEX, indice synthétique.
PHYSICAL VOLUME INDEX, indice du volume physique (de la production).
PRICE INDEX-NUMBERS, indices de prix.
QUANTITY INDEX, indice de quantité.
QUANTUM INDEX, indice du quantum.
RETAIL PRICE INDEX, indice des prix de détail.
SEASONAL INDEX, coefficient saisonnier.
the SHARE INDEX REACHED AN ALL-TIME LOW, l'indice des actions est descendu à son plus bas niveau.
SIMPLE INDEX-NUMBERS, indice simple, réel.
STOCK INDEX, U.S: indice des actions.
UNIT VALUE INDEX, indice de la valeur unitaire.
VOLUME INDEX, indices du volume.
VOLUME INDEX FOR EXPORTS, indice du volume des exportations.
VOLUME INDEX FOR IMPORTS, indice du volume des importations.
WEIGHTED INDEXES, indices pondérés.
WEIGHTED INDEX-NUMBERS OF PRICES, indices de prix pondérés·

INDEX v, faire l'index m, répertorier.

INDEXING s, indexation f.

INDIA pr. n, Inde(s).
HIGHWAY TO INDIA, route des Indes.

INDIAN a, indien.
INDIAN MAIL, Malle des Indes.

INDICATE v, indiquer.

INDICATED a, indiqué.
MEASURES THAT ARE INDICATED, mesures qui sont indiquées.

INDICATION s, indication f, indice m, symptôme m.

INDICATIVE a, indicatif.
INDICATIVE PLANNING, planification indicative.

INDICATOR s, indicateur m; indice m, clignotant m, signal m.
STATISTICAL INDICATOR, indicateur statistique.

INDICATORY a, indicatif, indicateur.

INDICATRIX s, indicatrice f.

INDIFFERENCE s, indifférence f, impartialité f.
to ATTAIN A HIGHER INDIFFERENCE CURVE, s'élever à une courbe d'indifférence supérieure.
INDIFFERENCE CURVE, courbe d'indifférence.
INDIFFERENCE CURVE ANALYSIS, analyse par courbes d'indifférence.
INDIFFERENCE MAP, diagramme d'indifférence; carte d'indifférence.

INDIFFERENT a, indifférent, neutre.

INDIGENCE s, indigence f, pauvreté f.

INDIGENT a, indigent, pauvre.

INDIRECT a, indirect, détourné.
EXCESS OF INDIRECT TAXES OVER SUBSIDIES, excédent des impôts indirects sur les subventions.
INDIRECT BUSINESS TAXES, impôts indirects acquittés par les entreprises.
INDIRECT EFFECTS, conséquences indirectes.
INDIRECT EVIDENCE, preuve indirecte.
INDIRECT EXPENSES, frais généraux; frais fixes.
INDIRECT TAX, impôt indirect.
INDIRECT TAXATION, impôts indirects.

INDISCERNIBLE a, imperceptible.

INDISCRIMINATE a, sans discrimination f.

INDISPENSABLE a, indispensable, de première nécessité f.

INDISPUTABLE a, indiscutable, incontestable.

INDISSOLUBLE a, indissoluble.

INDISTINCT a, peu distinct, confus.

INDIVIDUAL a, individuel, particulier; séparé, privé.
COLLECTIVE BEHAVIOUR OF INDIVIDUAL CONSUMERS, comportement collectif des consommateurs individuels.
INDIVIDUAL COMMODITIES, produits séparés.
INDIVIDUAL CONSUMER, consommateur individuel.
INDIVIDUAL FIRM, entreprise individuelle.

INDIVIDUAL s, individu m, particulier m.
COMPLETE CENSUS OF INDIVIDUALS, recensement complet des individus.
PRIVATE INDIVIDUAL, simple particulier.

INDIVIDUALISM s, individualisme m.

INDIVIDUALLY adv, individuellement.

INDIVISIBILITY s, indivisibilité f.
INDIVISIBILITY OF FACTORS AND PROCESSES, indivisibilité des facteurs et des processus.
INDIVISIBILITY OF UNITS, indivisibilité des unités.

INDIVISIBLE a, indivisible.
INDIVISIBLE WHOLE, un tout indivisible.

INDOOR a, d'intérieur, sédentaire.
INDOOR ESTABLISHMENT, service sédentaire.

INDUCED a, induit, provoqué.
INDUCED CURRENT, courant induit.
INDUCED DEMAND, demande induite.
INDUCED INVESTMENT, investissement induit.
INDUCED SPENDING, dépenses induites.
SELF-INDUCED INCREASE OF CAPITAL, accroissement spontané du capital.

INDUCEMENT s, incitation f, motif m, mobile m.
FISCAL INDUCEMENT, incitation fiscale.

INDUCTION s, induction f.
STATISTICAL INDUCTION, induction statistique.

INDUCTIVE a, inductif.
INDUCTIVE METHOD, méthode inductive.
INDUCTIVE REASONING, raisonnement par induction.

INDUSTRIAL a, industriel.

CONGRESS OF INDUSTRIAL ORGANIZATIONS (C.I.O.), *U.S:* Congrès des organisations industrielles.
INDEX-NUMBERS OF INDUSTRIAL PRODUCTION, indices de la production industrielle.
INDUSTRIAL AGE, âge industriel.
INDUSTRIAL APPLICATIONS OF A DISCOVERY, applications industrielles d'une découverte.
INDUSTRIAL BUILDING, construction à usage industriel.
INDUSTRIAL CONCERN, entreprise industrielle.
INDUSTRIAL COPARTNERSHIP, actionnariat ouvrier.
INDUSTRIAL DESIGN, esthétique industrielle.
INDUSTRIAL DIAMONDS, diamants industriels.
INDUSTRIAL ECONOMICS, économie industrielle.
INDUSTRIAL ENGINEERING, organisation scientifique du travail.
INDUSTRIAL HANDLING, manutention industrielle.
INDUSTRIAL MERGER, fusion d'entreprises; concentration industrielle.
INDUSTRIAL PARTNERSHIP, participation des ouvriers aux bénéfices.
INDUSTRIAL PRODUCTION INDEX-NUMBERS, indices de la production industrielle.
INDUSTRIAL PSYCHOLOGY, psychotechnique.
INDUSTRIAL RECOVERY, reprise économique.
INDUSTRIAL RELATIONS, relations humaines dans l'entreprise.
INDUSTRIAL RESEARCH, recherche appliquée.
INDUSTRIAL REVOLUTION, révolution industrielle.
INDUSTRIAL SCHOOL, école technique.
INDUSTRIAL SOCIETY, société industrielle.
INDUSTRIAL UNDERTAKING, entreprise industrielle.
INDUSTRIAL UNIT, atelier.
MARKET PRICES OF INDUSTRIAL SHARES, cours des actions industrielles.

INDUSTRIALISM *s*, industrialisme *m*.

INDUSTRIALIST *s*, industriel *m*.

INDUSTRIALIZATION *s*, industrialisation *f*.
DEGREE OF INDUSTRIALIZATION, degré d'industrialisation.

INDUSTRIALIZE *v*, industrialiser.

INDUSTRIALIZED *a*, industrialisé.

INDUSTRIALS *s. pl*, valeurs *f. pl* industrielles.

INDUSTRIOUS *a*, industrieux, travailleur.

INDUSTRY *s*, industrie *f*; application *f*, assiduité *f*.
AIRCRAFT INDUSTRY, industrie aéronautique.
ALLIED INDUSTRIES, industries connexes.
BEET INDUSTRY, industrie betteravière.
CANNING-INDUSTRY, *U.S:* industrie des conserves alimentaires.
the CAR INDUSTRY HAS MADE DETROIT, l'industrie de l'automobile a fait la prospérité de Detroit.
to CHANNEL INVESTMENT INTO INDUSTRY, diriger les investissements vers l'industrie.
CHEMICAL INDUSTRY, industrie chimique.
COAL INDUSTRY, industrie houillère.
COAL-MINING INDUSTRY, industrie houillère.
COMPETING INDUSTRIES, industries concurrentes.
COMPUTER INDUSTRY, industrie de l'informatique.
COTTAGE INDUSTRY, industrie artisanale.
to CREATE AN INDUSTRY, créer une industrie.
to ESTABLISH AN INDUSTRY, créer une industrie.
EXTRACTIVE INDUSTRIES, industries extractives.
GAS-INDUSTRY, industrie gazière.
GLASS INDUSTRY, industrie du verre.
HEAVY INDUSTRIES, industries lourdes.
INDUSTRY STILL IN ITS INFANCY, industrie encore dans son enfance.
INDUSTRIES THAT HAVE KEPT GOING, industries qui ont maintenu leur activité.
INDUSTRY STILL IN ITS PUPILLAGE, industrie encore dans son enfance.
INDUSTRY IS REVIVING, l'industrie reprend.
INFANT INDUSTRY, industrie naissante.
INTERNATIONAL FEDERATION OF COTTON AND ALLIED TEXTILE INDUSTRIES, Fédération internationale du coton et des industries textiles connexes.
to KEEP INDUSTRY GOING, maintenir l'activité de l'industrie.
KEY INDUSTRY, industrie-clef.
LEATHER INDUSTRY, industrie du cuir.
LOCATION OF INDUSTRY, localisation de l'industrie.
MACHINE-TOOL INDUSTRY, industrie des machines-outils.
MAGNATES OF INDUSTRY, magnats de l'industrie.
MEAT INDUSTRY, industrie de la viande.
MEAT-PACKING INDUSTRY, industrie de la conserve de la viande.
MINING INDUSTRY, industrie minière.
MOTOR-CAR INDUSTRY, industrie de l'automobile.
NATIONALIZATION OF AN INDUSTRY, nationalisation d'une industrie.
NATIONALIZED INDUSTRY, industrie nationalisée.

NUCLEAR INDUSTRY, industrie nucléaire.
PAPER-INDUSTRY, industrie du papier.
POTASH INDUSTRY, industrie potassière.
PRESS-BUTTON INDUSTRY, industrie entièrement automatisée.
PRIMARY INDUSTRY, secteur primaire.
PRODUCING INDUSTRY, industrie productrice.
to PROTECT AN INDUSTRY AGAINST UNFAIR COMPETITION, protéger une industrie contre la concurrence déloyale.
QUALITATIVE DECLINE OF A DECLINING INDUSTRY, pertes qualitatives d'une industrie déclinante.
RAILWAY INDUSTRY, industrie ferroviaire.
RATIONALIZATION OF INDUSTRY, rationalisation de l'industrie.
REFRIGERATION INDUSTRY, industrie du froid.
RELATED INDUSTRIES, industries connexes.
to SAFEGUARD AN INDUSTRY, protéger une industrie.
SAFEGUARDING OF AN INDUSTRY, protection d'une industrie.
SELF-CONTAINED INDUSTRIES, industries qui se suffisent à elles-mêmes.
SHELTERED INDUSTRY, industrie protégée (contre la concurrence étrangère).
SHIPBUILDING INDUSTRY, industrie des constructions navales.
SHIPPING INDUSTRY, industrie des transports maritimes.
SILK INDUSTRY, industrie de la soie.
SMALLER INDUSTRIES, petite industrie.
STAPLE INDUSTRY, industrie principale.
STRUCTURE OF INDUSTRY, structure de l'industrie.
SUBSIDIZED INDUSTRY, industrie subventionnée.
SUGAR INDUSTRY, industrie sucrière.
to SYNDICATE AN INDUSTRY, syndiquer une industrie.
TEXTILE INDUSTRY, industrie textile.
WOOL INDUSTRY, industrie lainière.

INEDIBLE *a*, non comestible.

INEFFECTIVE *a*, inefficace.

INEFFECTIVENESS *s*, inefficacité *f*, manque *m* d'effet *m*.

INEFFECTUAL *a*, inefficace.

INEFFECTUALNESS *s*, inefficacité *f*.

INEFFICIENCY *s*, inefficacité *f*, incompétence *f*.

INEFFICIENT *a*, inefficace, incompétent.

INELASTIC *a*, inélastique.
INELASTIC DEMAND, demande inélastique.
INELASTIC EXPECTATIONS, prévisions inélastiques.
INELASTIC SUPPLY, offre inélastique.

INELASTICITY *s*, inélasticité *f*.
INELASTICITY OF DEMAND, inélasticité de la demande.
INELASTICITY OF SUPPLY, inélasticité de l'offre.

INELIGIBILITY *s*, inéligibilité *f*.

INELIGIBLE *a*, inéligible.

INELUCTABLE *a*, inéluctable.

INEPT *a*, déplacé, nul.

INEQUABLE *a*, inégal, irrégulier.

INEQUALITY *s*, inégalité *f*.
INEQUALITY BETWEEN COUNTRIES, inégalité entre pays.
INEQUALITY OF INCOME, inégalités des revenus.
INEQUALITY OF PRICE, inégalités de prix.

INEQUITABLE *a*, inéquitable.
INEQUITABLE DISTRIBUTION OF TAXATION, répartition inéquitable de l'impôt.

INERTIA *s*, inertie *f*.
LAW OF INERTIA, loi d'inertie.
MOMENT OF INERTIA, moment d'inertie.

INESCAPABLE *a*, inéluctable, inévitable.

INESTIMABLE *a*, inestimable.

INEVITABLE *a*, inévitable.
INEVITABLE REFORM, réforme inévitable.

INEXACT *a*, inexact.

INEXACTITUDE *s*, inexactitude *f*.

INEXHAUSTIBILITY *s*, nature *f* inépuisable.

INEXHAUSTIBLE *a*, inépuisable.

INEXORABLE *a*, inexorable.

INEXPENSIVE *a*, bon marché, économique.

INEXPERIENCED *a*, inexpérimenté, novice.

INEXTRICABLE *a*, inextricable.

INFANCY *s*, première enfance *f*.
INDUSTRY STILL IN ITS INFANCY, industrie encore dans son enfance.

INFANT *s*, enfant *m* (en bas âge *m*).

113

INFANT INDUSTRY, industrie naissante.
INFANT MORTALITY, mortalité infantile.
INFANT MORTALITY RATES, taux de mortalité infantile.

INFANTILE a, infantile.

INFER v, inférer, déduire, induire.

INFERENCE s, inférence f, déduction f, induction f.
by INFERENCE, par induction; par déduction.
MEDIATE INFERENCE, déduction médiate.
STATISTICAL INFERENCE, induction statistique.

INFERENTIAL a, déductif.

INFERIOR a, inférieur.
INFERIOR GOODS, marchandises inférieures.
INFERIOR QUALITY, qualité inférieure.

INFERIORITY s, infériorité f.
INFERIORITY COMPLEX, complexe d'infériorité.
INFERIORITY IN NUMBERS, infériorité du nombre.

INFERRING s, déduction f.

INFILTRATION s, infiltration f.

INFINITE a, infini, illimité.
INFINITE POPULATION, population infinie.
INFINITE SERIES, série infinie.

INFINITE s, infini m.
the FINITE AND THE INFINITE, le fini et l'infini.

INFINITELY adv, infiniment.
INFINITELY ELASTIC DEMAND, demande infiniment élastique.
INFINITELY PROBABLE, infiniment probable.

INFINITESIMAL a, infinitésimal.
INFINITESIMAL CALCULUS, calcul infinitésimal.

INFINITESIMALS s. pl, analyse f infinitésimale.

INFINITY s, infinité f, infini m.
to INFINITY, à l'infini.

INFIRM v, infirmer, invalider.

INFLATE v, gonfler, grossir.
to INFLATE THE CURRENCY, faire de l'inflation monétaire.

INFLATED a, gonflé, enflé.
INFLATED CURRENCY, inflation monétaire.

INFLATING s, gonflement m, inflation f.

INFLATION s, inflation f.
CHRONIC INFLATION, inflation chronique.
to CONTROL INFLATION, contenir l'inflation.
COST INFLATION, inflation des coûts.
COST-PUSH INFLATION, inflation par poussée sur les coûts.
CREDIT INFLATION, inflation de crédit.
CREEPING INFLATION, inflation rampante.
CUMULATIVE INFLATION, inflation cumulative.
EXCESS-DEMAND INFLATION, inflation par excès de demande.
GALLOPING INFLATION, inflation galopante.
GROWTH WITHOUT INFLATION, croissance sans inflation; crois-
sance dans la stabilité.
HEDGE AGAINST INFLATION, refuge contre l'inflation.
IMPACT OF INFLATION ON, incidences de l'inflation sur.
IMPORTED INFLATION, inflation importée.
INCOME ADJUSTED FOR INFLATION, revenu réel compte tenu de
l'inflation.
INFLATION OF CREDIT, inflation de crédit.
INFLATION OF THE CURRENCY, inflation fiduciaire; inflation moné-
taire.
INFLATION IS GETTING OUT OF CONTROL, l'inflation échappe à
tout contrôle.
to JUGULATE INFLATION, juguler l'inflation.
MARK-UP PRICE INFLATION, inflation par majoration disproportion-
née des coûts.
MONETARY INFLATION, inflation monétaire.
PRICE INFLATION, inflation des prix.
RAGING INFLATION, inflation galopante.
RATE OF INFLATION, taux d'inflation.
SELLERS' INFLATION, inflation des vendeurs.
SYMPTOMS OF INFLATION, symptômes de l'inflation.
THEORY OF INFLATION, théorie de l'inflation.
TRUE INFLATION, inflation véritable.

INFLATIONARY a, inflationniste.
INFLATIONARY BIDDING UP OF PRICES, hausse inflationniste
des prix.
INFLATIONARY GAP, écart inflationniste.
INFLATIONARY PRESSURE, pression inflationniste.
INFLATIONARY TENDENCIES, tendances inflationnistes.

INFLATIONISM s, inflationnisme m.

INFLEXIBILITY s, inflexibilité f, rigidité f.
PRICE INFLEXIBILITY, inflexibilité des prix; rigidité des prix.

INFLEXIBLE a, inflexible, rigide.

INFLEXION s, inflexion f.
INFLEXION POINT, point d'inflexion.

INFLOW s, affluence f, afflux m.

INFLUENCE s, influence f.
SPHERE OF INFLUENCE, sphère d'influence.
STABILIZING INFLUENCE, influence stabilisatrice.

INFLUENCE v, influencer.

INFLUX s, afflux m, affluence f.
INFLUX OF GOLD, afflux d'or.

INFORM v, informer, renseigner.

INFORMATION s, information f, renseignement m.
FURTHER INFORMATION, renseignements complémentaires.
to GATHER INFORMATION, réunir des informations.
HARVEST OF INFORMATION, moisson de renseignements.
INFORMATION PROCESSING, traitement de l'information.
MANAGEMENT INFORMATION SYSTEM, système intégré de gestion.
RELEVANT INFORMATION, (tous) renseignements utiles.
REQUEST FOR INFORMATION, demande de renseignements.
SOURCE OF INFORMATION, source d'informations.

INFREQUENT a, rare, peu fréquent.

INFRINGE v, enfreindre.
to INFRINGE THE RULE, enfreindre la règle.

INFRINGEMENT s, infraction f, atteinte f, violation f, contrefaçon f.
INFRINGEMENT OF COPYRIGHT, contrefaçon littéraire.
INFRINGEMENT OF A PATENT, contrefaçon (d'un brevet).
INFRINGEMENT OF RIGHTS, atteinte aux droits.

INGENUITY s, ingéniosité f.

INGOT s, lingot m, barre f.
to COIN INGOTS, transformer des lingots en monnaie.
INGOT GOLD, or en barres.

INGRESS s, entrée f, accès m.
FREE INGRESS, droit de libre accès.

INHABIT v, habiter.

INHABITABLE a, habitable.

INHABITANT s, habitant m.

INHABITED a, habité.
INHABITED-HOUSE DUTY, taxe sur les habitations.

INHERENCE s, inhérence f.

INHERENCY s, inhérence f.

INHERENT a, inhérent, propre.
INHERENT PROPERTY (OF), attribut; le propre de.
INHERENT VICE, vice propre.

INHERIT v, hériter.

INHERITANCE s, succession f, héritage m.
NATURAL INHERITANCE, transmission héréditaire.
RIGHT OF INHERITANCE, droit de succession.

INHERITOR s, héritier m.

INIMICAL a, hostile, défavorable.

INITIAL a, initial, premier.
INITIAL CAPITAL, capital d'apport; frais de premier établissement
INITIAL (CAPITAL) EXPENDITURE, frais de premier établissement.
INITIAL COST, coût initial.
INITIAL OUTLAY, frais de premier établissement.

INITIATE v, commencer, initier.
to INITIATE PROCEEDINGS, introduire une action en justice.

INITIATIVE s, initiative f.
PRIVATE INITIATIVE, initiative privée.

INJURE v, léser, blesser.

INJURED a, lésé; blessé.
the INJURED PARTY, la victime (d'un accident); la partie lésée.

INJURY s, préjudice m, dommage m, accident m.
INSURANCE AGAINST INJURIES TO WORKMEN, assurance accidents du travail.

INJUSTICE s, injustice f.

INLAND a, intérieur.
COMMISSIONERS OF INLAND REVENUE, fisc.
INLAND BILL, effet sur l'intérieur.
INLAND DUTIES, taxes intérieures.
INLAND NAVIGATION, navigation intérieure, fluviale.
INLAND PRODUCE, produits du pays.
INLAND RATE, tarif intérieur.
INLAND REVENUE, recettes fiscales; fisc.

INLAND REVENUE RECEIPTS, rentrées fiscales.
INLAND REVENUE STAMP, timbre fiscal.
INLAND SYSTEM, régime intérieur.
INLAND TRADE, commerce intérieur.
INLAND WATERS, eaux intérieures.
INLAND WATERWAYS, voies navigables intérieures.

INLAND s, intérieur m.

INLANDER s, habitant m de l'intérieur m.

INNER a, intérieur.
INNER RESERVES, réserves latentes.

INNOVATE v, innover.

INNOVATING s, innovation f.

INNOVATION s, innovation f.
CAPITAL-SAVING INNOVATION, innovation épargnant du capital.
INNOVATION THEORY (OF THE BUSINESS CYCLE), théorie de l'innovation.
LABOUR-SAVING INNOVATION, innovation épargnant du travail.
RATE OF INNOVATION, rythme d'innovations.

INNOVATOR s, innovateur m.

INNUMERABLE a, innombrable.

INOPERATIVE a, inopérant.
INOPERATIVE CLAUSE, clause inopérante.

INORGANIC a, inorganique.
INORGANIC CHEMISTRY, chimie minérale.

INORGANIZATION s, manque m d'organisation f.

INPUT s, facteur m de production f, facteur, intrant m, entrée f, input m.
BEST COMBINATION OF INPUT, combinaison optimale de facteurs.
COMBINATION OF INPUT WHICH MINIMIZES (VARIABLE) COSTS, combinaison de facteurs qui minimise les coûts (variables).
DATA INPUT AND OUTPUT, entrée et sortie de données, d'informations.
INPUT LAG, retard d'adaptation des facteurs.
INPUT-OUTPUT ANALYSIS, analyse d'input-output; analyse intersectorielle; analyse d'échanges intersectoriels.
INPUT-OUTPUT FLOWS, flux entrants et sortants.
INPUT-OUTPUT INSTRUCTION, instruction d'entrée-sortie.
INPUT-OUTPUT OPERATIONS, opérations d'entrée-sortie.
INPUT-OUTPUT OVERLAP, simultanéité d'entrée-sortie.
INPUT-OUTPUT RELATIONS, relations entre les entrées et les sorties.
INPUT-OUTPUT ROUTINE, routine d'entrée-sortie.
INPUT-OUTPUT TABLE, tableau d'échanges intersectoriels; tableau des entrées-sorties.
MARKET FOR INPUTS, marché des facteurs.
PRICE OF INPUT AND PRICE OF OUTPUT, prix des facteurs et prix du produit.
TOTAL INPUT, quantité totale de facteurs employés.

INQUEST s, enquête f, jury m.

INQUIRE v, s'enquérir.
to INQUIRE THE PRICE, s'enquérir du prix.

INQUIRY s, recherche f, enquête f, demande f de renseignements m. pl.
FURTHER INQUIRY, plus ample informé.
INQUIRY OFFICE, bureau de renseignements.
METHOD OF INQUIRY, méthode d'investigation.
STATISTICAL INQUIRY, enquête statistique.

INSALUBRIOUS a, insalubre.

INSATIABLE a, insatiable.

INSATURABLE a, insaturable.

INSATURATED a, insaturé.

INSCRIBE v, inscrire.

INSCRIBED a, inscrit.
INSCRIBED RENT, inscription de rente.
INSCRIBED STOCK, actions inscrites.

INSCRIBING s, inscription f.

INSCRIPTION s, inscription f.
INSCRIPTIONS, rente inscrite.

INSECURE a, peu sûr, dangereux.

INSECURITY s, insécurité f, danger m.

INSEMINATION s, insémination f.

INSENSIBLE a, imperceptible.
by INSENSIBLE DEGREES, imperceptiblement.

INSEPARABILITY s, inséparabilité f.

INSEPARABLE a, inséparable, indivisible.

INSERT v, insérer.
to INSERT A CLAUSE, insérer une clause.

INSERTION s, insertion f.

INSIDER s, initié m.

INSIGHT s, aperçu m; perspicacité f.

INSIGNIFICANT a, insignifiant.

INSOLUBLE a, insoluble.
INSOLUBLE PROBLEM, problème insoluble.

INSOLVENCY s, insolvabilité f, faillite f.

INSOLVENT a, insolvable.
INSOLVENT DEBTOR, débiteur insolvable.

INSOLVENT s, débiteur m insolvable, failli m.

INSPECT v, inspecter, examiner.
to INSPECT BOOKS, examiner la comptabilité.

INSPECTING s, inspection f, visite f.

INSPECTION s, inspection f, vérification f, surveillance f, examen m, visite f.
FACTORY INSPECTION, inspection du travail.
INSPECTION COMMITTEE, comité de surveillance.
PERIODICAL INSPECTION, vérification périodique.

INSPECTOR s, inspecteur m, contrôleur m, vérificateur m.
FACTORY INSPECTOR, inspecteur du travail.
INSPECTOR-GENERAL, inspecteur général.
INSPECTOR OF TAXES, inspecteur des contributions directes.

INSTABILITY s, instabilité f.
INSTABILITY OF CREDIT, instabilité du crédit.
MONETARY INSTABILITY, instabilité monétaire.

INSTALLATION s, installation f; montage m.

INSTALLED a, installé.
INSTALLED CAPACITY, puissance installée.

INSTALMENT s, acompte m, versement m, versement partiel, tranche f.
ANNUAL INSTALMENT, annuité.
FINAL INSTALMENT, dernier versement.
INSTALMENT CREDIT, crédit à tempérament.
INSTALMENT PLAN, vente à tempérament.
INSTALMENTS SPREAD OVER SEVERAL MONTHS, versements échelonnés sur plusieurs mois.
INSTALMENT SYSTEM, vente à tempérament.
to ISSUE A LOAN BY INSTALMENTS, émettre un emprunt par tranches.
MONTHLY INSTALMENT, mensualité.
to PAY BY INSTALMENTS, payer à tempérament.
REPAYABLE BY INSTALMENTS, remboursable par versements échelonnés.

INSTANCE s, exemple m, cas m.
for INSTANCE, par exemple.
in many INSTANCES, dans bien des cas.
ISOLATED INSTANCE, cas isolé.

INSTANT a, instant, immédiat.
INSTANT REMEDY, remède immédiat.

INSTANTANEITY s, instantanéité f.

INSTANTANEOUS a, instantané.
INSTANTANEOUS EQUILIBRIUM, équilibre instantané.

INSTANTANEOUSNESS s, instantanéité f.

INSTIGATION s, instigation f, incitation f.

INSTINCT s, instinct m.
HERD INSTINCT, instinct grégaire.

INSTITUTE s, institut m, école f.
TECHNICAL INSTITUTE, école des arts et métiers.

INSTITUTE v, instituer, constituer.

INSTITUTION s, institution f, établissement m, organisme m.
CENTRAL MONETARY INSTITUTIONS, établissements monétaires de l'État.
CHARITABLE INSTITUTION, institution de bienfaisance.
CREDIT INSTITUTION, établissement de crédit.
non-PROFIT INSTITUTIONS, organismes à but non lucratif.

INSTITUTIONAL a, institutionnel, U.S: de prestige f.
INSTITUTIONAL ADVERTISING, U.S: publicité de prestige.
INSTITUTIONAL INVESTORS, organismes de placement collectif.
INSTITUTIONAL MONOPOLY, monopole institutionnel.

INSTRUCT v, donner des instructions f. pl.

INSTRUCTION s, instruction f, mandat m.
to EXCEED INSTRUCTIONS RECEIVED, excéder les instructions reçues.
INPUT-OUTPUT INSTRUCTION, instruction d'entrée-sortie.

INSTRUMENT s, instrument m, acte m, mécanisme m.
INSTRUMENT OF CREDIT, instrument de crédit.

INSTRUMENT OF PAYMENT, instrument de paiement.
PRECISION INSTRUMENTS, instruments de précision.

INSTRUMENTAL a, instrumental, productif.
INSTRUMENTAL CAPITAL, capital productif.
INSTRUMENTAL ERROR, erreur due à l'instrument employé.

INSUCCESS s, insuccès m, échec m.

INSUFFICIENCY s, insuffisance f.
INSUFFICIENCY OF ASSETS, insuffisance d'actif.
INSUFFICIENCY OF EFFECTIVE DEMAND, insuffisance de la demande effective.

INSUFFICIENT a, insuffisant.
INSUFFICIENT FOOD SUPPLIES, manque de vivres.
INSUFFICIENT FUNDS, insuffisance de provision.

INSUFFICIENTLY adv, insuffisamment.

INSUPERABLE a, insurmontable.

INSURABLE a, assurable.
INSURABLE RISK, risque assurable.
INSURABLE VALUE, valeur assurable.

INSURANCE s, assurance f, garantie f.
ACCIDENT INSURANCE, assurance contre les accidents
BURGLARY INSURANCE, assurance-vol.
CERTIFICATE OF INSURANCE, certificat d'assurance.
CO-INSURANCE, coassurance.
COMPULSORY UNEMPLOYMENT INSURANCE, assurance chômage obligatoire.
COST, INSURANCE, FREIGHT (C.I.F.), coût, assurance, fret (c.a.f.).
CREDIT INSURANCE, assurance contre les mauvaises créances.
DISABLEMENT INSURANCE, assurance contre l'invalidité.
DOUBLE INSURANCE, assurance cumulative.
EMPLOYERS' LIABILITY INSURANCE, assurance accidents du travail.
ENDOWMENT INSURANCE, assurance à terme fixe; assurance à. capital différé.
FIRE-INSURANCE, assurance incendie.
FREIGHT INSURANCE, assurance sur fret.
GOODS, FREIGHT, AND INSURANCE, marchandises, fret et assurance.
GOVERNMENT INSURANCE OF BANK DEPOSITS, garantie des dépôts bancaires par l'État.
HEALTH INSURANCE, assurance maladie.
INSURANCE AGENT, agent d'assurances.
INSURANCE BROKER, courtier d'assurances.
INSURANCE CARD, carte d'assuré.
INSURANCE CHARGES, frais d'assurances.
INSURANCE COMPANY, compagnie d'assurances.
INSURANCE FUND, fonds d'assurance.
INSURANCE AGAINST INJURIES TO WORKMEN, assurance accidents du travail.
INSURANCE POLICY, police d'assurance.
INSURANCE PREMIUM, prime d'assurance.
INSURANCE RATE, tarif d'assurance.
INSURANCE AGAINST RISK OF, assurance contre le risque de.
INSURANCE SHARES, valeurs d'assurances.
INSURANCE TARIFF, tarif d'assurances.
INSURANCE VALUE, valeur d'assurance.
LIFE INSURANCE, assurance-vie.
LIFE INSURANCE COMPANY, compagnie d'assurances sur la vie.
LIFE INSURANCE POLICY, police d'assurance sur la vie.
LOW-RATE INSURANCE, assurance à tarif réduit.
MARINE INSURANCE, assurance maritime.
MARITIME INSURANCE, assurance maritime.
MOTOR-CAR INSURANCE, assurance automobile.
MUTUAL INSURANCE, co-assurance; mutuelle d'assurances.
NATIONAL INSURANCE, assurances sociales.
NULLITY OF THE INSURANCE, nullité de l'assurance.
OLD-AGE INSURANCE, assurance vieillesse.
PERSONAL ACCIDENT INSURANCE, assurance accidents.
PROPOSAL OF INSURANCE, proposition d'assurance.
PROPRIETARY INSURANCE, assurance à prime.
PROVISIONS OF AN INSURANCE POLICY, stipulations d'une police d'assurance.
PROVISIONAL INSURANCE, assurance provisoire.
PRUDENTIAL INSURANCE, assurance industrielle.
PUBLIC LIABILITY INSURANCE, assurance de responsabilité civile.
SEA INSURANCE, assurance maritime.
SICKNESS INSURANCE, assurance maladie.
SOCIAL INSURANCE, assurances sociales.
SOCIAL INSURANCE (SECURITY) BENEFITS, prestations sociales.
SOCIAL INSURANCE FUNDS, caisses d'assurances sociales.
STATE INSURANCE, assurances sociales.
to TAKE OUT AN INSURANCE POLICY, contracter une assurance.
THEFT INSURANCE, assurance contre le vol.
THIRD PARTY ACCIDENT INSURANCE, assurance accidents aux tiers.
THIRD PARTY INSURANCE, assurance aux tiers.
TIME INSURANCE, assurance à terme.

TOP-HAT INSURANCE SCHEME, U.K: régime de retraites des cadres (facultatif).
VOLUNTARY INSURANCE, assurance facultative, volontaire.

INSURANT s, assuré m.

INSURE v, (s') assurer, (se) faire assurer.
to INSURE ONE'S LIFE, s'assurer sur la vie.
to INSURE AGAINST A RISK, s'assurer contre un risque.

INSURED a, assuré.
INSURED VALUE, valeur assurée.
VALUATION OF PROPERTY INSURED, évaluation, estimation, des biens assurés.
VALUE OF THE THING INSURED, valeur de la chose assurée.

INSURED s, assuré m.

INSURER s, assureur m.

INTACT a, intact.
to MAINTAIN CAPITAL INTACT, conserver le capital en l'état.
MAINTAINING CAPITAL INTACT, maintien de l'intégrité du capital.

INTAKE s, rentrée f, prise f.

INTANGIBLE a, intangible, incorporel, impondérable.
INTANGIBLE ASSETS, actif incorporel.
INTANGIBLE BENEFITS, bénéfices intangibles.
INTANGIBLE FACTORS, impondérables.
INTANGIBLE PROPERTY, biens incorporels.

INTEGER s, nombre m entier.

INTEGRABLE a, intégrable.

INTEGRAL a, intégrant, intégral.
INTEGRAL CALCULUS, calcul intégral.
INTEGRAL FUNCTION, fonction intégrale.
INTEGRAL PART OF A CONTRACT, partie intégrante d'un contrat.

INTEGRAL s, intégrale f.
GENERAL INTEGRAL, intégrale générale.
INTEGRAL SIGN, signe d'intégration.
LINE INTEGRAL, intégrale linéaire.
SURFACE INTEGRAL, intégrale de surface.

INTEGRALITY s, intégralité f.

INTEGRAND s, expression f à intégrer.

INTEGRANT a, intégrant.

INTEGRATE a, intégral.

INTEGRATE v, intégrer, déterminer l'intégrale f (d'une fonction).

INTEGRATED a, intégré.
HYBRID INTEGRATED CIRCUIT, circuit semi-intégré.
INTEGRATED CIRCUIT, circuit intégré.
INTEGRATED DATA PROCESSING, traitement intégré de l'information.
INTEGRATED SYSTEM, système intégré.

INTEGRATION s, intégration f.
BACKWARD INTEGRATION, intégration verticale à partir de produits finis.
DEGREE OF INTEGRATION, degré d'intégration.
ECONOMIC INTEGRATION, intégration économique.
HORIZONTAL INTEGRATION, intégration horizontale.
LATERAL INTEGRATION, diversification (industrielle).
VERTICAL INTEGRATION, intégration verticale.

INTEGRATOR s, intégrateur m, intégratrice f.
SURFACE INTEGRATOR, planimètre.

INTEGRITY s, intégrité f.
in its INTEGRITY, en entier.

INTELLECTUAL a, intellectuel.

INTELLIGENCE s, intelligence f; renseignements m. pl.
ECONOMIC INTELLIGENCE, nouvelles économiques.

INTENDED a, destiné, projeté.
COMMODITY INTENDED FOR EXPORT, produit destiné à l'exportation.

INTENDING a, potentiel, en puissance f.
INTENDING PURCHASERS, acheteurs éventuels.

INTENSE a, intense, vif.

INTENSENESS s, intensité f.

INTENSIFY v, intensifier, augmenter, accroître.

INTENSITY s, intensité f.
CAPITAL INTENSITY REQUIRED (PER UNIT OF LABOUR), quantité de capital requise (par unité de travail).

INTENSIVE a, intensif.
INTENSIVE AGRICULTURE, agriculture intensive.
INTENSIVE CULTIVATION, culture intensive.

INTENT *s*, intention *f*, dessein *m*, but *m*.

INTENTION *s*, intention *f*, dessein *m*.

INTENTIONAL *a*, intentionnel.

INTERACT *v*, réagir (réciproquement).

INTERACTION *s*, action *f* réciproque.

INTERBANK *a*, interbancaire, de banque *f* à banque.
INTERBANK LOANS, prêts de banque à banque.

INTERCALATE *v*, intercaler.

INTERCALATION *s*, intercalation *f*.

INTERCENSAL *a*, entre deux recensements *m. pl.*

INTERCHANGE *s*, échange *m*, alternance *f*.

INTERCHANGE *v*, échanger, alterner.

INTERCHANGEABILITY *s*, interchangeabilité *f*, permutabilité *f*.

INTERCHANGEABLE *a*, interchangeable, permutable.
INTERCHANGEABLE PARTS, pièces interchangeables.

INTERCOMMUNITY *s*, communauté *f* (de biens *m. pl*, d'intérêts *m. pl*).

INTERCONVERTIBLE *a*, réciproquement convertibles.

INTERCOURSE *s*, commerce *m*, relations *f. pl*, rapports *m. pl.*
BUSINESS INTERCOURSE, rapports de commerce.

INTERCROSS *v*, (s') entrecroiser.
LINES THAT INTERCROSS, lignes qui s'entrecroisent.

INTERCROSSED *a*, croisé.

INTERDEPARTMENTAL *a*, interdépartemental.

INTERDEPENDENCE *s*, interdépendance *f*, solidarité *f*.
MUTUAL INTERDEPENDENCE, interdépendance réciproque.

INTERDEPENDENT *a*, interdépendant, solidaire.
INTERDEPENDENT MARKETS, marchés interdépendants.
INTERDEPENDENT MODELS, modèles interdépendants.

INTERDICT *v*, interdire, prohiber.

INTERDICTION *s*, interdiction *f*.

INTERDIGITAL *a*, interdigital.

INTEREST *s*, intérêt *m*, arrérages *m. pl*; profit *m*, participation *f*, droit *m*.
to ADD THE INTEREST TO THE CAPITAL, ajouter l'intérêt au capital.
AFFECTATION OF INTEREST, affectation d'intérêts.
to ALLOW INTEREST ON DEPOSITS, allouer des intérêts aux dépôts.
to ALLOW AN INTEREST IN THE PROCEEDS, allouer une part du produit.
AREARS OF INTEREST, intérêts arriérés; intérêts échus et non payés.
BACK INTEREST, arrérages.
to BEAR INTEREST, porter intérêt.
in the BEST INTERESTS OF, au mieux des intérêts de.
BOND INTEREST, intérêts obligataires.
to BORROW AT INTEREST, emprunter à intérêt.
BOTTOMRY INTEREST, profit maritime.
to BRING IN INTEREST, porter intérêt.
CAPITAL WHICH BEARS INTEREST, capital qui porte intérêt.
CAPITALIZATION OF INTEREST, anatocisme.
to CARRY INTEREST, porter intérêt.
to CARRY AN INTEREST OF 5 %, rapporter un intérêt de 5 %.
COMMUNITY OF INTEREST, communauté d'intérêts.
COMPOUND INTEREST, intérêts composés.
CONTROL OF INTEREST RATES, contrôle des taux d'intérêt.
CONTROLLING INTEREST, participation donnant le contrôle.
CUMULATIVE INTEREST, intérêts cumulatifs.
CURRENT INTEREST, intérêts courants.
DEFAULT INTEREST, intérêts compensatoires.
DEFFERED INTEREST, intérêt différé.
DETERMINABLE INTEREST SECURITIES, valeurs à revenu variable.
DETERMINATION OF THE RATE OF INTEREST, détermination du taux d'intérêt.
DETRIMENTAL TO OUR INTERESTS, préjudiciable à nos intérêts.
ELASTICITY OF INTEREST-EXPECTATIONS, élasticité des prévisions d'intérêt.
ESCALATION OF INTEREST RATES, escalade des taux d'intérêt.
FALL IN THE RATE OF INTEREST, baisse du taux d'intérêt.
to FIX THE RATE OF INTEREST, fixer le taux d'intérêt.
FIXED-INTEREST MARKET, marché des obligations.
FIXED-INTEREST SECURITY, valeur à revenu fixe.
FORWARD RATE OF INTEREST, taux d'intérêt à terme.
to FUND INTEREST, consolider les arrérages.
GENERAL THEORY OF EMPLOYMENT, INTEREST AND MONEY, Théorie générale de l'emploi, de l'intérêt et de la monnaie.
GRADUATED-INTEREST DEBENTURE, obligation à taux progressif.
to GUARANTEE A MINIMUM INTEREST, garantir un minimum d'intérêt.

HIGH INTEREST, intérêt élevé.
HIGH RATE OF INTEREST, taux d'intérêt élevé.
INSURABLE INTEREST, intérêt pécuniaire.
INTEREST ACCOUNT, compte d'intérêts.
INTEREST ACCRUES FROM, les intérêts courent à partir de.
INTEREST IN ARREARS, intérêts arriérés; intérêts échus et non payés.
INTEREST-BEARING CAPITAL, capital qui rapporte.
INTEREST-BEARING INVESTMENT, placement qui porte intérêt.
INTEREST-BEARING SECURITIES, titres rapportant un intérêt; obligations.
INTEREST ON CAPITAL, intérêt du capital.
INTEREST ON CAPITAL CONSTITUTES A CHARGE ON PRODUCTION, les intérêts du capital constituent un élément du coût de production.
INTEREST CHARGES, intérêts.
INTEREST ALWAYS COMES FIRST, l'intérêt prime tout.
INTEREST COST, coût d'intérêt.
INTEREST COUPON, coupon d'intérêt.
INTEREST TO DATE, intérêts à ce jour.
INTEREST ON DEBENTURES, intérêt des obligations.
INTEREST ON DEBTS, intérêts sur les dettes.
INTEREST AND DIVIDENDS ARE PAYABLE ON, les intérêts et dividendes sont payables le.
INTEREST FREE OF TAX, intérêts nets d'impôts.
INTEREST, LESS TAX, intérêts, impôts déduits.
INTEREST ON LOAN, intérêt de prêt.
INTEREST ON OVERDUE PAYMENTS, intérêts moratoires.
INTEREST PAID OUT OF CAPITAL, intérêts prélevés sur le capital.
INTEREST AND PRINCIPAL, intérêt et principal.
INTEREST IN THE PROFITS, participation aux bénéfices.
INTEREST ON THE PUBLIC DEBT, intérêt de la dette publique.
INTEREST RATE, taux d'intérêt.
INTEREST RECEIVABLE, intérêts à recevoir.
INTEREST ON SECURITIES OWNED, intérêt sur les titres en portefeuille.
INTERESTS AT STAKE, intérêts en jeu.
INTEREST IN SUSPENSE, intérêts en suspens, en souffrance.
INTEREST TABLE, table d'intérêts.
INTEREST WARRANT, coupon d'intérêt.
INTEREST YIELD, taux de capitalisation; rendement.
to INVEST MONEY AT LIFE-INTEREST, placer de l'argent en viager.
INVESTMENT THAT RETURNS GOOD INTEREST, placement qui rapporte des intérêts élevés.
JARRING INTERESTS, intérêts incompatibles.
the LANDED INTEREST, les propriétaires terriens.
to LEND AT INTEREST, prêter à intérêt.
to LEND MONEY AT INTEREST, prêter à intérêt.
LIFE-INTEREST, usufruit.
LOAN AT INTEREST, prêt à intérêt(s).
to LOOK AFTER ONE'S INTERESTS, veiller à ses intérêts.
MAJORITY INTEREST, participation majoritaire.
MINORITY INTEREST, participation minoritaire.
MOMENTARY MONEY RATE OF INTEREST, taux d'intérêt momentané.
MONEY INTEREST, intérêt pécuniaire.
MONEY RATE OF INTEREST, taux d'intérêt monétaire.
MONEYED INTEREST, capitalistes.
NEGLECTFUL OF HIS INTERESTS, insoucieux de ses intérêts.
OUTSTANDING INTEREST, intérêts échus.
PAYMENT OF INTEREST, service de l'intérêt.
PRIVATE INTERESTS, intérêts particuliers.
PROPORTION OF CURRENT INTEREST, prorata d'intérêts en cours.
to PROTECT THE INTERESTS OF SHAREHOLDERS, sauvegarder les intérêts des actionnaires.
PUBLIC INTEREST, intérêt public.
RATE OF INTEREST, taux d'intérêt.
RATE OF INTEREST ON ADVANCES, taux d'intérêt des avances.
RATE OF INTEREST ON MONEY, taux d'intérêt de l'argent.
REAL RATE OF INTEREST, taux d'intérêt réel.
RED INTEREST, intérêts rouges, débiteurs.
RISE IN THE RATE OF INTEREST, hausse du taux de l'intérêt.
SHAREHOLDERS' INTERESTS, intérêts des actionnaires.
SHAREHOLDING INTERESTS IN, participation dans le capital de.
SHORT INTEREST, position vendeur; découvert.
SIMPLE INTEREST, intérêts simples.
THEORY OF CAPITAL AND INTEREST, théorie du capital et de l'intérêt.
THEORY OF THE RATE OF INTEREST, théorie du taux d'intérêt.
VESTED INTEREST, droits acquis.
to WORK OUT THE INTEREST, chiffrer les intérêts.
to YIELD INTEREST, rapporter un intérêt.

INTEREST *v*, intéresser.

INTERESTED *a*, intéressé.
INTERESTED MOTIVES, motifs intéressés.
INTERESTED PARTIES, parties intéressées.
INTERESTED PARTY, ayant droit.

INTERFACE *s*, interface *m*.

INTERFERE v, interférer, s'immiscer.
to INTERFERE IN THE MANAGEMENT, s'immiscer dans la gestion.

INTERFERENCE f, ingérence f, intervention f.

INTERIM a, entre-temps m, temporaire.
INTERIM DIVIDEND, dividende intérimaire.

INTERIM s, intérim m.

INTERIOR a, intérieur, interne.
INTERIOR ANGLE, angle interne.
INTERIOR TRADE, commerce intérieur.
INTERIOR WATERWAY, voie fluviale.

INTERIOR s, intérieur m.

INTERMEDIARY a, intermédiaire.

INTERMEDIARY s, intermédiaire m.
MERE INTERMEDIARY, simple intermédiaire.

INTERMEDIATE a, intermédiaire.
INTERMEDIATE BROKER, remisier.
INTERMEDIATE BUYERS AND SELLERS, acheteurs et vendeurs intermédiaires.
INTERMEDIATE CONSUMPTION, consommation intermédiaire.
INTERMEDIATE PRODUCTS, produits intermédiaires.

INTERMEDIATE s, intermédiaire m, moyen terme m.

INTERMITTENCE s, intermittence f.

INTERMITTENT a, intermittent.
INTERMITTENT DEMAND, demande à caractère intermittent.

INTERNAL a, intérieur, interne.
INTERNAL-COMBUSTION ENGINE, moteur à combustion interne.
INTERNAL CONSISTENCY OF THE SYSTEM, cohérence interne du système.
INTERNAL DEBT, dette intérieure.
INTERNAL ECONOMIES, économies internes.
INTERNAL EXCHANGE, change intérieur.
INTERNAL LOAN, emprunt intérieur.
INTERNAL NAVIGATION, navigation intérieure.
INTERNAL POLITICS, politique intérieure.
INTERNAL REVENUE, recettes fiscales.
INTERNAL STORAGE, mémoire interne.
INTERNAL TRADE, commerce intérieur.

INTERNATIONAL a, international.
BALANCE OF INTERNATIONAL PAYMENTS, balance internationale des paiements.
BANK FOR INTERNATIONAL SETTLEMENTS, Banque des règlements internationaux.
COMMISSION ON INTERNATIONAL COMMODITY TRADE, Commission internationale de produits de base.
INTERNATIONAL BANK FOR RECONSTRUCTION AND DEVELOPMENT, Banque internationale pour la reconstruction et le développement.
INTERNATIONAL CHAMBER OF COMMERCE, Chambre de commerce internationale.
INTERNATIONAL CIVIL AVIATION ORGANIZATION, Organisation internationale de l'aviation civile.
INTERNATIONAL COFFEE MARKET, marché international du café.
INTERNATIONAL COMMODITY AGREEMENT, Accords internationaux sur les produits de base.
INTERNATIONAL DEVELOPMENT ASSOCIATION, Association internationale pour le développement.
INTERNATIONAL ECONOMIC RELATIONS, relations économiques internationales.
INTERNATIONAL ECONOMICS, économie internationale.
INTERNATIONAL FEDERATION OF COTTON AND ALLIED TEXTILE INDUSTRIES, Fédération internationale du coton et des industries textiles connexes.
INTERNATIONAL FINANCE CORPORATION, Société financière internationale.
INTERNATIONAL LABOUR OFFICE, Bureau international du travail.
INTERNATIONAL LAW, droit international.
INTERNATIONAL LIQUIDITY, liquidités internationales.
INTERNATIONAL LOANS, prêts internationaux.
INTERNATIONAL MONETARY CO-OPERATION, coopération monétaire internationale.
INTERNATIONAL MONETARY CRISIS, crise monétaire internationale.
INTERNATIONAL MONETARY FUND, Fonds monétaire international.
INTERNATIONAL MONETARY ORDER, ordre monétaire international.
INTERNATIONAL MONETARY RESERVES, réserves monétaires internationales.
INTERNATIONAL MONETARY SYSTEM, système monétaire international.
INTERNATIONAL MONEY ORDER, mandat-poste international.
INTERNATIONAL MONOPOLY, monopole international.
INTERNATIONAL PAYMENTS, paiements internationaux.
INTERNATIONAL SUGAR COUNCIL, Conseil international du sucre.

INTERNATIONAL TELECOMMUNICATION UNION, Union internationale des télécommunications.
INTERNATIONAL TIN COUNCIL, Conseil international de l'étain.
INTERNATIONAL TRADE, commerce international.
INTERNATIONAL WOOL TEXTILE ORGANIZATION, Fédération lainière internationale.
PRIVATE INTERNATIONAL LAW, droit international privé.
PUBLIC INTERNATIONAL AUTHORITIES, institutions publiques internationales.
PUBLIC INTERNATIONAL BODIES, institutions publiques internationales.
for PURPOSES OF INTERNATIONAL COMPARISONS, pour permettre les comparaisons d'un pays à l'autre.
THEORY OF INTERNATIONAL TRADE, théorie du commerce international.
THEORY OF INTERNATIONAL VALUES, théorie des valeurs internationales.

INTERNATIONALISM s, internationalisme m.

INTERNATIONALIZATION s, internationalisation f.

INTERPERSONAL a, interpersonnel.
INTERPERSONAL COMPARISONS OF UTILITY, comparaisons d'utilité interpersonnelles.

INTERPLAY s, effet m réciproque, réaction f.

INTERPOLATE v, interpoler, intercaler.

INTERPOLATION s, interpolation f, intercalation f.

INTERPRET v, interpréter.
to INTERPRET FIGURES, interpréter les chiffres.

INTERPRETATION s, interprétation f.

INTERPRETATIVE a, interprétatif.

INTERRELATED a, en corrélation f, intimement lié(s).

INTERRELATION s, corrélation f, interrelations f. pl.
INTERRELATIONS OF MARKETS, interrelations des marchés.

INTERSECT v, couper, intersecter.

INTERSECTING a, intersecté.
INTERSECTING CURVES, courbes intersectées.

INTERSECTION s, intersection f.
POINT OF INTERSECTION OF TWO CURVES, point d'intersection de deux courbes.

INTERSTATE a, U.S: entre États m. pl.

INTERVAL s, intervalle m; laps m de temps m.
ACCEPTANCE INTERVAL, intervalle d'acceptation.
CLASS-INTERVAL, intervalle de classe.
95 % CONFIDENCE INTERVAL, intervalle de confiance de 95 %.
DECENNIAL INTERVALS, intervalles de dix ans.
INTERVAL ESTIMATION, estimation par intervalles.
INTERVAL OF TIME, laps de temps.
UNEVEN CLASS-INTERVALS, intervalles de classes inégaux.

INTERVENTION s, intervention f.
non-INTERVENTION, non-intervention.
INTERVENTION BY GOVERNMENT, intervention(s) de l'État.

INTERVIEW s, interview m or f, entrevue f, entretien m.

INTERVIEW v, interviewer.

INTERVIEWEE s, personne f interrogée.

INTERVIEWER s, intervieweur m.

INTRACTABLE a, obstiné, insoluble, peu maniable.
INTRACTABLE PROBLEM, problème difficile à résoudre.

INTRICACY s, complexité f.

INTRINSIC a, intrinsèque.
INTRINSIC DEFECT, vice intrinsèque.
INTRINSIC VALUE, valeur intrinsèque.

INTRODUCTION s, introduction f.
INTRODUCTION OF SHARES ON THE MARKET, introduction de titres sur le marché.

INTROSPECTION s, introspection f.

INTUITION s, intuition f.

INTUITIVE a, intuitif.

INUTILITY s, inutilité f.

INVALID a, invalide.
INVALID LETTER OF CREDIT, lettre de crédit non valide.

INVALID s, invalide m.
INVALID PENSION, pension d'invalidité.

INVALIDATE v, invalider, rendre nul.

INVALIDATION s, invalidation f.

INVALIDITY s, invalidité f.
INVALIDITY OF A CONTRACT, invalidité d'un contrat.

INVALUABLE a, inestimable.

INVARIABILITY s, invariabilité f.

INVARIABLE a, invariable.

INVARIABLENESS s, invariabilité f.

INVARIANCE s, invariance f.

INVARIANT a, invariable.
INVARIANT PROPERTIES, propriétés invariables.

INVARIANT s, invariant m.

INVENT v, inventer.

INVENTED a, inventé.
NEWLY INVENTED PROCESS, procédé d'invention récente.

INVENTION s, invention f, découverte f.
to PERFECT AN INVENTION, mettre une invention au point.
PRIORITY OF INVENTION, antériorité d'une invention.

INVENTOR s, inventeur m.

INVENTORIZE v, inventorier.

INVENTORY s, inventaire m, état m, stocks m. pl.
BOOK INVENTORY, U.S: inventaire comptable.
CHANGES IN INVENTORIES, variations des stocks.
COMPUTER CONTROL OF INVENTORY, gestion automatisée de stocks.
CONTINUOUS INVENTORY, inventaire tournant.
COSTS OF CARRYING INVENTORY, coût de stockage.
EXCESSIVE INVENTORIES, stocks excédentaires.
INVENTORY BOOK, livre d'inventaires.
INVENTORY CONTROL, tenue de stock; contrôle d'inventaire.
INVENTORY OF FIXTURES, état des lieux.
INVENTORY INVESTMENT, investissement dans les stocks.
INVENTORY OF THE PROPERTY, inventaire de biens.
INVENTORY REVALUATION, réévaluation des stocks.
INVESTMENT IN INVENTORIES, investissements dans les stocks.
LIQUIDATION OF INVENTORIES, liquidation des stocks.
MANAGEMENT OF INVENTORIES, gestion des stocks.

INVENTORY v, inventorier.

INVERSE a, inverse.
INVERSE FUNCTION, fonction inverse.
INVERSE ORDER, sens inverse.
INVERSE PROPORTION, rapport inverse.
INVERSE RATIO, réciproque.

INVERSE s, inverse m, contraire m.

INVERSELY adv, inversement.
INVERSELY PROPORTIONAL TO, inversement proportionnel à.
y VARIES INVERSELY AS THE SQUARE OF x, y varie comme l'inverse du carré de x.
y VARIES INVERSELY WITH x, y varie en raison inverse de x.

INVERSION s, inversion f.
INVERSION OF THE MATRIX, inversion de la matrice.

INVEST v, investir, placer; confier.
to INVEST IN HOUSE PROPERTY, placer son argent en immeubles.
to INVEST THE MANAGEMENT OF A BANK IN A GOVERNOR, confier la direction d'une banque à un gouverneur.
to INVEST MONEY IN A LIFE ANNUITY, placer de l'argent en viager.
to INVEST MONEY AT LIFE-INTEREST, placer de l'argent en viager.
to INVEST MONEY IN REAL ESTATE, placer de l'argent en valeurs immobilières.
to INVEST MONEY IN SECURITIES, placer de l'argent en valeurs.
to INVEST MONEY IN STOCKS AND SHARES, faire des placements en valeurs.
MARGINAL PROPENSITY TO INVEST, propension marginale à investir.
OPPORTUNITY TO INVEST, opportunité d'investir.
PROPENSITY TO INVEST, propension à investir.

INVESTED a, investi, placé.
AMOUNT OF MONEY INVESTED, mise de fonds.
CAPITAL INVESTED ABROAD, capitaux placés à l'étranger.
CAPITAL INVESTED IN A BUSINESS, capital investi dans une affaire.
MONEY INVESTED IN AN ANNUITY, argent placé en viager.

INVESTIGATE v, examiner, faire une enquête.

INVESTIGATING a, qui enquête.
INVESTIGATING COMMITTEE, comité d'enquête.

INVESTIGATION s, investigation f, enquête f, examen m.
QUESTION UNDER INVESTIGATION, question à l'étude.
SCIENTIFIC INVESTIGATION, enquête scientifique.

INVESTIGATOR s, chercheur m, enquêteur m.

INVESTING s, investissement m, placement m de fonds m. pl.

INVESTING PUBLIC, clientèle de portefeuille.

INVESTMENT s, investissement m, placement m, mise f de fonds, m. pl, capital m, actionnariat m, portefeuille m, valeurs f. pl.
ADDITIONAL INVESTMENT, investissement supplémentaire.
ADJUSTMENT OF THE TIMING OF PUBLIC INVESTMENT, modulation des investissements publics.
AUTONOMOUS INVESTMENT, investissement autonome.
AVERAGE PERIOD OF INVESTMENT, durée moyenne d'investissement.
CAPITAL INVESTMENT, investissement de capitaux.
CHANGE OF INVESTMENTS, arbitrage de portefeuille.
to CHANNEL INVESTMENT INTO INDUSTRY, diriger les investissements vers l'industrie.
CLOSED-END INVESTMENT COMPANY, société d'investissement fermée.
COST OF INVESTMENT, coût de l'investissement.
CURRENT INVESTMENT, investissement courant.
DEMAND SCHEDULE FOR INVESTMENT, courbe de la demande d'investissement.
DIRECT INVESTMENT, investissement direct.
DIVERGENCES BETWEEN SAVING AND INVESTMENT, différence entre l'épargne et l'investissement.
ELIGIBLE INVESTMENT, placement avantageux.
EMPLOYEE INVESTMENT, actionnariat ouvrier.
EQUALITY OF SAVING AND INVESTMENT, égalité de l'épargne et de l'investissement.
EQUITY INVESTMENT, placement en actions.
EUROPEAN INVESTMENT BANK, Banque européenne d'investissement.
FINANCING OF INVESTMENT, financement des investissements.
FIXED INVESTMENT, investissement(s) fixe(s).
FIXED-YIELD INVESTMENT, placement à revenu fixe.
FLUCTUATION IN INVESTMENT, fluctuation de l'investissement.
FOREIGN INVESTMENT, investissement(s) étranger(s); investissements à l'étranger.
GILT-EDGED INVESTMENT, placement de père de famille.
GROSS INVESTMENT, investissement brut.
HEADING INVESTMENTS, rubrique investissements.
HOME INVESTMENT, investissement intérieur.
INCOME DERIVABLE FROM AN INVESTMENT, revenu que l'on peut tirer d'un placement.
INCOME DERIVED FROM AN INVESTMENT, revenu provenant d'un placement.
INCOME FROM FIXED INVESTMENTS, revenus fixes.
INCOME FROM FIXED-YIELD INVESTMENTS, revenus fixes.
INCOME ON INVESTMENTS, revenu d'investissements.
INCOME FROM VARIABLE-YIELD INVESTMENTS, revenus variables.
INDUCED INVESTMENT, investissement induit.
INVENTORY INVESTMENT, investissement dans les stocks.
INVESTMENTS, placements.
INVESTMENT ALLOWANCE, déduction fiscale sur les investissements.
INVESTMENT BANK, banque d'affaires.
INVESTMENTS BY BANKS, investissements des banques.
INVESTMENT THAT BRINGS IN 5 %, placement qui rapporte 5 %.
INVESTMENT CAPITAL, capitaux de placement.
INVESTMENT COMPANY, société de placement; société de portefeuille.
INVESTMENT IN FIXED ASSETS, investissements fixes.
INVESTMENT THAT GIVES 10 %, placement qui rapporte 10 %.
INVESTMENT GOODS, biens d'investissement.
INVESTMENT INCOME, revenu des investissements.
INVESTMENT IN INVENTORIES, investissements dans les stocks.
INVESTMENT MARKET, marché des capitaux.
INVESTMENT MULTIPLIER, multiplicateur d'investissement.
INVESTMENT OPPORTUNITIES, occasions d'investissement.
INVESTMENT PORTFOLIO, portefeuille d'investissements.
INVESTMENTS IN REAL ESTATE, placements immobiliers.
INVESTMENT THAT RETURNS GOOD INTEREST, placement qui rapporte des intérêts élevés.
INVESTMENT SECURITIES, valeurs de placement.
INVESTMENT SHARES, valeurs de placement.
INVESTMENT STOCKS, valeurs de placement.
INVESTMENT TRUST, trust de placement; coopérative de placement.
LIST OF INVESTMENTS, inventaire du portefeuille.
LONG-TERM CAPITAL INVESTMENT, investissement de capitaux à long terme.
LONG-TERM INVESTMENT, placement à long terme.
to MAKE A GOOD INVESTMENT, faire un bon placement.
MARGINAL EFFICIENCY OF INVESTMENT, efficacité marginale de l'investissement.
MARGINAL UNIT OF INVESTMENT, unité marginale d'investissement.
MUTUAL INVESTMENT FUNDS, fonds des sociétés d'investissement mutualistes; fonds d'investissement mutualistes.
NET INVESTMENT, investissement net.
OMNIUM INVESTMENT COMPANY, omnium de valeurs.
PERMANENT INVESTMENT, placement permanent.
PLANNED INVESTMENT, investissement planifié.

PRODUCTIVE INVESTMENT, investissement productif.
PROFIT OF 10 % ON THE INVESTMENT, bénéfice correspondant à 10 % de la mise de fonds.
PROFITABLE INVESTMENT, placement fructueux.
PROVISION FOR DEPRECIATION OF INVESTMENTS, provision pour moins-value des investissements.
QUALITATIVE DISTORSION OF INVESTMENT, distorsion qualitative de l'investissement.
to REALIZE AN INVESTMENT, réaliser un placement.
RECOMMENDABLE INVESTMENT, placement à recommander.
RETURN ON INVESTMENT, rentabilité d'un investissement.
SAFE INVESTMENT, placement sûr.
SCHEDULED INVESTMENT, investissement projeté.
SECURE INVESTMENT, placement sûr.
SELECTED INVESTMENTS, placements sélectionnés.
SHORT-TERM INVESTMENT, placement à court terme.
TEMPORARY INVESTMENTS, placements temporaires.
VALUATION OF INVESTMENTS, évaluation, estimation, des placements.
VARIABLE YIELD INVESTMENTS, placements à revenus variables.

INVESTOR s, investisseur m, actionnaire m, capitaliste m.
INSTITUTIONAL INVESTORS, organismes de placement collectif.
INVESTOR IN STOCKS, acheteur de valeurs.
SMALL INVESTORS, petits rentiers; épargne privée.

INVISIBLE a, invisible.
INVISIBLE EXPORTS AND IMPORTS, exportations et importations invisibles.
INVISIBLE TRANSFERS, transferts invisibles.

INVISIBLES s. pl, invisibles m. pl.

INVITATION s, invitation f, appel m.
INVITATION TO SUBSCRIBE TO AN ISSUE, appel pour la souscription d'une émission.
INVITATION TO SUBSCRIBE TO A LOAN, appel pour la souscription d'un emprunt.
INVITATION OF TENDERS, appel d'offres.

INVITE v, inviter, appeler, faire appel m.
to INVITE DISCUSSION, appeler la discussion.
to INVITE SHAREHOLDERS TO SUBSCRIBE THE CAPITAL, faire appel aux actionnaires pour souscrire le capital.
to INVITE TENDERS FOR, inviter des soumissions pour.

INVOICE s, facture f.
as per INVOICE, suivant la facture.
INVOICE BOOK, livre des achats.
INVOICE OF GOODS BOUGHT, compte d'achat.
INVOICE OF ORIGIN, facture d'origine.
INVOICE PRICE, prix de facture.
INVOICE VALUE, valeur de facture.
INVOICE WORK, travaux de facturation.
ORIGINAL INVOICE, facture originale.
to OVERCHARGE ON AN INVOICE, majorer une facture indûment.
PURCHASE INVOICE, facture d'achat.
to RECEIPT AN INVOICE, acquitter une facture.
SALE INVOICE, facture de vente.
SHIPPING INVOICE, facture d'expédition.

INVOICE v, facturer.

INVOICED a, facturé.
INVOICED GOODS, marchandises facturées.

INVOICING s, facturation f.
INVOICING OF GOODS, facturation de marchandises.
INVOICING MACHINE, machine à facturer.
INVOICING BACK PRICE, cours de résiliation.

INVOLUNTARY a, involontaire.
INVOLUNTARY UNEMPLOYMENT, chômage involontaire.

INVOLVE v, entraîner, impliquer.
to INVOLVE IN DEBT, s'endetter.
to INVOLVE EXPENSES, entraîner des frais.

INVOLVED a, entraîné, impliqué.
EXPENSES INVOLVED, dépenses à prévoir.

INWARD a, intérieur, interne.
INWARD BILL OF LADING, connaissement d'entrée.
INWARD PAYMENT, paiement reçu; encaissement.

I.O.U. (I OWE YOU) s, reconnaissance f de dette f.

IRON s, fer m.
CAST IRON, fonte.
CRUDE IRON, fer brut.
FINISHED IRON, fer marchand.
IRON-FOUNDRY, fonderie; usine métallurgique.
IRON LAW OF NECESSITY, loi d'airain (de la nécessité).
IRON. ORE, minerai de fer.
IRON AND STEEL SHARES, valeurs sidérurgiques.
LASSALLE'S IRON LAW OF WAGES, loi d'airain (des salaires).
METALLURGY OF IRON, sidérurgie.

PIG-IRON, fonte brute.
RAW IRON, fer brut.
WROUGHT IRON, fer forgé.

IRONMASTER s, maître m de forges f. pl, métallurgiste m.

IRONMONGERY s, quincaillerie f.

IRRATIONAL a, irrationnel.
IRRATIONAL BEHAVIOUR, comportement irrationnel.
IRRATIONAL NUMBER, nombre irrationnel.
IRRATIONAL ROOT, racine incommensurable.

IRRATIONAL s, nombre m irrationnel.

IRRATIONALITY s, irrationalité f.

IRRECOVERABLE a, irrécouvrable.
IRRECOVERABLE DEBT, créance irrécouvrable.

IRRECUSABLE a, irrécusable.

IRREDEEMABLE a, non amortissable.
IRREDEEMABLE BONDS, obligations non amortissables.
IRREDEEMABLE DEBENTURES, obligations non amortissables.

IRREDUCIBLE a, irréductible.

IRREGULAR a, irrégulier.
IRREGULAR TENDENCY, tendance irrégulière.
IRREGULAR TREND, tendance irrégulière.

IRREGULARITY s, irrégularité f.

IRRELEVANT a, non pertinent.

IRRESOLVABLE a, insoluble.

IRREVERSIBLE a, irréversible.

IRRIGATION s, irrigation f.

ISOLATE v, isoler.
to ISOLATE THE UNKNOWN QUANTITY, dégager l'inconnue.

ISOLATED a, isolé.
ISOLATED INSTANCE, cas isolé.

ISOLATION s, isolement m.
ECONOMIC ISOLATION, isolement économique.

ISOLATIONISM s, isolationnisme m.

ISOMETRIC a, isométrique.
ISOMETRIC DIAGRAM, diagramme isométrique.

ISO-PRODUCT s, iso-produit m.
ISO-PRODUCT CURVE, courbe d'iso-produit.

ISSUABLE a, susceptible d'être émis.

ISSUANCE s, U.S: délivrance f (d'un brevet).

ISSUE s, émission f; issue f, résultat m; problème m.
BANK OF ISSUE, institut d'émission.
CLOSED ISSUE, émission réservée (aux actionnaires).
ECONOMIC ISSUE, problème économique.
to GUARANTEE AN ISSUE OF STOCK, garantir une émission de titres.
HOME CURRENCY ISSUES, billets émis à l'intérieur du pays.
INVITATION TO SUBSCRIBE TO AN ISSUE, appel pour la souscription d'une émission.
ISSUE OF BANK NOTES, émission de billets de banque.
ISSUE OF FACT, question de fait.
ISSUE OF LAW, question de droit.
ISSUE MARKET, marché des émissions.
ISSUE OF ORDERS FOR PAYMENT, ordonnancement.
ISSUE PRICE, prix d'émission.
ISSUE OF SECURITIES, émission de valeurs.
ISSUE SYNDICATE, syndicat d'émission.
MAJOR ISSUE, question principale.
OFFICE OF ISSUE, bureau d'émission.
OVER-ISSUE, émission excessive.
PRIVATE ISSUE, émission privée.
PROVISION AND ISSUE OF COINS, frappe et émission de monnaies.
PUBLIC ISSUE, émission publique.
RATIO BETWEEN THE ISSUE OF BANK NOTES AND THE BULLION RESERVE, rapport entre l'émission des billets de banque et la réserve métallique.
to REGULATE THE ISSUE OF NOTES, réglementer l'émission des billets.
to SNAP UP AN ISSUE OF SHARES, enlever une émission d'actions.
SUBSCRIPTION TO AN ISSUE, souscription à une émission.
to TAKE OVER AN ISSUE, absorber une émission.
TERMS AND CONDITIONS OF AN ISSUE, modalités d'une émission.
TERMS OF AN ISSUE, conditions d'une émission.
to UNDERWRITE AN ISSUE, garantir une émission.

ISSUE v, émettre; lancer.
to ISSUE A CHEQUE, émettre un chèque.
to ISSUE A LOAN BY INSTALMENTS, émettre un emprunt par tranches.

to ISSUE A PROSPECTUS, lancer un prospectus.
to ISSUE SHARES IN ONES, émettre des actions en unités.
to ISSUE SHARES AT A DISCOUNT, émettre des actions au-dessous du pair.
to ISSUE SHARES AT PAR, émettre des actions au pair.
to ISSUE SHARES AT A PREMIUM, émettre des actions au-dessus du pair.

ISSUED a, émis.
PAY ORDERS ISSUED, ordonnancements.
SHARES ISSUED FOR CASH, actions émises contre espèces.
SHARES ISSUED TO THE PUBLIC, actions émises dans le public.

ISSUER s, émetteur m.

ISSUING a, émetteur.
ISSUING BANKER, banquier émetteur.
ISSUING COMPANY, société émettrice.
ISSUING HOUSE, maison d'émission; banque de placement.
ISSUING OFFICE, bureau d'émission.

ISSUING s, émission f.
RIGHT OF ISSUING BANK NOTES, privilège d'émission de billets de banque.

ITEM s, article m, poste m, élément m.

BALANCING ITEMS, postes rééquilibrants.
CASH ITEM, article de caisse.
CHOICE OF ITEMS, choix des éléments à retenir.
EXPENSE ITEM, chef de dépense.
ITEM DEBENTURES, poste obligations.
ITEMS OF EXPENDITURE, postes de dépense.
SMALL ITEMS, menus frais.
to TICK OFF ITEMS IN AN ACCOUNT, pointer les articles d'un compte.

ITEMIZE v, détailler.

ITEMIZED a, détaillé.
ITEMIZED ACCOUNT, compte détaillé.

ITERATION s, itération f.

ITERATIVE a, itératif.
ITERATIVE METHOD, méthode itérative.
ITERATIVE PROCESS, processus itératif.

ITINERARY s, itinéraire m.

IVORY s, ivoire m.
BLACK IVORY TRADE, traite des noirs.

J *letter*, J.
J-SHAPED DISTRIBUTION, distribution en forme de J.

JAM *s*, foule *f*, presse *f*, encombrement *m*.
TRAFFIC-JAM, encombrement de circulation.

JANUARY *s*, janvier *m*.
for END JANUARY, pour fin janvier.

JARRING *a*, discordant, incompatible.
JARRING INTERESTS, intérêts incompatibles.

JEJUNE *a*, stérile, infertile.

JEOPARDIZE *v*, compromettre.
to JEOPARDIZE ONE'S BUSINESS, laisser péricliter ses affaires.

JEOPARDY *s*, danger *m*, péril *m*.

JERK *s*, saccade *f*, à-coup *m*.
by JERKS AND JUMPS, en dents de scie.

JERKY *a*, saccadé, brisé.
JERKY CURVE, courbe brisée.

JERRY-BUILT *a*, en torchis *m*, très légèrement construit.

JET *s*, jet *m*, gicleur *m*; avion *m* à réaction *f*.
JET ENGINE, réacteur.
JET LINER, avion de ligne à réaction.
JET PLANE, avion à réaction.
PROPELLER JET, turbo-propulseur.
TURBO-JET, turboréacteur.

JEWELLER *s*, bijoutier *m*, joaillier *m*.

JEWEL(LE)RY *s*, bijouterie *f*, joaillerie *f*.

JOB *s*, emploi *m*, tâche *f*, occupation *f*; situation *f*, travail *m*.
APPLICATION FOR A JOB, demande d'emploi.
to BE OUT OF JOB, être en chômage.
FAT JOB, emploi grassement rémunéré.
FINE JOB, belle situation.
FULL-TIME JOB, emploi à temps complet.
JOB-LINE, soldes.
JOB-LOT, articles d'occasion; soldes.
JOB RETRAINING, recyclage.
JOB SCHEDULER, programmateur de travaux.
JOB-TEST, test-réplique.
JOB WAGE, *U.S:* salaire à la tâche.
JOB-WORK, travail à forfait.
to LOOK FOR A JOB, chercher du travail.
one-MAN JOB, tâche pour un seul homme.
MATERIALS UNFIT FOR THE JOB, matériaux impropres à cet usage.
MULTI-JOB OPERATION, traitement multi-travaux.
ODD JOBS, petits travaux; à-côtés de l'industrie.
to QUALIFY FOR A JOB, se qualifier pour un emploi.
SPARE-TIME JOB, occupation pendant les heures de loisir.
STACKED JOB PROCESSING, traitement par lots.

JOB *v*, faire des petits travaux *m. pl*; vendre et acheter, agioter, spéculer.
to JOB SHARES, faire le négoce d'actions.

JOBBER *s*, ouvrier *m* à la tâche; intermédiaire *m*, sous-traitant *m*, marchand *m* de titres *m. pl*, jobber *m*.
JOBBER'S TURN, bénéfice du jobber.
STOCK-JOBBER, *U.K:* intermédiaire entre la bourse et le courtier.

JOBBERY *s*, aglotage *m*; tripotage *m*.
MARKET JOBBERY, tripotage de bourse; agiotage.

JOBBING *a*, qui travaille à la tâche.
JOBBING TAILOR, tailleur à façon.
JOBBING WORKMAN, façonnier.

JOBBING *s*, travail *m* à façon *f*; vente *f* en demi-gros *m*, agiotage *m*, courtage *m*, arbitrage *m*.
JOBBING IN CONTANGOES, arbitrage en reports.
JOBBING-HOUSE, firme de courtage de titres.
STOCK-JOBBING, *U.K:* agiotage.

JOBLESS *a*, sans travail *m*, en chômage *m*.

JOBLESS *s*, chômeurs *s. pl*.

JOIN *v*, (se) joindre, (se) rencontrer.
PARALLEL LINES NEVER JOIN, les droites parallèles ne se rencontrent jamais.

JOINT *a*, commun, conjoint, indivis, collectif, lié, mixte.
DEAL ON JOINT ACCOUNT, opération en participation.
JOINT ACCOUNT, compte joint.
JOINT BENEFICIARIES, bénéficiaires indivis.
JOINT BONDS, obligations émises par un groupe de sociétés.
JOINT COMMISSION, commission mixte.
JOINT CREDITOR, co-créancier.
JOINT DEBTOR, co-débiteur.
JOINT DEMAND, demande liée.
JOINT ESTATE, biens en commun.
JOINT LIABILITY, responsabilité conjointe.
JOINT MANAGEMENT, codirection.
JOINT OWNER, copropriétaire.
JOINT OWNERSHIP, copropriété.
JOINT PARTNER, coassocié.
JOINT PRODUCT, produit lié.
JOINT PRODUCTION, production liée.
JOINT PROMISSORY NOTE, billet conjoint.
JOINT PROPRIETOR, copropriétaire.
JOINT AND SEVERAL BOND, obligation conjointe et solidaire.
JOINT AND SEVERAL LIABILITY, responsabilité conjointe et solidaire.
JOINT AND SEVERAL OBLIGATION, obligation conjointe et solidaire.
JOINT SHARES, actions indivises.
JOINT SIGNATURE, signature collective.
JOINT STOCK *(archaïque)*, capital social.
JOINT-STOCK BANK, banque de dépôt par actions; société de crédit.
JOINT-STOCK COMPANY*, *U.K:* (expression ancienne, peu utilisée)*, société par actions.
JOINT SUPPLY, offre(s) liée(s).
JOINT UNDERTAKING, entreprise en participation.
JOINT USE, mitoyenneté; utilisation en commun.
PARTNER IN JOINT ACCOUNT, coparticipant.

JOINTLY *adv*, conjointement.
ACTING JOINTLY AND SEVERALLY, agissant solidairement.
JOINTLY LIABLE, conjointement responsable.
JOINTLY RESPONSIBLE, conjointement responsable.
JOINTLY AND SEVERALLY, conjointement et solidairement.
SEVERALLY OR JOINTLY LIABLE, responsables individuellement ou solidairement.

JOURNAL *s*, journal *m*, revue *f*, livre *m* (comptable).

ECONOMIC JOURNALS, revues économiques.
JOURNAL-ENTRY, article d'un livre de comptes.

JOURNALISM s, journalisme m.

JOURNALIST s, journaliste m.

JOURNEY s, trajet m, parcours m, voyage m; journée f.
HOME JOURNEY, voyage de retour.
HOMEWARD JOURNEY, voyage de retour.
JOURNEY-WORK, travail à gages.
OUTWARD JOURNEY, trajet, voyage, d'aller.
RAILWAY JOURNEY, voyage en chemin de fer.
RETURN JOURNEY, voyage de retour.
SEA JOURNEY, voyage par mer.
TRAIN JOURNEY, voyage par fer.

JOURNEY v, voyager.

JOURNEYING s, voyage(s) m.

JOURNEYMAN s, compagnon m, homme m de peine f.
JOURNEYMAN CARPENTER, compagnon charpentier.

JUDGE s, juge m, arbitre m; connaisseur m.

JUDGE v, juger.

JUDG(E)MENT s, jugement m; opinion f; arrêt m, sentence f.
ERROR OF JUDGMENT, erreur de jugement.
JUDGMENT IN BANKRUPTCY, jugement déclaratif de faillite.
JUDGMENT DEBT, dette reconnue judiciairement.
JUDGEMENT BY DEFAULT, jugement par défaut.

JUDGING s, jugement m, arbitrage m, appréciation f.

JUDICIAL a, judiciaire.

JUGGLE s, supercherie f, tripotage m.
FINANCIAL JUGGLE, tripotage financier.

JUGGLE v, jongler; escamoter, tripoter.
to JUGGLE WITH FACTS, escamoter les faits.
to JUGGLE WITH FIGURES, jongler avec les chiffres.

JUGGLERY s, fourberie f, mauvaise foi f.

JUGULATE v, juguler.
to JUGULATE INFLATION, juguler l'inflation.

JUMP s, saut m, bond m.

by JERKS AND JUMPS, en dents de scie.
JUMP IN PRICES, flambée des prix.

JUMP v, bondir, sauter.
to JUMP TO A CONCLUSION, conclure (trop) hâtivement.
SHARES JUMPED, les actions ont fait un bond.

JUMPINESS s, nervosité f, instabilité f.
JUMPINESS OF THE MARKET, nervosité du marché.

JUMPY a, agité, instable.
JUMPY MARKET, marché instable.

JUNCTION s, jonction f, nœud m.
RAILWAY JUNCTION, nœud ferroviaire.

JUNCTURE s, circonstance f, conjoncture f.
at this JUNCTURE, en l'occurrence.

JUNIOR a, cadet, subalterne.
JUNIOR BONDS, obligations de deuxième rang.

JURISDICTION s, juridiction f.
COURT OF COMPETENT JURISDICTION, tribunal compétent.
LACK OF JURISDICTION, incompétence (d'un tribunal).

JURY s, jury m.

JUST a, juste, équitable.
JUST PRICE, juste prix.

JUST adv, justement, précisément.
JUST SUFFICIENT, juste suffisant.
to BE JUST AS WELL OFF, ne s'en trouver ni mieux ni plus mal.

JUSTICE s, justice f.
COURT OF JUSTICE, tribunal.
HIGH COURT OF JUSTICE, U.K: Haute Cour de Justice (de Londres).

JUSTIFICATION s, justification f, raison f.
FINAL JUSTIFICATION, raison dernière.

JUSTIFICATIVE a, justificatif.

JUTE s, jute m.

JUVENILE a, juvénile.

JUXTAPOSE v, juxtaposer.

JUXTAPOSITION s, juxtaposition f.

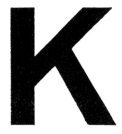

K

KAFFIRS *s. pl*, valeurs *f. pl* sud-africaines.

KAOLIN *s*, kaolin *m*.

KEEN *a*, vif, acharné, compétitif, fort.
KEEN COMPETITION, concurrence acharnée.
KEEN DEMAND, forte demande.
KEEN ON MONEY-MAKING, âpre au gain.
KEEN PRICES, prix (très) compétitifs.

KEEP *s*, subsistance *f*, entretien *m*.

KEEP *v*, tenir, conserver, maintenir.
INDUSTRIES THAT HAVE KEPT GOING, industries qui ont maintenu leur activité.
to KEEP THE ACCOUNTS, tenir les livres, la comptabilité.
to KEEP A HOUSE IN A STATE OF TENANTABLE REPAIR, maintenir une maison en état d'habitabilité.
to KEEP INDUSTRY GOING, maintenir l'activité de l'industrie.
to KEEP OUTPUT CONSTANT, maintenir la production constante; considérer la production comme constante.
to KEEP PRICES DOWN, empêcher les prix de monter.
to KEEP PRICES UP, maintenir les prix fermes.

KEEPER *s*, tenancier *m*; gardien *m*.
HOTEL-KEEPER, hôtelier.

KENNEDY *pr. n*, Kennedy.
KENNEDY ROUND, négociation Kennedy (tarifaire).

KEPT *a*, tenu, maintenu.
OUTPUT KEPT CONSTANT, production maintenue constante.

KERB *s*, bordure *f*.
BUSINESS DONE ON THE KERB, opérations après clôture de bourse.
KERB(-)STONE MARKET, *U.K:* marché hors cote; coulisse.

KEY *s*, clef *f*, clé *f*, indicatif *m*.
KEY CURRENCY, monnaie clé.
KEY INDUSTRY, industrie-clef.
KEY-MONEY, arrhes.
KEY-PUNCH, perforatrice.

KEYBOARD *s*, clavier *m*.

KEYNESIAN *a*, keynésien.
KEYNESIAN ECONOMISTS, économistes keynésiens.
KEYNESIAN MODEL, modèle keynésien.
POST-KEYNESIAN ECONOMISTS, économistes post-keynésiens.

KICK-UP *s*, saut *m*.
KICK-UP OF A CURVE, saut brusque d'une courbe.

KILOMETRE *s*, kilomètre *m*.
LENGTH IN KILOMETRES, kilométrage.
PASSENGER-KILOMETRE, passager-kilomètre.
TON-KILOMETRE, tonne-kilomètre.

KILOWATT *s*, kilowatt *m*.
KILOWATT-HOUR, kilowatt-heure.

KIN *s*, race *f*, famille *f*, parents *m. pl*.
NEXT OF KIN, plus proche parent; plus proche héritier.

KIND *s*, espèce *f*, sorte *f*, nature *f*.
ALLOWANCES IN KIND, prestations en nature.
CONSUMPTION IN KIND, consommation en nature.
DIFFERENCE IN KIND, différence de nature.

GIFTS IN KIND RECEIVED, dons en nature reçus.
HUMAN KIND, espèce humaine.
in KIND, en nature.
all KINDS OF RISKS, toutes sortes de risques.
PAYMENT IN KIND, paiement en nature.
REPAYMENT IN KIND, remboursement en nature.
of VARIOUS KINDS, de diverses sortes.

KINDRED *s*, parenté *f*, affinité *f*.

KINEMA *s*, cinéma *m*.

KINETIC *a*, cinétique.
KINETIC ENERGY, énergie cinétique.

KINK *s*, coude *m*.
KINKS IN THE CURVE, coudes de la courbe.

KINKY *a*, coudé.
KINKY CURVE, courbe coudée.

KINSHIP *s*, parenté *f*.

KITE *s*, usurier *m*.
KITES, traites en l'air.

KNITTED *a*, tricoté.
KNITTED GOODS, bonneterie.
KNITTED WEAR, tricot.

KNITTING *s*, tricotage *m*.

KNOCK *s*, coup *m*, choc *m*.
KNOCK-DOWN PRICES, prix-choc.
KNOCK-OUT PRICE, vil prix.

KNOCK *v*, frapper.
to KNOCK DOWN PRICES, abaisser considérablement les prix.
to KNOCK OFF, rabattre.

KNOT *s*, nœud *m*.

KNOTTY *a*, embrouillé, épineux.
KNOTTY PROBLEM, problème épineux.

KNOW-HOW *s*, savoir-faire *m*, technique *f* opérationnelle.

KNOWLEDGE *s*, connaissance *f*, savoir *m*, science *f*.
ADVANCE OF KNOWLEDGE, progrès de la science.
EXTENSIVE KNOWLEDGE, connaissances considérables.
FACTUAL KNOWLEDGE, connaissance des faits.
GAIN TO KNOWLEDGE, enrichissement des connaissances.
GENERAL KNOWLEDGE, connaissances générales.
LACK OF KNOWLEDGE, ignorance.
MATTER OF COMMON KNOWLEDGE, de notoriété publique.

KNOWN *a*, connu, constaté.
KNOWN FACTS, faits constatés.
KNOWN QUANTITY, quantité connue.
KNOWN RISK, risque connu.

KOLKHOZ *s*, *U.R.S.S:* kolkhoze *m*.

KULAK *s*, *U.R.S.S:* koulak *m*.

KURTOSIS *s*, kurtosis *m*.
KURTOSIS OF A DISTRIBUTION, kurtosis d'une distribution.
MEASURES OF KURTOSIS, mesures du kurtosis.

LABEL *s*, label *m*; étiquette *f*.

LABELLING *s*, étiquetage *m*.

LABORATORY *s*, laboratoire *m*.

LABORIOUS *a*, laborieux, pénible.

LABOUR, *U.S:* LABOR *s*, travail *m*, peine *f*; main-d'œuvre *f*, personnel *m*, ouvriers *m. pl*, salariés *m. pl*.
ABSTRACT LABOUR, travail abstrait.
AGGREGATE DEMAND FOR LABOUR, demande globale de main-d'œuvre.
AGGREGATE SUPPLY OF LABOUR, offre globale de main-d'œuvre.
ALLOCATION OF LABOUR, répartition de la main-d'œuvre.
AMERICAN FEDERATION OF LABOR, Fédération américaine du travail.
to APPORTION THE FRUITS OF LABOUR, répartir les fruits du travail.
BIG EMPLOYERS OF LABOUR, gros employeurs de main-d'œuvre.
CAPITAL INTENSITY REQUIRED PER UNIT OF LABOUR, quantité de capital requise par unité de travail.
CAPITAL AND LABOUR, capital et travail.
CASUAL LABOUR, main-d'œuvre occasionnelle, temporaire.
CHEAP LABOUR, main-d'œuvre bon marché.
CHILD LABOUR, travail des enfants.
COERCION OF LABOUR, travail obligatoire.
COMMON LABOUR, main-d'œuvre non qualifiée.
COMPULSORY LABOUR, travail obligatoire.
CONCRETE LABOUR, travail concret.
CONTRACT LABOUR, main-d'œuvre contractuelle.
COST OF LABOUR, coût de la main-d'œuvre.
DEMAND FUNCTION FOR LABOUR, fonction de demande du travail.
DEMAND FOR LABOUR, demande de travail; demande de main-d'œuvre.
DEMANDS OF LABOUR, revendications ouvrières.
DEMAND PRICE OF LABOUR, prix de la demande de travail.
DISPLACEMENT OF LABOUR, déplacement de la main-d'œuvre.
DISTRIBUTION OF LABOUR, répartition de la main-d'œuvre.
DIVISION OF LABOUR, division du travail.
DRIFT OF LABOUR INTO THE TOWNS, migration progressive de la main-d'œuvre vers les villes.
EXPLOITATION OF LABOUR, exploitation de la main-d'œuvre.
FEMALE LABOUR, main-d'œuvre féminine.
FORCED LABOUR, travail forcé.
FOREIGN LABOUR, main-d'œuvre étrangère.
FREE LABOUR, travail libre.
FRINGE BENEFITS FOR LABOUR, compléments de salaire en nature.
HAND-LABOUR, travail manuel.
HIRED LABOUR CHARGES, charges salariales.
HOURS OF LABOUR, heures de travail.
to IMMIGRATE FOREIGN LABOUR, importer de la main-d'œuvre étrangère.
to IMPORT LABOUR, importer de la main-d'œuvre.
INCOME OF LABOUR, revenu du travail.
INDENTURED LABOUR, main-d'œuvre sous contrat à long terme; main-d'œuvre sous contrat d'apprentissage.
INDEXES OF LABOUR REQUIREMENTS, indices des quantités requises de main-d'œuvre.
INTERNATIONAL LABOUR OFFICE, Bureau international du travail.
LABOUR-CAPITAL CONFLICTS, conflits capital-travail.
LABOUR COLONY, cité ouvrière.
LABOUR CONTRACT, contrat de travail.

LABOUR CONTRACTOR, embaucheur.
LABOUR COST, coût du travail.
LABOUR EXCHANGE, bourse du travail.
LABOUR AS A FACTOR OF PRODUCTION, travail en tant que facteur de production.
LABOUR FORCE, force de travail.
LABOUR GOVERNMENT, gouvernement travailliste.
LABOUR INCOME, revenus du travail.
LABOUR-INTENSIVE PRODUCTION, production à forte proportion de travail.
LABOUR LAWS, législation du travail.
LABOUR LEGISLATION, législation du travail.
LABOUR-MANAGEMENT RELATIONS, rapports patrons-ouvriers.
LABOUR-MARKET, marché du travail.
LABOUR AND MATERIAL, main-d'œuvre et fournitures.
LABOUR MOVEMENT, mouvement travailliste.
LABOUR PARTY, parti travailliste.
LABOUR-POWER, force de travail.
LABOUR PRODUCTIVITY, productivité du travail.
LABOUR QUESTION, question ouvrière.
LABOUR-SAVING, économie de travail, de main-d'œuvre.
LABOUR-SAVING INNOVATION, innovation épargnant du travail.
LABOUR SETTLEMENT, cité ouvrière.
LABOUR SHORTAGE, pénurie de main-d'œuvre.
LABOUR THEORY OF VALUE, théorie de la valeur-travail.
LABOUR TROUBLES, conflits ouvriers.
LABOUR TURN-OVER, fluctuations de personnel.
LABOUR UNIONS, syndicats.
LABOUR UNREST, agitation ouvrière.
LOST LABOUR, peine perdue.
MANUAL LABOUR, travail manuel.
MARGINAL DISUTILITY OF LABOUR, désutilité marginale du travail.
MARGINAL EFFICIENCY OF LABOUR, efficacité marginale du travail.
MARGINAL PHYSICAL PRODUCTIVITY OF LABOUR, productivité physique marginale du travail.
MARGINAL PRODUCTIVITY OF LABOUR, productivité marginale du travail.
MARKET FOR LABOUR, marché du travail.
MARKET PRICE OF LABOUR, prix de la main-d'œuvre sur le marché.
MASS OF LABOUR, somme de travail.
MOBILITY OF LABOUR, mobilité de la main-d'œuvre.
MONEY PRICE OF LABOUR, coût monétaire de la main-d'œuvre.
ORGANIZATION OF LABOUR, régime du travail.
ORGANIZED LABOUR, organisations ouvrières.
PLETHORA OF UNEMPLOYED LABOUR, pléthore de main-d'œuvre inemployée.
PREVENTION OF LABOUR TURN-OVER, stabilisation du personnel.
PRODUCTIVE AND UNPRODUCTIVE LABOUR, main-d'œuvre productive et improductive.
PRODUCTIVITY OF LABOUR IN AGRICULTURE, productivité de la main-d'œuvre dans l'agriculture.
QUANTITY OF LABOUR, somme de travail.
QUANTITY OF LABOUR EMPLOYED, quantité de main-d'œuvre employée.
REDEPLOYMENT OF LABOUR, redistribution de la main-d'œuvre.
REGULATION OF LABOUR, réglementation du travail.
REMUNERATION OF LABOUR, rémunération du travail.
RIGHTS OF LABOUR, droits du travail.
to SAVE LABOUR, économiser le travail.

SAVING OF LABOUR, économie de travail, de main-d'œuvre.
SCARCENESS OF LABOUR, pénurie de main-d'œuvre.
SCARCITY OF LABOUR, pénurie de main-d'œuvre.
SHORTAGE OF LABOUR, pénurie de main-d'œuvre.
SKILLED LABOUR, main-d'œuvre spécialisée.
SUPPLY OF LABOUR, offre de travail.
SUPPLY OF LABOUR SERVICES, offre de travail.
is the SUPPLY OF LABOUR A FUNCTION OF REAL WAGES ALONE? l'offre de travail est-elle exclusivement une fonction du salaire réel ?
UNSKILLED LABOUR, main-d'œuvre non spécialisée.
the WAGE IS EQUAL TO THE MARGINAL PRODUCT OF LABOUR, le salaire est égal au produit marginal du travail.
WHITE AND COLOURED LABOUR, main-d'œuvre blanche et de couleur.
WHOLE BODY OF LABOUR, main-d'œuvre dans son ensemble.

LABOUR, *U.S:* LABOR *v*, travailler, peiner.

LABOURER *s*, manœuvre *m*, ouvrier *m*, travailleur *m*.
AGRICULTURAL LABOURER, ouvrier agricole.
CASUAL LABOURER, ouvrier employé par intermittence, à l'heure.
FARM LABOURER, ouvrier agricole.

LABOURING *a*, travailleur, ouvrier.
LABOURING CLASS, classe ouvrière.
LABOURING DAY, jour de travail.

LABOURING *s*, travail *m* manuel.

LABOURITE *s*, travailliste *m*.

LACHES* *s*, négligence *f*, inaction *f*.

LACK *s*, manque *m*, défaut *m*, pénurie *f*.
LACK OF BALANCE, déséquilibre.
LACK OF BUSINESS, manque d'affaires.
LACK OF CAPITAL, manque de capitaux.
LACK OF COMPARABILITY, défaut de comparabilité.
LACK OF COMPETITIVENESS, manque de compétitivité.
LACK OF CONSIDERATION, absence de contrepartie (contrat).
LACK OF FINANCE, manque de capitaux.
LACK OF FUNDS, pénurie de fonds.
LACK OF JURISDICTION, incompétence (d'un tribunal).
LACK OF MONEY, pénurie d'argent.
LACK OF PRECISION, imprécision.
LACK OF SUFFICIENT DATA, défaut de données suffisantes.

LACK *v*, manquer de, faire défaut *m*.
to LACK CAPITAL, manquer de capitaux.
to LACK MONEY, manquer d'argent.

LACKING *a*, manquant.

LADDER *s*, échelle *f*.
SOCIAL LADDER, échelle sociale.

LADE *v*, charger, embarquer.

LADEN *a*, chargé.
SHIP LADEN, navire chargé.

LADING *s*, chargement *m*, charge *f*, embarquement *m*, expédition *f*.
BILL OF LADING, connaissement; feuille d'expédition (par fer).
CLEAN BILL OF LADING, connaissement sans réserve.
FOUL BILL OF LADING, connaissement avec réserve.
GENERAL BILL OF LADING, connaissement collectif.
INWARD BILL OF LADING, connaissement d'entrée.
LADING PORT, port d'embarquement.
LADING OF A SHIP, charge d'un navire.
OUTWARD BILL OF LADING, connaissement de sortie.
PROVISIONS OF A BILL OF LADING, stipulations d'un connaissement.
RED BILL OF LADING, connaissement rouge.
STRAIGHT BILL OF LADING, connaissement nominatif.

LADY *s*, dame *f*.
LADIES' WEAR, vêtements pour dames.

LAG *s*, retard *m*, décalage *m*.
DISTRIBUTED LAGS, retards échelonnés.
INPUT LAG, retard d'adaptation des facteurs.
LEADS AND LAGS, avances et retards.
TIME-LAGS, retards.

LAG *v*, être en retard *m*, traîner.
STATISTICS ALWAYS LAG BEHIND THE EVENTS, les statistiques sont toujours en retard sur les faits.

LAGGARD *s*, retardataire *m*.

LAGGING *a*, ralentisseur, retardé.
LAGGING FACTOR, frein.

LAGGING *s*, ralentissement *m*, retard *m*.

LAGRANGE *pr. n*, Lagrange.
LAGRANGE MULTIPLIER, multiplicateur de Lagrange.

LAID *a*, posé; imposé; élaboré.

BEST-LAID PLANS, projets le mieux élaborés.
PRICES LAID DOWN BY THE MANUFACTURERS, prix imposés par le fabricant.

LAIRD *s*, *SCOTLAND:* propriétaire *m* foncier.

LAISSEZ-FAIRE *s*, laissez-faire *m*.
LAISSEZ-FAIRE ECONOMY, économie du laissez-faire; économie purement libérale.

LAND *s*, terre *f*, sol *m*, terrain *m*; propriété *f* foncière, propriété, bien-fonds *m*; pays *m*.
AMOUNT OF LAND PER WORKER, superficie moyenne par ouvrier.
ANNUAL PRODUCE OF LAND, rendement, produit, annuel de la terre.
ARABLE LAND, terre arable.
BUILDING LAND, terrain à bâtir.
COMMUNAL OWNERSHIP OF LAND, propriété communale de la terre.
CROWN LAND, *U.K:* terres appartenant à la Couronne.
CULTIVATED LAND, terre cultivée.
to DIVIDE A PIECE OF LAND, partager un terrain.
EXHAUSTED LAND, terre usée.
GRAIN-BEARING LAND, terres à blé.
GRANT OF LAND, concession de terrain.
IMPROVEMENT OF LAND, amélioration de la terre.
LAND IN ABEYANCE, biens vacants, jacents; terre sans maître.
LAND ACT, loi agraire.
LAND-AGENCY, agence foncière.
LAND AREA, superficie terrestre.
LAND BANK, banque hypothécaire.
LAND AND BUILDINGS, terrain et bâtiments.
LAND CONVEYANCE, transmission d'une propriété immobilière; transports terrestres.
LAND DEVELOPMENT, mise en valeur d'un terrain.
LAND AS FACTOR OF PRODUCTION, terre en tant que facteur de production.
LAND FRONTIER, frontière terrestre.
LAND HELD IN SEVERALTY, bien tenu individuellement; bien divis.
LAND AND HOUSE PROPERTY, biens immobiliers; biens-fonds.
LAND-HUNGRY, assoiffé de terre.
LAND-LAWS, lois agraires.
LAND OF PLENTY, pays de cocagne.
LAND QUESTION, question agraire.
LAND RECLAIMED, terrains reconquis (sur la nature).
LAND REFORM, réforme agraire.
LAND REGISTER, registre foncier.
LAND RENT, rente du sol; rente foncière.
LAND RENTAL, rente foncière.
LAND RISK, risque terrestre.
LAND TO SELL, terrain à vendre.
LAND SUBJECT TO A RIGHT OF USER, propriété grevée d'une servitude.
LAND-SURVEYOR, géomètre expert.
LAND SURVEYOR AND VALUER, cadastreur.
LAND TAX, contribution foncière; impôt foncier.
LAND TENURE, régime foncier.
LAND IN TILLAGE, terre en labour.
LAND-VALUE, valeur de la terre.
LAND-WORKER, travailleur agricole.
to LAY LAND FALLOW, mettre la terre en jachère.
MARKET RENTAL VALUE OF LAND, loyer du terrain fixé par le marché.
NATIONALIZATION OF LAND, nationalisation des terres.
to OWN LAND, être propriétaire terrien.
PARCEL OF LAND, terrain.
PARCELLING OF LAND INTO SMALL HOLDINGS, morcellement des terres.
PASTURE-LAND, pâturages; herbages.
PLOUGH LAND, terre arable.
to PUT MONEY INTO LAND, placer de l'argent en terres.
RECLAIMED LAND, terrains reconquis (sur la nature).
RENT OF LAND, rente foncière.
REVENUE FROM LAND, revenu foncier.
SCARCITY OF LAND, rareté, pénurie, de terres.
SECTION OF UNDEVELOPED LAND, lot de terrain non bâti.
to SOW LAND WITH, ensemencer une terre en.
SUPPLY OF AND DEMAND FOR LAND, offre et demande de terre.
SYSTEM OF LAND TENURE, régime foncier.
TAXES ON LAND AND BUILDINGS, impôts fonciers bâti et non bâti.
TAX ON THE SALE OF LAND, impôt sur la vente des terres.
UNEARNED LAND INCREMENTS, plus-values foncières spontanées.
UNPRODUCTIVE LAND, terre stérile.
USUAL PRICE OF LAND, prix courant de la terre.
WASTE LAND, terre inculte.

LAND *v*, débarquer, atterrir.

LANDED *a*, débarqué; foncier, terrien.
ASSESSMENT ON LANDED PROPERTY, cote foncière.

LANDED ARISTOCRACY, aristocratie terrienne.
LANDED ESTATE, propriété foncière.
LANDED GENTRY, aristocratie terrienne.
the LANDED INTEREST, les propriétaires terriens.
LANDED PROPERTY, propriété foncière.
LANDED PROPRIETARY, propriétaires fonciers.
LANDED PROPRIETOR, propriétaire foncier.
PASSENGERS LANDED, passagers débarqués.

LANDHOLDER s, propriétaire m foncier.

LANDING s, débarquement m, atterrissage m.
FORCED LANDING, atterrissage forcé.
LANDING CHARGES, frais de débarquement, d'atterrissage.

LANDLESS s, sans terre(s) f.

LANDLORD s, propriétaire-bailleur m, U.K: propriétaire m.
GROUND-LANDLORD, propriétaire foncier.

LANDMARK s, borne f, limite f, repère m; point m marquant.

LANDOCRACY s, aristocratie f terrienne.

LANDOWNER s, propriétaire m foncier, terrien m.

LANDSCAPE s, paysage m.
LANDSCAPE-GARDENING, art de dessiner des jardins paysagers.

LANE s, chemin m vicinal; voie f d'une route, d'une autoroute.

LANGUAGE s, langage m.
COMPUTER LANGUAGE, langage machine.
MACHINE LANGUAGE, langage machine.
PROGRAMMING LANGUAGE, langage de programmation.

LANGUISH v, languir.

LAPLACE pr. n, Laplace.
LAPLACE DISTRIBUTION, première loi de **Laplace**.

LAPSE s, erreur f; défaillance f; cours m du temps.

LAPSE v, (se) périmer; déchoir.

LAPSED a, déchu; périmé.
LAPSED ORDER, mandat périmé.

LAPSING s, déchéance f; caducité f.

LARGE a, grand, gros; important, élevé, étendu, fort; sensible; nombreux.
BREAKING UP OF LARGE ESTATES, morcellement des grands domaines.
ECONOMIES OF LARGE SCALE, économies de grande échelle.
FARMING ON A LARGE SCALE, grande exploitation agricole.
to HANDLE LARGE ORDERS, s'occuper de grosses commandes.
HANDLING OF LARGE SUMS OF MONEY, maniement de sommes importantes.
to INCUR LARGE LOSSES, subir des pertes sensibles.
INDEBTED TO A LARGE AMOUNT, devoir une somme élevée.
LARGE EXPENDITURE, forte dépense.
LARGE FAMILIES, familles nombreuses.
LARGE FARMER, gros fermier.
LARGE HOLDINGS OF SHARES, gros portefeuille d'actions.
LARGE HOUSEHOLD, nombreuse domesticité.
LARGE ORDER FOR, forte commande de.
LARGE POWERS, pouvoirs étendus.
LARGE PRODUCTION, production importante.
LARGE SIZE, grand modèle, format.
LARGE-SIZED, de grande taille.
LARGE URBAN CONCENTRATIONS, grandes agglomérations urbaines.
LAW OF LARGE NUMBERS, loi des grands nombres.
to SELL AT A LOW PRICE AND RECOUP ONESELF BY LARGE SALES, vendre à bas prix et se rattraper sur la quantité.

AT **LARGE** s, dans son ensemble m.
PUBLIC AT LARGE, grand public.

LARGENESS s, grandeur f, étendue f.

LASPEYRES pr. n, Laspeyres.
LASPEYRES FORMULA, formule de Laspeyres.
LASPEYRES INDEX, indice Laspeyres.

LASSALLE pr. n, Lassalle.
LASSALLE'S IRON LAW OF WAGES, loi d'airain (des salaires).

LAST a, dernier, final.
CORRESPONDING PERIOD OF LAST YEAR, période correspondante de l'année dernière.
in the LAST ANALYSIS, en dernière analyse.
LAST BUYER, dernier acheteur.
LAST CONSUMER, consommateur final.
LAST-DAY MONEY, emprunt remboursable fin courant.
LAST DISTRIBUTOR, détaillant.
LAST RESORT, dernier ressort.
LAST WILL AND TESTAMENT OF, dernières volontés de.

LAST v, durer.
the SHORTAGE IS NOT GOING TO LAST, la disette ne durera pas.

LASTING a, durable.

LASTINGNESS s, durée f, durabilité f, permanence f.

LATE a, tardif, récent.
CAR OF THE LATEST DESIGN, voiture dernier modèle.
GOODS IN COURSE OF PRODUCTION DELIVERABLE AT A LATER DATE, marchandises en cours de production livrables à une date ultérieure.
LATE-COMER, retardataire; nouveau venu.
LATER WILL, testament subséquent.
LATEST CENSUS, dernier recensement.
LATEST CLOSING, derniers cours cotés.
LATEST DATE, terme de rigueur.
LATEST QUOTATION, dernier cours.
LATEST STYLE, dernière mode.

LATENESS s, date f récente, arrivée f tardive.

LATENT a, latent, caché.
LATENT DEFECT, vice caché.
LATENT FAULT, vice caché.

LATERAL a, latéral.
LATERAL INTEGRATION, diversification (industrielle).

LATIN a, latin.
LATIN (MONETARY) UNION, Union (monétaire) latine.

LATITUDE s, latitude f, liberté f d'action f.

LATITUDINAL a, latitudinal, transversal.

LATTER a, dernier.
LATTER-DAY, récent; moderne.

LAUNCH v, lancer.
to LAUNCH AN ENTERPRISE, lancer une affaire.
to LAUNCH A SHIP, lancer un bateau.

LAUNCHING s, lancement m.

LAUNDRY s, blanchisserie f.
LAUNDRY (WORKS), blanchisserie.

LAVISH a, prodigue, somptuaire.
LAVISH EXPENDITURE, dépenses folles.
LAVISH IN SPENDING, prodigue de son argent.

LAVISHNESS s, prodigalité f.

LAW s, loi f, législation f; règle f; droit m, justice f.
ACTION AT LAW, action en justice.
ADJECTIVE LAW, règles de procédure.
ASSOCIATIVE LAW, associativité.
ATTORNEY AT LAW, avocat.
BODY OF ECONOMIC LAWS, ensemble de lois économiques.
BRAZEN LAW OF WAGES, loi d'airain des salaires.
CASE LAW, jurisprudence.
CIVIL LAW*, droit civil.
COMMERCIAL LAW, droit commercial.
COMMON LAW, droit coutumier.
COMMUTATIVE LAW, commutativité.
CONSTRUCTION OF A LAW, interprétation d'une loi.
CORN LAWS, U.K: lois sur les céréales.
CRIMINAL LAW, droit pénal.
DEDUCTION OF THE LAW, déduction de la loi.
DEPARTURE FROM A LAW, dérogation à une loi.
DISTRIBUTIVE LAW, distributivité.
ECONOMIC LAW, loi économique.
ENGEL LAWS, lois d'Engel.
EXPONENTIAL LAW, loi exponentielle.
FABRIC OF LAW, ensemble du système légal.
FISCAL LAW, loi fiscale.
FUNDAMENTAL PSYCHOLOGICAL LAW, loi psychologique fondamentale.
GRESHAM'S LAW, loi de Gresham.
INTERNATIONAL LAW, droit international.
IRON LAW OF NECESSITY, loi d'airain (de la nécessité).
ISSUE OF LAW, question de droit.
LABOUR LAWS, législation du travail.
LAND-LAWS, lois agraires.
LASSALLE'S IRON LAW OF WAGES, loi d'airain (des salaires).
LAW OF THE BIG NUMBERS, loi des grands nombres.
LAW OF BUSINESS CORPORATIONS*, U.S: droit des sociétés commerciales.
LAW CASE, affaire contentieuse.
LAW OF COMPARATIVE ADVANTAGE, loi des avantages comparés.
LAWS OF COMPOSITION, lois de composition.
LAW OF CONSUMER'S DEMAND, loi de la demande du consommateur.
LAW-COURT, tribunal; palais de justice.
LAW OF DECREASING RETURNS, loi des rendements décroissants.

LAW OF DEMAND, loi de la demande.
LAW DEPARTMENT, service du contentieux.
LAW OF DIMINISHING RETURNS, loi des rendements décroissants.
LAWS OF ECONOMICS, lois de l'économie; lois économiques.
LAW OF FACTOR PRICE EQUALIZATION, loi de proportion des facteurs.
LAW FIRM, cabinet d'avocats.
LAW OF THE FLAG, loi du pavillon.
LAWS IN FORCE, législation en vigueur.
LAW OF IMMISERIZATION OF THE MASSES, loi de paupérisation des masses.
LAW OF INERTIA, loi d'inertie.
LAW OF LARGE NUMBERS, loi des grands nombres.
LAW-MAKER, législateur.
LAWS OF MARKET BEHAVIOUR, lois de comportement sur le marché.
LAW MERCHANT, droit commercial.
LAW OF NATIONS, droit international.
LAWS OF NATURE, lois de la nature.
LAW AND ORDER, ordre public.
LAW OF SCARCITY, loi de la rareté.
LAW OF SHIPPING, (partie du) droit maritime.
LAW OF SUBSTITUTION, loi de substitution.
LAW OF SUPPLY AND DEMAND, loi de l'offre et de la demande.
LAW OF TALION, loi du talion.
LAW OF UNEVEN ECONOMIC DEVELOPMENT, loi de l'inégalité du développement économique.
MARITIME LAW, droit maritime.
MARKET LAW, loi des débouchés.
MERCANTILE LAW, droit commercial.
MUNICIPAL LAW, droit interne.
NATIONAL LAW, droit national.
NAVIGATION LAWS, lois maritimes.
NORMAL LAW, loi normale.
PARETO'S LAW (OF INCOME DISTRIBUTION), loi de Pareto (de la répartition du revenu).
to PASS A LAW, voter une loi.
POOR-LAW, loi(s) sur l'assistance publique.
POOR-LAW ADMINISTRATION, assistance publique.
PRESUMPTION OF LAW, présomption légale.
PRIVATE INTERNATIONAL LAW, droit international privé.
PRIVATE LAW, droit privé.
PROHIBITION LAW, *U.S:* loi de prohibition.
PUBLIC INTERNATIONAL LAW, droit international public.
to REPEAL A LAW, abroger une loi.
SAY'S LAW, loi de Say.
SCALING LAW, loi dimensionnelle.
STATUTE-LAW, droit écrit.
SUBSTANTIVE LAW, règles de fond du droit.
SUIT AT LAW, procès (civil).
TARIFF LAWS, lois tarifaires.
UNWRITTEN LAW, droit naturel.
WRITTEN LAW, loi écrite.

LAWFUL *a*, légal, licite.
LAWFUL CURRENCY, monnaie ayant cours légal.
LAWFUL MONEY, monnaie légale.
LAWFUL TENDER, monnaie ayant cours légal; monnaie libératoire.
LAWFUL TRADE, commerce licite.

LAWFULNESS *s*, légalité *f*, légitimité *f*.

LAWGIVER *s*, législateur *m*.

LAWSUIT *s*, procès *m*.

LAWYER *s*, homme *m* de loi *f*, juriste *m*, avocat *m*, avoué *m*, notaire *m*.
PRACTISING LAWYER, avocat en exercice.
TAX LAWYER, conseil fiscal.

LAX *a*, relâché, négligent.

LAY *a*, laïque, non professionnel.
LAY OPINION, avis d'un non initié.

LAY *s*, pose.
LAY-BY, économies; épargne.
LAY-OFF, *U.S:* période de chômage; mise au chômage temporaire.
LAY-OUT, tracé; étude.

LAY *v*, coucher, étendre, poser, mettre.
to LAY OFF, licencier.
to LAY AN EMBARGO ON A SHIP, mettre l'embargo sur un navire.
to LAY LAND FALLOW, mettre la terre en jachère.
to LAY BY MONEY, constituer une réserve.
to LAY OUT MONEY, dépenser, débourser, de l'argent.
to LAY OFF A RISK, effectuer une réassurance.
to LAY A TAX ON, frapper d'un impôt.

LAYER *s*, couche *f*, strate *f*, nappe *f*.

LAYERED *a*, stratifié.

LAYING *s*, pose *f*.
LAYING OFF, *U.S:* débauchage; réassurance.

LAYING UP, accumulation.

LAYMAN *s*, profane *m*.

LEAD *s*, plomb *m*; conduite *f*, avance *f*.
LEADS AND LAGS, avances et retards.

LEAD *v*, mener, guider.

LEADER *s*, chef *m* de file *f*, dirigeant *m*, leader *m*.
LEADERS OF THE MARKET, chefs de file du marché.

LEADERSHIP *s*, leadership *m*, conduite *f*, domination *f*.

LEADING *a*, principal.
LEADING SHARE, valeur vedette.
LEADING SHAREHOLDER, un des principaux actionnaires.

LEADING *s*, conduite *f*, direction *f*.

LEAF *s*, feuille *f*.
COUNTERFOIL AND LEAF, talon et volant.
GOLD-LEAF, feuille d'or.

LEAGUE *s*, ligue *f*; lieue *f*.
HANSEATIC LEAGUE, Ligue hanséatique.
LEAGUE OF NATIONS, Société des nations.

LEAK *s*, fuite *f*, perte *f*.

LEAK *v*, couler, fuir.

LEAKAGE *s*, fuite *f*, perte(s) *f*.

LEAN *a*, maigre.
LEAN YEARS, années de vaches maigres.

LEAN *s*, inclinaison *f*.

LEAN *v*, (se) pencher, (s') appuyer.

LEANING *s*, inclinaison *f*, penchant *m*.

LEAP *s*, saut *m*, bond *m*.
by LEAPS AND BOUNDS, à pas de géant.
LEAP-YEAR, année bissextile.
PRICES ARE RISING BY LEAPS AND BOUNDS, les prix montent de manière vertigineuse.

LEAP *v*, sauter.

LEASABLE *a*, affermable.

LEASE *s*, bail *m*, concession *f*.
BUILDING LEASE, bail emphytéotique.
CANCELLATION OF A LEASE, résiliation d'un bail.
DETERMINATION OF A LEASE, expiration d'un bail.
FARMING LEASE, bail à ferme.
to HOLD ON (UNDER) A LEASE, tenir à bail.
LEASE-LEND, prêt-bail.
to LET ON LEASE, louer à bail.
LONG LEASE, bail à long terme.
LONG-TERM LEASE OF BUSINESS PROPERTY, *U.S:* baux commerciaux et industriels à long terme.
PREMIUM ON A LEASE, droit de reprise d'un bail.
to RENEW THE LEASE, renouveler le bail.
RENEWAL OF LEASE, renouvellement de bail.
RENEWED LEASE, bail renouvelé.
RIGHT TO THE LEASE OF A PROPERTY, droit au bail d'un immeuble.
SUB-LEASE, sous-bail; sous-location.
to TAKE A HOUSE ON LEASE, prendre une maison à bail.
to TAKE ON LEASE, prendre à bail.
TERM OF A LEASE, durée d'un bail.

LEASE *v*, donner à bail *m*, affermer, louer.
to LEASE A HOUSE, donner une maison à bail.
to LEASE A RAILWAY LINE TO ANOTHER COMPANY, affermer une ligne de chemin de fer à une autre compagnie.

LEASED *a*, loué, affermé.
LEASED PROPERTY, chose louée; propriété affermée.

LEASEHOLD *s*, propriété *f* louée à bail *m*.
LEASEHOLD PROPERTY, bien loué; exploitation affermée.

LEASEHOLDER *s*, locataire *m* (à bail *m*).

LEASING *s*, location *f* à bail *m*, prêt-bail *m*, affermage *m*.
LEASING COMPANY, société fermière; société de leasing, de location à long terme.
SUB-LEASING, sous-location.

LEAST *a*, (le) moindre, minimum.
LEAST COMMON MULTIPLE, le plus petit commun multiple.
LEAST-COST COMBINATION, combinaison de coût minimum.
LEAST-COST SUBSTITUTION PRINCIPLE, principe de diminution des coûts par substitution.
LEAST-OUTLAY COMBINATION, combinaison de dépense minimum.
METHOD OF LEAST SQUARES, méthode des moindres carrés.

LEAST *adv*, (le) moins.

LEAST *s*, (le) moins.
it COSTS AT LESAT $ 1,000, cela coûte au moins 1.000 dollars.

LEATHER s, cuir m.
DEALING IN LEATHER, commerce des cuirs.
IMITATION LEATHER, similicuir.
LEATHER-GOODS, maroquinerie.
LEATHER-INDUSTRY, industrie du cuir.

LEAVE s, permission f, permis m, congé m.
ANNUAL LEAVE, congé annuel.
FULL-PAY LEAVE, congé à salaire plein.
LEAVE OF ABSENCE, congé.
LEAVE PAY, salaire de congé.
SICK-LEAVE, congé de maladie.

LEAVE v, laisser, quitter.
to LEAVE OVER, remettre à plus tard.
two from five LEAVES THREE, deux ôtés de cinq, il reste trois.
to LEAVE A DEPOSIT WITH, verser des arrhes à.
to LEAVE MONEY TO SOMEONE, léguer de l'argent à quelqu'un.
to LEAVE OFF WORK, cesser le travail.

LEAVING s, cessation f, sortie f.
LEAVING OUT, exclusion; omission.
LEAVING-OFF TIME, heure de sortie.
SCHOOL-LEAVING AGE, âge de fin de scolarité.

LEDGER s, grand livre m, U.S: registre m.
DOUBLE LEDGER, grand livre double.
EXPENSES LEDGER, grand livre de frais.
GENERAL LEDGER, grand livre des comptes généraux.
GOODS-BOUGHT LEDGER, U.K: grand livre d'achats.
GOODS-SOLD LEDGER, grand livre de ventes.
PAY-ROLL LEDGER, grand livre de paie.
PERPETUAL LEDGER, grand livre à feuilles mobiles.
PURCHASE LEDGER, U.S: grand livre d'achats.
SHARE LEDGER, registre des actionnaires.

LEFT a, gauche.
LEFT-HAND MEMBER OF AN EQUATION, premier membre d'une équation.
LEFT-WING, de gauche.

LEFT a, laissé.
GOODS LEFT ON HAND, marchandises laissées pour compte.
LEFT-OVER STOCK, surplus; restes; invendus.

LEFT-OVERS s. pl, surplus m. pl, restes m. pl, invendus m. pl.

LEGACY s, legs m.
to COME INTO A LEGACY, recevoir un legs.
LEGACY-DUTY, droits de succession.
SPECIFIC LEGACY, legs à titre particulier.

LEGAL a, légal, licite, juridique, judiciaire.
COINS OF LEGAL FINENESS, pièces de monnaie au titre légal.
LEGAL ACTION, action juridique; procès.
LEGAL CAPITAL TRANSFERS, tranferts autorisés de capitaux.
LEGAL CHARGES, frais de contentieux.
LEGAL CLAIM, titre juridique; créance légalement fondée.
LEGAL COMMERCE, commerce licite.
LEGAL COSTS, frais de justice; dépens.
LEGAL EXPENSES, frais de justice; dépens.
LEGAL FARE, tarif autorisé.
LEGAL FICTION, fiction légale.
LEGAL FIRM, cabinet d'avocats.
LEGAL HOLIDAY, fête légale.
LEGAL MAXIMUM PRICE, prix maximum légal.
LEGAL PROCEEDINGS, poursuites judiciaires.
LEGAL REMEDY, recours légal.
LEGAL RESERVE, réserve légale.
LEGAL RESERVE REQUIREMENTS, obligations légales de couverture.
LEGAL SETTLEMENT, concordat (après faillite).
LEGAL SHARE, réserve légale (d'une succession).
LEGAL STANDARD, étalon légal.
LEGAL STATUS, statut légal.
LEGAL TENDER, monnaie légale.
LEGAL TENDER CURRENCY, monnaie à cours légal; monnaie libératoire.
LEGAL YEAR, année civile.
to RELIEVE FROM LEGAL LIABILITY, libérer de la responsabilité légale.

LEGALITY s, légalité f.

LEGALIZATION s, légalisation f.

LEGALIZE v, légaliser.

LEGATEE s, légataire m.
GENERAL LEGATEE, légataire à titre universel.
RESIDUARY LEGATEE, légataire universel.
SOLE LEGATEE, seul légataire.

LEGATOR s, testateur m.

LEGISLATE v, légiférer.

LEGISLATION s, législation f.

ANTI-DUMPING LEGISLATION, législation anti-dumping.
ANTI-TRUST LEGISLATION, législation anti-trust.
ILLIBERAL LEGISLATION, législation peu libérale.
LABOUR LEGISLATION, législation du travail.

LEGISLATIVE a, législatif.
LEGISLATIVE ASSEMBLY, assemblée législative.

LEGISLATOR s, législateur m.

LEGITIMACY s, légitimité f.

LEGITIMATE a, légitime.

LEISURE s, loisir(s) m.
LEISURE PREFERENCE, préférence pour les loisirs.
SUBSTITUTION BETWEEN LEISURE AND CONSUMPTION, substitution loisir-consommation.

LEISURED a, oisif.
LEISURED CLASSES, classes oisives.

LEISURELY a, tranquille, mesuré.
LEISURELY PACE, allure mesurée.

LEND v, prêter, placer.
to LEND AT INTEREST, prêter à intérêt.
to LEND LONG, prêter à long terme, à longue échéance.
to LEND MONEY ON CONTANGO, placer des capitaux en report.
to LEND MONEY AT INTEREST, prêter à intérêt.
to LEND MONEY ON SECURITY, prêter de l'argent contre garantie.
to LEND MONEY WITHOUT SECURITY, prêter de l'argent à découvert.
to LEND ONE'S NAME, prêter son nom.
to LEND AGAINST SECURITY, prêter sur gages; prêter contre garantie.
to LEND STOCK, se faire reporter.
to LEND ON STOCK, prêter sur titres.

LENDABLE a, prêtable.
LENDABLE FUNDS, fonds prêtables.

LENDER s, prêteur m.
LENDER ON SECURITY, prêteur contre garantie.
MARGINAL LENDER, prêteur marginal.
MONEY-LENDER, prêteur; bailleur de fonds.
to SECURE A LENDER BY MORTGAGE, garantir un prêteur par une hypothèque.

LENDING a, prêteur.
LENDING BANK, banque de prêts.
LENDING BANKER, banquier prêteur.

LENDING s, prêts m. pl, prestation f (de capitaux m. pl).
BORROWING AND LENDING, emprunts et prêts.
LENDING CAPITAL, prêt de capitaux.
LENDING MONEY, placement, mise, de fonds.
SHORT LENDING, prêts à court terme.

LEND-LEASE s, prêt-bail m.

LENGTH s, longueur f, distance f.
LENGTH OF HAUL, distance de transport.
LENGTH IN KILOMETRES, kilométrage.
LENGTH OF LIFE OF DURABLE ASSETS, longévité des capitaux durables.
MEASURE OF LENGTH, unité de longueur.
OVER-ALL LENGTH, longueur hors tout.
WAVE-LENGTH, longueur d'onde.

LENGTHEN v, allonger.

LENGTHENING s, allongement m, rallongement m.
LENGTHENING OF ORDER BOOKS, gonflement des carnets de commande(s).

LENINISM s, léninisme m.

LENT a, prêté.
MONEY LENT, argent prêté.

LESS a, moindre, moins.
CASH LESS DISCOUNT, comptant avec escompte.
INTEREST, LESS TAX, intérêts, impôts déduits.
PURCHASE PRICE, LESS DISCOUNT, prix d'achat, sous déduction d'escompte.

LESS adv, moins.
LESS AND LESS, de moins en moins.

LESSEE s, preneur m, locataire m à bail m.
SUB-LESSEE, sous-locataire.

LESSEN v, atténuer, diminuer.

LESSENING s, diminution f, allègement m, atténuation f.

LESSOR s, bailleur m.
SUB-LESSOR, sous-bailleur.

LET s, location f.
SUB-LET, sous-location.

LET *v*, louer.
to LET A HOUSE, louer une maison.
to LET ON LEASE, louer à bail.
PREMISES TO LET, locaux à louer.

LET *v*, laisser.
LET US ASSUME THAT, supposons que.
LET US PRESUME THAT, supposons que.

LETTER *s*, lettre *f*; avis *m*; bulletin *m*.
CIRCULAR LETTER OF CREDIT, lettre de crédit circulaire.
CONFIRMED LETTER OF CREDIT, lettre de crédit confirmée.
GENERAL LETTER OF CREDIT, lettre de crédit collective.
INVALID LETTER OF CREDIT, lettre de crédit non valide.
LETTER OF ALLOTMENT, avis d'attribution, de répartition.
LETTER OF APPLICATION, bulletin de souscription.
LETTER-BOX, boîte aux lettres.
LETTER OF CREDIT, lettre de crédit.
LETTER OF EXCHANGE, lettre de change.
LETTER OF INDEMNITY, cautionnement.
LETTER RATE, tarif lettres.
LETTER OF WITHDRAWAL, lettre de retrait.
PAYEE OF A LETTER OF CREDIT, bénéficiaire d'une lettre de crédit.
to REGISTER A LETTER, recommander une lettre.
REGISTERED LETTER, lettre recommandée.
REVERSE SIDE OF A LETTER OF CREDIT, dos d'une lettre de crédit.
SPECIAL LETTER OF CREDIT, lettre de crédit simple.
WORLD-WIDE LETTER OF CREDIT, lettre de crédit valable dans le monde entier.

LETTING *s*, location *f*, louage *m*.
HOUSE-LETTING, baux à loyer.
LETTING VALUE, valeur locative.
SUB-LETTING, sous-location.
YEARLY LETTING, location à l'année.

LEVEL *a*, de niveau *m*.
LEVEL WITH, au niveau de.

LEVEL *s*, niveau *m*.
AVERAGE QUALITY LEVEL, niveau de qualité moyenne.
CONFIDENCE LEVEL, niveau de confiance.
CRITICAL LEVEL, seuil critique.
DIFFERENCE OF LEVEL, dénivellation.
EQUILIBRIUM LEVEL OF EMPLOYMENT, niveau d'équilibre de l'emploi.
GENERAL LEVEL OF PRICES, niveau général des prix.
GENERAL LEVEL OF WAGES, niveau général des salaires.
HEIGHT ABOVE SEA LEVEL, altitude au-dessus du niveau de la mer.
to KEEP THE LEVEL OF UTILITY CONSTANT, tenir constant le niveau d'utilité.
LEVEL OF ACHIEVEMENT, niveau de réalisation atteint.
LEVEL OF ASPIRATION, niveau d'aspiration.
LEVEL OF LIVING, niveau de vie.
LEVEL OF MONETARY DEMAND, niveau de la demande monétaire.
LEVEL OF PRICES, niveau des prix.
LEVEL OF PRODUCTION, niveau de la production.
NORMAL LEVEL, niveau normal.
RECORD LEVEL, niveau sans précédent.
SIGNIFICANCE LEVEL, seuil de signification.
SUBSISTENCE LEVEL, niveau de subsistance.
WAGE LEVEL, niveau des salaires.
WATER-LEVEL, niveau d'eau.

LEVEL *v*, niveler.
to LEVEL AWAY, aplanir (des inégalités).
to LEVEL OFF, se stabiliser; marquer un palier.
to LEVEL PRICES, niveler des cours.
to LEVEL RATES, niveler des taux.

LEVELLING *a*, niveleur, égalitaire.

LEVELLING *s*, nivellement *m*, égalisation *f*.
LEVELLING OFF, stabilisation; plafonnement.
LEVELLING OF INCOMES, nivellement des revenus.

LEVER *s*, levier *m*.

LEVIABLE *a*, percevable.

LEVY *s*, levée *f*, impôt *m*, prélèvement *m*.
BETTERMENT LEVY, impôt sur les plus-values.
CAPITAL LEVY, prélèvement sur le capital, sur les fortunes.
LEVY SYSTEM, système des prélèvements.
LEVY OF TAXES, levée des contributions.

LEVY *v*, lever, imposer, prélever, frapper de, percevoir.
to LEVY A DUTY ON, frapper d'une taxe.
to LEVY REQUISITIONS UPON, imposer des réquisitions à.
to LEVY A TAX ON, lever une taxe sur.
to LEVY THE TITHES, prélever la dîme.

LEVYING *s*, levée *f*, perception *f*.

LIABILITY *s*, responsabilité *f*, obligation *f*, passif *m*, dette *f*.
ABSOLUTE LIABILITY, obligation inconditionnelle.

ASSETS AND LIABILITIES, actif et passif.
ASSETS AND LIABILITIES (OF A BANK), avoirs et engagements (d'une banque).
BALANCE OF EXTERNAL CLAIMS AND LIABILITIES, balance de l'endettement international; balance des comptes.
CLAIMS AND LIABILITIES, créances et engagements.
COLLECTIVE LIABILITY, responsabilité collective.
CONTINGENT LIABILITY, passif éventuel.
CURRENT LIABILITIES, passif exigible; exigibilités.
DEMAND LIABILITIES, engagements à vue.
to DISCHARGE THE LIABILITIES TO THE FULL, acquitter intégralement le montant de son passif.
EMPLOYERS' LIABILITY, responsabilité patronale.
EMPLOYERS' LIABILITY INSURANCE, assurance accidents du travail.
EXCESS OF ASSETS OVER LIABILITIES, excédent de l'actif sur le passif.
to EXEMPT FROM LIABILITY, exonérer de responsabilité.
to EXONERATE FROM LIABILITY, exonérer de responsabilité.
to INCUR A LIABILITY, encourir une responsabilité.
JOINT LIABILITY, responsabilité conjointe.
JOINT AND SEVERAL LIABILITY, responsabilité conjointe et solidaire.
LIABILITIES, masse passive.
LIABILITY RESERVE, provision pour dettes.
LIMITATION OF LIABILITY, limitation de responsabilité.
LIMITED LIABILITY, responsabilité limitée.
LONG-TERM LIABILITIES, passif à long terme.
PUBLIC LIABILITY INSURANCE, assurance de responsabilité civile.
RATIO OF LIQUID ASSETS TO CURRENT LIABILITIES, coefficient, degré, de liquidité.
to RELIEVE FROM LEGAL LIABILITY, libérer de la responsabilité légale.
SEVERAL LIABILITY, responsabilité individuelle, séparée, divise.
to SHOW THE RESERVE AMONG THE LIABILITIES, faire figurer la réserve au passif.
STATEMENT OF ASSETS AND LIABILITIES, relevé de l'actif et du passif.
to TAKE OVER THE LIABILITIES, reprendre le passif.
TOTAL LIABILITIES, total du passif.
UNLIMITED LIABILITY, responsabilité illimitée.

LIABLE *a*, responsable, sujet à, assujetti à, redevable, passible de, soumis à.
DIVIDENDS LIABLE TO INCOME-TAX, dividendes soumis à l'impôt sur le revenu.
GOODS LIABLE TO IMPORT DUTY, marchandises sujettes à des droits d'entrée.
to HOLD ONESELF LIABLE FOR, se porter garant.
JOINTLY LIABLE, conjointement responsable.
LIABLE FOR DAMAGES, passible de dommages-intérêts.
LIABLE TO DUTY, passible de droits.
LIABLE FOR TAX, assujetti à l'impôt.
PERSON LIABLE, (personne) redevable, responsable.
PERSONALLY LIABLE FOR THE PAYMENT OF, personnellement, responsable pour le paiement de.
SEVERALLY OR JOINTLY LIABLE, responsables individuellement ou solidairement.
SEVERALLY LIABLE, responsables individuellement, isolément.

LIBEL *s*, diffamation *f*, calomnie *f*.

LIBERAL *a*, libéral, généreux, ample.
LIBERAL DEMOCRACY, démocratie libérale.
LIBERAL OFFER, offre généreuse.
LIBERAL PARTY, parti libéral.
LIBERAL SUPPLY OF, ample provision de.

LIBERALISM *s*, libéralisme *m*.
ECONOMIC LIBERALISM, libéralisme économique.

LIBERALITY *s*, libéralité *f*, générosité *f*.

LIBERALIZATION *s*, libéralisation *f*.

LIBERATE *v*, libérer.
to LIBERATE CAPITAL, mobiliser des capitaux.

LIBERATION *s*, libération *f*.
LIBERATION OF CAPITAL, mobilisation de capitaux.

LIBERTARIAN *a*, libertaire.

LIBERTY *s*, liberté *f*.
LIBERTY OF THE PRESS, liberté de la presse.

LIBRARY *s*, bibliothèque *f*.
LIBRARY OF PROGRAMS, bibliothèque de programmes.

LIBRATION *s*, balancement *m*, équilibre *m*.

LICENCE *s*, licence *f*, permis *m*, autorisation *f*, patente *f*; privilège *m*, concession *f*.
BUILDING LICENCE, permis de construire.
EXPORT LICENCE, licence d'exportation.

GAME-LICENCE, permis de chasse.
IMPORT LICENCE, licence d'importation.
LICENCE AGREEMENT, contrat de licence.
LICENCE FOR THE SALE OF, patente; licence.
MANUFACTURING LICENCE, licence de fabrication.
MINING LICENCE, acte de concession de mines.

LICENSE v, breveter, autoriser, patenter.

LICENSED a, autorisé, patenté, breveté.
DULY LICENSED, dûment patenté.
LICENSED DEALER, commerçant patenté.
LICENSED HANDICRAFTS, établissements artisanaux autorisés.
LICENSED PILOT, pilote breveté.

LICENSEE s, patenté m; concessionnaire m.

LICENSING s, autorisation f.
LICENSING REQUIREMENTS, conditions d'autorisation.

LICIT a, licite.

LIEN s, privilège m, droit m de rétention f; nantissement m.
GENERAL LIEN, privilège général.
LIEN ON GOODS, droit de rétention de marchandises.
LIEN ON THE PERSONAL PROPERTY OF A DEBTOR, privilège sur les meubles d'un débiteur.
MARITIME LIEN, privilège maritime.
PARTICULAR LIEN, privilège spécial.
SPECIFIC LIEN, privilège spécial.
VENDOR'S LIEN, privilège du vendeur.

LIENEE s, gageur m.

LIENOR s, gagiste m, U.S: rétentionnaire m.

LIFE s, vie f; longévité f; période f.
AGE-LIFE METHOD OF DEPRECIATION, méthode d'amortissement par tranches annuelles égales.
CONDITION IN LIFE, sort.
ECONOMIC LIFE, période d'utilisation; durée de vie.
EXPECTATION OF LIFE, probabilités de vie.
EXPECTATION OF LIFE TABLES, tables de survie.
INCOME FOR LIFE, revenu à vie; viager.
to INSURE ONE'S LIFE, s'assurer sur la vie.
to INVEST MONEY IN A LIFE ANNUITY, placer de l'argent en viager.
to INVEST MONEY AT LIFE-INTEREST, placer de l'argent en viager.
LENGTH OF LIFE OF DURABLE ASSETS, longévité des capitaux durables.
for LIFE, à vie; viager.
LIFE ANNUITANT, rentier viager.
LIFE ANNUITY, rente viagère.
LIFE ASSURANCE, assurance sur la vie.
LIFE-COMPANY, compagnie d'assurances sur la vie.
LIFE-ESTATE, biens en viager.
LIFE EXPECTANCY, espérance de vie.
LIFE INCOME, revenu à vie; viager.
LIFE INSURANCE, assurance-vie.
LIFE INSURANCE COMPANY, compagnie d'assurances sur la vie.
LIFE INSURANCE POLICY, police d'assurance sur la vie.
LIFE-INTEREST, usufruit.
LIFE TENANCY, location à vie; usufruit.
LIFE-WORK, travail de toute une vie.
MACHINERY OF COMMERCIAL LIFE, rouages de la vie commerciale.
PENSION FOR LIFE, pension viagère.
STATION IN LIFE, position sociale.
STRUGGLE FOR LIFE, lutte pour la vie.
WORKING LIFE, période d'activité.

LIFETIME s, vie f, vivant m.

LIFT v, accroître, lever, abolir.
to LIFT PRODUCTIVITY, accroître la productivité.
all RESTRICTIONS WERE LIFTED, toutes les restrictions ont été abolies.

LIFTING s, levée f; levage m.

LIGHT a, léger; faible; peu fatigant.
LIGHT CONTANGOES, reports bon marché.
LIGHT FREIGHT, fret léger.
LIGHT MONEY, monnaie faible, légère.
LIGHT TAXATION, faible imposition.
LIGHT WORK, travail peu fatigant.

LIGHTEN v, alléger.
to LIGHTEN THE TAXES, alléger les impôts.
to LIGHTEN TAXATION, alléger la fiscalité.

LIGHTENING s, allègement m.

LIGHTING s, éclairage m.
LIGHTING GAS, gaz d'éclairage.

LIGHTNING s, éclairs m. pl, foudre f.
LIGHTNING STRIKE, grève-surprise.

LIGNITE s, lignite m.

LIKELIHOOD s, vraisemblance f, probabilité f.
in all LIKELIHOOD, selon toute probabilité, vraisemblance.
MAXIMUM LIKELIHOOD, maximum de vraisemblance.

LIKELY a, vraisemblable, probable.

LIKEN v, comparer, assimiler.

LIKENESS s, ressemblance f, similitude f.

LIKENING s, comparaison f.

LIKING s, goût m, penchant m.

LIMIT s, limite f; plafond m, tolérance f.
AGE LIMIT, limite d'âge.
CENTRAL LIMIT THEOREM, théorème central limite.
CLASS-LIMITS, limites de classe.
CONFIDENCE LIMITS, limites de confiance.
CREDIT LIMIT, plafond des crédits.
CUT-OFF LIMIT, minimum de référence.
DUE LIMITS, limites prescrites.
to EXCEED THE NORMAL LIMIT OF CREDIT, dépasser la limite normale du crédit.
LIMIT CURVE OF THE BINOMIAL DISTRIBUTION, courbe limite d'une distribution binomiale.
LIMITS OF TOLERANCE, tolérances maxima et minima.
LIMIT VALUE, valeur limite.
METHOD OF LIMITS, méthode des limites.
PRICE LIMITS, limites de prix.
to SET LIMITS TO, assigner des limites à.
STRICT TIME-LIMIT, délai péremptoire.
TIME-LIMIT, limite de temps; délai.
WAIVING OF AGE LIMIT, dispense d'âge.

LIMIT v, limiter, restreindre.

LIMITARY a, limité, restreint.

LIMITATION s, limitation f, restriction f; prescription f.
LIMITATION OF LIABILITY, limitation de responsabilité.
STATUTE OF LIMITATIONS, loi sur la prescription.
TERM OF LIMITATION, délai de prescription.

LIMITATIVE a, limitatif.

LIMITED a, limité, restreint, étroit.
COMPANY LIMITED BY SHARES*, U.K: société par actions.
LIMITED CAPACITY, capacité limitée.
LIMITED COMPANY*, U.K: société (avec limitation de la responsabilité des associés au capital).
LIMITED LIABILITY, responsabilité limitée.
LIMITED MARKET, marché étroit.
LIMITED OWNER, propriétaire sous condition; usufruitier.
LIMITED PARTNER*, U.K: commanditaire.
LIMITED PARTNERSHIP*, U.K: société en commandite.
LIMITED PRICE, cours limité.
PARTNERSHIP LIMITED BY SHARES*, U.K: (société en) commandite par actions.

LIMITEDNESS s, étroitesse f.
LIMITEDNESS OF A MARKET, étroitesse d'un marché.

LIMITING a, limitatif.
LIMITING ANGLE, angle limite.
LIMITING CLAUSE, clause limitative.

LIMITROPHE a, limitrophe.

LINE s, ligne f, trait m, droite f.
ABOVE THE LINE, « au-dessus de la ligne » (recettes et dépenses budgétaires définitives; somme de la balance des paiements courants et du compte capital).
ASSEMBLY-LINE, chaîne de montage.
ASYMPTOTIC LINE, ligne asymptote.
BASE-LINE, ligne zéro (d'un diagramme).
BELOW THE LINE, opérations à caractère temporaire (dans le budget); tous postes de la balance des paiements autres que la balance commerciale et le compte capital.
BORDER-LINE, limites de séparation.
BORDER-LINE CASE, cas limite.
BOTTOM-LINE, ligne inférieure.
BROKEN LINE, ligne brisée.
CENTRE-LINE, ligne médiane.
CONSUMPTION-POSSIBILITY LINE, ligne de(s) possibilités de consommation.
CREDIT LINE, ligne de crédit.
DATE-LINE, ligne de changement de date.
DOTTED LINE, pointillé.
to DRAW A LINE, tirer une ligne.
FEEDER LINES, lignes d'intérêt local.
FITTING A STRAIGHT LINE, ajustement par une droite.
HEAVILY-TRAVELLED LINE, ligne à fort trafic.
to LEASE A RAILWAY LINE TO ANOTHER COMPANY, affermer une ligne de chemin de fer à une autre compagnie.

LINE OF AVERAGE RELATIONSHIP, droite d'ajustement, d'estimation.
LINE INTEGRAL, intégrale linéaire.
LINES THAT INTERCROSS, lignes qui s'entrecroisent.
LINE PRINTER, imprimante par ligne.
on-LINE PROCESSING, traitement immédiat.
LINE PRODUCTION, production à la chaîne.
LINE OF REGRESSION, droite de régression, d'ajustement, d'estimation.
LINE SKEW, inclinaison de la ligne.
LINE OF STRICTION, ligne de striction.
PARALLEL LINES NEVER JOIN, les droites parallèles ne se rencontrent jamais.
PARTING LINE, ligne de séparation.
PARTY LINE, ligne à postes groupés.
PIPE-LINE, pipe-line.
to PROLONG A LINE INDEFINITELY, prolonger une ligne à l'infini.
RAILWAY LINE, ligne de chemin de fer.
RIGHT LINE, (ligne) droite.
SHIPPING LINE, ligne de navigation.
SINGLE LINE, ligne à voie unique.
SLOPE OF THE STRAIGHT LINE, pente de la droite.
STRAIGHT LINE, ligne droite.
STRAIGHT-LINE DEPRECIATION, amortissement en ligne droite.
TRACES OF A STRAIGHT LINE, traces d'une droite.
TRANSVERSE LINE, transversale.
TRUNK-LINE, grande ligne; ligne principale.
WAITING LINE, file d'attente; queue.

LINE v, ligner, border.

LINEAL a, linéal.

LINEAR a, linéaire, de longueur f.
HOMOGENEOUS LINEAR FUNCTION, fonction homogène linéaire.
non LINEAR ACCELERATOR, accélérateur non linéaire.
LINEAR APPROXIMATION, approximation linéaire.
LINEAR CORRELATION, corrélation linéaire.
LINEAR DIMENSION, dimension linéaire.
LINEAR EQUATION IN ONE UNKNOWN, équation linéaire à une inconnue.
LINEAR FUNCTION, fonction linéaire.
LINEAR INCREASE OF TAXES, augmentation linéaire des impôts.
LINEAR MEASURES, mesures linéaires, de longueur.
LINEAR METRE, mètre (de longueur).
LINEAR PROGRAMMING, programmes linéaires; programmation linéaire.
LINEAR REGRESSION, régression linéaire.
LINEAR RELATION, relation linéaire.
LINEAR RELATIONSHIP, relation linéaire; liaison linéaire.
LINEAR TREND, tendance linéaire.
MULTIPLE LINEAR ESTIMATION, estimation linéaire multiple.
SYSTEMS OF LINEAR EQUATIONS, systèmes d'équations linéaires.

LINEARITY s, linéarité f.
TESTING THE HYPOTHESIS OF LINEARITY, test de linéarité.

LINED a, ligné, aligné.
STREAM-LINED, (aéro-) dynamique.
STREAM-LINED CAPITALISM, capitalisme dynamique

LINEN s, toile f (de lin m).

LINER s, paquebot m.
one-CLASS LINER, paquebot à classe unique
LINER RATE, fret à (la) cueillette.

LINK s, chaînon m, lien m, raccord m.
MISSING LINK, chaînon manquant.

LINK v, joindre, unir, attacher.

LINKAGE s, lien m, liaison f.
LINKAGE EFFECTS, effets de liaison.

LINKED a, lié, joint.

LINKING s, enchaînement m, raccordement m, liaison f.

LIQUID a, liquide; disponible.
LIQUID ASSETS, actif liquide.
LIQUID CAPITAL, capital liquide.
LIQUID DEBT, dette liquide.
LIQUID MEASURE, mesure de capacité (pour les liquides).
LIQUID RESERVE, réserve de trésorerie.
RATIO OF LIQUID ASSETS TO CURRENT LIABILITIES, coefficient, degré, de liquidité.

LIQUID s, liquide m.

LIQUIDATE v, liquider.
to LIQUIDATE A COMPANY, liquider une société.
to LIQUIDATE A DEBT, liquider une dette.

LIQUIDATED a, liquidé.
LIQUIDATED DAMAGES, dommages-intérêts fixés en argent.

LIQUIDATION s, liquidation f.
COMPANY IN LIQUIDATION, société en liquidation.

COMPULSORY LIQUIDATION, liquidation forcée.
to GO INTO LIQUIDATION, se mettre en liquidation.
LIQUIDATION OF INVENTORIES, liquidation des stocks.
LIQUIDATION SUBJECT TO SUPERVISION OF COURT, liquidation judiciaire.
to PROVE CLAIMS IN BANKRUPTCY AND LIQUIDATION, produire à une faillite et à une liquidation.
PUTTING INTO LIQUIDATION, mise en liquidation.
VOLUNTARY LIQUIDATION, liquidation volontaire.

LIQUIDATOR s, liquidateur m.
POWERS OF A LIQUIDATOR, pouvoirs d'un liquidateur.

LIQUIDITY s, liquidité(s) f.
CASH LIQUIDITY, liquidités.
COMMERCIAL LIQUIDITY, liquidités destinées à l'économie.
DEGREE OF LIQUIDITY, degré de liquidité.
EXCESS LIQUIDITIES, liquidités excédentaires.
INCREASING LIQUIDITY, accroissement des liquidités.
INTERNATIONAL LIQUIDITY, liquidités internationales.
LIQUIDITY CREATION, création de liquidités.
LIQUIDITY PREFERENCE, préférence pour la liquidité.
LIQUIDITY RATIO, taux de liquidité.
MOTIVE OF LIQUIDITY, motif de liquidité.

LIQUIDNESS s, liquidité f, disponibilité f.
LIQUIDNESS OF DEBTS, liquidité des créances, des dettes.

LIST s, liste f; bulletin m; cote f; catalogue m, inventaire m.
BLACK LIST, liste noire.
FREE LIST, liste d'exemptions.
IMPORT LIST, liste des importations.
LIST OF APPLICANTS, liste de souscripteurs; liste de candidats.
LIST OF INVESTMENTS, inventaire du portefeuille.
LIST PRICE, prix de catalogue.
LIST OF PRICES, bulletin de cours.
LIST OF QUOTATIONS, cote.
LIST OF SUBSCRIBERS, liste de souscripteurs.
MAILING LIST, liste de diffusion.
MARKET PRICE-LIST, mercuriale.
NOMINAL LIST (OF SHAREHOLDERS), liste nominative (des actionnaires).
OFFICIAL LIST, cote officielle.
OPENING OF THE LIST OF APPLICATIONS, ouverture de la souscription.
PRICE-LIST, prix courants; tarif.
QUOTED LIST, cote officielle.
SECURITIES SHOWN IN THE OFFICIAL LIST, valeurs portées à la cote officielle.
SHARE-LIST, cours de la bourse.
STOCK-LIST, inventaire; bulletin de la cote.
STOCKBROKER'S LIST OF RECOMMENDATIONS, liste de placements conseillés par un courtier.
SUBSCRIPTION LIST, liste de souscription.
WAITING LIST, liste d'attente.

LIST v, inventorier, cataloguer.

LISTED a, inscrit, catalogué.
BLACK-LISTED, à l'index.
LISTED SECURITIES, valeurs inscrites, admises, à la cote officielle.
LISTED STOCK, valeurs inscrites à la cote officielle.

LITERACY s, aptitude f à lire et écrire.

LITERAL a, littéral.
LITERAL NOTATION, notation littérale.

LITERARY a, littéraire.
LITERARY PROPERTY, propriété littéraire.

LITERATURE s, littérature f.
ECONOMIC LITERATURE, littérature économique.

LITIGANT s, plaideur m.

LITIGATE v, plaider, contester.
to LITIGATE A CLAIM, porter une demande devant les tribunaux.

LITIGATION s, litige m, procès m.

LITIGIOUS a, litigieux.
LITIGIOUS CLAIM, créance litigieuse.

LITTLE a, petit, peu.
LITTLE BUSINESS, peu d'affaires.
LITTLE MONEY, peu d'argent.

LITTORAL s, littoral m.

LIVE a, vivant, animé, vif.
LIVE ANIMALS, animaux sur pied.
LIVE CLAIMS, créances valables, qui subsistent.
LIVE-STOCK, bétail.
LIVE WEIGHT, charge utile; poids vif.

LIVE v, vivre, habiter, subsister.
HOUSE NOT FIT TO LIVE IN, maison inhabitable.

to LIVE ON ONE'S CAPITAL, vivre sur son capital.
to LIVE FROM DAY TO DAY, vivre au jour le jour.
to LIVE ON ONE'S INCOME, vivre de ses rentes.
to LIVE UP TO ONE'S INCOME, mener un train de vie en rapport avec son revenu.
to LIVE IN PLENTY, vivre à l'aise, dans l'abondance.
to LIVE ON SAVINGS, vivre de ses économies.
to LIVE ON ONE'S WORK, vivre de son travail.

LIVEABLE a, habitable, supportable.

LIVELIHOOD s, moyens m. pl d'existence f, gagne-pain m.

LIVELINESS s, animation f.

LIVELY a, animé.
LIVELY MARKET, bourse animée.

LIVENESS s, animation f.

LIVESTOCK s, bétail m, cheptel m.
PRODUCTION OF CROPS AND LIVESTOCK PRODUCTS, production d'origine végétale et animale.

LIVING a, vivant.

LIVING s, vie f.
COST OF LIVING, coût de la vie.
COST OF LIVING ALLOWANCE, indemnité de cherté de vie.
COST OF LIVING BONUS, indemnité de vie chère.
to EARN ONE'S LIVING, gagner sa vie.
FAT LIVING, prébende qui rapporte gros.
to GAIN ONE'S LIVING, gagner sa vie.
to GET ONE'S LIVING, gagner sa vie.
INCREASED COST OF LIVING, renchérissement du coût de la vie.
LEVEL OF LIVING, niveau de vie.
LIVING IN, logement dans l'établissement même.
LIVING-OUT ALLOWANCE, indemnité de logement.
LIVING CONDITIONS, conditions de vie.
LIVING-WAGE, salaire minimum; minimum vital.
to MAKE A LIVING, gagner de quoi vivre.
RATE OF LIVING, train de vie.
to REDUCE THE COST OF LIVING, faire baisser le coût de la vie.
STANDARD OF LIVING, standard, niveau, de vie.
to WORK FOR ONE'S LIVING, travailler pour gagner sa vie.

LOAD s, charge f, chargement m, fardeau m.
LOAD FACTOR, facteur de charge.
LOAD PER UNIT, taux de charge.
SPECIFIED LOAD, charge prescrite, prévue.
TRUCK LOAD, charge complète; wagon complet.
TRUCK LOAD RATES, tarif des wagons complets.

LOAD v, charger, embarquer.
to LOAD PASSENGERS, prendre des voyageurs.

LOADED a, chargé, embarqué.
GOODS LOADED BY TYPE OF CARGO, marchandises embarquées selon le type de cargaison.
GOODS LOADED AND UNLOADED, marchandises embarquées et débarquées.
LOADED DICE, dés pipés.
LOADED UP WITH STOCK, avoir en portefeuille plus de valeurs qu'on ne peut en écouler.

LOADING s, charge f, chargement m.
FREIGHT-CAR LOADINGS, wagons chargés.
LOADING FOR, en charge pour.
LOADING IN BULK, chargement en vrac.
LOADING DOCK, embarcadère.
LOADING HOMEWARDS, chargement de retour.
LOADING RISK, risque de chargement.

LOAN s, prêt m, emprunt m, avance f, crédit m.
AMORTIZATION OF A LOAN, amortissement d'un emprunt.
BOTTOMRY LOAN, prêt à la grosse.
CALL LOAN RATE, taux des prêts au jour le jour.
CAPITAL VALUE OF THE LOAN, valeur en capital de l'emprunt.
COMPULSORY LOAN, emprunt forcé.
CONSUMPTION LOAN, prêt à la consommation.
CONVERSION LOAN, emprunt de conversion.
DAILY LOANS, prêts au jour le jour.
DAY-TO-DAY LOAN, prêt au jour le jour.
DEAD LOAN, emprunt irrécouvrable.
DEBENTURE LOAN, emprunt obligataire.
EXTERNAL LOAN, emprunt extérieur.
to FLOAT A LOAN, émettre un emprunt.
FLOATATION OF A LOAN, émission d'un emprunt.
FORCED LOAN, emprunt forcé.
FOREIGN LOAN, emprunt extérieur.
FORWARD MARKET FOR LOANS, marché à terme du crédit.
FUNDING LOAN, emprunt de consolidation.
GRANTS AND LOANS, dons et prêts.
IMPROVEMENT LOAN, prêt destiné à la modernisation.
INTERBANK LOANS, prêts de banque à banque.

INTEREST ON LOANS, intérêt de prêt.
INTERNAL LOAN, emprunt intérieur.
INTERNATIONAL LOANS, prêts internationaux.
INVITATION TO SUBSCRIBE TO A LOAN, appel pour la souscription d'un emprunt.
to ISSUE A LOAN BY INSTALMENTS, émettre un emprunt par tranches.
LOAN ACCOUNT, compte de prêt; crédit; compte d'avances.
LOANS AND ADVANCES GRANTED, prêts et avances consentis.
LOAN BANK, caisse de prêts.
LOANS BY BANKS, prêts des banques.
LOAN AT CALL, prêt remboursable sur demande; argent à vue.
LOAN CAPITAL, capital d'emprunt; fonds prêtables.
LOAN CERTIFICATE, titre de prêt.
LOAN ON COLLATERAL, prêt sur nantissement; prêt garanti; lombard.
LOAN ON DEBENTURES, emprunt-obligations.
LOAN-HOLDER, prêteur.
LOAN AT INTEREST, prêt à intérêt(s).
LOANS MAKE DEPOSITS, les crédits font les dépôts.
LOAN MARKET, marché des prêts.
LOAN OF MONEY, prêt, avance, d'argent.
LOAN ON MORTGAGE, prêt hypothécaire.
LOAN AT NOTICE, prêt à terme.
LOAN-OFFICE, caisse d'emprunts.
LOAN ON OVERDRAFT, prêt à découvert.
LOAN REPAYABLE ON DEMAND, emprunt remboursable sur demande.
LOAN REPAYABLE AT FIXED DATES, emprunt remboursable à des échéances fixes.
LOAN AGAINST SECURITY, prêt, emprunt, sur gage, sur titres, contre garantie.
LOAN ON SECURITY, prêt sur garantie.
LOAN WITHOUT SECURITY, prêt à fonds perdu.
LOAN-SOCIETY, société de crédit.
LOAN ON STOCK, prêt, emprunt, sur titres.
LOAN FOR A TERM OF 20 YEARS, emprunt pour 20 ans.
LOAN TRANSACTIONS, transactions à crédit.
LOAN ON TRUST, prêt d'honneur.
LOAN BY THE WEEK, prêt à la petite semaine.
LONG-PERIOD LOAN, emprunt à long terme.
LOTTERY LOAN, emprunt à lots.
to MAKE A LOAN, faire un prêt; faire un emprunt.
MONEY LOAN, prêt monétaire.
MONTHLY LOANS, prêts à un mois.
MUNICIPAL LOANS, emprunts des collectivités locales.
NATIONAL LOAN, emprunt national.
to NEGOTIATE A LOAN, négocier un emprunt.
PAYING OFF (OF) A LOAN, amortissement d'un emprunt.
PERSONAL LOAN, prêt personnel.
to PLACE A LOAN, négocier un emprunt.
PUBLIC LOAN, emprunt public.
to QUOTE A LOAN, coter un emprunt.
to RAISE A LOAN, émettre un emprunt.
RECEIPT FOR LOAN, reconnaissance.
to RECEIVE A LOAN BACK, rencaisser un prêt.
REFUNDING LOAN, emprunt de remboursement.
to REPAY A LOAN, rembourser un prêt.
to REPAY A LOAN IN DEVALUED MONEY, rembourser un emprunt en monnaie dévaluée.
REPAYMENT OF LOANS, remboursement d'emprunts.
to RETURN A LOAN, rembourser un prêt.
SECURED LOAN, emprunt, prêt, garanti.
SERVICE OF THE LOAN, service de l'emprunt.
SHORT LOAN, prêt à court terme.
SINGLE LOAN, seul et même emprunt.
to SINK A LOAN, amortir un emprunt.
SINKING OF A LOAN, amortissement d'un emprunt.
STABILIZATION LOAN, emprunt de stabilisation.
to SUBSCRIBE A LOAN, souscrire à un emprunt.
SUBSCRIPTION TO A LOAN, souscription à un emprunt.
SUPPLY CURVE OF LOAN CAPITAL, courbe d'offre de fonds prêtables.
to TENDER FOR A LOAN, soumissionner un emprunt.
TENDER FOR PUBLIC LOANS, soumission d'emprunts publics.
TIED LOANS, prêts liés, à condition.
WAR LOAN, emprunt de guerre.
WEEKLY LOANS, prêts à sept jours.

LOAN v, U.S: prêter.

LOANABLE a, prêtable.
LOANABLE FUNDS, fonds prêtables.

LOANEE s, emprunteur m.

LOANER s, prêteur m.

LOANING s, prêt m, prestation f.

LOBBY s, lobby m, groupe m de pression f.

LOBBYING s, lobbyisme m

LOCAL *a*, local, décentralisé.
LOCAL AUTHORITIES, collectivités locales.
LOCAL BANK, banque locale.
LOCAL BILL, effet sur place.
LOCAL CUSTOM, usages locaux.
LOCAL GOVERNMENT, administration décentralisée.
LOCAL HANDICRAFTS, artisanat local.
LOCAL TRADE, commerce local.

LOCALISM *s*, régionalisme *m*, esprit *m* de clocher *m*.

LOCALITY *s*, localité *f*.

LOCALIZE *v*, localiser, déterminer.

LOCALIZED *a*, localisé.

LOCATE *v*, localiser, déterminer.

LOCATING *s*, positionnement *m*, repérage *m*.

LOCATION *s*, situation *f*, position *f*, localisation *f*.
LOCATION IN ECONOMIC SPACE, localisation dans l'espace économique.
LOCATION FACTORS, facteurs de situation.
LOCATION OF INDUSTRY, localisation de l'industrie.
LOCATION OF THE MEDIAN, détermination géographique de la médiane.

LOCK *s*, fermeture *f*; écluse *f*.
LOCK-OUT, lock-out.
LOCK-UP OF CAPITAL, immobilisation de capitaux.
LOCK-UP HOLDING, placement à long terme.

LOCK *v*, enfermer, bloquer, immobiliser.
to LOCK UP CAPITAL, immobiliser des capitaux.
to LOCK OUT WORKMEN, interdire aux ouvriers l'accès d'une usine.

LOCKING *s*, immobilisation *f*.
LOCKING UP OF CAPITAL, immobilisation de capitaux.

LOCOMOTION *s*, locomotion *f*.

LOCO-PRICE *s*, prix *m* sur place *f*, prix loco.

LOCUS *s*, situation *f*, lieu *m*.

LODGE *v*, déposer, consigner; loger.
to LODGE MONEY WITH, consigner, déposer, de l'argent chez.
to LODGE A SECURITY, prendre un nantissement.
to LODGE STOCK AS COVER, déposer des titres en nantissement.

LODGED *a*, déposé, consigné.
the POWER IS LODGED IN THE PEOPLE, la souveraineté réside dans le peuple.
PROPERTY LODGED WITH A BANK, avoirs déposés en banque.
SECURITIES LODGED AS COLLATERAL, titres déposés, remis, en nantissement.

LODGING *s*, hébergement *m*; dépôt *m*, consignation *f*.
BOARD AND LODGING, pension complète.
LODGING-HOUSE, hôtel garni.

LODG(E)MENT *s*, logement *m*; dépôt *m*.

LOG *s*, logarithme *m*.

LOGARITHM *s*, logarithme *m*.
BASE OF LOGARITHM(S), base logarithmique.
COMMON LOGARITHM, logarithme ordinaire, à base 10.
DECIMAL LOGARITHM, logarithme ordinaire, à base 10.
five-FIGURE LOGARITHM TABLES, table de logarithmes à cinq décimales.
HYPERBOLIC LOGARITHM, logarithme naturel.
NATURAL LOGARITHM, logarithme naturel.
TABLE OF LOGARITHMS, table de logarithmes.

LOGARITHMIC *a*, logarithmique.
LOGARITHMIC DISTRIBUTION, distribution logarithmique.
LOGARITHMIC EQUATION, équation logarithmique.
LOGARITHMIC PLOT, diagramme logarithmique.
LOGARITHMIC PLOTTING, tracé logarithmique.
LOGARITHMIC SCALES, échelles logarithmiques.
LOGARITHMIC TABLE, table des logarithmes.
SEMI-LOGARITHMIC PLOTTING, tracé semi-iogarithmique.

LOGIC *s*, logique *f*.
COMBINATORY LOGIC, logique combinatoire.
SYSTEM LOGIC, logique d'un système.

LOGICAL *a*, logique.
LOGICAL ALGEBRA, algèbre logique.
LOGICAL CIRCUIT, circuit logique.
LOGICAL DESIGN, conception logique; structure logique.
LOGICAL DIAGRAM, diagramme logique.
LOGICAL NECESSITY, nécessité logique.
LOGICAL SEQUENCE, enchaînement logique.

LOGISTIC *a*, logistique.
LOGISTIC CURVE, courbe logistique.

LOGISTICS *s. pl*, logistique *f*.

LOGNORMAL *a*, lognormal.
LOGNORMAL DISTRIBUTION, distribution lognormale.

LONDON *pr. n*, Londres.
LONDON IS THE HUB OF THE FINANCIAL WORLD, Londres est le centre du monde de la finance.

LONG *a*, long.
to HEDGE BY BUYING AT LONG DATE, se couvrir en achetant à long terme.
LONG BILL, effet à longue échéance.
LONG CREDIT, crédit à long terme; long crédit.
LONG-DATED, à longue échéance.
LONG-DATED BILLS, papiers à longue échéance; papiers longs.
LONG-DATED OPTION, prime à longue échéance.
LONG EXCHANGE, papier long.
LONG HOURS, longues heures (de travail).
LONG LEASE, bail à long terme.
LONG-PERIOD LOAN, emprunt à long terme.
LONG PRICE, forte cote.
LONG RATE, taux à long terme.
LONG RUN, longue période.
in the LONG RUN, à la longue.
LONG-RUN EQUILIBRIUM, équilibre à long terme.
LONG-TERM ANNUITY, annuité à long terme.
LONG-TERM BENEFIT, profit à long terme.
LONG-TERM CAPITAL, capitaux à long terme.
LONG-TERM CAPITAL INVESTMENT, investissement de capitaux à long terme.
LONG-TERM EXPECTATIONS, prévisions à long terme.
LONG-TERM FINANCE, financement à long terme.
LONG-TERM FUNDED CAPITAL, capitaux consolidés à long terme.
LONG-TERM INVESTMENT, placement à long terme.
LONG-TERM LEASE OF BUSINESS PROPERTY*, *U.S*: baux commerciaux et industriels à long terme.
LONG-TERM LIABILITIES, passif à long terme.
LONG-TERM MARKET, marché à long terme.
LONG-TERM SECURITIES, titres à long terme.
LONG-TERM TRANSACTION, opération à long terme.
LONG TON, tonne forte.
LONG WAVES, ondes longues.
MULTILATERAL LONG-TERM CONTRACTS, accords de contingentement multilatéraux à long terme.

LONG *adv*, longtemps, à long terme *m*, à longue échéance *f*.
to BORROW LONG, emprunter à long terme, à longue échéance.
to LEND LONG, prêter à long terme, à longue échéance.
as LONG AS THE CLASSICAL POSTULATES HOLD GOOD, aussi longtemps que les postulats classiques restent vrais.
PROPENSITY TO BORROW LONG, propension à emprunter à long terme.

LONGEVITY *s*, longévité *f*.

LONGITUDE *s*, longitude *f*; longueur *f*.

LONGITUDINAL *a*, longitudinal.

LOOK *v*, regarder.
BUSINESS IS LOOKING UP, les affaires reprennent, se raniment.
BUSINESS IS LOOKING WELL, les affaires vont bien.
to LOOK DOWN, baisser de prix.
to LOOK INTO, examiner.
to LOOK OVER AN ACCOUNT (AGAIN), réviser un compte.
to LOOK AFTER ONE'S INTERESTS, veiller à ses intérêts.
to LOOK FOR A JOB, chercher du travail.

LOOKING BACK *s*, rétrospection *f*.

LOOKING-OUT *s*, observation *f*; vue *f*; perspective *f*.

LOOKING-OVER *s*, examen *m*; revue *f*.

LOOM *s*, métier *m* à tisser.
COTTON LOOM, métier à tisser le coton.

LOOP *s*, boucle *f*; méandre *m*, sinuosité *f*.

LOOSE *a*, détendu; relâché; mobile.
LOOSE CASH, menue monnaie.
LOOSE GOODS, marchandises en vrac.
LOOSE PLANT, équipement, matériel, mobile.

LOOSEN *v*, desserrer, relâcher.

LOPSIDED *a*, bancal.

LOPSIDEDNESS *s*, manque *m* de symétrie *f*.

LORD *s*, seigneur *m*, lord *m*.
HOUSE OF LORDS, *U.K*: Chambre des Lords.

LORENZ *pr. n*, Lorenz.
LORENZ CURVE, courbe Lorenz; courbe de concentration.

LORO *s*, loro *m*.
LORO ACCOUNT, compte loro.

LORRY *s*, camion *m*.

LOSABLE *a*, perdable.

LOSE *v*, perdre; gaspiller.
to LOSE ONE'S PLACE, perdre sa place.
to LOSE IN VALUE, perdre de sa valeur.
SHARES LOST A FRACTION, les actions ont abandonné une fraction.
SHARES LOST GROUND, les actions ont perdu du terrain.
STERLING LOST GROUND, la livre a perdu du terrain.

LOSER *s*, perdant *m*.
the WINNERS AND THE LOSERS, les gagnants et les perdants.

LOSING *a*, perdant.
LOSING BARGAIN, mauvais marché.

LOSS *s*, perte *f*; déperdition *f*, manque *m*, dommage *m*, sinistre *m*.
ACCOUNT WHICH SHOWS A LOSS, compte qui accuse une perte
to BEAR A LOSS, supporter une perte.
CLEAR LOSS, perte sèche.
CONSTRUCTIVE TOTAL LOSS, perte censée totale.
DEDUCTIBLE LOSS, perte déductible.
ESTIMATE OF THE LOSSES, évaluation des pertes.
to EXPERIENCE A LOSS, éprouver une perte.
my GAIN IS YOUR LOSS, le profit de l'un est la perte de l'autre.
to GET OUT WITHOUT LOSS, s'en tirer sans perte.
INCALCULABLE LOSSES, pertes incalculables.
to INCUR LARGE LOSSES, subir des pertes sensibles.
LOSS OF CAPITAL, perte, déperdition, de capital.
LOSS ON EXCHANGE, perte au change, sur le change.
LOSS OF A MARKET, perte d'un débouché, d'un marché.
LOSS OF MONEY, perte d'argent.
LOSSES THAT MOP UP ALL THE PROFITS, pertes qui engloutissent tous les bénéfices.
LOSS OF PROFIT, manque à gagner.
LOSS OF RENT, perte de loyer.
LOSS OF RIGHT, déchéance d'un droit.
LOSS OF SERVICE, perte d'emploi.
LOSS OF TIME, perte de temps.
LOSS IN VALUE, tare; perte de valeur.
LOSS OF VALUE, dévalorisation.
to MEET WITH LOSSES, subir des pertes.
to MINIMIZE A LOSS, atténuer une perte.
MINIMIZING LOSSES, minimisation des pertes.
NET LOSS, perte nette.
PARTIAL LOSS, sinistre partiel; perte partielle.
PAYMENT OF LOSSES, remboursement des pertes.
POLICY COVERS THE RISKS OF LOSS, la police couvre le risque de perte.
PRESUMPTIVE LOSS, présomption de perte.
PROFIT AND LOSS ACCOUNT, compte de pertes et profits.
PROFITS WHICH MAKE UP FOR LOSSES, bénéfices qui compensent les pertes.
PROFITS WHICH OFFSET LOSSES, bénéfices qui compensent les pertes.
PROOF OF LOSS, justification de perte.
to PROVE THE LOSS, faire la preuve d'un sinistre.
to RECOMPENSE FOR A LOSS, récompenser d'une perte.
to RECOUP LOSSES, dédommager des pertes.
to SELL AT A LOSS, vendre à perte.
to SET OFF A GAIN AGAINST A LOSS, compenser une perte par un gain.
SEVERE LOSS, perte sévère.
SMALL LOSSES, petits sinistres; petites pertes.
STATEMENT OF PROFIT AND LOSS, compte, relevé, de profits et pertes.
SUCCESSION OF LOSSES, série de pertes.
to SUFFER A LOSS, subir une perte.
to SUSTAIN A LOSS, subir une perte.
TOTAL LOSS, perte totale; sinistre total.
TRADING LOSS, perte d'exploitation.
UNAVOIDABLE LOSS, perte inévitable.

LOST *a*, perdu.
LOST LABOUR, peine perdue.
to RECOVER THE MONEY LOST, regagner l'argent perdu.
to REGAIN THE MONEY LOST, regagner l'argent perdu.

LOT *s*, lot *m*; sort *m*; parcelle *f* de terre *f*.
to BUY IN ONE LOT, acheter en bloc.
DEBENTURES ARE REDEEMED BY LOT, les obligations sont rachetées par voie de tirage.
to DRAW BY LOT, tirer au sort.
ECONOMIC LOT SIZE, quantité économique de commande; quantité économique de réapprovisionnement.
to HANDLE A LOT OF BUSINESS, brasser beaucoup d'affaires.
JOB-LOT, articles d'occasion; soldes.
the LOT, le tout.
LOT OF GOODS, lot de marchandises.
LOTS OF MONEY, beaucoup d'argent.
the LOT WENT FOR, le lot fut adjugé pour.

POOR MAN'S LOT, condition des pauvres.
to POSSESS A LOT OF PROPERTY, posséder de grands biens.

LOT *v*, lotir.
to LOT OUT A PIECE OF GROUND, lotir un terrain.

LOTTERY *s*, loterie *f*.
to DRAW A PRIZE AT A LOTTERY, gagner un lot à la loterie.
LOTTERY BONDS, obligations à lots.
LOTTERY LOAN, emprunt à lots.
LOTTERY TICKET, billet de loterie.

LOTTING *s*, lotissement *m*.

LOW *a*, bas, faible, réduit, inférieur, petit; récent.
ALLOCATION TO LOWEST TENDER, adjudication au mieux-disant.
CONTANGOES ARE LOW, les reports sont bon marché.
FRACTION IN ITS LOWEST TERMS, fraction irréductible.
FUNDS ARE LOW, les fonds sont bas.
HIGH-LOW MID-POINTS METHOD, méthode des points moyens; tracé de la moyenne cyclique.
HIGHEST AND LOWEST PRICES, plus hauts et plus bas cours.
LOW-CONSUMPTION, à faible consommation.
LOW-COST FIRM, firme à bas prix de revient.
LOW DATE, date récente.
LOW-DUTY GOODS, marchandises faiblement taxées.
LOW-GRADE, de qualité inférieure.
LOW GRADIENT, pente faible.
LOW INCOME, faible revenu.
LOW PRICE, bas prix.
LOW-PRICED, à bas prix; bon marché.
LOW-RATE INSURANCE, assurance à tarif réduit.
LOW-YIELDING, à faible rendement.
LOWER ASYMPTOTE, asymptote inférieure.
LOWER CHAMBER, *U.K*: Chambre des Communes.
LOWER CLASSES, prolétariat; bas peuple.
the LOWER COURT, le tribunal inférieur (en cas d'appel).
LOWER MIDDLE-CLASS, petite bourgeoisie.
LOWER PRICE, cours plus faible.
LOWEST PRICE, cours le plus bas.
to REDUCE A FRACTION TO LOWER TERMS, réduire une fraction.
to REDUCE A FRACTION TO ITS LOWEST TERMS, simplifier une fraction.
to SET A LOW VALUE ON, estimer à un bas prix.

LOW *adv*, bas.
STOCKS ARE RUNNING LOW, les stocks s'épuisent.

LOW *s*, bas *m*.
the SHARE INDEX REACHED AN ALL-TIME LOW, l'indice des actions est descendu à son plus bas niveau.

LOWER *v*, abaisser, diminuer, avilir.
to LOWER THE BANK RATE, abaisser le taux de l'escompte.
to LOWER THE CURRENCY, avilir la monnaie.
to LOWER THE PRICE OF, abaisser le prix de.
to LOWER THE RENTS, diminuer les loyers.
to LOWER THE TITLE OF THE COINAGE, détitrer la monnaie.

LOWERING *s*, baisse *f*, diminution *f*, abaissement *m*.
LOWERING PRICES, abaissement des prix.

LOWNESS *s*, modicité *f*, bon marché *m*.
LOWNESS OF CONTANGOES, bon marché des reports.
LOWNESS OF THE PRICE OF, modicité du prix de.

LOZENGE *s*, losange *m*.

LOZENGED *a*, en losange *m*.

LUCK *s*, hasard *m*, chance *f*.

LUCRATIVE *a*, lucratif.
LUCRATIVE TRADE, commerce lucratif.
LUCRATIVE TRANSACTION, transaction lucrative.

LUGGAGE *s*, bagage *m*.
HAND-LUGGAGE, bagages à main.

LULL *s*, accalmie *f*.

LUMP *s*, gros morceau *m*, masse *f*.
LUMP SUM, somme forfaitaire, globale.

LUMP *v*, réunir, cumuler.

LUMPING *s*, réunion *f*, cumul *m*.

LUXURIOUS *a*, luxueux.

LUXURY *s*, luxe *m*, objet *m* de luxe.
FIRST LUXURY TO GO, première dépense somptuaire à supprimer.
LUXURY TAX, taxe de luxe.
LUXURY TRADE, commerce de luxe.
to TAX LUXURIES, taxer les objets de luxe.

LYING *a*, couché; placé.
FACTORY LYING IDLE, usine qui chôme.

M

MACHINE s, machine f.
CALCULATING MACHINE, machine à calculer.
DUPLICATING-MACHINE, duplicateur; machine à polycopier.
EFFICIENT MACHINE, machine d'un rendement élevé.
ELECTRICAL ACCOUNTING MACHINE, machine comptable électrique.
ELECTRONIC DATA PROCESSING MACHINE, calculateur électronique.
ERRATIC WORKING OF A MACHINE, rendement inégal d'une machine.
to FIT A MACHINE TOGETHER, assembler une machine.
FRANKING MACHINE, machine à affranchir.
INVOICING MACHINE, machine à facturer.
MACHINE LANGUAGE, langage machine.
MACHINE-MADE, usiné.
MACHINE-PRODUCTION, production mécanisée.
MACHINE RUN, passage (en) machine.
MACHINE-TOOL INDUSTRY, industrie des machines-outils.
MACHINE-WORK, travail d'usinage.
MULTIPLYING MACHINE, multiplicatrice.
SLOT-MACHINE, distributeur automatique.
STAND-BY MACHINE, machine de secours.
to SUPERSEDE AN OLD MACHINE, remplacer une vieille machine (par une nouvelle).
TABULATING MACHINE, tabulatrice.

MACHINERY s, mécanisme m, machines f. pl, rouages m. pl.
CONSTRUCTION MACHINERY, machines employées dans la construction.
DURATION OF MACHINERY, longévité des machines.
MACHINERY OF COMMERCIAL LIFE, rouages de la vie commerciale.
OBSOLESCENCE OF MACHINERY, obsolescence des machines.
SCRAP VALUE OF MACHINERY, valeur à la casse des machines.

MACHINING s, usinage m.

MACRO-ECONOMIC a, macro-économique.
MACRO-ECONOMIC ANALYSIS, analyse macro-économique.

MACRO-ECONOMICS s. pl, macro-économie f.

MADE a, fait, fabriqué; pratiqué.
the ASSUMPTIONS MADE ARE SUFFICIENTLY REALISTIC, les hypothèses faites sont suffisamment réalistes.
HAND-MADE, fait à la main.
MACHINE-MADE, usiné.
MADE IN DUPLICATE, fait en double (exemplaire).
MADE IN FRANCE, fabriqué en France.
MADE TO ORDER, (fabriqué) sur mesure, sur commande.
PAYMENTS MADE IN FULL, versements faits en totalité.
PRICES MADE YESTERDAY, cours pratiqués hier.
SELF-MADE, qui s'est fait lui-même.

MAGAZINE s, magazine m; revue f.

MAGISTRATE s, magistrat m, juge m.
EXAMINING MAGISTRATE, juge d'instruction.

MAGNATE s, magnat m, pontife m.
MAGNATES OF FINANCE, pontifes de la finance.
MAGNATES OF INDUSTRY, magnats de l'industrie.

MAGNETIC a, magnétique.
MAGNETIC DISK, disque magnétique.

MAGNETIC DRUM, tambour magnétique.
MAGNETIC TAPE, bande magnétique.

MAGNIFY v, amplifier, grossir.

MAGNITUDE s, importance f, grandeur f, valeur f.
ABSOLUTE MAGNITUDE, valeur absolue.
ORDER OF MAGNITUDE, ordre de grandeur.

MAID s, domestique f, bonne f.

MAIL s, courrier m, poste f, correspondance f, malle f.
AIR(-)MAIL, poste aérienne.
INCOMING MAIL, courrier à l'arrivée.
INDIAN MAIL, Malle des Indes.
MAIL BOX, U.S: boîte aux lettres.
MAIL-ORDER BUSINESS, vente par correspondance.
MAIL-ORDER SALES, ventes par correspondance.
MAIL SERVICE, service postal.
MAIL TRAIN, train postal.
OUTGOING MAIL, courrier au départ.
ROYAL MAIL, U.K: Service des postes.

MAILING s, envoi m, diffusion f.
MAILING-LIST, liste de diffusion.

MAIN a, principal, central.
MAIN MEMORY, mémoire centrale.
MAIN OFFICE, bureau principal.

MAINTAIN v, maintenir, conserver.
to MAINTAIN CAPITAL INTACT, conserver le capital en l'état.
to MAINTAIN THE EXCHANGE ABOVE THE GOLD-POINT, maintenir le change au-dessus du gold-point.

MAINTAINED a, maintenu, alimenté.
DIVIDEND MAINTAINED AT 5 %, dividende maintenu à 5 %.
RESERVE MAINTAINED BY, réserve alimentée par.
WELL MAINTAINED PRICES, cours résistants.

MAINTAINING s, maintien m.
MAINTAINING CAPITAL INTACT, maintien de l'intégrité du capital.

MAINTENANCE s, entretien m; maintien m, maintenance f; conservation f, préservation f; alimentation f, pension f alimentaire (pour un enfant).
COST OF MAINTENANCE, coût de conservation.
MAINTENANCE CHARGES, frais d'entretien.
MAINTENANCE OF COMPETITION, préservation de la concurrence.
MAINTENANCE OF ECONOMIC PROSPERITY, maintien de la prospérité économique.
MAINTENANCE OF ROADS, entretien des routes.
RESALE PRICE MAINTENANCE, prix imposé par le fabricant.
SCHEDULED MAINTENANCE, entretien périodique.
STOPPAGE ON WAGES FOR THE MAINTENANCE OF RELIEF FUNDS, retenue sur les salaires pour l'alimentation des caisses de secours.

MAIZE s, maïs m.

MAJOR a, majeur, important.
MAJOR CASUALTY, sinistre majeur.
MAJOR DEVIATIONS FROM, divergences importantes par rapport à.
MAJOR ISSUE, question principale.
MAJOR PART, majeure partie.
MAJOR PREMISE, prémisse majeure.

MAJOR PREMISS, prémisse majeure.

MAJORITY s, majorité f.
MAJORITY HOLDING, participation majoritaire.
MAJORITY INTEREST, participation majoritaire.
MAJORITY OF VOTES, majorité des suffrages.
NARROW MAJORITY, faible majorité.
PROSPECTIVE MAJORITY, majorité en perspective.

MAKE s, marque f, fabrication f.
of FRENCH MAKE, de fabrication française.
STANDARD MAKE, marque courante.

MAKE v, faire, fabriquer, créer, réaliser, effectuer.
the CAR INDUSTRY HAS MADE DETROIT, l'industrie de l'automobile
   a fait la prospérité de Detroit.
FAILURE TO MAKE A RETURN, défaut de déclaration.
LOANS MAKE DEPOSITS, les crédits font les dépôts.
to MAKE ALLOWANCE FOR, tenir compte de.
to MAKE AN ALLOWANCE ON, accorder un rabais sur.
to MAKE A BET, faire un pari.
to MAKE A BID FOR, faire une offre pour; mettre (une) enchère sur.
to MAKE OUT A CHEQUE TO, établir un chèque à l'ordre de.
to MAKE UP A DEFICIT, combler un déficit.
to MAKE A FORTUNE, faire fortune.
to MAKE GOOD, réparer.
to MAKE A GOOD INVESTMENT, faire un bon placement.
to MAKE GREAT STRIDES, faire de grands progrès.
to MAKE HEADWAY, faire des progrès.
to MAKE A LIVING, gagner de quoi vivre.
to MAKE A LOAN, faire un prêt; faire un emprunt.
to MAKE A MARKET, créer un marché.
to MAKE A PAYMENT, effectuer un paiement.
to MAKE A PRICE, faire un prix.
to MAKE PROFITS, réaliser des bénéfices.
to MAKE A PROTEST, lever protêt.
to MAKE A RETURN ON, tirer un revenu, un bénéfice, de.
to MAKE UP A SHORTAGE, combler le déficit.
to MAKE USE OF, se servir de; utiliser; user de.
to MAKE A TENDER, soumissionner.
to MAKE A VALUATION OF, faire l'expertise de.
to MAKE ONE'S WILL, faire son testament.
PROFITS WHICH MAKE UP FOR LOSSES, bénéfices qui compensent
   les pertes.

MAKER s, fabricant m; constructeur m.
HOLIDAY-MAKER, vacancier; touriste.
LAW-MAKER, législateur.

MAKING s, fabrication f, réalisation f, construction f.
DECISION-MAKING, prise de décision.
FUR-MAKING, pelleterie.
GLASS-MAKING, verrerie.
GLOVE-MAKING, ganterie.
KEEN ON MONEY MAKING, âpre au gain.
MAKING-UP PRICES, cours de compensation.
MAKING A PROFIT, réalisation d'un bénéfice.
the MATERIAL AND THE MAKING, les fournitures et la main-d'œuvre.
PAPER-MAKING, fabrication du papier.
ROAD-MAKING, construction de routes.

MALADJUSTMENT s, ajustement m défectueux; inadaptation f.

MALADMINISTRATION s, mauvaise gestion f, mauvaise administration f.

MALE a, masculin.
MALE WORKER, ouvrier.

MALINVESTMENT s, investissement m mal orienté.

MALNUTRITION s, malnutrition f, sous-alimentation f.

MALPRACTICE s, négligence f professionnelle.

MALTHUSIAN a, malthusien.
MALTHUSIAN THEORY OF POPULATION, théorie malthusienne de
   la population.

MALTHUSIANISM s, malthusianisme m.

MALVERSATION s, malversation f; détournement m de fonds m. pl.

MAMMOTH a, géant, colossal.
MAMMOTH SCALE, échelle colossale.

MAN s, homme m; ouvrier m.
BUSINESS MAN, homme d'affaires.
ECONOMIC MAN, homo œconomicus.
FELLOW-MAN, semblable.
FORCE OF MEN EMPLOYED, effectif de la main-d'œuvre.
FULL FORCE OF MEN, effectif au complet.
HANDY-MAN, homme à tout faire; bricoleur.
MAN-DAY, journée de travail.
MAN WITHOUT FAMILY ENCUMBRANCES, homme sans charge de
   famille.
MAN OF FORTUNE, homme riche.

MAN-HOURS, heures d'ouvrier.
one-MAN MARKET, marché ferme, contrôlé.
MAN-POWER, main-d'œuvre.
MAN-POWER REQUIREMENTS, besoins de main-d'œuvre.
MAN OF STRAW, homme de paille.
MAN IN THE STREET, homme moyen; grand public.
the MASTERS AND THE MEN, les patrons et les ouvriers.
MEN'S WEAR, vêtements pour hommes.
PICKED MEN, hommes triés sur le volet.
POOR MAN'S LOT, condition des pauvres.
SALARIED MAN, salarié.
SANDWICH-MAN, homme-sandwich.
ex-SERVICE MAN, ancien combattant.
non-UNION MEN, ouvriers non syndiqués.

MANAGE v, diriger, gérer.
to MANAGE AFFAIRS, diriger, gérer, des affaires.

MANAGED a, dirigé, géré.
MANAGED CURRENCY, monnaie dirigée.

MANAGEMENT s, direction f, gestion f, gérance f; régie f; patrons m. pl.
AUTOMATED MANAGEMENT, gestion automatisée.
AUTOMATED PRODUCTION MANAGEMENT, gestion de production
   automatisée.
BUSINESS MANAGEMENT, gestion des affaires; gestion de l'entre-
   prise.
COMMITTEE OF MANAGEMENT, comité de direction.
to INTERFERE IN THE MANAGEMENT, s'immiscer dans la gestion.
to INVEST THE MANAGEMENT OF A BANK IN A GOVERNOR,
   confier la direction d'une banque à un gouverneur.
JOINT MANAGEMENT, codirection.
LABOUR-MANAGEMENT RELATIONS, rapports patrons-ouvriers.
MANAGEMENT ACCOUNT, compte de gestion.
MANAGEMENT AGREEMENT, contrat de gérance.
MANAGEMENT COMMITTEE, comité de direction.
MANAGEMENT CONSULTANT, ingénieur-conseil en organisation.
MANAGEMENT EXPENSES, frais d'administration; frais de gérance.
MANAGEMENT INFORMATION SYSTEM, système intégré de gestion.
MANAGEMENT OF INVENTORIES, gestion des stocks.
MANAGEMENT OPERATING SYSTEM, système intégré de gestion.
MANAGEMENT SCIENCE, science de la gestion; techniques de gestion.
under NEW MANAGEMENT, changement de direction.
PROVEN MANAGEMENT, direction ayant fait ses preuves.

MANAGER s, directeur m, gérant m; chef m.
DEPUTY MANAGER, sous-directeur; directeur adjoint.
DISTRICT MANAGER, directeur régional.
MANAGER OF AN UNDERWRITING SYNDICATE, gérant d'un syndi-
   cat de placement.
PERSONNEL MANAGER, chef du personnel.
RECEIVER AND MANAGER*, syndic de faillite.
SALES MANAGER, directeur commercial.
STAFF MANAGER, chef du personnel.
SUB-MANAGER, sous-directeur.

MANAGERIAL a, directorial, technocratique.
MANAGERIAL REVOLUTION, révolution technocratique.

MANAGERSHIP s, directorat m, gérance f.

MANAGING a, directeur, gérant.
MANAGING AGENT, agent-gérant.
MANAGING COMMITTEE, comité de direction.
MANAGING DIRECTOR, administrateur délégué; gérant.

MANCHESTER pr. n, Manchester.
MANCHESTER GOODS, produits cotonniers.
MANCHESTER SCHOOL, école de Manchester (libre-échangiste).

MANDATE s, mandat m.

MANDATORY a, obligatoire, indispensable.

MANDATORY s, mandataire m.

MANEUVER s, U.S: manœuvre f.

MANIFEST s, manifeste m.
OUTWARD MANIFEST, manifeste de sortie.
TRANSIT MANIFEST, manifeste de transit.

MANIFESTO s, manifeste m, proclamation f.
COMMUNIST MANIFESTO, Manifeste communiste.

MANIPULATE v, manipuler, tripoter.
to MANIPULATE ACCOUNTS, tripoter les comptes.
to MANIPULATE THE MARKET, travailler le marché.

MANIPULATION s, manipulation f, tripotage m.
MANIPULATION OF THE MARKET, tripotage en bourse; manœuvres
   boursières.

MANIPULATOR s, tripoteur m.

MANKIND s, espèce f humaine, genre m humain.
GENERALITY OF MANKIND, grande majorité des hommes.

MANNING s, effectifs m. pl.

MANŒUVRE s, U.K: manœuvre f.

MANSIONS s. pl, U.K: immeuble m divisé en appartements m. pl, résidence f.

MANTISSA s, mantisse f.

MANUAL a, manuel.
MANUAL LABOUR, travail manuel.
MANUAL WORK, travail manuel.

MANUAL s, manuel m.
BALANCE OF PAYMENTS MANUAL, manuel des balances des paiements.

MANUFACTURE s, fabrication f, production f, construction f, industrie f.
ARTICLE OF FOREIGN MANUFACTURE, article de fabrication étrangère.
PERIOD OF MANUFACTURE, période de production.
STANDARDIZATION OF MANUFACTURE, standardisation, normalisation, dans la fabrication.
WHOLESALE MANUFACTURE, fabrication en série.
WOOLLEN MANUFACTURE, industrie de la laine.
YEAR OF MANUFACTURE, année de construction.

MANUFACTURE v, fabriquer.

MANUFACTURED a, manufacturé.
MANUFACTURED GAS, gaz d'usine.
MANUFACTURED GOODS, produits manufacturés.
SEMI-MANUFACTURED GOODS, produits semi-manufacturés.

MANUFACTURER s, fabricant m.
BASED ON MANUFACTURERS' DELIVERIES, (données) établies d'après les livraisons des fabricants.
MANUFACTURER'S PRICE, prix de fabrique.
PRICES LAID DOWN BY THE MANUFACTURERS, prix imposés par le fabricant.

MANUFACTURING a, industriel, manufacturier.
MANUFACTURING BUSINESS, entreprise industrielle.
MANUFACTURING LICENCE, licence de fabrication.
MANUFACTURING PRODUCTIVITY, productivité industrielle.
MANUFACTURING TOWN, ville industrielle.

MANUFACTURING s, fabrication f, industrie f.
EARNINGS IN MANUFACTURING, gains dans les industries manufacturières.
HEAVY MANUFACTURING, industrie lourde.
MANUFACTURING COST, coût de fabrication.
MANUFACTURING OVERHEAD(S), frais de fabrication.

MANURE s, engrais m.
ANIMAL MANURE, engrais animal.
ARTIFICIAL MANURE, engrais artificiel.
CHEMICAL MANURE, engrais chimique.
FISH-MANURE, engrais de poisson.

MAP s, carte f; diagramme m.
INDIFFERENCE MAP, diagramme d'indifférence; carte d'indifférence.

MARGIN s, marge f, couverture f; écart m, limite f; provision f.
CALL OF MARGIN, appel de marge.
DECREASING RETURN AT THE MARGIN, rendement marginal décroissant.
to DEPOSIT A MARGIN, fournir une couverture (bourse).
FIXED MARGINS, limites fixes.
FURTHER MARGIN, marge supplémentaire.
MARGIN OF 25 % IN CASH, marge, couverture, de 25 % en espèces.
MARGIN FOR CONTINGENCIES, marge pour les éventualités.
MARGIN OF ERROR, marge d'erreur.
MARGIN OF PROFIT, marge bénéficiaire.
MARGIN REQUIREMENTS, couverture légale minimum; couvertures boursières obligatoires.

MARGINAL a, marginal.
CURVE OF MARGINAL COST, courbe de coût marginal.
DECLINING MARGINAL VALUE, valeur marginale décroissante.
DECREASING MARGINAL COST, coût marginal décroissant.
DIMINISHING MARGINAL COST, coût marginal décroissant.
DIMINISHING MARGINAL RATE OF SUBSTITUTION, taux marginal décroissant de substitution.
DIMINISHING MARGINAL UTILITY, utilité marginale décroissante.
DISUTILITY OF MARGINAL EMPLOYMENT, désutilité de l'emploi marginal.
EQUAL-MARGINAL-COST PRINCIPLE, principe d'égalité des coûts marginaux.
to EQUATE PRICE WITH MARGINAL COST, égaler le prix au coût marginal.
MARGINAL ANALYSIS, analyse marginale.
MARGINAL CASE, cas limite.
MARGINAL COST, coût marginal.
MARGINAL COST EQUALS MARGINAL REVENUE, le coût marginal égale la recette marginale.
MARGINAL COST PRICE, prix au coût marginal.

MARGINAL-COST PRICING, fixation du prix au coût marginal; prix de vente égaux aux coûts marginaux.
MARGINAL DISINVESTMENT, désinvestissement marginal.
MARGINAL DISUTILITY OF LABOUR, désutilité marginale du travail.
MARGINAL EFFICIENCY OF CAPITAL, efficacité marginale du capital.
MARGINAL EFFICIENCY OF INVESTMENT, efficacité marginale de l'investissement.
MARGINAL EFFICIENCY OF LABOUR, efficacité marginale du travail.
MARGINAL FACTOR COST, coût de facteur marginal.
MARGINAL FIRM, firme, entreprise, marginale.
MARGINAL LENDER, prêteur marginal.
MARGINAL OPPORTUNITY COST, produit marginal de l'emploi alternatif.
MARGINAL OUTLAY, dépense marginale.
MARGINAL PHYSICAL PRODUCTIVITY OF LABOUR, productivité physique marginale du travail.
MARGINAL PRINCIPLE, principe de la marge.
MARGINAL PRODUCER, producteur marginal.
MARGINAL PRODUCT, produit marginal.
MARGINAL PRODUCTIVITY OF LABOUR, productivité marginale du travail.
MARGINAL PRODUCTIVITY THEORY OF DISTRIBUTION, théorie de la répartition basée sur la productivité marginale.
MARGINAL PRODUCTIVITY OF WAITING, productivité marginale de l'attente.
MARGINAL PROPENSITY TO ABSORB, capacité d'absorption marginale.
MARGINAL PROPENSITY TO CONSUME, propension marginale à consommer.
MARGINAL PROPENSITY TO IMPORT, propension marginale à importer.
MARGINAL PROPENSITY TO INVEST, propension marginale à investir.
MARGINAL PROPENSITY TO SAVE, propension marginale à épargner.
MARGINAL PROPENSITY TO SPEND, propension marginale à dépenser.
MARGINAL RATE OF SUBSTITUTION, taux marginal de substitution.
MARGINAL RATE OF TRANSFORMATION, taux marginal de transformation.
MARGINAL RETURN ON CAPITAL, rendement marginal du capital.
MARGINAL REVENUE, recette marginale.
MARGINAL-REVENUE PRODUCT, produit de (la) recette marginale.
MARGINAL STREAM, flux marginal.
MARGINAL UNEMPLOYMENT, chômage marginal.
MARGINAL UNIT OF INVESTMENT, unité marginale d'investissement.
MARGINAL USER COST, coût d'usage marginal.
MARGINAL UTILITY, utilité marginale.
MARGINAL UTILITY OF MONEY, utilité marginale de la monnaie.
MARGINAL UTILITY OF THE PRODUCT, utilité de la production marginale.
PRINCIPLE OF DIMINISHING MARGINAL UTILITY, principe de l'utilité marginale décroissante.
PROPORTIONALITY BETWEEN MARGINAL UTILITIES AND PRICES, proportionnalité entre les utilités marginales et les prix.
REWARD WHICH CORRESPONDS TO THE MARGINAL PRODUCTIVITY, rémunération correspondant à la productivité marginale.
SCHEDULE OF THE MARGINAL EFFICIENCY OF, courbe de l'efficacité marginale de.
SOCIAL MARGINAL COST, coût marginal social.
THEORY OF MARGINAL UTILITY, théorie de l'utilité marginale.
VALUE OF MARGINAL PRODUCT, valeur du produit marginal.
WAGE IS EQUAL TO THE MARGINAL PRODUCT OF LABOUR, le salaire est égal au produit marginal du travail.

MARINE a, marin, maritime.
MARINE CHARGE, taxe maritime.
MARINE INSURANCE, assurance maritime.
MARINE REGISTRY, inscription maritime.
MARINE RISK, risque de mer.
MARINE STATION, gare maritime.
MARINE TRANSPORT, transport maritime.

MARINE s, marine f.
MERCANTILE MARINE, marine marchande.
MERCHANT MARINE, marine marchande.

MARITAL a, marital, matrimonial.
pre-MARITAL AGREEMENT, U.S: contrat de mariage.

MARITIME a, maritime.
MARITIME COMMERCE, commerce maritime.
MARITIME INSURANCE, assurance maritime.
MARITIME LAW, droit maritime.
MARITIME LIEN, privilège maritime.
MARITIME NAVIGATION, navigation maritime.
MARITIME RISK, risque de mer.
MARITIME TRADE, commerce maritime.

MARK s, marque f.
MARK-UP PRICE INFLATION, inflation par majoration disproportion-
née des coûts.
MARK-UP PRICING, fixation du prix au coût moyen majoré.
to REGISTER A TRADE-MARK, déposer une marque de fabrique.
REGISTERED TRADE-MARK, marque déposée.
REGISTRATION OF A TRADE-MARK, dépôt d'une marque de
fabrique.
TRADE-MARK, marque de fabrique.

MARK v, marquer, coter, inscrire.
to MARK A PRICE, coter un cours.
to MARK DOWN THE PRICE, abaisser le prix.
OBJECTION TO MARK, opposition à la cote.
PRICES HAVE BEEN MARKED DOWN (UP), les cours se sont inscrits
en baisse (hausse).

MARKED a, marqué, visé, contrôlé; sensible.
HALL-MARKED SILVER, argenterie contrôlée.
MARKED CHEQUE, chèque visé.
MARKED DIFFERENCE, différence marquée.
MARKED IMPROVEMENT, amélioration sensible.
MARKED PRICE, prix marqué.
MARKED RECOVERY, reprise marquée.
STRONGLY MARKED TENDENCY, tendance fortement marquée.

MARKET s, marché m, place f, bourse f; débouché m, acheteurs m. pl;
cours m, prix m.
ACCESS TO THE MONEY MARKET, accès au marché financier.
ACCESS TO WORLD MARKETS, accès aux marchés mondiaux.
AGGREGATE MARKET DEMAND, demande agrégative, globale, du
marché.
AGGREGATE MARKET SUPPLY, offre agrégative, globale, du marché.
ASSESSMENT OF MARKET PROSPECTS, évaluation des perspec-
tives du marché.
to BANG THE MARKET, casser les cours; faire baisser les prix.
BAROMETER OF THE MARKET, baromètre du marché.
BEAR MARKET, marché orienté à la baisse.
to BEAR THE MARKET, chercher à faire baisser les cours.
BEARISH MARKET, marché orienté à la baisse.
BLACK MARKET, marché noir.
BLACK MARKET PRICE, prix du marché noir.
BOND MARKET, marché des obligations.
the BOTTOM HAS FALLEN OUT OF THE MARKET, le marché s'est
effondré.
BRISK MARKET, marché animé.
BULL MARKET, marché orienté à la hausse.
to BULL THE MARKET, acheter à découvert.
BUOYANT MARKET, marché soutenu.
to BUY ON A FALLING MARKET, acheter en baisse.
BUYERS' MARKET, marché demandeur; marché orienté à la hausse.
CAPITAL MARKET, marché financier; marché des capitaux.
CAPITALIZED MARKET VALUE, valeur capitalisée par le marché.
to CAPTURE THE MARKET, accaparer la vente.
CATTLE MARKET, marché aux bestiaux.
CHARGING WHAT THE MARKET WILL BEAR, pratique de prix
discriminatoires selon les capacités des acheteurs.
CHEAP MONEY MARKET, marché à bas taux d'intérêt.
COLLAPSE OF THE MARKET, effondrement du marché.
COMMODITY MARKET, marché de matières premières.
COMMON MARKET, Marché commun.
COMPETITIVE MARKET, marché concurrentiel.
CONDITION OF THE MARKET, état du marché.
CONQUEST OF NEW MARKETS, conquête de nouveaux marchés.
CONTROLLED MARKET, marché réglementé.
CONTROLLED MARKET RATES, cours du marché réglementé.
CORN MARKET, marché des grains.
CORNERING THE MARKET, accaparement du marché.
COTTON MARKET, marché du coton.
CREDIT MARKET, marché du crédit.
CURB(-)STONE MARKET, U.S: marché hors cote; coulisse.
CURRENT MARKET PRICES, prix courants du marché.
DEAD MARKET, marché mort.
DECLINING MARKET, marché en baisse.
DEMORALIZED MARKET, marché démoralisé.
DEPRESSED MARKET, marché déprimé, maussade.
DISCONTINUOUS MARKET, marché discontinu.
DISCOUNT MARKET, marché de l'escompte.
DISCOUNT RATE OF THE OPEN MARKET, taux d'escompte hors
banque.
DULL MARKET, marché alourdi.
EASIER MARKET, marché moins soutenu.
EASY MARKET, marché calme.
ENTRY INTO THE COMMON MARKET, entrée dans le Marché com-
mun.
EQUILIBRIUM MARKET PRICE, prix d'équilibre du marché.
EXCHANGE MARKET, marché des changes.
EXPORT MARKETS, marchés d'exportation.
FALLING MARKET, marché orienté à la baisse.
to FIND A MARKET, trouver un débouché.

FIRM MARKET, marché bien tenu.
FIRMNESS OF THE MARKET, fermeté du marché.
FIXED-INTEREST MARKET, marché des obligations.
FLAT MARKET, marché languissant.
FLUCTUATING FREE MARKET RATES, cours libres variables.
FOREIGN EXCHANGE MARKET, marché des changes.
FOREIGN MARKET, marché extérieur, étranger.
FORWARD EXCHANGE MARKET, marché des changes à terme.
FORWARD MARKET, marché à terme.
FORWARD MARKET FOR LOANS, marché à terme du crédit.
FREE GOLD MARKET, marché libre de l'or.
FREE MARKET, marché libre.
FREE MARKET RATE, cours libre.
FREIGHT MARKET, marché des frets.
FRENCH MARKET, marché français.
FULL MARKET RENTAL VALUE, valeur locative au prix du marché.
FUTURES MARKET, marché du terme.
GENERAL TREND OF THE MARKET, tendances d'ensemble, orien-
tation, du marché.
GLUTTED MARKET, marché regorgeant de, encombré.
GOLD MARKET, marché de l'or.
GRAIN MARKET, marché des grains.
HOME MARKET, marché intérieur.
IMPERFECTIONS OF THE MARKET, imperfections du marché.
INTERDEPENDENT MARKETS, marchés interdépendants.
INTERNATIONAL COFFEE MARKET, marché international du café.
INTERRELATIONS OF MARKETS, interrelations des marchés.
INTRODUCTION OF SHARES ON THE MARKET, introduction de
titres sur le marché.
INVESTMENT MARKET, marché des capitaux.
ISSUE MARKET, marché des émissions.
JUMPINESS OF THE MARKET, nervosité du marché.
JUMPY MARKET, marché instable.
KERB(-)STONE MARKET, U.K: marché hors cote; coulisse.
LABOUR MARKET, marché du travail.
LAWS OF MARKET BEHAVIOUR, lois de comportement sur le marché.
LEADERS OF THE MARKET, chefs de file du marché.
LIMITED MARKET, marché étroit.
LIMITEDNESS OF A MARKET, étroitesse d'un marché.
LIVELY MARKET, bourse animée.
LOAN MARKET, marché des prêts.
LONG-TERM MARKET, marché à long terme.
LOSS OF A MARKET, perte d'un débouché, d'un marché.
to MAKE A MARKET, créer un marché.
one-MAN MARKET, marché ferme, contrôlé.
to MANIPULATE THE MARKET, travailler le marché.
MANIPULATION OF THE MARKET, tripotage en bourse; manœuvres
boursières.
on the MARKET, en vente; à vendre.
the MARKET IS ALL BEARS, la place est dégagée.
the MARKET IS ALL BULLS, le marché est à la hausse.
MARKET FOR CAPITAL, marché financier; marché des capitaux.
MARKET CAPITALIZATION, capitalisation par le marché.
MARKET-DAY, jour de bourse; jour de place.
MARKET DEMAND, demande du marché.
MARKET (DEMAND) CURVE, courbe de la demande sur le marché.
MARKET DUES, droits de hallage.
MARKET ECONOMY, économie du marché.
MARKET EQUATION, équation du marché.
MARKET FLUCTUATIONS, fluctuations du marché.
MARKET FORCES, forces du marché.
MARKET FOR FOREIGN EXCHANGE, marché des devises étrangères.
MARKET-GARDENING, maraîchage.
the MARKET IS ALL GIVERS, la place est chargée.
the MARKET iS HEAVY, le marché est lourd.
MARKET FOR INPUTS, marché des facteurs.
MARKET JOBBERY, tripotage de bourse; agiotage.
MARKET FOR LABOUR, marché du travail.
MARKET LAW, loi des débouchés.
MARKET MECHANISM, mécanisme du marché.
MARKET FOR OUTPUT, marché des produits.
MARKET OVERLOADED WITH STOCK, marché surchargé de titres.
MARKET OVERT, marché public; magasin.
MARKET PLACE, centre de commerce; place du marché.
MARKET PRICE, prix du marché; cours de bourse.
MARKET PRICES OF INDUSTRIAL SHARES, cours des actions
industrielles.
MARKET PRICE OF LABOUR, prix de la main-d'œuvre sur le marché.
MARKET PRICE-LIST, mercuriale.
MARKET PRICING, formation des prix sur le marché.
MARKET FOR PRODUCT, marché du produit.
MARKET RATE, taux hors banque.
MARKET RATE OF DISCOUNT, taux d'escompte hors banque.
the MARKET HAS REACHED SATURATION POINT, le marché est
saturé.
MARKET RENTAL VALUE OF LAND, loyer du terrain fixé par le
marché.
MARKET RESEARCH, étude de marché.

the MARKET HAS RISEN, la bourse est en hausse.
MARKET SUPPLY, offre du marché.
MARKET SYNDICATE, syndicat de bourse.
the MARKET IS ALL TAKERS, la position de place est dégagée.
MARKET TRANSACTIONS, opérations de bourse.
the MARKET IS UNSTEADY, le marché est irrégulier.
MARKET VALUATION, évaluation boursière.
MARKET VALUE, valeur marchande; valeur vénale.
MARKET VALUE OF EQUITIES, valeur boursière des actions.
the MARKET WEAKENED, le marché a fléchi, s'est tassé.
METAL MARKET, marché des métaux.
to MISS THE MARKET, perdre l'occasion de vendre.
MONETARY EASINESS OF THE MARKET, aisance monétaire du marché.
MONEY MARKET, marché monétaire.
MONEY MARKET RATES, taux de l'argent hors banque.
MONOPSONY MARKET, marché monopsonique.
MORTGAGE MARKET, marché hypothécaire.
NOMINAL MARKET, marché presque nul.
OFFICIAL MARKET, marché officiel; parquet.
OIL MARKET, marché des pétrolifères.
OPEN DISCOUNT MARKET, marché de l'escompte hors banque.
OPEN MARKET, marché ouvert; marché libre; open market.
OPEN-MARKET DISCOUNT RATE, taux d'escompte hors banque.
OPEN-MARKET OPERATIONS, opérations sur le marché public; opérations d'open market.
OPEN MONEY MARKET, marché libre des capitaux.
OPTIONS MARKET, marché à terme; marché du terme.
ORGANIZED MARKETS, marchés organisés.
OUTSIDE MARKET, coulisse.
OVER-BOUGHT MARKET, marché surévalué.
OVERSEAS MARKETS, marchés d'outre-mer.
to PEG THE MARKET, stabiliser le marché.
PLACING OF PRODUCTS ON FOREIGN MARKETS, écoulement de produits sur les marchés étrangers.
to PLAY THE (STOCK) MARKET, U.S: spéculer.
PRODUCE MARKET, marché commercial.
to PUT AN ARTICLE ON THE MARKET, lancer un article sur le marché.
QUIET MARKET, bourse calme.
REAL-ESTATE MARKET, marché immobilier.
RELATED MARKETS, marchés liés.
REOPENING OF A MARKET, réouverture d'un marché.
RIGGING THE MARKET, agiotage; tripotage en bourse.
RIGHTS MARKET, marché des droits de souscription.
RISING MARKET, marché orienté à la hausse.
RUN OF THE MARKET, tendances du marché.
SAGGING MARKET, marché en baisse.
SAGGING OF THE MARKET, fléchissement du marché.
SECOND-HAND MARKET, marché de biens d'occasion.
SECURITY MARKET, marché des valeurs; bourse.
to SELL ON A RISING MARKET AND TO BUY ON A FALLING MARKET, vendre en hausse et acheter en baisse.
SELLERS' MARKET, marché offreur.
SENSITIVE MARKET, marché sensible, prompt à réagir.
SHARE MARKET, bourse des valeurs.
SHORT-TERM MARKET, marché à court terme.
SIZE OF THE MARKET, dimensions du marché.
SLACKNESS OF THE MARKET, calme des affaires.
SPECULATIVE MARKETS, marchés spéculatifs.
SPOT MARKET, marché au comptant; marché du disponible.
STALE MARKET, marché lourd.
STATE OF THE MARKET, état du marché.
STEADY MARKET, marché soutenu.
STOCK MARKET, bourse des valeurs.
STREET MARKET, marché d'après-bourse.
STRONG MARKET, marché ferme.
SURFEIT OF GOLD ON THE MARKET, surabondance d'or sur le marché.
TENDENCIES OF THE MARKET, tendances du marché.
TERMINAL MARKET, marché à terme, du terme.
TIN MARKET, marché de l'étain.
TONE OF THE MARKET, dispositions du marché, de la bourse.
TURN OF THE MARKET, écart entre le cours acheteur et le cours vendeur.
to UNLOAD STOCK ON THE MARKET, se décharger d'un paquet d'actions.
UNSETTLED STATE OF THE MARKET, instabilité, incertitude, du marché.
WAGE MARKET, U S: marché des salaires.

MARKET v, vendre, lancer sur le marché; trouver des débouchés m. pl.

MARKETABLE a, négociable, vénal, vendable.
MARKETABLE GOODS, marchandises destinées à la vente.
MARKETABLE QUANTITY OF SHARES, quotité négociable de valeurs.
MARKETABLE SECURITIES, valeurs négociables.
MARKETABLE VALUE, valeur vénale.

STOCKS MARKETABLE ON THE STOCK EXCHANGE, titres négociables en bourse.

MARKETING s, marketing m; distribution f, commercialisation f, vente f.
AGRICULTURAL MARKETING BOARD, office commercial des produits agricoles.
MARKETING AGREEMENT, accord de commercialisation.
MARKETING BOARD, office de régularisation de vente; fonds de stabilisation du marché.
MARKETING CO-OPERATIVE, coopérative de vente.
MARKETING COSTS, frais de commercialisation.
MARKETING POLICY, politique de commercialisation.

MARKING s, cotation f, cote f.
MARKING OF PRICES, cote des cours.

MARRIAGE s, mariage m.
CRUDE MARRIAGE RATES, taux bruts de nuptialité.
MARRIAGE CERTIFICATE, extrait d'acte de mariage.
MARRIAGE CONTRACT, contrat de mariage.
MARRIAGE PORTION, dot.
MARRIAGE RATE, taux de nuptialité.
MARRIAGE SETTLEMENT, contrat de mariage.
REGISTER OF BIRTHS, MARRIAGES, AND DEATHS, registre de l'état civil.

MARSH s, marais m, marécage m.

MARSHAL v, ranger, ordonner.
to MARSHAL FACTS, présenter les faits ordonnés.

MARSHALL pr. n, Marshall.
MARSHALL AID, aide Marshall.
MARSHALL PLAN, plan Marshall.

MARSHALLING s, triage m.
MARSHALLING YARD, gare de triage.

MART s, centre m de commerce m, U.S: marché m.
AUCTION MART, salle de ventes.
the GREAT MARTS OF TRADE OF EUROPE, les grands centres commerciaux européens.
MONEY MART, U.S: marché monétaire.

MARXIAN a, marxiste.
MARXIAN SOCIALISM, socialisme marxiste.
MARXIAN THEORIES, théories marxistes.

MARXISM s, marxisme m.

MARXIST a, marxiste.
MARXIST METHOD, méthode marxiste.

MASS s, masse f; foule f.
the CLASSES AND THE MASSES, les possédants et les prolétaires.
ECONOMIES OF MASS PRODUCTION, économies d'échelles.
LAW OF IMMISERIZATION OF THE MASSES, loi de paupérisation des masses.
the MASSES, la foule; le prolétariat.
MASS OF LABOUR, somme de travail.
MASS MEDIA, mass media.
MASS PRODUCTION, production de masse, en série.
MASS-PRODUCTION CAR, voiture de série.
MASS STORAGE, mémoire de masse.
MASS UNEMPLOYMENT, chômage massif.

MASTER s, maître m, patron m.
the MASTERS AND THE MEN, les patrons et les ouvriers.
MASTER FILE, fichier principal.

MATCH s, match m.

MATERIAL a, matériel; important, pertinent.
MATERIAL FACT, fait matériel; fait pertinent.
MATERIAL NEEDS, besoins matériels.

MATERIAL s, matériau m, matériel m; matières f. pl premières, fournitures f. pl; substance f.
BUILDING MATERIALS, matériaux de construction.
COST OF MATERIALS, coût des matières premières.
LABOUR AND MATERIAL, main-d'œuvre et fournitures.
the MATERIAL AND THE MAKING, les fournitures et la main-d'œuvre.
MATERIALS UNFIT FOR THE JOB, matériaux impropres à cet usage.
RAW MATERIALS, matières premières.
SALVAGED MATERIAL, matériel récupéré.
UNMANUFACTURED MATERIALS, matières premières.

MATERIALISM s, matérialisme m.
DIALECTICAL MATERIALISM, matérialisme dialectique.

MATERIALIST(IC) a, matérialiste.

MATERIALIZE v, (se) matérialiser, (se) réaliser.
these POSSIBILITIES MAY MATERIALIZE, ces possibilités pourraient se réaliser.

MATERIALLY adv, matériellement.

MATERNALISTIC a, maternaliste.

MATERNITY s, maternité f.
MATERNITY ALLOWANCES, allocations de maternité.

MATHEMATICAL a, mathématique.
MATHEMATICAL ACCURACY, exactitude mathématique.
MATHEMATICAL ECONOMICS, économie mathématique.
MATHEMATICAL EXPECTATION, espérance mathématique.
MATHEMATICAL FUNCTIONS, fonctions mathématiques.
MATHEMATICAL METHOD, méthode mathématique.
MATHEMATICAL OPERATION, opération mathématique.
MATHEMATICAL PREMIUM, prime nette.
MATHEMATICAL PROPOSITION, proposition mathématique.

MATHEMATICIAN s, mathématicien m.

MATHEMATICS s. pl, mathématiques f. pl.
ADVANCED MATHEMATICS, mathématiques supérieures.
APPLIED MATHEMATICS, mathématiques appliquées.
HIGHER MATHEMATICS, mathématiques supérieures.
PURE MATHEMATICS, mathématiques pures.

MATRIARCHY s, matriarcat m.

MATRIX s, matrice f.
BASIS MATRIX, matrice de base.
CORRELATION MATRIX, matrice de corrélation.
DIAGONAL MATRIX, matrice diagonale.
ELEMENTARY MATRIX, matrice élémentaire.
INVERSION OF THE MATRIX, inversion de la matrice.
MATRIX ALGEBRA, algèbre matricielle.
MATRIX METHOD, méthode des matrices.
PERMUTATION MATRIX, matrice de permutation.
SYMMETRIC(AL) MATRIX, matrice symétrique.

MATTER s, matière f; affaire f, sujet m, question f; substance f.
BUSINESS MATTERS, affaires.
CURRENT MATTERS, affaires courantes.
to DISPOSE OF A MATTER, régler une affaire.
ESSENCE OF THE MATTER, fond de l'affaire.
to EXPEDITE A MATTER, activer une affaire.
GIST OF THE MATTER, vif du sujet.
MATTER OF BUSINESS, question d'affaires.
MATTER OF COMMON KNOWLEDGE, de notoriété publique.
MATTER IN DISPUTE, affaire dont il s'agit.
as a MATTER OF FACT, en fait; à vrai dire.
MATTER OF FORM, pure formalité.
MATTER OF GREAT IMPORT, affaire de toute importance.
MATTER OF OPINION, affaire d'appréciation.
MATTER IN SUSPENSE, affaire en suspens.
MONEY MATTERS, affaires d'intérêt.
PRICE IS A MATTER FOR NEGOTIATION, prix à débattre.
PRINTED MATTER, imprimé(s).
in REGARD TO THIS MATTER, en ce qui concerne cette affaire.
with REGARD TO THIS MATTER, en ce qui concerne cette affaire.
SUBJECT-MATTER, sujet; contenu.

MATURE a, mûr; échu.
MATURE ECONOMY, économie en pleine maturité.

MATURE v, mûrir; échoir.
BILLS TO MATURE, effets à échéance.

MATURED a, échu.
MATURED CAPITAL, capitaux arrivés à échéance.

MATURING a, à échéance f.
BILLS MATURING 1998, obligations échéance 1998.
SHORTLY MATURING BONDS, bons à échéance rapprochée.

MATURITY s, maturité f, échéance f.
BONDS WITH 10 YEARS OR MORE TO MATURITY, obligations à 10 ans ou davantage.
DATE OF MATURITY, échéance.
to PAY A BILL OF EXCHANGE AT MATURITY, payer une lettre de change à l'échéance.
PAYABLE AT MATURITY, payable à l'échéance.

MAXIMAL a, maximal.

MAXIMIZATION s, maximisation f, maximation f.
CRITERIA OF MAXIMIZATION, critères de maximation.

MAXIMIZE v, maximiser, rendre maximum.
to ENDEAVOUR TO MAXIMIZE OUTPUT, chercher à rendre la production maximum.
the ENTREPRENEUR MAXIMIZES HIS PROFITS, l'entrepreneur maximise le profit.
each FIRM MAXIMIZES ITS PROFIT, chaque firme rend maximum son profit individuel.
to MAXIMIZE TOTAL PROFIT, rendre maximum le profit total.
UTILITY WILL BE MAXIMIZED WHEN, l'utilité sera maximale lorsque.

MAXIMIZING s, maximation f, maximisation f.
MAXIMIZING PROFITS, maximation des profits.
MAXIMIZING TOTAL UTILITY, maximation de l'utilité totale.

MAXIMUM a, maximum, maximal, optimal.

LEGAL MAXIMUM PRICE, prix maximum légal.
MAXIMUM DEPARTURE, écart maximum.
MAXIMUM LIKELIHOOD, maximum de vraisemblance.
MAXIMUM OUTPUT, production maximum.
MAXIMUM PRICE, prix maximum.
MAXIMUM RISK, risque maximum.
MAXIMUM SATISFACTION, satisfaction maximale.
MAXIMUM SURPLUS, surplus maximal.
MAXIMUM VALUE, valeur maximale.
POINT OF MAXIMUM PROFIT, point de profit maximum.
THEORETICAL MAXIMUM CAPACITY, capacité théorique maximum.

MAXIMUM s, maximum m.
a MINIMUM OF RISK AND A MAXIMUM OF REVENUE, un minimum de risque et un maximum de revenus.

MEAN a, moyen; commun.
MEAN COST, coût moyen.
MEAN DEVIATION, écart à la moyenne; moyenne de déviation; écart absolu moyen.
the MEAN DEVIATION IS EQUAL TO 4/5 OF THE STANDARD DEVIATION, la moyenne de déviation est égale aux 4/5 de la déviation standard.
MEAN DUE DATE, échéance moyenne; échéance commune.
MEAN PROPORTIONAL, moyenne géométrique.
MEAN SALES, moyenne des ventes.
MEAN VALUE THEOREM, théorème de la valeur moyenne.

MEAN s, milieu m; moyen m; ressource f; moyenne f.
ARITHMETICAL MEAN, moyenne arithmétique.
CONDITIONAL MEAN, moyenne conditionnelle.
DEVIATION FROM THE MEAN, écart à la moyenne.
EMERGENCY MEANS, moyens de fortune.
the END AND THE MEANS, la fin et les moyens.
ENDOWED WITH FINANCIAL MEANS, doté de moyens financiers.
ESTIMATED STANDARD ERROR OF A SAMPLE MEAN, approximation de l'écart-type de la moyenne d'échantillon.
FAIR MEANS, voies honnêtes.
FRAUDULENT MEANS, moyens frauduleux.
GEOMETRICAL MEAN, moyenne géométrique.
HARMONIC MEAN, moyenne harmonique.
MEANS AT HIS DISPOSAL, moyens dont il dispose.
MEANS INCOMMENSURATE WITH WANTS, moyens sans rapport avec les besoins.
MEANS OF INCREASING EMPLOYMENT, moyens d'accroître l'emploi.
MEANS OF PAYMENT, moyens de paiement.
MEAN OF THE POPULATION, moyenne de la population.
MEANS OF PRODUCTION, moyens de production.
MEAN OF THE SQUARED DEVIATIONS FROM THE MEAN (VARIANCE), moyenne des carrés des écarts à la moyenne (variance).
MEANS OF SUBSISTENCE, moyens de subsistance.
MEANS OF SUPPORT, moyens d'existence.
MEANS OF SUSTENANCE, moyens de subsistance.
MODEST MEANS, moyens modestes.
PERSON OF INDEPENDENT MEANS, rentier.
POPULATION MEAN, moyenne de la population.
PRIVATE MEANS, ressources personnelles.
the PRODUCT OF THE EXTREMES EQUALS THE PRODUCT OF THE MEANS, le produit des extrêmes égale le produit des moyens.
PUBLIC MEANS OF CONVEYANCE, transports en commun.
SAMPLE MEAN, moyenne de l'échantillon.
SCANTY MEANS, faibles ressources.
STANDARD ERROR OF A MEAN, erreur type de la moyenne.
WEIGHTED ARITHMETIC MEAN, moyenne arithmétique pondérée.

MEAN v, signifier.

MEANING s, sens m, signification f.
DOUBLE MEANING, double sens.

MEANTIME adv, dans l'intervalle m.
in the MEANTIME, entre temps.

MEASURABILITY s, mensurabilité f.

MEASURABLE a, mesurable.
MEASURABLE QUANTITY, quantité mesurable.

MEASURE s, mesure f; unité f; paramètre m; diviseur m.
AUSTERITY MEASURES, mesures d'austérité.
BINARY MEASURE, mesure binaire.
COMPENSATORY MEASURES, mesures compensatoires.
CUBIC MEASURE, mesure de volume.
DEFLATIONARY MEASURES, mesures déflationnistes.
DRASTIC MEASURES, mesures rigoureuses.
DUE MEASURES, mesures requises.
EMERGENCY MEASURES, mesures d'urgence.
FULL MEASURE, bonne mesure.
GREATEST COMMON MEASURE, le plus grand commun diviseur.
HALF-MEASURE, demi-mesure.
HEAPED MEASURE, mesure comble.
HUMANE MEASURES, mesures humanitaires.
LINEAR MEASURES, mesures linéaires, de longueur.
LIQUID MEASURE, mesure de capacité (pour les liquides).

MEASURE OF CAPACITY, mesure de capacité.
MEASURES OF DISPERSION, mesures, paramètres, de dispersion.
MEASURE OF ECONOMY, mesure d'économie.
MEASURES OF KURTOSIS, mesures du kurtosis.
MEASURE OF LENGTH, unité de longueur.
MEASURES OF LOCATION, mesures, paramètres, de position.
MEASURES OF PEAKEDNESS, mesures du kurtosis, de l'aplatissement.
MEASURE OF SKEWNESS, mesure de la dissymétrie.
PANICKY MEASURES, mesures dictées par la panique.
PREVENTIVE MEASURE, mesure à titre préventif.
RETALIATORY MEASURES, mesures de rétorsion.
RIGOROUS MEASURES, mesures rigoureuses.
SOLID MEASURES, mesures de volume.
SQUARE MEASURE, unité de surface.
STANDARD MEASURE, mesure-étalon.
STRONG MEASURES, mesures énergiques.
SUPERFICIAL MEASURES, mesures de superficie.
TABLE OF WEIGHTS AND MEASURES, table de poids et de mesures.
TEMPORARY MEASURES, mesures transitoires.
WEIGHTS AND MEASURES, poids et mesures.

MEASURE v, mesurer.

MEASURED a, mesuré.

MEASUREMENT s, mesure f, dimension f, volume m, cubage m, capacité f, encombrement m.
CUSTOMS TARIFFICATION BY MEASUREMENT, tarification douanière au volume.
FREIGHTING ON MEASUREMENT, affrètement au volume.
MEASUREMENT CONVERTED INTO WEIGHT, cubage converti en poids.
MEASUREMENT OF IMBALANCE, mesure du déséquilibre.
MEASUREMENT TON, tonneau de capacité.
MONEY AS MEASUREMENT OF UTILITY, monnaie en tant qu'instrument de mesure de l'utilité.
TON MEASUREMENT, tonneau d'encombrement, de capacité.

MEASURING s, mensuration f, mesure f.
MEASURING APPARATUS, appareil de mesure.
MEASURING THE BUSINESS CYCLE, mesure du cycle économique.
MEASURING ROD, étalon de mesure.
MEASURING TOOL, outil de mesure.

MEAT s, viande f.
FROZEN MEAT, viande congelée.
MEAT EQUIVALENT, équivalent en viande.
MEAT INDUSTRY, industrie de la viande.
MEAT-PACKING INDUSTRY, industrie de la conserve de la viande.
PRESERVED MEAT, viande de conserve.

MECHANIC s, mécanicien m.

MECHANICAL a, mécanique.
MECHANICAL ANALOGIES, analogies (purement) mécaniques.
MECHANICAL CIVILIZATION, civilisation mécanique.
MECHANICAL ENGINEERING, construction mécanique.
MECHANICAL EQUIVALENT OF HEAT, équivalent calorifique.

MECHANICS s. pl, mécanique f.
ABSTRACT MECHANICS, mécanique rationnelle.
ANALYTICAL MECHANICS, mécanique analytique.
APPLIED MECHANICS, mécanique appliquée.
PRACTICAL MECHANICS, mécanique appliquée.
THEORETICAL MECHANICS, mécanique rationnelle.

MECHANISM s, mécanisme m, rouages m. pl.
ADJUSTMENT MECHANISM, mécanisme d'ajustement.
BANKING MECHANISM, mécanisme bancaire.
DISCOUNT MECHANISM, mécanisme de l'escompte.
EQUILIBRATING MECHANISM, mécanisme rééquilibrant.
MARKET MECHANISM, mécanisme du marché.
PRICE MECHANISM, mécanisme des prix.
RE-EQUILIBRATING MECHANISMS, mécanismes rééquilibrants.
STABILIZING MECHANISMS, mécanismes stabilisateurs.

MECHANIZATION s, mécanisation f.

MECHANIZE v, mécaniser.

MEDIA s. pl, see under MEDIUM s.

MEDIAEVAL a, médiéval, moyenâgeux.

MEDIAL s, médiale f.

MEDIAN a, médian.
MEDIAN PERCENTAGE, pourcentage médian.

MEDIAN s, médiane f, médiale f.
LOCATION OF THE MEDIAN, détermination géographique de la médiane.

MEDIATE a, médiat, intermédiaire.
MEDIATE INFERENCE, déduction médiate.

MEDIATE v, (s') entremettre.

MEDIATION s, médiation f.

MEDIATOR s, médiateur m.

MEDICAL a, médical.
MEDICAL CERTIFICATE, certificat médical.
MEDICAL DEPARTMENT, service de santé.
MEDICAL FEES, honoraires médicaux.
MEDICAL PROFESSION, profession de médecin; corps médical.

MEDIUM a, moyen.
MEDIUM-SIZED, de taille moyenne.
MEDIUM-SIZED FIRM, entreprise moyenne.
MEDIUM-TERM EXPECTATIONS, prévisions à moyen terme.
MEDIUM-TERM FINANCE, financement à moyen terme.
MEDIUM WAVES, ondes moyennes.

MEDIUM s, milieu m, support m, moyen m, medium m.
ADVERTISING MEDIUM, support publicitaire.
CIRCULATING MEDIUM, support monétaire.
HAPPY MEDIUM, juste milieu.
MASS MEDIA, mass media.
MEDIUM OF CIRCULATION, support monétaire.
MEDIUM OF EXCHANGE, moyen d'échange.
MONEY AS MEDIUM OF EXCHANGE, monnaie en tant que moyen d'échange.
SOCIAL MEDIUM, milieu social.

MEET s, point m commun (à deux courbes f. pl).

MEET v, (se) rencontrer, (se) couper, honorer, faire face f.
CURVES THAT MEET AT AN ANGLE, courbes qui se coupent à un angle.
to MEET A BILL OF EXCHANGE, honorer une lettre de change.
to MEET A DEMAND, faire face à une demande.
to MEET A DRAFT, honorer une traite.
to MEET EXPENSES, faire face aux dépenses.
to MEET WITH LOSSES, subir des pertes.

MEETING s, rencontre f, rendez-vous m, réunion f, assemblée f, conférence f.
to ARRANGE FOR A MEETING, organiser un rendez-vous.
BOARD MEETING, réunion du conseil d'administration.
to CALL A MEETING, convoquer une assemblée.
GENERAL MEETING, assemblée générale.
MEETING OF CREDITORS, assemblée de créanciers.
MEETING-POINT, point de rencontre (de deux courbes).
MEETING OF SHAREHOLDERS, assemblée d'actionnaires.
NOTICE OF MEETING, convocation d'assemblée.
to PRESIDE OVER A MEETING, présider une assemblée.
PROCEEDINGS OF A MEETING, délibérations d'une assemblée.
SUMMIT MEETING, conférence au sommet.

MEMBER s, membre m, sociétaire m.
CO-OPTED MEMBER, membre coopté.
FOUNDER MEMBER, membre fondateur.
LEFT-HAND MEMBER OF THE EQUATION, premier membre d'une équation.
non-MEMBER, invité, (non-membre).
MEMBER OF A MUTUAL BENEFIT SOCIETY, mutualiste.
MEMBER OF PARLIAMENT, parlementaire.
RIGHT-HAND MEMBER OF THE EQUATION, second membre d'une équation.

MEMBERSHIP s, sociétariat m, qualité f de membre m; ensemble m des membres.
CONDITIONS OF MEMBERSHIP, conditions d'adhésion.
MEMBERSHIP OF A SYNDICATE, qualité de membre d'un syndicat.

MEMORANDUM s, memorandum m, note f, mémoire m.
as a MEMORANDUM, pour mémoire.
MEMORANDUM AND ARTICLES OF ASSOCIATION*, U.K: statuts.

MEMORIZING s, mémorisation f.

MEMORY s, mémoire f, souvenir m.
MAIN MEMORY, mémoire centrale.
SHARED MEMORY, mémoire commune.

MENACE s, menace f.
MENACE OF DISMISSAL, menace de licenciement.

MEND s, reprise f, amélioration f.
TRADE IS ON THE MEND, les affaires reprennent.

MENSURABILITY s, mensurabilité f.

MENSURABLE a, mensurable, mesurable.

MENSURATION s, mensuration f, mesure f.

MENTAL a, mental.
MENTAL ARITHMETICS, arithmétique mentale.
MENTAL HOSPITAL, maison d'aliénés.

MERCANTILE a, commercial, mercantile, mercantiliste, marchand, commerçant.
MERCANTILE AFFAIRS, affaires commerciales.
MERCANTILE BROKER, agent de change.

MERCANTILE BUSINESS, opérations mercantiles.
MERCANTILE ESTABLISHMENT, maison de commerce.
MERCANTILE LAW, droit commercial.
MERCANTILE MARINE, marine marchande.
MERCANTILE NATION, nation commerçante.
MERCANTILE PAPER, papier commercial.
MERCANTILE PORT, port de commerce.
MERCANTILE SYSTEM, système mercantile.
MERCANTILE THEORY, théorie mercantiliste.

MERCANTILISM s, mercantilisme m.

MERCANTILIST s, mercantiliste m.

MERCANTILISTIC a, mercantiliste.
MERCANTILISTIC POLICY, politique mercantiliste.
MERCANTILISTIC THEORIES, théories mercantilistes.

MERCERY s, U.K: commerce m des soieries f. pl, industrie f de la soie.

MERCHANDISE s, marchandise f.
MERCHANDISE TRAFFIC, trafic des marchandises.
MERCHANDISE TRAIN, train de marchandises.

MERCHANDIZE v, commercialiser.

MERCHANDIZING s, commercialisation f.
MERCHANDIZING OF SECURITIES, placement des titres.

MERCHANT a, marchand, commercial.
LAW MERCHANT, droit commercial.
MERCHANT BANKS, U.K: banques pour le commerce international.
MERCHANT FLEET, flotte marchande.
MERCHANT MARINE, marine marchande.
MERCHANT SERVICE, marine marchande.
MERCHANT SHIPPING, marine marchande.

MERCHANT s, négociant m, commerçant m.
COAL-MERCHANT, négociant en charbon.
COMMISSION-MERCHANT, négociant-commissionnaire.
RECOGNIZED MERCHANT, commerçant attitré.

MERCHANTABLE a, vendable.

MERE a, pur, simple.
MERE CHANCE, pur hasard.
MERE MIDDLEMEN, simples intermédiaires.

MERGE v, fusionner, fondre.

MERGER s, fusion f, concentration f, unification f.
BANK MERGER, fusion de banques.
INDUSTRIAL MERGER, fusion d'entreprises; concentration industrielle.

MERGING s, fusion f.
MERGING OF SEVERAL BANKS, fusion de plusieurs banques.

MERIT s, mérite m.
MERIT BONUS, U.S: prime de rendement.
MERIT RATING, U.S: notation du personnel.

MET a, couvert, financé par.
EXPENDITURE MET FROM TAXATION, dépenses financées par le produit des impôts.

METAL s, métal m.
BASE METAL, métal commun; métal de base.
COINABLE METALS, métaux monnayables.
CONVERSION OF THE ORE INTO METAL, métallisation du minerai.
METAL EXCHANGE, marché des métaux.
METAL FOUNDING, moulage des métaux.
METAL INDUSTRIES, industries métallurgiques.
METAL MARKET, marché des métaux.
METAL WORKER, ouvrier métallurgiste.
METAL WORKS, usine métallurgique.
NOBLE METALS, métaux précieux, nobles.
PRECIOUS METALS, métaux précieux.
STANDARD METAL, métal-étalon.
YELLOW METAL, métal jaune, laiton.

METALLIC a, métallique.
METALLIC CURRENCY, monnaie métallique.
METALLIC MONEY, monnaie métallique.
METALLIC RESERVE, réserve métallique.
METALLIC STANDARD, étalon métallique.

METALLURGIC(AL) a, métallurgique.

METALLURGY s, métallurgie f.
METALLURGY OF IRON, sidérurgie f.

METAMATHEMATICAL a, métamathématique.
METAMATHEMATICAL THEORY, théorie métamathématique.

METAMATHEMATICS s. pl, métamathématiques f. pl.

METASTATIC a, métastatique.

METASTATICS s. pl, métastatique f.

METEOROLOGY s, météorologie f.

METER s, compteur m, U.S: mètre m.

METHOD s, méthode f, modalité f, procédé m.
ACCESS METHOD, méthode d'accès.
AGE-LIFE METHOD OF DEPRECIATION, méthode d'amortissement par tranches annuelles égales.
ANNUITY METHOD OF DEPRECIATION, méthode d'amortissement par annuités.
APPRAISAL METHOD OF DEPRECIATION, méthode d'amortissement fondée sur la valeur du moment.
APPROXIMATION METHOD, méthode par approximation.
BACKWARD METHOD, méthode rétrograde; méthode indirecte.
BALANCE METHOD, méthode par soldes; méthode hambourgeoise.
CASE METHOD, méthode des cas.
CRITICAL PATH METHOD, méthode du chemin critique.
DEDUCTIVE METHOD, méthode déductive.
ELASTICITY METHOD, méthode des élasticités.
EMPIRICAL METHOD, méthode empirique.
EPOCH METHOD, méthode rétrograde, indirecte.
EXHAUSTIVE METHOD, méthode exhaustive.
EXPEDIENT METHOD, méthode commode.
EXPERIMENTAL METHOD, méthode expérimentale.
GRAPHIC METHOD, méthode graphique.
HIGH-LOW MID-POINTS METHOD, méthode des points moyens; tracé de la moyenne cyclique.
INDUCTIVE METHOD, méthode inductive.
ITERATIVE METHOD, méthode itérative.
MARXIST METHOD, méthode marxiste.
MATHEMATICAL METHOD, méthode mathématique.
MATRIX METHOD, méthode des matrices.
METHOD OF ANALYSIS, méthode d'analyse.
METHOD OF AVERAGES, méthode des moyennes.
METHOD OF CONTINUAL APPROACHES, méthode des approximations successives.
METHODS OF ECONOMIC ANALYSIS, méthodes d'analyse économique.
METHOD OF EXCLUSION, méthode d'exclusion.
METHOD OF EXHAUSTIONS, méthode d'exhaustion.
METHOD OF FLUXIONS, méthode des fluxions.
METHODS IN FORCE, méthodes appliquées actuellement.
METHOD OF INQUIRY, méthode d'investigation.
METHOD OF LEAST SQUARES, méthode des moindres carrés.
METHOD OF LIMITS, méthode des limites.
METHOD OF MOMENTS, méthode d'estimation par les moments.
METHOD OF MOVING AVERAGES, méthode des moyennes mobiles.
METHODS OF PAYMENT, modalités de paiement.
METHOD OF RATIOS TO MONTHLY AVERAGES, méthode des rapports à la moyenne mensuelle.
METHOD OF RATIOS TO TREND VALUES, méthode des rapports au trend.
METHOD THAT HAS STOOD THE TEST OF TIME, méthode éprouvée.
METHOD OF SUCCESSIVE SUBSTITUTIONS, méthode des approximations successives.
MINING METHODS, méthodes d'extraction (minière).
PRIMAL-DUAL METHOD, méthode primale-duale.
PRODUCT METHOD, méthode des nombres.
QUEUED ACCESS METHOD, méthode d'accès avec file d'attente.
REDUCING-BALANCE METHOD, méthode d'amortissement décroissant.
RELAXATION METHOD, méthode de relaxation.
SAMPLING METHOD, méthode par échantillons; méthode de sondage.
SCHEDULAR METHOD (OF TAXATION), méthode cédulaire (d'imposition).
SCIENTIFIC METHOD, méthode scientifique.
SIMPLEX METHOD, méthode simplexe.
SIMULTANEOUS EQUATIONS METHOD, méthode des équations simultanées.
STATISTICAL METHOD, méthode statistique.
STEP METHOD, méthode par soldes.
TRANSPORTATION METHOD, méthode des transports.

METHODICAL a, méthodique.

METHODOLOGY s, méthodologie f.

METRE s, mètre m.
CUBIC METRE, mètre cube.
LINEAR METRE, mètre (de longueur).
RUNNING METRE, mètre (de longueur).
SQUARE METRE, mètre carré.
STACKED METRE, stère.

METRIC a, métrique.
METRIC SYSTEM, système métrique.
METRIC TON, tonne métrique.
METRIC UNIT, unité métrique.

METROPOLIS s, métropole f.

METROPOLITAN a, métropolitain.
METROPOLITAN AREA, district métropolitain.
METROPOLITAN RAILWAY, chemin de fer métropolitain.

MICRO-CIRCUIT *s*, microcircuit *m*.

MICRO-ECONOMIC *a*, micro-économique.
MICRO-ECONOMIC ANALYSIS, analyse micro-économique.

MICRO-ECONOMICS *s. pl*, micro-économie *f*.

MICRO-MODULE *s*, micro-module *m*.

MICRO-PROGRAMMING *s*, micro-programmation *f*.

MIDDLE *a*, central, moyen.
LOWER MIDDLE-CLASS, petite bourgeoisie.
MIDDLE AGES, moyen âge.
MIDDLE CLASS, classes moyennes.
MIDDLE MIDDLE-CLASS, bourgeoisie moyenne.
MIDDLE-POINT, milieu (d'un segment).
MIDDLE PRICE, cours moyen.
MIDDLE SIZE, taille moyenne.
MIDDLE-TERM, terme moyen.
SUBSTANTIAL MIDDLE-CLASS, grosse bourgeoisie.
UPPER MIDDLE-CLASS, bourgeoisie aisée.

MIDDLEMAN *s*, intermédiaire *m*.
MERE MIDDLEMEN, simples intermédiaires.

MIDST *s*, milieu *m*.
PARADOX OF POVERTY IN THE MIDST OF PLENTY, paradoxe de la pénurie au milieu de l'abondance.

MIDWAY *adv*, mi-chemin.
MIDWAY BETWEEN, à mi-distance entre.

MIDWIFE *s*, sage-femme *f*.

MIGHT *s*, puissance *f*.

MIGRANT *a*, émigrant, nomade.

MIGRATE *v*, émigrer.

MIGRATION *s*, migration *f*, émigration *f*.
BALANCE OF BIRTHS, DEATHS AND MIGRATION, équation d'équilibre des naissances, des décès et de la migration nette.

MILE *s*, mille *m*.
GEOGRAPHICAL MILE, mille marin.
NAUTICAL MILE, mille marin.
SEA MILE, mille marin.
SQUARE MILE, mille carré.
TON-MILE, tonne par mille.

MILEAGE *s*, distance *f* en milles *m. pl*; parcours *m*.
DAILY MILEAGE, parcours quotidien.
MILEAGE RATE, tarif par mille.
MILEAGE OF A SYSTEM, longueur totale d'un réseau.

MILIEU *s*, milieu *m* (social).

MILITARY *a*, militaire.
MILITARY EQUIPMENT, matériel militaire.
MILITARY EXPENDITURES, dépenses militaires.

MILK *s*, lait *m*.
MILK PRODUCTS, produits laitiers.

MILL *s*, moulin *m*; fabrique *f*, usine *f*.
COTTON-MILL, filature de coton.
PAPER-MILL, fabrique de papier.
ROLLING-MILL, laminoir.

MILLBOARD *s*, carton-pâte *m*, carton *m* épais.

MILLIARD *s*, *U.K:* milliard *m*.

MILLIMETER *s*, *U.S:* millimètre *m*.

MILLIMETRE *s*, millimètre *m*.

MILLING *s*, meunerie *f*.
FLOUR-MILLING, minoterie.

MILLION *s*, million *m*.

MINE *s*, mine *f*.
COAL-MINE, mine de charbon.
ex MINE, sur le carreau de la mine.
MINE FIELD, région minière.
MINE-SHAFT, puits de mine.
OPEN MINE, mine à ciel ouvert.
a REGULAR GOLD-MINE, une vraie mine d'or; une affaire en or.
SURFACE-MINE, mine à ciel ouvert.

MINE *v*, creuser, exploiter.
to MINE A BED OF COAL, exploiter une couche de houille.
to MINE FOR GOLD, creuser à la recherche de l'or; exploiter une mine d'or.

MINER *s*, mineur *m*, ouvrier *m* mineur.

MINERAL *a*, minéral.
EXHAUSTION OF MINERAL OILS, épuisement des réserves de pétrole.
MINERAL OIL, huile minérale.

MINERAL WATER, eau minérale.

MINERAL *s*, produit *m* minéral, minerai *m*, charbon *m*, houille *f*.
MINERAL CLAIM, *U.S:* concession minière.
MINERAL CONCESSION, concession minière.
MINERAL MINING, exploitation minière.
MINERAL PRODUCTION, production de minerais.
MINERAL RESOURCES, ressources minérales.
MINERAL RIGHTS, droits miniers.
MINERAL (RIGHTS) DUTY, redevance minière.
SUPPLY OF MINERALS, offre de produits minéraux.

MINIATURE *s*, miniature *f*.
MINIATURE MODEL, maquette; modèle réduit.

MINIATURIZED *a*, miniaturisé.
MINIATURIZED CIRCUIT, circuit miniaturisé.

MINIMAL *a*, minimal.
MINIMAL VALUE, valeur minimale.

MINIMAX *s*, minimax *m*, minimum *m* des maxima *m. pl*.
MINIMAX CRITERION, critère du minimax.
MINIMAX EQUALITY, égalité minimax.
MINIMAX ESTIMATE, estimation minimax.
MINIMAX RULE, règle du minimax.
MINIMAX SYSTEM, système minimax.

MINIMIZATION *s*, minimisation *f*.

MINIMIZE *v*, minimiser, atténuer.
COMBINATION OF INPUT WHICH MINIMIZES (VARIABLE) COSTS, combinaison de facteurs qui minimise les coûts (variables).
each FIRM MINIMIZES ITS VARIABLE COSTS, chaque firme minimise ses coûts variables.
to MINIMIZE A LOSS, atténuer une perte.

MINIMIZING *s*, minimisation *f*.
MINIMIZING COST, minimisation des coûts.
MINIMIZING LOSSES, minimisation des pertes.

MINIMUM *a*, minimum, minimal.
to GUARANTEE A MINIMUM INTEREST, garantir un minimum d'intérêt.
GUARANTEED MINIMUM WAGE, salaire minimum interprofessionnel garanti.
MINIMUM COST, coût minimum.
MINIMUM COST CONDITION, hypothèse du coût minimum.
MINIMUM DEPOSIT, acompte minimum.
MINIMUM GUARANTEED WAGE, *U.S:* salaire minimum garanti.
MINIMUM PRICE, prix minimum.
MINIMUM RATE (OF WAGES), taux de salaire minimum; salaire minimum garanti.
MINIMUM TOTAL COST, coût total minimum.
MINIMUM VALUE, valeur minimum.
MINIMUM WAGE, salaire minimum.
POINT OF MINIMUM COST, point de coût minimum.

MINIMUM *s*, minimum *m*.
BARE MINIMUM OF SUBSISTENCE, minimum pur et simple de subsistance.
a MINIMUM OF RISK AND A MAXIMUM OF REVENUE, un minimum de risque et un maximum de revenus.
to REDUCE TO A MINIMUM, réduire au minimum.

MINING *a*, minier.

MINING *s*, exploitation *f* minière, industries *f. pl* extractives.
COAL-MINING, charbonnage.
COAL-MINING DISTRICT, district houiller.
COAL-MINING INDUSTRY, industrie houillère.
FREE MINING, exploitation minière libre.
MINERAL MINING, exploitation minière.
MINING AREA, domaine minier.
MINING CONCESSION, concession minière.
MINING ENGINEER, ingénieur des mines.
MINING INDUSTRY, industrie minière.
MINING LICENCE, acte de concession de mines.
MINING METHODS, méthodes d'extraction (minière).
MINING AND QUARRYING, industries extractives.
MINING ROYALTIES, redevance tréfoncière.
MINING SHARES, valeurs minières.
OPEN(-PIT) MINING, exploitation à ciel ouvert.
SALT MINING, exploitation des mines de sel.

MINISTER *s*, ministre *m*.
CABINET MINISTER, ministre (d'État).

MINISTRY *s*, ministère *m*.
MINISTRY OF FINANCE, ministère des Finances.
OUTGOING MINISTRY, gouvernement démissionnaire.

MINOR *a*, mineur, menu, petit.
MINOR COIN, monnaie divisionnaire.
MINOR EXPENSES, menus frais.
MINOR REPAIRS, petites réparations.

MINOR s, mineur m.

MINORITY s, minorité f.
MINORITY HOLDING, participation minoritaire.
MINORITY INTEREST, participation minoritaire.
MINORITY REPORT, contre-rapport (rédigé par la minorité).

MINT s, Hôtel m des monnaies f. pl.
MINT PAR (OF EXCHANGE), pair intrinsèque; pair métallique.
MINT PARITY OF EXCHANGE, parité de deux monnaies convertibles.

MINT v, frapper, battre, monnayer.
to MINT GOLD, frapper l'or.
to MINT MONEY, battre monnaie.

MINTAGE s, frappe f de la monnaie; droit m de frappe; monnayage m.

MINTED a, monnayé; métallique.
MINTED MONEY, monnaie métallique.

MINTING s, frappe f de la monnaie; monnayage m.

MINUS a, moins, moindre.
MINUS OR PLUS DIFFERENCE, différence en plus ou en moins.
MINUS QUANTITY, quantité négative.
MINUS SIGN, signe moins.

MINUS prep, moins.
five MINUS THREE LEAVES (EQUALS) TWO, cinq moins trois égale deux.

MINUTE a, minuscule, menu; minutieux.

MINUTE s, minute f.
MINUTES (OF A MEETING), procès-verbal (d'une réunion).
MINUTES ARE EVIDENCE, le procès-verbal fait foi.

MIRACLE s, miracle m.
ECONOMIC MIRACLE, miracle économique.

MISADJUSTMENT s, mauvais ajustement m.

MISAPPROPRIATION s, détournement m (de fonds m. pl), concussion f (des deniers m. pl publics).

MISCALCULATE v, (se) tromper (dans un calcul).

MISCALCULATION s, erreur f de calcul m.

MISCELLANEOUS a, mélangé, divers.
MISCELLANEOUS SHARES, valeurs diverses.

MISCONCEPTION s, conception f erronée; malentendu m.

MISCONSTRUE v, mal interpréter.

MISERABLE a, misérable, malheureux.

MISERABLY adv, misérablement.
MISERABLY PAID, misérablement payé.

MISERLINESS s, avarice f.

MISERLY a, avare.

MISFIT s, laissé-pour-compte m.
SOCIAL MISFITS, inadaptés.

MISINTERPRET v, mal interpréter.

MISINTERPRETATION s, contre-sens m.

MISJUDGE v, mal juger.

MISMANAGE v, mal gérer.

MISMANAGEMENT s, mauvaise gestion f.

MISREPRESENTATION s, présentation f erronée, fausse déclaration f.

MISS v, manquer.
to MISS THE MARKET, perdre l'occasion de vendre.

MISSING a, manquant.
MISSING DATA, données manquantes.
MISSING LINK, chaînon manquant.

MISSION s, mission f.

MISSPEND v, dépenser mal à propos m.

MISTAKE s, erreur f, faute f.
to MAKE A MISTAKE, se tromper.

MISTAKEN a, erroné.

MISUNDERSTAND v, mal comprendre.

MISUNDERSTANDING s, malentendu m.

MISUSE s, abus m, détournement m, mauvaise utilisation f.
FRAUDULENT MISUSE OF FUNDS, détournement de fonds.
MISUSE OF AUTHORITY, abus de pouvoir.
MISUSE FAILURE, U.S: défaillance due à une mauvaise utilisation.

MITIGATE v, atténuer.

MIX v, mélanger.

MIXED a, mélangé, mixte.
MIXED ECONOMY, économie mixte

MIXED ENTERPRISE SYSTEM, système d'économie mixte.
MIXED NUMBER, nombre fractionnaire.

MIXTURE s, mélange m.

MNEMONIC a, mnémonique.
MNEMONIC CODE, code mnémonique.
MNEMONIC SYMBOL, symbol mnémonique.

MNEMONICS s. pl, mnémotechnie f, mnémotechnique f.

MOBILE a, mobile.

MOBILITY s, mobilité f.
MOBILITY OF CAPITAL, mobilité des capitaux.
MOBILITY OF LABOUR, mobilité de la main-d'œuvre.

MOBILIZATION s, mobilisation f.
MOBILIZATION OF CAPITAL, mobilisation des capitaux.

MOBILIZE v, mobiliser.

MODAL a, modal.
BI-MODAL DISTRIBUTION, distribution bimodale.
MODAL DIVERGENCE, écart entre moyenne et mode.

MODE s, mode m, dominante f.
CONTROL MODE, mode de contrôle.

MODEL s, modèle m.
ANALOG MODEL, modèle analogique.
CLOSED MODEL, modèle fermé.
three-DIMENSIONAL MODEL, modèle à trois dimensions.
DYNAMIC MODEL, modèle dynamique.
ECONOMETRIC MODEL, modèle économétrique.
ECONOMIC MODEL, modèle économique.
GENERAL EQUILIBRIUM MODEL, modèle d'équilibre général.
INTERDEPENDENT MODELS, modèles interdépendants.
KEYNESIAN MODEL, modèle keynésien.
MINIATURE MODEL, maquette f; modèle réduit.
MODEL CONSTRUCTION, construction de modèles.
MODEL EXPERIMENTS, essais sur modèles.
MULTIPLIER-ACCELERATOR MODEL, modèle du multiplicateur-accélérateur.
OPEN MODEL, modèle ouvert.
RECURSIVE MODELS, modèles récursifs.
REGULAR MODEL, modèle courant.
SEQUENCE MODELS, modèles de séquence.
STATIC MODEL, modèle statique.
STOCHASTIC MODELS, modèles stochastiques.

MODERATE a, modéré, modique, raisonnable, moyen.
MODERATE INCOME, revenu modique.
MODERATE PRICE, prix modéré.
MODERATE-PRICED, de prix raisonnable.
MODERATE SIZE, taille moyenne.
MODERATE TERMS, prix modéré.

MODERATE v, modérer.

MODERATELY adv, modérément.
MODERATELY ASYMMETRICAL DISTRIBUTION, distribution modérément asymétrique.

MODERATION s, tempérance f, modération f.

MODERN a, moderne.
FOUNDATIONS OF MODERN SOCIETY, assises de la société moderne.
MODERN EQUIPMENT, outillage moderne.
MODERN GIRL, jeune fille moderne.

MODERNISM s, modernisme m.

MODERNIZATION s, modernisation f.

MODERNIZE v, moderniser.

MODEST a, modeste.
MODEST MEANS, moyens modestes.

MODESTY s, modestie f, modération f.

MODICUM s, faible quantité f.

MODIFICATION s, modification f.

MODIFY v, modifier, atténuer.

MODULAR a, modulaire.

MODULE s, module m.
MICRO-MODULE, micro-module.

MOLECULAR a, moléculaire.

MOMENT s, moment m.
CENTRAL MOMENTS, moments centrés.
FIRST MOMENT (OF THE DISTRIBUTION), moment d'ordre 1 (de la distribution).
METHOD OF MOMENTS, méthode d'estimation par les moments.
MOMENT OF A FREQUENCY DISTRIBUTION, moment d'une distribution de fréquences.
MOMENT OF INERTIA, moment d'inertie.

SECOND MOMENT (OF THE DISTRIBUTION), moment d'ordre 2 (de la distribution).

MOMENTARY a, momentané; instantané.
MOMENTARY EQUILIBRIUM, équilibre instantané.
MOMENTARY MONEY RATE OF INTEREST, taux d'intérêt monétaire momentané.

MOMENTUM s, force f vive, force d'impulsion f, élan m.

MONARCHY s, monarchie f.
ABSOLUTE MONARCHY, monarchie absolue.

MONETARY a, monétaire.
CENTRAL MONETARY INSTITUTIONS, établissements monétaires de l'État.
CONTRACTIONARY MONETARY POLICY, politique de contraction monétaire.
DICHOTOMY BETWEEN REAL AND MONETARY ECONOMICS, dichotomie entre l'économie réelle et l'économie monétaire.
EFFECTIVENESS OF MONETARY POLICY, efficacité de la politique monétaire.
EXPANSIONARY MONETARY POLICY, politique monétaire expansionniste.
INTERNATIONAL MONETARY CO-OPERATION, coopération monétaire internationale.
INTERNATIONAL MONETARY CRISIS, crise monétaire internationale.
INTERNATIONAL MONETARY FUND, Fonds monétaire international.
INTERNATIONAL MONETARY ORDER, ordre monétaire international.
INTERNATIONAL MONETARY RESERVES, réserves monétaires internationales.
INTERNATIONAL MONETARY SYSTEM, système monétaire international.
LATIN MONETARY UNION, Union monétaire latine.
LEVEL OF MONETARY DEMAND, niveau de la demande monétaire.
MONETARY AUTHORITIES, autorités monétaires.
MONETARY CEILINGS, plafonds monétaires.
MONETARY CONTRACTION, contraction monétaire.
MONETARY CONTROL, contrôle monétaire.
MONETARY CONTROVERSIES, controverses monétaires.
MONETARY CONVENTION, convention monétaire.
MONETARY DEFLATION, déflation monétaire.
MONETARY EASINESS OF THE MARKET, aisance monétaire du marché.
MONETARY ECONOMICS, économie monétaire.
MONETARY ECONOMY, économie monétaire.
MONETARY EQUILIBRIUM, équilibre monétaire.
MONETARY EXPANSION, expansion monétaire.
MONETARY EXPLANATION OF CYCLES, explication monétaire des cycles.
MONETARY FLOW, flux monétaire.
MONETARY INCENTIVES, incitations monétaires.
MONETARY INFLATION, inflation monétaire.
MONETARY INSTABILITY, instabilité monétaire.
MONETARY ORGANIZATION, système monétaire.
MONETARY OVERINVESTMENT THEORY, théorie monétaire du surinvestissement.
MONETARY POLICY, politique monétaire.
MONETARY PROBLEM, problème monétaire.
MONETARY REFORM, réforme monétaire.
MONETARY RESERVES, réserves monétaires.
MONETARY STANDARD, étalon monétaire.
MONETARY SYSTEM, système monétaire.
MONETARY UNIT, unité monétaire.
MONETARY USE, usages monétaires.
PURELY MONETARY REMEDY, remède purement monétaire.
SCANDINAVIAN MONETARY UNION, Union monétaire scandinave.
WORLD MONETARY GOLD HOLDINGS, avoirs mondiaux en or monétaire.

MONETIZATION s, monétisation f.

MONEY s, monnaie f, numéraire m, argent m, espèces f. pl; fonds m. pl; capital m; fortune f; prix m.
ACCESS TO THE MONEY MARKET, accès au marché financier.
ACCOUNTABLE FOR A SUM OF MONEY, redevable d'une somme d'argent.
ACCUMULATION OF MONEY, accumulation de monnaies.
ACTIVE MONEY, monnaie circulante; monnaie active.
to ADVANCE MONEY, avancer de l'argent.
ALLOTMENT MONEY, versement de répartition.
to AMASS MONEY, amasser, accumuler, de l'argent.
AMOUNT OF MONEY, somme d'argent.
AMOUNT OF MONEY INVESTED, mise de fonds.
APPLICATION MONEY, versement de souscription.
APPROPRIATION OF MONEY TO, imputation de paiements à.
BAD MONEY DRIVES OUT GOOD, la mauvaise monnaie chasse la bonne.
BANK CREATION OF MONEY, création de monnaie scripturale.
BANK MONEY, monnaie scripturale, bancaire.

BARGAIN FOR MONEY, marché, négociation, au comptant.
BLOCKED MONEY, argent bloqué.
to BORROW MONEY ON THE SECURITY OF AN ESTATE, emprunter de l'argent sur une terre.
to BUY FOR MONEY, acheter au comptant.
CALL MONEY, argent au jour le jour; emprunt(s) remboursable(s) sur demande; U.S: argent comptant.
CALL MONEY RATE, taux d'intérêt de l'argent au jour le jour.
to CALL IN ONE'S MONEY, faire rentrer ses fonds.
CAPITALIZED MONEY VALUE OF PROSPECTIVE RECEIPTS, capitalisation de l'espérance de gain.
CAUTION MONEY, cautionnement.
CHEAP MONEY, monnaie bon marché.
CHEAP MONEY MARKET, marché à bas taux d'argent.
CHEAP MONEY POLICY, politique de l'argent à bon marché.
CIRCULATION OF MONEY, circulation monétaire.
CLOSE SUBSTITUTES FOR MONEY, proches substituts de la monnaie.
to COIN MONEY, frapper de la monnaie; battre monnaie.
COINED MONEY, argent monnayé; espèces monnayées.
to COLLECT MONEY, encaisser des fonds.
COMMODITY MONEY, monnaie-marchandise.
CONSIDERATION MONEY, prix.
CONVERTIBLE PAPER MONEY, monnaie de papier convertible.
COUNTERFEIT MONEY, fausse monnaie.
CREATION OF MONEY, création de monnaie.
DAILY MONEY, argent au jour le jour.
DAY-TO-DAY MONEY, argent au jour le jour.
DEAD MONEY, argent qui dort.
DEALING FOR MONEY, négociation au comptant.
DEAR MONEY, argent cher.
DEARNESS OF MONEY, cherté des capitaux.
DEMAND FOR MONEY, demande de monnaie.
DEPOSIT MONEY, monnaie scripturale.
DEPOSIT-MONEY BANK, banque de dépôt(s).
to DEPOSIT MONEY WITH, déposer, consigner, de l'argent chez.
to DEPOSIT MONEY IN THE POST OFFICE SAVINGS BANK, verser des fonds à la caisse d'épargne postale.
DEPRECIATION OF MONEY, dépréciation de la monnaie.
DISPATCH MONEY, prime de rapidité.
to DIVERT MONEY, détourner des fonds.
DRAIN OF MONEY, drainage de capitaux.
to DRAW MONEY, toucher, retirer, de l'argent.
DRY MONEY, argent liquide.
to EARN GOOD MONEY, gagner largement sa vie.
to EARN MONEY, gagner de l'argent.
EARNEST MONEY, arrhes.
EASINESS OF MONEY, facilité de l'argent.
EASY MONEY, argent gagné sans peine.
EFFECTIVE MONEY, monnaie réelle.
to EMBEZZLE MONEY, détourner de l'argent.
EQUAL SUM OF MONEY, même somme d'argent.
EVEN MONEY, compte rond.
EXCHANGE OF MONEYS, change des monnaies.
to EXPEND MONEY, dépenser de l'argent.
EXPORT OF MONEY, exportation de capitaux.
to EXTORT MONEY, extorquer de l'argent.
to EXTRACT MONEY FROM, soutirer de l'argent à.
FIAT (PAPER) MONEY, papier-monnaie; monnaie fiduciaire; monnaie à cours forcé.
to FIND MONEY, se procurer des fonds; procurer des fonds.
FLOW OF MONEY, flux monétaire.
FOREIGN MONEY, devise.
FOREIGN MONEY ORDER, mandat international.
FORMS OF MONEY, formes de la monnaie.
FRACTIONAL MONEY, monnaie divisionnaire.
FRESH MONEY, argent frais.
FUNCTIONS OF MONEY, fonctions de la monnaie.
to FUND MONEY, placer de l'argent dans les fonds publics.
to GAIN MONEY, gagner de l'argent.
GENERAL ACCEPTABILITY OF MONEY, acceptabilité générale, pouvoir libératoire, de la monnaie.
GENERAL THEORY OF EMPLOYMENT, INTEREST AND MONEY, Théorie générale de l'emploi, de l'intérêt et de la monnaie.
GENUINE MONEY, monnaie authentique.
to GET MONEY IN, faire rentrer ses fonds.
to GET MONEY OUT OF, tirer de l'argent de.
to GET ONE'S MONEY WORTH, en avoir pour son argent.
to GET VALUE FOR ONE'S MONEY, en avoir pour son argent.
GIVER OF OPTION MONEY, acheteur de primes.
GLUT OF MONEY, pléthore de capitaux.
to HAND OVER THE MONEY DIRECT, payer de la main à la main.
to HAND OVER MONEY PERSONALLY, remettre de l'argent en main propre.
HANDLING OF LARGE SUMS OF MONEY, maniement de sommes importantes.
HARD MONEY, espèces sonnantes et trébuchantes.
to HAVE MONEY AT HAND, avoir de l'argent devant soi.

HEAD-MONEY, capitation.
HEAP OF MONEY, tas d'argent.
HIGH MONEY, argent emprunté à un taux élevé.
HIGH PRICE OF MONEY, cherté de l'argent.
HIRE OF MONEY, loyer de l'argent.
HOARD OF MONEY, trésor; bas de laine.
HOT MONEY, capitaux spéculatifs.
HOT MONEY FLOWS, mouvements de capitaux spéculatifs.
IDLE MONEY, monnaie oisive.
INACTIVE MONEY, monnaie inactive, passive.
INCOME VELOCITY OF CIRCULATION OF MONEY, vitesse en revenu de la circulation de la monnaie.
INCOME VELOCITY OF MONEY, vitesse de transformation de la monnaie en revenu.
INCONVERTIBLE PAPER MONEY, papier-monnaie non convertible·
INTERNATIONAL MONEY-ORDER, mandat-poste international.
to INVEST MONEY IN A LIFE ANNUITY, placer de l'argent en viager.
to INVEST MONEY AT LIFE-INTEREST, placer de l'argent en viager.
to INVEST MONEY IN REAL ESTATE, placer de l'argent en valeurs immobilières.
to INVEST MONEY IN SECURITIES, placer de l'argent en valeurs.
to INVEST MONEY IN STOCKS AND SHARES, faire des placements en valeurs.
to ISSUE SHARES IN ORDER TO RAISE MONEY, émettre des actions pour se procurer des capitaux.
KEEN ON MONEY-MAKING, âpre au gain.
KEY-MONEY, arrhes.
KINDS OF MONEY, catégories de monnaies.
LACK OF MONEY, pénurie d'argent.
to LACK MONEY, manquer d'argent.
LAST-DAY MONEY, emprunt remboursable fin courant.
LAWFUL MONEY, monnaie légale.
to LAY BY MONEY, constituer une réserve.
to LAY OUT MONEY, dépenser, débourser, de l'argent.
to LEAVE MONEY TO SOMEONE, léguer de l'argent à quelqu'un.
to LEND MONEY ON CONTANGO, placer des capitaux en report.
to LEND MONEY AT INTEREST, prêter à intérêt.
to LEND MONEY ON SECURITY, prêter de l'argent contre garantie.
to LEND MONEY WITHOUT SECURITY, prêter de l'argent à découvert.
LENDING MONEY, placement, mise, de fonds.
LIGHT MONEY, monnaie faible, légère.
LITTLE MONEY, peu d'argent.
LOAN OF MONEY, prêt, avance, d'argent.
to LODGE MONEY WITH, consigner, déposer, de l'argent chez.
LOSS OF MONEY, perte d'argent.
LOTS OF MONEY, beaucoup d'argent.
MARGINAL UTILITY OF MONEY, utilité marginale de la monnaie.
METALLIC MONEY, monnaie métallique.
to MINT MONEY, battre monnaie.
MINTED MONEY, monnaie métallique.
MOMENTARY MONEY RATE OF INTEREST, taux d'intérêt monétaire momentané.
MONEY OF ACCOUNT, monnaie de compte.
MONEY ALLOWANCE, allocation en monnaie.
MONEY-BAG, sacoche.
MONEY-BILL, loi de Finances.
MONEY-BROKER, courtier de change.
MONEY AT (ON) CALL, emprunt remboursable sur demande.
MONEY CAPITAL, capital liquide.
MONEY CHANGING, change.
MONEY CIRCULATES FREELY, la monnaie circule librement.
MONEY CIRCULATION, circulation monétaire.
MONEY IS COMING IN BADLY, les fonds rentrent mal.
MONEY ON CONTANGO, capitaux en report.
MONEY CONTROL(S), contrôle(s) monétaire(s).
MONEY COST, coût en termes de monnaie.
MONEY DEMAND CURVE, courbe de demande monétaire.
MONEY ECONOMY, secteur monétaire de l'économie.
MONEY IS EVERYTHING, l'argent fait tout.
MONEY OF EXCHANGE, monnaie d'échange.
MONEY IN HAND, argent disponible.
MONEY-INCOME, revenu nominal.
MONEY ILLUSION, illusion monétaire.
MONEY INTEREST, intérêt pécuniaire.
MONEY INVESTED IN AN ANNUITY, argent placé en viager.
MONEY-LENDER, prêteur; bailleur de fonds.
MONEY-LENDING, prêt; baillage de fonds.
MONEY LENT, argent prêté.
MONEY LOAN, prêt monétaire.
MONEY MARKET, marché monétaire.
MONEY MARKET RATES, taux de l'argent hors banque.
MONEY MART, U.S: marché monétaire.
MONEY AS MEASUREMENT OF UTILITY, monnaie en tant qu'instrument de mesure de l'utilité.
MONEY AS MEDIUM OF EXCHANGE, monnaie en tant que moyen d'échange.
MONEY-ORDER, mandat-poste.

MONEYS OWING TO, créances envers.
MONEYS PAID IN, recettes encaissées.
MONEYS PAID OUT, versements effectués.
MONEY PAYMENT, paiement en numéraire.
MONEY IS PLENTIFUL, l'argent est abondant.
MONEY IN PLENTY, de l'argent en abondance.
MONEY PRICE OF LABOUR, coût monétaire de la main-d'œuvre.
MONEY PUT BY, argent mis de côté.
MONEY RATES, taux de l'argent; taux monétaires.
MONEY RATE OF INTEREST, taux d'intérêt monétaire.
when MONEY IS RELATIVELY ABUNDANT, lorsque la monnaie est relativement abondante.
MONEY IS SCARCE, l'argent est rare.
MONEY SECTOR, secteur monétaire.
MONEY AND SECURITIES ARE SUBSTITUTES, la monnaie et les titres constituent des substituts.
MONEY AS A SECURITY, monnaie en tant que titre.
MONEY AS A STORE OF VALUE, monnaie en tant que réserve de valeur.
MONEY SUNK IN AN ANNUITY, argent placé en viager, à fonds perdu.
MONEY SUPPLY, masse monétaire; offre de monnaie; stock monétaire; disponibilités monétaires.
in MONEY TERMS, en termes monétaires.
MONEY TIED UP, capital immobilisé.
MONEY UNIT, unité monétaire.
MONEY AS A UNIT OF ACCOUNT, monnaie en tant qu'unité de compte.
MONEY VALUE, valeur monétaire.
MONEY AS A VEIL, voile monétaire.
MONTHLY MONEY, prêts à un mois.
MOVEMENTS OF MONEY, mouvements de capitaux.
NATURE OF MONEY, nature de la monnaie.
NEAR-MONEY, quasi-monnaie.
NEUTRAL MONEY, monnaie neutre.
NEW MONEY, argent, capitaux, frais.
ODD MONEY, appoint; passe de caisse.
OPEN MONEY MARKET, marché libre des capitaux.
OVERWEIGHT MONEY, monnaie forte.
PAPER MONEY, papier-monnaie; monnaie de papier.
PAPER MONEY BACKED BY GOLD, monnaie de papier garantie par l'or.
PASSAGE-MONEY, prix de la traversée.
PAUCITY OF MONEY, rareté de l'argent.
to PAY MONEY INTO AN ACCOUNT, verser une somme à un compte.
to PAY READY MONEY, payer comptant.
PIECE OF MONEY, pièce de monnaie.
PILE OF MONEY, amas d'argent.
PIN-MONEY, argent de poche (d'une jeune fille).
PLACING MONEY ON CURRENT ACCOUNT, dépôt à vue.
PLENTY OF MONEY, de l'argent en abondance.
PLETHORA OF MONEY, pléthore de capitaux.
POCKET-MONEY, argent de poche.
PRESSED FOR MONEY, à court d'argent.
PRICE OF MONEY, taux de l'escompte.
PRIVATE MONEY, fortune personnelle.
PRIZE MONEY, part de prise.
PROMISE TO PAY MONEY IN THE FUTURE, promesse de paiement à terme.
PROMOTION MONEY, coût de premier établissement.
PUBLIC MONEYS, Trésor public; deniers publics.
PURCHASE-MONEY, prix d'achat; somme dépensée.
PURCHASE FOR MONEY, achat comptant.
PURCHASING POWER OF MONEY, pouvoir d'achat de la monnaie.
PURE CREDIT MONEY, pure monnaie de crédit.
PUSHED FOR MONEY, à court d'argent.
to PUT MONEY INTO LAND, placer de l'argent en terres.
to PUT MONEY IN THE SAVINGS BANK, mettre de l'argent à la caisse d'épargne.
to PUT UP THE MONEY, fournir les fonds.
PUTTING UP OF MONEY, mise de fonds.
QUANTITY OF MONEY, quantité de monnaie.
QUANTITY THEORY OF MONEY, théorie quantitative de la monnaie.
QUASI-MONEY, U.S: quasi-monnaie.
QUEER MONEY, U.S: fausse monnaie.
to RAISE MONEY, (se) procurer de l'argent, des capitaux; battre monnaie.
RATE OF CONVERSION OF MONEY, taux de conversion d'une monnaie.
RATE OF INTEREST ON MONEY, taux d'intérêt de l'argent.
READY MONEY, argent liquide; liquidité.
REAL MONEY, monnaie effective (gagée sur du métal).
to RECEIVE MONEY ON DEPOSIT, recevoir de l'argent en dépôt.
RECOINAGE OF MONEYS, refonte des monnaies.
to RECOVER THE MONEY LOST, regagner l'argent perdu.
REFUND OF THE MONEY DEPOSITED, remboursement de l'acompte versé.
to REGAIN THE MONEY LOST, regagner l'argent perdu.

to REMIT A SUM OF MONEY, remettre une somme d'argent.
to REPAY A LOAN IN DEVALUED MONEY, rembourser un emprunt en monnaie dévaluée.
REPRESENTATIVE MONEY, monnaie scripturale.
to RESERVE MONEY FOR, réserver de l'argent pour.
RISK-MONEY, fonds pour déficits de caisse.
SALE FOR MONEY, vente (au) comptant.
SCARCITY OF MONEY, rareté de la monnaie.
to SEND MONEY, envoyer de l'argent.
SHORT OF MONEY, à court d'argent.
SILVER MONEY, monnaie d'argent.
to SINK MONEY IN AN ANNUITY, placer de l'argent en viager, à fonds perdu.
SMALL MONEY, petite monnaie; appoint.
SOFT MONEY, (monnaie en) billets.
SOPHISTICATED (QUANTITY) THEORY OF MONEY, théorie néo-classique (quantitative) de la monnaie.
to SPEND MONEY, dépenser de l'argent.
to SQUEEZE MONEY OUT OF, extorquer de l'argent à.
STABLE MONEY, monnaie stable.
STAKE-MONEY, mise; enjeu.
STANDARD MONEY, monnaie-étalon.
STORE OF MONEY, pécule.
SUBSISTENCE MONEY, acompte sur le salaire.
SUM OF MONEY, somme d'argent.
SUPPLY OF MONEY, offre de monnaie.
TAKER OF OPTION MONEY, vendeur de primes.
TELEGRAPH MONEY-ORDER, mandat télégraphique.
to TENDER MONEY IN DISCHARGE OF A DEBT, faire une offre réelle.
THEORY OF MONEY, théorie de la monnaie.
TIGHT MONEY, argent rare.
TIGHTNESS OF MONEY, resserrement de l'argent.
TIGHTENING OF MONEY, resserrement de l'argent.
TILL-MONEY, encaisse.
TIME IS MONEY, le temps c'est de l'argent.
TIME-MONEY, prêts à terme.
TOKEN MONEY, monnaie fiduciaire, conventionnelle.
to TOSS ONE'S MONEY ABOUT, dépenser sans compter.
to USE MONEY TO, utiliser l'argent à.
UTILITY OF THE MONEY-WAGE, utilité des salaires nominaux.
VALUE OF MONEY, valeur de la monnaie.
VALUELESS MONEY, monnaie de singe.
VEIL OF MONEY, voile monétaire.
VELOCITY OF CIRCULATION OF MONEY, vitesse de circulation de la monnaie.
VOID MONEY-ORDER, mandat-poste nul.
WANT OF MONEY, pénurie, disette, d'argent.
to WANT MONEY, manquer d'argent.
to WASTE MONEY, gaspiller de l'argent.
to WIN MONEY, gagner de l'argent.
to WITHDRAW MONEY FROM, retirer de l'argent de.
WITHDRAWAL OF MONEY FROM, retrait de fonds de.

MONEYED a, riche, possédant.
MONEYED CLASSES, classes possédantes.
MONEYED CORPORATIONS, compagnies bancaires et d'assurances.
MONEYED INTEREST, capitalistes.
MONEYED RESOURCES, ressources pécuniaires.

MONEYLESS a, sans argent m.

MONEYNESS s, qualité f monétaire.

MONIED a, riche, pécuniaire, possédant.

MONITOR s, moniteur m, programme m moniteur.

MONITORING s, contrôle m, surveillance f.

MONOCULTURE s, monoculture f.

MONOMETALLIC a, monométallique.
MONOMETALLIC SYSTEM, système monométallique.

MONOMETALLISM s, monométallisme m.

MONOPOLIST s, monopoliste m, monopoleur m.

MONOPOLISTIC a, monopolistique.
MONOPOLISTIC BEHAVIOUR, comportement monopolistique.
MONOPOLISTIC COMPETITION, concurrence monopolistique.
MONOPOLISTIC ELEMENTS, éléments de monopole.
THEORY OF MONOPOLISTIC COMPETITION, théorie de la concurrence monopolistique.
THEORY OF MONOPOLISTIC EXPLOITATION, théorie de l'exploitation monopolistique.
WASTE IN MONOPOLISTIC COMPETITION, gaspillage en concurrence monopolistique.

MONOPOLIZATION s, monopolisation f.

MONOPOLIZE v, monopoliser, accaparer.

MONOPOLIZING s, monopolisation f.

MONOPOLY s, monopole m.

ALCOHOL MONOPOLY, monopole de l'alcool.
ANTI-MONOPOLY ACT, loi anti-trust.
BILATERAL MONOPOLY, monopole bilatéral.
GOVERNMENT MONOPOLY, monopole d'État.
to GRANT A MONOPOLY, concéder un monopole.
INSTITUTIONAL MONOPOLY, monopole institutionnel.
INTERNATIONAL MONOPOLY, monopole international.
MONOPOLY CONTROL, contrôle monopolistique.
MONOPOLY DEMAND FOR A FACTOR, demande d'un facteur en situation de monopole.
MONOPOLY EARNINGS, bénéfices de monopole.
MONOPOLY NET REVENUE, recette nette de monopole.
MONOPOLY OUTPUT, quantité produite en régime de monopole.
MONOPOLY PRICE, prix de monopole.
MONOPOLY PROFIT, profit de monopole.
MONOPOLY OF PUBLIC UTILITIES, monopole des services publics.
MONOPOLY RENTS, rentes de monopole.
REGULATED MONOPOLY, monopole réglementé.
REGULATION OF MONOPOLY, réglementation des monopoles.
SELLING MONOPOLY, monopole de vente.
SPATIAL MONOPOLY, monopole géographique; monopole spatial.
STATE MONOPOLIES, monopoles d'État.
THEORY OF MONOPOLY, théorie du monopole.
UNILATERAL MONOPOLY, monopole unilatéral.
WASTES OF MONOPOLY, gaspillages dans un monopole.

MONOPSONIST s, monopsoneur m.

MONOPSONY s, monopsone m.
MONOPSONY MARKET, marché monopsonique.

MONOTONOUS a, monotone.

MONOTONY s, monotonie f.
MONOTONY OF WORK, monotonie du travail.

MONTH s, mois m.
BILL AT THREE MONTHS, effet à trois mois.
CURRENT MONTH, mois en cours.
FAILING PAYMENT WITHIN A MONTH, faute de paiement dans le délai d'un mois.
a MONTH'S CREDIT, un mois de crédit.
NEXT MONTH, mois prochain.
to OBTAIN A MONTH'S CREDIT, obtenir un mois de crédit.

MONTHLY a, mensuel.
HALF-MONTHLY, bi-mensuel.
MONTHLY DIGEST OF STATISTICS, Bulletin mensuel de statistiques.
MONTHLY INSTALMENT, mensualité.
MONTHLY LOANS, prêts à un mois.
MONTHLY MONEY, prêts à un mois.
MONTHLY PAYMENT, mensualité.
MONTHLY STATEMENT, relevé mensuel.

MORPHOLOGY s, morphologie f.
ECONOMIC MORPHOLOGY, morphologie de l'économie.

MOP v, éponger.
LOSSES THAT MOP UP ALL THE PROFITS, pertes qui engloutissent tous les bénéfices.
to MOP UP PURCHASING POWER, éponger le pouvoir d'achat.

MORAL a, moral.

MORALITY s, moralité f.

MORATORIUM s, moratoire m.
DEBT FOR WHICH A MORATORIUM HAS BEEN GRANTED, dette moratoriée.

MORATORY a, moratoire, moratorié

MORTALITY s, mortalité f
INFANT MORTALITY, mortalité infantile.
INFANT MORTALITY RATES, taux de mortalité infantile.
MORTALITY RATE, taux de mortalité.
MORTALITY TABLES, tables de mortalité.

MORTGAGE s, hypothèque f.
AGRICULTURAL MORTGAGE, hypothèque agricole.
AGRICULTURAL MORTGAGE CORPORATION, U.S: Société de crédit agricole.
BLANKET MORTGAGE, hypothèque générale.
to BORROW ON MORTGAGE, emprunter sur hypothèque.
CHATTEL MORTGAGE, hypothèque mobilière.
CONSOLIDATED MORTGAGE BOND, obligation hypothécaire consolidée.
to CREATE A MORTGAGE, constituer une hypothèque.
CREDITOR ON MORTGAGE, créancier hypothécaire.
DEBT SECURED BY MORTGAGE, créance garantie par une hypothèque.
DEBTOR ON MORTGAGE, débiteur hypothécaire.
ENTRY OF SATISFACTION OF MORTGAGE, radiation d'hypothèque.
FIRST MORTGAGE, première hypothèque.
FIRST-MORTGAGE BOND, obligation de première hypothèque.
to FORECLOSE THE MORTGAGE, poursuivre la vente de l'immeuble hypothéqué.

FREE FROM MORTGAGE, libre d'hypothèque.
to FREE A PROPERTY FROM MORTGAGE, déshypothéquer, dégrever, une propriété.
GENERAL MORTGAGE, hypothèque générale.
LOAN ON MORTGAGE, prêt hypothécaire.
MORTGAGE BANK, banque hypothécaire.
MORTGAGE BOND, titre hypothécaire.
MORTGAGE CHARGE, hypothèque.
MORTGAGE DEBENTURE, obligation hypothécaire.
MORTGAGE DEBT, dette hypothécaire.
MORTGAGE DEED, acte hypothécaire.
MORTGAGE DUTY, taxe hypothécaire.
MORTGAGE MARKET, marché hypothécaire.
MORTGAGES WHICH RANK ACCORDING TO THE DATE OF THEIR REGISTRATION, hypothèques qui prennent rang suivant leur date d'inscription.
to PAY OFF A MORTGAGE, purger une hypothèque.
PAYING OFF A MORTGAGE, purge d'hypothèque.
PRIORITY OF MORTGAGE, priorité d'hypothèque.
to REDEEM A MORTGAGE, purger une hypothèque.
REDEMPTION OF A MORTGAGE, purge d'hypothèque.
to REGISTER A MORTGAGE ON A SHIP, inscrire une hypothèque sur un navire.
REGISTRAR OF MORTGAGES, conservateur des hypothèques.
RELEASE OF MORTGAGE, mainlevée d'une hypothèque.
to SECURE A DEBT BY MORTGAGE, garantir une créance par une hypothèque.
to SECURE A LENDER BY MORTGAGE, garantir un prêteur par une hypothèque.
to TAKE A MORTGAGE ON PROPERTY, prendre une hypothèque sur un bien.
TRANSFER OF MORTGAGE, transfert d'hypothèque.

MORTGAGE v, hypothéquer.

MORTGAGEABLE a, hypothécable.
MORTGAGEABLE PROPERTY, biens hypothécables.

MORTGAGED a, hypothéqué.

MORTGAGEE s, créancier m hypothécaire.

MORTGAGOR s, débiteur m hypothécaire.

MOTHER s, mère f.
MOTHER COUNTRY, métropole.

MOTION s, motion f, mouvement m.
PERPETUAL MOTION, mouvement perpétuel.
PRINCIPLES OF MOTION ECONOMY, principes d'économie des mouvements.
to SECOND THE MOTION, soutenir la motion.
to SUPPORT THE MOTION, soutenir la motion.
TIME AND MOTION STUDY, étude des temps et mouvements.
WAVE-MOTION, ondulation.

MOTIVATION s, motivation f, motif m.
MOTIVATIONS FOR CONSUMPTION, motifs de la consommation.

MOTIVATIONAL a, de motivation f.
MOTIVATIONAL RESEARCH, recherche de motivation.
MOTIVATIONAL STUDIES, études de motivation.

MOTIVE a, moteur.
MOTIVE FORCE, force motrice.
MOTIVE POWER, force motrice.

MOTIVE s, motif m, mobile m, motivation f, raison f.
BUSINESS-MOTIVE, motif d'entreprise.
INCOME-MOTIVE, motif de revenu.
INTERESTED MOTIVES, motifs intéressés.
MOTIVES OF BUSINESS FIRMS, motivations des firmes.
MOTIVES OF CONSUMERS, motivations des consommateurs.
MOTIVE OF LIQUIDITY, motif de liquidité.
PRECAUTIONARY MOTIVE, motif de précaution.
PRIME MOTIVE, principal mobile.
SAVING MOTIVE, motif d'épargne.
SPECULATIVE MOTIVE, motif de spéculation.

MOTOR s, moteur m.
MOTOR BARGE, péniche à moteur.
MOTOR-CAR, automobile.
MOTOR-CAR INDUSTRY, industrie de l'automobile.
MOTOR-CAR INSURANCE, assurance automobile.
MOTOR EXHIBITION, salon de l'automobile.
MOTOR ROAD, route carrossable.
MOTOR SHOW, salon de l'automobile.
MOTOR VEHICLES IN USE, véhicules automobiles en circulation.

MOTORIZATION s, motorisation f.

MOTORIZED a, motorisé.
MOTORIZED FARMING, motoculture.

MOUTH s, bouche f.
HAND TO MOUTH, au jour le jour.

MOVABLE a, mobile; meuble, mobilier.

MOVABLE ASSETS, biens meubles.
MOVABLE EFFECTS, biens mobiliers.
MOVABLE PROPERTY, biens meubles.
to QUOTE MOVABLE EXCHANGE, donner, coter, l'incertain.
SEIZURE OF MOVABLE PROPERTY, saisie mobilière.

MOVABLES s. pl, biens m. pl mobiliers, biens meubles.

MOVE s, coup m, mouvement m, pas m, démarche m, initiative f.
FIRST MOVE, premier coup; premier pas.
NEXT MOVE, coup suivant; démarche suivante.

MOVE v, proposer (une motion), (se) déplacer.
these SECURITIES MOVE ROUND, ces valeurs oscillent autour de.

MOVEMENT s, mouvement m.
CAPITAL MOVEMENTS, mouvements de capitaux.
CYCLICAL MOVEMENT, mouvement cyclique.
DOWNWARD MOVEMENT OF STOCKS, mouvement de baisse des valeurs.
ENVELOPING MOVEMENT, mouvement enveloppant.
IMPRESSED MOVEMENT, mouvement acquis.
LABOUR MOVEMENT, mouvement travailliste.
MOVEMENT ALONG THE CURVE, mouvement le long de la courbe.
MOVEMENT OF FREIGHT, mouvement de marchandises.
MOVEMENTS OF MONEY, mouvements de capitaux.
MOVEMENT OF TRANSLATION, mouvement de translation.
POLITICAL MOVEMENT, mouvement politique.
PRIVATE CAPITAL MOVEMENTS, mouvements de capitaux privés.
RESERVE MOVEMENTS, mouvements dans les réserves.
RETROGRADE MOVEMENT, mouvement rétrograde.
SHORT-TERM CAPITAL MOVEMENTS, mouvements de capitaux à court terme.
TRADE-UNION MOVEMENT, mouvement syndical.
UPWARD MOVEMENT OF STOCKS, mouvement de hausse des valeurs.
WORLD PRICE MOVEMENTS, mouvements des prix mondiaux.

MOVING a, mobile.
METHOD OF MOVING AVERAGES, méthode des moyennes mobiles.
MOVING AVERAGES, moyennes mobiles.
MOVING TARGET, cible mobile.

MOVING s, déménagement m.

MUDDLE s, confusion f.
MUDDLE AND WASTE OF GOVERNMENT DEPARTMENTS, gabegie de l'administration.

MULTI- comb. fm, multi-, multiple.
MULTI-JOB OPERATION, traitement multi-travaux.
MULTI-PART TARIFF, tarification séparée des coûts fixes et des coûts mobiles.
MULTI-PHASE SAMPLING, sondage à plusieurs phases.
MULTI-PROCESSING, multitraitement.
MULTI-PROGRAMMING, multiprogrammation.
MULTI-PURPOSE WATER WORKS, ouvrages hydrauliques à buts multiples.
MULTI-STAGE SAMPLING, sondage à plusieurs degrés.
MULTI-TASK OPERATION, traitement multi-tâches.
MULTI-VALUED FUNCTION, fonction à plusieurs inconnues.

MULTILATERAL a, multilatéral.
MULTILATERAL COMPENSATION, compensation multilatérale.
MULTILATERAL LONG-TERM CONTRACTS, accords de contingentement multilatéraux à long terme.
MULTILATERAL TRADE, commerce multilatéral.

MULTIPLE a, multiple.
COEFFICIENT OF MULTIPLE CORRELATION, coefficient de corrélation multiple.
MULTIPLE EXCHANGE RATES, taux de change multiples.
MULTIPLE IMPOSITION ON THE SAME INCOME, multiples impositions sur le même revenu.
MULTIPLE LINEAR ESTIMATION, estimation linéaire multiple.
MULTIPLE PROGRAMMING, multiprogrammation.
MULTIPLE REGRESSION, régression multiple.
MULTIPLE SHARES, actions multiples.
MULTIPLE STORE, magasin à succursales (multiples).

MULTIPLE s, multiple m.
LEAST COMMON MULTIPLE, le plus petit commun multiple.

MULTIPLET s, multiplet m (ensemble m de bits m. pl consécutifs).

MULTIPLEX s, multiplex m.

MULTIPLICAND s, multiplicande m.

MULTIPLICATION s, multiplication f.
MULTIPLICATION OF PROBABILITIES, multiplication des probabilités.
MULTIPLICATION SUM, multiplication.
MULTIPLICATION TABLE, table de multiplication.

MULTIPLICITY s, multitude f, multiplicité f.

MULTIPLIED a, multiplié.

MULTIPLIER s, multiplicateur m.
BALANCED BUDGET MULTIPLIER, effet multiplicateur d'un budget équilibré (d'expansion).
COMPLETE MULTIPLIER, effet total du multiplicateur.
DYNAMIC MULTIPLIER ANALYSIS, analyse au moyen du multiplicateur dynamique.
EMPLOYMENT MULTIPLIER, multiplicateur d'emploi.
EXPORT MULTIPLIER, multiplicateur d'exportation.
FOREIGN TRADE MULTIPLIER, multiplicateur de commerce international.
INVESTMENT MULTIPLIER, multiplicateur d'investissement.
LAGRANGE MULTIPLIER, multiplicateur de Lagrange.
MULTIPLIER-ACCELERATOR MODEL, modèle du multiplicateur-accélérateur.
MULTIPLIER IN A CLOSED ECONOMY, multiplicateur d'économie fermée.
MULTIPLIER EFFECT, effet de multiplicateur.
MULTIPLIER TIME PERIOD, période de propagation de l'effet multiplicateur.
NATIONAL INCOME MULTIPLIER, multiplicateur de revenu national.
THEORY OF THE MULTIPLIER, théorie du multiplicateur.
TRUE MULTIPLIER, effet total du multiplicateur.

MULTIPLY v, multiplier.
to MULTIPLY UP, chasser le dénominateur.

MULTIPLYING a, multiplicateur.
MULTIPLYING MACHINE, multiplicatrice.

MULTIPLYING s, multiplication f.

MULTIPROCESSING s, multitraitement m.

MULTIPROGRAMMING s, multiprogrammation f.

MULTITUDE s, multitude f.

MULTIVARIATE a, à plusieurs variables f. pl.
MULTIVARIATE ANALYSIS, analyse à plusieurs variables.
MULTIVARIATE ANALYSIS OF (THE) VARIANCE, analyse de (la) variance à plusieurs variables.

MULTIVARIATE DISTRIBUTION, distribution à plusieurs variables.
MULTIVARIATE SAMPLING, échantillonnage à plusieurs variables.

MUNICIPAL a, municipal.
MUNICIPAL ADMINISTRATION, administration municipale.
MUNICIPAL BONDS, obligations des collectivités locales.
MUNICIPAL BUILDINGS, Hôtel de ville.
MUNICIPAL LOANS, emprunts des collectivités locales.
MUNICIPAL UNDERTAKINGS, services publics municipaux.

MUNICIPALITY s, municipalité f.

MUNIMENT s, acte m, titre m.
MUNIMENTS, titres de propriété.

MUNITION s, munition f.
MUNITION FACTORY, fabrique de munitions.

MUTUAL a, mutuel, mutualiste, réciproque.
MEMBER OF A MUTUAL BENEFIT SOCIETY, mutualiste.
MUTUAL AGREEMENT, accord mutuel.
MUTUAL BENEFIT SOCIETY, mutuelle.
MUTUAL DETERMINATION, détermination réciproque.
MUTUAL FUNDS, U.S: sociétés d'investissement à capital variable.
MUTUAL GUARANTEE SOCIETY, société de cautionnement mutuel.
MUTUAL INDEBTEDNESS OF TWO COUNTRIES, créances et dettes réciproques de deux pays.
MUTUAL INSURANCE, co-assurance; mutuelle d'assurances.
MUTUAL INTERDEPENDENCE, interdépendance réciproque.
MUTUAL INVESTMENT FUNDS, fonds des sociétés d'investissement mutualistes; fonds d'investissement mutualistes.
on MUTUAL TERMS, par engagements réciproques.

MUTUALISM s, mutualisme m.

MUTUALIST s, mutualiste m.

MUTUALITY s, réciprocité f, mutualité f.

MUTUALLY adv, mutuellement, réciproquement.
MUTUALLY EXCLUSIVE EVENTS, événements s'excluant mutuellement.

N

NAKED *a*, nu; sans garantie *f*.
NAKED CONTRACT, contrat sans contrepartie; contrat non exécutable.
NAKED DEBENTURE, obligation non valable.

NAME *s*, nom *m*, marque *f*; intitulé *m*; réputation *f*.
BAD NAME, mauvaise réputation.
BRAND NAME, marque de fabrique.
CORPORATE NAME, raison sociale.
NAME OF AN ACCOUNT, intitulé d'un compte.
NAME OF A COMPANY, raison sociale d'une société.
NAME OF FIRM, raison sociale.
NAME OF THE PAYEE, nom du bénéficiaire.
REGISTERED NAME, nom déposé.
TRADE NAME, nom déposé.

NAMED *a*, nommé.
PARTY NAMED, l'accrédité.
PERSON NAMED, l'accrédité.
POLICY TO A NAMED PERSON, police nominative.

NAPHTA *s*, naphte *m*.

NARCOTIC *s*, stupéfiant *m*.

NARROW *a*, étroit, faible.
NARROW BOUNDS, limites étroites.
NARROW MAJORITY, faible majorité.
NARROW SENSE, sens étroit.

NARROWNESS *s*, étroitesse *f*.

NASCENT *a*, naissant.

NATALITY *s*, natalité *f*, naissance *f*.
NATALITY STATISTICS, statistique des naissances.

NATION *s*, nation *f*, peuple *m*.
CREDITOR NATION, nation créditrice.
most-FAVOURED NATION CLAUSE, clause de la nation la plus favorisée.
most-FAVOURED NATION TREATMENT, traitement de la nation la plus favorisée.
HAVE-NOT NATIONS, nations déshéritées.
INCREASE IN THE WEALTH OF A NATION, accroissement de la richesse d'une nation.
LAW OF NATIONS, droit international.
LEAGUE OF NATIONS, Société des nations.
MERCANTILE NATION, nation commerçante.
UNITED NATIONS, Nations unies.
UNITED NATIONS EDUCATIONAL, SCIENTIFIC AND CULTURAL ORGANIZATION (UNESCO), Organisation des Nations Unies pour l'éducation, la science et la culture.

NATIONAL *a*, national, public.
DETERMINATION OF NATIONAL INCOME, détermination du revenu national.
DISTRIBUTION OF NATIONAL INCOME, distribution du revenu national.
DISTRIBUTION OF NATIONAL PRODUCT AMONG DIFFERENT USES, répartition du produit national entre les différents emplois.
EXPENDITURE ON GROSS NATIONAL PRODUCT, dépense imputée au produit national brut.
EXTINCTION OF A NATIONAL DEBT, extinction d'une dette publique.

GROSS NATIONAL PRODUCT, produit national brut.
GROSS NATIONAL PRODUCT AT FACTOR COST, produit national brut au coût des facteurs.
NATIONAL ACCOUNTING, comptabilité nationale.
NATIONAL ACCOUNTS STATISTICS, statistique des comptabilités nationales.
NATIONAL AERONAUTICS AND SPACE ADMINISTRATION, *U.S:* administration pour l'aéronautique et l'espace.
NATIONAL ASSEMBLY, Assemblée nationale.
NATIONAL ASSISTANCE, assistance publique.
NATIONAL BANK, banque nationale.
NATIONAL BUREAU OF ECONOMIC RESEARCH, *U.S:* Bureau national de recherches économiques; Institut national de conjoncture.
NATIONAL COAL BOARD, Charbonnages de Grande-Bretagne.
NATIONAL CONSUMPTION, consommation nationale.
NATIONAL DEBT, dette nationale.
NATIONAL DIVIDEND, dividende national; revenu national.
NATIONAL EXPENDITURE, dépenses de l'État.
NATIONAL FLAG, pavillon national.
NATIONAL HEALTH SERVICES, services de santé publique.
NATIONAL INCOME, revenu national.
NATIONAL INCOME AND EXPENDITURE, comptabilité nationale.
NATIONAL INCOME MULTIPLIER, multiplicateur de revenu national.
NATIONAL INCOME STATISTICS, statistiques du revenu national.
NATIONAL INSURANCE, assurances sociales.
NATIONAL LAW, droit national.
NATIONAL LOAN, emprunt national.
NATIONAL SELF-SUFFICIENCY, autarcie.
NATIONAL-SOCIALISM, national-socialisme.
NATIONAL UNITY, unité nationale.
NET NATIONAL PRODUCT AT FACTOR COST, produit national net au coût des facteurs.
REDEMPTION OF THE NATIONAL DEBT, amortissement de la dette publique.
SHARE OF RENT IN THE NATIONAL PRODUCT, part de la rente dans le produit national.
to SINK THE NATIONAL DEBT, amortir la dette publique.
UNITS OF NATIONAL CURRENCY, unités de monnaie nationale.

NATIONALISM *s*, nationalisme *m*.
ECONOMIC NATIONALISM, nationalisme économique.

NATIONALISTIC *a*, nationaliste.

NATIONALITY *s*, nationalité *f*.
NATIONALITY OF THE SHIP, nationalité du navire.

NATIONALIZATION *s*, nationalisation *f*.
NATIONALIZATION OF AN INDUSTRY, nationalisation d'une industrie.
NATIONALIZATION OF LAND, nationalisation des terres.
NATIONALIZATION OF RAILWAYS, nationalisation des chemins de fer.

NATIONALIZE *v*, nationaliser.

NATIONALIZED *a*, nationalisé.
NATIONALIZED ENTERPRISE, entreprise nationalisée.
NATIONALIZED INDUSTRY, industrie nationalisée.

NATIONWIDE *a*, national.
on a NATIONWIDE SCALE, à l'échelle nationale.

NATIVE *a*, natif, indigène.

NATIVE *s*, indigène *m*.
NATIVE TRUST FUND, caisse des affaires indigènes.

NATURAL *a*, naturel, physique.
EXHAUSTION OF NATURAL RESOURCES, épuisement des ressources naturelles.
NATURAL GAS, gaz naturel.
NATURAL HARMONIES, harmonies naturelles.
NATURAL INCREASE, accroissement naturel.
NATURAL INHERITANCE, transmission héréditaire.
NATURAL LOGARITHM, logarithme naturel.
NATURAL RATE, taux naturel.
NATURAL SCALES, échelle arithmétique.
NATURAL SELECTION, sélection naturelle.
NATURAL WORLD, monde physique, réel.

NATURALIZATION *s*, naturalisation *f*.

NATURALIZE *v*, naturaliser.

NATURALIZED *a*, naturalisé.

NATURALIZING *s*, naturalisation *f*.

NATURE *s*, nature *f*; genre *m*; ordre *m*.
CONTRARY TO NATURE, contre nature.
HUMAN NATURE, nature humaine.
LAWS OF NATURE, lois de la nature.
the NATURE AND CAUSES OF WEALTH, nature et causes de la richesse.
the NATURE AND EXTENT OF A RISK, nature et étendue d'un risque.
NATURE OF MONEY, nature de la monnaie.
NATURE OF THINGS, ordre des choses.

NAUTICAL *a*, nautique, marin, naval.
NAUTICAL MILE, mille marin.

NAVAL *a*, naval, maritime.

NAVIGABILITY *s*, navigabilité *f*.

NAVIGABLE *a*, navigable.
NAVIGABLE CONDITION, état de navigabilité.
NAVIGABLE RIVER, rivière navigable.

NAVIGATION *s*, navigation *f*.
AERIAL NAVIGATION, navigation aérienne.
COASTAL NAVIGATION, cabotage.
DEEP-SEA NAVIGATION, navigation au long cours.
HIGH-SEAS NAVIGATION, navigation au long cours.
INLAND NAVIGATION, navigation intérieure, fluviale.
MARITIME NAVIGATION, navigation maritime.
NAVIGATION ACT, loi maritime.
NAVIGATION COMPANY, compagnie de navigation, d'armement.
NAVIGATION DUES, droits de navigation.
NAVIGATION LAWS, lois maritimes.
NAVIGATION PERMIT, permis de navigation.
OCEAN NAVIGATION, navigation au long cours.
SAFETY OF NAVIGATION, sécurité de la navigation.
SAIL NAVIGATION, navigation à voile.
STEAM NAVIGATION, navigation à vapeur.
STEAMSHIP NAVIGATION COMPANY, compagnie de navigation maritime.
TRAMP NAVIGATION, navigation au tramping.

NAVY *s*, marine *f* de guerre *f*.

NAZIISM *s*, **NAZISM** *s*, nazisme *m*.

NEAR *a or adv or prep*, proche, près, quasi, rapproché.
NEAR-MONEY, quasi-monnaie.
NEAR SILK, soie artificielle.

NECESSARILY *adv*, nécessairement.

NECESSARY *a*, nécessaire, indispensable.
to DO THE NECESSARY REPAIRS, faire les réparations nécessaires.
NECESSARY CONDITION, condition nécessaire.
NECESSARY AND SUFFICIENT CONDITION, condition nécessaire et suffisante.

NECESSARY *s*, nécessaire *m*, nécessité *f*.
to DO THE NECESSARY, faire le nécessaire.
NECESSARIES, besoins de chaque jour.
NECESSARIES OF LIFE, nécessités de la vie.

NECESSITY *s*, nécessité *f*; indigence *f*, besoin *m*.
ABSOLUTE NECESSITY, nécessité absolue.
in CASE OF NECESSITY, en cas de besoin.
CERTIFICATE OF NECESSITY, certificat de nécessité (d'amortissement accéléré).
DOCTRINE OF NECESSITY, déterminisme.
IMPERIOUS NECESSITY, besoin impérieux; besoin impératif.
IRON LAW OF NECESSITY, loi d'airain (de la nécessité).
LOGICAL NECESSITY, nécessité logique.
of NECESSITY, nécessairement.
NECESSITIES OF LIFE, nécessités de la vie.

PARAMOUNT NECESSITY, nécessité vitale.
PEREMPTORY NECESSITY, nécessité absolue.
PORT OF NECESSITY, port de relâche.
under the PRESSURE OF NECESSITY, sous l'empire de la nécessité
PRIME NECESSITY, nécessité primordiale.

NECK *s*, goulot *m*.
BOTTLE-NECK, goulet d'étranglement.

NEED *s*, besoin *m*, indigence *f*, difficulté *f*.
in CASE OF NEED, en cas de besoin.
DEFINITE NEEDS, besoins précis.
EXIGENT NEEDS, besoins pressants.
GREAT NEED OF REPAIRS, grand besoin de réparations.
IMPELLING NEED, besoin harcelant.
IMPERATIVE NEED, besoin impérieux.
PRESENT NEEDS, besoins actuels.
REFEREE IN CASE OF NEED, donneur d'aval; avaliste.
to SATISFY THE NEEDS OF, satisfaire aux besoins de.
TIME OF NEED, période difficile.

NEED *v*, avoir besoin *m* de.
no COUNTRY PRODUCES ALL IT NEEDS, aucun pays ne produit tout ce dont il a besoin.

NEEDED *a*, nécessaire.

NEEDLESS *a*, inutile, superflu.

NEEDY *s. pl*, nécessiteux *m. pl*.

NEGATION *s*, négation *f*.

NEGATIVE *a*, négatif.
NEGATIVE CORRELATION, corrélation négative.
NEGATIVE EVIDENCE, preuve négative.
NEGATIVE NUMBER, nombre négatif.
NEGATIVE QUANTITY, quantité négative.
NEGATIVE SAVING, épargne négative.
NEGATIVE SIGN, signe moins.
NEGATIVE VALUE, valeur négative.

NEGLECT *s*, négligence *f*, mauvais entretien *m*.

NEGLECT *v*, négliger.

NEGLECTED *a*, négligé, délaissé.
NEGLECTED STOCKS, valeurs délaissées.

NEGLECTFUL *a*, négligent, insoucieux.
NEGLECTFUL OF HIS INTERESTS, insoucieux de ses intérêts.

NEGLIGENCE *s*, négligence *f*, faute *f*.
CONTRIBUTORY NEGLIGENCE, faute de la victime.
NEGLIGENCE CLAUSE, clause (de) négligence.

NEGLIGENT *a*, négligent, fautif.

NEGLIGIBLE *a*, négligeable.

NEGOTIABILITY *s*, négociabilité *f*.
NEGOTIABILITY OF A BILL, négociabilité d'un effet.

NEGOTIABLE *a*, négociable.
not-NEGOTIABLE, non-négociable.
NEGOTIABLE EXCHANGE CERTIFICATE, certificat de change négociable.
NEGOTIABLE PAPER, papier négociable.
NEGOTIABLE STOCKS, titres négociables.
NEGOTIABLE ON THE STOCK EXCHANGE, négociable(s) en bourse.

NEGOTIANT *s (peu utilisé)*, négociateur *m*.

NEGOTIATE *v*, négocier, traiter.
BILLS DIFFICULT TO NEGOTIATE, effets difficiles à placer.
to NEGOTIATE A LOAN, négocier un emprunt.
to NEGOTIATE FOR NEW PREMISES, traiter pour un nouveau local.
to NEGOTIATE A SALE, négocier une vente.
to NEGOTIATE A TREATY, négocier, conclure, un traité.

NEGOTIATION *s*, négociation *f*, tractation *f*.
NEGOTIATION OF A BILL, négociation d'un effet.
PRICE IS A MATTER FOR NEGOTIATION, prix à débattre.
SETTLEMENT BY NEGOTIATION, règlement de gré à gré.

NEGOTIATOR *s*, négociateur *m*.

NEGRO *s*, nègre *m*.
NEGRO STATES, *U.S:* États esclavagistes.

NEIGHBOURHOOD *s*, voisinage *m*, proximité *f*.
GOOD-NEIGHBOURHOOD, rapports de bon voisinage.
in the NEIGHBOURHOOD OF THE EQUILIBRIUM POSITION, dans le voisinage de la position d'équilibre.

NEO-CLASSICAL *a*, néo-classique.
NEO-CLASSICAL ECONOMISTS, économistes néo-classiques.

NEO-COLONIALISM *s*, néo-colonialisme *m*.

NET *a*, net.
AGGREGATE NET INCREMENT, accroissement global net

APPROPRIATION OF NET PROFIT, répartition, affectation, du bénéfice net.
MONOPOLY NET REVENUE, recette nette de monopole.
NET AMOUNT, montant net.
NET ASSETS, actif net.
on a NET BASIS, sur une base nette.
NET BENEFIT, bénéfices nets.
NET OF CHARGES FOR DEPRECIATION, après déduction de l'amortissement.
NET DOMESTIC PRODUCT, produit intérieur net.
NET ERRORS AND OMISSIONS, erreurs et omissions nettes.
NET EXPORTS, exportations nettes.
NET FACTOR INCOME FROM ABROAD, revenu de facteurs net reçu de l'étranger.
NET INCOME, revenu net.
NET INVESTMENT, investissement net.
NET LOSS, perte nette.
NET NATIONAL PRODUCT AT FACTOR COST, produit national net au coût des facteurs.
NET NET WEIGHT, poids net réel, effectif.
NET OPERATING PROFIT, bénéfice net d'exploitation.
NET PREMIUM, prime nette.
NET PRICE, prix net.
NET PROCEEDS OF A SALE, produit net d'une vente.
NET PRODUCTIVITY OF CAPITAL, productivité nette du capital.
NET PROFIT, profit net; bénéfice net.
NET (PROMPT) CASH, comptant net.
NET REGISTER TON, tonneau de jauge nette.
NET REPRODUCTION RATE, taux net de reproduction.
NET RESULT, résultat net.
NET REVENUE, revenu net.
NET SAVING, épargne nette.
NET TON, tonne courte.
NET TONNAGE, poids net.
NET WEIGHT, poids net.
NET WORTH, valeur nette.
NET YIELD, revenu net; rendement net.
PRIOR APPROPRIATION ON THE NET PROFITS, prélèvement prioritaire sur les bénéfices nets.
TERMS STRICTLY NET CASH, sans déduction; payable au comptant.
TON NET REGISTER, tonneau de jauge nette.

NET v, toucher net.

NETWORK s, réseau m.
BROADCASTING NETWORK, réseau de stations radiophoniques.
DISTRIBUTING NETWORK, réseau de distribution.
ENERGY DELIVERED TO DISTRIBUTING NETWORK, énergie fournie au réseau de distribution.
HIGHWAY NETWORK, réseau routier.
NETWORK OF CANALS, réseau de canaux.
NETWORK OF RAILWAYS, réseau ferroviaire.
TELEVISION NETWORK, réseau de stations de télévision.
TELEX NETWORK, réseau télex.

NEUTRAL a, neutre.
NEUTRAL EQUILIBRIUM, équilibre neutre.
NEUTRAL FLAG, pavillon neutre.
NEUTRAL MONEY, monnaie neutre.
NEUTRAL PORT, port neutre.
NEUTRAL SHIP, navire neutre.

NEUTRAL s, neutre m.

NEUTRALITY s, neutralité f.
STRICT NEUTRALITY, neutralité rigoureuse.

NEUTRALIZATION s, neutralisation f.

NEW a, nouveau, neuf, frais; prochain.
to EQUIP A WORKS WITH NEW PLANT, doter, une usine d'un équipement neuf.
to IMPOSE NEW DUTIES, imposer des droits nouveaux.
to NEGOTIATE FOR NEW PREMISES, traiter pour un nouveau local.
as NEW, à l'état de neuf.
NEW CAPITAL, capitaux frais.
NEW COUNTRY, pays neuf.
NEW DEAL, politique du « New Deal ».
NEW DEPARTURE, nouvelle orientation.
NEW ECONOMIC POLICY (NEP), U.R.S.S: Nouvelle politique économique.
NEW ISSUE OF SHARES, nouvelle émission d'actions.
under NEW MANAGEMENT, changement de direction.
NEW MONEY, argent, capitaux frais.
NEW FOR OLD, différence du vieux au neuf.
under NEW OWNERSHIP, changement de direction.
NEW PRODUCT, produit nouveau.
NEW RICH, nouveaux riches.
NEW SERIES OF SHARES, nouvelle série d'actions.
one NEW SHARE FOR THREE OLD ONES, une action nouvelle pour trois anciennes.
NEW THEORY, nouvelle théorie.

NEW TIME, liquidation prochaine (bourse).
to OPEN UP NEW CHANNELS FOR TRADE, créer de nouveaux débouchés au commerce.

NEW adv, nouvellement, récemment.
NEW-COMER, nouveau venu.
NEW-FASHIONED, à la mode.
NEW-FOUND, récemment découvert.

NEWLY adv, nouvellement, récemment.
NEWLY INVENTED PROCESS, procédé d'invention récente.

NEWNESS s, nouveauté f; inexpérience f; état m neuf.

NEWS s. pl, nouvelle(s) f, information(s) f; journal m.
BROADCAST NEWS, journal parlé.
FINANCIAL NEWS, informations financières.
NEWS AGENCY, agence de presse.
PIECE OF NEWS, nouvelle.
TELEVISION NEWS, journal télévisé.

NEWSPAPER s, journal m, périodique m.
CIRCULATION OF NEWSPAPERS, tirage des journaux.
NEWSPAPER ADVERTISEMENT, annonce de journal.
NEWSPAPER RATE, tarif (postal) des périodiques.

NEWSPRINT s, papier-journal m.
NEWSPRINT CONSUMPTION, consommation de papier-journal.

NEXT a, prochain, suivant.
NEXT ACCOUNT, liquidation prochaine.
NEXT OF KIN, plus proche parent; plus proche héritier
NEXT MONTH, mois prochain.
NEXT MOVE, coup suivant; démarche suivante.
NEXT SETTLEMENT, liquidation prochaine.

NEXUS s, connexion f, liaison f.
CAUSAL NEXUS, connexion causale.

NICKEL s, nickel m; U.S: pièce f de 5 cents.

NIGHT s, nuit f.
NIGHT CHARGE, tarif de nuit,
NIGHT-SHIFT, équipe de nuit.
NIGHT-WORK, travail de nuit.

NIHILISM s, nihilisme m.

NIL s, zéro m, néant m.
NIL BALANCE, solde nul.

NITRATE s, nitrate m.
NITRATE FERTILIZERS, engrais azotés.

NOBILITY s, noblesse f.

NOBLE a, noble, précieux.
NOBLE METALS, métaux précieux, nobles.

NOMAD s, nomade m.

NOMENCLATURE s, nomenclature f.

NOMINAL a, nominal; nominatif; fictif, insignifiant, symbolique.
NOMINAL CAPITAL, capital nominal; capital social.
NOMINAL EXCHANGE, change nominal.
NOMINAL FINE, amende de principe.
NOMINAL LIST (OF SHAREHOLDERS), liste nominative (des actionnaires).
NOMINAL MARKET, marché presque nul.
NOMINAL PRICE, prix nominal.
NOMINAL RENT, loyer insignifiant, symbolique.
NOMINAL ROLL, état nominatif.
NOMINAL TRANSFER, transfert d'ordre (gratuit).
NOMINAL VALUE, valeur nominale.
NOMINAL WAGE, salaire nominal.
PURELY NOMINAL RATE, taux purement nominal.

NOMINATION s, nomination f.

NOMINEE s, candidat m choisi.

NONMONETARY a, non monétaire, extra-monétaire.
CENTRAL GOVERNMENT NONMONETARY SECTOR, secteur non monétaire de l'État.
NONMONETARY ADVANTAGES, avantages extra-monétaires.
NONMONETARY GOLD, or non monétaire.

NONSENSE s, non-sens m.

NORM s, norme f.

NORMAL a, normal, régulier.
AREAS OF, UNDER, THE NORMAL CURVE, aires de la courbe normale.
to EXCEED THE NORMAL LIMIT OF CREDIT, dépasser la limite normale du crédit.
NORMAL BACKWARDATION, déport normal.
NORMAL CURVE, courbe de Gauss; courbe normale.
NORMAL CURVE OF ERROR, courbe de probabilité normale; courbe normale (des erreurs).

NORMAL DEVIATE, écart réduit.
NORMAL DISTRIBUTION, distribution normale.
NORMAL EQUATION, équation normale.
NORMAL LAW, loi normale.
NORMAL LEVEL, niveau normal.
NORMAL PRICES, prix normaux.
NORMAL PROFIT, profit normal.
NORMAL SHAPE OF A FUNCTION, forme normale d'une fonction.
NORMAL SUPPLY PRICE, prix de l'offre normale.
NORMAL VALUE, valeur normale.

NORMALCY s, U.S: normalité f.

NORMALITY s, normalité f.

NORMALIZATION s, normalisation f.

NORMALIZE v, normaliser.

NORMALLY adv, normalement.
NORMALLY DISTRIBUTED, distribué(s) normalement.

NORMATIVE a, normatif.
NORMATIVE ECONOMICS, économie normative.

NOTARIAL a, notarial; notarié.
NOTARIAL FUNCTIONS, fonctions notariales.
NOTARIAL SECTION (OF A CONSULATE), section notariale (d'un consulat).

NOTARY* s, notaire m.
NOTARY'S OFFICE, étude de notaire.
NOTARY PUBLIC*, notaire public.

NOTATION s, notation f; numération f.
DECIMAL NOTATION, numération décimale.
LITERAL NOTATION, notation littérale.

NOTE s, note f, lettre f, billet m, bordereau m, bulletin m; coupure f; feuille f.
ADVICE NOTE, lettre d'avis.
BANK NOTE, billet de banque.
BANK NOTES OF SMALL DENOMINATIONS, billets de banque de petites coupures.
BOND-NOTE, acquit-à-caution.
to CHANGE A BANK NOTE, changer un billet de banque.
CIRCULAR NOTE, lettre de crédit circulaire.
CONSIGNMENT NOTE, lettre de voiture; note de remise.
CREDIT NOTE, note de crédit; note d'avoir.
CURRENCY NOTE, coupure.
CUSTOM-HOUSE NOTE, bordereau de douane.
DEMAND NOTE, billet à ordre payable à vue.
DISCOUNT NOTE, bordereau d'escompte.
DISPATCH NOTE, bulletin d'envoi.
EXPLANATORY NOTES, notes explicatives.
FOOT-NOTE, renvoi (au bas de page).
FORGED BANK NOTE, billet de banque contrefait.
ISSUE OF BANK NOTES, émission de billets de banque.
JOINT PROMISSORY NOTE, billet conjoint.
NOTE OF EXPENSES, note de frais.
NOTE OF HAND, reconnaissance de dette; promesse.
NOTE PRINTING PRESS, planche à billets.
PROMISSORY NOTE, billet à ordre; promesse.
PROMISSORY NOTE MADE OUT TO BEARER, billet au porteur.
PROMISSORY NOTE MADE OUT TO ORDER, billet à ordre.
RATIO BETWEEN THE ISSUE OF BANK NOTES AND THE BULLION RESERVE, rapport entre l'émission des billets de banque et la réserve métallique.
to REGULATE THE ISSUE OF NOTES, réglementer l'émission des billets.
RIGHT OF ISSUING BANK NOTES, privilège d'émission de billets de banque.
TREASURY-NOTE, bon du Trésor.

NOTE v, noter, constater, relever.
to NOTE A FACT, relever, constater, un fait.
to NOTE AN ORDER, prendre bonne note d'une commande.
to NOTE PROTEST OF A BILL OF EXCHANGE, faire le protêt d'une lettre de change.

NOTHING s, néant m, zéro m.

NOTICE s, avis m, préavis m; avertissement m, convocation f.
seven DAY'S NOTICE, préavis de sept jours.
DEPOSIT AT NOTICE, dépôt sujet à préavis de retrait.
DEPOSIT AT SEVEN DAY'S NOTICE, dépôt à sept jours de préavis.
DEPOSIT AT SHORT NOTICE, dépôt à court terme.
FORMAL NOTICE, mise en demeure.
LOAN AT NOTICE, prêt à terme.
without NOTICE, sans préavis.
NOTICE OF ASSESSMENT, avertissement (des contributions).
NOTICE OF DELIVERY, accusé de réception.
NOTICE DEPOSITS, dépôts sujets à avis de retrait.
NOTICE OF MEETING, convocation d'assemblée.
NOTICE TO PAY, avertissement; avis d'échéance.

NOTICE POSTED, avis affiché.
NOTICE (TO QUIT), (avis de) congé.
NOTICE OF RECEIPT, avis de réception.
NOTICE OF SALE BY AUCTION, avis de vente aux enchères.
without PREVIOUS NOTICE, sans préavis.
PUBLIC NOTICE, avis au public.
at SHORT NOTICE, à bref délai; à court terme.
TERM OF NOTICE, préavis de licenciement.
WITHDRAWAL NOTICE, avis de retrait de fonds.

NOTICEABLE a, perceptible, sensible.
NOTICEABLE DIFFERENCE, différence notable.

NOTIFICATION s, notification f, ordre m.
NOTIFICATION TO THE CONTRARY, contre-ordre.

NOTIFY v, notifier.

NOTING s, relevé m.
NOTING OF THE QUANTITIES, relevé des quantités.

NOTION s, notion f, concept m.

NOTWITHSTANDING adv, nonobstant.
NOTWITHSTANDING ANY PROVISION TO THE CONTRARY, nonobstant toute clause contraire.

NOURISH v, nourrir, alimenter.

NOURISHING a, nutritif.

NOURISHMENT s, alimentation f, nourriture f.

NOVATION s, novation f.

NOVEL a, nouveau, original.

NOVELTY s, innovation f, nouveauté f.

NOVICE s, novice m, apprenti m, débutant m.

Nth, nième.
nth POWER, puissance n; nième puissance.

NUCLEAR a, nucléaire.
NUCLEAR ENERGY, énergie nucléaire.
NUCLEAR FISSION, fission nucléaire.
NUCLEAR INDUSTRY, industrie nucléaire.

NUCLEUS s, noyau m.

NUDE a, nu.
NUDE CONTRACT, contrat sans contrepartie; contrat non exécutable.

NUGGET s, pépite f (d'or m).
GOLD IN NUGGETS, or brut.

NUISANCE s, nuisance f, dommage m.
to HAVE A NUISANCE VALUE, avoir pour seul mérite de gêner autrui.

NULL a, nul, caduc.
NULL HYPOTHESIS, hypothèse nulle.
NULL AND VOID, nul et non avenu.

NULLIFICATION s, annulation f.

NULLIFY v, annuler.

NULLITY s, nullité f, caducité f.
NULLITY OF THE INSURANCE, nullité de l'assurance.

NUMBER s, nombre m, chiffre m, numéro m.
ABSTRACT NUMBER, nombre abstrait.
BINARY NUMBER SYSTEM, système binaire.
CHROMATIC NUMBER, nombre chromatique.
CIRCULAR TEST FOR INDEX-NUMBERS, test de réversibilité des indices.
COMPLEX NUMBER, nombre complexe.
CONSTRUCTION OF INDEX-NUMBERS, établissement d'indices.
CONSUMER PRICE INDEX-NUMBERS, indices des prix à la consommation.
DISCRETIONARY NUMBER, nombre choisi a priori.
to DIVIDE A NUMBER BY ANOTHER, diviser un nombre par un autre.
EVEN NUMBER, nombre pair.
five-FIGURE NUMBER, nombre de cinq chiffres.
FRACTIONAL NUMBER, nombre fractionnaire.
IMAGINARY NUMBER, nombre imaginaire.
INCOMMENSURABLE NUMBER, nombre irrationnel.
a not INCONSIDERABLE NUMBER OF, un nombre non négligeable de.
INDEX-NUMBERS, indices.
INDEX-NUMBERS COMPARISONS, comparaisons d'indices.
INDEX-NUMBERS OF CONSUMER PRICES, indices des prix de détail.
INDEX-NUMBERS OF INDUSTRIAL PRODUCTION, indices de la production industrielle.
INDEX-NUMBERS OF THE VOLUME AND AVERAGE VALUE (OF EXTERNAL TRADE), indices du volume et des valeurs moyennes (du commerce extérieur).
INDEX-NUMBERS OF WHOLESALE PRICES, indices des prix de gros.
INDUSTRIAL PRODUCTION INDEX-NUMBERS, indices de la production industrielle.

INFERIORITY IN NUMBERS, infériorité du nombre.
IRRATIONAL NUMBER, nombre irrationnel.
LAW OF THE BIG NUMBERS, loi des grands nombres.
LAW OF LARGE NUMBERS, loi des grands nombres.
MIXED NUMBER, nombre fractionnaire.
NEGATIVE NUMBER, nombre négatif.
NUMBER OF COMBINATIONS, nombre de combinaisons.
NUMBER OF HOURS WORKED, nombre d'heures de travail.
NUMBER OF PERMUTATIONS, nombre de permutations.
for any NUMBER OF VARIABLES, quel que soit le nombre des variables.
NUMBER OF VOTES CAST, nombre de voix, de suffrages.
ODD NUMBER, nombre impair.
ORDINAL NUMBER, nombre ordinal.
POSITIVE NUMBER, nombre positif.
PRICE INDEX-NUMBERS, indices de prix.
PRIME NUMBER, nombre premier.
RANDOM NUMBER, nombre aléatoire.
RATIONAL NUMBER, nombre rationnel.
REFERENCE NUMBER, numéro de référence.
SEQUENCE OF NUMBERS, succession de termes.
SERIAL NUMBER, numéro de série; numéro matricule.
SERIES OF NUMBERS, suite, série, de nombres.
SIMPLE INDEX-NUMBERS, indice simple, réel.
SUPERIOR NUMBER, nombre supérieur.
to TAKE A NUMBER FROM ANOTHER, retrancher un nombre d'un autre.
TELEPHONE NUMBER, numéro de téléphone.
TOTAL NUMBER OF SHARES, nombre total d'actions.
UNEVEN NUMBERS, nombres impairs.

VOUCHER NUMBERS, numéros des pièces justificatives.
WEIGHTED INDEX-NUMBERS OF PRICES, indices de prix pondérés.
WHOLE NUMBER, nombre entier.
WINNING NUMBER, numéro gagnant.

NUMBER v, numéroter, compter.

NUMBERED a, numéroté.
SHARES NUMBERED 1 TO 1,000, actions numérotées de 1 à 1.000.

NUMBERING s, numérotage m, comptage m.

NUMBERLESS a, innombrable.

NUMERAL a, numéral.

NUMERAL s, nombre m, chiffre m, numéral m.
ARABIC NUMERALS, chiffres arabes.
CARDINAL NUMERALS, numéraux cardinaux.
DECIMAL NUMERAL, nombre décimal.

NUMERATOR s, numérateur m.

NUMERIC(AL) a, numérique.
NUMERICAL ANALYSIS, analyse numérique.
NUMERICAL COMPUTER, calculateur numérique.
NUMERICAL CONTROL, commande numérique.
NUMERIC PUNCH, perforation numérique.

NUMEROUS a, nombreux.

NUTRITION s, nutrition f.

NUTRITIOUS a, nutritif.

NUTRITIVE a, nutritif.

OBJECT s, objet m, but m, objectif m.
IMMEDIATE OBJECT, premier but.
OBJECTS FOR WHICH THE COMPANY IS ESTABLISHED, la société a pour objet (social).

OBJECT v, objecter.

OBJECTION s, objection f, opposition f.
FUNDAMENTAL OBJECTION, objection fondamentale.
OBJECTION TO MARK, opposition à la cote.
OBJECTION SUSTAINED (BY THE COURT), opposition admise (par le tribunal).

OBJECTIVE a, objectif.

OBJECTIVE s, objectif m, but m.
to ATTAIN AN OBJECTIVE, atteindre un objectif.
OBJECTIVES OF ECONOMIC POLICY, objectifs de la politique économique.

OBJECTIVENESS s, objectivité f.

OBJECTIVITY s, objectivité f.

OBLIGATION s, obligation f.
GUARANTEED OBLIGATIONS, obligations garanties.
to IMPLEMENT AN OBLIGATION, s'acquitter d'une obligation.
JOINT AND SEVERAL OBLIGATION, obligation conjointe et solidaire.
STRICT OBLIGATION, obligation stricte.

OBLIGATORY a, obligatoire.

OBLIGE v, obliger, rendre service m.

OBLIGED a, obligé.

OBLIGEE s, créancier m, obligataire m, obligé m.

OBLIGOR s, obligé m, débiteur m.

OBLIQUE a, oblique, détourné, indirect.
OBLIQUE CYLINDER, cylindre oblique.
OBLIQUE WAYS, moyens indirects, détournés.

OBLIQUITY s, obliquité f.

OBLONG a, oblong, allongé.
OBLONG SQUARE, rectangle.

OBLONG s, rectangle m.

OBSERVABLE a, observable, visible.

OBSERVANCE s, observation f.

OBSERVATION s, observation f; remarque f.
ACCURACY OF OBSERVATIONS, exactitude des observations.
ERRORS OF OBSERVATION, erreurs d'observation.
GROUPED OBSERVATIONS, observations groupées.

OBSERVE v, observer, remarquer.

OBSERVED a, observé.
OBSERVED FREQUENCIES, fréquences observées.
OBSERVED VALUE, valeur observée.

OBSERVER s, observateur m.

OBSOLESCENCE s, désuétude f, obsolescence f, vieillissement m.
OBSOLESCENCE OF MACHINERY, obsolescence des machines.
USE, DECAY AND OBSOLESCENCE, l'usure, le dépérissement et la désuétude.

OBSOLESCENT a, obsolescent, désuet, obsolète.
OBSOLESCENT EQUIPMENT, équipement désuet.

OBSOLETE a, désuet, démodé, obsolète, vieux.

OBSTACLE s, obstacle m.

OBSTRUCTION s, encombrement m.
TRAFFIC OBSTRUCTION, encombrement de la circulation.

OBTAIN v, obtenir, prendre, (se) procurer.
to OBTAIN CHEAPER CREDIT, obtenir du crédit à meilleur compte.
to OBTAIN AN EXTENSION OF TIME FOR PAYMENT, obtenir un délai de paiement.
to OBTAIN A MONTH'S CREDIT, obtenir un mois de crédit.
to OBTAIN SECURITY, prendre des sûretés.

OBTAINABLE a, procurable.
SHARES NOT OBTAINABLE, actions que l'on ne peut se procurer.

OBTAINED a, réalisé, obtenu.
RATES OBTAINED YESTERDAY, cours réalisés hier.

OBTAINING a, en vigueur f.

OBTAINMENT s, obtention f.

OBTUSE a, obtus.
OBTUSE ANGLE, angle obtus.
OBTUSE-ANGLED, obtusangle.

OBVIATE v, prévenir, éviter.

OBVIOUS a, évident, patent.

OBVIOUSNESS s, évidence f.

OCCASION s, occasion f, occurrence f.

OCCASIONAL a, occasionnel.
OCCASIONAL CAUSE, cause occasionnelle.

OCCUPANCY s, occupation f, possession f, habitation f.

OCCUPANT s, occupant m, locataire m.
BENEFICIAL OCCUPANT, usufruitier.

OCCUPATION s, occupation f, profession f, emploi m; habitation f; remplissage m.
COEFFICIENT OF OCCUPATION, coefficient de remplisssage.
HOUSE FIT FOR OCCUPATION, maison habitable.
out of OCCUPATION, sans travail.

OCCUPATIONAL a, professionnel.

OCCUPIED a, occupé; habité; actif.
GAINFULLY OCCUPIED, ayant un emploi rémunéré.
OCCUPIED POPULATION, population active.
OWNER-OCCUPIED DWELLINGS, habitations occupées par leurs propriétaires.

OCCUPIER s, occupant m, locataire m.

OCCURRENCE s, événement m, occurrence f.
RARE OCCURRENCE, événement rare.

OCEAN s, océan m.
OCEAN CARRYING TRADE, grande navigation.
OCEAN FREIGHT, fret au long cours.
OCEAN-GOING VESSEL, navire au long cours.
OCEAN NAVIGATION, navigation au long cours.
OCEAN TRAFFIC, navigation au long cours.

OCEAN TRAMP, navire tramp.
OCEAN VOYAGE, voyage au long cours.

OCTAGON s, octogone m.

OCTAGONAL a, octogonal.

OCTET s, octet m (électronique).

ODD a, impair; non usuel, bizarre.
ODD JOBS, petits travaux; à-côtés de l'industrie.
ODD MONEY, appoint; passe de caisse.
ODD NUMBER, nombre impair.

ODDMENTS s. pl, fins f. pl de série f.

ODDS s. pl, inégalité f, chances f. pl; avantage m.

OECOLOGICAL a, écologique.

OECOLOGY s, écologie f.

OFFENSIVE s, offensive f.

OFFER s, offre f.
ACCEPTABLE OFFER, offre acceptable.
BETTER OFFER, suroffre.
FIRM OFFER, offre ferme.
LIBERAL OFFER, offre généreuse.
on OFFER, en vente.
REASONABLE OFFER, offre raisonnable.
TENTATIVE OFFER, première offre.
VERBAL OFFER, offre verbale.

OFFER v, proposer, offrir à la vente, offrir.

OFFERED a, offert.
to IMPROVE UPON THE PRICE OFFERED, enchérir sur le prix offert.
to OUTBID THE PRICES OFFERED, enchérir sur les prix offerts.
to OVERBID THE PRICES OFFERED, enchérir sur les prix offerts.
PRICES OFFERED, cours offerts; cours vendeurs.

OFFERER s, offreur m, offrant m.
HIGHEST OFFERER, le plus offrant.

OFFICE s, office m; bureau m, siège m; charge f, fonctions f. pl; cabinet m.
AUDIT-OFFICE*, Cour des comptes.
BULLION OFFICE, bureau chargé de l'achat de lingots d'or et d'argent.
CASHIER'S OFFICE, caisse.
DISTRICT OFFICE, bureau régional.
EXCHANGE OFFICE, bureau de change.
EXCISE OFFICE, régie.
FREIGHT OFFICE, bureau du fret.
GOOD OFFICES, bons offices.
GOVERNMENT OFFICES, ministères.
HEAD OFFICE, siège.
HEAD POST OFFICE, bureau central des postes.
HOME OFFICE, U.K: ministère de l'Intérieur.
INQUIRY OFFICE, bureau de renseignements.
INTERNATIONAL LABOUR OFFICE, Bureau international du travail.
ISSUING OFFICE, bureau d'émission.
LOAN-OFFICE, caisse d'emprunts.
MAIN OFFICE, bureau principal.
NOTARY'S OFFICE, étude de notaire.
OFFICE ACCOUNT, compte professionnel.
OFFICE OF COLLECTOR OF CUSTOMS, recette des douanes.
OFFICE EXPENSES, frais de bureau.
OFFICE HOURS, heures de bureau.
OFFICE OF ISSUE, bureau d'émission.
OFFICE OF PAYMENT, bureau payeur.
OFFICE OF PRICE STABILIZATION (OPS), Office de stabilisation des prix.
OFFICE RENT, loyer de bureau.
OFFICE REQUISITES, fournitures de bureau.
OFFICE ROUTINE, travail courant de bureau.
OFFICE STAFF, personnel de bureau.
OFFICE-WORK, travail de bureau.
PATENT-OFFICE, office de la propriété industrielle; bureau des brevets.
PAWN-OFFICE, maison de prêt (sur gages); mont-de-piété.
PAY-OFFICE, guichet; caisse.
PAYING OFFICE, bureau payeur.
POST OFFICE, bureau de poste.
POST OFFICE ORDER, mandat-poste.
POST OFFICE SAVINGS BANK, caisse d'épargne postale.
PUBLIC OFFICE, fonctions publiques.
RECEIVING-OFFICE, bureau récepteur.
REGISTERED OFFICE, siège social.
REGISTRAR'S OFFICE, bureau de l'État civil; Registre du Commerce.
REGISTRY OFFICE, bureau d'enregistrement; greffe.
REVENUE OFFICE, perception; recette
SUB-OFFICE, succursale.
TOURIST OFFICE, bureau de tourisme.
to VACATE OFFICE, se démettre.

OFFICER s, officier m, fonctionnaire m, agent m.

CUSTOMS OFFICER, douanier.
EXCISE OFFICER, receveur des contributions indirectes.
HEALTH OFFICER, officier de santé.
IMMIGRATION OFFICER, officier de police (de frontière).
the OFFICERS AND CREW, officiers et équipage.
TAX OFFICER, agent des contributions directes.

OFFICIAL a, officiel.
COMPENSATORY OFFICIAL FINANCING (C.O.F.), financement compensatoire officiel.
non-OFFICIAL, officieux.
OFFICIAL APPRAISAL, expertise.
OFFICIAL APPRAISER, expert.
OFFICIAL ASSIGNOR*, liquidateur officiel (bourse).
OFFICIAL BUYING IN, rachat d'office.
OFFICIAL DOCUMENT, document officiel.
OFFICIAL GOLD RESERVES, réserves en or officielles.
OFFICIAL LIST, cote officielle.
OFFICIAL MARKET, marché officiel; parquet.
OFFICIAL QUOTATION, cours officiel.
OFFICIAL RATE (OF DISCOUNT), taux officiel (d'escompte); escompte officiel; cours officiel.
OFFICIAL RECEIPT, récépissé.
OFFICIAL RECEIVER*, administrateur judiciaire; syndic de faillite.
OFFICIAL RECEIVERSHIP*, syndicat de faillite.
OFFICIAL SPOT QUOTATION, cote officielle du disponible.
SECURITIES SHOWN IN THE OFFICIAL LIST, valeurs portées à la cote officielle.

OFFICIAL s, fonctionnaire m.
APPOINTMENT OF AN OFFICIAL, nomination d'un fonctionnaire.
GOVERNMENT OFFICIAL, fonctionnaire (de l'administration).
HIGH OFFICIAL, haut fonctionnaire.

OFFICIALDOM s, bureaucratie f, fonctionnarisme m, milieux m. pl officiels.

OFFICIALLY adv, officiellement, d'office m.
SHARES QUOTED OFFICIALLY, actions cotées officiellement.
STOCK QUOTED OFFICIALLY, valeurs admises à la cote officielle.

OFFSET s, compensation f, dédommagement m; offset m.
by OFFSET AGAINST, par compensation avec.
OFFSET PROCESS, offset.

OFFSET v, compenser.
PROFITS WHICH OFFSET LOSSES, bénéfices qui compensent les pertes.

OFFTAKE s, écoulement m (de marchandises f. pl).

OGIVE s, (courbe f en) ogive f.

OIL s, huile f; pétrole m.
CRUDE OIL, pétrole brut.
DISTILLATION OF OIL, raffinage du pétrole.
EDIBLE OILS, huiles comestibles.
EXHAUSTION OF MINERAL OILS, épuisement des réserves de pétrole.
FUEL OIL, mazout.
MINERAL OIL, huile minérale.
OILS, valeurs pétrolières; pétrolifères.
OIL COMPANY, société pétrolière.
OIL DISTILLERY, raffinerie de pétrole.
OIL-FIELD, gisement pétrolifère.
OIL FUEL, pétrole; mazout.
OIL MARKET, marché des pétrolifères.
OIL PORT, port pétrolier.
OIL REFINERY, raffinerie de pétrole.
OIL REFINING, raffinage du pétrole.
OIL RIGHTS, droit d'exploiter le pétrole.
OIL RING, cartel du pétrole.
OIL-SEED, graine oléagineuse.
OIL SHARES, valeurs pétrolières; pétrolifères.
OIL SHIP, pétrolier.
OIL TANKER, pétrolier.
OIL TRUST, trust du pétrole.
to STRIKE OIL, atteindre une nappe pétrolifère.
VEGETABLE OIL, huile végétale.
WHALE-OIL, huile de baleine.

OLD a, vieux, ancien.
DEMONETIZATION OF OLD COINS, démonétisation des anciennes pièces.
to GET RID OF OLD STOCK, écouler les stocks.
NEW FOR OLD, différence du vieux au neuf.
OLD AGE, vieillesse.
OLD-AGE INSURANCE, assurance vieillesse.
OLD-AGE PENSION, pension de vieillesse; retraite.
OLD-AGE PENSION FUND, caisse d'assurance vieillesse.
OLD-AGE PENSION SCHEME, régime de retraites vieillesse.
OLD-AGE SECURITY FUND, fonds d'assurance vieillesse.
OLD BALANCE, solde ancien.
OLD-ESTABLISHED, établi depuis longtemps.
OLD-FASHIONED, démodé; suranné.

OLD SHARES, actions anciennes.
OLD-STANDING DEBT, dette de longue date.
OLD-STYLE, démodé.
RELIEF OF OLD PEOPLE, assistance aux vieillards.
one SHARE FOR THREE OLD ONES, une action nouvelle pour trois anciennes.

OLIGARCHIC(AL) a, oligarchique.

OLIGARCHY s, oligarchie f.

OLIGOPOLY s, oligopole m.

OMISSIBLE a, négligeable.

OMISSION s, omission f.
ERRORS AND OMISSIONS EXCEPTED, sauf erreur ou omission.
NET ERRORS AND OMISSIONS, erreurs et omissions nettes.

OMNIUM s, omnium m.
OMNIUM INVESTMENT COMPANY, omnium de valeurs.

ONEROUS a, onéreux.

ONUS s, fardeau m, responsabilité f.
ONUS OF PROOF, fardeau de la preuve.

OPEN a, ouvert; accessible, public; libre.
DISCOUNT RATE OF THE OPEN MARKET, taux d'escompte hors banque.
OPEN ACCOUNT, compte ouvert.
OPEN BIDS, U.S: marchés publics.
OPEN CHEQUE, chèque non barré.
OPEN CREDIT, crédit à découvert.
OPEN DISCOUNT MARKET, marché de l'escompte hors banque.
OPEN DOOR POLICY, politique de la porte ouverte.
OPEN DOOR PRINCIPLE, principe de la porte ouverte.
OPEN ECONOMY, économie ouverte.
OPEN-HEARTH FURNACE, four à sole.
OPEN MARKET, marché ouvert; marché libre; open market.
OPEN MARKET DISCOUNT RATE, taux d'escompte hors banque.
OPEN MARKET OPERATIONS, opérations sur le marché public; opérations d'open market.
OPEN MINE, mine à ciel ouvert.
OPEN MODEL, modèle ouvert.
OPEN MONEY MARKET, marché libre des capitaux.
OPEN(-PIT) MINING, exploitation à ciel ouvert.
OPEN POLICY, police ouverte, non évaluée.
OPEN PORT, port libre.
OPEN QUARRY, carrière à ciel ouvert.
OPEN SCHOLARSHIP, bourse (d'études) accessible à tous.
OPEN SHOP, entreprise qui admet des ouvriers non-syndiqués.
OPEN SYSTEM, système ouvert.

OPEN v, ouvrir.
to OPEN AN ACCOUNT, ouvrir un compte.
to OPEN (UP) A COUNTRY TO TRADE, ouvrir un pays au commerce.
to OPEN A CREDIT FOR, ouvrir un crédit pour.
to OPEN UP NEW CHANNELS FOR TRADE, créer de nouveaux débouchés au commerce.

OPENING s, ouverture f; débouché m.
OPENING OF THE LIST OF APPLICATIONS, ouverture de la souscription.
OPENING PRICES, cours d'ouverture; premiers cours.

OPENLY adv, ouvertement, publiquement.

OPERAND s, opérande m.

OPERATE v, opérer; jouer; fonctionner.
to OPERATE WITHOUT A COVER, opérer à découvert.
to OPERATE FOR A FALL, jouer à la baisse.
to OPERATE FOR A RISE, jouer à la hausse.

OPERATED a, commandé, actionné.
OPERATED BY ELECTRICITY, actionné par l'électricité; fonctionnant à l'électricité.
REMOTE-OPERATED, télécommandé.

OPERATING a, exploitant.
OPERATING STAFF, personnel exploitant.

OPERATING s, fonctionnement m; exploitation f, gestion f.
MANAGEMENT OPERATING SYSTEM, U.S: système intégré de gestion.
NET OPERATING PROFIT, bénéfice net d'exploitation.
OPERATING BUDGET, budget d'exploitation.
OPERATING COSTS, frais d'exploitation.
OPERATING COSTS ANALYSIS, comptabilité analytique d'exploitation.
OPERATING CYCLE, cycle de fonctionnement.
OPERATING EXPENDITURE, dépenses d'exploitation.
OPERATING PROFITS, bénéfices d'exploitation.
OPERATING RATIO, U.S: coefficient d'exploitation.
OPERATING STATEMENT, comptes d'exploitation.
OPERATING SYSTEM, système d'exploitation.

OPERATION s, opération f, fonctionnement m, traitement m.

INPUT-OUTPUT OPERATIONS, opérations d'entrée-sortie.
MATHEMATICAL OPERATION, opération mathématique.
MULTI-JOB OPERATION, traitement multi-travaux.
MULTI-TASK OPERATION, traitement multi-tâches.
OPEN MARKET OPERATIONS, opérations sur le marché public; opérations d'open market.
OPERATION PROCESS CHART, graphique d'analyse générale (des activités successives).
OPERATIONS RESEARCH, recherche opérationnelle.
STOCK OPERATIONS, opérations sur les valeurs.

OPERATIONAL a, opérationnel.
OPERATIONAL EFFICIENCY, efficacité opérationnelle.
OPERATIONAL EVALUATION, évaluation opérationnelle.
OPERATIONAL FACTORS, facteurs opérationnels.
OPERATIONAL GAME, jeu opérationnel.
OPERATIONAL GAMING, jeux opérationnels.
OPERATIONAL RELIABILITY, fiabilité opérationnelle.
OPERATIONAL RESEARCH, recherche opérationnelle.

OPERATIVE a, opératif, effectif.
to BECOME OPERATIVE, entrer en vigueur; devenir opérationnel.
OPERATIVE CLASS, classe ouvrière.

OPERATIVE s, ouvrier m qualifié.

OPERATOR s, opérateur m, exploitant m.
TELEPHONE OPERATOR, standardiste.

OPIATE s, narcotique m, stupéfiant m.
ILLICIT TRADE IN OPIATES, trafic des stupéfiants.

OPINION s, opinion f, avis m.
DECIDED OPINION, opinion bien arrêtée.
DISSENTING OPINION, U.S: opinion minoritaire (d'un ou plusieurs juges).
DIVIDED OPINIONS, avis partagés.
EXPLODED OPINION, opinion discréditée.
to FORM AN OPINION, se faire une opinion.
LAY OPINION, avis d'un non initié.
MATTER OF OPINION, affaire d'appréciation.
PUBLIC OPINION, opinion publique.
REVERSAL OF OPINION, revirement d'opinion.

OPPONENT s, antagoniste m, adversaire m.

OPPORTUNE a, opportun.

OPPORTUNISM s, opportunisme m.

OPPORTUNIST s, opportuniste m.

OPPORTUNITY s, occasion f, possibilité f, opportunité f.
DIFFERENT OPPORTUNITIES FOR PRODUCTION, différentes possibilités de production.
FIXED PRODUCTIVE OPPORTUNITY, possibilité de production fixe.
GOOD OPPORTUNITY, bonne occasion.
INVESTMENT OPPORTUNITIES, occasions d'investissement.
MARGINAL OPPORTUNITY COST, produit marginal de l'emploi alternatif.
OPPORTUNITY COST, coût d'option; coût d'opportunité; produit de l'emploi alternatif.
OPPORTUNITY TO INVEST, opportunité d'investir.
PRODUCTIVE OPPORTUNITY, possibilité de production.
PROFIT OPPORTUNITIES, occasions de profit.

OPPOSED a, opposé.
as OPPOSED TO, à la différence de.

OPPOSITE a, opposé, inverse, contraire.
DIRECTLY OPPOSITE EFFECT, effet exactement contraire.
OPPOSITE DIRECTION, direction inverse, opposée.
OPPOSITE SIDES OF A SQUARE, côtés opposés d'un carré.
OPPOSITE SIGNS, signes opposés.

OPPOSITE s, opposé m.

OPPOSITION s, opposition f.
PARTY IN OPPOSITION, (parti de l') opposition.

OPPRESSED a, opprimé.

OPTICAL a, optique.
OPTICAL ILLUSION, illusion d'optique.
OPTICAL READER, lecteur optique.

OPTICS s. pl, optique f.

OPTIMAL a, optimal.
CONSUMER'S OPTIMAL EQUILIBRIUM, équilibre optimal du consommateur.
OPTIMAL PROGRAM, programme optimal.
OPTIMAL RESOURCE ALLOCATION, répartition optimale des moyens.
OPTIMAL TARIFF, tarif optimal.

OPTIMALITY s, optimalité f.
PRINCIPLE OF OPTIMALITY, principe d'optimalité.

OPTIMISM s, optimisme m.

OPTIMISTIC *a*, optimiste.

OPTIMIZATION *s*, optimisation *f*.
SUB-OPTIMIZATION, sous-optimisation.

OPTIMIZE *v*, optimiser, rendre optimum.

OPTIMUM *a*, optimal, optimum.
OPTIMUM CONDITIONS, conditions optima.
OPTIMUM EMPLOYMENT OF RESOURCES, emploi optimum des ressources.
OPTIMUM EQUILIBRIUM, équilibre optimal.
OPTIMUM POPULATION, population optimum.
THEORY OF THE OPTIMUM POPULATION, théorie de la population optimum.

OPTIMUM *s*, optimum *m*.
PARETO'S OPTIMUM, optimum de Pareto.
SUB-OPTIMUM, sous-optimum.

OPTION *s*, option *f*, faculté *f*, décision *f*, choix *m*; gré *m*, prime *f*, marché *m* à prime; promesse *f* de vente *f*.
to ABANDON AN OPTION, abandonner une option, une prime.
ABANDONMENT OF AN OPTION, abandon d'une option, d'une prime.
BONDS REDEEMABLE AT THE OPTION OF THE GOVERNMENT, obligations amorties à la suite d'une décision de l'État.
BUYER'S OPTION, prime acheteur.
BUYING AN OPTION, achat d'une prime.
CALL OPTION, option.
CALL OPTION DAY, jour de liquidation.
one DAY OPTION, prime au lendemain.
to DEAL IN OPTIONS, faire le commerce des primes.
DECLARATION OF OPTIONS, réponse des primes.
to DECLARE AN OPTION, répondre à une prime.
DOUBLE OPTION, prime double; double option; stellage.
EXERCISE OF AN OPTION, levée d'une prime; consolidation d'un marché à prime.
to EXERCISE AN OPTION, lever une prime; consolider un marché à prime.
to EXERCISE THE OPTION OF SUBSCRIBING, exercer la faculté de souscrire.
to EXERCISE THE RIGHT OF OPTION, user du droit d'option.
EXPIRATION OF AN OPTION, échéance d'un marché à prime; expiration d'une option.
GIVER OF AN OPTION, optionnaire.
GIVER OF OPTION MONEY, acheteur de primes.
GIVING FOR AN OPTION, achat d'une prime.
LONG DATED OPTION, prime à longue échéance.
OPTION BARGAIN, marché à prime.
OPTION DAY, réponse des primes; jour de la réponse des primes.
OPTION DEAL, opération à prime.
OPTION DEALING(S), opérations, négociations, à prime, à option.
OPTIONS MARKET, marché à terme; marché du terme.
OPTION RATE, dont.
at the OPTION OF THE TENANT, au gré du locataire.
PRICE OF DOUBLE OPTION, cours de la double prime.
PRICE OF OPTION, cours de prime.
PUT OPTION, prime comportant le droit de livrer.
RATE OF OPTION, (taux unitaire de la) prime.
SALE WITH OPTION OF REDEMPTION, vente avec faculté de rachat.
SALE WITH OPTION OF REPURCHASE, vente avec faculté de rachat; vente à réméré.
SELLER OF A CALL OPTION, vendeur d'un dont, d'une prime directe.
SELLER'S OPTION, prime vendeur; prime pour livrer.
to TAKE AN OPTION, prendre une option.
to TAKE UP AN OPTION, lever une option; lever une prime; consolider un marché à prime.
TAKER OF AN OPTION, optant.
TAKER OF OPTION MONEY, vendeur de primes
TAKING FOR AN OPTION, vente d'une prime.
TIME FOR DECLARATION OF OPTIONS, heure de la réponse des primes.

OPTIONAL *a*, facultatif.
OPTIONAL RETIREMENT, retraite sur demande.

OPULENCE *s*, opulence *f*, richesse *f*.

OPULENT *a*, opulent, riche.

ORAL *a*, oral.
ORAL EVIDENCE, preuve orale.

ORDER *s*, ordre *m*; commande *f*; ordonnance *f*; mandat *m*; bon *m*; décret *m*.
ALPHABETICAL ORDER, ordre alphabétique.
BILL TO ORDER, billet à ordre.
CASH WITH ORDER, payable à la commande.
CHEQUE TO ORDER, chèque à ordre.
CHRONOLOGICAL ORDER, ordre chronologique.
CONTINGENT ORDER, ordre lié.

COUNTER ORDER, contre-ordre.
DEFINITE ORDER, commande ferme.
DELIVERY ORDER, bon de livraison, d'enlèvement.
DERIVATIVE OF THE FIRST (SECOND) ORDER, dérivée du premier (second) ordre.
DESCENDING ORDER OF IMPORTANCE, (par) ordre décroissant d'importance.
DISCRETIONARY ORDER, ordre à appréciation.
ECONOMIC ORDER QUANTITY, quantité économique de commande; quantité économique de réapprovisionnement.
EXECUTIVE ORDER, *U.S:* décret-loi.
EXPORT ORDERS, commandes d'exportation.
FALLING OFF OF ORDERS, ralentissement des commandes.
to FILL AN ORDER, exécuter un ordre.
FOREIGN MONEY-ORDER, mandat international.
FURTHER ORDERS, commandes ultérieures.
to GET ORDERS, recueillir des commandes.
to GIVE AN ORDER FOR, donner un ordre; passer une commande.
GIVING ORDERS, passation d'ordres.
to HANDLE LARGE ORDERS, s'occuper de grosses commandes.
in HIERARCHICAL ORDER, par ordre hiérarchique.
INTERNATIONAL MONETARY ORDER, ordre monétaire international.
INTERNATIONAL MONEY-ORDER, mandat-poste international.
INVERSE ORDER, sens inverse.
ISSUE OF ORDERS FOR PAYMENT, ordonnancement.
LAPSED ORDER, mandat périmé.
LARGE ORDER FOR, forte commande de.
LAW AND ORDER, ordre public.
LENGTHENING OF ORDER-BOOKS, gonflement des carnets de commande(s).
MADE TO ORDER, (fabriqué) sur mesure, sur commande.
MAIL-ORDER SALES, ventes par correspondance.
MONEY-ORDER, mandat-poste.
n^{th} ORDER APPROXIMATION, approximation du $n^{ième}$ ordre.
ORDERS ARE GOING DOWN, les commandes diminuent.
ORDER-BOOK, carnet de commandes.
ORDER CHEQUE, chèque à ordre.
ORDERFORM, bulletin de commande, de souscription.
ORDERS IN HAND, commandes en carnet.
ORDER OF MAGNITUDE, ordre de grandeur.
ORDER TO PAY, ordre de paiement; mandat; ordonnancement.
ORDER TO PAY COSTS, condamnation aux frais et dépens.
ORDER FOR THE SETTLEMENT, ordre à terme.
ORDER SHEET, bulletin de commande.
PAY TO THE ORDER OF, payez à l'ordre de.
PAY ORDERS ISSUED, ordonnancements.
PAYABLE TO ORDER, payable à ordre.
to PLACE AN ORDER, passer un ordre.
PLACING ORDERS, passation d'ordres.
POLICY TO ORDER, police à ordre.
POST OFFICE ORDER, mandat-poste.
PROMISSORY NOTE MADE OUT TO ORDER, billet à ordre.
RECEIVING-ORDER*, ordonnance de mise sous séquestre.
REMINDER OF ORDER, rappel de commande.
REPEAT ORDER, commande renouvelée.
RUSH ORDER, commande urgente.
SALE BY ORDER OF THE COURT, vente judiciaire.
SEASONAL SLACKENING OF ORDERS, ralentissement saisonnier de(s) commandes.
SELLING ORDER, ordre de vente.
SOCIAL ORDER, ordre social.
SPECIAL-ORDER WORK, travail à façon.
STANDING ORDER, rodre permanent, à perpétuité.
STOCK EXCHANGE ORDERS, ordres de bourse.
STOP ORDER, ordre stop.
STRICT ORDERS, ordres formels.
to TAKE AN ORDER, prendre une commande.
TELEGRAPH MONEY-ORDER, mandat télégraphique.
UNFILLED ORDERS, commandes en carnet.
VOID MONEY-ORDER, mandat-poste nul.
VOLUME OF ORDERS, volume des ordres.
WELL-FILLED ORDER-BOOK, carnet de commandes largement garni.
to WITHDRAW AN ORDER, annuler une commande.

ORDER *v*, commander, ordonner; ranger.
to ORDER GOODS, commander des marchandises.
to ORDER TO PAY THE COST, condamner aux dépens.

ORDERER *s*, ordonnateur *m*.

ORDERING *s*, ordre *m*; classement *m*, rangement *m*; passation *f* des commandes *f. pl*, réapprovisionnement *m*.
COST OF ORDERING, coût de passation des commandes.
ORDERING CYCLE SYSTEM, *U.S:* politique de réapprovisionnement périodique.

ORDERLINESS *s*, méthode *f*, discipline *f*.

ORDINAL *a*, ordinal.
ORDINAL NUMBER, nombre ordinal.
ORDINAL UTILITY, utilité ordinale.

ORDINANCE f, ordonnance f, décret m.

ORDINARY a, ordinaire, courant; simple; commercial; usuel.
to EXCHANGE PREFERENCE SHARES FOR ORDINARY SHARES, échanger des actions privilégiées contre des actions ordinaires.
ORDINARY AVERAGE, avarie(s) simple(s).
ORDINARY BILLS, papier commercial.
ORDINARY BRANDS, marques ordinaires.
ORDINARY BUDGET, budget ordinaire.
ORDINARY CREDITOR, créancier ordinaire.
ORDINARY DEBT, créance ordinaire.
ORDINARY RATE, tarif ordinaire.
ORDINARY SCALE OF REMUNERATION, barème courant de rémunérations.
ORDINARY SEASON TICKET, carte d'abonnement ordinaire.
ORDINARY SHARE, action ordinaire.
ORDINARY SHARE CERTIFICATE, certificat d'action ordinaire.
ORDINARY SHAREHOLDER, actionnaire ordinaire.
ORDINARY STOCK, actions ordinaires.
in ORDINARY TIMES, en période ordinaire.
in ORDINARY USE, couramment employé(s).
PREFERENTIAL CREDITORS RANK BEFORE ORDINARY CREDITORS, les créanciers privilégiés prennent rang avant les créanciers ordinaires.

ORDINATE s, ordonnée f.

ORE s, minerai m.
CONVERSION OF THE ORE INTO METAL, métallisation du minerai.
COPPER ORE, minerai de cuivre.
DOMESTIC ORES, minerais nationaux.
IRON ORE, minerai de fer.
PICKED ORE, minerai trié.

ORGANIC a, organique; organisé.
ORGANIC CHEMISTRY, chimie organique.
ORGANIC WHOLE, ensemble organisé.

ORGANICALLY adv, organiquement.

ORGANISM s, organisme m.

ORGANIZATION s, organisation f, œuvre f; fédération f, système m, régime m, organisme m.
CHARITY ORGANIZATION, œuvre de charité.
CONGRESS OF INDUSTRIAL ORGANIZATIONS (C.I.O.), U.S: Congrès des organisations industrielles.
FOOD AND AGRICULTURE ORGANIZATION, Organisation pour l'alimentation et l'agriculture.
INTERNATIONAL CIVIL AVIATION ORGANIZATION, Organisation internationale de l'aviation civile.
INTERNATIONAL WOOL TEXTILE ORGANIZATION, Fédération lainière internationale.
MONETARY ORGANIZATION, système monétaire.
ORGANIZATION CHART, organigramme.
ORGANIZATION FOR EUROPEAN ECONOMIC CO-OPERATION (OEEC), Organisation européenne de coopération économique (OECE).
ORGANIZATION OF LABOUR, régime du travail.
non-PROFIT ORGANIZATIONS, organisations à but non lucratif.
UNITED NATIONS EDUCATIONAL, SCIENTIFIC AND CULTURAL ORGANIZATION (UNESCO), Organisation des Nations Unies pour l'éducation, la science et la culture.
WORLD HEALTH ORGANIZATION, Organisation mondiale de la santé.

ORGANIZE v, organiser.

ORGANIZED a, organisé.
ORGANIZED LABOUR, organisations ouvrières.
ORGANIZED MARKETS, marchés organisés.
WELL-ORGANIZED TRADE-UNIONS, syndicats ouvriers bien organisés.

ORGANIZER s, organisateur m.

ORGANIZING s, organisation f.
ORGANIZING ABILITY, talent d'organisateur.
ORGANIZING COMMITTEE, comité d'organisation.

ORIENTATION s, orientation f.

ORIENTED a, orienté.
EXPORT-ORIENTED ECONOMY, économie orientée vers les exportations.

ORIGIN s, origine f, provenance f.
ARBITRARY ORIGIN, origine arbitraire.
CERTIFICATE OF ORIGIN, certificat d'origine.
CURVE CONVEX TO THE ORIGIN, courbe convexe par rapport à l'origine.
DOMICILE OF ORIGIN, domicile d'origine.
GOODS OF FOREIGN ORIGIN, marchandises d'origine étrangère.
INVOICE OF ORIGIN, facture d'origine.
POINT OF ORIGIN, point d'origine (d'une courbe).
PROOF OF ORIGIN, justification d'origine.

ORIGINAL a, original, primitif, initial, originaire, premier, originel
ORIGINAL ASSUMPTION, hypothèse première.
ORIGINAL CAPITAL, capital d'origine, primitif.
ORIGINAL COST, coût initial.
ORIGINAL INVOICE, facture originale.
ORIGINAL SUBSCRIBER, souscripteur primitif.
ORIGINAL VALUE, valeur initiale.
ORIGINAL VARIANCE, variance totale.

ORIGINAL s, original m, primata m.
ORIGINAL OF A DEED, original, minute, d'un acte.

ORIGINALITY s, originalité f.

ORIGINATE v, avoir pour origine f.
the STRIKE ORIGINATED IN THE DEMANDS OF, la grève a eu pour origine les revendications de.

ORIGINATION s, origine f, création f, invention f.

ORIGINATIVE a, inventif.

ORIGINATOR s, créateur m, promoteur m.

ORPHAN s, orphelin m, pupille m de l'assistance f publique.
ORPHANS' COURT, U.S: Tribunal des tutelles et des successions.

ORTHODOX a, orthodoxe.

ORTHODOXY s, orthodoxie f, conformisme m.

ORTHOGONAL a, orthogonal.
ORTHOGONAL TEST, test orthogonal.

OSCILLATE v, osciller.

OSCILLATING s, oscillation f.

OSCILLATION s, oscillation f.
DAMPED OSCILLATION, oscillation forcée, amortie.

OSCILLATORY a, oscillatoire.

OSCILLOGRAPH s, oscillographe m.

OSMOSE s, osmose f.

OSMOSIS s, osmose f.

OSSATURE s, ossature f.

OSTENTATION s, ostentation f.

OSTENTATIOUS a, ostentatoire.

OSTRICH s, autruche f.
OSTRICH POLICY, politique de l'autruche.

OUNCE s, once f (= 28,35 grammes).

OUT-OF-DATE a, suranné, désuet.
OUT-OF-DATE THEORIES, théories désuètes.

OUT-OF-FASHION a, démodé.

OUT-OF-POCKET EXPENSES s. pl, débours m. pl, menues dépenses f. pl.

OUT-OF-WORK s, chômeur m.

OUT-WORKER s, ouvrier m à domicile m.

OUTBID v, enchérir, surenchérir, renchérir.
to OUTBID THE PRICES OFFERED, enchérir sur les prix offerts.

OUTBIDDING s, surenchère f.

OUTCOME s, résultat m, issue f.
PROBABILITY OF THE SUCCESSFUL (UNSUCCESSFUL) OUTCOME, probabilité du succès (de l'insuccès).
SUCCESSFUL OUTCOMES, cas favorables.

OUTDISTANCE v, distancer.

OUTDOOR a, extérieur, externe.

OUTER a, extérieur, externe.
OUTER HARBOUR, avant-port.
OUTER PORT, avant-port.

OUTFIT s, appareil m, équipement m.

OUTFLOW s, écoulement m; sortie f.
OUTFLOW OF CAPITAL, sortie de capitaux.
OUTFLOW OF GOLD, sortie d'or.

OUTGOING a, sortant, démissionnaire.
OUTGOING BULLION POINT, gold-point de sortie; point de sortie de l'or.
OUTGOING GOLD-POINT, gold-point de sortie; point de sortie de l'or.
OUTGOING MAIL, courrier au départ.
OUTGOING MINISTRY, gouvernement démissionnaire.
OUTGOING SPECIE POINT, gold-point de sortie; point de sortie de l'or.

OUTGOING s, sortie f.
OUTGOING INVENTORY, inventaire de sortie.
OUTGOINGS, dépenses; débours.

the OUTGOINGS EXCEED THE INCOMINGS, les dépenses excèdent les recettes.

OUTLANDER s, étranger m.

OUTLAY s, débours m. pl, frais m. pl, dépense f.
FIRST OUTLAY, frais de premier établissement.
INITIAL OUTLAY, frais de premier établissement.
LEAST-OUTLAY COMBINATION, combinaison de dépense minimum.
MARGINAL OUTLAY, dépense marginale.

OUTLET s, débouché m.
OUTLET FOR TRADE, débouché (commercial).
PROFITABLE OUTLET, débouché rémunérateur.

OUTLINE s, contour m, grandes lignes f.pl.
OUTLINE OF THE THEORY, grandes lignes de la théorie.

OUTLOOK s, perspective f.

OUTLYING a, éloigné, périphérique.
OUTLYING AREAS, régions périphériques.

OUTMODED a, démodé.

OUTPORT s, port m de mer f.

OUTPUT s, production f, produit m, débit m, rendement m. productivité f, sortie f, output m.
ACCOUNTING FOR 20 % OF TOTAL OUTPUT, représentant 20 % de la production totale.
AGGREGATE OUTPUT, production globale.
CAPACITY OUTPUT, production maximum.
CAPITAL-OUTPUT RATIO, rapport capital-production.
COMPOSITION OF CURRENT OUTPUT, composition de la production courante.
to CURTAIL THE OUTPUT, restreindre, contingenter, la production.
DATA INPUT AND OUTPUT, entrée et sortie de données, d'informations.
DECREASE OF OUTPUT, diminution de la production.
to ENDEAVOUR TO MAXIMIZE OUTPUT, chercher à rendre la production maximum.
EXPANSION OF THE OUTPUT OF, expansion de la production de.
FUTURE OUTPUT, production future.
INPUT-OUTPUT ANALYSIS, analyse d'input-output; analyse intersectorielle; analyse d'échanges intersectoriels.
INPUT-OUTPUT FLOWS, flux entrants et sortants.
INPUT-OUTPUT INSTRUCTION, instruction d'entrée-sortie.
INPUT-OUTPUT OPERATIONS, opérations d'entrée-sortie.
INPUT-OUTPUT OVERLAP, simultanéité d'entrée-sortie.
INPUT-OUTPUT RELATIONS, relations entre les entrées et les sorties.
INPUT-OUTPUT ROUTINE, routine d'entrée-sortie.
INPUT-OUTPUT TABLE, tableau d'échanges intersectoriels; tableau des entrées-sorties.
to KEEP OUTPUT CONSTANT, maintenir la production constante; considérer la production comme constante.
MARKET FOR OUTPUT, marché du produit.
MAXIMUM OUTPUT, production maximum.
MONOPOLY OUTPUT, quantité produite en régime de monopole.
OUTPUT PER HOUR, rendement à l'heure.
OUTPUT KEPT CONSTANT, production maintenue constante.
OUTPUT OF THE STAFF, rendement du personnel.
PEAK OUTPUT, production maximum; production record.
PRICE OF INPUT AND PRICE OF OUTPUT, prix des facteurs et prix du produit.
RECORD OUTPUT, production record; rendement record.
to REDUCE THE OUTPUT, ralentir la production.
RESTRICTION OF OUTPUT, restriction de la production.
SCALE OF OUTPUT, échelle de production.
THERMAL OUTPUT, quantité de chaleur transmise.
TOTAL OUTPUT, quantité totale produite.
UNIT PRICE OF OUTPUT, prix unitaire du produit.
UNSTEADY OUTPUT, débit irrégulier (d'une machine).
VOLUME OF CURRENT OUTPUT, volume de la production courante.

OUTRIGHT a, pur et simple; à forfait m, forfaitaire.
OUTRIGHT GIFT, don pur et simple.
OUTRIGHT PURCHASE, achat à forfait, sans réserve.
OUTRIGHT SALE, vente à forfait.

OUTRIGHT adv, à forfait m, comptant, net.
to BUY OUTRIGHT, acheter comptant, à forfait.

OUTSET s, commencement m, début m.

OUTSIDE a, extérieur; maximum.
OUTSIDE BROKERAGE, affaires de banque.
OUTSIDE MARKET, coulisse.
OUTSIDE PRICES, cours, prix, maxima.
OUTSIDE STOCK-BROKER, coulissier.
OUTSIDE TRANSACTIONS, transactions coulissières.
OUTSIDE WORKER, ouvrier à domicile.

OUTSIDE adv, hors, en dehors.

OUTSIDER s, étranger m; courtier m libre, coulissier m.

OUTSKIRTS s. pl, banlieue f, périphérie f (d'une ville).

OUTSTANDING a, échu, arriéré, en souffrance f.
OUTSTANDING COUPONS, coupons en souffrance.
OUTSTANDING DEBTS, créances à recouvrer.
OUTSTANDING EXPENSES, frais échus.
OUTSTANDING INTEREST, intérêts échus.
OUTSTANDING PAYMENT, paiement arriéré.
OUTSTANDING PREMIUMS, primes échues.
OUTSTANDING SECURITIES, titres non amortis.

OUTWARD a, d'aller m, de sortie f.
OUTWARD BILL OF LADING, connaissement de sortie.
OUTWARD FREIGHT, fret d'aller.
OUTWARD JOURNEY, trajet, voyage, d'aller.
OUTWARD MANIFEST, manifeste de sortie.
OUTWARD PAYMENT, paiement effectué; décaissement.
OUTWARD VOYAGE, voyage, trajet, d'aller.

OVAL a, ovale.

OVAL s, ovale m.

OVEN s, four m.

OVER adv or prep, par-dessus, en plus, trop.
DIFFERENCE OVER OR UNDER, différence en plus ou en moins.
OVER-ABUNDANT, surabondant.
OVER-ACTIVE, trop actif.
OVER-ACTIVITY, suractivité.
OVER-ALL, total.
OVER-ALL CONSUMPTION, consommation totale.
OVER-ALL INDEXES, indices globaux.
OVER-ALL LENGTH, longueur hors tout.
OVER-ASSESSMENT, surimposition.
OVER-BOUGHT MARKET, marché surévalué.
OVER-CAPITALIZED, surcapitalisé.
OVER-CONFIDENCE, confiance exagérée.
OVER-DEVELOPMENT, développement excessif.
OVER-ELABORATE, trop compliqué.
OVER-ESTIMATE, surestimation; surévaluation.
OVER-ISSUE, émission excessive.
OVER-POPULATED, surpeuplé.
OVER-POPULATION, surpeuplement.
OVER-STAFFED, (ayant) trop de main-d'œuvre.
OVER-SUBSCRIBE, surpasser (une émission).
SELLERS OVER, excès de vendeurs.

OVER s, excédent m, surplus m.
(CASH) SHORTS AND OVERS, déficits et excédents (de caisse).
LEFT-OVERS, surplus; restes; invendus.
LEFT-OVER STOCK, surplus; restes; invendus.
OVER IN THE CASH, excédent dans l'encaisse.

OVERBALANCE s, excédent m, suréquilibre m.

OVERBALANCED a, en suréquilibre m.
OVERBALANCED BUDGET, budget en suréquilibre; suréquilibre budgétaire.

OVERBID s, suroffre f, surenchère f.

OVERBID v, enchérir, surenchérir.
to OVERBID THE PRICES OFFERED, enchérir sur les prix offerts.

OVERBIDDER s, surenchérisseur m.

OVERBURDEN v, surcharger, accabler.

OVERCAPITALIZATION s, surcapitalisation f.

OVERCHARGE s, surcharge f; majoration f; prix m excessif.

OVERCHARGE v, majorer, surcharger.
to OVERCHARGE ON AN INVOICE, majorer une facture indûment.

OVERDRAFT s, découvert m, avance f.
AVERAGE OVERDRAFT, découvert moyen.
BANK OVERDRAFT, avance bancaire; découvert d'un compte en banque.
to GRANT AN OVERDRAFT, consentir un découvert.
LOAN ON OVERDRAFT, prêt à découvert.
OVERDRAFT OF A BANK ACCOUNT, découvert d'un compte en banque.
OVERDRAFT FACILITIES, facilités de caisse.
UNSECURED OVERDRAFT, découvert sur notoriété; découvert en blanc.

OVERDRAW v, mettre à découvert.
to OVERDRAW AN ACCOUNT, mettre un compte à découvert.

OVERDRAWN a, découvert, désapprovisionné.
OVERDRAWN ACCOUNT, compte découvert, désapprovisionné.

OVERDUE a, arriéré, échu, en souffrance f.
INTEREST ON OVERDUE PAYMENTS, intérêts moratoires.
OVERDUE PAYMENT, paiement arriéré.
OVERDUE REFORM, réforme qui aurait dû être faite depuis longtemps

OVERFULL *a*, trop plein.
OVERFULL EMPLOYMENT, suremploi.

OVERHAUL *s*, révision *f*, remise *f* en état *m*.

OVERHEAD *a*, (frais *m. pl*) forfaitaires, fixes, généraux.
OVERHEAD CHARGES, frais fixes; frais généraux.
OVERHEAD COSTS, frais généraux.
OVERHEAD EXPENSES, frais généraux.
OVERHEAD PRICE, prix forfaitaire.
SOCIAL OVERHEAD CAPITAL, (investissements d') infrastructure.

OVERHEAD(S) *s. pl*, frais *m. pl* généraux.
FACTORY OVERHEAD(S), frais de fabrication.
GENERAL FACTORY OVERHEAD(S), frais généraux de fabrication.
MANUFACTURING OVERHEAD(S), frais de fabrication.

OVERHEATED *a*, surchauffé.

OVERHEATING *s*, surchauffe *f*.

OVERINVESTMENT *s*, surinvestissement *m*.
MONETARY OVERINVESTMENT THEORY, théorie monétaire du surinvestissement.
OVERINVESTMENT THEORY, théorie du surinvestissement.

OVERLAND *a*, par voie *f* de terre *f*.
OVERLAND ROUTE, voie de terre.

OVERLAP *s*, chevauchement *m*.
INPUT-OUTPUT OVERLAP, simultanéité d'entrée-sortie.

OVERLAP *v*, chevaucher.

OVERLAPPING *s*, chevauchement *m*, double emploi *m*.

OVERLOAD *s*, surcharge *f*.

OVERLOAD *v*, surcharger.

OVERLOADED *a*, surchargé.
MARKET OVERLOADED WITH STOCK, marché surchargé de titres.

OVERLORD *s*, suzerain *m*.

OVERMAN *s*, contremaître *m*.

OVERPAID *a*, surpayé.
OVERPAID WORKMEN, ouvriers trop payés.
RETURN OF AN AMOUNT OVERPAID, remboursement d'un trop-perçu.

OVERPAY *v*, surpayer.
to OVERPAY AN EMPLOYEE, surpayer un employé.

OVERPAYMENT *s*, surpaye *f*; trop-perçu *m*.

OVERPLUS *s*, surplus *m*, excédent *m*, passe *f*.

OVERPRODUCTION *v*, surproduction *f*.

OVERRATE *v*, surestimer, surévaluer; surtaxer.
to OVERRATE THE VALUE OF A SHARE, surestimer la valeur d'une action.

OVERRIDING *a*, primordial, premier.
OVERRIDING CLAUSE, clause dérogatoire.
OVERRIDING PRINCIPLE, principe absolu.

OVERRUN *s*, dépassement *m*.
OVERRUN COSTS, *U.S*: dépassement du coût estimé.

OVERSAVING *s*, épargne *f* excédentaire *f*.

OVERSEA(S) *a*, d'outre-mer.
OVERSEA COLONIES, colonies d'outre-mer.
OVERSEAS EMPIRE, empire d'outre-mer.
OVERSEAS MARKETS, marchés d'outre-mer.
OVERSEA POSSESSIONS, possessions d'outre-mer.

OVERSEAS *adv*, outre-mer.
to SETTLE OVERSEAS, s'établir outre-mer.

OVERSEER *s*, surveillant *m*, contremaître *m*.

OVERSPEED *s*, excès *m* de vitesse *f*.

OVERSTATEMENT *s*, exagération *f*.

OVERSTOCK *s*, surabondance *f*.

OVERSTOCKING *s*, approvisionnement *m* excessif.

OVERSTRAIN *s*, surmenage *m*.

OVERT *a*, patent, évident, public.
MARKET OVERT, magasin, marché public.

OVERTAX *v*, surimposer, surtaxer; surcharger.

OVERTAXATION *s*, imposition *f* excessive, surimposition *f*.

OVERTIME *adv*, heures *f. pl* supplémentaires.
to WORK OVERTIME, faire des heures supplémentaires.

OVERTIME *s*, heures *f. pl* supplémentaires.
AMOUNT PAID FOR OVERTIME, somme payée pour les heures supplémentaires.
HOUR OF OVERTIME, heure supplémentaire.
OVERTIME COUNTS TIME AND A HALF, les heures supplémentaires se paient 50 % plus cher.

OVERVALUATION *s*, surévaluation *f*; majoration *f*; surestimation *f*.
OVERVALUATION OF ASSETS, surévaluation des avoirs.

OVERVALUE *v*, surévaluer; majorer; surestimer.

OVERVALUED *a*, surévalué, surestimé.
OVERVALUED CURRENCY, monnaie surévaluée.

OVERWEIGHT *a*, au-dessus du poids *m* réglementaire, fort.
OVERWEIGHT COIN, pièce forte.
OVERWEIGHT MONEY, monnaie forte.

OVERWEIGHT *s*, excédent *m* de poids *m*.

OVERWORK *s*, travail *m* excessif, surmenage *m*.

OVERWORKING *s*, surmenage *m*.

OWE *v*, devoir.

OWING *a*, dû; échu, arriéré.
MONEYS OWING TO, créances envers.
RENT OWING, loyer arriéré.

OWN *a*, propre.
OWN-ACCOUNT CONSTRUCTION, construction pour son propre compte.
OWN CONSUMPTION IN AGRICULTURE, consommation par l'agriculture de ses propres produits.

OWN *v*, posséder.
to OWN A HOUSE, posséder une maison.
to OWN LAND, être propriétaire terrien.

OWNED *a*, possédé par, appartenant à.
GOVERNMENT-OWNED ESTABLISHMENTS, établissements publics.
INTEREST ON SECURITIES OWNED, intérêt sur les titres en portefeuille.
PUBLICLY-OWNED ESTABLISHMENTS, établissements publics.

OWNER *s*, propriétaire *m*; armateur *m*.
BARE OWNER, nu propriétaire.
BENEFICIAL OWNER, usufruitier.
CO-OWNER, copropriétaire.
JOINT OWNER, copropriétaire.
LIMITED OWNER, propriétaire sous condition; usufruitier.
OWNER-BUILT, construit par le propriétaire lui-même.
OWNER-CHARTERER, armateur-affréteur.
OWNER OF THE GOODS, propriétaire de la marchandise.
OWNER-OCCUPIED DWELLINGS, habitations occupées par leurs propriétaires.
at OWNER'S RISK, aux risques et périls du propriétaire.
OWNER OF THE SHIP, propriétaire du navire, armateur.
OWNER OF THE SOIL AND SUBSOIL, tréfoncier: propriétaire du fonds et du tréfonds.
PART-OWNER, copropriétaire.
PRACTICAL OWNER, propriétaire en fait.
REPAIRS CHARGEABLE TO THE OWNER, réparations à la charge du propriétaire.
RIGHTFUL OWNER, légitime propriétaire.
RIPARIAN OWNER, propriétaire riverain.
SOLE OWNER, seul propriétaire.

OWNERSHIP *s*, propriété *f*, droit *m* de propriété, possession *f*.
BARE OWNERSHIP, nue propriété.
CHANGE OF OWNERSHIP, mutation.
CLAIM OF OWNERSHIP, action pétitoire.
COLLECTIVE OWNERSHIP, propriété collective.
COMMON OWNERSHIP, collectivité.
COMMUNAL OWNERSHIP OF LAND, propriété communale de la terre.
CO-OWNERSHIP, copropriété.
DISTRIBUTION OF OWNERSHIP, répartition de la propriété.
JOINT OWNERSHIP, copropriété.
under NEW OWNERSHIP, changement de propriétaire.
OWNERSHIP WITHOUT USUFRUCT, nue propriété.
PRIVATE OWNERSHIP, (régime de) propriété privée.
PROOF OF OWNERSHIP, titre de propriété.

OX *s*, bœuf *m*.

OYSTER *s*, huître *f*.
OYSTER-FARMING, élevage d'huîtres, ostréiculture.

PAASCHE *pr. n*, Paasche.
PAASCHE FORMULA, formule de Paasche.
PAASCHE INDEX, indice Paasche.

PACE *s*, pas *m*; allure *f*, vitesse *f*.
to GATHER PACE, prendre de la vitesse.
LEISURELY PACE, allure mesurée.
to QUICKEN THE PACE, accélérer l'allure.

PACIFIC *a*, pacifique.
PACIFIC CO-EXISTENCE, co-existence pacifique.

PACIFICATION *s*, pacification *f*.

PACIFISM *s*, pacifisme *m*.

PACIFIST *s*, pacifiste *m*.

PACK *v*, emballer, conserver.
to PACK GOODS, emballer des marchandises.

PACKAGE *s*, emballage *m*, colis *m*, paquet *m*.
PACKAGE DEAL, contrat global.

PACKET *s*, paquet *m*, colis *m*.
PACKET CONSIGNMENT, envoi à couvert.
POSTAL PACKET, colis postal.
REGISTERED PACKET, objet recommandé.

PACKING *s*, emballage *m*.
MEAT-PACKING INDUSTRY, industrie de la conserve de la viande.
PACKING-PAPER, papier d'emballage.
PACKING-TRADE, conserverie.

PACT *s*, pacte *m*, convention *f*.

PAGE *s*, page *f*.
FRONT-PAGE ADVERTISEMENT, annonce en première page.
PAGE PRINTER, imprimante par page.

PAGE *v*, paginer.

PAGING *s*, pagination *f*.

PAID *a*, payé, acquitté; libéré; versé; affranchi; rémunéré, rétribué.
AMOUNT PAID ON ACCOUNT, acompte versé.
AMOUNT PAID IN ADVANCE, somme payée d'avance.
AMOUNT PAID FOR OVERTIME, somme payée pour les heures supplémentaires.
to BE PAID, à payer.
CARRIAGE PAID, port payé.
DIVIDEND PAID OUT OF CAPITAL, dividende prélevé sur le capital.
DUTY-PAID GOODS, marchandises acquittées.
DUTY-PAID SALE, vente à l'acquitté.
FULLY PAID CAPITAL, capital entièrement versé.
FULLY PAID SHARES, actions entièrement libérées
FULLY PAID STOCK, titres libérés.
GOODS SOLD DUTY-PAID, marchandises vendues à l'acquitté.
HIGHLY-PAID, fortement rémunéré.
INTEREST PAID OUT OF CAPITAL, intérêts prélevés sur le capital.
MISERABLY-PAID, misérablement payé.
MONEYS PAID IN, recettes encaissées.
MONEYS PAID OUT, versements effectués.
PAID-IN CAPITAL, capital versé.
PAID-UP CAPITAL, capital versé.
PAID CASH BOOK, main courante de dépenses.
PAID ON CHARGES, débours.

PAID CHEQUES, chèques encaissés.
PAID-UP SHARE CAPITAL, capital-actions versé.
PAID BY TIME, payé à l'heure.
PAID WORK, travail rétribué.
PARTLY PAID, partiellement payé, libéré.
PARTLY PAID CAPITAL, capital non entièrement versé.
PARTLY PAID SHARES, actions non entièrement libérées.
POST PAID, port payé.
POSTAGE PAID, port payé.
REPLY PAID, réponse payée.

PAIN *s*, douleur *f*, souffrance *f*.
GROWING-PAINS, douleurs de croissance.

PAINTER *s*, peintre *m*.
HOUSE-PAINTER, peintre en bâtiment.

PAIR *s*, paire *f*.
PAIR OF SCALES, balance.

PALLIATIVE *s*, palliatif *m*.

PANACEA *s*, panacée *f*.

PANEL *s*, tableau *m*; groupe-témoin *m*, jury *m*.
CONSUMER PANEL, groupe-témoin de consommateurs.
CONTROL PANEL, tableau de commande.
PANEL DISCUSSION, conférence-réunion; réunion-débat.

PANIC *s*, panique *f*.
PANIC PRICES, cours de panique.
PANIC ON THE STOCK EXCHANGE, panique sur la bourse.

PANICKY *a*, enclin à la panique.
PANICKY MEASURES, mesures dictées par la panique.

PANIFICATION *s*, panification *f*.

PAPER *s*, papier *m*; billet *m*, effet *m*, valeur(s) *f*; journal *m*, revue *f*.
BAD PAPER, mauvais papier.
COMMERCIAL PAPER, billet à ordre; effet de commerce.
CONVERTIBLE PAPER, papier convertible.
CONVERTIBLE PAPER-MONEY, monnaie de papier convertible.
DUBIOUS PAPER, papier de valeur douteuse.
FASHION PAPER, revue de mode.
FIAT PAPER MONEY, papier-monnaie; monnaie fiduciaire.
GRAPH PAPER, papier quadrillé.
INCONVERTIBLE PAPER MONEY, papier-monnaie non convertible.
MERCANTILE PAPER, papier commercial.
NEGOTIABLE PAPER, papier négociable.
PACKING PAPER, papier d'emballage.
PAPER-BACK, livre broché; paper-back.
PAPER CURRENCY, monnaie de papier.
PAPER-GOLD, or-papier (unité de réserve supplémentaire).
PAPER HOLDINGS, papiers-valeurs; portefeuille.
PAPER-INDUSTRY, industrie du papier.
PAPER-MAKING, fabrication du papier.
PAPER-MILL, fabrique de papier.
PAPER-MONEY, papier-monnaie.
PAPER-MONEY BACKED BY GOLD, monnaie de papier garantie par l'or.
PAPER PROFITS, profits fictifs, théoriques.
PAPER SECURITIES, papiers-valeurs; titres fiduciaires.
PAPER STANDARD, étalon-papier.
PAPER TAPE PUNCH, perforateur de bandes.

PAPER TAPE READER, lecteur de bande perforée.
PAPER-TRADE, papeterie.
PRINTED PAPER RATE, tarif imprimés.
PUNCHED PAPER TAPE, bande de papier perforée.
SCALE-PAPER, papier millimétrique.
STAMP PAPER, papier timbré.
STAMPED PAPER, papier timbré.
STOCK NOT WORTH MORE THAN THE PRICE OF THE PAPER, titres ne valant pas plus que le prix du papier.
SUNDAY PAPER, journal du dimanche.
TRADE PAPER, papier de commerce; papier commercial.
UNBANKABLE PAPER, papier non bancable, déclassé.
UNSAFE PAPER, papier de valeur douteuse.
WALL-PAPER, papier peint.
WEEKLY PAPER, hebdomadaire.
WRAPPING-PAPER, papier d'emballage.
to WRITE IN THE PAPERS, faire du journalisme.

PAR s, pair m, parité f, égalité f; moyenne f.
ARBITRATED PAR OF EXCHANGE, pair proportionnel.
EXCHANGE AT PAR, change au pair, à parité.
to ISSUE SHARES AT PAR, émettre des actions au pair.
MINT PAR (OF EXCHANGE), pair intrinsèque; pair métallique.
above PAR, au-dessus du pair.
below PAR, au-dessous du pair.
on a PAR, à égalité.
PAR OF EXCHANGE, pair intrinsèque; pair métallique.
PAR OF A STOCK, pair d'un titre.
PAR VALUE, valeur au pair; parité.
REPAYABLE AT PAR, remboursable au pair.
TABLE OF PAR VALUES, table de parités.
VALUE AT PAR, valeur au pair.

PARABOLA s, parabole f.
FITTING A PARABOLA, ajustement par une parabole.

PARABOLIC(AL) a, parabolique.
PARABOLIC CURVE, courbe parabolique.
PARABOLIC FUNCTION, fonction parabolique.

PARABOLOID s, paraboloïde m.

PARACENTRIC a, paracentrique.

PARADOX s, paradoxe m.
GIFFEN PARADOX, paradoxe, effet, de Giffen.
PARADOX OF POVERTY IN THE MIDST OF PLENTY, paradoxe de la pénurie au milieu de l'abondance.
PARADOX OF VALUE, paradoxe de la valeur.

PARADOXICAL a, paradoxal.

PARALLEL a, parallèle.
PARALLEL LINES NEVER JOIN, les droites parallèles ne se rencontrent jamais.
PARALLEL RULE, règles parallèles.
PARALLEL RULER, règles parallèles.

PARALLEL s, parallèle f, comparaison f.

PARALLEL v, mettre en parallèle f.

PARALLELEPIPED s, parallélépipède m.

PARALLELISM s, parallélisme m.

PARALLELOGRAM s, parallélogramme m.
PARALLELOGRAM OF FORCES, parallélogramme des forces.
PARALLELOGRAM OF VELOCITIES, parallélogramme des vitesses.
SPACE ENCLOSED IN A PARALLELOGRAM, espace limité par un parallélogramme.

PARALOGISM s, paralogisme m.

PARALYSIS s, paralysie f.
GENERAL PARALYSIS, paralysie générale.

PARALYZATION s, immobilisation f, paralysie f.

PARALYZE v, paralyser.

PARAMETER s, paramètre m.
to ASSIGN A VALUE TO A PARAMETER, donner une valeur à un paramètre.
FIXED PARAMETER, paramètre invariable.
PARAMETERS OF A DISTRIBUTION, paramètres d'une distribution.
PARAMETER ESTIMATION, estimation de paramètre(s).

PARAMETRAL a, paramétrique.

PARAMETRIC a, paramétrique.
PARAMETRIC PROGRAM, programme paramétrique.
PARAMETRIC TEST, test paramétrique.
non PARAMETRIC TEST, test non-paramétrique.

PARAMOUNT a, suprême, vital.
PARAMOUNT NECESSITY, nécessité vitale.

PARAMOUNTCY s, primauté f.

PARASITE s, parasite m.

PARASITIC(AL) a, parasitaire.

PARCEL s, parcelle f, paquet m, colis m.
EXPRESS PARCEL TRAIN, train pour le service de colis de grande vitesse.
PARCEL(S) DELIVERY, factage; service de livraison.
PARCEL OF LAND, terrain.
PARCEL POST, service de colis postaux.
PARCEL(S) SERVICE, messageries.
PARCEL OF SHARES, paquet d'actions.
PARCEL TRAFFIC, trafic des messageries.
PARCELS TRAIN, train de messageries.
PART AND PARCEL OF, partie intégrante de.
PASSENGER AND PARCELS SERVICE, messageries.
POSTAL PARCEL, colis postal.
PREPAID PARCEL, colis affranchi, en port payé.
RAILWAY PARCEL SERVICE, service ferroviaire de messageries.
REFUSED OR UNCLAIMED PARCELS, colis refusés ou non réclamés.
to SELL SHARES IN SMALL PARCELS, vendre des titres par petits paquets.

PARCEL v, morceler; lotir.

PARCELLARY a, (peu usité), parcellaire.

PARCELLING s, partage m, morcellement m; lotissement m.
PARCELLING OUT OF LAND INTO SMALL HOLDINGS, morcellement des terres.

PARENT s, père m, mère f; origine f.
PARENT COMPANY, société mère.
PARENT ENTERPRISE, maison mère.
PARENT ESTABLISHMENT, maison mère.
PARENT HOUSE, maison mère.

PARENTHESIS s, parenthèse f.

PARENTHOOD s, paternité f, maternité f.

PARETO pr. n, Pareto.
PARETO'S LAW (OF INCOME DISTRIBUTION), loi de Pareto (de la répartition du revenu).
PARETO'S OPTIMUM, optimum de Pareto.

PARIAH s, paria m.

PARITY s, parité f, égalité f; pair m.
EXCHANGE AT PARITY, change à (la) parité.
GOLD PARITY, parité-or.
MINT PARITY OF EXCHANGE, parité de deux monnaies convertibles.
PARITY CONCEPT, concept de la parité.
PARITY INDEX, indice synthétique.
PARITY PRICE RATIO, rapport de parité(s) des prix.
PARITY BETWEEN TWO RATES, parité entre deux cours.
PARITY RATIO, rapport de parité.
PARITY TABLES, table des parités.
PURCHASING POWER PARITY, parité des pouvoirs d'achat.
PURCHASING POWER PARITY THEORY, théorie de la parité des pouvoirs d'achat.

PARLIAMENT s, parlement m, les Chambres f. pl.
ACT OF PARLIAMENT, U.K: loi.
MEMBER OF PARLIAMENT, parlementaire.

PARLIAMENTARIAN a, parlementaire.

PARLIAMENTARIAN s, parlementaire m, député m.

PARLIAMENTARY a, parlementaire, législatif.
PARLIAMENTARY DEMOCRACY, démocratie parlementaire.
PARLIAMENTARY ELECTION, élections législatives.

PAROXYSM s, paroxysme m.

PARSIMONIOUS a, parcimonieux, économe.

PARSIMONY s, parcimonie f, épargne f.

PART s, part f, partie f, pièce f, portion f.
COMPONENT PART, composante.
DUPLICATE PARTS, pièces de rechange.
INTERCHANGEABLE PARTS, pièces interchangeables.
MAJOR PART, majeure partie.
MULTI-PART TARIFF, tarification séparée des coûts fixes et des coûts mobiles.
PART CARGO CHARTER, affrètement partiel.
PART EXCHANGE, reprise.
PART-OWNER, copropriétaire.
PART AND PARCEL OF, partie intégrante de.
PART PAYMENT, acompte.
PART-TIME, à temps partiel.
to PAY IN PART, payer partiellement.
to REINSURE THE WHOLE OR PART OF A RISK, réassurer tout ou partie d'un risque.
SPARE PARTS, pièces de rechange.

PART v, séparer, diviser.
to PART WITH A PROPERTY, céder une propriété.

PARTAKING s, participation f.

PARTIAL *a*, partiel; restreint, partial.
COEFFICIENT OF PARTIAL CORRELATION, coefficient de corré-
lation partielle.
ELASTICITY OF PARTIAL SUBSTITUTION, élasticité de substitution
partielle.
PARTIAL ACCEPTANCE, acceptation restreinte.
PARTIAL CENSUS, recensement partiel.
PARTIAL CORRELATION, corrélation partielle.
PARTIAL DIFFERENCES, différences partielles.
PARTIAL EQUILIBRIUM ANALYSIS, analyse de l'équilibre partiel.
PARTIAL FAILURE, défaillance partielle.
PARTIAL LOSS, sinistre partiel; perte partielle.
PARTIAL PRODUCT, produit partiel.
SPLITTING UP INTO PARTIAL FRACTIONS, décomposition en
fractions partielles.

PARTIALITY *s*, partialité *f*.

PARTICIPANT *s*, participant *m*.
PARTICIPANT IN A DISTRIBUTION, participant à une répartition.

PARTICIPATE *v*, participer, partager.

PARTICIPATION *s*, participation *f*.
PARTICIPATION IN PROFITS, participation aux bénéfices.

PARTICULAR *a*, particulier, spécial; détaillé.
PARTICULAR AVERAGE, avarie(s) particulière(s).
PARTICULAR LIEN, privilège spécial.
PARTICULAR PARTNERSHIP*, *U.K:* association en participation
(pour une seule opération).
PARTICULAR POWER, pouvoir spécial.

PARTICULAR *s*, détail *m*, particularité *f*, renseignement *m*.
FULL PARTICULARS, tous (les) détails, renseignements.
FURTHER PARTICULARS, plus amples renseignements.
PARTICULARS OF AN ACCOUNT, détails d'un compte.
PARTICULARS OF SALE, description de la propriété à vendre; cahier
des charges.

PARTICULARISM *s*, particularisme *m*.

PARTICULARITY *s*, particularité *f*, minutie *f*.

PARTING *a*, séparant.
PARTING LINE, ligne de séparation.

PARTING *s*, séparation *f*.
PARTING OF THE WAYS, carrefour.

PARTITION *s*, partage *m*, morcellement *m*; cloison *f*.

PARTITION *v*, morceler, diviser.

PARTLY *adv*, partiellement.
PARTLY PAID CAPITAL, capital non entièrement versé.
PARTLY PAID SHARES, actions non entièrement libérées.
PARTLY SECURED CREDITOR, créancier partiellement nanti.

PARTNER *s*, associé *m*, participant *m*, commanditaire *m*, bailleur *m*
de fonds *m. pl.*
ACTIVE PARTNER*, associé en nom.
DORMANT PARTNER, commanditaire.
JOINT PARTNER, coassocié.
LIMITED PARTNER*, commanditaire.
PARTNER IN A BANK, associé d'une maison de banque.
PARTNER IN JOINT ACCOUNT, coparticipant.
SECRET PARTNER, (associé) commanditaire; bailleur de fonds.
SENIOR PARTNER, associé principal.
SHARE OF CAPITAL INTRODUCED BY A PARTNER, apport, mise,
d'un associé.
SILENT PARTNER, (associé) commanditaire; bailleur de fonds.
SLEEPING PARTNER, (associé) commanditaire; bailleur de fonds.

PARTNERSHIP* *s*, association *f*, association commerciale, associa-
tion professionnelle; société *f*, société en nom *m* collectif, participa-
tion *f*.
ARTICLES OF PARTNERSHIP* (*peu utilisé*), acte d'association.
DEED OF PARTNERSHIP*, acte de société, d'association.
DISSOLUTION OF A PARTNERSHIP*, dissolution d'une association
commerciale, professionnelle.
GENERAL PARTNERSHIP*, société en nom collectif.
INDUSTRIAL PARTNERSHIP, participation des ouvriers aux bénéfices.
LIMITED PARTNERSHIP*, *U.K:* société en commandite.
PARTICULAR PARTNERSHIP*, *U.K:* association en participation
(pour une seule opération).
PARTNERSHIP CAPITAL, capital d'une société (à responsabilité
illimitée) commerciale ou professionnelle.
PARTNERSHIP DEBT, dette de société (à responsabilité illimitée,
professionnelle).
PARTNERSHIP FUNDS, fonds sociaux.
PARTNERSHIP LIMITED BY SHARES*, *U.K:* (société en) commandite
par actions.
PARTNERSHIP SHARE, part d'association.

PARTY *s*, parti *m*; partie *f*; groupe *m*.
CONSERVATIVE PARTY, *U.K:* parti conservateur.

CONTRACTING PARTIES, parties contractantes.
DEFAULTING PARTY, partie défaillante.
DEMOCRATIC PARTY, *U.S:* parti démocrate.
HIGH CONTRACTING PARTIES, hautes parties contractantes.
the INJURED PARTY, la victime (d'un accident); la partie lésée.
INTERESTED PARTIES, parties intéressées.
INTERESTED PARTY, ayant droit.
LABOUR PARTY, parti travailliste.
LIBERAL PARTY, parti libéral.
PARTY CONCERNED, partie intéressée.
PARTY ENTITLED, ayant droit.
PARTY LINE, ligne à postes groupés.
PARTY NAMED, accrédité.
PARTY IN OPPOSITION, (parti de l') opposition.
PARTY TICKET, billet collectif.
PAYMENT ON BEHALF OF A THIRD PARTY, paiement par inter-
vention.
POLITICAL PARTY, parti politique.
PURCHASING PARTY, acquéreur.
REPUBLICAN PARTY, *U.S:* parti républicain.
THIRD PARTY ACCIDENT INSURANCE, assurance accident aux
tiers.
THIRD PARTY INSURANCE, assurance aux tiers.
THIRD PARTY RISKS, risques aux tiers.
to UNITE AGAINST A PARTY, faire bloc contre un parti.

PASS *s*, carte *f*, laissez-passer *m*, sauf-conduit *m*.
FREE PASS, carte de circulation; billet de faveur; laissez-passer.
PASS-BOOK, carnet, livret, de banque.

PASS *v*, passer.
to PASS A CHEQUE THROUGH THE CLEARING HOUSE, compenser un chèque.
to PASS A DIVIDEND, passer un dividende.
to PASS A DIVIDEND OF 5 %, approuver un dividende de 5 %.
to PASS AN EXAMINATION, passer un examen avec succès.
to PASS A LAW, voter une loi.
to PASS A RESOLUTION, adopter une résolution.
to PASS A TEST, passer, subir, un test (avec succès).
to PASS IN TRANSIT, transiter.

PASSAGE *s*, passage *m*; voyage *m* (par mer *f*, par air *m*); traver-
sée *f*.
PASSAGE-MONEY, prix de la traversée.
PASSAGE-TICKET, billet de voyage.
RIGHT OF PASSAGE, droit de passage.

PASSENGER *s*, passager *m*; voyageur *m*.
CONVEYANCE OF PASSENGERS, transport des personnes.
EMBARKED PASSENGERS, passagers embarqués.
FOOT-PASSENGER, piéton.
to LOAD PASSENGERS, prendre des voyageurs.
PASSENGER CAR, voiture de tourisme.
PASSENGER CONTRACT, contrat de voyage, de passage.
PASSENGER FARES, prix de transport de voyageurs.
PASSENGER AND GOODS TRAIN, train mixte.
PASSENGER-KILOMETRE, passager-kilomètre.
PASSENGERS LANDED, passagers débarqués.
PASSENGER AND PARCELS SERVICE, messageries.
PASSENGER RATES, tarif de voyageurs.
PASSENGER RECEIPTS, recettes voyageurs.
PASSENGER SERVICE, service de voyageurs.
PASSENGER SHIP, paquebot.
PASSENGER TRAFFIC, trafic voyageurs; trafic passagers.
PASSENGER TRAIN, train de voyageurs.
to PICK UP PASSENGERS, prendre des passagers.

PASSING *s*, passation *f*, adoption *f*; passage *m*.
PASSING OF THE DIVIDEND, passation du dividende.
PASSING OF A RESOLUTION, adoption d'une résolution.

PASSIVE *a*, passif, déficitaire.
PASSIVE BALANCE OF TRADE, balance commerciale déficitaire.
PASSIVE DEBT, dette passive (ne portant pas intérêt).
PASSIVE RESISTANCE, résistance passive.

PASSIVENESS *s*, passivité *f*.

PASSIVITY *s*, passivité *f*.

PASSPORT *s*, passeport *m*.

PAST *a*, passé; antérieur; écoulé.
PAST EXPECTATIONS, prévisions antérieures.
PAST YEAR, exercice écoulé.
to REASON FROM PAST EXPERIENCE, fonder ses raisons sur l'expérience du passé.

PAST *s*, passé *m*.

PASTURAGE *s*, pâturage *m*, pacage *m*.

PASTURE *s*, pré *m*, herbage *m*, pâturage *m*.
PASTURE-FIELD, pré.
PASTURE-LAND, pâturages; herbages.

PATENT *a*, breveté, patent.

PATENT s, brevet m, (d'invention f).
to ASSIGN A PATENT TO, transmettre un brevet à.
ASSIGNMENT OF A PATENT, cession d'un brevet.
CLAIMANT FOR A PATENT, demandeur d'un brevet.
CONVEYANCE OF A PATENT, transmission de propriété d'un brevet.
DURATION OF A PATENT, durée d'un brevet.
FORFEITURE OF PATENT, déchéance de brevet.
INFRINGEMENT OF A PATENT, contrefaçon (d'un brevet).
PATENT-OFFICE, office de la propriété industrielle; bureau des brevets.
PATENT-RIGHTS, propriété industrielle.
UTILIZATION OF A PATENT, exploitation d'un brevet d'invention.
to WORK A PATENT, exploiter un brevet.

PATENTABLE a, brevetable.

PATENTEE s, breveté m, titulaire m d'un brevet.

PATERNITY s, paternité f.

PATH s, chemin m; trajectoire f.
CRITICAL PATH, chemin critique.
CRITICAL PATH METHOD, méthode du chemin critique.
PATH-BREAKER, pionnier.

PATRIMONIAL a, patrimonial.

PATRIMONY s, patrimoine m, revenu m, biens-fonds m. pl.

PATRON s, protecteur m; client m.

PATTERN s, modèle m, dessin m, type m; échantillon m, formule f, structure f.
PRICE PATTERN, structure de prix.
REGISTERED PATTERN, modèle déposé.
WEIGHTING PATTERNS, formules de pondération.

PATTERN v, modeler.

PAUCITY s, rareté f, pénurie f, disette f.
PAUCITY OF MONEY, rareté de l'argent.

PAUPER s, indigent m.

PAUPERISM s, paupérisme m.

PAUPERIZATION s, paupérisation f.

PAWN s, gage m.
in PAWN, en gage.
PAWN-OFFICE, maison de prêt (sur gages); mont-de-piété.
to PUT IN PAWN, mettre en gage.
SECURITIES HELD IN PAWN, valeurs détenues en gage.

PAWN v, engager, mettre en gage m.
to PAWN ONE'S PROPERTY, engager son bien.
to PAWN SECURITIES, gager, nantir, des valeurs.

PAWNBROKER s, prêteur m sur gages m. pl.

PAWNBROKING s, prêt m sur gages m. pl.

PAWNED a, gagé.
PAWNED BILLS, effets en pension.
PAWNED STOCKS, titres en pension.

PAWNEE s, prêteur m sur gages m. pl.

PAWNER s, gageur m; emprunteur m (sur gages m. pl).

PAY s, paie f, salaire m, traitement m, solde f, allocation f, émoluments m. pl.
BACK PAY, rappel de traitement.
BASE PAY, U.S; BASIC PAY, U.K: salaire de base.
EXTRA PAY, sursalaire; surpaye.
FLAT RATE OF PAY, taux uniforme de salaires.
FULL-PAY LEAVE, congé à salaire plein.
HALF-PAY, demi-salaire.
HOLIDAYS WITH PAY, congés payés.
IMPROVEMENT IN PAY, amélioration des traitements.
INCENTIVE PAY FOR HIGHER PRODUCTIVITY, primes de productivité.
LEAVE PAY, salaire de congé.
PAY OFF, rentabilité.
PAY-DAY, jour de paie; jour de liquidation (bourse).
PAY INCREASE, augmentation de salaire.
PAY-OFFICE, guichet; caisse.
PAY-ROLL, livre de paie.
PAY-ROLL LEDGER, grand livre de paie.
PAY-ROLL TAX, impôt sur les salaires.
PRINCIPLE OF EQUAL PAY, non discrimination en matière de salaires; principe d'égalité des salaires.
RETIRED PAY, pension de retraite.
STANDARD RATE OF PAY, U.S: barème normalisé de salaires.
STOPPAGE OF PAY, retenue sur le salaire.
STRIKE-PAY, allocation de grève.
VACATIONS WITH PAY, U.S: congés payés.

PAY v, payer, acquitter, verser, régler, rétribuer; rémunérer; rembourser; couvrir.
ABILITY TO PAY, solvabilité.

to ALLOW A DEBTOR TIME TO PAY, accorder un délai à un débiteur.
FAILURE TO PAY, défaut de paiement.
NOTICE TO PAY, avertissement; avis d'échéance.
ORDER TO PAY, ordre de paiement; mandat; ordonnancement.
ORDER TO PAY COSTS, condamnation aux frais et dépens.
to ORDER TO PAY THE COST, condamner aux dépens.
to PAY BACK, rembourser; rendre.
to PAY IN, verser.
to PAY OFF, rembourser; désintéresser; purger.
to PAY OUT, payer; verser.
to PAY OVER AGAIN, repayer.
to PAY ON ACCOUNT, verser un acompte.
to PAY IN ADVANCE, payer d'avance, par anticipation.
to PAY AN ANNUITY, servir une rente.
to PAY IN ANTICIPATION, payer par anticipation.
to PAY THE BALANCE, verser le solde.
PAY (TO) BEARER, payez au porteur.
to PAY BEFOREHAND, payer d'avance.
to PAY A BILL, régler une facture.
to PAY A BILL OF EXCHANGE FOR HONOUR, payer une lettre de change par intervention.
to PAY A BILL OF EXCHANGE AT MATURITY, payer une lettre de change à l'échéance.
to PAY CASH, payer comptant.
to PAY IN CASH, payer en espèces.
to PAY IN A CHEQUE, donner un chèque à l'encaissement.
to PAY A CHEQUE INTO THE BANK, donner un chèque à l'encaissement.
to PAY OVER THE COUNTER, payer à guichet ouvert.
to PAY CUSTOMS, payer des droits de douane.
to PAY OFF A DEBT, rembourser une dette.
to PAY ON DEMAND, payer à présentation.
to PAY A DEPOSIT ON, donner des arrhes.
to PAY A DIVIDEND OF 6 %, payer un dividende de 6 %.
PAY-AS-YOU-EARN (P.A.Y.E.), U.K: impôt cédulaire; retenue à la source.
not to PAY THE EXCHANGE AND THE RE-EXCHANGE ALTOGETHER, ne pas payer le change et le rechange.
to PAY IN GOLD, payer en or.
to PAY BY THE HOUR, payer à l'heure.
to PAY BY INSTALMENTS, payer à tempérament.
to PAY MONEY INTO AN ACCOUNT, verser une somme à un compte.
to PAY OFF A MORTGAGE, purger une hypothèque.
PAY TO THE ORDER OF, payez à l'ordre de.
PAY ORDERS ISSUED, ordonnancements.
to PAY IN PART, payer partiellement.
to PAY BY THE PIECE, payer à la pièce, aux pièces.
to PAY ON PRESENTATION, payer à présentation.
to PAY PROMPTLY, payer argent comptant; payer ponctuellement.
to PAY READY MONEY, payer comptant.
to PAY ON RECEIPT, payer à la réception.
to PAY A SALARY, verser un salaire.
to PAY SELF, payez à moi-même.
to PAY FOR SERVICES, rémunérer des services.
to PAY UP A SHARE, libérer une action.
to PAY SPOT CASH, payer comptant.
to PAY TAXES, payer des contributions.
to PAY TOLL, payer un droit de passage.
to PAY THE TOLL, acquitter le péage.
to PAY ITS WAY, couvrir ses frais.
PROMISE TO PAY, promesse de payer.
PROMISE TO PAY MONEY IN THE FUTURE, promesse de paiement à terme.
REFUSAL TO PAY, refus de paiement.
to REFUSE TO PAY, refuser de payer.
TIME TO PAY, terme de grâce.
to UNDERTAKE TO PAY A BILL, s'engager à payer une traite.
to UNDERTAKE TO PAY THE DUTY, prendre les droits à sa charge.

PAYABILITY s, exigibilité f.

PAYABLE a, payable, exigible.
ACCOUNTS PAYABLE, dettes passives.
BILLS PAYABLE, effets à payer.
BILL PAYABLE TO BEARER, billet, effet, au porteur.
BILLS-PAYABLE BOOK, échéancier.
BILL PAYABLE AT 3 DAYS' DATE, effet payable à 3 jours de date.
BILL PAYABLE AT SIGHT, effet payable, exigible, à vue.
DEPOSIT PAYABLE AT SIGHT, dépôt payable à vue.
DIVIDEND PAYABLE ON, avec jouissance au.
DRAFT PAYABLE AT SIGHT, traite à vue.
DUTY PAYABLE IN ADVANCE, droit exigible d'avance.
INTEREST AND DIVIDENDS ARE PAYABLE ON, les intérêts et dividendes sont payables le.
PAYABLE TO, à l'ordre de.
PAYABLE TO BEARER, payable au porteur.
PAYABLE OVER THE COUNTER, payable au guichet.
PAYABLE ON DELIVERY, payable à la livraison.

PAYABLE IN FRANCS, libéllé, payable, en francs.
PAYABLE AT MATURITY, payable à l'échéance.
PAYABLE TO ORDER, payable à ordre.
PAYABLE WITHOUT PRELIMINARY ADVICE, payable sans avis préalable.
PAYABLE ON PRESENTATION OF THE COUPON, payable contre remise du coupon.
PAYABLE AT SIGHT, payable à vue.
STAMP DUTY PAYABLE BY THE SELLER, droit de timbre à la charge du vendeur.
TAXES PAYABLE BY THE TENANT, impôts à la charge du locataire.

PAYEE s, bénéficiaire m, porteur m, destinataire m.
NAME OF THE PAYEE, nom du bénéficiaire.
PAYEE OF A BILL OF EXCHANGE, bénéficiaire d'un effet de commerce.
PAYEE OF A CHEQUE, bénéficiaire d'un chèque.
PAYEE OF A LETTER OF CREDIT, bénéficiaire d'une lettre de crédit.

PAYER s, payeur m.
PAYER OF CONTANGO, reporté.
PAYER FOR HONOUR, payeur par intervention.
RATE-PAYER, U.K: contribuable.
TAX-PAYER, contribuable.

PAYING a, payant; payeur: rémunérateur, lucratif, profitable.
PAYING AGENT, domiciliataire.
PAYING BANKER, banquier payeur.
PAYING CONCERN, entreprise payante.
PAYING COUNTER, bureau payeur.
PAYING GUEST, pensionnaire.
PAYING OFFICE, bureau payeur.
PAYING PROPOSITION, affaire qui rapporte.

PAYING s, paiement m, règlement m, versement m; remboursement m.
DEFAULT IN PAYING, défaut de paiement.
PAYING BACK, repaiement; restitution.
PAYING IN, versement.
PAYING OFF, liquidation; remboursement; purge.
PAYING OUT, déboursement.
PAYING OVER AGAIN, repaiement.
PAYING UP, libération (d'actions).
PAYING OFF CREDITORS, désintéressement, remboursement, des créanciers.
PAYING OFF OF A LOAN, amortissement d'un emprunt.
PAYING OFF A MORTGAGE, purge d'hypothèque.

PAYMASTER s, payeur m, trésorier m.

PAYMENT s, paiement m, payement m, règlement m, versement m, paie f; acquittement m, remboursement m, libération f, rémunération f, indemnité f, échéance f.
ACTUAL OR IMPUTED PAYMENTS, paiements effectués ou imputés.
ADDITIONAL PAYMENT, supplément.
ADVANCE PAYMENT, paiement par anticipation.
to ALLOCATE A PAYMENT TO A PREVIOUS YEAR, affecter un paiement à une année fiscale précédente.
APPLICATION OF PAYMENTS, imputation de paiements.
to APPLY A PAYMENT TO, affecter, imputer, un paiement à.
BACK PAYMENT, arrérage.
BALANCE OF INTERNATIONAL PAYMENTS, balance internationale des paiements.
BALANCE OF PAYMENTS, balance des paiements.
BALANCE OF PAYMENTS CRISIS, crise de la balance des paiements.
BALANCE OF PAYMENTS MANUAL, manuel de la balance des paiements.
BALANCE OF PAYMENTS SURPLUSES AND DEFICITS, excédents et déficits des balances des paiements.
BASIC BALANCE OF PAYMENTS, balance fondamentale des paiements.
BUSINESS TRANSFER PAYMENTS, paiements de transferts industriels et commerciaux.
CASH PAYMENT, paiement comptant.
CASH PAYMENTS AND CASH COLLECTIONS, entrées et sorties de caisse.
CASH RECEIPTS AND PAYMENTS, entrées et sorties de caisse.
COMPENSATING PAYMENT, règlement en compensation.
to COMPLETE PAYMENT, parfaire le paiement.
DEBT REDEEMABLE BY YEARLY PAYMENTS, dette annuitaire.
to DEFER PAYMENT, différer le paiement.
DEFERRED PAYMENT, paiement différé; paiement par versements échelonnés.
DEFERRED PAYMENT SYSTEM, vente à tempérament.
DEFICIENCY PAYMENT, U.K: subvention (aux agriculteurs).
to DELAY A PAYMENT, différer un paiement.
DETERIORATION OF THE BALANCE OF PAYMENTS, détérioration de la balance des paiements.
to DISHONOUR BY NON-PAYMENT, refuser de payer.
DISMISSAL PAYMENT, indemnité de licenciement.
DOWN-PAYMENT, versement à la commande; acompte.

by EASY PAYMENT, avec facilités de paiement.
to EFFECT A PAYMENT, effectuer un paiement.
EQUATION OF PAYMENT, échéance commune.
EUROPEAN PAYMENTS UNION, Union européenne des paiements.
EXCHANGE PAYMENTS, paiements en devises.
to EXTEND THE TIME OF PAYMENT, proroger l'échéance.
FACILITIES OF PAYMENT, facilités de paiement.
FAILING PAYMENT WITHIN A MONTH, faute de paiement dans le délai d'un mois.
to HOLD OVER A PAYMENT, différer un paiement.
IMBALANCE OF PAYMENTS, déséquilibre des paiements.
INSTRUMENTS OF PAYMENT, instruments de paiement.
INTEREST ON OVERDUE PAYMENTS, intérêts moratoires.
INTERNATIONAL PAYMENTS, paiements internationaux.
INWARD PAYMENT, paiement reçu; encaissement.
ISSUE OF ORDERS FOR PAYMENT, ordonnancement.
to MAKE A PAYMENT, effectuer un paiement.
MEANS OF PAYMENT, moyens de paiement.
METHODS OF PAYMENT, modalités de paiement.
MONEY PAYMENT, paiement en numéraire.
MONTHLY PAYMENT, mensualité.
to OBTAIN AN EXTENSION OF TIME FOR PAYMENT, obtenir un délai de paiement.
OFFICE OF PAYMENT, bureau payeur.
OUTSTANDING PAYMENT, paiement arriéré.
OUTWARD PAYMENT, paiement effectué; décaissement.
OVERDUE PAYMENT, paiement arriéré.
PART PAYMENT, acompte.
non-PAYMENT, non-paiement.
PAYMENT ON ACCOUNT, acompte.
PAYMENT ON ACCOUNT OF CAPITAL, acompte sur le capital.
PAYMENT IN ADVANCE, paiement d'avance.
PAYMENT IN ANTICIPATION, paiement par anticipation.
PAYMENT ON BEHALF OF A THIRD PARTY, paiement par intervention.
PAYMENT OF CALLS, versement d'appels de fonds; libération d'actions.
PAYMENT BY CHEQUE, règlement par chèque.
PAYMENT OF THE CLAIM, règlement de l'indemnité, de la dette.
PAYMENT ON CURRENT ACCOUNT, versement en compte courant.
PAYMENT ON DELIVERY, livraison contre remboursement.
PAYMENT OF A DIVIDEND, mise en paiement d'un dividende.
PAYMENT OF DIVIDEND OUT OF CAPITAL, prélèvement du dividende sur le capital.
PAYMENT IN DRIBLETS, paiement fractionné.
PAYMENT OF DUTY, acquittement des droits.
PAYMENT IN FULL, paiement intégral.
PAYMENT IN FULL ON ALLOTMENT, libération (d'actions) à la répartition.
PAYMENT IN FULL DISCHARGE, paiement libératoire.
PAYMENT IN FULL OF A SHARE, libération intégrale d'une action.
PAYMENT FOR HONOUR, paiement par intervention.
PAYMENT OF INTEREST, service de l'intérêt.
PAYMENT IN KIND, paiement en nature.
PAYMENT OF LOSSES, remboursement des pertes.
PAYMENTS MADE IN FULL, versements faits en totalité.
PAYMENT IN PROPORTION TO WORK DONE, rémunération au prorata du travail accompli.
PAYMENT RECEIVED, pour acquit.
PAYMENT OF RENT, paiement du terme.
PAYMENT FOR SERVICES, rémunération des services.
PAYMENT IN SPECIE, paiement en espèces.
PERSONALLY LIABLE FOR THE PAYMENT OF, personnellement responsable du paiement de.
PLACE OF PAYMENT, lieu de paiement.
to POSTPONE THE PAYMENT, différer le paiement.
to PRESENT A CHEQUE FOR PAYMENT, présenter un chèque à l'encaissement.
PROTEST FOR NON-PAYMENT, protêt faute de paiement.
PUNCTUAL IN PAYMENTS, exact, régulier, dans les paiements.
to PUSH FOR PAYMENT, presser pour se faire payer.
to PUT OFF PAYMENT, différer le paiement.
RECEIPT FOR PAYMENT, reçu, quittance, de paiement.
RELEASE OF GOODS AGAINST PAYMENT, libération des marchandises contre paiement.
RELIEF PAYMENT, secours.
RESPITE OF PAYMENT, sursis de paiement.
RESTRICTIONS ON TRADE AND PAYMENTS, restrictions frappant les échanges et les paiements.
SINGLE PAYMENT, règlement en une seule fois.
to SPACE OUT PAYMENTS OVER, échelonner des versements sur.
to STOP PAYMENT, suspendre les paiements.
to STOP PAYMENT OF A CHEQUE, frapper un chèque d'opposition.
STOPPAGE OF PAYMENTS, suspension, cessation, de paiements.
to SUSPEND PAYMENT, suspendre le(s) paiement(s).
TERM OF PAYMENT, délai de paiement.
TERMS OF PAYMENT, conditions de paiement.
TIME OF PAYMENT, époque du paiement; échéance.

TOKEN PAYMENT, paiement symbolique (en reconnaissance d'une dette).
TRANSFER PAYMENTS, paiements de transfert; transferts.
WARRANT FOR PAYMENT, ordonnance de paiement.
WORK AGAINST PAYMENT, travail rétribué.
WORLD PAYMENTS, paiements mondiaux.

PEACE s, paix f.
PEACE RISK, risque de paix.

PEACEFUL a, paisible, pacifique.

PEAK s, sommet m; maximum m, pointe f; bosse f; record m.
CURVE WITH TWO PEAKS, courbe à deux bosses.
CYCLICAL PEAKS, maxima cycliques.
PEAK HOURS, heures de pointe.
PEAK OUTPUT, production maximum; production record.
PEAKS AND TROUGHS, creux et sommets.
PEAK YEAR, année record.

PEAKEDNESS s, kurtosis m, aplatissement m.
MEASURES OF PEAKEDNESS, mesures du kurtosis, de l'aplatissement.
PEAKEDNESS OF A DISTRIBUTION, kurtosis d'une distribution.

PEASANT s, paysan m.
PEASANT PROPERTY-HOLDING, petite propriété foncière.
PEASANT PROPRIETARY, propriété paysanne.
PEASANT PROPRIETOR, petit propriétaire.

PEASANTRY s, paysannerie f.

PEAT s, tourbe f.

PECULATE v, détourner des fonds m. pl.

PECULATION s, malversation f; prévarication f.

PECULATOR s, prévaricateur m.

PECUNIARY a, pécuniaire, financier, lucratif.
PECUNIARY DIFFICULTIES, embarras financiers.
PECUNIARY GAIN, gain lucratif.
PECUNIARY PROFITS, profits pécuniaires.
PECUNIARY UNITS, unités en valeur.

PEG v, maintenir, stabiliser, soutenir.
to **PEG THE EXCHANGE**, maintenir le cours du change.
to **PEG THE MARKET**, stabiliser le marché.'

PEGGED a, supporté, soutenu.
PEGGED PRICE, prix de soutien.

PEGGING s, stabilisation f, soutien m.

PENAL a, pénal.

PENALTY s, pénalité f; dédit m, indemnité f; rançon f, peine f.
PENALTY AGREED BEFOREHAND, indemnité forfaitaire, fixée d'avance; clause pénale.
PENALTY CLAUSE, clause pénale.
PENALTY OF SO MUCH PER DAY OF DELAY, pénalité de tant par jour de retard.
PENALTY OF PROGRESS, rançon du progrès.

PENDING a, pendant.
the **ACTION IS PENDING**, l'action est en cours.

PENDULAR a, pendulaire.

PENDULUM s, pendule m, balancier m.

PENNILESS a, sans ressources f. pl.

PENSION s, pension f, retraite f, rente f.
GOVERNMENT PENSION, pension de l'État.
GRADUATED PENSION SCHEME*, U.K: régime de retraites complémentaires (obligatoire).
INVALID PENSION, pension d'invalidité.
OLD-AGE PENSION, pension de vieillesse; retraite.
OLD-AGE PENSION FUND, caisse d'assurance vieillesse.
OLD-AGE PENSION SCHEME, régime de retraites vieillesse.
PENSION CHARGED ON AN INCOME, pension payée sur un revenu.
PENSION FUND, caisse de retraites.
PENSION FOR LIFE, pension viagère.
to **RETIRE ON A PENSION**, prendre sa retraite.
RETIRING PENSION, pension de retraite.
WAR PENSION, pension de guerre.
WIDOW'S PENSION, pension de veuve.

PENSION v, mettre à la retraite, pensionner.

PENSIONABLE a, ayant droit m à pension f, donnant droit m à pension.
PENSIONABLE AGE, âge de la mise à la retraite.

PENSIONARY s, pensionnaire m, pensionné m, retraité m.

PENSIONER s, pensionnaire m, pensionné m, retraité m.

PENSIONING s, mise f à la retraite.

PENTAGON s, pentagone m.

PENTAGONAL a, pentagonal.

PENURY s, pénurie f, disette f, indigence f.
PENURY OF FOODSTUFFS, pénurie de denrées.

PEOPLE s, peuple m; population f, public m, personnes f. pl.
COMMON PEOPLE, bas peuple.
COUNTRY PEOPLE, population(s) rurale(s).
GOVERNMENT BY THE PEOPLE, gouvernement par le peuple.
OLD PEOPLE, vieillards.
PEOPLE ASSESSED FOR SURTAX, personnes assujetties à la surtaxe.
PEOPLE AT LARGE, grand public.
the **POWER IS LODGED IN THE PEOPLE**, la souveraineté réside dans le peuple.
RELIEF OF OLD PEOPLE, assistance aux vieillards.
RICH PEOPLE, les riches.
RISING OF THE PEOPLE, insurrection populaire.

PEOPLE v, peupler.

PEOPLED a, peuplé.
DENSELY PEOPLED, très peuplé.
THINLY PEOPLED, peu peuplé.

PERCENTAGE s, pourcentage m, proportion f, tantième m, taux m.
COMMISSION PERCENTAGE, guelte.
CUMULATED PERCENTAGES, pourcentages cumulés.
DIRECTOR'S PERCENTAGE ON PROFITS, tantièmes d'administrateur.
HEAVY PERCENTAGE, pourcentage élevé.
HIGH PERCENTAGE, pourcentage élevé.
MEDIAN PERCENTAGE, pourcentage médian.
PERCENTAGE DISTRIBUTION, répartition en pourcentage.

PERCEPTIBLE a, perceptible.

PERCEPTION s, perception f; recouvrement m.

PERDURABLE a, durable.

PEREMPTORY a, péremptoire, absolu.
PEREMPTORY NECESSITY, nécessité absolue.
PEREMPTORY NOTICE, mise en demeure.

PERENNIAL a, perpétuel.

PERFECT a, parfait.
PERFECT COMPETITION, concurrence parfaite.
PERFECT AND IMPERFECT STABILITY, stabilité parfaite et stabilité imparfaite.
PERFECT SQUARE, carré parfait.
PERFECT SUBSTITUTES, substituts parfaits.

PERFECT v, perfectionner, mettre au point, parfaire.
to **PERFECT AN INVENTION**, mettre une invention au point.

PERFECTIBLE a, perfectible.

PERFECTING s, perfectionnement m.

PERFECTION s, perfection f.

PERFORATE v, perforer.

PERFORATED a, perforé.
PERFORATED CARD, carte perforée.
PERFORATED TAPE READER, lecteur de bande perforée.

PERFORATING s, perforation f.

PERFORATION s, perforation f.

PERFORATOR s, perforatrice f, perforateur m.

PERFORM v, exécuter, accomplir.

PERFORMANCE s, exécution f; rendement m.
BEST PERFORMANCE, rendement maximum.
PUNCTUAL AND STRICT PERFORMANCE OF UNDERTAKINGS, exécution exacte et précise des engagements pris.
SPECIFIC PERFORMANCE, exécution en nature.
SPECIFIC PERFORMANCE OF A CONTRACT, exécution en nature d'un contrat.

PERFORMING s, exécution f, accomplissement m.

PERIL s, péril m, risque m, danger m.
IMMINENT PERIL, péril imminent.
PERIL OF THE SEA, risque(s) de mer.

PERIMETER s, périmètre m.

PERIMETRIC a, périmétrique.

PERIOD s, période f, durée f, terme m, temps m, époque f, exercice m.
AVERAGE PERIOD, durée moyenne.
AVERAGE PERIOD OF INVESTMENT, durée moyenne d'investissement.
AVERAGE PERIOD OF PRODUCTION, période moyenne de production.
BASE PERIOD, base; époque de référence.
CHOICE OF BASE PERIOD, choix de la base de départ.

CORRESPONDING PERIOD OF LAST YEAR, période correspondante de l'année dernière.
CURRENT PERIOD, période courante.
DEPOSIT FOR A FIXED PERIOD, dépôt à terme fixe.
FISCAL PERIOD, exercice (financier).
IDLE PERIOD, temps mort.
LONG PERIOD, longue période.
LONG-PERIOD LOAN, emprunt à long terme.
MULTIPLIER TIME PERIOD, période de propagation de l'effet multiplicateur.
PERIOD OF ADJUSTMENT, période d'adaptation.
PERIOD ANALYSIS, analyse par périodes.
PERIOD OF MANUFACTURE, période de production.
PERIOD UNDER REVIEW, exercice écoulé.
PRE-WAR PERIOD, période d'avant-guerre.
PROBATION PERIOD, (durée du) stage; période d'essai.
SHORT PERIOD, courte période.
SHORT-PERIOD VARIABLES, variables agissant dans la courte période.
STANDARD BASE PERIOD, période de base adoptée; période de référence.

PERIODIC(AL) a, périodique.
PERIODICAL DRAWINGS, tirages au sort périodiques.
PERIODICAL INSPECTION, vérification périodique.
PERIODICAL PUBLICATION, périodique.
PERIODIC SERVICING, entretien courant périodique.

PERIODICAL s, périodique m.

PERIODICITY s, périodicité f.

PERIODOGRAM s, périodogramme m.

PERIPHERAL a, périphérique, tangentiel.
PERIPHERAL EQUIPMENT, équipement périphérique; matériel périphérique.
PERIPHERAL FORCE, force tangentielle.
PERIPHERAL UNITS, unités périphériques.

PERIPHERIC a, périphérique.

PERIPHERICS s. pl, équipement m périphérique (électronique).

PERIPHERY s, périphérie f, circonférence f, pourtour m.

PERISHABLE a, périssable.
PERISHABLE CARGO, chargement périssable.
PERISHABLE GOODS, denrées périssables.

PERISHABLE s, denrée f périssable.
PERISHABLES DEPRECIATE RAPIDLY, les marchandises périssables s'avilissent rapidement.

PERMANENCE s, permanence f.

PERMANENCY s, permanence f, emploi m permanent.

PERMANENT a, permanent, immobilisé, fixe, stable.
PERMANENT ASSETS, actif immobilisé; capital fixe.
PERMANENT DISABLEMENT, incapacité permanente.
PERMANENT INVESTMENT, placement permanent.

PERMISSIBLE a, permis, permissible.

PERMISSION s, permission f, permis m, autorisation f.
PERMISSION TO RESIDE, permis de séjour.

PERMISSIVE a, permis.
PERMISSIVE WASTE, défaut d'entretien.

PERMIT s, permis m, autorisation f.
BUILDING PERMIT, permis de construire.
CUSTOMS PERMIT, permis de douane.
EXPORT PERMIT, autorisation d'exporter.
NAVIGATION PERMIT, permis de navigation.

PERMUTABILITY s, permutabilité f.

PERMUTABLE a, permutable.

PERMUTATION s, permutation f.
NUMBER OF PERMUTATIONS, nombre de permutations.
PERMUTATION MATRIX, matrice de permutation.

PERMUTE v, permuter.

PERPENDICULAR a, perpendiculaire, vertical.

PERPENDICULARITY s, perpendicularité f.

PERPETUAL a, perpétuel.
PERPETUAL ANNUITY, rente perpétuelle.
PERPETUAL GOVERNMENT BONDS, obligations d'État perpétuelles.
PERPETUAL LEDGER, grand livre à feuilles mobiles.
PERPETUAL MOTION, mouvement perpétuel.
PERPETUAL RENTE, rente perpétuelle.

PERPETUATE v, perpétuer.

PERPETUITY s, perpétuité f.
RENT IN PERPETUITY, rente perpétuelle.

PERQUISITE s, profit m éventuel.
PERQUISITES, petits profits; gratte.

PERSIST v, persister.

PERSISTENCE s, persistance f, continuité f.

PERSISTENCY s, persistance f.

PERSISTENT a, persistant, suivi, continu.
PERSISTENT DEMAND, demande suivie.

PERSON s, personne f, individu m, particulier m.
DISABLED PERSON, invalide.
DISPLACED PERSONS, personnes déplacées (réfugiées).
PERSONS CONCERNED, intéressés.
PERSONS DEPENDENT ON THE TAX-PAYER, personnes à la charge du contribuable.
two-PERSON GAME, jeu à deux joueurs.
PERSON OF INDEPENDENT MEANS, rentier.
PERSON LIABLE, (personne) redevable, responsable.
PERSON NAMED, accrédité.
POLICY TO A NAMED PERSON, police nominative.
PRIVATE PERSON, simple particulier.
RICH PERSON, riche.
THIRD PERSON, tiers; tierce personne.

PERSONAL a, personnel; humain; nominatif; mobilier, meuble.
CHATTEL PERSONAL, bien meuble; effets mobiliers.
LIEN ON THE PERSONAL PROPERTY OF A DEBTOR, privilège sur les meubles d'un débiteur.
PERSONAL ACCIDENT INSURANCE, assurance accidents.
PERSONAL ACCOUNT, compte personnel.
PERSONAL ALLOWANCE, abattement personnel (sur l'impôt).
PERSONAL ASSETS, biens meubles.
PERSONAL CREDIT, crédit personnel.
PERSONAL EFFECTS, biens mobiliers.
PERSONAL ELEMENT, facteur humain.
PERSONAL ESTATE, biens mobiliers; biens meubles.
PERSONAL INCOME, revenus des particuliers.
PERSONAL LOAN, prêt personnel.
PERSONAL PROPERTY, biens mobiliers.
PERSONAL RIGHTS, droits du citoyen.
PERSONAL SECURITY, garantie personnelle.
PERSONAL SHARE, action nominative.
PERSONAL TITHE, dîme personnelle.
THINGS PERSONAL, biens mobiliers.

PERSONALLY adv, personnellement.
to HAND OVER MONEY PERSONALLY, remettre de l'argent en main propre.
PERSONALLY LIABLE FOR THE PAYMENT OF, personnellement responsable du paiement de.
either PERSONALLY OR BY PROXY, soit personnellement, soit par procuration.

PERSONALTY s, biens m. pl meubles.
CONVERSION OF REALTY INTO PERSONALTY, ammeublissement d'un bien.

PERSONNEL s, personnel m.
PERSONNEL MANAGER, chef du personnel.

PERSPECTIVE s, perspective f.

PERTINENCE s, pertinence f.

PERTINENCY s, pertinence f.

PERTINENT a, pertinent.

PERTURBATION s, perturbation f, désordre m.

PERVERSE a, pervers.

PERVERSION s, perversion f.

PESSIMISM s, pessimisme m.

PESSIMISTIC a, pessimiste.

PETITION s, pétition f, requête f.
PETITION IN BANKRUPTCY, requête des créanciers (en déclaration de faillite).
PETITION OF CREDITORS, requête des créanciers.

PETROL s, essence f.
PETROL CONSUMPTION, consommation d'essence.

PETROLEUM s, pétrole m.
CRUDE PETROLEUM, pétrole brut.
to EXPLOIT FOR PETROLEUM, mettre en exploitation un gisement de pétrole.

PETTIES s. pl, menues dépenses f. pl.

PETTY a, petit, menu.
PETTY AVERAGE, petite avarie.
PETTY CASH, petite caisse.
PETTY CASH BOOK, livre de petite caisse.
PETTY EXPENSES, menus débours.

PHARMACY s, pharmacie f.

PHASE s, phase f.
MULTI-PHASE SAMPLING, sondage à plusieurs phases.
PHASES OF THE BUSINESS CYCLE, phases du cycle économique.

PHENOMENAL a, phénoménal.

PHENOMENON s, phénomène m.
CYCLICAL PHENOMENA, phénomènes cycliques.

PHILANTHROPIC(AL) a, philanthropique.

PHILANTHROPY s, philanthropie f.

PHILOSOPHIC(AL) a, philosophique.

PHILOSOPHY s, philosophie f.
ECONOMIC PHILOSOPHY, philosophie économique.
POSITIVE PHILOSOPHY, philosophie positive.
UTILITARIAN PHILOSOPHY, philosophie utilitaire.

PHONE s, téléphone m.

PHOSPHATE s, phosphate m.

PHYSIC s, médecine f; médicaments m. pl.

PHYSICAL a, physique, matériel.
MARGINAL PHYSICAL PRODUCTIVITY OF LABOUR, productivité physique marginale du travail.
PHYSICAL ASSETS, biens corporels.
PHYSICAL CERTAINTY, certitude matérielle.
PHYSICAL CHANGE, changement matériel.
PHYSICAL DISABILITY, infirmité.
PHYSICAL IMPOSSIBILITY, chose matériellement impossible.
PHYSICAL STANDARDS, standards de qualité et de quantité.
PHYSICAL VOLUME INDEX, indice du volume physique (de la production).

PHYSICIAN s, médecin m.

PHYSICISM s, physicisme m, matérialisme m.

PHYSICS s. pl, physique f.
QUANTIC PHYSICS, physique quantique.

PHYSIOCRACY s, physiocratie f.

PHYSIOCRAT s, physiocrate m.

PICK UP v, prendre, ramasser, relever.
to PICK UP PASSENGERS, prendre des passagers.
SHARES PICKED UP, les valeurs se ressaisirent.

PICKED a, choisi, trié.
PICKED MEN, hommes triés sur le volet.
PICKED ORE, minerai trié.

PICKING s, cueillette f, triage m, choix m.
CHERRY-PICKING, achat des seuls articles-réclame.
HAND PICKING, triage à la main.

PICKET s, piquet m.
STRIKE PICKET, piquet de grève.

PICKETING s, mise f en place f de piquet(s) m de grève f.

PICTURE s, image f, tableau m.
PICTURE-HOUSE, cinéma.

PIE s, pâté m, U.S: tarte f.
PIE CHART, graphique à secteurs.
PIE-DIAGRAM, diagramme à secteurs.

PIECE s, pièce f, morceau m.
to DIVIDE A PIECE OF LAND, partager un terrain.
to LOT OUT A PIECE OF GROUND, lotir un terrain.
to PAY BY THE PIECE, payer à la pièce, aux pièces.
PIECE OF BUSINESS, affaire.
PIECE OF GROUND, terrain.
PIECE OF MONEY, pièce de monnaie.
PIECE OF NEWS, nouvelle.
PIECE-RATES, rémunération aux pièces; salaires aux pièces.
PIECE-WAGE, salaire à la pièce, aux pièces.
PIECE-WORK, travail à la pièce, aux pièces.

PIER s, jetée f, quai m.
PIER DUES, droits de quai.

PIG s, porc m; gueuse f.
PIG-IRON, fonte brute.
PIG ON PORK, papier creux.

PIGOU pr. n, Pigou.
PIGOU EFFECTS, effets Pigou.

PIKE s, U.S: péage m, U.S: autoroute f à péage.

PILE s, pile f, amas m.
PILE OF MONEY, amas d'argent.

PILE v, empiler, amasser.
to PILE UP A FORTUNE, amasser une fortune.

PILOT s, pilote m.
LICENSED PILOT, pilote breveté.

PILOTAGE s, pilotage m.
PILOTAGE DUES, droits de pilotage.

PILOTING s, pilotage m.

PIN s, épingle f.
PIN-MONEY, argent de poche (d'une jeune fille).

PINK a, rose.
PINK SOCIALISM, socialisme à l'eau de rose.

PINT s, pinte f.

PIONEER s, pionnier m.
PIONEER WORK, travail de pionnier.

PIPE s, tuyau m, conduit m.
PIPE-LINE, pipe-line.

PIRACY s, piraterie f.

PIT s, puits m de mine f; U.S: bourse, U.S: marché.
OPEN-PIT MINING, exploitation à ciel ouvert.
PIT-HEAD PRICE, prix (du charbon) sur le carreau.
WHEAT PIT, U.S: bourse des blés.

PITTANCE s, maigre salaire m.

PIVOT s, pivot m.

PLACE s, lieu m; place f.
to LOSE ONE'S PLACE, perdre sa place.
MARKET PLACE, centre de commerce; place du marché.
PLACE OF ABODE, résidence.
to three PLACES OF DECIMALS, jusqu'à la troisième décimale.
PLACE OF PAYMENT, lieu de paiement.
PLACE OF RESIDENCE, résidence.

PLACE v, placer, écouler, négocier.
to PLACE A LOAN, négocier un emprunt.
to PLACE AN ORDER, passer un ordre.
to PLACE SECURITIES IN SAFE CUSTODY, mettre des valeurs en dépôt.
to PLACE SHARES, placer, écouler, des actions.

PLACED a, placé, classé.
WELL PLACED SHARES, valeurs biens classées.

PLACER s, placeur m, preneur m (d'assurance f).

PLACING s, placement m, dépôt m; passation f, écoulement m.
PLACING MONEY ON CURRENT ACCOUNT, dépôt à vue.
PLACING ORDERS, passation d'ordres.
PLACING OF PRODUCTS ON FOREIGN MARKETS, écoulement de produits sur les marchés étrangers.
PLACING SHARES WITH THE PUBLIC, placement d'actions dans le public.

PLAGIARISM s, plagiat m.

PLAINTIFF* s, plaignant m, demandeur m.

PLAN s, plan m, projet m, dessein m, projection f; système m.
BEST-LAID PLANS, projets le mieux élaborés.
DEVELOPMENT PLAN, plan de développement.
ELABORATION OF A FIVE-YEAR PLAN, préparation d'un plan quinquennal.
EUROPEAN PLAN, U.S: chambre (d'hôtel) avec pension.
to EXECUTE A PLAN, réaliser un plan.
EXECUTION OF A PLAN, réalisation d'un plan.
EXECUTIVE RETIREMENT PLANS, U.S: retraites des cadres.
FAILURE OF A PLAN, échec d'un projet.
GENERAL PLAN, plan d'ensemble.
HAZARDOUS PLAN, projet aventureux.
INSTALMENT PLAN, vente à tempérament.
MARSHALL PLAN, plan Marshall.
PRELIMINARY PLAN, avant-projet.
REHABILITATION PLAN, plan de réorganisation.
RIPENING OF A PLAN, maturation d'un projet.
SAMPLING PLAN, plan de sondage; plan d'échantillonnage.
TILTING OF THE PLAN, infléchissement du plan.
to TRACE (OUT) A PLAN, faire le tracé d'un plan.
five-YEAR PLAN, plan quinquennal.

PLAN v, projeter, planifier.

PLANE a, plan, uni.
PLANE GEOMETRY, géométrie plane.
PLANE SECTION, section plane.
PLANE TRIGONOMETRY, trigonométrie rectiligne.

PLANE s, plan m, surface f; avion m.
AIR(-)PLANE, U.S: avion.
HORIZONTAL PLANE, plan horizontal.
INCLINED PLANE, plan incliné.
JET-PLANE, avion à réaction.
SYMMETRY PLANE, plan de symétrie.

PLANIMETRY s, planimétrie f.

PLANLESSNESS s, absence f de planification f.

PLANNED a, planifié, conçu, projeté, dirigiste.
ILL-PLANNED, mal conçu.
PLANNED ECONOMY, économie planifiée, dirigiste.
PLANNED INVESTMENT, investissement planifié.
TOWN-PLANNED, urbanisé.
WELL-PLANNED, bien conçu.

PLANNER s, planificateur m.
TOWN-PLANNER, architecte-urbaniste.

PLANNING s, planification f, organisation f, estimation f, planning m, aménagement m.
CENTRALIZED PLANNING, planification centralisée.
COUNTRY PLANNING, aménagement du territoire.
ECONOMIC PLANNING, planification économique.
FAMILY PLANNING, limitation des naissances; planning familial.
INDICATIVE PLANNING, planification indicative.
PLANNING AND ALLOCATION OF RESOURCES, estimation des besoins et répartition des moyens.
PLANNING OF PRODUCTION, planification de la production.
TOWN AND COUNTRY PLANNING, aménagement du territoire.
TOWN-PLANNING, (plan d') urbanisme.

PLANT s, outillage m, installations f. pl, équipement m, matériel m.
to EQUIP A WORKS WITH NEW PLANT, doter une usine d'un équipement neuf.
FIXED PLANT, installations fixes.
IDLE PLANT, outillage inactif.
LOOSE PLANT, équipement, matériel, mobile.
PORTABLE PLANT, outillage mobile.
POWER-PLANT, groupe générateur.
RESERVE FOR DEPRECIATION OF PLANT, provision pour dépréciation de matériel; pour amortissement de matériel.

PLANTATION s, plantation f.
RICE-PLANTATION, rizière.

PLANTER s, planteur m.

PLATE s, plaque f, feuille f.
GOLD PLATE, vaiselle d'or.
TIN PLATE, fer-blanc.

PLATED a, recouvert, garni.
GOLD-PLATED, plaqué or.

PLATING s, revêtement m en tôle f, placage m.
GOLD-PLATING, placage d'or.
SILVER PLATING, argentage.
STEEL PLATING, blindage.

PLATFORM s, plate-forme f; programme m; quai m.

PLATINUM s, platine m.

PLATONISM s, platonisme m.

PLAUSIBILITY s, plausibilité f, vraisemblance f.

PLAUSIBLE a, plausible, vraisemblable.

PLAY s, jeu m; fonctionnement m.
FAIR PLAY, franc jeu; fair play.
FREE PLAY OF COMPETITION, libre jeu de la concurrence.

PLAY v, jouer.
to PLAY FAIR, jouer loyalement.
to PLAY THE GAME, respecter les règles.
to PLAY THE (STOCK) MARKET, U.S: spéculer.

PLAYER s, joueur m; acteur m.

PLEA* s, conclusions f. pl.

PLEAD* v, plaider.

PLEADING* s, plaidoyer m, plaidoirie f.
PLEADINGS*, conclusions.

PLEASE v, plaire.
PLEASE FORWARD, prière de faire suivre.

PLEASURE s, plaisir m.
PLEASURE-BOAT, bateau de plaisance.

PLEBEIAN a, plébéien, prolétaire.

PLEBISCITE s, plébiscite m.

PLEBS s, plèbe f.

PLEDGE s, gage m, nantissement m; engagement m.
PLEDGE HOLDER, créancier gagiste.
SECURED BY PLEDGES, nanti de gages.
SECURITIES HELD IN PLEDGE, titres détenus en gage.

PLEDGE v, gager, nantir, engager.
to PLEDGE ONE'S PROPERTY, gager son bien.
to PLEDGE SECURITIES, nantir des valeurs.
to PLEDGE ONESELF BY A SURETY BOND, s'engager par cautionnement.

PLEDGED a, nanti, gagé.
PLEDGED ASSETS, biens gagés.
PLEDGED CHATTELS, biens nantis.

PLEDGEE s, gagiste m, prêteur m sur gages m. pl.

PLEDGER s, gageur m, emprunteur m sur gages m. pl.

PLEDGING s, nantissement m, mise f en gage m.

PLENTIFUL, a abondant.
MONEY IS PLENTIFUL, l'argent est abondant.

PLENTY a, U.S: abondant.

PLENTY s, abondance f.
LAND OF PLENTY, pays de cocagne.
to LIVE IN PLENTY, vivre à l'aise, dans l'abondance.
MONEY IN PLENTY, de l'argent en abondance.
PARADOX OF POVERTY IN THE MIDST OF PLENTY, paradoxe de la pénurie au milieu de l'abondance.
PLENTY OF MONEY, de l'argent en abondance.
YEAR OF PLENTY, année d'abondance.

PLETHORA s, pléthore f, surabondance f.
PLETHORA OF MONEY, pléthore de capitaux.
PLETHORA OF UNEMPLOYED LABOUR, pléthore de main-d'œuvre inemployée.

PLETHORIC a, pléthorique.

PLOT s, parcelle f, terrain m; diagramme m; conspiration.
BUILDING PLOT, terrain à bâtir.
EXPERIMENTAL PLOT, champ d'essai.
LOGARITHMIC PLOT, diagramme logarithmique.

PLOT v, tracer; conspirer.
to PLOT A DIAGRAM, relever un diagramme.
to PLOT THE GRAPH OF AN EQUATION, tracer le graphique d'une équation.

PLOTTER s, traceur m (de courbes f. pl).

PLOTTING s, tracé m, graphique m; conspiration f.
LOGARITHMIC PLOTTING, tracé logarithmique.
SEMI-LOGARITHMIC PLOTTING, tracé semi-logarithmique.

PLOUGH s, charrue f.
PLOUGH-LAND, terre arable.

PLOUGH v, labourer.

PLURALISM s, pluralité f, cumul m de fonctions f. pl.

PLURALITY s, pluralité f, cumul m.

PLUS prep, plus.
PLUS SIGN, signe plus.
PURCHASE PRICE, PLUS BROKERAGE, prix d'achat, plus le courtage.
MINUS OR PLUS DIFFERENCE, différence en plus ou en moins.

PLUS s, plus m.

PLUTARCHY s, ploutocratie f.

PLUTOCRACY s, ploutocratie f.

PLUTONOMY s, ploutonomie f, économie f politique.

POCKET s, poche f.
OUT-OF-POCKET EXPENSES, menues dépenses; débours.
POCKET-MONEY, argent de poche.

POINT s, point m; seuil m; pôle m; virgule f; pointe f.
BEST-PROFIT POINT, point de meilleur profit.
BINARY POINT, virgule binaire.
BREAK-EVEN POINT, point de seuil; seuil de rentabilité.
BREAK-POINT, point de rupture.
BULLION POINT, gold-point.
CHECK-POINT, point de contrôle.
in CLOSE PROXIMITY OF THE EQUILIBRIUM POINT, à proximité immédiate du point d'équilibre.
CRITICAL POINT, point critique.
DECIMAL POINT, virgule.
DEVIATIONS OF THE SEPARATE POINTS, WHEN SQUARED AND TOTALLED, somme des carrés des écarts des points observés.
EXPORT BULLION POINT, gold-point d'exportation; gold-point de sortie; point de sortie de l'or.
EXPORT SPECIE POINT, gold-point d'exportation; gold-point de sortie; point de sortie de l'or.
FIXED POINT, virgule fixe.
FIXED POINT PART, mantisse.
FLOATING POINT, virgule flottante.
GOLD-POINT, gold-point; point d'or.
GROWING POINT, pôle de croissance.
GROWTH POINT, pôle de croissance.
HIGH-LOW MID-POINTS METHOD, méthode des points moyens; tracé de la moyenne cyclique.
IMPORT BULLION POINT, gold-point d'importation; gold-point d'entrée; point d'entrée de l'or.

IMPORT GOLD-POINT, gold-point d'importation; gold-point d'entrée; point d'entrée de l'or.
IMPORT SPECIE POINT, gold-point d'importation; gold-point d'entrée; point d'entrée de l'or.
INFLEXION POINT, point d'inflexion.
the MARKET HAS REACHED SATURATION POINT, le marché est saturé.
MID-POINT RATE, cours moyen.
MIDDLE-POINT, milieu (d'un segment).
OUTGOING BULLION POINT, gold-point de sortie; point de sortie de l'or.
OUTGOING SPECIE POINT, gold-point de sortie; point de sortie de l'or.
POINT OF AVERAGES, point moyen (du nuage de points).
POINT OF CONTACT, point de contact, de tangence.
at every POINT OF THE CURVE, en tout point sur la courbe.
POINT ELASTICITY, élasticité ponctuelle.
POINT ESTIMATION, estimation ponctuelle.
POINT OF IMPACT, point d'impact.
POINT OF IMPORTANCE, point qui a son importance.
POINT OF INTERSECTION OF TWO CURVES, point d'intersection de deux courbes.
a POINT LOWER, un point plus bas.
POINT OF MAXIMUM PROFIT, point de profit maximum.
POINT OF MINIMUM COST, point de coût minimum.
POINT OF ORIGIN, point d'origine (d'une courbe).
POINT OF REFLECTION OF A CURVE, point de rebroussement d'une courbe.
POINT OF SECONDARY IMPORTANCE, point d'importance secondaire.
POINT OF TANGENCY, point de contact.
PROFITLESS POINT, seuil de rentabilité; point d'équilibre.
REORDER POINT, point de réapprovisionnement.
SATURATION POINT, point de saturation.
SCATTER OF POINTS, nuage de points.
SHARES RELAPSED A POINT, les actions ont reculé d'un point.
SHUT-DOWN POINT, seuil de fermeture.
SPECIE POINT, gold-point.
to STRESS A POINT, faire ressortir un point.
TANGENTIAL POINT, point de tangence.
TERMINAL POINT (OF A LINE), terminus (d'une ligne).
WEAK POINT, point faible.
ZERO POINT, origine.

POISSON pr. n, Poisson.
POISSON DISTRIBUTION, distribution de Poisson.

POLARITY s, polarité f.

POLARIZATION s, polarisation f.

POLE s, pôle m.

POLEMICS s. pl, polémique f.

POLICE s, police f.

POLICY s, police f (d'assurance f); politique f, mesure f.
ACCIDENT POLICY, police d'assurance accidents.
AGRICULTURAL POLICY, politique agricole.
AGRICULTURAL SUPPORT POLICY, U.S: politique de soutien à l'agriculture.
ANTICYCLICAL POLICIES, mesures anticycliques.
ASSURANCE POLICY, police d'assurance.
AUSTERITY POLICY, politique d'austérité.
BANKING POLICY, politique bancaire.
BUDGETARY POLICY, politique budgétaire.
CALCULATING POLICY, politique intéressée.
CHEAP MONEY POLICY, politique de l'argent à bon marché.
CLAUSE CONTRARY TO PUBLIC POLICY, clause contraire à l'ordre public.
COMMERCIAL POLICY, politique commerciale.
CONTRACTIONARY MONETARY POLICY, politique de contraction monétaire.
COST OF AGRICULTURAL SUPPORT POLICY, U.S: coût de la politique de soutien à l'agriculture.
CREDIT POLICY, politique de crédit.
ECONOMIC POLICY, politique économique.
EFFECTIVENESS OF MONETARY POLICY, efficacité de la politique monétaire.
EMPLOYMENT POLICY, politique de l'emploi.
EXPANSIONARY MONETARY POLICY, politique monétaire expansionniste.
EXPIRED POLICY, police expirée.
FINANCIAL POLICY, politique financière.
FIRE-INSURANCE POLICY, police incendie.
FISCAL POLICY, politique fiscale; politique budgétaire.
FLOATING POLICY, police flottante; police d'abonnement.
FULL-EMPLOYMENT POLICY, politique de plein emploi.
IMMIGRATION POLICY, politique d'immigration.
INCOMES POLICY, politique des revenus.
INSURANCE POLICY, police d'assurance.

LIFE INSURANCE POLICY, police d'assurance sur la vie.
MARINE INSURANCE POLICY, police d'assurance maritime.
MARKETING POLICY, politique de commercialisation.
MERCANTILISTIC POLICY, politique mercantiliste.
MONETARY POLICY, politique monétaire.
NEW ECONOMIC POLICY (NEP), U.R.S.S: Nouvelle politique économique.
OBJECTIVES OF ECONOMIC POLICY, objectifs de la politique économique.
OISTRICH POLICY, politique de l'autruche.
OPEN DOOR POLICY, politique de la porte ouverte.
OPEN POLICY, police ouverte, non évaluée.
POLICY TO BEARER, police au porteur.
POLICY COVERS THE RISKS OF LOSS, la police couvre le risque de perte.
POLICY OF INACTION, politique d'immobilisme.
POLICY TO A NAMED PERSON, police nominative.
POLICY TO ORDER, police à ordre.
POLICY OF RETRENCHMENT, politique d'économies.
PRICE POLICY, politique des prix.
PRICING POLICY, politique des prix.
PROVISIONS OF AN INSURANCE POLICY, stipulations d'une police d'assurance.
REINSURANCE POLICY, police de réassurance.
RETROGRADE POLICY, politique rétrograde.
SHIP POLICY, police sur corps.
STABILIZATION POLICIES, politique(s) de stabilisation.
STANDARD POLICY, police (d'assurance) type.
STOP-GO POLICY, politique de coups de frein et d'accélérateur alternés.
to SURRENDER A POLICY, racheter une police.
to TAKE AN INSURANCE POLICY, contracter une assurance.
TEMPORIZING POLICY, politique de temporisation.
TIME POLICY, police à terme.
to UNDERWRITE A POLICY, souscrire une police.
WAGE(S) POLICY, politique salariale; politique des salaires.

POLITIC a, politique, adroit.
BODY POLITIC (littéraire), corps politique; corps social.

POLITICAL a, politique.
POLITICAL ECONOMY, économie politique.
POLITICAL FAITH, credo politique.
POLITICAL GEOGRAPHY, géographie politique.
POLITICAL MOVEMENT, mouvement politique.
POLITICAL PARTY, parti politique.

POLITICO-ECONOMICAL a, politico-économique.

POLITICS s. pl, politique f.
FOREIGN POLITICS, politique étrangère.
INTERNAL POLITICS, politique intérieure.
WORLD POLITICS, politique mondiale.

POLITY s, constitution f; régime m; État m.

POLL s, tête f; scrutin m.
CONSTITUENCY POLL, scrutin d'arrondissement.
per POLL, par tête.
POLL-TAX, capitation.

POLLING s, vote m, élection f.

POLLUTION s, pollution f.

POLYGON s, polygone m.
FREQUENCY POLYGON, polygone de fréquences.
REGULAR POLYGON, polygone régulier.
SPHERICAL POLYGON, polygone sphérique.

POLYGONAL a, polygonal.

POLYNOMIAL s, polynôme m.
TO REDUCE A POLYNOMIAL TO THE SIMPLEST EXPRESSION, réduire un polynôme à sa plus simple expression.

POLYVALENT a, polyvalent.

POOL s, pool m, fonds m. pl communs; équipe f, trust m; syndicat m de placement m.
GOLD POOL, pool de l'or.
RAILWAY POOL, trust des chemins de fer.
REINSURANCE POOL, traité de réassurance.
TYPING POOL, équipe de dactylos.
WHEAT POOL, pool des blés.

POOL v, mettre en commun.
to POOL FUNDS, mettre des fonds en commun.
to POOL RISKS, mettre des risques en commun.

POOLING s, mise f en commun.

POOR a, pauvre, indigent; inférieur; improductif.
POOR MAN'S LOT, condition des pauvres.
POOR QUALITY, qualité inférieure.
POOR SOIL, sol improductif.
POORER CLASSES, prolétariat.

POOR s. pl, les indigents m. pl.
POOR-LAW, loi(s) sur l'assistance publique.
POOR-LAW ADMINISTRATION, assistance publique.
POOR-RATE, taxe des pauvres.
POOR-RELIEF, assistance aux pauvres.
RICH AND POOR, les riches et les pauvres.

POORLY adv, pauvrement, peu.
POORLY GIFTED, peu apte.

POPULAR a, populaire; courant.
POPULAR BANK SYSTEM, banques de crédit populaire.
POPULAR DEMOCRACY, démocratie populaire.
POPULAR ERROR, erreur courante.
POPULAR PRICES, prix populaires.
POPULAR-PRICED CAR, voiture de type économique.

POPULARITY s, popularité f.

POPULARIZATION s, vulgarisation f.

POPULARIZE v, vulgariser, propager.

POPULATE v, peupler.

POPULATED a, peuplé.
DENSELY POPULATED, très peuplé.
OVER-POPULATED, surpeuplé.
THICKLY POPULATED, très peuplé.

POPULATION s, population f.
ACTIVE POPULATION, population active.
AGE GROUPING OF THE POPULATION, répartition de la population par groupes d'âge.
CENSUS OF POPULATION, recensement, dénombrement, de la population.
CONTINUOUS POPULATION REGISTER, registre de population permanent.
DENSE POPULATION, population dense.
DENSITY OF POPULATION, densité de la population.
DOUBLING OF POPULATION, doublement de la population.
ECONOMICALLY ACTIVE POPULATION, population active.
ENTIRE POPULATION, population tout entière.
FALL IN POPULATION, dépopulation.
FINITE POPULATION, population finie.
FLOATING POPULATION, population flottante.
INCREASE IN POPULATION, accroissement démographique.
INFINITE POPULATION, population infinie.
MALTHUSIAN THEORY OF POPULATION, théorie malthusienne de la population.
MEAN OF THE POPULATION, moyenne de la population.
OCCUPIED POPULATION, population active.
OPTIMUM POPULATION, population optimum.
OVER-POPULATION, surpeuplement.
POPULATION ACTUALLY ENUMERATED, population effectivement dénombrée.
POPULATION CENSUS, recensement de la population; recensement démographique.
POPULATION DOUBLES EVERY 25 YEARS, la population double tous les 25 ans.
POPULATION EMPLOYED IN AGRICULTURE, population employée dans l'agriculture.
POPULATION ESTIMATES, estimations démographiques.
POPULATION MEAN, moyenne de la population.
POPULATION TRENDS, tendances démographiques.
to PUT THE POPULATION AT, estimer la population à.
RESIDENT POPULATION, population fixe.
SPARSE POPULATION, population peu dense.
SPARSITY OF THE POPULATION, population clairsemée.
SURPLUS POPULATION, surplus de la population.
THEORY OF THE OPTIMUM POPULATION, théorie de la population optimum.
THEORY OF POPULATION, théorie de la population.
TOTAL POPULATION, population totale.
WORKING POPULATION, population laborieuse.

POPULOUSNESS s, densité f de population f.

PORK s, porc m.
PIG ON PORK, papier creux.

PORT s, port m.
AIR(-)PORT, aéroport.
AIR(-)PORT TAX, taxe d'aéroport.
COMMERCIAL PORT, port de commerce.
to ENTER A PORT, entrer dans un port.
FISHING PORT, port de pêche.
FREE PORT, port franc.
LADING PORT, port d'embarquement.
MERCANTILE PORT, port de commerce.
NEUTRAL PORT, port neutre.
OIL PORT, port pétrolier.
OPEN PORT, port libre.
OUTER PORT, avant-port.
PORT OF ARRIVAL, port d'arrivée.

PORT OF CALL, port d'escale.
PORT CHARGES, droits de port.
PORT OF DEPARTURE, port de départ.
PORT OF DESTINATION, port de destination.
PORT DUES, droits de port.
PORT OF EMBARKATION, port d'embarquement.
PORT FREE, franco de port.
PORT OF NECESSITY, port de relâche.
PORT OF REFUGE EXPENSES, frais du port de relâche.
PORT OF REGISTRY, port d'immatriculation.
PORT REGULATIONS, règlements de port.
PORT RISK, risque de port.
PORT OF TRANSIT, port de transit.
SAFE PORT, port sûr.
SEA PORT, port de mer.
TRADING PORT, port de commerce.
TREATY-PORT, port ouvert (au commerce étranger).

PORTABLE a, portatif, mobile.
PORTABLE PLANT, outillage mobile.
PORTABLE TYPEWRITER, machine à écrire portative.

PORTAGE s, transport m, port m; frais m. pl de transport, frais de port.

PORTATIVE a, portatif.

PORTEND v, présager, augurer.

PORTER s, portier m, concierge m; porteur m.

PORTERAGE s, factage m, manutention f, transport m; prix m de transport.
PORTERAGE CHARGE, (taxe de) factage.

PORTFOLIO s, portefeuille m.
INVESTMENT PORTFOLIO, portefeuille d'investissements.
SECURITIES IN PORTFOLIO, valeurs en portefeuille.
SHARES IN PORTFOLIO, actions en portefeuille.

PORTION s, portion f, tranche f, part f.
EXPLAINED PORTION OF THE VARIANCE, variance liée.
MARRIAGE PORTION, dot.
PORTION OF SHARES, tranche d'actions.

PORTIONLESS a, sans dot f.

POSIT v, énoncer (un postulat).

POSITION s, situation f, position f, point m.
BARGAINING POSITION, situation permettant de négocier.
BEAR POSITION, position vendeur; position à la baisse; découvert.
CASH POSITION, situation de (la) caisse.
to CLOSE ONE'S POSITION, liquider sa position.
CREDITOR POSITION, position créditrice.
to ENQUIRE INTO THE PRESENT POSITION OF AN INDUSTRY, enquêter sur la situation actuelle d'une industrie.
to IMPROVE THE FINANCIAL POSITION, améliorer la situation financière.
MARKET POSITION, position de place.
MULTIPLE POSITIONS OF EQUILIBRIUM, positions d'équilibre multiples.
POSITION AT THE BANK, situation en banque.
POSITION BY REFERENCE TO TWO AXES, position par rapport à deux axes.
REFERENCE POSITION, point de référence.
to STRENGTHEN A·POSITION, consolider une situation.
STRONG FINANCIAL POSITION, forte situation financière.

POSITIVE a, positif, affirmatif.
POSITIVE ECONOMICS, économie positive.
POSITIVE NUMBER, nombre positif.
POSITIVE PHILOSOPHY, philosophie positive.
POSITIVE PROOF, preuve patente.
POSITIVE QUANTITY, quantité positive.
POSITIVE VALUE, valeur positive.

POSITIVENESS s, certitude f.

POSITIVISM s, positivisme m.

POSSESS v, posséder.
to POSSESS A LOT OF PROPERTY, posséder de grands biens.

POSSESSION s, possession f, jouissance f.
ACTUAL POSSESSION, possession de fait.
IMMEDIATE POSSESSION, jouissance immédiate (d'une maison).
OVERSEA POSSESSIONS, possessions d'outre-mer.
PUTTING IN POSSESSION, mise en possession.
to REGAIN POSSESSION OF A PROPERTY BY REVERSION, rentrer dans un bien par droit de retour.
to RESUME POSSESSION, rentrer en possession.
to TAKE POSSESSION, prendre possession.
TAKING POSSESSION, prise de possession.
TENANT IN POSSESSION, locataire en possession des lieux.
TRANSMUTATION OF POSSESSION, mutation d'un bien.

POSSESSOR s, possesseur m; occupant m.

POSSESSORSHIP s, possession f.

POSSESSORY a, possessoire.

POSSIBILITY s, possibilité f; éventualité f.
CONSUMPTION-POSSIBILITY LINE, ligne de(s) possibilités de consommation.
POSSIBILITY OF AN EVENT, éventualité d'un événement.
these POSSIBILITIES MAY MATERIALIZE, ces possibilités pourraient se réaliser.
PRODUCTION POSSIBILITIES, possibilités de production.
PRODUCTION-POSSIBILITY CURVE, courbe des possibilités de production.

POSSIBLE a, possible, éventuel.
DISPERSION OF POSSIBLE PRICES, dispersion des prix possibles.

POST- pref, post-.
ex-POST EQUILIBRIUM, équilibre ex-post.
POST-DATE, postdater.
POST-KEYNESIAN ECONOMISTS, économistes post-keynésiens.
POST-WAR, d'après-guerre.

POST s, poste f, courrier m; poste m, emploi m.
to APPLY FOR A POST, poser sa candidature à un poste.
HEAD POST OFFICE, bureau central des postes.
PARCEL POST, service des colis postaux.
POST FREE, franco de port.
POST OFFICE, bureau de poste.
POST OFFICE ORDER, mandat-poste.
POST OFFICE SAVINGS BANK, caisse d'épargne postale.
POST PAID, port payé.
REPLY BY RETURN OF POST, réponse par retour du courrier.
TRADING-POST, comptoir.

POST v, poster; afficher.

POSTAGE s, affranchissement m, port m.
ADDITIONAL POSTAGE, surtaxe postale.
POSTAGE DUE STAMP, timbre-taxe.
POSTAGE PAID, port payé.
POSTAGE RATES, tarifs postaux, d'affranchissement.
POSTAGE STAMP, timbre-poste.

POSTAL a, postal.
POSTAL PACKET, colis postal.
POSTAL PARCEL, colis postal.
POSTAL RATES, tarifs postaux.
POSTAL SAVINGS BANK, caisse d'épargne postale.
POSTAL SERVICE, service postal.
POSTAL TRADE, vente par correspondance.
POSTAL UNION, Union postale.
UNIVERSAL POSTAL UNION, Union postale universelle.

POSTED a, affiché.
NOTICE POSTED, avis affiché.

POSTER s, affiche f.
POSTER ADVERTISING, publicité par affichage.

POSTERIOR a, postérieur.

POSTERIORITY s, postériorité f.

POSTERITY s, postérité f.

POSTING s, envoi m; dépôt m; report m; affichage m.
BILL POSTING IS TAXED, l'affichage est frappé d'un impôt.
ERRORS OF POSTING, erreurs de report.
POSTING BOX, boîte aux lettres.

POSTMASTER s, receveur m (des postes f. pl).

POSTPONABLE a, ajournable.

POSTPONE v, différer; ajourner.
to POSTPONE THE PAYMENT, différer le paiement.
to POSTPONE SOMETHING INDEFINITELY, ajourner quelque chose indéfiniment.

POSTPONED a, différé; ajourné.
POSTPONED SATISFACTIONS, satisfactions différées.

POSTPONEMENT s, renvoi m; ajournement m.
POSTPONEMENT OF A CASE, remise d'une affaire.
POSTPONEMENT OF CONSUMPTION, ajournement de la consommation.

POSTULATE s, postulat m.
as LONG AS THE CLASSICAL POSTULATES HOLD GOOD, aussi longtemps que les postulats classiques restent vrais.

POSTULATE v, postuler, poser en postulat m.

POSTULATION s, demande f, supposition f, postulat m.

POTASH s, potasse f.
POTASH INDUSTRY, industrie potassière.

POTATO s, pomme f de terre f.
POTATO-GROWING, culture de la pomme de terre.

POTENCY s, puissance f, force f.

POTENT a, puissant; efficace.

POTENTIAL a, potentiel, virtuel, en puissance f.
POTENTIAL BUYER, acheteur potentiel, en puissance.
POTENTIAL FUNCTION, fonction potentielle.
POTENTIAL RESOURCES, ressources potentielles.

POTENTIAL s, potentiel m.
POTENTIAL DIFFERENCE, différence de potentiel.

POTENTIALITY s, potentialité f, virtualité f.

POTENTIALLY adv, potentiellement.
POTENTIALLY AVAILABLE, existant en puissance.

POULTRY s, volaille f.
POULTRY-FARMING, élevage de volaille.

POUND s, livre f.
POUND STERLING, livre sterling.

POUNDAGE s, U.K: commission f, U.K: remise f.

POVERTY s, pauvreté f, misère f, pénurie f, disette f, indigence f.
EXTREME POVERTY, extrême misère.
PARADOX OF POVERTY IN THE MIDST OF PLENTY, paradoxe de la pénurie au milieu de l'abondance.
POVERTY-STRICKEN, miséreux.

POWER s, pouvoir m, puissance f, force f; capacité f; énergie f, faculté f; procuration f; souveraineté f; exposant m.
ABSOLUTE POWER, pouvoir absolu.
ANIMAL POWER, énergie animale.
BARGAINING POWER, pouvoir de négociation ; pouvoir de contestation.
to CREATE PURCHASING POWER, créer du pouvoir d'achat.
EFFECTIVE POWER, puissance effective.
ELECTRIC-POWER PRODUCTION, production d'énergie électrique.
to EXECUTE A POWER OF ATTORNEY, signer une procuration.
EXECUTIVE POWERS, pouvoirs exécutifs.
GENERAL POWER, procuration générale.
GENERATION OF POWER, production d'énergie.
GREAT POWERS, grandes puissances.
HEATING POWER, puissance calorifique.
HORSE-POWER (H.-P.), cheval-vapeur; puissance motrice.
HORSE-POWER HOUR, cheval heure.
HYDRAULIC POWER, force hydraulique.
LABOUR-POWER, force de travail.
LARGE POWERS, pouvoirs étendus.
MAN-POWER, main-d'œuvre.
MOTIVE POWER, force motrice.
n^{th} POWER, puissance n; nième puissance.
PARTICULAR POWER, pouvoir spécial.

POWER AGRICULTURE, motoculture.
POWER OF ATTORNEY, procuration.
POWER CONSUMPTION, énergie consommée.
POWER-CONTROL, commande mécanique.
POWER-FACTOR, facteur de puissance.
POWER-GAS, gaz combustible.
POWERS OF A LIQUIDATOR, pouvoirs d'un liquidateur.
the POWER IS LODGED IN THE PEOPLE, la souveraineté réside dans le peuple.
POWER-PLANT, groupe générateur.
POWER TO SIGN, pouvoir de signer.
POWER STATION, centrale électrique.
POWER OF x, exposant de x.
PRODUCTIVE POWERS, capacité(s) de production.
PURCHASING POWER OF MONEY, pouvoir d'achat de la monnaie.
PURCHASING POWER PARITY, parité des pouvoirs d'achat.
PURCHASING POWER PARITY THEORY, théorie de la parité des pouvoirs d'achat.
SALE WITH POWER OF REDEMPTION, vente avec faculté de rachat; vente à réméré.
SPENDING POWER, pouvoir d'achat.
WORLD POWER, puissance mondiale.

POWERFUL a, puissant, fort.

POWERFULNESS s, puissance f, force f.

POWERLESS a, impuissant.

POWERLESSNESS s, impuissance f.

PRACTICABILITY s, praticabilité f.

PRACTICABLE a, praticable, faisable, exécutable.

PRACTICAL a, pratique, concret, appliqué.
PRACTICAL EXAMPLE, cas concret.
PRACTICAL MECHANICS, mécanique appliquée.
PRACTICAL OWNER, propriétaire en fait.
PRACTICAL PROPOSAL, proposition d'ordre pratique.
of no PRACTICAL VALUE, sans valeur pratique.

PRACTICALITY s, caractère m pratique.

PRACTICE s, pratique f, usage m; méthode f, exercice m; entraînement m.
ACCOUNTING PRACTICES, pratiques comptables.

PROFESSIONAL PRACTICES, usages de la profession.
SELLING PRACTICES, méthodes de vente.
SHARP PRACTICE, filouterie.
SOCIAL PRACTICES, usages sociaux.
THEORETICS AND PRACTICE, la théorie et la pratique.
TRADE PRACTICES, usages commerciaux.
USUAL PRACTICE, pratique courante.

PRACTICIAN s, praticien m.

PRACTISE v, pratiquer.

PRACTISED a, expérimenté.

PRACTISER s, praticien m.

PRACTISING a, praticien, en exercice m.
PRACTISING LAWYER, avocat en exercice.

PRACTISING s, pratique f, exercice m.

PRAGMATIC a, pragmatique.

PRAGMATISM s, pragmatisme m.

PRATIQUE s, libre pratique f.

PRAXIS s, coutume f, pratique f, exercice m.

PREASSURANCE s, assurance f préalable.

PRECARIOUS a, précaire.

PRECARIOUSNESS s, précarité f.

PRECAUTION s, précaution f; prévoyance f.

PRECAUTIONARY a, de précaution f.
PRECAUTIONARY DEMAND, demande de précaution.
PRECAUTIONARY MOTIVE, motif de précaution.
PRECAUTIONARY SAVING, épargne de précaution.

PRECEDE v, précéder.

PRECEDENCE s, priorité f.
to TAKE PRECEDENCE, primer.

PRECEDENT a, précédent.
CONDITION PRECEDENT, condition suspensive.

PRECEDENT s, précédent m, décision f de jurisprudence f (faisant autorité f).

PRECEDING a, précédent.
PRECEDING YEAR, année précédente.

PRECEPT s, précepte m; mandat m de comparution f; U.K: feuille f de contributions f. pl.

PRECINCT s, U.S: circonscription f électorale.

PRECIOUS a, précieux.
PRECIOUS METALS, métaux précieux.
PRECIOUS STONES, pierres précieuses.

PRECIPITANCE s, précipitation f.

PRECIPITATE a, précipité.

PRECIPITATE v, précipiter, hâter.

PRECIPITATION s, précipitation f.

PRÉCIS s, précis m, résumé m, analyse f.

PRECISE a, précis, exact.

PRECISENESS s, précision f.

PRECISION s, précision f, exactitude f.
LACK OF PRECISION, imprécision.
PRECISION INSTRUMENTS, instruments de précision.

PRECLUDE v, empêcher, prévenir.

PRECOCIOUS a, précoce.

PRECOCITY s, précocité f.

PRECONCEIVED a, préconçu.
PRECONCEIVED IDEA, idée préconçue.

PRECONCEPTION s, préjugé m.

PRECONCERTED a, concerté, convenu d'avance f.

PRE-CONTRACT s, contrat m préalable.

PRECURSOR s, précurseur m.

PRECURSORY a, précurseur; préliminaire.

PREDATE v, antidater.

PREDECESSOR s, prédécesseur m.

PREDETERMINATE a, prédéterminé.

PREDETERMINATION s, prédétermination f.

PREDETERMINE v, prédéterminer.

PREDETERMINED a, prédéterminé.

PREDICATED a, prédéterminé.

PREDICATED VARIABLE, variable prédéterminée, primaire.

PREDICATIVE a, affirmatif, attributif.

PREDICT v, prédire.

PREDICTABLE a, prévisible.

PREDICTION s, prédiction f.

PREDILECTION s, prédilection f.

PREDISPOSED a, prédisposé.

PREDISPOSITION s, prédisposition f.

PREDOMINANCE s, prédominance f.

PREDOMINANT a, prédominant.

PREDOMINATE v, prédominer.

PREDOMINATING a, prédominant.

PRE-EMPT v, préempter.

PRE-EMPTION s, préemption f, droit m de préemption.

PRE-EMPTIVE a, préemptif.
PRE-EMPTIVE RIGHT, droit de préemption.

PRE-ESTABLISHED a, préétabli.

PRE-EXIST v, préexister.

PRE-EXISTENT a, préexistant.

PREFER v, préférer.

PREFERABLE a, préférable.

PREFERENCE s, préférence f; priorité f, traitement m de faveur f, faveur, privilège m.
CUMULATIVE PREFERENCE SHARES, actions de priorité cumulatives.
DISCRIMINATORY PREFERENCES, préférences discriminatoires.
DISTINCT PREFERENCE, préférence marquée.
to EXCHANGE PREFERENCE SHARES FOR ORDINARY SHARES, échanger des actions privilégiées contre des actions ordinaires.
FIRST-PREFERENCE SHARES, actions de priorité de premier rang.
GOODS ENTITLED TO A PREFERENCE, marchandises bénéficiant d'un régime de faveur.
IMPERIAL PREFERENCE, préférence impériale.
LEISURE PREFERENCE, préférence pour les loisirs.
LIQUIDITY PREFERENCE, préférence pour la liquidité.
PREFERENCE BOND, obligation privilégiée.
PREFERENCE GRANTED TO COLONIAL PRODUCE, régime de faveur accordé aux produits coloniaux.
PREFERENCE SHARE, action privilégiée, de priorité.
PREFERENCE SHAREHOLDER, actionnaire de priorité.
PREFERENCE STOCK, action privilégiée, de priorité.
PREFERENCE STOCKHOLDER, actionnaire de priorité.
SCALE OF PREFERENCES, échelle de préférences.

PREFERENTIAL a, préférentiel, privilégié.
CREDITOR'S PREFERENTIAL CLAIM, privilège du créancier; créance privilégiée.
PREFERENTIAL CLAIM, privilège; créance privilégiée.
PREFERENTIAL CREDITOR, créancier privilégié.
PREFERENTIAL CREDITORS RANK BEFORE ORDINARY CREDITORS, les créanciers privilégiés prennent rang avant les créanciers ordinaires.
PREFERENTIAL DEBT, créance privilégiée.
PREFERENTIAL DIVIDEND, dividende privilégié.
PREFERENTIAL RATES, tarif préférentiel.
PREFERENTIAL RIGHT, droit préférentiel.
PREFERENTIAL TARIFF, tarif préférentiel.

PREFERMENT s, avancement m, promotion f.

PREFERRED a, privilégié.
PREFERRED DEBT, créance privilégiée.
PREFERRED DIVIDEND, dividende privilégié.
PREFERRED STOCK, action privilégiée, de priorité.

PREJUDGE v, préjuger.

PREJUDICE s, préjudice m; préjugé m, prévention f.
without PREJUDICE, sous toutes réserves.

PREJUDICE v, porter préjudice m; préjuger.

PREJUDICED a, prévenu (contre).

PREJUDICIAL a, préjudiciable.

PRELIMINARY a, préliminaire, préalable, préparatoire.
PAYABLE WITHOUT PRELIMINARY ADVICE, payable sans avis préalable.
PRELIMINARY ENTRY, déclaration préliminaire.
PRELIMINARY ESTIMATES, avant-projet de devis.
PRELIMINARY EXPENSES, frais de constitution.
PRELIMINARY SCHEME, avant-projet.
PRELIMINARY WORK, travaux préparatoires.

PRELIMINARY s, préliminaire m.

PRE-MARITAL *a*, antérieur au mariage.
PRE-MARITAL AGREEMENT, *U.S:* contrat de mariage.

PREMATURE *a*, prématuré.

PREMATURELY *adv*, prématurément.

PREMIER *a*, premier.
PREMIER FLEET OF THE WORLD, première flotte commerciale du monde.

PREMIER *s*, *U.K:* premier ministre *m*.

PREMISE *s*, prémisse *f*, intitulé *m*, exposé *m* préalable.
MAJOR PREMISE, prémisse majeure.
PREMISES OF A DEED, intitulé d'un acte.
to REASON FROM PREMISES, déduire des conclusions des prémisses.

PREMISES, *s. pl*, local *m*; immeuble *m*; lieux *m. pl*.
ANNUAL RENTAL VALUE OF THE PREMISES, valeur locative annuelle des locaux.
DEPRECIATION ON PREMISES, amortissement sur immeubles.
to NEGOTIATE FOR NEW PREMISES, traiter pour un nouveau local.
on the PREMISES, sur les lieux.
PREMISES TO LET, locaux à louer.
PROVISION FOR REDEMPTION OF PREMISES, amortissement sur immeuble(s).
to REVALUE THE PREMISES, réévaluer les immeubles.
to VACATE THE PREMISES, vider les lieux.

PREMISE *v*, poser en prémisse *f*.

PREMISS *s*, prémisse *f*.
MAJOR PREMISS, prémisse majeure.

PREMIUM *s*, prime *f*; agio *m*; prix *m*; récompense *f*; indemnité *f*, reprise *f*.
CALL FOR THE PREMIUM, levée de la prime.
EXCHANGE PREMIUM, agio.
EXTRA PREMIUM, surprime.
GOLD IS AT A PREMIUM, l'or fait prime.
INSURANCE PREMIUM, prime d'assurance.
to ISSUE SHARES AT A PREMIUM, émettre des actions au-dessus du pair.
MATHEMATICAL PREMIUM, prime nette.
NET PREMIUM, prime nette.
OUTSTANDING PREMIUMS, primes´ échues.
PREMIUM BONDS, obligations à prime.
PREMIUM ON GOLD, agio sur l'or.
PREMIUM ON A LEASE, droit de reprise d'un bail.
PREMIUM ON REDEMPTION, prime de remboursement.
PREMIUM RESERVE, réserve prime d'émission.
PREMIUMS ON SHARES, primes d'émission.
PURE PREMIUM, prime nette.
RATE OF PREMIUM, taux de la prime.
REBATE OF PREMIUM, rabais de prime.
REDEMPTION PREMIUM, prime de remboursement.
RENEWAL PREMIUM, prime de renouvellement.
RETURN OF PREMIUM, ristourne de prime.
RISK-PREMIUM, prime de risque.
to SELL AT A PREMIUM, vendre à prime, à bénéfice.
SHARES WHICH ARE AT A PREMIUM, actions qui font prime.
SINGLE PREMIUM, prime unique.
to STAND AT A PREMIUM, faire prime.
the TAKER RECEIVES FROM THE GIVER A PREMIUM, le reporteur touche du reporté une prime.
TIME PREMIUM, prime au temps.

PREMONITORY *a*, précurseur, avertisseur.

PREPAID *a*, payé d'avance *f*, affranchi.
PREPAID FREIGHT, fret payé d'avance.
PREPAID PARCEL, colis affranchi, en port payé.

PREPARATION *s*, préparation *f*, préparatif(s) *m*.

PREPARATIVE *a*, préparatoire.

PREPARATIVE *s*, préparatif *m*.

PREPARATORY *a*, préparatoire.

PREPARE *v*, préparer.

PREPAREDNESS *s*, état *m* de préparation *f*.

PREPAY *v*, payer d'avance.

PREPAYABLE *a*, payable d'avance.

PREPAYMENT *s*, paiement *m* d'avance.

PREPONDERANCE *s*, prépondérance *f*.

PREPONDERANT *a*, prépondérant.

PREREQUISITE *s*, préalable *m*, condition *f* préalable.

PREROGATIVE *s*, prérogative *f*, privilège *m*.

PRESCIENCE *s*, prescience *f*, prévision *f*.

PRESCRIBED *a*, prescrit, réglementaire.
PRESCRIBED TIME, délai réglementaire.

PRESCRIPTION *s*, prescription *f*.

PRESENCE *s*, présence *f*.

PRESENT *a*, present; actuel, courant; immédiat.
to ABSTAIN FROM PRESENT CONSUMPTION, s'abstenir d'une consommation immédiate.
DISCOUNTED PRESENT VALUE, valeur actualisée.
to ENQUIRE INTO THE PRESENT POSITION OF AN INDUSTRY, enquêter sur la situation actuelle d'une industrie.
PRESENT CAMPAIGN, campagne actuelle, en cours.
PRESENT CAPITAL, capital appelé.
PRESENT GENERATION, génération actuelle.
PRESENT NEEDS, besoins actuels.
PRESENT VALUE, valeur actuelle.
PRESENT WORTH, valeur actuelle.
PRESENT YEAR, année courante.
PROPERTY PRESENT AND FUTURE, biens présents et à venir.

PRESENT *s*, présent *m*, cadeau *m*, don *m*.

PRESENT *v*, présenter, soumettre.
to PRESENT A BILL FOR ACCEPTANCE, présenter une traite à l'acceptation.
to PRESENT A CHEQUE FOR PAYMENT, présenter un chèque à l'encaissement.

PRESENTATION *s*, présentation *f*, représentation *f*.
GRAPHIC PRESENTATION, représentation graphique.
to PAY ON PRESENTATION, payer à présentation.
PAYABLE ON PRESENTATION OF THE COUPON, payable contre remise du coupon.
PRESENTATION FOR ACCEPTANCE, présentation à l'acceptation.

PRESENTER *s*, présentateur *m*.
PRESENTER OF A BILL, présentateur d'un billet, d'une traite.

PRESENTING *a*, présentateur.
PRESENTING BANK, banque présentatrice.

PRESENTMENT *s*, présentation *f*.
PRESENTMENT FOR ACCEPTANCE, présentation à l'acceptation.

PRESERVATION *s*, conservation *f*; préservation *f*.
SELF-PRESERVATION, instinct de conservation.
STATE OF GOOD PRESERVATION, bon état de conservation.

PRESERVE *v*, conserver.

PRESERVED *a*, conservé.
BADLY PRESERVED, en mauvais état de conservation.
PRESERVED FOOD, conserves.
PRESERVED MEAT, viande de conserve.
WELL PRESERVED, en bon état de conservation.

PRESERVING *s*, conservation *f*.

PRESIDE *v*, présider.
to PRESIDE OVER A MEETING, présider une assemblée.

PRESIDENCY *s*, présidence *f*.

PRESIDENT *s*, président *m*.
VICE-PRESIDENT, vice-président.

PRESS *s*, presse *f*; pression *f*.
LIBERTY OF THE PRESS, liberté de la presse.
NOTE PRINTING PRESS, planche à billets.
PRESS-AGENCY, agence de presse.
PRESS-BUTTON INDUSTRY, industrie entièrement automatisée.
PRESS-CAMPAIGN, campagne de presse.

PRESS *v*, presser; mouler; réclamer, demander instamment.
to PRESS FOR A DEBT, réclamer une dette (à).

PRESSED *a*, pressé; moulé; harcelé.
PRESSED BY ONE'S CREDITORS, pressé, harcelé, par ses créanciers.
PRESSED GLASS, verre moulé.
PRESSED FOR MONEY, à court d'argent.

PRESSING *a*, pressant, urgent.
PRESSING DEBT, dette criarde.

PRESSING *s*, pression *f*; pressage *m*; étampage *m*.

PRESSMAN *s*, *U.K:* journaliste *m*.

PRESSURE *s*, pression *f*.
FINANCIAL PRESSURE, embarras financier.
HEAVY PRESSURE, forte pression.
INFLATIONARY PRESSURE, pression inflationniste.
under the PRESSURE OF NECESSITY, sous l'empire de la nécessité.

PRESUMABLE *a*, présumable.

PRESUME *v*, présumer, supposer.
LET US PRESUME THAT, supposons que.

PRESUMED *a*, présumé, prétendu; putatif.

PRESUMING *s*, présomption *f*.

PRESUMPTION s, présomption f.
PRESUMPTION OF FACT, présomption de fait.
PRESUMPTION OF FAULT, présomption de faute.
PRESUMPTION OF LAW, présomption légale.

PRESUMPTIVE a, par présomption f.
PRESUMPTIVE EVIDENCE, (preuve par) présomption.
PRESUMPTIVE LOSS, présomption de perte.

PRESUPPOSE v, présupposer.

PRESUPPOSITION s, présupposition f.

PREVAILING a, régnant, dominant.
ECONOMIC CONDITIONS PREVAILING IN, conditions économiques actuelles en.
PREVAILING TONE (OF THE MARKET), ambiance, tendance, générale (du marché).

PREVENT v, empêcher; prévenir.

PREVENTION s, prévention f, empêchement m.
PREVENTION OF LABOUR TURN-OVER, stabilisation du personnel.
THEFT-PREVENTION DEVICE, dispositif anti-vol.

PREVENTIVE a, préventif.
PREVENTIVE MEASURE, mesure à titre préventif.

PREVIOUS a, précédent, préalable, antérieur.
to ALLOCATE A PAYMENT TO A PREVIOUS YEAR, affecter un paiement à une année fiscale précédente.
PREVIOUS CLOSING, clôture précédente.
without PREVIOUS NOTICE, sans préavis.
PREVIOUS PRICE, cours précédent.
PREVIOUS YEAR, année précédente.

PREVIOUSNESS s, antériorité f.

PREVISION s, prévision f.

PRE-WAR a, d'avant-guerre. f.
PRE-WAR PERIOD, période d'avant-guerre.

PRICE s, prix m; cours m; taux m; cote f.
ADMINISTERED PRICE, prix administré; prix imposé.
ADMINISTRATED PRICE, U.S: prix administré; prix imposé.
ADVANCE IN PRICE, renchérissement.
to AGREE ABOUT THE PRICES, convenir des prix.
AGREED PRICE, prix convenu.
to ALLOW A REDUCED PRICE, consentir un prix réduit.
AMERICAIN SELLING PRICE, prix des importations alignés sur les prix intérieurs américains (par un droit de douane correspondant).
APPRECIATION IN PRICES, amélioration des cours.
at an ARRANGED PRICE, à (un) prix débattu, convenu.
to ARRIVE AT A PRICE, parvenir à un prix; calculer un prix.
ATTRACTIVE PRICES, prix intéressants.
AVERAGE PRICE, prix moyen.
BARGAIN PRICES, prix de solde; prix exceptionnels.
BEHAVIOUR OF PRICES, comportement des prix.
to BID A FAIR PRICE, offrir un juste prix.
BLACK MARKET PRICE, prix du marché noir.
BREAK IN PRICES, effondrement des prix.
to BRING DOWN THE PRICE OF, abaisser le prix de.
CALL PRICE, cours du dont.
CANCELLING PRICE, cours de résiliation.
CASH PRICE, prix comptant.
CATALOGUE PRICE, prix marqué.
CEILING PRICE, prix-plafond.
to CHARGE A PRICE FOR, compter, demander, un prix pour.
CLOSE PRICE, prix qui ne laisse qu'une marge négligeable.
CLOSING PRICES, cours de clôture; derniers cours.
COMMON PRICE, prix courant.
COMPETITION CAUSES A FALL IN PRICES, la concurrence provoque l'abaissement des prix.
COMPETITIVE PRICE, prix concurrentiel.
to CONSENT A REDUCTION IN PRICE, consentir une réduction de prix.
CONSTANT PRICES, prix constants.
CONSUMER PRICE INDEX-NUMBERS, indices des prix à la consommation.
CONTRACT AT AN AGREED PRICE, contrat à forfait.
CONTRACT PRICE, prix stipulé au contrat.
CONTROLLED PRICES, prix taxés.
CONVENTIONAL PRICES, prix conventionnels.
CORRECTION OF PRICE, rectification de cours.
COST PRICE, prix de revient; prix coûtant.
CRUMBLING PRICES, effritement des cours.
CURRENT MARKET PRICES, prix courants du marché.
CURRENT PRICE, prix courant; prix du marché.
CYCLE OF FALLING PRICES, cycle de baisse des prix.
CYCLE OF RISING PRICES, cycle de hausse des prix.
DAILY CLOSING PRICES, cours de clôture quotidiens.
to DECONTROL THE PRICE OF, détaxer; rendre libre le prix de.
DECREASE OF PRICES, baisse de prix.
to DEDUCT FROM THE PRICE, rabattre sur le prix; déduire du prix.

DEFAULT PRICE, cours de résiliation.
DEMAND PRICE, prix de demande.
DEMAND PRICE OF LABOUR, prix de la demande de travail.
DETERMINATION OF PRICES, détermination des prix.
DIFFERENCE BETWEEN COST AND THE SALE PRICE, écart entre prix de revient et prix de vente.
DIFFERENCES IN PRICE, écarts de prix.
DISCOUNTED PRICES, prix escomptés.
DISPERSION OF POSSIBLE PRICES, dispersion des prix possibles.
DROP IN PRICES, baisse de prix.
to ENHANCE IN PRICE, augmenter de prix.
ENHANCEMENT OF PRICE, augmentation de prix.
EQUALIZATION OF FACTOR-PRICES, égalisation des prix des facteurs.
to EQUATE PRICE WITH MARGINAL COST, égaler le prix au coût marginal; faire coïncider le prix avec le coût marginal.
EQUILIBRIUM MARKET PRICE, prix d'équilibre du marché.
EQUILIBRIUM PRICE, prix d'équilibre.
EXCESS OF THE PRICE, excédent sur le prix.
EXORBITANT PRICE, prix exorbitant.
EXPECTED PRICES, prix prévus.
EXPORT PRICE INDEX, indices des prix des exportations.
EXTORTIONATE PRICE, prix exorbitant.
FABULOUS PRICE, prix fabuleux.
FAIR PRICE, prix raisonnable.
FALL IN PRICE, baisse de prix.
FALSE PRICE, prix erroné.
FAMINE PRICES, prix de famine.
to FIX A PRICE, établir un prix, un cours.
FIXED PRICE, prix fixe.
FIXING PRICES BY TRIAL AND ERROR, déterminaton des prix par tâtonnements.
FLAT PRICE, prix unique.
FLEXIBLE PRICES, prix flexibles.
FLEXIBLE PRICE SUPPORT, soutien flexible des prix.
FLUCTUATING PRICES, prix variables.
to FORCE DOWN PRICES, faire baisser les prix.
to FORCE UP PRICES, faire monter les prix.
FORMATION OF PRICES, formation des prix.
FORWARD PRICE, cours du livrable.
FULL PRICE, prix fort.
FUNDAMENTAL DETERMINANTS OF PRICES, déterminants fondamentaux des prix.
to GAMBLE ON A RISE IN PRICES, jouer à la hausse.
GENERAL ADVANCE IN PRICES, hausse générale des prix.
GENERAL LEVEL OF PRICES, niveau général des prix.
GENERAL PRICE THEORY, théorie générale des prix.
at a GIVEN PRICE, à un cours donné.
GROSS NATIONAL PRODUCT AT MARKET PRICE, produit national brut aux prix du marché.
GROSS PRICE, prix brut.
GUESSED PRICE, prix estimé au jugé.
to HAGGLE OVER THE PRICE OF, chicaner sur le prix de.
HALF-PRICE, à moitié prix.
to HAMMER PRICES, faire baisser les prix.
HANDSOME PRICE, bon prix.
HIGH PRICE, prix élevé.
HIGH PRICE OF MONEY, cherté de l'argent.
HIGHEST PRICE, prix maximum.
HIGHEST AND LOWEST PRICES, plus hauts et plus bas cours.
HUGE PRICES, prix d'or.
IMPORT PRICE INDEX, indices des prix des importations.
to IMPROVE UPON THE PRICE OFFERED, enchérir sur le prix offert.
IMPROVEMENT OF PRICES, amélioration des cours.
INCREASE IN PRICE, augmentation de prix.
to INCREASE THE PRICE OF, augmenter le prix de.
to INCREASE IN PRICE, enchérir; augmenter de prix.
INDEX-NUMBERS OF CONSUMER PRICES, indices des prix de détail.
INDEX-NUMBERS OF WHOLESALE PRICES, indices des prix de gros.
INDEX OF SECURITY PRICES, indice boursier.
INFLATIONARY BIDDING UP OF PRICES, hausse inflationniste des prix.
to INQUIRE THE PRICE, s'enquérir du prix.
INVOICE PRICE, prix de facture.
INVOICING BACK PRICE, cours de résiliation.
ISSUE PRICE, prix d'émission.
JUST PRICE, juste prix.
KEEN PRICES, prix (très) compétitifs.
to KEEP PRICES DOWN, empêcher les prix de monter.
to KEEP PRICES UP, maintenir les prix fermes.
KNOCK-DOWN PRICES, prix-choc.
to KNOCK DOWN PRICES, abaisser considérablement les prix.
LAW OF FACTOR PRICE EQUALIZATION, loi de proportion des facteurs.
LEGAL MAXIMUM PRICE, prix maximum légal.
LEVEL OF PRICES, niveau des prix.
to LEVEL PRICES, niveler des cours.
LIMITED PRICE, cours limité.

LIST PRICE, prix de catalogue.
LIST OF PRICES, bulletin de cours.
LOCO-PRICE, prix sur place; prix loco.
LONG PRICE, forte cote.
LOW PRICE, bas prix.
LOWER PRICE, cours plus faible.
to LOWER THE PRICE OF, abaisser le prix de.
LOWERING PRICES, abaissement des prix.
LOWEST PRICE, cours le plus bas.
LOWNESS OF THE PRICE OF, modicité du prix de.
to MAKE A PRICE, faire un prix.
MAKING-UP PRICE, cours de compensation.
MANUFACTURER'S PRICE, prix de fabrique.
MARGINAL COST PRICE, prix au coût marginal.
to MARK A PRICE, coter un cours.
to MARK DOWN THE PRICE, abaisser le prix.
MARK-UP PRICE INFLATION, inflation par majoration disproportion-
  née des coûts.
MARKED PRICE, prix marqué.
MARKET PRICE, prix du marché; cours de bourse.
MARKET PRICES OF INDUSTRIAL SHARES, cours des actions
  industrielles.
MARKET PRICE OF LABOUR, prix de la main-d'œuvre sur le marché.
MARKET PRICE-LIST, mercuriale.
MARKING OF PRICES, cote des cours.
MAXIMUM PRICE, prix maximum.
MIDDLE PRICE, cours moyen.
MINIMUM PRICE, prix minimum.
MODERATE PRICE, prix modéré.
MONEY PRICE OF LABOUR, coût monétaire de la main-d'œuvre.
MONOPOLY PRICE, prix de monopole.
NET PRICE, prix net.
NOMINAL PRICE, prix nominal.
NORMAL PRICES, prix normaux.
NORMAL SUPPLY PRICE, prix d'offre normale.
OFFICE OF PRICE STABILIZATION (O.P.S.), Office de stabilisation
  des prix.
OPENING PRICES, cours d'ouverture; premiers cours.
OUTSIDE PRICES, prix, cours, maxima.
to OVERBID THE PRICES OFFERED, enchérir sur les prix offerts.
OVERHEAD PRICE, prix forfaitaire.
PANIC PRICES, cours de panique.
PARITY PRICE RATIO, rapport de parité(s) des prix.
PEGGED PRICE, prix de soutien.
PIT-HEAD PRICE, prix (du charbon) sur le carreau.
POPULAR PRICES, prix populaires.
PREVIOUS PRICE, cours précédent.
PRICE FOR THE ACCOUNT, cours à terme.
PRICES ARE ADVANCING, les prix augmentent.
PRICE BY ARRANGEMENT, prix à débattre.
one-PRICE ARTICLE, article à prix unique.
PRICE ASKED, prix demandé.
PRICE(S) BID, cours demandé(s); cours acheteur(s).
PRICE OF CALL, cours du dont.
PRICES CAME DOWN, les prix ont baissé.
PRICE FOR CASH, cours du comptant.
PRICE CHANGES, variations de prix.
PRICE COLLAPSE, effondrement des prix.
PRICE-CONSUMPTION CURVE, courbe de la consommation par
  rapport au prix.
PRICE CONTROL, taxation (des prix).
PRICE CURRENT, prix courant; prix du marché.
PRICES ARE CUT VERY FINE, les prix sont calculés au plus juste.
PRICE-CUTTING, rabais des prix.
PRICE OF THE DAY, cours du jour.
the PRICE IS DETERMINED BY, le prix est fixé, déterminé, par.
PRICE-DETERMINED, déterminé par le prix.
PRICE-DETERMINING, déterminant du prix.
PRICE OF DOUBLE OPTION, cours de la double prime.
PRICES DROPPED TO, les cours ont fléchi à.
PRICE-EARNINGS RATIO, quotient cours-bénéfice (par action).
PRICE EFFECT, effet de prix.
PRICE ELASTICITY, élasticité-prix.
PRICE-EXPECTATIONS, prévisions de prix.
PRICE OF FACTOR, prix du facteur.
PRICE FIXING, fixation des prix.
PRICE FLEXIBILITY, flexibilité des prix.
PRICE-FLOOR, plancher de prix.
PRICES FLUCTUATE BETWEEN, les prix varient entre.
PRICES ARE GETTING EASY, les prix fléchissent.
PRICES ARE GOING DOWN, les prix baissent.
PRICE OF GOLD, prix de l'or.
PRICES ARE GOVERNED BY, les prix sont régis par.
PRICES ARE INCLINED TO FALL, les prix tendent à baisser.
PRICE, INCLUDING TRANSPORT, prix, y compris transport.
PRICE INDEX-NUMBERS, indices des prix.
PRICE INFLATION, inflation des prix.
PRICE INFLEXIBILITY, inflexibilité des prix; rigidité des prix.

PRICE OF INPUT AND OF OUTPUT, prix des facteurs et prix du
  produit.
PRICES KEEP CLIMBING, les prix continuent d'augmenter.
PRICES LAID DOWN BY THE MANUFACTURERS, prix imposés
  par le fabricant.
PRICE-LIMITS, limites de prix.
PRICE-LIST, prix courants; tarif.
PRICES MADE YESTERDAY, cours pratiqués hier.
PRICES HAVE BEEN MARKED DOWN (UP), les cours se sont ins-
  crits en baisse (hausse).
PRICE IS A MATTER FOR NEGOTIATION, prix à débattre.
PRICE MECHANISM, mécanisme des prix.
PRICE OF MONEY, taux de l'escompte.
PRICES OFFERED, cours offerts; cours vendeurs.
PRICE OF OPTION, cours de prime.
PRICE PATTERN, structure de prix.
PRICE POLICY, politique des prix.
PRICE OF PRODUCT, prix du produit.
PRICE OF PUT, cours de l'ou.
PRICE OF PUT AND CALL, cours de la double prime.
PRICE-QUANTITY DIAGRAM, graphique de prix et de quantités.
PRICE QUOTATIONS, cours.
PRICES HAVE RECOVERED, les cours se sont relevés.
the PRICE IS REGULATED BY SUPPLY AND DEMAND, le prix est
  déterminé par l'offre et la demande.
PRICE RELATIVES, rapports de prix.
PRICE RIGIDITY, rigidité des prix.
PRICE-RING, coalition de vendeurs.
PRICES ARE RISING BY LEAPS AND BOUNDS, les prix montent
  de manière vertigineuse.
PRICES ARE RULING HIGH, les prix restent élevés.
PRICES RULING IN PARIS, les prix, les cours, qui se pratiquent à
  Paris.
PRICES RUN FROM...TO, les prix varient entre... et...
PRICES RUN HIGH, les prix sont plutôt élevés.
PRICES SAGGED, les prix, les cours, ont fléchi.
PRICE SCISSORS, écart entre prix industriels et prix agricoles.
PRICE FOR THE SETTLEMENT, cours à terme.
PRICES SHADED FOR QUANTITIES, tarif dégressif pour le gros.
PRICES OF SHARES, cours des actions.
PRICES SHOT UP, les prix ont augmenté brusquement.
the PRICE OF SILVER HAS FALLEN, le prix de l'argent a baissé.
PRICES ARE SINKING, les cours baissent.
PRICE-SLASHING, rabais des prix.
PRICES: SPOT, cours: disponible.
PRICE STABILITY, stabilité des prix.
PRICE STABILIZATION, stabilisation des prix.
PRICE STANDARDS, standards de prix.
PRICES ARE STEADYING, les cours se raffermissent.
PRICE EX STORE, cours du disponible.
one-PRICE STORE, U.S: magasin uniprix.
PRICE STRUCTURE, structure des prix.
PRICES SUBJECT TO 5 % DISCOUNT, prix bénéficiant d'une remise
  de 5 %.
PRICE SUBSIDIES, subventions aux consommateurs.
PRICE SUPPORT, soutien des prix.
PRICE-TICKET, étiquette (de prix).
PRICE UNCHANGED, prix inchangé.
PRICE WAR, guerre des prix.
PRICE EX WAREHOUSE, cours du disponible.
PRICES WENT UP, les prix ont augmenté.
PRICES WENT UP IN SYMPATHY, les prix sont montés par contre-
  coup.
PRICE EX WORKS, prix départ usine.
PROHIBITIVE PRICE, prix prohibitif.
PROPORTIONALITY BETWEEN MARGINAL UTILITIES AND
  PRICES, proportionnalité entre les utilités marginales et les prix.
PURCHASE PRICE, LESS DISCOUNT, prix d'achat, sous déduction
  d'escompte.
PURCHASE PRICE, PLUS BROKERAGE, prix d'achat, plus le cour-
  tage.
to PUT STOCK AT A CERTAIN PRICE, fournir des actions à un cer-
  tain prix.
QUOTATION OF PRICES, cotation des cours.
to QUOTE A PRICE, coter un prix.
to RAISE THE PRICE OF, augmenter le prix de.
RANSOM PRICE, prix d'or.
to REACH A HIGH PRICE, atteindre un prix élevé.
to REALIZE A HIGH PRICE, rapporter un prix élevé.
REALIZED PRICES, prix réalisés.
REASONABLE PRICE, prix raisonnable, modéré.
RECORD PRICES, cours record; prix record.
RECOVERY OF PRICES, redressement des cours.
to REDUCE A PRICE, réduire un prix.
REDUCED PRICE, rabais; prix réduit.
REDUCTIONS IN PRICE, réductions de prix.
REGULAR PRICE, prix ordinaire.
REGULATED PRICE, prix réglementé.

RESALE PRICE MAINTENANCE, prix imposé par le fabricant.
RESERVE PRICE, mise à prix.
RESULTANT INCREASE IN PRICE, hausse des prix consécutive (à).
RETAIL PRICE, prix de détail.
RETAIL PRICE INDEX, indice des pirx de détail.
RIGID PRICES, prix rigides.
RISE IN PRICE, renchérissement; hausse du prix de.
RISING PRICE, prix en hausse.
ROCK-BOTTOM PRICE, prix le plus bas.
RULING PRICE, cours actuel; prix du jour.
SACRIFICE PRICES, prix sacrifiés.
SALE PRICE, prix de solde.
SCALE OF PRICES, tarif, gamme, des prix.
SCARCITY CAUSES PRICES TO VARY, la rareté fait varier les prix.
SCHEDULED PRICES, prix selon le tarif.
SEASONAL PRICES, prix saisonniers.
SECULAR TREND OF PRICES, mouvement séculaire des prix.
to SECURE SPECIAL PRICES, obtenir des prix spéciaux.
to SELL AT A LOW PRICE AND RECOUP ONESELF BY LARGE
  SALES, vendre à bas prix et se rattraper sur la quantité.
to SELL AT ANY PRICE, vendre à tout prix.
SELLING PRICE, prix de vente.
to SEND UP PRICES, faire monter les prix.
SET PRICE, prix fixe.
SET OF PRICES, série de prix.
SETTLEMENT PRICE, cours de résiliation.
to SHADE PRICES, établir des prix dégressifs.
SHADOW PRICES, prix fantômes.
SHIFT IN PRICES, déplacement de cours.
SHORT PRICE, faible cote.
SLUMP IN PRICES, effondrement des cours.
SOARING PRICES, prix en forte hausse.
SPECIAL PRICE, prix de faveur.
SPOT PRICE, prix comptant; cours du disponible.
STABILIZATION OF PRICES, stabilisation des prix.
STABLE PRICES, prix stables.
STAGNANT PRICE, prix stagnant.
STANDARD PRICE, prix courant; prix régulateur.
STARTING-PRICE, prix initial.
STEADINESS OF PRICES, fermeté, tenue, des prix.
STEEP PRICE, prix exorbitant.
STICKY PRICES, prix rigides, visqueux.
STIFF PRICE, prix exagéré.
STOCK NOT WORTH MORE THAN THE PRICE OF THE PAPER,
  titres ne valant pas plus que le prix du papier.
STREET PRICE, cours d'après-bourse.
STRICT COST PRICE, prix de revient calculé au plus juste.
SUDDEN FLUCTUATIONS OF PRICES, brusques mouvements des
  prix.
SUPPLY PRICE, prix d'offre.
SUPPORT PRICE, prix de soutien.
to SUPPORT PRICES BY BUYING, soutenir des cours par des achats.
SUPPORTED PRICE, prix de soutien.
TERMINAL PRICE, cours du livrable.
THEORY OF PRICES, théorie des prix.
TO-DAY'S PRICE, prix du jour.
TOP PRICE, cours le plus haut; prix fort.
TRADE PRICE, prix du marché; prix de demi-gros.
UNFAIR PRICE, prix exorbitant, exagéré.
UNIT PRICE OF OUTPUT, prix unitaire du produit.
UNSTABLE PRICES, cours instables.
UPSET PRICE, mise à prix.
USUAL PRICE OF LAND, prix courant de la terre.
USURIOUS PRICE, prix usuraire.
WAGE-PRICE SPIRAL, spirale des prix et des salaires.
WEIGHTED INDEX-NUMBERS OF PRICES, indices de prix pondérés.
WELL MAINTAINED PRICES, cours résistants.
WHOLESALE PRICE, prix de gros.
WORLD PRICE MOVEMENTS, mouvements des prix mondiaux.

PRICE v, fixer un prix, estimer, évaluer.

PRICED a, marqué d'un prix.
HIGH-PRICED GOODS, marchandises chères.
HIGHLY-PRICED, d'un prix élevé.
LOW-PRICED, à bas prix; bon marché.
MODERATE-PRICED, de prix raisonnable.
POPULAR-PRICED CAR, voiture de type économique.
PRICED CATALOGUE, catalogue de prix.

PRICELESS a, inestimable.

PRICELESSNESS s, valeur f inestimable.

PRICING s, fixation f du prix, formation f des prix.
COMMON PRICING, prix de cartel; soumission conjointe.
COMPETITIVE PRICING, formation concurrentielle des prix.
MARGINAL-COST PRICING, fixation du prix au coût marginal; prix
  de vente égaux aux coûts marginaux.
MARK-UP PRICING, fixation du prix au coût moyen majoré.
MARKET PRICING, formation des prix sur le marché.

PRICING POLICY, politique des prix.

PRIMACY s, primauté f.

PRIMAL a, primitif, primal.
PRIMAL-DUAL METHOD, méthode primale-duale.

PRIMARY a, primaire; premier; primordial, primitif.
PRIMARY CAUSE, cause première.
PRIMARY COMMODITIES, produits de base.
PRIMARY EXPANSION, expansion première.
PRIMARY FACTORS OF PRODUCTION, facteurs primaires de pro-
  duction.
PRIMARY INDUSTRY, secteur primaire.
PRIMARY PRODUCT, matière première.
PRIMARY SECTOR, secteur primaire.
QUESTION OF PRIMARY IMPORTANCE, question d'importance
  primordiale.

PRIME a, premier, supérieur, primordial, principal.
PRIME BOND, obligation de premier ordre.
PRIME CAUSE, cause première.
PRIME COST, coût premier.
PRIME FACTOR, diviseur premier.
PRIME MOTIVE, principal mobile.
PRIME NECESSITY, nécessité primordiale.
PRIME NUMBER, nombre premier.
PRIME QUALITY, qualité supérieure.
PRIME RATE, U.S: taux minimum (consenti par une banque à ses
  meilleurs clients).
PRIME TRADE BILLS, papier hors banque: papier de haut commerce.

PRIME s, perfection f, nombre m premier.

PRIMITIVE a, primitif, primaire.

PRIMOGENITURE s, primogéniture f, droit m d'aînesse f.

PRIMORDIAL a, primordial, primitif, premier, originel.

PRINCIPAL a, principal.
PRINCIPAL AGREEMENT, contrat principal.
PRINCIPAL CONTRACT, contrat principal; contrat de base.
PRINCIPAL CREDITOR, principal créancier.
PRINCIPAL DEBTOR, débiteur principal.

PRINCIPAL s, principal m, capital m; patron m; mandant m.
INTEREST AND PRINCIPAL, intérêt et principal.
PRINCIPAL AND AGENT, mandant et mandataire.
PRINCIPAL OF A BUSINESS HOUSE, patron d'une maison de com-
  merce.

PRINCIPLE s, principe m; loi f; théorie f, règle f.
ACCELERATION PRINCIPLE, principe d'accélération.
CURRENCY PRINCIPLE, théorie métallique.
ECONOMIC PRINCIPLES, principes, lois, économiques.
EQUAL-MARGINAL-COST PRINCIPLE, principe d'égalité des coûts
  marginaux.
FUNDAMENTAL PRINCIPLE, principe fondamental.
as a GENERAL PRINCIPLE, en règle générale.
GUIDING PRINCIPLE, principe directeur.
LEAST-COST SUBSTITUTION PRINCIPLE, principe de diminution
  des coûts par substitution.
MARGINAL PRINCIPLE, principe de la marge.
OPEN DOOR PRINCIPLE, principe de la porte ouverte.
OVERRIDING PRINCIPLE, principe absolu.
PRINCIPLE OF ABSORPTION, loi d'absorption.
PRINCIPLE OF COMMUTATION, loi de commutativité.
PRINCIPLE OF COMPARATIVE ADVANTAGE, loi des avantages
  comparatifs.
PRINCIPLE OF CONTINUITY, loi de continuité.
PRINCIPLE OF DIMINISHING MARGINAL UTILITY, principe de
  l'utilité marginale décroissante.
PRINCIPLE OF DISTRIBUTION, loi de distribution.
PRINCIPLES OF ECONOMICS, Principes d'économie politique.
PRINCIPLE OF EQUAL ADVANTAGE, loi des avantages équivalents.
PRINCIPLE OF EQUAL PAY, non-discrimination en matière de
  salaires; principe d'égalité des salaires.
PRINCIPLES OF MOTION ECONOMY, principes d'économie des
  mouvements.
PRINCIPLE OF OPTIMALITY, principe d'optimalité.

PRINT v, imprimer.

PRINTED a, imprimé.
PRINTED CIRCUIT, circuit imprimé.
PRINTED FORM, formulaire.
PRINTED MATTER, imprimé(s).
PRINTED PAPER RATE, tarif imprimés.

PRINTER s, imprimante f; imprimeur m.
CHAIN PRINTER, imprimante à chaîne.
LINE PRINTER, imprimante par ligne.
PAGE PRINTER, imprimante par page.
PRINTER TAPE, bande d'impression; bobineau.

PRINTING s, impression f.

NOTE PRINTING PRESS, planche à billets.

PRIOR *a*, antérieur; prioritaire; préalable, précédent.
PRIOR APPROPRIATION ON THE NET PROFITS, prélèvement prioritaire sur les bénéfices nets.
PRIOR CONTRACT, contrat antérieur.

PRIORITY *s*, priorité *f*, antériorité *f*; privilège *m*, préférence *f*; primauté *f*.
PRIORITY BOND, obligation de priorité.
PRIORITY OF A CREDITOR, privilège d'un créancier.
PRIORITY OF DATE, antériorité de date.
PRIORITY OF INVENTION, antériorité d'une invention.
PRIORITY OF MORTGAGE, priorité d'hypothèque.
PRIORITY RIGHTS, droits de priorité; préférence.
PRIORITY SHARE, action privilégiée.
RIGHT OF PRIORITY, droit d'antériorité.
TOP PRIORITY, urgence absolue.

PRIVATE *a*, privé, particulier; personnel.
GOLD IN PRIVATE HOARDS, or thésaurisé par des particuliers.
PRIVATE ACCOUNT, compte « particulier ».
PRIVATE AGREEMENT, acte sous seing privé.
PRIVATE ARRANGEMENT, accord à l'amiable.
PRIVATE ATTORNEY*, fondé de pouvoir(s).
PRIVATE BANK, banque privée.
PRIVATE CAPITAL MOVEMENTS, mouvements de capitaux privés.
PRIVATE CAR, voiture particulière.
PRIVATE CHARITY, charité privée.
PRIVATE CITIZEN, simple particulier.
PRIVATE COMPANY*, *U.K*: société à responsabilité limitée.
PRIVATE CONSUMPTION, consommation privée; consommation des ménages.
PRIVATE CONSUMPTION EXPENDITURE, dépenses de consommation privée.
PRIVATE CONTRACT, acte sous seing privé.
PRIVATE DEED, acte sous seing privé.
PRIVATE EDUCATION, enseignement libre.
PRIVATE ENDS, intérêts personnels.
PRIVATE ENTERPRISE, entreprise privée.
PRIVATE FOREIGN EXCHANGE HOLDINGS, avoirs privés en devises.
PRIVATE HOUSE, maison particulière.
PRIVATE INCOME, rente(s); revenus des ménages.
PRIVATE INDIVIDUAL, simple particulier.
PRIVATE INITIATIVE, initiative privée.
PRIVATE INTERESTS, intérêts particuliers.
PRIVATE INTERNATIONAL LAW, droit international privé.
PRIVATE ISSUE, émission privée.
PRIVATE LAW, droit privé.
PRIVATE MEANS, ressources personnelles.
PRIVATE MONEY, fortune personnelle.
PRIVATE OWNERSHIP, (régime de) propriété privée.
PRIVATE PERSON, simple particulier.
PRIVATE PROPERTY, propriété privée.
PRIVATE RAILWAYS, chemins de fer privés.
PRIVATE RATE (OF DISCOUNT), taux d'escompte privé.
PRIVATE SCHOOL, école libre, privée.
PRIVATE SEAL, sceau privé.
PRIVATE SECTOR, secteur privé.
PRIVATE SECTOR OF THE ECONOMY, secteur privé de l'économie.
PRIVATE TRADER, marchand établi à son propre compte.
SALE BY PRIVATE TREATY, vente à l'amiable, de gré à gré.

PRIVATION *s*, privation *f*.

PRIVILEGE *s*, privilège *m*, immunité *f*.

PRIVILEGED *a*, privilégié.
PRIVILEGED CLASSES, classes privilégiées.
PRIVILEGED CREDITOR, créancier privilégié.
PRIVILEGED DEBT, dette privilégiée.

PRIVY *s*, ayant droit *m*, contractant *m*.

PRIZE *s*, prix *m*, lot *m*.
PRIZE BOND, obligation à lots.
PRIZE-DRAWING, tirage à lots.
PRIZE MONEY, part de prise.

PRIZE *v*, évaluer, estimer.

PROBABILISM *s*, probabilisme *m*.

PROBABILITY *s*, probabilité *f*, chance *f*; vraisemblance *f*.
ADDITION OF PROBABILITIES, addition des probabilités.
BINOMIAL PROBABILITY, probabilité binomiale.
CIRCULAR ERROR PROBABILITY, erreur circulaire probable.
CONCEPTUAL AND EMPIRICAL PROBABILITIES, probabilités théoriques et empiriques.
CONDITIONAL PROBABILITY, probabilité conditionnelle.
CONVERGENCE IN PROBABILITY, convergence en probabilité.
DEGREE OF PROBABILITY, degré de probabilité.
EQUAL PROBABILITY OF BEING CHOSEN, chance égale d'être choisi.

MULTIPLICATION OF PROBABILITIES, multiplication des probabilités.
PROBABILITY CALCULUS, calcul des probabilités.
PROBABILITY OF A COMPOUND EVENT, probabilité composée.
PROBABILITY CURVE, courbe de la cloche.
PROBABILITY DEFINABLE FOR, probabilité donnée pour.
PROBABILITY DISTRIBUTION, distribution de probabilité.
PROBABILITY OF AN EVENT, probabilité d'un événement.
PROBABILITY OF FAILURE, probabilité d'échec; probabilité de non-fonctionnement.
PROBABILITY OF INCLUSION (IN THE SAMPLE), probabilité de figurer dans l'échantillon.
a PROBABILITY IS A RATIO, la probabilité est un rapport.
PROBABILITY SAMPLE, échantillon aléatoire.
PROBABILITY SAMPLING, sondage probabiliste.
PROBABILITY OF THE SUCCESSFUL (UNSUCCESSFUL) OUTCOME, probabilité du succès (de l'insuccès).
in PROBABILITY TERMS, en termes de probabilités.
THEORY OF PROBABILITY, théorie des probabilités.

PROBABLE *a*, probable, vraisemblable.
INFINITELY PROBABLE, infiniment probable.
PROBABLE ERROR, erreur probable.
the most PROBABLE RELATIONSHIP, relation la plus probable.
the most PROBABLE VALUE, valeur la plus probable.

PROBATE *s*, validation *f*, homologation *f*.
PROBATE COURT, *U.S*: tribunal des successions et des tutelles.
PROBATE-DUTY, droits de succession (par testament).

PROBATE *v*, *U.S*: homologuer.
to PROBATE A WILL, *U.S*: homologuer un testament.

PROBATION *s*, épreuve *f*; stage *m*.
PROBATION PERIOD, (durée du) stage; période d'essai.

PROBATIONARY *a*, probatoire.

PROBATIONER *s*, stagiaire *m*.

PROBATIVE *a*, probant, probatoire.

PROBLEM *s*, problème *m*.
APPROACH TO A PROBLEM, façon d'aborder un problème.
DUAL PROBLEM, problème dual.
to FIND THE EQUATION OF A PROBLEM, mettre un problème en équation.
GOLD PROBLEM, problème de l'or.
HOUSING PROBLEM, problème du logement.
INDETERMINATE PROBLEM, problème indéterminé.
INSOLUBLE PROBLEM, problème insoluble.
INTRACTABLE PROBLEM, problème difficile à résoudre.
KNOTTY PROBLEM, problème épineux.
MONETARY PROBLEM, problème monétaire.
QUEUEING PROBLEM, problème de file d'attente.
SOCIAL PROBLEM, problème social.
to SOLVE A PROBLEM, résoudre un problème.
TERMS OF A PROBLEM, énoncé d'un problème.

PROBLEMATIC(AL) *a*, problématique, douteux.

PROCEDURE *s*, procédure *f*, procédé *m*.

PROCEED *v*, procéder, poursuivre, continuer.

PROCEEDING *s*, procédure *f*, poursuite *f*.
BANKRUPTCY PROCEEDINGS*, procédure de faillite.
CIVIL PROCEEDINGS*, procédure, action, civile.
to INITIATE PROCEEDINGS, introduire une action en justice.
LEGAL PROCEEDINGS, poursuites judiciaires.
PROCEEDINGS AGAINST A DEBTOR, poursuites contre un débiteur.
PROCEEDINGS OF A MEETING, délibérations d'une assemblée.
STAY OF PROCEEDINGS, sursis à statuer.

PROCEEDS *s. pl*, recette *f*, produit *m*.
to ALLOW AN INTEREST IN THE PROCEEDS, allouer une part du produit.
GROSS PROCEEDS, recette brute.
NET PROCEEDS OF A SALE, produit net d'une vente.

PROCESS *s*, processus *m*, mécanisme *m*; cours *m*, voie *f*, procédé *m*, opération *f*.
ADJUSTMENT PROCESS, processus, mécanisme, d'ajustement.
CONTINUOUS PROCESS, processus continu.
CUMULATIVE PROCESS, processus cumulatif.
DECISION PROCESSES, processus de décision.
EVOLUTIONARY PROCESS, processus de l'évolution.
FITTING PROCESS, ajustement statistique.
GRADUAL PROCESS, gradation.
INDIVISIBILITY OF FACTORS AND PROCESSES, indivisibilité des facteurs et des processus.
ITERATIVE PROCESS, processus itératif.
NEWLY INVENTED PROCESS, procédé d'invention récente.
OFFSET PROCESS, offset.

OPERATION PROCESS CHART, graphique d'analyse générale (des activités successives).
PROCESS ANALYSIS, analyse des processus.
PROCESS CHART, graphique de processus; graphique d'analyse d'opérations.
in PROCESS OF CONSTRUCTION, en cours de construction.
in PROCESS OF DEVELOPMENT, en voie de développement.
PROCESS OF EQUILIBRATION, processus d'équilibration.
PROCESSES OF RECOVERY, opérations de récupération.
PROCESS IN TIME, processus temporel.
PRODUCTION PROCESS, processus de production.
ROUNDABOUT PROCESSES, processus détournés.

PROCESSED a, ouvré; élaboré.
PROCESSED FOODSTUFFS, denrées alimentaires élaborées.
SALE OF GOODS NOT PROCESSED BY THE ESTABLISHMENT, marchandises revendues en l'état.

PROCESSING s, production f, transformation f, traitement m, fabrication f.
AUTOMATIC DATA PROCESSING SYSTEM, système automatique de traitement de l'information.
BATCH PROCESSING, traitement par lots.
BUSINESS DATA PROCESSING, informatique de gestion.
CENTRAL PROCESSING UNIT, unité centrale de traitement.
COMPUTER PROCESSING, traitement sur ordinateur.
CONTINUOUS PROCESSING, production continue.
DATA PROCESSING, traitement des données; traitement de l'information.
DATA PROCESSING SYSTEM, ensemble de traitement de l'information.
DIGITAL PROCESSING, traitement numérique.
ELECTRONIC DATA PROCESSING, traitement électronique de l'information.
ELECTRONIC DATA PROCESSING MACHINE, calculateur électronique.
INFORMATION PROCESSING, traitement de l'information.
INTEGRATED DATA PROCESSING, traitement intégré de l'information.
on-LINE PROCESSING, traitement immédiat.
MULTI-PROCESSING, multitraitement.
PROCESSING CENTRAL UNIT, unité centrale de traitement.
PROCESSING PROGRAM, programme de traitement.
PROCESSING STAGES, phases de fabrication.
PROCESSING-TAX, impôt sur la transformation d'une denrée en produit.
REAL-TIME PROCESSING, traitement en temps réel.
STACKED JOB PROCESSING, traitement par lots.

PROCESSOR s, machine f de traitement m.
DATA PROCESSOR, machine de traitement de l'information.

PROCURATION s, procuration f; acquisition f.

PROCURE v, procurer, obtenir.

PROCUREMENT s, acquisition f, obtention f, U.S: approvisionnement m.
PROCUREMENT COSTS, dépenses d'acquisition; U.S: dépenses d'équipement.

PRODIGAL a, prodigue.

PRODIGALITY s, prodigalité f.

PRODUCE s, produit(s) m, denrée(s) f, rendement m, marchandise f, matière m.
AGRICULTURAL PRODUCE, produits agricoles.
ANNUAL PRODUCE OF LAND, rendement, produit, annuel de la terre.
COLONIAL PRODUCE, produits coloniaux.
DAIRY-PRODUCE, produits laitiers.
FOREIGN PRODUCE, produits étrangers.
GARDEN-PRODUCE, produits maraîchers.
HOME-GROWN PRODUCE, produits d'origine nationale.
HOME PRODUCE, produits d'origine nationale.
INLAND PRODUCE, produits du pays.
PREFERENCE GRANTED TO COLONIAL PRODUCE, régime de faveur accordé aux produits coloniaux.
PRODUCE BROKER, courtier en marchandises.
PRODUCE EXCHANGE, bourse de marchandises.
PRODUCE MARKET, marché commercial.
PRODUCE-SHARING FARMER, U.S: métayer.
PRODUCE OF THE SOIL, produits du sol.
PRODUCE WARRANT, warrant en marchandises.
RAW PRODUCE, matières premières.

PRODUCE v, produire, rapporter.
BONDS THAT PRODUCE 5 %, obligations qui rapportent 5 %.
CAPACITY TO PRODUCE, capacité productive.
no COUNTRY PRODUCES ALL IT NEEDS, aucun pays ne produit tout ce dont il a besoin.

PRODUCED a, produit, fabriqué.
VALUE OF GOODS PRODUCED, valeur des marchandises produites.

PRODUCER s, producteur m.
AGREEMENT BETWEEN PRODUCERS, cartel; entente entre producteurs.
PRODUCERS' ASSOCIATION, syndicat de producteurs.
the PRODUCERS AND THE CONSUMERS, les producteurs et les consommateurs.
PRODUCER CO-OPERATIVE ARTELS, U.R.S.S: associations coopératives de production.
PRODUCER'S SURPLUS, surplus du producteur.

PRODUCING a, productif, producteur.
PRODUCING INDUSTRY, industrie productrice.

PRODUCING s, production f.

PRODUCIVE a, productif.

PRODUCT s, produit m, matière f, production f.
AGRICULTURAL PRODUCT, produit agricole.
AVERAGE PRODUCT, produit moyen.
COMPETING PRODUCTS, produits concurrents.
COMPETITIVE PRODUCTS, produits concurrents, compétitifs.
COMPLEMENTARY PRODUCTS, produits complémentaires, de complément.
DIFFERENTIATED PRODUCTS, produits différenciés.
DISTRIBUTION OF NATIONAL PRODUCT AMONG DIFFERENT USES, répartition du produit national entre les différents emplois.
EDIBLE FISH PRODUCTS, produits comestibles à base de poisson.
END-PRODUCT, produit fini; produit final.
ESSENTIAL PRODUCTS, produits de première nécessité.
EXPENDITURE ON GROSS NATIONAL PRODUCT, dépense imputée au produit national brut.
FINISHED PRODUCTS, produits finis.
FLOW OF PRODUCTS, flux de produits.
FOOD PRODUCTS, produits alimentaires.
FOREIGN PRODUCT, produit étranger.
GROSS DOMESTIC PRODUCT, produit national brut.
GROSS NATIONAL PRODUCT AT FACTOR COST, produit national brut au coût des facteurs.
GROSS NATIONAL PRODUCT AT MARKET PRICE, produit national brut aux prix du marché.
HOME PRODUCT, produit d'origine nationale.
INTERMEDIATE PRODUCTS, produits intermédiaires.
ISO-PRODUCT CURVE, courbe d'iso-produit
JOINT PRODUCT, produit lié.
MARGINAL PRODUCT, produit marginal.
MARGINAL-REVENUE PRODUCT, produit de la recette marginale.
MARGINAL UTILITY OF THE PRODUCT, utilité de la production marginale.
MILK PRODUCTS, produits laitiers.
NET DOMESTIC PRODUCT, produit intérieur net.
NET NATIONAL PRODUCT AT FACTOR COST, produit national net au coût des facteurs.
NEW PRODUCT, produit nouveau.
PLACING OF PRODUCTS ON FOREIGN MARKETS, écoulement de produits sur les marchés étrangers.
PRICE OF PRODUCT, prix du produit.
PRIMARY PRODUCT, matière première.
by-PRODUCT, sous-produit; produit dérivé.
PRODUCT DIFFERENTIATION, différenciation du produit.
PRODUCT DESIGN, conception du produit.
PRODUCT ENGINEERING, étude de production.
the PRODUCT OF THE EXTREMES EQUALS THE PRODUCT OF THE MEANS, le produit des extrêmes est égal au produit des moyens.
PRODUCT METHOD, méthode des nombres.
PRODUCT OF x INTO y, produit de x par y.
PRODUCTION OF CROPS AND LIVESTOCK PRODUCTS, production d'origine végétale et animale.
to RECOVER BY-PRODUCTS FROM, recouvrer les sous-produits de.
RECOVERY OF BY-PRODUCTS FROM, récupération des sous-produits de.
RELATIVE ERROR IN THE PRODUCT, erreur relative du produit.
RIVAL PRODUCTS, produits rivaux.
SECONDARY PRODUCTS, sous-produits.
SHARE OF RENT IN THE NATIONAL PRODUCT, part de la rente dans le produit national.
SIMILAR PRODUCTS, produits similaires.
STANDARDIZED PRODUCTS, produits normalisés.
SUBSTITUTE PRODUCTS, produits de substitution.
SURPLUS PRODUCT, surplus de produit.
VALUE OF MARGINAL PRODUCT, valeur du produit marginal.
the WAGE IS EQUAL TO THE MARGINAL PRODUCT OF LABOUR, le salaire est égal au produit marginal du travail.

PRODUCTION s, production f, fabrication f.
AGENT OF PRODUCTION, agent de production.
AGGREGATE PRODUCTION FUNCTION, fonction de production agrégée, globale.
AGGREGATION OF PRODUCTION FUNCTIONS, agrégation de fonctions de production.

AGRICULTURAL PRODUCTION, production agricole.
AUTOMATED PRODUCTION MANAGEMENT, gestion de production automatisée.
AVERAGE PERIOD OF PRODUCTION, période moyenne de la production.
BELT SYSTEM OF PRODUCTION, travail à la chaîne.
CAPITALISTIC PRODUCTION, production capitaliste.
CHANGES IN PRODUCTION, fluctuations de la production.
COMMERCIALIZED VILLAGE PRODUCTION, production commerciale de village.
COMPLEMENTARITY OF TWO FACTORS OF PRODUCTION, complémentarité de deux facteurs de production.
COMPLEMENTARITY OR SUBSTITUTABILITY OF TWO FACTORS OF PRODUCTION, complémentarité ou substituabilité de deux facteurs de production.
COMPLEX PRODUCTION, processus de production complexe.
CONSUMPTION OF DOMESTIC PRODUCTION, consommation de la production nationale.
COST OF PRODUCTION, coût de production.
DIFFERENT OPPORTUNITIES FOR PRODUCTION, differentes possibilités de production.
to DISCONTINUE THE PRODUCTION OF AN ARTICLE, arrêter la production d'un article.
DWINDLING PRODUCTION OF SISAL, production décroissante du sisal.
ECONOMIES OF MASS PRODUCTION, économies d'échelles.
ELECTRIC-POWER PRODUCTION, production d'énergie électrique.
EQUILIBRIUM BETWEEN PRODUCTION AND CONSUMPTION, équilibre entre la production et la consommation.
ESTIMATED PRODUCTION, production estimée.
EXPORTATION STIMULATES PRODUCTION, l'exportation stimule la production.
FACTOR OF PRODUCTION, facteur de production.
FARM PRODUCTION, production agricole.
FLOW-PRODUCTION, travail à la chaîne.
GENERAL EQUILIBRIUM OF PRODUCTION, équilibre général de la production.
GOLD PRODUCTION, production de l'or.
GOODS IN THE COURSE OF PRODUCTION, marchandises en cours de production.
GROSS VALUE OF PRODUCTION, valeur brute de la production.
INDEX OF INDUSTRIAL PRODUCTION, indice de la production industrielle.
INDEX-NUMBERS OF INDUSTRIAL PRODUCTION, indices de la production industrielle.
INDUSTRIAL PRODUCTION INDEX-NUMBERS, indices de la production industrielle.
INTEREST ON CAPITAL CONSTITUTES A CHARGE ON PRODUCTION, les intérêts du capital constituent un élément du coût de production.
JOINT PRODUCTION, production liée.
LABOUR AS A FACTOR OF PRODUCTION, travail en tant que facteur de production.
LABOUR-INTENSIVE PRODUCTION, production à forte proportion de travail.
LAND AS FACTOR OF PRODUCTION, terre en tant que facteur de production.
LARGE PRODUCTION, production importante.
LEVEL OF PRODUCTION, niveau de la production.
LINE PRODUCTION, production à la chaîne.
MACHINE-PRODUCTION, production mécanisée.
MASS PRODUCTION, production de masse, en série.
MASS-PRODUCTION CAR, voiture de série.
MEANS OF PRODUCTION, moyens de production.
MINERAL PRODUCTION, production de minerais.
PLANNING OF PRODUCTION, planification de la production.
PRIMARY FACTORS OF PRODUCTION, facteurs primaires de production.
PRODUCTION AND ASSEMBLY, production et montage.
PRODUCTION CAPACITY, capacité de production.
PRODUCTION COST, coût de production.
PRODUCTION OF CROPS AND LIVESTOCK PRODUCTS, production d'origine végétale et animale.
PRODUCTION CURVE, courbe de production.
PRODUCTION FOR DOMESTIC SALES, production pour vente dans le pays.
PRODUCTION OF ESTATES, production des grands domaines.
PRODUCTION INCENTIVES, stimulants de la production.
PRODUCTION PLAN, plan de production.
PRODUCTION POSSIBILITIES, possibilités de production.
PRODUCTION-POSSIBILITY CURVE, courbe des possibilités de production.
PRODUCTION PROCESS, processus de production.
PRODUCTION UNIT, unité de production.
QUANTITY PRODUCTION, production de masse.
to RESTRAIN PRODUCTION, freiner la production.
to RESTRICT FARM PRODUCTION, réduire la production agricole.
RESTRICTION OF PRODUCTION, restriction de la production.

SCALE OF PRODUCTION, échelle de production.
to SCALE DOWN PRODUCTION, ralentir la production.
SECONDARY PRODUCTION, industrie; secteur secondaire.
STANDARD PRODUCTION, production de série.
STANDARDIZED PRODUCTION, production standardisée, normalisée; production en série.
to STIMULATE PRODUCTION, encourager la production.
TECHNICAL PRODUCTION FUNCTION, fonction de production technique.
THEORY OF PRODUCTION, théorie de la production.
TIME TAKEN IN PRODUCTION, temps employé pour la production.
TIME-USING PRODUCTION, production qui demande du temps.
TRENDS IN PRODUCTION, tendances de la production.

PRODUCTIVE a, productif, fertile, producteur.
CAPITAL PRODUCTIVE OF INTEREST, capital productif d'intérêts.
FIXED PRODUCTIVE OPPORTUNITY, possibilité de production fixe.
PRODUCTIVE ACTIVITIES, activités productives.
PRODUCTIVE CAPACITY, capacité de production.
PRODUCTIVE CAPITAL, capitaux productifs.
PRODUCTIVE INVESTMENT, investissement productif.
PRODUCTIVE OPPORTUNITY, possibilité de production.
PRODUCTIVE POWERS, capacité(s) de production.

PRODUCTIVENESS s, productivité f, rendement m.

PRODUCTIVITY s, productivité f, rendement m.
AVERAGE PRODUCTIVITY, productivité moyenne.
GROWTH OF PRODUCTIVITY, accroissement de la productivité.
INCENTIVE PAY FOR HIGHER PRODUCTIVITY, primes de productivité.
LABOUR PRODUCTIVITY, productivité du travail.
to LIFT PRODUCTIVITY, accroître la productivité.
MANUFACTURING PRODUCTIVITY, productivité industrielle.
MARGINAL PHYSICAL PRODUCTIVITY OF LABOUR, productivité physique marginale du travail.
MARGINAL PRODUCTIVITY OF LABOUR, productivité marginale du travail.
MARGINAL PRODUCTIVITY THEORY OF DISTRIBUTION, théorie de la répartition basée sur la productivité marginale.
MARGINAL PRODUCTIVITY OF WAITING, productivité marginale de l'attente.
NET PRODUCTIVITY OF CAPITAL, productivité nette du capital.
PRODUCTIVITY DRIVE, campagne de productivité.
PRODUCTIVITY OF LABOUR IN AGRICULTURE, productivité de la main-d'œuvre dans l'agriculture.
REWARD WHICH CORRESPONDS TO THE MARGINAL PRODUCTIVITY, rémunération correspondant à la productivité marginale.

PROFESSION s, profession f, métier m.
CLOSED PROFESSIONS, professions fermées.
MEDICAL PROFESSION, profession de médecin; corps médical.
PROFESSIONS, professions libérales.
STRENUOUS PROFESSION, métier pénible.

PROFESSIONAL a, professionnel.
PROFESSIONAL ARBITRAGEURS, arbitragistes professionnels.
PROFESSIONAL CLASSES, membres des professions libérales.
PROFESSIONAL PRACTICES, usages de la profession.
PROFESSIONAL SECRECY, secret professionnel.

PROFESSIONAL s, professionnel m, expert m.

PROFESSOR s, professeur m.
ASSOCIATE PROFESSOR, professeur associé.

PROFESSORATE s, professorat m.

PROFESSORSHIP s, professorat m.

PROFFER v, offrir.

PROFFERER s, offrant m.
the BEST PROFFERER, le plus offrant.

PROFICIENCY s, capacité f, compétence f.

PROFICIENT a, capable, compétent.

PROFILE s, profil m.

PROFIT s, profit m, bénéfice m, gain m; plus-value f.
ALLOCATION OF PROFIT, répartition des profits.
ANTICIPATED PROFIT, bénéfice escompté.
APPROPRIATION OF NET PROFIT, répartition, affectation, du bénéfice net.
BALANCE-SHEET SHOWING A PROFIT, bilan bénéficiaire.
BEST PROFIT, meilleur profit.
BEST-PROFIT EQUILIBRIUM, équilibre de meilleur profit.
BEST-PROFIT POINT, point de meilleur profit.
CAPITAL PROFITS, plus-values en capital.
CASUAL PROFIT, profit casuel.
CLEAR PROFIT, bénéfice clair et net.
CONCEALMENT OF PROFITS, dissimulation de bénéfices.
CONTINGENT PROFIT, profit aléatoire.
CORPORATE PROFIT, profit des sociétés.

to DERIVE PROFIT FROM, tirer profit de.
DIRECTOR'S PERCENTAGE ON PROFITS, tantièmes d'administrateur.
DISTRIBUTABLE PROFIT, bénéfice pouvant être distribué.
DISTRIBUTION OF PROFITS, répartition des bénéfices.
to DIVIDE A PROFIT, répartir le bénéfice.
DIVISIBLE PROFITS, profits répartissables.
DIVISION OF PROFITS, répartition des bénéfices.
to DRAW A PROFIT FROM A TRANSACTION, tirer du profit d'une opération.
ENTREPRENEURS' EXPECTATION OF PROFITS, prévision de profit des entrepreneurs.
the ENTREPRENEUR MAXIMIZES HIS PROFITS, l'entrepreneur maximise le profit.
EVENTUAL PROFITS, profits éventuels.
EXCESS PROFITS, surperbénéfice.
EXCESS PROFITS DUTY, impôt sur les superbénéfices; impôt sur les bénéfices de guerre.
EXCESS PROFITS TAXES, impôts sur les superbénéfices.
to EXHIBIT PROFITS, faire apparaître des bénéfices.
EXTRA PROFIT, profit additionnel.
each FIRM MAXIMIZES ITS PROFIT, chaque firme rend maximum son profit individuel.
FUTURE PROFITS, profits futurs.
GROSS PROFIT, bénéfice brut.
ILLICIT PROFITS, profits illicites.
ILLUSORY PROFIT, profit illusoire.
INCOMING PROFIT, profits réalisés; profits à réaliser.
INTEREST IN THE PROFITS, participation aux bénéfices.
LOSS OF PROFIT, manque à gagner.
LOSSES THAT MOP UP ALL THE PROFITS, pertes qui engloutissent tous les bénéfices.
to MAKE PROFITS, réaliser des bénéfices.
MAKING A PROFIT, réalisation d'un bénéfice.
MARGIN OF PROFIT, marge bénéficiaire.
to MAXIMIZE TOTAL PROFIT, rendre maximum le profit total.
MAXIMIZING PROFITS, maximation des profits.
MONOPOLY PROFITS, profits de monopole.
NET OPERATING PROFIT, bénéfice net d'exploitation.
NET PROFIT, profit net; bénéfice net.
NORMAL PROFIT, profit normal.
OPERATING PROFITS, bénéfices d'exploitation.
PAPER PROFITS, profits fictifs, théoriques.
PARTICIPATION IN PROFITS, participation aux bénéfices.
PECUNIARY PROFITS, profits pécuniaires.
POINT OF MAXIMUM PROFIT, point de profit maximum.
PRIOR APPROPRIATION ON THE NET PROFITS, prélèvement prioritaire sur les bénéfices nets.
non-PROFIT, sans but lucratif.
PROFITS ACTUALLY REALIZED, bénéfice effectivement réalisé.
PROFIT BALANCE, solde bénéficiaire.
PROFIT ON CHARTER, bénéfice d'affrètement.
PROFITS CUT VERY FINE, profits réduits à presque rien.
PROFIT EARNED ON A SALE, profit réalisé sur une vente.
PROFIT EARNING CAPACITY, rentabilité.
PROFITS ON AN ESTATE, revenu d'une terre.
non-PROFIT INSTITUTIONS, organismes à but non lucratif.
PROFIT OF 10 % ON THE INVESTMENT, bénéfice correspondant à 10 % de la mise de fonds.
PROFIT AND LOSS ACCOUNT, compte de pertes et profits.
PROFITS WHICH MAKE UP FOR LOSSES, bénéfices qui compensent les pertes.
PROFITS WHICH OFFSET LOSSES, bénéfices qui compensent les pertes.
PROFIT OPPORTUNITIES, occasions de profit.
non-PROFIT ORGANIZATIONS, organisations à but non lucratif.
PROFITS PUT TO RESERVE, bénéfices mis en réserve.
PROFITS QUADRUPLE THOSE OF PREVIOUS YEAR, profits quadruples de ceux de l'année précédente.
PROFIT ON A SALE, profit, bénéfice, sur une vente.
PROFIT SEEKING, recherche du profit.
PROFIT-SEEKING, intéressé; à but lucratif.
non PROFIT-SEEKING CORPORATION, U.S: société sans but lucratif.
PROFIT-SHARING, participation aux bénéfices.
PROFIT-SHARING SCHEME, système de participation aux bénéfices.
PROFIT-TAKING, prise de bénéfice.
PROPORTION OF THE PROFITS, quote-part des bénéfices.
RATE OF PROFIT, taux de profit.
to REAP PROFIT, tirer profit.
to RESELL AT A PROFIT, revendre avec bénéfice.
to RESERVE A PART OF THE PROFITS, réserver une partie des bénéfices.
to SELL OUT AT A PROFIT, revendre avec bénéfice.
SHARE IN (THE) PROFITS, participation aux bénéfices; tantième.
to SHARE (IN) THE PROFITS, participer aux bénéfices.
to SHOW ILLUSORY PROFITS, faire apparaître des bénéfices mensongers.

STATEMENT OF PROFIT AND LOSS, compte, relevé, de profits et pertes.
SURPLUS PROFIT, superbénéfice.
TAXES ON CAPITAL PROFITS, taxe sur la plus-value en capital.
THEORY OF PROFIT, théorie du profit.
TOTAL PROFIT, profit total.
TRADING PROFITS, bénéfices commerciaux; bénéfices d'exploitation.
TURNING TO PROFIT, mise en valeur; mise à profit.
UNDISTRIBUTED PROFIT, bénéfice non distribué.
UNDIVIDED PROFITS, bénéfices non répartis.
WINDFALL PROFIT, gain imprévisible.
to YIELD PROFIT, rapporter des bénéfices.

PROFIT v, profiter, bénéficier.

PROFITABILITY s, rentabilité f, profit m.
RATE OF PROFITABILITY, U.S: taux de rentabilité.

PROFITABLE a, profitable, rémunérateur, lucratif, fructueux.
PROFITABLE BUSINESS, affaire profitable, lucrative.
PROFITABLE INVESTMENT, placement fructueux.
PROFITABLE OUTLET, débouché rémunérateur.

PROFITABLENESS s, rentabilité f, profit m.

PROFITABLY adv, profitablement.

PROFITEER s, profiteur m.

PROFITEERING s, affairisme m, mercantilisme m.

PROFITLESS a, sans profit m.
PROFITLESS POINT, seuil de rentabilité; point d'équilibre.

PROFUSE a, prodigue, abondant.

PROFUSENESS s, profusion f.

PROFUSION s, profusion f, abondance f.

PROGENY s, postérité f, descendants m. pl; progéniture f.

PROGNOSIS s, pronostic m; prognose f.

PROGNOSTIC a, prognostique.

PROGNOSTIC s, pronostic m.

PROGNOSTICATE v, pronostiquer.

PROGNOSTICATION s, pronostic m, prévision f.

PROGRAM(ME) s, programme m, plan m.
APPLICATION PROGRAMS, programmes d'application(s).
COMPREHENSIVE PROGRAMME, programme détaillé et complet.
CONTROL PROGRAM, programme de contrôle.
DETERMINISTIC PROGRAM, programme déterministe.
HEURISTIC PROGRAM, programme heuristique.
LIBRARY OF PROGRAMS, bibliothèque de programmes.
OPTIMAL PROGRAM, programme optimal.
PARAMETRIC PROGRAM, programme paramétrique.
PROCESSING PROGRAM, programme de traitement.
PROGRAM EVALUATION AND REVIEW TECHNIQUES (P.E.R.T.), méthode P.E.R.T.; techniques d'évaluation et de révision des programmes.
PUBLIC-WORKS PROGRAM, programme de travaux publics.
STOCHASTIC PROGRAM, programme stochastique.
STORED PROGRAM, programme en mémoire.
STORED PROGRAM COMPUTER, ordinateur.
UTILITY PROGRAM, programme utilitaire; programme de service.

PROGRAM(ME) v, programmer.

PROGRAMMER s, programmeur m, programmateur m.

PROGRAMMING s, programmation f, programmes m. pl.
AUTOMATIC PROGRAMMING, programmation automatique.
DYNAMIC PROGRAMMING, programmation dynamique.
LINEAR PROGRAMMING, programmes linéaires; programmation linéaire.
MICRO-PROGRAMMING, micro-programmation.
MULTI-PROGRAMMING, multiprogrammation.
MULTIPLE PROGRAMMING, multiprogrammation.
PROGRAMMING LANGUAGE, langage de programmation.
PROGRAMMING SYSTEM, système de programmation.
SIMPLEX PROGRAMMING, programmation simplexe.

PROGRESS s, progrès m.
PENALTY OF PROGRESS, rançon du progrès.
PROGRESS AND REGRESS, progrès et régression.
PROGRESS TAX, impôt progressif.
RAPID PROGRESS, progrès rapides.

PROGRESS v, (s') avancer, progresser.

PROGRESSION s, progression f.
ARITHMETIC PROGRESSION, progression arithmétique.
COMMON DIFFERENCE OF AN ARITHMETIC PROORESSION, raison d'une progression arithmétique.
COMMON RATIO OF A GEOMETRIC PROGRESSION, raison d'une progression géométrique.

GEOMETRICAL PROGRESSION, progression géométrique.
HARMONIC PROGRESSION, progression harmonique.

PROGRESSIONAL a, progressionnel.

PROGRESSIONISM s, progressisme m.

PROGRESSIVE a, progressif; progressiste.
PROGRESSIVE TAX, impôt progressif.

PROGRESSIVELY adv, progressivement.

PROGRESSIVENESS s, progressivité f.

PROHIBIT v, prohiber, interdire.

PROHIBITION s, prohibition f, défense f, interdiction f.
EXPORT PROHIBITION, prohibition de sortie.
IMPORT PROHIBITION, prohibition d'entrée.
PROHIBITION LAW, U.S: loi de prohibition.
to RAISE A PROHIBITION, lever une prohibition.
STRICT PROHIBITION, défense formelle.

PROHIBITIONISM s, prohibitionnisme m.

PROHIBITIVE a, prohibitif.
PROHIBITIVE DUTY, droit prohibitif.
PROHIBITIVE PRICE, prix prohibitif.
PROHIBITIVE TARIFF, tarif prohibitif.

PROHIBITORY a, prohibitif.

PROJECT s, projet m.
IMMATURE PROJECT, projet (qui n'est) pas mûr.

PROJECT v, projeter.

PROJECTION s, projection f, coupe f.
FLAT PROJECTION, coupe, projection, horizontale.

PROJECTIVE a, projectif.
PROJECTIVE GEOMETRY, géométrie descriptive.

PROLATE a, allongé.

PROLETARIAN a, prolétaire, prolétarien.

PROLETARIAN s, prolétaire m.

PROLETARIAT(E) s, prolétariat m.
DICTATORSHIP OF THE PROLETARIAT, dictature du prolétariat.

PROLIFERATE v, proliférer.

PROLIFERATION s, prolifération f.

PROLONG v, prolonger; proroger.
to PROLONG A BILL, proroger l'échéance d'un billet.
to PROLONG A LINE INDEFINITELY, prolonger une ligne à l'infini.

PROLONGATION s, prolongation f, prorogation f.

PROLONGING s, prorogation f; prolongation f.

PROMISE s, promesse f.
PROMISE TO PAY, promesse de payer.
PROMISE TO PAY MONEY IN THE FUTURE, promesse de paiement à terme.
PROMISE OF SALE MADE WITH A DEPOSIT, promesse de vente faite avec des arrhes.
PROMISE OF SHARES, promesse d'actions.

PROMISSORY a, promissoire.
JOINT PROMISSORY NOTE, billet conjoint.
PROMISSORY DOCUMENTS, documents à ordre.
PROMISSORY NOTE, billet à ordre; promesse.
PROMISSORY NOTE MADE OUT TO BEARER, billet au porteur.
PROMISSORY NOTE MADE OUT TO ORDER, billet à ordre.

PROMOTE v, promouvoir, lancer.
to PROMOTE A COMPANY, lancer une société.

PROMOTER s, promoteur m.
COMPANY PROMOTER, promoteur de société.
PROMOTER OF A SYNDICATE, promoteur d'un syndicat.

PROMOTING s, promotion f; lancement m.

PROMOTION s, promotion f; avancement m; lancement m.
PROMOTION MONEY, coût de premier établissement.
PROMOTION ROSTER, tableau d'avancement.
PROMOTION BY SELECTION, promotion au choix.
PROMOTION BY SENIORITY, promotion à l'ancienneté.
PROMOTION SHARES, actions de primes.
SALES PROMOTION, promotion des ventes.

PROMPT a, prompt, rapide, immédiat.
NET PROMPT CASH, comptant net.
PROMPT CASH LESS DISCOUNT, comptant avec escompte.
PROMPT COTTON, coton livrable sur le champ et comptant.
PROMPT DELIVERY, livraison immédiate.
PROMPT SERVICE, service rapide.

PROMPTLY adv, promptement, ponctuellement.
to PAY PROMPTLY, payer argent comptant; payer ponctuellement.

PROMULGATE v, promulguer.

PROMULGATION s, promulgation f.

PROOF s, preuve f, justification f, titre m.
BURDEN OF PROOF, charge de la preuve.
DOCUMENTARY PROOF, preuve documentaire.
ONUS OF PROOF, fardeau de la preuve.
POSITIVE PROOF, preuve patente.
PROOF OF IDENTITY, preuve d'identité.
PROOF OF INDEBTEDNESS, titre de créance.
PROOF OF LOSS, justification de perte.
PROOF OF ORIGIN, justification d'origine.
PROOF OF OWNERSHIP, titre de propriété.

PROPAGANDA s, propagande f.

PROPAGATE v, propager, répandre.

PROPAGATING s, propagation f.

PROPAGATION s, propagation f.

PROPELLER s, propulseur m.
PROPELLER JET, turbo-propulseur.

PROPELLING a, propulsif, moteur.
PROPELLING FORCE, force motrice.

PROPENSITY s, propension f, penchant m, inclination f, tendance f.
AGGREGATE PROPENSITY TO CONSUME, propension globale à consommer.
AVERAGE PROPENSITY TO CONSUME, propension moyenne à consommer.
COMMUNITY'S PROPENSITY TO CONSUME, propension de la communauté à consommer.
MARGINAL PROPENSITY TO ABSORB, capacité d'absorption marginale.
MARGINAL PROPENSITY TO CONSUME, propension marginale à consommer.
MARGINAL PROPENSITY TO IMPORT, propension marginale à importer.
MARGINAL PROPENSITY TO INVEST, propension marginale à investir.
MARGINAL PROPENSITY TO SAVE, propension marginale à épargner.
MARGINAL PROPENSITY TO SPEND, propension marginale à dépenser.
PROPENSITY TO BORROW, propension à emprunter.
PROPENSITY TO BORROW LONG, propension à emprunter à long terme.
PROPENSITY TO CONSUME, propension à consommer.
PROPENSITY TO HOARD, propension à thésauriser.
PROPENSITY TO INVEST, propension à investir.
PROPENSITY TO SAVE, propension à épargner.
PSYCHOLOGICAL PROPENSITIES, penchants psychologiques.

PROPER a, propre; convenable, régulier; opportun; bon.
in PROPER CONDITION, en bon état.
PROPER FORM, bonne et due forme.
PROPER FRACTION, fraction inférieure à l'unité.
at THE PROPER RATE, au taux, au prix, convenable.
PROPER RECEIPT, quittance régulière.
at the PROPER TIME, en temps opportun.

PROPERTIED a, possédant.
PROPERTIED CLASSES, classes possédantes.

PROPERTY s, propriété f, immeuble m, terre f, domaine m, bien m, chose f, avoir m; qualité f, vertu f.
ADVENTITIOUS PROPERTY, biens adventices.
to ASSESS THE PROPERTY FOR TAXATION, évaluer une propriété aux fins d'imposition.
ASSESSMENT ON LANDED PROPERTY, cote foncière.
ASSIGNMENT OF PROPERTY (TO CREDITORS), cession de biens (à des créanciers).
BALANCING PROPERTY OF THE ACCOUNTS, équilibre obligatoire des comptes.
to CLEAR ONE'S PROPERTY OF DEBT, purger son bien de dettes.
to COME INTO A PROPERTY, hériter d'une terre, d'un domaine.
COMMUTATIVE PROPERTY, commutativité f.
COMPULSORY ACQUISITION OF PROPERTY (BY PUBLIC BODIES), expropriation dans l'intérêt public.
CONVEYANCE OF PROPERTY, transmission de biens.
CO-PROPERTY, copropriété.
DAMAGE TO PROPERTY, dommages matériels.
to DISENCUMBER A PROPERTY, dégrever une propriété.
DISPOSAL OF PROPERTY, disposition de biens; aliénation de biens.
to DISPOSE OF A PROPERTY, céder un bien.
DIVISION OF A PROPERTY, division d'une propriété.
ENEMY ALIEN PROPERTY ACT, loi sur les biens ennemis.
FIXED PROPERTY, biens immeubles.
to FREE A PROPERTY FROM MORTGAGE, déshypothéquer, dégrever, une propriété.
FUNDED PROPERTY, biens en rente.

HOUSE-PROPERTY, immeubles.
INCOME FROM PROPERTY, revenus de la propriété.
INHERENT PROPERTY (OF), attribut; le propre de.
INTANGIBLE PROPERTY, biens incorporels.
INVARIANT PROPERTIES, propriétés invariables.
INVENTORY OF THE PROPERTY, inventaire de biens.
to INVEST IN HOUSE-PROPERTY, placer son argent en immeubles.
LAND AND HOUSE-PROPERTY, biens immobiliers; biens fonds.
LANDED PROPERTY, propriété foncière.
LEASED PROPERTY, chose louée; propriété affermée.
LEASEHOLD PROPERTY, bien loué; exploitation affermée.
LIEN ON THE PERSONAL PROPERTY OF A DEBTOR, privilège sur les meubles d'un débiteur.
LITERARY PROPERTY, propriété littéraire.
LONG-TERM LEASE OF BUSINESS PROPERTY, U.S: baux commerciaux et industriels à long terme.
MORTGAGEABLE PROPERTY, biens hypothécables.
MOVABLE PROPERTY, biens meubles.
to PART WITH A PROPERTY, céder une propriété.
to PAWN ONE'S PROPERTY, engager son bien.
PEASANT PROPERTY-HOLDING, petite propriété foncière.
PERSONAL PROPERTY, biens mobiliers.
to PLEDGE ONE'S PROPERTY, gager son bien.
TO POSSESS A LOT OF PROPERTY, posséder de grands biens.
PRIVATE PROPERTY, propriété privée.
PROPERTY ACCOUNT, compte domaine; compte de valeurs.
PROPERTY ACCOUNTS, comptes de l'exploitation.
PROPERTY ACQUIRED FOR VALUABLE CONSIDERATION, propriété acquise à titre onéreux.
PROPERTY CHARGED AS SECURITY FOR A DEBT, immeuble affecté à la garantie d'une créance.
PROPERTIES OF THE CURVE, propriétés de la courbe.
PROPERTY HELD IN FEE SIMPLE, bien détenu en toute propriété.
PROPERTY LODGED WITH A BANK, avoirs déposés en banque.
PROPERTY PRESENT AND FUTURE, biens présents et à venir.
PROPERTY-QUALIFICATION, cens électoral.
PROPERTY SALE, vente d'immeubles.
PROPERTY-TAX, contribution foncière; impôt foncier.
PUBLIC PROPERTY, propriété publique.
to REACQUIRE A PROPERTY, réacquérir une propriété.
REAL PROPERTY, propriété immobilière.
to REDEEM ONE'S PROPERTY, dégager son bien.
to REGAIN POSSESSION OF A PROPERTY BY REVERSION, rentrer dans un bien par droit de retour.
to RID A PROPERTY OF DEBT, purger un bien de dettes.
RIGHT TO THE LEASE OF A PROPERTY, droit au bail d'un immeuble.
SEIZURE OF MOVABLE PROPERTY, saisie mobilière.
SEIZURE OF REAL PROPERTY, saisie immobilière.
SURRENDER OF A BANKRUPT'S PROPERTY, abandon des biens d'un failli (à ses créanciers).
to TAKE A MORTGAGE ON PROPERTY, prendre une hypothèque sur un bien.
TANGIBLE PROPERTY, biens corporels.
TAXES ON PROPERTY TRANSFERS, droits de mutation.
TITLE TO PROPERTY, titre de propriété.
TRANSFER OF PROPERTY, transmission, mutation, de biens.
to TRANSMIT A PROPERTY BY WILL, transmettre des biens par testament.
UNDIVIDED PROPERTY, biens indivis.
VALUATION OF PROPERTY INSURED, évaluation, estimation, des biens assurés.
to VEST PROPERTY IN, mettre quelqu'un en possession.

PROPHECY s, prophétie f, prédiction f.

PROPORTION s, proportion f, part f; prorata m, quote-part f, rapport m.
ARITHMETICAL PROPORTION, proportion arithmétique.
in EQUAL PROPORTIONS, par parts égales.
in FIXED PROPORTIONS, dans des proportions fixes.
GEOMETRICAL PROPORTION, proportion géométrique.
INVERSE PROPORTION, rapport inverse.
PAYMENT IN PROPORTION TO WORK DONE, rémunération au prorata du travail accompli.
in PROPORTION TO, proportionnellement à.
PROPORTION OF CURRENT INTEREST, prorata d'intérêts en cours.
PROPORTION OF THE PROFITS, quote-part des bénéfices.

PROPORTION v, proportionner, doser.
to PROPORTION ONE'S EXPENDITURE TO ONE'S INCOME, mesurer sa dépense à son revenu.

PROPORTIONABLE a, proportionné.

PROPORTIONAL a proportionnel; proportionné.
INVERSELY PROPORTIONAL TO, inversement proportionnel à.
PROPORTIONAL REPRESENTATION, représentation proportionnelle.

PROPORTIONAL s, proportionnelle f.
MEAN PROPORTIONAL, moyenne géométrique.

PROPORTIONALITY s, proportionnalité f.

PROPORTIONALITY BETWEEN MARGINAL UTILITIES AND PRICES, proportionnalité entre les utilités marginales et les prix.

PROPORTIONALLY adv, proportionnellement.

PROPORTIONATE a, proportionné, proportionnel.
PROPORTIONATE CHANGES, variations proportionnelles.
PROPORTIONATE DECREASE, diminution proportionnelle.

PROPORTIONATELY adv, proportionnellement.

PROPORTIONATENESS s, proportionnalité f.

PROPORTIONED a, proportionné, dosé.

PROPORTIONING s, dosage m.

PROPORTIONMENT s, distribution f proportionnelle.

PROPOSAL s, proposition f, offre f; projet m.
PRACTICAL PROPOSAL, proposition d'ordre pratique.
PROPOSAL OF INSURANCE, proposition d'assurance.

PROPOSE v, proposer.

PROPOSING s, proposition f, offre f.

PROPOSITION s, proposition f; thèse f; théorème m.
AXIOMATIC PROPOSITION, proposition, thèse, axiomatique.
CLEARLY DEMONSTRABLE PROPOSITION, proposition apodictique.
CONTRADICTORY PROPOSITIONS, propositions contradictoires.
CONTRARY PROPOSITIONS, propositions contraires.
MATHEMATICAL PROPOSITION, proposition mathématique.
PAYING PROPOSITION, affaire qui rapporte.
SUBALTERN PROPOSITION, proposition subalterne.

PROPOSITIONAL a, de la proposition.
the two PROPOSITIONAL TERMS, les deux prémisses.

PROPRIETARY a, de propriétaire m; possédant.
PROPRIETARY ACCOUNTS, comptes de résultats.
PROPRIETARY CLASSES, classes possédantes.
PROPRIETARY INSURANCE, assurance à prime.

PROPRIETARY s, propriété f, propriétaire m, droit m de propriété.
LANDED PROPRIETARY, propriétaires fonciers.
PEASANT PROPRIETARY, propriété paysanne.

PROPRIETOR s, propriétaire m.
CO-PROPRIETOR, copropriétaire.
JOINT PROPRIETOR, copropriétaire.
LANDED PROPRIETOR, propriétaire foncier.
PEASANT PROPRIETOR, petit propriétaire.
SOLE PROPRIETOR, seul propriétaire.

PROPRIETORSHIP s, droit m de propriété f, propriété.

PRORATABLE a, proportionnel.
PRORATABLE CONTRIBUTION, contribution proportionnelle.

PROROGATION s, prorogation f.

PROSECUTE v, poursuivre (en justice f).

PROSECUTION s, poursuites f. pl.
the EVIDENCE FOR THE PROSECUTION, témoins de l'accusation.

PROSPECT s, vue f; perspective f, prospective f, éventualité f, expectation f; U.S: prospect m, U.S: client m possible.
ASSESSMENT OF MARKET PROSPECTS, évaluation des perspectives du marché.
FUTURE PROSPECTS, perspectives d'avenir.
PROSPECTS FOR THE FUTURE, perspectives d'avenir.
PROSPECTS OF SUCCESS, chances de succès.
REMOTE PROSPECT, éventualité peu probable.

PROSPECT v, prospecter, chercher.
to PROSPECT FOR GOLD, chercher de l'or.

PROSPECTING s, prospection f, recherche f.
PROSPECTING CONCESSION, droit de prospection.

PROSPECTION s, prospection f.

PROSPECTIVE a, prospectif, escompté, futur, éventuel, prévu.
DISCOUNTED VALUE OF THE ADDITIONAL PROSPECTIVE YIELD, valeur actuelle du rendement additionnel probable.
PROSPECTIVE BUYER, acheteur éventuel.
PROSPECTIVE CHANGES, changements escomptés.
PROSPECTIVE MAJORITY, majorité en perspective.
PROSPECTIVE NET RECEIPTS, recettes nettes prévues.
PROSPECTIVE VALUE, valeur future, escomptée.
PROSPECTIVE YIELD, rendement escompté.

PROSPECTOR s, chercheur m d'or m, prospecteur m.

PROSPECTUS s, prospectus m, appel m à la souscription.
to ISSUE A PROSPECTUS, lancer un prospectus.

PROSPER v, prospérer.

PROSPERITY s, prospérité f.
MAINTENANCE OF ECONOMIC PROSPERITY, maintien de la prospérité économique.

PROSPEROUS a, prospère, florissant.

PROSPEROUSNESS s, prospérité f.

PROTECT v, protéger, sauvegarder.
to PROTECT A BILL OF EXCHANGE, faire provision pour une lettre de change.
to PROTECT AN INDUSTRY AGAINST UNFAIR COMPETITION, protéger une industrie contre la concurrence déloyale.
to PROTECT THE INTERESTS OF SHAREHOLDERS, sauvegarder les intérêts des actionnaires.

PROTECTED a, protégé.

PROTECTING a, protecteur.

PROTECTING s, protection f, sauvegarde f.

PROTECTION s, protection f, sauvegarde f.
FIRE-PROTECTION, protection contre l'incendie.
PROTECTION AGAINST FOREIGN COMPETITION, protection contre la concurrence étrangère.

PROTECTIONISM s, protectionnisme m.
DOMESTIC CARTELS FAVOURED BY CUSTOMS PROTECTIONISM, cartels nationaux favorisés par le protectionnisme douanier.

PROTECTIONIST a, protectionniste.
PROTECTIONIST SYSTEM, système protectionniste.

PROTECTIONIST s, protectionniste m.

PROTECTIVE a, protecteur.
PROTECTIVE DUTY, droit protecteur.
PROTECTIVE TARIFF, tarif protecteur.

PROTECTOR s, protecteur m.

PROTECTORATE s, protectorat m.

PROTEIN s, protéine f.

PROTEST s, protestation f; protêt m.
to MAKE A PROTEST, lever protêt.
to NOTE PROTEST OF A BILL OF EXCHANGE, faire le protêt d'une lettre de change.
PROTEST FOR NON ACCEPTANCE, protêt faute d'acceptation.
PROTEST FOR NON-PAYMENT, protêt faute de paiement.

PROTEST v, protester.
to PROTEST A BILL, protester une lettre de change; lever protêt d'une lettre de change.

PROTESTABLE a, protestable.
the CHEQUE IS PROTESTABLE, le chèque est protestable.

PROTESTATION s, protestation f.

PROTESTED a, protesté.

PROTESTER s, protestateur m.

PROTESTING s, protestation f.

PROTESTOR s, protestateur m.

PROTOCOL s, protocole m.

PROVABLE a, démontrable.

PROVE v, prouver, justifier.
to PROVE CLAIMS IN BANKRUPTCY AND LIQUIDATION, produire à une faillite et à une liquidation.
to PROVE THE IDENTITY OF, justifier de l'identité de.
to PROVE THE LOSS, faire la preuve d'un sinistre.

PROVED a, prouvé, justifié.
PROVED COST, coût justifié.
PROVED DAMAGE, préjudice justifié.

PROVEN a, prouvé.
PROVEN MANAGEMENT, direction ayant fait ses preuves.

PROVIDE v, (se) pourvoir, stipuler, (se) prémunir, parer, fournir, subvenir.
the CONTRACT PROVIDES THAT, le contrat stipule que.
to PROVIDE A BILL FOR ACCEPTANCE, présenter un effet à l'acceptation.
to PROVIDE FOR A BILL, faire provision pour une lettre de change.
to PROVIDE FOR CONTINGENCIES, parer à l'imprévu.
to PROVIDE AGAINST A FALL, se prémunir contre la baisse.
to PROVIDE FOR FUTURE CONSUMPTION, pourvoir à la consommation future.

PROVIDED a, pourvu, prévu, stipulé.
ALTERATION OF CAPITAL PROVIDED BY, modification du capital prévue par.
EXPENSES PROVIDED FOR IN THE BUDGET, dépenses prévues au budget.
PROVIDED BY THE ARTICLES, prévu par les statuts.
RESERVE PROVIDED BY THE ARTICLES, réserve statutaire.

PROVIDENCE s, prévoyance f, prudence f, providence f.
PROVIDENCE STATE, Etat-providence.

PROVIDENT a, prévoyant, frugal, économe.

PROVIDENT FUND, caisse de prévoyance.
PROVIDENT SCHEME, système de prévoyance.
PROVIDENT SOCIETY, société de prévoyance.
STAFF PROVIDENT FUND, caisse de prévoyance du personnel.

PROVIDENTIAL a, providentiel.

PROVIDER s, fournisseur m.

PROVINCE s, province f; compétence f.
SEABOARD PROVINCES, provinces maritimes.

PROVINCIAL a, provincial.
PROVINCIAL BANK, banque de province.

PROVINCIALISM s, provincialisme m, régionalisme m.

PROVING s, preuve f, démonstration f, épreuve f.

PROVISION s, provision f, réserve f; stipulation f, clause f, disposition f; prestation f (de capitaux m. pl).
CONSTRUCTION OF A PROVISION, interprétation d'une disposition (d'un contrat).
NOTWITHSTANDING ANY PROVISION TO THE CONTRARY, nonobstant toute clause contraire.
PROVISIONS OF AN ACT, dispositions d'une loi.
PROVISIONS OF A BILL OF LADING, stipulations d'un connaissement.
PROVISION OF CAPITAL, prestation de capitaux.
PROVISION FOR DEPRECIATION OF INVESTMENTS, provision pour moins-value des investissements.
PROVISION FOR DEPRECIATION OF SECURITIES, prévision pour moins-value du portefeuille.
PROVISIONS OF AN INSURANCE POLICY, stipulations d'une police d'assurance.
PROVISION AND ISSUE OF COINS, frappe et émission de monnaies.
PROVISIONS FOR REDEMPTION OF PREMISES, amortissement sur immeuble(s).

PROVISION v, approvisionner.

PROVISIONAL a, provisoire, provisionnel, temporaire.
PROVISIONAL ACCOUNT, compte provisoire.
PROVISIONAL GOVERNMENT, gouvernement provisoire.
PROVISIONAL INSURANCE, assurance provisoire.
PROVISIONAL SYNTHESIS, synthèse provisoire.

PROVISIONING s, approvisionnement m.

PROVISO s, condition f, clause f conditionnelle.
with the PROVISO THAT, à condition que.

PROVISORY a, conditionnel, provisoire.

PROXIMATE a, proche, immédiat.
PROXIMATE CAUSE, cause immédiate.

PROXIMITY s, proximité f, voisinage m, rapprochement m.
in CLOSE PROXIMITY OF THE EQUILIBRIUM POINT, à proximité immédiate du point d'équilibre.

PROXY s, procuration f, pouvoir m; mandataire m, fondé m de pouvoir(s).
either PERSONALLY OR BY PROXY, soit personnellement, soit par procuration.
PROXY SIGNATURE, signature par procuration.
to VOTE BY PROXY, voter par procuration.

PRUDENCE s, prudence f.
FINANCIAL PRUDENCE, prudence financière.

PRUDENT a, prudent.

PRUDENTIAL a, de prudence f.
PRUDENTIAL INSURANCE, assurance industrielle.

PSYCHOLOGICAL a, psychologique.
FUNDAMENTAL PSYCHOLOGICAL LAW, loi psychologique fondamentale.
PSYCHOLOGICAL ANALYSIS OF ECONOMIC BEHAVIOUR, analyse psychologique du comportement économique.
PSYCHOLOGICAL PROPENSITIES, penchants psychologiques.

PSYCHOLOGY s, psychologie f.
APPLIED PSYCHOLOGY, psychotechnique.
ECONOMIC PSYCHOLOGY, psychologie économique.
INDUSTRIAL PSYCHOLOGY, psychotechnique.

PUBLIC a, public, national, gouvernemental, municipal.
CERTIFIED PUBLIC ACCOUNTANT, U.S: expert comptable.
CLAUSE CONTRARY TO PUBLIC POLICY, clause contraire à l'ordre public.
COMMITTEE ON PUBLIC ACCOUNTS*, U.S: Cour des comptes.
EXPROPRIATION FOR PUBLIC PURPOSES, expropriation pour cause d'utilité publique.
to FUND A PUBLIC DEBT, consolider une dette publique.
INTEREST ON PUBLIC DEBT, intérêt de la dette publique.
MONOPOLY OF PUBLIC UTILITIES, monopole des services publics.
NOTARY PUBLIC*, notaire public.
PUBLIC ACCOUNTS, comptabilité publique.

PUBLIC AGENCY, agence gouvernementale.
PUBLIC ATTORNEY*, *U.S:* avocat.
PUBLIC AUTHORITIES, pouvoirs publics.
PUBLIC BONDS, effets publics.
PUBLIC COMPANY*, *U.K:* société anonyme.
PUBLIC CONFIDENCE, confiance du public.
PUBLIC CONSUMPTION, consommation publique.
PUBLIC CORPORATIONS, entreprises publiques.
PUBLIC DEBT, dette publique.
PUBLIC FINANCE, finances publiques.
PUBLIC FUNDS, fonds publics.
PUBLIC HOLIDAY, fête légale.
PUBLIC INTEREST, intérêt public.
PUBLIC INTERNATIONAL AUTHORITIES, institutions publiques internationales.
PUBLIC INTERNATIONAL BODIES, institutions publiques internationales.
PUBLIC INTERNATIONAL LAW, droit international public.
PUBLIC ISSUE, émission publique.
PUBLIC LIABILITY INSURANCE, assurance de responsabilité civile.
PUBLIC LOAN, emprunt public.
PUBLIC MEANS OF CONVEYANCE, transports en commun.
PUBLIC MONEYS, Trésor public; deniers publics.
PUBLIC NOTICE, avis au public.
PUBLIC OFFICE, fonctions publiques.
PUBLIC OPINION, opinion publique.
PUBLIC POLICY, ordre public.
PUBLIC PROPERTY, propriété publique.
PUBLIC PURSE, finances de l'État; Trésor.
PUBLIC RECORDS, Archives nationales.
PUBLIC REGISTERS, registres publics.
PUBLIC REVENUE, revenus de l'État.
PUBLIC SCHOOL, *U.K:* école privée; *U.S:* établissement d'enseignement (primaire).
PUBLIC SECTOR, secteur public.
PUBLIC SECTOR OF THE ECONOMY, secteur public de l'économie.
PUBLIC SECURITIES, fonds, effets, publics.
PUBLIC SERVANT, fonctionnaire.
PUBLIC SEWER, égout municipal.
PUBLIC UNDERTAKINGS, entreprises publiques.
PUBLIC UTILITY COMPANY, société d'utilité publique; service public.
PUBLIC UTILITY STOCKS, valeurs de services publics.
PUBLIC WELFARE, bien-être national.
PUBLIC WELL-BEING, prospérité de la nation.
PUBLIC WORKS, travaux publics.
PUBLIC WORKS PROGRAM, programme de travaux publics.
RESTORATION OF PUBLIC FINANCES, assainissement des finances publiques.
TENDER FOR PUBLIC LOANS, soumission d'emprunts publics.

PUBLIC *s,* public *m.*
to EXPLOIT THE CREDULITY OF THE PUBLIC, exploiter la crédulité du public.
GENERAL PUBLIC, grand public.
INVESTING PUBLIC, clientèle de portefeuille.
PLACING SHARES WITH THE PUBLIC, placement d'actions dans le public.
SHARES ISSUED TO THE PUBLIC, actions émises dans le public.

PUBLICATION *s,* publication *f.*
PERIODICAL PUBLICATION, périodique.

PUBLICIST *s,* publiciste *m;* publicitaire *m.*

PUBLICITY *s,* publicité *f,* réclame *f.*
PUBLICITY CAMPAIGN, campagne de publicité.
PUBLICITY EXPENSES, dépenses publicitaires.

PUBLICLY *adv,* publiquement.
PUBLICLY-OWNED ESTABLISHMENTS, établissements publics.

PUBLISH *v,* publier; éditer.

PUBLISHED *a,* publié.

PUBLISHER *s,* éditeur *m.*

PUBLISHING *s,* publication *f,* édition *f.*
PUBLISHING HOUSE, maison d'édition.
PUBLISHING TRADE, édition.

PULL *s,* traction *f,* tirage *m.*
COST PULL, inflation par la hausse des prix de revient.
DEMAND PULL, pression de la demande.
GRAVITATIONAL PULL, gravitation.

PULL *v,* tirer.

PULLING *s,* tirage *m.*

PUNCH *s,* énergie *f;* poinçon *m;* perforation *f,* perforateur *m,* perforatrice *f.*
CARD PUNCH, perforateur de cartes.
CARD READ PUNCH, lecteur-perforateur de cartes.
DOUBLE PUNCH, double perforation.

KEY-PUNCH, perforatrice.
NUMERIC PUNCH, perforation numérique.
PAPER TAPE PUNCH, perforateur de bandes.
« X » PUNCH, perforation « X ».

PUNCH *v,* poinçonner, perforer.

PUNCHED *a,* perforé.
PUNCHED CARD, carte perforée.
PUNCHED CARD UTILITY, générateur de fonctions classiques, simples.
PUNCHED PAPER TAPE, bande de papier perforée.
PUNCHED TAPE READER, lecteur de bande perforée.

PUNCHING *s,* poinçonnage *m,* perforation *f.*
PUNCHING RATE, vitesse de perforation.

PUNCTUAL *a,* ponctuel; exact, régulier, précis.
PUNCTUAL CO-ORDINATES, coordonnées d'un point.
PUNCTUAL IN PAYMENTS, exact, régulier, dans les paiements.
PUNCTUAL AND STRICT PERFORMANCE OF UNDERTAKINGS, exécution exacte et précise des engagements pris.

PUNCTUALITY *s,* ponctualité *f.*

PUPIL *s,* pupille *m;* élève *m.*

PUPIL(L)AGE *s,* enfance *f,* minorité *f.*
INDUSTRY STILL IN ITS PUPILLAGE, industrie encore dans son enfance.

PURCHASE *s,* achat *m,* acquisition *f.*
BULL PURCHASE, achat à découvert.
CASH PURCHASE, achat comptant.
COVERING PURCHASES, rachats (en bourse).
CREDIT PURCHASE, achat à crédit.
HIRE-PURCHASE, location-vente; vente à tempérament.
HIRE-PURCHASE CREDIT, crédit à tempérament.
OUTRIGHT PURCHASE, achat à forfait, sans réserve.
PURCHASES ACCOUNT, compte d'achat.
PURCHASE FOR FUTURE DELIVERY, achat à terme.
PURCHASE INVOICE, facture d'achat.
PURCHASE LEDGER, *U.S:* grand livre d'achats.
PURCHASE-MONEY, prix d'achat; somme dépensée.
PURCHASE FOR MONEY, achat comptant.
PURCHASE PRICE, prix d'achat.
PURCHASE PRICE, LESS DISCOUNT, prix d'achat, sous déduction d'escompte.
PURCHASE PRICE, PLUS BROKERAGE, prix d'achat, plus le courtage.
PURCHASES AND SALES OF EXCHANGE, achat et vente de devises.
PURCHASE OF SECURITIES, achat de valeurs.
PURCHASE FOR SETTLEMENT, achat à terme.
SPECULATIVE PURCHASES, achats spéculatifs.

PURCHASER *s,* acheteur *m,* acquéreur *m,* preneur *m.*
GENUINE PURCHASER, acheteur sérieux.
INTENDING PURCHASERS, acheteurs éventuels.
bona fide PURCHASER, acheteur de bonne foi.
mala fide PURCHASER, acquéreur de mauvaise foi.
PURCHASER IN GOOD FAITH, acquéreur de bonne foi.

PURCHASING *a,* acquéreur, preneur.
PURCHASING COMPANY, société preneuse.
PURCHASING PARTY, acquéreur.

PURCHASING *s,* achat *m,* acquisition *f.*
to CREATE PURCHASING POWER, créer du pouvoir d'achat.
to MOP UP PURCHASING POWER, éponger le pouvoir d'achat.
PURCHASING CAPACITY OF A COUNTRY, capacité d'achat d'un pays.
PURCHASING AGAINST A DEFAULTER, rachat d'un défaillant.
PURCHASING POWER OF MONEY, pouvoir d'achat de la monnaie.
PURCHASING POWER PARITY, parité des pouvoirs d'achat.
PURCHASING POWER PARITY THEORY, théorie de la parité des pouvoirs d'achat.
PURCHASING RIGHTS, droits d'achat.

PURE *a,* pur, net, abstrait.
PURE BARTER, troc pur et simple.
PURE COMPETITION, concurrence pure.
PURE CREDIT MONEY, pure monnaie de crédit.
PURE CREDIT SYSTEM, système de crédit pur.
PURE ECONOMIC RENT, rente économique pure.
PURE EXCHANGE, pur échange.
PURE GOLD, or pur.
PURE MATHEMATICS, mathématiques pures.
PURE PREMIUM, prime nette.
PURE THEORY, théorie pure, abstraite.
PURE THEORY OF FOREIGN TRADE, théorie pure du commerce international.

PURELY *adv,* purement.
PURELY MONETARY REMEDY, remède purement monétaire.

PURGE *v,* purger, assainir.

to PURGE THE FINANCES OF, assainir les finances de.

PURGING s, assainissement m.

PURIFICATION s, purification f, assainissement m.

PURITAN a, puritain.

PURITANISM s, puritanisme m.

PURITY s, pureté f, aloi m.
STANDARD OF PURITY (OF GOLD, OF SILVER), titre (de l'or, de l'argent).

PURPOSE s, dessein m, but m, affectation f, fin f.
to EARMARK FUNDS FOR A PURPOSE, donner à des fonds une affectation spéciale.
EXPROPRIATION FOR PUBLIC PURPOSES, expropriation pour cause d'utilité publique.
GENERAL PURPOSE COMPUTER, ordinateur universel; calculateur universel.
MULTI-PURPOSE WATER WORKS, ouvrages hydrauliques à buts multiples.
for PURPOSES OF INTERNATIONAL COMPARISONS, pour permettre des comparaisons d'un pays à l'autre.
SPECIAL PURPOSE COMPUTER, ordinateur spécialisé.

PURPOSEFUL a, prémédité, avisé.

PURPOSELESS a, sans but m.

PURPOSIVE a, intentionnel.

PURSE s, bourse f, porte-monnaie m.
to HOLD THE PURSE STRINGS, tenir les cordons de la bourse.
PUBLIC PURSE, finances de l'État; Trésor.

PURSUANCE s, poursuite f.
in PURSUANCE OF, en vertu de.

PURSUE v, poursuivre.

PURSUIT s, poursuite f; carrière f.
COMMERCIAL PURSUITS, carrière commerciale.
PURSUIT OF HAPPINESS, poursuite du bonheur.
PURSUIT OF WEALTH, poursuite des richesses.

PURVEYANCE s, approvisionnement m.

PURVIEW s, domaine m, compétence f, portée f, limites f. pl.

PUSH s, poussée f, impulsion f.
COST PUSH, poussée s'exerçant sur les coûts.
COST-PUSH INFLATION, inflation par poussée sur les coûts.
PUSH-BUTTON, presse-bouton.

PUSH v, pousser, presser.
to PUSH FOR PAYMENT, presser pour se faire payer.
to PUSH SHARES, placer des valeurs douteuses.

PUSHED a, pressé.
PUSHED FOR MONEY, à court d'argent.

PUSHER s, placeur m, placier m.
SHARE-PUSHER, placeur, placier, de valeurs douteuses.

PUSHING s, poussée f.

PUT a, mis.
MONEY PUT BY, argent mis de côté.
PROFITS PUT TO RESERVE, bénéfices mis en réserve.

PUT s, prime f, option f, dont m, option de vente f, demande f.
PRICE OF PUT, cours de l'ou.
PRICE OF PUT AND CALL, cours de la double prime.
PUT AND CALL, double option; doubles primes; stellage.
PUT OF MORE, demande de plus.
PUT OPTION, prime comportant le droit de livrer.
PUT AND TAKE, vente au comptant contre rachat à terme.
TAKER FOR A PUT, acheteur d'un dont, d'une prime indirecte.
TAKER FOR A PUT AND CALL, donneur d'option, de stellage.
THROUGH-PUT, débit.

PUT v, mettre, placer.
to PUT AN ARTICLE ON THE MARKET, lancer un article sur le marché.
to PUT UP FOR AUCTION, mettre aux enchères.
to PUT AN ERROR RIGHT, corriger une erreur.
to PUT BY FOR THE FUTURE, économiser pour l'avenir.
to PUT INTO LIQUIDATION, mettre en liquidation.
to PUT UP THE MONEY, fournir les fonds.
to PUT MONEY INTO LAND, placer de l'argent en terres.
to PUT MONEY IN THE SAVINGS BANK, mettre de l'argent à la caisse d'épargne.
to PUT IN PAWN, mettre en gage.
to PUT OFF PAYMENT, différer le paiement.
to PUT THE POPULATION AT, estimer la population à.
to PUT THE STOCK, se déclarer vendeur.
to PUT STOCK AT A CERTAIN PRICE, fournir des actions à un certain prix.
to PUT IN A TENDER, soumissionner.
to PUT TO TEST, soumettre à l'épreuve.
to PUT FORTH A THEORY, avancer une théorie.

PUTATIVE a, putatif.

PUTTING s, mise f.
PUTTING IN LIQUIDATION, mise en liquidation.
PUTTING UP OF MONEY, mise de fonds.
PUTTING IN POSSESSION, mise en possession.
PUTTING UP FOR SALE, mise en vente.

PYRAMID s, pyramide f.
APEX OF THE PYRAMID, sommet de la pyramide.
PYRAMID OF CREDIT, pyramide du crédit.

PYRAMIDAL a, pyramidal.

PYRITES s. pl, pyrite f.

QUADRANGLE *s*, quadrilatère *m*, tétragone *m*.

QUADRANT *s*, quadrant *m*, quart *m* de cercle *m*.

QUADRAT *s*, quadrat *m*.

QUADRATE *s*, carré *m*.

QUADRATE *v*, réduire au carré.
to QUADRATE THE CIRCLE, faire la quadrature du cercle.

QUADRATIC *a*, quadratique.
GENERAL QUADRATIC FORM, forme quadratique générale.
QUADRATIC EQUATION, équation quadratique.
QUADRATIC FORMS, formes quadratiques.
QUADRATIC (HOMOGENEOUS) FUNCTIONS, fonctions quadratiques.

QUADRATRIX *s*, quadratrice *f*.

QUADRATURE *s*, quadrature *f*.

QUADRENNIAL *a*, quadriennal.

QUADRILATERAL *a*, quadrilatéral.

QUADRILATERAL *s*, quadrilatère *m*.
COMPLETE QUADRILATERAL, quadrilatère complet.

QUADRINOMIAL *a*, quadrinôme.

QUADRIPARTITE *a*, quadriparti, quadripartite.

QUADRUPLE *a*, quadruple.
PROFITS QUADRUPLE THOSE OF PREVIOUS YEAR, profits quadruples de ceux de l'année précédente.

QUADRUPLE *s*, quadruple *m*.

QUADRUPLE *v*, quadrupler.

QUADRUPLING *s*, quadruplement *m*.

QUALIFICATION *s*, restriction *f*, réserve *f*; compétence *f*.
NECESSARY QUALIFICATION FOR, compétence nécessaire pour.
PROPERTY-QUALIFICATION, cens électoral.
QUALIFICATION SHARES, actions de garantie.

QUALIFICATIVE *a*, qualificatif.

QUALIFIED *a*, qualifié, expert; sous réserve *f*.
ILL-QUALIFIED, incompétent.
QUALIFIED ACCEPTANCE, acceptation sous réserve.
QUALIFIED ACCOUNTANT, comptable diplômé.
QUALIFIED EXPERT, expert diplômé.
QUALIFIED VOTE, vote à la majorité requise.

QUALIFY *v*, (se) qualifier; apporter des réserves à.
to QUALIFY FOR A JOB, se qualifier pour un emploi.

QUALIFYING *a*, qualificatif.
QUALIFYING SHARES, actions d'administrateurs.

QUALITATIVE *a*, qualitatif.
QUALITATIVE ANALYSIS, analyse qualitative.
QUALITATIVE DECLINE OF A DECLINING INDUSTRY, pertes qualitatives d'une industrie déclinante.
QUALITATIVE DISTORTION OF INVESTMENT, distorsion qualitative de l'investissement.

QUALITY *s*, qualité *f*; vertu *f*.
ARBITRATION FOR QUALITY, arbitrage de qualité.
AVERAGE QUALITY LEVEL, niveau de qualité moyenne.

FAIR AVERAGE QUALITY, qualité commerciale.
of FINEST QUALITY, de premier choix.
FIRST-QUALITY, de première qualité.
GOOD AVERAGE QUALITY, bonne qualité moyenne.
GUARANTEE OF QUALITY, garantie de qualité.
INFERIOR QUALITY, qualité inférieure.
POOR QUALITY, qualité inférieure.
PRIME QUALITY, qualité supérieure.
QUALITY-CAR, voiture de qualité.
QUALITY OF GOODS, qualité des marchandises.
STIPULATED QUALITY, qualité prescrite.
TOP-GRADE QUALITY, qualité (tout à fait) supérieure.

QUANTIC *a*, quantique.
QUANTIC PHYSICS, physique quantique.

QUANTIC *s*, fonction *f* homogène à plusieurs variables *f. pl.*

QUANTIFICATION *s*, quantification *f*.

QUANTIFY *v*, quantifier.

QUANTIFYING *s*, quantification *f*.

QUANTILE *s*, quantile *m*.

QUANTITATIVE *a*, quantitatif.
QUANTITATIVE ANALYSIS, analyse quantitative.
QUANTITATIVE COMPARISON, comparaison quantitative.
QUANTITATIVE ECONOMICS, économie quantitative.

QUANTITY *s*, quantité *f*, quotité *f*, grandeur *f*, effectif *m*, volume *m*, somme *f*.
BILL OF QUANTITIES, devis.
COMPLEX QUANTITY, quantité complexe.
CRUDE QUANTITY, quantité brute.
DATING OF ECONOMIC QUANTITIES, élément temporel des grandeurs économiques.
DISCONTINUOUS QUANTITY, quantité discrète.
DISCOUNT FOR QUANTITIES, réduction sur la quantité.
ECONOMIC BATCH QUANTITY, effectif de série économique.
ECONOMIC ORDER QUANTITY, quantité économique de commande; quantité économique de réapprovisionnement.
to EXPRESS ONE QUANTITY IN TERMS OF ANOTHER, exprimer une quantité en termes d'une autre.
to FIND THE VALUE OF AN UNKNOWN QUANTITY, trouver la valeur de l'inconnue.
IMAGINARY QUANTITY, quantité imaginaire.
INCREASE IN THE QUANTITY DEMANDED, accroissement de la quantité demandée.
INDETERMINATE QUANTITY, quantité indéterminée.
to ISOLATE THE UNKNOWN QUANTITY, dégager l'inconnue.
KNOWN QUANTITY, quantité connue.
MARKETABLE QUANTITY OF SHARES, quotité négociable de valeurs.
MEASURABLE QUANTITY, quantité mesurable.
MINUS QUANTITY, quantité négative.
NEGATIVE QUANTITY, quantité négative.
NEGLIGIBLE QUANTITY, quantité négligeable.
NOTING OF THE QUANTITIES, relevé des quantités.
POSITIVE QUANTITY, quantité positive.
PRICE-QUANTITY DIAGRAM, graphique de prix et de quantités.
PRICES SHADED FOR QUANTITIES, tarif dégressif pour le gros.
QUANTITY OF CAPITAL, volume du capital.

QUANTITY EQUATION OF EXCHANGE, équation quantitative des échanges.
QUANTITY INDEX, indice de quantité.
QUANTITY OF LABOUR, somme de travail.
QUANTITY OF LABOUR EMPLOYED, quantité de travail employée.
QUANTITY OF MONEY, quantité de monnaie.
QUANTITY PRODUCTION, production de masse.
QUANTITY-SURVEYOR, *U.K:* métreur-vérificateur.
QUANTITY THEORY OF MONEY, théorie quantitative de la monnaie.
RATIONAL QUANTITY, quantité rationnelle.
RECORDING THE QUANTITIES, relevé des quantités.
SOPHISTICATED QUANTITY THEORY OF MONEY, théorie néo-classique quantitative de la monnaie.
UNCHANGEABLE QUANTITY (OF LAND), quantité invariable (de terre).
UNKNOWN QUANTITY, inconnue.
UNLIKE QUANTITIES, quantités dissemblables.
VARIABLE QUANTITY quantité variable.
VARIOUS HYPOTHETICAL QUANTITIES OF EMPLOYMENT, différents volumes possibles de l'emploi.
VIRTUAL VALUE OF A VARIABLE QUANTITY, valeur efficace d'une quantité variable.
WHOLESALE DEALING IN SMALL QUANTITIES, vente en demi-gros.

QUANTUM s, quantum m.
QUANTUM INDEX, indice du quantum.
QUANTUM THEORY, théorie des quanta.

QUARANTINE s, quarantaine f.

QUARRY s, carrière f.
OPEN QUARRY, carrière à ciel ouvert.

QUARRYING s, exploitation f de carrières f. pl.
MINING AND QUARRYING, industries extractives.

QUARTER s, quart m, trimestre m, terme m, quartier m.
HALF-QUARTER, demi-terme.
HEAD-QUARTERS, quartier général.
QUARTER-DAY, jour du terme.
QUARTER'S RENT, loyer trimestriel.

QUARTERAGE s, loyer m trimestriel, terme m.

QUARTERLY a, trimestriel.
QUARTERLY SALARY, rémunération trimestrielle.

QUARTERLY adv, trimestriellement.

QUARTILE a, quartile.

QUARTILE s, quartile m.
FIRST QUARTILE, premier quartile.
QUARTILE DEVIATION, déviation quartile.

QUARTZ s, quartz m.

QUASI pref, quasi.
QUASI-CONTRACT, quasi-contrat.
QUASI-MONEY, *U.S:* quasi-monnaie.
QUASI-RENT, quasi-rente.
QUASI-STATIONARY ECONOMY, économie quasi-stationnaire.

QUATERNARY a, quaternaire.

QUAY s, quai m, embarcadère m.
QUAY-SIDE WORKER, docker.

QUAYAGE s, droit m de quai m.

QUEER a, bizarre, étrange.
QUEER MONEY, *U.S:* fausse monnaie.

QUERY s, question f, interrogation f.

QUEST s, enquête f, recherche f.

QUESTION s, question f.
HOUSING QUESTION, problème du logement.
LABOUR QUESTION, question ouvrière.
LAND QUESTION, question agraire.
QUESTION OF CAPITAL IMPORTANCE, question d'importance capitale.
QUESTION UNDER CONSIDERATION, question à l'étude.
QUESTION UNDER INVESTIGATION, question à l'étude.
QUESTION OF PRIMARY IMPORTANCE, question d'importance primordiale.

QUESTION v, questionner, mettre en doute m.
to QUESTION THE ADEQUACY OF THE CLASSICAL ANALYSIS, mettre en doute le bien-fondé de l'analyse classique.

QUESTIONABLE a, discutable, contestable, problématique.

QUESTIONARY s, questionnaire m.

QUESTIONER s, enquêteur m.

QUESTIONNAIRE s, questionnaire m.

QUEUE s, queue f, file f d'attente f.
BREAD-QUEUE, queue pour le pain.
QUEUE THEORY, théorie des files d'attente.

SIMULATION OF QUEUES, simulation des files d'attente; simulation des phénomènes d'attente.
WAIT IN QUEUE, durée d'attente.

QUEUED a, en queue f, en file f d'attente f.
QUEUED ACCESS METHOD, méthode d'accès avec file d'attente.

QUEUEING s, attente f dans la queue.
QUEUEING PROBLEM, problème de file d'attente.
QUEUEING THEORY, théorie du cycle d'approvisionnement; théorie des files d'attente.

QUICK a, rapide, prompt.
QUICK RECOVERY, reprise rapide.
QUICK RETURNS, profits rapides.
QUICK SALE, prompt débit; vente rapide.

QUICK adv, rapidement.

QUICKEN v, hâter, accélérer.
to QUICKEN THE PACE, accélérer l'allure.

QUICKENING s, accélération f.

QUICKLY adv, rapidement.

QUICKNESS s, rapidité f, vitesse f.

QUIET a, tranquille, calme.
QUIET MARKET, bourse calme.

QUIETUS s, quittance f, quitus m.

QUINQUENNIAL a, quinquennal.

QUINTAL s, quintal m.

QUIT a, quitte, libéré.

QUIT v, déménager; (se) démettre; cesser.
NOTICE TO QUIT, (avis de) congé.
to QUIT WORK, cesser le travail.

QUITE adv, entièrement, tout.
the FACT IS QUITE IMMATERIAL, cela n'a aucune importance.
QUITE THE CONTRARY, tout le contraire.

QUITTANCE s, quittance f, reçu m, décharge f.

QUORUM s, quorum m.

QUOTA s, quota m, quote-part f, quotité f, quotient m, contingent m. taux m, cote f, cotisation f, pourcentage m.
AMORTIZATION QUOTA, taux d'amortissement.
EXPORT QUOTAS, contingents d'exportation.
IMMIGRATION QUOTAS, contingents d'immigration.
IMPORT QUOTAS, contingents d'importation.
QUOTAS FOR IMPORT, contingents d'importation.
QUOTA SAMPLE, sondage, enquête, par quotas.
QUOTA SYSTEM, contingentement.
TAXABLE QUOTA, quotité imposable.

QUOTABLE a, cotable.
QUOTABLE SECURITY, valeur cotable.

QUOTATION s, cote f, cotation f, cours m, prix m; citation f.
ACTUAL QUOTATION, cours effectif.
ADMISSION TO QUOTATION, admission à la cote.
BUYING QUOTATIONS, cours d'achat.
CLOSING QUOTATIONS, cote en clôture.
COMPULSORY QUOTATION, cours forcé.
CURRENT QUOTATIONS, cours actuels.
DAILY QUOTATIONS, cours quotidiens.
FLAT QUOTATION, *U.S:* cotation sans intérêts.
FREIGHT QUOTATION, cote de fret.
LATEST QUOTATION, dernier cours.
OFFICIAL QUOTATION, cours officiel.
OFFICIAL SPOT QUOTATION, cote officielle du disponible.
PRICE QUOTATIONS, cours.
no QUOTATION, pas coté.
QUOTATION OF PRICES, cotation des cours.
WIDE QUOTATION, écart considérable entre prix d'achat et prix de vente.

QUOTE v, coter, citer.
to QUOTE A LOAN, coter un emprunt.
to QUOTE MOVABLE EXCHANGE, donner, coter, l'incertain.
to QUOTE A PRICE, coter un prix.
to QUOTE UNCERTAIN, donner l'incertain (bourse).
to QUOTE VARIABLE EXCHANGE, donner l'incertain (bourse).

QUOTED a, coté.
QUOTED LIST, cote officielle.
QUOTED SECURITIES, valeurs admises à la cote.
SECURITIES QUOTED ON THE STOCK EXCHANGE, valeurs cotées en bourse.
SHARES QUOTED OFFICIALLY, actions cotées officiellement.
STOCK OFFICIALLY QUOTED, valeurs admises à la cote officielle.

QUOTIENT s, quotient m.
RELATIVE ERROR IN THE QUOTIENT, erreur relative du quotie nt.

QUOTING s, cotation f.

QUOTITY s, quotité f.

RACE s, race f; course f.
RACE DISCRIMINATION, discrimination raciale.

RACE v, lutter de vitesse f.

RACIAL a, racial.

RACIALISM s, racisme m.

RACING s, courses f. pl.

RACISM s, racisme m.

RACK s, support m; crémaillère f.
RACK-RAILWAY, chemin de fer à crémaillère.
RACK-RENT, loyer exorbitant.

RADIAL a, radial.
RADIAL FORCE, force centrifuge.

RADIAN s, radian(t) m.

RADIATION s, radiation f.

RADICAL a, radical.
RADICAL SIGN, signe radical.

RADICAL* s, radical m.

RADICALISM* s, radicalisme m, néo-libéralisme m.

RADIO s, radio f.
RADIO-BROADCASTING, radio-diffusion.
RADIO COMMUNICATION, radiocommunication.

RADIO- comb. fm, radio-.
RADIO-ACTIVE, radio-actif.
RADIO-ACTIVITY, radio-activité.

RADIUS s, rayon m (de cercle m).
RADIUS-VECTOR, rayon vecteur.

RADIX s, base f, racine f.

RAFFLE s, loterie f, tombola f.

RAFT s, radeau m, drome f.
RAFT RISK, risque de dromes.

RAGING a, furieux; galopant.
RAGING INFLATION, inflation galopante.

RAID s, raid m; chasse f (en bourse f).

RAID v, faire un raid.
to RAID THE BEARS, chasser, pourchasser, le découvert.
to RAID THE SHORTS, chasser le découvert.

RAIL s, rail m, chemin m de fer m, fer.
FREE ON RAIL, franco gare.
RAILS, valeurs de chemins de fer.
by RAIL, par fer.
RAIL CARRIAGE, transport par voie ferrée.
RAIL TRANSPORT, transport par voie ferrée.
REFORWARDING BY RAIL, réexpédition par fer.

RAILROAD s, U.S: chemin m de fer m, U.S: voie f ferrée.
CAPITALIZATION OF RAILROADS, U.S: structure financière des chemins de fer.
RAILROAD CONSOLIDATION, U.S: regroupement des compagnies ferroviaires.
RAILROAD HAUL, U.S: trajet par voie ferrée.

RAILROAD REORGANIZATION, U.S: assainissement financier des chemins de fer.

RAILWAY s, chemin m de fer m, voie f ferrée.
ELECTRIFICATION OF A RAILWAY, électrification d'un chemin de fer.
to LEASE A RAILWAY LINE TO ANOTHER COMPANY, affermer une ligne de chemin de fer à une autre compagnie.
METROPOLITAN RAILWAY, chemin de fer métropolitain.
NATIONALIZATION OF RAILWAYS, nationalisation des chemins de fer.
NETWORK OF RAILWAYS, réseau ferroviaire.
PRIVATE RAILWAYS, chemins de fer privés.
RACK-RAILWAY, chemin de fer à crémaillère.
RAILWAYS, valeurs de chemins de fer.
RAILWAY ACCIDENT, accident de chemin de fer.
RAILWAY ADMINISTRATION, administration des chemins de fer.
RAILWAY CAR, wagon de chemin de fer.
RAILWAY CARRIAGE, wagon de chemin de fer; transport par chemin de fer.
RAILWAY COACH, wagon de chemin de fer.
RAILWAY COMPANY, compagnie de chemin de fer.
RAILWAY CONCESSION, concession de chemin de fer.
RAILWAY ENGINE, locomotive.
RAILWAY GUIDE, indicateur des chemins de fer.
RAILWAY INDUSTRY, industrie ferroviaire.
RAILWAY JOURNEY, voyage en chemin de fer.
RAILWAY JUNCTION, nœud ferroviaire.
RAILWAY LINE, ligne de chemin de fer.
RAILWAY PARCELS SERVICE, service ferroviaire de messageries.
RAILWAY POOL, trust des chemins de fer.
RAILWAY RATES, tarif des chemins de fer.
RAILWAY RATING, tarification ferroviaire.
RAILWAY SHARES, valeurs de chemins de fer.
RAILWAY STATION, gare.
RAILWAY STOCK, valeurs de chemins de fer.
RAILWAY STRIKE, grève des chemins de fer.
RAILWAY SYSTEM, réseau de chemins de fer.
RAILWAY TARIFFICATION, tarification ferroviaire.
RAILWAY TICKET, billet de chemin de fer.
RAILWAY TRAFFIC, trafic ferroviaire; trafic des chemins de fer.
RAILWAY TRAIN, train.
RAILWAY TRIP, voyage en chemin de fer.
RAILWAY YARD, gare de triage.
STATE RAILWAYS, chemins de fer de l'État.
SUBURBAN RAILWAYS, lignes de banlieue.

RAILWAYMAN s, cheminot m.

RAINFALL s, pluviosité f.

RAISE s, U.S: augmentation f.

RAISE v, augmenter; relever; rehausser; (se) procurer; lever.
to ISSUE SHARES IN ORDER TO RAISE MONEY, émettre des actions pour se procurer des capitaux.
to RAISE THE DIVIDEND FROM... TO, porter le dividende de... à.
to RAISE THE EMBARGO ON, lever l'embargo sur.
to RAISE FREIGHT RATES, relever les taux des frets.
to RAISE A LOAN, émettre un emprunt.
to RAISE MONEY, (se) procurer de l'argent, des capitaux; battre monnaie.

to RAISE THE PRICE OF, augmenter le prix de.
to RAISE A PROHIBITION, lever une prohibition.
to RAISE THE SALARY, augmenter le salaire.
to RAISE A TARIFF, relever un tarif.
to RAISE TAXES, lever des impôts.

RAISING s, relèvement m.
RAISING OF THE BANK RATE, relèvement du taux officiel de l'escompte.
RAISING (OF) WAGES, relèvement des salaires.

RALLY s, reprise f.
SHARP RALLY, reprise vigoureuse.

RALLY v, ranimer, (se) redresser.
SHARES RALLIED, les actions se sont redressées.

RALLYING s, reprise f.

RAMIFICATION s, ramification f.

RAMP s, hausse f exorbitante.
HOUSING RAMP, hausse scandaleuse des loyers.

RANCH s, U.S: ranch m, ferme f d'élevage m.

RANCHER s, U.S: propriétaire m d'un ranch.

RANDOM a, au hasard m, aléatoire, sélectif, probabiliste, accidentel.
RANDOM ACCESS, accès sélectif, aléatoire.
RANDOM ACCESS STORAGE, mémoire à accès sélectif.
RANDOM CHOICE, choix fait au hasard.
RANDOM COMPONENT, composante aléatoire.
RANDOM DIGIT, nombre aléatoire.
RANDOM DISTRIBUTION, distribution aléatoire.
RANDOM ERROR, erreur aléatoire.
RANDOM EVENT, événement aléatoire.
RANDOM FACTORS, facteurs aléatoires.
RANDOM FAILURE, défaillance imprévisible.
RANDOM FLUCTUATIONS, fluctuations accidentelles.
RANDOM NUMBER, nombre aléatoire.
RANDOM SAMPLE, échantillon aléatoire.
RANDOM SAMPLING, sondage probabiliste.
RANDOM VARIABLE, variable aléatoire.
RANDOM VARIATION, variation aléatoire.
SIMPLE RANDOM SAMPLE, échantillon aléatoire non classé.
STRATIFIED RANDOM SAMPLE, échantillon aléatoire structuré par classes.

RANDOM s, hasard m.
at RANDOM, au hasard.
to SELECT A SPECIMEN AT RANDOM, prélever un spécimen, un échantillon, au hasard.

RANDOMIZATION s, probabilisation f.

RANDOMNESS s, caractère m aléatoire, hasard m.
RANDOMNESS IN DRAWING, tirage au hasard.

RANGE s, étendue f, intervalle m.
RANGE OF VARIATION, intervalle de variation.
SAMPLING RANGE, étendue de l'échantillon.

RANK s, rang m; classe f, ordre m.
COEFFICIENT OF RANK CORRELATION, coefficient de corrélation à rangs multiples.
EQUALITY OF RANK BETWEEN CREDITORS, concours entre créanciers.
FOREMOST RANK, tout premier ordre.
HIGH RANK, rang élevé.
RANK ASSIGNED TO A DEBT, rang assigné à une créance.
RANK CORRELATION, corrélation à rangs multiples.

RANK v, prendre rang m.
MORTGAGES WHICH RANK ACCORDING TO THE DATE OF THEIR REGISTRATION, hypothèques qui prennent rang suivant leur date d'inscription.
PREFERENTIAL CREDITORS RANK BEFORE ORDINARY CREDITORS, les créanciers privilégiés prennent rang avant les créanciers ordinaires.
to RANK EQUALLY, prendre le même rang; concourir.
SHARES THAT RANK FIRST IN DIVIDEND RIGHTS, les actions qui priment en fait de dividende.

RANKING a, de premier rang m.

RANKING s, rang m, rangement m.

RANSOM s, rançon f.
RANSOM PRICE, prix d'or.

RAPID a, rapide.
RAPID PROGRESS, progrès rapides.

RAPIDITY s, rapidité f.

RAPIDLY adv, rapidement.
PERISHABLES DEPRECIATE RAPIDLY, les marchandises périssables s'avilissent rapidement.

RARE a, rare.

RARE OCCURRENCE, événement rare.

RAREFACTION s, raréfaction f.

RARENESS s, rareté f.

RARITY s, rareté f.

RATABLE a, imposable.

RATAL s, U.K: valeur f locative, évaluation f cadastrale (imposable).

RATCHET s, rochet m.
RATCHET AFFECT, effet mémoire; effet souvenir.

RATE s, taux m, cours m, cote f, prix m, prime f, tarif m, contribution f, taxe f, impôt m, débit m, vitesse f.
ADVERTISING RATES, tarifs de publicité.
ANNUAL RATE, taux annuel.
ARRIVAL RATE, taux des arrivées (dans une file).
ASSUMED RATE OF INCREASE, taux d'accroissement présumé.
ATTAINABLE RATE OF GROWTH, taux de croissance réalisable.
AVERAGE RATE OF INCREASE, taux d'accroissement moyen.
BACKWARDATION RATE, taux des déports.
BANK OF FRANCE RATE, taux d'escompte de la Banque de France
BANK RATE, taux d'escompte; escompte officiel.
BASE RATE, salaire de base.
BASIC RATE, salaire de base.
BASIS RATES, tarifs de base.
BIRTH RATE, taux de natalité; natalité.
BIT RATE, débit binaire.
BOROUGH RATES, taxes municipales.
to BRING DOWN THE BIRTH RATE, réduire, abaisser, la natalité.
BUYING OR EXPORT RATE, cours d'achat ou d'exportation.
CALL LOAN RATE, taux des prêts au jour le jour.
CALL MONEY RATE, taux d'intérêt de l'argent au jour le jour.
CHEAP RATE, tarif réduit.
to COLLECT RATES AND TAXES, U.K: lever, recouvrer, impôts et taxes.
COMBINED RATE, tarif combiné.
COMMISSION RATES, tarif des courtages.
CONTANGO RATE, taux des reports.
CONTINUATION-RATE, prix du report.
CONTROL OF INTEREST RATES, contrôle des taux d'intérêt.
CONTROLLED MARKET RATES, cours du marché réglementé.
CONVERSION RATE, taux de conversion.
CRUDE BIRTH RATES, taux bruts de natalité.
CRUDE DEATH RATES, taux bruts de mortalité.
CRUDE MARRIAGE RATES, taux bruts de nuptialité.
CURRENT RATE OF WAGES, taux actuel des salaires.
DAY-TO-DAY RATE, taux au jour le jour.
DEATH RATE, taux de mortalité.
DEMAND RATE, cours à vue.
DETERMINATION OF THE RATE OF INTEREST, détermination du taux d'intérêt.
DIFFERENTIAL BIRTH RATES, taux de naissances différentiels.
DIMINISHING MARGINAL RATE OF SUBSTITUTION, taux marginal décroissant de substitution.
DISCOUNT RATE, taux d'escompte.
DISCOUNT RATE OF THE OPEN MARKET, taux d'escompte hors banque.
DISPARITY IN WAGE RATES, disparité des salaires.
DROP IN THE RATE OF DISCOUNT, baisse du taux d'escompte.
EFFECTIVE RATES, cours effectifs.
ESCALATION OF INTEREST RATES, escalade des taux d'intérêt.
EXCHANGE RATES, cote des changes.
EXCLUSIVE OF RATES, non compris l'impôt mobilier.
FAILURE RATE, taux de défaillance.
FALL IN THE RATE OF INTEREST, baisse du taux d'intérêt.
FIRST-RATE, de premier ordre.
to FIX THE RATE OF INTEREST, fixer le taux de l'intérêt.
FIXED EXCHANGE RATES, taux de change fixes.
FLAT RATE, tarif uniforme.
FLAT RATE OF PAY, taux uniforme de salaires.
FLOATING EXCHANGE RATE, taux de change flottant.
FLUCTUATING EXCHANGE RATES, taux de change variables, fluctuants.
FLUCTUATING FREE MARKET RATES, cours libres variables.
FOREIGN EXCHANGE RATES, cours des changes; cote des changes.
FORWARD EXCHANGE RATES, cours des changes à terme.
FORWARD RATE, cours à terme.
FORWARD RATE OF INTEREST, taux d'intérêt à terme.
FREE MARKET RATE, cours libre.
FREIGHT RATE, cours de fret.
FULL RATE, plein tarif.
GIVER OF THE RATE, payeur de la prime.
GOODS RATES, tarif marchandises.
GRADED ADVERTISING RATES, tarif d'annonces dégressifs.
GROSS REPRODUCTION RATE, taux brut de reproduction.
HIGH RATE OF INTEREST, taux d'intérêt élevé.
IMPORT RATE, cours d'importation.
INCLUSIVE RATE, tarif forfaitaire.

INFANT MORTALITY RATES, taux de mortalité infantile.
INLAND RATE, tarif intérieur.
INSURANCE RATE, tarif d'assurance.
INTEREST RATE, taux d'intérêt.
LETTER RATE, tarif lettres.
to LEVEL OFF RATES, niveler des taux.
LINER RATE, fret à (la) cueillette.
LOMBARD RATE, taux des avances (sur nantissement).
LONG RATE, taux à long terme.
LOW-RATE INSURANCE, assurance à tarif réduit.
to LOWER THE BANK RATE, abaisser le taux d'escompte.
MARGINAL RATE OF SUBSTITUTION, taux marginal de substitution.
MARGINAL RATE OF TRANSFORMATION, taux marginal de transformation.
MARKET RATE, taux hors banque.
MARKET RATE OF DISCOUNT, taux d'escompte hors banque.
MARRIAGE RATE, taux de nuptialité.
MID-POINT RATE, cours moyen.
MILEAGE RATE, tarif par mille.
MINIMUM RATE (OF WAGES), taux de salaire minimum ; salaire minimum garanti.
MOMENTARY MONEY RATE OF INTEREST, taux d'intérêt monétaire momentané.
MONEY MARKET RATES, taux de l'argent hors banque.
MONEY RATES, taux de l'argent; taux monétaires.
MONEY RATE OF INTEREST, taux d'intérêt monétaire.
MORTALITY RATE, taux de mortalité.
MULTIPLE EXCHANGE RATES, taux de change multiples.
NATURAL RATE, taux naturel.
NET REPRODUCTION RATE, taux net de reproduction.
NEWSPAPER RATE, tarif (postal) des périodiques.
OFFICIAL RATE, taux officiel.
OFFICIAL RATE OF DISCOUNT, taux officiel d'escompte; escompte officiel.
OPEN MARKET DISCOUNT RATE, taux d'escompte hors banque.
OPTION RATE, dont.
ORDINARY RATE, tarif ordinaire.
PARITY BETWEEN TWO RATES, parité entre deux cours.
PASSENGER RATES, tarif de voyageurs.
PIECE-RATES, rémunération aux pièces; salaires aux pièces.
POOR-RATE, taxe des pauvres.
POSTAGE RATES, tarifs postaux, d'affranchissement.
POSTAL RATES, tarifs postaux.
PREFERENTIAL RATES, tarif préférentiel.
PRIME RATE, *U.S:* taux minimum (consenti par une banque à ses meilleurs clients).
PRINTED PAPER RATE, tarif imprimés.
PRIVATE RATE OF DISCOUNT, taux d'escompte privé.
at the PROPER RATE, au taux, au prix, convenable.
PUNCHING RATE, vitesse de perforation.
PURELY NOMINAL RATE, taux purement nominal.
RAILWAY RATES, tarif des chemins de fer.
to RAISE FREIGHT RATES, relever les taux des frets.
RAISING OF THE BANK RATE, relèvement du taux officiel de l'escompte.
RATE OF ADAPTATION, vitesse d'adaptation.
RATE FOR ADVANCES, taux (d'intérêt) des avances.
RATE FOR ADVANCES ON SECURITIES, taux du prêt sur titres.
RATES ASSIGNABLE TO AN ESTATE, *U.K:* contributions afférentes à une terre.
RATE OF CAPITAL ACCUMULATION, taux d'accumulation, de formation, du capital.
RATE OF CAPITAL FORMATION, taux de la formation du capital.
RATE OF CAPITALIZATION, taux de capitalisation.
RATE PER CENT, taux pour cent.
RATE OF CHARGE, taux d'imposition.
RATE-COLLECTOR, *U.K:* receveur des impôts locaux.
RATE OF CONVERSION OF MONEY, taux de conversion d'une monnaie.
RATE-CUTTING, rabais des tarifs.
RATE OF DISCOUNT, taux d'escompte.
RATE OF EXCHANGE, taux de change.
RATE OF EXCHANGE CURRENT IN PARIS, taux de change en cours à Paris.
RATE OF EXPANSION, taux d'expansion.
RATE IN FORCE, tarifs en vigueur.
RATE OF GOLD, cours de l'or.
RATE OF GROWTH, taux de croissance.
RATE OF THE INCOME-TAX, taux de l'impôt sur le revenu.
RATE OF INFLATION, taux d'inflation.
RATE OF INNOVATION, rythme d'innovations.
RATE OF INTEREST, taux d'intérêt.
RATE OF INTEREST ON ADVANCES, taux d'intérêt des avances.
RATE OF INTEREST ON MONEY, taux d'intérêt de l'argent.
RATE OF LIVING, train de vie.
RATES OBTAINED YESTERDAY, cours réalisés hier.
RATE OF OPTION, (taux unitaire de la) prime.

RATE-PAYER, *U.K:* contribuable.
RATE OF PREMIUM, taux de la prime.
RATE OF PROFIT, taux de profit.
RATE OF PROFITABILITY, *U.S:* taux de rentabilité.
RATE OF REMUNERATION (OF THE FACTORS OF PRODUCTION), taux de rémunération (des facteurs de production).
RATE OF RESPONSE, vitesse de réaction.
RATE OF SAVING, taux d'épargne.
RATE SETTING, établissement d'un barème de salaires.
RATES AND TAXES, *U.K:* impôts et contributions.
RATE OF TIME DISCOUNTING, taux auquel on escompte le temps.
RATE OF WAGES, taux du salaire, des salaires.
RATE-WAR, guerre des tarifs.
RATE OF WEAR AND TEAR, taux d'usure.
REAL RATE OF INTEREST, taux d'intérêt réel.
REDISCOUNT RATE, *U.S:* taux de réescompte.
to REDUCE THE BANK RATE, réduire, abaisser, le taux officiel d'escompte.
REDUCED RATE TICKET, billet à prix réduit.
REDUCED RATES, tarif réduit.
RENEWAL RATE (OF MONEY), taux de renouvellement.
REVIVAL IN THE BIRTH RATE, relèvement du taux de natalité.
RIGIDITY OF WAGE-RATES, rigidité des salaires.
RISE IN THE BANK RATE, relèvement du taux de l'escompte.
RISE IN THE RATE OF INTEREST, hausse du taux de l'intérêt.
SAMPLE RATE, tarif des échantillons.
SAMPLING RATE, taux d'échantillonnage.
SCALE RATE, prix de barème.
SECOND-RATE, de second ordre.
SECOND-RATE STOCK, titre de second ordre.
SELLING RATE, cours vendeur; cours de vente.
SHORT RATE, taux à court terme.
SIGHT RATE, (cours du) change à vue.
SLOWING DOWN THE RATE OF GROWTH, ralentissement du taux de croissance.
SPECIALLY FAVOURABLE RATE, taux de faveur.
SPOT RATE, cours du disponible.
STABILITY OF THE EXCHANGE RATE, stabilité du taux de change.
STANDARD RATE OF PAY, *U.S:* barème normalisé de salaires.
STANDARD WAGE RATES, *U.S:* taux de salaires normalisés.
TAKER OF THE RATE, receveur de la prime.
TAPERING SYSTEM OF RATES, taux dégressifs.
TARIFF RATES, prix des tarifs.
TAX RATE, taux d'imposition.
TELEX RATE, tarif télex.
TENDER RATE, taux d'adjudication.
THEORY OF THE RATE OF INTEREST, théorie du taux d'intérêt.
THROUGH RATE, tarif forfaitaire.
TICKET AT FULL RATE, billet à plein tarif.
TICKET AT REDUCED RATE, billet à tarif réduit.
TRANSFER RATE (OF DATA), vitesse de transmission (des informations).
TREASURY-BILL RATE, taux (d'intérêt) des bons du Trésor.
TRUCK LOAD RATES, tarif des wagons complets.
URGENT RATE, tarif d'urgence.
WAGE RATE, taux de salaire.
WARRANTED RATE OF GROWTH, taux de croissance (dit) garanti.

RATE *v*, estimer, évaluer; taxer; tarifier.

RATEABLE *a*, imposable, évaluable.
RATEABLE CONTRIBUTION, contribution proportionnelle.
RATEABLE VALUE, valeur locative imposable.

RATED *a*, évalué; taxé; imposé, tarifé.
GOODS RATED, marchandises tarifées, imposées.

RATIFICATION *s*, ratification *f*.

RATIFY *v*, ratifier.

RATING *s*, évaluation *f*, estimation *f*; classe *f*, catégorie *f*; *U.S:* notation *f*; tarification *f*; classification *f* des impôts *m. pl* locaux, cens *m*.
CREDIT RATING, degré de solvabilité.
MERIT RATING, *U.S:* notation du personnel.
RAILWAY RATING, tarification ferroviaire.
RATING SYSTEM, régime tarifaire.

RATIO *s*, ratio *m*, rapport *m*, proportion *f*; raison *f*, taux *m*, quotient *m*.
ANHARMONIC RATIO, rapport anharmonique.
ARITHMETICAL RATIO, raison, proportion, arithmétique.
CAPITAL-OUTPUT RATIO, rapport capital-production.
CASH RATIO, ratio de liquidité immédiate.
CASH RESERVE RATIO (OF A BANK), réserve obligatoire (d'une banque).
COMMON RATIO OF A GEOMETRIC PROGRESSION, raison d'une progression géométrique.
CORRELATION RATIO, rapport de corrélation.
CROSS-RATIO, rapport anharmonique.
DISCOUNT RATIO, taux d'escompte.
FREQUENCY RATIO, fréquence relative.
GEOMETRICAL RATIO, raison, proportion, géométrique.

GOLD RATIO, rapport de l'encaisse d'or à la monnaie en circulation.
HARMONIC RATIO, proportion harmonique.
INVERSE RATIO, réciproque.
LIQUIDITY RATIO, taux de liquidité.
METHOD OF RATIOS TO MONTHLY AVERAGES, méthode des rapports à la moyenne mensuelle.
METHOD OF RATIOS TO TREND VALUES, méthode des rapports au trend.
OPERATING RATIO, *U.S:* coefficient d'exploitation.
PARITY PRICE RATIO, rapport de parité(s) des prix.
PARITY RATIO, rapport de parité.
PRICE-EARNINGS RATIO, quotient cours-bénéfice (par action).
a PROBABILITY IS A RATIO, la probabilité est un rapport.
RATIO CHART, diagramme semi-logarithmique.
RATIOS OF THE DETERMINANTS, rapports des déterminants.
RATIO ESTIMATE, estimation par la méthode des quotients.
RATIO OF EXCHANGE, taux d'échange.
RATIO BETWEEN GOLD AND SILVER, rapport entre l'or et l'argent.
RATIO BETWEEN THE ISSUE OF BANK NOTES AND THE BULLION RESERVE, rapport entre l'émission des billets de banque et la réserve métallique.
RATIO OF LIQUID ASSETS TO CURRENT LIABILITIES, coefficient, degré, de liquidité.
RATIO SCALE, échelle logarithmique.
REAL EXCHANGE RATIO, rapport d'échange (international).
RECIPROCAL RATIO, raison inverse.
RESERVE RATIO, taux de couverture.
SAVING-TO-INCOME RATIO, rapport épargne-revenu.
SUBSTITUTION RATIO, rapport de substitution.
TRIPLE RATIO, raison triple.
TRIPLICATE RATIO, raison triplée.

RATION *s,* ration *f.*
RATION CARD, carte d'alimentation.
SHORT RATION, ration réduite.

RATION *v,* rationner.
to RATION BREAD, rationner le pain.

RATIONAL *a,* rationnel.
RATIONAL BEHAVIOUR, comportement rationnel.
RATIONAL CHOICE, choix rationnel.
RATIONAL NUMBER, nombre rationnel.
RATIONAL QUANTITY, quantité rationnelle.

RATIONALE *s,* raison *f* d'être, analyse *f* raisonnée.

RATIONALISM *s,* rationalisme *m.*

RATIONALIST *s,* rationaliste *m.*

RATIONALITY *s,* rationalité *f.*

RATIONALIZATION *s,* rationalisation *f.*
RATIONALIZATION OF INDUSTRY, rationalisation de l'industrie.

RATIONALIZE *v,* rationaliser.
to RATIONALIZE AN EXPRESSION, faire disparaître les quantités irrationnelles d'une expression.

RATIONALIZING *s,* rationalisation *f.*

RATIONING *s,* rationnement *m.*
ABOLITION OF RATIONING, suppression du rationnement.
COUPON RATIONING, rationnement par les tickets.

RAW *a,* cru, brut.
RAW DATA, données brutes.
RAW IRON, fer brut.
RAW MATERIALS, matières premières.
RAW PRODUCE, matières premières.
RAW SILK, soie grège.

REACH *s,* portée *f,* étendue *f.*

REACH *v,* atteindre.
to REACH A HIGH PRICE, atteindre un prix élevé.
the SHARE INDEX REACHED AN ALL-TIME LOW, l'indice des actions est descendu à son plus bas niveau.

REACHING *a,* atteignant.
FAR-REACHING ASSUMPTION, hypothèse de grande portée.

REACQUIRE *v,* réacquérir.
to REACQUIRE A PROPERTY, réacquérir une propriété.

REACT *v,* réagir.

REACTION *s,* réaction *f.*
ACTION AND REACTION, action et réaction.
SECONDARY REACTION, réaction secondaire.

REACTIONARY *a,* réactionnaire.

REACTIONARY *s,* réactionnaire *m.*

READ *s,* action *f* de lire; lecteur *m* (électronique).
CARD READ PUNCH, lecteur-perforateur de cartes.

READ *v,* lire.

READER *s,* lecteur *m.*
CARD READER, lecteur de cartes.
OPTICAL READER, lecteur optique.
PAPER TAPE READER, lecteur de bande perforée.
PERFORATED TAPE READER, lecteur de bande perforée.
PUNCHED TAPE READER, lecteur de bande perforée.

READING *s,* lecture *f.*

READJUST *v,* rajuster.

READJUSTMENT *s,* rajustement *m.*

READMISSION *s,* réadmission *f.*
FREE READMISSION, réadmission en franchise.

READMITTANCE *s,* réadmission *f.*

READY *a,* prêt; disposé (à).
to PAY READY MONEY, payer comptant.
READY CAPITAL, capital circulant.
READY-MADE, de confection.
READY MONEY, argent liquide; liquidité.
READY RECKONER, barème.

REAFFOREST *v,* reboiser.

REAFFORESTATION *s,* reboisement *m.*

REAL *a,* réel, effectif, vrai, immobilier, immeuble.
CHATTEL REAL, droit immobilier.
DICHOTOMY BETWEEN REAL AND MONETARY ECONOMICS, dichotomie entre l'économie réelle et l'économie monétaire.
EQUILIBRIUM REAL WAGE, salaire réel d'équilibre.
INDEX OF REAL WAGES, indice des salaires réels.
to INVEST MONEY IN REAL ESTATE, placer de l'argent en valeurs immobilières.
INVESTMENTS IN REAL ESTATE, placements immobiliers.
REAL ACCOUNTS, comptes de l'exploitation; comptes de valeurs.
REAL AGREEMENT, bail à long terme.
REAL ASSETS, biens immobiliers.
REAL CAPITAL, capital réel.
REAL CONTRACT, contrat réel.
REAL COST, coût réel.
REAL ESTATE, biens immobiliers; affaires immobilières.
REAL-ESTATE AGENT, agent immobilier.
REAL-ESTATE COMPANY, société immobilière.
REAL-ESTATE MARKET, marché immobilier.
REAL-ESTATE TAX, impôt immobilier.
REAL EXCHANGE, change réel.
REAL EXCHANGE RATIO, rapport d'échange (international).
REAL INCOME, revenu réel.
REAL MONEY, monnaie effective (gagée sur du métal).
REAL PROPERTY, propriété immobilière.
REAL RATE OF INTEREST, taux d'intérêt réel.
REAL TIME, (en) temps réel.
REAL-TIME PROCESSING, traitement en temps réel.
REAL VALUE, valeur réelle, effective.
REAL WAGE, salaire réel.
REAL WORLD, monde réel.
SEIZURE OF REAL ESTATE, saisie immobilière.
SEIZURE OF REAL PROPERTY, saisie immobilière.
STOCK OF REAL CAPITAL, stock de capital réel.
THINGS REAL, biens immobiliers.

REALISM *s,* réalisme *m.*

REALIST *s,* réaliste *m.*

REALISTIC *a,* réaliste.
the ASSUMPTIONS MADE ARE SUFFICIENTLY REALISTIC, les hypothèses faites sont suffisamment réalistes.

REALITY *s,* réalité *f.*

REALIZABLE *a,* réalisable.
ASSETS HARDLY REALIZABLE, actif difficilement réalisable.
REALIZABLE ASSETS, actif réalisable.
REALIZABLE SECURITIES, valeurs réalisables.
SECURITIES REALIZABLE AT SHORT NOTICE, valeurs réalisables à court terme.

REALIZATION *s,* réalisation *f,* conversion *f* en espèces *f. pl.*

REALIZE *v,* réaliser, convertir en espèces *f. pl,* rapporter.
to REALIZE A HIGH PRICE, rapporter un prix élevé.
to REALIZE AN INVESTMENT, réaliser un placement.

REALIZED *a,* réalisé.
PROFITS ACTUALLY REALIZED, bénéfice effectivement réalisé.
REALIZED PRICES, prix réalisés.

REALIZING *s,* réalisation *f,* conversion *f* en espèces *f. pl.*

REALTOR *s, U.S:* agent *m* immobilier.

REALTY* *s,* biens *m. pl* immobiliers, immeubles *m. pl.*
CONVERSION OF REALTY INTO PERSONALTY, ameublement d'un bien.

REAP *v*, moissonner.
to REAP PROFIT, tirer profit.

REARMAMENT *s*, réarmement *m*.

REASON *s*, raison *f*, cause *f*, motif *m*.
CONTRARY TO REASON, contraire à la raison.
FURTHER REASON, raison supplémentaire.
IMPERATIVE REASON, raison majeure.

REASON *v*, raisonner.
to REASON IN A CIRCLE, tourner dans un cercle vicieux.
to REASON FROM PAST EXPERIENCE, fonder ses raisons sur l'expérience du passé.
to REASON FROM PREMISES, déduire des conclusions des prémisses.

REASONABLE *a*, raisonnable, modéré.
REASONABLE OFFER, offre raisonnable.
REASONABLE PRICE, prix raisonnable, modéré.
within a REASONABLE TIME, dans un délai raisonnable.

REASONABLENESS *s*, modération *f*.

REASONED *a*, raisonné, raisonnable.

REASONING *s*, raisonnement *m*; dialectique *f*.
DEDUCTIVE REASONING, raisonnement par déduction.
EXACTNESS OF REASONING, rigueur de raisonnement.
INDUCTIVE REASONING, raisonnement par induction.

REASSESS *v*, réimposer; réévaluer.

REASSESSMENT *s*, réimposition *f*; réévaluation *f*.

REASSIGNMENT *s*, nouvelle cession *f*.

REASSURANCE *s*, réassurance *f*.

REASSURE *v*, réassurer.

REASSURER *s*, réassureur *m*.

REBATE *s*, rabais *m*, remise *f*, ristourne *f*, escompte *m*, remboursement *m*, réfaction *f*.
END-YEAR REBATE, ristourne de fin d'année.
REBATE ON BILLS NOT DUE, escompte d'effets.
REBATE OF PREMIUM, rabais de prime.

REBORROW *v*, réemprunter.

REBUILD *v*, rebâtir, reconstruire.

REBUILDING *s*, reconstruction *f*, réfection *f*.

RECALL *s*, rappel *m*, révocation *f*.

RECALLABLE *a*, révocable.

RECAPITULATE *v*, récapituler.

RECAPITULATION *s*, récapitulation *f*.

RECASTING *s*, nouveau calcul *m*.

RECEDE *v*, (s') éloigner, reculer; baisser.

RECEIPT *s*, recette *f*, entrées *f. pl*, rentrée(s) *f*, réception *f*; reçu *m*, quittance *f*, acquit *m*.
ACCOUNTABLE RECEIPT, reçu certifié.
BALANCING BETWEEN RECEIPTS AND EXPENDITURES, équilibre entre recettes et dépenses.
CAPITALIZED MONEY VALUE OF PROSPECTIVE RECEIPTS, capitalisation de l'espérance de gain.
CASH RECEIPTS AND PAYMENTS, entrées et sorties de caisse.
CLEAN RECEIPT, reçu sans réserve.
COINAGE RECEIPTS, recettes de frappe.
CUSTOM-HOUSE RECEIPT, quittance de douane.
DUPLICATE RECEIPT, duplicata de reçu.
EXCESS OF RECEIPTS OVER EXPENSES, excédent des recettes sur les dépenses.
EXCHANGE PAYMENTS AND RECEIPTS, paiements et recettes en devises.
FORMAL RECEIPT, quittance comptable.
GOOD RECEIPT, quittance valable.
GROSS RECEIPT, recette brute.
GROSS WORKING EXPENSES AND RECEIPTS, dépenses et recettes d'exploitation brutes.
INLAND REVENUE RECEIPTS, rentrées fiscales.
NOTICE OF RECEIPT, avis de réception.
OFFICIAL RECEIPT, récépissé.
PASSENGER RECEIPTS, recettes voyageurs.
to PAY ON RECEIPT, payer à la réception.
PROPER RECEIPT, quittance régulière.
PROSPECTIVE NET RECEIPTS, recettes nettes prévues.
RECEIPT ON ACCOUNT, reçu à valoir.
RECEIPT ON THE BALANCE, quittance finale; reçu libératoire.
RECEIPT IN DUE FORM, quittance régulière.
RECEIPTS AND EXPENSES, recettes et dépenses.
RECEIPT-FORM, formule d'acquit; quittance.
RECEIPT IN FULL DISCHARGE, quittance finale; reçu libératoire.
RECEIPT FOR LOAN, reconnaissance.

RECEIPT FOR PAYMENT, reçu, quittance, de paiement.
RECEIPT FOR RENT, quittance de loyer.
RECEIPT STAMP DUTY, droit de timbre à quittance.
to RECKON THE RECEIPTS AND THE EXPENSES, supputer, calculer, la recette et la dépense.
REVENUE RECEIPTS, rentrées fiscales.
STREAM OF RECEIPTS, flux de recettes.
SUNDRY RECEIPTS, recettes diverses.
SURPLUS OF RECEIPTS OVER EXPENSES, excédent des recettes sur les dépenses.
TOTALIZATION OF RECEIPTS, totalisation des recettes.
VALID RECEIPT, quittance valable.

RECEIPT *v*, acquitter, quittancer.
to RECEIPT A BILL, acquitter une facture.
to RECEIPT AN INVOICE, acquitter une facture.

RECEIVABLE *a*, recevable, à recevoir.
ACCOUNTS RECEIVABLE, dettes actives.
BILLS RECEIVABLE, effets à recevoir.
BILLS RECEIVABLE BOOK, échéancier.
INTEREST RECEIVABLE, intérêts à recevoir.

RECEIVE *v*, recevoir, toucher.
to RECEIVE A LOAN BACK, rencaisser un prêt.
to RECEIVE MONEY ON DEPOSIT, recevoir de l'argent en dépôt.
to RECEIVE A SALARY, toucher un traitement.
the TAKER RECEIVES FROM THE GIVER A PREMIUM, le reporteur touche du reporté une prime.

RECEIVED *a*, reçu, pour acquit *m*.
to EXCEED INSTRUCTIONS RECEIVED, excéder les instructions reçues.
GIFTS IN KIND RECEIVED, dons en nature reçus.
PAYMENT RECEIVED, pour acquit.
RECEIVED CASH BOOK, main courante de recettes.
for VALUE RECEIVED, valeur reçue.
VALUE RECEIVED IN CASH, valeur reçue comptant.

RECEIVER *s*, destinataire *m*, receveur *m*; séquestre *m*.
OFFICIAL RECEIVER*, administrateur judiciaire; syndic de faillite.
RECEIVER IN BANKRUPTCY*, administrateur judiciaire; syndic de faillite.
RECEIVER AND MANAGER*, syndic de faillite.

RECEIVERSHIP *s*, fonctions *f. pl* de receveur *m*.
OFFICIAL RECEIVERSHIP*, syndicat de faillite.

RECEIVING *a*, récepteur.
RECEIVING CASHIER, caissier des recettes.
RECEIVING-OFFICE, bureau récepteur.
RECEIVING-ORDER*, ordonnance de mise sous séquestre.

RECEIVING *s*, réception *f*.
RECEIVING BACK, rencaissement.
RECEIVING OF STOLEN GOODS, recel.

RECENT *a*, récent.

RECEPTION *s*, réception *f*, acceptation *f*.

RECESS *s*, récession *f*, recul *m*.

RECESSION *s*, récession *f*, recul *m*, retrait *m*.

RECIPIENT *s*, bénéficiaire *m*, donataire *m*.
RECIPIENT OF AN ALLOWANCE, allocataire.

RECIPROCAL *a*, réciproque; inverse.
RECIPROCAL CONCESSIONS, concessions réciproques.
RECIPROCAL DEMAND CURVES, courbes de demande réciproque.
RECIPROCAL DETERMINANTS, déterminants réciproques.
RECIPROCAL RATIO, raison inverse.
RECIPROCAL SUPPLY CURVES, courbes d'offre réciproque.

RECIPROCAL *s*, réciproque *f*; inverse *f*.

RECIPROCALLY *adv*, réciproquement.

RECIPROCATING *a*, alternatif.

RECIPROCITY *s*, réciprocité *f*.
RECIPROCITY OF TREATMENT, réciprocité de traitement.

RECKON *v*, supputer, calculer.
to RECKON THE RECEIPTS AND THE EXPENSES, supputer, calculer, la recette et la dépense.

RECKONER *s*, calculateur *m*.
READY-RECKONER, barème.

RECKONING *s*, calcul *m*, supputation *f*.

RECLAIMABLE *a*, récupérable; défrichable.

RECLAIMED *a*, reconquis; asséché.
RECLAIMED LAND, terrains reconquis (sur la nature).

RECLAMATION *s*, défrichement *m*; assèchement *m*.

RECOGNITION *s*, reconnaissance *f*; exequatur *m* (d'un jugement).

RECOGNIZANCE *s*, caution *f*, cautionnement *m*.

RECOGNIZE v, reconnaître.

RECOGNIZED a, attitré, accrédité.
RECOGNIZED AGENT, agent accrédité.
RECOGNIZED MERCHANT, commerçant attitré.

RECOINAGE s, refonte f.
RECOINAGE OF MONEYS, refonte des monnaies.

RECOMMEND v, recommander.

RECOMMENDABLE a, recommandable.
RECOMMENDABLE INVESTMENT, placement à recommander.

RECOMMENDATION s, recommandation f, avis m.
RECOMMENDATION OF DIVIDEND, proposition de dividende.
STOCK-BROKER'S LIST OF RECOMMENDATIONS, liste de placements conseillés par un courtier.

RECOMPENSE s, récompense f, dédommagement m.

RECOMPENSE v, récompenser, dédommager.
to RECOMPENSE FOR A LOSS, récompenser d'une perte.

RECONCILE v, réconcilier, faire coïncider.
to RECONCILE AN ACCOUNT, apurer un compte.

RECONCILIATION s, réconciliation f, ajustement m.
RECONCILIATION ACCOUNT, compte collectif.
STATISTICAL RECONCILIATION, ajustement statistique.

RECONDITION v, rénover.

RECONDITIONED a, rénové.

RECONDITIONING s, rénovation f, remise f en état m.
RECONDITIONING EXPENSES, frais de remise en état.

RECONDUCTION s, reconduction f (d'un bail).

RECONSOLIDATE v, reconsolider.

RECONSTRUCT v, reconstruire.

RECONSTRUCTION s, reconstruction f, restauration f.
ECONOMIC AND FINANCIAL RECONSTRUCTION, restauration économique et financière.
INTERNATIONAL BANK FOR RECONSTRUCTION AND DEVELOPMENT, Banque internationale pour la reconstruction et le développement.

RECONVERSION s, reconversion f.

RECONVERT v, reconvertir.

RECORD s, record m; enregistrement m; mémoire f, archives f. pl, registre m, écritures f. pl, procès-verbal m.
PUBLIC RECORDS, Archives nationales.
off the RECORD, officieusement.
on RECORD, noté; enregistré.
RECORD OF A BANK, écritures d'une banque.
RECORD-BREAKING, record.
RECORD LEVEL, niveau sans précédent.
RECORD OUTPUT, production record; rendement record.
RECORD PRICES, cours record; prix record.

RECORD v, enregistrer.

RECORDED a, enregistré.
VOTES RECORDED, suffrages exprimés.

RECORDING s, enregistrement m; relevé m.
RECORDING THE QUANTITIES, relevé des quantités.

RECOUNT s, recomptage m.
RECOUNT OF VOTES, recomptage des votes.

RECOUNT v, recompter.

RECOUP v, (se) dédommager, (se) rattraper.
to RECOUP LOSSES, dédommager des pertes.
to SELL AT A LOW PRICE AND RECOUP ONESELF BY LARGE SALES, vendre à bas prix et se rattraper sur la quantité.

RECOUPMENT s, dédommagement m.

RECOURSE s, recours m.
ENDORSEMENT WITHOUT RECOURSE, endossement à forfait.
RECOURSE AGAINST, recours contre.
RECOURSE TO THE ENDORSER OF A BILL, recours contre l'endosseur ou l'accepteur d'un effet.
to RESERVE RIGHT OF RECOURSE, se réserver un droit de recours.

RECOVER v, recouvrer, récupérer, regagner; (se) redresser, (se) ressaisir.
PRICES HAVE RECOVERED, les cours se sont relevés.
to RECOVER BY-PRODUCTS FROM, recouvrer les sous-produits de.
to RECOVER DAMAGES, obtenir des dommages-intérêts.
to RECOVER A DEBT, recouvrer une créance.
to RECOVER THE MONEY LOST, regagner l'argent perdu.
SHARES RECOVERED, les actions se sont redressées.

RECOVERABLE a, recouvrable, récupérable.
RECOVERABLE DEBT, dette recouvrable; créance recouvrable.

RECOVERING s, recouvrement m.

RECOVERY s, recouvrement m; reprise f, redressement m; récupération f.
DECIDED RECOVERY, reprise marquée.
EARLY RECOVERY, reprise rapide.
INDUSTRIAL RECOVERY, reprise économique.
MARKED RECOVERY, reprise marquée.
PROCESSES OF RECOVERY, opérations de récupération.
QUICK RECOVERY, reprise rapide.
RECOVERY OF BUSINESS, reprise des affaires.
RECOVERY OF BY-PRODUCTS FROM, récupération des sous-produits de.
RECOVERY OF DAMAGES, obtention de dommages-intérêts.
RECOVERY OF PRICES, redressement des cours.
TRADE RECOVERY, reprise économique.

RECRUDESCENCE s, recrudescence f.
RECRUDESCENCE OF ACTIVITY, regain d'activité.

RECTANGLE a, rectangulaire, rectangle.
RECTANGLE TRIANGLE, triangle rectangle.

RECTANGLE s, rectangle m.
SIMILAR RECTANGLES, rectangles similaires.

RECTANGULAR a, rectangulaire, orthogonal.

RECTIFICATION s, rectification f.

RECTIFY v, rectifier, corriger.
to RECTIFY AN ERROR, rectifier une erreur.

RECTILINEAL a, rectiligne.

RECTILINEAR a, rectiligne.

RECUPERATION s, récupération f.

RECURRENCE s, retour m, renouvellement m, récurrence f.
RECURRENCE EQUATION, équation fonctionnelle de récurrence.

RECURRENT a, périodique, récurrent.
RECURRENT SERIES, série récurrente.

RECURRING a, périodique, récurrent.
RECURRING DECIMAL, fraction décimale périodique.
RECURRING SERIES, série récurrente.

RECURSION s, récurrence f.

RECURSIVE a, récursif.
RECURSIVE MODELS, modèles récursifs.

RECURSIVENESS s, récurrence f.

RECURSIVITY s, U.S: récursivité f.

RED a, rouge.
RED BILL OF LADING, connaissement rouge.
RED INTEREST, intérêts rouges, débiteurs.
RED-TAPE, bureaucratie; paperasserie(s); routine.

RED s, rouge m.
to BE IN THE RED, avoir un compte débiteur.

REDEEM v, racheter, rembourser, amortir, dégager, purger.
DEBENTURES ARE REDEEMED BY LOT, les obligations sont rachetées par voie de tirage.
to REDEEM AN ANNUITY, amortir une annuité.
to REDEEM A BOND, amortir, rembourser, une obligation.
to REDEEM A DEBENTURE, amortir, rembourser, une obligation.
to REDEEM A DEBT, amortir une dette.
to REDEEM A MORTGAGE, purger une hypothèque.
to REDEEM ONE'S PROPERTY, dégager son bien.

REDEEMABILITY s, remboursabilité f.

REDEEMABLE a, amortissable, remboursable.
BONDS REDEEMABLE BY DRAWINGS, obligations amortissables par tirage au sort.
BONDS REDEEMABLE AT THE OPTION OF THE GOVERNMENT, obligations amorties à la suite d'une décision de l'État.
DEBT REDEEMABLE BY YEARLY PAYMENTS, dette annuitaire.
REDEEMABLE BONDS, obligations amortissables, remboursables.
SECURITIES REDEEMABLE IN SERIES, valeurs remboursables par séries.

REDEEMED a, amorti, remboursé.

REDEEMER s, racheteur m.

REDEMPTION s, amortissement m, remboursement m, rachat m, purge f.
to DRAW BONDS FOR REDEMPTION, tirer au sort les bons destinés à être remboursés.
PREMIUM ON REDEMPTION, prime de remboursement.
PROVISION FOR REDEMPTION OF PREMISES, amortissement sur immeuble(s).
REDEMPTION OF BONDS, remboursement d'obligations.
REDEMPTION FUND, caisse d'amortissement.
REDEMPTION OF MORTGAGE, purge d'hypothèque.
REDEMPTION OF THE NATIONAL DEBT, amortissement de la dette publique.

REDEMPTION PREMIUM, prime de remboursement.
REDEMPTION TABLE, plan d'amortissement.
SALE WITH OPTION OF REDEMPTION, vente avec faculté de rachat.
SALE WITH POWER OF REDEMPTION, vente avec faculté de rachat; vente à réméré.

REDEMPTIONAL a, amortissant.

REDEPLOYMENT s, redistribution f.
REDEPLOYEMENT OF LABOUR, redistribution de la main-d'œuvre.

REDISCOUNT s, réescompte m, U.S: escompte m.
REDISCOUNT RATE, U.S: taux de réescompte.

REDISCOUNT v, réescompter.
to REDISCOUNT OTHER BANKS' BILLS, réescompter le portefeuille d'autres banques.
to REDISCOUNT A BILL, réescompter un effet.

REDISCOUNTER s, réescompteur m.

REDISCOUNTING s, réescompte m.

REDISTRIBUTION s, redistribution f.
REDISTRIBUTION OF INCOME, redistribution du revenu.
REDISTRIBUTION OF WEALTH, redistribution de la richesse.

REDISTRIBUTIONAL a, de redistribution f.
REDISTRIBUTIONAL EFFECTS, effets de redistribution.

REDRESS v, rétablir, corriger.
to REDRESS FRACTIONS TO THE SAME DENOMINATION, réduire les fractions au même dénominateur.

REDUCE v, réduire, abaisser, alléger.
to REDUCE THE BANK RATE, réduire, abaisser, le taux officiel de l'escompte.
to REDUCE A COEFFICIENT TO UNITY, réduire un coefficient à l'unité.
to REDUCE THE COST OF LIVING, faire baisser le coût de la vie.
to REDUCE ONE'S EXPENDITURE, réduire ses dépenses.
to REDUCE A FRACTION TO LOWER TERMS, réduire une fraction.
to REDUCE A FRACTION TO ITS LOWEST TERMS, simplifier une fraction.
to REDUCE FRACTIONS TO THE SAME DENOMINATOR, réduire des fractions au même dénominateur.
to REDUCE TO A MINIMUM, réduire au minimum.
to REDUCE THE OUTPUT, ralentir la production.
to REDUCE A POLYNOMIAL TO THE SIMPLEST EXPRESSION, réduire un polynome à sa plus simple expression.
to REDUCE A PRICE, réduire un prix.
to REDUCE TAXES, alléger les impôts.
TERMS IN x REDUCE TO ZERO, les termes en x s'annulent.

REDUCED a, réduit.
to ALLOW A REDUCED PRICE, consentir un prix réduit.
REDUCED ASSESSMENT, dégrèvement partiel.
REDUCED GOODS, soldes.
REDUCED PRICE, rabais; prix réduit.
REDUCED RATES, tarif réduit.
REDUCED RATE TICKET, billet à prix réduit.
REDUCED SCALE, échelle réduite.
REDUCED TARIFF, tarif réduit.
TICKET AT REDUCED RATE, billet à tarif réduit.

REDUCIBLE a, réductible.

REDUCING a, réduisant.
REDUCING-BALANCE METHOD, méthode de l'amortissement décroissant.

REDUCTION s, réduction f, diminution f, rabais m, baisse f, réfaction f.
to CONSENT A REDUCTION IN PRICE, consentir une réduction de prix.
REDUCTION OF CAPITAL, réduction de capital.
REDUCTION FACTOR, coefficient de réduction.
REDUCTIONS IN PRICE, réductions de prix.
to SELL AT A REDUCTION, vendre au rabais.
TAX REDUCTIONS, dégrèvements d'impôts.

REDUNDANCY s, surplus m; surnombre m; redondance f.
REDUNDANCY OF WORKERS, ouvriers en surnombre.

REDUNDANT a, en surnombre m, surabondant, excessif.

RE-ELECTION s, réélection f.

RE-EMBARKATION s, rembarquement m.

RE-ENGAGE v, rengager.
to RE-ENGAGE AN EMPLOYEE, rengager un employé.

RE-ENTER v, rentrer, reprendre.
to RE-ENTER AN EMPLOYMENT, reprendre un emploi.

RE-ENTRY s, réinscription f.

RE-EQUILIBRATING a, rééquilibrant.
RE-EQUILIBRATING MECHANISMS, mécanismes rééquilibrants.

RE-ESTABLISH v, rétablir, raffermir.

to RE-ESTABLISH A FIRM'S CREDIT, raffermir le crédit d'une maison.

RE-ESTABLISHMENT s, rétablissement m.

RE-EXAMINATION s, nouvel examen m, contre-visite f.
RE-EXAMINATION OF GOODS, contre-visite des marchandises.

RE-EXCHANGE s, rechange m.
not to PAY THE EXCHANGE AND THE RE-EXCHANGE ALTO-GETHER, ne pas payer le change et le rechange.
RE-EXCHANGE OF A BILL OF EXCHANGE, rechange d'une lettre de change.

RE-EXPORT s, réexportation f.
RE-EXPORT TRADE, commerce de réexportation.

RE-EXPORT v, réexporter.

RE-EXPORTATION s, réexportation f.

RE-EXPORTED a, réexporté.
GOODS RE-EXPORTED ABROAD, marchandises réexportées.

REFER v, (se) référer, (se) rapporter.
to REFER A CHEQUE TO DRAWER, refuser d'honorer un chèque.

REFEREE s, arbitre m; avaliste m, répondant m; arbitre-rapporteur m.
BOARD OF REFEREES, commission arbitrale.
REFEREE IN CASE OF NEED, donneur d'aval; avaliste.

REFERENCE s, référence f, renvoi m; rapport m.
BANKER'S REFERENCE, référence de banquier.
CROSS REFERENCE, moyen de recoupement.
EXCELLENT REFERENCES, excellentes références.
FRAME OF REFERENCE, système de coordonnées.
POSITION BY REFERENCE TO TWO AXES, position par rapport à deux axes.
without REFERENCE TO, indépendamment de.
REFERENCE CYCLE, cycle de référence.
REFERENCE NUMBER, numéro de référence.
REFERENCE POSITION, point de référence.
TERMS OF REFERENCE (OF A COMMISSION), attributions (d'une commission).
TRADE REFERENCE, référence de fournisseur.

REFERENDUM s, referendum m.

REFERRING s, référence f, renvoi m.

RE-FIGURE v, recalculer.

REFINE v, raffiner.

REFINED a, fin, raffiné.

REFINEMENT s, raffinement m, raffinage m.

REFINERY s, raffinerie f.
OIL REFINERY, raffinerie de pétrole.
SUGAR-REFINERY, raffinerie de sucre.

REFINING s, raffinage m.
FUEL CONSUMED IN REFINING, combustibles consommés dans les raffineries.
OIL REFINING, raffinage du pétrole.
SUGAR-REFINING, raffinage du sucre.

REFIT s, refonte f, rajustement m, réparation f.

REFLATE v, ranimer, relancer.
to REFLATE THE ECONOMY, ranimer, relancer, l'économie.

REFLATION s, reflation f, expansion f, ranimation f.

REFLECTION s, réflexion f; rebroussement m.
POINT OF REFLECTION OF A CURVE, point de rebroussement d'une courbe.

REFLEX s, réflexe m.

REFLOAT v, renflouer.

REFLOATING s, renflouage m, nouvelle émission f.

REFLUX s, reflux m.
REFLUX OF GOLD, reflux d'or.

REFORESTATION s, reboisement m.

REFORM s, réforme f.
AGRARIAN REFORM, réforme agraire.
CURRENCY REFORM, réforme monétaire.
INEVITABLE REFORM, réforme inévitable.
LAND REFORM, réforme agraire.
MONETARY REFORM, réforme monétaire.
OVERDUE REFORM, réforme qui aurait dû être faite depuis long-temps.
TARIFF-REFORM, réforme des tarifs douaniers.

REFORM v, réformer.

REFORMATION s, réformation f, réforme f.

REFORMER s, réformateur m.
SOCIAL REFORMER, réformateur de la société.

REFORMING s, réformation

REFORMIST *s*, réformiste *m*.

REFORWARDING *s*, réexpédition .
REFORWARDING BY RAIL, réexpédition par fer.

REFRIGERATION *s*, réfrigération *f*.
REFRIGERATION INDUSTRY, industrie du froid.

REFUGE *s*, refuge *m*.
PORT OF REFUGE EXPENSES, frais du port de relâche.

REFUGEE *s*, réfugié *m*.

REFUND *s*, remboursement *m*, ristourne *f*.
REFUND OF THE MONEY DEPOSITED, remboursement de l'acompte versé.

REFUND *v*, rembourser, restituer, ristourner.

REFUNDABLE *a*, remboursable, restituable.

REFUNDED *a*, remboursé.
7 % REFUNDED INTERNAL DEBT BONDS, obligations de 7 % de remboursement de la dette intérieure.

REFUNDING *s*, remboursement *m*, restitution *f*.
REFUNDING LOAN, emprunt de remboursement.

REFUNDMENT *s*, remboursement *m*, restitution *f*.

REFUSAL *s*, refus *m*; droit *m* de préemption *f*.
REFUSAL TO ACCEPT, refus d'acceptation.
REFUSAL OF GOODS, non-acceptation de marchandises.
REFUSAL TO PAY, refus de paiement.
RIGHT OF FIRST REFUSAL, droit de préférence.

REFUSE *v*, refuser.
to REFUSE TO PAY, refuser de payer.

REFUSED *a*, refusé.
REFUSED OR UNCLAIMED PARCELS, colis refusés ou non réclamés.

REFUTABLE *a*, réfutable.

REFUTAL *s*, réfutation *f*.

REGAIN *v*, regagner, recouvrer.
to REGAIN THE MONEY LOST, regagner l'argent perdu.
to REGAIN POSSESSION OF A PROPERTY BY REVERSION, rentrer dans un bien par droit de retour.

REGAINABLE *a*, recouvrable.

REGAINMENT *s*, récupération *f*.

REGARD *s*, référence *f*, rapport *m*.
in REGARD TO THIS MATTER, en ce qui concerne cette affaire.
with REGARD TO THIS MATTER, en ce qui concerne cette affaire.

REGARD *v*, concerner.
as REGARDS, en ce qui concerne.

REGIME *s*, régime *m*.

REGIMEN *s*, régime *m*, structure *f*.
CHANGE OF REGIMEN, remaniement de la structure (du budget de référence).
CHOICE OF REGIMEN, choix d'un budget de référence.

REGION *s*, région *f*; territoire *m*.
ACCEPTANCE REGION, région d'acceptation.
DEPOPULATED REGION, région dépeuplée.
WORLD TRADE BY REGIONS, commerce mondial par régions.

REGIONAL *a*, régional.

REGIONALISM *s*, régionalisme *m*.

REGISTER *s*, registre *m*, matricule *f*.
CONTINUOUS POPULATION REGISTER, registre de population permanent.
GROSS REGISTER TON, tonneau de jauge brute.
LAND REGISTER, registre foncier.
NET REGISTER TON, tonneau de jauge nette.
PUBLIC REGISTERS, registres publics.
REGISTERS OF BIRTHS, MARRIAGES, AND DEATHS, registres de l'état civil.
REGISTER-BOOK, registre de l'état civil des navires; registre des inscriptions.
REGISTER TONNAGE, (tonnage de) jauge.
TON GROSS REGISTER, tonneau de jauge brute.
TON NET REGISTER, tonneau de jauge nette.
TON REGISTER, tonneau (de jauge).
TRADE REGISTER, registre du commerce.
TRANSFER REGISTER, registre des transferts.

REGISTER *v*, enregistrer; recommander; déposer, déclarer.
to REGISTER A BIRTH, déclarer une naissance.
to REGISTER A DEED, enregistrer un acte.
to REGISTER A LETTER, recommander une lettre.
to REGISTER A MORTGAGE ON A SHIP, inscrire une hypothèque sur un navire.
to REGISTER A TRADE-MARK, déposer une marque de fabrique.

REGISTERED *a*, enregistré; déposé; recommandé; déclaré; nominatif.
REGISTERED APPLICANTS FOR WORK, demandeurs d'emploi.
REGISTERED BOND, obligation nominative.
REGISTERED CAPITAL, capital déclaré.
REGISTERED CERTIFICATE, certificat nominatif.
REGISTERED DEBENTURE, obligation nominative.
REGISTERED LETTER, lettre recommandée.
REGISTERED NAME, nom déposé.
REGISTERED OFFICE, siège social.
REGISTERED PACKET, objet recommandé.
REGISTERED PATTERN, modèle déposé.
REGISTERED SECURITIES, titres, effets, nominatifs.
REGISTERED SHARES, actions nominatives.
REGISTERED SHARE CERTIFICATE, certificat nominatif d'action(s)
REGISTERED SHAREHOLDER, porteur d'actions nominatives.
REGISTERED STOCK(S), actions nominatives.
REGISTERED TONNAGE, (tonnage de) jauge.
REGISTERED TRADE-MARK, marque déposée.
REGISTERED VALUE, valeur enregistrée, constatée.

REGISTERING *s*, enregistrement *m*.

REGISTRANT *s*, inscrivant *m*.

REGISTRAR* *s*, greffier *m*; officier *m* de l'état *m* civil; fonctionnaire *m* chargé d'un registre public.
COMPANY REGISTRAR, *U.K:* directeur du registre des sociétés.
REGISTRAR OF MORTGAGES, conservateur des hypothèques.
REGISTRAR'S OFFICE, bureau de l'état civil; Registre du Commerce.
REGISTRAR OF TRANSFERS, agent comptable des transferts.

REGISTRATION *s*, enregistrement *m*; dépôt *m*; inscription *f*.
COMPULSORY REGISTRATION, enregistrement obligatoire.
MORTGAGES WHICH RANK ACCORDING TO THE DATE OF THEIR REGISTRATION, hypothèques qui prennent rang suivant leur date d'inscription.
REGISTRATION DUES, droits d'enregistrement.
REGISTRATION DUTY, droits d'enregistrement.
REGISTRATION FEES, droits d'enregistrement.
REGISTRATION OF MORTGAGE, inscription d'hypothèque.
REGISTRATION OF A TRADE-MARK, dépôt d'une marque de fabrique.

REGISTRY *s*, enregistrement *m*, inscription *f*, immatriculation *f*.
CERTIFICATE OF REGISTRY, certificat de nationalité (d'un navire).
MARINE REGISTRY, inscription maritime.
PORT OF REGISTRY, port d'immatriculation.
REGISTRY OFFICE, bureau d'enregistrement; greffe.

REGRESS *s*, régression *f*.
PROGRESS AND REGRESS, progrès et régression.

REGRESS *v*, régresser, rétrograder.

REGRESSION *s*, régression *f*.
COEFFICIENT OF REGRESSION, coefficient de régression.
LINE OF REGRESSION, droite de régression, d'ajustement, d'estimation.
LINEAR REGRESSION, régression linéaire.
MULTIPLE REGRESSION, régression multiple.
REGRESSION ANALYSIS, analyse des corrélations ; analyse de régression.
REGRESSION EQUATION, équation de régression.
REGRESSION ESTIMATE, estimation par la méthode de régression.
TIME REGRESSION, régression temporelle.
VARIANCE DUE TO REGRESSION (BETWEEN CLASSES), variance due à la régression (interclasse).

REGRESSIVE *a*, régressif.
REGRESSIVE TAX SYSTEM, système de taxation régressif.

REGROUP *v*, regrouper.

REGROUPING *s*, regroupement *m*.

REGULAR *a*, régulier, fixe, courant; réglementaire.
REGULAR ENDORSEMENT, endossement régulier.
a REGULAR GOLD-MINE, une vraie mine d'or; une affaire en or.
REGULAR INCOME, revenu régulier.
REGULAR MODEL, modèle courant.
REGULAR POLYGON, polygone régulier.
REGULAR PRICE, prix ordinaire.
REGULAR SALARY, traitement fixe.

REGULARITY *s*, régularité *f*.
REGULARITY OF A CHEQUE, régularité d'un chèque.

REGULARIZATION *s*, régularisation *f*.

REGULATE *v*, régler, réglementer.
the PRICE IS REGULATED BY SUPPLY AND DEMAND, le prix est déterminé par l'offre et la demande.
to REGULATE THE ISSUE OF NOTES, réglementer l'émission des billets.

REGULATED *a*, réglementé.
REGULATED MONOPOLY, monopole réglementé.
REGULATED PRICE, prix réglementé.

REGULATING *s*, réglementation *f.*

REGULATION *s*, réglementation *f*, règlements *m. pl*; régulation *f*; statut *m.*
BANKING REGULATIONS, réglementation des banques.
CUSTOMS REGULATIONS, règlements douaniers.
GOVERNMENT REGULATION OF BANKS, *U.S:* réglementation des banques par l'État.
PORT REGULATIONS, règlements de port.
REGULATION OF LABOUR, réglementation du travail.
REGULATION OF MONOPOLY, réglementation des monopoles.
RULES AND REGULATIONS, statuts èt règlements.
STOCK EXCHANGE REGULATIONS, règlements de bourse.
UNDULY SEVERE REGULATIONS, règlements trop draconiens.

REGULATIVE *a*, régulateur.

REGULATOR *s*, régulateur *m.*
SELF-ACTING REGULATOR, autorégulateur.

REHABILITATION *s*, réhabilitation *f*; assainissement *m*; réorganisation *f.*
REHABILITATION PLAN, plan de réorganisation.

REHOUSE *v*, reloger.

REIMBURSABLE *a*, remboursable.

REIMBURSE *v*, rembourser.
to REIMBURSE COSTS, rembourser les frais.
to REIMBURSE EXPENSES, rembourser les dépenses.

REIMBURSED *a*, remboursé.

REIMBURSEMENT *s*, remboursement *m.*

REIMPORT *s*, réimportation *f.*

REIMPORT *v*, réimporter.

REIMPORTATION *s*, réimportation *f.*

REIMPOSITION *s*, réimposition *f* (d'une taxe).

REINCORPORATE *v*, réincorporer.

REINFLATE *v*, regonfler, ranimer.

REINFLATION *s*, ranimation *f.*

REINSTATE *v*, réintégrer, rétablir.

REINSTATEMENT *s*, réintégration *f.*

REINSURANCE *s*, réassurance *f.*
REINSURANCE EXCHANGE, traité de réassurance.
REINSURANCE POLICY, police de réassurance.
REINSURANCE POOL, traité de réassurance.
SHARE REINSURANCE, réassurance de partage.

REINSURE *v*, réassurer.
to REINSURE THE WHOLE OR PART OF A RISK, réassurer tout ou partie d'un risque.

REINSURED *s*, réassuré *m.*

REINSURER *s*, réassureur *m.*

REINTRODUCTION *s*, réintroduction *f*, réimportation *f.*
REINTRODUCTION OF GOODS, réimportation de marchandises.

REINVEST *v*, réinvestir.
to REINVEST CAPITAL, réinvestir des capitaux.

REINVESTMENT *s*, réinvestissement *m.*

REISSUE *s*, nouvelle émission *f.*

RELAPSE *s*, recul *m*, rechute *f.*

RELAPSE *v*, reculer.
SHARES RELAPSED A POINT, les actions ont reculé d'un point.

RELATE *v*, (se) rapporter (à), lier.

RELATED *a*, lié, connexe.
RELATED GOODS, biens liés.
RELATED INDUSTRIES, industries connexes.
RELATED MARKETS, marchés liés.

RELATEDNESS *s*, connexité *f.*

RELATING *a*, relatif.

RELATION *s*, relation *f*, rapport *m*, dépendance *f*, liaison *f.*
BUSINESS RELATIONS, relations d'affaires.
DEPRECIATION OF CURRENCY IN RELATION TO GOLD, dépréciation de la monnaie par rapport à l'or.
FUNCTIONAL RELATION, relation fonctionnelle.
HYPOTHESIS THAT THERE IS NO RELATION BETWEEN THE VARIABLES, hypothèse de l'absence de dépendance entre les variables.
INDUSTRIAL RELATIONS, relations humaines dans l'entreprise.
INPUT-OUTPUT RELATIONS, relations entre les entrées et les sorties.
INTERNATIONAL ECONOMIC RELATIONS, relations économiques internationales.

LABOUR-MANAGEMENT RELATIONS, rapports patrons-ouvriers.
LINEAR RELATION, relation linéaire.

RELATIONSHIP *s*, rapport *m*, relation *f*, liaison *f*, connexité *f.*
CURVILINEAR RELATIONSHIP, corrélation curvilinéaire.
DEGREE OF RELATIONSHIP, degré de liaison.
FUNCTIONAL RELATIONSHIP, relation fonctionnelle.
LINE OF AVERAGE RELATIONSHIP, droite d'ajustement, d'estimation.
LINEAR RELATIONSHIP, relation linéaire.
PRINCIPLE OF RELATIONSHIP, principe de connexité.
the most PROBABLE RELATIONSHIP, relation la plus probable.
STABLE RELATIONSHIP, relation stable.

RELATIVE *a*, relatif.
RELATIVE ERROR IN THE PRODUCT, erreur relative du produit.
RELATIVE ERROR IN THE QUOTIENT, erreur relative du quotient.
RELATIVE FREQUENCIES, fréquences relatives.
RELATIVE SUBSTITUTION VALUE, valeur relative de substitution.
RELATIVE VARIABILITY, dispersion relative.

RELATIVE *s*, parent *m*; rapport *m.*
PRICE RELATIVES, rapports de prix.

RELATIVELY *adv*, relativement.
when MONEY IS RELATIVELY ABUNDANT, lorsque la monnaie est relativement abondante.

RELATIVENESS *s*, relativité *f.*

RELATIVIST *s*, relativiste *m.*

RELATIVITY *s*, relativité *f.*

RELAXATION *s*, relaxation *f*, relâchement *m.*
RELAXATION METHOD, méthode de relaxation.

RELAY *s*, relais *m*, relève *f.*

RELEASE *s*, libération *f*; décharge *f*, mainlevée *f*; cession *f*, transfert *m*; quittance *f*, acquit *m*, reçu *m.*
RELEASE OF GOODS AGAINST PAYMENT, libération des marchandises contre paiement.
RELEASE OF MORTGAGE, mainlevée d'une hypothèque.

RELEASE *v*, libérer; acquitter.

RE-LET *v*, relouer.

RE-LETTING *s*, relocation *f.*

RELEVANCE *s*, pertinence *f.*

RELEVANCY *s*, pertinence *f.*

RELEVANT *a*, pertinent.
RELEVANT ANTICIPATIONS, prévisions, anticipations, pertinentes.
RELEVANT INFORMATION, (tous) renseignements utiles.

RELIABILITY *s*, sûreté *f*, régularité *f*, fiabilité *f.*
OPERATIONAL RELIABILITY, fiabilité opérationnelle.
RELIABILITY TEST, essai de fiabilité.

RELIABLE *a*, sûr, solide, sérieux, digne de confiance *f.*
RELIABLE BANK, banque sérieuse.
RELIABLE ESTIMATE, estimation sérieuse.
RELIABLE GUARANTEE, garantie solide.

RELIEF *s*, assistance *f*, secours *m*; dégrèvement *m*, décharge *f*, relève *f.*
APPLICATION FOR RELIEF, demande en dégrèvement.
EXTENT OF TAXATION RELIEF, quotité de dégrèvement fiscal.
POOR-RELIEF, assistance aux pauvres.
RELIEF FOR EXPENSES, déduction pour dépenses.
RELIEF FUND, caisse de secours.
RELIEF OF OLD PEOPLE, assistance aux vieillards.
RELIEF PAYMENT, secours.
RELIEF TRAIN, train supplémentaire.
RELIEF WORK, travaux publics organisés pour les chômeurs.
STOPPAGE ON WAGES FOR THE MAINTENANCE OF RELIEF FUNDS, retenue sur les salaires pour l'alimentation des caisses de secours.
UNEMPLOYMENT RELIEF, secours de chômage.

RELIEVE *v*, libérer, affranchir.
to RELIEVE FROM LEGAL LIABILITY, libérer de la responsabilité légale.

RELIGION *s*, religion *f*, culte *m.*
ESTABLISHED RELIGION, religion d'État.
FREEDOM OF RELIGION, liberté du culte.

RELINQUISH *v*, abandonner.
to RELINQUISH THE FORFEIT, abandonner la prime.

RELINQUISHMENT *s*, renonciation *f*, répudiation *f.*
RELINQUISHMENT OF DECEDENT'S ESTATE, renonciation à une succession.

RELOADING *s*, transbordement *m.*
RELOADING CHARGES, frais de transbordement.

REMAIN *v*, rester, demeurer.

to REMAIN IN FORCE, rester en vigueur.

REMAINDER s, reste m, reliquat m, résidu m, restant m.

REMAINING a, restant.
REMAINING FOREIGN EXCHANGE, reliquat des devises étrangères.

REMAKING s, réfection f.

REMEDY s, remède m; tolérance f.
DRASTIC REMEDY, remède drastique.
INSTANT REMEDY, remède immédiat.
LEGAL REMEDY, recours légal.
PURELY MONETARY REMEDY, remède purement monétaire.
REMEDY OF (FOR) FINENESS, tolérance de titre.
REMEDY OF (FOR) WEIGHT, tolérance de poids.

REMINDER s, rappel m.
as a REMINDER, pour mémoire.
REMINDER OF DUE DATE, rappel d'échéance.
REMINDER OF ORDER, rappel de commande.

REMINT v, refondre, refrapper.
to REMINT DEMONETIZED COINS, refrapper, refondre, des pièces démonétisées.

REMINTING s, refonte f.

REMISSION s, rémission f, remise f, abattement m.
REMISSION OF CHARGES, détaxe.
REMISSION OF CUSTOMS DUTY, remise de droits de douane.
REMISSION OF A DEBT, remise d'une dette.
REMISSION OF A TAX, remise d'un impôt.
REMISSION OF TAXATION, remise d'impôts.

REMIT v, remettre.
to REMIT BILLS FOR COLLECTION, remettre des effets en recouvrement, à l'encaissement.
to REMIT THE CHARGES ON, détaxer.
to REMIT A DEBT, remettre une dette.
to REMIT THE DUTIES ON, détaxer.
to REMIT A SUM OF MONEY, remettre une somme d'argent.

REMITTAL s, rémission f, remise f.
REMITTAL OF A DEBT, remise d'une dette.

REMITTANCE s, remise f, versement m.
REMITTANCE OF A BILL FOR COLLECTION, remise d'un effet en recouvrement, à l'encaissement.
SIGHT REMITTANCE, remise à vue.

REMITTEE s, destinataire m de fonds m. pl.

REMITTER s, envoyeur m de fonds m. pl.

REMNANT s, reste m; solde(s) m.

REMODEL v, remodeler, réorganiser.

REMODELLING s, remodelage m, réorganisation f.

REMOTE a, lointain.
REMOTE CAUSE, cause lointaine.
REMOTE CONTROL, commande à distance.
REMOTE FUTURE, avenir très lointain.
REMOTE-OPERATED, télécommandé.
REMOTE PROSPECT, éventualité peu probable.

REMOVABLE a, amovible.

REMOVAL s, déplacement m, déménagement m, dépose f, enlèvement m.
REMOVAL UNDER BOND, mutation d'entrepôt.
REMOVAL EXPENSES, dépenses de déménagement.

REMOVE v, enlever, déménager.

REMOVING s, déménagement m, dépose f.

REMUNERATE v, rémunérer, rétribuer.

REMUNERATION s, rémunération f, rétribution f.
ORDINARY SCALE OF REMUNERATION, barème courant de rémunérations.
RATE OF REMUNERATION (OF THE FACTORS OF PRODUCTION), taux de rémunération (des facteurs de production).
REMUNERATION OF LABOUR, rémunération du travail.
SECRET REMUNERATION, rémunération occulte.

REMUNERATIVE a, rémunérateur.

RENDER v, rendre.
to RENDER AN ACCOUNT, rendre compte.
to RENDER VOID, rendre nul; frapper de nullité.

RENEGOTIATION s, nouvelle négociation f.

RENEW v, renouveler, prolonger.
to RENEW A BILL, prolonger une lettre de change.
to RENEW THE LEASE, renouveler le bail.

RENEWABLE a, renouvelable.

RENEWAL s, renouvellement m, prolongation f, reprise f.
ALTERATIONS AND RENEWALS, réfections et améliorations.

COEFFICIENT OF RENEWAL, coefficient de remplacement.
RENEWAL OF ACTIVITY, reprise d'activité.
RENEWAL OF A BILL, prolongation d'une lettre de change.
RENEWAL OF LEASE, renouvellement de bail.
RENEWAL PREMIUM, prime de renouvellement.
RENEWAL RATE (OF MONEY), taux de renouvellement.

RENEWED a, renouvelé.
RENEWED LEASE, bail renouvelé.

RENOUNCE v, renoncer à.

RENT s, loyer m, rente f, fermage m.
ANNUAL RENT, rente annuelle; loyer annuel.
BACK RENT, arriéré(s) de loyer.
ECONOMIC RENT, rente économique.
EXPLICIT RENT, rente explicite.
to GATHER RENTS, percevoir les loyers.
GROUND-RENT, rente foncière.
IMPLICIT RENT, rente implicite.
INSCRIBED RENT, inscription de rente.
LAND RENT, rente du sol.
LOSS OF RENT, perte de loyer.
to LOWER THE RENTS, diminuer les loyers.
MONOPOLY RENTS, rentes de monopole.
NOMINAL RENT, loyer insignifiant, symbolique.
OFFICE RENT, loyer de bureau.
PAYMENT OF RENT, paiement du terme.
PURE ECONOMIC RENT, rente économique pure.
QUARTER'S RENT, loyer trimestriel.
QUASI-RENT, quasi-rente.
RACK-RENT, loyer exorbitant.
RECEIPT FOR RENT, quittance de loyer.
RENT IN ARREAR, loyer en retard; arriéré de loyer.
RENT CONTROL, contrôle, réglementation, des loyers.
RENT-DAY, jour du terme.
RENT ON GOODS DEPOSITED, droit de magasinage.
RENT OF LAND, rente foncière.
RENT OWING, loyer arriéré.
RENT IN PERPETUITY, rente perpétuelle.
RENT RESTRICTION, limitation des loyers.
SHARE OF RENT IN THE NATIONAL PRODUCT, part de la rente dans le produit national.
TERM'S RENT, loyer du terme.
THEORY OF RENT, théorie de la rente.

RENT v, louer, affermer.
to UNDER-RENT, sous-louer.

RENTABLE a, qui peut être loué, affermable.

RENTAL s, loyer m, redevance f.
ANNUAL RENTAL VALUE OF THE PREMISES, valeur locative annuelle des locaux.
FULL MARKET RENTAL VALUE, valeur locative au prix du marché.
GROSS RENTAL INCOME, montant brut des loyers.
LAND RENTAL, rente foncière.
MARKET RENTAL VALUE OF LAND, loyer du terrain fixé par le marché.
RENTAL VALUE, valeur locative.
YEARLY RENTAL, redevance annuelle; loyer annuel.

RENTE s, rente f.
FRENCH RENTE, rente française.
PERPETUAL RENTE, rente perpétuelle.
RENTE CERTIFICATE, titre de rente.

RENTER s, locataire m, U.S: loueur m.

RENTING s, location f, affermage m.

RENUNCIATION s, renonciation f, renoncement m; répudiation f.

REOPEN v, rouvrir.
to REOPEN AN ACCOUNT, rouvrir un compte.

REOPENING s, réouverture f.
REOPENING OF A MARKET, réouverture d'un marché.

REORDER s, réapprovisionnement m.
REORDER POINT, point de réapprovisionnement.

REORDER v, (se) réapprovisionner.

REORDERING s, réapprovisionnement m.

REORGANIZATION s, réorganisation f, assainissement m.
RAILROAD REORGANIZATION, U.S: assainissement financier des chemins de fer.

REORGANIZE v, réorganiser, assainir.

REORGANIZING s, réorganisation f, assainissement m.

REPAID a, remboursé.

REPAIR s, réparation f, réfection f.
ALTERATIONS AND REPAIRS, transformations et réparations.
to DO THE NECESSARY REPAIRS, faire les réparations nécessaires.
EMERGENCY REPAIRS, réparations urgentes.

GREAT NEED OF REPAIRS, grand besoin de réparations.
to KEEP A HOUSE IN A STATE OF TENANTABLE REPAIR, maintenir une maison en état d'habitabilité.
MINOR REPAIRS, petites réparations.
REPAIRS CHARGEABLE TO THE OWNER, réparations à la charge du propriétaire.
TENANT'S REPAIRS, réparations locatives.

REPAIR v, réparer.

REPAIRING s, réparation f.

REPARATION s, réparation f, satisfaction f.
WAR REPARATIONS, réparations de guerre.

REPARTITION s, répartition f.

REPATRIATE v, rapatrier.
to REPATRIATE FUNDS, rapatrier des fonds.

REPATRIATION s, rapatriement m.

REPAWN v, rengager.

REPAWNING s, rengagement m.

REPAY v, rembourser, rendre.
to REPAY THE CAPITAL, rembourser le capital.
to REPAY ALL THE CREDITORS, rembourser tous les créanciers.
to REPAY A LOAN, rembourser un prêt.
to REPAY ONESELF, se rembourser.

REPAYABILITY s, exigibilité f.
REPAYABILITY OF A DEBT, exigibilité d'une dette.

REPAYABLE a, remboursable, exigible, restituable.
BONDS REPAYABLE BY DRAWINGS, obligations remboursables par tirage au sort.
DEBT REPAYABLE BY ANNUAL INSTALMENTS, dette annuitaire.
LOAN REPAYABLE ON DEMAND, emprunt remboursable sur demande.
LOAN REPAYABLE AT FIXED DATES, emprunt remboursable à des échéances fixes.
REPAYABLE BY INSTALMENTS, remboursable par versements échelonnés.

REPAYMENT s, remboursement m; ristourne f.
BOND DUE FOR REPAYMENT, obligation amortie.
FULL REPAYMENT, remboursement intégral.
REPAYMENT IN KIND, remboursement en nature.
REPAYMENT OF LOANS, remboursement d'emprunts.
to REQUIRE THE REPAYMENT OF A DEBT, exiger le remboursement d'une créance.
TENDER OF REPAYMENT, offre de remboursement.

REPEAL s, abrogation f, révocation f, rappel m.

REPEAL v, abroger.
to REPEAL A LAW, abroger une loi.

REPEAT s, répétition f.
REPEAT ORDER, commande renouvelée.

REPEATER s, fraction f périodique.

REPEATING a, à répétition f, périodique.
REPEATING DECIMAL, fraction périodique

REPEATING s, répétition f.

REPELLENT a, répulsif, rebutant.
REPELLENT WORK, travail rebutant.

REPEOPLING s, repeuplement m.

REPERTORY s, répertoire m.

REPETEND s, période f (d'une fraction).

REPETITION s, répétition f.

REPLACE s, replacer; remplacer, substituer.
to REPLACE COAL BY (WITH) ELECTRICITY, substituer l'électricité au charbon.

REPLACEMENT s, remplacement m, renouvellement m, réapprovisionnement m, rechange m.
CURRENT REPLACEMENT COST, coût courant de remplacement.
REPLACEMENTS, pièces de rechange.
REPLACEMENT DEMAND, demande de remplacement.
REPLACEMENT SCHEDULE, U.S: programme de renouvellement.
REPLACEMENT TIME, U.S: délai de réapprovisionnement.
VALUE OF REPLACEMENT, valeur de remplacement.

REPLACING s, remplacement m, renouvellement m, réapprovisionnement m.

REPLEDGE v, rengager.

REPLEDGING s, rengagement m.

REPLENISH v, (se) réapprovisionner, remplir, compléter.

REPLENISHMENT s, réapprovisionnement m.
REPLENISHMENT TIME, U.S: délai de réapprovisionnement.

REPLICA s, reproduction f, copie f.

REPLY s, réponse f.
FAILING YOUR REPLY, sans réponse de votre part.
INTERNATIONAL REPLY COUPON, coupon-réponse international.
REPLY PAID, réponse payée.
REPLY BY RETURN OF POST, réponse par retour du courrier.

REPOPULATE v, repeupler.

REPOPULATION s, repeuplement m.

REPORT s, rapport m, compte rendu m; rumeur f.
ANNUAL REPORT (OF A COMPANY), rapport de gestion.
DAMAGE REPORT, rapport d'avaries.
DIRECTOR'S REPORT, rapport des administrateurs.
FULL REPORT, rapport complet.
MINORITY REPORT, contre-rapport (rédigé par la minorité).
REPORT OF AMALGAMATION, bruits de fusion.
SURVEY REPORT, rapport d'expertise.
TREASURER'S REPORT, rapport financier.

REPORT v, rapporter.

REPORTER s, rapporteur m; reporter m.

REPORTING s, reportage m.

REPOSITORY s, entrepôt m, dépôt m.
FURNITURE REPOSITORY, garde-meubles.

REPOSSESS v, rentrer en possession f.

REPOSSESSION s, rentrée f en possession f.

REPRESENT v, représenter.
to REPRESENT A BILL FOR ACCEPTANCE, représenter un effet à l'acceptation.
to REPRESENT A FIRM, représenter une firme.

REPRESENTATION s, représentation f.
ANALOG REPRESENTATION, représentation analogique.
DIAGRAMMATIC REPRESENTATION, représentation graphique.
DISCRETE REPRESENTATION, représentation discrète; représentation digitale.
PROPORTIONAL REPRESENTATION, représentation proportionnelle.

REPRESENTATIVE a, représentatif; scriptural.
REPRESENTATIVE GOVERNMENT, gouvernement représentatif.
REPRESENTATIVE MONEY, monnaie scripturale.
REPRESENTATIVE SAMPLE, échantillon type.
SINGLE REPRESENTATIVE VALUE, seule expression représentative.

REPRESENTATIVE s, représentant m.
DULY AUTHORIZED REPRESENTATIVE, représentant dûment accrédité.
HOUSE OF REPRESENTATIVES, U.S: Chambre des Représentants.
TRADE REPRESENTATIVE, représentant de commerce.

REPRESS v, réprimer.

REPRESSION s, répression f.

REPRIEVE s, sursis m, répit m.

REPRISAL s, représaille f.

REPRISES s. pl, U.K: déductions f. pl sur le revenu foncier.
REVENUE ABOVE (BEYOND) REPRISES, revenu foncier net.

REPRODUCE v, (se) reproduire.

REPRODUCIBLE a, reproductible.

REPRODUCING s, reproduction f.

REPRODUCTION s, reproduction f.
GROSS REPRODUCTION RATE, taux brut de reproduction.
NET REPRODUCTION RATE, taux net de reproduction.

REPRODUCTIVE a, reproductif.

REPROVISION v, réapprovisionner.

REPUBLIC s, république f.

REPUBLICAN a, républicain.
REPUBLICAN PARTY, U.S: parti républicain.

REPUDIATION s, répudiation f.

REPURCHASABLE a, rachetable.

REPURCHASE s, rachat m, réméré m.
SALE WITH OPTION OF REPURCHASE, vente avec faculté de rachat; vente à réméré.

REPURCHASE v, racheter.
SALE SUBJECT TO RIGHT OF VENDOR TO REPURCHASE, vente à réméré.

REPURCHASER s, racheteur m.

REPUTABLE a, honorable.

REPUTATION s, réputation f

PERSONAL CREDIT IS BASED ON THE REPUTATION, le crédit personnel est basé sur la réputation.

REPUTE *s*, renommée *f*, réputation *f*.

REQUEST *s*, demande *f*; requête *f*; sommation *f*.
ARTICLE IN GREAT REQUEST, article très demandé.
REQUEST FOR INFORMATION, demande de renseignements.
SAMPLES SENT ON REQUEST, échantillons sur demande.

REQUEST *v*, demander.

REQUIRE *v*, exiger, réclamer.
to REQUIRE THE REPAYMENT OF A DEBT, exiger le remboursement d'une créance.

REQUIRED *a*, exigé, requis.
CAPITAL INTENSITY REQUIRED (PER UNIT OF LABOUR), quantité de capital requise (par unité de travail).
in the REQUIRED TIME, dans le délai prescrit.
RESERVES REQUIRED, couvertures requises.

REQUIREMENT *s*, exigence *f*, demande *f*; obligation *f*; besoin *m*, condition *f* requise, spécification *f*.
CASH REQUIREMENTS, besoins de trésorerie.
CHANGES IN RESERVE REQUIREMENTS, variations des réserves obligatoires (des banques).
to FILL EVERY REQUIREMENT, répondre à tous les besoins.
FIXED ASSETS REQUIREMENT, *U.S:* proportion nécessaire d'immobilisations.
INDEXES OF LABOUR REQUIREMENTS, indices des quantités requises de main-d'œuvre.
LEGAL RESERVE REQUIREMENTS, obligations légales de couverture.
LICENSING REQUIREMENTS, conditions d'autorisation.
MAN-POWER REQUIREMENTS, besoins de main-d'œuvre.
MARGIN REQUIREMENTS, couverture légale minimum; couvertures boursières obligatoires.
RESERVE REQUIREMENTS, exigences de couverture.

REQUISITE *a*, requis, nécessaire, exigé, indispensable.
REQUISITE CAPITAL, capital nécessaire.

REQUISITE *s*, condition *f* requise.
OFFICE REQUISITES, fournitures de bureau.

REQUISITION *s*, réquisition *f*, demande *f*.
to LEVY REQUISITIONS UPON, imposer des réquisitions à.

REQUISITION *v*, réquisitionner.

REQUISITIONING *s*, réquisition *f*.

RESALE *s*, revente *f*.
RESALE OF A BUSINESS, revente d'un fonds de commerce.
RESALE PRICE MAINTENANCE, prix imposé par le fabricant.
RESALE VALUE, valeur à la revente.

RESALEABLE *a*, revendable.

RESCISSION *s*, rescision *f*, résiliation *f*.

RESEARCH *s*, recherche *f*, étude *f*.
ATTITUDINAL RESEARCH, recherche sur les comportements.
DEVELOPMENT RESEARCH, recherche de développement.
ELABORATE RESEARCH, recherche poussée.
EXTENSIVE RESEARCH, recherche approfondie.
FUNDAMENTAL RESEARCH, recherche fondamentale.
INDUSTRIAL RESEARCH, recherche appliquée.
MARKET RESEARCH, étude de marché.
MOTIVATIONAL RESEARCH, recherche de motivation.
NATIONAL BUREAU OF ECONOMIC RESEARCH, *U.S:* Bureau national de recherches économiques; Institut de conjoncture.
OPERATIONS RESEARCH, recherche opérationnelle.
OPERATIONAL RESEARCH, recherche opérationnelle.
RESEARCH DEPARTMENT, bureau d'études; service de recherches.
RESEARCH WORK, travaux de recherche.
SCIENTIFIC RESEARCH, recherche scientifique.

RESEARCH *v*, faire des recherches *f. pl.*

RESEARCHER *s*, chercheur *m* (scientifique).

RESELL *v*, revendre.
to RESELL AT A PROFIT, revendre avec bénéfice.

RESELLER *s*, revendeur *m*.

RESEMBLANCE *s*, ressemblance *f*.

RESERVATION *s*, réservation *f*, location *f*, rétention *f*; *U.S:* place *f* retenue.
RESERVATION FEE, taxe de location (d'une place de théâtre).

RESERVE *s*, réserve *f*, couverture *f*, provision *f*, prévision *f*, volant *m*, mise *f* à prix *m*, restriction *f*.
ADDITIONAL RESERVE UNIT, unité de réserve (monétaire) additionnelle.
APPROPRIATION TO THE RESERVE, dotation, affectation, à la réserve.
ASSETS VALUATION RESERVE, provision pour évaluation d'actif.
BAD DEBTS RESERVE, provision pour créances douteuses.

BULLION RESERVE, réserve métallique.
CAPITAL RESERVES OF A BANK, réserves de trésorerie d'une banque.
CASH RESERVE, encaisse liquide.
CASH RESERVE OF A BANK, réserve en espèces d'une banque.
CASH RESERVE RATIO (OF A BANK), réserve obligatoire (d'une banque).
CHANGES IN RESERVE REQUIREMENTS, variations des réserves obligatoires (des banques).
COLLECTIVE RESERVE UNIT (C.R.U.), unité de réserve (monétaire) collective.
CONTINGENCY RESERVE, réserve de prévoyance.
to DRAW ON THE RESERVES, prélever sur les réserves.
EXTRAORDINARY RESERVE, réserve extraordinaire.
FEDERAL RESERVE BANK, *U.S:* Banque de la réserve fédérale.
FEDERAL RESERVE SYSTEM, *U.S:* Système de réserve fédérale.
FORMATION OF A RESERVE FUND, constitution d'un fonds de réserve.
FRACTIONAL CASH RESERVES, réserves liquides fractionnaires.
FRACTIONAL RESERVES, couvertures fractionnaires.
FRACTIONAL RESERVE BANKING, banques à couvertures fractionnaires.
GENERAL RESERVE, réserve générale.
GOLD AND FOREIGN EXCHANGE RESERVES, réserves d'or et de devises.
GOLD RESERVE, réserve d'or.
HIDDEN RESERVE, réserve latente.
INCORPORATION OF RESERVES, incorporation des réserves.
INNER RESERVES, réserves latentes.
INTERNATIONAL MONETARY RESERVES, réserves monétaires internationales.
LEGAL RESERVE, réserve légale.
LEGAL RESERVE REQUIREMENTS, obligations légales de couverture.
LIABILITY RESERVE, provision pour dettes.
LIQUID RESERVE, réserve de trésorerie.
METALLIC RESERVE, réserve métallique.
OFFICIAL GOLD RESERVES, réserves en or officielles.
PREMIUM RESERVE, réserve prime d'émission.
PROFITS PUT TO RESERVE, bénéfices mis en réserve.
RATIO BETWEEN THE ISSUE OF BANK NOTES AND THE BULLION RESERVE, rapport entre l'émission des billets de banque et la réserve métallique.
RESERVE ACCOUNT, compte de réserve, de prévision.
RESERVE ARMY OF THE UNEMPLOYED, armée de réserve des chômeurs.
RESERVE CURRENCY, monnaie de réserve.
RESERVE-CURRENCY COUNTRY, pays à monnaie de réserve.
RESERVE DEPOSIT, dépôt de couverture.
RESERVE FOR DEPRECIATION OF PLANT, provision pour dépréciation de matériel, pour amortissement de matériel.
RESERVE FOR DOUBTFUL DEBTS, provision pour créances douteuses.
RESERVE FUND, fonds de réserve.
RESERVE MAINTAINED BY, réserve alimentée par.
RESERVE MOVEMENTS, mouvements dans les réserves.
RESERVE PRICE, mise à prix.
RESERVE RATIO, taux de couverture.
RESERVES REQUIRED, couvertures requises.
RESERVE REQUIREMENTS, exigences de couverture.
RESERVE FOR TAXATION, provision pour impôts.
SECRET RESERVE, réserve occulte, latente.
to SHOW THE RESERVE AMONG THE LIABILITIES, faire figurer la réserve au passif.
STATUTORY RESERVE, réserve légale.
SUM CHARGEABLE TO A RESERVE, somme imputable sur une réserve.
SUM IN RESERVE AS A STAND-BY, somme en réserve en cas de besoin.
SURPLUS RESERVE, réserve spéciale.
to TAKE FROM THE RESERVE, prélever sur la réserve.
under USUAL RESERVE, sous les réserves d'usage.
VISIBLE RESERVE, réserve visible.
WORLD RESERVES, réserves mondiales.

RESERVE *v*, (se) réserver.
to RESERVE MONEY FOR, réserver de l'argent pour.
to RESERVE A PART OF THE PROFITS, réserver une partie des bénéfices.
to RESERVE RIGHT OF RECOURSE, se réserver un droit de recours.

RESERVED *a*, réservé.
all RIGHTS RESERVED, tous droits (de reproduction) réservés.

RESERVING *s*, réservation *f*, réserve *f*.

RESERVOIR *s*, réservoir *m*.

RESHIPMENT *s*, réexpédition *f*.

RESIDE *v*, résider.
PERMISSION TO RESIDE, permis de séjour.

RESIDENCE s, résidence f.
PLACE OF RESIDENCE, résidence.

RESIDENT a, résidant.
non-RESIDENT ALIEN, étranger non-résident.
RESIDENT POPULATION, population fixe.

RESIDENT s, résident m, habitant m.

RESIDENTIAL a, résidentiel.
RESIDENTIAL AREA, quartier résidentiel.
RESIDENTIAL BUILDING, construction à usage d'habitation.
RESIDENTIAL FLAT, appartement d'habitation.
RESIDENTIAL HOTEL, pension de famille.

RESIDENTSHIP s, résidence f.

RESIDUAL a, résiduel.
RESIDUAL CLAIMS, actif net.
RESIDUAL VARIANCE, variance résiduelle.

RESIDUAL s, résidu m, écart m, reste m.
RESIDUALS AS CYCLES, résidus cycliques.
SUM OF SQUARES OF THE RESIDUALS, somme des carrés de tous les écarts.
VARIANCE OF THE RESIDUALS, variance résiduelle, conditionnelle.

RESIDUARY a, résiduel.
RESIDUARY LEGATEE, légataire universel.

RESIDUE s, résidu m, reste m, actif m net.

RESIGN s, (se) résigner; démissionner.
the CABINET HAS RESIGNED, le cabinet a démissionné.

RESIGNATION s, démission f.
to HAND IN ONE'S RESIGNATION, remettre sa démission.
to TENDER ONE'S RESIGNATION, offrir de démissionner.

RESISTANCE s, résistance f.
PASSIVE RESISTANCE, résistance passive.

RESOLD a, revendu.

RESOLUTION s, résolution f.
to PASS A RESOLUTION, adopter une résolution.
PASSING OF A RESOLUTION, adoption d'une résolution.

RESOLUTIVE a, résolutoire.

RESOLVABILITY s, résolubilité f.

RESOLVE v, résoudre.

RESORB v, résorber.

RESORPTION f, résorption f.

RESORT s, ressort m; station f; recours m
HEALTH RESORT, station thermale.
LAST RESORT, dernier ressort.
SEASIDE RESORT, station balnéaire.

RESORT v, recourir à, user de.
to RESORT TO EXPEDIENTS, user d'expédients.

RESOURCE s, ressource f; moyen m.
to ALLOCATE RESOURCES TO DIFFERENT USES, affecter des ressources à des usages différents.
ALLOCATION OF RESOURCES, répartition des ressources.
AVAILABILITY OF RESOURCES, ressources disponibles.
AVAILABLE RESOURCES, ressources disponibles.
DERISORY RESOURCES, ressources dérisoires.
DISTRIBUTION OF A GIVEN VOLUME OF EMPLOYED RESOURCES BETWEEN DIFFERENT USES, répartition entre différentes utilisations d'un volume donné de ressources.
DRAIN ON THE RESOURCES, ponction sur les ressources.
ENTREPRENEURIAL RESOURCES, ressources d'entreprise; ressources de l'entrepreneur.
EXHAUSTION OF NATURAL RESOURCES, épuisement des ressources naturelles.
FINANCIAL RESOURCES, ressources financières.
HOMOGENEOUS RESOURCES, ressources homogènes.
INCREASING THE RESOURCES OF, accroissement des ressources de.
MINERAL RESOURCES, ressources minérales.
MONEYED RESOURCES, ressources pécuniaires.
OPTIMAL RESOURCE ALLOCATION, répartition optimale des moyens.
OPTIMUM EMPLOYMENT OF RESOURCES, emploi optimum des ressources.
PLANNING AND ALLOCATION OF RESOURCES, estimation des besoins et répartition des moyens.
POTENTIAL RESOURCES, ressources potentielles.
RESOURCES, finances.

RESPECTIVE a, respectif.

RESPITE s, répit m, sursis m, délai m
RESPITE OF PAYMENT, sursis de paiement.

RESPONDENTIA s, emprunt m sur le chargement.

RESPONDENTIA BOND, contrat à la grosse sur facultés.

RESPONSE s, réponse f; réaction f.
RATE OF RESPONSE, vitesse de réaction.
SLOW RESPONSE TO CHANGE, lente adaptation aux changements.

RESPONSIBILITY s, responsabilité f.
DENIAL OF RESPONSIBILITY, dénégation de responsabilité.
to DISCLAIM ALL RESPONSIBILITY, décliner toute responsabilité.
DISCLAIMER OF RESPONSIBILITY, dénégation de responsabilité.

RESPONSIBLE a, responsable.
EQUALLY RESPONSIBLE, responsable au même degré.
JOINTLY RESPONSIBLE, conjointement responsable.

REST s, repos m, reste m; restant m.
GRANTED THIS, ALL THE REST FOLLOWS, cela étant admis, tout le reste en découle.

REST v, (se) reposer; rester, demeurer.
TRADE RESTS UPON CREDIT, le commerce repose sur le crédit.

RESTITUTION s, restitution f.

RESTOCK v, réassortir, réapprovisionner.

RESTOCKING s, réassortiment m, réapprovisionnement m.

RESTORATION s, restauration f, rétablissement m, restitution f.
RESTORATION OF THE PUBLIC FINANCES, assainissement des finances publiques.

RESTORE v, rétablir, restaurer, restituer.
to RESTORE EQUILIBRIUM, rétablir l'équilibre.

RESTRAIN v, retenir, freiner, restreindre; entraver.
to RESTRAIN PRODUCTION, freiner la production.

RESTRAINT s, contrainte f, restriction f, frein m, entrave f, réserve f.
RESTRAINT UPON (OF) TRADE, atteinte à la liberté du commerce.

RESTRICT v, restreindre, réduire, limiter.
to RESTRICT CONSUMPTION, réduire la consommation.
to RESTRICT EXPENSES, restreindre les dépenses.
to RESTRICT FARM PRODUCTION, réduire la production agricole.
to RESTRICT A ROAD, limiter la vitesse de circulation sur une route.

RESTRICTED a, restreint.
DEALINGS VERY RESTRICTED, transactions très restreintes.
RESTRICTED CREDIT, crédit restreint.

RESTRICTION s, restriction f, réduction f, limitation f, contrainte f.
CREDIT RESTRICTIONS, restrictions du crédit.
CROP RESTRICTION, limitation des récoltes.
RENT RESTRICTION, limitation des loyers.
RESTRICTION OF EXPENDITURE, réduction des dépenses.
RESTRICTIONS ON IMMIGRATION, restrictions à l'immigration.
RESTRICTION ON IMPORTATION, restrictions sur les importations.
RESTRICTION OF OUTPUT, restriction de la production.
RESTRICTION OF PRODUCTION, restriction de la production.
RESTRICTIONS ON THE SALE OF, restrictions à la vente de.
RESTRICTIONS ON TRADE AND PAYMENTS, restrictions sur les échanges et les paiements.
all RESTRICTIONS WERE LIFTED, toutes les restrictions ont été abolies.
to TIGHTEN (UP) RESTRICTIONS, renforcer les restrictions.

RESTRICTIVE a, restrictif.
RESTRICTIVE CLAUSE, clause restrictive.

RESULT s, résultat m.
DEFERRED RESULTS, résultats à longue échéance.
DISAPPOINTING RESULT, résultat décevant.
DISASTROUS RESULT, résultat désastreux.
DOUBTFUL RESULT, résultat douteux.
DUBIOUS RESULT, résultat douteux.
NET RESULT, résultat net.
RESULT OF THE TRADING, résultat des opérations commerciales.
to TAKE AN AVERAGE OF RESULTS, faire la moyenne des résultats.

RESULT v, résulter, découler.

RESULTANT a, résultant.
RESULTANT FORCE, résultante.
RESULTANT INCREASE IN PRICE, hausse des prix consécutive (à).

RESULTANT s, résultante f.

RESULTLESS a, sans résultat m.

RESUME v, reprendre.
to RESUME POSSESSION, rentrer en possession
to RESUME WORK, reprendre le travail.

RESUMPTION s, reprise f.
RESUMPTION OF WORK, reprise du travail.

RESUPPLY v, réapprovisionner.

RETAIL s, détail m, vente f au détail.
RETAIL DEALER, détaillant.
RETAIL DISTRIBUTION, commerce de détail.
RETAIL PRICE, prix de détail.

RETAIL-PRICE INDEX, indice des prix de détail.
RETAIL SALE, vente au détail.
RETAIL TRADE, commerce de détail.
RETAIL TRADING, commerce de détail.
WHOLESALE AND RETAIL DISTRIBUTION, commerce de gros et de détail.

RETAIL v, vendre au détail m, débiter, détailler.

RETAILER s, détaillant m.

RETAILING s, vente f au détail m.

RETALIATE v, exercer des représailles f. pl.

RETALIATION s, représailles f. pl, rétorsion f, talion m.

RETALIATORY a, de rétorsion f.
RETALIATORY MEASURES, mesures de rétorsion.

RETARD v, retarder.

RETARDATION s, retardation f.

RETARDATIVE a, retardateur.

RETARDATORY a, retardateur.

RETARDING s, retardement m.

RETARDMENT s, retardement m.

RETEST s, contre-essai m.

RETIRE v, (se) retirer.
to RETIRE A BILL, retirer, rembourser, un effet.
to RETIRE FROM BUSINESS, se retirer des affaires.
to RETIRE A COIN FROM CIRCULATION, retirer une pièce de la circulation.
to RETIRE ON A PENSION, prendre sa retraite.

RETIRED a, retiré, retraité.
RETIRED PAY, pension de retraite.

RETIREMENT s, retraite f; remboursement m, retrait m.
COMPULSORY RETIREMENT, retraite d'office.
ELIGIBLE FOR RETIREMENT, ayant droit à la retraite.
EXECUTIVE RETIREMENT PLANS, U.S: retraites des cadres.
OPTIONAL RETIREMENT, retraite sur demande.
RETIREMENT ON ACCOUNT OF AGE, retraite par limite d'âge.
RETIREMENT AGE, âge de la retraite.
RETIREMENT ANNUITIES, annuités différées jusqu'à l'âge de la retraite.

RETIRING a, sortant.
RETIRING DIRECTOR, administrateur sortant.

RETIRING s, mise f en retraite f.
RETIRING ALLOWANCE, pension de retraite.
RETIRING FUND, caisse de retraites.
RETIRING PENSION, pension de retraite.

RETORTION s, rétorsion f.

RETRAINING s, rééducation f; recyclage m.
JOB RETRAINING, recyclage.

RETRENCH v, diminuer, restreindre.

RETRENCHMENT s, réduction f, compression f.
POLICY OF RETRENCHMENT, politique d'économies.

RETRIAL s, nouveau procès m (dans une même affaire).

RETRIEVABLE a, recouvrable.

RETRIEVAL s, recouvrement m, réparation f.

RETRIEVE v, rétablir, réparer.

RETROACTION s, rétroaction f, contrecoup m, réaction f.

RETROACTIVE a, rétroactif.

RETROACTIVITY s, rétroactivité f.

RETROCEDE v, rétrocéder.

RETROGRADATION s, rétrogradation f.

RETROGRADE a, rétrograde.
RETROGRADE MOVEMENT, mouvement rétrograde.
RETROGRADE POLICY, politique rétrograde.

RETROGRESSION s, rebroussement m, rétrogradation f.

RETROSPECT s, vue f rétrospective.

RETROSPECTION s, rétrospection f.

RETROSPECTIVE a, rétrospectif, rétroactif.
RETROSPECTIVE EFFECT, effet rétroactif.

RETURN s, retour m; remboursement m, renvoi m, restitution f; ristourne f, rapport m, rendement m; rémunération f, recette f; produit m, vente f, revenu m, bénéfice m; état m, bilan m, situation f, statistique f, déclaration f, relevé m.
ANTICIPATED RETURN ON CAPITAL, rendement escompté du capital.
BANK RETURN, situation de la banque.

BOARD OF TRADE RETURNS, U.K: statistique(s) du ministère du commerce.
CONSTANT RETURNS, rendements constants.
DAILY RETURNS, recettes journalières; relevés journaliers.
DECREASING RETURNS, rendements décroissants.
DECREASING RETURN AT THE MARGIN, rendement marginal décroissant.
DISCOUNTED RETURN, bénéfice actualisé.
EMPLOYERS' RETURN, déclaration patronale.
FAILURE TO MAKE A RETURN, défaut de déclaration.
FORM OF RETURN, feuille de déclaration (de revenu).
GROSS RETURN, rendement brut.
GROSS RETURNS, recettes brutes.
IMPLICIT AND EXPLICIT RETURNS, revenus implicites et revenus explicites.
INCOME-TAX RETURN, déclaration de revenu.
INCREASING RETURNS, rendements croissants.
LAW OF DECREASING RETURNS, loi des rendements décroissants.
LAW OF DIMINISHING RETURNS, loi des rendements décroissants.
to MAKE A RETURN ON, tirer un revenu, un bénéfice, de.
MARGINAL RETURN ON CAPITAL, rendement marginal du capital.
QUICK RETURNS, profits rapides.
REPLY BY RETURN OF POST, réponse par retour du courrier.
RETURNS, invendus; rendus.
RETURN OF AN AMOUNT OVERPAID, remboursement d'un trop-perçu.
RETURN OF A BILL TO DRAWER, contre-passation.
RETURN OF CAPITAL, remboursement de capital.
RETURN ON CAPITAL, rémunération, rendement, du capital.
RETURN OF A CAPITAL SUM, remboursement d'un capital.
RETURN OF CHARGES, détaxe.
RETURN COMMISSION, commission allouée en retour.
RETURN OF CONFIDENCE, retour de la confiance.
RETURN TO CONVERTIBILITY (OF CURRENCIES), retour à la convertibilité (des monnaies).
RETURN OF DUTIES, détaxe.
RETURN OF EXPENSES, état de frais.
RETURN FARE, billet d'aller et retour.
RETURN FREIGHT, fret de retour.
RETURN OF INCOME, déclaration de revenu.
RETURN ON INVESTMENT, rentabilité d'un investissement.
RETURN OF PREMIUM, ristourne de prime.
RETURN OF TAXES UNDULY COLLECTED, restitution d'impôts indûment perçus.
RETURN TICKET, billet d'aller et retour.
RETURN PER UNIT OF CAPITAL, rendement par unité de capital.
RETURN VOYAGE, voyage de retour.
RETURN OF THE YEAR, produit de l'exercice.
on SALE OR RETURN, (marchandises) en commission.
SALES RETURNS, rendus sur ventes.
TRAFFIC RETURNS, relevés de trafic.
WEEKLY RETURN, bilan hebdomadaire.

RETURN v, retourner; rendre, rembourser, restituer, ristourner; rétrocéder, renvoyer, rapporter; déclarer.
FIGURE TO RETURN FOR, chiffre à déclarer pour.
INVESTMENT THAT RETURNS GOOD INTEREST, placement qui rapporte des intérêts élevés.
to RETURN A BILL DISHONOURED, retourner un effet impayé.
to RETURN A BILL TO DRAWER, contre-passer un effet.
to RETURN A BILL UNPAID, retourner une traite faute de paiement.
to RETURN THE CAPITAL, rembourser le capital.
to RETURN THE CHARGES ON, détaxer.
to RETURN A COMMISSION, rétrocéder une commission.
to RETURN THE DUTIES ON, détaxer.
to RETURN THE EXCESS, ristourner l'excédent.
to RETURN ONE'S INCOME, faire une déclaration de revenu.
to RETURN A LOAN, rembourser un prêt.

RETURNABLE a, restituable.
RETURNABLE GOODS, marchandises en consignation.
RETURNABLE TAX, taxe restituable.

RETURNED a, rendu, remboursé.
RETURNED ARTICLE, rendu; laissé pour compte.
RETURNED GOODS, marchandises de retour.

RETURNING s, retour m, renvoi m; élection f.

REUNION s, réunion f, assemblée f.

RE-USE v, remployer.

REVALORIZATION s, revalorisation f.
REVALORIZATION OF THE FRANC, revalorisation du franc.

REVALORIZE v, revaloriser.

REVALUATION s, réévaluation f.
INVENTORY REVALUATION, réévaluation des stocks.

REVALUE v, réévaluer.
to REVALUE THE PREMISES, réévaluer les immeubles.

REVENUE s, revenu m, recette f; rentes f. pl; impôts(s) m.

ADVERTISING REVENUES, recettes de publicité.
AVERAGE-REVENUE CURVE, courbe de la recette moyenne.
BALANCE FROM CURRENT REVENUES, solde des recettes courantes.
BUDGET REVENUE, recettes budgétaires.
COMMISSIONERS OF INLAND REVENUE, fisc.
FARMER OF REVENUES, fermier des impôts.
GOVERNMENT REVENUE, revenus publics.
INLAND REVENUE, recettes fiscales; fisc.
INLAND REVENUE RECEIPTS, rentrées fiscales.
INLAND REVENUE STAMP, timbre fiscal.
INTERNAL REVENUE, recettes fiscales.
MARGINAL COST EQUALS MARGINAL REVENUE, le coût marginal égale la recette marginale.
MARGINAL REVENUE, recette marginale.
MARGINAL-REVENUE PRODUCT, produit de (la) recette marginale.
a MINIMUM OF RISK AND A MAXIMUM OF REVENUE, un minimum de risque et un maximum de revenus.
MONOPOLY NET REVENUE, recette nette de monopole.
NET REVENUE, revenu net.
PUBLIC REVENUE, revenus de l'État.
REVENUE ABOVE (BEYOND) REPRISES, revenu foncier net.
REVENUE ASSETS, capitaux mobiles, circulants.
REVENUE AUTHORITIES, fisc; agents du fisc.
REVENUE COLLECTION, recouvrement d'impôts.
REVENUE DERIVED FROM TAXES, recettes fiscales.
REVENUE DUTY, droit fiscal.
REVENUE-EARNING CAPITAL, capitaux en rapport.
REVENUE-EARNING HOUSE, maison de rapport.
REVENUE FROM LAND, revenu foncier.
REVENUE OFFICE, perception; recette.
REVENUE RECEIPTS, rentrées fiscales.
REVENUE STAMP, timbre fiscal.
REVENUE FROM TAXATION, recettes fiscales.
REVENUE FROM TAXES, recettes fiscales.
REVENUE TRAFFIC, trafic payant.
non-REVENUE TRAFFIC, trafic gratuit.
SALES REVENUE, recettes de vente.
TOTAL REVENUE, recette totale.
TOTAL REVENUE CURVE, courbe de recette totale.
UNASSIGNED REVENUE, recettes non affectées.

REVERSAL s, renversement m, réversibilité f, revirement m, contrepassement m, annulation f.
FACTOR REVERSAL TEST (OF INDEX-NUMBERS), test de réversibilité (des indices).
REVERSAL OF OPINION, revirement d'opinion.
TIME REVERSAL TEST (OF INDEX-NUMBERS), test de transférabilité (des indices).

REVERSE a, inverse, opposé.
REVERSE DIRECTION, direction opposée.
REVERSE SIDE OF A LETTER OF CREDIT, dos d'une lettre de crédit.

REVERSE s, inverse m, contraire m, opposé m.

REVERSE v, renverser, inverser.

REVERSED a, renversé, inverse.

REVERSIBILITY s, réversibilité f.
REVERSIBILITY OF COMPLEMENTARITY, réversibilité de la complémentarité.

REVERSIBLE a, réversible.
REVERSIBLE DEFINITION, définition réversible.

REVERSING s, renversement m, inversion f, contre-passation f.

REVERSION s, réversion f, substitution f.
ANNUITY IN REVERSION, rente réversible.
to REGAIN POSSESSION OF A PROPERTY BY REVERSION, rentrer dans un bien par droit de retour.
RIGHT OF REVERSION, droit de réserve.

REVERSIONARY a, réversible.
REVERSIONARY ANNUITY, annuité réversible.

REVERT v, revenir, retourner.

REVERTIBILITY s, réversibilité f.

REVERTIBLE a, réversible.

REVICTUAL v, (se) ravitailler, réapprovisionner.

REVICTUALLING s, ravitaillement m, réapprovisionnement m.

REVICTUALMENT s, ravitaillement m, réapprovisionnement m.

REVIEW s, revue f, révision f, revision f.
CONTINUOUS REVIEW SYSTEM, système d'inventaire permanent.
PROGRAM EVALUATION AND REVIEW TECHNIQUES (P.E.R.T.), méthode P.E.R.T.; techniques d'évaluation et de révision des programmes.

REVIEWAL s, revision f, révision f.

REVISABLE a, révisible.

REVISAL s, revision f, révision f.

REVISE v, reviser, réviser.
to REVISE A TARIFF, reviser un tarif.

REVISED a, revu, rectifié.
REVISED ESTIMATES, prévisions budgétaires rectifiées.

REVISING s, revision f, révision f.

REVISION s, revision f, révision f.

REVISIONIST s, révisionniste m.

REVIVAL s, reprise f, renouvellement m, regain m.
REVIVAL IN THE BIRTH RATE, relèvement du taux de natalité.
REVIVAL OF BUSINESS, reprise des affaires.
REVIVAL OF SALES, regain de ventes.
REVIVAL OF TRADE, reprise des affaires.
SEASONAL REVIVAL, reprise saisonnière.

REVIVE v, reprendre, (se) rétablir.
CREDIT IS REVIVING, le crédit se rétablit.
INDUSTRY IS REVIVING, l'industrie reprend.

REVOCABILITY s, révocabilité f.

REVOCABLE a, révocable.

REVOCATION s, révocation f.

REVOKE v, révoquer.

REVOLT s, révolte f.

REVOLT v, (se) révolter.

REVOLUTION s, révolution f, rotation f.
AXIS OF REVOLUTION, axe de révolution.
INDUSTRIAL REVOLUTION, révolution industrielle.
MANAGERIAL REVOLUTION, révolution technocratique.
SURFACE OF REVOLUTION, surface de révolution, de rotation.

REVOLUTIONARY a, révolutionnaire.

REVOLUTIONIST s, révolutionnaire m.

REVOLUTIONIZE v, révolutionner.

REVOLVING a, tournant.
REVOLVING CREDIT, crédit par acceptation renouvelable.

REWARD s, récompense f, rémunération f, rétribution f.
DUE REWARD, récompense méritée.
REWARD WHICH CORRESPONDS TO THE MARGINAL PRODUCTIVITY, rémunération correspondant à la productivité marginale.

REWARDING a, rémunérateur.

REWARDING s, récompense f, rémunération f, rétribution f.

RICE s, riz m.
RICE-GROWING COUNTRY, contrée rizière.
RICE-PLANTATION, rizière.

RICH a, riche; fertile; fortuné.
to GET RICH, s'enrichir.
GET-RICH-QUICK, qui promet monts et merveilles; qui ne songe qu'à gagner de l'argent.
IDLE RICH, riches désœuvrés.
IMMENSELY RICH, immensément riche.
the NEW RICH, les nouveaux riches.
RICH IN FORESTS, riche en forêts.
RICH PEOPLE, les riches.
RICH PERSON, riche.
RICH AND POOR, les riches et les pauvres.
SOAKING THE RICH, faire payer les riches.

RICHES s. pl, richesse f, trésor m.
to AMASS IMMENSE RICHES, amasser d'immenses richesses.

RICHNESS s, richesse f, abondance f.

RID v, (se) débarrasser, écouler, éliminer.
ARTICLE HARD TO GET RID OF, article difficile à écouler.
to GET RID OF (OLD) STOCK, écouler les stocks.
to GET RID OF SECULAR TREND, se débarrasser de la tendance séculaire.
to GET RID OF x, éliminer x.
to RID A PROPERTY OF DEBT, purger un bien de dettes.

RIDDANCE s, débarras m.

RIDER s, annexe f; allonge f.
RIDER TO A BILL OF EXCHANGE, allonge d'une lettre de change.

RIDGE s, arête f, crête f.

RIGGER s, agioteur m.

RIGGING s, agiotage m.
RIGGING THE MARKET, agiotage; tripotage en bourse.

RIGHT a, droit; correct.
to PUT AN ERROR RIGHT, corriger une erreur.
RIGHT ANGLE, angle droit.

at RIGHT ANGLES TO, perpendiculaire à.
RIGHT CONE, cône droit.
RIGHT CYLINDER, cylindre droit.
RIGHT LINE, (ligne) droite.

RIGHT *adv*, droit.

RIGHT *s*, droit *m*, titre *m*, justice *f*.
to ACT BY RIGHT, agir selon son droit.
APPLICATION RIGHTS, droit(s) de souscription.
APPLICATION AS OF RIGHT FOR NEW SHARES, souscription
   à des actions à titre irréductible.
BILL OF RIGHTS, *U.K*: Déclaration des droits des citoyens.
CIVIL RIGHTS, droits civiques.
DRAWING RIGHT, droit de tirage.
EXCLUSIVE RIGHT, droit exclusif.
to EXERCISE A RIGHT, exercer un droit.
to EXERCISE THE RIGHT OF OPTION, user du droit d'option.
FULL RIGHT OF USE OF, plein droit d'usage de.
FULL RIGHT OF USER OF, plein droit d'usage de.
INALIENABLE RIGHT, droit inaliénable.
INFRINGEMENT OF RIGHTS, atteinte aux droits.
LAND SUBJECT TO A RIGHT OF USER, propriété grevée d'une
   servitude.
LOSS OF RIGHT, déchéance d'un droit.
MINERAL RIGHTS, droits miniers.
MINERAL RIGHTS DUTY, redevance minière.
OIL RIGHTS, droit d'exploiter le pétrole.
PATENT-RIGHTS, propriété industrielle.
PERSONAL RIGHTS, droits du citoven.
PRE-EMPTIVE RIGHT, droit de préemption.
PREFERENTIAL RIGHT, droit préférentiel.
PRIORITY RIGHTS, droits de priorité; préférence.
PURCHASING RIGHTS, droits d'achat.
to RESERVE RIGHT OF RECOURSE, se réserver un droit de recours.
cum RIGHTS, avec droit.
ex RIGHTS, droit détaché.
RIGHT OF COINAGE, droit de frappe; droit de battre monnaie.
RIGHT OF COMBINATION, droit d'association; droit de se syndiquer.
RIGHTS OF CREDITORS, droits des créanciers.
RIGHT OF FREE ENTRY, droit de passer librement les frontières.
RIGHT OF FIRST REFUSAL, droit de préférence.
RIGHT OF INHERITANCE, droit de succession.
RIGHT OF ISSUING BANK NOTES, privilège d'émission de billets
   de banque.
RIGHTS OF LABOUR, droits du travail.
RIGHT TO THE LEASE OF A PROPERTY, droit au bail d'un im-
   meuble.
RIGHTS MARKET, marché des droits de souscription.
RIGHT OF PASSAGE, droit de passage.
RIGHT OF PRIORITY, droit d'antériorité.
all RIGHTS RESERVED, tous droits (de reproduction) réservés.
RIGHT OF REVERSION, droit de réversion.
RIGHT OF SANCTUARY, droit d'asile.
RIGHT TO STRIKE, droit de grève.
RIGHT TO SUCCEED, droits successifs.
RIGHT OF SUCCESSION, droit de succession.
RIGHT OF SURVIVORSHIP, gain de survie.
RIGHT VESTED IN, droit dévolu à.
RIGHT TO VOTE, droit de vote.
RIGHT OF WAY, *U.S*: droit de passage; *U.S*: voie ferrée, routière.
SALE SUBJECT TO RIGHT OF VENDOR TO REPURCHASE, vente
   à réméré.
SOLE RIGHT, droit exclusif.
SOVEREIGN RIGHTS, droits de souveraineté.
SPECIAL DRAWING RIGHTS, droits de tirage spéciaux.
SURRENDER OF RIGHTS, abdication de droits.
TENANT-RIGHT, droit du locataire.
USUFRUCTUARY RIGHT, droit usufructuaire.
VOTING RIGHT, droit de vote.
WOMEN'S RIGHTS, droits de la femme.
to YIELD ONE'S RIGHTS, céder ses droits; renoncer à ses droits.

RIGHT *v*, redresser, corriger.

RIGHTFUL *a*, légitime.
RIGHTFUL OWNER, légitime propriétaire.

RIGHTNESS *s*, exactitude *f*, rectitude *f*, justesse *f*.

RIGID *a*, rigide.
RIGID PRICES, prix rigides.
RIGID WAGES, salaires rigides.

RIGIDITY *s*, rigidité *f*.
PRICE RIGIDITY, rigidité des prix.
RIGIDITY OF WAGE-RATES, rigidité des salaires.

RIGORISM *s*, rigorisme *m*.

RIGOROUS *a*, rigoureux.
RIGOROUS MEASURES, mesures rigoureuses.

RIGOUR *s*, rigueur *f*.

RING *s*, anneau *m*; syndicat *m*, cartel *m*.
OIL-RING, cartel du pétrole.
PRICE-RING, coalition de vendeurs.
RING, Parquet; marché officiel.

RIOT *s*, émeute *f*.

RIOTING *s*, émeutes *f. pl*.

RIPARIAN *a*, riverain.
RIPARIAN OWNER, propriétaire riverain.

RIPE *a*, mûr.

RIPEN *v*, mûrir.

RIPENING *s*, maturation *f*.
RIPENING OF A PLAN, maturation d'un projet.

RISE *s*, hausse *f*, augmentation *f*; relèvement *m*; pente *f*.
to ASK FOR A RISE, demander une augmentation.
BIG RISE, forte hausse.
to CONTROL THE RISE (IN THE COST OF LIVING), enrayer la
   hausse (du coût de la vie).
DEALING FOR A RISE, opération à la hausse.
DISCONTINUOUS RISE, hausse intermittente.
to DISCOUNT A RISE IN STOCKS, anticiper sur une hausse des
   valeurs.
to GAMBLE ON A RISE IN PRICES, jouer à la hausse.
to OPERATE FOR A RISE, jouer à la hausse.
RISE IN THE BANK RATE, relèvement du taux de l'escompte.
RISE OF A CURVE, pente (ascendante) d'une courbe.
the RISE OR THE FALL OF STOCKS AND SHARES, la hausse
   ou la baisse des titres de bourse.
RISE IN PRICE, renchérissement; hausse du prix.
RISE IN THE RATE OF INTEREST, hausse du taux de l'intérêt.
RISE IN VALUE, appréciation.
STOCKS HELD FOR A RISE, valeurs conservées en vue d'une hausse.

RISE *v*, augmenter, monter, (se) relever.
the MARKET HAS RISEN, la bourse est en hausse.
PRICES ARE RISING BY LEAPS AND BOUNDS, les prix montent
   de manière vertigineuse.
to RISE IN PRICE, renchérir.

RISING *a*, ascendant, montant, en hausse *f*.
CYCLE OF RISING PRICES, cycle de hausse des prix.
RISING GENERATION, jeune génération.
RISING MARKET, marché orienté à la hausse.
RISING PRICE, prix en hausse.
to SELL ON A RISING MARKET AND TO BUY ON A FALLING
   MARKET, vendre en hausse et acheter en baisse.

RISING *s*, ascension *f*; insurrection *f*; hausse *f*.
RISING AND FALLING, mouvement de hausse et de baisse.
RISING OF THE PEOPLE, insurrection populaire.

RISK *s*, risque *m*, péril *m*, aléa *m*, hasard *m*.
ALLOWANCE FOR RISK, prime de risque.
to ASSUME ALL RISKS, assumer tous les risques.
CALCULATED RISK, risque calculé.
COLLISION RISK, risque de collision.
COST OF RISK, coût du risque.
DEFAULT RISK, risque de défaillance.
ECONOMICS OF RISK, économie du risque.
END OF A RISK, extinction d'un risque.
ESTIMATE OF THE RISK, appréciation du risque.
FIRE-RISK, risque d'incendie.
FREIGHT AT RISK, fret en risque.
ILLIQUIDITY RISK, risque de non liquidité.
to INCUR A RISK, encourir un risque.
INSURABLE RISK, risque assurable.
INSURANCE AGAINST RISK OF, assurance contre le risque de.
to INSURE AGAINST A RISK, s'assurer contre un risque.
all KINDS OF RISKS, toutes sortes de risques.
KNOWN RISK, risque connu.
LAND RISK, risque terrestre.
to LAY OFF A RISK, effectuer une réassurance.
LOADING RISK, risque de chargement.
MARINE RISK, risque de mer.
MARITIME RISK, risque de mer.
MAXIMUM RISK, risque maximum.
a MINIMUM OF RISK AND A MAXIMUM OF REVENUE, un minimum de risque et un maximum de revenus.
the NATURE AND EXTENT OF A RISK, nature et étendue d'un
   risque.
at OWNER'S RISK, aux risques et périls du propriétaire.
PEACE RISK, risque de paix.
POLICY COVERS THE RISKS OF LOSS, la police couvre les risques
   de perte.
to POOL RISKS, mettre des risques en commun.
PORT RISK, risque de port.
RAFT RISK, risque de dromes.
to REINSURE THE WHOLE OR PART OF A RISK, réassurer tout ou
   partie d'un risque.

RISK CAPITAL, capitaux spéculatifs.
RISK COEFFICIENT, coefficient de risque.
RISK OF DEFAULT BY THE BORROWER, risque de défaillance de l'emprunteur.
RISK-MONEY, fonds pour déficits de caisse.
RISK-PREMIUM, prime de risque.
RISKS OF AN UNDERTAKING, aléas d'une entreprise.
SEA RISK, risque de mer.
SHORE RISK, risque de séjour à terre.
SPECULATIVE RISK, risque spéculatif.
to SPREAD A RISK, répartir un risque.
TENANT'S RISKS, risques locatifs.
TENANT'S THIRD PARTY RISK, risque locatif.
THEFT RISK, risque de vol.
THIRD PARTY RISKS, risques aux tiers.
TIME RISK, risque à terme.
TRANSHIPMENT RISK, risque de transbordement.
to UNDERWRITE A RISK, souscrire un risque; partager un risque.
VALUATION OF THE RISK, appréciation du risque.
VARIATION OF RISK, modification de risque.
WAR RISK, risque de guerre.

RISK v, risquer.

RISKINESS s, aléas m. pl.

RISKY a, hasardeux, aléatoire, risqué.
RISKY SPECULATION, spéculation aléatoire.

RIVAL a, rival, concurrent.
RIVAL PRODUCTS, produits rivaux.

RIVAL s, rival m, concurrent m.

RIVALRY s, rivalité f.

RIVER s, rivière f, fleuve m.
NAVIGABLE RIVER, rivière navigable.

RIVERAIN a, riverain.

ROAD s, route f, chemin m, voie f, chaussée f.
CARRIAGE-ROAD, chaussée.
CONDITION OF THE ROAD, état de viabilité d'une route.
CROSS-ROADS, carrefour.
MAINTENANCE OF ROADS, entretien des routes.
MOTOR-ROAD, route carossable.
to RESTRICT A ROAD, limiter la vitesse de circulation sur une route.
ROADS AND BRIDGES, ponts et chaussées.
ROAD-MAKING, construction de routes.
ROAD TRAFFIC, circulation routière.
ROAD TRANSPORT, transports routiers.
RULE OF THE ROAD, code de la route.
TOLL-ROAD, route à péage.
UPKEEP OF ROADS, entretien des routes.

ROADWAY s, voie f, chaussée f.

ROADWORTHY a, en état m de marche f.

ROBOT s, robot m, automate m.
ROBOT DISTRIBUTOR, distributeur automatique.

ROCK s, roc m, rocher m.
ROCK-BOTTOM PRICE, prix le plus bas.

ROD s, baguette f.
MEASURING ROD, étalon de mesure.

ROLL s, rôle m, état m, feuille f, matricule f.
NOMINAL ROLL, état nominatif.
PAY-ROLL, livre de paie.
PAY-ROLL LEDGER, grand livre de paie.
PAY-ROLL TAX, impôt sur les salaires.

ROLLING a, roulant.
ROLLING-STOCK, matériel roulant.

ROLLING s, roulement m, laminage m.
DICE-ROLLING, jeu de dés.
ROLLING-MILL, laminoir.

ROOM s, espace m; chambre f, salle f.
AUCTION ROOM, salle des ventes.
FURNISHED ROOMS, chambres meublées.
SALE-ROOM, salle de vente.
STOCK-ROOM, magasin de réserve.

ROOT s, racine f; source f.
CUBIC ROOT, racine cubique.
IRRATIONAL ROOT, racine incommensurable.
ROOT CAUSE, cause première.
SQUARE ROOT, racine carrée.
SQUARE ROOT OF THE VARIANCE (STANDARD DEVIATION), racine carrée de la variance (écart type).

ROOTED a, enraciné, arborescent.
ROOTED TREE, arborescence.

ROSTER s, tableau m, feuille f.

PROMOTION ROSTER, tableau d'avancement.

ROTARY a, rotatif.

ROTATING a, tournant, rotatif, alternant.
ROTATING CROPS, cultures alternantes.

ROTATION s, rotation f, roulement m.
by ROTATION, par roulement.
in ROTATION, par roulement.
ROTATION OF CROPS, rotation des cultures; assolement.

ROUGH a, approximatif; grossier.
ROUGH AVERAGE, moyenne approximative.
ROUGH ESTIMATE, estimation (très) approximative.
to STRIKE A ROUGH AVERAGE, établir une moyenne approximative.

ROUND a, rond, circulaire.
ROUND FIGURES, chiffres ronds.
ROUND TRIP, l'aller et le retour.

ROUND s, cercle m; tour m.
KENNEDY ROUND, négociation Kennedy (tarifaire).

ROUNDED a, arrondi.
ROUNDED FIGURE, chiffre arrondi.

ROUNDING s, arrondissage m.
ROUNDING STATISTICAL FIGURES, pratique des nombres arrondis.

ROUNDABOUT a, détourné, indirect.
ROUNDABOUT PROCESSES, processus détournés.

ROUTE s, route f, itinéraire m, voie f.
GREAT TRADE ROUTES, grandes routes commerciales.
OVERLAND ROUTE, voie de terre.
SEA ROUTE, route maritime.
TRADE ROUTE, route commerciale.

ROUTINE s, routine f.
ERROR DETECTION ROUTINE, routine de détection d'erreurs.
INPUT-OUTPUT ROUTINE, routine d'entrée-sortie.
OFFICE ROUTINE, travail courant de bureau.
ROUTINE WORK, travail de routine.
UTILITY ROUTINE, sous-programme utilitaire.

ROUTING s, routage m, acheminement m.
ROUTING TIME, durée d'acheminement.

ROUTINISM s, esprit m de routine f.

ROW s, rang m, rangée f, ligne f.
ROWS AND COLUMNS (OF FIGURES), lignes et colonnes (de chiffres).

ROYAL a, royal.
ROYAL EXCHANGE, Bourse de commerce (de Londres).
ROYAL MAIL, *U.K:* Service des postes.

ROYALIST s, royaliste m.

ROYALTY s, droit m régalien , redevance f.
MINING ROYALTIES, redevance tréfoncière.

RUBBER s, caoutchouc m.
SYNTHETIC RUBBER, caoutchouc synthétique.

RUDIMENT s, rudiment m.

RUIN s, ruine f.

RUIN v, ruiner.

RUINOUS a, ruineux.
RUINOUS EXPENSE, dépenses ruineuses.

RULE s, règle f, règlement m.
DEPARTURES FROM THE GENERAL RULE, exceptions à la règle générale.
EXCEPTION TO A RULE, exception à une règle.
GENERAL RULE, règle générale.
HOME RULE, autonomie.
to INFRINGE THE RULE, enfreindre la règle.
MINIMAX RULE, règle du minimax.
PARALLEL RULE, règles parallèles.
by RULE OF CONTRARIES, par raison des contraires.
RULES OF THE GAME, règles du jeu.
RULES AND REGULATIONS, statuts et règlements.
RULE OF THE ROAD, code de la route.
RULE OF THREE, règle de trois.
RULE OF THUMB, empirisme.
SLIDE-RULE, règle à calculer, logarithmique.

RULE v, gouverner, régir.
PRICES ARE RULING HIGH, les prix restent élevés.

RULER s, règle f.
PARALLEL RULER, règles parallèles.

RULING a, souverain, dominant, dirigeant, actuel, régnant.
PRICES RULING IN PARIS, les prix, les cours, qui se pratiquent à Paris.

RULING CLASSES, classes dirigeantes.
RULING PRICE, cours actuel; prix du jour.

RULING s, ordonnance f, décision f.

RUN s, course f, parcours m, série f, période f, tendance f; ruée f.
LONG RUN, longue période.
in the LONG RUN, à la longue.
LONG-RUN EQUILIBRIUM, équilibre à long terme.
MACHINE RUN, passage (en) machine.
RUN ON BANKS, retraits massifs de dépôts bancaires.
RUN OF A CURVE, allure d'une courbe.
RUN OF THE MARKET, tendances du marché.
SHORT-RUN EQUILIBRIUM, équilibre à court terme.

RUN v, courir; diriger; s'élever à.
the BILL HAS 30 DAYS TO RUN, l'effet a 30 jours à courir.
his INCOME RUNS INTO FIVE (SIX) FIGURES, il a un revenu de plus de cinq (six) chiffres.
the INCREASE IN BUSINESS RUNS INTO, l'augmentation du chiffre d'affaires représente, s'élève à.

PRICES RUN FROM... TO, les prix varient entre... et...
PRICES RUN HIGH, les prix sont plutôt élevés.
to RUN A BUSINESS, faire marcher, diriger une affaire, un commerce.
to RUN INTO DEBT, s'endetter.
STOCKS ARE RUNNING LOW, les stocks s'épuisent.

RUNNING a, courant.
RUNNING ACCOUNT, compte courant.
RUNNING EXPENSES, frais d'utilisation; dépenses courantes.
RUNNING METRE, mètre (de longueur).

RURAL a, rural.

RUSH s, ruée f; hâte f.
GOLD-RUSH, ruée vers l'or.
RUSH HOURS, heures d'affluence.
RUSH ORDER, commande urgente.
RUSH-WORK, travail (très) urgent.

RUTHLESS a, impitoyable.
RUTHLESS COMPETITION, concurrence sans frein.

SABOTAGE s, sabotage m.

SACK v, congédier.
to SACK AN EMPLOYEE, congédier un employé.
to SACK ALL THE STAFF, congédier tout le personnel.

SACRIFICE s, sacrifice m.
SACRIFICE PRICES, prix sacrifiés.

SACRIFICE v, sacrifier, vendre à perte f.

SAFE a, sûr; en sûreté f; prudent.
to DEPOSIT SECURITIES IN SAFE CUSTODY, mettre des valeurs en dépôt.
to PLACE SECURITIES IN SAFE CUSTODY, mettre des valeurs en dépôt.
SAFE-CONDUCT, sauf-conduit.
SAFE-DEPOSIT, dépôt en coffre-fort.
SAFE-DEPOSIT BOX, U S: coffre-fort.
SAFE ESTIMATE, estimation de tout repos.
SAFE INVESTMENT, placement sûr.
SAFE PORT, port sûr.

SAFE s, coffre-fort m.

SAFEGUARD s, sauvegarde f, sauf-conduit m, protection f.

SAFEGUARD v, sauvegarder, protéger.
to SAFEGUARD AN INDUSTRY, protéger une industrie.

SAFEGUARDING s, sauvegarde f, protection f.
SAFEGUARDING DUTIES, droits de sauvegarde.
SAFEGUARDING OF AN INDUSTRY, protection d'une industrie.

SAFETY s, sûreté f, sécurité f.
SAFETY FACTOR, facteur de sécurité.
SAFETY OF NAVIGATION, sécurité de la navigation.
SAFETY STOCK, stock de sécurité.
SAFETY OF THE WORKMEN, sécurité des ouvriers.

SAG s, baisse f; fléchissement m.

SAG v, fléchir.
PRICES SAGGED, les prix, les cours, ont fléchi.

SAGGING a, fléchi; en baisse f.
SAGGING MARKET, marché en baisse.

SAGGING s, fléchissement m, baisse f.
SAGGING OF THE MARKET, fléchissement du marché.

SAIL s, voile f.
SAIL NAVIGATION, navigation à voile.

SAIL v, naviguer.
FIT TO SAIL THE SEA, apte à naviguer sur mer.

SAILING s, navigation f.
DATE OF SAILING, date de départ.

SAILOR s, marin m, matelot m.

SALARIED a, rétribué, salarié.
SALARIED EMPLOYEES, salariés.
SALARIED MAN, salarié.
SALARIED WOMAN, salariée.

SALARY s, salaire m, traitement m, rémunération f, émoluments m. pl, appointements m. pl.

to AWARD AN INCREASE IN SALARY, accorder une augmentation de salaire.
to DRAW A SALARY, toucher un salaire.
to EARN A SALARY, gagner un salaire.
FAT SALARY, gros émoluments.
FIXED SALARY, traitement fixe.
HORIZONTAL INCREASE IN SALARIES, augmentation uniforme de tous les salaires.
INADEQUATE SALARY, salaire insuffisant.
to INCREASE A SALARY, augmenter un salaire.
to PAY A SALARY, verser un salaire.
QUARTERLY SALARY, rémunération trimestrielle.
to RAISE THE SALARY, augmenter le salaire.
to RECEIVE A SALARY, toucher un traitement.
REGULAR SALARY, traitement fixe.
SALARY WITH ARREARS AS FROM, salaire avec rappel depuis.
SALARY ATTACHED TO, salaire afférent à.
SALARY TAX, impôt sur les salaires.
SCALE OF SALARIES, échelle, barème, des salaires.
STAFF SALARIES, appointements du personnel.

SALARY v, payer des appointements m. pl à.

SALE s, vente f, mise f en vente, débit m; soldes m. pl.
AGREEMENT FOR SALE, contrat de vente.
AUCTION SALE, vente aux enchères.
AVERAGE SALES, moyenne des ventes.
BARGAIN-SALE, vente réclame.
BEAR SALE, vente à découvert.
BILL OF SALE, acte, contrat, de vente.
BROKERAGE IS DEDUCTED FROM SALES, le courtage vient en déduction des ventes.
BUSINESS FOR SALE, affaire à céder.
CAR SALES, vente de voitures.
CASH SALE, vente au comptant.
CLAUSES GOVERNING A SALE, conditions d'une vente.
COMPULSORY SALE, adjudication forcée.
CONDITIONS OF SALE, conditions de vente.
to CONSENT TO A SALE, consentir à une vente.
CONSIDERATION FOR SALE, prix de vente.
CREDIT SALE, vente à crédit.
DEFINITE SALE, vente ferme.
DIFFERENCE BETWEEN COST AND THE SALE PRICE, écart entre prix de revient et prix de vente.
DUTY-PAID SALE, vente à l'acquitté.
FACTORY SALES, ventes par les usines.
FORWARD SALE, vente à terme.
HEAVY SALES, ventes massives.
HOUSE FOR SALE, maison à vendre.
LICENCE FOR THE SALE OF, patente; licence.
MAIL-ORDER SALES, ventes par correspondance.
MEAN SALES, moyenne des ventes.
to NEGOTIATE A SALE, négocier une vente.
NET PROCEEDS OF A SALE, produit net d'une vente.
NOTICE OF SALE BY AUCTION, avis de vente aux enchères.
OUTRIGHT SALE, vente à forfait.
PARTICULARS OF SALE, description de la propriété à vendre; cahier des charges.
PRODUCTION FOR DOMESTIC SALES, production pour vente dans le pays.

PROFIT EARNED ON SALE, profit réalisé sur une vente.
PROFIT ON A SALE, profit, bénéfice, sur une vente.
PROMISE OF SALE MADE WITH A DEPOSIT, promesse de vente faite avec des arrhes.
PROPERTY SALE, vente d'immeubles.
PURCHASES AND SALES OF EXCHANGE, achat et vente de devises.
PUTTING UP FOR SALE, mise en vente.
QUICK SALE, prompt débit; vente rapide.
RESTRICTIONS ON THE SALE OF, restrictions à la vente de.
RETAIL SALE, vente au détail.
REVIVAL OF SALES, regain de ventes.
for SALE, à vendre.
on SALE, en vente.
SALE FOR THE ACCOUNT, vente à terme.
SALES ACCOUNT, compte de vente(s).
SALE ON APPROBATION, vente à l'essai.
SALES AVERAGE (SO MUCH), la moyenne des ventes (est de).
SALE EX BOND, vente à l'acquitté.
SALE IN BONDED WAREHOUSE, vente en entrepôt.
SALES CAMPAIGN, campagne de vente.
SALE C.I.F., vente c.a.f.
SALE ON COMMISSION, vente à la commission.
SALE CONTRACT, contrat de vente.
SALE FOR DELIVERY, vente à livrer.
SALES DEPARTMENT, service ventes.
SALES FIGURE, chiffre d'affaires.
SALE FOR FUTURE DELIVERY, vente à terme ferme.
SALE GOODS, soldes.
SALE OF GOODS NOT PROCESSED BY THE ESTABLISHMENT, marchandises revendues en l'état.
SALE INVOICE, facture de vente.
SALES MANAGER, directeur commercial.
SALE FOR MONEY, vente (au) comptant.
SALE WITH OPTION OF REDEMPTION, vente avec faculté de rachat.
SALE WITH OPTION OF REPURCHASE, vente avec faculté de rachat; vente à réméré.
SALE BY ORDER OF THE COURT, vente judiciaire.
SALE WITH POWER OF REDEMPTION, vente avec faculté de rachat; vente à réméré.
SALE PRICE, prix de solde.
SALE BY PRIVATE TREATY, vente à l'amiable, de gré à gré.
SALES PROMOTION, promotion des ventes.
on SALE OR RETURN, (marchandises) en commission.
SALES RETURNS, rendus sur ventes.
SALES REVENUE, recettes de vente.
SALES-ROOM, salle de ventes.
SALE ON SAMPLE, vente sur échantillon.
SALE FOR THE SETTLEMENT, vente à terme.
SALE SUBJECT TO RIGHT OF VENDOR TO REPURCHASE, vente à réméré.
SALE OF SURPLUS STOCK, vente de soldes.
SALES TAX, taxe sur le chiffre d'affaires.
SALE VALUE, valeur marchande, vénale.
to SELL AT A LOW PRICE AND RECOUP ONESELF BY LARGE SALES, vendre à bas prix et se rattraper sur la quantité.
SHAM SALE, vente simulée.
SHORT SALE, vente à découvert.
SPOT SALE, vente de disponible.
STOCK-TAKING SALE, solde avant, après, inventaire.
SUB-SALE, sous-vente.
TOTAL VALUE OF SALES, valeur totale des ventes.
to WASH SALES OF STOCK, U.S: faire des ventes fictives d'une valeur.
WASHED SALE, U.S: vente fictive.
WHOLESALE SALE, vente en gros.

SALEABILITY s, commercialité f.

SALEABLE a, vendable, marchand.
SALEABLE GOODS, marchandises vendables.
SALEABLE VALUE, valeur marchande.

SALEABLENESS s, commercialité f.

SALESMAN s, vendeur m, intermédiaire m, représentant m de commerce m, courtier m de commerce.

SALESMANSHIP s, art m de vendre.

SALESPEOPLE s. pl, vendeurs m. pl et vendeuses f. pl.

SALESWOMAN s, vendeuse f.

SALT s, sel m.
SALT MINING, exploitation des mines de sel.
SALT-TAX, gabelle.

SALVAGE s, sauvetage m; droit m de sauvetage.
SALVAGE BOND, contrat de sauvetage.
SALVAGE CHARGES, frais de sauvetage.
SALVAGE DUES, droits de sauvetage.

SALVAGE EXPENSES, frais de sauvetage.
SALVAGED a, récupéré.
SALVAGED MATERIAL, matériel récupéré.

SALVAGING s, sauvetage m, récupération f.

SAMPLE s, échantillon m.
BALANCED SAMPLE, échantillon compensé.
BIAS(S)ED SAMPLE, échantillon biaisé; échantillon avec erreur systématique.
to CORRESPOND TO SAMPLE, être conforme à l'échantillon.
DEMOGRAPHIC SAMPLE SURVEY, enquête démographique par sondage.
DISTRIBUTION OF SAMPLE MEANS, distribution des moyennes d'échantillons.
ESTIMATED STANDARD ERROR OF A SAMPLE MEAN, approximation de l'écart-type de la moyenne d'échantillon.
FAIRLY DRAWN SAMPLE, échantillon tiré consciencieusement.
FREE SAMPLE, échantillon gratuit.
PROBABILITY OF INCLUSION IN THE SAMPLE, probabilité de figurer dans l'échantillon.
PROBABILITY SAMPLE, échantillon aléatoire.
QUOTA SAMPLE, sondage, enquête, par quotas.
RANDOM SAMPLE, échantillon aléatoire.
REPRESENTATIVE SAMPLE, échantillon type.
SALE ON SAMPLE, vente sur échantillon.
SAMPLE CENSUS, recensement par sondage.
SAMPLE OF NO COMMERCIAL VALUE, échantillon sans valeur marchande.
SAMPLE DRAWING, tirage au sort de l'échantillon.
SAMPLE DRAWN, échantillon tiré.
SAMPLE OF ESTABLISHMENTS, échantillon d'établissements.
SAMPLE MEAN, moyenne de l'échantillon.
SAMPLE RATE, tarif des échantillons.
SAMPLES SENT ON REQUEST, échantillons sur demande.
SAMPLE SIZE, taille de l'échantillon.
SAMPLE SURVEY, enquête par sondage.
SAMPLE OF VALUE, échantillon de valeur, de prix.
SAMPLE OF NO VALUE, échantillon sans valeur.
SIMPLE RANDOM SAMPLE, échantillon aléatoire non classé.
SMALL SAMPLES, petits échantillons.
STRATIFIED RANDOM SAMPLE, échantillon aléatoire structuré par classes.

SAMPLE v, échantillonner, faire un sondage.

SAMPLING s, échantillonnage m, sondage m.
CLUSTER SAMPLING, sondage en grappes.
DOUBLE SAMPLING, échantillonnage à deux degrés.
MULTI-PHASE SAMPLING, sondage à plusieurs phases.
MULTI-STAGE SAMPLING, sondage à plusieurs degrés.
MULTIVARIATE SAMPLING, échantillonnage à plusieurs variables.
PROBABILITY SAMPLING, sondage probabiliste.
RANDOM SAMPLING, sondage probabiliste.
SAMPLING DESIGN, procédé d'échantillonnage; plan d'échantillonnage.
SAMPLING DISTRIBUTION OF, distribution de... d'une famille d'échantillons.
SAMPLING ERROR, erreur d'échantillonnage; erreur de sondage.
SAMPLING FRACTION, fraction sondée.
SAMPLING METHOD, méthode par échantillons; méthode de sondage.
SAMPLING PLAN, plan de sondage; plan d'échantillonnage.
SAMPLING RANGE, étendue de l'échantillon.
SAMPLING RATE, taux d'échantillonnage.
SAMPLING VARIANCE, variance de l'échantillon.
SAMPLING WORKS, laboratoire d'essais.
SEQUENTIAL SAMPLING, échantillonnage successif; méthode de score.
STRATIFIED SAMPLING, sondage(s) stratifié(s); échantillonnages par sous-groupes, par strates.
UNIFORM SAMPLING FRACTION, fraction sondée constante.
VARIABLE SAMPLING FRACTION, fraction sondée variable.

SANCTION s, sanction f; approbation f.

SANCTION v, sanctionner.

SANCTIONED a, consacré.
SANCTIONED BY USAGE, consacré par l'usage.

SANCTUARY s, sanctuaire m, asile m.
RIGHT OF SANCTUARY, droit d'asile.

SANDWICH s, sandwich m.
SANDWICH-MAN, homme-sandwich.

SANITATION s, hygiène f.

SATIATE v, rassasier.

SATIETY s, satiété f.

SATISFACTION s, satisfaction f; acquittement m, paiement m, liquidation f.

ENTRY OF SATISFACTION OF MORTGAGE, radiation d'hypo-
thèque.
MAXIMUM SATISFACTION, satisfaction maximale.
POSTPONED SATISFACTIONS, satisfactions différées.

SATISFACTORY a, satisfaisant.

SATISFY v, satisfaire; payer, (s') acquitter.
to SATISFY THE CREDITORS IN FULL, désintéresser intégralement
les créanciers.
to SATISFY THE NEEDS OF, satisfaire aux besoins de.

SATURATE v, saturer.

SATURATED a, saturé.

SATURATION s, saturation f.
the MARKET HAS REACHED SATURATION POINT, le marché
est saturé.
SATURATION POINT, point de saturation.

SAVE v, économiser, épargner, sauver.
CAPACITY TO SAVE, capacité d'épargne.
MARGINAL PROPENSITY TO SAVE, propension marginale à épargner.
PROPENSITY TO SAVE, propension à épargner.
to SAVE LABOUR, économiser le travail.
to SAVE MONEY, épargner de l'argent.
to SAVE TIME, faire une économie de temps.

SAVED a, épargné, mis de côté m, économisé.

SAVER s, épargnant m; sauveur m.

SAVING a, économe, épargnant.
CAPITAL-SAVING INNOVATION, innovation épargnant du capital.
LABOUR-SAVING INNOVATION, innovation épargnant du travail.

SAVING s, épargne f, économie f; sauvetage m.
ACT OF INDIVIDUAL SAVING, acte d'épargne individuelle.
COMPANY SAVING, épargne des sociétés.
DISUTILITY OF SAVING, désutilité de l'épargne.
DIVERGENCE BETWEEN SAVING AND INVESTMENT, différence
entre l'épargne et l'investissement.
to DRAW ON SAVINGS, prendre sur les économies.
EQUALITY OF SAVING AND INVESTMENT, égalité de l'épargne
et de l'investissement.
FORCED SAVING, épargne forcée.
GENUINE SAVING, épargne véritable.
GOVERNMENT SAVINGS BOND, certificat, bon, d'épargne.
GOVERNMENT SAVINGS CERTIFICATE, bon d'épargne.
LABOUR-SAVING, économie de travail, de main-d'œuvre.
to LIVE ON SAVINGS, vivre de ses économies.
NEGATIVE SAVING, épargne négative.
NET SAVING, épargne nette.
POST OFFICE SAVINGS BANK, caisse d'épargne postale.
POSTAL SAVINGS BANK, caisse d'épargne postale.
PRECAUTIONARY SAVING, épargne de précaution.
to PUT MONEY IN THE SAVINGS BANK, mettre de l'argent à la
caisse d'épargne.
RATE OF SAVING, taux d'épargne.
SAVINGS ACCOUNT, compte d'épargne.
SAVINGS BANK, caisse d'épargne.
SAVINGS BANK BOOK, livret de caisse d'épargne.
SAVINGS BONDS, bons d'épargne.
SAVINGS OF CORPORATIONS, épargne des sociétés.
SAVING DEPOSIT SUBJECT TO CHEQUE, dépôt d'épargne sujet
à retrait par chèque.
SAVING IN HANDLING COSTS, économie dans le coût de la ma-
nutention.
SAVING-TO-INCOME RATIO, rapport épargne-revenu.
SAVING OF LABOUR, économie de travail, de main-d'œuvre.
SAVING MOTIVE, motif d'épargne.
SAVING OF TIME, économie, gain, de temps.

SAY pr. n, Say.
SAY'S LAW, loi de Say.

SCALE s, échelle f, barème m; balance f; gamme f.
CONSUMER UNIT SCALES, échelle d'unité de consommateur.
DRAWING TO SCALE, dessin à l'échelle.
ECONOMIES OF LARGE SCALE, économies de grande échelle.
FARMING ON A LARGE SCALE, grande exploitation agricole.
GRADUATED SCALE, échelle graduée.
HIGHEST SCALE OF TAXATION, barème d'imposition maximum.
LOGARITHMIC SCALES, échelles logarithmiques.
MAMMOTH SCALE, échelle colossale.
on a NATIONWIDE SCALE, à l'échelle nationale.
NATURAL SCALES, échelle arithmétique.
ORDINARY SCALE OF REMUNERATION, barème courant de
rémunérations.
PAIR OF SCALES, balance.
RATIO SCALE, échelle logarithmique.
REDUCED SCALE, échelle réduite.
SCALE CHARGE, prix de barème.

SCALE OF CHARGES, barème des prix.
SCALE OF COMMISSIONS, barème de courtages.
SCALE OF OUTPUT, échelle de production.
SCALE-PAPER, papier millimétrique.
SCALE OF PREFERENCES, échelle de préférences.
SCALE OF PRICES, tarif, gamme, des prix.
SCALE OF PRODUCTION, échelle de production.
SCALE RATE, prix de barème.
SCALE OF SALARIES, échelle, barème, des salaires.
SLIDING SCALES, échelles mobiles.
SLIDING WAGE SCALE, échelle mobile des salaires.
SOCIAL SCALE, échelle sociale.
TAX ON A DESCENDING SCALE, impôt dégressif.
UTILITY SCALE, échelle d'utilité.
WAGE SCALE, échelle des salaires.

SCALE v, tracer, établir un dessin à l'échelle f.
to SCALE DOWN PRODUCTION, ralentir la production.

SCALING s, graduation f, dessin m.
SCALING LAW, loi dimensionnelle.

SCANDINAVIAN a, scandinave.
SCANDINAVIAN MONETARY UNION, Union monétaire scandinave.

SCANT a, insuffisant, faible.

SCANTINESS s, insuffisance f, rareté f.

SCANTY a, insuffisant, maigre, faible.
SCANTY INCOME, maigre revenu.
SCANTY MEANS, faibles ressources.

SCARCE a, rare.
MONEY IS SCARCE, l'argent est rare.

SCARCENESS s, rareté f, pénurie f, disette f.
SCARCENESS OF LABOUR, pénurie de main-d'œuvre.

SCARCITY s, rareté f, pénurie f, disette f.
LAW OF SCARCITY, loi de la rareté.
SCARCITY CAUSES THE PRICES TO VARY, la rareté fait varier les
prix.
SCARCITY OF LABOUR, pénurie de main-d'œuvre.
SCARCITY OF LAND, rareté, pénurie, de terres.
SCARCITY OF MONEY, rareté de la monnaie.
SCARCITY OF STOCK, rareté, pénurie, du titre.

SCATTER s, éparpillement m, dispersion f.
SCATTER CHART, diagramme de dispersion.
SCATTER COEFFICIENT, coefficient de dispersion.
SCATTER DIAGRAM, diagramme de dispersion.
SCATTER OF POINTS, nuage de points.

SCATTERED a, dispersé, éparpillé.

SCATTERING s, éparpillement m, dispersion f.

SCHEDULAR a, cédulaire.
SCHEDULAR METHOD (OF TAXATION), méthode cédulaire (d'imposition).

SCHEDULE s, courbe f; barème m; bilan m; inventaire m; nomencla-
ture f; annexe f; calendrier m; U.S: plan m; cédule f.
CONSUMPTION SCHEDULE, courbe de la consommation.
COST SCHEDULE, courbe du coût.
DEMAND SCHEDULE FOR EMPLOYMENT, courbe de la demande
de main-d'œuvre.
DEMAND SCHEDULE FOR INVESTMENT, courbe de la demande
d'investissement.
REPLACEMENT SCHEDULE, U.S: programme de renouvellement.
according to SCHEDULE, conformément aux prévisions.
up to SCHEDULE, à l'heure.
SCHEDULES TO A BALANCE-SHEET, annexes d'un bilan.
SCHEDULE OF CHARGES, tarif.
SCHEDULE OF THE MARGINAL EFFICIENCY OF CAPITAL, courbe
de l'efficacité marginale du capital.
SCHEDULE TAX, impôt cédulaire.
SUPPLY SCHEDULE, courbe de l'offre.

SCHEDULED a, projeté; cédulaire; tarifaire.
SCHEDULED INVESTMENT, investissement projeté.
SCHEDULED MAINTENANCE, entretien périodique.
SCHEDULED PRICES, prix selon le tarif.
SCHEDULED SERVICES, services réguliers.
SCHEDULED TAXES, impôts cédulaires.

SCHEDULER s, programmateur m.
JOB SCHEDULER, programmateur de travaux.

SCHEDULING s, planification f, ordonnancement m.

SCHEMA s, schéma m, diagramme m.

SCHEMATIC a, schématique.

SCHEMATIZE v, schématiser.

SCHEME s, projet m, plan m; agencement m; schéma m; système m;
régime m.

BUBBLE SCHEME, entreprise véreuse.
to DEFER A SCHEME, ajourner un programme.
GRADUATED PENSION SCHEME*, *U.K:* régime de retraites complémentaires (obligatoire).
OLD-AGE PENSION SCHEME, régime de retraites vieillesse.
PRELIMINARY SCHEME, avant-projet.
PROFIT-SHARING SCHEME, système de participation aux bénéfices.
PROVIDENT SCHEME, système de prévoyance.
SCHEME OF COMPOSITION BETWEEN DEBTOR AND CREDITORS, concordat préventif (à la faillite).
SOCIAL BENEFIT SCHEMES FOR EMPLOYEES, systèmes de prestations en faveur des employés.
SOCIAL SECURITY SCHEMES, systèmes de sécurité sociale.
TOP-HAT INSURANCE SCHEME, *U.K:* régime de retraites des cadres (facultatif).

SCHEMING *s*, plans *m. pl*, projets *m. pl.*

SCHISM *s*, schisme *m.*

SCHOLARSHIP *s*, érudition *f*; bourse *f* d'études *f. pl.*
OPEN SCHOLARSHIP, bourse (d'études) accessible à tous.

SCHOLASTIC *a*, scolastique, scolaire.

SCHOLASTICISM *s*, scolastique *f.*

SCHOOL *s*, école *f*, cours *m*, institut *m.*
ADULT SCHOOL, cours d'adultes.
AUSTRIAN SCHOOL, école autrichienne (marginaliste).
COMMERCIAL SCHOOL, école de commerce.
INDUSTRIAL SCHOOL, école technique.
MANCHESTER SCHOOL, école de Manchester (libre-échangiste).
PRIVATE SCHOOL, école libre, privée.
PUBLIC SCHOOL, *U.K:* école privée; *U.S:* établissement d'enseignement (primaire.)
SCHOOL FEES, frais de scolarité.
SCHOOL-FURNISHING COMPANY, entreprise de fournitures et de matériel scolaires.
SCHOOL-LEAVING AGE, âge de fin de scolarité.
TECHNICAL SCHOOL, école professionnelle; école des arts et métiers.
TRADE SCHOOL, école professionnelle.

SCHOOLING *s*, instruction *f*, éducation *f*, scolarité *f.*

SCIENCE *s*, science *f*; discipline *f*; savoir *m.*
APPLIED SCIENCES, sciences expérimentales.
ASSOCIATED SCIENCES, disciplines associées.
ECONOMIC SCIENCE, science économique.
EXACT SCIENCES, sciences exactes.
MANAGEMENT SCIENCE, science de la gestion; techniques de gestion.
SOCIAL SCIENCE, science sociale.

SCIENTIFIC *a*, scientifique.
SCIENTIFIC FACTS, vérités scientifiques.
SCIENTIFIC INVESTIGATION, enquête scientifique.
SCIENTIFIC METHOD, méthode scientifique.
SCIENTIFIC RESEARCH, recherche scientifique.
SCIENTIFIC SOCIALISM, socialisme scientifique.
UNITED NATIONS EDUCATIONAL, SCIENTIFIC AND CULTURAL ORGANIZATION (UNESCO), Organisation des Nations Unies pour l'éducation, la science et la culture.

SCIENTIST *s*, savant *m*, homme *m* de science *f.*

SCISSION *s*, scission *f.*

SCISSORS *s. pl*, ciseaux *m. pl.*
PRICE SCISSORS, écart entre prix industriels et prix agricoles.

SCOPE *s*, portée *f*, champ *m.*
SCOPE OF ACTIVITIES, champ d'activité.

SCORE *s*, marque *f*; résultat *m.*
SCORE STORAGE, mémoire intermédiaire.

SCORING *s*, marque *f*, notation *f.*
SCORING (UP) OF A DEBT, inscription, enregistrement, d'une dette.

SCOT *s*, écot *m.*
SCOT AND LOT, *U.K:* taxes communales (anciennes).

SCRAP *s*, fragment *m*; déchets *m. pl.*
SCRAP VALUE OF MACHINERY, valeur à la casse des machines.

SCRAPPING *s*, mise *f* au rebut.

SCRIP *s*, certificat *m* provisoire, scrip *m.*
REGISTERED SCRIP, titres nominatifs.
SCRIP CERTIFICATE, certificat d'actions provisoire.

SCRIPHOLDER *s*, détenteur *m* de titres *m. pl.*

SCRUTINY *s*, vérification *f*, examen *m.*

SEA *s*, mer *f*, océan *m.*
DEEP-SEA FISHING, grande pêche.
DEEP-SEA NAVIGATION, navigation au long cours.
FIT TO SAIL THE SEA, apte à naviguer sur mer.

HEIGHT ABOVE SEA LEVEL, altitude au-dessus du niveau de la mer.
HIGH-SEAS, hautes mers.
HIGH-SEA(S) FISHERY, pêche en haute mer; grande pêche.
HIGH-SEA(S) NAVIGATION, navigation au long cours.
PERIL OF THE SEA, risque(s) de mer.
SEA ACCIDENT, accident de mer.
SEA-BORNE SHIPPING, transports maritimes.
SEA CARRIAGE, transport maritime.
SEA DAMAGE, avaries de mer.
SEA FRONTIER, frontière maritime.
SEA INSURANCE, assurance maritime.
SEA JOURNEY, voyage par mer.
SEA MILE, mille marin.
SEA PORT, port de mer.
SEA RISK, risque de mer.
SEA ROUTE, route maritime.
SEA TRADE, commerce maritime.
SEA TRANSIT, trajet par mer.
SEA TRANSPORT (OF GOODS), messageries maritimes.
SEA VOYAGE, voyage par mer.
SEA WATER, eaux maritimes.

SEABOARD *s*, littoral *m.*
SEABOARD PROVINCES, provinces maritimes.

SEAFARER *s*, marin *m.*

SEAL *s*, sceau *m*, seing *m*, cachet *m*, plomb *m.*
CONTRACT UNDER SEAL, contrat avec sceau.
CUSTOM-HOUSE SEAL, plomb de la douane.
CUSTOMS SEAL, cachet de douane.
PRIVATE SEAL, sceau privé.

SEAL *v*, sceller.
to SEAL A DEED, sceller un acte.

SEALED *a*, cacheté.
SEALED TENDER, soumission cachetée.

SEAMAN *s*, marin *m*, matelot *m.*
SEAMEN'S WAGES, gages des gens de mer.

SEAPLANE *s*, hydravion *m.*

SEAPORT *s*, port *m* de mer *f.*

SEARCH *s*, recherche(s) *f*; perquisition *f.*
SEARCH WARRANT, mandat de perquisition.

SEARCH *v*, rechercher; inspecter.

SEARCHER *s*, chercheur *m.*

SEARCHING *s*, recherche(s) *f*, inspection *f.*
THOROUGH SEARCHING, enquête approfondie.

SEASIDE *s*, littoral *m*, bord *m* de mer *f.*
SEASIDE RESORT, station balnéaire.

SEASON *s*, saison *f*, époque *f.*
DEAD SEASON, morte-saison.
ORDINARY SEASON TICKET, carte d'abonnement ordinaire.
SEASON TICKET, carte d'abonnement.
SLACK SEASON, morte-saison.
THRONG SEASON, pleine saison.

SEASONAL *a*, saisonnier.
AMPLITUDE OF SEASONAL SWINGS, amplitude des variations saisonnières.
AVERAGE CORRECTED FOR SEASONAL VARIATIONS, moyenne corrigée des variations saisonnières.
SEASONAL COMPONENT, composante saisonnière.
SEASONAL CORRECTIONS, corrections des variations saisonnières.
SEASONAL DEMAND, demande saisonnière.
SEASONAL FLUCTUATIONS, variations saisonnières.
SEASONAL INDEX, coefficient saisonnier.
SEASONAL PRICES, prix saisonniers.
SEASONAL REVIVAL, reprise saisonnière.
SEASONAL SLACKENING OF ORDERS, ralentissement saisonnier des commandes.
SEASONAL UNEMPLOYMENT, chômage saisonnier.
SEASONAL VARIATIONS, variations saisonnières.
SEASONAL WORK, travail saisonnier.
SEASONAL WORKER, ouvrier saisonnier.

SEAT *s*, siège *m.*

SEAWORTHINESS *s*, état *m* de navigabilité *f.*
WARRANTY OF SEAWORTHINESS, garantie de navigabilité.

SEAWORTHY *a*, en état *m* de navigabilité *f.*
SEAWORTHY SHIP, navire en (bon) état de navigabilité.

SECEDE *v*, faire sécession *f.*

SECESSION *s*, sécession *f.*

SECOND *a*, second, deuxième.
DERIVATIVE OF THE SECOND ORDER, dérivée du second ordre.

EQUATION OF THE SECOND DEGREE, équation du second degré.
SECOND CLASS, deuxième classe.
SECOND-CLASS, de deuxième qualité; de qualité inférieure.
SECOND CROP, regain.
SECOND DEBENTURES, obligations de deuxième rang.
SECOND ENDORSER, tiers porteur.
SECOND HALF YEAR, deuxième semestre.
SECOND-HAND, d'occasion.
SECOND-HAND BROKER, brocanteur.
SECOND-HAND DEALER, revendeur; brocanteur.
SECOND-HAND MARKET, marché de biens d'occasion.
SECOND MOMENT (OF THE DISTRIBUTION), moment d'ordre 2 (de la distribution).
SECOND MORTGAGE, deuxième hypothèque.
SECOND-RATE, de second ordre.
SECOND-RATE STOCK, titre de second ordre.
SECOND TRIAL BALANCE, balance d'inventaire.

SECOND s, seconde f.
CYCLE PER SECOND, Hertz (unité de fréquence).
FOOT-SECOND, pied par seconde.

SECOND v, soutenir.
to SECOND THE MOTION, soutenir la motion.

SECONDARY a, secondaire.
POINT OF SECONDARY IMPORTANCE, point d'importance secondaire.
SECONDARY EXPANSION, expansion secondaire.
SECONDARY PRODUCTS, sous-produits.
SECONDARY PRODUCTION, industrie; secteur secondaire.
SECONDARY REACTION, réaction secondaire.

SECRECY s, secret m, discrétion f.
BANK SECRECY, secret bancaire.
PROFESSIONAL SECRECY, secret professionnel.

SECRET a, secret, occulte.
SECRET AGREEMENT, accord occulte.
SECRET PARTNER, (associé) commanditaire; bailleur de fonds.
SECRET REMUNERATION, rémunération occulte.
SECRET RESERVE, réserve occulte, latente.
SECRET VOTE, scrutin secret.

SECRET s, secret m.

SECRETARIAT s, secrétariat m.

SECRETARY s, secrétaire m or f.
SECRETARY-GENERAL, secrétaire général.
SECRETARY OF STATE, U.S: Secrétaire d'État, ministre des Affaires étrangères.
UNDER-SECRETARY OF STATE, sous-secrétaire d'État.

SECRETARYSHIP s, secrétariat m.

SECTARIANISM s, sectarisme m.

SECTION s, section f; rubrique f; article m.
CONIC SECTIONS, sections coniques.
NOTARIAL SECTION (OF A CONSULATE), section notariale (d'un consulat).
PLANE SECTION, section plane.
SECTION OF AN ACT, article d'une loi.
SECTION OF A STATUTE, article d'une loi.
SECTION OF UNDEVELOPED LAND, lot de terrain non bâti.
TRANSVERSE SECTION, section transversale.

SECTIONAL a, de section f, partiel.
SECTIONAL AREA, surface de section.
SECTIONAL ELEVATION, coupe verticale.
SECTIONAL SURFACE, surface de section.

SECTOR s, secteur m.
CENTRAL GOVERNMENT NON-MONETARY SECTOR, secteur non monétaire de l'État.
non-MONETARY CAPITAL SECTOR, capitaux du secteur non monétaire.
MONETARY SECTOR, secteur monétaire.
MONEY SECTOR, secteur monétaire.
PRIMARY SECTOR, secteur primaire.
PRIVATE SECTOR, secteur privé.
PRIVATE SECTOR OF THE ECONOMY, secteur privé de l'économie.
PUBLIC SECTOR, secteur public.
PUBLIC SECTOR OF THE ECONOMY, secteur public de l'économie.
SOCIALIST SECTOR, secteur socialisé.

SECULAR a, séculaire.
to GET RID OF SECULAR TREND, se débarrasser de la tendance séculaire.
SECULAR COMPONENT, composante intra-séculaire.
SECULAR TREND, tendance séculaire.
SECULAR TREND OF PRICES, mouvement séculaire des prix.
SECULAR VARIATIONS, évolutions séculaires.

SECURE a, sûr.
SECURE INVESTMENT, placement sûr.

SECURE v, assurer; cautionner, nantir; obtenir, se procurer.
to SECURE A DEBT BY MORTGAGE, garantir une créance par une hypothèque.
to SECURE A LENDER BY MORTGAGE, garantir un prêteur par une hypothèque.
to SECURE SPECIAL PRICES, obtenir des prix spéciaux.
to SECURE BY WARRANT, warranter.

SECURED a, assuré; garanti, nanti.
FULLY-SECURED CREDITOR, créancier entièrement nanti.
FUNDS ON WHICH AN ANNUITY IS SECURED, fonds constitutifs d'une rente.
PARTLY-SECURED CREDITOR, créancier partiellement nanti.
SECURED ADVANCES, avances contre garanties.
SECURED BONDS, obligations garanties.
SECURED DEBT, créance garantie.
SECURED LOAN, emprunt, prêt, garanti.
SECURED BY PLEDGES, nanti de gages.

SECURING s, nantissement m, cautionnement m.
SECURING BY WARRANT, warrantage.

SECURITY s, sécurité f, sûreté f; garantie f, gage m, caution f; titre m, valeur f, action f, fonds m.
ADDITIONAL SECURITY, nantissement; sûreté; contre-caution.
ADVANCE AGAINST SECURITY, avance contre garantie.
ADVANCES ON SECURITIES, prêts sur titres.
to ASK FOR SECURITY, demander une caution, une garantie.
BEARER SECURITIES, actions au porteur.
to BORROW MONEY ON THE SECURITY OF AN ESTATE, emprunter de l'argent sur une terre.
COLLATERAL SECURITY, garantie; nantissement.
COLLECTIVE SECURITY, sécurité collective.
COMPETITIVE BIDDING FOR NEW SECURITIES, émission d'actions nouvelles sur le marché.
COUNTER SECURITY, contre-caution.
to DEPOSIT SECURITIES IN SAFE CUSTODY, mettre des valeurs en dépôt.
DESCRIPTION OF SECURITIES, désignation des titres.
DETERMINABLE INTEREST SECURITIES, valeurs à revenu variable.
to EARMARK SECURITIES, mettre sous dossier des titres pour le compte d'une autre banque.
EQUITY SECURITIES, actions.
FIXED-INTEREST SECURITY, valeur à revenu fixe.
FIXED-YIELD SECURITY, valeur à revenu fixe.
FOREIGN BILLS AND SECURITIES, effets et titres étrangers.
FOREIGN SECURITIES, valeurs étrangères; fonds étrangers.
GILT-EDGED SECURITIES, valeurs de tout repos; valeurs de père de famille.
to GIVE SECURITY, fournir caution; cautionner.
GOVERNMENT SECURITIES, fonds d'État.
to HOLD A SECURITY, détenir un gage, une garantie.
HOLDER OF A SECURITY, détenteur d'un gage, d'une garantie.
INDEX OF SECURITY PRICES, indice boursier.
INTEREST-BEARING SECURITIES, titres rapportant un intérêt; obligations.
INTEREST ON SECURITIES OWNED, intérêt sur les titres en portefeuille.
to INVEST MONEY IN SECURITIES, placer de l'argent en valeurs.
INVESTMENT SECURITIES, valeurs de placement.
ISSUE OF SECURITIES, émission de valeurs.
to LEND MONEY ON SECURITY, prêter de l'argent contre garantie.
to LEND MONEY WITHOUT SECURITY, prêter de l'argent à découvert.
to LEND AGAINST SECURITY, prêter sur gages; prêter contre garantie.
LENDER ON SECURITY, prêteur contre garantie.
LISTED SECURITIES, valeurs inscrites, admises, à la cote officielle.
LOAN AGAINST SECURITY, prêt, emprunt, sur gage, sur titres, contre garantie.
LOAN ON SECURITY, prêt sur garantie.
LOAN WITHOUT SECURITY, prêt à fonds perdu.
to LODGE A SECURITY, prendre un nantissement.
LONG-TERM SECURITIES, titres à long terme.
MARKETABLE SECURITIES, valeurs négociables.
MERCHANDIZING OF SECURITIES, placement des titres.
MONEY AS A SECURITY, monnaie en tant que titre.
MONEY AND SECURITIES ARE SUBSTITUTES, la monnaie et les titres constituent des substituts.
to OBTAIN SECURITY, prendre des sûretés.
OLD-AGE SECURITY FUND, fonds d'assurance vieillesse.
OUTSTANDING SECURITIES, titres non amortis.
PAPER SECURITIES, papiers-valeurs; titres fiduciaires.
to PAWN SECURITIES, gager, nantir, des valeurs.
PERSONAL SECURITY, garantie personnelle.
to PLACE SECURITIES IN SAFE CUSTODY, mettre des valeurs en dépôt.
to PLEDGE SECURITIES, nantir des valeurs.
PROPERTY CHARGED AS SECURITY FOR A DEBT, immeuble affecté à la garantie d'une créance.

PROVISION FOR DEPRECIATION OF SECURITIES, prévision pour moins-value du portefeuille.
PUBLIC SECURITIES, fonds, effets, publics.
PURCHASE OF SECURITIES, achat de valeurs.
QUOTABLE SECURITY, valeur cotable.
QUOTED SECURITIES, valeurs admises à la cote.
RATE FOR ADVANCES ON SECURITIES, taux du prêt sur titres.
REALIZABLE SECURITIES, valeurs réalisables.
to REGISTER A SECURITY, immatriculer une valeur.
REGISTERED SECURITIES, titres, effets, nominatifs.
without SECURITY, sans garantie; sur notoriété.
under SECURITY OF A BOND, sans la garantie d'une soumission cautionnée.
SECURITY FOR COSTS, caution judicatum solvi.
SECURITIES DEALT IN FOR THE ACCOUNT, valeurs à terme.
SECURITIES DEALT IN FOR CASH, valeurs au comptant.
SECURITY FOR A DEBT, sûreté en garantie d'une créance.
SECURITY DEPARTMENT, service des titres.
SECURITIES AND EXCHANGE COMMISSION, U.S: Commission des opérations de bourse.
SECURITIES HELD IN PAWN, valeurs détenues en gage.
SECURITIES HELD IN PLEDGE, valeurs détenues en gage.
SECURITIES LODGED AS COLLATERAL, titres déposés, remis, en nantissement.
SECURITY MARKET, marché des valeurs; bourse.
these SECURITIES MOVE ROUND, ces valeurs oscillent autour de.
SECURITIES IN PORTFOLIO, valeurs en portefeuille.
SECURITIES REALIZABLE AT SHORT NOTICE, valeurs réalisables à court terme.
SECURITIES REDEEMABLE IN SERIES, valeurs remboursables par séries.
SECURITIES SHOWN IN THE OFFICIAL LIST, valeurs portées à la cote officielle.
SECURITIES STANDING IN THE COMPANY'S BOOKS, titres portés dans les livres de la société.
SECURITY WHICH SUFFERS A DEPRECIATION, valeur qui subit une dépréciation.
SECURITIES IN TRUST, valeurs mises en trust.
SOCIAL SECURITY, sécurité sociale.
SOCIAL SECURITY AGENCIES, institutions de sécurité sociale.
SOCIAL SECURITY BENEFITS, prestations sociales; prestations de la sécurité sociale.
SOCIAL SECURITY CONTRIBUTIONS, cotisations à la sécurité sociale.
SOCIAL SECURITY SCHEMES, systèmes de sécurité sociale.
SPECULATIVE SECURITIES, valeurs, titres, de spéculation.
to STAND AS SECURITY FOR A DEBT, cautionner une dette.
STOCK EXCHANGE SECURITIES, valeurs, titres, de bourse.
STOCKS HELD AS SECURITY, titres détenus en garantie.
SUBSCRIPTION BY CONVERSION OF SECURITIES, souscription en titres.
SUFFICIENT SECURITY, caution bonne et solvable.
to TAKE AWAY A CREDITOR'S SECURITY, dénantir un créancier.
TAX ON INCOME FROM SECURITIES, impôt sur le revenu des valeurs mobilières.
TRANSFERABLE SECURITIES, valeurs mobilières, transférables.
UNEXCHANGEABLE SECURITIES, valeurs inéchangeables, impermutables.
UNLISTED SECURITIES, valeurs non inscrites, non admises, à la cote officielle.
UNQUOTED SECURITIES, valeurs non cotées.
UNREALIZABLE SECURITIES, valeurs irréalisables.
VALUATION OF SECURITIES, évaluation, estimation, des titres.
VALUELESS SECURITIES, titres sans valeur; non valeurs.
VARIABLE-YIELD SECURITIES, valeurs à revenu variable.

SEDENTARY *a*, sédentaire.

SEED *s*, graine *f*.
COTTON SEED, graines de coton.
OIL-SEED, graine oléagineuse.
SEED-TIME, semailles; semaison.
SEED-TRADE, graineterie.

SEEK *v*, chercher.
to SEEK EMPLOYMENT, chercher un emploi.

SEEKER *s*, chercheur *m*.
GOLD-SEEKER, chercheur d'or.

SEEKING *a*, qui cherche.
PROFIT-SEEKING, intéressé; à but lucratif.
non PROFIT-SEEKING CORPORATION*, U.S: société sans but lucratif.

SEEKING *s*, recherche *f*.
PROFIT SEEKING, recherche du profit.

SEGMENT *s*, segment *m*.
SEGMENT OF A CIRCLE, segment de cercle.

SEGMENT *v*, segmenter.

SEGMENTARY *a*, segmentaire.

SEGMENTED *a*, segmenté.

SEGREGATE *v*, isoler, séparer.

SEGREGATION *s*, ségrégation *f*.

SEISIN *s*, saisine *f*.

SEIZE *v*, saisir, confisquer.
to SEIZE GOODS, confisquer des marchandises.

SEIZING *s*, saisie *f*.
SEIZING OF GOODS, saisie de marchandises.

SEIZURE *s*, saisie *f*.
SEIZURE OF GOODS, saisie de marchandises.
SEIZURE OF MOVABLE PROPERTY, saisie mobilière.
SEIZURE OF REAL ESTATE, saisie immobilière.
SEIZURE OF REAL PROPERTY, saisie immobilière.

SELECT *a*, choisi.
SELECT COMMITTEE, commission d'enquête.

SELECT *v*, choisir, sélectionner.
to SELECT A SPECIMEN AT RANDOM, prélever un spécimen, un échantillon, au hasard.

SELECTED *a*, choisi, sélectionné.
SELECTED INVESTMENTS, placements sélectionnés.

SELECTING *s*, choix *m*.

SELECTION *s*, choix *m*, sélection *f*.
NATURAL SELECTION, sélection naturelle.
PROMOTION BY SELECTION, promotion au choix.

SELECTIVE *a*, sélectif.
SELECTIVE CREDIT CONTROL, contrôle sélectif du crédit.

SELECTIVITY *s*, sélectivité *f*.

SELF *s*, soi *m*; personne *f*.

SELF- *comb. fm*, automatique, auto-.
ECONOMIC SELF-SUFFICIENCY, non-dépendance économique.
NATIONAL SELF-SUFFICIENCY, autarcie.
SELF-ACTING REGULATOR, autorégulateur.
SELF-BALANCING, autoéquilibrant.
SELF-CONSUMPTION, auto-consommation.
SELF-CONTAINED FLAT, appartement indépendant.
SELF-CONTAINED INDUSTRIES, industries qui se suffisent à elles-mêmes.
SELF-DEFENCE, autodéfense.
SELF-DETERMINATION, auto-détermination.
SELF-EXPLANATORY, qui s'explique de soi-même.
SELF-FINANCING, autofinancement.
SELF-GOVERNED, autonome.
SELF-GOVERNING, autonome.
SELF-GOVERNMENT, autonomie.
SELF-INDUCED INCREASE OF CAPITAL, accroissement spontané du capital.
SELF-MADE, qui s'est fait lui-même.
SELF PRESERVATION, instinct de conservation.
SELF-REGULATING, autorégulateur.
SELF-SERVICE, libre service.
SELF-SUFFICIENT ECONOMIC UNIT, unité économique se suffisant à elle-même.
SELF-SUPPORTING, qui couvre ses frais; qui suffit à ses besoins.

SELL *v*, vendre.
HARD TO SELL, difficile à vendre.
LAND TO SELL, terrain à vendre.
to SELL AGAIN, revendre.
to SELL BACK, revendre.
to SELL OFF, solder; écouler à bas prix.
to SELL OUT, vendre tout le stock; réaliser.
to SELL AT AUCTION, vendre aux enchères.
to SELL A BEAR, vendre à découvert.
to SELL IN BULK, vendre en gros, en vrac.
to SELL FOR CASH, vendre (au) comptant.
to SELL ON COMMISSION, vendre à la commission.
to SELL UP (ON) CREDIT, vendre à crédit.
to SELL AGAINST A DEFAULTER, revendre un défaillant.
to SELL FOR DELIVERY, vendre à couvert.
to SELL AT A DISCOUNT, (se) vendre au rabais.
to SELL FORWARD, vendre à terme.
to SELL GOODS, vendre des marchandises.
to SELL AT A LOSS, vendre à perte.
to SELL AT A LOW PRICE AND RECOUP ONESELF BY LARGE SALES, vendre à bas prix et se rattraper sur la quantité.
to SELL AT A PREMIUM, vendre à prime, à bénéfice.
to SELL AT ANY PRICE, vendre à tout prix.
to SELL OUT AT A PROFIT, revendre avec bénéfice.
to SELL ON A RISING MARKET AND TO BUY ON A FALLING MARKET, vendre en hausse et acheter en baisse.
to SELL FOR THE SETTLEMENT, vendre à terme.
to SELL SHARES, vendre des actions.

to SELL SHARES IN SMALL PARCELS, vendre des actions par petits paquets.
to SELL SHORT, vendre à découvert.
to SELL SOIL AND SUBSOIL, vendre le fonds et le tréfonds.
to SELL BY WEIGHT, vendre au poids.
to SELL WHOLESALE, vendre en gros.

SELLER s, vendeur m, marchand m.
BEAR SELLER, vendeur à découvert.
BEST-SELLER, article de grande vente; auteur à succès; livre à succès.
EAGER SELLER, vendeur empressé.
INTERMEDIATE BUYERS AND SELLERS, acheteurs et vendeurs intermédiaires.
SELLER OF A CALL OPTION, vendeur d'un dont, d'une prime directe.
SELLERS' INFLATION, inflation des vendeurs.
SELLERS' MARKET, marché offreur.
SELLER'S OPTION, prime vendeur; prime pour livrer.
SELLERS OVER, excès de vendeurs.
SHORT SELLER, vendeur à découvert.
STAMP DUTY PAYABLE BY THE SELLER, droit de timbre à la charge du vendeur.

SELLING a, qui se vend.
BEST-SELLING, à succès.

SELLING s, vente f; placement m, écoulement m.
AMERICAN SELLING PRICE, prix des importations alignés sur les prix intérieurs américains (par un droit de douane correspondant).
EXPENSES OF SELLING, frais de vente.
SELLING OFF, liquidation.
SELLING OUT, réalisation.
SELLING BROKERAGE, courtage, commission, de vente.
SELLING COMMISSION, courtage, commission, de vente.
SELLING COSTS, frais de vente.
SELLING AGAINST A DEFAULTER, revente d'un défaillant.
SELLING MONOPOLY, monopole de vente.
SELLING ORDER, ordre de vente.
SELLING PRACTICES, méthodes de vente.
SELLING PRICE, prix de vente.
SELLING RATE, cours vendeur; cours de vente.
SELLING OFF OF STOCKS, vente totale des stocks.
SHOP SELLING, ventes professionnelles (à la bourse).

SEMI- pref, semi-, demi-.
SEMI-ANNUAL, semestriel.
SEMI-COLONIAL, semi-colonial.
SEMI-LOGARITHMIC PLOTTING, tracé semi-logarithmique.
SEMI-MANUFACTURED GOODS, produits semi-manufacturés.
SEMI-SKILLED WORKER, ouvrier semi-qualifié.

SEMICIRCLE s, demi-cercle m.

SENARY a, senaire.

SENATE s, sénat m.

SENATOR s, sénateur m.

SEND v, envoyer, expédier.
to SEND MONEY, envoyer de l'argent.
to SEND UP PRICES, faire monter les prix.

SENDER s, expéditeur m.

SENDING s, envoi m, expédition f.

SENIOR a, aîné, doyen.
SENIOR PARTNER, associé principal.
SENIOR SHARES, actions de capital; de priorité.

SENIORITY s, ancienneté f.
PROMOTION BY SENIORITY, promotion à l'ancienneté.

SENSE s, sens m.
COMMON SENSE, bon sens.
EVIDENCE OF THE SENSES, témoignage des sens.
NARROW SENSE, sens étroit.

SENSIBILITY s, sensibilité f.

SENSIBLE a, sensible.

SENSITIVE a, sensible, sensitif.
SENSITIVE MARKET, marché sensible, prompt à réagir.

SENSITIVENESS s, sensibilité f, sensitivité f.

SENSITIVITY s, sensibilité f, sensitivité f.

SENT a, envoyé.
SAMPLES SENT ON REQUEST, échantillons sur demande.

SENTENCE s, sentence f, jugement m.

SEPARATE a, séparé, distinct, différent.
SEPARATE ESTATE, biens propres (de la femme mariée).
under SEPARATE HEAD, sous des rubriques différentes.

SEPARATIONISM s, séparatisme m.

SEPARATISM s, séparatisme m.

SEQUENCE s, séquence f, succession f, enchaînement m.
LOGICAL SEQUENCE, enchaînement logique.
SEQUENCE ANALYSIS, analyse de séquence.
SEQUENCE MODELS, modèles de séquence.
SEQUENCE OF NUMBERS, succession de termes.

SEQUENCING s, mise f en séquence f, enchaînement m.

SEQUENT a, successif.

SEQUENTIAL a, successif, séquentiel.
SEQUENTIAL ANALYSIS, analyse par séquences.
SEQUENTIAL SAMPLING, échantillonnage successif; méthode de score.

SEQUESTER v, séquestrer, confisquer.

SEQUESTRATE v, séquester, confisquer.

SEQUESTRATION s, séquestration f, confiscation f.

SERIAL a, en série f.
SERIAL NUMBER, numéro de série; numéro matricule.

SERIES s, série f, suite f, progression f.
ALTERNATING SERIES, série alternée.
ANALYSIS OF TIME SERIES, analyse de conjoncture.
ASCENDING SERIES, série ascendante.
BREAK IN THE SERIES, interruption de la série.
CHRONOLOGICAL SERIES, séries temporelles.
COMPONENT SERIES, séries élémentaires.
CONVERGENT SERIES, série convergente.
DECREASING SERIES, progression descendante.
DESCENDING SERIES, progression descendante.
rth DETERMINANT IN THE SERIES, rme déterminant de la série.
FREQUENCY SERIES, série de fréquences.
INCREASING SERIES, progression ascendante.
INFINITE SERIES, série infinie.
NEW SERIES OF SHARES, nouvelle série d'actions.
RECURRENT SERIES, série récurrente.
RECURRING SERIES, série récurrente.
SECURITIES REDEEMABLE IN SERIES, valeurs remboursables par séries.
SERIES OF NUMBERS, suite, série, de nombres.
SERIES OF TERMS, suite, série, de termes.
to SUM A SERIES, sommer une série.
TAIL SERIES, série de solde.
TIME SERIES, série chronologique, temporelle.

SERVANT s, serviteur m, employé m.
ESTABLISHED CIVIL SERVANTS, fonctionnaires titulaires.
non-ESTABLISHED CIVIL SERVANTS, fonctionnaires contractuels.
PUBLIC SERVANT, fonctionnaire.

SERVE v, servir, desservir.

SERVED a, servi.
FIRST COME, FIRST SERVED, premier arrivé premier servi.

SERVICE s, service m.
CIVIL SERVICE, administration.
CONSUMER BUYING OF GOODS AND SERVICES, achats par les consommateurs de produits et de services.
CURRENT EXPENDITURE ON GOODS AND SERVICES, dépenses courantes en biens et services.
DISPATCH SERVICE, service des expéditions.
ECONOMIC SERVICE, service d'observation économique; institut de conjoncture.
EXPENDITURE ON CURRENT GOODS AND SERVICES, dépenses en biens et services courants.
EXPRESS SERVICE, service rapide.
FREIGHT SERVICE, service de marchandises.
HEALTH SERVICE, service de santé.
LOSS OF SERVICE, perte d'emploi.
MERCHANT SERVICE, marine marchande.
NATIONAL HEALTH SERVICES, services de santé publique.
PARCEL(S) SERVICE, messageries.
PASSENGER AND PARCELS SERVICE, messageries.
PASSENGER SERVICE, service de voyageurs.
to PAY FOR SERVICES, rémunérer des services.
PAYMENT FOR SERVICES, rémunération des services.
POSTAL SERVICE, service postal.
PROMPT SERVICE, service rapide.
RAILWAY PARCELS SERVICE, service ferroviaire de messageries.
SCHEDULED SERVICES, services réguliers.
SELF-SERVICE, libre service.
SERVICES DONATED, services fournis gratuitement.
SERVICE-FLAT, appartement avec service et repas compris.
SERVICE OF THE LOAN, service de l'emprunt.
ex-SERVICE MAN, ancien combattant.
SUPPLY OF LABOUR SERVICES, offre de travail.

SERVICE v, servir; entretenir.
to SERVICE THE BONDS, servir les obligations.

SERVICING s, entretien m et réparations f. pl.

PERIODIC SERVICING, entretien courant périodique.

SERVITUDE s, servitude f, esclavage m.

SESSION s, séance f, session f, réunion f.
EXECUTIVE SESSION, U.S: session à huis clos.
FORTHCOMING SESSION, prochaine session.
FULL SESSION, réunion plénière.

SET a, immobile, fixe.
SET PRICE, prix fixe.

SET s, ensemble m, jeu m, série f.
AXIOM SET, axiomatique.
DATA SET, ensemble de données.
FULL SET, jeu complet.
SET-BACK, recul; tassement.
SET-OFF, compensation.
SET-UP, structure.
SET OF PRICES, série de prix.
SET THEORY, théorie des ensembles.
SUB-SET, sous-ensemble.

SET v, affecter, prélever, mettre.
to SET ASIDE, mettre de côté.
to SET BY, mettre de côté, en réserve.
to SET UP IN BUSINESS, s'établir dans le commerce.
to SET OUT A CURVE, tracer une courbe.
to SET OFF A DEBT, compenser une dette.
to SET APART FUNDS FOR, affecter des fonds à.
to SET OFF A GAIN AGAINST A LOSS, compenser une perte par un gain.
to SET LIMITS TO, assigner des limites à.
to SET A LOW VALUE ON, estimer à un bas prix.
to SET FORTH A THEORY, avancer une théorie.
to SET UP A THEORY, établir une théorie.
to SET A VALUE ON, évaluer.

SET-BACK s, recul m, tassement m.

SET-OFF s, compensation f.

SET-UP s, structure f.

SETTING s, mise f, affectation f, établissement m.
RATE SETTING, établissement d'un barème de salaires.
SETTING APART, mise de côté; affectation; prélèvement.
SETTING ASIDE, affectation; prélèvement.
SETTING-OFF, compensation.
SETTING OUT, tracé.

SETTLE v, (s') établir; régler, liquider.
to SETTLE AN ACCOUNT IN CASH, régler un compte en espèces.
to SETTLE AN ANNUITY ON, constituer une annuité à.
to SETTLE IN CASH, régler au comptant.
to SETTLE OVERSEAS, s'établir outre-mer.
to SETTLE A TRANSACTION, liquider une opération.

SETTLED a, réglé; pour acquit m.

SETTLEMENT s, établissement m; constitution f, arrangement m, contrat m, règlement m, résiliation f, terme m, liquidation f; cité f; transaction f.
BANK FOR INTERNATIONAL SETTLEMENTS, Banque des règlements internationaux.
CASH IN SETTLEMENT, espèces pour solde.
CREDIT SETTLEMENT, règlement à terme.
CURRENT SETTLEMENT, liquidation courante (en bourse).
DEALINGS FOR THE SETTLEMENT, négociations à terme.
ENSUING SETTLEMENT, liquidation suivante.
FOLLOWING SETTLEMENT, liquidation suivante.
in FULL SETTLEMENT, pour solde de tout compte.
HEDGING FOR THE SETTLEMENT, arbitrage à terme.
LABOUR SETTLEMENT, cité ouvrière.
LEGAL SETTLEMENT, concordat (après faillite).
MARRIAGE SETTLEMENT, contrat de mariage.
NEXT SETTLEMENT, liquidation prochaine.
ORDER FOR THE SETTLEMENT, ordre à terme.
PRICE FOR THE SETTLEMENT, cours à terme.
PURCHASE FOR THE SETTLEMENT, achat à terme.
SALE FOR THE SETTLEMENT, vente à terme.
to SELL FOR THE SETTLEMENT, vendre à terme.
SETTLEMENT ACCOUNT, compte de liquidation.
SETTLEMENT OF ACCOUNT, arrêté de compte.
SETTLEMENT OF AN ANNUITY ON, constitution d'une annuité à.
SETTLEMENT BY ARBITRATION, règlement par arbitrage.
SETTLEMENT BARGAIN, marché à terme, à livrer.
SETTLEMENT IN CASH, règlement en espèces.
SETTLEMENT OF THE CLAIM, règlement de l'indemnité, de la dette.
SETTLEMENT DAY, jour de liquidation.
SETTLEMENT BY NEGOTIATION, règlement de gré à gré.
SETTLEMENT PRICE, cours de résiliation.
TRANSACTION FOR THE SETTLEMENT, opération, négociation, à terme; opération, négociation, à livrer.
TRUST SETTLEMENT, constitution de trust.

YEARLY SETTLEMENT, liquidation de fin d'année.

SETTLER s, colon m, immigrant m.

SETTLING s, liquidation f (en bourse f), constitution f.
SETTLING OF AN ANNUITY ON, constitution d'une annuité à.
SETTLING DAY, jour de liquidation.

SETTLOR s, disposant m, constituant m (d'une annuité, d'un trust).

SEVERAL a, séparé, respectif, plusieurs, différent.
DEBT DATING BACK SEVERAL YEARS, dette remontant à plusieurs années.
GAIN OF SEVERAL POINTS, gain de plusieurs points.
MERGING OF SEVERAL BANKS, fusion de plusieurs banques.
JOINT AND SEVERAL BOND, obligation conjointe et solidaire.
JOINT AND SEVERAL LIABILITY, responsabilité conjointe et solidaire.
JOINT AND SEVERAL OBLIGATION, obligation conjointe et solidaire.
SEVERAL LIABILITY, responsabilité individuelle, séparée, divise.

SEVERALLY adv, individuellement, isolément.
ACTING JOINTLY AND SEVERALLY, agissant solidairement.
JOINTLY AND SEVERALLY, conjointement et solidairement.
SEVERALLY OR JOINTLY LIABLE, responsables conjointement ou solidairement.
SEVERALLY LIABLE, responsables individuellement, isolément.

SEVERALTY* s, propriété f individuelle, non solidaire.
LAND HELD IN SEVERALTY, bien tenu individuellement; bien divis.

SEVERANCE s, interruption f, rupture f.
SEVERANCE OF COMMUNICATIONS, interruption de communications.

SEVERE a, sévère, rigoureux.
SEVERE LOSS, perte sévère.
UNDULY SEVERE REGULATIONS, règlements trop draconiens.

SEWAGE s, eau(x) f d'égout(s) m.
SEWAGE SYSTEM, tout-à-l'égout.

SEWER s, égout m.
PUBLIC SEWER, égout municipal.

SHADE v, nuancer.
to SHADE PRICES, établir des prix dégressifs.

SHADED a, nuancé, dégressif.
PRICES SHADED FOR QUANTITIES, tarif dégressif pour le gros.

SHADOW s, ombre f, fantôme m.
SHADOW CABINET, U.K: contre-gouvernement.
SHADOW COST, U.S: coût fictif.
SHADOW PRICES, prix fantômes.

SHADY a, louche, véreux.
SHADY FINANCIER, financier véreux.

SHAFT s, puits m.
MINE-SHAFT, puits de mine.

SHAKE s, secousse f.
SHAKE-OUT, déconfiture des boursicoteurs.
SHAKE-UP, remaniement profond.

SHAKY a, branlant.
SHAKY BUSINESS, affaire qui périclite.

SHAM a, simulé, feint, fictif.
SHAM DIVIDEND, dividende fictif.
SHAM SALE, vente simulée.

SHAPE s, forme f, espèce f.
NORMAL SHAPE OF A FUNCTION, forme normale d'une fonction.
SHAPE OF A CURVE, forme d'une courbe.
to TAKE SHAPE, prendre forme.

SHAPE v, façonner; prendre forme f.

SHAPED a, façonné, en forme f de.
CONE-SHAPED, conique.
J-SHAPED DISTRIBUTION, distribution en forme de J.
U-SHAPED DISTRIBUTION, distribution en forme de U.

SHARE s, action f, titre m, valeur f; part f, partage m, contribution f; participation f, apport m, mise f.
« A » SHARES, actions « A » (prioritaires).
to ALLOT SHARES, attribuer des actions.
ALLOTMENT OF SHARES, attribution d'actions.
to AMALGAMATE SHARES, fusionner des actions.
APPLICATION FOR EXCESS SHARES, souscription à des actions à titre réductible.
APPLICATION AS OF RIGHT FOR NEW SHARES, souscription à des actions à titre irréductible.
APPLICATION FOR SHARES, souscription d'actions.
to APPLY FOR SHARES, souscrire des actions.
ARBITRAGE SHARES WITH, titres d'arbitrage avec.
to ASSIGN SHARES TO, céder des actions à.

AUTHORIZED CAPITAL DIVIDED INTO 100 SHARES, capital social (autorisé) divisé en 100 actions.
BANK SHARES, valeurs de banque.
BEARER SHARE, action au porteur.
BLOCK OF SHARES, paquet d'actions.
BONUS-SHARES, actions d'attribution; actions gratuites.
BONUS ON SHARES, dividende supplémentaire.
CAPITAL SHARE, action de capital.
CASH SHARES, actions de numéraire, en numéraire.
COMMON SHARES, actions ordinaires.
COMPANY LIMITED BY SHARES*, U.K: société par actions (la responsabilité des associés étant limitée au capital).
to CONTRIBUTE EQUAL SHARES TO, contribuer une part égale à.
CUMULATIVE PREFERENCE SHARES, actions de priorité cumulatives.
DECREASE IN VALUE OF SHARES, moins-value des actions.
DEFERRED SHARES, actions différées.
DELIVERY OF SHARES, délivrance d'actions.
DEPRECIATION OF SHARES, moins-value des actions.
DISPLACED SHARES, actions déclassées.
DISPLACEMENT OF SHARES, déclassement d'actions.
DIVIDEND SHARE, action de jouissance; action de garantie.
DIVIDENDS ON SHARES, dividendes d'actions.
EMPLOYER'S SHARE, cotisation patronale.
EXCHANGE, SHARE FOR SHARE, échange, titre pour titre.
EXCHANGE OF SHARES ONE FOR ONE, échange d'actions une pour une.
to EXCHANGE PREFERENCE SHARES FOR ORDINARY SHARES, échanger des actions privilégiées contre des actions ordinaires.
FARMER WORKING ON SHARES, métayer.
FIRST-PREFERENCE SHARES, actions de priorité de premier rang.
FOOD SHARES, valeurs d'alimentation.
FOUNDER'S SHARE, part de fondateur.
FRACTIONS OF NEW SHARES, fractions d'actions nouvelles.
FULLY PAID SHARES, actions entièrement libérées.
to GO SHARES WITH, partager avec.
GOLD SHARES, valeurs aurifères.
to HOLD SHARES, détenir des actions.
INSURANCE SHARES, valeurs d'assurances.
INTRODUCTION OF SHARES ON THE MARKET, introduction de titres sur le marché.
to INVEST MONEY IN STOCKS AND SHARES, faire des placements en valeurs.
INVESTMENT SHARES, valeurs de placement.
IRON AND STEEL SHARES, valeurs sidérurgiques.
to ISSUE SHARES AT A DISCOUNT, émettre des actions au-dessous du pair.
to ISSUE SHARES IN ONES, émettre des actions en unités.
to ISSUE SHARES IN ORDER TO RAISE MONEY, émettre des actions pour se procurer des capitaux.
to ISSUE SHARES AT PAR, émettre des actions au pair.
to ISSUE SHARES AT A PREMIUM, émettre des actions au-dessus du pair.
to JOB SHARES, faire le négoce d'actions (en gros et au détail).
JOINT SHARES, actions indivises.
LARGE HOLDING OF SHARES, gros portefeuille d'actions.
LEADING SHARE, valeur vedette.
LEGAL SHARE, réserve légale (d'une succession).
MANAGEMENT SHARE, part bénéficiaire; part de fondateur.
MARKET PRICES OF INDUSTRIAL SHARES, cours des actions industrielles.
MARKETABLE QUANTITY OF SHARES, quotité négociable de valeurs.
MINING SHARES, valeurs minières.
MISCELLANEOUS SHARES, valeurs diverses.
MULTIPLE SHARES, actions multiples.
NEW ISSUE OF SHARES, nouvelle émission d'actions.
NEW SERIES OF SHARES, nouvelle série d'actions.
one NEW SHARE FOR THREE OLD ONES, une action nouvelle pour trois anciennes.
OIL SHARES, valeurs pétrolifères.
OLD SHARES, actions anciennes.
ORDINARY SHARE, action ordinaire.
ORDINARY SHARE CERTIFICATE, certificat d'action ordinaire.
to OVERRATE THE VALUE OF A SHARE, surestimer la valeur d'une action.
PAID-UP SHARE CAPITAL, capital-actions versé.
PARCEL OF SHARES, paquet d'actions.
PARTLY PAID SHARES, actions non entièrement libérées.
PARTNERSHIP LIMITED BY SHARES*, U.K: (société en) commandite par actions.
PARTNERSHIP SHARE, part d'association.
to PAY UP A SHARE, libérer une action.
PAYMENT IN FULL OF A SHARE, libération intégrale d'une action.
PERSONAL SHARE, action nominative.
to PLACE SHARES, placer, écouler, des actions.
PLACING SHARES WITH THE PUBLIC, placement d'actions dans le public.

PORTION OF SHARES, tranche d'actions.
PREFERENCE SHARE, action privilégiée, de priorité.
PREMIUM ON SHARES, primes d'émission.
PRICES OF SHARES, cours des actions.
PRIORITY SHARES, actions privilégiées.
PROMISE OF SHARES, promesse d'actions.
PROMOTION SHARES, actions de primes.
to PUSH SHARES, placer des valeurs douteuses.
QUALIFICATION SHARES, actions de garantie.
QUALIFYING SHARES, actions d'administrateurs.
RAILWAY SHARES, valeurs de chemins de fer.
REGISTERED SHARES, actions nominatives.
REGISTERED SHARE CERTIFICATE, certificat nominatif d'action(s).
the RISE OR THE FALL OF STOCKS AND SHARES, la hausse ou la baisse des titres de bourse.
to SELL SHARES, vendre des actions.
to SELL SHARES IN SMALL PARCELS, vendre des titres par petits paquets.
SENIOR SHARES, actions de capital, de priorité.
SHARE CAPITAL, capital-actions.
SHARE OF CAPITAL INTRODUCED BY A PARTNER, apport, mise, d'un associé.
SHARE CERTIFICATE, certificat d'action.
SHARE-CROP SYSTEM, U.S: métayage.
SHARE-CROPPER, U.S: métayer.
SHARES DIPPED TO, les actions s'infléchirent à.
SHARES IN A DISTRIBUTION, participants à une distribution; lots (dans un partage).
SHARE DIVIDENDS, dividendes distribués.
SHARES DROPPED A POINT, les actions ont reculé d'un point.
SHARES ARE DULL, les actions sont inactives.
SHARES EASED, les actions ont molli.
SHARES ARE EASY, les actions sont molles.
SHARE WHICH HAS FALLEN TO ZERO, valeur qui est tombée à zéro.
SHARES FELL BACK A POINT, les actions se sont repliées d'un point.
SHARES FINISHED AT, les actions ont terminé à.
SHARES OF INCOME, parts de revenu.
the SHARE INDEX REACHED AN ALL-TIME LOW, l'indice des actions est descendu à son plus bas niveau.
SHARES ISSUED FOR CASH, actions émises contre espèces.
SHARES ISSUED TO THE PUBLIC, actions émises dans le public.
SHARES JUMPED, les actions ont fait un bond.
SHARE LEDGER, registre des actionnaires.
SHARE-LIST, cours de la bourse.
SHARES LOST A FRACTION, les actions ont abandonné une fraction.
SHARES LOST GROUND, les actions ont perdu du terrain.
SHARE MARKET, bourse des valeurs.
SHARES NUMBERED 1 TO 1,000, actions numérotées de 1 à 1.000.
SHARES NOT OBTAINABLE, actions que l'on ne peut se procurer.
SHARES PICKED UP, les actions se ressaisirent.
SHARES IN PORTFOLIO, actions en portefeuille.
SHARES WHICH ARE AT A PREMIUM, actions qui font prime.
SHARE IN PROFITS, participation aux bénéfices; tantième.
SHARE-PUSHER, placeur, placier, de valeurs douteuses.
SHARES QUOTED OFFICIALLY, actions cotées officiellement.
SHARES RALLIED, les actions se sont redressées.
SHARES THAT RANK FIRST IN DIVIDEND RIGHTS, actions qui priment en fait de dividende.
SHARES RECOVERED, les actions se sont redressées.
SHARE REINSURANCE, réassurance de partage.
SHARES RELAPSED A POINT, les actions ont reculé d'un point.
SHARE OF RENT IN THE NATIONAL PRODUCT, part de la rente dans le produit national.
SHARES SHRANK FROM... TO, les actions ont fléchi de ... à.
SHARES SLIPPED BACK TO, les actions ont glissé à.
SHARES SLUMPED, les actions se sont effondrées.
SHARES WERE SOFT, les actions étaient faibles.
SHARE TRANSFER, transfert d'actions.
SHARE OF UNDERWRITING, part de syndicat.
SHARE WARRANT TO BEARER, certificat d'action au porteur; titre au porteur.
SHARES THAT YIELD A DIVIDEND OF, actions productives d'un dividende de.
SHIPPING SHARES, valeurs de navigation.
SHOP SHARES, actions à l'introduction.
SIMPLE SHARE, action ordinaire.
to SNAP UP AN ISSUE OF SHARES, enlever une émission d'actions.
to SPECULATE IN STOCKS AND SHARES, spéculer sur les valeurs de bourse.
SPECULATIVE SHARES, valeurs, titres, de spéculation.
to SPLIT SHARES, fractionner des actions.
STAFF SHARES, actions de travail.
STAMPED SHARES, actions estampillées.
STOCKS AND SHARES, valeurs mobilières, de bourse.

STOCK OF SHARES, stock de titres.
STORES SHARES, valeurs de grands magasins.
SUBDIVISION OF SHARES, subdivision d'actions.
to SUBSCRIBE SHARES, souscrire des actions.
SUBSCRIBER FOR SHARES, souscripteur à des actions.
SURPLUS CASH SHARES, actions de numéraire de surplus.
SURPLUS SHARES, actions de surplus.
SYNDICATED SHARES, actions syndiquées.
to TAKE UP SHARES, lever, prendre livraison, des titres.
TEXTILE SHARES, valeurs (de) textiles.
to TIE UP A BLOCK OF SHARES, bloquer une tranche d'actions.
TIN SHARES, valeurs d'étain.
TOBACCO SHARES, valeurs de tabac.
TOTAL NUMBER OF SHARES, nombre total d'actions.
TRANSFER OF SHARES, cession, transfert, d'actions.
to TRANSFER SHARES, transférer, céder, des actions.
TRANSFERABILITY OF A SHARE, cessibilité d'une action.
TRANSFEREE OF A SHARE, cessionnaire d'une action.
TRANSFEROR OF A SHARE, cédant d'une action.
TRANSMISSION OF SHARES, cession, transfert, d'actions.
UNALLOTED SHARES, actions non réparties.
to UNDERWRITE SHARES, garantir des titres.
UNISSUED SHARES, actions à la souche.
UNMARKED SHARES, actions non estampillées.
UNPLACED SHARES, actions non placées.
UNSTAMPED SHARES, actions non estampillées.
VENDOR'S SHARES, actions d'apport, de fondation.
WELL PLACED SHARES, valeurs bien classées.

SHARE v, partager; participer.
to SHARE JOINTLY, copartager.
to SHARE (IN) THE PROFITS, participer aux bénéfices.

SHARED a, partagé, (en) commun.
SHARED MEMORY, mémoire commune.

SHAREHOLDER s, actionnaire m, sociétaire m.
to INVITE SHAREHOLDERS TO SUBSCRIBE THE CAPITAL, faire appel aux actionnaires pour souscrire le capital.
LEADING SHAREHOLDER, un des principaux actionnaires.
MEETING OF SHAREHOLDERS, assemblée d'actionnaires.
ORDINARY SHAREHOLDER, actionnaire ordinaire.
PREFERENCE SHAREHOLDER, actionnaire de priorité.
to PROTECT THE INTERESTS OF SHAREHOLDERS, sauvegarder les intérêts des actionnaires.
REGISTERED SHAREHOLDER, porteur d'actions nominatives.
SHAREHOLDERS' INTERESTS, intérêts des actionnaires.
to SUMMON THE SHAREHOLDERS, convoquer les actionnaires.
UNANIMOUS CONSENT OF ALL THE SHAREHOLDERS, consentement unanime de tous les actionnaires.

SHAREHOLDING s, possession f d'actions f. pl.
SHAREHOLDING INTERESTS IN, participation dans le capital de.

SHARER s, participant m, partageant m.
SHARERS IN A DISTRIBUTION, participants à une distribution.
SHARER IN AN ESTATE, portionnaire.

SHARING s, partage m, participation f.
PRODUCE-SHARING FARMER, U.S: métayer.
PROFIT-SHARING, participation aux bénéfices.
PROFIT-SHARING SCHEME, système de participation aux bénéfices.
SHARING OUT, répartition.
TIME-SHARING, partage de temps; temps partagé; utilisation collective (d'un ordinateur).

SHARK s, requin m.
FINANCIAL SHARKS, requins de la finance.

SHARP a, accusé, vigoureux.
SHARP FALL, baisse (très) accusée.
SHARP PRACTICE, filouterie.
SHARP RALLY, reprise vigoureuse.

SHAVE v, raser; rogner.
to SHAVE THE BUDGET ESTIMATES, rogner les prévisions budgétaires.

SHEEP s, mouton m.
SHEEP-BREEDING, élevage de moutons.
SHEEP-FARMING, élevage de moutons.

SHEET s, feuille f; bulletin m.
BALANCE-SHEET, bilan.
BALANCE-SHEET SHOWING A PROFIT, bilan bénéficiaire.
CONSOLIDATED BALANCE-SHEET, bilan synthétique.
to DIVIDE A SHEET INTO COLUMNS, diviser une feuille en colonnes.
FAKED BALANCE-SHEET, bilan truqué.
FOOD BALANCE-SHEET, bilan alimentaire.
FRAUDULENT BALANCE-SHEET, faux bilan.
GENERAL BALANCE-SHEET, bilan d'ensemble.
to GET OUT A BALANCE-SHEET, établir un bilan.
ORDER SHEET, bulletin de commande.
SCHEDULES TO A BALANCE-SHEET, annexes d'un bilan.
TIME SHEET, feuille de présence.

WAGE-SHEET, feuille de salaire; feuille de paie.

SHELTER s, abri m.

SHELTERED a, protégé.
SHELTERED INDUSTRY, industrie protégée (contre la concurrence étrangère).

SHEPPARD pr. n, Sheppard.
SHEPPARD'S CORRECTION(S), correction de Sheppard.

SHIFT s, changement m, déplacement m, décalage m, translation f, variation f; équipe f.
cyclical SHIFT, décalage cyclique.
DEMAND SHIFTS, déplacements, translations, de la demande.
NIGHT-SHIFT, équipe de nuit.
SHIFT OF BASE, changement de base (des indices).
SHIFTS IN CONSUMPTION, variations dans la consommation.
SHIFT OF CROPS, assolement.
SHIFT IN DEMAND, déplacement de la demande.
SHIFT OF PRICES, déplacement de cours.
SHIFT IN SUPPLY, déplacement de l'offre.
WORK IN SHIFTS, travail par équipes.
to WORK IN SHIFTS, se relayer au travail.

SHIFTABILITY s, transférabilité f.
SHIFTABILITY OF BASE, transférabilité (des indices).

SHIFTING s, déplacement m, changement m.
BACKWARD SHIFTING OF A TAX, rejet en amont d'un impôt.

SHILLING s, shilling m.

SHIP s, navire m, bateau m.
BRITISH-BUILT SHIP, navire de construction anglaise.
FREE ALONGSIDE SHIP, franco quai.
to FREIGHT (OUT) A SHIP, donner un navire à fret.
LADING OF A SHIP, charge d'un navire.
to LAUNCH A SHIP, lancer un bateau.
to LAY AN EMBARGO ON A SHIP, mettre l'embargo sur un navire.
NATIONALITY OF THE SHIP, nationalité du navire.
NEUTRAL SHIP, navire neutre.
OIL SHIP, pétrolier.
OWNER OF THE SHIP, propriétaire du navire; armateur.
PASSENGER SHIP, paquebot.
to REGISTER A MORTGAGE ON A SHIP, inscrire une hypothèque sur un navire.
SEAWORTHY SHIP, navire en (bon) état de navigabilité.
SHIP'S BOOKS, livres de bord.
SHIP-BROKER, courtier maritime.
SHIP(-)BUILDING INDUSTRY, industrie de la construction navale.
SHIP(-)BUILDING YARD, chantier de construction navale.
SHIP CHARGE, taxe de bord.
SHIP LADEN, navire chargé.
SHIP POLICY, police sur corps.

SHIP v, embarquer, expédier.

SHIPBUILDER s, constructeur m de navires m. pl.

SHIPBUILDING s, construction f navale.
SHIPBUILDING COMPANY, société de construction navale.
SHIPBUILDING INDUSTRY, industrie des constructions navales.

SHIPMENT s, embarquement m, envoi m, livraison f.
FACTORY SHIPMENTS, livraisons des usines.
VALUE OF THE SHIPMENT, valeur du chargement.

SHIPOWNER s, armateur m.

SHIPPER s, expéditeur m, affréteur m.

SHIPPING s, embarquement m, expédition f; armement m, marine f marchande, navires m. pl, navigation f.
COASTWISE SHIPPING, cabotage.
LAW OF SHIPPING, (partie du) droit maritime.
MERCHANT SHIPPING, marine marchande.
SEA-BORNE SHIPPING, transports maritimes.
SHIPPING AGENCY, agence maritime.
SHIPPING BILL, déclaration de réexportation d'entrepôt.
SHIPPING BUSINESS, armement.
SHIPPING CHARGES, frais d'expédition.
SHIPPING COMPANY, compagnie de transports maritimes.
SHIPPING CONFERENCE, conférence maritime.
SHIPPING DIRECTORY, répertoire maritime.
SHIPPING EXCHANGE, bourse des frets.
SHIPPING EXPENSES, frais d'expédition.
SHIPPING HOUSE, maison d'armement.
SHIPPING INDUSTRY, industrie des transports maritimes.
SHIPPING LINE, ligne de navigation.
SHIPPING PORT, port d'embarquement.
SHIPPING SHARES, valeurs de navigation.
SHIPPING TON, tonneau de fret, d'affrètement.
SHIPPING TRADE, armement.

SHIPWRECK s, naufrage m.

SHIPYARD s, chantier m de construction f navale.

SHOOT v, tirer.
PRICES SHOT UP, les prix ont augmenté brusquement.

SHOP s, magasin m, boutique f.
CLOSED SHOP, entreprise n'admettant que des travailleurs syndiqués.
they have EMPTIED THE SHOP, ils ont dévalisé le magasin.
FISHMONGER'S SHOP, poissonnerie.
FURNITURE-SHOP, maison d'ameublement.
OPEN SHOP, entreprise qui admet des ouvriers non syndiqués.
SHOP-ASSISTANT, commis de magasin ; vendeur.
SHOP BUYING, achats professionnels (à la bourse).
SHOP-GIRL, vendeuse.
SHOP SELLING, ventes professionnelles (à la bourse).
SHOP SHARES, actions à l'introduction.
SHOP STEWARD*, délégué du personnel.
to SHUT UP SHOP, fermer boutique.
TALLY-SHOP, boutique faisant la vente à tempérament.
to TEND SHOP, tenir boutique.

SHOP v, faire des achats m. pl.

SHOPKEEPER s, boutiquier m.

SHOPKEEPING s, (petit) commerce m.

SHOPPING s, achats m. pl, emplettes f. pl.
to GO SHOPPING, courir les magasins.
SHOPPING CENTRE, quartier commerçant; centre commercial.

SHORE s, littoral m, rivage m.
SHORE RISK, risque de séjour à terre.

SHORT a, court, réduit, bref, faible.
to COVER A SHORT ACCOUNT, couvrir un découvert.
DEPOSIT AT SHORT NOTICE, dépôt à court terme.
SECURITIES REALIZABLE AT SHORT NOTICE, valeurs réalisables à court terme.
SHORT ACCOUNT, position vendeur ; découvert.
SHORT CREDIT, crédit à court terme ; court crédit.
SHORT-DATED, à courte échéance.
SHORT-(DATED) BILL, effet à courte échéance.
of SHORT DURATION, de courte durée.
SHORT EXCHANGE, papier court.
SHORT-FALL, déficit ; manque.
SHORT INTEREST, position vendeur ; découvert.
SHORT LENDING, prêts à court terme.
SHORT LOAN, prêt à court terme.
at SHORT NOTICE, à bref délai ; à court terme.
SHORT PERIOD, courte période.
SHORT-PERIOD VARIABLES, variables agissant dans la courte période.
SHORT PRICE, faible cote.
SHORT RATE, taux à court terme.
SHORT RATION, ration réduite.
SHORT-RUN EQUILIBRIUM, équilibre à court terme.
SHORT SALE, vente à découvert.
SHORT SELLER, vendeur à découvert.
SHORT-TERM, à court terme.
SHORT-TERM CAPITAL, capitaux à court terme.
SHORT-TERM CAPITAL MOVEMENTS, mouvements de capitaux à court terme.
SHORT-TERM ECONOMIC FORECASTING, tests conjoncturels.
SHORT-TERM EXPECTATIONS, prévisions à court terme.
SHORT-TERM INVESTMENT, placement à court terme.
SHORT-TERM MARKET, marché à court terme.
SHORT-TERM TRANSACTION, opération à court terme.
SHORT-TIME, à court terme.
on SHORT TIME, en chômage partiel.
SHORT TON, tonne courte.
SHORT TRIAL BALANCE, balance d'inventaire.
SHORT WAVES, ondes courtes.
VERY SHORT BILL, effet à très courte échéance.

SHORT adv, à court, à découvert m.
to BE CAUGHT SHORT, être à découvert.
to BORROW SHORT, emprunter à court terme.
to SELL SHORT, vendre à découvert.
SHORT OF MONEY, à court d'argent.

SHORT s, déficit m; vente f à découvert m.
CASH SHORTS AND OVERS, déficits et excédents de caisse.
to RAID THE SHORTS, chasser le découvert.

SHORTAGE s, déficit m, pénurie f, disette f.
DOLLAR SHORTAGE, pénurie de dollars.
LABOUR SHORTAGE, pénurie de main-d'œuvre.
to MAKE UP A SHORTAGE, combler le déficit.
SHORTAGE OF CAPITAL, disette de capitaux.
SHORTAGE IN THE CASH, déficit de caisse.
SHORTAGE COST, coût de pénurie ; coût de rupture de stock.
the SHORTAGE IS NOT GOING TO LAST, la disette ne durera pas.

SHORTAGE OF LABOUR, pénurie de main-d'œuvre.

SHORTCOMINGS s. pl, manque m, déficit m, insuffisance f.

SHORTEN v, raccourcir; abréger.

SHORTENING s, raccourcissement m, amoindrissement m.
SHORTENING OF CREDIT, réduction de crédit.

SHORTHAND s, sténographie f.

SHORTLY adv, prochainement.
SHORTLY MATURING BONDS, bons à échéance rapprochée.

SHORTNESS s, manque m, insuffisance f.

SHOW s, exposition f, salon m.
HORTICULTURAL SHOW, exposition d'horticulture.
MOTOR SHOW, salon de l'automobile.
on SHOW, exposé.

SHOW v, montrer, faire apparaître, présenter, accuser.
ACCOUNT WHICH SHOWS A LOSS, compte qui accuse une perte.
BALANCE-SHEET SHOWING A PROFIT, bilan bénéficiaire.
BUDGET WHICH SHOWS A DEFICIT, budget faisant apparaître un déficit.
CURVE SHOWING VIOLENT FLUCTUATIONS, courbe très saccadée.
to SHOW A BALANCE, présenter un solde.
to SHOW A CREDIT BALANCE, présenter un solde créditeur.
to SHOW A DEBIT BALANCE, présenter un solde débiteur.
to SHOW ILLUSORY PROFITS, faire apparaître des bénéfices mensongers.
to SHOW THE RESERVE AMONG THE LIABILITIES, faire figurer la réserve au passif.

SHOWING s, exposition f.

SHOWN a, montré.
SECURITIES SHOWN IN THE OFFICIAL LIST, valeurs portées à la cote officielle.

SHOWROOM s, salle f d'exposition f, salle de démonstration f.

SHRINK v, fléchir, (se) contracter.
SHARES SHRANK FROM... TO, les actions ont fléchi de... à.

SHRINKAGE s, contraction f.

SHRINKING s, contraction f.

SHUNT s, arbitrage m de place f à place.

SHUNT v, faire l'arbitrage m de place f à place.

SHUNTING s, arbitrage m de place f à place.
SHUNTING STOCKS, arbitrage de valeurs.

SHUT v, fermer.
to SHUT UP SHOP, fermer boutique.

SHUT-DOWN s, fermeture f, chômage m.
SHUT-DOWN POINT, seuil de fermeture.

SHUTTING s, fermeture f.

SICK a, malade.
SICK-ALLOWANCE, allocation pour maladie.
SICK-BENEFIT, prestation-maladie.
SICK-BENEFIT FUND, caisse de maladie.
SICK-LEAVE, congé de maladie.

SICKNESS s, maladie f.
SICKNESS-INSURANCE, assurance maladie.

SIDE s, côté m.
CREDIT SIDE, avoir.
CREDITOR SIDE, compte avoir.
OPPOSITE SIDES OF A SQUARE, côtés opposés d'un carré.
QUAY-SIDE WORKER, docker.
REVERSE SIDE OF A LETTER OF CREDIT, dos d'une lettre de crédit.

SIDEWAYS a, latéral.

SIGHT s, vue f.
BILL PAYABLE AT SIGHT, effet payable, exigible, à vue.
the CURRENCY OF THE BILL OF EXCHANGE IS 3 MONTHS AFTER SIGHT, l'échéance de la lettre de change est de 3 mois de vue.
DEBT ON SIGHT, dette à vue.
DEPOSIT PAYABLE AT SIGHT, dépôt payable à vue.
DRAFT (PAYABLE) AT SIGHT, traite à vue.
PAYABLE AT SIGHT, payable à vue.
at SIGHT, à présentation ; sur demande.
SIGHT BILLS, papier à vue.
SIGHT DEPOSIT, dépôt à vue.
SIGHT DRAFT, traite à vue.
SIGHT ENTRY, déclaration provisoire.
SIGHT RATE, cours du change à vue.
SIGHT REMITTANCE, remise à vue.

SIGHT v, viser.
to SIGHT A BILL OF EXCHANGE, présenter une lettre de change.

SIGHTED *a*, vu; visé.
BILL SIGHTED, effet vu le...

SIGHTING *s*, visa *m*; vue *f*.
SIGHTING OF A BILL OF EXCHANGE, présentation d'une lettre de change.

SIGN *s*, signe *m*, indice *m*, indicateur *m*, enseigne *f*.
ALGEBRAICAL SIGN, signe algébrique.
INTEGRAL SIGN, signe d'intégration.
MINUS SIGN, signe moins.
NEGATIVE SIGN, signe moins.
OPPOSITE SIGNS, signes opposés.
PLUS SIGN, signe plus.
RADICAL SIGN, signe radical.
SIGNS OF THE DETERMINANTS, signes des déterminants.

SIGN *v*, signer; viser.
POWER TO SIGN, pouvoir de signer.
to SIGN AWAY, céder par écrit.
to SIGN ON, (s')engager.
to SIGN A BILL, accepter une traite.
to SIGN A CONTRACT, signer un contrat.

SIGNAL *s*, signal *m*.

SIGNATORY *s*, signataire *m*.
CO-SIGNATORY, cosignataire.
SIGNATORY OF A CONTRAT, signataire d'un contrat.

SIGNATURE *s*, signature *f*.
BOGUS SIGNATURE, signature de complaisance.
JOINT SIGNATURE, signature collective.
PROXY SIGNATURE, signature par procuration.

SIGNED *a*, signé; visé.
CHEQUE SIGNED IN BLANK, chèque signé en blanc.

SIGNER *s*, signataire *m*.

SIGNET *s*, sceau *m*, cachet *m*.

SIGNIFICANCE *s*, signification *f*.
SIGNIFICANCE LEVEL, seuil de signification.
TESTS OF SIGNIFICANCE, tests de signification.

SIGNIFICANT *a*, significatif.
SIGNIFICANT FIGURE, chiffre significatif.

SIGNING *s*, signature *f*; acceptation *f*; souscription *f*.
SIGNING ON, engagement.
SIGNING OF THE CONTRACT, signature du contrat.

SILENT *a*, silencieux.
SILENT PARTNER, (associé) commanditaire ; bailleur de fonds.

SILK *s*, soie *f*.
ARTIFICIAL SILK, soie artificielle.
NEAR SILK, soie artificielle.
RAW SILK, soie grège.
SILK INDUSTRY, industrie de la soie.
SILK TRADE, soierie.
SYNTHETIC SILK, soie artificielle.

SILKWORM *s*, ver *m* à soie *f*.

SILO *s*, silo *m*.

SILVER *s*, argent *m*; argenterie *f*.
BAR SILVER, argent en barres.
GOLD AND SILVER COIN AND BULLION, réserves métalliques en pièces et en lingots d'or et d'argent.
GOLD AND SILVER HOLDINGS, encaisse or et argent.
HALL-MARKED SILVER, argenterie contrôlée.
the PRICE OF SILVER HAS FALLEN, le prix de l'argent a baissé.
RATIO BETWEEN GOLD AND SILVER, rapport entre l'or et l'argent.
SILVER COIN, pièce d'argent.
SILVER CURRENCY, monnaie d'argent.
SILVER-FOIL, argent battu ; feuille d'argent.
SILVER MONEY, monnaie d'argent.
SILVER-PLATING, argentage.
SILVER STANDARD, étalon-argent.
SILVER-STANDARD COUNTRY, pays à étalon d'argent.
SILVER-WORK, orfèvrerie.
STANDARD SILVER, argent au titre.

SIMILAR *a*, semblable, similaire.
SIMILAR PRODUCTS, produits similaires.
SIMILAR RECTANGLES, rectangles similaires.
SIMILAR TRIANGLES, triangles semblables.

SIMILARITY *s*, similitude *f*, similarité *f*.

SIMILITUDE *s*, similitude *f*.

SIMPLE *a*, simple; ordinaire.
COEFFICIENT OF SIMPLE CORRELATION, coefficient de corrélation simple.
PROPERTY HELD IN FEE SIMPLE, bien détenu en toute propriété.

to REDUCE A POLYNOMIAL TO THE SIMPLEST EXPRESSION, réduire un polynôme à sa plus simple expression.
SIMPLE CONTRACT, convention verbale ; contrat sous seing privé.
SIMPLE-CONTRACT CREDITOR, créancier en vertu d'un contrat sous seing privé.
SIMPLE CORRELATION, corrélation simple.
SIMPLE CREDIT, crédit, accréditif, simple, non confirmé.
SIMPLE DEBENTURE, obligation chirographaire.
SIMPLE EQUATION, équation du premier degré.
SIMPLE INDEX-NUMBERS, indice simple, réel.
SIMPLE INTEREST, intérêts simples.
SIMPLE RANDOM SAMPLE, échantillon aléatoire non classé.
SIMPLE SHARE, action ordinaire.

SIMPLEX *s*, simplexe *m*.
SIMPLEX METHOD, méthode simplexe.
SIMPLEX PROGRAMMING, programmation simplexe.

SIMPLICITY *s*, simplicité *f*.

SIMPLIFICATION *s*, simplification *f*.
WORK SIMPLIFICATION, simplification du travail.

SIMPLIFY *v*, simplifier.

SIMPLIFYING *s*, simplification *f*.

SIMULATE *v*, simuler.

SIMULATED *a*, simulé.
SIMULATED DEBT, dette simulée.

SIMULATING *s*, simulation *f*.

SIMULATION *s*, simulation *f*.
DIGITAL SIMULATION, simulation numérique.
SIMULATION OF QUEUES, simulation des files d'attente ; simulation des phénomènes d'attente.

SIMULATOR *s*, simulateur *m*.

SIMULTANEITY *s*, simultanéité *f*.

SIMULTANEOUS *a*, simultané.
SIMULTANEOUS EQUATIONS, équations simultanées.
SIMULTANEOUS EQUATIONS METHOD, méthode des équations simultanées.

SIMULTANEOUSNESS *s*, simultanéité *f*.

SINE *s*, sinus *m*.
TABLE OF SINES AND COSINES, table des sinus et cosinus.

SINECURE *s*, sinécure *f*.

SINGLE *a*, seul, unique, simple.
SINGLE ENTRY BOOK-KEEPING, comptabilité en partie simple.
SINGLE FARE, billet d'aller.
SINGLE LINE, ligne à voie unique.
SINGLE LOAN, seul et même emprunt.
SINGLE PAYMENT, règlement en une seule fois.
SINGLE PREMIUM, prime unique.
SINGLE REPRESENTATIVE VALUE, seule expression représentative.
SINGLE SUM, somme payée en une fois.
SINGLE TAX, impôt unique.
SINGLE TICKET, billet simple (d'aller).

SINK *v*, baisser, diminuer, amortir.
PRICES ARE SINKING, les cours baissent.
to SINK A LOAN, amortir un emprunt.
to SINK MONEY IN AN ANNUITY, placer de l'argent en viager, à fonds perdu.
to SINK THE NATIONAL DEBT, amortir la dette publique.

SINKING *s*, abaissement *m*; amortissement *m*.
SINKING-FUND, (fonds d') amortissement.
SINKING OF A LOAN, amortissement d'un emprunt.

SINUOSITY *s*, sinuosité *f*.

SINUOUS *a*, sinueux.

SINUSOID *s*, sinusoïde *f*.

SINUSOIDAL *a*, sinusoïdal.

SISAL *s*, sisal *m*, chanvre *m*.
DWINDLING PRODUCTION OF SISAL, production décroissante du sisal.

SISTER *s*, sœur *f*.
SISTER COMPANY, compagnie sœur.

SIT *s*, séance *f*.
SIT-DOWN STRIKE, grève sur le tas.

SITE *s*, emplacement *m*.
BUILDING SITE, terrain à bâtir.
SITE DELIVERED, (prix) rendu à pied d'œuvre.

SITTING *a*, assis.
SITTING TENANT, locataire en possession des lieux.

SITTING s, séance f.

SITUATION s, situation f, position f; emplacement m; emploi m.
out of SITUATION, sans emploi.
SITUATION VACANT, offre d'emploi.
SITUATION WANTED, demande d'emploi.
to WANT A SITUATION, demander, chercher, un emploi.

SIZE s, dimension f, taille f, grandeur f; format m; modèle m; quantité f.
ECONOMIC LOT SIZE, quantité économique de commande ; quantité économique de réapprovisionnement.
LARGE SIZE, grand modèle, format.
MIDDLE SIZE, taille moyenne.
MODERATE SIZE, taille moyenne.
SAMPLE SIZE, taille de l'échantillon.
SIZE OF THE FIRM, taille de l'entreprise.
SIZE OF THE MARKET, dimensions du marché.
SMALL SIZE, petit modèle, format.
STANDARD SIZE, taille courante.
STANDARDIZED SIZE, dimension standardisée.
STOCK SIZE, taille courante.

SIZED a, classé par ordre m de grandeur f.
LARGE-SIZED, de grande taille.
MEDIUM-SIZED, de taille moyenne.
MEDIUM-SIZED FIRM, entreprise moyenne.

SKETCH s, croquis m, esquisse f.

SKEW a, oblique.
SKEW SURFACE, surface gauche, indéveloppable.

SKEW s, biais m, obliquité f, inclinaison f.
LINE SKEW, inclinaison de la ligne.

SKEWNESS s, aplatissement m, dissymétrie f, asymétrie f.
DEGREE OF SKEWNESS, degré d'aplatissement ; kurtosis ; coefficient de dissymétrie.
MEASURE OF SKEWNESS, mesure de la dissymétrie.
SKEWNESS OF THE DISTRIBUTION, aplatissement de la distribution.

SKILL s, habileté f, dextérité f; compétence f.
TECHNICAL SKILL, compétence technique.

SKILLED a, spécialisé, qualifié.
SEMI-SKILLED WORKER, ouvrier semi-qualifié.
SKILLED LABOUR, main-d'œuvre spécialisée.
SKILLED WORKER, ouvrier qualifié, spécialisé.
SKILLED WORKMAN, ouvrier spécialisé, qualifié.

SLACK a, mou, languissant.
BUSINESS IS SLACK, les affaires ne marchent pas.
SLACK BUSINESS, marasme.
SLACK DEMAND, faible demande.
SLACK SEASON, morte-saison.
SLACK TIMES IN BUSINESS, ralentissement dans les affaires.
TRADE IS SLACK, le commerce languit.

SLACK s, ralentissement m (d'activité f); écart m.
SLACK VARIABLE, variable d'écart.

SLACK v, ralentir (l'activité f).
to SLACK OFF, mollir.
to SLACK UP, ralentir.

SLACKEN v, ralentir, mollir.
BUSINESS IS SLACKENING, les affaires stagnent.

SLACKENING s, ralentissement m, relâchement m.
SEASONAL SLACKENING OF ORDERS, ralentissement saisonnier des commandes.

SLACKING s, ralentissement m.

SLACKNESS s, stagnation f, marasme m; écart m.
SLACKNESS OF THE MARKET, calme des affaires.

SLANT s, pente f, inclinaison f, biais m.

SLASHING s, forte réduction f.
PRICE-SLASHING, rabais des prix.

SLAUGHTER s, abattage m, vente f à sacrifice m.

SLAUGHTERED a, abattu, sacrifié.
SLAUGHTERED ANIMALS, animaux abattus.

SLAUGHTERING s, abattage m; vente f à sacrifice m.

SLAVE s, esclave m.
SLAVE-TRADE, traite des noirs ; commerce des esclaves.

SLAVERY s, esclavage m.
WHITE SLAVERY, traite des blanches.

SLEEPING a, dormant.
SLEEPING PARTNER, (associé) commanditaire ; bailleur de fonds.

SLENDER a, maigre; modique.
SLENDER INCOME, revenu modique.

SLICE s, tranche f.

SLIDE s, glissement m; chute f.
SLIDE-RULE, règle à calculer, logarithmique.

SLIDING a, glissant.
SLIDING SCALES, échelles mobiles.
SLIDING WAGE SCALE, échelle mobile des salaires.

SLIDING s, glissement m.

SLIP s, fiche f, bordereau m; glissement m.
CREDIT SLIP, bordereau de versement.

SLIP v, glisser.
SHARES SLIPPED BACK TO, les actions ont glissé à.

SLOGAN s, slogan m.

SLOPE s, pente f, inclinaison f.
ANGLE OF SLOPE, angle de déclivité.
BREAK OF SLOPE, changement de pente.
GRADUAL SLOPE, pente douce.
SLOPE OF A CURVE, pente d'une courbe.
SLOPE OF THE STRAIGHT LINE, pente de la droite.
STEEP SLOPE, pente rapide.

SLOPE v, incliner, pencher.

SLOPED a, incliné.

SLOPING a, incliné.
DOWNWARD-SLOPING CURVE, courbe descendante.
UPWARD-SLOPING CURVE, courbe ascendante.

SLOPING s, inclinaison f, pente f.

SLOT s, entaille f.
SLOT-MACHINE, distributeur automatique.

SLOW a, lent.
BUSINESS IS SLOW, les affaires languissent.
SLOW INCREASE, augmentation lente.
SLOW RESPONSE TO CHANGE, lente adaptation aux changements.

SLOW adv, lentement.
GO-SLOW STRIKE, grève perlée.

SLOW v, ralentir.

SLOWING s, ralentissement m.
SLOWING DOWN THE RATE OF GROWTH, ralentissement du taux de croissance.

SLOWLY adv, lentement.

SLOWNESS s, lenteur f.

SLUM s, taudis m.
SLUM CLEARANCE, élimination des taudis.

SLUMP s, dépression f, effondrement m, marasme m.
GENERAL SLUMP, dépression générale.
SLUMP IN PRICES, effondrement de cours.
SLUMP IN TRADE, marasme des affaires.

SLUMP v, (s')effondrer.
SHARES SLUMPED, les actions se sont effondrées.

SLUMPING s, effondrement m.

SMALL a, petit, faible, menu.
BANK NOTES OF SMALL DENOMINATIONS, billets de banque de petites coupures.
FARMING OF SMALL AREAS, (régime de) petite exploitation.
PARCELLING OUT OF LAND INTO SMALL HOLDINGS, morcellement des terres.
to SELL SHARES IN SMALL PARCELS, vendre des titres par petits paquets.
SMALL BUSINESS TAX*, U.S: patente.
SMALL CHANGE, petite monnaie ; appoint.
SMALL COIN, petite monnaie ; appoint.
SMALL HOLDER, petit propriétaire.
SMALL HOLDINGS SYSTEM, régime de la petite propriété.
SMALL INCOME, faible revenu.
SMALL INVESTORS, petits rentiers ; épargne privée.
SMALL ITEMS, menus frais.
SMALL LOSSES, petits sinistres ; petites pertes.
SMALL MONEY, petite monnaie ; appoint.
SMALL SAMPLES, petits échantillons.
SMALL SIZE, petit modèle, format.
SMALLER INDUSTRIES, petite industrie.

SMALLNESS s, modicité f, faiblesse f.

SMASH s, désastre m, krach m, débâcle f, faillite f.
BANK SMASH, krach d'une banque.

SMASHING s, désastre m, krach m, débâcle f, faillite f.

SMELTER s, métallurgiste m; fonderie f.

SMELTERY s, fonderie f.

SMELTING s, fonte f, fonderie f.

221

SMOKE *s*, fumée *f*.

SMOOTH *a*, lisse.
SMOOTH CURVE, courbe continue.

SMOOTHING *s*, aplanissement *m*, lissage *m*, adoucissement *m*.
SMOOTHING OF CURVES, lissage, adoucissement, de courbes.

SMUGGLED *a*, passé en contrebande *f*.
SMUGGLED GOODS, marchandises de contrebande.

SMUGGLER *s*, contrebandier *m*.

SMUGGLING *s*, contrebande *f*.

SNAP *a*, instantané, imprévu.
SNAP STRIKE, grève surprise.

SNAP *v*, saisir.
to SNAP UP A BARGAIN, sauter sur une occasion.
to SNAP UP AN ISSUE OF SHARES, enlever une émission d'actions.

SOAKING *s*, infiltration *f*, mouillage *m*.
SOAKING THE RICH, faire payer les riches.

SOAR *v*, monter, (s')élever.
PRICES HAVE SOARED, les prix ont fait un bond.

SOARING *a*, en (forte) hausse *f*.
SOARING PRICES, prix en forte hausse.

SOARING *s*, (forte) hausse *f*.

SOBER *a*, sobre, prudent.
SOBER ESTIMATE, évaluation prudente.

SOCIAL *a*, social.
ECONOMIC AND SOCIAL COUNCIL, Conseil économique et social.
SOCIAL ACCOUNTS, comptabilité sociale.
SOCIAL ACCOUNTING, comptabilité sociale, comptes sociaux, de la nation.
SOCIAL BENEFITS, revenus sociaux.
SOCIAL BENEFIT SCHEMES FOR EMPLOYEES, systèmes de prestations en faveur des employés.
SOCIAL CONSUMPTION, consommation sociale.
SOCIAL DEMOCRACY, social-démocratie.
SOCIAL DEMOCRAT, social-démocrate.
SOCIAL DIVIDEND, dividende social.
SOCIAL AND ECONOMIC CATEGORIES, catégories socio-professionnelles.
SOCIAL INCOME, revenu national.
SOCIAL INSURANCE, assurances sociales.
SOCIAL INSURANCE (SECURITY) BENEFITS, prestations sociales.
SOCIAL INSURANCE FUNDS, caisses d'assurances sociales.
SOCIAL LADDER, échelle sociale.
SOCIAL MARGINAL COST, coût marginal social.
SOCIAL MEDIUM, milieu social.
SOCIAL MISFITS, inadaptés.
SOCIAL ORDER, ordre social.
SOCIAL OVERHEAD CAPITAL, (investissements d') infrastructure.
SOCIAL PROBLEM, problème social.
SOCIAL REFORMER, réformateur de la société.
SOCIAL SCIENCE, science sociale.
SOCIAL SECURITY, sécurité sociale.
SOCIAL SECURITY AGENCIES, institutions de sécurité sociale.
SOCIAL SECURITY BENEFITS, prestations sociales ; prestations de la sécurité sociale.
SOCIAL SECURITY CONTRIBUTIONS, cotisations à la sécurité sociale.
SOCIAL SECURITY SCHEMES, systèmes de sécurité sociale.
SOCIAL STANDING, position sociale.
SOCIAL STATISTICS, statistiques sociales.
SOCIAL STATUS, rang social.
SOCIAL STRUCTURE, édifice social.
SOCIAL SUBSTRUCTURE, bases, fondements, de la société.
SOCIAL UNREST, malaise social.

SOCIALISM *s*, socialisme *m*.
CHRISTIAN SOCIALISM, socialisme chrétien.
FABIAN SOCIALISM, socialisme fabien.
GUILD SOCIALISM, socialisme coopératif.
MARXIAN SOCIALISM, socialisme marxiste.
NATIONAL-SOCIALISM, national-socialisme.
PINK SOCIALISM, socialisme à l'eau de rose.
SCIENTIFIC SOCIALISM, socialisme scientifique.
STATE SOCIALISM, socialisme d'État.
to TEND TO SOCIALISM, pencher vers le socialisme.

SOCIALIST *a*, socialiste, socialisé.
SOCIALIST SECTOR, secteur socialisé.

SOCIALIST *s*, socialiste *m*.

SOCIALISTIC *a*, socialiste.

SOCIALIZATION *s*, socialisation *f*.

SOCIALIZE *v*, socialiser.

SOCIETY * *s*, société *f*, association *f*, compagnie *f* ; œuvre *f*.
AFFLUENT SOCIETY, société de l'opulence.
BENEFIT SOCIETY, société de secours mutuels.
BOND OF A GUARANTEE SOCIETY, cautionnement d'une société de cautionnement.
BUILDING SOCIETY, société coopérative de construction.
CHARITABLE SOCIETY, œuvre de bienfaisance.
CO-OPERATIVE SOCIETY, société coopérative de consommation.
DUTIES TOWARDS SOCIETY, devoirs envers la société.
FOUNDATIONS OF MODERN SOCIETY, assises de la société moderne.
FRIENDLY SOCIETY, société de secours mutuels.
on the FRINGE OF SOCIETY, en marge de la société.
INDUSTRIAL SOCIETY, société industrielle.
GUARANTEE SOCIETY, association de cautionnement.
LOAN-SOCIETY, société de crédit.
MEMBER OF A MUTUAL BENEFIT SOCIETY, mutualiste.
MUTUAL BENEFIT SOCIETY, mutuelle.
MUTUAL GUARANTEE SOCIETY, société de cautionnement mutuel.
PROVIDENT SOCIETY, société de prévoyance.
VARIOUS STRATA OF SOCIETY, différentes couches sociales.
WHOLE FABRIC OF SOCIETY, tout l'édifice social.

SOCIOLOGICAL *a*, sociologique.

SOCIOLOGIST *s*, sociologue *m*.

SOCIOLOGY *s*, sociologie *f*.

SOFT *a*, mou ; faible.
SHARES WERE SOFT, les actions étaient faibles.
SOFT COAL, houille tendre.
SOFT MONEY, (monnaie en) billets.

SOFTWARE *s*, programmes *m. pl*, techniques *f. pl* et systèmes *m. pl* d'exploitation *f* des ordinateurs *m. pl*, software *m*.

SOIL *s*, sol *m*, terrain *m*.
GENEROUS SOIL, sol fertile.
IMPOVERISHMENT OF THE SOIL, dégradation du sol.
OWNER OF THE SOIL AND SUBSOIL, tréfoncier ; propriétaire du fonds et du tréfonds.
POOR SOIL, sol improductif.
PRODUCE OF THE SOIL, produits du sol.
to SELL SOIL AND SUBSOIL, vendre le fonds et le tréfonds.
SOIL IMPROVEMENT, amélioration des sols.

SOLD *a*, vendu.
GOODS SOLD IN THE SAME CONDITION, marchandises revendues en l'état.
GOODS SOLD DUTY-PAID, marchandises vendues à l'acquitté.
GOODS-SOLD LEDGER, grand livre de ventes.

SOLE *a*, seul, unique, exclusif.
SOLE AGENT, agent exclusif.
SOLE LEGATEE, seul légataire.
SOLE OWNER, seul propriétaire.
SOLE PROPRIETOR, seul propriétaire.
SOLE RIGHT, droit exclusif.

SOLID *a*, solide.
SOLID GEOMETRY, géométrie dans l'espace.
SOLID MEASURES, mesures de volume.
SOLID VOTE, vote (quasi) unanime.

SOLIDARISM *s*, solidarisme *m*.

SOLIDARITY *s*, solidarité *f*.

SOLUBLE *a*, soluble.

SOLUTION *s*, solution *f*, résolution *f*.
SOLUTION OF CONTINUITY, solution de continuité.
SOLUTION OF AN EQUATION, résolution d'une équation.
SOLUTION BY MEANS OF DETERMINANTS, solution par les déterminants.

SOLVABILITY *s*, solvabilité *f*, résolubilité *f*.

SOLVABLE *a*, solvable, résoluble.

SOLVE *v*, résoudre.
to SOLVE AN EQUATION, résoudre une équation.
to SOLVE AN EQUATION BY APPROXIMATION, résoudre une équation par approximations successives.
to SOLVE A PROBLEM, résoudre un problème.

SOLVENCY *s*, solvabilité *f*.
GUARANTEE OF SOLVENCY, garantie de solvabilité.

SOLVENT *a*, solvable.
SOLVENT DEBTOR, débiteur solvable.

SOPHISTICATED *a*, raffiné, élaboré.
SOPHISTICATED (QUANTITY) THEORY OF MONEY, théorie néo-classique (quantitative) de la monnaie.
SOPHISTICATED THEORY, théorie élaborée.

SOPHISTRY *s*, sophistique *f* ; sophisme *m*.

SORT s, sorte f, espèce f.
to HANDLE ANY SORT OF BUSINESS, exécuter n'importe quelle opération.

SORTING s, triage m, classement m, tri m.

SOUND a, sain, solide.
FINANCIALLY SOUND, solide au point de vue financier ; solvable.
SOUND CURRENCY, monnaie saine.
SOUND FINANCE, de la bonne finance.

SOUNDING s, sondage m.
to TAKE SOUNDINGS, faire des sondages.

SOURCE s, source f.
SOURCE OF INCOME, source de revenu.
SOURCE OF INFORMATION, source d'information(s).

SOVEREIGN a, souverain.
SOVEREIGN RIGHTS, droits de souveraineté.

SOVEREIGNTY s, souveraineté f; primauté f.
CONSUMERS' SOVEREIGNTY, primauté du consommateur.

SOW v, semer, ensemencer.
to SOW LAND WITH, ensemencer la terre en.

SOWING s, semailles f. pl.
SOWING-TIME, temps des semailles.

SPA s, station·f thermale, ville f d'eau f.

SPACE s, espace m; emplacement m.
ADVERTISING SPACE, emplacement réservé à la publicité.
CURVATURE OF SPACE, courbure de l'espace.
two- (three-) DIMENSIONAL SPACE, espaces à deux (trois) dimensions.
ECONOMIC SPACES, espaces économiques.
ENDLESS SPACE, infini.
FLOOR SPACE, surface de plancher.
LOCATION IN ECONOMIC SPACE, localisation dans l'espace économique.
NATIONAL AERONAUTICS AND SPACE ADMINISTRATION, U.S: Administration pour l'aéronautique et l'espace.
SPACE ENCLOSED IN A PARALLELOGRAM, espace limité par un parallélogramme.
SPACE-TIME CO-ORDINATES, coordonnées espace-temps.

SPACE v, espacer, échelonner.
to SPACE OUT PAYMENTS OVER, échelonner des versements sur.

SPARE a, disponible; de rechange m.
SPARE CAPITAL, capitaux, fonds, disponibles.
SPARE PARTS, pièces de rechange.
SPARE-TIME JOB, occupation pendant les heures de loisir.

SPARE v, épargner, ménager, économiser.

SPARINGNESS s, économie f, frugalité f.

SPARSE a, clairsemé.
SPARSE POPULATION, population peu dense.

SPARSENESS s, manque m de densité f.
SPARSENESS OF THE POPULATION, population clairsemée.

SPATE s, crue f.
SPATE OF BANKRUPTCIES, série de faillites.

SPATIAL a, spatial.
SPATIAL MONOPOLY, monopole géographique; monopole spatial.

SPATIO-TEMPORAL a, spatio-temporel.
SPATIO-TEMPORAL CO-ORDINATES, coordonnées espace-temps.

SPECIAL a, spécial, particulier, spécialisé.
to SECURE SPECIAL PRICES, obtenir des prix spéciaux.
SPECIAL COMMISSIONER OF TAXES, U.S: directeur des contributions directes.
SPECIAL DELIVERY, distribution (de courrier) par exprès.
SPECIAL DRAWING RIGHTS, droits de tirage spéciaux.
SPECIAL EXPENSES INCURRED, frais généraux encourus.
SPECIAL FEATURE, dispositif spécial.
SPECIAL LETTER OF CREDIT, lettre de crédit simple.
SPECIAL-ORDER WORK, travail à façon.
SPECIAL PARTNERSHIP, société de participation.
SPECIAL POWER, procuration spéciale.
SPECIAL PRICE, prix de faveur.
SPECIAL PURPOSE COMPUTER, ordinateur spécialisé.
SPECIAL TRADE, commerce spécial.

SPECIALISM s, spécialisation f.

SPECIALIST s, spécialiste m.

SPECIALITY s, spécialité f.

SPECIALIZATION s, spécialisation f.

SPECIALIZE v, (se) spécialiser.

SPECIALIZED a, spécialisé.

SPECIALIZED AGENCIES, institutions spécialisées.

SPECIALIZING s, spécialisation f.

SPECIALLY adv, spécialement.
SPECIALLY FAVOURABLF RATE, taux de faveur.

SPECIALTY s, spécialité f.

SPECIE s, numéraire m, espèces f. pl.
EXPORT SPECIE POINT, point de sortie de l'or.
GOLD SPECIE, or monnayé.
GOLD SPECIE STANDARD, étalon-espèces or.
IMPORT SPECIE POINT, gold-point d'importation ; point d'entrée de l'or.
OUTGOING SPECIE POINT, gold-point de sortie ; point de sortie de l'or.
PAYMENT IN SPECIE, paiement en espèces.
SPECIE POINT, gold-point.

SPECIES s, espèce f, genre m.

SPECIFIC a, spécifique, spécial.
SPECIFIC AMOUNT, montant déterminé ; forfait.
SPECIFIC CASE, cas d'espèce.
SPECIFIC CYCLE, cycle spécifique.
SPECIFIC DUTY, droit spécifique.
SPECIFIC GRAVITY, poids spécifique.
SPECIFIC LEGACY, legs à titre particulier.
SPECIFIC LIEN, privilège spécial.
SPECIFIC PERFORMANCE OF A CONTRACT, exécution en nature d'un contrat.

SPECIFICATION s, spécification f; norme f; devis m descriptif.
STANDARD SPECIFICATION, norme.

SPECIFICITY s, spécificité f.

SPECIFIED a, spécifié, prévu.
unless otherwise SPECIFIED, sauf indication contraire.
SPECIFIED LOAD, charge prescrite, prévue.

SPECIFY v, spécifier, préciser.

SPECIMEN s, spécimen m, échantillon m.
to SELECT A SPECIMEN AT RANDOM, prélever un spécimen, un échantillon, au hasard.
TRUE TO SPECIMEN, conforme à l'échantillon.

SPECULATE v, spéculer.
to SPECULATE FOR A FALL, spéculer à la baisse.
to SPECULATE FOR A RISE, spéculer à la hausse.
to SPECULATE ON THE STOCK EXCHANGE, spéculer à la bourse.
to SPECULATE IN STOCKS AND SHARES, spéculer sur les valeurs de bourse.

SPECULATING s, spéculation f.
SPECULATING IN CONTANGOES, jeu sur les reports.

SPECULATION s, spéculation f, coup m de bourse f.
BEAR SPECULATION, spéculation à la baisse.
HAZARDOUS SPECULATION, spéculation hasardeuse.
RISKY SPECULATION, spéculation aléatoire.
STOCK EXCHANGE SPECULATIONS, spéculations de bourse.
WAVE OF SPECULATION, vague de spéculation.

SPECULATIVE a, spéculatif.
SPECULATIVE BUYING, achats spéculatifs.
SPECULATIVE DEMAND, demande spéculative.
SPECULATIVE MARKETS, marchés spéculatifs.
SPECULATIVE MOTIVE, motif de spéculation.
SPECULATIVE PURCHASES, achats spéculatifs.
SPECULATIVE RISK, risque spéculatif.
SPECULATIVE SECURITIES, valeurs, titres, de spéculation.
SPECULATIVE SHARES, valeurs, titres, de spéculation.
SPECULATIVE STOCKS, valeurs, titres, de spéculation.

SPECULATOR s, spéculateur m, agioteur m, joueur m à la bourse.

SPEED s, vitesse f, vélocité f, rapidité f.
ECONOMICAL SPEED, vitesse économique.
EXCESS SPEED, excès de vitesse.
to GATHER SPEED, acquérir de la vitesse.
GATHERING OF SPEED, accélération.
HIGH SPEED, grande vitesse.
SPEED TRIAL, essai de vitesse.

SPEED v, accélérer.
to SPEED (UP) THE WORK, accélérer, presser, les travaux.

SPEEDING s, accélération f.

SPEND v, dépenser.
to SPEND MONEY, dépenser de l'argent.

SPENDING s, dépense(s) f.
EQUIPMENT SPENDING, dépenses d'équipement.
INDUCED SPENDING, dépenses induites.
LAVISH IN SPENDING, prodigue de son argent.
SPENDING CAPACITY, pouvoir d'achat.

SPENDING POWER, pouvoir d'achat.

SPENDTHRIFT a, dépensier, prodigue.

SPENT a, dépensé.

SPHERE s, sphère f.
SPHERE OF INFLUENCE, sphère d'influence.

SPHERICAL a, sphérique.
SPHERICAL GEOMETRY, géométrie sphérique.
SPHERICAL POLYGON, polygone sphérique.
SPHERICAL SEGMENT, segment sphérique.
SPHERICAL TRIGONOMETRY, trigonométrie sphérique.

SPIN v, filer.

SPINDLE s, broche f.
COTTON SPINNING SPINDLES, broches à filer le coton.

SPINNING s, filature f.
COTTON-SPINNING SPINDLES, broches à filer le coton.
SPINNING-FACTORY, filature.

SPIRAL s, spirale f.
WAGE-PRICE SPIRAL, spirale des prix et des salaires.

SPLIT v, partager, fractionner, diviser.
to SPLIT UP A FRACTION, décomposer une fraction.
to SPLIT SHARES, fractionner des actions.

SPLITTING s, fractionnement m, division f.
SPLITTING UP INTO PARTIAL FRACTIONS, décomposition en fractions partielles.

SPOILT a, avarié.
SPOILT GOODS, marchandises avariées.

SPOLIATE v, spolier.

SPOLIATION s, spoliation f.

SPOLIATIVE a, spoliatif.

SPONSOR s, garant m, caution f.

SPONTANEOUS a, spontané.

SPOT a, comptant.
EXCHANGE FOR SPOT DELIVERY, opérations, négociations, de change au comptant.
OFFICIAL SPOT QUOTATION, cote officielle du disponible.
to PAY SPOT CASH, payer comptant.
PRICES : SPOT, cours : disponible.
SPOT CASH, (argent) comptant.
SPOT CHECKING, contrôle par sondage.
SPOT DELIVERY, opération au comptant ; livraison immédiate.
SPOT ECONOMY, économie au comptant.
SPOT EXCHANGE TRANSACTIONS, négociations de change au comptant.
SPOT MARKET, marché au comptant ; marché du disponible.
SPOT PRICE, prix comptant ; cours du disponible.
SPOT RATE, cours du disponible.
SPOT SALE, vente de disponible.

SPOT s, endroit m, place f.
on the SPOT, sur place ; comptant.

SPREAD a, étendu, échelonné.
INSTALMENTS SPREAD OVER SEVERAL MONTHS, versements échelonnés sur plusieurs mois.

SPREAD s, étendue f; diffusion f; différence f entre prix m de revient m et prix de vente f.

SPREAD v, étendre; échelonner, répartir.
to SPREAD A RISK, répartir un risque.
to SPREAD A SUBSCRIPTION (INTO SEVERAL INSTALMENTS), échelonner une souscription (en plusieurs versements).

SPREADING s, diffusion f, dispersion f.

SPURIOUS a, faux, falsifié.
SPURIOUS COIN, pièce de monnaie fausse.
SPURIOUS CORRELATION, corrélation illusoire.

SQUANDER v, gaspiller, dilapider.

SQUANDERING s, gaspillage m.

SQUARE a, carré.
FAIR AND SQUARE DEALING, loyauté en affaires.
SQUARE FOOT, pied carré.
SQUARE METRE, mètre carré.
SQUARE MILE, mille carré.
SQUARE ROOT, racine carrée.
SQUARE ROOT OF THE VARIANCE (STANDARD DEVIATION), racine carrée de la variance (écart type).
SQUARE YARD, yard carré.

SQUARE s, carré m.
CHI-SQUARE, carré de contingence.
CHI-SQUARE TEST, test du khi ; test de Pearson.

METHOD OF (THE) LEAST SQUARES, méthode des moindres carrés.
OBLONG SQUARE, rectangle.
OPPOSITE SIDES OF A SQUARE, côtés opposés d'un carré.
PERFECT SQUARE, carré parfait.
SQUARE ON THE HYPOTHENUSE, carré de l'hypothénuse.
SQUARE OF THE STANDARD ERROR OF ESTIMATE, résidu quadratique moyen.
SUM OF SQUARES, somme des carrés.
SUM OF THE SQUARES OF THE DEVIATIONS, somme des carrés de tous les écarts.
SUM OF THE SQUARES OF THE RESIDUALS, somme des carrés de tous les écarts.
y VARIES INVERSELY AS THE SQUARE OF x, y varie comme l'inverse du carré de x.

SQUARE v, élever au carré.

SQUARED a, (élevé) au carré.
DEVIATIONS OF THE SEPARATE POINTS, WHEN SQUARED AND TOTALLED, somme de carrés des écarts observés.
MEAN OF THE SQUARED DEVIATIONS FROM THE MEAN (VARIANCE), moyenne des carrés des écarts à la moyenne (variance).

SQUEEZE s, compression f; étranglement m; exaction f.

SQUEEZE v, comprimer, étrangler.
to SQUEEZE THE BEARS, étrangler les vendeurs à découvert.
to SQUEEZE MONEY OUT OF, extorquer de l'argent à.

SQUEEZING s, compression f, exaction f.

STABILITY s, stabilité f.
ECONOMIC STABILITY, stabilité économique.
PERFECT AND IMPERFECT STABILITY, stabilité parfaite et stabilité imparfaite.
PRICE STABILITY, stabilité des prix.
STABILITY CONDITIONS, conditions de stabilité.
STABILITY OF THE EXCHANGE RATE, stabilité du taux de change.
THEORY OF DYNAMIC STABILITY, théorie de la stabilité dynamique.

STABILIZATION s, stabilisation f.
EXCHANGE STABILIZATION FUND, fonds de stabilisation des changes.
OFFICE OF PRICE STABILIZATION (O.P.S.), Office de stabilisation des prix.
STABILIZATION OF THE CURRENCY, stabilisation de la monnaie.
STABILIZATION LOAN, emprunt de stabilisation.
STABILIZATION POLICIES, politique(s) de stabilisation.
STABILIZATION OF PRICES, stabilisation des prix.

STABILIZE v, stabiliser.

STABILIZER s, stabilisateur m.
AUTOMATIC STABILIZERS, stabilisateurs automatiques.
BUILT-IN ECONOMIC STABILIZERS, mécanismes de stabilisation automatiques.

STABILIZING a, stabilisateur.
STABILIZING INFLUENCE, influence stabilisatrice.
STABILIZING MECHANISMS, mécanismes stabilisateurs.

STABILIZING s, stabilisation f.

STABLE a, stable.
FAIRLY STABLE FUNCTION, fonction raisonnablement stable.
STABLE CURRENCY, monnaie stable.
STABLE EQUILIBRIUM, équilibre stable.
STABLE MONEY, monnaie stable.
STABLE PRICES, prix stables.
STABLE RELATIONSHIP, relation stable.

STACKED a, empilé.
STACKED JOB PROCESSING, traitement par lots.

STAFF s, personnel m.
to DISMISS ALL THE STAFF, congédier tout le personnel.
INCAPACITY OF THE STAFF, incompétence du personnel.
OFFICE STAFF, personnel de bureau.
OPERATING STAFF, personnel exploitant.
OUTPUT OF THE STAFF, rendement du personnel.
to SACK ALL THE STAFF, congédier tout le personnel.
STAFF MANAGER, chef du personnel.
STAFF PROVIDENT FUND, caisse de prévoyance du personnel.
STAFF SALARIES, appointements du personnel.
STAFF SHARES, actions de travail.
TEACHING STAFF, personnel enseignant.

STAFFED a, pourvu en personnel m.
OVER-STAFFED, (ayant) trop de main-d'œuvre.
UNDER-STAFFED, manquant de personnel.

STAGE s, étape f, phase f, palier m, degré m.
CAPITALISTIC STAGE OF DEVELOPMENT, étape capitaliste de développement.
MULTI-STAGE SAMPLING, sondage à plusieurs degrés.
PROCESSING STAGES, phases de fabrication.
TAXATION BY STAGES, taxes imposées par paliers.

STAGGER v, échelonner.

STAGGERED a, échelonné.
STAGGERED DELIVERIES, livraisons échelonnées.

STAGNANT a, stagnant.
STAGNANT ECONOMY, économie stagnante.
STAGNANT PRICE, prix stagnant.
STAGNANT STATE OF BUSINESS, état stagnant des affaires.

STAGNATE v, stagner.

STAGNATING a, stagnant.
STAGNATING BUSINESS, marasme des affaires.

STAGNATION s, stagnation f.
STAGNATION OF BUSINESS, stagnation, marasme, des affaires.

STAKE s, mise f, enjeu m.
to DOUBLE THE STAKES, doubler la mise.
to HAVE A STAKE IN, avoir des intérêts dans.
INTERESTS AT STAKE, intérêts en jeu.
STAKE-MONEY, mise ; enjeu.

STALE a, périmé ; défraîchi.
STALE CHEQUE, chèque prescrit.
STALE GOODS, articles défraîchis.
STALE MARKET, marché lourd.

STAMP s, timbre m; estampille f.
FINANCE STAMP, timbre d'effets.
INLAND REVENUE STAMP, timbre fiscal.
POSTAGE-DUE STAMP, timbre-taxe.
POSTAGE STAMP, timbre-poste.
RECEIPT STAMP DUTY, droit de timbre à quittance.
REVENUE STAMP, timbre fiscal.
STAMP DUTY, droit(s) de timbre.
STAMP DUTY PAYABLE BY THE SELLER, droits de timbre à la charge du vendeur.
STAMP OFFICE, bureau du timbre.
STAMP PAPER, papier timbré.
STAMP TAX, impôt du timbre.
SUBJECT TO STAMP DUTY, soumis au timbre.
ad VALOREM STAMP, timbre proportionnel.

STAMP v, timbrer; estampiller.

STAMPED a, timbré; estampillé.
STAMPED PAPER, papier timbré.
STAMPED SHARES, actions estampillées.

STAND s, situation f; stand m (d'exposition f); station f, stationnement m.
STAND-BY, réserve ; secours.
STAND-BY CREDIT, crédit « stand-by ».
STAND-BY MACHINE, machine de secours.
SUM IN RESERVE AS A STAND-BY, somme en réserve en cas de besoin.

STAND v, (se) mettre, (se) porter.
the BALANCE STANDS AT, le solde s'élève à.
to STAND OFF, chômer ; faire chômer.
to STAND AT A DISCOUNT RELATIVELY TO, subir un escompte par rapport à.
to STAND AT A PREMIUM, faire prime.
to STAND AS SECURITY FOR A DEBT, cautionner une dette.
to STAND SURETY FOR, se porter garant pour.

STANDAGE s, droits m. pl de stationnement m.

STANDARD a, standardisé, normalisé, normal, type m, standard m.
ESTIMATE OF THE STANDARD ERROR (OF THE COEFFICIENT OF CORRELATION), erreur de sondage (sur le coefficient de corrélation).
ESTIMATED STANDARD ERROR OF A SAMPLE MEAN, approximation de l'écart type de la moyenne d'échantillon.
the MEAN DEVIATION IS EQUAL TO 4/5 OF THE STANDARD DEVIATION, la moyenne de déviation est égale aux 4/5e de la déviation standard.
SQUARE OF THE STANDARD ERROR OF ESTIMATE, résidu quadratique moyen.
STANDARD BASE PERIOD, période de base adoptée ; période de référence.
STANDARD CHARGE, redevance forfaitaire.
STANDARD COIN, pièce droite.
STANDARD COMMODITY, bien étalon ; article de référence.
STANDARD COSTS, coût normal ; coût standard.
STANDARD DEFINITIONS, définitions normalisées.
STANDARD DEVIATION, écart type ; déviation standard ; moyenne quadratique ; écart quadratique.
STANDARD ECONOMIC CLASSIFICATION, classification économique internationale type.
STANDARD ERROR, erreur type ; erreur aléatoire.
STANDARD ERROR OF THE DIFFERENCE, erreur type de la différence.
STANDARD ERROR OF THE MEAN, erreur type de la moyenne.

STANDARD ERROR OF THE STANDARD DEVIATION, erreur type de l'écart type.
STANDARD GAUGE, écartement normal.
STANDARD GOLD, or au titre.
STANDARD MAKE, marque courante.
STANDARD MEASURE, mesure-étalon.
STANDARD METAL, métal-étalon.
STANDARD MONEY, monnaie-étalon.
STANDARD POLICY, police (d'assurance) type.
STANDARD PRICE, prix courant ; prix régulateur.
STANDARD PRODUCTION, production de série.
STANDARD RATE OF PAY, U.S: barème normalisé de salaires.
STANDARD SILVER, argent au titre.
STANDARD SIZE, taille courante.
STANDARD SPECIFICATION, norme.
STANDARD WAGE RATES, taux de salaires normalisés.
STANDARD WEIGHT, poids étalon, normal.
STANDARD WEIGHTS, poids unifiés.

STANDARD s, étalon m, standard m, type m, niveau m, norme f, mesure f, normale f, titre m.
to COME OFF THE GOLD STANDARD, abandonner l'étalon-or.
DOUBLE STANDARD (GOLD AND SILVER), double étalon (or et argent).
GOLD BULLION STANDARD, étalon lingot-or.
GOLD EXCHANGE STANDARD, étalon devise-or ; étalon-or de change.
GOLD SPECIE STANDARD, étalon espèces-or.
GOLD STANDARD, étalon-or.
GOLD-STANDARD COUNTRY, pays à étalon-or.
LEGAL STANDARD, étalon légal.
METALLIC STANDARD, étalon métallique.
MONETARY STANDARD, étalon monétaire.
PAPER STANDARD, étalon-papier.
PHYSICAL STANDARDS, standards de qualité et de quantité.
PRICE STANDARDS, standards de prix.
SILVER STANDARD, étalon-argent.
SILVER-STANDARD COUNTRY, pays à étalon-argent.
above STANDARD, au-dessus de la normale.
below STANDARD, au-dessous de la normale.
up to STANDARD, conforme à la norme.
STANDARD OF LIVING, standard, niveau, de vie.
STANDARD OF PURITY (OF GOLD, OF SILVER), titre (de l'or, de l'argent).
STANDARD OF VALUE, mesure de la valeur ; étalon de valeur.
STANDARD OF WAGES, U.S: taux des salaires.

STANDARDIZATION s, standardisation f, normalisation f, unification f.
STANDARDIZATION OF MANUFACTURE, standardisation, normalisation, dans la fabrication.
STANDARDIZATION OF TARIFFS, péréquation des tarifs, des prix.

STANDARDIZE v, standardiser, normaliser.

STANDARDIZED a, standardisé, normalisé.
STANDARDIZED PRODUCTS, produits normalisés.
STANDARDIZED PRODUCTION, production standardisée, normalisée ; production en série.
STANDARDIZED SIZE, dimension standardisée.

STANDARDIZING s, standardisation f, normalisation f, unification f.

STANDING a, pendant, en vigueur f, permanent, établi, fixe.
AMOUNT STANDING TO YOUR CREDIT, votre solde créditeur.
OLD-STANDING DEBT, dette de longue date.
SECURITIES STANDING IN THE COMPANY'S BOOKS, titres portés dans les livres de la société.
STANDING CHARGES, frais généraux.
STANDING EXPENSES, frais généraux.
STANDING ORDER, ordre permanent, à perpétuité.

STANDING s, durée f, position f, situation f.
FINANCIAL STANDING, situation, surface, financière.
SOCIAL STANDING, position sociale.

STANDSTILL s, arrêt m, immobilisation f.
TRADE IS AT A STANDSTILL, le commerce ne va plus.

STAPLE a, principal.
COFFEE IS THE STAPLE COMMODITY OF BRAZIL, le café est la ressource principale du Brésil.
STAPLE INDUSTRY, industrie principale.
STAPLE TRADE, commerce régulier.

STAPLE s, marché m.
STAPLES, produits de première nécessité.

START s, démarrage m, commencement m, début m.

START v, commencer, (se) lancer.
to START IN BUSINESS, se lancer dans les affaires.
to START AGAIN AFTER A FAILURE, redémarrer après une faillite.

to START A FUND, lancer une souscription.

STARTED *a*, commencé.
TOTAL DWELLINGS STARTED, nombre total de logements commencés.

STARTING *s*, commencement *m*, début *m*.
STARTING DATE, date de départ.
STARTING-PRICE, prix initial.

STARVATION *s*, famine *f*.
STARVATION WAGE, salaire de famine.

STATE *s*, état *m*; condition *f*, situation *f*.
COFFERS OF STATE, coffres de l'État ; fonds publics.
CONSTRUCTION UNDER STATE AID, construction avec l'assistance de l'État.
CORN STATES, *U.S:* États producteurs de maïs.
CORPORATE STATE, État corporatif.
to KEEP A HOUSE IN A STATE OF TENANTABLE REPAIR, maintenir une maison en état d'habitabilité.
NEGRO STATES, *U.S:* États esclavagistes.
PROVIDENCE STATE, État-providence.
SECRETARY OF STATE*, *U.S:* Secrétaire d'État, ministre des Affaires étrangères.
STAGNANT STATE OF BUSINESS, état stagnant des affaires.
STATE-AIDED, subventionné par l'État.
STATE BANK, banque d'État.
STATE CONTROL, étatisme.
in a STATE OF FLUX, sujet à des changements fréquents.
STATE FOREST, forêt domaniale.
STATE GRANT, subvention de l'État.
STATE INSURANCE, assurances sociales.
STATE OF THE MARKET, état du marché.
STATE MONOPOLY, monopole d'État.
STATE RAILWAY, chemin de fer de l'État.
STATE SOCIALISM, socialisme d'État.
STATIONARY STATE, état stationnaire.
UNSETTLED STATE OF THE MARKET, instabilité, incertitude, du marché.

STATE *v*, déclarer, énoncer.

STATED *a*, déclaré, fixé.
STATED CAPITAL, capital déclaré.

STATELESS *a*, sans-patrie, apatride.

STATEMENT *s*, déclaration *f*, relevé *m*, bilan *m*; situation *f*; compte *m*, état *m*.
BANK STATEMENT, bordereau de situation d'un compte; *U.K:* situation de la Banque d'Angleterre.
BANK WEEKLY STATEMENT, *U.K:* bilan hebdomadaire de la Banque d'Angleterre.
CASH STATEMENT, état, relevé, de caisse.
CONTRADICTION TO A STATEMENT, démenti.
DETAILED STATEMENT OF ACCOUNT, état détaillé de compte.
FALSE STATEMENT, fausse déclaration.
FINANCIAL STATEMENT, état des finances ; bilan.
INCOME STATEMENT (OF A CORPORATION), compte d'exploitation ; compte de profits et pertes.
MONTHLY STATEMENT, relevé mensuel.
OPERATING STATEMENT, comptes d'exploitation.
STATEMENT OF ACCOUNT, relevé de compte.
STATEMENT OF AFFAIRS (IN BANKRUPTCY), bilan de liquidation.
STATEMENT OF ASSETS AND LIABILITIES, relevé de l'actif et du passif.
STATEMENT OF EXPENSES, état de frais.
STATEMENT OF FINANCES, situation de trésorerie.
STATEMENT OF PROFIT AND LOSS, compte, relevé, de profits et pertes.
STATISTICAL STATEMENT, état statistique.
UNTRUE STATEMENT, fausse déclaration.

STATESMAN *s*, homme *m* d'État *m*.

STATIC(AL) *a*, statique.
STATIC ANALYSIS, analyse statique.
STATIC ECONOMY, économie statique.
STATIC EQUILIBRIUM THEORY, théorie de l'équilibre statique.
STATIC MODEL, modèle statique.

STATICS *s. pl*, statique *f*.

STATION *s*, station *f*; gare *f*; poste *m*; centrale *f*; position *f*, place *f*.
BROADCASTING STATION, poste émetteur.
FRONTIER STATION, gare frontière.
GENERATING STATION, centrale électrique.
GOODS-STATION, gare de marchandises.
HARBOUR-STATION, gare maritime.
HOME STATION, gare terminus.
MARINE STATION, gare maritime.
POWER STATION, centrale électrique.
RAILWAY STATION, gare.
STATION IN LIFE, position sociale.

STEAM-GENERATING STATION, centrale thermique.
TRANSMITTING STATION, poste émetteur.

STATIONARY *a*, stationnaire.
STATIONARY ECONOMY, économie stationnaire.
STATIONARY EQUILIBRIUM, équilibre stationnaire.
STATIONARY STATE, état stationnaire.

STATISTICAL *a*, statistique.
ROUNDING STATISTICAL FIGURES, pratique des nombres arrondis.
STATISTICAL ANALYSIS, analyse statistique.
STATISTICAL APPARATUS, appareil statistique.
STATISTICAL DISCREPANCY, écart statistique.
STATISTICAL ENQUIRY, enquête statistique.
STATISTICAL FITTING, ajustement statistique.
STATISTICAL GEOGRAPHY, géographie économique et statistique.
STATISTICAL INDICATOR, indicateur statistique.
STATISTICAL INDUCTION, induction statistique.
STATISTICAL INFERENCE, induction statistique.
STATISTICAL INQUIRY, enquête statistique.
STATISTICAL METHOD(S), méthode(s) statistique(s).
STATISTICAL RECONCILIATION, ajustement statistique.
STATISTICAL STATEMENT, état statistique.
STATISTICAL TAX, droit de statistique.
STATISTICAL UNITS, unités statistiques.

STATISTICIAN *s*, statisticien *m*.

STATISTICS *s. pl*, statistique *f*.
ABSTRACT OF STATISTICS, précis de statistiques.
ANNUAL ABSTRACT OF STATISTICS, annuaire de statistiques.
BASIC STATISTICS, statistiques fondamentales.
COMPARATIVE STATISTICS, statistique comparative.
DEATH STATISTICS, statistique de la mortalité.
EXTERNAL TRADE STATISTICS, statistiques du commerce extérieur.
MONTHLY DIGEST OF STATISTICS, Bulletin mensuel de statistiques.
NATALITY STATISTICS, statistique des naissances.
NATIONAL ACCOUNTS STATISTICS, statistique des comptabilités nationales.
NATIONAL-INCOME STATISTICS, statistiques du revenu national.
SOCIAL STATISTICS, statistiques sociales.
STATISTICS ALWAYS LAG BEHIND THE EVENTS, les statistiques sont toujours en retard sur les faits.
STATISTICS IN TABULAR FORM, statistique sous forme de tableau.
TRANSPORT STATISTICS, statistiques de transport.
VITAL STATISTICS, statistiques de l'état civil ; statistiques démographiques.

STATUS *s*, statut *m*, rang *m*, position *f*, condition *f*.
CIVIL STATUS, état civil.
LEGAL STATUS, statut légal.
SOCIAL STATUS, rang social.

STATUTABLE *a*, réglementaire, légal.

STATUTE *s*, loi *f*, ordonnance *f*; statuts *m. pl*, règlements *m. pl*.
SECTION OF A STATUTE, article d'une loi.
STATUTE BARRED DEBT, dette prescrite.
STATUTE-LAW, droit écrit.
STATUTE OF LIMITATIONS, loi sur la prescription.

STATUTORY *a*, imposé par la loi, réglementaire, statutaire.
STATUTORY DECLARATION, attestation.
STATUTORY RESERVE, réserve légale.
STATUTORY WRITING OFF, amortissement statutaire.

STAY *s*, séjour *m*; retard *m*, arrêt *m*.
STAY OF EXECUTION, suspension de l'exécution d'un jugement.
STAY OF PROCEEDINGS, sursis à statuer.

STAY *v*, séjourner, (s') arrêter.
STAY-IN STRIKE, grève sur le tas, avec occupation d'usine.

STEADINESS *s*, fermeté *f*, stabilité *f*, tenue *f*.
STEADINESS OF PRICES, fermeté, tenue, des prix.

STEADY *a*, ferme, soutenu, assidu.
STEADY DEMAND, demande suivie.
STEADY MARKET, marché soutenu.
STEADY WORKER, travailleur assidu, appliqué.

STEADY *v*, (se) raffermir.
PRICES ARE STEADYING, les cours se raffermissent.

STEADYING *s*, raffermissement *m*.

STEAM *s*, vapeur *f*.
STEAM-ENGINE, machine à vapeur.
STEAM-GENERATING STATION, centrale thermique.
STEAM NAVIGATION, navigation à vapeur.

STEAMSHIP *s*, navire *m* à vapeur *f*, paquebot *m*.
STEAMSHIP NAVIGATION COMPANY, compagnie de navigation maritime.

STEEL s, acier m.
CRUDE STEEL, acier brut.
EUROPEAN COAL AND STEEL COMMUNITY, Communauté européenne du charbon et de l'acier.
IRON AND STEEL SHARES, valeurs sidérurgiques.
STEEL CARTEL, cartel de l'acier.
STEEL TRUST, trust de l'acier.
STEEL-WORKS, aciérie.

STEEP a, raide.
STEEP GRADIENT, forte pente.
STEEP PRICE, prix exorbitant.
STEEP SLOPE, pente rapide.

STEEPNESS s, pente f raide.
STEEPNESS OF A CURVE, degré d'inclinaison d'une courbe.

STEERING s, direction f, conduite f.

STENOGRAPHY s, sténographie f.

STEP s, pas m; échelon m.
DECIDED STEP FORWARD, progrès très marqué.
STEP BY STEP, progressivement.
STEP METHOD, méthode par soldes.

STERLING s, (livre f) sterling m.
DEVALORIZATION OF STERLING, dévalorisation du sterling.
to EXCHANGE POUNDS STERLING FOR FRANCS, changer des livres contre des francs.
POUND STERLING, livre sterling.
STERLING AREA, zone sterling.
STERLING BALANCES, balances sterling.
STERLING LOST GROUND, la livre a perdu du terrain.

STEWARD s, économe m, intendant m.
SHOP STEWARD*, délégué du personnel.

STEWARDSHIP s, économat m, intendance f.

STICK s, bâton m.
YARD-STICK, mesure; étalon.

STICK v, (s')attacher.
to STICK TO FACTS, s'en tenir aux faits.

STICKINESS s, viscosité f; rigidité f.
STICKINESS OF WAGES, rigidité des salaires; viscosité des salaires.

STICKY a, visqueux; rigide.
STICKY PRICES, prix rigides, visqueux.

STIFF a, tendu; raide.
STIFF PRICE, prix exagéré.

STIFFEN v, (se) raidir, (se) tendre.
CONTANGOES STIFFEN IF, les reports se tendent lorsque.

STIFFENING s, tension f, raidissement m.

STIFFNESS s, tension f, rigidité f.
STIFFNESS OF CONTANGOES, tension des reports.

STIMULANT s, stimulant m.

STIMULATE v, stimuler, encourager.
EXPORTATION STIMULATES PRODUCTION, l'exportation stimule la production.
to STIMULATE PRODUCTION, encourager la production.

STIMULATING a, stimulant.

STIMULUS s, stimulant m, impulsion f.
to GIVE A STIMULUS TO TRADE, donner de l'impulsion au commerce.

STINT s, restriction f.
without STINT, sans restriction.

STIPULATE v, stipuler.
to STIPULATE A GUARANTEE, stipuler une garantie.

STIPULATED a, stipulé, prescrit.
EXCEPTIONS STIPULATED IN A CONTRACT, réserves stipulées dans un contrat.
STIPULATED QUALITY, qualité prescrite.

STIPULATION s, stipulation f.

STOCHASTIC a, stochastique.
STOCHASTIC CONTINUITY, continuité stochastique.
STOCHASTIC MODELS, modèles stochastiques.
STOCHASTIC VARIABLE, variable stochastique.

STOCK a, courant, normal.
STOCK SIZE, taille courante.

STOCK s, stock m; inventaire m; marchandise(s) f, matériel m, valeur(s) f, titre(s) m, action(s) f, fonds m, capital m.
ACCUMULATION OF UNSOLD STOCKS, accumulation de stocks invendus.
ADDITION TO THE STOCK, augmentation de capital (par incorporation de réserves).

ADDITION TO THE STOCKS, accroissement des stocks.
ADJUSTMENT FOR CHANGES IN STOCKS, ajustement pour tenir compte des variations dans les stocks.
ADJUSTMENT FOR STOCK VALUATION, ajustement pour plus-value des stocks.
ARBITRAGE IN STOCKS, arbitrage sur des valeurs.
BANK STOCK, U.S: valeurs de banque.
to BID FOR A COMPANY'S STOCK, faire une offre de rachat.
BLUE CHIP STOCKS, U.S: actions triées sur le volet.
to BORROW STOCK, reporter des titres.
BREAK IN STOCKS, effondrement des prix, des cours.
BREEDING STOCK, animaux élevés en vue de la reproduction.
BUFFER STOCKS, stocks de régularisation.
BUILDING UP OF STOCKS, formation de stocks.
CAPITAL STOCK, actions; fonds propres.
to CARRY STOCK, reporter des titres; prendre des actions en report.
to CARRY OVER STOCK, reporter des titres; prendre des actions en report.
CARRYING COST OF SURPLUS STOCKS, coût de conservation des excédents de stocks.
CHANGES IN STOCKS, variations de stocks.
COLONIAL STOCKS, fonds coloniaux; emprunts de colonies.
COMMON STOCK, actions ordinaires.
CONSOLIDATED STOCKS (« CONSOLS »), rente perpétuelle; fonds consolidés.
CONVERSION OF BONDS INTO STOCKS, conversion d'obligations en actions.
CORPORATION STOCKS, emprunt(s) de ville(s).
COUNTY STOCKS, emprunts des comtés.
COVER ON STOCK EXCHANGE TRANSACTIONS, couverture d'opérations de bourse.
CYCLICAL STOCK, stock cyclique.
to DABBLE ON THE STOCK EXCHANGE, boursicoter.
DABBLER ON THE STOCK EXCHANGE, boursicoteur.
DEAD STOCK, matériel.
DEARTH OF STOCK, pénurie de titres.
DEBENTURE-STOCK, obligations non remboursables.
DECLINE IN FOREIGN STOCKS, baisse des fonds étrangers, des valeurs étrangères.
DEFERRED STOCKS, actions différées.
to DELIVER STOCKS, livrer des titres.
DELIVERY OF STOCKS, remise de titres.
to DISCOUNT A RISE IN STOCKS, anticiper sur une hausse des valeurs.
DOWNWARD MOVEMENT OF STOCKS, mouvement de baisse des valeurs.
DRAWING ON STOCKS, prélèvement sur les stocks.
FALL IN FOREIGN STOCKS, baisse des fonds étrangers.
FIRM STOCK, valeur ferme.
FLURRY ON THE STOCK EXCHANGE, panique de bourse.
FOREIGN GOVERNMENT STOCKS, fonds d'État étrangers.
FOREIGN STOCK, valeurs étrangères; fonds étrangers.
FULLY PAID STOCK, titres libérés.
to GAMBLE ON THE STOCK EXCHANGE, jouer à la bourse.
GAMBLER ON THE STOCK EXCHANGE, joueur à la bourse.
GAMBLING ON THE STOCK EXCHANGE, spéculation à la bourse.
to GET RID OF (OLD) STOCK, écouler les stocks.
GILT-EDGED STOCK, valeurs de tout repos.
GIVER OF STOCK, reporté.
GOLD STOCK, stock d'or.
GOVERNMENT STOCKS, fonds d'État; fonds publics; rentes sur l'État.
to GUARANTEE AN ISSUE OF STOCK, garantir une émission de titres.
GUARANTEED STOCK, valeur garantie.
HAULING STOCK, matériel remorqueur.
to HEDGE ONE STOCK AGAINST ANOTHER, arbitrager une valeur contre une autre.
HOLDING STOCK, détention de titres.
from HUMBLE STOCK, d'origine modeste.
INCREASE IN STOCKS, accroissement des stocks.
INSCRIBED STOCK, actions inscrites.
to INVEST MONEY IN STOCKS AND SHARES, faire des placements en valeurs.
INVESTMENT STOCKS, valeurs de placement.
INVESTOR IN STOCKS, acheteur de valeurs.
JOINT STOCK (archaïque), capital social.
JOINT-STOCK BANK, banque de dépôt par actions; société de crédit.
JOINT-STOCK COMPANY*, U.K: (expression ancienne, peu utilisée), société par actions.
JUNIOR STOCKS, actions de dividende.
LEFT-OVER STOCK, surplus; restes; invendus.
to LEND STOCK, se faire reporter.
to LEND ON STOCK, prêter sur titres.
LISTED STOCK, valeurs inscrites à la cote officielle.
LIVE-STOCK, bétail.

LOADED UP WITH STOCK, avoir en portefeuille plus de valeurs qu'on ne peut en écouler.
LOAN ON STOCK, prêt, emprunt, sur titres.
to LODGE STOCK AS COVER, déposer des titres en nantissement.
MARKET OVERLOADED WITH STOCK, marché surchargé de titres.
NEGLECTED STOCKS, valeurs délaissées.
NEGOTIABLE STOCKS, titres négociables.
NEGOTIABLE ON THE STOCK EXCHANGE, négociable(s) en bourse.
ORDINARY STOCK, actions ordinaires.
OUTSIDE STOCK-BROKER, coulissier.
PANIC ON THE STOCK EXCHANGE, panique sur la bourse.
PAR OF A STOCK, pair d'un titre.
PAWNED STOCKS, titres en pension.
to PLAY THE STOCK MARKET, U.S: spéculer.
PREFERENCE STOCK, action privilégiée, de priorité.
PREFERRED STOCK, action privilégiée, de priorité.
PUBLIC UTILITY STOCKS, valeurs de services publics.
to PUT THE STOCK, se déclarer vendeur.
to PUT STOCK AT A CERTAIN PRICE, fournir des actions à un certain prix.
RAILWAY STOCK, valeurs de chemins de fer.
REGISTERED STOCK(S), titres, effets, nominatifs.
the RISE OR THE FALL OF STOCKS AND SHARES, la hausse ou la baisse des titres de bourse.
ROLLING-STOCK, matériel roulant.
SAFETY STOCK, stock de sécurité.
SALE OF SURPLUS STOCK, vente de soldes.
SCARCITY OF STOCK, rareté, pénurie, du titre.
SECOND-RATE STOCK, titre de second ordre.
SELLING OFF OF STOCKS, vente totale des stocks.
SHUNTING STOCKS, arbitrage de valeurs.
to SPECULATE ON THE STOCK EXCHANGE, spéculer à la bourse.
to SPECULATE IN STOCKS AND SHARES, spéculer sur les valeurs de bourse.
SPECULATIVE STOCKS, valeurs, titres, de spéculation.
STOCK-ACCOUNT, compte de capital.
STOCK ARBITRAGE, arbitrage sur des valeurs.
STOCK-BREEDING, élevage.
STOCK-BROKER, agent de change ; courtier de bourse.
STOCK-BROKER'S LIST OF RECOMMENDATIONS, liste de placements conseillés par un courtier.
STOCK-BROKING, profession d'agent de change.
STOCK CARRIED OVER, titres en report.
STOCK CERTIFICATE, certificat d'action.
STOCK CONTROL, gestion de(s) stock(s).
STOCK DEPARTMENT, service des titres.
STOCK EXCHANGE, bourse ; bourse des valeurs.
STOCK EXCHANGE COMMITTEE, Chambre syndicale des agents de change.
STOCK EXCHANGE ORDERS, ordres de bourse.
STOCK EXCHANGE REGULATIONS, règlements de bourse.
STOCK EXCHANGE SECURITIES, valeurs, titres, de bourse.
STOCK EXCHANGE SPECULATIONS, spéculations de bourse.
STOCK EXCHANGE TIP, tuyau de bourse.
STOCK EXCHANGE TRANSACTIONS, opérations de bourse.
STOCK FARMER, éleveur.
STOCK FARMING, élevage.
STOCK OF GOLD, stock d'or.
STOCK OF GOODS, stock de marchandises.
STOCK IN HAND, marchandises en magasin.
STOCKS ARE HARDER, les actions sont mieux tenues.
STOCKS HELD FOR A RISE, valeurs conservées en vue d'une hausse.
STOCKS HELD AS SECURITY, titres détenus en garantie.
STOCK INDEX, U.S: indice des actions.
STOCK-JOBBER, U.K: intermédiaire entre la bourse et le courtier.
STOCK-JOBBING, U.K: agiotage.
STOCK-LIST, inventaire ; bulletin de la cote.
STOCK MARKET, bourse des valeurs.
STOCKS MARKETABLE ON THE STOCK EXCHANGE, titres négociables en bourse.
STOCK OPERATIONS, opérations sur les valeurs.
STOCK QUOTED OFFICIALLY, valeurs admises à la cote officielle.
STOCK OF REAL CAPITAL, stock de capital réel.
STOCK-ROOM, magasin de réserve.
STOCKS ARE RUNNING LOW, les stocks s'épuisent.
STOCKS AND SHARES, valeurs mobilières, de bourse.
STOCK OF SHARES, stock de titres.
STOCKS TAKEN IN, titres pris en report.
STOCK-TAKING, inventaire.
STOCK-TAKING SALE, solde avant, après, inventaire.
STOCK-IN-TRADE, marchandises en magasin ; stock.
STOCKS WANTED, U.S: valeurs demandées.
STOCK WARRANT, titre au porteur.
STOCK NOT WORTH MORE THAN THE PRICE OF PAPER, titres qui ne valent pas plus que le prix du papier.

SURPLUS STOCK, soldes.
to TAKE DELIVERY OF STOCK, prendre livraison de titres ; lever des titres.
to TAKE STOCK, faire l'inventaire.
to TAKE IN STOCK, prendre des titres en report.
to TAKE UP STOCK, lever, prendre livraison, des titres.
to TALK UP THE VALUE OF A STOCK, créer une atmosphère de hausse autour d'une valeur.
TURNOVER OF STOCKS, rotation des stocks.
to UNLOAD STOCK ON THE MARKET, se décharger d'un paquet d'actions.
UPWARD MOVEMENT OF STOCKS, mouvement de hausse des valeurs.
VALUELESS STOCK, non valeurs.
to WASH SALES OF STOCK, faire des ventes fictives d'une valeur.
WHOLE STOCK OF A BUSINESS, stock d'un fonds de commerce.
WORKING OFF STOCKS, dégonflement des stocks.

STOCK v, stocker, approvisionner.

STOCKED a. approvisionné.
WELL STOCKED WITH, bien approvisionné, bien fourni, en.

STOCKHOLDER s, actionnaire m, porteur m de titres m. pl, sociétaire m.
PREFERENCE STOCKHOLDER, actionnaire de priorité.
STOCKHOLDER'S TAX, impôt sur le revenu des valeurs mobilières.

STOCKING s, stockage m, approvisionnement m.

STOLEN a, volé.
RECEIVING OF STOLEN GOODS, recel.

STONE s, pierre f.
CURBE(-)STONE MARKET, U.S: marché hors cote ; coulisse.
KERB(-)STONE MARKET, U.K: marché hors cote; coulisse.
PRECIOUS STONES, pierres précieuses.
STONE-COAL, anthracite.

STOP s, arrêt m, cessation f, stop m.
STOP-GAP, bouche-trou.
STOP-GO POLICY, politique de coups de frein et d'accélérateur alternés.
STOP-ORDER, ordre stop.

STOP v, (s') arrêter, suspendre, retenir.
to STOP A CHEQUE, suspendre le paiement d'un chèque.
to STOP PAYMENT, suspendre les paiements.
to STOP PAYMENT OF A CHEQUE, frapper un chèque d'opposition.
to STOP SOMEONE'S WAGES, retenir le salaire de quelqu'un.
to STOP SO MUCH OUT OF SOMEONE'S WAGES, faire une retenue de... sur le salaire de.

STOPPAGE s, arrêt m, suspension f, retenue f.
STOPPAGE OF PAY, retenue sur le salaire.
STOPPAGE OF PAYMENTS, suspension, cessation, de paiements.
STOPPAGE ON WAGES FOR THE MAINTENANCE OF RELIEF FUNDS, retenue sur les salaires pour l'alimentation des caisses de secours.

STOPPING s, arrêt m.
STOPPING OF A CHEQUE, arrêt de paiement d'un chèque.

STORAGE s, emmagasinage m, entrepôt m; mémoire f (électronique).
AUXILIARY STORAGE, mémoire auxiliaire.
BASIC STORAGE, mémoire de base.
BUFFER STORAGE, mémoire tampon.
BULK CORE STORAGE, mémoire à ferrites de grande capacité.
COLD STORAGE, conservation par le froid ; congélation.
CORE STORAGE, mémoire centrale ; mémoire à ferrites.
CORE STORAGE CAPABILITY, capacité de (la) mémoire centrale.
CORE STORAGE CAPACITY, capacité de (la) mémoire centrale.
DATA CELL STORAGE, mémoire de masse à cellules.
DIRECT ACCESS STORAGE, mémoire à accès sélectif.
DISK STORAGE, mémoire à disques.
DRUM STORAGE, mémoire à tambour magnétique.
DYNAMIC STORAGE, mémoire cyclique.
EXTERNAL STORAGE, mémoire externe.
INTERNAL STORAGE, mémoire interne.
MASS STORAGE, mémoire de masse.
RANDOM ACCESS STORAGE, mémoire à accès sélectif.
SCORE STORAGE, mémoire intermédiaire.
STORAGE CAPACITY, capacité de stockage ; capacité de mémoire.
STORAGE CHARGES, frais de magasinage.
TEMPORARY STORAGE, mémoire temporaire.
WORKING STORAGE, mémoire de travail.

STORE s, entrepôt m; approvisionnement m; U.S: magasin m.
BOND-STORE, entrepôt (sous douane).
CASH-STORE, magasin qui ne vend pas à crédit.
CHAIN STORES, magasins à succursales multiples.
COLD STORE, entrepôt frigorifique.
CO-OPERATIVE STORES, société coopérative de consommation.
DEPARTMENT STORE, grand magasin.
DEPARTMENTAL STORE, grand magasin.

DOLLAR STORE, *U.S:* magasin à prix unique (à un dollar).
DRUG-STORE, *U.S:* pharmacie ; bazar.
GENERAL STORE, bazar; épicerie.
MONEY AS A STORE OF VALUE, monnaie en tant que réserve de valeur.
MULTIPLE STORE, magasin à succursales (multiples).
PRICE EX-STORE, cours du disponible.
one-PRICE STORE, *U.S:* magasin uniprix.
ex-STORE, en magasin.
STORE OF MONEY, pécule.
STORES SHARES, valeurs de grands magasins.
STORE OF VALUE, réserve de valeur.

STORE *v*, emmagasiner, entreposer.

STORED *a*, emmagasiné, entreposé.
STORED PROGRAM, programme en mémoire.
STORED PROGRAM COMPUTER, ordinateur.

STOREHOUSE *s*, entrepôt *m*.

STORING *s*, approvisionnement *m*, emmagasinage *m*.

STRAIGHT *a*, droit, rectiligne; honnête.
FITTING A STRAIGHT LINE, ajustement par une droite.
SLOPE OF THE STRAIGHT LINE, pente de la droite.
STRAIGHT ANGLE, angle de 180°.
STRAIGHT BILL OF LADING, connaissement nominatif.
STRAIGHT DEALINGS, procédés honnêtes.
STRAIGHT LINE, ligne droite.
STRAIGHT-LINE DEPRECIATION, amortissement en ligne droite.
TRACES OF A STRAIGHT LINE, traces d'une droite.

STRAIGHTEN *v*, redresser.

STRAIGHTENING *s*, redressement *m*.

STRAIN *s*, tension *f*, effort *m*.

STRATEGIC(AL) *a*, stratégique.
STRATEGIC CONTROLS, contrôle des matières stratégiques.

STRATEGY *s*, stratégie *f*.
STRATEGY OF ECONOMIC DEVELOPMENT, stratégie du développement économique.

STRATIFICATION *s*, stratification *f*.

STRATIFIED *a*, stratifié.
STRATIFIED RANDOM SAMPLE, échantillon aléatoire structuré par classes.
STRATIFIED SAMPLING, sondage(s) stratifié(s) ; échantillonnages par sous-groupes, par strates.

STRATIFY *v*, stratifier.

STRATUM *s*, strate *f*, couche *f*, gisement *m*.
VARIOUS STRATA OF SOCIETY, différentes couches sociales.

STRAW *s*, paille *f*.
MAN OF STRAW, homme de paille.

STREAM *s*, courant *m*, flux *m*, fleuve *m*, rivière *f*.
MARGINAL STREAM, flux marginal.
down-STREAM, en aval.
up-STREAM, en amont.
STREAM-LINED, (aéro-)dynamique.
STREAM-LINED CAPITALISM, capitalisme dynamique.
STREAM OF RECEIPTS, flux de recettes.
STREAM OF VALUES, flux de valeurs.

STREET *s*, rue *f*.
MAN IN THE STREET, homme moyen ; grand public.
STREET CAR, *U.S:* tramway.
STREET MARKET, marché après-bourse.
STREET PRICE, cours d'après-bourse.

STRENGTH *s*, force *f*, solidité *f*.

STRENGTHEN *v*, consolider, renforcer.
to STRENGTHEN A POSITION, consolider une situation.

STRENGTHENING *s*, consolidation *f*, renforcement *m*.

STRENUOUS *a*, pénible, ardu.
STRENUOUS PROFESSION, métier pénible.
STRENUOUS WORK, travail ardu, pénible.

STRESS *s*, force *f*, tension *f*, effort *m*, insistance *f*.

STRESS *v*, insister sur.
to STRESS A POINT, faire ressortir un point.

STRETCH *s*, extension *f*, étendue *f*.

STRICKEN *a*, frappé.
POVERTY-STRICKEN, miséreux.

STRICT *a*, exact, précis, strict, formel, rigoureux.
PUNCTUAL AND STRICT PERFORMANCE OF UNDERTAKINGS, exécution exacte et précise des engagements pris.
STRICT COST PRICE, prix de revient calculé au plus juste.
STRICT NEUTRALITY, neutralité rigoureuse.

STRICT OBLIGATION, obligation stricte.
STRICT ORDERS, ordres formels.
STRICT PROHIBITION, défense formelle.
STRICT TIME-LIMIT, délai péremptoire.

STRICTION *s*, striction *f*.
CURVE OF STRICTION, ligne de striction.
LINE OF STRICTION, ligne de striction.

STRICTNESS *s*, précision *f*, rigueur *f*.

STRIDE *s*, pas *m*, enjambée *f*.
to GET INTO ONE'S STRIDE, atteindre la vitesse de croisière.
with GIANT STRIDES, à pas de géant.
to MAKE GREAT STRIDES, faire de grands progrès.

STRIFE *s*, lutte *f*, contestation *f*.

STRIKE *s*, grève *f*, coup *m*.
to BREAK A STRIKE, briser une grève.
to CALL A STRIKE, ordonner une grève.
COAL STRIKE, grève dans les charbonnages.
to COME OUT ON STRIKE, se mettre en grève.
DOCK STRIKE, grève des dockers.
GENERAL STRIKE, grève générale.
GO-SLOW STRIKE, grève perlée.
to GO ON STRIKE, se mettre en grève.
HUNGER-STRIKE, grève de la faim.
LIGHTNING STRIKE, grève-surprise.
RAILWAY STRIKE, grève des chemins de fer.
SIT-DOWN STRIKE, grève sur le tas.
SNAP-STRIKE, grève-surprise.
STAY-IN STRIKE, grève sur le tas, avec occupation d'usine.
STRIKE ARBITRATION, arbitrage en cas de grèves.
STRIKE-BREAKER, briseur de grève.
STRIKE CLAUSE, clause de grève.
STRIKE COMMITTEE, comité de grève.
the STRIKE ORIGINATED IN THE DEMANDS OF, la grève a eu pour origine les revendications de.
STRIKE-PAY, allocation de grève.
STRIKE PICKET, piquet de grève.
SYMPATHETIC STRIKE, grève de solidarité.

STRIKE *v*, frapper; faire la grève; atteindre; établir.
RIGHT TO STRIKE, droit de grève.
to STRIKE OFF, radier ; rayer ; supprimer ; déduire.
to STRIKE OFF 3 %, déduire 3 %.
to STRIKE OUT, radier ; rayer.
to STRIKE A BALANCE BETWEEN, faire, établir, la balance.
to STRIKE A BARGAIN, conclure un marché.
to STRIKE OIL, atteindre une nappe pétrolifère.
to STRIKE A ROUGH AVERAGE, établir une moyenne approximative.
to STRIKE IN SYMPATHY, se mettre en grève par solidarité.
to STRIKE (WORK), se mettre en grève.

STRIKER *s*, gréviste *m*.

STRIKING *s*, frappe *f*; grève *f*, établissement *m* (d'une moyenne, d'un bilan).

STRING *s*, ficelle *f*, cordon *m*.
to HOLD THE PURSE STRINGS, tenir les cordons de la bourse.
STRING DIAGRAM, diagramme à ficelles.

STRINGENCY *s*, rigueur *f*; force *f*; resserrement *m*.

STRINGENT *a*, serré, tendu, rigoureux.

STRIVING *s*, lutte *f*, effort(s) *m*.

STROKE *s*, coup *m*.

STRONG *a*, fort, résistant, ferme, énergique.
STRONG-BOX, coffre-fort.
STRONG FINANCIAL POSITION, forte situation financière.
STRONG MARKET, marché ferme.
STRONG MEASURES, mesures énergiques.

STRONGHOLD *s*, citadelle *f*.
STRONGHOLD OF FREE-TRADE, citadelle du libre-échange.

STRONGLY *adv*, fortement.
STRONGLY MARKED TENDENCY, tendance fortement marquée.

STRUCTURAL *a*, structurel.

STRUCTURE *s*, structure *f*, édifice *m*.
CAPITAL STRUCTURE, structure financière.
HONEYCOMB STRUCTURE, structure alvéolaire.
PRICE STRUCTURE, structure des prix.
SOCIAL STRUCTURE, édifice social.
STRUCTURE OF INDUSTRY, structure de l'industrie.
THEORY OF TARIFF STRUCTURE, théorie des tarifs douaniers.
UNDER-STRUCTURE, infrastructure.

STRUGGLE *s*, lutte *f*.
CLASS STRUGGLE, lutte des classes.
STRUGGLE FOR EXISTENCE, lutte pour la vie.
STRUGGLE FOR LIFE, lutte pour la vie.

STUB s, *U.S:* souche f, talon m.

STUDENT s, étudiant m.

STUDENTSHIP s, *U.K:* bourse f d'études f. pl, condition f d'étudiant m.

STUDY s, étude(s) f, enquête f.
CASE STUDY, monographie.
ECONOMETRIC STUDIES, études économétriques.
ELABORATE STUDY, étude approfondie.
EXHAUSTIVE STUDY, étude exhaustive.
FIELD STUDY, enquête sur les lieux.
HUMANE STUDIES, humanités.
HUMANISTIC STUDIES, humanités.
MOTIVATIONAL STUDIES, études de motivation.
TIME AND MOTION STUDY, étude des temps et mouvements.

STUDY v, étudier.
to STUDY OUT, étudier dans le détail.

STUDYING s, étude(s) f.

STUFF s, matière f, substance f.
ANIMAL FEEDING STUFFS, aliments pour bétail.

STUMBLING s, trébuchement m, achoppement m.
STUMBLING-BLOCK, pierre d'achoppement.

STUMP s, *U.S:* souche f (de chèque m).

STYLE s, style m, mode f; raison f sociale.
LATEST STYLE, dernière mode.
OLD-STYLE, démodé.
STYLE OF A FIRM, raison sociale.

SUB-AGENCY s, sous-agence f.

SUB-AGENT s, sous-agent m.

SUBALTERN a, subalterne.
SUBALTERN PROPOSITION, proposition subalterne.

SUB-CHARTER s, sous-affrètement m.

SUB-COMMISSION s, sous-commission f.

SUBCOMMITTEE s, sous-comité m.

SUBCONTRACT v, sous-traiter.

SUBCONTRACTOR s, sous-traitant m.

SUBDIVIDE v, subdiviser.

SUBDIVISION s, subdivision f, fractionnement m.
SUBDIVISION OF SHARES, subdivision d'actions.

SUB-GOVERNOR s, sous-gouverneur m.

SUB-GROUP s, sous-groupe m.

SUBJECT a, assujetti, soumis, sujet.
LAND SUBJECT TO A RIGHT OF USER, propriété grevée d'une servitude.
LIQUIDATION SUBJECT TO SUPERVISION OF COURT, liquidation judiciaire.
PRICES SUBJECT TO 5 % DISCOUNT, prix bénéficiant d'une remise de 5 %.
SAVING DEPOSIT SUBJECT TO CHEQUE, dépôt d'épargne sujet à retrait par chèque.
SUBJECT TO STAMP DUTY, soumis au timbre.
WINDING UP SUBJECT TO SUPERVISION OF COURT, liquidation judiciaire.

SUBJECT s, sujet m, question f.
IMMATERIAL TO THE SUBJECT, n'ayant aucun rapport avec la question.
SUBJECT-MATTER, sujet ; contenu.

SUBJECTION s, sujétion f, soumission f.

SUBJECTIVE a, subjectif.
THEORY OF SUBJECTIVE VALUE, théorie de la valeur subjective.

SUBJECTIVISM s, subjectivisme m.

SUBJECTIVITY s, subjectivité f.

SUB-LEASE s, sous-bail m, sous-location f.

SUB-LEASING s, sous-location f.

SUB-LESSEE s, sous-locataire m.

SUB-LESSOR s, sous-bailleur m.

SUB-LET s, sous-location f.

SUB-LETTING s, sous-location f.

SUB-MANAGER s, sous-directeur m.

SUBMULTIPLE s, sous-multiple m.

SUB-OFFICE s, succursale f.

SUB-OPTIMIZATION s, sous-optimisation f.

SUB-OPTIMUM s, sous-optimum m.

SUBORDINATE a, subordonné, subalterne.

SUBROGATION s, subrogation f.

SUBROUTINE s, sous-programme m.

SUB-SALE s, sous-vente f.

SUBSAMPLE s, sous-échantillon m.

SUBSCRIBE v, souscrire, (s') abonner.
INVITATION TO SUBSCRIBE TO AN ISSUE, appel pour la souscription d'une émission.
INVITATION TO SUBSCRIBE TO A LOAN, appel pour la souscription d'un emprunt.
to INVITE SHAREHOLDERS TO SUBSCRIBE THE CAPITAL, faire appel aux actionnaires pour souscrire le capital.
to OVER-SUBSCRIBE, surpasser (une émission).
to SUBSCRIBE A BOND, souscrire une obligation.
to SUBSCRIBE THE CAPITAL, souscrire le capital.
to SUBSCRIBE A LOAN, souscrire un emprunt.
to SUBSCRIBE SHARES, souscrire des actions.

SUBSCRIBED a, souscrit.
SUBSCRIBED CAPITAL, capital souscrit.

SUBSCRIBER s, souscripteur m, abonné m.
LIST OF SUBSCRIBERS, liste de souscripteurs.
ORIGINAL SUBSCRIBER, souscripteur primitif.
SUBSCRIBER FOR SHARES, souscripteur à des actions.
TELEPHONE SUBSCRIBER, abonné au téléphone.

SUBSCRIBING s, souscription f, abonnement m.
to EXERCISE THE OPTION OF SUBSCRIBING, exercer la faculté de souscrire.

SUBSCRIPT s, indice m (inférieur).
SUBSCRIPT ZERO, indice zéro.

SUBSCRIPTION s, souscription f, abonnement m.
to SPREAD A SUBSCRIPTION (INTO SEVERAL INSTALMENTS), échelonner une souscription (en plusieurs versements).
SUBSCRIPTION IN CASH, souscription en espèces.
SUBSCRIPTION BY CONVERSION OF SECURITIES, souscription en titres.
SUBSCRIPTION TO AN ISSUE, souscription à une émission.
SUBSCRIPTION LIST, liste de souscription.
SUBSCRIPTION TO A LOAN, souscription à un emprunt.

SUBSEQUENCE s, postériorité f.

SUBSEQUENT a, postérieur, ultérieur.
CONDITION SUBSEQUENT, condition résolutoire.

SUB-SET s, sous-ensemble m.

SUBSIDIARY a, subsidiaire, auxiliaire.
SUBSIDIARY ACCOUNT, sous-compte.
SUBSIDIARY COINS, monnaie divisionnaire.
SUBSIDIARY COINAGE, monnaie d'appoint.
SUBSIDIARY COMPANY, filiale.
SUBSIDIARY CONDITION, condition subsidiaire.

SUBSIDIARY s, filiale f.

SUBSIDIZE v, subventionner.

SUBSIDIZED a, subventionné.
SUBSIDIZED INDUSTRY, industrie subventionnée.

SUBSIDY s, subvention f, subside m, prime f.
EXCESS OF INDIRECT TAXES OVER SUBSIDIES, excédent des impôts indirects sur les subventions.
FOOD SUBSIDIES, subventions à l'alimentation.
HOUSING SUBSIDIES, subventions au logement.
PRICE SUBSIDIES, subventions aux consommateurs.
SUBSIDIES TO AGRICULTURE, subventions à l'agriculture.

SUBSIST v, subsister, vivre.
to SUBSIST ON CHARITY, subsister d'aumônes.

SUBSISTENCE s, subsistance f, existence f.
BARE MINIMUM OF SUBSISTENCE, minimum pur et simple de subsistance.
BARE SUBSISTENCE WAGE, salaire à peine suffisant pour vivre.
MEANS OF SUBSISTENCE, moyens de subsistance.
SUBSISTENCE CONSUMPTION, consommation de subsistance.
SUBSISTENCE FARM, *U.S:* terre assurant la subsistance d'une famille.
SUBSISTENCE HOMESTEAD, *U.S:* terre assurant la subsistance d'une famille.
SUBSISTENCE LEVEL, niveau de subsistance.
SUBSISTENCE MONEY, acompte sur le salaire.

SUBSOIL s, sous-sol m, tréfonds m.
OWNER OF THE SOIL AND SUBSOIL, tréfoncier ; propriétaire du fonds et du tréfonds.
to SELL SOIL AND SUBSOIL, vendre le fonds et le tréfonds.

SUBSTANCE s, substance f, fond m.
the FORM AND THE SUBSTANCE, la forme et le fond.

SUBSTANTIAL *a*, substantiel, sensible.
SUBSTANTIAL BREAKS IN HOMOGENEITY, discontinuités dans l'homogénéité.
SUBSTANTIAL DIFFERENCE, différence sensible.
SUBSTANTIAL MIDDLE CLASS, grosse bourgeoisie.

SUBSTANTIATE *v*, établir, prouver.

SUBSTANTIVE *a*, substantif, positif.
SUBSTANTIVE COMMISSION, commission de base.
SUBSTANTIVE LAW, règles de fond du droit.

SUBSTITUTABILITY *s*, substituabilité *f*.
COMPLEMENTARITY OR SUBSTITUTABILITY OF TWO FACTORS OF PRODUCTION, complémentarité ou substituabilité de deux facteurs de production.
DEGREE OF SUBSTITUTABILITY, degré de substituabilité.

SUBSTITUTE *s*, substitut *m*, succédané *m*, remplaçant *m*.
BEWARE OF SUBSTITUTES, se méfier des contrefaçons.
CHAIN OF SUBSTITUTES, chaîne des substituts.
CLOSE SUBSTITUTES FOR MONEY, proches substituts de la monnaie.
MONEY AND SECURITIES ARE SUBSTITUTES, la monnaie et les titres constituent des substituts.
PERFECT SUBSTITUTES, substituts parfaits.
SUBSTITUTE FACTORS, facteurs de substitution.
SUBSTITUTE PRODUCTS, produits de substitution.

SUBSTITUTE *v*, substituer, remplacer.

SUBSTITUTION *s*, substitution *f*, remplacement *m*.
ACT OF SUBSTITUTION, acte subrogatoire.
DIMINISHING MARGINAL RATE OF SUBSTITUTION, taux marginal décroissant de substitution.
ELASTICITY OF FACTOR SUBSTITUTION, élasticité de substitution des facteurs.
ELASTICITY OF PARTIAL SUBSTITUTION, élasticité de substitution partielle.
ELASTICITY OF SUBSTITUTION, élasticité de substitution.
LAW OF SUBSTITUTION, loi de substitution.
LEAST-COST SUBSTITUTION PRINCIPLE, principe de diminution des coûts par substitution.
MARGINAL RATE OF SUBSTITUTION, taux marginal de substitution.
METHOD OF SUCCESSIVE SUBSTITUTIONS, méthode des approximations successives.
RELATIVE SUBSTITUTION VALUE, valeur relative de substitution.
SUBSTITUTION OF DEBT, novation de créance.
SUBSTITUTION EFFECT, effet de substitution.
SUBSTITUTION AMONG FACTORS, substitution entre les facteurs.
SUBSTITUTION BETWEEN LEISURE AND CONSUMPTION, substitution loisir-consommation.
SUBSTITUTION RATIO, rapport de substitution.
SUBSTITUTION OVER TIME, substitution dans le temps.

SUBSTRATUM *s*, substrat *m*, sous-sol *m*.

SUBSTRUCTION *s*, infrastructure *f*.

SUBSTRUCTURE *s*, infrastructure *f*.
SOCIAL SUBSTRUCTURE, bases, fondements, de la société.

SUB-SYSTEM *s*, sous-système *m*.

SUBTENANCY *s*, sous-location *f*.

SUBTENANT *s*, sous-locataire *m*.

SUBTERFUGE *s*, subterfuge *m*.

SUBTRACT *v*, soustraire, retrancher.

SUBTRACTING *s*, soustraction *f*.

SUBTRACTION *s*, soustraction *f*.
COMPOUND SUBTRACTION, soustraction des nombres complexes.

SUBURB *s*, banlieue *f*.

SUBURBAN *a*, de banlieue *f*, suburbain.
SUBURBAN AREA, zone suburbaine.
SUBURBAN RAILWAYS, lignes de banlieue.

SUBURBANIZATION *s*, croissance *f* de la banlieue.

SUBVENTION *s*, subvention *f*, prime *f*.

SUBVENTIONED *a*, subventionné.

SUBWAY *s*, souterrain *m*; métro *m*.

SUCCEED *v*, succéder, réussir.
RIGHT TO SUCCEED, droits successifs.
to SUCCEED IN BUSINESS, réussir en affaires.
to SUCCEED TO A BUSINESS, prendre la suite des affaires d'une maison.

SUCCEEDING *a*, suivant, successif.
SUCCEEDING ACCOUNT, liquidation suivante.
each SUCCEEDING YEAR, chaque année successive.

SUCCESS *s*, succès *m*, réussite *f*.

PROSPECTS OF SUCCESS, chances de succès.

SUCCESSFUL *a*, réussi.
PROBABILITY OF THE SUCCESSFUL OUTCOME, probabilité du succès.
SUCCESSFUL OUTCOMES, cas favorables.
SUCCESSFUL TENDERER FOR A CONTRACT, adjudicataire.

SUCCESSION *s*, succession *f*, mutation *f*, rotation *f*, série *f*.
RIGHT OF SUCCESSION, droit de succession.
SUCCESSION OF CROPS, rotation des récoltes.
SUCCESSION OF LOSSES, série de pertes.

SUCCESSIONAL *a*, successoral, successif.

SUCCESSIVE *a*, successif.
METHOD OF SUCCESSIVE SUBSTITUTIONS, méthode des approximations successives.
by SUCCESSIVE APPROXIMATIONS, par approximations successives.

SUCCESSOR *s*, successeur *m*.

SUCCURSAL *s* *(peu utilisé)*, succursale *f*.

SUDDEN *a*, soudain, brusque.
SUDDEN FLUCTUATIONS OF PRICES, brusques mouvements des prix.

SUE *v*, poursuivre (en justice *f*).
to SUE FOR DAMAGES, poursuivre en dommages-intérêts.
to SUE A DEBTOR, poursuivre un débiteur.

SUFFER *v*, subir, éprouver.
SECURITY WHICH SUFFERS A DEPRECIATION, valeur qui subit une dépréciation.
to SUFFER A LOSS, subir une perte.

SUFFICE *v*, suffire.

SUFFICIENCY *s*, suffisance *f*; aisance *f*.
ECONOMIC SELF-SUFFICIENCY, non-dépendance économique.
to HAVE A SUFFICIENCY, être dans l'aisance.
NATIONAL SELF-SUFFICIENCY, autarcie.

SUFFICIENT *a*, suffisant.
JUST SUFFICIENT, juste suffisant.
LACK OF SUFFICIENT DATA, défaut de données suffisantes.
SELF-SUFFICIENT ECONOMIC UNIT, unité économique se suffisant à elle-même.
« not SUFFICIENT », insuffisance de provision.
SUFFICIENT CONDITION, condition suffisante.
SUFFICIENT SECURITY, caution bonne et solvable.

SUFFICIENTLY *adv*, suffisamment.
the ASSUMPTIONS MADE ARE SUFFICIENTLY REALISTIC, les hypothèses faites sont suffisamment réalistes.

SUFFRAGE *s*, suffrage *m*.
UNIVERSAL SUFFRAGE, suffrage universel.

SUGAR *s*, sucre *m*.
DROP IN SUGAR, baisse sur le sucre.
INTERNATIONAL SUGAR COUNCIL, Conseil international du sucre.
SUGAR-BROKER, courtier en sucre.
SUGAR-CANE, canne à sucre.
SUGAR INDUSTRY, industrie sucrière.
SUGAR-REFINERY, raffinerie de sucre.
SUGAR-REFINING, raffinage du sucre.

SUIT *s*, poursuite *f* (en justice *f*), procès *m*.
DISCONTINUANCE OF A SUIT, interruption, cessation, d'un procès.
SUIT AT LAW, procès (civil).

SULPHATE, *U.S:* SULFATE *s*, sulfate *m*.

SULPHIDE, *U.S:* SULFIDE *s*, sulfure *m*.
FERROUS SULPHIDE, pyrite de fer.

SULPHUR, *U.S:* SULFUR *s*, soufre *m*.

SUM *s*, somme *f*; montant *m*, total *m*.
ACCOUNTABLE FOR A SUM OF MONEY, redevable d'une somme d'argent.
AGREED SUM, forfait.
to CHARGE A SUM TO THE DEBIT OF, passer une somme au débit de.
CONSTANT SUM GAME, jeu à somme constante.
to CREDIT A SUM TO, porter une somme au crédit de.
EQUAL SUM OF MONEY, même somme d'argent.
ERROR IN THE SUM, erreur de la somme.
FACTORIAL SUM, somme factorielle.
to FIND THE SUM (OF THE TERMS OF A SERIES), sommer (les termes d'une série).
HANDLING OF LARGE SUMS OF MONEY, maniement de sommes importantes.
INCLUSIVE SUM, somme globale.

LUMP SUM, somme forfaitaire, globale.
MULTIPLICATION SUM, multiplication.
to REMIT A SUM OF MONEY, remettre une somme d'argent.
RETURN OF A CAPITAL SUM, remboursement d'un capital.
SINGLE SUM, somme payée en une fois.
the four SUMS, les quatre opérations.
SUM CHARGEABLE TO A RESERVE, somme imputable sur une réserve.
SUM OF MONEY, somme d'argent.
SUM IN RESERVE AS A STAND-BY, somme en réserve en cas de besoin.
SUM OF SQUARES, somme des carrés.
SUM OF THE SQUARES OF THE DEVIATIONS, somme des carrés de tous les écarts.
SUM OF THE SQUARES OF THE RESIDUALS, somme des carrés de tous les écarts.
SUM-TOTAL, somme totale.
ZERO SUM GAME, jeu à somme nulle.

SUM v, additionner, sommer, totaliser.
to SUM UP, totaliser ; résumer.
to SUM A SERIES, sommer une série.

SUMMARY s, sommaire m, résumé m.

SUMMATION s, sommation f, addition f.
SUMMATION OF THE TERMS, sommation des termes.

SUMMER s, été m.
SUMMER HOLIDAYS, vacances d'été.
SUMMER-TIME, heure d'été.
SUMMER VACATION, U.S: vacances d'été.

SUMMING s, sommation f, addition f.

SUMMIT s, sommet m.
SUMMIT MEETING, conférence au sommet.

SUMMON v, convoquer, assigner.
to SUMMON FOR A DEBT, assigner en paiement d'une dette.
to SUMMON THE SHAREHOLDERS, convoquer les actionnaires.

SUMMONING s, convocation f, assignation f.

SUMMONS s, convocation f, assignation f.

SUNDAY s, dimanche m.
SUNDAY PAPER, journal du dimanche.

SUNDRIES s. pl, frais m. pl divers, faux frais.
SUNDRIES ACCOUNT, compte de divers.

SUNDRY a, divers.
SUNDRY CREDITORS, créditeurs divers.
SUNDRY DEBTORS, débiteurs divers.
SUNDRY EXPENSES, frais divers.
SUNDRY RECEIPTS, recettes diverses.

SUNK a, enseveli.
MONEY SUNK IN AN ANNUITY, argent placé en viager, à fonds perdu.

SUPERABUNDANCE s, surabondance f.

SUPERABUNDANT a, surabondant.

SUPERADDITION s, surcroît m.

SUPERANNUATE v, mettre en retraite f.

SUPERANNUATION s, retraite f.
SUPERANNUATION FUND, caisse des retraites.

SUPERETTE s, U.S: petit supermarché m, superette f.

SUPERFICIAL a, superficiel, de superficie f.
SUPERFICIAL MEASURES, mesures de superficie.

SUPERFICIES s, superficie f.

SUPERFLUOUS a, superflu.

SUPERINTENDENCE s, direction f, surveillance f.

SUPERINTENDENT s, directeur m, surveillant m.

SUPERIOR a, supérieur.
SUPERIOR NUMBER, nombre supérieur.

SUPERIORITY s, supériorité f.

SUPERMARKET s, supermarché m, libre service m.

SUPERPOSE v, superposer.
to SUPERPOSE TWO TRIANGLES, superposer deux triangles.

SUPERSCRIPT s, indice m (supérieur).

SUPERSEDE v, remplacer avantageusement.
to SUPERSEDE AN OLD MACHINE, remplacer une vieille machine (par une nouvelle).

SUPERSTRUCTURE s, superstructure f.

SUPER-TAX s, surtaxe f, impôt m supplémentaire sur le revenu.

SUPERVISION s, supervision f, surveillance f.

LIQUIDATION SUBJECT TO SUPERVISION OF COURT, liquidation judiciaire.
WINDING UP SUBJECT TO SUPERVISION OF COURT, liquidation judiciaire.

SUPERVISOR s, surveillant m.

SUPPLEMENT s, supplément m.
SUPPLEMENT OF AN ANGLE, supplément d'un angle.

SUPPLEMENT v, compléter.
to SUPPLEMENT ONE'S INCOME BY, compléter son revenu par.

SUPPLEMENTAL a, supplémentaire.
ANGLE SUPPLEMENTAL TO ANOTHER, angle supplément d'un autre.

SUPPLEMENTARY a, supplémentaire.
SUPPLEMENTARY CHARGE, taxe supplémentaire.
SUPPLEMENTARY COST, coût supplémentaire.
SUPPLEMENTARY ESTIMATES, crédits budgétaires supplémentaires.
SUPPLEMENTARY TAXATION, surimposition.
SUPPLEMENTARY WAGE, sursalaire.

SUPPLIER s, fournisseur m, offreur m.

SUPPLY s, offre f; ressource f; stock m, réserve f, provision f, disponibilité(s) f, fourniture f, crédit(s) m.
AGGREGATE MARKET SUPPLY, offre agrégative, globale, du marché.
AGGREGATE SUPPLY FUNCTION, fonction de l'offre globale.
AGGREGATE SUPPLY OF LABOUR, offre globale de main-d'œuvre.
AGGREGATE SUPPLY PRICE, prix de l'offre globale.
APPARENT AVAILABLE SUPPLIES, disponibilités apparentes.
ASYMMETRY BETWEEN SUPPLY AND DEMAND, asymétrie entre l'offre et la demande.
BILL OF SUPPLY, U.K: collectif budgétaire.
COMMITTEE OF SUPPLY, U.S: Commission des finances.
COMPETITIVE SUPPLY AND DEMAND, l'offre et la demande concurrentielles.
the DEMAND EXCEEDS THE SUPPLY, la demande excède l'offre.
to DEPEND ON FOREIGN SUPPLIES, être tributaire de l'étranger.
ELASTIC SUPPLY, offre élastique.
ELASTICITY OF SUPPLY, élasticité de l'offre.
EQUILIBRIUM OF SUPPLY AND DEMAND, équilibre de l'offre et de la demande.
FIXITY OF SUPPLY, fixité de l'offre.
FOOD SUPPLIES, vivres.
FORCES OF SUPPLY AND DEMAND, forces d'offre et de demande.
GROSS FOOD SUPPLIES, disponibilités alimentaires brutes.
GROSS SUPPLIES OF FOODSTUFFS, disponibilités brutes en denrées alimentaires.
INELASTIC SUPPLY, offre inélastique.
INELASTICITY OF SUPPLY, inélasticité de l'offre.
INSUFFICIENT FOOD SUPPLIES, manque de vivres.
JOINT SUPPLY, offre(s) liée(s).
LAW OF SUPPLY AND DEMAND, loi de l'offre et de la demande.
LIBERAL SUPPLY OF, ample provision de.
MARKET SUPPLY, offre du marché.
MONEY SUPPLY, masse monétaire ; offre de monnaie ; stock monétaire ; disponibilités monétaires.
NORMAL SUPPLY PRICE, prix de l'offre normale.
the PRICE IS REGULATED BY SUPPLY AND DEMAND, le prix est déterminé par l'offre et la demande.
RECIPROCAL SUPPLY CURVES, courbes d'offre réciproque.
SHIFT IN SUPPLY, déplacement de l'offre.
SUPPLY CREATES ITS OWN DEMAND, l'offre crée sa propre demande.
SUPPLY CURVE OF LOAN CAPITAL, courbe d'offre de fonds prêtables.
SUPPLY AND DEMAND ANALYSIS, analyse de l'offre et de la demande.
SUPPLY OF AND DEMAND FOR LAND, offre et demande de terre.
SUPPLIES IN HAND, ressources existantes.
SUPPLY OF LABOUR, offre de travail.
SUPPLY OF LABOUR SERVICES, offre de travail.
is the SUPPLY OF LABOUR A FUNCTION OF REAL WAGES ALONE? l'offre de travail est-elle exclusivement une fonction du salaire réel?
SUPPLY OF MINERALS, offre de produits minéraux.
SUPPLY OF MONEY, offre de monnaie.
SUPPLY PRICE, prix d'offre.
to VOTE SUPPLIES, voter des crédits.
WATER SUPPLY, réserve en eau ; approvisionnement en eau.
WATER-SUPPLY ENGINEERING, hydrotechnique.
WORLD ENERGY SUPPLIES, ressources mondiales en énergie.

SUPPLY v, fournir, approvisionner.

SUPPLYING s, fourniture f, approvisionnement m.

SUPPORT s, appui m, soutien m.
AGRICULTURAL SUPPORT POLICY, U.S: politique de soutien à l'agriculture.
COST OF AGRICULTURAL SUPPORT POLICY, U.S: coût de la politique de soutien à l'agriculture.
DOCUMENTS IN SUPPORT, pièces à l'appui.
FLEXIBLE PRICE SUPPORT, soutien flexible des prix.
MEANS OF SUPPORT, moyens d'existence.
PRICE SUPPORT, soutien des prix.
SUPPORT PRICE, prix de soutien.

SUPPORT v, supporter, soutenir.
to SUPPORT A FAMILY, subvenir aux besoins d'une famille.
to SUPPORT THE MOTION, soutenir la motion.
to SUPPORT PRICES BY BUYING, soutenir des cours par des achats.

SUPPORTABLE a, supportable, soutenable.

SUPPORTED a, soutenu.
to BE SUPPORTED BY FACTS, être démontré par les faits.
SUPPORTED PRICE, prix de soutien.

SUPPORTER s, soutien m, supporter m.

SUPPORTING a, d'appui m.
SELF-SUPPORTING, qui couvre ses frais ; qui suffit à ses besoins.

SUPPORTING s, appui m, soutien m.

SUPPOSAL s, supposition f, hypothèse f.

SUPPOSE v, supposer, admettre par hypothèse f.

SUPPOSED a, supposé, prétendu.

SUPPOSITION s, supposition f, hypothèse f.

SUPPOSITIONAL a, hypothétique, supposé.

SUPPRESS v, supprimer, réprimer.

SUPPRESSED a, supprimé, réprimé.

SUPPRESSING s, suppression f, répression f.

SUPPRESSION s, suppression f, répression f.
SUPPRESSION OF COMPETITION, suppression de la concurrence.

SUPRANATIONAL a, supranational.

SUPREMACY s, suprématie f.

SUPREME a, suprême.
SUPREME COURT, U.S: Tribunal de grande instance.

SURCHARGE s, surcharge f, surtaxe f, prix m excessif.
EXCHANGE SURCHARGE, surtaxe de change.
EXCHANGE TAXES AND SURCHARGES, taxes et surtaxes de change.
TAX SURCHARGE, U.S: surtaxe fiscale.

SURCHARGE v, surcharger, surtaxer.

SURD a, irrationnel, incommensurable.

SURD s, quantité f incommensurable, racine f irrationnelle.

SURE a, sûr, certain.
to BE SURE OF ONE'S INCOME, avoir son revenu assuré.

SURENESS s, sûreté f, certitude f.

SURETY s, sûreté f, certitude f; caution f, garantie f, cautionnement m; garant m, avaliste m.
to BE SURETY FOR SOMEONE, se porter caution pour quelqu'un.
COUNTER SURETY, contre-caution.
to GO SURETY FOR SOMEONE, se porter garant de quelqu'un.
to PLEDGE ONESELF BY A SURETY BOND, s'engager par cautionnement.
to STAND SURETY FOR, se porter garant pour.
SURETY-BOND, cautionnement.
SURETY FOR A DEBT, garant d'une dette.
SURETY FOR A SURETY, contre-caution.

SURETYSHIP s, cautionnement m.

SURFACE s, surface f, superficie f.
BEARING SURFACE, surface d'appui.
CURVATURE OF A SURFACE, courbure d'une surface.
SECTIONAL SURFACE, surface de section.
SKEW SURFACE, surface gauche, indéveloppable.
SURFACE INTEGRAL, intégrale de surface.
SURFACE INTEGRATOR, planimètre.
SURFACE-MINE, mine à ciel ouvert.
SURFACE OF REVOLUTION, surface de révolution, de rotation.
UTILITY SURFACE, surface d'utilité.

SURFEIT s, surabondance f.
SURFEIT OF GOLD ON THE MARKET, surabondance d'or sur le marché.

SURMISE s, conjecture f, supposition f.

SURMISE v, conjecturer.

SURPASS v, surpasser, devancer.

SURPLUS s, surplus m, excédent m; plus-value f; réserve f.
to ABSORB A SURPLUS, résorber un surplus.
ACQUIRED SURPLUS, surplus acquis.
ADDITION TO SURPLUS, U.S: (addition à la) réserve générale.
APPRECIATED SURPLUS, plus-value.
BALANCE OF PAYMENTS SURPLUSES AND DEFICITS, excédents et déficits des balances des paiements.
BUDGET SURPLUS, excédent budgétaire.
BUDGETARY SURPLUS, excédent budgétaire.
CARRYING COSTS OF SURPLUS STOCKS, coût de conservation des excédents de stocks.
CONSUMER'S SURPLUS, surplus, rente, du consommateur.
DISPOSABLE SURPLUS, surplus disponible.
EXPORTABLE SURPLUS, surplus exportable.
FISCAL SURPLUS, excédent budgétaire.
MAXIMUM SURPLUS, surplus maximal.
PRODUCER'S SURPLUS, surplus du producteur.
SALE OF SURPLUS STOCK, vente de soldes.
SURPLUS OF ASSETS OVER LIABILITIES, excédent de l'actif sur le passif.
SURPLUS IN THE CASH, surplus de caisse.
SURPLUS CASH SHARES, actions de numéraire de surplus.
SURPLUS DIVIDEND, superdividende.
SURPLUS POPULATION, surplus de la population.
SURPLUS PRODUCT, surplus de produit.
SURPLUS PROFIT, superbénéfice.
SURPLUS OF RECEIPTS OVER COSTS, excédent des recettes sur les dépenses.
SURPLUS RESERVE, réserve générale.
SURPLUS SHARES, actions de surplus.
SURPLUS STOCK, soldes.
SURPLUS IN TAXES, plus-value des contributions.
TAXABLE SURPLUS, surplus imposable.
THEORY OF SURPLUS, théorie des surplus.

SURPLUSAGE s, surplus m, redondance f.

SURRENDER s, abandon m, cession f, abdication f.
COMPULSORY SURRENDER, expropriation.
SURRENDER OF A BANKRUPT'S PROPERTY, abandon des biens d'un failli à ses créanciers.
SURRENDER OF RIGHTS, abdication de droits.
SURRENDER VALUE, valeur de rachat.

SURRENDER v, abandonner, céder, racheter.
to SURRENDER A POLICY, racheter une police.

SURROUNDINGS s. pl, environnement m, milieu m.
to FIT INTO ONE'S SURROUNDINGS, s'adapter à son milieu.

SURTAX s, surtaxe f.
PEOPLE ASSESSED FOR SURTAX, personnes assujetties à la surtaxe.

SURTAX v, surtaxer.

SURVEY s, enquête f (par sondage m); plan m, étude f; expertise f; levé m.
CADASTRAL SURVEY, cadastre.
COMPREHENSIVE SURVEY, étude exhaustive.
DAMAGE SURVEY, expertise de dégâts, d'avarie.
DEMOGRAPHIC SAMPLE SURVEY, enquête démographique par sondage.
FIELD SURVEY, enquête sur les lieux.
SAMPLE SURVEY, enquête par sondage.
SURVEY FEES, honoraires d'expertise.
SURVEY REPORT, rapport d'expertise.
TRIGONOMETRICAL SURVEY, levé trigonométrique.

SURVEY v, examiner, inspecter.

SURVEYING s, inspection f, expertise f.

SURVEYOR s, surveillant m, contrôleur m.
LAND-SURVEYOR, géomètre expert.
LAND SURVEYOR AND VALUER, cadastreur.
QUANTITY-SURVEYOR, U.K: métreur-vérificateur.
SURVEYOR OF TAXES, U.K: contrôleur des contributions directes.

SURVIVAL s, survie f, survivance f.
SURVIVAL TABLES, tables de survie.

SURVIVOR s, survivant m.

SURVIVORSHIP s, survie f, survivance f.
RIGHT OF SURVIVORSHIP, gain de survie.
SURVIVORSHIP ANNUITY, rente viagère avec réversion.

SUSPEND v, suspendre.
to SUSPEND PAYMENT, suspendre le(s) paiement(s).

SUSPENSE s, suspens m, souffrance f.
BILLS IN SUSPENSE, effets en souffrance.
INTEREST IN SUSPENSE, intérêts en suspens, en souffrance.
MATTER IN SUSPENSE, affaire en suspens.

SUSPENSE ACCOUNT, compte d'ordre.

SUSPENSION s, suspension f, cessation f.

SUSTAIN v, soutenir, subir.
to SUSTAIN A LOSS, subir une perte.

SUSTAINED a, soutenu.
OBJECTION SUSTAINED (BY THE COURT), opposition admise (par le Tribunal).
SUSTAINED EFFORT, effort soutenu.

SUSTENANCE s, subsistance f, nourriture f.
MEANS OF SUSTENANCE, moyens de subsistance.

SWAP s, troc m, échange m.
SWAP CREDIT DEAL, facilités de crédits réciproques.
SWAP FACILITIES, facilités de crédits réciproques.

SWAP v, troquer, échanger.

SWAPPING s, échange m, troc m.
SWAPPING TERMS, termes de troc ; parités de troc.

SWAY s, oscillation f, balancement m.

SWEAT s, sueur f.

SWELLING s, gonflement m.

SWIFT a, rapide.

SWINDLE s, escroquerie f.

SWINDLER s, escroc m.

SWING s, oscillation f, balancement m.
AMPLITUDE OF SEASONAL SWINGS, amplitude des variations saisonnières.
CYCLICAL SWINGS, oscillations cycliques.

SWINGING s, oscillation f, balancement m.

SWISS a, suisse.
SWISS FRANC, franc suisse.

SYMBOL s, symbole m.
MNEMONIC SYMBOL, symbole mnémonique.

SYMMETRIC(AL) a, symétrique.
SYMMETRICAL AND ASYMMETRICAL CURVES, courbes symétriques et dissymétriques, obliques.
SYMMETRICAL DISTRIBUTION, distribution symétrique.
SYMMETRIC(AL) MATRIX, matrice symétrique.

SYMMETRIZATION s, symétrisation f.

SYMMETRY s, symétrie f.
SYMMETRY AXIS, axe de symétrie.
SYMMETRY PLANE, plan de symétrie.

SYMPATHETIC a, solidaire.
SYMPATHETIC STRIKE, grève de solidarité.

SYMPATHY s, solidarité f.
PRICES WENT UP IN SYMPATHY, les prix sont montés par contrecoup.
to STRIKE IN SYMPATHY, se mettre en grève par solidarité.

SYMPTOM s, symptôme m, indice m.
GRAVE SYMPTOMS, symptômes graves.
SYMPTOMS OF INFLATION, symptômes de l'inflation.

SYMPTOMATIC a, symptomatique.

SYMPTOMATOLOGY s, sémiologie f.

SYNALLAGMATIC a, synallagmatique.
SYNALLAGMATIC CONTRACT, contrat synallagmatique.

SYNARCHY s, synarchie f.

SYNCHRONISM s, synchronisme m.

SYNCHRONIZATION s, synchronisation f.

SYNCHRONIZED a, synchronisé.

SYNCHRONIZING s, synchronisation f.

SYNDIC s, syndic m.

SYNDICAL a, syndical.

SYNDICALISM s, syndicalisme m.

SYNDICALIST s, syndicaliste m.

SYNDICATE s, syndicat m, consortium m.
ARBITRAGE SYNDICATE, syndicat arbitragiste.
BANKING SYNDICATE, consortium de banques.
FINANCE SYNDICATE, syndicat financier.
FINANCIAL SYNDICATE, syndicat financier.
ISSUE SYNDICATE, syndicat d'émission.
MANAGER OF AN UNDERWRITING SYNDICATE, gérant d'un syndicat de placement.
MARKET SYNDICATE, syndicat de bourse.
MEMBERSHIP OF A SYNDICATE, qualité de membre d'un syndicat.
PROMOTER OF A SYNDICATE, promoteur d'un syndicat.
SYNDICATE OF BANKERS, syndicat, consortium, de banquiers.
UNDERWRITING SYNDICATE, syndicat de garantie, de placement.

SYNDICATE v, (se) syndiquer.
to SYNDICATE AN INDUSTRY, syndiquer une industrie.

SYNDICATED a, syndiqué.
SYNDICATED SHARES, actions syndiquées.

SYNERGY s, synergie f.

SYNOPSIS s, synopsis f, résumé m.

SYNTHESIS s, synthèse f.
PROVISIONAL SYNTHESIS, synthèse provisoire.

SYNTHETIC(AL) a, synthétique.
SYNTHETIC RUBBER, caoutchouc synthétique.
SYNTHETIC SILK, soie artificielle.

SYSTEM s, système m; régime m; réseau m, ensemble m; principe m.
AUTOMATIC DATA PROCESSING SYSTEM, système automatique de traitement de l'information.
BELT SYSTEM OF PRODUCTION, travail à la chaîne.
BINARY NUMBER SYSTEM, système binaire.
CASTE SYSTEM, système de castes.
CLOSED SYSTEM, système fermé.
CONTINUOUS REVIEW SYSTEM, système d'inventaire permanent.
CONVEYOR-BELT SYSTEM, principe du travail à la chaîne.
DATA PROCESSING SYSTEM, ensemble de traitement de l'information.
DECIMAL SYSTEM, système décimal.
DEFECTS OF THE ECONOMIC SYSTEM, défauts du système économique.
DEFERRED PAYMENT SYSTEM, vente à tempérament.
DOUBLE CHAMBER SYSTEM, système bicaméral.
ECONOMIC SYSTEM, système économique.
EXCHANGE SYSTEM, régime des changes.
FEDERAL RESERVE SYSTEM, U.S: Système de réserve fédérale.
FRENCH FISCAL SYSTEM, système fiscal français.
INLAND SYSTEM, régime intérieur.
INSTALMENT SYSTEM, vente à tempérament.
INTEGRATED SYSTEM, système intégré.
INTERNAL CONSISTENCY OF THE SYSTEM, cohérence interne du système.
INTERNATIONAL MONETARY SYSTEM, système monétaire international.
LEVY SYSTEM, système des prélèvements.
MANAGEMENT INFORMATION SYSTEM, système intégré de gestion.
MANAGEMENT OPERATING SYSTEM, système intégré de gestion.
MERCANTILE SYSTEM, système mercantile.
METRIC SYSTEM, système métrique.
MILEAGE OF A SYSTEM, longueur totale d'un réseau.
MINIMAX SYSTEM, système minimax.
MIXED ENTERPRISE SYSTEM, système d'économie mixte.
MONETARY SYSTEM, système monétaire.
MONOMETALLIC SYSTEM, système monométallique.
OPEN SYSTEM, système ouvert.
OPERATING SYSTEM, système d'exploitation.
ORDERING CYCLE SYSTEM, U.S: politique de réapprovisionnement périodique.
POPULAR BANK SYSTEM, banques de crédit populaire.
PROFIT-SHARING SYSTEM, système de participation.
PROGRAMMING SYSTEM, système de programmation.
PROTECTIONIST SYSTEM, système protectionniste.
PURE CREDIT SYSTEM, système de crédit pur.
QUOTA SYSTEM, contingentement.
RAILWAY SYSTEM, réseau des chemins de fer.
RATING SYSTEM, régime tarifaire.
REGRESSIVE TAX SYSTEM, système de taxation dégressif.
SEWAGE SYSTEM, tout-à-l'égout.
SHARE-CROP SYSTEM, U.S: métayage.
SMALL HOLDINGS SYSTEM, régime de la petite propriété.
SUB-SYSTEM, sous-système.
SYSTEM OF ACCOUNTS, comptabilité.
SYSTEMS ANALYSIS, analyse de systèmes.
SYSTEM OF BOUNTIES, système de primes.
SYSTEM OF CHECKS AND BALANCES, système de freins et de contrepoids.
SYSTEM CONFIGURATION, configuration d'un système.
SYSTEM OF LAND TENURE, régime foncier.
SYSTEMS OF LINEAR EQUATIONS, systèmes d'équations linéaires.
SYSTEM LOGIC, logique d'un système.
TAPERING SYSTEM OF RATES, taux dégressifs.
TARIFF SYSTEM, régime tarifaire.
TAX SYSTEM, système fiscal.
TRUCK SYSTEM, règlement des salaires ouvriers en nature.
UNITARY SYSTEM OF TAXATION, système unitaire d'imposition.
WAREHOUSING SYSTEM, système des entrepôts.
WORK ON THE BONUS SYSTEM, travail à la prime.
WORKING OF THE SYSTEM, fonctionnement du système.

SYSTEMATIC a, systématique.
SYSTEMATIC ERROR, erreur systématique.

SYSTEMIZATION s, systématisation f.

SYSTEMIZE v, systématiser.

T *letter*, T.
t-DISTRIBUTION, distribution de t (loi de Student-Fisher).

TABLE *s*, table *f*, tableau *m*, barème *m*, plan *m*.
ACTUARIES' TABLES, tables de mortalité.
ANALYTICAL TABLES, tableaux analytiques.
COMPARATIVE TABLE, tableau comparatif.
CONTINGENCY TABLES, tables de contingence.
CORRELATION TABLE, table de corrélation.
DECISION TABLE, table de décision.
EXPECTATION OF LIFE TABLES, tables de survie.
five-FIGURE LOGARITHM TABLE, table de logarithmes à cinq décimales.
INPUT-OUTPUT TABLE, tableau d'échanges intersectoriels ; tableau des entrées-sorties.
INTEREST TABLE, table d'intérêts.
LOGARITHMIC TABLE, table des logarithmes.
MORTALITY TABLES, tables de mortalité.
MULTIPLICATION TABLE, table de multiplication.
PARITY TABLES, tables de parités.
REDEMPTION TABLE, plan d'amortissement.
SURVIVAL TABLES, tables de survie.
TABLE OF AREAS UNDER THE NORMAL CURVE, tables de la distribution normale.
TABLE OF CHARGES, barème des prix.
TABLE OF FARES, barème des prix.
TABLE OF LOGARITHMS, table de logarithmes.
TABLE OF PAR VALUES, table de parités.
TABLE OF SINES AND COSINES, table des sinus et cosinus.
TABLE OF WEIGHTS AND MEASURES, table de poids et de mesures.
TIME TABLE, horaire.

TABLE *v*, déposer.
to TABLE A BILL, *U.K:* déposer un projet de loi ; *U.S:* ajourner (indéfiniment) un projet de loi.

TABLING *s*, dépôt *m*.
TABLING OF A BILL, *U.K:* dépôt d'un projet de loi ; *U.S:* ajournement d'un projet de loi.

TABULAR *a*, tabulaire.
STATISTICS IN TABULAR FORM, statistiques sous forme de tableau.

TABULATED *a*, en forme *f* de tableau *m*.

TABULATING *s*, arrangement *m* en tables *f. pl*.
TABULATING MACHINE, tabulatrice.

TABULATION *s*, arrangement *m* en tables *f. pl*.

TABULATOR *s*, tabulateur *m*, tabulatrice *f*.

TACHOMETER *s*, tachymètre *m*.

TACIT *a*, tacite.
TACIT AGREEMENT, convention tacite.

TACTICAL *a*, tactique.

TACTICS *s. pl*, tactique *f*.

TAIL *s*, queue *f*, pile *f* (d'une pièce).
TAIL OF A DISTRIBUTION, queue d'une distribution.
TAIL SERIES, série de solde.
to TOSS HEADS OR TAILS, jouer à pile ou face.

TAKE *s*, prise *f*, action *f* de prendre.
GIVE-AND-TAKE, concessions mutuelles.
PUT AND TAKE, vente au comptant **contre** rachat à terme.
TAKE OFF, décollage ; démarrage.
TAKE-OVER BID, offre d'achat publique.

TAKE *v*, prendre.
to GIVE AND TAKE, se faire des **concessions** mutuelles.
to TAKE OFF, défalquer ; déduire ; **décoller**.
to TAKE INTO ACCOUNT, tenir **compte** de.
to TAKE ON ACCOUNT, prendre à **compte**, à valoir.
to TAKE OVER THE ASSETS AND LIABILITIES, prendre en charge l'actif et le passif.
to TAKE AN AVERAGE OF RESULTS, faire la moyenne des résultats.
to TAKE UP A BILL, honorer un effet.
to TAKE OUT OF BOND, retirer de l'entrepôt.
to TAKE FOR THE CALL, vendre à prime.
to TAKE ON CREDIT, prendre à crédit.
to TAKE AWAY A CREDITOR'S SECURITY, dénantir un créancier.
to TAKE DELIVERY OF STOCK, prendre livraison de titres ; lever des titres.
to TAKE THE DUTY OFF, exonérer ; abolir le droit.
to TAKE EFFECT, prendre effet.
to TAKE AN EXAMINATION, passer un examen.
to TAKE EXCEPTION, objecter.
to TAKE IT OUT IN GOODS, se payer en marchandises.
to TAKE A HOUSE ON LEASE, prendre une maison à bail.
to TAKE OUT AN INSURANCE POLICY, contracter une assurance.
to TAKE OVER AN ISSUE, absorber une émission.
to TAKE ON LEASE, prendre à bail.
to TAKE OVER THE LIABILITIES, reprendre le passif.
to TAKE A MORTGAGE ON PROPERTY, prendre une hypothèque sur un bien.
to TAKE A NUMBER FROM ANOTHER, retrancher un nombre d'un autre.
to TAKE UP AN OPTION, lever une option ; lever une prime ; consolider un marché à prime.
to TAKE AN ORDER, prendre une commande.
to TAKE POSSESSION, prendre possession.
to TAKE FROM THE RESERVE, prélever sur la réserve.
to TAKE SHAPE, prendre forme.
to TAKE UP SHARES, lever, prendre livraison, des titres.
to TAKE SOUNDINGS, faire des sondages.
to TAKE STOCK, faire l'inventaire.
to TAKE IN STOCK, prendre des titres en report.
to TAKE UP STOCK, lever, prendre livraison, des titres.
to TAKE TENDERS FOR, inviter des soumissions.
to TAKE FROM THE VALUE OF, diminuer la valeur de.

TAKEN *a*, pris.
STOCK TAKEN IN, titres pris en report.
TIME TAKEN IN PRODUCTION, temps employé pour la production.

TAKER *s*, preneur *m*, reporteur *m*.
to FIND A TAKER, trouver preneur.
the MARKET IS ALL TAKERS, la position de place est dégagée.
TAKER OF A BILL, preneur d'une lettre de change.
TAKER FOR THE CALL, vendeur d'un dont, d'une prime directe.
TAKER OF AN OPTION, optant.
TAKER OF OPTION MONEY, vendeur de primes.
TAKER FOR A PUT, acheteur d'un dont, d'une prime indirecte.

TAKER FOR A PUT AND CALL, donneur d'option, de stellage.
TAKER OF THE RATE, receveur de la prime.
the TAKER RECEIVES FROM THE GIVER A PREMIUM, le reporteur touche du reporté une prime.

TAKING s, prise f, action f de prendre.
PROFIT-TAKING, prise de bénéfices.
STOCK-TAKING, inventaire.
STOCK-TAKING SALE, solde avant, après, inventaire.
TAKINGS, recette(s).
TAKING BACK, reprise (des invendus).
TAKING OFF, décollage.
TAKING OUT, prise ; obtention.
TAKING OVER, prise de possession.
TAKING UP, levée (de titres) ; consolidation (d'un marché à prime).
TAKING OUT OF BOND, dédouanage.
TAKING FOR THE CALL, vente dont ; vente à prime directe.
TAKING DELIVERY, levée (de titres).
TAKING FOR AN OPTION, vente d'une prime.
TAKING POSSESSION, prise de possession.

TALENT s, talent m.

TALION s, talion m.
LAW OF TALION, loi du talion.

TALK v, parler.
to TALK UP THE VALUE OF A STOCK, créer une atmosphère de hausse autour d'une valeur.

TALLY s, pointage m, nombre m, décompte m.
TALLY-SHOP, boutique faisant la vente à tempérament.
TALLY TRADE, commerce à tempérament.

TALLY v, pointer; correspondre.
the ACCOUNTS DO NOT TALLY, les comptes ne concordent pas.
the THEORY DOES NOT TALLY WITH THE FACTS, la théorie ne correspond pas aux faits.

TALLYING s, pointage m.

TALON s, talon m.

TANGENCY s, tangence f.
POINT OF TANGENCY, point de contact.

TANGENT a, tangent, tangentiel.

TANGENT s, tangente f.

TANGENTIAL a, tangentiel.
TANGENTIAL POINT, point de tangence.

TANGIBILITY s, tangibilité f, réalité f.

TANGIBLE a, tangible, sensible, corporel.
TANGIBLE ASSETS, valeurs matérielles, tangibles; biens corporels.
TANGIBLE DIFFERENCE, différence sensible.
TANGIBLE PROPERTY, biens corporels.

TANGIBLENESS s, tangibilité f, réalité f.

TANKER s, bateau-citerne m, camion-citerne m.
OIL TANKER, pétrolier.

TANTAMOUNT a, équivalent.

TAPE s, ruban m, bande f.
MAGNETIC TAPE, bande magnétique.
PAPER TAPE PUNCH, perforateur de bandes.
PAPER TAPE READER, lecteur de bande perforée.
PERFORATED TAPE READER, lecteur de bande perforée.
PRINTER TAPE, bande d'impression ; bobineau.
PUNCHED PAPER TAPE, bande de papier perforée.
PUNCHED TAPE READER, lecteur de bande perforée.
RED-TAPE, bureaucratie ; paperasserie(s).

TAPERING a, décroissant, dégressif.
TAPERING SYSTEM OF RATES, taux dégressifs.

TARE s, tare f, poids m à vide.
AVERAGE TARE, tare moyenne.

TARGET s, cible f, objectif m, but m.
MOVING TARGET, cible mobile.

TARIFF s, tarif m, prix m, barème m.
CUSTOMS TARIFFS, tarifs douaniers.
DISCRIMINATING TARIFF, tarif différentiel.
FULL TARIFF, plein tarif.
GENERAL AGREEMENT ON TARIFFS AND TRADE (GATT), Accord général sur les tarifs douaniers et le commerce.
INSURANCE TARIFF, tarif d'assurances.
MULTI-PART TARIFF, tarification séparée des coûts fixes et des coûts mobiles.
OPTIMAL TARIFF, tarif optimal.
PREFERENTIAL TARIFF, tarif préférentiel.
PROHIBITIVE TARIFF, tarif prohibitif.
PROTECTIVE TARIFF, tarif protecteur.
to RAISE A TARIFF, relever un tarif.
REDUCED TARIFF, tarif réduit.

to REVISE A TARIFF, reviser un tarif.
STANDARDIZATION OF TARIFFS, péréquation des tarifs, des prix.
TARIFF AGREEMENT, accord tarifaire.
TARIFF OF FARES, barème.
TARIFF LAWS, lois tarifaires.
TARIFF RATES, prix des tarifs.
TARIFF-REFORM, réforme des tarifs douaniers.
TARIFF SYSTEM, régime tarifaire.
TARIFF WALLS, barrières douanières.
TARIFF WAR, guerre des tarifs.
THEORY OF TARIFF STRUCTURE, théorie des tarifs douaniers.

TARIFF v, tarifer.

TARIFFICATION s, tarification f.
CUSTOMS TARIFFICATION, tarification douanière.
CUSTOMS TARIFFICATION BY MEASUREMENT, tarification douanière au volume.
CUSTOMS TARIFFICATION BY WEIGHT, tarification douanière au poids.
RAILWAY TARIFFICATION, tarification ferroviaire.

TARIFFING s, tarification f.

TASK s, tâche f, devoir m.
to ENTRUST A TASK TO SOMEBODY, confier une tâche à quelqu'un.
MULTI-TASK OPERATION, traitement multi-tâches.
TASK GROUP, groupe de travail.
TASK-WORK, travail à la tâche ; travail aux pièces.

TASTE s, goût m, penchant m.
CONSUMER'S TASTES, goûts du consommateur.
GIVEN TASTES, goûts donnés.

TAUTOLOGICAL a, tautologique.

TAUTOLOGY s, tautologie f.

TAX s, taxe f, impôt m, imposition f, contribution f; charge f; droit m.
ADDITIONAL TAX, impôt additionnel.
AIR(-)PORT TAX, taxe d'aéroport.
AMUSEMENT TAXES, taxes sur les spectacles.
ASSESSED TAXES, impôts directs.
ASSESSOR OF TAXES, contrôleur des contributions (directes).
BACKWARD SHIFTING OF A TAX, rejet en amont d'un impôt.
BASIS OF A TAX, assiette d'un impôt.
BETTERMENT TAX, impôt sur les plus-values.
BETTING TAX, taxe sur les paris.
CAPITAL GAINS TAX, impôt sur les plus-values en capital.
CAPITAL TAX, impôt sur le capital.
CAPITATION TAX, impôt de capitation.
to CLAIM IMMUNITY FROM A TAX, demander l'exemption d'un impôt.
to COLLECT RATES AND TAXES, U.K: lever, recouvrer, impôts et taxes.
COLLECTABLE TAX, taxe perceable.
COMPOSITION TAX, impôt forfaitaire (fixé par voie d'abonnement).
to COMPOUND FOR A TAX, payer un impôt à forfait.
CONSUMPTION TAX, impôt à la consommation.
CORPORATION INCOME-TAX, impôt sur le revenu des personnes morales.
CORPORATION NET INCOME-TAX, impôt sur le revenu net des sociétés.
to DEDUCT INCOME-TAX, déduire l'impôt sur le revenu.
after DEDUCTION OF DIRECT TAXES, après déduction des impôts directs.
before DEDUCTION OF DIRECT TAXES, avant déduction des impôts directs.
DIRECT TAX, impôt direct.
DIRECT TAXES ON CORPORATIONS, impôts directs frappant les sociétés.
DIVIDENDS LIABLE TO INCOME-TAX, dividendes soumis à l'impôt sur le revenu.
EARMARKED TAXES, produits d'impôts affectés.
EMERGENCY TAX, impôt extraordinaire.
EMPLOYMENT TAX, taxe sur l'emploi.
ENTERTAINMENT TAX, taxe sur les spectacles.
EQUALIZATION TAX, taxe de péréquation.
EQUALIZATION OF TAXES, péréquation des impôts.
to EVADE TAXES, frauder le fisc.
EVASION OF TAX, fraude fiscale.
EXCESS OF INDIRECT TAXES OVER SUBSIDIES, excédent des impôts indirects sur les subventions.
EXCESS PROFITS TAXES, impôts sur les super-bénéfices.
EXCHANGE TAXES, taxes de change.
EXCHANGE TAXES AND SURCHARGES, taxes et surtaxes de change.
EXCISE TAX, impôt indirect.
EXPORT TAXES, taxes à l'exportation.
FARMER'S TAX, impôt sur les bénéfices agricoles.

to FIX INCOME-TAX AT, fixer l'impôt sur le revenu à.
FREE OF INCOME-TAX, exempt d'impôts sur le revenu.
FREE OF TAX, exempt d'impôts.
FREEDOM FROM TAX, exemption, immunité, d'impôts.
to GATHER TAXES, percevoir les impôts.
GRADED TAX, impôt progressif ; impôt dégressif.
GRADUATED INCOME-TAX, impôt progressif sur le revenu.
HEAD TAX, impôt de capitation.
HEAVY TAXES, lourds impôts.
to IMPOSE A TAX ON, imposer ; taxer.
INCIDENCE OF A TAX, incidence d'un impôt.
INCOME-TAX, impôt sur le revenu.
INCOME-TAX RETURN, déclaration de revenu.
to INCREASE THE TAXES, majorer les impôts.
INDIRECT BUSINESS TAXES, impôts indirects acquittés par les entreprises.
INDIRECT TAX, impôt indirect.
INSPECTOR OF TAXES, inspecteur des contributions directes.
INTEREST FREE OF TAX, intérêts nets d'impôts.
INTEREST, LESS TAX, intérêts, impôts déduits.
LAND TAX, contribution foncière ; impôt foncier.
to LAY A TAX ON, frapper d'un impôt.
LEVY OF TAXES, levée des contributions.
to LEVY A TAX ON, lever une taxe sur.
LIABLE FOR TAX, assujetti à l'impôt.
to LIGHTEN THE TAXES, alléger les impôts.
LINEAR INCREASE OF TAXES, augmentation linéaire des impôts.
LUXURY TAX, taxe de luxe.
PAY-ROLL TAX, impôt sur les salaires.
to PAY TAXES, payer des contributions.
PAYMENT OF TAXES, paiement des impôts.
PERSONS DEPENDENT ON THE TAX-PAYER, personnes à la charge du contribuable.
POLL-TAX, capitation.
PROCESSING-TAX, impôt sur la transformation d'une denrée en produit.
PROGRESS TAX, impôt progressif.
PROGRESSIVE TAX, impôt progressif.
PROPERTY-TAX, contribution foncière ; impôt foncier.
to RAISE TAXES, lever des impôts.
RATES AND TAXES, U.K: impôts et contributions.
REAL ESTATE TAX, impôt immobilier.
to REDUCE TAXES, alléger les impôts.
REGRESSIVE TAX SYSTEM, système de taxation régressif.
to RELEASE A TAX, faire la remise d'un impôt.
REMISSION OF A TAX, remise d'un impôt.
RETURN OF TAXES UNDULY COLLECTED, restitution d'impôts indûment perçus.
RETURNABLE TAX, taxe restituable.
REVENUE DERIVED FROM TAXES, recettes fiscales.
REVENUE FROM TAXES, recettes fiscales.
SALARY TAX, impôt sur les salaires.
SALES TAX, taxe sur le chiffre d'affaires.
SALT-TAX, gabelle.
SCHEDULE TAX, impôt cédulaire.
SCHEDULED TAXES, impôts cédulaires.
SINGLE TAX, impôt unique.
SMALL BUSINESS TAX*, U.S: patente.
SPECIAL COMMISSIONER OF TAXES, U.S: directeur des contributions directes.
STAMP TAX, impôt du timbre.
STATISTICAL TAX, droit de statistique.
STOCKHOLDER'S TAX, impôt sur le revenu des valeurs mobilières.
SUPER-TAX, surtaxe ; impôt supplémentaire sur le revenu.
SURPLUS IN TAXES, plus-value des contributions.
SURVEYOR OF TAXES, U.K: contrôleur des contributions directes.
TAX ADMINISTRATION, administration fiscale.
TAX ALLOWANCE, déduction avant impôt.
TAX ASSESSMENT, assiette de l'impôt.
TAX BASIS, assiette de l'impôt.
TAX BURDEN, poids de la fiscalité.
TAXES ON CAPITAL PROFITS, taxe sur la plus-value en capital.
TAX COLLECTION, recouvrement d'impôts.
TAX COLLECTOR, percepteur (d'impôts).
TAX ON COMMODITIES, impôt sur la consommation.
TAX CUTS, réduction d'impôts.
TAX DEDUCTIBLE, déductible de l'impôt.
TAX ON A DESCENDING SCALE, impôt dégressif.
TAXES DIFFICULT TO GET IN, impôts qui rentrent difficilement.
TAXES AND DUES, impôts et taxes.
TAX EFFECT ON, incidence des impôts sur.
TAX EXEMPTION, exonération d'impôt.
TAX-FARMER, fermier général.
TAX-GATHERER, percepteur des contributions.
TAX GRADUATED ACCORDING TO INCOME, impôt progressif sur le revenu.
TAX WHICH HITS ALL INCOMES, impôt frappant tous les revenus.
TAX INCENTIVES, incitations fiscales.

TAX ON INCOME, impôt sur le revenu.
TAX ON INCOME FROM SECURITIES, impôt sur le revenu des valeurs mobilières.
TAXES ON LAND AND BUILDINGS, impôts fonciers bâti et non bâti.
TAX LAWYER, conseil fiscal.
TAX OFFICER, agent des contributions directes.
TAXES PAYABLE BY THE TENANT, impôts à la charge du locataire.
TAX-PAYER, contribuable.
TAXES ON PROPERTY TRANSFERS, droits de mutation.
TAX RATE, taux d'imposition.
TAX REDUCTIONS, dégrèvements d'impôts.
TAX ON THE SALE OF LAND, impôt sur la vente des terres.
TAX SCHEDULES, cédules des impôts.
TAX SURCHARGE, U.S: surtaxe fiscale.
TAX SYSTEM, système fiscal.
TAX ON TURN-OVER, taxe sur le chiffre d'affaires.
TAXES ON WEALTH, impôts sur (la) fortune.
TAX YIELDS, montant des recettes fiscales.
TURN-OVER TAX, taxe sur le chiffre d'affaires.
UNCOLLECTED TAXES, impôts non perçus.
VALUE-ADDED TAX, taxe à la valeur ajoutée.
VISITOR'S TAX, taxe de séjour.
WAGES TAX, impôt, taxe, sur les salaires.
WITHHOLDING TAX, impôt à la source.

TAX v, taxer, imposer.
BILL-POSTING IS TAXED, l'affichage est frappé d'un impôt.
to TAX INCOME, imposer le revenu.
to TAX LUXURIES, taxer les objets de luxe.

TAXABILITY s, assiette f fiscale.

TAXABLE a, imposable, taxable.
COSTS TAXABLE TO, frais à la charge de.
GOODS TAXABLE ON VALUE, marchandises imposables à la valeur.
TAXABLE ARTICLE, bien taxable.
TAXABLE BASE, assiette de l'impôt ; base d'imposition.
TAXABLE CLASS OF GOODS, catégorie de biens taxable.
TAXABLE INCOME, revenu imposable.
TAXABLE QUOTA, quotité imposable.
TAXABLE SURPLUS, surplus imposable.
TAXABLE YEAR, exercice fiscal.

TAXATION s, taxation f, imposition f, impôt(s) m, fiscalité f, charges f. pl fiscales.
to ASSESS A PROPERTY FOR TAXATION, évaluer une propriété aux fins d'imposition.
to BASE TAXATION ON INCOME, asseoir l'impôt sur le revenu.
CANONS OF TAXATION, principes d'imposition.
CONFISCATORY TAXATION, taxes spoliatrices.
DEGRESSIVE TAXATION, impôt dégressif.
DIRECT TAXATION, contributions directes.
EXCESSIVE TAXATION, fiscalité excessive.
EXEMPT FROM TAXATION, franc d'impôts.
to EXEMPT FROM TAXATION, exonérer d'impôts.
EXPENDITURE MET FROM TAXATION, dépenses financées par le produit des impôts.
EXTENT OF TAXATION RELIEF, quotité du dégrèvement fiscal.
HIGHEST SCALE OF TAXATION, barème d'imposition maximum.
INCREASE OF TAXATION, augmentation d'impôt.
INDIRECT TAXATION, impôts indirects.
INEQUITABLE DISTRIBUTION OF TAXATION, répartition inéquitable de l'impôt.
LIGHT TAXATION, faible imposition.
to LIGHTEN TAXATION, alléger la fiscalité.
REMISSION OF TAXATION, remise d'impôts.
RESERVE FOR TAXATION, provision pour impôts.
REVENUE FROM TAXATION, recettes fiscales.
SUPPLEMENTARY TAXATION, surimposition.
TAXATION AUTHORITIES, administration fiscale.
TAXATION BY STAGES, taxes imposées par paliers.
THEORY OF TAXATION, théorie de l'impôt.
UNEQUITABLE DISTRIBUTION OF TAXATION, répartition inéquitable des impôts.
UNITARY SYSTEM OF TAXATION, système unitaire d'imposition.

TAXED a, imposé, taxé.
HIGHLY-TAXED, fortement taxé.

TAYLORISM s, taylorisme m.

TAYLORIZATION s, taylorisation f.

TEACH v, enseigner.

TEACHER s, instituteur m; professeur m.

TEACHING s, enseignement m; doctrine f.
TEACHING STAFF, personnel enseignant.

TEAM s, équipe f.
TEAM-WORK, travail d'équipe.

TEAR s, déchirement m, déchirure f, accroc m.
FAIR WEAR AND TEAR, usure normale.
RATE OF WEAR AND TEAR, taux d'usure.
WEAR AND TEAR, usure ; dépréciation; détérioration.
WEAR-AND-TEAR ALLOWANCE, provision pour amortissement.

TECHNICAL a, technique, technologique.
TECHNICAL ASSISTANCE, assistance technique.
TECHNICAL CHEMISTRY, chimie industrielle.
TECHNICAL EDUCATION, enseignement technique.
TECHNICAL EFFICIENCY, efficacité technique.
TECHNICAL INSTITUTE, école des arts et métiers.
TECHNICAL PRODUCTION FUNCTION, fonction de production technique.
TECHNICAL SKILL, compétence technique.
TECHNICAL TERM, terme technique.

TECHNICALITY s, technicité f.

TECHNICIAN s, technicien m.

TECHNICS s. pl, technique f, technologie f.

TECHNIQUE s, technique f.
PROGRAM EVALUATION AND REVIEW TECHNIQUES (P.E.R.T.), méthode P.E.R.T. ; techniques d'évaluation et de révision des programmes.

TECHNOCRACY s, technocratie f.

TECHNOCRATIC a, technocratique.

TECHNOLOGICAL a, technologique.
TECHNOLOGICAL GAP, disparité de niveau technologique.
TECHNOLOGICAL UNEMPLOYMENT, chômage technologique.

TECHNOLOGY s, technologie f.

TEDIOUS a, pénible, fatigant.

TEENAGER s, U.S: adolescent m.

TELECOMMUNICATION s, télécommunication f.
INTERNATIONAL TELECOMMUNICATION UNION, Union internationale des télécommunications.

TELEGRAM s, télégramme m.

TELEGRAPH s, télégraphe m.
TELEGRAPH CODE, code télégraphique.
TELEGRAPH MONEY-ORDER, mandat télégraphique.

TELEGRAPH v, télégraphier.

TELEGRAPHIC a, télégraphique.

TELEPHONE s, téléphone m.
AUTOMATIC TELEPHONE, (téléphone) automatique.
TELEPHONE DIRECTORY, annuaire des téléphones.
TELEPHONE EXCHANGE, central téléphonique.
TELEPHONE NUMBER, numéro de téléphone.
TELEPHONE OPERATOR, standardiste.
TELEPHONE SUBSCRIBER, abonné au téléphone.

TELEPHONE v, téléphoner.

TELEPHONIC a, téléphonique.

TELEPRINTER s, téléscripteur m.

TELEPROCESSING s, télétraitement m.

TELETYPE s, télétype m.

TELEVISION s, télévision f.
TELEVISION NETWORK, réseau de stations de télévision.
TELEVISION NEWS, journal télévisé.

TELEX s, télex m.
TELEX NETWORK, réseau télex.
TELEX RATE, tarif télex.

TELLER s, caissier m, payeur m.
TELLER'S CASH BOOK, main courante de caisse.

TEMPERAMENT s, tempérament m.

TEMPERANCE s, tempérance f, modération f.

TEMPERATURE s, température f.

TEMPORAL a, temporel.
SPATIO-TEMPORAL CO-ORDINATES, coordonnées espace-temps.

TEMPORARILY adv, temporairement.
VEHICLES TEMPORARILY NOT IN CIRCULATION, véhicules temporairement retirés de la circulation.

TEMPORARINESS s, caractère m provisoire.

TEMPORARY a, temporaire, provisoire, transitoire.
EMPLOYED ON A TEMPORARY BASIS, personnel temporaire.
to ENTER GOODS FOR TEMPORARY ADMISSION, déclarer des marchandises en admission temporaire.
TEMPORARY ADMISSION, admission temporaire.
TEMPORARY BORROWINGS, emprunts temporaires.

TEMPORARY CHANGES IN DEMAND, modifications temporaires de la demande.
TEMPORARY DISABLEMENT, incapacité temporaire.
TEMPORARY EQUILIBRIUM, équilibre temporaire.
for TEMPORARY IMPORTATION, en franchise temporaire.
TEMPORARY INVESTMENTS, placements temporaires.
TEMPORARY MEASURES, mesures transitoires.
TEMPORARY STORAGE, mémoire temporaire.

TEMPORIZATION s, temporisation f.

TEMPORIZING a, temporisateur.
TEMPORIZING POLICY, politique de temporisation.

TEMPORIZING s, temporisation f.

TENANCY s, occupation f locative.
EXPIRATION OF TENANCY, expiration de location.
LIFE TENANCY, location à vie ; usufruit.

TENANT s, locataire m.
CO-TENANT, colocataire.
SITTING TENANT, locataire en possession des lieux.
TAXES PAYABLE BY THE TENANT, impôts à la charge du locataire.
TENANT-FARMER, fermier ; cultivateur à bail.
TENANT IN POSSESSION, locataire en possession des lieux.
TENANT'S REPAIRS, réparations locatives.
TENANT-RIGHT, droits du locataire.
TENANT'S RISKS, risques locatifs.
TENANT'S THIRD PARTY RISK, risque locatif.
UNDER-TENANT, sous-locataire.

TENANTABLE a, habitable.
to KEEP A HOUSE IN A STATE OF TENANTABLE REPAIR, maintenir une maison en état d'habitabilité.

TEND v, soigner, tenir, tendre, pencher.
to TEND SHOP, tenir boutique.
to TEND TOWARDS SOCIALISM, pencher vers le socialisme.

TENDENCY s, tendance f, inclinaison f.
BEARISH TENDENCY, tendance à la baisse.
BULLISH TENDENCY, tendance à la hausse.
CENTRAL TENDENCY, tendance à la moyenne.
CENTRAL TENDENCY OF A DISTRIBUTION, tendance centrale d'une distribution.
CONTRARY TENDENCY, tendance contraire.
DEFLATIONARY TENDENCY, tendance déflationniste.
DOWNWARD TENDENCY, tendance à la baisse.
GROWING TENDENCY, tendance de plus en plus marquée.
INFLATIONARY TENDENCIES, tendances inflationnistes.
IRREGULAR TENDENCY, tendance irrégulière.
STRONGLY MARKED TENDENCY, tendance fortement marquée.
the TENDENCY HARDENED, la tendance s'est raffermie.
TENDENCIES OF THE MARKET, tendances du marché.
UNDECIDED TENDENCY, tendance indécise.
UPWARD TENDENCY, tendance à la hausse.

TENDER s, soumission f, offre f, adjudication f, cours m légal.
ALLOCATION TO LOWEST TENDER, adjudication au mieux-disant.
FORM OF TENDER, forme de soumission.
INVITATION OF TENDERS, appel d'offres.
to INVITE TENDERS FOR, inviter des soumissions pour.
LAWFUL TENDER, monnaie ayant cours légal ; monnaie libératoire.
LEGAL TENDER, monnaie légale.
LEGAL TENDER CURRENCY, monnaie à cours légal ; monnaie libératoire.
to MAKE A TENDER, soumissionner.
to PUT IN A TENDER, soumissionner.
SEALED TENDER, soumission cachetée.
to TAKE TENDERS FOR, inviter des soumissions.
by TENDER, par voie d'adjudication.
TENDERS FOR PUBLIC LOANS, soumissions d'emprunts publics.
TENDER RATE, taux d'adjudication.
TENDER OF REPAYMENT, offre de remboursement.

TENDER v, offrir; soumissionner.
to TENDER FOR A CONTRACT, soumissionner à une adjudication.
to TENDER EVIDENCE, offrir des preuves.
to TENDER FOR A LOAN, soumissionner un emprunt.
to TENDER MONEY IN DISCHARGE OF A DEBT, faire une offre réelle.
to TENDER ONE'S RESIGNATION, offrir de démissionner.

TENDERER s, soumissionnaire m, offreur m.
SUCCESSFUL TENDERER FOR A CONTRACT, adjudicataire.

TENDERING s, soumission f.
COLLUSIVE TENDERING, pratique collusoire des offreurs.

TENEMENT s, bien m locatif, habitation f, appartement m; jouissance f.

TENET s, doctrine f, dogme m, principe m.

TENFOLD a, décuple.

TENNER s *(familier)*, *U.K:* billet m de 10 livres f. pl; *U.S:* billet de 10 dollars m. pl.

TENOR s, teneur f, contenu m, échéance f.
TENOR OF THE BILL OF EXCHANGE, échéance de la lettre de change.

TENSION s, tension f, rigidité f; traction f.

TENSOR s, tenseur m.

TENTATIVE a, expérimental, provisoire.
TENTATIVE CONCLUSION, conclusion provisoire.
TENTATIVE OFFER, première offre.

TENTH num a, dixième.

TENTH s, dixième m; dîme f.

TENURE s, tenure f, (période f de) jouissance f locative, nature f d'un droit m locatif.
COMMUNAL TENURE, droits exercés en commun.
FEUDAL TENURE, tenure féodale.
FIXITY OF TENURE, durabilité d'un bail ; stabilité d'un emploi.
LAND TENURE, régime foncier.
SYSTEM OF LAND TENURE, régime foncier.

TERM s, terme m, limite f, fin f; délai m, durée f, échéance f, période f, trimestre m; teneur f, modalité(s) f, clause f, condition(s) f, rapport(s) m.
to ARRANGE TERMS (IN ASCENDING OR DESCENDING ORDER), ordonner les termes (d'un polynôme).
BARTER TERMS OF TRADE, termes réels de l'échange.
to COME TO TERMS, s'entendre sur les conditions ; s'arranger.
CONTRADICTION IN TERMS, contradiction dans les termes.
CONVERTIBLE TERMS, termes interchangeables.
on EASY TERMS, avec facilités de paiement.
to EXPRESS ONE QUANTITY IN TERMS OF ANOTHER, exprimer une quantité en termes d'une autre.
FACTORAL TERMS OF TRADE, termes de l'échange factoriels.
FRACTION IN ITS LOWEST TERMS, fraction irréductible.
the FRANC HAS APPRECIATED IN TERMS OF OTHER CURRENCIES, le franc s'est apprécié par rapport aux autres monnaies.
GROSS BARTER TERMS OF TRADE, termes de l'échange bruts.
INCLUSIVE TERMS, prix tout compris.
LOAN FOR A TERM OF 20 YEARS, emprunt pour 20 ans.
LONG-TERM ANNUITY, annuité à long terme.
LONG-TERM BENEFIT, profit à long terme.
LONG-TERM CAPITAL, capitaux à long terme.
LONG-TERM CAPITAL INVESTMENT, investissement de capitaux à long terme.
LONG-TERM EXPECTATIONS, prévisions à long terme.
LONG-TERM FINANCE, financement à long terme.
LONG-TERM FUNDED CAPITAL, capitaux consolidés à long terme.
LONG-TERM INVESTMENT, placement à long terme.
LONG-TERM LEASE OF BUSINESS PROPERTY, *U.S:* baux commerciaux et industriels à long terme.
LONG-TERM LIABILITIES, passif à long terme.
LONG-TERM MARKET, marché à long terme.
LONG-TERM SECURITIES, titres à long terme.
LONG-TERM TRANSACTION, opération à long terme.
MEDIUM-TERM EXPECTATIONS, prévisions à moyen terme.
MEDIUM-TERM FINANCE, financement à moyen terme.
MIDDLE TERM, terme moyen.
MODERATE TERMS, prix modérés.
in MONEY TERMS, en termes monétaires.
MULTILATERAL LONG-TERM CONTRACTS, accords de contingentement multilatéraux à long terme.
on MUTUAL TERMS, par engagements réciproques.
in PROBABILITY TERMS, en termes de probabilités.
the two PROPOSITIONAL TERMS, les deux prémisses.
to REDUCE A FRACTION TO LOWER TERMS, réduire une fraction.
to REDUCE A FRACTION TO ITS LOWEST TERMS, simplifier une fraction.
SERIES OF TERMS, suite, série, de termes.
SHORT-TERM, à court terme.
SHORT-TERM CAPITAL, capitaux à court terme.
SHORT-TERM CAPITAL MOVEMENTS, mouvements de capitaux à court terme.
SHORT-TERM ECONOMIC FORECASTING, tests conjoncturels.
SHORT-TERM EXPECTATIONS, prévisions à court terme.
SHORT-TERM INVESTMENT, placement à court terme.
SHORT-TERM MARKET, marché à court terme.
SHORT-TERM TRANSACTION, opération à court terme.
SUMMATION OF THE TERMS, sommation des termes.
SWAPPING TERMS, termes de troc ; parités de troc.
TECHNICAL TERM, terme technique.
TERMS CASH, payable au comptant.
TERMS AND CONDITIONS OF AN ISSUE, modalités d'une émission.
TERMS OF A CONTRACT, clauses d'un contrat.
TERMS OF COPYRIGHT, délai de protection (littéraire).
in TERMS OF ELASTICITIES, en langage d'élasticités.
TERMS OF EXCHANGE, termes de l'échange.

TERMS INCLUSIVE, tout compris.
TERMS OF AN ISSUE, conditions d'une émission.
TERM OF A LEASE, durée d'un bail.
TERM OF LIMITATION, délai de prescription.
TERM OF NOTICE, préavis de licenciement.
TERM OF PAYMENT, délai de paiement.
TERMS OF PAYMENT, conditions de paiement.
TERMS OF A PROBLEM, énoncé d'un problème.
TERMS OF REFERENCE (OF A COMMISSION), attributions (d'une commission).
TERM'S RENT, loyer du terme.
TERMS STRICTLY NET CASH, sans déduction; payable au comptant.
TERMS OF TRADE, termes de l'échange ; parités de troc.
TERMS IN *x* REDUCE TO ZERO, les termes en x s'annulent.
USUAL TERMS, conditions d'usage.

TERMINABLE a, résiliable, terminable, résoluble.
TERMINABLE ANNUITY, annuité résiliable.
TERMINABLE CONTRACT, contrat résoluble.

TERMINAL a, terminal, trimestriel.
TERMINAL CHARGES, charges terminales.
TERMINAL MARKET, marché à terme, du terme.
TERMINAL POINT (OF A LINE), terminus (d'une ligne).
TERMINAL PRICE, cours du livrable.
TERMINAL UNIT, station terminale ; unité terminale.

TERMINAL s, borne f; terminus m, terminal m, *U.S:* gare f terminus.
AIR TERMINAL, aérogare.
TERMINALS, terminaux (électroniques) ; frais de manutention.

TERMINATE a, précis, exact.
TERMINATE DECIMAL FRACTION, fraction décimale exacte.

TERMINATE v, résilier, (se) terminer.
to TERMINATE A CONTRACT, résilier un contrat.

TERMINATION s, fin f, résiliation f, cessation f.

TERMINOLOGY s, terminologie f.

TERMINUS s, terminus m.

TERMLESS a, illimité.

TERNARY a, ternaire.

TERRESTRIAL a, terrestre.

TERRITORIAL a, territorial, terrien.
TERRITORIAL ARISTOCRACY, aristocratie terrienne.
TERRITORIAL WATERS, eaux territoriales.

TERRITORIALITY s, territorialité f.

TERRITORY s, territoire m, superficie f.
COMMERCIAL TRAVELLER'S TERRITORY, région assignée à un commis voyageur.
CULTIVATED TERRITORY, superficie cultivée.

TERRORISM s, terrorisme m.

TERTIARY a, tertiaire.

TEST s, test m, épreuve f, essai m; examen m.
CHI-SQUARE TEST, test du khi ; test de Pearson.
CIRCULAR TEST FOR INDEX-NUMBERS, test de réversibilité des indices.
ENDURANCE TEST, test d'endurance.
FACTOR-REVERSAL TEST (OF INDEX-NUMBERS), test de transférabilité (des indices).
FEASIBILITY TEST, essai probatoire.
GOODNESS OF FIT TEST, test d'ajustement.
JOB TEST, test-réplique.
METHOD THAT HAS STOOD THE TEST OF TIME, méthode éprouvée.
ORTHOGONAL TEST, test orthogonal.
PARAMETRIC TEST, test paramétrique.
non PARAMETRIC TEST, test non-paramétrique.
to PASS A TEST, passer, subir, un test (avec succès).
to PUT TO TEST, soumettre à l'épreuve.
RELIABILITY TEST, test de fiabilité.
TEST CASE, cas dont la solution fait jurisprudence ; précédent.
TEST OF INDEPENDENCE, test d'indépendance.
TESTS OF SIGNIFICANCE, tests de signification.
TIME-REVERSAL TEST (OF INDEX-NUMBERS), test de réversibilité (des indices).
TRADE TEST, test professionnel.
to UNDERGO A TEST, subir une épreuve, un test.

TEST v, tester, éprouver, contrôler.
to TEST A COIN FOR WEIGHT, trébucher une pièce de monnaie.

TESTAMENT s, testament m.
LAST WILL AND TESTAMENT OF, dernières volontés de.

TESTAMENTARY a, testamentaire.

TESTATOR *s*, testateur *m*.

TESTIMONY *s*, témoignage *m*, attestation *f*.

TESTING *s*, test *m*, épreuve *f*, essai *m*, contrôle *m*.
TESTING-GROUND, terrain d'expérience.
TESTING THE HYPOTHESIS OF LINEARITY, test de linéarité.

TEXTILE *a*, textile.
INTERNATIONAL FEDERATION OF COTTON AND ALLIED TEXTILE INDUSTRIES, Fédération internationale du coton et des industries textiles connexes.
INTERNATIONAL WOOL TEXTILE ORGANIZATION, Fédération lainière internationale.
TEXTILE INDUSTRY, industrie textile.
TEXTILE SHARES, valeurs (de) textiles.
TEXTILE TRADE, industrie textile.

TEXTILE *s*, textile *m*.

THEFT *s*, vol *m*.
THEFT INSURANCE, assurance contre le vol.
THEFT-PREVENTION DEVICE, dispositif anti-vol.
THEFT RISK, risque de vol.

THEOCRACY *s*, théocratie *f*.

THEOREM *s*, théorème *m*.
BINOMIAL THEOREM, binôme, théorème, de Newton.
CENTRAL LIMIT THEOREM, théorème central limite.
COBWEB THEOREM, théorème de la toile d'araignée.
MEAN VALUE THEOREM, théorème de la valeur moyenne.

THEORETIC(AL) *a*, théorique.
ACTUAL AND THEORETICAL DISTRIBUTIONS, distributions empiriques et distributions théoriques.
ACTUAL AND THEORETICAL FREQUENCIES, fréquences empiriques et théoriques.
THEORETICAL CHEMISTRY, chimie pure.
THEORETICAL MAXIMUM CAPACITY, capacité théorique maximum.
THEORETICAL MECHANICS, mécanique rationnelle.

THEORETICIAN *s*, théoricien *m*.

THEORETICS *s. pl*, partie *f* théorique, théorie *f*.
THEORETICS AND PRACTICE, la théorie et la pratique.

THEORICIAN *s*, théoricien *m*.

THEORIST *s*, théoricien *m*.

THEORIZING *s*, création *f* de théories *f. pl*, idéologie *f*.

THEORY *s*, théorie *f*.
ABSTRACT THEORY, théorie abstraite.
ALGEBRAIC THEORY, théorie algébrique.
CENTRAL BANKING THEORY, théorie du système de banque centrale.
CLASSICAL THEORY, théorie classique ; théorie économique classique.
CRUDE THEORY, théorie simpliste.
DECISION THEORY, théorie de la décision.
ECONOMIC THEORY, théorie économique.
to ELABORATE A THEORY, élaborer une théorie.
EXPLODED THEORY, théorie discréditée.
GENERAL PRICE THEORY, théorie générale des prix.
GENERAL THEORY OF EMPLOYMENT, INTEREST AND MONEY, théorie générale de l'emploi, de l'intérêt et de la monnaie.
GROUP THEORY, théorie des ensembles.
INNOVATION THEORY (OF THE BUSINESS CYCLE), théorie de l'innovation.
LABOUR THEORY OF VALUE, théorie de la valeur-travail.
MALTHUSIAN THEORY OF POPULATION, théorie malthusienne de la population.
MARGINAL PRODUCTIVITY THEORY OF DISTRIBUTION, théorie de la répartition basée sur la productivité marginale.
MARXIAN THEORIES, théories marxistes.
MERCANTILE THEORY, théorie mercantiliste.
MERCANTILISTIC THEORIES, théories mercantilistes.
METAMATHEMATICAL THEORY, théorie métamathématique.
MONETARY OVERINVESTMENT THEORY, théorie monétaire du surinvestissement.
NEW THEORY, nouvelle théorie.
OUT-OF-DATE THEORIES, théories désuètes.
OUTLINE OF THE THEORY, grandes lignes de la théorie.
OVERINVESTMENT THEORY, théorie du surinvestissement.
PURCHASING POWER PARITY THEORY, théorie de la parité des pouvoirs d'achat.
PURE THEORY, théorie pure, abstraite.
PURE THEORY OF FOREIGN TRADE, théorie pure du commerce international.
to PUT FORTH A THEORY, avancer une théorie.
QUANTITY THEORY OF MONEY, théorie quantitative de la monnaie.
QUANTUM THEORY, théorie des quanta.
QUEUE THEORY, théorie des files d'attente.

QUEUING THEORY, théorie du cycle de l'approvisionnement ; théorie des files d'attente.
SET THEORY, théorie des ensembles.
to SET FORTH A THEORY, avancer une théorie.
to SET UP A THEORY, établir une théorie.
SOPHISTICATED (QUANTITY) THEORY OF MONEY, théorie néo-classique (quantitative) de la monnaie.
SOPHISTICATED THEORY, théorie élaborée.
STATIC EQUILIBRIUM THEORY, théorie de l'équilibre statique.
THEORIES OF THE BUSINESS CYCLE, théories du cycle économique.
THEORY OF CAPITAL, théorie du capital.
THEORY OF CAPITAL AND INTEREST, théorie du capital et de l'intérêt.
THEORY OF CHOICE, théorie des choix.
THEORY OF COMPARATIVE ADVANTAGE, théorie des avantages comparés, comparatifs.
THEORY OF COMPARATIVE COST, théorie des coûts comparés, comparatifs.
THEORY OF CONGRUENCES, théorie des congruences.
THEORY THAT IS NOT CONSISTENT WITH FACTS, théorie qui ne s'accorde pas avec les faits.
THEORY OF CONSUMER'S CHOICE, théorie des choix des consommateurs.
THEORY OF CONSUMER'S DEMAND, théorie de la demande du consommateur.
THEORY OF CONSUMPTION, théorie de la consommation.
THEORY OF DEMAND, théorie de la demande.
THEORY OF DISTRIBUTION, théorie de la répartition.
THEORY OF DYNAMIC STABILITY, théorie de la stabilité dynamique.
THEORY OF ECONOMIC CHOICE, théorie des choix économiques.
THEORY OF ESSENTIALITY, théorie d'essentialité.
THEORY OF EXCHANGE, théorie des échanges.
THEORY OF THE FIRM, théorie de la firme.
THEORY OF GAMES, théorie des jeux.
THEORY OF GENERAL EXCHANGE EQUILIBRIUM, théorie de l'équilibre général des échanges.
THEORY OF GROWTH, théorie de la croissance.
THEORY THAT DOES NOT HOLD WATER, théorie qui ne tient pas debout.
THEORY OF IMPERFECT COMPETITION, théorie de la concurrence imparfaite.
THEORY OF INCOME, théorie du revenu.
THEORY OF INFLATION, théorie de l'inflation.
THEORY OF INTERNATIONAL TRADE, théorie du commerce international.
THEORY OF INTERNATIONAL VALUES, théorie des valeurs internationales.
THEORY OF MARGINAL UTILITY, théorie de l'utilité marginale.
THEORY OF MONEY, théorie de la monnaie.
THEORY OF MONOPOLISTIC COMPETITION, théorie de la concurrence monopolistique.
THEORY OF MONOPOLISTIC EXPLOITATION, théorie de l'exploitation monopolistique.
THEORY OF MONOPOLY, théorie du monopole.
THEORY OF THE MULTIPLIER, théorie du multiplicateur.
THEORY OF THE OPTIMUM POPULATION, théorie de la population optimum.
THEORY OF POPULATION, théorie de la population.
THEORY OF PRICES, théorie des prix.
THEORY OF PROBABILITY, théorie des probabilités.
THEORY OF PRODUCTION, théorie de la production.
THEORY OF PROFIT, théorie du profit.
THEORY OF THE RATE OF INTEREST, théorie du taux d'intérêt.
THEORY OF RENT, théorie de la rente.
THEORY OF SUBJECTIVE VALUE, théorie de la valeur subjective.
THEORY OF SURPLUS, théorie des surplus.
THEORY THAT DOES NOT TALLY WITH THE FACTS, théorie qui ne correspond pas aux faits.
THEORY OF TARIFF STRUCTURE, théorie des tarifs douaniers.
THEORY OF TAXATION, théorie de l'impôt.
THEORY OF UNEMPLOYMENT, théorie du chômage.
THEORY OF VALUE, théorie de la valeur.
THEORY OF THE VARIANCE, théorie de la variance.
THEORY AT VARIANCE WITH THE FACTS, théorie en désaccord avec les faits.
TRADE CYCLE THEORIES, théories des cycles.
UNDERCONSUMPTION THEORY, théorie de la sous-consommation.
UTILITY AND CONSUMPTION THEORY, théorie de l'utilité et de la consommation.
WELFARE THEORY, théorie du bien-être.

THERAPEUTICS *s. pl*, thérapeutique *f*.

THERAPY *s*, thérapie *f*.

THERM *s*, thermie *f*, calorie *f*.

THERMAL *a*, thermal, thermique, calorifique.
THERMAL EFFICIENCY, rendement thermique, calorifique.

THERMAL OUTPUT, quantité de chaleur transmise.
THERMAL UNIT, unité de chaleur.

THERMOMETER s, thermomètre m.

THESIS s, thèse f.

THICK a, épais.
THICKEST VALUE, valeur dominante.

THICKLY adv, épais.
THICKLY POPULATED, très peuplé.

THING s, chose f, objet m; bien m; affaire f.
NATURE OF THINGS, ordre des choses.
THINGS ARE GOING BADLY, les affaires vont, marchent, mal.
THINGS PERSONAL, biens mobiliers.
THINGS REAL, biens immobiliers.
VALUE OF THE THING INSURED, valeur de la chose assurée.

THINLY adv, à peine.
THINLY PEOPLED, peu peuplé.

THIRD num a, troisième, tiers.
PAYMENT ON BEHALF OF A THIRD PARTY, paiement par intervention.
THIRD PARTY ACCIDENT INSURANCE, assurance accidents aux tiers.
THIRD PARTY INSURANCE, assurance aux tiers.
THIRD PARTY RISKS, risques aux tiers.
THIRD PERSON, tiers ; tierce personne.

THIRD s, tiers m, troisième m.
THIRD OF EXCHANGE, troisième de change.

THOROUGH a, minutieux, approfondi.
THOROUGH ENQUIRY, enquête approfondie.
THOROUGH SEARCHING, enquête approfondie.

THOROUGHFARE s, voie f de communication f.

THOUGHT s, pensée f, doctrine f.
CONTEMPORARY THOUGHT, pensée contemporaine.
ECONOMIC THOUGHT, pensée économique.
HISTORY OF ECONOMIC THOUGHT, histoire des doctrines économiques.

THREAT s, menace f.
THREAT OF DISMISSAL, menace de renvoi.

THREE num, trois.
RULE OF THREE, règle de trois.

THRESHOLD s, seuil m, limite f.

THRIFT s, économie f, épargne f.

THRIFTINESS s, économie f.

THRIFTLESS a, dépensier, prodigue.

THRIFTY a, économe, ménager.

THRIVE v, prospérer, réussir.

THRIVING s, bien-être m, prospérité f.

THROAT s, gorge f.
CUT-THROAT COMPETITION, concurrence acharnée, ruineuse, à couteaux tirés.

THRONG s, foule f, affluence f.
THRONG HOURS, heures de pointe.
THRONG SEASON, pleine saison.

THROUGH a, direct, forfaitaire.
THROUGH BILL OF LADING, connaissement direct, à forfait.
THROUGH BOOKINGS, transports à forfait.
THROUGH CARRIAGE, voiture directe.
THROUGH FREIGHT, fret à forfait.
THROUGH-PUT, débit.
THROUGH RATE, taux forfaitaire.
THROUGH TRAFFIC, transit.
THROUGH TRAIN, train direct.

THROWING s, jet m, lancement m.
THROWING ABOUT, gaspillage.
THROWING AWAY, mise au rebut ; perte d'une occasion.
THROWING BACK, renvoi ; retardement.
THROWING DOWN, abandon ; renoncement.
THROWING OUT, rejet.
THROWING UP, construction hâtive ; renoncement.

THUMB s, pouce m.
RULE OF THUMB, empirisme.

TICK v, pointer.
to TICK OFF ITEMS IN AN ACCOUNT, pointer les articles d'un compte.

TICKET s, billet m, ticket m, carte f, étiquette f.
first-CLASS TICKET, billet de première classe.
EXCURSION TICKET, billet d'excursion.
ORDINARY SEASON TICKET, carte d'abonnement ordinaire.

PARTY TICKET, billet collectif.
PASSAGE-TICKET, billet de voyage.
PRICE-TICKET, étiquette (de prix).
RAILWAY TICKET, billet de chemin de fer.
REDUCED RATE TICKET, billet à prix réduit.
RETURN TICKET, billet d'aller et retour.
SEASON TICKET, carte d'abonnement.
SINGLE TICKET, billet simple (d'aller).
TICKET-DAY, veille de la liquidation (en bourse).
TICKET AT FULL RATE, billet à plein tarif.
TICKET AT REDUCED RATE, billet à tarif réduit.
one-WAY TICKET, billet simple, d'aller.

TICKETING s, étiquetage m.

TIE s, lien m, attache f.
TIE-UP OF CAPITAL, blocage de capital.

TIE v, attacher.
to TIE DOWN, assujettir à certaines conditions.
to TIE UP A BLOCK OF SHARES, bloquer une tranche d'actions.

TIED a, lié, assujetti.
MONEY TIED UP, capital immobilisé.
TIED LOANS, prêts liés, à condition.

TIER s, rangée f.

TIGHT a, serré, tendu.
TIGHT BARGAIN, transaction qui laisse très peu de marge.
TIGHT DISCOUNT, escompte serré.
TIGHT MONEY, argent rare.

TIGHTEN v, resserrer, tendre.
DISCOUNT TIGHTENS, l'escompte se serre.
to TIGHTEN (UP) A BLOCKADE, renforcer un blocus.
to TIGHTEN (UP) RESTRICTIONS, renforcer les restrictions.

TIGHTENING s, resserrement m.
TIGHTENING OF CREDIT, resserrement de crédit.
TIGHTENING OF MONEY, resserrement d'argent.

TIGHTNESS s, resserrement m.
TIGHTNESS OF CREDIT, resserrement de crédit.
TIGHTNESS OF MONEY, resserrement d'argent.

TILL s, tiroir-caisse m, caisse f.
CASH IN THE BANK'S TILL, espèces dans la caisse de la banque.
TILL-MONEY, encaisse.

TILL v, labourer, cultiver.

TILLABLE a, labourable, arable.

TILLAGE s, labour m, culture f.
LAND IN TILLAGE, terre en labour.
TILLAGE FARMER, laboureur.
TILLAGE IMPLEMENTS, instruments de culture.

TILLING s, labour m, culture f.

TILT s, inclinaison f, pente f.

TILTED a, incliné, penché.

TILTING s, inclinaison f, pente f.
INDEX OF TILTING, indice d'infléchissement (du plan).
TILTING OF THE PLAN, infléchissement du plan.

TIMBER s, bois m.
TIMBER-TRADE, commerce du bois.

TIME s, temps m, heure f; période f, époque f; terme m, délai m.
ACCELERATION TIME, temps d'accélération.
ACCESS TIME, temps d'accès.
to ALLOW A DEBTOR TIME TO PAY, accorder un délai à un débiteur.
ANALYSIS OF TIME SERIES, analyse de conjoncture.
to ASK FOR TIME, demander un délai.
AVERAGE ACCESS TIME, temps d'accès moyen.
CLOSING TIME, heure de fermeture.
DEAD TIME, temps mort.
DEALINGS FOR TIME, négociations à terme.
DECELERATION TIME, temps de décélération.
EQUATION OF TIME, équation du temps.
EQUILIBRIUM OVER TIME, équilibre temporel.
to EXTEND THE TIME OF PAYMENT, proroger l'échéance.
FULL-TIME, à temps complet.
FULL-TIME JOB, travail à temps complet.
to GAIN TIME, gagner du temps.
to GET A TIME EXTENSION, obtenir un délai.
in a GIVEN TIME, dans un délai déterminé.
in GOOD TIME, en temps utile.
HALF-TIME, à mi-temps.
IDLE TIME, temps mort.
INTERVAL OF TIME, laps de temps.
LEAVING-OFF TIME, heure de sortie.

LOSS OF TIME, perte de temps.
METHOD THAT HAS STOOD THE TEST OF TIME, méthode éprouvée.
MULTIPLIER TIME PERIOD, période de propagation de l'effet multiplicateur.
NEW TIME, liquidation prochaine.
to OBTAIN AN EXTENSION OF TIME FOR PAYMENT, obtenir un délai de paiement.
in ORDINARY TIMES, en période ordinaire.
OVERTIME COUNTS TIME AND A HALF, les heures supplémentaires se paient 50 % plus cher.
PAID BY TIME, payé à l'heure.
PART-TIME, à temps partiel.
PRESCRIBED TIME, délai réglementaire.
PROCESS IN TIME, processus temporel.
at the PROPER TIME, en temps opportun.
RATE OF TIME DISCOUNTING, taux auquel on escompte le temps.
REAL TIME, (en) temps réel.
REAL-TIME PROCESSING, traitement en temps réel.
within a REASONABLE TIME, dans un délai raisonnable.
REPLACEMENT TIME, U.S: délai de réapprovisionnement.
REPLENISHMENT TIME, U.S: délai de réapprovisionnement.
in the REQUIRED TIME, dans le délai prescrit.
ROUTING TIME, durée d'acheminement.
to SAVE TIME, faire une économie de temps.
SAVING OF TIME, économie, gain, de temps.
SEED-TIME, semailles ; semaison.
the SHARE-INDEX REACHED AN ALL-TIME LOW, l'indice des actions est descendu à son plus bas niveau.
SHORT-TIME, à court terme.
on SHORT-TIME, en chômage partiel.
SLACK TIMES IN BUSINESS, ralentissement dans les affaires.
SOWING-TIME, temps des semailles.
SPACE-TIMES COORDINATES, coordonnées espace-temps.
SPARE-TIME JOB, occupation pendant les heures de loisir.
STRICT TIME-LIMIT, délai péremptoire.
SUBSTITUTION OVER TIME, substitution dans le temps.
SUMMER-TIME, heure d'été.
TIME ADJUSTMENT, ajustement chronologique.
TIME-BARGAIN, marché à terme ; marché à livrer.
TIME-BILL, effet à courte, longue, échéance ; échéance à terme.
TIME-BOOK, registre de présence.
TIME-CONSTANT, constante de temps.
TIME FOR DECLARATION OF OPTIONS, heure de la réponse des primes.
TIME DEPOSIT, dépôt à terme.
TIME DRAFT, traite à terme.
TIME-ELEMENT, élément de temps.
TIME IS OF THE ESSENCE, le facteur temps est capital.
TIME IS THE ESSENCE OF THE CONTRACT, le terme est l'essence du contrat.
TIME FORMULA, barème de temps.
TIME FREIGHT, fret à terme.
TIME INSURANCE, assurance à terme.
TIME-LAGS, retards.
TIME-LIMIT, limite de temps ; délai.
TIME-MONEY, prêts à terme.
TIME IS MONEY, le temps c'est de l'argent.
TIME AND MOTION STUDY, étude des temps et mouvements.
TIME OF NEED, période difficile.
TIME TO PAY, terme de grâce.
TIME OF PAYMENT, époque du paiement ; échéance.
TIME POLICY, police à terme.
TIME PREMIUM, prime au temps.
TIME REGRESSION, régression temporelle.
TIME-REVERSAL TEST (OF INDEX-NUMBERS), test de réversibilité (des indices).
TIME RISK, risque à terme.
TIME SERIES, série chronologique, temporelle.
TIME SERIES CHART, diagramme temporel.
TIME-SHARING, partage de temps ; temps partagé ; utilisation collective (d'un ordinateur).
TIME-SHEET, feuille de présence.
TIME TABLE, horaire.
TIME TAKEN IN PRODUCTION, temps employé pour la production.
TIME-USING PRODUCTION, production qui demande du temps.
TIME OF WAITING, délai d'attente.
TIME-WORK, travail à l'heure.
TIME-WORKER, ouvrier qui travaille à l'heure.
WHOLE-TIME WORK, travail à plein temps.
ZONE TIME, heure du fuseau.

TIME v, chronométrer, fixer l'heure f.

TIMELY a, opportun.

TIMER s, chronométreur m.
HALF-TIMER, travailleur à mi-temps.

TIMING s, chronométrage m, U.S: calendrier m.

ADJUSTMENT OF THE TIMING OF PUBLIC INVESTMENT, modulation des investissements publics.

TIN s, étain m.
INTERNATIONAL TIN COUNCIL, Conseil international de l'étain.
TIN MARKET, marché de l'étain.
TIN SHARES, valeurs d'étain.

TINNED a, en conserve(s) f.
TINNED FOODS, conserves de produits alimentaires.

TINY a, minuscule.

TIP s, pente f, inclinaison f; tuyau m; pourboire m.
to GIVE A TIP, donner un tuyau à.
STOCK EXCHANGE TIP, tuyau de bourse.

TIPPING s, pente f, inclinaison f; pourboire(s) m.

TITHE s, dîme f, dixième m.
to LEVY THE TITHES, prélever la dîme.
PERSONAL TITHE, dîme personnelle.

TITHE v, payer la dîme.

TITHING s, paiement m de la dîme, prélèvement m de la dîme.

TITLE s, titre m.
to LOWER THE TITLE OF THE COINAGE, détitrer la monnaie.
TITLE DEED, titre (constitutif) de propriété ; acte.
TITLE TO PROPERTY, titre de propriété.

TOBACCO s, tabac m.
TOBACCO SHARES, valeurs de tabac.

TO-DAY adv, aujourd'hui.
TO-DAY'S PRICE, prix du jour.

TOIL s, labeur m; peine f.

TOIL v, travailler; peiner.

TOILING s, labeur m; peine f.

TOKEN s, signe m, indication f; jeton m.
TOKEN MONEY, monnaie fiduciaire, conventionnelle.
TOKEN PAYMENT, paiement symbolique (en reconnaissance d'une dette).

TOLERABLE a, tolérable, supportable.

TOLERANCE s, tolérance f.
LIMITS OF TOLERANCE, tolérances maxima et minima.
TOLERANCE FOR ERROR IN WEIGHT, tolérance de poids.
TOLERANCE OF FINENESS, tolérance de titre.
TOLERANCE OF WEIGHT, tolérance de poids.

TOLERATION s, tolérance f.

TOLL s, péage m, droit m de passage m.
to PAY TOLL, payer un droit de passage.
to PAY THE TOLL, acquitter le péage.
TOLL-BRIDGE, pont à péage.
TOLL-ROAD, route à péage.
TOWN TOLL, octroi.

TON s, tonne f, tonneau m.
DISPLACEMENT TON, tonneau-poids.
FREIGHT TON, tonneau de fret (de portée).
FREIGHTING PER TON, affrètement à la tonne.
GROSS REGISTER TON, tonneau de jauge brute.
GROSS TON, tonne forte.
LONG TON, tonne forte.
MEASUREMENT TON, tonneau de capacité.
METRIC TON, tonne métrique.
NET REGISTER TON, tonneau de jauge nette.
NET TON, tonne courte.
SHIPPING TON, tonneau de fret, d'affrètement.
SHORT TON, tonne courte.
TON DEAD WEIGHT, tonneau de portée en lourd ; tonneau d'affrètement.
TON DISPLACEMENT, tonneau-poids ; tonneau de déplacement.
TON GROSS REGISTER, tonneau de jauge brute.
TON-KILOMETRE, tonne-kilomètre.
TON MEASUREMENT, tonneau d'encombrement, de capacité.
TON-MILE, tonne par mille.
TON NET REGISTER, tonneau de jauge nette.
TON REGISTER, tonneau (de jauge).

TONE s, tenue f, dispositions f. pl, ambiance f.
GOOD TONE OF WALL STREET, bonne tenue de Wall Street.
PREVAILING TONE (OF THE MARKET), ambiance, tendance, générale (du marché).
TONE OF THE MARKET, dispositions du marché, de la bourse.

TONNAGE s, tonnage m, jauge f.
ABUNDANCE OF TONNAGE, abondance de tonnage.
ACTIVE TONNAGE, tonnage actif, en service.
CHARGING ON THE TONNAGE, taxation sur la jauge (du navire).
GROSS TONNAGE, tonnage brut ; jauge brute.
NET TONNAGE, poids net.

REGISTER TONNAGE, (tonnage de) jauge.
REGISTERED TONNAGE, (tonnage de) jauge.
TONNAGE DUTY, droit de tonnage.
TOTAL TONNAGE, tonnage global.

TOOL s, outil m, instrument m.
ANALYTICAL TOOL, instrument d'analyse.
MACHINE-TOOL INDUSTRY, industrie des machines-outils.
MEASURING TOOL, outil de mesure.
TOOL EQUIPMENT, outillage.

TOOLING s, usinage m.

TOP a, supérieur, haut.
TOP GRADE QUALITY, qualité (tout à fait) supérieure.
TOP-HAT INSURANCE SCHEME, *U.K:* régime de retraites des cadres (facultatif).
TOP PRICE, cours le plus haut ; prix fort.
TOP PRIORITY, urgence absolue.

TOP s, sommet m, tête f.
HILL-TOP, sommet.

TORTUOUS a, tortueux.
TORTUOUS CURVE, courbe gauche, à double courbure.

TOSS s, jet m, lancement m; tirage m au sort m.
TOSS-UP, coup de pile ou face ; à chances égales.
to WIN THE TOSS, gagner à pile ou face.

TOSS v, jeter; jouer à pile f ou face f.
to TOSS (UP) A COIN, jouer à pile ou face.
to TOSS HEADS OR TAILS, jouer à pile ou face.
to TOSS ONE'S MONEY ABOUT, dépenser sans compter.

TOSSING s, lancement m; jeu de pile f ou face f.
COIN TOSSING, jeu de pile ou face.

TOT s, addition f, colonne f de chiffres m. pl à additionner.

TOT v, totaliser.
to TOT UP TO, s'élever à.
to TOT UP A COLUMN OF FIGURES, additionner une colonne de chiffres.

TOTAL a, total, entier, global, complet.
ACCOUNTING FOR 20 % OF TOTAL OUTPUT, représentant 20 % de la production totale.
AVERAGE TOTAL COST, coût total moyen.
BANKRUPT'S TOTAL ESTATE, masse des biens de la faillite.
CONSTRUCTIVE TOTAL LOSS, perte censée totale.
to MAXIMIZE TOTAL PROFIT, rendre maximum le profit total.
MAXIMIZING TOTAL UTILITY, maximation de l'utilité totale.
MINIMUM TOTAL COST, coût total minimum.
TOTAL AMOUNT, somme totale.
TOTAL ASSETS, total de l'actif.
TOTAL CONSUMPTION, consommation totale.
TOTAL COST, coût total ; prix de revient total.
TOTAL DEMAND, demande totale.
TOTAL DWELLINGS STARTED, nombre total de logements commencés.
TOTAL EXPENSES, dépenses totales.
TOTAL EXPENSES INCURRED, total des dépenses encourues.
TOTAL FLOOR AREA, surface totale de plancher.
TOTAL GENERATION OF ELECTRICITY, production totale d'électricité.
TOTAL INPUT, quantité totale de facteurs employés.
TOTAL LIABILITIES, total du passif.
TOTAL LOSS, perte totale ; sinistre total.
TOTAL NUMBER OF SHARES, nombre total d'actions.
TOTAL OUTPUT, quantité totale produite.
TOTAL POPULATION, population totale.
TOTAL PROFIT, profit total.
TOTAL REVENUE, recette totale.
TOTAL REVENUE CURVE, courbe de recette totale.
TOTAL TONNAGE, tonnage global.
TOTAL UTILITY CURVE, courbe d'utilité totale.
TOTAL VALUE OF SALES, valeur totale des ventes.

TOTAL s, total m, montant m.
to CAST (UP) THE TOTAL, faire l'addition ; faire le total.
COMBINED TOTALS, données globales.
GRAND TOTAL, total général.
SUM-TOTAL, somme totale.
TOTAL ACCOUNT, compte collectif.

TOTAL v, totaliser, additionner.
to TOTAL UP TO, s'élever à.

TOTALITARIAN a, totalitaire.

TOTALITY s, totalité f.

TOTALIZATION s, totalisation f.
TOTALIZATION OF RECEIPTS, totalisation des recettes.

TOTALIZE v, totaliser, additionner.

TOTALIZING s, totalisation f.

TOTALLED a, totalisé, additionné.

TOTALLY adv, totalement, entièrement, complètement.

TOTTING s, addition f, additionnement m.

TOUR s, tour m, voyage m.
all-INCLUSIVE TOUR (A.I.T.), voyage à forfait.

TOURING s, tourisme m.

TOURISM s, tourisme m.

TOURIST s, touriste.
FOREIGN TOURISTS, touristes étrangers.
TOURIST CENTRE, centre de tourisme.
TOURIST OFFICE, bureau de tourisme.
TOURIST TRAFFIC, trafic touristique.

TOWN s, ville f, cité f, place f.
DRIFT OF LABOUR INTO THE TOWNS, migration progressive de la main-d'œuvre vers les villes.
FRONTIER TOWN, ville frontière.
INCORPORATED TOWN, municipalité.
MANUFACTURING TOWN, ville industrielle.
TOWN CHEQUE, chèque sur place.
TOWN AND COUNTRY PLANNING, aménagement du territoire.
TOWN DUES, (droits d') octroi.
TOWN GAS, gaz de ville.
TOWN-PLANNED, urbanisé.
TOWN-PLANNER, architecte-urbaniste.
TOWN-PLANNING, (plan d') urbanisme.
TOWN TOLL, octroi.
TRADING TOWN, ville commerçante.

TOWNSHIP s, commune f.

TRACE s, trace f, filière f (en bourse f).
TRACES OF A STRAIGHT LINE, traces d'une droite.

TRACE v, tracer, suivre.
to TRACE OFF, décalquer (un dessin).
to TRACE (OUT) A DIAGRAM, faire le tracé d'un diagramme.
to TRACE (OUT) A PLAN, faire le tracé d'un plan.

TRACING s, traçage m, tracé m.

TRACK s, voie f, chemin m, piste f.
DOUBLE TRACK, ligne à deux voies.
TRACK-GAUGE, gabarit ; écartement des rails.

TRACKAGE s, halage m, frais m. pl de halage; *U.S:* réseau m ferroviaire.

TRACKWAY s, chaussée f; *U.S:* voie f (ferroviaire).

TRACTION s, traction f.

TRACTIVE a, tractoire.

TRACTOR s, tracteur m.
FARM TRACTOR, tracteur agricole.

TRACTRIX s, tractoire f, courbe f tractoire.

TRADE s, commerce m, négoce m, industrie f, affaires f. pl, métier m; échange m.
BALANCE OF TRADE, balance commerciale.
BARTER TERMS OF TRADE, termes réels de l'échange.
to BE IN TRADE, être dans le commerce.
to BE IN THE TRADE, être du métier.
BLACK IVORY TRADE, traite des noirs.
BOARD OF TRADE, *U.K:* ministère du commerce.
BOARD OF TRADE RETURNS, *U.K:* statistique(s) du ministère du commerce.
BRISK TRADE, commerce actif.
BUILDING-TRADE, le bâtiment.
BUILDING-TRADES, industries du bâtiment.
CARRYING TRADE, transport de marchandises.
CHAMBER OF TRADE, chambre des métiers.
COASTING TRADE, cabotage.
COMMISSION ON INTERNATIONAL COMMODITY TRADE, Commission internationale des produits de base.
CORN TRADE, commerce des grains.
COUNTRIES DEBARRED FROM TRADE, pays fermés au commerce.
DIRECT TRADE, commerce de gros.
DOMESTIC TRADE, commerce intérieur.
EUROPEAN FREE TRADE AREA, Zone européenne de libre-échange.
EUROPEAN FREE TRADE ASSOCIATION, Association européenne de libre-échange (A.E.L.E.).
EXPORT TRADE, commerce d'exportation.
EXTERNAL TRADE, commerce extérieur.
EXTERNAL TRADE STATISTICS, statistiques du commerce extérieur.
FACILITATION OF TRADE, facilités de commerce.
FACTORAL TERMS OF TRADE, termes de l'échange factoriels.
FAIR TRADE, libre-échange réciproque ; fair-trade.
FASHION TRADE, haute mode.
FAVOURABLE TRADE BALANCE, balance commerciale favorable.

FLOURISHING TRADE, commerce prospère.
FOREIGN TRADE, commerce extérieur.
FOREIGN TRADE MULTIPLIER, multiplicateur de commerce international, extérieur.
FREE TRADE, libre-échange.
FREE-TRADE DOCTRINES, doctrines libre-échangistes.
FREE-TRADE POLICY, politique de libre-échange.
FUR-TRADE, commerce de fourrures.
GAIN FROM TRADE, gains de l'échange.
GENERAL AGREEMENT ON TARIFFS AND TRADE (GATT), Accord général sur les tarifs douaniers et le commerce.
GENERAL TRADE, commerce général.
to GIVE A STIMULUS TO TRADE, donner de l'impulsion au commerce.
GLOVE-TRADE, ganterie.
GOVERNMENT TRADE, commerce pour le compte du gouvernement.
GRAIN TRADE, commerce des grains.
the GREAT MARTS OF TRADE OF EUROPE, les grands centres commerciaux européens.
GREAT TRADE ROUTES, grandes routes commerciales.
GROSS BARTER TERMS OF TRADE, termes de l'échange bruts.
HOME TRADE, commerce intérieur.
HOSIERY TRADE, bonneterie.
HOTEL TRADE, industrie hôtelière.
ILLICIT TRADE IN OPIATES, trafic des stupéfiants.
IMPEDIMENT TO TRADE, entrave aux échanges.
IMPORT TRADE, commerce d'importation.
INLAND TRADE, commerce intérieur.
INTERIOR TRADE, commerce intérieur.
INTERNAL TRADE, commerce intérieur.
INTERNATIONAL TRADE, commerce international.
LAWFUL TRADE, commerce licite.
LOCAL TRADE, commerce local.
LUCRATIVE TRADE, commerce lucratif.
LUXURY TRADE, commerce de luxe.
MARITIME TRADE, commerce maritime.
MULTILATERAL TRADE, commerce multilatéral.
OCEAN CARRYING TRADE, grande navigation.
to OPEN (UP) A COUNTRY TO TRADE, ouvrir un pays au commerce.
to OPEN NEW CHANNELS FOR TRADE, créer de nouveaux débouchés au commerce.
OUTLET FOR TRADE, débouché (commercial).
PACKING-TRADE, conserverie.
PAPER-TRADE, papeterie.
PASSIVE BALANCE OF TRADE, balance commerciale déficitaire.
POSTAL TRADE, vente par correspondance.
PRIME TRADE BILLS, papier hors banque; papier de haut commerce.
PUBLISHING TRADE, édition.
PURE THEORY OF FOREIGN TRADE, théorie pure du commerce international.
RE-EXPORT TRADE, commerce de réexportation.
to REGISTER A TRADE-MARK, déposer une marque de fabrique.
REGISTERED TRADE-MARK, marque déposée.
REGISTRATION OF A TRADE-MARK, dépôt d'une marque de fabrique.
RESTRAINT UPON (OF) TRADE, atteinte à la liberté du commerce.
RESTRICTIONS ON TRADE AND PAYMENTS, restrictions frappant les échanges et les paiements.
RETAIL TRADE, commerce de détail.
REVIVAL OF TRADE, reprise des affaires.
SEA TRADE, commerce maritime.
SEED-TRADE, graineterie.
SHIPPING TRADE, armement.
SILK TRADE, soierie.
SLAVE-TRADE, traite des noirs ; commerce des esclaves.
SLUMP IN TRADE, marasme des affaires.
SPECIAL TRADE, commerce spécial.
STAPLE TRADE, commerce régulier.
STOCK-IN-TRADE, marchandises en magasin ; stock.
STRONGHOLD OF FREE-TRADE, citadelle du libre-échange.
TALLY TRADE, commerce à tempérament.
TERMS OF TRADE, termes de l'échange ; parités de troc.
THEORY OF INTERNATIONAL TRADE, théorie du commerce international.
TIMBER-TRADE, commerce du bois.
TRADE ALLOWANCE, remise ; escompte.
TRADE ASSOCIATIONS, associations professionnelles.
TRADE BALANCE, balance commerciale.
TRADE BANK, banque de commerce ; banque commerciale.
TRADE BARRIER, barrière commerciale ; entrave au commerce.
TRADE BILLS, papier de commerce ; papier commercial.
TRADE BOOM, période de prospérité, d'essor économique.
TRADE CATALOGUE, tarif-album.
TRADE CHARGE, remboursement.
TRADE CYCLE, cycle économique.
TRADE CYCLE THEORIES, théories des cycles.
TRADE DISCOUNT, remise, escompte, sur marchandises ; escompte d'usage.

TRADE EXPENSES, frais de commerce.
TRADE FOLLOWS THE FLAG, le commerce suit le pavillon.
TRADE GUILD, corps de métier.
TRADE-MARK, marque de fabrique.
TRADE IS ON THE MEND, les affaires reprennent.
TRADE NAME, nom déposé.
TRADE PAPER, papier de commerce; papier commercial.
TRADE PRACTICES, usages commerciaux.
TRADE PRICE, prix du marché ; prix de demi-gros.
TRADE RECOVERY, reprise économique.
TRADE REFERENCE, référence du fournisseur.
TRADE REGISTER, registre du commerce.
TRADE REPRESENTATIVE, représentant de commerce.
TRADE RESTS UPON CREDIT, le commerce repose sur le crédit.
TRADE ROUTE, route commerciale.
TRADE SCHOOL, école professionnelle.
TRADE IS SLACK, le commerce languit.
TRADE IS AT A STANDSTILL, le commerce ne va plus.
TRADE TEST, test professionnel.
TRADE-UNION, syndicat ouvrier.
TRADE-UNION MOVEMENT, mouvement syndical.
TRADE-UNIONISM, syndicalisme.
TRADE-UNIONIST, syndiqué ; syndicaliste.
TRANSIT TRADE, commerce de transit.
TRENDS IN WORLD TRADE, tendances du commerce mondial.
UNFAVOURABLE BALANCE OF TRADE, balance commerciale défavorable.
USAGES OF TRADE, usages de commerce, de métier.
WELL-ORGANIZED TRADE-UNIONS, syndicats ouvriers bien organisés.
WHOLESALE TRADE, commerce de gros.
WORLD TRADE, commerce mondial.
WORLD TRADE BY REGIONS, commerce mondial par régions.
WORLD TRADE BY REGIONS AND COUNTRIES, commerce mondial par régions et pays.
ZINC-TRADE, zinguerie.

TRADE v, commercer; échanger, troquer.
to TRADE IN, reprendre en compte.
to TRADE SOMETHING FOR, échanger; troquer.

TRADED a, négocié.
TRADED-IN CARS, voitures de reprise.

TRADER s, négociant m, commerçant m, marchand m.
FREE TRADER, libre-échangiste.
PRIVATE TRADER, marchand établi à son propre compte.

TRADESMAN s, marchand m, fournisseur m.

TRADING s, commerce m, négoce m; exploitation f; transaction f, affaires f. pl.
FALSE TRADING, transaction à prix erroné.
RESULT OF THE TRADING, résultat des opérations commerciales.
RETAIL TRADING, commerce de détail.
TRADING-IN, reprise; vente en reprise.
TRADING ACCOUNT, compte d'exploitation.
TRADING ASSETS, actif engagé.
TRADING CAPITAL, capital engagé ; capital de roulement.
TRADING COMPANY, société de commerce.
TRADING CONCERN, entreprise commerciale.
TRADING LOSS, perte d'exploitation.
TRADING PORT, port de commerce.
TRADING-POST, comptoir.
TRADING PROFIT, bénéfice d'exploitation; bénéfices commerciaux.
TRADING RESULTS, résultats de l'exploitation.
TRADING TOWN, ville commerçante.
TRADING VESSEL, navire marchand.
TRADING YEAR, exercice (financier).

TRAFFIC s, trafic m, négoce m, commerce m; circulation f, navigation f.
CHARGING WHAT THE TRAFFIC WILL BEAR, pratique de prix discriminatoires selon la capacité des acheteurs.
FREIGHT TRAFFIC, trafic de marchandises.
GOODS TRAFFIC, trafic de marchandises.
MERCHANDISE TRAFFIC, trafic des marchandises.
OCEAN TRAFFIC, navigation au long cours.
PARCELS TRAFFIC, trafic des messageries.
PASSENGER TRAFFIC, trafic voyageurs ; trafic passagers.
RAILWAY TRAFFIC, trafic ferroviaire ; trafic des chemins de fer.
REVENUE TRAFFIC, trafic payant.
non-REVENUE TRAFFIC, trafic gratuit.
ROAD TRAFFIC, circulation routière.
THROUGH TRAFFIC, transit.
TOURIST TRAFFIC, trafic touristique.
TRAFFIC BLOCK, embouteillage de circulation.
TRAFFIC OBSTRUCTION, encombrement de la circulation.
TRAFFIC RETURNS, relevés de trafic.
TRANSIT TRAFFIC, trafic de transit.
one-WAY TRAFFIC, circulation à sens unique.

TRAFFIC *v*, trafiquer (en), faire du commerce *m* (de).

TRAFFICKER *s*, trafiquant *m*.

TRAIN *s*, train *m*, convoi *m*; suite *f*; série *f*.
EXPRESS PARCEL TRAIN, train pour le service de colis de grande vitesse.
EXPRESS TRAIN, train express.
FAST GOODS TRAIN, train de marchandises de grande vitesse.
FAST TRAIN, train rapide ; rapide.
FREIGHT TRAIN, train de marchandises.
GOODS TRAIN, train de marchandises.
MAIL TRAIN, train postal.
MERCHANDISE TRAIN, train de marchandises.
PARCELS TRAIN, train de messageries.
PASSENGES AND GOODS TRAIN, train mixte.
PASSENGER TRAIN, train de voyageurs.
RAILWAY TRAIN, train.
RELIEF TRAIN, train supplémentaire.
THROUGH TRAIN, train direct.

TRAINEE *s*, apprenti *m*, stagiaire *m*.

TRAINING *s*, instruction *f*, formation *f*.
APPRENTICE TRAINING, formation d'apprentis.

TRAJECTORY *s*, trajectoire *f*.

TRAM *s*, *U.K:* tramway *m*.
TRAM-CAR, *U.K:* tramway.

TRAMP *s*, navire *m*, cargo *m*, tramp *m*.
OCEAN TRAMP, navire tramp.
TRAMP NAVIGATION, navigation au tramping.

TRAMPING *s*, tramping *m*, navigation *f* à la cueillette.

TRAMWAY *s*, *U.K:* tramway *m*.

TRANSACT *v*, traiter.
to TRANSACT A BARGAIN, faire un marché.
to TRANSACT BUSINESS WITH, faire des affaires avec.

TRANSACTING *s*, transaction *f*, opération *f*, négociation *f*, affaire *f*, marché *m*.

TRANSACTION *s*, transaction *f*, opération *f*, négociation *f*, affaire *f*, marché *m*, délibérations *f. pl* (d'une assemblée).
BOGUS TRANSACTIONS, transactions véreuses.
CASH TRANSACTIONS, transactions au comptant ; opérations de caisse.
COMMERCIAL TRANSACTION, transaction commerciale.
CONSOLIDATED CASH TRANSACTIONS, récapitulation, regroupement, des opérations de caisse.
COVER ON STOCK EXCHANGE TRANSACTIONS, couverture d'opérations de bourse.
to DRAW A PROFIT FROM A TRANSACTION, tirer du profit d'une opération.
FORWARD EXCHANGE TRANSACTIONS, négociations, opérations, de change à terme.
FRAUDULENT TRANSACTION, transaction entachée de fraude.
LOAN TRANSACTIONS, transactions à crédit.
LUCRATIVE TRANSACTION, transaction lucrative.
MARKET TRANSACTIONS, opérations de bourse.
OUTSIDE TRANSACTIONS, transactions coulissières.
to SETTLE A TRANSACTION, liquider une opération.
SHORT-TERM TRANSACTION, opération à court terme.
SPOT EXCHANGE TRANSACTIONS, négociations de change au comptant.
STOCK EXCHANGE TRANSACTIONS, opérations de bourse.
TRANSACTION FOR THE ACCOUNT, opération, négociation, à terme ; opération, négociation, à livrer.
TRANSACTION UP (ON) CREDIT, opération à terme ; opération à livrer.
TRANSACTION DEMAND, demande courante.
TRANSACTION FILE, fichier (des) mouvements.
TRANSACTION FOR FUTURE DELIVERY, transaction à terme.
TRANSACTION FOR THE SETTLEMENT, opération, négociation, à terme ; opération, négociation, à livrer.
TRANSACTION VALUE, valeur de transaction.
not to UNDERTAKE ANY TRANSACTION WITHOUT COVER, n'accepter aucune opération à découvert.

TRANSACTOR *s*, négociateur *m*.

TRANSCENDENCE *s*, transcendance *f*.

TRANSCENDENCY *s*, transcendance *f*.

TRANSCENDENTAL *a*, transcendant.
TRANSCENDENTAL FUNCTION, fonction transcendante.
TRANSCENDENTAL GEOMETRY, géométrie transcendante.

TRANSECTION *s*, coupe *f* transversale, division *f* transversale.

TRANSFER *s*, transfert *m*; transmission *f*; transport *m*; mutation *f*; cession *f*; virement *m*.
BANK TRANSFER, virement bancaire.

BUSINESS TRANSFER PAYMENTS, paiements de transferts industriels et commerciaux.
CERTIFIED TRANSFERS, transferts déclarés.
CURRENT TRANSFERS, transferts courants.
to EXECUTE A TRANSFER, effectuer un transfert.
INCOME TRANSFERS TO HOUSEHOLDS, transferts de revenu au compte des ménages.
INVISIBLE TRANSFERS, transferts invisibles.
LEGAL CAPITAL TRANSFERS, transferts autorisés de capitaux.
NOMINAL TRANSFER, transfert d'ordre (gratuit).
REGISTRAR OF TRANSFERS, agent comptable des transferts.
SHARE TRANSFER, transfert d'actions.
TAXES ON PROPERTY TRANSFERS, droits de mutation.
TRANSFER CHEQUE, chèque de virement.
TRANSFER TO CREDIT OF, virement au crédit de.
TRANSFER BY DEATH, mutation par décès.
TRANSFER OF A DEBT, transport d'une créance.
TRANSFER DUTY, droits de mutation.
TRANSFER EFFECTS, effets de transfert.
TRANSFER OF FUNDS, virement de fonds.
TRANSFER OF MORTGAGE, mutation, transfert, d'hypothèque.
TRANSFER PAYMENTS, paiements de transferts ; transferts.
TRANSFER OF PROPERTY, transmission, mutation, de biens.
TRANSFER RATE (OF DATA), vitesse de transmission (des informations).
TRANSFER REGISTER, registre des transferts.
TRANSFER OF SHARES, cession, transfert, d'actions.
TRANSFERS IN WAREHOUSE, transferts d'entrepôt.
WELFARE TRANSFERS, transferts sociaux.

TRANSFER *v*, transférer, transporter, céder.
to TRANSFER A BILL BY ENDORSEMENT, transférer, céder, un billet par voie d'endossement.
to TRANSFER A DEBT, transporter une créance.
to TRANSFER SHARES, céder, transférer, des actions.

TRANSFERABILITY *s*, transférabilité *f*, transmissibilité *f*, cessibilité *f*, commerciabilité *f*.
TRANSFERABILITY OF A DEBT, cessibilité, commerciabilité, d'une dette.
TRANSFERABILITY OF A SHARE, cessibilité d'une action.

TRANSFERABLE *a*, transférable, cessible.
TRANSFERABLE SECURITIES, valeurs mobilières transférables.

TRANSFEREE *s*, cessionnaire *m*.
TRANSFEREE OF A BILL OF EXCHANGE, cessionnaire d'un effet de commerce.
TRANSFEREE OF A SHARE, cessionnaire d'une action.

TRANSFERENCE *s*, transfèrement *m*, transfert *m*.
TRANSFERENCE OF A DEBT, transfèrement d'une créance.
TRANSFERENCE OF EXPENDITURE FROM... TO, transfert de dépense de... à.

TRANSFEROR *s*, cédant *m*; endosseur *m*.
TRANSFEROR OF A BILL, cédant d'un effet.
TRANSFEROR OF A SHARE, cédant d'une action.

TRANSFERRING *s*, transfert *m*, transmission *f*, mutation *f*.

TRANSFORM *v*, transformer.
to TRANSFORM AN EQUATION, transformer une équation.

TRANSFORMABLE *a*, transformable.

TRANSFORMATION *s*, transformation *f*, conversion *f*.
MARGINAL RATE OF TRANSFORMATION, taux marginal de transformation.
TRANSFORMATION CURVE, courbe de transformation.
TRANSFORMATION OF ENERGY, transformation de l'énergie.
TRANSFORMATION OF AN EQUATION, transformation d'une équation.

TRANSFORMER *s*, transformateur *m*.

TRANSFORMING *s*, transformation *f*, conversion *f*.

TRANSGRESS *v*, transgresser, enfreindre.

TRANSGRESSION *s*, transgression *f*, infraction *f*.

TRANSHIP *v*, transborder.

TRANSHIPMENT *s*, transbordement *m*.
TRANSHIPMENT BOND, acquit-à-caution.
TRANSHIPMENT RISK, risque de transbordement.

TRANSIENT *a*, transitoire.
TRANSIENT VISITOR, visiteur ; personne de passage.

TRANSIENT *s*, personne *f* de passage *m*.
TRANSIENTS AFLOAT, personnes de passage à bord de navires.

TRANSIRE *s*, passavant *m*, laisser-passer *m*, acquit-à-caution *m*.

TRANSIT *s*, transit *m*, trajet *m*, transport *m*.
DAMAGE IN TRANSIT, avaries de route.
GOODS IN TRANSIT, marchandises en transit.
to PASS IN TRANSIT, transiter.

PORT OF TRANSIT, port de transit.
SEA TRANSIT, trajet par mer.
TRANSIT AGENT, transitaire.
TRANSIT-BILL, passavant.
TRANSIT-DUTY, droits de transit.
TRANSIT GOODS, marchandises en (de) transit.
TRANSIT MANIFEST, manifeste de transit.
TRANSIT TRADE, commerce de transit.
TRANSIT TRAFFIC, trafic de transit.
TRANSIT VISA, visa de transit.

TRANSIT v, transiter.

TRANSITION s, transition f.
TRANSITION VALUES, valeurs transitoires.

TRANSLATION s, translation f; traduction f.
MOVEMENT OF TRANSLATION, mouvement de translation.

TRANSLOCATION s, déplacement m (d'une industrie).

TRANSMISSIBILITY s, transmissibilité f.

TRANSMISSIBLE a, transmissible.

TRANSMISSION s, transmission f; transfert m, mutation f, cession f.
DATA TRANSMISSION, transmission de données.
TRANSMISSION ON DEATH, mutation par décès.
TRANSMISSION OF SHARES, cession, transfert, d'actions.

TRANSMIT v, transmettre.
to TRANSMIT A PROPERTY BY WILL, transmettre des biens par testament.

TRANSMITTABLE a, transmissible.

TRANSMITTAL s, transmission f.

TRANSMITTING a, transmetteur.
TRANSMITTING STATION, poste émetteur.

TRANSMITTING s, transmission f, mutation f.

TRANSMUTATION s, transmutation f, mutation f, transformation f (géométrique).
TRANSMUTATION OF POSSESSION, mutation d'un bien.

TRANSPORT s, transport m.
AIR TRANSPORT, transport aérien.
COST OF TRANSPORT, coût de transport.
EASE OF TRANSPORT, facilités de transport.
MARINE TRANSPORT, transport maritime.
PRICE, INCLUDING TRANSPORT, prix, y compris le transport.
RAIL TRANSPORT, transport par voie ferrée.
REVOLUTION IN TRANSPORT, révolution dans les transports.
ROAD TRANSPORT, transports routiers.
SEA TRANSPORT (OF GOODS), messageries maritimes.
TRANSPORT AGENT, commissionnaire de transport.
TRANSPORT CHARGES, frais de transport.
TRANSPORT COMPANY, compagnie de transport.
TRANSPORT STATISTICS, statistiques de transport.

TRANSPORT v, transporter.

TRANSPORTATION s, transport m.
TRANSPORTATION COST, frais de transport.
TRANSPORTATION METHOD, méthode des transports.

TRANSPORTED a, transporté.

TRANSPORTER s, transporteur m.

TRANSPORTING a, transporteur.

TRANSPORTING s, transport m.

TRANSPOSITION s, transposition f; permutation f.

TRANSVERSAL a, transversal.

TRANSVERSAL s, transversale f.

TRANSVERSE a, transversal.
TRANSVERSE AXIS, axe transverse.
TRANSVERSE LINE, transversale.
TRANSVERSE SECTION, section transversale.

TRAPEZE s, trapèze m.

TRAPEZIFORM a, trapéziforme.

TRAPEZOID s, quadrilatère m irrégulier.

TRAPEZOIDAL a, trapézoïdal.

TRAVEL s, voyage m, tourisme m, parcours m.
FOREIGN TRAVEL, voyages à l'étranger ; tourisme étranger.
TRAVEL AGENCY, agence de voyages.
TRAVEL ALLOWANCE, allocation de voyage.

TRAVEL v, voyager.
to TRAVEL FOR A FIRM, représenter une maison de commerce.

TRAVELLED a, qui a (beaucoup) voyagé.
HEAVILY-TRAVELLED LINE, ligne à fort trafic.

TRAVELER, U.S: voyageur m, touriste m.

TRAVELLER, U.K: voyageur m, touriste m.
COMMERCIAL TRAVELLER, voyageur de commerce.
COMMERCIAL TRAVELLER'S TERRITORY, région assignée à un commis voyageur.
TRAVELLER'S CHEQUE, chèque de voyage.

TRAVELLING s, voyage(s) m, déplacement m.
TRAVELLING ALLOWANCE, indemnité de déplacement.
TRAVELLING EXPENSES, frais de déplacement.

TRAWLER s, chalutier m.

TREASURE s, trésor m.

TREASURE v, garder, conserver (précieusement).
to TREASURE UP, thésauriser.
to TREASURE UP WEALTH, amasser des richesses.

TREASURER s, trésorier m.
TREASURER'S REPORT, rapport financier.

TREASURERSHIP s, trésorerie f.

TREASURY s, trésor m, Trésor, Trésorerie f.
TREASURY BILL, bon du Trésor.
TREASURY-BILL RATE, taux (d'intérêt) des bons du Trésor.
TREASURY BONDS, bons du Trésor.
TREASURY DEPARTMENT, U.S: ministère des Finances.
TREASURY-NOTE, bon du Trésor.

TREAT v, traiter, négocier.

TREATISE s, traité m (théorique).

TREATMENT s, traitement m.
most-FAVOURED NATION TREATMENT, traitement de la nation la plus favorisée.
RECIPROCITY OF TREATMENT, réciprocité de traitement.

TREATY s, traité m; accord m, contrat m; convention f.
to NEGOTIATE A TREATY, négocier, conclure, un traité.
SALE BY PRIVATE TREATY, vente à l'amiable, de gré à gré.
TREATY OF COMMERCE, traité de commerce.
TREATY-PORT, port ouvert (au commerce étranger).

TREBLE a, triple.
TREBLE DUTY, triple droit.

TREBLE s, triple m.

TREBLE v, tripler.

TREBLING s, triplement m.

TREE s, arbre m.
ROOTED TREE, arborescence.

TREND s, tendance f, trend m, mouvement m.
DEVIATIONS FROM TREND, écarts au trend.
DOWNWARD TREND, tendance à la baisse.
GENERAL TREND, tendance générale.
GENERAL TREND OF THE MARKET, tendances d'ensemble, orientation, du marché.
to GET RID OF SECULAR TREND, se débarrasser de la tendance séculaire.
GROWTH TRENDS, tendances de croissance.
IRREGULAR TREND, tendance irrégulière.
LINEAR TREND, tendance linéaire.
METHOD OF RATIOS TO TREND VALUES, méthode des rapports au trend.
POPULATION TRENDS, tendances démographiques.
SECULAR TREND, tendance séculaire.
SECULAR TREND OF PRICES, mouvement séculaire des prix.
TREND ADJUSTMENT, ajustement au trend.
TREND FITTING, ajustement de la tendance.
TRENDS IN POPULATION, tendances de la population.
TRENDS IN PRODUCTION, tendances de la production.
TREND VALUE, trend calculé.
TRENDS IN WORLD TRADE, tendances du commerce mondial.

TRIAL s, essai m, épreuve f; jugement m.
BERNOUILLI TRIALS, essais de Bernouilli.
the CASE IS COMING UP FOR TRIAL, U.S: l'affaire vient à l'audience (devant un jury).
FIXING PRICES BY TRIAL AND ERROR, détermination des prix par tâtonnements.
FREE TRIAL, essai gratuit.
SECOND TRIAL BALANCE, balance d'inventaire.
SHORT TRIAL BALANCE, balance d'inventaire.
SPEED TRIAL, essai de vitesse.
on TRIAL, à l'essai.
TRIAL FLIGHT, vol d'essai.

TRIANGLE s, triangle m.
BASE OF A TRIANGLE, base d'un triangle.
in a GIVEN TRIANGLE, dans un triangle donné.
RECTANGLE TRIANGLE, triangle rectangle.
SIMILAR TRIANGLES, triangles semblables.

to SUPERPOSE TWO TRIANGLES, superposer deux triangles.

TRIANGULAR a, triangulaire.
TRIANGULAR ELECTION, élection triangulaire.

TRIBAL a, tribal.

TRIBALISM s, système m tribal.

TRIBE s, tribu f.

TRIBUNAL s, tribunal m.

TRIENNIAL a, trisannuel, triennal.

TRIFLING a, insignifiant, minime.
TRIFLING VALUE, valeur minime.

TRIGONAL a, triangulaire.

TRIGONOMETRIC(AL) a, trigonométrique.
TRIGONOMETRIC FUNCTION, fonction trigonométrique.
TRIGONOMETRICAL SURVEY, levé trigonométrique.

TRIGONOMETRY s, trigonométrie f.
PLANE TRIGONOMETRY, trigonométrie rectiligne.
SPHERICAL TRIGONOMETRY, trigonométrie sphérique.

TRIHEDRAL a, trièdre.
TRIHEDRAL ANGLE, (angle) trièdre.

TRIHEDRON s, trièdre m.

TRINOMIAL a, trinôme.

TRINOMIAL s, trinôme m.

TRIP s, voyage m, trajet m.
to ARRANGE A TRIP, organiser un voyage.
HOLIDAY TRIP, voyage de vacances.
RAILWAY TRIP, voyage en chemin de fer.

TRIPARTITE a, tripartite, triple.

TRIPLE a, triple.
TRIPLE RATIO, raison triple.

TRIPLE v, tripler.

TRIPLICATE a, triplé, triple.
TRIPLICATE RATIO, raison triplée.

TRIPLICATE s, triplicata m.

TRIPLING s, triplement m.

TRISECTION s, trisection f.

TROCHOID s, cycloïde f.

TROUBLE s, peine f; conflit m, difficulté f.
LABOUR TROUBLES, conflits ouvriers.

TROUGH s, creux m.
PEAKS AND TROUGHS, creux et sommets.

TRUCK s, troc m, échange m, wagon m; U.S: camion m; U.S: produits m. pl maraîchers.
TRUCK LOAD, charge complète ; wagon complet.
TRUCK LOAD RATES, tarif des wagons complets.
TRUCK SYSTEM, règlement des salaires ouvriers en nature.

TRUCKING s, U.S: camionnage m.

TRUE a, vrai, véritable, conforme.
TRUE BY DEFINITION, vrai par définition.
TRUE DISCOUNT, escompte en dedans.
TRUE INFLATION, inflation véritable.
TRUE MULTIPLIER, effet total du multiplicateur.
TRUE TO SPECIMEN, conforme à l'échantillon.
TRUE VALUE, vraie valeur.

TRUISM s, truisme m, axiome m.

TRUMAN pr. n, Truman.

TRUMAN DOCTRINE, doctrine Truman.

TRUNCATED a, tronqué.
TRUNCATED CONE, cône tronqué.

TRUNK s, tronc m.
TRUNK CALL, appel téléphonique interurbain.
TRUNK-LINE, grande ligne ; ligne principale.

TRUST s, trust m, coopérative f; confiance f, crédit m; fidéicommis m.
ANTI-TRUST LEGISLATION, législation anti-trust.
BRAINS TRUST, brain trust ; équipe dirigeante.
BREACH OF TRUST, abus de confiance.
BUSINESS TRUST*, U.S: trust d'affaires.
CHARITABLE TRUST, trust de bienfaisance.
INVESTMENT TRUST, trust de placement ; coopérative de placement.
LOAN ON TRUST, prêt d'honneur.
NATIVE TRUST FUND, caisse des affaires indigènes.
OIL TRUST, trust du pétrole.
SECURITIES IN TRUST, valeurs mises en trust.
STEEL TRUST, trust de l'acier.
TRUST-COMPANY, U.S: trust-company ; U.S: société financière.
TRUST SETTLEMENT, constitution de trust.
UNIT TRUSTS, U.K: Sociétés d'investissement à capital variable.

TRUSTEE s, dépositaire m, consignataire m, mandataire m; curateur m, fidéicommissaire m.
BOARD OF TRUSTEES, conseil de gestion (d'un hôpital, d'un musée, etc.).
TRUSTEE IN BANKRUPTCY*, syndic de faillite.
TRUSTEE'S CERTIFICATE, certificat fiduciaire.

TRUSTEESHIP s, fidéicommis m, syndicat m.
TRUSTEESHIP IN BANKRUPTCY*, syndicat d'une faillite.

TRUSTIFICATION s, U.S: intégration f, cartellisation f.
VERTICAL TRUSTIFICATION, cartellisation verticale.

TRY s, essai m, tentative f.

TRY v, juger; essayer.
to TRY A CASE, U.S: juger une affaire (par un jury).

TURN s, revirement m; tour m.
TURN OF THE MARKET, écart entre le cours acheteur et le cours vendeur.

TURN v, tourner, retourner.
to TURN OVER CAPITAL, faire rouler les capitaux.

TURNING s, virage m.
TURNING TO ACCOUNT, mise en valeur ; mise à profit.
TURNING TO PROFIT, mise en valeur ; mise à profit.

TURNOVER s, chiffre m d'affaires f. pl; renversement m.
LABOUR TURNOVER, fluctuations de personnel.
PREVENTION OF LABOUR TURNOVER, stabilisation du personnel.
TAX ON TURNOVER, taxe sur le chiffre d'affaires.
TURNOVER OF GOODS, écoulement des marchandises.
TURNOVER OF STOCKS, rotation des stocks.
TURNOVER TAX, taxe sur le chiffre d'affaires.

TURNPIKE s, U.S: route f à péage m.

TUTELAGE s, tutelle f.

TYPE s, type m; caractère m.
TYPES OF FREQUENCY DISTRIBUTIONS, morphologie des distributions de fréquences.

TYPEWRITER s, machine f à écrire.
PORTABLE TYPEWRITER, machine à écrire portable.

TYPICAL a, typique.

TYPING s, dactylographie f.
TYPING POOL, équipe de dactylos.

U *letter*, U.
U-SHAPED DISTRIBUTION, distribution en forme de U.

ULTERIOR *a*, ultérieur.

ULTIMATE *a*, ultime, final, dernier, profond.
ULTIMATE CAUSE, cause finale, profonde.
ULTIMATE CONSUMER, dernier consommateur.

ULTIMATUM *s*, ultimatum *m*.

ULTRA *a*, extrême.

UMPIRE *s*, arbitre *m*, juge *m*.

UNABLE *a*, incapable, incompétent.

UNACCEPTABLE *a*, inacceptable.

UNACCEPTED *a*, non accepté, inaccepté.
UNACCEPTED BILL, effet non accepté.

UNALLOTED *a*, disponible.
UNALLOTED SHARES, actions non réparties.

UNANIMITY *s*, unanimité *f*.

UNANIMOUS *a*, unanime.
UNANIMOUS CONSENT OF ALL THE SHAREHOLDERS, consentement unanime de tous les actionnaires.

UNANTICIPATED *a*, imprévu.

UNASSESSED *a*, non évalué ; non imposé.

UNASSIGNED *a*, non affecté.
UNASSIGNED REVENUE, recettes non affectées.

UNASSURED *a*, non assuré.

UNAUGMENTED *a*, sans augmentation *f*.

UNAUTHORIZED *a*, non autorisé, illicite.

UNAVAILABILITY *s*, indisponibilité *f*, illiquidité *f*, non-liquidité *f*.

UNAVAILABLE *a*, indisponible, illiquide, non liquide.
UNAVAILABLE FUNDS, fonds indisponibles.

UNAVAILABLENESS *s*, indisponibilité *f*, illiquidité *f*, non-liquidité *f*.

UNAVOIDABLE *a*, inévitable.
UNAVOIDABLE COST, dépenses inévitables.
UNAVOIDABLE LOSS, perte inévitable.

UNBANKABLE *a*, non bancable, déclassé.
UNBANKABLE PAPER, papier non bancable, déclassé.

UNBIAS(S)ED *a*, impartial, non biaisé.
UNBIASED ERROR, erreur non biaisée.
UNBIASED ESTIMATION, estimation sans distorsion.

UNBUILT *a*, imbâti.
UNBUILT (ON) GROUND, terrains non bâtis, vagues.

UNBUSINESSLIKE *a*, peu commerçant, contraire aux usages *m. pl* du commerce *m*.

UNCALLED *a*, non appelé.
UNCALLED FOR, non justifié.
UNCALLED CAPITAL, capital non appelé.

UNCERTAIN *a*, incertain, douteux, aléatoire.
to QUOTE UNCERTAIN, donner l'incertain (bourse).

UNCERTAINTY *s*, incertitude *f*, incertain *m*.
DEGREE OF UNCERTAINTY, degré d'incertitude.
ECONOMICS OF UNCERTAINTY, économie de l'incertain.
ELEMENT OF UNCERTAINTY, élément d'incertitude.
UNCERTAINTY OF EXPECTATIONS, incertitude des prévisions.

UNCHANGEABLE *a*, invariable, immuable.
UNCHANGEABLE QUANTITY (OF LAND), quantité invariable (de terre).

UNCHANGEABLENESS *s*, immuabilité *f*.

UNCHANGED *a*, inchangé.
PRICE UNCHANGED, prix inchangé.

UNCLAIMED *a*, non réclamé.
REFUSED OR UNCLAIMED PARCELS, colis refusés ou non réclamés.
UNCLAIMED DIVIDEND, dividende non réclamé.

UNCLASSIFIED *a*, non classé.

UNCLEARED *a*, non acquitté.
UNCLEARED GOODS, marchandises non dédouanées.

UNCOINED *a*, non monnayé.

UNCOLLECTED *a*, non perçu.
UNCOLLECTED TAXES, impôts non perçus.

UNCOMMERCIAL *a*, peu commercial.

UNCONDITIONAL *a*, inconditionnel, absolu.
UNCONDITIONAL ACCEPTANCE, acceptation sans réserve.

UNCONFIRMED *a*, non confirmé.
UNCONFIRMED CREDIT, crédit, accréditif, non confirmé.

UNCONNECTED *a*, sans rapport *m*.

UNCONSCIONABLE *a*, peu scrupuleux, léonin.
UNCONSCIONABLE BARGAIN, contrat léonin ; affaire de dupes.

UNCONSOLIDATED *a*, non consolidé.
UNCONSOLIDATED DEBT, dette non consolidée.

UNCONSTITUTIONAL *a*, inconstitutionnel.

UNCONVERTIBLE *a*, inconvertible.

UNCORRELATED *a*, sans corrélation *f*.

UNCOUNTED *a*, non compté, incalculable.

UNCOVERED *a*, à découvert.
UNCOVERED ADVANCE, avance à découvert.
UNCOVERED BALANCE, découvert.
UNCOVERED BEAR, baissier à découvert.
UNCOVERED CIRCULATION, circulation à découvert.

UNCROPPED *a*, en jachère *f* ; sur pied *m*.
UNCROPPED HARVEST, récolte sur pied.

UNCROSSED *a*, non barré.
UNCROSSED CHEQUE, chèque non barré.

UNCULTIVATED *a*, inculte.

UNDATED *a*, non daté.
UNDATED BONDS, obligations sans date d'échéance.
UNDATED DEBENTURE, obligation perpétuelle.

UNDECIDED *a*, indécis.

UNDECIDED TENDENCY, tendance indécise.

UNDEFINABLE *a*, indéfinissable.

UNDELIVERED *a*, non livré.
UNDELIVERED GOODS, marchandises non livrées.

UNDER *adv*, en-dessous.
DIFFERENCE OVER OR UNDER, différence en plus ou en moins.

UNDER- *comb. fm*, de dessous, sous.
UNDER-CONSUMPTION, sous-consommation.
UNDER-CONSUMPTION THEORY, théorie de la sous-consommation.
UNDER-DEVELOPED COUNTRY, pays sous-développé.
UNDER-DEVELOPMENT, sous-développement.
UNDER-ESTIMATE, sous-estimation.
to UNDER-ESTIMATE, sous-estimer ; sous-évaluer.
to UNDER-RENT, sous-louer.
UNDER-SCERETARY OF STATE, sous-secrétaire d'État.
UNDER-STRUCTURE, infrastructure.
UNDER-TENANT, sous-locataire.

UNDERBID *v*, faire une soumission plus avantageuse.

UNDERCUT *v*, vendre moins cher, faire une soumission plus avantageuse.

UNDERCUTTING *s*, vente *f* à des prix *m. pl* qui défient la concurrence.

UNDER-DEVELOPED *a*, sous-développé.
ECONOMIC AID TO UNDER-DEVELOPED COUNTRIES, aide aux pays sous-développés.

UNDER-DEVELOPMENT *s*, sous-développement *m*.

UNDERGO *v*, subir, supporter.
to UNDERGO A TEST, subir une épreuve, un test.

UNDERGROUND *a*, souterrain.
UNDERGROUND WORKER, mineur, ouvrier, du fond.

UNDERGROUND *adv*, sous terre *f*.

UNDERGROUND *s*, sous-sol *m*, *U.K:* métro *m*.

UNDERLEASE *s*, sous-bail *m*, sous-location *f*.

UNDERLEASE *v*, sous-louer.

UNDERLESSEE *s*, sous-locataire *m*.

UNDERLESSOR *s*, sous-bailleur *m*.

UNDERLET *v*, sous-louer.

UNDERLETTING *s*, sous-location *f*.

UNDERLYING *a*, sous-jacent.
UNDERLYING ASSUMPTION, hypothèse sous-jacente.

UNDERPAID *a*, insuffisamment payé.
UNDERPAID WORKMEN, ouvriers insuffisamment payés.

UNDERPRODUCTION *s*, sous-production *f*.

UNDERSELL *v*, vendre moins cher, à meilleur prix *m*.

UNDERSTAFFED *a*, qui manque de personnel *m*.
to BE UNDERSTAFFED, manquer de personnel.

UNDERSTANDING *s*, accord *m*, entente *f*, condition *f*.

UNDERTAKE *v*, entreprendre, (s')engager.
to UNDERTAKE THE COLLECTION OF BILLS REMITTED, se charger du recouvrement d'effets remis.
to UNDERTAKE TO PAY A BILL, s'engager à payer une traite.
to UNDERTAKE TO PAY THE DUTY, prendre les droits à sa charge.
not to UNDERTAKE ANY TRANSACTION WITHOUT COVER, n'accepter aucune opération à découvert.

UNDERTAKING *s*, entreprise *f*; engagement *m*.
COMMERCIAL UNDERTAKING, entreprise commerciale.
INDUSTRIAL UNDERTAKING, entreprise industrielle.
JOINT UNDERTAKING, entreprise en participation.
MUNICIPAL UNDERTAKINGS, services publics municipaux.
PUBLIC UNDERTAKINGS, entreprises publiques.
PUNCTUAL AND STRICT PERFORMANCE OF UNDERTAKINGS, exécution exacte et précise des engagements pris.
UNDERTAKING SYNDICATE, syndicat de garantie.

UNDERVALUATION *s*, sous-estimation *f*, sous-évaluation *f*, minoration *f*.
UNDERVALUATION OF THE ASSETS, sous-estimation, minoration, de l'actif.

UNDERVALUE *v*, sous-estimer, sous-évaluer.

UNDERWRITE *v*, garantir, souscrire.
to UNDERWRITE AN ISSUE, garantir une émission.
to UNDERWRITE A POLICY, souscrire une police.
to UNDERWRITE A RISK, souscrire un risque ; partager un risque.
to UNDERWRITE SHARES, garantir des titres.

UNDERWRITER *s*, membre *m* d'un syndicat de garantie *f*.
UNDERWRITERS, syndicat de garantie.

UNDERWRITING *s*, garantie *f* d'émission *f*, souscription *f*.
FIRM UNDERWRITING, garantie de prise ferme.
MANAGER OF AN UNDERWRITING SYNDICATE, gérant d'un syndicat de placement.
SHARE OF UNDERWRITING, part de syndicat.
UNDERWRITING CONTRACT, contrat de garantie ; acte syndical.
UNDERWRITING SYNDICATE, syndicat de garantie, de placement.

UNDEVELOPED *a*, non développé.
SECTION OF UNDEVELOPED LAND, lot de terrain non bâti.

UNDISCERNIBLE *a*, imperceptible.

UNDISCHARGED *a*, non acquitté.
UNDISCHARGED BANKRUPT, failli non réhabilité.
UNDISCHARGED DEBT, dette non acquittée.

UNDISCOUNTABLE *a*, inescomptable.
UNDISCOUNTABLE BILL, billet, effet, inescomptable.

UNDISTRIBUTED *a*, non distribué, non réparti.
UNDISTRIBUTED EARNINGS, bénéfices non distribués.
UNDISTRIBUTED PROFIT, bénéfice non distribué.

UNDIVIDED *a*, non divisé, non réparti, indivis.
UNDIVIDED PROFITS, bénéfices non répartis.
UNDIVIDED PROPERTY, biens indivis.

UNDOING *s*, ruine *f*, perte *f*; annulation *f*.

UNDUE *a*, indu; non échu; illégitime.

UNDULY *adv*, indûment.
RETURN OF TAXES UNDULY COLLECTED, restitution d'impôts indûment perçus.
UNDULY SEVERE REGULATIONS, règlements trop draconiens.

UNEARNED *a*, immérité, non-salarial.
UNEARNED INCOME, revenus ne provenant pas d'un travail.
UNEARNED LAND INCREMENTS, plus-values foncières spontanées.

UNECONOMIC *a*, non économique.

UNEMBODIED *a*, immatériel, incorporel.

UNEMPLOYABLE *a*, inemployable.

UNEMPLOYED *a*, inemployé; en chômage *m*; inactif, improductif.
PLETHORA OF UNEMPLOYED LABOUR, pléthore de main-d'œuvre inemployée.
UNEMPLOYED CAPITAL, capitaux inemployés.
UNEMPLOYED FUNDS, fonds inactifs, improductifs.

UNEMPLOYED *s. pl*, chômeurs *m. pl*.
RESERVE ARMY OF THE UNEMPLOYED, armée de réserve des chômeurs.

UNEMPLOYMENT *s*, chômage *m*.
to ACCENTUATE THE UNEMPLOYMENT, accentuer le chômage.
COMPULSORY UNEMPLOYMENT INSURANCE, assurance chômage obligatoire.
DISGUISED UNEMPLOYMENT, chômage caché.
FRICTIONAL UNEMPLOYMENT, chômage frictionnel.
INVOLUNTARY UNEMPLOYMENT, chômage involontaire.
MARGINAL UNEMPLOYMENT, chômage marginal.
MASS UNEMPLOYMENT, chômage massif.
SEASONAL UNEMPLOYMENT, chômage saisonnier.
TECHNOLOGICAL UNEMPLOYMENT, chômage technologique.
THEORY OF UNEMPLOYMENT, théorie du chômage.
UNEMPLOYMENT BENEFIT, secours de chômage ; allocation de chômage.
UNEMPLOYMENT COMPENSATION, secours de chômage.
UNEMPLOYMENT DOLE, indemnité de chômage.
UNEMPLOYMENT FUND, fonds d'assurance chômage.
UNEMPLOYMENT ON THE INCREASE, chômage en augmentation.
UNEMPLOYMENT RELIEF, secours de chômage.

UNENDORSED *a*, non endossé.

UNEQUAL *a*, inégal, irrégulier.

UNEQUALLED *a*, inégalé.

UNEQUIPPED *a*, non équipé.

UNEQUITABLE *a*, inéquitable.
UNEQUITABLE DISTRIBUTION OF TAXATION, répartition inéquitable des impôts.

UNESSENTIAL *a*, non essentiel, accessoire.

UNESSENTIAL *s*, accessoire *m*.
to DISCARD THE UNESSENTIAL, écarter tout ce qui n'est pas essentiel.

UNEVEN *a*, inégal; impair; irrégulier.
LAW OF UNEVEN ECONOMIC DEVELOPMENT, loi de l'inégalité du développement économique.
UNEVEN CLASS-INTERVALS, intervalles de classes inégaux.
UNEVEN NUMBERS, nombres impairs.

UNEVENNESS *s*, inégalité *f*; irrégularité *f*; dénivellation *f*.

UNEXCHANGEABILITY *s*, impermutabilité *f* (de titres *m. pl*, d'actions *f. pl*).

UNEXCHANGEABLE *a*, inéchangeable, impermutable.
UNEXCHANGEABLE SECURITIES, valeurs inéchangeables, impermutables.

UNEXPECTED *a*, inattendu, imprévu.

UNEXPENDED *a*, non dépensé.
UNEXPENDED BALANCE, solde non dépensé.

UNFAIR *a*, inéquitable, déloyal, injuste, partial.
to PROTECT AN INDUSTRY AGAINST UNFAIR COMPETITION, protéger une industrie contre la concurrence déloyale.
UNFAIR COMPETITION, concurrence déloyale.
UNFAIR PRICE, prix exorbitant, exagéré.
UNFAIR WAGE, salaire inéquitable.

UNFASHIONABLE *a*, démodé.

UNFASHIONED *a*, brut, non élaboré.

UNFAVOURABLE *a*, défavorable, désavantageux.
UNFAVOURABLE BALANCE OF TRADE, balance commerciale défavorable.
UNFAVOURABLE EXCHANGE, change défavorable, contraire.

UNFEASIBLE *a*, impraticable, irréalisable.

UNFILLED *a*, non rempli.
UNFILLED ORDERS, commandes en carnet.

UNFIT *a*, impropre, inapte.
MATERIALS UNFIT FOR THE JOB, matériaux impropres à cet usage.

UNFITNESS *s*, inaptitude *f*.

UNFIXED *a*, variable, flottant.

UNFORESEEABLE *a*, imprévisible.
UNFORESEEABLE CHANGE, changement imprévisible.
UNFORESEEABLE EVENT, occurrence imprévisible.

UNFORESEEABLENESS *s*, imprévisibilité *f*.

UNFORESEEING *a*, imprévoyant.

UNFORESEEN *a*, imprévu, inattendu.
UNFORESEEN CHANGE, changement imprévu.
UNFORESEEN. CONTINGENCIES, éventualités imprévues.
UNFORESEEN EVENT, occurrence imprévue.

UNFUNDED *a*, non consolidé.
UNFUNDED DEBT, dette non consolidée.

UNFURNISHED *a*, non meublé, vide.
UNFURNISHED APARTMENT, *U.S:* appartement non meublé.
UNFURNISHED FLAT, *U.K:* appartement non meublé.

UNGOVERNABLE *a*, ingouvernable.

UNHEALTHY *a*, insalubre.

UNIFICATION *s*, unification *f*.

UNIFIED *a*, unifié.
6 % UNIFIED DEBT BONDS, obligations 6 % dette unifiée.

UNIFORM *a*, uniforme, constant.
UNIFORM ACCELERATION, vitesse uniformément accélérée.
UNIFORM SAMPLING FRACTION, fraction sondée constante.
UNIFORM VELOCITY, vitesse uniforme.

UNIFORMITY *s*, uniformité *f*, constance *f*, conformisme *m*.

UNIFORMLY *adv*, uniformément.

UNILATERAL *a*, unilatéral.
UNILATERAL CONTRACT, contrat unilatéral.
UNILATERAL MONOPOLY, monopole unilatéral.

UNINCORPORATED *a*, non enregistré, non constitué.
UNINCORPORATED ENTERPRISE, entreprise non constituée en société.

UNINOMINAL *a*, uninominal.
UNINOMINAL VOTING, scrutin uninominal.

UNINSURABLE *a*, non assurable.

UNINSURED *a*, non assuré.

UNINTENDED *a*, involontaire.

UNINTENTIONAL *a*, involontaire.

UNINTERRUPTED *a*, ininterrompu.

UNION *s*, union *f*, syndicat *m*.
CUSTOMS UNION, union douanière.
EUROPEAN PAYMENTS UNION, Union européenne des paiements.
INTERNATIONAL TELECOMMUNICATION UNION, Union internationale des télécommunications.
LABOUR UNIONS, syndicats.
LATIN (MONETARY) UNION, Union (monétaire) latine.
POSTAL UNION, Union postale.
SCANDINAVIAN MONETARY UNION, Union monétaire scandinave.

TRADE-UNION, syndicat ouvrier.
TRADE-UNION MOVEMENT, mouvement syndical.
UNION DELEGATE*, *U.S:* délégué du personnel.
non-UNION MEN, ouvriers non syndiqués.
UNIVERSAL POSTAL UNION, Union postale universelle.
WELL-ORGANIZED TRADE-UNIONS, syndicats ouvriers bien organisés.

UNIONISM *s*, unionisme *m*, syndicalisme *m*.
BLACK UNIONISM, syndicalisme non officiel, clandestin, sauvage.
TRADE-UNIONISM, syndicalisme.

UNIONIST *s*, unioniste *m*, syndicaliste *m*.
TRADE-UNIONIST, syndiqué ; syndicaliste.

UNIQUE *a*, unique, seul.
UNIQUE EQUILIBRIUM VALUE, seule valeur d'équilibre.

UNIQUENESS *s*, unicité *f*.

UNISSUED *a*, non émis.
UNISSUED DEBENTURES, obligations à la souche.
UNISSUED SHARES, actions à la souche.

UNIT *s*, unité *f*.
ADDITIONAL RESERVE UNIT, unité de réserve (monétaire) additionnelle.
ADMINISTRATIVE UNIT, circonscription administrative.
AVERAGE COST PER UNIT, coût unitaire moyen.
AVERAGE UNIT VALUE, valeur unitaire moyenne.
CAPITAL INTENSITY REQUIRED PER UNIT OF LABOUR, quantité de capital requise par unité de travail.
CENTRAL PROCESSING UNIT, unité centrale de traitement.
CENTRAL UNIT, unité centrale.
COLLECTIVE RESERVE UNIT (C.R.U.), unité de réserve (monétaire) collective.
CONSUMER UNIT SCALES, échelle d'unité de consommateur.
CONSUMPTION UNIT, unité de consommation.
CONTROLLING UNIT, unité directrice.
COST-UNIT, unité de coût.
CURRENCY UNIT, unité monétaire.
DATA ADAPTER UNIT, unité de contrôle et d'adaptation.
DISPLAY UNIT, unité d'affichage.
ECONOMIC UNIT, unité économique.
EXPORT UNIT VALUE INDEX, indices de la valeur unitaire des exportations.
HOUSING UNIT, unité d'habitation.
IMPORT UNIT VALUE INDEX, indices de la valeur unitaire des importations.
INDIVISIBILITY OF UNITS, indivisibilité des unités.
INDUSTRIAL UNIT, atelier.
LOAD PER UNIT, taux de charge.
MARGINAL UNIT OF INVESTMENT, unité marginale d'investissement.
METRIC UNIT, unité métrique.
MONETARY UNIT, unité monétaire.
MONEY UNIT, unité monétaire.
MONEY AS A UNIT OF ACCOUNT, monnaie en tant qu'unité de compte.
PECUNIARY UNIT, unité en valeur.
PERIPHERAL UNITS, unités périphériques.
PROCESSING CENTRAL UNIT, unité centrale de traitement.
PRODUCTION UNIT, unité de production.
RETURN PER UNIT OF CAPITAL, rendement par unité de capital.
SELF-SUFFICIENT ECONOMIC UNIT, unité économique se suffisant à elle-même.
STATISTICAL UNITS, unités statistiques.
TERMINAL UNIT, station terminale ; unité terminale.
THERMAL UNIT, unité de chaleur.
UNIT OF ACCOUNT, unité de compte.
UNIT COST, coût de l'unité.
UNITS OF NATIONAL CURRENCY, unités de monnaie nationale.
UNIT PRICE OF OUTPUT, prix unitaire du produit.
UNIT TRUSTS, *U.K:* Sociétés d'investissement à capital variable.
UNIT VALUE INDEX, indice de la valeur unitaire.
UNIT VECTOR, vecteur unitaire.
WAGE-UNITS, unités de salaire.

UNITARY *a*, unitaire.
UNITARY ELASTICITY OF DEMAND, élasticité unitaire de la demande.
UNITARY SYSTEM OF TAXATION, système unitaire d'imposition.

UNITE *v*, (s') unir.
to UNITE AGAINST A PARTY, faire bloc contre un parti.

UNITED *a*, uni.
UNITED NATIONS, Nations Unies.
UNITED NATIONS EDUCATIONAL, SCIENTIFIC AND CULTURAL ORGANIZATION (UNESCO), Organisation des Nations Unies pour l'éducation, la science et la culture.

UNITY *s*, unité *f*.
NATIONAL UNITY, unité nationale.

to REDUCE A COEFFICIENT TO UNITY, réduire un coefficient à l'unité.

UNIVERSAL a, universel.
UNIVERSAL POSTAL UNION, Union postale universelle.
UNIVERSAL SUFFRAGE, suffrage universel.

UNIVERSALISM s, universalisme m.

UNIVERSALITY s, universalité f.

UNIVERSALIZATION s, universalisation f.

UNIVERSALNESS s, universalité f.

UNIVERSE s, univers m.

UNIVERSITY s, université f.

UNJUST a, injuste, déloyal.

UNKNOWN a, inconnu.
to FIND THE VALUE OF THE UNKNOWN QUANTITY, trouver la valeur de l'inconnue.
to ISOLATE THE UNKNOWN QUANTITY, dégager l'inconnue.
UNKNOWN QUANTITY, inconnue.

UNKNOWN s, inconnue f.
the COEFFICIENTS AND THE UNKNOWNS, les données et les inconnues.
LINEAR EQUATION IN ONE UNKNOWN, équation linéaire à une inconnue.

UNLAWFUL a, illégal, illicite.

UNLAWFULNESS s, illégalité f.

UNLICENSED a, non autorisé, sans patente f, marron.
UNLICENSED BROKER, courtier marron.

UNLIKE a, dissemblable, différent.
UNLIKE QUANTITIES, quantités dissemblables.

UNLIKELY a, improbable, invraisemblable.

UNLIMITED a, illimité.
UNLIMITED LIABILITY, responsabilité illimitée.

UNLISTED a, non inscrit.
UNLISTED SECURITIES, valeurs non inscrites, non admises, à la cote officielle.

UNLOAD v, (se) décharger.
to UNLOAD STOCK ON THE MARKET, se décharger d'un paquet d'actions.

UNLOADED a, déchargé, débarqué.
GOODS LOADED AND UNLOADED, marchandises embarquées et débarquées.

UNLOADING s, débarquement m.
UNLOADING DOCK, débarcadère.

UNMANAGEABLE a, ingouvernable.

UNMANUFACTURED a, brut, non manufacturé.
UNMANUFACTURED MATERIALS, matières premières.

UNMARKED a, sans marque f.
UNMARKED SHARES, actions non estampillées.

UNMARKETABLE a, invendable, non réalisable.
UNMARKETABLE ASSETS, actif non réalisable.

UNMEASURED a, indéterminé, infini, immense.

UNMERCHANTABLE a, invendable.

UNMORTGAGED a, libre d'hypothèques f. pl.

UNNECESSARY a, superflu, inutile.

UNNEGOTIABLE a, non négociable.
UNNEGOTIABLE BILL, effet non négociable.

UNNOTICED a, inaperçu, inobservé.

UNNUMBERED a, innombrable; non numéroté.

UNOBSERVABLE a, imperceptible, inobservable.

UNOCCUPIED a, inoccupé, oisif.

UNORGANIZED a, inorganisé.

UNOWNED a, sans propriétaire m.

UNPAID a, bénévole; impayé.
to RETURN A BILL UNPAID, retourner une traite faute de paiement.
UNPAID CHEQUE, chèque impayé.

UNPAYABLE a, inacquittable.
UNPAYABLE DEBT, dette inacquittable.

UNPEOPLED a, dépeuplé, inhabité.

UNPERCEIVABLE a, imperceptible.

UNPLACED a, non placé.
UNPLACED SHARES, actions non placées.

UNPRICED a, sans prix m, inestimable.

UNPRODUCTIVE a, improductif, stérile.
PRODUCTIVE AND UNPRODUCTIVE LABOUR, main-d'œuvre productive et improductive.
UNPRODUCTIVE CAPITAL, capitaux improductifs.
UNPRODUCTIVE LAND, terre stérile.

UNPRODUCTIVENESS s, improductivité f, stérilité f.

UNPROFITABLE a, non lucratif.

UNPROTESTED a, non protesté.
UNPROTESTED BILL, effet non protesté.

UNQUOTED a, non coté.
UNQUOTED SECURITIES, valeurs non cotées.

UNREALIZABLE a, irréalisable.
UNREALIZABLE CAPITAL, fonds non réalisables, non liquides.
UNREALIZABLE SECURITIES, valeurs irréalisables.

UNREALIZED a, non réalisé.

UNRECEIPTED a, inacquitté.

UNREDEEMABLE a, non amortissable, irremboursable.
UNREDEEMABLE BONDS, obligations non amortissables, non remboursables.
UNREDEEMABLE DEBENTURES, obligations non amortissables, irremboursables.

UNREDEEMED a, non amorti, non racheté.

UNRELATED a, sans rapport m.

UNREMUNERATED a, non rémunéré.

UNREPAID a, non remboursé.

UNREST s, malaise m, agitation f.
LABOUR UNREST, agitation ouvrière.
SOCIAL UNREST, malaise social.

UNSAFE a, dangereux.
UNSAFE PAPER, papier de valeur douteuse.

UNSALARIED a, non rétribué.

UNSALEABLE a, invendable.
UNSALEABLE GOODS, marchandises invendables.

UNSECURED a, à découvert, sur notoriété f, chirographaire.
to BE UNSECURED, être à découvert.
UNSECURED ADVANCES, avances à découvert; avances sur notoriété.
UNSECURED CREDITOR, créancier chirographaire.
UNSECURED DEBT, créance sans garantie; créance chirographaire.
UNSECURED OVERDRAFT, découvert sur notoriété; découvert en blanc.

UNSETTLED a, instable.
UNSETTLED STATE OF THE MARKET, instabilité, incertitude, du marché.

UNSKILLED a, non qualifié, non spécialisé.
UNSKILLED LABOUR, main-d'œuvre non spécialisée.
UNSKILLED WORKER, ouvrier non qualifié.
UNSKILLED WORKMAN, ouvrier non qualifié; manœuvre.

UNSOLD a, invendu.
ACCUMULATION OF UNSOLD STOCKS, accumulation de stocks invendus.
UNSOLD GOODS, marchandises invendues.

UNSOLVABLE a, insoluble.

UNSPECIALIZED a, non spécialisé.

UNSPENT a, non dépensé.
UNSPENT BALANCE, solde non dépensé.

UNSTABLE a, instable.
UNSTABLE EQUILIBRIUM, équilibre instable.
UNSTABLE PRICES, cours instables.

UNSTAMPED a, non timbré, non estampillé.
UNSTAMPED BILL, effet non timbré.
UNSTAMPED SHARES, actions non estampillées.

UNSTEADINESS s, instabilité f, irrégularité f, variabilité f.

UNSTEADY a, irrégulier, instable.
the MARKET IS UNSTEADY, le marché est irrégulier.
UNSTEADY OUTPUT, débit irrégulier (d'une machine).

UNSUBSCRIBED a, non souscrit.

UNSUBSIDIZED a, sans subvention f, non subventionné.

UNSUCCESS s, insuccès m.

UNSUCCESSFUL a, sans succès m, infructueux.
PROBABILITY OF THE UNSUCCESSFUL OUTCOME, probabilité de l'insuccès.

UNSUITABILITY s, inaptitude f, incapacité f.

UNSUITABLE a, inapproprié, impropre.

UNSUITED *a*, inapte, impropre.

UNSYMMETRICAL *a*, asymétrique, dissymétrique.

UNTAX *v*, détaxer.

UNTAXABLE *a*, non imposable.

UNTAXED *a*, non imposé, exempt d'impôts *m. pl.*

UNTILLED *a*, inculte, en friche *f.*

UNTITHED *a*, exempt de la dîme.

UNTRANSFERABLE *a*, intransférable, incessible, inaliénable.

UNTRANSPORTABLE *a*, intransportable.

UNTRUE *a*, faux.
UNTRUE STATEMENT, fausse déclaration.

UNUSABLE *a*, inutilisable.

UNUSED *a*, inutilisé, inemployé.
UNUSED CAPACITY, capacité inemployée.

UNUTILIZED *a*, inutilisé.

UNVALUED *a*, non évalué, non estimé.

UNVENDABLE *a*, invendable.

UNVOUCHED (FOR) *a*, non garanti.

UNWARRANTED *a*, non garanti, sans garantie *f*; injustifié.

UNWATERED *a*, non dilué.
UNWATERED CAPITAL, capital non dilué.

UNWRITTEN *a*, non écrit, coutumier.
UNWRITTEN LAW, droit naturel.

UPHEAVAL *s*, bouleversement *m*, agitation *f.*

UPKEEP *s*, entretien *m.*
UPKEEP EXPENSES, frais d'entretien.
UPKEEP OF ROADS, entretien des routes.

UPPER *a*, supérieur.
UPPER ASYMPTOTE, asymptote supérieure.
UPPER CLASS, haute société.
UPPER CHAMBER, *U.K:* Chambre des Lords.
UPPER MIDDLE-CLASS, bourgeoisie aisée.

UPRIGHT *a*, vertical, perpendiculaire; debout; intègre.

UPRIGHTNESS *s*, verticalité *f*; intégrité *f.*

UPRISING *s*, soulèvement *m*, insurrection *f.*

UPSET *a*, renversé.
UPSET PRICE, mise à prix.

UPSET *s*, bouleversement *m*, désorganisation *f.*

UPSETTING *s*, renversement *m*; rupture *f.*
UPSETTING OF THE EQUILIBRIUM, rupture de l'équilibre.

UPSHOT *s*, résultat *m*, issue *f.*

UPWARD *a*, ascendant, montant.
UPWARD ERROR, erreur par excès.
UPWARD MOVEMENT OF STOCKS, mouvement de hausse des valeurs.
UPWARD-SLOPING CURVE, courbe ascendante.
UPWARD TENDENCY, tendance à la hausse.

UPWARDS *adv*, vers le haut.
CURVE CONCAVE UPWARDS, courbe concave vers le haut.
CURVE CONVEX UPWARDS, courbe convexe vers le haut.

URBAN *a*, urbain.
LARGE URBAN CONCENTRATIONS, grandes agglomérations urbaines.
URBAN CENTRE, centre urbain.

URBANIFICATION *s*, urbanisation *f*, aménagement *m* (d'une région).

URBANISM *s*, urbanisme *m.*

URBANIST *s*, urbaniste *m.*

URBANIZATION *s*, urbanisation *f*, aménagement *m* (des villes *f. pl*).

URGE *s*, incitation *f*, impulsion *f*, mobile *m.*

URGE *v*, prier instamment.

URGENCY *s*, urgence *f*, besoin *m* pressant.
WORK OF IMMEDIATE URGENCY, travail de première urgence.

URGENT *a*, urgent.

USABLE *a*, utilisable.

USAGE *s*, usage *m*, coutume *f.*
COMMON USAGE, usage courant.
SANCTIONED BY USAGE, consacré par l'usage.
USAGES AND CUSTOMS, les us et coutumes.
USAGES OF TRADE, usages de commerce, de métier.

USANCE *s*, usance *f.*
BILL AT DOUBLE USANCE, effet à double usance.

USE *s*, emploi *m*, usage *m*, utilisation *f*; usure *f.*
to ALLOCATE RESOURCES TO DIFFERENT USES, affecter des ressources à des usages différents.
ALTERNATIVE-USE COST, coût d'opportunité.
COMPETING USES, usages, emplois, concurrentiels.
DIRECTIONS FOR USE, mode d'emploi.
DISTRIBUTION OF A GIVEN VOLUME OF EMPLOYED RESOURCES BETWEEN DIFFERENT USES, répartition entre différentes utilisations d'un volume donné de ressources.
DISTRIBUTION OF NATIONAL PRODUCT AMONG DIFFERENT USES, répartition du produit national entre les différents emplois.
END-USE, utilisation finale ; fin dernière.
FULL RIGHT OF USE OF, plein droit d'usage de.
HOME USE ENTRY, sortie de l'entrepôt pour consommation.
JOINT USE, mitoyenneté ; utilisation en commun.
to MAKE USE OF, se servir de ; utiliser.
MONETARY USE, usages monétaires.
MOTOR VEHICLES IN USE, véhicules automobiles en circulation.
in ORDINARY USE, couramment employé(s).
not in USE, qui ne fonctionne pas.
out of USE, hors d'usage.
USES AND CUSTOMS, les us et coutumes.
USE, DECAY AND OBSOLESCENCE, l'usure, le dépérissement et la désuétude.
VALUE IN USE (OF A GOOD), valeur d'usage (d'un bien).

USE *v*, employer, utiliser, user (de).
to USE MONEY TO, utiliser l'argent à.

USED *a*, usagé; usité.
USED CAR, voiture d'occasion.

USEFUL *a*, utile.
USEFUL WEIGHT, poids utile.

USEFULNESS *s*, utilité *f.*

USELESS *a*, inutile.

USELESSNESS *s*, inutilité *f.*

USER *s*, usager *m*; usufruitier *m.*
FULL RIGHT OF USER OF, plein droit d'usage de.
LAND SUBJECT TO A RIGHT OF USER, propriété grevée d'une servitude.
USER COST, coût d'usage.

USING *a*, qui utilise.
TIME-USING PRODUCTION, production qui demande du temps.

USING *s*, emploi *m*, usage *m* (de).

USUAL *a*, usuel, habituel.
USUAL TERMS, conditions d'usage.

USUFRUCT *s*, usufruit *m.*
OWNERSHIP WITHOUT USUFRUCT, nue propriété.

USUFRUCTUARY *a*, usufruitier, usufructuaire.
USUFRUCTUARY RIGHT, droit usufructuaire.

USUFRUCTUARY *s*, usufruitier *m.*

USURER *s*, usurier *m.*

USURIOUS *a*, usuraire, usurier.
USURIOUS PRICE, prix usuraire.

USURPATION *s*, usurpation *f.*

USURY *s*, usure *f.*

UTENSIL *s*, ustensile *m*; outil *m.*

UTILITARIAN *a*, utilitaire.
UTILITARIAN PHILOSOPHY, philosophie utilitaire.

UTILITARIANISM *s*, utilitarisme *m.*

UTILITY *s*, utilité *f*, entreprise *f* de service *m* public.
CARDINAL UTILITY, utilité cardinale.
DIMINISHING MARGINAL UTILITY, utilité marginale décroissante.
EQUAL-UTILITY CONTOUR, contour de même utilité.
GAIN IN UTILITY, augmentation d'utilité.
IMMEASURABILITY OF UTILITY, incommensurabilité de l'utilité.
INCREMENT OF UTILITY, accroissement d'utilité.
INTERPERSONAL COMPARISONS OF UTILITY, comparaisons d'utilité interpersonnelles.
to KEEP THE LEVEL OF UTILITY CONSTANT, tenir constant le niveau d'utilité.
MARGINAL UTILITY, utilité marginale.
MARGINAL UTILITY OF MONEY, utilité marginale de la monnaie.
MARGINAL UTILITY OF THE PRODUCT, utilité de la production marginale.
MAXIMIZING TOTAL UTILITY, maximation de l'utilité totale.
MONEY AS MEASUREMENT OF UTILITY, monnaie en tant qu'instrument de mesure de l'utilité.

MONOPOLY OF PUBLIC UTILITIES, monopole des services publics.

ORDINAL UTILITY, utilité ordinale.

PRINCIPLE OF DIMINISHING MARGINAL UTILITY, principe d'utilité marginale décroissante.

PROPORTIONALITY BETWEEN MARGINAL UTILITIES AND PRICES, proportionnalité entre les utilités marginales et les prix.

PUBLIC UTILITY COMPANY, société d'utilité publique ; service public.

PUBLIC UTILITY STOCKS, valeurs de services publics.

PUNCHED CARD UTILITY, générateur de fonctions classiques, simples.

THEORY OF MARGINAL UTILITY, théorie de l'utilité marginale.

TOTAL UTILITY CURVE, courbe d'utilité totale.

UTILITY AND CONSUMPTION THEORY, théorie de l'utilité et de la consommation.

UTILITY FUNCTION, fonction d'utilité.

UTILITY WILL BE MAXIMIZED WHEN, l'utilité sera maximale lorsque.

UTILITY OF THE MONEY-WAGE, utilité des salaires nominaux.

UTILITY PROGRAM, programme utilitaire; programme de service.

UTILITY ROUTINE, sous-programme utilitaire.

UTILITY SCALE, échelle d'utilité.

UTILITY SURFACE, surface d'utilité.

UTILITY OF THE WAGE, utilité du salaire.

UTILIZABLE *a*, utilisable.

UTILIZATION *s*, utilisation *f*.

UTILIZATION PER CENT, taux du rendement.

UTILIZATION OF A PATENT, exploitation d'un brevet d'invention.

UTILIZE *v*, utiliser, tirer profit *m*.

UTOPIA *s*, utopie *f*.

VACANCY *s*, vacance *f*; vide *m*; poste *m* vacant.
to FILL A VACANCY, pourvoir un poste vacant.

VACANT *a*, vacant.
SITUATION VACANT, offre d'emploi.
VACANT SUCCESSION, succession vacante.

VACATE *v*, quitter, démissionner.
to VACATE OFFICE, (se) démettre.
to VACATE THE PREMISES, vider les lieux.

VACATION *s*, vacances *f. pl*, vacations *f. pl.*
SUMMER VACATION, *U.S:* vacances d'été.
VACATION WITH PAY, *U.S:* congés payés.

VACATION *v*, *U.S:* prendre des vacances *f. pl.*

VACATIONIST *s*, *U.S:* estivant *m*; touriste *m*.

VACUUM *s*, vide *m*.

VAGUE *a*, vague, imprécis.

VALID *a*, valide, valable.
VALID RECEIPT, quittance valable.
VALID WILL, testament valide.

VALIDATION *s*, validation *f*.

VALIDITY *s*, validité *f*.
to EXTEND THE VALIDITY OF A CREDIT, proroger la durée d'un crédit.

VALORIZATION *s*, valorisation *f*.

VALORIZE *v*, valoriser.

VALUABLE *a*, précieux, de valeur *f*.
PROPERTY ACQUIRED FOR VALUABLE CONSIDERATION, propriété acquise à titre onéreux.
VALUABLE ARTICLE, objet de valeur.
for a VALUABLE CONSIDERATION, à titre onéreux.
VALUABLE GOODS, objets de valeur.

VALUABLES *s. pl*, objets *m. pl* de valeur *f*.

VALUATION *s*, évaluation *f*, estimation *f*, expertise *f*, valeur *f* estimée.
ADJUSTMENT FOR STOCK VALUATION, ajustement pour plus-value de stocks.
ASSET VALUATION RESERVE, provision pour évaluation d'actif.
to MAKE A VALUATION OF, faire l'expertise de.
MARKET VALUATION, évaluation boursière.
VALUATION OF ASSETS, évaluation des actifs.
VALUATION OF INVESTMENTS, évaluation, estimation, des placements.
VALUATION OF PROPERTY INSURED, évaluation, estimation, des biens assurés.
VALUATION OF THE RISK, appréciation du risque.
VALUATION OF SECURITIES, évaluation, estimation, des titres.

VALUATOR *s*, commissaire-priseur *m*.

VALUE *s*, valeur *f*, prix *m*.
ACTUAL VALUE, valeur effective.
ANNUAL RENTAL VALUE OF THE PREMISES, valeur locative annuelle des locaux.
APPROXIMATE VALUE, valeur approximative.
ARBITRARY VALUE, valeur arbitraire.
ARTICLE OF VALUE, objet de valeur.

to ASCERTAIN THE VALUE, établir la valeur.
ASSESSMENT OF THE VALUE OF, estimation de la valeur de.
to ASSIGN A VALUE TO A PARAMETER, donner une valeur à un paramètre.
AVERAGE UNIT VALUE, valeur unitaire moyenne.
to BE OF VALUE, avoir de la valeur.
BOOK-VALUE, valeur comptable ; valeur en écritures.
BOUNDARY VALUE, valeur limite.
CALORIFIC VALUE, pouvoir calorifique.
CAPITAL VALUE, valeur en capital.
CAPITAL-VALUE CURVE, courbe de valeur en capital.
CAPITAL VALUE OF THE LOAN, valeur en capital de l'emprunt.
CAPITALIZATION BY PRESENT DISCOUNTED VALUES, capitalisation sur la base des valeurs actuelles escomptées.
CAPITALIZED MARKET VALUE, valeur capitalisée par le marché.
CAPITALIZED MONEY VALUE OF PROSPECTIVE RECEIPTS, capitalisation de l'espérance de gain.
CAPITALIZED VALUE, valeur capitalisée.
CENTRAL VALUE, valeur centrale, moyenne.
CHANGING VALUES, valeurs changeantes.
CLUSTERED ROUND THE CENTRAL VALUE, groupés autour de la moyenne.
COMING INTO VALUE, entrée en valeur.
COMMERCIAL VALUE, valeur vénale, marchande.
COMPUTED VALUE, valeur calculée.
CURRENT VALUE OF EXPORTS, valeur courante des exportations.
CUSTOMS VALUE, valeur de douane.
DECLARED VALUE, valeur déclarée.
DECREASE IN VALUE, diminution de valeur.
DECREASE IN VALUE OF SHARES, moins-value des actions.
DEPRECIATION ON DIMINISHING VALUES, amortissement dégressif.
DETERMINATION OF THE VALUE OF, détermination de la valeur de.
DIMINISHING MARGINAL VALUE, valeur marginale décroissante.
DISCOUNT VALUE OF ANNUITIES, valeur escomptée d'annuités ; valeur de réversion.
DISCOUNTED PRESENT VALUE, valeur actualisée.
DISCOUNTED VALUE, valeur escomptée.
DISCOUNTED VALUE OF THE ADDITIONAL PROSPECTIVE YIELD, valeur actuelle du rendement additionnel probable.
DISCRETIONARY VALUE, valeur librement choisie.
DOCUMENT WITHOUT INTRINSIC VALUE, document sans valeur intrinsèque.
DOUBLE THE VALUE, double de la valeur.
of a DOUBTFUL OR EVENTUAL VALUE, d'une valeur douteuse ou éventuelle.
DOUBTFUL VALUE, valeur douteuse.
DROP IN VALUE, moins-value.
to ENHANCE THE VALUE OF LAND, mettre une terre en valeur.
ESTIMATED VALUE, valeur estimée.
EXAGGERATION OF VALUE, exagération de valeur.
EXCHANGE-VALUE, valeur d'échange.
EXCHANGEABLE VALUE, valeur d'échange.
EXPECTATION VALUE, valeur d'attente.
EXPECTED VALUE, valeur probable ; espérance mathématique.
EXPONENT OF EXCHANGEABLE VALUE, indice de la valeur d'échange.
EXPORT UNIT VALUE INDEX, indices de la valeur unitaire des exportations.

EXTREME VALUES, valeurs extrêmes.
EXTRINSIC VALUE, valeur extrinsèque.
FACE-VALUE, valeur nominale.
FACTITIOUS VALUE, valeur factice.
FALL IN VALUE, dévalorisation.
to FALL (OFF) IN VALUE, baisser de valeur ; se déprécier.
to FIND THE VALUE OF THE UNKNOWN QUANTITY, trouver la valeur de l'inconnue.
FOOD VALUE, valeur nutritive.
on the FOOTING OF THE ACTUAL VALUE, sur la base de la valeur réelle.
FULL MARKET RENTAL VALUE, valeur locative au prix du marché.
FULL VALUE, valeur pleine.
FUNDAMENTAL EQUATION OF VALUE THEORY, équation fondamentale de la théorie de la valeur.
to GET VALUE FOR ONE'S MONEY, en avoir pour son argent.
to GIVE x A VALUE, attribuer une valeur à x.
GOODS TAXABLE ON VALUE, marchandises imposables à la valeur.
GROSS VALUE OF PRODUCTION, valeur brute de la production.
to HAVE A NUISANCE VALUE, avoir pour seul mérite de gêner autrui.
IMPORT UNIT VALUE INDEX, indices de la valeur unitaire des importations.
IMPUTED VALUE, valeur imputée.
INCREASE IN VALUE, plus-value.
to INCREASE IN VALUE, augmenter de valeur.
INDEX-NUMBERS OF THE VOLUME AND AVERAGE VALUE (OF EXTERNAL TRADE), indices du volume et des valeurs moyennes (du commerce extérieur).
INSURABLE VALUE, valeur assurable.
INSURANCE VALUE, valeur d'assurance.
INSURED VALUE, valeur assurée.
INTRINSIC VALUE, valeur intrinsèque.
INVOICE VALUE, valeur de facture.
LABOUR THEORY OF VALUE, théorie de la valeur-travail.
LAND-VALUE, valeur de la terre.
LETTING VALUE, valeur locative.
LIMIT VALUE, valeur limite.
to LOSE IN VALUE, perdre de sa valeur.
LOSS IN VALUE, tare ; perte de valeur.
MARKET RENTAL VALUE OF LAND, loyer du terrain fixé par le marché.
MARKET VALUE, valeur marchande ; valeur vénale.
MARKET VALUE OF EQUITIES, valeur boursière des actions.
MARKETABLE VALUE, valeur vénale.
MAXIMUM VALUE, valeur maximale.
MEAN VALUE THEOREM, théorie de la valeur moyenne.
METHOD OF RATIOS TO TREND VALUES, méthode des rapports au trend.
MINIMAL VALUE, valeur minimale.
MINIMUM VALUE, valeur minimum.
MONEY AS A STORE OF VALUE, monnaie en tant que réserve de valeur.
MONEY VALUE, valeur monétaire.
NEGATIVE VALUE, valeur négative.
NOMINAL VALUE, valeur nominale.
NORMAL VALUE, valeur normale.
OBSERVED VALUE, valeur observée.
ORIGINAL VALUE, valeur initiale.
to OVERRATE THE VALUE OF A SHARE, surestimer la valeur d'une action.
PAR VALUE, valeur au pair ; parité.
PARADOX OF VALUE, paradoxe de la valeur.
POSITIVE VALUE, valeur positive.
of no PRACTICAL VALUE, sans valeur pratique.
PRESENT VALUE, valeur actuelle.
the most PROBABLE VALUE, la valeur la plus probable.
PROSPECTIVE VALUE, valeur future, escomptée.
RATEABLE VALUE, valeur locative imposable.
REAL VALUE, valeur réelle, effective.
REGISTERED VALUE, valeur enregistrée, constatée.
RELATIVE SUBSTITUTION VALUE, valeur relative de substitution.
RENTAL VALUE, valeur locative.
RESALE VALUE, valeur à la revente.
RISE IN VALUE, appréciation.
SALE VALUE, valeur marchande, vénale.
SALEABLE VALUE, valeur marchande, vénale.
SAMPLE OF NO COMMERCIAL VALUE, échantillon sans valeur marchande.
SAMPLE OF VALUE, échantillon de valeur, de prix.
SCRAP VALUE OF MACHINERY, valeur à la casse des machines.
to SET A LOW VALUE ON, estimer à un bas prix.
to SET A VALUE ON, évaluer.
SINGLE REPRESENTATIVE VALUE, seule expression représentative.
STANDARD OF VALUE, mesure de la valeur ; étalon de valeur.
STORE OF VALUE, réserve de valeur.
STREAM OF VALUES, flux de valeurs.

SURRENDER VALUE, valeur de rachat.
TABLE OF PAR VALUES, table de parités.
to TAKE FROM THE VALUE OF, diminuer la valeur de.
to TALK UP THE VALUE OF A STOCK, créer une atmosphère de hausse autour d'une valeur.
THEORY OF INTERNATIONAL VALUES, théorie des valeurs internationales.
THEORY OF SUBJECTIVE VALUE, théorie de la valeur subjective.
THEORY OF VALUE, théorie de la valeur.
THICKEST VALUE, valeur dominante.
TOTAL VALUE OF SALES, valeur totale des ventes.
TRANSACTION VALUE, valeur de transaction.
TRANSITION VALUES, valeurs transitoires.
TREND VALUE, trend calculé.
TRIFLING VALUE, valeur minime.
TRUE VALUE, vraie valeur.
UNIQUE EQUILIBRIUM VALUE, seule valeur d'équilibre.
UNIT VALUE INDEX, indice de la valeur unitaire.
VALUE IN ACCOUNT, valeur en compte.
VALUE-ADDED TAX, taxe à la valeur ajoutée.
VALUE AGGREGATES, agrégats de valeurs.
VALUE OF ASSETS, valeur des actifs.
VALUE FOR COLLECTION, valeur à l'encaissement ; valeur en recouvrement.
VALUE OF THE CONSIGNMENT, valeur du chargement.
VALUE DATE, échéance ; date d'entrée en valeur.
VALUE IN EXCHANGE, valeur d'échange.
VALUE OF FIXED ASSETS, valeur des immobilisations.
VALUE AS A GOING CONCERN, valeur d'usage.
the VALUE HAS GONE DOWN, la valeur a diminué.
VALUE OF GOODS PRODUCED, valeur des marchandises produites.
VALUE OF THE MARGINAL PRODUCT, valeur du produit marginal.
VALUE OF MONEY, valeur de la monnaie.
VALUE AT PAR, valeur au pair.
for VALUE RECEIVED, valeur reçue.
VALUE RECEIVED IN CASH, valeur reçue comptant.
VALUE OF REPLACEMENT, valeur de remplacement.
VALUE OF THE SHIPMENT, valeur du chargement.
VALUE OF THE THING INSURED, valeur de la chose assurée.
VALUE IN USE (OF A GOOD), valeur d'usage (d'un bien).
VALUE VARIABLES, variables en valeur.
VIRTUAL VALUE OF A VARIABLE QUANTITY, valeur efficace d'une quantité variable.

VALUE v, évaluer, estimer, inventorier, valoriser.
to VALUE CHEQUES ON NEW YORK, valoriser des chèques sur New York.
to VALUE GOODS, évaluer, inventorier, des marchandises.

VALUED a, évalué, estimé ; précieux.
MULTI-VALUED FUNCTION, fonction à plusieurs inconnues.

VALUELESS a, sans valeur f.
VALUELESS MONEY, monnaie de singe.
VALUELESS SECURITIES, titres sans valeur ; non valeurs.
VALUELESS STOCK, non valeurs.

VALUER s, priseur m, expert m, contrôleur m, vérificateur m, inspecteur m.
LAND SURVEYOR AND VALUER, cadastreur.

VALUING s, évaluation f, valorisation f, estimation f.
VALUING OF CHEQUES ON NEW YORK, valorisation de chèques sur New York.

VARIABILITY s, variabilité f, dispersion f.
ABSOLUTE VARIABILITY, dispersion absolue.
CYCLICAL VARIABILITY (OF INTEREST RATES), variabilité cyclique (des taux d'intérêt).
RELATIVE VARIABILITY, dispersion relative.

VARIABLE a, variable.
AVERAGE VARIABLE COST, coût variable moyen.
COMBINATION OF INPUT WHICH MINIMIZES VARIABLE COSTS, combinaison de facteurs qui minimise les coûts variables.
each FIRM MINIMIZES ITS VARIABLE COSTS, chaque firme minimise ses coûts variables.
INCOME FROM VARIABLE-YIELD INVESTMENTS, revenus variables.
to QUOTE VARIABLE EXCHANGE, donner l'incertain (bourse).
VARIABLE CAPITAL, capital variable.
VARIABLE COSTS, coûts variables.
VARIABLE EXCHANGE, incertain (bourse).
VARIABLE QUANTITY, quantité variable.
VARIABLE SAMPLING FRACTION, fraction sondée variable.
VARIABLE-YIELD INVESTMENTS, placements à revenus variables.
VARIABLE-YIELD SECURITIES, valeurs à revenu variable.
VIRTUAL VALUE OF A VARIABLE QUANTITY, valeur efficace d'une quantité variable.

VARIABLE s, variable f.
AGGREGATE VARIABLES, variables globales.
ASSOCIATED VARIABLE, variable liée.

AUXILIARY VARIABLE, variable auxiliaire.
BASIC VARIABLE, variable principale.
CHANCE VARIABLE, variable aléatoire.
the COEFFICIENTS AND THE VARIABLES, les données et les inconnues.
CONTINUOUS VARIABLE, variable continue.
DEPENDENT VARIABLE, variable dépendante.
DISCONTINUOUS VARIABLE, variable discontinue.
DISCRETE VARIABLE, variable discrète.
DUMMY VARIABLE, variable muette.
ENDOGENOUS AND EXOGENOUS VARIABLES, variables endogènes et exogènes.
FUNCTION OF THE SECOND DEGREE IN THREE VARIABLES, fonction du deuxième degré à trois variables.
HISTORICAL VARIABLES, variables dans le temps.
HYPOTHESIS THAT THERE IS NO RELATION BETWEEN THE VARIABLES, hypothèse de l'absence de dépendance entre les variables.
INDEPENDENT VARIABLE, variable indépendante.
for any NUMBER OF VARIABLES, quel que soit le nombre des variables.
PREDICATED VARIABLE, variable prédéterminée, primaire.
RANDOM VARIABLE, variable aléatoire.
SHORT-PERIOD VARIABLES, variables agissant dans la courte période.
SLACK VARIABLE, variable d'écart.
STOCHASTIC VARIABLE, variable stochastique.
VALUE VARIABLES, variables en valeur.
VARIABLES WITHIN THE BRACKETS, variables entre les crochets.

VARIABLENESS s, variabilité f.

VARIANCE s, variance f, variabilité f, désaccord m.
CO-VARIANCE, covariance.
CO-VARIANCE ANALYSIS, analyse de covariance.
ERROR VARIANCE, variance de l'erreur.
EXPLAINED PORTION OF THE VARIANCE, variance liée.
MULTIVARIATE ANALYSIS OF (THE) VARIANCE, analyse de (la) variance à plusieurs variables.
ORIGINAL VARIANCE, variance totale.
RESIDUAL VARIANCE, variance résiduelle.
SAMPLING VARIANCE, variance de l'échantillon.
SQUARE ROOT OF THE VARIANCE (STANDARD DEVIATION), racine carrée de la variance (écart type).
THEORY OF THE VARIANCE, théorie de la variance.
THEORY AT VARIANCE WITH THE FACTS, théorie en désaccord avec les faits.
VARIANCE ANALYSIS, analyse de la variance.
VARIANCE BETWEEN CLASSES, variance interclasse.
VARIANCE WITHIN CLASSES, variance conditionnelle moyenne ; variance résiduelle ; variance intraclasse.
VARIANCE COMPONENT, composante de la variance.
VARIANCE DUE TO REGRESSION (BETWEEN CLASSES), variance due à la régression (interclasse).
VARIANCE OF THE RESIDUALS, variance résiduelle, conditionnelle.

VARIANT a, variant, différent.

VARIATE s, variable f aléatoire.

VARIATION s, variation f, fluctuation f, évolution f, modification f.
to ALLOW FOR VARIATIONS, tenir compte des variations.
ANNUAL VARIATIONS, variations annuelles.
AVERAGE CORRECTED FOR SEASONAL VARIATIONS, moyenne corrigée des variations saisonnières.
CALCULUS OF VARIATIONS, calcul des variations.
COEFFICIENT OF VARIATION, coefficient de variation.
COMPENSATING VARIATION IN INCOME, variation compensatrice de revenu.
CYCLICAL VARIATIONS, variations cycliques.
EQUIVALENT VARIATION, variation équivalente.
RANDOM VARIATION, variation aléatoire.
RANGE OF VARIATION, intervalle de variation.
SEASONAL VARIATIONS, variations saisonnières.
SECULAR VARIATIONS, évolutions séculaires.
VARIATION BETWEEN CLASSES, variation interclasse.
VARIATION WITHIN CLASSES, variation intraclasse.
VARIATION OF RISK, modification de risque.
YEAR-TO-YEAR VARIATIONS, variations annuelles.

VARIATIONAL a, sujet à des variations f. pl.

VARIED a, varié.

VARIEDNESS s, variété f, diversité f.

VARIETY s, variété f, diversité f.

VARIOUS a, varié, divers, différent.
of VARIOUS DEGREES OF, de différents degrés de.
VARIOUS HYPOTHETICAL QUANTITIES OF EMPLOYMENT, différents volumes possibles de l'emploi.
of VARIOUS KINDS, de diverses sortes.
VARIOUS STRATA OF SOCIETY, différentes couches sociales.

VARY v, varier, changer, diversifier.
SCARCITY CAUSES PRICES TO VARY, la rareté fait varier les prix.
y VARIES DIRECTLY AS x, y varie en raison directe de x.
y VARIES INVERSELY AS THE SQUARE OF x, y varie comme l'inverse du carré de x.
y VARIES INVERSELY WITH x, y varie en raison inverse de x.
y VARIES AS x, y varie dans le même sens et proportionnellement à x.

VARYING a, variable, changeant.

VARYING s, variation f, changement m.

VASSALAGE s, vassalité f.

VAST a, vaste, considérable.

VAULT s, voûte f; chambre f forte.
VAULT CASH, réserves en espèces.

VEBLEN pr. n, Veblen.
VEBLEN EFFECT, effet de Veblen.

VECTOR s, vecteur m.
RADIUS-VECTOR, rayon vecteur.
UNIT VECTOR, vecteur unitaire.

VECTORIAL a, vectoriel.

VEGETABLE a, végétal.
VEGETABLE OIL, huile végétale.

VEGETABLE s, légume m.

VEHICLE s, véhicule m, voiture f.
COMMERCIAL VEHICLE, véhicule utilitaire.
MOTOR VEHICLES IN USE, véhicules automobiles en circulation.
VEHICLE BODY, coque de la voiture.
VEHICLES TEMPORARILY NOT IN CIRCULATION, véhicules temporairement retirés de la circulation.

VEIL s, voile m.
MONEY AS A VEIL, voile monétaire.
VEIL OF MONEY, voile monétaire.

VELOCITY s, vitesse f, vélocité f.
INCOME-VELOCITY OF CIRCULATION OF MONEY, vitesse en revenu de la circulation de la monnaie.
INCOME-VELOCITY OF MONEY, vitesse de transformation de la monnaie en revenu.
PARALLELOGRAM OF VELOCITIES, parallélogramme des vitesses.
UNIFORM VELOCITY, vitesse uniforme.
VELOCITY OF CIRCULATION OF MONEY, vitesse de circulation de la monnaie.

VENAL a, vénal.

VEND v, vendre.

VENDIBILITY s, commercialité f.
EXPECTATION OF FUTURE VENDIBILITY, prévision des ventes futures.

VENDIBLE a, vendable.

VENDOR s, vendeur m.
SALE SUBJECT TO RIGHT OF VENDOR TO REPURCHASE, vente à réméré.
VENDOR COMPANY, société apporteuse.
VENDOR'S LIEN, privilège du vendeur.
VENDOR'S SHARES, actions d'apport, de fondation.

VENTURE s, risque m, entreprise f, hasard m.

VERBAL a, verbal.
VERBAL OFFER, offre verbale.

VERIFICATION s, vérification f, contrôle m.

VERIFY v, vérifier, contrôler.

VERTEX s, sommet m (d'un angle, d'une courbe).

VERTICAL a, vertical.
VERTICAL ANGLES, angles opposés par le sommet.
VERTICAL COMBINATION, intégration verticale.
VERTICAL EXTENSIONS, addition d'étages.
VERTICAL INTEGRATION, intégration verticale.
VERTICAL TRUSTIFICATION, cartellisation verticale.

VERTICALITY s, verticalité f.

VERY adv, très, fort, fortement.
DEALINGS VERY RESTRICTED, transactions très restreintes.
PRICES ARE CUT VERY FINE, les prix sont calculés au plus juste.
PROFITS ARE CUT VERY FINE, profits réduits à presque rien.
VERY BENT CURVE, courbe fortement incurvée.
VERY FLAT CURVE, courbe très aplatie.
VERY SHORT BILL, effet à très courte échéance.
VERY WORST HYPOTHESIS, la plus mauvaise des hypothèses.

VESSEL s, navire m, bateau m, vaisseau m.
OCEAN-GOING VESSEL, navire au long cours.
TRADING VESSEL, navire marchand.

VESSELS IN BALLAST, navires sur lest.
VESSELS ENTERED AND CLEARED, navires entrés et sortis.

VEST v, investir.
to VEST PROPERTY IN, mettre quelqu'un en possession.

VESTED a, dévolu.
RIGHT VESTED IN, droit dévolu à.
VESTED INTEREST, droits acquis.

VETO s, veto m.

VICE s, vice m, défaut m.
INHERENT VICE, vice propre.

VICE-CHAIRMAN s, vice-président m.

VICE-PRESIDENT s, vice-président m.

VICINAL a, vicinal, voisin.

VICINITY s, proximité f, voisinage m.
IMMEDIATE VICINITY, voisinage immédiat.

VICIOUS a, vicieux.
VICIOUS CIRCLE, cercle vicieux.

VICTUALS s. pl, vivres m. pl, provisions f. pl.

VIEW s, vue f, opinion f.
DIVERGENT VIEWS, opinions divergentes.

VIGOROUS a, vigoureux.

VIGOUR s, vigueur f.

VILLAGE s, village m.
COMMERCIALIZED VILLAGE PRODUCTION, production commerciale de village.

VIRTUAL a, virtuel; de fait m.
VIRTUAL VALUE OF A VARIABLE QUANTITY, valeur efficace d'une quantité variable.

VIRTUE s, vertu f, qualité f.

VISA s, visa m.
CUSTOMS VISA, visa de la douane.
TRANSIT VISA, visa de transit.

VISIBLE a, visible.
VISIBLE EXPORTS, exportations visibles.
VISIBLE IMPORTS, importations visibles.
VISIBLE RESERVE, réserve visible.

VISITOR s, visiteur m.
TRANSIENT VISITOR, visiteur ; personne de passage.
VISITOR'S TAX, taxe de séjour.

VITAL a, vital, démographique.
VITAL STATISTICS, statistiques de l'état civil ; statistiques démographiques.

VOCATIONAL a, professionnel.

VOICE s, voix f, suffrage m.

VOID a, vide, nul.
NULL AND VOID, nul et non avenu.
to RENDER VOID, rendre nul ; frapper de nullité.
VOID MONEY-ORDER, mandat-poste nul.

VOID v, annuler.

to VOID A CONTRACT, annuler un contrat.

VOLUME s, volume m, niveau m.
DISTRIBUTION OF A GIVEN VOLUME OF EMPLOYED RESOURCES BETWEEN DIFFERENT USES, répartition entre différentes utilisations d'un volume donné de ressources.
INDEX-NUMBERS OF THE VOLUME AND AVERAGE VALUE (OF EXTERNAL TRADE), indices du volume et des valeurs moyennes (du commerce extérieur).
PHYSICAL VOLUME INDEX, indice du volume physique (de la production).
VOLUME OF BUSINESS, volume des affaires.
VOLUME OF CURRENT OUTPUT, volume de la production courante.
VOLUME OF EMPLOYMENT, niveau d'emploi.
VOLUME INDEX, indices du volume.
VOLUME INDEX FOR EXPORTS, indice du volume des exportations.
VOLUME INDEX FOR IMPORTS, indice du volume des importations.
VOLUME OF ORDERS, volume des ordres.

VOLUNTARY a, volontaire, facultatif.
VOLUNTARY INSURANCE, assurance facultative.
VOLUNTARY LIQUIDATION, liquidation volontaire.
VOLUNTARY WINDING UP, liquidation volontaire.

VOTE s, vote m, scrutin m, suffrage m, voix f.
to CAST ONE'S VOTE, voter.
to CAST UP THE VOTES, compter les bulletins.
CASTING VOTE, voix prépondérante (du président).
CREDIT VOTE, douzième provisoire.
EQUALITY OF VOTES, partage des voix.
NUMBER OF VOTES CAST, nombre de voix, de suffrages.
QUALIFIED VOTE, vote à la majorité requise.
RECOUNT OF VOTES, recomptage des votes.
SECRET VOTE, scrutin secret.
SOLID VOTE, vote (quasi) unanime.
VOTE OF CENSURE, (vote de) censure.
VOTES RECORDED, suffrages exprimés.

VOTE v, voter.
RIGHT TO VOTE, droit de vote.
to VOTE BY PROXY, voter par procuration.
to VOTE SUPPLIES, voter des crédits.

VOTER s, votant m, électeur m.

VOTING s, votation f, scrutin m, vote m.
EQUAL VOTING, partage de voix.
UNINOMINAL VOTING, scrutin uninominal.
VOTING RIGHT, droit de vote.

VOUCH v, garantir, se porter garant.
to VOUCH FOR, répondre de.

VOUCHEE s, caution f, répondant m.

VOUCHER s, garant m; pièce f justificative.
CASH VOUCHER, bon de caisse.
VOUCHER NUMBERS, numéros des pièces justificatives.

VOYAGE s, voyage m sur mer f.
HOMEWARD VOYAGE, voyage de retour.
OCEAN VOYAGE, voyage au long cours.
OUTWARD VOYAGE, voyage, trajet, d'aller.

VULGAR a, vulgaire, ordinaire.
VULGAR FRACTION, fraction ordinaire.

WAGE s, salaire m, traitement m, paie f, rémunération f, gages m. pl.
ARREARS OF WAGES, rappel de salaires.
BARE SUBSISTENCE WAGE, salaire à peine suffisant pour vivre.
BOARD-WAGES, indemnité de logement, de nourriture.
BRAZEN LAW OF WAGES, loi d'airain des salaires.
CURRENT RATE OF WAGES, taux actuel des salaires.
CURRENT WAGE, salaire courant.
to DEDUCT FROM THE WAGES, faire une retenue sur les salaires.
DEDUCTION FROM THE WAGES, prélèvement sur le salaire.
DISPARITY IN WAGE RATES, disparité des salaires.
EQUALITY OF WAGE(S), égalité des salaires.
EQUALIZATION OF WAGES, péréquation des salaires.
to EQUALIZE WAGES, faire la péréquation des salaires.
EQUILIBRIUM REAL WAGE, salaire réel d'équilibre.
FAIR WAGE, salaire équitable ; juste salaire.
FIXED WAGES, salaire fixe.
to FREEZE WAGES, bloquer les salaires.
FREEZING OF WAGES, blocage des salaires.
GENERAL LEVEL OF WAGES, niveau général des salaires.
GOING WAGES, salaires courants.
GUARANTEED ANNUAL WAGE, salaire annuel garanti.
GUARANTEED MINIMUM WAGE, salaire minimum interprofessionnel garanti.
HOURLY WAGE, salaire horaire.
INCENTIVE WAGES, U.S: primes au rendement ; U.S: salaires au rendement.
INCREASE IN WAGES, augmentation de salaires.
INDEX OF REAL WAGES, indice des salaires réels.
JOB WAGE, U.S: salaire à la tâche.
LASSALLE'S IRON LAW OF WAGES, loi d'airain (des salaires).
LIVING-WAGE, salaire minimal ; minimum vital.
MINIMUM GUARANTEED WAGE, U.S: salaire minimum garanti.
MINIMUM RATE OF WAGES, taux de salaire minimum ; salaire minimum garanti.
MINIMUM WAGE, salaire minimum.
MONEY-WAGE, salaire nominal.
NOMINAL WAGE, salaire nominal.
PIECE-WAGE, salaire à la pièce, aux pièces.
RAISING (OF) WAGES, relèvement des salaires.
RATE OF WAGES, taux du salaire, des salaires.
REAL WAGE, salaire réel.
RIGID WAGES, salaires rigides.
RIGIDITY OF WAGE-RATES, rigidité des salaires.
SEAMEN'S WAGES, gages des gens de mer.
SLIDING WAGE SCALE, échelle mobile des salaires.
STANDARD OF WAGES, U.S: taux des salaires.
STANDARD WAGE RATES, U.S: taux de salaires normalisés.
STARVATION WAGE, salaire de famine.
STICKINESS OF WAGES, rigidité des salaires ; viscosité des salaires.
to STOP SOMEONE'S WAGES, retenir le salaire de quelqu'un.
STOPPAGE ON WAGES FOR THE MAINTENANCE OF RELIEF FUNDS, retenue sur les salaires pour l'alimentation des caisses de secours.
SUPPLEMENTARY WAGE, sursalaire.
is the SUPPLY OF LABOUR A FUNCTION OF REAL WAGES ALONE? l'offre de travail est-elle exclusivement une fonction du salaire réel?
THEORY OF WAGES, théorie des salaires.

UNFAIR WAGE, salaire inéquitable.
UTILITY OF THE MONEY-WAGE, utilité des salaires nominaux.
UTILITY OF THE WAGE, utilité du salaire.
WAGES AGREEMENT, convention des salaires.
WAGE ARBITRATION, arbitrage en matière de salaires.
WAGES BILL, masse globale des salaires.
WAGE CLAIMS, revendications de salaire.
WAGE COSTS, coût de la main-d'œuvre.
WAGE CUTS, réductions de salaires.
WAGE DETERMINATION, détermination des salaires.
WAGE DIFFERENTIALS, différences de salaires.
WAGE-EARNER, salarié ; soutien de famille.
the WAGE IS EQUAL TO THE MARGINAL PRODUCT OF LABOUR, le salaire est égal au produit marginal du travail.
WAGE FREEZE, blocage des salaires.
WAGE-FUND, fonds disponible pour la rétribution du travail.
WAGE LEVEL, niveau des salaires.
WAGE MARKET, U.S: marché des salaires.
WAGE(S) POLICY, politique salariale ; politique des salaires.
WAGE-PRICE SPIRAL, spirale des prix et des salaires.
WAGE-PUSH, poussée sur les salaires.
WAGE RATE, taux de salaire.
WAGE SCALE, échelle des salaires.
WAGE-SHEET, feuille de salaire ; feuille de paie.
WAGE TAX, impôt, taxe, sur les salaires.
WAGE-UNITS, unités de salaire.
WAGE-WORKER, U.S: salarié.
WAGE ZONE, zone de salaires.
WEEKLY WAGES, salaire hebdomadaire.

WAGER s, pari m.

WAGGON s, U.K: charrette f.

WAGON s, U.S: wagon m de marchandises f. pl.

WAIT s, attente f.
WAIT IN QUEUE, durée d'attente.

WAITING s, attente f.
MARGINAL PRODUCTIVITY OF WAITING, productivité marginale de l'attente.
TIME OF WAITING, délai d'attente.
WAITING LINE, file d'attente ; queue.
WAITING LIST, liste d'attente.

WAIVER s, renonciation f.

WAIVING s, renonciation f, dispense f.
WAIVING OF AGE LIMIT, dispense d'âge.

WALK s, marche f.
WALK-OUT, grève.

WALK v, marcher.
to WALK OUT, se mettre en grève.

WALL s, mur m; barrière f.
CUSTOMS WALLS, barrières douanières.
TARIFF WALLS, barrières douanières.
WALLS IN DISREPAIR, murs croulants.
WALL-PAPER, papier peint.

WANT s, besoin m, gêne f, disette f, pénurie f; défaut m, manque m.
to BE IN WANT, être dans le besoin, dans la gêne.
BODILY WANTS, besoins matériels.

CONSTANT WANTS, besoins constants.
CURRENT WANTS, besoins courants.
ELASTICITY OF WANTS, élasticité des besoins.
FREEDOM FROM WANT, affranchissement du besoin.
FUTURE WANTS, besoins futurs.
GIVEN WANTS, besoins donnés.
MEANS INCOMMENSURATE WITH WANTS, moyens sans rapport avec les besoins.
for WANT OF, faute de ; à défaut de.
WANT OF BALANCE, déséquilibre.
WANT OF MONEY, pénurie, disette, d'argent.

WANT v, manquer de, avoir besoin de, vouloir.
to WANT MONEY, manquer d'argent.
to WANT A SITUATION, demander, chercher, un emploi.

WANTAGE s, U.S: manque m, déficit m.

WANTED a, demandé.
HANDS WANTED, on demande de la main-d'œuvre.
HELP WANTED, offre d'emploi.
SITUATION WANTED, demande d'emploi.
STOCKS WANTED, U.S: valeurs demandées.

WAR s, guerre f.
CIVIL WAR, guerre civile.
CLASS WAR, guerre sociale ; lutte des classes.
HAZARDS OF WAR, risques de guerre.
IMMUNITY FROM WAR INDEMNITIES, exclusion des dommages de guerre.
IMPLEMENTS OF WAR, matériel de guerre.
NATIONAL WAR BONDS, bons de la défense nationale.
POST-WAR, d'après-guerre.
PRE-WAR PERIOD, période d'avant-guerre.
PRICE WAR, guerre des prix.
RATE-WAR, guerre des tarifs.
TARIFF WAR, guerre des tarifs.
WAR BOND, bon de la défense nationale.
WAR CLAUSE, clause de guerre.
WAR DEBT, dette de guerre.
WAR INDEMNITY, dommage de guerre.
WAR LOAN, emprunt de guerre.
WAR PENSION, pension de guerre.
WAR REPARATIONS, réparations de guerre.
WAR RISK, risque de guerre.
WORLD WAR, guerre mondiale.

WARE s, articles m. pl.
GLASS-WARE, articles de verrerie.

WAREHOUSE s, entrepôt m, dépôt m, magasin m.
BONDED WAREHOUSE, entrepôt en douane.
DOCK WAREHOUSE, dock-entrepôt.
FURNITURE WAREHOUSE, garde-meubles.
PRICE EX WAREHOUSE, cours du disponible.
SALE IN BONDED WAREHOUSE, vente en entrepôt.
TRANSFERS IN WAREHOUSE, transferts d'entrepôt.
WAREHOUSE WARRANT, certificat d'entrepôt ; warrant.
WHOLESALE WAREHOUSE, maison de gros.

WAREHOUSE v, entreposer.

WAREHOUSED a, entreposé.
WAREHOUSED GOODS, marchandises entreposées.

WAREHOUSING s, entreposage m, magasinage m.
WAREHOUSING CHARGES, frais de magasinage.
WAREHOUSING ENTRY, déclaration d'entrée en entrepôt.
WAREHOUSING SYSTEM, système des entrepôts.

WARFARE s, guerre f.

WARNING s, avertissement m.
DUE WARNING, avertissement en bonne et due forme.

WARRANT s, garantie f, garant m, mandat m, warrant m, ordre m, certificat m, autorisation f, justification f.
ADVANCE ON WARRANT, avance sur warrant.
DIVIDEND-WARRANT, dividende-warrant.
INTEREST WARRANT, coupon d'intérêt.
PRODUCE WARRANT, warrant en marchandises.
SEARCH WARRANT, mandat de perquisition.
to SECURE BY WARRANT, warranter.
SECURING BY WARRANT, warrantage.
SHARE WARRANT TO BEARER, certificat d'action au porteur ; titre au porteur.
STOCK WARRANT, titre au porteur.
TREASURY WARRANT, mandat du Trésor.
WAREHOUSE WARRANT, certificat d'entrepôt ; warrant.
WARRANT OF ARREST, mandat d'arrêt.
WARRANT FOR PAYMENT, ordonnance de paiement.

WARRANT v, garantir, warranter, certifier, justifier.

WARRANTABLE a, justifiable, légitime.

WARRANTED a, garanti, autorisé.

WARRANTED RATE OF GROWTH, taux de croissance (dit) garanti.

WARRANTEE s, garanti m.

WARRANTER s, garant m.

WARRANTOR s, garant m, répondant m.

WARRANTY s, garantie f, autorisation f, justification f.
IMPLIED WARRANTY, garantie implicite.
WARRANTY OF SEAWORTHINESS, garantie de navigabilité.

WASH v, laver.
to WASH SALES OF STOCK, U.S: faire des ventes fictives d'une valeur.

WASHED a, lavé.
WASHED SALE, U.S: vente fictive.

WASHING s, lavage m.
GOLD-WASHING, orpaillage.

WASTAGE s, gaspillage m, déperdition f; rebut(s) m.

WASTE a, inculte, en friche f, mis au rebut m.
WASTE LAND, terre inculte.

WASTE s, gaspillage m, déperdition f; rebut(s) m; gabegie f.
MUDDLE AND WASTE OF GOVERNMENT' DEPARTMENTS, gabegie de l'administration.
PERMISSIVE WASTE, défaut d'entretien.
WASTES OF COMPETITION, gaspillage résultant de la concurrence.
WASTE IN MONOPOLISTIC COMPETITION, gaspillage en concurrence monopolistique.
WASTES OF MONOPOLY, gaspillage dans un monopole.

WASTE v, gaspiller, épuiser.
to WASTE MONEY, gaspiller de l'argent.

WASTED a, gaspillé, perdu.
WASTED EFFORT, peine perdue.

WASTEFUL a, prodigue, en pure perte f.
WASTEFUL EXPENDITURE, dépenses en pure perte ; gaspillage.

WASTEFULNESS s, prodigalité f, gaspillage m.

WASTING a, défectible; consomptible.
EXPLOITATION OF A WASTING-ASSET, exploitation d'un bien consomptible.
WASTING-ASSETS, actifs défectibles.

WASTING s, gaspillage m, dépérissement m.

WATER s, eau f.
non-DOMESTIC WATER, eau impropre à la consommation.
FRESH WATER, eau douce.
INLAND WATERS, eaux intérieures.
MINERAL WATER, eau minérale.
MULTI-PURPOSE WATER WORKS, ouvrages hydrauliques à buts multiples.
SEA WATER, eaux maritimes.
TERRITORIAL WATERS, eaux territoriales.
THEORY THAT DOES NOT HOLD WATER, théorie qui ne tient pas debout.
by WATER, par voie d'eau.
WATER-COMPANY, compagnie des eaux.
WATER-LEVEL, niveau d'eau.
WATER SUPPLY, réserve en eau ; approvisionnement en eau.
WATER-SUPPLY ENGINEERING, hydrotechnique.

WATERED a, irrigué, dilué.

WATERWAY s, voie f d'eau f.
INLAND WATERWAYS, voies navigables intérieures.
INTERIOR WATERWAY, voie fluviale.

WATERWORKS s. pl, usine f hydraulique.

WATT s, watt m.

WAVE s, vague f; ondulation f; onde f.
LONG WAVES, ondes longues.
MEDIUM WAVES, ondes moyennes.
SHORT WAVES, ondes courtes.
WAVE OF DEPRESSION, vague de baisse.
WAVE-LENGTH, longueur d'onde.
WAVE-MOTION, ondulation.
WAVE OF SPECULATION, vague de spéculation.

WAVING s, ondulation f.

WAY s, voie f, chemin m, route f; moyen m; direction f.
COMMITTEE OF WAYS AND MEANS, U.S: Commission du budget.
GIVING WAY, fléchissement.
HALF-WAY, à mi-chemin.
OBLIQUE WAYS, moyens indirects, détournés.
PARTING OF THE WAYS, carrefour.
to PAY ITS WAY, couvrir ses frais.
RIGHT OF WAY, U.S: droit de passage ; U.S: voie ferrée, routière.
WAY-BILL, lettre de voiture.
WAY OF BUSINESS, genre d'affaires ; métier.

WAYS AND CUSTOMS, les us et coutumes.
by **WAY OF EXPERIMENT**, à titre d'expérience.
by **WAY OF INDEMNIFICATION**, à titre d'indemnité.
one-**WAY TICKET**, biller simple, d'aller.
one-**WAY TRAFFIC**, circulation à sens unique.

WEAK *a*, faible.
WEAK POINT, point faible.

WEAKEN *v*, faiblir, fléchir.
the **MARKET WEAKENED**, le marché a fléchi, s'est tassé.

WEAKNESS *s*, faiblesse *f*.

WEALTH *s*, richesse *f*, opulence *f*, luxe *m*, fortune *f*.
DISPLACEMENT OF WEALTH, déplacement de richesses.
DISPLAY OF WEALTH, (faire) étalage de luxe.
DISTRIBUTION OF WEALTH, distribution des richesses.
to **DRAIN THE WEALTH OF A COUNTRY**, épuiser les richesses d'un pays.
to **GAIN WEALTH**, gagner des richesses.
to **GET WEALTH**, acquérir des richesses.
INCREASE IN THE WEALTH OF A NATION, accroissement de la richesse d'une nation.
INCREASED WEALTH, richesse accrue.
the **NATURE AND CAUSES OF WEALTH**, nature et causes de la richesse.
PURSUIT OF WEALTH, poursuite des richesses.
REDISTRIBUTION OF WEALTH, redistribution de la richesse.
TAXES ON WEALTH, impôts sur (la) fortune.
to **TREASURE UP WEALTH**, amasser des richesses.
WEALTH OF THE COMMUNITY, richesse de la communauté.
WEALTH-OWNING CLASS, classes possédantes.

WEALTHY *a*, riche, opulent, fortuné.
WEALTHY LANDLORD, riche propriétaire.

WEAR *s*, usage *m*, usure *f*, dépréciation *f*.
DEGREE OF WEAR, degré d'usure.
FAIR WEAR AND TEAR, usure normale.
KNITTED WEAR, tricot.
LADIES' WEAR, vêtements pour dames.
MEN'S WEAR, vêtements pour hommes.
RATE OF WEAR AND TEAR, taux d'usure.
WEAR AND TEAR, usure ; dépréciation ; détérioration.
WEAR-AND-TEAR ALLOWANCE, provision pour amortissement.

WEARING *s*, usure *f*.

WEAVE *v*, tisser.

WEAVING *s*, tissage *m*.

WEEK *s*, semaine *f*.
EARNINGS PER WEEK, salaire hebdomadaire.
LOAN BY THE WEEK, prêt à la petite semaine.
this **WEEK'S DRAW**, réclame de la semaine.

WEEKDAY *s*, jour *m* ouvrable.

WEEKLY *a*, hebdomadaire.
BANK WEEKLY STATEMENT, *U.K:* bilan hebdomadaire de la Banque d'Angleterre.
WEEKLY FIXTURES, prêts à sept jours.
WEEKLY LOANS, prêts à sept jours.
WEEKLY PAPER, hebdomadaire.
WEEKLY RETURNS, bilan hebdomadaire.
WEEKLY WAGES, salaire hebdomadaire.

WEIGH *v*, peser.

WEIGHING *s*, pesée *f*, pesage *m*.

WEIGHT *s*, poids *m*, charge *f*; pondération *f*; importance *f*.
CHOICE OF WEIGHTS, choix de la pondération.
CUSTOMS TARIFFICATION BY WEIGHT, tarification douanière au poids.
DEAD-WEIGHT CAPACITY, port en lourd.
DEAD-WEIGHT CARGO, marchandises lourdes.
DEAD-WEIGHT CARGO CAPACITY, port en marchandises.
EXCESS WEIGHT, excédent de poids.
FALSE WEIGHT, poids inexact.
FREIGHTING ON WEIGHT, affrètement au poids.
FULL WEIGHT, bon poids.
GROSS WEIGHT, poids brut.
HEAVY WEIGHT, poids lourd.
LIVE WEIGHT, charge vive ; poids vif.
MEASUREMENT CONVERTED INTO WEIGHT, cubage converti en poids.
NET NET WEIGHT, poids net réel, effectif.
NET WEIGHT, poids net.
REMEDY OF (FOR) WEIGHT, tolérance de poids.
to **SELL BY WEIGHT**, vendre au poids.
STANDARD WEIGHT, poids étalon normal.
STANDARD WEIGHTS, poids unifiés.
TABLE OF WEIGHTS AND MEASURES, table de poids et de mesures.

to **TEST A COIN FOR WEIGHT**, trébucher une pièce de monnaie.
TOLERANCE FOR ERROR IN WEIGHT, tolérance de poids.
TOLERANCE OF WEIGHT, tolérance de poids.
TON DEAD WEIGHT, tonneau de portée en lourd; tonneau d'affrètement.
USEFUL WEIGHT, poids utile.
WEIGHT APPLIED TO, coefficient de pondération appliqué à.
WEIGHT WHEN EMPTY, poids à vide.
WEIGHT GOODS, marchandises pondéreuses.
WEIGHTS AND MEASURES, poids et mesures.

WEIGHTED *a*, chargé, pondéré.
WEIGHTED ARITHMETIC MEAN, moyenne arithmétique pondérée.
WEIGHTED AVERAGE, moyenne pondérée.
WEIGHTED GEOMETRIC AVERAGE, moyenne géométrique pondérée.
WEIGHTED HARMONIC AVERAGE, moyenne harmonique pondérée.
WEIGHTED INDEXES, indices pondérés.
WEIGHTED INDEX-NUMBERS OF PRICES, indices de prix pondérés.

WEIGHTING *s*, pondération *f*.
WEIGHTING DIAGRAM, tableau indiquant la pondération utilisée.
WEIGHTING PATTERNS, formules de pondération.

WEIGHTY *a*, pesant, important.

WELFARE *s*, bien-être *m*; bonheur *m*; avantage *m* collectif.
ECONOMIC WELFARE, bien-être économique.
ECONOMICS OF WELFARE, théorie de l'avantage collectif; économie du bien-être.
PUBLIC WELFARE, bien-être national.
WELFARE EXPENDITURES, dépenses sociales.
WELFARE THEORY, théorie du bien-être.
WELFARE TRANSFERS, transferts sociaux.

WELL *adv*, bien; clairement; largement.
to **BE JUST AS WELL OFF**, ne s'en trouver ni mieux ni plus mal.
to **BE WELL OFF**, être à son aise (financièrement).
BUSINESS IS LOOKING WELL, les affaires vont bien.
WELL DEFINED, clairement défini.
WELL-ESTABLISHED BUSINESS, maison solide.
WELL-FILLED ORDER BOOK, carnet de commandes largement garni.
WELL-FOUNDED HYPOTHESIS, hypothèse bien fondée.
WELL-MAINTAINED PRICES, cours résistants.
WELL-ORGANIZED TRADE-UNIONS, syndicats ouvriers bien organisés.
WELL-PLACED SHARES, valeurs bien classées.
WELL-PLANNED, bien conçu.
WELL PRESERVED, en bon état de conservation.
WELL STOCKED WITH, bien approvisionné, bien fourni, en.

WELL *s*, bien-être *m*, bien *m*.
PUBLIC WELL-BEING, prospérité de la nation.
WELL-BEING, bien-être.

WHALE *s*, baleine *f*.
WHALE FISHERY, pêche à la baleine.
WHALE-OIL, huile de baleine.

WHALING *s*, pêche *f* à la baleine.

WHARF *s*, entrepôt *m* maritime, quai *m*, débarcadère *m*.
FREE AT WHARF, franco à quai.
WHARF DUES, droits de quai.

WHARFAGE *s*, embarquement *m*, débarquement *m*, mise *f* en entrepôt *m*; droits *m. pl* de quai *m*.

WHEAT *s*, blé *m*, froment *m*.
FALL IN WHEAT, baisse des blés.
WHEAT HAS GONE UP, le prix du blé a augmenté.
WHEAT PIT, *U.S:* bourse des blés.
WHEAT POOL, pool des blés.

WHIGGISM *s*, *U.K:* whiggisme *m*, libéralisme *m*.

WHITE *a*, blanc.
WHITE COAL, houille blanche.
WHITE AND COLOURED LABOUR, main-d'œuvre blanche et de couleur.
WHITE PAPER, papier de haut commerce ; livre blanc.
WHITE SLAVERY, traite des blanches.

WHITE *s*, blanc *m*.

WHOLE *a*, entier, intégral, plein.
WHOLE BODY OF LABOUR, main-d'œuvre dans son ensemble.
WHOLE FABRIC OF ARGUMENTS, tout l'échafaudage d'arguments.
WHOLE FABRIC OF SOCIETY, tout l'édifice social.
WHOLE NUMBER, nombre entier.
WHOLE PRICE, prix de gros.
WHOLE STOCK OF A BUSINESS, stock d'un fonds de commerce.
WHOLE-TIME WORK, travail à plein temps.

WHOLE *s*, tout *m*, totalité *f*, ensemble *m*, intégralité *f*.
INDIVISIBLE WHOLE, un tout indivisible.

ORGANIC WHOLE, ensemble organisé.
to REINSURE THE WHOLE OR PART OF A RISK, réassurer tout ou partie d'un risque.

WHOLENESS s, intégralité f; intégrité f.

WHOLESALE a, en gros m.
INDEX-NUMBERS OF WHOLESALE PRICES, indices des prix de gros.
WHOLESALE BUYER, acheteur en gros.
WHOLESALE DEALER, grossiste.
WHOLESALE DEALING IN SMALL QUANTITIES, vente en demi-gros.
WHOLESALE MANUFACTURE, fabrication en série.
WHOLESALE PRICE, prix de gros.
WHOLESALE AND RETAIL DISTRIBUTION, commerce de gros et de détail.
WHOLESALE SALE, vente en gros.
WHOLESALE TRADE, commerce de gros.
WHOLESALE WAREHOUSE, maison de gros.

WHOLESALE adv, en gros m.
to BUY WHOLESALE, acheter en gros.
to SELL WHOLESALE, vendre en gros.

WHOLESALE s, (vente f) en gros m.

WHOLESALER s, grossiste m, commerçant m en gros m.

WHOLESALING s, vente f en gros m, commerce m de gros m.

WIDE a, large.
WIDE DEFINITION, définition très large.
WIDE QUOTATION, écart considérable entre prix d'achat et prix de vente.

WIDENING a, grandissant.
WIDENING GAP, écart grandissant.

WIDENING s, élargissement m.
WIDENING OF CAPITAL, élargissement du capital.

WIDOW s, veuve f.
WIDOW'S PENSION, pension de veuve.

WIDTH s, largeur f.

WILL s, volonté f; testament m.
CLAUSE OF A WILL, disposition testamentaire.
to EXECUTE A WILL, faire un testament.
EXECUTION OF A WILL, signature d'un testament.
LAST WILL AND TESTAMENT OF, dernières volontés de.
LATER WILL, testament subséquent.
to MAKE ONE'S WILL, faire son testament.
to PROBATE A WILL, U.S: homologuer un testament.
to TRANSMIT A PROPERTY BY WILL, transmettre des biens par testament.
VALID WILL, testament valide.

WIN v, gagner; acquérir.
to WIN THE CROPS, récolter la moisson.
to WIN MONEY, gagner de l'argent.
to WIN THE TOSS, gagner à pile ou face.

WIND UP v, terminer, clore, liquider.
to WIND UP A COMPANY, liquider une société.

WINDFALL s, aubaine f.
WINDFALL GAIN, gain imprévisible, inattendu.
WINDFALL LOSS, perte imprévisible.
WINDFALL PROFIT, gain imprévisible.

WINDING UP s, liquidation f.
VOLUNTARY WINDING UP, liquidation volontaire.
WINDING UP SUBJECT TO SUPERVISION OF COURT, liquidation judiciaire.

WINDMILL s, traite f en l'air m, cerf-volant m.

WINDOW s, fenêtre f; étalage m.
WINDOW-DRESSING, bel étalage pour faire impression.
WINDOW GLASS, verre à vitres.

WINE s, vin m.
WINE-GROWING, viticulture.

WINNER s, gagnant m.
BREAD-WINNER, soutien de famille.
the WINNERS AND THE LOSERS, les gagnants et les perdants.

WINNING a, gagnant.
WINNING NUMBER, numéro gagnant.

WIPE v, essuyer.
to WIPE OFF A DEBT, apurer, liquider, une dette.

WIPING s, nettoiement m.
WIPING OUT, liquidation ; amortissement.

WIRELESS s, radio f.

WITHDRAW v, retirer, annuler.

to WITHDRAW A CASE, se désister d'un procès.
to WITHDRAW COINS FROM CIRCULATION, retirer des pièces de la circulation.
to WITHDRAW A DEPOSIT, retirer un dépôt.
to WITHDRAW MONEY FROM, retirer de l'argent de.
to WITHDRAW AN ORDER, annuler une commande.

WITHDRAWAL s, retrait m, remboursement m, décaissement m.
GOLD WITHDRAWALS, sorties d'or.
LETTER OF WITHDRAWAL, lettre de retrait.
WITHDRAWAL OF BANK DEPOSITS, retrait des dépôts bancaires.
WITHDRAWAL OF CAPITAL, retrait de fonds.
WITHDRAWAL ON DEMAND, retrait à vue.
WITHDRAWAL OF MONEY FROM, retrait des fonds de.
WITHDRAWAL NOTICE, avis de retrait de fonds.

WITHDRAWING s, retrait m.

WITHHOLDING s, rétention f.
WITHHOLDING TAX, impôt à la source.

WITNESS m, témoin m; témoignage m.
EXAMINATION AND CROSS-EXAMINATION OF A WITNESS, interrogatoire et contre-interrogatoire d'un témoin.
to EXAMINE A WITNESS, interroger un témoin.

WITNESSING s, témoignage m.

WOMAN s, femme f.
NEW WOMAN, femme moderne.
SALARIED WOMAN, salariée.
WOMEN'S RIGHTS, droits de la femme.

WONT s, coutume f, habitude f.

WOOL s, laine f.
INTERNATIONAL WOOL TEXTILE ORGANIZATION, Fédération lainière internationale.
WOOL INDUSTRY, industrie lainière.

WOOLLEN a, lainier.
WOOLLEN MANUFACTURE, industrie de la laine.

WORDING s, libellé m; rédaction f.

WORK s, travail m, besogne f, tâche f; emploi m.
to BE OUT OF WORK, être en chômage.
BRAIN-WORK, travail intellectuel.
to CEASE WORK, cesser le travail.
CESSATION FROM WORK, arrêt, suspension, du travail.
CHILD WORK, travail des enfants.
CLERICAL WORK, travail de bureau.
CONTRACT WORK, travail à forfait.
CONTRACT WORK GIVEN OUT, travaux sous-traités en dehors de l'établissement.
to CONTRACT FOR WORK, entreprendre des travaux à forfait.
ELECTRICITY WORKS, centrale électrique.
to EQUIP A WORKS WITH NEW PLANT, doter une usine d'un équipement neuf.
non-EXACTING WORK, travail peu astreignant.
EXTRA WORK, heures supplémentaires ; surcroît de travail.
FALSE WORKS, échafaudages.
FOUNDRY WORK, fonderie.
GAS-WORKS, usine à gaz.
GLASS-WORK, verrerie (articles fabriqués).
GLASS-WORKS, verrerie (usine).
GUESS-WORK, conjecture.
HARD WORK, dur travail.
HEAD-WORK, travail intellectuel.
HOUSE WORK, travaux domestiques.
JOB-WORK, travail à forfait.
JOURNEY-WORK, travail à gages.
LAUNDRY-WORKS, blanchisserie.
to LEAVE OFF WORK, cesser le travail.
LIFE-WORK, travail de toute une vie.
LIGHT WORK, travail peu fatigant.
to LIVE ON ONE'S WORK, vivre de son travail.
MACHINE-WORK, travail d'usinage.
MANUAL WORK, travail manuel.
METAL WORKS, usine métallurgique.
MONOTONY OF WORK, monotonie du travail.
MULTI-PURPOSE WATER-WORKS, ouvrages hydrauliques à buts multiples.
NIGHT-WORK, travail de nuit.
OFFICE-WORK, travail de bureau.
OUT-OF-WORK, chômeur.
PAID WORK, travail rémunéré.
PAYMENT IN PROPORTION TO WORK DONE, rémunération au prorata du travail accompli.
PIECE-WORK, travail à la pièce, aux pièces.
PIONEER WORK, travail de pionnier.
PRELIMINARY WORK, travaux préparatoires.
PRICE EX WORKS, prix départ usine.
PUBLIC WORKS, travaux publics.
PUBLIC-WORKS PROGRAM, programme de travaux publics.

to QUIT WORK, cesser le travail.
REGISTERED APPLICANTS FOR WORK, demandeurs d'emploi.
RELIEF WORK, travaux publics organisés pour les chômeurs.
REPELLENT WORK, travail rebutant.
RESEARCH WORK, travaux de recherche.
to RESUME WORK, reprendre le travail.
RESUMPTION OF WORK, reprise du travail.
ROUTINE WORK, travail de routine.
RUSH-WORK, travail (très) urgent.
SAMPLING WORKS, laboratoire d'essais.
SEASONAL WORK, travail saisonnier.
SILVER-WORK, orfèvrerie.
SPECIAL-ORDER WORK, travail à façon.
to SPEED (UP) THE WORK, accélérer, presser, les travaux.
STEEL-WORKS, aciérie.
STRENUOUS WORK, travail ardu, pénible.
to STRIKE WORK, se mettre en grève.
TASK-WORK, travail à la tâche ; travail aux pièces.
TEAM-WORK, travail d'équipe.
TIME-WORK, travail à l'heure.
WHOLE-TIME WORK, travail à plein temps.
WORKS, usine ; centrale ; atelier.
WORK HAS ADVANCED, le travail a avancé.
WORK ON THE BONUS SYSTEM, travail à la prime.
WORKS COMMITTEE, comité d'entreprise.
WORK-DAY, jour ouvrable.
WORK DONE ON COMMISSION, travail fait sur commande.
WORK-GIRL, ouvrière.
the WORKS ARE GOING FULL BLAST, l'usine travaille à plein rendement.
WORK-GROUP, atelier.
WORK IN HAND, travail en cours.
WORK OF IMMEDIATE URGENCY, travail de première urgence.
WORK AGAINST PAYMENT, travail rétribué.
WORK IN SHIFTS, travail par équipes.
WORK SIMPLIFICATION, simplification du travail.

WORK v, travailler, faire travailler, faire fonctionner, exploiter.
ABILITY TO WORK, aptitude au travail.
to WORK BY THE DAY, travailler à la journée.
to WORK OUT THE INTEREST, chiffrer les intérêts.
to WORK FOR ONE'S LIVING, travailler pour gagner sa vie.
to WORK OVERTIME, faire des heures supplémentaires.
to WORK A PATENT, exploiter un brevet.
to WORK IN SHIFTS, se relayer au travail.

WORKABLE a, ouvrable, exploitable.

WORKED a, travaillé, ouvré.
HOURS WORKED, heures ouvrées.
NUMBER OF HOURS WORKED, nombre d'heures de travail.

WORKER s, travailleur m, ouvrier m, ouvrière f.
ACTUAL ATTITUDE OF WORKERS TOWARDS, comportement effectif des ouvriers à l'égard de.
AGRICULTURAL WORKER, ouvrier agricole.
AMOUNT OF CAPITAL PER WORKER, capital investi par ouvrier.
AMOUNT OF LAND PER WORKER, superficie moyenne par ouvrier.
CASUAL WORKER, travailleur occasionnel.
CLERICAL WORKER, employé de bureau.
CONDITION OF THE WORKERS, situation des travailleurs.
FELLOW-WORKER, compagnon (d'un ouvrier) ; collègue.
GLASS-WORKER, verrier.
HEAD-WORKER, travailleur intellectuel.
HOME-WORKER, travailleur à domicile.
LAND-WORKER, travailleur agricole.
MALE WORKER, ouvrier.
METAL-WORKER, ouvrier métallurgiste.
OUT-WORKER, ouvrier à domicile.
OUTSIDE WORKER, ouvrier à domicile.
REDUNDANCY OF WORKERS, ouvriers en surnombre.
SEASONAL WORKER, ouvrier saisonnier.
SEMI-SKILLED WORKER, ouvrier semi-qualifié.
SKILLED WORKER, ouvrier qualifié, spécialisé.
STEADY WORKER, travailleur assidu, appliqué.
TIME-WORKER, ouvrier qui travaille à l'heure.
UNDERGROUND WORKER, mineur, ouvrier, du fond.
UNPAID FAMILY WORKERS, travailleurs familiaux non rémunérés.
UNSKILLED WORKER, ouvrier non qualifié.
WAGE-WORKER, U.S. salarié.
WHITE-COLLAR WORKER, employé de bureau.

WORKING a, laborieux, actif, qui travaille.
FARMER WORKING ON SHARES, métayer.
FIXED AND WORKING CAPITAL, capital fixe et capital circulant.
GROSS WORKING EXPENSES AND RECEIPTS, dépenses et recettes d'exploitation brutes.
eight-HOUR WORKING DAY, journée de travail de huit heures.
WORKING CAPITAL, capital circulant ; fonds de roulement.
WORKING CLASSES, classes laborieuses; classe(s) ouvrière(s)
WORKING-CLASS FAMILY, famille ouvrière.

WORKING AT CLOSE TO CAPACITY, travaillant à capacité presque maxima.
WORKING COEFFICIENT, coefficient d'exploitation.
WORKING DAY, jour ouvrable.
WORKING EXPENSES, dépenses d'exploitation.
WORKING LIFE, période d'activité.
WORKING POPULATION, population laborieuse.
WORKING STORAGE, mémoire de travail.

WORKING s, travail m; marche f, fonctionnement m; exploitation f, roulement m, rendement m, activité f.
EFFICIENT WORKING, bon fonctionnement.
ERRATIC WORKING OF A MACHINE, rendement inégal d'une machine.
WORKING OFF STOCKS, dégonflement des stocks.
WORKING OF THE SYSTEM, fonctionnement du système.

WORKLESS s, sans travail m, chômeur m.

WORKMAN s, ouvrier m; artisan m.
FINE WORKMAN, très bon ouvrier.
INSURANCE AGAINST INJURIES TO WORKMEN, assurance accidents du travail.
JOBBING WORKMAN, façonnier.
to LOCK OUT WORKMEN, interdire aux ouvriers l'accès d'une usine.
OVERPAID WORKMEN, ouvriers trop payés.
SAFETY OF THE WORKMEN, sécurité des ouvriers.
SKILLED WORKMAN, ouvrier spécialisé, qualifié.
UNDERPAID WORKMEN, ouvriers insuffisamment payés.
UNSKILLED WORKMAN, ouvrier non qualifié ; manœuvre.
WORKMEN'S COMPENSATION ACT, loi sur les accidents du travail.
WORKMEN'S DWELLINGS, habitations ouvrières.

WORKMANSHIP s, exécution f, travail m, qualité f du travail.
EXPERT WORKMANSHIP, travail de spécialiste.
FAULTY WORKMANSHIP, vice de construction.
FINE WORKMANSHIP, beau travail.

WORKPEOPLE s. pl, ouvriers m. pl, classe f ouvrière.

WORKSHOP s, atelier m.
to FIT UP A WORKSHOP, agencer un atelier.
FLOATING WORKSHOP, navire-atelier.

WORKWOMAN s, ouvrière f.

WORLD s, monde m, univers m.
ACCESS TO WORLD MARKETS, accès aux marchés mondiaux.
COMMERCIAL WORLD, le commerce.
COMPLETE WORLD COVERAGE, portée mondiale.
FINANCIAL WORLD, monde de la finance.
HUB OF THE FINANCIAL WORLD, centre du monde de la finance.
NATURAL WORLD, monde physique, réel.
PREMIER FLEET OF THE WORLD, première flotte commerciale du monde.
REAL WORLD, monde réel.
TRENDS IN WORLD TRADE, tendances du commerce mondial.
WORLD AGGREGATES, totaux mondiaux.
WORLD ENERGY SUPPLIES, ressources mondiales en énergie.
WORLD EXPORTS, exportations mondiales.
WORLD FAIR, exposition universelle.
WORLD OF FINANCE, monde de la finance.
WORLD HEALTH ORGANIZATION, Organisation mondiale de la santé.
WORLD IMPORTS, importations mondiales.
WORLD MONETARY GOLD HOLDINGS, avoirs mondiaux en or monétaire.
WORLD PAYMENTS, paiements mondiaux.
WORLD POLITICS, politique mondiale.
WORLD POWER, puissance mondiale.
WORLD PRICE MOVEMENTS, mouvements des prix mondiaux.
WORLD RESERVES, réserves mondiales.
WORLD TRADE (BY REGIONS AND COUNTRIES), commerce mondial (par régions et pays).
WORLD WAR, guerre mondiale.
WORLD-WIDE, mondial.
WORLD-WIDE FINANCIAL CRISIS, crise financière mondiale.
WORLD-WIDE LETTER OF CREDIT, lettre de crédit valable dans le monde entier.

WORST a, (le) pire.
VERY WORST HYPOTHESIS, la plus mauvaise des hypothèses.

WORTH a, valant.
to BE WORTH, valoir.
STOCK NOT WORTH MORE THAN THE PRICE OF THE PAPER, titres qui ne valent pas plus que le prix du papier.

WORTH s, valeur f, richesse f.
to GET ONE'S MONEY WORTH, en avoir pour son argent.
NET WORTH, valeur nette.
PRESENT WORTH, valeur actuelle.

WORTHLESS a, sans valeur f.

WORTHLESS BILL, titre sans valeur.
WORTHLESS CHEQUE, chèque sans provision.

WRAPPING s, emballage m.
WRAPPING-PAPER, papier d'emballage.

WRECK s, épave f, naufrage m.

WRIT* s, ordonnance f; assignation f.

WRITE v, écrire.
to WRITE OFF, amortir ; annuler.
to WRITE OFF A BAD DEBT, passer une créance par profits et
pertes.
to WRITE OFF CAPITAL, amortir le capital.
to WRITE OUT A CHEQUE, remplir, libeller, un chèque.
to WRITE IN THE PAPERS, faire du journalisme.

WRITING s, écriture f.
EVIDENCE IN WRITING, preuve écrite.
STATUTORY WRITING OFF, amortissement statutaire.
WRITING BACK, contre-passement.

WRITING DOWN, réduction (de capital).
WRITING OFF, amortissement (du capital) ; défalcation.

WRITTEN a, écrit.
AMOUNTS WRITTEN OFF, sommes amorties, passées par pertes
et profits.
WRITTEN OFF, amorti ; annulé.
WRITTEN EVIDENCE, preuve écrite.
WRITTEN LAW, loi écrite.

WRONG a, mauvais; erroné, inexact.

WRONG adv, mal.

WRONG s, mal m; tort m, dommage m.

WRONGFUL s, injustifié, illégal.

WRONGLY adv, à tort m, mal.

WROUGHT a, forgé.
WROUGHT IRON, fer forgé.

X *letter*, X.
FACTORIAL *x*, factorielle de *x*.
to GET RID OF *x*, éliminer *x*.
to GIVE *x* A VALUE, attribuer une valeur à *x*.
POWER OF *x*, exposant de *x*.
PRODUCT OF *x* INTO *y*, produit de x par y.
TERMS IN *x* REDUCE TO ZERO, les termes en x s'annulent.
X-AXIS, axe des abscisses.
« X » PUNCH, perforation « x ».

X-RAYS, rayons X.
y VARIES DIRECTLY AS *x*, y varie en raison directe de x.
y VARIES INVERSELY AS THE SQUARE OF *x*, y varie comme l'inverse du carré de x.
y VARIES INVERSELY WITH *x*, y varie en raison inverse de x.
y VARIES AS *x*, y varie dans le même sens et proportionnellement à x.

XENOPHOBIA *s*, xénophobie *f*.

Y *letter*, Y.
PRODUCT OF *x* INTO *y*, produit de x par y.
Y-AXIS, axe des ordonnées.
y VARIES DIRECTLY AS *x*, y varie en raison directe de x.
y VARIES INVERSELY AS THE SQUARE OF *x*, y varie comme l'inverse du carré de x.
y VARIES INVERSELY WITH *x*, y varie en raison inverse de x.
y VARIES AS *x*, y varie dans le même sens et proportionnellement à x.

YARD *s*, yard *m*; chantier *m*, dépôt *m*.
COAL YARD, dépôt de charbon.
CUBIC YARD, yard cube.
MARSHALLING YARD, gare de triage.
RAILWAY YARD, gare de triage.
SHIP-BUILDING YARD, chantier de construction navale.
SQUARE YARD, yard carré.
YARD-STICK, mesure ; étalon.

YARDAGE *s*, métrage *m*, frais *m. pl* de dépôt *m*.

YARN *s*, fil *m*, filé *m*.
COTTON YARN, filés de coton.

YEAR *s*, an *m*, année *f*; exercice *m*.
to ALLOCATE A PAYMENT TO A PREVIOUS YEAR, affecter un paiement à une année fiscale précédente.
BASE YEAR, année de base (d'un indice, d'un plan).
BONANZA YEAR, année de prospérité.
BONDS WITH 10 YEARS OR MORE TO MATURITY, obligations à 10 ans ou davantage.
BUSINESS YEAR, exercice (financier).
CALENDAR YEAR, année civile.
COMBINATION OF YEARS AS BASE, moyenne de plusieurs années comme base.
CORRESPONDING PERIOD OF LAST YEAR, période correspondante de l'année dernière.
CURRENT YEAR, année en cours.
DEBT DATING BACK SEVERAL YEARS, dette remontant à plusieurs années.
END OF THE FINANCIAL YEAR, fin de l'exercice.
END-YEAR REBATE, ristourne de fin d'année.
FINANCIAL YEAR, exercice (financier).
FISCAL YEAR, exercice budgétaire.
HALF-YEAR, semestre.
LEAN YEARS, années de vaches maigres.
LEGAL YEAR, année civile.
PAST YEAR, exercice écoulé.
PEAK YEAR, année record.
POPULATION DOUBLES EVERY 25 YEARS, la population double tous les 25 ans.
PRECEDING YEAR, année précédente.
PRESENT YEAR, année courante.
PREVIOUS YEAR, année précédente.
PROFITS QUADRUPLE THOSE OF THE PREVIOUS YEAR, profits quadruples de ceux de l'année précédente.
RETURN OF THE YEAR, produit de l'exercice.
each SUCCEEDING YEAR, chaque année successive.
TAXABLE YEAR, exercice fiscal.
TRADING YEAR, exercice (financier).
once a YEAR, une fois l'an.
YEAR OF COUNT, année du dénombrement.

YEAR ENDING 31st DECEMBER, exercice se terminant au 31 décembre.
YEAR OF MANUFACTURE, année de construction.
YEAR OF PLENTY, année d'abondance.

YEAR-BOOK *s*, annuaire *m*.
DEMOGRAPHIC YEAR-BOOK, annuaire démographique.

YEARLY *a*, annuel.
DEBT REDEEMABLE BY YEARLY PAYMENTS, dette annuitaire.
HALF-YEARLY DIVIDEND, dividende semestriel.
YEARLY CONSUMPTION, consommation annuelle.
YEARLY LETTING, location à l'année.
YEARLY RENTAL, redevance annuelle ; loyer annuel.
YEARLY SETTLEMENT, liquidation de fin d'année.

YEARLY *adv*, annuellement.
HALF-YEARLY, semestriellement.

YELLOW *a*, jaune.
YELLOW METAL, métal jaune; laiton.

YEOMAN *s*, *U.K:* petit propriétaire *m*; gros fermier *m*.

YESTERDAY *adv*, hier.
RATES OBTAINED YESTERDAY, cours réalisés hier.

YIELD *s*, rendement *m*, recette *f*, productivité *f*, rapport *m*, revenu *m*.
AVERAGE YIELD, rendement moyen.
CURRENT YIELD, rendement courant.
DISCOUNTED VALUE OF THE ADDITIONAL PROSPECTIVE YIELD, valeur actuelle du rendement additionnel probable.
EFFECTIVE YIELD, rendement effectif.
EQUALITY OF YIELD, égalité des rendements.
ESTIMATE OF THE FUTURE YIELD OF CAPITAL ASSETS, estimation du rendement futur des capitaux.
EXPECTATIONS AS TO THE FUTURE YIELD OF CAPITAL GOODS, prévisions relatives au rendement futur des biens de capital.
FIXED-YIELD INVESTMENT, placement à revenu fixe.
FIXED-YIELD SECURITY, valeur à revenu fixe.
INCOME FROM FIXED-YIELD INVESTMENTS, revenus fixes.
INCOME FROM VARIABLE-YIELD INVESTMENTS, revenus variables.
INTEREST YIELD, taux de capitalisation ; rendement.
NET YIELD, revenu net ; rendement net.
PROSPECTIVE YIELD, rendement escompté.
TAX YIELDS, montant des recettes fiscales.
VARIABLE-YIELD INVESTMENTS, placements à revenus variables.
VARIABLE-YIELD SECURITIES, valeurs à revenu variable.
YIELD OF BONDS, taux de rendement des obligations.
YIELD-CAPACITY, productivité.
YIELD OF CAPITAL, rendement du capital.

YIELD *v*, rapporter, produire.
SHARES THAT YIELD A DIVIDEND OF, actions productives d'un dividende de.
to YIELD 5 %, rapporter un intérêt de 5 %.
to YIELD INTEREST, rapporter un intérêt.
to YIELD PROFIT, rapporter des bénéfices.
to YIELD ONE'S RIGHTS, céder ses droits ; renoncer à ses droits.

YIELDING *s*, rendement *m*.
LOW-YIELDING, à faible rendement.

YOUNG *a*, jeune.

YOUTH *s*, jeunesse *f*, adolescence *f*.

ZEAL *s*, zèle *m*.

ZENITH *s*, zénith *m*, apogée *m*.

ZERO *s*, zéro *m*.
ABSOLUTE ZERO, zéro absolu.
SHARE WHICH HAS FALLEN TO ZERO, valeur qui est tombée à zéro.
SUBSCRIPT ZERO, indice zéro.
TERMS IN *x* REDUCE TO ZERO, les termes en *x* s'annulent.
ZERO ALLOWANCE, tolérance nulle.
ZERO DAY, jour J.
ZERO ERROR, déviation du zéro.
ZERO POINT, origine.
ZERO SUM GAME, jeu à somme nulle.

ZIGZAG *s*, zigzag *m*.

ZINC *s*, zinc *m*.
ZINC-TRADE, zinguerie.

ZONAL *a*, zonal.

ZONE *s*, zone *f*.
FREE ZONE, zone franche.
HOUR-ZONE, fuseau horaire.
WAGE ZONE, zone de salaires.
ZONE TIME, heure du fuseau.

ZONED *a*, zoné.
ZONED AREA, zone de construction réglementée.

DICTIONNAIRE DES AFFAIRES
FRANÇAIS — ANGLAIS

FRENCH — ENGLISH
BUSINESS DICTIONARY

A *lettre*, A.
ACTIONS « A » (PRIORITAIRES), "A" shares.

ABAISSEMENT *m*, lowering, reduction in prices, sinking, fall.
ABAISSEMENT DES PRIX, lowering prices, reduction in prices.
la CONCURRENCE PROVOQUE L'ABAISSEMENT DES PRIX, competition causes a fall in prices.

ABAISSER *v*, to lower, to reduce, to bring down, to mark down.
ABAISSER CONSIDÉRABLEMENT LES PRIX, to knock down prices.
ABAISSER LA NATALITÉ, to bring down the birth rate.
ABAISSER LE PRIX, to mark down the price; to lower the price of; to bring down the price.
ABAISSER LE TAUX D'ESCOMPTE, to lower the bank rate; to reduce the bank rate.
ABAISSER LE TAUX OFFICIEL D'ESCOMPTE, to reduce the bank rate.

ABANDON *m*, surrender, cession, relinquishment.
ABANDON DES BIENS D'UN FAILLI À SES CRÉANCIERS, surrender of a bankrupt's property.

ABANDONNER *v*, to abandon, to relinquish, to surrender.
ABANDONNER L'ÉTALON-OR, to come off the gold standard.
ABANDONNER LA PRIME, to relinquish the forfeit.
les ACTIONS ONT ABANDONNÉ UNE FRACTION, shares lost a fraction.

ABAQUE *m*, abacus.

ABATTAGE *m*, slaughter, slaughtering.

ABATTEMENT *m*, remission, abatement.
ABATTEMENT À LA BASE (EN MATIÈRE D'IMPÔT), basic (tax) abatement.
ABATTEMENT PERSONNEL (SUR L'IMPÔT), personal (tax) allowance.

ABATTU *a*, slaughtered.
ANIMAUX ABATTUS, animals slaughtered.

ABDICATION *f*, surrender.
ABDICATION DE DROITS, surrender of rights.

ABOLIR *v*, to abolish; to lift.
ABOLIR LE DROIT, to take the duty off.
ABOLIR LES DROITS DE DOUANE, to do away with customs duties.
toutes les RESTRICTIONS ONT ÉTÉ ABOLIES, all restrictions were lifted.

ABOLITION *f*, abolition, abolishment, annulment.

ABONDANCE *f*, abundance, affluence, plenty, profusion.
ABONDANCE DE TONNAGE, abundance of tonnage.
ANNÉE D'ABONDANCE, year of plenty.
de l'ARGENT EN ABONDANCE, money in plenty; plenty of money.
ÊTRE EN ABONDANCE, to abound.
PARADOXE DE LA PÉNURIE AU MILIEU DE L'ABONDANCE, paradox of poverty in the midst of plenty.
VIVRE DANS L'ABONDANCE, to live in plenty.

ABONDANT *a*, abundant, affluent, profuse, plentiful, *U.S:* plenty.
l'ARGENT EST ABONDANT, money is plentiful.
lorsque la MONNAIE EST RELATIVEMENT ABONDANTE, when money is relatively abundant.

RÉCOLTE ABONDANTE, heavy crop.

ABONDER *v*, to abound.

ABONNÉ *m*, subscriber; consumer.
ABONNÉ AU GAZ, consumer of gas.
ABONNÉ AU TÉLÉPHONE, telephone subscriber.

ABONNEMENT *m*, subscription, subscribing.
CARTE D'ABONNEMENT, season-ticket.
CARTE D'ABONNEMENT ORDINAIRE, ordinary season-ticket.
IMPÔT FORFAITAIRE FIXÉ PAR VOIE D'ABONNEMENT, composition tax.
POLICE D'ABONNEMENT, floating policy.

(S') **ABONNER** *v*, to subscribe.

ABORDER *v*, to approach.
FAÇON D'ABORDER UN PROBLÈME, approach to a problem.

ABORIGÈNE *a*, aboriginal.

ABRÉGÉ *m*, abstract, digest.

ABRÉGER *v*, to shorten.

ABRÉVIATION *f*, abbreviation.
ABRÉVIATIONS COURAMMENT EMPLOYÉES, commonly employed abbreviations.

ABRI *m*, shelter.

ABROGATION *f*, abrogation, repeal.

ABROGER *v*, to abrogate, to repeal.
ABROGER UNE LOI, to repeal a law.

ABSCISSE *f*, abscissa.
AXE DES ABSCISSES, X-axis.

ABSENCE *f*, absence, non-attendance.
ABSENCE DE CONTREPARTIE (CONTRAT), absence of consideration; lack of consideration.
ABSENCE DE PLANIFICATION, planlessness, lack of planning.
HYPOTHÈSE DE L'ABSENCE DE DÉPENDANCE ENTRE LES VARIABLES, hypothesis that there is no relation between the variables.

ABSENT *m*, absentee.

ABSENTÉISME *m*, absenteeism.

ABSOLU *a*, absolute, peremptory, implicit, unconditional.
AVANTAGE ABSOLU, absolute advantage.
COÛT ABSOLU, absolute cost.
DISPERSION ABSOLUE, absolute variability.
ÉCART ABSOLU, absolute deviation.
ÉCART ABSOLU MOYEN, mean deviation; average deviation.
ERREUR ABSOLUE, absolute error.
INDÉPENDANCE ABSOLUE (DE DEUX PHÉNOMÈNES), absolute independence (of two phenomena).
MONARCHIE ABSOLUE, absolute monarchy.
NÉCESSITÉ ABSOLUE, absolute necessity; peremptory necessity.
POUVOIR ABSOLU, absolute power.
PRINCIPE ABSOLU, overriding principle.
URGENCE ABSOLUE, top priority.
VALEUR ABSOLUE, absolute magnitude.

ZÉRO ABSOLU, absolute zero.

ABSOLU *m*, the absolute.
CODAGE EN ABSOLU, absolute coding.

ABSOLUTISME *m*, absolutism.

ABSORBER *v*, to absorb.
ABSORBER UNE ÉMISSION, to take over an issue.
SUFFISANT POUR ABSORBER L'EXCÈS DE, sufficient to absorb the excess of.

ABSORPTION *f*, absorption.
CAPACITÉ D'ABSORPTION, capacity of absorption.
CAPACITÉ D'ABSORPTION MARGINALE, marginal propensity to absorb.
LOI D'ABSORPTION, principle of absorption.

(S') ABSTENIR *v*, to abstain.
s'ABSTENIR D'UNE CONSOMMATION IMMÉDIATE, to abstain from present consumption.

ABSTENTION *f*, abstention, forgoing.

ABSTINENCE *f*, abstinence, abstention.

ABSTRACTION *f*, abstraction.

ABSTRAIT *a*, abstract, pure.
NOMBRE ABSTRAIT, abstract number.
THÉORIE ABSTRAITE, abstract theory; pure theory.
TRAVAIL ABSTRAIT, abstract labour.

ABUS *m*, breach, misuse.
ABUS DE CONFIANCE, breach of trust; embezzlement.
ABUS DE POUVOIR, misuse of authority.

ACCABLÉ *a*, overburdened.
ACCABLÉ DE DETTES, immersed in debt.

ACCABLER *v*, to overburden.

ACCALMIE *f*, lull.

ACCAPAREMENT *m*, cornering, buying up.
ACCAPAREMENT DU MARCHÉ, cornering the market.

ACCAPARER *v*, to corner, to monopolize, to buy up.

ACCÉLÉRATEUR *a*, accelerative.

ACCÉLÉRATEUR *m*, accelerator.
ACCÉLÉRATEUR NON LINÉAIRE, non linear accelerator.
MODÈLE DU MULTIPLICATEUR-ACCÉLÉRATEUR, multiplier-accelerator model.
POLITIQUE DE COUPS DE FREIN ET D'ACCÉLÉRATEUR ALTERNÉS, stop-go policy.

ACCÉLÉRATION *f*, acceleration, speeding, quickening, gathering speed.
ACCÉLÉRATION UNIFORME, constant acceleration.
FORCE D'ACCÉLÉRATION, accelerative force.
PRINCIPE D'ACCÉLÉRATION, acceleration principle.
TEMPS D'ACCÉLÉRATION, acceleration time.

ACCÉLÉRÉ *a*, accelerated.
AMORTISSEMENT ACCÉLÉRÉ, accelerated depreciation.
CERTIFICAT DE NÉCESSITÉ (D'AMORTISSEMENT ACCÉLÉRÉ), certificate of necessity (for accelerated depreciation).
VITESSE UNIFORMÉMENT ACCÉLÉRÉE, uniform acceleration.

ACCÉLÉRER *v*, to accelerate, to speed, to speed up, to quicken, to hasten.
ACCÉLÉRER L'ALLURE, to quicken the pace.
ACCÉLÉRER LES TRAVAUX, to speed (up) the work.

ACCENTUER *v*, to accentuate.
ACCENTUER LE CHÔMAGE, to accentuate (the) unemployment.

ACCEPTABILITÉ *f*, acceptability.
ACCEPTABILITÉ GÉNÉRALE DE LA MONNAIE, general acceptability of money.

ACCEPTABLE *a*, acceptable.
OFFRE ACCEPTABLE, acceptable offer.

ACCEPTATION *f*, acceptance; acceptation; accepting; signing; reception, acception.
ACCEPTATION CONDITIONNELLE, conditional acceptance.
ACCEPTATION PAR INTERVENTION, acceptance for honour.
non-ACCEPTATION DE MARCHANDISES, refusal of goods.
ACCEPTATION SANS RÉSERVES, general acceptance; unconditional acceptance.
ACCEPTATION SOUS RÉSERVE, qualified acceptance.
ACCEPTATION RESTREINTE, partial acceptance.
CRÉDIT PAR ACCEPTATION RENOUVELABLE, revolving credit.
INTERVALLE D'ACCEPTATION, acceptance interval.
PRÉSENTATION À L'ACCEPTATION, presentation for acceptance; presentment for acceptance.
PRÉSENTER UN EFFET À L'ACCEPTATION, to provide a bill for acceptance.

PRÉSENTER UNE TRAITE À L'ACCEPTATION, to present a bill for acceptance.
PROTÊT FAUTE D'ACCEPTATION, protest for non-acceptance.
REFUS D'ACCEPTATION, refusal to accept.
RÉGION D'ACCEPTATION, acceptance region.
REPRÉSENTER UN EFFET À L'ACCEPTATION, to represent a bill for acceptance.

ACCEPTÉ *a*, accepted.
non ACCEPTÉ, unaccepted.
CONDITIONS ACCEPTÉES D'UN COMMUN ACCORD, conditions agreed upon.
EFFET NON ACCEPTÉ, unaccepted bill.

ACCEPTER *v*, to accept.
ne pas ACCEPTER UN EFFET, to dishonour a bill.
ACCEPTER UNE LETTRE DE CHANGE, to accept a bill of exchange.
n'ACCEPTER AUCUNE OPÉRATION À DÉCOUVERT, not to undertake any transaction without cover.
ACCEPTER UN PARI, to take (up) a bet.
ACCEPTER UNE TRAITE, to sign a bill.
REFUS D'ACCEPTER, dishonour by non-acceptance.

ACCEPTEUR *m*, acceptor; endorser.
ACCEPTEUR D'UNE LETTRE DE CHANGE, acceptor of a bill of exchange.
RECOURS CONTRE L'ENDOSSEUR OU L'ACCEPTEUR D'UN EFFET, recourse to the endorser of a bill.

ACCÈS *m*, access, admission, ingress, approach.
ACCÈS ALÉATOIRE, random access.
ACCÈS LIBRE, free admission.
ACCÈS AU MARCHÉ FINANCIER, access to the money market.
ACCÈS AUX MARCHÉS MONDIAUX, access to world markets.
ACCÈS SÉLECTIF, direct access; random access.
DROIT DE LIBRE ACCÈS, free ingress.
FACILITÉ D'ACCÈS, accessibility.
INTERDIRE AUX OUVRIERS L'ACCÈS D'UNE USINE, to lock out workmen.
MÉMOIRE À ACCÈS SÉLECTIF, direct access storage; random access storage.
MÉTHODE D'ACCÈS, access method.
MÉTHODE D'ACCÈS AVEC FILE D'ATTENTE, queued access method.
TEMPS D'ACCÈS, access time.
TEMPS D'ACCÈS MOYEN, average access time.

ACCESSIBLE *a*, accessible, attainable, open.
BOURSE (D'ÉTUDES) ACCESSIBLE À TOUS, open scholarship.

ACCESSOIRE *a*, accessory, unessential.
AVANTAGES ACCESSOIRES, fringe benefits.

ACCESSOIRE *m*, accessory, unessential fitting, gadget.

ACCIDENT *m*, accident; casualty; injury.
ACCIDENT DE CHEMIN DE FER, railway accident.
ACCIDENT DE MER, sea accident.
ACCIDENT MORTEL, fatal accident.
ASSURANCE ACCIDENTS, personal accident insurance.
ASSURANCE CONTRE LES ACCIDENTS, accident insurance.
ASSURANCE ACCIDENTS AUX TIERS, third-party accident insurance.
ASSURANCE ACCIDENTS DU TRAVAIL, employers' liability insurance; insurance against injuries to workmen.
LOI SUR LES ACCIDENTS DU TRAVAIL, Factory Act; Workmen's Compensation Act.
POLICE D'ASSURANCE ACCIDENTS, accident policy.
la VICTIME D'UN ACCIDENT, the injured party.

ACCIDENTÉ *m*, casualty.

ACCIDENTEL *a*, accidental, random, casual.
DÉCOUVERTE ACCIDENTELLE, chance discovery.
FLUCTUATIONS ACCIDENTELLES, random fluctuations.

ACCISE *f*, excise.
DROIT D'ACCISE, excise duty.

ACCOMMODEMENT *m*, compromise, composition.
ACCOMMODEMENT AVEC LES CRÉANCIERS, composition with creditors.

ACCOMPLI *a*, accomplished.
FAIT ACCOMPLI, accomplished fact.
RÉMUNÉRATION AU PRORATA DU TRAVAIL ACCOMPLI, payment in proportion to work done.

ACCOMPLIR *v*, to achieve, to perform.

ACCOMPLISSEMENT *m*, achievement, fulfilment, performance, performing.

ACCORD *m*, agreement, arrangement, contract, treaty; understanding.
ACCORD À L'AMIABLE, private arrangement.
ACCORD DE COMMERCIALISATION, marketing agreement.
ACCORDS DE CONTINGENTEMENT MULTILATÉRAUX À LONG TERME, multilateral long-term contracts.

ACCORD GÉNÉRAL DE PRÊT, general agreement to borrow.
ACCORD GÉNÉRAL SUR LES TARIFS DOUANIERS ET LE
  COMMERCE, General Agreement on Tariffs and Trade (GATT).
ACCORDS INTERNATIONAUX SUR LES PRODUITS DE BASE,
  international commodity agreement.
ACCORD LIANT LES PARTIES, binding agreement.
ACCORD MUTUEL, mutual agreement.
ACCORD OCCULTE, secret agreement.
ACCORDS D'OTTAWA, Ottawa Agreement.
ACCORD TARIFAIRE, tariff agreement.
CONDITIONS ACCEPTÉES D'UN COMMUN ACCORD, conditions
  agreed upon.
PARVENIR À UN ACCORD AVEC SES CRÉANCIERS, to come to
  an arrangement with creditors.
SOLDES DES ACCORDS DE PAIEMENT ET DE COMPENSATION,
  clearing agreement balances.

ACCORDÉ a, granted, allowed.
COMMISSION ACCORDÉE, commission allowed to.
RÉGIME DE FAVEUR ACCORDÉ AUX PRODUITS COLONIAUX,
  preference granted to colonial produce.
REMISE ACCORDÉE, commission allowed to.

(S') ACCORDER v, to allow, to agree, to award, to give.
ACCORDER UNE AUGMENTATION DE SALAIRE, to award an
  increase in wages.
ACCORDER UN DÉLAI À UN DÉBITEUR, to allow a debtor time to
  pay.
ACCORDER DES DOMMAGES-INTÉRÊTS, to give damages.
ACCORDER UN RABAIS SUR, to make an allowance on.
FAIRE ACCORDER LES LIVRES, to agree the books; to agree the
  accounts.
THÉORIE QUI NE S'ACCORDE PAS AVEC LES FAITS, theory that
  is not consistent with facts.

ACCOUTUMANCE f, habituation.

(S') ACCOUTUMER v, to habituate.

ACCRÉDITÉ a, accredited, authorized, recognized.
AGENT ACCRÉDITÉ, recognized agent.
REPRÉSENTANT DÛMENT ACCRÉDITÉ, duly authorized represen-
  tative.

ACCRÉDITÉ m, party named, person named.

ACCRÉDITER v, to accredit.

ACCRÉDITIF m, credit, simple credit, unconfirmed credit.
ACCRÉDITIF DOCUMENTAIRE, documentary credit.

ACCROISSEMENT m, increase, increasing, increment, accretion,
  addition, growth.
ACCROISSEMENT (PAR ADDITIONS DE PETITES QUANTITÉS),
  accretion.
ACCROISSEMENT DE LA DEMANDE, increase in demand.
ACCROISSEMENT DÉMOGRAPHIQUE, increase in population.
ACCROISSEMENT DYNAMIQUE, dynamic increment.
ACCROISSEMENT GLOBAL NET, aggregate net increment.
ACCROISSEMENT DES LIQUIDITÉS, increasing liquidity.
ACCROISSEMENT NATUREL, natural increase.
ACCROISSEMENT DE LA PRODUCTIVITÉ, growth of productivity.
ACCROISSEMENT DE LA QUANTITÉ DEMANDÉE, increase in the
  quantity demanded.
ACCROISSEMENT RAPIDE, fast increase.
ACCROISSEMENT DES RESSOURCES DE, increasing the resources
  of.
ACCROISSEMENT DE LA RICHESSE D'UNE NATION, increase in
  the wealth of a nation.
ACCROISSEMENT SPONTANÉ DU CAPITAL, self-induced increase
  of capital.
ACCROISSEMENT DES STOCKS, increase in stocks; addition to the
  stocks.
ACCROISSEMENT D'UTILITÉ, increment of utility.
COÛT D'ACCROISSEMENT, incremental cost.
TAUX D'ACCROISSEMENT, increment per cent.
TAUX D'ACCROISSEMENT MOYEN, average rate of increase.
TAUX D'ACCROISSEMENT PRÉSUMÉ, assumed rate of increase.

(S') ACCROÎTRE v, to increase, to intensify; to lift.
s'ACCROÎTRE PAR ADDITION, to accrete.
ACCROÎTRE LA PRODUCTIVITÉ, to lift productivity.

ACCRU a, increased, incoming.
RICHESSE ACCRUE, increased wealth.

ACCUEILLIR v, to meet, to honour.
ACCUEILLIR UNE LETTRE DE CHANGE, to meet a bill of exchange.

ACCULER v, to corner.

ACCUMULATEUR m, accumulator.

ACCUMULATION f, accumulation, accrual, laying up, gathering.
ACCUMULATION DU CAPITAL, capital accumulation.
ACCUMULATION CAPITALISTE, capitalist accumulation.
ACCUMULATION DE MONNAIE, accumulation of money.

ACCUMULATION DE STOCKS INVENDUS, accumulation of unsold
  stocks.
TAUX D'ACCUMULATION DU CAPITAL, rate of capital accumulation.

ACCUMULÉ a, cumulated, accumulated, accrued.
DIVIDENDES ACCUMULÉS, accumulated dividends.

(S') ACCUMULER v, to accumulate, to cumulate, to accrue, to amass
  qui s'ACCUMULE, accumulative.
ACCUMULER DE L'ARGENT, to amass money.

ACCUSATION f, indictment, prosecution.
les TÉMOINS DE L'ACCUSATION, the evidence for the prosecution.

ACCUSÉ a, sharp.
BAISSE (TRÈS) ACCUSÉE, sharp fall.

ACCUSÉ m, acknowledg(e)ment.
ACCUSÉ DE RÉCEPTION, notice of delivery, acknowledg(e)ment.

ACCUSER v, to show.
COMPTE QUI ACCUSE UNE PERTE, account which shows a loss.

ACHARNÉ a, keen.
CONCURRENCE ACHARNÉE, cut-throat competition; keen competition.

ACHAT m, purchase, purchasing, buy, buying.
ACHAT DES SEULS ARTICLES-RÉCLAME, cherry-picking.
ACHAT COMPTANT, cash purchase; purchase for money.
ACHATS PAR LES CONSOMMATEURS DE PRODUITS ET DE
  SERVICES, consumer buying of goods and services.
ACHAT À CRÉDIT, credit purchase.
ACHAT À DÉCOUVERT, bull purchase.
ACHAT À FORFAIT, SANS RÉSERVE, outright purchase.
ACHAT D'UNE PRIME, giving for an option.
ACHATS PROFESSIONNELS (À LA BOURSE), shop buying.
ACHATS SPÉCULATIFS, speculative buying; speculative purchases.
ACHATS SUIVIS, consistent buying.
ACHAT À TERME, purchase for future delivery; purchase for
  settlement.
ACHAT DE VALEURS, purchase of securities.
ACHAT ET VENTE DE DEVISES, purchases and sales of exchange.
BUREAU CHARGÉ DE L'ACHAT DE LINGOTS D'OR ET D'AR-
  GENT, Bullion Office.
CAPACITÉ D'ACHAT D'UN PAYS, purchasing capacity of a country.
COMPTE D'ACHAT, invoice of goods bought; purchases account.
COMPTE CRÉDIT D'ACHATS, charge-account.
COURS D'ACHAT, buying quotations.
COURS D'ACHAT OU D'EXPORTATION, buying or export rate.
CRÉER DU POUVOIR D'ACHAT, to create purchasing power.
DROITS D'ACHAT, purchasing rights.
ÉCART CONSIDÉRABLE ENTRE PRIX D'ACHAT ET PRIX DE
  VENTE, wide quotation.
ÉPONGER LE POUVOIR D'ACHAT, to mop up purchasing power.
FACTURE D'ACHAT, purchase invoice.
FAIRE DES ACHATS, to shop.
GONFLEMENT DES CARNETS D'ACHAT, lengthening of order
  books.
GRAND LIVRE D'ACHATS, U.K: goods-bought ledger; U.S:
  purchase ledger.
LIVRE DES ACHATS, invoice book.
OFFRE PUBLIQUE D'ACHAT, takeover bid.
OPTION D'ACHAT, call.
ORDRE D'ACHAT, buying order.
PARITÉ DES POUVOIRS D'ACHAT, purchasing power parity.
POUVOIR D'ACHAT, purchasing power; spending power; spending
  capacity.
POUVOIR D'ACHAT DE LA MONNAIE, purchasing power of money.
PRIX D'ACHAT, purchase price; actual cost; purchase-money.
PRIX D'ACHAT PLUS LE COURTAGE, purchase price plus broker-
  age.
PRIX D'ACHAT, SOUS DÉDUCTION D'ESCOMPTE, purchase price,
  less discount.
SOUTENIR DES COURS PAR DES ACHATS, to support prices by
  buying.
THÉORIE DE LA PARITÉ DES POUVOIRS D'ACHAT, purchasing
  power parity theory.

ACHEMINEMENT m, routing.
DURÉE D'ACHEMINEMENT, routing time.

ACHEMINER v, to dispatch, to forward.
ACHEMINER DES MARCHANDISES VERS, to forward goods to; to
  dispatch goods to.

ACHETÉ a, bought.

ACHETER v, to buy, to purchase.
ACHETER À LA BAISSE, to buy on a fall.
ACHETER EN BAISSE, to buy on a falling market.
ACHETER EN BLOC, to buy in one lot.
ACHETER COMPTANT, to buy outright; to buy for cash.
ACHETER AU COMPTANT, to buy for money.

ACHETER À CRÉDIT, to buy on credit.
ACHETER À DÉCOUVERT, to bull; to bull the market; to buy a bull.
ACHETER FERME, to buy firm.
ACHETER À FORFAIT, to buy on contract; to buy outright.
ACHETER EN GROS, to buy wholesale; to buy in bulk.
ACHETER PAR GROSSES QUANTITÉS, to buy in bulk.
ACHETER EN MASSE, to buy up.
ACHETER POUR SON PROPRE COMPTE, to buy on one's own account.
ACHETER DE LA RENTE, to buy funds.
ACHETER À TERME, to buy on credit.
se COUVRIR EN ACHETANT À LONG TERME, to hedge by buying at long date.
VENDRE ET ACHETER, to job.

ACHETEUR m, buyer, purchaser; demander, bargainee.
ACHETEURS, market.
ACHETEUR DE BONNE FOI, bona fide purchaser.
ACHETEUR D'UN DONT, taker for a put.
ACHETEUR EMPRESSÉ, eager buyer.
ACHETEUR ÉVENTUEL, prospective buyer.
ACHETEURS ÉVENTUELS, intending purchasers.
ACHETEUR EN GROS, wholesale buyer.
ACHETEUR POTENTIEL, potential buyer.
ACHETEUR DE PRIMES, giver of option money.
ACHETEUR D'UNE PRIME INDIRECTE, taker for a put.
ACHETEUR EN PUISSANCE, potential buyer.
ACHETEUR SÉRIEUX, genuine purchaser.
ACHETEUR DE VALEURS, investor in stocks.
ACHETEURS ET VENDEURS INTERMÉDIAIRES, intermediate buyers and sellers.
COURS ACHETEUR(S), price(s) bid.
DERNIER ACHETEUR, last buyer.
ÉCART ENTRE LE COURS ACHETEUR ET LE COURS VENDEUR, turn of the market.
POSITION ACHETEUR, bull account.
PRATIQUE DE PRIX DISCRIMINATOIRES SELON LES CAPACITÉS DES ACHETEURS, charging what the market will bear.

ACHEVÉ a, completed.
CONSTRUCTION ACHEVÉE, building completed.

ACHÈVEMENT m, completion.

ACHOPPEMENT m, stumbling.
PIERRE D'ACHOPPEMENT stumbling-block.

ACIER m, steel.
ACIER BRUT, crude steel.
CARTEL DE L'ACIER, steel cartel.
COMMUNAUTÉ EUROPÉENNE DU CHARBON ET DE L'ACIER, European Coal and Steel Community.
TRUST DE L'ACIER, steel trust.

ACIÉRIE f, steel-works.

ACOMPTE m, instalment, part payment, partial payment, payment on account, account, advance, down-payment.
ACOMPTE SUR LE CAPITAL, payment on account of capital.
ACOMPTE SUR CONTRAT, advance on a contract.
ACOMPTE MINIMUM, minimum deposit.
ACOMPTE SUR LE SALAIRE, subsistence money.
ACOMPTE VERSÉ, amount paid on account.
REMBOURSEMENT DE L'ACOMPTE VERSÉ, refund of the money deposited.
VERSER UN ACOMPTE, to pay on account; to pay a deposit.

ACQUÉREUR a, purchasing.

ACQUÉREUR m, purchaser, buyer, purchasing party.
ACQUÉREUR DE BONNE FOI, purchaser in good faith, bona fide purchaser.
ACQUÉREUR DE MAUVAISE FOI, mala fide purchaser.

ACQUÉRIR v, to acquire, to get, to win, to gather.
ACQUÉRIR DES RICHESSES, to get wealth.
ACQUÉRIR DE LA VITESSE, to gather speed.

ACQUIS a, acquired, established; impressed; vested.
DROITS ACQUIS, vested interest.
FAIT ACQUIS, established fact.
HABITUDES ACQUISES, acquired habits.
MAL ACQUIS, ill-acquired.
MOUVEMENT ACQUIS, impressed movement.
PROPRIÉTÉ ACQUISE À TITRE ONÉREUX, property acquired for valuable consideration.
SURPLUS ACQUIS, acquired surplus.

ACQUISITION f, acquisition, procurement, procuration, purchase purchasing, buy, buying.
ACQUISITION DE DONNÉES, data acquisition.
COÛT D'ACQUISITION PRIMITIF, historic cost.
DÉPENSES D'ACQUISITION, procurement costs.
FRAIS D'ACQUISITION ET DE CESSION (DE TITRES), cost of acquisition and disposal (of securities).

ACQUIT m, receipt, release.
pour ACQUIT, settled; received; payment received.

ACQUIT-À-CAUTION m, transire, bond-note, entry under bond, transhipment bond.

ACQUITTÉ a, paid, paid-up, paid-in, honoured.
non ACQUITTÉ, uncleared; undischarged.
DETTE NON ACQUITTÉE, unpaid debt; undischarged debt.
IMPÔTS INDIRECTS ACQUITTÉS PAR LES ENTREPRISES, indirect business taxes.
MARCHANDISES ACQUITTÉES, duty-paid goods.
TRAITE ACQUITTÉE, honoured bill.

ACQUITTÉ m, duty-paid.
à l'ACQUITTÉ, ex bond.
MARCHANDISES VENDUES À L'ACQUITTÉ, goods sold duty-paid.
VENTE À L'ACQUITTÉ, sale ex bond; duty-paid sale.

ACQUITTEMENT m, clearance, clearing, payment, acquittal, satisfaction.
ACQUITTEMENT (D'UNE DETTE), acquittal, acquittance, clearing off (of a debt).
ACQUITTEMENT DES DROITS, payment of duty.

(S') ACQUITTER v, to discharge, to fulfil, to acquit, to pay, to clear off, to satisfy, to release, to receipt.
(s') ACQUITTER D'UNE DETTE, to acquit a debt.
ACQUITTER UNE FACTURE, to receipt an invoice; to receipt a bill.
ACQUITTER INTÉGRALEMENT LE MONTANT DE SON PASSIF, to discharge one's liabilities to the full.
s'ACQUITTER D'UNE OBLIGATION, to implement an obligation.
ACQUITTER LE PÉAGE, to pay the toll.

ACRE f, acre (=0,4 hectare).

ACTE m, act, deed, title deed, contract, agreement, instrument, muniment, bill, memorandum, articles.
ACTE D'ASSOCIATION*, articles of partnership (peu utilisé).
ACTE ATTRIBUTIF, deed of assignment.
ACTE DE BIENFAISANCE, charitable donation.
ACTE DE CONCESSION DE MINES, mining licence.
ACTE DE CONSTITUTION (DE SOCIÉTÉ), charter of a company.
ACTE DE DONATION, deed of gift.
ACTE D'ÉPARGNE INDIVIDUELLE, act of individual saving.
ACTE HYPOTHÉCAIRE, mortgage deed.
ACTES ILLÉGAUX, illegal acts.
ACTE NOTARIÉ*, deed.
ACTE SOUS SEING PRIVÉ, private deed; private contract; private agreement.
ACTE SUBROGATOIRE, act of substitution.
ACTE SYNDICAL, underwriting agreement; underwriting contract.
ACTE DE TRANSFERT, deed of assignment.
ACTE DE VENTE, bill of sale.
ENREGISTRER UN ACTE, to register a deed.
EXTRAIT D'ACTE DE DÉCÈS, death certificate.
EXTRAIT D'ACTE DE MARIAGE*, marriage certificate.
EXTRAIT D'ACTE DE NAISSANCE*, birth certificate.
INTITULÉ D'UN ACTE, premises of a deed.
MINUTE D'UN ACTE, original of a deed.
ORIGINAL D'UN ACTE, original of a deed.
PASSER UN ACTE, to execute a deed.
RÉDACTION D'ACTES TRANSLATIFS DE PROPRIÉTÉ, conveyancing.
RÉDIGER UN ACTE, to draw up a deed.
SCELLER UN ACTE, to seal a deed.

ACTIF a, active, occupied, busy, working.
COMMERCE ACTIF, brisk trade.
DETTES ACTIVES, accounts receivable; book debts.
MASSE ACTIVE, assets.
MONNAIE ACTIVE, active money.
POPULATION ACTIVE, active population; economically active population; occupied population; gainfully-employed population.
RADIO-ACTIF, radio-active.
TONNAGE ACTIF, active tonnage.
TROP ACTIF, over-active.

ACTIF m, asset(s), credit, claim.
ACTIFS DÉFECTIBLES, wasting-assets.
ACTIFS DIFFICILEMENT RÉALISABLES, assets hardly realizable.
ACTIF DISPONIBLE, available assets.
l'ACTIF S'ÉLÈVE À, the assets add up to.
ACTIF ENGAGÉ, trading assets.
ACTIF FICTIF, fictitious assets.
ACTIFS GAGÉS, assets encumbered with a charge.
ACTIFS GREVÉS D'UNE HYPOTHÈQUE, assets encumbered with a charge.
ACTIF IMMOBILISÉ, permanent assets; capital assets.
ACTIF INCORPOREL, intangible assets.
ACTIF LIQUIDE, available assets; liquid assets.
ACTIFS LUCRATIFS, earning assets.
ACTIF NET, net assets; equity; residual claims; residue.
ACTIF ET PASSIF, assets and liabilities.

ACTIF RÉALISABLE, realizable assets.
ACTIF NON RÉALISABLE, unmarketable assets.
ACTIF RÉALISABLE ET DISPONIBLE, current assets.
ACTIFS DE ROULEMENT, current assets.
DISSIMULATION D'ACTIF, concealment of assets.
ÉVALUATION DES ACTIFS, valuation of assets.
EXCÉDENT DE L'ACTIF SUR LE PASSIF, excess of assets over liabilities; surplus of assets over liabilities.
INSUFFISANCE D'ACTIF, insufficiency of assets.
MINORATION DE L'ACTIF, undervaluation of the assets.
PLUS-VALUE D'ACTIF, appreciation of assets.
PRENDRE EN CHARGE L'ACTIF ET LE PASSIF, to take over the assets and liabilities.
PROVISION POUR ÉVALUATION D'ACTIF, asset valuation reserve.
RELEVÉ DE L'ACTIF ET DU PASSIF, statement of assets and liabilities.
SOUS-ESTIMATION DE L'ACTIF, undervaluation of the assets.
TOTAL DE L'ACTIF, total assets.
VALEUR DES ACTIFS, value of assets.

ACTION *f*, action, proceeding; agency, share, stock, capital stock, security.
ACTIONS, equity; equity securities.
ACTIONS « A » (PRIORITAIRES), "A" shares.
les ACTIONS ONT ABANDONNÉ UNE FRACTION, shares lost a fraction.
ACTIONS D'ADMINISTRATEURS, qualifying shares.
ACTIONS ANCIENNES, old shares.
ACTIONS D'APPORT, vendor's shares.
ACTIONS D'ATTRIBUTION, bonus shares.
ACTION DE BÉNÉFICIAIRE, dividend share.
ACTIONS DE CAPITAL, senior shares; capital shares.
ACTION CIVILE, civil proceedings.
ACTIONS COTÉES OFFICIELLEMENT, shares quoted officially.
l'ACTION EST EN COURS, the action is pending.
ACTION DE DATER, dating.
ACTIONS DÉCLASSÉES, displaced shares.
ACTIONS DIFFÉRÉES, deferred shares (stocks).
ACTION EN DOMMAGES ET INTÉRÊTS, action for damages.
les ACTIONS SE SONT EFFONDRÉES, shares slumped.
ACTIONS ÉMISES CONTRE ESPÈCES, shares issued for cash.
ACTIONS ÉMISES DANS LE PUBLIC, shares issued to the public.
ACTIONS ENTIÈREMENT LIBÉRÉES, fully paid shares.
ACTIONS NON ENTIÈREMENT LIBÉRÉES, partly paid shares.
ACTIONS ESTAMPILLÉES, stamped shares.
ACTIONS NON ESTAMPILLÉES, unmarked shares; unstamped shares.
ACTION DE FACILITER, facilitation.
les ACTIONS ÉTAIENT FAIBLES, shares were soft.
les ACTIONS ONT FAIT UN BOND, shares jumped.
les ACTIONS ONT FLÉCHI DE... À, shares shrank from... to.
ACTIONS DE FONDATION, vendor's shares.
ACTIONS DE GARANTIE, qualification shares.
les ACTIONS ONT GLISSÉ À, shares slipped back to.
ACTIONS GRATUITES, bonus-shares.
les ACTIONS SONT INACTIVES, shares are dull.
ACTIONS INDIVISES, joint shares.
les ACTIONS S'INFLÉCHIRENT À, shares dipped to.
ACTIONS INSCRITES, inscribed stock.
ACTIONS À L'INTRODUCTION, shop shares.
ACTION DE JOUISSANCE, dividend share.
ACTION JURIDIQUE, legal action.
ACTION EN JUSTICE*, action at law.
les ACTIONS SONT MIEUX TENUES, stocks are harder.
les ACTIONS SONT MOLLES, shares are easy.
les ACTIONS ONT MOLLI, shares eased.
ACTIONS MULTIPLES, multiple shares.
ACTION NOMINATIVE, registered share; personal share; registered stock.
une ACTION NOUVELLE POUR TROIS ANCIENNES, one new share for three old ones.
ACTIONS DE NUMÉRAIRE, cash shares.
ACTIONS EN NUMÉRAIRE, cash shares.
ACTIONS DE NUMÉRAIRE DE SURPLUS, surplus cash shares.
ACTIONS NUMÉROTÉES DE 1 à 1.000, shares numbered 1 to 1,000.
ACTIONS ORDINAIRES, ordinary shares; common shares; simple shares; ordinary stock; common stock.
les ACTIONS ONT PERDU DU TERRAIN, shares lost ground.
ACTION PÉTITOIRE, claim of ownership.
ACTIONS NON PLACÉES, unplaced shares.
ACTIONS EN PORTEFEUILLE, shares in portfolio.
ACTIONS AU PORTEUR, bearer shares; bearer stock; bearer securities.
ACTION DE PRENDRE, taking; take.
ACTIONS DE PRIMES, promotion shares.
ACTIONS QUI FONT PRIME, shares which are at a premium.
les ACTIONS QUI PRIMENT EN FAIT DE DIVIDENDE, shares that rank first in dividend rights.

ACTION DE PRIORITÉ, preference share; senior share; preference stock; preferred stock.
ACTIONS DE PRIORITÉ CUMULATIVE, cumulative preference shares.
ACTIONS DE PRIORITÉ DE PREMIER RANG, first-preference shares.
ACTION PRIVILÉGIÉE, preference share; priority share; preference stock; preferred stock.
ACTIONS QUE L'ON NE PEUT SE PROCURER, shares not obtainable.
ACTIONS PRODUCTIVES D'UN DIVIDENDE DE, shares that yield a dividend of.
ACTION ET RÉACTION, action and reaction.
ACTION RÉCIPROQUE, interaction.
les ACTIONS ONT RECULÉ D'UN POINT, shares dropped a point; shares relapsed a point.
les ACTIONS SE SONT REDRESSÉES, shares rallied; shares recovered.
ACTIONS NON RÉPARTIES, unalloted shares.
les ACTIONS SE SONT REPLIÉES D'UN POINT, shares fell back a point.
ACTIONS À LA SOUCHE, unissued shares.
ACTIONS DE SURPLUS, surplus shares.
ACTIONS SYNDIQUÉES, syndicated shares.
les ACTIONS ONT TERMINÉ À, shares finished at.
ACTIONS DE TRAVAIL, staff shares.
ACTIONS TRIÉES SUR LE VOLET, *U.S:* blue chip stocks.
ATTRIBUER DES ACTIONS, to allot shares.
ATTRIBUTION D'ACTIONS, allotment of shares.
ATTRIBUTION D'ACTIONS GRATUITES, capitalization issue.
BANQUE DE DÉPÔT PAR ACTIONS, joint-stock bank.
BÉNÉFICE DES SOCIÉTÉS PAR ACTIONS, *U.S:* corporation earnings; *U.K:* company earnings.
CAPITAL-ACTIONS, share capital.
CAPITAL-ACTIONS VERSÉ, paid-up share capital.
CAPITAL SOCIAL (AUTORISÉ) DIVISÉ EN 100 ACTIONS, authorized capital divided into 100 shares.
CÉDANT D'UNE ACTION, transferor of a share.
CÉDER DES ACTIONS À, to assign shares to; to transfer shares.
CERTIFICAT D'ACTION, share certificate; stock certificate.
CERTIFICAT D'ACTION ORDINAIRE, ordinary share certificate.
CERTIFICAT D'ACTION AU PORTEUR, share warrant to bearer.
CERTIFICAT D'ACTION PROVISOIRE, scrip certificate.
CERTIFICAT NOMINATIF D'ACTION(S), registered share certificate.
CESSIBILITÉ D'UNE ACTION, transferability of a share.
CESSION D'ACTIONS, transfer of shares; transmission of shares.
CESSIONNAIRE D'UNE ACTION, transferee of a share.
CONVERSION D'OBLIGATIONS EN ACTIONS, conversion of bonds into stocks.
COURS DES ACTIONS, prices of shares.
COURS DES ACTIONS INDUSTRIELLES, market prices of industrial shares.
se DÉCHARGER D'UN PAQUET D'ACTIONS, to unload stock on the market.
DÉCLASSEMENT D'ACTIONS, displacement of shares.
DÉLIVRANCE D'ACTIONS, delivery of shares.
DÉTENIR DES ACTIONS, to hold shares.
DIVIDENDES D'ACTIONS, dividends on shares.
ÉCHANGE D'ACTIONS UNE POUR UNE, exchange of shares one for one.
ÉCHANGER DES ACTIONS PRIVILÉGIÉES CONTRE DES ACTIONS ORDINAIRES, to exchange preference shares for ordinary shares.
ÉCOULER DES ACTIONS, to place shares.
ÉMETTRE DES ACTIONS AU PAIR, to issue shares at par.
ÉMETTRE DES ACTIONS AU-DESSOUS DU PAIR, to issue shares at a discount.
ÉMETTRE DES ACTIONS AU-DESSUS DU PAIR, to issue shares at a premium.
ÉMETTRE DES ACTIONS EN UNITÉS, to issue shares in ones.
ÉMISSION D'ACTIONS NOUVELLES SUR LE MARCHÉ, competitive bidding for new securities.
ENLEVER UNE ÉMISSION D'ACTIONS, to snap up an issue of shares.
FAIRE LE NÉGOCE D'ACTIONS, to job shares.
FRACTIONNER DES ACTIONS, to split shares.
FRACTIONS D'ACTIONS NOUVELLES, fractions of new shares.
FUSIONNER DES ACTIONS, to amalgamate shares.
GROS PORTEFEUILLE D'ACTIONS, large holding of shares.
INDICE DES ACTIONS, shares index, *U.S:* stock index.
l'INDICE DES ACTIONS EST DESCENDU À SON PLUS BAS NIVEAU, the share index reached an all-time low.
INTRODUIRE UNE ACTION EN JUSTICE, to initiate proceedings.
LIBÉRATION D'ACTIONS, payment of calls; paying up.
LIBÉRATION (D'ACTIONS) À LA RÉPARTITION, payment in full on allotment.
LIBÉRATION INTÉGRALE D'UNE ACTION, payment in full of a share.
LIBÉRER UNE ACTION, to pay up a share.
LIBERTÉ D'ACTION, latitude.
MOINS-VALUE DES ACTIONS, decrease in value of shares; depreciation of shares.

NOMBRE TOTAL D'ACTIONS, total number of shares.
NOUVELLE SÉRIE D'ACTIONS, new series of shares.
PAQUET D'ACTIONS, block of shares; parcel of shares.
PLACEMENT EN ACTIONS, equity investment.
PLACEMENT D'ACTIONS DANS LE PUBLIC, placing shares with the public.
PLACER DES ACTIONS, to place shares.
PORTEUR D'ACTIONS NOMINATIVES, registered shareholder.
POSSESSION D'ACTIONS, shareholding.
PRENDRE DES ACTIONS EN REPORT, to carry stock; to carry over stock.
PROMESSE D'ACTIONS. promise of shares.
RATIO COURS-BÉNÉFICE (PAR ACTION), price-earning ratio.
SOCIÉTÉ PAR ACTIONS*, U.K: company limited by shares; joint-stock company (expression ancienne, peu utilisée): U.S: corporation.
(SOCIÉTÉ EN) COMMANDITE PAR ACTIONS*, U.K: partnership limited by shares.
SOUSCRIPTEUR À DES ACTIONS, subscriber for shares.
SOUSCRIPTION D'ACTIONS, application for shares.
SOUSCRIPTION À DES ACTIONS À TITRE IRRÉDUCTIBLE, application as of right for new shares.
SOUSCRIPTION À DES ACTIONS À TITRE RÉDUCTIBLE, application for excess shares.
SOUSCRIRE DES ACTIONS, to subscribe shares; to apply for shares.
SUBDIVISION D'ACTIONS, subdivision of shares.
SURESTIMER LA VALEUR D'UNE ACTION, to overrate the value of a share.
TRANCHE D'ACTIONS, portion of shares.
TRANSFÉRER DES ACTIONS, to transfer shares.
TRANSFERT D'ACTIONS, share transfer; transfer of shares; transmission of shares.
VALEUR BOURSIÈRE DES ACTIONS, market value of equities.
VENDRE DES ACTIONS, to sell shares.

ACTIONNAIRE m, shareholder, stockholder, investor.
ACTIONNAIRE ORDINAIRE, ordinary shareholder.
ACTIONNAIRE DE PRIORITÉ, preference shareholder; preference stockholder.
ASSEMBLÉE D'ACTIONNAIRES, meeting of shareholders.
CONSENTEMENT UNANIME DE TOUS LES ACTIONNAIRES, unanimous consent of all the shareholders.
CONVOQUER LES ACTIONNAIRES, to summon the shareholders.
ÉMISSION RÉSERVÉE (AUX ACTIONNAIRES), closed issue.
FAIRE APPEL AUX ACTIONNAIRES POUR SOUSCRIRE LE CAPITAL, to invite shareholders to subscribe the capital.
INTÉRÊTS DES ACTIONNAIRES, shareholders' interests.
LISTE NOMINATIVE (DES ACTIONNAIRES), nominal list (of shareholders).
un des PRINCIPAUX ACTIONNAIRES, leading shareholder.
REGISTRE DES ACTIONNAIRES, share ledger.
SAUVEGARDER LES INTÉRÊTS DES ACTIONNAIRES, to protect the interests of shareholders.
SOCIÉTÉ À PEU D'ACTIONNAIRES, close company.

ACTIONNARIAT m, shareholding, investment.
ACTIONNARIAT OUVRIER, employee investment; industrial co-partnership.

ACTIONNÉ a, operated.
ACTIONNÉ PAR L'ÉLECTRICITÉ, operated by electricity.

ACTIVER v. to expedite.
ACTIVER UNE AFFAIRE, to expedite a matter.

ACTIVITÉ f, activity, business; working, briskness.
ACTIVITÉ ÉCONOMIQUE, economic activity.
ACTIVITÉS PRÉVUES PAR LE BUDGET, budgeted activities.
ACTIVITÉS PRODUCTIVES, productive activities.
ADDITIONNER LES ACTIVITÉS DE TOUTES LES ENTREPRISES, to aggregate the activities of all firms.
CENTRE D'ACTIVITÉ, hub.
CESSATION D'ACTIVITÉS, discontinuance of business.
CHAMP D'ACTIVITÉ, field of activity; scope of activities.
ENSEMBLE DES ACTIVITÉS ÉCONOMIQUES, aggregate economic activity.
ÉTABLISSEMENTS EN ACTIVITÉ, establishments in business.
GRAPHIQUE D'ANALYSE GÉNÉRALE (DES ACTIVITÉS SUCCESSIVES), operation process chart.
INDUSTRIES QUI ONT MAINTENU LEUR ACTIVITÉ, industries that kept going.
MAINTENIR L'ACTIVITÉ DE L'INDUSTRIE, to keep industry going.
PÉRIODE D'ACTIVITÉ, working life.
en PLEINE ACTIVITÉ, in full blast.
RADIO-ACTIVITÉ, radio-activity.
RALENTIR (L'ACTIVITÉ), to slack.
RALENTISSEMENT (D'ACTIVITÉ), slack.
REGAIN D'ACTIVITÉ, recrudescence of activity.
REPRISE D'ACTIVITÉ, renewal of activity.

ACTUAIRE m, actuary.

ACTUALISATION f, discounting, discount.

COEFFICIENT D'ACTUALISATION, discount coefficient.

ACTUALISÉ a, discounted.
BÉNÉFICE ACTUALISÉ, discounted return.
FLUX MONÉTAIRE ACTUALISÉ, discounted cash flow.
VALEUR ACTUALISÉE, discounted present value.

ACTUALISER v, to discount.

ACTUARIEL a, actuarial.

ACTUEL a, present, current, existent, ruling; discounted.
BESOINS ACTUELS, present needs.
CAMPAGNE ACTUELLE, present campaign.
CONDITIONS ÉCONOMIQUES ACTUELLES EN, economic conditions prevailing in.
COURS ACTUELS, current quotations; ruling prices.
ENQUÊTER SUR LA SITUATION ACTUELLE D'UNE INDUSTRIE, to enquire into the present position of an industry.
GÉNÉRATION ACTUELLE, present generation.
TAUX ACTUEL DES SALAIRES, current rate of wages.
VALEUR ACTUELLE, present value; present worth.

ACTUELLEMENT adv, at the present time.
MÉTHODES APPLIQUÉES ACTUELLEMENT, methods in force.

ADAPTABLE a, adaptable, flexible.
BUDGET ADAPTABLE, flexible budget.

ADAPTATEUR m, adapter.
ADAPTATEUR DE COMMUNICATION, communication adapter.

ADAPTATION f, adaptation, adjustment, accommodation, change.
LENTE ADAPTATION AUX CHANGEMENTS, slow response to change.
PÉRIODE D'ADAPTATION, period of adjustment.
RETARD D'ADAPTATION DES FACTEURS, input lag.
UNITÉ DE CONTRÔLE ET D'ADAPTATION, data adapter unit.
VITESSE D'ADAPTATION, rate of adaptation.

(S') ADAPTER v, to fit, to accommodate.
s'ADAPTER À SON MILIEU, to fit into one's surroundings.

ADDITIF a, additive.

ADDITION f, addition, adding, summation, summing, casting, footing up, tot, totting up.
s'ACCROÎTRE PAR ADDITION, to accrete.
ADDITION DE CHIFFRES, adding (up) of figures.
ADDITION D'ÉTAGES, vertical extensions.
ADDITION DE NOMBRES COMPLEXES, compound addition.
ADDITIONS DES PROBABILITÉS, additions of probabilities.
(ADDITION À LA) RÉSERVE GÉNÉRALE, addition to surplus.
FAIRE L'ADDITION, to cast (up) the total.

ADDITIONNABLE a, addible.

ADDITIONNÉ a, totalled, combined.
COMPTES ADDITIONNÉS, combined accounts.

ADDITIONNEL a, additional, extra.
COÛT ADDITIONNEL, extra cost.
IMPÔT ADDITIONNEL, additional tax.
PROFIT ADDITIONNEL, extra profit.
UNITÉ DE RÉSERVE (MONÉTAIRE) ADDITIONNELLE, additional reserve unit.

ADDITIONNEMENT m, totting up, adding (up).

ADDITIONNER v, to add (up), to sum, to aggregate, to total.
ADDITIONNER LES ACTIVITÉS DE TOUTES LES ENTREPRISES, to aggregate the activities of all firms.
ADDITIONNER DES CHIFFRES, to add (up) figures.
ADDITIONNER UNE COLONNE DE CHIFFRES, to tot up a column of figures.
COLONNE DE CHIFFRES À ADDITIONNER, tot.

ADDITIONNEUR m, adding machine, adder.
ADDITIONNEUR (ÉLECTRONIQUE), adder.

ADDITIVITÉ f, additivity.

ADÉQUAT a, adequate.

ADHÉSION f, adherence.
CONDITIONS D'ADHÉSION, conditions of membership.

ADJACENCE f, adjacency.
ADJACENCE DE DEUX ANGLES, adjacency of two angles.

ADJACENT a, adjacent. contiguous.
ANGLES ADJACENTS, contiguous angles.

ADJOINT a, associate.
DIRECTEUR ADJOINT, deputy manager.

ADJUDICATAIRE m, successful tenderer for a contract.

ADJUDICATION f, adjudication, allocation, award, tender; auction.
ADJUDICATION FORCÉE, compulsory sale.

ADJUDICATION AU MIEUX-DISANT, allocation to lowest tender.
SOUMISSIONNER À UNE ADJUDICATION, to tender for a contract.
TAUX D'ADJUDICATION, tender rate.
par **VOIE D'ADJUDICATION**, by tender; by auction.

ADJUGER *v*, to award, to adjudicate.
le **LOT FUT ADJUGÉ POUR**, the lot went for.

ADMETTRE *v*, to admit, to assume.
en **ADMETTANT QUE**, assuming.
ne pas **ADMETTRE**, to disallow.
ADMETTRE PAR HYPOTHÈSE, to suppose.
cela étant **ADMIS, TOUT LE RESTE EN DÉCOULE**, granted this, everything else follows.
ENTREPRISE QUI ADMET DES OUVRIERS NON SYNDIQUÉS, open shop.
ENTREPRISE(S) N'ADMETTANT QUE DES TRAVAILLEURS SYN-DIQUÉS, closed shop(s).

ADMINISTRATEUR *m*, administrator, director.
ACTIONS D'ADMINISTRATEURS, qualifying shares.
ADMINISTRATEUR DÉLÉGUÉ, managing director.
ADMINISTRATEUR JUDICIAIRE, official receiver; receiver in bankruptcy.
ADMINISTRATEUR SORTANT, retiring director.
ADMINISTRATEUR D'UNE SUCCESSION, administrator of an estate.
JETONS DE PRÉSENCE DES ADMINISTRATEURS, directors' fees.
RAPPORT DES ADMINISTRATEURS, directors' report.
TANTIÈMES D'ADMINISTRATEUR, director's percentage on profits.

ADMINISTRATIF *a*, administrative.
CIRCONSCRIPTION ADMINISTRATIVE, administrative unit.

ADMINISTRATION *f*, administration, direction, authority; government; civil service.
ADMINISTRATION POUR L'AÉRONAUTIQUE ET L'ESPACE, *U.S:* National Aeronautics and Space Administration.
ADMINISTRATION DES CHEMINS DE FER, railway administration.
ADMINISTRATION DÉCENTRALISÉE, local government.
ADMINISTRATION FISCALE, tax administration; taxation authorities.
ADMINISTRATION MUNICIPALE, municipal administration.
CONSEIL D'ADMINISTRATION*, board of directors.
CONSOMMATION DES ADMINISTRATIONS PUBLIQUES, government consumption.
FONCTIONNAIRE (DE L'ADMINISTRATION), government official.
FRAIS D'ADMINISTRATION, management expenses; administrative expenses.
GABEGIE DE L'ADMINISTRATION, muddle and waste of Government departments.
MAUVAISE ADMINISTRATION, maladministration; bad husbandry.
PRÉSIDENT DU CONSEIL D'ADMINISTRATION, chairman of the board.
RÉUNION DU CONSEIL D'ADMINISTRATION, board meeting.

ADMINISTRÉ *a*, administered, *U.S:* administrated.
PRIX ADMINISTRÉ, administered price; *U.S:* administrated price.

ADMIS *a*, admitted, granted, sustained.
OPPOSITION ADMISE (PAR LE TRIBUNAL), objection sustained (by the Court).
PARRAINAGE DE DEUX COURTIERS DÉJÀ ADMIS, recommendation of two brokers already admitted.
VALEURS ADMISES À LA COTE, quoted securities.
VALEURS ADMISES À LA COTE OFFICIELLE, stock quoted officially; listed securities.
VALEURS NON ADMISES À LA COTE OFFICIELLE, unlisted securities.

ADMISSIBLE *a*, admissible, allowable, eligible.
HYPOTHÈSE ADMISSIBLE, admissible hypothesis.

ADMISSION *f*, admission, entrance, entry, allowance.
ADMISSION À LA COTE, admission to quotation.
ADMISSION TEMPORAIRE, temporary admission.
COTISATION D'ADMISSION, entrance fee.
DÉCLARER DES MARCHANDISES EN ADMISSION TEMPORAIRE, to enter goods for temporary admission.

ADOLESCENCE *f*, youth.

ADOLESCENT *m*, teenager.

ADOPTÉ *a*, adopted.
PÉRIODE DE BASE ADOPTÉE, standard base period.

ADOPTER *v*, to adopt.
ADOPTER UNE RÉSOLUTION, to pass a resolution.

ADOPTION *f*, adoption, passing.
ADOPTION D'UNE RÉSOLUTION, passing of a resolution.

ADOUCISSEMENT *m*, smoothing.
ADOUCISSEMENT DE COURBES, smoothing of curves.

ADRESSAGE *m*, addressing.

ADROIT *a*, handy, politic.

ADULTE *m*, adult, grown-up.
COURS D'ADULTES, adult school.
INSTRUCTION DES ADULTES, adult education.

ADULTÉRATION *f*, debasement.
ADULTÉRATION DES MONNAIES, debasement of coinage.

ADULTÉRER *v*, to debase.
ADULTÉRER LES MONNAIES, to debase the coinage.

ADVENTICE *a*, adventitious.
BIENS ADVENTICES, adventitious property.

ADVERSAIRE *m*, opponent.

ADVERSE *a*, adverse.

AÉRIEN *a*, aerial.
COMPAGNIE AÉRIENNE airline.
COMPAGNIES AÉRIENNES AYANT DES BASES D'OPÉRATIONS EN GRANDE-BRETAGNE, airlines based in Britain.
FLOTTE AÉRIENNE, aerial fleet.
NAVIGATION AÉRIENNE, aerial navigation.
POSTE AÉRIENNE, air(-)mail.
TRAFIC AÉRIEN, air traffic.
TRANSPORT AÉRIEN, air transport.

AÉRODYNAMIQUE *a*, aerodynamic, stream-lined.

AÉROGARE *f*, air terminal.

AÉRONAUTIQUE *a*, aeronautical.
ÉLECTRONIQUE AÉRONAUTIQUE, *U.S:* avionics.
INDUSTRIE AÉRONAUTIQUE, aircraft industry.

AÉRONAUTIQUE *f*, aeronautics.
ADMINISTRATION POUR L'AÉRONAUTIQUE ET L'ESPACE, *U.S:* National Aeronautics and Space Administration.

AÉROPORT *m*, air(-)port.
TAXE D'AÉROPORT, air(-)port tax.

AFFAIBLIR *v*, to impair, to weaken.

AFFAIBLISSEMENT *m*, impairment, weakening.

AFFAIRE *f*, affair, matter, concern, deal, dealing, enterprise, business, business matter, piece of business, bargain, transaction, transacting, banking, thing, case.
ACTIVER UNE AFFAIRE, to expedite a matter.
AFFAIRES, dealing; banking; trade; trading.
les **AFFAIRES SONT LES AFFAIRES**, business is business.
AFFAIRE DONT IL S'AGIT, matter in dispute, in question.
AFFAIRE D'APPRÉCIATION, matter of opinion.
AFFAIRES DE BANQUE, outside brokerage.
AFFAIRE À CÉDER, business for sale.
AFFAIRE COMMERCIALE, commercial concern.
AFFAIRES COMMERCIALES, mercantile affairs.
AFFAIRES COURANTES, current matters.
AFFAIRE DE DUPES, unconscionable bargain.
AFFAIRES IMMOBILIÈRES, real estate.
AFFAIRE DE TOUTE IMPORTANCE, matter of great import.
AFFAIRES D'INTÉRÊT, money matters.
les **AFFAIRES LANGUISSENT**, business is slow.
AFFAIRE LUCRATIVE, profitable business.
AFFAIRE QUI MARCHE (BIEN), going concern.
les **AFFAIRES MARCHENT**, business is brisk.
les **AFFAIRES NE MARCHENT PAS**, business is slack.
AFFAIRE D'OR, excellent business; excellent bargain; a regular gold-mine.
AFFAIRE PROFITABLE, profitable business.
les **AFFAIRES SE RANIMENT**, business is looking up.
AFFAIRE QUI RAPPORTE, paying proposition.
les **AFFAIRES REPRENNENT**, business is improving; business is looking up; trade is on the mend.
les **AFFAIRES SOUFFRENT D'UN MARASME**, business is in the doldrums.
les **AFFAIRES STAGNENT**, business is stagnating, slackening.
AFFAIRE EN SUSPENS, matter in suspense.
l'**AFFAIRE VIENT À L'AUDIENCE**, the case is coming for hearing.
l'**AFFAIRE VIENT À L'AUDIENCE (DEVANT UN JURY)**, the case is coming for trial.
les **AFFAIRES VONT BIEN**, business is doing well.
l'**AUGMENTATION DU CHIFFRE D'AFFAIRES S'ÉLÈVE À**, the increase in business runs into.
l'**AUGMENTATION DU CHIFFRE D'AFFAIRES REPRÉSENTE**, the increase in business runs into.
BANQUE D'AFFAIRES, investment bank.
BONNE AFFAIRE, good business; good bargain.
BRASSER BEAUCOUP D'AFFAIRES, to handle a lot of business.
CAISSE DES AFFAIRES INDIGÈNES, native trust fund.
CALME DES AFFAIRES slackness of the market.
CAPITAL INVESTI DANS UNE AFFAIRE, capital invested in a business.
CENTRE DES AFFAIRES, business centre.

CHIFFRE D'AFFAIRES, turnover; sales figure; *U.S:* billing.
en ce qui CONCERNE CETTE AFFAIRE, in regard to this matter; with regard to this matter.
CONCLURE L'AFFAIRE, to do the business.
DÉCISIONS DES HOMMES D'AFFAIRES, business decisions.
DIRIGER UNE AFFAIRE, to run a business.
DIRIGER DES AFFAIRES, to manage affairs.
ÉTAT STAGNANT DES AFFAIRES, stagnant state of business.
FAIRE L'AFFAIRE, to do the business.
FAIRE DES AFFAIRES, to do business.
FAIRE DES AFFAIRES AVEC, to transact business with.
FAIRE MARCHER UNE AFFAIRE, to run a business.
FINANCER UNE AFFAIRE, to finance a business.
FOND DE L'AFFAIRE, essence of the matter.
GENRE D'AFFAIRES, way of business.
GÉRER DES AFFAIRES, to manage affairs.
GESTION DES AFFAIRES, business management; conduct of affairs.
HOMME D'AFFAIRES, business man.
HONORAIRES ÉVENTUELS (CONDITIONNÉS PAR LE GAIN DE L'AFFAIRE), contingent fee.
JUGER UNE AFFAIRE (PAR UN JURY), to try a case.
LAISSER PÉRICLITER SES AFFAIRES, to jeopardize one's business.
LANCER UNE AFFAIRE, to launch an enterprise.
se LANCER DANS LES AFFAIRES, to engage in business; to start in business.
LOYAUTÉ EN AFFAIRES, fair and square dealing.
MANQUE D'AFFAIRES, lack of business.
MARASME DES AFFAIRES, stagnating business; stagnation of business; slump in trade.
MARASME GÉNÉRAL DES AFFAIRES, general dullness of business.
NOUVEAU PROCÈS DANS UNE MÊME AFFAIRE, retrial.
PERTURBATION DANS LES AFFAIRES, disturbance of business.
PEU D'AFFAIRES, little business.
PRENDRE LA SUITE DES AFFAIRES D'UNE MAISON, to succeed to a business.
QUESTION D'AFFAIRES, matter of business.
RALENTISSEMENT DANS LES AFFAIRES, slack times in business.
RÉGLER UNE AFFAIRE, to dispose of a matter.
RELATIONS D'AFFAIRES, business connections; business relations.
REMISE D'UNE AFFAIRE, postponement of a case.
REPRISE DES AFFAIRES, recovery of business; revival of business; revival of trade.
se RETIRER DES AFFAIRES, to retire from business.
RÉUSSIR EN AFFAIRES, to succeed in business.
ROMPU AUX AFFAIRES, experienced in business.
SECRÉTAIRE D'ÉTAT, MINISTRE DES AFFAIRES ÉTRANGÈRES*, *U.S:* Secretary of State; *U.K:* Foreign Secretary.
STAGNATION DES AFFAIRES, stagnation of business.
TAXE SUR LE CHIFFRE D'AFFAIRES, tax on turnover; turnover tax; sales tax.
TRUST D'AFFAIRES, *U.S:* business trust.
VOLUME DES AFFAIRES, volume of business.

AFFAIRÉ *a*, busy.

AFFAMÉ *a*, hungry.

AFFECTATION *f*, affectation, assignment, allocation, appropriation, setting, setting apart, setting aside, purpose.
AFFECTATION DU BÉNÉFICE NET, appropriation of net profit.
AFFECTATION (DE FONDS), earmarking (of funds).
AFFECTATION D'INTÉRÊT(S), affectation of interest.
AFFECTATION DES INVESTISSEMENTS, allocation of capital.
AFFECTATION À LA RÉSERVE, appropriation to the reserve.
COMPTE D'AFFECTATION, appropriation account.
DONNER À DES FONDS UNE AFFECTATION (SPÉCIALE), to earmark funds (for a purpose).

AFFECTÉ *a*, earmarked.
non AFFECTÉ, unassigned.
FONDS AFFECTÉS À, funds earmarked for.
IMMEUBLE AFFECTÉ À LA GARANTIE D'UNE CRÉANCE, property charged as security for a debt.
PRODUITS D'IMPÔTS AFFECTÉS, earmarked taxes.
RECETTES NON AFFECTÉES, unassigned revenue.

AFFECTER *v*, to affect, to allocate, to appropriate, to earmark, to devote.
AFFECTER DES FONDS À, to appropriate funds to; to set apart funds for.
AFFECTER UN PAIEMENT À, to apply a payment to.
AFFECTER UN PAIEMENT À UNE ANNÉE FISCALE PRÉCÉDENTE, to allocate a payment to a previous year.
AFFECTER LES RESSOURCES À DES USAGES DIFFÉRENTS, to allocate resources to different uses.

AFFÉRENT *a*, assignable, incidental, attached.
CONTRIBUTIONS AFFÉRENTES À UNE TERRE, *U.K:* rates assignable to an estate.
SALAIRE AFFÉRENT À salary attached to.

AFFERMABLE *a*, leasable, rentable.

AFFERMAGE *m*, leasing, renting, farming.

AFFERMÉ *a*, leased.
EXPLOITATION AFFERMÉE, leasehold property.
PROPRIÉTÉ AFFERMÉE, leased property; agricultural holding.

AFFERMER *v*, to lease, to rent, to farm.

AFFICHAGE *m*, bill posting, posting, poster, billing, display.
l'AFFICHAGE EST FRAPPÉ D'UN IMPÔT, bill posting is taxed.
PUBLICITÉ PAR AFFICHAGE, poster advertising.
UNITÉ D'AFFICHAGE, display unit.

AFFICHE *f*, poster, bill.

AFFICHÉ *a*, posted.
NOTICE AFFICHÉE, notice posted.

AFFICHER *v*, to post, to bill.

AFFILIÉ *a*, affiliated.

AFFIRMATIF *a*, affirmative, positive.

AFFLUENCE *f*, affluence, abundance; inflow, influx.
HEURES D'AFFLUENCE, rush hours.

AFFLUENT *m*, affluent, feeder.

AFFLUX *m*, inflow, influx.
AFFLUX D'OR, influx of gold.

AFFRANCHI *a*, paid, prepaid.
COLIS AFFRANCHI, EN PORT PAYÉ, prepaid parcel.

AFFRANCHIR *v*, to free, to relieve, to affranchise, to prepay.
MACHINE À AFFRANCHIR, franking machine.

AFFRANCHISSEMENT *m*, freedom, enfranchisement, emancipation; postage, franking.
AFFRANCHISSEMENT DU BESOIN, freedom from want.
TARIFS D'AFFRANCHISSEMENT, postage rates.

AFFRÉTÉ *a*, chartered.

AFFRÈTEMENT *m*, chartering, charter, freighting, freightage affreightment.
AFFRÈTEMENT PARTIEL, part cargo charter.
AFFRÈTEMENT AU POIDS, freighting on weight.
AFFRÈTEMENT À LA TONNE, freighting per ton.
AFFRÈTEMENT TOTAL, full-cargo charter.
AFFRÈTEMENT AD VALOREM, freighting ad valorem.
AFFRÈTEMENT AU VOLUME, freighting on measurement.
BÉNÉFICE D'AFFRÈTEMENT, profit on charter.
SOUS-AFFRÈTEMENT, sub-charter.
TONNEAU D'AFFRÈTEMENT, ton dead weight; shipping ton.

AFFRÉTER *v*, to charter; to freight.

AFFRÉTEUR *s*, charterer.
ARMATEUR-AFFRÉTEUR, owner-charterer.

ÂGE *m*, age, epoch.
ÂGE DE FIN DE SCOLARITÉ, school-leaving age.
ÂGE INDUSTRIEL, industrial age.
ÂGE DE LA MISE À LA RETRAITE, pensionable age.
ÂGE DE LA RETRAITE, retirement age.
DISPENSE D'ÂGE, waiving of age limit.
ENFANT EN BAS ÂGE, infant.
LIMITE D'ÂGE, age limit.
MOYEN ÂGE, Middle Ages.
RÉPARTITION PAR ÂGE, age distribution.
RÉPARTITION DE LA POPULATION PAR GROUPES D'ÂGE, age grouping of the population.
RETRAITE PAR LIMITE D'ÂGE, retirement on account of age.
STRUCTURE PAR ÂGE, age structure.

AGENCE *f*, agency, branch office.
AGENCE EN DOUANE, customs agency.
AGENCE FONCIÈRE, land agency.
AGENCE GOUVERNEMENTALE, public agency.
AGENCE IMMOBILIÈRE, estate agency.
AGENCE MARITIME, shipping agency.
AGENCE DE PLACEMENT, employment agency.
AGENCE DE PRESSE, news-agency; press-agency.
AGENCE DE PUBLICITÉ, advertising agency.
AGENCE DE VOYAGES, travel agency.
SOUS-AGENCE, sub-agency.

AGENCEMENT *m*, fitting; scheme.

AGENCER *v*, to fit.
AGENCER UN ATELIER, to fit up a workshop.

AGENT *m*, agent, officer.
AGENT ACCRÉDITÉ, recognized agent.
AGENT D'ASSURANCES, insurance agent.
AGENT ATTITRÉ, appointed agent.
AGENT DE CHANGE, exchange broker; mercantile broker; stock-broker; bill-broker (*peu utilisé*).

AGENT COMPTABLE DES TRANSFERTS, registrar of transfers.
AGENT DES CONTRIBUTIONS DIRECTES, tax officer.
AGENTS ÉCONOMIQUES, economic agents.
AGENT EXCLUSIF, sole agent.
AGENTS DU FISC, Revenue Authorities.
AGENT-GÉRANT, managing agent.
AGENT IMMOBILIER, real-estate agent; *U.S:* realtor.
AGENT DE PRODUCTION, agent of production.
AGENT DE PUBLICITÉ, advertising agent.
AGENT DE RECOUVREMENT, debt collector.
CHAMBRE SYNDICALE DES AGENTS DE CHANGE, Stock Exchange Committee.
PROFESSION D'AGENT DE CHANGE, stock-broking.
SOUS-AGENT, sub-agent.

AGGLOMÉRATION *f*, concentration.
GRANDES AGGLOMÉRATIONS URBAINES, large urban concentrations.

AGGRAVATION *f*, augmentation.

AGIO *m*, agio, premium, exchange premium, discount charges.
AGIO SUR L'OR, premium on gold.
COMPTE D'AGIO, agio account.

AGIOTAGE *m*, agiotage, jobbery, market jobbery, jobbing, *U.K:* stock-jobbing, rigging the market, rigging.

AGIOTER *v*, to job.

AGIOTEUR *m*, rigger, speculator.

AGIR *v*, to act.
AFFAIRE DONT IL S'AGIT, matter in dispute, in question.
AGIR SELON SON DROIT, to act by right.
les FORCES ÉCONOMIQUES SE METTENT À AGIR, economic forces come into action.
VARIABLES AGISSANT DANS LA COURTE PÉRIODE, short-period variables.

AGISSANT *a*, acting.
AGISSANT SOLIDAIREMENT, acting jointly.

AGITATION *f*, unrest, upheaval, flurry.
AGITATION OUVRIÈRE, labour unrest.

AGITÉ *a*, jumpy, disturbed.
MARCHÉ AGITÉ, disturbed market.

AGRAIRE *a*, agrarian.
ÉCONOMIE AGRAIRE, agricultural economics.
LOI AGRAIRE, Land Act.
LOIS AGRAIRES, land-laws.
QUESTION AGRAIRE, land question.
RÉFORME AGRAIRE, land reform; agrarian reform.

AGRÉÉ *a*, authorized, certified.
CAMBISTE AGRÉÉ, authorized (exchange) dealer.
COURTIER AGRÉÉ, certified broker.

AGRÉGAT *m*, aggregate.
AGRÉGATS DE VALEURS, value aggregates.

AGRÉGATIF *a*, aggregate.
DEMANDE AGRÉGATIVE DU MARCHÉ, aggregate marked demand.
OFFRE AGRÉGATIVE DU MARCHÉ, aggregate market supply.

AGRÉGATION *f*, aggregation.
AGRÉGATION DE FONCTIONS DE PRODUCTION, aggregation of production functions.

AGRÉGÉ *a*, aggregate.
FONCTION DE PRODUCTION AGRÉGÉE, aggregate production function.

AGRÉGEABLE *a*, aggregative.
QUANTITÉ AGRÉGEABLE, aggregative.

AGRÉGER *v*, to aggregate.

AGRICOLE *a*, agricultural.
COOPÉRATIVE DE CRÉDIT AGRICOLE, agricultural credit co-operative.
ÉCART ENTRE PRIX INDUSTRIELS ET PRIX AGRICOLES, price scissors.
ÉCONOMIE AGRICOLE, agricultural economics.
EXPLOITATION AGRICOLE, farm; farming; agricultural holding.
GRANDE EXPLOITATION AGRICOLE, farming on a large scale.
HYPOTHÈQUE AGRICOLE, agricultural mortgage.
IMPÔT SUR LES BÉNÉFICES AGRICOLES, farmer's tax.
MATÉRIEL AGRICOLE, farm equipment.
OFFICE COMMERCIAL DES PRODUITS AGRICOLES, agricultural marketing board.
OUVRIER AGRICOLE, farm labourer; agricultural labourer; agricultural worker.

POLITIQUE AGRICOLE, agricultural policy.
PRODUCTION AGRICOLE, farm production; agricultural production.
PRODUIT AGRICOLE, agricultural product.
PRODUITS AGRICOLES, agricultural produce.
RÉDUIRE LA PRODUCTION AGRICOLE, to restrict farm production
REVENUS AGRICOLES, farm incomes; agricultural incomes.
SOCIÉTÉ DE CRÉDIT AGRICOLE, *U.S:* Agricultural Mortgage Corporation.
TRACTEUR AGRICOLE, farm tractor.
TRAVAILLEUR AGRICOLE, land-worker.

AGRICULTEUR *m*, farmer, agriculturalist, *U.S:* agriculturist.

AGRICULTURE *f*, agriculture, farming.
AGRICULTURE EXTENSIVE, extensive agriculture.
AGRICULTURE INTENSIVE, intensive agriculture.
AIDE DE L'ÉTAT À L'AGRICULTURE, government aid to agriculture.
CONSOMMATION PAR L'AGRICULTURE DE SES PROPRES PRODUITS, own consumption in agriculture.
COÛT DE LA POLITIQUE DE SOUTIEN À L'AGRICULTURE, cost of agricultural support policy.
ORGANISATION POUR L'ALIMENTATION ET L'AGRICULTURE, Food and Agriculture Organization.
POLITIQUE DE SOUTIEN À L'AGRICULTURE, *U.S:* agricultural support policy.
POPULATION EMPLOYÉE DANS L'AGRICULTURE, population employed in agriculture.
PRODUCTIVITÉ DE LA MAIN-D'ŒUVRE DANS L'AGRICULTURE, productivity of labour in agriculture.
SUBVENTIONS À L'AGRICULTURE, subsidies to agriculture.

AGRONOME *a*, agricultural.
INGÉNIEUR AGRONOME, agricultural engineer.

AGRONOMIE *f*, agronomy, husbandry.

AIDE *f*, aid, grant, help.
AIDE ÉCONOMIQUE, economic aid.
AIDE DE L'ÉTAT À L'AGRICULTURE, government aid to agriculture.
AIDE MARSHALL, Marshall Aid.
AIDE AUX PAYS SOUS-DÉVELOPPÉS, economic aid to under-developed countries.
AIDE PÉCUNIAIRE, grant.
CONSEIL D'AIDE MUTUELLE ÉCONOMIQUE, Council of Mutual Economic Aid (Comecon).

AIDE *m or f*, assistant.

AIDÉ *a*, aided.

AIDER *v*, to help, to assist.

AIGU *a*, acute.
ANGLE AIGU, acute angle.
CRISE AIGUË, acute crisis.

AIMER *v*, to like, to enjoy.

AÎNÉ *a*, senior.

AÎNESSE *f*, seniority.
DROIT D'AÎNESSE, birthright; primogeniture.

AIR *m*, air, blast.
AIR CHAUD, hot blast.
AIR FROID, cold blast.
TRAITES EN L'AIR, kites; windmills.

AIRAIN *m*, brass.
d'AIRAIN, brazen.
LOI D'AIRAIN, iron law of necessity.
LOI D'AIRAIN DES SALAIRES, brazen law of wages; Lassalle's iron law of wages.

AIRE *f*, area.
AIRES DE LA COURBE NORMALE, areas of, under, the normal curve.

AISANCE *f*, ease, easiness, sufficiency.
AISANCE MONÉTAIRE DU MARCHÉ, monetary easiness of the market.
ÊTRE DANS L'AISANCE, to have a sufficiency.

AISE *f*, ease, easiness, sufficiency.
à l'AISE, easy.
ÊTRE À SON AISE (FINANCIÈREMENT), to be well off.
VIVRE À L'AISE, to live in plenty.

AISÉ *a*, easy.
BOURGEOISIE AISÉE, upper middle-class.

AJOURNABLE *a*, postponable.

AJOURNÉ *a*, postponed, held.

AJOURNEMENT *m*, postponement, *U.S:* tabling.
AJOURNEMENT DE LA CONSOMMATION, postponement of consumption.
AJOURNEMENT D'UN PROJET DE LOI, *U.S:* tabling of a bill.

AJOURNER *v*, to postpone, to defer, *U.S:* to table.

AJOURNER UN PROGRAMME, to defer a scheme.
AJOURNER (INDÉFINIMENT) UN PROJET DE LOI, *U.S:* to table a bill.

AJOUTÉ *a*, added.
TAXE À LA VALEUR AJOUTÉE, value-added tax.

(S') AJOUTER *v*, to add.

AJUSTÉ *a*, adjusted.

AJUSTEMENT *m*, adjustment, fitting, fit; reconciliation, allowance.
AJUSTEMENT CHRONOLOGIQUE, time adjustment.
AJUSTEMENT CONFORME, goodness of fit.
AJUSTEMENT DÉFECTUEUX, maladjustment.
AJUSTEMENT PAR UNE DROITE, fitting a straight line.
AJUSTEMENT PAR UNE EXPONENTIELLE, fitting an exponential curve.
AJUSTEMENTS NÉCESSAIRES, appropriate allowance.
AJUSTEMENT OPTIMAL, best fit.
AJUSTEMENT PAR UNE PARABOLE, fitting a parabola.
AJUSTEMENT PRESQUE PARFAIT, close fit.
AJUSTEMENT POUR PLUS-VALUE DES STOCKS, adjustment for stock valuation.
AJUSTEMENT STATISTIQUE, curve fitting; fitting (of) a curve; fitting process; statistical fitting; statistical reconciliation.
AJUSTEMENT DE LA TENDANCE, trend fitting.
AJUSTEMENT POUR TENIR COMPTE DES VARIATIONS DES STOCKS, adjustment for changes in stocks.
AJUSTEMENT AU TREND, trend adjustment.
DROITE D'AJUSTEMENT, line of average relationship; line of regression.
MAUVAIS AJUSTEMENT, misadjustment.
MÉCANISME D'AJUSTEMENT, adjustment mechanism; adjustment process.
PROCESSUS D'AJUSTEMENT, adjustment process.
QUALITÉ D'UN AJUSTEMENT, goodness of fit.
QUASI-PERFECTION DE L'AJUSTEMENT, closeness of fit.
TEST D'AJUSTEMENT, goodness of fit test.

(S') AJUSTER *v*, to adjust, to fit.
AJUSTER UNE COURBE, to fit a curve.
AJUSTER LA MOYENNE, to centre; *U.S:* to center.

ALBUM *m*, catalogue.
TARIF-ALBUM, trade catalogue.

ALCOOL *m*, alcohol.
MONOPOLE DE L'ALCOOL, alcohol monopoly.

ALCOOLIQUE *a*, alcoholic.

ALCOOLISÉ *a*, alcoholic.
BOISSONS ALCOOLISÉES, alcoholic beverages.

ALÉA *m*, risk, chance.
ALÉAS, riskiness.
ALÉAS D'UNE ENTREPRISE, risks of an undertaking.

ALÉATOIRE *a*, random, risky, contingent, uncertain.
ACCÈS ALÉATOIRE, random access.
CARACTÈRE ALÉATOIRE, randomness.
COMPOSANTE ALÉATOIRE, random component.
DISTRIBUTION ALÉATOIRE, random distribution.
ÉCHANTILLON ALÉATOIRE, random sample; probability sample.
ÉCHANTILLON ALÉATOIRE NON CLASSÉ, simple random sample.
ÉCHANTILLON ALÉATOIRE STRUCTURÉ PAR CLASSES, stratified random sample.
ERREUR ALÉATOIRE, random error; standard error.
ÉVÉNEMENT ALÉATOIRE, random event.
FACTEURS ALÉATOIRES, random factors.
GAIN ALÉATOIRE, chance gain; contingent gain.
NOMBRE ALÉATOIRE, random number; random digit.
PROFIT ALÉATOIRE, contingent profit.
SPÉCULATION ALÉATOIRE, risky speculation.
VARIABLE ALÉATOIRE, random variable; chance variable; variate.
VARIATION ALÉATOIRE, random variation.

ALGÈBRE *f*, algebra.
ALGÈBRE DE BOOLE, Boolean algebra.
ALGÈBRE LOGIQUE, logical algebra.
ALGÈBRE MATRICIELLE, matrix algebra.
NOTIONS D'ALGÈBRE, elementary algebra.
RUDIMENTS D'ALGÈBRE, elementary algebra.

ALGÉBRIQUE *a*, algebraic(al).
EXPRESSION ALGÉBRIQUE, algebraical expression.
FONCTION ALGÉBRIQUE, algebraic function.
FORMULE ALGÉBRIQUE, algebraical expression.
IDENTITÉS ALGÉBRIQUES, algebraic identities.
SIGNE ALGÉBRIQUE, algebraical sign.
THÉORIE ALGÉBRIQUE, algebraic theory.

ALGORITHME *m*, algorithm.

ALIÉNATION *f*, transfer.
ALIÉNATION DE BIENS, disposal of property.

ALIÉNÉ *m*, lunatic.
MAISON D'ALIÉNÉS, mental hospital.

ALIGNÉ *a*, lined.
PRIX DES IMPORTATIONS ALIGNÉS SUR LES PRIX INTÉRIEURS AMÉRICAINS (PAR UN DROIT DE DOUANE CORRESPONDANT), American Selling Price.

ALIMENT *m*, food.
ALIMENTS POUR BÉTAIL, animal feeding stuffs.
ALIMENTS ET BOISSONS, food and drinks.
ALIMENTS D'ORIGINE ANIMALE, food of animal origin.

ALIMENTAIRE *a*, alimentary.
BILAN ALIMENTAIRE, food balance-sheet.
CONSERVES DE PRODUITS ALIMENTAIRES, tinned, canned, foods.
CONSOMMATION DE DENRÉES ALIMENTAIRES, food consumption.
DENRÉES ALIMENTAIRES, foodstuffs.
DENRÉES ALIMENTAIRES ÉLABORÉES, processed foodstuffs.
DISPONIBILITÉS ALIMENTAIRES BRUTES, gross food supplies.
DISPONIBILITÉS BRUTES EN DENRÉES ALIMENTAIRES, gross supplies of foodstuffs.
INDICE DES DENRÉES ALIMENTAIRES, index of foodstuffs.
PENSION ALIMENTAIRE, alimony.
PENSION ALIMENTAIRE (POUR UN ENFANT), maintenance.
PRODUITS ALIMENTAIRES, food products.

ALIMENTATION *f*, food, nourishment, diet, feeding, maintenance.
CARTE D'ALIMENTATION, food card; ration card.
ORGANISATION POUR L'ALIMENTATION ET L'AGRICULTURE, Food and Agricultural Organization.
RETENUE SUR LES SALAIRES POUR L'ALIMENTATION DES CAISSES DE SECOURS, stoppage on wages for the maintenance of relief funds.
SOUS-ALIMENTATION, malnutrition.
SUBVENTIONS À L'ALIMENTATION, food subsidies.
VALEURS D'ALIMENTATION, food shares.

ALIMENTÉ *a*, maintained, fed.
RÉSERVE ALIMENTÉE PAR, reserve maintained by.

ALIMENTER *v*, to feed, to nourish, to furnish.
ALIMENTER L'USINE EN COURANT, to furnish a factory with current.

ALLÈGEMENT *m*, lightening, lessening, easing.

ALLÉGER *v*, to lighten, to reduce.
ALLÉGER LA FISCALITÉ, to lighten taxation.
ALLÉGER LES IMPÔTS, to lighten the taxes; to reduce taxes.

ALLER *s*, going; outward journey.
d'ALLER, outward.
l'ALLER ET LE RETOUR, round trip.
BILLET D'ALLER, single fare; one-way ticket.
BILLET D'ALLER ET DE RETOUR, return ticket; return fare.
BILLET SIMPLE (D'ALLER), single ticket; one-way ticket.
FRET D'ALLER, outward freight.
TRAJET D'ALLER, outward journey; outward voyage.
VOYAGE D'ALLER, outward voyage; outward journey.

ALLER *v*, to go.
les AFFAIRES VONT BIEN, business is looking well.
le COMMERCE NE VA PLUS, trade is at a standstill.
tous les EMPLOYÉS VONT ÊTRE LICENCIÉS, all the employees to go.

ALLIAGE *m*, alloy.

ALLIANCE *f*, alliance.

ALLIÉ *a*, allied.

ALLOCATAIRE *m*, recepient of an allowance.

ALLOCATION *f*, allowance, grant, benefit, pay.
ALLOCATION DE CHÔMAGE, unemployment benefit.
ALLOCATION EN DEVISES, foreign currency allowance.
ALLOCATIONS FAMILIALES, family allowances.
ALLOCATION DE GRÈVE, strike pay.
ALLOCATION POUR MALADIE, sickness benefit; sick allowance.
ALLOCATIONS DE MATERNITÉ, maternity allowances.
ALLOCATION EN MONNAIE, money allowance.
ALLOCATION POUR NOURRITURE, food allowance.
ALLOCATION DE VOYAGE, travel allowance.

ALLONGE *f*, rider.
ALLONGE D'UNE LETTRE DE CHANGE, rider to a bill of exchange.

ALLONGÉ *a*, elongated; oblong.

ALLONGEMENT *m*, lengthening.

ALLONGER *v*, to lengthen.

ALLOUÉ *a*, allowed, awarded.
COMMISSION ALLOUÉE EN RETOUR, return commission.

ALLOUER *v*, to allow, to award.
ALLOUER UNE DÉPENSE, to allow an expense.
ALLOUER DES INTÉRÊTS AUX DÉPÔTS, to allow interest on deposits.

ALLOUER UNE PART DU PRODUIT, to allow an interest in the proceeds.

ALLURE f, pace, run.
ACCÉLÉRER L'ALLURE, to quicken the pace.
ALLURE D'UNE COURBE, run of a curve.
ALLURE MESURÉE, leisurely pace.

ALOI m, fineness, purity.
MONNAIE DE MAUVAIS ALOI, base coinage.
PIÈCE DE BON ALOI, genuine coin.

ALOURDI a, dull.
MARCHÉ ALOURDI, dull market.

ALPHABÉTIQUE a, alphabetical.
ORDRE ALPHABÉTIQUE, alphabetical order.

ALPHANUMÉRIQUE a, alphanumeric.
CARACTÈRE ALPHANUMÉRIQUE, alphanumeric character.

ALTÉRATION f, impairment.

ALTÉRER v, to impair.

ALTERNANCE f, alternation, interchange.

ALTERNANT a, alternating, rotating.
CULTURES ALTERNANTES, rotating crops.

ALTERNATIF a, alternating, alternative, reciprocating.
COURANT ALTERNATIF, alternating current.
EMPLOI ALTERNATIF DU CAPITAL, alternative employment of capital.
FLUX ALTERNATIF, double flow.
PRODUIT DE L'EMPLOI ALTERNATIF, opportunity cost.
PRODUIT MARGINAL DE L'EMPLOI ALTERNATIF, marginal opportunity cost; alternative cost.

ALTERNATIVE f, alternative.
CHOIX QUI NE LAISSE PAS D'ALTERNATIVE, Hobson's choice.
les TERMES DE L'ALTERNATIVE, the alternatives.

ALTERNÉ a, alternating.
POLITIQUE DE COUPS DE FREIN ET D'ACCÉLÉRATEUR ALTERNÉS, stop-go policy.
SÉRIE ALTERNÉE, alternating series.

ALTERNER v, to alternate, to interchange.

ALTITUDE f, elevation, height.
ALTITUDE AU-DESSUS DU NIVEAU DE LA MER, height above sea-level.

ALTRUISME m, altruism.

ALTRUISTE a, altruistic.

ALVÉOLAIRE a, honeycomb.
FORMATION ALVÉOLAIRE, honeycomb formation.
STRUCTURE ALVÉOLAIRE, honeycomb structure.

ALVÉOLE m, honeycomb cell, cavity.

AMALGAMATION f, amalgamation.

AMALGAMER v, to amalgamate, to fuse.

AMAS m, hoard, pile.
AMAS D'ARGENT, pile of money.

AMASSER v, to pile, to pile up, to amass, to hoard.
AMASSER DE L'ARGENT, to amass money.
AMASSER UNE FORTUNE, to pile up a fortune.
AMASSER D'IMMENSES RICHESSES, to amass immense riches.
AMASSER DES RICHESSES, to treasure up wealth.

AMBIANCE f, tone.
AMBIANCE GÉNÉRALE (DU MARCHÉ), prevailing tone (of the market).

AMÉLIORATION f, improvement, improving, mend, renewal, appreciation.
AMÉLIORATION DES COURS, improvement of prices; appreciation in prices.
AMÉLIORATION SENSIBLE, marked improvement.
AMÉLIORATION DES SOLS, soil improvement.
AMÉLIORATION DE LA TERRE, improvement of land.
AMÉLIORATIONS DE TRAITEMENTS, improvements in pay.
RÉFECTIONS ET AMÉLIORATIONS, alterations and renewals.
non SUSCEPTIBLE D'AMÉLIORATION, incapable of improvement.
en VOIE D'AMÉLIORATION, improving.

AMÉLIORÉ a, improved.

(S') AMÉLIORER v, to improve, to go better.
AMÉLIORER LA SITUATION FINANCIÈRE, to improve the financial position.

AMÉNAGEMENT m, planning; urbanification; arrangement, fitting up.
AMÉNAGEMENT DU TERRITOIRE, town and country planning; country planning.

AMÉNAGER v, to fit, to fit up.
AMÉNAGER UNE CHUTE D'EAU, to harness water-power.

AMENDE f, fine, forfeit.
AMENDE DE PRINCIPE, nominal fine.
FORTE AMENDE, heavy fine.

AMENDEMENT m, amendment.

AMENDER v, to amend.

AMÉRICAIN a, American.
PRIX DES IMPORTATIONS ALIGNÉS SUR LES PRIX INTÉRIEURS AMÉRICAINS (PAR UN DROIT DE DOUANE CORRESPONDANT), American Selling Price.

AMEUBLEMENT m, furniture, furnishing.
MAISON D'AMEUBLEMENT, furniture shop; house-furnishing firm.

AMEUBLISSEMENT m, conversion into personalty.
AMEUBLISSEMENT D'UN BIEN, conversion of realty into personalty.

AMI a, friendly.
PAVILLON AMI, friendly flag.

AMIABLE m, amicable arrangement.
ACCORD À L'AMIABLE, private arrangement.
VENTE À L'AMIABLE, sale by private treaty.

AMICAL a, friendly.

AMOINDRIR v, to diminish, to decrease.

AMOINDRISSEMENT m, decrease.

AMONCELÉ a, heaped (up).

AMONT m, up-stream water.
REJET EN AMONT D'UN IMPÔT, backward shifting of a tax.

AMORTI a, redeemed, repaid, written off, damped.
non AMORTI, unredeemed.
OBLIGATION AMORTIE, bond due for repayment.
OBLIGATIONS AMORTIES À LA SUITE D'UNE DÉCISION DE L'ÉTAT, bonds redeemable at the option of the government.
OSCILLATION AMORTIE, damped oscillation.
SOMMES AMORTIES, amounts written off.
TITRES NON AMORTIS, outstanding securities.

(S') AMORTIR v, to amortize, to depreciate, to redeem, to write off, to sink.
AMORTIR UNE ANNUITÉ, to redeem an annuity.
AMORTIR UNE CRÉANCE, to write off a debt.
AMORTIR UNE DETTE, to redeem a debt.
AMORTIR LA DETTE PUBLIQUE, to sink the national debt.
AMORTIR UNE OBLIGATION, to redeem a bond; to redeem a debenture.

AMORTISSABLE a, amortizable, redeemable.
non AMORTISSABLE, unredeemable; irredeemable.
OBLIGATIONS AMORTISSABLES, redeemable bonds.
OBLIGATIONS NON AMORTISSABLES, unredeemable bonds; unredeemable debentures; irredeemable debentures.
OBLIGATIONS AMORTISSABLES PAR TIRAGE AU SORT, bonds redeemable by drawings.
OBLIGATIONS D'ÉTAT NON AMORTISSABLES, irredeemable Government bonds.

AMORTISSANT a, redemptional.

AMORTISSEMENT m, amortization, amortizement (peu utilisé), depreciation, writing off, wiping out, redemption, sinking.
AMORTISSEMENT ACCÉLÉRÉ, accelerated depreciation.
AMORTISSEMENT ANNUEL, annual depreciation.
AMORTISSEMENT (DU CAPITAL), writing off.
AMORTISSEMENT D'UNE CRÉANCE, writing off of a debt.
AMORTISSEMENT DÉGRESSIF, depreciation on diminishing values.
AMORTISSEMENT DE LA DETTE, debt redemption.
AMORTISSEMENT DE LA DETTE PUBLIQUE, redemption of the national debt.
AMORTISSEMENT D'UN EMPRUNT, amortization of a loan; sinking of a loan; paying off of a loan.
AMORTISSEMENT FIXE, fixed depreciation.
AMORTISSEMENT SUR IMMEUBLE(S), provision for redemption of premises; depreciation on premises.
AMORTISSEMENT EN LIGNE DROITE, straight-line depreciation.
AMORTISSEMENT DE MATÉRIEL, reserve for depreciation of plant.
AMORTISSEMENT STATUTAIRE, statutory writing off.
BÉNÉFICE NET PLUS AMORTISSEMENTS, cash flow.
CAISSE D'AMORTISSEMENT, redemption fund.
CERTIFICAT DE NÉCESSITÉ D'AMORTISSEMENT ACCÉLÉRÉ, certificate of necessity for accelerated depreciation.
CHARGES D'AMORTISSEMENT, depreciation charges.
COEFFICIENT D'AMORTISSEMENT, coefficient of depreciation.
après DÉDUCTION DE L'AMORTISSEMENT, net of charges for depreciation.
(FONDS D') AMORTISSEMENT, sinking fund.
MÉTHODE D'AMORTISSEMENT PAR ANNUITÉS, annuity method of depreciation.

MÉTHODE DE L'AMORTISSEMENT DÉCROISSANT, reducing-balance method.
MÉTHODE D'AMORTISSEMENT FONDÉE SUR LA VALEUR DU MOMENT, appraisal method of depreciation.
MÉTHODE D'AMORTISSEMENT PAR TRANCHES ANNUELLES ÉGALES, *U.S:* age-life method of depreciation.
PLAN D'AMORTISSEMENT, redemption table.
PROVISION POUR AMORTISSEMENT, allowance for depreciation; depreciation allowance; wear-and-tear allowance.
TAUX D'AMORTISSEMENT, amortization quota.

AMORTISSEUR *m*, buffer.

AMOVIBLE *a*, removable.

AMPLE *a*, ample, liberal.
plus AMPLE INFORMÉ, further inquiry; further enquiry
AMPLE PROVISION DE, liberal supply of.
plus AMPLES RENSEIGNEMENTS, further particulars.
AMPLE REVENU, comfortable income.

AMPLIFIER *v*, to magnify.

AMPLITUDE *f*, amplitude.
AMPLITUDE DES FLUCTUATIONS, amplitude of fluctuations.

AN *m*, year.
EMPRUNT POUR 20 ANS, loan for a term of 20 years.
une FOIS L'AN, once a year.
INTERVALLES DE DIX ANS, decennial intervals.
OBLIGATIONS À 10 ANS OU DAVANTAGE, bonds with 10 years or more to maturity.
la POPULATION DOUBLE TOUS LES 25 ANS, population doubles every 25 years.

ANALLAGMATIQUE *a*, anallagmatic.

ANALLAGMATIQUE *f*, anallagmatic curve.

ANALOGIE *f*, analogy.
ANALOGIES (PUREMENT) MÉCANIQUES, mechanical analogies.

ANALOGIQUE *a*, analog(ous).
CALCULATEUR ANALOGIQUE, analog computer.
DONNÉES ANALOGIQUES, analog data.
MODÈLE ANALOGIQUE, analogue model; analog model.
REPRÉSENTATION ANALOGIQUE, analog representation.

ANALOGUE *m*, analogue.

ANALPHABÉTISME *m*, illiteracy.

ANALYSE *f*, analysis.
ANALYSE DU COMPORTEMENT DU CONSOMMATEUR, analysis of consumer's behaviour.
ANALYSE DE CONJONCTURE, analysis of time series.
ANALYSE DE CONTINGENCE, contingency analysis.
ANALYSE PAR CORRÉLATIONS, regression analysis.
ANALYSE PAR COURBES D'INDIFFÉRENCE, indifference curve analysis.
ANALYSE DES COÛTS, cost analysis.
ANALYSE DES COÛTS ET RENDEMENTS, *U.S:* cost benefit analysis.
ANALYSE DE COVARIANCE, co-variance analysis.
ANALYSE DISCRIMINANTE, discriminant analysis.
ANALYSE DYNAMIQUE, dynamic analysis.
ANALYSE D'ÉCHANGES INTERSECTORIELS, input-output analysis.
ANALYSE ÉCONOMIQUE, economic analysis.
ANALYSE DE L'ÉQUILIBRE GÉNÉRAL, general equilibrium analysis.
ANALYSE DE L'ÉQUILIBRE PARTIEL, partial equilibrium analysis.
ANALYSE FACTORIELLE, factor analysis; factorial analysis.
ANALYSE INFINITÉSIMALE, infinitesimals.
ANALYSE D'INPUT-OUTPUT, input-output analysis.
ANALYSE INTERSECTORIELLE, input-output analysis.
ANALYSE MACRO-ÉCONOMIQUE, macro-economic analysis.
ANALYSE MARGINALE, marginal analysis.
ANALYSE MICRO-ÉCONOMIQUE, micro-economic analysis.
ANALYSE AU MOYEN DU MULTIPLICATEUR DYNAMIQUE, dynamic multiplier analysis.
ANALYSE NUMÉRIQUE, numerical analysis.
ANALYSE DE L'OFFRE ET DE LA DEMANDE, supply and demand analysis.
ANALYSE PAR PÉRIODES, period analysis.
ANALYSE À PLUSIEURS VARIABLES, multivariate analysis.
ANALYSE DES PROCESSUS, process analysis.
ANALYSE PSYCHOLOGIQUE DU COMPORTEMENT ÉCONOMIQUE, psychological analysis of economic behaviour.
ANALYSE QUALITATIVE, qualitative analysis.
ANALYSE QUANTITATIVE, quantitative analysis.
ANALYSE RAISONNÉE, rationale.
ANALYSE DE RÉGRESSION, regression analysis.
ANALYSE DE SÉQUENCE, sequence analysis.
ANALYSE PAR SÉQUENCES, sequential analysis.
ANALYSE STATIQUE, static analysis.
ANALYSE STATISTIQUE, statistical analysis.
ANALYSE DE SYSTÈMES, systems analysis.
ANALYSE DE TYPE MARGINAL, marginal analysis.

ANALYSE DE LA VARIANCE, variance analysis.
ANALYSE DE (LA) VARIANCE A PLUSIEURS VARIABLES, multivariate analysis of (the) variance.
en DERNIÈRE ANALYSE, in the last analysis.
GRAPHIQUE D'ANALYSE GÉNÉRALE (DES ACTIVITÉS SUCCESSIVES), operation process chart.
GRAPHIQUE D'ANALYSE D'OPÉRATIONS, process chart.
HISTOIRE DE L'ANALYSE ÉCONOMIQUE, history of economic analysis.
INSTRUMENT D'ANALYSE, analytical tool.
MÉTHODES D'ANALYSE ÉCONOMIQUE, methods of economic analysis.
METTRE EN DOUTE LE BIEN-FONDÉ DE L'ANALYSE CLASSIQUE, to question the adequacy of the classical analysis.

ANALYSER *v*, to analyse, *U.S:* to analyze.

ANALYSEUR *m*, analyser, *U.S:* analyzer.

ANALYSTE *m*, analyst.

ANALYTIQUE *a*, analytical.
GÉOMÉTRIE ANALYTIQUE, analytical geometry; co-ordinate geometry.
MÉCANIQUE ANALYTIQUE, analytical mechanics.
TABLEAUX ANALYTIQUES, analytical tables.

ANARCHIE *f*, anarchy.

ANATOCISME *m*, anatocism, capitalization of interest.

ANCIEN *a*, old.
ACTIONS ANCIENNES, old shares.
une ACTION NOUVELLE POUR TROIS ANCIENNES, one share for three old ones.
ANCIEN COMBATTANT, ex-service man; *U.S:* veteran.
CLAUSE GAGEANT DES OBLIGATIONS NOUVELLES SUR UNE HYPOTHÈQUE ANCIENNE, after-acquired clause.
DÉMONÉTISATION DES ANCIENNES PIÈCES, demonetization of old coins.
SOLDE ANCIEN, old balance.
TAXES COMMUNALES (ANCIENNES), *U.K:* scot and lot.

ANCIENNETÉ *f*, seniority.
PROMOTION À L'ANCIENNETÉ, promotion by seniority.

ANCRAGE *m*, anchorage.
DROITS D'ANCRAGE, groundage.

ANGLAIS *a*, English, British.
NAVIRE DE CONSTRUCTION ANGLAISE, British-built ship.

ANGLE *m*, angle, edge.
ADJACENCE DE DEUX ANGLES, adjacency of two angles.
à ANGLE, angled.
ANGLE DE 180°, straight angle.
ANGLES ADJACENTS, contiguous angles.
ANGLE AIGU, acute angle.
ANGLE DE CONTINGENCE, angle of contingence.
ANGLE DE DÉCLIVITÉ, angle of gradient; angle of slope.
ANGLE DROIT, right angle.
ANGLE EXTÉRIEUR, exterior angle.
ANGLE INTÉRIEUR, interior angle.
ANGLE INTERNE, interior angle.
ANGLE LIMITE, limiting angle.
ANGLE OBTUS, obtuse angle.
ANGLES OPPOSÉS PAR LE SOMMET, vertical angles.
ANGLE SUPPLÉMENTAIRE D'UN AUTRE, angle supplemental to another.
(ANGLE) TRIÈDRE, trihedral angle.
COURBES QUI SE COUPENT À UN ANGLE, curves that meet at an angle.
SUPPLÉMENT D'UN ANGLE, supplement of an angle.

ANGLETERRE *n. pr*, England.
l'ANGLETERRE EST UN GROS EXPORTATEUR DE CHARBON, England is a big exporter of coal.
BANQUE D'ANGLETERRE, Bank of England.
BILAN HEBDOMADAIRE DE LA BANQUE D'ANGLETERRE, *U K:* Bank Weekly Statement.
SITUATION DE LA BANQUE D'ANGLETERRE, *U K:* Bank Statement.

ANGULAIRE *a*, angular.

ANHARMONIQUE *a*, anharmonic.
RAPPORT ANHARMONIQUE, anharmonic ratio; cross-ratio.

ANIMAL *a*, animal.
ALIMENTS D'ORIGINE ANIMALE, food of animal origin.
ÉNERGIE ANIMALE, animal power.
ENGRAIS ANIMAL, animal manure.
PRODUCTION D'ORIGINE VÉGÉTALE ET ANIMALE, production of crops and livestock products.

ANIMAL *m*, animal.
ANIMAUX ABATTUS, animals slaughtered.

ANIMAUX ÉLEVÉS EN VUE DE LA REPRODUCTION, breeding stock
ANIMAUX SUR PIED, live animals.
ÉLEVAGE DES ANIMAUX À FOURRURE, fur-farming.
RACE (D'ANIMAUX), breed.

ANIMATION f. liveliness, liveness, briskness.

ANIMÉ a, lively, live, brisk.
BOURSE ANIMÉE, lively market.
DEMANDE ANIMÉE, brisk demand.
MARCHÉ ANIMÉ, brisk market.

ANNEAU m, ring.

ANNÉE f, year.
AFFECTER UN PAIEMENT À UNE ANNÉE FISCALE PRÉCÉDENTE, to allocate a payment to a previous year.
ANNÉE D'ABONDANCE, year of plenty.
ANNÉE DE BASE (D'UN INDICE, D'UN PLAN), base year.
ANNÉE BISSEXTILE, leap year.
ANNÉE CIVILE, calendar year; legal year
ANNÉE DE CONSTRUCTION, year of manufacture.
ANNÉE COURANTE, present year.
ANNÉE EN COURS, current year.
ANNÉE DU DÉNOMBREMENT, year of count.
ANNÉE D'IMPOSITION, year of assessment.
ANNÉE PRÉCÉDENTE, preceding year; previous year
ANNÉE DE PROSPÉRITÉ, bonanza year.
ANNÉE RECORD, peak year.
chaque ANNÉE SUCCESSIVE, each succeeding year.
ANNÉES DE VACHES MAIGRES, lean years.
DETTE REMONTANT À PLUSIEURS ANNÉES, debt dating back several years
LIQUIDATION DE FIN D'ANNÉE, yearly settlement.
LOCATION À L'ANNÉE, yearly letting.
MAUVAISE ANNÉE (POUR LES RÉCOLTES), U.S: fail-year.
MOYENNE DE PLUSIEURS ANNÉES COMME BASE, combination of years as base.
PROFITS QUADRUPLES DE CEUX DE L'ANNÉE PRÉCÉDENTE, profits quadruple those of previous year.
RISTOURNE DE FIN D'ANNÉE, end-year rebate.

ANNEXE f, appendix, rider, schedule.
ANNEXES D'UN BILAN, schedules to a balance-sheet.

ANNEXÉ a, attached.
ANNEXÉ AUX PRÉSENTES, attached hereto.

ANNONCE f. advertisement, U.S: advertizing.
ANNONCE CLASSÉE, classified advertisement.
ANNONCE EN PREMIÈRE PAGE, front-page advertisement.
ANNONCE PUBLICITAIRE, advertisement.
PETITE ANNONCE, classified advertisement.
PROGRAMME DES ANNONCES, advertising schedule.
TARIF D'ANNONCES DÉGRESSIF, graded advertising rates.

ANNONCEUR m, advertiser.

ANNUAIRE m, yearbook, annual, directory.
ANNUAIRE DÉMOGRAPHIQUE, demographic yearbook.
ANNUAIRE DE STATISTIQUES, annual abstract of statistics.
ANNUAIRE DES TÉLÉPHONES, telephone directory.

ANNUEL a, yearly, annual.
AMORTISSEMENT ANNUEL, annual depreciation.
AUGMENTATION ANNUELLE, annual increase.
CONGÉ ANNUEL, annual leave.
CONSOMMATION ANNUELLE, yearly consumption.
FRÉQUENTATION ANNUELLE DES CINÉMAS, annual cinema attendance.
LOYER ANNUEL, annual rent; yearly rental.
MÉTHODE D'AMORTISSEMENT PAR TRANCHES ANNUELLES ÉGALES, age-life method of depreciation.
REDEVANCE ANNUELLE, yearly rental.
RENDEMENT ANNUEL DE LA TERRE, annual produce of land.
RENTE ANNUELLE, annual rent; annuity.
REVENUS ANNUELS, annual income.
SALAIRE ANNUEL GARANTI, guaranteed annual wage.
TAUX ANNUEL, annual rate.
VALEUR LOCATIVE ANNUELLE DES LOCAUX, annual rental value of the premises.
VARIATIONS ANNUELLES, annual variations; year-to-year variations.

ANNUELLEMENT adv, yearly.

ANNUITAIRE a, redeemable by yearly payments.
DETTE ANNUITAIRE, debt redeemable by yearly payments; debt repayable by annual instalments.

ANNUITÉ f, annuity, annual instalment.
AMORTIR UNE ANNUITÉ, to redeem an annuity
ANNUITÉ CONTINGENTE, contingent annuity.
ANNUITÉ DIFFÉRÉE, deferred annuity.

ANNUITÉS DIFFÉRÉES JUSQU'À LA RETRAITE, retirement annuities.
ANNUITÉ À LONG TERME, long-term annuity.
ANNUITÉ RÉSILIABLE, terminable annuity.
ANNUITÉ RÉVERSIBLE, reversionary annuity.
CONSTITUANT (D'UNE ANNUITÉ, D'UN TRUST), settlor.
CONSTITUER UNE ANNUITÉ À, to settle an annuity on
CONSTITUTEUR (D'UNE ANNUITÉ), settlor.
CONSTITUTION D'UNE ANNUITÉ À, settlement of an annuity on; settling of an annuity on.
DISPOSANT (D'UNE ANNUITÉ, D'UN TRUST), settlor.
MÉTHODE D'AMORTISSEMENT PAR ANNUITÉS, annuity method of depreciation.
VALEUR ESCOMPTÉE D'ANNUITÉS, discount value of annuities.

ANNULATION f, annulment, nullification, avoidance, reversal, undoing.

ANNULÉ a, cancelled, written off.

ANNULER v, to annul, to nullify, to cancel, to void. to withdraw, to avoid, to write off.
ANNULER UN CHÈQUE, to cancel a cheque.
ANNULER UNE COMMANDE, to withdraw an order.
ANNULER UN CONTRAT, to void a contract.
ANNULER UN MARCHÉ, to call off a deal.
les TERMES EN x S'ANNULENT, terms in x reduce to zero.

ANONYME a, anonymous.
COMPTE ANONYME, impersonal account.
SOCIÉTÉ ANONYME*, public company; U.S: business corporation.

ANORMAL a, abnormal.
CIRCONSTANCES ANORMALES, abnormal circumstances.

ANTAGONISTE m, opponent.

ANTÉRIEUR a, anterior, prior, previous, former, preceding, past.
ANTÉRIEUR AU MARIAGE, pre-marital.
CONTRAT ANTÉRIEUR, prior contract.
PRÉVISIONS ANTÉRIEURES, past expectations.

ANTÉRIORITÉ f, priority, previousness.
ANTÉRIORITÉ DE DATE, priority of date.
ANTÉRIORITÉ D'UNE INVENTION, priority of invention.
DROIT D'ANTÉRIORITÉ, right of priority.

ANTHRACITE m, anthracite, stone coal.
ÉQUIVALENCE EN ANTHRACITE, hard-coal equivalent.

ANTHRACITEUX a, anthracitic.
HOUILLE ANTHRACITEUSE, hard coal.

ANTICIPATION f, anticipation; advance.
ANTICIPATIONS PERTINENTES, relevant anticipations.
ÉLASTICITÉ DE L'ANTICIPATION, elasticity of anticipations.
PAIEMENT PAR ANTICIPATION, payment in anticipation; advance payment.
PAYER PAR ANTICIPATION, to pay in anticipation; to pay in advance.

ANTICIPÉ a, anticipated.

ANTICIPER v, to anticipate; to discount; to forestall.
ANTICIPER SUR UNE HAUSSE DES VALEURS, to discount a rise in stocks.
ANTICIPER SUR SES REVENUS, to encroach on one's income.

ANTICYCLIQUE a, anticyclical.
MESURES ANTICYCLIQUES, anticyclical policies.

ANTIDATER v, to predate, to date back.

ANTI-DUMPING a, anti-dumping.
LÉGISLATION ANTI-DUMPING, anti-dumping legislation.

ANTILOGARITHME m, antilogarithm.

ANTINOMIE f, antinomy, contradiction.

ANTIPROTECTIONNISTE a, antiprotectionist.

ANTISOCIAL a, antisocial.

ANTISYMÉTRIQUE a, antisymmetric.

ANTITHÈSE f, antithesis.

ANTI-TRUST a, anti-monopoly, anti-trust.
LÉGISLATION ANTI-TRUST, anti-trust legislation
LOI ANTI-TRUST, anti-monopoly act.

ANTIVOL a, anti-theft.
DISPOSITIF ANTIVOL, theft-prevention device.

APERÇU m, insight.

APÉRIODIQUE a, aperiodic.

APLANIR v, to smooth
APLANIR (DES INÉGALITÉS), to level away (the inequalities).

APLANISSEMENT m, smoothing.

APLATI *a*, flat, flattened.
COURBE TRÈS APLATIE, very flat curve.

APLATISSEMENT *m*, peakedness, kurtosis, skewness.
APLATISSEMENT DE LA DISTRIBUTION, skewness of the distribution.
DEGRÉ D'APLATISSEMENT, degree of skewness.
MESURES DE L'APLATISSEMENT, measures of peakedness.

APODICTIQUE *a*, apodictic(al), demonstrable.
PROPOSITION APODICTIQUE, clearly demonstrable proposition.

APOGÉE *m*, zenith, climax, full.

APPARAÎTRE *v*, to appear.
BUDGET FAISANT APPARAÎTRE UN DÉFICIT, budget which shows a deficit.
FAIRE APPARAÎTRE DES BÉNÉFICES, to exhibit profits.
FAIRE APPARAÎTRE DES BÉNÉFICES MENSONGERS, to show illusory profits.

APPAREIL *m*, apparatus, appliance, outfit.
APPAREIL FIXE, fixture.
APPAREIL DE MESURE, measuring apparatus.
APPAREIL STATISTIQUE, statistical apparatus.

APPARENT *a*, apparent.
CHANGEMENT APPARENT, apparent change.
CONSOMMATION APPARENTE, apparent consumption.
DISPONIBILITÉS APPARENTES, apparent available supplies.

APPARTEMENT *m*, flat, *U.S:* apartment.
APPARTEMENT D'HABITATION, residential flat.
APPARTEMENT INDÉPENDANT, self-contained flat.
APPARTEMENT MEUBLÉ furnished flat; *U.S:* furnished apartment.
APPARTEMENT NON MEUBLÉ, *U.K:* unfurnished flat; *U.S:* unfurnished apartment.
APPARTEMENT AVEC SERVICE ET REPAS COMPRIS, service flat.
GROUPE D'IMMEUBLES DIVISÉS EN APPARTEMENTS, block of flats.
IMMEUBLE DIVISÉ EN APPARTEMENTS, *U.S:* apartment house.

APPARTENANT *a*, owned.

APPARTENIR *v*, to belong to.
qui APPARTIENT, incident.
BANQUES APPARTENANT À UNE CHAMBRE DE COMPENSATION, clearing banks.
TERRES APPARTENANT À LA COURONNE, *U.K:* Crown land.
USINES APPARTENANT À L'ÉTAT, government-owned plant.

APPAUVRI *a*, impoverished.

APPAUVRIR *v*, to impoverish.

APPAUVRISSEMENT *m*, impoverishment.

APPEL *m*, invitation, call, appeal.
APPEL DE CAPITAL, call for funds.
APPEL DE FONDS, call; call for funds.
APPEL DE MARGE, call for additional cover.
APPEL D'OFFRES, invitation of tenders; competitive bidding.
APPEL À LA SOUSCRIPTION, prospectus.
APPEL POUR LA SOUSCRIPTION D'UNE ÉMISSION, invitation to subscribe to an issue.
APPEL POUR LA SOUSCRIPTION D'UN EMPRUNT, invitation to subscribe to a loan.
APPEL TÉLÉPHONIQUE, (phone) call.
APPEL TÉLÉPHONIQUE INTERURBAIN, trunk call.
APPEL DE VERSEMENT, call (for payment capital).
COUR D'APPEL, Court of Appeal.
FAIRE APPEL, to invite.
FAIRE APPEL AUX ACTIONNAIRES POUR SOUSCRIRE LE CAPITAL, to invite shareholders to subscribe the capital.
VERSEMENT D'APPELS DE FONDS, payment of calls.

APPELÉ *a*, called.
CAPITAL APPELÉ, present capital.
CAPITAL NON APPELÉ, uncalled capital.

APPELER *v*, to invite, to call.
APPELER LA DISCUSSION, to invite discussion.
APPELER AU TÉLÉPHONE, to ring up, *U.S:* to call up.

APPENDICE *m*, appendix.
APPENDICE (D'UN LIVRE), appendix (of a book).

APPLICABILITÉ *f*, applicability.

APPLICABLE *a*, applicable.
non APPLICABLE, not applicable.

APPLICATION *f*, application, industry.
APPLICATIONS INDUSTRIELLES D'UNE DÉCOUVERTE, industrial applications of a discovery.
PROGRAMMES D'APPLICATION(S), application program(me)s.

APPLIQUÉ *a*, applied, practical.
CHIMIE APPLIQUÉE, applied chemistry.
COEFFICIENT DE PONDÉRATION APPLIQUÉ À, weight applied to.
ÉCONOMIE APPLIQUÉE, applied economics.
MATHÉMATIQUES APPLIQUÉES, applied mathematics.
MÉCANIQUE APPLIQUÉE, applied mechanics; practical mechanics.
MÉTHODES APPLIQUÉES ACTUELLEMENT, methods in force.
RECHERCHE APPLIQUÉE, industrial research.
TRAVAILLEUR APPLIQUÉ, steady worker.

APPLIQUER *v*, to apply.

APPOINT *m*, odd money, small money, small coin, small change, balance.
MONNAIE D'APPOINT, divisional coins; fractional coins; subsidiary coinage.

APPOINTEMENTS *m. pl*, emoluments; allowance; salary.
APPOINTEMENTS DU PERSONNEL, staff salaries.
PAYER DES APPOINTEMENTS, to salary.

APPORT *m*, share, capital, contribution, bringing in, assignment.
APPORT D'UN ASSOCIÉ, share of capital introduced by a partner.
APPORT DE CAPITAUX, contribution of capital.
BIENS D'APPORT, estate brought in.
CAPITAL D'APPORT, initial capital.

APPORTÉ *a*, brought.

APPORTER *v*, to bring, to contribute.
APPORTER QUELQUE CHOSE À UNE SOCIÉTÉ, to contribute something to a company.
APPORTER DES RÉSERVES, to make reservations; to qualify.

APPORTEUR *a*, contributing.
SOCIÉTÉ APPORTEUSE, vendor company.

APPRÉCIABLE *a*, appreciable, handsome.

APPRÉCIATION *f*, appreciation, estimate, judgment; betterment, rise in value.
AFFAIRE D'APPRÉCIATION, matter of opinion.
APPRÉCIATION DU RISQUE, estimate of the risk; valuation of the risk.
ORDRE À APPRÉCIATION, discretionary order.

APPRÉCIÉ *a*, appreciated.

(S') APPRÉCIER *v*, to appreciate.
le FRANC S'EST APPRÉCIÉ PAR RAPPORT AUX AUTRES MONNAIES, the franc has appreciated in terms of other currencies.

APPRENTI *m*, apprentice, trainee.
FORMATION D'APPRENTIS, apprentice training.

APPRENTISSAGE *m*, apprenticeship.
CONTRAT D'APPRENTISSAGE, indentures.
COURS D'APPRENTISSAGE, apprenticeship courses.
MAIN-D'OEUVRE SOUS CONTRAT D'APPRENTISSAGE, indentured labour.

APPROBATION *f*, approval, approbation, sanction.

APPROCHE *f*, approach.

APPROCHÉ *a*, approximate.

APPROCHER *v*, to approach, to approximate.

APPROFONDI *a*, elaborate, extensive, exhaustive, thorough, close.
ENQUÊTE APPROFONDIE, thorough searching; thorough enquiry; exhaustive enquiry.
ÉTUDE APPROFONDIE, elaborate study.
EXAMEN APPROFONDI DU GRAPHIQUE, close examination of the diagram.
RECHERCHE APPROFONDIE, extensive research.

APPROFONDISSEMENT *m*, deepening.
APPROFONDISSEMENT DU CAPITAL, deepening of capital.

APPROPRIATION *f*, appropriation.

APPROPRIÉ *a*, appropriate.
peu APPROPRIÉ, inappropriate.

(S') APPROPRIER *v*, to appropriate.

APPROUVER *v*, to approve, to pass.
APPROUVER UN DIVIDENDE DE 5 %, to pass a dividend of 5 %.

APPROVISIONNÉ *a*, stocked.
BIEN APPROVISIONNÉ EN, well stocked with.

APPROVISIONNEMENT *m*, stocking, storing, store, supplying, provisioning, purveyance, *U.S:* procurement, order, catering.
APPROVISIONNEMENT EN EAU, water supply.
APPROVISIONNEMENT EXCESSIF, overstocking.
THÉORIE DU CYCLE D'APPROVISIONNEMENT, queueing theory.

APPROVISIONNER *v*, to stock, to supply, to provision, to cater.

APPROXIMATIF *a*, approximate, rough, estimated.

DEVIS APPROXIMATIF, approximate estimate.
ESTIMATION (TRÈS) APPROXIMATIVE, rough estimate.
ÉTABLIR UNE MOYENNE APPROXIMATIVE, to strike a rough average.
MOYENNE APPROXIMATIVE, rough average.
VALEUR APPROXIMATIVE, approximate value.

APPROXIMATION f, approximation.
APPROXIMATION DE L'ÉCART TYPE DE LA MOYENNE D'ÉCHAN-
TILLON, estimated standard error of a sample mean.
APPROXIMATION LINÉAIRE, linear approximation.
APPROXIMATION DU nème ORDRE, nth order approximation.
par APPROXIMATIONS SUCCESSIVES, by successive approximation.
MÉTHODE PAR APPROXIMATION, approximation method.
MÉTHODE DES APPROXIMATIONS SUCCESSIVES, method of
successive substitutions; method of continual approaches.
RÉSOUDRE UNE ÉQUATION PAR APPROXIMATIONS SUCCES-
SIVES, to solve an equation by approximation.

APPUI m, support, supporting.
d'APPUI, supporting.
DOCUMENT À L'APPUI, exhibit.
PIÈCE À L'APPUI, exhibit.
PIÈCES À L'APPUI, documents in support.
SURFACE D'APPUI, bearing surface.

(S') APPUYER v, to lean.

ÂPRE a, rough, keen.
ÂPRE AU GAIN, keen on money-making.

APTE a, fit, gifted.
peu APTE, poorly gifted.
APTE À NAVIGUER SUR MER, seaworthy, fit to sail the sea.

APTITUDE f, aptitude, fitness, ability.
APTITUDE À LIRE ET ÉCRIRE, literacy.
APTITUDE AU TRAVAIL, ability to work.

APUREMENT* m, auditing.

APURER* v, to audit, to check.
APURER UN COMPTE, to reconcile an account.
APURER UNE DETTE, to wipe off a debt.

ARABE a, Arabic.
CHIFFRES ARABES, Arabic numerals.

ARABLE a, arable, tillable.
TERRE ARABLE, arable land; plough land.

ARAIGNÉE f, spider.
THÉORÈME DE LA TOILE D'ARAIGNÉE, cobweb theorem.
TOILE D'ARAIGNÉE, cobweb.

ARATOIRE a, agricultural, farming.
INSTRUMENT ARATOIRE, farming implement; agricultural implement.

ARBITRAGE* m, arbitrage, arbitration, judging; hedging, hedge,
jobbing.
ARBITRAGE EN CAS DE GRÈVE, strike arbitration.
ARBITRAGE DE (DU) CHANGE, arbitrage of exchange; arbitration
of exchange.
ARBITRAGE SUR LETTRES DE CHANGE, arbitrage in bills.
ARBITRAGE EN MATIÈRE DE SALAIRES, wage arbitration.
ARBITRAGE OBLIGATOIRE, compulsory arbitration.
ARBITRAGE DE PLACE À PLACE, shunting; shunt.
ARBITRAGE DE PORTEFEUILLE, change of investments.
ARBITRAGE DE QUALITÉ, arbitration for quality.
ARBITRAGE EN REPORTS, jobbing in contangoes.
ARBITRAGE À TERME, hedging for the settlement.
ARBITRAGE DE VALEURS, shunting of stocks.
ARBITRAGE SUR DES VALEURS, arbitrage in stocks.
COUR D'ARBITRAGE, court of arbitration.
ÉTABLI PAR ARBITRAGE, fixed by arbitration.
FAIRE L'ARBITRAGE DE PLACE À PLACE, to shunt.
RÈGLEMENT PAR ARBITRAGE, settlement by arbitration.
SENTENCE D'ARBITRAGE, arbitration award.
TITRES D'ARBITRAGE AVEC, arbitrage shares with.

ARBITRAGER, v, to hedge.
ARBITRAGER UNE VALEUR CONTRE UNE AUTRE, to hedge one
stock against another.

ARBITRAGISTE a, pertaining to arbitrage.
SYNDICAT ARBITRAGISTE, arbitrage syndicate.

ARBITRAGISTE m, arbitragist, arbitrager, arbitrageur.
ARBITRAGISTES PROFESSIONNELS, professional arbitrageurs.

ARBITRAIRE a, arbitrary, discretionary.
ORIGINE ARBITRAIRE, arbitrary origin.
QUANTITÉS ARBITRAIRES (D'UNE ÉQUATION), arbitrary constants
of an equation.

ARBITRAIREMENT adv, arbitrarily.
ORIGINE CHOISIE ARBITRAIREMENT, arbitrary origin.

ARBITRAL a, arbitral.
COMMISSION ARBITRALE, board of referees.
SENTENCE ARBITRALE*, award.

ARBITRE m, arbitrator, umpire, referee, judge.
ARBITRE-RAPPORTEUR, referee.
AVOIR SON LIBRE ARBITRE, to be a free agent.
LIBRE ARBITRE, free agency.

ARBITRÉ a, arbitrated.

ARBITRER v, to arbitrate, to hedge.

ARBORESCENCE f, arborescence.

ARBORESCENT a, arborescent.

ARBRE m, tree.

ARC m, arc.
ARC DE CERCLE, arc of a circle.
ÉLASTICITÉ D'ARC DE LA DEMANDE, arc elasticity of demand.

ARCHITECTE m, architect.
ARCHITECTE-URBANISTE, town-planner.

ARCHIVES f. pl, record(s).
ARCHIVES NATIONALES, Public Records.

ARDENT a, eager.

ARDU a, strenuous.
TRAVAIL ARDU, strenuous work.

ARÊTE f, ridge, edge.

ARGENT m, silver; money, cash; loan.
ACCUMULER DE L'ARGENT, to amass money.
AMAS D'ARGENT, pile of money.
AMASSER DE L'ARGENT, to amass money.
beaucoup D'ARGENT, lots of money.
sans ARGENT, moneyless.
de l'ARGENT EN ABONDANCE, money in plenty; plenty of money.
l'ARGENT EST ABONDANT, money is plentiful.
ARGENT EN BARRE, bar silver; bullion.
ARGENT BATTU, silver-foil.
ARGENT BLOQUÉ, blocked money.
ARGENT CHER, dear money.
ARGENT COMPTANT, spot cash; U.S: call money.
ARGENT DISPONIBLE, money in hand.
ARGENT QUI DORT, dead money.
ARGENT EMPRUNTÉ À UN TAUX ÉLEVÉ, high money.
l'ARGENT FAIT TOUT, money is everything.
ARGENT FRAIS, fresh money; new money.
ARGENT GAGNÉ SANS PEINE, easy money.
ARGENT AU JOUR LE JOUR, day-to-day money; daily money.
ARGENT EN LINGOTS, bullion.
ARGENT LIQUIDE, ready money; dry money.
ARGENT MIS DE CÔTÉ, money put by.
ARGENT MONNAYÉ, coined money.
ARGENT PLACÉ EN VIAGER, money invested in an annuity.
ARGENT PLACÉ EN VIAGER, À FONDS PERDU, money sunk in an
annuity.
ARGENT DE POCHE, pocket-money.
ARGENT DE POCHE (D'UNE JEUNE FILLE), pin-money.
ARGENT PRÊTÉ, money lent.
ARGENT RARE, tight money.
l'ARGENT EST RARE, money is scarce.
ARGENT AU TITRE, standard silver.
ARGENT À VUE, loan at call.
AVANCE D'ARGENT, loan of money.
AVANCER DE L'ARGENT, to advance money.
AVOIR DE L'ARGENT DEVANT SOI, to have money at hand.
en AVOIR POUR SON ARGENT, to get one's money worth; to get
value for one's money.
BUREAU CHARGÉ DE L'ACHAT DE LINGOTS D'OR ET D'ARGENT,
Bullion Office.
CHERTÉ DE L'ARGENT, high price of money.
CONSIGNER DE L'ARGENT CHEZ, to deposit money with; to lodge
money with.
CONTREPARTIE EN ARGENT, consideration money.
à COURT D'ARGENT, pressed for money; pushed for money; short
of money.
COÛT AFFECTIF DE LA DÉTENTION D'ARGENT OISIF, effective
cost of holding idle cash.
DÉBOURSER DE L'ARGENT, to lay out money.
DÉPENSER DE L'ARGENT, to expend money; to lay out money; to
spend money.
DÉPOSER DE L'ARGENT CHEZ, to deposit money with; to lodge
money with.
DÉTOURNER DE L'ARGENT, to embezzle money.
DISETTE D'ARGENT, want of money.
DOMMAGES ET INTÉRÊTS FIXÉS EN ARGENT, liquidated damages.
DOUBLE ÉTALON (OR ET ARGENT), double standard (gold and
silver).
EMPRUNTER DE L'ARGENT SUR UNE TERRE, to borrow money on
the security of an estate.
ENCAISSE OR ET ARGENT, gold and silver holdings.
ENVOYER DE L'ARGENT, to send money.

ÉPARGNER DE L'ARGENT, to spare money; to save money.
ÉTALON-ARGENT, silver standard.
EXTORQUER DE L'ARGENT À, to squeeze money out of; to extort money from.
FACILITÉ DE L'ARGENT, easiness of money.
FEUILLE D'ARGENT, silver-foil.
GAGNER DE L'ARGENT, to earn money; to gain money; to win money.
GASPILLER DE L'ARGENT, to waste money.
JEU D'ARGENT, gambling.
JOUER DE L'ARGENT, to gamble.
LÉGUER DE L'ARGENT À QUELQU'UN, to leave money to someone.
LINGOTS D'OR ET D'ARGENT, gold and silver bullion.
LOYER DE L'ARGENT, hire of money.
MANQUER D'ARGENT, to lack money; to want money.
MÊME SOMME D'ARGENT, equal sum of money.
MONNAIE D'ARGENT, silver money; silver currency.
PAYER ARGENT COMPTANT, to pay promptly; to pay cash.
PÉNURIE D'ARGENT, lack of money; want of money.
PERTE D'ARGENT, loss of money.
PEU D'ARGENT, little money.
PLACER DE L'ARGENT À FONDS PERDU, to sink money in an annuity.
PLACER DE L'ARGENT DANS LES FONDS PUBLICS, to fund money.
PLACER SON ARGENT EN IMMEUBLES, to invest in house property.
PLACER DE L'ARGENT EN TERRES, to put money into land.
PLACER DE L'ARGENT EN VALEURS, to invest money in securities.
PLACER DE L'ARGENT EN VALEURS IMMOBILIÈRES, to invest money in real estate.
PLACER DE L'ARGENT EN VIAGER, to invest money at life-interest; to invest money in a life annuity; to buy an annuity.
POLITIQUE DE L'ARGENT À BON MARCHÉ, cheap money policy.
PRÊT D'ARGENT, loan of money.
PRÊTER DE L'ARGENT À DÉCOUVERT, to lend money without security.
PRÊTER DE L'ARGENT CONTRE GARANTIE, to lend money on security.
le PRIX DE L'ARGENT A BAISSÉ, the price of silver has fallen.
(se) PROCURER DE L'ARGENT, to raise money.
PRODIGUE DE SON ARGENT, lavish in spending.
RAPPORT ENTRE L'OR ET L'ARGENT, ratio between gold and silver.
RARETÉ DE L'ARGENT, paucity of money
RECEVOIR DE L'ARGENT EN DÉPÔT, to receive money on deposit.
REDEVABLE D'UNE SOMME D'ARGENT, accountable for a sum of money.
REGAGNER L'ARGENT PERDU, to recover the money lost; to regain the money lost.
REMETTRE DE L'ARGENT EN MAIN PROPRE, to hand over money personally.
REMETTRE UNE SOMME D'ARGENT, to remit a sum of money.
RÉSERVES MÉTALLIQUES EN PIÈCES ET EN LINGOTS D'OR ET D'ARGENT, gold and silver coin and bullion.
RÉSERVER DE L'ARGENT POUR, to reserve money for.
RESSERREMENT D'ARGENT, tightness of money; tightening of money.
RETIRER DE L'ARGENT, to draw money; to withdraw money from.
SOMME D'ARGENT, sum of money; amount of money.
SOUTIRER DE L'ARGENT À, to extract money from.
TAS D'ARGENT, heap of money.
TAUX DE L'ARGENT, money rates.
TAUX DE L'ARGENT HORS BANQUE, money market rates.
TAUX D'INTÉRÊT DE L'ARGENT, rate of interest of money.
TAUX D'INTÉRÊT DE L'ARGENT AU JOUR LE JOUR, call money rate.
le TEMPS C'EST DE L'ARGENT, time is money.
TIRER DE L'ARGENT DE, to get money out of.
TITRE (DE L'ARGENT), standard of purity (of silver).
TOUCHER DE L'ARGENT, to draw money.
UTILISER L'ARGENT À, to use money to.

ARGENTAGE *m*, silver plating.

ARGENTERIE *f*, silver.
ARGENTERIE CONTRÔLÉE, hall-marked silver

ARGUER *v*, to argue.

ARGUMENT *m*, argument.
tout l'ÉCHAFAUDAGE D'ARGUMENTS, whole fabric of arguments

ARGUMENTER *v*, to argue.

ARISTOCRATIE *f*, aristocracy.
ARISTOCRATIE TERRIENNE, landed gentry; landocracy; territorial aristocracy.

ARITHMÉTIQUE *a*, arithmetic(al).
ÉCHELLE ARITHMÉTIQUE, natural scales.
MOYENNE ARITHMÉTIQUE, arithmetic average; arithmetic(al) mean.
MOYENNE ARITHMÉTIQUE PONDÉRÉE, weighted arithmetic mean.
PROGRESSION ARITHMÉTIQUE, arithmetic progression.
PROPORTION ARITHMÉTIQUE, arithmetical proportion; arithmetical ratio.

RAISON ARITHMÉTIQUE, arithmetical ratio.
RAISON D'UNE PROGRESSION ARITHMÉTIQUE, common difference of an arithmetic progression.

ARITHMÉTIQUE *f*, arithmetic.
ARITHMÉTIQUE MENTALE, mental arithmetic.

ARMATEUR *m*, shipowner, owner.
ARMATEUR-AFFRÉTEUR, owner-charterer.

ARMÉ *a*, armed.
FORCES ARMÉES, armed forces.

ARMÉE *f*, army.
ARMÉE DE RÉSERVE DES CHÔMEURS, reserve army of the unemployed.

ARMEMENT *m*, armament, shipping, shipping trade, shipping business, navigation.
COMPAGNIE D'ARMEMENT, navigation company.

ARRANGEMENT *m*, arrangement, accomodation, settlement.
ARRANGEMENT EN TABLES, tabulation; tabulating.

ARRANGÉ *a*, arranged.

(S') **ARRANGER** *v*, to arrange, to come to terms, to conclude.

ARRÉRAGES *m. pl*, arrear(s), back interest, interest, back payment.
CONSOLIDER LES ARRÉRAGES, to fund interest.

ARRÉRAGER *v*, to fall into arrear(s).

ARRESTATION *f*, arrest.

ARRÊT *m*, stop, stoppage, standstill, stopping, halt, cessation, impounding, judg(e)ment, adjudication, stay, arrest.
ARRÊT DE PAIEMENT D'UN CHÈQUE, stopping of a cheque.
ARRÊT DU TRAVAIL, cessation from work.
MANDAT D'ARRÊT, warrant of arrest.

ARRÊTÉ *a*, decided.
OPINION BIEN ARRÊTÉE, decided opinion.

ARRÊTÉ *m*, decree.
ARRÊTÉ DE COMPTE, settlement of account.

(S') **ARRÊTER** *v*, to stop, to halt, to stay, to cease, to close, to conclude to discontinue.
ARRÊTER LES COMPTES, to close the books.
ARRÊTER LA PRODUCTION D'UN ARTICLE, to discontinue the production of an article.
ARRÊTER LE TRAVAIL, to cease work.

ARRHES *f. pl*, earnest, earnest money, key-money, deposit.
DONNER DES ARRHES, to pay a deposit on.
PROMESSE DE VENTE FAITE AVEC DES ARRHES, promise of sale made with a deposit.
VERSER 100 FRANCS D'ARRHES, to deposit 100 francs.
VERSER DES ARRHES, to give an earnest; to pay a deposit.

ARRIÉRATION *f*, backwardness.

ARRIÈRE-PAYS *m*, hinterland.

ARRIÈRE-PLAN *m*, background

ARRIÉRÉ *a*, outstanding, overdue, owing; backward
INTÉRÊTS ARRIÉRÉS, arrears of interest; interest in arrears.
LOYER ARRIÉRÉ, rent owing.
PAIEMENT ARRIÉRÉ, outstanding payment; overdue payment.
PAYS ARRIÉRÉ, backward country.

ARRIÉRÉ *m*, arrear(s), *U.S:* arrearage, backlog.
ARRIÉRÉ DE LOYER, rent in arrear; back rent.

ARRIVAGE *m*, arrival.
ARRIVAGES QUOTIDIENS, daily arrivals.

ARRIVANT *m*, comer.

ARRIVÉ *a*, come, arrived.
CAPITAUX ARRIVÉS À ÉCHÉANCE, matured capital.
PREMIER ARRIVÉ, first comer.
PREMIER ARRIVÉ, PREMIER SERVI, first come, first served.

ARRIVÉE *f*, arrival, coming.
ARRIVÉE PAR GROUPES, batch arrival.
ARRIVÉE TARDIVE, lateness; late arrival.
COURRIER À L'ARRIVÉE, incoming mail.
PORT D'ARRIVÉE, port of arrival.
TAUX DES ARRIVÉES (DANS UNE FILE), arrival rate.

ARRIVER *v*, to arrive, to come.
qui ARRIVE, incoming.
ARRIVER À UN CONCORDAT AVEC SES CRÉANCIERS, to compound with one's creditors.

ARRONDI *a*, rounded.
CHIFFRE ARRONDI, rounded figure.
PRATIQUE DES NOMBRES ARRONDIS, rounding of statistical figures.

ARRONDISSAGE *m*, rounding.

ARRONDISSEMENT *m*, rounding; administrative district.
SCRUTIN D'ARRONDISSEMENT, constituency poll.

ART *m*, art.
ART DE DESSINER DES JARDINS PAYSAGERS, landscape-gardening.
ART(S) MÉNAGER(S), home craft.
ART DE VENDRE, salesmanship.
ÉCOLE DES ARTS ET MÉTIERS, technical institute.
SALON DES ARTS MÉNAGERS, *U.K:* Ideal Home Exhibition.

ARTICLE *m*, article, good, ware, item, section.
ACHAT DES SEULS ARTICLES-RÉCLAME, cherry-picking.
ARRÊTER LA PRODUCTION D'UN ARTICLE, to discontinue the production of an article.
ARTICLE DE CAISSE, cash item.
ARTICLE DÉFECTUEUX, faulty article.
ARTICLES DÉFRAÎCHIS, shop-soiled goods; stale goods.
ARTICLE TRÈS DEMANDÉ, article in great request.
ARTICLE DIFFICILE À ÉCOULER, article hard to get rid of.
ARTICLE DE FABRICATION ÉTRANGÈRE, article of foreign manufacture.
ARTICLE GARANTI D'ORIGINE, genuine article.
ARTICLE DE GRANDE VENTE, best-seller.
ARTICLE IMPORTÉ, importation.
ARTICLE D'UN LIVRE DE COMPTES, journal-entry.
ARTICLE D'UNE LOI, section of an act; section of a statute.
ARTICLES DE LUXE, luxury goods.
ARTICLES DE MARQUE, branded goods.
ARTICLES D'OCCASION, job-lot; second-hand goods.
ARTICLE À PRIX UNIQUE, one-price article.
ARTICLE DE RÉFÉRENCE, standard commodity.
ARTICLE TRUQUÉ, fake.
ARTICLES DE VERRE, glassware.
ÉTABLIR LE PRIX DE REVIENT D'UN ARTICLE, to cost an article.
POINTER LES ARTICLES D'UN COMPTE, to tick off items in an account.

ARTIFICIEL *a*, artificial.
ENGRAIS ARTIFICIEL, artificial manure.
SOIE ARTIFICIELLE, synthetical silk; artificial silk; near silk.

ARTISAN *m*, artisan, craftsman, handicraftsman, artificer, workman.

ARTISANAL *a*, pertaining to crafts.
ÉTABLISSEMENT ARTISANAL, handicraft establishment.
ÉTABLISSEMENTS ARTISANAUX AUTORISÉS, licenced handicrafts.
INDUSTRIE ARTISANALE, cottage industry.

ARTISANAT *m*, handicraft.
ARTISANAT LOCAL, local handicrafts.

ASCENDANT *a*, ascending, rising, increasing, upward.
COURBE ASCENDANTE, upward-sloping curve.
PENTE (ASCENDANTE) D'UNE COURBE, rise of a curve.
PROGRESSION ASCENDANTE, increasing series.
SÉRIE ASCENDANTE, ascending series.

ASILE *m*, sanctuary, harbour.
DROIT D'ASILE, right of sanctuary, of asylum.

ASPIRATION *f*, aspiration.
NIVEAU D'ASPIRATION, level of aspiration.

ASSAINIR *v*, to reorganize; to purge.
ASSAINIR LES FINANCES DE, to purge the finances of.

ASSAINISSEMENT *m*, rehabilitation, reorganization, reorganizing, restoration, purging, purification.
ASSAINISSEMENT DES FINANCES PUBLIQUES, restoration of public finances.
ASSAINISSEMENT FINANCIER DES CHEMINS DE FER, *U.S:* railroad reorganization.

ASSÉCHÉ *a*, drained, reclaimed.

ASSÈCHEMENT *m*, draining, reclamation.

ASSÉCHER *v*, to drain.

ASSEMBLAGE *m*, assemblage, collection, assembling.

ASSEMBLÉE *f*, assembly, meeting, reunion.
ASSEMBLÉE D'ACTIONNAIRES, meeting of shareholders.
ASSEMBLÉE CONVENTIONNELLE, conventional assembly.
ASSEMBLÉE DE CRÉANCIERS, meeting of creditors.
ASSEMBLÉE GÉNÉRALE, general meeting.
ASSEMBLÉE GÉNÉRALE EXTRAORDINAIRE, extraordinary general meeting.
ASSEMBLÉE LÉGISLATIVE, Legislative Assembly.
ASSEMBLÉE NATIONALE, National Assembly.
CONVOCATION D'UNE ASSEMBLÉE, notice of meeting; calling together.
CONVOQUER UNE ASSEMBLÉE, to call a meeting.
DÉLIBÉRATION D'UNE ASSEMBLÉE, proceedings of a meeting.

PRÉSIDER UNE ASSEMBLÉE, to preside over a meeting.

ASSEMBLER *v*, to collate, to fit together, to assembly, to assemble, to gather.
ASSEMBLER UNE MACHINE, to fit a machine together.
ASSEMBLER (LES PAGES), to collate (the pages).

ASSEOIR *v*, to base.
ASSEOIR L'IMPÔT SUR LE REVENU, to base taxation on income.

ASSESSEUR *m*, assessor.

ASSIDU *a*, steady.
TRAVAILLEUR ASSIDU, steady worker.

ASSIDUITÉ *f*, assiduity, industry.

ASSIETTE *f*, base, funding.
ASSIETTE FISCALE, taxability.
ASSIETTE DE L'IMPÔT, taxable base; tax basis; basis of assessment; tax assessment.
ASSIETTE D'UN IMPÔT, basis of a tax.

ASSIGNATION* *f*, assignment; writ; summons; summoning.

ASSIGNÉ *a*, assigned.
RANG ASSIGNÉ À UNE CRÉANCE, rank assigned to a debt.
RÉGION ASSIGNÉE À UN COMMIS VOYAGEUR, commercial traveller's territory.

ASSIGNER *v*, to assign, to summon.
ASSIGNER DES LIMITES À, to set limits to.
ASSIGNER EN PAIEMENT D'UNE DETTE, to summon for a debt.

ASSIMILATION *f*, assimilation.

ASSIMILER *v*, to assimilate, to liken.

ASSISE *f*, foundation(s).
ASSISE DE LA SOCIÉTÉ MODERNE, foundations of modern society.

ASSISTANCE *f*, assistance, relief, aid.
ASSISTANCE À UNE CONFÉRENCE, audience.
ASSISTANCE AUX PAUVRES, poor-relief.
ASSISTANCE PUBLIQUE, national assistance; poor-law administration.
ASSISTANCE TECHNIQUE, technical assistance.
ASSISTANCE AUX VIEILLARDS, relief for old people.
CONSTRUCTION AVEC ASSISTANCE DE L'ÉTAT, construction under State aid.
LOI(S) SUR L'ASSISTANCE PUBLIQUE, poor-law.
PUPILLE DE L'ASSISTANCE PUBLIQUE, orphan in State care.
SOCIÉTÉ D'ASSISTANCE MUTUELLE, mutual-aid society.

ASSISTANT *m*, assistant.

ASSISTER *v*, to help, to assist, to aid.

ASSOCIATIF *a*, assotiative.

ASSOCIATION* *f*, association, society, partnership, *U.R.S.S:* artel, combination, club.
ACTE D'ASSOCIATION*, articles of partnership *(peu utilisé)*.
d'ASSOCIATION, associative.
ASSOCIATION DE CAUTIONNEMENT, guarantee society.
ASSOCIATION COMMERCIALE*, partnership.
ASSOCIATIONS COOPÉRATIVES DE PRODUCTION, *U.R.S.S:* producer co-operative artels.
ASSOCIATION EUROPÉENNE DE LIBRE-ÉCHANGE (AELE), European Free Trade Association.
ASSOCIATION INTERNATIONALE POUR LE DÉVELOPPEMENT, International Development Association.
ASSOCIATION EN PARTICIPATION* (POUR UNE SEULE OPÉRATION), *U.K:* particular partnership.
ASSOCIATION PROFESSIONNELLE*, partnership.
ASSOCIATIONS PROFESSIONNELLES, trade associations.
DISSOLUTION D'UNE ASSOCIATION COMMERCIALE, PROFESSIONNELLE*, dissolution of a partnership.
DROIT D'ASSOCIATION, right of combination.
PART D'ASSOCIATION, partnership share.

ASSOCIATIVITÉ *f*, associative law, associative property.

ASSOCIÉ *a*, associate, associated.
DISCIPLINES ASSOCIÉES, associated sciences.
PROFESSEUR ASSOCIÉ, associate professor.

ASSOCIÉ *m*, partner.
APPORT D'UN ASSOCIÉ, share of capital introduced by a partner.
ASSOCIÉ COMMANDITAIRE, secret partner; silent partner; sleeping partner.
ASSOCIÉ D'UNE MAISON DE BANQUE, partner in a bank.
ASSOCIÉ EN NOM, active partner.
ASSOCIÉ PRINCIPAL, senior partner.
MISE D'UN ASSOCIÉ, share of capital introduced by a partner.

ASSOCIER *v*, to associate.

ASSOIFFÉ *a*, thirsty.
ASSOIFFÉ DE TERRE, land-hungry.

ASSOLEMENT *m*, rotation of crops, shift of crops.

ASSORTISSEMENT *m*, assortment.

ASSUJETTI *a*, subject, liable, tied, assessed.
ASSUJETTI À L'IMPÔT, liable for tax.
PERSONNES ASSUJETTIES À LA SURTAXE, people assessed for surtax.

ASSUJETTIR *v*, to subject.
ASSUJETTIR À CERTAINES CONDITIONS, to tie down.

ASSUJETTISSEMENT *m*, subjection, bringing under.

ASSUMER *v*, to assume.
ASSUMER TOUS LES RISQUES, to assume all risks.

ASSURABLE *a*, insurable, assurable.
non ASSURABLE, uninsurable.
RISQUE ASSURABLE, insurable risk.
VALEUR ASSURABLE, insurable value.

ASSURANCE *f*, insurance, assurance.
AGENT D'ASSURANCES, insurance agent.
ASSURANCE ACCIDENTS, personal accident insurance.
ASSURANCE CONTRE LES ACCIDENTS, accident insurance.
ASSURANCE ACCIDENTS AUX TIERS, third party accident insurance.
ASSURANCE ACCIDENTS DU TRAVAIL, employers' liability insurance ; insurance against injuries to workmen.
ASSURANCE AUTOMOBILE, motor-car insurance.
ASSURANCE À CAPITAL DIFFÉRÉ, endowment insurance.
ASSURANCE CHÔMAGE OBLIGATOIRE, compulsory unemployment insurance.
ASSURANCE CUMULATIVE, double insurance.
ASSURANCE FACULTATIVE, voluntary insurance.
ASSURANCE SUR FRET, freight insurance.
ASSURANCE INCENDIE, fire insurance.
ASSURANCE INDUSTRIELLE, prudential insurance.
ASSURANCE CONTRE L'INVALIDITÉ, disablement insurance.
ASSURANCE MALADIE, health insurance ; sickness insurance.
ASSURANCE MARITIME, marine insurance ; maritime insurance ; sea insurance.
ASSURANCE CONTRE LES MAUVAISES CRÉANCES, credit insurance.
ASSURANCE PRÉALABLE, preassurance.
ASSURANCE À PRIME, proprietary insurance.
ASSURANCE PROVISOIRE, provisional insurance.
ASSURANCE DE RESPONSABILITÉ CIVILE, public liability insurance.
ASSURANCE CONTRE LE RISQUE DE, insurance against risk of.
ASSURANCES SOCIALES, national insurance ; social insurance ; State insurance.
ASSURANCE À TARIF RÉDUIT, low-rate insurance.
ASSURANCE À TERME, time insurance.
ASSURANCE À TERME FIXE, endowment insurance.
ASSURANCE AUX TIERS, third party insurance.
ASSURANCE (SUR LA) VIE, life insurance ; life assurance.
ASSURANCE VIEILLESSE, old-age insurance.
ASSURANCE CONTRE LE VOL, theft insurance ; burglary insurance.
ATTESTATION D'ASSURANCE, certificate of insurance.
CAISSES D'ASSURANCES SOCIALES, social insurance funds.
CAISSE D'ASSURANCE VIEILLESSE, old-age pension fund.
COMPAGNIE D'ASSURANCE, insurance company ; assurance company.
COMPAGNIE D'ASSURANCE SUR LA VIE, life company ; life insurance company.
COMPAGNIES BANCAIRES ET D'ASSURANCES, moneyed corporations.
CONTRACTER UNE ASSURANCE, to take out an insurance policy.
COURTIER D'ASSURANCES, insurance broker.
COÛT, ASSURANCE, FRET (c.a.f.), cost, insurance, freight (c.i.f.).
FONDS D'ASSURANCE, insurance fund.
FONDS D'ASSURANCE CHÔMAGE, unemployment fund.
FONDS D'ASSURANCE VIEILLESSE, old-age security fund.
FRAIS D'ASSURANCES, insurance charges.
MUTUELLE D'ASSURANCES, mutual insurance.
NULLITÉ DE L'ASSURANCE, nullity of the insurance.
POLICE D'ASSURANCE, insurance policy ; assurance policy.
POLICE D'ASSURANCE ACCIDENTS, accident policy.
POLICE D'ASSURANCE TYPE, standard policy.
POLICE D'ASSURANCE SUR LA VIE, life insurance policy.
PRENEUR D'ASSURANCE, placer.
PRIME D'ASSURANCE, insurance premium.
PROPOSITION D'ASSURANCE, proposal of insurance.
RÉGLEUR (DANS LES ASSURANCES), adjustor.
STIPULATIONS D'UNE POLICE D'ASSURANCE, provisions of an insurance policy.
TARIF D'ASSURANCES, insurance tariff ; insurance rate.
VALEUR D'ASSURANCE, insurance value.
VALEURS D'ASSURANCES, insurance shares.

ASSURÉ *a*, insured, assured, secured, certain.

non ASSURÉ, uninsured ; unassured.
AVOIR SON REVENU ASSURÉ, to be sure of one's income.
ESTIMATION DES BIENS ASSURÉS, valuation of property insured.
ÉVALUATION DES BIENS ASSURÉS, valuation of property insured.
VALEUR ASSURÉE, insured value.
VALEUR DE LA CHOSE ASSURÉE, value of the thing insured.

ASSURÉ *m*, insurant, insured.

(S') ASSURER *v*, to insure, to ensure, to assure, to secure.
s'ASSURER CONTRE UN RISQUE, to insure against a risk.
s'ASSURER SUR LA VIE, to insure one's life.
se FAIRE ASSURER, to insure.
TERRE ASSURANT LA SUBSISTANCE D'UNE FAMILLE, *U.S:* subsistence homestead ; subsistence farm.

ASSUREUR *m*, insurer, assurer.

ASTÉRISQUE *m*, asterisk.

ASTREIGNANT *a*, exacting.
TRAVAIL PEU ASTREIGNANT, non-exacting work.

ASYMÉTRIE *f*, asymmetry, dissymmetry, skewness.
ASYMÉTRIE ENTRE L'OFFRE ET LA DEMANDE, asymmetry between supply and demand.

ASYMÉTRIQUE *a*, asymmetric(al), dissymmetrical, skew.
DISTRIBUTION MODÉRÉMENT ASYMÉTRIQUE, moderately asymmetrical distribution.
EFFET DE REVENU ASYMÉTRIQUE, asymmetric income-effect.

ASYMPTOTE *a*, asymptotic(al).
COURBE ASYMPTOTE, asymptotic curve.
LIGNE ASYMPTOTE, asymptotic line.

ASYMPTOTE *f*, asymptote.
ASYMPTOTE INFÉRIEURE, lower asymptote.
ASYMPTOTE SUPÉRIEURE, upper asymptote.

ASYMPTOTIQUE *a*, asymptotic(al).

ATELIER *m*, works, workshop ; work-group, industrial unit.
AGENCER UN ATELIER, to fit up a workshop.
CHEF D'ATELIER, head foreman.
NAVIRE-ATELIER, floating workshop.

ATMOSPHÈRE *f*, atmosphere.
CRÉER UNE ATMOSPHÈRE DE HAUSSE AUTOUR D'UNE VALEUR, to talk up the value of a stock.

ATOME *m*, atom.

ATOMICITÉ *f*, atomicity.

ATOMIQUE *a*, atomic.
COMMISSION DE L'ÉNERGIE ATOMIQUE, Atomic Energy Commission.
COMMUNAUTÉ EUROPÉENNE DE L'ÉNERGIE ATOMIQUE, European Atomic Energy Community.

ATOMISTIQUE *a*, atomistic.
CONCURRENCE ATOMISTIQUE, atomistic competition.

ATTACHE *f*, tie.

ATTACHÉ *a*, attached.
COUPON ATTACHÉ, dividend on ; cum dividend ; cum coupon.
ÊTRE ATTACHÉ À, to belong.

(S') ATTACHER *v*, to stick ; to link, to tie.

ATTAQUER *v*, to attack, to impugn.
ATTAQUER UN CONTRAT, to impugn a contract.

ATTEINDRE *v*, to attain, to reach, to get, to achieve ; to strike.
ATTEINDRE LE BONHEUR, to attain happiness.
ATTEINDRE UNE NAPPE PÉTROLIFÈRE, to strike oil.
ATTEINDRE UN OBJECTIF, to attain an objective.
ATTEINDRE UN PRIX ÉLEVÉ, to reach a high price.
ATTEINDRE LA VITESSE DE CROISIÈRE, to get into one's stride.

ATTEINT *a*, attained, reached.
NIVEAU DE RÉALISATION ATTEINT, level of achievement.

ATTEINTE *f*, infringement ; nuisance.
ATTEINTE AUX DROITS, infringement of rights.
ATTEINTE À LA LIBERTÉ DU COMMERCE, restraint upon (of) trade.

(S') ATTENDRE *v*, to expect.
on S'ATTEND GÉNÉRALEMENT À CE QUE, the general anticipation is that.

ATTENDU *a*, expected.

ATTENTAT *m*, attempt.

ATTENTE *f*, expectation, waiting, wait.
ATTENTE DANS LA QUEUE, queueing.
COMMANDES EN ATTENTE, backlog.
CONTRAIREMENT À TOUTE ATTENTE, contrary to all expectations.
DÉLAI D'ATTENTE, time of waiting.

DURÉE D'ATTENTE, wait in queue.
FILE D'ATTENTE, queue ; queueing ; waiting line.
en FILE D'ATTENTE, queued.
LISTE D'ATTENTE, waiting list.
MÉTHODE D'ACCÈS AVEC FILE D'ATTENTE, queued access method.
PROBLÈME DE FILE D'ATTENTE, queueing problem.
PRODUCTIVITÉ MARGINALE DE L'ATTENTE, marginal productivity of waiting.
SIMULATION DES FILES D'ATTENTE, simulation of queues.
SIMULATION DES PHÉNOMÈNES D'ATTENTE, simulation of queues.
THÉORIE DES FILES D'ATTENTE, queue theory ; queueing theory.
VALEUR D'ATTENTE, expectation value.

ATTENTIF *a*, careful.
EXAMEN PLUS ATTENTIF, further consideration.

ATTÉNUATION *f*, attenuation, lessening.

ATTÉNUER *v*, to mitigate, to minimize, to modify, to lessen.
ATTÉNUER UNE PERTE, to minimize a loss.

ATTERRIR *v*, to land.

ATTERRISSAGE *m*, landing.
ATTERRISSAGE FORCÉ, forced landing.

ATTESTATION *f*, certificate, testimony; statutory declaration.
ATTESTATION D'ASSURANCE, certificate of insurance.

ATTITRÉ *a*, recognized, appointed.
AGENT ATTITRÉ, appointed agent.
COMMERÇANT ATTITRÉ, recognized merchant.

ATTITUDE *f*, attitude.

ATTRACTIF *a*, attractive, gravitational.

ATTRACTION *f*, attraction, draw.

ATTRAPER *v*, to catch.

ATTRAYANT *a*, attractive.

ATTRIBUABLE *a*, attributable, assignable.

ATTRIBUÉ *a*, imputed, alloted.

ATTRIBUER *v*, to impute, to allot, to give.
ATTRIBUER DES ACTIONS, to allot shares.
ATTRIBUER UNE VALEUR À *x*, to give *x* a value.

ATTRIBUT *m*, attribute, inherent property of.

ATTRIBUTAIRE *m*, assign.

ATTRIBUTIF *a*, predicative.
ACTE ATTRIBUTIF, deed of assignment.

ATTRIBUTION *f*, assigning, assignation, allotment.
ACTIONS D'ATTRIBUTION, bonus-shares.
ATTRIBUTION D'ACTIONS, allotment of shares.
ATTRIBUTION D'ACTIONS GRATUITES, capitalization issue.
ATTRIBUTIONS (D'UNE COMMISSION), terms of reference (of a commission).
AVIS D'ATTRIBUTION, letter of allotment.

AUBAINE *f*, windfall.

AUDIENCE *f*, audience, hearing.
l'AFFAIRE VIENT À L'AUDIENCE, the case is coming for hearing.
l'AFFAIRE VIENT À L'AUDIENCE (DEVANT UN JURY), the case is coming for trial.

AUGMENTATION *f*, increase, augmentation, expansion, enhancement, gain, rise, *U.S:* raise, increment, increasing, addition.
ACCORDER UNE AUGMENTATION DE SALAIRE, to award an increase in wages.
d'AUGMENTATION, incremental.
en AUGMENTATION, increasing.
sans AUGMENTATION, unaugmented.
AUGMENTATION ANNUELLE, annual increase.
AUGMENTATION DE CAPITAL, increase of capital.
AUGMENTATION DE CAPITAL (PAR INCORPORATION DES RÉSERVES), addition to the stock (by incorporations of reserves).
l'AUGMENTATION DU CHIFFRE D'AFFAIRES S'ÉLÈVE À, the increase in business runs into.
l'AUGMENTATION DU CHIFFRE D'AFFAIRES REPRÉSENTE, the increase in business runs into.
AUGMENTATION D'UN DÉFICIT, expansion of a deficit.
AUGMENTATION GÉNÉRALE DE, general increase in.
AUGMENTATION D'IMPÔT, increase of taxation.
AUGMENTATION LENTE, slow increase.
AUGMENTATION LINÉAIRE DES IMPÔTS, linear increase of taxes.
AUGMENTATION DE PRIX, increase in price ; enhancement of price.
AUGMENTATION DES SALAIRES, increase in wages, pay increase.
AUGMENTATION UNIFORME DE TOUS LES SALAIRES, horizontal increase in wages.
AUGMENTATION D'UTILITÉ, gain in utility.

CHÔMAGE EN AUGMENTATION, unemployment on the increase.
DEMANDER UNE AUGMENTATION, to ask for a rise.
SUSCEPTIBLE D'AUGMENTATION, increasable.

AUGMENTER *v*, to increase, to augment, to intensify, to climb, to rise, to raise, to advance.
AUGMENTER LES DÉPENSES, to increase the expenditure.
AUGMENTER DE PRIX, to increase in price ; to enhance in price ; to enhance.
AUGMENTER LE PRIX DE, to increase the price of ; to raise the price of.
AUGMENTER LE SALAIRE, to raise the wage ; to give a rise.
AUGMENTER UN SALAIRE, to increase a wage.
AUGMENTER DE VALEUR, to increase in value.
DETTE QUI AUGMENTE, growing debt.
les PRIX AUGMENTENT, prices are advancing.
les PRIX ONT AUGMENTÉ, prices went up.
les PRIX ONT AUGMENTÉ BRUSQUEMENT, prices shot up.
le PRIX DU BLÉ A AUGMENTÉ, wheat has gone up.
les PRIX CONTINUENT D'AUGMENTER, prices keep climbing.

AUGURER *v*, to forecast, to foresee; to portend.

AUJOURD'HUI *adv*, today.

AUMÔNE *f*, charity, dole.
SUBSISTER D'AUMÔNES, to subsist on charity.

AURIFÈRE *a*, gold-bearing.
CHAMP AURIFÈRE, gold-field.
EXPLOITATION DE QUARTZ AURIFÈRE, gold-digging.
RÉGIONS AURIFÈRES, gold-fields.
VALEURS AURIFÈRES, gold shares.

AUSTÉRITÉ *f*, austerity.
MESURES D'AUSTÉRITÉ, austerity measures.
POLITIQUE D'AUSTÉRITÉ, austerity policy.

AUTARCIE *f*, autarky, national self-sufficiency.

AUTEUR *m*, author.
AUTEUR À SUCCÈS, best-seller.
DROIT D'AUTEUR, copyright.

AUTHENTIFIÉ *a*, certified.

AUTHENTIFIER *v*, to certify.

AUTHENTIQUE *a*, authentic, genuine.
MONNAIE AUTHENTIQUE, genuine money.

AUTO- *pref*, self-.

AUTOBUS *m*, bus.

AUTOCAR *m*, coach.

AUTO-CONSOMMATION *f*, self-consumption.

AUTO-DÉFENSE *f*, self-defence.

AUTO-DÉTERMINATION *f*, self-determination.

AUTOÉQUILIBRANT *a*, self-balancing.

AUTOFINANCEMENT *m*, self-financing.

AUTOMATE *m*, automaton, robot.

AUTOMATION *f*, automation.

AUTOMATIQUE *a*, automatic, self-.
DISTRIBUTEUR AUTOMATIQUE, robot distributor ; slot-machine.
MÉCANISMES DE STABILISATION AUTOMATIQUES, built-in economic stabilizers.
PROGRAMMATION AUTOMATIQUE, automatic programming.
STABILISATEURS AUTOMATIQUES, automatic stabilizers.
SYSTÈME AUTOMATIQUE DE TRAITEMENT DE L'INFORMATION, automatic data processing system.
(TÉLÉPHONE) AUTOMATIQUE, automatic telephone.

AUTOMATIQUE *f*, automatics.

AUTOMATISATION *f*, automatization.

AUTOMATISÉ *a*, press-button, automated.
GESTION AUTOMATISÉE, automated management.
GESTION AUTOMATISÉE DE STOCKS, computer control of inventory; computer control of stocks.
GESTION DE PRODUCTION AUTOMATISÉE, automated production management.
INDUSTRIE ENTIÈREMENT AUTOMATISÉE, press-button industry.

AUTOMATISME *m*, automatism.

AUTOMOBILE *a*, self-propelling, automobile.
VÉHICULES AUTOMOBILES EN CIRCULATION, motor vehicles in use.

AUTOMOBILE *f*, motor-car, car, *U.S:* automobile.
ASSURANCE AUTOMOBILE, motor-car insurance.
INDUSTRIE DE L'AUTOMOBILE, motor-car industry.
l'INDUSTRIE DE L'AUTOMOBILE A FAIT LA PROSPÉRITÉ DE DETROIT, the car industry has made Detroit.

SALON DE L'AUTOMOBILE, motor-show ; motor exhibition.

AUTONOME a, autonomous, self-governed, self-governing.
INVESTISSEMENT AUTONOME, autonomous investment.

AUTONOMIE f, autonomy, self-government, Home Rule.

AUTORÉGULATEUR m, self-acting regulator.

AUTORISATION f, authorization, authority, permission, permit, licence, licensing, fiat, warrant, warranty.
AUTORISATION D'EXPORTER, export permit.
CONDITIONS D'AUTORISATION, licensing requirements.

AUTORISÉ a, authorized, licensed, warranted.
non AUTORISÉ, unlicensed ; unauthorized.
CAPITAL SOCIAL AUTORISÉ DIVISÉ EN 100 ACTIONS, authorized capital divided into 100 shares.
ÉTABLISSEMENTS ARTISANAUX AUTORISÉS, licensed handicrafts.
TARIF AUTORISÉ, legal fare.
TRANSFERTS AUTORISÉS DE CAPITAUX, legal capital transfers.

AUTORISER v, to license.

AUTORITÉ f, authority.
AUTORITÉS MONÉTAIRES, monetary authorities.
DÉCISION DE JURISPRUDENCE (FAISANT AUTORITÉ), precedent.

AUTOROUTE f, motorway ; motor-road ; expressway.
AUTOROUTE À PÉAGE, toll-road ; U.S: turnpike.
VOIE D'UNE AUTOROUTE, (traffic) lane.

AUTRICHIEN a, Austrian.
ÉCOLE AUTRICHIENNE (MARGINALISTE), Austrian school.
ÉCONOMISTES DE L'ÉCOLE AUTRICHIENNE, Austrian economists.

AUTRUCHE f, ostrich.
POLITIQUE DE L'AUTRUCHE, ostrich policy.

AUXILIAIRE a, auxiliary, subsidiary.
MÉMOIRE AUXILIAIRE, auxiliary storage.

AVAL m, endorsement, guarantee.
AVAL DE CHANGE, exchange contract.
AVAL D'UNE LETTRE DE CHANGE, guarantee of a bill of exchange.
DONNER SON AVAL, to back.
DONNEUR D'AVAL, backer ; referee in case of need.

AVALISÉ a, endorsed, guaranteed, backed.
EFFETS AVALISÉS, backed bills ; guaranteed bills.

AVALISER v, to endorse, to guarantee, to back.
AVALISER UN EFFET, to back a bill.
AVALISER LA SIGNATURE, to guarantee an endorsement.

AVALISTE m, endorser, guarantor, backer, referee, referee in case of need, surety.

D'AVANCE adv, beforehand, in advance.
DROIT EXIGIBLE D'AVANCE, duty payable in advance.
FRET PAYÉ D'AVANCE, prepaid freight.
INDEMNITÉ FORFAITAIRE, FIXÉE D'AVANCE, penalty agreed beforehand.
PAIEMENT D'AVANCE, payment in advance ; prepayment.
PAYABLE D'AVANCE, prepayable.
PAYÉ D'AVANCE, prepaid.
PAYER D'AVANCE, to pay in advance ; to pay beforehand ; to prepay.
SOMME PAYÉE D'AVANCE, amount paid in advance.

AVANCE f, advance; overdraft, loan; lead.
AVANCES, sums advanced.
AVANCE D'ARGENT, loan of money.
AVANCE BANCAIRE, bank overdraft.
AVANCE EN COMPTE COURANT, advance on current account.
AVANCE À DÉCOUVERT, uncovered advance ; unsecured advance.
AVANCE DE FONDS, imprest.
AVANCE CONTRE GARANTIE, advance against security ; secured advance.
AVANCES SUR NOTORIÉTÉ, unsecured advances.
AVANCES ET RETARDS, leads and lags.
AVANCE SUR WARRANT, advance on warrant.
COMPTE D'AVANCES, advance account; loan account.
FIXÉ À L'AVANCE, fixed in advance.
PRÊTS ET AVANCES CONSENTIS, loan and advances granted.
SUPPORTER LES RISQUES DES TRANSACTIONS D'UN CLIENT MOYENNANT UNE AVANCE MINIME, to carry a customer for all save a small deposit.
TAUX (D'INTÉRÊT) DES AVANCES, rate of interest on advances; rate for advances.

AVANCÉ a, advanced.

AVANCEMENT m, promotion; preferment; furtherance.
TABLEAU D'AVANCEMENT, promotion roster.

(S') AVANCER v, to advance, to progress.
AVANCER DE L'ARGENT, to advance money.
AVANCER (UN PAIEMENT), to anticipate (a payment).

AVANCER UNE THÉORIE, to set forth a theory ; to put forward a theory.
le TRAVAIL A AVANCÉ, work has advanced.

AVANTAGE m, advantage, gain, benefit; odds.
AVANTAGE ABSOLU, absolute advantage.
AVANTAGES ACCESSOIRES, fringe benefits.
AVANTAGE COLLECTIF, welfare.
AVANTAGE COMPARATIF, comparative advantage.
AVANTAGE COMPARÉ, comparative advantage.
AVANTAGE CONTESTABLE, dubious advantage.
AVANTAGE EXTRA-ÉCONOMIQUE, non economic advantage.
LOI DES AVANTAGES COMPARATIFS, principle of comparative advantage.
LOI DES AVANTAGES COMPARÉS, law of comparative advantage.
LOI DES AVANTAGES ÉQUIVALENTS, principle of equal advantage.
THÉORIE DE L'AVANTAGE COLLECTIF, economics of welfare ; welfare economics.
THÉORIE DES AVANTAGES COMPARÉS, theory of comparative advantage.

AVANTAGEUSEMENT adv, favourably.
REMPLACER AVANTAGEUSEMENT, to supersede.

AVANTAGEUX a, beneficial, gainful, good.
FAIRE UNE SOUMISSION PLUS AVANTAGEUSE, to underbid ; to undercut.
MARCHÉ AVANTAGEUX, good bargain.
PLACEMENT AVANTAGEUX, eligible investment.

AVANT-COUREUR m, forerunner.

AVANT-PORT m, outer harbour, outer port.

AVANT-PROJET m, preliminary plan, preliminary scheme.
AVANT-PROJET DE DEVIS, preliminary estimates.

AVARE a, miserly.

AVARICE f, miserliness.

AVARIE f, damage; average.
AVARIES COMMUNES, general average.
AVARIES DE MER, sea damage.
AVARIE(S) PARTICULIÈRE(S), particular average.
AVARIES DE ROUTE, damage in transit.
AVARIE(S) SIMPLE(S), ordinary average.
EXPERTISE D'AVARIE, damage survey.
GROSSES AVARIES, gross average.
PETITE AVARIE, petty average.
RAPPORT D'AVARIES, damage report.

AVARIÉ a, damaged, spoilt.
MARCHANDISES AVARIÉES, damaged goods ; spoilt goods.

AVENANT m, additional clause.

AVENIR m, future.
AVENIR LOINTAIN, remote future.
dans un AVENIR LOINTAIN, in the distant future.
AVENIR PRÉVISIBLE, foreseeable future.
dans un AVENIR ASSEZ PROCHE, in the none too distant future.
dans un AVENIR RAPPROCHÉ, in the near future.
ÉCONOMISER POUR L'AVENIR, to put by for the future.
PERSPECTIVES D'AVENIR, future prospects ; prospects for the future.
PROCHE AVENIR, immediate future.

AVENTURE f, adventure.
CONTRAT À LA GROSSE AVENTURE, bottomry bond.

AVENTUREUX a, hazardous.
PROJET AVENTUREUX, hazardous plan.

AVENU a, used only in the phrase non AVENU, void, of no effect.
non AVENU, of no effect.
NUL ET NON AVENU, null and void.

AVÉRÉ a, established.
FAIT AVÉRÉ, established fact.

AVERSION f, aversion, distaste.

AVERTISSEMENT m, notice, notice to pay, forewarning, warning.
AVERTISSEMENT EN BONNE ET DUE FORME, due warning.
AVERTISSEMENT (DES CONTRIBUTIONS), notice of assessment.

AVERTISSEUR a, premonitory.

AVEUGLE a, blind.

AVEUGLE m, blind.
HOSPICE D'AVEUGLES, home for the blind.

AVIATION f, aviation, flying.
CINQUIÈME LIBERTÉ (AVIATION), fifth freedom (in civil aviation).
ORGANISATION INTERNATIONALE DE L'AVIATION CIVILE, International Civil Aviation Organization.

AVIDITÉ f, greed.
AVIDITÉ DU GAIN, greed of gain.

(S') **AVILIR** v, to depreciate, to debase, to lower.
AVILIR LA MONNAIE, to debase the currency ; to lower the currency.
les MARCHANDISES PÉRISSABLES S'AVILISSENT RAPIDEMENT, perishables depreciate rapidly.

AVILISSEMENT m, debasement.

AVION m, aircraft, plane ; U.S: airplane.
AVION DE LIGNE À RÉACTION, jet liner.
AVION À RÉACTION, jet ; jet aircraft.

AVIS m, opinion, advice, notice, letter.
AVIS AFFICHÉ, notice posted.
AVIS D'ATTRIBUTION, letter of allotment.
(AVIS DE) CONGÉ, notice (to quit).
AVIS CONTRAIRE, dissent.
AVIS D'ÉCHÉANCE, notice to pay.
AVIS D'UN NON INITIÉ, lay opinion.
AVIS PARTAGÉS, divided opinions.
AVIS AU PUBLIC, public notice.
AVIS DE RÉCEPTION, notice of receipt.
AVIS DE RÉPARTITION, letter of allotment.
AVIS DE RETRAIT DE FONDS, withdrawal notice.
AVIS DE VENTE AUX ENCHÈRES, notice of sale by auction.
DÉPÔT SUJET À AVIS DE RETRAIT, deposit at notice; notice deposit.
LETTRE D'AVIS, advice-note.
jusqu'à NOUVEL AVIS, until further advice.
PAYABLE SANS AVIS PRÉALABLE, payable without preliminary advice.

AVISÉ a, purposeful.

AVOCAT* m, lawyer, barrister; attorney, attorney at law.
AVOCAT-CONSEIL, counsel.
AVOCAT EN EXERCICE, practising lawyer.
CABINET D'AVOCATS, law firm ; legal firm.
HONORAIRES D'AVOCAT, counsel's fees.

AVOIR m, asset, property, holding, credit side.
AVOIRS DES BANQUES EN MONNAIE FIDUCIAIRE, cash holdings of banks.
AVOIRS DÉPOSÉS EN BANQUE, property lodged with a bank.
AVOIRS EN DEVISES ÉTRANGÈRES, foreign exchange holdings.
AVOIRS ET ENGAGEMENTS (D'UNE BANQUE), assets and liabilities (of a bank).
AVOIRS FINANCIERS, financial assets.
AVOIRS MONDIAUX EN OR MONÉTAIRE, world monetary gold holdings.
AVOIRS EN MONNAIES ÉTRANGÈRES, foreign currency assets.
AVOIRS PRIVÉS EN DEVISES, private foreign exchange holdings.
COMPTE AVOIR, creditor side (of a balance).
DOIT ET AVOIR, debit and credit.
NOTE D'AVOIR, credit note.
SURÉVALUATION DES AVOIRS, overvaluation of assets.

AVOIR v, to have, to get, to do.
AVOIR DE L'ARGENT DEVANT SOI, to have money at hand.

en AVOIR POUR SON ARGENT, to get one's money worth ; to get value for one's money.
AVOIR BESOIN DE, to need; to want.
AVOIR UN COMPTE DÉBITEUR, to be in the red.
AVOIR DES INTÉRÊTS DANS, to have a stake in.
AVOIR SON LIBRE ARBITRE, to be a free agent.
qui A DU MÉTIER, experienced.
AVOIR POUR ORIGINE, to originate.
AVOIR EN PORTEFEUILLE PLUS DE VALEURS QU'ON NE PEUT EN ÉCOULER, loaded up with stock.
(AVOIR UN) POSTE ÉLEVÉ, high in office.
n'AYANT AUCUN RAPPORT AVEC LA QUESTION, immaterial to the subject.
AVOIR SON REVENU ASSURÉ, to be sure of one's income.
il A UN REVENU DE PLUS DE CINQ (SIX) CHIFFRES, his income runs into five (six) figures.
AVOIR POUR SEUL MÉRITE DE GÊNER AUTRUI, to have a nuisance value.
AVOIR DE LA VALEUR, to be of value.

AXE m, axis.
AXE DES ABSCISSES, X-axis.
AXE D'UNE ELLIPSE, axis of an ellipse.
AXE DES ORDONNÉES, Y-axis.
AXE DE RÉVOLUTION, axis of revolution.
AXE DE SYMÉTRIE, symmetry axis.
AXE TRANVERSE, transverse axis.
AXE DES X, X-axis.
AXE DES Y, Y-axis.
COURBE CONCAVE PAR RAPPORT AUX AXES, curve concave to the axes.
POSITION PAR RAPPORT À DEUX AXES, position with reference to two axes.

AXIOMATIQUE a, axiomatic(al).
PROPOSITION AXIOMATIQUE, axiomatic proposition.
THÈSE AXIOMATIQUE, axiomatic proposition.

AXIOMATIQUE f, axiomatics, axiom set.

AXIOMATISATION f, axiomatization.

AXIOME m, axiom, truism.
COHÉRENCE DES AXIOMES, consistency of axioms.

AYANT CAUSE* , m, assign, assignee.

AYANT COMPTE m, customer.
les AYANTS COMPTE D'UN BANQUIER, a banker's customers.

AYANT DROIT a, entitled, eligible.
AYANT DROIT À PENSION, pensionable.
AYANT DROIT À LA RETRAITE, eligible for retirement.

AYANT DROIT* m, privy, interested party, party entitled, assign, assignee.

AZOTÉ a, nitrogenous.
ENGRAIS AZOTÉS, nitrogenous fertilizers; nitrate fertilizers.

B

BAC *m*, ferry.

BAGAGE *m*, luggage, baggage.
BAGAGES À MAIN, hand-luggage.
EXCÉDENT DE BAGAGE, excess luggage.

BAIL *m*, lease.
BAUX COMMERCIAUX ET INDUSTRIELS À LONG TERME*, long-term lease of business property.
BAIL À FERME, farming lease.
BAIL À LONG TERME, long lease ; real agreement.
BAUX À LOYER, house-letting.
BAIL RENOUVELÉ, renewed lease.
CÉDER À BAIL, to demise.
CESSION À BAIL, demise.
DONNER À BAIL, to lease.
DONNER UNE MAISON À BAIL, to lease a house.
DROIT AU BAIL D'UN IMMEUBLE, right to the lease of a property.
DROIT DE REPRISE D'UN BAIL, premium on a lease.
DURABILITÉ D'UN BAIL, fixity of tenure.
DURÉE D'UN BAIL, term of a lease ; duration of a lease.
EXPIRATION D'UN BAIL, determination of a lease.
FERMIER À BAIL, tenant farmer.
LOCATAIRE (À BAIL), leaseholder ; lessee.
LOCATION À BAIL, leasing.
LOUER À BAIL, to let on lease.
PRENDRE À BAIL, to take on lease.
PRENDRE UNE MAISON À BAIL, to take a house on lease.
PRÊT-BAIL, leasing ; lease-lend.
PROPRIÉTÉ LOUÉE À BAIL, leasehold.
RECONDUCTION D'UN BAIL, reconduction of a lease.
RENOUVELER LE BAIL, to renew the lease.
RENOUVELLEMENT DE BAIL, renewal of lease.
SOUS-BAIL, sub-lease ; underlease.
TENIR À BAIL, to hold on (under) a lease.

BAILLEUR *m*, lessor.
BAILLEUR DE FONDS, secret partner ; silent partner ; sleeping partner ; partner ; money-lender.
PROPRIÉTAIRE-BAILLEUR, landlord.
SOUS-BAILLEUR, sub-lessor ; underlessor.

BAISSANT *a*, falling ; declining.

BAISSE *f*, fall, falling, decrease, lowering, cutting, reduction, decline, drop, sag, sagging ; ebb ; depression.
ACHETER À LA BAISSE, to buy on a fall.
ACHETER EN BAISSE, to buy on a falling market.
en BAISSE, on the decrease ; declining ; sagging.
BAISSE (TRÈS) ACCUSÉE, sharp fall.
BAISSE DES BLÉS, fall in wheat.
BAISSE DES FONDS ÉTRANGERS, fall in foreign stocks ; decline in foreign stocks.
BAISSE DE PRIX, fall in price ; decrease in price ; drop in prices.
BAISSE SUR LE SUCRE, drop in sugar.
BAISSE DU TAUX DE L'ESCOMPTE, drop in the rate of discount.
BAISSE DU TAUX D'INTÉRÊT, fall in the rate of interest.
BAISSE DES VALEURS ÉTRANGÈRES, decline in foreign stocks.
les COURS SE SONT INSCRITS EN BAISSE, prices have been marked down.
CYCLE DE BAISSE DES PRIX, cycle of falling prices.
FORTE BAISSE, heavy fall ; big fall.

la HAUSSE OU LA BAISSE DES TITRES DE BOURSE, the rise or the fall of stocks and shares.
JOUER À LA BAISSE, to operate for a fall ; to go a bear.
JOUEUR À LA BAISSE, bear.
MARCHÉ EN BAISSE, sagging market ; declining market.
MARCHÉ ORIENTÉ À LA BAISSE, falling market ; bear market ; bearish market.
MOUVEMENT DE BAISSE DES VALEURS, downward movement of stocks.
MOUVEMENT DE HAUSSE ET DE BAISSE, rising and falling.
OPÉRATION À LA BAISSE, dealing for a fall.
ORIENTÉ À LA BAISSE, bearish.
POSITION À LA BAISSE, bear position ; bear account.
se PRÉMUNIR CONTRE LA BAISSE, to provide against a fall.
SPÉCULATION À LA BAISSE, bear speculation.
SPÉCULER À LA BAISSE, to speculate for a fall ; to go a bear.
TENDANCE À LA BAISSE, downward tendency ; downward trend ; bearish tendency.
VAGUE DE BAISSE, wave of depression.

BAISSER *v*, to fall, to drop, to dip, to sink, to recede.
BAISSER DE PRIX, to cheapen.
BAISSER DE VALEUR, to fall (off) in value.
CHERCHER À FAIRE BAISSER LES COURS, to bear the market.
les COURS BAISSENT, prices are sinking.
FAIRE BAISSER LE COÛT DE LA VIE, to reduce the cost of living.
FAIRE BAISSER LES PRIX, to force down prices ; to hammer prices ; to bang the market.
le PRIX DE L'ARGENT A BAISSÉ, the price of silver has fallen.
les PRIX BAISSENT, prices are going down.
les PRIX ONT BAISSÉ, prices came down.
les PRIX TENDENT À BAISSER, prices are inclined to fall.

BAISSIER *m*, bear.
BAISSIER À DÉCOUVERT, uncovered bear.

BALANCE *f*, balance, scale, pair of scales.
BALANCE DE BASE, fundamental balance.
BALANCE COMMERCIALE, balance of trade ; trade balance.
BALANCE COMMERCIALE DÉFAVORABLE, unfavourable balance of trade.
BALANCE COMMERCIALE DÉFICITAIRE, passive balance of trade.
BALANCE COMMERCIALE FAVORABLE, favourable trade balance.
BALANCE D'UN COMPTE, balance of an account.
BALANCE DES COMPTES, balance of external claims and liabilities.
BALANCE DÉFICITAIRE, adverse balance.
BALANCES DOLLARS, dollar balances.
BALANCE DE L'ENDETTEMENT INTERNATIONAL, balance of external claims and liabilities.
BALANCE EXCÉDENTAIRE, active balance.
BALANCE FONDAMENTALE (DES PAIEMENTS), basic balance of payments.
BALANCES GELÉES, blocked balances.
BALANCE INTERNATIONALE DES PAIEMENTS, balance of international payments.
BALANCE D'INVENTAIRE, second trial balance ; short trial balance.
BALANCE D'ORDRE, trial balance.
BALANCE DES PAIEMENTS, balance of payments.
BALANCES STERLING, sterling balances.
BALANCE DE VÉRIFICATION, trial balance.

CRISE DE LA BALANCE DES PAIEMENTS, balance of payments crisis.
DÉTÉRIORATION DE LA BALANCE DES PAIEMENTS, deterioration of the balance of payments.
l'ÉQUILIBRE DE LA BALANCE RÉTABLI, balance brought into equilibrium.
ÉTABLIR LA BALANCE, to strike a balance between.
EXCÉDENTS ET DÉFICITS DES BALANCES DES PAIEMENTS, balance of payments surpluses and deficits.
FAIRE LA BALANCE, to strike a balance between.
MANUEL DES BALANCES DES PAIEMENTS, balance of payments manual.
tous POSTES DE LA BALANCE DES PAIEMENTS AUTRES QUE LA BALANCE COMMERCIALE ET LE COMPTE CAPITAL, below the line.
SOMME DE LA BALANCE DES PAIEMENTS COURANTS ET DU COMPTE CAPITAL (« AU-DESSUS DE LA LIGNE »), above the line.

BALANCEMENT *m*, balancing, sway, swing, swinging, libration.

(SE) **BALANCER** *v*, to balance.
BALANCER UN COMPTE, to balance an account.
CONTREBALANCER, to counterbalance.
se CONTREBALANCER, to counterbalance each other.

BALANCIER *m*, pendulum.

BALEINE *f*, whale.
HUILE DE BALEINE, whale-oil.
PÊCHE À LA BALEINE, whale fishery ; whaling.

BALNÉAIRE *a*, pertaining to baths.
STATION BALNÉAIRE, seaside resort.

BANCABLE *a*, bankable.
non BANCABLE, non bankable.
PAPIER BANCABLE, bankable bills.
PAPIER NON BANCABLE, unbankable paper.

BANCAIRE *a*, pertaining to banking.
AVANCE BANCAIRE, bank overdraft.
CHÈQUE BANCAIRE, banker's draft.
COMPAGNIES BANCAIRES ET D'ASSURANCES, moneyed corporations.
COMPENSATIONS BANCAIRES, bank clearings.
CRÉATION DE DÉPÔTS BANCAIRES, creation of bank deposits.
CRÉDIT BANCAIRE, bank credit.
DÉPÔT BANCAIRE, bank deposit.
ÉTABLISSEMENT BANCAIRE, banking house.
FRAIS BANCAIRES, bank charges.
GARANTIE DES DÉPÔTS BANCAIRES PAR L'ÉTAT, government insurance of bank deposits.
MÉCANISME BANCAIRE, banking mechanism.
MONNAIE BANCAIRE, bank money.
OPÉRATIONS BANCAIRES, banking.
POLITIQUE BANCAIRE, banking policy.
RETRAIT DES DÉPÔTS BANCAIRES, withdrawal of bank deposits.
RETRAITS MASSIFS DE DÉPÔTS BANCAIRES, run on banks.
SECRET BANCAIRE, bank secrecy.
SOCIÉTÉ BANCAIRE, banking company.
VIREMENT BANCAIRE, bank transfer.

BANCAL *a*, lopsided.

BANDE *f*, tape.
BANDE D'IMPRESSION, printer tape.
BANDE MAGNÉTIQUE, magnetic tape.
BANDE DE PAPIER PERFORÉE, punched paper tape.
LECTEUR DE BANDE PERFORÉE, perforated tape reader ; punched tape reader ; paper tape reader.
PERFORATEUR DE BANDES, paper tape punch.

BANLIEUE *f*, suburb, outskirts.
de BANLIEUE, suburban.
CROISSANCE DE LA BANLIEUE, suburbanization.
LIGNES DE BANLIEUE, suburban railways.

BANQUABLE *a*, bankable.

BANQUE *f*, bank, house, banking.
AFFAIRES DE BANQUE, outside brokerage.
ASSOCIÉ D'UNE MAISON DE BANQUE, partner in a bank.
AVOIRS DES BANQUES EN MONNAIE FIDUCIAIRE, cash holdings of banks.
AVOIRS DÉPOSÉS EN BANQUE, property lodged with a bank.
AVOIRS ET ENGAGEMENTS D'UNE BANQUE, assets and liabilities of a bank.
BANQUE D'AFFAIRES, investment bank.
BANQUE D'ANGLETERRE, Bank of England.
BANQUES APPARTENANT À UNE CHAMBRE DE COMPENSATION, clearing banks.
de BANQUE À BANQUE, interbank.
BANQUE CENTRALE, central bank.
BANQUES DE CLEARING, clearing banks.

BANQUE DE COMMERCE, bank of commerce ; trade bank ; commercial bank.
BANQUES POUR LE COMMERCE INTERNATIONAL, *U.K:* merchant banks.
BANQUE COMMERCIALE, business bank ; trade bank ; bank of commerce.
BANQUES À COUVERTURES FRACTIONNAIRES, fractional reserve banking.
BANQUES DE CRÉDIT POPULAIRE, popular bank system.
BANQUE DE DÉPÔT(S), bank of deposit ; deposit bank ; deposit-money bank.
BANQUE DE DÉPÔT PAR ACTIONS, joint-stock bank.
BANQUE DE DONNÉES, data bank.
BANQUE D'ESCOMPTE, bank of discount ; dicounting bank.
BANQUE D'ÉTAT, State bank ; government bank.
BANQUE EUROPÉENNE D'INVESTISSEMENT, European Investment Bank.
BANQUE QUI A FAIT FAILLITE, bank which has failed.
BANQUE HYPOTHÉCAIRE, land bank ; mortgage bank.
BANQUE INTERNATIONALE POUR LA RECONSTRUCTION ET LE DÉVELOPPEMENT, International Bank for Reconstruction and Development.
BANQUE LOCALE, local bank.
BANQUE NATIONALE, national bank.
BANQUE DE PLACEMENT, issuing house.
BANQUE PRÉSENTATRICE, presenting bank.
BANQUE DE PRÊTS, lending bank.
BANQUE PRIVÉE, private bank.
BANQUE DE PROVINCE, provincial bank.
BANQUE PROVINCIALE, country bank.
BANQUE RÉGIONALE, district bank.
BANQUE DES RÈGLEMENTS INTERNATIONAUX, Bank for International Settlements.
BANQUE DE LA RÉSERVE FÉDÉRALE, *U.S:* Federal Reserve Bank
BANQUE SÉRIEUSE, reliable bank.
BILAN HEBDOMADAIRE DE LA BANQUE D'ANGLETERRE, *U.K:* Bank Weekly Statement.
BILLET DE BANQUE, banknote ; *U.S:* bank bill ; bill.
BILLET DE BANQUE CONTREFAIT, forged banknote.
BILLETS DE BANQUE DE PETITES COUPURES, banknotes of small denominations.
CAUTION DE BANQUE, bank guarantee.
CHANGER UN BILLET DE BANQUE, to change a (bank) note.
CHÈQUE DE BANQUE, banker's draft.
COMMISSION PRÉLEVÉE PAR LA BANQUE, commission charged by the bank.
COMPTE EN BANQUE, bank account ; banking account ; *U.S:* checking account.
CONSORTIUM DE BANQUES, banking syndicate.
DÉCOUVERT D'UN COMPTE EN BANQUE, bank overdraft ; overdraft of a bank account.
DÉPOSER À LA (EN) BANQUE, to bank.
DÉPÔT EN BANQUE, consignation.
ÉCRITURES D'UNE BANQUE, record of a bank.
EFFET (TIRÉ PAR UNE BANQUE SUR UNE AUTRE), bank bill.
ÉMISSION DE BILLETS DE BANQUE, issue of banknotes.
ÉTABLISSEMENT DE BANQUE, banking establishment.
FUSION DE BANQUES, bank merger.
FUSION DE (PLUSIEURS) BANQUES, amalgamation of (several) banks ; merging of several banks.
FUSIONNER UNE BANQUE AVEC UNE AUTRE, to incorporate one bank with another.
GARANTIE DE BANQUE, bank guarantee.
INVESTISSEMENTS DES BANQUES, investments by banks.
KRACH D'UNE BANQUE, bank crash ; bank smash.
LIVRET DE BANQUE, bank book.
MARCHÉ DE L'ESCOMPTE HORS BANQUE, open discount market.
METTRE SOUS DOSSIER DES TITRES POUR LE COMPTE D'UNE AUTRE BANQUE, to earmark securities.
METTRE UNE TRAITE EN BANQUE POUR ENCAISSEMENT, to hand over a draft to a bank for collection.
PRÊTS DES BANQUES, loans by banks.
PRÊTS DE BANQUE, interbank loans.
PRIVILÈGE D'ÉMISSION DE BILLETS DE BANQUE, right of issuing bank notes.
RAPPORT ENTRE L'ÉMISSION DES BILLETS DE BANQUE ET LA RÉSERVE MÉTALLIQUE, ratio between the issue of bank notes and the bullion reserve.
RÉESCOMPTER LE PORTEFEUILLE D'AUTRES BANQUES, to rediscount other banks' bills.
RÉGLEMENTATION DES BANQUES, banking regulations.
RÉGLEMENTATION DES BANQUES PAR L'ÉTAT, *U.S:* government regulation of banks.
RÉSERVES DE TRÉSORERIE D'UNE BANQUE, capital reserves of a bank.
SITUATION DE LA BANQUE, bank return.
SITUATION DE LA BANQUE D'ANGLETERRE, *U.K:* Bank Statement.

SITUATION EN BANQUE, position at the bank; bank statement.
SOLDE EN (À LA) BANQUE, bank balance.
SUCCURSALE D'UNE BANQUE, branch bank.
TAUX DE L'ARGENT HORS BANQUE, money market rates.
TAUX HORS BANQUE, market rate.
TAUX D'ESCOMPTE HORS BANQUE, market rate of discount; open market discount rate; discount rate of the open market.
TAUX D'ESCOMPTE DE LA BANQUE DE FRANCE, Bank of France rate.
TAUX MINIMUM CONSENTI PAR UNE BANQUE À SES MEILLEURS CLIENTS, U.S: prime rate.
VALEURS DE BANQUE, bank shares; U.S: bank stock.

BANQUEROUTE* *f*, bankruptcy.

BANQUEROUTIER *m*, bankrupt.
BANQUEROUTIER FRAUDULEUX, fraudulent bankrupt.

BANQUIER *m*, banker.
les AYANTS COMPTE D'UN BANQUIER, a banker's customers.
BANQUIER ÉMETTEUR, issuing banker.
BANQUIER D'ESCOMPTE, discounting banker.
BANQUIER PAYEUR, paying banker.
BANQUIER PRÊTEUR, lending banker.
les CLIENTS D'UN BANQUIER, a banker's customers.
CONSORTIUM DE BANQUIERS, syndicate of bankers.
DÉPOSER DES FONDS CHEZ UN BANQUIER, to deposit funds with a banker.
FONDS DÉPOSÉS CHEZ UN BANQUIER, funds deposited with a banker.
RÉFÉRENCE DE BANQUIER, banker's reference.
SYNDICAT DE BANQUIERS, syndicate of bankers.

BARÈME *m*, schedule, table, scale, rate, tariff, tariff of fares; ready reckoner.
BARÈME COURANT DE RÉMUNÉRATIONS, ordinary scale of remuneration.
BARÈME D'IMPOSITION MAXIMUM, highest scale of taxation.
BARÈME NORMALISÉ DE SALAIRES, standard rate of pay.
BARÈME DES PRIX, scale of charges; table of charges.
BARÈME DES SALAIRES, scale of salaries.
BARÈME DE TEMPS, time formula.
ÉTABLISSEMENT D'UN BARÈME DE SALAIRES, rate setting.
PRIX DE BARÈME, scale rate; scale charge.

BAROMÈTRE *m*, barometer, index.
BAROMÈTRE DU CYCLE ÉCONOMIQUE, barometer of the business cycle.
BAROMÈTRE DE HARVARD, Harvard Index (of business conditions).
BAROMÈTRE DU MARCHÉ, barometer of the market.

BARRAGE *m*, barrier, dam.

BARRE *f*, bar, ingot.
ARGENT EN BARRE, bar silver; bullion.
GRAPHIQUE EN BARRE, bar chart.
OR EN BARRE, bar gold; barren gold; ingot gold; bullion.

BARRÉ *a*, crossed.
non BARRÉ, uncrossed.
CHÈQUE BARRÉ, crossed cheque.
CHÈQUE NON BARRÉ, open cheque; uncrossed cheque.

BARRER *v*, to cross.

BARRIÈRE *f*, barrier, wall.
BARRIÈRE COMMERCIALE, trade barrier.
BARRIÈRE(S) DOUANIÈRE(S), customs barrier; customs walls; tariff walls.

BAS *a*, low; cheap.
BAS PEUPLE, lower classes; common people.
BAS PRIX, low price.
à BAS PRIX, low-priced.
COURS LE PLUS BAS, lowest price.
ÉCOULER À BAS PRIX, to sell off.
ENFANT EN BAS ÂGE, infant.
ESTIMER À UN BAS PRIX, to set a low value on.
FIRME À BAS PRIX DE REVIENT, low-cost firm.
les FONDS SONT BAS, funds are low.
plus HAUTS ET PLUS BAS COURS, highest and lowest prices.
l'INDICE DES ACTIONS EST DESCENDU À SON PLUS BAS NIVEAU, the share index reached an all-time low.
MARCHÉ À BAS TAUX D'INTÉRÊT, cheap money market.
PRIX LE PLUS BAS, rock-bottom price.
VENDRE À BAS PRIX ET SE RATTRAPER SUR LA QUANTITÉ, to sell at a low price and recoup oneself by large sales.

BAS *adv*, low, down.

BAS *m*, stocking.
BAS DE LAINE, hoard of money.

BAS *m*, low; bottom.
INFLEXION DANS UNE COURBE VERS LE BAS, dip in a curve.
RENVOI EN BAS DE PAGE, foot-note.

BASE *f*, base, basis, base period; footing; radix.
ABATTEMENT À LA BASE (EN MATIÈRE D'IMPÔT), basic (tax) abatement.
ACCORDS INTERNATIONAUX SUR LES PRODUITS DE BASE, International Commodity Agreement.
ANNÉE DE BASE (D'UN INDICE, D'UN PLAN), base year.
BALANCE DE BASE, fundamental balance.
sur une BASE BRUTE, on a gross basis.
BASE D'IMPOSITION, taxable base.
BASE LOGARITHMIQUE, base of logarithm(s).
sur une BASE NETTE, on a net basis.
BASE DE RÉFÉRENCE, base.
BASES DE LA SOCIÉTÉ, social substructure.
BASE D'UN TRIANGLE, base of a triangle.
sur la BASE DE LA VALEUR RÉELLE, on the footing of the actual value.
CHANGEMENT DE BASE (DES INDICES), shift of base (of index-numbers).
CHOIX DE LA BASE DE DÉPART, choice of base period.
COMMISSION DE BASE, substantive commission.
COMMISSION INTERNATIONALE DES PRODUITS DE BASE, Commission on International Commodity Trade.
COMPAGNIES AÉRIENNES AYANT DES BASES D'OPÉRATIONS EN GRANDE-BRETAGNE, airlines based in Britain.
CONTRAT DE BASE, principal contract.
DONNÉES DE BASE, base figures.
HYPOTHÈSE DE BASE, basic assumption.
LOGARITHME ORDINAIRE, À BASE 10, decimal logarithm; common logarithm.
MATRICE DE BASE, basis matrix; basis.
MÉMOIRE DE BASE, basic storage.
MÉTAL DE BASE, base metal.
MOYENNE DE PLUSIEURS ANNÉES COMME BASE, combination of years as base.
PÉRIODE DE BASE ADOPTÉE, standard base period.
PRODUIT DE BASE, basic commodity; primary commodity; commodity.
PRODUITS COMESTIBLES À BASE DE POISSON, edible fish products.
SALAIRE DE BASE, U.K: basic rate; basic pay; U.S: base pay; base rate.
TARIFS DE BASE, basic rates.

BASÉ *a*, based.
le CRÉDIT PERSONNEL EST BASÉ SUR LA RÉPUTATION, personal credit is based on the reputation.
THÉORIE DE LA RÉPARTITION BASÉE SUR LA PRODUCTIVITÉ MARGINALE, marginal productivity theory of distribution.

BASER *v*, to base.

BASSIN *m*, dock; basin.
BASSIN HOUILLER, coalfield.

BATEAU *m*, boat, ship, vessel.
BATEAU-CITERNE, tanker.
BATEAU DE PÊCHE, fishing-boat.
BATEAU DE PLAISANCE, pleasure-boat.
LANCER UN BATEAU, to launch a ship.

BATEAU-CITERNE *m*, tanker.

BÂTI *a*, built.
IMPÔTS FONCIERS BÂTI ET NON BÂTI, taxes on land and buildings.
IMPÔT SUR LES PROPRIÉTÉS BÂTIES, rates; house-duty.
LOT DE TERRAIN NON BÂTI, section of undeveloped land; plot.
TERRAINS NON BÂTIS, building ground; unbuilt (on) ground.

BÂTIMENT *m*, building, house; building-trade.
ENTREPRENEUR EN (DE) BÂTIMENT, building contractor, builder.
INDUSTRIES DU BÂTIMENT, building-trades.
PEINTRE EN BÂTIMENT, house-painter.
TERRAIN ET BÂTIMENTS, land and buildings.

BÂTIR *v*, to build, to construct.
TERRAIN À BÂTIR, building ground; building land; building plot; building site.

BATTRE *v*, to mint, to coin.
BATTRE MONNAIE, to coin money; to mint money; to raise money; to coin.
DROIT DE BATTRE MONNAIE, right of coinage.

BATTU *a*, wrought.
ARGENT BATTU, silver-foil.

BAUD *m*, baud (in electronics).

BAZAR *m*, U.S: drugstore.

BEAU *a*, handsome, fine.
BEL ÉTALAGE POUR FAIRE IMPRESSION, window-dressing.
BELLE FORTUNE, handsome fortune.
BELLE SITUATION, fine job.
BEAU TRAVAIL, fine workmanship.

BEAUCOUP *adv*, much.
de BEAUCOUP, by far.
qui a BEAUCOUP VOYAGÉ, travelled.

BEHAVIOURISME *m*, behaviourism.

BELGE *a*, Belgian.
FRANC BELGE, Belgian franc.

BÉNÉFICE *m*, benefit; profit, return, gain; earnings.
AFFECTATION DU BÉNÉFICE NET, appropriation of net profit.
BÉNÉFICE ACTUALISÉ, discounted return.
BÉNÉFICE D'AFFRÈTEMENT, profit on charter.
BÉNÉFICE BRUT, gross profit.
BÉNÉFICE CLAIR ET NET, clear profit.
BÉNÉFICES COMMERCIAUX, trading profits.
BÉNÉFICES QUI COMPENSENT LES PERTES, profits which make up for losses ; profits which offset losses.
BÉNÉFICE CORRESPONDANT À 10 % DE LA MISE DE FONDS, profit of 10 % on the investment.
BÉNÉFICE NON DISTRIBUÉ, undistributed profit ; undistributed earnings.
BÉNÉFICE EFFECTIVEMENT RÉALISÉ, profits actually realized.
BÉNÉFICE ESCOMPTÉ, anticipated profit.
BÉNÉFICES D'EXPLOITATION, operating profits ; trading profits.
BÉNÉFICES INTANGIBLES, intangible benefits.
BÉNÉFICE DU JOBBER, jobber's turn.
BÉNÉFICE MIS EN RÉSERVE, profits put to reserve.
BÉNÉFICES DE MONOPOLE, monopoly earnings.
BÉNÉFICE NET, net profit.
BÉNÉFICE NET PLUS AMORTISSEMENTS, cash flow.
BÉNÉFICE NET D'EXPLOITATION, net operating profit.
BÉNÉFICE POUVANT ÊTRE DISTRIBUÉ, distributable profit.
BÉNÉFICES NON RÉPARTIS, undivided profits.
BÉNÉFICE DES SOCIÉTÉS PAR ACTIONS, *U.S:* corporation earnings; *U.K:* company earnings.
BÉNÉFICE SUR UNE VENTE, profit on a sale.
DISSIMULATION DE BÉNÉFICES, concealment of profits.
FAIRE APPARAÎTRE DES BÉNÉFICES, to exhibit profits.
FAIRE APPARAÎTRE DES BÉNÉFICES MENSONGERS, to show illusory profits.
IMPÔT SUR LES BÉNÉFICES AGRICOLES, farmer's tax.
IMPÔT SUR LES BÉNÉFICES DE GUERRE, excess profits duty.
PARTICIPATION AUX BÉNÉFICES, participation in profits ; interest in the profits ; profit-sharing ; share in (the) profits.
PARTICIPATION DES OUVRIERS AUX BÉNÉFICES, industrial partnership.
PARTICIPER AUX BÉNÉFICES, to share (in) the profits.
PERTES QUI ENGLOUTISSENT TOUS LES BÉNÉFICES, losses that mop up all the profits.
PRÉLÈVEMENT PRIORITAIRE SUR LES BÉNÉFICES NETS, prior appropriation on the net profits.
PRISE DE BÉNÉFICE, profit-taking.
QUOTE-PART DES BÉNÉFICES, proportion of the profits.
RAPPORTER DES BÉNÉFICES, to yield profit.
RATIO COURS-BÉNÉFICE (PAR ACTION), price-earnings ratio.
RÉALISATION D'UN BÉNÉFICE, making a profit.
RÉALISER DES BÉNÉFICES, to make profits.
RÉPARTIR LE BÉNÉFICE, to divide a profit.
RÉPARTITION DES BÉNÉFICES, division of profits ; distribution of profits.
RÉPARTITION DU BÉNÉFICE NET, appropriation of net profit.
REVENDRE AVEC BÉNÉFICE, to resell at a profit ; to sell out at a profit.
SYSTÈME DE PARTICIPATION AUX BÉNÉFICES, profit-sharing scheme.

BÉNÉFICIAIRE *a*, profitable.
BILAN BÉNÉFICIAIRE, balance-sheet showing a profit.
MARGE BÉNÉFICIAIRE, margin of profit.
PART BÉNÉFICIAIRE, founder's share.
SOLDE BÉNÉFICIAIRE, profit balance.

BÉNÉFICIAIRE *m*, beneficiary, recipient, payee.
ACTION DE BÉNÉFICIAIRE, dividend share.
BÉNÉFICIAIRE D'UN CHÈQUE, payee of a cheque.
BÉNÉFICIAIRE D'UN EFFET DE COMMERCE, payee of a bill of exchange.
BÉNÉFICIAIRES INDIVIS, joint beneficiaries.
BÉNÉFICIAIRE D'UNE LETTRE DE CRÉDIT, payee of a letter of credit.
NOM DU BÉNÉFICIAIRE, name of the payee.

BÉNÉFICIER *v*, to benefit.
BÉNÉFICIER DE LA PLUS-VALUE DU CHANGE, to benefit by appreciation of the exchange.
MARCHANDISES BÉNÉFICIANT D'UN RÉGIME DE FAVEUR, goods entitled to a preference.
PRIX BÉNÉFICIANT D'UNE REMISE DE 5 %, prices subject to 5 % discount.

BÉNÉVOLE *a*, gratuitous, unpaid, honorary.

BENTHAMISME *m*, Benthamism.

BERNOUILLI *n. pr*, Bernouilli.
ESSAIS DE BERNOUILLI, Bernouilli trials.

BESOGNE *f*, work, task.

BESOIN *m*, need, necessity, want, requirement.
AFFRANCHISSEMENT DU BESOIN, freedom from want.
AVOIR BESOIN DE, to want ; to need.
BESOINS ACTUELS, present needs.
BESOINS DE CHAQUE JOUR, necessaries.
BESOINS CONSTANTS, constant wants.
BESOINS COURANTS, current wants.
BESOINS DONNÉS, given wants.
BESOINS FUTURS, future wants.
BESOIN HARCELANT, impelling need.
BESOIN IMPÉRATIF, imperious necessity.
BESOIN IMPÉRIEUX, imperative need ; imperious necessity.
BESOINS DE MAIN-D'ŒUVRE, manpower requirements.
BESOINS MATÉRIELS, material needs ; bodily wants.
BESOINS PRÉCIS, definite needs.
BESOIN PRESSANT, urgency.
BESOINS PRESSANTS, exigent needs.
BESOINS DE TRÉSORERIE, cash requirements.
en CAS DE BESOIN, in case of necessity ; in case of need.
ÉLASTICITÉ DES BESOINS, elasticity of wants.
ESTIMATION DES BESOINS ET RÉPARTITION DES MOYENS, planning and allocation of resources.
GRAND BESOIN DE RÉPARATIONS, great need of repairs.
MOYENS SANS RAPPORT AVEC LES BESOINS, means incommensurate with wants.
aucun PAYS NE PRODUIT TOUT CE DONT IL A BESOIN, no country produces all it needs.
RÉPONDRE À TOUS LES BESOINS, to fill every requirement.
SATISFAIRE AUX BESOINS DE, to satisfy the needs of.
SOMME EN RÉSERVE EN CAS DE BESOIN, sum in reserve as a stand-by.
SUBVENIR AUX BESOINS D'UNE FAMILLE, to support a family.
qui SUFFIT À SES BESOINS, self-supporting.

BESTIAUX *m. pl*, cattle.
MARCHÉ AUX BESTIAUX, cattle market.

BÉTAIL *m*, cattle, livestock, animals.
ALIMENTS POUR BÉTAIL, animal feeding stuffs.
BÉTAIL SUR PIED, cattle on foot.

BÊTE *f*, animal.
BÊTE DE TRAIT, draught animal.

BÉTON *m*, concrete.

BETTERAVE *f*, beet.

BETTERAVIER *a*, pertaining to the beet industry.
INDUSTRIE BETTERAVIÈRE, sugar-beet industry.

BEURRE *m*, butter.

BIAIS *m*, bias, skew, slant.

BIAISÉ *a*, bias(s)ed.
non BIAISÉ, unbias(s)ed.
ÉCHANTILLON BIAISÉ, biased sample.
ERREUR NON BIAISÉE, unbiased error.

BIBLIOTHÈQUE *f*, library.
BIBLIOTHÈQUE DE PROGRAMMES, library of programs.

BICAMÉRAL *a*, bicameral.
SYSTÈME BICAMÉRAL, double chamber system.

BICARRÉ *a*, biquadratic.

BIEN *adv*, well.
AFFAIRE QUI MARCHE (BIEN), going concern.
les AFFAIRES VONT BIEN, business is doing well.
BIEN APPROVISIONNÉ EN, well stocked with.
BIEN CONÇU, well-planned.
BIEN FOURNI EN, well stocked with.
HYPOTHÈSE BIEN FONDÉE, well-founded hypothesis.
OPINION BIEN ARRÊTÉE, decided opinion.
SYNDICATS OUVRIERS BIEN ORGANISÉS, well-organized trade-unions.
VALEURS BIEN CLASSÉES, well placed shares.

BIEN *m*, asset, good, commodity; property, estate; effect, thing.
ABANDON DES BIENS D'UN FAILLI À SES CRÉANCIERS, surrender of a bankrupt's property.
ALIÉNATION DE BIENS, disposal of property.
AMEUBLISSEMENT D'UN BIEN, conversion of realty into personalty.
BIENS ADVENTICES, adventitious property.
BIENS D'APPORT, estate brought in.
BIENS EN COMMUN, joint estate.
BIENS CONCURRENTS, competitive goods.
BIENS DE CONSOMMATION, consumer goods ; consumption goods.

BIENS DE CONSOMMATION DURABLES, consumer durables ; durable consumers' goods.
BIENS CORPORELS, tangible property ; physical assets ; tangible assets.
BIEN DÉTENU EN TOUTE PROPRIÉTÉ, property held in fee simple.
BIEN DIVIS, land held in severalty.
BIEN DURABLE, durable.
BIENS DURABLES ET NON DURABLES, durable and non-durable goods.
BIENS ÉCHANGEABLES, exchangeable goods.
BIENS ÉCONOMIQUES, economic goods.
BIENS D'ÉQUIPEMENT, capital equipment ; capital goods.
BIEN ÉTALON, standard commodity.
BIEN DE FAMILLE, family property ; U.S: homestead.
BIEN-FONDS, real estate ; land and house property ; patrimony.
BIENS GAGÉS, pledged assets.
BIENS HYPOTHÉCABLES, mortgageable property.
BIEN HYPOTHÉQUÉ, mortgaged property.
BIEN NON HYPOTHÉQUÉ, clear estate.
BIENS IMMEUBLES, fixed property.
BIENS IMMOBILIERS, real assets ; real estate ; immovables ; realty ; land and house property ; things real.
BIENS INCORPORELS, intangible property.
BIENS INDIVIS, joint property ; U S; undivided property.
BIENS D'INVESTISSEMENT, investment goods.
BIENS JACENTS, land in abeyance.
BIEN LIBRE D'HYPOTHÈQUE, clear estate.
BIENS LIÉS, related goods.
BIEN LOCATIF, tenement.
BIENS MEUBLES, movables ; movable property ; personal estate ; chattels personal ; personalty ; movable assets ; personal assets.
BIENS MOBILIERS, personal estate ; personal property ; things personal ; movable effects ; movables ; chattels.
BIENS NANTIS, pledged chattels.
BIENS PRÉSENTS ET À VENIR, property present and future.
BIENS PROPRES (DE LA FEMME MARIÉE), separate estate.
BIENS EN RENTE, funded property.
BIEN TAXABLE, taxable article.
BIEN TENU INDIVIDUELLEMENT, land held in severalty.
BIEN TRANSMISSIBLE PAR HÉRITAGE, hereditament.
BIENS VACANTS, land in abeyance.
BIENS À VENIR, future estate.
BIENS EN VIAGER, life estate.
CATÉGORIE DE BIENS TAXABLE, taxable class of goods.
CÉDER UN BIEN, to dispose of a property.
CESSION DE BIENS (À DES CRÉANCIERS), assignment of property (to creditors).
COMMUNAUTÉ DE BIENS, intercommunity.
DÉGAGER SON BIEN, to redeem one's property.
DÉPENSES EN BIENS ET SERVICES COURANTS, expenditure on current goods and services.
DÉPENSES COURANTES EN BIENS ET SERVICES, current expenditure on goods and services.
DISPOSITION DE BIENS, disposal of property.
ESTIMATION DES BIENS ASSURÉS, valuation of property insured.
ÉVALUATION DES BIENS ASSURÉS, valuation of property insured.
EXPLOITATION D'UN BIEN CONSOMPTIBLE, exploitation of a wasting-asset.
GAGER SON BIEN, to pledge one's property ; to pawn one's property.
HYPOTHÉQUER DES BIENS MEUBLES, to hypothecate.
INVENTAIRE DE BIENS, inventory of the property.
LEGS DE BIENS MEUBLES, bequest.
LOI SUR LES BIENS ENNEMIS, Enemy Alien Property Act.
MARCHÉ DE BIENS D'OCCASION, second-hand market.
MASSE DES BIENS DE LA FAILLITE, bankrupt's total estate.
MUTATION DE BIENS, transfer of property ; transmutation of possession.
POSSÉDER DE GRANDS BIENS, to possess a lot of property.
PRENDRE UNE HYPOTHÈQUE SUR UN BIEN, to take a mortgage on property.
PRÉVISIONS RELATIVES AU RENDEMENT FUTUR DES BIENS DE CAPITAL, expectations as to the future yield of capital goods.
PURGER UN BIEN DE DETTES, to rid a property of debt.
PURGER SON BIEN DE DETTES, to clear one's property of debt.
RENTRER DANS UN BIEN PAR DROIT DE RETOUR, to regain possession of a property by reversion.
TRANSMETTRE DES BIENS PAR TESTAMENT, to transmit property by will.
TRANSMISSION DE BIENS, transfer of property ; conveyance of property.
VALEUR D'USAGE D'UN BIEN, value in use (of a good, of a commodity).

BIEN-ÊTRE m, well-being, welfare.
BIEN-ÊTRE ÉCONOMIQUE, economic welfare.
BIEN-ÊTRE NATIONAL, public welfare.
ÉCONOMIE DU BIEN-ÊTRE, economics of welfare ; welfare economics.

BIENFAISANCE f, charity.
ACTE DE BIENFAISANCE, charitable donation.

INSTITUTION DE BIENFAISANCE, charitable institution.
ŒUVRE DE BIENFAISANCE, charitable society.
TRUST DE BIENFAISANCE, charitable trust.

BIEN-FONDÉ m, adequacy, cogency.
METTRE EN DOUTE LE BIEN-FONDÉ DE L'ANALYSE CLASSIQUE, to question the adequacy of the classical analysis.

BIEN-FONDS m, real estate, land and house property, patrimony.

BIÈRE f, beer.

BIJOUTERIE f, jewel(le)ry.

BIJOUTIER m, jeweller.

BILAN m, balance-sheet, statement, financial statement, return, schedule.
ANNEXES D'UN BILAN, schedules to a balance-sheet.
BILAN ALIMENTAIRE, food balance-sheet.
BILAN BÉNÉFICIAIRE, balance-sheet showing a profit.
BILAN D'ENSEMBLE, general balance-sheet.
BILAN HEBDOMADAIRE, weekly return.
BILAN HEBDOMADAIRE DE LA BANQUE D'ANGLETERRE, U.K: Bank Weekly Statement.
BILAN DE LIQUIDATION, statement of affairs (in bankruptcy).
BILAN SYNTHÉTIQUE, consolidated balance-sheet.
BILAN TRUQUÉ, faked balance-sheet.
ÉTABLIR UN BILAN, to get out a balance-sheet.
FAUX BILAN, fraudulent balance-sheet.

BILATÉRAL a, bilateral.
CONTRAT BILATÉRAL, bilateral contract.
MONOPOLE BILATÉRAL, bilateral monopoly.

BILLET m, note, ticket, paper, bill.
BILLET D'ALLER, single fare ; one-way ticket.
BILLET D'ALLER ET DE RETOUR, return ticket ; return fare.
BILLET DE BANQUE, banknote ; U.S: bank bill ; bill.
BILLET DE BANQUE CONTREFAIT, forged bank note.
BILLETS DE BANQUE DE PETITES COUPURES, banknotes of small denominations.
BILLET DE CHEMIN DE FER, railway ticket.
BILLET COLLECTIF, party ticket.
BILLET CONJOINT, joint promissory note.
BILLET DE CINQ DOLLARS, U.S: fiver (familier).
BILLET DE 10 DOLLARS, U.S: tenner (familier).
BILLETS ÉMIS A L'INTÉRIEUR DU PAYS, home currency issues.
BILLET D'EXCURSION, excursion ticket.
BILLET DE FAVEUR, free ticket ; free pass.
BILLET INESCOMPTABLE, undiscountable bill.
BILLET DE CINQ LIVRES, U.K: fiver (familier).
BILLET DE 10 LIVRES, U.K: tenner (familier).
BILLET DE LOTERIE, lottery ticket.
BILLET À ORDRE, promissory note ; promissory note made out to order ; bill to order ; commercial paper.
BILLET À ORDRE PAYABLE À VUE, demand note.
BILLET À PLEIN TARIF, ticket at full rate.
BILLET AU PORTEUR, bill payable to bearer ; promissory note made out to bearer.
BILLET DE PREMIÈRE CLASSE, first-class ticket.
BILLET À PRIX RÉDUIT, reduced rate ticket.
BILLET SIMPLE (D'ALLER), single ticket ; one-way ticket.
BILLET À TARIF RÉDUIT, ticket at reduced rate.
BILLET DE VOYAGE, passage-ticket.
CÉDER UN BILLET PAR VOIE D'ENDOSSEMENT, to transfer a bill by endorsement.
CHANGER UN BILLET DE BANQUE, to change a banknote.
ÉMISSION DE BILLETS DE BANQUE, issue of banknotes.
(MONNAIE EN) BILLETS, soft money.
PLANCHE À BILLETS, note printing press.
PRÉSENTATEUR D'UN BILLET, presenter of a bill.
PRIVILÈGE D'ÉMISSION DE BILLETS DE BANQUE, right of issuing bank notes.
PROROGER L'ÉCHÉANCE D'UN BILLET, to prolong a bill.
RAPPORT ENTRE L'ÉMISSION DES BILLETS DE BANQUE ET LA RÉSERVE MÉTALLIQUE, ratio between the issue of banknotes and the bullion reserve.
RÉGLEMENTER L'ÉMISSION DES BILLETS, to regulate the issue of notes.
TRANSFÉRER UN BILLET PAR VOIE D'ENDOSSEMENT, to transfer a bill by endorsement.

BILLION m, billion U.S: trillion.

BIMÉTALLIQUE a, bimetallic.

BIMÉTALLISME m, bimetallism.

BINAIRE a, binary.
CARTE BINAIRE, binary card.
CODE BINAIRE, binary code.
DÉBIT BINAIRE, bit rate.
DÉCIMAL CODÉ BINAIRE, binary coded decimal.
DIGIT BINAIRE, binary digit.

INFORMATIONS BINAIRES, binary data.
MESURE BINAIRE, binary measure.
POSITION BINAIRE, bit.
SIGNAL BINAIRE, binary digit.
SYSTÈME BINAIRE, binary system ; binary number system.
VIRGULE BINAIRE, binary point.

BINAIRE m, binary.
BINAIRE DE POSITION, binary coded decimal.
CONVERSION DÉCIMAL/BINAIRE, decimal to binary conversion.

BINÔME a, binomial.

BINÔME m, binomial.
BINÔME DE NEWTON, binomial theorem.
DÉVELOPPEMENT D'UN BINÔME, binomial expansion.

BINOMIAL a, binomial.
COURBE LIMITE D'UNE DISTRIBUTION BINOMIALE, limit curve of the binomial distribution.
DISTRIBUTION BINOMIALE, binomial distribution.
LOI BINOMIALE, binomial distribution.
PROBABILITÉ BINOMIALE, binomial probability.

BIQUINAIRE a, biquinary.
CODE BIQUINAIRE, biquinary code.

BISSECTRICE f, bisectrix.

BISSEXTILE a, bissextile.
ANNÉE BISSEXTILE, leap-year.

BIT m, bit.
BIT DE CONTRÔLE, check bit.
DENSITÉ DE BITS, bit density.

BITUMEUX a, bituminous.

BLANC a, white, blank.
FER-BLANC, tinplate.
HOUILLE BLANCHE, hydro-electric power.
MAIN-D'ŒUVRE BLANCHE ET DE COULEUR, white and coloured labour.
OPÉRATION BLANCHE, even deal.

BLANC m, white, blank.
CHÈQUE EN BLANC, blank cheque.
CHÈQUE SIGNÉ EN BLANC, cheque signed in blank.
CRÉDIT EN BLANC, blank credit.
DÉCOUVERT EN BLANC, unsecured overdraft.
ENDOS EN BLANC, blank endorsement.
TRAITE DES BLANCHES, white slavery.

BLANCHISSERIE f, laundry, laundry-works.

BLÉ m, wheat, grain ; U.S: corn.
BAISSE DES BLÉS, fall in wheat.
BOURSE DES BLÉS, U.K: wheat pit.
CHAMP DE BLÉ, wheatfield, U.S: corn field.
CULTURE DU BLÉ, wheat growing, U.S: corngrowing.
POOL DES BLÉS, wheat pool.
le PRIX DU BLÉ A AUGMENTÉ, wheat has gone up.
TERRES À BLÉ, grain-bearing lands.

BLESSÉ a, injured.

BLESSER v, to injure.

BLINDAGE m, steel plating.

BLOC m, block.
FAIRE BLOC CONTRE UN PARTI, to unite against a party.

(EN) **BLOC** adv, (in one) lot.
ACHETER EN BLOC, to buy in one lot.

BLOCAGE m, freeze, freezing, tie-up.
BLOCAGE DE CAPITAL, tie-up of capital.
BLOCAGE DES SALAIRES, wage freeze ; freezing of wages.

BLOCUS m, blockade.
BLOCUS EFFECTIF, effective blockade.
FAIRE LE BLOCUS, to blockade.
RENFORCER UN BLOCUS, to tighten (up) a blockade.

BLOQUÉ a, blocked, frozen.
ARGENT BLOQUÉ, blocked money.
CRÉDITS BLOQUÉS, frozen credits.
FONDS BLOQUÉS, frozen assets.

BLOQUER v, to blockade, to lock; to freeze.
BLOQUER LES SALAIRES, to freeze wages.

BOBINEAU m, printer tape.

BŒUF m, ox.

BOIS m, timber.
COMMERCE DU BOIS, timber-trade.

BOISSEAU m, bushel.

BOISSON f, beverage, drink.
ALIMENTS ET BOISSONS, food and drinks.
BOISSONS ALCOOLISÉES, alcoholic beverages.

BOÎTE f, box.
BOÎTE AUX LETTRES, letter-box ; U.S: mail box ; posting box.

BOLCHÉVISME m, Bolchevism.

BON a, good, fine, proper.
ACHETEUR DE BONNE FOI, bona fide purchaser.
ACQUÉREUR DE BONNE FOI, purchaser in good faith; bona fide purchaser.
AVERTISSEMENT EN BONNE ET DUE FORME, due warning.
BONNE AFFAIRE, good business ; good bargain.
en BONNE CONDITION, in good condition.
BONNE CRÉANCE, good debt.
BONNE DETTE, good debt.
BONNE ET DUE FORME, proper form ; due form.
en BON ÉTAT, in proper condition; in a good state.
BON ÉTAT DE CONSERVATION, good state of preservation.
en BON ÉTAT DE CONSERVATION, well preserved.
de la BONNE FINANCE, sound finance.
de BONNE FOI, in good faith.
BON FONCTIONNEMENT, efficient working.
BONNE GESTION, good husbandry; good management.
BON MARCHÉ, inexpensive ; cheap ; low ; low-priced.
BON MARCHÉ, cheapness.
BONNE MESURE, full measure.
BONNE OCCASION, good opportunity.
BONS OFFICES, good offices.
très BON OUVRIER, fine workman.
BON POIDS, full weight.
BON PRIX, handsome price.
BONNE QUALITÉ MOYENNE, good average quality.
BON SENS, common sense.
aux BONS SOINS DE, care of (c/o).
BONNE TENUE (DE WALL STREET), good tone (of Wall Street).
BON VOULOIR, goodwill.
CAUTION BONNE ET SOLVABLE, sufficient security.
MAIN-D'ŒUVRE BON MARCHÉ, cheap labour.
la MAUVAISE MONNAIE CHASSE LA BONNE, bad money drives out good.
NAVIRE EN (BON) ÉTAT DE NAVIGABILITÉ, seaworthy ship.
PIÈCE DE BON ALOI, genuine coin.
POLITIQUE DE L'ARGENT À BON MARCHÉ, cheap money policy.
PRENDRE BONNE NOTE D'UNE COMMANDE, to note an order.
RAPPORTS DE BON VOISINAGE, good neighbourliness.

BON m, order, certificate, bill, bond, draft.
BONS DE LA DÉFENSE NATIONALE, national war bonds ; war bonds.
BONS A ÉCHÉANCE RAPPROCHÉE, shortly maturing bonds.
BON D'ENLÈVEMENT, delivery order.
BONS D'ÉPARGNE, government saving bonds ; government saving certificates ; saving bonds.
BON DE LIVRAISON, delivery order.
BON AU PORTEUR, bearer bond.
BON DU TRÉSOR, Treasury bill ; Treasury bond ; Treasury-note ; U.K: Exchequer bond ; Exchequer bill.
PORTEUR DE BONS, bondholder.
TAUX (D'INTÉRÊT) DES BONS DU TRÉSOR, Treasury-bill rate.
TIRER AU SORT LES BONS DESTINÉS À ÊTRE REMBOURSÉS, to draw bonds for redemption.

BOND m, jump, bound, leap.
les ACTIONS ONT FAIT UN BOND, shares jumped.

BONDIR v, to jump.

BONHEUR m, happiness, welfare.
ATTEINDRE LE BONHEUR, to attain happiness.
POURSUITE DU BONHEUR, pursuit of happiness.

BONNE f, maid, servant-girl.

BONNETERIE f, hosiery, hosiery trade; knitted goods.

BONUS m, bonus.
ex-BONUS, ex-bonus.

BOOLE n.pr, Boole.
ALGÈBRE DE BOOLE, Boolean algebra.

BOOM m, boom.

BORD m, board ; border.
FRANCO BORD, free on board (f.o.b.).
LIVRES DE BORD, ship's books.
MARCHANDISES RENDUES FRANCO BORD, goods delivered free on board (f.o.b.).
PERSONNES DE PASSAGE À BORD DE NAVIRES, transients afloat.
TAXE DE BORD, ship charge.

BORDER v, to line.

BORDEREAU m, note, contract note.
BORDEREAU DE CHANGE, exchange contract.

BORDEREAU DE DOUANE, custom-house note.
BORDEREAU D'ESCOMPTE, discount note.
BORDEREAU DE SITUATION D'UN COMPTE, bank statement.
BORDEREAU DE VERSEMENT, credit slip.

BORDURE *f*, border ; kerb.
TERRAIN EN BORDURE, frontage.

BORNE *f*, terminal, landmark.
BORNE LIMITE, landmark.

BOSSE *f*, hump, peak.
COURBE À DEUX BOSSES, curve with two humps ; curve with two peaks.

BOUCHE-TROU *m*, stop-gap.

BOUCLE *f*, loop.

BOULEVERSEMENT *m*, upheaval, upset.

BOURGEOISIE *f*, bourgeoisie, middle class.
BOURGEOISIE AISÉE, upper middle class.
BOURGEOISIE MOYENNE, middle middle class.
GROSSE BOURGEOISIE, substantial middle class.
PETITE BOURGEOISIE, lower middle class.

BOURSE *f*, stock exchange, market, security market, exchange, *U.S:* pit, *U.K:* the House ; purse.
ACHATS PROFESSIONNELS À LA BOURSE, shop buying.
à la BOURSE, on' Change.
BOURSE ANIMÉE, lively market.
BOURSE DES BLÉS, *U.S:* wheat pit.
BOURSE CALME, quiet market.
BOURSE DES CÉRÉALES, Corn Exchange.
BOURSE DE COMMERCE (DE LONDRES), Royal Exchange.
BOURSE D'ÉTUDES, scholarship ; studentship ; education grant.
BOURSE (D'ÉTUDES) ACCESSIBLE À TOUS, open scholarship.
BOURSE DES FRETS, shipping exchange.
la BOURSE EST EN HAUSSE, the market has risen.
BOURSE DE MARCHANDISES, produce exchange ; commodity exchange.
BOURSE DU TRAVAIL, labour exchange.
BOURSE DES VALEURS, stock exchange ; stock market ; share market.
CHASSE EN BOURSE, raid.
COMMISSION DES OPÉRATIONS DE BOURSE, Securities and Exchange Commission.
COUP DE BOURSE, speculation.
COURS D'APRÈS-BOURSE, street price.
COURS DE BOURSE, market price.
COURS DE LA BOURSE, share-list.
COURS FAITS EN BOURSE, bargains done.
COURTIER DE BOURSE, stock-broker.
COUVERTURE D'OPÉRATIONS DE BOURSE, cover on stock exchange transactions.
DISPOSITIONS DE LA BOURSE, tone of the market.
DONNER L'INCERTAIN EN BOURSE, to quote uncertain ; to quote movable exchange ; to quote variable exchange.
la HAUSSE OU LA BAISSE DES TITRES DE BOURSE, the rise or the fall of stocks and shares.
INTERMÉDIAIRE ENTRE LA BOURSE ET LE COURTIER, *U.K:* stock-jobber.
JOUER À LA BOURSE, to gamble on the stock exchange.
JOUEUR À LA BOURSE, gambler on the stock exchange ; speculator.
JOUR DE BOURSE, market-day.
JOUR DE LIQUIDATION (EN BOURSE), pay-day ; account-day ; settlement day ; settling day ; call option day.
LIQUIDATION EN BOURSE, settling ; settlement ; account.
LIQUIDATION PROCHAINE EN BOURSE, next settlement ; next account ; new time.
MARCHÉ D'APRÈS-BOURSE, street market.
NÉGOCIABLE(S) EN BOURSE, negotiable on the stock exchange.
OPÉRATIONS DE BOURSE, stock exchange transactions ; market transactions.
OPÉRATIONS APRÈS CLÔTURE DE BOURSE, business done on the kerb.
ORDRES DE BOURSE, stock exchange orders.
PANIQUE DE BOURSE, flurry on the stock exchange.
PANIQUE SUR LA BOURSE, panic on the stock exchange.
RACHATS EN BOURSE, covering purchases.
RÈGLEMENTS DE BOURSE, stock exchange regulations.
SPÉCULATION À LA BOURSE, gambling on the stock exchange.
SPÉCULATIONS DE BOURSE, stock exchange speculations.
SPÉCULER À LA BOURSE, to speculate on the stock exchange.
SPÉCULER SUR LES VALEURS DE BOURSE, to speculate in stocks and shares.
SYNDICAT DE BOURSE, market syndicate.
TENIR LES CORDONS DE LA BOURSE, to hold the purse strings.
TITRE DE BOURSE, stock certificate.
TITRES DE BOURSE, stock exchange securities.
TITRES NÉGOCIABLES EN BOURSE, stocks marketable on the stock exchange.

TRIPOTAGE DE (EN) BOURSE, manipulation of the market ; market jobbery ; rigging the market.
TUYAU DE BOURSE, stock exchange tip.
VALEURS DE BOURSE, stock exchange securities ; stocks and shares.
VALEURS COTÉES EN BOURSE, securities quoted on the stock exchange.
VENTES PROFESSIONNELLES À LA BOURSE, shop selling.

BOURSICOTER *v*, to dabble on the stock exchange.

BOURSICOTEUR *m*, dabbler on the stock exchange, dabbler.
DÉCONFITURE DES BOURSICOTEURS, shake-out.

BOURSIER *a*, pertaining to stock exchange transactions.
COUVERTURES BOURSIÈRES OBLIGATOIRES, margin requirements.
ÉVALUATION BOURSIÈRE, market valuation.
INDICE BOURSIER, index of security prices.
MANŒUVRES BOURSIÈRES, manipulation of the market.
VALEUR BOURSIÈRE DES ACTIONS, market value of equities.

BOUTIQUE *f*, shop.
BOUTIQUE FAISANT LA VENTE À TEMPÉRAMENT, tally-shop.
FERMER BOUTIQUE, to shut up shop.
TENIR BOUTIQUE, to keep a shop.

BOUTIQUIER *m*, shopkeeper.

BOUTON *m*, button.
PRESSE-BOUTON, push-button.

BOYCOTTAGE *m*, boycott, boycotting.

BOYCOTTER *v*, to boycott.

BRAIN TRUST *m*, brains trust.

BRANCHE *f*, branch.

BRANLANT *a*, shaky.

BRASSER *v*, to handle.
BRASSER BEAUCOUP D'AFFAIRES, to handle a lot of business.

BREF *a*, short.
à BREF DÉLAI, at short notice.

BRÉSIL *n. pr*, Brazil.
le CAFÉ EST LA RESSOURCE PRINCIPALE DU BRÉSIL, coffee is the staple commodity of Brazil.

BREVET *m*, patent, certificate, commission.
APPORT D'UN BREVET, assignment of a patent.
BUREAU DES BREVETS, patent-office.
CESSION D'UN BREVET, assignment of a patent.
CONTREFAÇON D'UN BREVET, infringement of a patent.
DÉCHÉANCE DE BREVET, forfeiture of patent.
DÉLIVRANCE D'UN BREVET, grant of patent; *U.S:* issuance.
DEMANDE DE BREVET PROVISOIRE, *U.S:* caveat; *U.K:* patent applied for.
DEMANDEUR D'UN BREVET, claimant for a patent.
DURÉE D'UN BREVET, duration of a patent.
EXPLOITATION D'UN BREVET D'INVENTION, utilization of a patent.
EXPLOITER UN BREVET, to work a patent.
OPPOSITION AU RENOUVELLEMENT D'UN BREVET, caveat.
TITULAIRE D'UN BREVET, patentee.
TRANSMETTRE UN BREVET À, to assign a patent to.
TRANSMISSION DE PROPRIÉTÉ D'UN BREVET, conveyance of a patent.

BREVETABLE *a*, patentable.

BREVETÉ *a*, patent, licensed.
PILOTE BREVETÉ, licensed pilot.

BREVETÉ *m*, patentee.

BREVETER *v*, to license ; to patent.

BRICOLEUR *m*, handyman.

BRISÉ *a*, broken, jerky.
COURBE BRISÉE, broken curve ; jerky curve.
LIGNE BRISÉE, broken line.

BRISER *v*, to break.
BRISER UNE GRÈVE, to break a strike.

BRISEUR *m*, breaker.
BRISEUR DE GRÈVE, strike-breaker.

BRITANNIQUE *a*, British.
EMPIRE BRITANNIQUE, the (British) Empire.

BROCANTEUR *m*, broker, second-hand broker, second-hand dealer.

BROCHE *f*, spindle.
BROCHES À FILER LE COTON, cotton spinning spindles.

BROCHÉ *a*, paper-bound.
LIVRE BROCHÉ, paperback.

BRONZE *m*, bronze.

MONNAIE DE BRONZE, copper coin.

BRUIT *m*, noise, rumour.
BRUITS DE FUSION, report of amalgamation.

BRUN *a*, brown.

BRUSQUE *a*, sudden.
BRUSQUES MOUVEMENTS DES PRIX, sudden fluctuations of prices.
SAUT BRUSQUE D'UNE COURBE, kick-up of a curve.

BRUSQUEMENT *adv*, suddenly.
les PRIX ONT AUGMENTÉ BRUSQUEMENT, prices shot up.

BRUT *a*, raw, gross, crude, unfashioned, unmanufactured.
ACIER BRUT, crude steel.
sur une BASE BRUTE, on a gross basis.
BÉNÉFICE BRUT, gross profit.
DÉPENSE IMPUTÉE AU PRODUIT NATIONAL BRUT, expenditure on gross national product.
DÉPENSES ET RECETTES D'EXPLOITATION BRUTES, gross working expenses and receipts.
DISPONIBILITÉS ALIMENTAIRES BRUTES, gross food supplies.
DISPONIBILITÉS BRUTES EN DENRÉES ALIMENTAIRES, gross supplies of foodstuffs.
DONNÉES BRUTES, raw data ; actual data.
FER BRUT, crude iron ; raw iron.
FONTE BRUTE, pig-iron.
FORMATION BRUTE DE CAPITAL FIXE, gross fixed capital formation.
FORMATION BRUTE DE CAPITAL INTÉRIEUR, gross domestic capital formation.
FRET BRUT, gross freight.
INVESTISSEMENT BRUT, gross investment.
JAUGE BRUTE, gross tonnage.
MONTANT BRUT, gross amount.
MONTANT BRUT DES LOYERS, gross rental income.
OR BRUT, gold in nuggets.
PÉTROLE BRUT, crude petroleum; crude oil.
POIDS BRUT, gross weight.
PRIX BRUT, gross price.
PRIX DE REVIENT BRUT, gross cost.
PRODUIT BRUT, gross proceeds.
PRODUIT NATIONAL BRUT, gross national product ; gross domestic product.
PRODUIT NATIONAL BRUT AU COÛT DES FACTEURS, gross national product at factor cost.
PRODUIT NATIONAL BRUT AUX PRIX DU MARCHÉ, gross national product at market prices.
QUANTITÉ BRUTE, crude quantity.
RECETTE(S) BRUTE(S), gross proceeds ; gross returns ; gross earnings ; gross receipt.
RENDEMENT BRUT, gross return.
TAUX BRUTS DE MORTALITÉ, crude death rates.
TAUX BRUTS DE NUPTIALITÉ, crude marriage rates.
TAUX BRUT DE REPRODUCTION, gross reproduction rate.
TERMES DE L'ÉCHANGE BRUTS, gross barter terms of trade.
TONNAGE BRUT, gross tonnage.
TONNEAU DE JAUGE BRUTE, gross register ton ; ton gross register.
VALEUR BRUTE DE LA PRODUCTION, gross value of production.

BRUTAL *a*, hard.
FAIT BRUTAL, hard fact.

BUDGET *m*, budget, account.
ACTIVITÉS PRÉVUES PAR LE BUDGET, budgeted activities.
BUDGET ADAPTABLE, flexible budget.
BUDGET EN CAPITAL, capital budget.
BUDGET DU CONSOMMATEUR, consumer's budget.
BUDGET DES DÉPENSES ET RECETTES COURANTES, current budget.
BUDGET DOMESTIQUE, household expenses.
BUDGET D'EXPLOITATION, operating budget.
BUDGET EXTRAORDINAIRE, extraordinary budget.
BUDGET FAISANT APPARAÎTRE UN DÉFICIT, budget which shows a deficit.
BUDGETS DE FAMILLE, family budgets.
BUDGET DU MÉNAGE, household expenses ; family budget ; household budget.
BUDGET ORDINAIRE, ordinary budget.
BUDGET DE PUBLICITÉ, advertising account.
BUDGET EN SURÉQUILIBRE, overbalanced budget.
CHOIX D'UN BUDGET DE RÉFÉRENCE, choice of regimen.
COMMISSION DU BUDGET, *U.S:* Committee of Ways and Means.
DÉPENSES PRÉVUES AU BUDGET, expenses provided for in the budget.
EFFET MULTIPLICATEUR D'UN BUDGET ÉQUILIBRÉ (D'EXPAN-SION), balanced-budget multiplier.
ÉQUILIBRER LE BUDGET, to balance the budget.
ÉTABLIR LE BUDGET, to fix the budget.
INSCRIRE AU BUDGET, to budget.
LOURDE CHARGE POUR LE BUDGET, heavy charge for the budget.

PORTER AU BUDGET, to budget.

BUDGÉTAIRE *a*, budgetary, fiscal.
COLLECTIF BUDGÉTAIRE, *U.K:* Bill of Supply.
COLLECTIFS BUDGÉTAIRES, deficiency bills.
COMPTES BUDGÉTAIRES, budget accounts.
CONTRÔLE BUDGÉTAIRE, budgetary control.
CRÉDIT BUDGÉTAIRE, appropriation ; estimate.
CRÉDITS BUDGÉTAIRES INTÉRIMAIRES, deficiency bills.
CRÉDITS BUDGÉTAIRES SUPPLÉMENTAIRES, supplementary estimates.
DÉFICIT BUDGÉTAIRE, budget deficit.
DÉPENSES BUDGÉTAIRES, budgetary expenditure.
« au-DESSUS DE LA LIGNE » (RECETTES ET DÉPENSES BUDGÉ-TAIRES DÉFINITIVES), above the line.
EXCÉDENT BUDGÉTAIRE, budget surplus ; budgetary surplus ; fiscal surplus.
EXERCICE BUDGÉTAIRE, fiscal year.
POLITIQUE BUDGÉTAIRE, budgetary policy ; fiscal policy.
PRÉVISIONS BUDGÉTAIRES, budget estimates.
PRÉVISIONS BUDGÉTAIRES RECTIFIÉES, revised estimates.
RECETTES BUDGÉTAIRES, budget revenue.
ROGNER LES PRÉVISIONS BUDGÉTAIRES, to shave the budget estimates.
SURÉQUILIBRE BUDGÉTAIRE, overbalanced budget.

BULLE *f*, bubble.

BULLETIN *m*, bulletin, note, letter, form, sheet, list.
BULLETIN DE COMMANDE, order-form ; order sheet.
BULLETIN DE LA COTE, stock-list.
BULLETIN DE COURS, list of prices.
BULLETIN D'ENVOI, dispatch note.
BULLETIN MENSUEL DE STATISTIQUES, Monthly Digest of Statistics.
BULLETIN DE SOUSCRIPTION, application form ; letter of application ; order-form.
COMPTER LES BULLETINS, to cast up the votes; to count the votes.

BUREAU *m*, bureau, office, counter, department, agency, exchange, branch.
de BUREAU, clerical.
BUREAU DES BREVETS, patent-office.
BUREAU CENTRAL DES POSTES, head post office.
BUREAU DE CHANGE, exchange office.
BUREAU CHARGÉ DE L'ACHAT DE LINGOTS D'OR ET D'ARGENT, Bullion Office.
BUREAU DE DOUANE, customs house.
BUREAU D'ÉMISSION, office of issue ; issuing office.
BUREAU D'ENREGISTREMENT, Registry office.
BUREAU DE L'ÉTAT CIVIL, registrar's office.
BUREAU D'ÉTUDES, research department.
BUREAU (EXÉCUTIF), executive committee.
BUREAU DU FRET, freight office.
BUREAU INTERNATIONAL DU TRAVAIL, International Labour Office.
BUREAU NATIONAL DE RECHERCHES ÉCONOMIQUES, *U.S:* National Bureau of Economic Research.
BUREAU PAYEUR, office of payment ; paying office ; paying counter.
BUREAU DE PLACEMENT, employment exchange ; employment bureau.
BUREAU DE POSTE, post office.
BUREAU PRINCIPAL, main office.
BUREAU RÉCEPTEUR, receiving-office.
BUREAU RÉGIONAL, district office.
BUREAU DE RENSEIGNEMENTS, inquiry office.
BUREAU DE TOURISME, tourist office.
BUREAU DE VOYAGES, travel agency.
EMPLOYÉ DE BUREAU, clerical worker ; white-collar worker ; office employee.
FRAIS DE BUREAU, office expenses.
FOURNITURES DE BUREAU, office requisites.
HEURES DE BUREAU, office hours.
LOYER DE BUREAU, office rent.
PERSONNEL DE BUREAU, office staff.
TRAVAIL DE BUREAU, office work ; clerical work.
TRAVAIL COURANT DE BUREAU, office routine.

BUREAUCRATIE *f*, bureaucracy, officialdom, red-tape.

BUREAUCRATIQUE *a*, bureaucratic.

BUT *m*, goal, purpose, intent, aim, target, object, objective.
sans BUT, purposeless.
à BUT LUCRATIF, profit-seeking.
sans BUT LUCRATIF, non-profit.
ORGANISATIONS À BUT NON LUCRATIF, non-profit organizations.
ORGANISMES À BUT NON LUCRATIF, non-profit institutions.
OUVRAGES HYDRAULIQUES À BUTS MULTIPLES, multi-purpose waterworks.
PREMIER BUT, immediate object.
SOCIÉTÉ SANS BUT LUCRATIF*, *U.S:* non profit-seeking corporation.

C

CABINET *m*, cabinet; government; office.
CABINET D'AVOCATS, law firm; legal firm.
le CABINET A DÉMISSIONNÉ, the cabinet has resigned.

CÂBLE *m*, cable, cablegram.
CÂBLE COAXIAL, coaxial cable.
ENVOYER UN CÂBLE, to cable.

CÂBLER *v*, to cable.

CÂBLOGRAMME *m*, cablegram.

CABOTAGE *m*, coastal navigation, coasting trade, coasting, coastwise shipping.

CACHÉ *a*, hidden, disguised, latent.
CHÔMAGE CACHÉ, disguised unemployment.
VICE CACHÉ, hidden defect; latent defect; latent fault.

CACHET *m*, seal, signet; fee.
CACHET DE DOUANE, customs seal.

CACHETÉ *a*, sealed.
SOUMISSION CACHETÉE, sealed tender.

CADASTRAL *a*, cadastral.
ÉVALUATION CADASTRALE, *U.K:* ratal.

CADASTRE *m*, cadastral survey.

CADASTREUR *m*, land surveyor and valuer.

CADET *a*, junior.

CADRE *m*, frame, framework; chart; executive.
CADRE COMPTABLE (D'UNE ENTREPRISE), chart of accounts.
CADRE SUPÉRIEUR, high executive; senior executive.
RÉGIME DE RETRAITES DES CADRES, *U.K:* top-hat insurance scheme.
RETRAITES DES CADRES, *U.S:* executive retirement plans.

CADUC *a*, null, barred.

CADUCITÉ *f*, nullity, lapsing.

CAFÉ *m*, coffee.
le CAFÉ EST LA RESSOURCE PRINCIPALE DU BRÉSIL, coffee is the staple commodity of Brazil.
MARCHÉ INTERNATIONAL DU CAFÉ, international coffee market.

CAHIER *m*, notebook.
CAHIER DES CHARGES, conditions of the contract; particulars of sale.

CAISSE *f*, pay-office, cashier's office, till; coffer; counter, cash-box; fund, bank.
ARTICLE DE CAISSE, cash item.
CAISSE DES AFFAIRES INDIGÈNES, native trust fund.
CAISSE D'AMORTISSEMENT, redemption fund.
CAISSES D'ASSURANCES SOCIALES, social insurance funds.
CAISSE D'ASSURANCE VIEILLESSE, old-age pension fund.
CAISSE COMMUNE, common fund.
CAISSE D'EMPRUNTS, loan-office.
CAISSE D'ÉPARGNE, savings bank.
CAISSE D'ÉPARGNE POSTALE, post office savings bank; postal savings bank.
CAISSE DE GARANTIE, guarantee association.

CAISSE DE MALADIE, sick-benefit fund.
CAISSE DE PRÊTS, loan bank.
CAISSE DE PRÉVOYANCE, provident fund.
CAISSE DE PRÉVOYANCE DU PERSONNEL, staff provident fund.
CAISSE DE(S) RETRAITES, pension fund; retiring fund; superannuation fund.
CAISSE DE SECOURS, relief fund; charity fund.
COMPTE DE CAISSE, cash-account.
DÉFICIT DE CAISSE, shortage in the cash.
DÉFICITS ET EXCÉDENTS DE CAISSE, cash shorts and overs.
ENTRÉES DE CAISSE, cash collections.
ENTRÉES ET SORTIES DE CAISSE, cash payments and cash collections; cash receipts and payments.
ESPÈCES EN CAISSE, cash in hand.
ÉTAT DE CAISSE, cash statement.
FACILITÉS DE CAISSE, overdraft facilities.
FONDS POUR DÉFICITS DE CAISSE, risk-money.
LIVRE DE CAISSE, cash-book.
LIVRE DE PETITE CAISSE, petty cash-book.
MAIN COURANTE DE CAISSE, counter cash-book; teller's cash-book.
OPÉRATIONS DE CAISSE, cash transactions.
PAIEMENTS EFFECTUÉS PAR LA CAISSE, cash disbursements.
PETITE CAISSE, petty cash.
RÉCAPITULATION DES OPÉRATIONS DE CAISSE, consolidated cash transactions.
RELEVÉ DE CAISSE, cash statement.
RETENUE SUR LES SALAIRES POUR L'ALIMENTATION DES CAISSES DE SECOURS, stoppage on wages for the maintenance of relief funds.
SITUATION DE (LA) CAISSE, cash position.
SOLDE EN CAISSE, balance in hand.
SURPLUS DE CAISSE, surplus in the cash.
TIROIR-CAISSE, till.

CAISSIER *m*, cashier, teller.
CAISSIER DES RECETTES, receiving cashier.

CALCUL *m*, calculus, calculation, computation, count, account, reckoning.
CALCUL PAR CAPITALISATION, calculation by capitalization.
CALCUL DIFFÉRENTIEL, differential calculus.
CALCUL ÉLECTRONIQUE, electronic computation.
CALCUL INFINITÉSIMAL, infinitesimal calculus.
CALCUL INTÉGRAL, integral calculus.
CALCUL DES PROBABILITÉS, probability calculus.
ERREUR DE CALCUL, miscalculation.
FAIRE REMONTER LES CALCULS À, to carry calculations back to.
NOUVEAU CALCUL, recasting; recount.
se TROMPER DANS UN CALCUL, to miscalculate.

CALCULABLE *a*, calculable, computable.

CALCULATEUR *a*, calculating.

CALCULATEUR *m*, calculator; computer; reckoner.
CALCULATEUR ANALOGIQUE, analog computer.
CALCULATEUR DIGITAL, digital computer.
CALCULATEUR ÉLECTRONIQUE, electronic computer; electronic data processing machine.
CALCULATEUR NUMÉRIQUE, numerical computer.
CALCULATEUR UNIVERSEL, general purpose computer.

CALCULATRICE *f*, calculator, computer.
CALCULATRICE ÉLECTRONIQUE, electronic computer.
CALCULATRICE NUMÉRIQUE, digital computer.

CALCULÉ *a*, calculated, computed.
les PRIX SONT CALCULÉS AU PLUS JUSTE, prices are cut very fine.
PRIX DE REVIENT CALCULÉ AU PLUS JUSTE, strict cost price.
RISQUE CALCULÉ, calculated risk.
TREND CALCULÉ, trend value.
VALEUR CALCULÉE, computed value.

CALCULER *v*, to calculate, to compute, to count, to figure, to reckon.
CALCULER UN PRIX, to arrive at a price.
CALCULER LA RECETTE ET LA DÉPENSE, to reckon the receipts and expenses.
MACHINE À CALCULER, calculating machine.
RÈGLE À CALCULER, slide-rule.

CALE *f*, hold, dock.
CALE SÈCHE, dry dock.

CALENDRIER *m*, calender, schedule, *U.S:* timing.

CALIBRE *m*, calibre, gauge.

CALME *a*, calm, quiet, flat, easy.
BOURSE CALME, quiet market.
CALME DES AFFAIRES, slackness of the market.
MARCHÉ CALME, easy market.

CALOMNIE *f*, libel.

CALORIE *f*, calory, calorie ; therm.
CALORIES PAR JOUR, calories per day.

CALORIFIQUE *a*, calorific, thermal.
CAPACITÉ CALORIFIQUE, calorific content.
ÉQUIVALENT CALORIFIQUE, mechanical equivalent of heat.
POUVOIR CALORIFIQUE, calorific value.
PUISSANCE CALORIFIQUE, heating power.
RENDEMENT CALORIFIQUE, heat efficiency ; thermal efficiency.

CAMBISTE* *m*, exchange dealer, dealer, foreign exchange dealer, exchange broker, foreign exchange broker.
CAMBISTE AGRÉÉ, authorized (exchange) dealer.

CAMION *m*, lorry, *U.S:* truck.
CAMION-CITERNE, tanker.

CAMIONNAGE *m*, haulage, *U.S:* trucking.

CAMIONNEUR *m*, lorry driver, *U.S:* truck driver, haulier.

CAMPAGNE *f*, campaign, *U.S:* drive.
CAMPAGNE ACTUELLE, present campaign.
CAMPAGNE EN COURS, present campaign.
CAMPAGNE DE PRESSE, press campaign.
CAMPAGNE DE PRODUCTIVITÉ, productivity drive.
CAMPAGNE DE PUBLICITÉ, publicity campaign.
CAMPAGNE DE VENTE, sales campaign.

CANAL *m*, channel, canal.
RÉSEAU DE CANAUX, network of canals.

CANDIDAT *m*, applicant.
LISTE DE CANDIDATS, list of applicants.

CANDIDATURE *f*, candidature, *U.S:* candidacy.
FORMULAIRE DE CANDIDATURE, application form.
POSER SA CANDIDATURE À UN POSTE, to apply for a post.

CANNE *f*, cane.
CANNE À SUCRE, sugar-cane.

CANON *m*, canon, rule.

CANONIQUE *a*, canonical.

CAOUTCHOUC *m*, rubber, *U.S:* gum.
CAOUTCHOUC SYNTHÉTIQUE, synthetic rubber.

CAPABLE *a*, capable, proficient, fit.

CAPACITÉ *f*, capacity, capability, ability, proficiency, power, bulk, content, measurement.
CAPACITÉ D'ABSORPTION, capacity of absorption.
CAPACITÉ D'ABSORPTION MARGINALE, marginal propensity to absorb.
CAPACITÉ D'ACHAT D'UN PAYS, purchasing capacity of a country.
CAPACITÉ CALORIFIQUE, calorific content.
CAPACITÉ D'EMPRUNTER, borrowing power.
CAPACITÉ D'ÉPARGNE, capacity to save.
CAPACITÉ EXCÉDENTAIRE, excess capacity.
CAPACITÉ D'IMPORTATION, capacity to import.
CAPACITÉ INEMPLOYÉE, unused capacity.
CAPACITÉ LIMITÉE, limited capacity.
CAPACITÉ DE MÉMOIRE, storage capacity.

CAPACITÉ DE (LA) MÉMOIRE CENTRALE, core storage capability ; core storage capacity.
CAPACITÉ(S) DE PRODUCTION, productive powers ; production capacity.
CAPACITÉ PRODUCTIVE, capacity to produce.
CAPACITÉ DE STOCKAGE, storage capacity.
CAPACITÉ THÉORIQUE MAXIMUM, theoretical maximum capacity.
MÉMOIRE À FERRITES DE GRANDE CAPACITÉ, bulk core storage.
MESURE DE CAPACITÉ, measure of capacity.
MESURE DE CAPACITÉ (POUR LES LIQUIDES), liquid measure.
PRATIQUE DE PRIX DISCRIMINATOIRES SELON LES CAPACITÉS DES ACHETEURS, charging what the market will bear.
TONNEAU DE CAPACITÉ, measurement ton ; ton measurement.
TRAVAILLANT À CAPACITÉ PRESQUE MAXIMA, working at close to capacity.

CAPITAL *a*, capital.
le FACTEUR TEMPS EST CAPITAL, time is of the essence.
QUESTION D'UNE IMPORTANCE CAPITALE, question of capital importance.

CAPITAL *m*, capital, asset, money, principal, stock, fund, investment, finance.
ACCROISSEMENT SPONTANÉ DU CAPITAL, self-induced increase of capital.
ACCUMULATION DU CAPITAL, capital accumulation.
ACOMPTE SUR LE CAPITAL, payment on account of capital.
ACTIONS DE CAPITAL, senior shares ; capital shares.
AMORTISSEMENT DU CAPITAL, writing off.
APPEL DE CAPITAL, call for funds.
APPORT DE CAPITAUX, contribution of capital.
ASSURANCE À CAPITAL DIFFÉRÉ, endowment insurance.
AUGMENTATION DE CAPITAL, increase of capital.
AUGMENTATION DE CAPITAL (PAR INCORPORATION DES RÉSERVES), addition to the stock (by incorporation of reserves).
BLOCAGE DE CAPITAL, tie-up of capital.
BUDGET EN CAPITAL, capital budget.
CAPITAL-ACTIONS, share capital.
CAPITAL-ACTIONS VERSÉ, paid-up share capital.
CAPITAL APPELÉ, present capital.
CAPITAL NON APPELÉ, uncalled capital.
CAPITAL D'APPORT, initial capital.
CAPITAUX ARRIVÉS À ÉCHÉANCE, matured capital.
CAPITAL CIRCULANT, working capital ; ready capital.
CAPITAUX CIRCULANTS, circulating capital ; circulating assets ; floating assets ; revenue assets.
CAPITAUX CONSOLIDÉS À LONG TERME, long-term funded capital.
CAPITAL CONSTANT, constant capital.
CAPITAL COURANT, current capital.
CAPITAUX À COURT TERME, short-term capital.
CAPITAL DÉCLARÉ, registered capital ; stated capital.
CAPITAUX DISPONIBLES, spare capital.
CAPITAL D'EMPRUNT, loan capital.
CAPITAUX EMPRUNTÉS, borrowed capital.
CAPITAL ENGAGÉ, trading capital.
CAPITAL ENTIÈREMENT VERSÉ, fully paid (up) capital.
CAPITAL D'UNE ENTREPRISE, firm's capital.
CAPITAL FIXE, permanent assets ; fixed capital.
CAPITAL FIXE ET CAPITAL CIRCULANT, fixed and working capital.
CAPITAUX FLOTTANTS, floating assets ; floating capital.
CAPITAUX FRAIS, new capital ; new money.
CAPITAL HUMAIN, human capital.
CAPITAL IMMOBILISÉ, money tied up.
CAPITAUX IMPRODUCTIFS, unproductive capital.
CAPITAL INCONSOMMABLE, indestructible capital.
CAPITAUX INEMPLOYÉS, unemployed capital.
CAPITAUX INVESTIS, funded capital.
CAPITAL INVESTI DANS UNE AFFAIRE, capital invested in a business.
CAPITAL INVESTI PAR OUVRIER, amount of capital per worker.
CAPITAL LIQUIDE, liquid capital ; money capital.
CAPITAUX À LONG TERME, long-term capital.
CAPITAUX MOBILES, revenue assets.
CAPITAL NÉCESSAIRE, requisite capital.
CAPITAL NOMINAL, nominal capital.
CAPITAL-OBLIGATIONS, debenture capital.
CAPITAL OISIF, idle capital.
CAPITAL D'ORIGINE, original capital.
CAPITAUX DE PLACEMENT, investment capital.
CAPITAUX PLACÉS À L'ÉTRANGER, capital invested abroad.
CAPITAL PRIMITIF, original capital.
CAPITAL PRODUCTIF, instrumental capital ; productive capital.
CAPITAL PRODUCTIF D'INTÉRÊTS, capital productive of interests.
CAPITAUX DE RAPPORT, revenue-earning capital.
CAPITAL QUI RAPPORTE, interest-bearing capital.
CAPITAL RÉEL, real capital.
CAPITAUX EN REPORT, money on contango.
CAPITAUX ROULANTS, circulating capital.
CAPITAUX DU SECTEUR NON MONÉTAIRE, non monetary capital sector.

CAPITAL SOCIAL*, nominal capital.
CAPITAL SOCIAL (AUTORISÉ) DIVISÉ EN 100 ACTIONS, authorized capital divided into 100 shares.
CAPITAL D'UNE SOCIÉTÉ (À RESPONSABILITÉ ILLIMITÉE) COMMERCIALE OU PROFESSIONNELLE, partnership capital.
CAPITAUX SPÉCULATIFS, risk capital ; hot money.
CAPITAL ET TRAVAIL, capital and labour.
CAPITAL VARIABLE, variable capital.
CAPITAL VERSÉ, paid-in (paid-up) capital.
CHERTÉ DES CAPITAUX, dearness of money.
COEFFICIENT DE CAPITAL, capital coefficient.
COMPTE CAPITAL, capital account.
COMPTE DE CAPITAL, stock-account.
CONFLITS CAPITAL-TRAVAIL, labour-capital conflicts.
CONSERVER LE CAPITAL EN L'ÉTAT, to maintain capital intact.
COURBE DE L'EFFICACITÉ MARGINALE DU CAPITAL, schedule of the marginal efficiency of capital.
COURBE DE VALEUR EN CAPITAL, capital-value curve.
DÉPENSES EN CAPITAL, capital expenditure.
DÉPERDITION DE CAPITAL, loss of capital.
DÉPÉRISSEMENT DE CAPITAL, dwindling of assets.
DIMINUTION DU CAPITAL, capital decumulation.
DISETTE DE CAPITAUX, shortage of capital.
DIVIDENDE PRÉLEVÉ SUR LE CAPITAL, dividend paid out of capital.
DRAINAGE DE CAPITAUX, drain of money.
EFFICACITÉ MARGINALE DU CAPITAL, marginal efficiency of capital.
EMPLOI ALTERNATIF DU CAPITAL, alternative employment of capital.
ENGAGER DU CAPITAL DANS UNE ENTREPRISE, to engage capital in a business.
ESTIMATION DU RENDEMENT FUTUR DES CAPITAUX, estimate of the future yield of capital assets.
EXPORTATION DE CAPITAUX, export of money.
FAIRE APPEL AUX ACTIONNAIRES POUR SOUSCRIRE LE CAPITAL, to invite shareholders to subscribe the capital.
FAIRE ROULER LES CAPITAUX, to turn over capital.
FORMATION BRUTE DE CAPITAL FIXE, gross fixed capital formation.
FORMATION BRUTE DE CAPITAL INTÉRIEUR, gross domestic capital formation.
FUITE DES CAPITAUX (VERS L'ÉTRANGER), capital flight ; exodus of capital.
IMMOBILISATION DE CAPITAUX, lock-up of capital ; locking up of capital ; immobilization of capital.
IMMOBILISER DES CAPITAUX, to lock up capital.
IMPÔT SUR LE CAPITAL, capital tax.
IMPÔT SUR LES PLUS-VALUES EN CAPITAL, capital gains tax.
INNOVATION ÉPARGNANT DU CAPITAL, capital-saving innovation.
INTÉRÊT DU CAPITAL, interest on capital.
les INTÉRÊTS DU CAPITAL CONSTITUENT UN ÉLÉMENT DU COÛT DE PRODUCTION, interest on capital constitutes a charge on production.
INTÉRÊTS PRÉLEVÉS SUR LE CAPITAL, interest paid out of capital.
INVESTISSEMENT DE CAPITAUX, capital investment.
INVESTISSEMENT DE CAPITAUX À LONG TERME, long-term capital investment.
LONGÉVITÉ DES CAPITAUX DURABLES, length of life of durable assets.
MAINTIEN DE L'INTÉGRITÉ DU CAPITAL, maintaining capital intact.
MANQUE DE CAPITAUX, lack of capital ; lack of finance.
MANQUER DE CAPITAUX, to lack capital.
MARCHÉ DES CAPITAUX, capital market ; market for capital ; investment market.
MARCHÉ LIBRE DES CAPITAUX, open money market.
MOBILISATION DES CAPITAUX, mobilization of capital ; liberation of capital.
MOBILISER DES CAPITAUX, to liberate capital.
MOBILITÉ DES CAPITAUX, mobility of capital.
MODIFICATION DU CAPITAL PRÉVUE PAR, alteration of capital provided by.
MOUVEMENTS DE CAPITAUX, capital movements ; movements of money.
MOUVEMENTS DE CAPITAUX PRIVÉS, private capital movements.
MOUVEMENTS DE CAPITAUX SPÉCULATIFS, hot money flows.
PARTICIPATION DANS LE CAPITAL DE, shareholding interests in.
PERTE DE CAPITAL, loss of capital.
PLACER DES CAPITAUX EN REPORT, to lend money on contango.
PLÉTHORE DE CAPITAUX, glut of money ; plethora of money.
tous POSTES DE LA BALANCE DES PAIEMENTS AUTRES QUE LA BALANCE COMMERCIALE ET LE COMPTE CAPITAL, below the line.
PRÉVISIONS RELATIVES AU RENDEMENT FUTUR DES BIENS DE CAPITAL, expectations as to the future yield of capital goods.

PLUS-VALUE EN CAPITAL, capital profits.
PRÉLÈVEMENT SUR LE CAPITAL, capital levy.
PRÉLÈVEMENT DU DIVIDENDE SUR LE CAPITAL, payment of dividend out of capital.
PRESTATION DE CAPITAUX, provision of capital ; lending.
PRÊT DE CAPITAUX, lending capital.
(se) PROCURER DES CAPITAUX, to raise money; to raise capital.
QUANTITÉ DE CAPITAL REQUISE (PAR UNITÉ DE TRAVAIL), capital intensity required (per unit of labour).
RAPPORT CAPITAL-PRODUCTION, capital-output ratio.
RÉDUCTION DE CAPITAL, reduction of capital ; writing down.
RÉINVESTIR DES CAPITAUX, to reinvest capital.
REMBOURSEMENT DE CAPITAL, return of capital.
REMBOURSEMENT D'UN CAPITAL, return of a capital sum.
REMBOURSER LE CAPITAL, to return the capital ; to repay the capital.
RÉMUNÉRATION DU CAPITAL, return on capital.
RENDEMENT DU CAPITAL, return on capital.
RENDEMENT ESCOMPTÉ DU CAPITAL, anticipated return on capital.
RENDEMENT MARGINAL DU CAPITAL, marginal return on capital.
le REVENU, EN TERMES DE CAPITAL, the income, if capitalized.
SOCIÉTÉS D'INVESTISSEMENT À CAPITAL VARIABLE*, U.K: Unit Trusts ; U.S: Mutual Funds.
SORTIE DE CAPITAUX, outflow of capital ; efflux of capital.
SOUSCRIRE LE CAPITAL, to subscribe the capital.
STOCK DE CAPITAL RÉEL, stock of real capital.
SUBVENTIONS EN CAPITAL, capital grants.
TAUX D'ACCUMULATION DU CAPITAL, rate of capital accumulation.
TAUX DE (LA) FORMATION DU CAPITAL, rate of capital formation ; rate of capital accumulation.
TAXE SUR LA PLUS-VALUE EN CAPITAL, tax on capital profits.
THÉORIE DU CAPITAL, theory of capital.
THÉORIE DU CAPITAL ET DE L'INTÉRÊT, theory of capital and interest.
TRANSFERTS AUTORISÉS DE CAPITAUX, legal capital transfers.
VALEUR EN CAPITAL, capital value.
VALEUR EN CAPITAL DE L'EMPRUNT, capital value of the loan.
VIVRE SUR SON CAPITAL, to live on one's capital.
VOLUME DU CAPITAL, quantity of capital.

CAPITALE f, capital (town).

CAPITALISABLE a, capitalizable.

CAPITALISATION f, capitalization.
CALCUL PAR CAPITALISATION, calculation by capitalization.
CAPITALISATION DE L'ESPÉRANCE DE GAIN, capitalized money value of prospective receipts.
TAUX DE CAPITALISATION, rate of capitalization ; interest yield.

CAPITALISÉ a, capitalized.
VALEUR CAPITALISÉE, capitalized value.
VALEUR CAPITALISÉE PAR LE MARCHÉ, capitalized market value.

CAPITALISER v, to capitalize.
CAPITALISER LES REVENUS, to capitalize income.

CAPITALISME m, capitalism.
CAPITALISME DYNAMIQUE, stream-lined capitalism.
CAPITALISME DES GRANDES ENTREPRISES, big business.
CAPITALISME DE LIBRE CONCURRENCE, capitalism of free competition.

CAPITALISTE a, capitalist(ic).
ACCUMULATION CAPITALISTE, capitalist accumulation.
ÉTAPE CAPITALISTE DE DÉVELOPPEMENT, capitalistic stage of development.
PRODUCTION CAPITALISTE, capitalistic production.

CAPITALISTE m, capitalist, investor.
CAPITALISTES, moneyed interest.

CAPITATION f, capitation, head-money, poll-tax.
IMPÔT DE CAPITATION, head tax.

CAPRICE m, freak.

CARACTÈRE m, character ; type.
CARACTÈRE ALÉATOIRE, randomness.
CARACTÈRE ALPHANUMÉRIQUE, alphanumeric character.
CARACTÈRE PRATIQUE, practicality.
DEMANDE À CARACTÈRE INTERMITTENT, intermittent demand.
OPÉRATIONS À CARACTÈRE TEMPORAIRE (DANS UN BUDGET), below the line.

CARACTÉRISTIQUE f, characteristic.
CARACTÉRISTIQUES DES DISTRIBUTIONS DE FRÉQUENCES, characteristics of frequency distributions.

CARAT m, carat.
OR À DIX-HUIT CARATS, eighteen-carat gold.
OR À DIX-HUIT CARATS DE FIN, gold eighteen carats fine.

CARBURANT m, fuel.
CARBURANT LOURD, heavy fuel.

CARDINAL a, cardinal.
NOMBRES CARDINAUX, cardinal numbers.
NUMÉRAUX CARDINAUX, cardinal numerals.
UTILITÉ CARDINALE, cardinal utility.

CARGAISON f, cargo, freight ; freightage, freighting.
CARGAISON COMPLÈTE, full cargo.
CARGAISON DE RETOUR, cargo homewards.
MANUTENTION DE LA CARGAISON, handling cargo.
MARCHANDISES EMBARQUÉES SELON LE TYPE DE CARGAISON, goods loaded by type of cargo.

CARGO m, tramp, freighter.

CARNET m, book.
CARNET DE CHÈQUES, cheque book, U.S: checkbook.
CARNET DE COMMANDES, order book ; backlog.
COMMANDES EN CARNET, unfilled orders ; orders in hand.
GONFLEMENT DES CARNETS D'ACHAT, lengthening of order books.
GONFLEMENT DES CARNETS DE COMMANDE(S), lengthening of order books.
TALON DU CARNET DE CHÈQUES, counterfoil of the cheque book.

CARRÉ a, square.
MÈTRE CARRÉ, square metre.
MILLE CARRÉ, square mile.
PIED CARRÉ, square foot.
RACINE CARRÉE, square root.
RACINE CARRÉE DE LA VARIANCE (ÉCART TYPE), square root of the variance (standard deviation).
YARD CARRÉ, square yard.

CARRÉ m, square, quadrate.
CARRÉ DE CONTINGENCE, chi-square.
CARRÉ DE L'HYPOTÉNUSE, square on the hypotenuse.
CARRÉ PARFAIT, perfect square.
CÔTÉS OPPOSÉS D'UN CARRÉ, opposite sides of a square.
ÉLEVÉ AU CARRÉ, squared.
ÉLEVER AU CARRÉ, to square.
MÉTHODE DES MOINDRES CARRÉS, method of least squares.
MOYENNE DES CARRÉS DES ÉCARTS À LA MOYENNE (VA-RIANCE), mean of the squared deviations from the mean (variance).
RÉDUIRE AU CARRÉ, to quadrate.
SOMME DES CARRÉS, sum of squares.
SOMME DES CARRÉS DE TOUS LES ÉCARTS, sum of squares of the residuals ; sum of (the) squares of the deviations.
SOMME DE(S) CARRÉS DES ÉCARTS DES POINTS OBSERVÉS, deviations of the separate points, when squared and totalled.
y VARIE COMME L'INVERSE DU CARRÉ DE x, y varies inversely as the square of x.

CARREAU m, floor.
sur le CARREAU DE LA MINE, ex mine.
PRIX (DU CHARBON) SUR LE CARREAU, pit-head price.

CARREFOUR m, crossroads.

CARRIÈRE f, quarry, pursuit, career.
CARRIÈRE À CIEL OUVERT, open quarry.
CARRIÈRE COMMERCIALE, commercial pursuits ; business career.
EXPLOITATION DE CARRIÈRES, quarrying.

CARROSSABLE a, carriageable.
ROUTE CARROSSABLE, motor road.

CARROSSE m, coach.

CARTE f, card ; ticket ; pass ; map.
CARTE D'ABONNEMENT, season ticket.
CARTE D'ABONNEMENT ORDINAIRE, ordinary season ticket.
CARTE D'ALIMENTATION, food card ; ration card.
CARTE D'ASSURÉ, insurance card.
CARTE BINAIRE, binary card.
CARTE DE CIRCULATION, free pass.
CARTE D'INDIFFÉRENCE, indifference map.
CARTE PERFORÉE, perforated card ; punched card.
LECTEUR DE CARTES, card reader.
LECTEUR-PERFORATEUR DE CARTES, card read punch.
PERFORATEUR DE CARTES, card punch.

CARTEL m, cartel, combine, agreement between producers, ring.
CARTEL DE L'ACIER, steel cartel.
CARTEL CORPORATIF, compulsory cartel.
CARTELS FAVORISÉS PAR LE PROTECTIONNISME DOUANIER, cartels favoured by customs protectionism.
CARTEL HORIZONTAL, horizontal combine.
CARTEL DU PÉTROLE, oil ring.
PRIX DE CARTEL, common pricing.
SYSTÈME DE CARTELS, cartel(l)ization.

CARTELLISATION f, cartel(l)ization, trustification.
CARTELLISATION VERTICALE, vertical trustification.

CARTOGRAMME m, cartogram(me).

CARTON m, cardboard.
CARTON ÉPAIS, millboard.
CARTON-PÂTE, millboard.

CAS m, case, instance ; event.
ARBITRAGE EN CAS DE GRÈVES, strike arbitration.
dans bien des CAS, in many instances.
en CAS DE BESOIN, in case of necessity ; in case of need.
CAS CONCRET, practical example.
en CAS DE DÉFAILLANCE, in case of default.
CAS D'ESPÈCE, concrete case ; specific case.
CAS EXTRÊME, extreme case.
CAS FAVORABLES, successful outcomes.
CAS FORTUIT, fortuitous event.
en CAS D'IMPRÉVU, in case of a contingency.
CAS ISOLÉ, isolated instance.
dans le CAS D'UNE LIBRE CONCURRENCE, assuming free competition.
CAS LIMITE, border-line case ; marginal case.
CAS DONT LA SOLUTION FAIT JURISPRUDENCE, test case.
en CAS D'URGENCE, in case of emergency.
CAS URGENT, emergency.
MÉTHODE DES CAS, case method.
SOMME EN RÉSERVE EN CAS DE BESOIN, sum in reserve as a stand-by.

CASH FLOW m, cash flow.

CASSE f, breakage.
VALEUR À LA CASSE DES MACHINES, scrap value of machinery.

CASSER v, to break ; to bang.
CASSER LES COURS, to bang the market.

CASSURE f, break.

CASTE f, caste.
SYSTÈME DE CASTES, caste system.

CASUEL a, casual, fortuitous.
PROFIT CASUEL, casual profit.

CATALOGUE m, catalogue, list.
CATALOGUE DE PRIX, priced catalogue.
PRIX DE CATALOGUE, list price.

CATALOGUÉ a, listed.

CATALOGUER v, to catalogue, to list.

CATALYSEUR m, catalyser.

CATÉGORIE f, category, rating, class.
CATÉGORIE DE BIENS TAXABLE, taxable class of goods.
CATÉGORIES SOCIO-PROFESSIONNELLES, social and economic categories.

CATÉGORIQUE a, categoric(al).
IMPÉRATIF CATÉGORIQUE, categorical imperative.

CAUSAL a, causal.
CONNEXION CAUSALE, causal nexus.

CAUSALITÉ f, causality.

CAUSE f, cause, reason.
CAUSES DE DÉSÉQUILIBRE, causes of disequilibrium.
CAUSE DIRECTE, immediate cause.
la CAUSE ET L'EFFET, cause and effect.
CAUSE FINALE, final cause.
CAUSE IMMÉDIATE, direct cause ; immediate cause ; proximate cause.
CAUSE LOINTAINE, remote cause.
CAUSE OCCASIONNELLE, occasional cause.
CAUSE ORIGINELLE, first cause.
CAUSE PREMIÈRE, primary cause ; prime cause ; root cause.
EXPROPRIATION POUR CAUSE D'UTILITÉ PUBLIQUE, expropriation for public purposes.
INDEMNITÉ POUR CAUSE D'EXPROPRIATION, indemnity for expropriation.
NATURE ET CAUSES DE LA RICHESSE, nature and causes of wealth.

CAUSER v, to cause, to be cause of.

CAUTION f, security, surety, guarantee, bail, indemnity, recognizance, voucher, vouchee, bondsman, sponsor.
ACQUIT-À-CAUTION, transire ; bond-note ; entry under bond; transhipment bond.
CAUTION DE BANQUE, bank guarantee.
CAUTION BONNE ET SOLVABLE, sufficient security.
CAUTION JUDICATUM SOLVI, security for costs.
CONTRE-CAUTION, counter security ; counter surety; surety for a surety ; additional security.
DEMANDER UNE CAUTION, to ask for security.
FOURNIR CAUTION, to give security.
être MIS EN LIBERTÉ PROVISOIRE SOUS CAUTION, to be given bail.

se PORTER CAUTION DE, to be surety for (someone) ; to bail for.

CAUTIONNÉ *a*, pertaining to security, to bail.

CAUTIONNEMENT *m*, securing, surety, suretyship, surety-bond, guarantee, guaranteeing, caution money, recognizance, bail, letter of indemnity, indemnity bond, bond.
ASSOCIATION DE CAUTIONNEMENT, guarantee society.
CAUTIONNEMENT D'UNE SOCIÉTÉ DE CAUTIONNEMENT, bond of a guarantee society.
s'ENGAGER PAR CAUTIONNEMENT, to pledge oneself by a surety bond.
SOCIÉTÉ DE CAUTIONNEMENT MUTUEL, mutual guarantee society.

CAUTIONNER *v*, to secure, to give security, to guarantee, to bail.
CAUTIONNER UNE DETTE, to stand as security for a debt.

CÉDANT *m*, transferor, assignor.
CÉDANT D'UNE ACTION, transferor of a share.
CÉDANT D'UN EFFET, transferor of a bill.

CÉDÉ *a*, assigned.

CÉDER *v*, to part with, to dispose, to transfer, to surrender, to assign.
AFFAIRE À CÉDER, business for sale.
CÉDER DES ACTIONS À, to assign shares to ; to transfer shares.
CÉDER À BAIL, to demise.
CÉDER UN BIEN, to dispose of a property.
CÉDER UN BILLET PAR VOIE D'ENDOSSEMENT, to transfer a bill by endorsement.
CÉDER SES DROITS, to yield one's rights.
CÉDER PAR ÉCRIT, to sign away.
CÉDER UNE PROPRIÉTÉ, to part with a property.
CÉDER À VIL PRIX, to bargain away.

CÉDULAIRE *a*, schedular, scheduled.
IMPÔT CÉDULAIRE, schedule tax ; scheduled tax ; *U.K:* pay-as-you-earn (P.A.Y.E.).
MÉTHODE CÉDULAIRE (D'IMPOSITION), schedular method (of taxation).

CÉDULE *f*, schedule, note of hand, promise to pay.

CÉLÉRITÉ *f*, celerity, haste, dispatch.

CELLULE *f*, cell.
MÉMOIRE DE MASSE À CELLULES, data cell storage.

CENS *m*, census, rating.
CENS ÉLECTORAL, property-qualification.

CENSÉ *a*, considered, supposed.
PERTE CENSÉE TOTALE, constructive total loss.

CENSURE *f*, censure, censorship.
VOTE DE CENSURE, vote of censure.

CENT *num*, cent, hundred.
pour CENT, per cent.
CENT POUR CENT, a hundred per cent.
COMMISSION DE 5 POUR CENT, commission of 5 per cent.
DEMI POUR CENT, one half per cent.
la RENTE À 3 POUR CENT, the Three per cent.
TAUX POUR CENT, rate per cent.

CENT *m*, *U.S:* cent.
PIÈCE DE 5 CENTS, *U.S:* nickel.

CENTAINE *f*, hundred.
EMPLOYER DES CENTAINES D'OUVRIERS, to employ hundreds of workers.

CENTILE *m*, centile.

CENTRAGE *m*, centring, *U.S:* centering.

CENTRAL *a*, central, main, middle.
BANQUE CENTRALE, central bank.
BUREAU CENTRAL DES POSTES, head post office.
CAPACITÉ DE (LA) MÉMOIRE CENTRALE, core storage capability ; core storage capacity.
CHAUFFAGE CENTRAL, central heating.
MÉMOIRE CENTRALE, core storage ; main memory.
TENDANCE CENTRALE D'UNE DISTRIBUTION, central tendency of a distribution.
THÉORÈME CENTRAL LIMITE, central limit theorem.
UNITÉ CENTRALE, central unit.
UNITÉ CENTRALE DE TRAITEMENT, processing central unit ; central processing unit.
VALEUR CENTRALE, central value.

CENTRAL *m*, exchange.
CENTRAL TÉLÉPHONIQUE, telephone exchange.

CENTRALE *f*, station, works.
CENTRALE ÉLECTRIQUE, power station ; generating station ; electricity works.
CENTRALE THERMIQUE, thermal power station, steam-generating station.

CENTRALISATION *f*, centralization.

CENTRALISER *v*, to centralize.

CENTRALISME *m*, centralism.

CENTRE *m*, centre, *U.S:* center ; core ; focus.
CENTRE D'ACTIVITÉ, hub.
CENTRE DES AFFAIRES, business centre.
CENTRE DE COMMERCE, market place ; mart ; business centre ; shopping centre.
CENTRE DISTRIBUTEUR, discount house ; *U.S:* discounter.
CENTRE DE GRAVITÉ, centre of attraction.
CENTRE DU MONDE DE LA FINANCE, hub of the financial world.
CENTRE DE TOURISME, tourist centre.
CENTRE URBAIN, urban centre.
CENTRE DE LA VILLE, city centre; town centre.

CENTRÉ *a*, central.
MOMENTS CENTRÉS, central moments.

CENTRER *v*, to centre, *U.S:* to center.

CENTRIFUGE *a*, centrifugal.
FORCES CENTRIFUGES, centrifugal forces ; radial forces.

CENTRIPÈTE *a*, centripetal.
TENDANCE CENTRIPÈTE, centripetal tendency.

CENTRISTE *m*, centrist.

CENTUPLE *a*, hundredfold.

CENTUPLE *m*, centuple.

CENTUPLER *v*, to increase a hundredfold, to centuple.

CERCLE *m*, circle, round.
ARC DE CERCLE, arc of circle.
CERCLE VICIEUX, vicious circle.
DEMI-CERCLE, half-circle ; semicircle.
FAIRE LA QUADRATURE DU CERCLE, to quadrate the circle.
QUART DE CERCLE, quadrant.
RAISONNEMENT EN CERCLE VICIEUX, circular argument.
RAYON DE CERCLE, radius of a circle.
SEGMENT DE CERCLE, segment of a circle.
TOURNER DANS UN CERCLE VICIEUX, to reason in a circle.

CÉRÉALE *f*, cereal, corn ; grain.
BOURSE DES CÉRÉALES, Corn Exchange.
LOI SUR LES CÉRÉALES, corn laws.
RÉCOLTE DE CÉRÉALES, grain crop.

CERF-VOLANT *m*, windmill.

CERTAIN *a*, certain, sure.
ASSUJETTIR À CERTAINES CONDITIONS, to tie down.

CERTAIN *m*, certainty.
ÉCONOMIE DU CERTAIN, economics of certainty.

CERTIFICAT *m*, certificate, warrant, bond.
CERTIFICAT D'ACTION, share certificate ; stock certificate.
CERTIFICAT D'ACTION ORDINAIRE, ordinary share certificate.
CERTIFICAT D'ACTION AU PORTEUR, share warrant to bearer.
CERTIFICAT D'ACTION PROVISOIRE, scrip certificate.
CERTIFICAT DE CHANGE NÉGOCIABLE, negotiable exchange certificate.
CERTIFICAT D'ENTREPÔT, warehouse warrant.
CERTIFICAT D'ÉPARGNE, government savings bond.
CERTIFICAT FIDUCIAIRE, trustee's certificate.
CERTIFICAT MÉDICAL, health certificate ; medical certificate.
CERTIFICAT DE NATIONALITÉ (D'UN NAVIRE), certificate of registry.
CERTIFICAT DE NÉCESSITÉ (D'AMORTISSEMENT ACCÉLÉRÉ), certificate of necessity for accelerated depreciation.
CERTIFICAT NOMINATIF, registered certificate.
CERTIFICAT NOMINATIF D'ACTION(S), registered share certificate.
CERTIFICAT D'OBLIGATION, debenture-bond.
CERTIFICAT D'ORIGINE, certificate of origin.
CERTIFICAT PROVISOIRE, scrip.

CERTIFICATION *f*, certification.
VÉRIFICATION ET CERTIFICATION (DES ÉCRITURES), auditing.

CERTIFIÉ *a*, certified.
CHÈQUE CERTIFIÉ, certified cheque.
REÇU CERTIFIÉ, accountable receipt.

CERTIFIER *v*, to certify, to audit, to warrant.
VÉRIFIER ET CERTIFIER LES COMPTES, to audit the accounts.

CERTITUDE *f*, certainty, surety, sureness, positiveness.
CERTITUDE MATÉRIELLE, physical certainty.
CERTITUDE RAISONNABLE, reasonable certainty.

CERVEAU *m*, brain.
DRAINAGE DES CERVEAUX, brain drain.

CESSATION *f*, cessation, termination, suspension, stop, leaving, discontinuance.
CESSATION D'ACTIVITÉS, discontinuance of business.

CESSATION DE PAIEMENTS, stoppage of payment.
CESSATION D'UN PROCÈS, discontinuance of a suit.

CESSER v, to cease, to discontinue ; to quit.
CESSER LE TRAVAIL, to leave off work ; to quit work.

CESSIBILITÉ f, transferability.
CESSIBILITÉ D'UNE ACTION, transferability of a share.
CESSIBILITÉ D'UNE DETTE, transferability of a debt.

CESSIBLE a, transferable, assignable.

CESSION f, transfer, transferring, assignment, transmission, assignation, cession, surrender, release, disposal, conveyance, delivery.
CESSION D'ACTIONS, transfer of shares ; transmission of shares.
CESSION À BAIL, demise.
CESSION DE BIENS (À DES CRÉANCIERS), assignment of property (to creditors).
CESSION D'UN BREVET, assignment of a patent.
FRAIS D'ACQUISITION ET DE CESSION (DE TITRES), cost of acquisition and disposal (of securities).
NOUVELLE CESSION, reassignment.
TRANSPORT-CESSION DE CRÉANCES, assignment of debts.

CESSIONNAIRE* m, transferee, assignee.
CESSIONNAIRE D'UNE ACTION, transferee of a share.
CESSIONNAIRE D'UN EFFET DE COMMERCE, transferee of a bill of exchange.

CHAÎNAGE m, chaining.
CHAÎNAGE DE DONNÉES, data chaining.

CHAÎNE f, chain, belt, line.
CHAÎNE DE MONTAGE, assembly-line.
CHAÎNE DES SUBSTITUTS, chain of substitutes.
IMPRIMANTE À CHAÎNE, chain printer.
INDICES EN CHAÎNE CONTINUE, chain indexes.
INDICES-CHAÎNE DE PRIX, chain indexes of prices.
INDICES EN CHAÎNE DE RAPPORTS, chain indexes.
PRINCIPE DU TRAVAIL À LA CHAÎNE, conveyor-belt system.
PRODUCTION À LA CHAÎNE, line production.
TRAVAIL À LA CHAÎNE, belt system of production ; flow-production.

CHAÎNON m, link.
CHAÎNON MANQUANT, missing link.

CHALAND m, barge.
CHALAND À CHARBON, coal-barge.
CHALAND À MOTEUR, motor barge.

CHALEUR f, heat.
QUANTITÉ DE CHALEUR TRANSMISE, thermal output.
UNITÉ DE CHALEUR, thermal unit.

CHALUTIER m, trawler.

CHAMBRE f, room ; house ; chamber.
BANQUES APPARTENANT À UNE CHAMBRE DE COMPENSATION, clearing banks.
les CHAMBRES, parliament.
CHAMBRE DE COMMERCE, chamber of commerce.
CHAMBRE DES COMMUNES, U.K: House of Commons ; lower Chamber.
CHAMBRE DE COMPENSATION, clearing-house.
CHAMBRE FORTE, vault.
CHAMBRE (D'HÔTEL) SANS PENSION, U.S: European plan ; (hotel) room without board.
CHAMBRE DES LORDS, U.K: House of Lords ; upper Chamber.
CHAMBRE DES MÉTIERS, chamber of trade.
CHAMBRES MEUBLÉES, furnished rooms.
CHAMBRE PATRONALE, chamber of employers.
CHAMBRE DES REPRÉSENTANTS, U.S: House of Representatives.
CHAMBRE SYNDICALE DES AGENTS DE CHANGE, Stock Exchange Committee.

CHAMP m, field, scope.
CHAMP AURIFÈRE, goldfield.
CHAMP D'ACTIVITÉ, field of activity ; scope of activities.
CHAMP DE BLÉ, wheat field ; U.K: cornfield.
CHAMP D'ESSAI, experimental plot.
COTON LIVRABLE SUR LE CHAMP ET COMPTANT, prompt cotton.

CHANCE f, chance, probability, luck ; odds.
CHANCES ÉGALES, even chances.
à CHANCES ÉGALES, toss-up.
CHANCE ÉGALE D'ÊTRE CHOISI, same chance of being chosen.
CHANCES DE SUCCÈS, prospects of success.

CHANCELIER m, chancellor.
CHANCELIER DE L'ÉCHIQUIER (MINISTRE DES FINANCES), U.K: Chancellor of the Exchequer.

CHANCEUX a, chancy.

CHANGE m, change, exchange.
ACCEPTER UNE LETTRE DE CHANGE, to accept a bill of exchange.
ACCEPTEUR D'UNE LETTRE DE CHANGE, acceptor of a bill of exchange.

ACCUEILLIR UNE LETTRE DE CHANGE, to meet a bill of exchange.
AGENT DE CHANGE, exchange broker ; mercantile broker ; stockbroker ; bill-broker (peu usité).
ALLONGE D'UNE LETTRE DE CHANGE, rider to a bill of exchange.
ARBITRAGE DE (DU) CHANGE, arbitrage of exchange ; arbitration of exchange.
ARBITRAGE SUR LES LETTRES DE CHANGE, arbitrage in bills.
AVAL DE CHANGE, exchange contract.
AVAL D'UNE LETTRE DE CHANGE, guarantee of a bill of exchange.
BÉNÉFICIER DE LA PLUS-VALUE DU CHANGE, to benefit by appreciation of the exchange.
BORDEREAU DE CHANGE, exchange contract.
BUREAU DE CHANGE, exchange office.
CERTIFICAT DE CHANGE NÉGOCIABLE, negotiable exchange certificate.
CHAMBRE SYNDICALE DES AGENTS DE CHANGE, Stock Exchange Committee.
CHANGE COMMERCIAL, commercial exchange ; bill exchange.
CHANGE CONTRAIRE, unfavourable exchange.
CHANGE DÉFAVORABLE, unfavourable exchange.
CHANGE DIRECT, direct exchange.
CHANGE ÉTRANGER, external exchange.
CHANGE EXTÉRIEUR, external exchange.
CHANGE FAVORABLE, favourable exchange.
CHANGE FIXE, fixed exchange.
CHANGE INTÉRIEUR, internal exchange.
CHANGE DES MONNAIES, exchange of moneys.
CHANGE NOMINAL, nominal exchange.
CHANGE AU PAIR, exchange at par.
CHANGE À (LA) PARITÉ, exchange at par ; exchange at parity.
CHANGE RÉEL, real exchange.
CHANGE TIRÉ, bill exchange ; commercial exchange.
COMMERCE DU CHANGE, agio account.
CONTRÔLE DES CHANGES, exchange control ; foreign exchange control.
COTE DES CHANGES, exchange rates ; foreign exchange rates.
COURS DES CHANGES, foreign exchange rates.
COURS DES CHANGES À TERME, forward exchange rates.
(COURS DU) CHANGE À VUE, sight rate.
COURTIER DE CHANGE*, foreign exchange broker ; exchange dealer ; U.S: dealer ; money-broker.
ÉCHÉANCE DE LA LETTRE DE CHANGE, tenor of the bill of exchange.
ENDOSSER UNE LETTRE DE CHANGE, to endorse a bill of exchange.
ÉTALON DE CHANGE-OR, Gold Bullion Standard.
ÉTALON-OR DE CHANGE, Gold Exchange Standard.
FAIRE LE PROTÊT D'UNE LETTRE DE CHANGE, to note protest of a bill of exchange.
FAIRE PROVISION POUR UNE LETTRE DE CHANGE, to protect a bill of exchange ; to provide for a bill.
FLUCTUATION DU CHANGE, fluctuation in exchange.
FONDS DE STABILISATION DES CHANGES, exchange stabilization fund ; exchange equalization account.
GAGNER AU CHANGE, to gain by the change.
HONORER UNE LETTRE DE CHANGE, to meet a bill of exchange.
LETTRE DE CHANGE, letter of exchange ; bill of exchange ; bill ; draft.
LEVER PROTÊT D'UNE LETTRE DE CHANGE, to protest a bill.
MAINTENIR LE CHANGE AU-DESSUS DU GOLD-POINT, to maintain the exchange above the gold-point.
MAINTENIR LE COURS DU CHANGE, to peg the exchange.
MARCHÉ DES CHANGES, foreign exchange market ; exchange market.
MARCHÉ DES CHANGES À TERME, forward exchange market.
MONTANT D'UNE LETTRE DE CHANGE, contents of a bill of exchange.
NÉGOCIATIONS DE CHANGE, exchange transactions.
NÉGOCIATIONS DE CHANGE AU COMPTANT, spot exchange transactions ; exchange for spot delivery.
NÉGOCIATIONS DE CHANGE À TERME, forward exchange transactions ; forward dealings ; exchange for forward delivery.
OPÉRATIONS DE CHANGE, exchange transactions.
OPÉRATIONS DE CHANGE AU COMPTANT, exchange for spot delivery.
OPÉRATIONS DE CHANGE À TERME, forward exchange transactions ; forward dealings ; exchange for forward delivery ; exchange for future delivery.
PARITÉS DE CHANGE, equivalences of exchange.
PAYER LE CHANGE ET LE RECHANGE, to pay the exchange and the re-exchange.
PAYER UNE LETTRE DE CHANGE, to honour a bill of exchange.
PAYER UNE LETTRE DE CHANGE À L'ÉCHÉANCE, to pay a bill of exchange at maturity.
PAYER UNE LETTRE DE CHANGE PAR INTERVENTION, to pay a bill of exchange for honour.
PERTE AU (SUR LE) CHANGE, loss on exchange.

PRENEUR D'UNE LETTRE DE CHANGE, taker of a bill.
PRÉSENTATION D'UNE LETTRE DE CHANGE, sighting of a bill of exchange.
PRÉSENTER UNE LETTRE DE CHANGE, to sight a bill of exchange.
PRÉVISIONS POUR FLUCTUATIONS DU CHANGE, allowance for exchange fluctuations.
PRIME DU CHANGE, agio.
PROFESSION D'AGENT DE CHANGE, stockbroking.
PROLONGER UNE LETTRE DE CHANGE, to renew a bill.
PROTESTER UNE LETTRE DE CHANGE, to protest a bill.
RECHANGE D'UNE LETTRE DE CHANGE, re-exchange of a bill of exchange.
RÉGIME DES CHANGES, exchange system.
RÉGLEMENTATION DES CHANGES, control of exchanges.
STABILITÉ DU TAUX DE CHANGE, stability of the exchange rate.
SURTAXE DE CHANGE, exchange surcharge.
TAUX DE CHANGE, rate of exchange.
TAUX DE CHANGE EN COURS À PARIS, rate of exchange current in Paris.
TAUX DE CHANGE FIXES, fixed exchange rates.
TAUX DE CHANGE FLOTTANT, floating exchange rate.
TAUX DE CHANGE FLUCTUANTS, fluctuating exchange rates.
TAUX DE CHANGE MULTIPLES, multiple exchange rates.
TAUX DE CHANGE VARIABLES, fluctuating exchange rates.
TAXES DE CHANGE, exchange taxes.
TRANSMETTRE PAR VOIE D'ENDOSSEMENT UNE LETTRE DE CHANGE, to endorse a bill of exchange to.
TROISIÈME DE CHANGE, third of exchange.

CHANGEANT a, changing, changeable, varying.
VALEURS CHANGEANTES, changing values.

CHANGEMENT m, change, changing, varying, shift, shifting.
CHANGEMENT APPARENT, apparent change.
CHANGEMENT DE BASE (DES INDICES), shift of base.
CHANGEMENTS ENDOGÈNES, endogenous changes.
CHANGEMENTS ESCOMPTÉS, prospective changes.
CHANGEMENT FRÉQUENT, flux.
CHANGEMENT IMPRÉVISIBLE, unforeseeable change.
CHANGEMENT IMPRÉVU, unforeseen change.
CHANGEMENT MATÉRIEL, physical change.
CHANGEMENT DE PENTE, break of slope.
CHANGEMENT DANS LES PRÉVISIONS, change in expectations.
CHANGEMENT DE PROPRIÉTAIRE, under new ownership; under new management.
CHANGEMENTS PROVOQUÉS PAR LE MILIEU, environmental changes.
LENTE ADAPTATION AUX CHANGEMENTS, slow response to change.
LIGNE DE CHANGEMENT DE DATE, date-line.
SUJET À DES CHANGEMENTS FRÉQUENTS, in a state of flux.

CHANGER v, to change, to exchange, to vary.
CHANGER UN BILLET DE BANQUE, to change a bank note.
CHANGER DES LIVRES CONTRE DES FRANCS, to exchange pounds sterling for francs.

CHANTAGE m, blackmail.

CHANTIER m, yard.
CHANTIER DE CONSTRUCTION NAVALE, shipbuilding yard; shipyard; dockyard.

CHANVRE m, hemp.

CHAPITRE m, heading, head.

CHARBON m, coal, mineral.
l'ANGLETERRE EST UN GROS EXPORTATEUR DE CHARBON, England is a big exporter of coal.
CHALAND À CHARBON, coal-barge.
COMMUNAUTÉ EUROPÉENNE DU CHARBON ET DE L'ACIER, European Coal and Steel Community.
DÉPÔT DE CHARBON, coal depot; coal(-)yard.
ÉQUIVALENCE EN CHARBON, coal equivalent.
MINE DE CHARBON, coal mine.
NÉGOCIANT EN CHARBON, coal merchant.
PÉNICHE À CHARBON, coal-barge.
PRIX DU CHARBON SUR LE CARREAU, pit-head price.
SUBSTITUER DE L'ÉLECTRICITÉ AU CHARBON, to replace coal by (with) electricity.

CHARBONNAGE m, coal-mining, coal board
CHARBONNAGES DE GRANDE-BRETAGNE, National Coal Board.
GRÈVE DANS LES CHARBONNAGES, coal strike.

CHARGE f, charge, tax encumbrance, encumbrance, load, loading, cargo, lading, bulk, weight.
CAHIER DES CHARGES, conditions of the contract; particulars of sale.
à la CHARGE, dependent.
en CHARGE POUR, loading for.
CHARGES D'AMORTISSEMENT, depreciation charges.

CHARGE COMPLÈTE, truck load.
CHARGE À LA CUEILLETTE, general cargo.
CHARGES FISCALES, taxation.
CHARGES FIXES, fixed charges.
CHARGE D'UN NAVIRE, lading of a ship.
CHARGE PRESCRITE, specified load.
CHARGE DE LA PREUVE, burden of proof.
CHARGE PRÉVUE, specified load.
CHARGES SALARIALES, hired labour charges.
CHARGES D'UNE SUCCESSION, charges on an estate.
CHARGES TERMINALES, terminal charges.
CHARGE UTILE, carrying capacity; live weight.
DÉGÂTS À LA CHARGE DE, damage chargeable to.
DROIT DE TIMBRE À LA CHARGE DU VENDEUR, stamp duty payable by the seller.
FACTEUR DE CHARGE, load factor.
FRAIS À LA CHARGE DE, costs taxable to.
HOMME SANS CHARGES DE FAMILLE, man without (family) encumbrances.
IMPÔTS À LA CHARGE DU LOCATAIRE, taxes payable by the tenant.
LOURDE CHARGE POUR LE BUDGET, heavy charge for the budget.
PERSONNE À CHARGE, dependent.
PERSONNES À LA CHARGE DU CONTRIBUABLE, persons dependent on the tax-payer.
PRENDRE EN CHARGE L'ACTIF ET LE PASSIF, to take over the assets and liabilities.
PRENDRE LES DROITS À SA CHARGE, to undertake to pay the duty.
RÉPARATIONS À LA CHARGE DU PROPRIÉTAIRE, repairs chargeable on the owner.
TAUX DE CHARGE, load per unit.

CHARGÉ a, loaded, laden, weighted, burdened.
BUREAU CHARGÉ DE L'ACHAT DE LINGOTS D'OR ET D'ARGENT, Bullion Office.
NAVIRE CHARGÉ, ship laden.
la PLACE EST CHARGÉE, the market is all givers.

CHARGEMENT m, load, loading, lading, charging, freight.
CHARGEMENT PÉRISSABLE, perishable cargo.
CHARGEMENT DE RETOUR, loading homewards.
CHARGEMENT EN VRAC, loading in bulk.
DÉDIT POUR DÉFAUT DE CHARGEMENT, dead freight.
EMPRUNT SUR LE CHARGEMENT, respondentia.
RISQUE DE CHARGEMENT, loading risk.
VALEUR DU CHARGEMENT, value of the shipment; value of the consignment.

CHARGER v, to charge, to load, to lade.
CHARGER D'UNE COMMISSION, to charge with a commission.

CHARGEUR m, loader; shipper; feeder.

CHARITABLE a, charitable.

CHARITÉ f, charity.
CHARITÉ PRIVÉE, private charity.
ŒUVRE DE CHARITÉ, charity (organization).

CHARPENTIER m, carpenter.
COMPAGNON CHARPENTIER, journeyman carpenter.

CHARRETTE f, U.K: waggon, cart.

CHARRUE f, plough.

CHASSE f, hunting.
CHASSE (EN BOURSE), raid.
PERMIS DE CHASSE, game-licence.

CHASSER v, to chase, to drive out, to raid.
CHASSER LE DÉCOUVERT, to raid the bears; to raid the shorts.
CHASSER LE DÉNOMINATEUR, to multiply up.
la MAUVAISE MONNAIE CHASSE LA BONNE, bad money drives out good.

CHAUD a, hot.
AIR CHAUD, hot blast.

CHAUFFAGE m, heating.
CHAUFFAGE CENTRAL, central heating.

CHAUMIÈRE f, cottage.

CHAUSSÉE f, road, roadway, trackway, carriage-road.
PONTS ET CHAUSSÉES, roads and bridges; Highways department.

CHAUVINISME m, chauvinism.

CHEF m, head, manager.
CHEF D'ATELIER, head foreman.
CHEF COMPTABLE, head accountant; chief accountant.
CHEF DE DÉPENSE, expense item.
CHEF D'ÉQUIPE, foreman.
CHEF DE FAMILLE, householder; head of household.
CHEF DE FILE, leader.
CHEFS DE FILE DU MARCHÉ, leaders of the market.

CHEF DU PERSONNEL, personnel manager ; staff manager.
CHEF DE SERVICE, head of department.

CHEMIN m, road, path, track, way.
CHEMIN CRITIQUE, critical path.
CHEMIN VICINAL, lane.
MÉTHODE DU CHEMIN CRITIQUE, critical path method.
à MI-CHEMIN, midway.

CHEMIN DE FER m, railway, rail, U.S: railroad.
ACCIDENT DE CHEMIN DE FER, railway accident.
ADMINISTRATION DES CHEMINS DE FER, railway administration.
ASSAINISSEMENT FINANCIER DES CHEMINS DE FER, U.S: railroad reorganization.
BILLET DE CHEMIN DE FER, railway ticket.
CHEMIN DE FER À CRÉMAILLÈRE, rack-railway.
CHEMIN DE FER DE L'ÉTAT, State railways.
CHEMIN DE FER MÉTROPOLITAIN (MÉTRO), metropolitan railway ; U.K: underground ; U.S: subway.
CHEMINS DE FER PRIVÉS, private railways.
COMPAGNIE DE CHEMIN DE FER, railway (U.S: railroad) company.
CONCESSION DE CHEMINS DE FER, railway concession.
ÉLECTRIFICATION D'UN CHEMIN DE FER, electrification of a railway.
GRÈVE DES CHEMINS DE FER, railway strike.
INDICATEUR DES CHEMINS DE FER, railway guide ; timetable.
LIGNE DE CHEMINS DE FER, railway line.
NATIONALISATION DES CHEMINS DE FER, nationalization of railways.
RÉSEAU DE CHEMINS DE FER, railway system.
STRUCTURE FINANCIÈRE DES CHEMINS DE FER, U.S: capitalization of railroads.
TARIF DES CHEMINS DE FER, railway rates.
TRAFIC DES CHEMINS DE FER, railway traffic.
TRANSPORT PAR CHEMIN DE FER, railway carriage.
TRUST DES CHEMINS DE FER, railway pool.
VALEURS DE CHEMINS DE FER, rails ; railways ; U.S: railroad shares ; railway stock.
VOYAGE EN CHEMIN DE FER, railway trip ; railway journey.
WAGON DE CHEMIN DE FER, railway coach ; railway carriage ; railroad car.

CHEMINOT m, railwayman.

CHÈQUE m, cheque, U.S: check.
ANNULER UN CHÈQUE, to cancel a cheque.
ARRÊT DE PAIEMENT D'UN CHÈQUE, stopping of a cheque.
BÉNÉFICIAIRE D'UN CHÈQUE, payee of a cheque.
CARNET DE CHÈQUES, chequebook ; U.S: checkbock.
CHÈQUE BANCAIRE, banker's draft.
CHÈQUE DE BANQUE, banker's draft.
CHÈQUE BARRÉ, crossed cheque.
CHÈQUE NON BARRÉ, open cheque ; uncrossed cheque.
CHÈQUE EN BLANC, blank cheque.
CHÈQUE CERTIFIÉ, certified cheque.
CHÈQUES ENCAISSÉS, paid cheques.
CHÈQUE ENDOSSABLE, endorsable cheque.
CHÈQUE IMPAYÉ, unpaid cheque ; dishonoured cheque.
CHÈQUE À ORDRE, cheque to order ; order cheque.
CHÈQUE SUR PLACE, town cheque.
CHÈQUE DE PLACE À PLACE, country cheque.
CHÈQUE AU PORTEUR, bearer cheque.
CHÈQUE PRESCRIT, stale cheque.
le CHÈQUE EST PROTESTABLE, the cheque is protestable.
CHÈQUE SIGNÉ EN BLANC, cheque signed in blank.
CHÈQUE DE VIREMENT, transfer cheque.
CHÈQUE VISÉ, marked cheque.
CHÈQUE DE VOYAGE, traveller's cheque.
COMPENSATION DE CHÈQUES, clearance of cheques.
COMPENSER UN CHÈQUE, to pass a cheque through the clearinghouse.
COMPTE DE CHÈQUES, U.S: checking account.
DÉPOT EN COMPTE DE CHÈQUES, U.S: checking deposit ; U.K: cheque deposit.
DÉPOT D'ÉPARGNE SUJET À RETRAIT PAR CHÈQUE, saving deposit subject to cheque.
DONNER UN CHÈQUE À L'ENCAISSEMENT, to pay in a cheque ; to pay a cheque into the bank.
ÉMETTRE UN CHÈQUE, to issue a cheque.
ENCAISSER UN CHÈQUE, to pay in a cheque ; to encash a cheque.
ÉTABLIR UN CHÈQUE À L'ORDRE DE, to make out a cheque to.
FAUX CHÈQUE, forged cheque.
FORMULE DE CHÈQUE, cheque form.
FRAPPER UN CHÈQUE D'OPPOSITION, to stop payment of a cheque.
PRÉSENTER UN CHÈQUE À L'ENCAISSEMENT, to present a cheque for payment.
REFUSER D'HONORER UN CHÈQUE, to refer a cheque to drawer.
RÈGLEMENT PAR CHÈQUE, payment by cheque.
RÉGULARITÉ D'UN CHÈQUE, regularity of a cheque.
REMPLIR UN CHÈQUE, to write a cheque.
SOUCHE DE CHÈQUE, U.S: stump ; U.K: counterfoil.

SUSPENDRE LE PAIEMENT D'UN CHÈQUE, to stop a cheque.
TALON DU CARNET DE CHÈQUES, counterfoil of the cheque book.
TIRAGE D'UN CHÈQUE, draft of a cheque.
TOUCHER UN CHÈQUE, to cash a cheque.
VALORISATION DE CHÈQUES SUR NEW YORK, valuing of cheques on New York.
VALORISER DES CHÈQUES SUR NEW YORK, to value cheques on New York.

CHÉQUIER m, cheque-book, U.S: check-book.

CHER a, dear, expensive, heavy.
ARGENT CHER, dear money.
trop CHER, too dear ; too expensive.
INDEMNITÉ DE VIE CHÈRE, cost-of-living bonus.
MARCHANDISES CHÈRES, high-priced goods.
les MARCHANDISES SONT CHÈRES, goods are dear.
les REPORTS SONT CHERS, contangoes are heavy.

CHER adv, dear.
les HEURES SUPPLÉMENTAIRES SE PAIENT 50 % PLUS CHER, overtime counts time and half.
VENDRE MOINS CHER, to undersell ; to undercut.

CHERCHER v, to seek, to look for, to prospect, to explore, to want.
CHERCHER UN EMPLOI, to want a situation.
CHERCHER À FAIRE BAISSER LES COURS, to bear the market.
CHERCHER DES FILONS HOUILLERS, to explore for coal.
CHERCHER DE L'OR, to prospect for gold.
CHERCHER À RENDRE LA PRODUCTION MAXIMUM, to endeavour to maximize output.
CHERCHER DU TRAVAIL, to look for a job.

CHERCHEUR m, searcher, seeker, digger, investigator.
CHERCHEUR D'OR, gold-seeker ; gold-digger ; gold prospector.
CHERCHEUR (SCIENTIFIQUE), researcher, research worker.

CHERTÉ f, dearness, expensiveness, costliness.
CHERTÉ DE L'ARGENT, high price of money.
CHERTÉ DES CAPITAUX, dearness of money.
CHERTÉ DU CRÉDIT, dearness of credit.
CHERTÉ DE VIE, cost of living.
INDEMNITÉ DE CHERTÉ DE VIE, cost-of-living allowance.

CHEVAL m, horse.
CHEVAL HEURE, horse-power hour.
CHEVAL DE TRAIT, draught-horse.
CHEVAL-VAPEUR, horse-power (h.-p.).

CHEVAUCHEMENT m, overlap, overlapping.

CHEVAUCHER v, to overlap.

CHICANER v, to haggle.
CHICANER SUR LE PRIX DE, to haggle over the price of.

CHIFFRABLE a, calculable.

CHIFFRE m, figure, number, numeral, digit.
ADDITION DE CHIFFRES, adding (up) of figures.
ADDITIONNER DES CHIFFRES, to add (up) figures.
ADDITIONNER UNE COLONNE DE CHIFFRES, to tot up a column of figures.
l'AUGMENTATION DU CHIFFRE D'AFFAIRES S'ÉLÈVE À, the increase in business runs into.
l'AUGMENTATION DU CHIFFRE D'AFFAIRES REPRÉSENTE, the increase in business runs into.
CHIFFRE D'AFFAIRES, turnover ; sales figure ; U.S: billing.
CHIFFRES ARABES, Arabic numerals.
CHIFFRE ARRONDI, rounded figure.
CHIFFRE À DÉCLARER POUR, figure to return for.
CHIFFRE EXACT, correct figure.
CHIFFRES RONDS, round figures.
CHIFFRE SIGNIFICATIF, significant figure.
COLONNE DE CHIFFRES, column of figures.
COLONNE DE CHIFFRES À ADDITIONNER, tot.
INTERPRÉTER LES CHIFFRES, to interpret figures.
JONGLER AVEC LES CHIFFRES, to juggle with figures.
LIGNES ET COLONNES (DE CHIFFRES), rows and columns (of figures).
NOMBRE DE CINQ CHIFFRES, five-figure number.
RETENIR UN CHIFFRE, to carry a figure.
il a UN REVENU DE PLUS DE CINQ (SIX) CHIFFRES, his income runs into five (six) figures.
TAXE SUR LE CHIFFRE D'AFFAIRES, tax on turnover ; turnover tax ; sales tax.
le ZÉRO ET LES NEUF CHIFFRES, the ten digits.

(SE) CHIFFRER v, to calculate ; to figure ; to amount to.
CHIFFRER LES INTÉRÊTS, to work out the interest.

CHIMIE f, chemistry.
CHIMIE APPLIQUÉE, applied chemistry.
CHIMIE INDUSTRIELLE, technical chemistry.
CHIMIE MINÉRALE, inorganic chemistry.
CHIMIE ORGANIQUE, organic chemistry.

CHIMIE PURE, theoretical chemistry.

CHIMIQUE a, chemical ; artificial.
ENGRAIS CHIMIQUE, artificial fertilizer ; chemical manure.
INDUSTRIE CHIMIQUE, chemical industry.
PRODUITS CHIMIQUES, chemicals.

CHIROGRAPHAIRE a, unsecured.
CRÉANCE CHIROGRAPHAIRE, unsecured debt.
CRÉANCIER CHIROGRAPHAIRE, unsecured creditor.
OBLIGATION CHIROGRAPHAIRE, simple debenture.

CHOC m, knock, impact.
PRIX-CHOC, knockdown prices.

CHOISI a, chosen, select, selected, picked.
CHANCE ÉGALE D'ÊTRE CHOISI, same chance of being chosen.
NOMBRE CHOISI A PRIORI, discretionary number.
ORIGINE CHOISIE ARBITRAIREMENT, arbitrary origin.
VALEUR LIBREMENT CHOISIE, discretionary value.

CHOISIR v, to choose, to select, to pick, to elect.

CHOIX m, choice, selection, selecting, choosing, picking; alternative, option.
CHOIX DE LA BASE DE DÉPART, choice of base period.
CHOIX D'UN BUDGET DE RÉFÉRENCE, choice of regimen.
CHOIX DU CONSOMMATEUR, consumer's choice.
CHOIX DES ÉLÉMENTS À RETENIR, choice of items.
CHOIX FAIT AU HASARD, random choice.
CHOIX QUI NE LAISSE PAS D'ALTERNATIVE, Hobson's choice.
CHOIX OPTIMAL, best alternative.
CHOIX DE LA PONDÉRATION, choice of weights.
CHOIX DES UNITÉS, choice of units.
LIBRE CHOIX, free choice.
de PREMIER CHOIX, of finest quality.
PROMOTION AU CHOIX, promotion by selection.
THÉORIE DES CHOIX ÉCONOMIQUES, theory of economic choice.

CHÔMAGE m, unemployment, idleness, shut-down.
ACCENTUER LE CHÔMAGE, to accentuate the unemployment.
ALLOCATION DE CHÔMAGE, unemployment benefit.
ASSURANCE CHÔMAGE OBLIGATOIRE, compulsory unemployment insurance.
en CHÔMAGE, unemployed ; jobless ; idle ; inactive.
CHÔMAGE EN AUGMENTATION, unemployment on the increase.
CHÔMAGE CACHÉ, disguised unemployment.
CHÔMAGE FRICTIONNEL, frictional unemployment.
CHÔMAGE INVOLONTAIRE, involuntary unemployment.
CHÔMAGE MARGINAL, marginal unemployment.
CHÔMAGE MASSIF, mass unemployment.
en CHÔMAGE PARTIEL, on short time.
CHÔMAGE SAISONNIER, seasonal unemployment.
CHÔMAGE TECHNOLOGIQUE, technological unemployment.
CHÔMAGE D'UNE USINE, closing-down of a factory.
ÊTRE EN CHÔMAGE, to be out of a job ; to be out of work ; to be unemployed.
FONDS D'ASSURANCE CHÔMAGE, unemployment fund.
MISE AU CHÔMAGE TEMPORAIRE, U.S: lay-off ; U.K: standing off (of workers).
PÉRIODE DE CHÔMAGE, U.S: lay-off ; U.K: period of unemployment.
SECOURS DE CHÔMAGE, unemployment compensation ; unemployment relief ; unemployment benefit ; unemployment dole.
THÉORIE DU CHÔMAGE, theory of unemployment.

CHÔMER v, to stand off, to lie idle ; to be unemployed.
FAIRE CHÔMER, to stand off.
USINE QUI CHÔME, factory lying idle.

CHÔMEUR m, unemployed, out-of-work.
ARMÉE DE RÉSERVE DES CHÔMEURS, reserve army of the unemployed.
TRAVAUX PUBLICS ORGANISÉS POUR LES CHÔMEURS, relief work.

CHOSE f, thing; property.
APPORTER QUELQUE CHOSE À UNE SOCIÉTÉ, to contribute something to a company.
toutes CHOSES ÉGALES, all things being equal ; other things being equal.
les CHOSES ESSENTIELLES D'ABORD, first things first.
CHOSE LOUÉE, leased property.
CHOSE MATÉRIELLEMENT IMPOSSIBLE, physical impossibility.
CONVENIR DE QUELQUE CHOSE, to agree upon.
FORCE DES CHOSES, force of circumstances.
ORDRE DES CHOSES, nature of things.
VALEUR DE LA CHOSE ASSURÉE, value of the thing insured.

CHROMATIQUE a, chromatic.
NOMBRE CHROMATIQUE, chromatic number.

CHRONIQUE a, chronic.
DÉFICIT CHRONIQUE, chronic deficit.
INFLATION CHRONIQUE, chronic inflation.

CHRONOLOGIQUE a, chronological.
AJUSTEMENT CHRONOLOGIQUE, time adjustment.
ORDRE CHRONOLOGIQUE, chronological order.
SÉRIE CHRONOLOGIQUE, time series.

CHRONOMÉTRAGE m, timing.

CHRONOMÉTRER v, to time.

CHRONOMÉTREUR m, timer.

CHUTE f, fall, downfall, drop, slide.
AMÉNAGER UNE CHUTE D'EAU, to harness water-power.

CIBLE f, target.
CIBLE MOBILE, moving target.

CIEL m, sky, heaven.
CARRIÈRE À CIEL OUVERT, open quarry.
EXPLOITATION À CIEL OUVERT, open (-pit) mining; opencast mining; open cast mine.
MINE À CIEL OUVERT, open mine ; surface mine.

CIMENT m, cement, concrete.

CINÉMA m, cinema, picture-house.
FRÉQUENTATION ANNUELLE DES CINÉMAS, annual cinema attendance.

CINÉTIQUE a, kinetic.
ÉNERGIE CINÉTIQUE, kinetic energy.

CINQUIÈME num. a, fifth.
CINQUIÈME LIBERTÉ (AVIATION), fifth freedom (in civil aviation).

CIRCONFÉRENCE f, circumference.
RAPPORT DE LA CIRCONFÉRENCE AU DIAMÈTRE, circular constant ; pi ; π.

CIRCONSCRIPTION f, circumscription, district.
CIRCONSCRIPTION ADMINISTRATIVE, administrative unit.
CIRCONSCRIPTION ÉLECTORALE, constituency ; U.S: precinct.

CIRCONSCRIT a, circumscribed.

CIRCONSTANCE f, circumstance, juncture, conjuncture.
CIRCONSTANCES ANORMALES, abnormal circumstances.
CIRCONSTANCES INDÉPENDANTES DE SA VOLONTÉ, circumstances beyond his control.

CIRCUIT m, circuit, circumference ; cycle.
CIRCUIT COMPLET, full circuit.
CIRCUIT FERMÉ, closed circuit.
CIRCUIT IMPRIMÉ, printed circuit.
CIRCUIT INTÉGRÉ, integrated circuit.
CIRCUIT LOGIQUE, logical circuit.
CIRCUIT MINIATURISÉ, miniaturized circuit.
CIRCUIT NUMÉRIQUE, digital circuit.
CIRCUIT SEMI-INTÉGRÉ, hybrid integrated circuit.
ENSEMBLE DE CIRCUITS, U.S: circuitry.

CIRCULAIRE a, circular, round.
ERREUR CIRCULAIRE PROBABLE, circular error probability.
FONCTIONS CIRCULAIRES, circular functions.
LETTRE DE CRÉDIT CIRCULAIRE, circular letter of credit ; circular note.

CIRCULANT a, circulating.
CAPITAL CIRCULANT, working capital ; ready capital.
CAPITAUX CIRCULANTS, circulating capital ; circulating assets ; floating assets ; revenue assets.
CAPITAL FIXE ET CAPITAL CIRCULANT, fixed and working capital.
MONNAIE CIRCULANTE, active money.

CIRCULARITÉ f, circularity.

CIRCULATION f, circulation ; traffic ; currency.
CARTE DE CIRCULATION, free pass.
CIRCULATION À DÉCOUVERT, uncovered circulation.
CIRCULATION FIDUCIAIRE, credit circulation ; fiduciary circulation.
CIRCULATION MONÉTAIRE, circulation of money ; money circulation.
CIRCULATION ROUTIÈRE, road traffic.
CIRCULATION À SENS UNIQUE, one-way traffic.
EMBOUTEILLAGE DE CIRCULATION, traffic block; traffic jam.
ENCOMBREMENT DE (LA) CIRCULATION, traffic obstruction ; traffic jam.
LIMITER LA VITESSE DE CIRCULATION SUR UNE ROUTE, to restrict a road ; to impose a speed limit.
RAPPORT DE L'ENCAISSE D'OR À LA MONNAIE EN CIRCULATION, gold ratio.
RETIRER DES PIÈCES DE LA CIRCULATION, to withdraw coins from circulation.
ROUTE À GRANDE CIRCULATION, highway ; motor-road.
TYPOLOGIE DES PIÈCES EN CIRCULATION, coinage.
VÉHICULES AUTOMOBILES EN CIRCULATION, motor vehicles in use.
VÉHICULES TEMPORAIREMENT RETIRÉS DE LA CIRCULATION, vehicles temporarily not in circulation.

VITESSE EN REVENU DE LA CIRCULATION DE LA MONNAIE, income velocity of circulation of money.

CIRCULER *v*, to circulate, to flow.
la **MONNAIE CIRCULE LIBREMENT,** money circulates freely.

CITADELLE *f*, stronghold.
CITADELLE DU LIBRE-ÉCHANGE, stronghold of free-trade.

CITATION *f*, quotation.

CITÉ *f*, city, settlement, town, colony.
CITÉ DE LONDRES (place financière), City of London.

CITER *v*, to quote.

CITERNE *f*, cistern, tank.
BATEAU-CITERNE, tanker.
CAMION-CITERNE, tanker.

CITOYEN *m*, citizen, freeman.
DÉCLARATION DES DROITS DES CITOYENS, *U.K:* Bill of Rights.
DROITS DU CITOYEN, personal rights.

CIVIL *a*, civil, private.
ACTION CIVILE*, civil proceedings.
ANNÉE CIVILE, calender year ; legal year.
ASSURANCE DE RESPONSABILITÉ CIVILE, public liability insurance.
BUREAU DE L'ÉTAT CIVIL*, registrar's office.
DROIT CIVIL*, civil law.
ÉTAT CIVIL, civil status.
GÉNIE CIVIL, civil engineering.
GUERRE CIVILE, civil war.
INGÉNIEUR CIVIL, civil engineer.
OFFICIER DE L'ÉTAT CIVIL*, registrar.
ORGANISATION INTERNATIONALE DE L'AVIATION CIVILE, International Civil Aviation Organization.
PROCÉDURE CIVILE*, civil proceedings.
PROCÈS CIVIL, suit at law.
REGISTRE DE L'ÉTAT CIVIL, register of births, marriages and deaths.
REGISTRE DE L'ÉTAT CIVIL DES NAVIRES, register-book.
STATISTIQUES DE L'ÉTAT CIVIL, vital statistics.

CIVILISATION *f*, civilization.
CIVILISATION MÉCANIQUE, mechanical civilization.

CIVIQUE *a*, civil, civic.
DROITS CIVIQUES, civil rights.

CLAIR *a*, clear.
BÉNÉFICE CLAIR ET NET, clear profit.

CLAIREMENT *adv*, clearly, well.
CLAIREMENT DÉFINI, well-defined.

CLAIRSEMÉ *a*, sparse.
POPULATION CLAIRSEMÉE, sparse population.

CLANDESTIN *a*, clandestine.
SYNDICALISME CLANDESTIN, black unionism.

CLASSE *f*, class, rank, rating.
BILLET DE PREMIÈRE CLASSE, first-class ticket.
CLASSES DIRIGEANTES, ruling classes.
les **CLASSES DIRIGEANTES,** *U.K:* the Establishment.
CLASSES LABORIEUSES, working classes.
CLASSES MOYENNES, middle class.
CLASSES OISIVES, leisured classes.
CLASSE OUVRIÈRE, labouring class ; operative class ; working class ; workpeople.
CLASSES POSSÉDANTES, moneyed classes ; propertied classes ; proprietary classes ; wealth-owning class.
CLASSES PRIVILÉGIÉES, privileged classes.
CLASSES SUPÉRIEURES, higher classes.
CONSCIENCE DE CLASSE, class consciousness.
DEUXIÈME CLASSE, second class.
ÉCHANTILLON ALÉATOIRE STRUCTURÉ PAR CLASSES, stratified random sample.
INTERVALLE DE CLASSE, class-interval.
INTERVALLES DE CLASSES INÉGAUX, uneven class-intervals.
LIMITES DE CLASSE, class-limits.
LUTTE DES CLASSES, class struggle ; class war.
PAQUEBOT À CLASSE UNIQUE, one-class liner.
PREMIÈRE CLASSE, first class.

CLASSÉ *a*, classified, placed, graded.
ANNONCE CLASSÉE, classified advertisement.
non **CLASSÉ,** unclassified.
CLASSÉ PAR ORDRE DE GRANDEUR, sized.
DONNÉES CLASSÉES, classified data.
ÉCHANTILLON ALÉATOIRE NON CLASSÉ, simple random sample.
HÔTELS CLASSÉS, graded hotels.
VALEURS BIEN CLASSÉES, well placed shares.

CLASSEMENT *m*, classification, sorting, grading, ordering.

CLASSER *v*, to classify, to grade.

CLASSEUR *m*, file, filing-cabinet.

CLASSIFICATION *f*, classification, classifying.
CLASSIFICATION ÉCONOMIQUE INTERNATIONALE TYPE, standard economic classification.
CLASSIFICATION DES IMPÔTS LOCAUX, rating.

CLASSIFIER *v*, to classify.

CLASSIQUE *a*, classic(al).
ÉCONOMIE CLASSIQUE, classical economics.
ÉCONOMISTES CLASSIQUES, classical economists.
ÉCONOMISTES NÉO-CLASSIQUES, neo-classical economists.
GÉNÉRATEUR DE FONCTIONS CLASSIQUES, punched card utility.
aussi **LONGTEMPS QUE LES POSTULATS CLASSIQUES RESTENT VRAIS,** as long as the classical postulates hold good.
METTRE EN DOUTE LE BIEN-FONDÉ DE L'ANALYSE CLASSIQUE, to question the adequacy of the classical analysis.
NÉO-CLASSIQUE, neo-classical.
THÉORIE CLASSIQUE, classical theory.
THÉORIE ÉCONOMIQUE CLASSIQUE, classical economics.

CLAUSE *f*, clause, provision, article, term.
CLAUSE CONDITIONNELLE, proviso.
CLAUSE CONTRAIRE À L'ORDRE PUBLIC, clause contrary to public policy.
CLAUSES D'UN CONTRAT, terms of a contract.
CLAUSE DE DÉDIT, forfeit clause.
CLAUSE DÉROGATOIRE, overriding clause.
CLAUSE D'EXONÉRATION, exemption clause.
CLAUSE GAGEANT DES OBLIGATIONS NOUVELLES SUR UNE HYPOTHÈQUE ANCIENNE, after-acquired clause.
CLAUSE DE GRÈVE, strike clause.
CLAUSE DE GUERRE, war clause.
CLAUSE INOPÉRANTE, inoperative clause.
CLAUSE LIMITATIVE, limiting clause.
CLAUSE DE LA NATION LA PLUS FAVORISÉE, most-favoured nation clause.
CLAUSE (DE) NÉGLIGENCE, negligence clause.
CLAUSE DE PARITÉ, fall clause.
CLAUSE PÉNALE, penalty clause ; penalty agreed beforehand.
CLAUSE RÉSOLUTOIRE, determination clause.
CLAUSE RESTRICTIVE, restrictive clause.
CLAUSES DES STATUTS*, articles of association.
CLAUSE D'USAGE, customary clause.
INSÉRER UNE CLAUSE, to insert a clause.
NONOBSTANT TOUTE CLAUSE CONTRAIRE, notwithstanding any provision to the contrary.

CLAVIER *m*, keyboard.

CLÉ *f*, key.
MONNAIE CLÉ, key currency.

CLEARING *m*, clearing.
BANQUES DE CLEARING, clearing banks.

CLEF *f*, key.
INDUSTRIE-CLEF, key industry.

CLIENT *m*, client, patron, customer.
les **CLIENTS D'UN BANQUIER,** a banker's customers.
CLIENT POSSIBLE, *U.S:* prospect ; *U.K:* prospective customer.
EXÉCUTER UN CLIENT, to buy in against a client.
EXÉCUTION D'UN CLIENT, buying in.
SUPPORTER LES RISQUES DES TRANSACTIONS D'UN CLIENT MOYENNANT UNE AVANCE MINIME, to carry a customer for all save a small deposit.

CLIENTÈLE *f*, clientele, custom ; goodwill.
CLIENTÈLE DE PORTEFEUILLE, investing public.

CLIGNOTANT *m*, indicator.

CLOCHE *f*, bell.
COURBE DE LA CLOCHE, probability curve.

CLOCHER *m*, bell-tower.
ESPRIT DE CLOCHER, localism ; parochialism.

CLOISON *f*, partition.

(SE) CLORE *v*, to close, to conclude.

CLOS *m*, enclosure.

CLOS *a*, closed.
À HUIS CLOS, *U.K:* in camera.
SESSION À HUIS CLOS, *U.S:* executive session.

CLÔTURE *f*, close, closing, closing-down, finish ; enclosure.
CLÔTURE PRÉCÉDENTE, previous closing.
COTE EN CLÔTURE, closing quotations.
COURS DE CLÔTURE, closing prices.

OPÉRATIONS APRÈS CLÔTURE DE BOURSE, business done on the kerb.

CLUB *m*, club.

COALITION *f*, coalition.
COALITION DE VENDEURS, price ring.

COASSOCIÉ *m*, joint partner, copartner.

COASSURANCE *f*, co-insurance, mutual insurance.

COAXIAL *a*, coaxial.
CÂBLE COAXIAL, coaxial cable.

COBDENISME *m*, Cobdenism.

COCAGNE *f*, feast, treat.
PAYS DE COCAGNE, land of plenty.

COCRÉANCIER *m*, co-creditor, joint creditor.

CODAGE *m*, coding.
CODAGE EN ABSOLU, absolute coding.

CODE *m*, code, codex, act.
CODE BINAIRE, binary code.
CODE BIQUINAIRE, biquinary code.
CODE MNÉMONIQUE, mnemonic code.
CODE DE LA ROUTE, Rule of the Road ; *U.K:* Highway Code.
CODE DES SOCIÉTÉS*, *U.K:* Companies Act.
CODE TÉLÉGRAPHIQUE, telegraph code.

CODÉ *a*, coded.
DÉCIMAL CODÉ BINAIRE, binary coded decimal.

CODÉBITEUR *m*, joint debtor.

CODEUR *m*, coder.

CODIFICATION *f*, codification.

CODIFIER *v*, to codify.

CODIRECTION *f*, joint management.

COEFFICIENT *m*, coefficient, index, ratio.
COEFFICIENT D'ACTUALISATION, discount coefficient.
COEFFICIENT D'AMORTISSEMENT, coefficient of depreciation.
COEFFICIENT DE CAPITAL, capital coefficient.
COEFFICIENT DE CONFIANCE, confidence coefficient.
COEFFICIENT CONVENTIONNEL, conventional coefficient.
COEFFICIENT DE CORRÉLATION, coefficient of correlation.
COEFFICIENT DE CORRÉLATION MULTIPLE, coefficient of multiple correlation.
COEFFICIENT DE CORRÉLATION PARTIELLE, coefficient of partial correlation.
COEFFICIENT DE CORRÉLATION À RANGS MULTIPLES, coefficient of rank correlation.
COEFFICIENT DÉRIVÉ, derived coefficient.
COEFFICIENT DIFFÉRENTIEL, differential coefficient.
COEFFICIENT DE DISPERSION, scatter coefficient.
COEFFICIENT DE DISSYMÉTRIE, degree of skewness.
COEFFICIENT D'ÉLASTICITÉ, coefficient of elasticity.
COEFFICIENT D'EXPLOITATION, working coefficient ; *U.S:* operating ratio.
COEFFICIENT DE LIQUIDITÉ, ratio of liquid assets to current liabilities.
COEFFICIENT DE PONDÉRATION APPLIQUÉ À, weight applied to.
COEFFICIENT DE RÉDUCTION, reduction factor.
COEFFICIENT DE REMPLACEMENT, coefficient of renewal.
COEFFICIENT DE REMPLISSAGE, coefficient of occupation.
COEFFICIENT DE RÉGRESSION, coefficient of regression.
COEFFICIENT DE RISQUE, risk coefficient.
COEFFICIENT SAISONNIER, seasonal index.
COEFFICIENT DE VARIATION, coefficient of variation.
DISTRIBUTION DES COEFFICIENTS DE CORRÉLATION, distribution of the coefficients of correlation.
ERREUR DE SONDAGE SUR LE COEFFICIENT DE CORRÉLATION, estimate of the standard error of the coefficient of correlation.
RÉDUIRE UN COEFFICIENT À L'UNITÉ, to reduce a coefficient to unity.

COERCITION *f*, coercion.

CO-EXISTENCE *f*, co-existence.
CO-EXISTENCE PACIFIQUE, pacific co-existence.

COFFRE *m*, box, coffer.
COFFRES DE L'ÉTAT, coffers of State.

COFFRE-FORT *m*, strong-box, safe *U.S:* safe-deposit box.
DÉPÔT EN COFFRE-FORT, safe deposit.

COHÉRENCE *f*, coherence, coherency, consistency.
COHÉRENCE DES AXIOMES, consistency of axioms.
COHÉRENCE INTERNE DU SYSTÈME, internal consistency of the system.

COHÉRENT *a*, coherent; consistent.

IDÉES QUI NE SONT PAS COHÉRENTES, ideas that are not consistent.

COÏNCIDENCE *f*, coincidence.

COÏNCIDER *v*, to coincide.
FAIRE COÏNCIDER LE PRIX AVEC LE COÛT MARGINAL, to equate price with marginal cost.

COKE *m*, coke.
COKE DE FONDERIE, foundry coke.
COKE DE GAZ, gas-coke.
FOUR À COKE, coke-oven.

COKÉFACTION *f*, coking.

COLIS *m*, package, packet, parcel.
COLIS AFFRANCHI, EN PORT PAYÉ, prepaid parcel.
COLIS POSTAL, postal packet ; postal parcel.
COLIS REFUSÉS OU NON RÉCLAMÉS, refused or unclaimed parcels.
SERVICE DE COLIS POSTAUX, parcel post.
TRAIN POUR LE SERVICE DE COLIS DE GRANDE VITESSE, express parcel train.

COLLATÉRAL *a*, collateral.

COLLATIONNER *v*, to collate.

COLLECTE *f*, collection, gathering, collecting.
COLLECTE DE(S) DONNÉES, data gathering ; data collection.
COLLECTE DES OBSERVATIONS, data gathering.

COLLECTIF *a*, collective, joint, aggregate, general.
AVANTAGE COLLECTIF, welfare.
BILLET COLLECTIF, party ticket.
COMPORTEMENT COLLECTIF DES CONSOMMATEURS INDIVIDUELS, collective behaviour of individual consumers.
COMPTE COLLECTIF, reconciliation account ; total account.
CONNAISSEMENT COLLECTIF, general bill of lading.
DÉCISION COLLECTIVE, group decision.
FERME COLLECTIVE, collective farm.
LETTRE DE CRÉDIT COLLECTIVE, general letter of credit.
NÉGOCIATIONS DE CONVENTIONS COLLECTIVES, collective bargaining.
ORGANISMES DE PLACEMENT COLLECTIF, institutional investors.
PROPRIÉTÉ COLLECTIVE, collective ownership.
RESPONSABILITÉ COLLECTIVE, collective liability.
SÉCURITÉ COLLECTIVE, collective security.
SIGNATURE COLLECTIVE, joint signature.
SOCIÉTÉ EN NOM COLLECTIF*, partnership ; general partnership ; copartnership.
THÉORIE DE L'AVANTAGE COLLECTIF, economics of welfare ; welfare economics.
UNITÉ DE RÉSERVE (MONÉTAIRE) COLLECTIVE, collective reserve unit (c.r.u.).
UTILISATION COLLECTIVE (D'UN ORDINATEUR), time-sharing.

COLLECTIF *m*, collectivity.
COLLECTIF BUDGÉTAIRE, *U.K:* Bill of Supply.
COLLECTIFS BUDGÉTAIRES, deficiency bills.

COLLECTION *f*, collection, bundle, collecting.
COLLECTION DE PRODUITS, bundle of commodities.

COLLECTIONNER *v*, to collect.

COLLECTIVISME *m*, collectivism.

COLLECTIVISTE *a*, collectivist.
ÉCONOMIES COLLECTIVISTES, collectivist economies.

COLLECTIVITÉ *f*, group, collectivity, authority ; common ownership.
COLLECTIVITÉS LOCALES, local authorities.
EMPRUNTS DES COLLECTIVITÉS LOCALES, municipal loans.
OBLIGATIONS DES COLLECTIVITÉS LOCALES, municipal bonds.

COLLÈGE *m*, *U.K:* (secondary) school.

COLLÈGUE *m*, colleague, fellow-worker.

COLLISION *f*, collision.
RISQUE DE COLLISION, collision risk.

COLLUSION *f*, collusion.

COLLUSOIRE *a*, collusive.
PRATIQUE COLLUSOIRE DES OFFREURS, collusive tendering.

COLOCATAIRE *m*, co-tenant.

COLOGARITHME *m*, co-logarithm.

COLON *m*, settler.

COLONIAL *a*, colonial.
EXPANSION COLONIALE, colonial expansion.
FONDS COLONIAUX, colonial stocks.
PRODUITS COLONIAUX, colonial produce.
RÉGIME DE FAVEUR ACCORDÉ AUX PRODUITS COLONIAUX, preference grante   to colonial produce.

SEMI-COLONIAL, semi-colonial.

COLONIALISME *m*, colonialism.
COLONIALISME ÉCONOMIQUE, economic colonialism.
NÉO-COLONIALISME, neo-colonialism.
THÉORIE DES MOTIFS ÉCONOMIQUES DU COLONIALISME, economic colonialism.

COLONIE *f*, colony, settlement.
COLONIES D'OUTRE-MER, overseas colonies.
EMPRUNTS DE COLONIES, colonial stocks.

COLONISATION *f*, colonization.
NOUVELLE COLONISATION, resettlement.

COLONISER *v*, to colonize.

COLONNE *f*, column.
ADDITIONNER UNE COLONNE DE CHIFFRES, to tot up a column of figures.
à travers la COLONNE, accross the column.
COLONNE DE CHIFFRES, column of figures.
COLONNE DE CHIFFRES À ADDITIONNER, tot.
COLONNE CRÉDITRICE, credit column.
COLONNE DÉBITRICE, debit column.
COLONNES GROUPÉES, grouped columns.
DIVISER UNE FEUILLE EN COLONNES, to divide a sheet into columns.
DOUBLES COLONNES, double columns.
LIGNES ET COLONNES (DE CHIFFRES), rows and columns (of figures).

COLOSSAL *a*, colossal; mammoth.
ÉCHELLE COLOSSALE, mammoth scale.

COLPORTAGE *m*, higgling.
COLPORTAGE (DE TITRES), hawking (of securities).

COLPORTEUR *m*, hawker, higgler.

COMBATTANT *m*, fighting man.
ANCIEN COMBATTANT, ex-service man; *U.S:* veteran.

COMBATTRE *v*, to fight.

COMBINAISON *f*, combination, combining.
COMBINAISON DE COÛT MINIMUM, least-cost combination.
COMBINAISON DE DÉPENSE MINIMUM, least-outlay combination.
COMBINAISON DE FACTEURS QUI MINIMISE LES COÛTS (VARIABLES), combination of input which minimizes (variable) costs.
COMBINAISON OPTIMALE DE FACTEURS, best combination of input.
NOMBRE DE COMBINAISONS, number of combinations.

COMBINATOIRE *a*, combinatory.
LOGIQUE COMBINATOIRE, combinatory logic.

COMBINÉ *a*, combined.
TARIF COMBINÉ, combined rate.

(SE) COMBINER *v*, to combine.

COMBLE *a*, heaped, throng.
MESURE COMBLE, heaped measure.

COMBLÉ *a*, laden.
MINORITÉ DE GENS COMBLÉS, the fortunate few.

COMBLER *v*, to fill, to bridge.
COMBLER LE DÉFICIT, to make up a shortage; to make up a deficit.
COMBLER UN ÉCART, to bridge a gap.

COMBUSTIBLE *a*, combustible.
GAZ COMBUSTIBLE, power-gas; fuel gas.

COMBUSTIBLE *m*, fuel.
COMBUSTIBLES CONSOMMÉS DANS LES RAFFINERIES, fuel consumed in refining.

COMBUSTION *f*, combustion.
MOTEUR À COMBUSTION INTERNE, internal-combustion engine.

COMESTIBLE *a*, edible.
non COMESTIBLE, inedible.
HUILES COMESTIBLES, edible oils.
PRODUITS COMESTIBLES À BASE DE POISSON, edible fish products.

COMITÉ *m*, committee, board, council.
COMITÉ CONSULTATIF, advisory board.
COMITÉ (CONSULTATIF) DES CONSOMMATEURS, consumer council.
COMITÉ DE DIRECTION, committee of management; managing committee; management committee.
COMITÉ D'ENQUÊTE, investigating committee; select committee.
COMITÉ D'ENTREPRISE, works committee.
COMITÉ DE GRÈVE, strike committee.
COMITÉ MINISTÉRIEL, departmental committee.
COMITÉ D'ORGANISATION, organizing committee.
COMITÉ POLITIQUE, *U.S:* caucus.
COMITÉ DE SURVEILLANCE, inspection committee.

SOUS-COMITÉ, sub-committee.

COMMANDE *f*, order, control.
ANNULER UNE COMMANDE, to withdraw an order.
BULLETIN DE COMMANDE, order form; order sheet.
CARNET DE COMMANDES, order book; backlog.
COMMANDES EN ATTENTE, backlog.
COMMANDES EN CARNET, unfilled orders; orders in hand.
les COMMANDES DIMINUENT, orders are going down.
COMMANDE À DISTANCE, remote control.
COMMANDES D'EXPORTATION, export orders.
COMMANDE FERME, definite order.
COMMANDE MÉCANIQUE, power-control.
COMMANDE NUMÉRIQUE, numerical control.
COMMANDE RENOUVELÉE, repeat order.
COMMANDES ULTÉRIEURES, further orders.
COMMANDE URGENTE, rush order.
COÛT DE PASSATION DES COMMANDES, cost of ordering.
(FABRIQUÉ) SUR COMMANDE, made to order.
FORTE COMMANDE DE, large order for.
GONFLEMENT DES CARNETS DE COMMANDE(S), lengthening of order books.
s'OCCUPER DE GROSSES COMMANDES, to handle large orders.
PASSATION DES COMMANDES, ordering.
PASSER UNE COMMANDE, to give an order for.
PAYABLE À LA COMMANDE, cash with order.
PRENDRE BONNE NOTE D'UNE COMMANDE, to note an order.
PRENDRE UNE COMMANDE, to take an order.
PUPITRE DE COMMANDE, control console.
QUANTITÉ ÉCONOMIQUE DE COMMANDE, economic lot size; economic order quantity.
RALENTISSEMENT DES COMMANDES, falling off of orders.
RALENTISSEMENT SAISONNIER DES COMMANDES, seasonal slackening of orders.
RAPPEL DE COMMANDE, reminder of order.
RECUEILLIR DES COMMANDES, to get orders.
TABLEAU DE COMMANDE, control panel.
TRAVAIL FAIT SUR COMMANDE, work done on commission.
VERSEMENT À LA COMMANDE, down payment.

COMMANDÉ *a*, operated; ordered.

COMMANDER *v*, to order.
COMMANDER DES MARCHANDISES, to order goods.

COMMANDITAIRE* *m*, partner, dormant partner, limited partner, backer.
(ASSOCIÉ) COMMANDITAIRE, secret partner; silent partner; sleeping partner.

COMMANDITE *f*, interest.
SOCIÉTÉ EN COMMANDITE*, *U.K:* limited partnership.
(SOCIÉTÉ EN) COMMANDITE PAR ACTIONS*, *U.K:* partnership limited by shares.

COMMANDITER *v*, to finance.

COMMENCÉ *a*, started.
NOMBRE TOTAL DE LOGEMENTS COMMENCÉS, total dwellings started.

COMMENCEMENT *m*, start, starting, outset, prime.

COMMENCER *v*, to start, to initiate.

COMMERÇANT *a*, mercantile, commercial.
NATION COMMERÇANTE, mercantile nation.
PEU COMMERÇANT, unbusinesslike.
QUARTIER COMMERÇANT, shopping centre.
VILLE COMMERÇANTE, trading town.

COMMERÇANT *m*, merchant; trader; shopkeeper.
COMMERÇANT ATTITRÉ, recognized merchant.
COMMERÇANT EN GROS, wholesaler.
COMMERÇANT PATENTÉ, licensed dealer.
GILDE DE COMMERÇANTS, merchant guild.

COMMERCE *m*, commerce, trade, trading, traffic, dealing, distribution, business; intercourse; commercial world.
ACCORD GÉNÉRAL SUR LES TARIFS DOUANIERS ET LE COMMERCE, General Agreement on Tariffs and Trade (GATT).
ATTEINTE À LA LIBERTÉ DU COMMERCE, restraint on (of) trade.
BANQUE DE COMMERCE, bank of commerce; trade bank; commercial bank.
BANQUES POUR LE COMMERCE INTERNATIONAL, *U.K:* merchant banks.
BÉNÉFICIAIRE D'UN EFFET DE COMMERCE, payee of a bill of exchange.
BOURSE DE COMMERCE (DE LONDRES), Royal Exchange.
CENTRE DE COMMERCE, market place; mart; business centre; shopping centre.
CESSIONNAIRE D'UN EFFET DE COMMERCE, transferee of a bill of exchange.
CHAMBRE DE COMMERCE, chamber of commerce.
COMMERCE ACTIF, brisk trade.

COMMERCE DU BOIS, timber-trade.

COMMERCE DU CHANGE, agio account.

COMMERCE POUR LE COMPTE DU GOUVERNEMENT, government trade.

COMMERCE DES CUIRS, dealing in leather.

COMMERCE DE DÉTAIL, retail trade ; retail trading ; retail distribution.

COMMERCE DES ESCLAVES, slave-trade.

COMMERCE D'EXPORTATION, export trade.

COMMERCE EXTÉRIEUR, foreign trade ; external trade.

COMMERCE DE FOURRURES, fur-trade.

COMMERCE GÉNÉRAL, general trade.

COMMERCE DES GRAINS, grain trade ; corn trade.

COMMERCE DE GROS, wholesaling ; wholesale trade ; direct trade ; direct commerce.

COMMERCE DE GROS ET DE DÉTAIL, wholesale and retail distribution.

COMMERCE D'IMPORTATION, import trade.

COMMERCE INTÉRIEUR, internal trade ; interior trade ; inland trade ; home trade ; domestic trade.

COMMERCE INTERLOPE, dishonest business.

COMMERCE INTERNATIONAL, international trade.

le COMMERCE LANGUIT, trade is slack.

COMMERCE LICITE, legal commerce ; lawful trade.

COMMERCE LOCAL, local trade.

COMMERCE LUCRATIF, lucrative trade.

COMMERCE DE LUXE, luxury trade.

COMMERCE MARITIME, sea trade ; maritime trade ; maritime commerce.

COMMERCE MONDIAL, world trade.

COMMERCE MONDIAL PAR RÉGIONS, world trade by regions.

COMMERCE MULTILATÉRAL, multilateral trade.

COMMERCE PROSPÈRE, flourishing trade.

COMMERCE DE RÉEXPORTATION, re-export trade.

COMMERCE RÉGULIER, staple trade.

le COMMERCE REPOSE SUR LE CRÉDIT, trade rests upon credit.

COMMERCE DES SOIERIES, silk trade.

COMMERCE SPÉCIAL, special trade.

le COMMERCE SUIT LE PAVILLON, trade follows the flag.

COMMERCE À TEMPÉRAMENT, hire-purchase trade.

COMMERCE DE TRANSIT, transit trade.

le COMMERCE NE VA PLUS, trade is at a standstill.

CONTRAIRE AUX USAGES DU COMMERCE, unbusinesslike.

COURTIER DE COMMERCE, salesman.

CRÉER DE NOUVEAUX DÉBOUCHÉS AU COMMERCE, to open up new channels for trade.

DIRIGER UN COMMERCE, to run a business.

DONNER DE L'IMPULSION AU COMMERCE, to give a stimulus to trade.

ÉCOLE DE COMMERCE, commercial school, commercial college.

EFFET DE COMMERCE, bill ; commercial paper.

ENDOSSER UN EFFET DE COMMERCE, to back a bill.

ENTRAVE AU COMMERCE, trade barrier.

s'ÉTABLIR DANS LE COMMERCE, to set up in business.

ÊTRE DANS LE COMMERCE, to be in trade.

FACILITÉS DE COMMERCE, facilitation of trade ; trade facilities.

FAIRE DU COMMERCE (DE), to deal (in); to trade (in).

FAIRE LE COMMERCE DES PRIMES, to deal in options.

FAIRE MARCHER UN COMMERCE, to run a business.

FONDS DE COMMERCE, business ; goodwill.

FRAIS DE COMMERCE, trade expenses.

INDICES DU VOLUME ET DES VALEURS MOYENNES DU COMMERCE EXTÉRIEUR, index-numbers of the volume and average value of external trade.

MAISON DE COMMERCE, business house ; commercial house ; mercantile establishment.

MINISTÈRE DU COMMERCE, U.K: Board of Trade ; U.S: Department of Commerce.

MULTIPLICATEUR DE COMMERCE EXTÉRIEUR, foreign trade multiplier.

MULTIPLICATEUR DE COMMERCE INTERNATIONAL, foreign trade multiplier.

OUVRIR UN PAYS AU COMMERCE, to open (up) a country to trade.

PAPIER DE COMMERCE, trade bills ; trade paper.

PAPIER DE HAUT COMMERCE, prime trade bills.

PATRON D'UNE MAISON DE COMMERCE, principal of a business house.

PAYS FERMÉS AU COMMERCE, countries debarred from trade.

(PETIT) COMMERCE, shopkeeping.

PORT DE COMMERCE, trading port ; mercantile port ; commercial port.

PORT OUVERT AU COMMERCE ÉTRANGER, treaty port.

RAPPORTS DE COMMERCE, business intercourse.

REGISTRE DE COMMERCE, Trade Register ; registrar's office.

REPRÉSENTANT DE COMMERCE, trade representative ; salesman.

REPRÉSENTER UNE MAISON DE COMMERCE, to travel for a firm.

REVENTE D'UN FONDS DE COMMERCE, resale of a business.

SOCIÉTÉ DE COMMERCE, trading company.

STATISTIQUES DU COMMERCE EXTÉRIEUR, external trade statistics.

STATISTIQUE(S) DU MINISTÈRE DU COMMERCE, U.K: Board of Trade returns.

STOCK D'UN FONDS DE COMMERCE, whole stock of a business.

TENDANCES DU COMMERCE MONDIAL, trends in world trade.

THÉORIE DU COMMERCE INTERNATIONAL, theory of international trade.

TRAITÉ DE COMMERCE, treaty of commerce ; trade treaty.

TRIBUNAL DE COMMERCE, commercial court.

USAGES DE COMMERCE, usages of trade.

VOYAGEUR DE COMMERCE, travelling salesman ; commercial traveller.

COMMERCER v, to trade.

COMMERCIAL a, commercial, mercantile, merchant.

AFFAIRE COMMERCIALE, commercial concern.

AFFAIRES COMMERCIALES, mercantile affairs.

ASSOCIATION COMMERCIALE*, partnership.

BALANCE COMMERCIALE, balance of trade ; trade balance.

BALANCE COMMERCIALE DÉFAVORABLE, unfavourable balance of trade.

BALANCE COMMERCIALE DÉFICITAIRE, passive balance of trade.

BALANCE COMMERCIALE FAVORABLE, favourable trade balance.

BANQUE COMMERCIALE, business bank ; trade bank ; bank of commerce.

BARRIÈRE COMMERCIALE, trade barrier.

BAUX COMMERCIAUX ET INDUSTRIELS À LONG TERME*, long-term lease of business property.

BÉNÉFICES COMMERCIAUX, trading profits.

CAPITAL D'UNE SOCIÉTÉ COMMERCIALE (À RESPONSABILITÉ ILLIMITÉE), partnership capital.

CARRIÈRE COMMERCIALE, commercial pursuits ; business career.

CHANGE COMMERCIAL, commercial exchange ; bill exchange.

non-COMMERCIAL, disinterested.

CRÉDITS COMMERCIAUX, commodity credits.

DÉBOUCHÉ (COMMERCIAL), outlet for trade.

DIRECTEUR COMMERCIAL, sales manager.

DISSOLUTION D'UNE ASSOCIATION COMMERCIALE*, dissolution of a partnership.

DROIT COMMERCIAL, law merchant ; commercial law ; mercantile law.

DROIT DES SOCIÉTÉS COMMERCIALES*, U.S: law of business corporations.

ENTREPRISE COMMERCIALE, commercial undertaking.

GRANDES ROUTES COMMERCIALES, great trade routes.

MARCHÉ COMMERCIAL, produce market.

OFFICE COMMERCIAL DES PRODUITS AGRICOLES, agricultural marketing board.

PAIEMENTS DE TRANSFERTS INDUSTRIELS ET COMMERCIAUX, business transfer payments.

PAPIER COMMERCIAL, trade bills ; ordinary bills ; trade paper ; mercantile paper.

PEU COMMERCIAL, uncommercial.

POLITIQUE COMMERCIALE, commercial policy.

tous POSTES DE LA BALANCE DES PAIEMENTS AUTRES QUE LA BALANCE COMMERCIALE ET LE COMPTE CAPITAL, below the line.

PREMIÈRE FLOTTE COMMERCIALE DU MONDE, premier fleet of the world.

PRODUCTION COMMERCIALE DE VILLAGE, commercialized village production.

QUALITÉ COMMERCIALE, fair average quality.

RÉSULTAT DES OPÉRATIONS COMMERCIALES, result of the trading.

ROUAGES DE LA VIE COMMERCIALE, machinery of commercial life.

ROUTE COMMERCIALE, trade route.

SOCIÉTÉ COMMERCIALE*, firm; U.S: business corporation.

TRANSACTION COMMERCIALE, commercial transaction.

USAGES COMMERCIAUX, trade practices.

COMMERCIALISATION f, marketing, merchandizing.

ACCORD DE COMMERCIALISATION, marketing agreement.

POLITIQUE DE COMMERCIALISATION, marketing policy.

COMMERCIALISÉ a, commercialized.

COMMERCIALISER v, to market ; to commercialize, to merchandize.

COMMERCIALITÉ f, saleability, saleableness, vendibility, transferability.

COMMERCIALITÉ D'UNE DETTE, transferability of a debt.

COMMIS m, clerk, assistant.

COMMIS DE MAGASIN, shop-assistant ; U.S: sales clerk.

COMMIS VOYAGEUR, travelling salesman ; traveller, representative.

EMPLOYER UN COMMIS, to employ a clerk.

RÉGION ASSIGNÉE À UN COMMIS VOYAGEUR, commercial traveller's territory.

COMMISSAIRE m, commissioner.

COMMISSAIRE AUX COMPTES*, auditor.
COMMISSAIRE-PRISEUR*, valuator ; auctioneer; valuer.

COMMISSION *f*, commission, board, brokerage, factorage, *U.K:* poundage.
ATTRIBUTION D'UNE COMMISSION, terms of reference of a commission.
CHARGER D'UNE COMMISSION, to charge with a commission.
COMMISSION ACCORDÉE, commission allowed to.
COMMISSION ALLOUÉE EN RETOUR, return commission.
COMMISSION ARBITRALE, board of referees.
COMMISSION DE BASE, substantive commission.
COMMISSION DU BUDGET, *U.S:* Committee of Ways and Means.
COMMISSION DE 5 POUR CENT, commission of 5 per cent.
COMMISSION DUCROIRE, del credere commission.
COMMISSION DE L'ÉNERGIE ATOMIQUE, *U.S:* Atomic Energy Commission.
COMMISSION DES FINANCES, Committee of Supply.
COMMISSION INTERNATIONALE DES PRODUITS DE BASE, Commission on International Commodity Trade.
COMMISSION MIXTE, joint commission.
COMMISSION DES OPÉRATIONS DE BOURSE, Securities and Exchange Commission.
COMMISSION PRÉLEVÉE PAR LA BANQUE, commission charged by the bank.
COMMISSION DE VENTE, selling commission ; selling brokerage.
DONNER UNE COMMISSION, to charge with a commission.
(MARCHANDISES) EN COMMISSION, (goods) on sale or return.
RETROCÉDER UNE COMMISSION, to return a commission.
SOUS-COMMISSION, sub-commission.
VENDRE À LA COMMISSION, to sell on commission.
VENTE À LA COMMISSION, sale on commission.

COMMISSIONNAIRE *m*, agent, factor.
COMMISSIONNAIRE EN MARCHANDISES, commission-agent.
COMMISSIONNAIRE DE TRANSPORT, transport agent.
NÉGOCIANT-COMMISSIONNAIRE, commission-merchant.

COMMODE *a*, expedient.
MÉTHODE COMMODE, expedient method.

COMMONWEALTH *m*, commonwealth.

COMMUN *a*, common, shared, joint; mean, average.
AVARIES COMMUNES, general average.
CAISSE COMMUNE, common fund.
CONDITIONS ACCEPTÉES D'UN COMMUN ACCORD, conditions agreed upon.
DÉNOMINATEUR COMMUN, common denominator.
DIVISEUR COMMUN, common divisor.
ÉCHÉANCE COMMUNE, average due date ; mean due date ; equation of payment.
ENTRÉE DANS LE MARCHÉ COMMUN, entry into the Common Market.
FONDS COMMUNS, pool.
le plus GRAND COMMUN DIVISEUR, greatest common factor ; greatest common measure ; highest common factor.
dans l'INTÉRÊT COMMUN, for the common good.
MARCHÉ COMMUN, Common Market.
MÉMOIRE COMMUNE, shared memory.
MÉTAL COMMUN, base metal.
le plus PETIT COMMUN MULTIPLE, least common multiple.
POINT COMMUN (À DEUX COURBES), meet (of two curves).

EN **COMMUN** *adv*, in common; jointly.
BIENS EN COMMUN, joint estate.
DROITS EXERCÉS EN COMMUN, communal tenure.
METTRE DES FONDS EN COMMUN, to pool funds.
METTRE DES RISQUES EN COMMUN, to pool risks.
MISE EN COMMUN, pooling.
TRANSPORTS EN COMMUN, public means of conveyance.
UTILISATION EN COMMUN, joint use.

COMMUNAL *a*, communal; common.
PROPRIÉTÉ COMMUNALE DE LA TERRE, communal ownership of land.

COMMUNAUTÉ *f*, community; commonalty.
COMMUNAUTÉ DE BIENS, intercommunity.
COMMUNAUTÉ ÉCONOMIQUE EUROPÉENNE, European Economic Community.
COMMUNAUTÉ EUROPÉENNE DU CHARBON ET DE L'ACIER, European Coal and Steel Community.
COMMUNAUTÉ EUROPÉENNE DE L'ÉNERGIE ATOMIQUE, European Atomic Energy Community.
COMMUNAUTÉ D'INTÉRÊTS, community of interest.
plus la COMMUNAUTÉ EST RICHE, the richer the community.
PROPENSION DE LA COMMUNAUTÉ À CONSOMMER, community's propensity to consume.
RICHESSE DE LA COMMUNAUTÉ, wealth of the community.

COMMUNE *f*, township.
CHAMBRE DES COMMUNES, *U.K:* House of Commons ; lower Chamber.

COMMUNÉMENT *adv*, commonly.

COMMUNICATION *f*, communication.
ADAPTATEUR DE COMMUNICATION, communication adapter.
INTERRUPTION DE COMMUNICATIONS, severance of communications.
VOIE DE COMMUNICATION, thoroughfare.

COMMUNISME *m*, communism.

COMMUNISTE *a*, communist.
MANIFESTE COMMUNISTE, Communist Manifesto.

COMMUTATIF *a*, commutative.

COMMUTATIVITÉ *f*, commutation, commutative law, commutative property.
LOI DE COMMUTATIVITÉ, principle of commutation.

COMPAGNIE* *f*, company, corporation, society.
COMPAGNIE AÉRIENNE, airline.
COMPAGNIES AÉRIENNES AYANT DES BASES D'OPÉRATIONS EN GRANDE-BRETAGNE, airlines based in Britain.
COMPAGNIE D'ARMEMENT, navigation company.
COMPAGNIE D'ASSURANCE, insurance company ; assurance company.
COMPAGNIE D'ASSURANCE SUR LA VIE, life-company ; life insurance company.
COMPAGNIES BANCAIRES ET D'ASSURANCES, moneyed corporations.
COMPAGNIE DE CHEMIN DE FER, railway company; *U.S:* railroad company.
COMPAGNIE DES EAUX, water-company.
COMPAGNIE DE FINANCEMENT, financing company.
COMPAGNIE DU GAZ, gas company.
COMPAGNIE DE NAVIGATION, navigation company.
COMPAGNIE DE NAVIGATION MARITIME, steamship navigation company.
COMPAGNIE PÉTROLIÈRE, oil company.
COMPAGNIE PRIVILÉGIÉE, chartered company.
COMPAGNIE SŒUR, sister company.
COMPAGNIE DE TRANSPORT, transport company.
COMPAGNIE DE TRANSPORTS MARITIMES, shipping company.
LIQUIDER UNE COMPAGNIE, to liquidate a company.
REGROUPEMENT DES COMPAGNIES FERROVIAIRES, *U.S:* railroad consolidation.

COMPAGNON *m*, journeyman, fellow-worker.
COMPAGNON CHARPENTIER, journeyman carpenter.
COMPAGNON (D'UN OUVRIER), fellow-worker; (workman's) mate.

COMPARABILITÉ *f*, comparability.
DÉFAUT DE COMPARABILITÉ, lack of comparability.
MANQUE DE COMPARABILITÉ, break in comparability.

COMPARABLE *a*, comparable.

COMPARAISON *f*, comparison, likening, comparing, parallel; assimilation.
COMPARAISON D'INDICES, index-numbers comparisons.
COMPARAISON QUANTITATIVE, quantitative comparison.
COMPARAISONS D'UTILITÉ INTERPERSONNELLES, interpersonal comparison of utility.
pour PERMETTRE LES COMPARAISONS D'UN PAYS À L'AUTRE, for purposes of international comparisons.

COMPARATIF *a*, comparative.
AVANTAGE COMPARATIF, comparative advantage.
COÛT COMPARATIF, comparative cost.
LOI DES AVANTAGES COMPARATIFS, principle of comparative advantage.
STATISTIQUE COMPARATIVE, comparative statistics.
TABLEAU COMPARATIF, comparative table.
THÉORIE DES COÛTS COMPARATIFS, theory of comparative cost.

COMPARÉ *a*, comparative.
AVANTAGE COMPARÉ, comparative advantage.
ÉCONOMIE COMPARÉE, comparative economics.
LOI DES AVANTAGES COMPARÉS, law of comparative advantage.
THÉORIE DES AVANTAGES COMPARÉS, theory of comparative advantage.
THÉORIE DES COÛTS COMPARÉS, theory of comparative cost.

COMPARER *v*, to compare, to liken.

COMPARUTION *f*, appearance.
MANDAT DE COMPARUTION, precept.

COMPATIBILITÉ *f*, compatibility, consistency.

COMPATIBLE *a*, compatible, consistent.

COMPENSATEUR *a*, compensating, balancing; countervailing.
DROIT COMPENSATEUR, countervailing duty.
VARIATION COMPENSATRICE DE REVENU, compensating variation in income.

COMPENSATEUR *m*, equalizer.

COMPENSATION *f*, compensation, clearing, set-off, setting-off, offset, equalization.
BANQUES APPARTENANT À UNE CHAMBRE DE COMPENSATION, clearing banks.
CHAMBRE DE COMPENSATION, clearing-house.
par COMPENSATION AVEC, by offset against.
COMPENSATIONS BANCAIRES, bank clearings.
COMPENSATION DE CHÈQUES, clearance (of cheques).
COMPENSATION À DÉTERMINER, compensation to be assessed.
COMPENSATION MULTILATÉRALE, multilateral compensation.
COURS DE COMPENSATION, making-up price.
RÈGLEMENT EN COMPENSATION, compensating payment.
SOLDES DES ACCORDS DE PAIEMENT ET DE COMPENSATION, clearing agreement balances.

COMPENSATOIRE *a*, compensatory, countervailing.
FINANCEMENT COMPENSATOIRE OFFICIEL, compensatory official financing (c.o.f.).
INTÉRÊTS COMPENSATOIRES, default interest.
MESURES COMPENSATOIRES, compensatory measures.

COMPENSÉ *a*, compensating, balanced.
ÉCHANTILLON COMPENSÉ, balanced sample.

(SE) COMPENSER *v*, to compensate, to offset, to equalize.
BÉNÉFICES QUI COMPENSENT LES PERTES, profits which make up for losses ; profits which offset losses.
COMPENSER UN CHÈQUE, to pass a cheque through the clearing-house.
COMPENSER UNE DETTE, to set off a debt against.
COMPENSER UNE PERTE PAR UN GAIN, to set off a gain against a loss.
ERREURS SE COMPENSANT, compensating errors.

COMPÉTENCE *f*, competence, competency, ability, proficiency, skill, qualification; purview.
COMPÉTENCE TECHNIQUE, technical skill.

COMPÉTENT *a*, competent, proficient, capable.
TRIBUNAL COMPÉTENT, court of competent jurisdiction.

COMPÉTITIF *a*, competitive, keen.
PRIX (TRÈS) COMPÉTITIFS, keen prices.
PRODUITS COMPÉTITIFS, competitive products.

COMPÉTITION *f*, competition.

COMPLAISANCE *f*, kindness, facility.
SIGNATURE DE COMPLAISANCE, bogus signature.

COMPLÉMENT *m*, complement.
COMPLÉMENTS DE SALAIRE EN NATURE, fringe benefits for labour.
PRODUITS DE COMPLÉMENT, complementary products.

COMPLÉMENTAIRE *a*, complementary, further, collateral.
ENQUÊTE COMPLÉMENTAIRE, further enquiry.
PRODUITS COMPLÉMENTAIRES, complementary commodities ; complementary products.
RÉGIME OBLIGATOIRE DE RETRAITES COMPLÉMENTAIRES*, *U.K:* graduated pension scheme.
RENSEIGNEMENTS COMPLÉMENTAIRES, further information.

COMPLÉMENTARITÉ *f*, complementarity.
COMPLÉMENTARITÉ DE DEUX FACTEURS DE PRODUCTION, complementarity of two factors of production.
RÉVERSIBILITÉ DE LA COMPLÉMENTARITÉ, reversibility of complementarity.

COMPLET *a*, complete, comprehensive, total, full.
CARGAISON COMPLÈTE, full cargo.
CHARGE COMPLÈTE, truck load.
CIRCUIT COMPLET, full circuit.
JEU COMPLET, full set.
PENSION COMPLÈTE, board and lodging.
PROGRAMME DÉTAILLÉ ET COMPLET, comprehensive programme.
QUADRILATÈRE COMPLET, complete quadrilateral.
RAPPORT COMPLET, full report.
RECENSEMENT COMPLET DES INDIVIDUS, complete census of individuals.
TARIF DES WAGONS COMPLETS, truck load rates.
à TEMPS COMPLET, full-time.
TRAVAIL À TEMPS COMPLET, full-time job.
WAGON COMPLET, truck load.

COMPLET *m*, suit, full.
EFFECTIF AU COMPLET, full force of men.

COMPLÈTEMENT *adv*, completely, totally.

COMPLÉTER *v*, to complete, to supplement, to replenish.
COMPLÉTER SON REVENU PAR, to supplement one's income by.

COMPLEXE *a*, complex, compound.
ADDITION DE NOMBRES COMPLEXES, compound addition.

NOMBRES COMPLEXES, compound numbers ; complex numbers.
PROCESSUS DE PRODUCTION COMPLEXE, complex production.
QUANTITÉ COMPLEXE, complex quantity.
SOUSTRACTION DES NOMBRES COMPLEXES, compound subtraction.

COMPLEXE *m*, complex.
COMPLEXE D'INFÉRIORITÉ, inferiority complex.

COMPLEXITÉ *f*, complexity, intricacy.

COMPLIQUÉ *a*, complicated, elaborate.

COMPORTANT *a*, including, inclusive.
PRIME COMPORTANT LE DROIT DE LIVRER, put option.

COMPORTEMENT *m*, behaviour, attitude.
ANALYSE DU COMPORTEMENT DU CONSOMMATEUR, analysis of consumer's behaviour.
ANALYSE PSYCHOLOGIQUE DU COMPORTEMENT ÉCONOMIQUE, psychological analysis of economic behaviour.
COMPORTEMENT COLLECTIF DES CONSOMMATEURS INDIVIDUELS, collective behaviour of individual consumers.
COMPORTEMENT DU CONSOMMATEUR, behaviour of the consumer.
COMPORTEMENT EFFECTIF DES OUVRIERS VIS-À-VIS, actual attitude of workers towards.
COMPORTEMNET DE LA FIRME, behaviour of the firm.
COMPORTEMENT IRRATIONNEL, irrational behaviour.
COMPORTEMENT MONOPOLISTIQUE, monopolistic behaviour.
COMPORTEMENT DES PRIX, behaviour of prices.
COMPORTEMENT RATIONNEL, rational behaviour.
LOIS DE COMPORTEMENT SUR LE MARCHÉ, laws of market behaviour.
RECHERCHE SUR LES COMPORTEMENTS, attitudinal research.
RELATIF AU COMPORTEMENT, attitudinal.

.**(SE) COMPORTER** *v*, to behave.

COMPOSANT *a*, component, constituent.

COMPOSANTE *f*, component part, component.
COMPOSANTE ALÉATOIRE, random component.
COMPOSANTE CYCLIQUE, cyclical component.
COMPOSANTE INTRA-SÉCULAIRE, secular component.
COMPOSANTE SAISONNIÈRE, seasonal component.
COMPOSANTE DE LA VARIANCE, variance component.

COMPOSÉ *a*, compound.
INTÉRÊTS COMPOSÉS, compound interest.
JEU COMPOSÉ, compound game.
PROBABILITÉ COMPOSÉE, probability of a compound event.

COMPOSER *v*, to compound.

COMPOSITION *f*, composition, constitution.
COMPOSITION DES INVESTISSEMENTS, composition of investment.
COMPOSITION DE LA PRODUCTION COURANTE, composition of current output.
LOIS DE COMPOSITION, laws of composition.

COMPRENDRE *v*, to understand; to comprise, to include.
MAL COMPRENDRE, to misunderstand.

COMPRESSIBLE *a*, compressible.
non-COMPRESSIBLE, non-compressible.

COMPRESSION *f*, compression; squeeze, squeezing; retrenchment.

COMPRIMER *v*, to compress, to squeeze.

COMPRIS *a*, included, inclusive.
APPARTEMENT AVEC SERVICE ET REPAS COMPRIS, service flat.
non COMPRIS, excluded.
tout COMPRIS, all-inclusive ; terms inclusive.
y COMPRIS, included ; including.
non COMPRIS L'IMPÔT MOBILIER, exclusive of rates.
PRIX TOUT COMPRIS, inclusive terms.
PRIX, Y COMPRIS LE TRANSPORT, price, including transport.
TARIF TOUT COMPRIS, inclusive charge.

COMPROMETTRE *v*, to jeopardize, to compromise.

COMPROMIS *m*, compromise.

COMPROMISSIONNAIRE *m*, arbitrator.

COMPTABILITÉ *f*, accounting, account(s), system of accounts, book-keeping, books: *U.S:* accountancy.
COMPTABILITÉ (D'UNE FIRME), accounts.
COMPTABILITÉ NATIONALE, national accounting ; national income and expenditure.
COMPTABILITÉ DE PRIX DE REVIENT, cost accounting.
COMPTABILITÉ PUBLIQUE, public accounts.
COMPTABILITÉ SOCIALE, social accounts ; social accounting.
EXAMINER LA COMPTABILITÉ, to inspect the books.
MÉTHODE DE COMPTABILITÉ PATRIMONIALE, on an accrual basis.
SERVICE DE LA COMPTABILITÉ, accounting department.
TENIR LA COMPTABILITÉ, to keep the accounts.

COMPTABLE a, accountable, book-keeping, accounting.
AGENT COMPTABLE DES TRANSFERTS, registrar of transfers.
CADRE COMPTABLE (D'UNE ENTREPRISE), chart of accounts.
CHEF COMPTABLE, head accountant ; chief accountant.
EXPERT COMPTABLE*, U.K: chartered accountant ; auditor ; U.S:
certified public accountant.
EXPERTISE COMPTABLE, accountancy.
FAUX EN ÉCRITURES COMPTABLES, falsification of accounts.
INVENTAIRE COMPTABLE, U.S: book inventory.
LIVRE COMPTABLE, journal.
LIVRES COMPTABLES, books.
MACHINE COMPTABLE ÉLECTRIQUE, electrical accounting ma-
chine.
PRATIQUES COMPTABLES, accounting practices.
PRIX DE REVIENT COMPTABLE, book cost.
QUITTANCE COMPTABLE, formal receipt.
SERVICE COMPTABLE, accounting department.
VALEUR COMPTABLE, book-value.
VÉRIFICATION COMPTABLE*, audit.

COMPTABLE m, accountant.
COMPTABLE DIPLÔMÉ, qualified accountant.

COMPTAGE m, numbering; count.

COMPTANT a, cash.
ACHAT COMPTANT, cash purchase ; purchase for money.
ARGENT COMPTANT, spot cash ; U.S: call money.
MARCHANDISES À EMPORTER CONTRE PAIEMENT COMPTANT,
cash and carry.
PAIEMENT COMPTANT, cash payment.
PAYER ARGENT COMPTANT, to pay promptly; to pay cash.
PRIX COMPTANT, cash price ; spot price.

COMPTANT adv, cash; outright.
ACHETER COMPTANT, to buy outright ; to buy for cash.
COTON LIVRABLE SUR-LE-CHAMP ET COMPTANT, prompt
cotton.
PAYER COMPTANT, to pay cash ; to pay spot cash ; to pay ready
money.
(VENDU) COMPTANT, (sold) over the counter.

COMPTANT m, cash.
ACHETER AU COMPTANT, to buy for money.
COMPTANT AVEC ESCOMPTE, cash less discount ; prompt cash,
less discount.
COMPTANT NET, net (prompt) cash.
COMPTANT CONTRE REMBOURSEMENT, payment on or before
delivery.
COURS DU COMPTANT, price for cash.
COURS PRATIQUÉS AU COMPTANT, business done for cash.
ÉCONOMIE AU COMPTANT, spot economy.
ESCOMPTE AU COMPTANT, cash discount.
MARCHÉ AU COMPTANT, spot market ; bargain for money.
NÉGOCIATIONS DE CHANGE AU COMPTANT, spot exchange
transactions ; exchange for spot delivery.
NÉGOCIATION AU COMPTANT, dealing for money ; bargain for
money.
OPÉRATIONS DE CHANGE AU COMPTANT, exchange for spot
delivery.
PAYABLE AU COMPTANT, terms cash.
RÉGLER AU COMPTANT, to settle in cash.
TRANSACTION AU COMPTANT, cash deal ; cash transaction.
VALEURS AU COMPTANT, securities dealt in for cash.
VENDRE AU COMPTANT, to sell for cash.
VENTE AU COMPTANT, sale for money ; cash sale.
VENTE AU COMPTANT CONTRE RACHAT À TERME, put and
take.

COMPTE m, count, counting; account, statement.
ACHETER POUR SON PROPRE COMPTE, to buy on one's own
account.
AJUSTEMENT POUR TENIR COMPTE DES VARIATIONS DES
STOCKS, adjustment for changes in stocks.
APURER UN COMPTE, to reconcile an account.
ARRÊTÉ DE COMPTE, settlement of account.
ARRÊTER LES COMPTES, to close the books.
ARTICLE D'UN LIVRE DE COMPTES, journal-entry.
AVANCE EN COMPTE COURANT, advance on current account.
AVOIR UN COMPTE DÉBITEUR, to be in the red.
BALANCE D'UN COMPTE, balance of an account.
BALANCE DES COMPTES, balance of external claims and liabilities.
BALANCER UN COMPTE, to balance an account.
BORDEREAU DE SITUATION D'UN COMPTE, bank statement.
COMMERCE POUR LE COMPTE DU GOUVERNEMENT, government
trade.
COMMISSAIRE AUX COMPTES*, auditor.
COMPTE QUI ACCUSE UNE PERTE, account which shows a loss.
COMPTE D'ACHAT, invoice of goods bought ; purchases account.
COMPTES ADDITIONNÉS, combined accounts.
COMPTE D'AFFECTATION, appropriation account.

COMPTE D'AGIO, agio account.
COMPTE ANONYME, impersonal account.
COMPTE D'AVANCES, advance account ; loan account.
COMPTE AVOIR, creditor side (of a balance).
COMPTE EN BANQUE, bank account ; banking account ; U.S: check-
ing account.
COMPTES BUDGÉTAIRES, budget accounts.
COMPTE DE CAISSE, cash account.
COMPTE CAPITAL, capital account.
COMPTE DE CAPITAL, stock account.
COMPTE DE CHÈQUES, U.S: checking account.
COMPTE COLLECTIF, reconciliation account ; total account.
les COMPTES NE CONCORDENT PAS, the accounts do not tally.
COMPTES CONSOLIDÉS, consolidated accounts.
COMPTE CONTRE-PARTIE, contra account.
COMPTE COURANT, account current ; current account ; running
account.
COMPTE CRÉDIT D'ACHATS, charge-account.
COMPTE CRÉDITEUR, credit account ; creditor account.
COMPTE DÉBITEUR, debit account ; debtor account.
COMPTE DÉCOUVERT, overdrawn account.
COMPTE DE DÉPÔT, deposit account.
COMPTE DE DÉPÔT À ÉCHÉANCE, fixed-deposit account.
COMPTE DE DÉPÔT À VUE, drawing account.
COMPTE DÉSAPPROVISIONNÉ, overdrawn account.
COMPTE DÉTAILLÉ, itemized account.
COMPTE DE DIVERS, sundries account.
COMPTE DOMAINE, property account.
COMPTES DORMANTS, dormant accounts.
COMPTES DE (L') EXPLOITATION, income statement (of a cor-
poration) ; operating statement; trading account ; real accounts ;
property accounts.
COMPTES EXTÉRIEURS, external accounts.
COMPTE FINAL, final account.
COMPTE DE GESTION, management account.
COMPTE IMMOBILISATIONS, capital expenditure account.
COMPTE D'INTÉRÊTS, interest account.
COMPTE JOINT, joint account.
COMPTE DE LIQUIDATION, settlement account ; broker's account.
COMPTE LORO, loro account.
COMPTES DE LA NATION, social accounting.
COMPTE D'ORDRE, suspense account.
COMPTE OUVERT, open account.
COMPTE PARTICULIER, private account.
COMPTE PERSONNEL, personal account.
COMPTE DE PERTES ET PROFITS, profit and loss account; state-
ment of profit and loss ; income statement (of a corporation).
COMPTE DE PRÊT, loan account.
COMPTE DE PRÉVISION, reserve account.
COMPTE PROFESSIONNEL, office account.
COMPTE PROVISOIRE, provisional account.
COMPTE RENDU, report.
COMPTE DE RÉSERVE, reserve account.
COMPTES DE RÉSULTATS, proprietary accounts.
COMPTE ROND, even money.
COMPTES SOCIAUX, social accounting.
COMPTE TENU DE, in consideration of.
COMPTE TRANSFÉRABLE, external account.
COMPTE DE VALEURS, property account; real accounts.
COMPTE DE VENTE(S), sales account.
CONSTRUCTION POUR SON PROPRE COMPTE, own-account
construction.
COUR DES COMPTES*, audit-office ; U.S: Committee on Public
Accounts.
CRÉDITER UN COMPTE, to credit an account.
DÉCOUVERT D'UN COMPTE EN BANQUE, bank overdraft; overdraft
of a bank account.
DÉPÔT EN COMPTE DE CHÈQUES, U.S: checking deposit; U.K:
cheque deposit.
DÉPOUILLER UN COMPTE, to analyse an account.
DÉTAILS D'UN COMPTE, particulars of an account.
ÉQUILIBRE OBLIGATOIRE DES COMPTES, balancing property of
the accounts.
ÉTAT DÉTAILLÉ DE COMPTE, detailed statement of account.
GONFLER UN COMPTE, to swell an account.
GRAND LIVRE DES COMPTES GÉNÉRAUX, general ledger.
IMPUTER À UN COMPTE, to charge an account with.
IMPUTER UNE DÉPENSE À UN COMPTE, to charge an expense on,
to, an account.
INTITULÉ D'UN COMPTE, name of an account.
LAISSÉ POUR COMPTE, returned article.
LIVRE DE COMPTES, account book.
MARCHAND ÉTABLI À SON PROPRE COMPTE, private trader.
MARCHANDISES LAISSÉES POUR COMPTE, goods left on hand.
METTRE UN COMPTE À DÉCOUVERT, to overdraw an account.
METTRE SOUS DOSSIER DES TITRES POUR LE COMPTE D'UNE
AUTRE BANQUE, to earmark securities.
MONNAIE DE COMPTE, money of account.

MONNAIE EN TANT QU'UNITÉ DE COMPTE, money as a unit of account.
OBTENIR DU CRÉDIT À MEILLEUR COMPTE, to obtain cheaper credit.
OUVRIR UN COMPTE, to open an account.
POINTER LES ARTICLES D'UN COMPTE, to tick off items in an account.
tous POSTES DE LA BALANCE DES PAIEMENTS AUTRES QUE LA BALANCE COMMERCIALE ET LE COMPTE CAPITAL, below the line.
PRÉLÈVEMENTS SUR COMPTE COURANT, drawings on current account.
PRENDRE À COMPTE, to take on account.
RÉGLER UN COMPTE EN ESPÈCES, to settle an account in cash.
RELEVÉ DE COMPTE, statement of account.
RENDRE COMPTE DE, to give an account of; to render an account; to account for.
se RENDRE COMPTE, to find out, to realize.
REPRENDRE EN COMPTE, to trade in.
REVENU RÉEL COMPTE TENU DE L'INFLATION, income adjusted for inflation.
RÉVISER UN COMPTE, to look over an account (again).
ROUVRIR UN COMPTE, to reopen an account.
SOLDE D'UN COMPTE, balance of an account.
SOLDE D'UN COMPTE COURANT, balance on current account.
pour SOLDE DE TOUT COMPTE, in full settlement.
SOLDER UN COMPTE, to balance an account.
TENIR COMPTE DE, to take into account; to make allowance for; to allow.
TENIR COMPTE DES VARIATIONS, to allow for variations.
TITULAIRE D'UN COMPTE, holder of an account.
TRANSFERTS DE REVENU AU COMPTE DES MÉNAGES, income transfers to households.
TRIPOTER LES COMPTES, to manipulate accounts.
UNITÉ DE COMPTE, unit of account.
VALEUR EN COMPTE, value in account.
VÉRIFICATEUR DES COMPTES*, controller; comptroller; U.K: auditor general.
VÉRIFIER ET CERTIFIER LES COMPTES, to audit the accounts.
VÉRIFIER UN COMPTE, to examine an account.
VERSEMENT EN COMPTE COURANT, payment on current account.
VERSER UNE SOMME À UN COMPTE, to pay money into an account.

COMPTE RENDU m, report.

COMPTÉ a, counted.
non COMPTÉ, uncounted.

COMPTER v, to count, to number, to cast up, to charge, to compute, to reckon.
sans COMPTER, not counting; not mentioning.
COMPTER LES BULLETINS, to count the votes; to cast up the votes.
COMPTER UN PRIX POUR, to charge a price for.
DÉPENSER SANS COMPTER, to toss one's money about.

COMPTEUR m, meter, counter.

COMPTOIR m, counter; trading-post.

COMPUTATION f, computation.

COMPUTER v, to compute.

COMTÉ m, county.
COMTÉS DE LA RÉGION LONDONIENNE, home counties.
EMPRUNTS DES COMTÉS, county stocks.

CONCAVE a, concave.
COURBE CONCAVE VERS LE HAUT, curve concave upwards.
COURBE CONCAVE PAR RAPPORT AUX AXES, curve concave to the axes.

CONCAVITÉ f, concavity.
CONCAVITÉ DES COURBES, concavity of curves.

CONCÉDER v, to grant.
CONCÉDER UN MONOPOLE, to grant a monopoly.

CONCENTRATION f, concentration; merger; concentrating.
CONCENTRATION HORIZONTALE, horizontal concentration.
CONCENTRATION INDUSTRIELLE, industrial merger.
CONCENTRATION VERTICALE, vertical concentration.
COURBE DE CONCENTRATION, Lorenz curve.
INDICE DE CONCENTRATION, degree of concentration.

CONCEPT m, concept, conception, notion.
CONCEPTS DU CONTINU ET DU DISCONTINU, concepts of continuity and discontinuity.
CONCEPT D'ÉLASTICITÉ, concept of elasticity.
CONCEPT DE PARITÉ, parity concept.

CONCEPTION f, conception, concept, design, idea, plan.
CONCEPTION ERRONÉE, misconception.
CONCEPTION LOGIQUE, logical design.
CONCEPTION DU PRODUIT, product design.

CONCEPTUEL a, conceptual.

CONCERNÉ a, concerned.

CONCERNER v, to concern, to regard.
en ce qui CONCERNE, as regards.
en ce qui CONCERNE CETTE AFFAIRE, in regard to this matter; with regard to this matter.

CONCERTÉ a, preconcerted.

CONCESSION f, concession, grant, granting, licence; U.S: franchise; lease.
ACTE DE CONCESSION DE MINES, mining licence.
CONCESSION DE CHEMIN DE FER, railway concession.
CONCESSION MINIÈRE, mineral concession; mining concession; mineral claim.
CONCESSIONS MUTUELLES, give-and-take.
CONCESSIONS RÉCIPROQUES, reciprocal concessions.
CONCESSION DE TERRAIN, grant of land.
EXPIRATION D'UNE CONCESSION, expiration of a concession.
se FAIRE DES CONCESSIONS MUTUELLES, to give and take.

CONCESSIONNAIRE m, licensee.

CONCIERGE m or f, housekeeper, porter; U.S: janitor.

CONCLUANT a, conclusive.
non CONCLUANT, inconclusive.
peu CONCLUANT, indecisive.

CONCLURE v, to conclude.
CONCLURE L'AFFAIRE, to do the business.
CONCLURE UN CONTRAT, to conclude a contract.
CONCLURE (TROP) HÂTIVEMENT, to jump to a conclusion.
CONCLURE UN MARCHÉ, to strike a bargain.
CONCLURE UN TRAITÉ, to negotiate a treaty.

CONCLUSION f, conclusion, close.
CONCLUSIONS*, plea; pleadings.
CONCLUSION PROVISOIRE, tentative conclusion.
DÉDUIRE DES CONCLUSIONS DES PRÉMISSES, to reason from premises.

CONCOMITANCE f, concomitance.

CONCOMITANT a, concomitant.

CONCORDANT a, coherent.
PRÉVISIONS CONCORDANTES, consistent expectations.

CONCORDAT m, composition, legal settlement.
ARRIVER À UN CONCORDAT AVEC SES CRÉANCIERS, to compound with one's creditors.
CONCORDAT (APRÈS FAILLITE), legal settlement in bankruptcy.
CONCORDAT PRÉVENTIF (À LA FAILLITE), scheme of composition between debtor and creditors.

CONCORDATAIRE a, certified bankrupt.

CONCORDER v, to tally, to compound.
les COMPTES NE CONCORDENT PAS, the accounts do not tally.

CONCOURIR v, to converge, to rank equally.

CONCOURS m, co-operation.
CONCOURS ENTRE CRÉANCIERS, equality (of rank) between creditors.

CONCRET a, concrete; practical.
CAS CONCRET, practical example.
TRAVAIL CONCRET, concrete labour.

CONÇU a, planned.
BIEN CONÇU, well-planned.
MAL CONÇU, ill-planned.

CONCURRENCE f, competition.
CAPITALISME DE LIBRE CONCURRENCE, capitalism of free competition.
dans le CAS D'UNE LIBRE CONCURRENCE, assuming free competition.
CONCURRENCE ACHARNÉE, cut-throat competition; keen competition.
CONCURRENCE ATOMISTIQUE, atomistic competition.
CONCURRENCE À COUTEAUX TIRÉS, cut-throat competition.
CONCURRENCE DÉLOYALE, unfair competition.
CONCURRENCE SANS FREIN, ruthless competition.
CONCURRENCE IMPARFAITE, imperfect competition.
CONCURRENCE MONOPOLISTIQUE, monopolistic competition.
CONCURRENCE PARFAITE, perfect competition.
la CONCURRENCE PROVOQUE L'ABAISSEMENT DES PRIX, competition causes a fall in prices.
CONCURRENCE PURE, pure competition.
CONCURRENCE RUINEUSE, cut-throat competition.
en CONDITIONS DE CONCURRENCE, in competitive conditions.
ENRAYER LA CONCURRENCE, to check competition.
FAIRE CONCURRENCE, to compete.
GASPILLAGE EN CONCURRENCE MONOPOLISTIQUE, waste in monopolistic competition.

GASPILLAGE RÉSULTANT DE LA CONCURRENCE, wastes of competition.
INDUSTRIE PROTÉGÉE CONTRE LA CONCURRENCE ÉTRANGÈRE, sheltered industry.
LIBRE CONCURRENCE, free competition.
LIBRE JEU DE LA CONCURRENCE, free play of competition.
PRÉSERVATION DE LA CONCURRENCE, maintenance of competition.
PROTECTION CONTRE LA CONCURRENCE ÉTRANGÈRE, protection against foreign competition.
PROTÉGER UNE INDUSTRIE CONTRE LA CONCURRENCE DÉLOYALE, to protect an industry against unfair competition.
SOUTENIR LA CONCURRENCE, to compete.
SUPPRESSION DE LA CONCURRENCE, suppression of competition.
THÉORIE DE LA CONCURRENCE IMPARFAITE, theory of imperfect competition.
THÉORIE DE LA CONCURRENCE MONOPOLISTIQUE, theory of monopolistic competition.
VENTE À DES PRIX QUI DÉFIENT TOUTE CONCURRENCE, under-cutting.

CONCURRENT a, competitive, competing, rival.
BIENS CONCURRENTS, competitive goods.
INDUSTRIES CONCURRENTES, competing industries.
PRODUITS CONCURRENTS, competing products; competitive products.

CONCURRENT m, competitor, rival.

CONCURRENTIEL a, competitive, competing.
COÛTS CONCURRENTIELS INTÉGRAUX, full competitive costs.
EMPLOIS CONCURRENTIELS, competing uses.
FIRME CONCURRENTIELLE, competing firm.
FORMATION CONCURRENTIELLE DES PRIX, competitive pricing.
JEU CONCURRENTIEL, competitive game.
MARCHÉ CONCURRENTIEL, competitive market.
l'OFFRE ET LA DEMANDE CONCURRENTIELLES, competitive supply and demand.
PRIX CONCURRENTIEL, competitive price.
USAGES CONCURRENTIELS, competing uses.

CONCUSSION f, misappropriation.

CONDAMNATION f, condemnation, sentence.
CONDAMNATION AUX FRAIS ET DÉPENS, order to pay costs.

CONDAMNER v, to condemn, to sentence.
CONDAMNER AUX DÉPENS, to order to pay the costs.

CONDITION f, condition, clause, term, proviso, approbation, state, status, lot, understanding.
ASSUJETTIR À CERTAINES CONDITIONS, to tie down.
en BONNE CONDITION, in condition.
à CONDITION QUE, with the proviso that; subject to.
sous CONDITION, on approval.
CONDITIONS ACCEPTÉES D'UN COMMUN ACCORD, conditions agreed upon.
CONDITIONS D'ADHÉSION, conditions of membership.
CONDITIONS D'AUTORISATION, licensing requirements.
en CONDITIONS DE CONCURRENCE, in competitive conditions.
CONDITIONS ÉCONOMIQUES ACTUELLES EN, economic conditions prevailing in.
CONDITIONS DE LA DEMANDE, conditions of demand.
à CONDITIONS ÉGALES, on equal terms.
CONDITIONS D'UNE ÉMISSION, terms of an issue.
CONDITIONS D'ÉQUILIBRE, conditions of equilibrium; equilibrium conditions.
CONDITION D'ÉTUDIANT, student status.
CONDITION IMPLICITE, implicit condition.
CONDITION NÉCESSAIRE, necessary condition.
CONDITIONS OPTIMA, optima conditions.
CONDITIONS DE PAIEMENT, terms of payment.
CONDITION DES PAUVRES, poor man's lot.
CONDITION PRÉALABLE, prerequisite.
CONDITION REQUISE, requirement; requisite.
CONDITION RÉSOLUTOIRE, condition subsequent.
CONDITIONS DE STABILITÉ, stability conditions.
CONDITION SUBSIDIAIRE, subsidiary condition.
CONDITION SUFFISANTE, sufficient condition.
CONDITION SUSPENSIVE, condition precedent.
CONDITIONS D'USAGE, usual terms.
CONDITIONS DE VENTE, conditions of sale.
CONDITIONS D'UNE VENTE, clauses governing a sale.
CONDITIONS DE VIE, living conditions.
DÉBATTRE LES CONDITIONS D'UN MARCHÉ, to discuss the conditions of a bargain.
s'ENTENDRE SUR LES CONDITIONS, to come to terms.
ÉTABLIR LES CONDITIONS D'ÉQUILIBRE, to establish the conditions of equilibrium.
IMPOSER DES CONDITIONS, to impose conditions.
MARCHANDISES À CONDITION, goods on approbation.
PRÊTS À CONDITION, tied loans.

PROPRIÉTAIRE SOUS CONDITION, limited owner.
REMPLIR UNE CONDITION, to fulfil a condition.

CONDITIONNÉ a, conditioned.
HONORAIRES ÉVENTUELS, CONDITIONNÉS PAR LE GAIN DE L'AFFAIRE, contingent fee.

CONDITIONNEL a, conditional, provisory.
ACCEPTATION CONDITIONNELLE, conditional acceptance.
CLAUSE CONDITIONNELLE, proviso.
MOYENNE CONDITIONNELLE, conditional mean.
PROBABILITÉ CONDITIONNELLE, conditional probability.
VARIANCE CONDITIONNELLE, variance of the residuals.
VARIANCE CONDITIONNELLE MOYENNE, variance within classes.

CONDUIRE v, to conduct; to drive.

CONDUIT m, pipe.

CONDUITE f, leadership, leading, lead, conduct, steering.

CÔNE m, cone.
CÔNE DROIT, right cone.
CÔNE TRONQUÉ, truncated cone.

CONFÉDÉRATION f, confederacy.

CONFÉRENCE f, conference, meeting.
ASSISTANCE À UNE CONFÉRENCE, audience.
CONFÉRENCE DU DÉSARMEMENT, disarmament conference.
CONFÉRENCE MARITIME, shipping conference.
CONFÉRENCE-RÉUNION, panel discussion.
CONFÉRENCE AU SOMMET, summit meeting.

CONFIANCE f, confidence, trust, faith.
ABUS DE CONFIANCE, breach of trust; embezzlement.
COEFFICIENT DE CONFIANCE, confidence coefficient.
CONFIANCE EXAGÉRÉE, over-confidence.
CONFIANCE DU PUBLIC, public confidence.
DIGNE DE CONFIANCE, dependable; reliable.
INTERVALLE DE CONFIANCE DE 95 %, 95 % confidence interval.
LIMITES DE CONFIANCE, confidence limits.
NIVEAU DE CONFIANCE, confidence level.
RETOUR DE LA CONFIANCE, return of confidence.

CONFIDENTIEL a, confidential; without prejudice.

CONFIER v, to invest; to entrust.
CONFIER UNE TÂCHE À QUELQU'UN, to entrust a task to somebody.

CONFIGURATION f, configuration.
CONFIGURATION D'UN SYSTÈME, system configuration.

CONFIRMATION f, confirmation.
CONFIRMATION DE CRÉDIT, confirmation of credit.

CONFIRMÉ a, confirmed.
non CONFIRMÉ, unconfirmed.
CRÉDIT CONFIRMÉ (À L'EXPORTATION), confirmed credit.
CRÉDIT NON CONFIRMÉ, simple credit; unconfirmed credit.
LETTRE DE CRÉDIT CONFIRMÉE, confirmed letter of credit.

CONFIRMER v, to confirm.

CONFISCATION f, confiscation; sequestration.
de CONFISCATION, confiscatory.
PERTE PAR CONFISCATION, forfeiture.

CONFISQUÉ a, forfeit.

CONFISQUER v, to seize, to sequester, to sequestrate, to impound.
CONFISQUER DES MARCHANDISES, to seize goods.

CONFLIT m, conflict, trouble.
CONFLITS CAPITAL-TRAVAIL, labour-capital conflicts.
CONFLITS OUVRIERS, labour troubles.

CONFORME a, true, up to.
AJUSTEMENT CONFORME, goodness of fit.
CONFORME À L'ÉCHANTILLON, true to specimen.
CONFORME À LA NORME, up to standard; up to specification.
CONFORME AUX PRÉVISIONS, up to expectations.
ÊTRE CONFORME À L'ÉCHANTILLON, to correspond to sample.

CONFORMÉMENT adv, in conformity.
CONFORMÉMENT AUX PRÉVISIONS, according to schedule.

CONFORMISME m, orthodoxy, uniformity.

CONFORMITÉ f, conformity.
INDICE DE CONFORMITÉ, index of conformity.

CONFORTABLE a, comfortable.

CONFRÈRE m, colleague; fellow member (of a profession, etc.)

CONFRÉRIE f, guild.

CONFUSION f, confusion, muddle.

CONGÉ m, leave, leave of absence, holiday, discharge.
(AVIS DE) CONGÉ, notice (to quit).
CONGÉ ANNUEL, annual leave.
CONGÉ DE MALADIE, sick-leave.

CONGÉS PAYÉS, holidays with pay; *U.S:* vacation with pay.
CONGÉ À SALAIRE PLEIN, full-pay leave.
JOUR DE CONGÉ, day off.
SALAIRE DE CONGÉ, leave pay.

CONGÉDIÉ *a*, discharged.

CONGÉDIER *v*, to discharge, to dismiss, to sack.
CONGÉDIER UN EMPLOYÉ, to sack an employee *(familier)*.
CONGÉDIER TOUT LE PERSONNEL, to dismiss all the staff; to sack all the staff.

CONGÉLATION *f*, freezing, cold storage.

CONGELÉ *a*, frozen.
VIANDE CONGELÉE, frozen meat.

CONGRÈS *m*, congress.
CONGRÈS DES ORGANISATIONS INDUSTRIELLES, *U.S:* Congress of Industrial Organizations (C.I.O.).

CONGRUENCE *f*, congruence.
THÉORIE DES CONGRUENCES, theory of congruences.

CONIQUE *a*, conic, cone-shaped.
SECTIONS CONIQUES, conic sections.

CONJECTURE *f*, conjecture, surmise, guessing.

CONJECTURER *v*, to guess, to surmise.

CONJOINT *a*, joint, common.
BILLET CONJOINT, joint promissory note.
OBLIGATION CONJOINTE ET SOLIDAIRE, joint and several obligation; joint and several bond.
RESPONSABILITÉ CONJOINTE, joint liability.
RESPONSABILITÉ CONJOINTE ET SOLIDAIRE, joint and several liability.
SOUMISSION CONJOINTE, common pricing.

CONJOINTEMENT *adv*, jointly.
CONJOINTEMENT RESPONSABLE, jointly liable; jointly responsible.
CONJOINTEMENT ET SOLIDAIREMENT, jointly and severally.

CONJOINTS *m. pl*, husband and wife.

CONJONCTURE *f*, conjuncture; juncture.
ANALYSE DE CONJONCTURE, analysis of time series.
INSTITUT DE CONJONCTURE, Economic Service.
INSTITUT NATIONAL DE CONJONCTURE, *U.S:* National Bureau of Economic Research.

CONJONCTUREL *a*, cyclic(al); short-term.
TESTS CONJONCTURELS, short-term economic forecasting.

CONJONCTURELLE *f*, cyclical component.

CONNAISSANCE *f*, knowledge.
CONNAISSANCES CONSIDÉRABLES, extensive knowledge.
CONNAISSANCE DES FAITS, factual knowledge.
CONNAISSANCES GÉNÉRALES, general knowledge.
ENRICHISSEMENT DES CONNAISSANCES, gain to knowledge.

CONNAISSEMENT *m*, bill of lading.
CONNAISSEMENT COLLECTIF, general bill of lading.
CONNAISSEMENT D'ENTRÉE, inward bill of lading.
CONNAISSEMENT NOMINATIF, straight bill of lading.
CONNAISSEMENT AVEC RÉSERVE, foul bill of lading.
CONNAISSEMENT SANS RÉSERVE, clean bill of lading.
CONNAISSEMENT ROUGE, red bill of lading.
CONNAISSEMENT DE SORTIE, outward bill of lading.
STIPULATIONS D'UN CONNAISSEMENT, provisions of a bill of lading.

CONNAISSEUR *m*, expert, judge.

CONNEXE *a*, related, allied.
FÉDÉRATION INTERNATIONALE DU COTON ET DES INDUSTRIES TEXTILES CONNEXES, International Federation of Cotton and Allied Textile Industries.
INDUSTRIES CONNEXES, related industries; allied industries.

CONNEXION *f*, connection, nexus.
CONNEXION CAUSALE, causal nexus.

CONNEXITÉ *f*, connexity, relationship, relatedness, connectedness.

CONNU *a*, known.
QUANTITÉ CONNUE, known quantity.
RISQUE CONNU, known risk.

CONSACRÉ *a*, sanctioned, proven.
CONSACRÉ PAR L'USAGE, sanctioned by usage.

CONSACRER *v*, to devote.

CONSCIENCE *f*, consciousness.
CONSCIENCE DE CLASSE, class consciousness.

CONSCIENCIEUSEMENT *adv*, conscientiously.
ÉCHANTILLON TIRÉ CONSCIENCIEUSEMENT, fairly drawn sample.

CONSCRIPTION *f*, conscription, *U.S:* draft.

CONSÉCUTIF *a*, consecutive, consequential.
HAUSSE DES PRIX CONSÉCUTIVE, resultant increase in price.

CONSEIL *m*, advice, consultant, committee, board, council.
AVOCAT-CONSEIL, counsel.
CONSEIL D'ADMINISTRATION*, board of directors.
CONSEIL D'AIDE MUTUELLE ÉCONOMIQUE, Council of Mutual Economic Aid (Comecon).
CONSEIL DE DIRECTION, governing body.
CONSEIL DE DISCIPLINE, disciplinary board.
CONSEIL FISCAL, tax lawyer.
CONSEIL DE GESTION (D'UN HÔPITAL, D'UN MUSÉE ETC.), board of trustees.
CONSEIL DES GOUVERNEURS, board of governors.
CONSEIL INTERNATIONAL DE L'ÉTAIN, International Tin Council.
CONSEIL INTERNATIONAL DU SUCRE, International Sugar Council.
CONSEIL MUNICIPAL, town council; *U.S:* (local) government.
INGÉNIEUR-CONSEIL, engineering consultant.
INGÉNIEUR-CONSEIL EN ORGANISATION, management consultant.
PRÉSIDENT DU CONSEIL D'ADMINISTRATION, chairman of the board.
RÉUNION DU CONSEIL D'ADMINISTRATION, board meeting.

CONSEILLÉ *a*, recommended.
LISTE DE PLACEMENTS CONSEILLÉS PAR UN COURTIER, stockbroker's list of recommendations.

CONSENSUEL *a*, consensual.
CONTRAT CONSENSUEL, consensual contract.

CONSENTEMENT *m*, consent, fiat, sanction.
CONSENTEMENT UNANIME DE TOUS LES ACTIONNAIRES, unanimous consent of all the shareholders.

CONSENTI *a*, granted, allowed.
PRÊTS ET AVANCES CONSENTIS, loans and advances granted.
TAUX MINIMUM, CONSENTI PAR UNE BANQUE À SES MEILLEURS CLIENTS, *U.S:* prime rate.

CONSENTIR *v*, to grant, to allow, to agree, to consent.
CONSENTIR UN DÉCOUVERT, to grant a overdraft.
CONSENTIR UN PRIX RÉDUIT, to allow a reduced price.
CONSENTIR UN RABAIS, to allow a discount.
CONSENTIR UNE RÉDUCTION DE PRIX, to consent a reduction in price.
CONSENTIR À UNE VENTE, to consent to a sale.

CONSÉQUENCE *f*, consequence, effect, after-effect.
CONSÉQUENCES INDIRECTES, indirect effects.

CONSÉQUENT *a*, consequential.

CONSERVATEUR *a*, conservative.
PARTI CONSERVATEUR, Conservative party.

CONSERVATEUR *m*, curator.
CONSERVATEUR DES HYPOTHÈQUES, registrar of mortgages.
CONSERVATEUR (DE MUSÉE), curator (of a museum).

CONSERVATION *f*, conservation, conservancy, maintenance, preservation, preserving, protection, carrying.
BON ÉTAT DE CONSERVATION, good state of preservation.
en BON ÉTAT DE CONSERVATION, well preserved.
CONSERVATION DE L'ÉNERGIE, conservation of energy.
CONSERVATION FORESTIÈRE, conservation of forests.
CONSERVATION PAR LE FROID, cold storage.
COÛT DE CONSERVATION, cost of maintenance.
COÛT DE CONSERVATION DES EXCÉDENTS DE STOCKS, carrying costs of surplus stocks.
INSTINCT DE CONSERVATION, self-preservation.
en MAUVAIS ÉTAT DE CONSERVATION, badly preserved.

CONSERVATISME *m*, conservatism.

CONSERVE *f*, preserve, preserved food, canned foods, tinned foods.
en CONSERVE(S), canned, tinned.
CONSERVES DE PRODUITS ALIMENTAIRES, canned foods, tinned foods.
INDUSTRIE DE LA CONSERVE DE LA VIANDE, meat-packing industry.
VIANDE DE CONSERVE, preserved meat; canned meat.

CONSERVÉ *a*, held, preserved.
VALEURS CONSERVÉES EN VUE D'UNE HAUSSE, stocks held for a rise.

CONSERVER *v*, to preserve, to keep, to maintain, to hold, to treasure; to pack.
CONSERVER LE CAPITAL EN L'ÉTAT, to maintain capital intact.

CONSERVERIE *f*, packing trade; (food) canning.

CONSIDÉRABLE *a*, considerable, vast, extensive, wide, far-reaching, heavy.
CONNAISSANCES CONSIDÉRABLES, extensive knowledge.
DIFFÉRENCE CONSIDÉRABLE, considerable difference.
ÉCART CONSIDÉRABLE ENTRE PRIX D'ACHAT ET PRIX DE VENTE, wide quotation.

CONSIDÉRABLEMENT *adv*, considerably.
ABAISSER CONSIDÉRABLEMENT LES PRIX, to knock down prices.

CONSIDÉRATION *f*, consideration.

CONSIDÉRER *v*, to consider.
CONSIDÉRER LA PRODUCTION COMME CONSTANTE, to keep output constant.

CONSIGNATAIRE *m*, consignee, trustee, *U.S:* freighter.

CONSIGNATEUR *m*, consignor.

CONSIGNATION *f*, consignment, consignation, deposit, lodging
en CONSIGNATION, on consignment.
MARCHANDISES EN CONSIGNATION, goods on consignment; returnable goods.

CONSIGNÉ *a*, consigned, deposited, lodged.
MARCHANDISES CONSIGNÉES À UN PAYS ÉTRANGER, goods consigned to a foreign country.

CONSIGNER *v*, to consign, to deposit, to lodge.
CONSIGNER DE L'ARGENT CHEZ, to deposit money with; to lodge money with.

CONSISTANCE *f*, consistency.

CONSISTANT *a*, consistent.

CONSOLE *f*, console.

CONSOLIDABLE *a*, fundable.

CONSOLIDATION *f*, consolidation, strengthening, funding.
CONSOLIDATION DE LA DETTE FLOTTANTE, consolidation of the floating debt.
CONSOLIDATION D'UN MARCHÉ À PRIME, exercice of an option; taking up.
EMPRUNT DE CONSOLIDATION, funding loan.

CONSOLIDÉ *a*, consolidated, funded.
CAPITAUX CONSOLIDÉS À LONG TERME, long-term funded capital.
COMPTES CONSOLIDÉS, consolidated accounts.
non CONSOLIDÉ, unconsolidated; unfunded.
DETTE CONSOLIDÉE, consolidated debt; funded debt.
DETTE NON CONSOLIDÉE, unconsolidated debt; unfunded debt.
FONDS CONSOLIDÉS, *U.K:* consols (for consolidated annuities); consolidated annuities.
OBLIGATION HYPOTHÉCAIRE CONSOLIDÉE, consolidated mortgage bond.

CONSOLIDER *v*, to consolidate, to strengthen, to fund.
CONSOLIDER LES ARRÉRAGES, to fund interest.
CONSOLIDER UNE DETTE PUBLIQUE, to fund a public debt.
CONSOLIDER UN MARCHÉ À PRIME, to exercise an option; to take up an option.
CONSOLIDER UNE SITUATION, to strengthen a position.

CONSOMMABLE *a*, consumable.
PRODUITS CONSOMMABLES, consumable goods.

CONSOMMATEUR *m*, consumer.
ACHATS PAR LES CONSOMMATEURS DE PRODUITS ET DE SERVICES, consumer buying of goods and services.
ANALYSE DU COMPORTEMENT DU CONSOMMATEUR, analysis of consumer's behaviour.
BUDGET DU CONSOMMATEUR, consumers' budget.
CHOIX DU CONSOMMATEUR, consumer's choice.
COMITÉ (CONSULTATIF) DES CONSOMMATEURS, consumer council.
COMPORTEMENT COLLECTIF DES CONSOMMATEURS INDIVI- DUELS, collective behaviour of individual consumers.
COMPORTEMENT DU CONSOMMATEUR, behaviour of the consumer.
CONSOMMATEUR FINAL, last consumer.
CONSOMMATEUR INDIVIDUEL, individual consumer.
DERNIER CONSOMMATEUR, ultimate consumer.
ÉCHELLE D'UNITÉ DE CONSOMMATEUR, consumer unit scales.
ÉDUCATION DES CONSOMMATEURS, consumer education.
ENDETTEMENT DES CONSOMMATEURS, consumer debt; consumer indebtedness.
ÉQUILIBRE DU CONSOMMATEUR, equilibrium of the consumer.
ÉQUILIBRE OPTIMAL DU CONSOMMATEUR, consumer's optimal equilibrium.
GOÛTS DES CONSOMMATEURS, consumers' tastes.
GROUPE-TÉMOIN DE CONSOMMATEURS, consumer panel.
LOI DE LA DEMANDE DU CONSOMMATEUR, law of consumer's demand.
MOTIVATIONS DES CONSOMMATEURS, motives of consumers.
PRÉFÉRENCE DU CONSOMMATEUR, consumer's choice.
PRIMAUTÉ DU CONSOMMATEUR, consumer's sovereignty.
les PRODUCTEURS ET LES CONSOMMATEURS, the producers and the consumers.
RENTE DU CONSOMMATEUR, consumer's surplus.
SUBVENTIONS AUX CONSOMMATEURS, price subsidies.
SURPLUS DU CONSOMMATEUR, consumer's surplus.
THÉORIE DE LA DEMANDE DU CONSOMMATEUR, theory of consumer's demand.

CONSOMMATION *f*, consumption.
s'ABSTENIR D'UNE CONSOMMATION IMMÉDIATE, to abstain from present consumption.
AJOURNEMENT DE LA CONSOMMATION, postponement of consumption.
BIENS DE CONSOMMATION, consumer goods; consumption goods.
BIENS DE CONSOMMATION DURABLES, consumer durables; durable consumer goods.
CONSOMMATION DES ADMINISTRATIONS PUBLIQUES, government consumption.
CONSOMMATION PAR L'AGRICULTURE DE SES PROPRES PRO- DUITS, own consumption in agriculture.
CONSOMMATION ANNUELLE, yearly consumption.
CONSOMMATION APPARENTE, apparent consumption.
CONSOMMATION COURANTE, current consumption.
CONSOMMATION DE DENRÉES ALIMENTAIRES, food consumption.
CONSOMMATION D'ESSENCE, petrol (*U.S:* gasoline) consumption.
CONSOMMATION FUTURE, future consumption.
pour la CONSOMMATION IMMÉDIATE, for consumption fresh.
CONSOMMATION INTÉRIEURE, home consumption.
CONSOMMATION INTERMÉDIAIRE, intermediate consumption.
CONSOMMATION JOURNALIÈRE, daily consumption.
CONSOMMATION DES MÉNAGES, private consumption.
CONSOMMATION NATIONALE, national consumption.
CONSOMMATION NATIONALE DÉFINITIVE, final national consumption.
CONSOMMATION EN NATURE, consumption in kind.
CONSOMMATION OSTENTATOIRE, conspicuous consumption.
CONSOMMATION DE PAPIER-JOURNAL, newsprint consumption.
CONSOMMATION PRIVÉE, private consumption.
CONSOMMATION DE LA PRODUCTION NATIONALE, consumption of domestic production.
CONSOMMATION PUBLIQUE, public consumption.
CONSOMMATION SOCIALE, social consumption.
CONSOMMATION DE SUBSISTANCE, subsistence consumption.
CONSOMMATION PAR TÊTE, consumption per capita.
CONSOMMATION TOTALE, over-all consumption; total consumption.
COURBE DE LA CONSOMMATION, consumption schedule.
COURBE DE LA CONSOMMATION PAR RAPPORT AU PRIX, price-consumption curve.
COURBE DE LA CONSOMMATION PAR RAPPORT AU REVENU, income-consumption curve.
CRÉDIT À LA CONSOMMATION, consumer credit.
DÉPENSES DE CONSOMMATION, consumption expenditure.
DÉPENSE POUR LA CONSOMMATION, expenditure on consumption
DÉPENSES DE CONSOMMATION PRIVÉE, private consumption expenditure.
EAU IMPROPRE À LA CONSOMMATION, non-domestic water.
ÉQUILIBRE ENTRE LA PRODUCTION ET LA CONSOMMATION, equilibrium between production and consumption.
à FAIBLE CONSOMMATION, low-consumption.
FONCTION DE CONSOMMATION, consumption function.
IMPÔT À LA CONSOMMATION, consumption tax.
IMPÔT SUR LA CONSOMMATION, tax on commodities; excise.
INDICES DES PRIX À LA CONSOMMATION, consumer price index- numbers.
LIGNE DE(S) POSSIBILITÉS DE CONSOMMATION, consumption- possibility line.
MOTIFS DE LA CONSOMMATION, motivations for consumption.
POURVOIR À LA CONSOMMATION FUTURE, to provide for future consumption.
PRÊT À LA CONSOMMATION, consumption loan.
RÉDUIRE LA CONSOMMATION, to restrict consumption.
RÉDUIRE LA CONSOMMATION INTÉRIEURE, to damp down domes- tic consumption.
SOCIÉTÉ COOPÉRATIVE DE CONSOMMATION, co-operative stores.
SORTIE DE L'ENTREPÔT POUR CONSOMMATION, home use entry.
SUBSTITUTION LOISIR-CONSOMMATION, substitution between leisure and consumption.
TAXE À LA CONSOMMATION, excise duty.
THÉORIE DE LA CONSOMMATION, theory of consumption.
THÉORIE DE LA SOUS-CONSOMMATION, underconsumption theory.
THÉORIE DE L'UTILITÉ ET DE LA CONSOMMATION, utility and consumption theory.
UNITÉ DE CONSOMMATION, consumption unit.
VARIATION DANS LA CONSOMMATION, shifts in consumption.

CONSOMMÉ *a*, consumed.
COMBUSTIBLES CONSOMMÉS DANS LES RAFFINERIES, fuel consumed in refining.
ÉNERGIE CONSOMMÉE, power consumption.

CONSOMMER *v*, to consume.
PROPENSION DE LA COMMUNAUTÉ À CONSOMMER, community's propensity to consume.
PROPENSION À CONSOMMER, propensity to consume.
PROPENSION GLOBALE À CONSOMMER, aggregate propensity to consume.

PROPENSION MARGINALE À CONSOMMER, marginal propensity to consume.

PROPENSION MOYENNE À CONSOMMER, average propensity to consume.

CONSOMPTIBLE *a,* consumable, wasting.
EXPLOITATION D'UN BIEN CONSOMPTIBLE, exploitation of a wasting asset.
PRODUITS CONSOMPTIBLES, consumable goods.

CONSORTIUM *m,* consortium, syndicate, combine.
CONSORTIUM DE BANQUES, banking syndicate.
CONSORTIUM DE BANQUIERS, syndicate of bankers.

CONSPIRATION *f,* plot, plotting.

CONSPIRER *v,* to plot.

CONSTANCE *f,* constancy, uniformity.

CONSTANT *a,* constant, changeless, uniform.
BESOINS CONSTANTS, constant wants.
CAPITAL CONSTANT, constant capital.
CONSIDÉRER LA PRODUCTION COMME CONSTANTE, to keep output constant.
COÛT CONSTANT, constant cost.
FRACTION SONDÉE CONSTANTE, uniform sampling fraction.
JEU À SOMME CONSTANTE, constant sum game.
MAINTENIR LA PRODUCTION CONSTANTE, to keep output constant.
PRÉOCCUPATION CONSTANTE, constant endeavour.
PRIX CONSTANTS, constant prices.
RENDEMENTS CONSTANTS, constant returns.
TENIR CONSTANT LE NIVEAU D'UTILITÉ, to keep the level of utility constant.

CONSTANTE *f,* constant.
CONSTANTE DE TEMPS, time-constant.

CONSTATÉ *a,* known, established.
FAITS CONSTATÉS, known facts.
VALEUR CONSTATÉE, registered value.

CONSTATER *v,* to note, to establish.
CONSTATER UN FAIT, to note a fact.

CONSTITUANT *a,* constituent, component.

CONSTITUANT *m,* constituent.
CONSTITUANT (D'UNE ANNUITÉ, D'UN TRUST), settlor.

CONSTITUÉ *a,* incorporated, instituted, invested.
non CONSTITUÉ, unincorporated.
ENTREPRISE NON CONSTITUÉE EN SOCIÉTÉ, unincorporated enterprise.
SOCIÉTÉ CONSTITUÉE, incorporated company.

CONSTITUER *v,* to incorporate, to form, to institute.
CONSTITUER UNE ANNUITÉ À, to settle an annuity on.
CONSTITUER UNE HYPOTHÈQUE, to create a mortgage.
CONSTITUER UNE RÉSERVE, to lay by money.
CONSTITUER UNE SOCIÉTÉ*, to form a company; to incorporate a company; to form an association.
les INTÉRÊTS DU CAPITAL CONSTITUENT UN ÉLÉMENT DU COÛT DE PRODUCTION, interest on capital constitutes a charge on production.
la MONNAIE ET LES TITRES CONSTITUENT DES SUBSTITUTS, money and securities are substitutes.

CONSTITUTEUR *m,* settlor.
CONSTITUTEUR D'UNE ANNUITÉ, settlor.

CONSTITUTIF *a,* constituent.
ÉLÉMENTS CONSTITUTIFS DU PRIX DE REVIENT, elements of cost.
FONDS CONSTITUTIFS D'UNE RENTE, funds on which an annuity is secured.
TITRE CONSTITUTIF DE PROPRIÉTÉ, title deed.

CONSTITUTION *f,* constitution, settlement, settling, incorporation, formation, polity.
ACTE DE CONSTITUTION (DE SOCIÉTÉ), charter of a company.
CONSTITUTION D'UNE ANNUITÉ À, settlement of an annuity on; settling of an annuity on.
CONSTITUTION D'UN FONDS DE RÉSERVE, formation of a reserve fund.
CONSTITUTION DE TRUST, trust settlement.
DROIT DE CONSTITUTION (D'UNE SOCIÉTÉ), capital duty.
FRAIS DE CONSTITUTION, preliminary expenses.

CONSTRUCTEUR *m,* builder.
CONSTRUCTEUR DE NAVIRES, shipbuilder.

CONSTRUCTIF *a,* constructive.

CONSTRUCTION *f,* construction, building, making, manufacture, engineering, rearing.
ANNÉE DE CONSTRUCTION, year of manufacture.

CHANTIER DE CONSTRUCTION NAVALE, shipbuilding yard; shipyard; dockyard.
de CONSTRUCTION, constructional.
CONSTRUCTION ACHEVÉE, building completed.
CONSTRUCTION AVEC ASSISTANCE DE L'ÉTAT, construction under State aid.
de CONSTRUCTION DÉFICIENTE, of faulty design.
CONSTRUCTION ÉLECTRIQUE, electrical engineering.
CONSTRUCTION MÉCANIQUE, mechanical engineering.
CONSTRUCTION DE MODÈLES, model construction.
CONSTRUCTION NAVALE, shipbuilding.
CONSTRUCTIONS NEUVES, new building.
CONSTRUCTION POUR SON PROPRE COMPTE, own-account construction.
CONSTRUCTION DE ROUTES, road-making.
CONSTRUCTION À USAGE D'HABITATION, residential building.
CONSTRUCTION À USAGE INDUSTRIEL, industrial building.
en COURS DE CONSTRUCTION, in process of construction.
DÉFAUT DE CONSTRUCTION, constructional defect.
DEVIS DE CONSTRUCTION, building estimate.
EXTENSIONS DE CONSTRUCTIONS, additions, extensions, to buildings.
INDUSTRIE DE LA CONSTRUCTION NAVALE, shipbuilding industry.
MACHINES EMPLOYÉES DANS LA CONSTRUCTION, construction machinery.
MATÉRIAUX DE CONSTRUCTION, building materials.
NAVIRE DE CONSTRUCTION ANGLAISE, British-built ship.
SOCIÉTÉ DE CONSTRUCTION, building company.
SOCIÉTÉ DE CONSTRUCTION NAVALE, shipbuilding company.
SOCIÉTÉ COOPÉRATIVE DE CONSTRUCTION*, building society.
VICE DE CONSTRUCTION, faulty workmanship.
ZONE À CONSTRUCTION RÉGLEMENTÉE, zoned area.

CONSTRUIRE *v,* to construct, to build.
METTRE EN VALEUR UN TERRAIN À CONSTRUIRE, to develop building ground, a building site.
MISE EN VALEUR D'UN TERRAIN À CONSTRUIRE, development of building ground; of a building site.
PERMIS DE CONSTRUIRE, building permit; building licence.

CONSTRUIT *a,* built.
CONSTRUIT PAR LE PROPRIÉTAIRE LUI-MÊME, owner-built.
très LÉGÈREMENT CONSTRUIT, jerry-built.

CONSULAIRE *a,* consular.
TRIBUNAL CONSULAIRE, commercial court.

CONSULAT *m,* consulate.
SECTION NOTARIALE D'UN CONSULAT, notarial section of a consulate.

CONSULTANT *m,* consultant.

CONSULTATIF *a,* consultative, advisory.
COMITÉ CONSULTATIF, advisory board.
COMITÉ CONSULTATIF DES CONSOMMATEURS, consumer council.

CONTACT *m,* contact.
POINT DE CONTACT, point of contact: point of tangency.

CONTEMPORAIN *a,* contemporary.
ÉCONOMISTES CONTEMPORAINS, contemporary economists.
PENSÉE CONTEMPORAINE, contemporary thought.

CONTENANCE *f,* content.

CONTENIR *v,* to contain, to control.
CONTENIR L'INFLATION, to control inflation.

CONTENTIEUX *a,* contentious.

CONTENTIEUX *m,* contentious business, law business.
FRAIS DE CONTENTIEUX, legal charges.
SERVICE DU CONTENTIEUX, law department.

CONTENU *a,* included.
CONTENU IMPLICITEMENT DANS LE CONTRAT, implicit in the agreement.

CONTENU *m,* content; tenor; subject-matter.
CONTENU EN CUIVRE, copper content.
CONTENU EN MATIÈRES GRASSES, fat content.
CONTENU EN OR FIN, fine gold content.

CONTESTABLE *a,* dubious, questionable.
AVANTAGE CONTESTABLE, dubious advantage.

CONTESTATION *f,* bargaining, dispute, strife.
POUVOIR DE CONTESTATION, bargaining power.

CONTESTER *v,* to dispute, to litigate.

CONTIGU *a,* contiguous, adjacent, bordering.

CONTIGUÏTÉ *f,* contiguity, adjacency.

CONTINGENCE *f,* contingence, contingency.
ANALYSE DE CONTINGENCE, contingency analysis.

ANGLE DE CONTINGENCE, angle of contingence.
CARRÉ DE CONTINGENCE, chi-square.
TABLES DE CONTINGENCE, coutingency tables.

CONTINGENT *a*, contingent.
ANNUITÉ CONTINGENTE, contingent annuity.

CONTINGENT *m*, quota.
CONTINGENTS D'EXPORTATION, export quotas.
CONTINGENTS D'IMMIGRATION, immigration quotas.
CONTINGENTS D'IMPORTATION, import quotas; quotas for import.

CONTINGENTEMENT *m*, quota system.
ACCORDS DE CONTINGENTEMENT MULTILATÉRAUX À LONG TERME, multilateral long-term contracts.

CONTINGENTER *v*, to fix quotas; to curtail.
CONTINGENTER LA PRODUCTION, to curtail the output.

CONTINU *a*, continued, continuous; persistent.
COURANT CONTINU, direct current.
COURBE CONTINUE, continuous curve; smooth curve.
FONCTION CONTINUE, continuous function.
FRACTION CONTINUE, continued fraction.
INDICES EN CHAÎNE CONTINUE, chain indexes.
MAINTIEN CONTINU DU PLEIN EMPLOI, continuous full employment.
PROCESSUS CONTINU, continuous process.
PRODUCTION CONTINUE, continuous processing.
VARIABLE CONTINUE, continuous variable.

CONTINU *m*, continuum.
CONCEPT DU CONTINU ET DU DISCONTINU, concepts of continuity and discontinuity.

CONTINUATION *f*, continuation; carrying on.

CONTINUEL *a*, continual, constant.
PONCTION CONTINUELLE SUR L'ÉCONOMIE, constant drain on the economy.

CONTINUER *v*, to continue.
les PRIX CONTINUENT D'AUGMENTER, prices keep climbing.

CONTINUITÉ *f*, continuity, persistence.
CONTINUITÉ STOCHASTIQUE, stochastic continuity.
LOI DE CONTINUITÉ, principle of continuity.
SOLUTION DE CONTINUITÉ, break of continuity; solution of continuity.

CONTINUUM *m*, continuum.

CONTOUR *m*, outline, contour.
CONTOUR DE MÊME UTILITÉ, equal-utility contour.

CONTRACTANT *a*, contracting.
HAUTES PARTIES CONTRACTANTES, high contracting parties.

CONTRACTANT *m*, contracting party, privy.

CONTRACTÉ *a*, contracted, entered.
ENGAGEMENTS CONTRACTÉS, commitments entered into.

(SE) CONTRACTER *v*, to contract, to shrink.
CONTRACTER UNE ASSURANCE, to take out an insurance policy.

CONTRACTIF *a*, contractionary.

CONTRACTION *f*, contraction, shrinkage, shrinking.
CONTRACTION DE LA DEMANDE COURANTE, contraction of current demand.
CONTRACTION MONÉTAIRE, monetary contraction.
POLITIQUE DE CONTRACTION MONÉTAIRE, contractionary monetary policy.

CONTRACTUEL *a*, contractual.
CRÉANCES CONTRACTUELLES, contractual claims.
DATE CONTRACTUELLE, contract date.
FONCTIONNAIRES CONTRACTUELS, non-established civil servants.
MAIN-D'ŒUVRE CONTRACTUELLE, contract labour.

CONTRADICTION *f*, contradiction, inconsistency.
en CONTRADICTION AVEC, in contradiction with.
CONTRADICTION DANS LES TERMES, contradiction in terms.
IMPLIQUER CONTRADICTION, to imply contradiction.

CONTRADICTOIRE *a*, contradictory.
PROPOSITIONS CONTRADICTOIRES, contradictory propositions.

CONTRAINTE *f*, restraint, restriction, constraint, coercion.

CONTRAIRE *a*, contrary, opposite, reverse.
AVIS CONTRAIRE, dissent.
CHANGE CONTRAIRE, unfavourable exchange.
CLAUSE CONTRAIRE À L'ORDRE PUBLIC, clause contrary to public policy.
CONTRAIRE À LA RAISON, contrary to reason.
CONTRAIRE AUX USAGES DU COMMERCE, unbusinesslike.
EFFET EXACTEMENT CONTRAIRE, directly opposite effect.
sauf INDICATION CONTRAIRE, unless otherwise specified.
NONOBSTANT TOUTE CLAUSE CONTRAIRE, notwithstanding any provision to the contrary.

PROPOSITIONS CONTRAIRES, contrary propositions.
TENDANCE CONTRAIRE, contrary tendency.

CONTRAIRE *m*, contrary, reverse, inverse.
au CONTRAIRE, on the contrary.
tout le CONTRAIRE, quite the contrary.
jusqu'à PREUVE DU CONTRAIRE, in the absence of evidence to the contrary.
par RAISON DES CONTRAIRES, by rule of contraries.

CONTRAIREMENT *adv*, contrary.
CONTRAIREMENT À TOUTE ATTENTE, contrary to all expectations.

CONTRAT* *m*, contract, deed, agreement, convention, treaty, settlement, bond, bill.
ACOMPTE SUR CONTRAT, advance on a contract.
ANNULER UN CONTRAT, to void a contract.
ATTAQUER UN CONTRAT, to impugn a contract.
CLAUSES D'UN CONTRAT, terms of a contract.
CONCLURE UN CONTRAT, to conclude a contract.
CONTENU IMPLICITEMENT DANS LE CONTRAT, implicit in the agreement.
CONTRAT ANTÉRIEUR, prior contract.
CONTRAT D'APPRENTISSAGE, indentures.
CONTRAT DE BASE, principal contract.
CONTRAT BILATÉRAL, bilateral contract.
CONTRAT CONSENSUEL, consensual contract.
CONTRAT SANS CONTREPARTIE, naked contract; nude contract.
CONTRAT DIRECT, SANS INTERMÉDIAIRES, direct contract.
CONTRAT NON EXÉCUTABLE, naked contract; nude contract.
CONTRAT À FORFAIT, contract at an agreed price.
CONTRAT DE FRET, freight contract.
CONTRAT DE GARANTIE, underwriting contract; underwriting agreement.
CONTRAT DE GÉRANCE, management agreement.
CONTRAT GLOBAL, package deal.
CONTRAT À LA GROSSE AVENTURE, bottomry bond.
CONTRAT À LA GROSSE SUR FACULTÉS, respondentia bond.
CONTRAT IMPLICITE, implied contract.
CONTRAT LÉONIN, unconscionable bargain.
CONTRAT DE LICENCE, licence agreement.
CONTRAT À LONG TERME, long-term contract.
CONTRAT DE MARIAGE, marriage contract; marriage settlement; *U.S:* pre-marital agreement; antenuptial agreement.
CONTRAT DE PASSAGE, passenger contract.
CONTRAT PRÉALABLE, pre-contract.
CONTRAT PRINCIPAL, principal contract; principal agreement.
CONTRAT RÉEL, real contract.
CONTRAT RÉSOLUBLE, terminable contract.
CONTRAT DE SAUVETAGE, salvage bond.
CONTRAT AVEC SCEAU, contract under seal.
CONTRAT SOUS SEING PRIVÉ, simple contract.
CONTRAT DE SOCIÉTÉ, charter of a company.
le CONTRAT STIPULE QUE, the contract provides that.
CONTRAT SYNALLAGMATIQUE, synallagmatic contract; bilateral contract; indenture.
CONTRAT À TITRE GRATUIT, bare contract.
CONTRAT DE TRAVAIL, labour contract.
CONTRAT UNILATÉRAL, unilateral contract.
CONTRAT DE VENTE, agreement for sale; bill of sale; sale contract.
CONTRAT DE VENTE D'IMMEUBLE (À EXÉCUTION FRACTIONNÉE), deed indented.
CONTRAT DE VOYAGE, passenger contract.
CRÉANCIER EN VERTU D'UN CONTRAT SOUS SEING PRIVÉ, simple-contract creditor.
ESSENCE D'UN CONTRAT, essence of a contract.
EXÉCUTION D'UN CONTRAT, fulfilment of a contract.
EXÉCUTION EN NATURE D'UN CONTRAT, specific performance of a contract.
INTERPRÉTATION D'UNE DISPOSITION D'UN CONTRAT, construction of a provision of a contract.
INVALIDITÉ D'UN CONTRAT, invalidity of a contract.
MAIN-D'ŒUVRE SOUS CONTRAT D'APPRENTISSAGE, indentured labour.
MAIN-D'ŒUVRE SOUS CONTRAT À LONG TERME, indentured labour.
PARTIE INTÉGRANTE D'UN CONTRAT, integral part of a contract.
PRIX STIPULÉ AU CONTRAT, contract price.
PROJET DE CONTRAT, draft contract.
RENONCER PAR CONTRAT À, to contract out.
RÉSERVES STIPULÉES DANS UN CONTRAT, exceptions stipulated in a contract.
RÉSILIATION D'UN CONTRAT, determination of a contract.
RÉSILIER UN CONTRAT, to terminate a contract.
RÉSOLUTION D'UN CONTRAT, annulment, avoidance of a contract.
RÉSOUDRE UN CONTRAT, to annul, to avoid a contract.
RUPTURE DE CONTRAT, breach of contract.
SIGNATAIRE D'UN CONTRAT, signatory of a contract.
SIGNATURE DU CONTRAT, signing of the contract.

SIGNER UN CONTRAT, to sign a contract.
le TEMPS EST L'ESSENCE DU CONTRAT, time is the essence of the contract.

(SE) CONTREBALANCER v, to counterbalance.
se CONTREBALANCER, to counterbalance each other.

CONTREBANDE f, smuggling.
MARCHANDISES DE CONTREBANDE, smuggled goods.
PASSÉ EN CONTREBANDE, smuggled.

CONTREBANDIER m, smuggler.

CONTRE-CAUTION f, counter security, counter surety, surety for a surety, additional security.

CONTRECOUP m, return shock, after-effect.
les PRIX SONT MONTÉS PAR CONTRECOUP, prices went up in sympathy.

CONTREDIRE v, to contradict.

CONTRÉE f, country.
CONTRÉE RIZIÈRE, rice-growing country.

CONTRE-ÉPREUVE f, cross check.

CONTRE-ESSAI m, retest, check test.

CONTREFAÇON f, counterfeiting, forgery, infringement.
CONTREFAÇON D'UN BREVET, infringement of a patent.
CONTREFAÇON LITTÉRAIRE, infringement of copyright.
se MÉFIER DES CONTREFAÇONS, beware of substitutes.

CONTREFAIRE v, to forge, to fabricate.

CONTREFAIT a, counterfeit, forged.
BILLET DE BANQUE CONTREFAIT, forged bank note.

CONTRE-GOUVERNEMENT m, shadow cabinet.

CONTRE-INCIDENCE f, feed-back.
EFFET DE CONTRE-INCIDENCE, feed-back effect.

CONTREMAÎTRE m, foreman, overseer, overman, boss.

CONTRE-ORDRE m, counter-order, notification to the contrary.

CONTREPARTIE f, counterpart, contra, U.S: hedging, consideration.
ABSENCE DE CONTREPARTIE DANS UN CONTRAT, absence of consideration; lack of consideration.
COMPTE CONTREPARTIE, contra account.
CONTRAT SANS CONTREPARTIE, naked contract; nude contract.
CONTREPARTIE EN ARGENT, consideration money.
DONNER UNE CONTREPARTIE POUR, to give consideration for.
MOYENNANT CONTREPARTIE, for a consideration.
PRIX OU CONTREPARTIE CONVENU, agreed consideration.
FONDS DE CONTREPARTIE, counterpart funds.

CONTRE-PASSATION f, reversing, return of a bill to drawer.

CONTRE-PASSEMENT m, reversal, reversing, writing back, return of a bill to drawer.

CONTREPOIDS m, counterweight, balance.

CONTRE-RAPPORT m, minority report.
CONTRE-RAPPORT (RÉDIGÉ PAR LA MINORITÉ), minority report.

CONTRESENS m, misinterpretation.

CONTRESIGNER v, to countersign, to O.K.

CONTRE-VÉRIFICATION f, cross check.

CONTRE-VISITE f, re-examination.

CONTRIBUABLE m, taxpayer; U.K: ratepayer.
PERSONNES À LA CHARGE DU CONTRIBUABLE, persons dependent on the tax-payer.

CONTRIBUER v, to contribute.
CONTRIBUER POUR UNE PART ÉGALE À, to contribute equal shares to.

CONTRIBUTIF a, contributory.

CONTRIBUTION f, contribution, share, tax, rate, assessment.
AGENT DES CONTRIBUTIONS DIRECTES, tax officer.
AVERTISSEMENT DES CONTRIBUTIONS, notice of assessment.
CONTRIBUTIONS AFFÉRENTES À UNE TERRE, U.K: rates assignable to an estate.
CONTRIBUTIONS DIRECTES, direct taxation.
CONTRIBUTION FONCIÈRE, land tax; property-tax.
CONTRIBUTIONS INDIRECTES, indirect taxes; excise.
CONTRIBUTION PROPORTIONNELLE, proratable contribution; rateable contribution.
CONTRÔLEUR DES CONTRIBUTIONS DIRECTES, assessor of taxes; U.K: surveyor of taxes.
DIRECTEUR DES CONTRIBUTIONS DIRECTES, U.S: special commissioner of taxes.
FEUILLE DE CONTRIBUTION, U.K: precept.
IMPÔTS ET CONTRIBUTIONS, U.K: rates and taxes.
INSPECTEUR DES CONTRIBUTIONS DIRECTES, inspector of taxes.
LEVÉE DES CONTRIBUTIONS, levy of taxes.

PAYER DES CONTRIBUTIONS, to pay taxes.
PERCEPTEUR DES CONTRIBUTIONS, tax-gatherer.
PLUS-VALUE DES CONTRIBUTIONS, surplus in taxes.
RECEVEUR DES CONTRIBUTIONS INDIRECTES, excise officer.

CONTRÔLE m, control, check, checking, testing, verification; clipping; monitoring.
BIT DE CONTRÔLE, check bit.
CONTRÔLE BUDGÉTAIRE, budgetary control.
CONTRÔLE DES CHANGES, exchange control; foreign exchange control.
CONTRÔLE DIRECT DES IMPORTATIONS, direct import controls.
CONTRÔLE PAR ÉCHO, echo check.
CONTRÔLE AUX FRONTIÈRES, frontier check.
sous le CONTRÔLE DU GOUVERNEMENT, under government control.
CONTRÔLE D'INVENTAIRE, inventory control.
CONTRÔLE DES LOYERS, rent control.
CONTRÔLE DES MATIÈRES STRATÉGIQUES, strategic controls.
CONTRÔLE(S) MONÉTAIRE(S), monetary control; money control(s).
CONTRÔLE MONOPOLISTIQUE. monopoly control.
CONTRÔLE DES NAISSANCES, birth control.
CONTRÔLE SÉLECTIF DU CRÉDIT, selective credit control.
CONTRÔLE PAR SONDAGE, spot checking.
CONTRÔLE DES TAUX D'INTÉRÊT, control of interest rates.
DIGIT DE CONTRÔLE, check digit.
DONNÉES DU CONTRÔLE, control data.
l'INFLATION ÉCHAPPE À TOUT CONTRÔLE, inflation is getting out of control.
MODE DE CONTRÔLE, control mode.
PARTICIPATION DONNANT LE CONTRÔLE, controlling interest.
POINÇON DE CONTRÔLE, hall-mark.
POINT DE CONTRÔLE, check-point.
PROGRAMME DE CONTRÔLE, control program.
SOCIÉTÉ DE CONTRÔLE, holding company.
UNITÉ DE CONTRÔLE ET D'ADAPTATION, data adapter unit.

CONTRÔLÉ a, controlled, cleared; marked.
ARGENTERIE CONTRÔLÉE, hall-marked silver.

CONTRÔLER v, to control, to test, to verify, to hall-mark.
qui CONTRÔLE, controlling.

CONTRÔLEUR m, controller, comptroller, inspector, surveyor, assessor, valuer.
CONTRÔLEUR DES CONTRIBUTIONS DIRECTES, assessor of taxes; U.K: surveyor of taxes.

CONTROVERSE f, controversy.
CONTROVERSES MONÉTAIRES, monetary controversies.
MATIÈRE À CONTROVERSE, food for controversy.

CONVENABLE a, proper, fit.
au PRIX CONVENABLE, at the proper rate.
au TAUX CONVENABLE, at the proper rate.

CONVENANCE f, conformity, expediency.

CONVENIR v, to agree; to fit.
CONVENIR DES PRIX, to agree about the prices.
CONVENIR DE QUELQUE CHOSE, to agree upon.

CONVENTION f, convention, covenant, agreement, contract, treaty, pact.
CONVENTION INTERVENUE ENTRE, agreement entered into between.
CONVENTION LIANT LES PARTIES, binding agreement.
CONVENTION MONÉTAIRE, monetary convention.
CONVENTION DES SALAIRES, wages agreement.
CONVENTION TACITE, tacit agreement.
CONVENTION VERBALE, simple contract.
NÉGOCIATIONS DE CONVENTIONS COLLECTIVES, collective bargaining.
PROJET DE CONVENTION, draft agreement.

CONVENTIONNEL a, conventional.
ASSEMBLÉE CONVENTIONNELLE, conventional assembly.
COEFFICIENT CONVENTIONNEL, conventional coefficient.
MONNAIE CONVENTIONNELLE, token money.
PRIX CONVENTIONNELS, conventional prices.

CONVENU, agreed, arranged.
PRIX OU CONTREPARTIE CONVENU, agreed consideration.
PRIX CONVENU, agreed price.
à (un) PRIX CONVENU, at an arranged price.

CONVERGENCE f, convergence.
CONVERGENCE EN PROBABILITÉ, convergence in probability.

CONVERGENT a, convergent.
SÉRIE CONVERGENTE, convergent series.

CONVERGER v, to converge.

CONVERSE a, converse.

CONVERSION f, conversion, transformation, transforming.
CONVERSION DÉCIMAL-BINAIRE, decimal to binary conversion.
CONVERSION DE LA DETTE, conversion of debt.
CONVERSION EN ESPÈCES, realization; realizing.

CONVERSION D'OBLIGATIONS EN ACTIONS, conversion of bonds into stocks.
EMPRUNT DE CONVERSION, conversion loan.
FACTEUR DE CONVERSION, conversion factor.
TAUX DE CONVERSION, conversion rate.
TAUX DE CONVERSION D'UNE MONNAIE, rate of conversion of money

CONVERTI a, converted.
CUBAGE CONVERTI EN POIDS, measurement converted into weight.

CONVERTIBILITÉ f, convertibility.
CONVERTIBILITÉ DES MONNAIES, convertibility of currencies.
RETOUR À LA CONVERTIBILITÉ (DES MONNAIES), return to convertibility (of currencies).

CONVERTIBLE a, convertible.
CONVERTIBLE EN OR, convertible into gold.
MONNAIES CONVERTIBLES, convertible currencies.
MONNAIE DE PAPIER CONVERTIBLE, convertible paper money.
OBLIGATIONS CONVERTIBLES, convertible bonds.
PAPIER CONVERTIBLE, convertible paper.
PAPIER-MONNAIE NON CONVERTIBLE, inconvertible paper money.
PARITÉ DE DEUX MONNAIES CONVERTIBLES, mint parity of exchange.
RÉCIPROQUEMENT CONVERTIBLES, interconvertible.

CONVERTIR v, to convert.
CAPITAL DIFFICILE À CONVERTIR EN ESPÈCES, assets hardly realizable.
CONVERTIR EN ESPÈCES, to realize.

CONVEXE a, convex.
COURBE CONVEXE VERS LE HAUT, curve convex upwards.
COURBE CONVEXE PAR RAPPORT À L'ORIGINE, curve convex to the origin.

CONVEXITÉ f, convexity.
CONVEXITÉ DES COURBES, convexity of curves.

CONVOCATION f, summoning, summons, calling, notice, assembling.
CONVOCATION D'(UNE) ASSEMBLÉE, notice of meeting; calling together.

CONVOQUER v, to summon, to call.
CONVOQUER LES ACTIONNAIRES, to summon the shareholders.
CONVOQUER UNE ASSEMBLÉE, to call a meeting.

COOPÉRATIF a, co-operative.
ASSOCIATIONS COOPÉRATIVES DE PRODUCTION, U.R.S.S.: producer co-operative artels.
ENTREPRISE COOPÉRATIVE, co-operative enterprise.
JEU COOPÉRATIF, co-operative game.
JEU NON-COOPÉRATIF, non co-operative game.
SOCIALISME COOPÉRATIF, guild socialism.
SOCIÉTÉ COOPÉRATIVE, co-operative society.
SOCIÉTÉ COOPÉRATIVE DE CONSOMMATION, co-operative stores.
SOCIÉTÉ COOPÉRATIVE DE CONSTRUCTION*, building society.

COOPÉRATION f. co-operation.
COOPÉRATION MONÉTAIRE INTERNATIONALE, international monetary co-operation.
ORGANISATION EUROPÉENNE DE COOPÉRATION ÉCONOMIQUE (OECE), Organization for European Economic Co-operation (OEEC).

COOPÉRATIVE f, co-operative, trust, U.R.S.S: artel.
COOPÉRATIVE DE CRÉDIT AGRICOLE, agricultural credit co-operative.
COOPÉRATIVES LAITIÈRES, co-operative dairies.
COOPÉRATIVE DE PLACEMENT, investement trust.
COOPÉRATIVE DE VENTE, marketing co-operative.

COOPÉRER v, to co-operate.

COOPTÉ a, co-opted.
MEMBRE COOPTÉ, co-opted member.

COOPTER v, to co-opt.

COORDINATION f, co-ordination.

COORDONNÉE f, co-ordinate.
COORDONNÉES ESPACE-TEMPS, space-time co-ordinates; spatio-temporal co-ordinates.
COORDONNÉES HOMOGÈNES, homogeneous co-ordinates.
COORDONNÉES D'UN POINT, punctual co-ordinates.
SYSTÈME DE COORDONNÉES, frame of reference.

COORDONNER v, to co-ordinate.

COPARTICIPANT m, partner in joint account.

COPROPRIÉTAIRE m, co-owner, co-proprietor, part-owner, joint owner, joint proprietor.

COPROPRIÉTÉ f, co-ownership, co-property, joint ownership.

CORDON m, string.
TENIR LES CORDONS DE LA BOURSE, to hold the purse strings.

COROLLAIRE m, corollary.
COROLLAIRE DE CETTE DOCTRINE, corollary of this doctrine.

CORPORATIF a, corporative, corporate.
CARTEL CORPORATIF, compulsory cartel.
ÉTAT CORPORATIF, corporate State.

CORPORATION* f, corporation, company; guild.

CORPOREL a, bodily, tangible, corporeal.
BIENS CORPORELS, tangible property; physical assets; tangible assets.

CORPS m, body, element.
CORPS GRAS, fats.
CORPS MÉDICAL, medical profession.
CORPS DE MÉTIER, trade guild.
CORPS POLITIQUE, body politic (littéraire).
CORPS SOCIAL, body politic (littéraire).
POLICE SUR CORPS, ship policy.

CORRECT a, correct, right.

CORRECTION f, correction.
CORRECTION DE SHEPPARD, Sheppard's correction(s).
CORRECTION DES VARIATIONS SAISONNIÈRES, correction for seasonal variations; seasonal corrections.

CORRÉLATIF a, correlative.

CORRÉLATION f, correlation, interrelation, relationship.
ANALYSE DES CORRÉLATIONS, regression analysis.
COEFFICIENT DE CORRÉLATION, coefficient of correlation.
COEFFICIENT DE CORRÉLATION MULTIPLE, coefficient of multiple correlation.
COEFFICIENT DE CORRÉLATION PARTIELLE, coefficient of partial correlation.
COEEFFICIENT DE CORRÉLATION À RANGS MULTIPLES, coefficient of rank correlation.
en CORRÉLATION, interrelated.
sans CORRÉLATION, uncorrelated.
CORRÉLATION CURVILINÉAIRE, curvilinear relationship.
CORRÉLATION ILLUSOIRE, spurious correlation.
CORRÉLATION LINÉAIRE, linear correlation.
CORRÉLATION MULTIPLE, multiple correlation.
CORRÉLATION NÉGATIVE, negative correlation.
CORRÉLATION PARTIELLE, partial correlation.
CORRÉLATION À RANGS MULTIPLES, rank correlation.
CORRÉLATION SIMPLE, simple correlation.
DISTRIBUTION DES COEFFICIENTS DE CORRÉLATION, distribution of the coefficients of correlation.
ERREUR DE SONDAGE SUR LE COEFFICIENT DE CORRÉLATION, estimate of the standard error of the coefficient of correlation.
ÊTRE EN CORRÉLATION, to correlate.
INDICE DE CORRÉLATION (CURVILIGNE), index of correlation
MATRICE DE CORRÉLATION, correlation matrix.
METTRE EN CORRÉLATION, to correlate.
RAPPORT DE CORRÉLATION, correlation ratio.
TABLE DE CORRÉLATION, correlation table.

CORRÉLOGRAMME m, correlogram.

CORRESPONDANCE f, mail, correspondence.
VENTE PAR CORRESPONDANCE, mail-order business; postal trade.
VENTES PAR CORRESPONDANCE, mail-order sales.

CORRESPONDANT a, corresponding.
BÉNÉFICE CORRESPONDANT À 10 % DE LA MISE DE FONDS, profit of 10 % on the investment.
DONNÉES CORRESPONDANTES, corresponding data.
PÉRIODE CORRESPONDANTE, corresponding period.
RÉMUNÉRATION CORRESPONDANT À LA PRODUCTIVITÉ MARGINALE, reward which corresponds to the marginal productivity.
VARIATION CORRESPONDANTE, corresponding change.

CORRESPONDRE v, to correspond, to tally.
la THÉORIE NE CORRESPOND PAS AUX FAITS, the theory does not tally with the facts.

CORRIGÉ a, corrected.
MOYENNE CORRIGÉE DES VARIATIONS SAISONNIÈRES, average corrected for seasonal variations.

CORRIGER v, to correct, to rectify, to redress, to right.
CORRIGER UNE ERREUR, to put an error right.

CORRUPTION f, corruption, bribery, bribing.

COSIGNATAIRE m, co-signatory.
COSIGNATAIRE DU NAVIRE, ship's broker.

COSINUS m, cosine.
TABLE DES SINUS ET COSINUS, table of sines and cosines.

COSINUSOÏDE f, cosine curve.

COTABLE a, quotable.
VALEUR COTABLE, quotable security.

COTANGENTE f, cotangent.

COTATION *f*, quotation, quoting, fixing, marking.
COTATION DES COURS, quotation of prices.
COTATION SANS INTÉRÊTS, *U.S:* flat quotation.
COTATION PAR OPPOSITION, price fixing.
COTATIONS À TERME, futures; quotations for futures.

COTE *f*, quotation, list of quotations, list, marking, rate, price, quota, assessment.
ADMISSION À LA COTE, admission to quotation.
BULLETIN DE LA COTE, stock-list.
COTE DES CHANGES, exchange rates; foreign exchange rates.
COTE EN CLÔTURE, closing quotations.
COTE DES COURS, marking of prices.
COTE FONCIÈRE, assessment on landed property.
COTE DE FRET, freight quotation.
COTE OFFICIELLE, official list; quoted list.
COTE OFFICIELLE DU DISPONIBLE, official spot quotation.
FAIBLE COTE, short price.
FORTE COTE, long price.
MARCHÉ HORS COTE, *U.S:* curb (stone) market; *U.K:* kerb (stone) market.
OPPOSITION À LA COTE, objection to mark.
VALEURS ADMISES À LA COTE, quoted securities.
VALEURS ADMISES À LA COTE OFFICIELLE, stock quoted officially; listed securities.
VALEURS NON ADMISES À LA COTE OFFICIELLE, unlisted securities.
VALEURS INSCRITES À LA COTE OFFICIELLE, listed securities; listed stock.
VALEURS NON INSCRITES À LA COTE OFFICIELLE, unlisted securities.
VALEURS PORTÉES À LA COTE OFFICIELLE, securities shown in the official list.

CÔTE *f*, coast; slope, gradient.

COTÉ *a*, quoted.
ACTIONS COTÉES OFFICIELLEMENT, shares quoted officially.
non COTÉ, unquoted.
pas COTÉ, no quotation.
VALEURS NON COTÉES, unquoted securities.
VALEURS COTÉES EN BOURSE, securities quoted on the stock exchange.

DE **CÔTÉ** *adv*, sideways, aside.
ARGENT MIS DE CÔTÉ, money put by.
METTRE DE CÔTÉ, to set aside: to set by.
MIS DE CÔTÉ, saved.
MISE DE CÔTÉ, setting apart.

CÔTÉ *m*, side.
CÔTÉS OPPOSÉS D'UN CARRÉ, opposite sides of a square.

COTER *v*, to quote, to mark, to assess.
COTER UN COURS, to mark a price.
COTER UN EMPRUNT, to quote a loan.
COTER L'INCERTAIN, to quote movable exchange.
COTER UN PRIX, to quote a price.

CÔTIER *a*, coastal, coastwise.
PÊCHE CÔTIÈRE, coast fishery.

COTISATION *f*, contribution, quota, share, assessment, fee.
COTISATION D'ADMISSION, entrance fee.
COTISATION PATRONALE, employer's share.
COTISATIONS À LA SÉCURITÉ SOCIALE, social security contributions.

COTON *m*, cotton.
BROCHES À FILER LE COTON, cotton-spinning spindles.
COTON LIVRABLE SUR-LE-CHAMP ET COMPTANT, prompt cotton.
COURTIER EN COTON, cotton-broker.
CULTURE DU COTON, cotton growing.
FÉDÉRATION INTERNATIONALE DU COTON ET DES INDUSTRIES TEXTILES CONNEXES, International Federation of Cotton and Allied Textile Industries.
FILATURE DE COTON, cotton-mill.
FILÉS DE COTON, cotton yarn.
GRAINES DE COTON, cotton-seed.
MARCHÉ DU COTON, cotton market.
MÉTIER À TISSER LE COTON, cotton loom.

COTONNIER *a*, pertaining to cotton.
PRODUITS COTONNIERS, Manchester goods; cottons.

COUCHE *f*, bed, layer, stratum.
DIFFÉRENTES COUCHES SOCIALES, various strata of society.
EXPLOITER UNE COUCHE DE HOUILLE, to mine a bed of coal.

COUDE *m*, kink, bend.
COUDES DE LA COURBE, kinks in the curve.

COUDÉ *a*, kinky.
COURBE COUDÉE, kinky curve.

COULAGE *m*, leakage, waste.

COULEUR *f*, colour, *U.S:* color.
de COULEUR, coloured.
MAIN-D'ŒUVRE BLANCHE ET DE COULEUR, white and coloured labour.

COULISSE *f*, outside market; *U.S:* curb (stone) market; *U.K:* kerb (stone) market.

COULISSIER *a*, relating to outside brokers.
TRANSACTIONS COULISSIÈRES, outside transactions.

COULISSIER *m*, outsider, outside stock-broker.

COUP *m*, knock, stroke, strike; move, run; go.
COUP DE BOURSE, speculation.
COUP DE PILE OU FACE, toss-up.
COUP SUIVANT, next move.
POLITIQUE DE COUPS DE FREIN ET D'ACCÉLÉRATEUR ALTERNÉS, stop-go policy.
PREMIER COUP, first move.
d'un SEUL COUP, at one go.

COUPE *f*, projection.
COUPE HORIZONTALE, flat projection.
COUPE TRANSVERSALE, transection.
COUPE VERTICALE, sectional elevation.

(SE) **COUPER** *v*, to meet, to cut, to bisect, to intersect.
COURBES QUI SE COUPENT À UN ANGLE, curves that meet at an angle.

COUPON *m*, coupon.
COUPON ATTACHÉ, dividend on; cum dividend; cum coupon.
COUPON DÉTACHÉ, ex coupon.
COUPON DE DIVIDENDE, dividend coupon.
COUPON DOMICILIÉ, domiciled coupon.
COUPON D'INTÉRÊT, interest coupon; interest warrant.
COUPON-RÉPONSE INTERNATIONAL, international reply coupon.
COUPONS EN SOUFFRANCE, outstanding coupons.
DÉTACHER UN COUPON, to cut off a coupon; to detach a coupon.
ÉCHÉANCE DE COUPON, due date of coupon.

COUPURE *f*, denomination note, currency note.
BILLETS DE BANQUE DE PETITES COUPURES, bank notes of small denominations.
GROSSES COUPURES, big denominations.

COUR *f*, court, committee.
COUR D'APPEL, Court of Appeal.
COUR D'ARBITRAGE, court of arbitration.
COUR DES COMPTES*, audit-office; *U.S:* Committee on Public Accounts.
COUR DE JUSTICE, court.
HAUTE COUR DE JUSTICE (DE LONDRES), *U.K:* High Court of Justice.

COURAMMENT *adv*, commonly, usually.
ABRÉVIATIONS COURAMMENT EMPLOYÉES, commonly employed abbreviations.
COURAMMENT EMPLOYÉ, in ordinary use.

COURANT *a*, current, commun, popular, ordinary, regular, present, running, going, stock.
AFFAIRES COURANTES, current matters.
ANNÉE COURANTE, present year.
AVANCE EN COMPTE COURANT, advance on current account.
BARÈME COURANT DE RÉMUNÉRATION, ordinary scale of remuneration.
BESOINS COURANTS, current wants.
BUDGET DES DÉPENSES ET RECETTES COURANTES, current budget.
CAPITAL COURANT, current capital.
COMPOSITION DE LA PRODUCTION COURANTE, composition of current output.
COMPTE COURANT, account current; current account; running account.
CONSOMMATION COURANTE, current consumption.
CONTRACTION DE LA DEMANDE COURANTE, contraction of current demand.
COÛT COURANT DE REMPLACEMENT, current replacement cost.
DEMANDE COURANTE, current demand; transaction demand.
DÉPENSES EN BIENS ET SERVICES COURANTS, expenditure on current goods and services.
DÉPENSES COURANTES, running expenses.
DÉPENSES COURANTES EN BIENS ET SERVICES, current expenditure on goods and services.
DONNÉES COURANTES, current data.
ENTRETIEN COURANT PÉRIODIQUE, periodic servicing.
ERREUR COURANTE, current fallacy; popular error.
INTÉRÊTS COURANTS, current interest.
INVESTISSEMENT COURANT, current investment.
LIQUIDATION COURANTE, current account; current settlement.
MAIN COURANTE DE CAISSE, counter cash book; teller's **cash** book.
MAIN COURANTE DE DÉPENSES, paid cash book.

MAIN COURANTE DE RECETTES, received cash book.
MARQUE COURANTE, standard make.
MODÈLE COURANT, regular model; standard model.
PÉRIODE COURANTE, current period.
PRATIQUE COURANTE, usual practice.
PRÉLÈVEMENTS SUR COMPTE COURANT, drawings on current account.
PRIX COURANT, current price; price current; common price; standard price.
PRIX COURANTS, price-list.
PRIX COURANTS DU MARCHÉ, current market prices.
PRIX COURANT DE LA TERRE, current price of land.
RENDEMENT COURANT, current yield.
REVENU COURANT, current income.
SALAIRES COURANTS, going wages; current wages.
SOLDE D'UN COMPTE COURANT, balance on current account.
SOLDE DES RECETTES COURANTES, balance from current revenues.
TAILLE COURANTE, standard size; stock size.
TRANSFERTS COURANTS, current transfers.
TRAVAIL COURANT DE BUREAU, office routine.
USAGE COURANT, common usage.
VALEUR COURANTE DES EXPORTATIONS, current value of exports.
VERSEMENT EN COMPTE COURANT, payment on current account.
VOLUME DE LA PRODUCTION COURANTE, volume of current output.

COURANT *m*, current, stream.
ALIMENTER L'USINE EN COURANT, to furnish a factory with current.
COURANT ALTERNATIF, alternating current.
COURANT CONTINU, direct current.
COURANT INDUIT, induced current.
EMPRUNT REMBOURSABLE FIN COURANT, last-day money.

COURBE *a*, curved.

COURBE *f*, curve, bend; schedule.
ADOUCISSEMENT DE COURBES, smoothing of curves.
AIRES DE LA COURBE NORMALE, areas of, under, the normal curve.
AJUSTER UNE COURBE, to fit a curve.
ALLURE D'UNE COURBE, run of a curve.
ANALYSE PAR COURBES D'INDIFFÉRENCE, indifference curve analysis.
CONCAVITÉ DES COURBES, concavity of curves.
CONVEXITÉ DES COURBES, convexity of curves.
COUDES DE LA COURBE, kinks in the curve.
COURBE TRÈS APLATIE, very flat curve.
COURBE ASCENDANTE, upward-sloping curve.
COURBE ASYMPTOTE, asymptotic curve.
COURBE À DEUX BOSSES, curve with two humps; curve with two peaks.
COURBE BRISÉE, broken curve; jerky curve.
COURBE DE LA CLOCHE, probability curve.
COURBE CONCAVE VERS LE HAUT, curve concave upwards.
COURBE CONCAVE PAR RAPPORT AUX AXES, curve concave to the axes.
COURBE DE CONCENTRATION, Lorenz curve.
COURBE DE LA CONSOMMATION, consumption schedule.
COURBE DE LA CONSOMMATION PAR RAPPORT AU PRIX, price-consumption curve.
COURBE DE LA CONSOMMATION PAR RAPPORT AU REVENU, income-consumption curve.
COURBE CONTINUE, continuous curve; smooth curve.
COURBE CONVEXE VERS LE HAUT, curve convex upwards.
COURBE CONVEXE PAR RAPPORT À L'ORIGINE, curve convex to the origin.
COURBE COUDÉE, kinky curve.
COURBES QUI SE COUPENT À UN ANGLE, curves that meet at an angle.
COURBE DU COÛT, cost schedule.
COURBE DE COÛT MARGINAL, curve of marginal cost.
COURBE DE LA CROISSANCE, growth curve.
COURBE CUMULATIVE, cumulative curve.
COURBE DE DEMANDE, demand curve.
COURBE DE LA DEMANDE INFINIMENT ÉLASTIQUE, infinitely elastic demand.
COURBE DE LA DEMANDE D'INVESTISSEMENT, demand schedule for investment.
COURBE DE LA DEMANDE DE MAIN-D'ŒUVRE, demand schedule for employment.
COURBE DE LA DEMANDE SUR LE MARCHÉ, market (demand) curve.
COURBE DE DEMANDE MONÉTAIRE, money demand curve.
COURBES DE DEMANDE RÉCIPROQUE, reciprocal demand curves.
COURBE DESCENDANTE, downward-sloping curve.
COURBE À DOUBLE COURBURE, tortuous curve.
COURBE DE L'EFFICACITÉ MARGINALE DU CAPITAL, schedule of the marginal efficiency of capital.

COURBES D'ENGEL, Engel curves.
COURBE ENVELOPPANTE, envelope curve.
COURBE FORTEMENT INCURVÉE, very bent curve.
COURBE DE FRÉQUENCES, frequency curve.
COURBE GAUCHE, tortuous curve.
COURBE DE GAUSS, normal curve.
COURBE D'INDIFFÉRENCE, indifference curve.
COURBE D'INDIFFÉRENCE SUPÉRIEURE, higher indifference curve.
COURBES INTERSECTÉES, intersecting curves.
COURBE IRRÉGULIÈRE, erratic curve.
COURBE D'ISO-PRODUIT, iso-product curve.
COURBE LIMITE D'UNE DISTRIBUTION BINOMIALE, limit curve of the binomial distribution.
COURBE LOGISTIQUE, logistic curve.
COURBE DE LORENZ, Lorenz curve.
COURBE À MAIN LEVÉE, freehand curve.
COURBE NORMALE, normal curve.
COURBE NORMALE DES ERREURS, normal curve of error.
COURBE D'OFFRE, supply curve; supply schedule.
COURBE D'OFFRE DE FONDS PRÊTABLES, supply curve of loan capital.
COURBES D'OFFRE RÉCIPROQUE, reciprocal supply curves.
COURBE EN OGIVE, ogive.
COURBE PARABOLIQUE, parabolic curve.
COURBE DES POSSIBILITÉS DE PRODUCTION, production-possibility curve.
COURBE DE PROBABILITÉ NORMALE, normal curve of error.
COURBE DE PRODUCTION, production curve.
COURBE À REBROUSSEMENT, backward-bending curve.
COURBE DE LA RECETTE MOYENNE, average-revenue curve.
COURBE DE RECETTE TOTALE, total revenue curve.
COURBE TRÈS SACCADÉE, curve showing violent fluctuations.
COURBES SYMÉTRIQUES ET DISSYMÉTRIQUES, symmetrical and asymmetrical curves.
COURBES SYMÉTRIQUES ET OBLIQUES, symmetrical and asymmetrical curves.
COURBE TRACTOIRE, tractrix.
COURBE DE TRANSFORMATION, transformation curve.
COURBE D'UTILITÉ TOTALE, total utility curve.
COURBE DE VALEUR EN CAPITAL, capital-value curve.
DEGRÉ D'INCLINATION D'UNE COURBE, steepness of a curve.
s'ÉLEVER À UNE COURBE D'INDIFFÉRENCE SUPÉRIEURE, to attain a higher indifference curve.
FORME D'UNE COURBE, shape of a curve.
INFLEXION DANS UNE COURBE (VERS LE BAS), dip in a curve.
LISSAGE DE COURBES, smoothing of curves.
MOUVEMENT LE LONG DE LA COURBE, movement along the curve.
PENTE (ASCENDANTE) D'UNE COURBE, rise of a curve.
PENTE D'UNE COURBE, slope of a curve.
POINT COMMUN À DEUX COURBES, meet of two curves.
en tout POINT SUR LA COURBE, at every point of the curve.
POINT D'INFLEXION D'UNE COURBE, flex, inflexion point, of a curve.
POINT D'INTERSECTION DE DEUX COURBES, point of intersection of two curves.
POINT D'ORIGINE D'UNE COURBE, point of origin of a curve.
POINT DE REBROUSSEMENT D'UNE COURBE, point of reflection of a curve.
POINT DE RENCONTRE DE DEUX COURBES, meeting-point of two curves.
PROPRIÉTÉS DE LA COURBE, properties of the curve.
SAUT BRUSQUE D'UNE COURBE, kick-up of a curve.
SUPERFICIE DÉLIMITÉE PAR LA COURBE DE GAUSS, area under the normal curve.
SURFACE SITUÉE EN-DESSOUS DE LA COURBE DE DEMANDE, area under the demand curve.
TRACER UNE COURBE, to set out a curve.
TRACEUR DE COURBES, plotter.

COURBER *v*, to bend.

COURBURE *f*, curvature, incurvation, bend.
COURBE À DOUBLE COURBURE, tortuous curve.
COURBURE DE L'ESPACE, curvature of space.
COURBURE D'UNE SURFACE, curvature of a surface.

COURIR *v*, to run.
COURIR LES MAGASINS, to go shopping.
l'EFFET A 30 JOURS À COURIR, the bill has 30 days to run.
les INTÉRÊTS COURENT À PARTIR DE, interest accrues from.

COURONNE *f*, crown.
TERRES APPARTENANT À LA COURONNE, *U.K:* Crown land.

COURRIER *m*, mail, post.
COURRIER À L'ARRIVÉE, incoming mail.
COURRIER AU DÉPART, outgoing mail.
DISTRIBUTION DE COURRIER PAR EXPRÈS, special delivery.
RÉPONSE PAR RETOUR DU COURRIER, reply by return of post.

COURROIE *f*, belt.
COURROIE D'ENTRAÎNEMENT, drive belt.
COURROIE DE TRANSMISSION, drive belt.

COURS *m*, course; run; current; process; currency; rate, price, price quotation(s), quotation, market, bargain, tender.
l'ACTION EST EN COURS, the action is pending.
AMÉLIORATION DES COURS, improvement of prices; appreciation in prices.
ANNÉE EN COURS, current year.
AVOIR COURS, to be current.
BULLETIN DE COURS, list of prices.
CAMPAGNE EN COURS, present campaign.
CASSER LES COURS, to bang the market.
CHERCHER À FAIRE BAISSER LES COURS, to bear the market.
COTATION DES COURS, quotation of prices.
COTE DES COURS, marking of prices.
COTER UN COURS, to mark a price.
en COURS, current; present.
en COURS DE, in the course of; in (the) process of.
COURS D'ACHAT, buying quotations.
COURS D'ACHAT OU D'EXPORTATION, buying or export rate.
COURS ACHETEUR(S), price(s) bid.
COURS DES ACTIONS, prices of shares.
COURS DES ACTIONS INDUSTRIELLES, market prices of industrial shares.
COURS ACTUELS, current quotations; ruling prices.
COURS D'ADULTES, adult school.
COURS D'APPRENTISSAGE, apprenticeship courses.
les COURS BAISSENT, prices are sinking.
COURS LE PLUS BAS, lowest price.
COURS DE BOURSE, market price.
COURS DE LA BOURSE, share-list.
COURS D'APRÈS-BOURSE, street price.
COURS DU CHANGE À VUE, sight rate.
COURS DES CHANGES, foreign exchange rates.
COURS DES CHANGES À TERME, forward exchange rates.
COURS DE CLÔTURE, closing prices.
COURS DE COMPENSATION, making-up price.
COURS DU COMPTANT, price for cash.
en COURS DE CONSTRUCTION, in process of construction
COURS DEMANDÉ(S), price(s) bid.
COURS : DISPONIBLE, price; spot.
COURS DU DISPONIBLE, price ex store; price ex warehouse; spot price; spot rate.
COURS DU DOLLAR, exchange value of the dollar.
à un COURS DONNÉ, at a given price.
COURS DU DONT, price of call.
COURS DE LA DOUBLE PRIME, price of double option; price of put and call.
COURS EFFECTIFS, effective rates; actual quotations.
COURS DES ÉVÉNEMENTS, current of events.
COURS PLUS FAIBLE, lower price.
COURS FAITS (EN BOURSE), bargains done.
les COURS ONT FLÉCHI, prices sagged.
COURS FORCÉ, forced currency; compulsory quotation.
COURS DE FRET, freight rate.
COURS LE PLUS HAUT, top price; highest price.
COURS D'IMPORTATION, import rate.
les COURS SE SONT INSCRITS EN BAISSE (HAUSSE), prices have been marked down (up).
COURS INSTABLES, unstable prices.
COURS DU JOUR, price of the day.
COURS LIBRE, free market rate.
COURS LIBRES VARIABLES, fluctuating free market rates.
COURS LIMITÉ, limited price.
COURS DU LIVRABLE, terminal price; forward price.
COURS DU MARCHÉ RÉGLEMENTÉ, controlled market rates.
COURS MAXIMA, outside prices.
COURS MOYEN, middle price.
COURS OFFERTS, prices offered.
COURS OFFICIEL, official rate (of discount); official quotation.
COURS DE L'OR, rate of gold.
COURS DE L'OU, price of put.
COURS D'OUVERTURE, opening prices.
COURS DE PANIQUE, panic prices.
COURS DE PERFECTIONNEMENT, development course.
COURS PRATIQUÉS AU COMPTANT, business done for cash.
COURS PRATIQUÉS HIER, prices made yesterday.
COURS PRÉCÉDENT, previous price.
COURS DE PRIME, price of option.
COURS QUOTIDIENS, daily quotations.
les COURS SE RAFFERMISSENT, prices are steadying.
COURS RÉALISÉS HIER, rates obtained yesterday.
COURS RECORD, record prices.
les COURS SE SONT RELEVÉS, prices have recovered.
COURS DE RÉSILIATION, default price; invoicing back price; settlement price.
COURS RÉSISTANTS, well maintained prices.
COURS DU TEMPS, lapse of time.
COURS À TERME, forward rate; price for the account; price for the settlement.

COURS VENDEUR, prices offered, selling rates.
COURS DE VENTE, selling rate.
COURS À VUE, demand rate.
DÉPLACEMENT DE COURS, shift in prices.
DERNIERS COURS, closing prices; latest quotation.
ÉCART ENTRE LE COURS ACHETEUR ET LE COURS VENDEUR, turn of the market.
EFFONDREMENT DES COURS, break in stocks; slump in prices.
EFFRITEMENT DES COURS, crumbling prices.
ÉTABLIR UN COURS, to fix a price.
FRET AU LONG COURS, ocean freight.
plus HAUTS ET PLUS BAS COURS, highest and lowest prices.
LIQUIDATION EN COURS, current settlement.
MAINTENIR LE COURS DU CHANGE, to peg the exchange.
MARCHANDISES EN COURS DE PRODUCTION, goods in the course of production.
MOIS EN COURS, current month.
MONNAIE À COURS FORCÉ, fiat (paper) money.
MONNAIE AYANT COURS LÉGAL, lawful currency; lawful tender; legal tender currency.
NAVIGATION AU LONG COURS, ocean navigation; ocean traffic; high-seas navigation; deep-sea navigation.
NAVIRE AU LONG COURS, ocean-going vessel.
NIVELER DES COURS, to level prices.
PAPIER À COURS FORCÉ, forced currency paper.
PARITÉ ENTRE DEUX COURS, parity between two rates.
PIÈCES N'AYANT PLUS COURS, coinage withdrawn from circulation.
PREMIERS COURS, opening prices.
PRORATA D'INTÉRÊTS EN COURS, proportion of current interest.
RATIO COURS-BÉNÉFICE (PAR ACTION), price-earnings ratio.
RECTIFICATION DE COURS, correction of price.
REDRESSEMENT DES COURS, recovery of prices.
SOUTENIR DES COURS PAR DES ACHATS, to support prices by buying.
TAUX DE CHANGE EN COURS À PARIS, rate of exchange current in Paris.
TRAVAIL EN COURS, work in hand.
VOYAGE AU LONG COURS, ocean voyage.

COURSE *f*, course, run, race.
COURSES, racing.

COURT *a*, short.
CAPITAUX À COURT TERME, short-term capital.
à COURT D'ARGENT, pressed for money; pushed for money; short of money.
COURT CRÉDIT, short credit.
de COURTE DURÉE, of short duration.
à COURTE ÉCHÉANCE, short-dated.
COURTE PÉRIODE, short period.
à COURT TERME, at short notice; short-term; short-time.
CRÉDIT À COURT TERME, short credit; advance.
DÉPÔT À COURT TERME, deposit at short notice.
EFFET À COURTE ÉCHÉANCE, short (dated) bill; time bill.
EFFET À TRÈS COURTE ÉCHÉANCE, very short bill.
EMPRUNTER À COURT TERME, to borrow short.
ÉQUILIBRE À COURT TERME, short-term equilibrium.
MARCHÉ À COURT TERME, short-term market.
ONDES COURTES, short waves.
OPÉRATION À COURT TERME, short-term transaction.
PAPIER COURT, short exchange.
PLACEMENT À COURT TERME, short-term investment.
PRÊT À COURT TERME, short loan.
PRÊTS À COURT TERME, short lending.
PRÉVISIONS À COURT TERME, short-term expectations.
TAUX À COURT TERME, short rate.
TONNE COURTE, short ton; net ton.
VARIABLES AGISSANT DANS LA COURTE PÉRIODE, short-period variables.

COURTAGE *m*, broking, jobbing, brokerage, commission, factorage.
COURTAGE DE VENTE, selling commission; selling brokerage.
le COURTAGE VIENT EN DÉDUCTION DES VENTES, brokerage is deducted from sales.
FIRME DE COURTAGE DE TITRES, jobbing-house.
FRAIS DE COURTAGE, brokerage.
FRANCO COURTAGE, free of brokerage; free of commission.
PRIX D'ACHAT, PLUS LE COURTAGE, purchase price, plus brokerage.
TARIF DES COURTAGES, commission rates; scale of commissions.

COURTIER* *m*, broker, *U.S:* dealer.
COURTIER AGRÉÉ, certified broker.
COURTIER D'ASSURANCES, insurance-broker.
COURTIER DE BOURSE, stock-broker.
COURTIER DE CHANGE, foreign exchange broker; exchange dealer; money-broker; *U.S:* dealer.
COURTIER DE COMMERCE, salesman.
COURTIER EN COTON, cotton-broker.

COURTIER HONNÊTE, honest broker.
COURTIER LIBRE, outsider.
COURTIER EN MARCHANDISES, produce broker.
COURTIER MARITIME, ship-broker.
COURTIER MARRON, unlicensed broker.
COURTIER EN SUCRE, sugar-broker.
INTERMÉDIAIRE ENTRE LA BOURSE ET LE COURTIER, *U.K:* stock-jobber.
LISTE DE PLACEMENTS CONSEILLÉS PAR UN COURTIER, stock-broker's list of recommendations.
OFFICE DE COURTIER, factorship.
PARRAINAGE DE DEUX COURTIERS DÉJÀ ADMIS, recommendation of two brokers already admitted.
PROFESSION DE COURTIER, brokerage.

COÛT *m*, cost.
ANALYSE DES COÛTS, cost analysis.
ANALYSE DES COÛTS ET RENDEMENTS, *U.S:* cost-benefit analysis.
COMBINAISON DU COÛT MINIMUM, least-cost combination.
COMBINAISON DE FACTEURS QUI MINIMISE LES COÛTS (VARIABLES), combination of input which minimizes (variable) costs.
COURBE DU COÛT, cost schedule.
COURBE DE COÛT MARGINAL, curve of marginal cost.
COÛT ABSOLU, absolute cost.
COÛT D'ACCROISSEMENT, incremental cost.
COÛT D'ACQUISITION PRIMITIF, historic cost.
COÛT ADDITIONNEL, extra cost.
COÛT, ASSURANCE, FRET (c.a.f.), cost, insurance, freight (c.i.f.).
COÛT COMPARATIF, comparative cost.
COÛTS CONCURRENTIELS INTÉGRAUX, full competitive costs.
COÛT DE CONSERVATION, cost of maintenance.
COÛT DE CONSERVATION DES EXCÉDENTS DE STOCKS, carrying costs of surplus stocks.
COÛT CONSTANT, constant cost.
COÛT COURANT DE REMPLACEMENT, current replacement cost.
COÛT CROISSANT, increasing cost.
COÛT DÉCROISSANT, decreasing cost; diminishing cost.
COÛT DE DÉVELOPPEMENT, development cost.
COÛT DIFFÉRENTIEL, differential cost.
COÛT EFFECTIF DE LA DÉTENTION D'ARGENT OISIF, effective cost of holding idle cash.
COÛT DE L'ENDETTEMENT, cost of borrowed capital.
COÛT ESTIMATIF, estimated cost.
COÛT DE FABRICATION, manufacturing cost.
COÛT DE FACTEUR(S), factor cost.
au COÛT DES FACTEURS, at factor cost.
COÛT DE FACTEUR MARGINAL, marginal factor cost.
COÛT FICTIF, *U.S:* shadow cost.
COÛT-FRET, cost and freight.
COÛTS IMPLICITES, implicit costs.
COÛT INITIAL, initial cost; original cost.
COÛT D'INTÉRÊT, interest cost.
COÛT DE L'INVESTISSEMENT, cost of investment.
COÛT JUSTIFIÉ, proved cost.
COÛT DE LA MAIN-D'ŒUVRE, cost of labour; wage costs.
COÛT MARGINAL, marginal cost.
COÛT MARGINAL DÉCROISSANT, decreasing marginal cost; diminishing marginal cost.
le COÛT MARGINAL ÉGALE LA RECETTE MARGINALE, marginal cost equals marginal revenue.
COÛT MARGINAL SOCIAL, social marginal cost.
COÛT DES MATIÈRES PREMIÈRES, cost of materials.
COÛT MINIMUM, minimum cost.
COÛT MONÉTAIRE DE LA MAIN-D'ŒUVRE, money price of labour.
COÛT MOYEN, average cost; mean cost.
COÛT NORMAL, standard costs.
COÛT D'OPPORTUNITÉ, alternative cost; alternative-use cost; opportunity cost.
COÛT D'OPTION, opportunity cost.
COÛT ORIGINEL, aboriginal cost.
COÛT DE PASSATION DES COMMANDES, cost of ordering.
COÛT DE PÉNURIE, shortage cost.
COÛT DE LA POLITIQUE DE SOUTIEN À L'AGRICULTURE, cost of agricultural support policy.
COÛT PREMIER, prime cost.
COÛT DE PREMIER ÉTABLISSEMENT, promotion money.
COÛT DE PRODUCTION, production cost.
COÛT RÉEL, real cost.
COÛT DE RISQUE, cost of risk.
COÛT DE RUPTURE DE STOCK, shortage cost.
COÛT SOCIAL, social cost.
COÛT STANDARD, standard costs.
COÛT DE STOCKAGE, costs of carrying inventory.
COÛT TOTAL MINIMUM, minimum total cost.
COÛT SUPPLÉMENTAIRE, supplementary cost; extra cost.
COÛTS SUPPLÉTIFS, implicit costs.
COÛT EN TERMES DE MONNAIE, money cost.
COÛT TOTAL, total cost.
COÛT TOTAL MINIMUM, minimum total cost.

COÛT TOTAL MOYEN, average total cost.
COÛT DE TRANSPORT, cost of transport.
COÛT DU TRAVAIL, labour cost.
COÛT DE L'UNITÉ, unit cost.
COÛT D'USAGE, user cost.
COÛT D'USAGE MARGINAL, marginal user cost.
COÛT VARIABLE, variable cost.
COÛT VARIABLE MOYEN, average variable cost.
COÛTS À VENIR, future costs.
COÛT DE LA VIE, cost of living.
DÉPASSEMENT DU COÛT ESTIMÉ, *U.S:* overrun costs.
DIVERSITÉ DES COÛTS, diversity of costs.
ÉCONOMIE DANS LE COÛT DE LA MANUTENTION, saving in handling costs.
ÉGALER LE PRIX AU COÛT MARGINAL, to equate price with marginal cost.
ENRAYER LA HAUSSE DU COÛT DE LA VIE, to control the rise in the cost of living.
ÉTABLIR LE COÛT D'UNE ENTREPRISE, to cost a job.
ÉTUDE DE COÛT ET D'EFFICACITÉ, *U.S:* cost-effectiveness analysis.
ÉVALUATION DU COÛT, costing.
ÉVALUATION DU COÛT D'UN SYSTÈME, systems costing.
ÉVALUER LE COÛT, to cost.
FAIRE BAISSER LE COÛT DE LA VIE, to reduce the cost of living.
FAIRE COÏNCIDER LE PRIX AVEC LE COÛT MARGINAL, to equate price with marginal cost.
chaque FIRME MINIMISE SES COÛTS VARIABLES, each firm minimizes its variable costs.
FIXATION DU PRIX AU COÛT MARGINAL, marginal cost pricing.
FIXATION DU PRIX AU COÛT MOYEN MAJORÉ, mark-up pricing.
HYPOTHÈSE DU COÛT MINIMUM, minimum cost condition.
INFLATION DES COÛTS, cost inflation.
INFLATION PAR MAJORATION DISPROPORTIONNÉE DES COÛTS, mark-up price inflation.
INFLATION PAR POUSSÉE SUR LES COÛTS, cost-push inflation.
les INTÉRÊTS DU CAPITAL CONSTITUENT UN ÉLÉMENT DU COÛT DE PRODUCTION, interest on capital constitutes a charge on production.
MINIMISATION DES COÛTS, minimizing cost.
POINT DE COÛT MINIMUM, point of minimum cost.
POUSSÉE S'EXERÇANT SUR LES COÛTS, cost push.
PRINCIPE DE DIMINUTION DES COÛTS PAR SUBSTITUTION, least-cost substitution principle.
PRINCIPE D'ÉGALITÉ DES COÛTS MARGINAUX, equal-marginal-cost principle.
PRIX AU COÛT MARGINAL, marginal cost price.
PRIX DE VENTE ÉGAUX AUX COÛTS MARGINAUX, marginal cost pricing.
PRODUIT NATIONAL BRUT AU COÛT DES FACTEURS, gross national product at factor cost.
PRODUIT NATIONAL NET AU COÛT DES FACTEURS, net national product at factor cost.
RENCHÉRISSEMENT DU COÛT DE LA VIE, increase in the cost of living.
TARIFICATION SÉPARÉE DES COÛTS FIXES ET DES COÛTS MOBILES, multi-part tariff.
THÉORIE DES COÛTS COMPARATIFS, theory of comparative cost.
THÉORIE DES COÛTS COMPARÉS, theory of comparative cost.
UNITÉ DE COÛT, cost-unit.

COÛTANT *a*, pertaining to cost.
PRIX COÛTANT, cost price.

COUTEAU *m*, knife.
CONCURRENCE À COUTEAUX TIRÉS, cut-throat competition.

COÛTER *v*, to cost.
COÛTER AU MOINS 1.000 DOLLARS, to cost at least $ 1,000.

COÛTEUX *a*, costly, expensive, dear.

COUTUME *f*, custom, usage, habit, praxis.
les US ET COUTUMES, usages and customs; ways and customs

COUTUMIER *a*, customary, unwritten.
DROIT COUTUMIER, custom; unwritten; common law.

COUVERT *a*, covered, met.
la SOUSCRIPTION EST COUVERTE, application is covered.

À COUVERT *adv*, covered, sheltered.
ENVOI À COUVERT, packet consignment.
VENDRE À COUVERT, to sell for delivery.

COUVERTURE *f*, cover, margin, reserve; hedge; blanket, covering; backing.
BANQUES À COUVERTURES FRACTIONNAIRES, fractional reserve banking.
COUVERTURES BOURSIÈRES OBLIGATOIRES, margin requirements
COUVERTURE DE 25 % EN ESPÈCES, margin of 25 % in cash.
COUVERTURES FRACTIONNAIRES, fractional reserves.
COUVERTURE LÉGALE MINIMUM, margin requirements.

COUVERTURE D'OPÉRATIONS DE BOURSE, cover on stock exchange transactions.
COUVERTURE-OR, gold cover.
COUVERTURE-OR DE LA MONNAIE, gold backing of the currency.
COUVERTURES REQUISES, reserves required.
DÉPÔT DE COUVERTURE, reserve deposit.
EXIGENCES DE COUVERTURE, reserve requirements.
FOURNIR UNE COUVERTURE (EN BOURSE), to deposit a margin.
OBLIGATIONS LÉGALES DE COUVERTURE, legal reserve requirements.
RÉDUCTION DE LA COUVERTURE MÉTALLIQUE DES PIÈCES (DE MONNAIE), clipping of coins.
TAUX DE COUVERTURE, reserve ratio.

(SE) **COUVRIR** v, to cover; to hedge; to pay.
se COUVRIR EN ACHETANT À LONG TERME, to hedge by buying at long date.
COUVRIR UN DÉCOUVERT, to cover a short account.
COUVRIR SES DÉPENSES, to cover one's expenses.
qui COUVRE SES FRAIS, self-supporting.
COUVRIR SES FRAIS, to pay its way.
COUVRIR LES FRAIS DE, to defray the cost of.
se COUVRIR EN RACHETANT, to cover by buying back.
FAIRE COUVRIR LE DÉCOUVERT, to frighten the bears.
la POLICE COUVRE LE RISQUE DE PERTE, policy covers the risks of loss.

COVARIANCE f, co-variance.
ANALYSE DE COVARIANCE, co-variance analysis.

COVARIANT m, covariant.

COVARIATION f, co-variation.

CRÉANCE f, debt, book debt, indebtedness; claim; credit.
AMORTIR UNE CRÉANCE, to write off a debt.
AMORTISSEMENT D'UNE CRÉANCE, writing off of a debt.
ASSURANCE CONTRE LES MAUVAISES CRÉANCES, credit insurance.
BONNE CRÉANCE, good debt.
CRÉANCE CHIROGRAPHAIRE, unsecured debt.
CRÉANCES CONTRACTUELLES, contractual claims.
CRÉANCE DOUTEUSE, doubtful debt; bad debt.
CRÉANCES ET ENGAGEMENTS, claims and liabilities.
CRÉANCES ENVERS, moneys owing to.
CRÉANCES ÉTABLIES, claims established.
CRÉANCE EXIGIBLE, debt due.
CRÉANCE GARANTIE, secured debt.
CRÉANCE SANS GARANTIE, unsecured debt.
CRÉANCE IRRÉCOUVRABLE, irrecoverable debt; bad debt.
CRÉANCE LÉGALEMENT FONDÉE, legal claim.
CRÉANCE LITIGIEUSE, litigious claim.
CRÉANCE ORDINAIRE, ordinary debt.
CRÉANCE PRIVILÉGIÉE, preferential debt; preferred debt; privileged debt; creditor's preferential claim; preferential claim.
CRÉANCE RECOUVRABLE, recoverable debt.
CRÉANCES À RECOUVRER, outstanding debts.
CRÉANCES QUI SUBSISTENT, live claims.
CRÉANCES VALABLES, live claims.
EXIGER LE REMBOURSEMENT D'UNE CRÉANCE, to require the repayment of a debt.
GARANTIR UNE CRÉANCE PAR UNE HYPOTHÈQUE, to secure a debt by mortgage.
IMMEUBLE AFFECTÉ À LA GARANTIE D'UNE CRÉANCE, property charged as security for a debt.
LIQUIDITÉ DES CRÉANCES, liquidness of debts.
MAUVAISE CRÉANCE, bad debt; bad claim.
NOVATION DE CRÉANCE, substitution of debt.
PASSER UNE CRÉANCE PAR PERTES ET PROFITS, to write off a bad debt.
PROVISION POUR CRÉANCES DOUTEUSES, reserve for doubtful debts; bad debts reserve.
RANG ASSIGNÉ À UNE CRÉANCE, rank assigned to a debt.
RECOUVRER UNE CRÉANCE, to recover a debt; to collect a debt.
SÛRETÉ EN GARANTIE D'UNE CRÉANCE, security for a debt.
TITRE DE CRÉANCE, evidence of indebtedness; proof of indebtedness.
TRANSFÈREMENT D'UNE CRÉANCE, transference of a debt.
TRANSPORT-CESSION DE CRÉANCES, assignment of debts.
TRANSPORT D'UNE CRÉANCE, transfer of a debt.
TRANSPORTER UNE CRÉANCE, to transfer a debt.

CRÉANCIER m, creditor, debt-holder, holder of debt claims, pledge holder, obligee.
ABANDON DES BIENS D'UN FAILLI À SES CRÉANCIERS, surrender of a bankrupt's property.
ACCOMMODEMENT AVEC LES CRÉANCIERS, composition with creditors.
ARRIVER À UN CONCORDAT AVEC SES CRÉANCIERS, to compound with one's creditors.
ASSEMBLÉE DE CRÉANCIERS, meeting of creditors.
CESSION DE BIENS À DES CRÉANCIERS, assignment of property to creditors.

CONCOURS ENTRE CRÉANCIERS, equality (of rank) between creditors.
CRÉANCIER CHIROGRAPHAIRE, unsecured creditor.
CRÉANCIERS DISSIDENTS, dissenting creditors.
CRÉANCIER ENTIÈREMENT NANTI, fully secured creditor.
CRÉANCIER HYPOTHÉCAIRE, mortgagee; creditor on mortgage.
CRÉANCIER ORDINAIRE, ordinary creditor.
CRÉANCIER PARTIELLEMENT-NANTI, partly secured creditor.
CRÉANCIER PRINCIPAL, chief creditor.
CRÉANCIER PRIVILÉGIÉ, preferential creditor; privileged creditor; chargee.
les CRÉANCIERS PRIVILÉGIÉS PRENNENT RANG AVANT LES CRÉANCIERS ORDINAIRES, preferential creditors rank before ordinary creditors.
CRÉANCIER EN SOUS-ORDRE, creditor of a creditor (in bankruptcy).
CRÉANCIER EN VERTU D'UN CONTRAT SOUS SEING PRIVÉ, simple-contract creditor.
DÉNANTIR UN CRÉANCIER, to take away a creditor's security.
DÉSINTÉRESSEMENT DES CRÉANCIERS, paying off creditors.
DÉSINTÉRESSER INTÉGRALEMENT LES CRÉANCIERS, to satisfy the creditors in full.
DROITS DES CRÉANCIERS, rights of creditors.
HARCELÉ PAR SES CRÉANCIERS, pressed by one's creditors.
PARVENIR À UN ACCORD AVEC SES CRÉANCIERS, to come to an arrangement with creditors.
PRESSÉ PAR SES CRÉANCIERS, pressed by one's creditors.
PRINCIPAL CRÉANCIER, principal creditor.
PRIVILÈGE DU CRÉANCIER, creditor's preferential claim.
PRIVILÈGE D'UN CRÉANCIER, priority of a creditor.
REMBOURSEMENT DES CRÉANCIERS, paying off creditors.
REMBOURSER TOUS LES CRÉANCIERS, to repay all the creditors.
RÉPARTIR UNE SOMME ENTRE CRÉANCIERS, to divide an amount among creditors.
RÉPARTITION ENTRE CRÉANCIERS, distribution among creditors.
REQUÊTE DES CRÉANCIERS, petition of creditors.
REQUÊTE DES CRÉANCIERS (EN DÉCLARATION DE FAILLITE), petition in bankruptcy.
VOLONTÉ DE FRUSTRER SES CRÉANCIERS, desire to defraud one's creditors.

CRÉATEUR m, originator, designer.
CRÉATEUR DE MODE, fashion designer.

CRÉATION f, creation, origination, establishment.
CRÉATION DE CRÉDIT, creation of credit.
CRÉATION DE DÉPÔTS BANCAIRES, creation of bank deposits.
CRÉATION DE LIQUIDITÉS, liquidity creation.
CRÉATION DE MONNAIE, creation of money.
CRÉATION DE MONNAIE SCRIPTURALE, bank creation of money.
CRÉATION DE THÉORIES, theorizing.

CRÉDIBILITÉ f, credibility.

CRÉDIT m, credit, advance(s), loan, loan account, supply, trust.
ACHAT À CRÉDIT, credit purchase.
ACHETER À CRÉDIT, to buy upon credit.
BANQUES DE CRÉDIT POPULAIRE, popular bank system.
BÉNÉFICIAIRE D'UNE LETTRE DE CRÉDIT, payee of a letter of credit.
CHERTÉ DU CRÉDIT, dearness of credit.
le COMMERCE REPOSE SUR LE CRÉDIT, trade rests upon credit.
COMPTE CRÉDIT D'ACHATS, charge-account.
CONFIRMATION DE CRÉDIT, confirmation of credit.
CONTRÔLE SÉLECTIF DU CRÉDIT, selective credit control.
COOPÉRATIVE DE CRÉDIT AGRICOLE, agricultural credit co-operative.
COURT CRÉDIT, short credit.
CRÉATION DE CRÉDIT, creation of credit.
CRÉDIT PAR ACCEPTATION RENOUVELABLE, revolving credit.
CRÉDIT ACCRÉDITIF, simple credit; unconfirmed credit.
CRÉDIT BANCAIRE, bank credit.
CRÉDIT EN BLANC, blank credit.
CRÉDITS BLOQUÉS, frozen credits.
CRÉDIT BUDGÉTAIRE, appropriation; estimate.
CRÉDITS BUDGÉTAIRES INTÉRIMAIRES, deficiency bills.
CRÉDITS BUDGÉTAIRES SUPPLÉMENTAIRES, supplementary estimates.
CRÉDITS COMMERCIAUX, commodity credits.
CRÉDIT CONFIRMÉ (À L'EXPORTATION), confirmed credit.
CRÉDIT NON CONFIRMÉ, simple credit; unconfirmed credit.
CRÉDIT À LA CONSOMMATION, consumer credit.
CRÉDIT À COURT TERME, short credit; advance.
CRÉDIT À DÉCOUVERT, open credit.
CRÉDIT DE L'EMPRUNTEUR, borrower's credit.
les CRÉDITS FONT LES DÉPÔTS, loans make deposits.
CRÉDITS GELÉS, frozen credits.
CRÉDIT À LONG TERME, long credit.
CRÉDIT PERSONNEL, personal credit.
le CRÉDIT PERSONNEL EST BASÉ SUR LA RÉPUTATION, personal credit is based on the reputation.
CRÉDIT RESTREINT, restricted credit.
le CRÉDIT SE RÉTABLIT, credit is reviving.

CRÉDIT SIMPLE, simple credit.
CRÉDIT « STAND-BY », stand-by credit.
CRÉDIT SUPPLÉMENTAIRE, further credit.
CRÉDIT À TEMPÉRAMENT, hire-purchase credit; instalment credit.
DEMANDE DE CRÉDIT, application for credit; demand for credit.
DÉPASSER LA LIMITE NORMALE DU CRÉDIT, to exceed the normal limit of credit.
DOS D'UNE LETTRE DE CRÉDIT, reverse side of a letter of credit.
ÉTABLISSEMENT DE CRÉDIT, financial house; credit institution.
FACILITÉS DE CRÉDITS RÉCIPROQUES, swap credit deal; swap facilities.
FAIRE CRÉDIT, to give credit.
INFLATION DE CRÉDIT, credit inflation.
INSTABILITÉ DU CRÉDIT, instability of credit.
INSTRUMENT DE CRÉDIT, instrument of credit.
LETTRE DE CRÉDIT, letter of credit.
LETTRE DE CRÉDIT CIRCULAIRE, cicular letter of credit; circular note.
LETTRE DE CRÉDIT COLLECTIVE, general letter of credit.
LETTRE DE CRÉDIT CONFIRMÉE, confirmed letter of credit.
LETTRE DE CRÉDIT SIMPLE, special letter of credit.
LETTRE DE CRÉDIT VALABLE DANS LE MONDE ENTIER, world-wide letter of credit.
LETTRE DE CRÉDIT NON VALIDE, invalid letter of credit.
LIGNE DE CRÉDIT, credit line.
LONG CRÉDIT, long credit.
MARCHÉ DU CRÉDIT, credit market.
MARCHÉ À TERME DU CRÉDIT, forward market for loans.
NOTE DE CRÉDIT, credit note.
OBTENIR DU CRÉDIT À MEILLEUR COMPTE, to obtain cheaper credit.
OBTENIR UN MOIS DE CRÉDIT, to obtain a month's credit.
OUVRIR UN CRÉDIT POUR, to open a credit for.
PLAFOND DES CRÉDITS, credit limit.
POLITIQUE DE CRÉDIT, credit policy.
PORTER UNE SOMME AU CRÉDIT DE, to credit a sum to.
PRENDRE À CRÉDIT, to take on credit.
PROLONGATION D'UN CRÉDIT, extension of credit.
PROROGER LA DURÉE D'UN CRÉDIT, to extend the validity of a credit.
PURE MONNAIE DE CRÉDIT, pure credit money.
PYRAMIDE DU CRÉDIT, pyramid of credit.
RAFFERMIR LE CRÉDIT D'UNE MAISON, to re-establish a firm's credit.
RÉDUCTION DE CRÉDIT, shortening of credit.
RESSERREMENT DE CRÉDIT, tightness of credit; tightening of credit.
RESTRICTION DU CRÉDIT, credit restriction.
SOCIÉTÉ DE CRÉDIT, joint-stock bank; loan-society.
SOCIÉTÉ DE CRÉDIT AGRICOLE, *U.S:* Agricultural Mortgage Corporation.
SYSTÈME DE CRÉDIT PUR, pure credit system.
TRANSACTIONS À CRÉDIT, loan transactions.
VENDRE À CRÉDIT, to sell on credit.
VENTE À CRÉDIT, credit sale.
VIREMENT AU CRÉDIT DE, transfer to the credit of.
VOTER DES CRÉDITS, to vote supplies.

CRÉDITER *v*, to credit.
CRÉDITER UN COMPTE, to credit an account.

CRÉDITEUR *a*, having a credit.
COLONNE CRÉDITRICE, credit column.
COMPTE CRÉDITEUR, credit account; creditor account.
NATION CRÉDITRICE, creditor nation.
POSITION CRÉDITRICE, creditor position.
PRÉSENTER UN SOLDE CRÉDITEUR, to show a credit balance.
SOLDE CRÉDITEUR, credit balance.
votre SOLDE CRÉDITEUR, amount standing to your credit.

CRÉDITEUR *m*, creditor.
CRÉDITEURS DIVERS, sundry creditors.
RÉPARTIR UNE SOMME ENTRE CRÉDITEURS, to divide an amount among creditors.

CREDO *m*, faith.
CREDO POLITIQUE, political faith.

CRÉDULITÉ *f*, credulity.
EXPLOITER LA CRÉDULITÉ DU PUBLIC, to exploit the credulity of the public.

CRÉER *v*, to create, to found, to establish, to make, to design.
CRÉER UNE ATMOSPHÈRE DE HAUSSE AUTOUR D'UNE VALEUR, to talk up the value of a stock.
CRÉER UNE INDUSTRIE, to create an industry; to establish an industry.
CRÉER UN MARCHÉ, to make a market.
CRÉER DE NOUVEAUX DÉBOUCHÉS AU COMMERCE, to open up new channels for trade.
CRÉER DU POUVOIR D'ACHAT, to dreate purchasing power.

CRÉMAILLÈRE *f*, rack.

CHEMIN DE FER À CRÉMAILLÈRE, rack-railway.

CREUSER *v*, to mine, to channel.
CREUSER À LA RECHERCHE DE L'OR, to mine for gold.

CREUSET *m*, crucible, hearth.

CREUX *a*, hollow.
PAPIER CREUX, pig on pork.

CREUX *m*, trough.
CREUX ET SOMMETS, peaks and troughs.

CRIARD *a*, insistent.
DETTE CRIARDE, pressing debt.

CRIÉE *f*, auction.
VENDRE À LA CRIÉE*, to auction.

CRISE *f*, crisis, depression.
CRISE AIGUË, acute crisis.
CRISE DE LA BALANCE DES PAIEMENTS, balance of payments crisis.
CRISE DU DOLLAR, dollar crisis.
CRISE ÉCONOMIQUE, economic crisis.
CRISE FINANCIÈRE, financial crisis.
CRISE FINANCIÈRE MONDIALE, world-wide financial crisis.
CRISE MONÉTAIRE INTERNATIONALE, international monetary crisis.
RÉGIONS DÉPRIMÉES OÙ SÉVIT LA CRISE, distressed areas.

CRITÈRE *m*, criterion, canon.
CRITÈRES DE MAXIMATION, criteria of maximization.
CRITÈRE DU MINIMAX, minimax criterion.

CRITIQUE *a*, critical.
CHEMIN CRITIQUE, critical path.
MÉTHODE DU CHEMIN CRITIQUE, critical path method.
POINT CRITIQUE, critical point.
SEUIL CRITIQUE, critical level.

CROCHET *m*, bracket.
VARIABLES ENTRE LES CROCHETS, variables within the brackets.

CROISÉ *a*, cross, crossed, intercrossed.
ÉLASTICITÉ CROISÉE, cross-elasticity.
ÉLASTICITÉS CROISÉES DE LA DEMANDE, cross-elasticities of demand.

CROISEMENT *m*, crossing, cross.

CROISER *v*, to cross.

CROISIÈRE *f*, cruise.
ATTEINDRE LA VITESSE DE CROISIÈRE, to get into one's stride

CROISSANCE *f*, growth, growing.
COURBE DE LA CROISSANCE, growth curve.
CROISSANCE DE LA BANLIEUE, suburbanization.
CROISSANCE ÉCONOMIQUE, economic growth.
CROISSANCE ÉQUILIBRÉE, balanced growth.
CROISSANCE SANS INFLATION, growth without inflation.
CROISSANCE DANS LA STABILITÉ, growth without inflation.
DOULEURS DE CROISSANCE, growing-pains.
MODÈLE DE CROISSANCE, growth model.
PÔLE DE CROISSANCE, growing point; growth point.
RALENTISSEMENT DU TAUX DE CROISSANCE, slowing down of the rate of growth.
TAUX DE CROISSANCE, rate of growth.
TAUX DE CROISSANCE (DIT) GARANTI, warranted rate of growth.
TAUX DE CROISSANCE RÉALISABLE, attainable rate of growth.
TENDANCES DE CROISSANCE, growth trends.
THÉORIE DE LA CROISSANCE, theory of growth.

CROISSANT *a*, increasing, growing.
COÛT CROISSANT, increasing cost.
RENDEMENTS CROISSANTS, increasing returns.

CROÎTRE *v*, to grow.

CROQUIS *m*, sketch.

CROULANT *a*, collapsing.
MURS CROULANTS, walls in disrepair.

CUBAGE *m*, cubage.
CUBAGE CONVERTI EN POIDS, measurement converted into weight.

CUBE *a*, cubic.
MÈTRE CUBE, cubic metre.
PIED CUBE, cubic foot.
POUCE CUBE, cubic inch.
YARD CUBE, cubic yard.

CUBE *m*, cube.

CUBIQUE *a*, cubic.
RACINE CUBIQUE, cube root.

CUEILLETTE *f*, picking.
CHARGE À LA CUEILLETTE, general cargo.

FRET À (LA) CUEILLETTE, liner rate.
NAVIGATION À LA CUEILLETTE, tramping.

CUEILLIR *v*, to pick, to pick up.

CUIR *m*, leather, hide.
COMMERCE DES CUIRS, dealing in leather.
INDUSTRIE DU CUIR, leather industry.

CUIVRE *m*, copper.
CONTENU EN CUIVRE, copper content.
MINERAI DE CUIVRE, copper ore.
MONNAIE DE CUIVRE, copper coin.

CULMINANT *a*, culminating.
POINT CULMINANT, highest elevation; climax.

CULTE *m*, religion.
LIBERTÉ DU CULTE, freedom of religion.

CULTIVATEUR *m*, farmer, cultivator, grower.

CULTIVÉ *a*, cultivated, grown.
CULTIVÉ EN SERRE, grown under glass.
SUPERFICIE CULTIVÉE, cultivated territory; cultivated area.
TERRE CULTIVÉE, cultivated land.

CULTIVER *v*, to cultivate, to till, to grow, to farm.

CULTURE *f*, culture, cultivation, farming, arable farming, tilling, tillage, crop.
en CULTURE, under crop.
CULTURES ALTERNANTES, rotating crops.
CULTURE DU BLÉ, wheat-growing *U.S:* corn-growing.
CULTURE DU COTON, cotton growing.
CULTURE EXTENSIVE, extensive cultivation.
CULTURE INTENSIVE, intensive cultivation.
CULTURE DE LA POMME DE TERRE, potato growing.
CULTURE À SEC, dry farming.
INSTRUMENTS DE CULTURE, tillage implements; agricultural implements.
ORGANISATION DES NATIONS UNIES POUR L'ÉDUCATION, LA SCIENCE ET LA CULTURE, United Nations Educational, Scientific and Cultural Organization (UNESCO).
PETITE CULTURE, cottage farming; small-scale farming.
ROTATION DES CULTURES, rotation of crops.

CULTUREL *a*, cultural.

CUMUL *m*, plurality, lumping.
CUMUL DE FONCTIONS, pluralism.

CUMULATIF *a*, cumulative.
ACTIONS DE PRIORITÉ CUMULATIVE, cumulative preference shares.
ASSURANCE CUMULATIVE, double insurance.
COURBE CUMULATIVE, cumulative curve.
DIVIDENDE CUMULATIF, cumulative dividend.
INFLATION CUMULATIVE, cumulative inflation.
INTÉRÊTS CUMULATIFS, cumulative interest.
PROCESSUS CUMULATIF, cumulative process.

CUMULÉ *a*, cumulated, cumulative, accrued.
DISTRIBUTION CUMULÉE, cumulative distribution.

FRÉQUENCES CUMULÉES, cumulative frequencies.
POURCENTAGES CUMULÉS, cumulated percentages.
REPRÉSENTATION CUMULÉE, cumulative graphing.

(SE) CUMULER *v*, to cumulate; to lump.

CUPIDITÉ *f*, greed.

CUPRIFÈRE *a*, copper-bearing.
VALEURS CUPRIFÈRES, coppers.

CURATEUR *m*, trustee.

CURVILIGNE *a*, curvilinear.
INDICE DE CORRÉLATION CURVILIGNE, index of correlation.

CURVILINÉAIRE *a*, curvilinear.
CORRÉLATION CURVILINÉAIRE, curvilinear relationship.

CYBERNÉTIQUE *f*, cybernetics.

CYCLE *m*, cycle.
BAROMÈTRE DU CYCLE ÉCONOMIQUE, barometer of the business cycle.
CYCLE DE BAISSE DES PRIX, cycle of falling prices.
CYCLE ÉCONOMIQUE, business cycle; trade cycle.
CYCLE DE FONCTIONNEMENT, operating cycle.
CYCLE DE HAUSSE DES PRIX, cycle of rising prices.
CYCLE DE JEU, game cycle.
CYCLE DE RÉFÉRENCE, reference cycle.
CYCLE SPÉCIFIQUE, specific cycle.
CYCLE THÉORIQUE, ideal cycle.
DURÉE DES CYCLES, duration of cycles.
EXPLICATION MONÉTAIRE DES CYCLES, monetary explanation of cycles.
MESURE DU CYCLE ÉCONOMIQUE, measuring the business cycle.
PHASES DU CYCLE ÉCONOMIQUE, phases of the business cycle.
PRÉVISION DU CYCLE ÉCONOMIQUE, forecasting the business cycle.
THÉORIES DES CYCLES, trade cycle theories.
THÉORIE DU CYCLE D'APPROVISIONNEMENT, queueing theory.
THÉORIES DU CYCLE ÉCONOMIQUE, theories of the business cycle.

CYCLIQUE *a*, cyclic(al).
COMPOSANTE CYCLIQUE, cyclical component.
DÉCALAGE CYCLIQUE, cyclic(al) shift.
FLUCTUATIONS CYCLIQUES, cyclical fluctuations.
MÉMOIRE CYCLIQUE, dynamic storage.
MOUVEMENT CYCLIQUE, cyclical movement.
MAXIMA CYCLIQUES, cyclical peaks.
OSCILLATIONS CYCLIQUES, cyclical swings.
PHÉNOMÈNES CYCLIQUES, cyclical phenomena.
RÉSIDUS CYCLIQUES, residuals as cycles.
STOCK CYCLIQUE, cyclical stock.
TRACÉ DE LA MOYENNE CYCLIQUE, high-low mid-points method.
VARIABILITÉ CYCLIQUE (DES TAUX D'INTÉRÊT), cyclical variability (of interest rates).
VARIATIONS CYCLIQUES' cyclical variations; cyclical changes.

CYCLOÏDE *f*, trochoid.

CYLINDRE *m*, cylinder.
CYLINDRE DROIT, right cylinder.
CYLINDRE OBLIQUE, oblique cylinder.

D

DACTYLO *f*, typist.
ÉQUIPE DE DACTYLOS, typing pool.

DACTYLOGRAPHIE *f*, typing.

DAME *f*, lady.
VÊTEMENTS POUR DAMES, ladies' wear.

DANGER *m*, danger, peril, insecurity, jeopardy, hazard.
METTRE EN DANGER, to imperil.

DANGEREUX *a*, insecure, unsafe.

DATE *f*, date.
ANTÉRIORITÉ DE DATE, priority of date.
DATE CONTRACTUELLE, contract date.
DATE DE DÉPART, starting date; date of sailing.
DATE D'ÉCHÉANCE, due date; currency.
DATE D'ENTRÉE EN VALEUR, value date.
DATE D'ENVOI, dispatch date.
DATE RAPPROCHÉE, early date.
DATE RÉCENTE, recent date; low date; lateness.
DETTE DE LONGUE DATE, old-standing debt.
EFFET À DATE FIXE, day bill.
EFFET PAYABLE À 3 JOURS DE DATE, bill payable at 3 days' date.
LIGNE DE CHANGEMENT DE DATE, date-line.
OBLIGATIONS SANS DATE D'ÉCHÉANCE, undated bonds.

DATÉ *a*, dated.
non DATÉ, undated.

DATER *v*, to date.
ACTION DE DATER, dating.
qui DATE DE, dating.

DÉ *m*, die.
DÉS PIPÉS, loaded dice.
JEU DE DÉS, dice-rolling.
JOUER AUX DÉS, to dice.

DÉBÂCLE *f*, smash, smashing; crash.

DÉBARCADÈRE *m*, wharf, unloading dock.

DÉBARDEUR *m*, docker.

DÉBARQUÉ *a*, landed, unloaded.
MARCHANDISES EMBARQUÉES ET DÉBARQUÉES, goods loaded and unloaded.
PASSAGERS DÉBARQUÉS, passengers landed.

DÉBARQUEMENT *m*, landing, unloading, wharfage.
FRAIS DE DÉBARQUEMENT, landing charges.

DÉBARQUER *v*, to land, to disembark.

(SE) DÉBARRASSER *v*, to rid, to get rid, to clear.
se DÉBARRASSER DE LA TENDANCE SÉCULAIRE, to get rid of secular trend.

DÉBAT *m*, discussion, dispute, argument.
RÉUNION-DÉBAT, panel discussion.

DÉBATTRE *v*, to discuss.
DÉBATTRE LES CONDITIONS D'UN MARCHÉ, to discuss the conditions of a bargain.
PRIX À DÉBATTRE, price subject to negociation; price by arrangement.

DÉBATTU *a*, arranged.
à (un) PRIX DÉBATTU, at an arranged price.

DÉBAUCHAGE *m*, discharging of workmen, *U.S:* laying off.

DÉBIT *m*, sale; output, through-put; rate; flow; debit.
DÉBIT BINAIRE, bit rate.
DÉBIT IRRÉGULIER (D'UNE MACHINE), unsteady output.
PASSER UNE SOMME AU DÉBIT DE, to charge a sum to the debit of.
PROMPT DÉBIT, quick sale.

DÉBITER *v*, to sell, to retail, to debit.

DÉBITEUR *a*, debtor.
AVOIR UN COMPTE DÉBITEUR, to be in the red.
COLONNE DÉBITRICE, debit column.
COMPTE DÉBITEUR, debit account; debtor account.
INTÉRÊTS DÉBITEURS, red interest.
PRÉSENTER UN SOLDE DÉBITEUR, to show a debit balance.
SOLDE DÉBITEUR, debit balance.

DÉBITEUR *m*, debtor, obligor.
ACCORDER UN DÉLAI À UN DÉBITEUR, to allow a debtor time to pay.
DÉBITEURS DIVERS, sundry debtors.
DÉBITEUR HYPOTHÉCAIRE, mortgagor; debtor on mortgage.
DÉBITEUR INSOLVABLE, insolvent debtor; insolvent.
DÉBITEUR PRINCIPAL, principal debtor.
DÉBITEUR SAISI, debtor attached.
DÉBITEUR SOLVABLE, solvent debtor.
POURSUITES CONTRE UN DÉBITEUR, proceedings against a debtor.
POURSUIVRE UN DÉBITEUR, to sue a debtor.
PRIVILÈGE SUR LES MEUBLES D'UN DÉBITEUR, lien on the personal property of a debtor.

DÉBOISEMENT *m*, deforestation.

DÉBOUCHÉ *m*, market, opening, outlet, channel.
CRÉER DE NOUVEAUX DÉBOUCHÉS AU COMMERCE, to open up new channels for trade.
DÉBOUCHÉ (COMMERCIAL), outlet for trade.
DÉBOUCHÉ RÉMUNÉRATEUR, profitable outlet.
LOI DES DÉBOUCHÉS, market law.
PERTE D'UN DÉBOUCHÉ, loss of a market.
TROUVER DES DÉBOUCHÉS, to market.

DÉBOURS *m*, disbursement, outlay, expense, out-of-pocket expenses, outgoings, paid-on charges.
MENUS DÉBOURS, petty expenses.

DÉBOURSEMENT *m*, disbursement, paying out.

DÉBOURSER *v*, to disburse, to lay out.
DÉBOURSER DE L'ARGENT, to lay out money.

DÉBUT *m*, start, starting, outset, beginning.

DÉCADENCE *f*, decadence, decay.

DÉCAISSEMENT *m*, withdrawal, outward payment.

DÉCALAGE *m*, gap, shift, lag.
DÉCALAGE CYCLIQUE, cyclic(al) shift.

DÉCALÉ *a*, off-centre.

DÉCALQUER *v*, to trace off.

DÉCALQUER (UN DESSIN), to trace off (a drawing).

DÉCÉDÉ a, deceased.

DÉCÉLÉRATION f, deceleration.
TEMPS DE DÉCÉLÉRATION, deceleration time.

DÉCÉLÉRER v, to decelerate.

DÉCEMBRE m, December.
EXERCICE SE TERMINANT AU 31 DÉCEMBRE, year ending 31st December.

DÉCENNAL a, decennial.

DÉCENNIE f, decade.

DÉCENTRALISATION f, decentralization.
THÉORIE DE LA DÉCENTRALISATION DES POUVOIRS, decentralization of power theory; communalism.

DÉCENTRALISÉ a, decentralized, local.
ADMINISTRATION DÉCENTRALISÉE, local government.

DÉCENTRALISER v, to decentralize.

DÉCÈS m, death.
ÉQUATION D'ÉQUILIBRE DES NAISSANCES, DES DÉCÈS ET DE LA MIGRATION NETTE, balance of births, deaths and migration.
EXTRAIT D'ACTE DE DÉCÈS, death certificate.
MUTATION PAR DÉCÈS, transfer by death; transmission on death.

DÉCHARGE f, discharge, discharging; release, relief; quittance.

DÉCHARGÉ a, discharged, unloaded.

(SE) DÉCHARGER v, to discharge, to unload.
DÉCHARGER LES MARCHANDISES, to discharge the goods.
se DÉCHARGER D'UN PAQUET D'ACTIONS, to unload stock on the market.

DÉCHÉANCE f, lapsing, forfeiture.
DÉCHÉANCE DE BREVET, forfeiture of patent.
DÉCHÉANCE D'UN DROIT, loss of right.

DÉCHET m, decrease, diminution.
DÉCHETS, scrap; waste.

DÉCIDER v, to decide.

DÉCILE m, decile.

DÉCIMAL a, decimal.
CONVERSION DÉCIMAL-BINAIRE, decimal to binary conversion
FRACTION DÉCIMALE, decimal fraction.
FRACTION DÉCIMALE EXACTE, terminate decimal fraction.
NOMBRE DÉCIMAL, decimal figure; decimal numeral.
NUMÉRATION DÉCIMALE, decimal notation.
SYSTÈME DÉCIMAL, decimal system.

DÉCIMAL m, decimal.
DÉCIMAL CODÉ BINAIRE, binary coded decimal.

DÉCIMALE f, decimal.
TABLE DE LOGARITHMES À CINQ DÉCIMALES, five-figure logarithm tables.
jusqu'à la TROISIÈME DÉCIMALE, to three places of decimals.

DÉCISION f, decision, option, ruling.
DÉCISION COLLECTIVE, group decision.
DÉCISIONS DES HOMMES D'AFFAIRES, business decisions.
DÉCISION DE JURISPRUDENCE (FAISANT AUTORITÉ), precedent.
OBLIGATIONS AMORTIES À LA SUITE D'UNE DÉCISION DE L'ÉTAT, bonds redeemable at the option of the government.
PRISE DE DÉCISION, decision-making.
PROCESSUS DE DÉCISION, decision processes.
TABLE DE DÉCISION, decision table.
THÉORIE DE LA DÉCISION, decision theory.

DÉCLARATIF a, declaratory.
JUGEMENT DÉCLARATIF DE FAILLITE*, adjudication of bankruptcy; decree in bankruptcy; judgment in bankruptcy.

DÉCLARATION f, declaration, statement; return; entry; bill.
DÉCLARATION DES DROITS DE CITOYENS, U.K: Bill of Rights.
DÉCLARATION EN DOUANE, customs declaration; customs entry.
DÉCLARATION PAR ÉCRIT, written statement; affidavit.
DÉCLARATION D'ENTRÉE EN ENTREPÔT, warehousing entry.
DÉCLARATION FRAUDULEUSE, fraudulent declaration.
DÉCLARATION PATRONALE, employers' return.
DÉCLARATION PRÉLIMINAIRE, preliminary entry.
DÉCLARATION PROVISOIRE, sight entry.
DÉCLARATION DE RÉEXPORTATION, shipping bill.
DÉCLARATION DE REVENU, income-tax return; return of income.
DÉCLARATION SOUS SERMENT, affidavit.
DÉFAUT DE DÉCLARATION, failure to make a return.
FAIRE UNE DÉCLARATION DE REVENU, to make an income-tax return.
FAUSSE DÉCLARATION, false declaration; false statement; untrue statement; misrepresentation.
FEUILLE DE DÉCLARATION (DE REVENU), form of (income-tax) return.

REQUÊTE DES CRÉANCIERS (EN DÉCLARATION DE FAILLITE), petition in bankruptcy.

DÉCLARÉ a, declared, stated; registered, certified.
CAPITAL DÉCLARÉ, registered capital; stated capital.
TRANSFERTS DÉCLARÉS, certified transfers.
VALEUR DÉCLARÉE, declared value.

(SE) DÉCLARER v, to declare, to state; to return, to register.
CHIFFRE À DÉCLARER POUR, figure to return for.
DÉCLARER UN DIVIDENDE, to declare a dividend.
DÉCLARER QUELQU'UN EN FAILLITE, to adjudicate someone a bankrupt.
DÉCLARER DES MARCHANDISES EN ADMISSION TEMPORAIRE, to enter goods for temporary admission.
DÉCLARER UNE NAISSANCE, to register a birth.
se DÉCLARER VENDEUR, to put the stock.

DÉCLASSÉ a, displaced; unbankable.
ACTIONS DÉCLASSÉES, displaced shares.
PAPIER DÉCLASSÉ, unbankable paper.

DÉCLASSEMENT m, displacement.
DÉCLASSEMENT D'ACTIONS, displacement of shares.

DÉCLINANT a, declining.
PERTES QUALITATIVES D'UNE INDUSTRIE DÉCLINANTE, qualitative decline of a declining industry.

DÉCLINER v, to decline, to fall, to disclaim.
DÉCLINER TOUTE RESPONSABILITÉ, to disclaim all responsibility
l'EMPLOI DÉCLINE, employment is falling.

DÉCLIVITÉ f, declivity, incline, gradient.
ANGLE DE DÉCLIVITÉ, angle of gradient; angle of slope.

DÉCODER v, to decode.

DÉCOLLAGE m, take off, taking off.

DÉCOLLER v, to take off.

DÉCOMMANDER v, to cancel.

DÉCOMPOSER v, to decompose, to split up.
DÉCOMPOSER EN FACTEURS, to factorize.
DÉCOMPOSER UNE FRACTION, to split up a fraction.

DÉCOMPOSITION f, decomposition, splitting up.
DÉCOMPOSITION EN FRACTIONS PARTIELLES, splitting up into partial fractions.

DÉCOMPTE m, tally, detailed account.

DÉCONFITURE f, collapse, failure.
DÉCONFITURE DES BOURSICOTEURS, shake-out.

DÉCOULER v, to result, to follow.
cela étant ADMIS, TOUT LE RESTE EN DÉCOULE, granted this, everything else follows.

DÉCOUVERT a, overdrawn, uncovered, short; found.
COMPTE DÉCOUVERT, overdrawn account.
RÉCEMMENT DÉCOUVERT, new-found.

À DÉCOUVERT adv, uncovered, unsecured, short.
n'ACCEPTER AUCUNE OPÉRATION À DÉCOUVERT, not to undertake any transaction without cover.
ACHAT À DÉCOUVERT, bull purchase.
ACHETER À DÉCOUVERT, to bull; to bull the market; to buy a bull.
AVANCE À DÉCOUVERT, uncovered advance; unsecured advance.
BAISSIER À DÉCOUVERT, uncovered bear.
CIRCULATION À DÉCOUVERT, uncovered circulation.
CRÉDIT À DÉCOUVERT, open credit.
ÉTRANGLER LES VENDEURS À DÉCOUVERT, to squeeze the bears.
ÊTRE À DÉCOUVERT, to be caught short; to be unsecured.
OPÉRER À DÉCOUVERT, to operate without a cover.
METTRE UN COMPTE À DÉCOUVERT, to overdraw an account.
PRÊT À DÉCOUVERT, loan on overdraft.
PRÊTER DE L'ARGENT À DÉCOUVERT, to lend money without security.
VENDEUR À DÉCOUVERT, bear seller; short seller.
VENDRE À DÉCOUVERT, to sell a bear; to sell short.
VENTE À DÉCOUVERT, bear sale; short sale; short.

DÉCOUVERT m, uncovered balance, overdraft, short account, short interest, deficiency; bear account, bear position, bear.
CHASSER LE DÉCOUVERT, to raid the bears; to raid the shorts.
CONSENTIR UN DÉCOUVERT, to grant a overdraft.
COUVRIR UN DÉCOUVERT, to cover a short account.
DÉCOUVERT EN BLANC, unsecured overdraft.
DÉCOUVERT D'UN COMPTE EN BANQUE, bank overdraft; overdratf of a bank account.
DÉCOUVERT MOYEN, average overdraft.
DÉCOUVERT SUR NOTORIÉTÉ, unsecured overdraft.
FAIRE COUVRIR LE DÉCOUVERT, to frighten the bears.
POURCHASSER LE DÉCOUVERT, to raid the bears.

DÉCOUVERTE f, discovery, invention, find.
APPLICATIONS INDUSTRIELLES D'UNE DÉCOUVERTE, industrial applications of a discovery.
DÉCOUVERTE ACCIDENTELLE, chance discovery.

DÉCRÉMENT *m*, decrement.

DÉCRET *m*, decree, fiat, order, ordinance.
DÉCRET-LOI, *U.S*: executive order; *U.K*: Order in Council.

DÉCROISSANCE *f*, decrement, decline, decrease.

DÉCROISSANT *a*, decreasing, diminishing, tapering, reducing, declining, descending.
COÛT DÉCROISSANT, decreasing cost; diminishing cost.
COÛT MARGINAL DÉCROISSANT, decreasing marginal cost; diminishing marginal cost.
LOI DES RENDEMENTS DÉCROISSANTS, law of diminishing returns; law of decreasing returns.
MÉTHODE DE L'AMORTISSEMENT DÉCROISSANT, reducing-balance method.
(par) ORDRE DÉCROISSANT D'IMPORTANCE, (in) descending order of importance.
PRINCIPE DE L'UTILITÉ MARGINALE DÉCROISSANTE, principle of diminishing marginal utility.
PRODUCTION DÉCROISSANTE DU SISAL, dwindling production of sisal.
RENDEMENTS DÉCROISSANTS, decreasing returns.
RENDEMENT MARGINAL DÉCROISSANT, decreasing return at the margin.
TAUX MARGINAL DÉCROISSANT DE SUBSTITUTION, diminishing marginal rate of substitution.
UTILITÉ MARGINALE DÉCROISSANTE, diminishing marginal utility.
VALEUR MARGINALE DÉCROISSANTE, diminishing marginal value; declining marginal value.

DÉCROISSEMENT *m*, decrement.

DÉCROÎTRE *v*, to decrease, to diminish.

DÉCUMULATION *f*, decumulation.

DÉCUPLE *a*, tenfold.

DEDANS *adv*, inside, within.
ESCOMPTE EN DEDANS, arithmetic discount; true discount.

DÉDIT *m*, forfeit, penalty.
CLAUSE DE DÉDIT, forfeit clause.
DÉDIT POUR DÉFAUT DE CHARGEMENT, dead freight.

DÉDOMMAGEMENT *m*, indemnify, indemnification, recompense, recoupement, offset.

DÉDOMMAGER *v*, to indemnity, to recompense, to recoup.
DÉDOMMAGER DES PERTES, to recoup losses.

DÉDOUANAGE *m*, taking out of bond.

DÉDOUANÉ *a*, out of bond, cleared.
MARCHANDISES DÉDOUANÉES, goods out of bond.
MARCHANDISES NON DÉDOUANÉES, uncleared goods.

DÉDOUANER *v*, to clear through the customs.
DÉDOUANER DES MARCHANDISES, to clear goods.

DÉDUCTIBLE *a*, deductible.
DÉDUCTIBLE DE L'IMPÔT, tax deductible.
DÉPENSE DÉDUCTIBLE, allowable expense.
PERTE DÉDUCTIBLE, deductible loss.

DÉDUCTIF *a*, deductive, inferential.
ÉCONOMIE DÉDUCTIVE, deductive economics.
MÉTHODE DÉDUCTIVE, deductive method.

DÉDUCTION *f*, deduction; inference; inferring, deducting; discount, allowance; drawback.
le COURTAGE VIENT EN DÉDUCTION DES VENTES, brokerage is deducted from sales.
par DÉDUCTION, by inference.
après DÉDUCTION DE L'AMORTISSEMENT, net of charges for depreciation.
DÉDUCTION ERRONÉE, fallacious deduction.
DÉDUCTION FAITE DE, after deducting.
DÉDUCTION (FISCALE) POUR DÉPENSES, allowance for expenses; relief for expenses.
DÉDUCTION FISCALE SUR LES INVESTISSEMENTS, investment allowance; capital allowance.
DÉDUCTION POUR FRAIS PROFESSIONNELS (AVANT IMPOSITION), deduction for expenses.
DÉDUCTION AVANT IMPÔT, tax allowance.
après (avant) DÉDUCTION DES IMPÔTS DIRECTS, after (before) deduction of direct taxes.
DÉDUCTION MÉDIATE, mediate inference.
DÉDUCTIONS SUR LE REVENU FONCIER, *U.K*: reprises.
DÉDUCTION AU TITRE DE REVENUS SALARIAUX OU PROFESSIONNELS, allowance for earned income.
PRIX D'ACHAT, SOUS DÉDUCTION D'ESCOMPTE, purchase price, less discount.
RAISONNEMENT PAR DÉDUCTION, deductive reasoning.

DÉDUIRE *v*, to deduce, to deduct, to infer, to allow, to take off, to gather, to strike off.
à DÉDUIRE, to be deducted.
DÉDUIRE 5 %, to allow 5 %; to strike off 5 %.
DÉDUIRE DES CONCLUSIONS DES PRÉMISSES, to reason from premises.
DÉDUIRE L'IMPÔT SUR LE REVENU, to deduct income-tax.
DÉDUIRE DU PRIX, to deduct from the price.

DÉDUIT *a*, deducted, inferred.
INTÉRÊTS, IMPÔTS DÉDUITS, interest less tax.

DÉFAILLANCE *f*, failure, failing, lapse, default.
en CAS DE DÉFAILLANCE, in case of default.
DÉFAILLANCE DUE À UNE MAUVAISE UTILISATION, *U.S*: misuse failure.
DÉFAILLANCE IMPRÉVISIBLE, random failure.
DÉFAILLANCE PARTIELLE, partial failure.
RISQUE DE DÉFAILLANCE, default risk.
RISQUE DE DÉFAILLANCE DE L'EMPRUNTEUR, risk of default by the borrower.
TAUX DE DÉFAILLANCE, failure rate.

DÉFAILLANT *a*, defaulting, failing.
PARTIE DÉFAILLANTE, defaulting party.

DÉFAILLANT *m*, defaulter.
RACHAT D'UN DÉFAILLANT, purchasing against a defaulter.
REVENDRE UN DÉFAILLANT, to sell against a defaulter.
REVENTE D'UN DÉFAILLANT, selling against a defaulter.

DÉFALCATION *f*, deduction, writing off.

DÉFALQUER *v*, to deduct, to take off.

DÉFAUT *m*, default, absence, lack, want; defect, fault, vice.
DÉDIT POUR DÉFAUT DE CHARGEMENT, dead freight.
à DÉFAUT DE, for want of; failing; in default of.
DÉFAUT DE COMPARABILITÉ, lack of comparability.
DÉFAUT DE CONSTRUCTION, constructional defect.
DÉFAUT DE DÉCLARATION, failure to make a return.
DÉFAUT DE DONNÉES SUFFISANTES, lack of sufficient data.
DÉFAUT D'ENTRETIEN, permissive waste.
DÉFAUT DE LIVRAISON, non-delivery.
DÉFAUT DE PAIEMENT, default in paying; failure to pay.
DÉFAUTS DU SYSTÈME ÉCONOMIQUE, defects of the economic system.
ERREUR PAR DÉFAUT, downward error.
FAIRE DÉFAUT, to lack; to fail.
JUGEMENT PAR DÉFAUT, judgement by default.

DÉFAVORABLE *a*, unfavourable; inimical.
BALANCE COMMERCIALE DÉFAVORABLE, unfavourable balance of trade.
CHANGE DÉFAVORABLE, unfavourable exchange.

DÉFECTIBLE *a*, wasting.
ACTIFS DÉFECTIBLES, wasting-assets.

DÉFECTUEUX *a*, faulty, imperfect.
AJUSTEMENT DÉFECTUEUX, maladjustment.
ARTICLE DÉFECTUEUX, faulty article.

DÉFECTUOSITÉ *f*, defect, imperfection.

DÉFENSE *f*, defence, *U.S*: defense; prohibition.
BONS DE LA DÉFENSE NATIONALE, national war bonds; war bonds.
DÉFENSE FORMELLE, strict prohibition.
DÉFENSE NATIONALE, home-defence, national defence.
DÉPENSES DE DÉFENSE NATIONALE, defence expenditure.

DÉFI *m*, challenge.

DÉFICIENCE *f*, deficiency.

DÉFICIENT *a*, deficient, faulty.
de CONSTRUCTION DÉFICIENTE, of faulty design.

DÉFICIT *m*, deficit, shortage, short, shortcomings, shortfall, deficiency, *U.S*: wantage.
AUGMENTATION D'UN DÉFICIT, expansion of a deficit.
BUDGET FAISANT APPARAÎTRE UN DÉFICIT, budget which shows a deficit.
COMBLER LE DÉFICIT, to make up a shortage; to make up a deficit.
DÉFICIT BUDGÉTAIRE, budget deficit.
DÉFICIT DE CAISSE, shortage in the cash.
DÉFICIT CHRONIQUE, chronic deficit.
DÉFICITS ET EXCÉDENTS (DE CAISSE), (cash) shorts and overs.
EXCÉDENTS ET DÉFICITS DES BALANCES DES PAIEMENTS, balance of payments surpluses and deficits.
FONDS POUR DÉFICITS DE CAISSE, risk money.

DÉFICITAIRE *a*, adverse, passive.
BALANCE COMMERCIALE DÉFICITAIRE, passive balance of trade.
BALANCE DÉFICITAIRE, adverse balance.

DÉFINI *a*, defined, definite.
CLAIREMENT DÉFINI, well-defined.
MAL DÉFINI, ill-defined.

DÉFINIR v, to define.

DÉFINISSABLE a, definable.

DÉFINITIF a, definitive, final.
CONSOMMATION NATIONALE DÉFINITIVE, final national consumption.

DÉFINITION f, definition.
DÉFINITION TRÈS LARGE, wide definition.
DÉFINITIONS NORMALISÉES, standard definitions.
DÉFINITION RÉVERSIBLE, reversible definition.
de cette DÉFINITION IL S'ENSUIT, it follows from this definition.
VRAI PAR DÉFINITION, true by definition.

DÉFLATEUR m, deflator.

DÉFLATION f, deflation, deflating.
DÉFLATION MONÉTAIRE, monetary deflation.
FAIRE (DE) LA DÉFLATION, to deflate.

DÉFLATIONNISTE a, deflationary.
ÉCART DÉFLATIONNISTE, deflationary gap.
MESURES DÉFLATIONNISTES, deflationary measures.
TENDANCE DÉFLATIONNISTE, deflationary tendency.

DÉFRAÎCHI a, stale.
ARTICLES DÉFRAÎCHIS, shop-soiled goods; stale goods.

DÉFRAYER v, to defray, to pay.

DÉFRICHABLE a, reclaimable.

DÉFRICHAGE m, fallowing.

DÉFRICHEMENT m, reclamation (of land).

DÉGAGÉ a, free, open.
la PLACE EST DÉGAGÉE, the market is all bears.
la POSITION DE PLACE EST DÉGAGÉE, the market is all takers.

DÉGAGER v, to redeem, to take out of pawn.
DÉGAGER SON BIEN, to redeem one's property.
DÉGAGER L'INCONNUE, to isolate the unknown quantity.

DÉGÂT m, damage.
DÉGÂTS À LA CHARGE DE, damage chargeable to.
ÉVALUER LES DÉGÂTS, to assess the damage.
EXPERTISE DE DÉGÂTS, damage survey.

DÉGONFLEMENT m, deflating, deflation.
DÉGONFLEMENT DES STOCKS, working off stocks.

DÉGRADATION f, damage; impoverishment; dilapidations.
DÉGRADATION DU SOL, impoverishment of the soil.

DEGRÉ m, degree, grade, stage, ratio.
par DEGRÉS, gradually.
DEGRÉ D'APLATISSEMENT, degree of skewness.
DEGRÉ D'INCERTITUDE, degree of uncertainty.
DEGRÉ D'INCLINAISON D'UNE COURBE, steepness of a curve.
DEGRÉ D'INDUSTRIALISATION, degree of industrialization.
DEGRÉ D'INFLEXION, degree of curvature.
DEGRÉ D'INTÉGRATION, degree of integration.
DEGRÉ DE LIAISON, degree of relationship.
DEGRÉS DE LIBERTÉ, degrees of freedom.
DEGRÉ DE LIQUIDITÉ, ratio of liquid assets to current liabilities; degree of liquidity.
DEGRÉ DE PRÉCISION, accuracy.
DEGRÉ DE PROBABILITÉ, degree of probability.
DEGRÉ DE PROTECTION, protectiveness.
DEGRÉ DE SOLVABILITÉ, credit rating.
DEGRÉ DE SUBSTITUABILITÉ, degree of substitutability.
DEGRÉ D'USURE, degree of wear.
de DIFFÉRENTS DEGRÉS DE, of various degrees of.
ÉCHANTILLONNAGE À DEUX DEGRÉS, double sampling.
ÉQUATION DU PREMIER DEGRÉ, simple equation.
ÉQUATION DU SECOND (TROISIÈME) DEGRÉ, equation of the second (third) degree.
ÉQUATION DU TROISIÈME DEGRÉ, cubic equation.
FONCTION DU DEUXIÈME DEGRÉ À TROIS VARIABLES, function of the second degree in three variables.
RESPONSABLE AU MÊME DEGRÉ, equally responsible.
SONDAGE À PLUSIEURS DEGRÉS, multi-stage sampling.

DÉGRESSIF a, degressive, graded, tapering, shaded.
AMORTISSEMENT DÉGRESSIF, depreciation on diminishing values.
ÉTABLIR DES PRIX DÉGRESSIFS, to shade prices.
IMPÔT DÉGRESSIF, graded tax; degressive taxation; tax on a descending scale.
SYSTÈME DE TAXATION DÉGRESSIF, regressive tax system.
TARIF D'ANNONCES DÉGRESSIF, graded advertising rates.
TARIF DÉGRESSIF POUR LE GROS, prices shaded for quantities.
TAUX DÉGRESSIFS, tapering system of rates.

DÉGRESSIVITÉ f, decrease, degression.
DÉGRESSIVITÉ (DE L'IMPÔT), degression of taxes.

DÉGRÈVEMENT m, derating, abatement, relief.
DÉGRÈVEMENT D'IMPÔT(S), tax reductions.

DÉGRÈVEMENT PARTIEL, reduced assessment.
DEMANDE EN DÉGRÈVEMENT, application for relief.
QUOTITÉ DU DÉGRÈVEMENT FISCAL, extent of taxation relief.

DÉGREVER v, to derate; to disencumber.
DÉGREVER UNE PROPRIÉTÉ, to disencumber a property; to free a property from mortgage.

DEHORS adv, outside.
ESCOMPTE EN DEHORS, bank discount.

DÉLABRÉ a, dilapidated.
MAISON DÉLABRÉE, dilapidated house.

DÉLABREMENT m, disrepair, decay, dilapidation.

DÉLABRER v, to dilapidate.

DÉLAI m, delay, term, time, time-limit, respite.
ACCORDER UN DÉLAI À UN DÉBITEUR, to allow a debtor time to pay.
à BREF DÉLAI, at short notice.
DÉLAI D'ATTENTE, time of waiting.
dans un DÉLAI DÉTERMINÉ, in a given time.
DÉLAI DE PAIEMENT, term of payment.
DÉLAI PÉREMPTOIRE, strict time-limit.
DÉLAI DE PRESCRIPTION, term of limitation.
dans le DÉLAI PRESCRIT, in the required time.
DÉLAI DE PROTECTION (LITTÉRAIRE), terms of copyright.
dans un DÉLAI RAISONNABLE, within a reasonable time.
DÉLAI DE RÉAPPROVISIONNEMENT, replacement time; U.S: replenishment time.
DÉLAI RÉGLEMENTAIRE, prescribed time.
DEMANDER UN DÉLAI, to ask for time.
FAUTE DE PAIEMENT DANS LE DÉLAI D'UN MOIS, failing payment within a month.
OBTENIR UN DÉLAI, to get a time extension.
OBTENIR UN DÉLAI DE PAIEMENT, to obtain an extension of time for payment.

DÉLAISSÉ a, neglected.
VALEURS DÉLAISSÉES, neglected stocks.

DÉLÉGUÉ a, delegate; appointed.
ADMINISTRATEUR DÉLÉGUÉ, managing director.

DÉLÉGUÉ m, delegate.
DÉLÉGUÉ DU PERSONNEL*, shop steward; U.S: union delegate.

DÉLIBÉRATION f, discussion; consideration; proceeding.
après DÉLIBÉRATION, after consideration.
DÉLIBÉRATIONS D'UNE ASSEMBLÉE, proceedings of a meeting.

DÉLIMITÉ a, limited; defined.
SUPERFICIE DÉLIMITÉE PAR LA COURBE DE GAUSS, area under the normal curve.

DÉLIVRANCE f, delivery, grant.
DÉLIVRANCE D'ACTIONS, delivery of shares.
DÉLIVRANCE (D'UN BREVET), grant (of patent); U.S: issuance.

DÉLIVRER v, to deliver.
DÉLIVRER À L'ORDRE DE, to deliver to the order of.

DÉLOYAL a, unfair, deceptive, foul, unjust.
CONCURRENCE DÉLOYALE, unfair competition.
PROTÉGER UNE INDUSTRIE CONTRE LA CONCURRENCE DÉLOYALE, to protect an industry against unfair competition.
PUBLICITÉ DÉLOYALE, deceptive advertising.

DEMANDE f, demand, request, requirement, requisition, application, call, put.
ACCROISSEMENT DE LA DEMANDE, increase in demand.
ANALYSE DE L'OFFRE ET DE LA DEMANDE, supply and demand analysis.
ASYMÉTRIE ENTRE L'OFFRE ET LA DEMANDE, asymmetry between supply and demand.
CONDITIONS DE LA DEMANDE, conditions of demand.
CONTRACTION DE LA DEMANDE COURANTE, contraction of current demand.
COURBE DE DEMANDE, demand curve.
(COURBE DE LA) DEMANDE INFINIMENT ÉLASTIQUE, infinitely elastic demand.
COURBE DE LA DEMANDE D'INVESTISSEMENT, demand schedule for investment.
COURBE DE LA DEMANDE DE MAIN-D'ŒUVRE, demand schedule for employment.
COURBE DE LA DEMANDE SUR LE MARCHÉ, market (demand) curve.
COURBE DE DEMANDE MONÉTAIRE, money demand curve.
COURBES DE DEMANDE RÉCIPROQUE, reciprocal demand curves.
sur DEMANDE, on demand; at sight.
DEMANDE AGRÉGATIVE DU MARCHÉ, aggregate market demand.
DEMANDE ANIMÉE, brisk demand.
DEMANDE DE BREVET PROVISOIRE, U.S: caveat; U.K: patent applied for.
DEMANDE À CARACTÈRE INTERMITTENT, intermittent demand.

DEMANDE COURANTE, current demand; transaction demand.
DEMANDE DE CRÉDIT, application for credit; demand for credit.
DEMANDE EN DÉGRÈVEMENT, application for relief.
DEMANDE EFFECTIVE, effective demand.
DEMANDE EFFECTIVE INSUFFISANTE, deficient effective demand.
DEMANDE D'EFFETS SUR L'ÉTRANGER, demand for foreign bills.
DEMANDE ÉLASTIQUE, elastic demand.
DEMANDE D'EMPLOI, situation wanted; *U.S:* application for a job.
la DEMANDE EXCÈDE L'OFFRE, the demand exceeds the supply.
DEMANDE EXCÉDENTAIRE, excess demand.
DEMANDE D'UN FACTEUR EN SITUATION DE MONOPOLE, monopoly demand for a factor.
DEMANDE GLOBALE DE MAIN-D'ŒUVRE, aggregate demand for labour.
DEMANDE GLOBALE DU MARCHÉ, aggregate market demand.
DEMANDE INDUITE, derived demand; induced demand.
DEMANDE INÉLASTIQUE, inelastic demand.
DEMANDE LIÉE, joint demand.
DEMANDE DE MAIN-D'ŒUVRE, demand for labour.
DEMANDE DU MARCHÉ, market demand.
DEMANDE DE MONNAIE, demand for money.
DEMANDE PERSISTANTE, continued demand.
DEMANDE DE PRÉCAUTION, precautionary demand.
DEMANDE PRÉVISIBLE, anticipated demand.
DEMANDE PRÉVUE, anticipated demand.
DEMANDE DE REMPLACEMENT, replacement demand.
DEMANDE DE RENSEIGNEMENTS, enquiry; inquiry; request for information.
DEMANDE SAISONNIÈRE, seasonal demand.
DEMANDE SPÉCULATIVE, speculative demand.
DEMANDE SUIVIE, persistent demand; steady demand.
DEMANDE TOTALE, total demand.
DEMANDE DE TRAVAIL, demand for labour.
DÉPLACEMENTS DE LA DEMANDE, demand shifts.
DÉPÔT REMBOURSABLE SUR DEMANDE, deposit at call.
ÉCHANTILLONS SUR DEMANDE, samples sent on request.
ÉLASTICITÉ D'ARC DE LA DEMANDE, arc elasticity of demand.
ÉLASTICITÉS CROISÉES DE LA DEMANDE, cross-elasticities of demand.
ÉLASTICITÉ DE LA DEMANDE, elasticity of demand.
ÉLASTICITÉ UNITAIRE DE LA DEMANDE, unitary elasticity of demand.
EMPRUNT REMBOURSABLE SUR DEMANDE, loan repayable on demand; money at (on) call.
ÉQUILIBRE DE L'OFFRE ET DE LA DEMANDE, equilibrium of supply and demand.
EXCÈS DE LA DEMANDE, excess demand.
FAIBLE DEMANDE, slack demand. .
FAIRE FACE À UNE DEMANDE, to meet a demand.
FONCTION DE LA DEMANDE GLOBALE, aggregate demand function.
FONCTION DE DEMANDE DU TRAVAIL, demand function for labour.
FORCES D'OFFRE ET DE DEMANDE, forces of supply and demand.
FORMULAIRE DE DEMANDE, application form.
FORTE DEMANDE, keen demand; active demand.
INÉLASTICITÉ DE LA DEMANDE, inelasticity of demand.
INFLATION PAR EXCÈS DE DEMANDE, excess demand inflation.
INSUFFISANCE DE LA DEMANDE EFFECTIVE, insufficiency of effective demand.
LOI DE LA DEMANDE, law of demand.
LOI DE LA DEMANDE DU CONSOMMATEUR, law of consumer's demand.
LOI DE L'OFFRE ET DE LA DEMANDE, law of supply and demand.
MODIFICATIONS TEMPORAIRES DE LA DEMANDE, temporary changes in demand.
NIVEAU DE LA DEMANDE MONÉTAIRE, level of monetary demand.
l'OFFRE ET LA DEMANDE CONCURRENTIELLES, competitive supply and demand.
OFFRE ET DEMANDE DE TERRE, supply of and demand for land.
PORTER UNE DEMANDE DEVANT LES TRIBUNAUX, to litigate a claim.
PRESSION DE LA DEMANDE, demand pull.
PRÊT REMBOURSABLE SUR DEMANDE, loan at call.
PRIX DE DEMANDE, demand price.
PRIX DE LA DEMANDE DE TRAVAIL, demand price of labour.
le PRIX EST DÉTERMINÉ PAR L'OFFRE ET LA DEMANDE, the price is regulated by supply and demand.
REMBOURSABLE SUR DEMANDE, repayable on demand.
RETRAITE SUR DEMANDE, optional retirement.
SURFACE SITUÉE EN-DESSOUS DE LA COURBE DE DEMANDE, area under the demand curve.
THÉORIE DE LA DEMANDE, theory of demand.
THÉORIE DE LA DEMANDE DU CONSOMMATEUR, theory of consumer's demand.
TRANSLATIONS DE LA DEMANDE, demand shifts.
TRANSPORT À LA DEMANDE, charters.

DEMANDÉ *a*, demanded, wanted, asked, bid.

ACCROISSEMENT DE LA QUANTITÉ DEMANDÉE, increase in the quantity demanded.
ARTICLE TRÈS DEMANDÉ, article in great request.
COURS DEMANDÉ(S), price(s) bid.
PRIX DEMANDÉ, price asked.
QUANTITÉ DEMANDÉE, amount demanded.
VALEURS DEMANDÉES, *U.S:* stocks wanted.

DEMANDER *v*, to demand, to want, to ask, to apply, to claim, to request.
DEMANDER UNE AUGMENTATION, to ask for a rise.
DEMANDER UNE CAUTION, to ask for security.
DEMANDER UN DÉLAI, to ask for time.
DEMANDER UN EMPLOI, to apply lor a job.
DEMANDER L'EXEMPTION D'UN IMPÔT, to claim immunity from a tax.
DEMANDER UNE GARANTIE, to ask for security.
on DEMANDE DE LA MAIN-D'ŒUVRE, hands wanted.
DEMANDER UN PRIX POUR, to charge a price for.
PRODUCTION QUI DEMANDE DU TEMPS, time-using production.

DEMANDEUR *m*, demander, applicant, claimant, plaintiff.
DEMANDEUR D'UN BREVET, claimant for a patent.
DEMANDEURS D'EMPLOI, registered applicants for work.
MARCHÉ DEMANDEUR, buyers' market.

DÉMARCHE *f*, move.
DÉMARCHE SUIVANTE, next move.

DÉMARRAGE *m*, take off, start.

DÉMEMBREMENT *m*, dismemberment.

DÉMEMBRER *v*, to dismember.

DÉMÉNAGEMENT *m*, removal, removing, moving.
DÉPENSES DE DÉMÉNAGEMENT, removal expenses.

DÉMÉNAGER *v*, to remove, to move; to quit.

DÉMENTI *m*, denial, contradiction to a statement.
DÉMENTI FORMEL, formal denial.

DÉMENTIR *v*, to contradict.

(SE) DÉMETTRE *v*, to quit, to vacate office.

DEMEURE *f*, habitation, dwelling, abode.
MISE EN DEMEURE, formal notice.

DEMEURER *v*, to remain; to rest.

DEMI *a*, half.
DEMI-DOUZAINE, half a dozen.
DEMI POUR CENT, one half per cent.

DEMI- *pref*, semi-.

DEMI-CERCLE *m*, half-circle, semicircle.

DEMI-GROS *m*, wholesale dealing (in small quantities).
PRIX DE DEMI-GROS, trade price.
VENTE EN DEMI-GROS, wholesale dealing in small quantities; jobbing

DEMI-MESURE *f*, half-measure.

DEMI-SALAIRE *m*, half-pay.

DÉMISSION *f*, resignation.
REMETTRE SA DÉMISSION, to hand in one's resignation.

DÉMISSIONNAIRE *a*, outgoing.
GOUVERNEMENT DÉMISSIONNAIRE, outgoing ministry.

DÉMISSIONNER *v*, to resign.
le CABINET A DÉMISSIONNÉ, the cabinet has resigned.
OFFRIR DE DÉMISSIONNER, to tender one's resignation.

DEMI-TARIF *m*, half-fare.

DEMI-TERME *m*, half-quarter.

DÉMOCRATE *a*, democratic.
PARTI DÉMOCRATE, *U.S:* Democratic party.

DÉMOCRATE *m*, democrat.
SOCIAL-DÉMOCRATE, social democrat.

DÉMOCRATIE *f*, democracy.
DÉMOCRATIE LIBÉRALE, liberal democracy.
DÉMOCRATIE PARLEMENTAIRE, parliamentary democracy.
DÉMOCRATIE POPULAIRE, popular democracy.
SOCIAL-DÉMOCRATIE, social democracy.

DÉMOCRATIQUE *a*, democratic.

DÉMOCRATISATION *f*, democratization.

DÉMODÉ *a*, out-of-fashion, old-fashioned, unfashionable, outmoded, old-style, obsolete.

DÉMOGRAPHE *m*, demographer.

DÉMOGRAPHIE *f*, demography.

DÉMOGRAPHIQUE *a*, demographic.
ACCROISSEMENT DÉMOGRAPHIQUE, increase in population.
ANNUAIRE DÉMOGRAPHIQUE, demographic yearbook.

ENQUÊTE DÉMOGRAPHIQUE PAR SONDAGE, demographic sample survey.
ESTIMATIONS DÉMOGRAPHIQUES, population estimates.
EXPLOSION DÉMOGRAPHIQUE, demographic explosion; population explosion.
STATISTIQUES DÉMOGRAPHIQUES, vital statistics.
TENDANCES DÉMOGRAPHIQUES, population trends.

DÉMONÉTISATION f, demonetization.
DÉMONÉTISATION DES ANCIENNES PIÈCES, demonetization of old coins.
DÉMONÉTISATION DE L'OR, demonetization of gold.

DÉMONÉTISÉ a, demonetized.
REFRAPPER DES PIÈCES DÉMONÉTISÉES, to remint demonetized coins.

DÉMONÉTISER v, to demonetize.

DÉMONSTRABLE a, provable.

DÉMONSTRATEUR m, demonstrator.

DÉMONSTRATION f, demonstration, proving.
EFFET DE DÉMONSTRATION, demonstration effect.
SALLE DE DÉMONSTRATION, showroom.

DÉMONTRABLE a, demonstrable.

DÉMONTRER v, to demonstrate.
être DÉMONTRÉ PAR LES FAITS, to be supported by facts.

DÉMORALISÉ a, demoralized.
MARCHÉ DÉMORALISÉ, demoralized market.

DÉMULTIPLICATEUR a, demultiplying.

DÉNANTIR v, to deprive of security.
DÉNANTIR UN CRÉANCIER, to take away a creditor's security.

DÉNATIONALISATION f, denationalization.

DÉNATIONALISER v, to denationalize.

DÉNÉGATION f, denial, disclaimer.
DÉNÉGATION DE RESPONSABILITÉ, disclaimer of responsibility; denial of responsibility.

DÉNI m, disclaimer, denial.

DENIER m, penny; money, funds.
DENIERS PUBLICS, public moneys.

DÉNIVELLATION f, difference of level, unevenness.

DÉNOMBRÉ a, enumerated.

DÉNOMBREMENT m, count, counting, enumeration, census.
ANNÉE DU DÉNOMBREMENT, year of count.
DÉNOMBREMENT DE LA POPULATION, census of population.

DÉNOMINATEUR m, denominator; denomination.
CHASSER LE DÉNOMINATEUR, to multiply up.
DÉNOMINATEUR COMMUN, common denominator.
ÉLIMINER LES DÉNOMINATEURS D'UNE ÉQUATION, to clear an equation of fractions.
RÉDUIRE DES FRACTIONS AU MÊME DÉNOMINATEUR, to reduce fractions to the same denomination; to reduce fractions to the same denominator.

DÉNOMINATION f, denomination, name.

DENRÉE f, produce, commodity; good.
CONSOMMATION DE DENRÉES ALIMENTAIRES, food consumption.
DENRÉES ALIMENTAIRES, foodstuffs.
DENRÉES ALIMENTAIRES ÉLABORÉES, processed foodstuffs.
DENRÉES PÉRISSABLES, perishable goods; perishables.
DENRÉES DE PREMIÈRE NÉCESSITÉ, essential foodstuffs.
DISPONIBILITÉS BRUTES EN DENRÉES ALIMENTAIRES, gross supplies of foodstuffs.
IMPÔT SUR LA TRANSFORMATION D'UNE DENRÉE EN PRODUIT, processing-tax.
INDICE DES DENRÉES ALIMENTAIRES, index of foodstuffs.
PÉNURIE DE DENRÉES, shortage, penury, of foodstuffs.

DENSE a, dense.
POPULATION DENSE, dense population.
POPULATION PEU DENSE, sparse population.

DENSITÉ f, density, denseness.
avec DENSITÉ, densely.
DENSITÉ DE BITS, bit density.
DENSITÉ DE (LA) POPULATION, density of population; populousness.
MANQUE DE DENSITÉ, sparseness.

DENT f, tooth.
en DENT DE SCIE, by jerks and jumps.

DÉNUÉ a, destitute.

DÉNÛMENT m, destitution.

DÉPART m, departure, division.
CHOIX DE LA BASE DE DÉPART, choice of base period.

COURRIER AU DÉPART, outgoing mail.
DATE DE DÉPART, starting date; date of sailing.
PORT DE DÉPART, port of departure.
PRIX DÉPART USINE, price ex works; ex factory.

DÉPARTEMENT m, department.

DÉPARTEMENTAL a, departmental.

DÉPASSEMENT m, overrun.
DÉPASSEMENT DU COÛT ESTIMÉ, U.S: overrun costs.

DÉPASSER v, to exceed.
DÉPASSER LA LIMITE NORMALE DU CRÉDIT, to exceed the normal limit of credit.

DÉPENDANCE f, dependence, relation; appurtenance.
non-DÉPENDANCE ÉCONOMIQUE, economic self-sufficiency.
HYPOTHÈSE DE L'ABSENCE DE DÉPENDANCE ENTRE LES VARIABLES, hypothesis that there is no relation between the variables.

DÉPENDANT a, dependent.
VARIABLE DÉPENDANTE, dependent variable.

DÉPENDRE v, to depend.

DÉPENS m. pl, cost, legal costs, legal expenses.
CONDAMNATION AUX FRAIS ET DÉPENS, order to pay costs.
CONDAMNER AUX DÉPENS, to order to pay the costs.

DÉPENSE f, expenditure, spending, expense, outlay, cost, outgoings.
ALLOUER UNE DÉPENSE, to allow an expense.
AUGMENTER LES DÉPENSES, to increase the expenditure.
BUDGET DES DÉPENSES ET RECETTES COURANTES, current budget.
CALCULER LA RECETTE ET LA DÉPENSE, to reckon the receipts and expenses.
CHEF DE DÉPENSE, expense item.
COMBINAISON DE DÉPENSE MINIMUM, least-outlay combination.
COUVRIR SES DÉPENSES, to cover one's expenses.
DÉDUCTION (FISCALE) POUR DÉPENSES, allowance for expenses; relief for expenses.
DÉPENSES D'ACQUISITION, procurement costs.
DÉPENSES EN BIENS ET SERVICES COURANTS, expenditure on current goods and services.
DÉPENSES BUDGÉTAIRES, budgetary expenditure.
DÉPENSES EN CAPITAL, capital expenditure.
DÉPENSES DE CONSOMMATION, consumption expenditure.
DÉPENSE POUR LA CONSOMMATION, expenditure on consumption.
DÉPENSES DE CONSOMMATION PRIVÉE, private consumption expenditure.
DÉPENSES COURANTES, running expenses.
DÉPENSES COURANTES EN BIENS ET SERVICES, current expenditure on goods and services.
DÉPENSE DÉDUCTIBLE, allowable expense.
DÉPENSES DE DÉFENSE NATIONALE, defence expenditure.
DÉPENSES DE DÉMÉNAGEMENT, removal expenses.
DÉPENSE DÉRIVÉE, derived expense.
DÉPENSES ET EMPRUNTS DE L'ÉTAT, government expenditures and borrowings.
DÉPENSES D'ÉQUIPEMENT, equipment spending; U.S: procurement costs.
DÉPENSES DE L'ÉTAT, national expenditure.
les DÉPENSES EXCÈDENT LES RECETTES, the outgoings exceed the incomings.
DÉPENSES D'EXPLOITATION, operating expenditure; working expenses.
DÉPENSES FINANCÉES PAR DES EMPRUNTS, expenditures financed by borrowing.
DÉPENSES FINANCÉES PAR LE PRODUIT DES IMPÔTS, expenditure met from taxation.
DÉPENSES FOLLES, lavish expenditure.
DÉPENSES IMPRÉVUES, contingent expenses.
DÉPENSE IMPUTÉE AU PRODUIT NATIONAL BRUT, expenditure on gross national product.
DÉPENSES INDUITES, induced spending.
DÉPENSES INÉVITABLES, unavoidable cost.
DÉPENSE MARGINALE, marginal outlay.
DÉPENSES DE MÉNAGE, household expenditure.
DÉPENSES MILITAIRES, military expenditures.
DÉPENSES À PRÉVOIR, expenses involved.
DÉPENSES PRÉVUES AU BUDGET, expenses provided for in the budget.
DÉPENSES PUBLICITAIRES, publicity expenses.
DÉPENSES DE PUBLICITÉ, advertising expenditure.
DÉPENSES PUBLIQUES, government expenditure.
DÉPENSE EN PURE PERTE, wasteful expenditure.
DÉPENSES ET RECETTES D'EXPLOITATION BRUTES, gross working expenses and receipts.
DÉPENSE REMBOURSABLE, allowable expense.
DÉPENSES RUINEUSES, ruinous expense.
DÉPENSES SOCIALES, welfare expenditures.
DÉPENSES TOTALES, total expenses.

ÉQUILIBRE ENTRE RECETTES ET DÉPENSES, balancing between receipts and expenditures.

EXCÉDENT DES RECETTES SUR LES DÉPENSES, excess of receipts over expenses; surplus of receipts over costs.

FAIRE FACE AUX DÉPENSES, to meet expenses.

FORTE DÉPENSE, large expenditure.

IMPUTER UNE DÉPENSE À UN COMPTE, to charge an expense on, to, an account.

JUSTIFIER UNE DÉPENSE, to account for an expenditure.

LOURDES DÉPENSES, heavy expenditure.

MAIN COURANTE DE DÉPENSES, paid cash book.

MENUES DÉPENSES, out-of-pocket expenses; petties.

MESURER SA DÉPENSE À SON REVENU, to proportion one's expenditure to one's income.

POSTES DE DÉPENSE, items of expenditure.

PREMIÈRE DÉPENSE SOMPTUAIRE À SUPPRIMER, first luxury to go.

PRÉVISION DE DÉPENSES, estimate of expenses.

RECETTES ET DÉPENSES, receipts and expenses.

RECETTES ET DÉPENSES BUDGÉTAIRES DÉFINITIVES (au-DESSUS DE LA LIGNE), above the line.

RÉDUCTION DES DÉPENSES, restriction of expenditure.

RÉDUIRE SES DÉPENSES, to reduce one's expenditure.

REJETER UNE DÉPENSE, to disallow an expense.

REMBOURSER LES DÉPENSES, to reimburse expenses.

RESTREINDRE LES DÉPENSES, to restrict expenses.

SUPPUTER LA RECETTE ET LA DÉPENSE, to reckon the receipts and expenses.

SURCROÎT DE DÉPENSES, additional expenditure.

TOTAL DES DÉPENSES ENCOURUES, total expenses incurred.

TRANSFERT DE DÉPENSE DE... À, transference of expenditure from... to.

DÉPENSÉ a, spent, expended.

non DÉPENSÉ, unspent; unexpended.

SOLDE NON DÉPENSÉ, unspent balance; unexpended balance.

SOMME DÉPENSÉE, amount expended, purchase-money.

DÉPENSER v, to spend, to expend.

DÉPENSER DE L'ARGENT, to expend money· to lay out money; to spend money.

DÉPENSER SANS COMPTER, to toss one's money about.

DÉPENSER MAL À PROPOS, to misspend.

PROPENSION MARGINALE À DÉPENSER, marginal propensity to spend.

DÉPENSIER a, spendthrift, thriftless.

DÉPERDITION f, waste, wastage, wasting, dwindling, loss.

DÉPERDITION DE CAPITAL, loss of capital.

DÉPÉRISSEMENT m, decay, deterioration, dwindling.

DÉPÉRISSEMENT DE CAPITAL, dwindling of assets.

l'USURE, LE DÉPÉRISSEMENT ET LA DÉSUÉTUDE, use, decay and obsolescence.

DÉPEUPLÉ a, depopulated, unpeopled.

RÉGION DÉPEUPLÉE, depopulated region.

DÉPEUPLEMENT m, depopulation.

DÉPLACÉ a, displaced; inept.

PERSONNES DÉPLACÉES, displaced persons.

DÉPLACEMENT m, displacement, shift, shifting, removal, travelling.

DÉPLACEMENT DE COURS, shift in prices.

DÉPLACEMENTS DE LA DEMANDE, demand shifts.

DÉPLACEMENT (D'UNE INDUSTRIE), translocation.

DÉPLACEMENT DE LA MAIN-D'ŒUVRE, displacement of labour.

DÉPLACEMENT DE L'OFFRE, shift in supply.

DÉPLACEMENT DE RICHESSES, displacement of wealth.

FRAIS DE DÉPLACEMENT, travelling expenses.

INDEMNITÉ DE DÉPLACEMENT, travelling allowance.

TONNEAU DE DÉPLACEMENT, ton displacement.

DÉPLACER v, to move, to shift.

DÉPOPULATION f, depopulation, fall in population.

DÉPORT m, backwardation.

DÉPORT NORMAL, normal backwardation.

TAUX DES DÉPORTS, backwardation rate.

DÉPOSANT m, depositor.

DÉPOSE f, removal, removing.

DÉPOSÉ a, deposited, registered, lodged.

AVOIRS DÉPOSÉS EN BANQUE, property lodged with a bank.

FONDS DÉPOSÉS CHEZ UN BANQUIER, funds deposited with a banker.

MARQUE DÉPOSÉE, registered trade-mark.

MODÈLE DÉPOSÉ, registered pattern.

NOM DÉPOSÉ, registered name; trade name.

TITRES DÉPOSÉS EN NANTISSEMENT, securities lodged as collateral.

DÉPOSER v, to deposit, to register, to lodge, to hand.

DÉPOSER DE L'ARGENT CHEZ, to deposit money with; to lodge money with.

DÉPOSER À LA (EN) BANQUE, to bank.

DÉPOSER DES FONDS CHEZ UN BANQUIER, to deposit funds with a banker.

DÉPOSER UNE MARQUE DE FABRIQUE, to register a trade-mark.

DÉPOSER UN PROJET DE LOI, U.K: to table a bill.

DÉPOSER DES TITRES EN NANTISSEMENT, to lodge stock as cover.

DÉPOSITAIRE m, depositary; trustee.

DÉPOSSÉDER v, to dispossess.

DÉPOSSESSION f, dispossession.

DÉPÔT m, deposit, registration, custody, bond, lodging, lodg(e)ment; placing, posting; depository, depot, repository, warehouse; yard.

ALLOUER DES INTÉRÊTS AUX DÉPÔTS, to allow interest on deposits.

BANQUE DE DÉPÔT(S), bank of deposit; deposit bank; deposit-money bank.

BANQUE DE DÉPÔT PAR ACTIONS, joint-stock bank.

COMPTE DE DÉPÔT, deposit account.

COMPTE DE DÉPÔT À ÉCHÉANCE, fixed-deposit account.

COMPTE DE DÉPÔT À VUE, drawing account.

CRÉATION DE DÉPÔTS BANCAIRES, creation of bank deposits.

les CRÉDITS FONT LES DÉPÔTS, loans make deposits.

en DÉPÔT, on consignment.

DÉPÔT BANCAIRE, bank deposit.

DÉPÔT EN BANQUE, consignation.

DÉPÔT DE CHARBON, coal depot; coal(-)yard.

DÉPÔT EN COFFRE-FORT, safe deposit.

DÉPÔT EN COMPTE DE CHÈQUES, cheque deposit; U.S: checking deposit.

DÉPÔT À COURT TERME, deposit at short notice.

DÉPÔT DE COUVERTURE, reserve deposit.

DÉPÔT À ÉCHÉANCE FIXE, fixed deposit.

DÉPÔT D'ÉPARGNE SUJET À RETRAIT PAR CHÈQUE, saving deposit subject to cheque.

DÉPÔT INTERBANCAIRE, interbank deposit.

DÉPÔT D'UNE MARQUE DE FABRIQUE, registration of a trade-mark.

DÉPÔTS EN MONNAIE ÉTRANGÈRE, foreign currency deposits.

DÉPÔT PAYABLE À VUE, deposit payable at sight.

DÉPÔT D'UN PROJET DE LOI, U.K: tabling of a bill.

DÉPÔT REMBOURSABLE SUR DEMANDE, deposit at call.

DÉPÔT SUJET À AVIS DE RETRAIT, deposit at notice; notice deposit.

DÉPÔT À TERME, time deposit.

DÉPÔT À TERME FIXE, deposit for a fixed period.

DÉPÔT À VUE, demand deposit; sight deposit; placing money on current account.

ÊTRE EN DÉPÔT, to be in bond.

GARANTIE DES DÉPÔTS BANCAIRES PAR L'ÉTAT, government insurance of bank deposits.

METTRE EN DÉPÔT, to bond.

METTRE DES VALEURS EN DÉPÔT, to deposit securities in safe custody; to place securities in safe custody.

RECEVOIR DE L'ARGENT EN DÉPÔT, to receive money on deposit.

RETIRER UN DÉPÔT, to withdraw a deposit.

RETRAIT DES DÉPÔTS BANCAIRES, withdrawal of bank deposits.

RETRAITS MASSIFS DE DÉPÔTS BANCAIRES, run on banks.

DÉPOUILLEMENT m, collection; examination, analysis.

ERREURS DE DÉPOUILLEMENT, errors in collection.

DÉPOUILLER v, to examine, to analyse, U.S: to analyze.

DÉPOUILLER UN COMPTE, to analyse an account.

DÉPOURVU a, destitute.

DÉPRÉCIATION f, depreciation, debasement, wear, tear, wear and tear.

DÉPRÉCIATION DE LA MONNAIE, depreciation of money.

DÉPRÉCIATION DE LA MONNAIE PAR RAPPORT À L'OR, depreciation of currency in relation to gold.

PROVISION POUR DÉPRÉCIATION DE MATÉRIEL, reserve for depreciation of plant.

VALEUR QUI SUBIT UNE DÉPRÉCIATION, security which suffers a depreciation.

(SE) **DÉPRÉCIER** v, to depreciate, to fall, to fall (off) in value; to debase.

DÉPRÉCIER LA MONNAIE, to debase the currency.

DÉPRESSION f, depression, slump.

DÉPRESSION ÉCONOMIQUE, business depression.

DÉPRESSION GÉNÉRALE, general slump.

DÉPRIMÉ, a, depressed.

MARCHÉ DÉPRIMÉ, depressed market.

RÉGIONS DÉPRIMÉES (OÙ SÉVIT LA CRISE), distressed areas.

DÉPRIMER v, to depress.

DÉPUTÉ m, parliamentarian, U.K: Member of Parliament.

DÉRIVATION f, derivation.

DÉRIVATION D'UNE FONCTION, derivation of a function.

DÉRIVÉ *a*, derived.
COEFFICIENT DÉRIVÉ, derived coefficient.
DÉPENSE DÉRIVÉE, derived expense.
FONCTION DÉRIVÉE, derived function.
PRODUIT DÉRIVÉ, by-product.

DÉRIVÉE *f*, derivative, differential coefficient.
DÉRIVÉE D'UNE FONCTION, derivative of a function.
DÉRIVÉE DU PREMIER (SECOND) ORDRE, derivative of the first (second) order.

DÉRIVER *v*, to derive.

DERNIER *a*, last, latter, final, ultimate; closing.
DERNIER ACHETEUR, last buyer.
en DERNIÈRE ANALYSE, in the last analysis.
DERNIER CONSOMMATEUR, ultimate consumer.
DERNIERS COURS, closing prices; latest quotations.
DERNIÈRE ENCHÈRE, closing bid.
DERNIÈRE MISE, last bid.
DERNIÈRE MODE, latest style.
DERNIER RECENSEMENT, latest census.
DERNIÈRE RÉPARTITION, final distribution (among creditors).
DERNIER RESSORT, last resort.
DERNIER VERSEMENT, final instalment.
DERNIÈRES VOLONTÉS DE, last will and testament of.
FIN DERNIÈRE, end-use.
RAISON DERNIÈRE, final justification.
VOITURE DERNIER MODÈLE, car of the latest design.

DÉROGATION *f*, derogation, departure.
DÉROGATION À UNE LOI, departure from a law.

DÉROGATOIRE *a*, derogatory.
CLAUSE DÉROGATOIRE, overriding clause.

DÉSACCORD *m*, disagreement, discrepancy, variance.
DÉSACCORD ENTRE LES EXPERTS, disagreement between the experts.
ÊTRE EN DÉSACCORD, to disagree.
THÉORIE EN DÉSACCORD AVEC LES FAITS, theory at variance with the facts.

DÉSAISONNALISATION *f*, correction for seasonal variations.

DÉSAPPROVISIONNÉ *a*, overdrawn.
COMPTE DÉSAPPROVISIONNÉ, overdrawn account.

DÉSARMEMENT *m*, disarmament; laying up (a ship), putting out of commission (ship).
CONFÉRENCE DU DÉSARMEMENT, disarmament conference.

DÉSASTRE *m*, disaster, smash; smashing.

DÉSASTREUX *a*, disastrous.
RÉSULTATS DÉSASTREUX, disastrous results.

DÉSAVANTAGE *m*, disadvantage, drawback, handicap.

DÉSAVANTAGÉ *a*, handicapped.

DÉSAVANTAGEUX *a*, unfavourable.

DÉSAXÉ *a*, off-centre.

DESCENDANT *a*, descending, decreasing; downward.
COURBE DESCENDANTE, downward-sloping curve.
sur une PENTE DESCENDANTE, on the downgrade.
PROGRESSION DESCENDANTE, decreasing series.
SÉRIE DESCENDANTE, descending series.

DESCENDANTS *m. pl*, descendents; progeny.

DESCENDRE *v*, to come down; to go down.
l'INDICE DES ACTIONS EST DESCENDU À SON PLUS BAS NIVEAU, the share index reached an all-time low.

DESCRIPTIF *a*, descriptive.
DEVIS DESCRIPTIF, specification.
GÉOMÉTRIE DESCRIPTIVE, descriptive geometry; projective geometry.

DESCRIPTION *f*, description.
DESCRIPTION DE LA PROPRIÉTÉ À VENDRE, particulars of sale.

DÉSÉCONOMIE *f*, diseconomy.
DÉSÉCONOMIES EXTERNES, external diseconomies.

DÉSÉPARGNE *f*, disaving.

DÉSÉQUILIBRE *m*, disequilibrium, imbalance, lack of balance, want of balance.
CAUSES DE DÉSÉQUILIBRE, causes of disequilibrium.
DÉSÉQUILIBRE DES PAIEMENTS, imbalance of payments.
FACTEUR DE DÉSÉQUILIBRE, destabilizer.
MESURE DU DÉSÉQUILIBRE, measurement of imbalance.

DÉSHÉRITÉ *a*, underprivileged, have-not.
NATIONS DÉSHÉRITÉES, underprivileged, have-not nations.

DÉSHYPOTHÉQUER *v*, to disencumber, to free from mortgage.

DÉSHYPOTHÉQUER UNE PROPRIÉTÉ, to free a property from mortgage.

DÉSIGNATION *f*, description, appointment.
DÉSIGNATION DES TITRES, description of securities.

DÉSIGNÉ *a*, appointed.

DÉSIGNER *v*, to appoint.

DÉSINFLATION *f*, disinflation.

DÉSINFLATIONNISTE *a*, disinflationary.
EFFET DÉSINFLATIONNISTE, disinflationary effect.

DÉSINTÉGRATION *f*, disintegration.

DÉSINTÉRESSÉ *a*, disinterested.

DÉSINTÉRESSEMENT *m*, buying out, paying off.
DÉSINTÉRESSEMENT DES CRÉANCIERS, paying off creditors.

DÉSINTÉRESSER *v*, to buy out, to pay off, to satisfy.
DÉSINTÉRESSER INTÉGRALEMENT LES CRÉANCIERS, to satisfy the creditors in full.

DÉSINVESTISSEMENT *m*, disinvestment.
DÉSINVESTISSEMENT MARGINAL, marginal disinvestment.

DÉSIR *m*, desire, wish.

(SE) DÉSISTER *v*, to withdraw.
se DÉSISTER D'UN PROCÈS, to withdraw a case.

DÉSŒUVRÉ *a*, idle.
RICHES DÉSŒUVRÉS, idle rich.

DÉSORDRE *m*, disorder, perturbation.

DÉSORGANISATION *f*, disorganization, upset, dislocation.

DÉSORGANISER *v*, to disorganize, to dislocate.

DESPOTISME *m*, despotism.

DESSEIN *m*, intent, intention, purpose, plan, design.

DESSERVIR *v*, to serve.

DESSIN *m*, design, draft, drawing, pattern, scaling.
DÉCALQUER UN DESSIN, to trace off a drawing.
DESSIN À L'ÉCHELLE, drawing to scale.
ÉTABLIR UN DESSIN, to scale.

DESSINATEUR *m*, designer.

DESSINER *v*, to draw, to design.
ART DE DESSINER DES JARDINS PAYSAGERS, landscape-gardening.

DESSOUS *adv ou prep*, below, under.
au-DESSOUS DE LA MOYENNE, below the average.
au-DESSOUS DE LA NORMALE, below standard.
au-DESSOUS DU PAIR, below par.

au-DESSUS *adv ou prep*, above.
« au-DESSUS DE LA LIGNE » (RECETTES ET DÉPENSES BUD-GÉTAIRES DÉFINITIVES; SOMME DE LA BALANCE DES PAIE-MENTS COURANTS ET DU COMPTE CAPITAL), above the line.
au-DESSUS DE LA MOYENNE, above the average.
au-DESSUS DE LA NORMALE, above standard.
au-DESSUS DU PAIR, above par.

DÉSTABILISATEUR *a*, destabilizing.
EFFET DÉSTABILISATEUR, destabilizing effect.

DESTINATAIRE *m*, payee, receiver, consignee.
DESTINATAIRE DE FONDS, remittee.

DESTINATION *f*, destination.
PORT DE DESTINATION, port of destination.

DESTINÉ *a*, intended.
LIQUIDITÉS DESTINÉES À L'ÉCONOMIE, commercial liquidity.
MARCHANDISES DESTINÉES À L'EXPORTATION, exportable goods.
PRÊT DESTINÉ À LA MODERNISATION, improvement loan.
PRODUIT DESTINÉ À L'EXPORTATION, commodity intended for export.
RÉCOLTE DESTINÉE À L'EXPORTATION, exportable crop.
TIRER AU SORT LES BONS DESTINÉS À ÊTRE REMBOURSÉS, to draw bonds for redemption.

DESTINER *v*, to intend, to design.

DÉSUET *a*, obsolescent, obsolete, out-of-date.
ÉQUIPEMENT DÉSUET, obsolescent equipment.

DÉSUÉTUDE *f*, obsolescence, disuse, decay.
l'USURE, LE DÉPÉRISSEMENT ET LA DÉSUÉTUDE, use, decay and obsolescence.

DÉSUTILITÉ *f*, disutility.
DÉSUTILITÉ DE L'EMPLOI MARGINAL, disutility of the marginal employment.
DÉSUTILITÉ DE L'ÉPARGNE, disutility of saving.
DÉSUTILITÉ MARGINALE, marginal disutility.

DÉSUTILITÉ MARGINALE DU TRAVAIL, marginal disutility of labour.

DÉTACHÉ *a*, detached.
COUPON DÉTACHÉ, ex coupon.
DROIT DÉTACHÉ, ex rights.

DÉTACHER *v*, to detach.
DÉTACHER UN COUPON, to cut off a coupon; to detach a coupon.

DÉTAIL *m*, detail, retail, particular(s).
COMMERCE DE DÉTAIL, retail trade; retail trading; retail distribution.
COMMERCE DE GROS ET DE DÉTAIL, wholesale and retail distribution.
tous les DÉTAILS, full particulars.
DÉTAILS D'UN COMPTE, particulars of an account.
DÉTAIL SANS IMPORTANCE, detail of no importance.
ÉTUDIER DANS LE DÉTAIL, to study out.
INDICES DES PRIX DE DÉTAIL, index-numbers of consumer prices; retail price index.
MAGASIN DE DÉTAIL VENDANT AU RABAIS, discount house.
PRIX DE DÉTAIL, retail price.
VENDRE AU DÉTAIL, to retail.
VENTE AU DÉTAIL, retail; retailing; retail sale.

DÉTAILLANT *m*, retailer, last distributor, retail dealer.

DÉTAILLÉ *a*, detailed, particular, itemized.
COMPTE DÉTAILLÉ, itemized account.
ÉTAT DÉTAILLÉ DE COMPTE, detailed statement of account.
PROGRAMME DÉTAILLÉ ET COMPLET, comprehensive programme.

DÉTAILLER *v*, to retail, to sell retail, to itemize.

DÉTAXE *f*, remission of charge, return of charges, return of duties.

DÉTAXER *v*, to remit the duties on, to return the duties on, to return the charges on, to untax, to decontrol the price of, to decontrol.

DÉTECTION *f*, detection.
ROUTINE DE DÉTECTION D'ERREURS, error detection routine.

(SE) **DÉTENDRE** *v*, to ease.

DÉTENIR *v*, to hold.
DÉTENIR DES ACTIONS, to hold shares.
DÉTENIR UN GAGE, UNE GARANTIE, to hold a security.

DÉTENTE *f*, slackening, easing, easing off.
DÉTENTE DES REPORTS, easing off of contangoes.

DÉTENTEUR *m*, holder.
DÉTENTEUR D'UN GAGE, holder of a security.
DÉTENTEUR D'UNE GARANTIE, holder of a security.
DÉTENTEUR DE MAUVAISE FOI, mala fide holder.
DÉTENTEUR DE TITRES, scripholder.

DÉTENTION *f*, holding.
COÛT EFFECTIF DE LA DÉTENTION D'ARGENT OISIF, effective cost of holding idle cash.
DÉTENTION DE TITRES, holding stock.

DÉTENU *a*, held.
BIEN DÉTENU EN TOUTE PROPRIÉTÉ, property held in fee simple.
TITRES DÉTENUS EN GAGE, securities held in pledge.
TITRES DÉTENUS EN GARANTIE, stocks held as security.
VALEURS DÉTENUES EN GAGE, securities held in pawn.

DÉTÉRIORATION *f*, deterioration, tear, wear and tear.
DÉTÉRIORATION DE LA BALANCE DES PAIEMENTS, deterioration of the balance of payments.

(SE) **DÉTÉRIORER** *v*, to deteriorate.

DÉTERMINABLE *a*, determinable.

DÉTERMINANT *a*, determining.

DÉTERMINANT *m*, determinant; gene.
DÉTERMINANTS FONDAMENTAUX DES PRIX, fundamental determinants of prices.
DÉTERMINANT DU PRIX, price-determining.
DÉTERMINANTS RÉCIPROQUES, reciprocal determinants.
r^{me} DÉTERMINANT DE LA SÉRIE, r^{th} determinant in the series.
RAPPORTS DES DÉTERMINANTS, ratios of determinants.
SIGNES DES DÉTERMINANTS, signs of the determinants.
SOLUTION PAR LES DÉTERMINANTS, solution by means of determinants.

DÉTERMINATION *f*, determination, fixing.
DÉTERMINATION DE L'ÉQUILIBRE DE L'ÉCHANGE, determination of exchange equilibrium.
DÉTERMINATION DE L'ÉQUILIBRE DE LA PRODUCTION, determination of equilibrium of production.
DÉTERMINATION GÉOGRAPHIQUE DE LA MÉDIANE, location of the median.
DÉTERMINATION DES PRIX, determination of prices.
DÉTERMINATION DES PRIX PAR TÂTONNEMENTS, fixing prices by trial and error.
DÉTERMINATION RÉCIPROQUE, mutual determination.

DÉTERMINATION DU REVENU NATIONAL, determination of national income.
DÉTERMINATION DES SALAIRES, wage determination.
DÉTERMINATION DU TAUX D'INTÉRÊT, determination of the rate of interest.
DÉTERMINATION DE LA VALEUR DE, determination of the value of.

DÉTERMINÉ *a*, determined, fixed, given.
dans un DÉLAI DÉTERMINÉ, in a given time.
à ÉCHÉANCES DÉTERMINÉES, at fixed dates.
DÉTERMINÉ PAR LE PRIX, price-determined.
ENTREPRISE DÉTERMINÉE, given firm.
MONTANT DÉTERMINÉ, specific amount.
le PRIX EST DÉTERMINÉ PAR, the price is determined by.
le PRIX EST DÉTERMINÉ PAR L'OFFRE ET LA DEMANDE, the price is regulated by supply and demand.

DÉTERMINER *v*, to determine, to assess, to localize, to locate.
COMPENSATION À DÉTERMINER, compensation to be assessed.
DÉTERMINER L'INTÉGRATION (D'UNE FONCTION), to integrate.
qu'on ne SAURAIT DÉTERMINER, indeterminable.

DÉTERMINISME *m*, determinism, doctrine of necessity.

DÉTERMINISTE *a*, deterministic.
PROGRAMME DÉTERMINISTE, deterministic programme.

DÉTITRER *a*, to lower the title of.
DÉTITRER LA MONNAIE, to lower the title of the coinage.

DÉTOURNÉ *a*, roundabout, oblique, indirect.
MOYENS DÉTOURNÉS, oblique ways.
PROCESSUS DÉTOURNÉS, roundabout processes.

DÉTOURNEMENT *m*, misappropriation, misuse.
DÉTOURNEMENT DE FONDS, fraudulent misuse of funds; embezzlement; defalcation.

DÉTOURNER *v*, to divert, to embezzle.
DÉTOURNER DE L'ARGENT, to embezzle money.
DÉTOURNER DES FONDS, to divert money; to peculate.

DÉTRIMENT *m*, detriment.

DETROIT *n.pr*, Detroit.
l'INDUSTRIE DE L'AUTOMOBILE A FAIT LA PROSPÉRITÉ DE DETROIT, the car industry has made Detroit.

DETTE *f*, debt, indebtedness; liability.
ACCABLÉ DE DETTES, immersed in debt.
ACQUITTEMENT D'UNE DETTE, acquittal, acquittance; clearing off, of a debt.
(s)'ACQUITTER D'UNE DETTE, to acquit a debt.
AMORTIR UNE DETTE, to redeem a debt.
AMORTIR LA DETTE PUBLIQUE, to sink the national debt.
AMORTISSEMENT DE LA DETTE, debt redemption.
AMORTISSEMENT DE LA DETTE PUBLIQUE, redemption of the national debt.
APURER UNE DETTE, to wipe off a debt.
ASSIGNER EN PAIEMENT D'UNE DETTE, to summon for a debt.
ASSURER UNE DETTE, to stand as security for a debt.
BONNE DETTE, good debt.
CAUTIONNER UNE DETTE, to stand as security for a debt.
CESSIBILITÉ D'UNE DETTE, transferability of a debt.
COMMERCIALITÉ D'UNE DETTE, transferability of a debt.
COMPENSER UNE DETTE, to set off a debt against.
CONSOLIDATION DE LA DETTE FLOTTANTE, consolidation of the floating debt.
CONSOLIDER UNE DETTE PUBLIQUE, to fund a public debt.
CONVERSION DE LA DETTE, conversion of debt.
DETTE NON ACQUITTÉE, unpaid debt; undischarged debt.
DETTES ACTIVES, accounts receivable; book debts.
DETTE ANNUAIRE, debt redeemable by yearly payments; debt repayable by annual instalments.
DETTE QUI AUGMENTE, growing debt.
DETTE CONSOLIDÉE, consolidated debt; funded debt.
DETTE NON CONSOLIDÉE, unconsolidated debt; unfunded debt.
DETTE CRIARDE, pressing debt.
DETTE EXTÉRIEURE, foreign debt.
DETTE FLOTTANTE, floating debt.
DETTE DE GUERRE, war debt.
DETTE HYPOTHÉCAIRE, mortgage debt.
DETTE INACQUITTABLE, unpayable debt.
DETTE INTÉRIEURE, internal debt.
DETTE DE JEU, gaming debt; play-debt.
DETTE LIQUIDE, liquid debt.
DETTE DE LONGUE DATE, old-standing debt.
DETTE MORATORIÉE, debt for which a moratorium has been granted.
DETTE NATIONALE, national debt.
DETTE OBLIGATAIRE, bonded debt; debenture-debt.
DETTE D'OBLIGATIONS, bonded debt.
DETTES PASSIVES, accounts payable.
DETTE PASSIVE (NE PORTANT PAS INTÉRÊT), passive debt.
DETTE PRESCRITE, statute barred debt.
DETTE PUBLIQUE, public debt; government debt; Funds.

DETTE RECONNUE JUDICIAIREMENT, judgment debt.
DETTE RECOUVRABLE, recoverable debt.
DETTE REMONTANT À PLUSIEURS ANNÉES, debt dating back several years.
DETTE SIMULÉE, simulated debt.
DETTE DE SOCIÉTÉ (À RESPONSABILITÉ ILLIMITÉE, PROFESSIONNELLE), partnership debt.
DETTE À VUE, debt on sight.
DIMINUTION DU VOLUME DES DETTES, debt deflation.
ENREGISTREMENT D'UNE DETTE, scoring (up) of a debt.
EXIGIBILITÉ D'UNE DETTE, repayability of a debt.
EXTINCTION D'UNE DETTE PUBLIQUE, extinction of a national debt.
EXTINCTION GRADUELLE D'UNE DETTE, gradual extinction of a debt.
GARANT D'UNE DETTE, surety for a debt.
GARANTIR UNE DETTE, to guarantee a debt.
GREVÉ DE DETTES, burdened with debt.
IMPUTATION SUR UNE DETTE, appropriation to a debt.
INSCRIPTION D'UNE DETTE, scoring (up) of a debt.
INTÉRÊTS SUR LES DETTES, interest on debts.
INTÉRÊT SUR LA DETTE PUBLIQUE, interest on the public debt.
LIBÉRER QUELQU'UN D'UNE DETTE, to discharge someone from a debt.
LIQUIDER UNE DETTE, to liquidate a debt ; to wipe off a debt.
LIQUIDITÉ DES DETTES, liquidness of debts.
OBLIGATIONS 6 % DETTE UNIFIÉE, 6 % unified debt bonds.
OBLIGATIONS DE 7 % DE REMBOURSEMENT DE LA DETTE INTÉRIEURE, 7 % refunded internal debt bonds.
PAIEMENT SYMBOLIQUE EN RECONNAISSANCE D'UNE DETTE, token payment in recognition of a debt.
PROVISION POUR DETTES, liability reserve.
PURGER UN BIEN DE DETTES, to rid a property of debt; to clear a property of debt.
PURGER DE DETTES, to free from debt.
QUITTE DE DETTES, out of debt.
RÉCLAMER UNE DETTE (À), to press for a debt.
RECONNAISSANCE DE DETTE, note of hand ; bill of debt ; due-bill ; I.O.U. (I owe you) ; acknowledgement of debt ; acknowledgement of indebtedness.
RÈGLEMENT DE LA DETTE, payment of the claim; settlement of the claim.
REMBOURSER UNE DETTE, to pay off a debt.
REMETTRE UNE DETTE, to remit a debt.
REMISE D'UNE DETTE, remittal of a debt ; cancellation of a debt.
RÉPARTITION DES DETTES, distribution of debts.
TRANSIGER SUR LE MONTANT D'UNE DETTE, to compound a debt.

DEUXIÈME num. a, second.
DEUXIÈME CLASSE, second class.
de DEUXIÈME QUALITÉ, second-class.
FONCTION DU DEUXIÈME DEGRÉ À TROIS VARIABLES, function of the second degree in three variables.
OBLIGATIONS DE DEUXIÈME RANG, junior bonds.

DÉVALORISATION f, devalorization, loss of value, fall in value.
DÉVALORISATION DU STERLING, devalorization of sterling.

DÉVALORISER v, to devalorize.

DÉVALUATION f, devaluation.
DÉVALUATION DU FRANC, devaluation of the franc.

DÉVALUER v, to devalue, to devaluate.

DEVANCER v, to surpass, to forestall.

DÉVASTATION f, devastation, havoc.

DÉVELOPPÉ a, developed, advanced, grown.
AIDE AUX PAYS SOUS-DÉVELOPPÉS, economic aid to under-developed countries.
non DÉVELOPPÉ, undeveloped.
ÉCONOMIE DÉVELOPPÉE, advanced economy.
PAYS SOUS-DÉVELOPPÉ, under-developed country.
PLEINEMENT DÉVELOPPÉ, full-grown.
SOUS-DÉVELOPPÉ, under-developed.

DÉVELOPPÉE f, evolute.

DÉVELOPPEMENT m, development, expansion, growth.
ASSOCIATION INTERNATIONALE POUR LE DÉVELOPPEMENT, International Development Association.
BANQUE INTERNATIONALE POUR LA RECONSTRUCTION ET LE DÉVELOPPEMENT, International Bank for Reconstruction and Development.
COÛT DE DÉVELOPPEMENT, development cost.
DÉVELOPPEMENT D'UN BINÔME, binomial expansion.
DÉVELOPPEMENT ÉCONOMIQUE, economic development.
DÉVELOPPEMENT EXCESSIF, over-development.
ÉCONOMIE DES PAYS EN VOIE DE DÉVELOPPEMENT, economics of the developing countries.
ÉTAPE CAPITALISTE DE DÉVELOPPEMENT, capitalist stage of development.

FONDS DE DÉVELOPPEMENT ÉCONOMIQUE, Finance Development Corporation.
LOI DE L'INÉGALITÉ DU DÉVELOPPEMENT ÉCONOMIQUE, law of uneven economic development.
OBSTACLES AU DÉVELOPPEMENT ÉCONOMIQUE, checks on economic development.
PLAN DE DÉVELOPPEMENT, development plan.
RECHERCHE DE DÉVELOPPEMENT, development research.
SOUS-DÉVELOPPEMENT, under-development.
STRATÉGIE DU DÉVELOPPEMENT ÉCONOMIQUE, strategy of economic development.
en VOIE DE DÉVELOPPEMENT, in process of development ; developing.
ZONE DE DÉVELOPPEMENT, development area.

(SE) DÉVELOPPER v, to develop, to expand.
qui se DÉVELOPPE, expanding.

DEVENIR v, to become.
DEVENIR OPÉRATIONNEL, to become operative.

DÉVIATION f, deviation, error, departure.
DÉVIATION QUARTILE, quartile deviation.
DÉVIATION STANDARD, standard deviation.
DÉVIATION DU ZÉRO, zero error.
MOYENNE DE DÉVIATION, mean deviation.
la MOYENNE DE DÉVIATION EST ÉGALE AUX 4/5e DE LA DÉVIATION STANDARD, the mean deviation is equal to 4/5 of the standard deviation.

DÉVIER v, to deviate, to diverge.

DEVINER v, to guess.

DEVIS m, estimate, cost estimate, bill of quantities.
AVANT-PROJET DE DEVIS, preliminary estimates.
DEVIS APPROXIMATIF, approximate estimate.
DEVIS DE CONSTRUCTION, building estimate.
DEVIS DESCRIPTIF, specification.
PLANS ET DEVIS, drafts and estimates.

DEVISE f, foreign exchange, exchange, foreign currency, foreign money.
ACHAT ET VENTE DE DEVISES, purchases and sales of exchange.
ALLOCATION EN DEVISES, foreign currency allowance.
AVOIRS EN DEVISES ÉTRANGÈRES, foreign exchange holdings.
AVOIRS PRIVÉS EN DEVISES, private foreign exchange holdings.
ÉTALON DEVISE-OR, Gold Exchange Standard.
MARCHÉ DES DEVISES ÉTRANGÈRES, market for foreign exchange.
PAIEMENTS ET RECETTES EN DEVISES, exchange payments and receipts.
RELIQUAT DES DEVISES ÉTRANGÈRES, remaining foreign exchange.
REPORT SUR DEVISES, continuation on foreign exchanges.
RÉSERVES D'OR ET DE DEVISES, gold and foreign exchange reserves.

DEVOIR m, duty, task.
DEVOIRS ENVERS LA SOCIÉTÉ, duties towards society.

DEVOIR v, to owe.
DEVOIR UNE SOMME ÉLEVÉE, indebted to a large amount.

DÉVOLU a, vested, devolved.
DROIT DÉVOLU À, right vested in.

DEXTÉRITÉ f, skill, dexterity.

DIAGONAL a, diagonal.
MATRICE DIAGONALE. diagonal matrix.

DIAGONALE f, diagonal.

DIAGRAMME m, diagram, graph, chart, flow-chart, map, plot, schema.
DIAGRAMME DE DISPERSION, scatter diagram ; scatter chart.
DIAGRAMMES EMBOÎTÉS, box diagrams.
DIAGRAMME À FICELLES, string diagram.
DIAGRAMME D'INDIFFÉRENCE, indifference map.
DIAGRAMME ISOMÉTRIQUE, isometric diagram.
DIAGRAMME LOGARITHMIQUE, logarithmic plot.
DIAGRAMME LOGIQUE, logical diagram.
DIAGRAMME DE POINTS, dot chart.
DIAGRAMME À SECTEURS, pie-diagram.
DIAGRAMME SEMI-LOGARITHMIQUE, ratio chart.
DIAGRAMME TEMPOREL, time series chart.
FAIRE LE TRACÉ D'UN DIAGRAMME, to trace (out) a diagram.
LIGNE ZÉRO D'UN DIAGRAMME, base-line of a diagram.
RELEVER UN DIAGRAMME, to plot a diagram.
TRACÉ DE DIAGRAMME(S), graphing.

DIALECTIQUE a, dialectical.
MATÉRIALISME DIALECTIQUE, dialectical materialism.

DIALECTIQUE f, dialectics, reasoning.

DIAMANT m, diamond.
DIAMANTS INDUSTRIELS, industrial diamonds.
DIAMANT VÉRITABLE, genuine diamond.

DIAMANTIFÈRE *a*, diamond-yielding.
VALEURS DIAMANTIFÈRES, diamonds.

DIAMÈTRE *m*, diameter.
RAPPORT DE LA CIRCONFÉRENCE AU DIAMÈTRE, circular constant, pi, π.

DICHOTOMIE *f*, dichotomy.
DICHOTOMIE ENTRE L'ÉCONOMIE RÉELLE ET L'ÉCONOMIE MONÉTAIRE, dichotomy between real and monetary economics.

DICTATURE *f*, dictatorship.
DICTATURE DU PROLÉTARIAT, dictatorship of the proletariat.

DIFFAMATION *f*, libel.

DIFFÉRÉ *a*, deferred, postponed.
ACTIONS DIFFÉRÉES, deferred shares (stocks).
ANNUITÉ DIFFÉRÉE, deferred annuity.
ANNUITÉS DIFFÉRÉES JUSQU'À LA RETRAITE, retirement annuities.
ASSURANCE À CAPITAL DIFFÉRÉ, endowment insurance.
INTÉRÊT DIFFÉRÉ, deferred interest.
PAIEMENT DIFFÉRÉ, deferred payment.
SATISFACTIONS DIFFÉRÉES, postponed satisfactions.

DIFFÉRENCE *f*, difference; differential; divergence.
à la DIFFÉRENCE DE, as opposed to.
DIFFÉRENCE CONSIDÉRABLE, considerable difference.
DIFFÉRENCE ÉNORME, huge difference.
DIFFÉRENCE ENTRE L'ÉPARGNE ET L'INVESTISSEMENT, divergences between saving and investment.
DIFFÉRENCE INSENSIBLE, imperceptible difference.
DIFFÉRENCE MARQUÉE, decided difference; marked difference.
DIFFÉRENCE DE NATURE, difference in kind.
DIFFÉRENCES PARTIELLES, partial differences.
DIFFÉRENCE EN PLUS OU EN MOINS, difference over or under; minus or plus difference.
DIFFÉRENCE DE POTENTIEL, potential difference.
DIFFÉRENCE ENTRE PRIX DE REVIENT ET PRIX DE VENTE, spread.
DIFFÉRENCES DE SALAIRES, wage differentials.
DIFFÉRENCE SENSIBLE, substantial difference; tangible difference.
DIFFÉRENCE NOTABLE, noticeable difference.
DIFFÉRENCE DU VIEUX AU NEUF, new for old.
ERREUR DE LA DIFFÉRENCE, error in the difference.
ERREUR TYPE DE LA DIFFÉRENCE, standard error of the difference.
SPÉCULATION SUR LES DIFFÉRENCES ET LES REPORTS, gambling in differences and contangos.

DIFFÉRENCIATION *f*, differentiation.
DIFFÉRENCIATION DU PRODUIT, product differentiation.

DIFFÉRENCIÉ *a*, differentiated.
PRODUITS DIFFÉRENCIÉS, differentiated products.

DIFFÉREND *m*, dispute, disagreement.

DIFFÉRENT *a*, different, unlike, variant, various, separate, several.
AFFECTER LES RESSOURCES À DES USAGES DIFFÉRENTS, to allocate resources to different uses.
DIFFÉRENTES COUCHES SOCIALES, various strata of society.
de DIFFÉRENTS DEGRÉS DE, of various degrees of.
DIFFÉRENTES POSSIBILITÉS DE PRODUCTION, different opportunities for production.
ÊTRE DIFFÉRENT DE, to differ.
RÉPARTITION ENTRE DIFFÉRENTES UTILISATIONS D'UN VOLUME DONNÉ DE RESSOURCES, distribution of a given volume of employed resources between different uses.
sous des RUBRIQUES DIFFÉRENTES, under separate heads.

DIFFÉRENTIEL *a*, differential, discriminating.
CALCUL DIFFÉRENTIEL, differential calculus.
COEFFICIENT DIFFÉRENTIEL, differential coefficient.
COÛT DIFFÉRENTIEL, differential cost.
DROIT DIFFÉRENTIEL, discriminating duty; differential duty.
ÉQUATION DIFFÉRENTIELLE, differential equation.
TARIF DIFFÉRENTIEL, discriminating tariff; differential tariff.
TAUX DE NAISSANCES DIFFÉRENTIELS, differential birth rates.

DIFFÉRENTIELLE *f*, differential, fluxion, increment of a function.

DIFFÉRER *v*, to defer, to postpone, to delay, to differ.
DIFFÉRER LE PAIEMENT, to defer payment; to put off payment; to postpone the payment; to hold over a payment.

DIFFICILE *a*, difficult, hard.
ARTICLE DIFFICILE À ÉCOULER, article hard to get rid of.
DIFFICILE À VENDRE, hard to sell.
EFFETS DIFFICILES À PLACER, bills difficult to negotiate.
PÉRIODE DIFFICILE, time of need.
PROBLÈME DIFFICILE À RÉSOUDRE, intractable problem.

DIFFICILEMENT *adv*, with difficulty, hardly.
ACTIF DIFFICILEMENT RÉALISABLE, assets hardly realizable.
IMPÔTS QUI RENTRENT DIFFICILEMENT, taxes difficult to get in.

DIFFICULTÉ *f*, difficulty, need, trouble.

SUPPOSER TOUTES LES DIFFICULTÉS RÉSOLUES, to assume the difficulties away.

DIFFUSION *f*, diffusion, spread, spreading; mailing; broadcasting.
LISTE DE DIFFUSION, mailing list.
RADIO-DIFFUSION, radio-broadcasting.

DIGIT *m*, digit.
DIGIT BINAIRE, binary digit.
DIGIT DE CONTRÔLE, check digit.

DIGITAL *a*, digital.
CALCULATEUR DIGITAL, digital computer.
REPRÉSENTATION DIGITALE, discrete representation.

DIGNE *a*, worthy, deserving.
DIGNE DE CONFIANCE, dependable; reliable.
DIGNE DE FOI, credible.

DIGUE *f*, dike, dyke, dam.

DILAPIDATION *f*, wasting, devastation.
DILAPIDATION D'UNE FORTUNE, consumption of a fortune.

DILAPIDER *v*, to squander.

DILEMME *m*, dilemma.

DILUÉ *a*, watered; diluted.
non DILUÉ, unwatered.

DIMANCHE *m*, Sunday.
JOURNAL DU DIMANCHE, Sunday paper.

DÎME *f*, tithe, tenth.
DÎME PERSONNELLE, personal tithe.
EXEMPT DE LA DÎME, untithed.
PAIEMENT DE LA DÎME, tithing.
PAYER LA DÎME, to tithe.
PRÉLÈVEMENT DE LA DÎME, tithing.
PRÉLEVER LA DÎME, to levy the tithes.

DIMENSION *f*, dimension, size.
sans DIMENSIONS, dimensionless.
DIMENSION LINÉAIRE, linear dimension.
DIMENSIONS DU MARCHÉ, size of the market.
DIMENSION STANDARDISÉE, standardized size.
ESPACE À DEUX (TROIS) DIMENSIONS, two- (three-) dimensional space.
GÉOMÉTRIE À TROIS (QUATRE) DIMENSIONS, three- (four-) dimensional geometry.
MODÈLE À TROIS DIMENSIONS, three-dimensional model.
QUATRIÈME DIMENSION, fourth dimension.

DIMENSIONNEL *a*, dimensional.
LOI DIMENSIONNELLE, scaling law.

DIMINUER *v*, to diminish, to decrease, to retrench, to lower, to lessen, to go down, to sink.
les COMMANDES DIMINUENT, orders are going down.
DIMINUER LES LOYERS, to lower the rents.
DIMINUER LE PRIX, to reduce the price; to cheapen.
DIMINUER LA VALEUR DE, to take from the value of.
la VALEUR A DIMINUÉ, the value has gone down.

DIMINUTION *f*, decrease, diminution, reduction, lowering, cutting, bringing down, lessening, decumulation, deflation, decrement.
DIMINUTION DU CAPITAL, capital decumulation.
DIMINUTION DE LA PRODUCTION, decrease of output.
DIMINUTION PROPORTIONNELLE, proportionate decrease.
DIMINUTION DE VALEUR, decrease in value.
DIMINUTION DU VOLUME DES DETTES, debt deflation.
PRINCIPE DE DIMINUTION DES COÛTS PAR SUBSTITUTION, least-cost substitution principle.

DIPLÔMÉ *a*, certified; qualified.
COMPTABLE DIPLÔMÉ, qualified accountant.
EXPERT DIPLÔMÉ, qualified expert.

DIRECT *a*, direct, immediate, through, assessed, basic.
AGENT DES CONTRIBUTIONS DIRECTES, tax officer.
CAUSE DIRECTE, immediate cause.
CHANGE DIRECT, direct exchange.
CONTRAT DIRECT, SANS INTERMÉDIAIRES, direct contract.
CONTRIBUTIONS DIRECTES, direct taxation.
CONTRÔLE DIRECT DES IMPORTATIONS, direct import controls.
CONTRÔLEUR DES CONTRIBUTIONS DIRECTES, assessor of taxes; U.K: surveyor of taxes.
après (avant) DÉDUCTION DES IMPÔTS DIRECTS, after (before) deduction of direct taxes.
DIRECTEUR DES CONTRIBUTIONS DIRECTES, U.S: special commissioner of taxes.
IMPÔTS DIRECTS, assessed taxes; direct taxes.
IMPÔTS DIRECTS FRAPPANT LES SOCIÉTÉS, direct taxes on corporations.
INSPECTEUR DES CONTRIBUTIONS DIRECTES, inspector of taxes.
INVESTISSEMENT DIRECT, direct investment.

MÉTHODE DIRECTE, forward method.
RELATION DIRECTE, immediacy.
TRAIN DIRECT, through train.
VENDEUR D'UNE PRIME DIRECTE, seller of a call option ; taker for the call.
VENTE À PRIME DIRECTE, taking for the call.
VOITURE DIRECTE, through carriage.
y VARIE EN RAISON DIRECTE DE x, y varies directly as x.

DIRECTEMENT adv, directly, direct.

DIRECTEUR a, managing, guiding, controlling.
PRINCIPE DIRECTEUR, guiding principle.
UNITÉ DIRECTRICE, controlling unit.

DIRECTEUR m, manager, superintendent.
DIRECTEUR ADJOINT, deputy manager.
DIRECTEUR COMMERCIAL, sales manager.
DIRECTEUR DES CONTRIBUTIONS DIRECTES, U.S: special commissioner of taxes.
DIRECTEUR D'ÉCOLE, head-master.
DIRECTEUR RÉGIONAL, district manager.
DIRECTEUR DU REGISTRE DES SOCIÉTÉS, U.K: Company Registrar.
SOUS-DIRECTEUR, sub-manager.

DIRECTION f, management, superintendence, direction, leading, steering, way.
COMITÉ DE DIRECTION, committee of management ; managing committee ; management committee.
CONSEIL DE DIRECTION, governing body.
DIRECTION AYANT FAIT SES PREUVES, proven management.
DIRECTION INVERSE, opposite direction.
DIRECTION OPPOSÉE, opposite direction ; reverse direction.

DIRECTORAT m, managership.

DIRECTORIAL a, managerial.

DIRIGÉ a, managed, controlled, administered, U.S: administrated.
ÉCONOMIE DIRIGÉE, controlled economy ; controlled finance.
MONNAIE DIRIGÉE, controlled currency ; managed currency.
PRIX DIRIGÉS, U.K: administered prices ; U.S: administrated prices.

DIRIGEANT a, executive, ruling, controlling.
CLASSES DIRIGEANTES, ruling classes.
les CLASSES DIRIGEANTES, U.K: the Establishment.
ÉQUIPE DIRIGEANTE, brains trust.

DIRIGEANT m, leader, executive.

DIRIGER v, to manage, to direct, to run, to control.
DIRIGER UNE AFFAIRE, to run a business.
DIRIGER DES AFFAIRES, to manage affairs.
DIRIGER UN COMMERCE, to run a business.
DIRIGER UNE ENTREPRISE, to direct an enterprise.
DIRIGER LES INVESTISSEMENTS VERS L'INDUSTRIE, to channel investments into industry.

DIRIGISTE a, planned.
ÉCONOMIE DIRIGISTE, planned economy.

DISCIPLINAIRE a, disciplinary.

DISCIPLINE f, discipline, orderliness: science.
CONSEIL DE DISCIPLINE, disciplinary board.
DISCIPLINES ASSOCIÉES, associated sciences.

DISCONTINU a, discontinuous, discrete.
FONCTION DISCONTINUE, discontinuous function.
MARCHÉ DISCONTINU, discontinuous market.
VARIABLE DISCONTINUE, discontinuous variable.

DISCONTINU m, discontinuity.
CONCEPTS DU CONTINU ET DU DISCONTINU, concepts of continuity and discontinuity.

DISCONTINUITÉ f, discontinuity, break.
DISCONTINUITÉS DANS L'HOMOGÉNÉITÉ, substantial breaks in homogeneity.

DISCORDANT a, jarring.

DISCRÉDIT m, discredit, disrepute.

DISCRÉDITÉ a, discredited, exploded.
OPINION DISCRÉDITÉE, exploded opinion.
THÉORIE DISCRÉDITÉE, exploded theory.

DISCRET a, discrete; discontinuous.
QUANTITÉ DISCRÈTE, discontinuous quantity.
REPRÉSENTATION DISCRÈTE, discrete representation.
VARIABLE DISCRÈTE, discrete variable.

DISCRÉTION f, discretion, secrecy.

DISCRÉTIONNAIRE a, discretionary.

DISCRIMINANT a, discriminant.
ANALYSE DISCRIMINANTE, discriminant analysis.

DISCRIMINANT m, discriminant.

DISCRIMINATION f, discrimination, differentiation.

sans DISCRIMINATION, indiscriminate.
non DISCRIMINATION EN MATIÈRE DE SALAIRES, principle of equal pay.
DISCRIMINATION RACIALE, race discrimination.

DISCRIMINATOIRE a, discriminatory.
PRATIQUE DE PRIX DISCRIMINATOIRES SELON LES CAPACITÉS DES ACHETEURS, charging what the market will bear.
PRÉFÉRENCES DISCRIMINATOIRES, discriminatory preferences.

DISCRIMINER v, to discriminate.
qui DISCRIMINE, discriminating.

DISCUSSION f, discussion.
APPELER LA DISCUSSION, to invite discussion.

DISCUTABLE a, questionable.

DISCUTER v, to discuss, to argue.

DISETTE f, shortage, scarcity, scarceness, penury, paucity; poverty, want.
DISETTE D'ARGENT, want of money.
DISETTE DE CAPITAUX, shortage of capital.
la DISETTE NE DURERA PAS, the shortage is not going to last.

DISLOCATION f, dislocation, disruption, dismemberment.

DISLOQUER v, to dislocate, to dismember.

DISPARAÎTRE v, to disappear.
faire DISPARAÎTRE LES QUANTITÉS IRRATIONNELLES D'UNE EXPRESSION, to rationalize an expression.

DISPARITÉ f, disparity, gap.
DISPARITÉ DE NIVEAU TECHNOLOGIQUE, technological gap.
DISPARITÉ DES SALAIRES, disparity in wage rates.

DISPENSE f, exemption, exoneration, waiving.
DISPENSE D'ÂGE, waiving of age limit.

DISPENSER v, to exempt, to exonerate.

DISPERSÉ a, scattered.

DISPERSION f, dispersion, scatter, scattering, spreading; variability.
COEFFICIENT DE DISPERSION, scatter coefficient.
DIAGRAMME DE DISPERSION, scatter diagram ; scatter chart.
DISPERSION ABSOLUE, absolute variability.
DISPERSION DES PRIX POSSIBLES, dispersion of possible prices.
DISPERSION RELATIVE, relative variability.
MESURES DE DISPERSION, measure of dispersion.
PARAMÈTRES DE DISPERSION, measure of dispersion.

DISPONIBILITÉ f, availability, supply, liquidness, available funds.
DISPONIBILITÉS, disposable funds.
non-DISPONIBILITÉ, non-availability.
DISPONIBILITÉS ALIMENTAIRES BRUTES, gross food supplies.
DISPONIBILITÉS APPARENTES, apparent available supplies.
DISPONIBILITÉS BRUTES EN DENRÉES ALIMENTAIRES, gross supplies of foodstuffs.
DISPONIBILITÉS MONÉTAIRES, money supply.

DISPONIBLE a, available, disposable, liquid, spare, unallotted, current.
ACTIF DISPONIBLE, available assets.
ACTIF RÉALISABLE ET DISPONIBLE, current assets.
ARGENT DISPONIBLE, money in hand.
CAPITAUX DISPONIBLES, spare capital.
DONNÉES NON DISPONIBLES, data not available.
FONDS DISPONIBLES, available funds ; disposable funds ; spare capital.
FONDS DISPONIBLES POUR LA RÉTRIBUTION DU TRAVAIL, wage fund.
RESSOURCES DISPONIBLES, availability of resources ; available resources.
REVENU DISPONIBLE, disposable income.
SURPLUS DISPONIBLE, disposable surplus.

DISPONIBLE m, spot, liquid assets, available assets.
COTE OFFICIELLE DU DISPONIBLE, official spot quotation.
COURS : DISPONIBLE, prices : spot.
COURS DU DISPONIBLE, price ex store ; price ex warehouse ; spot price ; spot rate.
MARCHÉ DU DISPONIBLE, spot market.
VENTE DE DISPONIBLE, spot sale.

DISPOSANT m, settlor.
DISPOSANT (D'UNE ANNUITÉ, D'UN TRUST), settlor.

DISPOSÉ a, ready.

DISPOSER v, to dispose.
MOYENS DONT IL DISPOSE, means at his disposal.

DISPOSITIF m, device, apparatus, feature.
DISPOSITIF ANTIVOL, theft-prevention device.
DISPOSITIF D'ENTRAÎNEMENT, drive.
DISPOSITIF SPÉCIAL, special feature.

DISPOSITION *f*, disposal, disposition, clause, provision, arrangement, habitude, tone.
DISPOSITION DE BIENS, disposal of property.
DISPOSITIONS DE LA BOURSE, tone of the market.
DISPOSITIONS D'UNE LOI, provisions of an act.
DISPOSITIONS DU MARCHÉ, tone of the market.
DISPOSITION TESTAMENTAIRE, clause of a will.
INTERPRÉTATION D'UNE DISPOSITION (D'UN CONTRAT), construction of a provision (of a contract).

DISPROPORTION *f*, disproportion.

DISPROPORTIONNÉ *a*, disproportionate, incommensurate.
INFLATION PAR MAJORATION DISPROPORTIONNÉE DES COÛTS, mark-up price inflation.

DISQUALIFICATION *f*, disqualification.

DISQUE *m*, disk, disc.
DISQUE MAGNÉTIQUE, magnetic disk; magnetic disc.
MÉMOIRE À DISQUES, disk storage.

DISSEMBLABLE *a*, dissimilar, unlike.
QUANTITÉS DISSEMBLABLES, unlike quantities.

DISSENTIMENT *m*, dissent, disagreement.

DISSIDENT *a*, dissenting.
CRÉANCIERS DISSIDENTS, dissenting creditors.

DISSIMILITUDE *f*, dissimilarity.

DISSIMULATION *f*, dissimulation, concealment, double-dealing.
DISSIMULATION D'ACTIF, concealment of assets.
DISSIMULATION DE BÉNÉFICES, concealment of profits.

DISSOLUTION *f*, dissolution, disintegration, breaking up.
DISSOLUTION D'UNE ASSOCIATION COMMERCIALE, PROFESSIONNELLE*, dissolution of a partnership.
DISSOLUTION D'UNE SOCIÉTÉ*, dissolution of a company.

DISSYMÉTRIE *f*, dissymmetry, asymmetry, skewness.
COEFFICIENT DE DISSYMÉTRIE, degree of skewness.
DISSYMÉTRIE D'UNE DISTRIBUTION, asymmetry of a distribution.
MESURE DE LA DISSYMÉTRIE, measure of skewness.

DISSYMÉTRIQUE *a*, dissymmetrical, unsymmetrical, asymmetric(al).
COURBES SYMÉTRIQUES ET DISSYMÉTRIQUES, symmetrical and asymmetrical curves.
DISTRIBUTION DISSYMÉTRIQUE, asymmetrical distribution.

DISTANCE *f*, distance, length.
COMMANDE À DISTANCE, remote control.
DISTANCE ESTIMÉE, computed distance.
DISTANCE EN MILLES, mileage.
DISTANCE DE TRANSPORT, length of haul.
FRET PROPORTIONNEL À LA DISTANCE, freight prorata.
à MI-DISTANCE, midway between.

DISTANCER *v*, to outdistance, to distance.

DISTANT *a*, distant.

DISTILLATION *f*, distillation, distilling.

DISTILLERIE *f*, distillery.

DISTINCT *a*, distinct, separate.
peu DISTINCT, indistinct.

DISTINGUER *v*, to distinguish; to discriminate.

DISTORSION *f*, distortion, bias.
ESTIMATION SANS DISTORSION, unbiased estimation.

DISTRIBUABLE *a*, distributable.

DISTRIBUÉ *a*, distributed.
BÉNÉFICE NON DISTRIBUÉ, undistributed profit; undistributed earnings.
BÉNÉFICE POUVANT ÊTRE DISTRIBUÉ, distributable profit.
non DISTRIBUÉ, undistributed.
DISTRIBUÉ(S) NORMALEMENT, normally distributed.
DIVIDENDES DISTRIBUÉS, share dividends.

DISTRIBUER *v*, to distribute.

DISTRIBUTEUR *a*, distributing.
CENTRE DISTRIBUTEUR, discount house; *U.S:* discounter.

DISTRIBUTEUR *m*, distributor, dispatcher.
DISTRIBUTEUR AUTOMATIQUE, robot distributor; slot-machine.

DISTRIBUTIF *a*, distributive.

DISTRIBUTION *f*, distribution, marketing, allotment, deal.
APLATISSEMENT DE LA DISTRIBUTION, skewness of the distribution.
CARACTÉRISTIQUES DES DISTRIBUTIONS DE FRÉQUENCES, characteristics of frequency distributions.
COURBE LIMITE D'UNE DISTRIBUTION BINOMIALE, limit curve of the binomial distribution.
DISSYMÉTRIE D'UNE DISTRIBUTION, asymmetry of a distribution.
DISTRIBUTION ALÉATOIRE, random distribution.

DISTRIBUTION BINOMIALE, binomial distribution.
DISTRIBUTION DES COEFFICIENTS DE CORRÉLATION, distribution of the coefficients of correlation.
DISTRIBUTION (DE COURRIER) PAR EXPRÈS, special delivery.
DISTRIBUTION CUMULÉE, cumulative distribution.
DISTRIBUTION DISSYMÉTRIQUE, asymmetrical distribution.
DISTRIBUTIONS EMPIRIQUES ET DISTRIBUTIONS THÉORIQUES, actual and theoretical distributions.
DISTRIBUTION ÉQUITABLE, fair deal.
DISTRIBUTION DE F, F distribution.
DISTRIBUTION DE... D'UNE FAMILLE D'ÉCHANTILLONS, sampling distribution of.
DISTRIBUTION EN FORME DE J, J-shaped distribution.
DISTRIBUTION EN FORME DE U, U-shaped distribution.
DISTRIBUTION DE FRÉQUENCES, frequency distribution.
DISTRIBUTION LOGARITHMIQUE, logarithmic distribution.
DISTRIBUTION LOGNORMALE, lognormal distribution.
DISTRIBUTION MODÉRÉMENT ASYMÉTRIQUE, moderately asymmetrical distribution.
DISTRIBUTION DES MOYENNES D'ÉCHANTILLONS, distribution of sample means.
DISTRIBUTION NORMALE, normal distribution.
DISTRIBUTION À PLUSIEURS VARIABLES, multivariate distribution.
DISTRIBUTION DE POISSON, Poisson distribution.
DISTRIBUTION DE PROBABILITÉ, probability distribution.
DISTRIBUTION PROPORTIONNELLE, proportionment.
DISTRIBUTION DES REVENUS, distribution of income.
DISTRIBUTION DU REVENU NATIONAL, distribution of national income.
DISTRIBUTION DES RICHESSES, distribution of wealth.
DISTRIBUTION SYMÉTRIQUE, symmetrical distribution.
DISTRIBUTION DE t (LOI DE STUDENT-FISHER), t-distribution.
ÉGALE DISTRIBUTION DE, equal distribution of.
ÉNERGIE FOURNIE AU RÉSEAU DE DISTRIBUTION, energy delivered to distributing network.
KURTOSIS D'UNE DISTRIBUTION, kurtosis of a distribution; peakedness of a distribution.
METTRE EN DISTRIBUTION UN DIVIDENDE, to distribute a dividend.
MOMENT D'UNE DISTRIBUTION DE FRÉQUENCES, moment of a frequency distribution.
MOMENT D'ORDRE 1 DE LA DISTRIBUTION, first moment of the distribution).
MOMENT D'ORDRE 2 DE LA DISTRIBUTION, second moment of the distribution.
MORPHOLOGIE DES DISTRIBUTIONS DE FRÉQUENCES, types of frequency distributions.
PARAMÈTRES D'UNE DISTRIBUTION, parameters of a distribution.
PARTICIPANTS À UNE DISTRIBUTION, shares in a distribution.
QUEUE D'UNE DISTRIBUTION, tail of a distribution.
RÉSEAU DE DISTRIBUTION, distributing network.
TABLE DE LA DISTRIBUTION NORMALE, table of areas under the normal curve.
TENDANCE CENTRALE D'UNE DISTRIBUTION, central tendency of a distribution.

DISTRIBUTIVITÉ *f*, distributive law, distribution.
LOI DE DISTRIBUTIVITÉ, principle of distribution.

DISTRICT *m*, district, area, field.
DISTRICT FÉDÉRAL, Federal District.
DISTRICT HOUILLER, coal-mining district.
DISTRICT MÉTROPOLITAIN, metropolitan area.

DIVERGENCE *f*, divergence, deviation, difference.
DIVERGENCES IMPORTANTES PAR RAPPORT À, major deviations from.

DIVERGENT *a*, divergent.
OPINIONS DIVERGENTES, divergent views.

DIVERGER *v*, to diverge.

DIVERS *a*, various, miscellaneous, different, diverse, sundry.
CRÉDITEURS DIVERS, sundry creditors.
DÉBITEURS DIVERS, sundry debtors.
de DIVERSES SORTES, of various kinds.
FAUX FRAIS DIVERS, contingencies.
FRAIS DIVERS, sundry expenses; sundries.
QUESTIONS DIVERSES, general business.
RECETTES DIVERSES, sundry receipts.
VALEURS DIVERSES, miscellaneous shares.

DIVERS *m.pl*, sundries.
COMPTE DE DIVERS, sundries account.

DIVERSIFICATION *f*, diversification, diversifying.
DIVERSIFICATION (INDUSTRIELLE), lateral integration (of industry).

DIVERSIFIER *v*, to diversify, to vary.

DIVERSITÉ *f*, diversity, variedness, variety.
DIVERSITÉ DES COÛTS, diversity of costs.

DIVIDENDE *m*, dividend.

les ACTIONS QUI PRIMENT EN FAIT DE DIVIDENDE, shares that rank first in dividend rights.
ACTIONS PRODUCTIVES D'UN DIVIDENDE DE, shares that yield a dividend of.
APPROUVER UN DIVIDENDE DE 5 %, to pass a dividend of 5 %.
COUPON DE DIVIDENDE, dividend coupon.
DÉCLARER UN DIVIDENDE, to declare a dividend.
ex-DIVIDENDE, dividend off, ex dividend.
DIVIDENDES ACCUMULÉS, accumulated dividends.
DIVIDENDES D'ACTIONS, dividends on shares.
DIVIDENDE CUMULATIF, cumulative dividend.
DIVIDENDES DISTRIBUÉS, share dividends.
DIVIDENDE FICTIF, sham dividend ; fictitious dividend.
DIVIDENDE INTÉRIMAIRE, interim dividend.
DIVIDENDE MAINTENU À 5 %, dividend maintained at 5 %.
DIVIDENDE NATIONAL, national dividend.
DIVIDENDE PRÉLEVÉ SUR LE CAPITAL, dividend paid out of capital.
DIVIDENDE PRIVILÉGIÉ, preferential dividend ; preferred dividend.
DIVIDENDE NON RÉCLAMÉ, unclaimed dividend.
DIVIDENDE SEMESTRIEL, half-yearly dividend.
DIVIDENDE SOCIAL, social dividend.
DIVIDENDES SOUMIS À L'IMPÔT SUR LE REVENU, dividends liable to income-tax.
DIVIDENDE SUPPLÉMENTAIRE, bonus on shares.
les INTÉRÊTS ET DIVIDENDES SONT PAYABLES LE, interest and dividends are payable on.
METTRE EN DISTRIBUTION UN DIVIDENDE, to distribute a dividend.
MISE EN PAIEMENT D'UN DIVIDENDE, payment of a dividend.
PASSATION DU DIVIDENDE, passing of the dividend.
PASSER UN DIVIDENDE, to pass a dividend.
PAYER UN DIVIDENDE DE 6 %, to pay a dividend of 6 %.
PORTER LE DIVIDENDE DE... À, to raise the dividend from... to.
PRÉLÈVEMENT DU DIVIDENDE SUR LE CAPITAL, payment of dividend out of capital.
PROPOSITION DE DIVIDENDE, recommendation of dividend.
SOCIÉTÉ PAYANT DES DIVIDENDES, dividend paying company.

DIVIS a, divided.
BIEN DIVIS, land held in severalty.
RESPONSABILITÉ DIVISE, several liability.

DIVISÉ a, divided.
CAPITAL SOCIAL (AUTORISÉ) DIVISÉ EN 100 ACTIONS, authorized capital divided into 100 shares.
non DIVISÉ, undivided.
GROUPE D'IMMEUBLES DIVISÉS EN APPARTEMENTS, block of flats.
IMMEUBLE DIVISÉ EN APPARTEMENTS, U.S: apartment house.

DIVISER v, to divide, to split, to part, to partition.
DIVISER EN DEUX, to halve ; to bisect.
DIVISER UNE FEUILLE EN COLONNES, to divide a sheet into columns.
DIVISER UN NOMBRE PAR UN AUTRE, to divide one number by another.

DIVISEUR m, divisor, measure.
DIVISEUR COMMUN, common divisor.
DIVISEUR PREMIER, prime factor.
le plus GRAND COMMUN DIVISEUR, greatest common factor ; greatest common measure ; highest common factor.

DIVISIBILITÉ f, divisibility.

DIVISIBLE a, divisible.
six est DIVISIBLE PAR TROIS, six divides by three.

DIVISION f, division, splitting, dividing.
DIVISION D'UNE PROPRIÉTÉ, division of a property.
DIVISION TRANSVERSALE, transaction.
DIVISION DU TRAVAIL, division of labour.

DIVISIONNAIRE a, divisional, fractional.
MONNAIE DIVISIONNAIRE, fractional money ; fractional coins ; divisional coins ; subsidiary coins ; minor coin(s).

DIVULGATION f, disclosure.

DIVULGUER v, to disclose.

DIXIÈME num. a, tenth.

DIXIÈME m, tenth, tithe.

DOCK m, dock.
DOCK-ENTREPÔT, dock warehouse.
DOCK FLOTTANT, floating dock.
DROITS DE DOCK, dock dues.

DOCKER m, quay-side worker, docker.
GRÈVE DES DOCKERS, dock strike.

DOCTOR m, docteur.

DOCTRINE f, doctrine, tenet, teaching, thought.
COROLLAIRE DE CETTE DOCTRINE, corollary of this doctrine.
DOCTRINE ÉCONOMIQUE, economic doctrine.

DOCTRINE DE LIBRE-ÉCHANGE (DE RICHARD COBDEN), Cobdenism; free-trade doctrine.
DOCTRINES LIBRE-ÉCHANGISTES, free-trade doctrines.
DOCTRINE TRUMAN, Truman Doctrine.
HISTOIRE DES DOCTRINES ÉCONOMIQUES, history of economic thought.

DOCUMENT m, document.
DOCUMENT À L'APPUI, exhibit.
DOCUMENT OFFICIEL, official document.
DOCUMENTS À ORDRE, promissory documents.
DOCUMENT SANS VALEUR INTRINSÈQUE, document without intrinsic value.
RÉUNIR DES DOCUMENTS, to gather documents.

DOCUMENTAIRE a, documentary.
ACCRÉDITIF DOCUMENTAIRE, documentary credit.
PREUVE DOCUMENTAIRE, documentary proof.
TRAITE DOCUMENTAIRE, documentary bill.

DOGMATIQUE a, dogmatic.

DOGME m, dogma, tenet.

DOIT m, debit, liability.
DOIT ET AVOIR, debit and credit.

DOLLAR m, dollar.
BALANCE DOLLAR, dollar balance.
BILLET DE CINQ DOLLARS, U.S: fiver (familier).
BILLET DE 10 DOLLARS, U.S: tenner (familier).
COURS DU DOLLAR, exchange value of the dollar.
COÛTER AU MOINS 1.000 DOLLARS, to cost at least $ 1,000.
CRISE DU DOLLAR, dollar crisis.
MILLE DOLLARS, U.S: grand.
PÉNURIE DE DOLLARS, dollar shortage.
ZONE DOLLAR, dollar area.

DOMAINE m, domain, estate, property, area, purview.
COMPTE DOMAINE, property account.
DOMAINE GREVÉ D'HYPOTHÈQUES, burdened estate.
DOMAINE MINIER, mining area.
HÉRITER D'UN DOMAINE, to come into property.
MORCELLEMENT DES GRANDS DOMAINES, breaking up of large estates.
PRODUCTION DES GRANDS DOMAINES, production of estates.
TOTALITÉ DU DOMAINE, entirety of the estate.

DOMANIAL a, domanial, national.
FORÊT DOMANIALE, State forest.

DOMESTICITÉ f, household; servants.
NOMBREUSE DOMESTICITÉ, large household.

DOMESTIQUE a, domestic.
BUDGET DOMESTIQUE, household expenses.
ÉCONOMIE DOMESTIQUE, housekeeping ; domestic science.
TRAVAUX DOMESTIQUES, house work.

DOMESTIQUE m or f, servant, maid, servant-girl.

DOMICILE m, domicile, residence.
DOMICILE LÉGAL, legal domicile.
DOMICILE D'ORIGINE, domicile of origin.
DOMICILE (RÉEL), place of residence.
OUVRIER À DOMICILE, outside worker ; out-worker; home worker.
VIOLATION DE DOMICILE, breach of domicile.

DOMICILIATAIRE m, paying agent.

DOMICILIATION f, domiciliation.

DOMICILIÉ a, domiciled.
COUPON DOMICILIÉ, domiciled coupon.

DOMINANT a, dominant, ruling, prevailing.
ÉCONOMIE DOMINANTE, dominant economy.
FIRME DOMINANTE, leading firm ; dominant firm.
VALEUR DOMINANTE, thickest value.

DOMINANTE f, mode.

DOMINATION f, domination, leadership.

DOMINION m, dominion.

DOMMAGE m, damage, nuisance, injury, loss, wrong.
ACCORDER DES DOMMAGES-INTÉRÊTS*, to give damages.
ACTION EN DOMMAGES ET INTÉRÊTS*, action for damages.
DOMMAGE DE GUERRE, war indemnity.
DOMMAGES INDIRECTS, consequential damages.
DOMMAGES-INTÉRÊTS*, damages ; award.
DOMMAGES-INTÉRÊTS FIXÉS EN ARGENT, liquidated damages.
DOMMAGES MATÉRIELS, damage to property.
DOMMAGES PROVOQUÉS PAR LA SÉCHERESSE, damage caused by drought.
EXCLUSION DES DOMMAGES DE GUERRE, immunity from war indemnities.
FIXATION DE DOMMAGES ET INTÉRÊTS*, assessment of damages.
FIXER DES DOMMAGES ET INTÉRÊTS*, to assess the damages.

IMPORTANCE DU DOMMAGE, extent of the damage.
OBTENIR DES DOMMAGES-INTÉRÊTS*, to recover damages.
OBTENTION DE DOMMAGES-INTÉRÊTS*, recovery of damages.
PASSIBLE DE DOMMAGES-INTÉRÊTS*, liable for damages.
POURSUIVRE EN DOMMAGES-INTÉRÊTS*, to sue for damages.

DON m, gift, present, donation, grant, granting, giving.
DONS EN NATURE REÇUS, gifts in kind received.
DONS ET PRÊTS, grants and loans.
DON PUR ET SIMPLE, outright gift.

DONATAIRE m, donee, recipient.

DONATEUR m, donor, giver.

DONATION f, donation, gift, grant, giving, charitable donation.
ACTE DE DONATION, deed of gift.
IMPÔTS SUR DONATIONS ET SUCCESSIONS, death and gift duties.

DONNÉ a, given, assigned.
BESOINS DONNÉS, given wants.
à un COURS DONNÉ, at a given price.
étant DONNÉS DEUX POINTS QUELCONQUES, given any two points.
GOÛTS DONNÉS, given tastes.
PROBABILITÉ DONNÉE POUR, probability definable for.
RÉPARTITION ENTRE DIFFÉRENTES UTILISATIONS D'UN VOLUME DONNÉ DE RESSOURCES, distribution of a given volume of employed resources between different uses.
dans un TRIANGLE DONNÉ, in a given triangle.

DONNÉE f, datum, figure, coefficient.
ACQUISITION DE DONNÉES, data acquisition.
BANQUE DE DONNÉES, data bank.
CHAÎNAGE DE DONNÉES, data chaining.
COLLECTE DE(S) DONNÉES, data gathering ; data collection.
DÉFAUT DE DONNÉES SUFFISANTES, lack of sufficient data.
DONNÉES, data.
DONNÉES ANALOGIQUES, analog data.
DONNÉES DE BASE, base figures.
DONNÉES BRUTES, raw data ; actual data.
DONNÉES CLASSÉES, classified data.
DONNÉES DE CONTRÔLE, control data.
DONNÉES CORRESPONDANTES, corresponding data.
DONNÉES COURANTES, current data.
DONNÉES NON DISPONIBLES, data not available.
DONNÉES ESSENTIELLES, essential data.
DONNÉES ÉTABLIES D'APRÈS LES LIVRAISONS DES FABRICANTS, data based on manufacturers' deliveries.
DONNÉES EXPÉRIMENTALES, experimental data.
DONNÉES GLOBALES, combined totals ; aggregate figures.
DONNÉES GROUPÉES, classified data.
les DONNÉES ET LES INCONNUES, the coefficients and the unknowns ; the coefficients and the variables.
DONNÉES DU PROBLÈME, facts of the case.
ENSEMBLE DE DONNÉES, data set.
ENTRÉE ET SORTIE DE DONNÉES, data input and output.
SAISIE D'UNE DONNÉE, data acquisition.
TRAITEMENT DES DONNÉES, data processing.
TRANSMISSION DE DONNÉES, data communication ; data transmission.

DONNER v, to give, to assign.
DONNER DES ARRHES, to pay a deposit on.
DONNER SON AVAL, to back.
DONNER À BAIL, to lease.
DONNER UN CHÈQUE À L'ENCAISSEMENT, to pay in a cheque ; to pay a cheque into the bank.
DONNER UNE COMMISSION, to charge with a commission.
DONNER UNE CONTREPARTIE POUR, to give consideration for.
DONNANT DROIT À PENSION, pensionable.
DONNER À ENTENDRE, to instruct.
DONNER À DES FONDS UNE AFFECTATION (SPÉCIALE), to earmark funds (for a purpose).
DONNER DE L'IMPULSION AU COMMERCE, to give a stimulus to trade.
DONNER L'INCERTAIN (EN BOURSE), to quote uncertain ; to quote movable exchange ; to quote variable exchange.
DONNER DES INSTRUCTIONS, to instruct.
DONNER EN LOCATION, to hire; to let.
DONNER UNE MAISON À BAIL, to lease a house.
DONNER UN NAVIRE À FRET, to freight (out) a ship.
DONNER UN ORDRE, to give an order for.
DONNER UN TUYAU À, to give a tip to.
DONNER UNE VALEUR À UN PARAMÈTRE, to assign a value to a parameter.
PARTICIPATION DONNANT LE CONTRÔLE, controlling interest.

DONNEUR m, giver, donor.
DONNEUR D'AVAL, backer ; referee in case of need.
DONNEUR D'OPTION, taker for a put and call.
DONNEUR DE STELLAGE, taker for a put and call.

DONT m, option rate, put.
ACHETEUR D'UN DONT, taker for a put.
VENDEUR D'UN DONT, seller of a call option ; taker for the call.
VENTE DONT, taking for the call.

DORMANT a, dormant, sleeping.
COMPTES DORMANTS, dormant accounts.

DORMIR v, to sleep.
ARGENT QUI DORT, dead money.

DOS m, back, reverse side.
DOS D'UN EFFET, back of a bill.
DOS D'UNE LETTRE DE CRÉDIT, reverse side of a letter of credit.

DOSAGE m, proportioning.

DOSÉ a, proportioned.

DOSER v, to proportion.

DOSSIER m, file.
METTRE SOUS DOSSIER DES TITRES POUR LE COMPTE D'UNE AUTRE BANQUE, to earmark securities.

DOT f, marriage portion, dowry.
sans DOT, portionless.

DOTATION f, appropriation, endowment.
DOTATION À LA RÉSERVE, appropriation to the reserve.

DOTÉ a, endowed.
DOTÉ DE MOYENS FINANCIERS, endowed with financial means.

DOTER v, to endow, to equip.
DOTER UNE USINE D'UN ÉQUIPEMENT NEUF, to equip a works with new plant.

DOUANE f, customs.
ABOLIR LES DROITS DE DOUANE, to do away with customs duties.
AGENCE EN DOUANE, customs agency.
BORDEREAU DE DOUANE, custom-house note.
BUREAU DE DOUANE, customs house.
CACHET DE DOUANE, customs seal.
DÉCLARATION EN DOUANE, customs declaration ; customs entry.
DROITS DE DOUANE, customs duties.
ENTREPÔT EN DOUANE, bonded warehouse.
ENTREPÔT SOUS DOUANE, bond-store.
FONCTIONNAIRE DE LA DOUANE, customs official.
FRAIS DE DOUANE, customs charges.
FRANCO DE DOUANE, free of customs duties.
PAYER LES DROITS DE DOUANE, to pay customs.
PERCEPTION DES DROITS DE DOUANE, collection of customs duties.
PERMIS DE DOUANE, customs permit.
PLOMB DE DOUANE, custom-house seal.
QUITTANCE DE DOUANE, custom-house receipt.
RECETTE DES DOUANES, office of collector of customs.
RECEVEUR DES DOUANES, collector of customs.
REMISE DE DROITS DE DOUANE, remission of customs duty.
VALEUR DE DOUANE, customs value.
VISA DE LA DOUANE, customs visa.

DOUANIER a, pertaining to the customs.
ACCORD GÉNÉRAL SUR LES TARIFS DOUANIERS ET LE COMMERCE, General Agreement on Tariffs and Trade (GATT).
BARRIÈRE(S) DOUANIÈRE(S), customs barrier ; customs walls ; tariff walls.
CARTELS FAVORISÉS PAR LE PROTECTIONNISME DOUANIER, cartels favoured by customs protectionism.
FORMALITÉS DOUANIÈRES, customs formalities ; customs clearance.
RÉFORME DES TARIFS DOUANIERS, tariff reform.
RÈGLEMENTS DOUANIERS, customs regulations.
TARIFS DOUANIERS, customs tariffs.
TARIFICATION DOUANIÈRE, customs tariffication.
TARIFICATION DOUANIÈRE AU POIDS, customs tariffication by weight.
TARIFICATION DOUANIÈRE AU VOLUME, customs tariffication by measurement.
TERRITOIRE DOUANIER, customs area.
THÉORIE DES TARIFS DOUANIERS, theory of tariff structure.
UNION DOUANIÈRE, customs union.
VISITE DOUANIÈRE, customs examination.

DOUANIER m, customs officer.

DOUBLE a, double, dual, duplicate.
COURBE À DOUBLE COURBURE, tortuous curve.
COURS DE LA DOUBLE PRIME, price of double option ; price of put and call.
DOUBLES COLONNES, double columns.
DOUBLE EMPLOI, overlapping ; duplication.
DOUBLE ÉTALON (OR ET ARGENT), double standard (gold and silver).
DOUBLE OPTION, put and call.
DOUBLE PERFORATION, double punch.

DOUBLES PRIMES, put and call.
DOUBLE SENS, double meaning.
EFFET À DOUBLE USANCE, bill at double usance.
FAIT EN DOUBLE (EXEMPLAIRE), made in duplicate.
GRAND LIVRE DOUBLE, double ledger.
PARTIE DOUBLE, double entry.
PRIME DOUBLE, double option.

DOUBLE m, double, duplicate.
DOUBLE DE LA VALEUR, double the value.
FAIRE EN DOUBLE, to duplicate.

DOUBLEMENT m, doubling.
DOUBLEMENT DE LA POPULATION, doubling of population.

DOUBLER v, to double.
DOUBLER LA MISE, to double the stakes.
la POPULATION DOUBLE TOUS LES 25 ANS, population doubles
   every 25 years.

DOULEUR f, pain.
DOULEURS DE CROISSANCE, growing-pains.

DOUTE m, doubt.
METTRE EN DOUTE, to question.

DOUTEUX a, doubtful, dubious, uncertain, problematic(al), bad.
CRÉANCE DOUTEUSE, doubtful debt ; bad debt.
MORALITÉ DOUTEUSE, doubtful honesty.
PAPIER DE VALEUR DOUTEUSE, dubious paper ; unsafe paper.
PLACER DES VALEURS DOUTEUSES, to push shares.
PLACEUR DE VALEURS DOUTEUSES, share-pusher.
PLACIER DE VALEURS DOUTEUSES, share-pusher.
PROVISION POUR CRÉANCES DOUTEUSES, reserve for doubtful
   debts ; bad debts reserve.
RÉSULTAT DOUTEUX, doubtful result ; dubious result.
VALEUR DOUTEUSE, doubtful value.

DOUX a, sweet.
EAU DOUCE, fresh water.
PENTE DOUCE, gradual slope.

DOUZAINE f, dozen.
DEMI-DOUZAINE, half a dozen.

DOUZIÈME m, twelfth.
DOUZIÈME PROVISOIRE, credit vote.

DOW-JONES n. pr, Dow-Jones.
INDICE DOW-JONES, U.S: Dow-Jones index.

DOYEN a, senior.

DRACONIEN a, draconian.
RÈGLEMENTS TROP DRACONIENS, unduly severe regulations.

DRAINAGE m, drain.
DRAINAGE DE CAPITAUX, drain of money.
DRAINAGE DES CERVEAUX, brain drain.

DRAINER v, to drain.
l'OR EST DRAINÉ VERS, gold is being drained towards.

DRASTIQUE a, drastic.
REMÈDE DRASTIQUE, drastic remedy.

DROGUE f, drug.

DROIT a, right, straight.
AMORTISSEMENT EN LIGNE DROITE, straight-line depreciation.
ANGLE DROIT, right angle.
CÔNE DROIT, right cone.
CYLINDRE DROIT, right cylinder.
(LIGNE) DROITE, straight line ; right line.
PIÈCE DROITE, standard coin.

DROIT adv, right.
tout DROIT, directly.

DROIT m, right, law, charge, claim, interest, duty, due, tax, fee.
ABDICATION DE DROITS, surrender of rights.
ABOLIR LE DROIT, to take the duty off.
ABOLIR LES DROITS DE DOUANE, to do away with customs duties
ACQUITTEMENT DES DROITS, payment of duty.
AGIR SELON SON DROIT, to act by right.
ATTEINTE AUX DROITS, infringement of rights.
AYANT DROIT, entitled.
l'AYANT DROIT, interested party ; party entitled.
CÉDER SES DROITS, to yield one's rights.
DÉCHÉANCE D'UN DROIT, loss of right.
DÉCLARATION DES DROITS DE CITOYENS, U.K: Bill of Rights.
DONNANT DROIT À PENSION, pensionable.
à qui de DROIT, to whom it may concern.
avec DROIT, cum rights.
DROIT D'ACCISE, excise duty.
DROITS D'ACHAT, purchasing rights.
DROITS ACQUIS, vested interest.
DROIT D'AÎNESSE, birthright ; primogeniture.
DROITS D'ANCRAGE, groundage.

DROIT D'ANTÉRIORITÉ, right of priority.
DROIT D'ASILE, right of sanctuary, of asylum.
DROIT D'ASSOCIATION, right of combination.
DROIT D'AUTEUR, copyright.
DROIT AU BAIL D'UN IMMEUBLE, right to the lease of a property.
DROIT DE BATTRE MONNAIE, right of coinage.
DROITS DU CITOYEN, personal rights.
DROIT CIVIL*, civil law.
DROITS CIVIQUES, civil rights.
DROIT COMMERCIAL, law merchant ; commercial law ; mercantile
   law.
DROIT COMPENSATEUR, countervailing duty.
DROIT DE CONSTITUTION (D'UNE SOCIÉTÉ), capital duty.
DROIT COUTUMIER, custom ; common law.
DROITS DES CRÉANCIERS, rights of creditors.
DROIT DÉTACHÉ, ex rights.
DROIT DÉVOLU À, right vested in.
DROIT DIFFÉRENTIEL, discriminating duty ; differential duty.
DROITS DE DOCK, dock dues.
DROITS DE DOUANE, customs duties.
DROIT ÉCRIT, statute-law.
DROITS D'ENREGISTREMENT, registration dues ; registration duty ;
   registration fees.
DROIT D'ENTRÉE, impost ; import duty ; entrance fee.
DROIT EXCLUSIF, sole right ; exclusive right.
DROITS EXERCÉS EN COMMUN, communal tenure.
DROIT EXIGIBLE D'AVANCE, duty payable in advance.
DROIT D'EXPLOITER LE PÉTROLE, oil rights.
DROITS D'EXPORTATION, export duty.
DROITS DE LA FEMME, women's rights.
DROIT FISCAL, revenue duty.
DROIT FIXE, fixed duty.
DROIT DE FRAPPE, right of coinage ; mintage.
DROIT DE GRÈVE, right to strike.
DROITS DE HALLAGE, market dues.
DROIT IMMOBILIER, chattel real.
DROITS D'IMPORTATION, import duty.
DROIT INALIÉNABLE, inalienable right.
DROIT INTERNATIONAL, international law ; law of nations.
DROIT INTERNATIONAL PRIVÉ, private international law.
DROIT DE LIBRE ACCÈS, free ingress.
DROITS DU LOCATAIRE, tenant-right.
DROIT DE MAGASINAGE, rent on goods deposited ; demurrage
   charge.
DROIT MARITIME, maritime law ; shipping-law; law of shipping.
DROITS MINIERS, mineral rights.
DROITS DE MOUILLAGE, groundage.
DROITS DE MUTATION, transfer duty ; taxes on property transfers ;
   conveyance duty.
DROIT NATIONAL, national law.
DROIT NATUREL, unwritten law.
DROITS DE NAVIGATION, navigation dues.
DROITS D' OCTROI, town dues; impost.
DROIT DE PASSAGE, right of passage ; right of way ; toll ; ferry
   dues.
DROIT DE PASSER LIBREMENT LES FRONTIÈRES, right of free
   entry.
DROIT PÉNAL, criminal law.
DROIT À PENSION, pensionable.
DROITS DE PILOTAGE, pilotage dues.
DROIT PLEIN, full duty.
DROITS DE PORT, harbour dues ; port dues ; port charges.
DROIT DE PRÉEMPTION, pre-emption ; refusal.
DROIT DE PRÉFÉRENCE, right of first refusal.
DROIT PRÉFÉRENTIEL, preferential right.
DROITS DE PRIORITÉ, priority rights.
DROIT PRIVÉ, private law.
DROIT PROHIBITIF, prohibitive duty.
DROIT DE PROPRIÉTÉ, proprietary ; proprietorship.
DROIT DE PROSPECTION, prospecting concession.
DROIT PROTECTEUR, protective duty.
DROITS DE QUAI, pier dues ; wharf dues ; wharfage ; quayage.
DROIT RÉGALIEN, royalty.
DROIT DE REPRISE D'UN BAIL, premium on a lease.
tous DROITS (DE REPRODUCTION) RÉSERVÉS, all rights reserved.
DROIT DE RÉTENTION, lien.
DROIT DE RÉTENTION DE MARCHANDISES, lien on goods.
DROIT DE RÉVERSION, right of reversion.
DROITS DE SAUVEGARDE, safeguarding duties.
DROIT DE SAUVETAGE, salvage ; salvage dues.
DROIT DES SOCIÉTÉS COMMERCIALES*, U.S: law of business
   corporations.
DROIT(S) DE SOUSCRIPTION, application rights.
DROITS DE SOUVERAINETÉ, sovereign rights.
DROIT SPÉCIFIQUE, specific duty.
DROITS DE STATIONNEMENT, standage.
DROIT DE STATISTIQUE, statistical tax.
DROITS SUCCESSIFS, right to succeed.

DROIT DE SUCCESSION, right of succession ; right of inheritance.
DROITS DE SUCCESSION, death duties ; estate duty ; legacy-duty.
DROITS DE SUCCESSION (PAR TESTAMENT), probate-duty.
DROIT DE SE SYNDIQUER, right of combination.
DROITS DE TIMBRE, stamp duty.
DROIT DE TIMBRE À LA CHARGE DU VENDEUR, stamp duty payable by the seller.
DROIT DE TIMBRE À QUITTANCE, receipt stamp duty.
DROIT DE TIRAGE, drawing right.
DROITS DE TIRAGE SPÉCIAUX, special drawing rights.
DROIT DE TONNAGE, tonnage duty.
DROITS DE TRANSIT, transit duty.
DROITS DU TRAVAIL, rights of labour.
DROIT USUFRUCTUAIRE, usufructuary right.
DROIT DE VOTE, right to vote ; voting right; franchise.
EXEMPT DE DROITS, duty-free ; free of duty.
EXERCER UN DROIT, to exercise a right.
FRAPPER D'UN DROIT, to excise.
IMPOSER DES DROITS NOUVEAUX, to impose new duties.
MARCHANDISES EXEMPTES DE DROITS, duty-free goods.
MARCHANDISES SUJETTES À DES DROITS, dutiable goods.
MARCHANDISES SUJETTES À DES DROITS D'ENTRÉE, goods liable to import duty.
MARCHÉ DES DROITS DE SOUSCRIPTION, rights market.
NATURE D'UN DROIT LOCATIF, tenure.
PASSIBLE DE DROITS, liable to duty.
PAYER LES DROITS DE DOUANE, to pay customs.
PAYER UN DROIT DE PASSAGE, to pay toll.
PERCEPTION DES DROITS DE DOUANE, collection of customs duties.
PLEIN DROIT D'USAGE DE, full right of use of ; full right of user of.
PRENDRE LES DROITS À SA CHARGE, to undertake to pay the duty.
PRIME COMPORTANT LE DROIT DE LIVRER, put option.
QUESTION DE DROIT, issue of law.
RÈGLES DE FOND DU DROIT, substantive law.
REMISE DE DROITS DE DOUANE, remission of customs duty.
RENONCER À SES DROITS, to yield one's rights.
RENTRER DANS UN BIEN PAR DROIT DE RETOUR, to regain possession of a property by reversion.
se RÉSERVER UN DROIT DE RECOURS, to reserve right of recourse.
TRIPLE DROIT, treble duty.
USER DU DROIT D'OPTION, to exercise the right of option.

DROITE f, line, straight line.
AJUSTEMENT PAR UNE DROITE, fitting a straight line.
DROITE D'AJUSTEMENT, line of average relationship ; line of regression.
DROITE D'ESTIMATION, line of average relationship ; line of regression.
les DROITES PARALLÈLES NE SE RENCONTRENT JAMAIS, parallel lines never join.
DROITE DE RÉGRESSION, line of regression.
PENTE DE LA DROITE, slope of the straight line.
TRACES D'UNE DROITE, traces of a straight line.

DROME f, raft.
RISQUE DE DROMES, raft risk.

DÛ a, due, owing, attributable.
AVERTISSEMENT EN BONNE ET DUE FORME, due warning.
BONNE ET DUE FORME, proper form ; due form.
ERREUR DUE À L'INSTRUMENT EMPLOYÉ, instrumental error.
PORT DÛ, carriage forward.
SOLDE DÛ, balance due.
VARIANCE DUE À LA RÉGRESSION (INTERCLASSE), variance due to regression (between classes).

DÛ m, due.
RÉCLAMER SON DÛ, to claim one's dues.

DUAL a, dual.
MÉTHODE PRIMALE-DUALE, primal-dual method.

PROBLÈME DUAL, dual problem.

DUALITÉ f, duality.

DUCROIRE m, del credere.
COMMISSION DUCROIRE, del credere commission.

DÛMENT adv, duly.
DÛMENT PATENTÉ, duly licensed.
REPRÉSENTANT DÛMENT ACCRÉDITÉ, duly authorized representative.

DUMPING m, dumping.

DUOPOLE m, duopoly.

DUPE f, fool.
AFFAIRE DE DUPES, unconscionable bargain.

DUPERIE f, deception.

DUPLICATA m, duplicate.
DUPLICATA DE REÇU, duplicate receipt.

DUPLICATEUR a, duplicating.

DUPLICATEUR m, duplicating-machine.

DUPLICATION f, duplication.

DUPLICITÉ f, double-dealing.

DUR a, hard.
DURE ÉPREUVE, hardship.
TRAVAIL DUR, hard work.

DURABILITÉ f, durability, lastingness.
DURABILITÉ D'UN BAIL, fixity of tenure.

DURABLE a, durable, perdurable, lasting.
BIENS DE CONSOMMATION DURABLES, consumer durables ; durable consumer goods.
BIEN DURABLE, durable.
BIENS DURABLES ET NON DURABLES, durable and non-durable goods.
LONGÉVITÉ DES CAPITAUX DURABLES, length of life of durable assets.

DURÉE f, duration, period, term, lasting, standing.
de COURTE DURÉE, of short duration.
DURÉE D'ACHEMINEMENT, routing time.
DURÉE D'ATTENTE, wait in queue.
DURÉE D'UN BAIL, term of a lease ; duration of a lease.
DURÉE D'UN BREVET, duration of a patent.
DURÉE DES CYCLES, duration of cycles.
DURÉE MOYENNE, average period.
DURÉE MOYENNE D'INVESTISSEMENT, average period of investment.
DURÉE DU TRAVAIL, hours of work.
DURÉE DE VIE, economic life.
PROROGER LA DURÉE D'UN CRÉDIT, to extend the validity of a credit.

DURER v, to last.
la DISETTE NE DURERA PAS, the shortage is not going to last.

DYNAMIQUE a, dynamic.
ACCROISSEMENT DYNAMIQUE, dynamic increment.
ANALYSE DYNAMIQUE, dynamic analysis.
ANALYSE AU MOYEN DU MULTIPLICATEUR DYNAMIQUE, dynamic multiplier analysis.
CAPITALISME DYNAMIQUE, stream-lined capitalism.
ÉCONOMIE DYNAMIQUE, dynamic economics.
MODÈLE DYNAMIQUE, dynamic model.
PROGRAMMATION DYNAMIQUE, dynamic programming.
THÉORIE DE LA STABILITÉ DYNAMIQUE, theory of dynamic stability.

DYNAMIQUE f, dynamics.
DYNAMIQUE ÉCONOMIQUE, economic dynamics.

DYNAMISME m, dynamism.

EAU *f*, water.
AMÉNAGER UNE CHUTE D'EAU, to harness water-power.
APPROVISIONNEMENT EN EAU, water supply.
COMPAGNIE DES EAUX, water-company.
EAU DOUCE, fresh water.
EAU(X) D'ÉGOUT(S), sewage.
EAU IMPROPRE À LA CONSOMMATION, non-domestic water.
EAUX INTÉRIEURES, inland waters.
EAUX MARITIMES, sea water.
EAU MINÉRALE, mineral water.
EAUX TERRITORIALES, territorial waters.
NIVEAU D'EAU, water level.
RÉSERVE EN EAU, water supply.
SOCIALISME À L'EAU DE ROSE, pink socialism.
VILLE D'EAU, spa.
VOIE D'EAU, waterway.
par VOIE D'EAU, by water.

ÉCART *m*, gap, deviation, deviate, discrepancy, divergence, difference, residual, margin, error.
APPROXIMATION DE L'ÉCART TYPE DE LA MOYENNE D'ÉCHANTILLON, estimated standard error of a sample mean.
COMBLER UN ÉCART, to bridge a gap.
ÉCART ABSOLU, absolute deviation.
ÉCART ABSOLU MOYEN, mean deviation ; average deviation.
ÉCART CONSIDÉRABLE ENTRE PRIX D'ACHAT ET PRIX DE VENTE, wide quotation.
ÉCART ENTRE LE COURS ACHETEUR ET COURS VENDEUR, turn of the market.
ÉCART DÉFLATIONNISTE deflationary gap.
ÉCART GRANDISSANT, widening gap.
ÉCART INFLATIONNISTE, inflationary gap.
ÉCART MAXIMUM, maximum departure.
ÉCART MOYEN ABSOLU average deviation.
ÉCART À LA MOYENNE, deviation from the mean; mean deviation.
ÉCART ENTRE MOYENNE ET MODE, modal divergence.
ÉCARTS DE PRIX, difference in price.
ÉCART ENTRE PRIX DE REVIENT ET PRIX DE VENTE, difference scissors.
ÉCART ENTRE PRIX INDUTRIELS ET PRIX AGRICOLES, price between cost and the sale price.
ÉCART QUADRATIQUE, standard deviation.
ÉCART RÉDUIT, normal deviate.
ÉCART STATISTIQUE, statistical discrepancy.
ÉCARTS AU TREND, deviations from trend.
ÉCART TYPE, standard deviation.
ERREUR TYPE DE L'ÉCART TYPE, standard error of the standard deviation.
MOYENNE DES CARRÉS DES ÉCARTS À LA MOYENNE (VARIANCE), mean of the squared deviations from the mean (variance).
SOMME DES CARRÉS DE TOUS LES ÉCARTS, sum of squares of the residuals ; sum of (the) squares of the deviations.
SOMME DE CARRÉS DES ÉCARTS DES POINTS OBSERVÉS, deviations of the separate points, when squared and totalled.
VARIABLE D'ÉCART, slack variable.

ÉCARTEMENT *m*, gauge, spacing.
ÉCARTEMENT NORMAL, standard gauge.
ÉCARTEMENT DES RAILS, track-gauge.
ÉCARTEMENT DE LA VOIE, gauge of the track.

(S)' ÉCARTER *v*, to deviate; to discard.
ÉCARTER TOUT CE QUI N'EST PAS ESSENTIEL, to discard the unessential.

ÉCHAFAUDAGE *m*, scaffolding; fabric.
ÉCHAFAUDAGES, false works.
tout l'ÉCHAFAUDAGE D'ARGUMENTS, whole fabric of arguments.

ÉCHANGE *m*, exchange, trade, interchange, barter, swap, swapping.
ANALYSE D'ÉCHANGES INTERSECTORIELS, input-output analysis.
ASSOCIATION EUROPÉENNE DE LIBRE-ÉCHANGE (AELE), European Free Trade Association.
CITADELLE DU LIBRE-ÉCHANGE, stronghold of free trade.
DÉTERMINATION DE L'ÉQUILIBRE DE L'ÉCHANGE, determination of exchange equilibrium.
ÉCHANGE D'ACTIONS UNE POUR UNE, exchange of shares one for one.
ÉCHANGE D'OBSERVATIONS, exchange of observations, discussion.
ÉCHANGE, TITRE POUR TITRE, exchange, share for share.
ENTRAVE AUX ÉCHANGES, impediment to trade.
ÉQUATION QUANTITATIVE DES ÉCHANGES, quantity equation of exchange.
ÉQUILIBRE GÉNÉRAL DES ÉCHANGES, general equilibrium of exchange.
GAINS DE L'ÉCHANGE, gain from trade.
INDICE DE LA VALEUR D'ÉCHANGE, exponent of exchangeable value.
LIBRE-ÉCHANGE, free trade.
MONNAIE D'ÉCHANGE, money of exchange.
MONNAIE EN TANT QUE MOYEN D'ÉCHANGE, money as medium of exchange.
MOYEN D'ÉCHANGE, medium of exchange.
OFFRIR EN ÉCHANGE, to offer in exchange.
POLITIQUE DE LIBRE-ÉCHANGE, free-trade policy.
PUR ÉCHANGE, pure exchange.
RAPPORT D'ÉCHANGE (INTERNATIONAL), real exchange ratio.
RESTRICTIONS FRAPPANT LES ÉCHANGES ET LES PAIEMENTS, restrictions on trade and payments.
SCIENCE DE L'ÉCHANGE, catallactics.
TABLEAU D'ÉCHANGES INTERSECTORIELS, input-output table.
TAUX D'ÉCHANGE, ratio of exchange.
TAXES ET SURTAXES D'ÉCHANGE, exchange taxes and surcharges.
TERMES DE L'ÉCHANGE, terms of trade ; terms of exchange.
TERMES DE L'ÉCHANGE BRUTS, gross barter terms of trade.
TERMES DE L'ÉCHANGE FACTORIELS, factoral terms of trade.
TERMES RÉELS DE L'ÉCHANGE, barter terms of trade.
THÉORIE DES ÉCHANGES, theory of exchange.
THÉORIE DE L'ÉQUILIBRE GÉNÉRAL DES ÉCHANGES, theory of general exchange equilibrium.
VALEUR D'ÉCHANGE, exchange-value ; value in exchange ; exchangeable value.
ZONE EUROPÉENNE DE LIBRE-ÉCHANGE, European Free Trade Area.
ZONE DE LIBRE-ÉCHANGE, Free Trade Area.

ÉCHANGEABILITÉ *f*, exchangeability.

ÉCHANGEABLE *a*, exchangeable.
BIENS ÉCHANGEABLES, exchangeable goods.

ÉCHANGER v, to exchange, to change, to interchange, to trade, to barter, to swap.
ÉCHANGER DES ACTIONS PRIVILÉGIÉES CONTRE DES ACTIONS ORDINAIRES, to exchange preference shares for ordinary shares.

ÉCHANGISTE a, pertaining to exchange.
ÉCOLE LIBRE-ÉCHANGISTE (DE MANCHESTER), Manchester school (of free trade).

ÉCHANGISTE m, exchanger.
LIBRE-ÉCHANGISTE, free-trader.

ÉCHANTILLON m, sample, specimen, pattern.
APPROXIMATION DE L'ÉCART TYPE DE LA MOYENNE D'ÉCHANTILLON, estimated standard error of a sample mean.
CONFORME À L'ÉCHANTILLON, true to specimen.
DISTRIBUTION DE... D'UNE FAMILLE D'ÉCHANTILLONS, sampling distribution of.
DISTRIBUTION DES MOYENNES D'ÉCHANTILLONS, distribution of sample means.
ÉCHANTILLON ALÉATOIRE, random sample ; probability sample.
ÉCHANTILLON ALÉATOIRE NON CLASSÉ, simple random sample.
ÉCHANTILLON ALÉATOIRE STRUCTURÉ PAR CLASSES, stratified random sample.
ÉCHANTILLON BIAISÉ, biased sample.
ÉCHANTILLON COMPENSÉ, balanced sample.
ÉCHANTILLONS SUR DEMANDE, samples sent on request.
ÉCHANTILLON AVEC ERREUR SYSTÉMATIQUE, biased sample.
ÉCHANTILLON GRATUIT, free sample.
ÉCHANTILLON DE PRIX, sample of value.
ÉCHANTILLON TIRÉ, sample drawn.
ÉCHANTILLON TIRÉ CONSCIENCIEUSEMENT, fairly drawn sample.
ÉCHANTILLON TYPE, representative sample.
ÉCHANTILLON DE VALEUR, sample of value.
ÉCHANTILLON SANS VALEUR, sample of no value.
ÉCHANTILLON SANS VALEUR MARCHANDE, sample of no commercial value.
ÉTENDUE DE L'ÉCHANTILLON, sampling range.
ÊTRE CONFORME À L'ÉCHANTILLON, to correspond to sample.
MÉTHODE PAR ÉCHANTILLONS, sampling method.
MOYENNE DE L'ÉCHANTILLON, sample mean.
PETITS ÉCHANTILLONS, small samples.
PRÉLEVER UN ÉCHANTILLON AU HASARD, to select a specimen at random.
PROBABILITÉ DE FIGURER DANS L'ÉCHANTILLON, probability of inclusion in the sample.
SOUS-ÉCHANTILLON, subsample.
TAILLE DE L'ÉCHANTILLON, sample size.
TARIF DES ÉCHANTILLONS, sample rate.
TIRAGE AU SORT DE L'ÉCHANTILLON, sample drawing.
VARIANCE DE L'ÉCHANTILLON, sampling variance.
VENTE SUR ÉCHANTILLON, sale on sample.

ÉCHANTILLONNAGE m, sampling; collection.
ÉCHANTILLONNAGE À DEUX DEGRÉS, double sampling.
ÉCHANTILLONNAGE À PLUSIEURS VARIABLES, multivariate sampling.
ÉCHANTILLONNAGE DE PRODUITS, collection of commodities.
ÉCHANTILLONNAGE PAR SOUS-GROUPES, stratified sampling.
ÉCHANTILLONNAGE PAR STRATES, stratified sampling.
ÉCHANTILLONNAGE SUCCESSIF, sequential sampling.
ERREUR D'ÉCHANTILLONNAGE, sampling error.
PLAN D'ÉCHANTILLONNAGE, sampling design ; sampling plan.
PROCÉDÉ D'ÉCHANTILLONNAGE, sampling design.
TAUX D'ÉCHANTILLONNAGE, sampling rate.

ÉCHANTILLONNER v, to sample.

ÉCHAPPATOIRE f, (means of) evasion; way out.

ÉCHAPPER v, to escape.
l'INFLATION ÉCHAPPE À TOUT CONTRÔLE, inflation is getting out of control.

ÉCHÉANCE f, maturity, date of maturity, date, value date, time of payment, term, expiry, expiration, tenor, currency.
AVIS D'ÉCHÉANCE, notice to pay.
BONS À ÉCHÉANCE RAPPROCHÉE, shortly maturing bonds.
CAPITAUX ARRIVÉS À ÉCHÉANCE, matured capital.
COMPTE DE DÉPÔT À ÉCHÉANCE, fixed-deposit account.
à COURTE ÉCHÉANCE, short-dated.
DATE D'ÉCHÉANCE, due date; currency.
DÉPÔT À ÉCHÉANCE FIXE, fixed deposit.
à ÉCHÉANCE, maturing ; dated.
ÉCHÉANCE COMMUNE, average due date ; mean due date ; equation of payment.
ÉCHÉANCE DE COUPON, due date of coupon.
à ÉCHÉANCES DÉTERMINÉES, at fixed dates.
ÉCHÉANCE DE LA LETTRE DE CHANGE, tenor of the bill of exchange.
ÉCHÉANCE D'UN MARCHÉ À PRIME, expiration of an option.
ÉCHÉANCE MOYENNE, mean due date.

ÉCHÉANCE À TERME, time bill.
EFFET À COURTE ÉCHÉANCE, short (dated) bill ; time bill.
EFFET À TRÈS COURTE ÉCHÉANCE, very short bill.
EFFET À LONGUE ÉCHÉANCE, long bill ; time bill.
EMPRUNT REMBOURSABLE À DES ÉCHÉANCES FIXES, loan repayable at fixed dates.
EMPRUNTER À LONGUE ÉCHÉANCE, to borrow long.
à LONGUE ÉCHÉANCE, long-dated ; long.
OBLIGATIONS SANS DATE D'ÉCHÉANCE, undated bonds.
OBLIGATIONS ÉCHÉANCE 1998, bonds maturing 1998.
PAPIERS À LONGUE ÉCHÉANCE, long-dated bills.
PAYABLE À L'ÉCHÉANCE, payable at maturity.
ne pas PAYER UN EFFET À SON ÉCHÉANCE, to dishonour a bill.
PAYER UNE LETTRE DE CHANGE À L'ÉCHÉANCE, to pay a bill of exchange at maturity.
PRÊTER À LONGUE ÉCHÉANCE, to lend long.
PRIME À LONGUE ÉCHÉANCE, long-dated option.
PROROGER L'ÉCHÉANCE, to extend the time of payment.
PROROGER L'ÉCHÉANCE D'UN BILLET, to prolong a bill.
RAPPEL D'ÉCHÉANCE, reminder of due date.
RÉSULTATS À LONGUE ÉCHÉANCE, deferred results.
VALEUR AUX ÉCHÉANCES, cash at maturity.
VENANT À ÉCHÉANCE, accruing.
VENIR À ÉCHÉANCE, to fall due.

ÉCHÉANCIER m, bills-receivable book ; bills-payable book.

ÉCHEC m, failure, failing, insuccess.
ÉCHEC D'UN PROJET, failure of a plan.
PROBABILITÉ D'ÉCHEC, probability of failure.

ÉCHELLE f, scale; ladder.
DESSIN À L'ÉCHELLE, drawing to scale.
ÉCHELLE ARITHMÉTIQUE, natural scales.
ÉCHELLE COLOSSALE, mammoth scale.
ÉCHELLE GRADUÉE, graduated scale.
ÉCHELLES LOGARITHMIQUES, logarithmic scales ; ratio scale.
ÉCHELLES MOBILES, sliding scales.
ÉCHELLE MOBILE DES SALAIRES, sliding wage scale.
à l'ÉCHELLE NATIONALE, on a nationwide scale.
ÉCHELLE DE PRÉFÉRENCES, scale of preferences.
ÉCHELLE DE PRODUCTION, scale of output ; scale of production.
ÉCHELLE RÉDUITE, reduced scale.
ÉCHELLE DES SALAIRES, wage scale ; scale of salaries.
ÉCHELLE SOCIALE, social ladder; social scale.
ÉCHELLE D'UNITÉ DE CONSOMMATEUR, consumer unit scales.
ÉCHELLE D'UTILITÉ, utility scale.
ÉCONOMIES D'ÉCHELLES, economies of mass production ; economics of scale.
ÉCONOMIES DE GRANDE ÉCHELLE, large scale economies.

ÉCHELON m, step, rung.

ÉCHELONNÉ a, spread, staggered, distributed.
LIVRAISONS ÉCHELONNÉES, staggered deliveries.
PAIEMENT PAR VERSEMENTS ÉCHELONNÉS, deferred payment.
REMBOURSABLE PAR VERSEMENTS ÉCHELONNÉS, repayable by instalments.
RETARDS ÉCHELONNÉS, distributed lags.
VERSEMENTS ÉCHELONNÉS SUR PLUSIEURS MOIS, instalments spread over several months.

ÉCHELONNER v, to space, to spread, to stagger.
ÉCHELONNER UNE SOUSCRIPTION (EN PLUSIEURS VERSEMENTS), to spread a subscription (into several instalments).
ÉCHELONNER DES VERSEMENTS SUR, to space out payments over.

ÉCHIQUIER m, U.K: Exchequer.
CHANCELLIER DE L'ÉCHIQUIER (MINISTRE DES FINANCES), U.K: Chancellor of the Exchequer.

ÉCHO m, echo.
CONTRÔLE PAR ÉCHO, echo check.
EFFET D'ÉCHO, echo effect.

ÉCHOIR v, to fall due, to fall; to mature.
à ÉCHOIR, accruing.

ÉCHOUER v, to fail.

ÉCHU a, due, outstanding, overdue, owing; mature, maturing, matured.
non ÉCHU, undue.
FRAIS ÉCHUS, outstanding expenses.
INTÉRÊTS ÉCHUS, outstanding interest.
INTÉRÊTS ÉCHUS ET NON PAYÉS, arrears of interest; interest in arrears.
PRIMES ÉCHUES, outstanding premiums.

ÉCLAIRAGE m, lighting.
GAZ D'ÉCLAIRAGE, lighting gas ; coal gas.

ÉCLUSE f, lock.

ÉCOLE f, school; institute.

DIRECTEUR D'ÉCOLE, headmaster.
ÉCOLE DES ARTS ET MÉTIERS, technical institute.
ÉCOLE AUTRICHIENNE (MARGINALISTE), Austrian school.
ÉCOLE DE COMMERCE, commercial school; commercial college.
ÉCOLE LIBRE, private school.
ÉCOLE DE MANCHESTER (LIBRE-ÉCHANGISTE), Manchester school (of free trade).
ÉCOLE PROFESSIONNELLE, technical school.
ÉCOLE TECHNIQUE, industrial school; technical college.
ÉCONOMISTES DE L'ÉCOLE AUTRICHIENNE, Austrian economists.

ÉCONOMAT *m*, stewardship; bursar's office.

ÉCONOME *a*, economical, provident, thrifty, parsimonious.

ÉCONOME *m*, steward, treasurer; bursar.

ÉCONOMÉTRIE *f*, econometrics.

ÉCONOMÉTRIQUE *a*, econometric.
ÉTUDES ÉCONOMÉTRIQUES, econometric studies.
MODÈLE ÉCONOMÉTRIQUE, econometric model.

ÉCONOMIE *f*, economics, economy, saving, sparing, thrift, thriftiness, sparingness, finance, business.
DICHOTOMIE ENTRE L'ÉCONOMIE RÉELLE ET L'ÉCONOMIE MONÉTAIRE, dichotomy between real and monetary economics.
ÉCONOMIES, saving(s).
ÉCONOMIE AGRAIRE, agricultural economics.
ÉCONOMIE AGRICOLE, agricultural economics.
ÉCONOMIE APPLIQUÉE, applied economics.
ÉCONOMIE DU BIEN-ÊTRE, economics of welfare; welfare economics.
ÉCONOMIE DU CERTAIN, economics of certainty.
ÉCONOMIE CLASSIQUE, classical economics.
ÉCONOMIES COLLECTIVISTES, collectivist economies.
ÉCONOMIE COMPARÉE, comparative economics.
ÉCONOMIE AU COMPTANT, spot economy.
ÉCONOMIE DANS LE COÛT DE LA MANUTENTION, saving in handling costs.
ÉCONOMIE DÉDUCTIVE, deductive economics.
ÉCONOMIE DÉVELOPPÉE, advanced economy.
ÉCONOMIE DIRIGÉE, controlled economy; controlled finance.
ÉCONOMIE DIRIGISTE, planned economy.
ÉCONOMIE DOMESTIQUE, housekeeping; domestic science.
ÉCONOMIE DOMINANTE, dominant economy.
ÉCONOMIE DYNAMIQUE, dynamic economics.
ÉCONOMIES D'ÉCHELLES, economies of mass production; economies of scale.
ÉCONOMIE DANS L'EMPLOI DE, economization.
ÉCONOMIE FERMÉE, closed economy.
ÉCONOMIES DE GRANDE ÉCHELLE, economies of large scale.
ÉCONOMIE DE L'INCERTAIN, economics of uncertainty.
ÉCONOMIE INDUSTRIELLE, industrial economics.
ÉCONOMIE INTERNATIONALE, international economics.
ÉCONOMIES INTERNES, internal economies.
ÉCONOMIE DU LAISSEZ-FAIRE, laissez-faire economy.
ÉCONOMIE DE MAIN-D'ŒUVRE, labour-saving; saving of labour.
ÉCONOMIE DU MARCHÉ, market economy.
ÉCONOMIE MATHÉMATIQUE, mathematical economics.
ÉCONOMIE MIXTE, mixed economy.
ÉCONOMIE MONÉTAIRE, monetary economics; monetary economy.
ÉCONOMIE NORMATIVE, normative economics.
ÉCONOMIE ORIENTÉE VERS LES EXPORTATIONS, export-oriented economy.
ÉCONOMIE OUVERTE, open economy.
ÉCONOMIE DES PAYS EN VOIE DE DÉVELOPPEMENT, economics of the developing countries.
ÉCONOMIE PLANIFIÉE, planned economy.
ÉCONOMIE DE PLEIN EMPLOI, full-employment economy.
ÉCONOMIE EN PLEINE MATURITÉ, mature economy.
ÉCONOMIE POLITIQUE, economics; political economy; plutonomy.
ÉCONOMIE POSITIVE, positive economics.
ÉCONOMIE PROGRESSIVE, advancing economy.
ÉCONOMIE PUREMENT LIBÉRALE, laissez-faire economy.
ÉCONOMIE QUANTITATIVE, quantitative economics.
ÉCONOMIE DU RISQUE, economics of risk.
ÉCONOMIE STAGNANTE, stagnant economy.
ÉCONOMIE STATIONNAIRE, stationary economy.
ÉCONOMIE STATIQUE, static economy.
ÉCONOMIE DE TEMPS, time saving.
ÉCONOMIE À TERME, futures economy.
ÉCONOMIE DE TRAVAIL, labour saving; saving of labour.
FAIRE UNE ÉCONOMIE DE TEMPS, to save time.
LIQUIDITÉS DESTINÉES À L'ÉCONOMIE, commercial liquidity.
LOIS DE L'ÉCONOMIE, laws of economics.
MACRO-ÉCONOMIE, macro-economics; macro-economy.
MESURE D'ÉCONOMIE, measure of economy.
MICRO-ÉCONOMIE, micro-economics; micro-economy.
MORPHOLOGIE DE L'ÉCONOMIE, economic morphology.
MULTIPLICATEUR D'ÉCONOMIE FERMÉE, multiplier in a closed economy.

OBJECTIF FINAL DE L'ÉCONOMIE POLITIQUE, higher aim of economics.
POLITIQUE D'ÉCONOMIES, policy of retrenchment.
PONCTION CONTINUELLE SUR L'ÉCONOMIE, constant drain on the economy.
PRENDRE SUR LES ÉCONOMIES, to draw on savings.
PRINCIPES D'ÉCONOMIE DES MOUVEMENTS, principles of motion economy.
PRINCIPES D'ÉCONOMIE POLITIQUE, Principles of Economics.
RANIMER L'ÉCONOMIE, to reflate the economy.
RELANCER L'ÉCONOMIE, to reflate the economy.
SECTEUR MONÉTAIRE DE L'ÉCONOMIE, money economy.
SECTEUR PRIVÉ DE L'ÉCONOMIE, private sector of the economy.
SECTEUR PUBLIC DE L'ÉCONOMIE, public sector of the economy.
SYSTÈME D'ÉCONOMIE MIXTE, mixed enterprise system.
VIVRE DE SES ÉCONOMIES, to live on one's savings.

ÉCONOMIQUE *a*, economic, economical, inexpensive.
ACTIVITÉ ÉCONOMIQUE, economic activity.
AGENTS ÉCONOMIQUES, economic agents.
AIDE ÉCONOMIQUE, economic aid.
ANALYSE ÉCONOMIQUE, economic analysis.
ANALYSE MACRO-ÉCONOMIQUE, macro-economic analysis.
ANALYSE MICRO-ÉCONOMIQUE, micro-economic analysis.
ANALYSE PSYCHOLOGIQUE DU COMPORTEMENT ÉCONOMIQUE, psychological analysis of economic behaviour.
AVANTAGE EXTRA-ÉCONOMIQUE, non economic advantage.
BAROMÈTRE DU CYCLE ÉCONOMIQUE, barometer of the business cycle.
BIENS ÉCONOMIQUES, economic goods.
BIEN-ÊTRE ÉCONOMIQUE, economic welfare.
BUREAU NATIONAL DE RECHERCHES ÉCONOMIQUES, *U.S:* National Bureau of Economic Research.
CLASSIFICATION ÉCONOMIQUE INTERNATIONALE TYPE. standard economic classification.
COLONIALISME ÉCONOMIQUE, economic colonialism.
COMMUNAUTÉ ÉCONOMIQUE EUROPÉENNE, European Economic Community.
CONDITIONS ÉCONOMIQUES ACTUELLES EN, economic conditions prevailing in.
CONSEIL D'AIDE MUTUELLE ÉCONOMIQUE, Council of Mutual Economic Aid (Comecom).
CRISE ÉCONOMIQUE, economic crisis.
CROISSANCE ÉCONOMIQUE, economic growth.
CYCLE ÉCONOMIQUE, business cycle; trade cycle.
DÉFAUTS DU SYSTÈME ÉCONOMIQUE, defects of the economic system.
non-DÉPENDANCE ÉCONOMIQUE, economic self-sufficiency.
DÉPRESSION ÉCONOMIQUE, business depression.
DÉVELOPPEMENT ÉCONOMIQUE, economic development.
DOCTRINE ÉCONOMIQUE, economic doctrine.
DYNAMIQUE ÉCONOMIQUE, economic dynamics.
non-ÉCONOMIQUE, uneconomic.
EFFECTIF DE SÉRIE ÉCONOMIQUE, economic batch quantity.
EFFICACITÉ ÉCONOMIQUE, economic efficiency.
ÉLÉMENT TEMPOREL DES GRANDEURS ÉCONOMIQUES, dating of economic quantities.
ENSEMBLE DES ACTIVITÉS ÉCONOMIQUES, aggregate economic activity.
ENSEMBLE DE LOIS ÉCONOMIQUES, body of economic laws.
ESPACES ÉCONOMIQUES, economic spaces.
ESSOR ÉCONOMIQUE, economic advancement.
FLUX ÉCONOMIQUE, economic flow.
FONDS DE DÉVELOPPEMENT ÉCONOMIQUE, Finance Development Corporation.
FORCES ÉCONOMIQUES, economic forces.
les FORCES ÉCONOMIQUES SE METTENT À AGIR, economic forces come into action.
GÉOGRAPHIE ÉCONOMIQUE ET STATISTIQUE, economic and statistical geography.
HISTOIRE DE L'ANALYSE ÉCONOMIQUE, history of economic analysis.
HISTOIRE DES DOCTRINES ÉCONOMIQUES, history of economic thought.
HISTOIRE ÉCONOMIQUE, economic history.
IMPÉRIALISME ÉCONOMIQUE, economic imperialism.
INTÉGRATION ÉCONOMIQUE, economic integration.
ISOLEMENT ÉCONOMIQUE, economic isolation.
LIBÉRALISME ÉCONOMIQUE, economic liberalism.
LITTÉRATURE ÉCONOMIQUE, economic literature.
LOCALISATION DANS L'ESPACE ÉCONOMIQUE, location in economic space.
LOIS ÉCONOMIQUES, laws of economics; economic laws; economic principles.
LOI DE L'INÉGALITÉ DU DÉVELOPPEMENT ÉCONOMIQUE, law of uneven economic development.
MACRO-ÉCONOMIQUE, macro-economic.
MAINTIEN DE LA PROSPÉRITÉ ÉCONOMIQUE, maintenance of economic prosperity.

MESURE DU CYCLE ÉCONOMIQUE, measuring the business cycle.
MÉTHODES D'ANALYSE ÉCONOMIQUE, methods of economic analysis.
MICRO-ÉCONOMIQUE, micro-economic.
MODÈLES ÉCONOMIQUES, economic models.
NOUVELLES ÉCONOMIQUES, economic intelligence.
NOUVELLE POLITIQUE ÉCONOMIQUE, *U.R.S.S:* New Economic policy (NEP).
OBJECTIFS DE LA POLITIQUE ÉCONOMIQUE, objectives of economic policy.
OBSTACLES AU DÉVELOPPEMENT ÉCONOMIQUE, checks on economic development.
ORGANISATION EUROPÉENNE DE COOPÉRATION ÉCONOMIQUE (OECE), Organization for European Economic Co-operation (OEEC).
PENSÉE ÉCONOMIQUE, economic thought.
PÉRIODE D'ESSOR ÉCONOMIQUE, trade boom.
PHASES DU CYCLE ÉCONOMIQUE, phases of the business cycle.
PHILOSOPHIE ÉCONOMIQUE, economic philosophy.
PLANIFICATION ÉCONOMIQUE, economic planning.
POLITICO-ÉCONOMIQUE, politico-economical.
POLITIQUE ÉCONOMIQUE, economic policy.
PRÉVISION DU CYCLE ÉCONOMIQUE, forecasting the business cycle.
PRÉVISION ÉCONOMIQUE, business forecasting.
PRINCIPES ÉCONOMIQUES, economic principles.
PROBLÈME ÉCONOMIQUE, economic issue.
PSYCHOLOGIE ÉCONOMIQUE, economic psychology.
QUANTITÉ ÉCONOMIQUE DE COMMANDE, economic lot size ; economic order quantity.
QUANTITÉ ÉCONOMIQUE DE RÉAPPROVISIONNEMENT, economic lot size ; economic order quantity.
RAISONNEMENT ÉCONOMIQUE, economic argument.
RELATIONS ÉCONOMIQUES INTERNATIONALES, international economic relations.
RENTE ÉCONOMIQUE, economic rent.
RENTE ÉCONOMIQUE PURE, pure economic rent.
REPRISE ÉCONOMIQUE, trade recovery ; industrial recovery.
RESTAURATION ÉCONOMIQUE ET FINANCIÈRE, economic and financial reconstruction.
REVUES ÉCONOMIQUES, economic journals.
SCIENCE ÉCONOMIQUE, economic science.
SÉMANTIQUE ÉCONOMIQUE, economic semantics.
SÉRIE ÉCONOMIQUE, economic batch.
SERVICE D'OBSERVATION ÉCONOMIQUE, Economic Service.
SOUPLESSE ÉCONOMIQUE, economic adaptatability.
STABILITÉ ÉCONOMIQUE, economic stability.
STRATÉGIE DU DÉVELOPPEMENT ÉCONOMIQUE, strategy of economic development.
SYSTÈME ÉCONOMIQUE, economic system.
THÉORIE DES CHOIX ÉCONOMIQUES, theory of economic choice.
THÉORIES DU CYCLE ÉCONOMIQUE, theories of the business cycle.
THÉORIE ÉCONOMIQUE, economic theory.
THÉORIE ÉCONOMIQUE CLASSIQUE, classical economics.
THÉORIE DES MOTIFS ÉCONOMIQUES DU COLONIALISME, economic colonialism.
UNITÉ ÉCONOMIQUE, economic unit.
UNITÉ ÉCONOMIQUE SE SUFFISANT À ELLE-MÊME, self-sufficient economic unit.
VITESSE ÉCONOMIQUE, economical speed.
VOITURE DE TYPE ÉCONOMIQUE, popular-priced car.

ÉCONOMIQUE *f*, economics.

ÉCONOMIQUEMENT *adv*, economically.

ÉCONOMISÉ *a*, saved.

ÉCONOMISER *v*, to save, to economize, to spare.
ÉCONOMISER POUR L'AVENIR, to put by for the future.
ÉCONOMISER LE TRAVAIL, to save labour.

ÉCONOMISTE *m*, economist.
ÉCONOMISTES CLASSIQUES, classical economists.
ÉCONOMISTES CONTEMPORAINS, contemporary economists.
ÉCONOMISTES DE L'ÉCOLE AUTRICHIENNE, Austrian economists.
ÉCONOMISTES KEYNÉSIENS, Keynesian economists.
ÉCONOMISTES NÉO-CLASSIQUES, neo-classical economists.
ÉCONOMISTES POST-KEYNÉSIENS, post-Keynesian economists.
ÉCONOMISTE-STATISTICIEN, analyst.

ÉCOT *m*, share, quota.

ÉCOULÉ *a*, past.
EXERCICE ÉCOULÉ, past year ; period under review.

ÉCOULEMENT *m*, outflow, offtake; placing, selling.
ÉCOULEMENT DES MARCHANDISES, turn-over of goods; offtake.
ÉCOULEMENT DE PRODUITS SUR LES MARCHÉS ÉTRANGERS, placing of products on foreign markets.

ÉCOULER *v*, to place, to dispose of, to get rid of.
ARTICLE DIFFICILE À ÉCOULER, article hard to get rid of.

AVOIR EN PORTEFEUILLE PLUS DE VALEURS QU'ON NE PEUT EN ÉCOULER, loaded up with stock.
ÉCOULER DES ACTIONS, to place shares.
ÉCOULER À BAS PRIX, to sell off.
ÉCOULER DES MARCHANDISES, to dispose of goods.
ÉCOULER LES STOCKS, to get rid of (old) stock.

ÉCRIRE *v*, to write.
APTITUDE À LIRE ET ÉCRIRE, literacy.
MACHINE À ÉCRIRE, typewriter.
MACHINE À ÉCRIRE PORTATIVE, portable typewriter.

ÉCRIT *a*, written.
DROIT ÉCRIT, statute-law.
non ÉCRIT, unwritten.
LOI ÉCRITE, written law.
PREUVE ÉCRITE, documentary evidence ; evidence in writing ; written evidence.

ÉCRIT *m*, writing.
CÉDER PAR ÉCRIT, to sign away.
DÉCLARATION PAR ÉCRIT, written statement; affidavit.

ÉCRITURE *f*, writing, handwriting.
ÉCRITURES, records ; accounts.
ÉCRITURES D'UNE BANQUE, records of a bank.
FAUX EN ÉCRITURES COMPTABLES, falsification of accounts.
VALEUR EN ÉCRITURES, book-value.
VÉRIFICATION ET CERTIFICATION DES ÉCRITURES, auditing.

ÉCROULEMENT *m*, collapse, break, break-down.

(S') ÉCROULER *v*, to collapse, to break (down).
le RAISONNEMENT S'ÉCROULE TOUT ENTIER, the argument breaks down entirely.

ÉDIFICE *m*, building, structure, fabric.
ÉDIFICE SOCIAL, social structure.
tout l'ÉDIFICE SOCIAL, whole fabric of society.
FONDATIONS D'UN ÉDIFICE, foundations of a building.

ÉDITER *v*, to publish.

ÉDITEUR *m*, publisher.

ÉDITION *f*, publishing, publishing trade.
MAISON D'ÉDITION, publishing house.

ÉDUCATION *f*, education, schooling, back experience.
ÉDUCATION DES CONSOMMATEURS, consumer education.
ORGANISATION DES NATIONS UNIES POUR L'ÉDUCATION, LA SCIENCE ET LA CULTURE, United Nations Educational, Scientific and Cultural Organization (UNESCO).

ÉDUCATIONNEL *a*, educational.

EFFECTIF *a*, effective, real, factual, actual, operative.
BLOCUS EFFECTIF, effective blockade.
COMPORTEMENT EFFECTIF DES OUVRIERS VIS-À-VIS, actual attitude of workers towards.
COURS EFFECTIFS, effective rates; actual quotations.
COÛT EFFECTIF DE LA DÉTENTION D'ARGENT OISIF, effective cost of holding idle cash.
DEMANDE EFFECTIVE, effective demand.
DEMANDE EFFECTIVE INSUFFISANTE, deficient effective demand.
EMPLOI EFFECTIF, actual employment.
INSUFFISANCE DE LA DEMANDE EFFECTIVE, insufficiency of effective demand.
MONNAIE EFFECTIVE (GAGÉE SUR DU MÉTAL), real money.
PAIEMENTS EFFECTIFS OU IMPUTÉS, actual or imputed payments.
POIDS EFFECTIF, net net weight.
PRIX DE REVIENT EFFECTIF, actual cost.
PUISSANCE EFFECTIVE, effective power.
RENDEMENT EFFECTIF, effective yield.
VALEUR EFFECTIVE, actual value ; real value.

EFFECTIF *m*, quantity, force, complement.
EFFECTIFS, man-power; *U.S:* manning; full force of.
EFFECTIF AU COMPLET, full force of men.
EFFECTIF DE LA MAIN-D'ŒUVRE, force of men employed.
EFFECTIF DE SÉRIE ÉCONOMIQUE, economic batch quantity.

EFFECTIVEMENT *adv*, effectively, actually.
BÉNÉFICE EFFECTIVEMENT RÉALISÉ, profits actually realized.

EFFECTUÉ *a*, made.
PAIEMENT EFFECTUÉ, outward payment.
PAIEMENTS EFFECTUÉS PAR LA CAISSE, cash disbursements.
VERSEMENTS EFFECTUÉS, moneys paid out.

EFFECTUER *v*, to effect, to make, to execute.
EFFECTUER UN PAIEMENT, to make a payment ; to effect a payment.
EFFECTUER UNE RÉASSURANCE, to lay off a risk.
EFFECTUER UN TRANSFERT, to execute a tranfer.

EFFET *m*, effect, bill, paper, draft, bond, asset.
ne pas ACCEPTER UN EFFET, to dishonour a bill.

AVALISER UN EFFET, to back a bill.

BÉNÉFICIAIRE D'UN EFFET DE COMMERCE, payee of a bill of exchange.

la CAUSE ET L'EFFET, cause and effect.

CÉDANT D'UN EFFET, transferor of a bill.

CESSIONNAIRE D'UN EFFET DE COMMERCE, transferee of a bill of exchange.

CONTRE-PASSER UN EFFET, to return a bill to drawer.

DEMANDE D'EFFETS SUR L'ÉTRANGER, demand for foreign bills.

DOS D'UN EFFET, back of a bill.

EFFETS, chattels ; chattels personal.

EFFET NON ACCEPTÉ, unaccepted bill.

EFFETS AVALISÉS, backed bills ; guaranteed bills.

EFFET DE COMMERCE, bill ; commercial paper.

EFFET DE CONTRE-INCIDENCE, feed-back effect.

EFFET À COURTE ÉCHÉANCE, short (dated) bill ; time bill.

EFFET À TRÈS COURTE ÉCHÉANCE, very short bill.

EFFET À DATE FIXE, day bill.

EFFET DE DÉMONSTRATION, demonstration effect.

EFFET DÉSINFLATIONNISTE, disinflationary effect.

EFFET DÉSTABILISATEUR, destabilizing effect.

EFFETS DIFFICILES À PLACER, bills difficult to negotiate.

EFFET À DOUBLE USANCE, bill at double usance.

EFFET D'ÉCHO, echo effect.

EFFETS À L'ESCOMPTE, bills for discount.

EFFETS ESCOMPTÉS, bills discounted ; discount assets.

EFFET ÉTRANGER, foreign exchange ; foreign bill.

EFFET EXACTEMENT CONTRAIRE, directly opposite effect.

EFFET EXIGIBLE À VUE, bill payable at sight.

EFFET DE FINANCE, finance bill.

EFFET DE GIFFEN, Giffen effect ; Giffen paradox.

EFFET IMMÉDIAT, immediate effect.

EFFET INESCOMPTABLE, undiscountable bill.

EFFET SUR L'INTÉRIEUR, inland bill.

l'EFFET A 30 JOURS À COURIR, the bill has 30 days to run.

EFFETS DE LIAISON, linkage effects.

EFFET À LONGUE ÉCHÉANCE, long bill ; time bill.

EFFET MÉMOIRE, ratchet effect.

EFFET À TROIS MOIS, bill at three months.

EFFET DE MULTIPLICATEUR, multiplier effect.

EFFET MULTIPLICATEUR D'UN BUDGET ÉQUILIBRÉ (D'EX-PANSION), balanced-budget multiplier.

EFFET NON NÉGOCIABLE, unnegotiable bill.

EFFETS NOMINATIFS, registered securities.

EFFET PAYABLE À 3 JOURS DE DATE, bill payable at 3 days' date.

EFFET PAYABLE À VUE, bill payable at sight.

EFFETS À PAYER, bills payable.

EFFETS EN PENSION, pawned bills.

EFFET PÉRIMÉ, expired bill.

EFFETS PERSONNELS, personal effects.

EFFETS PIGOU, Pigou effects.

EFFET SUR PLACE, local bill.

EFFETS EN PORTEFEUILLE, bills in hand.

EFFET AU PORTEUR, bill payable to bearer.

EFFET DE PRIX, price effect.

EFFET NON PROTESTÉ, unprotested bill.

EFFETS PUBLICS, public bonds ; public securities.

EFFETS À RECEVOIR, bills receivable.

EFFETS RÉCIPROQUES, cross-effects ; interplay.

EFFETS DE REDISTRIBUTION, redistributional effects.

EFFETS SUR LA RÉPARTITION, distributional effects.

EFFET DE RETOUR, feed-back effect.

EFFET RÉTROACTIF, retrospective effect.

EFFET DE REVENU, income effect.

EFFET DE REVENU ASYMÉTRIQUE, asymmetric income-effect.

EFFETS EN SOUFFRANCE, bills in suspense.

EFFET SOUVENIR, ratchet effect.

EFFET DE SUBSTITUTION, substitution effect.

EFFET NON TIMBRÉ, unstamped bill.

EFFET TIRÉ PAR UNE BANQUE SUR UNE AUTRE, bank-bill.

EFFETS ET TITRES ÉTRANGERS, foreign bills and securities.

EFFET TOTAL DU MULTIPLICATEUR, true multiplier ; complete multiplier.

EFFETS DE TRANSFERTS, transfer effects.

EFFET DE VEBLEN, Veblen effect.

EFFET VU LE..., bill sighted.

ENDOSSER UN EFFET, to back a bill.

ESCOMPTE D'EFFETS, rebate on bills not due.

ESCOMPTER UN EFFET, to discount a bill.

HONORER UN EFFET, to take up a bill.

MANQUE D'EFFET, ineffectiveness.

NÉGOCIABILITÉ D'UN EFFET, negotiability of a bill.

NÉGOCIATION D'UN EFFET, negotiation of a bill.

ne pas PAYER UN EFFET À SON ÉCHÉANCE, to dishonour a bill.

PÉRIODE DE PROPAGATION DE L'EFFET MULTIPLICATEUR, multiplier time period.

PORTEFEUILLE EFFETS, bills in hand.

PRENDRE EFFET, to take effect.

PRÉSENTER UN EFFET À L'ACCEPTATION, to provide a bill for acceptance.

RECOURS CONTRE L'ENDOSSEUR OU L'ACCEPTEUR D'UN EFFET, recourse to the endorser of a bill.

RÉESCOMPTER UN EFFET, to rediscount a bill.

REMBOURSER UN EFFET, to retire a bill.

REMETTRE DES EFFETS À L'ENCAISSEMENT, to remit bills for collection.

REMETTRE DES EFFETS EN RECOUVREMENT, to remit bills for collection.

REMISE D'UN EFFET À L'ENCAISSEMENT, remittance of a bill for collection.

REPRÉSENTER UN EFFET À L'ACCEPTATION, to represent a bill for acceptance.

RETIRER UN EFFET, to retire a bill.

RETOURNER UN EFFET IMPAYÉ, to return a bill dishonoured.

TIMBRE D'EFFETS, finance stamp.

VERSO D'UN EFFET, back of a bill.

EFFICACE a, efficient, efficacious, effective, effectual, potent, adequate.

EFFICACE AU MAXIMUM, hundred per cent efficient.

VALEUR EFFICACE D'UNE QUANTITÉ VARIABLE, virtual value of a variable quantity.

EFFICACITÉ f, efficiency, efficacy, efficacity, efficaciousness, effectiveness.

COURBE DE L'EFFICACITÉ MARGINALE DU CAPITAL, schedule of the marginal efficiency of capital.

EFFICACITÉ ÉCONOMIQUE, economic efficiency.

EFFICACITÉ MARGINALE DU CAPITAL, marginal efficiency of capital.

EFFICACITÉ MARGINALE DE L'INVESTISSEMENT, marginal efficiency of investment.

EFFICACITÉ MARGINALE DU TRAVAIL, marginal efficiency of labour.

EFFICACITÉ OPÉRATIONNELLE, operational efficiency.

EFFICACITÉ DE LA POLITIQUE MONÉTAIRE, effectiveness of monetary policy.

EFFICACITÉ TECHNIQUE, technical efficiency.

ÉTUDE DE COÛT ET D'EFFICACITÉ, U.S: cost-effectiveness analysis.

EFFICIENCE f, efficiency, efficaciousness.

EFFICIENT a, efficient.

EFFONDREMENT m, slump, slumping ; downfall, collapse ; break.

EFFONDREMENT DES COURS, break in stocks ; slump in prices.

EFFONDREMENT DU MARCHÉ, collapse of the market.

EFFONDREMENT DES PRIX, price collapse ; break in prices ; break in stocks.

(S') EFFONDRER v, to slump, to collapse, to crumble.

les ACTIONS SE SONT EFFONDRÉES, shares slumped.

EMPIRE QUI S'EFFONDRE, crumbling empire.

le MARCHÉ S'EST EFFONDRÉ, the bottom has fallen out of the market.

(S') EFFORCER v, to endeavour.

EFFORT m, effort, endeavour, striving, stress, strain.

EFFORT SOUTENU, sustained effort.

EFFRACTION f, breach of close.

VOL AVEC EFFRACTION, burglary.

EFFRITEMENT m, crumbling.

EFFRITEMENT DES COURS, crumbling prices.

(S') EFFRITER v, to crumble.

ÉGAL a, equal, coequal, even, same.

CHANCES ÉGALES, even chances.

à CHANCES ÉGALES, toss-up.

CHANCE ÉGALE D'ÊTRE CHOISI, same chance of being chosen.

toutes CHOSES ÉGALES, all things being equal ; other things being equal.

à CONDITIONS ÉGALES, on equal terms.

CONTRIBUER POUR UNE PART ÉGALE À, to contribute equal shares to.

ÉGALE DISTRIBUTION DE, equal distribution of.

ÉGALE RÉPARTITION DE, equal distribution of.

MÉTHODE D'AMORTISSEMENT PAR TRANCHES ANNUELLES ÉGALES, U.S: age-life method of depreciation.

la MOYENNE DE DÉVIATION EST ÉGALE AUX 4/5e DE LA DÉVIATION STANDARD, the mean deviation is equal to 4/5 of the standard deviation.

par PARTS ÉGALES, in equal proportions.

PRIX DE VENTE ÉGAUX AUX COÛTS MARGINAUX, marginal cost pricing.

de QUALITÉ ÉGALE, of equal quality.

QUANTITÉS ÉGALES, equals.

le SALAIRE EST ÉGAL AU PRODUIT MARGINAL DU TRAVAIL, the wage is equal to the marginal product of labour.

ÉGALEMENT adv, equally.

ÉGALER *v*, to equal, to equate.
le COÛT MARGINAL ÉGALE LA RECETTE MARGINALE, marginal cost equals marginal revenue.
ÉGALER LE PRIX AU COÛT MARGINAL, to equate price with marginal cost.
le PRODUIT DES EXTRÊMES ÉGALE LE PRODUIT DES MOYENS, the product of the extremes equals the product of the means.

ÉGALISATION *f*, equalization, equalizing, equality, levelling.
ÉGALISATION DES PRIX DES FACTEURS, equalization of factor prices.

ÉGALISER *v*, to equate, to equalize.

ÉGALISEUR *m*, equalizer.

ÉGALITAIRE *a*, equalitarian, levelling.
PRINCIPES ÉGALITAIRES, equalitarianism.

ÉGALITÉ *f*, equality, parity, par.
à ÉGALITÉ, on a par.
ÉGALITÉ DE L'ÉPARGNE ET DE L'INVESTISSEMENT, equality of saving and investment.
ÉGALITÉ MINIMAX, minimax equality.
ÉGALITÉ DES RENDEMENTS, equality of yield.
ÉGALITÉ DES SALAIRES, equality of wage(s).
ÉGALITÉ DE TRAITEMENT, equality of treatment.
HYPOTHÈSE D'ÉGALITÉ ENTRE, assumption of equality between.
PIED D'ÉGALITÉ, equal footing.
PRINCIPE D'ÉGALITÉ DES COÛTS MARGINAUX, equal-marginal-cost principle.
PRINCIPE D'ÉGALITÉ DES SALAIRES, principle of equal pay.

ÉGOUT *m*, sewer.
EAU(X) D'ÉGOUT(S), sewage.
ÉGOUT MUNICIPAL, public sewer.
TOUT À L'ÉGOUT, sewage system.

ÉLABORATION *f*, elaboration, formulation.

ÉLABORÉ *a*, processed, laid, sophisticated.
DENRÉES ALIMENTAIRES ÉLABORÉES, processed foodstuffs.
non ÉLABORÉ, unfashioned.
PROJETS LE MIEUX ÉLABORÉS, best-laid plans.
THÉORIE ÉLABORÉE, sophisticated theory.

ÉLABORER *v*, to elaborate, to work out, to formulate.
ÉLABORER UNE THÉORIE, to elaborate a theory.

ÉLAN *m*, impetus, bound, momentum.

ÉLARGISSEMENT *m*, widening.

ÉLASTICITÉ *f*, elasticity, flexibility.
COEFFICIENT D'ÉLASTICITÉ, coefficient of elasticity.
CONCEPT D'ÉLASTICITÉ, concept of elasticity.
ÉLASTICITÉ DE L'ANTICIPATION, elasticity of anticipations.
ÉLASTICITÉ D'ARC DE LA DEMANDE, arc elasticity of demand.
ÉLASTICITÉ DES BESOINS, elasticity of wants.
ÉLASTICITÉ CROISÉE, cross-elasticity.
ÉLASTICITÉS CROISÉES DE LA DEMANDE, cross-elasticities of demand.
ÉLASTICITÉ DE LA DEMANDE, elasticity of demand.
ÉLASTICITÉ DE L'EMPLOI, elasticity of employment.
ÉLASTICITÉ DE L'OFFRE, elasticity of supply.
ÉLASTICITÉ PONCTUELLE, point elasticity.
ÉLASTICITÉ DES PRÉVISIONS, elasticity of anticipations ; elasticity of expectations.
ÉLASTICITÉ DES PRÉVISIONS D'INTÉRÊT, elasticity of interest-expectations.
ÉLASTICITÉ-PRIX, price elasticity.
ÉLASTICITÉ-REVENU, income elasticity.
ÉLASTICITÉ DE SUBSTITUTION, elasticity of substitution.
ÉLASTICITÉ DE SUBSTITUTION DES FACTEURS, elasticity of factor substitution.
ÉLASTICITÉ DE SUBSTITUTION PARTIELLE, elasticity of partial substitution.
ÉLASTICITÉ TRANSVERSALE, cross-elasticity.
ÉLASTICITÉ UNITAIRE DE LA DEMANDE, unitary elasticity of demand.
en LANGAGE D'ÉLASTICITÉ, in terms of elasticity.
MÉTHODE DES ÉLASTICITÉS, elasticity method.

ÉLASTIQUE *a*, elastic.
(COURBE DE LA) DEMANDE INFINIMENT ÉLASTIQUE, infinitely elastic demand.
DEMANDE ÉLASTIQUE, elastic demand.
OFFRE ÉLASTIQUE, elastic supply.

ÉLECTION *f*, election, polling, returning.
ÉLECTION(S) GÉNÉRALE(S), general election.
ÉLECTIONS LÉGISLATIVES, parliamentary election.
ÉLECTION TRIANGULAIRE, triangular election.

ÉLECTORAL *a*, electoral.
CENS ÉLECTORAL, property qualification.
CIRCONSCRIPTION ÉLECTORALE, constituency ; *U.S:* precinct.

RÉUNION ÉLECTORALE PRÉLIMINAIRE, *U.S:* caucus.

ÉLECTORAT *m*, electorate.

ÉLECTRICITÉ *f*, electricity.
ACTIONNÉ PAR L'ÉLECTRICITÉ, operated by electricity.
FONCTIONNANT À L'ÉLECTRICITÉ, operated by electricity.
PRODUCTION TOTALE D'ÉLECTRICITÉ, total generation of electricity.
SUBSTITUER L'ÉLECTRICITÉ AU CHARBON, to replace coal by (with) electricity.

ÉLECTRIFICATION *f*, electrification.
ÉLECTRIFICATION D'UN CHEMIN DE FER, electrification of a railway.

ÉLECTRIFIER *v*, to electrify.

ÉLECTRIQUE *a*, electric(al).
CENTRALE ÉLECTRIQUE, power station ; generating station ; electricity works.
CONSTRUCTION ÉLECTRIQUE, electrical engineering.
FOUR ÉLECTRIQUE, electric furnace.
MACHINE COMPTABLE ÉLECTRIQUE, electrical accounting machine.
PRODUCTION D'ÉNERGIE ÉLECTRIQUE, electric-power production.

ÉLECTRONIQUE *a*, electronic.
CALCUL ÉLECTRONIQUE, electronic computation.
CALCULATEUR ÉLECTRONIQUE, electronic computer ; electronic data processing machine.
CALCULATRICE ÉLECTRONIQUE, electronic computer.
TRAITEMENT ÉLECTRONIQUE DE L'INFORMATION, electronic data processing.

ÉLECTRONIQUE *f*, electronics.
ÉLECTRONIQUE AÉRONAUTIQUE, *U.S:* avionics.

ÉLÉMENT *m*, element, factor, item.
CHOIX DES ÉLÉMENTS À RETENIR, choice of items.
ÉLÉMENTS CONSTITUTIFS DU PRIX DE REVIENT, elements of cost.
ÉLÉMENTS DE GÉOMÉTRIE D'EUCLIDE, Euclid's elements.
ÉLÉMENT HUMAIN, human factor.
ÉLÉMENT D'INCERTITUDE, element of uncertainty.
ÉLÉMENT D'INSTABILITÉ, disturbing element.
ÉLÉMENTS DE MONOPOLE, monopolistic elements.
ÉLÉMENT TEMPOREL DES GRANDEURS ÉCONOMIQUES, dating of economic quantities.
ÉLÉMENT DE TEMPS, time-element.
ÉLÉMENT DE TROUBLE, disturbing element.
ÉLÉMENTS INCORPORELS DU FONDS DE COMMERCE, goodwill.
les INTÉRÊTS DU CAPITAL CONSTITUENT UN ÉLÉMENT DU COÛT DE PRODUCTION, interest on capital constitutes a charge on production.

ÉLÉMENTAIRE *a*, elementary, elemental, component.
MATRICE ÉLÉMENTAIRE, elementary matrix.
SÉRIES ÉLÉMENTAIRES, component series.

ÉLEVAGE *m*, breeding, farming, stock farming, rearing, animal husbandry.
ÉLEVAGE DES ANIMAUX À FOURRURE, fur farming.
ÉLEVAGE D'HUÎTRES, oyster farming.
ÉLEVAGE DE MOUTONS, sheep breeding ; sheep farming.
ÉLEVAGE DE VOLAILLE, poultry farming.
FERME D'ÉLEVAGE, stock farm, *U.S:* ranch.

ÉLÉVATION *f*, elevation, raising, rising.

ÉLÈVE *m*, pupil.

ÉLEVÉ *a*, high, large, heavy, raised.
ANIMAUX ÉLEVÉS EN VUE DE LA REPRODUCTION, breeding stock.
ARGENT EMPRUNTÉ À UN TAUX ÉLEVÉ, high money.
ATTEINDRE UN PRIX ÉLEVÉ, to reach a high price.
DEVOIR UNE SOMME ÉLEVÉE, indebted to a large amount.
ÉLEVÉ AU CARRÉ, squared.
FIRME À PRIX DE REVIENT ÉLEVÉ, high-cost firm.
INTÉRÊT ÉLEVÉ, high interest.
MACHINE D'UN RENDEMENT ÉLEVÉ; efficient machine.
PLACEMENT QUI RAPPORTE DES INTÉRÊTS ÉLEVÉS, investment that returns good interest.
(avoir) un POSTE ÉLEVÉ, high in office.
POURCENTAGE ÉLEVÉ, high percentage ; heavy percentage.
PRIX ÉLEVÉ, high price.
d'un PRIX ÉLEVÉ, highly-priced; expensive.
les PRIX SONT PLUTÔT ÉLEVÉS, prices run high.
les PRIX RESTENT ÉLEVÉS, prices are ruling high.
RANG ÉLEVÉ, high rank.
TAUX D'INTÉRÊT ÉLEVÉ, high rate of interest.

(S') ÉLEVER *v*, to amount, to run, to come to, to attain, to add up to, to tot up to, to total up to, to soar.
l'ACTIF S'ÉLÈVE À, the assets add up to.

l'AUGMENTATION DU CHIFFRE D'AFFAIRES S'ÉLÈVE À, the increase in business runs into.
ÉLEVER AU CARRÉ, to square.
s'ÉLEVER À UNE COURBE D'INDIFFÉRENCE SUPÉRIEURE, to attain a higher indifference curve.
s'ÉLEVER EN MOYENNE À, to average.
le SOLDE S'ÉLÈVE À, the balance stands at.

ÉLEVEUR m, stock farmer.

ÉLIGIBILITÉ f, eligibility.

ÉLIGIBLE a, eligible.

ÉLIMINATION f, elimination, clearance.
ÉLIMINATION DES TAUDIS, slum clearance.

ÉLIMINER v, to eliminate, to rid, to get rid of, to clear.
ÉLIMINER LES DÉNOMINATEURS D'UNE ÉQUATION, to clear an equation of fractions.
ÉLIMINER x, to get rid of x.

ÉLIRE v, to elect.

ELLIPSE f, ellipse.
AXE D'UNE ELLIPSE, axis of an ellipse.

ELLIPTIQUE a, elliptic(al).
FORME ELLIPTIQUE, elliptical form.

ÉLOIGNÉ a, distant, outlying.

(S') ÉLOIGNER v, to recede, to move off.

ÉLUDER v, to evade.
MOYEN D'ÉLUDER, evasion.

ÉMANCIPATION f, emancipation.

EMBALLAGE m, wrapping, packing, package, container.
PAPIER D'EMBALLAGE, packing-paper ; wrapping-paper.

EMBALLER v, to wrap up, to pack.
EMBALLER DES MARCHANDISES, to pack goods.

EMBARCADÈRE m, quay, wharf, loading dock.

EMBARGO m, embargo.
LEVER L'EMBARGO SUR, to raise the embargo on.
METTRE L'EMBARGO SUR, to embargo.
METTRE L'EMBARGO SUR UN NAVIRE, to lay an embargo on a ship.

EMBARQUÉ a, embarked, loaded.
MARCHANDISES EMBARQUÉES ET DÉBARQUÉES, goods loaded and unloaded.
MARCHANDISES EMBARQUÉES SELON LE TYPE DE CARGAISON, goods loaded by type of cargo.
PASSAGERS EMBARQUÉS, embarked passengers.

EMBARQUEMENT m, embarkation, shipment, shipping, lading, wharfage.
PORT D'EMBARQUEMENT, lading port ; port of embarkation.

EMBARQUER v, to embark, to load, to lade, to ship.

EMBARRAS m, difficulty.
EMBARRAS FINANCIERS, pecuniary difficulties ; financial pressure.

EMBAUCHAGE m, hiring, enrolment, taking on labour.

EMBAUCHE f, enrolment.

EMBAUCHEUR m, labour contractor.

EMBELLISSEMENT m, improvement, embellishment.

EMBOÎTÉ a, nested.
DIAGRAMMES EMBOÎTÉS, box diagrams.

EMBOUTEILLAGE m, congestion.
EMBOUTEILLAGE DE CIRCULATION, traffic block, traffic jam.

EMBROUILLÉ a, knotty.

ÉMETTEUR a, issuing.
BANQUIER ÉMETTEUR, issuing banker.
POSTE ÉMETTEUR, broadcasting station ; transmitting station.
SOCIÉTÉ ÉMETTRICE, issuing company.

ÉMETTEUR m, issuer.

ÉMETTRE v, to issue, to float.
ÉMETTRE DES ACTIONS AU PAIR, to issue shares at par.
ÉMETTRE DES ACTIONS AU-DESSOUS DU PAIR, to issue shares at a discount.
ÉMETTRE DES ACTIONS AU-DESSUS DU PAIR, to issue shares at a premium.
ÉMETTRE DES ACTIONS EN UNITÉS, to issue shares in ones.
ÉMETTRE UN CHÈQUE, to issue a cheque.
ÉMETTRE UN EMPRUNT, to float a loan ; to raise a loan.
ÉMETTRE UN EMPRUNT PAR TRANCHES, to issue a loan by instalments.
ÉMETTRE DES OBLIGATIONS, to float bonds.
SUSCEPTIBLE D'ÊTRE ÉMIS, issuable.

ÉMEUTE f, riot, rioting.

ÉMIGRANT m, emigrant, migrant.

ÉMIGRATION f, emigration, migration.

ÉMIGRER v, to emigrate, to migrate.

ÉMIS a, issued.
ACTIONS ÉMISES CONTRE ESPÈCES, shares issued for cash.
ACTIONS ÉMISES DANS LE PUBLIC, shares issued to the public.
BILLETS ÉMIS À L'INTÉRIEUR DU PAYS, home currency issues.
non ÉMIS, unissued.
OBLIGATIONS ÉMISES PAR UN GROUPE DE SOCIÉTÉS, joint bonds.

ÉMISSION f, issue, issuing, flo(a)tation.
ABSORBER UNE ÉMISSION, to take over an issue.
APPEL POUR LA SOUSCRIPTION D'UNE ÉMISSION, invitation to subscribe to an issue.
BUREAU D'ÉMISSION, office of issue ; issuing office.
CONDITIONS D'UNE ÉMISSION, terms of an issue.
ÉMISSION D'ACTIONS NOUVELLES SUR LE MARCHÉ, competitive bidding for new securities.
ÉMISSION DE BILLETS DE BANQUE, issue of bank notes.
ÉMISSION D'UN EMPRUNT, floatation of a loan.
ÉMISSION EXCESSIVE, over-issue.
ÉMISSION PRIVÉE, private issue.
ÉMISSION PUBLIQUE, public issue.
ÉMISSION DE RADIO, broadcast.
ÉMISSION RÉSERVÉE (AUX ACTIONNAIRES), closed issue.
ÉMISSION DE VALEURS, issue of securities.
ENLEVER UNE ÉMISSION D'ACTIONS, to snap up an issue of shares.
FRAPPE ET ÉMISSION DE MONNAIES, provision and issue of coins.
GARANTIE D'ÉMISSION, underwriting.
GARANTIR UNE ÉMISSION, to underwrite an issue.
GARANTIR UNE ÉMISSION DE TITRES, to guarantee an issue of stock.
INSTITUT D'ÉMISSION, bank of issue.
MAISON D'ÉMISSION, issuing house.
MARCHÉ DES ÉMISSIONS, issue market.
MODALITÉS D'UNE ÉMISSION, terms and conditions of an issue.
NOUVELLE ÉMISSION, reissue ; refloating.
PRIMES D'ÉMISSION, premiums on shares.
PRIVILÈGE D'ÉMISSION DE BILLETS DE BANQUE, right of issuing bank notes.
PRIX D'ÉMISSION, issue price.
RAPPORT ENTRE L'ÉMISSION DES BILLETS DE BANQUE ET LA RÉSERVE MÉTALLIQUE, ratio between the issue of bank notes and the bullion reserve.
RÉGLEMENTER L'ÉMISSION DES BILLETS, to regulate the issue of notes.
RÉSERVE PRIME D'ÉMISSION, premium reserve.
SOUSCRIPTION À UNE ÉMISSION, subscription to an issue.
SURPASSER UNE ÉMISSION, to over-subscribe.
SYNDICAT D'ÉMISSION, issue syndicate.

EMMAGASINAGE m, storage, storing, warehousing.

EMMAGASINÉ a, stored.

EMMAGASINER v, to store, to warehouse.

ÉMOLUMENT m, benefit, advantage.
ÉMOLUMENTS, emolument ; salary ; pay.
GROS ÉMOLUMENTS, fat salary.

EMPÊCHEMENT m, impediment, prevention, hindrance.

EMPÊCHER v, to impede, to prevent, to preclude.
EMPÊCHER LES PRIX DE MONTER, to keep prices down.

EMPHYTÉOTIQUE a, emphyteutic(al).

EMPIÈTEMENT m, encroachment.

EMPIÉTER v, to encroach.

EMPILER v, to pile (up).

EMPIRE m, empire.
EMPIRE BRITANNIQUE, the (British) Empire.
EMPIRE QUI S'EFFONDRE, crumbling empire.
EMPIRE DES INDES, Indian Empire.
sous l'EMPIRE DE LA NÉCESSITÉ, under the pressure of necessity.
EMPIRE D'OUTRE-MER, overseas empire.

EMPIRIQUE a, empiric(al), actual.
DISTRIBUTIONS EMPIRIQUES ET DISTRIBUTIONS THÉORIQUES, actual and theoretical distributions.
FRÉQUENCES EMPIRIQUES, actual frequencies.
FRÉQUENCES EMPIRIQUES ET THÉORIQUES, actual and theoretical frequencies.
MÉTHODE EMPIRIQUE, empirical method.
PROBABILITÉS THÉORIQUES ET EMPIRIQUES, conceptual and empirical probabilities.

EMPIRIQUEMENT adv, empirically.

EMPIRISME *m*, empiricism, rule of thumb.

EMPLACEMENT *m*, site, situation, space.
EMPLACEMENT RÉSERVÉ À LA PUBLICITÉ, advertising space.

EMPLOI *m*, employment, employ, use, using, work, job, occupation, post, situation, charge.
CHERCHER UN EMPLOI, to want a situation.
DEMANDE D'EMPLOI, situation wanted ; *U.S:* application for a job.
DEMANDER UN EMPLOI, to apply for a job.
DEMANDEURS D'EMPLOI, registered applicants for work.
DÉSUTILITÉ DE L'EMPLOI MARGINAL, disutility of the marginal employment.
DOUBLE EMPLOI, overlapping ; duplication.
ÉCONOMIE DANS L'EMPLOI DE, economization.
ÉCONOMIE DE PLEIN EMPLOI, full-employment economy.
ÉLASTICITÉ DE L'EMPLOI, elasticity of employment.
sans EMPLOI, out of a situation ; out of employment; unemployed.
EMPLOI ALTERNATIF DU CAPITAL, alternative employment of capital.
EMPLOIS CONCURRENTIELS, competing uses.
l'EMPLOI DÉCLINE, employment is falling.
EMPLOI EFFECTIF, actual employment.
EMPLOI GLOBAL, aggregate employment.
EMPLOI GRASSEMENT RÉTRIBUÉ, fat job.
EMPLOI OPTIMUM DES RESSOURCES, optimum employment of resources.
EMPLOI PERMANENT, permanency.
FONCTION DE L'EMPLOI, employment function.
MAINTIEN CONTINU DU PLEIN EMPLOI, continuous full employment.
MODE D'EMPLOI, directions (for use).
MULTIPLICATEUR DE L'EMPLOI, employment multiplier.
OFFRE D'EMPLOI, situation vacant ; help wanted.
PERTE D'EMPLOI, loss of service.
PRODUIT DE L'EMPLOI ALTERNATIF, opportunity cost.
PRODUIT MARGINAL DE L'EMPLOI ALTERNATIF, marginal opportunity cost ; alternative cost.
se QUALIFIER POUR UN EMPLOI, to qualify for a job.
STABILITÉ D'UN EMPLOI, fixity of tenure.

EMPLOYABLE *a*, employable, usable.

EMPLOYÉ *a*, employed, in use.
ABRÉVIATIONS COURAMMENT EMPLOYÉES, commonly employed abbreviations.
COURAMMENT EMPLOYÉ, in ordinary use.
ERREUR DUE À L'INSTRUMENT EMPLOYÉ, instrumental error.
MACHINES EMPLOYÉES DANS LA CONSTRUCTION, construction machinery.
OUVRIER EMPLOYÉ À L'HEURE, casual labourer.
OUVRIER EMPLOYÉ PAR INTERMITTENCE, casual labourer.
POPULATION EMPLOYÉE DANS L'AGRICULTURE, population employed in agriculture.
QUANTITÉ TOTALE DE FACTEURS EMPLOYÉS, total input.
QUANTITÉ DE TRAVAIL EMPLOYÉE, quantity of labour employed.
TEMPS EMPLOYÉ POUR LA PRODUCTION, time taken in production.

EMPLOYÉ *m*, employee, clerk, servant.
CONGÉDIER UN EMPLOYÉ, to sack an employee *(familier)*.
EMPLOYÉ DE BUREAU, clerical worker ; white-collar worker ; office employee.
tous les EMPLOYÉS VONT ÊTRE LICENCIÉS, all the employees to go.
ENGAGER UN EMPLOYÉ, to engage an employee.
ÉTABLISSEMENTS OCCUPANT AU MOINS 5 EMPLOYÉS, enterprises with 5 or more employed.
LICENCIER UN EMPLOYÉ, to discharge an employee.
RENGAGER UN EMPLOYÉ, to re-engage an employee.
RENVOYER UN EMPLOYÉ, to dismiss an employee.
SURPAYER UN EMPLOYÉ, to overpay an employee.
SYSTÈMES DE PRESTATIONS EN FAVEUR DES EMPLOYÉS, social benefit schemes for employees.

EMPLOYER *v*, to employ, to use.
EMPLOYER DES CENTAINES D'OUVRIERS, to employ hundreds of workers.
EMPLOYER UN COMMIS, to employ a clerk.

EMPLOYEUR *m*, employer.
EMPLOYEUR DE MAIN-D'ŒUVRE, employer of labour.
GROS EMPLOYEURS DE MAIN-D'ŒUVRE, big employers of labour.

EMPORTER *v*, to carry.
MARCHANDISES À EMPORTER CONTRE PAIEMENT COMPTANT, cash and carry.

EMPRESSÉ *a*, eager.
ACHETEUR EMPRESSÉ, eager buyer.
VENDEUR EMPRESSÉ, eager seller.

EMPRUNT *m*, loan; borrowing.
AMORTISSEMENT D'UN EMPRUNT, amortization of a loan ; sinking of a loan ; paying off of a loan.

APPEL POUR LA SOUSCRIPTION D'UN EMPRUNT, invitation to subscribe to a loan.
CAISSE D'EMPRUNTS, loan-office.
CAPITAL D'EMPRUNT, loan capital.
COTER UN EMPRUNT, to quote a loan.
DÉPENSES ET EMPRUNTS DE L'ÉTAT, government expenditures and borrowings.
DÉPENSES FINANCÉES PAR DES EMPRUNTS, expenditure financed by borrowing.
ÉMETTRE UN EMPRUNT, to float a loan ; to raise a loan.
ÉMETTRE UN EMPRUNT PAR TRANCHES, to issue a loan by instalments.
ÉMISSION D'UN EMPRUNT, floatation of a loan.
EMPRUNTS, borrowing.
EMPRUNT POUR 20 ANS, loan for a term of 20 years.
EMPRUNTS DES COLLECTIVITÉS LOCALES, municipal loans.
EMPRUNTS DE COLONIES, colonial stocks.
EMPRUNTS DES COMTÉS, county stocks.
EMPRUNT DE CONSOLIDATION, funding loan.
EMPRUNT DE CONVERSION, conversion loan.
EMPRUNT EXTÉRIEUR, foreign loan ; external loan.
EMPRUNT FORCÉ, forced loan ; compulsory loan.
EMPRUNT SUR GAGE, CONTRE GARANTIE, loan against security
EMPRUNT GARANTI, secured loan.
EMPRUNT DE GUERRE, war loan.
EMPRUNT INTÉRIEUR, internal loan.
EMPRUNT IRRÉCOUVRABLE, dead loan.
EMPRUNT À LONG TERME, long-period loan.
EMPRUNT À LOTS, lottery loan.
EMPRUNT NATIONAL, national loan.
EMPRUNT OBLIGATAIRE, debenture loan.
EMPRUNT-OBLIGATIONS, loan on debentures.
EMPRUNTS ET PRÊTS, borrowing and lending.
EMPRUNT PUBLIC, government loan ; public loan.
EMPRUNT REMBOURSABLE SUR DEMANDE, loan repayable on demand ; money at (on) call.
EMPRUNT REMBOURSABLE À DES ÉCHÉANCES FIXES, loan repayable at fixed dates.
EMPRUNT REMBOURSABLE FIN COURANT, last-day money.
EMPRUNT DE REMBOURSEMENT, refunding loan.
EMPRUNT DE STABILISATION, stabilization loan.
EMPRUNTS TEMPORAIRES, temporary borrowings.
EMPRUNT SUR TITRES, loan on stock; loan against security.
EMPRUNT DE VILLE(S), corporation stocks.
NÉGOCIER UN EMPRUNT, to negotiate a loan ; to place a loan.
REMBOURSEMENT D'EMPRUNTS, repayment of loans.
SERVICE DE L'EMPRUNT, service of the loan.
SEUL ET MÊME EMPRUNT, single loan.
SOUMISSION D'EMPRUNTS PUBLICS, tender for public loans.
SOUMISSIONNER UN EMPRUNT, to tender for a loan.
SOUSCRIPTION À UN EMPRUNT, subscription to a loan.
SOUSCRIRE UN EMPRUNT, to subscribe a loan.
VALEUR EN CAPITAL DE L'EMPRUNT, capital value of the loan.

EMPRUNTÉ *a*, borrowed.
ARGENT EMPRUNTÉ À UN TAUX ÉLEVÉ, high money.
CAPITAUX EMPRUNTÉS, borrowed capital.

EMPRUNTER *v*, to borrow.
CAPACITÉ D'EMPRUNTER, borrowing power.
EMPRUNTER DE L'ARGENT SUR UNE TERRE, to borrow money on the security of an estate.
EMPRUNTER À COURT TERME, to borrow short.
EMPRUNTER SUR HYPOTHÈQUE, to borrow on mortgage.
EMPRUNTER À INTÉRÊT, to borrow at interest.
EMPRUNTER À LONGUE ÉCHÉANCE, to borrow long.
EMPRUNTER À LONG TERME, to borrow long.
EMPRUNTER À QUELQU'UN, to borrow from someone.
PROPENSION À EMPRUNTER, propensity to borrow.
PROPENSION À EMPRUNTER À LONG TERME, propensity to borrow long.

EMPRUNTEUR *m*, borrower, loanee.
CRÉDIT DE L'EMPRUNTEUR, borrower's credit.
EMPRUNTEUR SUR GAGES, pledger.
RISQUE DE DÉFAILLANCE DE L'EMPRUNTEUR, risk of default by the borrower.

ENCAISSE *f*, cash, holding, till-money.
ENCAISSE LIQUIDE, cash reserve.
ENCAISSE-OR, gold coin and bullion.
ENCAISSE OR ET ARGENT, gold and silver holdings.
EXCÉDENT DANS L'ENCAISSE, over in the cash.
RAPPORT DE L'ENCAISSE D'OR À LA MONNAIE EN CIRCULATION, gold ratio.

ENCAISSÉ *a*, encashed, collected, paid in.
CHÈQUES ENCAISSÉS, paid cheques.
RECETTES ENCAISSÉES, moneys paid in.

ENCAISSEMENT *m*, encashment, collection, inward payment.

DONNER UN CHÈQUE À L'ENCAISSEMENT, to pay in a cheque ; to pay a cheque into the bank.
METTRE UNE TRAITE EN BANQUE POUR ENCAISSEMENT, to hand over a draft to a bank for collection.
PRÉSENTER UN CHÈQUE À L'ENCAISSEMENT, to present a cheque for payment.
REMETTRE DES EFFETS À L'ENCAISSEMENT, to remit bills for collection.
REMISE D'UN EFFET À L'ENCAISSEMENT, remittance of a bill for collection.
VALEUR À L'ENCAISSEMENT, value for collection.

ENCAISSER *v*, to cash, to encash, to collect, to pay in.
ENCAISSER UN CHÈQUE, to pay in a cheque ; to encash a cheque.
ENCAISSER LES FONDS, to collect money.
ENCAISSER UNE TRAITE, to collect a bill.

ENCHAÎNEMENT *m*, sequence, sequencing, linking, chain.
ENCHAÎNEMENT LOGIQUE, logical sequence.

ENCHÈRE* *f*, auction, bid, bidding.
AVIS DE VENTE AUX ENCHÈRES, notice of sale by auction.
DERNIÈRE ENCHÈRE, closing bid.
ENCHÈRES AU RABAIS, Dutch auction.
METTRE AUX ENCHÈRES, to put up for auction.
METTRE (UNE) ENCHÈRE SUR, to make a bid for.
VENDRE AUX ENCHÈRES*, to sell at auction ; to sell by auction ; to auction.
VENTE AUX ENCHÈRES*, auction-sale.

ENCHÉRIR *v*, to increase in price, to get dearer; to outbid, to overbid.
ENCHÉRIR SUR LES PRIX OFFERTS, to outbid the prices offered ; to overbid the prices offered; to improve upon the prices offered.

ENCHÉRISSEMENT *m*, rise in price(s).

ENCHÉRISSEUR *m*, bidder.
plus **OFFRANT ENCHÉRISSEUR**, highest bidder.

ENCOMBRÉ *a*, glutted.
MARCHÉ ENCOMBRÉ, glutted market.

ENCOMBREMENT *m*, obstruction, jam, measurement.
ENCOMBREMENT DE (LA) CIRCULATION, traffic obstruction ; traffic jam.
TONNEAU D'ENCOMBREMENT, measurement ton.

ENCOURAGER *v*, to stimulate.
ENCOURAGER LA PRODUCTION, to stimulate production.

ENCOURIR *v*, to incur.
ENCOURIR UNE RESPONSABILITÉ, to incur a liability.
ENCOURIR UN RISQUE, to incur a risk.

ENCOURU *a*, incurred.
FRAIS SPÉCIAUX ENCOURUS, special expenses incurred.
TOTAL DES DÉPENSES ENCOURUES, total expenses incurred.

ENDETTÉ *a*, indebted.

ENDETTEMENT *m*, indebtedness, debt.
BALANCE DE L'ENDETTEMENT INTERNATIONAL, balance of external claims and liabilities.
COÛT DE L'ENDETTEMENT, cost of borrowed capital.
ENDETTEMENT DES CONSOMMATEURS, consumer debt ; consumer indebtedness.

(S') ENDETTER *v*, to get into debt, to run into debt, to involve in debt.

ENDOGÈNE *a*, endogenous.
CHANGEMENTS ENDOGÈNES, endogenous changes.
VARIABLES ENDOGÈNES ET EXOGÈNES, endogenous and exogenous variables.

ENDOMMAGÉ *a*, damaged.

ENDOS *m*, endorsement.
ENDOS EN BLANC, blank endorsement.

ENDOSSABLE *a*, endorsable.
CHÈQUE ENDOSSABLE, endorsable cheque.

ENDOSSATAIRE *m*, endorsee.

ENDOSSÉ *a*, endorsed, backed.
non **ENDOSSÉ**, unendorsed.

ENDOSSEMENT *m*, endorsement.
CÉDER UN BILLET PAR VOIE D'ENDOSSEMENT, to transfer a bill by endorsement.
ENDOSSEMENT À FORFAIT, endorsement without recourse.
ENDOSSEMENT RÉGULIER, regular endorsement.
TRANSFÉRER UN BILLET PAR VOIE D'ENDOSSEMENT, to transfer a bill by endorsement.
TRANSMETTRE PAR VOIE D'ENDOSSEMENT UNE LETTRE DE CHANGE, to endorse over a bill of exchange to.

ENDOSSER *v*, to endorse, to back.
ENDOSSER UN EFFET, to back a bill.
ENDOSSER UNE LETTRE DE CHANGE, to endorse a bill of exchange.

ENDOSSEUR *m*, endorser, transferor.
RECOURS CONTRE L'ENDOSSEUR D'UN EFFET, recourse to the endorser of a bill.

ENDROIT *m*, place, spot.

ENDURANCE *f*, endurance.
TEST D'ENDURANCE, endurance test.

ÉNERGIE *f*, energy, power, punch.
COMMISSION DE L'ÉNERGIE ATOMIQUE, Atomic Energy Commission.
COMMUNAUTÉ EUROPÉENNE DE L'ÉNERGIE ATOMIQUE, European Atomic Energy Community.
CONSERVATION DE L'ÉNERGIE, conservation of energy.
ÉNERGIE ANIMALE, animal power.
ÉNERGIE CINÉTIQUE, kinetic energy.
ÉNERGIE CONSOMMÉE, power consumption.
ÉNERGIE FOURNIE AU RÉSEAU DE DISTRIBUTION, energy delivered to distributing network.
ÉNERGIE NUCLÉAIRE, nuclear energy.
ÉNERGIE THERMIQUE, heat-energy.
PRODUCTION D'ÉNERGIE, generation of power.
PRODUCTION D'ÉNERGIE ÉLECTRIQUE, electric-power production.
RESSOURCES MONDIALES EN ÉNERGIE, world energy supplies.
TRANSFORMATION DE L'ÉNERGIE, transformation of energy.

ÉNERGIQUE *a*, energetic, strong.
MESURES ÉNERGIQUES, strong measures.

ENFANCE *f*, childhood, infancy, pupil(l)age.
INDUSTRIE ENCORE DANS SON ENFANCE, industry still in its infancy ; industry still in its pupillage.
PREMIÈRE ENFANCE, infancy.

ENFANT *m or f*, child.
ENFANT EN BAS ÂGE, infant.
TRAVAIL DES ENFANTS, child work.

ENFLÉ *a*, inflated.

ENFREINDRE *v*, to infringe, to transgress.
ENFREINDRE LA RÈGLE, to infringe the rule.

ENGAGÉ *a*, involved.
ACTIF ENGAGÉ, trading assets.
CAPITAL ENGAGÉ, trading capital.

ENGAGEMENT *m*, engagement, undertaking, commitment, signing on, pledge, bond.
AVOIRS ET ENGAGEMENTS (D'UNE BANQUE), assets and liabilities (of a bank).
CRÉANCES ET ENGAGEMENTS, claims and liabilities.
ENGAGEMENTS CONTRACTÉS, commitments entered into.
par **ENGAGEMENTS RÉCIPROQUES**, on mutual terms.
ENGAGEMENTS À VUE, demand liabilities.
EXÉCUTION EXACTE ET PRÉCISE DES ENGAGEMENTS PRIS, punctual and strict performance of undertakings.
TENIR SES ENGAGEMENTS, to deliver the goods.

ENGAGER *v*, to engage, to undertake, to sign on, to pledge.
ENGAGER DU CAPITAL DANS UNE ENTREPRISE, to engage capital in a business.
s'**ENGAGER PAR CAUTIONNEMENT**, to pledge oneself by a surety bond.
ENGAGER UN EMPLOYÉ, to engage an employee.
s'**ENGAGER À PAYER UNE TRAITE**, to undertake to pay a bill.

ENGEL *n. pr*, Engel.
COURBES D'ENGEL, Engel curves.
LOIS D'ENGEL, Engel laws.

ENGINEERING *m*, engineering.
HONORAIRES D'ENGINEERING, fees for engineering.

ENGLOUTIR *v*, to sink.
PERTES QUI ENGLOUTISSENT TOUS LES BÉNÉFICES, losses that mop up all the profits.

ENGRAIS *m*, fertilizer, manure.
ENGRAIS ANIMAL, animal manure.
ENGRAIS ARTIFICIEL, artificial manure.
ENGRAIS AZOTÉS, nitrogenous fertilizers; nitrate fertilizers.
ENGRAIS CHIMIQUE, artificial fertilizer ; chemical manure.
ENGRAIS DE POISSON, fish-manure.

ENGRANGER *v*, to get in.
ENGRANGER LA RÉCOLTE, to get in the harvest.

ENJEU *m*, stake, stake-money.

ENLÈVEMENT *m*, removal, collection.
BON D'ENLÈVEMENT, delivery order.

ENLEVER *v*, to remove.
ENLEVER UNE ÉMISSION D'ACTIONS, to snap up an issue of shares.

ENNEMI *a*, enemy.
LOI SUR LES BIENS ENNEMIS, Enemy Alien Property Act.

ENNEMI *m*, enemy.

ÉNONCÉ *m*, enunciation, declaration.
ÉNONCÉ D'UN PROBLÈME, terms of a problem.

ÉNONCER *v*, to posit, to state.
ÉNONCER UN POSTULAT, to posit.

ÉNORME *a*, huge, enormous.
DIFFÉRENCE ÉNORME, huge difference.

(S') ENQUÉRIR *v*, to inquire.
s'ENQUÉRIR DU PRIX, to inquire the price.

ENQUÊTE *f*, enquiry, inquiry; inquest; quest, investigation, study, survey.
COMITÉ D'ENQUÊTE, investigating committee ; select committee.
ENQUÊTE APPROFONDIE, thorough searching ; thorough enquiry ; exhaustive enquiry.
ENQUÊTE COMPLÉMENTAIRE, further enquiry.
ENQUÊTE DÉMOGRAPHIQUE PAR SONDAGE, demographic sample survey.
ENQUÊTE SUR LES LIEUX, field study ; field survey.
ENQUÊTE PAR QUOTAS, quota sample.
ENQUÊTE SCIENTIFIQUE, scientific investigation.
ENQUÊTE PAR SONDAGE, sample survey.
ENQUÊTE STATISTIQUE, statistical enquiry ; statistical inquiry.
FAIRE UNE ENQUÊTE, to investigate.

ENQUÊTER *v*, to enquire, to inquire, to investigate.
ENQUÊTER SUR LA SITUATION ACTUELLE D'UNE INDUSTRIE, to inquire into the present position of an industry.

ENQUÊTEUR *m*, investigator, questioner.

ENRAYER *v*, to control, to check.
ENRAYER LA CONCURRENCE, to check competition.
ENRAYER LA HAUSSE (DU COÛT DE LA VIE), to control the rise (in the cost of living).

ENREGISTRÉ *a*, registered, recorded, on record.
non ENREGISTRÉ, unincorporated.
VALEUR ENREGISTRÉE, registered value.

ENREGISTREMENT *m*, registration, registry, registering; record, recording, booking, enrolment, entry.
BUREAU D'ENREGISTREMENT, Registry office.
DROITS D'ENREGISTREMENT, registration dues ; registration duty ; registration fees.
ENREGISTREMENT D'UNE DETTE, scoring (up) of a debt.
ENREGISTREMENT OBLIGATOIRE, compulsory registration.

ENREGISTRER *v*, to register, to record, to book.
ENREGISTRER UN ACTE, to register a deed.

(S') ENRICHIR *v*, to enrich, to get rich.

ENRICHISSEMENT *m*, enrichment, gain.
ENRICHISSEMENT DES CONNAISSANCES, gain to knowledge.

ENSEIGNANT *a*, teaching.
PERSONNEL ENSEIGNANT, teaching staff.

ENSEIGNE *f*, sign, shop sign.

ENSEIGNEMENT *m*, teaching, education.
ENSEIGNEMENT PRIVÉ, private education.
ENSEIGNEMENT SUPÉRIEUR, higher education.
ENSEIGNEMENT TECHNIQUE, technical education.
ÉTABLISSEMENT D'ENSEIGNEMENT, educational establishment.

ENSEIGNER *v*, to teach.

ENSEMBLE *m*, whole, entirety; complex, body, system; set, aggregate.
BILAN D'ENSEMBLE, general balance-sheet.
d'ENSEMBLE, general.
dans l'ENSEMBLE, in the aggregate.
ENSEMBLE DES ACTIVITÉS ÉCONOMIQUES, aggregate economic activities.
ENSEMBLE DE CIRCUITS, *U.S:* circuitry.
ENSEMBLE DE DONNÉES, data set.
ENSEMBLE NON HOMOGÈNE, non homogeneous complex.
ENSEMBLE DE LOIS ÉCONOMIQUES, body of economic laws.
ENSEMBLE DES MEMBRES, membership.
ENSEMBLE ORGANISÉ, organic whole.
ENSEMBLE DU SYSTÈME LÉGAL, fabric of law.
ENSEMBLE DE TRAITEMENT DE L'INFORMATION, data processing system.
INDICE RELATIF À L'ENSEMBLE DES PRODUITS, all commodities index.
MAIN-D'ŒUVRE DANS SON ENSEMBLE, whole body of labour.
SOUS-ENSEMBLE, sub-set.
TENDANCES D'ENSEMBLE DU MARCHÉ, general trend of the market.
THÉORIE DES ENSEMBLES, group theory ; set theory.

ENSEMENCER *v*, to sow.
ENSEMENCER UNE TERRE EN, to sow land with.

ENTACHÉ *a*, vitiated.
TRANSACTION ENTACHÉE DE FRAUDE, fraudulent transaction.

(S') ENTENDRE *v*, to agree, to arrange.
DONNER À ENTENDRE, to imply.
s'ENTENDRE SUR LES CONDITIONS, to come to terms.

ENTENTE *f*, agreement, understanding, arrangement.
ENTENTE INDUSTRIELLE, cartel; combine.
ENTENTE ENTRE PRODUCTEURS, agreement between producers.

ENTÉRINÉ *a*, ratified.

EN-TÊTE *m*, heading.

ENTIER *a*, entire, whole, full, total, integer.
LETTRE DE CRÉDIT VALABLE DANS LE MONDE ENTIER, worldwide letter of credit.
NOMBRE ENTIER, whole number ; integer.
POPULATION TOUT ENTIÈRE, entire population.
le RAISONNEMENT S'ÉCROULE TOUT ENTIER, the argument breaks down entirely.

ENTIER *adv*, entirely.
en ENTIER, in its entirety ; entirely ; full ; in its integrity.

ENTIÈREMENT *adv*, entirely, fully, totally, quite.
ACTIONS ENTIÈREMENT LIBÉRÉES, fully paid shares.
ACTIONS NON ENTIÈREMENT LIBÉRÉES, partly paid shares.
CAPITAL ENTIÈREMENT VERSÉ, fully paid (up) capital.
CRÉANCIER ENTIÈREMENT NANTI, fully secured creditor.
ENTIÈREMENT VERSÉ, fully paid (up).
INDUSTRIE ENTIÈREMENT AUTOMATISÉE, press-button industry.

ENTITÉ *f*, entity.

ENTRAIN *m*, briskness, go.
PLEIN D'ENTRAIN, full of go ; buoyant.

ENTRAÎNEMENT *m*, practice, training.
COURROIE D'ENTRAÎNEMENT, drive belt.
DISPOSITIF D'ENTRAÎNEMENT, drive.

ENTRAÎNER *v*, to involve.
ENTRAÎNER DES FRAIS, to involve expenses.

ENTRANT *a*, incoming, ingoing.
FLUX ENTRANTS ET SORTANTS, input-ouput flows.

ENTRAVE *f*, impediment, restraint, barrier.
ENTRAVE AU COMMERCE, trade barrier.
ENTRAVE AUX ÉCHANGES, impediment to trade.

ENTRAVER *v*, to impede, to restrain.

ENTRÉ *a*, entered.
NAVIRES ENTRÉS ET SORTIS, vessels entered and cleared.

(S') ENTRECROISER *v*, to intercross.
LIGNES QUI S'ENTRECROISENT, lines that intercross.

ENTRÉE *f*, entrance, entry, admission, admittance; ingress, import; input, receipt.
CONNAISSEMENT D'ENTRÉE, inward bill of lading.
DATE D'ENTRÉE EN VALEUR, value date.
DÉCLARATION D'ENTRÉE EN ENTREPÔT, warehousing entry.
DROIT D'ENTRÉE, impost ; import duty ; entrance fee.
ENTRÉES DE CAISSE, cash collections.
ENTRÉE GRATUITE, admission free.
ENTRÉE DANS LE MARCHÉ COMMUN, entry into the Common Market.
ENTRÉE DU PORT, entrance to the harbour.
ENTRÉES ET SORTIES DE CAISSE, cash payments and cash collections ; cash receipts and payments.
ENTRÉE ET SORTIE DE DONNÉES, data input and output.
ENTRÉE ET SORTIE D'INFORMATIONS, data input and output.
ENTRÉE EN VALEUR, coming into value.
GOLD-POINT D'ENTRÉE, import gold-point ; import specie point ; import bullion point.
INSTRUCTION D'ENTRÉE-SORTIE, input-output instruction.
LIBERTÉ D'ENTRÉE, free admission.
LIBRE À L'ENTRÉE, duty-free ; free of duty.
MARCHANDISES SUJETTES À DES DROITS D'ENTRÉE, goods liable to import duty.
OPÉRATIONS D'ENTRÉE-SORTIE, input-output operations.
PERMISSION D'ENTRÉE, admittance.
POINT D'ENTRÉE DE L'OR, import gold-point ; import specie point.
PROHIBITION D'ENTRÉE, import prohibition.
RELATIONS ENTRE LES ENTRÉES ET LES SORTIES, input-output relations.
ROUTINE D'ENTRÉE-SORTIE, input-output routine.
SIMULTANÉITÉ D'ENTRÉE-SORTIE, input-output overlap.
TABLEAU DES ENTRÉES-SORTIES, input-output table.

(S') ENTREMETTRE *v*, to mediate.

ENTREPOSAGE *m*, warehousing, bonding.

ENTREPOSÉ *a*, warehoused, stored, bonded.
MARCHANDISES ENTREPOSÉES, warehoused goods.

ENTREPOSER v, to warehouse, to store, to bond.

ENTREPOSITAIRE m, bonder.

ENTREPÔT m, warehouse, store, storehouse, bond-store, bond, storage, depository, staple, repository.
CERTIFICAT D'ENTREPÔT, warehouse warrant.
DÉCLARATION D'ENTRÉE EN ENTREPÔT, warehousing entry.
DOCK-ENTREPÔT, dock warehouse.
ENTREPÔT EN DOUANE, bonded warehouse.
ENTREPÔT SOUS DOUANE, bond-store.
ENTREPÔT FRIGORIFIQUE, cold store.
ENTREPÔT MARITIME, wharf.
MISE EN ENTREPÔT, wharfage.
MUTATION D'ENTREPÔT, removal under bond.
RETIRER DE L'ENTREPÔT, to take out of bond.
SORTIE DE L'ENTREPÔT POUR CONSOMMATION, home use entry.
SYSTÈME DES ENTREPÔTS, warehousing system.
TRANSFERTS D'ENTREPÔT, transfers in warehouse.
VENTE EN ENTREPÔT, sale in bonded warehouse.

ENTREPRENANT a, enterprising.

ENTREPRENDRE v, to undertake, to contract.

ENTREPRENEUR m, entrepreneur, contractor, builder.
ENTREPRENEUR EN (DE) BÂTIMENT, building contractor ; builder.
l'ENTREPRENEUR MAXIMISE LE PROFIT, the entrepreneur maximizes his profits.
ENTREPRENEUR DE TRANSPORTS, haulage contractor ; haulier.
FONCTION DE L'ENTREPRENEUR, entrepreneurial function.
PRÉVISION DE PROFIT DES ENTREPRENEURS, entrepreneurs' expectation of profits.
RESSOURCES DE L'ENTREPRENEUR, entrepreneurial resources.
RÔLE DE L'ENTREPRENEUR, entrepreneurial function.

ENTREPRISE f, enterprise, firm, business, company, corporation, concern, undertaking, venture.
ADDITIONNER LES ACTIVITÉS DE TOUTES LES ENTREPRISES, to aggregate the activities of all firms.
ALÉAS D'UNE ENTREPRISE, risks of an undertaking.
CADRE COMPTABLE D'UNE ENTREPRISE, chart of accounts of a firm.
CAPITAL D'UNE ENTREPRISE, firm's capital.
CAPITALISME DES GRANDES ENTREPRISES, big business.
COMITÉ D'ENTREPRISE, works committee.
DIRIGER UNE ENTREPRISE, to direct an enterprise.
ENTREPRISE QUI ADMET DES OUVRIERS NON SYNDIQUÉS, open shop.
ENTREPRISE COMMERCIALE, commercial undertaking.
ENTREPRISE NON CONSTITUÉE EN SOCIÉTÉ, unincorporated enterprise.
ENTREPRISE COOPÉRATIVE, co-operative enterprise.
ENTREPRISE DÉTERMINÉE, given firm.
ENTREPRISE DE FOURNITURES ET DE MATÉRIEL SCOLAIRES, school-furnishing company.
ENTREPRISE HASARDEUSE, adventure.
ENTREPRISE INDIVIDUELLE, individual firm.
ENTREPRISE INDUSTRIELLE, industrial undertaking ; manufacturing business ; industrial concern.
ENTREPRISE MARGINALE, marginal firm.
ENTREPRISE MOYENNE, medium-sized firm.
ENTREPRISE NATIONALISÉE, nationalized enterprise.
ENTREPRISE EN PARTICIPATION, joint undertaking.
ENTREPRISE PRIVÉE, private enterprise.
ENTREPRISES PUBLIQUES, public corporations ; public undertakings.
ENTREPRISE DE SERVICE PUBLIC, public utility; U.S: utility.
ENTREPRISE DE TRANSPORTS, carrying business ; carrying company.
ENTREPRISE VÉREUSE, bubble scheme.
ESPRIT D'ENTREPRISE, entrepreneurship.
ÉTABLIR LE COÛT D'UNE ENTREPRISE, to cost a job.
FUSION D'ENTREPRISES, industrial merger.
GESTION DE L'ENTREPRISE, business management.
GESTION FINANCIÈRE DE L'ENTREPRISE*, U.S: business finance.
IMPÔTS INDIRECTS ACQUITTÉS PAR LES ENTREPRISES, indirect business taxes.
JEUX D'ENTREPRISE, business games.
LIBRE ENTREPRISE, free enterprise.
MOTIFS D'ENTREPRISE, business motives.
RELATIONS HUMAINES DANS L'ENTREPRISE, industrial relations.
RESSOURCES D'ENTREPRISE, entrepreneurial resources.
TAILLE DE L'ENTREPRISE, size of the firm.

ENTRER v, to enter.
ENTRER DANS UN PORT, to enter a port.
ENTRER EN VIGUEUR, to become operative.

ENTRETIEN m, maintenance, upkeep, keep, interview.
DÉFAUT D'ENTRETIEN, permissive waste.
ENTRETIEN COURANT PÉRIODIQUE, periodic servicing.
ENTRETIEN PÉRIODIQUE, scheduled maintenance.
ENTRETIEN ET RÉPARATIONS, servicing.

ENTRETIEN DES ROUTES, maintenance of roads ; upkeep of roads·
FRAIS D'ENTRETIEN, maintenance charges ; upkeep expenses.
MAUVAIS ENTRETIEN, neglect.

ENTREVUE f, interview.

ENVELOPPANT a, enveloping.
COURBE ENVELOPPANTE, envelope curve.
MOUVEMENT ENVELOPPANT, enveloping movement.

ENVELOPPE f, envelope.

ENVIRONNANT a, environmental.

ENVIRONNEMENT m, environment, surroundings.

ENVISAGER v, to envisage, to anticipate, to expect.

ENVOI m, sending, dispatch, posting, mailing, forwarding, consignment, shipment.
BULLETIN D'ENVOI, dispatch note.
DATE D'ENVOI, dispatch date.
ENVOI À COUVERT, packet consignment.

ENVOYÉ a, sent.

ENVOYER v, to send.
ENVOYER DE L'ARGENT, to send money.
ENVOYER UN CÂBLE, to cable.

ENVOYEUR m, sender.
ENVOYEUR DE FONDS, remitter.

ÉPAIS a, thick.
CARTON ÉPAIS, millboard.

ÉPARGNANT a, saving.
INNOVATION ÉPARGNANT DU CAPITAL, capital-saving innovation.
INNOVATION ÉPARGNANT DU TRAVAIL, labour-saving innovation.

ÉPARGNANT m, saver.

ÉPARGNE f, saving, sparing, thrift, parsimony,
ACTE D'ÉPARGNE INDIVIDUELLE, act of individual saving.
BONS D'ÉPARGNE, government savings bonds ; government savings certificates ; savings bonds.
CAISSE D'ÉPARGNE, savings bank.
CAISSE D'ÉPARGNE POSTALE, post office savings bank ; postal savings bank.
CAPACITÉ D'ÉPARGNE, capacity to save.
CERTIFICAT D'ÉPARGNE, government savings bond.
DÉPÔT D'ÉPARGNE SUJET À RETRAIT PAR CHÈQUE, saving deposit subject to cheque.
DÉSUTILITÉ DE L'ÉPARGNE, disutility of saving.
DIFFÉRENCE ENTRE L'ÉPARGNE ET L'INVESTISSEMENT, divergences between saving and investment.
ÉGALITÉ DE L'ÉPARGNE ET DE L'INVESTISSEMENT, equality of saving and investment.
ÉPARGNE EXCÉDENTAIRE, oversaving.
ÉPARGNE FORCÉE, forced saving.
ÉPARGNE NÉGATIVE, negative saving.
ÉPARGNE NETTE, net saving.
ÉPARGNE DE PRÉCAUTION, precautionary saving.
ÉPARGNE PRIVÉE, private savings; small investors.
ÉPARGNE DES SOCIÉTÉS, company saving ; savings of corporations.
ÉPARGNE VÉRITABLE, genuine saving.
LIVRET D'ÉPARGNE, coupon book.
MOTIF D'ÉPARGNE, saving motive.
RAPPORT ÉPARGNE-REVENU, saving-to-income ratio.
TAUX D'ÉPARGNE, rate of saving.
TIMBRE-ÉPARGNE, savings tamp.

ÉPARGNÉ a, saved.

ÉPARGNER v, to save, to spare, to economize.
ÉPARGNER DE L'ARGENT, to save money; to spare money.
ÉPARGNER DU TEMPS, to save time.
PROPENSION À ÉPARGNER, propensity to save.
PROPENSION MARGINALE À ÉPARGNER, marginal propensity to save.

ÉPARPILLÉ a, scattered.

ÉPARPILLEMENT m, scatter, scattering.

ÉPAVE f, wreck.

ÉPHÉMÈRE a, ephemeral.

ÉPICERIE f, grocery.

ÉPICIER m, grocer.

ÉPICURISME m, epicureanism.

ÉPINEUX a, knotty.
PROBLÈME ÉPINEUX, knotty problem.

ÉPISODIQUE a, episodical.

ÉPONGER v, to mop (up).

ÉPONGER LE POUVOIR D'ACHAT, to mop up purchasing power.

ÉPOQUE *f*, epoch, period, season, time.
ÉPOQUE DU PAIEMENT, time of payment.
ÉPOQUE DE RÉFÉRENCE, base period.
PAREILLE ÉPOQUE, corresponding period.

ÉPOUSE *f*, wife.

ÉPOUX *m*, husband.

ÉPOUX *m.pl*, husband and wife.

ÉPREUVE *f*, test, trial, testing, proving, probation.
CONTRE-ÉPREUVE, cross check.
DURE ÉPREUVE, hardship.
SOUMETTRE À L'ÉPREUVE, to put to test.
SUBIR UNE ÉPREUVE, to undergo a test.

ÉPROUVÉ *a*, experienced, tested.
MÉTHODE ÉPROUVÉE, method that has stood the test of time.

ÉPROUVER *v*, to experience, to test, to suffer.
ÉPROUVER UNE PERTE, to experience a loss.

ÉPUISANT *a*, exhausting.

ÉPUISÉ *a*, exhausted.

ÉPUISEMENT *m*, exhaustion, draining, drain.
ÉPUISEMENT DES RÉSERVES DE PÉTROLE, exhaustion of mineral oils.
ÉPUISEMENT DES RESSOURCES, depletion of resources.
ÉPUISEMENT DES RESSOURCES NATURELLES, exhaustion of natural resources.

(S') ÉPUISER *v*, to exhaust, to drain, to deplete, to waste.
les STOCKS S'ÉPUISENT, stocks are running low.

ÉQUATION *f*, equation.
ÉLIMINER LES DÉNOMINATEURS D'UNE ÉQUATION, to clear an equation of fractions.
ÉQUATION DIFFÉRENTIELLE, differential equation.
ÉQUATION D'ÉQUILIBRE, equilibrium equation.
ÉQUATION D'ÉQUILIBRE DES NAISSANCES, DES DÉCÈS ET DE LA MIGRATION NETTE, balance of births, deaths and migration.
ÉQUATION EXPONENTIELLE, exponential equation.
ÉQUATION FONCTIONNELLE DE RÉCURRENCE, recurrence equation.
ÉQUATION FONDAMENTALE (DE LA THÉORIE DE LA VALEUR), fundamental equation (of value theory).
ÉQUATIONS DU FUTUR, forward equations.
ÉQUATIONS INCOMPATIBLES, inconsistent equations.
ÉQUATION LINÉAIRE À UNE INCONNUE, linear equation in one unknown.
ÉQUATION LOGARITHMIQUE, logarithmic equation.
ÉQUATION DU MARCHÉ, market equation.
ÉQUATION NORMALE, normal equation.
ÉQUATION DU PREMIER DEGRÉ, simple equation.
ÉQUATION QUADRATIQUE, quadratic equation.
ÉQUATION QUANTITATIVE DES ÉCHANGES, quantity equation of exchange.
ÉQUATION DE RÉGRESSION, regression equation.
ÉQUATION RÉTROSPECTIVE, backward equation.
ÉQUATION DU SECOND (TROISIÈME) DEGRÉ, equation of the second (third) degree.
ÉQUATIONS SIMULTANÉES, simultaneous equations.
ÉQUATION DU TEMPS, equation of time.
ÉQUATION DU TROISIÈME DEGRÉ, cubic equation.
MÉTHODE DES ÉQUATIONS SIMULTANÉES, simultaneous equations method.
METTRE UN PROBLÈME EN ÉQUATION, to find the equation of a problem.
PREMIER MEMBRE D'UNE ÉQUATION, left-hand member of an equation.
QUANTITÉS ARBITRAIRES D'UNE ÉQUATION, arbitrary constants of an equation.
RÉSOLUTION D'UNE ÉQUATION, solution of an equation.
RÉSOUDRE UNE ÉQUATION, to solve an equation.
RÉSOUDRE UNE ÉQUATION PAR APPROXIMATIONS SUCCESSIVES, to solve an equation by approximation.
il RÉSULTE DE L'ÉQUATION QUE, it follows from the equation that.
SECOND MEMBRE D'UNE ÉQUATION, right-hand member of an equation.
SYSTÈMES D'ÉQUATIONS LINÉAIRES, systems of linear equations.
TRACER LE GRAPHIQUE D'UNE ÉQUATION, to plot the graph of an equation.
TRANSFORMATION D'UNE ÉQUATION, transformation of an equation.
TRANSFORMER UNE ÉQUATION, to transform an equation.

ÉQUATORIAL *a*, equatorial.

ÉQUIDISTANCE *f*, equidistance.

ÉQUIDISTANT *a*, equidistant.

ÉQUILATÉRAL *a*, equilateral.

ÉQUILIBRANT *a*, equilibrating, balancing.

ÉQUILIBRATION *f*, equilibration.
PROCESSUS D'ÉQUILIBRATION, process of equilibration.

ÉQUILIBRE *m*, equilibrium, balance, libration.
ANALYSE DE L'ÉQUILIBRE GÉNÉRAL, general equilibrium analysis.
ANALYSE DE L'ÉQUILIBRE PARTIEL, partial equilibrium analysis.
CONDITIONS D'ÉQUILIBRE, conditions of equilibrium ; equilibrium conditions.
DÉTERMINATION DE L'ÉQUILIBRE DE L'ÉCHANGE, determination of exchange equilibrium.
DÉTERMINATION DE L'ÉQUILIBRE DE LA PRODUCTION, determination of equilibrium of production.
ÉQUATION D'ÉQUILIBRE, equilibrium equation.
ÉQUATION D'ÉQUILIBRE DES NAISSANCES, DES DÉCÈS ET DE LA MIGRATION NETTE, equation of births, deaths and migration.
ÉQUILIBRE EX-ANTE, ex-ante equilibrium.
ÉQUILIBRE DE LA BALANCE RÉTABLI, balance brought into equilibrium.
ÉQUILIBRE DU CONSOMMATEUR, equilibrium of the consumer.
ÉQUILIBRE À COURT TERME, short-term equilibrium.
l'ÉQUILIBRE S'ÉTABLIT GRÂCE À, equilibrium is brought about through.
ÉQUILIBRE DE LA FIRME, equilibrium of the firm.
ÉQUILIBRE GÉNÉRAL, general equilibrium.
ÉQUILIBRE GÉNÉRAL DES ÉCHANGES, general equilibrium of exchange.
ÉQUILIBRE GÉNÉRAL DE LA PRODUCTION, general equilibrium of production.
ÉQUILIBRE IMPARFAIT, imperfect equilibrium.
ÉQUILIBRE INDIFFÉRENT, neutral equilibrium.
ÉQUILIBRE INSTABLE, unstable equilibrium.
ÉQUILIBRE INSTANTANÉ, instantaneous equilibrium ; momentary equilibrium.
ÉQUILIBRE À LONG TERME, long-run equilibrium.
ÉQUILIBRE DE MEILLEUR PROFIT, best-profit equilibrium.
ÉQUILIBRE NEUTRE, neutral equilibrium.
ÉQUILIBRE OBLIGATOIRE DES COMPTES, balancing property of the accounts.
ÉQUILIBRE DE L'OFFRE ET DE LA DEMANDE, equilibrium of supply and demand.
ÉQUILIBRE OPTIMAL, optimum equilibrium.
ÉQUILIBRE OPTIMAL DU CONSOMMATEUR, consumer's optimal equilibrium.
ÉQUILIBRE EX-POST, ex-post equilibrium.
ÉQUILIBRE ENTRE LA PRODUCTION ET LA CONSOMMATION, equilibrium between production and consumption.
ÉQUILIBRE ENTRE RECETTES ET DÉPENSES, balancing between receipts and expenditures.
ÉQUILIBRE STABLE, stable equilibrium.
ÉQUILIBRE STATIONNAIRE, stationary equilibrium.
ÉQUILIBRE TEMPORAIRE, temporary equilibrium.
ÉQUILIBRE TEMPOREL, equilibrium over time.
ÉTABLIR LES CONDITIONS D'ÉQUILIBRE, to establish the conditions of equilibrium.
MISE EN ÉQUILIBRE, equilibration ; balancing.
MODÈLE D'ÉQUILIBRE GÉNÉRAL, general equilibrium model.
POSITIONS D'ÉQUILIBRE MULTIPLES, multiple positions of equilibrium.
PRIX D'ÉQUILIBRE DU MARCHÉ, equilibrium market price.
à PROXIMITÉ IMMÉDIATE DU POINT D'ÉQUILIBRE, in close proximity of the equilibrium point.
RÉTABLIR L'ÉQUILIBRE, to restore the equilibrium.
RUPTURE DE L'ÉQUILIBRE, upsetting of the equilibrium.
SALAIRE RÉEL D'ÉQUILIBRE, equilibrium real wage.
SEULE VALEUR D'ÉQUILIBRE, unique equilibrium value.
THÉORIE DE L'ÉQUILIBRE GÉNÉRAL DES ÉCHANGES, theory of general exchange equilibrium.
THÉORIE DE L'ÉQUILIBRE STATIQUE, static equilibrium theory.
dans le VOISINAGE DE LA POSITION D'ÉQUILIBRE, in the neighbourhood of the equilibrium position.

ÉQUILIBRÉ *a*, balanced.
CROISSANCE ÉQUILIBRÉE, balanced growth.
EFFET MULTIPLICATEUR D'UN BUDGET ÉQUILIBRÉ (D'EXPANSION), balanced-budget multiplier.
MAL ÉQUILIBRÉ, ill-balanced.
MARCHÉ ÉQUILIBRÉ, fair deal.

(S') ÉQUILIBRER *v*, to balance, to equilibrate.
ÉQUILIBRER LE BUDGET, to balance the budget.

ÉQUIPAGE *m*, crew.
OFFICIERS ET ÉQUIPAGE, the officers and crew.

ÉQUIPE *f*, shift, team, gang, pool.
CHEF D'ÉQUIPE, foreman.
ÉQUIPE DE DACTYLOS, typing pool.
ÉQUIPE DIRIGEANTE, brains trust.
ÉQUIPE DE NUIT, night-shift.

TRAVAIL D'ÉQUIPE, team-work.
TRAVAIL PAR ÉQUIPES, work in shifts.

ÉQUIPÉ *a*, furnished, equipped.
non ÉQUIPÉ, unequipped.

ÉQUIPEMENT *m*, equipment, outfit, plant.
BIENS D'ÉQUIPEMENT, capital equipment ; capital goods.
DÉPENSES D'ÉQUIPEMENT, equipment spending ; *U.S:* procure-
ment costs.
DOTER UNE USINE D'UN ÉQUIPEMENT NEUF, to equip a works
with new plant.
ÉQUIPEMENT DÉSUET, obsolescent equipment.
ÉQUIPEMENT MOBILE, loose plant.
ÉQUIPEMENT PÉRIPHÉRIQUE (ÉLECTRONIQUE), peripherics ; pe-
ripheral equipment.
LONGÉVITÉ MOYENNE DE L'ÉQUIPEMENT, average durability of
capital.

ÉQUIPER *v*, to equip.

ÉQUITABLE *a*, equitable, fair, just.
DISTRIBUTION ÉQUITABLE, fair deal.
SALAIRE ÉQUITABLE, fair wage.

ÉQUITABLEMENT *adv*, fairly.

ÉQUITÉ *f*, equitableness, equity, fairness.

ÉQUIVALENCE *f*, equivalence, equivalent.
ÉQUIVALENCE EN ANTHRACITE, hard-coal equivalent.
ÉQUIVALENCE EN CHARBON, coal equivalent.

ÉQUIVALENT *a*, equivalent, tantamount, equal.
LOI DES AVANTAGES ÉQUIVALENTS, principle of equal advan-
tage.
VARIATION ÉQUIVALENTE, equivalent variation.

ÉQUIVALENT *m*, equivalent.
ÉQUIVALENT CALORIFIQUE, mechanical equivalent of heat.
ÉQUIVALENT EN VIANDE, meat equivalent.

ÉQUIVOQUE *a*, equivocal, dubious.

ÉROSION *f*, erosion.

ERREUR *f*, error, mistake, lapse, fallacy.
CORRIGER UNE ERREUR, to put an error right.
COURBE NORMALE DES ERREURS, normal curve of error.
ÉCHANTILLON AVEC ERREUR SYSTÉMATIQUE, biased sample.
ERREUR ABSOLUE, absolute error.
ERREUR ALÉATOIRE, random error ; standard error.
ERREUR NON BIAISÉE, unbiased error.
ERREUR DE CALCUL, miscalculation.
ERREUR CIRCULAIRE PROBABLE, circular error probability.
ERREURS SE COMPENSANT, compensating errors.
ERREUR COURANTE, current fallacy ; popular error.
ERREUR PAR DÉFAUT, downward error.
ERREURS DE DÉPOUILLEMENT, errors in collection.
ERREUR DE LA DIFFÉRENCE, error in the difference.
ERREUR DUE À L'INSTRUMENT EMPLOYÉ, instrumental error.
ERREUR D'ÉCHANTILLONNAGE, sampling error.
ERREURS D'ESTIMATION, errors in estimation.
ERREUR PAR EXCÈS, upward error.
ERREUR HUMAINE, human error.
ERREUR DE JUGEMENT, error of judgment.
ERREURS D'OBSERVATION, errors of observation.
sauf ERREUR OU OMISSION, errors and omissions excepted.
ERREURS ET OMISSIONS NETTES, net errors and omissions.
ERREUR PROBABLE, probable error.
ERREUR RELATIVE, relative error.
ERREUR RELATIVE DU PRODUIT, relative error in the product.
ERREUR RELATIVE DU QUOTIENT, relative error in the quotient.
ERREURS DE REPORT, errors of posting.
ERREUR DE LA SOMME, error in the sum.
ERREUR DE SONDAGE, sampling error.
ERREUR DE SONDAGE (SUR LE COEFFICIENT DE CORRÉLATION),
estimate of the standard error (of the coefficient of correlation).
ERREUR SYSTÉMATIQUE, systematic error ; constant error ; bias.
ERREUR TYPE, standard error.
ERREUR TYPE DE LA DIFFÉRENCE, standard error of the difference.
ERREUR TYPE DE L'ÉCART TYPE, standard error of the standard
deviation.
ERREUR TYPE DE LA MOYENNE, standard error of the mean.
INDUIRE EN ERREUR, to deceive.
MARGE D'ERREUR, margin of error.
RECTIFIER UNE ERREUR, to correct an error ; to rectify an error.
RÉPARTITION DES ERREURS, frequency of errors.
ROUTINE DE DÉTECTION D'ERREURS, error detection routine.
VARIANCE DE L'ERREUR, error variance.

ERRONÉ *a*, erroneous, mistaken, fallacious, false, wrong.
CONCEPTION ERRONÉE, misconception.
DÉDUCTION ERRONNÉE, fallacious deduction.
PRÉSENTATION ERRONÉE, misrepresentation.
PRIX ERRONÉ, false price.

TRANSACTION À PRIX ERRONÉ, false trading.

ÉRUDITION *f*, scholarship, erudition.

ESCALADE *f*, escalation.
ESCALADE DES TAUX D'INTÉRÊT, escalation of interest rates.

ESCALE *f*, call.
PORT D'ESCALE, port of call.

ESCAMOTER *v*, to juggle.
ESCAMOTER LES FAITS, to juggle with facts.

ESCLAVAGE *m*, slavery; servitude.

ESCLAVAGISTE *a*, partisan of slavery.
ÉTATS ESCLAVAGISTES, *U.S:* Negro States.

ESCLAVE *m*, slave, bondsman, bondman.
COMMERCE DES ESCLAVES, slave-trade.

ESCOMPTABLE *a*, discountable.

ESCOMPTE* *m*, discount, discounting, *U.S:* rediscount, rebate,
trade allowance, call for delivery (of securities) before settlement.
ABAISSER LE TAUX D'ESCOMPTE, to lower the bank rate ; to reduce
the bank rate.
ABAISSER LE TAUX OFFICIEL D'ESCOMPTE, to reduce the bank
rate.
BAISSE DU TAUX DE L'ESCOMPTE, drop in the rate of discount.
BANQUE D'ESCOMPTE, bank of discount ; discounting bank.
BANQUIER D'ESCOMPTE, discounting banker.
BORDEREAU D'ESCOMPTE, discount note.
COMPTANT AVEC ESCOMPTE, cash less discount ; prompt cash
less discount.
EFFETS À L'ESCOMPTE, bills for discount.
ESCOMPTE DE CAISSE, cash discount.
ESCOMPTE AU COMPTANT, cash discount.
ESCOMPTE EN DEDANS, arithmetic discount ; true discount.
ESCOMPTE EN DEHORS, bank discount.
ESCOMPTE D'EFFETS, rebate on bills not due.
l'ESCOMPTE EST FACILE, discounting is easy.
ESCOMPTE SUR MARCHANDISES, trade discount.
ESCOMPTE OFFICIEL, bank rate ; official rate (of discount).
ESCOMPTE RATIONNEL, arithmetic discount.
l'ESCOMPTE SE SERRE, discount tightens.
ESCOMPTE SERRÉ, tight discount.
ESCOMPTE D'USAGE, trade discount.
FRAIS D'ESCOMPTE, discount charges.
MAISON D'ESCOMPTE, discount house.
MARCHÉ DE L'ESCOMPTE, discount market.
MARCHÉ DE L'ESCOMPTE HORS BANQUE, open discount market.
MÉCANISME DE L'ESCOMPTE, discount mechanism.
PRATIQUE DE L'ESCOMPTE, discounting.
PRIX D'ACHAT, SOUS DÉDUCTION D'ESCOMPTE, purchase
price, less discount.
RÉDUIRE LE TAUX OFFICIEL D'ESCOMPTE, to reduce the bank
rate.
RELÈVEMENT DU TAUX D'ESCOMPTE, rise in the bank rate.
RELÈVEMENT DU TAUX OFFICIEL DE L'ESCOMPTE, raising of
the bank rate.
RETENIR L'ESCOMPTE, to deduct the discount.
SUBIR UN ESCOMPTE PAR RAPPORT À, to stand at a discount
relatively to.
TAUX DE (L')ESCOMPTE, rate of discount ; discount rate ; discount
ratio ; bank rate ; price of money.
TAUX D'ESCOMPTE HORS BANQUE, market rate of discount ; open
market discount rate ; discount rate of the open market.
TAUX D'ESCOMPTE DE LA BANQUE DE FRANCE, Bank of France
rate.
TAUX D'ESCOMPTE PRIVÉ, private rate (of discount).
TAUX OFFICIEL D'ESCOMPTE, official rate of discount.

ESCOMPTÉ *a*, discounted, prospective, anticipated.
BÉNÉFICE ESCOMPTÉ, anticipated profit.
CHANGEMENTS ESCOMPTÉS, prospective changes.
EFFETS ESCOMPTÉS, bills discounted ; discount assets.
PRIX ESCOMPTÉS, discounted prices.
RENDEMENT ESCOMPTÉ, prospective yield.
RENDEMENT ESCOMPTÉ DU CAPITAL, anticipated return on
capital.
VALEUR ESCOMPTÉE, discounted value ; prospective value.
VALEUR ESCOMPTÉE D'ANNUITÉS, discount value of annuities.

ESCOMPTER *v*, to discount, to anticipate, to call for delivery (of
securities) before settlement.
ESCOMPTER UN EFFET, to discount a bill.
TAUX AUQUEL ON ESCOMPTE LE TEMPS, rate of time discounting.

ESCOMPTEUR *a*, discounting.
BANQUIER ESCOMPTEUR, discounting banker.

ESCOMPTEUR *m*, discounter, discount-broker.

ESCROC *m*, swindler.

ESCROQUER *v*, to swindle, to defraud.

ESCROQUERIE *f*, swindle.

ESPACE *m*, space, room.
ADMINISTRATION POUR L'AÉRONAUTIQUE ET L'ESPACE, *U.S:* National Aeronautics and Space Administration.
COORDONNÉES ESPACE-TEMPS, space-time coordinates ; spatio-temporal co-ordinates.
COURBURE DE L'ESPACE, curvature of space.
ESPACE À DEUX (TROIS) DIMENSIONS, two- (three-) dimensional space.
ESPACES ÉCONOMIQUES, economic spaces.
GÉOMÉTRIE DANS L'ESPACE, solid geometry.
LOCALISATION DANS L'ESPACE ÉCONOMIQUE, location in economic space.

ESPACER *v*, to space (out).

ESPÈCE *f*, kind, species; shape.
CAS D'ESPÈCE, concrete case ; specific case.
ESPÈCE HUMAINE, mankind ; human kind.

ESPÈCES *f. pl*, cash, specie, coin, money.
ACTIONS ÉMISES CONTRE ESPÈCES, shares issued for cash.
CAPITAL DIFFICILE À CONVERTIR EN ESPÈCES, assets hardly realizable.
CONVERSION EN ESPÈCES, realization ; realizing.
CONVERTIR EN ESPÈCES, to realize.
COUVERTURE DE 25 % EN ESPÈCES, margin of 25 % in cash.
ESPÈCES EN CAISSE, cash in hand.
ESPÈCES MONNAYÉES, coined money.
ESPÈCES POUR SOLDE, cash in settlement.
ESPÈCES SONNANTES ET TRÉBUCHANTES, hard money ; hard cash.
ÉTALON-ESPÈCES OR, Gold Specie Standard.
MARGE DE 25 % EN ESPÈCES, margin of 25 % in cash.
PAIEMENT EN ESPÈCES, payment in specie.
PAYER EN ESPÈCES, to pay in cash.
RÈGLEMENT EN ESPÈCES, settlement in cash.
RÉGLER UN COMPTE EN ESPÈCES, to settle an account in cash.
RÉSERVES EN ESPÈCES, vault cash.
SOUSCRIPTION EN ESPÈCES, subscription in cash.

ESPÉRANCE *f*, expectancy, expectation.
CAPITALISATION DE L'ESPÉRANCE DE GAIN, capitalized money value of prospective receipts.
ESPÉRANCE MATHÉMATIQUE, expected value ; mathematical expectation.
ESPÉRANCE DE VIE, life expectancy.

ESPRIT *m*, spirit.
ESPRIT DE CLOCHER, localism; parochialism.
ESPRIT D'ENTREPRISE, entrepreneurship.
ESPRIT DE ROUTINE, routinism.
ÉTAT D'ESPRIT, attitude; state of mind.

ESQUISSE *f*, sketch, draft.

ESSAI *m*, test, testing, trial, try, experiment, go, approbation.
CHAMP D'ESSAI, experimental plot.
CONTRE-ESSAI, retest.
à l'ESSAI, on trial.
ESSAIS DE BERNOUILLI, Bernouilli trials.
ESSAI DE FIABILITÉ, reliability test.
ESSAI GRATUIT, free trial.
ESSAIS SUR MODÈLES, model experiments.
ESSAI PROBATOIRE, feasibility test.
ESSAI DE VITESSE, speed trial.
ESSAIS EN VRAIE GRANDEUR, field experiments.
LABORATOIRE D'ESSAIS, sampling works.
MARCHANDISES À L'ESSAI, goods on approbation.
PÉRIODE D'ESSAI, probation period.
à TITRE D'ESSAI, as an experiment.
VENTE À L'ESSAI, sale on approbation.
VOL D'ESSAI, trial flight.

ESSAYER *v*, to try.

ESSENCE *f*, essence, gist; petrol, gasoline, gas.
CONSOMMATION D'ESSENCE, petrol consumption *U.S:* gasoline consumption.
ESSENCE D'UN CONTRAT, essence of a contract.
le TEMPS EST L'ESSENCE DU CONTRAT, time is the essence of the contract.

ESSENTIALITÉ *f*, essentiality.
THÉORIE D'ESSENTIALITÉ, theory of essentiality.

ESSENTIEL *a*, essential, fundamental.
les CHOSES ESSENTIELLES D'ABORD, first things first.
DONNÉES ESSENTIELLES, essential data.
ÉCARTER TOUT CE QUI N'EST PAS ESSENTIEL, to discard the unessential.
non ESSENTIEL, unessential.
PARTIE ESSENTIELLE, fundamentals.

ESSOR *m*, boom, advancement.
ESSOR ÉCONOMIQUE, economic advancement.
PÉRIODE D'ESSOR ÉCONOMIQUE, trade boom.

ESTAMPILLE *f*, stamp.

ESTAMPILLÉ *a*, stamped.
ACTIONS ESTAMPILLÉES, stamped shares.
ACTIONS NON ESTAMPILLÉES, unmarked shares ; unstamped shares.

ESTAMPILLER *v*, to stamp.

ESTHÉTIQUE *f*, aesthetics.
ESTHÉTIQUE INDUSTRIELLE, industrial design.

ESTIMATIF *a*, estimated, estimative.
COÛT ESTIMATIF, estimated cost.

ESTIMATION *f*, estimation, estimate, estimated figure, valuation, valuing, assessment, appraisal, rating, computation, computing, guess, guessing, planning.
DROITE D'ESTIMATION, line of average relationship ; line of regression.
ERREURS D'ESTIMATION, errors in estimation.
ESTIMATION (TRÈS) APPROXIMATIVE, rough estimate.
ESTIMATION DES BESOINS ET RÉPARTITION DES MOYENS, planning and allocation of resources.
ESTIMATION DES BIENS ASSURÉS, valuation of property insured.
ESTIMATIONS DÉMOGRAPHIQUES, population estimates.
ESTIMATION SANS DISTORSION, unbiased estimation.
ESTIMATION PAR INTERVALLES, interval estimation.
ESTIMATION LINÉAIRE MULTIPLE, multiple linear estimation.
ESTIMATION PAR LA MÉTHODE DES QUOTIENTS, ratio estimate.
ESTIMATION PAR LA MÉTHODE DE RÉGRESSION, regression estimate.
ESTIMATION MINIMAX, minimax estimate.
ESTIMATION DE PARAMÈTRE(S), parameter estimation.
ESTIMATION DES PLACEMENTS, valuation of investments.
ESTIMATION PONCTUELLE, point estimation.
ESTIMATION DU RENDEMENT FUTUR DES CAPITAUX, estimate of the future yield of capital assets.
ESTIMATION DE TOUT REPOS, safe estimate.
ESTIMATION SÉRIEUSE, reliable estimate.
ESTIMATION DES TITRES, valuation of securities.
ESTIMATION DE LA VALEUR DE, assessment of the value of.
MÉTHODE D'ESTIMATION PAR LES MOMENTS, method of moments.
SOUS-ESTIMATION, undervaluation.

ESTIMÉ *a*, estimated, valued, computed, guessed.
DÉPASSEMENT DU COÛT ESTIMÉ, *U.S:* overrun costs.
DISTANCE ESTIMÉE, computed distance.
non ESTIMÉ, unvalued.
PRIX ESTIMÉ AU JUGÉ, guessed price.
PRODUCTION ESTIMÉE, estimated production.
VALEUR ESTIMÉE, estimated value ; valuation.

ESTIMER *v*, to estimate, to value, to appraise, to rate, to calculate, to prize, to price.
ESTIMER À UN BAS PRIX, to set a low value on.
ESTIMER LA POPULATION À, to put the population at.
SOUS-ESTIMER, to undervalue ; to under-estimate.

ESTIVANT *m*, holiday-maker, *U.S:* vacationist.

ESTROPIÉ *a*, disabled.

ÉTABLI *a*, established, founded, assessed, fixed, standing.
CRÉANCES ÉTABLIES, claims established.
DONNÉES ÉTABLIES D'APRÈS LES LIVRAISONS DES FABRICANTS, data based on manufacturers' deliveries.
ÉTABLI PAR ARBITRAGE, fixed by arbitration.
ÉTABLI DEPUIS LONGTEMPS, old-established.
MARCHAND ÉTABLI À SON PROPRE COMPTE, private trader.

(S') ÉTABLIR *v*, to establish, to settle, to substantiate, to ascertain, to assess, to fix, to cost.
l'ÉQUILIBRE S'ÉTABLIT GRÂCE À, equilibrium is brought about through.
ÉTABLIR LA BALANCE, to strike a balance between.
ÉTABLIR UN BILAN, to get out a balance-sheet.
ÉTABLIR LE BUDGET, to fix the budget.
ÉTABLIR UN CHÈQUE À L'ORDRE DE, to make out a cheque to.
s'ÉTABLIR DANS LE COMMERCE, to set up in business.
ÉTABLIR LES CONDITIONS D'ÉQUILIBRE, to establish the conditions of equilibrium.
ÉTABLIR UN COURS, to fix a price.
ÉTABLIR LE COÛT, to cost.
ÉTABLIR LE COÛT D'UNE ENTREPRISE, to cost a job.
ÉTABLIR UN DESSIN, to scale.
ÉTABLIR LE GRAPHIQUE, to chart.
ÉTABLIR UNE MOYENNE APPROXIMATIVE, to strike a rough average.

s'ÉTABLIR OUTRE-MER, to settle overseas.
ÉTABLIR UN PRIX, to fix a price.
ÉTABLIR DES PRIX DÉGRESSIFS, to shade prices.
ÉTABLIR LE PRIX DE REVIENT, to ascertain the cost.
ÉTABLIR LE PRIX DE REVIENT D'UN ARTICLE, to cost an article.
ÉTABLIR UNE THÉORIE, to set up a theory.
ÉTABLIR LA VALEUR, to ascertain the value.

ÉTABLISSEMENT *m*, establishment, setting, settlement, striking; construction, institution, house, enterprise.
COÛT DE PREMIER ÉTABLISSEMENT, promotion money.
ÉTABLISSEMENTS EN ACTIVITÉ, establishments in business.
ÉTABLISSEMENT ARTISANAL, handicraft establishment.
ÉTABLISSEMENTS ARTISANAUX AUTORISÉS, licensed handicrafts.
ÉTABLISSEMENT BANCAIRE, banking house.
ÉTABLISSEMENT DE BANQUE, banking establishment.
ÉTABLISSEMENT D'UN BARÈME DE SALAIRES, rate setting.
ÉTABLISSEMENT DE CRÉDIT, financial house; credit institution.
ÉTABLISSEMENT D'ENSEIGNEMENT, educational establishement.
ÉTABLISSEMENT D'INDICES, construction of index numbers.
ÉTABLISSEMENTS MONÉTAIRES DE L'ÉTAT, central monetary institutions.
ÉTABLISSEMENTS OCCUPANT AU MOINS 5 EMPLOYÉS, enterprises with 5 or more employed.
ÉTABLISSEMENT DES PRIX DE REVIENT, costing.
ÉTABLISSEMENTS PUBLICS, government-owned establishments; publicly-owned establishments.
FRAIS DE PREMIER ÉTABLISSEMENT, initial outlay; first outlay; initial capital expenditure; initial capital.
LOGEMENT DANS L'ÉTABLISSEMENT MÊME, living in.
TRAVAUX SOUS-TRAITÉS EN DEHORS DE L'ÉTABLISSEMENT, contract work given out.

ÉTAGE *m*, stor(e)y.
ADDITION D'ÉTAGES, vertical extension.

ÉTAIN *m*, tin.
CONSEIL INTERNATIONAL DE L'ÉTAIN, International Tin Council.
MARCHÉ DE L'ÉTAIN, tin market.
VALEURS D'ÉTAIN, tin shares; tins.

ÉTALAGE *m*, display, window.
BEL ÉTALAGE POUR FAIRE IMPRESSION, window-dressing.
ÉTALAGE DE LUXE, display of wealth.

ÉTALON *m*, standard, yard-stick.
ABANDONNER L'ÉTALON-OR, to come off the gold standard.
BIEN ÉTALON, standard commodity.
DOUBLE ÉTALON (OR ET ARGENT), double standard (gold and silver).
ÉTALON-ARGENT, silver standard.
ÉTALON DE CHANGE-OR, Gold Bullion Standard.
ÉTALON DEVISE-OR, Gold Exchange Standard.
ÉTALON-ESPÈCES OR, Gold Specie Standard.
ÉTALON LÉGAL, legal standard.
ÉTALON LINGOT-OR, Gold Bullion Standard.
ÉTALON DE MESURE, measuring rod.
ÉTALON MÉTALLIQUE, metallic standard.
ÉTALON MONÉTAIRE, monetary standard.
ÉTALON-OR, Gold Standard.
ÉTALON-OR DE CHANGE, Gold Exchange Standard.
ÉTALON-PAPIER, paper standard.
ÉTALON DE VALEUR, standard of value.
MESURE-ÉTALON, standard measure.
MÉTAL-ÉTALON, standard metal.
MONNAIE-ÉTALON, standard money.
PAYS À ÉTALON-OR, gold-standard country.
POIDS ÉTALON, standard weight.

ÉTAPE *f*, stage.
ÉTAPE CAPITALISTE DE DÉVELOPPEMENT, capitalistic stage of development.

ÉTAT *m*, state, condition; statement; inventory, roll, bill, return; government, estate, commonwealth, polity.
AIDE DE L'ÉTAT À L'AGRICULTURE, government aid to agriculture.
BANQUE D'ÉTAT, State bank; government bank.
en BON ÉTAT, in proper condition; in a good state.
BON ÉTAT DE CONSERVATION, good state of preservation.
en BON ÉTAT DE CONSERVATION, well preserved.
BUREAU DE L'ÉTAT CIVIL*, registrar's office.
CHEMINS DE FER DE L'ÉTAT, State railways.
COFFRES DE L'ÉTAT, coffers of State.
CONSERVER LE CAPITAL EN L'ÉTAT, to maintain capital intact.
CONSTRUCTION AVEC ASSISTANCE DE L'ÉTAT, construction under State aid.
DÉPENSES ET EMPRUNTS DE L'ÉTAT, government expenditures and borrowings.
DÉPENSES DE L'ÉTAT, national expenditure.
ÉTABLISSEMENTS MONÉTAIRES DE L'ÉTAT, central monetary institutions.

ÉTAT DE CAISSE, cash statement.
ÉTAT CIVIL, civil status.
ÉTAT CORPORATIF, corporate State.
ÉTAT DÉTAILLÉ DE COMPTE, detailed statement of account.
ÉTATS ESCLAVAGISTES, *U.S*: Negro States.
ÉTAT D'ESPRIT, attitude; state of mind.
ÉTAT DES FINANCES, financial statement.
ÉTAT DE FRAIS, return of expenses; statement of expenses.
en ÉTAT D'ÊTRE HABITÉ, fit for habitation.
ÉTAT DES LIEUX, inventory of fixtures.
ÉTAT DU MARCHÉ, state of the market; condition of the market.
ÉTAT DE NAVIGABILITÉ, seaworthiness; navigable condition.
en ÉTAT DE NAVIGABILITÉ, seaworthy.
ÉTAT NOMINATIF, nominal roll.
ÉTAT DE PRÉPARATION, preparedness.
ÉTATS PRODUCTEURS DE MAÏS, *U.S*: corn states.
ÉTAT-PROVIDENCE, providence State.
ÉTAT STAGNANT DES AFFAIRES, stagnant state of business.
ÉTAT STATIONNAIRE, stationary state.
ÉTAT STATISTIQUE, statistical statement.
ÉTAT DE VIABILITÉ D'UNE ROUTE, condition of a road.
FINANCES DE L'ÉTAT, public purse.
FONDS D'ÉTAT, government securities; government stock.
FONDS D'ÉTAT ÉTRANGERS, foreign government stocks.
FRAIS DE REMISE EN ÉTAT, reconditioning expenses.
GARANTIE DES DÉPÔTS BANCAIRES PAR L'ÉTAT, government insurance of bank deposits.
HOMME D'ÉTAT, statesman.
INTERVENTION(S) DE L'ÉTAT, intervention by Government.
MAINTENIR UNE MAISON EN ÉTAT D'HABITABILITÉ, to keep a house in a state of tenantable repair.
MARCHANDISES REVENDUES EN L'ÉTAT, goods sold in the same condition.
en MAUVAIS ÉTAT, out of condition; in a bad state.
en MAUVAIS ÉTAT DE CONSERVATION, badly preserved.
MINISTRE D'ÉTAT, *U.K*: cabinet minister.
MONOPOLES D'ÉTAT, State monopolies; government monopolies.
NAVIRE EN (BON) ÉTAT DE NAVIGABILITÉ, seaworthy ship.
OBLIGATIONS AMORTIES À LA SUITE D'UNE DÉCISION DE L'ÉTAT, bonds redeemable at the option of the government.
OBLIGATION D'ÉTAT, government bond.
OBLIGATIONS D'ÉTAT NON AMORTISSABLES, irredeemable Government bonds.
OBLIGATIONS D'ÉTAT PERPÉTUELLES, perpetual Government bonds.
OFFICIER DE L'ÉTAT CIVIL*, registrar.
OR À L'ÉTAT NATIF, free gold.
PENSION DE L'ÉTAT, government pension.
REGISTRE DE L'ÉTAT CIVIL*, register of births, marriages and deaths.
REGISTRE DE L'ÉTAT CIVIL DES NAVIRES, register-book.
RÉGLEMENTATION DES BANQUES PAR L'ÉTAT, *U.S*: government regulation of banks.
RELIGION D'ÉTAT, established religion.
REMISE EN ÉTAT, reconditioning; overhaul.
RENTE(S) SUR L'ÉTAT, government stock; governmental bond(s); government annuity.
REVENUS DE L'ÉTAT, public revenue; general government income,
SECRÉTAIRE D'ÉTAT, MINISTRE DES AFFAIRES ÉTRANGÈRES. *U.K*: Foreign Secretary; *U.S*: Secretary of State.
SECTEUR NON MONÉTAIRE DE L'ÉTAT, central government non-monetary sector.
SOCIALISME D'ÉTAT, State socialism.
SOUS-SECRÉTAIRE D'ÉTAT, Under-Secretary of State.
STATISTIQUES DE L'ÉTAT CIVIL, vital statistics.
SUBVENTION DE L'ÉTAT, grant-in-aid; State grant.
SUBVENTIONNÉ PAR L'ÉTAT, grant-aided; State-aided.
USINES APPARTENANT À L'ÉTAT, government-owned plant.

ÉTATISME *m*, etatism, State control.

ÉTÉ *m*, summer.
HEURE D'ÉTÉ, summer-time.
VACANCES D'ÉTÉ, summer holidays; *U.S*: summer vacation.

ÉTEINDRE *v*, to extinguish.

ÉTENDRE *v*, to extend, to lay, to spread.

ÉTENDU *a*, extensive, large, spread.
POUVOIRS ÉTENDUS, large powers.

ÉTENDUE *f*, extent, range, reach, expanse, spread, stretch, largeness.
ÉTENDUE DE L'ÉCHANTILLON, sampling range.
ÉTENDUE DE LA FAÇADE, frontage.
NATURE ET ÉTENDUE D'UN RISQUE, the nature and extent of a risk.

ÉTHIQUE *f*, ethics.

ÉTIQUETAGE *m*, ticketing, labelling.

ÉTIQUETTE *f*, ticket, label.

ÉTIQUETTE DE PRIX, price-ticket.

ÉTRANGER *a*, foreign, alien, external.
ARTICLE DE FABRICATION ÉTRANGÈRE, article of foreign manufacture.
AVOIRS EN DEVISES ÉTRANGÈRES, foreign exchange holdings.
AVOIRS EN MONNAIES ÉTRANGÈRES, foreign currency assets.
BAISSE DES FONDS ÉTRANGERS, fall in foreign stocks ; decline in foreign stocks.
BAISSE DES VALEURS ÉTRANGÈRES, decline in foreign stocks.
CHANGE ÉTRANGER, external exchange.
DÉPÔTS EN MONNAIE ÉTRANGÈRE, foreign currency deposits.
ÉCOULEMENT DE PRODUITS SUR LES MARCHÉS ÉTRANGERS, placing of products on foreign markets.
EFFET ÉTRANGER, foreign exchange; foreign bill.
EFFETS ET TITRES ÉTRANGERS, foreign bills and securities.
FONDS D'ÉTAT ÉTRANGERS, foreign government stocks.
FONDS ÉTRANGERS, foreign securities ; foreign stock.
IMPORTER DE LA MAIN-D'ŒUVRE ÉTRANGÈRE, to immigrate foreign labour; to import foreign labour.
INVESTISSEMENT(S) ÉTRANGER(S), foreign investment.
MAIN-D'ŒUVRE ÉTRANGÈRE, foreign labour.
MARCHANDISES CONSIGNÉES À UN PAYS ÉTRANGER, goods consigned to a foreign country.
MARCHÉ DES DEVISES ÉTRANGÈRES, market for foreign exchange.
MARCHÉ ÉTRANGER, foreign market.
de MARQUE ÉTRANGÈRE, foreign-built; foreign-made.
PAVILLON ÉTRANGER, foreign flag.
POLITIQUE ÉTRANGÈRE, foreign politics.
PRODUIT ÉTRANGER, foreign product.
PRODUITS ÉTRANGERS, foreign produce.
PROTECTION CONTRE LA CONCURRENCE ÉTRANGÈRE, protection against foreign competition.
de PROVENANCE ÉTRANGÈRE, of foreign origin; foreign-grown.
RELIQUAT DES DEVISES ÉTRANGÈRES, remaining foreign exchange.
SOCIÉTÉ ÉTRANGÈRE, foreign company.
TOURISME ÉTRANGER, foreign travel.
TOURISTES ÉTRANGERS, foreign tourists.
VALEURS ÉTRANGÈRES, foreign securities ; foreign stock.

ÉTRANGER *m*, foreigner, stranger, outlander, outsider, alien: foreign countries.
CAPITAUX PLACÉS À L'ÉTRANGER, capital invested abroad.
DEMANDE D'EFFETS SUR L'ÉTRANGER, demand for foreign bills.
à l'ÉTRANGER, abroad.
ÉTRANGER NON RÉSIDENT, non-resident alien.
ÊTRE TRIBUTAIRE DE L'ÉTRANGER, to depend on foreign supplies.
FUITE DES CAPITAUX VERS L'ÉTRANGER, capital flight abroad.
INVESTISSEMENT(S) À L'ÉTRANGER, foreign investment.
REVENU DE FACTEURS NET REÇU DE L'ÉTRANGER, net factor income from abroad.
VOYAGES À L'ÉTRANGER, foreign travel.

ÉTRANGLEMENT *m*, squeeze, bottle-neck.
GOULOT D'ÉTRANGLEMENT, bottle-neck.

ÉTRANGLER *v*, to squeeze.
ÉTRANGLER LES VENDEURS À DÉCOUVERT, to squeeze the bears.

ÊTRE *m*, existence, being.
non-ÊTRE, non-existence.

ÊTRE *v*, to be.
les AFFAIRES SONT LES AFFAIRES, business is business.
ÊTRE EN ABONDANCE, to abound.
ÊTRE DANS L'AISANCE, to have a sufficiency.
ÊTRE À SON AISE (FINANCIÈREMENT), to be well off.
ÊTRE ATTACHÉ À, to belong.
ÊTRE EN CHÔMAGE, to be out of a job ; to be out of work; to be unemployed.
ÊTRE DANS LE COMMERCE, to be in trade.
ÊTRE CONFORME À L'ÉCHANTILLON, to correspond to sample.
ÊTRE EN CORRÉLATION, to correlate.
ÊTRE À DÉCOUVERT, to be caught short ; to be unsecured.
ÊTRE EN DÉPÔT, to be in bond.
ÊTRE EN DÉSACCORD, to disagree.
ÊTRE DIFFÉRENT DE, to differ.
ÊTRE LE GARANT DE, to stand security for.
ÊTRE DU MÉTIER, to be in the trade.
ÊTRE PROPRIÉTAIRE TERRIEN, to own land.
ÊTRE EN RETARD, to lag.
ÊTRE À LA TÊTE DE, to head.
ÊTRE TRIBUTAIRE DE L'ÉTRANGER, to depend on foreign supplies.
RAISON D'ÊTRE; rationale; raison d'être.

ÉTROIT *a*, narrow, limited.
LIMITES ÉTROITES, narrow bounds.
MARCHÉ ÉTROIT, limited market.
SENS ÉTROIT, narrow sense.

ÉTROITESSE *f*, narrowness, limitedness.
ÉTROITESSE D'UN MARCHÉ, limitedness of a market.

ÉTUDE *f*, study, studying, research, analysis, consideration, survey, lay-out.
BOURSE D'ÉTUDES, scholarship; studentship; education grant.
BOURSE D'ÉTUDES ACCESSIBLE À TOUS, open scholarship.
BUREAU D'ÉTUDES, research department.
ÉTUDE APPROFONDIE, elaborate study.
ÉTUDE DE COÛT ET D'EFFICACITÉ, *U.S:* cost-effectiveness analysis.
ÉTUDES ÉCONOMÉTRIQUES, econometric studies.
ÉTUDE EXHAUSTIVE, comprehensive survey ; exhaustive study.
ÉTUDE DE MARCHÉ, market research.
ÉTUDES DE MOTIVATION, motivation studies.
ÉTUDE DE NOTAIRE*, notary's office.
ÉTUDE DE PRODUCTION, product engineering.
ÉTUDE DES TEMPS ET MOUVEMENTS, time and motion study.
QUESTION À L'ÉTUDE, question under consideration; question under investigation.

ÉTUDIANT *m*, student.
CONDITION D'ÉTUDIANT, student status.

ÉTUDIER *v*, to study.
ÉTUDIER DANS LE DÉTAIL, to study out.

EUCLIDE *n. pr*, Euclid.
ÉLÉMENTS DE GÉOMÉTRIE D'EUCLIDE, Euclid's elements.
GÉOMÉTRIE D'EUCLIDE, Euclidian geometry.

EUCLIDIEN *a*, Euclidian.
non-EUCLIDIEN, non-Euclidian.

EURO-DOLLAR *m*, Euro-dollar.

EUROPÉEN *a*, European.
ASSOCIATION EUROPÉENNE DE LIBRE-ÉCHANGE (AELE), European Free Trade Association.
BANQUE EUROPÉENNE D'INVESTISSEMENT, European Investment Bank.
COMMUNAUTÉ ÉCONOMIQUE EUROPÉENNE, European Economic Community.
COMMUNAUTÉ EUROPÉENNE DU CHARBON ET DE L'ACIER, European Coal and Steel Community.
COMMUNAUTÉ EUROPÉENNE DE L'ÉNERGIE ATOMIQUE, European Atomic Energy Community.
EXTRA-EUROPÉEN, extra-European.
ORGANISATION EUROPÉENNE DE COOPÉRATION ÉCONOMIQUE (OECE), Organization for European Economic Co-operation (OEEC).
UNION EUROPÉENNE DES PAIEMENTS, European Payments Union.
ZONE EUROPÉENNE DE LIBRE-ÉCHANGE, European Free Trade Area.

ÉVALUABLE *a*, rateable.

ÉVALUATION *f*, evaluation, valuation, valuing, appraisal, appreciation, estimate, computing, assessment, rating.
ÉVALUATION DES ACTIFS, valuation of assets.
ÉVALUATION DES BIENS ASSURÉS, valuation of property insured.
ÉVALUATION BOURSIÈRE, market valuation.
ÉVALUATION CADASTRALE, *U.K:* ratal.
ÉVALUATION DU COÛT, costing.
ÉVALUATION DU COÛT D'UN SYSTÈME, systems costing.
ÉVALUATION OPÉRATIONNELLE, operational evaluation.
ÉVALUATION DES PERSPECTIVES DU MARCHÉ, assessment of market prospects.
ÉVALUATION DES PERTES, estimate of the losses.
ÉVALUATION DES PLACEMENTS, valuation of investments.
ÉVALUATION PRUDENTE, sober estimate ; conservative estimate.
ÉVALUATION DES TITRES, valuation of securities.
PROVISION POUR ÉVALUATION D'ACTIF, asset valuation reserve.
SOUS-ÉVALUATION, undervaluation.
TECHNIQUES D'ÉVALUATION ET DE RÉVISION DES PROGRAMMES, Program Evaluation and Review Techniques (P.E.R.T.).

ÉVALUÉ *a*, valued, assessed, rated.
non ÉVALUÉ, unvalued ; unassessed.
POLICE NON ÉVALUÉE (OUVERTE), open policy.

ÉVALUER *v*, to evaluate, to value, to set a value on, to appraise, to appreciate, to estimate, to compute, to assess, to rate, to prize, to price.
ÉVALUER LE COÛT, to cost.
ÉVALUER LES DÉGÂTS, to assess the damages.
ÉVALUER DES MARCHANDISES, to value goods.
ÉVALUER LE PRIX DE REVIENT, to cost.
ÉVALUER UNE PROPRIÉTÉ AUX FINS D'IMPOSITION, to assess a property for taxation.
SOUS-ÉVALUER, to undervalue ; to under-estimate.

ÉVASION *f*, evasion.

ÉVÉNEMENT *m*, event, occurrence, happening.
COURS DES ÉVÉNEMENTS, current of events.
ÉVÉNEMENT ALÉATOIRE, random event.

ÉVÉNEMENTS S'EXCLUANT MUTUELLEMENT, mutually exclusive events.
ÉVÉNEMENT FORTUIT, unforeseeable occurrence.
ÉVÉNEMENTS INDÉPENDANTS, independent events.
ÉVÉNEMENT RARE, rare occurrence.
ÉVENTUALITÉ D'UN ÉVÉNEMENT, possibility of an event.
PROBABILITÉ D'UN ÉVÉNEMENT, probability of an event.

ÉVENTUALITÉ *f*, possibility, prospect, eventuality, contingency, alternative.
ÉVENTUALITÉ D'UN ÉVÉNEMENT, possibility of an event.
ÉVENTUALITÉS IMPRÉVUES, unforseen contingencies.
ÉVENTUALITÉ PEU PROBABLE, remote prospect.
MARGE POUR LES ÉVENTUALITÉS, margin for contingencies.

ÉVENTUEL *a*, possible, prospective, contingent, eventual.
ACHETEUR ÉVENTUEL, prospective buyer; intending purchaser.
HONORAIRES ÉVENTUELS (CONDITIONNÉS PAR LE GAIN DE L'AFFAIRE), contingent fee.
PASSIF ÉVENTUEL, contingent liability.
PROFIT ÉVENTUEL, perquisite; eventual profit(s).

ÉVICTION *f*, eviction.

ÉVIDENCE *f*, evidence, obviousness.

ÉVIDENT *a*, evident, obvious, axiomatic(al).
FAIT ÉVIDENT, obvious fact.

ÉVINCER *v*, to evict.

ÉVITABLE *a*, avoidable.

ÉVITER *v*, to avoid, to evade, to obviate.

ÉVOLUTION *f*, evolution, variation.
ÉVOLUTIONS SÉCULAIRES, secular variations.
FACTEUR D'ÉVOLUTION, factor of evolution.
PROCESSUS DE L'ÉVOLUTION, evolutionary process.

ÉVOLUTIONNAIRE *a*, evolutionary.

EXACT *a*, exact, precise, accurate, correct, strict, punctual.
CHIFFRE EXACT, correct figure.
EXÉCUTION EXACTE ET PRÉCISE DES ENGAGEMENTS PRIS, punctual and strict performance of undertakings.
FRACTION DÉCIMALE EXACTE, terminate decimal fraction.
SCIENCES EXACTES, exact sciences.

EXACTEMENT *adv*, exactly.
EFFET EXACTEMENT CONTRAIRE, directly opposite effect.

EXACTION *f*, exaction, extortion, squeezing, squeeze.

EXACTITUDE *f*, exactness, precision, accuracy.
EXACTITUDE MATHÉMATIQUE, mathematical accuracy.
EXACTITUDE DES OBSERVATIONS, accuracy of observations.

EXAGÉRATION *f*, exaggeration, overstatement.
EXAGÉRATION DE VALEUR, exaggeration of value.

EXAGÉRÉ *a*, exaggerated.
CONFIANCE EXAGÉRÉE, over-confidence.
PRIX EXAGÉRÉ, stiff price ; unfair price.

EXAGÉRER *v*, to exaggerate.

EXAMEN *m*, examination, looking over, inspection, investigation, scrutiny, consideration, test.
EXAMEN APPROFONDI DU GRAPHIQUE, close examination of the diagram.
EXAMEN PLUS ATTENTIF, further consideration.
NOUVEL EXAMEN, re-examination.
PASSER UN EXAMEN, to take an examination, to sit an examination.
PASSER UN EXAMEN AVEC SUCCÈS, to pass an examination.

EXAMINATEUR *m*, examiner.

EXAMINER *v*, to examine, to look, to look into, to inspect, to investigate, to survey.
EXAMINER LA COMPTABILITÉ, to inspect the books.

EXCÉDENT *m*, excess, surplus, over, overbalance, overplus.
COÛT DE CONSERVATION DES EXCÉDENTS DE STOCKS, carrying costs of surplus stocks.
DÉFICITS ET EXCÉDENTS (DE CAISSE), (cash) shorts and overs.
EXCÉDENT DE L'ACTIF SUR LE PASSIF, excess of assets over liabilities ; surplus of assets over liabilities.
EXCÉDENT DE BAGAGE, excess luggage.
EXCÉDENT BUDGÉTAIRE, budget surplus ; budgetary surplus ; fiscal surplus.
EXCÉDENTS ET DÉFICITS DES BALANCES DES PAIEMENTS, balance of payments surpluses and deficits.
EXCÉDENT DANS L'ENCAISSE, over in the cash.
EXCÉDENT DES IMPÔTS INDIRECTS SUR LES SUBVENTIONS, excess of indirect taxes over subsidies.
EXCÉDENT DE POIDS, overweight ; excess weight.
EXCÉDENT DES RECETTES SUR LES DÉPENSES, excess of receipts over expenses ; surplus of receipts over costs.
RISTOURNER L'EXCÉDENT, to return the excess.

EXCÉDENTAIRE *a*, excessive.
BALANCE EXCÉDENTAIRE, active balance.
CAPACITÉ EXCÉDENTAIRE, excess capacity.
DEMANDE EXCÉDENTAIRE, excess demand.
ÉPARGNE EXCÉDENTAIRE, oversaving.
LIQUIDITÉS EXCÉDENTAIRES, excess liquidities.
STOCKS EXCÉDENTAIRES, *U.K:* surplus stocks; *U.S:* excessive inventories.

EXCÉDER *v*, to exceed.
la DEMANDE EXCÈDE L'OFFRE, the demand exceeds the supply.
les DÉPENSES EXCÈDENT LES RECETTES, the outgoings exceed the incomings.
EXCÉDER LES INSTRUCTIONS REÇUES, to exceed instructions received.

EXCELLENT *a*, excellent.
EXCELLENTES RÉFÉRENCES, excellent references.

EXCEPTION *f*, exception, departure.
à l'EXCEPTION DE, except.
sans EXCEPTION, without exception.
à quelques EXCEPTIONS PRÈS, with a few exceptions.
EXCEPTION FAITE DE, with the exception of.
EXCEPTION À UNE RÈGLE, exception to a rule.
EXCEPTIONS À LA RÈGLE GÉNÉRALE, departures from the general rule.

EXCEPTIONNEL *a*, exceptional.
PRIX EXCEPTIONNELS, bargain prices.
RÉCOLTE EXCEPTIONNELLE, bumper crop.

EXCÈS *m*, excess.
ERREUR PAR EXCÈS, upward error.
EXCÈS DE LA DEMANDE, excess demand.
EXCÈS DE VENDEURS, sellers over.
EXCÈS DE VITESSE, excess speed; overspeed; exceeding the speed limit.
INFLATION PAR EXCÈS DE DEMANDE, excess demand inflation.
SUFFISANT POUR ABSORBER L'EXCÈS DE, sufficient to absorb the excess of.

EXCESSIF *a*, excessive, exaggerated, redundant.
APPROVISIONNEMENT EXCESSIF, overstocking.
DÉVELOPPEMENT EXCESSIF, over-development.
ÉMISSION EXCESSIVE, over-issue.
FISCALITÉ EXCESSIVE, excessive taxation.
IMPORTANCE EXCESSIVE, exaggerated importance.
IMPOSITION EXCESSIVE, overtaxation.
PRIX EXCESSIF, overcharge ; surcharge.
TRAVAIL EXCESSIF, overwork.

EXCLU *a*, excluded, debarred.

EXCLURE *v*, to exclude.
ÉVÉNEMENTS S'EXCLUANT MUTUELLEMENT, mutually exclusive events.

EXCLUSIF *a*, exclusive, sole.
AGENT EXCLUSIF, sole agent.
DROIT EXCLUSIF, sole right ; exclusive right.

EXCLUSION *f*, exclusion, leaving-out.
à l'EXCLUSION DE, excluding.
EXCLUSION DES DOMMAGES DE GUERRE, immunity from war indemnities.
MÉTHODE D'EXCLUSION, method of exclusion.

EXCLUSIVEMENT *adv*, exclusively, exclusive.
l'OFFRE DE TRAVAIL EST-ELLE EXCLUSIVEMENT UNE FONCTION DU SALAIRE RÉEL? is the supply of labour a function of real wages alone?

EXCURSION *f*, excursion.
BILLET D'EXCURSION, excursion ticket.

EXÉCUTABLE *a*, executable, practicable.
CONTRAT NON EXÉCUTABLE, naked contract ; nude contract.

EXÉCUTER *v*, to execute, to carry out, to perform, to handle.
EXÉCUTER UN CLIENT, to buy in against a client.
EXÉCUTER N'IMPORTE QUELLE OPÉRATION, to handle any sort of business.
EXÉCUTER UN ORDRE, to fill an order; *U.K:* to carry out an order.

EXÉCUTEUR *m*, executor.
EXÉCUTEUR TESTAMENTAIRE, executor.

EXÉCUTIF *m*, executive.
BUREAU EXÉCUTIF, executive committee.
POUVOIRS EXÉCUTFS, executive powers.

EXÉCUTION *f*, execution, carrying out, performing, performance, implementing, implementation, fulfilment, workmanship.
CONTRAT DE VENTE D'IMMEUBLE À EXÉCUTION FRACTION-NÉE, deed intended.
EXÉCUTION D'UN CLIENT, buying in.
EXÉCUTION D'UN CONTRAT, fulfilment of a contract.

EXÉCUTION EXACTE ET PRÉCISE DES ENGAGEMENTS PRIS, punctual and strict performance of undertakings.
EXÉCUTION EN NATURE, specific performance.
EXÉCUTION EN NATURE D'UN CONTRAT, specific performance of a contract.
METTRE À EXÉCUTION, to implement; to carry out.
SUSPENSION DE L'EXÉCUTION D'UN JUGEMENT, stay of execution.

EXEMPLAIRE *m,* copy.
FAIT EN DOUBLE EXEMPLAIRE, made in duplicate.

EXEMPLE *m,* example, instance, illustration.
par **EXEMPLE,** for instance.

EXEMPT *a,* exempt, exonerated, free.
EXEMPT DE LA DÎME, untithed.
EXEMPT DE DROITS, duty-free; free of duty.
EXEMPT D'IMPÔTS, free of tax.
EXEMPT D'IMPÔTS SUR LE REVENU, free of income-tax.
MARCHANDISES EXEMPTES DE DROITS, duty-free goods.

EXEMPTER *v,* to exempt.

EXEMPTION *f,* exemption, freedom, immunity.
DEMANDER L'EXEMPTION D'UN IMPÔT, to claim immunity from a tax.
EXEMPTION D'IMPÔTS, freedom from tax.
LISTE D'EXEMPTIONS, free list.

EXEQUATUR *m,* recognition.
EXEQUATUR (D'UN JUGEMENT), recognition.

EXERCÉ *a,* practised.
DROITS EXERCÉS EN COMMUN, communal tenure.

(S') EXERCER *v,* to exercise.
EXERCER UN DROIT, to exercise a right.
EXERCER LA FACULTÉ DE SOUSCRIRE, to exercise the option of subscribing.
EXERCER DES REPRÉSAILLES, to retaliate.
POUSSÉE S'EXERÇANT SUR LES COÛTS, cost push.

EXERCICE *m,* exercise; period, year; practising, practice, praxis.
AVOCAT EN EXERCICE, practising lawyer.
EXERCICE BUDGÉTAIRE, fiscal year.
EXERCICE ÉCOULÉ, past year; period under review.
EXERCICE FINANCIER, trading year; business year; financial year; fiscal period.
EXERCICE FISCAL, taxable year.
EXERCICE DE SES FONCTIONS, exercise of one's duties.
EXERCICE SE TERMINANT AU 31 DÉCEMBRE, year ending 31st December.
FIN DE L'EXERCICE, end of the financial year.
PRODUIT DE L'EXERCICE, return of the year.

EXHAUSTIF *a,* exhaustive, comprehensive.
ÉTUDE EXHAUSTIVE, comprehensive survey; exhaustive study.
MÉTHODE EXHAUSTIVE, exhaustive method.

EXHAUSTION *f,* exhaustion.
MÉTHODE D'EXHAUSTION, method of exhaustions.

EXHIBER *v,* to exhibit.

EXIGÉ *a,* required.

EXIGEANT *a,* exacting.

EXIGENCE *f,* exigency, exigence, requirement.
EXIGENCES DE COUVERTURE, reserve requirements.

EXIGER *v,* to require, to demand, to exact.
EXIGER LE REMBOURSEMENT D'UNE CRÉANCE, to require the repayment of a debt.

EXIGIBILITÉ *f,* repayability, payability.
EXIGIBILITÉS, current liabilities.
EXIGIBILITÉ D'UNE DETTE, repayability of a debt.

EXIGIBLE *a,* repayable, payable, due, demandable.
CRÉANCE EXIGIBLE, debt due.
EFFET EXIGIBLE À VUE, bill payable at sight.
PASSIF EXIGIBLE, current liabilities.

EXISTANT *a,* existent, in existence.
EXISTANT EN PUISSANCE, potentially available.
RESSOURCES EXISTANTES, supplies in hand.

EXISTENCE *f,* existence, subsistence, being.
non-**EXISTENCE,** non-existence.
MOYENS D'EXISTENCE, means of support; livelihood.

EXISTER *v,* to exist.

EXODE *m,* exodus.

EXOGÈNE *a,* exogenous.
VARIABLES ENDOGÈNES ET EXOGÈNES, endogenous and exogenous variables.

EXONÉRATION *f,* exoneration, exemption, immunity.
CLAUSE D'EXONÉRATION, exemption clause.

EXONÉRATION D'IMPÔT, tax exemption.

EXONÉRÉ *a,* free, immune.
SUJET À UNE TAXE OU EXONÉRÉ, dutiable or free of duty.

EXONÉRER *v,* to exonerate, to exempt, to take the duty off.
EXONÉRER D'IMPÔTS, to exempt from tax.
EXONÉRER DE RESPONSABILITÉ, to exonerate from liability; to exempt from liability.

EXORBITANCE *f,* exorbitance.

EXORBITANT *a,* exorbitant, extortionate; extravagant.
HAUSSE EXORBITANTE, ramp; exorbitant increase.
LOYER EXORBITANT, exorbitant rent, rack-rent.
PRIX EXORBITANT, exorbitant price; extravagant price; extortionate price; steep price; unfair price.

EXPANSION *f,* expansion, reflation.
EXPANSION COLONIALE, colonial expansion.
EXPANSION MONÉTAIRE, currency expansion; monetary expansion.
EXPANSION PREMIÈRE, primary expansion.
EXPANSION DE LA PRODUCTION DE, expansion of the output of.
EXPANSION SECONDAIRE, secondary expansion.

EXPANSIONNISME *m,* expansionism.

EXPANSIONNISTE *a,* expansionary.
POLITIQUE MONÉTAIRE EXPANSIONNISTE, expansionary monetary policy.

EXPECTATIVE *f,* expectancy, prospect.

EXPÉDIÉ *a,* consigned, sent.

EXPÉDIENT *m,* expedient, device.
USER D'EXPÉDIENTS, to resort to expedients.

EXPÉDIER *v,* to consign, to send, to dispatch, to forward, to ship.

EXPÉDITEUR *m,* consignor, sender, shipper.

EXPÉDITION *f,* consignment, sending, dispatch, forwarding, shipping, lading.
FACTURE D'EXPÉDITION, shipping invoice.
FEUILLE D'EXPÉDITION (PAR FER), bill of lading.
FRAIS D'EXPÉDITION, forwarding charges; shipping charges; shipping expenses.
MAISON D'EXPÉDITION, forwarding house.

EXPÉRIENCE *f,* experience; experiment.
EXPÉRIENCE (PROFESSIONNELLE), (professional) background.
FONDER SES RAISONS SUR L'EXPÉRIENCE DU PASSÉ, to reason from past experience.
TERRAIN D'EXPÉRIENCE, testing-ground.
à **TITRE D'EXPÉRIENCE,** by way of experiment.

EXPÉRIMENTAL *a,* experimental, tentative.
DONNÉES EXPÉRIMENTALES, experimental data.
MÉTHODE EXPÉRIMENTALE, experimental method.
SCIENCES EXPÉRIMENTALES, applied sciences.

EXPÉRIMENTATION *f,* experimentation.
EXPÉRIMENTATION FORESTIÈRE, experimental forestry.

EXPÉRIMENTÉ *a,* experienced, practised.

EXPERT* *a,* expert, qualified.
GÉOMÈTRE EXPERT, land-surveyor.

EXPERT* *m,* expert, professional, appraiser, official appraiser, valuer.
DÉSACCORD ENTRE LES EXPERTS, disagreement between the experts.
EXPERT COMPTABLE*, *U.K:* chartered accountant; auditor; *U.S:* certified public accountant.
EXPERT DIPLÔMÉ, qualified expert.
HONORAIRES D'EXPERT, expert's fee.

EXPERTISE* *f,* valuation, survey, surveying, official appraisal, expert's report.
EXPERTISE D'AVARIE, damage survey.
EXPERTISE COMPTABLE, accountancy.
EXPERTISE DE DÉGÂTS, damage survey.
FAIRE L'EXPERTISE, to make a valuation of.
RAPPORT D'EXPERTISE, survey report.

EXPIRATION *f,* expiry, determination, expiration.
à l'**EXPIRATION,** on expiry.
EXPIRATION D'UN BAIL, determination of a lease.
EXPIRATION D'UNE CONCESSION, expiration of a concession.
EXPIRATION DE LOCATION, expiration of tenancy.
EXPIRATION D'UNE OPTION, expiration of an option.

EXPIRÉ *a,* expired.
POLICE EXPIRÉE, expired policy.

EXPIRER *v,* to expire.

EXPLICATIF *a,* explanatory.
NOTES EXPLICATIVES, explanatory notes.
VARIABLES EXPLICATIVES, explanatory variables.

EXPLICATION *f*, explanation.
EXPLICATION MONÉTAIRE DES CYCLES, monetary explanation of cycles.

EXPLICITE *a*, explicit.
FONCTION EXPLICITE, explicit function.
RENTE EXPLICITE, explicit rent.
REVENUS IMPLICITES ET REVENUS EXPLICITES, implicit and explicit returns.

EXPLIQUER *v*, to explain.
qui s'EXPLIQUE DE SOI-MÊME, self-explanatory.

EXPLOIT *m*, achievement.

EXPLOITABLE *a*, workable.

EXPLOITANT *a*, operating.
PERSONNEL EXPLOITANT, operating staff.

EXPLOITANT *m*, owner, operator, cultivator.

EXPLOITATION *f*, exploitation, operating, working, exploiting, digging, trading, development.
BÉNÉFICES D'EXPLOITATION, operating profits ; trading profits.
BÉNÉFICE NET D'EXPLOITATION, net operating profit.
BUDGET D'EXPLOITATION, operating budget.
COEFFICIENT D'EXPLOITATION, working coefficient ; *U.S:* operating ratio.
COMPTES DE L'EXPLOITATION, income statement (of a corporation) ; operating statement ; trading account ; real accounts ; property accounts.
DÉPENSES D'EXPLOITATION, operating expenditure ; working expenses.
DÉPENSES ET RECETTES D'EXPLOITATION BRUTES, gross working expenses and receipts.
EXPLOITATION AFFERMÉE, leasehold property.
EXPLOITATION AGRICOLE, farm ; farming ; *U.S:* agricultural holding.
EXPLOITATION D'UN BIEN CONSOMPTIBLE, exploitation of a wasting-asset.
EXPLOITATION D'UN BREVET D'INVENTION, utilization of a patent.
EXPLOITATION DE CARRIÈRES, quarrying.
EXPLOITATION À CIEL OUVERT, open(-pit) mining; opencast mining.
EXPLOITATION DE LA MAIN-D'ŒUVRE, exploitation of labour.
EXPLOITATION DES MINES DE SEL, salt mining.
EXPLOITATION MINIÈRE, mining ; mineral mining.
EXPLOITATION MINIÈRE LIBRE, free mining.
EXPLOITATION DE QUARTZ AURIFÈRE, gold-digging.
FRAIS D'EXPLOITATION, operating costs.
GRANDE EXPLOITATION AGRICOLE, farming on a large scale.
METTRE EN EXPLOITATION UN GISEMENT DE PÉTROLE, to exploit for petroleum.
PETITE EXPLOITATION, farming of small areas; small-scale farming.
PERTE D'EXPLOITATION, trading loss.
SYSTÈME D'EXPLOITATION, operating system.
THÉORIE DE L'EXPLOITATION MONOPOLISTIQUE, theory of monopolistic exploitation.

EXPLOITER *v*, to exploit, to work, to mine, to farm.
DROIT D'EXPLOITER LE PÉTROLE, oil rights.
EXPLOITER UN BREVET, to work a patent.
EXPLOITER UNE COUCHE DE HOUILLE, to mine a coal bed.
EXPLOITER LA CRÉDULITÉ DU PUBLIC, to exploit the credulity of the public.
EXPLOITER UNE MINE D'OR, to mine for gold; to work a gold mine.

EXPLOITEUR *m*, exploiter.

EXPLORATION *f*, exploration.

EXPLORER *v*, to explore.

EXPLOSION *f*, explosion.
EXPLOSION DÉMOGRAPHIQUE, demographic explosion; population explosion.
MOTEUR À EXPLOSION, explosion engine.

EXPONENTIEL *a*, exponential.
ÉQUATION EXPONENTIELLE, exponential equation.
FONCTION EXPONENTIELLE, exponential function.
LOI EXPONENTIELLE, exponential law.

EXPONENTIELLE *f*, exponential.
AJUSTEMENT PAR UNE EXPONENTIELLE, fitting an exponential curve.

EXPORTABLE *a*, exportable.
SURPLUS EXPORTABLE, exportable surplus.

EXPORTATEUR *a*, exporting.
PAYS EXPORTATEUR, exporting country.

EXPORTATEUR *m*, exporter.
GROS EXPORTATEUR DE, big exporter of.

EXPORTATION *f*, export, exportation.
COMMANDES D'EXPORTATION, export orders.

COMMERCE D'EXPORTATION, export trade.
CONTINGENTS D'EXPORTATION, export quotas.
COURS D'ACHAT OU D'EXPORTATION, buying or export rate.
DROITS D'EXPORTATION, export duty.
ÉCONOMIE ORIENTÉE VERS LES EXPORTATIONS, export-oriented economy.
EXPORTATION DE CAPITAUX, export of money.
EXPORTATIONS ET IMPORTATIONS INVISIBLES, invisible exports and imports.
EXPORTATIONS MONDIALES, world exports.
EXPORTATIONS NETTES, net exports.
l'EXPORTATION STIMULE LA PRODUCTION, exportation stimulates production.
EXPORTATIONS VISIBLES, visible exports.
GOLD-POINT D'EXPORTATION, export gold-point ; export specie point ; export bullion point.
INDICES DES PRIX DES EXPORTATIONS, export price index.
INDICES DE LA VALEUR UNITAIRE DES EXPORTATIONS, export unit value index.
INDICE DU VOLUME DES EXPORTATIONS, volume index for exports.
LICENCE D'EXPORTATION, export licence.
MARCHANDISES DESTINÉES À L'EXPORTATION, exportable goods.
MARCHÉS D'EXPORTATION, export markets.
MULTIPLICATEUR D'EXPORTATION, export multiplier.
PRIME D'EXPORTATION, drawback.
PRIME À L'EXPORTATION, export bounty ; export bonus.
PRIX D'EXPORTATION, export price.
PRODUIT DESTINÉ À L'EXPORTATION, commodity intended for export.
RÉCOLTE DESTINÉE À L'EXPORTATION, exportable crop.
TAXES À L'EXPORTATION, export taxes.
TOTAL DES IMPORTATIONS ET DES EXPORTATIONS, imports and exports combined; total of imports and exports.
VALEUR COURANTE DES EXPORTATIONS, current value of exports.

EXPORTER *v*, to export.
AUTORISATION D'EXPORTER, export permit.
EXPORTER DES MARCHANDISES, to export goods.
EXPORTER DE L'OR, to export gold.

EXPOSANT *m*, exhibitor, exponent, power.
EXPOSANTS FRACTIONNAIRES, fractional exponents.
EXPOSANT DE *x*, power of *x*.

EXPOSÉ *a*, on show.

EXPOSÉ *m*, statement, report.
EXPOSÉ PRÉALABLE, premise.

EXPOSITION *f*, exhibition, show, showing, display.
EXPOSITIONS ET FOIRES, exhibitions and fairs.
EXPOSITION D'HORTICULTURE, horticultural show.
EXPOSITION UNIVERSELLE, world fair.
SALLE D'EXPOSITION, showroom.
STAND D'EXPOSITION, exhibition stand.

EXPRÈS *a*, express, explicit.

EXPRÈS *m*, express.
DISTRIBUTION (DE COURRIER) PAR EXPRÈS, special delivery.
LETTRE PAR EXPRÈS, express letter.
LIVRAISON PAR EXPRÈS, express delivery.

EXPRESS *a*, express.
TRAIN EXPRESS, express train.

EXPRESS *m*, express.

EXPRESSION *f*, expression.
faire DISPARAÎTRE LES QUANTITÉS IRRATIONNELLES D'UNE EXPRESSION, to rationalize an expression.
EXPRESSION ALGÉBRIQUE, algebraical expression.
EXPRESSION FRACTIONNAIRE, improper fraction.
EXPRESSION À INTÉGRER, integrand.
RÉDUIRE UN POLYNOME À SA PLUS SIMPLE EXPRESSION, to reduce a polynomial to the simplest expression.
SEULE EXPRESSION REPRÉSENTATIVE, single representative value.

EXPRIMÉ *a*, expressed, recorded.
SUFFRAGES EXPRIMÉS, votes recorded.

EXPRIMER *v*, to express.
EXPRIMER UNE QUANTITÉ EN TERMES D'UNE AUTRE, to express one quantity in terms of another.

EXPROPRIATION *f*, expropriation, compulsory surrender.
EXPROPRIATION POUR CAUSE D'UTILITÉ PUBLIQUE, expropriation for public purposes.
EXPROPRIATION DANS L'INTÉRÊT PUBLIC, compulsory acquisition of property (by public bodies).
INDEMNITÉ POUR CAUSE D'EXPROPRIATION, indemnity for expropriation.

EXPROPRIER *v*, to expropriate.

EXPULSER *v*, to evict, to dispossess.
EXPULSER UN LOCATAIRE, to evict a tenant.

EXPULSION *f*, eviction, expulsion, dispossession.

EXTENSIF *a*, extensive.
AGRICULTURE EXTENSIVE, extensive agriculture.
CULTURE EXTENSIVE, extensive cultivation.

EXTENSION *f*, extension, stretch.
par EXTENSION, by extension.
EXTENSIONS DE CONSTRUCTIONS, additions, extensions, to
  buildings.

EXTÉRIEUR *a*, exterior, external, foreign, outer, outside, outdoor.
ANGLE EXTÉRIEUR, exterior angle.
CHANGE EXTÉRIEUR, external exchange.
COMMERCE EXTÉRIEUR, foreign trade ; external trade.
COMPTES EXTÉRIEURS, external accounts.
DETTE EXTÉRIEURE, foreign debt.
EMPRUNT EXTÉRIEUR, foreign loan ; external loan.
INDICES DU VOLUME ET DES VALEURS MOYENNES DU COM-
  MERCE EXTÉRIEUR, index-numbers of the volume and average
  value of external trade.
MARCHÉ EXTÉRIEUR, foreign market.
MULTIPLICATEUR DE COMMERCE EXTÉRIEUR, foreign trade
  multiplier.
STATISTIQUES DU COMMERCE EXTÉRIEUR, external trade
  statistics.

EXTERNE *a*, external, outer, outdoor.
DÉSÉCONOMIES EXTERNES, external diseconomies.
MÉMOIRE EXTERNE, external storage.

EXTINCTION *f*, extinction, extinguishment, end.
EXTINCTION D'UNE DETTE PUBLIQUE, extinction of a national
  debt.
EXTINCTION GRADUELLE D'UNE DETTE, gradual extinction of a
  debt.
EXTINCTION D'UN RISQUE, end of a risk.

EXTORQUER *v*, to extort, to exact.
EXTORQUER DE L'ARGENT À, to squeeze money out of ; to extort
  money from.

EXTORSION *f*, extortion.

EXTORSIONNAIRE *a*, extortionate.

EXTRA- *a*, extra.

EXTRA *m*, extra.

EXTRACTIF *a*, extractive.
INDUSTRIES EXTRACTIVES, mining and quarrying ; mining ; extractive industries.

EXTRACTION *f*, extraction.
MÉTHODES D'EXTRACTION (MINIÈRE), mining methods.

EXTRA-ÉCONOMIQUE *a*, non economic.
AVANTAGE EXTRA-ÉCONOMIQUE, non economic advantage.

EXTRAIRE *v*, to extract.

EXTRAIT *m*, extract.
EXTRAIT D'ACTE DE DÉCÈS, death certificate.
EXTRAIT D'ACTE DE MARIAGE*, marriage certificate.
EXTRAIT D'ACTE DE NAISSANCE*, birth certificate.

EXTRA-MONÉTAIRE *a*, nonmonetary.

EXTRAORDINAIRE *a*, extraordinary.
ASSEMBLÉE GÉNÉRALE EXTRAORDINAIRE, extraordinary general
  meeting.
BUDGET EXTRAORDINAIRE, extraordinary budget.
FINANCEMENT EXTRAORDINAIRE, extraordinary financing.
IMPÔT EXTRAORDINAIRE, emergency tax.
RÉSERVE EXTRAORDINAIRE, extraordinary reserve.

EXTRAPOLATION *f*, extrapolation.

EXTRAPOLER *v*, to extrapolate.

EXTRATERRITORIAL *a*, extraterritorial.

EXTRATERRITORIALITÉ *f*, extraterritoriality.

EXTRÊME *a*, extreme, ultra.
CAS EXTRÊME, extreme case.
EXTRÊME MISÈRE, extreme poverty.
VALEURS EXTRÊMES, extreme values.

EXTRÊME *m*, extreme.
d'un EXTRÊME À L'AUTRE, from one extreme to the other.
le PRODUIT DES EXTRÊMES ÉGALE LE PRODUIT DES MOYENS,
  the product of the extremes equals the product of the means.

EXTRÉMITÉ *f*, extremity.

EXTRINSÈQUE *a*, extrinsic.
VALEUR EXTRINSÈQUE, extrinsic value.

F *lettre*, F.
DISTRIBUTION DE F, F distribution.
LOI DE F, F distribution.

FABIANISME *m*, Fabianism.

FABIEN *a*, Fabian.
SOCIALISME FABIEN, Fabian socialism.

FABRICANT *m*, manufacturer, maker.
DONNÉES ÉTABLIES D'APRÈS LES LIVRAISONS DES FABRI-
CANTS, data based on manufacturers' deliveries.
PRIX IMPOSÉS PAR LE FABRICANT, prices laid down by the manu-
facturers ; resale price maintenance.

FABRICATION *f*, manufacturing, manufacture, make, making,
fabrication, production, processing.
ARTICLE DE FABRICATION ÉTRANGÈRE, article of foreign manu-
facture.
COÛT DE FABRICATION, manufacturing cost.
de FABRICATION FRANÇAISE, of French make.
FABRICATION DU PAPIER, paper-making.
FABRICATION EN SÉRIE, wholesale manufacture.
FRAIS DE FABRICATION, manufacturing overhead(s) ; factory over-
head(s).
FRAIS GÉNÉRAUX DE FABRICATION, general factory overhead(s).
LICENCE DE FABRICATION, manufacturing licence.
NORMALISATION DANS LA FABRICATION, standardization of
manufacture.
PHASES DE FABRICATION, processing stages.
STANDARDISATION DANS LA FABRICATION, standardization
of manufacture.

FABRIQUE *f*, factory, works, mill.
DÉPOSER UNE MARQUE DE FABRIQUE, to register a trade-mark.
DÉPÔT D'UNE MARQUE DE FABRIQUE, registration of a trade-mark.
FABRIQUE DE MUNITIONS, munition factory.
FABRIQUE DE PAPIER, paper-mill.
FAUSSE MARQUE DE FABRIQUE, false trade-mark.
MARQUE DE FABRIQUE, trade-mark ; brand name.
PRIX DE FABRIQUE, manufacturer's price.

FABRIQUÉ *a*, manufactured, made, produced.
FABRIQUÉ SUR COMMANDE, made to order.
FABRIQUÉ EN FRANCE, made in France.
FABRIQUÉ SUR MESURE, made to order.

FABRIQUER *v*, to manufacture, to make, to fabricate.

FABULEUX *a*, fabulous.
PRIX FABULEUX, fabulous price.

FAÇADE *f*, front, front elevation.
ÉTENDUE DE LA FAÇADE, frontage.

FACE *f*, face, head.
COUP DE PILE OU FACE, toss-up.
FACE D'UNE PIÈCE DE MONNAIE, head of a coin.
FAIRE FACE À UNE DEMANDE, to meet a demand.
FAIRE FACE AUX DÉPENSES, to meet expenses.
GAGNER À PILE OU FACE, to win the toss.
JEU DE PILE OU FACE, tossing ; coin tossing.
JOUER À PILE OU FACE, to toss ; to toss (up) a coin ; to toss heads
or tails.

FACILE *a*, easy; facile.
l'ESCOMPTE EST FACILE, discounting is easy.

FACILITÉ *f*, ease, easiness: facility.
FACILITÉ D'ACCÈS, accessibility.
FACILITÉ DE L'ARGENT, easiness of money.
FACILITÉS DE CAISSE, overdraft facilities.
FACILITÉS DE COMMERCE, facilitation of trade; trade facilities.
FACILITÉS DE CRÉDITS RÉCIPROQUES, swap credit deal ; swap
facilities.
FACILITÉS DE PAIEMENT, facilities for payment.
avec FACILITÉS DE PAIEMENT, on easy terms ; by easy payment.
FACILITÉS DE TRANSPORT, ease of transport.

FACILITER *v*, to facilitate, to make easy.

FAÇON *f*, making, make, manner.
FAÇON D'ABORDER UN PROBLÈME, approach to a problem.
TAILLEUR À FAÇON, bespoke tailor; jobbing tailor.
TRAVAIL À FAÇON, special-order work ; jobbing.

FAÇONNÉ *a*, shaped, fashioned.

FAÇONNER *v*, to shape; to work.

FAÇONNIER *m*, jobbing workman.

FACTAGE *m*, porterage, parcel(s) delivery.
TAXE DE FACTAGE, porterage charge.

FACTEUR *m*, factor, element, input.
COMBINAISON DE FACTEURS QUI MINIMISE LES COÛTS
(VARIABLES), combination of input which minimizes (variable)
costs.
COMBINAISON OPTIMALE DE FACTEURS, best combination of
input.
COMPLÉMENTARITÉ DE DEUX FACTEURS DE PRODUCTION,
complementarity of two factors of production.
COÛT DE FACTEUR(S), factor cost.
au COÛT DES FACTEURS, at factor cost.
COÛT DE FACTEUR MARGINAL, marginal factor cost.
DÉCOMPOSER EN FACTEURS, to factorize.
DEMANDE D'UN FACTEUR EN SITUATION DE MONOPOLE,
monopoly demand for a factor.
ÉGALISATION DES PRIX DES FACTEURS, equalization of factor
prices.
ÉLASTICITÉ DE SUBSTITUTION DES FACTEURS, elasticity of
factor substitution.
FACTEURS ALÉATOIRES, random factors.
FACTEUR DE CHARGE, load factor.
FACTEUR DE CONVERSION, conversion factor.
FACTEUR DE DÉSÉQUILIBRE, destabilizer.
FACTEUR D'ÉVOLUTION, factor of evolution.
FACTEUR D'HÉRÉDITÉ, gene.
FACTEUR HUMAIN, personal element.
FACTEURS OPÉRATIONNELS, operational factors.
FACTEURS PRIMAIRES DE PRODUCTION, primary factors of
production.
FACTEUR PRODUCTIF, productive factor.
FACTEUR DE PRODUCTION, factor of production ; input.
FACTEUR DE PUISSANCE, power-factor.
FACTEUR DE SÉCURITÉ, safety factor.
FACTEURS DE SITUATION, location factors.
FACTEURS DE SUBSTITUTION, substitute factors.

le FACTEUR TEMPS EST CAPITAL, time is of the essence.
IMMOBILITÉ DES FACTEURS, immobility of (the) factors.
INDIVISIBILITÉ DES FACTEURS ET DES PROCESSUS, indivisibility of factors and processes.
LOI DE PROPORTION DES FACTEURS, law of factor price equalization.
MARCHÉ DES FACTEURS, market for inputs.
MOBILITÉ DES FACTEURS, mobility of factors.
PRIX DU FACTEUR, price of factor.
PRIX DES FACTEURS ET PRIX DU PRODUIT, price of input and price of output.
PRODUIT NATIONAL BRUT AU COÛT DES FACTEURS, gross national product at factor cost.
PRODUIT NATIONAL NET AU COÛT DES FACTEURS, net national product at factor cost.
QUANTITÉ TOTALE DE FACTEURS EMPLOYÉS, total input.
RETARD D'ADAPTATION DES FACTEURS, input lag.
REVENU DE FACTEURS NET REÇU DE L'ÉTRANGER, net factor income from abroad.
SUBSTITUTION ENTRE LES FACTEURS, substitution among factors.
TAUX DE RÉMUNÉRATION DES FACTEURS DE PRODUCTION, rate of remuneration of the factors of production.
TERRE EN TANT QUE FACTEUR DE PRODUCTION, land as factor of production.
TRAVAIL EN TANT QUE FACTEUR DE PRODUCTION, labour as a factor of production.

FACTICE *a*, factitious; artificial, dummy.
VALEUR FACTICE, factitious value.

FACTORIEL *a*, factoral, factorial.
ANALYSE FACTORIELLE, factor analysis ; factorial analysis.
SOMME FACTORIELLE, factorial sum.
TERMES DE L'ÉCHANGE FACTORIELS, factoral terms of trade.

FACTORIELLE *f*, factorial.
FACTORIELLE DE *x*, factorial *x*.

FACTORISATION *f*, factorization.

FACTURATION *f*, invoicing, billing.
FACTURATION DE MARCHANDISES, invoicing of goods.
TRAVAUX DE FACTURATION, invoice work.

FACTURE *f*, invoice, bill.
ACQUITTER UNE FACTURE, to receipt an invoice ; to receipt a bill.
suivant la FACTURE, as per invoice.
FACTURE D'ACHAT, purchase invoice.
FACTURE D'EXPÉDITION, shipping invoice.
FACTURE ORIGINALE, original invoice.
FACTURE D'ORIGINE, invoice of origin.
FACTURE DE VENTE, sale invoice.
MAJORER UNE FACTURE INDÛMENT, to overcharge on an invoice.
PRIX DE FACTURE, invoice price.
RÉGLER UNE FACTURE, to pay a bill.
VALEUR DE FACTURE, invoice value.

FACTURÉ *a*, invoiced.
MARCHANDISES FACTURÉES, invoiced goods.

FACTURER *v*, to invoice, to bill.
MACHINE À FACTURER, invoicing machine.

FACULTATIF *a*, optional, voluntary, facultative.
ASSURANCE FACULTATIVE, voluntary insurance.

FACULTÉ *f*, option; power, faculty.
CONTRAT À LA GROSSE SUR FACULTÉS, respondentia bond.
EXERCER LA FACULTÉ DE SOUSCRIRE, to exercise the option of subscribing.
VENTE AVEC FACULTÉ DE RACHAT, sale with option of redemption ; sale with option of repurchase ; sale with power of redemption.

FAIBLE *a*, weak; small; narrow; light; low; scanty, scant; soft.
les ACTIONS ÉTAIENT FAIBLES, shares were soft.
COURS PLUS FAIBLE, lower price.
à FAIBLE CONSOMMATION, low-consumption.
FAIBLE COTE, short price.
FAIBLE DEMANDE, slack demand.
FAIBLE IMPOSITION, light taxation.
FAIBLE MAJORITÉ, narrow majority.
FAIBLE QUANTITÉ, modicum.
à FAIBLE RENDEMENT, low-yielding.
FAIBLES RESSOURCES, scanty means.
FAIBLE REVENU, low income ; small income.
MONNAIE FAIBLE, light money.
PENTE FAIBLE, low gradient.
POINT FAIBLE, weak point.

FAIBLESSE *f*, weakness, smallness.

FAIBLIR *v*, to weaken.

FAIBLISSANT *a*, failing, dwindling.

FAILLI *m*, bankrupt, insolvent; defaulter.
ABANDON DES BIENS D'UN FAILLI À SES CRÉANCIERS, surrender of a bankrupt's property.
FAILLI RÉHABILITÉ, discharged bankrupt.
FAILLI NON RÉHABILITÉ, undischarged bankrupt.
RÉHABILITATION D'UN FAILLI, discharge in bankruptcy.
RÉHABILITER UN FAILLI, to discharge a bankrupt.

FAILLIR *v*, to fail, to go bankrupt, to be bankrupt.

FAILLITE* *f*, failure, bankruptcy, insolvency; smash, smashing.
BANQUE QUI A FAIT FAILLITE, bank which has failed.
CONCORDAT APRÈS FAILLITE, legal settlement in bankruptcy.
CONCORDAT PRÉVENTIF À LA FAILLITE, scheme of composition between debtor and creditors.
DÉCLARER QUELQU'UN EN FAILLITE, to adjudicate someone a bankrupt.
ÊTRE EN FAILLITE, to be bankrupt.
FAIRE FAILLITE, to go bankrupt.
JUGEMENT DÉCLARATIF DE FAILLITE*, adjudication of bankruptcy ; decree in bankruptcy ; judgment in bankruptcy.
MAISON EN FAILLITE, *U.S:* failed firm; *U.K:* bankrupt firm.
MASSE DES BIENS DE LA FAILLITE, bankrupt's total estate.
METTRE EN FAILLITE, to bankrupt.

PRODUIRE À UNE FAILLITE ET À UNE LIQUIDATION, to prove claims in bankruptcy and liquidation.
REDÉMARRER APRÈS UNE FAILLITE, to start again after a failure.
REQUÊTE DES CRÉANCIERS EN DÉCLARATION DE FAILLITE, petition in bankruptcy.
SÉRIE DE FAILLITES, spate of bankruptcies.
SYNDIC DE FAILLITE*, official receiver ; receiver in bankruptcy ; receiver and manager ; trustee in bankruptcy.
SYNDICAT DE (D'UNE) FAILLITE*, official receivership ; trusteeship of a bankruptcy.

FAIM *f*, hunger.
GRÈVE DE LA FAIM, hunger-strike.

FAIR PLAY *m*, fair play.

FAIRE *v*, to make, to do, to work.
les ACTIONS ONT FAIT UN BOND, shares jumped.
ACTIONS QUI FONT PRIME, shares which are at a premium.
BANQUE QUI A FAIT FAILLITE, bank which has failed.
BEL ÉTALAGE POUR FAIRE IMPRESSION, window-dressing.
BOUTIQUE FAISANT LA VENTE À TEMPÉRAMENT, tally-shop; hire-purchase store.
BUDGET FAISANT APPARAÎTRE UN DÉFICIT, budget which shows a deficit.
CHERCHER À FAIRE BAISSER LES COURS, to bear the market.
les CRÉDITS FONT LES DÉPÔTS, loans make deposits.
DIRECTION AYANT FAIT SES PREUVES, proven management.
FAIRE ACCORDER LES LIVRES, to agree the books ; to agree the accounts.
FAIRE DES ACHATS, to shop.
FAIRE L'AFFAIRE, to do the business.
FAIRE DES AFFAIRES, to do business.
FAIRE DES AFFAIRES AVEC, to transact business with.
FAIRE APPARAÎTRE, to show.
FAIRE APPARAÎTRE DES BÉNÉFICES, to exhibit profits.
FAIRE APPARAÎTRE DES BÉNÉFICES MENSONGERS, to show illusory profits.
FAIRE APPEL AUX ACTIONNAIRES POUR SOUSCRIRE LE CAPITAL, to invite shareholders to subscribe the capital.
FAIRE L'ARBITRAGE DE PLACE À PLACE, to shunt.
se FAIRE ASSURER, to insure.
FAIRE BAISSER LES PRIX, to force down prices ; to hammer prices ; to bang the market.
FAIRE LA BALANCE, to strike a balance between.
FAIRE BLOC CONTRE UN PARTI, to unite against a party.
FAIRE LE BLOCUS, to blockade.
FAIRE CHÔMER, to stand off.
FAIRE COÏNCIDER LE PRIX AVEC LE COÛT MARGINAL, to equate price with marginal cost.
FAIRE DU COMMERCE (DE), to deal (in); to trade (in).
FAIRE LE COMMERCE DES PRIMES, to deal in options.
se FAIRE DES CONCESSIONS MUTUELLES, to give and take.
FAIRE COUVRIR LE DÉCOUVERT, to frighten the bears.
FAIRE CRÉDIT, to give credit.
FAIRE UNE DÉCLARATION DE REVENU, to make an income-tax return.
FAIRE DÉFAUT, to lack ; to fail.
FAIRE (DE) LA DÉFLATION, to deflate.
FAIRE EN DOUBLE, to duplicate.
FAIRE UNE ÉCONOMIE DE TEMPS, to save time.
FAIRE UN EMPRUNT, to make a loan.
FAIRE UNE ENQUÊTE, to investigate.
FAIRE L'EXPERTISE DE, to make a valuation of.
FAIRE FACE À UNE DEMANDE, to meet a demand.
FAIRE FACE AUX DÉPENSES, to meet expenses.
FAIRE FAILLITE, to go bankrupt.

FAIRE FIGURER LA RÉSERVE AU PASSIF, to show the reserve among the liabilities.
FAIRE FORTUNE, to make a fortune.
FAIRE DE GRANDS PROGRÈS, to make great strides.
FAIRE LA GRÈVE, to strike.
FAIRE DES HEURES SUPPLÉMENTAIRES, to work overtime.
FAIRE L'INDEX, to index.
FAIRE DE L'INFLATION MONÉTAIRE, to inflate the currency.
FAIRE L'INVENTAIRE, to take stock.
FAIRE DU JOURNALISME, to write in the papers.
FAIRE UN MARCHÉ, to transact a bargain ; to make a bargain.
FAIRE MARCHER UNE AFFAIRE, UN COMMERCE, to run a business.
FAIRE MONTER LES PRIX, to send up prices ; to force up prices.
FAIRE LA MOYENNE, to average.
FAIRE LA MOYENNE DES RÉSULTATS, to take an average of results.
FAIRE LE NÉGOCE D'ACTIONS, to job shares.
FAIRE UNE OFFRE POUR, to make a bid for ; to bid.
FAIRE UNE OFFRE DE RACHAT, to bid for a company's stock.
FAIRE UNE OFFRE RÉELLE, to tender money in discharge of a debt.
se FAIRE UNE OPINION, to form an opinion.
FAIRE UN PARI, to make a bet.
se FAIRE PAYER EN MARCHANDISES, to take it out in goods.
FAIRE PAYER LES RICHES, to soak the rich.
FAIRE LA PÉRÉQUATION, to equalize.
FAIRE LA PÉRÉQUATION DES SALAIRES, to equalize wages.
FAIRE DES PETITS TRAVAUX, to job.
FAIRE DES PLACEMENTS EN VALEURS, to invest money in stocks and shares.
FAIRE UN PRÊT, to make a loan.
FAIRE LA PREUVE D'UN SINISTRE, to prove the loss.
FAIRE DES PRÉVISIONS, to forecast.
FAIRE PRIME, to stand at a premium.
FAIRE UN PRIX, to make a price.
FAIRE DES PROGRÈS, to make headway.
FAIRE LE PROTÊT D'UNE LETTRE DE CHANGE, to note protest of a bill of exchange.
FAIRE PROVISION POUR UNE LETTRE DE CHANGE, to protect a bill of exchange ; to provide for a bill.
FAIRE DE LA PUBLICITÉ, to advertise.
FAIRE DES RECHERCHES, to research.
FAIRE REMONTER LES CALCULS À, to carry calculations back to.
FAIRE RENTRER SES FONDS, to get money in ; to call in one's money.
FAIRE LES RÉPARATIONS NÉCESSAIRES, to do the necessary repairs.
se FAIRE REPORTER, to lend stock.
FAIRE UNE RETENUE SUR LES SALAIRES, to deduct from the wages.
FAIRE UNE RETENUE DE... SUR LE SALAIRE DE, to stop so much out of someone's wages.
FAIRE ROULER LES CAPITAUX, to turn over capital.
FAIRE SÉCESSION, to secede.
FAIRE UN SONDAGE, to sample; to make a sample survey.
FAIRE DES SONDAGES, to take soundings.
FAIRE UNE SOUMISSION PLUS AVANTAGEUSE, to underbid ; to undercut.
FAIRE SON TESTAMENT, to make one's will.
FAIRE UN TESTAMENT, to execute a will.
FAIRE LE TRACÉ D'UN DIAGRAMME, to trace (out) a diagram.
FAIRE LE TRACÉ D'UN PLAN, to trace (out) a plan.
FAIRE TRAVAILLER, to work; to supervise.
FAIRE DES VENTES FICTIVES D'UNE VALEUR, *U.S:* to wash sales of stock.
qui s'est FAIT LUI-MÊME, self-made.
HOMME À TOUT FAIRE, handyman.
l'OR FAIT PRIME, gold is at a premium.
PRESSER POUR SE FAIRE PAYER, to push for payment.
le PROCÈS-VERBAL FAIT FOI, the minutes are evidence.

FAISABLE *a*, practicable, feasible.

FAIT *a*, made, done.
COURS FAITS (EN BOURSE), bargains done.
DÉDUCTION FAITE DE, after deducting.
EXCEPTION FAITE DE, with the exception of.
FAIT EN DOUBLE (EXEMPLAIRE), made in duplicate.
FAIT À LA MAIN, hand-made ; made by hand.
les HYPOTHÈSES FAITES SONT SUFFISAMMENT RÉALISTES, the assumptions made are sufficiently realistic.
PROMESSE DE VENTE FAITE AVEC DES ARRHES, promise of sale made with a deposit.
RÉFORME QUI AURAIT DÛ ÊTRE FAITE DEPUIS LONGTEMPS, overdue reform.
VERSEMENTS FAITS EN TOTALITÉ, payments made in full.

FAIT *m*, fact.
CONNAISSANCE DES FAITS, factual knowledge.
CONSTATER UN FAIT, to note a fact.
être DÉMONTRÉ PAR LES FAITS, to be supported by facts.

ESCAMOTER LES FAITS, to juggle with facts.
de FAIT, virtual.
en FAIT, as a matter of fact.
FAIT ACCOMPLI, accomplished fact.
FAIT ACQUIS, established fact.
FAIT AVÉRÉ, established fact.
FAIT BRUTAL, hard fact.
FAITS CONSTATÉS, known facts.
FAIT ÉVIDENT, obvious fact.
FAIT INDISCUTABLE, hard fact.
FAIT MATÉRIEL, material fact.
FAIT RÉEL, actual fact.
MÉCONNAÎTRE LES FAITS, to ignore the facts.
POSSESSION DE FAIT, actual possession.
PRÉSENTER LES FAITS ORDONNÉS, to marshal facts.
PRÉSOMPTION DE FAIT, presumption of fact.
PROPRIÉTAIRE EN FAIT, practical owner.
QUESTION DE FAIT, issue of fact.
RELEVER UN FAIT, to note a fact.
les STATISTIQUES SONT TOUJOURS EN RETARD SUR LES FAITS, statistics always lag behind the events.
s'en TENIR AUX FAITS, to stick to facts.
THÉORIE QUI NE S'ACCORDE PAS AVEC LES FAITS, theory that is not consistent with facts.
la THÉORIE NE CORRESPOND PAS AUX FAITS, the theory does not tally with facts.
THÉORIE EN DÉSACCORD AVEC LES FAITS, theory at variance with the facts.

FALSIFICATION *f*, falsification; forgery.

FALSIFIÉ *a*, falsified; forged, spurious.

FALSIFIER *v*, to falsify, to forge.

FAMILIAL *a*, pertaining to family.
ALLOCATIONS FAMILIALES, family allowances.
PLANNING FAMILIAL, family planning.
REVENU FAMILIAL, family income.
TRAVAILLEURS FAMILIAUX NON RÉMUNÉRÉS, unpaid family workers.

FAMILLE *f*, family, household; kin.
BIEN DE FAMILLE, family property; *U.S:* homestead.
BUDGETS DE FAMILLE, family budgets.
CHEF DE FAMILLE, householder; head of household.
DISTRIBUTION DE... D'UNE FAMILLE D'ÉCHANTILLONS, sampling distribution of.
FAMILLES NOMBREUSES, large families.
FAMILLE OUVRIÈRE, working-class family.
HOMME SANS CHARGES DE FAMILLE, man without family encumbrances.
PENSION DE FAMILLE, guest-house ; residential hotel.
PLACEMENT DE PÈRE DE FAMILLE, gilt-edged investment.
SOUTIEN DE FAMILLE, bread-winner.
SUBVENIR AUX BESOINS D'UNE FAMILLE, to support a family.
TERRE ASSURANT LA SUBSISTANCE D'UNE FAMILLE, *U.S:* subsistence homestead ; subsistence farm.

FAMINE *f*, famine, starvation.
PRIX DE FAMINE, famine prices.
SALAIRE DE FAMINE, starvation wage.

FANTÔME *m*, shadow, ghost.
PRIX FANTÔMES, shadow prices.
SOCIÉTÉ FANTÔME, bogus company.

FARDEAU *m*, load, burden; onus.
FARDEAU LOURD, heavy burden.
FARDEAU DE LA PREUVE, onus of proof.

FARINE *f*, flour.
FARINE PANIFIABLE, flour for bread.

FASCISME *m*, fascism.

FATAL *a*, fatal.

FATIGANT *a*, tiring, tedious.
TRAVAIL PEU FATIGANT, light work.

FAUSSAIRE *m*, forger.

FAUTE *f*, fault, mistake; want, need; negligence.
FAUTE DE, for want of.
sans FAUTE, without fail.
FAUTE DE PAIEMENT DANS LE DÉLAI D'UN MOIS, failing payment within a month.
FAUTE DE PROVISION, for want of funds.
FAUTE DE LA VICTIME, contributory negligence.
PRÉSOMPTION DE FAUTE, presumption of fault.
PROTÊT FAUTE D'ACCEPTATION, protest for non acceptance.
PROTÊT FAUTE DE PAIEMENT, protest for non payment.
RETOURNER UNE TRAITE FAUTE DE PAIEMENT, to return a bill unpaid.

FAUTIF *a*, negligent.

FAUX *a*, false, untrue; spurious, bad, base, bogus, fraudulent, counterfeit.
FAUX BILAN, fraudulent balance-sheet.
FAUX CHÈQUE, forged cheque.
FAUSSE DÉCLARATION, false declaration; false statement; untrue statement; misrepresentation.
FAUX FRAIS, incidental expenses; incidentals; sundries.
FAUX FRAIS DIVERS, contingencies.
FAUX FRET, dead freight.
FAUSSE MARQUE DE FABRIQUE, false trade-mark.
FAUSSE MONNAIE, counterfeit money; counterfeit coin; false coin; bad coin; base coinage; *U.S:* queer money.
FAUX RAISONNEMENT, fallacy.
PIÈCE DE MONNAIE FAUSSE, spurious coin.

FAUX *m*, falsification, forgery.
FAUX EN ÉCRITURES COMPTABLES, falsification of accounts.

FAUX-MONNAYEUR *m*, forger.

FAVEUR *f*, favour, preference.
BILLET DE FAVEUR, free ticket; free pass.
MARCHANDISES BÉNÉFICIANT D'UN RÉGIME DE FAVEUR, goods entitled to a preference.
PRIX DE FAVEUR, special price.
RÉGIME DE FAVEUR ACCORDÉ AUX PRODUITS COLONIAUX, preference granted to colonial produce.
SYSTÈMES DE PRESTATIONS EN FAVEUR DES EMPLOYÉS, social benefit schemes for employees.
TAUX DE FAVEUR, special favourable rate.
TRAITEMENT DE FAVEUR, preference; preferential treatment.

FAVORABLE *a*, favourable.
BALANCE COMMERCIALE FAVORABLE, favourable trade balance.
CAS FAVORABLES, successful outcomes.
CHANGE FAVORABLE, favourable exchange.

FAVORISÉ *a*, favoured.
CARTELS FAVORISÉS PAR LE PROTECTIONNISME DOUANIER, cartels favoured by customs protectionism.
CLAUSE DE LA NATION LA PLUS FAVORISÉE, most-favoured nation clause.
TRAITEMENT DE LA NATION LA PLUS FAVORISÉE, most-favoured nation treatment.

FAVORITISME *m*, favouritism.

FÉCOND *a*, fruitful, fertile.

FÉCONDITÉ *f*, fruitfulness, fertility, fecundity.

FÉDÉRAL *a*, federal.
BANQUE DE LA RÉSERVE FÉDÉRALE, *U.S:* Federal Reserve Bank.
DISTRICT FÉDÉRAL, Federal District.
GOUVERNEMENT FÉDÉRAL, *U.S:* the Administration in Washington.
SYSTÈME DE RÉSERVE FÉDÉRALE, *U.S:* Federal Reserve System.

FÉDÉRALISME *m*, federalism.

FÉDÉRATIF *a*, federative.

FÉDÉRATION *f*, federation; organization.
FÉDÉRATION AMÉRICAINE DU TRAVAIL, American Federation of Labor.
FÉDÉRATION INTERNATIONALE DU COTON ET DES INDUSTRIES TEXTILES CONNEXES, International Federation of Cotton and Allied Textile Industries.
FÉDÉRATION LAINIÈRE INTERNATIONALE, International Wool Textile Organization.

FÉMININ *a*, female.
MAIN-D'ŒUVRE FÉMININE, female labour.

FEMME *f*, woman, female.
BIENS PROPRES DE LA FEMME MARIÉE, separate estate.
DROITS DE LA FEMME, women's rights.

FÉODAL *a*, feudal.
RÉGIME FÉODAL, feudalism.
TENURE FÉODALE, feudal tenure.

FÉODALITÉ *f*, feudality, feudalism.

FER *m*, iron; rail(way); *U.S:* rail (road).
par FER, by rail.
FER-BLANC, tin plate.
FER BRUT, crude iron; raw iron.
FER FORGÉ, wrought iron.
FER MARCHAND, finished iron.
MINERAI DE FER, iron ore.
PYRITE DE FER, ferrous sulphide.
RÉEXPÉDITION PAR FER, reforwarding by rail.
VOYAGE PAR FER, train journey.

FÉRIÉ *a*, pertaining to a day of rest.
JOUR FÉRIÉ, general holiday; bank-holiday.

FERMAGE *m*, rent.

FERME *a*, firm, steady, strong, definite.

COMMANDE FERME, definite order.
GARANTIE DE PRISE FERME, firm underwriting.
MAINTENIR LES PRIX FERMES, to keep prices up.
MARCHÉ FERME, strong market; firm deal; firm bargain.
OFFRE FERME, firm offer.
VALEUR FERME, firm stock.
VENTE FERME, definite sale.
VENTE À TERME FERME, sale for future delivery.

FERME *adv*, firmly.
ACHETER FERME, to buy firm.

FERME *f*, farm, farm-house, holding.
BAIL À FERME, farming lease.
FERME COLLECTIVE, collective farm.
FERME AVEC DÉPENDANCES, homestead.
FERME D'ÉLEVAGE, stock farm; *U.S:* ranch.
FERME LABORATOIRE, experiment farm.

FERME *m*, firm stock.

FERMÉ *a*, closed; debarred.
CIRCUIT FERMÉ, closed circuit.
ÉCONOMIE FERMÉE, closed economy.
MODÈLE FERMÉ, closed model.
MULTIPLICATEUR D'ÉCONOMIE FERMÉE, multiplier in a closed economy.
PAYS FERMÉS AU COMMERCE, countries debarred from trade.
PROFESSIONS FERMÉES, closed professions.
SOCIÉTÉ D'INVESTISSEMENT FERMÉE, closed-end investment company.
SYSTÈME FERMÉ, closed system.
TABLEAU FERMÉ, closed array.

FERMER *v*, to close, to shut.
FERMER BOUTIQUE, to shut up shop.

FERMETÉ *f*, firmness, steadiness.
FERMETÉ DU MARCHÉ, firmness of the market.
FERMETÉ DES PRIX, steadiness of prices.

FERMETURE *f*, closing, closing-down, close-down, shut-down, shutting, lock, cut-off.
FERMETURE D'USINE, close-down of factory.
FERMETURE D'UNE USINE, closing-down of a factory.
HEURE DE FERMETURE, closing time.
SEUIL DE FERMETURE, shut-down point.

FERMIER *a*, leasing.
SOCIÉTÉ FERMIÈRE, leasing company.

FERMIER *m*, farmer, tenant-farmer.
FERMIER À BAIL, tenant farmer.
FERMIER GÉNÉRAL, farmer-general; tax-farmer.
FERMIER DES IMPÔTS, farmer of revenues.
GROS FERMIER, large farmer; large-scale farmer.
MAISON DE FERMIER, farmhouse.

FERRÉ *a*, pertaining to railways.
TRANSPORT PAR VOIE FERRÉE, rail transport; rail carriage.
TRAJET PAR VOIE FERRÉE, rail haul; *U.S:* railroad haul.
VOIE FERRÉE, railway; *U.S:* railroad; right of way.

FERREUX *a*, ferrous.

FERRITE *m*, ferrite.
MÉMOIRE À FERRITES, core storage.
MÉMOIRE À FERRITES DE GRANDE CAPACITÉ, bulk core storage.

FERRO-ALLIAGE *m*, ferro-alloy.

FERROVIAIRE *a*, pertaining to railways, *U.S:* to railroads.
INDUSTRIE FERROVIAIRE, railway industry.
NŒUD FERROVIAIRE, railway junction.
REGROUPEMENT DES COMPAGNIES FERROVIAIRES, *U.S:* railroad consolidation.
RÉSEAU FERROVIAIRE, network of railways.
SERVICE FERROVIAIRE DE MESSAGERIES, railway parcel service.
TARIFICATION FERROVIAIRE, railway rating; railway tariffication.
TRAFIC FERROVIAIRE, rail traffic.
VOIE FERROVIAIRE, *U.S:* trackway; *U.K:* track.

FERTILE *a*, fertile, rich, fruitful, productive, generous.
SOL FERTILE, generous soil; fertile soil.

FERTILISANT *m*, fertilizer.

FERTILISATION *f*, fertilization.

FERTILISER *v*, to fertilize.

FERTILITÉ *f*, fertility, fruitfulness.

FÊTE *f*, holiday.
FÊTE LÉGALE, legal holiday; public holiday; bank-holiday.

FEU *m*, fire.
FOURNEAU HORS FEU, furnace out of blast.

FEUILLE *f*, leaf, sheet, foil, plate, roll, form, roster, note.

DIVISER UNE FEUILLE EN COLONNES, to divide a sheet into columns.
FEUILLE D'ARGENT, silver-foil.
FEUILLE DE CONTRIBUTION, *U.K:* precept.
FEUILLE DE DÉCLARATION (DE REVENU), form of (income-tax) return.
FEUILLE D'EXPÉDITION (PAR FER), bill of lading.
FEUILLE D'INSCRIPTION, entry-form.
FEUILLE D'OR, gold-leaf; gold-foil.
FEUILLE DE PAIE, wage sheet.
FEUILLE DE PRÉSENCE, time sheet.
FEUILLE DE SALAIRE, wage sheet.
GRAND LIVRE À FEUILLES MOBILES, perpetual ledger.

FIABILITÉ *f*, reliability.
ESSAI DE FIABILITÉ, reliability test.
FIABILITÉ OPÉRATIONNELLE, operational reliability.

FIBRE *f*, fibre.

FICELLE *f*, string.
DIAGRAMME À FICELLES, string diagram.

FICHE *f*, card, index card.

FICHIER *m*, card-index, card-index file, file.
FICHIER (DES) MOUVEMENTS, transaction file.
FICHIER PRINCIPAL, master file.

FICTIF *a*, fictitious, fictive, sham; nominal.
ACTIF FICTIF, fictitious assets.
COÛT FICTIF, *U.S:* shadow cost.
DIVIDENDE FICTIF, sham dividend; fictitious dividend.
FAIRE DES VENTES FICTIVES D'UNE VALEUR, *U.S:* to wash sales of stock.
PROFITS FICTIFS, paper profits.
VENTE FICTIVE, *U.S:* washed sale.

FICTION *f*, fiction.
FICTION LÉGALE, legal fiction.

FIDÉICOMMIS *m*, trusteeship, trust.

FIDÉICOMMISSAIRE *m*, trustee.

FIDUCIAIRE *a*, fiduciary, held in trust.
AVOIRS DES BANQUES EN MONNAIE FIDUCIAIRE, cash holdings of banks.
CERTIFICAT FIDUCIAIRE, trustee's certificate.
CIRCULATION FIDUCIAIRE, credit circulation; fiduciary circulation.
INFLATION FIDUCIAIRE, inflation of the currency.
MONNAIE FIDUCIAIRE, fiduciary currency; currency in circulation; fiat (paper) money; token money.
TITRES FIDUCIAIRES, paper securities.

FIÈVRE *f*, fever.
FIÈVRE DE L'OR, gold-fever.

FIGURE *f*, figure, form.
FIGURE GÉOMÉTRIQUE, geometrical figure.

FIGURER *v*, to appear.
FAIRE FIGURER LA RÉSERVE AU PASSIF, to show the reserve among the liabilities.
PROBABILITÉ DE FIGURER DANS L'ÉCHANTILLON, probability of inclusion in the sample.

FILATURE *f*, spinning, spinning-factory, filature.
FILATURE DE COTON, cotton mill.

FILE *f*, file.
CHEF DE FILE, leader.
CHEFS DE FILE DU MARCHÉ, leaders of the market.
FILE D'ATTENTE, queue; queueing; waiting line.
MÉTHODE D'ACCÈS AVEC FILE D'ATTENTE, queued access method.
PROBLÈME DE FILE D'ATTENTE, queueing problem.
SIMULATION DES FILES D'ATTENTE, simulation of queues.
THÉORIE DES FILES D'ATTENTE, queue theory; queueing theory.

FILÉ *m*, yarn.
FILÉS DE COTON, cotton yarn.

FILER *v*, to spin.
BROCHES À FILER LE COTON, cotton spinning spindles.

FILIALE *f*, subsidiary, subsidiary company, affiliated company, affiliated firm.

FILIÈRE *f*, trace.
FILIÈRE EN BOURSE, trace.

FILLE *f*, daughter, girl.
ARGENT DE POCHE D'UNE JEUNE FILLE, pin-money.

FILM *m*, film.

FILON *m*, bed.
CHERCHER DES FILONS HOUILLERS, to explore for coal.
FILON HOUILLER, coal-bed.

FILOUTERIE *f*, sharp practice, fraud.

FIN *a*, fine, refined.
CONTENU EN OR FIN, fine gold content.

FIN *f*, end, close, termination, term, finish, aim, purpose.
ÂGE DE FIN DE SCOLARITÉ, school-leaving age.
EMPRUNT REMBOURSABLE FIN COURANT, last-day money.
ÉVALUER UNE PROPRIÉTÉ AUX FINS D'IMPOSITION, to assess a property for taxation.
sans FIN, endless.
FIN DERNIÈRE, end-use.
FIN DE L'EXERCICE, end of the financial year.
pour FIN JANVIER, for end January.
la FIN ET LES MOYENS, the end and the means.
en FIN DE SÉANCE, at the finish of the meeting.
FINS DE SÉRIE, oddments.
LIQUIDATION DE FIN D'ANNÉE, yearly settlement.
RISTOURNE DE FIN D'ANNÉE, end-year rebate.

FINAL *a*, final, last, ultimate, ending, closing.
CAUSE FINALE, final cause.
COMPTE FINAL, final account.
CONSOMMATEUR FINAL, last consumer.
OBJECTIF FINAL DE L'ÉCONOMIE POLITIQUE, higher aim of economics.
PRIX DE REVIENT FINAL, final cost.
PRODUIT FINAL, end-product.
QUITTANCE FINALE, receipt on the balance.
UTILISATION FINALE, end-use.

FINALITÉ *f*, finality; end purpose.

FINANCE *f*, finance, business.
ASSAINIR LES FINANCES DE, to purge the finances of.
ASSAINISSEMENT DES FINANCES PUBLIQUES, restoration of public finances.
de la BONNE FINANCE, sound finance.
CENTRE DU MONDE DE LA FINANCE, hub of the financial world.
COMMISSION DES FINANCES, Committee of Supply.
EFFET DE FINANCE, finance bill.
ÉTAT DES FINANCES, financial statement.
FINANCES, resources; cash.
FINANCES DE L'ÉTAT, public purse.
FINANCES PUBLIQUES, public finance.
HAUTE FINANCE, high finance.
LOI DE FINANCES, money-bill; *U.K:* appropriation bill; finance act.
MINISTÈRE DES FINANCES, Ministry of Finance; *U.S:* Treasury Department; *U.K:* the Treasury.
MONDE DE LA FINANCE, world of finance; financial world.
PONTIFES DE LA FINANCE, magnates of finance.
REQUINS DE LA FINANCE, financial sharks.

FINANCÉ *a*, financed.
DÉPENSES FINANCÉES PAR DES EMPRUNTS, expenditure financed by borrowing.
DÉPENSES FINANCÉES PAR LE PRODUIT DES IMPÔTS, expenditure met from taxation.

FINANCEMENT *m*, financing, finance.
COMPAGNIE DE FINANCEMENT, financing company.
FINANCEMENT COMPENSATOIRE OFFICIEL, compensatory official financing (c.o.f.).
FINANCEMENT EXTRAORDINAIRE, extraordinary financing.
FINANCEMENT DES INVESTISSEMENTS, financing of investment.
FINANCEMENT À LONG TERME, long-term finance.
FINANCEMENT À MOYEN TERME, medium-term finance.
SOCIÉTÉ DE FINANCEMENT, finance company.

FINANCER *v*, to finance, to find capital for.
FINANCER UNE AFFAIRE, to finance a business.

FINANCIER *a*, financial, pecuniary; fiscal.
ACCÈS AU MARCHÉ FINANCIER, access to the money market.
AMÉLIORER LA SITUATION FINANCIÈRE, to improve the financial position.
ASSAINISSEMENT FINANCIER DES CHEMINS DE FER, *U.S:* railroad reorganization.
AVOIRS FINANCIERS, financial assets.
CRISE FINANCIÈRE, financial crisis.
CRISE FINANCIÈRE MONDIALE, world-wide financial crisis.
DOTÉ DE MOYENS FINANCIERS, endowed with financial means.
EMBARRAS FINANCIERS, pecuniary difficulties; financial pressure.
EXERCICE FINANCIER, trading year; business year; financial year; fiscal period.
FORTE SITUATION FINANCIÈRE, strong financial position.
GESTION FINANCIÈRE (DE L'ENTREPRISE)*, *U.S:* business finance.
INFORMATIONS FINANCIÈRES, financial news.
MARCHÉ FINANCIER, capital market; market for capital.
PRUDENCE FINANCIÈRE, financial prudence.
RAPPORT FINANCIER, Treasurer's report.
RESSOURCES FINANCIÈRES, financial resources.
RESTAURATION ÉCONOMIQUE ET FINANCIÈRE, economic and financial reconstruction.
SITUATION FINANCIÈRE, financial standing.

SOCIÉTÉ FINANCIÈRE, trust company.
SOCIÉTÉ FINANCIÈRE INTERNATIONALE, International Finance Corporation.
SOLIDE AU POINT DE VUE FINANCIER, financially sound.
STRUCTURE FINANCIÈRE, capital structure; *U.S:* capitalization.
STRUCTURE FINANCIÈRE DES CHEMINS DE FER, *U.S:* capitalization of railroads.
SURFACE FINANCIÈRE, financial standing.
SYNDICAT FINANCIER, finance syndicate; financial syndicate.
TRIPOTAGE FINANCIER, financial juggle.

FINANCIER *m*, financier.
FINANCIER VÉREUX, shady financier.
HABILE FINANCIER, clever financier.

FINANCIÈREMENT *adv*, financially.
ÊTRE À SON AISE FINANCIÈREMENT, to be well off.

FINI *a*, finite; finished.
INTÉGRATION VERTICALE À PARTIR DE PRODUITS FINIS backward integration.
POPULATION FINIE, finite population.
PRODUITS FINIS, finished products; end-products.

FINI *m*, finite.
le FINI ET L'INFINI, the finite and the infinite.

FINIR *v*, to finish, to end.

FIRME *f*, firm, enterprise, house, business.
COMPORTEMENT DE LA FIRME, behaviour of the firm.
ÉQUILIBRE DE LA FIRME, equilibrium of the firm.
FIRME À BAS PRIX DE REVIENT, low-cost firm.
FIRME CONCURRENTIELLE, competing firm.
FIRME DE COURTAGE DE TITRES, jobbing-house.
FIRME DOMINANTE, leading firm; dominant firm.
FIRME MARGINALE, marginal firm.
chaque FIRME MINIMISE SES COÛTS VARIABLES, each firm minimizes its variable costs.
FIRME À PRIX DE REVIENT ÉLEVÉ, high-cost firm.
chaque FIRME REND MAXIMUM SON PROFIT INDIVIDUEL, each firm maximizes its profit.
IMAGE DE LA FIRME, corporate image.
MOTIVATIONS DES FIRMES, motives of business firms.
REPRÉSENTER UNE FIRME, to represent a firm.
THÉORIE DE LA FIRME, theory of the firm.

FISC *m*, Inland Revenue, Commissioners of Inland Revenue, Revenue Authorities, Exchequer, Treasury.
AGENTS DU FISC, Revenue Authorities.
FRAUDER LE FISC, to evade taxes.

FISCAL *a*, fiscal, financial.
ADMINISTRATION FISCALE, tax administration; taxation authorities
AFFECTER UN PAIEMENT À UNE ANNÉE FISCALE PRÉCÉDENTE, to allocate a payment to a previous year.
ASSIETTE FISCALE, taxability.
CHARGES FISCALES, taxation.
CONSEIL FISCAL, tax lawyer.
DÉDUCTION FISCALE POUR DÉPENSES, allowance for expenses.
DÉDUCTION FISCALE SUR LES INVESTISSEMENTS, investment allowance; capital allowance.
DROIT FISCAL, revenue duty.
EXERCICE FISCAL, taxable year.
FRAUDE FISCALE, evasion of tax.
INCITATIONS FISCALES, fiscal incentives; fiscal inducement; tax incentives.
LOI FISCALE, fiscal law.
MONTANT DES RECETTES FISCALES, tax yields.
POLITIQUE FISCALE, fiscal policy.
QUOTITÉ DU DÉGRÈVEMENT FISCAL, extent of taxation relief.
RECETTES FISCALES, revenue from taxation; revenue from taxes; revenue derived from taxes; inland revenue; internal revenue.
RENTRÉES FISCALES, inland revenue receipts; revenue receipts.
SURTAXE FISCALE, *U.S:* tax surcharge; *U.K:* surtax.
SYSTÈME FISCAL, tax system.
SYSTÈME FISCAL FRANÇAIS, French fiscal system.
TIMBRE FISCAL, inland revenue stamp; revenue stamp.

FISCALITÉ *f*, taxation, fiscality.
ALLÉGER LA FISCALITÉ, to lighten taxation.
FISCALITÉ EXCESSIVE, excessive taxation.
POIDS DE LA FISCALITÉ, tax burden.

FISHER *n. pr*, Fisher.
INDICE IDÉAL DE FISHER, Fisher's ideal index.

FISSILE *a*, fissile, fissionable.

FISSION *f*, fission.
FISSION NUCLÉAIRE, nuclear fission.

FIXATION *f*, fixing, assessment.
FIXATION DE DOMMAGES ET INTÉRÊTS*, assessment of damages.
FIXATION DU (DES) PRIX, price fixing; pricing.
FIXATION DU PRIX AU COÛT MARGINAL, marginal cost pricing.

FIXATION DU PRIX AU COÛT MOYEN MAJORÉ, mark-up pricing.

FIXE *a*, fixed, regular, set, permanent, invariable, immovable, immobile, standing.
AMORTISSEMENT FIXE, fixed depreciation.
APPAREIL FIXE, fixture.
ASSURANCE À TERME FIXE, endowment insurance.
CAPITAL FIXE, permanent assets; fixed capital.
CAPITAL FIXE ET CAPITAL CIRCULANT, fixed and working capital.
CHANGE FIXE, fixed exchange.
CHARGES FIXES, fixed charges.
DÉPÔT À ÉCHÉANCE FIXE, fixed deposit.
DÉPÔT À TERME FIXE, deposit for a fixed period.
DROIT FIXE, fixed duty.
EFFET À DATE FIXE, day bill.
EMPRUNT REMBOURSABLE À DES ÉCHÉANCES FIXES, loan repayable at fixed dates.
FORMATION BRUTE DE CAPITAL FIXE, gross fixed capital formation.
FRAIS FIXES, overhead charges; fixed cost; indirect expenses.
INSTALLATIONS FIXES, fixed plant.
INVESTISSEMENT(S) FIXE(S), fixed investment; investment in fixed assets.
LIMITES FIXES, fixed margins.
PLACEMENT À REVENU FIXE, fixed-yield investment.
POPULATION FIXE, resident population.
POSSIBILITÉ DE PRODUCTION FIXE, fixed productive opportunity.
PRIX FIXE, fixed price; set price.
dans des PROPORTIONS FIXES, in fixed proportions.
REVENU FIXE, fixed income.
REVENUS FIXES, income from fixed investments; income from fixed-yield investments.
SALAIRE FIXE, fixed wages.
TARIFICATION SÉPARÉE DES COÛTS FIXES ET DES COÛTS MOBILES, multi-part tariff.
TAUX DE CHANGE FIXES, fixed exchange rates.
TRAITEMENT FIXE, fixed salary; regular salary.
VALEUR À REVENU FIXE, fixed-yield security; fixed-interest security.
VIRGULE FIXE, fixed point.

FIXE *m*, fixed cost.

FIXÉ *a*, fixed, stated.
DOMMAGES-INTÉRÊTS FIXÉS EN ARGENT, liquidated damages.
FIXÉ À L'AVANCE, fixed in advance.
IMPÔT FORFAITAIRE FIXÉ PAR VOIE D'ABONNEMENT, composition tax.
INDEMNITÉ FORFAITAIRE, FIXÉE D'AVANCE, penalty agreed beforehand.
LOYER DU TERRAIN FIXÉ PAR LE MARCHÉ, market rental value of land.

FIXER *v*, to fix, to assess, to determine.
FIXER DES DOMMAGES ET INTÉRÊTS*, to assess the damages.
FIXER L'IMPÔT SUR LE REVENU À, to fix the income-tax at.
FIXER UN PRIX, to price.
FIXER LE TAUX DE L'INTÉRÊT, to fix the rate of interest.
le PRIX EST FIXÉ PAR, the price is determined by.

FIXITÉ *f*, immobility; immovability, immovableness, fixity.
FIXITÉ DE L'OFFRE, fixity of supply.

FLAMBÉE *f*, jump.
FLAMBÉE DES PRIX, jump in prices.

FLÉCHIR *v*, to sag, to shrink, to drop, to weaken.
les ACTIONS ONT FLÉCHI DE... À, shares shrank from... to.
les COURS ONT FLÉCHI, prices sagged.
le MARCHÉ A FLÉCHI, the market weakened.
les PRIX ONT FLÉCHI, prices sagged.
les PRIX ONT FLÉCHI À, prices dropped to.
les PRIX FLÉCHISSENT, prices are getting easy.

FLÉCHISSEMENT *m*, sagging, sag, falling, easing, giving way.
FLÉCHISSEMENT DU MARCHÉ, sagging of the market.

FLEUVE *m*, river; stream.

FLEXIBILITÉ *f*, flexibility.
FLEXIBILITY DES PRIX, price flexibility.

FLEXIBLE *a*, flexible.
PRIX FLEXIBLES, flexible prices.
SOUTIEN FLEXIBLE DES PRIX, flexible price support.

FLORISSANT *a*, flourishing, prosperous.

FLOTTAISON *f*, flo(a)tation.

FLOTTANT *a*, floating, unfixed.
CAPITAUX FLOTTANTS, floating assets; floating capital.
CONSOLIDATION DE LA DETTE FLOTTANTE, consolidation of the floating debt.
DETTE FLOTTANTE, floating debt.
DOCK FLOTTANT, floating dock.
POLICE FLOTTANTE, floater; floating policy.

TAUX DE CHANGE FLOTTANT, floating exchange rate.
VIRGULE FLOTTANTE, floating point.

FLOTTE *f*, fleet.
FLOTTE AÉRIENNE, aerial fleet.
FLOTTE MARCHANDE, merchant fleet.
PREMIÈRE FLOTTE COMMERCIALE DU MONDE, premier fleet of
the world.

FLOTTILLE *f*, fleet.
FLOTILLE DE PÊCHE. fishing fleet.

FLUCTIONNAIRE *a*, fluxional.

FLUCTUANT *a*, fluctuating.
TAUX (DE CHANGE) FLUCTUANTS, fluctuating (exchange) rates.

FLUCTUATION *f*, fluctuation, variation, change.
AMPLITUDE DES FLUCTUATIONS, amplitude of fluctuations.
FLUCTUATIONS ACCIDENTELLES, random fluctuations.
FLUCTUATION DU CHANGE, fluctuation in exchange.
FLUCTUATIONS CYCLIQUES, cyclical fluctuations.
FLUCTUATION DE L'INVESTISSEMENT, fluctuation in investment.
FLUCTUATIONS DU MARCHÉ, market fluctuations.
FLUCTUATIONS DE PERSONNEL, labour turn-over.
FLUCTUATIONS DE LA PRODUCTION, changes in production.
PRÉVISIONS POUR FLUCTUATIONS DU CHANGE, allowance for
exchange fluctuations.

FLUCTUER *v*, to fluctuate.

FLUIDITÉ *f*, fluidity.

FLUVIAL *a*, fluvial.
NAVIGATION FLUVIALE, inland navigation.
VOIE FLUVIALE, interior waterway; *U.K:* inland waterway.

FLUX *m*, flow, flux, stream; efflux.
FLUX ALTERNATIF, double flow.
FLUX ÉCONOMIQUE, economic flow.
FLUX ENTRANTS ET SORTANTS, input-output flows.
FLUX MARGINAL, marginal stream.
FLUX MONÉTAIRE, flow of money; monetary flow.
FLUX MONÉTAIRE ACTUALISÉ, discounted cash flow.
FLUX DE PRODUITS, flow of products.
FLUX DE RECETTES, stream of receipts.
FLUX ET REFLUX, flux and reflux; the ebb and flow.
FLUX DE RÉMUNÉRATIONS, flow of earnings.
FLUX DE VALEURS, stream of values.

FLUXION *f*, fluxion.
MÉTHODE DES FLUXIONS, method of fluxions.

FOCAL *a*, focal.

FOI *f*, faith.
ACHETEUR DE BONNE FOI, bona fide purchaser.
ACQUÉREUR DE BONNE FOI, purchaser in good faith; bona fide pur-
chaser.
ACQUÉREUR DE MAUVAISE FOI, mala fide purchaser.
de BONNE FOI, in good faith.
DÉTENTEUR DE MAUVAISE FOI, mala fide holder.
DIGNE DE FOI, credible.
MAUVAISE FOI, bad faith; dishonesty; jugglery.
le PROCÈS-VERBAL FAIT FOI, the minutes are evidence.

FOIRE *f*, fair.
EXPOSITIONS ET FOIRES, exhibitions and fairs.

FOIS *f*, time.
CENT FOIS AUTANT, hundredfold.
une FOIS L'AN, once a year.
RÈGLEMENT EN UNE SEULE FOIS, single payment.
SOMME PAYÉE EN UNE FOIS, single sum.

FONCIER *a*, landed, pertaining to land; agricultural.
AGENCE FONCIÈRE, land agency.
CONTRIBUTION FONCIÈRE, land tax; property-tax.
COTE FONCIÈRE, assessment on landed property.
DÉDUCTIONS SUR LE REVENU FONCIER, *U.K:* reprises.
IMPÔT FONCIER, property-tax; land tax.
IMPÔTS FONCIERS BÂTI ET NON BÂTI, taxes on land and build-
ings.
PETITE PROPRIÉTÉ FONCIÈRE, small holding.
PLUS-VALUES FONCIÈRES SPONTANÉES, unearned land incre-
ments.
PROPRIÉTAIRE FONCIER, landholder; landowner; landed proprietor;
ground-landlord.
PROPRIÉTAIRES FONCIERS, landed proprietary.
PROPRIÉTAIRE FONCIER (À PERPÉTUITÉ)*, *U.K:* freeholder.
PROPRIÉTÉ FONCIÈRE, landed estate; landed property; land.
PROPRIÉTÉ FONCIÈRE PERPÉTUELLE*, *U.K:* freehold.
RÉGIME FONCIER, land tenure; system of land tenure.
REGISTRE FONCIER, land register.
RENTE FONCIÈRE, land rent; land rental; rent of land; ground-rent.
REVENU FONCIER, revenue from land.
REVENU FONCIER NET, revenue above (beyond) reprises.

FONCTION *f*, function, office, duty.
AGRÉGATION DE FONCTIONS DE PRODUCTION, aggregation of
production functions.
CUMUL DE FONCTIONS, pluralism.
DÉRIVATION D'UNE FONCTION, derivation of a function.
DÉRIVÉE D'UNE FONCTION, derivative of a function.
DÉTERMINER L'INTÉGRATION D'UNE FONCTION, to integrate.
EXERCICE DE SES FONCTIONS, exercice of one's duties.
FONCTIONS, office.
en FONCTION DE, as a function of.
FONCTION ALGÉBRIQUE, algebraic function.
FONCTIONS CIRCULAIRES, cicular functions.
FONCTION DE CONSOMMATION, consumption function.
FONCTION CONTINUE, continuous function.
FONCTION DE LA DEMANDE GLOBALE, aggregate demand func-
tion.
FONCTION DE DEMANDE DU TRAVAIL, demand function for
labour.
FONCTION DÉRIVÉE, derived function.
FONCTION DU DEUXIÈME DEGRÉ À TROIS VARIABLES, function
of the second degree in three variables.
FONCTION DISCONTINUE, discontinuous function.
FONCTION DE L'EMPLOI, employment function.
FONCTION DE L'ENTREPRENEUR, entrepreneurial function.
FONCTION EXPLICITE, explicit function.
FONCTION EXPONENTIELLE, exponential function.
FONCTION D'UNE FONCTION, function of a function.
FONCTION HOMOGÈNE LINÉAIRE, homogeneous linear function.
FONCTION HOMOGÈNE À PLUSIEURS VARIABLES, quantic.
FONCTION HYPERBOLIQUE, hyperbolic function.
FONCTION IMPLICITE, implicit function.
FONCTION INTÉGRALE, integral function.
FONCTION INVERSE, inverse function.
FONCTION LINÉAIRE, linear function.
FONCTIONS MATHÉMATIQUES, mathematical functions.
FONCTIONS DE LA MONNAIE, functions of money.
FONCTIONS NOTARIALES, notarial functions.
FONCTION DE L'OFFRE GLOBALE, aggregate supply function.
FONCTION PARABOLIQUE, parabolic function.
FONCTION À PLUSIEURS INCONNUES, multi-valued function.
FONCTION POTENTIELLE, potential function.
FONCTION DE PRODUCTION AGRÉGÉE, GLOBALE, aggregate
production function
FONCTION DE PRODUCTION TECHNIQUE, technical production
function.
FONCTIONS PUBLIQUES, public office.
FONCTIONS QUADRATIQUES, quadratic (homogeneous) functions.
FONCTION RAISONNABLEMENT STABLE, fairly stable function.
FONCTIONS DE RECEVEUR, receivership.
FONCTION DE RÉPARTITION, distribution function.
FONCTION DE SINUS, sine function.
FONCTION TRANSCENDANTE, transcendental function.
FONCTION TRIGONOMÉTRIQUE, trigonometric function.
FONCTION D'UTILITÉ, utility function.
FORME NORMALE D'UNE FONCTION, normal shape of a function.
GÉNÉRATEUR DE FONCTIONS CLASSIQUES, punched card utility.
GÉNÉRATEUR DE FONCTIONS SIMPLES, punched card utility.
l'OFFRE DE TRAVAIL EST-ELLE EXCLUSIVEMENT UNE FONCTION
DU SALAIRE RÉEL ? is the supply of labour a function of real wages
alone ?

FONCTIONNAIRE *m*, officer, official, public servant, civil servant.
FONCTIONNAIRE DE L'ADMINISTRATION, government official.
FONCTIONNAIRES CONTRACTUELS, non-established civil servants.
FONCTIONNAIRE DE LA DOUANE, customs official.
FONCTIONNAIRES TITULAIRES, established civil servants.
HAUT FONCTIONNAIRE, high official.
NOMINATION D'UN FONCTIONNAIRE, appointment of an official.

FONCTIONNARISME *m*, officialdom.

FONCTIONNEL *a*, functional.
ÉQUATION FONCTIONNELLE DE RÉCURRENCE, recurrence
equation.
RELATION FONCTIONNELLE, functional relation; functional relationship.

FONCTIONNEMENT *m*, working, operating, operation.
BON FONCTIONNEMENT, efficient working.
CYCLE DE FONCTIONNEMENT, operating cycle.
non-FONCTIONNEMENT, failure.
FONCTIONNEMENT DU SYSTÈME, working of the system.
PROBABILITÉ DE NON-FONCTIONNEMENT, probability of failure.

FONCTIONNER *v*, to work, to operate, to function.
FONCTIONNANT À L'ÉLECTRICITÉ, operated by electricity.
qui ne FONCTIONNE PAS, not in use; not working; out of order.

FOND *m*, ground, bottom, substance, essence.
FOND DE L'AFFAIRE, essence of the matter.
la FORME ET LE FOND, the form and the substance.
MINEUR DE FOND, underground worker.

OUVRIER DU FOND, underground worker.
RÈGLES DE FOND DU DROIT, substantive law.

FONDAMENTAL *a*, fundamental, basic.
BALANCE FONDAMENTALE (DES PAIEMENTS), basic balance of payments.
DÉTERMINANTS FONDAMENTAUX DES PRIX, fundamental determinants of prices.
ÉQUATION FONDAMENTALE (DE LA THÉORIE DE LA VALEUR), fundamental equation (of value theory).
HYPOTHÈSE FONDAMENTALE, basic assumption.
LOI PSYCHOLOGIQUE FONDAMENTALE, fundamental psychological law.
OBJECTION FONDAMENTALE, fundamental objection.
PRINCIPE FONDAMENTAL, fundamental principle.
RECHERCHE FONDAMENTALE, fundamental research.
STATISTIQUES FONDAMENTALES, basic statistics.

FONDATEUR *a*, founding.
MEMBRE FONDATEUR, founder member.

FONDATEUR *m*, founder.
PARTS DE FONDATEUR, founder's share.

FONDATION *f*, foundation.
ACTIONS DE FONDATION, vendor's shares.
FONDATIONS D'UN ÉDIFICE, foundations of a building.

FONDÉ *a*, founded, established.
CRÉANCE LÉGALEMENT FONDÉE, legal claim.
HYPOTHÈSE BIEN FONDÉE, well-founded hypothesis.
MAL FONDÉ, ill-founded; groundless.
MÉTHODE D'AMORTISSEMENT FONDÉE SUR LA VALEUR DU MOMENT, appraisal method of depreciation.
RÉCLAMATION MAL FONDÉE, bad claim.

FONDÉ DE POUVOIR(S)* *m*, proxy, deputy, agent general, private attorney.
REPRÉSENTANT, FONDÉ DE POUVOIRS, agent-general.

FONDEMENT *m*, foundation, basis, fundament.
FONDEMENTS DE LA SOCIÉTÉ, social substructure.

FONDER *v*, to found, to base, to establish, to fund.
FONDER SES RAISONS SUR L'EXPÉRIENCE DU PASSÉ, to reason from past experience.

FONDERIE *f*, smelting, founding, foundry work; smeltery, foundry, iron-foundry.
COKE DE FONDERIE, foundry coke.

FONDS *m*, fund, corporation, coffer, stock, asset(s); security, capital, account, loan, money.
AFFECTATION DE FONDS, earmarking of funds.
AFFECTER DES FONDS À, to appropriate funds to; to set apart funds for.
APPEL DE FONDS, call; call for funds.
ARGENT PLACÉ EN VIAGER, À FONDS PERDU, money sunk in an annuity.
AVANCE DE FONDS, imprest.
BAILLEUR DE FONDS, secret partner; silent partner; sleeping partner; partner; money-lender.
BAISSE DES FONDS ÉTRANGERS, fall in foreign stocks; decline in foreign stocks.
BÉNÉFICE CORRESPODANT À 10 % DE LA MISE DE FONDS, profit of 10 % on the investment.
BIEN-FONDS, real estate; land and house property; patrimony.
CONSTITUTION D'UN FONDS DE RÉSERVE, formation of a reserve fund.
COURBE D'OFFRE DE FONDS PRÊTABLES, supply curve of loan capital.
DÉPOSER DES FONDS CHEZ UN BANQUIER, to deposit funds with a banker.
DESTINATAIRE DE FONDS, remittee.
DÉTOURNEMENT DE FONDS, fraudulent misuse of funds; embezzlement; defalcation.
DÉTOURNER DES FONDS, to divert money; to peculate.
DONNER À DES FONDS UNE AFFECTATION (SPÉCIALE), to earmark funds (for a purpose).
ENCAISSER LES FONDS, to collect money.
ENVOYEUR DE FONDS, remitter.
FAIRE RENTRER SES FONDS, to get money in; to call in one's money.
FONDS AFFECTÉS À, funds ear-marked for.
FONDS D'AMORTISSEMENT, sinking fund.
FONDS D'ASSURANCE, insurance fund.
FONDS D'ASSURANCE CHÔMAGE, unemployment fund.
FONDS D'ASSURANCE VIEILLESSE, old-age security fund.
les FONDS SONT BAS, funds are low.
FONDS BLOQUÉS, frozen assets.
FONDS COLONIAUX, colonial stocks.
FONDS DE COMMERCE goodwill; business.
FONDS COMMUNS, pool (of funds).
FONDS CONSOLIDÉS, *U.K*: consols (for : consolidated annuities); consolidated annuities.

FONDS CONSTITUTIFS D'UNE RENTE, funds on which an annuity is secured.
FONDS DE CONTREPARTIE, counterpart funds.
FONDS POUR DÉFICITS DE CAISSE, risk-money.
FONDS DÉPOSÉS CHEZ UN BANQUIER, funds deposited with a banker.
FONDS DE DÉVELOPPEMENT ÉCONOMIQUE, Finance Development Corporation.
FONDS DISPONIBLES, available funds; disposable funds; spare capital.
FONDS DISPONIBLES POUR LA RÉTRIBUTION DU TRAVAIL, wage-fund.
FONDS D'ÉTAT, governement securities; government stock.
FONDS D'ÉTAT ÉTRANGERS, foreign government stocks.
FONDS ÉTRANGERS, foreign securities; foreign stock.
FONDS DE GARANTIE, guarantee fund.
FONDS IMPRODUCTIFS, unemployed funds.
FONDS INACTIFS, unemployed funds.
FONDS INDISPONIBLES, unavailable funds.
FONDS D'INVESTISSEMENT MUTUALISTES, mutual investment funds.
FONDS D'INVESTISSEMENTS ROUTIERS, road fund.
FONDS NON LIQUIDES, frozen assets.
FONDS MONÉTAIRE INTERNATIONAL, International Monetary Fund.
FONDS PRÊTABLES, lendable funds; loanable funds; loan capital.
FONDS DE PRÉVOYANCE, contingency fund.
FONDS PROPRES, capital stock.
FONDS PUBLICS, public funds; funds; public securities; government stock; coffers of State.
FONDS NON RÉALISABLES, NON LIQUIDES, unrealizable capital.
FONDS DE RÉGULARISATION, equalization fund.
les FONDS RENTRENT MAL, money is coming in badly.
FONDS DE RÉSERVE, reserve fund.
FONDS DE ROULEMENT, working capital.
FONDS DE SECOURS, emergency fund.
FONDS SOCIAL, funds of a company.
FONDS SOCIAUX, partnership funds.
FONDS DE STABILISATION DES CHANGES, exchange stabilization fund; exchange equalization account.
FONDS DE STABILISATION DU MARCHÉ, marketing board.
FOURNIR LES FONDS, to put up the money.
METTRE DES FONDS EN COMMUN, to pool funds.
MISE DE FONDS, investment; amount of money invested; putting up of money; lending money.
PÉNURIE DE FONDS, lack of funds.
PLACEMENT DE FONDS, lending money; investing.
PLACER DE L'ARGENT DANS LES FONDS PUBLICS, to fund money.
PLACER DE L'ARGENT EN VIAGER, À FONDS PERDU, to sink money in an annuity.
PRÊT À FONDS PERDU, loan without security.
(se) PROCURER DES FONDS, to find money.
PROPRIÉTAIRE DU FONDS ET DU TRÉFONDS, owner of the soil and subsoil.
RAPATRIER DES FONDS, to repatriate funds.
RETRAIT DES FONDS DE, withdrawal of money from.
REVENTE D'UN FONDS DE COMMERCE, resale of a business.
STOCK D'UN FONDS DE COMMERCE, whole stock of a business.
VENDRE LE FONDS ET LE TRÉFONDS, to sell soil and subsoil.
VERSEMENT D'APPELS DE FONDS, payment of calls.
VIREMENT DE FONDS, transfer of funds.

FONTE *f*, smelting; cast iron.
FONTE BRUTE, pig-iron.

FORAGE *m*, drilling.

FORCE *f*, force, power, potency, strength, powerfulness; stringency, stress.
de FORCE, forcible.
par FORCE, forcible.
FORCE D'ACCÉLÉRATION, accelerative force.
FORCES ARMÉES, armed forces.
FORCES CENTRIFUGES, centrifugal forces; radial forces.
FORCE DES CHOSES, force of circumstances.
FORCES ÉCONOMIQUES, economic forces.
les FORCES ÉCONOMIQUES SE METTENT À AGIR, economic forces come into action.
FORCE DE L'HABITUDE, force of habit.
FORCE HYDRAULIQUE, hydraulic power.
FORCE IMPRIMÉE (À UN CORPS), impressed force.
FORCE D'IMPULSION, momentum.
FORCE IMPULSIVE, impelling force.
FORCE MAJEURE, act of God; cause beyond control.
FORCES DU MARCHÉ, market forces.
FORCE MOTRICE, motive power; motive force; driving force ; propelling force.
FORCES D'OFFRE ET DE DEMANDE, forces of supply and demand.
FORCES SOCIALES, social forces.

FORCE TANGENTIELLE, peripheral force.
FORCE DE TRAVAIL, labour force; labour-power.
FORCE VIVE, momentum.
PARALLÉLOGRAMME DES FORCES, parallelogram of forces.

FORCÉ a, forced, compulsory.
ADJUDICATION FORCÉE, compulsory sale.
ATTERRISSAGE FORCÉ, forced landing.
COURS FORCÉ, forced currency; compulsory quotation.
EMPRUNT FORCÉ, forced loan; compulsory loan.
ÉPARGNE FORCÉE, forced saving.
LIQUIDATION FORCÉE, compulsory liquidation.
MONNAIE À COURS FORCÉ, fiat (paper) money.
OSCILLATION FORCÉE, damped oscillation.
PAPIER À COURS FORCÉ, forced currency paper.
TRAVAIL FORCÉ, forced labour.

FORCER v, to force, to impel.

FORCLORE v, to foreclose.

FORCLUSION f, foreclosure.

FORESTIER a, pertaining to a forest.
CONSERVATION FORESTIÈRE, conservation of forests.
EXPÉRIMENTATION FORESTIÈRE, experimental forestry.

FORÊT f, forest.
FORÊT DOMANIALE, State forest.
RICHE EN FORÊTS, rich in forests.

FORFAIT m, contract; agreed sum, specific amount, forfeit.
ACHAT À FORFAIT, SANS RÉSERVE, outright purchase.
ACHETER À FORFAIT, to buy on contract; to buy outright.
CONTRAT À FORFAIT, contract at an agreed price.
ENDOSSEMENT À FORFAIT, endorsement without recourse.
à FORFAIT, outright.
FRET À FORFAIT, through freight.
PAYER UN IMPÔT À FORFAIT, to compound for a tax.
TRANSPORTS À FORFAIT, through bookings.
TRAVAIL À FORFAIT, job-work.
VENTE À FORFAIT, outright sale.
VOYAGE À FORFAIT, all-inclusive tour (A.I.T.); package tour.

FORFAITAIRE a, contractual, inclusive, outright, through, agreed, fixed in advance.
IMPÔT FORFAITAIRE (FIXÉ PAR VOIE D'ABONNEMENT), composition tax.
INDEMNITÉ FORFAITAIRE, FIXÉE D'AVANCE, penalty agreed beforehand.
PRIX FORFAITAIRE, overhead price.
REDEVANCE FORFAITAIRE, standard charge.
SOMME FORFAITAIRE, lump sum.
TARIF FORFAITAIRE, inclusive rate; through rate.

FORGE f, forge, ironworks.
MAÎTRE DE FORGES, ironmaster.

FORGÉ a, wrought, forged
FER FORGÉ, wrought iron.

FORGER v, to forge.

FORMALITÉ f, formality, form, clearance.
FORMALITÉS DOUANIÈRES, customs formalities; customs clearance.
FORMALITÉS AUX FRONTIÈRES, frontier formalities.
PURE FORMALITÉ, matter of form.

FORMAT m, size, format.
GRAND FORMAT, large size; large format.
PETIT FORMAT, small size.

FORMATION f, formation, training.
FORMATION ALVÉOLAIRE, honeycomb formation.
FORMATION D'APPRENTIS, apprentice training.
FORMATION BRUTE DE CAPITAL FIXE, gross fixed capital formation.
FORMATION CONCURRENTIELLE DES PRIX, competitive pricing.
FORMATION DES PRIX, formation of prices; pricing.
FORMATION DES PRIX SUR LE MARCHÉ, market pricing.
FORMATION DE STOCKS, building up of stocks.
TAUX DE (LA) FORMATION DU CAPITAL, rate of capital formation; rate of capital accumulation.

FORME f, form, shape.
AVERTISSEMENT EN BONNE ET DUE FORME, due warning.
BONNE ET DUE FORME, proper form; due form.
DISTRIBUTION EN FORME DE J, J-shaped distribution.
DISTRIBUTION EN FORME DE U, U-shaped distribution.
en FORME DE, shaped; in the shape of.
FORME D'UNE COURBE, shape of a curve.
FORME ELLIPTIQUE, elliptical form.
la FORME ET LE FOND, the form and the substance.
FORMES DE LA MONNAIE, forms of money.
FORME NORMALE D'UNE FONCTION, normal shape of a function.
FORMES QUADRATIQUES, quadratic forms.
FORME QUADRATIQUE GÉNÉRALE, general quadratic form.

en FORME DE TABLEAU, tabulated.
PRENDRE FORME, to shape; to take shape.
STATISTIQUE SOUS FORME DE TABLEAU, statistics in tabular form.

FORMEL a, formal, strict.
DÉFENSE FORMELLE, strict prohibition.
DÉMENTI FORMEL, formal denial.
ORDRES FORMELS, strict orders

(SE) FORMER v, to form, to take form.
FORMER UN SYNDICAT, to form a union.

FORMULAIRE m, form, printed form.
FORMULAIRE DE CANDIDATURE, application form.
FORMULAIRE DE DEMANDE, application form.

FORMULATION f, formulation.

FORMULE f, formula, form, expression, pattern.
FORMULE ALGÉBRIQUE, algebraical expression.
FORMULE DE CHÈQUE, cheque form.
FORMULE DE LASPEYRES, Laspeyres formula
FORMULE DE PAASCHE, Paasche formula.
FORMULES DE PONDÉRATION, weighting patterns.

FORMULER v, to formulate.
FORMULER UNE RÉCLAMATION, to formulate a claim.

FORT a, strong, powerful, large, big, gross, long, hard, overweight heavy.
CHAMBRE FORTE, vault.
COFFRE-FORT, strong-box; safe.
FORTE AMENDE, heavy fine.
FORTE BAISSE, heavy fall; big fall.
FORTE COMMANDE DE, large order for.
FORTE COTE, long price.
FORTE DEMANDE, keen demand; active demand.
FORTE DÉPENSE, large expenditure.
FORTE HAUSSE, big rise; soaring.
FORTE PENTE, steep gradient.
FORTE PRESSION, heavy pressure.
FORTE RÉDUCTION, big reduction; slashing (of prices).
FORTE SITUATION FINANCIÈRE, strong financial position.
LIGNE À FORT TRAFIC, heavily-travelled line.
MONNAIE FORTE, hard currency; overweight money.
PIÈCE FORTE, overweight coin.
PRIX FORT, full price; top price.
PRIX EN FORTE HAUSSE, soaring prices.
TONNE FORTE, long ton; gross ton.

FORT adv, very; far.

FORTEMENT adv, strongly, heavily, highly, very.
COURBE FORTEMENT INCURVÉE, very bent curve.
FORTEMENT RÉMUNÉRÉ, highly-paid.
FORTEMENT TAXÉ, highly-taxed.
MARCHANDISES FORTEMENT TAXÉES, high-duty goods.
TENDANCE FORTEMENT MARQUÉE, strongly marked tendency

FORTUIT a, fortuitous, accidental, incidental, adventitious.
CAS FORTUIT, fortuitous event.
ÉVÈNEMENT FORTUIT, unforeseeable occurrence.

FORTUNE f, fortune, wealth, money, capital, income.
AMASSER UNE FORTUNE, to pile up a fortune.
BELLE FORTUNE, handsome fortune.
DILAPIDATION D'UNE FORTUNE, consumption of a fortune.
FAIRE FORTUNE, to make a fortune.
FORTUNE PERSONNELLE, private money; independent income.
IMPÔTS SUR (LA) FORTUNE, taxes on wealth.
LÉGUER UNE FORTUNE (BIENS MEUBLES), to bequeath a fortune
MOYENS DE FORTUNE, emergency means.
PRÉLÈVEMENT SUR LES FORTUNES, capital levy.

FORTUNÉ a, wealthy, rich, fortunate.

FOSSÉ m, gap.

FOUILLE f, digging.

FOUILLÉ a, elaborate.

FOULE f, mass, the masses.

FOUR m, oven, furnace, hearth.
FOUR À COKE, coke-oven.
FOUR ÉLECTRIQUE, electric furnace.
FOUR À GAZ, gas furnace.
FOUR À SOLE, open-hearth furnace.
FOUR DE VERRERIE, glass furnace.

FOURIÉRISME m, Fourierism, associationism.

FOURNEAU m, furnace.
FOURNEAU HORS FEU, furnace out of blast.
HAUT FOURNEAU, blast-furnace.

FOURNÉE f, batch.

FOURNI *a*, supplied, delivered.
BIEN FOURNI EN, well stocked with.
ÉNERGIE FOURNIE AU RÉSEAU DE DISTRIBUTION, energy delivered to distributing network.
FOURNI GRATUITEMENT, donated; supplied free (of charge).
SERVICES FOURNIS GRATUITEMENT, services donated.

FOURNIR *v*, to supply, to provide, to furnish, to give.
FOURNIR CAUTION, to give security.
FOURNIR UNE COUVERTURE (EN BOURSE), to deposit a margin.
FOURNIR LES FONDS, to put up the money.
FOURNIR UN LOGEMENT, to accommodate.
FOURNIR LA PREUVE, to furnish evidence.

FOURNISSEUR *m*, supplier, provider, tradesman.
RÉFÉRENCE DE FOURNISSEUR, trade reference.

FOURNITURE *f*, supply, supplying, furnishing.
ENTREPRISE DE FOURNITURES ET DE MATÉRIEL SCOLAIRES, school-furnishing company.
FOURNITURES, material; requisites.
FOURNITURES DE BUREAU, office requisites.
les FOURNITURES ET LA MAIN-D'ŒUVRE, the material and the making.
MAIN-D'ŒUVRE ET FOURNITURES, labour and material.

FOURRAGE *m*, fodder, forage.
FOURRAGES VERTS, green forage.

FOURRURE *f*, fur.
COMMERCE DE FOURRURES, fur-trade.
ÉLEVAGE DES ANIMAUX À FOURRURE, fur-farming.

FOYER *m*, hearth, home, focus.

FRACTION *f*, fraction.
les ACTIONS ONT ABANDONNÉ UNE FRACTION, shares lost a fraction.
DÉCOMPOSER UNE FRACTION, to split up a fraction.
DÉCOMPOSITION EN FRACTIONS PARTIELLES, splitting up into partial fractions.
FRACTIONS D'ACTIONS NOUVELLES, fractions of new shares.
FRACTION CONTINUE, continued fraction.
FRACTION DÉCIMALE, decimal fraction.
FRACTION DÉCIMALE EXACTE, terminate decimal fraction.
FRACTION DE FRACTION, compound fraction.
FRACTION INFÉRIEURE À L'UNITÉ, proper fraction.
FRACTION IRRÉDUCTIBLE, fraction in its lowest terms.
FRACTION ORDINAIRE, vulgar fraction; common fraction.
FRACTION PÉRIODIQUE, repeating decimal; repeater; circulating fraction.
FRACTION SONDÉE, sampling fraction.
FRACTION SONDÉE CONSTANTE, uniform sampling fraction.
FRACTION SONDÉE VARIABLE, variable sampling fraction.
PÉRIODE D'UNE FRACTION, repetend.
RÉDUIRE UNE FRACTION, to reduce a fraction to lower terms.
RÉDUIRE DES FRACTIONS AU MÊME DÉNOMINATEUR, to reduce fractions to the same denomination; to reduce fractions to the same denominator.
SIMPLIFIER UNE FRACTION, to reduce a fraction to its lowest terms.

FRACTIONNAIRE *a*, fractional.
BANQUES À COUVERTURES FRACTIONNAIRES, fractional reserve banking.
COUVERTURES FRACTIONNAIRES, fractional reserves.
EXPOSANTS FRACTIONNAIRES, fractional exponents.
EXPRESSION FRACTIONNAIRE, improper fraction.
NOMBRE FRACTIONNAIRE, fractional number; mixed number.

FRACTIONNÉ *a*, split.
CONTRAT DE VENTE D'IMMEUBLE À EXÉCUTION FRACTIONNÉE, deed intended.
PAIEMENT FRACTIONNÉ, payment in driblets.

FRACTIONNEMENT *m*, splitting, subdivision, fragmenting.

FRACTIONNER *v*, to split, to divide, to fractionize.
FRACTIONNER DES ACTIONS, to split shares.

FRAIS *a*, fresh, new.
ARGENT FRAIS, fresh money; new money.
CAPITAUX FRAIS, new capital; new money.

FRAIS *m. pl*, expense, expenditure, outlay, disbursement, cost, charge, fee.
CONDAMNATION AUX FRAIS ET DÉPENS, order to pay costs.
qui COUVRE SES FRAIS, self-supporting.
COUVRIR LES FRAIS DE, to defray the cost of.
COUVRIR SES FRAIS, to pay its way.
DÉDUCTION POUR FRAIS PROFESSIONNELS (AVANT IMPOSITION), deduction for expenses.
ENTRAÎNER DES FRAIS, to involve expenses.
ÉTAT DE FRAIS, return of expenses; statement of expenses.
FAUX FRAIS, incidental expenses; incidentals; sundries.
FAUX FRAIS DIVERS, contingencies.
aux FRAIS DE, at the expense of.

sans FRAIS, costless; free of charge.
FRAIS D'ACQUISITION ET DE CESSION (DE TITRES), cost of acquisition and disposal (of securities).
FRAIS D'ADMINISTRATION, management expenses; administrative expenses.
FRAIS D'ASSURANCES, insurance charges.
FRAIS BANCAIRES, bank charges.
FRAIS DE BUREAU, office expenses.
FRAIS À LA CHARGE DE, costs taxable to.
FRAIS DE COMMERCE, trade expenses.
FRAIS DE CONSTITUTION, preliminary expenses.
FRAIS DE CONTENTIEUX, legal charges.
FRAIS DE COURTAGE, brokerage.
FRAIS DE DÉBARQUEMENT, landing charges.
FRAIS DE DÉPLACEMENT, travelling expenses.
FRAIS DIVERS, sundry expenses; sundries.
FRAIS DE DOUANE, customs charges.
FRAIS ÉCHUS, outstanding expenses.
FRAIS D'ENTRETIEN, maintenance charges; upkeep expenses.
FRAIS D'ESCOMPTE, discount charges.
FRAIS D'EXPÉDITION, forwarding charges; shipping charges; shipping expenses.
FRAIS D'EXPLOITATION, operating costs.
FRAIS DE FABRICATION, manufacturing overhead(s); factory overhead(s).
FRAIS FIXES, overhead charges; fixed cost; indirect expenses.
FRAIS GÉNÉRAUX, overhead(s); overhead expenses; overhead costs; overhead charges; fixed charges; standing charges; general expenses; indirect expenses; standing expenses.
FRAIS GÉNÉRAUX DE FABRICATION, general factory overhead(s).
FRAIS DE GÉRANCE, management expenses.
FRAIS DE HALAGE, trackage; haulage (charge).
FRAIS DE JUSTICE, legal costs; legal expenses.
FRAIS DE MAGASINAGE, storage charges; warehousing charges.
FRAIS DE MANUTENTION, terminals.
FRAIS MÉDICAUX, medical fees; medical expenses.
FRAIS À PERCEVOIR À LA LIVRAISON, charges forward.
FRAIS DE PORT, portage.
FRAIS DU PORT DE RELÂCHE, port of refuge expenses.
FRAIS DE PREMIER ÉTABLISSEMENT, initial outlay; first outlay; initial capital expenditure; initial capital.
FRAIS PROPORTIONNELS, direct expenses.
FRAIS DE REMISE EN ÉTAT, reconditioning expenses.
FRAIS DE REPRÉSENTATION, entertainment expenses.
FRAIS DE SAUVETAGE, salvage expenses; salvage charges.
FRAIS DE SCOLARITÉ, school fees.
FRAIS SPÉCIAUX ENCOURUS, special expenses incurred.
FRAIS SUPPLÉMENTAIRES, extras.
FRAIS DE TRANSBORDEMENT, reloading charges.
FRAIS DE TRANSPORT, transportation cost; transport charges; carriage expenses; haulage; portage.
FRAIS D'UTILISATION, running expenses.
FRAIS DE VENTE, selling costs; expenses of selling.
GRAND LIVRE DE FRAIS, expense ledger.
MENUS FRAIS, minor expenses; small items.
NOTE DE FRAIS, note of expenses.
REMBOURSER LES FRAIS, to reimburse costs.
VENTILER LES FRAIS, to apportion the expenses.

FRANC *a*, free, exempt.
FRANC D'IMPÔTS, exempt from taxation.
FRANC JEU, fair play.
FRANC-MAÇON, freemason.
FRANC-MAÇONNERIE, freemasonry.
PORT FRANC, free port.
ZONE FRANCHE, free zone.

FRANC *m*, franc.
CHANGER DES LIVRES CONTRE DES FRANCS, to exchange pounds sterling for francs.
DÉVALUATION DU FRANC, devaluation of the franc.
le FRANC S'EST APPRÉCIÉ PAR RAPPORT AUX AUTRES MONNAIES, the franc has appreciated in terms of other currencies.
FRANC BELGE, Belgian franc.
FRANC FRANÇAIS, French franc.
FRANC OR, gold franc.
FRANC SUISSE, Swiss franc.
LIBELLÉ EN FRANCS, payable in francs.
PAYABLE EN FRANCS, payable in francs.
REVALORISATION DU FRANC, revalorization of the franc.
VERSER 100 FRANCS D'ARRHES, to deposit 100 francs.

FRANÇAIS *a*, French.
de FABRICATION FRANÇAISE, of French make.
FRANC FRANÇAIS, French franc.
MARCHÉ FRANÇAIS, French market.
RENTE FRANÇAISE, French rent.
SYSTÈME FISCAL FRANÇAIS, French fiscal system.

FRANCE *n. pr*, France.
FABRIQUÉ EN FRANCE, made in France.

TAUX D'ESCOMPTE DE LA BANQUE DE FRANCE, Bank of France rate.
TRAITE PAYABLE EN FRANCE, bill domiciled in France.

FRANCHISE f, freedom, franchise, exemption.
en FRANCHISE TEMPORAIRE, for temporary importation.
RÉADMISSION EN FRANCHISE, free readmission.

FRANCO adv, free, carriage-free, paid.
FRANCO BORD, free on board (f.o.b.).
FRANCO COURTAGE, free of brokerage; free of commission.
FRANCO DE DOUANE, free of customs duties.
FRANCO GARE, free on rail.
FRANCO DE PORT, port free.
FRANCO QUAI, free alongside ship.
FRANCO À QUAI, free on quay; free at wharf.
LIVRÉ FRANCO, delivery free.
MARCHANDISES RENDUES FRANCO BORD, goods delivered free on board (f.o.b.).

FRAPPE f, striking, coinage, minting.
DROIT DE FRAPPE, right of coinage; mintage.
FRAPPE ET ÉMISSION DE MONNAIES, provision and issue of coins.
FRAPPE DE LA MONNAIE, mintage; minting.
LIBRE FRAPPE, free coinage.
RECETTES DE FRAPPE, coinage receipts.

FRAPPER v, to strike, to hit, to knock, to bang; to levy; to coin, to mint.
l'AFFICHAGE EST FRAPPÉ D'UN IMPÔT, bill posting is taxed.
FRAPPER UN CHÈQUE D'OPPOSITION, to stop payment of a cheque.
FRAPPER D'UN DROIT, to excise.
FRAPPER D'UN IMPÔT, to lay a tax on.
FRAPPER DE LA MONNAIE, to coin money.
FRAPPER DE NULLITÉ, to render void.
FRAPPER L'OR, to mint gold.
FRAPPER D'UNE TAXE, to levy a duty on.
IMPÔTS DIRECTS FRAPPANT LES SOCIÉTÉS, direct taxes on corporations.
IMPÔT FRAPPANT TOUS LES REVENUS, tax which hits all incomes.
RESTRICTIONS FRAPPANT LES ÉCHANGES ET LES PAIEMENTS, restrictions on trade and payments.

FRAUDE f, fraud, evasion.
FRAUDE FISCALE, evasion of tax.
TRANSACTION ENTACHÉE DE FRAUDE, fraudulent transaction.

FRAUDER v, to defraud, to cheat, to evade.
FRAUDER LE FISC, to evade taxes.

FRAUDULEUX a, fraudulent.
BANQUEROUTIER FRAUDULEUX, fraudulent bankrupt.
DÉCLARATION FRAUDULEUSE, fraudulent declaration.
MOYENS FRAUDULEUX, fraudulent means.

FREIN m, brake, restraint, check, lagging factor.
CONCURRENCE SANS FREIN, ruthless competition.
POLITIQUE DE COUPS DE FREIN ET D'ACCÉLÉRATEUR ALTERNÉS, stop-go policy.

FREINER v, to restrain, to check.
FREINER LA PRODUCTION, to restrain production.

FRÉQUENCE f, frequency.
CARACTÉRISTIQUES DES DISTRIBUTIONS DE FRÉQUENCES, characteristics of frequency distributions.
COURBE DE FRÉQUENCES, frequency curve.
DISTRIBUTION DE FRÉQUENCES, frequency distribution.
FRÉQUENCES CUMULÉES, cumulative frequencies.
FRÉQUENCES EMPIRIQUES, actual frequencies.
FRÉQUENCES EMPIRIQUES ET THÉORIQUES, actual and theoretical frequencies.
FRÉQUENCES OBSERVÉES, observed frequencies; actual frequencies.
FRÉQUENCE RELATIVE, frequency ratio.
FRÉQUENCES RELATIVES, relative frequencies.
à HAUTE FRÉQUENCE, high-frequency.
MOMENT D'UNE DISTRIBUTION DE FRÉQUENCES, moment of a frequency distribution.
MORPHOLOGIE DES DISTRIBUTIONS DE FRÉQUENCES, types of frequency distributions.
POLYGONE DE FRÉQUENCES, frequency polygon.
SÉRIE DE FRÉQUENCES, frequency series.
TABLE DES FRÉQUENCES, frequency table.

FRÉQUENT a, frequent.
CHANGEMENT FRÉQUENT, flux.
peu FRÉQUENT, infrequent.
SUJET À DES CHANGEMENTS FRÉQUENTS, in a state of flux.

FRÉQUENTATION f, attendance.
FRÉQUENTATION ANNUELLE DES CINÉMAS, annual cinema attendance.

FRET m, freight, freightage, freighting, chartering, cargo.
ASSURANCE SUR FRET, freight insurance.
BOURSE DES FRETS, shipping exchange.

BUREAU DU FRET, freight office.
CONTRAT DE FRET, freight contract.
COTE DE FRET, freight quotation.
COURS DE FRET, freight rate.
COÛT, ASSURANCE, FRET (c.a.f), cost, insurance, freight (c.i.f.).
COÛT-FRET, cost and freight.
DONNER UN NAVIRE À FRET, to freight (out) a ship.
FAUX FRET, dead freight.
FRET D'ALLER, outward freight.
FRET BRUT, gross freight.
FRET À (LA) CUEILLETTE, linear rate.
FRET À FORFAIT, through freight.
FRET AU LONG COURS, ocean freight.
FRET PAYÉ D'AVANCE, prepaid freight.
FRET PROPORTIONNEL À LA DISTANCE, freight prorata.
FRET DE RETOUR, return freight; homeward freight; home freight.
FRET EN RISQUE, freight at risk.
FRET À TERME, time freight.
MARCHÉ DES FRETS, freight market.
RELEVER LES TAUX DES FRETS, to raise freight rates.
TONNEAU DE FRET, shipping ton.
TONNEAU DE FRET DE PORTÉE, freight ton.

FRÈTEMENT m, freighting, chartering.

FRÉTER v, to freight (out), to charter.

FRICHE f, fallow land, fallow, waste land.
en FRICHE, untilled; waste; fallow.

FRICTION f, friction.

FRICTIONNEL a, frictional.
CHÔMAGE FRICTIONNEL, frictional unemployment.

FRIGORIFIQUE a, refrigerating.
ENTREPÔT FRIGORIFIQUE, cold store.

FROID a, cold.
AIR FROID, cold blast.

FROID m, cold.
CONSERVATION PAR LE FROID, cold storage.
INDUSTRIE DU FROID, refrigeration industry.

FROMENT m, wheat.

FRONTALIER a, bordering.
RÉGION FRONTALIÈRE, frontier district.

FRONTIÈRE a, bordering, pertaining to a frontier.
GARE FRONTIÈRE, frontier station.
VILLE FRONTIÈRE, frontier town.

FRONTIÈRE f, frontier, border.
CONTRÔLE AUX FRONTIÈRES, frontier check.
DROIT DE PASSER LIBREMENT LES FRONTIÈRES, right of free entry.
FORMALITÉS AUX FRONTIÈRES, frontier formalities.
FRONTIÈRE MARITIME, sea frontier.
FRONTIÈRE TERRESTRE, land frontier.
OFFICIER DE POLICE DE FRONTIÈRE, immigration officer.

FRUCTICULTURE f, fruit-farming.

FRUCTIFIER v, to fructify.

FRUCTUEUX a, fruitful, profitable.
PLACEMENT FRUCTUEUX, profitable investment.

FRUGAL a, provident.

FRUGALITÉ f, sparingness, abstinence.

FRUIT m, fruit.
FRUITS DU TRAVAIL, the fruits of labour.
PORTER FRUIT, to come to fruition.
RÉPARTIR LES FRUITS DU TRAVAIL, to apportion the fruits of labour.

FRUSTRATION f, frustration.

FRUSTRER v, to frustrate.
VOLONTÉ DE FRUSTRER SES CRÉANCIERS, desire to defraud one's creditors.

FUITE f, leak, leakage, flight, exodus.
FUITE DES CAPITAUX (VERS L'ÉTRANGER), capital flight; exodus of capital.

FUMÉE f, smoke, fumes.
FUMÉE D'USINE, factory fumes.

FUSEAU m, time-belt.
FUSEAU HORAIRE, hour-zone.
HEURE DU FUSEAU, zone time.

FUSELAGE m, fuselage, frame.

FUSION f, merger, merging, fusion, amalgamation, combination.
BRUITS DE FUSION, report of amalgamation.
FUSION DE BANQUES, bank merger.

FUSION DE (PLUSIEURS) BANQUES, amalgamation of (several) banks; merging of (several) banks.
FUSION D'ENTREPRISES, industrial merger.
FUSION DE (PLUSIEURS) SOCIÉTÉS, amalgamation of (several) companies.

FUSIONNEMENT *m,* amalgamation, fusion.

FUSIONNER *v,* to amalgamate, to fuse, to merge, to combine, to incorporate.
FUSIONNER DES ACTIONS, to amalgamate shares.
FUSIONNER UNE BANQUE AVEC UNE AUTRE, to incorporate one bank with another.

FUTUR *a,* future, prospective.
BESOINS FUTURS, future wants.

CONSOMMATION FUTURE, future consumption.
ESTIMATION DU RENDEMENT FUTUR DES CAPITAUX, estimate of the future yield of capital assets.
POURVOIR À LA CONSOMMATION FUTURE, to provide for future consumption.
PRÉVISIONS RELATIVES AU RENDEMENT FUTUR DES BIENS DE CAPITAL, expectations as to the future yield of capital goods.
PRÉVISION DES VENTES FUTURES, expectation of future sales.
PRODUCTION FUTURE, future output.
PROFITS FUTURS, future profits.
REVENU(S) FUTUR(S), future income.
VALEUR FUTURE, prospective value.

FUTUR *m,* future.
ÉQUATIONS DU FUTUR, forward equations.

G

GABARIT *m*, gauge, track-gauge.

GABEGIE *f*, waste.
GABEGIE DE L'ADMINISTRATION, muddle and waste of government's departments.

GABELLE *f*, salt-tax.

GADGET *m*, gadget.

GAGE *m*, pledge, security pawn, *U.S:* hock.
DÉTENIR UN GAGE, to hold a security.
DÉTENTEUR D'UN GAGE, holder of a security.
EMPRUNT SUR GAGE, loan against security.
EMPRUNTEUR SUR GAGES, pledger.
en GAGE, in pawn.
GAGES, pledged assets; wage; earnings; hire.
GAGES DES GENS DE MER, seamen's wages.
MAISON DE PRÊT SUR GAGES, pawn-office.
METTRE EN GAGE, to put in pawn.
MISE EN GAGE, pledging.
NANTI DE GAGES, secured by pledges.
PRÊT SUR GAGE, loan against security; pawnbroking.
PRÊTEUR SUR GAGES, pawnbroker.
TITRES DÉTENUS EN GAGE, securities held in pledge.
TRAVAIL À GAGES, journey-work.
VALEURS DÉTENUES EN GAGE, securities held in pawn.

GAGÉ *a*, pledged, pawned.
ACTIFS GAGÉS, assets encumbered with a charge.
BIENS GAGÉS, pledged assets.

GAGER *v*, to pledge, to pawn.
CLAUSE GAGEANT DES OBLIGATIONS NOUVELLES SUR UNE HYPOTHÈQUE ANCIENNE, after-acquired clause.
GAGER SON BIEN, to pledge one's property; to pawn one's property.
GAGER DES VALEURS, to pawn securities.

GAGEUR *m*, pledger, pawner, lienee.

GAGISTE *m*, pledgee, pledge holder, lienor.

GAGNANT *a*, winning.
NUMÉRO GAGNANT, winning number.

GAGNANT *m*, winner.
les GAGNANTS ET LES PERDANTS, the winners and the losers.

GAGNÉ *a*, earned.
ARGENT GAGNÉ SANS PEINE, easy money.

GAGNE-PAIN *m*, livelihood.

GAGNER *v*, to gain, to win; to earn.
GAGNER DE L'ARGENT, to earn money; to gain money; to win money.
GAGNER AU CHANGE, to gain by the change.
GAGNER LARGEMENT SA VIE, to earn good money.
GAGNER UN LOT À UNE LOTERIE, to draw a prize at a lottery.
GAGNER À PILE OU FACE, to win the toss.
GAGNER DES RICHESSES, to gain wealth.
GAGNER UN SALAIRE, to earn a salary.
GAGNER DU TEMPS, to gain time.
GAGNER SA VIE, to earn one's living; to gain one's living; to get one's living.
GAGNER DE QUOI VIVRE, to make a living.

MANQUE À GAGNER, loss of profit.
TRAVAILLER POUR GAGNER SA VIE, to work for one's living.

GAIN *m*, gain, profit, earnings, increase.
ÂPRE AU GAIN, keen on money-making.
AVIDITÉ DU GAIN, greed of gain.
CAPITALISATION DE L'ESPÉRANCE DE GAIN, capitalized money value of prospective receipts.
COMPENSER UNE PERTE PAR UN GAIN, to set off a gain against a loss.
GAIN ALÉATOIRE, chance gain; contingent gain.
GAINS DE L'ÉCHANGE, gain from trade.
GAIN ILLICITE, illicit gain.
GAIN IMPRÉVISIBLE, windfall gain; windfall profit.
GAINS DANS LES INDUSTRIES MANUFACTURIÈRES, earnings in manufacturing.
GAIN LUCRATIF, pecuniary gain.
GAIN DE PLUSIEURS POINTS, gain of several points.
GAIN DE SURVIE, right of survivorship.
GAIN DE TEMPS, saving of time.
HONORAIRES ÉVENTUELS, CONDITIONNÉS PAR LE GAIN DE L'AFFAIRE, contingent fee.

GALLON *m*, gallon (= *U.K: 4,54 litres; U.S: 3,78 litres*).

GALOPANT *a*, galloping, raging.
INFLATION GALOPANTE, galloping inflation; raging inflation.

GAMME *f*, scale, gamut.
GAMME DES PRIX, scale of prices.

GANG *m*, gang.

GANGSTER *m*, *U.S:* gangster.

GANT *m*, glove.

GANTERIE *f*, glove-making, glove-trade.

GARAGE *m*, garage.

GARANT *m*, guarantee, surety, warrant; bail; guarantor, warranter, warrantor; sponsor.
ÊTRE LE GARANT DE, to stand security for.
GARANT D'UNE DETTE, surety for a debt.
se PORTER GARANT POUR, to stand surety for; to go surety for; to go guarantee for; to go bail for; to vouch for; to hold oneself liable for.

GARANTI *a*, guaranteed, secured, warranted, backed.
ARTICLE GARANTI D'ORIGINE, genuine article.
CRÉANCE GARANTIE, secured debt.
EMPRUNT GARANTI, secured loan.
non GARANTI, unwarrented; unvouched.
MONNAIE DE PAPIER GARANTIE PAR L'OR, paper money backed by gold.
OBLIGATION GARANTIE, guaranteed bond.
OBLIGATIONS GARANTIES, guaranteed obligations; secured bonds.
PRÊT GARANTI, secured loan; loan on collateral.
SALAIRE ANNUEL GARANTI, guaranteed annual wage.
SALAIRE MINIMUM GARANTI, minimum rate (of wages); *U.S:* minimum guaranteed wage.
SALAIRE MINIMUM INTERPROFESSIONNEL GARANTI, guaranteed minimum wage.
TAUX DE CROISSANCE (DIT) GARANTI, warranted rate of growth.

VALEUR GARANTIE, guaranteed stock.

GARANTI m, warrantee.

GARANTIE f, guarantee, security, surety, warrant, warranty, backing, insurance, gage, indemnity, collateral security, collateral.
ACTIONS DE GARANTIE, qualification shares.
AVANCE CONTRE GARANTIE, advance against security; secured advance.
CAISSE DE GARANTIE, guarantee association.
CONTRAT DE GARANTIE, underwriting contract; underwriting agreement.
CRÉANCE SANS GARANTIE, unsecured debt.
DEMANDER UNE GARANTIE, to ask for security.
DÉTENIR UNE GARANTIE, to hold a security.
DÉTENTEUR D'UNE GARANTIE, holder of a security.
EMPRUNT CONTRE GARANTIE, loan against security.
FONDS DE GARANTIE, guarantee fund.
sans GARANTIE, without security; unwarranted; naked.
GARANTIE DE BANQUE, bank guarantee.
GARANTIE DES DÉPÔTS BANCAIRES PAR L'ÉTAT, government insurance of bank deposits.
GARANTIE D'ÉMISSION, underwriting.
GARANTIE IMPLICITE, implied warranty.
GARANTIE DE NAVIGABILITÉ, warranty of seaworthiness.
GARANTIE PERSONNELLE, personal security.
GARANTIE DE PRISE FERME, firm underwriting.
GARANTIE DE QUALITÉ, guarantee of quality.
GARANTIE SOLIDE, reliable guarantee.
GARANTIE DE SOLVABILITÉ, guarantee of solvency.
GARANTIE TOTALE, full cover.
IMMEUBLE AFFECTÉ À LA GARANTIE D'UNE CRÉANCE, property charged as security of a debt.
MEMBRE D'UN SYNDICAT DE GARANTIE, underwriter.
OBLIGATIONS SANS GARANTIE, debenture-stock.
PRÊT CONTRE (SUR) GARANTIE, loan against security.
PRÊTER DE L'ARGENT CONTRE GARANTIE, to lend money on security.
PRÊTER CONTRE GARANTIE, to lend against security.
PRÊTEUR CONTRE GARANTIE, lender on security.
STIPULER UNE GARANTIE, to stipulate a guarantee.
SÛRETÉ EN GARANTIE D'UNE CRÉANCE, security for a debt.
SYNDICAT DE GARANTIE, underwriting syndicate; underwriters.
TITRES DÉTENUS EN GARANTIE, stocks held as security.

GARANTIR v, to guarantee, to warrant; to underwrite; to vouch.
GARANTIR UNE CRÉANCE PAR UNE HYPOTHÈQUE, to secure a debt by mortgage.
GARANTIR UNE DETTE, to guarantee a debt.
GARANTIR UNE ÉMISSION, to underwrite an issue.
GARANTIR UNE ÉMISSION DE TITRES, to guarantee an issue of stock.
GARANTIR UN MINIMUM D'INTÉRÊT, to guarantee a minimum interest.
GARANTIR UN PRÊTEUR PAR UNE HYPOTHÈQUE, to secure a lender by mortgage.
GARANTIR DES TITRES, to underwrite shares.

GARDE f, custody, charge, care.

GARDE-MEUBLE m, furniture-warehouse, furniture-repository.

GARDER v, to keep, to treasure.

GARDIEN m, keeper.

GARE f, station, railway station, U.S: depot.
FRANCO GARE, free on rail.
GARE FRONTIÈRE, frontier station.
GARE DE MARCHANDISES, goods-station; U.S: freight depot.
GARE MARITIME, harbour-station; marine station.
GARE TERMINUS, home station; U.S: terminal; U.K: terminus.
GARE DE TRIAGE, railway yard; marshalling yard.

GARNI a, furnished; plated.
HÔTEL GARNI, lodging-house; boarding house.

GARNIR v, to fill.

GASPILLAGE m, waste, wastage, wasting, wastefulness, wasteful expenditure, squandering, bad husbandry.
GASPILLAGE EN CONCURRENCE MONOPOLISTIQUE, waste in monopolistic competition.
GASPILLAGES DANS UN MONOPOLE, wastes of monopoly.
GASPILLAGE RÉSULTANT DE LA CONCURRENCE, wastes of competition.

GASPILLÉ a, wasted.

GASPILLER v, to waste, to squander.
GASPILLER DE L'ARGENT, to waste money.

GAUCHE a, left.
COURBE GAUCHE, tortuous curve.
SURFACE GAUCHE, skew surface.

GAUCHE f, left.

de GAUCHE, left-wing.

GAUSS n. pr, Gauss.
COURBE DE GAUSS, normal curve.
LOI DE GAUSS, Gaussian distribution.

GAUSSIEN a, Gaussian.

GAZ m, gas.
ABONNÉ AU GAZ, consumer of gas.
COMPAGNIE DU GAZ, gas company.
COKE DE GAZ, gas-coke.
FOUR À GAZ, gas furnace.
GAZ COMBUSTIBLE, power-gas; fuel gas.
GAZ D'ÉCLAIRAGE, lighting gas; coal gas.
GAZ NATUREL, natural gas.
GAZ D'USINE, manufactured gas.
GAZ DE VILLE, town gas.
USINE À GAZ, gas-works.

GAZÉIFICATION f, gasification.

GAZETTE f, gazette.

GAZIER a, pertaining to the gas-industry.
INDUSTRIE GAZIÈRE, gas-industry.

GÉANT a, giant, mammoth.

GÉANT m, giant.
à PAS DE GÉANT, with giant strides; by leaps and bounds.

GEL m, freeze.

GELÉ a, frozen, blocked.
BALANCES GELÉES, blocked balances.
CRÉDITS GELÉS, frozen credits.

GELER v, to freeze.

GÈNE m, gene.

GÊNE f, want; financial embarrassment.
ÊTRE DANS LA GÊNE, to be in want.

GÊNER v, to hinder, to inconvenience.
AVOIR POUR SEUL MÉRITE DE GÊNER AUTRUI, to have a nuisance value.

GÉNÉRAL a, general.
ACCEPTABILITÉ GÉNÉRALE DE LA MONNAIE, general acceptability of money.
ACCORD GÉNÉRAL DE PRÊT, General Agreement to Borrow.
ACCORD GÉNÉRAL SUR LES TARIFS DOUANIERS ET LE COMMERCE, General Agreement on Tariffs and Trade (GATT).
ADDITION À LA RÉSERVE GÉNÉRALE, addition to surplus.
AMBIANCE GÉNÉRALE (DU MARCHÉ), prevailing tone (of the market).
ANALYSE DE L'ÉQUILIBRE GÉNÉRAL, general equilibrium analysis.
ASSEMBLÉE GÉNÉRALE, general meeting.
ASSEMBLÉE GÉNÉRALE EXTRAORDINAIRE, extraordinary general meeting.
AUGMENTATION GÉNÉRALE DE, general increase in.
COMMERCE GÉNÉRAL, general trade.
CONNAISSANCES GÉNÉRALES, general knowledge.
DÉPRESSION GÉNÉRALE, general slump.
ÉLECTION(S) GÉNÉRALE(S), general election.
ÉQUILIBRE GÉNÉRAL, general equilibrium.
ÉQUILIBRE GÉNÉRAL DES ÉCHANGES, general equilibrium of exchange.
ÉQUILIBRE GÉNÉRAL DE LA PRODUCTION, general equilibrium of production.
EXCEPTIONS À LA RÈGLE GÉNÉRALE, departures from the general rule.
FERMIER GÉNÉRAL, farmer-general; tax-farmer.
FORME QUADRATIQUE GÉNÉRALE, general quadratic form.
FRAIS GÉNÉRAUX, overhead(s); overhead expenses; overhead costs; overhead charges; fixed charges; standing charges; general expenses; indirect expenses; standing expenses.
FRAIS GÉNÉRAUX DE FABRICATION, general factory overhead(s).
GOUVERNEUR GÉNÉRAL, governor-general.
GRAND LIVRE DES COMPTES GÉNÉRAUX, general ledger.
GRAPHIQUE D'ANALYSE GÉNÉRALE (DES ACTIVITÉS SUCCESSIVES), operation process chart.
GRÈVE GÉNÉRALE, general strike.
HAUSSE GÉNÉRALE DES PRIX, general advance in prices.
HYPOTHÈQUE GÉNÉRALE, general mortgage; blanket mortgage.
INSPECTEUR GÉNÉRAL, inspector-general.
INTÉGRALE GÉNÉRALE, general integral.
dans l'INTÉRÊT GÉNÉRAL, for the common good; in the common interest.
MARASME GÉNÉRAL DES AFFAIRES, general dullness of business.
MÉCONTENTEMENT GÉNÉRAL, general discontent.
MODÈLE D'ÉQUILIBRE GÉNÉRAL, general equilibrium model.
NIVEAU GÉNÉRAL DES PRIX, general level of prices.
NIVEAU GÉNÉRAL DES SALAIRES, general level of wages.
PARALYSIE GÉNÉRALE, general paralysis.

PRIVILÈGE GÉNÉRAL, general lien.
PROCURATION GÉNÉRALE, general power.
PROCUREUR GÉNÉRAL, Attorney General.
QUARTIER GÉNÉRAL, head-quarters.
RECENSEMENT GÉNÉRAL, general census.
RÈGLE GÉNÉRALE, general rule; general principle.
en RÈGLE GÉNÉRALE, as a general principle.
RÉSERVE GÉNÉRALE, general reserve.
SECRÉTAIRE GÉNÉRAL, secretary-general.
TENDANCE GÉNÉRALE, general trend.
TENDANCE GÉNÉRALE (DU MARCHÉ), prevailing tone (of the market).
THÉORIE DE L'ÉQUILIBRE GÉNÉRAL DES ÉCHANGES, theory of general exchange equilibrium.
THÉORIE GÉNÉRALE DES PRIX, general price theory.
TOTAL GÉNÉRAL, grand total.

GÉNÉRALEMENT adv, generally, commonly.
on s'ATTEND GÉNÉRALEMENT À CE QUE, the general anticipation is that.

GÉNÉRALISATION f, generalization, generalizing.
GÉNÉRALISATIONS HÂTIVES, hasty generalizations.

GÉNÉRALISER v, to generalize.

GÉNÉRALITÉ f, generality.

GÉNÉRATEUR a, generating.
GROUPE GÉNÉRATEUR, power-plant.

GÉNÉRATEUR m, generator; boiler.
GÉNÉRATEUR DE FONCTIONS CLASSIQUES, punched card utility.
GÉNÉRATEUR DE FONCTIONS SIMPLES, punched card utility.

GÉNÉRATION f, generation.
GÉNÉRATION ACTUELLE, present generation.
GÉNÉRATION DES REVENUS, generation of income.
JEUNE GÉNÉRATION, rising generation.

GÉNÉRATRICE f, generatrix.

GÉNÉREUX a, generous, liberal.
OFFRE GÉNÉREUSE, liberal offer.

GÉNÉRIQUE a, generic(al).

GÉNÉROSITÉ f, generosity, liberality.

GENÈSE f, genesis.

GÉNÉTIQUE f, genetics.

GÉNIE m, engineering.
GÉNIE CIVIL, civil engineering.

GENRE m, species, nature.
GENRE D'AFFAIRES, way of business.
GENRE HUMAIN, mankind; humankind; humanity.

GENS f. pl. or m. pl, people.
GAGES DES GENS DE MER, seamen's wages.
la MINORITÉ DE GENS COMBLÉS, the fortunate few.

GENTILHOMME m, gentleman.

GENTLEMAN m, gentleman.
GENTLEMAN-FARMER, gentleman-farmer.

GÉOGRAPHIE f, geography.
GÉOGRAPHIE ÉCONOMIQUE ET STATISTIQUE, economic and statistical geography.
GÉOGRAPHIE POLITIQUE, political geography.

GÉOGRAPHIQUE a, geographic(al).
LOCATION GÉOGRAPHIQUE DE LA MÉDIANE, location of the median.
MONOPOLE GÉOGRAPHIQUE, spatial monopoly.

GÉOMÈTRE m, geometer.
GÉOMÈTRE EXPERT, land-surveyor.

GÉOMÉTRIE f, geometry.
ÉLÉMENTS DE GÉOMÉTRIE D'EUCLIDE, Euclid's elements.
GÉOMÉTRIE ANALYTIQUE, analytical geometry; co-ordinate geometry.
GÉOMÉTRIE DESCRIPTIVE, descriptive geometry; projective geometry.
GÉOMÉTRIE À TROIS (QUATRE) DIMENSIONS, three- (four-) dimensional geometry.
GÉOMÉTRIE DANS L'ESPACE, solid geometry.
GÉOMÉTRIE D'EUCLIDE, Euclidian geometry.
GÉOMÉTRIE PLANE, plane geometry.
GÉOMÉTRIE SPHÉRIQUE, spherical geometry.
GÉOMÉTRIE SUPÉRIEURE, higher geometry.
GÉOMÉTRIE TRANSCENDANTE, transcendental geometry.

GÉOMÉTRIQUE a, geometric(al).
FIGURE GÉOMÉTRIQUE, geometrical figure.
MOYENNE GÉOMÉTRIQUE, geometric average; geometrical mean; mean proportional.
MOYENNE GÉOMÉTRIQUE PONDÉRÉE, weighted geometric average.

PROGRESSION GÉOMÉTRIQUE, geometrical progression.
PROPORTION GÉOMÉTRIQUE, geometrical proportion; geometrical ratio.
RAISON GÉOMÉTRIQUE, geometrical ratio.
RAISON D'UNE PROGRESSION GÉOMÉTRIQUE, common ratio of a geometric progression.
TRANSFORMATION GÉOMÉTRIQUE, geometric(al) transmutation.

GÉRANCE f, management, managership.
CONTRAT DE GÉRANCE, management agreement.
FRAIS DE GÉRANCE, management expenses.

GÉRANT a, managing.

GÉRANT m, manager, administrator, managing director.
AGENT-GÉRANT, managing agent.
GÉRANT D'UN SYNDICAT DE PLACEMENT, manager of an underwriting syndicate.

GÉRÉ a, managed.

GÉRER v, to manage.
GÉRER DES AFFAIRES, to manage affairs.
MAL GÉRER, to mismanage.

GERME m, germ.

GERMINATION f, germination.

GESTATION f, gestation.

GESTION f, management, administration; husbandry, husbanding; operating, conduct, control.
BONNE GESTION, good husbandry; good management.
COMPTE DE GESTION, management account.
CONSEIL DE GESTION (D'UN HÔPITAL, D'UN MUSÉE, ETC.), board of trustees.
GESTION DES AFFAIRES, business management; conduct of affairs.
GESTION AUTOMATISÉE, automated management.
GESTION AUTOMATISÉE DE STOCKS, computer control of inventory; computer control of stocks.
GESTION DE L'ENTREPRISE, business management.
GESTION FINANCIÈRE (DE L'ENTREPRISE)*, U.S: business finance.
GESTION DE PRODUCTION AUTOMATISÉE, automated production management.
GESTION DU REVENU, U.S: administration of income.
GESTION DE(S) STOCK(S), stock control; management of inventories.
s'IMMISCER DANS LA GESTION, to interfere in the management.
INFORMATIQUE DE GESTION, business data processing.
MAUVAISE GESTION, maladministration; mismanagement.
RAPPORT DE GESTION, annual report (of a company).
SCIENCE DE LA GESTION, management science.
SYSTÈME INTÉGRÉ DE GESTION, management information system.
TECHNIQUES DE GESTION, management science.

GESTIONNAIRE a, pertaining to management.

GIBIER m, game.

GICLEUR m, jet, atomizer.

GIFFEN n. pr, Giffen.
EFFET DE GIFFEN, Giffen effect.
PARADOXE DE GIFFEN, Giffen paradox.

GIGANTESQUE a, giant, gigantic.

GILDE f, guild.
GILDE DE COMMERÇANTS, merchant guild.

GIMMICK m, gimmick.

GISEMENT m, stratum.
GISEMENT PÉTROLIFÈRE, oil field.
METTRE EN EXPLOITATION UN GISEMENT DE PÉTROLE, to exploit for petroleum.

GLISSANT a, sliding.

GLISSEMENT m, slide, sliding, slip.

GLISSER v, to slip.
les ACTIONS ONT GLISSÉ À, shares slipped back to.

GLOBAL a, total, aggregate; combined; inclusive.
ACCROISSEMENT GLOBAL NET, aggregate net increment.
CONTRAT GLOBAL, package deal.
DEMANDE GLOBALE DU MARCHÉ, aggregate market demand.
DEMANDE GLOBALE DE MAIN-D'ŒUVRE, aggregate demand for labour.
DONNÉES GLOBALES, combined totals; aggregate figures.
EMPLOI GLOBAL, aggregate employment.
FONCTION DE LA DEMANDE GLOBALE, aggregate demand function.
FONCTION DE L'OFFRE GLOBALE, aggregate supply function.
FONCTION DE PRODUCTION GLOBALE, aggregate production function.
INDICES GLOBAUX, over-all indexes.
MASSE GLOBALE DES SALAIRES, wages bill.

OFFRE GLOBALE DU MARCHÉ, aggregate market supply.
OFFRE GLOBALE DE MAIN-D'ŒUVRE, aggregate supply of labour.
PRIX DE L'OFFRE GLOBALE, aggregate supply price.
PRODUCTION GLOBALE, aggregate output.
PROPENSION GLOBALE À CONSOMMER, aggregate propensity to consume.
SOMME GLOBALE, inclusive sum; lump sum.
TONNAGE GLOBAL, total tonnage.
VARIABLES GLOBALES, aggregate variables.

GLOBE *m*, globe.

GOLD-POINT *m*, gold-point, bullion point, specie point.
GOLD-POINT D'ENTRÉE, import gold-point; import specie point; import bullion point.
GOLD-POINT D'EXPORTATION, export gold-point; export specie point; export bullion point.
GOLD-POINT D'IMPORTATION, import gold-point; import specie point; import bullion point.
GOLD-POINT DE SORTIE, outgoing gold-point; outgoing specie point; outgoing bullion point; export gold-point.
MAINTENIR LE CHANGE AU-DESSUS DU GOLD-POINT, to maintain the exchange above the gold-point.

GONFLÉ *a*, inflated.

GONFLEMENT *m*, inflating, swelling; lengthening.
GONFLEMENT DES CARNETS DE COMMANDE(S), lengthening of order books.

GONFLER *v*, to inflate.
GONFLER UN COMPTE, to swell an account.

GOULOT *m*, neck.
GOULET D'ÉTRANGLEMENT, bottle-neck.

GOÛT *m*, taste, liking.
GOÛTS DES CONSOMMATEURS, consumer's tastes.
GOÛTS DONNÉS, given tastes.

GOÛTER *v*, to enjoy.

GOUVERNANT *a*, governing.

GOUVERNANT *m*, governor.
les GOUVERNANTS ET LES GOUVERNÉS, the governors and the governed.

GOUVERNÉ *a*, governed.
les GOUVERNANTS ET LES GOUVERNÉS, the governors and the governed.

GOUVERNEMENT *m*, government; cabinet.
COMMERCE POUR LE COMPTE DU GOUVERNEMENT, government trade.
sous le CONTRÔLE DU GOUVERNEMENT, under government control.
GOUVERNEMENT DÉMISSIONNAIRE, outgoing ministry.
GOUVERNEMENT FÉDÉRAL, *U.S:* the Administration in Washington.
GOUVERNEMENT PAR LE PEUPLE, government by the people.
GOUVERNEMENT PROVISOIRE, provisional government.
GOUVERNEMENT REPRÉSENTATIF, representative government.
GOUVERNEMENT TRAVAILLISTE, Labour government.

GOUVERNEMENTAL *a*, governmental, public.
AGENCE GOUVERNEMENTALE, public agency.

GOUVERNER *v*, to govern, to rule.

GOUVERNEUR *m*, governor.
CONSEIL DES GOUVERNEURS, board of governors.
GOUVERNEUR GÉNÉRAL, governor-general.
SOUS-GOUVERNEUR, sub-governor.

GRÂCE *f*, grace.
TERME DE GRÂCE, time to pay.

GRADATION *f*, gradation, graduation, gradual process, grading.

GRADE *m*, grade.

GRADIENT *m*, gradient.

GRADUATION *f*, graduation, scaling.

GRADUÉ *a*, graduated.
ÉCHELLE GRADUÉE, graduated scale.

GRADUEL *a*, gradual.
EXTINCTION GRADUELLE D'UNE DETTE, gradual extinction of a debt.

GRADUELLEMENT *adv*, gradually.

GRADUER *v*, to grade.

GRAIN *m*, grain, corn.
COMMERCE DES GRAINS, grain trade; corn trade.
MARCHÉ DES (AUX) GRAINS, grain market; grain exchange; corn market; Corn Exchange.

GRAINE *f*, seed.
GRAINES DE COTON, cotton-seed.
GRAINE OLÉAGINEUSE, oil-seed.

GRAINETERIE *f*, seed-trade.

GRAISSE *f*, fat.

GRAND *a*, large, big; great; grand.
ARTICLE DE GRANDE VENTE, best-seller.
CAPITALISME DES GRANDES ENTREPRISES, big business.
ÉCONOMIES DE GRANDE ÉCHELLE, economies of large scale.
FAIRE DE GRANDS PROGRÈS, to make great strides.
GRANDES AGGLOMÉRATIONS URBAINES, large urban concentrations.
GRAND BESOIN DE RÉPARATIONS, great need of repairs.
le plus GRAND COMMUN DIVISEUR, greatest common factor; greatest common measure; highest common factor.
GRANDE EXPLOITATION AGRICOLE, farming on a large scale.
GRAND FORMAT, large size; large format.
la plus GRANDE INCERTITUDE, the biggest uncertainty.
GRANDE LIGNE, trunk-line.
GRANDES LIGNES DE LA THÉORIE, outline of the theory.
GRAND LIVRE, ledger.
GRAND LIVRE D'ACHATS, *U.K:* goods-bought ledger; *U.S:* purchase ledger.
GRAND LIVRE DES COMPTES GÉNÉRAUX, general ledger.
GRAND LIVRE DOUBLE, double ledger.
GRAND LIVRE À FEUILLES MOBILES, perpetual ledger.
GRAND LIVRE DE FRAIS, expense ledger.
GRAND LIVRE DE PAIE, pay-roll ledger.
GRAND LIVRE DE VENTES, goods-sold ledger.
le « GRAND » LONDRES, London area, Great London.
GRAND MAGASIN, department store; departmental store.
GRANDE MAJORITÉ DES HOMMES, generality of mankind.
GRAND MODÈLE, large size.
GRANDE NAVIGATION, ocean carrying trade.
GRANDE PÊCHE, deep-sea fishing; high-sea(s) fishery.
GRAND PUBLIC, general public; public at large; man in the street.
GRANDES PUISSANCES, Great Powers.
les cinq GRANDES PUISSANCES, the Big Five.
GRANDE QUANTITÉ DE, great deal of.
GRANDES ROUTES COMMERCIALES, great trade routes.
GRANDE VITESSE, high speed.
HYPOTHÈSE DE GRANDE PORTÉE, far-reaching assumption.
LOI DES GRANDS NOMBRES, law of the big numbers; law of large numbers.
MÉMOIRE À FERRITES DE GRANDE CAPACITÉ, bulk core storage.
MORCELLEMENT DES GRANDS DOMAINES, breaking up of large estates.
POSSÉDER DE GRANDS BIENS, to possess a lot of property.
PRODUCTION DES GRANDES DOMAINES, production of estates.
ROUTE À GRANDE CIRCULATION, motor-road; highway.
TRAIN DE MARCHANDISES DE GRANDE VITESSE, fast goods train.
TRAIN POUR LE SERVICE DE COLIS DE GRANDE VITESSE, express parcel train.
VALEURS DE GRANDS MAGASINS, stores shares.

GRANDE-BRETAGNE *n. pr*, Britain, Great Britain.
CHARBONNAGES DE GRANDE-BRETAGNE, National Coal Board.
COMPAGNIES AÉRIENNES AYANT DES BASES D'OPÉRATIONS EN GRANDE-BRETAGNE, airlines based in Britain.

GRANDEUR *f*, magnitude, size, quantity, largeness.
CLASSÉ PAR ORDRE DE GRANDEUR, sized.
ÉLÉMENT TEMPOREL DES GRANDEURS ÉCONOMIQUES, dating of economic quantities.
ESSAIS EN VRAIE GRANDEUR, field experiments.
ORDRE DE GRANDEUR, order of magnitude.

GRANDIOSE *a*, grand.

GRANDISSANT *a*, growing, widening.
ÉCART GRANDISSANT, widening gap.

GRAPHIQUE *a*, graphic, diagrammatic.
MÉTHODE GRAPHIQUE, graphic method.
REPRÉSENTATION GRAPHIQUE, graphic presentation; diagrammatic representation.

GRAPHIQUE *m*, graph, diagram, chart, plotting.
ÉTABLIR LE GRAPHIQUE (DE), to chart.
EXAMEN APPROFONDI DU GRAPHIQUE, close examination of the diagram.
GRAPHIQUE D'ANALYSE GÉNÉRALE (DES ACTIVITÉS SUCCESSIVES), operation process chart.
GRAPHIQUE D'ANALYSE D'OPÉRATIONS, process chart.
GRAPHIQUE EN BARRE, bar-chart.
GRAPHIQUE DE PRIX ET DE QUANTITÉS, price-quantity diagram.
GRAPHIQUE DE PROCESSUS, process chart.
GRAPHIQUE À SECTEURS, pie chart.
GRAPHIQUE EN TUYAU D'ORGUE, bar-chart.
TRACER LE GRAPHIQUE D'UNE ÉQUATION, to plot the graph of an equation.

GRAPHIQUEMENT *adv*, graphically.

GRAPPE *f*, cluster.
GROUPER EN GRAPPES, to cluster.
SONDAGE EN GRAPPES, cluster sampling.

GRAS *a*, fat.
CONTENU EN MATIÈRES GRASSES, fat content.
CORPS GRAS, fats.
MATIÈRE GRASSE, fat.

GRASSEMENT *adv*, handsomely.
EMPLOI GRASSEMENT RÉTRIBUÉ, fat job.

GRATIFICATION *f*, gratuity, bonus.

GRATIS *adv*, gratis, free of charge, costless.

GRATTE *f*, perquisites; profits on the side.

GRATUIT *a*, gratuitous, free (of charge).
ACTIONS GRATUITES, bonus-shares.
ATTRIBUTION D'ACTIONS GRATUITES, capitalization issue.
CONTRAT À TITRE GRATUIT, bare contract.
ÉCHANTILLON GRATUIT, free sample.
ENTRÉE GRATUITE, admission free.
ESSAI GRATUIT, free trial.
SUPPOSITION GRATUITE, groundless assumption.
à TITRE GRATUIT, by free gift.
TRAFIC GRATUIT, non-revenue traffic.
TRANSFERT GRATUIT (D'ORDRE), nominal transfer.

GRATUITEMENT *adv*, gratis.
FOURNI GRATUITEMENT, donated; supplied free (of charge).
SERVICES FOURNIS GRATUITEMENT, services donated.

GRAVE *a*, grave.
SYMPTÔMES GRAVES, grave symptoms.

GRAVITATION *f*, gravitational pull.

GRAVITÉ *f*, gravity, attraction.
CENTRE DE GRAVITÉ, centre of attraction.

GRÉ *m*, option.
au GRÉ DU LOCATAIRE, at the option of the tenant.
RÈGLEMENT DE GRÉ À GRÉ, settlement by negotiation.
VENTE DE GRÉ À GRÉ, sale by private treaty.

GREFFAGE *m*, grafting.

GREFFE *m*, registry office; grafting.

GREFFIER* *m*, registrar.

GRÉGAIRE *a*, gregarious.
INSTINCT GRÉGAIRE, herd instinct.

GRÈGE *a*, raw.
SOIE GRÈGE, raw silk.

GRENIER *m*, granary.

GRESHAM *n. pr*, Gresham.
LOI DE GRESHAM, Gresham's law.

GRÈVE *f*, strike, striking, walk-out.
ALLOCATION DE GRÈVE, strike-pay.
ARBITRAGE EN CAS DE GRÈVE, strike arbitration.
BRISER UNE GRÈVE, to break a strike.
BRISEUR DE GRÈVE, strike-breaker.
CLAUSE DE GRÈVE, strike clause.
COMITÉ DE GRÈVE, strike committee.
DROIT DE GRÈVE, right to strike.
FAIRE LA GRÈVE, to strike.
GRÈVE DANS LES CHARBONNAGES, coal strike.
GRÈVE DES CHEMINS DE FER, railway strike.
GRÈVE DES DOCKERS, dock strike.
GRÈVE DE LA FAIM, hunger-strike.
GRÈVE GÉNÉRALE, general strike.
GRÈVE AVEC OCCUPATION D'USINE, stay-in strike.
la GRÈVE A EU POUR ORIGINE LES REVENDICATIONS DE, the strike originated in the demands of.
GRÈVE PERLÉE, go-slow strike.
GRÈVE DE SOLIDARITÉ, sympathetic strike.
GRÈVE SURPRISE, snap strike; lightning strike.
GRÈVE SUR LE TAS, stay-in strike; sit-down strike.
se METTRE EN GRÈVE, to come out on strike; to go on strike; U.S: to strike work; to walk out.
se METTRE EN GRÈVE PAR SOLIDARITÉ, to strike in sympathy.
ORDONNER UNE GRÈVE, to call a strike.
PIQUET DE GRÈVE, strike picket; picketing.

GREVÉ *a*, embarrassed, encumbered, burdened.
ACTIFS GREVÉS D'UNE HYPOTHÈQUE, assets encumbered with a charge.
DOMAINE GREVÉ D'HYPOTHÈQUES, burdened estate.
GREVÉ DE DETTES, burdened with debt.
PROPRIÉTÉ GREVÉE D'HYPOTHÈQUES, encumbered estate; embarrassed estate.
PROPRIÉTÉ GREVÉE D'UNE SERVITUDE, land subject to a right of user.

GRÉVISTE *m*, striker.

GRIMPER *v*, to climb.

GROS *a*, big, large; gross; fat.
ACHETER PAR GROSSES QUANTITÉS, to buy in bulk.
l'ANGLETERRE EST UN GROS EXPORTATEUR DE CHARBON, England is a big exporter of coal.
CONTRAT À LA GROSSE AVENTURE, bottomry bond.
GROSSES AVARIES, gross average.
GROSSE BOURGEOISIE, substantial middle class.
GROSSES COUPURES, big denominations.
GROS ÉMOLUMENTS, fat salary.
GROS EMPLOYEURS DE MAIN-D'ŒUVRE, big employers of labour.
GROS EXPORTATEUR DE, big exporter of.
GROS FERMIER, large farmer; large-scale farmer.
GROS IMPORTATEUR DE, big importer of.
GROS MORCEAU, lump.
GROS PORTEFEUILLE D'ACTIONS, large holding of shares.
s'OCCUPER DE GROSSES COMMANDES, to handle large orders.

GROS *adv*, wholesale; on a large scale.
ACHETER EN GROS, to buy wholesale; to buy in bulk.
ACHETEUR EN GROS, wholesale buyer.
COMMERÇANT EN GROS, wholesaler.
en GROS, wholesale; in bulk.
PRÉBENDE QUI RAPPORTE GROS, fat living.
VENDRE EN GROS, to sell wholesale; to sell in bulk.
VENTE EN DEMI-GROS, jobbing.
VENTE EN GROS, wholesale; wholesaling; wholesale sale.

GROS *m*, wholesale, wholesaling, bulk, quantity.
COMMERCE DE GROS, wholesaling; wholesale trade; direct trade; direct commerce.
COMMERCE DE GROS ET DE DÉTAIL, wholesale and retail distribution.
INDICES DES PRIX DE GROS, index-numbers of wholesale prices.
MAISON DE GROS, wholesale warehouse; wholesale firm.
PRIX DE GROS, wholesale price.
TARIF DÉGRESSIF POUR LE GROS, prices shaded for quantities.

GROSSE *f*, bottomry; twelve dozen.
CONTRAT À LA GROSSE SUR FACULTÉS, respondentia bond.
PRÊT À LA GROSSE, bottomry loan.

GROSSIER *a*, rough.

GROSSIR *v*, to inflate; to amplify.

GROSSISTE *m*, wholesaler, wholesale dealer.

GROUPE *m*, group, party; batch, block.
ARRIVÉE PAR GROUPES, batch arrival.
ÉCHANTILLONNAGE PAR SOUS-GROUPES, stratified sampling.
GROUPE GÉNÉRATEUR, power-plant.
GROUPE D'IMMEUBLES DIVISÉS EN APPARTEMENTS, block of flats.
GROUPE DE PRESSION, lobby.
GROUPE-TÉMOIN, panel.
GROUPE-TÉMOIN DE CONSOMMATEURS, consumer panel.
GROUPE DE TRAVAIL, task group.
OBLIGATIONS ÉMISES PAR UN GROUPE DE SOCIÉTÉS, joint bonds.
RÉPARTITION DE LA POPULATION PAR GROUPES D'ÂGE, age grouping of the population.
SOUS-GROUPE, sub-group.

GROUPÉ *a*, grouped, classified.
COLONNES GROUPÉES, grouped columns.
DONNÉES GROUPÉES, classified data.
GROUPÉS AUTOUR DE LA MOYENNE, clustered round the central value.
LIGNE À POSTES GROUPÉS, party-line; shared line.
OBSERVATIONS GROUPÉES, grouped observations.

GROUPEMENT *m*, grouping.

(SE) GROUPER *v*, to group.
GROUPER EN GRAPPES, to cluster.

GUELTE *f*, commission, percentage.

GUERRE *f*, war, warfare.
d'APRÈS-GUERRE, post-war.
d'AVANT-GUERRE, pre-war.
CLAUSE DE GUERRE, war clause.
DETTE DE GUERRE, war debt.
DOMMAGE DE GUERRE, war indemnity.
EMPRUNT DE GUERRE, war loan.
EXCLUSION DES DOMMAGES DE GUERRE, immunity from war indemnities.
GUERRE CIVILE, civil war.
GUERRE MONDIALE, world war.
GUERRE DES PRIX, price war.
GUERRE SOCIALE, class war.
GUERRE DE TARIFS, tariff war; rate-war.

IMPÔT SUR LES BÉNÉFICES DE GUERRE, excess profits duty.
IMPÔTS DE GUERRE (IMPOSÉS PAR L'OCCUPANT), forced contributions.
MATÉRIEL DE GUERRE, implements of war.
PENSION DE GUERRE, war pension.
PÉRIODE D'AVANT-GUERRE, pre-war period.
RÉPARATIONS DE GUERRE, war reparations.
RISQUE DE GUERRE, war risk.
RISQUES DE LA GUERRE, hazards of war.

GUEUSE *f*, pig (iron).

GUICHET *m*, pay-office, counter.
PAYABLE AU GUICHET, payable over the counter.
PAYER À GUICHET OUVERT, to pay over the counter.

GUIDE *m*, guide.

GUIDER *v*, to guide; to lead.

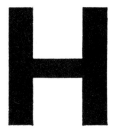

HABILE *a*, clever, expert, handy.
HABILE FINANCIER, clever financier.

HABILETÉ *f*, skill; craft.

HABILITÉ *a*, entitled.

HABILLEMENT *m*, clothing, clothes; dress.

HABITABILITÉ *f*, habitability.
MAINTENIR UNE MAISON EN ÉTAT D'HABITABILITÉ, to keep a house in a state of tenantable repair.

HABITABLE *a*, habitable, inhabitable, liveable.
MAISON HABITABLE, house fit for occupation.

HABITANT *m*, inhabitant; resident.
par HABITANT, per capita.
HABITANT DE L'INTÉRIEUR, inlander.

HABITAT *m*, habitat.

HABITATION *f*, habitation, inhabiting, occupation, occupancy; dwelling (place), residence, abode.
APPARTEMENT D'HABITATION, residential flat.
CONSTRUCTION À USAGE D'HABITATION, residential building.
HABITATIONS OCCUPÉES PAR LEURS PROPRIÉTAIRES, owner-occupied dwellings.
HABITATIONS OUVRIÈRES, workmen's dwellings.
TAXE SUR LES HABITATIONS, inhabited-house duty; *U.K:* rates.
UNITÉ D'HABITATION, housing unit.

HABITÉ *a*, inhabited, occupied.
en ÉTAT D'ÊTRE HABITÉ, fit for habitation.

HABITER *v*, to inhabit, to live in.

HABITUDE *f*, habit, habitude, wont.
FORCE DE L'HABITUDE, force of habit.
HABITUDES ACQUISES, acquired habits.

HABITUEL *a*, usual, habitual.

(S') HABITUER *v*, to habituate.

HALAGE *m*, haulage, hauling; trackage.
FRAIS DE HALAGE, trackage; haulage (charge).

HALLAGE *m*, market dues.
DROITS DE HALLAGE, market dues.

HALTE *f*, halt.

HAMBOURGEOIS *a*, pertaining to Hamburg.
MÉTHODE HAMBOURGEOISE, balance method.

HANDICAP *m*. handicap.

HANDICAPÉ *a*, handicapped.

HANGAR *m*, hangar.

HANSE *f*, Hanse.

HANSÉATIQUE *a*, Hanseatic.
LIGUE HANSÉATIQUE, Hanse; Hanseatic League.

HARCELANT *a*, impelling.
BESOIN HARCELANT, impelling need.

HARCELÉ *a*, pressed.
HARCELÉ PAR SES CRÉANCIERS, pressed by one's creditors.

HARDWARE *m*, hardware.

HARMONIE *f*, harmony.
HARMONIES NATURELLES, natural harmonies.

HARMONIQUE *a*, harmonic.
MOYENNE HARMONIQUE, harmonic average; harmonic mean.
MOYENNE HARMONIQUE PONDÉRÉE, weighted harmonic average.
PROGRESSION HARMONIQUE, harmonic progression.
PROPORTION HARMONIQUE, harmonic ratio.

HARVARD *n. pr*, Harvard.
BAROMÈTRE DE HARVARD, Harvard index (of business conditions).

HASARD *m*, random, randomness; hazard, chance; risk, venture; luck.
CHOIX FAIT AU HASARD, random choice.
au HASARD, at random.
JEU DE HASARD, game of chance; game of hazard; gamble.
JEU DU HASARD, freak of chance.
PRÉLEVER UN ÉCHANTILLON, UN SPÉCIMEN, AU HASARD, to select a specimen at random.
PUR HASARD, mere chance.
TIRAGE AU HASARD, randomness in drawing.

HASARDER *v*, to hazard.

HASARDEUX *a*, hazardous, risky, adventurous.
SPÉCULATION HASARDEUSE, hazardous speculation.

HÂTE *f*, haste, hurry, rush.

(SE) HÂTER *v*, to precipitate, to quicken; to hasten.

HÂTIF *a*, hasty, premature.
GÉNÉRALISATIONS HÂTIVES, hasty generalizations.

HÂTIVEMENT *adv*, prematurely.
CONCLURE (TROP) HÂTIVEMENT, to jump to a conclusion.

HAUSSE *f*, increase, rise, rising; enhancement; advance; boom.
ANTICIPER SUR UNE HAUSSE DES VALEURS, to discount a rise in stocks.
la BOURSE EST EN HAUSSE, the market has risen.
les COURS SE SONT INSCRITS EN HAUSSE, prices have been marked up.
CRÉER UNE ATMOSPHÈRE DE HAUSSE AUTOUR D'UNE VALEUR, to talk up the value of a stock.
CYCLE DE HAUSSE DES PRIX, cycle of rising prices.
ENRAYER LA HAUSSE (DU COÛT DE LA VIE), to control the rise (in the cost of living).
FORTE HAUSSE, big rise; soaring.
en HAUSSE, rising.
la HAUSSE OU LA BAISSE DES TITRES DE BOURSE, the rise or the fall of stocks and shares.
HAUSSE EXORBITANTE, ramp; exorbitant increase.
HAUSSE GÉNÉRALE DES PRIX, general advance in prices.
HAUSSE INFLATIONNISTE DES PRIX, inflationary bidding up of prices.
HAUSSE INTERMITTENTE, discontinuous rise.
HAUSSE DU PRIX DE, rise in price of.
HAUSSE DES PRIX CONSÉCUTIVE, resultant increase in price.
HAUSSE SCANDALEUSE DES LOYERS, housing ramp; scandalous rent increase.
HAUSSE DU TAUX DE L'INTÉRÊT, rise in the rate of interest.
INFLATION PAR LA HAUSSE DES PRIX DE REVIENT, cost pull.

JOUER À LA HAUSSE, to gamble on a rise in prices; to operate for a rise.
le MARCHÉ EST À LA HAUSSE, the market is all bulls.
MARCHÉ ORIENTÉ À LA HAUSSE, rising market; bull market; buyers' market.
MOUVEMENT DE HAUSE ET DE BAISSE, rising and falling.
MOUVEMENT DE HAUSSE DES VALEURS, upward movement of stocks.
OPÉRATION À LA HAUSSE, dealing for a rise; bull transaction.
POSITION À LA HAUSSE, bull account.
PRIX EN FORTE HAUSSE, soaring prices.
PRIX EN HAUSSE, rising price.
SPÉCULATEUR À LA HAUSSE, bull.
SPÉCULER À LA HAUSSE, to go a bull; to bull.
TENDANCE À LA HAUSSE, upward tendency; bullish tendency; bullishness.
VALEURS CONSERVÉES EN VUE D'UNE HAUSSE, stocks held for a rise.

HAUSSIER a, bullish, bull.

HAUT a, high.
COURS LE PLUS HAUT, top price; highest price.
HAUTE COUR DE JUSTICE (DE LONDRES), U.K: High Court of Justice.
plus HAUTS ET PLUS BAS COURS, highest and lowest prices.
HAUTE FINANCE, high finance.
HAUT FONCTIONNAIRE, high official.
HAUT FOURNEAU, blast-furnace.
à HAUTE FRÉQUENCE, high-frequency.
HAUTES MERS, high seas.
HAUTE MODE, fashion trade.
HAUTES PARTIES CONTRACTANTES, high contracting parties.
HAUTE SOCIÉTÉ, upper classes.
à HAUTE TENEUR, high-grade.
MINERAI DE HAUTE TENEUR, fines.
PAPIER DE HAUT COMMERCE, prime trade bills.
PÊCHE EN HAUTE MER, high-sea(s) fishery.

HAUT adv, highly.

HAUT m, top.
COURBE CONCAVE VERS LE HAUT, curve concave upwards.
COURBE CONVEXE VERS LE HAUT, curve convex upwards.

HAUTEMENT adv, highly.

HAVRE m, haven; harbour.

HEBDOMADAIRE a, weekly.
BILAN HEBDOMADAIRE, weekly return.
BILAN HEBDOMADAIRE DE LA BANQUE D'ANGLETERRE, Bank Weekly Statement.
SALAIRE HEBDOMADAIRE, earnings per week; weekly wages.

HEBDOMADAIRE m, weekly paper.

HÉBERGEMENT m, lodging.

HÉBERGER v, to house.

HECTARE m, hectare (= 2,47 acres).

HÉDONISME m, hedonism.

HÉDONISTIQUE a, hedonistic.

HÉMISPHÈRE m, hemisphere.

HERBAGE, m, pasture, pasture-land.

HÉRÉDITAIRE a, hereditary.
TRANSMISSION HÉRÉDITAIRE, natural inheritance.

HÉRÉDITÉ f, heredity.
FACTEUR D'HÉRÉDITÉ, gene.

HÉRÉSIE f, heresy.

HÉRÉTIQUE a, heretic(al).

HÉRITAGE m, inheritance, heritage.
BIEN TRANSMISSIBLE PAR HÉRITAGE, hereditament.

HÉRITER v, to inherit.
HÉRITER D'UN DOMAINE, to come into property.
HÉRITER D'UNE TERRE, to come into a property.

HÉRITIER m, heir, inheritor.
plus PROCHE HÉRITIER, next of kin.

HÉTÉROCLITE a, heteroclite.

HÉTÉROGÈNE a, heterogeneous.

HÉTÉROGÉNÉITÉ f, heterogeneity.

HÉTÉRODOXE a, heterodox.

HEURE f, hour, time.
CHEVAL HEURE, horse-power hour.
FAIRE DES HEURES SUPPLÉMENTAIRES, to work overtime.
à l'HEURE, up to schedule.
HEURES D'AFFLUENCE, rush hours.

HEURES DE BUREAU, office hours.
HEURE D'ÉTÉ, summer-time.
HEURE DE FERMETURE, closing time.
HEURE DU FUSEAU, zone time.
HEURES D'OUVERTURE, business hours.
HEURES OUVRÉES, hours worked.
HEURES D'OUVRIER, man-hours.
HEURES DE POINTE, peak hours; throng hours; busy hours; rush hours.
HEURE DE LA RÉPONSE DES PRIMES, time for declaration of options.
HEURE DE SORTIE, leaving-off time.
HEURE SUPPLÉMENTAIRE, hour of overtime.
HEURES SUPPLÉMENTAIRES, overtime; extra worfi.
les HEURES SUPPLÉMENTAIRES SE PAIENT 50 % PLUS CHER, overtime counts time and a half.
HEURES DE TRAVAIL, hours of work.
JOURNÉE DE TRAVAIL DE HUIT HEURES, eight-hour working day.
KILOWATT-HEURE, kilowatt-hour.
NOMBRE D'HEURES DE TRAVAIL, number of hours worked.
OCCUPATION PENDANT LES HEURES DE LOISIR, spare-time job.
OUVRIER EMPLOYÉ À L'HEURE, casual labourer.
OUVRIER QUI TRAVAILLE À L'HEURE, time-worker.
PAYÉ À L'HEURE, paid by time; paid by the hour.
PAYER À L'HEURE, to pay by the hour.
RENDEMENT À L'HEURE, output per hour.
SOMME PAYÉE POUR LES HEURES SUPPLÉMENTAIRES, amount paid for overtime.
TRAVAIL À L'HEURE, time-work.

HEUREUX a, happy, fortunate.

HEURISTIQUE a, heuristic.
PROGRAMME HEURISTIQUE, heuristic program(me).

HEURISTIQUE f, heuristics.

HEXAGONE m, hexagon.

HIER adv, yesterday.
COURS PRATIQUÉS HIER, prices made yesterday.
COURS RÉALISÉS HIER, rates obtained yesterday.

HIÉRARCHIE f, hierarchy.

HIÉRARCHIQUE a, hierarchic(al).
par ORDRE HIÉRARCHIQUE, in hierarchical order.

HISTOGRAMME m, histogram, column diagram.

HISTOIRE f, history.
HISTOIRE DE L'ANALYSE ÉCONOMIQUE, history of economic analysis.
HISTOIRE DES DOCTRINES ÉCONOMIQUES, history of economic thought.
HISTOIRE ÉCONOMIQUE, economic history.

HISTORIQUE a, historic(al).

HOLDING m, holding.
SOCIÉTÉ HOLDING, holding company.

HOMME m, man.
DÉCISIONS DES HOMMES D'AFFAIRES, business decisions.
GRANDE MAJORITÉ DES HOMMES, generality of mankind.
HOMME D'AFFAIRES, business man.
HOMME SANS CHARGES DE FAMILLE, man without (family) encumbrances.
HOMME D'ÉTAT, statesman.
HOMME À TOUT FAIRE, handyman.
HOMME DE LOI, lawyer.
HOMME MOYEN, man in the street.
HOMME DE PAILLE, man of straw.
HOMME DE PEINE, journeyman.
HOMME RICHE, man of fortune.
HOMME-SANDWICH, sandwich-man.
HOMME DE SCIENCE, scientist.
HOMMES TRIÉS SUR LE VOLET, picked men.
MAIN DE L'HOMME, human hand.
TÂCHE POUR UN SEUL HOMME, one-man job.
VÊTEMENTS POUR HOMMES, men's wear.

HOMO m, man.
HOMO ŒCONOMICUS, economic man.

HOMOGÈNE a, homogeneous.
COORDONNÉES HOMOGÈNES, homogeneous coordinates.
ENSEMBLE NON HOMOGÈNE, non homogeneous complex.
FONCTION HOMOGÈNE LINÉAIRE, homogeneous linear function.
FONCTION HOMOGÈNE À PLUSIEURS VARIABLES, quantic.
RESSOURCES HOMOGÈNES, homogeneous resources.

HOMOGÉNÉITÉ f, homogeneity.
DISCONTINUITÉS DANS L'HOMOGÉNÉITÉ, substantial breaks in homogeneity.

HOMOLOGATION f, approval; probate.

HOMOLOGUER v, to confirm; to endorse; *U.S:* to probate.
HOMOLOGUER UN TESTAMENT, *U.S:* to probate a will; *U.K:* to grant probate of a will.

HONNÊTE a, honest, fair, straight.
COURTIER HONNÊTE, honest broker.
PROCÉDÉS HONNÊTES, straight dealings.
VOIES HONNÊTES, fair means.

HONNÊTETÉ f, honesty.

HONNEUR m, honour.
PRÊT D'HONNEUR, loan on trust.

HONORABLE a, reputable.

HONORAIRE a, honorary.

HONORAIRES m. pl, fee.
HONORAIRES D'AVOCAT, counsel's fees.
HONORAIRES D'ENGINEERING, fees for engineering.
HONORAIRES ÉVENTUELS (CONDITIONNÉS PAR LE GAIN DE L'AFFAIRE), contingent fee.
HONORAIRES D'EXPERT, expert's fee.

HONORÉ a, honoured.

HONORER v, to honour, to meet.
ne pas HONORER, to dishonour.
HONORER UN EFFET, to take up a bill.
HONORER UNE LETTRE DE CHANGE, to meet a bill of exchange.
HONORER UNE TRAITE, to honour a draft; to meet a draft.
REFUSER D'HONORER UN CHÈQUE, to refer a cheque to drawer.

HÔPITAL m, hospital.
LITS D'HÔPITAL, hospital beds.

HORAIRE a, hourly.
FUSEAU HORAIRE, hour-zone.
SALAIRE HORAIRE, hourly wage.

HORAIRE m, time table.

HORIZONTAL a, horizontal, flat.
CARTEL HORIZONTAL, horizontal combine.
CONCENTRATION HORIZONTALE, horizontal concentration.
COUPE (PROJECTION) HORIZONTALE, flat projection.
INTÉGRATION HORIZONTALE, horizontal integration; horizontal combination.
PLAN HORIZONTAL, horizontal plane.

HORS adv, outside.
MARCHÉ HORS COTE, *U.K:* kerb(stone) market; *U.S:* curb(stone) market.

HORTICOLE a, horticultural.

HORTICULTURE f, horticulture.
EXPOSITION D'HORTICULTURE, horticultural show.

HOSPICE m, home, hospital.
HOSPICE D'AVEUGLES, home for the blind.
HOSPICE DES VIEILLARDS, home for the aged.

HOSTILE a, inimical.

HOSTILITÉ f, hostility.
HOSTILITÉS, hostilities.

HÔTE m, guest.

HÔTEL m, hotel.
CHAMBRE D'HÔTEL SANS PENSION, *U.S:* European plan; *U.K:* hotel room without board.
HÔTELS CLASSÉS, graded hotels.
HÔTEL GARNI, lodging house; boarding house.
HÔTEL DES MONNAIES, Mint.
HÔTEL DE VILLE, municipal buildings; city-hall; town-hall.
LITS D'HÔTEL, hotel beds.

HÔTELIER a, pertaining to hotels.
INDUSTRIE HÔTELIÈRE, hotel trade.

HÔTELIER m, hotel-keeper.

HÔTELLERIE f, hostel; hotel trade.

HOUILLE f, coal, mineral.
EXPLOITER UNE COUCHE DE HOUILLE, to mine a bed of coal.
HOUILLE ANTHRACITEUSE, hard coal.
HOUILLE BLANCHE, hydro-electric power.
HOUILLE TENDRE, soft coal.

HOUILLER a, coal-bearing.
BASSIN HOUILLER, coal-field.
CHERCHER DES FILONS HOUILLERS, to explore for coal.
DISTRICT HOUILLER, coal-mining district.
FILON HOUILLER, coal-bed.
INDUSTRIE HOUILLÈRE, coal industry; coal-mining industry.

HUILE f, oil.
HUILE DE BALEINE, whale-oil.
HUILES COMESTIBLES, edible oils.

HUILE MINÉRALE, mineral oil.
HUILE VÉGÉTALE, vegetable oil.

À **HUIS CLOS** adv, in camera.
SESSION À HUIS CLOS, *U.S:* executive session; *U.K:* in camera.

HUÎTRE f, oyster.
ÉLEVAGE D'HUÎTRES, oyster-farming.

HUMAIN a, human; humane; personal.
CAPITAL HUMAIN, human capital.
ÉLÉMENT HUMAIN, human factor.
ERREUR HUMAINE, human error.
ESPÈCE HUMAINE, mankind; human kind.
FACTEUR HUMAIN, personal element.
GENRE HUMAIN, mankind; humankind; humanity.
NATURE HUMAINE, human nature.
RELATIONS HUMAINES DANS L'ENTREPRISE, industrial relations.

HUMAINEMENT adv, humanly.

HUMAINS m. pl, humans.

HUMANISME m, humanism.

HUMANISTE a, humanistic.

HUMANITAIRE a, humane.
MESURES HUMANITAIRES, humane measures.

HUMANITÉ f, humanity, universe.
HUMANITÉS, humanistic studies; the humanities.

HUMBLE a, humble.

HYBRIDE a, hybrid.

HYDRAULIQUE a, hydraulic.
FORCE HYDRAULIQUE, hydraulic power.
OUVRAGES HYDRAULIQUES À BUTS MULTIPLES, multi-purpose water works.
USINE HYDRAULIQUE, waterworks.

HYDRAULIQUE f, hydraulics, hydraulic engineering.

HYDRAVION m, seaplane.

HYDROTECHNIQUE f, water-supply engineering.

HYGIÈNE f, hygiene, sanitation, health.

HYPERBOLE f, hyperbola, hyperbolic curve.

HYPERBOLIQUE a, hyperbolic(al).
FONCTION HYPERBOLIQUE, hyperbolic function.

HYPERDÉFLATION f, hyperdeflation.

HYPERINFLATION f, hyperinflation.

HYPOTÉNUSE f, hypotenuse.
CARRÉ DE L'HYPOTÉNUSE, square on the hypotenuse.

HYPOTHÉCABLE a, mortgageable.
BIENS HYPOTHÉCABLES, mortgageable property.

HYPOTHÉCAIRE a, pertaining to mortgage.
ACTE HYPOTHÉCAIRE, mortgage deed.
BANQUE HYPOTHÉCAIRE, land bank; mortgage bank.
CRÉANCIER HYPOTHÉCAIRE, mortgagee; creditor on mortgage.
DÉBITEUR HYPOTHÉCAIRE, mortgagor; debtor on mortgage.
DETTE HYPOTHÉCAIRE, mortgage debt.
MARCHÉ HYPOTHÉCAIRE, mortgage market.
OBLIGATION HYPOTHÉCAIRE, mortgage debenture.
OBLIGATION HYPOTHÉCAIRE CONSOLIDÉE, consolidated mortgage bond.
PRÊT HYPOTHÉCAIRE, loan on mortgage.
TAXE HYPOTHÉCAIRE, mortgage duty.
TITRE HYPOTHÉCAIRE, mortgage bond.

HYPOTHÈQUE f, mortgage, mortgage charge.
ACTIFS GREVÉS D'UNE HYPOTHÈQUE, assets encumbered with a charge.
BIEN LIBRE D'HYPOTHÈQUE, clear estate.
CLAUSE GAGEANT DES OBLIGATIONS NOUVELLES SUR UNE HYPOTHÈQUE ANCIENNE, after-acquired clause.
CONSERVATEUR DES HYPOTHÈQUES, registrar of mortgages.
CONSTITUER UNE HYPOTHÈQUE, to create a mortgage.
DOMAINE GREVÉ D'HYPOTHÈQUES, burdened estate.
EMPRUNTER SUR HYPOTHÈQUE, to borrow on mortgage.
GARANTIR UNE CRÉANCE PAR UNE HYPOTHÈQUE, to secure a debt by mortgage.
GARANTIR UN PRÊTEUR PAR UNE HYPOTHÈQUE, to secure a lender by mortgage.
HYPOTHÈQUE AGRICOLE, agricultural mortgage.
HYPOTHÈQUE GÉNÉRALE, general mortgage; blanket mortgage.
HYPOTHÈQUE MOBILIÈRE, chattel mortgage.
HYPOTHÈQUE SUR UN NAVIRE, bottomry.
IMMEUBLE SANS SERVITUDES NI HYPOTHÈQUES, estate free from encumbrances.
INSCRIRE UNE HYPOTHÈQUE SUR UN NAVIRE, to register a mortgage on a ship.

LIBRE D'HYPOTHÈQUE, free from mortgage; unmortgaged.
MAINLEVÉE D'UNE HYPOTHÈQUE, release of mortgage.
OBLIGATION DE PREMIÈRE HYPOTHÈQUE, first-mortgage bond.
POURSUITES SUR UNE HYPOTHÈQUE, foreclosure of a mortgage.
PREMIÈRE HYPOTHÈQUE, first mortgage.
PRENDRE UNE HYPOTHÈQUE SUR UN BIEN, to take a mortgage on property.
PRIORITÉ D'HYPOTHÈQUE, priority of mortgage.
PRISE D'HYPOTHÈQUE MOBILIÈRE, hypothecation.
PRIVILÈGE D'HYPOTHÈQUE, mortgage charge.
PROPRIÉTÉ GREVÉE D'HYPOTHÈQUES, encumbered estate; embarrassed estate.
PURGE D'HYPOTHÈQUE, paying off a mortgage; redemption of a mortgage.
PURGER UNE HYPOTHÈQUE, to pay off a mortgage; to redeem a mortgage; to clear off a mortgage.
RADIATION D'HYPOTHÈQUE, entry of satisfaction of mortgage.
TRANSFERT D'HYPOTHÈQUE, transfer of mortgage.

HYPOTHÉQUÉ *a*, mortgaged.
BIEN HYPOTHÉQUÉ, mortgaged property.
BIEN NON HYPOTHÉQUÉ, clear estate.
POURSUIVRE LA VENTE DE L'IMMEUBLE HYPOTHÉQUÉ, to foreclose the mortgage.

HYPOTHÉQUER *v*, to mortgage.
HYPOTHÉQUER DES BIENS MEUBLES, to hypothecate.

HYPOTHÈSE *f*, hypothesis, assumption, supposition, supposal, conjecture.
ADMETTRE PAR HYPOTHÈSE, to suppose.
HYPOTHÈSE DE L'ABSENCE DE DÉPENDANCE ENTRE LES VARIABLES, hypothesis that there is no relation between the variables.
HYPOTHÈSE ADMISSIBLE, admissible hypothesis.
HYPOTHÈSE DE BASE, basic assumption.
HYPOTHÈSE DU COÛT MINIMUM, minimum cost condition.
HYPOTHÈSE D'ÉGALITÉ ENTRE, assumption of equality between.
les HYPOTHÈSES FAITES SONT SUFFISAMMENT RÉALISTES, the assumptions made are sufficiently realistic.
HYPOTHÈSE FONDAMENTALE, basic assumption.
HYPOTHÈSE BIEN FONDÉE, well-founded hypothesis.
HYPOTHÈSE DE GRANDE PORTÉE, far-reaching assumption.
HYPOTHÈSE NULLE, null hypothesis.
HYPOTHÈSE PREMIÈRE, original assumption.
HYPOTHÈSE SOUS-JACENTE, underlying assumption.
la plus MAUVAISE DES HYPOTHÈSES, the very worst hypothesis.

HYPOTHÉTIQUE *a*, hypothetic(al), assumptive, suppositional.

I

IDÉAL a, ideal.
INDICE IDÉAL DE FISHER, Fisher's ideal index.

IDÉAL m, ideal.

IDÉALISME m, idealism.

IDÉE f, idea, image.
IDÉES QUI NE SONT PAS COHÉRENTES, ideas that are not consistent.
IDÉE PRÉCONÇUE, preconceived idea.

IDENTIFIABLE a, identifiable.

IDENTIFICATION f, identification.

IDENTIFIER v, to identify.

IDENTIQUE a, identical, equal.
TOTAUX IDENTIQUES, equal totals.

IDENTITÉ f, identity; identical equation.
IDENTITÉS ALGÉBRIQUES, algebraic identities.
JUSTIFIER DE L'IDENTITÉ DE, to prove the identity of.
PREUVE D'IDENTITÉ, proof of identity.

IDÉOGRAMME m, ideogram, ideograph.

IDÉOLOGIE f, ideology, theorizing.

IDÉOLOGIQUE a, ideologic(al).

IGNORANCE f, ignorance, lack of knowledge.

IGNORANT a, ignorant.

IGNORER v, not to know, to be ignorant of; to ignore.

ILLÉGAL a, illegal, unlawful, wrong.
ACTES ILLÉGAUX, illegal acts.

ILLÉGALITÉ f, illegality, unlawfulness.

ILLÉGITIME a, illegitimate, undue.

ILLICITE a, illicit, unauthorized, unlawful.
GAIN ILLICITE, illicit gain.
PROFITS ILLICITES, illicit profits.

ILLIMITÉ a, unlimited, infinite, termless.
CAPITAL D'UNE SOCIÉTÉ À RESPONSABILITÉ ILLIMITÉE*,
partnership capital.
DETTE D'UNE SOCIÉTÉ À RESPONSABILITÉ ILLIMITÉE*, partnership debt.
RESPONSABILITÉ ILLIMITÉE, unlimited liability.

ILLIQUIDE a, illiquid; unavailable.

ILLIQUIDITÉ f, illiquidity; unavailability, unavailableness.

ILLOGIQUE a, illogical.

ILLOGISME m, illogicality, illogicalness.

ILLUSION f, illusion.
ILLUSION D'OPTIQUE, optical illusion.

ILLUSOIRE a, illusory.
CORRÉLATION ILLUSOIRE, spurious correlation.
PROFIT ILLUSOIRE, illusory profit.

ILLUSTRATION f, illustration.

IMAGE f, image, picture.
IMAGE DE LA FIRME, corporate image.

IMAGE DE MARQUE, brand image.

IMAGINAIRE a, imaginary.
NOMBRE IMAGINAIRE, imaginary number.
QUANTITÉ IMAGINAIRE, imaginary quantity.

IMAGINAIRE m, fiction.
le RÉEL ET L'IMAGINAIRE, fact and fiction.

IMBÂTI a, unbuilt.

IMITATION f, imitation.

IMMATÉRIALISME m, immaterialism.

IMMATÉRIALITÉ f, immateriality.

IMMATÉRIEL a, immaterial, unembodied.

IMMATRICULATION f, registry.
PORT D'IMMATRICULATION, port of registry.

IMMATURITÉ f, immaturity, immatureness.

IMMÉDIAT a, immediate, direct, proximate, instant, prompt, present.
s'ABSTENIR D'UNE CONSOMMATION IMMÉDIATE, to abstain from present consumption.
CAUSE IMMÉDIATE, direct cause; immediate cause; proximate cause.
pour la CONSOMMATION IMMÉDIATE, for consumption fresh.
EFFET IMMÉDIAT, immediate effect.
JOUISSANCE IMMÉDIATE (D'UNE MAISON), immediate possession (of a property).
LIVRAISON IMMÉDIATE, prompt delivery; spot delivery.
PROXIMITÉ IMMÉDIATE, immediateness.
à PROXIMITÉ IMMÉDIATE DU POINT D'ÉQUILIBRE, in close proximity of the equilibrium point.
RATIO DE LIQUIDITÉ IMMÉDIATE, cash ratio.
REMÈDE IMMÉDIAT, instant remedy.
TRAITEMENT IMMÉDIAT, on-line processing.
VOISINAGE IMMÉDIAT, immediate vicinity.

IMMÉDIATEMENT adv, immediately.

IMMENSE a, immense, huge, unmeasured.
AMASSER D'IMMENSES RICHESSES, to amass immense riches.

IMMENSÉMENT adv, immensely.
IMMENSÉMENT RICHE, immensely rich.

IMMENSITÉ f, immensity, immenseness.

IMMENSURABLE a, immensurable.

IMMERGÉ a, immersed.

IMMÉRITÉ a, unearned.

IMMEUBLE a, immovable, fixed, real.
BIENS IMMEUBLES, fixed property.

IMMEUBLE m, building, premise, premises, estate, property.
AMORTISSEMENT SUR IMMEUBLE(S), provision for redemption of premises; depreciation on premises.
CONTRAT DE VENTE D'IMMEUBLE (À EXÉCUTION FRACTIONNÉE), deed indented.
DROIT AU BAIL D'UN IMMEUBLE, right to the lease of a property.
GROUPE D'IMMEUBLES DIVISÉS EN APPARTEMENTS, block of flats.
IMMEUBLES, house property; realty.

IMMEUBLE AFFECTÉ À LA GARANTIE D'UNE CRÉANCE, property charged as security for a debt.
IMMEUBLE DIVISÉ EN APPARTEMENTS, *U.S:* apartment house.
IMMEUBLE RÉSIDENTIEL, housing estate; residential building.
IMMEUBLE SANS SERVITUDES NI HYPOTHÈQUES, estate free from encumbrances.
PLACER SON ARGENT EN IMMEUBLES, to invest in house property.
POURSUIVRE LA VENTE DE L'IMMEUBLE HYPOTHÉQUÉ, to foreclose the mortgage.
RÉÉVALUER LES IMMEUBLES, to revalue the premises.
TERRES ET IMMEUBLES, corporeal hereditament.
VENDRE UN IMMEUBLE, to demise a property.
VENTE D'IMMEUBLE, demise; property sale.

IMMIGRANT *m*, immigrant, settler.

IMMIGRATION *f*, immigration.
CONTINGENTS D'IMMIGRATION, immigration quotas.
PAYS D'IMMIGRATION, immigration country.
POLITIQUE D'IMMIGRATION, immigration policy.
RESTRICTIONS À L'IMMIGRATION, restrictions on immigration.

IMMIGRER *v*, to immigrate.

IMMINENCE *f*, imminence, immediacy.

IMMINENT *a*, imminent, impending.
PÉRIL IMMINENT, imminent peril.

(S') IMMISCER *v*, to interfere.
s'IMMISCER DANS LA GESTION, to interfere in the management.

IMMOBILE *a*, immobile, set.

IMMOBILIER *a*, real.
AFFAIRES IMMOBILIÈRES, real estate.
AGENCE IMMOBILIÈRE, estate agency.
AGENT IMMOBILIER, real-estate agent; *U.S:* realtor.
BIENS IMMOBILIERS, real assets; real estate; immovables; realty; land and house property; things real.
DROIT IMMOBILIER, chattel real.
IMPÔT IMMOBILIER, real-estate tax.
MARCHÉ IMMOBILIER, real-estate market.
PLACEMENTS IMMOBILIERS, investments in real estate.
PLACER DE L'ARGENT EN VALEURS IMMOBILIÈRES, to invest money in real estate.
PROPRIÉTÉ IMMOBILIÈRE, real property.
SAISIE IMMOBILIÈRE, seizure of real estate; seizure of real property.
SOCIÉTÉ IMMOBILIÈRE, real-estate company.
TRANSMISSION D'UNE PROPRIÉTÉ IMMOBILIÈRE, land conveyance.

IMMOBILISATION *f*, immobilization, standstill, paralyzation; lock-up locking.
COMPTE IMMOBILISATIONS, capital expenditure account.
IMMOBILISATIONS, fixed assets.
IMMOBILISATION DE CAPITAUX, lock-up of capital; locking up of capital; immobilization of capital.
PROPORTION NÉCESSAIRE D'IMMOBILISATIONS, *U.S:* fixed assets requirement.
VALEUR DES IMMOBILISATIONS, value of fixed assets.

IMMOBILISÉ *a*, immovable, fixed, permanent.
ACTIF IMMOBILISÉ, permanent assets; capital assets.
CAPITAL IMMOBILISÉ, money tied up.

IMMOBILISER *v*, to immobilize, to lock (up).
IMMOBILISER DES CAPITAUX, to lock up capital.

IMMOBILISME *m*, inaction, inactivity.
POLITIQUE D'IMMOBILISME, policy of inaction.

IMMOBILITÉ *f*, immobility.
IMMOBILITÉ DES FACTEURS, immobility of (the) factors.

IMMODÉRÉ *a*, immoderate.

IMMORAL *a*, immoral.

IMMORALITÉ *f*, immorality.

IMMUABILITÉ *f*, immovability, immovableness, unchangeableness.

IMMUABLE *a*, changeless, unchangeable, unalterable.

IMMUNISÉ *a*, immune.

IMMUNITÉ *f*, immunity, privilege; freedom.
IMMUNITÉ D'IMPÔTS, freedom from tax.

IMPACT *m*, impact.
POINT D'IMPACT, point of impact.

IMPAIR *a*, odd, uneven.
NOMBRE IMPAIR, odd number; uneven number.

IMPARFAIT *a*, imperfect.
CONCURRENCE IMPARFAITE, imperfect competition.
ÉQUILIBRE IMPARFAIT, imperfect equilibrium.
STABILITÉ PARFAITE ET STABILITÉ IMPARFAITE, perfect and imperfect stability.

THÉORIE DE LA CONCURRENCE IMPARFAITE, theory of imperfect competition.

IMPARTIAL *a*, impartial, unbias(s)ed.

IMPARTIALITÉ *f*, impartiality.

IMPARTIEL *a*, impartial.

IMPATIENCE *f*, impatience.

IMPATIENT *a*, impatient.

IMPAYÉ *a*, unpaid, dishonoured.
CHÈQUE IMPAYÉ, unpaid cheque; dishonoured cheque.
RETOURNER UN EFFET IMPAYÉ, to return a bill dishonoured.

IMPÉCUNIEUX *a*, impecunious.

IMPÉCUNIOSITÉ *f*, impecuniosity.

IMPÉRATIF *a*, imperative, imperious.
BESOIN IMPÉRATIF, imperious necessity.

IMPÉRATIF *m*, imperative.
IMPÉRATIF CATÉGORIQUE, categorical imperative.

IMPERCEPTIBLE *a*, imperceptible, insensible, indiscernible, undiscernible, unobservable, unperceivable.

IMPERCEPTIBLEMENT *adv*, imperceptibly, by imperceptible degrees.

IMPERFECTION *f*, imperfection, imperfectness.
IMPERFECTIONS DU MARCHÉ, imperfections of the market.

IMPERIAL *a*, imperial.
PRÉFÉRENCE IMPÉRIALE, imperial preference.

IMPÉRIALISME *m*, imperialism.
IMPÉRIALISME ÉCONOMIQUE, economic imperialism.

IMPÉRIALISTE *a*, imperialistic.

IMPÉRIEUX *a*, imperative, imperious.
BESOIN IMPÉRIEUX, imperative need; imperious necessity.

IMPERMUTABILITÉ *f*, unexchangeability.

IMPERMUTABLE *a*, unexchangeable.
VALEURS IMPERMUTABLES, unexchangeable securities.

IMPERSONNALITÉ *f*, impersonality.

IMPERSONNEL *a*, impersonal.

IMPITOYABLE *a*, ruthless.

IMPLICATION *f*, implication.

IMPLICITE *a*, implicit, implied.
CONDITION IMPLICITE, implicit condition.
CONTRAT IMPLICITE, implied contract.
COÛTS IMPLICITES, implicit costs.
FONCTION IMPLICITE, implicit function.
GARANTIE IMPLICITE, implied warranty.
RENTE IMPLICITE, implicit rent.
REVENUS IMPLICITES ET REVENUS EXPLICITES, implicit and explicit returns.

IMPLICITEMENT *adv*, implicitly, by implication.
CONTENU IMPLICITEMENT DANS LE CONTRAT, implicit in the agreement.

IMPLIQUÉ *a*, involved.

IMPLIQUER *v*, to implicate, to imply, to involve.
IMPLIQUER CONTRADICTION, to imply contradiction.

IMPONDÉRABILITÉ *f*, imponderability.

IMPONDÉRABLE *a*, imponderable, intangible.

IMPONDÉRABLE *m*, imponderable.
IMPONDÉRABLES, intangible factors.

IMPORTANCE *f*, importance, import, magnitude, extent, weight.
AFFAIRE DE TOUTE IMPORTANCE, matter of great import.
DÉTAIL SANS IMPORTANCE, detail of no importance.
sans IMPORTANCE, immaterial; of no importance.
cela n'a aucune IMPORTANCE, the fact is (quite) immaterial.
IMPORTANCE DU DOMMAGE, extent of the damage.
IMPORTANCE EXCESSIVE, exaggerated importance.
(par) ORDRE DÉCROISSANT D'IMPORTANCE, (in) descending order of importance.
POINT QUI A SON IMPORTANCE, point of importance.
POINT D'IMPORTANCE SECONDAIRE, point of secondary importance.
QUESTION D'UNE IMPORTANCE CAPITALE, question of capital importance.
QUESTION D'IMPORTANCE PRIMORDIALE, question of primary importance.

IMPORTANT *a*, important, major; large, weighty; material.
DIVERGENCES IMPORTANTES PAR RAPPORT À, major deviations from.

MANIEMENT DE SOMMES IMPORTANTES, handling of large sums of money.
PRODUCTION IMPORTANTE, large production.
RÉFECTIONS ET AMÉLIORATIONS IMPORTANTES, alterations and renewals.

IMPORTATEUR *a*, importing.
PAYS IMPORTATEUR, importing country.

IMPORTATEUR *m*, importer.
GROS IMPORTATEUR DE, big importer of.

IMPORTATION *f*, importation, importing, import.
CAPACITÉ D'IMPORTATION, capacity to import.
COMMERCE D'IMPORTATION, import trade.
CONTINGENTS D'IMPORTATION, import quotas; quotas for import.
CONTRÔLE DIRECT DES IMPORTATIONS, direct import controls.
COURS D'IMPORTATION, import rate.
DROITS D'IMPORTATION, import duty.
EXPORTATIONS ET IMPORTATIONS INVISIBLES, invisible exports and imports.
GOLD-POINT D'IMPORTATION, import gold-point; import specie point; import bullion point.
IMPORTATIONS MONDIALES, world imports.
IMPORTATIONS VISIBLES, visible imports.
INDICES DES PRIX D'IMPORTATION, import price index.
INDICES DE LA VALEUR UNITAIRE DES IMPORTATIONS, import unit value index.
INDICE DU VOLUME DES IMPORTATIONS, volume index for imports.
LICENCE D'IMPORTATION, import licence.
LISTE DES IMPORTATIONS, import list.
PRIX D'IMPORTATION, import price.
PRIX DES IMPORTATIONS ALIGNÉS SUR LES PRIX INTÉRIEURS AMÉRICAINS (PAR UN DROIT DE DOUANE CORRESPONDANT), American Selling Price.
RESTRICTIONS SUR LES IMPORTATIONS, restriction on importation.
TOTAL DES IMPORTATIONS ET DES EXPORTATIONS, imports and exports combined; total of imports and exports.

IMPORTÉ *a*, imported.
ARTICLE IMPORTÉ, importation.
INFLATION IMPORTÉE, imported inflation.

IMPORTER *v*, to import, to immigrate.
IMPORTER DE LA MAIN-D'ŒUVRE (ÉTRANGÈRE), to import, to immigrate (foreign) labour.
PROPENSION À IMPORTER, propensity to import.
PROPENSION MARGINALE À IMPORTER, marginal propensity to import

IMPORTUN *a*, importunate.

IMPOSABLE *a*; taxable; rateable, ratable; chargeable; excisable; assessable.
non IMPOSABLE, untaxable.
MARCHANDISES IMPOSABLES À LA VALEUR, goods taxable on value.
QUOTITÉ IMPOSABLE, taxable quota.
REVENU IMPOSABLE, taxable income.
SURPLUS IMPOSABLE, taxable surplus.
VALEUR LOCATIVE IMPOSABLE, rateable value.

IMPOSÉ *a*, assessed, taxed, rated; forced.
non IMPOSÉ, unassessed; untaxed.
IMPOSÉ PAR LA LOI, statutory.
IMPÔTS DE GUERRE (IMPOSÉS PAR L'OCCUPANT), forced contributions.
MARCHANDISES IMPOSÉES, goods rated.
PRIX IMPOSÉ, administered price; *U.S:* administrated price.
PRIX IMPOSÉS PAR LE FABRICANT, prices laid down by the manufacturers; resale price maintenance.
TAXES IMPOSÉES PAR PALIERS, taxation by stages.

IMPOSER *v*, to tax, to levy, to excise, to impose a tax on, to impose.
IMPOSER DES CONDITIONS, to impose conditions.
IMPOSER DES DROITS NOUVEAUX, to impose new duties.
IMPOSER DES RÉQUISITIONS À, to levy requisitions on.
IMPOSER LE REVENU, to tax income.

IMPOSITION *f*, assessment, taxation, tax, charge, imposition.
ANNÉE D'IMPOSITION, year of assessment.
BARÈME D'IMPOSITION MAXIMUM, highest scale of taxation.
BASE D'IMPOSITION, taxable base.
DÉDUCTION POUR FRAIS PROFESSIONNELS AVANT IMPOSITION, deduction for expenses.
ÉVALUER UNE PROPRIÉTÉ AUX FINS D'IMPOSITION, to assess a property for taxation.
FAIBLE IMPOSITION, light taxation.
IMPOSITION EXCESSIVE, overtaxation.
IMPOSITION D'OFFICE, arbitrary assessment.
MÉTHODE CÉDULAIRE D'IMPOSITION, schedular method of taxation.

MULTIPLES IMPOSITIONS SUR LE MÊME REVENU, multiple imposition on the same income.
PRINCIPES D'IMPOSITION, canons of taxation.
RÈGLES D'IMPOSITION, canons of taxation.
SYSTÈME UNITAIRE D'IMPOSITION, unitary system of taxation.
TAUX D'IMPOSITION, tax rate; rate of charge.

IMPOSSIBILITÉ *f*, impossibility.

IMPOSSIBLE *a*, impossible.
CHOSE MATÉRIELLEMENT IMPOSSIBLE, physical impossibility.

IMPÔT *m*, tax, contribution, due, duty, rate, levy, taxation, imposition, revenue.
ABATTEMENT À LA BASE EN MATIÈRE D'IMPÔT, basic (tax) abatement.
ABATTEMENT PERSONNEL SUR L'IMPÔT, personal (tax) allowance.
l'AFFICHAGE EST FRAPPÉ D'UN IMPÔT, bill posting is taxed.
ALLÉGER LES IMPÔTS, to lighten the taxes; to reduce taxes.
ASSEOIR L'IMPÔT SUR LE REVENU, to base taxation on income.
ASSIETTE DE L'IMPÔT, taxable base; tax basis; basis of assessment; tax assessment.
ASSIETTE D'UN IMPÔT, basis of a tax.
ASSUJETTI À L'IMPÔT, liable for tax.
AUGMENTATION D'IMPÔT, increase of taxation.
AUGMENTATION LINÉAIRE DES IMPÔTS, linear increase of taxes.
CLASSIFICATION DES IMPÔTS LOCAUX, rating.
non COMPRIS L'IMPÔT MOBILIER, exclusive of rates.
DÉDUCTIBLE DE L'IMPÔT, tax deductible.
DÉDUCTION AVANT IMPÔT, tax allowance.
après (avant) DÉDUCTION DES IMPÔTS DIRECTS, after (before) deduction of direct taxes.
DÉDUIRE L'IMPÔT SUR LE REVENU, to deduct income-tax.
DÉGRESSIVITÉ DE L'IMPÔT, degression of taxes.
DÉGRÈVEMENT D'IMPÔT(S), tax reductions.
DEMANDER L'EXEMPTION D'UN IMPÔT, to claim immunity from a tax.
DÉPENSES FINANCÉES PAR LE PRODUIT DES IMPÔTS, expenditure met from taxation.
DIMINUTION PROGRESSIVE DU RAPPORT DE L'IMPÔT AU REVENU, degression of taxes.
DIVIDENDES SOUMIS À L'IMPÔT SUR LE REVENU, dividends liable to income-tax.
EXCÉDENT DES IMPÔTS INDIRECTS SUR LES SUBVENTIONS, excess of indirect taxes over subsidies.
EXEMPT D'IMPÔTS, free of tax; untaxed.
EXEMPT D'IMPÔTS SUR LE REVENU, free of income-tax.
EXEMPTION D'IMPÔTS, freedom from tax.
EXONÉRATION D'IMPÔT, tax exemption.
EXONÉRER D'IMPÔTS, to exempt from tax.
FERMIER DES IMPÔTS, farmer of revenues.
FIXER L'IMPÔT SUR LE REVENU À, to fix the income-tax at.
FRANC D'IMPÔTS, exempt from taxation.
FRAPPER D'UN IMPÔT, to lay a tax on.
IMMUNITÉ D'IMPÔTS, freedom from tax.
IMPÔT ADDITIONNEL, additional tax.
IMPÔT SUR LES BÉNÉFICES AGRICOLES, farmer's tax.
IMPÔT SUR LES BÉNÉFICES DE GUERRE, excess profits duty
IMPÔT SUR LE CAPITAL, capital tax.
IMPÔT DE CAPITATION, head tax.
IMPÔT CÉDULAIRE, schedule tax; scheduled tax; *U.K:* pay-as-you-earn (P.A.Y.E.).
IMPÔTS À LA CHARGE DU LOCATAIRE, taxes payable by the tenant.
IMPÔT À LA CONSOMMATION, consumption tax.
IMPÔT SUR LA CONSOMMATION, tax on commodities; excise.
IMPÔTS ET CONTRIBUTIONS, *U.K:* rates and taxes.
IMPÔT DÉGRESSIF, graded tax; degressive taxation; tax on a descending scale.
IMPÔTS DIRECTS, assessed taxes; direct taxes.
IMPÔTS DIRECTS FRAPPANT LES SOCIÉTÉS, direct taxes on corporations.
IMPÔTS SUR DONATIONS ET SUCCESSIONS, death and gift duties.
IMPÔT EXTRAORDINAIRE, emergency tax.
IMPÔT FONCIER, property-tax; land tax.
IMPÔTS FONCIERS BÂTI ET NON BÂTI, taxes on land and buildings.
IMPÔT FORFAITAIRE (FIXÉ PAR VOIE D'ABONNEMENT), composition tax.
IMPÔTS SUR (LA) FORTUNE, taxes on wealth.
IMPÔT FRAPPANT TOUS LES REVENUS, tax which hits all incomes.
IMPÔTS DE GUERRE (IMPOSÉS PAR L'OCCUPANT), forced contributions.
IMPÔT IMMOBILIER, real-estate tax.
IMPÔT INDIRECT, indirect tax; excise tax.
IMPÔTS INDIRECTS, indirect taxation.
IMPÔTS INDIRECTS ACQUITTÉS PAR LES ENTREPRISES, indirect business taxes.
IMPÔTS NON PERÇUS, uncollected taxes.

IMPÔT SUR LES PLUS-VALUES, betterment levy; betterment tax.
IMPÔT SUR LES PLUS-VALUES EN CAPITAL, capital gains tax.
IMPÔT PROGRESSIF, progress tax; progressive tax; graded tax.
IMPÔT PROGRESSIF SUR LE REVENU, graduated income-tax; tax graduated according to income.
IMPÔT SUR LES PROPRIÉTÉS BÂTIES, rates; house-duty.
IMPÔTS QUI RENTRENT DIFFICILEMENT, taxes difficult to get in.
IMPÔT SUR LE REVENU, income-tax; assessment on income; tax on income.
IMPÔT SUR LE REVENU NET DES SOCIÉTÉS, corporation net income-tax.
IMPÔT SUR LE REVENU DES PERSONNES MORALES, corporation income-tax.
IMPÔT SUR LE REVENU DES VALEURS MOBILIÈRES, tax on income from securities; stockholder's tax.
IMPÔT SUR LES SALAIRES, pay-roll tax; salary tax; wages tax.
IMPÔT À LA SOURCE, withholding tax.
IMPÔT SUR LES SUPERBÉNÉFICES, excess profits duty; excess profits tax(es).
IMPÔT SUPPLÉMENTAIRE SUR LE REVENU, super-tax; U.K: surtax.
IMPÔTS ET TAXES, taxes and dues.
IMPÔT DU TIMBRE, stamp tax.
IMPÔT SUR LA TRANSFORMATION D'UNE DENRÉE EN PRODUIT, processing-tax.
IMPÔT UNIQUE, single tax.
IMPÔT SUR LA VENTE DES TERRES, tax on the sale of land.
INCIDENCE D'UN IMPÔT, incidence of a tax.
INFLUENCE DES IMPÔTS SUR, tax effect on.
INTÉRÊTS, IMPÔTS DÉDUITS, interest, less tax.
INTÉRÊTS NETS D'IMPÔTS, interest free of tax.
LEVER DES IMPÔTS, to raise taxes.
LEVER IMPÔTS ET TAXES, U.K: to collect rates and taxes.
LOURDS IMPÔTS, heavy taxes.
MAJORER LES IMPÔTS, to increase the taxes.
PAYER UN IMPÔT À FORFAIT, to compound for a tax.
PERCEPTEUR D'IMPÔTS, tax collector.
PERCEVOIR LES IMPÔTS, to gather taxes.
PÉRÉQUATION DES IMPÔTS, equalization of taxes.
PRODUITS D'IMPÔTS AFFECTÉS, earmarked taxes.
PROVISION POUR IMPÔTS, reserve for taxation.
RECEVEUR DES IMPÔTS LOCAUX, U.K: rate-collector.
RECOUVREMENT D'IMPÔTS, revenue collection; tax collection.
RÉDUCTION D'IMPÔTS, tax cuts.
REJET EN AMONT D'UN IMPÔT, backward shifting of a tax.
REMISE D'UN IMPÔT, remission of a tax.
REMISE D'IMPÔTS, remission of taxation.
RÉPARTITION INÉQUITABLE DES IMPÔTS, unequitable distribution of taxation.
RESTITUTION D'IMPÔTS INDÛMENT PERÇUS, return of taxes unduly collected.
THÉORIE DE L'IMPÔT, theory of taxation.

IMPRATICABLE a, unfeasible.

IMPRÉCIS a, vague.

IMPRÉCISION f, lack of precision.

IMPRESCRIPTIBLE a, imprescriptible.

IMPRESSION f, impression; printing.
BANDE D'IMPRESSION, printer tape.
BEL ÉTALAGE POUR FAIRE IMPRESSION, window-dressing.

IMPRÉVISIBILITÉ f, unforeseeableness.

IMPRÉVISIBLE a, unforeseeable.
CHANGEMENT IMPRÉVISIBLE, unforeseeable change.
DÉFAILLANCE IMPRÉVISIBLE, random failure.
GAIN IMPRÉVISIBLE, windfall gain; windfall profit.
OCCURRENCE IMPRÉVISIBLE, unforeseeable event.
PERTE IMPRÉVISIBLE, windfall loss.

IMPRÉVOYANCE f, want of foresight.

IMPRÉVOYANT a, unforeseeing.

IMPRÉVU a, unforeseen, unexpected, unanticipated, contingent.
CHANGEMENT IMPRÉVU, unforeseen change.
DÉPENSES IMPRÉVUES, contingent expenses.
ÉVENTUALITÉS IMPRÉVUES, unforeseen contingencies.
OCCURRENCE IMPRÉVUE, unforeseen event.

IMPRÉVU m, contingency.
en CAS D'IMPRÉVU, in case of a contingency.
PARER À L'IMPRÉVU, to provide for contingencies.

IMPRIMANTE f, printer.
IMPRIMANTE À CHAÎNE, chain printer.
IMPRIMANTE PAR LIGNE, line printer.
IMPRIMANTE PAR PAGE, page printer.

IMPRIMÉ a, impressed, printed.
CIRCUIT IMPRIMÉ, printed circuit.
FORCE IMPRIMÉE (À UN CORPS), impressed force.

IMPRIMÉ m, printed matter.
TARIF IMPRIMÉS, printed paper rate.

IMPRIMEUR m, printer.

IMPROBABILITÉ f, improbability.

IMPROBABLE a, improbable, unlikely.

IMPRODUCTIF a, unproductive; unemployed; barren.
CAPITAUX IMPRODUCTIFS, unproductive capital.
FONDS IMPRODUCTIFS, unemployed funds.
MAIN-D'ŒUVRE PRODUCTIVE ET IMPRODUCTIVE, productive and unproductive labour.
SOL IMPRODUCTIF, unproductive soil.

IMPRODUCTIVITÉ f, unproductiveness.

IMPROPRE a, improper, unfit, unsuitable, unsuited, inappropriate.
EAU IMPROPRE À LA CONSOMMATION, non-domestic water.
MATÉRIAUX IMPROPRES À CET USAGE, materials unfit for the job.

IMPUISSANCE f, powerlessness.

IMPUISSANT a, powerless.

IMPULSIF a, impelling.
FORCE IMPULSIVE, impelling force.

IMPULSION f, impulse, impulsion, stimulus, push, urge.
DONNER DE L'IMPULSION AU COMMERCE, to give a stimulus to trade.
FORCE D'IMPULSION, momentum.
NOUVELLE IMPULSION, fresh impetus.

IMPUTABLE a, imputable, attributable, chargeable.
SOMME IMPUTABLE SUR UNE RÉSERVE, sum chargeable to a reserve.

IMPUTATION f, imputing, application, appropriation.
IMPUTATION SUR UNE DETTE, appropriation to a debt.
IMPUTATION DE PAIEMENTS À, appropriation of money to; application of payments.

IMPUTÉ a, imputed, charged.
DÉPENSE IMPUTÉE AU PRODUIT NATIONAL BRUT, expenditure on gross national product.
PAIEMENTS EFFECTIFS OU IMPUTÉS, actual or imputed payments.
VALEUR IMPUTÉE, imputed value.

IMPUTER v, to impute, to apply, to charge.
IMPUTER À UN COMPTE, to charge an account with.
IMPUTER UNE DÉPENSE À UN COMPTE, to charge an expense on, to, an account.
IMPUTER UN PAIEMENT À, to apply a payment to.

INACCEPTABLE a, unacceptable.

INACCEPTÉ a, unaccepted.

INACCESSIBILITÉ f, inaccessibility, inacessibleness.

INACCESSIBLE a, inaccessible.

INACQUITTABLE a, unpayable.
DETTE INACQUITTABLE, unpayable debt.

INACQUITTÉ a, unreceipted.

INACTIF a, inactive, dormant, dull, idle, unemployed.
les ACTIONS SONT INACTIVES, shares are dull.
FONDS INACTIFS, unemployed funds.
MONNAIE INACTIVE, inactive money.
OUTILLAGE INACTIF, idle plant.
SOLDE INACTIF, dormant balance.

INACTION f, inaction; laches.

INACTIVITÉ f, inactivity.

INADAPTÉS m. pl, social misfits.

INADÉQUAT a, inadequate.

INALIÉNABLE a, inalienable, untransferable.
DROIT INALIÉNABLE, inalienable right.

INALTÉRABLE a, inalterable.

INAPERÇU a, unnoticed.

INAPPLICABILITÉ f, inapplicability.

INAPPLICABLE a, inapplicable.

INAPPROPRIÉ a, unsuitable.

INAPTE a, inapt, unfit, unsuited.

INAPTITUDE f, inaptitude, unfitness, unsuitability.

INATTENDU a, unexpected, unforeseen.

INCALCULABLE a, incalculable, incomputable, uncounted.
PERTES INCALCULABLES, incalculable losses.

INCAPABLE a, inapt, incapable, incompetent, unable.

INCAPACITÉ *f*, incapability, incapacity, inaptitude, inability; disability, disablement; unsuitability; disqualification.
INCAPACITÉ PERMANENTE, permanent disablement.
INCAPACITÉ TEMPORAIRE, temporary disablement.
INCAPACITÉ DE TRAVAIL, disablement.

INCENDIE *m*, fire.
ASSURANCE INCENDIE, fire-insurance.
POLICE INCENDIE, fire-insurance policy.
PROTECTION CONTRE L'INCENDIE, fire-protection.
RISQUE D'INCENDIE, fire-risk.

INCERTAIN *a*, uncertain.

INCERTAIN *m*, uncertainty, variable exchange.
COTER L'INCERTAIN, to quote movable exchange.
DONNER L'INCERTAIN (EN BOURSE), to quote uncertain; to quote movable exchange; to quote variable exchange.
ÉCONOMIE DE L'INCERTAIN, economics of uncertainty.

INCERTITUDE *f*, uncertainty.
DEGRÉ D'INCERTITUDE, degree of uncertainty.
ÉLÉMENT D'INCERTITUDE, element of uncertainty.
la plus GRANDE INCERTITUDE, the biggest uncertainty.
INCERTITUDE DU MARCHÉ, unsettled state of the market.
INCERTITUDES DES PRÉVISIONS, uncertainty of expectations.

INCESSIBLE *a*, untransferable.

INCHANGÉ *a*, unchanged.
PRIX INCHANGÉ, price unchanged.

INCIDENCE *f*, incidence, impact.
EFFET DE CONTRE-INCIDENCE, feed-back effect.
INCIDENCE D'UN IMPÔT, incidence of a tax.
INCIDENCES DE L'INFLATION SUR, impact of inflation on.

INCIDENT *a*, incident.

INCIDENT *m*, incident.

INCITATION *f*, incitement, incitation, incentive, inducement, instigation, urge.
INCITATIONS FISCALES, fiscal incentives; fiscal inducement; tax incentives.
INCITATIONS MONÉTAIRES, monetary incentives.

INCITER *v*, to incite.

INCLINAISON *f*, inclination, incline; lean, leaning; tilt, tilting; tip, tipping; slope, sloping; dip; skew, slant; tendency.
DEGRÉ D'INCLINAISON D'UNE COURBE, steepness of a curve.
INCLINAISON DE LA LIGNE, line skew.

INCLINATION *f*, propensity.

INCLINÉ *a*, inclined, tilted, sloped, sloping.
PLAN INCLINÉ, inclined plane.

INCLINER *v*, to incline, to slope.

INCLURE *v*, to include.

INCLUS *a*, inclusive; enclosed.
y INCLUS, enclosed herewith; enclosed therewith.

INCLUSION *f*, inclusion.

INCOHÉRENCE *f*, incoherence, incoherency.

INCOHÉRENT *a*, incoherent.

INCOMMENSURABILITÉ *f*, incommensurability, immeasurability.
INCOMMENSURABILITÉ DE L'UTILITÉ, immeasurability of utility.

INCOMMENSURABLE *a*, incommensurable, immeasurable.
QUANTITÉ INCOMMENSURABLE, surd.
RACINE INCOMMENSURABLE, irrational root.

INCOMPARABILITÉ *f*, incomparableness.

INCOMPARABLE *a*, incomparable.

INCOMPARABLEMENT *adv*, incomparably.

INCOMPATIBILITÉ *f*, incompatibility, inconsistency.

INCOMPATIBLE *a*, incompatible, inconsistent, jarring.
ÉQUATIONS INCOMPATIBLES, inconsistent equations.
INTÉRÊTS INCOMPATIBLES, jarring interests; conflicting interests.

INCOMPÉTENCE *f*, incompetence, incompetency; inefficiency; incapacity.
INCOMPÉTENCE DU PERSONNEL, incapacity of the staff.
INCOMPÉTENCE D'UN TRIBUNAL, lack of jurisdiction.

INCOMPÉTENT *a*, incompetent, inefficient, incapable, unable, ill-qualified.

INCOMPLET *a*, incomplete.

INCONDITIONNEL *a*, unconditional.
OBLIGATION INCONDITIONNELLE, absolute liability.

INCONNU *a*, unknown.

INCONNUE *f*, unknown, unknown quantity.

DÉGAGER L'INCONNUE, to isolate the unknown quantity.
les DONNÉES ET LES INCONNUES, the coefficients and the unknowns; the coefficients and the variables.
ÉQUATION LINÉAIRE À UNE INCONNUE, linear equation in one unknown.
FONCTION À PLUSIEURS INCONNUES, multi-valued function.
TROUVER LA VALEUR DE L'INCONNUE, to find the value of the unknown quantity.

INCONSISTENT *a*, inconsistent.

INCONSOMMABLE *a*, inconsumable, indestructible.
CAPITAL INCONSOMMABLE, indestructible capital.

INCONSTITUTIONNEL *a*, unconstitutional.

INCONTESTABLE *a*, indisputable.

INCONTINENCE *f*, incontinence.

INCONVÉNIENT *m*, inconvenience, drawback.

INCONVERTIBLE *a*, inconvertible, unconvertible.

INCORPORATION *f*, incorporation.
AUGMENTATION DE CAPITAL PAR INCORPORATION DES RÉSERVES, addition to the stock by incorporation of reserves.
INCORPORATION DES RÉSERVES, incorporation of reserves.

INCORPORÉ *a*, incorporated.

INCORPOREL *a*, intangible, unembodied.
ACTIF INCORPOREL, intangible assets.
BIENS INCORPORELS, intangible property.
ÉLÉMENTS INCORPORELS DU FONDS DE COMMERCE, goodwill.

INCORRECTEMENT *adv*, incorrectly.

INCULTE *a*, uncultivated, untilled, waste.
TERRE INCULTE, waste land.

INCURVATION *f*, incurvation.

INCURVÉ *a*, bent.
COURBE FORTEMENT INCURVÉE, very bent curve.

INCURVER *v*, to incurvate.

INDE *n. pr*, India.
EMPIRE DES INDES, Indian empire.
INDES, India.
MALLE DES INDES, Indian Mail.
ROUTE DES INDES, highway to India.

INDÉCIS *a*, undecided.
TENDANCE INDÉCISE, undecided tendency.

INDÉFINI *a*, indefinite.

INDÉFINIMENT *adv*, indefinitely.
AJOURNER INDÉFINIMENT UN PROJET DE LOI, *U.S*: to table a bill.

INDÉFINISSABLE *a*, indefinable, undefinable.

INDEMNISATION *f*, indemnification.

INDEMNISER *v*, to indemnify, to compensate, to make good.

INDEMNITÉ *f*, indemnity, indemnification, compensation, claim, consideration, penalty, premium, bonus, benefit, allowance.
INDEMNITÉ POUR CAUSE D'EXPROPRIATION, indemnity for expropriation.
INDEMNITÉ DE CHERTÉ DE VIE, cost-of-living allowance.
INDEMNITÉ DE DÉPLACEMENT, travelling allowance.
INDEMNITÉ FORFAITAIRE, FIXÉE D'AVANCE, penalty agreed beforehand.
INDEMNITÉ JOURNALIÈRE, daily (subsistence) allowance.
INDEMNITÉ DE LICENCIEMENT, dismissal payment.
INDEMNITÉ DE LOGEMENT, living-out allowance; board-wages.
INDEMNITÉ DE NOURRITURE, board-wages.
INDEMNITÉ DE VIE CHÈRE, cost-of-living bonus.
RÈGLEMENT DE L'INDEMNITÉ, payment of the claim; settlement of the claim.
à TITRE D'INDEMNITÉ, by way of indemnification.

INDÉPENDAMMENT *adv*, independently; without reference to.

INDÉPENDANCE *f*, independence.
INDÉPENDANCE ABSOLUE (DE DEUX PHÉNOMÈNES), absolute independence (of two phenomena).
TEST D'INDÉPENDANCE, test of independence.

INDÉPENDANT *a*, independent.
APPARTEMENT INDÉPENDANT, self-contained flat.
CIRCONSTANCES INDÉPENDANTES DE SA VOLONTÉ, circumstances beyond his control.
ÉVÉNEMENTS INDÉPENDANTS, independent events.
VARIABLE INDÉPENDANTE, independent variable.

INDESTRUCTIBLE *a*, indestructible.

INDÉTERMINATION *f*, indetermination, indefiniteness, indeterminacy.

INDÉTERMINÉ *a*, indeterminate, indefinite, unmeasured.
PROBLÈME INDÉTERMINÉ, indeterminate problem.
QUANTITÉ INDÉTERMINÉE, indeterminate quantity.

INDÉVELOPPABLE *a*, skew.
SURFACE INDÉVELOPPABLE, skew surface.

INDEX *m*, index.
FAIRE L'INDEX, to index.
à l'INDEX, black-listed.

INDEXATION *f*, indexing.

INDICATEUR *a*, indicatory.

INDICATEUR *m*, indicator, sign, guide.
INDICATEUR DES CHEMINS DE FER, railway guide; timetable.
INDICATEUR STATISTIQUE, statistical indicator.

INDICATIF *a*, indicative, indicatory.
PLANIFICATION INDICATIVE, indicative planning.

INDICATIF *m*, signal; key.

INDICATION *f*, indication, token.
sauf INDICATION CONTRAIRE, unless otherwise specified.

INDICATRICE *f*, indicatrix.

INDICE *m*, index, index-number; sign, indicator, symptom, indication; exponent.
ANNÉE DE BASE D'UN INDICE, base year of an index.
CHANGEMENT DE BASE DES INDICES, shift of base of index-numbers.
COMPARAISONS D'INDICES, index-numbers comparisons.
ÉTABLISSEMENT D'INDICES, construction of index-numbers.
INDICE DES ACTIONS, shares index, *U.S:* stock index.
l'INDICE DES ACTIONS EST DESCENDU À SON PLUS BAS NIVEAU, the share index reached an all-time low.
INDICE BOURSIER, index of security prices.
INDICES EN CHAÎNE CONTINUE, chain indexes.
INDICES-CHAÎNE DE PRIX, chain indexes of prices.
INDICES EN CHAÎNE DE RAPPORTS, chain indexes.
INDICE DE CONCENTRATION, degree of concentration.
INDICE DE CONFORMITÉ, index of conformity.
INDICE DE CORRÉLATION (CURVILIGNE), index of correlation.
INDICE DES DENRÉES ALIMENTAIRES, index of foodstuffs.
INDICE DOW-JONES, *U.S:* Dow-Jones index.
INDICES GLOBAUX, over-all indexes.
INDICE IDÉAL DE FISHER, Fisher's ideal index.
INDICE INFÉRIEUR, subscript.
INDICE D'INFLÉCHISSEMENT (DU PLAN), index of tilting (of the plan).
INDICE LASPEYRES, Laspeyres index.
INDICE PAASCHE, Paasche index.
INDICES PONDÉRÉS, weighted indexes.
INDICES DE PRIX, price index-numbers.
INDICES DES PRIX À LA CONSOMMATION, consumer price index-numbers.
INDICES DES PRIX DE DÉTAIL, index-numbers of consumer prices; retail price index.
INDICES DES PRIX DES EXPORTATIONS, export price index.
INDICES DES PRIX DE GROS, index-numbers of wholesale prices.
INDICES DES PRIX DES IMPORTATIONS, import price index.
INDICES DE PRIX PONDÉRÉS, weighted index-numbers of prices.
INDICES DE LA PRODUCTION INDUSTRIELLE, index-numbers of industrial production; industrial production index-numbers; index of industrial production.
INDICE DE QUANTITÉ, quantity index.
INDICES DES QUANTITÉS REQUISES DE MAIN-D'ŒUVRE indexes of labour requirements.
INDICE DU QUANTUM, quantum index.
INDICE RÉEL, simple index-numbers.
INDICE RELATIF À L'ENSEMBLE DES PRODUITS, all commodities index.
INDICES DES SALAIRES RÉELS, index of real wages.
INDICE SIMPLE, simple index-numbers.
INDICE SUPÉRIEUR, superscript.
INDICE SYNTHÉTIQUE, parity index.
INDICE DE LA VALEUR D'ÉCHANGE, exponent of exchangeable value.
INDICE DE LA VALEUR UNITAIRE, unit value index.
INDICES DE LA VALEUR UNITAIRE DES EXPORTATIONS, export unit value index.
INDICES DE LA VALEUR UNITAIRE DES IMPORTATIONS, import unit value index.
INDICES DU VOLUME, volume index.
INDICE DU VOLUME DES EXPORTATIONS, volume index for exports.
INDICE DU VOLUME DES IMPORTATIONS, volume index for imports.
INDICE DU VOLUME PHYSIQUE (DE LA PRODUCTION), physical volume index.

INDICES DU VOLUME ET DES VALEURS MOYENNES (DU COMMERCE EXTÉRIEUR), index-numbers of the volume and average value (of external trade).
INDICE ZÉRO, subscript zero.
TEST DE RÉVERSIBILITÉ DES INDICES, time-reversal test of index-numbers; circular test for index-numbers.
TEST DE TRANSFÉRABILITÉ DES INDICES, factor-reversal test of index-numbers.
TRANSFÉRABILITÉ DES INDICES, shiftability of base of index-numbers.

INDIFFÉRENCE *f*, indifference.
ANALYSE PAR COURBES D'INDIFFÉRENCE, indifference curve analysis.
CARTE D'INDIFFÉRENCE, indifference map.
COURBE D'INDIFFÉRENCE, indifference curve.
COURBE D'INDIFFÉRENCE SUPÉRIEURE, higher indifference curve.
DIAGRAMME D'INDIFFÉRENCE, indifference map.
s'ÉLEVER À UNE COURBE D'INDIFFÉRENCE SUPÉRIEURE, to attain a higher indifference curve.

INDIFFÉRENT *a*, indifferent.
ÉQUILIBRE INDIFFÉRENT, neutral equilibrium.

INDIGENCE *f*, indigence, need, necessity, poverty, penury.

INDIGÈNE *a*, native.
CAISSE DES AFFAIRES INDIGÈNES, native trust fund.

INDIGÈNE *m*, native.

INDIGENT *a*, indigent, poor.

INDIQUÉ *a*, indicated.
MESURES QUI SONT INDIQUÉES, measures that are indicated.

INDIQUER *v*, to indicate.
TABLEAU INDIQUANT LA PONDÉRATION UTILISÉE, weighting diagram.

INDIRECT *a*, indirect, oblique, roundabout, backward, consequential.
ACHETEUR D'UNE PRIME INDIRECTE, taker for a put.
CONSÉQUENCES INDIRECTES, indirect effects.
CONTRIBUTIONS INDIRECTES, indirect taxes; excise.
DOMMAGES INDIRECTS, consequential damages.
EXCÉDENT DES IMPÔTS INDIRECTS SUR LES SUBVENTIONS, excess of indirect taxes over subsidies.
IMPÔT INDIRECT, indirect tax; excise tax.
IMPÔTS INDIRECTS, indirect taxation.
IMPÔTS INDIRECTS ACQUITTÉS PAR LES ENTREPRISES, indirect business taxes.
MÉTHODE INDIRECTE, backward method; epoch method.
MOYENS INDIRECTS, oblique ways.
PREUVE INDIRECTE, indirect evidence.
RECEVEUR DES CONTRIBUTIONS INDIRECTES, excise officer.

INDISCUTABLE *a*, indisputable.
FAIT INDISCUTABLE, hard fact.

INDISPENSABLE *a*, indispensable, requisite, necessary, essential, mandatory.

INDISPONIBILITÉ *f*, unavailability, unavailableness.

INDISPONIBLE *a*, unavailable.
FONDS INDISPONIBLES, unavailable funds.

INDISSOLUBLE *a*, indissoluble.

INDIVIDU *m*, individual, person.
RECENSEMENT COMPLET DES INDIVIDUS, complete census of individuals.

INDIVIDUALISME *m*, individualism.

INDIVIDUEL *a*, individual.
ACTE D'ÉPARGNE INDIVIDUELLE, act of individual saving.
COMPORTEMENT COLLECTIF DES CONSOMMATEURS INDIVIDUELS, collective behaviour of individual consumers.
CONSOMMATEUR INDIVIDUEL, individual consumer.
ENTREPRISE INDIVIDUELLE, individual firm.
chaque FIRME REND MAXIMUM SON PROFIT INDIVIDUEL, each firm maximizes its profit.
PROPRIÉTÉ INDIVIDUELLE (NON SOLIDAIRE)*, severalty.
RESPONSABILITÉ INDIVIDUELLE, (DIVISE,) several liability.

INDIVIDUELLEMENT *adv*, individually, severally.
BIEN TENU INDIVIDUELLEMENT, land held in severalty.
RESPONSABLES INDIVIDUELLEMENT, severally liable.
RESPONSABLES INDIVIDUELLEMENT OU SOLIDAIREMENT, severally or jointly liable.

INDIVIS *a*, joint; undivided.
ACTIONS INDIVISES, joint shares.
BÉNÉFICIAIRES INDIVIS, joint beneficiaries.
BIENS INDIVIS, joint property; *U.S:* undivided property.

INDIVISIBILITÉ *f*, indivisibility.

INDIVISIBILITÉ DES FACTEURS ET DES PROCESSUS, indivisibility of factors and processes.
INDIVISIBILITÉ DES UNITÉS, indivisibility of units.

INDIVISIBLE a, indivisible, inseparable.
un TOUT INDIVISIBLE, indivisible whole.

INDU a, undue.

INDUCTIF a, inductive.
MÉTHODE INDUCTIVE, inductive method.

INDUCTION f, induction, inference.
par INDUCTION, by inference.
INDUCTION STATISTIQUE, statistical induction; statistical inference.
RAISONNEMENT PAR INDUCTION, inductive reasoning.

INDUIRE v, to infer.
INDUIRE EN ERREUR, to deceive.

INDUIT a, induced, derived.
COURANT INDUIT, induced current.
DEMANDE INDUITE, derived demand; induced demand.
DÉPENSES INDUITES, induced spending.
INVESTISSEMENT INDUIT, induced investment.

INDÛMENT adv, unduly.
MAJORER UNE FACTURE INDÛMENT, to overcharge on an invoice.
RESTITUTION D'IMPÔTS INDÛMENT PERÇUS, return of taxes unduly collected.

INDUSTRIALISATION f, industrialization.
DEGRÉ D'INDUSTRIALISATION, degree of industrialization.

INDUSTRIALISÉ a, industrialized.

INDUSTRIALISER v, to industrialize.

INDUSTRIALISME m, industrialism.

INDUSTRIE f, industry, manufacture, manufacturing, trade.
à-CÔTÉS DE L'INDUSTRIE, odd jobs.
CRÉER UNE INDUSTRIE, to create an industry; to establish an industry.
DÉPLACEMENT D'UNE INDUSTRIE, translocation of and industry.
DIRIGER LES INVESTISSEMENTS VERS L'INDUSTRIE, to channel investments into industry.
ENQUÊTER SUR LA SITUATION ACTUELLE D'UNE INDUSTRIE, to enquire into the present position of an industry.
FÉDÉRATION INTERNATIONALE DU COTON ET DES INDUSTRIES TEXTILES CONNEXES, International Federation of Cotton and Allied Textile Industries.
GAINS DANS LES INDUSTRIES MANUFACTURIÈRES, earnings in manufacturing.
INDUSTRIE AÉRONAUTIQUE, aircraft industry.
INDUSTRIE ARTISANALE, cottage industry.
INDUSTRIE DE L'AUTOMOBILE, motor-car industry.
l'INDUSTRIE DE L'AUTOMOBILE A FAIT LA PROSPÉRITÉ DE DETROIT, the car industry has made Detroit.
INDUSTRIE DU BÂTIMENT, building trade.
INDUSTRIE BETTERAVIÈRE, sugar-beet industry.
INDUSTRIE CHIMIQUE, chemical industry.
INDUSTRIE-CLEF, key industry.
INDUSTRIES CONCURRENTES, competing industries.
INDUSTRIES CONNEXES, related industries; allied industries.
INDUSTRIE DE LA CONSTRUCTION NAVALE, shipbuilding industry.
INDUSTRIE DU CUIR, leather industry.
INDUSTRIE ENCORE DANS SON ENFANCE, industry still in its infancy; industry still in its pupillage.
INDUSTRIE ENTIÈREMENT AUTOMATISÉE, press-button industry.
INDUSTRIES EXTRACTIVES, mining and quarrying; mining; extractive industries.
INDUSTRIE FERROVIAIRE, railway industry.
INDUSTRIE DU FROID, refrigeration industry.
INDUSTRIE GAZIÈRE, gas-industry.
INDUSTRIE HÔTELIÈRE, hotel trade.
INDUSTRIE HOUILLÈRE, coal industry; coal-mining industry.
INDUSTRIE DE L'INFORMATIQUE, computer industry.
INDUSTRIE LAINIÈRE, wool industry; woollen manufacture.
INDUSTRIE LAITIÈRE, dairy-farming; dairying.
INDUSTRIE LÉGÈRE, light industry.
INDUSTRIE LOURDE, heavy manufacturing.
INDUSTRIES LOURDES, heavy industries.
INDUSTRIE DES MACHINES-OUTILS, machine-tool industry.
INDUSTRIES QUI ONT MAINTENU LEUR ACTIVITÉ, industries that have kept going.
INDUSTRIE MINIÈRE, mining industry.
INDUSTRIE NAISSANTE, infant industry.
INDUSTRIE NATIONALISÉE, nationalized industry.
INDUSTRIE NUCLÉAIRE, nuclear industry.
INDUSTRIE DU PAPIER, paper-industry.
INDUSTRIE POTASSIÈRE, potash industry.

INDUSTRIE PRINCIPALE, staple industry.
INDUSTRIE PRODUCTRICE, producing industry.
INDUSTRIE PROTÉGÉE (CONTRE LA CONCURRENCE ÉTRANGÈRE), sheltered industry.
l'INDUSTRIE REPREND, industry is reviving.
INDUSTRIE DE LA SOIE, silk industry.
INDUSTRIE SUBVENTIONNÉE, subsidized industry.
INDUSTRIE SUCRIÈRE, sugar industry.
INDUSTRIES QUI SE SUFFISENT À ELLES-MÊMES, self-contained industries.
INDUSTRIE TEXTILE, textile industry; textile trade.
INDUSTRIE DES TRANSPORTS MARITIMES, shipping industry.
INDUSTRIE DU VERRE, glass industry.
INDUSTRIE DE LA VIANDE, meat industry.
LOCALISATION DE L'INDUSTRIE, location of industry.
MAGNATS DE L'INDUSTRIE, magnates of industry.
MAINTENIR L'ACTIVITÉ DE L'INDUSTRIE, to keep industry going
NATIONALISATION D'UNE INDUSTRIE, nationalization of an industry.
PERTES QUALITATIVES D'UNE INDUSTRIE DÉCLINANTE, qualitative decline of a declining industry.
PETITE INDUSTRIE, smaller industries.
PROTECTION D'UNE INDUSTRIE, safeguarding of an industry.
PROTÉGER UNE INDUSTRIE, to safeguard an industry.
PROTÉGER UNE INDUSTRIE CONTRE LA CONCURRENCE DÉLOYALE, to protect an industry against unfair competition.
RATIONALISATION DE L'INDUSTRIE, rationalization of industry.
STRUCTURE DE L'INDUSTRIE, structure of industry.
SYNDIQUER UNE INDUSTRIE, to syndicate an industry.

INDUSTRIEL a, industrial; manufacturing.
ÂGE INDUSTRIEL, industrial age.
APPLICATIONS INDUSTRIELLES D'UNE DÉCOUVERTE, industrial applications of a discovery.
ASSURANCE INDUSTRIELLE, prudential insurance.
BAUX COMMERCIAUX ET INDUSTRIELS À LONG TERME*, long-term lease of business property.
CHIMIE INDUSTRIELLE, technical chemistry.
CONCENTRATION INDUSTRIELLE, industrial merger.
CONGRÈS DES ORGANISATIONS INDUSTRIELLES, U.S: Congress of Industrial Organizations (C.I.O.).
CONSTRUCTION À USAGE INDUSTRIEL, industrial building.
COURS DES ACTIONS INDUSTRIELLES, market prices of industrial shares.
DIAMANTS INDUSTRIELS, industrial diamonds.
DIVERSIFICATION INDUSTRIELLE, lateral integration of industry.
ÉCART ENTRE PRIX INDUSTRIELS ET PRIX AGRICOLES, price scissors.
ÉCONOMIE INDUSTRIELLE, industrial economics.
ENTENTE INDUSTRIELLE, cartel; combine.
ENTREPRISE INDUSTRIELLE, industrial undertaking; manufacturing business; industrial concern.
ESTHÉTIQUE INDUSTRIELLE, industrial design.
INDICES DE LA PRODUCTION INDUSTRIELLE, index-numbers of industrial production; industrial production index-numbers; index of industrial production.
LÉGISLATION INDUSTRIELLE, Factory Act.
MANUTENTION INDUSTRIELLE, industrial handling.
OFFICE DE LA PROPRIÉTÉ INDUSTRIELLE, patent-office.
PAIEMENTS DE TRANSFERTS INDUSTRIELS ET COMMERCIAUX, business transfer payments.
PRODUCTIVITÉ INDUSTRIELLE, manufacturing productivity.
PROPRIÉTÉ INDUSTRIELLE, patent-rights.
RÉVOLUTION INDUSTRIELLE, industrial revolution.
SOCIÉTÉ INDUSTRIELLE, industrial society.
VALEURS INDUSTRIELLES, industrials.
VILLE INDUSTRIELLE, manufacturing town.

INDUSTRIEL m, industrialist.

INDUSTRIEUX a, industrious.

INÉCHANGEABLE a, unexchangeable.
VALEURS INÉCHANGEABLES, unexchangeable securities.

INEFFICACE a, inefficient, ineffectual, ineffective.

INEFFICACITÉ f, inefficiency, ineffectualness, ineffectiveness.

INÉGAL a, unequal, uneven, inequable.
INTERVALLES DE CLASSES INÉGAUX, uneven class-intervals.
RENDEMENT INÉGAL D'UNE MACHINE, erratic working of a machine.

INÉGALÉ a, unequalled.

INÉGALITÉ f, inequality, unevenness, odds.
APLANIR DES INÉGALITÉS, to level away (the) inequalities.
INÉGALITÉ ENTRE PAYS, inequality between countries.
INÉGALITÉS DE PRIX, inequality of price.
INÉGALITÉ DES REVENUS, inequality of income.
LOI DE L'INÉGALITÉ DU DÉVELOPPEMENT ÉCONOMIQUE, law of uneven economic development.

INÉLASTICITÉ *f*, inelasticity.
INÉLASTICITÉ DE LA DEMANDE, inelasticity of demand.
INÉLASTICITÉ DE L'OFFRE, inelasticity of supply.

INÉLASTIQUE *a*, inelastic.
DEMANDE INÉLASTIQUE, inelastic demand.
OFFRE INÉLASTIQUE, inelastic supply.
PRÉVISIONS INÉLASTIQUES, inelastic expectations

INÉLIGIBILITÉ *f*, ineligibility, incapability.

INÉLIGIBLE *a*, ineligible.

INÉLUCTABLE *a*, ineluctable, inescapable.

INEMPLOYABLE *a*, unemployable.

INEMPLOYÉ *a*, unused, unemployed.
CAPACITÉ INEMPLOYÉE, unused capacity.
CAPITAUX INEMPLOYÉS, unemployed capital.
PLÉTHORE DE MAIN-D'ŒUVRE INEMPLOYÉE, plethora of unem-
ployed labour.

INÉPUISABLE *a*, inexhaustible.
NATURE INÉPUISABLE, inexhaustibility.

INÉQUITABLE *a*, inequitable, unequitable, unfair, one-sided.
RÉPARTITION INÉQUITABLE DES IMPÔTS, unequitable distribution
of taxation.
SALAIRE INÉQUITABLE, unfair wage.

INERTIE *f*, inertia.
LOI D'INERTIE, law of inertia.
MOMENT D'INERTIE, moment of inertia.

INESCOMPTABLE *a*, undiscountable.
BILLET INESCOMPTABLE, undiscountable bill.
EFFET INESCOMPTABLE, undiscountable bill.

INESTIMABLE *a*, inestimable, invaluable, priceless, unpriced.
VALEUR INESTIMABLE, pricelessness.

INÉVITABLE *a*, inescapable, inevitable, unavoidable.
DÉPENSES INÉVITABLES, unavoidable cost.
PERTE INÉVITABLE, unavoidable loss.
RÉFORME INÉVITABLE, inevitable reform.

INEXACT *a*, inexact, inaccurate, incorrect, improper, false, wrong.
POIDS INEXACT, false weight.

INEXACTEMENT *adv*, incorrectly.

INEXACTITUDE *f*, inexactitude, inaccuracy, incorrectness.

INEXÉCUTION *f*, non-fulfilment.

INEXORABLE *a*, inexorable.

INEXPÉRIENCE *f*, lack of experience; newness.

INEXPÉRIMENTÉ *a*, inexperienced.

INEXTRICABLE *a*, inextricable.

INFAISABLE *a*, impracticable.

INFANTILE *a*, infantile.
MORTALITÉ INFANTILE, infant mortality.
TAUX DE MORTALITÉ INFANTILE, infant mortality rates.

INFÉRENCE *f*, inference.

INFÉRER *v*, to infer, to deduce.

INFÉRIEUR *a*, inferior, poor, low, lower.
ASYMPTOTE INFÉRIEURE, lower asymptote.
FRACTION INFÉRIEURE À L'UNITÉ, proper fraction.
INDICE INFÉRIEUR, subscript.
LIGNE INFÉRIEURE, bottom-line.
MARCHANDISES INFÉRIEURES, inferior goods.
QUALITÉ INFÉRIEURE, inferior quality; poor quality.
de QUALITÉ INFÉRIEURE, low-grade; second-class.
le TRIBUNAL INFÉRIEUR (EN CAS D'APPEL), the Lower Court.

INFÉRIORITÉ *f*, inferiority.
COMPLEXE D'INFÉRIORITÉ, inferiority complex.
INFÉRIORITÉ DU NOMBRE, inferiority in numbers.

INFERTILE *a*, infertile; jejune.
TERRE INFERTILE, jejune land; infertile land.

INFILTRATION *f*, infiltration, soaking.

INFINI *a*, infinite, immeasurable, unmeasured.
POPULATION INFINIE, infinite population.
SÉRIE INFINIE, infinite series.

INFINI *m*, infinite; infinity; endless space.
le FINI ET L'INFINI, the finite and the infinite.
à l'INFINI, to infinity.

INFINIMENT *adv*, infinitely.
(COURBE DE LA) DEMANDE INFINIMENT ÉLASTIQUE, infinitely
elastic demand (curve).
INFINIMENT PROBABLE, infinitely probable.

INFINITÉSIMAL *a*, infinitesimal.

ANALYSE INFINITÉSIMALE, infinitesimals.

INFIRMER *v*, to infirm.

INFIRMIÈRE *f*, hospital nurse.

INFIRMITÉ *f*, physical disability.

INFLATION *f*, inflation; inflating.
CONTENIR L'INFLATION, to control inflation.
CROISSANCE SANS INFLATION, growth without inflation.
FAIRE DE L'INFLATION MONÉTAIRE, to inflate the currency.
INCIDENCES DE L'INFLATION SUR, impact of inflation on.
INFLATION CHRONIQUE, chronic inflation.
INFLATION DES COÛTS, cost inflation.
INFLATION DE CRÉDIT, credit inflation.
INFLATION CUMULATIVE, cumulative inflation.
l'INFLATION ÉCHAPPE À TOUT CONTRÔLE, inflation is getting
out of control.
INFLATION PAR EXCÈS DE DEMANDE, excess demand inflation.
INFLATION FIDUCIAIRE, inflation of the currency.
INFLATION GALOPANTE, galloping inflation; raging inflation.
INFLATION PAR LA HAUSSE DES PRIX DE REVIENT, cost pull.
INFLATION IMPORTÉE, imported inflation.
INFLATION PAR MAJORATION DISPROPORTIONNÉE DES
COÛTS, mark-up price inflation.
INFLATION MONÉTAIRE, monetary inflation; inflation of the currency;
inflated currency.
INFLATION PAR POUSSÉE SUR LES COÛTS, cost-push inflation.
INFLATION DES PRIX, price inflation.
INFLATION RAMPANTE, creeping inflation.
INFLATION DES VENDEURS, sellers' inflation.
INFLATION VÉRITABLE, true inflation.
JUGULER L'INFLATION, to jugulate inflation.
REFUGE CONTRE L'INFLATION, hedge against inflation.
REVENU RÉEL COMPTE TENU DE L'INFLATION, income adjusted
for inflation.
SYMPTÔMES DE L'INFLATION, symptoms of inflation.
TAUX D'INFLATION, rate of inflation.
THÉORIE DE L'INFLATION, theory of inflation.

INFLATIONNISME *m*, inflationism.

INFLATIONNISTE *a*, inflationary.
ÉCART INFLATIONNISTE, inflationary gap.
HAUSSE INFLATIONNISTE DES PRIX, inflationary bidding up of
prices.
PRESSION INFLATIONNISTE, inflationary pressure.
TENDANCES INFLATIONNISTES, inflationary tendencies.

(S') INFLÉCHIR *v*, to dip.
les ACTIONS S'INFLÉCHIRENT À, shares dipped to.

INFLÉCHISSEMENT *m*, tilting.
INDICE D'INFLÉCHISSEMENT (DU PLAN), index of tilting (of the
plan).
INFLÉCHISSEMENT DU PLAN, tilting of the plan.

INFLEXIBILITÉ *f*, inflexibility.
INFLEXIBILITÉ DES PRIX, price inflexibility.

INFLEXIBLE *a*, inflexible.

INFLEXION *f*, inflexion, dip, change of direction, curvature.
DEGRÉ D'INFLEXION, degree of curvature.
INFLEXION DANS UNE COURBE (VERS LE BAS), dip in a curve.
POINT D'INFLEXION (D'UNE COURBE), flex; inflexion point (of a
curve).

INFLUENCE *f*, influence, effect.
INFLUENCE DES IMPÔTS SUR, tax effect on.
INFLUENCE OCCULTE, hidden hand.
INFLUENCE STABILISATRICE, stabilizing influence.
SPHÈRE D'INFLUENCE, sphere of influence.

INFLUENCER *v*, to influence.

INFORMATION *f*, information, datum, data, news.
ENSEMBLE DE TRAITEMENT DE L'INFORMATION, data processing
system.
ENTRÉE ET SORTIE D'INFORMATIONS, data input and output.
INFORMATIONS BINAIRES, binary data.
INFORMATIONS FINANCIÈRES, financial news.
MACHINE DE TRAITEMENT DE L'INFORMATION, data processor.
MATÉRIEL DE TRAITEMENT DE L'INFORMATION, hardware.
RÉUNIR DES INFORMATIONS, to gather information.
SOURCE D'INFORMATION(S), source of information.
SYSTÈME AUTOMATIQUE DE TRAITEMENT DE L'INFORMATION,
automatic data processing system.
TRAITEMENT ÉLECTRONIQUE DE L'INFORMATION, electronic
data processing.
TRAITEMENT DE L'INFORMATION, data processing; information
processing.
TRAITEMENT INTÉGRÉ DE L'INFORMATION, integrated data pro-
cessing.

VITESSE DE TRANSMISSION DES INFORMATIONS, transfer rate of data.

INFORMATIQUE f, data processing.
INDUSTRIE DE L'INFORMATIQUE, computer industry.
INFORMATIQUE DE GESTION, business data processing.

INFORMÉ m, result of inquiry.
plus AMPLE INFORMÉ, further inquiry; further enquiry.

INFORMER v, to inform, to advertise, U.S: to advertize.

INFRACTION f, infringement, transgression.

INFRASTRUCTURE f, substructure, substruction, under-structure.
INVESTISSEMENT D'INFRASTRUCTURE, social overhead capital.

INFRUCTUEUX a, unsuccessful.

INGÉNIEUR m, engineer.
INGÉNIEUR AGRONOME, agricultural engineer.
INGÉNIEUR CIVIL, civil engineer.
INGÉNIEUR-CONSEIL, engineering consultant.
INGÉNIEUR-CONSEIL EN ORGANISATION, management consultant.
INGÉNIEUR DES MINES, mining engineer.

INGÉNIOSITÉ f, ingenuity.

INGÉRENCE f, interference, meddling.

INGOUVERNABLE a, ungovernable, unmanageable.

INHABITABLE a, uninhabitable.
MAISON INHABITABLE, house not fit to live in.

INHABITÉ a, unpeopled, uninhabited.

INHÉRENCE f, inherence, inherency.

INHÉRENT a, inherent.

ININTERROMPU a, uninterrupted.

INITIAL a, initial; original.
COÛT INITIAL, original cost.
PRIX INITIAL, starting-price.
VALEUR INITIALE, original value.

INITIATIVE f, initiative, move.
INITIATIVE PRIVÉE, private initiative; entrepreneurship.

INITIÉ m, insider.
AVIS D'UN NON INITIÉ, lay opinion.

INITIER v, to initiate.

INJUSTE a, unjust, unfair.

INJUSTICE f, injustice.

INJUSTIFIÉ a, unwarranted, wrong.

INNOMBRABLE a, innumerable, numberless, countless, unnumbered.

INNOVATEUR m, innovator.

INNOVATION f, innovation, novelty, innovating.
INNOVATION ÉPARGNANT DU CAPITAL, capital-saving innovation.
INNOVATION ÉPARGNANT DU TRAVAIL, labour-saving innovation.
RYTHME D'INNOVATIONS, rate of innovation.
THÉORIE DE L'INNOVATION (DU CYCLE ÉCONOMIQUE), innovation theory (of the business cycle).

INNOVER v, to innovate.

INOBSERVÉ a, unnoticed.

INOCCUPÉ a, unoccupied.

INOPÉRANT a, inoperative.
CLAUSE INOPÉRANTE, inoperative clause.

INORGANIQUE a, inorganic.

INORGANISÉ a, unorganized.

INPUT m, input.
ANALYSE D'INPUT-OUTPUT, input-output analysis.

INSALUBRE a, insalubrious, unhealthy.

INSATIABLE a, insatiable.

INSATURABLE a, insaturable.

INSATURÉ a, insaturated.

INSCRIPTION f, inscription, inscribing, registration; registry; entry.
FEUILLE D'INSCRIPTION, entry-form.
INSCRIPTION D'UNE DETTE, scoring (up) of a debt.
INSCRIPTION MARITIME, marine registry.
INSCRIPTION DE RENTE, inscribed rent.
REGISTRE DES INSCRIPTIONS, register-book.

INSCRIRE v, to inscribe, to enter, to mark.
les COURS SE SONT INSCRITS EN BAISSE (HAUSSE), prices have been marked down (up).
INSCRIRE AU BUDGET, to budget.

INSCRIRE UNE HYPOTHÈQUE SUR UN NAVIRE, to register a mortgage on a ship.

INSCRIT a, inscribed, listed.
ACTIONS INSCRITES, inscribed stock.
non INSCRIT, unlisted.
RENTE INSCRITE, inscriptions.
VALEURS INSCRITES À LA COTE OFFICIELLE, listed securities; listed stock.
VALEURS NON INSCRITES À LA COTE OFFICIELLE, unlisted securities.

INSCRIVANT m, registrant.

INSÉCURITÉ f, insecurity.

INSÉMINATION f, insemination.

INSENSIBLE a, imperceptible, unobservable.
DIFFÉRENCE INSENSIBLE, imperceptible difference.

INSÉPARABILITÉ f, inseparability.

INSÉPARABLE a, inseparable.

INSÉRER v, to insert.
INSÉRER UNE CLAUSE, to insert a clause.

INSERTION f, insertion.

INSIGNIFIANT a, insignificant, nominal, trifling.
LOYER INSIGNIFIANT, nominal rent.

INSINUATION f, insinuation; implication.

INSISTANCE f, stress.

INSISTER v, to insist; to stress.

INSOLUBLE a, insoluble, unsolvable, irresolvable; intractable.
PROBLÈME INSOLUBLE, insoluble problem.

INSOLVABILITÉ f, insolvency.

INSOLVABLE a, insolvent.
DÉBITEUR INSOLVABLE, insolvent debtor; insolvent.

INSOUCIEUX a, neglectful.
INSOUCIEUX DE SES INTÉRÊTS, neglectful of his interests.

INSPECTER v, to inspect, to examine, to survey, to search.

INSPECTEUR m, inspector; valuer.
INSPECTEUR DES CONTRIBUTIONS DIRECTES, inspector of taxes.
INSPECTEUR GÉNÉRAL, inspector-general.
INSPECTEUR DU TRAVAIL, factory inspector.

INSPECTION f, inspection, inspecting, examination. searching.
INSPECTION DES MARCHANDISES, examination of goods.
INSPECTION DU TRAVAIL, factory inspection.

INSTABILITÉ f, instability, unsteadiness, jumpiness.
ÉLÉMENT D'INSTABILITÉ, disturbing element.
INSTABILITÉ DU CRÉDIT, instability of credit.
INSTABILITÉ DU MARCHÉ, unsettled state of the market.
INSTABILITÉ MONÉTAIRE, monetary instability.

INSTABLE a, unstable, unsettled, unsteady; jumpy.
COURS INSTABLES, unstable prices.
ÉQUILIBRE INSTABLE, unstable equilibrium.
MARCHÉ INSTABLE, jumpy market.

INSTALLATION f, installation, fitting.
INSTALLATIONS FIXES, fixed plant.

INSTALLÉ a, installed.
PUISSANCE INSTALLÉE, installed capacity.

INSTAMMENT adv, urgently.
PRIER INSTAMMENT, to urge.

INSTANCE f, instance, proceeding.

INSTANT a, instant.

INSTANTANÉ a, instantaneous, momentary.
ÉQUILIBRE INSTANTANÉ, instantaneous equilibrium; momentary equilibrium.

INSTANTANÉITÉ f, instantaneousness, instantaneity.

INSTIGATION f, instigation.

INSTINCT m, instinct.
INSTINCT DE CONSERVATION, self-preservation.
INSTINCT GRÉGAIRE, herd instinct.

INSTITUÉ a, established; chartered.

INSTITUER v, to institute; to establish.

INSTITUT m, institute; school.
INSTITUT DE CONJONCTURE, Economic Service.
INSTITUT D'ÉMISSION, bank of issue.
INSTITUT NATIONAL DE CONJONCTURE, U.S: National Bureau of Economic Research.

INSTITUTEUR m, teacher.

INSTITUTION f, institution; body, authority; agency.
INSTITUTION DE BIENFAISANCE, charitable institution.
INSTITUTIONS PUBLIQUES INTERNATIONALES, public international authorities; public international bodies.
INSTITUTIONS DE SÉCURITÉ SOCIALE, social security agencies.
INSTITUTIONS SPÉCIALISÉES, specialized agencies.

INSTITUTIONNEL a, institutional.
MONOPOLE INSTITUTIONNEL, institutional monopoly.

INSTRUCTION f, instruction, schooling, education; training.
DONNER DES INSTRUCTIONS, to instruct.
EXCÉDER LES INSTRUCTIONS REÇUES, to exceed instructions received.
INSTRUCTIONS DES ADULTES, adult education.
INSTRUCTION D'ENTRÉE-SORTIE, input-output instruction.
JUGE D'INSTRUCTION*, examining magistrate.

INSTRUMENT m, instrument, implement, tool.
ERREUR DUE À L'INSTRUMENT EMPLOYÉ, instrumental error.
INSTRUMENT D'ANALYSE, analytical tool.
INSTRUMENT ARATOIRE, farming implement, agricultural implement.
INSTRUMENT DE CRÉDIT, instrument of credit.
INSTRUMENTS DE CULTURE, agricultural implements, tillage implements.
INSTRUMENT DE MESURE, measurement; measuring tool.
INSTRUMENT DE PAIEMENT, instrument of payment.
INSTRUMENTS DE PRÉCISION, precision instruments.
MONNAIE EN TANT QU'INSTRUMENT DE MESURE DE L'UTILITÉ, money as measurement of utility.

INSTRUMENTAL a, instrumental.

INSUCCÈS m, insuccess, unsuccess.
PROBABILITÉ DE L'INSUCCÈS, probability of the unsuccessful outcome.

INSUFFISAMMENT adv, insufficiently.
INSUFFISAMMENT PAYÉ, underpaid.
OUVRIERS INSUFISAMMENT PAYÉS, underpaid workmen.

INSUFFISANCE f, insufficiency, deficiency; inadequacy; shortcomings, shortness, scantiness.
INSUFFISANCE D'ACTIF, insufficiency of assets.
INSUFFISANCE DE LA DEMANDE EFFECTIVE, insufficiency of effective demand.
INSUFFISANCE DE PROVISION, insufficient funds.

INSUFFISANT a, insufficient, deficient; inadequate, scanty, scant.
DEMANDE EFFECTIVE INSUFFISANTE, deficient effective demand.
SALAIRE INSUFFISANT, inadequate salary.

INSURMONTABLE a, insuperable.

INSURRECTION f, rising, uprising.
INSURRECTION POPULAIRE, rising of the people.

INTACT a, intact.

INTANGIBLE a, intangible.
BÉNÉFICES INTANGIBLES, intangible benefits.

INTÉGRABLE a, integrable.

INTÉGRAL a, integral, integrate, integrant; full, whole.
CALCUL INTÉGRAL, integral calculus.
COÛTS CONCURENTIELS INTÉGRAUX, full competitive costs.
FONCTION INTÉGRALE, integral function.
LIBÉRATION INTÉGRALE D'UNE ACTION, payment in full of a share.
PAIEMENT INTÉGRAL, payment in full.
REMBOURSEMENT INTÉGRAL, full repayment.

INTÉGRALE f, integral.
INTÉGRALE GÉNÉRALE, general integral.
INTÉGRALE LINÉAIRE, line integral.
INTÉGRALE DE SURFACE, surface integral.

INTÉGRALEMENT adv, full, in full.
ACQUITTER INTÉGRALEMENT LE MONTANT DE SON PASSIF, to discharge one's liabilities to the full.
DÉSINTÉRESSER INTÉGRALEMENT LES CRÉANCIERS, to satisfy the creditors in full.

INTÉGRALITÉ f, integrality, entirety, full, whole, wholeness.

INTÉGRANT a, integral.
PARTIE INTÉGRANTE DE, part and parcel of.
PARTIE INTÉGRANTE D'UN CONTRAT, integral part of a contract.

INTÉGRATEUR m, integrator.

INTÉGRATION f, integration; combination, U.S: trustification.
DEGRÉ D'INTÉGRATION, degree of integration.
DÉTERMINER L'INTÉGRATION (D'UNE FONCTION), to integrate (a function).
INTÉGRATION ÉCONOMIQUE, economic integration.
INTÉGRATION HORIZONTALE, horizontal integration; horizontal combination.

INTÉGRATION VERTICALE, vertical integration; vertical combination.
INTÉGRATION VERTICALE À PARTIR DE PRODUITS FINIS, backward integration.
SIGNE D'INTÉGRATION, integral sign.

INTÉGRATRICE f, integrator.
INTÉGRATRICE NUMÉRIQUE, digital differential analyser.

INTÉGRÉ a, integrated.
CIRCUIT INTÉGRÉ, integrated circuit.
SYSTÈME INTÉGRÉ, integrated system.
SYSTÈME INTÉGRÉ DE GESTION, management information system.
TRAITEMENT INTÉGRÉ DE L'INFORMATION, integrated data processing.

INTÉGRER v, to integrate.
EXPRESSION À INTÉGRER, integrand.

INTÉGRITÉ f, integrity, uprightness, wholeness.
MAINTIEN DE L'INTÉGRITÉ DU CAPITAL, maintaining capital intact.

INTELLECTUEL a, intellectual.
TRAVAIL INTELLECTUEL, brain-work; intellectual work.
TRAVAILLEUR INTELLECTUEL, intellectual worker.

INTELLIGENCE f, intelligence.

INTENDANCE f, stewardship.

INTENDANT m, steward.

INTENSE a, intense.

INTENSIF a, intensive.
AGRICULTURE INTENSIVE, intensive agriculture.
CULTURE INTENSIVE, intensive cultivation.

INTENSIFIER v, to intensify.

INTENSITÉ f, intensity, intenseness.

INTENTION f, intent, intention.

INTENTIONNEL a, intentional, purposive.

INTERBANCAIRE a, interbank.
DÉPÔT INTERBANCAIRE, interbank deposit.

INTERCALATION f, intercalation, interpolation.

INTERCALER v, to intercalate, to interpolate.

INTERCHANGEABILITÉ f, interchangeability.

INTERCHANGEABLE a, interchangeable, convertible.
PIÈCES INTERCHANGEABLES, interchangeable parts.
TERMES INTERCHANGEABLES, convertible terms.

INTERCLASSE a, interclass.
VARIANCE INTERCLASSE, variance between classes.

INTERDÉPARTEMENTAL a, interdepartmental.

INTERDÉPENDANCE f, interdependence.
INTERDÉPENDANCE RÉCIPROQUE, mutual interdependence.

INTERDÉPENDANT a, interdependent.
MARCHÉS INTERDÉPENDANTS, interdependent markets.
MODÈLES INTERDÉPENDANTS, interdependent models.

INTERDICTION f, interdiction, prohibition.

INTERDIGITAL a, interdigital.

INTERDIRE v, to interdict, to prohibit.
INTERDIRE AUX OUVRIERS L'ACCÈS D'UNE USINE, to lock out workmen.

INTÉRESSANT a, attractive.
PRIX INTÉRESSANTS, attractive prices.

INTÉRESSÉ a, interested, concerned, calculating, profit-seeking
MOTIFS INTÉRESSÉS, interested motives.
PARTIE INTÉRESSÉE, party concerned.
PARTIES INTÉRESSÉES, interested parties.
POLITIQUE INTÉRESSÉE, calculating policy.

INTÉRESSER v, to interest.

INTÉRESSÉS m. pl, persons concerned.

INTÉRÊT m, interest.
ACCORDER DES DOMMAGES-INTÉRÊTS, to give damages.
ACTION EN DOMMAGES ET INTÉRÊTS, action for damages.
AFFAIRES D'INTÉRÊT, money matters.
AFFECTATION D'INTÉRÊT(S), affectation of interest.
ALLOUER DES INTÉRÊTS AUX DÉPÔTS, to allow interest on deposits.
AVOIR DES INTÉRÊTS DANS, to have a stake in.
BAISSE DU TAUX D'INTÉRÊT, fall in the rate of interest.
CAPITAL PRODUCTIF D'INTÉRÊTS, capital productive of interest.
CHIFFRER LES INTÉRÊTS, to work out the interest.
COMMUNAUTÉ D'INTÉRÊTS, community of interest.

COMPTE D'INTÉRÊTS, interest account.
CONTRÔLE DES TAUX D'INTÉRÊT, control of interest rates.
COTATION SANS INTÉRÊTS, flat quotation.
COUPON D'INTÉRÊT, interest coupon; interest warrant.
COÛT D'INTÉRÊT, interest cost.
DÉTERMINATION DU TAUX D'INTÉRÊT, determination of the rate of interest.
DOMMAGES-INTÉRÊTS*, damages; award.
DOMMAGES-INTÉRÊTS FIXÉS EN ARGENT, liquidated damages.
ÉLASTICITÉ DES PRÉVISIONS D'INTÉRÊT, elasticity of interest-expectations.
EMPRUNTER À INTÉRÊT, to borrow at interest.
ESCALADE DES TAUX D'INTÉRÊT, escalation of interest rates.
EXPROPRIATION DANS L'INTÉRÊT PUBLIC, compulsory acquisition of property (by public bodies).
FIXATION DES DOMMAGES ET INTÉRÊTS, assessment of damages.
FIXER DES DOMMAGES ET INTÉRÊTS, to assess the damages.
FIXER LE TAUX DE L'INTÉRÊT, to fix the rate of interest.
GARANTIR UN MINIMUM D'INTÉRÊT, to guarantee a minimum interest.
HAUSSE DU TAUX DE L'INTÉRÊT, rise in the rate of interest.
INSOUCIEUX DE SES INTÉRÊTS, neglectful of his interests.
INTÉRÊTS, interest charges.
INTÉRÊTS DES ACTIONNAIRES, shareholders' interests.
INTÉRÊTS ARRIÉRÉS, arrears of interest; interest in arrears.
INTÉRÊT DU CAPITAL, interest on capital.
les INTÉRÊTS DU CAPITAL CONSTITUENT UN ÉLÉMENT DU COÛT DE PRODUCTION, interest on capital constitutes a charge on production.
dans l'INTÉRÊT COMMUN, for the common good.
INTÉRÊTS COMPENSATOIRES, default interest.
INTÉRÊTS COMPOSÉS, compound interest.
INTÉRÊTS COURANTS, current interest.
les INTÉRÊTS COURENT À PARTIR DE, interest accrues from.
INTÉRÊTS CUMULATIFS, cumulative interest.
INTÉRÊTS SUR LES DETTES, interest on debts.
INTÉRÊT SUR LA DETTE PUBLIQUE, interest on the public debt.
INTÉRÊT DIFFÉRÉ, deferred interest.
les INTÉRÊTS ET DIVIDENDES SONT PAYABLES LE, interest and dividends are payable on.
INTÉRÊTS ÉCHUS, outstanding interest.
INTÉRÊTS ÉCHUS ET NON PAYÉS, arrears of interest; interest in arrears.
INTÉRÊT ÉLEVÉ, high interest.
dans l'INTÉRÊT GÉNÉRAL, for the common good; in the common interest.
INTÉRÊTS, IMPÔTS DÉDUITS, interest, less tax.
INTÉRÊTS INCOMPATIBLE,S jarring interests; conflicting interests.
INTÉRÊTS EN JEU, interests at stake.
INTÉRÊTS À CE JOUR, interest to date.
INTÉRÊTS MORATOIRES, interest on overdue payments.
INTÉRÊTS NETS D'IMPÔTS, interest free of tax.
INTÉRÊTS OBLIGATAIRES, bond interest.
INTÉRÊT DES OBLIGATIONS, interest on debentures.
INTÉRÊTS PARTICULIERS, private interests.
INTÉRÊT PÉCUNIAIRE, money interest.
INTÉRÊTS PERSONNELS, private ends.
INTÉRÊTS PRÉLEVÉS SUR LE CAPITAL, interest paid out of capital.
INTÉRÊT DE PRÊT, interest on loan.
l'INTÉRÊT PRIME TOUT, interest always comes first.
INTÉRÊTS ET PRINCIPAL, interest and principal.
INTÉRÊT PUBLIC, public interest.
INTÉRÊTS À RECEVOIR, interest receivable.
INTÉRÊTS ROUGES, DÉBITEURS, red interest.
INTÉRÊTS SIMPLES, simple interest.
INTÉRÊTS EN SOUFFRANCE, interest in suspense.
INTÉRÊTS EN SUSPENS, interest in suspense.
INTÉRÊT SUR LES TITRES EN PORTEFEUILLE, interest on securities owned.
LIGNES D'INTÉRÊT LOCAL, feeder lines.
MARCHÉ À BAS TAUX D'INTÉRÊT, cheap money market.
au MIEUX DES INTÉRÊTS DE, in the best interests of.
OBTENIR DES DOMMAGES-INTÉRÊTS, to recover damages.
OBTENTION DE DOMMAGES-INTÉRÊTS, recovery of damages.
PASSIBLE DE DOMMAGES-INTÉRÊTS, liable for damages.
PLACEMENT QUI PORTE INTÉRÊT, interest-bearing investment.
PLACEMENT QUI RAPPORTE DES INTÉRÊTS ÉLEVÉS, investment that returns good interest.
PORTER INTÉRÊT, to bear interest; to carry interest; to bring in interest.
POURSUIVRE EN DOMMAGES-INTÉRÊTS, to sue for damages.
PRÉJUDICIABLE À NOS INTÉRÊTS, detrimental to our interests.
PRÊT À INTÉRÊT(S), loan at interest.
PRÊTER À INTÉRÊT, to lend at interest; to lend money at interest.
PRORATA D'INTÉRÊTS EN COURS, proportion of current interest.
RAPPORTER UN INTÉRÊT, to yield interest; to bring in interest.
RAPPORTER UN INTÉRÊT DE 5 %, to carry an interest of 5 %; to yield 5 %.

SAUVEGARDER LES INTÉRÊTS DES ACTIONNAIRES, to protect the interests of shareholders.
SERVICE DE L'INTÉRÊT, payment of interest.
TABLE D'INTÉRÊTS, interest table.
TAUX D'INTÉRÊT, rate of interest; interest rate
TAUX D'INTÉRÊT DE L'ARGENT, rate of interest of money.
TAUX D'INTÉRÊT DE L'ARGENT AU JOUR LE JOUR, call money rate.
TAUX D'INTÉRÊT DES AVANCES, rate of interest on advances; rate for advances.
TAUX D'INTÉRÊT DES BONS DU TRÉSOR, Treasury-bill rate.
TAUX D'INTÉRÊT ÉLEVÉ, high rate of interest.
TAUX D'INTÉRÊT MOMENTANÉ, momentary money rate of interest.
TAUX D'INTÉRÊT MONÉTAIRE, money rate of interest.
TAUX D'INTÉRÊT RÉEL, real rate of interest.
TAUX D'INTÉRÊT À TERME, forward rate of interest.
THÉORIE DU CAPITAL ET DE L'INTÉRÊT, theory of capital and interest.
THÉORIE DU TAUX D'INTÉRÊT, theory of the rate of interest.
TITRES RAPPORTANT UN INTÉRÊT, interest-bearing securities.
VARIABILITÉ CYCLIQUE DES TAUX D'INTÉRÊT, cyclical variability of interest rates.
VEILLER À SES INTÉRÊTS, to look after one's interests.

INTERFACE m, interface.

INTERFÉRER v, to interfere.

INTÉRIEUR a, interior; internal; inner; inward; domestic.
ANGLE INTÉRIEUR, interior angle.
CHANGE INTÉRIEUR, internal exchange.
COMMERCE INTÉRIEUR, internal trade; interior trade; inland trade; home trade; domestic trade.
CONSOMMATION INTÉRIEURE, home consumption.
DETTE INTÉRIEURE, internal debt.
EMPRUNT INTÉRIEUR, internal loan.
EAUX INTÉRIEURES, inland waters.
FORMATION BRUTE DE CAPITAL INTÉRIEUR, gross domestic capital formation.
INVESTISSEMENT INTÉRIEUR, home investment.
MARCHÉ INTÉRIEUR, home market.
NAVIGATION INTÉRIEURE, internal navigation; inland navigation.
OBLIGATIONS DE 7 % DE REMBOURSEMENT DE LA DETTE INTÉRIEURE, 7 % refunded internal debt bonds.
POLITIQUE INTÉRIEURE, internal politics.
PRIX DES IMPORTATIONS ALIGNÉS SUR LES PRIX INTÉRIEURS AMÉRICAINS (PAR UN DROIT DE DOUANE CORRESPONDANT), American Selling Price.
PRODUIT INTÉRIEUR NET, net domestic product.
RÉDUIRE LA CONSOMMATION INTÉRIEURE, to damp down domestic consumption.
RÉGIME INTÉRIEUR, inland system.
RÈGLEMENT INTÉRIEUR (FAISANT PARTIE DES STATUTS D'UNE SOCIÉTÉ), U.K: articles of association.
TARIF INTÉRIEUR, inland rate.
TAXES INTÉRIEURES, inland duties.
VOIES NAVIGABLES INTÉRIEURES, inland waterways.

INTÉRIEUR m, inland; interior.
BILLETS ÉMIS À L'INTÉRIEUR DU PAYS, home currency issues.
EFFET SUR L'INTÉRIEUR, inland bill.
HABITANT DE L'INTÉRIEUR, inlander.
MINISTÈRE DE L'INTÉRIEUR, U.K: Home Office; U.S: Department of the Interior.

INTÉRIM m, interim.

INTÉRIMAIRE a, temporary; interim.
DIVIDENDE INTÉRIMAIRE, interim dividend.
CRÉDITS BUDGÉTAIRES INTÉRIMAIRES, deficiency bills.

INTERLOPE a, dishonest.
COMMERCE INTERLOPE, dishonest business.

INTERMÉDIAIRE a, intermediary, intermediate; mediate.
ACHETEURS ET VENDEURS INTERMÉDIAIRES, intermediate buyers and sellers.
CONSOMMATION INTERMÉDIAIRE, intermediate consumption.
MÉMOIRE INTERMÉDIAIRE, score storage.
PRODUITS INTERMÉDIAIRES, intermediate products.

INTERMÉDIAIRE m, intermediary, intermediate, middleman, go-between, jobber.
CONTRAT SANS INTERMÉDIAIRES, direct contract.
sans INTERMÉDIAIRE, immediate.
INTERMÉDIAIRE ENTRE LA BOURSE ET LE COURTIER, U.K: stock-jobber.
SIMPLES INTERMÉDIAIRES, mere middlemen; mere intermediaries.

INTERMITTENCE f, intermittence.
OUVRIER EMPLOYÉ PAR INTERMITTENCE, casual labourer.

INTERMITTENT a, intermittent, discontinuous; casual.
DEMANDE À CARACTÈRE INTERMITTENT, intermittent demand.
HAUSSE INTERMITTENTE, discontinuous rise.

INTERNATIONAL *a*, international.
ACCORDS INTERNATIONAUX SUR LES PRODUITS DE BASE, International Commodity Agreement.
ASSOCIATION INTERNATIONALE POUR LE DÉVELOPPEMENT, International Development Association.
BALANCE DE L'ENDETTEMENT INTERNATIONAL, balance of external claims and liabilities.
BALANCE INTERNATIONALE DES PAIEMENTS, balance of international payments.
BANQUES POUR LE COMMERCE INTERNATIONAL, *U.K:* merchant banks.
BANQUE INTERNATIONALE POUR LA RECONSTRUCTION ET LE DÉVELOPPEMENT, International Bank for Reconstruction and Development.
BANQUE DES RÈGLEMENTS INTERNATIONAUX, Bank for International Settlements.
BUREAU INTERNATIONAL DU TRAVAIL, International Labour Office.
CLASSIFICATION ÉCONOMIQUE INTERNATIONALE TYPE, standard economic classification.
COMMERCE INTERNATIONAL, international trade.
COMMISSION INTERNATIONALE DES PRODUITS DE BASE, Commission on International Commodity Trade.
CONSEIL INTERNATIONAL DE L'ÉTAIN, International Tin Council.
CONSEIL INTERNATIONAL DU SUCRE, International Sugar Council.
COOPÉRATION MONÉTAIRE INTERNATIONALE, international monetary co-operation.
COUPON-RÉPONSE INTERNATIONAL, international reply coupon.
CRISE MONÉTAIRE INTERNATIONALE, international monetary crisis.
DROIT INTERNATIONAL, international law; law of nations.
DROIT INTERNATIONAL PRIVÉ, private international law.
ÉCONOMIE INTERNATIONALE, international economics.
FÉDÉRATION INTERNATIONALE DU COTON ET DES INDUSTRIES TEXTILES CONNEXES, International Federation of Cotton and Allied Textile Industries.
FÉDÉRATION LAINIÈRE INTERNATIONALE, International Wool Textile Organization.
FONDS MONÉTAIRE INTERNATIONAL, International Monetary Fund.
INSTITUTIONS PUBLIQUES INTERNATIONALES, public international authorities; public international bodies.
LIQUIDITÉS INTERNATIONALES, international liquidity.
MANDAT INTERNATIONAL, foreign money order.
MANDAT-POSTE INTERNATIONAL, international money order.
MARCHÉ INTERNATIONAL DU CAFÉ, international coffee market.
MONOPOLE INTERNATIONAL, international monopoly.
MULTIPLICATEUR DE COMMERCE INTERNATIONAL, foreign trade multiplier.
ORDRE MONÉTAIRE INTERNATIONAL, international monetary order.
ORGANISATION DE L'AVIATION CIVILE INTERNATIONALE, International Civil Aviation Organization.
PAIEMENTS INTERNATIONAUX, international payments.
PRÊTS INTERNATIONAUX, international loans.
RAPPORT D'ÉCHANGE INTERNATIONAL, real exchange ratio.
RELATIONS ÉCONOMIQUES INTERNATIONALES, international economic relations.
RÉSERVES MONÉTAIRES INTERNATIONALES, international monetary reserves.
SOCIÉTÉ FINANCIÈRE INTERNATIONALE, International Finance Corporation.
SYSTÈME MONÉTAIRE INTERNATIONAL, international monetary system.
THÉORIE DU COMMERCE INTERNATIONAL, theory of international trade.
THÉORIE DES VALEURS INTERNATIONALES, theory of international values.
UNION INTERNATIONALE DES TÉLÉCOMMUNICATIONS, International Telecommunication Union.

INTERNATIONALISATION *f*, internationalization.

INTERNATIONALISME *m*, internationalism.

INTERNE *a*, internal, interior, inward.
ANGLE INTERNE, interior angle.
COHÉRENCE INTERNE DU SYSTÈME, internal consistency of the system.
ÉCONOMIES INTERNES, internal economies.
MÉMOIRE INTERNE, internal storage.
MOTEUR À COMBUSTION INTERNE, internal-combustion engine.
RÈGLEMENT INTERNE, by(e)-law; rules.

INTERPERSONNEL *a*, interpersonal.
COMPARAISONS D'UTILITÉ INTERPERSONNELLES, interpersonal comparison of utility.

INTERPOLATION *f*, interpolation.

INTERPOLER *v*, to interpolate.

INTERPRÉTATIF *a*, interpretative.

INTERPRÉTATION *f*, interpretation, construction.
INTERPRÉTATION D'UNE DISPOSITION (D'UN CONTRAT), construction of a provision (of a contract).
INTERPRÉTATION D'UNE LOI, construction of a law.

INTERPRÉTER *v*, to interpret; to expound.
INTERPRÉTER LES CHIFFRES, to interpret figures.
MAL INTERPRÉTER, to misinterpret; to misconstrue.

INTERPROFESSIONNEL *a*, interprofessional.
SALAIRE MINIMUM INTERPROFESSIONNEL GARANTI, guaranteed minimum wage.

INTERRELATION *f*, interrelation.
INTERRELATIONS DES MARCHÉS, interrelations of markets.

INTERROGATION *f*, query; questioning; examination.

INTERROGATOIRE *m*, examination.
INTERROGATOIRE ET CONTRE-INTERROGATOIRE D'UN TÉMOIN, examination and cross-examination of a witness.

INTERROGÉ *a*, interrogated.
PERSONNE INTERROGÉE, interviewee.

INTERROGER *v*, to examine; to question.
INTERROGER UN TÉMOIN, to examine a witness.

INTERRUPTION *f*, break, breaking off, severance, discontinuance.
INTERRUPTION DE COMMUNICATIONS, severance of communications.
INTERRUPTION D'UN PROCÈS, discontinuance of a suit.
INTERRUPTION DE LA SÉRIE, break in the series.

INTERSECTÉ *a*, intersecting.
COURBES INTERSECTÉES, intersecting curves.

INTERSECTER *v*, to intersect.

INTERSECTION *f*, intersection.
POINT D'INTERSECTION DE DEUX COURBES, point of intersection of two curves.

INTERSECTORIEL *a*, pertaining to input-output relations.
ANALYSE D'ÉCHANGES INTERSECTORIELS, input-output analysis.
ANALYSE INTERSECTORIELLE, input-output analysis.
TABLEAU D'ÉCHANGES INTERSECTORIELS, input-output table.

INTERURBAIN *a*, interurban.
APPEL TÉLÉPHONIQUE INTERURBAIN, trunk call.

INTERVALLE *m*, interval, range, meantime.
ESTIMATION PAR INTERVALLES, interval estimation.
INTERVALLE D'ACCEPTATION, acceptance interval.
INTERVALLES DE DIX ANS, decennial intervals.
INTERVALLE DE CLASSE, class-interval.
INTERVALLES DE CLASSES INÉGAUX, uneven class-intervals.
INTERVALLE DE CONFIANCE DE 95 %, 95 % confidence interval.
INTERVALLE DE VARIATION, range of variation.

INTERVENTION *f*, intervention, interference, meddling.
ACCEPTATION PAR INTERVENTION, acceptance for honour.
non-INTERVENTION, non-intervention.
INTERVENTION(S) DE L'ÉTAT, intervention by Government.
PAIEMENT PAR INTERVENTION, payment of behalf of a third party; payment for honour.
PAYER UNE LETTRE DE CHANGE PAR INTERVENTION, to pay a bill of exchange for honour.
PAYEUR PAR INTERVENTION, payer for honour.

INTERVENU *a*, entered.
CONVENTION INTERVENUE ENTRE, agreement entered into between.

INTERVIEW *f*, interview.

INTERVIEWER *v*, to interview.

INTERVIEWEUR *m*, interviewer.

INTIMEMENT *adv*, closely.
INTIMEMENT LIÉ(S), interrelated.

INTITULÉ *m*, heading; name; premise.
INTITULÉ D'UN ACTE, premises of a deed.
INTITULÉ D'UN COMPTE, name of an account.

INTRACLASSE *a*, within classes.
VARIANCE INTRACLASSE, variance within classes.

INTRANSFÉRABLE *a*, untransferable.

INTRANSPORTABLE *a*, untransportable.

INTRANT *m*, input.

INTRINSÈQUE *a*, intrinsic.
DOCUMENT SANS VALEUR INTRINSÈQUE, document without intrinsic value.
PAIR INTRINSÈQUE, mint par of exchange; par of exchange.
VALEUR INTRINSÈQUE, intrinsic value.
VICE INTRINSÈQUE, intrinsic defect.

INTRODUCTION *f*, introduction.
ACTIONS À L'INTRODUCTION, shop shares.
INTRODUCTION DE TITRES SUR LE MARCHÉ, introduction of shares on the market.

INTRODUIRE *v*, to introduce.
INTRODUIRE UNE ACTION EN JUSTICE, to initiate proceedings.
INTRODUIRE DES VALEURS SUR LE MARCHÉ, to bring out shares on the market.

INTUITIF *a*, intuitive.

INTUITION *f*, intuition.

INUTILE *a*, useless; needless, unnecessary; of no effect.

INUTILISABLE *a*, unusable.

INUTILISÉ *a*, unused, unutilized.

INUTILITÉ *f*, inutility, fruitlessness, uselessness.

INVALIDATION *f*, invalidation.

INVALIDE *a*, invalid, disabled.

INVALIDE *m*, invalid, disabled person.

INVALIDER *v*, to invalidate, to infirm.

INVALIDITÉ *f*, invalidity, disability, disablement.
ASSURANCE CONTRE L'INVALIDITÉ, disablement insurance.
INVALIDITÉ D'UN CONTRAT, invalidity of a contract.
INVALIDITÉ PERMANENTE, chronic ill-health.
PENSION D'INVALIDITÉ, disability pension; invalid pension.

INVARIABILITÉ *f*, invariability, invariableness.

INVARIABLE *a*, invariable, invariant, unchangeable, fixed.
PARAMÈTRE INVARIABLE, fixed parameter.
PRIX DE REVIENT INVARIABLE, fixed cost.
PROPRIÉTÉS INVARIABLES, invariant properties.
QUANTITÉ INVARIABLE (DE TERRE), unchangeable quantity (of land).

INVARIANCE *f*, invariance.

INVARIANT *m*, invariant.

INVENDABLE *a*, unsaleable, unmarketable, unmerchantable, unvendable.
MARCHANDISES INVENDABLES, unsaleable goods.

INVENDU *a*, unsold.
ACCUMULATION DE STOCKS INVENDUS, accumulation of unsold stocks.
MARCHANDISES INVENDUES, unsold goods.

INVENDUS *m. pl*, left-overs, left-over stock; returns.
REPRISE DES INVENDUS, taking back of left-overs.

INVENTAIRE *m*, inventory, stock-list, list, stock, stock-taking, schedule.
BALANCE D'INVENTAIRE, second trial balance; short trial balance.
CONTRÔLE D'INVENTAIRE, inventory control.
FAIRE L'INVENTAIRE, to take stock.
INVENTAIRE DE BIENS, inventory of the property.
INVENTAIRE COMPTABLE, *U.S:* book Inventory.
INVENTAIRE DU PORTEFEUILLE, list of investments.
INVENTAIRE TOURNANT, continuous inventory.
SOLDE AVANT, APRÈS, INVENTAIRE, stock-taking sale.
SYSTÈME D'INVENTAIRE PERMANENT, continuous review system.

INVENTÉ *a*, invented.

INVENTER *v*, to invent.

INVENTEUR *m*, inventor.

INVENTIF *a*, originative.

INVENTION *f*, invention, origination.
ANTÉRIORITÉ D'UNE INVENTION, priority of invention.
EXPLOITATION D'UN BREVET D'INVENTION, utilization of a patent.
METTRE UNE INVENTION AU POINT, to perfect an invention.
PROCÉDÉ D'INVENTION RÉCENTE, newly invented process.

INVENTORIER *v*, to inventorize, to inventory, to list, to value.
INVENTORIER DES MARCHANDISES, to value goods.

INVERSE *a*, inverse, reverse, opposite; reciprocal.
DIRECTION INVERSE, opposite direction.
FONCTION INVERSE, inverse function.
RAISON INVERSE, reciprocal ratio.
RAPPORT INVERSE, inverse proportion.
SENS INVERSE, inverse order.
en SENS INVERSE, counter.
y VARIE EN RAISON INVERSE DE *x*, *y* varies inversely with *x*.

INVERSE *m*, inverse, reciprocal, reverse.
y VARIE COMME L'INVERSE DU CARRÉ DE *x*, *y* varies inversely as the square of *x*.

INVERSEMENT *adv*, inversely.
INVERSEMENT PROPORTIONNEL À, inversely proportional to.

INVERSER *v*, to reverse.

INVERSION *f*, inversion; reversing.
INVERSION DE LA MATRICE, inversion of the matrix.

INVESTI *a*, invested, funded.
CAPITAUX INVESTIS, funded capital.
CAPITAL INVESTI DANS UNE AFFAIRE, capital invested in a business.
CAPITAL INVESTI PAR OUVRIER, amount of capital per worker.

INVESTIGATION *f*, investigation.
MÉTHODE D'INVESTIGATION, method of inquiry.

INVESTIR *v*, to invest.
OPPORTUNITÉ D'INVESTIR, opportunity to invest.
PROPENSION À INVESTIR, propensity to invest.
PROPENSION MARGINALE À INVESTIR, marginal propensity to invest.

INVESTISSEMENT *m*, investment, investing.
AFFECTATION DES INVESTISSEMENTS, allocation of capital.
BANQUE EUROPÉENNE D'INVESTISSEMENT, European Investment Bank.
BIENS D'INVESTISSEMENT, investment goods.
COMPOSITION DES INVESTISSEMENTS, composition of investment.
COURBE DE LA DEMANDE D'INVESTISSEMENT, demand schedule for investment.
COÛT DE L'INVESTISSEMENT, cost of investment.
DÉDUCTION FISCALE SUR LES INVESTISSEMENTS, investment allowance; capital allowance.
DIFFÉRENCE ENTRE L'ÉPARGNE ET L'INVESTISSEMENT, divergences between saving and investment.
DIRIGER LES INVESTISSEMENTS VERS L'INDUSTRIE, to channel investments into industry.
DURÉE MOYENNE D'INVESTISSEMENT, average period of investment.
EFFICACITÉ MARGINALE DE L'INVESTISSEMENT, marginal efficiency of investment.
ÉGALITÉ DE L'ÉPARGNE ET DE L'INVESTISSEMENT, equality of saving and investment.
FINANCEMENT DES INVESTISSEMENTS, financing of investment.
FLUCTUATION DE L'INVESTISSEMENT, fluctuation in investment.
FONDS D'INVESTISSEMENT MUTUALISTES, mutual investment funds.
FONDS D'INVESTISSEMENTS ROUTIERS, road fund.
INVESTISSEMENT AUTONOME, autonomous investment.
INVESTISSEMENTS DES BANQUES, investments by banks.
INVESTISSEMENT BRUT, gross investment.
INVESTISSEMENT DE CAPITAUX, capital investment.
INVESTISSEMENT DE CAPITAUX À LONG TERME, long-term capital investment.
INVESTISSEMENT COURANT, current investment.
INVESTISSEMENT DIRECT, direct investment.
INVESTISSEMENT(S) ÉTRANGER(S), foreign investment.
INVESTISSEMENT(S) À L'ÉTRANGER, foreign investment.
INVESTISSEMENT(S) FIXE(S), fixed investment; investment in fixed assets.
INVESTISSEMENT INDUIT, induced investment.
INVESTISSEMENT D' INFRASTRUCTURE, social overhead capital.
INVESTISSEMENT MAL ORIENTÉ, malinvestment.
INVESTISSEMENT NET, net investment.
INVESTISSEMENT PLANIFIÉ, planned investment.
INVESTISSEMENT PRODUCTIF, productive investment.
INVESTISSEMENT PROJETÉ, scheduled investment.
INVESTISSEMENT DANS LES STOCKS, inventory investment; investment in inventories; investment in stocks.
INVESTISSEMENT SUPPLÉMENTAIRE, additional investment.
MODULATION DES INVESTISSEMENTS PUBLICS, adjustment of the timing of public investment.
MULTIPLICATEUR D'INVESTISSEMENT, investment multiplier.
OCCASIONS D'INVESTISSEMENT, investment opportunities.
PORTEFEUILLE D'INVESTISSEMENTS, investment portfolio.
PROVISION POUR MOINS-VALUE DES INVESTISSEMENTS, provision for depreciation of investments.
RENTABILITÉ D'UN INVESTISSEMENT, return on an investment.
REVENU D'INVESTISSEMENTS, income from investments; investment income.
RUBRIQUE INVESTISSEMENTS, heading investments.
SOCIÉTÉS D'INVESTISSEMENT À CAPITAL VARIABLE, *U.K:* Unit Trusts; *U.S:* Mutual Funds.
SOCIÉTÉ D'INVESTISSEMENT FERMÉE, closed-end investment company.
UNITÉ MARGINALE D'INVESTISSEMENT, marginal unit of investment.

INVESTISSEUR *m*, investor.

INVISIBLE *a*, invisible.

EXPORTATIONS ET IMPORTATIONS INVISIBLES, invisible exports and imports.
TRANSFERTS INVISIBLES, invisible transfers.

INVISIBLES *m. pl*, invisibles.

INVITATION *f*, invitation.

INVITER *v*, to invite.
INVITER DES SOUMISSIONS POUR, to invite tenders for; to take tenders for.

INVOLONTAIRE *a*, involuntary, unintended, unintentional.
CHÔMAGE INVOLONTAIRE, involuntary unemployment.

INVRAISEMBLABLE *a*, unlikely.

INVRAISEMBLANCE *f*, improbability.

IRRATIONALITÉ *f*, irrationality.

IRRATIONNEL *a*, irrational; surd.
COMPORTEMENT IRRATIONNEL, irrational behaviour.
faire DISPARAÎTRE LES QUANTITÉS IRRATIONNELLES D'UNE EXPRESSION, to rationalize an expression.
NOMBRE IRRATIONNEL, irrational; irrational number; incommensurable number.
RACINE IRRATIONNELLE, surd.

IRRÉALISABLE *a*, impracticable, unfeasible; unrealizable.
VALEURS IRRÉALISABLES, unrealizable securities.

IRRÉCOUVRABLE *a*, irrecoverable.
CRÉANCE IRRÉCOUVRABLE, irrecoverable debt; bad debt.
EMPRUNT IRRÉCOUVRABLE, dead loan.

IRRÉCUSABLE *a*, beyond exception.

IRRÉDUCTIBLE *a*, irreducible.
FRACTION IRRÉDUCTIBLE, fraction in its lowest terms.

IRRÉGULARITÉ *f*, irregularity, unevenness, unsteadiness.

IRRÉGULIER *a*, irregular, inequable, uneven, unequal, erratic, unsteady.
COURBE IRRÉGULIÈRE, erratic curve.
DÉBIT IRRÉGULIER (D'UNE MACHINE), unsteady output (of a machine).
le MARCHÉ EST IRRÉGULIER, the market is unsteady.
QUADRILATÈRE IRRÉGULIER, trapezoid.
TENDANCE IRRÉGULIÈRE, irregular tendency; irregular trend.

IRRÉVERSIBLE *a*, irreversible.

IRRIGATION *f*, irrigation.

IRRIGUÉ *a*, irrigated; watered.

ISOLATIONNISME *m*, isolationism.

ISOLÉ *a*, isolated.
CAS ISOLÉ, isolated instance.

ISOLEMENT *m*, isolation.
ISOLEMENT ÉCONOMIQUE, economic isolation.

ISOLÉMENT *adv*, severally; separately.
RESPONSABLES ISOLÉMENT, severally liable.

ISOLER *v*, to isolate, to segregate.

ISOMÉTRIQUE *a*, isometric.
DIAGRAMME ISOMÉTRIQUE, isometric diagram.

ISO-PRODUIT *m*, iso-product.
COURBE D'ISO-PRODUIT, iso-product curve.

ISSUE *f*, issue, outcome, upshot.

ITÉRATIF *a*, iterative.
MÉTHODE ITÉRATIVE, iterative method.
PROCESSUS ITÉRATIF, iterative process.

ITÉRATION *f*, iteration.

ITINÉRAIRE *m*, itinerary, route.

J *lettre,* J.
DISTRIBUTION EN FORME DE J, J-shaped distribution.

JACENT *a,* unclaimed, in abeyance.
BIENS JACENTS, land in abeyance.

JACHÈRE *f,* fallow.
en JACHÈRE, uncropped; out of crop; lying fallow.
METTRE LA TERRE EN JACHÈRE, to lay land fallow.
MISE EN JACHÈRE, fallowing.

JANVIER *m,* January.
pour FIN JANVIER, for end January.

JARDIN *m,* garden.
ART DE DESSINER DES JARDINS PAYSAGERS, landscape gardening.

JARDINAGE *m,* gardening.

JAUGE *f,* tonnage; gauge.
JAUGE BRUTE, gross tonnage.
TAXATION SUR LA JAUGE (DU NAVIRE), charging on the tonnage.
TONNAGE DE JAUGE, register tonnage; registered tonnage.
TONNEAU DE JAUGE, ton register.
TONNEAU DE JAUGE BRUTE, gross register ton; ton gross register.
TONNEAU DE JAUGE NETTE, net register ton; ton net register.

JAUNE *a,* yellow.
MÉTAL JAUNE, yellow metal.

JET *m,* throwing, toss; jet.

JETÉE *f,* pier.

JETER *v,* to toss, to cast.

JETON *m,* token.
JETONS DE PRÉSENCE DES ADMINISTRATEURS, directors' fees.

JEU *m,* game; gaming, gamble, gambling; play; set.
CYCLE DE JEU, game cycle.
DETTE DE JEU, gaming debt; play-debt.
FRANC JEU, fair play.
INTÉRÊTS EN JEU, interests at stake.
JEU D'ARGENT, gambling.
JEU COMPLET, full set.
JEU COMPOSÉ, compound game.
JEU CONCURRENTIEL, competitive game.
JEU COOPÉRATIF, co-operative game.
JEU NON-COOPÉRATIF, non co-operative game.
JEU DE DÉS, dice-rolling.
JEUX D'ENTREPRISE, business games.
JEU DE HASARD, game of chance; game of hazard; gamble.
JEU DU HASARD, freak of chance.
JEU À DEUX JOUEURS, two-person game.
JEU OPÉRATIONNEL, game; operational game; gaming.
JEUX OPÉRATIONNELS, operational gaming.
JEUX OPÉRATIONNELS SUR ORDINATEUR, computer gaming.
JEU SUR ORDINATEUR, computer game.
JEU DE PILE OU FACE, tossing; coin tossing.
JEU SUR LES REPORTS, speculating in contangoes.
JEU À SOMME CONSTANTE, constant sum game.
JEU À SOMME NULLE, zero sum game.
LIBRE JEU DE LA CONCURRENCE, free play of competition.

SÉQUENCE DE JEU, game cycle.
THÉORIE DES JEUX, theory of games.

JEUNE *a,* young.
ARGENT DE POCHE D'UNE JEUNE FILLE, pin-money.
JEUNE GÉNÉRATION, rising generation.

JEUNESSE *f,* youth.

JOAILLIER *m,* jeweller.

JOAILLERIE *f,* jewel(le)ry.

JOBBER *m,* jobber.
BÉNÉFICE DU JOBBER, jobber's turn.

(SE) JOINDRE *v,* to join, to link.

JOINT *a,* joined, linked.
COMPTE JOINT, joint account.

JONCTION *f,* junction.

JONGLER *v,* to juggle.
JONGLER AVEC LES CHIFFRES, to juggle with figures.

JOUER *v,* to play; to gamble; to speculate; to operate.
JOUER DE L'ARGENT, to gamble.
JOUER À LA BAISSE, to operate for a fall; to go a bear.
JOUER À LA BOURSE, to gamble on the stock exchange.
JOUER AUX DÉS, to dice.
JOUER À LA HAUSSE, to gamble on a rise in prices; to operate for
a rise.
JOUER LOYALEMENT, to play fair.
JOUER À PILE OU FACE, to toss; to toss (up) a coin; to toss heads
or tails.

JOUEUR *m,* player; gambler; speculator.
JEU À DEUX JOUEURS, two-person game.
JOUEUR À LA BAISSE, bear.
JOUEUR À LA BOURSE, gambler on the stock exchange; speculator

JOUISSANCE *f,* possession; tenement, tenure; enjoyment.
ACTION DE JOUISSANCE, dividend share.
avec JOUISSANCE AU, dividend payable on.
JOUISSANCE IMMÉDIATE (D'UNE MAISON), immediate possession
(of a property).
(PÉRIODE DE) JOUISSANCE LOCATIVE, tenure.

JOUR *m,* day, date.
ARGENT AU JOUR LE JOUR, day-to-day money; daily money.
BESOINS DE CHAQUE JOUR, necessaries.
CALORIES PAR JOUR, calories per day.
COURS DU JOUR, price of the day.
l'EFFET A 30 JOURS À COURIR, the bill has 30 days to run.
EFFET PAYABLE À 3 JOURS DE DATE, bill payable at 3 days' date.
INTÉRÊTS À CE JOUR, interest to date.
à JOUR, up to date.
à ce JOUR, to date.
JOUR DE BOURSE, market-day.
JOUR DE CONGÉ, day off.
JOUR FÉRIÉ, general holiday.
au JOUR LE JOUR, daily; hand to mouth.
JOUR DE LIQUIDATION (EN BOURSE), pay-day; account-day; settle-
ment day; settling day; call option day.
JOUR OUVRABLE, work-day; working day; business day; weekday.

JOUR DE PAIE, pay-day.
JOUR DE PLACE, market-day.
JOUR DE LA RÉPONSE DES PRIMES, option day.
JOUR DE(S) REPORTS, contango-day; continuation-day.
JOUR DU TERME, quarter-day; rent-day.
JOUR DE TRAVAIL, labouring day; working day.
PÉNALITÉ DE TANT PAR JOUR DE RETARD, penalty of so much
    per day of delay.
PRÊT AU JOUR LE JOUR, day-to-day loan; daily loan.
PRÊTS À SEPT JOURS, weekly loans; weekly fixtures.
PRIX DU JOUR, ruling price; today's price.
TAUX D'INTÉRÊT DE L'ARGENT AU JOUR LE JOUR, call money
    rate.
TAUX AU JOUR LE JOUR, day-to-day rate.
TAUX DES PRÊTS AU JOUR LE JOUR, call loan rate.
VIVRE AU JOUR LE JOUR, to live from day to day.

JOURNAL m, newspaper, journal, gazette, paper; news.
CONSOMMATION DE PAPIER-JOURNAL, newsprint consumption.
JOURNAL DU DIMANCHE, Sunday paper.
JOURNAL OFFICIEL, U.K: Gazette.
JOURNAL PARLÉ, broadcast news.
JOURNAL TÉLÉVISÉ, television news.
PAPIER-JOURNAL, newsprint.
TIRAGE DES JOURNAUX, circulation of newspapers.

JOURNALIER a, daily.
CONSOMMATION JOURNALIÈRE, daily consumption.
INDEMNITÉ JOURNALIÈRE, daily (subsistence) allowance.
RECETTES JOURNALIÈRES, daily returns.
RELEVÉS JOURNALIERS, daily returns.

JOURNALISME m, journalism.
FAIRE DU JOURNALISME, to write in the papers.

JOURNALISTE m, journalist, U.K: pressman.

JOURNÉE f, day.
JOURNÉE DE TRAVAIL, man-day.
JOURNÉE DE TRAVAIL DE HUIT HEURES, eight-hour working day.
LONGUES JOURNÉES (DE TRAVAIL), long (working) hours.

JOURNELLEMENT adv, daily.

JUDICIAIRE a, judicial, legal.
ADMINISTRATEUR JUDICIAIRE, official receiver; receiver in bank-
    ruptcy.
LIQUIDATION JUDICIAIRE, liquidation subject to supervision of
    court; winding up subject to supervision of court.
POURSUITES JUDICIAIRES, legal proceedings.
VENTE JUDICIAIRE, sale by order of the court.

JUDICIAIREMENT adv, judicially.
DETTE RECONNUE JUDICIAIREMENT, judgment debt.

JUGE m, judge, magistrate; umpire,
JUGE D'INSTRUCTION*, examining magistrate.

JUGÉ m, guess.
PRIX ESTIMÉ AU JUGÉ, guessed price.

JUGEMENT m, judg(e)ment, sentence; trial; adjudication; decree;
    judging.
ERREUR DE JUGEMENT, error of judgment.
EXEQUATUR D'UN JUGEMENT, recognition.
JUGEMENT DÉCLARATIF DE FAILLITE*, adjudication of bankruptcy;
    decree in bankruptcy; judgment in bankruptcy.
JUGEMENT PAR DÉFAUT, judgement by default.
RENDRE UN JUGEMENT, to decide a case.
SUSPENSION DE L'EXÉCUTION D'UN JUGEMENT, stay of execu-
    tion.

JUGER v, to judge, to adjudicate; to try.

JUGER UNE AFFAIRE (PAR UN JURY), to try a case.
MAL JUGER, to misjudge.

JUGULER v, to jugulate.
JUGULER L'INFLATION, to jugulate inflation.

JUMELAGE m, contra account.

JURIDIQUE a, legal.
ACTION JURIDIQUE, legal action.
TITRE JURIDIQUE, legal claim.

JURISPRUDENCE f, case law.
CAS DONT LA SOLUTION FAIT JURISPRUDENCE, test case.
DÉCISION DE JURISPRUDENCE (FAISANT AUTORITÉ), prece-
    dent.

JURISTE m, lawyer.

JURY m, jury, panel.
l'AFFAIRE VIENT À L'AUDIENCE DEVANT UN JURY, the case
    is coming for trial.
JUGER UNE AFFAIRE PAR UN JURY, to try a case.

JUSTE a, just, fair.
JUSTE PRIX, just price.
JUSTE MILIEU, happy medium.
JUSTE SALAIRE, fair wage.
OFFRIR UN JUSTE PRIX, to bid a fair price.

JUSTE adv, just.
JUSTE SUFFISANT, just sufficient.
les PRIX SONT CALCULÉS AU PLUS JUSTE, prices are cut very
    fine.
PRIX DE REVIENT CALCULÉ AU PLUS JUSTE, strict cost price.

JUSTEMENT adv, just.

JUSTICE f, justice; right, rightness; law.
ACTION EN JUSTICE*, action at law.
COUR DE JUSTICE, court.
FRAIS DE JUSTICE, legal costs; legal expenses.
HAUTE COUR DE JUSTICE (DE LONDRES), U.K: High Court of
    Justice.
INTRODUIRE UNE ACTION EN JUSTICE, to initiate proceedings.
MINISTRE DE LA JUSTICE, Attorney General.
PALAIS DE JUSTICE, law-court.
POURSUITE EN JUSTICE, suit.
POURSUIVRE EN JUSTICE, to sue; to prosecute.

JUSTIFIABLE a, warrantable.

JUSTIFICATIF a, justificative.
NUMÉRO DES PIÈCES JUSTIFICATIVES, voucher numbers.
PIÈCE JUSTIFICATIVE, voucher.

JUSTIFICATION f, justification, proof, warrant, warranty.
JUSTIFICATION D'ORIGINE, proof of origin.
JUSTIFICATION DE PERTE, proof of loss.

JUSTIFIÉ a, proved.
COÛT JUSTIFIÉ, proved cost.
non JUSTIFIÉ, uncalled for.
PRÉJUDICE JUSTIFIÉ, proved damage.

JUSTIFIER v, to prove, to account, to warrant.
JUSTIFIER UNE DÉPENSE, to account for an expenditure.
JUSTIFIER DE L'IDENTITÉ DE, to prove the identity of.

JUTE m, jute.

JUVÉNILE a, juvenile.

JUXTAPOSER v, to juxtapose.

JUXTAPOSITION f, juxtaposition.

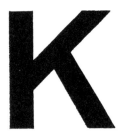

KAOLIN *m*, kaolin.

KENNEDY *n. pr*, Kennedy.
NÉGOCIATION KENNEDY (TARIFAIRE), Kennedy Round.

KEYNÉSIEN *a*, Keynesian.
ÉCONOMISTES KEYNÉSIENS, Keynesian economists.
MODÈLE KEYNÉSIEN, Keynesian model.

KHI *lettre (grecque)*, chi.
TEST DU KHI, chi-square test.

KILOMÉTRAGE *m*, length in kilometres.

KILOMÈTRE *m*, kilometre.
PASSAGER-KILOMÈTRE, passenger-kilometre.

TONNE-KILOMÈTRE, ton-kilometre.

KILOWATT *m*, kilowatt.
KILOWATT-HEURE, kilowatt-hour.

KOLKHOZE *m*, *U.R.S.S:* collective farm.

KOULAK *m*, *U.R.S.S:* kulak.

KRACH *m*, crash, smash.
KRACH D'UNE BANQUE, bank crash; bank smash.

KURTOSIS *m*, kurtosis, peakedness, skewness.
KURTOSIS D'UNE DISTRIBUTION, kurtosis of a distribution; peakedness of a distribution.
MESURES DU KURTOSIS, measures of kurtosis; measures of peakedness.

LABEL *m,* label; trade-union mark.

LABEUR *m,* toil, toiling; travail.

LABORATOIRE *m,* laboratory.
FERME LABORATOIRE, experiment farm.
LABORATOIRE D'ESSAIS, sampling works.

LABORIEUX *a,* working; laborious.
CLASSES LABORIEUSES, working classes.
POPULATION LABORIEUSE, working population.

LABOUR *m,* tillage, tilling; ploughing; *U.S:* plowing.
TERRE EN LABOUR, land in tillage.

LABOURABLE *a,* tillable, arable.

LABOURER *v,* to till; to plough, *U.S:* to plow.

LABOUREUR *m,* farmer; agricultural labourer; ploughman, *U.S:* plowman.

LAGRANGE *n. pr,* Lagrange.
MULTIPLICATEUR DE LAGRANGE, Lagrange multiplier.

LAINE *f,* wool.
BAS DE LAINE, hoard of money.
INDUSTRIE DE LA LAINE, wool industry; woollen manufacture.

LAINIER *a,* woollen.
FÉDÉRATION LAINIÈRE INTERNATIONALE, International Wool Textile Organization.
INDUSTRIE LAINIÈRE, wool industry.

LAÏQUE *a,* lay.

LAISSÉ *a,* left.
LAISSÉ POUR COMPTE, returned article.
MARCHANDISES LAISSÉES POUR COMPTE, goods left on hand.

LAISSER *v,* to leave, to let.
CHOIX QUI NE LAISSE PAS D'ALTERNATIVE, Hobson's choice.
LAISSER PÉRICLITER SES AFFAIRES, to jeopardize one's business.
PRIX QUI NE LAISSE QU'UNE MARGE NÉGLIGEABLE, close price.
TRANSACTION QUI LAISSE TRÈS PEU DE MARGE, tight bargain.

LAISSEZ-FAIRE *m,* laissez-faire.
ÉCONOMIE DU LAISSEZ-FAIRE, laissez-faire economy.

LAISSEZ-PASSER *m,* pass; transire; free pass.

LAIT *m,* milk.

LAITERIE *f,* dairy.

LAITIER *a,* pertaining to milk.
COOPÉRATIVES LAITIÈRES, co-operative dairies.
INDUSTRIE LAITIÈRE, dairy-farming; dairying.
PRODUITS LAITIERS, dairy-produce; milk products.

LAMINAGE *m,* rolling.

LAMINÉ *a,* rolled; laminated.
PLATINE LAMINÉ, platinum foil.

LAMINOIR *m,* rolling-mill.

LANCEMENT *m,* launching; flo(a)tation; promoting, promotion; tossing, toss, throwing.

LANCER *v,* to launch, to issue; to promote; to start.

LANCER UNE AFFAIRE, to launch an enterprise.
se LANCER DANS LES AFFAIRES, to engage in business; to start in business.
LANCER UN BATEAU, to launch a ship.
LANCER SUR LE MARCHÉ, to market.
LANCER UN PRODUIT SUR LE MARCHÉ, to put an article on the market.
LANCER UN PROSPECTUS, to issue a prospectus.
LANCER UNE SOCIÉTÉ, to promote a company.
LANCER UNE SOUSCRIPTION, to start a fund.

LANGAGE *m,* language.
en LANGAGE D'ÉLASTICITÉ, in terms of elasticities.
LANGAGE MACHINE, machine language; computer language.
LANGAGE DE PROGRAMMATION, programming language.

LANGUIR *v,* to languish.
les AFFAIRES LANGUISSENT, business is slow.
le COMMERCE LANGUIT, trade is slack.

LANGUISSANT *a,* slack, flat.
MARCHÉ LANGUISSANT, flat market.

LAPLACE *n. pr,* Laplace.
PREMIÈRE LOI DE LAPLACE, Laplace distribution

LAPS *m,* interval.
LAPS DE TEMPS, interval of time.

LARGE *a,* wide.
DÉFINITION TRÈS LARGE, wide definition.

LARGEMENT *adv,* highly; well.
GAGNER LARGEMENT SA VIE, to earn good money.

LARGEUR *f,* width, breadth.

LASPEYRES *n. pr,* Laspeyres.
FORMULE DE LASPEYRES, Laspeyres formula.
INDICE LASPEYRES, Laspeyres index.

LASSALLE *n. pr,* Lassalle.

LATENT *a,* latent, hidden.
RÉSERVES LATENTES, inner reserves; hidden reserves; secret reserves.

LATÉRAL *a,* lateral, sideways.

LATIN *a,* Latin.
UNION (MONÉTAIRE) LATINE, Latin (Monetary) Union.

LATITUDE *f,* latitude.

LATITUDINAL *a,* latitudinal.

LAVAGE *m,* washing.

LEADER *m,* leader.

LEADERSHIP *m,* leadership.

LEASING *m,* leasing.
SOCIÉTÉ DE LEASING, leasing company.

LECTEUR *m,* reader; read.
LECTEUR DE BANDE PERFORÉE, perforated tape reader; punched tape reader; paper tape reader.
LECTEUR DE CARTES, card reader.
LECTEUR ÉLECTRONIQUE, electronic read.

LECTEUR OPTIQUE, optical reader.
LECTEUR-PERFORATEUR DE CARTES, card read punch.

LECTURE *f*, reading.

LÉGAL *a*, legal, lawful, statutable.
COUVERTURE LÉGALE MINIMUM, margin requirements.
DOMICILE LÉGAL, legal domicile.
ENSEMBLE DU SYSTÈME LÉGAL, fabric of law.
ÉTALON LÉGAL, legal standard.
FÊTE LÉGALE, legal holiday; public holiday; bank-holiday.
FICTION LÉGALE, legal fiction.
LIBÉRER DE LA RESPONSABILITÉ LÉGALE, to relieve from legal
  liability.
MONNAIE AYANT COURS LÉGAL, lawful currency; lawful tender;
  legal tender currency.
MONNAIE LÉGALE, legal tender; lawful money.
OBLIGATIONS LÉGALES DE COUVERTURE, legal reserve require-
  ments.
PIÈCES DE MONNAIE AU TITRE LÉGAL, coins of legal fineness.
PRÉSOMPTION LÉGALE, presumption of law.
PRIX MAXIMUM LÉGAL, legal maximum price.
RECOURS LÉGAL, legal remedy.
RÉSERVE LÉGALE, legal reserve; statutory reserve.
RÉSERVE LÉGALE (D'UNE SUCCESSION), legal share (in an esta-
  te).
STATUT LÉGAL, legal status.

LÉGALEMENT *adv*, legally.
CRÉANCE LÉGALEMENT FONDÉE, legal claim.

LÉGALISATION *f*, legalization.

LÉGALISER *v*, to legalize.

LÉGALITÉ *f*, legality, lawfulness.

LÉGATAIRE *m*, legatee.
LÉGATAIRE À TITRE UNIVERSEL, general legatee.
LÉGATAIRE UNIVERSEL, residuary legatee.
SEUL LÉGATAIRE, sole legatee.

LÉGER *a*, light.
INDUSTRIE LÉGÈRE, light industry.
MONNAIE LÉGÈRE, light money.

LÉGÈREMENT *adv*, lightly.
très LÉGÈREMENT CONSTRUIT, jerry-built.

LÉGIFÉRER *v*, to legislate.

LÉGISLATEUR *m*, legislator, lawgiver, law-maker.

LÉGISLATIF *a*, legislative; parliamentary.
ASSEMBLÉE LÉGISLATIVE, Legislative Assembly.
ÉLECTIONS LÉGISLATIVES, parliamentary election.

LÉGISLATION *f*, legislation, laws.
LÉGISLATION ANTI-DUMPING, anti-dumping legislation.
LÉGISLATION ANTI-TRUST, anti-trust legislation.
LÉGISLATION INDUSTRIELLE, Factory Act.
LÉGISLATION PEU LIBÉRALE, illiberal legislation.
LÉGISLATION DU TRAVAIL, labour legislation; labour laws.
LÉGISLATION EN VIGUEUR, laws in force.

LÉGITIME *a*, legitimate, rightful, lawful, warrantable; honest.
MOYENS LÉGITIMES, honest means.
PROPRIÉTAIRE LÉGITIME, rightful owner.

LÉGITIMITÉ *f*, legitimacy; lawfulness.

LEGS *m*, legacy.
LEGS DE BIENS MEUBLES, bequest.
LEGS À TITRE PARTICULIER, specific legacy.
RECEVOIR UN LEGS, to come into a legacy.

LÉGUER *v*, to bequeath.
LÉGUER DE L'ARGENT À QUELQU'UN, to leave money to someone.
LÉGUER UNE FORTUNE (BIENS MEUBLES), to bequeath a fortune.

LÉGUME *m*, vegetable.

LENDEMAIN *m*, next day.
PRIME AU LENDEMAIN, one day option.

LÉNINISME *m*, Leninism.

LENT *a*, slow.
AUGMENTATION LENTE, slow increase.
LENTE ADAPTATION AUX CHANGEMENTS, slow response to
  change.

LENTEMENT *adv*, slowly, slow.

LENTEUR *f*, slowness.

LÉONIN *a*, unconscionable.
CONTRAT LÉONIN, unconscionable bargain.

LÉSÉ *a*, injured.

LÉSER *v*, to injure; to wrong.

LEST *m*, ballast.

NAVIRES SUR LEST, vessels in ballast.

LETTRE *f*, letter, note, bill.
ACCEPTER UNE LETTRE DE CHANGE, to accept a bill of exchange.
ACCEPTEUR D'UNE LETTRE DE CHANGE, acceptor of a bill of
  exchange.
ACCUEILLIR UNE LETTRE DE CHANGE, to meet a bill of exchange.
ALLONGE D'UNE LETTRE DE CHANGE, rider to a bill of exchange.
ARBITRAGE SUR LES LETTRES DE CHANGE, arbitrage in bills.
AVAL D'UNE LETTRE DE CHANGE, guarantee of a bill of exchange.
BÉNÉFICIAIRE D'UNE LETTRE DE CRÉDIT, payee of a letter of credit.
BOÎTE AUX LETTRES, letter-box; *U.S:* mail box; posting box.
DOS D'UNE LETTRE DE CRÉDIT, reverse side of a letter of credit.
ÉCHÉANCE DE LA LETTRE DE CHANGE, tenor of the bill of ex-
  change.
ENDOSSER UNE LETTRE DE CHANGE, to endorse a bill of exchange.
FAIRE LE PROTÊT D'UNE LETTRE DE CHANGE, to note protest of
  a bill of exchange.
FAIRE PROVISION POUR UNE LETTRE DE CHANGE, to protect
  a bill of exchange; to provide for a bill.
HONORER UNE LETTRE DE CHANGE, to meet a bill of exchange.
LETTRE D'AVIS, advice-note.
LETTRE DE CHANGE, letter of exchange; bill of exchange; bill; draft.
LETTRE DE CRÉDIT, letter of credit.
LETTRE DE CRÉDIT CIRCULAIRE, circular letter of credit; circular
  note.
LETTRE DE CRÉDIT COLLECTIVE, general letter of credit.
LETTRE DE CRÉDIT CONFIRMÉE, confirmed letter of credit.
LETTRE DE CRÉDIT SIMPLE, special letter of credit.
LETTRE DE CRÉDIT VALABLE DANS LE MONDE ENTIER, world-
  wide letter of credit.
LETTRE DE CRÉDIT NON VALIDE, invalid letter of credit.
LETTRE PAR EXPRÈS, express letter.
LETTRE RECOMMANDÉE, registered letter.
LETTRE DE RETRAIT, letter of withdrawal.
LETTRE DE VOITURE, consignment note; way-bill.
LEVER PROTÊT D'UNE LETTRE DE CHANGE, to protest a bill.
MONTANT D'UNE LETTRE DE CHANGE, contents of a bill of ex-
  change.
PAYER UNE LETTRE DE CHANGE, to honour a bill of exchange
PAYER UNE LETTRE DE CHANGE À L'ÉCHÉANCE, to pay a bill
  of exchange at maturity.
PAYER UNE LETTRE DE CHANGE PAR INTERVENTION, to pay a
  bill of exchange for honour.
PRENEUR D'UNE LETTRE DE CHANGE, taker of a bill.
PRÉSENTATION D'UNE LETTRE DE CHANGE, sighting of a bill of
  exchange.
PRÉSENTER UNE LETTRE DE CHANGE, to sight a bill of exchange.
PROLONGER UNE LETTRE DE CHANGE, to renew a bill.
PROTESTER UNE LETTRE DE CHANGE, to protest a bill.
RECHANGE D'UNE LETTRE DE CHANGE, re-exchange of a bill of
  exchange.
RECOMMANDER UNE LETTRE, to register a letter.
TARIF LETTRES, letter rate.
TRANSMETTRE PAR VOIE D'ENDOSSEMENT UNE LETTRE DE
  CHANGE, to endorse over a bill of exchange to.

LEVAGE *m*, lifting.

LEVÉ *a*, raised.
COURBE À MAIN LEVÉE, free-hand curve.

LEVÉ *m*, survey.
LEVÉ TRIGONOMÉTRIQUE, trigonometrical survey.

LEVÉE *f*, levy, levying; lifting; collection.
LEVÉE DES CONTRIBUTIONS, levy of taxes.
LEVÉE DE LA PRIME, call for the premium.
LEVÉE D'UNE PRIME, exercice of an option.
LEVÉE DE TITRES, taking delivery of shares; taking up stock.

LEVER *v*, to levy; to lift, to raise; to exercise, to take up.
LEVER L'EMBARGO SUR, to raise the embargo on.
LEVER DES IMPÔTS, to raise taxes.
LEVER UNE OPTION, to take up an otpion.
LEVER UNE PRIME, to take up an option; to exercise an option.
LEVER UNE PROHIBITION, to raise a prohibition.
LEVER PROTÊT, to make a protest.
LEVER PROTÊT D'UNE LETTRE DE CHANGE, to protest a bill.
LEVER IMPÔTS ET TAXES, *U.K:* to collect rates and taxes.
LEVER LES RESTRICTIONS, to derestrict.
LEVER UNE TAXE SUR, to levy a tax on.
LEVER DES TITRES, to take up shares; to take up stock; to take deliv-
  ery of stock.

LEVIER *m*, lever.

LIAISON *f*, linkage, linking; connection, relation, relationship; nexus.
DEGRÉ DE LIAISON, degree of relationship.
EFFETS DE LIAISON, linkage effects.
LIAISON LINÉAIRE, linear relationship.

LIBELLÉ *a*, worded.

LIBELLÉ EN FRANCS, payable in francs.

LIBELLÉ *m*, wording, description.

LIBÉRAL *a*, liberal.
DÉMOCRATIE LIBÉRALE, liberal democracy.
ÉCONOMIE PUREMENT LIBÉRALE, laissez-faire economy.
LÉGISLATION PEU LIBÉRALE, illiberal legislation.
MEMBRES DES PROFESSIONS LIBÉRALES, professional classes.
PARTI LIBÉRAL, Liberal party.
PEU LIBÉRAL, illiberal.
PROFESSIONS LIBÉRALES, professions.

LIBÉRALISATION *f*, liberalization.

LIBÉRALISME *m*, liberalism; *U.K:* whiggism *(sens historique)*.
LIBÉRALISME ÉCONOMIQUE, economic liberalism.
NÉO-LIBÉRALISME, radicalism.

LIBÉRALITÉ *f*, liberality.

LIBÉRATION *f*, liberation, liberalization; release, discharge; payment.
LIBÉRATION D'ACTIONS, payment of calls; paying up.
LIBÉRATION (D'ACTIONS) À LA RÉPARTITION, payment in full on allotment.
LIBÉRATION INTÉGRALE D'UNE ACTION, payment in full of a share.
LIBÉRATION DES MARCHANDISES CONTRE PAIEMENT, release of goods against payment.

LIBÉRATOIRE *a*, in full discharge.
MONNAIE LIBÉRATOIRE, lawful tender; legal tender currency.
PAIEMENT LIBÉRATOIRE, payment in full discharge.
POUVOIR LIBÉRATOIRE DE LA MONNAIE, general acceptability of money.
REÇU LIBÉRATOIRE, receipt in full discharge; receipt on the balance.

LIBÉRÉ *a*, paid, paid-up, paid-in; quit.
ACTIONS ENTIÈREMENT LIBÉRÉES, fully paid shares.
ACTIONS NON ENTIÈREMENT LIBÉRÉES, partly paid shares.
PARTIELLEMENT LIBÉRÉ, partly paid.
TITRES LIBÉRÉS, fully paid stock.

LIBÉRER *v*, to free, to liberate, to release, to relieve, to discharge; to decontrol, to derestrict.
LIBÉRER UNE ACTION, to pay up a share.
LIBÉRER QUELQU'UN D'UNE DETTE, to discharge someone from a debt.
LIBÉRER DE LA RESPONSABILITÉ LÉGALE, to relieve from legal liability.

LIBERTAIRE *a*, libertarian.

LIBERTÉ *f*, freedom, liberty.
ATTEINTE À LA LIBERTÉ DU COMMERCE, restraint upon (of) trade.
CINQUIÈME LIBERTÉ (AVIATION), fifth freedom (in civil aviation).
DEGRÉS DE LIBERTÉ, degrees of freedom.
LIBERTÉ D'ACTION, latitude.
LIBERTÉ DU CULTE, freedom of religion.
LIBERTÉ D'ENTRÉE, free admission.
LIBERTÉ DE LA PRESSE, liberty of the press.
être MIS EN LIBERTÉ PROVISOIRE SOUS CAUTION, to be given bail.

LIBRE *a*, free; open; clean; private; for hire.
ACCÈS LIBRE, free admission.
ASSOCIATION EUROPÉENNE DE LIBRE-ÉCHANGE (AELE), European Free Trade Association.
AVOIR SON LIBRE ARBITRE, to be a free agent.
BIEN LIBRE D'HYPOTHÈQUE, clear estate.
CAPITALISME DE LIBRE CONCURRENCE, capitalism of free competition.
dans le CAS D'UNE LIBRE CONCURRENCE, assuming free competition.
CITADELLE DU LIBRE-ÉCHANGE, stronghold of free trade.
COURS LIBRE, free market rate.
COURS LIBRES VARIABLES, fluctuating free market rates.
COURTIER LIBRE, outsider.
DROIT DE LIBRE ACCÈS, free ingress.
ÉCOLE LIBRE, private school.
EXPLOITATION MINIÈRE LIBRE, free mining.
LIBRE ARBITRE, free agency.
LIBRE CHOIX, free choice.
LIBRE CONCURRENCE, free competition.
LIBRE-ÉCHANGE, free trade.
LIBRE-ÉCHANGISTE, free trader.
LIBRE À L'ENTRÉE, duty-free; free of duty.
LIBRE ENTREPRISE, free enterprise.
LIBRE FRAPPE, free coinage.
LIBRE D'HYPOTHÈQUE, free from mortgage; unmortgaged.
LIBRE JEU DE LA CONCURRENCE, free play of competition.
LIBRE PRATIQUE, pratique.

LIBRE SERVICE, self-service; supermaket.
MARCHÉ LIBRE, free market; open market.
MARCHÉ LIBRE DES CAPITAUX, open money market.
MARCHÉ LIBRE DE L'OR, free gold market.
POLITIQUE DE LIBRE-ÉCHANGE, free-trade policy.
PORT LIBRE, open port.
RENDRE LIBRE LE PRIX DE, to decontrol the price of.
TRAVAIL LIBRE, free labour.
VILLE LIBRE DE..., Free City of...

LIBRE-ÉCHANGE *m*, free trade.
CITADELLE DU LIBRE-ÉCHANGE, stronghold of free trade.
DOCTRINE DE LIBRE-ÉCHANGE (DE RICHARD COBDEN), Cobdenism (doctrine of free trade).
POLITIQUE DE LIBRE-ÉCHANGE, free trade policy.
ZONE EUROPÉENNE DE LIBRE-ÉCHANGE, European Free Trade Area.
ZONE DE LIBRE-ÉCHANGE, Free Trade Area.

LIBRE-ÉCHANGISTE *a*, free-trader.
DOCTRINES LIBRE-ÉCHANGISTES, free trade doctrines.
ÉCOLE LIBRE-ÉCHANGISTE (DE MANCHESTER), Manchester school (of free trade).

LIBREMENT *adv*, freely.
DROIT DE PASSER LIBREMENT LES FRONTIÈRES, right of free entry.
la MONNAIE CIRCULE LIBREMENT, money circulates freely.
VALEUR LIBREMENT CHOISIE, discretionary value.

LICENCE *f*, licence, licence for the sale of.
CONTRAT DE LICENCE, licence agreement.
LICENCE D'EXPORTATION, export licence.
LICENCE DE FABRICATION, manufacturing licence.
LICENCE D'IMPORTATION, import licence.

LICENCIÉ *a*, discharged, dismissed.

LICENCIEMENT *m*, discharge, dismissal.
INDEMNITÉ DE LICENCIEMENT, dismissal payment.
MENACE DE LICENCIEMENT, menace of dismissal.
PRÉAVIS DE LICENCIEMENT, term of notice.

LICENCIER *v*, to discharge, to dismiss; to lay off.
tous les EMPLOYÉS VONT ÊTRE LICENCIÉS, all the employees to go.
LICENCIER UN EMPLOYÉ, to discharge an employee.

LICITE *a*, licit, lawful, legal.
COMMERCE LICITE, legal commerce; lawful trade.

LIÉ *a*, linked, related, associated, tied, joint.
BIENS LIÉS, related goods.
DEMANDE LIÉE, joint demand.
INTIMEMENT LIÉ(S), interrelated.
MARCHÉS LIÉS, related markets.
OFFRE(S) LIÉE(S), joint supply.
ORDRE LIÉ, contingent order.
PRÊTS LIÉS, tied loans.
PRODUCTION LIÉE, joint production.
PRODUIT LIÉ, joint product.
VARIABLE LIÉE, associated variable.
VARIANCE LIÉE, explained portion of the variance.

LIEN *m*, link, linkage, tie.

LIER *v*, to relate, to bind.
ACCORD LIANT LES PARTIES, binding agreement.
CONVENTION LIANT LES PARTIES, binding agreement.

LIEU *m*, place, locus.
ENQUÊTE SUR LES LIEUX, field study; field survey.
ÉTAT DES LIEUX, inventory of fixtures.
LIEUX, premises.
sur les LIEUX, on the premises; on the scene (of accident, etc.).
LIEU DE PAIEMENT, place of payment.
LOCATAIRE EN POSSESSION DES LIEUX, tenant in possession; sitting tenant.
VIDER LES LIEUX, to vacate the premises.

LIEUE *f*, league.

LIGNE *f*, line, curve, row.
AMORTISSEMENT EN LIGNE DROITE, straight-line depreciation.
AVION DE LIGNE À RÉACTION, jet liner.
« au-DESSUS DE LA LIGNE » (RECETTES ET DÉPENSES BUDGÉTAIRES DÉFINITIVES; SOMME DE LA BALANCE DES PAIEMENTS COURANTS ET DU COMPTE CAPITAL), above the line.
GRANDE LIGNE, trunk-line.
GRANDES LIGNES DE LA THÉORIE, outline of the theory.
IMPRIMANTE PAR LIGNE, line printer.
INCLINAISON DE LA LIGNE, line skew.
LIGNE ASYMPTOTE, asymptotic line.
LIGNES DE BANLIEUE, suburban railways.
LIGNE BRISÉE, broken line.
LIGNE DE CHANGEMENT DE DATE, date-line.

LIGNE DE CHEMINS DE FER, railway line.
LIGNES ET COLONNES (DE CHIFFRES), rows and columns (of figures).
LIGNE DE CRÉDIT, credit line.
LIGNE DROITE, straight line; right line.
LIGNES QUI S'ENTRECROISENT, lines that intercross.
LIGNE À FORT TRAFIC, heavily-travelled line.
LIGNE INFÉRIEURE, bottom-line.
LIGNES D'INTÉRÊT LOCAL, feeder lines.
LIGNE MÉDIANE, centre-line.
LIGNE DE NAVIGATION, shipping line.
LIGNE DE(S) POSSIBILITÉS DE CONSOMMATION, consumption-possibility line.
LIGNE À POSTES GROUPÉS, party-line; shared line.
LIGNE PRINCIPALE, trunk-line.
LIGNE DE SÉPARATION, parting line.
LIGNE DE STRICTION, line of striction; curve of striction.
LIGNE À DEUX VOIES, double track.
LIGNE À VOIE UNIQUE, single line.
LIGNE ZÉRO (D'UN DIAGRAMME), base-line (of a diagram).
TERMINUS D'UNE LIGNE, terminal point of a line.
TIRER UNE LIGNE, to draw a line.

LIGNÉ *a*, lined.

LIGNER *v*, to line.

LIGNITE *m*, lignite.

LIGUE *f*, league.
LIGUE HANSÉATIQUE, Hanse; Hanseatic League.

LIMITATIF *a*, limitative, limiting.
CLAUSE LIMITATIVE, limiting clause.

LIMITATION *f*, limitation, restriction.
LIMITATION DES LOYERS, rent restriction.
LIMITATION DES NAISSANCES, family planning.
LIMITATION DES RÉCOLTES, crop restriction.
LIMITATION DE RESPONSABILITÉ, limitation of liability.

LIMITE *a*, limiting, limit.
ANGLE LIMITE, limiting angle.
BORNE LIMITE, landmark.
CAS LIMITE, border-line; marginal case.
COURBE LIMITE D'UNE DISTRIBUTION BINOMIALE, limit curve of the binomial distribution.
THÉORÈME CENTRAL LIMITE, central limit theorem.

LIMITE *f*, limit; boundary, border; term; margin, bound, line; threshold.
VALEUR LIMITE, limit value; boundary value.
ASSIGNER DES LIMITES À, to set limits to.
DÉPASSER LA LIMITE NORMALE DU CRÉDIT, to exceed the normal limit of credit.
LIMITE D'ÂGE, age limit.
LIMITES DE CLASSE, class-limits.
LIMITES DE CONFIANCE, confidence limits.
LIMITES ÉTROITES, narrow bounds.
LIMITES FIXES, fixed margins.
LIMITES PRESCRITES, due limits.
LIMITES DE PRIX, price limits.
LIMITES DE SÉPARATION, border-line.
LIMITE DE TEMPS, time-limit.
MÉTHODE DES LIMITES, method of limits.
RETRAITE PAR LIMITE D'ÂGE, retirement on account of age.

LIMITÉ *a*, limited, limitary; finite.
CAPACITÉ LIMITÉE, limited capacity.
COURS LIMITÉ, limited price.
RESPONSABILITÉ LIMITÉE, limited liability.
SOCIÉTÉ À RESPONSABILITÉ LIMITÉE*, *U.K:* private company.

LIMITER *v*, to limit, to restrict, to bound.
LIMITER LA VITESSE DE CIRCULATION SUR UNE ROUTE, to restrict a road; to impose a speed limit.

LIMITROPHE *a*, limitrophe.

LIN *m*, flax.

LINÉAIRE *a*, linear.
ACCÉLÉRATEUR NON LINÉAIRE, non linear accelerator.
APPROXIMATION LINÉAIRE, linear approximation.
AUGMENTATION LINÉAIRE DES IMPÔTS, linear increase of taxes.
CORRÉLATION LINÉAIRE, linear correlation.
DIMENSION LINÉAIRE, linear dimension.
ÉQUATION LINÉAIRE À UNE INCONNUE, linear equation in one unknown.
ESTIMATION LINÉAIRE MULTIPLE, multiple linear estimation.
FONCTION HOMOGÈNE LINÉAIRE, homogeneous linear function.
FONCTION LINÉAIRE, linear function.
INTÉGRALE LINÉAIRE, line integral.
LIAISON LINÉAIRE, linear relationship.
MESURES LINÉAIRES, linear measures.

PROGRAMMATION LINÉAIRE, linear programming.
PROGRAMMES LINÉAIRES, linear programming.
RÉGRESSION LINÉAIRE, linear regression.
RELATION LINÉAIRE, linear relation; linear relationship.
SYSTÈMES D'ÉQUATIONS LINÉAIRES, systems of linear equations.
TENDANCE LINÉAIRE, linear trend.

LINÉAL *a*, lineal.

LINÉARITÉ *f*, linearity.
TEST DE LINÉARITÉ, testing of the hypothesis of linearity.

LINGOT *m*, ingot, bar.
ARGENT EN LINGOTS, bullion.
BUREAU CHARGÉ DE L'ACHAT DE LINGOTS D'OR ET D'ARGENT, Bullion Office.
ÉTALON LINGOT-OR, Gold Bullion Standard.
LINGOTS D'OR ET D'ARGENT, gold and silver bullion.
OR EN LINGOTS, bullion.
RÉSERVES MÉTALLIQUES EN PIÈCES ET EN LINGOTS, coin and bullion.
RÉSERVES MÉTALLIQUES EN PIÈCES ET EN LINGOTS D'OR ET D'ARGENT, gold and silver coin and bullion.
TRANSFORMER DES LINGOTS EN MONNAIE, to coin ingots.

LIQUIDATEUR *m*, liquidator.
LIQUIDATEUR OFFICIEL (EN BOURSE)*, official assignor.
POUVOIRS D'UN LIQUIDATEUR, powers of a liquidator.

LIQUIDATION *f*, liquidation; account, settlement, settling, paying off; satisfaction; clearing of goods, clearing, selling off; winding up; wiping out; bankruptcy.
BILAN DE LIQUIDATION, statement of affairs (in bankruptcy).
COMPTE DE LIQUIDATION, settlement account; broker's account.
JOUR DE LIQUIDATION EN BOURSE, pay-day; account-day; settlement day; settling day; call option day.
LIQUIDATION COURANTE, current account.
LIQUIDATION EN COURS, current settlement.
LIQUIDATION DE FIN D'ANNÉE, yearly settlement.
LIQUIDATION FORCÉE, compulsory liquidation.
LIQUIDATION JUDICIAIRE, liquidation subject to supervision of court; winding up subject to supervision of court.
LIQUIDATION PROCHAINE (EN BOURSE), next settlement; next account; new time.
LIQUIDATION DES STOCKS, liquidation of stocks; liquidation of inventories.
LIQUIDATION SUIVANTE, following settlement; ensuing settlement; following account; ensuing account; succeeding account.
LIQUIDATION VOLONTAIRE, voluntary liquidation; voluntary winding up.
se METTRE EN LIQUIDATION, to go into liquidation.
MISE EN LIQUIDATION, putting into liquidation.
PRODUIRE À UNE FAILLITE ET À UNE LIQUIDATION, to prove claims in bankruptcy and liquidation.
SOCIÉTÉ EN LIQUIDATION, company in liquidation.

LIQUIDE *a*, liquid.
ACTIF LIQUIDE, available assets; liquid assets.
ARGENT LIQUIDE, ready money; dry money.
CAPITAL LIQUIDE, liquid capital; money capital.
DETTE LIQUIDE, liquid debt.
ENCAISSE LIQUIDE, cash reserve.
FONDS NON LIQUIDES, frozen assets; unrealizable capital.
non LIQUIDE, unavailable; illiquid.

LIQUIDE *m*, liquid.
MESURE DE CAPACITÉ POUR LES LIQUIDES, liquid measure.

LIQUIDÉ *a*, settled, liquidated.

LIQUIDER *v*, to liquidate, to settle, to clear, to close.
LIQUIDER UNE COMPAGNIE, to liquidate a company.
LIQUIDER UNE DETTE, to liquidate a debt; to wipe off a debt.
LIQUIDER DES MARCHANDISES, to clear goods.
LIQUIDER UNE OPÉRATION, to settle a transaction.
LIQUIDER SA POSITION, to close one's position.
LIQUIDER UNE SOCIÉTÉ, to wind up a company.

LIQUIDITÉ *f*, liquidity, liquidness.
ACCROISSEMENT DES LIQUIDITÉS, increasing liquidity.
COEFFICIENT DE LIQUIDITÉ, ratio of liquid assets to current liabilities.
CRÉATION DE LIQUIDITÉS, liquidity creation.
DEGRÉ DE LIQUIDITÉ, ratio of liquid assets to current liabilities; degree of liquidity.
non LIQUIDITÉ, illiquidity; unavailability, unavailableness.
LIQUIDITÉ DES CRÉANCES, liquidness of debts.
LIQUIDITÉS DESTINÉES À L'ÉCONOMIE, commercial liquidity.
LIQUIDITÉS DES DETTES, liquidness of debts.
LIQUIDITÉS EXCÉDENTAIRES, excess liquidities.
LIQUIDITÉS INTERNATIONALES, international liquidity.
MOTIF DE LIQUIDITÉ, motive of liquidity.
PRÉFÉRENCE POUR LA LIQUIDITÉ, liquidity preference.

PRÉLEVER SUR SES LIQUIDITÉS, to draw from one's cash.
RATIO DE LIQUIDITÉ IMMÉDIATE, cash ratio.
RISQUE DE NON LIQUIDITÉ, illiquidity risk.
TAUX DE LIQUIDITÉ, liquidity ratio.

LIRE *v*, to read.
APTITUDE À LIRE ET ÉCRIRE, literacy.

LISSAGE *m*, smoothing.
LISSAGE DE COURBES, smoothing of curves.

LISSE *a*, smooth.

LISTE *f*, list.
LISTE D'ATTENTE, waiting list.
LISTE DE CANDIDATS, list of applicants.
LISTE DE DIFFUSION, mailing list.
LISTE D'EXEMPTIONS, free list.
LISTE DES IMPORTATIONS, import list.
LISTE NOIRE, black list.
LISTE NOMINATIVE (DES ACTIONNAIRES), nominal list (of share-holders).
LISTE DE PLACEMENTS CONSEILLÉS PAR UN COURTIER, stock-broker's list of recommendations.
LISTE DE SOUSCRIPTEURS, list of subscribers; list of applicants.
LISTE DE SOUSCRIPTION, subscription list.

LIT *m*, bed, channel.
LITS D'HÔPITAL, hospital beds.
LITS D'HÔTEL, hotel beds.

LITIGE *m*, litigation; suit.

LITIGIEUX *a*, litigious.
CRÉANCE LITIGIEUSE, litigious claim.

LITTÉRAIRE *a*, literary.
CONTREFAÇON LITTÉRAIRE, infringement of copyright.
DÉLAI DE PROTECTION LITTÉRAIRE, terms of copyright.
PROPRIÉTÉ LITTÉRAIRE, copyright; literary property.

LITTÉRAL *a*, literal.
NOTATION LITTÉRALE, literal notation.

LITTÉRATURE *f*, literature.
LITTÉRATURE ÉCONOMIQUE, economic literature.

LITTORAL *m*, littoral, seaside, coast, shore.

LIVRABLE *a*, deliverable, prompt.
COTON LIVRABLE SUR-LE-CHAMP ET COMPTANT, prompt cotton.

LIVRABLE *m*, future(s), terminal.
COURS DU LIVRABLE, terminal price; forward price.

LIVRAISON *f*, delivery, shipment.
BON DE LIVRAISON, delivery order.
DÉFAUT DE LIVRAISON, non-delivery.
DONNÉES ÉTABLIES D'APRÈS LES LIVRAISONS DES FABRI-CANTS, data based on manufacturers' deliveries.
FRAIS À PERCEVOIR À LA LIVRAISON, charges forward.
LIVRAISONS ÉCHELONNÉES, staggered deliveries.
LIVRAISON PAR EXPRÈS, express delivery.
LIVRAISON IMMÉDIATE, prompt delivery; spot delivery.
LIVRAISON CONTRE REMBOURSEMENT, payment on delivery.
LIVRAISON À TERME, future delivery.
LIVRAISONS À TERME, futures; quotations for futures.
LIVRAISON DES USINES, factory shipments.
PAIEMENT À LA LIVRAISON, cash on delivery.
PAYABLE À LA LIVRAISON, payable on delivery.
PRENDRE LIVRAISON DE TITRES, to take up shares; to take up stock; to take delivery of stock.
SERVICE DE LIVRAISON, parcel(s) delivery.

LIVRE *f*, pound; pound sterling.
BILLET DE 5 LIVRES, *U.K:* fiver *(familier)*.
BILLET DE 10 LIVRES, *U.K:* tenner *(familier)*.
CHANGER DES LIVRES CONTRE DES FRANCS, to exchange pounds sterling for francs.
la LIVRE A PERDU DU TERRAIN, sterling lost ground.
LIVRE STERLING, pound sterling; sterling.

LIVRE *m*, book.
APPENDICE D'UN LIVRE, appendix of a book.
ARTICLE D'UN LIVRE DE COMPTES, journal-entry.
ASSEMBLER LES PAGES D'UN LIVRE, to collate the pages of a book.
FAIRE ACCORDER LES LIVRES, to agree the books; to agree the accounts.
GRAND LIVRE, ledger.
GRAND LIVRE D'ACHATS, *U.K:* goods-bought ledger; *U.S:* purchase ledger.
GRAND LIVRE DES COMPTES GÉNÉRAUX, general ledger.
GRAND LIVRE DOUBLE, double ledger.
GRAND LIVRE À FEUILLES MOBILES, perpetual ledger.
GRAND LIVRE DE FRAIS, expense ledger.
GRAND LIVRE DE PAIE, pay-roll ledger.

GRAND LIVRE DE VENTES, goods-sold ledger.
LIVRE DES ACHATS, invoice book.
LIVRES DE BORD, ship's books.
LIVRE BROCHÉ, paper-back.
LIVRE DE CAISSE, cash-book.
LIVRE COMPTABLE, journal.
LIVRES COMPTABLES, books.
LIVRE DE COMPTES, account-book.
LIVRE DE PAIE, pay-roll.
LIVRE DE PETITE CAISSE, petty cash book.
LIVRE À SUCCÈS, best-seller.
TENIR LES LIVRES, to keep the accounts.
TENUE DES LIVRES, book-keeping.
THÈSE DÉFENDUE DANS CE LIVRE, argument of this book.

LIVRÉ *a*, delivered.
non **LIVRÉ**, undelivered.
LIVRÉ FRANCO, delivery free.
MARCHANDISES NON LIVRÉES, undelivered goods.

LIVRER *v*, to deliver.
LIVRER DES MARCHANDISES, to deliver (the) goods.
LIVRER DES TITRES, to deliver stocks.
MARCHÉ À LIVRER, settlement bargain; time-bargain; bargain for account.
NÉGOCIATION À LIVRER, transaction for the settlement; transaction for the account.
OPÉRATION À LIVRER, transaction for the settlement; transaction for the account; transaction on (upon) credit.
PRIME COMPORTANT LE DROIT DE LIVRER, put option.
PRIME POUR LIVRER, seller's option.
VENTE À LIVRER, sale for delivery.

LIVRET *m*, book, pass.
LIVRET DE BANQUE, bank-book.
LIVRET D'ÉPARGNE, coupon book.
LIVRET NOMINATIF, depositor's book.

LOBBY *m*, lobby.

LOBBYISME *m*, lobbying

LOCAL *a*, local; municipal.
ARTISANAT LOCAL, local handicrafts.
BANQUE LOCALE, local bank.
CLASSIFICATION DES IMPÔTS LOCAUX, rating.
COLLECTIVITÉS LOCALES, local authorities.
COMMERCE LOCAL, local trade.
EMPRUNTS DE COLLECTIVITÉS LOCALES, municipal loans.
LIGNES D'INTÉRÊT LOCAL, feeder lines.
OBLIGATIONS DES COLLECTIVITÉS LOCALES, municipal bonds.
RECEVEUR DES IMPÔTS LOCAUX, *U.K:* rate-collector.
USAGES LOCAUX, local custom.

LOCAL *m*, premises.
LOCAUX À LOUER, premises to let.
TRAITER POUR UN NOUVEAU LOCAL, to negotiate for new premises.
VALEUR LOCATIVE ANNUELLE DES LOCAUX, annual rental value of the premises.

LOCALISATION *f*, locality, location.
LOCALISATION DANS L'ESPACE ÉCONOMIQUE, location in economic space.
LOCALISATION DE L'INDUSTRIE, location of industry.

LOCALISÉ *a*, localized.

LOCALISER *v*, to localize; to locate.

LOCALITÉ *f*, locality.

LOCATAIRE *m*, tenant; lessee, renter; occupier, occupant.
DROITS DU LOCATAIRE, tenant-right.
EXPULSER UN LOCATAIRE, to evict a tenant.
au **GRÉ DU LOCATAIRE**, at the option of the tenant.
IMPÔTS À LA CHARGE DU LOCATAIRE, taxes payable by the tenant.
LOCATAIRE À BAIL, leaseholder; lessee.
LOCATAIRE EN POSSESSION DES LIEUX, tenant in possession; sitting tenant.
SOUS-LOCATAIRE, sub-lessee; underlessee; sub-tenant.

LOCATIF *a*, pertaining to the letting or renting of premises.
BIEN LOCATIF, tenement.
NATURE D'UN DROIT LOCATIF, tenure.
OCCUPATION LOCATIVE, tenancy.
(PÉRIODE DE) JOUISSANCE LOCATIVE, tenure.
RÉPARATIONS LOCATIVES, tenant's repairs.
RISQUES LOCATIFS, tenant's risks.
VALEUR LOCATIVE, letting value; rental value; *U.K:* ratal.
VALEUR LOCATIVE ANNUELLE DES LOCAUX, annual rental value of the premises.
VALEUR LOCATIVE IMPOSABLE, rateable value.
VALEUR LOCATIVE AU PRIX DU MARCHÉ, full market rental value.

LOCATION *f*, renting, leasing, letting; hire; reservation, booking.
DONNER EN LOCATION, to hire; to let.
EXPIRATION DE LOCATION, expiration of tenancy.
LOCATION À L'ANNÉE, yearly letting.
LOCATION À BAIL, leasing.
LOCATION-VENTE, hire-purchase.
LOCATION À VIE, life tenancy.
SOCIÉTÉ DE LOCATION À LONG TERME, leasing company.
SOUS-LOCATION, sub-leasing; sub-lease; underlease; sub-letting; sub-let; underletting; subtenancy.
TAXE DE LOCATION (D'UNE PLACE DE THÉÂTRE), reservation fee.

LOCK-OUT *m*, lock-out.

LOCO *adv*, loco.
PRIX LOCO, loco-price.

LOCOMOTION *f*, locomotion.

LOCOMOTIVE *f*, railway engine.

LOGARITHME *m*, logarithm, log.
LOGARITHME NATUREL, natural logarithm; hyperbolic logarithm.
LOGARITHME ORDINAIRE, À BASE 10, decimal logarithm; common logarithm.
TABLE DE LOGARITHMES, table of logarithms; logarithmic table.
TABLE DE LOGARITHMES À CINQ DÉCIMALES, five-figure logarithm tables.

LOGARITHMIQUE *a*, logarithmic.
BASE LOGARITHMIQUE, base of logarithm(s).
DIAGRAMME LOGARITHMIQUE, logarithmic plot.
DISTRIBUTION LOGARITHMIQUE, logarithmic distribution.
ÉCHELLE LOGARITHMIQUE, ratio scale.
ÉQUATION LOGARITHMIQUE, logarithmic equation.
RÈGLE LOGARITHMIQUE, slide-rule.
TRACÉ LOGARITHMIQUE, logarithmic plotting.
TRACÉ SEMI-LOGARITHMIQUE, semi-logarithmic plotting.

LOGEMENT *m*, accommodation, housing, dwelling, lodg(e)ment.
FOURNIR UN LOGEMENT, to accommodate.
INDEMNITÉ DE LOGEMENT, living-out allowance; board-wages.
LOGEMENT DANS L'ÉTABLISSEMENT MÊME, living in.
NOMBRE TOTAL DE LOGEMENTS COMMENCÉS, total dwellings started.
PROBLÈME DU LOGEMENT, housing problem; housing question.
SUBVENTIONS AU LOGEMENT, housing subsidies.

LOGER *v*, to accommodate, to house, to lodge.

LOGEUR *m*, landlord.

LOGIQUE *a*, logical.
ALGÈBRE LOGIQUE, logical algebra.
CIRCUIT LOGIQUE, logical circuit.
CONCEPTION LOGIQUE, logical design.
DIAGRAMME LOGIQUE, logical diagram.
ENCHAÎNEMENT LOGIQUE, logical sequence.
NÉCESSITÉ LOGIQUE, logical necessity.
STRUCTURE LOGIQUE, logical design.

LOGIQUE *f*, logic, consistency.
LOGIQUE COMBINATOIRE, combinatory logic.
LOGIQUE D'UN SYSTÈME, system logic.

LOGIS *m*, home, house.
les sans-LOGIS, the homeless.

LOGISTIQUE *a*, logistic.
COURBE LOGISTIQUE, logistic curve.

LOGISTIQUE *f*, logistic(s).

LOGNORMAL *a*, lognormal.
DISTRIBUTION LOGNORMALE, lognormal distribution.

LOI *f*, law, principle, act, bill, statute, *U.K:* Act of Parliament.
ABROGER UNE LOI, to repeal a law.
AJOURNEMENT D'UN PROJET DE LOI, *U.S:* tabling of a bill.
AJOURNER (INDÉFINIMENT) UN PROJET DE LOI, *U.S:* to table a bill.
ARTICLE D'UNE LOI, section of an act; section of a statute.
DÉCRET-LOI, *U.S:* executive order; *U.K:* Order in Council.
DÉPOSER UN PROJET DE LOI, *U.K:* to table a bill.
DÉPÔT D'UN PROJET DE LOI, *U.K:* tabling of a bill.
DÉROGATION À UNE LOI, departure from a law.
DISPOSITIONS D'UNE LOI, provisions of an act.
ENSEMBLE DE LOIS ÉCONOMIQUES, body of economic laws.
HOMME DE LOI, lawyer.
IMPOSÉ PAR LA LOI, statutory.
INTERPRÉTATION D'UNE LOI, construction of a law.
LOI D'ABSORPTION, principle of absorption.
LOI SUR LES ACCIDENTS DU TRAVAIL, Factory Act; Workmen's Compensation Act.
LOI AGRAIRE, Land Act.
LOIS AGRAIRES, land-laws.

LOI D'AIRAIN, iron law of necessity.
LOI D'AIRAIN DES SALAIRES, brazen law of wages; Lassalle's iron law of wages.
LOI ANTI-TRUST, anti-monopoly act.
LOI(S) SUR L'ASSISTANCE PUBLIQUE, poor-law.
LOI DES AVANTAGES COMPARATIFS, principle of comparative advantage.
LOI DES AVANTAGES COMPARÉS, law of comparative advantage.
LOI DES AVANTAGES ÉQUIVALENTS, principle of equal advantage.
LOI SUR LES BIENS ENNEMIS, Enemy Alien Property Act.
LOI BINOMIALE, binomial distribution.
LOI SUR LES CÉRÉALES, corn laws.
LOI DE COMMUTATIVITÉ, principle of commutation.
LOIS DE COMPORTEMENT SUR LE MARCHÉ, laws of market behaviour.
LOIS DE COMPOSITION, laws of composition.
LOI DE CONTINUITÉ, principle of continuity.
LOI DES DÉBOUCHÉS, market law.
LOI DE LA DEMANDE, law of demand.
LOI DE LA DEMANDE DU CONSOMMATEUR, law of consumer's demand.
LOI DIMENSIONNELLE, scaling law.
LOI DE DISTRIBUTIVITÉ, principle of distribution.
LOIS DE L'ÉCONOMIE, laws of economics.
LOIS ÉCONOMIQUES, laws of economics; economic laws; economic principles.
LOI ÉCRITE, written law.
LOIS D'ENGEL, Engel laws.
LOI EXPONENTIELLE, exponential law.
LOI DE F, F distribution.
LOI DE FINANCES, money-bill; *U.K:* appropriation bill; finance act.
LOI FISCALE, fiscal law.
LOI DE GAUSS, Gaussian distribution.
LOI DES GRANDS NOMBRES, law of the big numbers; law of large numbers.
LOI DE GRESHAM, Gresham's law.
LOI DE L'INÉGALITÉ DU DÉVELOPPEMENT ÉCONOMIQUE, law of uneven economic development.
LOI D'INERTIE, law of inertia.
LOI MARITIME, navigation act.
LOIS MARITIMES, Navigation laws.
LOIS DE LA NATURE, laws of nature.
LOI NORMALE, normal law.
LOI DE L'OFFRE ET DE LA DEMANDE, law of supply and demand.
LOI DE PARETO (DE LA RÉPARTITION DU REVENU) Pareto's, law of (income distribution).
LOI DE PAUPÉRISATION DES MASSES, law of immiserization of the masses.
LOI DU PAVILLON, law of the flag.
LOI SUR LA PRESCRIPTION, Statute of Limitations.
LOI DE PROHIBITION, prohibition law.
LOI DE PROPORTION DES FACTEURS, law of factor price equalization.
LOI PSYCHOLOGIQUE FONDAMENTALE, fundamental psychological law.
LOI DE LA RARETÉ, law of scarcity.
LOI DES RENDEMENTS DÉCROISSANTS, law of diminishing returns; law of decreasing returns.
LOI DE SAY, Say's law.
LOI SUR LES SOCIÉTÉS, *U.K:* Companies Act.
LOI DE STUDENT-FISHER (DISTRIBUTION DE T), T-distribution.
LOI DE SUBSTITUTION, law of substitution.
LOI DU TALION, law of talion.
LOIS TARIFAIRES, tariff laws.
PREMIÈRE LOI DE LAPLACE, Laplace distribution.
PROJET DE LOI, bill.
VOTER UNE LOI, to pass a law.

LOIN *adv*, far.

LOINTAIN *a*, distant, remote.
AVENIR LOINTAIN, remote future.
dans un AVENIR LOINTAIN, in the distant future.
CAUSE LOINTAINE, remote cause.

LOISIR *m*, leisure.
OCCUPATION PENDANT LES HEURES DE LOISIR, spare-time job.
PRÉFÉRENCE POUR LES LOISIRS, leisure preference.
SUBSTITUTION LOISIR-CONSOMMATION, substitution between leisure and consumption.

LOMBARD *m*, loan on collateral.

LONDONIEN *a*, pertaining to London.
COMTÉS DE LA RÉGION LONDONIENNE, home counties.

LONDRES *n. pr*, London.
BOURSE DE COMMERCE DE LONDRES, Royal Exchange.
CITÉ DE LONDRES (PLACE FINANCIÈRE), City of London.
le « GRAND » LONDRES, London area; Great London.

LONG *a*, long.

ACCORDS DE CONTINGENTEMENT MULTILATÉRAUX À LONG TERME, multilateral long-term contracts.
ANNUITÉ À LONG TERME, long-term annuity.
BAIL À LONG TERME, long lease; real agreement.
BAUX COMMERCIAUX ET INDUSTRIELS À LONG TERME*, long-term lease of business property.
CAPITAUX CONSOLIDÉS À LONG TERME, long-term funded capital.
CAPITAUX À LONG TERME, long-term capital.
CONTRAT À LONG TERME, long-term contract.
se COUVRIR EN ACHETANT À LONG TERME, to hedge by buying at long date.
CRÉDIT À LONG TERME, long credit.
DETTE DE LONGUE DATE, old-standing debt.
EFFET À LONGUE ÉCHÉANCE, long bill; time bill.
EMPRUNT À LONG TERME, long-period loan.
EMPRUNTER À LONGUE ÉCHÉANCE, to borrow long.
EMPRUNTER À LONG TERME, to borrow long.
ÉQUILIBRE À LONG TERME, long-run equilibrium.
FINANCEMENT À LONG TERME, long-term finance.
FRET AU LONG COURS, ocean freight.
INVESTISSEMENT DE CAPITAUX À LONG TERME, long-term capital investment.
LONG CRÉDIT, long credit.
à LONGUE ÉCHÉANCE, long-dated; long.
LONGUES JOURNÉES (DE TRAVAIL), long (working) hours.
LONGUE PÉRIODE, long run.
à LONG TERME, long; long-term.
MAIN-D'ŒUVRE SOUS CONTRAT À LONG TERME, indentured labour.
MARCHÉ À LONG TERME, long-term market.
NAVIGATION AU LONG COURS, ocean navigation; ocean traffic; high-seas navigation; deep-sea navigation.
NAVIRE AU LONG COURS, ocean-going vessel.
ONDES LONGUES, long waves.
OPÉRATION À LONG TERME, long-term transaction.
PAPIER LONG, long exchange; long-dated bill.
PAPIERS À LONGUE ÉCHÉANCE, long-dated bills.
PASSIF À LONG TERME, long-term liabilities
PLACEMENT À LONG TERME, long-term investment; lock-up holding.
PRÊTER À LONGUE ÉCHÉANCE, to lend long.
PRÊTER À LONG TERME, to lend long.
PRÉVISIONS À LONG TERME, long-term expectations.
PRIME À LONGUE ÉCHÉANCE, long-dated option.
PROFIT À LONG TERME, long-term benefit.
PROPENSION À EMPRUNTER À LONG TERME, propensity to borrow long.
RÉSULTATS À LONGUE ÉCHÉANCE, deferred results.
SOCIÉTÉ DE LOCATION À LONG TERME, leasing company.
TAUX À LONG TERME, long rate.
TITRES À LONG TERME, long-term securities.
VOYAGE AU LONG COURS, ocean voyage.

LONG m, length.
MOUVEMENT LE LONG DE LA COURBE, movement along the curve.

LONGÉVITÉ f, longevity, length of life, duration, durability.
LONGÉVITÉ DES CAPITAUX DURABLES, length of life of durable assets.
LONGÉVITÉ DES MACHINES, duration of machinery.
LONGÉVITÉ MOYENNE DE L'ÉQUIPEMENT, average durability of capital.

LONGITUDE f, longitude.

LONGITUDINAL a, longitudinal.

LONGTEMPS adv, long.
ÉTABLI DEPUIS LONGTEMPS, old-established.
aussi LONGTEMPS QUE LES POSTULATS CLASSIQUES RESTENT VRAIS, as long as the classical postulates hold good.
RÉFORME QUI AURAIT DÛ ÊTRE FAITE DEPUIS LONGTEMPS, overdue reform.

LONGUEUR f, length, longitude.
de LONGUEUR, linear.
LONGUEUR D'ONDE, wave-length.
LONGUEUR EN PIEDS, footage.
LONGUEUR TOTALE D'UN RÉSEAU, mileage of a system.
LONGUEUR HORS TOUT, over-all length.
MESURES DE LONGUEUR, linear measures.
MÈTRE DE LONGUEUR, linear metre; running metre.
UNITÉ DE LONGUEUR, measure of length.

LORD m, lord.
CHAMBRE DES LORDS, U.K: House of Lords; upper Chamber.

LORENZ n. pr, Lorenz.
COURBE DE LORENZ, Lorenz curve.

LORO m, loro.
COMPTE LORO, loro account.

LOSANGE m, lozenge.
en LOSANGE, lozenged.

LOT m, lot, batch; prize.
EMPRUNT À LOTS, lottery loan.
GAGNER UN LOT À UNE LOTERIE, to draw a prize at a lottery.
le LOT FUT ADJUGÉ POUR, the lot went for.
LOT DE MARCHANDISES, lot of goods.
LOTS DANS UN PARTAGE, shares in a distribution.
LOT DE TERRAIN NON BÂTI, section of undeveloped land; plot.
OBLIGATION À LOTS, prize bond; lottery bond.
TIRAGE À LOTS, prize-drawing.
TRAITEMENT PAR LOTS, batch processing; stacked job processing.

LOTERIE f, lottery, raffle.
BILLET DE LOTERIE, lottery ticket.
GAGNER UN LOT À UNE LOTERIE, to draw a prize at a lottery.

LOTIR v, to lot (out), to parcel.
LOTIR UN TERRAIN, to lot out a piece of ground.

LOTISSEMENT m, lotting, parcelling; housing estate.

LOUABLE a, leasable.

LOUAGE m, hiring, hire, letting (out).

LOUCHE a, shady.

LOUÉ a, leased.
CHOSE LOUÉE, leased property.
qui peut être LOUÉ, rentable.
PROPRIÉTÉ LOUÉE À BAIL, leasehold.

LOUER v, to rent, to lease; to let, to hire; to book.
LOCAUX À LOUER, premises to let.
à LOUER, for hire.
LOUER À BAIL, to let on lease.
SOUS-LOUER, to under-rent; to underlease; to underlet; to sublet.

LOUEUR m, U.S: renter; U.K: letter; hirer out.

LOURD a, heavy.
CARBURANT LOURD, heavy fuel.
FARDEAU LOURD, heavy burden.
INDUSTRIE LOURDE, heavy manufacturing.
INDUSTRIES LOURDES, heavy industries.
LOURDE CHARGE POUR LE BUDGET, heavy charge for the budget.
LOURDES DÉPENSES, heavy expenditure.
LOURDS IMPÔTS, heavy taxes.
LOURDES PERTES, heavy losses.
MARCHANDISES LOURDES, dead-weight cargo.
MARCHÉ LOURD, stale market.
le MARCHÉ EST LOURD, the market is heavy.
POIDS LOURD, heavy weight; heavy lorry.

LOURD adv, heavy, heavily.
PORT EN LOURD, dead-weight capacity.
TONNEAU DE PORTÉE EN LOURD, ton dead weight.

LOURDEMENT adv, heavily.

LOYAL a, honest, fair.

LOYALEMENT adv, fair.
JOUER LOYALEMENT, to play fair.

LOYAUTÉ f, honesty; fairness.
LOYAUTÉ EN AFFAIRES, fair and square dealing.

LOYER m, rent, rental, hire.
ARRIÉRÉ DE LOYER, rent in arrear; back rent.
BAUX À LOYER, house-letting.
CONTRÔLE DES LOYERS, rent control.
DIMINUER LES LOYERS, to lower the rents.
HAUSSE SCANDALEUSE DES LOYERS, housing ramp; scandalous rent increase.
LIMITATION DES LOYERS, rent restriction.
LOYER ANNUEL, annual rent; yearly rental.
LOYER DE L'ARGENT, hire of money.
LOYER ARRIÉRÉ, rent owing.
LOYER DE BUREAU, office rent.
LOYER EXORBITANT, exorbitant rent; rack-rent.
LOYER INSIGNIFIANT, nominal rent.
LOYER EN RETARD, rent in arrears.
LOYER SYMBOLIQUE, nominal rent.
LOYER DU TERME, term's rent.
LOYER DU TERRAIN FIXÉ PAR LE MARCHÉ, market rental value of land.
LOYER TRIMESTRIEL, quarter's rent; U.S: quarterage.
MONTANT BRUT DES LOYERS, gross rental income.
PERCEVOIR LES LOYERS, to collect rents.
PERTE DE LOYER, loss of rent.
QUITTANCE DE LOYER, receipt for rent.
RÉGLEMENTATION DES LOYERS, rent control.

LUCRATIF a, lucrative, profitable, paying; earning; pecuniary.
ACTIFS LUCRATIFS, earning assets.
AFFAIRE LUCRATIVE, profitable business.
a BUT LUCRATIF, profit-seeking.

sans BUT LUCRATIF, non-profit.
COMMERCE LUCRATIF, lucrative trade.
GAIN LUCRATIF, pecuniary gain.
non LUCRATIF, unprofitable.
ORGANISATIONS À BUT NON LUCRATIF, non-profit organizations.
ORGANISMES À BUT NON LUCRATIF, non-profit institutions.
SOCIÉTÉ SANS BUT LUCRATIF, *U.S:* non-profit-seeking corporation.
TRANSACTION LUCRATIVE, lucrative transaction.

LUTTE *f*, struggle; strife, striving.
LUTTE DES CLASSES, class struggle; class war.
LUTTE POUR LA VIE, struggle for existence; struggle for life.

LUTTER *v*, to fight.
LUTTER DE VITESSE, to race.

LUXE *f*, luxury, wealth.
ARTICLES DE LUXE, luxury goods.
COMMERCE DE LUXE, luxury trade.
ÉTALAGE DE LUXE, display of wealth.
OBJET DE LUXE, luxury article.
TAXE DE LUXE, luxury tax.
TAXER LES OBJETS DE LUXE, to tax luxuries.

LUXUEUX *a*, luxurious.

M

MACHINE *f*, machine, engine.
ASSEMBLER UNE MACHINE, to fit a machine together.
DÉBIT IRRÉGULIER D'UNE MACHINE, unsteady output of a machine.
INDUSTRIE DES MACHINES-OUTILS, machine-tool industry.
LANGAGE MACHINE, machine language; computer language.
LONGÉVITÉ DES MACHINES, duration of machinery.
MACHINES, machinery.
MACHINE À AFFRANCHIR, franking machine.
MACHINE À CALCULER, calculating machine.
MACHINE COMPTABLE ÉLECTRIQUE, electric accounting machine.
MACHINE À ÉCRIRE, typewriter.
MACHINE À ÉCRIRE PORTATIVE, portable typewriter.
MACHINES EMPLOYÉES DANS LA CONSTRUCTION, construction machinery.
MACHINE À FACTURER, invoicing machine.
MACHINE À POLYCOPIER, duplicating-machine.
MACHINE D'UN RENDEMENT ÉLEVÉ, efficient machine.
MACHINE DE SECOURS, stand-by machine.
MACHINE DE TRAITEMENT, processor.
MACHINE DE TRAITEMENT DE L'INFORMATION, data processor.
MACHINE À VAPEUR, steam-engine.
OBSOLESCENCE DES MACHINES, obsolescence of machinery.
PASSAGE (EN) MACHINE, machine run.
REMPLACER UNE VIEILLE MACHINE (PAR UNE NOUVELLE), to supersede an old machine.
RENDEMENT INÉGAL D'UNE MACHINE, erratic working of a machine.
VALEUR À LA CASSE DES MACHINES, scrap value of machinery.

MAÇON *m*, mason.
FRANC-MAÇON, freemason.

MAÇONNERIE *f*, masonry.
FRANC-MAÇONNERIE, freemasonry.

MACRO-ÉCONOMIE *f*, macro-economics.

MACRO-ÉCONOMIQUE *a*, macro-economic.
ANALYSE MACRO-ÉCONOMIQUE, macro-economic analysis.

MAGASIN *m*, shop, *U.S:* store, warehouse, house.
COMMIS DE MAGASIN, shop-assistant; *U.S:* sales clerk.
COURIR LES MAGASINS, to go shopping.
GRAND MAGASIN, department store; departmental store.
en MAGASIN, ex-store.
MAGASIN DE DÉTAIL VENDANT AU RABAIS, discount house.
MAGASIN DE RÉSERVE, stock-room.
MAGASIN À SUCCURSALES (MULTIPLES), multiple store; chain store.
MAGASIN UNIPRIX, *U.S:* one-price store.
MAGASIN QUI NE VEND PAS À CRÉDIT, cash-store.
MAGASIN DE VENTE À MARGES RÉDUITES, *U.S:* discounter; *U.K:* discount store.
MARCHANDISES EN MAGASIN, stock-in-trade; stock in hand.
VALEURS DE GRANDS MAGASINS, stores shares.

MAGASINAGE *m*, warehousing, demurrage.
DROIT DE MAGASINAGE, rent on goods deposited; demurrage charge.
FRAIS DE MAGASINAGE, storage charges; warehousing charges.

MAGAZINE *m*, magazine.

MAGISTRAT *m*, magistrate; judge.

MAGNAT *m*, magnate.
MAGNATS DE L'INDUSTRIE, magnates of industry.

MAGNÉTIQUE *a*, magnetic.
BANDE MAGNÉTIQUE, magnetic tape.
DISQUE MAGNÉTIQUE, magnetic disk; magnetic disc.
MÉMOIRE À TAMBOUR MAGNÉTIQUE, drum storage.
TAMBOUR MAGNÉTIQUE, magnetic drum.

MAIGRE *a*, meagre, scanty, lean, slender.
ANNÉES DE VACHES MAIGRES, lean years.
MAIGRE REVENU, scanty income.
MAIGRE SALAIRE, pittance.

MAIN *f*, hand.
BAGAGES À MAIN, hand-luggage.
COURBE À MAIN LEVÉE, free-hand curve.
FAIT À LA MAIN, hand-made; made by hand
MAIN COURANTE DE CAISSE, counter cash book; teller's cash book.
MAIN COURANTE DE DÉPENSES, paid cash book.
MAIN COURANTE DE RECETTES, received cash book.
MAIN DE L'HOMME, human hand.
PAYER DE LA MAIN À LA MAIN, to hand over the money direct.
REMETTRE DE L'ARGENT EN MAIN PROPRE, to hand over money personally.
TRAVAIL À LA MAIN, handwork.
TRIAGE À LA MAIN, hand picking

MAIN-D'ŒUVRE *f*, labour, *U.S:* labor, manpower, hands.
BESOINS DE MAIN-D'ŒUVRE, man-power requirements.
COURBE DE LA DEMANDE DE MAIN-D'ŒUVRE, demand schedule for employment.
COÛT DE LA MAIN-D'ŒUVRE, cost of labour; wage costs.
COÛT MONÉTAIRE DE LA MAIN-D'ŒUVRE, money price of labour.
DEMANDE GLOBALE DE MAIN-D'ŒUVRE, aggregate demand for labour.
DEMANDE DE MAIN-D'ŒUVRE, demand for labour.
on DEMANDE DE LA MAIN-D'ŒUVRE, hands wanted.
DÉPLACEMENT DE LA MAIN-D'ŒUVRE, displacement of labour.
ÉCONOMIE DE MAIN-D'ŒUVRE, labour-saving; saving of labour.
EFFECTIF DE LA MAIN-D'ŒUVRE, force of men employed.
EMPLOYEUR DE MAIN-D'ŒUVRE, employer of labour.
EXPLOITATION DE LA MAIN-D'ŒUVRE, exploitation of labour.
les FOURNITURES ET LA MAIN-D'ŒUVRE, the material and the making.
GROS EMPLOYEURS DE MAIN-D'ŒUVRE, big employers of labour.
IMPORTER DE LA MAIN-D'ŒUVRE (ÉTRANGÈRE), to import, to immigrate (foreign) labour.
INDICES DES QUANTITÉS REQUISES DE MAIN-D'ŒUVRE, indexes of labour requirements.
MAIN-D'ŒUVRE BLANCHE ET DE COULEUR, white and coloured labour.
MAIN-D'ŒUVRE BON MARCHÉ, cheap labour.
MAIN-D'ŒUVRE CONTRACTUELLE, contract labour.
MAIN-D'ŒUVRE SOUS CONTRAT D'APPRENTISSAGE, indentured labour.
MAIN-D'ŒUVRE SOUS CONTRAT À LONG TERME, indentured labour.

MAIN-D'ŒUVRE DANS SON ENSEMBLE, whole body of labour.
MAIN-D'ŒUVRE ÉTRANGÈRE, foreign labour.
MAIN-D'ŒUVRE FÉMININE, female labour.
MAIN-D'ŒUVRE ET FOURNITURES, labour and material.
MAIN-D'ŒUVRE OCCASIONNELLE, casual labour.
MAIN-D'ŒUVRE PRODUCTIVE ET IMPRODUCTIVE, productive and unproductive labour.
MAIN-D'ŒUVRE NON QUALIFIÉE, unskilled labour.
MAIN-D'ŒUVRE SPÉCIALISÉE, skilled labour.
MAIN-D'ŒUVRE NON SPÉCIALISÉE, unskilled labour.
MAIN-D'ŒUVRE TEMPORAIRE, casual labour.
MIGRATION PROGRESSIVE DE LA MAIN-D'ŒUVRE VERS LES VILLES, drift of labour into the towns.
MOBILITÉ DE LA MAIN-D'ŒUVRE, mobility of labour.
OFFRE GLOBALE DE MAIN-D'ŒUVRE, aggregate supply of labour.
PÉNURIE DE MAIN-D'ŒUVRE, labour shortage; scarceness of labour; scarcity of labour; shortage of labour.
PLÉTHORE DE MAIN-D'ŒUVRE INEMPLOYÉE, plethora of unemployed labour.
PRIX DE LA MAIN-D'ŒUVRE SUR LE MARCHÉ, market price of labour.
PRODUCTIVITÉ DE LA MAIN-D'ŒUVRE DANS L'AGRICULTURE, productivity of labour in agriculture.
REDISTRIBUTION DE LA MAIN-D'ŒUVRE, redeployment of labour.
RÉPARTITION DE LA MAIN-D'ŒUVRE, distribution of labour; allocation of labour.
(ayant) TROP DE MAIN-D'ŒUVRE, over-staffed.

MAINLEVÉE* f, release, replevin.
MAINLEVÉE D'UNE HYPOTHÈQUE, release of mortgage.

MAINTENANCE f, maintenance.

MAINTENIR v, to maintain, to keep, to peg.
INDUSTRIES QUI ONT MAINTENU LEUR ACTIVITÉ, industries that kept going.
MAINTENIR L'ACTIVITÉ DE L'INDUSTRIE, to keep industry going.
MAINTENIR LE CHANGE AU-DESSUS DU GOLD-POINT, to maintain the exchange above the gold-point.
MAINTENIR LE COURS DU CHANGE, to peg the exchange.
MAINTENIR UNE MAISON EN ÉTAT D'HABITABILITÉ, to keep a house in a state of tenantable repair.
MAINTENIR LES PRIX FERMES, to keep prices up.
MAINTENIR LA PRODUCTION CONSTANTE, to keep output constant.

MAINTENU a, maintained, kept.
DIVIDENDE MAINTENU À 5 %, dividend maintained at 5 %.

MAINTIEN m, maintenance, maintaining.
MAINTIEN CONTINU DU PLEIN EMPLOI, continuous full employment.
MAINTIEN DE L'INTÉGRITÉ DU CAPITAL, maintaining capital intact.
MAINTIEN DE LA PROSPÉRITÉ ÉCONOMIQUE, maintenance of economic prosperity.

MAÏS m, maize, U.S: corn, Indian corn.
ÉTATS PRODUCTEURS DE MAÏS, U.S: corn states.

MAISON f, house, home; establishment, enterprise, firm, business.
ASSOCIÉ D'UNE MAISON DE BANQUE, partner in a bank.
DONNER UNE MAISON À BAIL, to lease a house.
JOUISSANCE IMMÉDIATE D'UNE MAISON, immediate possession of a property.
MAINTENIR UNE MAISON EN ÉTAT D'HABITABILITÉ, to keep a house in a state of tenantable repair.
MAISON D'ALIÉNÉS, mental hospital.
MAISON D'AMEUBLEMENT, furniture-shop; house-furnishing firm.
MAISON DE COMMERCE, business house; commercial house; mercantile establishment.
MAISON DÉLABRÉE, dilapidated house.
MAISON D'ÉDITION, publishing house.
MAISON D'ÉMISSION, issuing house.
MAISON D'ESCOMPTE, discount house.
MAISON D'EXPÉDITION, forwarding house.
MAISON EN FAILLITE, U.S: failed firm; U.K: bankrupt firm.
MAISON DE FERMIER, farm-house.
MAISON DE GROS, wholesale warehouse; wholesale firm.
MAISON HABITABLE, house fit for occupation.
MAISON INHABITABLE, house not fit to live in.
MAISON MÈRE, parent house; parent enterprise; parent establishment.
MAISON PARTICULIÈRE, private house.
MAISON DE PRÊT (SUR GAGES), pawn-office.
MAISON DE RAPPORT, tenement house; revenue-earning house.
MAISON EN RUINES, dilapidated house.
MAISON SOLIDE, well-established business.
MAISON À VENDRE, house for sale.
PATRON D'UNE MAISON DE COMMERCE, principal of a business house.
POSSÉDER UNE MAISON, to own a house.

PRENDRE UNE MAISON À BAIL, to take a house on lease.
PRENDRE LA SUITE DES AFFAIRES D'UNE MAISON, to succeed to a business.
RAFFERMIR LE CRÉDIT D'UNE MAISON, to re-establish a firm's credit.
REPRÉSENTER UNE MAISON DE COMMERCE, to travel for a firm.

MAÎTRE m, master.
MAÎTRE DE FORGES, ironmaster.
TERRE SANS MAÎTRE, land in abeyance.

MAÎTRISE f, control.

MAJEUR a, major.
FORCE MAJEURE, act of God; cause beyond control.
MAJEURE PARTIE, major part.
PRÉMISSE MAJEURE, major premise; major premiss.
RAISON MAJEURE, imperative reason.
SINISTRE MAJEUR, major casualty.

MAJORATION f, overcharge, overvaluation, increase.
INFLATION PAR MAJORATION DISPROPORTIONNÉE DES COÛTS, mark-up price inflation.

MAJORÉ a, increased.
FIXATION DU PRIX AU COÛT MOYEN MAJORÉ, mark-up pricing.

MAJORER v, to overvalue; to increase.
MAJORER UNE FACTURE INDÛMENT, to overcharge on an invoice.
MAJORER LES IMPÔTS, to increase the taxes.

MAJORITAIRE a, pertaining to a majority.
PARTICIPATION MAJORITAIRE, majority holding; majority interest.

MAJORITÉ f, majority.
FAIBLE MAJORITÉ, narrow majority.
GRANDE MAJORITÉ DES HOMMES, generality of mankind.
MAJORITÉ EN PERSPECTIVE, prospective majority.
MAJORITÉ DES SUFFRAGES, majority of votes.
VOTE À LA MAJORITÉ REQUISE, qualified vote.

MAL adv, wrong, wrongly, badly, ill.
DÉPENSER MAL À PROPOS, to misspend.
les FONDS RENTRENT MAL, money is coming in badly
INVESTISSEMENT MAL ORIENTÉ, malinvestment.
MAL ACQUIS, ill-acquired.
MAL COMPRENDRE, to misunderstand.
MAL CONÇU, ill-planned.
MAL DÉFINI, ill-defined.
MAL ÉQUILIBRÉ, ill-balanced.
MAL FONDÉ, ill-founded; groundless.
MAL GÉRER, to mismanage.
MAL INTERPRÉTER, to misconstrue; to misinterpret.
MAL JUGER, to misjudge.
ne s'en TROUVER NI MIEUX, NI PLUS MAL, to be just as well off

MAL m, wrong, harm.

MALADE a, sick, ill.

MALADIE f, sickness, illness.
ALLOCATION POUR MALADIE, sick-allowance; sickness benefit.
ASSURANCE MALADIE, health insurance; sickness insurance.
CAISSE DE MALADIE, sick-benefit fund.
CONGÉ DE MALADIE, sick-leave.
PRESTATION-MALADIE, sick-benefit.

MALAISE m, unrest; uneasiness.
MALAISE SOCIAL, social unrest.

MALENTENDU m, misunderstanding.

MALFAÇON f, malpractice; defect; bad work.

MALHEUREUX a, miserable.

MALHONNÊTE a, dishonest.

MALHONNÊTETÉ f, dishonesty.

MALLE f, mail.
MALLE DES INDES, Indian Mail.

MALNUTRITION f, malnutrition.

MALPROPRE a, foul.

MALTHUSIANISME m, Malthusianism.

MALTHUSIEN a, Malthusian.
THÉORIE MALTHUSIENNE DE LA POPULATION, Malthusian theory of population.

MALVERSATION f, malversation, peculation.

LA **MANCHE** n. pr, the Channel.

MANCHESTER n. pr, Manchester.
ÉCOLE DE MANCHESTER (LIBRE-ÉCHANGISTE), Manchester school (of free trade).

MANDANT m, principal.
MANDANT ET MANDATAIRE, principal and agent.

MANDAT *m*, mandate, order, order to pay; commission; instruction; warrant, draft, bill.
MANDAT D'ARRÊT, warrant of arrest.
MANDAT DE COMPARUTION, precept.
MANDAT INTERNATIONAL, foreign money order.
MANDAT PÉRIMÉ, lapsed order.
MANDAT DE PERQUISITION, search warrant.
MANDAT-POSTE, money order; post office order.
MANDAT-POSTE INTERNATIONAL, international money order.
MANDAT-POSTE NUL, void money order.
MANDAT TÉLÉGRAPHIQUE, telegraph money order.

MANDATAIRE *m*, mandatory, proxy, agent; trustee; attorney in fact.
MANDANT ET MANDATAIRE, principal and agent.

MANIABLE *a*, manageable; easy to control.
peu MANIABLE, intractable.

MANIEMENT *m*, handling.
MANIEMENT DE SOMMES IMPORTANTES, handling of large sums of money.

MANIER *v*, to handle.

MANIFESTE *a*, conspicuous.

MANIFESTE *m*, manifest; manifesto.
MANIFESTE COMMUNISTE, Communist Manifesto.
MANIFESTE DE SORTIE, outward manifest.
MANIFESTE DE TRANSIT, transit manifest.

MANIPULATION *f*, manipulation.

MANIPULER *v*, to handle, to manipulate.

MANŒUVRE *f*, *U.K:* manœuvre, *U.S:* maneuver.
MANŒUVRES BOURSIÈRES, manipulation of the market.

MANŒUVRE *m*, unskilled workman, labourer.

MANQUANT *a*, missing, lacking, absentee.
CHAÎNON MANQUANT, missing link.
MANQUANT DE PERSONNEL, understaffed.

MANQUE *m*, lack, want, *U.S:* wantage; loss; short-fall, shortcomings, shortness, break.
MANQUE D'AFFAIRES, lack of business.
MANQUE DE CAPITAUX, lack of capital; lack of finance.
MANQUE DE COMPARABILITÉ, break in comparability.
MANQUE DE DENSITÉ, sparseness.
MANQUE D'EFFET, ineffectiveness.
MANQUE À GAGNER, loss of profit.
MANQUE D'ORGANISATION, inorganization.
MANQUE DE SYMÉTRIE, lopsidedness; lack of symmetry.
MANQUE DE VIVRES, insufficient food supplies.

MANQUEMENT *m*, lack; failure, failing.

MANQUER *v*, to lack, to want, to fail, to miss.
MANQUER D'ARGENT, to lack money; to want money.
MANQUER DE CAPITAUX, to lack capital.
qui MANQUE DE PERSONNEL, understaffed.
MANQUER DE PERSONNEL, to be understaffed.

MANTISSE *f*, mantissa, fixed point part.

MANUEL *a*, manual.
MÉTIER MANUEL, craft.
TRAVAIL MANUEL, manual work; manual labour; hand-labour; handwork; labouring.

MANUEL *m*, manual, handbook.
MANUEL DES BALANCES DES PAIEMENTS, balance of payments manual.

MANUFACTURÉ *a*, manufactured.
non MANUFACTURÉ, unmanufactured.
PRODUITS MANUFACTURÉS, manufactured goods.
PRODUITS SEMI-MANUFACTURÉS, semi-manufactured goods.

MANUFACTURIER *a*, manufacturing.
GAINS DANS LES INDUSTRIES MANUFACTURIÈRES, earnings in manufacturing.

MANUTENTION *f*, handling; porterage.
ÉCONOMIE DANS LE COÛT DE LA MANUTENTION, saving in handling costs.
FRAIS DE MANUTENTION, terminals.
MANUTENTION DE LA CARGAISON, handling cargo.
MANUTENTION INDUSTRIELLE, industrial handling.

MAQUETTE *f*, miniature model.

MARAÎCHAGE *m*, market-gardening; *U.S:* truck farming.

MARAÎCHER *a*, pertaining to market-gardening.
PRODUITS MARAÎCHERS, market-garden-produce; *U.S:* truck.

MARAIS *m*, marsh.

MARASME *m*, slackness, slack business, slump, dul(l)ness, doldrums, decline.

les AFFAIRES SOUFFRENT D'UN MARASME, business is in the doldrums.
MARASME DES AFFAIRES, stagnating business; stagnation of business; slump in trade.
MARASME GÉNÉRAL DES AFFAIRES, general dullness of business.

MARCHAND *a*, merchant, mercantile, saleable, commercial.
ÉCHANTILLON SANS VALEUR MARCHANDE, sample of no commercial value.
FER MARCHAND, finished iron.
FLOTTE MARCHANDE, merchant fleet.
MARINE MARCHANDE, merchant marine; shipping; merchant shipping; merchant service; mercantile marine.
NAVIRE MARCHAND, trading vessel.
VALEUR MARCHANDE, market value, sale value; commercial value.

MARCHAND *m*, dealer, tradesman, trader, seller.
MARCHAND ÉTABLI À SON PROPRE COMPTE, private trader
MARCHAND DE POISSON, fishmonger.
MARCHAND DES QUATRE-SAISONS, hawker.
MARCHAND DE TITRES, jobber.

MARCHANDAGE *m*, bargaining; haggling, higgling.

MARCHANDER *v*, to bargain, to haggle, to huckster.

MARCHANDEUR *m*, bargainer; higgler.

MARCHANDISE *f*, merchandise, good(s), produce, commodity, stock.
non-ACCEPTATION DE MARCHANDISES, refusal of goods.
ACHEMINER DES MARCHANDISES VERS, to forward goods to; to dispatch goods to.
BOURSE DE MARCHANDISES, produce exchange; commodity exchange.
COMMANDER DES MARCHANDISES, to order goods.
COMMISSIONNAIRE EN MARCHANDISES, commission-agent.
CONFISQUER DES MARCHANDISES, to seize goods.
COURTIER EN MARCHANDISES, produce broker.
DÉCHARGER LES MARCHANDISES, to discharge the goods.
DÉCLARER DES MARCHANDISES EN ADMISSION TEMPORAIRE, to enter goods for temporary admission.
DÉDOUANER DES MARCHANDISES, to clear goods.
DROIT DE RÉTENTION DE MARCHANDISES, lien on goods.
ÉCOULEMENT DES MARCHANDISES, turn-over of goods; offtake.
ÉCOULER DES MARCHANDISES, to dispose of goods.
EMBALLER DES MARCHANDISES, to pack goods.
ESCOMPTE SUR MARCHANDISES, trade discount.
ÉVALUER DES MARCHANDISES, to value goods.
EXPORTER DES MARCHANDISES, to export goods.
FACTURATION DE MARCHANDISES, invoicing of goods.
se FAIRE PAYER EN MARCHANDISES, to take it out in goods.
GARE DE MARCHANDISES, goods-station; *U.S:* freight depot.
INSPECTION DES MARCHANDISES, examination of goods.
INVENTORIER DES MARCHANDISES, to value goods.
LIBÉRATION DES MARCHANDISES CONTRE PAIEMENT, release of goods against payment.
LIQUIDER DES MARCHANDISES, to clear goods.
LIVRER DES MARCHANDISES, to deliver (the) goods.
LOT DE MARCHANDISES, lot of goods.
MARCHANDISES ACQUITTÉES, duty-paid goods.
MARCHANDISES AVARIÉES, damaged goods; spoilt goods.
MARCHANDISES BÉNÉFICIANT D'UN RÉGIME DE FAVEUR, goods entitled to a preference.
MARCHANDISES CHÈRES, high-priced goods.
les MARCHANDISES SONT CHÈRES, goods are dear.
MARCHANDISES EN COMMISSION, goods on sale or return.
MARCHANDISES À CONDITION, goods on approbation.
MARCHANDISES EN CONSIGNATION, goods on consignment; returnable goods.
MARCHANDISES CONSIGNÉES À UN PAYS ÉTRANGER, goods consigned to a foreign country.
MARCHANDISES DE CONTREBANDE, smuggled goods.
MARCHANDISES EN COURS DE PRODUCTION, goods in the course of production.
MARCHANDISES DÉDOUANÉES, goods out of bond.
MARCHANDISES NON DÉDOUANÉES, uncleared goods.
MARCHANDISES DESTINÉES À L'EXPORTATION, exportable goods.
MARCHANDISES DESTINÉES À LA VENTE, marketable goods.
MARCHANDISES EMBARQUÉES ET DÉBARQUÉES, goods loaded and unloaded.
MARCHANDISES EMBARQUÉES SELON LE TYPE DE CARGAISON, goods loaded by type of cargo.
MARCHANDISES À EMPORTER CONTRE PAIEMENT COMPTANT, cash and carry.
MARCHANDISES ENTREPOSÉES, warehoused goods.
MARCHANDISES À L'ESSAI, goods on approbation.
MARCHANDISES EXEMPTES DE DROITS, duty-free goods.
MARCHANDISES FACTURÉES, invoiced goods.
MARCHANDISES FAIBLEMENT TAXÉES, low-duty goods.
MARCHANDISES FORTEMENT TAXÉES, high-duty goods.

MARCHANDISES, FRET ET ASSURANCE, goods, freight and insurance.

MARCHANDISES IMPOSABLES À LA VALEUR, goods taxable on value.

MARCHANDISES INFÉRIEURES, inferior goods.

MARCHANDISES INVENDABLES, unsaleable goods.

MARCHANDISES INVENDUES, unsold goods.

MARCHANDISES LAISSÉES POUR COMPTE, goods left on hand.

MARCHANDISES NON LIVRÉES, undelivered goods.

MARCHANDISES LOURDES, dead-weight cargo.

MARCHANDISES EN MAGASIN, stock-in-trade; stock in hand.

les MARCHANDISES PÉRISSABLES S'AVILISSENT RAPIDEMENT, perishables depreciate rapidly.

MARCHANDISES PONDÉREUSES, weight goods; heavy freight.

MARCHANDISES RÉEXPORTÉES, goods re-exported abroad.

MARCHANDISES RENDUES FRANCO BORD, goods delivered free on board (f.o.b.).

MARCHANDISES DE RETOUR, returned goods.

MARCHANDISES REVENDUES EN L'ÉTAT, goods sold in the same condition.

MARCHANDISES EN SOUFFRANCE, goods on demurrage.

MARCHANDISES SUJETTES À DES DROITS, dutiable goods.

MARCHANDISES SUJETTES À DES DROITS D'ENTRÉE, goods liable to import duty.

MARCHANDISES TARIFÉES, IMPOSÉES, goods rated.

MARCHANDISES DE TRANSIT, transit goods.

MARCHANDISES EN TRANSIT, goods in transit.

MARCHANDISES TRANSPORTÉES, goods carried; U.S: freight.

MARCHANDISES VENDABLES, saleable goods.

MARCHANDISES VENDUES À L'ACQUITTÉ, goods sold duty paid.

MARCHANDISES EN VRAC, loose goods; bulk goods.

MONNAIE-MARCHANDISE, commodity money.

OPÉRATIONS À TERME SUR MARCHANDISES, commodity futures.

PORT EN MARCHANDISES, dead-weight cargo capacity.

PRIX DE TRANSPORT DES MARCHANDISES, freight; freight rates.

PROPRIÉTAIRE DE LA MARCHANDISE, owner of the goods.

QUALITÉ DES MARCHANDISES, quality of goods.

RÉIMPORTATION DE MARCHANDISES, reintroduction of goods.

REMISE SUR MARCHANDISES, trade discount.

SAISIE DE MARCHANDISES, seizing of goods; seizure of goods.

SERVICE DE MARCHANDISES, freight service.

SOLDER DES MARCHANDISES, to clear off goods.

STOCK DE MARCHANDISES, stock of goods.

TARIF MARCHANDISES, goods rates.

TRAFIC (DE) MARCHANDISES, goods traffic; freight traffic; merchandise traffic; goods carried.

TRAIN DE MARCHANDISES, goods train; merchandise train; freight train.

TRAIN DE MARCHANDISES DE GRANDE VITESSE, fast goods train.

TRANSPORT DES MARCHANDISES, U.S: freightage; freighting; U.K: conveyance of goods; transport of goods.

TRANSPORTER DES MARCHANDISES, to convey goods.

VALEUR DES MARCHANDISES PRODUITES, value of goods produced.

VENDRE DES MARCHANDISES, to sell goods.

WAGON DE MARCHANDISES, wagon, freight car; U.S: freighter.

WARRANT EN MARCHANDISES, produce warrant.

MARCHE f, working, running; walk.

MARCHÉ m, market, U.S: mart, exchange, deal, bargain, transaction, transacting, contract, staple.

ACCAPAREMENT DU MARCHÉ, cornering the market.

ACCÈS AU MARCHÉ FINANCIER, access to the money market.

ACCÈS AUX MARCHÉS MONDIAUX, access to world markets.

AISANCE MONÉTAIRE DU MARCHÉ, monetary easiness of the market.

AMBIANCE GÉNÉRALE DU MARCHÉ, prevailing tone of the market.

ANNULER UN MARCHÉ, to call off a deal.

BAROMÈTRE DU MARCHÉ, barometer of the market.

BON MARCHÉ, inexpensive; cheap.

CHEFS DE FILE DU MARCHÉ, leaders of the market.

CONCLURE UN MARCHÉ, to strike a bargain.

CONSOLIDATION D'UN MARCHÉ À PRIME, exercise of an option; taking up.

CONSOLIDER UN MARCHÉ À PRIME, to exercise an option; to take up an option.

COURBE DE LA DEMANDE SUR LE MARCHÉ, market (demand) curve.

COURS DU MARCHÉ RÉGLEMENTÉ, controlled market rates.

CRÉER UN MARCHÉ, to make a market.

DÉBATTRE LES CONDITIONS D'UN MARCHÉ, to discuss the conditions of a bargain.

DEMANDE AGRÉGATIVE, GLOBALE, DU MARCHÉ, aggregate market demand.

DEMANDE DU MARCHÉ, market demand.

DIMENSIONS DU MARCHÉ, size of the market.

DISPOSITIONS DU MARCHÉ, tone of the market.

ÉCHÉANCE D'UN MARCHÉ À PRIME, expiration of an option.

ÉCONOMIE DU MARCHÉ, market economy.

ÉCOULEMENT DE PRODUITS SUR LES MARCHÉS ÉTRANGERS, placing of products on foreign markets.

EFFONDREMENT DU MARCHÉ, collapse of the market.

ÉMISSION D'ACTIONS NOUVELLES SUR LE MARCHÉ, competitive bidding for new securities.

ENTRÉE DANS LE MARCHÉ COMMUN, entry into the Common Market.

ÉQUATION DU MARCHÉ, market equation.

ÉTAT DU MARCHÉ, state of the market; condition of the market.

ÉTROITESSE D'UN MARCHÉ, limitedness of a market.

ÉTUDE DE MARCHÉ, market research.

ÉVALUATION DES PERSPECTIVES DU MARCHÉ, assessment of market prospects.

FAIRE UN MARCHÉ, to transact a bargain; to make a bargain.

FERMETÉ DU MARCHÉ, firmness of the market.

FLÉCHISSEMENT DU MARCHÉ, sagging of the market.

FLUCTUATIONS DU MARCHÉ, market fluctuations.

FONDS DE STABILISATION DU MARCHÉ, marketing board.

FORCES DU MARCHÉ, market forces.

FORMATION DES PRIX SUR LE MARCHÉ, market pricing.

IMPERFECTIONS DU MARCHÉ, imperfections of the market.

INCERTITUDE DU MARCHÉ, unsettled state of the market.

INSTABILITÉ DU MARCHÉ, unsettled state of the market.

INTERRELATIONS DES MARCHÉS, interrelations of markets.

INTRODUCTION DE TITRES SUR LE MARCHÉ, introduction of shares on the market.

INTRODUIRE DES VALEURS SUR LE MARCHÉ, to bring out shares on the market.

LANCER SUR LE MARCHÉ, to market.

LANCER UN PRODUIT SUR LE MARCHÉ, to put an article on the market.

LOIS DE COMPORTEMENT SUR LE MARCHÉ, laws of market behaviour.

LOYER DU TERRAIN FIXÉ PAR LE MARCHÉ, market rental value of land.

MARCHÉ AGITÉ, disturbed market.

MARCHÉ ALOURDI, dull market.

MARCHÉ ANIMÉ, brisk market.

MARCHÉ D'APRÈS-BOURSE, street market.

MARCHÉ AVANTAGEUX, good bargain.

MARCHÉ EN BAISSE, sagging market; declining market.

MARCHÉ À BAS TAUX D'INTÉRÊT, cheap money market.

MARCHÉ AUX BESTIAUX, cattle market.

MARCHÉ DE BIENS D'OCCASION, second-hand market.

MARCHÉ CALME, easy market.

MARCHÉ DES CAPITAUX, capital market; market for capital; investment market.

MARCHÉ DES CHANGES, foreign exchange market; exchange market.

MARCHÉ DES CHANGES À TERME, forward exchange market.

MARCHÉ COMMERCIAL, produce market.

MARCHÉ COMMUN, Common Market.

MARCHÉ AU COMPTANT, spot market; bargain for money.

MARCHÉ CONCURRENTIEL, competitive market.

MARCHÉ HORS COTE, U.S: curb(stone) market, U.K: (kerb)stone market.

MARCHÉ DU COTON, cotton market.

MARCHÉ À COURT TERME, short-term market.

MARCHÉ DU CRÉDIT, credit market.

MARCHÉ DEMANDEUR, buyers' market.

MARCHÉ DÉMORALISÉ, demoralized market.

MARCHÉ DÉPRIMÉ, depressed market.

MARCHÉ DES DEVISES ÉTRANGÈRES, market for foreign exchange.

MARCHÉ DISCONTINU, discontinuous market.

MARCHÉ DU DISPONIBLE, spot market.

MARCHÉ DES DROITS DE SOUSCRIPTION, rights market.

le MARCHÉ S'EST EFFONDRÉ, the bottom has fallen out of the market.

MARCHÉ DES ÉMISSIONS, issue market.

MARCHÉ ENCOMBRÉ, glutted market.

MARCHÉ ÉQUILIBRÉ, fair deal.

MARCHÉ DE L'ESCOMPTE, discount market.

MARCHÉ DE L'ESCOMPTE HORS BANQUE, open discount market.

MARCHÉ DE L'ÉTAIN, tin market.

MARCHÉ ÉTRANGER, foreign market.

MARCHÉ ÉTROIT, limited market.

MARCHÉS D'EXPORTATION, export markets.

MARCHÉ EXTÉRIEUR, foreign market.

MARCHÉ DES FACTEURS, market for inputs.

MARCHÉ FERME, strong market; firm deal; firm bargain.

MARCHÉ FINANCIER, capital market; market for capital.

le MARCHÉ A FLÉCHI, the market weakened.

MARCHÉ FRANÇAIS, French market.

MARCHÉ DES FRETS, freight market.

MARCHÉ DES (AUX) GRAINS, grain market; grain exchange; corn market; Corn Exchange.

le MARCHÉ EST À LA HAUSSE, the market is all bulls.

MARCHÉ HYPOTHÉCAIRE, mortgage market.
MARCHÉ IMMOBILIER, real-estate market.
MARCHÉ INSTABLE, jumpy market.
MARCHÉS INTERDÉPENDANTS, interdependent markets.
MARCHÉ INTÉRIEUR, home market.
MARCHÉ INTERNATIONAL DU CAFÉ, international coffee market.
le MARCHÉ EST IRRÉGULIER, the market is unsteady.
MARCHÉ LANGUISSANT, flat market.
MARCHÉ LIBRE, free market; open market.
MARCHÉ LIBRE DES CAPITAUX, open money market.
MARCHÉ LIBRE DE L'OR, free gold market.
MARCHÉS LIÉS, related markets.
MARCHÉ À LIVRER, settlement bargain; time-bargain; bargain for account.
MARCHÉ À LONG TERME, long-term market.
MARCHÉ LOURD, stale market.
le MARCHÉ EST LOURD, the market is heavy.
MARCHÉ DE MATIÈRES PREMIÈRES, commodity market.
MARCHÉ MAUSSADE, depressed market.
MARCHÉ DES MÉTAUX, metal market; Metal Exchange.
MARCHÉ MONÉTAIRE, money market; U.S: money mart.
MARCHÉ MONOPSONIQUE, monopsony market.
MARCHÉ MORT, dead market.
MARCHÉ NOIR, black market.
MARCHÉ PRESQUE NUL, nominal market.
MARCHÉ DES OBLIGATIONS, bond market.
MARCHÉ OFFICIEL, official market; Ring.
MARCHÉ OFFREUR, sellers' market.
MARCHÉ DE L'OR, gold market.
MARCHÉS ORGANISÉS, organized markets.
MARCHÉ ORIENTÉ À LA BAISSE, falling market; bear market; bearish market.
MARCHÉ ORIENTÉ À LA HAUSSE, rising market; bull market; buyers' market.
MARCHÉS D'OUTRE-MER, overseas markets.
MARCHÉ OUVERT, open market.
MARCHÉ DES PÉTROLIFÈRES, oil market.
MARCHÉ DES PRÊTS, loan market.
MARCHÉ À PRIME, option bargain; option; call.
MARCHÉ DU PRODUIT, DES PRODUITS, market for product; market for output.
MARCHÉ PROMPT À RÉAGIR, sensitive market.
MARCHÉ PUBLIC, open market; market overt.
MARCHÉS PUBLICS, U.S: open bids.
MARCHÉ RÉGLEMENTÉ, controlled market.
MARCHÉ REGORGEANT DE, glutted market.
MARCHÉ DES SALAIRES, U.S: wage market.
le MARCHÉ EST SATURÉ, the market has reached saturation point.
MARCHÉ SENSIBLE, sensitive market.
MARCHÉ SOUTENU, steady market; buoyant market.
MARCHÉ MOINS SOUTENU, easier market.
MARCHÉS SPÉCULATIFS, speculative markets.
MARCHÉ SURCHARGÉ DE TITRES, market overloaded with stock.
MARCHÉ SURÉVALUÉ, over-bought market.
le MARCHÉ S'EST TASSÉ, the market weakened.
MARCHÉ BIEN TENU, firm market.
MARCHÉ À TERME, bargain for account; settlement bargain; time-bargain; forward market; terminal market; options market.
MARCHÉ DU TERME, future market; terminal market; options market.
MARCHÉ À TERME DU CRÉDIT, forward market for loans.
MARCHÉ DU TRAVAIL, labour-market; market for labour.
MARCHÉ DES VALEURS, security market.
MAUVAIS MARCHÉ, losing bargain.
MÉCANISME DU MARCHÉ, market mechanism.
NERVOSITÉ DU MARCHÉ, jumpiness of the market.
OFFRE AGRÉGATIVE, GLOBALE, DU MARCHÉ, aggregate market supply.
OFFRE DU MARCHÉ, market supply.
OPÉRATIONS SUR LE MARCHÉ PUBLIC, open-market operations.
ORIENTATION DU MARCHÉ, general trend of the market.
PASSER UN MARCHÉ, to enter into a bargain.
PERTE D'UN MARCHÉ, loss of a market.
PRIX COURANTS DU MARCHÉ, current market prices.
PRIX D'ÉQUILIBRE DU MARCHÉ, equilibrium market price.
PRIX DE LA MAIN-D'ŒUVRE SUR LE MARCHÉ, market price of labour.
PRIX DU MARCHÉ, market price; trade price; current price; price current.
PRIX DU MARCHÉ NOIR, black-market price.
PRODUIT NATIONAL BRUT AUX PRIX DU MARCHÉ, gross national product at market prices.
RÉOUVERTURE D'UN MARCHÉ, reopening of a market.
les REPORTS SONT BON MARCHÉ, contangoes are low.
STABILISER LE MARCHÉ, to peg the market.
SURABONDANCE D'OR SUR LE MARCHÉ, surfeit of gold on the market.
TENDANCES D'ENSEMBLE DU MARCHÉ, general trend of the market.

TENDANCE GÉNÉRALE DU MARCHÉ, prevailing tone of the market.
TENDANCES DU MARCHÉ, run of the market; tendencies of the market.
TRAVAILLER LE MARCHÉ, to manipulate the market.
VALEUR LOCATIVE AU PRIX DU MARCHÉ, full market rental value.

MARCHER v, to walk, to run, to operate.
AFFAIRE QUI MARCHE (BIEN), going concern.
les AFFAIRES MARCHENT, business is brisk.
les AFFAIRES NE MARCHENT PAS, business is slack.
FAIRE MARCHER UNE AFFAIRE, UN COMMERCE, to run a business.

MARÉCAGE m, marsh.

MARGE f, margin, fringe.
APPEL DE MARGE; call for additional cover.
MAGASIN DE VENTE À MARGES RÉDUITES, U.S: discounter.
MARGE BÉNÉFICIAIRE, margin of profit.
MARGE D'ERREUR, margin of error.
MARGE DE 25 % EN ESPÈCES, margin of 25 % in cash.
MARGE POUR LES ÉVENTUALITÉS, margin for contingencies.
en MARGE DE LA SOCIÉTÉ, on the fringe of society.
MARGE SUPPLÉMENTAIRE, further margin; further cover.
PRINCIPE DE LA MARGE, marginal principle.
PRIX QUI NE LAISSE QU'UNE MARGE NÉGLIGEABLE, close price.
TRANSACTION QUI LAISSE TRÈS PEU DE MARGE, tight bargain.

MARGINAL a, marginal.
ANALYSE MARGINALE, DE TYPE MARGINAL, marginal analysis.
CAPACITÉ D'ABSORPTION MARGINALE, marginal propensity to absorb.
CHÔMAGE MARGINAL, marginal unemployment.
COURBE DE COÛT MARGINAL, curve of marginal cost.
COURBE DE L'EFFICACITÉ MARGINALE DU CAPITAL, schedule of the marginal efficiency of capital.
COÛT DE FACTEUR MARGINAL, marginal factor cost.
COÛT MARGINAL, marginal cost.
COÛT MARGINAL DÉCROISSANT, decreasing marginal cost; diminishing marginal cost.
le COÛT MARGINAL ÉGALE LA RECETTE MARGINALE, marginal cost equals marginal revenue.
COÛT MARGINAL SOCIAL, social marginal cost.
COÛT D'USAGE MARGINAL, marginal user cost.
DÉPENSE MARGINALE, marginal outlay.
DÉSINVESTISSEMENT MARGINAL, marginal disinvestment.
DÉSUTILITÉ DE L'EMPLOI MARGINAL, disutility of the marginal employment.
DÉSUTILITÉ MARGINALE, marginal disutility.
DÉSUTILITÉ MARGINALE DU TRAVAIL, marginal disutility of labour.
EFFICACITÉ MARGINALE DU CAPITAL, marginal efficiency of capital.
EFFICACITÉ MARGINALE DE L'INVESTISSEMENT, marginal efficiency of investment.
EFFICACITÉ MARGINALE DU TRAVAIL, marginal efficiency of labour.
ÉGALER LE PRIX AU COÛT MARGINAL, to equate price with marginal cost.
ENTREPRISE MARGINALE, marginal firm.
FAIRE COÏNCIDER LE PRIX AVEC LE COÛT MARGINAL, to equate price with marginal cost.
FIRME MARGINALE, marginal firm.
FIXATION DU PRIX AU COÛT MARGINAL, marginal cost pricing.
FLUX MARGINAL, marginal stream.
PRÊTEUR MARGINAL, marginal lender.
PRINCIPE D'ÉGALITÉ DES COÛTS MARGINAUX, equal-marginal-cost principle.
PRINCIPE DE L'UTILITÉ MARGINALE DÉCROISSANTE, principle of diminishing marginal utility.
PRIX AU COÛT MARGINAL, marginal cost price.
PRIX DE VENTE ÉGAUX AUX COÛTS MARGINAUX, marginal cost pricing.
PRODUCTEUR MARGINAL, marginal producer.
PRODUCTIVITÉ MARGINALE DE L'ATTENTE, marginal productivity of waiting.
PRODUCTIVITÉ MARGINALE DU TRAVAIL, marginal productivity of labour.
PRODUCTIVITÉ PHYSIQUE MARGINALE DU TRAVAIL, marginal physical productivity of labour.
PRODUIT MARGINAL, marginal product.
PRODUIT MARGINAL DE L'EMPLOI ALTERNATIF, marginal opportunity cost; alternative cost.
PRODUIT DE (LA) RECETTE MARGINALE, marginal-revenue product.
PROPENSION MARGINALE À CONSOMMER, marginal propensity to consume.
PROPENSION MARGINALE À DÉPENSER, marginal propensity to spend.
PROPENSION MARGINALE À ÉPARGNER, marginal propensity to save.

PROPENSION MARGINALE À IMPORTER, marginal propensity to import.
PROPENSION MARGINALE À INVESTIR, marginal propensity to invest.
PROPORTIONNALITÉ ENTRE LES UTILITÉS MARGINALES ET LES PRIX, proportionality between marginal utilities and prices.
RECETTE MARGINALE, marginal revenue.
RENDEMENT MARGINAL DU CAPITAL, marginal return on capital.
RENDEMENT MARGINAL DÉCROISSANT, decreasing return at the margin.
RÉMUNÉRATION CORRESPONDANT À LA PRODUCTIVITÉ MARGINALE, reward which corresponds to the marginal productivity.
le SALAIRE EST ÉGAL AU PRODUIT MARGINAL DU TRAVAIL, the wage is equal to the marginal product of labour.
TAUX MARGINAL DÉCROISSANT DE SUBSTITUTION, diminishing marginal rate of substitution.
TAUX MARGINAL DE SUBSTITUTION, marginal rate of substitution.
TAUX MARGINAL DE TRANSFORMATION, marginal rate of transformation.
THÉORIE DE LA RÉPARTITION BASÉE SUR LA PRODUCTIVITÉ MARGINALE, marginal productivity theory of distribution.
THÉORIE DE L'UTILITÉ MARGINALE, theory of marginal utility.
UNITÉ MARGINALE D'INVESTISSEMENT, marginal unit of investment.
UTILITÉ MARGINALE, marginal utility.
UTILITÉ MARGINALE DÉCROISSANTE, diminishing marginal utility.
UTILITÉ MARGINALE DE LA MONNAIE, marginal utility of money.
UTILITÉ DE LA PRODUCTION MARGINALE, marginal utily of the product.
VALEUR MARGINALE DÉCROISSANTE, diminishing marginal value; declining marginal value.
VALEUR DU PRODUIT MARGINAL, value of marginal product.

MARGINALISTE a, pertaining to marginal analysis.
ÉCOLE AUTRICHIENNE MARGINALISTE, Austrian school.

MARI m, husband.

MARIAGE m, marriage.
ANTÉRIEUR AU MARIAGE, pre-marital.
CONTRAT DE MARIAGE, marriage contract; marriage settlement; U.S: pre-marital agreement, antenuptial agreement.
EXTRAIT D'ACTE DE MARIAGE*, marriage certificate.

MARIÉ a, married
BIENS PROPRES DE LA FEMME MARIÉE, separate estate.

MARIN a, marine, nautical.
MILLE MARIN, nautical mile; sea mile; geographical mile.

MARIN m, sailor, seafarer, seaman.

MARINE f, marine, sea service.
MARINE MARCHANDE, merchant marine; shipping; merchant shipping; merchant service; mercantile marine.

MARITAL a, marital.

MARITIME a, maritime, marine, naval.
AGENCE MARITIME, shipping agency.
ASSURANCE MARITIME, marine insurance; maritime insurance; sea insurance.
COMMERCE MARITIME, sea trade; maritime trade; maritime commerce.
COMPAGNIE DE NAVIGATION MARITIME, steamship navigation company.
COMPAGNIE DE TRANSPORTS MARITIMES, shipping company.
CONFÉRENCE MARITIME, shipping conference.
COURTIER MARITIME, ship-broker.
DROIT MARITIME, maritime law; shipping-law; law of shipping.
EAUX MARITIMES, sea water.
ENTREPÔT MARITIME, wharf.
FRONTIÈRE MARITIME, sea frontier.
GARE MARITIME, harbour-station; marine station.
INDUSTRIE DES TRANSPORTS MARITIMES, shipping industry.
INSCRIPTION MARITIME, marine registry.
LOI MARITIME, navigation act.
LOIS MARITIMES, Navigation laws.
MESSAGERIES MARITIMES, sea transport (of goods).
NAVIGATION MARITIME, maritime navigation.
PRIVILÈGE MARITIME, maritime lien.
PROFIT MARITIME, bottomry interest.
PROVINCES MARITIMES, seaboard provinces.
RÉPERTOIRE MARITIME, shipping directory.
ROUTE MARITIME, sea route.
TAXE MARITIME, marine charge.
TRANSPORT MARITIME, freight; freightage; freighting; sea carriage, marine transport.

MARKETING m, marketing.

MAROQUINERIE f, leather goods.

MARQUANT a, outstanding.
POINT MARQUANT, landmark.

MARQUE f, make, mark, brand, name; cipher; score, scoring.
ARTICLES DE MARQUE, branded goods.
DÉPOSER UNE MARQUE DE FABRIQUE, to register a trade-mark
DÉPÔT D'UNE MARQUE DE FABRIQUE, registration of a trade-mark.
FAUSSE MARQUE DE FABRIQUE, false trade-mark.
IMAGE DE MARQUE, brand image.
de MARQUE(S), branded.
sans MARQUE, unmarked.
MARQUE COURANTE, standard make.
MARQUE DÉPOSÉE, registered trade-mark.
de MARQUE ÉTRANGÈRE, foreign-built; foreign-made.
MARQUE DE FABRIQUE, trade-mark; brand name.
MARQUES ORDINAIRES, ordinary brands.

MARQUÉ a, marked, distinct, decided.
DIFFÉRENCE MARQUÉE, decided difference; marked difference.
MARQUÉ D'UN PRIX, priced.
PRÉFÉRENCE MARQUÉE, distinct preference.
PRIX MARQUÉ, marked price; catalogue price.
REPRISE MARQUÉE, marked recovery; decided recovery.
TENDANCE FORTEMENT MARQUÉE, strongly marked tendency.
TENDANCE DE PLUS EN PLUS MARQUÉE, growing tendency.

MARQUER v, to mark.
MARQUER UN PALIER, to level off.

MARRON a, brown, unlicensed.
COURTIER MARRON, unlicensed broker.

MARSHALL n. pr, Marshall.
AIDE MARSHALL, Marshall Aid.
PLAN MARSHALL, Marshall Plan.

MARXISME m, Marxism.

MARXISTE a, Marxian, Marxist.
MÉTHODE MARXISTE, Marxist method.
SOCIALISME MARXISTE, Marxian socialism.
THÉORIES MARXISTES, Marxian theories.

MASCULIN a, male.

MASS MEDIA m. pl, mass media.

MASSE f, mass, lump, bulk.
ACHETER EN MASSE, to buy up.
LOI DE PAUPÉRISATION DES MASSES, law of immiserization of the masses.
MASSE ACTIVE, assets.
MASSE DES BIENS DE LA FAILLITE, bankrupt's total estate.
MASSE GLOBALE DES SALAIRES, wages bill.
MASS MEDIA, mass media.
MASSE MONÉTAIRE, money supply.
MASSE PASSIVE, liabilities.
MÉMOIRE DE MASSE, mass storage.
MÉMOIRE DE MASSE À CELLULES, data cell storage.
PRODUCTION DE MASSE, mass production; quantity production.

MASSIF a, massive; heavy.
CHÔMAGE MASSIF, mass unemployment.
RETRAITS MASSIFS DE DÉPÔTS BANCAIRES, run on banks.
VENTES MASSIVES, heavy sales.

MATCH m, match, game.
la PARTIE S'EST TERMINÉE PAR UN MATCH NUL, the game ended in a draw.

MATELOT m, sailor, seaman.

(SE) **MATÉRIALISER** v, to materialize.

MATÉRIALISME m, materialism, physicism.
MATÉRIALISME DIALECTIQUE, dialectical materialism.

MATÉRIALISTE a, materialist(ic).

MATÉRIAU m, material.
MATÉRIAUX DE CONSTRUCTION, building materials.
MATÉRIAUX IMPROPRES À CET USAGE, materials unfit for the job.

MATÉRIEL a, material, physical, bodily, corporeal.
BESOINS MATÉRIELS, material needs; bodily wants.
CERTITUDE MATÉRIELLE, physical certainty.
CHANGEMENT MATÉRIEL, physical change.
DOMMAGES MATÉRIELS, damage to property.
FAIT MATÉRIEL, material fact.
VALEURS MATÉRIELLES, tangible assets.

MATÉRIEL m, material, plant, equipment; implements, stock, dead stock.
AMORTISSEMENT DE MATÉRIEL, reserve for depreciation of plant.
ENTREPRISE DE FOURNITURES ET DE MATÉRIEL SCOLAIRES, school-furnishing company.
MATÉRIEL AGRICOLE, farm equipment.

MATÉRIEL DE GUERRE, implements of war.
MATÉRIEL MILITAIRE, military equipment.
MATÉRIEL MOBILE, loose plant.
MATÉRIEL PÉRIPHÉRIQUE, peripheral equipment.
MATÉRIEL RÉCUPÉRÉ, salvaged material.
MATÉRIEL REMORQUEUR, hauling stock.
MATÉRIEL ROULANT, rolling-stock.
MATÉRIEL DE TRAITEMENT DE L'INFORMATION, hardware.
PROVISION POUR DÉPRÉCIATION DE MATÉRIEL, reserve for depreciation of plant.

MATÉRIELLEMENT adv, materially.
CHOSE MATÉRIELLEMENT IMPOSSIBLE, physical impossibility.

MATERNALISTE a, maternalistic.

MATERNITÉ f, maternity, parenthood.
ALLOCATIONS DE MATERNITÉ, maternity allowances.

MATHÉMATICIEN m, mathematician.

MATHÉMATIQUE a, mathematical.
ÉCONOMIE MATHÉMATIQUE, mathematical economics.
ESPÉRANCE MATHÉMATIQUE, expected value; mathematical expectation.
EXACTITUDE MATHÉMATIQUE, mathematical accuracy.
FONCTIONS MATHÉMATIQUES, mathematical functions.
MÉTHODE MATHÉMATIQUE, mathematical method.
OPÉRATION MATHÉMATIQUE, mathematical operation.
PROPOSITION MATHÉMATIQUE, mathematical proposition.

MATHÉMATIQUES f. pl, mathematics.
MATHÉMATIQUES APPLIQUÉES, applied mathematics.
MATHÉMATIQUES PURES, pure mathematics.
MATHÉMATIQUES SUPÉRIEURES, higher mathematics; advanced mathematics.

MATIÈRE f, matter, stuff, product, produce, material.
ARBITRAGE EN MATIÈRE DE SALAIRES, wage arbitration.
CONTENU EN MATIÈRES GRASSES, fat content.
CONTRÔLE DES MATIÈRES STRATÉGIQUES, strategic controls
COÛT DES MATIÈRES PREMIÈRES, cost of materials.
non DISCRIMINATION EN MATIÈRE DE SALAIRES, principle of equal pay.
MARCHÉ DE MATIÈRES PREMIÈRES, commodity market.
MATIÈRE À CONTROVERSE, food for controversy.
MATIÈRE GRASSE, fat.
MATIÈRES PREMIÈRES, material; raw materials; unmanufactured materials; raw produce; primary products.

MATRIARCAT m, matriarchy.

MATRICE f, matrix.
INVERSION DE LA MATRICE, inversion of the matrix.
MATRICE DE BASE, basis matrix.
MATRICE DE CORRÉLATION, correlation matrix.
MATRICE DIAGONALE, diagonal matrix.
MATRICE ÉLÉMENTAIRE, elementary matrix.
MATRICE DE PERMUTATION, permutation matrix.
MATRICE SYMÉTRIQUE, symmetric(al) matrix.
MÉTHODE DES MATRICES, matrix method.

MATRICIEL a, matrix.
ALGÈBRE MATRICIELLE, matrix algebra.

MATRICULE a, serial.
NUMÉRO MATRICULE, serial number.

MATRICULE f, register, roll.

MATURATION f, maturing, ripening, fruition.
MATURATION D'UN PROJET, ripening of a plan; maturing of a plan

MATURITÉ f, maturity.
ÉCONOMIE EN PLEINE MATURITÉ, mature economy.

MAUSSADE a, depressed, dull.
MARCHÉ MAUSSADE, depressed market.

MAUVAIS a, bad, ill, wrong, base.
ACQUÉREUR DE MAUVAISE FOI, mala fide purchaser.
ASSURANCE CONTRE LES MAUVAISES CRÉANCES, credit insurance.
DÉFAILLANCE DUE À UNE MAUVAISE UTILISATION, U.S: misuse failure.
DÉTENTEUR DE MAUVAISE FOI, mala fide holder.
MAUVAISE ADMINISTRATION, maladministration; bad husbandry.
MAUVAIS AJUSTEMENT, misadjustment.
MAUVAISE ANNÉE (POUR LES RÉCOLTES), U.S: fail-year.
MAUVAISE CRÉANCE, bad debt; bad claim.
MAUVAIS ENTRETIEN, neglect.
en MAUVAIS ÉTAT, out of condition; in a bad state.
en MAUVAIS ÉTAT DE CONSERVATION, badly preserved.
MAUVAISE FOI, bad faith; dishonesty; jugglery.
MAUVAISE GESTION, maladministration; mismanagement.
la plus MAUVAISE DES HYPOTHÈSES, the very worst hypothesis.
MAUVAIS MARCHÉ, losing bargain.

la MAUVAISE MONNAIE CHASSE LA BONNE, bad money drives out good.
MAUVAIS PAPIER, bad paper.
MAUVAISE RÉCOLTE, bad harvest.
MAUVAISE RÉPUTATION, bad name; disrepute.
MAUVAISE UTILISATION, misuse.
MONNAIE DE MAUVAIS ALOI, base coinage.

MAXIMAL a, maximal, maximum.
SATISFACTION MAXIMALE, maximum satisfaction.
SURPLUS MAXIMAL, maximum surplus.
l'UTILITÉ SERA MAXIMALE LORSQUE, utility will be maximized when.
VALEUR MAXIMALE, maximum value.

MAXIMATION f, maximization, maximizing.
CRITÈRES DE MAXIMATION, criteria of maximization.
MAXIMATION DES PROFITS, maximizing profits.
MAXIMATION DE L'UTILITÉ TOTALE, maximizing total utility.

MAXIMISATION f, maximization, maximizing.

MAXIMISER v, to maximize.
l'ENTREPRENEUR MAXIMISE LE PROFIT, the entrepreneur maximizes his profits.

MAXIMUM a, maximum.
BARÈME D'IMPOSITION MAXIMUM, highest scale of taxation.
CAPACITÉ THÉORIQUE MAXIMUM, theoretical maximum capacity.
CHERCHER À RENDRE LA PRODUCTION MAXIMUM, to endeavour to maximize output.
COURS MAXIMA, outside prices.
ÉCART MAXIMUM, maximum departure.
chaque FIRME REND MAXIMUM SON PROFIT INDIVIDUEL, each firm maximizes its profit.
POINT DE PROFIT MAXIMUM, point of maximum profit.
PRIX MAXIMUM, maximum price; highest price.
PRIX MAXIMUM LÉGAL, legal maximum price.
PRODUCTION MAXIMUM, peak output; capacity output.
RENDEMENT MAXIMUM, best performance; highest efficiency.
RENDRE MAXIMUM, to maximize.
RENDRE MAXIMUM LE PROFIT TOTAL, to maximize total profit.
RISQUE MAXIMUM, maximum risk.
TOLÉRANCES MAXIMA ET MINIMA, limits of tolerance.
TRAVAILLANT À CAPACITÉ PRESQUE MAXIMUM, working at close to capacity.

MAXIMUM m, maximum; peak.
EFFICACE AU MAXIMUM, hundred per cent efficient.
MAXIMA CYCLIQUES, cyclical peaks.
MAXIMUM DE VRAISEMBLANCE, maximum likelihood.
MINIMUM DES MAXIMA, minimax.
un MINIMUM DE RISQUE ET UN MAXIMUM DE REVENUS, a minimum of risk and a maximum of revenue.

MAZOUT m, fuel oil, oil fuel, crude oil.

MÉANDRE m, sinuosity, winding, loop.

MÉCANICIEN m, mechanic, engineer.

MÉCANIQUE a, mechanical.
ANALOGIES (PUREMENT) MÉCANIQUES, mechanical analogies.
CIVILISATION MÉCANIQUE, mechanical civilization.
COMMANDE MÉCANIQUE, power-control.
CONSTRUCTION MÉCANIQUE, mechanical engineering.

MÉCANIQUE f, mechanics.
MÉCANIQUE ANALYTIQUE, analytical mechanics.
MÉCANIQUE APPLIQUÉE, applied mechanics; practical mechanics.
MÉCANIQUE RATIONNELLE, abstract mechanics; theoretical mechanics.

MÉCANISATION f, mechanization.

MÉCANISÉ a, mechanized.
PRODUCTION MÉCANISÉE, machine-production.

MÉCANISER v, to mechanize.

MÉCANISME m, mechanism; method, process; instrument.
MÉCANISME D'AJUSTEMENT, adjustment mechanism; adjustment process.
MÉCANISME BANCAIRE, banking mechanism.
MÉCANISME DE L'ESCOMPTE, discount mechanism.
MÉCANISME DU MARCHÉ, market mechanism.
MÉCANISME DES PRIX, price mechanism.
MÉCANISME RÉÉQUILIBRANT, equilibrating mechanism.
MÉCANISMES STABILISATEURS, stabilizing mechanisms.
MÉCANISMES DE STABILISATION AUTOMATIQUES, built-in economic stabilizers.

MÉCONNAÎTRE v, to ignore.
MÉCONNAÎTRE LES FAITS, to ignore the facts.

MÉCONTENTEMENT m, discontent, dissatisfaction.
MÉCONTENTEMENT GÉNÉRAL, general discontent.

MÉDECIN m, physician; doctor.

PROFESSION DE MÉDECIN, medical profession.

MÉDECINE *f*, medecine, physic.

MÉDIAL *a*, medial.
VALEUR MÉDIALE, medial value; class-mark.

MÉDIALE *f*, medial, median.

MÉDIAN *a*, median.
LIGNE MÉDIANE, centre-line.
POURCENTAGE MÉDIAN, median percentage.

MÉDIANE *f*, median.
LOCATION GÉOGRAPHIQUE DE LA MÉDIANE, location of the median.

MÉDIAT *a*, mediate.
DÉDUCTION MÉDIATE, mediate inference.

MÉDIATEUR *m*, mediator.

MÉDIATION *f*, mediation.

MÉDICAL *a*, medical.
CERTIFICAT MÉDICAL, health certificate; medical certificate.
CORPS MÉDICAL, medical profession.
FRAIS MÉDICAUX, medical fees; medical expenses.

MÉDICAMENT *m*, medicament; medicine.

MÉDIÉVAL *a*, mediaeval.

MEDIUM *m*, medium.
MASS MEDIA, mass media.

(SE) **MÉFIER** *v*, to mistrust, to beware.
se MÉFIER DES CONTREFAÇONS, beware of substitutes.

MEILLEUR *a*, better, best.
ÉQUILIBRE DE MEILLEUR PROFIT, best-profit equilibrium.
MEILLEUR PROFIT, best profit.
OBTENIR DU CRÉDIT À MEILLEUR COMPTE, to obtain cheaper credit.
POINT DE MEILLEUR PROFIT, best-profit point.

MÉLANGE *m*, mixture, immixture, blending.

MÉLANGÉ *a*, mixed, miscellaneous.

MÉLANGER *v*, to mix.

MEMBRE *m*, member.
ENSEMBLE DES MEMBRES, membership.
MEMBRE COOPTÉ, co-opted member.
MEMBRE FONDATEUR, founder member.
MEMBRES DES PROFESSIONS LIBÉRALES, professional classes.
MEMBRE D'UN SYNDICAT DE GARANTIE, underwriter.
PREMIER MEMBRE D'UNE ÉQUATION, left-hand member of an equation.
QUALITÉ DE MEMBRE, membership.
QUALITÉ DE MEMBRE D'UN SYNDICAT, membership of a syndicate.
SECOND MEMBRE D'UNE ÉQUATION, right-hand member of an equation.

MÊME *a*, equal, same.
CONTOUR DE MÊME UTILITÉ, equal-utility contour.
INDUSTRIES QUI SE SUFFISENT À ELLES-MÊMES, self-contained industries.
MÊME SOMME D'ARGENT, equal sum of money.
MULTIPLES IMPOSITIONS SUR LE MÊME REVENU, multiple imposition on the same income.
PRENDRE LE MÊME RANG, to rank equally.
RÉDUIRE DES FRACTIONS AU MÊME DÉNOMINATEUR, to reduce fractions to the same denomination; to reduce fractions to the same denominator.
RESPONSABLE AU MÊME DEGRÉ, equally responsible.
SEUL ET MÊME EMPRUNT, single loan.

MÉMOIRE *m*, memorandum, record.
pour MÉMOIRE, as a reminder; as a memorandum.

MÉMOIRE *f*, memory, storage.
CAPACITÉ DE MÉMOIRE, storage capacity.
CAPACITÉ DE (LA) MÉMOIRE CENTRALE, core storage capability; core storage capacity.
EFFET MÉMOIRE, ratchet effect.
MÉMOIRE À ACCÈS SÉLECTIF, direct access storage; random access storage.
MÉMOIRE AUXILIAIRE, auxiliary storage.
MÉMOIRE DE BASE, basic storage.
MÉMOIRE CENTRALE, core storage; main memory.
MÉMOIRE COMMUNE, shared memory.
MÉMOIRE CYCLIQUE, dynamic storage.
MÉMOIRE À DISQUES, disk storage.
MÉMOIRE EXTERNE, external storage.
MÉMOIRE À FERRITES, core storage.
MÉMOIRE À FERRITES DE GRANDE CAPACITÉ, bulk core storage.
MÉMOIRE INTERMÉDIAIRE, score storage.

MÉMOIRE INTERNE, internal storage.
MÉMOIRE DE MASSE, mass storage.
MÉMOIRE DE MASSE À CELLULES, data cell storage.
MÉMOIRE À TAMBOUR MAGNÉTIQUE, drum storage.
MÉMOIRE TAMPON, buffer storage.
MÉMOIRE TEMPORAIRE, temporary storage.
MÉMOIRE DE TRAVAIL, working storage.
PROGRAMME EN MÉMOIRE, stored program(me).

MÉMORANDUM *m*, memorandum.

MÉMORISATION *f*, memorizing.

MENAÇANT *a*, threatening, impending.

MENACE *f*, threat, menace.
MENACE DE LICENCIEMENT, DE RENVOI, menace of dismissal; threat of dismissal.

MÉNAGE *m*, household, housekeeping.
BUDGET DU MÉNAGE, household budget; household expenses; family budget.
CONSOMMATION DES MÉNAGES, private consumption.
DÉPENSES DE MÉNAGE, household expenditure.
REVENU DES MÉNAGES, income of households.
TRANSFERTS DE REVENU AU COMPTE DES MÉNAGES, income transfers to households.

MÉNAGER *a*, thrifty; related to housework.
SALON DES ARTS MÉNAGERS, *U.K:* Ideal Home Exhibition.

MÉNAGER *v*, to spare; to use economically.

MÉNAGÈRE *f*, housewife.
PANIER DE LA MÉNAGÈRE, basket of commodities.

MENER *v*, to lead.
MENER UN TRAIN DE VIE EN RAPPORT AVEC SON REVENU, to live up to one's income.

MENSONGER *a*, deceptive, illusory.
FAIRE APPARAÎTRE DES BÉNÉFICES MENSONGERS, to show illusory profits.

MENSUALITÉ *f*, monthly instalment, monthly payment.

MENSUEL *a*, monthly.
BULLETIN MENSUEL DE STATISTIQUES, Monthly Digest of Statistics.
bi-MENSUEL, half-monthly.
MÉTHODE DES RAPPORTS À LA MOYENNE MENSUELLE, method of ratios to monthly averages.
RELEVÉ MENSUEL, monthly statement.

MENSURABLE *a*, mensurable.

MENSURATION *f*, mensuration, measuring.

MENTAL *a*, mental.
ARITHMÉTIQUE MENTALE, mental arithmetic.

MENU *a*, tiny, small, minor, minute, humble, petty.
MENUS DÉBOURS, petty expenses.
MENUES DÉPENSES, out-of-pocket expenses; petties.
MENUS FRAIS, minor expenses; small items.
MENUE MONNAIE, loose cash.
MENU PEUPLE, humbler classes.

MER *f*, sea.
ACCIDENT DE MER, sea accident.
ALTITUDE AU-DESSUS DU NIVEAU DE LA MER, height above sea-level.
APTE À NAVIGUER SUR MER, fit to sail the sea; seaworthy.
AVARIES DE MER, sea damage.
GAGES DES GENS DE MER, seamen's wages.
HAUTES MERS, high seas.
MARCHÉS D'OUTRE-MER, overseas markets.
PÊCHE EN HAUTE MER, high-sea(s) fishery.
PORT DE MER, seaport; outer port.
RISQUE DE MER, marine risk; maritime risk; sea risk; peril of the sea.
TRAJET PAR MER, sea transit.
VOYAGE PAR MER, sea journey; sea voyage; voyage.

MERCANTILE *a*, mercantile.
OPÉRATIONS MERCANTILES, mercantile business.
SYSTÈME MERCANTILE, mercantile system.

MERCANTILISME *m*, mercantilism; profiteering.

MERCANTILISTE *a*, mercantilistic, mercantile.
POLITIQUE MERCANTILISTE, mercantilistic policy.
THÉORIES MERCANTILISTES, mercantilistic theories; mercantile theories.

MERCANTILISTE *m*, mercantilist.

MERCURIALE *f*, market price-list.

MÈRE *f*, mother; parent.
MAISON MÈRE, parent house; parent enterprise; parent establishment.

SOCIÉTÉ MÈRE, parent company.

MÉRITE *m*, merit; talent.
AVOIR POUR SEUL MÉRITE DE GÊNER AUTRUI, to have a nuisance value.

MÉRITÉ *a*, due, deserved.
RÉCOMPENSE MÉRITÉE, due reward.

MERVEILLE *f*, wonder.
qui PROMET MONTS ET MERVEILLES, get-rich-quick.

MESSAGERIE *f*, carrying trade, shipping line, parcel(s) service, passenger and parcel service.
MESSAGERIES MARITIMES, sea transport (of goods).
SERVICE FERROVIAIRE DE MESSAGERIES, railway parcel service.
TRAFIC DES MESSAGERIES, parcel traffic.
TRAIN DE MESSAGERIES, parcel train.

MESURABILITÉ *f*, measurability, mensurability.

MESURABLE *a*, measurable, mensurable.
QUANTITÉ MESURABLE, measurable quantity.

MESURE *f*, measure, measurement, measuring, mensuration; standard, yard-stick; policy.
APPAREIL DE MESURE, measuring apparatus.
BONNE MESURE, full measure.
DEMI-MESURE, half-measure.
ÉTALON DE MESURE, measuring rod.
FABRIQUÉ SUR MESURE, made to order.
INSTRUMENT DE MESURE, measurement; measuring tool.
MESURES ANTICYCLIQUES, anticyclical policies.
MESURES DE L'APLATISSEMENT, measures of peakedness.
MESURES D'AUSTÉRITÉ, austerity measures.
MESURE BINAIRE, binary measure.
MESURE DE CAPACITÉ, measure of capacity.
MESURE DE CAPACITÉ POUR LES LIQUIDES, liquid measure.
MESURE COMBLE, heaped measure.
MESURES COMPENSATOIRES, compensatory measures.
MESURE DU CYCLE ÉCONOMIQUE, measuring the business cycle.
MESURES DÉFLATIONNISTES, deflationary measures.
MESURE DU DÉSÉQUILIBRE, measurement of imbalance.
MESURES DICTÉES PAR LA PANIQUE, panicky measures.
MESURES DE DISPERSION, measure of dispersion.
MESURE DE LA DISSYMÉTRIE, measure of skewness.
MESURE D'ÉCONOMIE, measure of economy.
MESURES ÉNERGIQUES, strong measures.
MESURE-ÉTALON, standard measure.
MESURES HUMANITAIRES, humane measures.
MESURES INDIQUÉES, measures that are indicated.
MESURES DU KURTOSIS, measures of kurtosis; measures of peakedness.
MESURES LINÉAIRES, linear measures.
MESURES DE LONGUEUR, linear measures.
MESURES REQUISES, due measures.
MESURES DE RÉTORSION, retaliatory measures.
MESURES RIGOUREUSES, rigorous measures; drastic measures.
MESURES DE SUPERFICIE, superficial measures; square measures.
MESURE À TITRE PRÉVENTIF, preventive measure.
MESURES TRANSITOIRES, temporary measures.
MESURES D'URGENCE, emergency measures.
MESURE DE LA VALEUR, standard of value.
MESURES DE VOLUME, solid measures; cubic measures.
MONNAIE EN TANT QU'INSTRUMENT DE MESURE DE L'UTILITÉ, money as measurement of utility.
OUTIL DE MESURE, measuring tool.
POIDS ET MESURES, weights and measures.
TABLE DE POIDS ET MESURES, table of weights and measures.

MESURÉ *a*, measured, leisurely.
ALLURE MESURÉE, leisurely pace.

MESURER *v*, to measure.
MESURER SA DÉPENSE À SON REVENU, to proportion one's expenditure to one's income.

MÉTAL *m*, metal.
MARCHÉ DES MÉTAUX, metal market; Metal Exchange.
MÉTAL COMMUN, base metal.
MÉTAL-ÉTALON, standard metal.
MÉTAL JAUNE, yellow metal.
MÉTAUX MONNAYABLES, coinable metals.
MÉTAUX NOBLES, noble metals.
MÉTAUX PRÉCIEUX, noble metals; precious metals.
MONNAIE EFFECTIVE GAGÉE SUR DU MÉTAL, real money backed by gold.
MOULAGE DES MÉTAUX, metal founding.

MÉTALLIQUE *a*, metallic, minted.
ÉTALON MÉTALLIQUE, metallic standard.
MONNAIE MÉTALLIQUE, metallic currency; metallic money; minted money.
PAIR MÉTALLIQUE, mint par of exchange; par of exchange.

RAPPORT ENTRE L'ÉMISSION DES BILLETS DE BANQUE ET LA RÉSERVE MÉTALLIQUE, ratio between the issue of bank notes and the bullion reserve.
RÉDUCTION DE LA COUVERTURE MÉTALLIQUE DES PIÈCES (DE MONNAIE), clipping of coins.
RÉSERVE MÉTALLIQUE, metallic reserve; bullion reserve.
RÉSERVES MÉTALLIQUES EN PIÈCES ET EN LINGOTS, coin and bullion.
RÉSERVES MÉTALLIQUES EN PIÈCES ET EN LINGOTS D'OR ET D'ARGENT, gold and silver coin and bullion.
THÉORIE MÉTALLIQUE, currency principle.

MÉTALLISATION *f*, metallization.
MÉTALLISATION DU MINERAI, conversion of ore into metal.

MÉTALLURGIE *f*, metallurgy.

MÉTALLURGIQUE *a*, metallurgic(al).
USINE MÉTALLURGIQUE, iron-foundry; forge; metal works.

MÉTALLURGISTE *a*, smelting.
OUVRIER MÉTALLURGISTE, metal worker; mstallurgist.

MÉTALLURGISTE *m*, metallurgist, ironmaster, smelter.

MÉTAMATHÉMATIQUE *a*, metamathematical.
THÉORIE MÉTAMATHÉMATIQUE, metamathematical theory.

MÉTAMATHÉMATIQUES *f. pl*, metamathematics.

MÉTASTATIQUE *a*, metastatic.

MÉTASTATIQUE *f*, metastatics.

MÉTAYAGE *m*, share-cropping; *U.S:* share-crop system.

MÉTAYER *m*, farmer working on shares, share-cropper, cropper, produce-sharing farmer.

MÉTÉOROLOGIE *f*, meteorology.

MÉTHODE *f*, method, orderlines, practice.
ESTIMATION PAR LA MÉTHODE DES QUOTIENTS, ratio estimate.
ESTIMATION PAR LA MÉTHODE DE RÉGRESSION, regression estimate.
MÉTHODE D'ACCÈS, access method.
MÉTHODE D'ACCÈS AVEC FILE D'ATTENTE, queued access method.
MÉTHODE D'AMORTISSEMENT PAR ANNUITÉS, annuity method of depreciation.
MÉTHODE DE L'AMORTISSEMENT DÉCROISSANT, reducing-balance method.
MÉTHODE D'AMORTISSEMENT FONDÉE SUR LA VALEUR DU MOMENT, appraisal method of depreciation.
MÉTHODE D'AMORTISSEMENT PAR TRANCHES ANNUELLES ÉGALES, *U.S:* age-life method of depreciation.
MÉTHODES D'ANALYSE ÉCONOMIQUE, methods of economic analysis.
MÉTHODES APPLIQUÉES ACTUELLEMENT, methods in force.
MÉTHODE PAR APPROXIMATION, approximation method.
MÉTHODE DES APPROXIMATIONS SUCCESSIVES, method of successive substitutions; method of continual approaches.
MÉTHODE DES CAS, case method.
MÉTHODE CÉDULAIRE (D'IMPOSITION), schedular method (of taxation).
MÉTHODE DU CHEMIN CRITIQUE, critical path method.
MÉTHODE COMMODE, expedient method.
MÉTHODE DE COMPTABILITÉ PATRIMONIALE, on an accrual basis.
MÉTHODE DÉDUCTIVE, deductive method.
MÉTHODE DIRECTE, forward method.
MÉTHODE PAR ÉCHANTILLONS, sampling method.
MÉTHODE DES ÉLASTICITÉS, elasticity method.
MÉTHODE EMPIRIQUE, empirical method.
MÉTHODE ÉPROUVÉE, method that has stood the test of time.
MÉTHODE DES ÉQUATIONS SIMULTANÉES, simultaneous equations method.
MÉTHODE D'ESTIMATION PAR LES MOMENTS, method of moments.
MÉTHODE D'EXCLUSION, method of exclusion.
MÉTHODE D'EXHAUSTION, method of exhaustions.
MÉTHODE EXHAUSTIVE, exhaustive method.
MÉTHODE EXPÉRIMENTALE, experimental method.
MÉTHODES D'EXTRACTION (MINIÈRE), mining methods.
MÉTHODE DES FLUXIONS, method of fluxions.
MÉTHODE GRAPHIQUE, graphic method.
MÉTHODE HAMBOURGEOISE, balance method.
MÉTHODE INDIRECTE, backward method; epoch method.
MÉTHODE INDUCTIVE, inductive method.
MÉTHODE D'INVESTIGATION, method of inquiry.
MÉTHODE ITÉRATIVE, iterative method.
MÉTHODE DES LIMITES, method of limits.
MÉTHODE MARXISTE, Marxist method.
MÉTHODE MATHÉMATIQUE, mathematical method.
MÉTHODE DES MATRICES, matrix method.
MÉTHODE DES MOINDRES CARRÉS, method of least squares.

MÉTHODE DES MOYENNES, method of averages.
MÉTHODE DES MOYENNES MOBILES, method of moving averages.
MÉTHODE DES NOMBRES, product method.
MÉTHODE P.E.R.T., Program Evaluation and Review Techniques (P.E.R.T.).
MÉTHODE DES POINTS MOYENS, high-low mid-points method.
MÉTHODE PRIMALE-DUALE, primal-dual method.
MÉTHODE PROGRESSIVE, forward method.
MÉTHODE DES RAPPORTS À LA MOYENNE MENSUELLE, method of ratios to monthly averages.
MÉTHODE DES RAPPORTS AU TREND, method of ratios to trend values.
MÉTHODE DE RELAXATION, relaxation method.
MÉTHODE RÉTROGRADE, backward method; epoch method.
MÉTHODE SCIENTIFIQUE, scientific method.
MÉTHODE DE SCORE, sequential sampling.
MÉTHODE SIMPLEXE, simplex method.
MÉTHODE PAR SOLDES, balance method; step method.
MÉTHODE DE SONDAGE, sampling method.
MÉTHODE STATISTIQUE, statistical method.
MÉTHODE DES TRANSPORTS, transportation method
MÉTHODES DE VENTE, selling practices.

MÉTHODIQUE a, methodical.

MÉTHODOLOGIE f, methodology.

MÉTIER m, trade, profession, business, way of business.
qui A DU MÉTIER, experienced.
CHAMBRE DES MÉTIERS, chamber of trade.
CORPS DE MÉTIER, trade guild.
ÉCOLE DES ARTS ET MÉTIERS, technical institute.
ÊTRE DU MÉTIER, to be in the trade.
MÉTIER MANUEL, craft.
MÉTIER PÉNIBLE, strenuous profession.
MÉTIER À TISSER, loom.
MÉTIER À TISSER LE COTON, cotton loom.
USAGES DE MÉTIER, usages of trade; trade practices.

MÉTRAGE m, yardage.

MÈTRE m, metre, U.S: meter.
MÈTRE CARRÉ, square metre.
MÈTRE CUBE, cubic metre.
MÈTRE DE LONGUEUR, linear metre; running metre.

MÉTREUR m, U.K: quantity-surveyor.
MÉTREUR-VÉRIFICATEUR, U.K: quantity-surveyor.

MÉTRIQUE a, metric.
SYSTÈME MÉTRIQUE, metric system.
TONNE MÉTRIQUE, metric ton.
UNITÉ MÉTRIQUE, metric unit.

MÉTRO m, U.K: underground, U.S: subway.

MÉTROPOLE f, metropolis, home country, mother country.

MÉTROPOLITAIN a, metropolitan; home.
CHEMIN DE FER MÉTROPOLITAIN (MÉTRO), metropolitan railway; U.K: underground; U.S: subway.
DISTRICT MÉTROPOLITAIN, metropolitan area.

(SE) METTRE v, to put, to lay, to set, to stand.
les FORCES ÉCONOMIQUES SE METTENT À AGIR, economic forces come into action.
METTRE UN COMPTE À DÉCOUVERT, to overdraw an account.
METTRE EN CORRÉLATION, to correlate.
METTRE DE CÔTÉ, to set aside; to set by.
METTRE EN DANGER, to imperil.
METTRE EN DÉPÔT, to bond.
METTRE EN DISTRIBUTION UN DIVIDENDE, to distribute a dividend.
METTRE SOUS DOSSIER DES TITRES POUR LE COMPTE D'UNE AUTRE BANQUE; to ear-mark securities.
METTRE EN DOUTE, to question.
METTRE EN DOUTE LE BIEN-FONDÉ DE L'ANALYSE CLASSIQUE, to question the adequacy of the classical analysis.
METTRE L'EMBARGO SUR, to embargo.
METTRE L'EMBARGO SUR UN NAVIRE, to lay an embargo on a ship.
METTRE (UNE) ENCHÈRE SUR, to make a bid for.
METTRE AUX ENCHÈRES, to put up for auction.
METTRE À EXÉCUTION, to implement; to carry out.
METTRE EN EXPLOITATION UN GISEMENT DE PÉTROLE, to exploit for petroleum.
METTRE EN FAILLITE, to bankrupt.
METTRE DES FONDS EN COMMUN, to pool funds.
METTRE EN GAGE, to put in pawn.
se METTRE EN GRÈVE, to come out on strike; to go on strike; to strike work; to walk out.
se METTRE EN GRÈVE PAR SOLIDARITÉ, to strike in sympathy.
METTRE UNE INVENTION AU POINT, to perfect an invention.
se METTRE EN LIQUIDATION, to go into liquidation.

METTRE EN PARALLÈLE, to parallel.
METTRE AU PIED DU MUR, to corner.
METTRE AU POINT, to perfect.
METTRE QUELQU'UN EN POSSESSION, to vest property in someone.
METTRE UN PROBLÈME EN ÉQUATION, to find the equation of a problem.
METTRE EN RÉSERVE, to set by; to put in reserve.
METTRE EN (À LA) RETRAITE, to pension; to superannuate.
METTRE DES RISQUES EN COMMUN, to pool risks.
METTRE LA TERRE EN JACHÈRE, to lay land fallow.
METTRE UNE TERRE EN VALEUR, to enhance the value of land.
METTRE UNE TRAITE EN BANQUE POUR ENCAISSEMENT, to hand over a draft to a bank for collection.
METTRE EN VALEUR, to enhance; to develop.
METTRE EN VALEUR UN TERRAIN À CONSTRUIRE, to develop building ground; to develop a building site.
METTRE DES VALEURS EN DÉPÔT, to deposit securities in safe custody; to place securities in safe custody.

MEUBLE a, movable, personal.
BIENS MEUBLES, movables; movable property, personal estate; chattel personal; chattel(s); personalty; movable assets; personal assets.
HYPOTHÉQUER DES BIENS MEUBLES, to hypothecate.
LEGS DE BIENS MEUBLES, bequest.

MEUBLE m, (piece of) furniture.
GARDE-MEUBLE, furniture warehouse; furniture repository.
MEUBLES, household goods; chattels.
PRIVILÈGE SUR LES MEUBLES D'UN DÉBITEUR, lien on the personal property of a debtor.

MEUBLÉ a, furnished.
APPARTEMENT MEUBLÉ, furnished flat; U.S: furnished apartment.
APPARTEMENT NON MEUBLÉ, U.K: unfurnished flat; U.S: unfurnished apartment.
CHAMBRES MEUBLÉES, furnished rooms.
non MEUBLÉ, unfurnished.

MEUBLER v, to furnish.

MEUNERIE f, milling.

MI-CHEMIN adv, midway.
à MI-CHEMIN, half-way.

MICROCIRCUIT m, micro-circuit.

MICRO-ÉCONOMIE f, micro-economy.

MICRO-ÉCONOMIQUE a, micro-economic.
ANALYSE MICRO-ÉCONOMIQUE, micro-economic analysis.

MICRO-MODULE m, micro-module.

MICRO-PROGRAMMATION f, micro-programming.

MI-DISTANCE f, middle distance.
à MI-DISTANCE ENTRE, midway between.

MIEUX adv, better, best.
les ACTIONS SONT MIEUX TENUES, stocks are harder.
PROJETS LES MIEUX ÉLABORÉS, best-laid plans.
ne s'en TROUVER NI MIEUX, NI PLUS MAL, to be just as well off.

MIEUX m, the best.
AU MIEUX DES INTÉRÊTS DE, in the best interests of.

MIEUX-DISANT m, lowest tenderer.
ADJUDICATION AU MIEUX-DISANT, allocation to lowest tender.

MIGRATION f, migration, drift.
ÉQUATION D'ÉQUILIBRE DES NAISSANCES, DES DÉCÈS ET DE LA MIGRATION NETTE, balance of births, deaths and migration.
MIGRATION PROGRESSIVE DE LA MAIN-D'ŒUVRE VERS LES VILLES, drift of labour into the towns.

MILIEU m, mean, medium, midst, milieu, environment, surroundings.
s'ADAPTER À SON MILIEU, to fit into one's surroundings.
CHANGEMENTS PROVOQUÉS PAR LE MILIEU, environmental changes.
JUSTE MILIEU, happy medium.
MILIEUX OFFICIELS, officialdom.
MILIEU D'UN SEGMENT, middle-point of a segment.
MILIEU SOCIAL, social medium; milieu.
PARADOXE DE LA PÉNURIE AU MILIEU DE L'ABONDANCE, paradox of poverty in the midst of plenty.

MILITAIRE a, military.
DÉPENSES MILITAIRES, military expenditure.
MATÉRIEL MILITAIRE, military equipment.

MILLE m, mile
DISTANCE EN MILLES, mileage.
MILLE CARRÉ, square mile.
MILLE MARIN, nautical mile; sea mile; geographical mile.
TARIF PAR MILLE, mileage rate.
TONNE PAR MILLE, ton-mile.

MILLE num, thousand.

MILLIARD m, U.K: milliard, U.S: billion.

MILLIMÈTRE m, millimetre, U.S: millimeter.

MILLIMÉTRIQUE a, pertaining to millimetre; millimetre.
PAPIER MILLIMÉTRIQUE, scale-paper.

MILLION m, million.

MINE f, mine.
ACTE DE CONCESSION DE MINES, mining licence.
sur le CARREAU DE LA MINE, ex mine.
EXPLOITATION DES MINES DE SEL, salt mining.
EXPLOITER UNE MINE D'OR, to mine for gold; to work a gold mine.
INGÉNIEUR DES MINES, mining engineer.
MINE DE CHARBON, coal-mine.
MINE À CIEL OUVERT, open mine; surface mine; opencast mine.
MINE D'OR, gold-mine.
PUITS DE MINE, mine-shaft; pit.
RENDEMENT D'UNE MINE, get of a mine.
une VRAIE MINE D'OR, a regular gold-mine.

MINERAI m, ore, mineral.
MÉTALLISATION DU MINERAI, conversion of ore into metal.
MINERAI DE CUIVRE, copper ore.
MINERAI DE FER, iron ore.
MINERAI DE HAUTE TENEUR, fines.
MINERAIS NATIONAUX, domestic ores.
MINERAI TRIÉ, picked ore.
PRODUCTION DE MINERAIS, mineral production.

MINÉRAL a, mineral.
EAU MINÉRALE, mineral water.
CHIMIE MINÉRALE, inorganic chemistry.
HUILE MINÉRALE, mineral oil.
OFFRE DE PRODUITS MINÉRAUX, supply of minerals.
PRODUIT MINÉRAL, mineral.
RESSOURCES MINÉRALES, mineral resources.

MINEUR a, minor.

MINEUR m, miner; minor.
MINEUR DE FOND, underground worker.
OUVRIER MINEUR, miner.

MINIATURE f, miniature.

MINIATURISÉ a, miniaturized.
CIRCUIT MINIATURISÉ, miniaturized circuit.

MINIER a, mining, mineral.
CONCESSION MINIÈRE, mineral concession; mining concession; mineral claim.
DOMAINE MINIER, mining area.
DROITS MINIERS, mineral rights.
EXPLOITATION MINIÈRE, mining; mineral mining.
EXPLOITATION MINIÈRE LIBRE, free mining.
INDUSTRIE MINIÈRE, mining industry.
MÉTHODES D'EXTRACTION MINIÈRE, mining methods.
REDEVANCE MINIÈRE, mineral (rights) duty.
RÉGION MINIÈRE, mine field; mining region.
VALEURS MINIÈRES, mining shares.

MINIMAL a, minimal, minimum.
VALEUR MINIMALE, minimal value.

MINIMAX a, minimax.
ÉGALITÉ MINIMAX, minimax equality.
ESTIMATION MINIMAX, minimax estimate.
SYSTÈME MINIMAX, minimax system.

MINIMAX m, minimax.
CRITÈRE DU MINIMAX, minimax criterion.
RÈGLE DU MINIMAX, minimax rule.

MINIME a, trifling, small.
SUPPORTER LES RISQUES DES TRANSACTIONS D'UN CLIENT MOYENNANT UNE AVANCE MINIME, to carry a customer for all save a small deposit.
VALEUR MINIME, trifling value.

MINIMISATION f, minimization, minimizing.
MINIMISATION DES COÛTS, minimizing cost.
MINIMISATION DES PERTES, minimizing losses.

MINIMISER v, to minimize.
COMBINAISON DE FACTEURS QUI MINIMISE LES COÛTS (VARIABLES), combination of input which minimizes (variable) costs.
chaque FIRME MINIMISE SES COÛTS VARIABLES, each firm minimizes its variable costs.

MINIMUM a, minimum, least.
ACOMPTE MINIMUM, minimum deposit.
COMBINAISON DE COÛT MINIMUM, least-cost combination.
COMBINAISON DE DÉPENSE MINIMUM, least-outlay combination.
COÛT MINIMUM, minimum cost.
COÛT TOTAL MINIMUM, minimum total cost.

COUVERTURE LÉGALE MINIMUM, margin requirements.
HYPOTHÈSE DU COÛT MINIMUM, minimum cost condition.
POINT DE COÛT MINIMUM, point of minimum cost.
PRIX MINIMUM, minimum price.
SALAIRE MINIMUM, minimum wage; living wage.
SALAIRE MINIMUM GARANTI, minimum rate (of wages); U.S: minimum guaranteed wage.
SALAIRE MINIMUM INTERPROFESSIONNEL GARANTI, guaranteed minimum wage.
TAUX MINIMUM (CONSENTI PAR UNE BANQUE À SES MEILLEURS CLIENTS), U.S: prime rate.
TAUX DE SALAIRES MINIMUM, minimum rate (of wages).
TOLÉRANCES MAXIMA ET MINIMA, limits of tolerance.
VALEUR MINIMUM, minimum value.
VERSEMENT MINIMUM, minimum deposit.

MINIMUM m, minimum.
GARANTIR UN MINIMUM D'INTÉRÊT, to guarantee a minimum interest.
MINIMUM DES MAXIMA, minimax.
MINIMUM PUR ET SIMPLE DE SUBSISTANCE, bare minimum of subsistence.
MINIMUM DE RÉFÉRENCE, cut-off limit.
un MINIMUM DE RISQUE ET UN MAXIMUM DE REVENUS, a minimum of risk and a maximum of revenue.
MINIMUM VITAL, living wage.
RÉDUIRE AU MINIMUM, to reduce to a minimum.

MINISTÈRE m, ministry, U.K: Board, department; government.
MINISTÈRES, government offices.
MINISTÈRE DU COMMERCE, U.K: Board of Trade; U.S: Department of Commerce.
MINISTÈRE DES FINANCES, Ministry of Finance; U.S: Treasury Department; U.K: the Treasury.
MINISTÈRE DE L'INTÉRIEUR, U.K: Home Office; U.S: Departement of the Interior.
STATISTIQUE(S) DU MINISTÈRE DU COMMERCE, U.K: Board of Trade returns.

MINISTÉRIEL a, departmental.
COMITÉ MINISTÉRIEL, departmental committee.

MINISTRE m, minister.
CHANCELLIER DE L'ÉCHIQUIER, MINISTRE DES FINANCES, U.K: Chancellor of the Exchequer.
MINISTRE D'ÉTAT, U.K: cabinet minister.
PREMIER MINISTRE, U.K: premier; prime minister.
MINISTRE DE LA JUSTICE, PROCUREUR GÉNÉRAL, Attorney General.
SECRÉTAIRE D'ÉTAT, MINISTRE DES AFFAIRES ÉTRANGÈRES, U.S: Secretary of State; U.K: Foreign Secretary.

MINORATION f, undervaluation.
MINORATION DE L'ACTIF, undervaluation of the assets.

MINORITAIRE a, pertaining to a minority.
OPINION MINORITAIRE (D'UN OU PLUSIEURS JUGES), U.S: dissenting opinion.
PARTICIPATION MINORITAIRE, minority holding; minority interest.

MINORITÉ f, minority, pupil(l)age.
CONTRE-RAPPORT RÉDIGÉ PAR LA MINORITÉ, minority report
la MINORITÉ DE GENS COMBLÉS, the fortunate few.

MINOTERIE f, flour-mill, flour-milling works; flour-milling.

MINUSCULE a, tiny, minute.

MINUTE f, minute; draft (of contract).
MINUTE D'UN ACTE, original of a deed.

MINUTIE f, attention to minute detail, particularity.

MINUTIEUX a, thorough, minute.

MIRACLE m, miracle.

MIS a, put.
ARGENT MIS DE CÔTÉ, money put by.
BÉNÉFICE MIS EN RÉSERVE, profits put to reserve.
MIS DE CÔTÉ, saved.
être MIS EN LIBERTÉ PROVISOIRE SOUS CAUTION, to be given bail.
MIS AU REBUT, waste.
VALEURS MISES EN TRUST, securities in trust.

MISE f, stake, stake-money, share; capital; bid; putting, setting.
ÂGE DE LA MISE À LA RETRAITE, pensionable age.
BÉNÉFICE CORRESPONDANT À 10 % DE LA MISE DE FONDS, profit of 10 % on the investment.
DERNIÈRE MISE, last bid.
DOUBLER LA MISE, to double the stakes.
MISE D'UN ASSOCIÉ, share of capital introduced by a partner.
MISE AU CHÔMAGE TEMPORAIRE, U.S: lay-off; U.K: standing off (of workers).
MISE EN COMMUN, pooling.
MISE DE CÔTÉ, setting apart.

MISE EN DEMEURE, formal notice.
MISE EN ENTREPÔT, wharfage.
MISE EN ÉQUILIBRE, equilibration; balancing.
MISE DE FONDS, investment; amount of money invested; putting up of money; lending money.
MISE EN GAGE, pledging.
MISE EN JACHÈRE, fallowing.
MISE EN LIQUIDATION, putting into liquidation.
MISE EN ŒUVRE, implementation; implementing.
MISE EN PAIEMENT D'UN DIVIDENDE, payment of a dividend.
MISE EN POSSESSION, putting in possession.
MISE À PRIX, reserve price; reserve; upset price.
MISE À PROFIT, turning to profit; turning to account.
MISE AU REBUT, scrapping; throwing away.
MISE EN (À LA) RETRAITE, pensioning; retiring.
MISE EN SÉQUENCE, sequencing.
MISE EN VALEUR, turning to profit; turning to account.
MISE EN VALEUR D'UN TERRAIN, land development.
MISE EN VALEUR D'UN TERRAIN À CONSTRUIRE, development of building ground, of a building site.
MISE EN VENTE, putting up for sale; sale.
ORDONNANCE DE MISE SOUS SÉQUESTRE, receiving-order.

MISÉRABLE a, miserable.

MISÉRABLEMENT adv, miserably.
MISÉRABLEMENT PAYÉ, miserably-paid.

MISÈRE f, poverty, destitution.
EXTRÊME MISÈRE, extreme poverty.

MISÉREUX a, poverty-stricken.

MISÉREUX m, the destitute.

MISSION f, mission.

MI-TEMPS f, half-time; interval.
à MI-TEMPS, half-time.
TRAVAILLEUR À MI-TEMPS, part-time worker, half-timer.

MITOYENNETÉ f, joint use; joint ownership.

MIXTE a, mixed, joint.
COMMISSION MIXTE, joint commission.
ÉCONOMIE MIXTE, mixed economy.
SYSTÈME D'ÉCONOMIE MIXTE, mixed enterprise system.
TRAIN MIXTE, passenger and goods train.

MNÉMONIQUE a, mnemonic.
CODE MNÉMONIQUE, mnemonic code.
SYMBOLE MNÉMONIQUE, mnemonic symbol.

MNÉMOTECHNIE f, mnemonics.

MNÉMOTECHNIQUE f, mnemonics.

MOBILE a, mobile, movable, portable, loose.
CAPITAUX MOBILES, revenue assets.
CIBLE MOBILE, moving target.
ÉCHELLES MOBILES, sliding scales.
ÉCHELLE MOBILE DES SALAIRES, sliding wage scale.
ÉQUIPEMENT MOBILE, loose plant.
GRAND LIVRE À FEUILLES MOBILES, perpetual ledger.
MATÉRIEL MOBILE, loose plant.
MÉTHODE DES MOYENNES MOBILES, method of moving averages.
MOYENNES MOBILES, moving averages.
OUTILLAGE MOBILE, portable plant.
TARIFICATION SÉPARÉE DES COÛTS FIXES ET DES COÛTS MOBILES, multi-part tariff.

MOBILE m, motive, incentive, inducement, urge.
PRINCIPAL MOBILE, prime motive.

MOBILIER a, movable, personal.
BIENS MOBILIERS, personal estate; personal property; things personal; movable effects; chattel.
non COMPRIS L'IMPÔT MOBILIER, exclusive of rates.
HYPOTHÈQUE MOBILIÈRE, chattel mortgage.
IMPÔT SUR LE REVENU DES VALEURS MOBILIÈRES, tax on income from securities; stockholder's tax.
PRISE D'HYPOTHÈQUE MOBILIÈRE, hypothecation.
SAISIE MOBILIÈRE, seizure of movable property.
VALEURS MOBILIÈRES, stocks and shares; transferable securities.

MOBILIER m, furniture; household goods.

MOBILISATION f, mobilization.
MOBILISATION DES CAPITAUX, mobilization of capital; liberation of capital.

MOBILISER v, to mobilize.
MOBILISER DES CAPITAUX, to liberate capital.

MOBILITÉ f, mobility.
MOBILITÉ DES CAPITAUX, mobility of capital.
MOBILITÉ DES FACTEURS, mobility of factors.
MOBILITÉ DE LA MAIN-D'ŒUVRE, mobility of labour.

MODAL a, modal.

MODALITÉ f, method, term(s).
MODALITÉS D'UNE ÉMISSION, terms and conditions of an issue
MODALITÉS DE PAIEMENT, methods of payment.

MODE f, fashion, style.
CRÉATEUR DE MODE, fashion designer.
DERNIÈRE MODE, latest style.
HAUTE MODE, fashion trade.
à la MODE, new-fashioned; fashionable.
REVUE DE MODE, fashion paper.

MODE m, mode.
ÉCART ENTRE MOYENNE ET MODE, modal divergence.
MODE DE CONTRÔLE, control mode.
MODE D'EMPLOI, directions (for use).

MODÈLE m, model, size, pattern, design, format.
CONSTRUCTION DE MODÈLES, model construction.
ESSAIS SUR MODÈLES, model experiments.
GRAND MODÈLE, large size.
MODÈLE ANALOGIQUE, analogue model, analog model.
MODÈLE COURANT, regular model; standard model.
MODÈLE DE CROISSANCE, growth model.
MODÈLE DÉPOSÉ, registered pattern.
MODÈLE À TROIS DIMENSIONS, three-dimensional model.
MODÈLE DYNAMIQUE, dynamic model.
MODÈLE ÉCONOMÉTRIQUE, econometric model.
MODÈLES ÉCONOMIQUES, economic models.
MODÈLE D'ÉQUILIBRE GÉNÉRAL, general equilibrium model.
MODÈLE FERMÉ, closed model.
MODÈLES INTERDÉPENDANTS, interdependent models.
MODÈLE KEYNÉSIEN, Keynesian model.
MODÈLE DU MULTIPLICATEUR-ACCÉLÉRATEUR, multiplier-accelerator model.
MODÈLE OUVERT, open model.
MODÈLES RÉCURSIFS, recursive models.
MODÈLE RÉDUIT, scale model; miniature model.
MODÈLES DE SÉQUENCE, sequence models.
MODÈLE DE SOUMISSION, form of tender.
MODÈLE STATIQUE, static model.
MODÈLES STOCHASTIQUES, stochastic models.
PETIT MODÈLE, small size.
VOITURE DERNIER MODÈLE, car of the latest design.

MODELER v, to pattern.

MODÉRATION f, moderation, reasonableness, temperance.

MODÉRÉ a, moderate, reasonable.
PRIX MODÉRÉ, moderate price; reasonable price; moderate terms.

MODÉRÉMENT adv, moderately.
DISTRIBUTION MODÉRÉMENT ASYMÉTRIQUE, moderately asymmetrical distribution.

MODÉRER v, to moderate.

MODERNE a, modern, latter-day.
ASSISES DE LA SOCIÉTÉ MODERNE, foundations of modern society.
OUTILLAGE MODERNE, modern equipment.

MODERNISATION f, modernization.
PRÊT DESTINÉ À LA MODERNISATION, improvement loan.

MODERNISER v, to modernize.

MODERNISME m, modernism.

MODESTE a, modest, humble.
MOYENS MODESTES, modest means.
d'ORIGINE MODESTE, from humble stock.

MODESTIE f, modesty.

MODICITÉ f, lowness, smallness.
MODICITÉ DU PRIX DE, lowness of the price of.

MODIFICATION f, modification, alteration, amendment, change, variation.
MODIFICATION DU CAPITAL PRÉVUE PAR, alteration of capital provided by.
MODIFICATION DE RISQUE, variation of risk.
MODIFICATONS TEMPORAIRES DE LA DEMANDE, temporary changes in demand.

MODIFIER v, to modify, to amend.

MODIQUE a, slender, moderate.
REVENU MODIQUE, slender income.

MODULAIRE a, modular.

MODULATION f, modulation.
MODULATION DES INVESTISSEMENTS PUBLICS, adjustment of the timing of public investment.

MODULE m, module.
MICRO-MODULE, micro-module.

MOINDRE a, lesser, least, minus.

MÉTHODE DES MOINDRES CARRÉS, method of least squares.

MOINS *adv*, less, minus, at least.
COÛTER AU MOINS 1.000 DOLLARS, to cost at least $ 1,000.
DIFFÉRENCE EN PLUS OU EN MOINS, difference over or under; minus or plus difference.
de MOINS EN MOINS, less and less.

MOINS *m*, least.
SIGNE MOINS, minus sign; negative sign.

MOINS-VALUE *f*, depreciation, drop in value.
MOINS-VALUE DES ACTIONS, decrease in value of shares; depreciation of shares.
PRÉVISION POUR MOINS-VALUE DU PORTEFEUILLE, provision for depreciation of securities.
PROVISION POUR MOINS-VALUE DES INVESTISSEMENTS, provision for depreciation of investments.

MOIS *m*, month.
EFFET À TROIS MOIS, bill at three months.
FAUTE DE PAIEMENT DANS LE DÉLAI D'UN MOIS, failing payment within a month.
MOIS EN COURS, current month.
MOIS PROCHAIN, next month.
OBTENIR UN MOIS DE CREDIT, to obtain a month's credit.
PRÊTS À UN MOIS, monthly loans; monthly money.
VERSEMENTS ÉCHELONNÉS SUR PLUSIEURS MOIS, instalments spread over several months.

MOISSON *f*, crop, harvest.
MOISSON DE RENSEIGNEMENTS, harvest of information.
RÉCOLTER LA MOISSON, to harvest the crops.
RENTRER LA MOISSON, to get in the crops.

MOISSONNER *v*, to harvest, to reap.

MOISSONNEUR *m*, harvester.

MOISSONNEUSE *f*, harvester.

à **MOITIÉ** *adv*, half.
à MOITIÉ PRIX, half-price.

MOITIÉ *f*, half.

MOLÉCULAIRE *a*, molecular.

MOLLIR *v*, to ease, to slacken, to slack off.
les ACTIONS ONT MOLLI, shares eased.

MOMENT *m*, moment.
MÉTHODE D'AMORTISSEMENT FONDÉE SUR LA VALEUR DU MOMENT, appraisal method of depreciation.
MÉTHODE D'ESTIMATION PAR LES MOMENTS, method of moments.
MOMENTS CENTRÉS, central moments.
MOMENT D'UNE DISTRIBUTION DE FRÉQUENCES, .oment of a frequency distribution.
MOMENT D'INERTIE, moment of inertia.
MOMENT D'ORDRE 1 (DE LA DISTRIBUTION), first moment (of the distribution).
MOMENT D'ORDRE 2 (DE LA DISTRIBUTION), second moment (of the distribution).

MOMENTANÉ *a*, momentary.
TAUX D'INTÉRÊT MOMENTANÉ, momentary money rate of interest.

MONARCHIE *f*, monarchy.
MONARCHIE ABSOLUE, absolute monarchy.

MONDE *m*, world.
CENTRE DU MONDE DE LA FINANCE, hub of the financial world.
LETTRE DE CRÉDIT VALABLE DANS LE MONDE ENTIER, world-wide letter of credit.
tout le MONDE, everybody.
MONDE DE LA FINANCE, world of finance; financial world.
MONDE RÉEL, real world; natural world.
MONDE PHYSIQUE, natural world.
PREMIÈRE FLOTTE COMMERCIALE DU MONDE, premier fleet of the world.

MONDIAL *a*, world-wide.
ACCÈS AUX MARCHÉS MONDIAUX, access to world markets.
AVOIRS MONDIAUX EN OR MONÉTAIRE, world monetary gold holdings.
COMMERCE MONDIAL, world trade.
COMMERCE MONDIAL PAR RÉGIONS, world trade by regions.
CRISE FINANCIÈRE MONDIALE, world-wide financial crisis.
EXPORTATIONS MONDIALES, world exports.
GUERRE MONDIALE, world war.
IMPORTATIONS MONDIALES, world imports.
MOUVEMENTS DES PRIX MONDIAUX, world price movements.
ORGANISATION MONDIALE DE LA SANTÉ, World Health Organization.
PAIEMENTS MONDIAUX, world payments.
POLITIQUE MONDIALE, world politics.
PORTÉE MONDIALE, complete world coverage.

PUISSANCE MONDIALE, world power.
RÉSERVES MONDIALES, world reserves.
RESSOURCES MONDIALES EN ÉNERGIE, world energy supplies.
TENDANCES DU COMMERCE MONDIAL, trends in world trade.
TOTAUX MONDIAUX, world aggregates.

MONÉTAIRE *a*, monetary.
AISANCE MONÉTAIRE DU MARCHÉ, monetary easiness of the market.
AUTORITÉS MONÉTAIRES, monetary authorities.
AVOIRS MONDIAUX EN OR MONÉTAIRE, world monetary gold holdings.
CAPITAUX DU SECTEUR NON MONÉTAIRE, non monetary capital sector.
CIRCULATION MONÉTAIRE, circulation of money; money circulation.
CONTRACTION MONÉTAIRE, monetary contraction.
CONTRÔLE(S) MONÉTAIRE(S), monetary control; money control(s).
CONTROVERSES MONÉTAIRES, monetary controversies.
CONVENTION MONÉTAIRE, monetary convention.
COOPÉRATION MONÉTAIRE INTERNATIONALE, international monetary co-operation.
COURBE DE DEMANDE MONÉTAIRE, money demand curve.
COÛT MONÉTAIRE DE LA MAIN-D'ŒUVRE, money price of labour.
CRISE MONÉTAIRE INTERNATIONALE, international monetary crisis.
DÉFLATION MONÉTAIRE, monetary deflation.
DICHOTOMIE ENTRE L'ÉCONOMIE RÉELLE ET L'ÉCONOMIE MONÉTAIRE, dichotomy between real and monetary economics.
DISPONIBILITÉS MONÉTAIRES, money supply.
ÉCONOMIE MONÉTAIRE, monetary economics; monetary economy.
EFFICACITÉ DE LA POLITIQUE MONÉTAIRE, effectiveness of monetary policy.
ÉTABLISSEMENTS MONÉTAIRES DE L'ÉTAT, central monetary institutions.
ÉTALON MONÉTAIRE, monetary standard.
EXPANSION MONÉTAIRE, currency expansion; monetary expansion.
EXPLICATION MONÉTAIRE DES CYCLES, monetary explanation of cycles.
EXTRA-MONÉTAIRE, non monetary.
FAIRE DE L'INFLATION MONÉTAIRE, to inflate the currency.
FLUX MONÉTAIRE, flow of money; monetary flow.
FLUX MONÉTAIRE ACTUALISÉ, discounted cash flow.
FONDS MONÉTAIRE INTERNATIONAL, International Monetary Fund.
INCITATIONS MONÉTAIRES, monetary incentives.
INFLATION MONÉTAIRE, monetary inflation; inflation of the currency; inflated currency.
INSTABILITÉ MONÉTAIRE, monetary instability.
MARCHÉ MONÉTAIRE, money market; *U.S:* money mart.
MASSE MONÉTAIRE, money supply.
non MONÉTAIRE, non monetary.
NIVEAU DE LA DEMANDE MONÉTAIRE, level of monetary demand.
OR NON MONÉTAIRE, non monetary gold.
ORDRE MONÉTAIRE INTERNATIONAL, international monetary order.
POLITIQUE DE CONTRACTION MONÉTAIRE, contractionary monetary policy.
POLITIQUE MONÉTAIRE, monetary policy.
POLITIQUE MONÉTAIRE EXPANSIONNISTE, expansionary monetary policy.
PRÊT MONÉTAIRE, money loan.
PROBLÈME MONÉTAIRE, monetary problem.
RÉFORME MONÉTAIRE, monetary reform; currency reform.
REMÈDE PUREMENT MONÉTAIRE, purely monetary remedy.
RÉSERVES MONÉTAIRES, monetary reserves.
RÉSERVES MONÉTAIRES INTERNATIONALES, international monetary reserves.
SECTEUR MONÉTAIRE, money sector.
SECTEUR MONÉTAIRE DE L'ÉCONOMIE, money economy.
SECTEUR NON MONÉTAIRE DE L'ÉTAT, central government non monetary sector.
STOCK MONÉTAIRE, money supply.
SUPPORT MONÉTAIRE, circulating medium; medium of circulation.
SYSTÈME MONÉTAIRE, monetary organization; monetary system.
SYSTÈME MONÉTAIRE INTERNATIONAL, international monetary system.
TAUX D'INTÉRÊT MONÉTAIRE, money rate of interest.
TAUX MONÉTAIRES, money rates.
en TERMES MONÉTAIRES, in money terms.
THÉORIE MONÉTAIRE DU SURINVESTISSEMENT, monetary overinvestment theory.
UNION MONÉTAIRE LATINE, Latin Monetary Union.
UNION MONÉTAIRE SCANDINAVE, Scandinavian Monetary Union.
UNITÉ MONÉTAIRE, monetary unit; money unit; currency unit.
UNITÉ DE RÉSERVE MONÉTAIRE· ADDITIONNELLE, additional reserve unit.
UNITÉ DE RÉSERVE MONÉTAIRE COLLECTIVE, collective reserve unit (c.r.u.).

USAGES MONÉTAIRES, monetary use.
VALEUR MONÉTAIRE, money value.
VOILE MONÉTAIRE, money as a veil; veil of money.
ZONE MONÉTAIRE, currency area.

MONÉTISATION *f*, monetization.

MONITEUR *a*, monitor.
PROGRAMME MONITEUR, monitor.

MONNAIE *f*, money, currency, coin, coinage, tender, change, cash
ACCEPTABILITÉ GÉNÉRALE DE LA MONNAIE, general acceptability of money.
ACCUMULATION DE MONNAIE, accumulation of money.
ADULTÉRATION DES MONNAIES, debasement of coinage.
ADULTÉRER LES MONNAIES, to debase the coinage.
ALLOCATION EN MONNAIE, money allowance.
AVILIR LA MONNAIE, to debase the currency; to lower the currency.
AVOIRS DES BANQUES EN MONNAIE FIDUCIAIRE, cash holdings of banks.
AVOIRS EN MONNAIES ÉTRANGÈRES, foreign currency assets.
BATTRE MONNAIE, to coin money; to mint money; to raise money; to coin.
CHANGE DES MONNAIES, exchange of moneys.
CONVERTIBILITÉ DES MONNAIES, convertibility of currencies.
COÛT EN TERMES DE MONNAIE, money cost.
COUVERTURE-OR DE LA MONNAIE, gold backing of the currency.
CRÉATION DE MONNAIE, creation of money.
CRÉATION DE MONNAIE SCRIPTURALE, bank creation of money.
DEMANDE DE MONNAIE, demand for money.
DÉPÔTS EN MONNAIE ÉTRANGÈRE, foreign currency deposits.
DÉPRÉCIATION DE LA MONNAIE, depreciation of money.
DÉPRÉCIATION DE LA MONNAIE PAR RAPPORT À L'OR, depreciation of currency in relation to gold.
DÉPRÉCIER LA MONNAIE, to debase the currency.
DÉTITRER LA MONNAIE, to lower the title of the coinage.
DROIT DE BATTRE MONNAIE, right of coinage.
FACE D'UNE PIÈCE DE MONNAIE, head of a coin.
FAIRE DE LA MONNAIE, to get change.
FAUSSE MONNAIE, counterfeit money; counterfeit coin; false coin; bad coin; base coinage; *U.S:* queer money.
FONCTIONS DE LA MONNAIE, functions of money.
FORMES DE LA MONNAIE, forms of money.
le FRANC S'EST APPRÉCIÉ PAR RAPPORT AUX AUTRES MONNAIES, the franc has appreciated in terms of other currencies.
FRAPPE ET ÉMISSION DE MONNAIES, provision and issue of coins.
FRAPPE DE LA MONNAIE, mintage; minting.
FRAPPER DE LA MONNAIE, to coin money.
HÔTEL DES MONNAIES, Mint.
la MAUVAISE MONNAIE CHASSE LA BONNE, bad money drives out good.
MENUE MONNAIE, loose cash.
MONNAIE ACTIVE, active money.
MONNAIE D'APPOINT, divisional coins; fractional coins; subsidiary coinage.
MONNAIE D'ARGENT, silver money; silver currency.
MONNAIE AUTHENTIQUE, genuine money.
MONNAIE BANCAIRE, bank money.
MONNAIE EN BILLETS, soft money.
MONNAIE DE BRONZE, copper coin.
MONNAIE CIRCULANTE, active money.
la MONNAIE CIRCULE LIBREMENT, money circulates freely.
MONNAIE CLÉ, key currency.
MONNAIE DE COMPTE, money of account.
MONNAIE CONVENTIONNELLE, token money.
MONNAIES CONVERTIBLES, convertible currencies.
MONNAIE À COURS FORCÉ, fiat (paper) money.
MONNAIE AYANT COURS LÉGAL, lawful currency; lawful tender; legal tender currency.
MONNAIE DE CUIVRE, copper coin.
MONNAIE DIRIGÉE, controlled currency; managed currency.
MONNAIE DIVISIONNAIRE, fractional money; fractional coins; divisional coins; subsidiary coins; minor coin(s).
MONNAIE D'ÉCHANGE, money of exchange.
MONNAIE EFFECTIVE (GAGÉE SUR DU MÉTAL), real money.
MONNAIE-ÉTALON, standard money.
MONNAIE FAIBLE, light money.
MONNAIE FIDUCIAIRE, fiduciary currency; currency in circulation; fiat (paper) money.
MONNAIE FORTE, hard currency; overweight money.
MONNAIE INACTIVE, inactive money.
MONNAIE EN TANT QU'INSTRUMENT DE MESURE DE L'UTILITÉ, money as measurement of utility.
MONNAIE LÉGALE, legal tender; lawful money.
MONNAIE LÉGÈRE, light money.
MONNAIE LIBÉRATOIRE, lawful tender; legal tender currency.
MONNAIE-MARCHANDISE, commodity money.
MONNAIE DE MAUVAIS ALOI, base coinage.
MONNAIE MÉTALLIQUE, metallic currency; metallic money; minted money.

MONNAIE EN TANT QUE MOYEN D'ÉCHANGE, money as medium of exchange.
MONNAIE NATIONALE, home currency.
MONNAIE NEUTRE, neutral money.
MONNAIE OISIVE, idle money.
MONNAIE-OR, gold-currency.
MONNAIE DE PAPIER, paper currency; paper money.
MONNAIE DE PAPIER CONVERTIBLE, convertible paper money.
MONNAIE DE PAPIER GARANTIE PAR L'OR, paper money backed by gold.
MONNAIE PASSIVE, inactive money.
MONNAIE RÉELLE, effective money.
lorsque la MONNAIE EST RELATIVEMENT ABONDANTE, when money is relatively abundant.
MONNAIE DE RÉSERVE, reserve currency.
MONNAIE EN TANT QUE RÉSERVE DE VALEUR, money as a store of value.
MONNAIE SAINE, sound currency.
MONNAIE SCRIPTURALE, bank money; deposit money; representative money.
MONNAIE DE SINGE, valueless money.
MONNAIE STABLE, stable money; stable currency.
MONNAIE SURÉVALUÉE, overvalued currency.
MONNAIE EN TANT QUE TITRE, money as a security.
la MONNAIE ET LES TITRES CONSTITUENT DES SUBSTITUTS, money and securities are substitutes.
MONNAIE EN TANT QU'UNITÉ DE COMPTE, money as a unit of account.
NATURE DE LA MONNAIE, nature of money.
OFFRE DE MONNAIE, money supply; supply of money.
PAPIER-MONNAIE, paper money; fiat (paper) money.
PAPIER-MONNAIE NON CONVERTIBLE, inconvertible paper money.
PARITÉ DE DEUX MONNAIES CONVERTIBLES, mint parity of exchange.
PAYS À MONNAIE DE RÉSERVE, reserve-currency country.
PETITE MONNAIE, small coin; small change; small money.
PIÈCE DE MONNAIE, piece of money; coin.
PIÈCE DE MONNAIE FAUSSE, spurious coin.
PIÈCES DE MONNAIE AU TITRE LÉGAL, coins of legal fineness.
POUVOIR D'ACHAT DE LA MONNAIE, purchasing power of money.
POUVOIR LIBÉRATOIRE DE LA MONNAIE, general acceptability of money.
PROCHES SUBSTITUTS DE LA MONNAIE, close substitutes for money.
PURE MONNAIE DE CRÉDIT, pure credit money.
QUANTITÉ DE MONNAIE, quantity of money.
QUASI-MONNAIE, near-money.
RAPPORT DE L'ENCAISSE D'OR À LA MONNAIE EN CIRCULATION, gold ratio.
RARETÉ DE LA MONNAIE, scarcity of money.
RÉDUCTION DE LA COUVERTURE MÉTALLIQUE DES PIÈCES DE MONNAIE, clipping of coins.
REFONTE DES MONNAIES, recoinage of moneys.
RENDRE LA MONNAIE DE, to give change for.
RETOUR À LA CONVERTIBILITÉ DES MONNAIES, return to convertibility of currencies.
RETRAIT DE LA MONNAIE, calling in of money.
STABILISATION DE LA MONNAIE, stabilization of the currency.
TAUX DE CONVERSION D'UNE MONNAIE, rate of conversion of money.
THÉORIE DE LA MONNAIE, theory of money.
THÉORIE NÉO-CLASSIQUE (QUANTITATIVE) DE LA MONNAIE, sophisticated (quantity) theory of money.
THÉORIE QUANTITATIVE DE LA MONNAIE, quantity theory of money.
TRANSFORMER DES LINGOTS EN MONNAIE, to coin ingots.
TRÉBUCHER UNE PIÈCE DE MONNAIE, to test a coin for weight.
UNITÉS DE MONNAIE NATIONALE, units of national currency.
UTILITÉ MARGINALE DE LA MONNAIE, marginal utility of money.
VALEUR DE LA MONNAIE, value of money.
VITESSE EN REVENU DE LA CIRCULATION DE LA MONNAIE, income-velocity of circulation of money.
VITESSE DE TRANSFORMATION DE LA MONNAIE EN REVENU, income-velocity of money.

MONNAYABLE *a*, coinable.
MÉTAUX MONNAYABLES, coinable metals.

MONNAYAGE *m*, minting, mintage, coinage.

MONNAYÉ *a*, minted, coined.
ARGENT MONNAYÉ, coined money.
ESPÈCES MONNAYÉES, coined money.
non MONNAYÉ, uncoined.
OR MONNAYÉ, coined gold; gold specie.

MONNAYER *v*, to mint.

MONOGRAPHIE *f*, case study.

MONOMÉTALLIQUE *a*, monometallic.
SYSTÈME MONOMÉTALLIQUE, monometallic system.

MONOMÉTALLISME *m*, monometallism.

MONOPOLE *m*, monopoly.
BÉNÉFICES DE MONOPOLE, monopoly earnings.
CONCÉDER UN MONOPOLE, to grant a monopoly.
DEMANDE D'UN FACTEUR EN SITUATION DE MONOPOLE, monopoly demand for a factor.
ÉLÉMENTS DE MONOPOLE, monopolistic elements.
GASPILLAGES DANS UN MONOPOLE, wastes of monopoly.
MONOPOLE DE L'ALCOOL, alcohol monopoly.
MONOPOLE BILATÉRAL, bilateral monopoly.
MONOPOLES D'ÉTAT, State monopolies; government monopolies.
MONOPOLE GÉOGRAPHIQUE, spatial monopoly.
MONOPOLE INSTITUTIONNEL, institutional monopoly.
MONOPOLE INTERNATIONAL, international monopoly.
MONOPOLE RÉGLEMENTÉ, regulated monopoly.
MONOPOLE DES SERVICES PUBLICS, monopoly of public utilities.
MONOPOLE UNILATÉRAL, unilateral monopoly.
MONOPOLE DE VENTE, selling monopoly.
PRIX DE MONOPOLE, monopoly price.
PROFIT DE MONOPOLE, monopoly profit.
QUANTITÉ PRODUITE EN RÉGIME DE MONOPOLE, monopoly output.
RECETTE NETTE DE MONOPOLE, monopoly net revenue.
RÉGLEMENTATION DES MONOPOLES, regulation of monopoly.
RENTES DE MONOPOLE, monopoly rents.
THÉORIE DU MONOPOLE, theory of monopoly.

MONOPOLEUR *m*, monopolist.

MONOPOLISATION *f*, monopolization, monopolizing.

MONOPOLISER *v*, to monopolize.

MONOPOLISTE *m*, monopolist.

MONOPOLISTIQUE *a*, monopolistic.
COMPORTEMENT MONOPOLISTIQUE, monopolistic behaviour.
CONCURRENCE MONOPOLISTIQUE, monopolistic competition.
CONTRÔLE MONOPOLISTIQUE, monopoly control.
GASPILLAGE EN CONCURRENCE MONOPOLISTIQUE, waste in monopolistic competition.
THÉORIE DE LA CONCURRENCE MONOPOLISTIQUE, theory of monopolistic competition.
THÉORIE DE L'EXPLOITATION MONOPOLISTIQUE, theory of monopolistic exploitation.

MONOPSONE *m*, monopsony.

MONOPSONEUR *m*, monopsonist.

MONOPSONIQUE *a*, monopsonistic.
MARCHÉ MONOPSONIQUE, monopsony market.

MONOTONE *a*, monotonous, humdrum.
TRAVAIL MONOTONE, humdrum work.

MONOTONIE *f*, monotony.
MONOTONIE DU TRAVAIL, monotony of work.

MONT-DE-PIÉTÉ *m*, pawn-office, *U.S:* hock.
au MONT-DE-PIÉTÉ, in pawn, *U.S:* in hock.

MONTAGE *m*, assembly, installation.
CHAÎNE DE MONTAGE, assembly-line.
PRODUCTION ET MONTAGE, production and assembly.

MONTANT *a*, rising, upward.

MONTANT *m*, amount, sum, total, content.
ACQUITTER INTÉGRALEMENT LE MONTANT DE SON PASSIF, to discharge one's liabilities to the full.
MONTANT BRUT, gross amount.
MONTANT BRUT DES LOYERS, gross rental income.
MONTANT DÉTERMINÉ, specific amount.
MONTANT D UNE LETTRE DE CHANGE, contents of a bill of exchange.
MONTANT NET, net amount.
MONTANT DES RECETTES FISCALES, tax yields.
MONTANTS THÉSAURISÉS, hoardings.
MONTANT TOTAL, total amount.
TRANSIGER SUR LE MONTANT D'UNE DETTE, to compound a debt.

MONTER *v*, to rise, to increase, to climb, to soar.
EMPÊCHER LES PRIX DE MONTER, to keep prices down.
FAIRE MONTER LES PRIX, to send up prices; to force up prices.
les PRIX SONT MONTÉS PAR CONTRECOUP, prices went up in sympathy.
les PRIX MONTENT DE FAÇON VERTIGINEUSE, prices are rising by leaps and bounds.

MONTRER *v*, to show.

MORAL *a*, moral.
IMPÔT SUR LE REVENU DES PERSONNES MORALES, corporation income-tax.
PERSONNE MORALE, corporation; corporate body; legal entity.

MORALE *f*, ethics.

MORALITÉ *f*, morality.
MORALITÉ DOUTEUSE, doubtful honesty.

MORATOIRE *a*, moratory.
INTÉRÊTS MORATOIRES, arrears of interest; interest in arrears; interest on overdue payments.

MORATOIRE *m*, moratorium.

MORATORIÉ *a*, moratory.
DETTE MORATORIÉE, debt for which a moratorium has been granted.

MORCEAU *m*, piece.
GROS MORCEAU, lump.

MORCELER *v*, to parcel (out), to partition.

MORCELLEMENT *m*, parcelling out, partition, breaking, breaking up
MORCELLEMENT DES GRANDS DOMAINES, breaking up of large estates.
MORCELLEMENT DES TERRES, parcelling out of land into small holdings.

MORPHOLOGIE *f*, morphology.
MORPHOLOGIE DES DISTRIBUTIONS DE FRÉQUENCES, types of frequency distributions.
MORPHOLOGIE DE L'ÉCONOMIE, economic morphology.

MORT *a*, dead.
MARCHÉ MORT, dead market.
MORTE-SAISON, dead season; slack season; dull season.
TEMPS MORT, idle period; idle time; dead time.

MORT *f*, death.

MORTALITÉ *f*, mortality, death.
MORTALITÉ INFANTILE, infant mortality.
STATISTIQUES DE LA MORTALITÉ, death statistics.
TABLES DE MORTALITÉ, mortality tables; actuaries' tables.
TAUX BRUTS DE MORTALITÉ, crude death rates.
TAUX DE MORTALITÉ, mortality rates; death rates.
TAUX DE MORTALITÉ INFANTILE, infant mortality rates.

MORTEL *a*, fatal.
ACCIDENT MORTEL, fatal accident.

MOTEUR *a*, motive, driving, propelling.
FORCE MOTRICE, motive power; motive force; driving force; propelling force.
PUISSANCE MOTRICE, horse-power (h.-p.).

MOTEUR *m*, motor, engine.
CHALAND À MOTEUR, motor barge.
MOTEUR À COMBUSTION INTERNE, internal-combustion engine.
MOTEUR À EXPLOSION, explosion engine.
PÉNICHE À MOTEUR, motor barge.

MOTIF *m*, motive, motivation, inducement, reason, cause, ground.
MOTIFS DE LA CONSOMMATION, motivations for comsumption.
MOTIFS D'ENTREPRISE, business motives.
MOTIFS D'ÉPARGNE, saving motive.
MOTIFS INTÉRESSÉS, interested motives.
MOTIF DE LIQUIDITÉ, motive of liquidity.
MOTIF DE PRÉCAUTION, precautionary motive.
MOTIF DE REVENU, income motive.
MOTIF DE SPÉCULATION, speculative motive.
THÉORIE DES MOTIFS ÉCONOMIQUES DU COLONIALISME, economic colonialism.

MOTION *f*, motion.
PROPOSER UNE MOTION, to move a motion.
SOUTENIR LA MOTION, to support the motion; to second the motion.

MOTIVATION *f*, motivation, motive.
ÉTUDES DE MOTIVATION, motivation studies.
de MOTIVATION, motivational.
MOTIVATIONS DES CONSOMMATEURS, motives of consumers.
MOTIVATIONS DES FIRMES, motives of business firms.
RECHERCHE DE MOTIVATION, motivation research.

MOTOCULTURE *f*, motoculture, power agriculture, motorized farming.

MOTORISATION *f*, motorization.

MOTORISÉ *a*, motorized.

MOU *a*, slack, soft, easy.
les ACTIONS SONT MOLLES, shares are easy.

MOUILLAGE *m*, anchoring, soaking.
DROITS DE MOUILLAGE, groundage.

MOULAGE *m*, founding, casting.
MOULAGE DES MÉTAUX, metal founding.

MOULÉ *a*, pressed, cast.
VERRE MOULÉ, pressed glass.

MOULER *v*, to press, to cast.

MOULIN *m*, mill.

MOUTON *m*, sheep.
ÉLEVAGE DE MOUTONS, sheep breeding; sheep-farming.

MOUVEMENT *m*, movement, motion, move, flow, fluctuation; drift, trend.
BRUSQUES MOUVEMENTS DES PRIX, sudden fluctuations of prices.
ÉTUDE DES TEMPS ET MOUVEMENTS, time and motion study.
FICHIER (DES) MOUVEMENTS, transaction file.
MOUVEMENT ACQUIS, impressed movement.
MOUVEMENT DE BAISSE DES VALEURS, downward movement of stocks.
MOUVEMENTS DE CAPITAUX, capital movements; movements of money.
MOUVEMENTS DE CAPITAUX PRIVÉS, private capital movements.
MOUVEMENTS DE CAPITAUX SPÉCULATIFS, hot money flows.
MOUVEMENT CYCLIQUE, cyclical movement.
MOUVEMENT ENVELOPPANT, enveloping movement.
MOUVEMENT DE HAUSSE ET DE BAISSE, rising and falling.
MOUVEMENT DE HAUSSE DES VALEURS, upward movement of stocks.
MOUVEMENT LE LONG DE LA COURBE, movement along the curve.
MOUVEMENT PERPÉTUEL, perpetual motion.
MOUVEMENT POLITIQUE, political movement.
MOUVEMENTS DES PRIX MONDIAUX, world price movements.
MOUVEMENTS DANS LES RÉSERVES, reserve movements.
MOUVEMENT RÉTROGRADE, retrograde movement.
MOUVEMENT SÉCULAIRE DES PRIX, secular trend of prices.
MOUVEMENT SYNDICAL, trade-union movement.
MOUVEMENT DE TRANSLATION, movement of translation.
MOUVEMENT TRAVAILLISTE, Labour movement.
PRINCIPES D'ÉCONOMIE DES MOUVEMENTS, principles of motion economy.

MOYEN *a*, mean, average, medium, middle, central, moderate.
BONNE QUALITÉ MOYENNE, good average quality.
BOURGEOISIE MOYENNE, middle middle-class.
CLASSES MOYENNES, middle class.
COURBE DE LA RECETTE MOYENNE, average-revenue curve.
COURS MOYEN, middle price.
COÛT MOYEN, average cost; mean cost.
COÛT TOTAL MOYEN, average total cost.
COÛT VARIABLE MOYEN, average variable cost.
DÉCOUVERT MOYEN, average overdraft.
DURÉE MOYENNE, average period.
DURÉE MOYENNE D'INVESTISSEMENT, average period of investment.
ÉCART ABSOLU MOYEN, mean deviation; average deviation.
ÉCHÉANCE MOYENNE, mean due date.
ENTREPRISE MOYENNE, medium-sized firm.
FINANCEMENT À MOYEN TERME, medium-term finance.
FIXATION DU PRIX AU COÛT MOYEN MAJORÉ, mark-up pricing.
HOMME MOYEN, man in the street.
INDICES DU VOLUME ET DES VALEURS MOYENNES (DU COMMERCE EXTÉRIEUR), index-numbers of the volume and average value (of external trade).
LONGÉVITÉ MOYENNE DE L'ÉQUIPEMENT, average durability of capital.
MÉTHODE DES POINTS MOYENS, high-low mid-points method.
MOYEN ÂGE, Middle Ages.
à MOYEN TERME, intermediate.
NIVEAU DE QUALITÉ MOYENNE, average quality level.
ONDES MOYENNES, medium waves.
PÉRIODE MOYENNE DE PRODUCTION, average period of production.
POINT MOYEN (DU NUAGE DE POINTS), point of averages.
PRÉVISIONS À MOYEN TERME, medium-term expectations.
PRIX MOYEN, average price.
PRIX DE REVIENT MOYEN, average cost.
PRODUCTIVITÉ MOYENNE, average productivity.
PRODUIT MOYEN, average product.
PROPENSION MOYENNE À CONSOMMER, average propensity to consume.
RENDEMENT MOYEN, average yield.
RÉSIDU QUADRATIQUE MOYEN, square of the standard error of estimate.
SUPERFICIE MOYENNE PAR OUVRIER, amount of land per worker.
TAILLE MOYENNE, middle size; moderate size.
de TAILLE MOYENNE, of average height; medium-sized.
TARE MOYENNE, average tare.
TAUX D'ACCROISSEMENT MOYEN, average rate of increase.
TEMPS D'ACCÈS MOYEN, average access time.
TERME MOYEN, middle-term.
THÉORÈME DE LA VALEUR MOYENNE, mean value theorem.
VALEUR MOYENNE, central value.
VALEUR UNITAIRE MOYENNE, average unit value.
VARIANCE CONDITIONNELLE MOYENNE, variance within classes.

MOYEN *m*, mean; medium; resource.

ANALYSE AU MOYEN DU MULTIPLICATEUR DYNAMIQUE, dynamic multiplier analysis.
DOTÉ DE MOYENS FINANCIERS, endowed with financial means.
ESTIMATION DES BESOINS ET RÉPARTITION DES MOYENS, planning and allocation of resources.
la FIN ET LES MOYENS, the end and the means.
MONNAIE EN TANT QUE MOYEN D'ÉCHANGE, money as medium of exchange.
MOYENS DÉTOURNÉS, oblique ways.
MOYENS DONT IL DISPOSE, means at his disposal.
MOYEN D'ÉCHANGE, medium of exchange.
MOYENS D'EXISTENCE, means of support; livelihood.
MOYENS DE FORTUNE, emergency means.
MOYENS FRAUDULEUX, fraudulent means.
MOYENS INDIRECTS, oblique ways.
MOYENS LÉGITIMES, honest means.
MOYENS MODESTES, modest means.
MOYENS DE PAIEMENT, means of payment.
MOYENS DE PRODUCTION, means of production.
MOYENS SANS RAPPORT AVEC LES BESOINS, means incommensurate with wants.
MOYEN DE RECOUPEMENT, cross check; cross reference.
MOYENS DE SUBSISTANCE, means of subsistence; means of sustenance.
le PRODUIT DES EXTRÊMES ÉGALE LE PRODUIT DES MOYENS, the product of the extremes equals the product of the means.
RÉPARTITION OPTIMALE DES MOYENS, optimal resource allocation.

MOYENÂGEUX *a*, mediaeval.

MOYENNANT *prep*, in consideration of.
MOYENNANT CONTREPARTIE, for a consideration.
MOYENNANT PAIEMENT, for a consideration.
SUPPORTER LES RISQUES DES TRANSACTIONS D'UN CLIENT MOYENNANT UNE AVANCE MINIME, to carry a customer for all save a small deposit.

MOYENNE *f*, average, mean, par.
AJUSTER LA MOYENNE, to centre; *U.S:* to center.
APPROXIMATION DE L'ÉCART TYPE DE LA MOYENNE D'ÉCHANTILLON, estimated standard error of a sample mean.
au-DESSOUS DE LA MOYENNE, below the average.
au-DESSUS DE LA MOYENNE, above the average.
DISTRIBUTION DES MOYENNES D'ÉCHANTILLONS, distribution of sample means.
ÉCART À LA MOYENNE, deviation from the mean; mean deviation
ÉCART ENTRE MOYENNE ET MODE, modal divergence.
s'ÉLEVER EN MOYENNE À, to average.
ERREUR TYPE DE LA MOYENNE, standard error of the mean.
ÉTABLIR UNE MOYENNE APPROXIMATIVE, to strike a rough average.
FAIRE LA MOYENNE, to average.
FAIRE LA MOYENNE DES RÉSULTATS, to take an average of results.
GROUPÉS AUTOUR DE LA MOYENNE, clustered round the central value.
MÉTHODE DES MOYENNES, method of averages.
MÉTHODE DES MOYENNES MOBILES, method of moving averages.
MÉTHODE DES RAPPORTS À LA MOYENNE MENSUELLE, method of ratios to monthly averages.
en MOYENNE, on the average.
MOYENNE APPROXIMATIVE, rough average.
MOYENNE ARITHMÉTIQUE, arithmetic average; arithmetic(al) mean.
MOYENNE ARITHMÉTIQUE PONDÉRÉE, weighted arithmetic mean.
MOYENNE DES CARRÉS DES ÉCARTS À LA MOYENNE (VARIANCE), mean of the squared deviations from the mean (variance).
MOYENNE CONDITIONNELLE, conditional mean.
MOYENNE CORRIGÉE DES VARIATIONS SAISONNIÈRES, average corrected for seasonal variations.
MOYENNE DE DÉVIATION, mean deviation.
la MOYENNE DE DÉVIATION EST ÉGALE AUX 4/5e DE LA DÉVIATION STANDARD, the mean deviation is equal to 4/5 of the standard deviation.
MOYENNE DE L'ÉCHANTILLON, sample mean.
MOYENNE GÉOMÉTRIQUE, geometric average; geometrical mean; mean proportional.
MOYENNE GÉOMÉTRIQUE PONDÉRÉE, weighted geometric average.
MOYENNE HARMONIQUE, harmonic average; harmonic mean.
MOYENNE HARMONIQUE PONDÉRÉE, weighted harmonic average.
MOYENNES MOBILES, moving averages.
MOYENNE DE PLUSIEURS ANNÉES COMME BASE, combination of years as base.
MOYENNE PONDÉRÉE, weighted average.
MOYENNE DE LA POPULATION, mean of the population; population mean.
MOYENNE QUADRATIQUE, standard deviation.
MOYENNE DES VENTES, average sales; mean sales.
la MOYENNE DES VENTES EST DE, sales average (so much).
TENDANCE À LA MOYENNE, central tendency.

TRACÉ DE LA MOYENNE CYCLIQUE, high-low mid-points method.

MUET a, mute.
VARIABLE MUETTE, dummy variable.

MULTI- préf, multi-.
TRAITEMENT MULTI-TÂCHES, multi-task operation.
TRAITEMENT MULTI-TRAVAUX, multi-job operation.

MULTILATÉRAL, a, multilateral.
ACCORDS DE CONTINGENTEMENT MULTILATÉRAUX À LONG TERME, multilateral long-term contracts.
COMMERCE MULTILATERAL, multilateral trade.
COMPENSATION MULTILATÉRALE, multilateral compensation.

MULTIPLE a, multiple, multi-.
ACTIONS MULTIPLES, multiple shares.
COEFFICIENT DE CORRÉLATION MULTIPLE, coefficient of multiple correlation.
COEFFICIENT DE CORRÉLATION À RANGS MULTIPLES, coefficient of rank correlation.
CORRÉLATION MULTIPLE, multiple correlation.
CORRÉLATION À RANGS MULTIPLES, rank correlation.
ESTIMATION LINÉAIRE MULTIPLE, multiple linear estimation.
MAGASIN À SUCCURSALES MULTIPLES, multiple store; chain store.
MULTIPLES IMPOSITIONS SUR LE MÊME REVENU, multiple imposition on the same income.
OUVRAGES HYDRAULIQUES À BUTS MULTIPLES, multi-purpose water works.
POSITIONS D'ÉQUILIBRE MULTIPLES, multiple positions of equilibrium.
RÉGRESSION MULTIPLE, multiple regression.
TAUX DE CHANGE MULTIPLES, multiple exchange rates.

MULTIPLE m, multiple.
le plus PETIT COMMUN MULTIPLE, least common multiple; lowest common multiple.
SOUS-MULTIPLE, sub-multiple.

MULTIPLET m, multiplet; byte.

MULTIPLEX m, multiplex.

MULTIPLICANDE m, multiplicand.

MULTIPLICATEUR a, multiplying.
EFFET MULTIPLICATEUR D'UN BUDGET ÉQUILIBRÉ (D'EXPANSION), balanced-budget multiplier.
PÉRIODE DE PROPAGATION DE L'EFFET MULTIPLICATEUR, multiplier time period.

MULTIPLICATEUR m, multiplier.
ANALYSE AU MOYEN DE MULTIPLICATEUR DYNAMIQUE, dynamic multiplier analysis.
EFFET DE MULTIPLICATEUR, multiplier effect.
EFFET TOTAL DU MULTIPLICATEUR, true multiplier; complete multiplier.
MODÈLE DU MULTIPLICATEUR-ACCÉLÉRATEUR, multiplier-accelerator model.
MULTIPLICATEUR DE COMMERCE INTERNATIONAL, foreign trade multiplier.
MULTIPLICATEUR DE COMMERCE EXTÉRIEUR, foreign trade multiplier.
MULTIPLICATEUR D'ÉCONOMIE FERMÉE, multiplier in a closed economy.
MULTIPLICATEUR DE L'EMPLOI, employment multiplier.
MULTIPLICATEUR D'EXPORTATION, export multiplier.
MULTIPLICATEUR D'INVESTISSEMENT, investment multiplier
MULTIPLICATEUR DE LAGRANGE, Lagrange multiplier.
THÉORIE DU MULTIPLICATEUR, theory of the multiplier.

MULTIPLICATION f, multiplication, multiplying; multiplication sum.
MULTIPLICATION DES PROBABILITÉS, multiplication of probabilities.

TABLE DE MULTIPLICATION, multiplication table.

MULTIPLICATRICE f, multiplying machine.

MULTIPLICITÉ f, multiplicity.

MULTIPLIÉ a, multiplied.

MULTIPLIER v, to multiply.

MULTIPROGRAMMATION f, multiple programming, multiprogramming.

MULTITRAITEMENT m, multiprocessing.

MULTITUDE f, multitude, multiplicity.

MUNICIPAL a, municipal, public.
ADMINISTRATION MUNICIPALE, municipal administration.
CONSEIL MUNICIPAL, town council; U.S: (local) government.
ÉGOUT MUNICIPAL, public sewer.
SERVICES PUBLICS MUNICIPAUX, municipal undertakings.
TAXES MUNICIPALES, borough rates; municipal taxes.

MUNICIPALITÉ f, municipality, incorporated town; U.K: corporation; borough.

MUNITION f, munition, ammunition.
FABRIQUE DE MUNITIONS, munition factory.

MUR m, wall.
METTRE AU PIED DU MUR, to corner.
MURS CROULANTS, walls in disrepair.

MÛR a, mature, ripe.
pas MÛR, immature.
MÛRE RÉFLEXION, due consideration.
PROJET (QUI N'EST) PAS MÛR, immature project.

MÛRIR v, to mature, to ripen.

MUSÉE m, museum.
CONSERVATEUR DE MUSÉE, curator of a museum.

MUTATION f, conveyance, transfer, transferring, transmission, transmitting, transmutation, succession, change of ownership.
DROITS DE MUTATION, transfer duty; taxes on property transfers; conveyance duty.
MUTATION DE BIENS, transfer of property; transmutation of possession.
MUTATION PAR DÉCÈS, transfer by death; transmission on death
MUTATION D'ENTREPÔT, removal under bond.

MUTUALISME m, mutualism.

MUTUALISTE a, mutual.
FONDS D'INVESTISSEMENT MUTUALISTES, mutual investment funds.

MUTUALISTE m, mutualist, member of a mutual aid society, member of a mutual benefit society.

MUTUALITÉ f, mutuality.

MUTUEL a, mutual.
ACCORD MUTUEL, mutual agreement.
CONCESSIONS MUTUELLES, give-and-take.
CONSEIL D'AIDE MUTUELLE ÉCONOMIQUE, Council of Mutual Economic Aid (Comecon).
se FAIRE DES CONCESSIONS MUTUELLES, to give and take.
SOCIÉTÉ D'ASSISTANCE MUTUELLE, mutual-aid society.
SOCIÉTÉ DE CAUTIONNEMENT MUTUEL, mutual guarantee society.
SOCIÉTÉ DE SECOURS MUTUELS, benefit society; friendly society.

MUTUELLE f, mutual benefit society.
MUTUELLE D'ASSURANCES, mutual insurance.

MUTUELLEMENT adv, mutually.
ÉVÉNEMENTS S'EXCLUANT MUTUELLEMENT, mutually exclusive events.

N

NAISSANCE *f*, birth, natality.
CONTRÔLE DES NAISSANCES, birth control.
DÉCLARER UNE NAISSANCE, to register a birth.
ÉQUATION D'ÉQUILIBRE DES NAISSANCES, DES DÉCÈS ET DE LA MIGRATION NETTE, balance of births, deaths and migration.
EXTRAIT D'ACTE DE NAISSANCE*, birth certificate.
LIMITATION DES NAISSANCES, family planning.
STATISTIQUE DES NAISSANCES, natality statistics.
TAUX DE NAISSANCES DIFFÉRENTIELS, differential birth rates.

NAISSANT *a*, nascent.
INDUSTRIE NAISSANTE, infant industry.

NANTI *a*, secured, pledged.
BIENS NANTIS, pledged chattels.
CRÉANCIER ENTIÈREMENT NANTI, fully secured creditor.
CRÉANCIER PARTIELLEMENT NANTI, partly secured creditor.
NANTI DE GAGES, secured by pledges.

NANTIR *v*, to secure, to pledge.
NANTIR DES VALEURS, to pledge securities; to pawn securities.

NANTISSEMENT *m*, securing, collateral security, additional security, pledge, pledging, lien.
DÉPOSER DES TITRES EN NANTISSEMENT, to lodge stock as cover.
PRENDRE UN NANTISSEMENT, to lodge a security.
PRÊT SUR NANTISSEMENT, loan on collateral; loan on security.
TITRES DÉPOSÉS EN NANTISSEMENT, securities lodged as collateral.
TITRES REMIS EN NANTISSEMENT, securities lodged as collateral.

NAPHTE *m*, naphta.

NAPPE *f*, layer.
ATTEINDRE UNE NAPPE PÉTROLIFÈRE, to strike oil.

NATALITÉ *f*, natality, birth rate.
ABAISSER LA NATALITÉ, to bring down the birth rate.
RÉDUIRE LA NATALITÉ, to bring down the birth rate.
RELÈVEMENT DU TAUX DE NATALITÉ, revival in the birth rate.
TAUX DE NATALITÉ, birth rate.

NATIF *a*, native.
OR À L'ÉTAT NATIF, free gold.

NATION *f*, nation.
ACCROISSEMENT DE LA RICHESSE D'UNE NATION, increase in the wealth of a nation.
CLAUSE DE LA NATION LA PLUS FAVORISÉE, most-favoured nation clause.
COMPTES DE LA NATION, social accounting.
NATION COMMERÇANTE, mercantile nation.
NATION CRÉDITRICE, creditor nation.
NATIONS DÉSHÉRITÉES, underprivileged, have-not nations.
NATIONS UNIES, United Nations.
ORGANISATION DES NATIONS UNIES POUR L'ÉDUCATION, LA SCIENCE ET LA CULTURE, United Nations Educational, Scientific and Cultural Organization (UNESCO).
PROSPÉRITÉ DE LA NATION, public well-being.
SOCIÉTÉ DES NATIONS, League of Nations.
TRAITEMENT DE LA NATION LA PLUS FAVORISÉE, most-favoured nation treatment.

NATIONAL *a*, national, public, domestic, home; nationwide.

ARCHIVES NATIONALES, Public Records.
ASSEMBLÉE NATIONALE, National Assembly.
BANQUE NATIONALE, national bank.
BIEN-ÊTRE NATIONAL, public welfare.
BONS DE LA DÉFENSE NATIONALE, national war bonds; war bonds.
BUREAU NATIONAL DE RECHERCHES ÉCONOMIQUES, *U.S:* National Bureau of Economic Research.
COMPTABILITÉ NATIONALE, national accounting; national income and expenditure.
CONSOMMATION NATIONALE, national consumption.
CONSOMMATION NATIONALE DÉFINITIVE, final national consumption.
CONSOMMATION DE LA PRODUCTION NATIONALE, consumption of domestic production.
DÉFENSE NATIONALE, home-defence; national defence.
DÉPENSES DE DÉFENSE NATIONALE, defence expenditure.
DÉPENSE IMPUTÉE AU PRODUIT NATIONAL BRUT, expenditure on gross national product.
DÉTERMINATION DU REVENU NATIONAL, determination of national income.
DETTE NATIONALE, national debt.
DISTRIBUTION DU REVENU NATIONAL, distribution of national income.
DIVIDENDE NATIONAL, national dividend.
DROIT NATIONAL, national law.
à l'ÉCHELLE NATIONALE, on a nationwide scale.
EMPRUNT NATIONAL, national loan.
INSTITUT NATIONAL DE CONJONCTURE, *U.S:* National Bureau of Economic Research.
MINERAIS NATIONAUX, domestic ores.
MONNAIE NATIONALE, home currency.
NATIONAL-SOCIALISME, National-Socialism.
PART DE LA RENTE DANS LE PRODUIT NATIONAL, share of rent in the national product.
PAVILLON NATIONAL, national flag.
PRODUIT NATIONAL BRUT, gross national product; gross domestic product.
PRODUIT NATIONAL BRUT AU COÛT DES FACTEURS, gross national product at factor cost.
PRODUIT NATIONAL BRUT AUX PRIX DU MARCHÉ, gross national product at market prices.
PRODUIT NATIONAL NET AU COÛT DES FACTEURS, net national product at factor cost.
PRODUITS D'ORIGINE NATIONALE, home products; home produce; home-grown produce.
REVENU NATIONAL, national income; social income; national dividend.
STATISTIQUES DU REVENU NATIONAL, national income statistics.
UNITÉS DE MONNAIE NATIONALE, units of national currency.
UNITÉ NATIONALE, national unity.

NATIONALISATION *f*, nationalization.
NATIONALISATION DES CHEMINS DE FER, nationalization of railways.
NATIONALISATION D'UNE INDUSTRIE, nationalization of an industry.
NATIONALISATION DES TERRES, nationalization of land.

NATIONALISÉ *a*, nationalized.

ENTREPRISE NATIONALISÉE, nationalized enterprise.
INDUSTRIE NATIONALISÉE, nationalized industry.

NATIONALISER v, to nationalize.

NATIONALISME m, nationalism.

NATIONALISTE a, nationalistic.

NATIONALITÉ f, nationality.
CERTIFICAT DE NATIONALITÉ (D'UN NAVIRE), certificate of registry.
NATIONALITÉ DU NAVIRE, nationality of the ship.

NATURALISATION f, naturalization, naturalizing.

NATURALISÉ a, naturalized.

NATURALISER v, to naturalize.

NATURE f, nature, kind.
COMPLÉMENTS DE SALAIRE EN NATURE, fringe benefits for labour.
CONSOMMATION EN NATURE, consumption in kind.
DIFFÉRENCE DE NATURE, difference in kind.
DONS REÇUS EN NATURE, gifts in kind received.
EXÉCUTION EN NATURE, specific performance.
EXÉCUTION EN NATURE D'UN CONTRAT, specific performance of a contract.
LOIS DE LA NATURE, laws of nature.
contre NATURE , contrary to nature.
en NATURE, in kind.
NATURE ET CAUSES DE LA RICHESSE, the nature and causes of wealth.
NATURE ET ÉTENDUE D'UN RISQUE, the nature and extent of a risk.
NATURE D'UN DROIT LOCATIF, tenure.
NATURE HUMAINE, human nature.
NATURE INÉPUISABLE, inexhaustibility.
NATURE DE LA MONNAIE, nature of money.
PAIEMENT EN NATURE, payment in kind.
PRESTATIONS EN NATURE, allowances in kind.
RÈGLEMENT DES SALAIRES OUVRIERS EN NATURE, truck system.
REMBOURSEMENT EN NATURE, repayment in kind.
TERRAINS RECONQUIS SUR LA NATURE, reclaimed land.

NATUREL a, natural.
ACCROISSEMENT NATUREL, natural increase.
DROIT NATUREL, unwritten law.
ÉPUISEMENT DES RESSOURCES NATURELLES, exhaustion of natural resources.
GAZ NATUREL, natural gas.
HARMONIES NATURELLES, natural harmonies.
LOGARITHME NATUREL, naturel logarithm; hyperbolic logarithm.
SÉLECTION NATURELLE, natural selection.
TAUX NATUREL, natural rate.

NAUFRAGE m, shipwreck, wreck.

NAUTIQUE a, nautical.

NAVAL a, naval, nautical.
CHANTIER DE CONSTRUCTION NAVALE, shipbuilding yard; shipyard; dockyard.
CONSTRUCTION NAVALE, shipbuilding.
INDUSTRIE DE LA CONSTRUCTION NAVALE, shipbuilding industry.
SOCIÉTÉ DE CONSTRUCTION NAVALE, shipbuilding company.

NAVIGABILITÉ f, navigability.
ÉTAT DE NAVIGABILITÉ, seaworthiness; navigable condition.
en ÉTAT DE NAVIGABILITÉ, seaworthy.
GARANTIE DE NAVIGABILITÉ, warranty of seaworthiness.
NAVIRE EN (BON) ÉTAT DE NAVIGABILITÉ, seaworthy ship.

NAVIGABLE a, navigable.
RIVIÈRE NAVIGABLE, navigable river.
VOIES NAVIGABLES INTÉRIEURES, inland waterways.

NAVIGATION f, navigation; sailing; shipping.
COMPAGNIE DE NAVIGATION, navigation company.
COMPAGNIE DE NAVIGATION MARITIME, steamship navigation company.
DROITS DE NAVIGATION, navigation dues.
GRANDE NAVIGATION, ocean carrying trade.
LIGNE DE NAVIGATION, shipping line.
NAVIGATION AÉRIENNE, aerial navigation; aircraft.
NAVIGATION À LA CUEILLETTE, tramping.
NAVIGATION FLUVIALE, inland navigation.
NAVIGATION INTÉRIEURE, internal navigation; inland navigation.
NAVIGATION AU LONG COURS, ocean navigation; ocean traffic; high-seas navigation; deep-sea navigation.
NAVIGATION MARITIME, maritime navigation.
NAVIGATION AU TRAMPING, tramp navigation.
NAVIGATION À VAPEUR, steam navigation.
NAVIGATION À VOILE, sail navigation.
PERMIS DE NAVIGATION, navigation permit.

SÉCURITÉ DE LA NAVIGATION, safety of navigation.
VALEURS DE NAVIGATION, shipping shares.

NAVIGUER v, to navigate; to sail.
APTE À NAVIGUER SUR MER, fit to sail the sea; seaworthy.

NAVIRE m, ship, boat, vessel, tramp.
CERTIFICAT DE NATIONALITÉ D'UN NAVIRE, certificate of registry.
CHARGE D'UN NAVIRE, lading of a ship.
CONSTRUCTEUR DE NAVIRES, shipbuilder.
COSIGNATAIRE DU NAVIRE, ship's broker.
DONNER UN NAVIRE À FRET, to freight (out) a ship.
HYPOTHÈQUE SUR UN NAVIRE, bottomry.
INSCRIRE UNE HYPOTHÈQUE SUR UN NAVIRE, to register a mortgage on a ship.
METTRE L'EMBARGO SUR UN NAVIRE, to lay an embargo on a ship.
NATIONALITÉ DU NAVIRE, nationality of the ship.
NAVIRE-ATELIER, floating workshop.
NAVIRE EN (BON) ÉTAT DE NAVIGABILITÉ, seaworthy ship.
NAVIRE CHARGÉ, ship laden.
NAVIRE DE CONSTRUCTION ANGLAISE, British-built ship.
NAVIRES ENTRÉS ET SORTIS, vessels entered and cleared.
NAVIRES SUR LEST, vessels in ballast.
NAVIRE AU LONG COURS, ocean-going vessel.
NAVIRE MARCHAND, trading vessel.
NAVIRE NEUTRE, neutral ship.
NAVIRE TRAMP, ocean tramp.
NAVIRE À VAPEUR, steamship.
PERSONNES DE PASSAGE À BORD DE NAVIRES, transients afloat.
PROPRIÉTAIRE DU NAVIRE, owner of the ship.
REGISTRE DE L'ÉTAT CIVIL DES NAVIRES, register-book.
TAXATION SUR LA JAUGE DU NAVIRE, charging on the tonnage of the ship.

NAZISME m, Nazism, Naziism.

NÉ a, born.
PREMIER-NÉ, first-born.

NÉANT m, nil, nothing; non-existence.

NÉCESSAIRE a, necessary, requisite, needed; appropriate.
AJUSTEMENTS NÉCESSAIRES, appropriate allowance.
CAPITAL NÉCESSAIRE, requisite capital.
CONDITION NÉCESSAIRE, necessary condition.
FAIRE LES RÉPARATIONS NÉCESSAIRES, to do the necessary repairs.
PROPORTION NÉCESSAIRE D'IMMOBILISATIONS, *U.S:* fixed assets requirement.

NÉCESSAIRE m, necessary.

NÉCESSAIREMENT adv, necessarily, of necessity.

NÉCESSITÉ f, necessity, necessary.
CERTIFICAT DE NÉCESSITÉ D'AMORTISSEMENT ACCÉLÉRÉ, certificate of necessity for accelerated depreciation.
DENRÉES DE PREMIÈRE NÉCESSITÉ, essential foodstuffs.
sous l'EMPIRE DE LA NÉCESSITÉ, under the pressure of necessity.
NÉCESSITÉ ABSOLUE, absolute necessity; peremptory necessity.
NÉCESSITÉ LOGIQUE, logical necessity.
NÉCESSITÉ PRESSANTE, emergency.
NÉCESSITÉ PRIMORDIALE, prime necessity.
NÉCESSITÉ VITALE, paramount necessity.
de PREMIÈRE NÉCESSITÉ, indispensable.
PRODUITS DE PREMIÈRE NÉCESSITÉ, essential products; staples

NÉCESSITEUX m. pl, the needy.

NÉGATIF a, negative.
CORRÉLATION NÉGATIVE, negative correlation.
ÉPARGNE NÉGATIVE, negative saving.
NOMBRE NÉGATIF, negative number.
PREUVE NÉGATIVE, negative evidence.
QUANTITÉ NÉGATIVE, negative quantity; minus quantity.
VALEUR NÉGATIVE, negative value.

NÉGATION f, negation.

NÉGLIGÉ a, neglected.

NÉGLIGEABLE a, negligible, omissible, inconsiderable.
un NOMBRE NON NÉGLIGEABLE DE, a not inconsiderable number of.
PRIX QUI NE LAISSE QU'UNE MARGE NÉGLIGEABLE, close price.

NÉGLIGENCE* f, negligence, neglect; laches.
CLAUSE DE NÉGLIGENCE, negligence clause.

NÉGLIGENT a, negligent, neglectful, lax.

NÉGLIGER v, to neglect.

NÉGOCE m, trade, trading, commerce, traffic.
FAIRE LE NÉGOCE D'ACTIONS, to job shares.

NÉGOCIABILITÉ f, negotiability.
NÉGOCIABILITÉ D'UN EFFET, negotiability of a bill.

NÉGOCIABLE a, negotiable, marketable.

CERTIFICAT DE CHANGE NÉGOCIABLE, negotiable exchange certificate.
EFFET NON NÉGOCIABLE, unnegotiable bill.
non-NÉGOCIABLE, not negotiable; unnegotiable.
NÉGOTIABLE(S) EN BOURSE, negotiable on the stock exchange.
PAPIER NÉGOCIABLE, negotiable paper.
QUOTITÉ NÉGOCIABLE DE VALEURS, marketable quantity of shares.
TITRES NÉGOCIABLES, negotiable stocks.
TITRES NÉGOCIABLES EN BOURSE, stocks marketable on the stock exchange.
VALEURS NÉGOCIABLES, marketable securities.

NÉGOCIANT m, merchant, trader.
NÉGOCIANT EN CHARBON, coal-merchant.
NÉGOCIANT-COMMISSIONNAIRE, commission-merchant.

NÉGOCIATEUR m, negotiator, negotiant (*peu utilisé*), transactor.

NÉGOCIATION f, dealing, negotiation, transaction, transacting, bargain, bargaining.
NÉGOCIATIONS DE CHANGE, exchange transactions.
NÉGOCIATIONS DE CHANGE AU COMPTANT, spot exchange transactions; exchange for spot delivery.
NÉGOCIATIONS DE CHANGE À TERME, forward exchange transactions; forward dealings; exchange for forward delivery.
NÉGOCIATION AU COMPTANT, dealing for money; bargain for money.
NÉGOCIATIONS DE CONVENTIONS COLLECTIVES, collective bargaining.
NÉGOCIATION D'UN EFFET, negotiation of a bill.
NÉGOCIATION KENNEDY (TARIFAIRE), Kennedy Round.
NÉGOCIATION À LIVRER, transaction for the settlement; transaction for the account.
NÉGOCIATIONS À OPTION, option dealing(s).
NÉGOCIATIONS À PRIME, option dealing(s).
NÉGOCIATION À TERME, transaction for the settlement; transaction for the account; bargain for account.
NÉGOCIATIONS À TERME, dealings for the account; dealings for the settlement; dealings for time.
NOUVELLE NÉGOCIATION, renegotiation.
POUVOIR DE NÉGOCIATION, bargaining power.

NÉGOCIÉ a, dealt, traded.

NÉGOCIER v, to deal, to negotiate; to bargain, to treat.
NÉGOCIER UN EMPRUNT, to negotiate a loan; to place a loan.
NÉGOCIER UN TRAITÉ, to negotiate a treaty.
NÉGOCIER UNE VENTE, to negotiate a sale.
SITUATION PERMETTANT DE NÉGOCIER, bargaining position.

NÉO-CLASSIQUE a, neo-classical.
ÉCONOMISTES NÉO-CLASSIQUES, neo-classical economists.
THÉORIE NÉO-CLASSIQUE (QUANTITATIVE) DE LA MONNAIE, sophisticated (quantity) theory of money.

NÉO-COLONIALISME m, neo-colonialism.

NÉO-LIBÉRALISME m, radicalism.

NERVOSITÉ f, nervousness, jumpiness.
NERVOSITÉ DU MARCHÉ, jumpiness of the market.

NET a, net; clear; pure; flat.
ACCROISSEMENT GLOBAL NET, aggregate net increment.
ACTIF NET, net assets; equity; residual claims; residue.
AFFECTATION DU BÉNÉFICE NET, appropriation of net profit.
sur une BASE NETTE, on a net basis.
BÉNÉFICE CLAIR ET NET, clear profit.
BÉNÉFICE NET, net profit; net benefit.
BÉNÉFICE NET PLUS AMORTISSEMENTS, cash flow.
BÉNÉFICE NET D'EXPLOITATION, net operating profit.
COMPTANT NET, net (prompt) cash.
ÉPARGNE NETTE, net saving.
ÉQUATION D'ÉQUILIBRE DES NAISSANCES, DES DÉCÈS ET DE LA MIGRATION NETTE, balance of births, deaths and migration.
ERREURS ET OMISSIONS NETTES, net errors and omissions.
EXPORTATIONS NETTES, net exports.
IMPÔT SUR LE REVENU NET DES SOCIÉTÉS, corporation net income-tax.
INTÉRÊTS NETS D'IMPÔTS, interest free of tax.
INVESTISSEMENT NET, net investment.
MONTANT NET, net amount.
PERTE NETTE, net loss.
POIDS NET, net tonnage; net weight.
POIDS NET RÉEL, net weight.
PRÉLÈVEMENT PRIORITAIRE SUR LES BÉNÉFICES NETS, prior appropriation on the net profits.
PRIME NETTE, net premium; pure premium; mathematical premium.
PRIX NET, net price.
PRODUIT INTÉRIEUR NET, net domestic product.
PRODUIT NATIONAL NET AU COÛT DES FACTEURS, net national product at factor cost.
PRODUIT NET D'UNE VENTE, net proceeds of a sale.

PROFIT NET, net profit.
RECETTE NETTE DE MONOPOLE, monopoly net revenue.
RENDEMENT NET, net yield.
RÉPARTITION DU BÉNÉFICE NET, appropriation of net profit.
RÉSULTAT NET, net result.
REVENU DE FACTEURS NET REÇU DE L'ÉTRANGER, net factor income from abroad.
REVENU FONCIER NET, revenue above (beyond) reprises.
REVENU NET, net income; net revenue; net yield.
SOLDE NET, final balance.
TAUX NET DE REPRODUCTION, net reproduction rate.
TONNEAU DE JAUGE NETTE, net register ton; ton net register.
VALEUR NETTE, net worth.

NET adv, outright.
TOUCHER NET, to net.

NETTOIEMENT m, cleaning; wiping.

NEUF a, new.
CONSTRUCTIONS NEUVES, new building.
DOTER UNE USINE D'UN ÉQUIPEMENT NEUF, to equip a works with new plant.
PAYS NEUF, new country.

NEUF num, nine.
FAIRE LA PREUVE PAR NEUF, to cast out the nines.
le ZÉRO ET LES NEUF CHIFFRES, the ten digits.

NEUF m, newness.
DIFFÉRENCE DU VIEUX AU NEUF, new for old.

NEUTRALISATION f, neutralization.

NEUTRALITÉ f, neutrality.
NEUTRALITÉ RIGOUREUSE, strict neutrality.

NEUTRE a neutral; indifferent.
ÉQUILIBRE NEUTRE, neutral equilibrium.
MONNAIE NEUTRE, neutral money.
NAVIRE NEUTRE, neutral ship.
PAVILLON NEUTRE, neutral flag.
PORT NEUTRE, neutral port.

NEUTRE m, neutral.

NEW DEAL, "New Deal".

NEW YORK n. pr, New York.
VALORISATION DE CHÈQUES SUR NEW YORK, valuing of cheques on New York.
VALORISER DES CHÈQUES SUR NEW YORK, to value cheques on New York.

NEWTON n. pr, Newton.
BINÔME DE NEWTON, binomial theorem.
THÉORÈME DE NEWTON, binomial theorem.

NICKEL m, nickel.

Nième a, nth.

NIHILISME m, nihilism.

NITRATE m, nitrate.

NIVEAU m, level, standard, achievement, grade.
ALTITUDE AU-DESSUS DU NIVEAU DE LA MER, height above sea-level.
DISPARITÉ DE NIVEAU TECHNOLOGIQUE, technological gap.
l'INDICE DES ACTIONS EST DESCENDU À SON PLUS BAS NIVEAU, the share index reached an all-time low.
de NIVEAU, level.
au NIVEAU DE, level with.
NIVEAU D'ASPIRATION, level of aspiration.
NIVEAU DE CONFIANCE, confidence level.
NIVEAU DE LA DEMANDE MONÉTAIRE, level of monetary demand.
NIVEAU D'EAU, water-level.
NIVEAU GÉNÉRAL DES PRIX, general level of prices.
NIVEAU GÉNÉRAL DES SALAIRES, general level of wages.
NIVEAU NORMAL, normal level.
NIVEAU SANS PRÉCÉDENT, record level.
NIVEAU DES PRIX, level of prices.
NIVEAU DE LA PRODUCTION, level of production.
NIVEAU DE QUALITÉ MOYENNE, average quality level.
NIVEAU DE RÉALISATION ATTEINT, level of achievement.
NIVEAU DES SALAIRES, wage level.
NIVEAU DE SUBSISTANCE, subsistence level.
NIVEAU TECHNIQUE, technical achievement.
NIVEAU DE VIE, standard of living; U.S: level of living.
TENIR CONSTANT LE NIVEAU D'UTILITÉ, to keep the level of utility constant.

NIVELER v, to level.
NIVELER DES COURS, to level prices.
NIVELER DES TAUX, to level rates.

NIVELEUR a, levelling.

NIVELLEMENT m, levelling.

NIVELLEMENT DES REVENUS, levelling of income.

NOBLE a, noble.
MÉTAUX NOBLES, noble metals.

NOBLESSE f, nobility.
PETITE NOBLESSE, gentry.

NOCIF a, harmful.

NŒUD m, knot; junction.
NŒUD FERROVIAIRE, railway junction.

NOIR a, black.
LISTE NOIRE, black list.
MARCHÉ NOIR, black market.
PRIX DU MARCHÉ NOIR, black-market price.

NOIR m, Negro.
TRAITE DES NOIRS, Black ivory trade; slave-trade.

NOM m, name.
ASSOCIÉ EN NOM, active partner.
NOM DU BÉNÉFICIAIRE, name of the payee.
NOM DÉPOSÉ, registered name; trade name.
NOM SOCIAL, style of firm.
PRÊTE-NOM, dummy.
PRÊTER SON NOM, to lend one's name.
SOCIÉTÉ EN NOM COLLECTIF*, partnership; general partnership; copartnership.

NOMADE a, migrant.

NOMADE m, nomad.

NOMBRE m, number, digit, figure, numeral.
ADDITION DE NOMBRES COMPLEXES, compound addition.
DIVISER UN NOMBRE PAR UN AUTRE, to divide one number by another.
INFÉRIORITÉ DU NOMBRE, inferiority in numbers.
LOI DES GRANDS NOMBRES, law of the big numbers; law of large numbers.
MÉTHODE DES NOMBRES, product method.
NOMBRE ABSTRAIT, abstract number.
NOMBRE ALÉATOIRE, random number; random digit.
NOMBRES CARDINAUX, cardinal numbers.
NOMBRE DE CINQ CHIFFRES, five-figure number.
NOMBRE CHOISI A PRIORI, discretionary number.
NOMBRE CHROMATIQUE, chromatic number.
NOMBRE DE COMBINAISONS, number of combinations.
NOMBRES COMPLEXES, compound numbers; complex numbers.
NOMBRE DÉCIMAL, decimal figure; decimal numeral.
NOMBRE ENTIER, whole number; integer.
NOMBRE FRACTIONNAIRE, fractional number; mixed number.
NOMBRE D'HEURES DE TRAVAIL, number of hours worked.
NOMBRE IMAGINAIRE, imaginary number.
NOMBRE IMPAIR, odd number; uneven number.
NOMBRE IRRATIONNEL, irrational; irrational number; incommensurable number.
NOMBRE NÉGATIF, negative number.
un NOMBRE NON NÉGLIGEABLE DE, a not inconsiderable number of.
NOMBRE ORDINAL, ordinal number.
NOMBRE PAIR, even number.
NOMBRE DE PERMUTATIONS, number of permutations.
NOMBRE POSITIF, positive number.
NOMBRE PREMIER, prime number; prime.
NOMBRE À LA PUISSANCE 4, biquadratic.
NOMBRE RATIONNEL, rational number.
NOMBRE DE SUFFRAGES, number of votes cast.
NOMBRE SUPÉRIEUR, superior number.
NOMBRE TOTAL D'ACTIONS, total number of shares.
NOMBRE TOTAL DE LOGEMENTS COMMENCÉS, total dwellings started.
quel que soit le NOMBRE DES VARIABLES, for any number of variables.
NOMBRE DE VOIX, number of votes cast.
PRATIQUE DES NOMBRES ARRONDIS, rounding of statistical figures.
RETRANCHER UN NOMBRE D'UN AUTRE, to take a number from another.
SÉRIE DE NOMBRES, series of numbers.
SOUSTRACTION DE NOMBRES COMPLEXES, compound subtraction.
SUITE DE NOMBRES, series of numbers.

NOMBREUX a, numerous, large.
FAMILLES NOMBREUSES, large families.
NOMBREUSE DOMESTICITÉ, large household.
PEU NOMBREUX, few.

NOMENCLATURE f, nomenclature; schedule.

NOMINAL a, nominal.
CAPITAL NOMINAL, nominal capital.
CHANGE NOMINAL, nominal exchange.
PRIX NOMINAL, nominal price.

REVENU NOMINAL, money-income.
SALAIRE NOMINAL, nominal wage.
TAUX PUREMENT NOMINAL, purely nominal rate.
UTILITÉ DES SALAIRES NOMINAUX, utility of the money-wage.
VALEUR NOMINALE, nominal value; face-value.

NOMINATIF a, nominal, personal, named; registered.
ACTION NOMINATIVE, registered share; personal share; registered stock.
CERTIFICAT NOMINATIF, registered certificate.
CERTIFICAT NOMINATIF D'ACTION(S), registered share certificate.
CONNAISSEMENT NOMINATIF, straight bill of lading.
EFFETS NOMINATIFS, registered securities.
ÉTAT NOMINATIF, nominal roll.
LISTE NOMINATIVE (DES ACTIONNAIRES) nominal list (of shareholders).
LIVRET NOMINATIF, depositor's book.
OBLIGATION NOMINATIVE, registered debenture; registered bond.
POLICE NOMINATIVE, policy to a named person.
PORTEUR D'ACTIONS NOMINATIVES, registered shareholder.
TITRES NOMINATIFS, registered securities.

NOMINATION f nomination, appointment.
NOMINATION D'UN FONCTIONNAIRE appointment of an official.

NOMMÉ a, named; appointed.

NOMMER v, to appoint.

NONOBSTANT adv, notwithstanding.
NONOBSTANT TOUTE CLAUSE CONTRAIRE, notwithstanding any provision to the contrary.

NON-SENS m, nonsense.

NORMAL a, normal, standard, stock.
AIRES DE LA COURBE NORMALE, areas of under, the normal curve.
COURBE NORMALE, normal curve.
COURBE NORMALE DES ERREURS, normal curve of error.
COURBE DE PROBABILITÉ NORMALE, normal curve of error.
COÛT NORMAL, standard costs.
DÉPASSER LA LIMITE NORMALE DU CRÉDIT, to exceed the normal limit of credit.
DÉPORT NORMAL, normal backwardation.
DISTRIBUTION NORMALE, normal distribution.
ÉCARTEMENT NORMAL, standard gauge.
ÉQUATION NORMALE, normal equation.
FORME NORMALE D'UNE FONCTION, normal shape of a function.
LOI NORMALE, normal law.
NIVEAU NORMAL, normal level.
POIDS NORMAL, standard weight.
PRIX NORMAUX, normal prices.
PRIX DE L'OFFRE NORMALE, normal supply price.
PROFIT NORMAL, normal profit.
TABLE DE LA DISTRIBUTION NORMALE, table of areas under the normal curve.
USURE NORMALE, fair wear and tear.
VALEUR NORMALE, normal value

NORMALE f, standard
au-DESSOUS DE LA NORMALE, below standard.
au-DESSUS DE LA NORMALE, above standard.

NORMALEMENT adv, normally.
DISTRIBUÉ(S) NORMALEMENT, normally distributed.

NORMALISATION f, normalization, standardization, standardizing.
NORMALISATION DANS LA FABRICATION, standardization of manufacture.

NORMALISÉ a, normalized, standardized, standard.
BARÈME NORMALISÉ DE SALAIRES, standard rate of pay.
DÉFINITIONS NORMALISÉES, standard definitions.
PRODUCTION NORMALISÉE, standardized production.
PRODUITS NORMALISÉS, standardized products.
TAUX DE SALAIRES NORMALISÉS, standard wage rates.

NORMALISER v, to normalize, to standardize.

NORMALITÉ f, normality, U.S: normalcy.

NORMATIF a, normative.
ÉCONOMIE NORMATIVE, normative economics.

NORME f, norm, standard, specification.
CONFORME À LA NORME, up to standard; up to specification.

NOTABLE a, noticeable.
DIFFÉRENCE NOTABLE, noticeable difference.

NOTAIRE* m, notary.
ÉTUDE DE NOTAIRE*, notary's office.
NOTAIRE PUBLIC, notary public

NOTARIAL a, notarial
FONCTIONS NOTARIALES, notarial functions
SECTION NOTARIALE (D'UN CONSULAT), notarial section (of a consulate)

NOTARIÉ *a*, notarial.
ACTE NOTARIÉ*, deed.

NOTATION *f*, notation, scoring, *U.S:* rating.
NOTATION LITTÉRALE, literal notation.
NOTATION DU PERSONNEL, *U.S:* merit rating.

NOTE *f*, note, bill, memorandum.
NOTE D'AVOIR, credit note.
NOTE DE CRÉDIT, credit note.
NOTES EXPLICATIVES, explanatory notes.
NOTE DE FRAIS, note of expenses.
NOTE DE REMISE, consignment note.
PRENDRE BONNE NOTE D'UNE COMMANDE, to note an order.

NOTÉ *a*, on record.

NOTER *v*, to note.

NOTIFICATION *f*, notification.

NOTIFIER *v*, to notify.

NOTION *f*, notion.
NOTIONS D'ALGÈBRE, elementary algebra.

NOTOIRE *a*, notorious.

NOTORIÉTÉ *f*, notoriousness.
AVANCES SUR NOTORIÉTÉ, unsecured advances.
DÉCOUVERT SUR NOTORIÉTÉ, unsecured overdraft.
sur NOTORIÉTÉ, without security; unsecured.
de NOTORIÉTÉ PUBLIQUE, matter of common knowledge.

NOURRIR *v*, to nourish; to feed.

NOURRITURE *f*, nourishment, food, diet, sustenance.
ALLOCATION POUR NOURRITURE, food allowance.
INDEMNITÉ DE NOURRITURE, board-wages.

NOUVEAU *a*, new, novel, fresh.
une ACTION NOUVELLE POUR TROIS ANCIENNES, one new share for three old ones.
CLAUSE GAGEANT DES OBLIGATIONS NOUVELLES SUR UNE HYPOTHÈQUE ANCIENNE, after-acquired clause.
CRÉER DE NOUVEAUX DÉBOUCHÉS AU COMMERCE, to open up new channels for trade.
FRACTIONS D'ACTIONS NOUVELLES, fractions of new shares.
IMPOSER DES DROITS NOUVEAUX, to impose new duties.
jusqu'à NOUVEL AVIS, until further advice.
NOUVEAU CALCUL, recasting; recount.
NOUVELLE CESSION, reassignment.
NOUVELLE COLONISATION, resettlement.
NOUVELLE ÉMISSION, reissue; refloating.
NOUVEL EXAMEN, re-examination.
NOUVELLE IMPULSION, fresh impetus.
NOUVELLE NÉGOCIATION, renegotiation.
NOUVELLE ORIENTATION, new departure.
NOUVELLE POLITIQUE ÉCONOMIQUE, *U.R.S.S:* New Economic Policy (NEP).
NOUVEAU PROCÈS (DANS UNE MÊME AFFAIRE), retrial.
NOUVEAUX RICHES, new rich.
NOUVELLE SÉRIE D'ACTIONS, new series of shares.
NOUVELLE THÉORIE, new theory.
NOUVEAU VENU, late-comer; new-comer.
PRODUIT NOUVEAU, new product.
REMPLACER UNE VIEILLE MACHINE PAR UNE NOUVELLE, to supersede an old machine.
TRAITER POUR UN NOUVEAU LOCAL, to negotiate for new premises.

À **NOUVEAU** *adv*, forward.
REPORT À NOUVEAU, amount carried forward.
SOLDE À NOUVEAU, balance brought down.

NOUVEAUTÉ *f*, newness, novelty.

NOUVELLE *f*, news, piece of news.
NOUVELLES ÉCONOMIQUES, economic intelligence.

NOUVELLEMENT *adv*, newly, new.

NOVATION *f*, novation.
NOVATION DE CRÉANCE, substitution of debt.

NOVICE *a*, inexperienced.

NOYAU *m*, nucleus, core.

NU *a*, naked, nude, bare.
NU PROPRIÉTAIRE, bare owner.
NUE PROPRIÉTÉ, bare ownership; ownership without usufruct.

NUAGE *m*, cloud.
NUAGE DE POINTS, scatter of points.
POINT MOYEN DU NUAGE DE POINTS, point of averages.

NUCLÉAIRE *a*, nuclear.
ÉNERGIE NUCLÉAIRE, nuclear energy.
FISSION NUCLÉAIRE, nuclear fission.
INDUSTRIE NUCLÉAIRE, nuclear industry.

NUISANCE *f*, nuisance.

NUISIBLE *a*, harmful.

NUIT *f*, night.
ÉQUIPE DE NUIT, night-shift.
TARIF DE NUIT, night charge.
TRAVAIL DE NUIT, night-work.

NUL *a*, null, void.
HYPOTHÈSE NULLE, null hypothesis.
JEU À SOMME NULLE, zero sum game.
MANDAT-POSTE NUL, void money-order.
MARCHÉ PRESQUE NUL, nominal market.
NUL ET NON AVENU, null and void.
la PARTIE S'EST TERMINÉE PAR UN MATCH NUL, the game ended in a draw.
RENDRE NUL, to render void; to invalidate.
SOLDE NUL, nil balance.
TOLÉRANCE NULLE, zero allowance.

NULLITÉ *f*, nullity.
FRAPPER DE NULLITÉ, to render void.
NULLITÉ DE L'ASSURANCE, nullity of the insurance.

NUMÉRAIRE *m*, specie, coinage, coin, money.
ACTIONS DE (EN) NUMÉRAIRE, cash shares.
ACTIONS DE NUMÉRAIRE DE SURPLUS, surplus cash shares.
PAIEMENT EN NUMÉRAIRE, money payment.

NUMÉRAL *a*, numeral.

NUMÉRAL *m*, numeral.
NUMÉRAUX CARDINAUX, cardinal numerals.

NUMÉRATEUR *m*, numerator.

NUMÉRATION *f*, numeration, notation.
NUMÉRATION DÉCIMALE, decimal notation.

NUMÉRIQUE *a*, numeric(al), digital.
ANALYSE NUMÉRIQUE, numerical analysis.
CALCULATEUR NUMÉRIQUE, numerical computer.
CALCULATRICE NUMÉRIQUE, digital computer.
CIRCUIT NUMÉRIQUE, digital circuit.
COMMANDE NUMÉRIQUE, numerical control.
INTÉGRATRICE NUMÉRIQUE, digital differential analyser.
PERFORATION NUMÉRIQUE, numeric punch.
SIMULATION NUMÉRIQUE, digital simulation.
TRAITEMENT NUMÉRIQUE, digital processing.

NUMÉRO *m*, number.
NUMÉRO GAGNANT, winning number.
NUMÉRO MATRICULE, serial number.
NUMÉRO DES PIÈCES JUSTIFICATIVES, voucher numbers.
NUMÉRO DE RÉFÉRENCE, reference number.
NUMÉRO DE SÉRIE, serial number.
NUMÉRO DE TÉLÉPHONE, telephone number.

NUMÉROTAGE *m*, numbering.

NUMÉROTÉ *a*, numbered.
ACTIONS NUMÉROTÉES DE 1 À 1.000, shares numbered 1 to 1,000.
non NUMÉROTÉ, unnumbered.

NUMÉROTER *v*, to number.

NUPTIALITÉ *f*, marriage.
TAUX BRUTS DE NUPTIALITÉ, crude marriage rates.
TAUX DE NUPTIALITÉ, marriage rate.

NUTRITIF *a*, nourishing, nutritive, nutritious.
VALEUR NUTRITIVE, food value.

NUTRITION *f*, nutrition, food.

OBJECTER *v*, to take exception, to object.

OBJECTIF *a*, objective.

OBJECTIF *m*, objective, object, aim, goal, target.
ATTEINDRE UN OBJECTIF, to attain an objective.
OBJECTIF FINAL DE L'ÉCONOMIE POLITIQUE, higher aim of economics.
OBJECTIFS DE LA POLITIQUE ÉCONOMIQUE, objectives of economic policy.

OBJECTION *f*, objection.
OBJECTION FONDAMENTALE, fundamental objection.

OBJECTIVITÉ *f*, objectivity, objectiveness.

OBJET *m*, object, article, good, thing.
OBJET DE LUXE, luxury article.
OBJET RECOMMANDÉ, registered packet.
OBJET DE VALEUR, valuable good; valuable article; article of value; valuable.
la SOCIÉTÉ A POUR OBJET (SOCIAL), objects for which the company is established.
TAXER LES OBJETS DE LUXE, to tax luxuries.

OBLIGATAIRE *a*, bonded.
DETTE OBLIGATAIRE, bonded debt; debenture-debt.
EMPRUNT OBLIGATAIRE, debenture loan.
INTÉRÊTS OBLIGATAIRES, bond interest.

OBLIGATAIRE *m*, debenture-holder, bondholder, obligee.

OBLIGATION *f*, obligation; debenture, bond, interest-bearing security; charge, liability, requirement.
s'ACQUITTER D'UNE OBLIGATION, to implement an obligation.
AMORTIR UNE OBLIGATION, to redeem a bond: to redeem a debenture.
CAPITAL-OBLIGATIONS, debenture-capital.
CLAUSE GAGEANT DES OBLIGATIONS NOUVELLES SUR UNE HYPOTHÈQUE ANCIENNE, after-acquired clause.
CERTIFICAT D'OBLIGATION, debenture-bond.
CONVERSION D'OBLIGATIONS EN ACTIONS, conversion of bonds into stocks.
DETTE D'OBLIGATIONS, bonded debt.
ÉMETTRE DES OBLIGATIONS, to float bonds.
EMPRUNT-OBLIGATIONS, loan on debentures.
INTÉRÊT DES OBLIGATIONS, interest on debentures.
MARCHÉ DES OBLIGATIONS, bond market.
OBLIGATION AMORTIE, bond due for repayment.
OBLIGATIONS AMORTIES À LA SUITE D'UNE DÉCISION DE L'ÉTAT, bonds redeemable at the option of the government.
OBLIGATIONS AMORTISSABLES, redeemable bonds.
OBLIGATIONS NON AMORTISSABLES, unredeemable bonds; unredeemable debentures; irredeemable debentures.
OBLIGATIONS AMORTISSABLES PAR TIRAGE AU SORT, bonds redeemable by drawings.
OBLIGATIONS À 10 ANS OU DAVANTAGE, bonds with 10 years or more to maturity.
OBLIGATION CHIROGRAPHAIRE, simple debenture.
OBLIGATIONS DES COLLECTIVITÉS LOCALES, municipal bonds.
OBLIGATION CONJOINTE ET SOLIDAIRE, joint and several obligation; joint and several bond.
OBLIGATIONS CONVERTIBLES, convertible bonds.
OBLIGATIONS SANS DATE D'ÉCHÉANCE, undated bonds.

OBLIGATIONS 6 % DETTE UNIFIÉE, 6 % unified debt bonds.
OBLIGATIONS DE DEUXIÈME RANG, junior bonds.
OBLIGATIONS ÉCHÉANCE 1998, bonds maturing 1998.
OBLIGATIONS ÉMISES PAR UN GROUPE DE SOCIÉTÉS, joint bonds.
OBLIGATION D'ÉTAT, Government bond.
OBLIGATION D'ÉTAT NON AMORTISSABLES, irredeemable Government bonds.
OBLIGATIONS D'ÉTAT PERPÉTUELLES, perpetual Government bonds.
OBLIGATIONS GARANTIES, guaranteed bonds; guaranteed obligations; secured bonds.
OBLIGATIONS SANS GARANTIE, debenture-stock.
OBLIGATION HYPOTHÉCAIRE, mortgage debenture.
OBLIGATION HYPOTHÉCAIRE CONSOLIDÉE, consolidated mortgage bond.
OBLIGATION INCONDITIONNELLE, absolute liability.
OBLIGATIONS LÉGALES DE COUVERTURE, legal reserve requirements.
OBLIGATIONS À LOTS, lottery bonds; prize bonds.
OBLIGATION NOMINATIVE, registered debenture; registered bond.
OBLIGATIONS-OR, gold-bonds.
OBLIGATION PERPÉTUELLE, undated debenture.
OBLIGATION AU PORTEUR, bearer debenture.
OBLIGATION DE PREMIÈRE HYPOTHÈQUE, first-mortgage bond.
OBLIGATIONS À PRIME, premium bonds.
OBLIGATION DE PRIORITÉ, priority bond.
OBLIGATION PRIVILÉGIÉE, preference bond.
les OBLIGATIONS SONT RACHETÉES PAR VOIE DE TIRAGE, debentures are redeemed by lot.
OBLIGATIONS QUI RAPPORTENT 5 %, bonds that produce 5 %.
OBLIGATIONS REMBOURSABLES, redeemable bonds.
OBLIGATIONS REMBOURSABLES PAR TIRAGE AU SORT, bonds repayable by drawings.
OBLIGATIONS NON REMBOURSABLES, unredeemable bonds; unredeemable debentures; debenture-stock.
OBLIGATIONS DE 7 % DE REMBOURSEMENT DE LA DETTE INTÉRIEURE, 7 % refunded internal debt bonds.
OBLIGATIONS À REMPLIR, obligations to be fulfilled.
OBLIGATIONS À LA SOUCHE, unissued debentures.
OBLIGATION STRICTE, strict obligation.
OBLIGATION À TAUX PROGRESSIF, graduated-interest debenture.
OBLIGATION NON VALABLE, naked debenture.
PORTEUR D'OBLIGATIONS, debenture-holder.
POSTE OBLIGATIONS, item debentures.
REMBOURSEMENT D'OBLIGATIONS, redemption of bonds.
REMBOURSER UNE OBLIGATION, to redeem a bond; to redeem a debenture.
SERVIR LES OBLIGATIONS, to service the bonds.
SOUSCRIRE UNE OBLIGATION, to subscribe a bond.
TAUX DE RENDEMENT DES OBLIGATIONS, yield of bonds.
TITRE D'OBLIGATION, debenture-bond.

OBLIGATOIRE *a*, compulsory, obligatory, binding; forced; mandatory.
ARBITRAGE OBLIGATOIRE, compulsory arbitration.
ASSURANCE CHÔMAGE OBLIGATOIRE, compulsory unemployment insurance.
COUVERTURES BOURSIÈRES OBLIGATOIRES, margin requirements.
ENREGISTREMENT OBLIGATOIRE, compulsory registration.

ÉQUILIBRE OBLIGATOIRE DES COMPTES, balancing property of the accounts.
RÉGIME OBLIGATOIRE DE RETRAITES COMPLÉMENTAIRES*, *U.K:* graduated pension scheme.
TRAVAIL OBLIGATOIRE, compulsory labour; coercion of labour.

OBLIGÉ *a*, obliged, compelled, necessary.

OBLIGÉ *m*, obligee; obligor.

OBLIGER *v*, to oblige, to compel.

OBLIQUE *a*, oblique, skew.
COURBES SYMÉTRIQUES ET OBLIQUES, symmetrical and asymmetrical curves.
CYLINDRE OBLIQUE, oblique cylinder.

OBLIQUITÉ *f*, obliquity, skew.

OBLITÉRÉ *a*, cancelled.

OBLITÉRER *v*, to obliterate.
OBLITÉRER UN TIMBRE, to cancel a stamp.

OBLONG *a*, oblong.

OBSERVABLE *a*, observable.

OBSERVATEUR *m*, observer.

OBSERVATION *f*, observation; observance; looking-out, looking.
COLLECTE DES OBSERVATIONS, data gathering.
ÉCHANGE D'OBSERVATIONS, discussion.
ERREURS D'OBSERVATION, errors of observation.
EXACTITUDE DES OBSERVATIONS, accuracy of observations.
OBSERVATIONS GROUPÉES, grouped observations.
SERVICE D'OBSERVATION ÉCONOMIQUE, Economic Service.

OBSERVÉ *a*, observed.
FRÉQUENCES OBSERVÉES, observed frequencies; actual frequencies.
SOMME DE CARRÉS DES ÉCARTS DES POINTS OBSERVÉS, deviations of the separate points, when squared and totalled.
VALEUR OBSERVÉE, observed value.

OBSERVER *v*, to observe.

OBSOLESCENCE *f*, obsolescence.
OBSOLESCENCE DES MACHINES, obsolescence of machinery.

OBSOLESCENT *a*, obsolescent.

OBSTACLE *m*, obstacle, hindrance, check.
OBSTACLES AU DÉVELOPPEMENT ÉCONOMIQUE, checks on economic development.

OBTENIR *v*, to obtain, to get, to achieve, to procure, to secure.
OBTENIR DU CRÉDIT À MEILLEUR COMPTE, to obtain cheaper credit.
OBTENIR UN DÉLAI, to get a time extension.
OBTENIR UN DÉLAI DE PAIEMENT, to obtain an extension of time for payment.
OBTENIR DES DOMMAGES-INTÉRÊTS*, to recover damages.
OBTENIR UN MOIS DE CRÉDIT, to obtain a month's credit.
OBTENIR DES PRIX SPÉCIAUX, to secure special prices.

OBTENTION *f*, obtainment, achievement, procurement.
OBTENTION DE DOMMAGES-INTÉRÊTS*, recovery of damages.

OBTENU *a*, achieved, obtained.

OBTUS *a*, obtuse.
ANGLE OBTUS, obtuse angle.

OBTUSANGLE *a*, obtuse-angled.

OCCASION *f*, occasion, opportunity; bargain.
ARTICLES D'OCCASION, second-hand goods; job-lot.
BONNE OCCASION, good opportunity.
MARCHÉ DE BIENS D'OCCASION, second-hand market.
d'OCCASION, second-hand.
OCCASIONS D'INVESTISSEMENT, investment opportunities.
OCCASION DE PROFIT, profit opportunities.
PERDRE L'OCCASION DE VENDRE, to miss the market.
PERTE D'UNE OCCASION, throwing away of an opportunity.
SAUTER SUR UNE OCCASION, to snap a bargain.

OCCASIONNEL *a*, occasional, casual.
CAUSE OCCASIONNELLE, occasional cause.
MAIN-D'ŒUVRE OCCASIONNELLE, casual labour.
TRAVAILLEUR OCCASIONNEL, casual worker.

OCCASIONNER *v*, to cause.

OCCULTE *a*, secret, hidden.
ACCORD OCCULTE, secret agreement.
INFLUENCE OCCULTE, hidden hand.
RÉMUNÉRATION OCCULTE, secret remuneration.
RÉSERVE OCCULTE, secret reserve.

OCCUPANT *m*, occupant, occupier, possessor.
IMPÔTS DE GUERRE IMPOSÉS PAR L'OCCUPANT, forced contributions imposed by the occupying power.

OCCUPATION *f*, occupation; occupancy; business, job.

GRÈVE AVEC OCCUPATION D'USINE, stay-in strike.
OCCUPATION PENDANT LES HEURES DE LOISIR, spare-time job.
OCCUPATION LOCATIVE, tenancy.

OCCUPÉ *a*, occupied, busy.
HABITATIONS OCCUPÉES PAR LEURS PROPRIÉTAIRES, owner-occupied dwellings.

(S') **OCCUPER** *v*, to employ, to handle.
ÉTABLISSEMENTS OCCUPANT AU MOINS 5 EMPLOYÉS, enterprises with 5 or more employed.
s'OCCUPER DE GROSSES COMMANDES, to handle large orders.

OCCURRENCE *f*, occurence, event.
en l'OCCURRENCE, at this juncture.
OCCURRENCE IMPRÉVISIBLE, unforeseeable event.
OCCURENCE IMPRÉVUE, unforeseen event.

OCÉAN *m*, ocean, sea.

OCTET *m*, octet *(electronics)*.

OCTOGONAL *a*, octagonal.

OCTOGONE *m*, octagon.

OCTROI *m*, grant, granting; concession; town toll.
DROITS D'OCTROI, town dues; impost.

OCTROYER *v*, to grant.

ŒCOLOGIE *f*, oecology, ecology.

ŒCOLOGIQUE *a*, oecological, ecological.

ŒUVRE *f*, society, organization.
MISE EN ŒUVRE, implementation; implementing.
ŒUVRE DE BIENFAISANCE, charitable society.
ŒUVRE DE CHARITÉ, charity organization.
(PRIX) RENDU À PIED D'ŒUVRE, (price) site delivered.

OFFENSIVE *f*, offensive.

OFFERT *a*, offered.
COURS OFFERTS, prices offered.
ENCHÉRIR SUR LES PRIX OFFERTS, to outbid the prices offered; to overbid the prices offered; to improve on the prices offered.

D'**OFFICE** *adv*, officially, automatically, as a matter of routine, ex officio.
IMPOSITION D'OFFICE, arbitrary assessment.
RACHAT D'OFFICE, official buying in.
RETRAITE D'OFFICE, compulsory retirement.
TAXATION D'OFFICE, arbitrary assessment.

OFFICE *m*, office; bureau, board; seat; function.
BONS OFFICES, good offices.
OFFICE COMMERCIAL DES PRODUITS AGRICOLES, agricultural marketing board.
OFFICE DE COURTIER, factorship.
OFFICE DE LA PROPRIÉTÉ INDUSTRIELLE, patent-office.
OFFICE DE RÉGULARISATION DE VENTE, marketing board.
OFFICE DE STABILISATION DES PRIX, Office of Price Stabilization (OPS).
OFFICE DU TOURISME, tourist board.

OFFICIEL *a*, official.
ABAISSER LE TAUX OFFICIEL D'ESCOMPTE, to reduce the bank rate.
COTE OFFICIELLE, official list; quoted list.
COTE OFFICIELLE DU DISPONIBLE, official spot quotation.
COURS OFFICIEL, official rate (of discount); official quotation.
DOCUMENT OFFICIEL, official document.
ESCOMPTE OFFICIEL, bank rate; official rate (of discount).
FINANCEMENT COMPENSATOIRE OFFICIEL, compensatory official financing (c.o.f.).
JOURNAL OFFICIEL, *U.K:* Gazette.
LIQUIDATEUR OFFICIEL* (EN BOURSE), official assignor.
MARCHÉ OFFICIEL, official market; Ring.
MILIEUX OFFICIELS, officialdom.
RÉDUIRE LE TAUX OFFICIEL D'ESCOMPTE, to reduce the bank rate.
RELÈVEMENT DU TAUX OFFICIEL DE L'ESCOMPTE, raising of the bank rate.
RÉSERVES EN OR OFFICIELLES, official gold reserves.
SYNDICALISME NON OFFICIEL, black unionism.
TAUX OFFICIEL D'ESCOMPTE, official rate of discount.
VALEURS ADMISES À LA COTE OFFICIELLE, stock quoted officially; listed securities.
VALEURS NON ADMISES À LA COTE OFFICIELLE, unlisted securities.
VALEURS INSCRITES À LA COTE OFFICIELLE, listed securities; listed stock.
VALEURS NON INSCRITES À LA COTE OFFICIELLE, unlisted securities.
VALEURS PORTÉES À LA COTE OFFICIELLE, securities shown in the official list.

OFFICIELLEMENT *adv*, officially.
ACTIONS COTÉES OFFICIELLEMENT, shares quoted officially.

OFFICIER *m*, officer.
OFFICIERS ET ÉQUIPAGE, the officers and crew.
OFFICIER DE L'ÉTAT CIVIL*, registrar.
OFFICIER DE POLICE DE FRONTIÈRE, immigration officer.
OFFICIER DE SANTÉ, health officer.

OFFICIEUSEMENT *adv*, off the record.

OFFICIEUX *a*, non-official; unofficial.

OFFRANT *a*, bidding.
plus OFFRANT ENCHÉRISSEUR, highest bidder.

OFFRANT *m*, offerer, profferer.
le plus OFFRANT, the best profferer; highest offerer.

OFFRE *m*, supply, offer, bid, tender, proposal, proposing.
ANALYSE DE L'OFFRE ET DE LA DEMANDE, supply and demand
analysis.
APPEL D'OFFRES, invitation of tenders; competitive bidding.
ASYMÉTRIE ENTRE L'OFFRE ET LA DEMANDE, asymmetry
between supply and demand.
COURBE D'OFFRE, supply curve; supply schedule.
COURBE D'OFFRE DE FONDS PRÊTABLES, supply curve of loan
capital.
COURBES D'OFFRE RÉCIPROQUE, reciprocal supply curves.
la DEMANDE EXCÈDE L'OFFRE, the demand exceeds the supply.
DÉPLACEMENT DE L'OFFRE, shift in supply.
ÉLASTICITÉ DE L'OFFRE, elasticity of supply.
ÉQUILIBRE DE L'OFFRE ET DE LA DEMANDE, equilibrium of supply
and demand.
FAIRE UNE OFFRE POUR, to make a bid for; to bid.
FAIRE UNE OFFRE DE RACHAT, to bid for a company's stock.
FAIRE UNE OFFRE RÉELLE, to tender money in discharge of a debt.
FIXITÉ DE L'OFFRE, fixity of supply.
FONCTION DE L'OFFRE GLOBALE, aggregate supply function.
FORCES D'OFFRE ET DE DEMANDE, forces of supply and demand.
INÉLASTICITÉ DE L'OFFRE, inelasticity of supply.
LOI DE L'OFFRE ET DE LA DEMANDE, law of supply and demand.
OFFRE ACCEPTABLE, acceptable offer.
OFFRE AGRÉGATIVE, GLOBALE, DU MARCHÉ, aggregate market
supply.
l'OFFRE ET LA DEMANDE CONCURRENTIELLES, competitive sup-
ply and demand.
OFFRE ET DEMANDE DE TERRE, supply of and demand for land.
OFFRE ÉLASTIQUE, elastic supply.
OFFRE D'EMPLOI, situation vacant; help wanted.
OFFRE FERME, firm offer.
OFFRE GÉNÉREUSE, liberal offer.
OFFRE GLOBALE DE MAIN-D'ŒUVRE, aggregate supply of labour.
OFFRE INÉLASTIQUE, inelastic supply.
OFFRE(S) LIÉE(S), joint supply.
OFFRE DU MARCHÉ, market supply.
OFFRE DE MONNAIE, money supply; supply of money.
OFFRE DE PRODUITS MINÉRAUX, supply of minerals.
OFFRE PUBLIQUE D'ACHAT, take-over bid.
OFFRE RAISONNABLE, reasonable offer.
OFFRE DE REMBOURSEMENT, tender of repayment.
OFFRE SPONTANÉE, free offer.
OFFRE SUPÉRIEURE, further bid; higher bid.
OFFRE DE TRAVAIL, supply of labour; supply of labour services.
l'OFFRE DE TRAVAIL EST-ELLE EXCLUSIVEMENT UNE FONCTION
DU SALAIRE RÉEL ? is the supply of labour a function of real wages
alone?
OFFRE VERBALE, verbal offer.
PREMIÈRE OFFRE, tentative offer.
le PRIX EST DÉTERMINÉ PAR L'OFFRE ET LA DEMANDE, the price
is regulated by supply and demand.
PRIX D'OFFRE, supply price.
PRIX DE L'OFFRE GLOBALE, aggregate supply price.
PRIX DE L'OFFRE NORMALE, normal supply price.

OFFREUR *a*, bidding, selling.
MARCHÉ OFFREUR, sellers' market.

OFFREUR *m*, supplier, offerer, tenderer.
PRATIQUE COLLUSOIRE DES OFFREURS, collusive tendering.

OFFRIR *v*, to supply; to offer; to bid, to tender; to proffer.
OFFRIR DE DÉMISSIONNER, to tender one's resignation.
OFFRIR EN ÉCHANGE, to offer in exchange.
OFFRIR UN JUSTE PRIX, to bid a fair price.
OFFRIR DES PREUVES, to tender evidence.
OFFRIR À LA VENTE, to offer (for sale).

OFFSET *m*, offset process, offset.

OGIVE *f*, ogive.
COURBE EN OGIVE, ogive.

OISIF *a*, idle, unoccupied; leisured.
CAPITAL OISIF, idle capital.
CLASSES OISIVES, leisured classes.
COÛT EFFECTIF DE LA DÉTENTION D'ARGENT OISIF, effective
cost of holding idle cash.

MONNAIE OISIVE, idle money.

OISIVETÉ *f*, idleness.

OLÉAGINEUX *a*, oil-yielding; oil-producing.
GRAINE OLÉAGINEUSE, oil-seed.

OLIGARCHIE *f*, oligarchy.

OLIGARCHIQUE *a*, oligarchic(al).

OLIGOPOLE *m*, oligopoly.

OMISSION *f*, omission, leaving-out.
sauf ERREUR OU OMISSION, errors and omissions excepted.
ERREURS ET OMISSIONS NETTES, net errors and omissions.

OMNIUM *m*, omnium.
OMNIUM DE VALEURS, omnium investment company.

ONCE *f*, ounce (≐ 28 gr. 35).

ONDE *f*, wave.
LONGUEUR D'ONDE, wave-length.
ONDES COURTES, short waves.
ONDES LONGUES, long waves.
ONDES MOYENNES, medium waves.

ONDULATION *f*, wave-motion, waving, wave.

ONÉREUX *a*, onerous.
PROPRIÉTÉ ACQUISE À TITRE ONÉREUX, property acquired for
valuable consideration.
à TITRE ONÉREUX, for a valuable consideration.

OPEN MARKET *m*, open market.
OPÉRATIONS D'OPEN MARKET, open-market operations.

OPÉRANDE *m*, operand.

OPÉRATEUR *m*, operator.

OPÉRATIF *a*, operative.

OPÉRATION *f*, operation, process; business; transacting, transaction,
dealing, deal.
n'ACCEPTER AUCUNE OPÉRATION À DÉCOUVERT, not to undertake any transaction without cover.
COMMISSION DES OPÉRATIONS DE BOURSE, Securities and Exchange Commission.
COMPAGNIES AÉRIENNES AYANT DES BASES D'OPÉRATION EN,
airlines based in.
COUVERTURE D'OPÉRATIONS DE BOURSE, cover on stock ex-
change transactions.
EXÉCUTER N'IMPORTE QUELLE OPÉRATION, to handle any sort
of business.
GRAPHIQUE D'ANALYSE D'OPÉRATIONS, process chart.
LIQUIDER UNE OPÉRATION, to settle a transaction.
les quatre OPÉRATIONS, the four fundamental operations of arith-
metic.
OPÉRATION À LA BAISSE, dealing for a fall.
OPÉRATIONS BANCAIRES, banking.
OPÉRATION BLANCHE, even deal.
OPÉRATIONS DE BOURSE, stock exchange transactions; market
transactions.
OPÉRATIONS DE CAISSE, cash transactions.
OPÉRATIONS À CARACTÈRE TEMPORAIRE (DANS UN BUDGET),
below the line.
OPÉRATIONS DE CHANGE, exchange transactions.
OPÉRATIONS DE CHANGE AU COMPTANT, exchange for spot
delivery.
OPÉRATIONS DE CHANGE À TERME, forward exchange transac-
tions; forward dealings; exchange for forward delivery; exchange
for future delivery.
OPÉRATIONS APRÈS CLÔTURE DE BOURSE, business done on
the kerb.
OPÉRATION À COURT TERME, short-term transaction.
OPÉRATIONS D'ENTRÉE-SORTIE, input-output operations.
OPÉRATION À LA HAUSSE, dealing for a rise; bull transaction.
OPÉRATION À LIVRER, transaction for the settlement; transaction
for the account; transaction on (upon) credit.
OPÉRATION À LONG TERME, long-term transaction.
OPÉRATIONS SUR LE MARCHÉ PUBLIC, open-market operations.
OPÉRATION MATHÉMATIQUE, mathematical operation.
OPÉRATIONS MERCANTILES, mercantile business.
OPÉRATIONS D'OPEN MARKET, open-market operations.
OPÉRATIONS À OPTION, option dealing(s).
OPÉRATION À PRIME, option deal.
OPÉRATIONS À PRIME, option dealing(s).
OPÉRATIONS DE RÉCUPÉRATION, processes of recovery.
OPÉRATION À TERME, transaction for the settlement; transaction
for the account; transaction upon (on) credit; future.
OPÉRATIONS À TERME SUR MARCHANDISES, commodity
futures.
OPÉRATIONS SUR LES VALEURS, stock operations.
RÉCAPITULATION DES OPÉRATIONS DE CAISSE, consolidated
cash transactions.

RÉSULTAT DES OPÉRATIONS COMMERCIALES, result of the trading.
TIRER DU PROFIT D'UNE OPÉRATION, to draw profit from a transaction.

OPÉRATIONNEL a, operational.
DEVENIR OPÉRATIONNEL, to become operative.
EFFICACITÉ OPÉRATIONNELLE, operational efficiency.
ÉVALUATION OPÉRATIONNELLE, operational evaluation.
FACTEURS OPÉRATIONNELS, operational factors.
FIABILITÉ OPÉRATIONNELLE, operational reliability.
JEU OPÉRATIONNEL, game; operational game; gaming.
JEUX OPÉRATIONNELS, operational gaming.
JEUX OPÉRATIONNELS SUR ORDINATEUR, computer gaming.
RECHERCHE OPÉRATIONNELLE, operations research; operational research.
TECHNIQUE OPÉRATIONNELLE, know-how.

OPÉRER v, to operate.
OPÉRER À DÉCOUVERT, to operate without a cover.

OPINION f, opinion, view, judg(e)ment.
se FAIRE UNE OPINION, to form an opinion.
OPINION BIEN ARRÊTÉE, decided opinion.
OPINION DISCRÉDITÉE, exploded opinion.
OPINIONS DIVERGENTES, divergent views.
OPINION MINORITAIRE (D'UN OU PLUSIEURS JUGES), U.S: dissenting opinion.
OPINION PUBLIQUE, public opinion.
REVIREMENT D'OPINION, reversal of opinion.

OPPORTUN a, opportune, timely, proper.
en TEMPS OPPORTUN, at the proper time.

OPPORTUNISME m, opportunism.

OPPORTUNISTE m, opportunist.

OPPORTUNITÉ f, opportunity, expediency.
COÛT D'OPPORTUNITÉ, alternative cost; alternative-use cost; opportunity cost.
OPPORTUNITÉ D'INVESTIR, opportunity to invest.
pour des RAISONS D'OPPORTUNITÉ, on grounds of expediency.

OPPOSÉ a, opposite, opposed, contrary, reverse, adverse.
ANGLES OPPOSÉS PAR LE SOMMET, vertical angles.
CÔTÉS OPPOSÉS D'UN CARRÉ, opposite sides of a square.
DIRECTION OPPOSÉE, opposite direction; reverse direction.
SENS OPPOSÉ, contrary direction; opposite direction.
SIGNES OPPOSÉS, opposite signs.

OPPOSÉ m, opposite, contrary, reverse.

OPPOSITION f, opposition; objection.
COTATION PAR OPPOSITION, price fixing.
FRAPPER UN CHÈQUE D'OPPOSITION, to stop payment of a cheque.
OPPOSITION ADMISE (PAR LE TRIBUNAL), objection sustained (by the Court).
OPPOSITION À LA COTE, objection to mark.
OPPOSITION AU RENOUVELLEMENT D'UN BREVET, caveat.
(PARTI DE) L' OPPOSITION, party in opposition; U.K: the opposition.

OPPRIMÉ a, oppressed.

OPTANT m, taker of an option.

OPTIMAL a, optimal, optimum, maximum, best.
AJUSTEMENT OPTIMAL, best fit.
CHOIX OPTIMAL, best alternative.
COMBINAISON OPTIMALE DE FACTEURS, best combination of input.
ÉQUILIBRE OPTIMAL, optimum equilibrium.
ÉQUILIBRE OPTIMAL DU CONSOMMATEUR, consumer's optimal equilibrium.
PRODUCTION OPTIMALE, maximum output.
PROGRAMME OPTIMAL, optimal programme.
RÉPARTITION OPTIMALE DES MOYENS, optimal resource allocation.
TARIF OPTIMAL, optimal tariff.

OPTIMALITÉ f, optimality.
PRINCIPE D'OPTIMALITÉ, principle of optimality.

OPTIMISATION f, optimization.
SOUS-OPTIMISATION, sub-optimization.

OPTIMISER v, to optimize.

OPTIMISME m, optimism.

OPTIMISTE a, optimistic.

OPTIMUM a, optimum, best, ideal.
CHOIX OPTIMUM, best alternative.
CONDITIONS OPTIMA, optimum conditions.
EMPLOI OPTIMUM DES RESSOURCES, optimum employment of resources.

POPULATION OPTIMUM, optimum population.
RENDEMENT OPTIMUM, ideal efficiency.
RENDRE OPTIMUM, to optimize.
THÉORIE DE LA POPULATION OPTIMUM, theory of the optimum population.

OPTIMUM m, optimum.
OPTIMUM DE PARETO, Pareto's optimum.
SOUS-OPTIMUM, sub-optimum.

OPTION f, option, call option, call, put.
COÛT D'OPTION, opportunity cost.
DONNEUR D'OPTION, taker for a put and call.
DOUBLE OPTION, put and call; double option.
EXPIRATION D'UNE OPTION, expiration of an option.
LEVER UNE OPTION, to take up an option.
NÉGOCIATIONS À OPTION, option dealing(s).
OPÉRATIONS À OPTION, option dealing(s).
OPTION D'ACHAT, call.
OPTION DE VENTE, put.
PRENDRE UNE OPTION, to take an option.
USER DU DROIT D'OPTION, to exercise the right of option.

OPTIONNAIRE m, giver of an option.

OPTIQUE a, optical.
LECTEUR OPTIQUE, optical reader.

OPTIQUE f, optics.
ILLUSION D'OPTIQUE, optical illusion.

OPULENCE f, opulence, affluence, wealth.
SOCIÉTÉ DE L'OPULENCE, affluent society.

OPULENT a, opulent, affluent, wealthy.

OR m, gold.
ABANDONNER L'ÉTALON-OR, to comme off the gold standard.
AFFAIRE D'OR, excellent business; excellent bargain; a regular gold-mine.
AFFLUX D'OR, influx of gold.
AGIO SUR L'OR, premium on gold.
AVOIRS MONDIAUX EN OR MONÉTAIRE, world monetary gold holdings.
BUREAU CHARGÉ DE L'ACHAT DE LINGOTS D'OR ET D'ARGENT, Bullion Office.
CHERCHER DE L'OR, to prospect for gold.
CHERCHEUR D'OR, gold-seeker; gold-digger; gold prospector.
CONTENU EN OR FIN, fine gold content.
CONVERTIBLE EN OR, convertible into gold.
COURS DE L'OR, rate of gold.
COUVERTURE-OR, gold cover.
COUVERTURE-OR DE LA MONNAIE, gold backing of the currency.
CREUSER À LA RECHERCHE DE L'OR, to mine for gold.
DÉMONÉTISATION DE L'OR, demonetization of gold.
DÉPRÉCIATION DE LA MONNAIE PAR RAPPORT À L'OR, depreciation of currency in relation to gold.
DOUBLE ÉTALON OR ET ARGENT, double standard gold and silver.
ENCAISSE-OR, gold coin and bullion.
ENCAISSE OR ET ARGENT, gold and silver holdings.
ÉTALON DE CHANGE-OR, Gold Bullion Standard.
ÉTALON DEVISE-OR, Gold Exchange Standard.
ÉTALON-ESPÈCES OR, Gold Specie Standard.
ÉTALON LINGOT-OR, Gold Bullion Standard
ÉTALON-OR, Gold Standard.
ÉTALON-OR DE CHANGE, Gold Exchange Standard.
EXPLOITER UNE MINE D'OR, to mine for gold; to work a gold mine
EXPORTER DE L'OR, to export gold.
FEUILLE D'OR, gold-leaf; gold-foil.
FIÈVRE DE L'OR, gold-fever.
FRANC OR, gold franc.
FRAPPER L'OR, to mint gold.
LINGOTS D'OR ET D'ARGENT, gold and silver bullion.
MARCHÉ LIBRE DE L'OR, free gold market.
MARCHÉ DE L'OR, gold market.
MINE D'OR, gold-mine.
MONNAIE-OR, gold-currency.
MONNAIE DE PAPIER GARANTIE PAR L'OR, paper money backed by gold.
OBLIGATIONS-OR, gold-bonds.
OR EN BARRE, bar gold; barren gold; ingot gold; bullion.
OR BRUT, gold in nuggets.
OR À DIX-HUIT CARATS, eighteen-carat gold.
OR À DIX-HUIT CARATS DE FIN, gold eighteen carats fine.
l'OR EST DRAINÉ VERS, gold is being drained towards.
OR À L'ÉTAT NATIF, free gold.
l'OR FAIT PRIME, gold is at a premium.
OR EN LINGOTS, bullion.
OR NON MONÉTAIRE, non monetary gold.
OR MONNAYÉ, coined gold; gold specie.
OR-PAPIER (UNITÉ DE RÉSERVE SUPPLÉMENTAIRE), paper-gold.
OR PUR, pure gold.
OR STANDARD, standard gold.

OR THÉSAURISÉ PAR DES PARTICULIERS, gold in private hoards.
OR AU TITRE, standard gold.
PARITÉ-OR, gold parity.
PAYER EN OR, to pay in gold.
PAYS À ÉTALON-OR, gold-standard country.
PÉPITE D'OR, gold nugget.
PIÈCE D'OR, gold coin.
PLACAGE D'OR, gold-plating.
PLAQUÉ OR, gold-plated.
POINT D'ENTRÉE DE L'OR, import gold-point; import specie point.
POINT D'OR, gold-point.
POINT DE SORTIE DE L'OR, export gold-point; export specie point; outgoing gold-point; outgoing specie point; outgoing bullion point.
POOL DE L'OR, gold pool.
PRIX D'OR, ransom price; huge prices.
PRIX DE L'OR, price of gold.
PROBLÈME DE L'OR, gold problem.
PRODUCTION DE L'OR, gold production.
RAPPORT DE L'ENCAISSE D'OR À LA MONNAIE EN CIRCULATION, gold ratio.
RAPPORT ENTRE L'OR ET L'ARGENT, ratio between gold and silver.
REFLUX D'OR, reflux of gold.
RÉSERVES MÉTALLIQUES EN PIÈCES ET EN LINGOTS D'OR ET D'ARGENT, gold and silver coin and bullion.
RÉSERVE D'OR, gold reserve; gold holdings.
RÉSERVES D'OR ET DE DEVISES, gold and foreign exchange reserves.
RÉSERVES EN OR OFFICIELLES, official gold reserves.
RUÉE VERS L'OR, gold-rush.
SORTIE D'OR, outflow of gold; efflux of gold.
SORTIES D'OR, gold withdrawals.
STOCK D'OR, stock of gold; gold stock.
SURABONDANCE D'OR SUR LE MARCHÉ, surfeit of gold on the market.
THÉSAURISATION DE L'OR, hoarding of gold.
THÉSAURISER L'OR, to hoard gold.
TITRE DE L'OR, standard of purity of gold.
VAISSELLE D'OR, gold plate.
une VRAIE MINE D'OR, a regular gold-mine.

ORAL a, oral.
PREUVE ORALE, oral evidence.

ORDINAIRE a, ordinary, simple, common.
ACTIONS ORDINAIRES, ordinary shares; common shares; simple shares; ordinary stock; common stock.
ACTIONNAIRE ORDINAIRE, ordinary shareholder.
BUDGET ORDINAIRE, ordinary budget.
CARTE D'ABONNEMENT ORDINAIRE, ordinary season ticket.
CERTIFICAT D'ACTION ORDINAIRE, ordinary share certificate.
CRÉANCE ORDINAIRE, ordinary debt.
CRÉANCIER ORDINAIRE, ordinary creditor.
les CRÉANCIERS PRIVILÉGIÉS PRENNENT RANG AVANT LES CRÉANCIERS ORDINAIRES, preferential creditors rank before ordinary creditors.
ÉCHANGER DES ACTIONS PRIVILÉGIÉES CONTRE DES ACTIONS ORDINAIRES, to exchange preference shares for ordinary shares.
FRACTION ORDINAIRE, vulgar fraction; common fraction.
LOGARITHME ORDINAIRE, decimal logarithm; common logarithm.
MARQUES ORDINAIRES, ordinary brands.
en PÉRIODE ORDINAIRE, in ordinary times.
PRIX ORDINAIRE, regular price.
TARIF ORDINAIRE, ordinary rate.

ORDINAL a, ordinal.
NOMBRE ORDINAL, ordinal number.
UTILITÉ ORDINALE, ordinal utility.

ORDINATEUR m, stored program(me) computer, computer.
JEUX OPÉRATIONNELS SUR ORDINATEUR, computer gaming.
JEU SUR ORDINATEUR, computer game.
ORDINATEUR SPÉCIALISÉ, special purpose computer.
ORDINATEUR UNIVERSEL, general purpose computer.
TRAITEMENT SUR ORDINATEUR, computer processing.
UTILISATION COLLECTIVE D'UN ORDINATEUR, time-sharing of a computer.

ORDINOGRAMME m, block diagram, flow-chart.

ORDONNANCE f, order, ordinance, statute, ruling, writ.
ORDONNANCE DE MISE SOUS SÉQUESTRE, receiving-order.
ORDONNANCE DE PAIEMENT, warrant for payment.

ORDONNANCEMENT m, order to pay, issue of orders for payment, scheduling.
ORDONNANCEMENTS, pay orders issued.

ORDONNÉ a, orderly; arranged.
PRÉSENTER LES FAITS ORDONNÉS, to marshal facts.
SÉRIE ORDONNÉE, array.

ORDONNÉE f, ordinate.
AXE DES ORDONNÉES, Y-axis.

ORDONNER v, to order, to arrange, to marshal.
ORDONNER UNE GRÈVE, to call a strike.
ORDONNER LES TERMES (D'UN POLYNÔME), to arrange terms (in ascending or descending order).

ORDRE m, order, ordering; rank, nature; notification, fiat, warrant; commission.
APPROXIMATION DU $n^{ème}$ ORDRE, n^{th} order approximation.
BALANCE D'ORDRE, trial balance.
BILLET À ORDRE, promissory note; promissory note made out to order; bill to order; commercial paper.
BILLET À ORDRE PAYABLE À VUE, demand note.
CHÈQUE À ORDRE, cheque to order; order cheque.
CLASSÉ PAR ORDRE DE GRANDEUR sized.
CLAUSE CONTRAIRE À L'ORDRE PUBLIC, clause contrary to public policy.
COMPTE D'ORDRE, suspense account.
CONTRE-ORDRE, counter-order; notification to the contrary.
DÉLIVRER À L'ORDRE DE, to deliver to the order of.
DÉRIVÉE DU PREMIER (SECOND) ORDRE, derivative of the first (second) order.
DOCUMENTS À ORDRE, promissory documents.
DONNER UN ORDRE, to give an order for.
ÉTABLIR UN CHÈQUE À L'ORDRE DE, to make out a cheque to.
EXÉCUTER UN ORDRE, to fill an order; U.K: to carry out an order.
MOMENT D'ORDRE 1 (DE LA DISTRIBUTION), first moment (of the distribution).
MOMENT D'ORDRE 2 (DE LA DISTRIBUTION), second moment (of the distribution).
à l'ORDRE DE, payable to.
ORDRE D'ACHAT, buying order.
ORDRE ALPHABÉTIQUE, alphabetical order.
ORDRE À APPRÉCIATION, discretionary order.
ORDRES DE BOURSE, stock exchange orders.
ORDRE DES CHOSES, nature of things.
ORDRE CHRONOLOGIQUE, chronological order.
(par) ORDRE DÉCROISSANT D'IMPORTANCE, descending order of importance.
ORDRES FORMELS, strict orders.
ORDRE DE GRANDEUR, order of magnitude.
par ORDRE HIÉRARCHIQUE, in hierarchical order.
ORDRE LIÉ, contingent order.
ORDRE MONÉTAIRE INTERNATIONAL, international monetary order.
ORDRE DE PAIEMENT, order to pay.
ORDRE PERMANENT, standing order.
ORDRE À PERPÉTUITÉ, standing order.
ORDRE PUBLIC, law and order.
ORDRE SOCIAL, social order.
ORDRE STOP, stop order.
ORDRE À TERME, order for settlement.
ORDRE DE VENTE, selling order.
PASSATION D'ORDRES, placing orders; giving orders.
PASSER UN ORDRE, to place an order.
PAYABLE À ORDRE, payable to order.
PAYEZ À L'ORDRE DE, pay to the order of.
POLICE À ORDRE, policy to order.
de PREMIER ORDRE, first-rate; high-class.
PROPOSITION D'ORDRE PRATIQUE, pratical proposal.
de SECOND ORDRE, second-rate.
TITRE DE SECOND ORDRE, second-rate stock.
TRANSFERT D'ORDRE GRATUIT, nominal transfer.
VOLUME DES ORDRES, volume of orders.

ORFÈVRE m, goldsmith.

ORFÉVRÉ a, worked (by the goldsmith).

ORGANIGRAMME m, flow-diagram, flow-chart, organization chart.

ORGANIQUE a, organic.
CHIMIE ORGANIQUE, organic chemistry.

ORGANIQUEMENT adv, organically.

ORGANISATEUR m, organizer.
TALENT D'ORGANISATEUR, organizing ability.

ORGANISATION f, organization, organizing, planning.
COMITÉ D'ORGANISATION, organizing committee.
CONGRÈS DES ORGANISATIONS INDUSTRIELLES, U.S: Congress of Industrial Organizations (C.I.O.).
INGÉNIEUR-CONSEIL EN ORGANISATION, management consultant.
MANQUE D'ORGANISATION, inorganization.
ORGANISATION POUR L'ALIMENTATION ET L'AGRICULTURE, Food and Agriculture Organization.
ORGANISATIONS À BUT NON LUCRATIF, non-profit organizations.
ORGANISATION EUROPÉENNE DE COOPÉRATION ÉCONOMIQUE (OECE), Organization for European Economic Co-operation (OEEC).
ORGANISATION INTERNATIONALE DE L'AVIATION CIVILE, International Civil Aviation Organization.
ORGANISATION MONDIALE DE LA SANTÉ, World Health Organization.

ORGANISATION DES NATIONS UNIES POUR L'ÉDUCATION, LA SCIENCE ET LA CULTURE, United Nations Educational, Scientific and Cultural Organization (UNESCO).
ORGANISATIONS OUVRIÈRES, organized labour.
ORGANISATION SCIENTIFIQUE DU TRAVAIL, industrial engineering.

ORGANISÉ *a*, organized, organic.
ENSEMBLE ORGANISÉ, organic whole.
MARCHÉS ORGANISÉS, organized markets.
SYNDICATS OUVRIERS BIEN ORGANISÉS, well-organized trade-unions.
TRAVAUX PUBLICS ORGANISÉS POUR LES CHÔMEURS, relief work.

ORGANISER *v*, to arrange, to organize.
ORGANISER UN RENDEZ-VOUS, to arrange a meeting.
ORGANISER UN VOYAGE, to arrange a trip.

ORGANISME *m*, organism, organization, institution.
ORGANISMES À BUT NON LUCRATIF, non-profit institutions.
ORGANISMES DE PLACEMENT COLLECTIF, institutional investors.

ORGE *f*, barley.

ORGUE *m*, organ.
GRAPHIQUE EN TUYAU D'ORGUE, bar-chart.

ORIENTATION *f*, trend, orientation.
NOUVELLE ORIENTATION, new departure.
ORIENTATION DU MARCHÉ, general trend of the market.

ORIENTÉ *a*, oriented.
ÉCONOMIE ORIENTÉE VERS LES EXPORTATIONS, export-oriented economy.
INVESTISSEMENT MAL ORIENTÉ, malinvestment.
MARCHÉ ORIENTÉ À LA BAISSE, falling market; bear market; bearish market.
MARCHÉ ORIENTÉ À LA HAUSSE, rising market; bull market; buyers' market.

ORIGINAL *a*, original; novel.
FACTURE ORIGINALE, original invoice.

ORIGINAL *m*, original.
ORIGINAL D'UN ACTE, original of a deed.

ORIGINALITÉ *f*, originality.

ORIGINE *f*, origin; original; origination, genesis.
ALIMENTS D'ORIGINE ANIMALE, food of animal origin.
ARTICLE GARANTI D'ORIGINE, genuine article.
AVOIR POUR ORIGINE, to originate.
CAPITAL D'ORIGINE, original capital.
CERTIFICAT D'ORIGINE, certificate of origin.
COURBE CONVEXE PAR RAPPORT À L'ORIGINE, curve convex to the origin.
DOMICILE D'ORIGINE, domicile of origin.
FACTURE D'ORIGINE, invoice of origin.
la GRÈVE A EU POUR ORIGINE LES REVENDICATIONS DE, the strike originated in the demands of.
JUSTIFICATION D'ORIGINE, proof of origin.
ORIGINE ARBITRAIRE, arbitrary origin.
ORIGINE CHOISIE ARBITRAIREMENT, arbitrary origin.
d'ORIGINE MODESTE, from humble stock.
PAYS D'ORIGINE, country of origin.
POINT D'ORIGINE D'UNE COURBE, point of origin of a curve.
PRODUCTION D'ORIGINE VÉGÉTALE ET ANIMALE, production of crops and livestock products.
PRODUITS D'ORIGINE NATIONALE, home-grown produce; home produce; home products.

ORIGINEL *a*, original, aboriginal, primordial.
CAUSE ORIGINELLE, first cause.
COÛT ORIGINEL, aboriginal cost.

ORPAILLAGE *m*, gold-washing.

ORPHELIN *m*, orphan.

ORTHODOXE *a*, orthodox.

ORTHODOXIE *f*, orthodoxy.

ORTHOGONAL *a*, orthogonal, rectangular.
TEST ORTHOGONAL, orthogonal test.

OSCILLATION *f*, oscillation, oscillating, fluctuation, sway, swing, swinging.
OSCILLATION AMORTIE, damped oscillation.
OSCILLATIONS CYCLIQUES, cyclical swings.
OSCILLATION FORCÉE, damped oscillation.

OSCILLER *v*, to oscillate.
ces VALEURS OSCILLENT AUTOUR DE, these securities move round.

OSCILLOGRAPHE *m*, oscillograph.

OSMOSE *f*, osmosis, osmose.

OSSATURE *f*, ossature.

OSTENTATION *f*, ostentation.

OSTENTATOIRE *a*, ostentatious, conspicuous.
CONSOMMATION OSTENTATOIRE, conspicuous consumption.

ÔTÉ *a*, deducted.
deux ÔTÉS DE CINQ, RESTE TROIS, two from five leaves three.

OTTAWA *n. pr*, Ottawa.
ACCORDS D'OTTAWA, Ottawa Agreement.

OU *m*, put, put option.
COURS DE L'OU, price of put.

OUTIL *m*, tool, implement, utensil.
INDUSTRIE DES MACHINES-OUTILS, machine-tool industry.
OUTIL DE MESURE, measuring tool.

OUTILLAGE *m*, plant, equipment, tool equipment.
OUTILLAGE INACTIF, idle plant.
OUTILLAGE MOBILE, portable plant.
OUTILLAGE MODERNE, modern equipment.

OUTPUT *m*, output.
ANALYSE D'INPUT-OUTPUT, input-output analysis.

OUTRE-MER *adv*, oversea(s).
COLONIES D'OUTRE-MER, overseas colonies.
EMPIRE D'OUTRE-MER, overseas empire.
s'ÉTABLIR OUTRE-MER, to settle overseas.
POSSESSIONS D'OUTRE-MER, oversea possessions.

OUVERT *a*, open.
CARRIÈRE À CIEL OUVERT, open quarry.
COMPTE OUVERT, open account.
ÉCONOMIE OUVERTE, open economy.
EXPLOITATION À CIEL OUVERT, open(-pit) mining; opencast mining.
MARCHÉ OUVERT, open market.
MINE À CIEL OUVERT, open mine; surface mine; opencast mine.
MODÈLE OUVERT, open model.
PAYER À GUICHET OUVERT, to pay over the counter.
POLICE OUVERTE, NON ÉVALUÉE, open policy.
POLITIQUE DE LA PORTE OUVERTE, open-door policy.
PORT OUVERT (AU COMMERCE ÉTRANGER), treaty-port.
PRINCIPE DE LA PORTE OUVERTE, open-door principle.
SYSTÈME OUVERT, open system.

OUVERTEMENT *adv*, openly.

OUVERTURE *f*, opening.
COURS D'OUVERTURE, opening prices.
HEURES D'OUVERTURE, business hours.
OUVERTURE DE LA SOUSCRIPTION, opening of the list of applications.

OUVRABLE *a*, workable; working.
JOUR OUVRABLE, work-day; working day; business day; weekday.

OUVRAGE *m*, handiwork, piece of work.
OUVRAGES HYDRAULIQUES À BUTS MULTIPLES, multi-purpose water works.

OUVRÉ *a*, worked, processed, finished.
HEURES OUVRÉES, hours worked.

OUVRIER *a*, working; labouring.
ACTIONNARIAT OUVRIER, employee investment; industrial co-partnership.
AGITATION OUVRIÈRE, labour unrest.
CLASSE OUVRIÈRE, labouring class; operative class; working class; workpeople.
CONFLITS OUVRIERS, labour troubles.
FAMILLE OUVRIÈRE, working-class family.
HABITATIONS OUVRIÈRES, workmen's dwellings.
ORGANISATIONS OUVRIÈRES, organized labour.
QUESTION OUVRIÈRE, labour question.
RÈGLEMENT DES SALAIRES OUVRIERS EN NATURE, truck system.
REVENDICATIONS OUVRIÈRES, demands of labour.
SYNDICAT OUVRIER, trade-union.
SYNDICATS OUVRIERS BIEN ORGANISÉS, well-organized trade-unions.

OUVRIER *m*, worker, workman, hand, labourer, labouring man; operative.
très BON OUVRIER, fine workman.
CAPITAL INVESTI PAR OUVRIER, amount of capital per worker.
COMPAGNON D'UN OUVRIER, fellow-worker; (workman's) mate.
COMPORTEMENT EFFECTIF DES OUVRIERS, actual attitude of workers towards.
EMPLOYER DES CENTAINES D'OUVRIERS, to employ hundreds of workers.
ENTREPRISE QUI ADMET DES OUVRIERS NON-SYNDIQUÉS, open shop.
HEURES D'OUVRIER, man-hours.

INTERDIRE AUX OUVRIERS L'ACCÈS D'UNE USINE, to lock out workmen.
OUVRIERS, labour; *U.S:* labor; workpeople.
OUVRIER AGRICOLE, farm labourer; agricultural labourer; agricultural worker.
OUVRIER À DOMICILE, outside worker; out-worker; home worker.
OUVRIER EMPLOYÉ À L'HEURE, casual labourer.
OUVRIER EMPLOYÉ PAR INTERMITTENCE, casual labourer.
OUVRIER DU FOND, underground worker.
OUVRIERS INSUFISAMMENT PAYÉS, underpaid workmen.
OUVRIER MÉTALLURGISTE, metal worker; metallurgist.
OUVRIER MINEUR, miner.
OUVRIERS TROP PAYÉS, overpaid workmen.
OUVRIER QUALIFIÉ, skilled worker; skilled workman; skilled operative.
OUVRIER NON QUALIFIÉ, unskilled worker; unskilled workman.
OUVRIER SAISONNIER, seasonal worker.
OUVRIER SEMI-QUALIFIÉ, semi-skilled worker.
OUVRIER SPÉCIALISÉ, skilled worker; skilled workman.
OUVRIERS EN SURNOMBRE, redundancy of workers.

OUVRIERS NON SYNDIQUÉS, non-union men.
OUVRIER À LA TÂCHE, jobber.
OUVRIER QUI TRAVAILLE À L'HEURE, time-worker.
OUVRIER D'USINE, factory-hand.
PARTICIPATION DES OUVRIERS AUX BÉNÉFICES, industrial partnership.
les PATRONS ET LES OUVRIERS, employers and labour.
RAPPORTS PATRONS-OUVRIERS, labour-management relations.
SÉCURITÉ DES OUVRIERS, safety of the workmen.
SUPERFICIE MOYENNE PAR OUVRIER, amount of land per worker.

OUVRIÈRE *f*, worker, workwoman, operative girl.
OUVRIÈRE D'USINE, (female) factory-hand.

OUVRIR *v*, to open.
OUVRIR UN COMPTE, to open an account.
OUVRIR UN CRÉDIT POUR, to open a credit for.
OUVRIR UN PAYS AU COMMERCE, to open (up) a country to trade.

OVALE *a*, oval.

OVALE *m*, oval.

P

PAASCHE *n. pr*, Paasche.
FORMULE DE PAASCHE, Paasche formula.
INDICE PAASCHE, Paasche index.

PACAGE *m*, pasturage, grazing.

PACIFICATION *f*, pacification.

PACIFIQUE *a*, pacific, peaceful.
CO-EXISTENCE PACIFIQUE, pacific co-existence.

PACIFISME *m*, pacifism.

PACIFISTE *m*, pacifist.

PACTE *m*, pact, covenant; treaty.

PAGE *f*, page.
ANNONCE EN PREMIÈRE PAGE, front-page advertisement.
ASSEMBLER LES PAGES D'UN LIVRE, to collate the pages of a book.
IMPRIMANTE PAR PAGE, page printer.
RENVOI EN BAS DE PAGE, foot-note.

PAGINATION *f*, paging.

PAGINER *v*, to page.

PAIE *f*, pay, wage, payment.
FEUILLE DE PAIE, wage-sheet.
GRAND LIVRE DE PAIE, pay-roll ledger.
JOUR DE PAIE, pay-day.
LIVRE DE PAIE, pay-roll.

PAIEMENT *m*, payment; discharge, paying, satisfaction; cash.
AFFECTER UN PAIEMENT À, to apply a payment to.
AFFECTER UN PAIEMENT À UNE ANNÉE FISCALE PRÉCÉDENTE, to allocate a payment to a previous year.
ARRÊT DE PAIEMENT D'UN CHÈQUE, stopping of a cheque.
ASSIGNER EN PAIEMENT D'UNE DETTE, to summon for a debt.
AVANCER UN PAIEMENT, to anticipate a payment.
BALANCE FONDAMENTALE DES PAIEMENTS, basic balance of payments.
BALANCE INTERNATIONALE DES PAIEMENTS, balance of international payments.
BALANCE DES PAIEMENTS, balance of payments.
CESSATION DE PAIEMENTS, stoppage of payments.
CONDITIONS DE PAIEMENT, terms of payment.
CRISE DE LA BALANCE DES PAIEMENTS, balance of payments crisis.
DÉFAUT DE PAIEMENT, default in paying; failure to pay.
DÉLAI DE PAIEMENT, term of payment.
DÉSÉQUILIBRE DES PAIEMENTS, imbalance of payments.
DÉTÉRIORATION DE LA BALANCE DES PAIEMENTS, deterioration of the balance of payments.
DIFFÉRER LE PAIEMENT, to defer payment; to put off payment; to postpone the payment; to hold over a payment.
EFFECTUER UN PAIEMENT, to make a payment; to effect a payment.
ÉPOQUE DU PAIEMENT, time of payment.
EXCÉDENTS ET DÉFICITS DES BALANCES DES PAIEMENTS, balance of payments surpluses and deficits.
FACILITÉS DE PAIEMENT, facilities for payment.
avec FACILITÉS DE PAIEMENT, on easy terms; by easy payment.
FAUTE DE PAIEMENT DANS LE DÉLAI D'UN MOIS, failing payment within a month.

IMPUTATION DE PAIEMENTS À, appropriation of money to; application of payments.
IMPUTER UN PAIEMENT À, to apply a payment to.
INSTRUMENT DE PAIEMENT, instrument of payment.
LIBÉRATION DES MARCHANDISES CONTRE PAIEMENT, release of goods against payment.
LIEU DE PAIEMENT, place of payment.
MANUEL DES BALANCES DES PAIEMENTS, balance of payments manual.
MARCHANDISES À EMPORTER CONTRE PAIEMENT COMPTANT cash and carry.
MISE EN PAIEMENT D'UN DIVIDENDE, payment of a dividend.
MODALITÉS DE PAIEMENT, methods of payment.
MOYENNANT PAIEMENT, for a consideration.
MOYENS DE PAIEMENT, means of payment.
OBTENIR UN DÉLAI DE PAIEMENT, to obtain an extension of time for payment.
ORDONNANCE DE PAIEMENT, warrant for payment.
ORDRE DE PAIEMENT, order to pay.
non-PAIEMENT, non-payment.
PAIEMENT PAR ANTICIPATION, payment in anticipation; advance payment.
PAIEMENT ARRIÉRÉ, outstanding payment; overdue payment.
PAIEMENT D'AVANCE, payment in advance; prepayment.
PAIEMENT COMPTANT, cash payment.
PAIEMENT DIFFÉRÉ, deferred payment.
PAIEMENT DE LA DÎME, tithing.
PAIEMENTS EFFECTIFS OU IMPUTÉS, actual or imputed payments.
PAIEMENT EFFECTUÉ, outward payment.
PAIEMENTS EFFECTUÉS PAR LA CAISSE, cash disbursements.
PAIEMENT EN ESPÈCES, payment in specie.
PAIEMENT FRACTIONNÉ, payment in driblets.
PAIEMENT INTÉGRAL, payment in full.
PAIEMENTS INTERNATIONAUX, international payments.
PAIEMENT PAR INTERVENTION, payment on behalf of a third party; payment for honour.
PAIEMENT LIBÉRATOIRE, payment in full discharge.
PAIEMENT À LA LIVRAISON, cash on delivery.
PAIEMENTS MONDIAUX, world payments.
PAIEMENT EN NATURE, payment in kind.
PAIEMENT EN NUMÉRAIRE, money payment.
PAIEMENTS ET RECETTES EN DEVISES, exchange payments and receipts.
PAIEMENT REÇU, inward payment.
PAIEMENT SYMBOLIQUE (EN RECONNAISSANCE D'UNE DETTE), token payment (in recognition of a debt).
PAIEMENT DU TERME, payment of rent.
PAIEMENTS DE TRANSFERT, transfer payments.
PAIEMENT DE TRANSFERTS INDUSTRIELS ET COMMERCIAUX, business transfer payments.
PAIEMENT PAR VERSEMENTS ÉCHELONNÉS, deferred payment.
PARFAIRE LE PAIEMENT, to complete payment.
PERSONNELLEMENT RESPONSABLE POUR LE PAIEMENT DE, personally liable for the payment of.
PROMESSE DE PAIEMENT À TERME, promise to pay money in the future.
PROTÊT FAUTE DE PAIEMENT, protest for non-payment.
QUITTANCE DE PAIEMENT, receipt for payment.
REÇU DE PAIEMENT, receipt for payment.

REFUS DE PAIEMENT, refusal to pay.
RÉGULIER DANS LES PAIEMENTS, punctual in payments.
RESTRICTIONS FRAPPANT LES ÉCHANGES ET LES PAIE-
MENTS, restrictions on trade and payments.
RETOURNER UNE TRAITE FAUTE DE PAIEMENT, to return a bill
unpaid.
SOLDES DES ACCORDS DE PAIEMENT ET DE COMPENSATION,
clearing agreement balances.
SOMME DE LA BALANCE DES PAIEMENTS COURANTS ET DU
COMPTE CAPITAL (« AU-DESSUS DE LA LIGNE »), above the
line.
SURSIS DE PAIEMENT, respite of payment.
SUSPENDRE LE(S) PAIEMENT(S), to suspend payment; to stop pay-
ment.
SUSPENDRE LE PAIEMENT D'UN CHÈQUE, to stop a cheque.
SUSPENSION DE PAIEMENT, stoppage of payment.
UNION EUROPÉENNE DES PAIEMENTS, European Payments Union.

PAILLE f, straw.
HOMME DE PAILLE, man of straw.

PAIN m, bread.
GAGNE-PAIN, livelihood.
QUEUE POUR LE PAIN, bread-queue.
RATIONNER LE PAIN, to ration bread.

PAIR a, even.
NOMBRE PAIR, even number.

PAIR m, par, parity.
CHANGE AU PAIR, exchange at par.
au-DESSOUS DU PAIR, below par.
au-DESSUS DU PAIR, above par.
ÉMETTRE DES ACTIONS AU PAIR, to issue shares at par.
ÉMETTRE DES ACTIONS AU-DESSOUS DU PAIR, to issue shares
at a discount.
ÉMETTRE DES ACTIONS AU-DESSUS DU PAIR, to issue shares
at a premium.
PAIR INTRINSÈQUE, mint par of exchange; par of exchange.
PAIR MÉTALLIQUE, mint par of exchange; par of exchange.
PAIR PROPORTIONNEL, arbitrated par of exchange.
PAIR D'UN TITRE, par of a stock.
REMBOURSABLE AU PAIR, repayable at par.
le (TAUX DE) REPORT EST AU PAIR, the contango is even.
VALEUR AU PAIR, par value; value at par.

PAIRE f, pair, couple.

PAISIBLE a, peaceful.

PAIX f, peace.
RISQUE DE PAIX, peace risk.

PALAIS m, palace.
PALAIS DE JUSTICE, law-court.

PALIER m, stage, degree.
MARQUER UN PALIER, to level off.
TAXES IMPOSÉES PAR PALIERS, taxation by stages.

PALLIATIF m, palliative.

PANACÉE f, panacea.

PANIER m, basket.
PANIER DE LA MÉNAGÈRE, basket of commodities.
PANIER DE PROVISION DE PRODUITS, basket of goods.

PANIFIABLE a, bread-making.
FARINE PANIFIABLE, flour for bread.

PANIFICATION f, panification.

PANIQUE f, panic, scare.
COURS DE PANIQUE, panic prices.
ENCLIN À LA PANIQUE, panicky.
MESURES DICTÉES PAR LA PANIQUE, panicky measures.
PANIQUE DE BOURSE, flurry on the stock exchange.
PANIQUE SUR LA BOURSE, panic on the stock exchange.

PAPERASSERIE f, red-tape.

PAPETERIE f, paper-trade; stationer's shop.

PAPIER m, paper, bill(s).
BANDE DE PAPIER PERFORÉE, punched paper tape.
CONSOMMATION DE PAPIER-JOURNAL, newsprint consumption.
ÉTALON-PAPIER, paper standard.
FABRICATION DU PAPIER, paper-making.
FABRIQUE DE PAPIER, paper-mill.
INDUSTRIE DU PAPIER, paper-industry.
MAUVAIS PAPIER, bad paper.
MONNAIE DE PAPIER, paper currency; paper money.
MONNAIE DE PAPIER CONVERTIBLE, convertible paper money.
MONNAIE DE PAPIER GARANTIE PAR L'OR, paper money backed
by gold.
OR-PAPIER (UNITÉ DE RÉSERVE SUPPLÉMENTAIRE), paper-gold.
PAPIER BANCABLE, bankable bills.
PAPIER NON BANCABLE, unbankable paper.

PAPIER DE COMMERCE, trade bills; trade paper.
PAPIER COMMERCIAL, trade bills; ordinary bills; trade paper; mer-
cantile paper.
PAPIER CONVERTIBLE, convertible paper.
PAPIER À COURS FORCÉ, forced currency paper.
PAPIER COURT, short exchange.
PAPIER CREUX, pig on pork.
PAPIER DÉCLASSÉ, unbankable paper.
PAPIER D'EMBALLAGE, packing-paper; wrapping-paper.
PAPIER FAIT, backed bills.
PAPIER DE HAUT COMMERCE, prime trade bills.
PAPIER-JOURNAL, newsprint.
PAPIER LONG, long exchange; long-dated bill.
PAPIERS À LONGUE ÉCHÉANCE, long-dated bills.
PAPIER MILLIMÉTRIQUE, scale-paper.
PAPIER-MONNAIE, paper money; fiat (paper) money.
PAPIER-MONNAIE NON CONVERTIBLE, inconvertible paper money
PAPIER NÉGOCIABLE, negotiable paper.
PAPIER PEINT, wallpaper.
PAPIER QUADRILLÉ, graph paper.
PAPIER TIMBRÉ, stamp paper; stamped paper.
PAPIERS-VALEURS, paper securities; paper holdings.
PAPIER DE VALEUR DOUTEUSE, dubious paper; unsafe paper.
PAPIER À VUE, sight bills.
TITRES NE VALANT PAS PLUS QUE LE PRIX DU PAPIER, stock
not worth more than the price of the paper.

PAPIER-JOURNAL m, newsprint.

PAQUEBOT m, liner, passenger ship, steamship.
PAQUEBOT À CLASSE UNIQUE, one-class liner.

PAQUET m, packet, package, parcel, bundle.
se DÉCHARGER D'UN PAQUET D'ACTIONS, to unload stock on
the market.
PAQUET D'ACTIONS, block of shares; parcel of shares.
VENDRE DES TITRES PAR PETITS PAQUETS, to sell shares in
small parcels.

PARABOLE f, parabola.
AJUSTEMENT PAR UNE PARABOLE, fitting a parabola.

PARABOLIQUE a, parabolic(al).
COURBE PARABOLIQUE, parabolic curve.
FONCTION PARABOLIQUE, parabolic function.

PARABOLOÏDE m, paraboloid.

PARACENTRIQUE a, paracentric.

PARACHEVER v, to complete.

PARADOXAL a, paradoxical.

PARADOXE m, paradox.
PARADOXE DE GIFFEN, Giffen paradox.
PARADOXE DE LA PÉNURIE AU MILIEU DE L'ABONDANCE,
paradox of poverty in the midst of plenty.
PARADOXE DE LA VALEUR, paradox of value.

PARALLÈLE a, parallel.
les DROITES PARALLÈLES NE SE RENCONTRENT JAMAIS, parallel lines never join.
RÈGLES PARALLÈLES, parallel rule; parallel ruler.

PARALLÈLE f, parallel.
METTRE EN PARALLÈLE, to parallel.

PARALLÉLÉPIPÈDE m, parallelepiped.

PARALLÉLISME m, parallelism.

PARALLÉLOGRAMME m, parallelogram.
PARALLÉLOGRAMME DES FORCES, parallelogram of forces.
PARALLÉLOGRAMME DES VITESSES, parallelogram of velocities.

PARALOGISME m, paralogism.

PARALYSER v, to paralyze.

PARALYSIE f, paralysis, paralyzation, break-down.
PARALYSIE GÉNÉRALE, general paralysis.

PARAMÈTRE m, parameter, measure.
DONNER UNE VALEUR À UN PARAMÈTRE, to assign a value to a
parameter.
ESTIMATION DE PARAMÈTRE(S), parameter estimation.
PARAMÈTRES DE DISPERSION, measure of dispersion.
PARAMÈTRES D'UNE DISTRIBUTION, parameters of a distribution.
PARAMÈTRE INVARIABLE, fixed parameter.

PARAMÉTRIQUE a, parametric, parametral.
PROGRAMME PARAMÉTRIQUE, parametric program.
TEST PARAMÉTRIQUE, parametric test.
TEST NON-PARAMÉTRIQUE, non parametric test.

PARASITAIRE a, parasitic(al).

PARASITE m, parasite.

PARCELLE f, parcel, plot, lot.
PARCELLE DE TERRE, lot; parcel (of land).

PARCIMONIEUX *a*, parsimonious.

PARCOURS *m*, distance, mileage, haul, journey, travel.
PARCOURS QUOTIDIEN, daily mileage.

PAREIL *a*, corresponding, like.
PAREILLE ÉPOQUE, corresponding period.

PARENT *m*, parent; relative.
plus PROCHE PARENT, next of kin.

PARENTÉ *f*, kindred, kinship.

PARENTHÈSE *f*, parenthesis, bracket.

PARER *v*, to provide.
PARER À L'IMPRÉVU, to provide for contingencies.

PARETO *n. pr*, Pareto.
LOI DE PARETO (DE LA RÉPARTITION DU REVENU), Pareto's law (of income distribution).
OPTIMUM DE PARETO, Pareto's optimum.

PARFAIRE *v*, to complete, to perfect.
PARFAIRE LE PAIEMENT, to complete payment.

PARFAIT *a*, perfect.
AJUSTEMENT PRESQUE PARFAIT, close fit.
CARRÉ PARFAIT, perfect square.
CONCURRENCE PARFAITE, perfect competition.
STABILITÉ PARFAITE ET STABILITÉ IMPARFAITE, perfect and imperfect stability.
SUBSTITUTS PARFAITS, perfect substitutes.

PARI *m*, bet, betting, gamble.
ACCEPTER UN PARI, to take (up) a bet.
FAIRE UN PARI, to make a bet.
TAXE SUR LES PARIS, betting tax.
TENIR UN PARI, to take (up) a bet.

PARIA *m*, pariah.

PARIER *v*, to bet.
PARIER À CINQ CONTRE UN, to bet five to one.

PARIS *n. pr*, Paris.
TAUX DE CHANGE EN COURS À PARIS, rate of exchange current in Paris.

PARITAIRE *a*, equal.

PARITÉ *f*, parity, par, par value, equivalence.
CHANGE À (LA) PARITÉ, exchange at par; exchange at parity.
CLAUSE DE PARITÉ, fall clause.
CONCEPT DE PARITÉ, parity concept.
PARITÉS DE CHANGE, equivalences of exchange.
PARITÉ ENTRE DEUX COURS, parity between two rates.
PARITÉ DE DEUX MONNAIES CONVERTIBLES, mint parity of exchange.
PARITÉ-OR, gold parity.
PARITÉ DES POUVOIRS D'ACHAT, purchasing power parity.
PARITÉS DE TROC, swapping terms; terms of trade.
RAPPORT DE PARITÉ, parity ratio.
RAPPORT DE PARITÉ(S) DES PRIX, parity price ratio.
TABLE DES PARITÉS, table of par values; parity table(s).
THÉORIE DE LA PARITÉ DES POUVOIRS D'ACHAT, purchasing power parity theory.

PARLÉ *a*, spoken.
JOURNAL PARLÉ, broadcast news.

PARLEMENT *m*, parliament.

PARLEMENTAIRE *a*, parliamentary, parliamentarian.
DÉMOCRATIE PARLEMENTAIRE, parliamentary democracy.

PARLEMENTAIRE *m*, parliamentarian, Member of Parliament.

PAROXYSME *m*, paroxysm.

PARQUET *m*, official market, Ring.

PARRAINAGE *m*, sponsorship, recommendation.

PART *f*, share, part, portion, proportion.
ALLOUER UNE PART DU PRODUIT, to allow an interest in the proceeds.
CONTRIBUER POUR UNE PART ÉGALE À, to contribute equal shares to.
PART D'ASSOCIATION, partnership share.
PART BÉNÉFICIAIRE, founder's share.
par PARTS ÉGALES, in equal proportions.
PARTS DE FONDATEUR, founder's share.
PART DE PRISE, prize money.
PART DE LA RENTE DANS LE PRODUIT NATIONAL, share of rent in the national product.
PARTS DE REVENU, shares of income.
PART DE SYNDICAT, share of underwriting.
QUOTE-PART DES BÉNÉFICES, proportion of the profits.
sans RÉPONSE DE VOTRE PART, failing your reply.

PARTAGE *m*, division, sharing, allotment, apportionment, partition, parcelling (out), distribution.
LOTS DANS UN PARTAGE, shares in a distribution.
PARTAGE EN DEUX, halving.
PARTAGE D'UNE SUCCESSION, distribution of an estate.
PARTAGE DE TEMPS, time-sharing.
PARTAGE DES VOIX, equality of votes; equal voting.
RÉASSURANCE DE PARTAGE, share reinsurance.

PARTAGÉ *a*, divided, shared.
AVIS PARTAGÉS, divided opinions.
TEMPS PARTAGÉ, time-sharing.

PARTAGEANT *m*, sharer.

PARTAGER *v*, to divide, to share, to allot, to apportion, to split.
à PARTAGER, to be divided.
PARTAGER AVEC, to go shares with.
PARTAGER UN RISQUE, to underwrite a risk.
PARTAGER UN TERRAIN, to divide a piece of land.

PARTI *m*, party.
FAIRE BLOC CONTRE UN PARTI, to unite against a party.
PARTI CONSERVATEUR, Conservative party.
PARTI DÉMOCRATE, *U.S:* Democratic party.
PARTI LIBÉRAL, Liberal party.
PARTI DE L'OPPOSITION, party in opposition; *U.K:* the opposition.
PARTI POLITIQUE, political party.
PARTI RÉPUBLICAIN, *U.S:* Republican party.
PARTI TRAVAILLISTE, *U.K:* Labour party.

PARTIAL *a*, partial, bias(s)ed, unfair.

PARTIALITÉ *f*, partiality, bias.

PARTICIPANT *m*, participant; partner; sharer.
PARTICIPANTS À UNE DISTRIBUTION, shares in a distribution.
PARTICIPANT À UNE RÉPARTITION, participant in a distribution.

PARTICIPATION * *f*, participation; sharing, partaking; share, interest; holding; partnership.
ASSOCIATION EN PARTICIPATION* (POUR UNE SEULE OPÉRATION), *U.K:* particular partnership.
ENTREPRISE EN PARTICIPATION, joint undertaking.
PARTICIPATION AUX BÉNÉFICES, participation in profits; interest in the profits; profit-sharing; share in (the) profits.
PARTICIPATION DANS LE CAPITAL DE, shareholding interests in.
PARTICIPATION DONNANT LE CONTRÔLE, controlling interest.
PARTICIPATION MAJORITAIRE, majority holding; majority interest.
PARTICIPATION MINORITAIRE, minority holding; minority interest.
PARTICIPATION DES OUVRIERS AUX BÉNÉFICES, industrial partnership.
SYSTÈME DE PARTICIPATION AUX BÉNÉFICES, profit-sharing scheme.

PARTICIPER *v*, to participate, to share.
PARTICIPER AUX BÉNÉFICES, to share (in) the profits.

PARTICULARISME *m*, particularism.

PARTICULARITÉ *f*, particularity, particular, feature, characteristic.

PARTICULIER *a*, particular, especial; private, individual.
AVARIE(S) PARTICULIÈRE(S), particular average.
COMPTE "PARTICULIER", private account.
INTÉRÊTS PARTICULIERS, private interests.
LEGS À TITRE PARTICULIER, specific legacy.
MAISON PARTICULIÈRE, private house.
VOITURE PARTICULIÈRE, private car.

PARTICULIER *m*, person, individual.
OR THÉSAURISÉ PAR DES PARTICULIERS, gold in private hoards.
REVENU DES PARTICULIERS, personal income.
SIMPLE PARTICULIER, private individual; private person; private citizen.

PARTIE *f*, part, party, element.
ACCORD LIANT LES PARTIES, binding agreement.
CONVENTION LIANT LES PARTIES, binding agreement.
HAUTES PARTIES CONTRACTANTES, high contracting parties.
MAJEURE PARTIE, major part.
PARTIE DÉFAILLANTE, defaulting party.
PARTIE DOUBLE, double entry.
PARTIE ESSENTIELLE, fundamentals.
PARTIE INTÉGRANTE DE, part and parcel of.
PARTIE INTÉGRANTE D'UN CONTRAT, integral part of a contract.
PARTIE INTÉRESSÉE, party concerned.
PARTIES INTÉRESSÉES, interested parties.
la PARTIE S'EST TERMINÉE PAR UN MATCH NUL, the game ended in a draw.
PARTIE THÉORIQUE, theoretics.
RÉASSURER TOUT OU PARTIE D'UN RISQUE, to reinsure the whole or part of a risk.

PARTIEL *a*, partial, sectional, incomplete.
AFFRÈTEMENT PARTIEL, part cargo charter.
ANALYSE DE L'ÉQUILIBRE PARTIEL, partial equilibrium analysis.

en CHÔMAGE PARTIEL, on short time.
COEFFICIENT DE CORRÉLATION PARTIELLE, coefficient of partial correlation.
CORRÉLATION PARTIELLE, partial correlation.
DÉCOMPOSITION EN FRACTIONS PARTIELLES, splitting up into partial fractions.
DÉFAILLANCE PARTIELLE, partial failure.
DÉGRÈVEMENT PARTIEL, reduced assessment.
DIFFÉRENCES PARTIELLES, partial differences.
ÉLASTICITÉ DE SUBSTITUTION PARTIELLE, elasticity of partial substitution.
PERTE PARTIELLE, partial loss.
PRODUIT PARTIEL, partial product.
RECENSEMENT PARTIEL, partial census.
SINISTRE PARTIEL, partial loss.
à TEMPS PARTIEL, part-time.
VERSEMENT PARTIEL, instalment.

PARTIELLEMENT *adv*, partly.
CRÉANCIER PARTIELLEMENT NANTI, partly secured creditor.
PARTIELLEMENT LIBÉRÉ, partly paid.
PARTIELLEMENT VERSÉ, partly paid.
PAYER PARTIELLEMENT, to pay in part.

PARVENIR *v*, to arrive.
PARVENIR À UN ACCORD AVEC SES CRÉANCIERS, to come to an arrangement with creditors.
PARVENIR À UN PRIX, to arrive at a price.

PAS *m*, step, pace, move, stride.
à PAS DE GÉANT, with giant strides; by leaps and bounds.
PREMIER PAS, first move; first step.

PASSAGE *m*, passage, passing, crossing.
CONTRAT DE PASSAGE, passenger contract.
DROIT DE PASSAGE, right of passage; *U.S:* right of way; toll; ferry dues.
PASSAGE (EN) MACHINE, machine run.
PAYER UN DROIT DE PASSAGE, to pay toll.
PERSONNE DE PASSAGE, transient visitor; transient.
PERSONNES DE PASSAGE À BORD DE NAVIRES, transients afloat.

PASSAGER *m*, passenger.
PASSAGERS DÉBARQUÉS, passengers landed.
PASSAGERS EMBARQUÉS, embarked passengers.
PASSAGER-KILOMÈTRE, passenger-kilometre.
PRENDRE DES PASSAGERS, to pick up passengers.
TRAFIC PASSAGERS, passenger traffic.

PASSATION *f*, passing, placing, giving.
CONTRE-PASSATION, return of a bill to drawer; reversing.
COÛT DE PASSATION DES COMMANDES, cost of ordering.
PASSATION DES COMMANDES, ordering.
PASSATION DU DIVIDENDE, passing of the dividend.
PASSATION D'ORDRES, placing orders; giving orders.

PASSAVANT *m*, transire, transit-bill.

PASSE *f*, overplus.

PASSÉ *a*, past, introduced.
PASSÉ EN CONTREBANDE, smuggled.
SOMMES PASSÉES PAR PERTES ET PROFITS, amounts written off.

PASSÉ *m*, past.
FONDER SES RAISONS SUR L'EXPÉRIENCE DU PASSÉ, to reason from past experience.

PASSEPORT *m*, passport.

PASSER *v*, to pass; to execute.
DROIT DE PASSER LIBREMENT LES FRONTIÈRES, right of free entry.
PASSER UN ACTE, to execute a deed.
PASSER UNE COMMANDE, to give an order for.
PASSER UNE CRÉANCE PAR PERTES ET PROFITS, to write off a bad debt.
PASSER UN DIVIDENDE, to pass a dividend.
PASSER UN EXAMEN to take an examination; to sit an examination.
PASSER UN EXAMEN AVEC SUCCÈS, to pass an examination.
PASSER UN MARCHÉ, to enter into a bargain.
PASSER UN ORDRE, to place an order.
PASSER UNE SOMME AU DÉBIT DE, to charge a sum to the debit of.
PASSER UN TEST AVEC SUCCÈS, to pass a test.

PASSE-TEMPS *m*, hobby.

PASSIBLE *a*, liable.
PASSIBLE DE DOMMAGES-INTÉRÊTS*, liable for damages.
PASSIBLE DE DROITS, liable to duty.

PASSIF *a*, passive, inactive.
DETTES PASSIVES, accounts payable.
DETTE PASSIVE (NE PORTANT PAS INTÉRÊT), passive debt.
MASSE PASSIVE, liabilities.
MONNAIE PASSIVE, inactive money.

RÉSISTANCE PASSIVE, passive resistance.

PASSIF *m*, liability, liabilities.
ACQUITTER INTÉGRALEMENT LE MONTANT DE SON PASSIF, to discharge one's liabilities to the full.
ACTIF ET PASSIF, assets and liabilities.
EXCÉDENT DE L'ACTIF SUR LE PASSIF, excess of assets over liabilities; surplus of assets over liabilities.
FAIRE FIGURER LA RÉSERVE AU PASSIF, to show the reserve among the liabilities.
PASSIF ÉVENTUEL, contingent liability.
PASSIF EXIGIBLE, current liabilities.
PASSIF À LONG TERME, long-term liabilities.
PRENDRE EN CHARGE L'ACTIF ET LE PASSIF, to take over the assets and liabilities.
RELEVÉ DE L'ACTIF ET DU PASSIF, statement of assets and liabilities.
REPRENDRE LE PASSIF, to take over the liabilities.
TOTAL DU PASSIF, total liabilities.

PASSIVITÉ *f*, passivity, passiveness.

PATENT *a*, overt, obvious, patent.
PREUVE PATENTE, positive proof.

PATENTE *f*, licence, licence for the sale of, *U.S:* small business tax.
sans PATENTE, unlicensed.

PATENTÉ *a*, licensed, established.
COMMERÇANT PATENTÉ, licensed dealer.
DÛMENT PATENTÉ, duly licensed.

PATENTÉ *m*, licensee.

PATENTER *v*, to license.

PATERNITÉ *f*, paternity, parenthood.

PATRIMOINE *m*, patrimony.

PATRIMONIAL *a*, patrimonial.
MÉTHODE DE COMPTABILITÉ PATRIMONIALE, on an accrual basis.

PATRON *m*, employer, master, principal, boss.
PATRONS, management.
PATRON D'UNE MAISON DE COMMERCE, principal of a business house.
les PATRONS ET LES OUVRIERS, employers and labour.
RAPPORTS PATRONS-OUVRIERS, labour-management relations.

PATRONAL *a*, pertaining to employers.
CHAMBRE PATRONALE, chamber of employers.
COTISATION PATRONALE, employer's share.
DÉCLARATION PATRONALE, employers' return.
RESPONSABILITÉ PATRONALE, employers' liability.
SYNDICAT PATRONAL, employers' federation; federation of employers.

PATRONAT *m*, body of employers, employers' federation.
le PATRONAT ET LES SALARIÉS, employers and employed.

PÂTURAGE *m*, pasturage, pasture, grazing; pasture-land.

PAUPÉRISATION *f*, pauperization, depauperation, immiserization.
LOI DE PAUPÉRISATION DES MASSES, law of immiserization of the masses.

PAUPÉRISME *m*, pauperism.

PAUVRE *a*, poor, indigent.

PAUVRE *m* or *f*, poor man, poor woman.
ASSISTANCE AUX PAUVRES, poor-relief.
CONDITION DES PAUVRES, poor man's lot.
les PAUVRES, the destitute.
les RICHES ET LES PAUVRES, rich and poor
TAXE DES PAUVRES, poor-rate.

PAUVREMENT *adv*, poorly.

PAUVRETÉ *f*, poverty, indigence.

PAVILLON *m*, flag.
le COMMERCE SUIT LE PAVILLON, trade follows the flag.
LOI DU PAVILLON, law of the flag.
PAVILLON AMI, friendly flag.
PAVILLON ÉTRANGER, foreign flag.
PAVILLON NATIONAL, national flag.
PAVILLON NEUTRE, neutral flag.

PAYABLE *a*, payable.
BILLET À ORDRE PAYABLE À VUE, demand note.
DÉPÔT PAYABLE À VUE, deposit payable at sight.
EFFET PAYABLE À 3 JOURS DE DATE, bill payable at 3 days' date.
EFFET PAYABLE À VUE, bill payable at sight.
les INTÉRÊTS ET DIVIDENDES SONT PAYABLES LE, interest and dividends are payable on.
PAYABLE D'AVANCE, prepayable.
PAYABLE SANS AVIS PRÉALABLE, payable without preliminary advice.

PAYABLE À LA COMMANDE, cash with order.
PAYABLE AU COMPTANT, terms cash.
PAYABLE À L'ÉCHÉANCE, payable at maturity.
PAYABLE EN FRANCS, payable in francs.
PAYABLE AU GUICHET, payable over the counter.
PAYABLE À LA LIVRAISON, payable on delivery.
PAYABLE À ORDRE, payable to order.
PAYABLE AU PORTEUR, payable to bearer.
PAYABLE À VUE, payable at sight; payable at call.
TRAITE PAYABLE EN FRANCE, bill domiciled in France.

PAYANT a, paying.
TRAFIC PAYANT, revenue traffic.

PAYE f, pay, wage, payment.
see PAIE f.

PAYÉ a, paid, paid-up, paid-in.
COLIS EN PORT PAYÉ, prepaid parcel.
CONGÉS PAYÉS, holidays with pay; *U.S:* vacation with pay.
FRET PAYÉ D'AVANCE, prepaid freight.
INSUFFISAMMENT PAYÉ, underpaid.
INTÉRÊTS ÉCHUS ET NON PAYÉS, arrears of interest; interest in
  arrears.
MISÉRABLEMENT PAYÉ, miserably-paid.
OUVRIERS INSUFISAMMENT PAYÉS, underpaid workmen.
OUVRIERS TROP PAYÉS, overpaid workmen.
PAYÉ D'AVANCE, prepaid.
PAYÉ À L'HEURE, paid by time; paid by the hour.
PENSION PAYÉE SUR UN REVENU, pension charged on an income.
PORT PAYÉ, postage paid; carriage paid; post paid.
RÉPONSE PAYÉE, reply paid.
SOMME PAYÉE D'AVANCE, amount paid in advance.
SOMME PAYÉE EN UNE FOIS, single sum.
SOMME PAYÉE POUR LES HEURES SUPPLÉMENTAIRES, amount
  paid for overtime.

PAYEMENT m, payment, discharge, paying, satisfaction, cash, money.
see PAIEMENT m.

PAYER v, to pay, to pay out, to satisfy, to defray.
EFFETS À PAYER, bills payable.
(s')ENGAGER À PAYER UNE TRAITE to undertake to pay the bill.
(se) FAIRE PAYER EN MARCHANDISES, to take it out in goods.
FAIRE PAYER LES RICHES, to soak the rich.
les HEURES SUPPLÉMENTAIRES SE PAIENT 50 % PLUS CHER,
  overtime counts time and half.
à PAYER, to be paid.
PAYER PAR ANTICIPATION, to pay in anticipation; to pay in ad-
  vance.
PAYER DES APPOINTEMENTS, to salary.
PAYER ARGENT COMPTANT, to pay promptly; to pay cash.
PAYER D'AVANCE, to pay in advance; to pay beforehand; to prepay.
ne pas PAYER LE CHANGE ET LE RECHANGE, not to pay the ex-
  change and the re-exchange altogether.
PAYER COMPTANT, to pay cash; to pay spot cash; to pay ready
  money.
PAYER DES CONTRIBUTIONS, to pay taxes.
PAYER LA DÎME, to tithe.
PAYER UN DIVIDENDE DE 6 %, to pay a dividend of 6 %.
PAYER LES DROITS DE DOUANE, to pay customs.
PAYER UN DROIT DE PASSAGE, to pay toll.
ne pas PAYER UN EFFET À SON ÉCHÉANCE, to dishonour a bill.
PAYER EN ESPÈCES, to pay in cash.
PAYER À GUICHET OUVERT, to pay over the counter.
PAYER À L'HEURE, to pay by the hour.
PAYER UN IMPÔT À FORFAIT, to compound for a tax.
PAYER UNE LETTRE DE CHANGE, to honour a bill of exchange.
PAYER UNE LETTRE DE CHANGE À L'ÉCHÉANCE, to pay a bill
  of exchange at maturity.
PAYER UNE LETTRE DE CHANGE PAR INTERVENTION, to pay a
  bill of exchange for honour.
PAYER DE LA MAIN À LA MAIN, to hand over the money direct.
PAYER EN OR, to pay in gold.
PAYEZ À L'ORDRE DE, pay to the order of.
PAYER PARTIELLEMENT, to pay in part.
PAYER À LA PIÈCE, AUX PIÈCES, to pay by the piece.
PAYER PONCTUELLEMENT, to pay promptly.
PAYEZ AU PORTEUR, pay (to) bearer.
PAYER À PRÉSENTATION, to pay on demand; to pay on presentation.
PAYER À LA RÉCEPTION, to pay on receipt.
PAYER À TEMPÉRAMENT, to pay by instalments.
PRESSER POUR SE FAIRE PAYER, to push for payment.
PROMESSE DE PAYER, promise to pay.
REFUSER DE PAYER, to refuse to pay; to dishonour by non-payment.
SOCIÉTÉ PAYANT DES DIVIDENDES, dividend paying company.

PAYEUR a, paying.
BANQUIER PAYEUR, paying banker.
BUREAU PAYEUR, office of payment; paying office; paying counter.

PAYEUR m, payer, giver, paymaster, teller.

PAYEUR PAR INTERVENTION, payer for honour.
PAYEUR DE LA PRIME, giver of the rate.

PAYS m, country, land.
AIDE AUX PAYS SOUS-DÉVELOPPÉS, economic aid to under-
  developed countries.
ARRIÈRE-PAYS, hinterland.
BILLETS ÉMIS À L'INTÉRIEUR DU PAYS, home currency issues.
CAPACITÉ D'ACHAT D'UN PAYS, purchasing capacity of a country.
ÉCONOMIE DES PAYS EN VOIE DE DÉVELOPPEMENT, economics
  of the developing countries.
INÉGALITÉ ENTRE PAYS, inequality between countries.
MARCHANDISES CONSIGNÉES À UN PAYS ÉTRANGER, goods
  consigned to a foreign country.
OUVRIR UN PAYS AU COMMERCE, to open (up) a country to trade.
PAYS ARRIÉRÉ, backward country.
PAYS DE COCAGNE, land of plenty.
PAYS À ÉTALON-OR, gold-standard country.
PAYS EXPORTATEUR, exporting country.
PAYS FERMÉS AU COMMERCE, countries debarred from trade.
PAYS D'IMMIGRATION, immigration country.
PAYS IMPORTATEUR, importing country.
PAYS À MONNAIE DE RÉSERVE, reserve-currency country.
PAYS NEUF, new country.
PAYS D'ORIGINE, country of origin.
aucun PAYS NE PRODUIT TOUT CE DONT IL A BESOIN, no
  country produces all it needs.
PAYS SOUS-DÉVELOPPÉ, under-developed country.
pour PERMETTRE LES COMPARAISONS D'UN PAYS À L'AUTRE,
  for purposes of international comparisons.
PRODUCTION POUR VENTE DANS LE PAYS, production for
  domestic sales.
PRODUITS DU PAYS, inland produce.

PAYSAGE m, landscape.

PAYSAGER a, pertaining to landscape-gardening.
ART DE DESSINER DES JARDINS PAYSAGERS, landscape-gardening.

PAYSAN a, peasant.
PROPRIÉTÉ PAYSANNE, peasant holding; peasant proprietary.

PAYSAN m, peasant; farmer.

PAYSANNERIE f, peasantry.

PÉAGE m, toll.
ACQUITTER LE PÉAGE, to pay the toll.
AUTOROUTE À PÉAGE, toll-road; *U.S:* turnpike.
PONT À PÉAGE, toll-bridge.

PEARSON n. pr, Pearson.
TEST DE PEARSON, chi-square test.

PEAU f, hide.

PÊCHE f, fishing, fishery.
BATEAU DE PÊCHE, fishing-boat.
FLOTILLE DE PÊCHE, fishing fleet.
GRANDE PÊCHE, deep-sea fishing; high-sea(s) fishery.
PÊCHE À LA BALEINE, whale fishery; whaling.
PÊCHE CÔTIÈRE, coast fishery.
PÊCHE EN HAUTE MER, high-sea(s) fishery.
PORT DE PÊCHE, fishing port.

PÉCULE m, store of money; lump payment on discharge, on retirement.

PÉCUNIAIRE a, pecuniary, moneyed, monied.
AIDE PÉCUNIAIRE, grant.
INTÉRÊT PÉCUNIAIRE, money interest.
PROFITS PÉCUNIAIRES, pecuniary profits.
RESSOURCES PÉCUNIAIRES, moneyed resources.

PEINE f, labour, *U.S:* labor; toil, toiling, effort, trouble, penalty.
ARGENT GAGNÉ SANS PEINE, easy money.
HOMME DE PEINE, journeyman.
PEINE PERDUE, wasted effort; lost labour.

PEINER v, to labour, *U.S:* to labor; to toil.

PEINTRE m, painter.
PEINTRE EN BÂTIMENT, house-painter.

PELLETERIE f, fur-making, fur-trade.

PÉNAL a, penal, criminal.
CLAUSE PÉNALE, penalty clause; penalty agreed beforehand.
DROIT PÉNAL, criminal law.

PÉNALITÉ f, penalty.
PÉNALITÉ DE TANT PAR JOUR DE RETARD, penalty of so much
  per day of delay.

PENCHANT m, declivity, inclination, slope; leaning, propensity,
  taste, liking.
PENCHANTS PSYCHOLOGIQUES, psychological propensities.

(SE) PENCHER v, to incline, to slope, to lean, to tend.
PENCHER VERS LE SOCIALISME, to tend to socialism.

PENDANT *a*, standing; pending.

PENDULAIRE *a*, pendular.

PENDULE *m*, pendulum.

PÉNIBLE *a*, laborious, strenuous, tedious, difficult.
MÉTIER PÉNIBLE, strenuous profession.

PÉNICHE *f*, barge.
PÉNICHE À CHARBON, coal-barge.
PÉNICHE À MOTEUR, motor barge.

PENSÉE *f*, thought.
PENSÉE CONTEMPORAINE, contemporary thought.
PENSÉE ÉCONOMIQUE, economic thought.

PENSEUR *m*, thinker.

PENSION *f*, pension, allowance, hostel, board, board and lodging.
AYANT DROIT À PENSION, pensionable.
CHAMBRE (D'HÔTEL) SANS PENSION, (hotel) room without board;
U.S: European plan.
DONNANT DROIT À PENSION, pensionable.
DROIT À PENSION, pensionable.
EFFETS EN PENSION, pawned bills.
PENSION ALIMENTAIRE, alimony.
PENSION ALIMENTAIRE (POUR UN ENFANT), maintenance.
PENSION COMPLÈTE, board and lodging.
PENSION DE L'ÉTAT, government pension.
PENSION DE FAMILLE, guest-house; residential hotel.
PENSION DE GUERRE, war pension.
PENSION D'INVALIDITÉ, disability pension; invalid pension.
PENSION PAYÉE SUR UN REVENU, pension charged on an income.
PENSION DE RETRAITE, retiring pension; retiring allowance; re-tired pay.
PENSION DE VEUVE, widow's pension.
PENSION VIAGÈRE, pension for life.
PENSION DE VIEILLESSE, old-age pension.
TITRES EN PENSION, pawned stocks.

PENSIONNAIRE *m*, pensioner, *U.S:* pensionary, annuitant; paying guest, guest.

PENSIONNÉ *m*, *U.S:* pensionary; pensioner; annuitant.

PENSIONNER *v*, to pension.

PENTAGONAL *a*, pentagonal.

PENTAGONE *m*, pentagon.

PENTE *f*, slope, inclination, incline, declivity, gradient, tilt, slant, tip; rise; sloping, tilting, tipping.
CHANGEMENT DE PENTE, break of slope.
FORTE PENTE, steep gradient.
PENTE (ASCENDANTE) D'UNE COURBE, rise of a curve.
PENTE D'UNE COURBE, slope of a curve.
sur une PENTE DESCENDANTE, on the downgrade.
PENTE DOUCE, gradual slope.
PENTE DE LA DROITE, slope of the straight line.
PENTE FAIBLE, low gradient.
PENTE RAIDE, steepness; steep slope.
PENTE RAPIDE, steep slope.

PÉNURIE *f*, shortage, scarceness, scarcity, dearth, penury, lack, want, paucity, poverty.
COÛT DE PÉNURIE, shortage cost.
PARADOXE DE LA PÉNURIE AU MILIEU DE L'ABONDANCE, para-dox of poverty in the midst of plenty.
PÉNURIE D'ARGENT, lack of money; want of money.
PÉNURIE DE DENRÉES, shortage, penury of foodstuffs.
PÉNURIE DE DOLLARS, dollar shortage.
PÉNURIE DE FONDS, lack of funds.
PÉNURIE DE MAIN-D'ŒUVRE, labour shortage; scarceness of labour; scarcity of labour; shortage of labour.
PÉNURIE DE TERRES, scarcity of land.
PÉNURIE DE TITRES, dearth of stock; scarcity of stock.

PÉPITE *f*, nugget.
PÉPITE D'OR, gold nugget.

PERCEPTEUR *m*, collector, tax-collector.
PERCEPTEUR DES CONTRIBUTIONS, tax-gatherer.
PERCEPTEUR D'IMPÔTS, tax-collector.

PERCEPTIBLE *a*, perceptible, noticeable.

PERCEPTION *f*, perception, collection, levying (of taxes); revenue office.
PERCEPTION DES DROITS DE DOUANE, collection of customs duties.

PERCEVABLE *a*, collectable, leviable.
TAXE PERCEVABLE, collectable tax.

PERCEVOIR *v*, to collect, to gather, to levy.
FRAIS À PERCEVOIR À LA LIVRAISON, charges forward.
PERCEVOIR LES IMPÔTS, to gather taxes.
PERCEVOIR LES LOYERS, to collect rents.

PERÇU *a*, collected.
IMPÔTS NON PERÇUS, uncollected taxes.
non PERÇU, uncollected.
RESTITUTION D'IMPÔTS INDÛMENT PERÇUS, return of taxes unduly collected.

PERDANT *a*, losing.

PERDANT *m*, loser.
les GAGNANTS ET LES PERDANTS, the winners and the losers.

PERDRE *v*, to lose.
les ACTIONS ONT PERDU DU TERRAIN, shares lost ground.
la LIVRE A PERDU DU TERRAIN, sterling lost ground.
PERDRE L'OCCASION DE VENDRE, to miss the market.
PERDRE SA PLACE, to lose one's place.
PERDRE DE SA VALEUR, to lose in value.

PERDU *a*, lost, wasted.
ARGENT PLACÉ À FONDS PERDU, money sunk in an annuity.
PEINE PERDUE, wasted effort; lost labour.
PLACER DE L'ARGENT À FONDS PERDU, to sink money in an annuity.
PRÊT À FONDS PERDU, loan without security.
REGAGNER L'ARGENT PERDU, to recover the money lost; to regain the money lost.

PÈRE *m*, father, parent.
PLACEMENT DE PÈRE DE FAMILLE, gilt-edged investment.

PÉREMPTOIRE *a*, peremptory.
DÉLAI PÉREMPTOIRE, strict time-limit.

PÉRÉQUATION *f*, equalization, equalizing.
FAIRE LA PÉRÉQUATION, to equalize.
FAIRE LA PÉRÉQUATION DES SALAIRES, to equalize wages.
PÉRÉQUATION DES IMPÔTS, equalization of taxes.
PÉRÉQUATION DES PRIX, standardization of tariffs.
PÉRÉQUATION DES SALAIRES, equalization of wages.
PÉRÉQUATION DES TARIFS, standardization of tariffs.
TAXE DE PÉRÉQUATION, equalization tax.

PERFECTIBLE *a*, perfectible.

PERFECTION *f*, perfection.
QUASI-PERFECTION DE L'AJUSTEMENT, closeness of fit.

PERFECTIONNEMENT *m*, perfecting, improvement, development.
COURS DE PERFECTIONNEMENT, development course.

PERFECTIONNER *v*, to perfect; to improve.

PERFORATEUR *m*, perforator, punch.
LECTEUR-PERFORATEUR DE CARTES, card read punch.
PERFORATEUR DE BANDES, paper tape punch.
PERFORATEUR DE CARTES, card punch.

PERFORATION *f*, perforation, perforating; punch; drilling, punching; hole.
DOUBLE PERFORATION, double punch.
PERFORATION NUMÉRIQUE, numeric punch.
PERFORATION « X », " X " punch.
VITESSE DE PERFORATION, punching rate.

PERFORATRICE *f*, perforator, punch, key-punch.

PERFORÉ *a*, perforated, punched.
BANDE DE PAPIER PERFORÉE, punched paper tape.
CARTE PERFORÉE, perforated card; punched card.
LECTEUR DE BANDE PERFORÉE, perforated tape reader; punched tape reader; paper tape reader.

PERFORER *v*, to perforate, to punch.

PÉRICLITER *v*, to be in jeopardy, to be in danger.
LAISSER PÉRICLITER SES AFFAIRES, to jeopardize one's business.

PÉRIL *m*, peril, danger, risk; jeopardy.
PÉRIL IMMINENT, imminent peril.
aux RISQUES ET PÉRILS DU PROPRIÉTAIRE, at owner's risk.

PÉRIMÉ *a*, lapsed, expired, out of date, barred.
EFFET PÉRIMÉ, expired bill.
MANDAT PÉRIMÉ, lapsed order.

(SE) PÉRIMER *v*, to lapse.

PÉRIMÈTRE *m*, perimeter.

PÉRIMÉTRIQUE *a*, perimetric.

PÉRIODE *f*, period, time, run, term.
ANALYSE PAR PÉRIODES, period analysis.
COURTE PÉRIODE, short period.
LONGUE PÉRIODE, long run.
PÉRIODE D'ACTIVITÉ, working life.
PÉRIODE D'ADAPTATION, period of adjustment.
PÉRIODE DE BASE ADOPTÉE, standard base period.
PÉRIODE DE CHÔMAGE, *U.S:* lay-off; *U.K:* period of unemployment.
PÉRIODE CORRESPONDANTE, corresponding period.
PÉRIODE COURANTE, current period.
PÉRIODE DIFFICILE, time of need.

PÉRIODE D'ESSAI, probation period.
PÉRIODE D'ESSOR ÉCONOMIQUE, trade boom.
PÉRIODE D'UNE FRACTION, repetend.
PÉRIODE D'AVANT-GUERRE, pre-war period.
PÉRIODE DE JOUISSANCE LOCATIVE, tenure.
PÉRIODE MOYENNE DE PRODUCTION, average period of production.
en PÉRIODE ORDINAIRE, in ordinary times.
PÉRIODE DE PRODUCTION, period of manufacture.
PÉRIODE DE PROPAGATION DE L'EFFET MULTIPLICATEUR, multiplier time period.
PÉRIODE DE PROSPÉRITÉ, boom; trade boom.
PÉRIODE DE RÉFÉRENCE, standard base period.
PÉRIODE D'UTILISATION, economic life.
au TERME DE CETTE PÉRIODE, at the end of this period.
VARIABLES AGISSANT DANS LA COURTE PÉRIODE, short-period variables.

PÉRIODICITÉ f, periodicity.

PÉRIODIQUE a, periodic(al), recurring, recurrent, repeating, circulating.
ENTRETIEN COURANT PÉRIODIQUE, periodic servicing.
ENTRETIEN PÉRIODIQUE, scheduled maintenance.
FRACTION PÉRIODIQUE, repeating decimal; repeater; circulating fraction.
POLITIQUE DE RÉAPPROVISIONNEMENT PÉRIODIQUE, U.S: ordering cycle system.
TIRAGES AU SORT PÉRIODIQUES, periodical drawings.
VÉRIFICATION PÉRIODIQUE, periodical inspection.

PÉRIODIQUE m, periodical, periodical publication, newspaper.
TARIF (POSTAL) DES PÉRIODIQUES, newspaper rate.

PÉRIODOGRAMME m, periodogram.

PÉRIPHÉRIE f, periphery, outskirts.

PÉRIPHÉRIQUE a, peripheric, peripheral, outlying.
ÉQUIPEMENT PÉRIPHÉRIQUE (ÉLECTRONIQUE), peripherics; peripheral equipment.
MATÉRIEL PÉRIPHÉRIQUE, peripheral equipment.
RÉGIONS PÉRIPHÉRIQUES, outlying areas.
UNITÉS PÉRIPHÉRIQUES, peripheral units.

PÉRISSABLE a, perishable.
CHARGEMENT PÉRISSABLE, perishable cargo.
DENRÉES PÉRISSABLES, perishable goods; perishables.
les MARCHANDISES PÉRISSABLES S'AVILISSENT RAPIDEMENT, perishables depreciate rapidly.

PERLÉ a, go-slow, ca-canny.
GRÈVE PERLÉE, go-slow strike; ca-canny strike.

PERMANENCE f, permanence, permanency, lasting.

PERMANENT a, permanent, standing, continuous, chronic.
EMPLOI PERMANENT, permanency.
INCAPACITÉ PERMANENTE, permanent disablement.
INVALIDITÉ PERMANENTE, chronic ill-health.
ORDRE PERMANENT, standing order.
PLACEMENT PERMANENT, permanent investment.
REGISTRE DE POPULATION PERMANENT, continuous population register.
SYSTÈME D'INVENTAIRE PERMANENT, continuous review system.

PERMETTRE v, to permit, to allow.
pour PERMETTRE LES COMPARAISONS D'UN PAYS À L'AUTRE, for purposes of international comparisons.
SITUATION PERMETTANT DE NÉGOCIER, bargaining position.

PERMIS a, permissible, permissive.

PERMIS m, permit, permission, licence.
PERMIS DE CHASSE, game-licence.
PERMIS DE CONSTRUIRE, building permit; building licence.
PERMIS DE DOUANE, customs permit.
PERMIS DE NAVIGATION, navigation permit.
PERMIS DE SÉJOUR, residence permit; permission to reside.

PERMISSIBLE a, permissible.

PERMISSION f, permission, leave.
PERMISSION D'ENTRÉE, admittance.

PERMUTABILITÉ f, permutability, interchangeability.

PERMUTABLE a, permutable, interchangeable.

PERMUTATION f, permutation; transposition.
MATRICE DE PERMUTATION, permutation matrix.
NOMBRE DE PERMUTATIONS, number of permutations.

PERMUTER v, to permute.

PERPENDICULAIRE a, perpendicular, upright.
PERPENDICULAIRE À, perpendicular to; at right angles to.

PERPENDICULARITÉ f, perpendicularity.

PERPÉTUEL a, perpetual, perennial.

MOUVEMENT PERPÉTUEL, perpetual motion.
OBLIGATIONS D'ÉTAT PERPÉTUELLES, perpetual Government bonds.
OBLIGATION PERPÉTUELLE, undated debenture.
PROPRIÉTÉ FONCIÈRE PERPÉTUELLE*, U.K: freehold.
RENTE PERPÉTUELLE, perpetual rent; rent in perpetuity; perpetual annuity; consolidated stocks; U.K: consols (for: consolidated annuities).

PERPÉTUER v, to perpetuate.

PERPÉTUITÉ f, perpetuity.
ORDRE À PERPÉTUITÉ, standing order.
PROPRIÉTAIRE FONCIER* À PERPÉTUITÉ, U.K: freeholder.

PERQUISITION f, search.
MANDAT DE PERQUISITION, search warrant.

PERSISTANCE f, persistence, persistency.

PERSISTANT a, persistent, continued.
DEMANDE PERSISTANTE, continued demand.

PERSISTER v, to persist.

PERSONNE f, person.
IMPÔT SUR LE REVENU DES PERSONNES MORALES, corporation income-tax.
PERSONNES ASSUJETTIES À LA SURTAXE, people assessed for surtax.
PERSONNE À CHARGE, dependent.
PERSONNES À LA CHARGE DU CONTRIBUABLE, persons dependent on the tax-payer.
PERSONNES DÉPLACÉES, displaced persons.
PERSONNE INTERROGÉE, interviewee.
PERSONNE MORALE, corporation; corporate body; legal entity.
PERSONNE DE PASSAGE, transient visitor; transient.
PERSONNES DE PASSAGE À BORD DE NAVIRES, transients afloat.
PERSONNE REDEVABLE, RESPONSABLE, person liable.
TIERCE PERSONNE, third person.
TRANSPORT DES PERSONNES, conveyance of passengers.

PERSONNEL a, personal, private.
ABATTEMENT PERSONNEL (SUR L'IMPÔT), personal allowance.
COMPTE PERSONNEL, personal account.
CRÉDIT PERSONNEL, personal credit.
le CRÉDIT PERSONNEL EST BASÉ SUR LA RÉPUTATION, personal credit is based on the reputation.
DÎME PERSONNELLE, personal tithe.
EFFETS PERSONNELS, personal effects.
FORTUNE PERSONNELLE, private money; independent income.
GARANTIE PERSONNELLE, personal security.
INTÉRÊTS PERSONNELS, private ends.
PRÊT PERSONNEL, personal loan.
RESSOURCES PERSONNELLES, private means.

PERSONNEL m, staff, personnel; labour, U.S: labor.
APPOINTEMENTS DU PERSONNEL, staff salaries.
CAISSE DE PRÉVOYANCE DU PERSONNEL, staff provident fund.
CHEF DU PERSONNEL, personnel manager; staff manager.
CONGÉDIER TOUT LE PERSONNEL, to dismiss all the staff; to sack all the staff.
DÉLÉGUÉ DU PERSONNEL*, shop steward; U.S: union delegate.
FLUCTUATIONS DU PERSONNEL, labour turn-over.
INCOMPÉTENCE DU PERSONNEL, incapacity of the staff.
MANQUER DE PERSONNEL, to be understaffed.
NOTATION DU PERSONNEL, U.S: merit rating.
PERSONNEL DE BUREAU, office staff.
PERSONNEL ENSEIGNANT, teaching staff.
PERSONNEL EXPLOITANT, operating staff.
PERSONNEL TEMPORAIRE, temporary staff; temporary personnel.
POURVU EN PERSONNEL, staffed.
RENDEMENT DU PERSONNEL, output of the staff.
STABILISATION DU PERSONNEL, prevention of labour turn-over.

PERSONNELLEMENT adv, personally.
soit PERSONNELLEMENT, SOIT PAR PROCURATION, either personally or by proxy.
PERSONNELLEMENT RESPONSABLE POUR LE PAIEMENT DE, personally liable for the payment of.

PERSPECTIVE f, perspective, prospect, outlook.
ÉVALUATION DES PERSPECTIVES DU MARCHÉ, assessment of market prospects.
MAJORITÉ EN PERSPECTIVE, prospective majority.
PERSPECTIVES D'AVENIR, future prospects; prospects for the future.

PERSPICACITÉ f, insight; perspicacity; acumen.

PERTE f, loss, leak, leakage, drain, decline.
ATTÉNUER UNE PERTE, to minimize a loss.
BÉNÉFICES QUI COMPENSENT LES PERTES, profits which make up for losses; profits which offset losses.
COMPENSER UNE PERTE PAR UN GAIN, to set off a gain against a loss.

COMPTE QUI ACCUSE UNE PERTE, account which shows a loss.
COMPTE DE PERTES ET PROFITS, profit and loss account; statement of profit and loss; income statement (of a corporation).
DÉDOMMAGER DES PERTES, to recoup losses.
DÉPENSE EN PURE PERTE, wasteful expenditure.
ÉPROUVER UNE PERTE, to experience a loss.
ÉVALUATION DES PERTES, estimate of the losses.
JUSTIFICATION DE PERTE, proof of loss.
LOURDES PERTES, heavy losses.
MINIMISATION DES PERTES, minimizing losses.
PASSER UNE CRÉANCE PAR PERTES ET PROFITS, to write off a bad debt.
PERTE D'ARGENT, loss of money.
PERTE DE CAPITAL, loss of capital.
PERTE CENSÉE TOTALE, constructive total loss.
PERTE AU, SUR LE, CHANGE, loss on exchange.
PERTE PAR CONFISCATION, forfeiture.
PERTE D'UN DÉBOUCHÉ, loss of a market.
PERTE DÉDUCTIBLE, deductible loss.
PERTE D'EMPLOI, loss of service.
PERTES QUI ENGLOUTISSENT TOUS LES BÉNÉFICES, losses that mop up all the profits.
PERTE D'EXPLOITATION, trading loss.
PERTES INCALCULABLES, incalculable losses.
PERTE INÉVITABLE unavoidable loss.
PERTE DE LOYER loss of rent.
PERTE D'UN MARCHÉ, loss of a market.
PERTE NETTE, net loss.
PERTE D'UNE OCCASION, throwing away of an opportunity.
PERTE PARTIELLE, partial loss.
PERTES QUALITATIVES D'UNE INDUSTRIE DÉCLINANTE, qualitative decline of a declining industry.
PERTE SÈCHE, clear loss; dead loss.
PERTE SÉVÈRE, severe loss.
PERTE DE TEMPS, loss of time.
PERTE TOTALE, total loss.
PERTE DE VALEUR, loss in value.
PETITES PERTES, small losses.
la POLICE COUVRE LE RISQUE DE PERTE, policy covers the risks of loss.
PRÉSOMPTION DE PERTE, presumptive loss.
le PROFIT DE L'UN EST LA PERTE DE L'AUTRE, my gain is your loss.
en PURE PERTE, wasteful.
RÉCOMPENSER D'UNE PERTE, to recompense for a loss.
RELEVÉ DE PROFITS ET PERTES, statement of profit and loss.
REMBOURSEMENT DES PERTES, payment of losses.
SÉRIE DE PERTES, succession of losses.
SOMMES PASSÉES PAR PERTES ET PROFITS, amounts written off.
SUBIR UNE PERTE, DES PERTES, to suffer a loss; to sustain a loss; to meet with losses.
SUBIR DES PERTES SENSIBLES, to incur large losses.
SUPPORTER UNE PERTE, to bear a loss.
s'en TIRER SANS PERTE, to get out without loss.
VENDRE À PERTE, to sell at a loss; to sacrifice.

PERTINENCE *f*, pertinence, pertinency, relevance, relevancy.

PERTINENT *a*, pertinent, relevant.
ANTICIPATIONS PERTINENTES, relevant anticipations.
FAIT PERTINENT, material fact.
non PERTINENT, irrelevant.
PRÉVISIONS PERTINENTES, relevant anticipations.

PERTURBATEUR *a*, disturbing.

PERTURBATION *f*, perturbation, disturbance.
PERTURBATION DANS LES AFFAIRES, disturbance of business.

PERVERS *a*, perverse.

PERVERSION *f*, perversion.

PESAGE *m*, weighing.

PESANT *a*, weighty.

PESANTEUR *f*, gravity, force of gravity.

PESÉE *f*, weighing.

PESER *v*, to weigh.

PESSIMISME *m*, pessimism.

PESSIMISTE *a*, pessimistic(al).

PETIT *a*, small, minor, little, low, petty.
BILLETS DE BANQUE DE PETITES COUPURES, bank notes of small denominations.
FAIRE DES PETITS TRAVAUX, to job.
LIVRE DE PETITE CAISSE, petty cash book.
PETITE ANNONCE, classified advertisement.
PETITE AVARIE, petty average.
PETITE BOURGEOISIE, lower middle-class.

PETITE CAISSE, petty cash.
PETIT COMMERCE, shopkeeping.
le plus PETIT COMMUN MULTIPLE, least common multiple; lowest common multiple.
PETITE CULTURE, cottage farming; small-scale farming.
PETITS ÉCHANTILLONS, small samples.
PETITEEXPLOITATION, farming of small areas; small-scale parming.
PETIT FORMAT, small size.
PETITE INDUSTRIE, smaller industries.
PETIT MODÈLE, small size.
PETITE MONNAIE, small coin; small change; small money.
PETITE NOBLESSE, gentry.
PETITES PERTES, small losses.
PETITS PROFITS, perquisites; small-scale profit.
PETIT PROPRIÉTAIRE, small holder; peasant proprietor.
PETITE PROPRIÉTÉ FONCIÈRE, small holding.
PETITS RENTIERS, small investors.
PETITES RÉPARATIONS, minor repairs.
PETITS SINISTRES, small losses.
PETITE SOMME, drib(b)let.
PETIT SUPERMARCHÉ, *U.S:* superette.
PETITS TRAVAUX, odd jobs.
PRÊT À LA PETITE SEMAINE, loan by the week.
RÉGIME DE LA PETITE PROPRIÉTÉ, small holdings system.
VENDRE DES TITRES PAR PETITS PAQUETS, to sell shares in small parcels.

PÉTITION *f*, petition.

PÉTITOIRE *a*, petitionary.
ACTION PÉTITOIRE, claim of ownership.

PÉTROLE *m*, petroleum, oil fuel, oil.
CARTEL DU PÉTROLE, oil ring.
DROIT D'EXPLOITER LE PÉTROLE, oil rights.
ÉPUISEMENT DES RÉSERVES DE PÉTROLE, exhaustion of mineral oils.
ESSENCE DE PÉTROLE, petrol; *U.S:* gasoline.
METTRE EN EXPLOITATION UN GISEMENT DE PÉTROLE, to exploit for petroleum.
PÉTROLE BRUT, crude petroleum; crude oil.
RAFFINAGE DU PÉTROLE, distillation of oil; oil refining.
RAFFINERIE DE PÉTROLE, oil distillery; oil refinery.
TRUST DU PÉTROLE, oil trust.

PÉTROLIER *a*, pertaining to the mineral-oil industry.
COMPAGNIE PÉTROLIÈRE, oil company.
PORT PÉTROLIER, oil port.
VALEURS PÉTROLIÈRES, oils; oil shares.

PÉTROLIER *m*, oil ship, tanker, oil tanker.

PÉTROLIFÈRE *a*, oil-bearing.
ATTEINDRE UNE NAPPE PÉTROLIFÈRE, to strike oil.
GISEMENT PÉTROLIFÈRE, oil field

PÉTROLIFÈRES *f. pl*, oil shares, oils.
MARCHÉ DES PÉTROLIFÈRES, oil market.

PEU *adv*, little, few; poorly.
LÉGISLATION PEU LIBÉRALE, illiberal legislation.
PEU D'AFFAIRES, little business.
PEU D'ARGENT, little money.
PEU COMMERÇANT, unbusinesslike.
PEU COMMERCIAL, uncommercial.
PEU LIBÉRAL, illiberal.
PEU NOMBREUX, few.
PEU PEUPLÉ, thinly peopled.
PEU SCRUPULEUX, unscrupulous; unconscionable.

PEU *m*, little.

PEUPLE *m*, people, nation.
BAS PEUPLE, lower classes; common people.
GOUVERNEMENT PAR LE PEUPLE, government by the people.
MENU PEUPLE, humbler classes.
la SOUVERAINETÉ RÉSIDE DANS LE PEUPLE, the power is lodged in the people.

PEUPLÉ *a*, populated, peopled.
PEU PEUPLÉ, thinly peopled.
très PEUPLÉ, densely peopled; densely populated; thickly populated.

PEUPLER *v*, to populate, to people.

PHARMACEUTIQUE *a*, pharmaceutic(al).
PRODUIT PHARMACEUTIQUE, drug.

PHARMACIE *f*, pharmacy, *U.S:* drug-store.

PHASE *f*, phase, stage.
PHASES DU CYCLE ÉCONOMIQUE, phases of the business cycle.
PHASES DE FABRICATION, processing stages.
SONDAGE À PLUSIEURS PHASES, multi-phase sampling.

PHÉNOMÉNAL *a*, phenomenal.

PHÉNOMÈNE *m*, phenomenon.

INDÉPENDANCE ABSOLUE DE DEUX PHÉNOMÈNES, absolute independence of two phenomena.
PHÉNOMÈNES CYCLIQUES, cyclical phenomena.
SIMULATION DES PHÉNOMÈNES D'ATTENTE, simulation of queues.

PHILANTROPIE f, philanthropy.

PHILANTROPIQUE a, philanthropic(al).

PHILOSOPHIE f, philosophy.
PHILOSOPHIE ÉCONOMIQUE, economic philosophy.
PHILOSOPHIE POSITIVE, positive philosophy.
PHILOSOPHIE UTILITAIRE, utilitarian philosophy.

PHILOSOPHIQUE a, philosophical.

PHOSPHATE m, phosphate.

PHYSICISME m, physicism.

PHYSIOCRATE m, physiocrat.

PHYSIOCRATIE f, physiocracy.

PHYSIQUE a, physical; natural.
INDICE DU VOLUME PHYSIQUE (DE LA PRODUCTION), physical volume index.
MONDE PHYSIQUE, natural world.
PRODUCTIVITÉ PHYSIQUE MARGINALE DU TRAVAIL, marginal physical productivity of labour.

PHYSIQUE f, physics.
PHYSIQUE QUANTIQUE, quantic physics.

PIÈCE f, piece, part; document; coin.
DÉMONÉTISATION DES ANCIENNES PIÈCES, demonetization of old coins.
FACE D'UNE PIÈCE DE MONNAIE, head of a coin.
NUMÉRO DES PIÈCES JUSTIFICATIVES, voucher numbers.
PAYER À LA PIÈCE, AUX PIÈCES, to pay by the piece.
PIÈCES À L'APPUI, documents in support; exhibits.
PIÈCE DE BON ALOI, genuine coin.
PIÈCE DE 5 CENTS, *U.S:* nickel.
PIÈCES N'AYANT PLUS COURS, coinage withdrawn from circulation.
PIÈCE DROITE, standard coin.
PIÈCE FORTE, overweight coin.
PIÈCES INTERCHANGEABLES, interchangeable parts.
PIÈCE JUSTIFICATIVE, voucher.
PIÈCE DE MONNAIE, piece of money; coin.
PIÈCE DE MONNAIE FAUSSE, spurious coin.
PIÈCES DE MONNAIE AU TITRE LÉGAL, coins of legal fineness.
PIÈCE D'OR, gold coin.
PIÈCES DE RECHANGE, spare parts; duplicate parts; replacements.
PILE D'UNE PIÈCE, tail of a coin.
RÉDUCTION DE LA COUVERTURE MÉTALLIQUE DES PIÈCES (DE MONNAIE), clipping of coins.
REFRAPPER DES PIÈCES DÉMONÉTISÉES, to remint demonetized coins.
RÉMUNÉRATION AUX PIÈCES, piece-rates.
RÉSERVES MÉTALLIQUES EN PIÈCES ET EN LINGOTS, coin and bullion.
RÉSERVES MÉTALLIQUES EN PIÈCES ET EN LINGOTS D'OR ET D'ARGENT, gold and silver coin and bullion.
RETIRER DES PIÈCES DE LA CIRCULATION, to withdraw coins from circulation.
SALAIRE À LA PIÈCE, AUX PIÈCES, piece-wage; piece rates.
TRAVAIL À LA PIÈCE, AUX PIÈCES, piece-work; task work.
TRÉBUCHER UNE PIÈCE DE MONNAIE, to test a coin for weight.
TYPOLOGIE DES PIÈCES EN CIRCULATION, coinage.

PIED m, foot, footing.
ANIMAUX SUR PIED, live animals.
BÉTAIL SUR PIED, cattle on foot.
LONGUEUR EN PIEDS, footage.
METTRE AU PIED DU MUR, to corner.
PIED CARRÉ, square foot.
PIED CUBE, cubic foot.
PIED D'ÉGALITÉ, equal footing.
PIED PAR SECONDE, foot second.
(PRIX) RENDU À PIED D'ŒUVRE, (price) site delivered.
RÉCOLTE SUR PIED, uncropped harvest; growing crops; standing crops.

PIERRE f, stone.
PIERRE D'ACHOPPEMENT, stumbling-block.
PIERRE PRÉCIEUSE, gem; precious stone.

PIGOU n. pr, Pigou.
EFFETS PIGOU, Pigou effects.

PILE f, pile, tail (of a coin).
COUP DE PILE OU FACE, toss-up.
GAGNER À PILE OU FACE, to win the toss.
JEU DE PILE OU FACE, tossing; coin tossing.
JOUER À PILE OU FACE, to toss; to toss (up) a coin; to toss heads or tails.

PILOTAGE m, pilotage, piloting.
DROITS DE PILOTAGE, pilotage dues.

PILOTE m, pilot.
PILOTE BREVETÉ, licensed pilot.

PINTE f, pint.

PIONNIER m, pioneer.
TRAVAIL DE PIONNIER, pioneer work.

PIPÉ a, loaded.
DÉS PIPÉS, loaded dice.

PIPE-LINE m, pipe-line.

PIQUET m, picket.
PIQUET DE GRÈVE, strike picket; picketing.

PIRATERIE f, piracy.

PISCICULTURE f, fish-breeding.

PISTE f, track.

PLACAGE m, plating.
PLACAGE D'OR, gold-plating.

PLACE f, place, spot, station; town; market.
ARBITRAGE DE PLACE À PLACE, shunting; shunt.
CHÈQUE SUR PLACE, town cheque.
CHÈQUE DE PLACE À PLACE, country cheque.
EFFET SUR PLACE, local bill.
FAIRE L'ARBITARGE DE PLACE À PLACE, to shunt.
JOUR DE PLACE, market-day.
PERDRE SA PLACE, to lose one's place.
la PLACE EST CHARGÉE, the market is all givers.
la PLACE EST DÉGAGÉE, the market is all bears.
PLACE RETENUE, seat booked; reservation.
la POSITION DE PLACE EST DÉGAGÉE, the market is all takers.
PRIX SUR PLACE, loco-price.

PLACÉ a, invested, placed, lying.
ACTIONS NON PLACÉES, unplaced shares.
ARGENT PLACÉ À FONDS PERDU, money sunk in an annuity.
ARGENT PLACÉ EN VIAGER, money invested in an annuity.
CAPITAUX PLACÉS À L'ÉTRANGER, capital invested abroad.
non PLACÉ, unplaced.

PLACEMENT m, investment, holding, placing, selling, employment.
AGENCE DE PLACEMENT, employment agency.
BANQUE DE PLACEMENT, issuing house.
CAPITAUX DE PLACEMENT, investment capital.
COOPÉRATIVE DE PLACEMENT, investment trust.
ESTIMATION DES PLACEMENTS, valuation of investments.
ÉVALUATION DES PLACEMENTS, valuation of investments.
FAIRE DES PLACEMENTS EN VALEURS, to invest money in stocks and shares.
GÉRANT D'UN SYNDICAT DE PLACEMENT, manager of an underwriting syndicate.
LISTE DE PLACEMENTS CONSEILLÉS PAR UN COURTIER, stockbroker's list of recommendations.
ORGANISMES DE PLACEMENT COLLECTIF, institutional investors.
PLACEMENTS, investments.
PLACEMENT EN ACTIONS, equity investment.
PLACEMENT D'ACTIONS DANS LE PUBLIC, placing shares with the public.
PLACEMENT AVANTAGEUX, eligible investment.
PLACEMENT À COURT TERME, short-term investment.
PLACEMENT DE FONDS, lending money; investing.
PLACEMENT FRUCTUEUX, profitable investment.
PLACEMENTS IMMOBILIERS, investments in real estate.
PLACEMENT À LONG TERME, long-term investment; lock-up holding.
PLACEMENT DE PÈRE DE FAMILLE, gilt-edged investment.
PLACEMENT PERMANENT, permanent investment.
PLACEMENT QUI PORTE INTÉRÊT, interest-bearing investment.
PLACEMENT QUI RAPPORTE 5 %, investment that brings in 5 %; investment that gives 5 %.
PLACEMENT QUI RAPPORTE DES INTÉRÊTS ÉLEVÉS, investment that returns good interest.
PLACEMENT À RECOMMANDER, recommendable investment.
PLACEMENT À REVENU FIXE, fixed-yield investment.
PLACEMENTS À REVENUS VARIABLES, variable-yield investments.
PLACEMENTS SÉLECTIONNÉS, selected investments.
PLACEMENT SÛR, safe investment; secure investment.
PLACEMENTS TEMPORAIRES, temporary investments.
PLACEMENT DES TITRES, merchandizing of securities.
RÉALISER UN PLACEMENT, to realize an investment.
REVENU PROVENANT D'UN PLACEMENT, income derived from an investment.
REVENU QUE L'ON PEUT TIRER D'UN PLACEMENT, income derivable from an investment.
SOCIÉTÉ DE PLACEMENT, investment company.

SYNDICAT DE PLACEMENT, underwriting syndicate; pool.
TRUST DE PLACEMENT, investment trust.
VALEURS DE PLACEMENT, investment securities; investment shares; investment stocks.

PLACER v, to invest, to lend, to place.
EFFETS DIFFICILES À PLACER, bills difficult to negotiate.
PLACER DES ACTIONS, to place shares.
PLACER DE L'ARGENT À FONDS PERDU, to sink money in an annuity.
PLACER DE L'ARGENT DANS LES FONDS PUBLICS, to fund money.
PLACER SON ARGENT EN IMMEUBLES, to invest in house property.
PLACER DE L'ARGENT EN TERRES, to put money into land.
PLACER DE L'ARGENT EN VALEURS, to invest money in securities.
PLACER DE L'ARGENT EN VALEURS IMMOBILIÈRES, to invest money in real estate.
PLACER DE L'ARGENT EN VIAGER, to invest money at life-interest; to invest money in a life annuity; to buy an annuity.
PLACER DES CAPITAUX EN REPORT, to lend money on contango.
PLACER DES VALEURS DOUTEUSES, to push shares.

PLACEUR m, placer, pusher.
PLACEUR DE VALEURS DOUTEUSES, share-pusher.

PLACIER m, pusher.
PLACIER DE VALEURS DOUTEUSES, share-pusher.

PLAFOND m, ceiling, limit.
PLAFOND DES CRÉDITS, credit limit.

PLAFONNEMENT m, levelling off.

PLAGIAT m, plagiarism.

PLAIDER* v, to plead, to litigate.

PLAIDEUR m, litigant.

PLAIDOIRIE* f, pleading.

PLAIDOYER* m, pleading.

PLAIGNANT* m, plaintiff.

PLAIRE v, to please.

PLAISANCE f, pleasure.
BATEAU DE PLAISANCE, pleasure-boat.

PLAN a, plane.
GÉOMÉTRIE PLANE, plane geometry.
SECTION PLANE, plane section.

PLAN m, plan, program(me), scheme, U.S: schedule, survey; table; design, draft; plane.
ANNÉE DE BASE D'UN PLAN, base year of a plan.
ARRIÈRE-PLAN, background.
FAIRE LE TRACÉ D'UN PLAN, to trace (out) a plan.
INDICE D'INFLÉCHISSEMENT DU PLAN, index of tilting of the plan.
INFLÉCHISSEMENT DU PLAN, tilting of the plan.
PLAN D'AMORTISSEMENT, redemption table.
PLAN DE DÉVELOPPEMENT, development plan.
PLANS ET DEVIS, drafts and estimates.
PLAN D'ÉCHANTILLONNAGE, sampling design; sampling plan.
PLAN HORIZONTAL, horizontal plane.
PLAN INCLINÉ, inclined plane.
PLAN MARSHALL, Marshall Plan.
PLAN QUINQUENNAL, five-year plan.
PLAN DE RÉORGANISATION, rehabilitation plan.
PLAN DE SONDAGE, sampling plan.
PLAN DE SYMÉTRIE, symmetry plane.
PLAN D'URBANISME, town-planning; city-planning.
PRÉPARATION D'UN PLAN QUINQUENNAL, elaboration of a five-year plan.
RÉALISATION D'UN PLAN, execution of a plan.
RÉALISER UN PLAN, to execute a plan.

PLANCHE f, board, plate.
PLANCHE À BILLETS, note printing press.

PLANCHER m, floor.
PLANCHER DE PRIX, price-floor.
SURFACE DE PLANCHER, floor space.
SURFACE TOTALE DE PLANCHER, total floor area.

PLANIFICATEUR m, planner.

PLANIFICATION f, planning, scheduling.
ABSENCE DE PLANIFICATION, planlessness; lack of planning.
PLANIFICATION ÉCONOMIQUE, economic planning.
PLANIFICATION INDICATIVE, indicative planning.
PLANIFICATION DE LA PRODUCTION, planning of production.

PLANIFIÉ a, planned.
ÉCONOMIE PLANIFIÉE, planned economy.
INVESTISSEMENT PLANIFIÉ, planned investment.

PLANIFIER v, to plan.

PLANIMÈTRE m, surface integrator.

PLANIMÉTRIE f, planimetry.

PLANNING m, planning.
PLANNING FAMILIAL, family planning.

PLANTATION f, plantation.

PLANTEUR m, planter, grower.

PLAQUE f, plate.

PLAQUÉ a, plated.
PLAQUÉ OR, gold-plated.

PLATE-FORME f, platform.

PLATINE m, platinum.
PLATINE LAMINÉ, platinum foil.

PLATONISME m, Platonism.

PLAUSIBILITÉ f, plausibility, feasibility.

PLAUSIBLE a, plausible.

PLÈBE f, plebs.

PLÉBÉIEN a, plebeian.

PLÉBISCITE m, plebiscite.

PLEIN a, full, whole.
AGIR DE PLEIN DROIT, to act by right.
BILLET À PLEIN TARIF, ticket at full rate.
CONGÉ À SALAIRE PLEIN, full-pay leave.
DROIT PLEIN, full duty.
ÉCONOMIE DE PLEIN EMPLOI, full-employment economy.
ÉCONOMIE EN PLEINE MATURITÉ, mature economy.
MAINTIEN CONTINU DU PLEIN EMPLOI, continuous full employment.
en PLEINE ACTIVITÉ, in full blast.
PLEIN DROIT D'USAGE DE, full right of use of; full right of user of.
PLEIN D'ENTRAIN, full of go; buoyant.
PLEINE SAISON, the height of the season; throng season.
PLEIN TARIF, full rate; full tariff; full fare; adult fare.
TRAVAIL À PLEIN TEMPS, whole-time work; full-time work.
l'USINE TRAVAILLE À PLEIN RENDEMENT, the works are going at full blast.
VALEUR PLEINE, full value.

PLEINEMENT adv, fully.
PLEINEMENT DÉVELOPPÉ, full-grown.

PLÉNIER a, full.
RÉUNION PLÉNIÈRE, full session.

PLÉTHORE f, plethora, glut.
PLÉTHORE DE CAPITAUX, glut of money; plethora of money.
PLÉTHORE DE MAIN-D'ŒUVRE INEMPLOYÉE, plethora of unemployed labour.

PLÉTHORIQUE a, plethoric, glutted.

PLOMB m, lead; seal.
PLOMB DE DOUANE, custom-house seal.

PLOUTOCRATIE f, plutocracy, plutarchy.

PLOUTONOMIE f, plutonomy.

PLURALITÉ f, plurality, pluralism.

PLUS adv, plus.
DIFFÉRENCE EN PLUS OU EN MOINS, difference over or under.
en PLUS, over.
PLUS HAUTS ET PLUS BAS COURS, highest and lowest prices.
le PLUS OFFRANT, highest offerer.

PLUS m, plus.
SIGNE PLUS, plus sign.

PLUSIEURS a. pl, several.
ANALYSE À PLUSIEURS VARIABLES, multivariate analysis.
ANALYSE DE (LA) VARIANCE À PLUSIEURS VARIABLES, multivariate analysis of (the) variance.
DETTE REMONTANT À PLUSIEURS ANNÉES, debt dating back several years.
DISTRIBUTION À PLUSIEURS VARIABLES, multivariate distribution.
ÉCHANTILLONNAGE À PLUSIEURS VARIABLES, multivariate sampling.
ÉCHELONNER UNE SOUSCRIPTION EN PLUSIEURS VERSEMENTS, to spread a subscription into several instalments.
FONCTION HOMOGÈNE À PLUSIEURS VARIABLES, quantic.
FONCTION À PLUSIEURS INCONNUES, multi-valued function.
FUSION DE PLUSIEURS BANQUES, amalgamation of several banks; merging of several banks.
FUSION DE PLUSIEURS SOCIÉTÉS, amalgamation of several companies.
GAIN DE PLUSIEURS POINTS, gain of several points.
MOYENNE DE PLUSIEURS ANNÉES COMME BASE, combination of years as base.
à PLUSIEURS VARIABLES, multivariate.
SONDAGE À PLUSIEURS DEGRÉS, multi-stage sampling.

SONDAGE À PLUSIEURS PHASES, multi-phase sampling.
VERSEMENTS ÉCHELONNÉS SUR PLUSIEURS MOIS, instalments spread over several months.

PLUS-VALUE f, increase in value, appreciation; surplus, appreciated surplus; unearned increment, increment, gain, profit; betterment.
AJUSTEMENT POUR PLUS-VALUE DES STOCKS, adjustment for stock valuation.
BÉNÉFICIER DE LA PLUS-VALUE DU CHANGE, to benefit by appreciation of the exchange.
IMPÔT SUR LES PLUS-VALUES, betterment levy; betterment tax.
IMPÔT SUR LES PLUS-VALUES EN CAPITAL, capital gains tax.
PLUS-VALUE D'ACTIF, appreciation of assets.
PLUS-VALUE EN CAPITAL, capital profits.
PLUS-VALUE DES CONTRIBUTIONS, surplus in taxes.
PLUS-VALUES FONCIÈRES SPONTANÉES, unearned land increments.
TAXE SUR LA PLUS-VALUE EN CAPITAL, tax on capital profits.

PLUVIOSITÉ f, rainfall.

POCHE f, pocket.
ARGENT DE POCHE, pocket-money.
ARGENT DE POCHE (D'UNE JEUNE FILLE), pin-money.

POIDS m, weight, burden.
AFFRÈTEMENT AU POIDS, freighting on weight.
BON POIDS, full weight.
CUBAGE CONVERTI EN POIDS, measurement converted into weight.
EXCÉDENT DE POIDS, overweight; excess weight.
POIDS BRUT, gross weight.
POIDS EFFECTIF, net net weight.
POIDS ÉTALON, standard weight.
POIDS DE LA FISCALITÉ, tax burden.
POIDS INEXACT, false weight.
POIDS LOURD, heavy weight; heavy lorry.
POIDS ET MESURES, weights and measures.
POIDS NET, net tonnage; net weight.
POIDS NET RÉEL, net net weight.
POIDS NORMAL, standard weight.
POIDS SPÉCIFIQUE, specific gravity.
POIDS UNIFIÉS, standard weights.
POIDS UTILE, useful weight.
POIDS À VIDE, tare.
POIDS VIF, live weight.
TABLE DE POIDS ET MESURES, table of weights and measures.
TARIFICATION DOUANIÈRE AU POIDS, customs tariffication by weight.
TOLÉRANCE DE POIDS, remedy of (for) weight; tolerance for error in weight; tolerance of weight.
TONNEAU-POIDS, displacement ton; ton displacement.
VENDRE AU POIDS, to sell by weight.

POINÇON m, punch.
POINÇON DE CONTRÔLE, hall-mark.

POINÇONNAGE m, punching, clipping; hall-marking.

POINÇONNÉ a, hall-marked.

POINÇONNER v, to punch; to hall-mark.

POINT m, point, dot, position.
les ACTIONS ONT RECULÉ D'UN POINT, shares dropped a point; shares relapsed a point.
les ACTIONS SE SONT REPLIÉES D'UN POINT, shares fell back a point.
COORDONNÉES D'UN POINT, punctual co-ordinates.
DIAGRAMME DE POINTS, dot chart.
étant DONNÉS DEUX POINTS QUELCONQUES, given any two points.
GAIN DE PLUSIEURS POINTS, gain of several points.
GOLD-POINT D'ENTRÉE, import gold-point; import specie point; import bullion point.
GOLD-POINT D'EXPORTATION, export gold-point; export specie point; export bullion point.
GOLD-POINT DE SORTIE, outgoing gold-point; outgoing specie point; outgoing bullion point; export gold-point.
MÉTHODE DES POINTS MOYENS, high-low mid-points method.
METTRE UNE INVENTION AU POINT, to perfect an invention.
METTRE AU POINT, to perfect.
NUAGE DE POINTS, scatter of points.
POINT COMMUN (À DEUX COURBES), meet (of two curves).
POINT DE CONTACT, point of contact; point of tangency.
POINT DE CONTRÔLE, check-point.
en tout POINT SUR LA COURBE, at every point of the curve.
POINT DE COÛT MINIMUM, point of minimum cost.
POINT CRITIQUE, critical point.
POINT CULMINANT, highest elevation; climax.
POINT D'ENTRÉE DE L'OR, import gold-point; import specie point.
POINT D'ÉQUILIBRE, profitless point.
POINT FAIBLE, weak point.
POINT D'IMPACT, point of impact.
POINT QUI A SON IMPORTANCE, point of importance.

POINT D'IMPORTANCE SECONDAIRE, point of secondary importance.
POINT D'INFLEXION (D'UNE COURBE), flex; inflexion point (of a curve).
POINT D'INTERSECTION DE DEUX COURBES, point of intersection of two curves.
POINT MARQUANT, landmark.
POINT DE MEILLEUR PROFIT, best-profit point.
POINT MOYEN (DU NUAGE DE POINTS), point of averages (of a scatter of points).
POINT D'OR, gold-point.
POINT D'ORIGINE (D'UNE COURBE), point of origin (of a curve).
POINT DE PROFIT MAXIMUM, point of maximum profit.
POINT DE RÉAPPROVISIONNEMENT, reorder point.
POINT DE REBROUSSEMENT D'UNE COURBE, point of reflection; cusp, of a curve.
POINT DE RÉFÉRENCE, reference position.
POINT DE RENCONTRE (DE DEUX COURBES), meeting-point (of two curves).
POINT DE RUPTURE, break-point; breaking (-down) point.
POINT DE SATURATION, saturation point.
POINT DE SEUIL, break-even point.
POINT DE SORTIE DE L'OR, export gold-point; export specie point; outgoing gold-point; outgoing specie point; outgoing bullion point,
POINT DE TANGENCE, tangential point; point of contact.
à PROXIMITÉ IMMÉDIATE DU POINT D'ÉQUILIBRE, in close proximity of the equilibrium point.
faire RESSORTIR UN POINT, to stress a point.
SOLIDE AU POINT DE VUE FINANCIER, financially sound.
SOMME DE CARRÉS DES ÉCARTS DES POINTS OBSERVÉS, deviations of the separate points, when squared and totalled.

POINTAGE m, tally, tallying, checking.

POINTE f, point, peak.
HEURES DE POINTE, peak hours; throng hours; busy hours; rush hours.

POINTER v, to tally, to check, to tick, to tick off.
POINTER LES ARTICLES D'UN COMPTE, to tick off items in an account.

POINTILLÉ a, dotted.

POINTILLÉ m, dotted line.

POISSON m, fish.
ENGRAIS DE POISSON, fish-manure.
MARCHAND DE POISSON, fishmonger.
PRODUITS COMESTIBLES À BASE DE POISSON, edible fish products.

POISSON n. pr, Poisson.
DISTRIBUTION DE POISSON, Poisson distribution.

POISSONNERIE f, fishmonger's shop, fish-shop.

POLARISATION f, polarization.

POLARITÉ f, polarity.

PÔLE m, pole, point.
PÔLE DE CROISSANCE, growing point; growth point.

POLÉMIQUE f, polemics.

POLICE f, policy, police.
OFFICIER DE POLICE DE FRONTIÈRE, immigration officer.
POLICE D'ABONNEMENT, floating policy.
POLICE D'ASSURANCE, insurance policy; assurance policy.
POLICE D'ASSURANCE ACCIDENTS, accident policy.
POLICE (D'ASSURANCE) TYPE, standard policy.
POLICE D'ASSURANCE SUR LA VIE, life insurance policy.
POLICE SUR CORPS, ship policy.
la POLICE COUVRE LE RISQUE DE PERTE, the policy covers the risk of loss.
POLICE DÉCHUE, expired policy.
POLICE EXPIRÉE, expired policy.
POLICE FLOTTANTE, floater; floating policy.
POLICE INCENDIE, fire-insurance policy.
POLICE NOMINATIVE, policy to a named person.
POLICE À ORDRE, policy to order.
POLICE OUVERTE, NON ÉVALUÉE, open policy.
POLICE AU PORTEUR, policy to bearer.
POLICE DE RÉASSURANCE, reinsurance policy.
POLICE TOUS RISQUES, comprehensive policy; all-in policy.
POLICE À TERME, time policy.
RACHETER UNE POLICE, to surrender a policy.
SOUSCRIRE UNE POLICE, to underwrite a policy.
STIPULATIONS D'UNE POLICE D'ASSURANCE, provisions of an insurance policy.

POLITICO-ÉCONOMIQUE a, politico-economical.

POLITIQUE a, political, politic.
COMITÉ POLITIQUE, U.S: caucus.
CORPS POLITIQUE, body politic (littéraire).

CREDO POLITIQUE, political faith.
ÉCONOMIE POLITIQUE, economics; political economy; plutonomy.
GÉOGRAPHIE POLITIQUE, political geography.
MOUVEMENT POLITIQUE, political movement.
OBJECTIF FINAL DE L'ÉCONOMIE POLITIQUE, higher aim of economics.
PARTI POLITIQUE, political party.
PRINCIPES D'ÉCONOMIE POLITIQUE, Principles of Economics.

POLITIQUE *f*, policy, politics.
COÛT DE LA POLITIQUE DE SOUTIEN À L'AGRICULTURE, cost of agricultural support policy.
EFFICACITÉ DE LA POLITIQUE MONÉTAIRE, effectiveness of monetary policy.
NOUVELLE POLITIQUE ÉCONOMIQUE, *U.R.S.S.:* New Economic Policy (NEP).
OBJECTIFS DE LA POLITIQUE ÉCONOMIQUE, objectives of economic policy.
POLITIQUE AGRICOLE, agricultural policy.
POLITIQUE DE L'ARGENT À BON MARCHÉ, cheap money policy.
POLITIQUE D'AUSTÉRITÉ, austerity policy.
POLITIQUE DE L'AUTRUCHE, ostrich policy.
POLITIQUE BANCAIRE, banking policy.
POLITIQUE BUDGÉTAIRE, budgetary policy; fiscal policy.
POLITIQUE COMMERCIALE, commercial policy.
POLITIQUE DE COMMERCIALISATION, marketing policy.
POLITIQUE DE CONTRACTION MONÉTAIRE, contractionary monetary policy.
POLITIQUE DE COUPS DE FREIN ET D'ACCÉLÉRATEUR ALTERNÉS, stop-go policy.
POLITIQUE DE CRÉDIT, credit policy.
POLITIQUE D'ÉCONOMIES, policy of retrenchment.
POLITIQUE ÉCONOMIQUE, economic policy.
POLITIQUE ÉTRANGÈRE, foreign politics.
POLITIQUE FISCALE, fiscal policy.
POLITIQUE D'IMMIGRATION, immigration policy.
POLITIQUE D'IMMOBILISME, policy of inaction.
POLITIQUE INTÉRESSÉE, calculating policy.
POLITIQUE INTÉRIEURE, internal politics.
POLITIQUE DE LIBRE-ÉCHANGE, free-trade policy.
POLITIQUE MERCANTILISTE, mercantilistic policy.
POLITIQUE MONDIALE, world politics.
POLITIQUE MONÉTAIRE, monetary policy.
POLITIQUE MONÉTAIRE EXPANSIONNISTE, expansionary monetary policy.
POLITIQUE DU « NEW DEAL », New Deal.
POLITIQUE DE LA PORTE OUVERTE, open-door policy.
POLITIQUE DES PRIX, price policy; pricing policy.
POLITIQUE DE RÉAPPROVISIONNEMENT PÉRIODIQUE, *U.S:* ordering cycle system.
POLITIQUE RÉTROGRADE, retrograde policy.
POLITIQUE DES REVENUS, incomes policy.
POLITIQUE DES SALAIRES, wage(s) policy.
POLITIQUE SALARIALE, wage(s) policy.
POLITIQUE DE SOUTIEN À L'AGRICULTURE, *U.S:* agricultural support policy.
POLITIQUE(S) DE STABILISATION, stabilization policies.
POLITIQUE DE TEMPORISATION, temporizing policy.

POLLUTION *f*, pollution.

POLYCOPIER *v*, to manifold, to stencil, to duplicate.
MACHINE À POLYCOPIER, duplicating-machine.

POLYGONAL *a*, polygonal, many-angled.

POLYGONE *m*, polygon.
POLYGONE DE FRÉQUENCES, frequency polygon.
POLYGONE RÉGULIER, regular polygon.
POLYGONE SPHÉRIQUE, spherical polygon.

POLYNÔME *m*, polynomial.
ORDONNER LES TERMES D'UN POLYNÔME, to arrange terms in ascending or descending order.
RÉDUIRE UN POLYNÔME À SA PLUS SIMPLE EXPRESSION, to reduce a polynomial to the simplest expression.

POLYVALENT *a*, polyvalent.

POMME DE TERRE *f*, potato.
CULTURE DE LA POMME DE TERRE, potato growing.

PONCTION *f*, drain.
PONCTION CONTINUELLE SUR L'ÉCONOMIE, constant drain on the economy.
PONCTION SUR LES RESSOURCES, drain on the resources.

PONCTUALITÉ *f*, punctuality.

PONCTUEL *a*, punctual.
ÉLASTICITÉ PONCTUELLE, point elasticity.
ESTIMATION PONCTUELLE, point estimation.

PONCTUELLEMENT *adv*, promptly.
PAYER PONCTUELLEMENT, to pay promptly.

PONDÉRATEUR *a*, balancing.

PONDÉRATION *f*, balance, balancing, weighting.
CHOIX DE LA PONDÉRATION, choice of weights.
COEFFICIENT DE PONDÉRATION APPLIQUÉ À, weight applied to.
FORMULES DE PONDÉRATION, weighting patterns.
TABLEAU INDIQUANT LA PONDÉRATION UTILISÉE, weighting diagram.

PONDÉRÉ *a*, balanced, weighted.
INDICES PONDÉRÉS, weighted indexes.
INDICES DE PRIX PONDÉRÉS, weighted index-numbers of prices.
MOYENNE ARITHMÉTIQUE PONDÉRÉE, weighted arithmetic mean.
MOYENNE GÉOMÉTRIQUE PONDÉRÉE, weighted geometric average.
MOYENNE HARMONIQUE PONDÉRÉE, weighted harmonic average.
MOYENNE PONDÉRÉE, weighted average.

PONDÉREUX *a*, ponderous; weighty.
MARCHANDISES PONDÉREUSES, weight goods; heavy freight.

PONT *m*, bridge.
PONTS ET CHAUSSÉES, roads and bridges; Highways department.
PONT À PÉAGE, toll-bridge.

PONTIFE *m*, magnate.
PONTIFES DE LA FINANCE, magnates of finance.

POOL *m*, pool.
POOL DES BLÉS, wheat pool.
POOL DE L'OR, gold pool.

POPULAIRE *a*, popular.
BANQUES DE CRÉDIT POPULAIRE, popular bank system.
DÉMOCRATIE POPULAIRE, popular democracy.
INSURRECTION POPULAIRE, rising of the people.
PRIX POPULAIRES, popular prices.

POPULARITÉ *f*, popularity.

POPULATION *f*, population, people.
DÉNOMBREMENT DE LA POPULATION, census of population.
DENSITÉ DE (LA) POPULATION, density of population; populousness.
DOUBLEMENT DE LA POPULATION, doubling of population.
ESTIMER LA POPULATION À, to put the population at.
MOYENNE DE LA POPULATION, mean of the population; population mean.
POPULATION ACTIVE, active population; economically active population; occupied population; gainfully-employed population.
POPULATION CLAIRSEMÉE, sparse population.
POPULATION DENSE, dense population.
POPULATION PEU DENSE, sparse population.
la POPULATION DOUBLE TOUS LES 25 ANS, population doubles every 25 years.
POPULATION EMPLOYÉE DANS L'AGRICULTURE, population employed in agriculture.
POPULATION TOUT ENTIÈRE, entire population.
POPULATION FINIE, finite population.
POPULATION FIXE, resident population.
POPULATION INFINIE, infinite population.
POPULATION LABORIEUSE, working population.
POPULATION OPTIMUM, optimum population.
POPULATION(S) RURALE(S), country people.
POPULATION TOTALE, total population.
RECENSEMENT DE LA POPULATION, census of population.
REGISTRE DE POPULATION PERMANENT, continuous population register.
RÉPARTITION DE LA POPULATION PAR GROUPES D'ÂGE, age grouping of the population.
SURPLUS DE LA POPULATION, surplus population.
THÉORIE MALTHUSIENNE DE LA POPULATION, Malthusian theory of population.
THÉORIE DE LA POPULATION, theory of population.
THÉORIE DE LA POPULATION OPTIMUM, theory of the optimum population.

PORC *m*, pig, *U.S:* hog; pork.

PORT *m*, harbour, port, haven; portage, carrying; postage.
COLIS EN PORT PAYÉ, prepaid parcel.
DROITS DE PORT, harbour dues; port dues; port charges.
ENTRÉE DU PORT, entrance to the harbour.
ENTRER DANS UN PORT, to enter a port.
FRAIS DE PORT, portage.
FRAIS DU PORT DE RELÂCHE, port of refuge expenses.
FRANCO DE PORT, port free.
avant-PORT, outer port; outer harbour.
PORT D'ARRIVÉE, port of arrival.
PORT DE COMMERCE, trading port; mercantile port; commercial port.
PORT DE DÉPART, port of departure.
PORT DE DESTINATION, port of destination.
PORT DÛ, carriage forward.
PORT D'EMBARQUEMENT, lading port; port of embarkation.

PORT D'ESCALE, port of call.
PORT FRANC, free port.
PORT D'IMMATRICULATION, port of registry.
PORT LIBRE, open port.
PORT EN LOURD, dead-weight capacity.
PORT EN MARCHANDISES, dead-weight cargo capacity.
PORT DE MER, seaport; outer port.
PORT NEUTRE, neutral port.
PORT OUVERT (AU COMMERCE ÉTRANGER), treaty-port.
PORT PAYÉ, postage paid; carriage paid; post paid.
PORT DE PÊCHE, fishing port.
PORT PÉTROLIER, oil port.
PORT DE RELÂCHE, port of necessity.
PORT SÛR, safe port
PORT DE TRANSIT, port of transit.
RÈGLEMENTS DE PORT, port regulations.
RISQUE DE PORT, port risk.

PORTATIF a, portable, portative.
MACHINE À ÉCRIRE PORTATIVE, portable typewriter.

PORTE f, door.
POLITIQUE DE LA PORTE OUVERTE, open-door policy.
PRINCIPE DE LA PORTE OUVERTE, open-door principle.

PORTE-MONNAIE m, purse.

PORTÉE f, scope, reach, purview; coverage.
HYPOTHÈSE DE GRANDE PORTÉE, far-reaching assumption.
PORTÉE MONDIALE, complete world coverage.
TONNEAU DE FRET DE PORTÉE, freight ton.
TONNEAU DE PORTÉE EN LOURD, ton dead weight.

PORTEFEUILLE m, portfolio, holding, paper holdings, investment·
ACTIONS EN PORTEFEUILLE, shares in portfolio.
ARBITRAGE DE PORTEFEUILLE, change of investments.
AVOIR EN PORTEFEUILLE PLUS DE VALEURS QU'ON NE PEUT
   EN ÉCOULER, loaded up with stock.
CLIENTÈLE DE PORTEFEUILLE, investing public.
EFFETS EN PORTEFEUILLE, bills in hand.
GROS PORTEFEUILLE D'ACTIONS, large holding of shares.
INTÉRÊT SUR LES TITRES EN PORTEFEUILLE, interest on securities
   owned.
INVENTAIRE DU PORTEFEUILLE, list of investments.
PORTEFEUILLE EFFETS, bills in hand; holdings.
PORTEFEUILLE D'INVESTISSEMENTS, investment portfolio.
PORTEFEUILLE TITRES, holdings.
PRÉVISION POUR MOINS-VALUE DU PORTEFEUILLE, provision
   for depreciation of securities.
RÉESCOMPTER LE PORTEFEUILLE D'AUTRES BANQUES, to re-
   discount other banks' bills.
SOCIÉTÉ À PORTEFEUILLE, holding company.
SOCIÉTÉ DE PORTEFEUILLE, investment company.
VALEURS EN PORTEFEUILLE, securities in portfolio.

(SE) PORTER v, to carry, to bear, to bring, to stand.
DETTE NE PORTANT PAS INTÉRÊT, passive debt.
PLACEMENT QUI PORTE INTÉRÊT, interest-bearing investment.
PORTER AU BUDGET, to budget.
se PORTER CAUTION DE, to be surety (for someone); to bail for.
PORTER UNE DEMANDE DEVANT LES TRIBUNAUX, to litigate a
   claim.
PORTER LE DIVIDENDE DE...À, to raise the dividend from... to.
PORTER FRUIT, to come to fruition.
se PORTER GARANT POUR, to stand surety for; to go surety for;
   to go guarantee for; to go bail for; to vouch for; to hold oneself liable
   for.
PORTER INTÉRÊT, to bear interest; to carry interest; to bring in in-
   terest.
PORTER PRÉJUDICE, to prejudice.
PORTER UNE SOMME AU CRÉDIT DE, to credit a sum to.

PORTEUR a, bearing.

PORTEUR m, bearer, payee, holder, porter.
ACTIONS AU PORTEUR, bearer shares; bearer stock; bearer secur-
   ities.
BILLET AU PORTEUR, bill payable to bearer; promissory note made
   out to bearer.
BON AU PORTEUR, bearer bond.
CERTIFICAT D'ACTION AU PORTEUR, share warrant to bearer.
CHÈQUE AU PORTEUR, bearer cheque.
EFFET AU PORTEUR, bill payable to bearer.
OBLIGATION AU PORTEUR, bearer debenture.
PAYABLE AU PORTEUR, payable to bearer.
PAYEZ AU PORTEUR, pay (to) bearer.
POLICE AU PORTEUR, policy to bearer.
PORTEUR D'ACTIONS NOMINATIVES, registered shareholder.
PORTEUR DE BONS, bondholder.
PORTEUR D'OBLIGATIONS, debenture-holder.
PORTEUR DE TITRES, stockholder; shareholder.
TIERS PORTEUR, second endorser; endorsee.
TITRE AU PORTEUR, share warrant to bearer; stock warrant.

VALEURS AU PORTEUR, bearer securities.

PORTION f, portion, part.

PORTIONNAIRE m, sharer in an estate.

POSE f, lay, laying.

POSÉ a, laid.

POSER v, to lay.
POSER SA CANDIDATURE À UN POSTE, to apply for a post.
POSER EN POSTULAT, to postulate.
POSER EN PRÉMISSE, to premise.

POSITIF a, positive, substantive, factual.
ÉCONOMIE POSITIVE, positive economics.
NOMBRE POSITIF, positive number.
PHILOSOPHIE POSITIVE, positive philosophy.
QUANTITÉ POSITIVE, positive quantity.
VALEUR POSITIVE, positive value.

POSITION f, position, situation, station, location; standing, status,
   account.
BINAIRE DE POSITION, binary coded decimal.
LIQUIDER SA POSITION, to close one's position.
POSITION ACHETEUR, bull account.
POSITION À LA BAISSE, bear position; bear account.
POSITION BINAIRE, bit.
POSITION CRÉDITRICE, creditor position.
POSITIONS D'ÉQUILIBRE MULTIPLES, multiple positions of equi-
   librium.
POSITION À LA HAUSSE, bull account.
la POSITION DE PLACE EST DÉGAGÉE, the market is all takers.
POSITION PAR RAPPORT À DEUX AXES, position with reference
   to two axes.
POSITION SOCIALE, social standing; station in life.
POSITION VENDEUR, bear account; bear position; short account;
   short interest.
dans le VOISINAGE DE LA POSITION D'ÉQUILIBRE, in the neigh-
   bourhood of the equilibrium position.

POSITIONNEMENT m, locating.

POSITIVISME m, positivism.

POSSÉDANT a, propertied, proprietary, moneyed, monied.
CLASSES POSSÉDANTES, moneyed classes; propertied classes;
   proprietary classes; wealth-owning class.

POSSÉDANT m, owner.
 les POSSÉDANTS ET LES PROLÉTAIRES, the classes and the masses.

POSSÉDÉ a, owned.

POSSÉDER v, to possess, to hold, to own.
POSSÉDER DE GRANDS BIENS, to possess a lot of property.
POSSÉDER UNE MAISON, to own a house.

POSSESSEUR m, possessor, holder.

POSSESSION f, possession, possessorship, holding, occupancy,
   having, ownership.
LOCATAIRE EN POSSESSION DES LIEUX, tenant in possession;
   sitting tenant.
METTRE QUELQU'UN EN POSSESSION, to vest property in someone.
MISE EN POSSESSION, putting in possession.
POSSESSION D'ACTIONS, shareholding.
POSSESSION DE FAIT, actual possession.
POSSESSIONS D'OUTRE-MER, overseas possessions.
PRENDRE POSSESSION, to take possession.
PRISE DE POSSESSION, taking possession; taking over.
RENTRÉE EN POSSESSION, repossession.
RENTRER EN POSSESSION, to resume possession; to repossess.

POSSESSOIRE a, possessory.

POSSIBILITÉ f, possibility, opportunity.
COURBE DES POSSIBILITÉS DE PRODUCTION, production-possibility curve.
DIFFÉRENTES POSSIBILITÉS DE PRODUCTION, different opportunities for production.
LIGNE DE(S) POSSIBILITÉS DE CONSOMMATION, consumption-
   possibility line.
POSSIBILITÉ DE PRODUCTION, productive opportunity; production
   possibility.
POSSIBILITÉ DE PRODUCTION FIXE, fixed productive opportunity.
ces POSSIBILITÉS POURRAIENT SE RÉALISER, these possibilities
   may materialize.

POSSIBLE a, possible, feasible, hypothetic(al).
CLIENT POSSIBLE, U.S: prospect; U.K: prospective customer.
DISPERSION DES PRIX POSSIBLES, dispersion of possible prices.

POST-KEYNÉSIEN a, post-Keynesian.
ÉCONOMISTES POST-KEYNÉSIENS, post-Keynesian economists.

POSTAL a, postal.
CAISSE D'ÉPARGNE POSTALE, post office savings bank; postal savings bank.

COLIS POSTAL, postal packet; postal parcel.
SERVICE DE COLIS POSTAUX, parcel post.
SERVICE POSTAL, mail service; postal service.
SURTAXE POSTALE, additional postage.
TARIFS POSTAUX, postage rates; postal rates.
TARIF POSTAL DES PÉRIODIQUES, newspaper rate.
TRAIN POSTAL, mail train.
UNION POSTALE, Postal Union.
UNION POSTALE UNIVERSELLE, Universal Postal Union.

POSTDATER v, to date forward, to post-date.

POSTE f, post, post office, mail.
BUREAU CENTRAL DES POSTES, head post office.
BUREAU DE POSTE, post office.
MANDAT-POSTE, money order; post office order.
MANDAT-POSTE INTERNATIONAL, international money order.
MANDAT-POSTE NUL, void money-order.
POSTE AÉRIENNE, air(-)mail.
RECEVEUR DES POSTES, postmaster.
SERVICE DES POSTES, postal service; *U.K:* Royal Mail.
TIMBRE-POSTE, postage stamp.

POSTE m, post, station, item.
(AVOIR UN) POSTE ÉLEVÉ, high in office.
LIGNE À POSTES GROUPÉS, party-line; shared line.
POSER SA CANDIDATURE À UN POSTE, to apply for a post.
tous POSTES DE LA BALANCE DES PAIEMENTS AUTRES QUE LA
   BALANCE COMMERCIALE ET LE COMPTE CAPITAL (« AU-
   DESSOUS DE LA LIGNE »), below the line.
POSTES DE DÉPENSE, items of expenditure.
POSTE ÉMETTEUR, broadcasting station; transmitting station.
POSTE OBLIGATIONS, item debentures.
POSTES RÉÉQUILIBRANTS, balancing items.
POSTE VACANT, vacancy.
POURVOIR UN POSTE VACANT, to fill a vacancy.

POSTER v, to post.

POSTÉRIEUR a, posterior; subsequent.

POSTÉRIORITÉ f, posteriority; subsequence.

POSTÉRITÉ f, posterity, progeny.

POSTICHE a, dummy.

POSTULAT m, postulate, postulation, assumption.
ÉNONCER UN POSTULAT, to posit.
aussi LONGTEMPS QUE LES POSTULATS CLASSIQUES RESTENT
   VRAIS, as long as the classical postulates hold good.
POSER EN POSTULAT, to postulate.

POSTULER v, to postulate.

POT-DE-VIN m, bribe, illicit commission.

POTASSE f, potash.

POTASSIER a, pertaining to the potash industry.
INDUSTRIE POTASSIÈRE, potash industry.

POTENTIALITÉ f, potentiality.

POTENTIEL a, potential, intending.
ACHETEUR POTENTIEL, potential buyer.
FONCTION POTENTIELLE, potential function.
RESSOURCES POTENTIELLES, potential resources.

POTENTIEL m, potential, capacity.
DIFFÉRENCE DE POTENTIEL, potential difference.
POTENTIEL NON UTILISÉ, idle capacity.

POTENTIELLEMENT adv, potentially.

POUCE m, inch (= 2,54 centimetres); thumb.
POUCE CUBE, cubic inch.

POURBOIRE m, tip, tipping, gratuity.

POURCENTAGE m, percentage, amount per cent; quota.
POURCENTAGES CUMULÉS, cumulated percentages.
POURCENTAGE ÉLEVÉ, high percentage; heavy percentage.
POURCENTAGE MÉDIAN, median percentage.
RÉPARTITION EN POURCENTAGE, percentage distribution.

POURCHASSER v, to pursue, to raid.
POURCHASSER LE DÉCOUVERT, to raid the bears.

POURSUITE f, pursuit, pursuance, proceedings.
POURSUITES, prosecution; law-suit.
POURSUITE DU BONHEUR, pursuit of happiness.
POURSUITES CONTRE UN DÉBITEUR, proceedings against a debtor.
POURSUITES SUR UNE HYPOTHÈQUE, foreclosure of a mortgage.
POURSUITES JUDICIAIRES, legal proceedings.
POURSUITE EN JUSTICE, suit; law-suit.
POURSUITE DES RICHESSES, pursuit of wealth.

POURSUIVRE v, to pursue, to sue, to proceed.
POURSUIVRE UN DÉBITEUR, to sue a debtor.
POURSUIVRE EN DOMMAGES-INTÉRÊTS*, to sue for damages.
POURSUIVRE EN JUSTICE, to sue; to prosecute.

POURSUIVRE LA VENTE DE L'IMMEUBLE HYPOTHÉQUÉ, to foreclose the mortgage.

POURTOUR m, circumference, circuit, periphery.

POURVOIR v, to provide, to fill.
POURVOIR À LA CONSOMMATION FUTURE, to provide for future
consumption.
POURVOIR UN POSTE VACANT, to fill a vacancy.

POURVU a, provided.
POURVU EN PERSONNEL, staffed.

POUSSÉ a, elaborate.
RECHERCHE POUSSÉE, elaborate research.

POUSSÉE f, push, pushing.
INFLATION PAR POUSSÉE SUR LES COÛTS, cost-push inflation.
POUSSÉE S'EXERÇANT SUR LES COÛTS, cost push.

POUSSER v, to push, to incite, to impel.

POUVOIR m, power, capacity, faculty, authority; authorization, proxy.
ABUS DE POUVOIR, misuse of authority.
CRÉER DU POUVOIR D'ACHAT, to create purchasing power.
ÉPONGER LE POUVOIR D'ACHAT, to mop up purchasing power.
FONDÉ DE POUVOIR(S)*, agent-general; deputy; proxy; private
attorney.
PARITÉ DES POUVOIRS D'ACHAT, purchasing power parity.
POUVOIR ABSOLU, absolute power.
POUVOIR D'ACHAT, purchasing power; spending power; spending
capacity.
POUVOIR D'ACHAT DE LA MONNAIE, purchasing power of money.
POUVOIR CALORIFIQUE, calorific value.
POUVOIR DE CONTESTATION, bargaining power.
POUVOIRS ÉTENDUS, large powers.
POUVOIRS EXÉCUTIFS, executive powers.
POUVOIR LIBÉRATOIRE DE LA MONNAIE, general acceptability of
money.
POUVOIRS D'UN LIQUIDATEUR, powers of a liquidator.
POUVOIR DE NÉGOCIATION, bargaining power.
POUVOIRS PUBLICS, public authorities; authorities; government.
POUVOIR DE SIGNER, power to sign.
POUVOIR SPÉCIAL, particular power.
REPRÉSENTANT, FONDÉ DE POUVOIRS, agent-general.
THÉORIE DE LA DÉCENTRALISATION DES POUVOIRS, decen-
tralization of power theory; communalism.
THÉORIE DE LA PARITÉ DES POUVOIRS D'ACHAT, purchasing
power parity theory.

PRAGMATIQUE a, pragmatic.

PRAGMATISME m, pragmatism.

PRATICABILITÉ f, practicability, feasibility.

PRATICABLE a, practicable, feasible.

PRATICIEN a, practising.

PRATICIEN m, practician, practiser.

PRATIQUE a, practical.
CARACTÈRE PRATIQUE, practicality.
PROPOSITION D'ORDRE PRATIQUE, practical proposal.
sans VALEUR PRATIQUE, of no practical value.

PRATIQUE f, practice, practising, praxis.
LIBRE PRATIQUE, pratique.
PRATIQUE COLLUSOIRE DES OFFREURS, collusive tendering.
PRATIQUES COMPTABLES, accounting practices.
PRATIQUE COURANTE, usual practice.
PRATIQUE DE L'ESCOMPTE, discounting.
PRATIQUE DES NOMBRES ARRONDIS, rounding of statistical
figures.
PRATIQUE DE PRIX DISCRIMINATOIRES SELON LES CAPACITÉS
DES ACHETEURS, charging what the market will bear.
la THÉORIE ET LA PRATIQUE, theoretics and practice.

PRATIQUÉ a, made, done.
COURS PRATIQUÉS AU COMPTANT, business done for cash.
COURS PRATIQUÉS HIER, prices made yesterday.

PRATIQUER v, to practise; to employ, to use.

PRÉ m, pasture, pasture field, meadow.

PRÉALABLE a, preliminary, prior, previous.
ASSURANCE PRÉALABLE, preassurance.
CONDITION PRÉALABLE, prerequisite.
CONTRAT PRÉALABLE, pre-contract.
EXPOSÉ PRÉALABLE, premise.
PAYABLE SANS AVIS PRÉALABLE, payable without preliminary
advice.

PRÉALABLE m, prerequisite.

PRÉAVIS m, notice.
sans PRÉAVIS, without notice; without previous notice.
PRÉAVIS DE LICENCIEMENT, term of notice.

PRÉBENDE *f*, prebend.
PRÉBENDE QUI RAPPORTE GROS, fat living.

PRÉCAIRE *a*, precarious.

PRÉCARITÉ *f*, precariousness.

PRÉCAUTION *f*, precaution, caution.
DEMANDE DE PRÉCAUTION, precautionary demand.
ÉPARGNE DE PRÉCAUTION, precautionary saving.
MOTIF DE PRÉCAUTION, precautionary motive.

PRÉCÉDENT *a*, preceding, precedent, previous, prior.
AFFECTER UN PAIEMENT À UNE ANNÉE FISCALE PRÉCÉDENTE, to allocate a payment to a previous year.
ANNÉE PRÉCÉDENTE, preceding year; previous year.
CLÔTURE PRÉCÉDENTE, previous closing.
COURS PRÉCÉDENT, previous price.
PROFITS QUADRUPLES DE CEUX DE L'ANNÉE PRÉCÉDENTE, profits quadruple those of previous year.

PRÉCÉDENT *m*, precedent, test case.
NIVEAU SANS PRÉCÉDENT, record level.

PRÉCÉDER *v*, to precede.

PRÉCEPTE *m*, precept.

PRÉCIEUX *a*, precious, noble, valuable, valued.
MÉTAUX PRÉCIEUX, noble metals; precious metals.
PIERRE PRÉCIEUSE, gem, precious stone.

PRÉCIPITATION *f*, precipitation, hastiness, hurry.

PRÉCIPITÉ *a*, precipitate, hasty.

PRÉCIPITER *v*, to precipitate.

PRÉCIS *a*, precise, accurate, exact; strict; punctual; terminate; definite.
BESOINS PRÉCIS, definite needs.
EXÉCUTION EXACTE ET PRÉCISE DES ENGAGEMENTS PRIS, punctual and strict performance of undertakings.

PRÉCIS *m*, précis, abstract.
PRÉCIS DE STATISTIQUES, abstract of statistics.

PRÉCISER *v*, to specify.

PRÉCISION *f*, precision, preciseness, accuracy, exactness; strictness.
DEGRÉ DE PRÉCISION, accuracy.
INSTRUMENTS DE PRÉCISION, precision instruments.

PRÉCOCE *a*, precocious, early.

PRÉCOCITÉ *f*, precocity.

PRÉCONÇU *a*, preconceived.
IDÉE PRÉCONÇUE, preconceived idea.

PRÉCURSEUR *a*, precursory, premonitory.

PRÉCURSEUR *m*, precursor.

PRÉDÉCESSEUR *m*, predecessor.

PRÉDÉTERMINATION *f*, predetermination.

PRÉDÉTERMINÉ *a*, predeterminate, predetermined, predicated.
VARIABLE PRÉDÉTERMINÉE, predicated variable.

PRÉDÉTERMINER *v*, to predetermine.

PRÉDICTION *f*, prediction, prophecy.

PRÉDILECTION *f*, predilection.

PRÉDIRE *v*, to predict, to foretell.

PRÉDISPOSÉ *a*, predisposed.

PRÉDISPOSITION *f*, predisposition.

PRÉDOMINANCE *f*, predominance.

PRÉDOMINANT *a*, predominant, predominating.

PRÉDOMINER *v*, to predominate.

PRÉEMPTER *v*, to pre-empt.

PRÉEMPTIF *a*, pre-emptive.

PRÉEMPTION *f*, pre-emption.
DROIT DE PRÉEMPTION, pre-emption; refusal.

PRÉÉTABLI *a*, pre-established.

PRÉEXISTANT *a*, pre-existent.

PRÉEXISTER *v*, to pre-exist.

PRÉFÉRABLE *a*, preferable.

PRÉFÉRENCE *f*, preference, priority, priority rights; favour, choice.
DROIT DE PRÉFÉRENCE, right of first refusal.
ÉCHELLE DE PRÉFÉRENCES, scale of preferences.
PRÉFÉRENCE DU CONSOMMATEUR, consumer's choice.
PRÉFÉRENCES DISCRIMINATOIRES, discriminatory preferences.
PRÉFÉRENCE IMPÉRIALE, imperial preference.
PRÉFÉRENCE POUR LA LIQUIDITÉ, liquidity preference.

PRÉFÉRENCE POUR LES LOISIRS, leisure preference.
PRÉFÉRENCE MARQUÉE, distinct preference.

PRÉFÉRENTIEL *a*, preferential.
DROIT PRÉFÉRENTIEL, preferential right.
TARIF PRÉFÉRENTIEL, preferential rates; preferential tariff.

PRÉFÉRER *v*, to prefer, to like better.

PRÉJUDICE *m*, prejudice, detriment, injury, damage.
PORTER PRÉJUDICE, to prejudice.
PRÉJUDICE JUSTIFIÉ, proved damage.

PRÉJUDICIABLE *a*, prejudicial, detrimental.
PRÉJUDICIABLE À NOS INTÉRÊTS, detrimental to our interests.

PRÉJUGÉ *m*, prejudice, preconception.

PRÉJUGER *v*, to prejudge; to prejudice.

PRÉLEVÉ *a*, drawn, charged, paid out of.
COMMISSION PRELEVÉE PAR LA BANQUE, commission charged by the bank.
DIVIDENDE PRÉLEVÉ SUR LE CAPITAL, dividend paid out of capital.
INTÉRÊTS PRÉLEVÉS SUR LE CAPITAL, interest paid out of capital

PRÉLÈVEMENT *m*, drawing, setting apart, setting aside; levy, appropriation; deduction.
PRÉLÈVEMENT SUR LE CAPITAL, capital levy.
PRÉLÈVEMENTS SUR COMPTE COURANT, drawings on current account.
PRÉLÈVEMENT DE LA DÎME, tithing.
PRÉLÈVEMENT DU DIVIDENDE SUR LE CAPITAL, payment of dividend out of capital.
PRÉLÈVEMENT SUR LES FORTUNES, capital levy.
PRÉLÈVEMENT PRIORITAIRE SUR LES BÉNÉFICES NETS, prior appropriation on the net profits.
PRÉLÈVEMENT SUR LE SALAIRE, deduction from wages.
PRÉLÈVEMENT SUR LES STOCKS, drawing on stocks.
SYSTÈME DES PRÉLÈVEMENTS, levy system.

PRÉLEVER *v*, to draw, to set apart, to set aside, to levy, to charge.
PRÉLEVER LA DÎME, to levy the tithes.
PRÉLEVER UN ÉCHANTILLON AU HASARD, to select a specimen at random.
PRÉLEVER SUR SES LIQUIDITÉS, to draw from one's cash.
PRÉLEVER SUR LA RÉSERVE, SUR LES RÉSERVES, to take from the reserve; to draw on the reserves.
PRÉLEVER UN SPÉCIMEN AU HASARD, to select a specimen at random.

PRÉLIMINAIRE *a*, preliminary, precursory.
DÉCLARATION PRÉLIMINAIRE, preliminary entry.
RÉUNION ÉLECTORALE PRÉLIMINAIRE, *U.S*: caucus.

PRÉLIMINAIRE *m*, preliminary.

PRÉMATURÉ *a*, premature, immature.

PRÉMATURÉMENT *adv*, prematurely.

PRÉMICES *f. pl*, first-fruits.

PREMIER *a*, first, prime, primary, primordial; overriding; immediate; original, initial, premier.
ACTIONS DE PRIORITÉ DE PREMIER RANG, first preference shares.
ANNONCE EN PREMIÈRE PAGE, front-page advertisement.
BILLET DE PREMIÈRE CLASSE, first-class ticket.
CAUSE PREMIÈRE, primary cause; prime cause; root cause.
COÛT DES MATIÈRES PREMIÈRES, cost of materials.
COÛT PREMIER, prime cost.
COÛT DE PREMIER ÉTABLISSEMENT, promotion money.
DENRÉES DE PREMIÈRE NÉCESSITÉ, essential foodstuffs.
DÉRIVÉE DU PREMIER ORDRE, derivative of the first order.
DIVISEUR PREMIER, prime factor.
ÉQUATION DU PREMIER DEGRÉ, simple equation.
EXPANSION PREMIÈRE, primary expansion.
FRAIS DE PREMIER ÉTABLISSEMENT, initial outlay; first outlay; initial capital expenditure; initial capital.
HYPOTHÈSE PREMIÈRE, original assumption.
MARCHÉ DE MATIÈRES PREMIÈRES, commodity market.
MATIÈRES PREMIÈRES, material; raw materials; unmanufactured materials; raw produce; primary products.
NOMBRE PREMIER, prime number; prime.
OBLIGATION DE PREMIÈRE HYPOTHÈQUE, first-mortgage bond.
tout PREMIER, foremost.
PREMIER ARRIVÉ, first comer.
PREMIER ARRIVÉ, PREMIER SERVI, first come, first served.
PREMIER BUT, immediate object.
de PREMIER CHOIX, of finest quality.
PREMIÈRE CLASSE, first class.
PREMIER COUP, first move.
PREMIERS COURS, opening prices.
PREMIÈRE DÉPENSE SOMPTUAIRE À SUPPRIMER, first luxury to go.

PREMIÈRE ENFANCE, infancy.
PREMIÈRE FLOTTE COMMERCIALE DU MONDE, premier fleet of the world.
PREMIÈRE HYPOTHÈQUE, first mortgage.
PREMIÈRE LOI DE LAPLACE, Laplace distribution.
PREMIER MEMBRE D'UNE ÉQUATION, left-hand member of an equation.
PREMIER MINISTRE, *U.K:* premier; prime minister.
PREMIER-NÉ, first-born.
de PREMIÈRE NÉCESSITÉ, indispensable.
PREMIÈRE OFFRE, tentative offer.
de PREMIER ORDRE, first-rate; high-class.
PREMIER PAS, first move; first step.
de PREMIÈRE QUALITÉ, first-quality; first-class; high-class.
PREMIER QUARTILE, first quartile.
de PREMIER RANG, top-ranking.
tout PREMIER RANG, foremost rank.
PREMIER SECOURS, first-aid.
PREMIÈRE ET UNIQUE RÉPARTITION, first and final dividend.
à PREMIÈRE VUE, on the face of it; at first sight.
PRODUITS DE PREMIÈRE NÉCESSITÉ, essential products; staples.
TITRE DE PREMIER RANG, floater.
TRAVAIL DE PREMIÈRE URGENCE, work of immediate urgency.

PRÉMISSE *f*, premise, premiss.
DÉDUIRE DES CONCLUSIONS DES PRÉMISSES, to reason from premises.
POSER EN PRÉMISSE, to premise.
les deux PRÉMISSES, the two propositional terms.
PRÉMISSE MAJEURE, major premise; major premiss.

(SE) **PRÉMUNIR** *v*, to provide.
se PRÉMUNIR CONTRE LA BAISSE, to provide against a fall.

PRENDRE *v*, to take, to obtain, to gather.
PRENDRE DES ACTIONS EN REPORT, to carry stock; to carry over stock.
PRENDRE À BAIL, to take on lease.
PRENDRE BONNE NOTE D'UNE COMMANDE, to note an order.
PRENDRE EN CHARGE L'ACTIF ET LE PASSIF, to take over the assets and liabilities.
PRENDRE UNE COMMANDE, to take an order.
PRENDRE À COMPTE, to take on account.
PRENDRE À CRÉDIT, to take on credit.
PRENDRE LES DROITS À SA CHARGE, to undertake to pay the duty.
PRENDRE SUR LES ÉCONOMIES, to draw on savings.
PRENDRE EFFET, to take effect.
PRENDRE FORME, to shape; to take shape.
PRENDRE UNE HYPOTHÈQUE SUR UN BIEN, to take a mortgage on property.
PRENDRE LIVRAISON DE TITRES, to take up shares; to take up stock; to take delivery of stock.
PRENDRE UNE MAISON À BAIL, to take a house on lease.
PRENDRE UN NANTISSEMENT, to lodge a security.
PRENDRE UNE OPTION, to take an option.
PRENDRE DES PASSAGERS, to pick up passengers.
PRENDRE POSSESSION, to take possession.
PRENDRE RANG, to rank.
PRENDRE LE MÊME RANG, to rank equally.
PRENDRE SA RETRAITE, to retire on a pension.
PRENDRE LA SUITE DES AFFAIRES D'UNE MAISON, to succeed to a business.
PRENDRE DES SÛRETÉS, to obtain security.
PRENDRE DES TITRES EN RETOUR, to take in stock.
PRENDRE DES VACANCES, *U.S:* to vacation; *U.K:* to take a holiday.
PRENDRE À VALOIR, to take on account.
PRENDRE DE LA VITESSE, to gather pace.
PRENDRE DES VOYAGEURS, to load passengers.

PRENEUR *a*, purchasing.
SOCIÉTÉ PRENEUSE, purchasing company.

PRENEUR *m*, purchaser, buyer, taker; lessee.
PRENEUR (D'ASSURANCE), placer.
PRENEUR D'UNE LETTRE DE CHANGE, taker of a bill.
TROUVER PRENEUR, to find a taker.

PRÉNUPTIAL *a*, antenuptial.

PRÉOCCUPATION *f*, endeavour.
PRÉOCCUPATION CONSTANTE, constant endeavour.

PRÉPARATEUR *m*, demonstrator.

PRÉPARATIF *m*, preparation, preparative.

PRÉPARATION *f*, preparation.
ÉTAT DE PRÉPARATION, preparedness.
PRÉPARATION D'UN PLAN QUINQUENNAL, elaboration of a five-year plan.

PRÉPARATOIRE *a*, preparatory, preparative, preliminary.
TRAVAUX PRÉPARATOIRES, preliminary work.

PRÉPARER *v*, to prepare.

PRÉPONDÉRANCE *f*, preponderance.

PRÉPONDÉRANT *a*, preponderant.
VOIX PRÉPONDÉRANTE (DU PRÉSIDENT), casting vote.

PRÉROGATIVE *f*, prerogative.

PRÉSAGER *v*, to portend.

PRESCIENCE *f*, prescience, foreknowledge.

PRESCRIPTION *f*, prescription, limitation.
DÉLAI DE PRESCRIPTION, term of limitation.
LOI SUR LA PRESCRIPTION, Statute of Limitations.

PRESCRIT *a*, prescribed, stipulated, due; barred.
CHARGE PRESCRITE, specified load.
CHÈQUE PRESCRIT, stale cheque.
dans le DÉLAI PRESCRIT, in the required time.
DETTE PRESCRITE, statute barred debt.
LIMITES PRESCRITES, due limits.
QUALITÉ PRESCRITE, stipulated quality.

PRÉSENCE *f*, presence, attendance.
FEUILLE DE PRÉSENCE, time sheet.
JETONS DE PRÉSENCE DES ADMINISTRATEURS, directors' fees.
REGISTRE DE PRÉSENCE, time-book.

PRÉSENT *a*, present, actual, current.
ANNEXÉ AUX PRÉSENTES, attached hereto.
BIENS PRÉSENTS ET À VENIR, property present and future.
REVENU PRÉSENT, current income.

PRÉSENT *m*, present.

PRÉSENTATEUR *a*, presenting.
BANQUE PRÉSENTATRICE, presenting bank.

PRÉSENTATEUR *m*, presenter.
PRÉSENTATEUR D'UN BILLET, presenter of a bill.
PRÉSENTATEUR D'UNE TRAITE, presenter of a bill.

PRÉSENTATION *f*, presentation, presentment; sighting.
PAYER À PRÉSENTATION, to pay on demand; to pay on presentation.
PRÉSENTATION À L'ACCEPTATION, presentation for acceptance; presentment for acceptance.
PRÉSENTATION ERRONÉE, misrepresentation.
PRÉSENTATION D'UNE LETTRE DE CHANGE, sighting of a bill of exchange.

PRÉSENTER *v*, to present, to show, to exhibit, to provide; to sight.
PRÉSENTER UN CHÈQUE À L'ENCAISSEMENT, to present a cheque for payment.
PRÉSENTER UN EFFET À L'ACCEPTATION, to provide a bill for acceptance.
PRÉSENTER LES FAITS ORDONNÉS, to marshal facts.
PRÉSENTER UNE LETTRE DE CHANGE, to sight a bill of exchange.
PRÉSENTER UN SOLDE, to show a balance.
PRÉSENTER UN SOLDE CRÉDITEUR, to show a credit balance.
PRÉSENTER UN SOLDE DÉBITEUR, to show a debit balance.
PRÉSENTER UNE TRAITE À L'ACCEPTATION, to present a bill for acceptance.

PRÉSERVATION *f*, maintenance, conservancy, preservation.
PRÉSERVATION DE LA CONCURRENCE, maintenance of competition.

PRÉSIDENCE *f*, chairmanship, presidency.

PRÉSIDENT *m*, chairman, president.
PRÉSIDENT DU CONSEIL D'ADMINISTRATION, chairman of the board.
VICE-PRÉSIDENT, vice-chairman; vice-president; deputy chairman.
VOIX PRÉPONDÉRANTE DU PRÉSIDENT, chairman's casting vote.

PRÉSIDER *v*, to preside, to be chairman of.
PRÉSIDER UNE ASSEMBLÉE, to preside over a meeting.

PRÉSOMPTION *f*, presumption, presuming.
PRÉSOMPTION DE FAIT, presumption of fact.
PRÉSOMPTION DE FAUTE, presumption of fault.
PRÉSOMPTION LÉGALE, presumption of law.
PRÉSOMPTION DE PERTE, presumptive loss.
PREUVE PAR PRÉSOMPTION, presumptive evidence.

PRESSANT *a*, pressing, exigent.
BESOIN PRESSANT, urgency.
BESOINS PRESSANTS, exigent needs.
NÉCESSITÉ PRESSANTE, emergency.

PRESSE *f*, press, jam.
AGENCE DE PRESSE, news-agency; press-agency.
CAMPAGNE DE PRESSE, press-campaign.
LIBERTÉ DE LA PRESSE, liberty of the press.

PRESSÉ *a*, pressed, pushed.
PRESSÉ PAR SES CRÉANCIERS, pressed by one's creditors.

PRESSE-BOUTON *m*, push-button.

PRESSER *v*, to press, to push, to hasten.
PRESSER POUR SE FAIRE PAYER, to push for payment.

PRESSER LES TRAVAUX, to speed up the work.

PRESSION *f*, pressure, press, pressing.
FORTE PRESSION, heavy pressure.
GROUPE DE PRESSION, lobby.
PRESSION DE LA DEMANDE, demand pull.
PRESSION INFLATIONNISTE, inflationary pressure.

PRESTATION *f*, provision, loaning, lending, allowance, benefit.
PRESTATION DE CAPITAUX, provision of capital lending.
PRESTATION-MALADIE, sick-benefit.
PRESTATIONS EN NATURE, allowances in kind.
PRESTATIONS DE SÉCURITÉ SOCIALE, social security benefits.
PRESTATIONS SOCIALES, social insurance benefits; social security benefits.
SYSTÈMES DE PRESTATIONS EN FAVEUR DES EMPLOYÉS, social benefit schemes for employees.

PRESTIGE *m*, prestige, glamour.
PUBLICITÉ DE PRESTIGE, prestige advertising; *U.S:* institutional advertizing.

PRÉSUMABLE *a*, presumable, assumable.

PRÉSUMÉ *a*, presumed, assumed.
PREUVE PRÉSUMÉE VALABLE, prima facie evidence.
TAUX D'ACCROISSEMENT PRÉSUMÉ, assumed rate of increase.

PRÉSUMER *v*, to presume, to assume.

PRÉSUPPOSER *v*, to presuppose.

PRÉSUPPOSITION *f*, presupposition.

PRÊT *a*, ready.

PRÊT *m*, loan, lend, loaning, lending, advance.
ACCORD GÉNÉRAL DE PRÊT, General Agreement to Borrow.
BANQUE DE PRÊTS, lending bank.
CAISSE DE PRÊTS, loan bank.
COMPTE DE PRÊT, loan account.
DONS ET PRÊTS, grants and loans.
EMPRUNTS ET PRÊTS, borrowing and lending.
FAIRE UN PRÊT, to make a loan.
INTÉRÊT DE PRÊT, interest on loan.
MAISON DE PRÊT (SUR GAGES), pawn-office.
MARCHÉ DES PRÊTS, loan market.
PRÊTS, fixture; loaning; lending.
PRÊT D'ARGENT, loan of money.
PRÊTS ET AVANCES CONSENTIS, loans and advances granted.
PRÊT-BAIL, leasing; lease-lend.
PRÊTS DES BANQUES, loans by banks.
PRÊTS DE BANQUE À BANQUE, interbank loans.
PRÊT DE CAPITAUX, lending capital.
PRÊTS À CONDITION, tied loans.
PRÊT À LA CONSOMMATION, consumption loan.
PRÊT À COURT TERME, short loan.
PRÊTS À COURT TERME, short lending.
PRÊT À DÉCOUVERT, loan on overdraft.
PRÊT DESTINÉ À LA MODERNISATION, improvement loan.
PRÊT À FONDS PERDU, loan without security.
PRÊT SUR GAGE, pawnbroking; loan against security.
PRÊT GARANTI, secured loan; loan on collateral.
PRÊT SUR (CONTRE) GARANTIE, loan on (against) security.
PRÊT À LA GROSSE, bottomry loan.
PRÊT D'HONNEUR, loan on trust.
PRÊT HYPOTHÉCAIRE, loan on mortgage.
PRÊT À INTÉRÊT(S), loan at interest.
PRÊTS INTERNATIONAUX, international loans.
PRÊT AU JOUR LE JOUR, day-to-day loan; daily loan.
PRÊTS À SEPT JOURS, weekly loans; weekly fixtures.
PRÊTS LIÉS, tied loans.
PRÊTS À UN MOIS, monthly loans; monthly money.
PRÊT MONÉTAIRE, money loan.
PRÊT SUR NANTISSEMENT, loan on security; loan on collateral.
PRÊT PERSONNEL, personal loan.
PRÊT À LA PETITE SEMAINE, loan by the week.
PRÊT REMBOURSABLE SUR DEMANDE, loan at call.
PRÊT À TERME, loan at notice.
PRÊTS À TERME, time-money.
PRÊT SUR TITRES, loan on stock; loan against security; advance on securities.
REMBOURSER UN PRÊT, to repay a loan; to return a loan.
RENCAISSER UN PRÊT, to receive a loan back.
TAUX DES PRÊTS AU JOUR LE JOUR, call loan rate.
TAUX DU PRÊT SUR TITRES, rate for advances on securities.
TITRE DE PRÊT, loan certificate.

PRÊT-BAIL *m*, leasing, lease-lend.

PRÊTABLE *a*, loanable, lendable.
COURBE D'OFFRE DE FONDS PRÊTABLES, supply curve of loan capital.
FONDS PRÊTABLES, lendable funds; loanable funds; loan capital.

PRÊTÉ *a*, lent.

ARGENT PRÊTÉ, money lent.

PRÉTENDU *a*, presumed, supposed.

PRÊTE-NOM *m*, dummy, man of straw, nominee.

PRÊTER *v*, to lend, *U.S:* to loan.
PRÊTER DE L'ARGENT À DÉCOUVERT, to lend money without security.
PRÊTER DE L'ARGENT CONTRE GARANTIE, to lend money on security.
PRÊTER CONTRE GARANTIE, to lend against security.
PRÊTER À INTÉRÊT, to lend at interest; to lend money at interest.
PRÊTER À LONGUE ÉCHÉANCE, to lend long.
PRÊTER À LONG TERME, to lend long.
PRÊTER SON NOM, to lend one's name.
PRÊTER SUR TITRES, to lend on stock.

PRÊTEUR *a*, lending.
BANQUIER PRÊTEUR, lending banker.

PRÊTEUR *m*, lender, loaner, money-lender, loan-holder.
GARANTIR UN PRÊTEUR PAR UNE HYPOTHÈQUE, to secure a lender by mortgage.
PRÊTEUR SUR GAGES, pawnbroker.
PRÊTEUR CONTRE GARANTIE, lender on security.
PRÊTEUR MARGINAL, marginal lender.

PREUVE *f*, proof, evidence, proving.
CHARGE DE LA PREUVE, burden of proof.
DIRECTION AYANT FAIT SES PREUVES, proven management.
FAIRE LA PREUVE PAR NEUF, to cast out the nines.
FAIRE LA PREUVE D'UN SINISTRE, to prove the loss.
FARDEAU DE LA PREUVE, onus of proof.
FOURNIR LA PREUVE, to furnish evidence.
OFFRIR DES PREUVES, to tender evidence.
jusqu'à PREUVE DU CONTRAIRE, in the absence of evidence to the contrary.
PREUVE DOCUMENTAIRE, documentary proof.
PREUVE ÉCRITE, documentary evidence; evidence in writing; written evidence.
PREUVE D'IDENTITÉ, proof of identity.
PREUVE INDIRECTE, indirect evidence.
PREUVE NÉGATIVE, negative evidence.
PREUVE PAR NEUF, casting out nines.
PREUVE ORALE, oral evidence.
PREUVE PATENTE, positive proof.
PREUVE PAR PRÉSOMPTION, presumptive evidence.
PREUVE PRÉSUMÉE VALABLE, prima facie evidence.

PRÉVARICATEUR *m*, peculator; embezzler.

PRÉVARICATION *f*, peculation; embezzlement.

PRÉVENIR *v*, to prevent, to obviate, to preclude.

PRÉVENTIF *a*, preventive.
CONCORDAT PRÉVENTIF (À LA FAILLITE), scheme of composition between debtor and creditors.
MESURE À TITRE PRÉVENTIF, preventive measure.

PRÉVENTION *f*, prevention, prejudice, bias.

PRÉVENU *a*, bias(s)ed; prejudiced.

PRÉVISIBLE *a*, foreseeable, predictable, anticipated.
AVENIR PRÉVISIBLE, foreseeable future.
DEMANDE PRÉVISIBLE, anticipated demand.

PRÉVISION *f*, forecasting, forecast, prognostication; estimate, prevision, anticipation, expectation, foresight; prescience; allowance, provision, reserve.
CHANGEMENT DANS LES PRÉVISIONS, change in expectations.
COMPTE DE PRÉVISION, reserve account.
CONFORME AUX PRÉVISIONS, up to expectations.
CONFORMÉMENT AUX PRÉVISIONS, according to schedule.
ÉLASTICITÉ DES PRÉVISIONS, elasticity of anticipations; elasticity of expectations.
ÉLASTICITÉ DES PRÉVISIONS D'INTÉRÊT, elasticity of interest-expectations.
FAIRE DES PRÉVISIONS, to forecast.
INCERTITUDE DES PRÉVISIONS, uncertainty of expectations.
au-delà des PRÉVISIONS, beyond expectations.
PRÉVISIONS ANTÉRIEURES, past expectations.
PRÉVISIONS BUDGÉTAIRES, budget estimates.
PRÉVISIONS BUDGÉTAIRES RECTIFIÉES, revised estimates.
PRÉVISIONS CONCORDANTES, consistent expectations.
PRÉVISIONS À COURT TERME, short-term expectations.
PRÉVISION DU CYCLE ÉCONOMIQUE, forecasting the business cycle.
PRÉVISION DE DÉPENSES, estimate of expenses.
PRÉVISION ÉCONOMIQUE, business forecasting.
PRÉVISIONS POUR FLUCTUATIONS DU CHANGE, allowance for exchange fluctuations.
PRÉVISIONS INÉLASTIQUES, inelastic expectations.
PRÉVISIONS À LONG TERME, long-term expectations.

PRÉVISION POUR MOINS-VALUE DU PORTEFEUILLE, provision for depreciation of securities.
PRÉVISIONS À MOYEN TERME, medium-term expectations.
PRÉVISIONS PERTINENTES, relevant anticipations.
PRÉVISIONS DE PRIX, price-expectations.
PRÉVISION DE PROFIT DES ENTREPRENEURS, entrepreneurs, expectation of profits.
PRÉVISIONS RELATIVES AU RENDEMENT FUTUR DES BIENS DE CAPITAL, expectations as to the future yield of capital goods.
PRÉVISION DES VENTES FUTURES, expectation of future vendibility; expectation of future sales.
ROGNER LES PRÉVISIONS BUDGÉTAIRES, to shave the budget estimates.

PRÉVISIONNEL a, estimated, budgeted.

PRÉVOIR v, to forecast, to anticipate, to expect, to foresee.
DÉPENSES À PRÉVOIR, expenses involved.

PRÉVOYANCE f, providence, caution, precaution, foreseeing, foresight.
CAISSE DE PRÉVOYANCE, provident fund.
CAISSE DE PRÉVOYANCE DU PERSONNEL, staff provident fund.
FONDS DE PRÉVOYANCE, contingency fund.
RÉSERVE DE PRÉVOYANCE, contingency reserve.
SOCIÉTÉ DE PRÉVOYANCE, provident society.
SYSTÈME DE PRÉVOYANCE, provident scheme.

PRÉVOYANT a, provident, foresighted, foreseeing.

PRÉVU a, foreseen, anticipated, expected, prospective, provided for, specified.
ACTIVITÉS PRÉVUES PAR LE BUDGET, budgeted activities.
CHARGE PRÉVUE, specified load.
DEMANDE PRÉVUE, anticipated demand.
DÉPENSES PRÉVUES AU BUDGET, expenses provided for in the budget.
MODIFICATION DU CAPITAL PRÉVUE PAR, alteration of capital provided by.
PRÉVU PAR LES STATUTS, provided by the articles.
PRIX PRÉVUS, expected prices.

PRIER v, to ask, to request.
PRIER INSTAMMENT, to urge.

PRIÈRE f, request.
PRIÈRE DE FAIRE SUIVRE, please forward.

PRIMAIRE a, primary, primitive.
FACTEURS PRIMAIRES DE PRODUCTION, primary factors of production.
SECTEUR PRIMAIRE, primary sector; primary industry.
VARIABLE PRIMAIRE, predicated variable.

PRIMAL a, primal.
MÉTHODE PRIMALE-DUALE, primal-dual method.

PRIMAUTÉ f, priority; sovereignty.
PRIMAUTÉ DU CONSOMMATEUR, consumer's sovereignty.

PRIME f, premium, allowance, bonus, grant, incentive, U.S: bounty, gratuity, subsidy, subvention; option money, option, put, call, rate.
ABANDONNER LA PRIME, to relinquish the forfeit.
ACHAT D'UNE PRIME, giving for an option.
ACHETEUR DE PRIMES, giver of option money.
ACHETEUR D'UNE PRIME INDIRECTE, taker for a put.
ACTIONS QUI FONT PRIME, shares which are at a premium.
ACTIONS DE PRIMES, promotion shares.
ASSURANCE À PRIME, proprietary insurance.
CONSOLIDATION D'UN MARCHÉ À PRIME, exercise of an option; taking up.
CONSOLIDER UN MARCHÉ À PRIME, to exercise an option; to take up an option.
COURS DE LA DOUBLE PRIME, price of double option; price of put and call.
COURS DE PRIME, price of option.
DOUBLES PRIMES, put and call.
ÉCHÉANCE D'UN MARCHÉ À PRIME, expiration of an option.
FAIRE LE COMMERCE DES PRIMES, to deal in options.
FAIRE PRIME, to stand at a premium.
HEURE DE LA RÉPONSE DES PRIMES, time for declaration of options.
JOUR DE LA RÉPONSE DES PRIMES, option day.
LEVÉE DE LA PRIME, call for the premium.
LEVÉE D'UNE PRIME, exercise of an option.
LEVER UNE PRIME, to take up an option; to exercise an option.
MARCHÉ À PRIME, option bargain; option; call.
NÉGOCIATIONS À PRIME, option dealing(s).
OBLIGATIONS À PRIME, premium bonds.
OPÉRATION À PRIME, option deal.
OPÉRATIONS À PRIME, option dealings.
l'OR FAIT PRIME, gold is at a premium.
PAYEUR DE LA PRIME, giver of the rate.
PRIME ACHETEUR, buyer's option.
PRIME D'ASSURANCE, insurance premium.
PRIME DU CHANGE, agio.

PRIME COMPORTANT LE DROIT DE LIVRER, put option.
PRIME DOUBLE, double option.
PRIMES ÉCHUES, outstanding premiums.
PRIMES D'ÉMISSION, premiums on shares.
PRIME À L'EXPORTATION, export bounty; export bonus.
PRIME D'EXPORTATION, drawback.
PRIME AU LENDEMAIN, one day option.
PRIME POUR LIVRER, seller's option.
PRIME À LONGUE ÉCHÉANCE, long-dated option.
PRIME NETTE, net premium; pure premium; mathematical premium.
PRIME DE RAPIDITÉ, dispatch money.
PRIME DE REMBOURSEMENT, premium on redemption; redemption premium.
PRIME DE RENDEMENT, U.S: merit bonus; U.K: output bonus.
PRIMES AU RENDEMENT, U.S: incentive wages.
PRIME DE RENOUVELLEMENT, renewal premium.
PRIME DE RISQUE, allowance for risk; risk-premium.
PRIME AU TEMPS, time premium.
PRIME UNIQUE, single premium.
PRIME VENDEUR, seller's option.
RABAIS DE PRIME, rebate of premium.
RECEVEUR DE LA PRIME, taker of the rate.
RÉPONDRE À UNE PRIME, to declare an option.
RÉPONSE DES PRIMES, declaration of options; option day.
le REPORTEUR TOUCHE DU REPORTÉ UNE PRIME, the taker receives a premium from the giver.
RÉSERVE PRIME D'ÉMISSION, premium reserve.
RISTOURNE DE PRIME, return of premium.
SYSTÈME DE PRIMES, system of bounties.
TAUX DE LA PRIME, rate of premium.
TAUX UNITAIRE DE LA PRIME, rate of option.
TRAVAIL À LA PRIME, work on the bonus system.
VENDEUR DE PRIMES, taker of option money.
VENDEUR D'UNE PRIME DIRECTE, seller of a call option; taker for the call.
VENDRE À PRIME, to sell at a premium; to take for the call.
VENTE D'UNE PRIME, taking for an option.
VENTE À PRIME DIRECTE, taking for the call.

PRIMER v, to rank first, to rank before, to take precedence.
les ACTIONS QUI PRIMENT EN FAIT DE DIVIDENDE, shares that rank first in dividend rights.
l'INTÉRÊT PRIME TOUT, interest always comes first.

PRIMITIF a, primitive, primary, primordial, original, aboriginal, historic(al).
CAPITAL PRIMITIF, original capital.
COÛT D'ACQUISITION PRIMITIF, historic cost.
SOUSCRIPTEUR PRIMITIF, original subscriber.

PRIMOGÉNITURE f, primogeniture.

PRIMORDIAL a, primordial, prime, primary, overriding.
NÉCESSITÉ PRIMORDIALE, prime necessity.
QUESTION D'IMPORTANCE PRIMORDIALE, question of primary importance.

PRINCIPAL a, principal, main, chief, leading, prime; basic, staple.
ASSOCIÉ PRINCIPAL, senior partner.
BUREAU PRINCIPAL, main office.
le CAFÉ EST LA RESSOURCE PRINCIPALE DU BRÉSIL, coffee is the staple commodity of Brazil.
CONTRAT PRINCIPAL, principal contract; principal agreement.
CRÉANCIER PRINCIPAL, chief creditor.
DÉBITEUR PRINCIPAL, principal debtor.
FICHIER PRINCIPAL, master file.
INDUSTRIE PRINCIPALE, staple industry.
LIGNE PRINCIPALE, trunk-line.
un des PRINCIPAUX ACTIONNAIRES, leading shareholder.
PRINCIPAL CRÉANCIER, principal creditor.
PRINCIPAL MOBILE, prime motive.
PRODUIT PRINCIPAL, staple.
QUESTION PRINCIPALE, major issue.
VARIABLE PRINCIPALE, basic variable.

PRINCIPAL m, principal.
INTÉRÊTS ET PRINCIPAL, interest and principal.

PRINCIPE m, principle, law, system, tenet, fundamental, element.
AMENDE DE PRINCIPE, nominal fine.
PRINCIPE ABSOLU, overriding principle.
PRINCIPE D'ACCÉLÉRATION, acceleration principle.
PRINCIPE DE DIMINUTION DES COÛTS PAR SUBSTITUTION, least-cost substitution principle.
PRINCIPE DIRECTEUR, guiding principle.
PRINCIPES D'ÉCONOMIE DES MOUVEMENTS, principles of motion economy.
PRINCIPES D'ÉCONOMIE POLITIQUE, Principles of Economics.
PRINCIPES ÉCONOMIQUES, economic principles.
PRINCIPES ÉGALITAIRES, equalitarianism.
PRINCIPE D'ÉGALITÉ DES COÛTS MARGINAUX, equal-marginal-cost principle.
PRINCIPE D'ÉGALITÉ DES SALAIRES, principle of equal pay.

PRINCIPE FONDAMENTAL, fundamental principle.
PRINCIPES D'IMPOSITION, canons of taxation.
PRINCIPE DE LA MARGE, marginal principle.
PRINCIPE D'OPTIMALITÉ, principle of optimality.
PRINCIPE DE LA PORTE OUVERTE, open-door principle.
PRINCIPE DU TRAVAIL À LA CHAÎNE, conveyor-belt system.
PRINCIPE DE L'UTILITÉ MARGINALE DÉCROISSANTE, principle
  of diminishing marginal utility.

PRIORITAIRE *a,* taking precedence, priority holding, prior.
ACTIONS « A » PRIORITAIRES, " A " shares.
PRÉLÈVEMENT PRIORITAIRE SUR LES BÉNÉFICES NETS, prior
  appropriation on the net profits.

PRIORITÉ *f,* priority, precedence, preference.
ACTION DE PRIORITÉ, preference share; senior share; preference
  stock; preferred stock.
ACTIONS DE PRIORITÉ CUMULATIVE, cumulative preference
  shares.
ACTIONS DE PRIORITÉ DE PREMIER RANG, first preference shares.
ACTIONNAIRE DE PRIORITÉ, preference shareholder; preference
  stockholder.
DROITS DE PRIORITÉ, priority rights.
OBLIGATION DE PRIORITÉ, priority bond.
PRIORITÉ D'HYPOTHÈQUE, priority of mortgage.

PRIS *a,* taken, taken in.
EXÉCUTION EXACTE ET PRÉCISE DES ENGAGEMENTS PRIS,
  punctual and strict performance of undertakings.
TITRES PRIS EN REPORT, stocks taken in.

PRISE *f,* taking, take, taking out, intake, making, hold.
GARANTIE DE PRISE FERME, firm underwriting.
PART DE PRISE, prize money.
PRISE DE BÉNÉFICE, profit-taking.
PRISE DE DÉCISION, decision-making.
PRISE D'HYPOTHÈQUE MOBILIÈRE, hypothecation.
PRISE DE POSSESSION, taking possession; taking over.

PRISÉE *f,* appraisement, appraisal.

PRISEUR *m,* appraiser, valuer.
COMMISSAIRE-PRISEUR*, valuer, valuator; auctioneer.

PRIVATION *f,* hardship, privation.

PRIVÉ *a,* private, individual.
ACTE SOUS SEING PRIVÉ, private deed; private contract; private
  agreement.
AVOIRS PRIVÉS EN DEVISES, private foreign exchange holdings.
BANQUE PRIVÉE, private bank.
CHARITÉ PRIVÉE, private charity.
CHEMINS DE FER PRIVÉS, private railways.
CONSOMMATION PRIVÉE, private consumption.
CONTRAT SOUS SEING PRIVÉ, simple contract.
CRÉANCIER EN VERTU D'UN CONTRAT SOUS SEING PRIVÉ,
  simple-contract creditor.
DÉPENSES DE CONSOMMATION PRIVÉE, private consumption
  expenditure.
DROIT INTERNATIONAL PRIVÉ, private international law.
DROIT PRIVÉ, private law.
ÉMISSION PRIVÉE, private issue.
ENSEIGNEMENT PRIVÉ, private education.
ENTREPRISE PRIVÉE, private enterprise.
ÉPARGNE PRIVÉE, private savings; small investors.
INITIATIVE PRIVÉE, private initiative; entrepreneurship.
MOUVEMENTS DE CAPITAUX PRIVÉS, private capital movements.
PROPRIÉTÉ PRIVÉE, private property.
RÉGIME DE PROPRIÉTÉ PRIVÉE, private ownership.
SCEAU PRIVÉ, private seal.
SECTEUR PRIVÉ, private sector.
SECTEUR PRIVÉ DE L'ÉCONOMIE, private sector of the economy.
TAUX D'ESCOMPTE PRIVÉ, private rate (of discount).

PRIVILÈGE *m,* privilege, prerogative, priority; preference, preferential
  claim, lien, right, licence, charge.
PRIVILÈGE DU CRÉANCIER, creditor's preferential claim.
PRIVILÈGE D'UN CRÉANCIER, priority of a creditor.
PRIVILÈGE D'ÉMISSION DE BILLETS DE BANQUE, right of issuing
  bank notes.
PRIVILÈGE GÉNÉRAL, general lien.
PRIVILÈGE D'HYPOTHÈQUE, mortgage charge.
PRIVILÈGE MARITIME, maritime lien.
PRIVILÈGE SUR LES MEUBLES D'UN DÉBITEUR, lien on the per-
  sonal property of a debtor.
PRIVILÈGE SPÉCIAL, particular lien; specific lien.
PRIVILÈGE DU VENDEUR, vendor's lien.

PRIVILÉGIÉ *a,* privileged, preferential, preferred.
ACTION PRIVILÉGIÉE, preference share; priority share; preference
  stock; preferred stock.
CLASSES PRIVILÉGIÉES, privileged classes.
COMPAGNIE PRIVILÉGIÉE, chartered company.

CRÉANCE PRIVILÉGIÉE, preferential debt; preferred debt; privileged
  debt; creditor's preferential claim; preferential claim.
CRÉANCIER PRIVILÉGIÉ, preferential creditor; privileged creditor;
  chargee.
les **CRÉANCIERS PRIVILÉGIÉS PRENNENT RANG AVANT LES
  CRÉANCIERS ORDINAIRES,** preferential creditors rank before
  ordinary creditors.
DIVIDENDE PRIVILÉGIÉ, preferential dividend; preferred dividend.
**ÉCHANGER DES ACTIONS PRIVILÉGIÉES CONTRE DES ACTIONS
  ORDINAIRES,** to exchange preference shares for ordinary shares.
OBLIGATION PRIVILÉGIÉE, preference bond.

PRIX *m,* price, rate, quotation, charge, tariff, consideration, cost,
  value, prize, premium, consideration money.
ABAISSEMENT DES PRIX, lowering prices; reduction in prices.
ABAISSER CONSIDÉRABLEMENT LES PRIX, to knock down prices.
ABAISSER LE PRIX, to mark down the price; to lower the price of
  to bring down the price.
ARTICLE À PRIX UNIQUE, one-price article.
ATTEINDRE UN PRIX ÉLEVÉ, to reach a high price.
AUGMENTATION DE PRIX, increase in price; enhancement of price.
AUGMENTER DE PRIX, to increase in price; to enhance in price;
  to enhance.
AUGMENTER LE PRIX DE, to increase the price of; to raise the price of.
BAISSE DE PRIX, fall in price; decrease in price; drop in prices; com-
  ing down.
BAISSER DE PRIX, to cheapen.
BARÈME DES PRIX, scale of charges; table of charges.
BAS PRIX, low price.
à **BAS PRIX,** low-priced.
BILLET À PRIX RÉDUIT, reduced rate ticket.
BON PRIX, handsome price.
BRUSQUES MOUVEMENTS DES PRIX, sudden fluctuations of prices.
CALCULER UN PRIX, to arrive at a price.
CATALOGUE DE PRIX, priced catalogue.
CÉDER À VIL PRIX, to bargain away.
CHICANER SUR LE PRIX DE, to haggle over the price of.
COMPORTEMENT DES PRIX, behaviour of prices.
COMPTABILITÉ DE PRIX DE REVIENT, cost accounting.
COMPTER UN PRIX POUR, to charge a price for.
la **CONCURRENCE PROVOQUE L'ABAISSEMENT DES PRIX,** com-
  petition causes a fall in prices.
CONSENTIR UN PRIX RÉDUIT to allow a reduced price.
CONSENTIR UNE RÉDUCTION DE PRIX, to consent a reduction in
  price
CONVENIR DES PRIX, to agree about the prices.
COURBE DE LA CONSOMMATION PAR RAPPORT AU PRIX,
  price-consumption curve.
COTER UN PRIX, to quote a price.
CYCLE DE BAISSE DES PRIX, cycle of falling prices.
CYCLE DE HAUSSE DES PRIX, cycle of rising prices.
DÉDUIRE DU PRIX, to deduct from the price.
DEMANDER UN PRIX POUR, to charge a price for.
DÉTERMINANTS FONDAMENTAUX DES PRIX, fundamental deter-
  minants of prices.
DÉTERMINANT DU PRIX, price-determining.
DÉTERMINATION DES PRIX, determination of prices.
DÉTERMINATION DES PRIX PAR TÂTONNEMENTS, fixing prices
  by trial and error.
DÉTERMINÉ PAR LE PRIX, price-determined.
DIFFÉRENCE ENTRE PRIX DE REVIENT ET PRIX DE VENTE, spread.
DIMINUER LE PRIX, to reduce the price; to cheapen.
DISPERSION DES PRIX POSSIBLES, dispersion of possible prices.
**ÉCART CONSIDÉRABLE ENTRE PRIX D'ACHAT ET PRIX DE
  VENTE,** wide quotation.
ÉCARTS DE PRIX, differences in price.
ÉCART ENTRE PRIX INDUSTRIELS ET PRIX AGRICOLES, price
  scissors.
ÉCART ENTRE PRIX DE REVIENT ET PRIX DE VENTE, difference
  between cost and the sale price.
ÉCHANTILLON DE PRIX, sample of value.
ÉCOULER À BAS PRIX, to sell off.
EFFET DE PRIX, price effect.
EFFONDREMENT DES PRIX, price collapse; break in prices; break in
  stocks.
ÉGALER LE PRIX AU COÛT MARGINAL, to equate price with marginal
  cost.
ÉGALISATION DES PRIX DES FACTEURS, equalization of factor-
  prices.
ÉLASTICITÉ-PRIX, price elasticity.
ÉLÉMENTS CONSTITUTIFS DU PRIX DE REVIENT, elements of cost.
EMPÊCHER LES PRIX DE MONTER, to keep prices down.
ENCHÉRIR SUR LES PRIX OFFERTS, to outbid the prices offered;
  to overbid the prices offered; to improve upon the prices offered.
s'ENQUÉRIR DU PRIX, to inquire the price.
ESTIMER À UN BAS PRIX, to set a low value on.
ÉTABLIR UN PRIX, to fix a price.
ÉTABLIR DES PRIX DÉGRESSIFS, to shade prices.
ÉTABLIR LE PRIX DE REVIENT, to ascertain the cost.

ÉTABLIR LE PRIX DE REVIENT D'UN ARTICLE, to cost an article.

ÉTABLISSEMENT DES PRIX DE REVIENT, costing.

ÉTIQUETTE DE PRIX, price-ticket.

FAIRE BAISSER LES PRIX, to force down prices; to hammer prices; to bang the market.

FAIRE COÏNCIDER LE PRIX AVEC LE COÛT MARGINAL, to equate price with marginal cost.

FAIRE MONTER LES PRIX, to send up prices; to force up prices.

FAIRE UN PRIX, to make a price.

FERMETÉ DES PRIX, steadiness of prices.

FIRME À BAS PRIX DE REVIENT, low-cost firm.

FIRME À PRIX DE REVIENT ÉLEVÉ, hight-cost firm.

FIXATION DU (DES) PRIX, price fixing; pricing.

FIXATION DU COÛT MARGINAL, marginal cost pricing.

FIXATION DU PRIX AU COÛT MOYEN MAJORÉ, mark-up pricing.

FIXER UN PRIX, to price.

FLAMBÉE DES PRIX, jump in prices.

FLEXIBILITÉ DES PRIX, price flexibility.

FORMATION CONCURRENTIELLE DES PRIX, competitive pricing.

FORMATION DES PRIX, formation of prices; pricing.

FORMATION DES PRIX SUR LE MARCHÉ, market pricing.

GAMME DES PRIX, scale of prices.

GRAPHIQUE DE PRIX ET DE QUANTITÉS, price-quantity diagram.

GUERRE DES PRIX, price war.

HAUSSE GÉNÉRALE DES PRIX, general advance in prices.

HAUSSE INFLATIONNISTE DES PRIX, inflationary bidding up of prices.

HAUSSE DU PRIX, rise in price.

HAUSSE DES PRIX CONSÉCUTIVE (À), resultant increase in price.

INDICES-CHAÎNE DE PRIX, chain indexes of prices.

INDICES DE PRIX, price index-numbers.

INDICES DES PRIX À LA CONSOMMATION, consumer price index-numbers.

INDICES DES PRIX DE DÉTAIL, index-numbers of consumer prices; retail price index.

INDICES DES PRIX DES EXPORTATIONS, export price index.

INDICES DES PRIX DE GROS, index-numbers of wholesale prices.

INDICES DES PRIX DES IMPORTATIONS, import price index.

INDICES DE PRIX PONDÉRÉS, weighted index-numbers of prices.

INÉGALITÉS DE PRIX, inequality of price.

INFLATION PAR LA HAUSE DES PRIX DE REVIENT, cost pull.

INFLATION DES PRIX, price inflation.

INFLEXIBILITÉ DES PRIX, price inflexibility.

JUSTE PRIX, just price.

LIMITES DE PRIX, price limits.

MAINTENIR LES PRIX FERMES, to keep prices up.

MARQUÉ D'UN PRIX, priced.

MÉCANISME DES PRIX, price mechanism.

MISE À PRIX, reserve price; reserve; upset price.

MODICITÉ DU PRIX DE, lowness of the price of.

à MOITIÉ PRIX, half-price.

MOUVEMENTS DES PRIX MONDIAUX, world price movements.

MOUVEMENT SÉCULAIRE DES PRIX, secular trend of prices.

NIVEAU GÉNÉRAL DES PRIX, general level of prices.

NIVEAU DES PRIX, level of prices.

OBTENIR DES PRIX SPÉCIAUX, to secure special prices.

OFFICE DE STABILISATION DES PRIX, Office of Price Stabilization (OPS).

OFFRIR UN JUSTE PRIX, to bid a fair price.

PARVENIR À UN PRIX, to arrive at a price.

PÉRÉQUATION DES PRIX, standardization of tariffs.

PLANCHER DE PRIX, price-floor.

POLITIQUE DES PRIX, price policy; pricing policy.

PRATIQUE DE PRIX DISCRIMINATOIRES SELON LES CAPACITÉS DES ACHETEURS, charging what the market will bear.

PRÉVISIONS DE PRIX, price-expectations.

sans PRIX, unpriced.

PRIX D'ACHAT, purchase price; actual cost; purchase-money.

PRIX D'ACHAT, PLUS LE COURTAGE, purchase price, plus brokerage.

PRIX D'ACHAT, SOUS DÉDUCTION D'ESCOMPTE, purchase price, less discount.

PRIX ADMINISTRÉ, administered price; U.S: administrated price.

le PRIX DE L'ARGENT A BAISSÉ, the price of silver has fallen.

les PRIX AUGMENTENT, prices are advancing.

les PRIX ONT AUGMENTÉ, prices went up.

les PRIX ONT AUGMENTÉ BRUSQUEMENT, prices shot up.

les PRIX BAISSENT, prices are going down.

les PRIX ONT BAISSÉ, prices came down.

PRIX DE BARÈME, scale rate; scale charge.

PRIX LE PLUS BAS, rock-bottom price.

PRIX BÉNÉFICIANT D'UNE REMISE DE 5 %, prices subject to 5 % discount.

le PRIX DU BLÉ A AUGMENTÉ, wheat has gone up.

PRIX BRUT, gross price.

les PRIX SONT CALCULÉS AU PLUS JUSTE, prices are cut very fine.

PRIX DE CARTEL, common pricing.

PRIX DE CATALOGUE, list price.

PRIX DU CHANGE, agio.

PRIX DU CHARBON SUR LE CARREAU, pit-head price.

PRIX-CHOC, knockdown prices.

PRIX (TRÈS) COMPÉTITIFS, keen prices.

PRIX TOUT COMPRIS, inclusive terms.

PRIX, Y COMPRIS LE TRANSPORT, price, including transport.

PRIX COMPTANT, cash price; spot price.

PRIX CONCURRENTIEL, competitive price.

PRIX CONSTANTS, constant prices.

les PRIX CONTINUENT D'AUGMENTER, prices keep climbing.

PRIX OU CONTREPARTIE CONVENU, agreed consideration.

au PRIX CONVENABLE, at the proper rate.

PRIX CONVENTIONNELS, conventional prices.

PRIX CONVENU, agreed price.

à (un) PRIX CONVENU, at an arranged price.

PRIX COURANT, current price; price current; common price; standard price.

PRIX COURANTS, price-list.

PRIX COURANTS DU MARCHÉ, current market prices.

PRIX COURANT DE LA TERRE, current price of land.

PRIX AU COÛT MARGINAL, marginal cost price.

PRIX COÛTANT, cost price.

PRIX À DÉBATTRE, price subject to negociation; price by arrangement.

à (un) PRIX DÉBATTU, at an arranged price.

PRIX DE DEMANDE, demand price.

PRIX DE LA DEMANDE DE TRAVAIL, demand price of labour.

PRIX DEMANDÉ, price asked.

PRIX DE DEMI-GROS, trade price.

PRIX DÉPART USINE, price ex works; ex factory.

PRIX DE DÉTAIL, retail price.

le PRIX EST DÉTERMINÉ PAR, the price is determined by.

le PRIX EST DÉTERMINÉ PAR L'OFFRE ET LA DEMANDE, the price is regulated by supply and demand.

PRIX ÉLEVÉ, high price.

d'un PRIX ÉLEVÉ, highly-priced; expensive.

les PRIX SONT PLUTÔT ÉLEVÉS, prices run high.

PRIX D'ÉMISSION, issue price.

PRIX D'ÉQUILIBRE, equilibrium price.

PRIX D'ÉQUILIBRE DU MARCHÉ, equilibrium market price.

PRIX ERRONÉ, false price.

PRIX ESCOMPTÉS, discounted prices.

PRIX ESTIMÉ AU JUGÉ, guessed price.

PRIX EXAGÉRÉ, stiff price; unfair price.

PRIX EXCEPTIONNELS, bargain prices.

PRIX EXCESSIF, overcharge; surcharge.

PRIX EXORBITANT, exorbitant price; extravagant price; extortionate price; steep price; unfair price.

PRIX D'EXPORTATION, export price.

PRIX DE FABRIQUE, manufacturer's price.

PRIX FABULEUX, fabulous price.

PRIX DU FACTEUR, price of factor.

PRIX DES FACTEURS ET PRIX DU PRODUIT, price of input and price of output.

PRIX DE FACTURE, invoice price.

PRIX DE FAMINE, famine prices.

PRIX FANTÔMES, shadow prices.

PRIX DE FAVEUR, special price.

PRIX FIXE, fixed price; set price.

le PRIX EST FIXÉ PAR, the price is determined by.

les PRIX FLÉCHISSENT, prices are getting easy.

les PRIX ONT FLÉCHI, prices sagged.

les PRIX ONT FLÉCHI À, prices dropped to.

PRIX FLEXIBLES, flexible prices.

PRIX FORFAITAIRE, overhead price.

PRIX FORT, full price; top price.

PRIX EN FORTE HAUSSE, soaring prices.

PRIX DE GROS, wholesale price.

PRIX EN HAUSSE, rising price.

PRIX D'IMPORTATION, import price.

PRIX DES IMPORTATIONS ALIGNÉS SUR LES PRIX INTÉRIEURS AMÉRICAINS (PAR UN DROIT DE DOUANE CORRESPONDANT), American Selling Price.

PRIX IMPOSÉ, administered price; U.S: administrated price.

PRIX IMPOSÉS PAR LE FABRICANT, prices laid down by the manufactures; resale price maintenance.

PRIX INCHANGÉ, price unchanged.

PRIX INITIAL, starting-price.

PRIX INTÉRESSANTS, attractive prices.

PRIX DU JOUR, ruling price; today's price.

PRIX QUI NE LAISSE QU'UNE MARGE NÉGLIGEABLE, close price.

PRIX LOCO, loco-price.

PRIX DE LA MAIN-D'ŒUVRE SUR LE MARCHÉ, market price of labour.

PRIX DU MARCHÉ, market price; trade price; current price; price current.

PRIX DU MARCHÉ NOIR, black-market price.

PRIX MARQUÉ, marked price; catalogue price.
PRIX MAXIMUM, maximum price; highest price.
PRIX MAXIMA, outside prices.
PRIX MAXIMUM LÉGAL, legal maximum price.
PRIX MINIMUM, minimum price.
PRIX MODÉRÉ, moderate price; reasonable price; moderate terms.
PRIX DE MONOPOLE, monopoly price.
les PRIX MONTENT DE FAÇON VERTIGINEUSE, prices are rising by leaps and bounds.
les PRIX SONT MONTÉS PAR CONTRECOUP, prices went up in sympathy.
PRIX MOYEN, average price.
PRIX NET, net price.
PRIX NOMINAL, nominal price.
PRIX NORMAUX, normal prices.
PRIX D'OFFRE, supply price.
PRIX DE L'OFFRE GLOBALE, aggregate supply price.
PRIX DE L'OFFRE NORMALE, normal supply price.
PRIX D'OR, ransom price; huge price.
PRIX DE L'OR, price of gold.
PRIX ORDINAIRE, regular price.
PRIX SUR PLACE, loco-price.
PRIX POPULAIRES, popular prices.
PRIX PRÉVUS, expected prices.
PRIX DU PRODUIT, price of product.
PRIX PROHIBITIF, prohibitive price.
PRIX RAISONNABLE, fair price; reasonable price.
de PRIX RAISONNABLE, moderate-priced.
PRIX RÉALISÉS, realized prices.
PRIX RÉDUIT, reduced price.
les PRIX SONT RÉGIS PAR, prices are governed by.
PRIX RÉGLEMENTÉ, regulated price.
PRIX RÉGULATEUR, standard price.
PRIX RENDU À PIED D'ŒUVRE, price site delivered.
PRIX DU REPORT, continuation-rate.
les PRIX RESTENT ÉLEVÉS, prices are ruling high.
PRIX DE REVIENT, cost; actual cost; cost price.
PRIX DE REVIENT BRUT, gross cost.
PRIX DE REVIENT CALCULÉ AU PLUS JUSTE, strict cost price.
PRIX DE REVIENT COMPTABLE, book cost.
PRIX DE REVIENT FINAL, final cost.
PRIX DE REVIENT INVARIABLE, fixed cost.
PRIX DE REVIENT MOYEN, average cost.
PRIX DE REVIENT TOTAL, total cost.
PRIX RIGIDES, rigid prices.
PRIX SACRIFIÉS, sacrifice prices.
PRIX SAISONNIERS, seasonal prices.
PRIX SALÉ, stiff price.
PRIX DE SOLDE, bargain price; sale price.
PRIX DE SOUTIEN, support price: supported price: pegged price.
PRIX STABLES, stable prices.
PRIX STAGNANT, stagnant price.
PRIX STIPULÉ AU CONTRAT, contract price.
PRIX SELON LE TARIF, scheduled prices.
PRIX DES TARIFS, tariff rates.
PRIX TAXÉS, controlled prices.
les PRIX TENDENT À BAISSER, prices are inclined to fall.
PRIX DE TRANSPORT DES MARCHANDISES, freight; freight rates.
PRIX DE TRANSPORT DES VOYAGEURS, passenger fares.
PRIX DE LA TRAVERSÉE, passage-money.
PRIX UNIQUE, flat price.
PRIX UNITAIRE DU PRODUIT, unit price of output.
PRIX USINE, ex factory.
PRIX USURAIRES, usurious prices.
PRIX VARIABLES, fluctuating prices.
les PRIX VARIENT ENTRE, prices fluctuate between; prices run from... to.
PRIX DE VENTE, selling price; consideration for sale.
PRIX DE VENTE ÉGAUX AUX COÛTS MARGINAUX, marginal cost pricing.
PRIX VISQUEUX, sticky prices.
PRODUIT NATIONAL BRUT AUX PRIX DU MARCHÉ, gross national product at market prices.
PROPORTIONNALITÉ ENTRE LES UTILITÉS MARGINALES ET LES PRIX, proportionality between marginal utilities and prices.
RABAIS DES PRIX, price-cutting; price-slashing.
RABATTRE SUR LE PRIX, to deduct from the price.
RAPPORT DE PARITÉ(S) DES PRIX, parity price ratio.
RAPPORTS DE PRIX, price relatives.
la RARETÉ FAIT VARIER LES PRIX, scarcity causes prices to vary
RÉDUCTIONS DE PRIX, reductions in price.
RÉDUIRE UN PRIX, to reduce a price.
RENDRE LIBRE LE PRIX DE, to decontrol the price of.
RIGIDITÉ DES PRIX, price rigidity: price inflexibility.
SÉRIE DE PRIX, set of prices.
SOUTIEN FLEXIBLE DES PRIX, flexible price support.
SOUTIEN DES PRIX, price support.
SPIRALE DES PRIX ET DES SALAIRES, wage-price spiral.

STABILISATION DES PRIX, price stabilization; stabilization of prices.
STABILITÉ DES PRIX, price stability.
STANDARDS DE PRIX, price standards.
STRUCTURE DE(S) PRIX, price pattern; price structure.
TARIF DES PRIX, scale of prices.
TAXATION DES PRIX, price control.
TENUE DES PRIX, steadiness of prices.
THÉORIE GÉNÉRALE DES PRIX, general price theory.
THÉORIE DES PRIX, theory of prices.
TITRES NE VALANT PAS PLUS QUE LE PRIX DU PAPIER, stock not worth more than the price of the paper.
TRANSACTION À PRIX ERRONÉ, false trading.
VALEUR LOCATIVE AU PRIX DU MARCHÉ, full market rental value.
VARIATIONS DE PRIX, price changes.
VENDRE À BAS PRIX ET SE RATTRAPER SUR LA QUANTITÉ, to sell at a low price and recoup oneself by large sales.
VENDRE À TOUT PRIX, to sell at any price.
VENTE À DES PRIX QUI DÉFIENT TOUTE CONCURRENCE, under-cutting.
VIL PRIX, knockdown price.

PROBABILISATION f, randomization.

PROBABILISME m, probabilism.

PROBABILISTE a, probabilistic; random.
SONDAGE PROBABILISTE, random sampling; probability sampling.

PROBABILITÉ f, probability, likelihood, expectation.
ADDITIONS DES PROBABILITÉS, additions of probabilities.
CALCUL DES PROBABILITÉS, probability calculus.
CONVERGENCE EN PROBABILITÉ, convergence in probability.
COURBE DE PROBABILITÉ NORMALE, normal curve of error.
DEGRÉ DE PROBABILITÉ, degree of probability.
DISTRIBUTION DE PROBABILITÉ, probability distribution.
MULTIPLICATION DES PROBABILITÉS, multiplication of probabil-ities.
selon toute PROBABILITÉ, in all likelihood.
il y a une PROBABILITÉ DE 1 POUR 1.000, it is a chance in a thousand.
PROBABILITÉ BINOMIALE, binomial probability.
PROBABILITÉ COMPOSÉE, probability of a compound event.
PROBABILITÉ CONDITIONNELLE, conditional probability.
PROBABILITÉ DONNÉE POUR, probability definable for.
PROBABILITÉ D'ÉCHEC, probability of failure.
PROBABILITÉ D'UN ÉVÉNEMENT, probability of an event.
PROBABILITÉ DE FIGURER DANS L'ÉCHANTILLON, probability of inclusion in the sample.
PROBABILITÉ DE NON-FONCTIONNEMENT, probability of failure.
PROBABILITÉ DE L'INSUCCÈS, probability of the unsuccessful outcome.
la PROBABILITÉ EST UN RAPPORT, a probability is a ratio.
PROBABILITÉ DU SUCCÈS, probability of the successful outcome.
PROBABILITÉS THÉORIQUES ET EMPIRIQUES, conceptual and empirical probabilities.
PROBABILITÉS DE VIE, expectation of life.
en TERMES DE PROBABILITÉS, in probability terms.
THÉORIE DES PROBABILITÉS, theory of probability.

PROBABLE a, probable, likely, expected.
ERREUR CIRCULAIRE PROBABLE, circular error probability.
ERREUR PROBABLE, probable error.
ÉVENTUALITÉ PEU PROBABLE, remote prospect.
INFINIMENT PROBABLE, infinitely probable.
il est PROBABLE QUE, the chances are that.
RELATION LA PLUS PROBABLE, the most probable relationship.
VALEUR PROBABLE, expected value.
VALEUR LA PLUS PROBABLE, the most probable value.

PROBANT a, probative, conclusive.

PROBATOIRE a, probationary, probative.
ESSAI PROBATOIRE, feasibility test.

PROBLÉMATIQUE a, problematic(al), questionable.

PROBLÈME m, problem, issue, case.
DONNÉES DU PROBLÈME, facts of the case.
ÉNONCÉ D'UN PROBLÈME, terms of a problem.
FAÇON D'ABORDER UN PROBLÈME, approach to a problem.
METTRE UN PROBLÈME EN ÉQUATION, to find the equation of a problem.
PROBLÈME DIFFICILE À RÉSOUDRE, intractable problem.
PROBLÈME DUAL, dual problem.
PROBLÈME ÉCONOMIQUE, economic issue.
PROBLÈME ÉPINEUX, knotty problem.
PROBLÈME DE FILE D'ATTENTE, queueing problem.
PROBLÈME INDÉTERMINÉ, indeterminate problem.
PROBLÈME INSOLUBLE, insoluble problem.
PROBLÈME DU LOGEMENT, housing problem; housing question.
PROBLÈME MONÉTAIRE, monetary problem.
PROBLÈME DE L'OR, gold problem.
PROBLÈME SOCIAL, social problem.
RÉSOUDRE UN PROBLÈME, to solve a problem.

PROCÉDÉ *m*, procedure, process, method; design; dealing.
PROCÉDÉ D'ÉCHANTILLONNAGE, sampling design.
PROCÉDÉS HONNÊTES, straight dealings.
PROCÉDÉ D'INVENTION RÉCENTE, newly invented process.

PROCÉDER *v*, to proceed, to go on, to effect.

PROCÉDURE *f*, proceeding(s), procedure.
PROCÉDURE CIVILE, civil proceedings.
PROCÉDURE DE FAILLITE*, bankruptcy proceedings.
RÈGLES DE PROCÉDURE, adjective law.

PROCÈS * *m*, lawsuit, legal action, litigation, suit, process, case.
CESSATION D'UN PROCÈS, discontinuance of a suit.
se DÉSISTER D'UN PROCÈS, to withdraw a case.
INTERRUPTION D'UN PROCÈS, discontinuance of a suit.
NOUVEAU PROCÈS (DANS UNE MÊME AFFAIRE), retrial.
PROCÈS CIVIL, suit at law.

PROCÈS-VERBAL *m*, minutes, proceedings, record.
le PROCÈS-VERBAL FAIT FOI, the minutes are evidence.

PROCESSUS *m*, process, method.
ANALYSE DES PROCESSUS, process analysis.
GRAPHIQUE DE PROCESSUS, process chart.
INDIVISIBILITÉ DES FACTEURS ET DES PROCESSUS, indivisibility of factors and processes.
PROCESSUS D'AJUSTEMENT, adjustment process.
PROCESSUS CONTINU, continuous process.
PROCESSUS CUMULATIF, cumulative process.
PROCESSUS DE DÉCISION, decision process.
PROCESSUS DÉTOURNÉS, roundabout processes.
PROCESSUS D'ÉQUILIBRATION, process of equilibration.
PROCESSUS DE L'ÉVOLUTION, evolutionary process.
PROCESSUS ITÉRATIF, iterative process.
PROCESSUS DE PRODUCTION, production process.
PROCESSUS DE PRODUCTION COMPLEXE, complex production.
PROCESSUS TEMPOREL, process in time.

PROCHAIN *a*, nearest, forthcoming, next, early.
LIQUIDATION PROCHAINE (EN BOURSE), next settlement; next account; next time.
MOIS PROCHAIN, next month.
PROCHAINE SESSION, forthcoming session.

PROCHAINEMENT *adv*, shortly.

PROCHE *a*, near, close, proximate, immediate.
dans un AVENIR ASSEZ PROCHE, in the none too distant future.
PROCHE AVENIR, immediate future.
plus PROCHE HÉRITIER, next of kin.
plus PROCHE PARENT, next of kin.
PROCHES SUBSTITUTS DE LA MONNAIE, close substitutes for money.

PROCURABLE *a*, obtainable.

PROCURATION *f*, proxy, power, power of attorney, procuration.
soit PERSONNELLEMENT, SOIT PAR PROCURATION, either personally or by proxy.
PROCURATION GÉNÉRALE, general power.
SIGNATURE PAR PROCURATION, proxy signature.
SIGNER UNE PROCURATION, to execute a power of attorney.
VOTER PAR PROCURATION, to vote by proxy.

(SE) PROCURER *v*, to procure, to obtain, to raise, to find, to secure.
ACTIONS QUE L'ON NE PEUT SE PROCURER, shares not obtainable.
(se) PROCURER DE L'ARGENT, to raise money.
(se) PROCURER DES CAPITAUX, to raise money; to raise capital.

PROCUREUR * *m*, *U.S*: district attorney.
PROCUREUR GÉNÉRAL, MINISTRE DE LA JUSTICE, Attorney General.

PRODIGALITÉ *f*, prodigality, lavishness, extravagance, wastefulness, profuseness.

PRODIGUE *a*, prodigal, lavish, wasteful, spendthrift, thriftless, profuse.
PRODIGUE DE SON ARGENT, lavish in spending.

PRODUCTEUR *a*, producing, productive.
ÉTATS PRODUCTEURS DE MAÏS, *U.S*: corn states.
INDUSTRIE PRODUCTRICE, producing industry.

PRODUCTEUR *m*, producer.
ENTENTE ENTRE PRODUCTEURS, agreement between producers.
les PRODUCTEURS ET LES CONSOMMATEURS, the producers and the consumers.
PRODUCTEUR MARGINAL, marginal producer.
SURPLUS DU PRODUCTEUR, producer's surplus.
SYNDICAT DE PRODUCTEURS, producers' association.

PRODUCTIF *a*, productive, producing, instrumental.
ACTIONS PRODUCTIVES D'UN DIVIDENDE DE, shares that yield a dividend of.
ACTIVITÉS PRODUCTIVES, productive activities.

CAPACITÉ PRODUCTIVE, capacity to produce.
CAPITAUX PRODUCTIFS, productive capital; instrumental capital.
CAPITAL PRODUCTIF D'INTÉRÊTS, capital productive of interest.
FACTEUR PRODUCTIF, productive factor.
INVESTISSEMENT PRODUCTIF, productive investment.
MAIN-D'ŒUVRE PRODUCTIVE ET IMPRODUCTIVE, productive and unproductive labour.

PRODUCTION *f*, production, output; product; producing; processing, manufacture; generation.
AGENT DE PRODUCTION, agent of production.
AGRÉGATION DE FONCTIONS DE PRODUCTION, aggregation of production functions.
ARRÊTER LA PRODUCTION D'UN ARTICLE, to discontinue the production of an article.
ASSOCIATIONS COOPÉRATIVES DE PRODUCTION, *U.R.S.S*: producer co-operative artels.
CAPACITÉ(S) DE PRODUCTION, productive powers; production capacity.
CHERCHER À RENDRE LA PRODUCTION MAXIMUM, to endeavour to maximize output.
COMPLÉMENTARITÉ DE DEUX FACTEURS DE PRODUCTION, complementarity of two factors of production.
COMPOSITION DE LA PRODUCTION COURANTE, composition of current output.
CONSIDÉRER LA PRODUCTION COMME CONSTANTE, to keep output constant.
CONSOMMATION DE LA PRODUCTION NATIONALE, consumption of domestic production.
CONTINGENTER LA PRODUCTION, to curtail the output.
COURBE DES POSSIBILITÉS DE PRODUCTION, production-possibility curve.
COURBE DE PRODUCTION, production curve.
COÛT DE PRODUCTION, production cost.
DÉTERMINATION DE L'ÉQUILIBRE DE LA PRODUCTION, determination of equilibrium of production.
DIFFÉRENTES POSSIBILITÉS DE PRODUCTION, different opportunities for production.
DIMINUTION DE LA PRODUCTION, decrease of output.
ÉCHELLE DE PRODUCTION, scale of output; scale of production.
ENCOURAGER LA PRODUCTION, to stimulate production.
ÉQUILIBRE GÉNÉRAL DE LA PRODUCTION, general equilibrium of production.
ÉQUILIBRE ENTRE LA PRODUCTION ET LA CONSOMMATION, equilibrium between production and consumption.
ÉTUDE DE PRODUCTION, product engineering.
EXPANSION DE LA PRODUCTION DE, expansion of the output of.
l'EXPORTATION STIMULE LA PRODUCTION, exportation stimulates production.
FACTEURS PRIMAIRES DE PRODUCTION, primary factors of production.
FACTEUR DE PRODUCTION, factor of production; input.
FLUCTUATIONS DE LA PRODUCTION, changes in production.
FONCTION DE PRODUCTION AGRÉGÉE, GLOBALE, aggregate production function.
FONCTION DE PRODUCTION TECHNIQUE, technical production function.
FREINER LA PRODUCTION, to restrain production.
GESTION DE PRODUCTION AUTOMATISÉE, automated production management.
INDICES DE LA PRODUCTION INDUSTRIELLE, index-numbers of industrial production; industrial production index-numbers; index of industrial production.
INDICE DU VOLUME PHYSIQUE DE LA PRODUCTION, physical volume of production index.
les INTÉRÊTS DU CAPITAL CONSTITUENT UN ÉLÉMENT DU COÛT DE PRODUCTION, interest on capital constitutes a charge on production.
MAINTENIR LA PRODUCTION CONSTANTE, to keep output constant.
MARCHANDISES EN COURS DE PRODUCTION, goods in the course of production.
MOYENS DE PRODUCTION, means of production.
NIVEAU DE LA PRODUCTION, level of production.
PÉRIODE MOYENNE DE PRODUCTION, average period of production.
PÉRIODE DE PRODUCTION, period of manufacture.
PLANIFICATION DE LA PRODUCTION, planning of production.
POSSIBILITÉ DE PRODUCTION, productive opportunity; production possibility.
POSSIBILITÉ DE PRODUCTION FIXE, fixed productive opportunity.
PROCESSUS DE PRODUCTION, production process.
PROCESSUS DE PRODUCTION COMPLEXE, complex production.
PRODUCTION AGRICOLE, farm production; agricultural production.
PRODUCTION CAPITALISTE, capitalistic production.
PRODUCTION À LA CHAÎNE, line production.
PRODUCTION COMMERCIALE DE VILLAGE, commercialized village production.
PRODUCTION CONTINUE, continuous processing.

PRODUCTION DÉCROISSANTE DU SISAL, dwindling production of sisal.

PRODUCTION QUI DEMANDE DU TEMPS, time-using production.

PRODUCTION D'ÉNERGIE, generation of power.

PRODUCTION D'ÉNERGIE ÉLECTRIQUE, electric-power production.

PRODUCTION ESTIMÉE, estimated production.

PRODUCTION FUTURE, future output.

PRODUCTION GLOBALE, aggregate output.

PRODUCTION DES GRANDS DOMAINES, production of estates.

PRODUCTION IMPORTANTE, large production.

PRODUCTION LIÉE, joint production.

PRODUCTION DE MASSE, mass production; quantity production.

PRODUCTION MAXIMUM, peak output; capacity output.

PRODUCTION MÉCANISÉE, machine-production.

PRODUCTION DE MINERAIS, mineral production.

PRODUCTION ET MONTAGE, production and assembly.

PRODUCTION NORMALISÉE, standardized production.

PRODUCTION OPTIMALE, maximum output.

PRODUCTION DE L'OR, gold production.

PRODUCTION D'ORIGINE VÉGÉTALE ET ANIMALE, production of crops and livestock products.

PRODUCTION RECORD, peak output; record output.

PRODUCTION DE SÉRIE, standard production.

PRODUCTION EN SÉRIE, mass production; standardized production.

PRODUCTION STANDARDISÉE, standardized production.

PRODUCTION TOTALE D'ÉLECTRICITÉ, total generation of electricity.

PRODUCTION POUR VENTE DANS LE PAYS, production for domestic sales.

RALENTIR LA PRODUCTION, to reduce the output; to scale down production.

RAPPORT CAPITAL-PRODUCTION, capital-output ratio.

RÉDUIRE LA PRODUCTION AGRICOLE, to restrict farm production.

REPRÉSENTANT 20 % DE LA PRODUCTION TOTALE, accounting for 20 % of total output.

RESTRICTION DE LA PRODUCTION, restriction of output; restriction of production.

SOUS-PRODUCTION, underproduction.

STIMULANTS DE LA PRODUCTION, production incentives.

TAUX DE RÉMUNÉRATION DES FACTEURS DE PRODUCTION, rate of remuneration of the factors of production.

TEMPS EMPLOYÉ POUR LA PRODUCTION, time taken in production.

TENDANCES DE LA PRODUCTION, trends in production.

TERRE EN TANT QUE FACTEUR DE PRODUCTION, land as factor of production.

THÉORIE DE LA PRODUCTION, theory of production.

TRAVAIL EN TANT QUE FACTEUR DE PRODUCTION, labour as a factor of production.

UNITÉ DE PRODUCTION, production unit.

UTILITÉ DE LA PRODUCTION MARGINALE, marginal utility of the product.

VALEUR BRUTE DE LA PRODUCTION, gross value of production.

VOLUME DE LA PRODUCTION COURANTE, volume of current output.

PRODUCTIVITÉ *f*, productivity, productiveness, output, yield, fruitfulness, yield-capacity.

ACCROISSEMENT DE LA PRODUCTIVITÉ, growth of productivity.

ACCROÎTRE LA PRODUCTIVITÉ, to lift productivity.

CAMPAGNE DE PRODUCTIVITÉ, productivity drive.

PRODUCTIVITÉ INDUSTRIELLE, manufacturing productivity.

PRODUCTIVITÉ DE LA MAIN-D'ŒUVRE DANS L'AGRICULTURE, productivity of labour in agriculture.

PRODUCTIVITÉ MARGINALE DE L'ATTENTE, marginal productivity of waiting.

PRODUCTIVITÉ MARGINALE DU TRAVAIL, marginal productivity of labour.

PRODUCTIVITÉ MOYENNE, average productivity.

PRODUCTIVITÉ PHYSIQUE MARGINALE DU TRAVAIL, marginal physical productivity of labour.

PRODUCTIVITÉ DU TRAVAIL, labour productivity.

RÉMUNÉRATION CORRESPONDANT À LA PRODUCTIVITÉ MARGINALE, reward which corresponds to the marginal productivity.

THÉORIE DE LA RÉPARTITION BASÉE SUR LA PRODUCTIVITÉ MARGINALE, marginal productivity theory of distribution.

PRODUIRE *v*, to produce, to yield, to bear.

aucun PAYS NE PRODUIT TOUT CE DONT IL A BESOIN, no country produces all it needs.

PRODUIRE À UNE FAILLITE ET À UNE LIQUIDATION, to prove claims in bankruptcy and liquidation.

PRODUIT *a*, produced.

QUANTITÉ PRODUITE EN RÉGIME DE MONOPOLE, monopoly output.

QUANTITÉ TOTALE PRODUITE, total output.

VALEUR DES MARCHANDISES PRODUITES, value of goods produced.

PRODUIT *m*, product, produce, output; commodity; good, proceeds, yield, return.

ACCORDS INTERNATIONAUX SUR LES PRODUITS DE BASE, International Commodity Agreement.

ACHATS PAR LES CONSOMMATEURS DE PRODUITS ET DE SERVICES, consumer buying of goods and services.

ALLOUER UNE PART DU PRODUIT, to allow an interest in the proceeds.

COLLECTION DE PRODUITS, bundle of commodities.

COMMISION INTERNATIONALE DES PRODUITS DE BASE, Commission on International Commodity Trade.

CONCEPTION DU PRODUIT, product design.

CONSERVES DE PRODUITS ALIMENTAIRES, tinned foods; canned foods.

CONSOMMATION PAR L'AGRICULTURE DE SES PROPRES PRODUITS, own consumption in agriculture.

DÉPENSES FINANCÉES PAR LE PRODUIT DES IMPÔTS, expenditure met from taxation.

DÉPENSE IMPUTÉE AU PRODUIT NATIONAL BRUT, expenditure on gross national product.

DIFFÉRENCIATION DU PRODUIT, product differentiation.

ÉCHANTILLONNAGE DE PRODUITS, collection of commodities.

ÉCOULEMENT DE PRODUITS SUR LES MARCHÉS ÉTRANGERS, placing of products on foreign markets.

ERREUR RELATIVE DU PRODUIT, relative error in the product.

FLUX DE PRODUITS, flow of products.

IMPÔT SUR LA TRANSFORMATION D'UNE DENRÉE EN PRODUIT, processing-tax.

INDICE RELATIF À L'ENSEMBLE DES PRODUITS, all commodities index.

INTÉGRATION VERTICALE À PARTIR DE PRODUITS FINIS, backward integration.

LANCER UN PRODUIT SUR LE MARCHÉ, to put an article on the market.

MARCHÉ DU PRODUIT, DES PRODUITS, market for product; market for output.

OFFICE COMMERCIAL DES PRODUITS AGRICOLES, agricultural marketing board.

OFFRE DE PRODUITS MINÉRAUX, supply of minerals.

PANIER DE PROVISION DE PRODUITS, basket of goods.

PART DE LA RENTE DANS LE PRODUIT NATIONAL, share of rent in the national product.

PRIX DES FACTEURS ET PRIX DU PRODUIT, price of input and price of output.

PRIX DU PRODUIT, price of product.

PRIX UNITAIRE DU PRODUIT, unit price of output.

PRODUIT AGRICOLE, agricultural product.

PRODUITS AGRICOLES, agricultural produce.

PRODUITS ALIMENTAIRES, food products.

PRODUIT ANNUEL DE LA TERRE, annual produce of land.

PRODUIT DE BASE, basic commodity; primary commodity; commodity.

PRODUIT BRUT, gross proceeds.

PRODUITS CHIMIQUES, chemicals.

PRODUITS COLONIAUX, colonial produce.

PRODUITS COMESTIBLES À BASE DE POISSON, edible fish products.

PRODUITS DE COMPLÉMENT, complementary products.

PRODUITS COMPLÉMENTAIRES, complementary commodities; complementary products.

PRODUITS CONCURRENTS, competing products; competitive products.

PRODUITS CONSOMMABLES, consumable goods.

PRODUITS CONSOMPTIBLES, consumable goods.

PRODUITS COTONNIERS, Manchester goods; cottons.

PRODUIT DÉRIVÉ, by-product.

PRODUIT DESTINÉ À L'EXPORTATION, commodity intended for export.

PRODUITS DIFFÉRENCIÉS, differentiated products.

PRODUIT DE L'EMPLOI ALTERNATIF, opportunity cost.

PRODUIT ÉTRANGER, foreign product.

PRODUITS ÉTRANGERS, foreign produce.

PRODUIT DE L'EXERCICE, return of the year.

le PRODUIT DES EXTRÊMES ÉGALE LE PRODUIT DES MOYENS, the product of the extremes equals the product of the means.

PRODUIT FINAL, end-product.

PRODUITS FINIS, finished products; end-products.

PRODUITS D'IMPÔTS AFFECTÉS, earmarked taxes.

PRODUIT INTÉRIEUR NET, net domestic product.

PRODUITS INTERMÉDIAIRES, intermediate products.

PRODUITS LAITIERS, dairy produce; milk products.

PRODUIT LIÉ, joint product.

PRODUITS MANUFACTURÉS, manufactured goods.

PRODUITS MARAÎCHERS, market-garden produce; *U.S.* truck.

PRODUIT MARGINAL, marginal product.

PRODUIT MARGINAL DE L'EMPLOI ALTERNATIF, marginal opportunity cost; alternative cost.

PRODUIT MINÉRAL, mineral.

PRODUIT MOYEN, average product.

PRODUIT NATIONAL BRUT, gross national product; gross domestic product.
PRODUIT NATIONAL BRUT AU COÛT DES FACTEURS, gross national product at factor cost.
PRODUIT NATIONAL BRUT AUX PRIX DU MARCHÉ, gross national product at market prices.
PRODUIT NATIONAL NET AU COÛT DES FACTEURS, net national product at factor cost.
PRODUIT NET D'UNE VENTE, net proceeds of a sale.
PRODUITS NORMALISÉS, standardized products.
PRODUIT NOUVEAU, new product.
PRODUITS D'ORIGINE NATIONALE, home-grown produce; home produce; home products.
PRODUIT PARTIEL, partial product.
PRODUITS DU PAYS, inland produce.
PRODUIT PHARMACEUTIQUE, drug.
PRODUITS DE PREMIÈRE NÉCESSITÉ, essential products; staples.
PRODUIT PRINCIPAL, staple.
PRODUIT DE (LA) RECETTE MARGINALE, marginal-revenue product.
PRODUITS RIVAUX, rival products.
PRODUITS SEMI-MANUFACTURÉS, semi-manufactured goods.
PRODUITS SÉPARÉS, individual commodities.
PRODUITS SIMILAIRES, similar products.
PRODUITS DU SOL, produce of the soil.
PRODUITS DE SUBSTITUTION, substitute products.
PRODUIT DE x PAR y, product of x into y.
RÉGIME DE FAVEUR ACCORDÉ AUX PRODUITS COLONIAUX, preference granted to colonial produce.
le **SALAIRE EST ÉGAL AU PRODUIT MARGINAL DU TRAVAIL**, the wage is equal to the marginal product of labour.
SOUS-PRODUIT, by-product; secondary product.
SURPLUS DE PRODUIT, surplus product.
VALEUR DU PRODUIT MARGINAL, value of marginal product.

PROFANE *m*, layman.

PROFESSEUR *m*, professor; teacher.
PROFESSEUR ASSOCIÉ, associate professor.

PROFESSION *f*, profession, occupation, business, trade.
MEMBRES DES PROFESSIONS LIBÉRALES, professional classes.
PROFESSION D'AGENT DE CHANGE, stock-broking.
PROFESSION DE COURTIER, brokerage.
PROFESSIONS FERMÉES, closed professions.
PROFESSIONS LIBÉRALES, professions.
PROFESSION DE MÉDECIN, medical profession.
USAGES DE LA PROFESSION, professional practices.

PROFESSIONNEL *a*, professional, occupational, vocational.
ACHATS PROFESSIONNELS (À LA BOURSE), shop buying.
ARBITRAGISTES PROFESSIONNELS, professional arbitrageurs.
ASSOCIATION PROFESSIONNELLE*, partnership.
ASSOCIATIONS PROFESSIONNELLES, trade associations.
CAPITAL D'UNE SOCIÉTÉ PROFESSIONNELLE*, partnership capital.
CATÉGORIES SOCIO-PROFESSIONNELLES, social and economic categories.
COMPTE PROFESSIONNEL, office account.
DÉDUCTION POUR FRAIS PROFESSIONNELS (AVANT IMPOSITION), deduction for expenses.
DÉDUCTION AU TITRE DE REVENUS SALARIAUX OU PROFESSIONNELS, allowance for earned income.
DETTE D'UNE SOCIÉTÉ PROFESSIONNELLE*, partnership debt.
DISSOLUTION D'UNE ASSOCIATION COMMERCIALE, PROFESSIONNELLE*, dissolution of a partnership.
ÉCOLE PROFESSIONNELLE, technical school.
EXPÉRIENCE PROFESSIONNELLE, professional background.
non **PROFESSIONNEL**, lay.
SECRET PROFESSIONNEL, professional secrecy.
SOCIÉTÉ PROFESSIONNELLE*, copartnership; partnership.
TEST PROFESSIONNEL, trade test.
VENTES PROFESSIONNELLES (À LA BOURSE), shop selling.

PROFESSIONNEL *m*, professional.

PROFESSORAT *m*, professorship, professorate.

PROFIL *m*, profile.

PROFIT *m*, profit, benefit, earnings, gain, increment, interest, profitableness, profitability.
COMPTE DE PROFITS ET PERTES, profit and loss account; statement of profit and loss; income statement (of a corporation).
l'**ENTREPRENEUR MAXIMISE LE PROFIT**, the entrepreneur maximizes his profits.
ÉQUILIBRE DE MEILLEUR PROFIT, best-profit equilibrium.
chaque **FIRME REND MAXIMUM SON PROFIT INDIVIDUEL**, each firm maximizes its profit.
MAXIMATION DES PROFITS, maximizing profits.
MEILLEUR PROFIT, best profit.
MISE À PROFIT, turning to profit; turning to account.
OCCASIONS DE PROFIT, profit opportunities.

PASSER UNE CRÉANCE PAR PERTES ET PROFITS, to write off a bad debt.
PETITS PROFITS, perquisites; small-scale profits.
POINT DE MEILLEUR PROFIT, best-profit point.
POINT DE PROFIT MAXIMUM, point of maximum profit.
PRÉVISION DE PROFIT DES ENTREPRENEURS, entrepreneurs' expectation of profits.
sans **PROFIT**, profitless.
PROFIT ADDITIONNEL, extra profit.
PROFIT ALÉATOIRE, contingent profit.
PROFIT CASUEL, casual profit.
PROFIT ÉVENTUEL, perquisite; eventual profit(s).
PROFITS FICTIFS, paper profits.
PROFITS FUTURS, future profits.
PROFITS ILLICITES, illicit profits.
PROFIT ILLUSOIRE, illusory profit.
PROFIT À LONG TERME, long-term benefit.
PROFIT MARITIME, bottomry interest.
PROFIT DE MONOPOLE, monopoly profit.
PROFIT NET, net profit.
PROFIT NORMAL, normal profit.
PROFITS PÉCUNIAIRES, pecuniary profits.
le **PROFIT DE L'UN EST LA PERTE DE L'AUTRE**, my gain is your loss.
PROFITS QUADRUPLES DE CEUX DE L'ANNÉE PRÉCÉDENTE, profits quadruple those of previous year.
PROFITS RAPIDES, quick returns.
PROFITS À RÉALISER, incoming profit.
PROFITS RÉALISÉS, incoming profit.
PROFIT RÉALISÉ SUR UNE VENTE, profit made on a sale.
PROFITS RÉDUITS À PRESQUE RIEN, profits cut very fine.
PROFITS RÉPARTISSABLES, divisible profits.
PROFIT DES SOCIÉTÉS, corporate profit.
PROFITS THÉORIQUES, paper profits.
PROFIT TOTAL, total profit.
PROFIT SUR UNE VENTE, profit on a sale.
RECHERCHE DU PROFIT, profit-seeking.
RELEVÉ DE PROFITS ET PERTES, statement of profit and loss.
RENDRE MAXIMUM LE PROFIT TOTAL, to maximize total profit.
RÉPARTITION DES PROFITS, allocation of profit.
SOMMES PASSÉES PAR PERTES ET PROFITS, amounts written off.
TAUX DE PROFIT, rate of profit.
THÉORIE DU PROFIT, theory of profit.
TIRER PROFIT (DE), to derive profit from; to reap profit; to utilize.
TIRER DU PROFIT D'UNE OPÉRATION, to draw profit from a transaction.

PROFITABLE *a*, profitable, beneficial, earning, paying.
AFFAIRE PROFITABLE, profitable business.

PROFITABLEMENT *adv*, profitably, gainfully.

PROFITER *v*, to profit, to benefit, to take advantage of.

PROFITEUR *m*, profiteer.

PROFOND *a*, deep.
REMANIEMENT PROFOND, shake-up.

PROFUSION *f*, profusion, profuseness, abundance.

PROGÉNITURE *f*, progeny; descendents.

PROGNOSE *f*, prognosis.

PROGNOSTIQUE *a*, prognostic.

PROGRAMMATEUR *m*, programmer, scheduler.
PROGRAMMATEUR DE TRAVAUX, job scheduler.

PROGRAMMATION *f*, programming.
LANGAGE DE PROGRAMMATION, programming language.
MICRO-PROGRAMMATION, micro-programming.
PROGRAMMATION AUTOMATIQUE, automatic programming.
PROGRAMMATION DYNAMIQUE, dynamic programming.
PROGRAMMATION LINÉAIRE, linear programming.
PROGRAMMATION SIMPLEXE, simplex programming.
SYSTÈME DE PROGRAMMATION, programming system.

PROGRAMME *m*, program(me), schedule, scheme, platform, routine.
AJOURNER UN PROGRAMME, to defer a scheme.
BIBLIOTHÈQUE DE PROGRAMMES, library of programs.
PROGRAMMES, programming.
PROGRAMME DES ANNONCES, advertising schedule.
PROGRAMMES D'APPLICATION(S), application programs.
PROGRAMME DE CONTRÔLE, control program.
PROGRAMME DÉTAILLÉ ET COMPLET, comprehensive program.
PROGRAMME DÉTERMINISTE, deterministic program.
PROGRAMME HEURISTIQUE, heuristic program.
PROGRAMMES LINÉAIRES, linear programming.
PROGRAMME EN MÉMOIRE, stored program.
PROGRAMME MONITEUR, monitor.
PROGRAMME OPTIMAL, optimal program.
PROGRAMME PARAMÉTRIQUE, parametric program.

PROGRAMME DE RENOUVELLEMENT, *U.S:* replacement schedule.
PROGRAMME STOCHASTIQUE, stochastic program.
PROGRAMME DE TRAITEMENT, processing program.
PROGRAMME DE TRAVAUX PUBLICS, public-works program.
PROGRAMME UTILITAIRE, utility program.
SOUS-PROGRAMME, routine; subroutine.
SOUS-PROGRAMME UTILITAIRE, utility routine.
TECHNIQUES D'ÉVALUATION ET DE RÉVISION DES PROGRAM-
  MES, Program Evaluation and Review Techniques (P.E.R.T.).

PROGRAMMER *v*, to program(me).

PROGRAMMEUR *m*, programmer.

PROGRÈS *m*, progress, improvement, advancement, advance, head-
  way, furtherance.
FAIRE DE GRANDS PROGRÈS, to make great strides.
FAIRE DES PROGRÈS, to make headway.
PROGRÈS TRÈS MARQUÉ, decided step forward.
PROGRÈS RAPIDES, rapid progress.
PROGRÈS ET RÉGRESSION, progress and regress.
PROGRÈS DE LA SCIENCE, advance in knowledge.
RANÇON DU PROGRÈS, penalty of progress.

PROGRESSER *v*, to progress, to advance, to improve.

PROGRESSIF *a*, progressive, graded, gradual, graduaded, advancing.
ÉCONOMIE PROGRESSIVE, advancing economy.
IMPÔT PROGRESSIF, progress tax; progressive tax; graded tax.
IMPÔT PROGRESSIF SUR LE REVENU, graduated income-tax;
  tax graduated according to income.
MÉTHODE PROGRESSIVE, forward method.
MIGRATION PROGRESSIVE DE LA MAIN-D'ŒUVRE VERS LES
  VILLES, drift of labour into the towns.
OBLIGATION À TAUX PROGRESSIF, graduated-interest debenture.

PROGRESSION *f*, progression, series; gradation, advancement.
PROGRESSION ARITHMÉTIQUE, arithmetic progression.
PROGRESSION ASCENDANTE, increasing series.
PROGRESSION DESCENDANTE, decreasing series.
PROGRESSION GÉOMÉTRIQUE, geometrical progression.
PROGRESSION HARMONIQUE, harmonic progression.
RAISON D'UNE PROGRESSION ARITHMÉTIQUE, common difference
  of an arithmetic progression.
RAISON D'UNE PROGRESSION GÉOMÉTRIQUE, common ratio of
  a geometric progression.

PROGRESSIONNEL *a*, progressional.

PROGRESSISME *m*, progressionism.

PROGRESSISTE *a*, progressive.

PROGRESSIVEMENT *adv*, progressively, gradually, step by step.

PROGRESSIVITÉ *f*, progressiveness.

PROHIBER *v*, to prohibit, to interdict.

PROHIBITIF *a*, prohibitive, prohibitory.
DROIT PROHIBITIF, prohibitive duty.
PRIX PROHIBITIF, prohibitive price.
TARIF PROHIBITIF, prohibitive tariff.

PROHIBITION *f*, prohibition.
LEVER UNE PROHIBITION, to raise a prohibition.
LOI DE PROHIBITION, *U S:* prohibition law.
PROHIBITION D'ENTRÉE, import prohibition.
PROHIBITION DE SORTIE, export prohibition.

PROHIBITIONNISME *m*, prohibitionism.

PROJECTIF *a*, projective.

PROJECTION *f*, projection; plan.
PROJECTION HORIZONTALE, flat projection.

PROJET *m*, project, plan, scheme, proposal, draft; design.
AJOURNEMENT D'UN PROJET DE LOI, *U.S:* tabling of a bill.
AJOURNER (INDÉFINIMENT) UN PROJET DE LOI, *U.S:* to table a
  bill.
AVANT-PROJET, preliminary scheme; preliminary plan.
DÉPOSER UN PROJET DE LOI, *U.K:* to table a bill.
DÉPÔT D'UN PROJET DE LOI, *U.K:* tabling of a bill.
ÉCHEC D'UN PROJET, failure of a plan.
MATURATON D'UN PROJET, ripening of a plan; maturing of a plan.
PROJET AVENTUREUX, hazardous plan.
PROJET DE CONTRAT, draft contract.
PROJET DE CONVENTION, draft agreement.
PROJET DE LOI, bill.
PROJETS LE MIEUX ÉLABORÉS, best-laid plans.
PROJET (QUI N'EST) PAS MÛR, immature project.

PROJETÉ *a*, planned, scheduled, intended.
INVESTISSEMENT PROJETÉ, scheduled investment.

PROJETER *v*, to plan, to project.

PROLÉTAIRE *a*, proletarian; plebeian.

PROLÉTAIRE *m*, proletarian.

les POSSÉDANTS ET LES PROLÉTAIRES, the classes and the
  masses.

PROLÉTARIAT *m*, proletariat(e), lower classes, poorer classes.
DICTATURE DU PROLÉTARIAT, dictatorship of the proletariat.

PROLÉTARIEN *a*, proletarian.

PROLIFÉRATION *f*, proliferation.

PROLIFÉRER *v*, to proliferate.

PROLONGATION *f*, prolongation, prolonging, extension, renewal.
PROLONGATION D'UN CRÉDIT, extension of credit.

PROLONGER *v*, to prolong, to renew.
PROLONGER UNE LETTRE DE CHANGE, to renew a bill.

PROMESSE *f*, promise, assurance, note of hand, promissory note.
PROMESSE D'ACTIONS, promise of shares.
PROMESSE DE PAIEMENT À TERME, promise to pay money in the
  future.
PROMESSE DE PAYER, promise to pay.
PROMESSE DE VENTE, option; promise of sale.
PROMESSE DE VENTE FAITE AVEC DES ARRHES, promise of sale
  made with a deposit.

PROMISSOIRE *a*, promissory.

PROMOTEUR *m*, promoter, originator.
PROMOTEUR DE SOCIÉTÉ, company promoter.
PROMOTEUR D'UN SYNDICAT, promoter of a syndicate.

PROMOTION *f*, promotion, promoting; preferment.
PROMOTION À L'ANCIENNETÉ, promotion by seniority.
PROMOTION AU CHOIX, promotion by selection.
PROMOTION DES VENTES, sales promotion.

PROMOUVOIR *v*, to promote.

PROMPT *a*, prompt, quick.
MARCHÉ PROMPT À RÉAGIR, sensitive market.
PROMPT DÉBIT, quick sale.

PROMPTEMENT *adv*, promptly, with dispatch.

PROMULGATION *f*, promulgation.

PROMULGUER *v*, to promulgate.

PRONOSTIC *m*, prognostic, forecast, prognostication, prognosis.

PRONOSTIQUER *v*, to prognosticate, to forecast, to foretell.

PROPAGANDE *f*, propaganda.

PROPAGATION *f*, propagation, propagating.
PÉRIODE DE PROPAGATION DE L'EFFET MULTIPLICATEUR,
  multiplier time period.

PROPAGER *v*, to propagate, to popularize.

PROPENSION *f*, propensity, inclination.
PROPENSION DE LA COMMUNAUTÉ À CONSOMMER, community's
  propensity to consume.
PROPENSION À CONSOMMER, propensity to consume.
PROPENSION À EMPRUNTER, propensity to borrow.
PROPENSION À EMPRUNTER À LONG TERME, propensity to
  borrow long.
PROPENSION À ÉPARGNER, propensity to save.
PROPENSION GLOBALE À CONSOMMER, aggregate propensity
  to consume.
PROPENSION À IMPORTER, propensity to import.
PROPENSION À INVESTIR, propensity to invest.
PROPENSION MARGINALE À CONSOMMER, marginal propensity
  to consume.
PROPENSION MARGINALE À DÉPENSER, marginal propensity to
  spend.
PROPENSION MARGINALE À ÉPARGNER, marginal propensity
  to save.
PROPENSION MARGINALE À IMPORTER, marginal propensity to
  import.
PROPENSION MARGINALE À INVESTIR, marginal propensity to
  invest.
PROPENSION MOYENNE À CONSOMMER, average propensity to
  consume.
PROPENSION À THÉSAURISER, propensity to hoard.

PROPHÉTIE *f*, prophecy.

PROPORTION *f*, proportion, ratio; percentage; balance.
LOI DE PROPORTION DES FACTEURS, law of factor price equalization.
PROPORTION ARITHMÉTIQUE, arithmetical proportion; arithmetical
  ratio.
dans des PROPORTIONS FIXES, in fixed proportions.
PROPORTION GÉOMÉTRIQUE, geometrical proportion; geometrical ratio.
PROPORTION HARMONIQUE, harmonic ratio.
PROPORTION NÉCESSAIRE D'IMMOBILISATIONS, *U.S:* fixed assets
  requirement.

PROPORTIONNALITÉ *f*, proportionality, proportionateness.
PROPORTIONNALITÉ ENTRE LES UTILITÉS MARGINALES ET LES PRIX, proportionality between marginal utilities and prices.

PROPORTIONNÉ *a*, proportioned, proportionate, proportionable, proportional, proratable, commensurate.

PROPORTIONNEL *a*, proportional, proportionate, proratable, arbitrated.
CONTRIBUTION PROPORTIONNELLE, proratable contribution; rateable contribution.
DIMINUTION PROPORTIONNELLE, proportionate decrease.
DISTRIBUTION PROPORTIONNELLE, proportionment.
FRAIS PROPORTIONNELS, direct expenses.
FRET PROPORTIONNEL À LA DISTANCE, freight prorata.
INVERSEMENT PROPORTIONNEL À, inversely proportional to.
PAIR PROPORTIONNEL, arbitrated par of exchange.
REPRÉSENTATION PROPORTIONNELLE, proportional representation.
TIMBRE PROPORTIONNEL, ad valorem stamp.
VARIATIONS PROPORTIONNELLES, proportionate changes.

PROPORTIONNELLE *f*, proportional.

PROPORTIONNELLEMENT *adv*, proportionally, proportionately, in proportion to.
y VARIE DANS LE MÊME SENS ET PROPORTIONNELLEMENT À *x*, *y* varies as *x*.

PROPORTIONNER *v*, to proportion.

PROPOSER *v*, to propose, to offer.
PROPOSER UNE MOTION, to move a motion.

PROPOSITION *f*, proposal, proposition, recommendation, proposing·
PROPOSITION APODICTIQUE, clearly demonstrable proposition·
PROPOSITION D'ASSURANCE, proposal of insurance.
PROPOSITION AXIOMATIQUE, axiomatic proposition.
PROPOSITIONS CONTRADICTOIRES, contradictory propositions.
PROPOSITIONS CONTRAIRES, contrary propositions.
PROPOSITION DE DIVIDENDE, recommendation of dividend.
PROPOSITION MATHÉMATIQUE, mathematical proposition.
PROPOSITION D'ORDRE PRATIQUE, practical proposal.
PROPOSITION SULBALTERNE, subaltern proposition.

PROPRE *a*, proper, clean, fit, own, inherent.
ACHETER POUR SON PROPRE COMPTE, to buy on one's own account.
BIENS PROPRES (DE LA FEMME MARIÉE,) separate estate.
CONSOMMATION PAR L'AGRICULTURE DE SES PROPRES PRODUITS, own consumption in agriculture.
CONSTRUCTION POUR SON PROPRE COMPTE, own-account construction.
FONDS PROPRES, capital stock.
MARCHAND ÉTABLI À SON PROPRE COMPTE, private trader.
REMETTRE DE L'ARGENT EN MAIN PROPRE, to hand over money personally.
VICE PROPRE, inherent vice.

PROPRE *m*, property, attribute.
le PROPRE DE, inherent property (of).

PROPRIÉTAIRE *m*, proprietor, owner, holder, landlord, proprietary.
CHANGEMENT DE PROPRIÉTAIRE, under new ownership; under new management.
CONSTRUIT PAR LE PROPRIÉTAIRE LUI-MÊME, owner-built.
ÊTRE PROPRIÉTAIRE TERRIEN, to own land.
HABITATIONS OCCUPÉES PAR LEURS PROPRIÉTAIRES, owner-occupied dwellings.
NU PROPRIÉTAIRE, bare owner.
PETIT PROPRIÉTAIRE, small holder; peasant proprietor; *U.K:* yeoman·
sans PROPRIÉTAIRE, unowned.
PROPRIÉTAIRE-BAILLEUR, landlord.
PROPRIÉTAIRE SOUS CONDITION, limited owner.
PROPRIÉTAIRE EN FAIT, practical owner.
PROPRIÉTAIRE FONCIER, landholder; landowner; landed proprietor; ground-landlord.
PROPRIÉTAIRES FONCIERS, landed proprietary.
PROPRIÉTAIRE FONCIER* (À PERPÉTUITÉ), *U.K:* freeholder.
PROPRIÉTAIRE DU FONDS ET DU TRÉFONDS, owner of the soil and subsoil.
PROPRIÉTAIRE LÉGITIME, rightful owner.
PROPRIÉTAIRE DE LA MARCHANDISE, owner of the goods.
PROPRIÉTAIRE DU NAVIRE, owner of the ship·
PROPRIÉTAIRE RIVERAIN, riparian owner.
les PROPRIÉTAIRES TERRIENS, the landed interest.
RÉPARATIONS À LA CHARGE DU PROPRIÉTAIRE, repairs chargeable on the owner.
aux RISQUES ET PÉRILS DU PROPRIÉTAIRE, at owner's risk.
SEUL PROPRIÉTAIRE, sole owner; sole proprietor.

PROPRIÉTÉ *f*, property, holding, estate, land, house; ownership, proprietorship, proprietary.
BIEN DÉTENU EN TOUTE PROPRIÉTÉ, property held in fee simple.

CÉDER UNE PROPRIÉTÉ, to part with a property.
DÉGREVER UNE PROPRIÉTÉ, to disencumber a property; to free a property from mortgage.
DÉSHYPOTHÉQUER UNE PROPRIÉTÉ, to free a property from mortgage.
DESCRIPTION DE LA PROPRIÉTÉ À VENDRE, particulars of sale.
DIVISION D'UNE PROPRIÉTÉ, division of a property.
DROIT DE PROPRIÉTÉ, proprietary; proprietorship.
ÉVALUER UNE PROPRIÉTÉ AUX FINS D'IMPOSITION, to assess a property for taxation.
IMPÔT SUR LES PROPRIÉTÉS BÂTIES, rates; house-duty.
NUE PROPRIÉTÉ, bare ownership; ownership without usufruct.
OFFICE DE LA PROPRIÉTÉ INDUSTRIELLE, patent office.
PETITE PROPRIÉTÉ FONCIÈRE, small holding.
PROPRIÉTÉ ACQUISE À TITRE ONÉREUX, property acquired for valuable consideration.
PROPRIÉTÉ AFFERMÉE, leased property; agricultural holding.
PROPRIÉTÉ COLLECTIVE, collective ownership.
PROPRIÉTÉ COMMUNALE DE LA TERRE, communal ownership of land.
PROPRIÉTÉS DE LA COURBE, properties of the curve.
PROPRIÉTÉ FONCIÈRE, landed estate; landed property; land.
PROPRIÉTÉ FONCIÈRE PERPÉTUELLE*, *U.K:* freehold.
PROPRIÉTÉ GREVÉE D'HYPOTHÈQUES, encumbered estate; embarrassed estate.
PROPRIÉTÉ GREVÉE D'UNE SERVITUDE, land subject to a right of user.
PROPRIÉTÉ IMMOBILIÈRE, real property.
PROPRIÉTÉ INDIVIDUELLE* (NON SOLIDAIRE), severalty.
PROPRIÉTÉ INDUSTRIELLE, patent-rights.
PROPRIÉTÉS INVARIABLES, invariant properties.
PROPRIÉTÉ LITTÉRAIRE, copyright; literary property.
PROPRIÉTÉ LOUÉE À BAIL, leasehold.
PROPRIÉTÉ PAYSANNE, peasant holding; peasant proprietary.
PROPRIÉTÉ PRIVÉE, private property.
PROPRIÉTÉ PUBLIQUE, public property.
RÉACQUÉRIR UNE PROPRIÉTÉ, to reacquire a property.
RÉDACTION D'ACTES TRANSLATIFS DE PROPRIÉTÉ, conveyancing.
RÉGIME DE LA PETITE PROPRIÉTÉ, small holdings system.
(RÉGIME DE) PROPRIÉTÉ PRIVÉE, private ownership.
RÉPARTITION DE LA PROPRIÉTÉ, distribution of ownership.
REVENUS DE LA PROPRIÉTÉ, income from property.
TITRE (CONSTITUTIF) DE PROPRIÉTÉ, title deed; title to property; muniment of title; documents of title; proof of ownership; muniments.
TRANSMISSION DE PROPRIÉTÉ D'UN BREVET, conveyance of a patent.
TRANSMISSION D'UNE PROPRIÉTÉ IMMOBILIÈRE, land conveyance.

PROPULSEUR *m*, propeller.
TURBO-PROPULSEUR, propeller jet.

PROPULSIF *a*, propelling.

PRORATA *m*, proportion, proportional part.
PRORATA D'INTÉRÊTS EN COURS, proportion of current interest.
RÉMUNÉRATION AU PRORATA DU TRAVAIL ACCOMPLI, payment in proportion to work done.

PROROGATION *f*, prorogation, prolongation, prolonging, extension.

PROROGER *v*, to prolong, to extend.
PROROGER LA DURÉE D'UN CRÉDIT, to extend the validity of a credit.
PROROGER L'ÉCHÉANCE, to extend the time of payment.
PROROGER L'ÉCHÉANCE D'UN BILLET, to prolong a bill.

PROSPECT *m*, *U.S:* prospect; *U.K:* prospective customer.

PROSPECTER *v*, to prospect.

PROSPECTEUR *m*, prospector.

PROSPECTIF *a*, prospective.

PROSPECTION *f*, prospecting, prospection.
DROIT DE PROSPECTION, prospecting concession.

PROSPECTIVE *f*, prospect.

PROSPECTUS *m*, prospectus.
LANCER UN PROSPECTUS, to issue a prospectus.

PROSPÈRE *a*, prosperous, flourishing.
COMMERCE PROSPÈRE, flourishing trade.

PROSPÉRER *v*, to prosper, to thrive.

PROSPÉRITÉ *f*, prosperity, prosperousness, thriving, *U.S:* bonanza.
ANNÉE DE PROSPÉRITÉ, *U.S:* bonanza year.
l'INDUSTRIE DE L'AUTOMOBILE A FAIT LA PROSPÉRITÉ DE DETROIT, the car industry has made Detroit.
MAINTIEN DE LA PROSPÉRITÉ ÉCONOMIQUE, maintenance of economic prosperity.
PÉRIODE DE PROSPÉRITÉ, boom; trade boom.
PROSPÉRITÉ DE LA NATION, public well-being.

PROTECTEUR a, protecting, protective, patron.
DROIT PROTECTEUR, protective duty.
TARIF PROTECTEUR, protective tariff.

PROTECTEUR m, protector; patron.

PROTECTION f, protection, protecting, safeguard, safeguarding.
DEGRÉ DE PROTECTION, protectiveness.
DÉLAI DE PROTECTION LITTÉRAIRE, terms of copyright.
PROTECTION CONTRE LA CONCURRENCE ÉTRANGÈRE, protection against foreign competition.
PROTECTION CONTRE L'INCENDIE, fire-protection.
PROTECTION D'UNE INDUSTRIE, safeguarding of an industry.

PROTECTIONNISME m, protectionism.
CARTELS NATIONAUX FAVORISÉS PAR LE PROTECTIONNISME DOUANIER, domestic cartels favoured by customs protectionism.

PROTECTIONNISTE a, protectionist.
SYSTÈME PROTECTIONNISTE, protectionist system.

PROTECTIONNISTE m, protectionist.

PROTECTORAT m, protectorate.

PROTÉGÉ a, protected, sheltered.
INDUSTRIE PROTÉGÉE (CONTRE LA CONCURRENCE ÉTRANGÈRE), sheltered industry.

PROTÉGER v, to protect, to safeguard, to shelter.
PROTÉGER UNE INDUSTRIE, to safeguard an industry.
PROTÉGER UNE INDUSTRIE CONTRE LA CONCURRENCE DÉLOYALE, to protect an industry against unfair competition.

PROTÉINE f, protein.

PROTESTABLE a, protestable.
le CHÈQUE EST PROTESTABLE, the cheque is protestable.

PROTESTATEUR m, protestor, protester.

PROTESTATION f, protest, protesting, protestation.

PROTESTÉ a, protested.
non PROTESTÉ, unprotested.
EFFET NON PROTESTÉ, unprotested bill.

PROTESTER v, to protest.
PROTESTER UNE LETTRE DE CHANGE, to protest a bill.

PROTÊT m, protest.
FAIRE LE PROTÊT D'UNE LETTRE DE CHANGE, to note protest of a bill.
LEVER PROTÊT, to make a protest.
LEVER PROTÊT D'UNE LETTRE DE CHANGE, to protest a bill.
PROTÊT FAUTE D'ACCEPTATION, protest for non acceptance.
PROTÊT FAUTE DE PAIEMENT, protest for non payment.

PROTOCOLE m, protocol.

PROUVÉ a, proved, proven.

PROUVER v, to prove, to substantiate.

PROVENANCE f, origin.
de PROVENANCE ÉTRANGÈRE, of foreign origin; foreign-grown.

PROVENANT a, derived.

PROVENIR v, to come from, to derive.
REVENU PROVENANT D'UN PLACEMENT, income derived from an investment.
REVENUS NE PROVENANT PAS D'UN TRAVAIL, unearned income.

PROVIDENCE f, providence.
ÉTAT-PROVIDENCE, providence State.

PROVIDENTIEL a, providential.

PROVINCE f, province, country.
BANQUE DE PROVINCE, provincial bank.
PROVINCES MARITIMES, seaboard provinces.
SUCCURSALE DE PROVINCE, country branch.

PROVINCIAL a, provincial.
BANQUE PROVINCIALE, country bank.

PROVINCIALISME m, provincialism.

PROVISEUR m, headmaster.

PROVISION f, provision, store, supply, stock, reserve, fund, cover, margin, allowance.
AMPLE PROVISION DE, liberal supply of.
FAIRE PROVISION POUR UNE LETTRE DE CHANGE, to protect a bill of exchange; to provide for a bill.
FAUTE DE PROVISION, for want of funds.
INSUFFISANCE DE PROVISION, insufficient funds; « not sufficient ».
PANIER DE PROVISION DE PRODUITS, basket of goods.
PROVISION POUR AMORTISSEMENT, allowance for depreciation; depreciation allowance; wear-and-tear allowance.
PROVISION POUR CRÉANCES DOUTEUSES, reserve for doubtful debts; bad debts reserve.

PROVISION POUR DÉPRÉCIATION DE MATÉRIEL, réserve for depreciation of plant
PROVISION POUR DETTES, liability reserve.
PROVISION POUR ÉVALUATION D'ACTIF, asset valuation reserve,
PROVISION POUR IMPÔTS, reserve for taxation.
PROVISION POUR MOINS-VALUE DES INVESTISSEMENTS, provision for depreciation of investments.

PROVISIONNEL a, provisional.

PROVISIONNER v, to give consideration for.

PROVISOIRE a, provisory, provisional, temporary, tentative.
ASSURANCE PROVISOIRE, provisional insurance.
CERTIFICAT D'ACTIONS PROVISOIRE, scrip certificate.
CERTIFICAT PROVISOIRE, scrip.
COMPTE PROVISOIRE, provisional account.
CONCLUSION PROVISOIRE, tentative conclusion.
DÉCLARATION PROVISOIRE, sight entry.
DEMANDE DE BREVET PROVISOIRE, U.S: caveat; U.K: patent applied for.
DOUZIÈME PROVISOIRE, credit vote.
GOUVERNEMENT PROVISOIRE, provisional government.
être MIS EN LIBERTÉ PROVISOIRE SOUS CAUTION, to be given bail.
SYNTHÈSE PROVISOIRE, provisional synthesis.

PROVISOIRE m, temporariness.

PROVOQUÉ a, caused, induced.
CHANGEMENTS PROVOQUÉS PAR LE MILIEU, environmental changes.
DOMMAGES PROVOQUÉS PAR LA SÉCHERESSE, damage caused by drought.

PROVOQUER v, to cause, to induce.
la CONCURRENCE PROVOQUE L'ABAISSEMENT DES PRIX, competition causes a fall in prices.

PROXIMITÉ f, proximity, adjacency, closeness, vicinity, neighbourhood; imminence.
PROXIMITÉ IMMÉDIATE, immediateness.
à PROXIMITÉ IMMÉDIATE DU POINT D'ÉQUILIBRE, in close proximity of the equilibrium point.

PRUDENCE f, providence, prudence, caution.
PRUDENCE FINANCIÈRE, financial prudence.

PRUDENT a, prudent, cautious, sober, safe, conservative.
ÉVALUATION PRUDENTE, sober estimate; conservative estimate.

PSYCHOLOGIE f, psychology.
PSYCHOLOGIE ÉCONOMIQUE, economic psychology.

PSYCHOLOGIQUE a, psychological.
ANALYSE PSYCHOLOGIQUE DU COMPORTEMENT ÉCONOMIQUE, psychological analysis of economic behaviour.
LOI PSYCHOLOGIQUE FONDAMENTALE, fundamental psychological law.
PENCHANTS PSYCHOLOGIQUES, psychological propensities.

PSYCHOTECHNIQUE f, industrial psychology, applied psychology.

PUBLIC a, public, open, overt; national.
AMORTIR LA DETTE PUBLIQUE, to sink the national debt.
AMORTISSEMENT DE LA DETTE PUBLIQUE, redemption of the national debt.
ASSAINISSEMENT DES FINANCES PUBLIQUES, restoration of public finances.
ASSISTANCE PUBLIQUE, national assistance; poor-law administration.
CLAUSE CONTRAIRE À L'ORDRE PUBLIC, clause contrary to public policy.
COMPTABILITÉ PUBLIQUE, public accounts.
CONSOLIDER UNE DETTE PUBLIQUE, to fund a public debt.
CONSOMMATION DES ADMINISTRATIONS PUBLIQUES, government consumption.
CONSOMMATION PUBLIQUE, public consumption.
DENIERS PUBLICS, public moneys.
DÉPENSES PUBLIQUES, government expenditure.
DETTE PUBLIQUE, public debt; government debt; Funds.
EFFETS PUBLICS, public bonds; public securities.
ÉMISSION PUBLIQUE, public issue.
EMPRUNT PUBLIC, government loan; public loan.
ENTREPRISES PUBLIQUES, public corporations; public undertakings.
ENTREPRISE DE SERVICE PUBLIC, public utility; U.S: utility.
ÉTABLISSEMENTS PUBLICS, government-owned establishments; publicly-owned establishments.
EXPROPRIATION POUR CAUSE D'UTILITÉ PUBLIQUE, expropriation for public purposes.
EXPROPRIATION DANS L'INTÉRÊT PUBLIC, compulsory acquisition of property (by public bodies).
EXTINCTION D'UNE DETTE PUBLIQUE, extinction of a national debt.
FINANCES PUBLIQUES, public finance.
FONCTIONS PUBLIQUES, public office.
FONDS PUBLICS, public funds; funds; public securities; government stock; coffers of State.

INSTITUTIONS PUBLIQUES INTERNATIONALES, public international authorities; public international bodies.
INTÉRÊT SUR LA DETTE PUBLIQUE, interest on the public debt.
INTÉRÊT PUBLIC, public interest.
LOI(S) SUR L'ASSISTANCE PUBLIQUE, poor-law.
MARCHÉ PUBLIC, open market; market overt.
MARCHÉS PUBLICS, *U.S:* open bids.
MODULATION DES INVESTISSEMENTS PUBLICS, adjustment of the timing of public investment.
MONOPOLE DES SERVICES PUBLICS, monopoly of public utilities.
NOTAIRE PUBLIC, notary public.
de NOTORIÉTÉ PUBLIQUE, matter of common knowledge.
OFFRE PUBLIQUE D'ACHAT, take-over bid.
OPÉRATIONS SUR LE MARCHÉ PUBLIC, open-market operations.
OPINION PUBLIQUE, public opinion.
ORDRE PUBLIC, law and order.
PLACER DE L'ARGENT DANS LES FONDS PUBLICS, to fund money.
POUVOIRS PUBLICS, public authorities; authorities; government.
PROGRAMME DE TRAVAUX PUBLICS, public-works program.
PROPRIÉTÉ PUBLIQUE, public property.
PUPILLE DE L'ASSISTANCE PUBLIQUE, orphan in State care.
REGISTRES PUBLICS, public registers.
REVENUS PUBLICS, government revenue.
SANTÉ PUBLIQUE, public health.
SECTEUR PUBLIC, public sector.
SECTEUR PUBLIC DE L'ÉCONOMIE, public sector of the economy.
SERVICE PUBLIC, public utility company.
SERVICES PUBLICS MUNICIPAUX, municipal undertakings.
SERVICES DE SANTÉ PUBLIQUE, national health services.
SOCIÉTÉ D'UTILITÉ PUBLIQUE, public utility company.
SOUMISSION D'EMPRUNTS PUBLICS, tender for public loans.
TRAVAUX PUBLICS, public works.
TRAVAUX PUBLICS ORGANISÉS POUR LES CHÔMEURS, relief work.
TRÉSOR PUBLIC, public moneys.
VALEURS DE SERVICES PUBLICS, public utility stocks.

PUBLIC *m*, public, people.
ACTIONS ÉMISES DANS LE PUBLIC, shares issued to the public.
AVIS AU PUBLIC, public notice.
CONFIANCE DU PUBLIC, public confidence.
EXPLOITER LA CRÉDULITÉ DU PUBLIC, to exploit the credulity of the public.
GRAND PUBLIC, general public; public at large; man in the street.
PLACEMENT D'ACTIONS DANS LE PUBLIC, placing shares with the public.

PUBLICATION *f*, publication; publishing.

PUBLICITAIRE *a*, pertaining to advertising, *U.S:* to advertizing, to publicity.
ANNONCE PUBLICITAIRE, advertisement.
DÉPENSES PUBLICITAIRES, publicity expenses.
SUPPORTS PUBLICITAIRES, advertising media.

PUBLICITAIRE *m*, publicist, publicity man.

PUBLICISTE *m*, publicist.

PUBLICITÉ *f*, publicity, advertising, *U.S:* advertizing; advertisement.
AGENCE DE PUBLICITÉ, advertising agency.
AGENT DE PUBLICITÉ, advertising agent.
BUDGET DE PUBLICITÉ, advertising account.
CAMPAGNE DE PUBLICITÉ, advertising campaign; publicity campaign.
DÉPENSES DE PUBLICITÉ, advertising expenditure.
EMPLACEMENT RÉSERVÉ À LA PUBLICITÉ, advertising space.
FAIRE DE LA PUBLICITÉ, to advertise; *U.S:* to advertize.
PUBLICITÉ PAR AFFICHAGE, poster advertising.
PUBLICITÉ DÉLOYALE, deceptive advertising.
PUBLICITÉ DE PRESTIGE, prestige advertising, *U.S:* institutional advertizing.
RECETTES DE PUBLICITÉ, advertising revenues.
TARIFS DE PUBLICITÉ, advertising rates.

PUBLIÉ *a*, published.

PUBLIER *v*, to publish.

PUBLIQUEMENT *adv*, publicly, openly.

PUISSANCE *f*, power, might, force; powerfulness, potency; capacity
ACHETEUR EN PUISSANCE, potential buyer.
GRANDES PUISSANCES, Great Powers.
les cinq GRANDES PUISSANCES, the Big Five.
EXISTANT EN PUISSANCE, potentially available.
FACTEUR DE PUISSANCE, power-factor.
NOMBRE À LA PUISSANCE 4, biquadratic.
PUISSANCE n, nth power.
nième PUISSANCE, nth power.
en PUISSANCE, intending; potential.
PUISSANCE CALORIFIQUE, heating power.
PUISSANCE EFFECTIVE, effective power.
PUISSANCE INSTALLÉE, installed capacity.
PUISSANCE MONDIALE, world power.
PUISSANCE MOTRICE, horse-power (h.-p.).

PUISSANT *a*, powerful, strong, potent.

PUITS *m*, shaft, well.
PUITS DE MINE, mine-shaft; pit.

PUPILLE *m*, pupil, ward.
PUPILLE DE L'ASSISTANCE PUBLIQUE, orphan in State care.

PUPITRE *m*, console.
PUPITRE DE COMMANDE, control console.

PUR *a*, pure; mere.
CHIMIE PURE, theoretical chemistry.
CONCURRENCE PURE, pure competition.
DÉPENSE EN PURE PERTE, wasteful expenditure.
DON PUR ET SIMPLE, outright gift.
MATHÉMATIQUES PURES, pure mathematics.
MINIMUM PUR ET SIMPLE DE SUBSISTANCE, bare minimum of subsistence.
OR PUR, pure gold.
PUR ÉCHANGE, pure exchange.
PURE FORMALITÉ, matter of form.
PUR HASARD, mere chance.
PURE MONNAIE DE CRÉDIT, pure credit money.
en PURE PERTE, wasteful.
PUR ET SIMPLE, outright.
PURE SPÉCULATION, pure gamble.
RENTE ÉCONOMIQUE PURE, pure economic rent.
SYSTÈME DE CRÉDIT PUR, pure credit system.
THÉORIE PURE, pure theory.
TROC PUR ET SIMPLE, pure barter.

PUREMENT *adv*, purely.
ANALOGIES PUREMENT MÉCANIQUES, mechanical analogies.
ÉCONOMIE PUREMENT LIBÉRALE, laissez-faire economy.
REMÈDE PUREMENT MONÉTAIRE, purely monetary remedy.
TAUX PUREMENT NOMINAL, purely nominal rate.

PURETÉ *f*, purity.

PURGE *f*, redemption, paying off.
PURGE D'HYPOTHÈQUE, paying off a mortgage; redemption of a mortgage.

PURGER *v*, to redeem, to pay off, to purge.
PURGER UN BIEN DE DETTES, to rid a property of debt; to clear a property of debt.
PURGER DE DETTES, to free from debt.
PURGER UNE HYPOTHÈQUE, to pay off a mortgage; to redeem a mortgage; to clear off a mortgage.

PURIFICATION *f*, purification.

PURITAIN *a*, puritan.

PURITANISME *m*, puritanism.

PUTATIF *a*, putative, presumed.

PYRAMIDAL *a*, pyramidal.

PYRAMIDE *f*, pyramid.
PYRAMIDE DU CRÉDIT, pyramid of credit.
SOMMET DE LA PYRAMIDE, apex of the pyramid.

PYRITE *f*, pyrites.
PYRITE DE FER, ferrous sulphide.

QUADRANT *m*, quadrant.

QUADRAT *m*, quadrat.

QUADRATIQUE *a*, quadratic.
ÉCART QUADRATIQUE, standard deviation.
ÉQUATION QUADRATIQUE, quadratic equation.
FONCTIONS QUADRATIQUES, quadratic (homogeneous) functions.
FORMES QUADRATIQUES, quadratic forms.
FORME QUADRATIQUE GÉNÉRALE, general quadratic form.
MOYENNE QUADRATIQUE, standard deviation.
RÉSIDU QUADRATIQUE MOYEN, square of the standard error of
  estimate.

QUADRATRICE *f*, quadratrix.

QUADRATURE *f*, quadrature.
FAIRE LA QUADRATURE DU CERCLE, to quadrate the circle.

QUADRIENNAL *a*, quadrennial.

QUADRILATÉRAL *a*, quadrilateral, four-sided.

QUADRILATÈRE *m*, quadrilateral, quadrangle.
QUADRILATÈRE COMPLET, complete quadrilateral.
QUADRILATÈRE IRRÉGULIER, trapezoid.

QUADRILLÉ *a*, squared, cross-ruled.
PAPIER QUADRILLÉ, graph paper.

QUADRINÔME *a*, quadrinomial.

QUADRIPARTI *a*, quadripartite.

QUADRUPLE *a*, quadruple, fourfold.
PROFITS QUADRUPLES DE CEUX DE L'ANNÉE PRÉCÉDENTE,
  profits quadruple those of previous year.

QUADRUPLE *m*, quadruple.

QUADRUPLEMENT *m*, quadrupling.

QUADRUPLER *v*, to quadruple, to increase fourfold.

QUAI *m*, quay, pier, wharf; platform.
DROITS DE QUAI, pier dues; wharf dues; wharfage; quayage.
FRANCO QUAI, free alongside ship.
FRANCO À QUAI, free on quay; free at wharf.

QUALIFICATIF *a*, qualificative, qualifying.

QUALIFIÉ *a*, qualified, skilled.
MAIN-D'ŒUVRE NON QUALIFIÉE, unskilled labour.
OUVRIER QUALIFIÉ, skilled worker; skilled workman; skilled operat-
  ive.
OUVRIER NON QUALIFIÉ, unskilled worker; unskilled workman.
OUVRIER SEMI-QUALIFIÉ, semi-skilled worker.
non QUALIFIÉ, unskilled.

(SE) QUALIFIER *v*, to qualify.
se QUALIFIER POUR UN EMPLOI, to qualify for a job.

QUALITATIF *a*, qualitative.
ANALYSE QUALITATIVE, qualitative analysis.
PERTES QUALITATIVES D'UNE INDUSTRIE DÉCLINANTE, qual-
  itative decline of a declining industry.

QUALITÉ *f*, quality, grade, brand, class, property; goodness, virtue,
ARBITRAGE DE QUALITÉ, arbitration for quality.
BONNE QUALITÉ MOYENNE, good average quality.

de DEUXIÈME QUALITÉ, second-class.
GARANTIE DE QUALITÉ, guarantee of quality.
NIVEAU DE QUALITÉ MOYENNE, average quality level.
de PREMIÈRE QUALITÉ, first-quality; first-class; high-class.
QUALITÉ D'UN AJUSTEMENT, goodness of fit.
QUALITÉ COMMERCIALE, fair average quality.
de QUALITÉ ÉGALE, of equal quality.
QUALITÉ INFÉRIEURE, inferior quality; poor quality.
de QUALITÉ INFÉRIEURE, low-grade; second-class.
QUALITÉ DES MARCHANDISES, quality of goods.
QUALITÉ DE MEMBRE D'UN SYNDICAT, membership of a syndicate.
QUALITÉ PRESCRITE, stipulated quality.
QUALITÉ SUPÉRIEURE, prime quality; fineness.
QUALITÉ (TOUT À FAIT) SUPÉRIEURE, top-grade quality.
QUALITÉ DU TRAVAIL, workmanship.
STANDARDS DE QUALITÉ ET DE QUANTITÉ, physical standards.
VOITURE DE QUALITÉ, quality-car.

QUANTIFICATION *f*, quantification, quantifying.

QUANTIFIER *v*, to quantify.

QUANTILE *m*, quantile.

QUANTIQUE *a*, quantic.
PHYSIQUE QUANTIQUE, quantic physics.

QUANTITATIF *a*, quantitative.
ANALYSE QUANTITATIVE, quantitative analysis.
COMPARAISON QUANTITATIVE, quantitative comparison.
ÉCONOMIE QUANTITATIVE, quantitative economics.
ÉQUATION QUANTITATIVE DES ÉCHANGES, quantity equation
  of exchange.
THÉORIE NÉO-CLASSIQUE QUANTITATIVE DE LA MONNAIE,
  sophisticated quantity theory of money.
THÉORIE QUANTITATIVE DE LA MONNAIE, quantity theory of
  money.

QUANTITÉ *f*, quantity, output, amount, heap, (a great) deal.
ACCROISSEMENT DE LA QUANTITÉ DEMANDÉE, increase in the
  quantity demanded.
ACHETER PAR GROSSES QUANTITÉS, to buy in bulk.
EXPRIMER UNE QUANTITÉ EN TERMES D'UNE AUTRE, to express
  one quantity in terms of another.
FAIBLE QUANTITÉ, modicum.
FAIRE DISPARAÎTRE LES QUANTITÉS IRRATIONNELLES D'UNE
  EXPRESSION, to rationalize an expression.
GRANDE QUANTITÉ DE, great deal of.
GRAPHIQUE DE PRIX ET DE QUANTITÉS, price-quantity diagram.
INDICE DE QUANTITÉ, quantity index.
INDICES DES QUANTITÉS REQUISES DE MAIN-D'ŒUVRE, in-
  dexes of labour requirements.
QUANTITÉ AGRÉGEABLE, aggregative.
QUANTITÉS ARBITRAIRES (D'UNE ÉQUATION), arbitrary constants
  (of an equation).
QUANTITÉ BRUTE, crude quantity.
QUANTITÉ DE CAPITAL REQUISE (PAR UNITÉ DE TRAVAIL),
  capital intensity required (per unit of labour).
QUANTITÉ DE CHALEUR TRANSMISE, thermal output.
QUANTITÉ COMPLEXE, complex quantity.
QUANTITÉ CONNUE, known quantity.
QUANTITÉ DEMANDÉE, amount demanded.
QUANTITÉ DISCRÈTE, discontinuous quantity.

QUANTITÉS DISSEMBLABLES, unlike quantities.
QUANTITÉ ÉCONOMIQUE DE COMMANDE, economic lot size; economic order quantity.
QUANTITÉ ÉCONOMIQUE DE RÉAPPROVISIONNEMENT, economic lot size; economic order quantity.
QUANTITÉS ÉGALES, equals.
QUANTITÉ IMAGINAIRE, imaginary quantity.
QUANTITÉ INCOMMENSURABLE, surd.
QUANTITÉ INDÉTERMINÉE, indeterminate quantity.
QUANTITÉ INVARIABLE (DE TERRE), unchangeable quantity (of land).
QUANTITÉ MESURABLE, measurable quantity.
QUANTITÉ DE MONNAIE, quantity of money.
QUANTITÉ NÉGATIVE, negative quantity; minus quantity.
QUANTITÉS PÊCHÉES, fish catches.
QUANTITÉ POSITIVE, positive quantity.
QUANTITÉ PRODUITE EN RÉGIME DE MONOPOLE, monopoly output.
QUANTITÉ RATIONNELLE, rational quantity.
QUANTITÉ TOTALE DES FACTEURS EMPLOYÉS, total input.
QUANTITÉ TOTALE PRODUITE, total output.
QUANTITÉ DE TRAVAIL EMPLOYÉE, quantity of labour employed.
QUANTITÉ VARIABLE, variable quantity.
RÉDUCTION SUR LA QUANTITÉ, discount for quantities.
RELEVÉ DES QUANTITÉS, recording the quantities; noting of the quantities.
STANDARDS DE QUALITÉ ET DE QUANTITÉ, physical standards.
VALEUR EFFICACE D'UNE QUANTITÉ VARIABLE, virtual value of a variable quantity.
VENDRE À BAS PRIX ET SE RATTRAPER SUR LA QUANTITÉ, to sell at a low price and recoup oneself by large sales.

QUANTUM *m*, quantum.
INDICE DU QUANTUM, quantum index.
THÉORIE DES QUANTA, quantum theory.

QUARANTAINE *f*, quarantine.

QUART *m*, quarter.
REMISE DU QUART, discount of 25 %.
QUART DE CERCLE, quadrant.

QUARTIER *m*, quarter, district, area, centre, *U.S:* center.
QUARTIER COMMERÇANT, shopping centre.
QUARTIER GÉNÉRAL, head-quarters.
QUARTIER RÉSIDENTIEL, residential area.

QUARTILE *a*, quartile.
DÉVIATION QUARTILE, quartile deviation.

QUARTILE *m*, quartile.
PREMIER QUARTILE, first quartile.

QUARTZ *m*, quartz.
EXPLOITATION DE QUARTZ AURIFÈRE, gold-digging.

QUASI *adv*, quasi, near, almost.
VOTE QUASI UNANIME, solid vote.

QUASI-CONTRAT *m*, quasi-contract, implied contract.

QUASI-MONNAIE *f*, near-money.

QUASI-PERFECTION *f*, approaching perfection.
QUASI-PERFECTION DE L'AJUSTEMENT, closeness of fit.

QUASI-RENTE *f*, quasi-rent.

QUATERNAIRE *a*, quaternary.

QUATRIÈME *num. a*, fourth.
QUATRIÈME DIMENSION, fourth dimension.

QUESTION *f*, question, query; matter, subject.
n'AYANT AUCUN RAPPORT AVEC LA QUESTION, immaterial to the subject.

QUESTION D'AFFAIRES, matter of business.
QUESTION AGRAIRE, land question.
QUESTIONS DIVERSES, general business.
QUESTION DE DROIT, issue of law.
QUESTION À L'ÉTUDE, question under consideration; question under investigation.
QUESTION DE FAIT, issue of fact.
QUESTION D'UNE IMPORTANCE CAPITALE, question of capital importance.
QUESTION D'IMPORTANCE PRIMORDIALE, question of primary importance.
QUESTION OUVRIÈRE, labour question.
QUESTION PRINCIPALE, major issue.

QUESTIONNAIRE *m*, questionary, questionnaire.

QUESTIONNER *v*, to question.

QUEUE *f*, queue, waiting line; tail.
ATTENTE DANS LA QUEUE, queueing.
en QUEUE, queued.
QUEUE D'UNE DISTRIBUTION, tail of a distribution.
QUEUE POUR LE PAIN, bread-queue.

QUINCAILLERIE *f*, ironmongery, hardware shop.

QUINQUENNAL *a*, quinquennial.
PLAN QUINQUENNAL, five-year plan.
PRÉPARATION D'UN PLAN QUINQUENNAL, elaboration of a five-year plan.

QUINZAINE *f*, fortnight.

QUITTANCE *f*, receipt, discharge, release, quittance, quietus, invoice.
DROIT DE TIMBRE À QUITTANCE, receipt stamp duty.
QUITTANCE COMPTABLE, formal receipt.
QUITTANCE DE DOUANE, custom-house receipt.
QUITTANCE FINALE, receipt on the balance.
QUITTANCE DE LOYER, receipt for rent.
QUITTANCE DE PAIEMENT, receipt for payment.
QUITTANCE RÉGULIÈRE, receipt in due form; proper receipt.
QUITTANCE VALABLE, valid receipt; proper receipt; good receipt.

QUITTANCER *v*, to receipt.

QUITTE *a*, discharged, quit.
QUITTE DE DETTES, out of debt.

QUITTER *v*, to leave, to vacate.

QUITUS *m*, discharge, final discharge, auditor's final discharge quietus, receipt in full.

QUOTA *m*, quota.
ENQUÊTE PAR QUOTAS, quota sample.
SONDAGE PAR QUOTAS, quota sample.

QUOTE-PART *f*, quota, proportion.
QUOTE-PART DES BÉNÉFICES, proportion of the profits.

QUOTIDIEN *a*, daily.
ARRIVAGES QUOTIDIENS, daily arrivals.
COURS QUOTIDIENS, daily quotations.
PARCOURS QUOTIDIEN, daily mileage.

QUOTIDIENNEMENT *adv*, daily.

QUOTIENT *m*, quotient, quota, ratio.
ERREUR RELATIVE DU QUOTIENT, relative error in the quotient.
ESTIMATION PAR LA MÉTHODE DES QUOTIENTS, ratio estimate.

QUOTITÉ *f*, quota, quotity, quantity, share.
QUOTITÉ DU DÉGRÈVEMENT FISCAL, extent of taxation relief.
QUOTITÉ IMPOSABLE, taxable quota.
QUOTITÉ NÉGOCIABLE DE VALEURS, marketable quantity of shares.

R

RABAIS *m*, rebate, discount rebate, discount, allowance, abatement, price reduction, price cutting; reduced price.
ACCORDER UN RABAIS SUR, to make an allowance on.
CONSENTIR UN RABAIS, to allow a discount.
ENCHÈRES AU RABAIS, Dutch auction.
MAGASIN DE DÉTAIL VENDANT AU RABAIS, discount house.
RABAIS DE PRIME, rebate of premium.
RABAIS DES PRIX, price-cutting; price-slashing.
RABAIS DES TARIFS, rate-cutting.
VENDRE AU RABAIS, to sell at a reduction.
se VENDRE AU RABAIS, to sell at a discount; to be at a discount.

RABATTRE *v*, to reduce, to make a reduction; to knock (so much) off.
RABATTRE SUR LE PRIX, to deduct from the price.

RACCORD *m*, link.

RACCORDEMENT *m*, linking (up).

RACCOURCIR *v*, to shorten.

RACCOURCISSEMENT *m*, shortening.

RACE *f*, race, kin.
RACE D'ANIMAUX, breed.

RACHAT *m*, repurchase, redemption, buying back, buying in, buying out.
FAIRE UNE OFFRE DE RACHAT, to bid for a company's stock.
RACHATS EN BOURSE, covering purchases.
RACHAT D'UN DÉFAILLANT, purchasing against a defaulter.
RACHAT D'OFFICE, official buying in.
VALEUR DE RACHAT, surrender value.
VENTE AU COMPTANT CONTRE RACHAT À TERME, put and take.
VENTE AVEC FACULTÉ DE RACHAT, sale with option of redemption; sale with option of repurchase; sale with power of redemption.

RACHETABLE *a*, repurchasable.

RACHETÉ *a*, repurchased; redeemed.
non RACHETÉ, unredeemed.

RACHETER *v*, to repurchase, to redeem, to buy back.
se COUVRIR EN RACHETANT, to cover by buying back.
les OBLIGATIONS SONT RACHETÉES PAR VOIE DE TIRAGE, debentures are redeemed by lot.
RACHETER UNE POLICE, to surrender a policy.

RACHETEUR *m*, repurchaser, redeemer, buyer back.

RACIAL *a*, racial.
DISCRIMINATION RACIALE, race discrimination.

RACINE *f*, root; radix.
RACINE CARRÉE, square root.
RACINE CARRÉE DE LA VARIANCE (ÉCART TYPE), square root of the variance (standard deviation).
RACINE CUBIQUE, cube root.
RACINE INCOMMENSURABLE, irrational root.
RACINE IRRATIONNELLE, surd.

RACISME *m*, racism, racialism.

RADIAL *a*, radial.

RADIAN(T) *m*, radian.

RADIATION *f*, radiation; deregistration.
RADIATION D'HYPOTHÈQUE, entry of satisfaction of mortgage.

RADICAL *a*, radical.
SIGNE RADICAL, radical sign.

RADICAL* *m*, radical.

RADICALISME* *m*, radicalism.

RADIER *v*, to strike off, to strike out.

RADIO- *pref*, radio-.

RADIO *f*, radio, wireless.
ÉMISSION DE RADIO, broadcast.

RADIO-ACTIF *a*, radio-active.

RADIO-ACTIVITÉ *f*, radio-activity.

RADIOCOMMUNICATION *f*, radio communication.

RADIO-DIFFUSION *f*, radio-broadcasting.

RADIOPHONIQUE *a*, wireless.
RÉSEAU DE STATIONS RADIOPHONIQUES, broadcasting network.

(SE) RAFFERMIR *v*, to steady, to harden, to firm; to re-establish.
les COURS SE RAFFERMISSENT, prices are steadying.
RAFFERMIR LE CRÉDIT D'UNE MAISON, to re-establish a firm's credit.
la TENDANCE S'EST RAFFERMIE, the tendency hardened.

RAFFERMISSEMENT *m*, steadying, hardening, firmness.

RAFFINAGE *m*, refining, refinement, distillation.
RAFFINAGE DU PÉTROLE, distillation of oil; oil refining.
RAFFINAGE DU SUCRE, sugar-refining.

RAFFINÉ *a*, refined; sophisticated.

RAFFINEMENT *m*, refinement; sophistication.

RAFFINER *v*, to refine.

RAFFINERIE *f*, refinery, distillery.
COMBUSTIBLES CONSOMMÉS DANS LES RAFFINERIES, fuel consumed in refining.
RAFFINERIE DE PÉTROLE, oil distillery; oil refinery.
RAFFINERIE DE SUCRE, sugar-refinery.

RAID *m*, raid.
FAIRE UN RAID, to raid.

RAIDE *a*, steep; stiff.
PENTE RAIDE, steepness; steep slope.

(SE) RAIDIR *v*, to stiffen.

RAIDISSEMENT *m*, stiffening.

RAIL *m*, rail.
ÉCARTEMENT DES RAILS, track-gauge.

RAISON *f*, reason, motive, ground, cause, justification; ratio.
CONTRAIRE À LA RAISON, contrary to reason.
FONDER SES RAISONS SUR L'EXPÉRIENCE DU PASSÉ, to reason from past experience.
RAISON ARITHMÉTIQUE, arithmetical ratio.
par RAISON DES CONTRAIRES, by rule of contraries.
RAISON DERNIÈRE, final justification.
RAISON D'ÊTRE, rationale; raison d'être.
RAISON GÉOMÉTRIQUE, geometrical ratio.
RAISON INVERSE, reciprocal ratio.

RAISON MAJEURE, imperative reason.
pour des RAISONS D'OPPORTUNITÉ, on grounds of expediency.
RAISON D'UNE PROGRESSION ARITHMÉTIQUE, common difference of an arithmetic progression.
RAISON D'UNE PROGRESSION GÉOMÉTRIQUE, common ratio of a geometric progression.
RAISON SOCIALE, name, style (of a firm); corporate name.
RAISON SOCIALE D'UNE SOCIÉTÉ, name of a company.
RAISON SUPPLÉMENTAIRE, further reason.
RAISON TRIPLE, triple ratio.
RAISON TRIPLÉE, triplicate ratio.
y VARIE EN RAISON DIRECTE DE x, y varies directly as x.
y VARIE EN RAISON INVERSE DE x, y varies inversely with x.

RAISONNABLE a, reasonable, reasoned, fair, moderate.
CERTITUDE RAISONNABLE, reasonable certainty.
dans un DÉLAI RAISONNABLE, within a reasonable time.
OFFRE RAISONNABLE, reasonable offer.
PRIX RAISONNABLE, fair price; reasonable price.
de PRIX RAISONNABLE, moderate-priced.

RAISONNABLEMENT adv, reasonably, fairly.
FONCTION RAISONNABLEMENT STABLE, fairly stable function.

RAISONNÉ a, reasoned.
ANALYSE RAISONNÉE, rationale.

RAISONNEMENT m, reasoning, argument.
FAUX RAISONNEMENT, fallacy.
RAISONNEMENT EN CERCLE VICIEUX, circular argument.
RAISONNEMENT PAR DÉDUCTION, deductive reasoning.
RAISONNEMENT ÉCONOMIQUE, economic argument.
le RAISONNEMENT S'ÉCROULE TOUT ENTIER, the argument breaks down entirely.
RAISONNEMENT PAR INDUCTION, inductive reasoning.
RIGUEUR DE RAISONNEMENT, exactness of reasoning.

RAISONNER v, to reason.

RAJUSTEMENT m, readjustment, refit.

RAJUSTER v, to readjust.

RALENTIR v, to decelerate, to slow, to slack up, to slacken, to reduce.
RALENTIR L'ACTIVITÉ, to slack.
RALENTIR LA PRODUCTION, to reduce the output; to scale down production.

RALENTISSEMENT m, deceleration, slackening, slacking, slowing, slowing down, lagging.
RALENTISSEMENT D'ACTIVITÉ, slack in business.
RALENTISSEMENT DANS LES AFFAIRES, slack times in business.
RALENTISSEMENT DES COMMANDES, falling off of orders.
RALENTISSEMENT SAISONNIER DES COMMANDES, seasonal slackening of orders.
RALENTISSEMENT DU TAUX DE CROISSANCE, slowing down the rate of growth.

RAMIFICATION f, ramification, branching.

(SE) RAMIFIER v, to branch (out).

RAMPANT a, rampant, creeping.
INFLATION RAMPANTE, creeping inflation.

RANCH m, U.S: ranch.

RANÇON f, ransom, penalty.
RANÇON DU PROGRÈS, penalty of progress.

RANG m, rank, ranking, grade, status; row.
ACTIONS DE PRIORITÉ DE PREMIER RANG, first preference shares.
COEFFICIENT DE CORRÉLATION À RANGS MULTIPLES, coefficient of rank correlation.
CORRÉLATION À RANGS MULTIPLES, rank correlation.
les CRÉANCIERS PRIVILÉGIÉS PRENNENT RANG AVANT LES CRÉANCIERS ORDINAIRES, preferential creditors rank before ordinary creditors.
OBLIGATIONS DE DEUXIÈME RANG, junior bonds.
de PREMIER RANG, top-ranking.
tout PREMIER RANG, foremost rank.
PRENDRE RANG, to rank.
PRENDRE LE MÊME RANG, to rank equally.
RANG ASSIGNÉ À UNE CRÉANCE, rank assigned to a debt.
RANG ÉLEVÉ, high rank.
RANG SOCIAL, social status.
TITRE DE PREMIER RANG, floater.

RANGÉE f, row; tier.

RANGEMENT m, ordering, ranking.

RANGER v, to order, to marshal.

RANIMATION f, reinflation, reflation.

(SE) RANIMER v, to reinflate, to reflate, to rally.
les AFFAIRES SE RANIMENT, business is looking up.
RANIMER L'ÉCONOMIE, to reflate the economy.

RAPATRIEMENT m, repatriation.

RAPATRIER v, to repatriate.
RAPATRIER DES FONDS, to repatriate funds.

RAPIDE a, rapid, quick, fast, swift; prompt.
ACCROISSEMENT RAPIDE, fast increase.
PENTE RAPIDE, steep slope.
PROFITS RAPIDES, quick returns.
PROGRÈS RAPIDES, rapid progress.
REPRISE RAPIDE, quick recovery; early recovery.
SERVICE RAPIDE, express service; prompt service.
TRAIN RAPIDE, fast train.
VENTE RAPIDE, quick sale.

RAPIDE m, fast train, express.

RAPIDEMENT adv, rapidly, quickly, fast.
les MARCHANDISES PÉRISSABLES S'AVILISSENT RAPIDEMENT, perishables depreciate rapidly.

RAPIDITÉ f, rapidity, quickness, speed, celerity, dispatch.
PRIME DE RAPIDITÉ, dispatch money.

RAPPEL m, reminder, recall, repeal.
RAPPEL DE COMMANDE, reminder of order.
RAPPEL D'ÉCHÉANCE, reminder of due date.
RAPPEL DE SALAIRES, arrears of wages.
RAPPEL DE TRAITEMENT, back pay.
TRAITEMENT AVEC RAPPEL DEPUIS, salary with arrears as from.

RAPPORT m, yield, return; ratio, proportion, relation, relationship, relative, connection, term, report, reference, regard.
n'AYANT AUCUN RAPPORT AVEC LA QUESTION, immaterial to the subject.
CAPITAUX DE RAPPORT, revenue-earning capital.
CONTRE-RAPPORT (RÉDIGÉ PAR LA MINORITÉ), minority report.
COURBE CONCAVE PAR RAPPORT AUX AXES, curve concave to the axes.
COURBE DE LA CONSOMMATION PAR RAPPORT AU PRIX, price-consumption curve.
COURBE DE LA CONSOMMATION PAR RAPPORT AU REVENU, income-consumption curve.
COURBE CONVEXE PAR RAPPORT À L'ORIGINE, curve convex to the origin.
DÉPRÉCIATION DE LA MONNAIE PAR RAPPORT À L'OR, depreciation of currency in relation to gold.
DIVERGENCES IMPORTANTES PAR RAPPORT À, major deviations from.
le FRANC S'EST APPRÉCIÉ PAR RAPPORT AUX AUTRES MONNAIES, the franc has appreciated in terms of other currencies.
INDICES EN CHAÎNE DE RAPPORTS, chain indexes.
MAISON DE RAPPORT, tenement house; revenue-earning house.
MENER UN TRAIN DE VIE EN RAPPORT AVEC SON REVENU, to live up to one's income.
MÉTHODE DES RAPPORTS À LA MOYENNE MENSUELLE, method of ratios to monthly averages.
MÉTHODE DES RAPPORTS AU TREND, method of ratios to trend values.
MOYENS SANS RAPPORT AVEC LES BESOINS, means incommensurate with wants.
POSITION PAR RAPPORT À DEUX AXES, position with reference to two axes.
la PROBABILITÉ EST UN RAPPORT, a probability is a ratio.
par RAPPORT À, in relation to; with reference to; in terms of.
sans RAPPORT, unrelated; unconnected.
RAPPORT DES ADMINISTRATEURS, directors' report.
RAPPORT ANHARMONIQUE, anharmonic ratio; cross-ratio.
RAPPORT D'AVARIES, damage report.
RAPPORTS DE BON VOISINAGE, good-neighbourliness.
RAPPORT CAPITAL-PRODUCTION, capital-output ratio.
RAPPORT DE LA CIRCONFÉRENCE AU DIAMÈTRE, circular constant, pi, π.
RAPPORTS DE COMMERCE, business intercourse.
RAPPORT COMPLET, full report.
RAPPORT DE CORRÉLATION, correlation ratio.
RAPPORTS DES DÉTERMINANTS, ratios of determinants.
RAPPORT D'ÉCHANGE (INTERNATIONAL), real exchange ratio.
RAPPORT ENTRE L'ÉMISSION DES BILLETS DE BANQUE ET LA RÉSERVE MÉTALLIQUE, ratio between the issue of bank notes and the bullion reserve.
RAPPORT DE L'ENCAISSE D'OR À LA MONNAIE EN CIRCULATION, gold ratio.
RAPPORT ÉPARGNE-REVENU, saving-to-income ratio.
RAPPORT D'EXPERTISE, survey report.
RAPPORT FINANCIER, treasurer's report.
RAPPORT DE GESTION, annual report (of a company).
RAPPORT INVERSE, inverse proportion.
RAPPORT ENTRE L'OR ET L'ARGENT, ratio between gold and silver.
RAPPORT DE PARITÉ, parity ratio.
RAPPORT DE PARITÉ(S) DES PRIX, parity price ratio.
RAPPORTS PATRONS-OUVRIERS, labour-management relations.

RAPPORTS DE PRIX, price relatives.
RAPPORT DE SUBSTITUTION, substitution ratio.
SUBIR UN ESCOMPTE PAR RAPPORT À, to stand at a discount relatively to.

(SE) **RAPPORTER** v, to yield, to return, to bring (in), to carry, to give, to realize, to produce; to relate, to refer, to report.
AFFAIRE QUI RAPPORTE, paying proposition.
CAPITAL QUI RAPPORTE, interest-bearing capital.
OBLIGATIONS QUI RAPPORTENT 5 %, bonds that produce 5 %.
PLACEMENT QUI RAPPORTE 5 %, investment that brings in 5 %; investment that gives 5%.
PLACEMENT QUI RAPPORTE DES INTÉRÊTS ÉLEVÉS, investment that returns good interest.
PRÉBENDE QUI RAPPORTE GROS, fat living.
RAPPORTER DES BÉNÉFICES, to yield profit.
RAPPORTER UN INTÉRÊT, to yield interest; to bring in interest.
RAPPORTER UN INTÉRÊT DE 5 %, to carry an interest of 5 %; to yield 5 %.
TITRES RAPPORTANT UN INTÉRÊT, interest-bearing securities.

RAPPORTEUR m, reporter.
ARBITRE-RAPPORTEUR, referee.

RAPPROCHÉ a, near, early.
dans un AVENIR RAPPROCHÉ, in the near future.
BONS À ÉCHÉANCE RAPPROCHÉE, shortly maturing bonds.
DATE RAPPROCHÉE, early date.

RAPPROCHEMENT m, closeness, proximity, comparison, comparing.

(SE) **RAPPROCHER** v, to approximate.

RARE a, rare, scarce, infrequent.
ARGENT RARE, tight money.
l'ARGENT EST RARE, money is scarce.
ÉVÈNEMENT RARE, rare occurrence.

RARÉFACTION f, rarefaction, depletion.

RARETÉ f, rareness, rarity, scarcity, scarceness, scantiness, paucity, dearth.
LOI DE LA RARETÉ, law of scarcity.
RARETÉ DE L'ARGENT, paucity of money.
la RARETÉ FAIT VARIER LES PRIX, scarcity causes the prices to vary.
RARETÉ DE LA MONNAIE, scarcity of money.
RARETÉ DE TERRES, scarcity of land.
RARETÉ DU TITRE, scarcity of stock.

RASSASIER v, to satiate.

RATIFICATION f, ratification.

RATIFIER v, to ratify.

RATIO m, ratio.
RATIO COURS-BÉNÉFICE (PAR ACTION), price-earnings ratio.
RATIO DE LIQUIDITÉ IMMÉDIATE, cash ratio.

RATION f, ration, allowance.
RATION RÉDUITE, short ration.

RATIONALISATION f, rationalization, rationalizing.
RATIONALISATION DE L'INDUSTRIE, rationalization of industry.

RATIONALISER v, to rationalize.

RATIONALISME m, rationalism.

RATIONALISTE m, rationalist.

RATIONALITÉ f, rationality.

RATIONNEL a, rational, abstract.
COMPORTEMENT RATIONNEL, rational behaviour.
ESCOMPTE RATIONNEL, arithmetic discount.
MÉCANIQUE RATIONNELLE, abstract mechanics; theoretical mechanics.
NOMBRE RATIONNEL, rational number.
QUANTITÉ RATIONNELLE, rational quantity.

RATIONNEMENT m, rationing.
RATIONNEMENT PAR LES TICKETS, coupon rationing.
SUPPRESSION DU RATIONNEMENT, abolition of rationing.

RATIONNER v, to ration.
RATIONNER LE PAIN, to ration bread.

(SE) **RATTRAPER** v, to recoup, to catch up.
VENDRE À BAS PRIX ET SE RATTRAPER SUR LA QUANTITÉ, to sell at a low price and recoup oneself by large sales.

RAVAGE m, devastation, havoc.

RAVITAILLEMENT m, revictualment, revictualling, food supplies, food control.

(SE) **RAVITAILLER** v, to revictual.

RAYÉ a, cancelled.

RAYER v, to strike off, to strike out, to cancel.

RAYON m, radius.
RAYON DE CERCLE, radius of a circle.
RAYON VECTEUR, radius-vector.

RÉACQUÉRIR v, to reacquire.
RÉACQUÉRIR UNE PROPRIÉTÉ, to reacquire a property.

RÉACTION f, reaction, retroaction, response, interplay.
ACTION ET RÉACTION, action and reaction.
AVION DE LIGNE À RÉACTION, jet liner.
AVION À RÉACTION, jet; jet aircraft.
RÉACTION SECONDAIRE, secondary reaction.
VITESSE DE RÉACTION, rate of response.

RÉACTIONNAIRE a, reactionary.

RÉACTIONNAIRE m, reactionary.

RÉADMISSION f, readmission, readmittance.
RÉADMISSION EN FRANCHISE, free readmission.

RÉAGIR v, to react.
MARCHÉ PROMPT À RÉAGIR, sensitive market.
RÉAGIR RÉCIPROQUEMENT, to interact.

RÉALISABLE a, realizable, attainable.
ACTIF DIFFICILEMENT RÉALISABLE, assets hardly realizable.
ACTIF RÉALISABLE, realizable assets.
ACTIF NON RÉALISABLE, unmarketable assets.
ACTIF RÉALISABLE ET DISPONIBLE, current assets.
FONDS NON RÉALISABLES, unrealizable capital.
TAUX DE CROISSANCE RÉALISABLE, attainable rate of growth.
VALEURS RÉALISABLES, realizable securities.

RÉALISATION f, realization, realizing, attainment, achievement, execution, making, fruition, selling out.
NIVEAU DE RÉALISATION ATTEINT, level of achievement.
RÉALISATION D'UN BÉNÉFICE, making a profit.
RÉALISATION D'UN PLAN, execution of a plan.
RÉALISATION DES STOCKS, clearance of stocks.

RÉALISÉ a, realized, obtained.
BÉNÉFICE EFFECTIVEMENT RÉALISÉ, profits actually realized.
COURS RÉALISÉS HIER, rates obtained yesterday.
PRIX RÉALISÉS, realized prices.
PROFITS À RÉALISER, incoming profit.
PROFITS RÉALISÉS, incoming profit.
PROFIT RÉALISÉ SUR UNE VENTE, profit made on a sale.
non RÉALISÉ, unrealized.

(SE) **RÉALISER** v, to realize, to achieve, to execute, to make; to materialize; to sell out; to come to fruition.
ces POSSIBILITÉS POURRAIENT SE RÉALISER, these possibilities may materialize.
RÉALISER DES BÉNÉFICES, to make profits.
RÉALISER UN PLACEMENT, to realize an investment.
RÉALISER UN PLAN, to execute a plan.

RÉALISME m, realism.

RÉALISTE a, realistic.
les HYPOTHÈSES FAITES SONT SUFFISAMMENT RÉALISTES, the assumptions made are sufficiently realistic.

RÉALISTE m, realist.

RÉALITÉ f, reality, tangibility, tangibleness; actuality.

RÉAPPROVISIONNEMENT m, reordering, reorder, ordering, restocking, replacing, replacement, replenishment, revictualment, revictualling.
DÉLAI DE RÉAPPROVISIONNEMENT, replacement time; U.S: replenishment time.
POINT DE RÉAPPROVISIONNEMENT, reorder point.
POLITIQUE DE RÉAPPROVISIONNEMENT PÉRIODIQUE, U.S: ordering cycle system.
QUANTITÉ ÉCONOMIQUE DE RÉAPPROVISIONNEMENT, economic lot size; economic order quantity.

(SE) **RÉAPPROVISIONNER** v, to reorder, to restock, to replenish, to resupply, to reprovision, to revictual.

RÉARMEMENT m, rearmament.

RÉASSORTIMENT m, restocking.

RÉASSORTIR v, to restock.

RÉASSURANCE f, reinsurance, reassurance, laying off.
EFFECTUER UNE RÉASSURANCE, to lay off a risk.
POLICE DE RÉASSURANCE, reinsurance policy.
RÉASSURANCE DE PARTAGE, share reinsurance.
TRAITÉ DE RÉASSURANCE, reinsurance exchange; reinsurance pool.

RÉASSURÉ m, reinsured.

RÉASSURER v, to reinsure, to reassure.
RÉASSURER TOUT OU PARTIE D'UN RISQUE, to reinsure the whole or part of a risk.

RÉASSUREUR m, reinsurer, reassurer.

REBÂTIR v, to rebuild.

REBOISEMENT m, reforestation, reafforestation, afforestation.

REBOISER v, to reafforest, to afforest.

REBROUSSEMENT m, retrogression, reflection.
COURBE À REBROUSSEMENT, backward-bending curve.
POINT DE REBROUSSEMENT D'UNE COURBE, point of reflection cusp, of a curve.
à REBROUSSEMENT, bending.

REBUT m, waste product, reject.
MIS AU REBUT, waste.
MISE AU REBUT, scrapping; throwing away.

REBUTANT a, repellent.
TRAVAIL REBUTANT, repellent work.

RECALCULER v, to recompute, to recalculate, to re-figure.

RÉCAPITULATION f, recapitulation.
RÉCAPITULATION DES OPÉRATIONS DE CAISSE, consolidated cash transactions.

RÉCAPITULER v, to recapitulate.

RECEL m, receiving of stolen goods, concealment.

RÉCEMMENT adv, recently, newly, new.
RÉCEMMENT DÉCOUVERT, new-found.

RECENSEMENT m, census, enumeration.
DERNIER RECENSEMENT, latest census.
entre deux RECENSEMENTS, intercensal.
RECENSEMENT COMPLET DES INDIVIDUS, complete census of individuals.
RECENSEMENT GÉNÉRAL, general census.
RECENSEMENT PARTIEL, partial census.
RECENSEMENT DE LA POPULATION, census of population.
RECENSEMENT PAR SONDAGE, sample census.

RÉCENT a, recent, late, latter-day, low.
DATE RÉCENTE, low date; lateness; recent date.
PROCÉDÉ D'INVENTION RÉCENTE, newly invented process.

RÉCÉPISSÉ m, official receipt, acknowledg(e)ment.

RÉCEPTEUR a, receiving.
BUREAU RÉCEPTEUR, receiving-office.

RÉCEPTION f, reception, receipt, receiving.
ACCUSÉ DE RÉCEPTION, notice of delivery.
AVIS DE RÉCEPTION, notice of receipt; acknowledg(e)ment.
PAYER À LA RÉCEPTION, to pay on receipt.

RÉCESSION f, recession.

RECETTE f, revenue, earnings, return, receipt(s), proceeds, incomings, yield; revenue office.
BUDGET DES DÉPENSES ET RECETTES COURANTES, current budget.
CAISSIER DES RECETTES, receiving cashier.
CALCULER LA RECETTE ET LA DÉPENSE, to reckon the receipts and expenses.
COURBE DE LA RECETTE MOYENNE, average revenue curve.
COURBE DE RECETTE TOTALE, total revenue curve.
le COÛT MARGINAL ÉGALE LA RECETTE MARGINALE, marginal cost equals marginal revenue.
les DÉPENSES EXCÈDENT LES RECETTES, the outgoings exceed the incomings.
DÉPENSES ET RECETTES D'EXPLOITATION BRUTES, gross working expenses and receipts.
ÉQUILIBRE ENTRE RECETTES ET DÉPENSES, balancing between receipts and expenditures.
EXCÉDENT DES RECETTES SUR LES DÉPENSES, excess of receipts over expenses; surplus of receipts over costs.
FLUX DE RECETTES, stream of receipts.
MAIN COURANTE DE RECETTES, received cash book.
MONTANT DES RECETTES FISCALES, tax yields.
PAIEMENTS ET RECETTES EN DEVISES, exchange payments and receipts.
PRODUIT DE (LA) RECETTE MARGINALE, marginal-revenue product.
RECETTES NON AFFECTÉES, unassigned revenue.
RECETTE(S) BRUTE(S), gross proceeds; gross returns; gross earnings; gross receipt.
RECETTES BUDGÉTAIRES, budget revenue.
RECETTES ET DÉPENSES, receipts and expenses.
RECETTES ET DÉPENSES BUDGÉTAIRES DÉFINITIVES (« AU-DESSUS DE LA LIGNE »), above the line.
RECETTES DIVERSES, sundry receipts.
RECETTE DES DOUANES, office of collector of customs.
RECETTES ENCAISSÉES, moneys paid in.
RECETTES FISCALES, revenue from taxation; revenue from taxes; revenue derived from taxes; inland revenue; internal revenue.
RECETTES DE FRAPPE, coinage receipts.
RECETTES JOURNALIÈRES, daily returns.

RECETTE MARGINALE, marginal revenue.
RECETTE NETTE DE MONOPOLE, monopoly net revenue.
RECETTES DE PUBLICITÉ, advertising revenues.
RECETTE TOTALE, total revenue.
RECETTES DE VENTE, sales revenue.
RECETTES VOYAGEURS, passenger receipts.
SOLDE DES RECETTES COURANTES, balance from current revenues.
SUPPUTER LA RECETTE ET LA DÉPENSE, to reckon the receipts and expenses.
TOTALISATION DES RECETTES, totalization of receipts.

RECEVABLE a, receivable, allowable.

RECEVEUR m, receiver, collector.
FONCTIONS DE RECEVEUR, receivership.
RECEVEUR DES CONTRIBUTIONS INDIRECTES, excise officer.
RECEVEUR DES DOUANES, collector of customs.
RECEVEUR DES IMPÔTS LOCAUX, U.K: rate-collector.
RECEVEUR DES POSTES, postmaster.
RECEVEUR DE LA PRIME, taker of the rate.

RECEVOIR v, to receive, to get.
EFFETS À RECEVOIR, bills receivable.
INTÉRÊTS À RECEVOIR, interest receivable.
à RECEVOIR, receivable.
RECEVOIR DE L'ARGENT EN DÉPÔT, to receive money on deposit.
RECEVOIR UN LEGS, to come into a legacy.

RECHANGE m, replacement; re-exchange.
ne pas PAYER LE CHANGE ET LE RECHANGE, not to pay the exchange and the re-exchange altogether.
PIÈCES DE RECHANGE, spare parts; duplicate parts; replacements.
RECHANGE D'UNE LETTRE DE CHANGE, re-exchange of a bill of exchange.

RECHERCHE f, search, searching, seeking; research; quest; prospecting, enquiry, inquiry.
BUREAU NATIONAL DE RECHERCHES ÉCONOMIQUES, U.S: National Bureau of Economic Research.
CREUSER À LA RECHERCHE DE L'OR, to mine for gold.
FAIRE DES RECHERCHES, to research.
RECHERCHE APPLIQUÉE, industrial research.
RECHERCHE APPROFONDIE, extensive research.
RECHERCHE SUR LES COMPORTEMENTS, attitudinal research.
RECHERCHE DE DÉVELOPPEMENT, development research.
RECHERCHE FONDAMENTALE, fundamental research.
RECHERCHE DE MOTIVATION, motivation research.
RECHERCHE OPÉRATIONNELLE, operations research; operational research.
RECHERCHE POUSSÉE, elaborate research.
RECHERCHE DU PROFIT, profit-seeking.
RECHERCHE SCIENTIFIQUE, scientific research.
SERVICE DE RECHERCHES, research department.
TRAVAUX DE RECHERCHE, research work.

RECHERCHER v, to search for, to enquire about, to inquire about.

RECHUTE f, relapse.

RÉCIPIENT m, container.

RÉCIPROCITÉ f, reciprocity, mutuality.
RÉCIPROCITÉ DE TRAITEMENT, reciprocity of treatment.

RÉCIPROQUE a, reciprocal, mutual.
ACTION RÉCIPROQUE, interaction.
CONCESSIONS RÉCIPROQUES, reciprocal concessions.
COURBES DE DEMANDE RÉCIPROQUE, reciprocal demand curves.
COURBES D'OFFRE RÉCIPROQUE, reciprocal supply curves.
DÉTERMINANTS RÉCIPROQUES, reciprocal determinants.
DÉTERMINATION RÉCIPROQUE, mutual determination.
EFFETS RÉCIPROQUES, cross-effects; interplay.
par ENGAGEMENTS RÉCIPROQUES, on mutual terms.
FACILITÉS DE CRÉDITS RÉCIPROQUES, swap credit deal; swap facilities.
INTERDÉPENDANCE RÉCIPROQUE, mutual interdependence.

RÉCIPROQUE f, reciprocal, inverse ratio.

RÉCIPROQUEMENT adv, reciprocally, mutually.
RÉAGIR RÉCIPROQUEMENT, to interact.
RÉCIPROQUEMENT CONVERTIBLES, interconvertible.

RÉCLAMANT m, claimant.

RÉCLAMATION f, claim.
FORMULER UNE RÉCLAMATION, to formulate a claim.
RÉCLAMATION MAL FONDÉE, bad claim.

RÉCLAME f, advertising, U.S: advertizing, publicity; draw.
ACHAT DES SEULS ARTICLES-RÉCLAME, cherry-picking.
RÉCLAME DE LA SEMAINE, this week's draw; this week's special offer.
VENTE-RÉCLAME, bargain-sale.

RÉCLAMÉ a, claimed.

COLIS REFUSÉS OU NON RÉCLAMÉS, refused or unclaimed parcels.
DIVIDENDE NON RÉCLAMÉ, unclaimed dividend.
non RÉCLAMÉ, unclaimed.

RÉCLAMER v, to claim, to require.
RÉCLAMER UNE DETTE (À), to press for a debt.
RÉCLAMER SON DÛ, to claim one's dues.

RÉCOLTE f, harvest, crop.
ENGRANGER LA RÉCOLTE, to get in the harvest.
LIMITATION DES RÉCOLTES, crop restriction.
MAUVAISE ANNÉE POUR LES RÉCOLTES, U.S: fail-year.
MAUVAISE RÉCOLTE, bad harvest.
RÉCOLTE ABONDANTE, heavy crop.
RÉCOLTE DE CÉRÉALES, grain crop.
RÉCOLTE DESTINÉE À L'EXPORTATION, exportable crop.
RÉCOLTE EXCEPTIONNELLE, bumper crop.
RÉCOLTE SUR PIED, uncropped harvest; growing crops; standing crops.
ROTATION DES RÉCOLTES, succession of crops.

RÉCOLTER v, to harvest.
RÉCOLTER LA MOISSON, to harvest the crops.

RECOMMANDABLE a, recommendable.

RECOMMANDATION f, recommendation.

RECOMMANDÉ a, registered.
LETTRE RECOMMANDÉE, registered letter.
OBJET RECOMMANDÉ, registered packet.

RECOMMANDER v, to recommend; to register.
PLACEMENT À RECOMMANDER, recommendable investment.
RECOMMANDER UNE LETTRE, to register a letter.

RÉCOMPENSE f, recompense, reward; premium.
RÉCOMPENSE MÉRITÉE, due reward.

RÉCOMPENSER v, to recompense, to reward.
RÉCOMPENSER D'UNE PERTE, to recompense for a loss.

RECOMPTAGE m, recount.
RECOMPTAGE DES VOTES, recount of votes.

RECOMPTER v, to recount.

RÉCONCILIATION f, reconciliation.

RÉCONCILIER v, to reconcile.

RECONDUCTION f, reconduction.
RECONDUCTION D'UN BAIL, reconduction of a lease.

RECONNAISSANCE f, recognition, acknowledg(e)ment, receipt for a loan.
PAIEMENT SYMBOLIQUE EN RECONNAISSANCE D'UNE DETTE, token payment in recognition of a debt.
RECONNAISSANCE DE DETTE, note of hand; bill of debt; due-bill; I.O.U. (I owe you); acknowledgement of debt; acknowledgement of indebtedness.

RECONNAÎTRE v, to recognize, to identify.

RECONNU a, acknowledged.
DETTE RECONNUE JUDICIAIREMENT, judgment debt.

RECONQUIS a, reclaimed.
TERRAINS RECONQUIS (SUR LA NATURE), reclaimed land.

RECONSOLIDER v, to reconsolidate.

RECONSTRUCTION f, rebuilding, reconstruction.
BANQUE INTERNATIONALE POUR LA RECONSTRUCTION ET LE DÉVELOPPEMENT, International Bank for Reconstruction and Development.

RECONSTRUIRE v, to rebuild, to reconstruct.

RECONVERSION f, reconversion.

RECONVERTIR v, to reconvert.

RECORD m, record, peak.
ANNÉE RECORD, peak year.
COURS RECORD, record prices.
PRODUCTION RECORD, peak output; record output.
RENDEMENT RECORD, record output.

RECOUPEMENT m, cross-checking.
MOYEN DE RECOUPEMENT, cross check; cross reference.

RECOURBÉ a, bent.

RECOURIR v, to resort to, to have recourse to.

RECOURS m, resort, recourse.
RECOURS CONTRE, recourse against.
RECOURS CONTRE L'ENDOSSEUR OU L'ACCEPTEUR D'UN EFFET, recourse to the endorser of a bill.
RECOURS LÉGAL, legal remedy.
se RÉSERVER UN DROIT DE RECOURS, to reserve right of recourse.

RECOUVRABLE a, recoverable, retrievable, regainable, collectable.

CRÉANCE, DETTE, RECOUVRABLE, recoverable debt.

RECOUVREMENT m, recovery, recovering, retrieval, collection.
AGENT DE RECOUVREMENT, debt collector.
RECOUVREMENT D'IMPÔTS, revenue collection; tax collection.
REMETTRE DES EFFETS EN RECOUVREMENT, to remit bills for collection.
REMISE D'UN EFFET EN RECOUVREMENT, remittance of a bill for collection.
VALEUR EN RECOUVREMENT, value for collection.

RECOUVRER v, to recover, to collect, to regain, to recuperate.
CRÉANCES À RECOUVRER, outstanding debts.
RECOUVRER UNE CRÉANCE, to recover a debt; to collect a debt.
RECOUVRER IMPÔTS ET TAXES, U.K: to collect rates and taxes.
RECOUVRER LES SOUS-PRODUITS DE, to recover by-products from.

RECRUDESCENCE f, recrudescence.

RECTANGLE a, rectangle.
TRIANGLE RECTANGLE, right-angled triangle.

RECTANGLE m, rectangle, oblong.
RECTANGLES SIMILAIRES, similar rectangles.

RECTANGULAIRE a, rectangular, right-angled.

RECTIFICATION f, rectification, correction.
RECTIFICATION DE COURS, correction of price.

RECTIFIÉ a, revised.
PRÉVISIONS BUDGÉTAIRES RECTIFIÉES, revised estimates.

RECTIFIER v, to rectify, to correct.
RECTIFIER UNE ERREUR, to correct an error, to rectify ..n error.

RECTILIGNE a, rectilinear, rectilineal, straight.
TRIGONOMÉTRIE RECTILIGNE, plane trigonometry.

REÇU a, received.
DONS REÇUS EN NATURE, gifts in kind received.
EXCÉDER LES INSTRUCTIONS REÇUES, to exceed instructions received.
PAIEMENT REÇU, inward payment.
REVENU DE FACTEURS NET REÇU DE L'ÉTRANGER, net factor income from abroad.
VALEUR REÇUE, for value received.

REÇU m, receipt, quittance.
DUPLICATA DE REÇU, duplicate receipt.
REÇU CERTIFIÉ, accountable receipt.
REÇU LIBÉRATOIRE, receipt in full discharge; receipt on the balance
REÇU DE PAIEMENT, receipt for payment.
REÇU SANS RÉSERVE, clean receipt.
REÇU À VALOIR, receipt on account.

RECUL m, recess, recession, relapse, set-back.

RECULER v, to relapse, to drop.
les ACTIONS ONT RECULÉ D'UN POINT, shares dropped a point; shares relapsed a point.

RÉCUPÉRABLE a, recoverable, reclaimable.

RÉCUPÉRATION f, recovery, recuperation, regainment, salvaging.
OPÉRATIONS DE RÉCUPÉRATION, processes of recovery.
RÉCUPÉRATION DES SOUS-PRODUITS DE, recovery of by-products from.

RÉCUPÉRÉ a, salvaged, recovered.
MATÉRIEL RÉCUPÉRÉ, salvaged material.

RÉCUPÉRER v, to recover, to salvage.

RÉCURRENCE f, recurrence, recursion, recursiveness.
ÉQUATION FONCTIONNELLE DE RÉCURRENCE, recurrence equation.

RÉCURRENT a, recurrent, recurring.
SÉRIE RÉCURRENTE, recurrent series; recurring series.

RÉCURSIF a, recursive.
MODÈLES RÉCURSIFS, recursive models.

RÉCURSIVITÉ f, U.S: recursivity.

RECYCLAGE m, retraining, job retraining.

RÉDACTION f, drafting, wording.
RÉDACTION D'ACTES TRANSLATIFS DE PROPRIÉTÉ, conveyancing.

REDÉMARRER v, to start again.
REDÉMARRER APRÈS UNE FAILLITE, to start again after a failure.

REDEVABLE a, indebted, liable, accountable.
(PERSONNE) REDEVABLE, person liable.
REDEVABLE D'UNE SOMME D'ARGENT, accountable for a sum of money.

REDEVANCE f, royalty, rental, duty, charge, fee.
REDEVANCE ANNUELLE, yearly rental.
REDEVANCE FORFAITAIRE, standard charge.

REDEVANCE MINIÈRE, mineral (rights) duty.
REDEVANCE TRÉFONCIÈRE, mining royalties.

RÉDIGER *v*, to draft, to draw up.
RÉDIGER UN ACTE, to draw up a deed.

REDISTRIBUTION *f*, redistribution, redeployment.
EFFETS DE REDISTRIBUTION, redistributional effects.
REDISTRIBUTION DE LA MAIN-D'ŒUVRE, redeployment of labour.
REDISTRIBUTION DU REVENU, redistribution of income.
REDISTRIBUTION DE LA RICHESSE, redistribution of wealth.

REDONDANCE *f*, redundancy, surplusage.

REDRESSEMENT *m*, recovery, straightening.
REDRESSEMENT DES COURS, recovery of prices.

(SE) **REDRESSER** *v*, to recover, to rally, to harden; to straighten, to right.
les **ACTIONS SE SONT REDRESSÉES**, shares rallied; shares recovered.

RÉDUCTIBLE *a*, reducible.
SOUSCRIPTION À DES ACTIONS À TITRE RÉDUCTIBLE, application for excess shares.

RÉDUCTION *f*, reduction, reducing, diminution, bringing down; cut, curtailment, abatement; restriction; retrenchment; discount; shortening.
COEFFICIENT DE RÉDUCTION, reduction factor.
CONSENTIR UNE RÉDUCTION DE PRIX, to consent a reduction in price.
FORTE RÉDUCTION, big reduction, slashing (of prices).
RÉDUCTION DE CAPITAL, reduction of capital; writing down.
RÉDUCTION DE LA COUVERTURE MÉTALLIQUE DES PIÈCES (DE MONNAIE), clipping of coins.
RÉDUCTION DE CRÉDIT, shortening of credit.
RÉDUCTION DES DÉPENSES, restriction of expenditure.
RÉDUCTION D'IMPÔTS, tax cuts.
RÉDUCTIONS DE PRIX, reductions in price.
RÉDUCTION SUR LA QUANTITÉ, discount for quantities.
RÉDUCTIONS DE SALAIRES, wage cuts.

RÉDUIRE *v*, to reduce, to diminish, to decrease, to cut; to damp; to restrict.
RÉDUIRE AU CARRÉ, to quadrate.
RÉDUIRE UN COEFFICIENT À L'UNITÉ, to reduce a coefficient to unity.
RÉDUIRE LA CONSOMMATION, to restrict consumption.
RÉDUIRE LA CONSOMMATION INTÉRIEURE, to damp down domestic consumption.
RÉDUIRE SES DÉPENSES, to reduce one's expenditure.
RÉDUIRE UNE FRACTION, to reduce a fraction to lower terms.
RÉDUIRE DES FRACTIONS AU MÊME DÉNOMINATEUR, to reduce fractions to the same denomination; to reduce fractions to the same denominator.
RÉDUIRE AU MINIMUM, to reduce to a minimum.
RÉDUIRE LA NATALITÉ, to bring down the birth rate.
RÉDUIRE UN POLYNÔME À SA PLUS SIMPLE EXPRESSION, to reduce a polynomial to the simplest expression.
RÉDUIRE UN PRIX, to reduce a price.
RÉDUIRE LA PRODUCTION AGRICOLE, to restrict farm production.
RÉDUIRE LE TAUX OFFICIEL D'ESCOMPTE, to reduce the bank rate.

RÉDUIT *a*, reduced, cut; low; cheap; short.
ASSURANCE À TARIF RÉDUIT, low-rate insurance.
BILLET À PRIX RÉDUIT, À TARIF RÉDUIT, ticket at reduced rate.
CONSENTIR UN PRIX RÉDUIT, to allow a reduced price.
ÉCART RÉDUIT, normal deviate.
ÉCHELLE RÉDUITE, reduced scale.
MAGASIN DE VENTE À MARGES RÉDUITES, *U.K:* discount store, *U.S:* discounter.
MODÈLE RÉDUIT, scale model; miniature model.
PRIX RÉDUIT, reduced price.
PROFITS RÉDUITS À PRESQUE RIEN, profits cut very fine.
RATION RÉDUITE, short ration.
TARIF RÉDUIT, reduced tariff; reduced rate(s); cheap rate; cheap fare.

RÉÉDUCATION *f*, retraining.

RÉEL *a*, real, physical, natural, actual, effective.
sur la **BASE DE LA VALEUR RÉELLE**, on the footing of the actual value.
CAPITAL RÉEL, real capital.
CHANGE RÉEL, real exchange.
CONTRAT RÉEL, real contract.
COÛT RÉEL, real cost.
DICHOTOMIE ENTRE L'ÉCONOMIE RÉELLE ET L'ÉCONOMIE MONÉTAIRE, dichotomy between real and monetary economics.
DOMICILE RÉEL, place of residence.
FAIRE UNE OFFRE RÉELLE, to tender money in discharge of a debt.
FAIT RÉEL, actual fact.
INDICE RÉEL, simple index-numbers.
INDICES DES SALAIRES RÉELS, index of real wages.

MONDE RÉEL, real world; natural world.
MONNAIE RÉELLE, effective money.
l'**OFFRE DE TRAVAIL EST-ELLE EXCLUSIVEMENT UNE FONCTION DU SALAIRE RÉEL ?** is the supply of labour a function of real wages alone?
POIDS NET RÉEL, net net weight.
REVENU RÉEL, real income.
REVENU RÉEL COMPTE TENU DE L'INFLATION, income adjusted for inflation.
SALAIRE RÉEL, real wage.
SALAIRE RÉEL D'ÉQUILIBRE, equilibrium real wage.
STOCK DE CAPITAL RÉEL, stock of real capital.
TAUX D'INTÉRÊT RÉEL, real rate of interest.
TERMES RÉELS DE L'ÉCHANGE, barter terms of trade.
TRAITEMENT EN TEMPS RÉEL, real-time processing.
VALEUR RÉELLE, real value.

RÉEL *m*, reality.
le **RÉEL ET L'IMAGINAIRE**, fact and fiction.

RÉÉLECTION *f*, re-election.

RÉELLEMENT *adv*, effectively; really.

RÉEMPRUNTER *v*, to reborrow.

RÉÉQUILIBRANT *a*, re-equilibrating, equilibrating, balancing.
MÉCANISME RÉÉQUILIBRANT, equilibrating mechanism.
POSTES RÉÉQUILIBRANTS, balancing items.

RÉÉQUILIBRER *v*, to restore the balance.
RÉÉQUILIBRER LE BUDGET, to balance the budget.

RÉESCOMPTE *m*, rediscount, rediscounting, rebate.
TAUX DE RÉESCOMPTE, rediscount rate.

RÉESCOMPTER *v*, to rediscount.
RÉESCOMPTER UN EFFET, to rediscount a bill.
RÉESCOMPTER LE PORTEFEUILLE D'AUTRES BANQUES, to rediscount other banks' bills.

RÉESCOMPTEUR *m*, rediscounter.

RÉÉVALUATION *f*, revaluation, reassessment.
RÉÉVALUATION DES STOCKS, inventory revaluation; stock revaluation.

RÉÉVALUER *v*, to revalue, to reassess.
RÉÉVALUER LES IMMEUBLES, to revalue the premises.

RÉEXPÉDITION *f*, reforwarding, reshipment.
RÉEXPÉDITION PAR FER, reforwarding by rail.

RÉEXPORTATION *f*, re-export, re-exportation.
COMMERCE DE RÉEXPORTATION, re-export trade.
DÉCLARATION DE RÉEXPORTATION, shipping bill.

RÉEXPORTÉ *a*, re-exported.
MARCHANDISES RÉEXPORTÉES, goods re-exported abroad

RÉEXPORTER *v*, to re-export.

RÉFACTION *f*, rebate, reduction.

RÉFECTION *f*, remaking, repair, alteration, rebuilding.
RÉFECTIONS ET AMÉLIORATIONS, alterations and renewals.

RÉFÉRENCE *f*, reference, referring.
ARTICLE DE RÉFÉRENCE, standard commodity.
BASE DE RÉFÉRENCE, (standard) base.
CHOIX D'UN BUDGET DE RÉFÉRENCE, choice of regimen.
CYCLE DE RÉFÉRENCE, reference cycle.
ÉPOQUE DE RÉFÉRENCE, base period.
EXCELLENTES RÉFÉRENCES, excellent references.
MINIMUM DE RÉFÉRENCE, cut-off limit.
NUMÉRO DE RÉFÉRENCE, reference number.
PÉRIODE DE RÉFÉRENCE, standard base period.
POINT DE RÉFÉRENCE, reference position.
RÉFÉRENCE DE BANQUIER, banker's reference.
RÉFÉRENCE DE FOURNISSEUR, trade reference.
REMANIEMENT DE LA STRUCTURE DU BUDGET DE RÉFÉRENCE, change of regimen.

REFERENDUM *m*, referendum.

(SE) **RÉFÉRER** *v*, to refer.

REFLATION *f*, reflation.

RÉFLEXE *m*, reflex.

RÉFLEXION *f*, reflection, consideration.
MÛRE RÉFLEXION, due consideration.

REFLUX *m*, reflux, ebb.
FLUX ET REFLUX, flux and reflux; the ebb and flow.
REFLUX D'OR, reflux of gold.

REFONDRE *v*, to remint, to recoin.

REFONTE *f*, reminting, recoinage, refit.
REFONTE DES MONNAIES, recoinage of moneys.

RÉFORMATEUR *m*, reformer.

RÉFORMATEUR DE LA SOCIÉTÉ, social reformer.

RÉFORMATION *f*, reformation, reforming.

RÉFORME *f*, reform, reformation.
RÉFORME AGRAIRE, land reform; agrarian reform.
RÉFORME QUI AURAIT DU ÊTRE FAITE DEPUIS LONGTEMPS, overdue reform.
RÉFORME INÉVITABLE, inevitable reform.
RÉFORME MONÉTAIRE, monetary reform: currency reform.
RÉFORME DES TARIFS DOUANIERS, tariff reform.

RÉFORMER *v*, to reform.

RÉFORMISTE *m*, reformist.

REFRAPPER *v*, to remint.
REFRAPPER DES PIÈCES DÉMONÉTISÉES, to remint demonetized coins.

RÉFRIGÉRATION *f*, refrigeration.

REFUGE *m*, harbour, haven, hedge, refuge, home.
REFUGE CONTRE L'INFLATION, hedge against inflation.

RÉFUGIÉ *m*, refugee.

REFUS *m*, refusal.
REFUS D'ACCEPTATION, refusal to accept.
REFUS D'ACCEPTER, dishonour by non-acceptance.
REFUS DE PAIEMENT, refusal to pay.

REFUSÉ *a*, refused, dishonoured.
COLIS REFUSÉS OU NON RÉCLAMÉS, refused or unclaimed parcels.

REFUSER *v*, to refuse, to turn down.
REFUSER D'HONORER UN CHÈQUE, to refer a cheque to drawer.
REFUSER DE PAYER, to refuse to pay; to dishonour by non-payment.

RÉFUTABLE *a*, refutable.

RÉFUTATION *f*, refutal.

REGAGNER *v*, to regain, to recover.
REGAGNER L'ARGENT PERDU, to recover the money lost; to regain the money lost.

REGAIN *m*, revival, second growth, second crop, fog.
REGAIN D'ACTIVITÉ, recrudescence of activity.
REGAIN DE VENTES, revival of sales.

RÉGALIEN *a*, pertaining to royal prerogatives.
DROIT RÉGALIEN, royalty.

RÉGIE *f*, control, management, excise, excise-office; public corporation.
en RÉGIE, under State control.

RÉGIME *m*, regime, system, (form) of government, polity; regimen; scheme; organization.
MARCHANDISES BÉNÉFICIANT D'UN RÉGIME DE FAVEUR, goods entitled to a preference.
QUANTITÉ PRODUITE EN RÉGIME DE MONOPOLE, monopoly output.
RÉGIME DES CHANGES, exchange system.
RÉGIME DE FAVEUR ACCORDÉ AUX PRODUITS COLONIAUX, preference granted to colonial produce.
RÉGIME FÉODAL, feudalism.
RÉGIME FONCIER, land tenure; system of land tenure.
RÉGIME INTÉRIEUR, inland system.
RÉGIME DE LA PETITE PROPRIÉTÉ, small holdings system.
RÉGIME DE PROPRIÉTÉ PRIVÉE, private ownership.
RÉGIME DE RETRAITES DES CADRES (FACULTATIF), *U.K:* top-hat insurance scheme.
RÉGIME DE RETRAITES COMPLÉMENTAIRES* (OBLIGATOIRE), *U.K:* graduated pension scheme.
RÉGIME DE RETRAITES VIEILLESSE, old-age pension scheme; retirement pension scheme.
RÉGIME TARIFAIRE, tariff system; rating system.
RÉGIME DU TRAVAIL, organization of labour.

RÉGION *f*, region, district, area, country; field.
COMMERCE MONDIAL PAR RÉGIONS, world trade by regions.
COMTÉS DE LA RÉGION LONDONIENNE, home counties.
RÉGION D'ACCEPTATION, acceptance region.
RÉGION ASSIGNÉE À UN COMMIS VOYAGEUR, commercial traveller's territory.
RÉGIONS AURIFÈRES, gold-fields.
RÉGION DÉPEUPLÉE, depopulated region.
RÉGIONS DÉPRIMÉES (OÙ SÉVIT LA CRISE), distressed areas.
RÉGION FRONTALIÈRE, frontier district.
RÉGION MINIÈRE, mine field; mining region.
RÉGIONS PÉRIPHÉRIQUES, outlying areas.

RÉGIONAL *a*, regional.
BANQUE RÉGIONALE, district bank.
BUREAU RÉGIONAL, district office.
DIRECTEUR RÉGIONAL, district manager.

RÉGIONALISME *m*, provincialism, localism.

RÉGIR *v*, to govern, to rule.
les PRIX SONT RÉGIS PAR, prices are governed by.

REGISTRE *m*, register; record; account-book, ledger.
DIRECTEUR DU REGISTRE DES SOCIÉTÉS, *U.K:* Company Registrar.
REGISTRE DES ACTIONNAIRES, share ledger.
REGISTRE DU COMMERCE, registrar's office.
REGISTRE DE COMMERCE, Trade Register.
REGISTRES DE L'ÉTAT CIVIL, registers of births, marriages, and deaths.
REGISTRE DE L'ÉTAT CIVIL DES NAVIRES, register-book.
REGISTRE FONCIER, land register.
REGISTRE DES INSCRIPTIONS, register-book.
REGISTRE DE POPULATION PERMANENT, continuous population register.
REGISTRE DE PRÉSENCE, time-book.
REGISTRES PUBLICS, public registers.
REGISTRE DES TRANSFERTS, transfer register.

RÈGLE *f*, rule; principle, law, canon; ruler.
ENFREINDRE LA RÈGLE, to infringe the rule.
EXCEPTION À UNE RÈGLE, exception to a rule.
EXCEPTIONS À LA RÈGLE GÉNÉRALE, departures from the general rule.
RÈGLE À CALCULER, slide-rule.
RÈGLES DE FOND DU DROIT, substantive law.
RÈGLE GÉNÉRALE, general rule; general principle.
en RÈGLE GÉNÉRALE, as a general principle.
RÈGLE LOGARITHMIQUE, slide-rule.
RÈGLE DU MINIMAX, minimax rule.
RÈGLES PARALLÈLES, parallel rule; parallel ruler.
RÈGLES DE PROCÉDURE, adjective law.
RÈGLE DE TROIS, rule of three.
RESPECTER LES RÈGLES, to respect the regulations; to play the game.

RÉGLÉ *a*, settled, agreed.

RÈGLEMENT *m*, settlement; adjustment, balancing; paying, payment; regulation, rule.
BANQUE DES RÈGLEMENTS INTERNATIONAUX, Bank for International Settlements.
RÈGLEMENTS, regulations; statutes; bye-laws.
RÈGLEMENT PAR ARBITRAGE, settlement by arbitration.
RÈGLEMENTS DE BOURSE, stock exchange regulations.
RÈGLEMENT PAR CHÈQUE, payment by cheque.
RÈGLEMENT EN COMPENSATION, compensating payment.
RÈGLEMENT DE LA DETTE, payment of the claim; settlement of the claim.
RÈGLEMENTS DOUANIERS, customs regulations.
RÈGLEMENTS TROP DRACONIENS, unduly severe regulations.
RÈGLEMENT EN ESPÈCES, settlement in cash.
RÈGLEMENT DE GRÉ À GRÉ, settlement by negotiation.
RÈGLEMENT DE L'INDEMNITÉ, payment of the claim; settlement of the claim.
RÈGLEMENT INTÉRIEUR (FAISANT PARTIE DES STATUTS D'UNE SOCIÉTÉ), *U.K:* articles of association.
RÈGLEMENT INTERNE, by(e)-law; rules
RÈGLEMENTS DE PORT, port regulations.
RÈGLEMENT DES SALAIRES OUVRIERS EN NATURE, truck system.
RÈGLEMENT EN UNE SEULE FOIS, single payment.
RÈGLEMENT À TERME, credit settlement.
STATUTS ET RÈGLEMENTS, rules and regulations.

RÉGLEMENTAIRE *a*, prescribed, regular, statutable, statutory.
DÉLAI RÉGLEMENTAIRE, prescribed time.

RÉGLEMENTATION *f*, regulation, regulating, control.
RÉGLEMENTATION DES BANQUES, banking regulations.
RÉGLEMENTATION DES BANQUES PAR L'ÉTAT, *U.S:* government regulation of banks.
RÉGLEMENTATION DES CHANGES, control of exchanges.
RÉGLEMENTATION DES LOYERS, rent control.
RÉGLEMENTATION DES MONOPOLES, regulation of monopoly.
RÉGLEMENTATION DU TRAVAIL, regulation of labour.

RÉGLEMENTÉ *a*, regulated, controlled.
COURS DU MARCHÉ RÉGLEMENTÉ, controlled market rates.
MARCHÉ RÉGLEMENTÉ, controlled market.
MONOPOLE RÉGLEMENTÉ, regulated monopoly.
PRIX RÉGLEMENTÉ, regulated price.
ZONE À CONSTRUCTION RÉGLEMENTÉE, zoned area.

RÉGLEMENTER *v*, to regulate, to control.
RÉGLEMENTER L'ÉMISSION DES BILLETS, to regulate the issue of notes.

RÉGLER *v*, to settle, to pay, to regulate, to dispose of.
RÉGLER UNE AFFAIRE, to dispose of a matter.
RÉGLER AU COMPTANT, to settle in cash.
RÉGLER UN COMPTE EN ESPÈCES, to settle an account in cash.
RÉGLER UNE FACTURE, to pay a bill.

RÉGLEUR *m*, adjustor.

RÉGNANT *a*, prevailing, ruling.

REGONFLER *v*, to reinflate.

REGORGEANT *a*, glutted.
MARCHÉ REGORGEANT DE, glutted market.

RÉGRESSER *v*, to regress.

RÉGRESSIF *a*, regressive.

RÉGRESSION *f*, regression, regress.
ANALYSE DE RÉGRESSION, regression analysis.
COEFFICIENT DE RÉGRESSION, coefficient of regression.
DROITE DE RÉGRESSION, line of regression.
ÉQUATION DE RÉGRESSION, regression equation.
ESTIMATION PAR LA MÉTHODE DE RÉGRESSION, regression estimate.
PROGRÈS ET RÉGRESSION, progress and regress.
RÉGRESSION LINÉAIRE, linear regression.
RÉGRESSION MULTIPLE, multiple regression.
RÉGRESSION TEMPORELLE, time regression.
VARIANCE DUE À LA RÉGRESSION (INTERCLASSE), variance due to regression (between classes).

REGROUPEMENT *m*, consolidation, regrouping.
REGROUPEMENT DES COMPAGNIES FERROVIAIRES, *U.S:* railroad consolidation.

REGROUPER *v*, to regroup.

RÉGULARISATION *f*, regularization, equalization.
FONDS DE RÉGULARISATION, equalization fund.
OFFICE DE RÉGULARISATION DE VENTE, marketing board.
STOCKS DE RÉGULARISATION, buffer stocks.

RÉGULARITÉ *f*, regularity, reliability.
RÉGULARITÉ D'UN CHÈQUE, regularity of a cheque.

RÉGULATEUR *a*, regulative.
PRIX RÉGULATEUR, standard price.

RÉGULATEUR *m*, regulator.

RÉGULATION *f*, regulation, control.

RÉGULIER *a*, regular, normal, proper, due; punctual.
COMMERCE RÉGULIER, staple trade.
ENDOSSEMENT RÉGULIER, regular endorsement.
POLYGONE RÉGULIER, regular polygon.
QUITTANCE RÉGULIÈRE, receipt in due form; proper receipt.
RÉGULIER DANS LES PAIEMENTS, punctual in payments.
REVENU RÉGULIER, regular income.
SERVICES RÉGULIERS, scheduled services.

RÉHABILITATION *f*, rehabilitation, discharge.
RÉHABILITATION D'UN FAILLI, discharge in bankruptcy.

RÉHABILITÉ *a*, discharged.
FAILLI RÉHABILITÉ, discharged bankrupt.
FAILLI NON RÉHABILITÉ, undischarged bankrupt.

RÉHABILITER *v*, to discharge.
RÉHABILITER UN FAILLI, to discharge a bankrupt.

REHAUSSER *v*, to enhance, to raise.

RÉIMPORTATION *f*, reimport, reimportation, reintroduction.
RÉIMPORTATION DE MARCHANDISES, reintroduction of goods.

RÉIMPORTER *v*, to reimport.

RÉIMPOSER *v*, to reassess.

RÉIMPOSITION *f*, reassessment, reimposition.

RÉINCORPORER *v*, to reincorporate.

RÉINSCRIPTION *f*, re-entry.

RÉINTÉGRATION *f*, reinstatement.

RÉINTÉGRER *v*, to reinstate.

RÉINTRODUCTION *f*, reintroduction.

RÉINVESTIR *v*, to reinvest.
RÉINVESTIR DES CAPITAUX, to reinvest capital.

RÉINVESTISSEMENT *m*, reinvestment.

REJET *m*, throwing out, disallowance.
REJET EN AMONT D'UN IMPÔT, backward shifting of a tax.

REJETER *v*, to throw out, to disallow.
REJETER UNE DÉPENSE, to disallow an expense.

RELÂCHE *f*, call, port of call.
FRAIS DU PORT DE RELÂCHE, port of refuge expenses.
PORT DE RELÂCHE, port of necessity.

RELÂCHÉ *a*, loose, lax.

RELÂCHEMENT *m*, slackening, relaxation.

RELÂCHER *v*, to loosen, to slacken.

RELAIS *m*, relay.

RELANCER *v*, to reflate.
RELANCER L'ÉCONOMIE, to reflate the economy.

RELATIF *a*, relative, relating.
DISPERSION RELATIVE, relative variability.
ERREUR RELATIVE, relative error.
ERREUR RELATIVE DU PRODUIT, relative error in the product.
ERREUR RELATIVE DU QUOTIENT, relative error in the quotient.
FRÉQUENCE RELATIVE, frequency ratio.
FRÉQUENCES RELATIVES, relative frequencies.
INDICE RELATIF À L'ENSEMBLE DES PRODUITS, all commodities index.
PRÉVISIONS RELATIVES AU RENDEMENT FUTUR DES BIENS DE CAPITAL, expectations as to the future yield of capital goods.
RELATIF AU COMPORTEMENT, attitudinal.
VALEUR RELATIVE DE SUBSTITUTION, relative substitution value.

RELATION *f*, relation, relationship, connection.
RELATIONS D'AFFAIRES, business connections; business relations.
RELATION DIRECTE, immediacy.
RELATIONS ÉCONOMIQUES INTERNATIONALES, international economic relations.
RELATIONS ENTRE LES ENTRÉES ET LES SORTIES, input-output relations.
RELATION FONCTIONNELLE, functional relation; functional relationship.
RELATIONS HUMAINES DANS L'ENTREPRISE, industrial relations.
RELATION LINÉAIRE, linear relation; linear relationship.
RELATION LA PLUS PROBABLE, the most probable relationship.
RELATION STABLE, stable relationship.

RELATIVEMENT *adv*, relatively.
lorsque la MONNAIE EST RELATIVEMENT ABONDANTE, when money is relatively abundant.

RELATIVISTE *m*, relativist.

RELATIVITÉ *f*, relativity, relativeness.

RELAXATION *f*, relaxation.
MÉTHODE DE RELAXATION, relaxation method.

(SE) RELAYER *v*, to take turns.
se RELAYER AU TRAVAIL, to work in shifts.

RELÈVE *f*, relay, relief.

RELEVÉ *m*, statement, account, record, return, abstract.
RELEVÉ DE L'ACTIF ET DU PASSIF, statement of assets and liabilities.
RELEVÉ DE CAISSE, cash statement.
RELEVÉ DE COMPTE, statement of account.
RELEVÉS JOURNALIERS, daily returns.
RELEVÉ MENSUEL, monthly statement.
RELEVÉ DE PROFITS ET PERTES, statement of profit and loss.
RELEVÉ DES QUANTITÉS, recording the quantities; noting of the quantities.
RELEVÉS DE TRAFIC, traffic returns.

RELÈVEMENT *m*, raising, rise; making out of a statement.
RELÈVEMENT DES SALAIRES, raising (of) wages.
RELÈVEMENT DU TAUX D'ESCOMPTE, rise in the bank rate.
RELÈVEMENT DU TAUX DE NATALITÉ, revival in the birth rate.
RELÈVEMENT DU TAUX OFFICIEL DE L'ESCOMPTE, raising of the bank rate.

(SE) RELEVER *v*, to raise, to rise, to note.
les COURS SE SONT RELEVÉS, prices have recovered.
RELEVER UN DIAGRAMME, to plot a diagram.
RELEVER UN FAIT, to note a fact.
RELEVER UN TARIF, to raise a tariff.
RELEVER LES TAUX DES FRETS, to raise freight rates.

RELIGION *f*, religion.
RELIGION D'ÉTAT, established religion.

RELIQUAT *m*, remainder.
RELIQUAT DES DEVISES ÉTRANGÈRES, remaining foreign exchange.

RELOCATION *f*, re-letting.

RELOGER *v*, to rehouse.

RELOUER *v*, to re-let.

REMANIEMENT *m*, change, alteration.
REMANIEMENT PROFOND, shake-up.
REMANIEMENT DE LA STRUCTURE DU BUDGET DE REFÉRENCE, change of regimen.

REMARQUE *f*, observation, remark.

REMARQUER *v*, to observe, to remark.

REMBARQUEMENT *m*, re-embarkation.

REMBOURSABILITÉ *f*, redeemability.

REMBOURSABLE *a*, repayable, refundable, redeemable, reimbursable.
DÉPENSE REMBOURSABLE, allowable expense.
DÉPÔT REMBOURSABLE SUR DEMANDE, deposit at call.
EMPRUNT REMBOURSABLE SUR DEMANDE, loan repayable on demand; money at (on) call.
EMPRUNT REMBOURSABLE À DES ÉCHÉANCES FIXES, loan repayable at fixed dates.
EMPRUNT REMBOURSABLE FIN COURANT, last-day money.
OBLIGATIONS REMBOURSABLES, redeemable bonds.
OBLIGATIONS REMBOURSABLES PAR TIRAGE AU SORT, bonds repayable by drawings.
OBLIGATIONS NON REMBOURSABLES, unredeemable bonds; unredeemable debentures; debenture-stock.
PRÊT REMBOURSABLE SUR DEMANDE, loan at call.
REMBOURSABLE SUR DEMANDE, repayable on demand.
REMBOURSABLE AU PAIR, repayable at par.
REMBOURSABLE PAR VERSEMENTS ÉCHELONNÉS, repayable by instalments.
VALEURS REMBOURSABLES PAR SÉRIES, securities redeemable in series.

REMBOURSÉ *a*, repaid, refunded, redeemed, reimbursed, returned.
non REMBOURSÉ, unrepaid; not repaid.
TIRER AU SORT LES BONS DESTINÉS À ÊTRE REMBOURSÉS, to draw bonds for redemption.

REMBOURSEMENT *m*, repayment, paying off, paying, payment, refund, refunding, refundment, redemption, reimbursement, return, retirement, withdrawal, rebate.
COMPTANT CONTRE REMBOURSEMENT, payment on or before delivery.
EMPRUNT DE REMBOURSEMENT, refunding loan.
EXIGER LE REMBOURSEMENT D'UNE CRÉANCE, to require the repayment of a debt.
LIVRAISON CONTRE REMBOURSEMENT, payment on delivery.
OBLIGATIONS DE 7 % DE REMBOURSEMENT DE LA DETTE INTÉRIEURE, 7 % refunded internal debt bonds.
OFFRE DE REMBOURSEMENT, tender of repayment.
PRIME DE REMBOURSEMENT, premium on redemption; redemption premium.
REMBOURSEMENT DE L'ACOMPTE VERSÉ, refund of the money deposited.
REMBOURSEMENT DE CAPITAL, return of capital.
REMBOURSEMENT D'UN CAPITAL, return of a capital sum.
REMBOURSEMENT DES CRÉANCIERS, paying off creditors.
REMBOURSEMENT D'EMPRUNTS, repayment of loans.
REMBOURSEMENT INTÉGRAL, full repayment.
REMBOURSEMENT EN NATURE, repayment in kind.
REMBOURSEMENT D'OBLIGATIONS, redemption of bonds.
REMBOURSEMENT DES PERTES, payment of losses.
REMBOURSEMENT D'UN TROP-PERÇU, return of an amount overpaid.

REMBOURSER *v*, to repay, to pay off, to pay back, to refund, to redeem, to reimburse, to return.
se REMBOURSER, to repay oneself.
REMBOURSER LE CAPITAL, to return the capital; to repay the capital.
REMBOURSER TOUS LES CRÉANCIERS, to repay all the creditors.
REMBOURSER LES DÉPENSES, to reimburse expenses.
REMBOURSER UNE DETTE, to pay off a debt.
REMBOURSER UN EFFET, to retire a bill.
REMBOURSER LES FRAIS, to reimburse costs.
REMBOURSER UNE OBLIGATION, to redeem a bond; to redeem a debenture.
REMBOURSER UN PRÊT, to repay a loan; to return a loan.

REMÈDE *m*, remedy.
REMÈDE DRASTIQUE, drastic remedy.
REMÈDE IMMÉDIAT, instant remedy.
REMÈDE PUREMENT MONÉTAIRE, purely monetary remedy.

RÉMÉRÉ *m*, repurchase.
VENTE À RÉMÉRÉ, sale with option of repurchase; sale with power of redemption.

(SE) REMETTRE *v*, to remit, to deliver, to hand over, to hand in; to start again.
REMETTRE DE L'ARGENT EN MAIN PROPRE, to hand over money personally.
REMETTRE SA DÉMISSION, to hand in one's resignation.
REMETTRE UNE DETTE, to remit a debt.
REMETTRE DES EFFETS À L'ENCAISSEMENT, to remit bills for collection.
REMETTRE DES EFFETS EN RECOUVREMENT, to remit bills for collection.
REMETTRE UNE SOMME D'ARGENT, to remit a sum of money.
REMETTRE À PLUS TARD, to leave over, to postpone.

REMISE *f*, remittal, remission, remittance, delivery, rebate, commission, allowance, trade allowance, discount allowance, discount; drawback, *U.K.* poundage.

FRAIS DE REMISE EN ÉTAT, reconditioning expenses.
NOTE DE REMISE, consignment note.
PRIX BÉNÉFICIANT D'UNE REMISE DE 5 %, prices subject to 5 % discount.
REMISE ACCORDÉE, commission allowed to.
REMISE D'UNE AFFAIRE, postponement of a case.
REMISE D'UNE DETTE, remittal of a debt; cancellation of a debt.
REMISE DE DROITS DE DOUANE, remission of customs duty.
REMISE D'UN EFFET À L'ENCAISSEMNT, remittance of a bill for collection.
REMISE D'UN EFFET EN RECOUVREMENT, remittance of a bill for collection.
REMISE EN ÉTAT, reconditioning; overhaul.
REMISE D'UN IMPÔT, remission of a tax.
REMISE D'IMPÔTS, remission of taxation.
REMISE SUR MARCHANDISES, trade discount.
REMISE DU QUART, discount of 25 %.
REMISE DE TITRES, delivery of stocks.
REMISE À VUE, sight remittance.

REMISIER *m*, intermediate broker.

RÉMISSION *f*, remission, remittal.

REMODELER *v*, to remodel.

REMORQUAGE *m*, hauling, haulage.
TRANSPORT PAR REMORQUAGE, haul.

REMORQUER *v*, to haul.

REMORQUEUR *a*, hauling.
MATÉRIEL REMORQUEUR, hauling stock.

REMPLAÇANT *m*, substitute.

REMPLACEMENT *m*, replacement, replacing, substitution.
COEFFICIENT DE REMPLACEMENT, coefficient of renewal.
COÛT COURANT DE REMPLACEMENT, current replacement cost.
DEMANDE DE REMPLACEMENT, replacement demand.
VALEUR DE REMPLACEMENT, value of replacement.

REMPLACER *v*, to replace, to substitute.
REMPLACER AVANTAGEUSEMENT, to supersede.
REMPLACER UNE VIEILLE MACHINE (PAR UNE NOUVELLE), to supersede an old machine.

REMPLIR *v*, to fill, to fill up, to fill in, *U.S:* to fill out; to fulfil, to replenish.
OBLIGATIONS À REMPLIR, obligations to be fulfilled.
REMPLIR UN CHÈQUE, to write a cheque.
REMPLIR UNE CONDITION, to fulfil a condition.

REMPLISSAGE *m*, filling, filling up, filling in.
COEFFICIENT DE REMPLISSAGE, coefficient of occupation.

REMPLOYER *v*, to re-use.

RÉMUNÉRATEUR *a*, remunerative, paying, profitable, gainful, rewarding.
DÉBOUCHÉ RÉMUNÉRATEUR, profitable outlet.

RÉMUNÉRATION *f*, remuneration, payment, consideration, compensation, reward, rewarding, return, earnings, salary, wage.
BARÈME COURANT DE RÉMUNÉRATIONS, ordinary scale of remuneration.
FLUX DE RÉMUNÉRATIONS, flow of earnings.
RÉMUNÉRATION DU CAPITAL, return on capital.
RÉMUNÉRATION CORRESPONDANT À LA PRODUCTIVITÉ MARGINALE, reward which corresponds to the marginal productivity.
RÉMUNÉRATION OCCULTE, secret remuneration.
RÉMUNÉRATION AUX PIÈCES, piece-rates.
RÉMUNÉRATION AU PRORATA DU TRAVAIL ACCOMPLI, payment in proportion to work done.
RÉMUNÉRATION DES SALARIÉS, compensation of employees.
RÉMUNÉRATION DES SERVICES, payment for services.
RÉMUNÉRATION DU TRAVAIL, remuneration of labour.
RÉMUNÉRATION TRIMESTRIELLE, quarterly salary.
TAUX DE RÉMUNÉRATION (DES FACTEURS DE PRODUCTION), rate of remuneration (of the factors of production).

RÉMUNÉRÉ *a*, remunerated, paid.
FORTEMENT RÉMUNÉRÉ, highly-paid.
non RÉMUNÉRÉ, unremunerated; unpaid.
TRAVAILLEURS FAMILIAUX NON RÉMUNÉRÉS, unpaid family workers.

RÉMUNÉRER *v*, to remunerate, to pay.
RÉMUNÉRER DES SERVICES, to pay for services.

RENCAISSEMENT *m*, receiving back of (money).

RENCAISSER *v*, to receive back; to have (money) refunded.
RENCAISSER UN PRÊT, to receive a loan back.

RENCHÉRIR *v*, to get dearer, to make dearer, to rise in price; to outbid.

RENCHÉRISSEMENT *m*, rise in price, advance in price, enhancement.

RENCHÉRISSEMENT DU COÛT DE LA VIE, increased cost of living.

RENCONTRE *f*, meeting.
POINT DE RENCONTRE (DE DEUX COURBES), meeting-point (of two curves).

(SE) RENCONTRER *v*, to join, to meet.
les DROITES PARALLÈLES NE SE RENCONTRENT JAMAIS, parallel lines never join.

RENDEMENT *m*, yield, interest yield, yielding, benefit, return, output, produce, productivity, productiveness, performance, working, efficiency, capacity.
ANALYSE DES COÛTS ET RENDEMENTS, *U.S:* cost-benefit analysis.
ÉGALITÉ DES RENDEMENTS, equality of yield.
ESTIMATION DU RENDEMENT FUTUR DES CAPITAUX, estimate of the future yield of capital assets.
à FAIBLE RENDEMENT, low-yielding.
LOI DES RENDEMENTS DÉCROISSANTS, law of diminishing returns; law of decreasing returns.
MACHINE D'UN RENDEMENT ÉLEVÉ, efficient machine.
PRÉVISIONS RELATIVES AU RENDEMENT FUTUR DES BIENS DE CAPITAL, expectations as to the future yield of capital goods.
PRIME DE RENDEMENT, *U.S:* merit bonus; *U.K:* output bonus.
PRIMES AU RENDEMENT, *U.S:* incentive wages.
RENDEMENT ANNUEL DE LA TERRE, annual produce of land.
RENDEMENT BRUT, gross return.
RENDEMENT CALORIFIQUE, heat efficiency; thermal efficiency.
RENDEMENT DU CAPITAL, return on capital.
RENDEMENTS CONSTANTS, constant returns.
RENDEMENT COURANT, current yield.
RENDEMENTS CROISSANTS, increasing returns.
RENDEMENTS DÉCROISSANTS, decreasing returns.
RENDEMENT EFFECTIF, effective yield.
RENDEMENT ESCOMPTÉ, prospective yield.
RENDEMENT ESCOMPTÉ DU CAPITAL, anticipated return on capital.
RENDEMENT À L'HEURE, output per hour.
RENDEMENT INÉGAL D'UNE MACHINE, erratic working of a machine.
RENDEMENT MARGINAL DU CAPITAL, marginal return on capital.
RENDEMENT MARGINAL DÉCROISSANT, decreasing return at the margin.
RENDEMENT MAXIMUM, best performance; highest efficiency.
RENDEMENT MOYEN, average yield.
RENDEMENT (D'UNE MINE), get (of a mine).
RENDEMENT NET, net yield.
RENDEMENT OPTIMUM, ideal efficiency.
RENDEMENT DU PERSONNEL, output of the staff.
RENDEMENT RECORD, record output.
RENDEMENT THERMIQUE, thermal efficiency.
SALAIRES AU RENDEMENT, *U.S:* incentive wages; *U.K:* efficiency wages.
TAUX DE RENDEMENT DES OBLIGATIONS, yield of bonds.
l'USINE TRAVAILLE À PLEIN RENDEMENT, the works are going at full blast.

RENDEZ-VOUS *m*, meeting.
ORGANISER UN RENDEZ-VOUS, to arrange a meeting.

RENDRE *v*, to render, to return, to repay, to pay back.
CHERCHER À RENDRE LA PRODUCTION MAXIMUM, to endeavour to maximize output.
chaque FIRME REND MAXIMUM SON PROFIT INDIVIDUEL, each firm maximizes its profit.
RENDRE COMPTE DE, to give an account of; to render an account; to account for.
se RENDRE COMPTE, to realize, to find out.
RENDRE UN JUGEMENT, to decide a case.
RENDRE LIBRE LE PRIX DE, to decontrol the price of.
RENDRE MAXIMUM, to maximize.
RENDRE MAXIMUM LE PROFIT TOTAL, to maximize total profit.
RENDRE LA MONNAIE DE, to give change for.
RENDRE NUL, to render void; to invalidate.
RENDRE OPTIMUM, to optimize.
RENDRE SERVICE, to be useful; to oblige.

RENDU *a*, returned; delivered.
MARCHANDISES RENDUES FRANCO BORD, goods delivered free on board (f.o.b.).
(PRIX) RENDU À PIED D'ŒUVRE, (price) site delivered.

RENDU *m*, returned article, return(s).
RENDUS SUR VENTES, sales returns.

RENFLOUAGE *m*, refloating.

RENFLOUER *v*, to refloat.

RENFORCEMENT *m*, strengthening.

RENFORCER *v*, to strengthen, to tighten (up).
RENFORCER UN BLOCUS, to tighten (up) a blockade.
RENFORCER LES RESTRICTIONS, to tighten (up) restrictions.

RENGAGEMENT *m*, repawning, repledging.

RENGAGER *v*, to re-engage; to repawn, to repledge.
RENGAGER UN EMPLOYÉ, to re-engage an employee.

RENOMMÉE *f*, repute; reputation.

RENONCEMENT *m*, renunciation, forgoing.

RENONCER *v*, to renounce, to forgo.
RENONCER PAR CONTRAT À, to contract out.
RENONCER À SES DROITS, to yield one's rights.

RENONCIATION *f*, renunciation, waiving, waiver; relinquishment.
RENONCIATION À UNE SUCCESSION, relinquishment of decedent's estate.

RENOUVELABLE *a*, renewable.
CRÉDIT PAR ACCEPTATION RENOUVELABLE, revolving credit.

RENOUVELÉ *a*, renewed.
BAIL RENOUVELÉ, renewed lease.
COMMANDE RENOUVELÉE, repeat order.

RENOUVELER *v*, to renew.
RENOUVELER LE BAIL, to renew the lease.

RENOUVELLEMENT *m*, renewal, replacement, replacing; recurrence; revival.
OPPOSITION AU RENOUVELLEMENT D'UN BREVET, caveat.
PRIME DE RENOUVELLEMENT, renewal premium.
PROGRAMME DE RENOUVELLEMENT, *U.S:* replacement schedule.
RENOUVELLEMENT DE BAIL, renewal of lease.
TAUX DE RENOUVELLEMENT, renewal rate (of money).

RÉNOVATION *f*, reconditioning.

RÉNOVÉ *a*, reconditioned.

RÉNOVER *v*, to recondition.

RENSEIGNEMENT *m*, information, intelligence, particular(s).
plus AMPLES RENSEIGNEMENTS, further particulars.
BUREAU DE RENSEIGNEMENTS, inquiry office.
DEMANDE DE RENSEIGNEMENTS, enquiry; inquiry; request for information.
MOISSON DE RENSEIGNEMENTS, harvest of information.
tous (les) RENSEIGNEMENTS, full particulars.
RENSEIGNEMENTS COMPLÉMENTAIRES, further information.
(tous) RENSEIGNEMENTS UTILES, relevant information.

(SE) RENSEIGNER *v*, to inform; to enquire, to inquire.

RENTABILITÉ *f*, profitability, profitableness, profit-earning capacity, pay off.
RENTABILITÉ D'UN INVESTISSEMENT, return on an investment.
SEUIL DE RENTABILITÉ, break-even point; profitless point.
TAUX DE RENTABILITÉ, *U.S:* rate of profitability.

RENTE *f*, rent, revenue, income, private income, annual income, fund(s), bond(s), pension, annuity.
ACHETER DE LA RENTE, to buy funds.
BIENS EN RENTES, funded property.
FONDS CONSTITUTIFS D'UNE RENTE, funds on which an annuity is secured.
INSCRIPTION DE RENTE, inscribed rent.
PART DE LA RENTE DANS LE PRODUIT NATIONAL, share of rent in the national product.
QUASI-RENTE, quasi-rent.
RENTE ANNUELLE, annual rent; annuity.
la RENTE À 3 POUR CENT, the Three per cent.
RENTE DU CONSOMMATEUR, consumer's surplus.
RENTE ÉCONOMIQUE (PURE), (pure) economic rent.
RENTE(S) SUR L'ÉTAT, government stock; governmental bond(s); government annuity.
RENTE EXPLICITE, explicit rent.
RENTE FONCIÈRE, land rent; land rental; rent of land; ground-rent.
RENTE FRANÇAISE, French rente.
RENTE IMPLICITE, implicit rent.
RENTE INSCRITE, inscriptions.
RENTES DE MONOPOLE, monopoly rents.
RENTE PERPÉTUELLE, perpetual rent; rent in perpetuity; perpetual annuity; consolidated stocks; *U.K:* consols (*for:* consolidated annuities).
RENTE RÉVERSIBLE, annuity in reversion.
RENTE DU SOL, land rent.
RENTE VIAGÈRE, life annuity.
RENTE VIAGÈRE AVEC RÉVERSION, survivorship annuity.
SERVIR UNE RENTE, to pay an annuity.
THÉORIE DE LA RENTE, theory of rent.
TITRE DE RENTE, rent certificate.
VIVRE DE SES RENTES, to live on one's income.

RENTIER *m*, fund-holder; annuitant; person of independent means.
PETITS RENTIERS, small investors.
les RENTIERS, the moneyed interest.
RENTIER VIAGER, life annuitant.

RENTRÉE *f*, receipt, intake, encashment, collection.

RENTRÉES FISCALES, inland revenue receipts; revenue receipts.
RENTRÉE (DES FONDS), coming in (of funds).
RENTRÉE EN POSSESSION, repossession.

RENTRER v, to re-enter, to get in.
FAIRE RENTRER SES FONDS, to get money in; to call in one's money.
les FONDS RENTRENT MAL, money is coming in badly.
IMPÔTS QUI RENTRENT DIFFICILEMENT, taxes difficult to get in.
RENTRER DANS UN BIEN PAR DROIT DE RETOUR, to regain possession of a property by reversion.
RENTRER LA MOISSON, to get in the crops.
RENTRER EN POSSESSION, to resume possession; to repossess.

RENVERSÉ a, reversed, upset.

RENVERSEMENT m, reversal, reversing, upsetting.

RENVERSER v, to reverse, to knock down.

RENVOI m, return, returning, sending back, throwing back; dismissal; postponement; reference, referring.
MENACE DE RENVOI, threat of dismissal.
RENVOI (EN BAS DE PAGE), foot-note.

RENVOYER v, to return, to send back, to dismiss.
RENVOYER UN EMPLOYÉ, to dismiss an employee.

RÉORGANISATION f, reorganization, reorganizing, rehabilitation, remodelling.
PLAN DE RÉORGANISATION, rehabilitation plan.

RÉORGANISER v, to reorganize, to remodel.

RÉOUVERTURE f, reopening.
RÉOUVERTURE D'UN MARCHÉ, reopening of a market.

REPAIEMENT m, paying back; paying over again.

RÉPANDRE v, to propagate.

RÉPANDU a, widespread; in general use.
très RÉPANDU, frequent.

RÉPARATION f, repair, reparation, repairing, refit.
ENTRETIEN ET RÉPARATIONS, servicing.
FAIRE LES RÉPARATIONS NÉCESSAIRES, to do the necessary repairs.
GRAND BESOIN DE RÉPARATIONS, great need of repairs.
PETITES RÉPARATIONS, minor repairs.
RÉPARATIONS À LA CHARGE DU PROPRIÉTAIRE, repairs chargeable on the owner.
RÉPARATIONS DE GUERRE, war reparations.
RÉPARATIONS LOCATIVES, tenant's repairs.
RÉPARATIONS URGENTES, emergency repairs.
TRANSFORMATIONS ET RÉPARATIONS, alterations and repairs.

RÉPARER v, to repair, to make good.

RÉPARTI a, distributed, divided, assessed.
ACTIONS NON RÉPARTIES, unalloted shares.
BÉNÉFICES NON RÉPARTIS, undivided profits
non RÉPARTI, undivided; undistributed.

RÉPARTIR v, to distribute, to divide, to allot, to apportion, to share out, to allocate, to assess, to spread.
RÉPARTIR LE BÉNÉFICE, to divide a profit.
RÉPARTIR LES FRUITS DU TRAVAIL, to apportion the fruits of labour.
RÉPARTIR UN RISQUE, to spread a risk.
RÉPARTIR UNE SOMME ENTRE CRÉANCIERS, to divide an amount among creditors.

RÉPARTISSABLE a, distributable, divisible, assessable.
PROFITS RÉPARTISSABLES, divisible profits.

RÉPARTITEUR m, assessor.

RÉPARTITION f, distribution, division, allotment, apportionment, sharing out, repartition; bonus, appropriation, allocation; assessment; assignation.
AVIS DE RÉPARTITION, letter of allotment.
DERNIÈRE RÉPARTITION (ENTRE CRÉANCIERS), final distribution (among creditors).
EFFETS SUR LA RÉPARTITION, distributional effects.
ÉGALE RÉPARTITION DE, equal distribution of.
ESTIMATION DES BESOINS ET RÉPARTITION DES MOYENS, planning and allocation of resources.
FONCTION DE RÉPARTITION, distribution function.
LIBÉRATION (D'ACTIONS) À LA RÉPARTITION, payment in full on allotment.
LOI DE PARETO DE LA RÉPARTITION DU REVENU, Pareto's law of income distribution.
PARTICIPANT À UNE RÉPARTITION, participant in a distribution.
PREMIÈRE ET UNIQUE RÉPARTITION, first and final dividend.
ex-RÉPARTITION, ex-bonus.
RÉPARTITION PAR ÂGE, age distribution.
RÉPARTITION DES BÉNÉFICES, division of profits; distribution of profits.
RÉPARTITION DU BÉNÉFICE NET, appropriation of net profit.

RÉPARTITION ENTRE CRÉANCIERS, distribution among creditors
RÉPARTITION DES DETTES, distribution of debts.
RÉPARTITION ENTRE DIFFÉRENTES UTILISATIONS D'UN VOLUME DONNÉ DE RESSOURCES, distribution of a given volume of employed resources between different uses.
RÉPARTITION DES ERREURS, frequency of errors.
RÉPARTITION INÉQUITABLE DES IMPÔTS, unequitable distribution of taxation.
RÉPARTITION DE LA MAIN-D'ŒUVRE, distribution of labour; allocation of labour.
RÉPARTITION OPTIMALE DES MOYENS, optimal resource allocation.
RÉPARTITION DE LA POPULATION PAR GROUPES D'ÂGE, age grouping of the population.
RÉPARTITION EN POURCENTAGE, percentage distribution.
RÉPARTITION DES PROFITS, allocation of profit.
RÉPARTITION DE LA PROPRIÉTÉ, distribution of ownership.
RÉPARTITION DES RESSOURCES, allocation of resources.
RÉPARTITION DES REVENUS, distribution of income.
THÉORIE DE LA RÉPARTITION, theory of distribution.
THÉORIE DE LA RÉPARTITION BASÉE SUR LA PRODUCTIVITÉ MARGINALE, marginal productivity theory of distribution.
VERSEMENT DE RÉPARTITION, allotment money.

REPAS m, meal.
APPARTEMENT AVEC SERVICE ET REPAS COMPRIS, service flat.

REPASSER v, to pass again.

REPAYER v, to pay (over) again.

RÉPERTOIRE m, index, directory, catalogue, repertory.
RÉPERTOIRE MARITIME, shipping directory.

RÉPERTORIER v, to index.

RÉPÉTITION f, repetition, repeating, repeat.
à RÉPÉTITION, repeating.

REPEUPLEMENT m, repeopling, repopulation.

REPEUPLER v, to repopulate.

RÉPIT m, respite, reprieve.

(SE) REPLIER v, to fall back.
les ACTIONS SE SONT REPLIÉES D'UN POINT, shares fell back a point.

RÉPLIQUE f, retort, replica.
TEST-RÉPLIQUE, job-test.

RÉPONDANT m, bail, surety, guarantor, warrantor, vouchee, referee.

RÉPONDRE v, to reply, to answer; to guarantee; to vouch for.
RÉPONDRE À TOUS LES BESOINS, to fill every requirement.
RÉPONDRE À UNE PRIME, to declare an option.

RÉPONSE f, reply, answer, response.
COUPON-RÉPONSE INTERNATIONAL, international reply coupon.
HEURE DE LA RÉPONSE DES PRIMES, time for declaration of options.
JOUR DE LA RÉPONSE DES PRIMES, option day.
sans RÉPONSE DE VOTRE PART, failing your reply.
RÉPONSE PAYÉE, reply paid.
RÉPONSE DES PRIMES, declaration of options; option day.
RÉPONSE PAR RETOUR DU COURRIER, reply by return of post.

REPORT m, carry-forward, carry-over, carrying over, bringing forward, balance brought forward, posting; contango, continuation.
ARBITRAGE EN REPORTS, jobbing in contangoes.
CAPITAUX EN REPORT, money on contango.
DÉTENTE DES REPORTS, easing off of contangoes.
ERREURS DE REPORT, errors of posting.
JEU SUR LES REPORTS, speculating in contangoes.
JOUR DE(S) REPORTS, contango-day; continuation-day.
PLACER DES CAPITAUX EN REPORT, to lend money on contango.
PRENDRE DES ACTIONS EN REPORT, to carry stock; to carry over stock.
PRENDRE DES TITRES EN REPORT, to take in stock.
PRIX DU REPORT, continuation-rate.
les REPORTS SONT BON MARCHÉ, contangoes are low.
les REPORTS SONT CHERS, contangoes are heavy.
REPORT SUR DEVISES, continuation on foreign exchanges.
REPORT À NOUVEAU, amount carried forward.
les REPORTS SE TENDENT LORSQUE, contangoes stiffen if.
SPÉCULATION SUR LES DIFFÉRENCES ET LES REPORTS, gambling in differences and contangoes.
TAUX DU REPORT, contango; contango-rate.
le (TAUX DE) REPORT EST AU PAIR, the contango is even.
TENSION DES REPORTS, firmness of contangoes; stiffness of contangoes.
TITRES (PRIS) EN REPORT, stocks taken in; stocks carried over.

REPORTABLE a, contangoable, continuable.

REPORTAGE m, reporting.

REPORTÉ *a*, carried over, carried forward.

REPORTÉ *m*, giver, giver of stock, payer of contango.
le REPORTEUR TOUCHE DU REPORTÉ UNE PRIME, the taker receives a premium from the giver.

REPORTER *m*, reporter.

REPORTER *v*, to carry, to carry over, to carry forward, to continue, to bring forward.
se FAIRE REPORTER, to lend stock.
à REPORTER, balance brought forward.
REPORTER UN SOLDE, to carry over a balance.
REPORTER UNE SOMME, to bring forward an amount.
REPORTER DES TITRES, to borrow stock; to carry stock; to carry over stock.

REPORTEUR *m*, taker.
le REPORTEUR TOUCHE DU REPORTÉ UNE PRIME, the taker receives a premium from the giver.

REPOS *m*, rest.
ESTIMATION DE TOUT REPOS, safe estimate.
VALEURS DE TOUT REPOS, gilt-edged securities; gilt-edged stock.

(SE) REPOSER *v*, to rest.
le COMMERCE REPOSE SUR LE CRÉDIT, trade rests upon credit.

REPRENDRE *v*, to resume, to revive, to re-enter.
les AFFAIRES REPRENNENT, business is improving; business is looking up; trade is on the mend.
l'INDUSTRIE REPREND, industry is reviving.
REPRENDRE EN COMPTE, to trade in.
REPRENDRE LE PASSIF, to take over the liabilities.
REPRENDRE LE TRAVAIL, to resume work.

REPRÉSAILLE *f*, reprisal; retaliation.
EXERCER DES REPRÉSAILLES, to retaliate.

REPRÉSENTANT *m*, representative, agent.
CHAMBRE DES REPRÉSENTANTS, *U.S:* House of Representatives.
REPRÉSENTANT DE COMMERCE, trade representative; salesman.
REPRÉSENTANT DÛMENT ACCRÉDITÉ, duly authorized representative.
REPRÉSENTANT, FONDÉ DE POUVOIRS, agent-general.

REPRÉSENTATIF *a*, representative.
GOUVERNEMENT REPRÉSENTATIF, representative government.
SEULE EXPRESSION REPRÉSENTATIVE, single representative value.

REPRÉSENTATION *f*, representation; presentation.
FRAIS DE REPRÉSENTATION, entertainment expenses.
REPRÉSENTATION ANALOGIQUE, analog representation.
REPRÉSENTATION CUMULÉE, cumulative graphing.
REPRÉSENTATION DIGITALE, digital representation; discrete representation.
REPRÉSENTATION DISCRÈTE, discrete representation.
REPRÉSENTATION GRAPHIQUE, graphic presentation; diagrammatic representation.
REPRÉSENTATION PROPORTIONNELLE, proportional representation.

REPRÉSENTER *v*, to represent, to present again.
l'AUGMENTATION DU CHIFFRE D'AFFAIRES REPRÉSENTE, the increase in business runs into.
REPRÉSENTER UN EFFET À L'ACCEPTATION, to represent a bill for acceptance.
REPRÉSENTER UNE FIRME, UNE MAISON DE COMMERCE, to represent a firm; to travel for a firm.
REPRÉSENTANT 20 % DE LA PRODUCTION TOTALE, accounting for 20 % of total output.

RÉPRESSION *f*, repression, suppression, suppressing.

RÉPRIMÉ *a*, suppressed.

RÉPRIMER *v*, to repress, to suppress.

REPRISE *f*, recovery, revival, rally, rallying, mend, renewal, resumption, trading-in, part exchange, premium.
DROIT DE REPRISE D'UN BAIL, premium on a lease.
REPRISE D'ACTIVITÉ, renewal of activity.
REPRISE DES AFFAIRES, recovery of business; revival of business; revival of trade.
REPRISE EN COMPTE DE, trade-in of.
REPRISE ÉCONOMIQUE, trade recovery; industrial recovery.
REPRISE (DES INVENDUS), taking back (of left-overs).
REPRISE MARQUÉE, marked recovery; decided recovery.
REPRISE RAPIDE, quick recovery; early recovery.
REPRISE SAISONNIÈRE, seasonal revival.
REPRISE DU TRAVAIL, resumption of work.
REPRISE VIGOUREUSE, sharp rally.
VENTE EN REPRISE, trading-in.
VOITURES DE REPRISE, traded-in cars.

REPRODUCTIBLE *a*, reproducible.

REPRODUCTIF *a*, reproducing.

REPRODUCTION *f*, reproduction, reproducing; replica; breeding.
ANIMAUX ÉLEVÉS EN VUE DE LA REPRODUCTION, breeding stock.
tous DROITS DE REPRODUCTION RÉSERVÉS, all rights reserved
TAUX BRUT DE REPRODUCTION, gross reproduction rate.
TAUX NET DE REPRODUCTION, net reproduction rate.

(SE) REPRODUIRE *v*, to reproduce.

RÉPUBLICAIN *a*, republican.
PARTI RÉPUBLICAIN, *U.S:* Republican party.

RÉPUBLIQUE *f*, republic.

RÉPUDIATION *f*, repudiation, relinquishment, renunciation.

RÉPUTATION *f*, reputation, repute, name.
le CRÉDIT PERSONNEL EST BASÉ SUR LA RÉPUTATION, personal credit is based on the reputation.
MAUVAISE RÉPUTATION, bad name; disrepute.
RÉPUTATION SOLIDE, established reputation.

REQUÊTE *f*, request, petition.
REQUÊTE DES CRÉANCIERS, petition of creditors.
REQUÊTE DES CRÉANCIERS (EN DÉCLARATION DE FAILLITE), petition in bankruptcy.

REQUIN *m*, shark.
REQUINS DE LA FINANCE, financial sharks.

REQUIS *a*, required, requisite, due.
CONDITION REQUISE, requirement; requisite.
COUVERTURES REQUISES, reserves required.
INDICES DES QUANTITÉS REQUISES DE MAIN-D'ŒUVRE, indexes of labour requirements.
MESURES REQUISES, due measures.
QUANTITÉ DE CAPITAL REQUISE (PAR UNITÉ DE TRAVAIL), capital intensity required (per unit of labour).
VOTE À LA MAJORITÉ REQUISE, qualified vote.

RÉQUISITION *f*, requisition, requisitioning.
IMPOSER DES RÉQUISITIONS À, to levy requisitions upon.

RÉQUISITIONNEMENT *m*, requisitioning.

RÉQUISITIONNER *v*, to requisition.

RESCISION *f*, rescission, annulment.

RÉSEAU *m*, network, system.
ÉNERGIE FOURNIE AU RÉSEAU DE DISTRIBUTION, energy delivered to distributing network.
LONGUEUR TOTALE D'UN RÉSEAU, mileage of a system.
RÉSEAU DE CANAUX, network of canals.
RÉSEAU DE CHEMINS DE FER, railway system.
RÉSEAU DE DISTRIBUTION, distributing network.
RÉSEAU FERROVIAIRE, network of railways.
RÉSEAU ROUTIER, highway network; road network.
RÉSEAU DE STATIONS RADIOPHONIQUES, broadcasting network.
RÉSEAU DE STATIONS DE TÉLÉVISION, television network.
RÉSEAU TÉLEX, telex network.

RÉSERVATION *f*, reservation, reserving, booking.

RÉSERVE *f*, reserve, reserving; condition, qualification, exception; restraint, provision, stand-by, holding, surplus, supply.
ACCEPTATION SANS RÉSERVES, general acceptance; unconditional acceptance.
ACCEPTATION SOUS RÉSERVE, qualified acceptance.
ACHAT À FORFAIT, SANS RÉSERVE, outright purchase.
(ADDITION À LA) RÉSERVE GÉNÉRALE, addition to surplus.
AFFECTATION À LA RÉSERVE, appropriation to the reserve.
APPORTER DES RÉSERVES, to make reservations; to qualify.
ARMÉE DE RÉSERVE DES CHÔMEURS, reserve army of the unemployed.
AUGMENTATION DE CAPITAL PAR INCORPORATION DES RÉSERVES, addition to the stock by incorporation of reserves.
BANQUE DE LA RÉSERVE FÉDÉRALE, *U.S:* Federal Reserve Bank.
BÉNÉFICE MIS EN RÉSERVE, profits put to reserve.
COMPTE DE RÉSERVE, reserve account.
CONNAISSEMENT AVEC RÉSERVE, foul bill of lading.
CONNAISSEMENT SANS RÉSERVE, clean bill of lading.
CONSTITUER UNE RÉSERVE, to lay by money.
CONSTITUTION D'UN FONDS DE RÉSERVE, formation of a reserve fund.
DOTATION À LA RÉSERVE, appropriation to the reserve.
ÉPUISEMENT DES RÉSERVES DE PÉTROLE, exhaustion of mineral oils.
FAIRE FIGURER LA RÉSERVE AU PASSIF, to show the reserve among the liabilities.
FONDS DE RÉSERVE, reserve fund.
INCORPORATION DES RÉSERVES, incorporation of reserves.
MAGASIN DE RÉSERVE, stock-room.
METTRE EN RÉSERVE, to set by; to put in reserve.
MONNAIE DE RÉSERVE, reserve currency.

MONNAIE EN TANT QUE RÉSERVE DE VALEUR, money as a store of value.

MOUVEMENTS DANS LES RÉSERVES, reserve movements.

PAYS À MONNAIE DE RÉSERVE, reserve-currency country.

PRÉLEVER SUR LA RÉSERVE, SUR LES RÉSERVES, to take from the reserve; to draw on the reserves.

RAPPORT ENTRE L'ÉMISSION DES BILLETS DE BANQUE ET LA RÉSERVE MÉTALLIQUE, ratio between the issue of bank notes and the bullion reserve.

REÇU SANS RÉSERVE, clean receipt.

sous RÉSERVE, on condition; qualified.

sous toutes RÉSERVES, without prejudice.

RÉSERVE ALIMENTÉE PAR, reserve maintained by.

RÉSERVE EN EAU, water supply.

RÉSERVES EN ESPÈCES, vault cash.

RÉSERVE EXTRAORDINAIRE, extraordinary reserve.

RÉSERVE GÉNÉRALE, general reserve.

RÉSERVES LATENTES, inner reserves; hidden reserves; secret reserves.

RÉSERVE LÉGALE, legal reserve; statutory reserve.

RÉSERVE LÉGALE (D'UNE SUCCESSION), legal share (in an estate).

RÉSERVE MÉTALLIQUE, metallic reserve; bullion reserve.

RÉSERVES MÉTALLIQUES EN PIÈCES ET EN LINGOTS, coin and bullion.

RÉSERVES MÉTALLIQUES EN PIÈCES ET EN LINGOTS D'OR ET D'ARGENT, gold and silver coin and bullion.

RÉSERVES MONDIALES, world reserves.

RÉSERVES MONÉTAIRES, monetary reserves.

RÉSERVES MONÉTAIRES INTERNATIONALES, international monetary reserves.

RÉSERVE OCCULTE, secret reserve.

RÉSERVE D'OR, gold reserve; gold holdings.

RÉSERVES D'OR ET DE DEVISES, gold and foreign exchange reserves.

RÉSERVES EN OR OFFICIELLES, official gold reserves.

RÉSERVE DE PRÉVOYANCE, contingency reserve.

RÉSERVE PRIME D'ÉMISSION, premium reserve.

RÉSERVE SPÉCIALE, surplus reserve.

RÉSERVE STATUTAIRE, reserve provided by the articles.

RÉSERVES STIPULÉES DANS UN CONTRAT, exceptions stipulated in a contract.

RÉSERVE DE TRÉSORERIE, liquid reserve.

RÉSERVES DE TRÉSORERIE D'UNE BANQUE, capital reserves of a bank.

sous les RÉSERVES D'USAGE, under usual reserve.

RÉSERVE DE VALEUR, store of value.

RÉSERVE VISIBLE, visible reserve.

SOMME IMPUTABLE SUR UNE RÉSERVE, sum chargeable to a reserve.

SOMME EN RÉSERVE EN CAS DE BESOIN, sum in reserve as a stand-by.

UNITÉ DE RÉSERVE (MONÉTAIRE) ADDITIONNELLE, additional reserve unit.

UNITÉ DE RÉSERVE (MONÉTAIRE) COLLECTIVE, collective reserve unit (c.r.u.).

SYSTÈME DE RÉSERVE FÉDÉRALE, U.S: Federal Reserve System.

RÉSERVÉ a, reserved.

tous DROITS (DE REPRODUCTION) RÉSERVÉS, all rights reserved.

ÉMISSION RÉSERVÉE (AUX ACTIONNAIRES), closed issue.

EMPLACEMENT RÉSERVÉ À LA PUBLICITÉ, advertising space.

(SE) RÉSERVER v, to reserve, to book.

RÉSERVER DE L'ARGENT POUR, to reserve money for.

se RÉSERVER UN DROIT DE RECOURS, to reserve right of recourse.

RÉSERVOIR m, reservoir.

RÉSIDANT a, resident.

RÉSIDENCE f, residence, place of abode, place of residence.

RÉSIDENT m, resident.

ÉTRANGER NON RÉSIDENT, non-resident alien.

RÉSIDENTIEL a, residential.

IMMEUBLE RÉSIDENTIEL, housing estate; residential building.

QUARTIER RÉSIDENTIEL, residential area.

RÉSIDER v, to reside.

la SOUVERAINETÉ RÉSIDE DANS LE PEUPLE, the power is lodged in the people.

RÉSIDU m, residue, residual, remainder, balance; fraction of share, fraction of stock.

RÉSIDUS CYCLIQUES, residuals as cycles.

RÉSIDU QUADRATIQUE MOYEN, square of the standard error of estimate.

RÉSIDUEL a, residual.

VARIANCE RÉSIDUELLE, residual variance; variance of the residuals; variance within classes.

(SE) RÉSIGNER v, to resign.

RÉSILIABLE a, cancellable, U.S: cancelable; terminable.

ANNUITÉ RÉSILIABLE, terminable annuity.

RÉSILIATION f, cancellation, cancelling, annulment, determination, termination, avoidance, rescission, settlement.

COURS DE RÉSILIATION, default price; invoicing back price: settlement price.

RÉSILIATION D'UN CONTRAT, determination of a contract.

RÉSILIÉ a, cancelled.

RÉSILIER v, to cancel, to annul, to terminate.

RÉSILIER UN CONTRAT, to terminate a contract.

RÉSISTANCE f, resistance, endurance.

RÉSISTANCE PASSIVE, passive resistance.

RÉSISTANT a, strong.

COURS RÉSISTANTS, well maintained prices.

RÉSOLU a, resolved, solved, determined.

SUPPOSER TOUTES LES DIFFICULTÉS RÉSOLUES, to assume the difficulties away.

RÉSOLUBILITÉ f, resolvability, solvability.

RÉSOLUBLE a, resolvable, solvable, terminable, cancellable, U.S: cancelable, determinable.

CONTRAT RÉSOLUBLE, terminable contract.

RÉSOLUTION f, resolution; solution; cancellation; cancelling, annulment; avoidance.

ADOPTER UNE RÉSOLUTION, to pass a resolution.

ADOPTION D'UNE RÉSOLUTION, passing of a resolution.

RÉSOLUTION D'UN CONTRAT, annulment, avoidance, of a contract.

RÉSOLUTION D'UNE ÉQUATION, solution of an equation.

RÉSOLUTOIRE a, resolutive.

CLAUSE RÉSOLUTOIRE, determination clause.

CONDITION RÉSOLUTOIRE, condition subsequent.

RÉSORBER v, to absorb, to resorb.

RÉSORBER UN SURPLUS, to absorb a surplus.

RÉSORPTION f, absorption, resorption.

RÉSOUDRE v, to resolve, to solve, to cancel, to annul, to avoid.

PROBLÈME DIFFICILE À RÉSOUDRE, intractable problem.

RÉSOUDRE UN CONTRAT, to annul, to avoid, a contract.

RÉSOUDRE UNE ÉQUATION, to solve an equation.

RÉSOUDRE UNE ÉQUATION PAR APPROXIMATIONS SUCCESSIVES, to solve an equation by approximation.

RÉSOUDRE UN PROBLÈME, to solve a problem.

RESPECTER v, to respect.

RESPECTER LES RÈGLES, to respect the regulations; to play the game.

RESPECTIF a, respective.

RESPONSABILITÉ f, liability, responsibility; accountability, accountableness, onus.

ASSURANCE DE RESPONSABILITÉ CIVILE, public liability insurance.

DÉCLINER TOUTE RESPONSABILITÉ, to disclaim all responsibility.

DÉNÉGATION DE RESPONSABILITÉ, disclaimer of responsibility; denial of responsibility.

ENCOURIR UNE RESPONSABILITÉ, to incur a liability.

EXONÉRER DE RESPONSABILITÉ, to exonerate from liability; to exempt from liability.

LIBÉRER DE LA RESPONSABILITÉ LÉGALE, to relieve from legal liability.

LIMITATION DE RESPONSABILITÉ, limitation of liability.

RESPONSABILITÉ COLLECTIVE, collective liability.

RESPONSABILITÉ CONJOINTE, joint liability.

RESPONSABILITÉ CONJOINTE ET SOLIDAIRE, joint and several liability.

RESPONSABILITÉ ILLIMITÉE, unlimited liability.

RESPONSABILITÉ INDIVIDUELLE, SÉPARÉE, DIVISE, several liability.

RESPONSABILITÉ LIMITÉE, limited liability.

RESPONSABILITÉ PATRONALE, employers' liability.

SOCIÉTÉ À RESPONSABILITÉ LIMITÉE*, U.K: private company.

RESPONSABLE a, liable, responsible, accountable.

CONJOINTEMENT RESPONSABLE, jointly liable; jointly responsible.

PERSONNE REDEVABLE, RESPONSABLE, person liable.

PERSONNELLEMENT RESPONSABLE POUR LE PAIEMENT DE, personally liable for the payment of.

RESPONSABLE AU MÊME DEGRÉ, equally responsible.

RESPONSABLES INDIVIDUELLEMENT, severally liable.

RESPONSABLES INDIVIDUELLEMENT OU SOLIDAIREMENT, severally or jointly liable.

RESPONSABLES ISOLÉMENT, severally liable.

(SE) RESSAISIR v, to recover, to recover possession of.

les VALEURS SE RESSAISIRENT, shares picked up.

RESSEMBLANCE f, likeness, resemblance.

RESSERREMENT m, tightening, tightness; contraction, contracting; stringency.

RESSERREMENT D'ARGENT, tightness of money; tightening of money.
RESSERREMENT DE CRÉDIT, tightness of credit; tightening of credit.

(SE) **RESSERRER** v, to tighten; to contract.

RESSORT m, resort, competence, competency.
DERNIER RESSORT, last resort.

RESSORTIR v, to stand out.
faire RESSORTIR UN POINT, to stress a point.

RESSOURCE f, resource, means, supply.
ACCROISSEMENT DES RESSOURCES DE, increasing the resources of.
AFFECTER LES RESSOURCES À DES USAGES DIFFÉRENTS, to allocate resources to different uses.
le CAFÉ EST LA RESSOURCE PRINCIPALE DU BRÉSIL, coffee is the staple commodity of Brazil.
EMPLOI OPTIMUM DES RESSOURCES, optimum employment of resources.
ÉPUISEMENT DES RESSOURCES, depletion of resources.
ÉPUISEMENT DES RESSOURCES NATURELLES, exhaustion of natural resources.
FAIBLES RESSOURCES, scanty means.
PONCTION SUR LES RESSOURCES, drain on the resources.
RÉPARTITION DES RESSOURCES, allocation of resources.
RÉPARTITION ENTRE DIFFÉRENTES UTILISATIONS D'UN VO-LUME DONNÉ DE RESSOURCES, distribution of a given volume of employed resources between different uses.
sans RESSOURCES, penniless.
RESSOURCES DISPONIBLES, availability of resources; available resources.
RESSOURCES DE L'ENTREPRENEUR, entrepreneurial resources.
RESSOURCES D'ENTREPRISE, entrepreneurial resources.
RESSOURCES EXISTANTES, supplies in hand.
RESSOURCES FINANCIÈRES, financial resources.
RESSOURCES HOMOGÈNES, homogeneous resources.
RESSOURCES MINÉRALES, mineral resources.
RESSOURCES MONDIALES EN ÉNERGIE, world energy supplies.
RESSOURCES PÉCUNIAIRES, moneyed resources.
RESSOURCES PERSONNELLES, private means.
RESSOURCES POTENTIELLES, potential resources.

RESTANT a, remaining.

RESTANT m, remainder, rest.

RESTAURATION f, restoration, reconstruction.
RESTAURATION ÉCONOMIQUE ET FINANCIÈRE, economic and financial reconstruction.

RESTAURER v, to restore.

RESTE m, rest, residual, residue, remainder, remnant.
cela étant ADMIS, TOUT LE RESTE EN DÉCOULE, granted this, everything else follows.
RESTES, left-overs; left-over stock.

RESTER v, to rest, to remain.
aussi LONGTEMPS QUE LES POSTULATS CLASSIQUES RESTENT VRAIS, as long as the classical postulates hold good.
deux ÔTÉS DE CINQ, IL RESTE TROIS, two from five leaves three.
les PRIX RESTENT ÉLEVÉS, prices are ruling high.
RESTER EN VIGUEUR, to remain in force.

RESTITUABLE a, returnable, repayable, refundable.
TAXE RESTITUABLE, returnable tax.

RESTITUER v, to restore, to return, to refund.

RESTITUTION f, restitution, restoration; return; refunding, refundment.
RESTITUTION D'IMPÔTS INDÛMENT PERÇUS, return of taxes unduly collected.

RESTREINDRE v, to restrain, to restrict; to retrench, to curtail, to limit.
RESTREINDRE LES DÉPENSES, to restrict expenses.

RESTREINT a, restricted, partial, limited, limitary.
ACCEPTATION RESTREINTE, partial acceptance.
CRÉDIT RESTREINT, restricted credit.
TRANSACTIONS TRÈS RESTREINTES, dealings very restricted.

RESTRICTIF a, restrictive.
CLAUSE RESTRICTIVE, restrictive clause.

RESTRICTION f, restraint, restriction; curtailment, limitation, curb, reserve, qualification.
LEVER LES RESTRICTIONS, to derestrict.
LIBÉRER DES RESTRICTIONS, to derestrict.
RENFORCER DES RESTRICTIONS, to tighten (up) restrictions.
sans RESTRICTION, without stint.
toutes les RESTRICTIONS ONT ÉTÉ ABOLIES, all restrictions were lifted.
RESTRICTION DU CRÉDIT, credit restriction.
RESTRICTIONS FRAPPANT LES ÉCHANGES ET LES PAIEMENTS, restrictions on trade and payments.

RESTRICTIONS À L'IMMIGRATION, restrictions on immigration.
RESTRICTIONS SUR LES IMPORTATIONS, restriction on importation.
RESTRICTION DE LA PRODUCTION, restriction of output; restriction of production.
RESTRICTIONS À LA VENTE DE, restrictions on the sale of.

RÉSULTANT a, resultant, resulting from, derived from.
GASPILLAGE RÉSULTANT DE LA CONCURRENCE, wastes of competition.

RÉSULTANTE f, resultant, resultant force.

RÉSULTAT m, result, score, outcome, issue, upshot, fruit.
COMPTES DE RÉSULTATS, proprietary accounts.
FAIRE LA MOYENNE DES RÉSULTATS, to take an average of results.
RÉSULTAT DÉCEVANT, disappointing result.
RÉSULTATS DÉSASTREUX, disastrous results.
RÉSULTAT DOUTEUX, doubtful result; dubious result.
RÉSULTATS À LONGUE ÉCHÉANCE, deferred results.
RÉSULTAT NET, net result.
RÉSULTAT DES OPÉRATIONS COMMERCIALES, result of the trading.

RÉSULTER v, to result; to follow.
il RÉSULTE DE L'ÉQUATION QUE, it follows from the equation that.

RÉSUMÉ m, summary, abstract, synopsis, précis.

RÉSUMER v, to sum up, to summarize.

RÉTABLI a, re-established, restored.
ÉQUILIBRE DE LA BALANCE RÉTABLI, balance brought into equilibrium.

(SE) **RÉTABLIR** v, to re-establish, to restore, to reinstate, to redress, to revive.
le CRÉDIT SE RÉTABLIT, credit is reviving.
RÉTABLIR L'ÉQUILIBRE, to restore the equilibrium.

RÉTABLISSEMENT m, re-establishment, restoration.

RETARD m, delay; backwardness; lagging, lag; time-lag; stay, arrearage.
AVANCES ET RETARDS, leads and lags.
ÊTRE EN RETARD, to lag.
LOYER EN RETARD, rent in arrears.
PÉNALITÉ DE TANT PAR JOUR DE RETARD, penalty of so much per day of delay.
RETARD D'ADAPTATION DES FACTEURS, input lag.
RETARDS ÉCHELONNÉS, distributed lags.
les STATISTIQUES SONT TOUJOURS EN RETARD SUR LES FAITS, statistics always lag behind the events.

RETARDATAIRE m, laggard, late-comer.

RETARDATEUR a, retardatory; retardative.

RETARDATION f, retardation.

RETARDÉ a, lagging.

RETARDEMENT m, delay, retardment, retarding.

RETARDER v, to retard, to delay.

RETENIR v, to restrain, to stop, to deduct.
CHOIX DES ÉLÉMENTS À RETENIR, choice of items.
RETENIR UN CHIFFRE, to carry a figure.
RETENIR L'ESCOMPTE, to deduct the discount.
RETENIR LE SALAIRE DE QUELQU'UN, to stop someone's wages.

RÉTENTION f, withholding.
DROIT DE RÉTENTION, lien.
DROIT DE RÉTENTION DE MARCHANDISES, lien on goods.

RETENU a, booked.
PLACE RETENUE, seat booked, reservation.

RETENUE f, stoppage, deduction, withholding.
FAIRE UNE RETENUE SUR LES SALAIRES, to deduct from the wages.
FAIRE UNE RETENUE DE... SUR LE SALAIRE DE, to stop so much out of someone's wages.
RETENUE SUR LE SALAIRE, stoppage from (on) pay.
RETENUE SUR LES SALAIRES POUR L'ALIMENTATION DES CAISSES DE SECOURS, stoppage from (on) wages for the maintenance of relief funds.
RETENUE À LA SOURCE, U.K: pay-as-you-earn (P.A.Y.E.).

RETIRÉ a, retired, withdrawn.
VÉHICULES TEMPORAIREMENT RETIRÉS DE LA CIRCULATION, vehicles temporarily not in circulation.

(SE) **RETIRER** v, to retire, to withdraw.
se RETIRER DES AFFAIRES, to retire from business.
RETIRER DE L'ARGENT, to draw money; to withdraw money from.
RETIRER UN DÉPÔT, to withdraw a deposit.
RETIRER UN EFFET, to retire a bill.
RETIRER DE L'ENTREPÔT, to take out of bond.

RETIRER DES PIÈCES DE LA CIRCULATION, to withdraw coins from circulation.

RÉTORSION f, retaliation, retortion.
MESURES DE RÉTORSION, retaliatory measures.

RETOUR m, return, returning, recurrence; feed-back.
l'ALLER ET LE RETOUR, round trip.
BILLET D'ALLER ET DE RETOUR, return ticket; return fare.
CARGAISON DE RETOUR, cargo homewards.
CHARGEMENT DE RETOUR, loading homewards.
COMMISSION ALLOUÉE EN RETOUR, return commission.
EFFET DE RETOUR, feed-back effect.
FRET DE RETOUR, return freight; homeward freight; home freight.
MARCHANDISES DE RETOUR, returned goods.
RENTRER DANS UN BIEN PAR DROIT DE RETOUR, to regain possession of a property by reversion.
RÉPONSE PAR RETOUR DU COURRIER, reply by return of post.
RETOUR DE LA CONFIANCE, return of confidence.
RETOUR À LA CONVERTIBILITÉ (DES MONNAIES), return to convertibility (of currencies).
VOYAGE DE RETOUR, home journey; homeward journey; homeward voyage; return journey; return voyage.

RETOURNER v, to return, to turn back, to turn up, to revert.
RETOURNER UN EFFET IMPAYÉ, to return a bill dishonoured.
RETOURNER UNE TRAITE FAUTE DE PAIEMENT, to return a bill unpaid.

RETRAIT m, withdrawal, withdrawing, cancelling, redemption, repurchase, retirement.
AVIS DE RETRAIT DE FONDS, withdrawal notice.
DÉPÔT D'ÉPARGNE SUJET À RETRAIT PAR CHÈQUE, saving deposit subject to cheque.
DÉPÔT SUJET À AVIS DE RETRAIT, deposit at notice; notice deposit.
LETTRE DE RETRAIT, letter of withdrawal.
RETRAIT DES DÉPÔTS BANCAIRES, withdrawal of bank deposits.
RETRAIT DES FONDS DE, withdrawal of money from.
RETRAITS MASSIFS DE DÉPÔTS BANCAIRES, run on banks.
RETRAIT DE LA MONNAIE, calling in of money.
RETRAIT À VUE, withdrawal on demand.

RETRAITE f, retirement, pension, old-age pension, superannuation.
ÂGE DE LA MISE À LA RETRAITE, pensionable age.
ÂGE DE LA RETRAITE, retirement age.
ANNUITÉS DIFFÉRÉES JUSQU'À LA RETRAITE, retirement annuities.
AYANT DROIT À LA RETRAITE, elegible for retirement.
CAISSE DE(S) RETRAITES, pension fund; retiring fund; superannuation fund.
METTRE EN (À LA) RETRAITE, to pension; to superannuate.
MISE EN (À LA) RETRAITE, pensioning; retiring.
PENSION DE RETRAITE, retiring pension; retiring allowance; retired pay.
PRENDRE SA RETRAITE, to retire on a pension.
RÉGIME DE RETRAITES DES CADRES (FACULTATIF) U.K: top-hat insurance scheme.
RÉGIME DE RETRAITES COMPLÉMENTAIRES* (OBLIGATOIRE), U.K: graduated pension scheme.
RÉGIME DE RETRAITES VIEILLESSE, old-age pension scheme; retirement pension scheme.
RETRAITES DES CADRES, U.S: executive retirement plans.
RETRAITE SUR DEMANDE, optional retirement.
RETRAITE PAR LIMITE D'ÂGE, retirement on account of age.
RETRAITE D'OFFICE, compulsory retirement.

RETRAITÉ m, retired, pensioner, pensionary.

RETRANCHER v, to subtract.
RETRANCHER UN NOMBRE D'UN AUTRE, to take a number from another.

RÉTRIBUÉ a, paid, salaried.
EMPLOI GRASSEMENT RÉTRIBUÉ, fat job.
non RÉTRIBUÉ, unsalaried.
TRAVAIL RÉTRIBUÉ, paid work; work against payment.

RÉTRIBUER v, to remunerate, to pay.

RÉTRIBUTION f, remuneration, rewarding, reward.
FONDS DISPONIBLES POUR LA RÉTRIBUTION DU TRAVAIL, wage-fund.

RÉTROACTIF a, retroactive, retrospective.
EFFET RÉTROACTIF, retrospective effect.

RÉTROACTION f, retroaction; feed-back.

RÉTROACTIVITÉ f, retroactivity.

RÉTROCÉDER v, to retrocede, to return.
RÉTROCÉDER UNE COMMISSION, to return a commission.

RÉTROGRADATION f, retrogradation, retrogression, regress.

RÉTROGRADE a, retrograde, backward.
MÉTHODE RÉTROGRADE (INDIRECTE), backward method, epoch method.

MOUVEMENT RÉTROGRADE, retrograde movement.
POLITIQUE RÉTROGRADE, retrograde policy.

RÉTROGRADER v, to regress.

RÉTROSPECTIF a, retrospective, backward.
ÉQUATION RÉTROSPECTIVE, backward equation.
VUE RÉTROSPECTIVE, retrospect.

RÉTROSPECTION f, retrospection, looking back.

RÉUNION f, reunion; meeting, session, congress.
CONFÉRENCE-RÉUNION, panel discussion.
RÉUNION DU CONSEIL D'ADMINISTRATION, board meeting.
RÉUNION-DÉBAT, panel discussion.
RÉUNION ÉLECTORALE PRÉLIMINAIRE, U.S: caucus.
RÉUNION PLÉNIÈRE, full session.

RÉUNIR v, to gather.
RÉUNIR DES DOCUMENTS, to gather documents.
RÉUNIR DES INFORMATIONS, to gather information.

RÉUSSI a, successful.

RÉUSSIR v, to succeed, to thrive.
RÉUSSIR EN AFFAIRES, to succeed in business.

RÉUSSITE f, success, achievement.

REVALORISATION f, revalorization.
REVALORISATION DU FRANC, revalorization of the franc.

REVALORISER v, to revalorize.

RÉVÉLATION f, disclosure.

RÉVÉLER v, to disclose.

REVENDABLE a, resaleable.

REVENDEUR m, reseller, second-hand dealer.

REVENDICATION f, claim, demand.
la GRÈVE A EU POUR ORIGINE LES REVENDICATIONS DE, the strike originated in the demands of.
REVENDICATIONS OUVRIÈRES, demands of labour.
REVENDICATIONS DE SALAIRE, wage claims.

REVENDRE v, to resell, to sell again, to sell out, to sell back.
REVENDRE AVEC BÉNÉFICE, to resell at a profit; to sell out at a profit.
REVENDRE UN DÉFAILLANT, to sell against a defaulter.

REVENDU a, resold, sold back.
MARCHANDISES REVENDUES EN L'ÉTAT, goods sold in the same condition.

REVENTE f, resale.
REVENTE D'UN DÉFAILLANT, selling against a defaulter.
REVENTE D'UN FONDS DE COMMERCE, resale of a business.
VALEUR À LA REVENTE, resale value.

REVENU m, income, revenue, yield, return, dividend, benefit.
AMPLE REVENU, comfortable income.
ANTICIPER SUR SES REVENUS, to encroach on one's income.
ASSEOIR L'IMPÔT SUR LE REVENU, to base taxation on income.
AVOIR SON REVENU ASSURÉ, to be sure of one's income.
CAPITALISER LES REVENUS, to capitalize income.
COMPLÉTER SON REVENU PAR, to supplement one's income by.
COURBE DE LA CONSOMMATION PAR RAPPORT AU REVENU, income-consumption curve.
DÉCLARATION DE REVENU, income-tax return; return of income.
DÉDUCTIONS SUR LE REVENU FONCIER, U.K: reprises.
DÉDUCTION AU TITRE DE REVENUS SALARIAUX OU PROFESSIONNELS, allowance for earned income.
DÉDUIRE L'IMPÔT SUR LE REVENU, to deduct income-tax.
DÉTERMINATION DU REVENU NATIONAL, determination of national income.
DIMINUTION PROGRESSIVE DU RAPPORT DE L'IMPÔT AU REVENU, degression of taxes.
DISTRIBUTION DES REVENUS, distribution of income.
DISTRIBUTION DU REVENU NATIONAL, distribution of national income.
DIVIDENDES SOUMIS À L'IMPÔT SUR LE REVENU, dividends liable to income-tax.
EFFET DE REVENU, income effect.
EFFET DE REVENU ASYMÉTRIQUE, asymmetric income-effect.
ÉLASTICITÉ-REVENU, income elasticity.
EXEMPT D'IMPÔTS SUR LE REVENU, free of income-tax.
FAIBLE REVENU, low income; small income.
FAIRE UNE DÉCLARATION DE REVENU, to make an income-tax return.
FEUILLE DE DÉCLARATION DE REVENU, form of (income-tax) return.
FIXER L'IMPÔT SUR LE REVENU À, to fix the income-tax at.
GÉNÉRATION DES REVENUS, generation of income.
GESTION DU REVENU, U.S: administration of income.
IMPOSER LE REVENU, to tax income.

IMPÔT FRAPPANT TOUS LES REVENUS, tax which hits all incomes.
IMPÔT PROGRESSIF SUR LE REVENU, graduated income-tax; tax graduated according to income.
IMPÔT SUR LE REVENU, income-tax; assessment on income; tax on income.
IMPÔT SUR LE REVENU NET DES SOCIÉTÉS, corporation net income-tax.
IMPÔT SUR LE REVENU DES PERSONNES MORALES, corporation income-tax.
IMPÔT SUR LE REVENU DES VALEURS MOBILIÈRES, tax on income from securities; stockholder's tax.
IMPÔT SUPPLÉMENTAIRE SUR LE REVENU, super-tax; *U.K:* surtax.
INÉGALITÉ DES REVENUS, inequality of income.
LOI DE PARETO DE LA RÉPARTITION DU REVENU, Pareto's law of income distribution.
MAIGRE REVENU, scanty income.
MENER UN TRAIN DE VIE EN RAPPORT AVEC SON REVENU, to live up to one's income.
MESURER SA DÉPENSE À SON REVENU, to proportion one's expenditure to one's income.
un MINIMUM DE RISQUE ET UN MAXIMUM DE REVENUS, a minimum of risk and a maximum of revenue.
MOTIF DE REVENU, income-motive.
MULTIPLES IMPOSITIONS SUR LE MÊME REVENU, multiple imposition on the same income.
NIVELLEMENT DES REVENUS, levelling of income.
PARTS DE REVENU, shares of income.
PENSION PAYÉE SUR UN REVENU, pension charged on an income.
PLACEMENT À REVENU FIXE, fixed-yield investment.
PLACEMENTS À REVENUS VARIABLES, variable-yield investments.
POLITIQUE DES REVENUS, incomes policy.
RAPPORT ÉPARGNE-REVENU, saving-to-income ratio.
REDISTRIBUTION DU REVENU, redistribution of income.
RÉPARTITION DES REVENUS, distribution of income.
REVENUS AGRICOLES, farm incomes; agricultural incomes.
REVENUS ANNUELS, annual income.
il a UN REVENU DE PLUS DE CINQ, SIX CHIFFRES, his income runs into five, six figures.
REVENU COURANT, current income.
REVENU DISPONIBLE, disposable income.
REVENUS DE L'ÉTAT, public revenue; general government income.
REVENU DE FACTEURS NET REÇU DE L'ÉTRANGER, net factor income from abroad.
REVENU FAMILIAL, family income.
REVENU FIXE, fixed income.
REVENUS FIXES, income from fixed investments; income from fixed-yield investments.
REVENU FONCIER, revenue from land.
REVENU FONCIER NET, revenue above (beyond) reprises.
REVENU(S) FUTUR(S), future income.
REVENUS IMPLICITES ET REVENUS EXPLICITES, implicit and explicit returns.
REVENU IMPOSABLE, taxable income.
REVENU D'INVESTISSEMENTS, income from investments.
REVENU DES MÉNAGES, income of households.
REVENU MODIQUE, slender income.
REVENU NATIONAL, national income; social income; national dividend.
REVENU NET, net income; net revenue; net yield.
REVENU NOMINAL, money-income.
REVENU DES PARTICULIERS, personal income.
REVENU PRÉSENT, current income.
REVENUS DE LA PROPRIÉTÉ, income from property.
REVENU PROVENANT D'UN PLACEMENT, income derived from an investment.
REVENUS NE PROVENANT PAS D'UN TRAVAIL, unearned income.
REVENUS PUBLICS, government revenue.
REVENU RÉEL, real income.
REVENU RÉEL COMPTE TENU DE L'INFLATION, income adjusted-for inflation.
REVENU RÉGULIER, regular income.
REVENUS SALARIAUX, earned income.
REVENUS SOCIAUX, social benefits.
REVENU(S) SUPPLÉMENTAIRE(S), additional income.
le REVENU, EN TERMES DE CAPITAL, the income, if capitalized.
REVENU QUE L'ON PEUT TIRER D'UN PLACEMENT, income derivable from an investment.
REVENU DU TRAVAIL, income of (from) labour; labour income; earned income.
REVENUS VARIABLES, income from variable-yield investments.
REVENU QUI VARIE ENTRE, income that fluctuates between.
REVENU À VIE, income for life; life income.
SOURCE DE REVENU, source of income.
STATISTIQUES DU REVENU NATIONAL, national income statistics.
THÉORIE DU REVENU, theory of income.
TIRER UN REVENU DE, to make a return on.
TRANCHE DE REVENUS, income-bracket.

TRANSFERTS DE REVENU AU COMPTE DES MÉNAGES, income transfers to households.
VALEUR À REVENU FIXE, fixed-yield security; fixed-interest security.
VALEURS À REVENU VARIABLE, variable-yield securities; determinable interest securities.
VARIATION COMPENSATRICE DE REVENU, compensating variation in income.
VITESSE EN REVENU DE LA CIRCULATION DE LA MONNAIE, income-velocity of circulation of money.
VITESSE DE TRANSFORMATION DE LA MONNAIE EN REVENU, income-velocity of money.

RÉVERSIBILITÉ *f*, reversibility, reversal, revertibility.
RÉVERSIBILITÉ DE LA COMPLÉMENTARITÉ, reversibility of complementarity.
TEST DE RÉVERSIBILITÉ DES INDICES, time-reversal test of index-numbers; circular test for index-numbers.

RÉVERSIBLE *a*, reversible, reversionary, revertible.
ANNUITÉ RÉVERSIBLE, reversionary annuity.
DÉFINITION RÉVERSIBLE, reversible definition.
RENTE RÉVERSIBLE, annuity in reversion.

RÉVERSION *f*, reversion.
DROIT DE RÉVERSION, right of reversion.
RENTE VIAGÈRE AVEC RÉVERSION, survivorship annuity.
VALEUR DE RÉVERSION, discount value of annuities.

REVIENT *m*, cost, cost price.
COMPTABILITÉ DE PRIX DE REVIENT, cost accounting.
ÉCART ENTRE PRIX DE REVIENT ET PRIX DE VENTE, difference between cost and the sale price.
ÉLÉMENTS CONSTITUTIFS DU PRIX DE REVIENT, elements of cost.
ÉTABLIR LE PRIX DE REVIENT, to ascertain the cost.
ÉTABLIR LE PRIX DE REVIENT D'UN ARTICLE, to cost an article.
ÉTABLISSEMENT DES PRIX DE REVIENT, costing.
FIRME À BAS PRIX DE REVIENT, low-cost firm.
FIRME À PRIX DE REVIENT ÉLEVÉ, high-cost firm.
INFLATION PAR LA HAUSSE DES PRIX DE REVIENT, cost pull.
PRIX DE REVIENT, cost; actual cost; cost price.
PRIX DE REVIENT BRUT, gross cost.
PRIX DE REVIENT CALCULÉ AU PLUS JUSTE, strict cost price.
PRIX DE REVIENT COMPTABLE, book cost.
PRIX DE REVIENT FINAL, final cost.
PRIX DE REVIENT INVARIABLE, fixed cost.
PRIX DE REVIENT MOYEN, average cost.
PRIX DE REVIENT TOTAL, total cost.

REVIREMENT *m*, reversal, turn.
REVIREMENT D'OPINION, reversal of opinion.

RÉVISER *v*, to revise, to look over.
RÉVISER UN COMPTE, to look over an account (again).
RÉVISER UN TARIF, to revise a tariff.

RÉVISIBLE *a*, revisable.

RÉVISION *f*, review, reviewal; revisal, revising, revision; overhaul.
TECHNIQUES D'ÉVALUATION ET DE RÉVISION DES PROGRAMMES, Program Evaluation and Review Techniques (P.E.R.T.).

RÉVISIONNISTE *m*, revisionist.

RÉVOCABILITÉ *f*, revocability.

RÉVOCABLE *a*, revocable, recallable.

RÉVOCATION *f*, revocation, dismissal, recall, repeal.

RÉVOLTE *f*, revolt.

(SE) **RÉVOLTER** *v*, to revolt.

RÉVOLUTION *f*, revolution.
AXE DE RÉVOLUTION, axis of revolution.
RÉVOLUTION INDUSTRIELLE, industrial revolution.
RÉVOLUTION TECHNOCRATIQUE, managerial revolution.
SURFACE DE RÉVOLUTION, surface of revolution.

RÉVOLUTIONNAIRE *a*, revolutionary.

RÉVOLUTIONNAIRE *m*, revolutionist.

RÉVOLUTIONNER *v*, to revolutionize.

RÉVOQUER *v*, to revoke, to dismiss.

REVU *a*, revised.

REVUE *f*, review; looking over; magazine, journal, paper.
REVUES ÉCONOMIQUES, economic journals.
REVUE DE MODE, fashion paper.

RICHE *a*, rich, wealthy, opulent, moneyed, monied.
plus la COMMUNAUTÉ EST RICHE, the richer the community.
HOMME RICHE, man of fortune.
IMMENSÉMENT RICHE, immensely rich.
RICHE EN FORÊTS, rich in forests.

RICHE *m*, rich person.
FAIRE PAYER LES RICHES, to soak the rich.

NOUVEAUX RICHES, new rich.
les RICHES, rich people.
RICHES DÉSŒUVRÉS, idle rich.
les RICHES ET LES PAUVRES, rich and poor.

RICHESSE f, riches, richness, wealth, opulence, fortune.
ACCROISSEMENT DE LA RICHESSE D'UNE NATION, increase in the wealth of a nation.
ACQUÉRIR DES RICHESSES, to get wealth.
AMASSER D'IMMENSES RICHESSES, to amass immense riches.
AMASSER DES RICHESSES, to treasure up wealth.
DÉPLACEMENT DE RICHESSES, displacement of wealth.
DISTRIBUTION DES RICHESSES, distribution of wealth.
GAGNER DES RICHESSES, to gain wealth.
NATURE ET CAUSES DE LA RICHESSE, nature and causes of wealth.
POURSUITE DES RICHESSES, pursuit of wealth.
REDISTRIBUTION DE LA RICHESSE, redistribution of wealth.
RICHESSE ACCRUE, increased wealth.
RICHESSE DE LA COMMUNAUTÉ, wealth of the community.

RIGIDE a, rigid, inflexible.
PRIX RIGIDES, rigid prices.
SALAIRES RIGIDES, rigid wages.

RIGIDITÉ f, rigidity, inflexibility, stiffness, tension.
RIGIDITÉ DES PRIX, price rigidity; price inflexibility.
RIGIDITÉ DES SALAIRES, rigidity of wage-rates; stickiness of wages.

RIGORISME m, rigorism.

RIGOUREUX a, rigorous, strict, stringent, severe, drastic.
MESURES RIGOUREUSES, rigorous measures; drastic measures.
NEUTRALITÉ RIGOUREUSE, strict neutrality.

RIGUEUR f, rigour, U.S: rigor; strictness; stringency; exactness.
RIGUEUR DE RAISONNEMENT, exactness of reasoning.
TERME DE RIGUEUR, final date; latest date.

RISQUE m, risk, peril, venture, hazard.
APPRÉCIATION DU RISQUE, estimate of the risk; valuation of the risk.
ASSUMER TOUS LES RISQUES, to assume all risks.
ASSURANCE CONTRE LE RISQUE DE, insurance against risk of.
s'ASSURER CONTRE UN RISQUE, to insure against a risk.
COEFFICIENT DE RISQUE, risk coefficient.
COÛT DE RISQUE, cost of risk.
ÉCONOMIE DU RISQUE, economics of risk.
ENCOURIR UN RISQUE, to incur a risk.
EXTINCTION D'UN RISQUE, end of a risk.
FRET EN RISQUE, freight at risk.
METTRE DES RISQUES EN COMMUN, to pool risks.
un MINIMUM DE RISQUE ET UN MAXIMUM DE REVENUS, a minimum of risk and a maximum of revenue.
MODIFICATION DE RISQUE, variation of risk.
NATURE ET ÉTENDUE D'UN RISQUE, the nature and extent of a risk.
PARTAGER UN RISQUE, to underwrite a risk.
la POLICE COUVRE LE RISQUE DE PERTE, policy covers the risks of loss.
POLICE TOUS RISQUES, comprehensive policy; all-in policy.
PRIME DE RISQUE, allowance for risk; risk-premium.
RÉASSURER TOUT OU PARTIE D'UN RISQUE, to reinsure the whole or part of a risk.
RÉPARTIR UN RISQUE, to spread a risk.
RISQUE ASSURABLE, insurable risk.
RISQUE CALCULÉ, calculated risk.
RISQUE DE CHARGEMENT, loading risk.
RISQUE DE COLLISION, collision risk.
RISQUE CONNU, known risk.
RISQUE DE DÉFAILLANCE, default risk.
RISQUE DE DÉFAILLANCE DE L'EMPRUNTEUR, risk of default by the borrower.
RISQUE DE DROMES, raft risk.
RISQUE DE GUERRE, war risk.
RISQUES DE LA GUERRE, hazards of war.
RISQUE D'INCENDIE, fire risk.
RISQUE DE NON LIQUIDITÉ, illiquidity risk.
RISQUES LOCATIFS, tenant's risks.
RISQUE MAXIMUM, maximum risk.
RISQUE DE MER, marine risk; maritime risk; sea risk; peril of the sea.
RISQUE DE PAIX, peace risk.
aux RISQUES ET PÉRILS DU PROPRIÉTAIRE, at owner's risk.
RISQUE DE PORT, port risk.
RISQUE DE SÉJOUR À TERRE, shore risk.
RISQUE SPÉCULATIF, speculative risk.
RISQUE À TERME, time risk.
RISQUE TERRESTRE, land risk.
RISQUES AUX TIERS, third party risks.
RISQUE DE TRANSBORDEMENT, transhipment risk.
RISQUE DE VOL, theft risk.
toutes SORTES DE RISQUES, all kinds of risks.

SOUSCRIRE UN RISQUE, to underwrite a risk.
SUPPORTER LES RISQUES DES TRANSACTIONS D'UN CLIENT MOYENNANT UNE AVANCE MINIME, to carry a customer for all save a small deposit.

RISQUÉ a, risky, hazardous, chancy.

RISQUER v, to risk, to hazard.

RISTOURNE f, return, rebate, refund, repayment, cancelling.
RISTOURNE DE FIN D'ANNÉE, end-year rebate.
RISTOURNE DE PRIME, return of premium.

RISTOURNER v, to return, to refund, to cancel.
RISTOURNER L'EXCÉDENT, to return the excess.

RIVAGE m, shore.

RIVAL a, rival.
PRODUITS RIVAUX, rival products.

RIVAL m, rival, competitor.

RIVALITÉ f, rivalry, competition.

RIVERAIN a, riparian, riverain.
PROPRIÉTAIRE RIVERAIN, riparian owner.

RIVIÈRE f, river, stream.
RIVIÈRE NAVIGABLE, navigable river.

RIZ m, rice.

RIZIER a, rice-growing.
CONTRÉE RIZIÈRE, rice-growing country.

RIZIÈRE f, rice-plantation.

ROBOT m, robot.

ROGNER v, to cut (down), to shave.
ROGNER LES PRÉVISIONS BUDGÉTAIRES, to shave the budget estimates.

RÔLE m, roll, function.
RÔLE DE L'ENTREPRENEUR, entrepreneurial function.

ROMPU a, broken; broken in, experienced.
ROMPU AUX AFFAIRES, experienced in business.

ROND a, round.
CHIFFRES RONDS, round figures.
COMPTE ROND, even money.

ROSE f, rose.
SOCIALISME À L'EAU DE ROSE, pink socialism.

ROTATIF a, rotary, rotating.

ROTATION f, rotation, revolution, succession.
ROTATION DES CULTURES, rotation of crops.
ROTATION DES RÉCOLTES, succession of crops.
ROTATION DES STOCKS, turn-over of stocks.
SURFACE DE ROTATION, surface of revolution.

ROUAGE m, mechanism.
ROUAGES DE LA VIE COMMERCIALE, machinery of commercial life.

ROUGE a, red.
CONNAISSEMENT ROUGE, red bill of lading.
INTÉRÊTS ROUGES, red interest.

ROUGE m, red.

ROULAGE m, rolling.
TRANSPORT PAR ROULAGE, haul.

ROULANT a, rolling, circulating.
CAPITAUX ROULANTS, circulating capital.
MATÉRIEL ROULANT, rolling-stock.

ROULEMENT m, rolling, rotation, alternation; working.
ACTIFS DE ROULEMENT, current assets.
FONDS DE ROULEMENT, working capital.
par ROULEMENT, by rotation; in rotation.

ROULER v, to roll.
FAIRE ROULER LES CAPITAUX, to turn over capital.

ROUTAGE m, routing.

ROUTE f, road, route, way.
AVARIES DE ROUTE, damage in transit.
CODE DE LA ROUTE, Rule of the Road; U.K: Highway Code.
CONSTRUCTION DE ROUTES, road-making.
ENTRETIEN DES ROUTES, maintenance of roads; upkeep of roads.
ÉTAT DE VIABILITÉ D'UNE ROUTE, condition of a road.
GRANDES ROUTES COMMERCIALES, great trade routes.
LIMITER LA VITESSE DE CIRCULATION SUR UNE ROUTE, to restrict a road; to impose a speed limit.
ROUTE CARROSSABLE, motor-road.
ROUTE COMMERCIALE, trade route.
ROUTE À GRANDE CIRCULATION, motor-road; highway.
ROUTE DES INDES, highway to India.
ROUTE MARITIME, sea route.

VOIE D'UNE ROUTE, lane.

ROUTIER *a*, pertaining to roads, to highways.
CIRCULATION ROUTIÈRE, road traffic.
FONDS D'INVESTISSEMENTS ROUTIERS, road fund.
RÉSEAU ROUTIER, highway network; road network.
TRANSPORTS ROUTIERS, road transport.

ROUTINE *f*, routine, red-tape.
ESPRIT DE ROUTINE, routinism.
ROUTINE DE DÉTECTION D'ERREURS, error detection routine.
ROUTINE D'ENTRÉE-SORTIE, input-output routine.
TRAVAIL DE ROUTINE, routine work.

ROUVRIR *v*, to reopen.
ROUVRIR UN COMPTE, to reopen an account.

ROYAL *a*, royal.

ROYALISTE *m*, royalist.

RUBAN *m*, tape.

RUBRIQUE *f*, heading, head, section.
sous des RUBRIQUES DIFFÉRENTES, under separate heads.
RUBRIQUE INVESTISSEMENTS, heading investments.

RUDIMENT *m*, rudiment.
RUDIMENTS D'ALGÈBRE, elementary algebra.

RUE *f*, street.

RUÉE *f*, rush, run.
RUÉE VERS L'OR, gold-rush.

RUINE *f*, ruin, undoing, decay.
MAISON EN RUINES, dilapidated house.
TOMBER EN RUINES, to fall into disrepair; to fall into ruin.

RUINER *v*, to ruin, to bankrupt.

RUINEUX *a*, ruinous.
CONCURRENCE RUINEUSE, cut-throat competition.
DÉPENSES RUINEUSES, ruinous expenses.

RUPTURE *f*, breach, break, breaking, breaking off, breakage, disruption, upsetting, severance.
COÛT DE RUPTURE DE STOCK, shortage cost.
POINT DE RUPTURE, break-point; breaking(-down) point.
RUPTURE DE CONTRAT, breach of contract.
RUPTURE DE L'ÉQUILIBRE, upsetting of the equilibrium.

RURAL *a*, rural.
POPULATION(S) RURALE(S), country people.

RYTHME *m*, rate.
RYTHME D'INNOVATIONS, rate of innovation.

S

SABOTAGE *m*, sabotage.

SAC *m*, bag.

SACCADÉ *a*, jerky.
COURBE TRÈS SACCADÉE, curve showing violent fluctuations.

SACRIFICE *m*, sacrifice.
VENTE À SACRIFICE, selling (of goods) at a sacrifice.

SACRIFIÉ *a*, sacrificial.
PRIX SACRIFIÉS, sacrifice prices.

SACRIFIER *v*, to sacrifice.

SAIN *a*, sound.
MONNAIE SAINE, sound currency.

SAISI *a*, foreclosed; attached; referred to.
DÉBITEUR SAISI, debtor attached.

SAISIE *f*, seizure, seizing, impounding; execution.
SAISIE D'UNE DONNÉE, data acquisition.
SAISIE IMMOBILIÈRE, seizure of real estate; seizure of real property.
SAISIE DE MARCHANDISES, seizing of goods; seizure of goods.
SAISIE MOBILIÈRE, seizure of movable property.

SAISINE* *f*, seisin.

SAISIR *v*, to seize, to impound, to snap.

SAISON *f*, season.
MARCHAND DES QUATRE-SAISONS, hawker.
MORTE-SAISON, dead-season; slack season; dull season.
PLEINE SAISON, throng season; the height of the season.

SAISONNIER *a*, seasonal.
CHÔMAGE SAISONNIER, seasonal unemployment.
COEFFICIENT SAISONNIER, seasonal index.
COMPOSANTE SAISONNIÈRE, seasonal component.
CORRECTION DES VARIATIONS SAISONNIÈRES, correction for seasonal variations; seasonal corrections.
DEMANDE SAISONNIÈRE, seasonal demand.
MOYENNE CORRIGÉE DES VARIATIONS SAISONNIÈRES, average corrected for seasonal variations.
OUVRIER SAISONNIER, seasonal worker.
PRIX SAISONNIERS, seasonal prices.
RALENTISSEMENT SAISONNIER DES COMMANDES, seasonal slackening of orders.
REPRISE SAISONNIÈRE, seasonal revival.
TRAVAIL SAISONNIER, seasonal work.
VARIATIONS SAISONNIÈRES, seasonal variations; seasonal fluctuations.

SALAIRE *m*, wage(s), pay, rate, earnings, salary.
ACCORDER UNE AUGMENTATION DE SALAIRE, to award an increase in wages.
ACOMPTE SUR LE SALAIRE, subsistence money.
ARBITRAGE EN MATIÈRE DE SALAIRES, wage arbitration.
AUGMENTATION DES SALAIRES, increase in wages; pay increase.
AUGMENTATION UNIFORME DE TOUS LES SALAIRES, horizontal increase in wages.
AUGMENTER LE SALAIRE, to raise the wage; to give a rise.
AUGMENTER UN SALAIRE, to increase a wage.
BARÈME NORMALISÉ DE SALAIRES, standard rate of pay.
BARÈME DES SALAIRES, scale of salaries.
BLOCAGE DES SALAIRES, wage freeze; freezing of wages.

BLOQUER LES SALAIRES, to freeze wages.
COMPLÉMENTS DE SALAIRE EN NATURE, fringe benefits for labour.
CONGÉ À SALAIRE PLEIN, full-pay leave.
CONVENTION DES SALAIRES, wages agreement.
DEMI-SALAIRE, half-pay.
DÉTERMINATION DES SALAIRES, wage determination.
DIFFÉRENCES DE SALAIRES, wage differentials.
non DISCRIMINATION EN MATIÈRE DE SALAIRES, principle of equal pay.
DISPARITÉ DES SALAIRES, disparity in wage rates.
ÉCHELLE MOBILE DES SALAIRES, sliding wage scale.
ÉCHELLE DES SALAIRES, wage scale; scale of salaries.
ÉGALITÉ DES SALAIRES, equality of wage(s).
ÉTABLISSEMENT D'UN BARÈME DE SALAIRES, rate setting.
FAIRE LA PÉRÉQUATION DES SALAIRES, to equalize wages.
FAIRE UNE RETENUE DE... SUR LE SALAIRE DE, to stop so much out of someone's wages.
FAIRE UNE RETENUE SUR LES SALAIRES, to deduct from the wages.
FEUILLE DE SALAIRE, wage sheet.
GAGNER UN SALAIRE, to earn a salary.
IMPÔT SUR LES SALAIRES, pay-roll tax; salary tax; wages tax.
INDICES DES SALAIRES RÉELS, index of real wages.
JUSTE SALAIRE, fair wage.
LOI D'AIRAIN DES SALAIRES, brazen law of wages: Lassalle's iron law of wages.
MAIGRE SALAIRE, pittance.
MARCHÉ DES SALAIRES, *U.S:* wage market.
MASSE GLOBALE DES SALAIRES, wages bill.
NIVEAU GÉNÉRAL DES SALAIRES, general level of wages.
NIVEAU DES SALAIRES, wage level.
l'OFFRE DE TRAVAIL EST-ELLE EXCLUSIVEMENT UNE FONCTION DU SALAIRE RÉEL ? is the supply of labour a function of real wages alone ?
PÉRÉQUATION DES SALAIRES, equalization of wages.
POLITIQUE DES SALAIRES, wage(s) policy.
PRÉLÈVEMENT SUR LE SALAIRE, deduction from wages.
PRINCIPE D'ÉGALITÉ DES SALAIRES, principle of equal pay.
RAPPEL DE SALAIRES, arrears of wages.
RÉDUCTIONS DE SALAIRES, wage cuts.
RÈGLEMENT DES SALAIRES OUVRIERS EN NATURE, truck system.
RELÈVEMENT DES SALAIRES, raising (of) wages.
RETENIR LE SALAIRE DE QUELQU'UN, to stop someone's wages.
RETENUE SUR LE SALAIRE, stoppage from (on) pay.
RETENUE SUR LES SALAIRES POUR L'ALIMENTATION DES CAISSES DE SECOURS, stoppage from (on) wages for the maintenance of relief funds.
REVENDICATIONS DE SALAIRE, wage claims.
RIGIDITÉ DES SALAIRES, rigidity of wage-rates; stickiness of wages.
SALAIRE AFFÉRENT À, salary attached to.
SALAIRE ANNUEL GARANTI, guaranteed annual wage.
SALAIRE DE BASE, *U.S:* base pay; base rate; *U.K:* basic rate; basic pay.
SALAIRE DE CONGÉ, leave pay.
SALAIRES COURANTS, going wages; current wages.
le SALAIRE EST ÉGAL AU PRODUIT MARGINAL DU TRAVAIL, the wage is equal to the marginal product of labour.
SALAIRE ÉQUITABLE, fair wage.

SALAIRE DE FAMINE, starvation wage.
SALAIRE FIXE, fixed wage.
SALAIRE HEBDOMADAIRE, earnings per week; weekly wages.
SALAIRE HORAIRE, hourly wage.
SALAIRE INÉQUITABLE, unfair wage.
SALAIRE INSUFFISANT, inadequate salary.
SALAIRE MINIMUM, minimum wage; living wage.
SALAIRE MINIMUM GARANTI, minimum rate (of wages); *U.S:* minimum guaranteed wage.
SALAIRE MINIMUM INTERPROFESSIONNEL GARANTI, guaranteed minimum wage.
SALAIRE NOMINAL, nominal wage.
SALAIRE À PEINE SUFFISANT POUR VIVRE, bare subsistence wage.
SALAIRE À LA PIÈCE, AUX PIÈCES, piece-wage; piece-rates.
SALAIRE RÉEL, real wage.
SALAIRE RÉEL D'ÉQUILIBRE, equilibrium real wage.
SALAIRES AU RENDEMENT, *U.S:* incentive wages; *U.K:* efficiency wages.
SALAIRES RIGIDES, rigid wages.
SALAIRE À LA TÂCHE, *U.S:* job wage; piece wage.
SPIRALE DES PRIX ET DES SALAIRES, wage-price spiral.
TAUX ACTUEL DES SALAIRES, current rate of wages.
TAUX DE (DU, DES) SALAIRES(S), wage rate; rate of wages; *U.S:* standard of wages.
TAUX DE SALAIRE MINIMUM, minimum rate (of wages).
TAUX DE SALAIRES NORMALISÉS, standard wage rates.
TAUX UNIFORME DE SALAIRES, flat rate of pay.
TAXE SUR LES SALAIRES, wages tax.
TOUCHER UN SALAIRE, to draw a wage.
UNITÉS DE SALAIRE, wage-units.
UTILITÉ DU SALAIRE, utility of the wage.
UTILITÉ DES SALAIRES NOMINAUX, utility of the money-wage.
VERSER LE SALAIRE, to pay a salary.
VISCOSITÉ DES SALAIRES, stickiness of wages.
ZONE DE SALAIRES, wage zone.

SALARIAL *a*, pertaining to wages, to pay, to earnings.
CHARGES SALARIALES, hired labour charges.
DÉDUCTION AU TITRE DE REVENUS SALARIAUX OU PROFESSIONNELS, allowance for earned income.
POLITIQUE SALARIALE, wage(s) policy.
REVENUS NON SALARIAUX, unearned income.

SALARIAT *m*, wage-earning.

SALARIÉ *a*, wage-earning; salaried.

SALARIÉ *m*, wage-earner; *U.S:* wage-worker, salaried man; employee.
le PATRONAT ET LES SALARIÉS, employers and employed.
RÉMUNÉRATION DES SALARIÉS, compensation of employees.
SALARIÉS, salaried employees; labour; *U.S:* labor.

SALARIÉE *f*, (female) wage-earner; salaried woman.

SALÉ *a*, salted, stiff.
PRIX SALÉ, stiff price.

SALLE *f*, hall; room.
SALLE DE DÉMONSTRATION, showroom.
SALLE D'EXPOSITION, showroom.
SALLE DE VENTE, sale-room.
SALLE DES VENTES, auction-room.

SALON *m*, exhibition, show.
SALON DES ARTS MÉNAGERS, *U.K:* Ideal Home Exhibition.
SALON DE L'AUTOMOBILE, motor-show; motor exhibition.

SALUBRE *a*, healthful; healthy.

SALUT *m*, safety, welfare; salvation.

SALUTAIRE *a*, healthful, beneficial.

SANCTION *f*, sanction, approbation, approval.

SANCTIONNER *v*, to sanction, to approve.

SANCTUAIRE *m*, sanctuary.

SANDWICH *m*, sandwich.
HOMME-SANDWICH, sandwich-man.

SANS-PATRIE *a*, stateless.

SANTÉ *f*, health.
OFFICIER DE SANTÉ, health officer.
ORGANISATION MONDIALE DE LA SANTÉ, World Health Organization.
SANTÉ PUBLIQUE, public health.
SERVICE DE (LA) SANTÉ, medical department; health service.
SERVICES DE SANTÉ PUBLIQUE, national health services.

SATIÉTÉ *f*, satiety.

SATISFACTION *f*, satisfaction; reparation.
SATISFACTIONS DIFFÉRÉES, postponed satisfactions.
SATISFACTION MAXIMALE, maximum satisfaction.

SATISFAIRE *v*, to satisfy, to fill.

SATISFAIRE AUX BESOINS DE, to satisfy the needs of.

SATISFAISANT *a*, satisfactory.

SATURATION *f*, saturation.
POINT DE SATURATION, saturation point.

SATURÉ *a*, saturated.
le MARCHÉ EST SATURÉ, the market has reached saturation point.

SATURER *v*, to saturate.

SAUF *prep*, except, excepted.

SAUF-CONDUIT *m*, safeguard; safe-conduct, pass.

SAUT *m*, jump, leap, bound.
SAUT BRUSQUE D'UNE COURBE, kick-up of a curve.

SAUTER *v*, to jump, to leap.
SAUTER SUR UNE OCCASION, to snap a bargain.

SAUVAGE *a*, wild.
SYNDICALISME SAUVAGE, black unionism.

SAUVEGARDE *f*, safeguard, safeguarding, protection, protecting.
DROITS DE SAUVEGARDE, safeguarding duties.

SAUVEGARDER *v*, to safeguard, to protect.
SAUVEGARDER LES INTÉRÊTS DES ACTIONNAIRES, to protect the interests of shareholders.

SAUVER *v*, to save, to salvage.

SAUVETAGE *m*, salvage, salvaging; saving.
CONTRAT DE SAUVETAGE, salvage bond.
DROIT DE SAUVETAGE, salvage; salvage dues.
FRAIS DE SAUVETAGE, salvage charges; salvage expenses.

SAUVEUR *m*, saver.

SAVANT *m*, scientist.

SAVOIR *m*, knowledge, science.

SAVOIR-FAIRE *m*, know-how, ability.

SAY *n. pr*, Say.
LOI DE SAY, Say's law.

SCANDALEUX *a*, shameful, scandalous.
HAUSSE SCANDALEUSE DES LOYERS, housing ramp; scandalous rent increase.

SCANDINAVE *a*, Scandinavian.
UNION MONÉTAIRE SCANDINAVE, Scandinavian Monetary Union.

SCEAU *m*, seal, signet.
CONTRAT AVEC SCEAU, contract under seal.
SCEAU PRIVÉ, private seal.

SCELLER *v*, to seal.
SCELLER UN ACTE, to seal a deed.

SCHÉMA *m*, scheme, schema, diagram.

SCHÉMATIQUE *a*, schematic, diagrammatic.

SCHÉMATISER *v*, to schematize.

SCHISME *m*, schism.

SCIE *f*, saw.
en DENTS DE SCIE, by jerks and jumps.

SCIENCE *f*, science; knowledge.
HOMME DE SCIENCE, scientist.
ORGANISATIONS DES NATIONS UNIES POUR L'ÉDUCATION, LA SCIENCE ET LA CULTURE, United Nations Educational, Scientific and Cultural Organization (UNESCO).
PROGRÈS DE LA SCIENCE, advance in knowledge.
SCIENCE DE L'ÉCHANGE, catallactics.
SCIENCE ÉCONOMIQUE, economic science.
SCIENCES EXACTES, exact sciences.
SCIENCES EXPÉRIMENTALES, applied sciences.
SCIENCE DE LA GESTION, management science.
SCIENCE SOCIALE, social science.

SCIENTIFIQUE *a*, scientific.
CHERCHEUR SCIENTIFIQUE, researcher; research worker.
ENQUÊTE SCIENTIFIQUE, scientific investigation.
MÉTHODE SCIENTIFIQUE, scientific method.
ORGANISATION SCIENTIFIQUE DU TRAVAIL, industrial engineering.
RECHERCHE SCIENTIFIQUE, scientific research.
SOCIALISME SCIENTIFIQUE, scientific socialism.
VÉRITÉS SCIENTIFIQUES, scientific facts.

SCISSION *f*, scission.

SCOLAIRE *a*, relating to schools; scholastic.
ENTREPRISE DE FOURNITURES ET DE MATÉRIEL SCOLAIRES, school-furnishing company.

SCOLARITÉ *f*, schooling.
ÂGE DE FIN DE SCOLARITÉ, school-leaving age.
FRAIS DE SCOLARITÉ, school fees.

SCOLASTIQUE a, scholastic.

SCOLASTIQUE f, scholasticism.

SCORE m, score.
MÉTHODE DE SCORE, sequential sampling.

SCRIP m, scrip.

SCRIPTURAL a, fiduciary, representative.
CRÉATION DE MONNAIE SCRIPTURALE, bank creation of money.
MONNAIE SCRIPTURALE, bank money; deposit money; represent-
ative money.

SCRUTIN m, poll, ballot; vote, voting.
SCRUTIN D'ARRONDISSEMENT, constituency poll.
SCRUTIN SECRET, secret vote.
SCRUTIN UNINOMINAL, uninominal voting.

SÉANCE f, session, sitting; meeting.
en FIN DE SÉANCE, at the finish (of the meeting).

SEC a, dry.
CALE SÈCHE, dry dock.
PERTE SÈCHE, clear loss; dead loss.

SEC adv, dry.
CULTURE À SEC, dry farming.

SÉCESSION f, secession.
FAIRE SÉCESSION, to secede.

SÉCHERESSE f, drought.
DOMMAGES PROVOQUÉS PAR LA SÉCHERESSE, damage caused
by drought.

SECOND num. a, second.
DÉRIVÉE DU SECOND ORDRE, derivative of the second order.
ÉQUATION DU SECOND DEGRÉ, equation of the second degree.
SECOND MEMBRE D'UNE ÉQUATION, right-hand member of an
equation.
de SECOND ORDRE, second-rate.
TITRE DE SECOND ORDRE, second-rate stock.

SECONDAIRE a, secondary.
EXPANSION SECONDAIRE, secondary expansion.
POINT D'IMPORTANCE SECONDAIRE, point of secondary import-
ance.
RÉACTION SECONDAIRE, secondary reaction.
SECTEUR SECONDAIRE, secondary production.

SECONDE f, second.
PIED PAR SECONDE, foot-second.

SECOURS m, help, aid, assistance, relief, relief payment, charity,
dole, compensation, benefit, stand-by.
CAISSE DE SECOURS, relief fund; charity fund.
FONDS DE SECOURS, emergency fund.
MACHINE DE SECOURS, stand-by machine.
PREMIER SECOURS, first-aid.
RETENUE SUR LES SALAIRES POUR L'ALIMENTATION DES
CAISSES DE SECOURS, stoppage on wages for the mainte-
nance of relief funds.
SECOURS DE CHÔMAGE, unemployment compensation; unemploy-
ment relief; unemployment benefit; unemployment dole.
SOCIÉTÉ DE SECOURS MUTUELS, benefit society; friendly society.

SECOUSSE f, shake, shock.

SECRET a, secret.
SCRUTIN SECRET, secret vote.

SECRET m, secrecy, secret.
SECRET BANCAIRE, bank secrecy.
SECRET PROFESSIONNEL, professional secrecy.

SECRÉTAIRE m or f, secretary.
SECRÉTAIRE D'ÉTAT, MINISTRE DES AFFAIRES ÉTRANGÈRES,
U.S: Secretary of State; U.K: Foreign Secretary.
SECRÉTAIRE GÉNÉRAL, secretary-general.
SOUS-SECRÉTAIRE D'ÉTAT, Under-Secretary of State.

SECRÉTARIAT m, secretariat, secretaryship; secretary's office.

SECTARISME m, sectarianism.

SECTEUR m, sector.
CAPITAUX DU SECTEUR NON MONÉTAIRE, non monetary capital
sector.
DIAGRAMME À SECTEURS, pie-diagram.
GRAPHIQUE À SECTEURS, pie-chart.
SECTEUR MONÉTAIRE, money sector.
SECTEUR MONÉTAIRE DE L'ÉCONOMIE, money economy.
SECTEUR NON MONÉTAIRE DE L'ÉTAT, central government non
monetary sector.
SECTEUR PRIMAIRE, primary sector; primary industry.
SECTEUR PRIVÉ DE L'ÉCONOMIE, private sector of the economy.
SECTEUR PUBLIC DE L'ÉCONOMIE, public sector of the economy.
SECTEUR SECONDAIRE, secondary production.
SECTEUR SOCIALISÉ, socialist sector.

SECTION f, section, branch.
SECTIONS CONIQUES, conic sections.
SECTION NOTARIALE (D'UN CONSULAT), notarial section (of a
consulate).
SECTION PLANE, plane section.
SECTION TRANSVERSALE, transverse section.
SURFACE DE SECTION, sectional surface; sectional area.

SÉCULAIRE a, secular, centennial.
COMPOSANTE INTRA-SÉCULAIRE, secular component.
se DÉBARRASSER DE LA TENDANCE SÉCULAIRE, to get rid of
secular trend.
ÉVOLUTIONS SÉCULAIRES, secular variations.
MOUVEMENT SÉCULAIRE DES PRIX, secular trend of prices.
TENDANCE SÉCULAIRE, secular trend.

SÉCURITÉ f, security, safety.
COTISATIONS À LA SÉCURITÉ SOCIALE, social security contri-
butions.
FACTEUR DE SÉCURITÉ, safety factor.
INSTITUTIONS DE SÉCURITÉ SOCIALE, social security agencies.
PRESTATIONS DE SÉCURITÉ SOCIALE, social security benefits.
SÉCURITÉ COLLECTIVE, collective security.
SÉCURITÉ DE LA NAVIGATION, safety of navigation.
SÉCURITÉ DES OUVRIERS, safety of the workmen.
SÉCURITÉ SOCIALE, social security.
STOCK DE SÉCURITÉ, safety stock.
SYSTÈMES DE SÉCURITÉ SOCIALE, social security schemes.

SÉDENTAIRE a, sedentary, indoor.
SERVICE SÉDENTAIRE, indoor establishment.

SEGMENT m, segment.
MILIEU D'UN SEGMENT, middle-point of a segment.
SEGMENT DE CERCLE, segment of a circle.

SEGMENTAIRE a, segmentary.

SEGMENTÉ a, segmented.

SEGMENTER v, to segment.

SÉGRÉGATION f, segregation.

SEING m, seal.
ACTE SOUS SEING PRIVÉ, private deed; private contract; private
agreement.
CONTRAT SOUS SEING PRIVÉ, simple contract.
CRÉANCIER EN VERTU D'UN CONTRAT SOUS SEING PRIVÉ,
simple-contract creditor.

SÉJOUR m, stay.
PERMIS DE SÉJOUR, residence permit; permission to reside.
RISQUE DE SÉJOUR À TERRE, shore risk.
TAXE DE SÉJOUR, visitor's tax.

SÉJOURNER v, to stay.

SEL m, salt.
EXPLOITATION DES MINES DE SEL, salt mining.

SÉLECTIF a, selective; random, direct.
ACCÈS SÉLECTIF, direct access; random access.
CONTRÔLE SÉLECTIF DU CRÉDIT, selective credit control.
MÉMOIRE À ACCÈS SÉLECTIF, direct access storage; random access
storage.

SÉLECTION f, selection, choice, choosing.
SÉLECTION NATURELLE, natural selection.

SÉLECTIONNÉ a, selected.
PLACEMENTS SÉLECTIONNÉS, selected investments.

SÉLECTIONNER v, to select, to choose.

SÉLECTIVITÉ f, selectivity.

SEMAILLES f. pl, sowing, seed-time.
TEMPS DES SEMAILLES, sowing-time.

SEMAINE f, week.
PRÊT À LA PETITE SEMAINE, loan by the week.
RÉCLAME DE LA SEMAINE, this week's draw; this week's special
offer.

SEMAISON f, seed-time.

SÉMANTIQUE f, semantics.
SÉMANTIQUE ÉCONOMIQUE, economic semantics.

SEMBLABLE a, similar.
TRIANGLES SEMBLABLES, similar triangles.

SEMBLABLE m, fellow-man.

SEMER v, to sow.

SEMESTRE m, half-year.

SEMESTRIEL a, half-yearly, semi-annual.
DIVIDENDE SEMESTRIEL, half-yearly dividend.

SEMESTRIELLEMENT adv, half-yearly.

SEMI- *pref*, semi-.

SEMI-INTÉGRÉ *a*, integrated in part.
CIRCUIT SEMI-INTÉGRÉ, hybrid integrated circuit.

SEMI-LOGARITHMIQUE *a*, semi-logarithmic.
DIAGRAMME SEMI-LOGARITHMIQUE, ratio chart.
TRACÉ SEMI-LOGARITHMIQUE, semi-logarithmic plotting.

SEMI-MANUFACTURÉ *a*, semi-manufactured.
PRODUITS SEMI-MANUFACTURÉS, semi-manufactured goods.

SEMI-QUALIFIÉ *a*, semi-skilled.
OUVRIER SEMI-QUALIFIÉ, semi-skilled worker.

SÉMIOLOGIE *f*, symptomatology.

SENAIRE *a*, senary.

SÉNAT *m*, senate.

SÉNATEUR *m*, senator.

SENS *m*, sense, meaning; direction.
BON SENS, common sense.
CIRCULATION À SENS UNIQUE, one-way traffic.
DOUBLE SENS, double meaning.
non-SENS, nonsense.
en tous SENS, in every direction.
SENS ÉTROIT, narrow sense.
SENS INVERSE, inverse order.
en SENS INVERSE, counter.
SENS OPPOSÉ, contrary direction; opposite direction.
TÉMOIGNAGE DES SENS, evidence of the senses.
y VARIE DANS LE MÊME SENS ET PROPORTIONNELLEMENT À *x*,
   y varies as *x*.

SENSIBILITÉ *f*, sensibility, sensitiveness, sensitivity.

SENSIBLE *a*, sensible, sensitive; tangible, noticeable, appreciable,
   marked, substantial, large.
AMÉLIORATION SENSIBLE, marked improvement.
DIFFÉRENCE SENSIBLE, substantial difference; tangible difference.
MARCHÉ SENSIBLE, sensitive market.
SUBIR DES PERTES SENSIBLES, to incur large losses.

SENSITIF *a*, sensitive.

SENTENCE *f*, sentence, judg(e)ment.
SENTENCE D'ARBITRAGE, arbitration award.
SENTENCE ARBITRALE*, award.

SÉPARATION *f*, separation, parting.
LIGNE DE SÉPARATION, parting line.
LIMITES DE SÉPARATION, border-line.

SÉPARATISME *m*, separationism, separatism.

SÉPARÉ *a*, separate; several, individual.
PRODUITS SÉPARÉS, individual commodities.
RESPONSABILITÉ INDIVIDUELLE, SÉPARÉE, several liability.
TARIFICATION SÉPARÉE DES COÛTS FIXES ET DES COÛTS
   MOBILES, multi-part tariff.

SÉPARER *v*, to separate, to part; to segregate.

SÉQUENCE *f*, sequence, cycle.
ANALYSE DE SÉQUENCE, sequence analysis.
ANALYSE PAR SÉQUENCES, sequential analysis.
MISE EN SÉQUENCE, sequencing.
MODÈLES DE SÉQUENCE, sequence models.
SÉQUENCE DE JEU, game cycle.

SÉQUENTIEL *a*, sequential.

SÉQUESTRATION *f*, sequestration.

SÉQUESTRE *m*, embargo; sequestration, property sequestrated;
   depositary, receiver.
ORDONNANCE DE MISE SOUS SÉQUESTRE, receiving-order.

SÉQUESTRER *v*, to sequester, to sequestrate; to embargo.

SERF *m*, bondman.

SÉRIE *f*, series, set, run, succession, batch.
r^me DÉTERMINANT DE LA SÉRIE, r^th determinant in the series.
EFFECTIF DE SÉRIE ÉCONOMIQUE, economic batch quantity.
FABRICATION EN SÉRIE, wholesale manufacture.
FINS DE SÉRIE, oddments.
INTERRUPTION DE LA SÉRIE, break in the series.
NOUVELLE SÉRIE D'ACTIONS, new series of shares.
NUMÉRO DE SÉRIE, serial number.
PRODUCTION DE SÉRIE, standard production.
PRODUCTION EN SÉRIE, mass production; standardized production.
en SÉRIE, serial.
SÉRIE ALTERNÉE, alternating series.
SÉRIE ASCENDANTE, ascending series.
SÉRIE CHRONOLOGIQUE, time series.
SÉRIE CONVERGENTE, convergent series.
SÉRIE DESCENDANTE, descending series.
SÉRIE ÉCONOMIQUE, economic batch.

SÉRIES ÉLÉMENTAIRES, component series.
SÉRIE DE FAILLITES, spate of bankruptcies.
SÉRIE DE FRÉQUENCES, frequency series.
SÉRIE INFINIE, infinite series.
SÉRIE DE NOMBRES, series of numbers.
SÉRIE ORDONNÉE, array.
SÉRIE DE PERTES, succession of losses.
SÉRIE DE PRIX, set of prices.
SÉRIE RÉCURRENTE, recurrent series; recurring series.
SÉRIE DE SOLDE, *U.S:* tail series; *U.K:* ends of line; remainders.
SÉRIE TEMPORELLE, time series; chronological series.
SÉRIE DE TERMES, series of terms.
SOMMER UNE SÉRIE, to sum a series.
SOMMER LES TERMES D'UNE SÉRIE, to find the sum of the terms
   of a series.
VALEURS REMBOURSABLES PAR SÉRIES, securities redeemable
   in series.
VOITURE DE SÉRIE, mass-production car.

SÉRIEUX *a*, serious, grave; reliable, genuine.
ACHETEUR SÉRIEUX, genuine purchaser.
BANQUE SÉRIEUSE, reliable bank.
ESTIMATION SÉRIEUSE, reliable estimate.

SERMENT *m*, oath.
DÉCLARATION SOUS SERMENT, affidavit.

SERRE *f*, greenhouse, glass-house.
CULTIVÉ EN SERRE, grown under glass.

SERRÉ *a*, tight, close, stringent.
ESCOMPTE SERRÉ, tight discount.

(SE) SERRER *v*, to tighten.
l'ESCOMPTE SE SERRE, discount tightens.

SERVI *a*, served.
PREMIER ARRIVÉ, PREMIER SERVI, first come, first served.

SERVICE *m*, service; department.
ACHATS PAR LES CONSOMMATEURS DE PRODUITS ET DE SER-
   VICES, consumer buying of goods and services.
APPARTEMENT AVEC SERVICE ET REPAS COMPRIS, service
   flat.
CHEF DE SERVICE, head of department.
DÉPENSES EN BIENS ET SERVICES COURANTS, expenditure on
   current goods and services.
DÉPENSES COURANTES EN BIENS ET SERVICES, current expen-
   diture on goods and services.
ENTREPRISE DE SERVICE PUBLIC, public utility, *U.S:* utility.
LIBRE SERVICE, self-service; supermarket.
MONOPOLE DES SERVICES PUBLICS, monopoly of public utilities.
RÉMUNÉRATION DES SERVICES, payment for services.
RÉMUNÉRER DES SERVICES, to pay for services.
RENDRE SERVICE, to be useful; to oblige.
hors de SERVICE, out of action; not in use.
SERVICE DE COLIS POSTAUX, parcel post.
SERVICE DE LA COMPTABILITÉ, accounting department.
SERVICE COMPTABLE, accounting department.
SERVICE DU CONTENTIEUX, law department.
SERVICE DE L'EMPRUNT, service of the loan.
SERVICE DES EXPÉDITIONS, dispatch service.
SERVICE FERROVIAIRE DE MESSAGERIES, railway parcel service.
SERVICES FOURNIS GRATUITEMENT, services donated, supplied
   free (of charge).
SERVICE DE L'INTÉRÊT, payment of interest.
SERVICE DE LIVRAISON, parcel(s) delivery.
SERVICE DE MARCHANDISES, freight service.
SERVICE D'OBSERVATION ÉCONOMIQUE, Economic Service.
SERVICE POSTAL, mail service; postal service.
SERVICE DES POSTES, postal service; *U. K:* Royal Mail.
SERVICE PUBLIC, public utility company.
SERVICE PUBLICS MUNICIPAUX, municipal undertakings.
SERVICE RAPIDE, express service; prompt service.
SERVICE DE RECHERCHES, research department.
SERVICES RÉGULIERS, scheduled services.
SERVICE DE (LA) SANTÉ, medical department; health service.
SERVICES DE SANTÉ PUBLIQUE, national health services.
SERVICE SÉDENTAIRE, indoor establishment.
SERVICE DES TITRES, stock department.
SERVICE VENTES, sales department.
SERVICE DE VOYAGEURS, passenger service.
TONNAGE EN SERVICE, active tonnage.
TRAIN POUR LE SERVICE DE COLIS DE GRANDE VITESSE,
   express parcel train.
VALEURS DE SERVICES PUBLICS, public utility stocks.

(SE) SERVIR *v*, to serve, to be useful, to be in use, to make use of,
   to use.
SERVIR LES OBLIGATIONS, to service the bonds.
SERVIR UNE RENTE, to pay an annuity.

SERVITEUR *m*, servant.

SERVITUDE *f*, easement, constraint, encumbrance, incumbrance, charge, servitude.
IMMEUBLE SANS SERVITUDES, NI HYPOTHÈQUES, estate free from encumbrances.
PROPRIÉTÉ GREVÉE D'UNE SERVITUDE, land subject to a right of user.

SESSION *f*, session.
PROCHAINE SESSION, forthcoming session.
SESSION À HUIS CLOS, *U.S:* executive session, *U.K:* in camera.

SEUIL *m*, threshold, point, level.
POINT DE SEUIL, break-even point.
SEUIL CRITIQUE, critical level.
SEUIL DE FERMETURE, shut-down point.
SEUIL DE RENTABILITÉ, break-even point; profitless point.
SEUIL DE SIGNIFICATION, significance level.

SEUL *a*, sole, single, unique.
ACHAT DES SEULS ARTICLES-RÉCLAME, cherry-picking.
AVOIR POUR SEUL MÉRITE DE GÊNER AUTRUI, to have a nuisance value.
RÈGLEMENT EN UNE SEULE FOIS, single payment.
d'un SEUL COUP, at one go.
SEULE EXPRESSION REPRÉSENTATIVE, single representative value.
SEUL ET MÊME EMPRUNT, single loan.
SEUL LÉGATAIRE, sole legatee.
SEUL PROPRIÉTAIRE, sole owner; sole proprietor.
SEULE VALEUR D'ÉQUILIBRE, unique equilibrium value.
TÂCHE POUR UN SEUL HOMME, one-man job.

SÉVÈRE *a*, severe, hard.
PERTE SÉVÈRE, severe loss.

SHEPPARD *n. pr*, Sheppard.
CORRECTION DE SHEPPARD, Sheppard's correction(s).

SHILLING *m*, shilling.

SIDÉRURGIE *f*, metallurgy of iron and steel.

SIDÉRURGIQUE *a*, pertaining to iron and steel (industry, etc.).
VALEURS SIDÉRURGIQUES, iron and steel shares.

SIÈGE *m*, head office, office, seat.
SIÈGE SOCIAL, registered office; head office.

SIGNAL *m*, signal, indicator, digit.
SIGNAL BINAIRE, binary digit.

SIGNATAIRE *m*, signer, signatory.
SIGNATAIRE D'UN CONTRAT, signatory of a contract.

SIGNATURE *f*, signature; signing.
AVALISER LA SIGNATURE, to guarantee an endorsement.
SIGNATURE COLLECTIVE, joint signature.
SIGNATURE DE COMPLAISANCE, bogus signature.
SIGNATURE DU CONTRAT, signing of the contract.
SIGNATURE PAR PROCURATION, proxy signature.
SIGNATURE D'UN TESTAMENT, execution of a will.

SIGNE *m*, sign, symptom; token.
SIGNE ALGÉBRIQUE, algebraical sign.
SIGNES DES DÉTERMINANTS, signs of the determinants.
SIGNE D'INTÉGRATION, integral sign.
SIGNE MOINS, minus sign; negative sign.
SIGNES OPPOSÉS, opposite signs.
SIGNE PLUS, plus sign.
SIGNE RADICAL, radical sign.

SIGNÉ *a*, signed.
CHÈQUE SIGNÉ EN BLANC, cheque signed in blank.

SIGNER *v*, to sign.
POUVOIR DE SIGNER, power to sign.
SIGNER UN CONTRAT, to sign a contract.
SIGNER UNE PROCURATION, to execute a power of attorney.

SIGNIFICATIF *a*, significant.
CHIFFRE SIGNIFICATIF, significant figure.

SIGNIFICATION *f*, significance, meaning, acceptation.
SEUIL DE SIGNIFICATION, significance level.
TESTS DE SIGNIFICATION, tests of significance.

SIGNIFIER *v*, to signify; to mean.

SILO *m*, silo.

SIMILAIRE *a*, similar.
PRODUITS SIMILAIRES, similar products.
RECTANGLES SIMILAIRES, similar rectangles.

SIMILARITÉ *f*, similarity.

SIMILICUIR *m*, imitation leather.

SIMILITUDE *f*, similitude, similarity, likeness.

SIMILOR *m*, imitation gold.

SIMPLE *a*, simple, single, mere, ordinary, crude.
AVARIE(S) SIMPLE(S), ordinary average.

BILLET SIMPLE, single ticket; one-way ticket.
CORRÉLATION SIMPLE, simple correlation.
CRÉDIT SIMPLE, simple credit.
DON PUR ET SIMPLE, outright gift.
GÉNÉRATEUR DE FONCTIONS SIMPLES, punched card utility.
INDICE SIMPLE, simple index-numbers.
INTÉRÊTS SIMPLES, simple interest.
LETTRE DE CRÉDIT SIMPLE, special letter of credit.
MINIMUM PUR ET SIMPLE DE SUBSISTANCE, bare minimum of subsistence.
PUR ET SIMPLE, outright.
RÉDUIRE UN POLYNÔME À SA PLUS SIMPLE EXPRESSION, to reduce a polynomial to the simplest expression.
SIMPLES INTERMÉDIAIRES, mere middlemen; mere intermediaries.
SIMPLE PARTICULIER, private individual; private person: private citizen.
TROC PUR ET SIMPLE, pure barter.

SIMPLEXE *a*, simplex.
MÉTHODE SIMPLEXE, simplex method.
PROGRAMMATION SIMPLEXE, simplex programming.

SIMPLICITÉ *f*, simplicity.

SIMPLIFICATION *f*, simplification, simplifying.
SIMPLIFICATION DU TRAVAIL, work simplification.

SIMPLIFIER *v*, to simplify.
SIMPLIFIER UNE FRACTION, to reduce a fraction to its lowest terms.

SIMPLISTE *a*, over-simple.
THÉORIE SIMPLISTE, crude theory.

SIMULATEUR *m*, simulator.

SIMULATION *f*, simulation, simulating.
SIMULATION DES FILES D'ATTENTE, simulation of queues.
SIMULATION NUMÉRIQUE, digital simulation.
SIMULATION DES PHÉNOMÈNES D'ATTENTE, simulation of queues.

SIMULÉ *a*, simulated, sham, bogus.
DETTE SIMULÉE, simulated debt.
VENTE SIMULÉE, sham sale.

SIMULER *v*, to simulate.

SIMULTANÉ *a*, simultaneous.
ÉQUATIONS SIMULTANÉES, simultaneous equations.
MÉTHODE DES ÉQUATIONS SIMULTANÉES, simultaneous equations method.

SIMULTANÉITÉ *f*, simultaneity, simultaneousness; overlap.
SIMULTANÉITÉ D'ENTRÉE-SORTIE, input-output overlap.

SINÉCURE *f*, sinecure.

SINGE *m*, monkey.
MONNAIE DE SINGE, valueless money.

SINISTRE *m*, disaster, accident; casualty, loss.
FAIRE LA PREUVE D'UN SINISTRE, to prove the loss.
PETITS SINISTRES, small losses.
SINISTRE MAJEUR, major casualty.
SINISTRE PARTIEL, partial loss.
SINISTRE TOTAL, total loss.

SINUEUX *a*, sinuous, winding.

SINUOSITÉ *f*, sinuosity, winding; loop.

SINUS *m*, sine.
FONCTION DE SINUS, sine function.
TABLE DES SINUS ET COSINUS, table of sines and cosines.

SINUSOÏDAL *a*, sinusoidal.

SINUSOÏDE *f*, sinusoid, harmonic curve.

SISAL *m*, sisal.
PRODUCTION DÉCROISSANTE DU SISAL, dwindling production of sisal.

SITUATION *f*, situation, position, location; state, condition; job; standing; statement, return.
AMÉLIORER LA SITUATION FINANCIÈRE, to improve the financial position.
BELLE SITUATION, fine job.
BORDEREAU DE SITUATION D'UN COMPTE, bank statement.
CONSOLIDER UNE SITUATION, to strengthen a position.
DEMANDE D'UN FACTEUR EN SITUATION DE MONOPOLE, monopoly demand for a factor.
ENQUÊTER SUR LA SITUATION ACTUELLE D'UNE INDUSTRIE, to enquire into the present position of an industry.
FACTEURS DE SITUATION, location factors.
FORTE SITUATION FINANCIÈRE, strong financial position.
SITUATION DE LA BANQUE, bank return.
SITUATION EN BANQUE, position at the bank; bank statement.
SITUATION DE LA BANQUE D'ANGLETERRE, *U.K:* Bank Statement.

SITUATION DE (LA) CAISSE, cash position.
SITUATION FINANCIÈRE, financial standing.
SITUATION PERMETTANT DE NÉGOCIER, bargaining position.
SITUATION DES TRAVAILLEURS, condition of the workers.
SITUATION DE TRÉSORERIE, statement of finances.

SLOGAN m, slogan.

SOCIAL a, social.
ASSURANCES SOCIALES, national insurance; social insurance; State insurance.
CAISSES D'ASSURANCES SOCIALES, social insurance funds.
CAPITAL SOCIAL, nominal capital.
CAPITAL SOCIAL (AUTORISÉ) DIVISÉ EN 100 ACTIONS, authorized capital divided into 100 shares.
COMPTABILITÉ SOCIALE, social accounts; social accounting.
COMPTES SOCIAUX, social accounting.
CONSOMMATION SOCIALE, social consumption.
CORPS SOCIAL, body politic (littéraire).
COTISATIONS À LA SÉCURITÉ SOCIALE, social security contributions.
COÛT MARGINAL SOCIAL, social marginal cost.
COÛT SOCIAL, social cost.
DÉPENSES SOCIALES, welfare expenditures.
DIFFÉRENTES COUCHES SOCIALES, various strata of society.
DIVIDENDE SOCIAL, social dividend.
ÉCHELLE SOCIALE, social ladder; social scale.
ÉDIFICE SOCIAL, social structure.
tout l'ÉDIFICE SOCIAL, whole fabric of society.
FONDS SOCIAL, funds of a company.
FONDS SOCIAUX, partnership funds.
FORCES SOCIALES, social forces.
GUERRE SOCIALE, class war.
INSTITUTIONS DE SÉCURITÉ SOCIALE, social security agencies.
MALAISE SOCIAL, social unrest.
MILIEU SOCIAL, social medium; milieu.
NOM SOCIAL, style of firm.
ORDRE SOCIAL, social order.
POSITION SOCIALE, social standing; station in life.
PRESTATIONS DE SÉCURITÉ SOCIALE, social security benefits.
PRESTATIONS SOCIALES, social insurance benefits; social security benefits.
PROBLÈME SOCIAL, social problem.
RAISON SOCIALE, name, style (of a firm); corporate name.
RAISON SOCIALE D'UNE SOCIÉTÉ, name of a company.
RANG SOCIAL, social status.
REVENUS SOCIAUX, social benefits.
SCIENCE SOCIALE, social science.
SÉCURITÉ SOCIALE, social security.
SIÈGE SOCIAL, registered office; head office.
SOCIAL-DÉMOCRATE, social democrat.
SOCIAL-DÉMOCRATIE, social democracy.
la SOCIÉTÉ A POUR OBJET SOCIAL, objects for which the company is established.
STATISTIQUES SOCIALES, social statistics.
SYSTÈMES DE SÉCURITÉ SOCIALE, social security schemes.
TRANSFERTS SOCIAUX, welfare transfers.
USAGES SOCIAUX, social practices.

SOCIALISATION f, socialization.

SOCIALISÉ a, socialist; socialized.
SECTEUR SOCIALISÉ, socialist sector.

SOCIALISER v, to socialize.

SOCIALISME m, socialism.
NATIONAL-SOCIALISME, National-Socialism.
PENCHER VERS LE SOCIALISME, to tend to socialism.
SOCIALISME COOPÉRATIF, guild socialism.
SOCIALISME À L'EAU DE ROSE, pink socialism.
SOCIALISME D'ÉTAT, State socialism.
SOCIALISME FABIEN, Fabian socialism.
SOCIALISME MARXISTE, Marxian socialism.
SOCIALISME SCIENTIFIQUE, scientific socialism.

SOCIALISTE a, socialist, socialistic.

SOCIALISTE m, socialist.

SOCIÉTAIRE m, shareholder, stockholder; member.

SOCIÉTARIAT m, membership.

SOCIÉTÉ* f, society; community; company, corporation, partnership; association; club.
ACTE DE CONSTITUTION DE SOCIÉTÉ, charter of a company.
APPORTER QUELQUE CHOSE À UNE SOCIÉTÉ, to contribute something to a company.
ASSISES DE LA SOCIÉTÉ MODERNE, foundations of modern society.
BASES DE LA SOCIÉTÉ, social substructure.
BÉNÉFICE DES SOCIÉTÉS PAR ACTIONS, U.S: corporation earnings; U.K: company earnings.

CAPITAL D'UNE SOCIÉTÉ (À RESPONSABILITÉ ILLIMITÉE) COMMERCIALE OU PROFESSIONNELLE, partnership capital.
CAUTIONNEMENT D'UNE SOCIÉTÉ DE CAUTIONNEMENT, bond of a guarantee society.
CONSTITUER UNE SOCIÉTÉ*, to form a company; to incorporate a company; to form an association.
CONTRAT DE SOCIÉTÉ, charter of a company.
DETTE DE SOCIÉTÉ (À RESPONSABILITÉ ILLIMITÉE, PROFESSIONNELLE), partnership debt.
DEVOIRS ENVERS LA SOCIÉTÉ, duties towards society.
DIRECTEUR DU REGISTRE DES SOCIÉTÉS, U.K: Company Registrar.
DISSOLUTION D'UNE SOCIÉTÉ*, dissolution of a company.
DROIT DE CONSTITUTION D'UNE SOCIÉTÉ, capital duty.
DROIT DES SOCIÉTÉS COMMERCIALES*, U.S: law of business corporations.
ENTREPRISE NON CONSTITUÉE EN SOCIÉTÉ, unincorporated enterprise.
ÉPARGNE DES SOCIÉTÉS, company saving; savings of corporations.
FONDEMENTS DE LA SOCIÉTÉ, social substructure.
FUSION DE (PLUSIEURS) SOCIÉTÉS, amalgamation of (several) companies.
HAUTE SOCIÉTÉ, upper classes.
IMPÔTS DIRECTS FRAPPANT LES SOCIÉTÉS, direct taxes on corporations.
IMPÔT SUR LE REVENU NET DES SOCIÉTÉS, corporation net income-tax.
LANCER UNE SOCIÉTÉ, to promote a company.
LIQUIDER UNE SOCIÉTÉ, to wind up a company.
LOI SUR LES SOCIÉTÉS, U.K: Companies Act.
en MARGE DE LA SOCIÉTÉ, on the fringe of society.
OBLIGATIONS ÉMISES PAR UN GROUPE DE SOCIÉTÉS, joint bonds.
PROFIT DES SOCIÉTÉS, corporate profit.
PROMOTEUR DE SOCIÉTÉ, company promoter.
RAISON SOCIALE D'UNE SOCIÉTÉ, name of a company.
RÉFORMATEUR DE LA SOCIÉTÉ, social reformer.
RÈGLEMENT INTÉRIEUR FAISANT PARTIE DES STATUTS D'UNE SOCIÉTÉ, U.K: articles of association.
SOCIÉTÉ PAR ACTIONS*, U.K: company limited by shares; U.S: corporation.
SOCIÉTÉ À PEU D'ACTIONNAIRES, close company.
SOCIÉTÉ ANONYME*, public company; U.S: business corporation.
SOCIÉTÉ APPORTEUSE, vendor company.
SOCIÉTÉ D'ASSISTANCE MUTUELLE, mutual-aid society.
SOCIÉTÉ BANCAIRE, banking company.
SOCIÉTÉ SANS BUT LUCRATIF*, U.S: non profit-seeking corporation.
SOCIÉTÉ DE CAUTIONNEMENT MUTUEL, mutual guarantee society.
SOCIÉTÉ EN COMMANDITE*, U.K: limited partnership.
SOCIÉTÉ EN COMMANDITE PAR ACTIONS*, U.K: partnership limited by shares.
SOCIÉTÉ DE COMMERCE, trading company.
SOCIÉTÉ COMMERCIALE*, firm; U.S: business corporation.
SOCIÉTÉ CONSTITUÉE, incorporated company.
SOCIÉTÉ DE CONSTRUCTION, building company.
SOCIÉTÉ DE CONSTRUCTION NAVALE, shipbuilding company.
SOCIÉTÉ DE CONTRÔLE, holding company.
SOCIÉTÉ COOPÉRATIVE, co-operative society.
SOCIÉTÉ COOPÉRATIVE DE CONSOMMATION, co-operative stores.
SOCIÉTÉ COOPÉRATIVE DE CONSTRUCTION*, building society.
SOCIÉTÉ DE CRÉDIT, joint-stock bank; loan-society.
SOCIÉTÉ DE CRÉDIT AGRICOLE, U.S: Agricultural Mortgage Corporation.
SOCIÉTÉ ÉMETTRICE, issuing company.
SOCIÉTÉ ÉTRANGÈRE, foreign company.
SOCIÉTÉ FANTÔME, bogus company.
SOCIÉTÉ FERMIÈRE, leasing company.
SOCIÉTÉ DE FINANCEMENT, finance company.
SOCIÉTÉ FINANCIÈRE, trust company.
SOCIÉTÉ FINANCIÈRE INTERNATIONALE, International Finance Corporation.
SOCIÉTÉ HOLDING, holding company.
SOCIÉTÉ IMMOBILIÈRE, real-estate company.
SOCIÉTÉ INDUSTRIELLE, industrial society.
SOCIÉTÉS D'INVESTISSEMENT À CAPITAL VARIABLE*, U.K: Unit Trusts; U.S: Mutual Funds.
SOCIÉTÉ D'INVESTISSEMENT FERMÉE, closed-end investment company.
SOCIÉTÉ DE LEASING, DE LOCATION À LONG TERME, leasing company.
SOCIÉTÉ EN LIQUIDATION, company in liquidation.
SOCIÉTÉ MÈRE, parent company.
SOCIÉTÉ DES NATIONS, League of Nations.
SOCIÉTÉ EN NOM COLLECTIF*, partnership; general partnership; copartnership.

la SOCIÉTÉ A POUR OBJET (SOCIAL), objects for which the company is established.
SOCIÉTÉ DE L'OPULENCE, affluent society.
SOCIÉTÉ PAYANT DES DIVIDENDES, dividend-paying company.
SOCIÉTÉ DE PLACEMENT, investment company.
SOCIÉTÉ À PORTEFEUILLE, holding company.
SOCIÉTÉ DE PORTEFEUILLE, investment company.
SOCIÉTÉ PRENEUSE, purchasing company.
SOCIÉTÉ DE PRÉVOYANCE, provident society.
SOCIÉTÉ PROFESSIONNELLE*, copartnership; partnership.
SOCIÉTÉ À RESPONSABILITÉ LIMITÉE*, U.K: private company.
SOCIÉTÉ DE SECOURS MUTUELS, benefit society; friendly society.
SOCIÉTÉ D'UTILITÉ PUBLIQUE, public utility company.
STATUTS DE SOCIÉTÉ*, U.S: charter and by-laws; by-laws; U.K: Memorandum and Articles of Association; statute.

SOCIO-PROFESSIONNEL a, social and economic.
CATÉGORIES SOCIO-PROFESSIONNELLES, social and economic categories.

SOCIOLOGIE f, sociology.

SOCIOLOGIQUE a, sociological.

SOCIOLOGUE m, sociologist.

SŒUR f, sister.
COMPAGNIE SŒUR, sister company.

SOFTWARE m, software.

SOIE f, silk.
INDUSTRIE DE LA SOIE, silk industry.
SOIE ARTIFICIELLE, synthetical silk; artificial silk; near silk.
SOIE GRÈGE, raw silk.
VER À SOIE, silkworm.

SOIERIE f, silk trade; silk goods; silk factory.

SOIN m, care.
aux BONS SOINS DE, care of (c/o).

SOL m, soil, land, ground.
AMÉLIORATION DES SOLS, soil improvement.
DÉGRADATION DU SOL, impoverishment of the soil.
PRODUITS DU SOL, produce of the soil.
RENTE DU SOL, land rent.
SOL FERTILE, generous soil; fertile soil.
SOL IMPRODUCTIF, unproductive soil.
SOUS-SOL, subsoil; substratum.

SOLDE f, pay.
SOLDE DE CONGÉ, leave pay.

SOLDE m, balance, balancing; remnant; bargain; clearance, clearing, clearing of goods.
ESPÈCES POUR SOLDE, cash in settlement.
MÉTHODE PAR SOLDES, balance method; step method.
PRÉSENTER UN SOLDE, to show a balance.
PRÉSENTER UN SOLDE CRÉDITEUR, to show a credit balance.
PRÉSENTER UN SOLDE DÉBITEUR, to show a debit balance.
PRIX DE SOLDE, bargain price; sale price.
REPORTER UN SOLDE, to carry over a balance.
SÉRIE DE SOLDE, U.S: tail series. U.K: ends of line; remainders.
SOLDES, surplus stock; job-lot; job-line; reduced goods; sale goods; sale.
SOLDES DES ACCORDS DE PAIEMENT ET DE COMPENSATION, clearing agreement balances.
SOLDE ANCIEN, old balance.
SOLDE EN (À LA) BANQUE, bank balance.
SOLDE BÉNÉFICIAIRE, profit balance.
SOLDE EN CAISSE, balance in hand.
SOLDE D'UN COMPTE, balance of an account.
SOLDE D'UN COMPTE COURANT, balance on current account.
pour SOLDE DE TOUT COMPTE, in full settlement.
SOLDE CRÉDITEUR, credit balance.
votre SOLDE CRÉDITEUR, amount standing to your credit.
SOLDE DÉBITEUR, debit balance.
SOLDE NON DÉPENSÉ, unexpended balance; unspent balance.
SOLDE DÛ, balance due.
le SOLDE S'ÉLÈVE À, the balance stands at.
SOLDE INACTIF, dormant balance.
SOLDE AVANT, APRÈS, INVENTAIRE, stock-taking sale.
SOLDE NET, final balance.
SOLDE À NOUVEAU, balance brought down.
SOLDE NUL, nil balance.
SOLDE DES RECETTES COURANTES, balance from current revenues.
VENTE DE SOLDES, clearance (sale); sale of surplus stock.
VERSER LE SOLDE, to pay the balance.

(SE) SOLDER v, to balance, to clear, to sell off.
SOLDER UN COMPTE, to balance an account.
SOLDER DES MARCHANDISES, to clear off goods.

SOLIDAIRE a, interdependent; joint and several.

OBLIGATION CONJOINTE ET SOLIDAIRE, joint and several obligation; joint and several bond.
PROPRIÉTÉ INDIVIDUELLE, NON SOLIDAIRE*, severalty.
RESPONSABILITÉ CONJOINTE ET SOLIDAIRE, joint and several liability.

SOLIDAIREMENT adv, jointly.
AGISSANT SOLIDAIREMENT, acting jointly and severally.
CONJOINTEMENT ET SOLIDAIREMENT, jointly and severally.
RESPONSABLES INDIVIDUELLEMENT OU SOLIDAIREMENT, severally or jointly liable.

SOLIDARISME m, solidarism.

SOLIDARITÉ f, solidarity; interdependence; sympathy.
GRÈVE DE SOLIDARITÉ, sympathetic strike.
se METTRE EN GRÈVE PAR SOLIDARITÉ, to strike in sympathy.

SOLIDE a, solid, sound, reliable.
GARANTIE SOLIDE, reliable guarantee.
MAISON SOLIDE, well-established business.
RÉPUTATION SOLIDE, established reputation.
SOLIDE AU POINT DE VUE FINANCIER, financially sound.

SOLIDITÉ f, solidity, strength.

SOLUBLE a, soluble.

SOLUTION f, solution; break.
CAS DONT LA SOLUTION FAIT JURISPRUDENCE, test case.
SOLUTION DE CONTINUITÉ, break in continuity, solution of continuity.
SOLUTION PAR LES DÉTERMINANTS, solution by means of determinants.
SOLUTION TRANSACTIONNELLE, compromise.

SOLVABILITÉ f, solvency, ability to pay.
DEGRÉ DE SOLVABILITÉ, credit rating.
GARANTIE DE SOLVABILITÉ, guarantee of solvency.

SOLVABLE a, solvent, financially sound.
CAUTION BONNE ET SOLVABLE, sufficient security.
DÉBITEUR SOLVABLE, solvent debtor.

SOMMAIRE m, summary, digest, abstract.

SOMMATION f, summation, summing; request; summons; demand, notice.
SOMMATION DES TERMES, summation of the terms.

SOMME f, sum, amount, quantity, mass.
DEVOIR UNE SOMME ÉLEVÉE, indebted to a large amount.
ERREUR DE LA SOMME, error in the sum.
JEU À SOMME CONSTANTE, constant sum game.
JEU À SOMME NULLE, zero sum game.
MANIEMENT DE SOMMES IMPORTANTES, handling of large sums of money.
MÊME SOMME D'ARGENT, equal sum of money.
PASSER UNE SOMME AU DÉBIT DE, to charge a sum to the debit of.
PETITE SOMME, drib(b)let.
PORTER UNE SOMME AU CRÉDIT DE, to credit a sum to.
REDEVABLE D'UNE SOMME D'ARGENT, accountable for a sum of money.
REMETTRE UNE SOMME D'ARGENT, to remit a sum of money.
RÉPARTIR UNE SOMME ENTRE CRÉANCIERS, to divide an amount among creditors.
REPORTER UNE SOMME, to bring forward an amount.
SOMMES AMORTIES, PASSÉES PAR PERTES ET PROFITS, amounts written off.
SOMME D'ARGENT, sum of money; amount of money.
SOMME DE LA BALANCE DES PAIEMENTS COURANTS ET DU COMPTE CAPITAL (AU-DESSUS DE LA LIGNE), above the line.
SOMME DES CARRÉS, sum of squares.
SOMME DES CARRÉS DE TOUS LES ÉCARTS, sum of squares of the residuals; sum of (the) squares of the deviations.
SOMME DE CARRÉS DES ÉCARTS DES POINTS OBSERVÉS, deviations of the separate points, when squared and totalled.
SOMME DÉPENSÉE, amount expended; purchase-money.
SOMME FACTORIELLE, factorial sum.
SOMME FORFAITAIRE, lump sum.
SOME GLOBALE, inclusive sum; lump sum.
SOMME IMPUTABLE SUR UNE RÉSERVE, sum chargeable to a reserve.
SOMME PAYÉE D'AVANCE, amount paid in advance.
SOMME PAYÉE EN UNE FOIS, single sum.
SOMME PAYÉE POUR LES HEURES SUPPLÉMENTAIRES, amount paid for overtime.
SOMME EN RÉSERVE EN CAS DE BESOIN, sum in reserve as a stand-by.
SOMME TOTALE, sum-total; total amount; amount.
SOMME DE TRAVAIL, mass of labour; quantity of labour.
VERSER UNE SOMME À UN COMPTE, to pay money into an account.

SOMMER v, to sum, to sum up; to summon.
SOMMER UNE SÉRIE, to sum a series.

SOMMER LES TERMES D'UNE SÉRIE, to find the sum of the terms of a series.

SOMMET m, summit, peak, top; hill-top; apex, vertex, cusp.
ANGLES OPPOSÉS PAR LE SOMMET, vertical angles.
CONFÉRENCE AU SOMMET, summit meeting.
CREUX ET SOMMETS, peaks and troughs.
SOMMET DE LA PYRAMIDE, apex of the pyramid.

SOMPTUAIRE a, sumptuary; lavish.
PREMIÈRE DÉPENSE SOMPTUAIRE À SUPPRIMER, first luxury to go.

SONDAGE m, sampling; sounding.
CONTRÔLE PAR SONDAGE, spot checking.
ENQUÊTE DÉMOGRAPHIQUE PAR SONDAGE, demographic sample survey.
ENQUÊTE PAR SONDAGE, sample survey; survey.
ERREUR DE SONDAGE, sampling error.
ERREUR DE SONDAGE SUR LE COEFFICIENT DE CORRÉLATION, estimate of the standard error of the coefficient of correlation.
FAIRE UN SONDAGE, to sample; to make a sample survey.
FAIRE DES SONDAGES, to take soundings.
MÉTHODE DE SONDAGE, sampling method.
PLAN DE SONDAGE, sampling plan.
RECENSEMENT PAR SONDAGE, sample census.
SONDAGE EN GRAPPES, cluster sampling.
SONDAGE À PLUSIEURS DEGRÉS, multi-stage sampling.
SONDAGE À PLUSIEURS PHASES, multi-phase sampling.
SONDAGE PROBABILISTE, random sampling; probability sampling.
SONDAGE PAR QUOTAS, quota sample.
SONDAGE(S) STRATIFIÉ(S), stratified sampling.

SONDÉ a, pertaining to a sample.
FRACTION SONDÉE, sampling fraction.
FRACTION SONDÉE CONSTANTE, uniform sampling fraction.
FRACTION SONDÉE VARIABLE, variable sampling fraction.

SONNANT a, resounding, sounding.
ESPÈCES SONNANTES ET TRÉBUCHANTES, hard money; hard cash.

SOPHISME m, sophistry, fallacy.

SOPHISTIQUE f, sophistry.

SORT m, lot; condition in life; chance.
OBLIGATIONS AMORTISSABLES PAR TIRAGE AU SORT, bonds redeemable by drawings.
OBLIGATIONS REMBOURSABLES PAR TIRAGE AU SORT, bonds repayable by drawings.
TIRAGE AU SORT, toss; tossing; draw; drawing.
TIRAGE AU SORT DE L'ÉCHANTILLON, sample drawings.
TIRAGES AU SORT PÉRIODIQUES, periodical drawings.
TIRER AU SORT, to draw by lot.
TIRER AU SORT LES BONS DESTINÉS À ÊTRE REMBOURSÉS, to draw bonds for redemption.

SORTANT a, outgoing, retiring.
ADMINISTRATEUR SORTANT, retiring director.
FLUX ENTRANTS ET SORTANTS, input-output flows.

SORTE f, kind, sort.
de DIVERSES SORTES, of various kinds.
toutes SORTES DE RISQUES, all kinds of risks.

SORTI a, outgoing, cleared.
NAVIRES ENTRÉS ET SORTIS, vessels entered and cleared.

SORTIE f, outgoing, leaving, efflux, outflow; output; export, U.S: exportation; exit.
CONNAISSEMENT DE SORTIE, outward bill of lading.
ENTRÉES ET SORTIES DE CAISSE, cash payments and cash collections; cash receipts and payments.
ENTRÉE ET SORTIE DE DONNÉES, data input and output.
ENTRÉE ET SORTIE D'INFORMATIONS, data input and output.
GOLD-POINT DE SORTIE, outgoing gold-point; outgoing specie point; outgoing bullion point; export gold-point.
HEURE DE SORTIE, leaving-off time.
INSTRUCTION D'ENTRÉE-SORTIE, input-output instruction.
MANIFESTE DE SORTIE, outward manifest.
OPÉRATIONS D'ENTRÉE-SORTIE, input-output operations.
POINT DE SORTIE DE L'OR, export gold-point; export specie point; outgoing gold-point; outgoing bullion point.
PROHIBITION DE SORTIE, export prohibition.
RELATIONS ENTRE LES ENTRÉES ET LES SORTIES, input-output relations.
ROUTINE D'ENTRÉE-SORTIE, input-output routine.
SIMULTANÉITÉ D'ENTRÉE-SORTIE, input-output overlap.
SORTIE DE CAPITAUX, outflow of capital; efflux of capital.
SORTIE DE L'ENTREPÔT POUR CONSOMMATION, home use entry.
SORTIE D'OR, outflow of gold; efflux of gold.
SORTIES D'OR, gold withdrawals.
TABLEAU DES ENTRÉES-SORTIES, input-output table.

SOUCHE f, stump; stub; counterfoil.
ACTIONS À LA SOUCHE, unissued shares.
OBLIGATIONS À LA SOUCHE, unissued debentures.

SOUCHE DE CHÈQUE, counterfoil, U.S: stump.

SOUDAIN a, sudden.

SOUFFRANCE f, sufferance, abeyance, suspense, demurrage, pain.
COUPONS EN SOUFFRANCE, outstanding coupons.
EFFETS EN SOUFFRANCE, bills in suspense.
INTÉRÊTS EN SOUFFRANCE, interest in suspense.
MARCHANDISES EN SOUFFRANCE, goods on demurrage.
en SOUFFRANCE, outstanding; overdue; in suspense.
TRAVAIL EN SOUFFRANCE, work in abeyance.

SOUFFRIR v, to suffer; to endure.
les AFFAIRES SOUFFRENT D'UN MARASME, business is in the doldrums.

SOUFRE m, sulphur, U.S: sulfur.

SOUHAITABLE a, desirable

SOULÈVEMENT m, uprising.

SOULIGNER v, to stress; to underline.

SOULTE f, balance, differential in value to be paid in cash.

SOUMETTRE v, to submit, to present, to put.
SOUMETTRE À L'ÉPREUVE, to put to test.

SOUMIS a, subject, liable.
DIVIDENDES SOUMIS À L'IMPÔT SUR LE REVENU, dividends-liable to income-tax.
SOUMIS AU TIMBRE, subject to stamp duty.

SOUMISSION f, subjection; submission; tender, tendering, bid undertaking, bond.
FAIRE UNE SOUMISSION PLUS AVANTAGEUSE, to underbid; to undercut.
INVITER DES SOUMISSIONS POUR, to invite tenders for; to take tenders for.
MODÈLE DE SOUMISSION, form of tender.
SOUMISSION CACHETÉE, sealed tender.
SOUMISSION CONJOINTE, common pricing.
SOUMISSION D'EMPRUNTS PUBLICS, tender for public loans.

SOUMISSIONNAIRE m, tenderer, underwriter.

SOUMISSIONNER v, to tender, to make a tender, to put in a tender, to underwrite.
SOUMISSIONNER À UNE ADJUDICATION, to tender for a contract.
SOUMISSIONNER UN EMPRUNT, to tender for a loan.

SOUPLE a, flexible.

SOUPLESSE f, flexibility, adaptability, elasticity.
SOUPLESSE ÉCONOMIQUE, economic adaptability.

SOURCE f, source; root.
IMPÔT À LA SOURCE, withholding tax.
RETENUE À LA SOURCE, U.K: pay-as-you-earn (P.A.Y.E.).
SOURCE D'INFORMATION(S), source of information.
SOURCE DE REVENU, source of income.
STOPPAGE À LA SOURCE, U.K: pay-as-you-earn (P.A.Y.E.).

SOUS-AFFRÈTEMENT m, sub-charter.

SOUS-AGENCE f, sub-agency.

SOUS-AGENT m, sub-agent.

SOUS-ALIMENTATION f, malnutrition.

SOUS-BAIL m, sub-lease, underlease.

SOUS-BAILLEUR m, sub-lessor, underlessor.

SOUS-COMITÉ m, sub-committee.

SOUS-COMMISSION f, sub-commission.

SOUS-COMPTE m, subsidiary account.

SOUS-CONSOMMATION f, under-consumption.

SOUSCRIPTEUR m, subscriber; applicant.
LISTE DE SOUSCRIPTEURS, list of subscribers; list of applicants.
SOUSCRIPTEUR À DES ACTIONS, subscriber for shares.
SOUSCRIPTEUR PRIMITIF, original subscriber.

SOUSCRIPTION f, subscription, subscribing; application; underwriting; signing.
APPEL À LA SOUSCRIPTION, prospectus.
APPEL POUR LA SOUSCRIPTION D'UNE ÉMISSION, invitation to subscribe to an issue.
APPEL POUR LA SOUSCRIPTION D'UN EMPRUNT, invitation to subscribe to a loan.
BULLETIN DE SOUSCRIPTION, application form; letter of application; order-form.
DROIT(S) DE SOUSCRIPTION, application rights.
ÉCHELONNER UNE SOUSCRIPTION (EN PLUSIEURS VERSEMENTS), to spread a subscription (into several instalments).
LANCER UNE SOUSCRIPTION, to start a fund.
LISTE DE SOUSCRIPTION, subscription list.
MARCHÉS DES DROITS DE SOUSCRIPTION, rights market.

OUVERTURE DE LA SOUSCRIPTION, opening of the list of applications.
SOUSCRIPTION D'ACTIONS, application for shares.
SOUSCRIPTION À DES ACTIONS À TITRE IRRÉDUCTIBLE, application as of right for new shares.
SOUSCRIPTION À DES ACTIONS À TITRE RÉDUCTIBLE, application for excess shares.
la SOUSCRIPTION EST COUVERTE, application is covered.
SOUSCRIPTION À UNE ÉMISSION, subscription to an issue.
SOUSCRIPTION À UN EMPRUNT, subscription to a loan.
SOUSCRIPTION EN ESPÈCES, subscription in cash.
SOUSCRIPTION EN TITRES, subscription by conversion of securities.
VERSEMENT DE SOUSCRIPTION, application money.

SOUSCRIRE v, to subscribe; to apply; to underwrite.
EXERCER LA FACULTÉ DE SOUSCRIRE, to exercice the option of subscribing.
FAIRE APPEL AUX ACTIONNAIRES POUR SOUSCRIRE LE CAPITAL, to invite shareholders to subscribe the capital.
SOUSCRIRE DES ACTIONS, to subscribe shares; to apply for shares.
SOUSCRIRE LE CAPITAL, to subscribe the capital.
SOUSCRIRE UN EMPRUNT, to subscribe a loan.
SOUSCRIRE UNE OBLIGATION, to subscribe a bond.
SOUSCRIRE UNE POLICE, to underwrite a policy.
SOUSCRIRE UN RISQUE, to underwrite a risk.

SOUSCRIT a, subscribed.
non SOUSCRIT, unsubscribed.

SOUS-DÉVELOPPÉ a, under-developed.
AIDE AUX PAYS SOUS-DÉVELOPPÉS, economic aid to under-developed countries.
PAYS SOUS-DÉVELOPPÉ, under-developed country.

SOUS-DÉVELOPPEMENT m, under-development.

SOUS-DIRECTEUR m, sub-manager, deputy manager.

SOUS-ÉCHANTILLON m, subsample.

SOUS-ENSEMBLE m, sub-set.

SOUS-ESTIMATION f, undervaluation, under-estimate.
SOUS-ESTIMATION DE L'ACTIF, undervaluation of the assets.

SOUS-ESTIMER v, to undervalue.

SOUS-ÉVALUATION f, undervaluation.

SOUS-ÉVALUER v, to undervalue.

SOUS-GOUVERNEUR m, sub-governor, deputy governor.

SOUS-GROUPE m, sub-group.
ÉCHANTILLONNAGE PAR SOUS-GROUPES, stratified sampling.

SOUS-JACENT a, underlying.
HYPOTHÈSE SOUS-JACENTE, underlying assumption.

SOUS-LOCATAIRE m, sub-lessee, underlessee, subtenant.

SOUS-LOCATION f, sub-leasing; sub-letting, underletting; sub-lease, sublet, underlease, subtenancy.

SOUS-LOUER v, to under-rent, to underlease, to underlet; to sublet.

SOUS-MULTIPLE m, sub-multiple.

SOUS-OPTIMISATION f, sub-optimization.

SOUS-OPTIMUM m, sub-optimum.

SOUS-ORDRE m, subordinate.
CRÉANCIER EN SOUS-ORDRE, creditor of a creditor (in bankruptcy).

SOUS-PRODUCTION f, underproduction.

SOUS-PRODUIT m, by-product, secondary product.
RECOUVRER LES SOUS-PRODUITS DE, to recover by-products from.
RÉCUPÉRATION DES SOUS-PRODUITS DE, recovery of by-products from.

SOUS-PROGRAMME m, routine, subroutine.
SOUS-PROGRAMME UTILITAIRE, utility routine.

SOUS-SECRÉTAIRE m, under-secretary.
SOUS-SECRÉTAIRE D'ÉTAT, Under-Secretary of State.

SOUS-SOL m, subsoil, substratum.

SOUS-SYSTÈME m, sub-system.

SOUS-TITRE m, sub-title; box-head.

SOUSTRACTION f, subtraction, subtracting; abstraction.
SOUSTRACTION DES NOMBRES COMPLEXES, compound subtraction.

SOUSTRAIRE v, to subtract.

SOUS-TRAITANT m, subcontractor, jobber.

SOUS-TRAITÉ a, subcontracted.
TRAVAUX SOUS-TRAITÉS EN DEHORS DE L'ÉTABLISSEMENT, contract work given out.

SOUS-TRAITER v, to subcontract.

SOUS-VENTE f, sub-sale.

SOUTENABLE a, supportable, bearable.

SOUTENIR v, to support, to sustain; to peg; to second.
SOUTENIR LA CONCURRENCE, to compete.
SOUTENIR DES COURS PAR DES ACHATS, to support prices by buying.
SOUTENIR LA MOTION, to support the motion; to second the motion.

SOUTENU a, supported, sustained, pegged; steady, buoyant.
EFFORT SOUTENU, sustained effort.
MARCHÉ SOUTENU, steady market; buoyant market.
MARCHÉ MOINS SOUTENU, easier market.

SOUTERRAIN m, subway, underground.

SOUTIEN m, support, supporter; supporting, pegging.
COÛT DE LA POLITIQUE DE SOUTIEN À L'AGRICULTURE, cost of agricultural support policy.
POLITIQUE DE SOUTIEN À L'AGRICULTURE, U.S: agricultural support policy.
PRIX DE SOUTIEN, support price; supported price; pegged price.
SOUTIEN DE FAMILLE, bread-winner.
SOUTIEN FLEXIBLE DES PRIX, flexible price support.
SOUTIEN DES PRIX, price support.

SOUTIRER v, to extract.
SOUTIRER DE L'ARGENT À, to extract money from.

SOUVENIR m, recollection, memory.
EFFET SOUVENIR, ratchet effect.

SOUVERAIN a, sovereign, ruling.

SOUVERAINETÉ f, sovereignty, power.
DROITS DE SOUVERAINETÉ, sovereign rights.
la SOUVERAINETÉ RÉSIDE DANS LE PEUPLE, the power is lodged in the people.

SPATIAL a, spatial.

SPATIO-TEMPOREL a, spatio-temporal.

SPÉCIAL a, special, especial, particular, specific.
COMMERCE SPÉCIAL, special trade.
DISPOSITIF SPÉCIAL, special feature.
DONNER À DES FONDS UNE AFFECTATION SPÉCIALE, to earmark funds for a purpose.
DROITS DE TIRAGE SPÉCIAUX, special drawing rights.
FRAIS SPÉCIAUX ENCOURUS, special expenses incurred.
OBTENIR DES PRIX SPÉCIAUX, to secure special prices.
POUVOIR SPÉCIAL, particular power.
PRIVILÈGE SPÉCIAL, particular lien; specific lien.
RÉSERVE SPÉCIALE, surplus reserve.

SPÉCIALEMENT adv, specially.

SPÉCIALISATION f, specialization, specializing, specialism.

SPÉCIALISÉ a, specialized; skilled; special-purpose.
INSTITUTIONS SPÉCIALISÉES, specialized agencies.
MAIN-D'ŒUVRE SPÉCIALISÉE, skilled labour.
MAIN-D'ŒUVRE NON SPÉCIALISÉE, unskilled labour.
ORDINATEUR SPÉCIALISÉ, special purpose computer.
OUVRIER SPÉCIALISÉ, skilled worker; skilled workman.
non SPÉCIALISÉ, unskilled; unspecialized.

(SE) SPÉCIALISER v, to specialize.

SPÉCIALISTE m, specialist, expert.
TRAVAIL DE SPÉCIALISTES, expert workmanship.

SPÉCIALITÉ f, speciality, specialty.

SPÉCIFICATION f, specification, requirement.

SPÉCIFICITÉ f, specificity.

SPÉCIFIÉ a, specified.

SPÉCIFIER v, to specify.

SPÉCIFIQUE a, specific.
CYCLE SPÉCIFIQUE, specific cycle.
DROIT SPÉCIFIQUE, specific duty.
POIDS SPÉCIFIQUE, specific gravity.

SPÉCIMEN m, specimen.
PRÉLEVER UN SPÉCIMEN AU HASARD, to select a specimen at random.

SPECTACLE m, entertainment, amusement.
TAXE SUR LES SPECTACLES, entertainment tax; amusement tax.

SPÉCULATEUR m, speculator, gambler.
SPÉCULATEUR À LA BAISSE, bear.
SPÉCULATEUR À LA HAUSSE, bull.

SPÉCULATIF a, speculative.
ACHATS SPÉCULATIFS, speculative buying; speculative purchases.
CAPITAUX SPÉCULATIFS, risk capital; hot money.
DEMANDE SPÉCULATIVE, speculative demand.
MARCHÉS SPÉCULATIFS, speculative markets.

MOUVEMENTS DE CAPITAUX SPÉCULATIFS, hot money flows.
RISQUE SPÉCULATIF, speculative risk.

SPÉCULATION f, speculation, speculating, gamble, gambling.
MOTIF DE SPÉCULATION, speculative motive.
PURE SPÉCULATION, pure gamble.
SPÉCULATION ALÉATOIRE, risky speculation.
SPÉCULATION À LA BAISSE, bear speculation.
SPÉCULATIONS DE BOURSE, stock exchange speculations.
SPÉCULATION À LA BOURSE, gambling on the stock exchange.
SPÉCULATION SUR LES DIFFÉRENCES ET LES REPORTS, gambling
in differences and contangoes.
SPÉCULATION HASARDEUSE, hazardous speculation.
TITRES DE SPÉCULATION, speculative shares; speculative secur-
ities; speculative stocks.
VAGUE DE SPÉCULATION, wave of speculation.
VALEURS DE SPÉCULATION, speculative shares; speculative se-
curities; speculative stocks.

SPÉCULER v, to speculate, to gamble, to job, *U.S:* to play the stock
market.
SPÉCULER À LA BAISSE, to speculate for a fall; to go a bear; to bear.
SPÉCULER À LA BOURSE, to speculate on the stock exchange.
SPÉCULER À LA HAUSSE, to go a bull.
SPÉCULER SUR LES VALEURS DE BOURSE, to speculate in stocks
and shares.

SPHÈRE f, sphere; globe.
SPHÈRE D'INFLUENCE, sphere of influence.

SPHÉRIQUE a, spherical.
GÉOMÉTRIE SPHÉRIQUE, spherical geometry.
POLYGONE SPHÉRIQUE, spherical polygon.
TRIGONOMÉTRIE SPHÉRIQUE, spherical trigonometry.

SPIRALE f, spiral.
SPIRALE DES PRIX ET DES SALAIRES, wage-price spiral.

SPOLIATEUR a, confiscatory.
TAXES SPOLIATRICES, confiscatory taxation.

SPOLIATIF a, spoliative, confiscatory.

SPOLIATION f, spoliation.

SPOLIER v, to spoliate, to despoil.

SPONTANÉ a, spontaneous; self-induced.
ACCROISSEMENT SPONTANÉ DU CAPITAL, self-induced increase
of capital.
OFFRE SPONTANÉE, free offer.
PLUS-VALUES FONCIÈRES SPONTANÉES, unearned land incre-
ments.

STABILISATEUR a, stabilizing.
INFLUENCE STABILISATRICE, stabilizing influence.
MÉCANISMES STABILISATEURS, stabilizing mechanisms.

STABILISATEUR m, stabilizer.
STABILISATEURS AUTOMATIQUES, automatic stabilizers.

STABILISATION f, stabilization, stabilizing, pegging; levelling off;
equalization.
EMPRUNT DE STABILISATION, stabilization loan.
FONDS DE STABILISATION DES CHANGES, exchange stabilization
fund; exchange equalization account.
FONDS DE STABILISATION DU MARCHÉ, marketing board.
MÉCANISMES DE STABILISATION AUTOMATIQUES, built-in eco-
nomic stabilizers.
OFFICE DE STABILISATION DES PRIX, Office of Price Stabilization
(OPS).
POLITIQUE(S) DE STABILISATION, stabilization policies.
STABILISATION DE LA MONNAIE, stabilization of the currency.
STABILISATION DES PRIX, price stabilization; stabilization of prices.
STABILISATION DU PERSONNEL, prevention of labour turn-over.

(SE) STABILISER v, to stabilize, to peg; to level off.
STABILISER LE MARCHÉ, to peg the market.

STABILITÉ f, stability, steadiness, fixity.
CONDITIONS DE STABILITÉ, stability conditions.
CROISSANCE DANS LA STABILITÉ, growth without inflation.
STABILITÉ ÉCONOMIQUE, economic stability.
STABILITÉ D'UN EMPLOI, fixity of tenure.
STABILITÉ PARFAITE ET STABILITÉ IMPARFAITE, perfect and
imperfect stability.
STABILITÉ DES PRIX, price stability.
STABILITÉ DU TAUX DE CHANGE, stability of the exchange rate.
THÉORIE DE LA STABILITÉ DYNAMIQUE, theory of dynamic
stability.

STABLE a, stable, permanent, durable, balanced, firm.
ÉQUILIBRE STABLE, stable equilibrium.
FONCTION RAISONNABLEMENT STABLE, fairly stable function.
MONNAIE STABLE, stable money; stable currency.
PRIX STABLES, stable prices.
RELATION STABLE, stable relationship.

STAGE m, probation period.
DURÉE DU STAGE, probation period.

STAGIAIRE m, probationer, trainee.

STAGNANT a, stagnant, stagnating.
ÉCONOMIE STAGNANTE, stagnant economy.
ÉTAT STAGNANT DES AFFAIRES, stagnant state of business.
PRIX STAGNANT, stagnant price.

STAGNATION f, stagnation; dul(l)ness.
STAGNATION DES AFFAIRES, stagnation of business.

STAGNER v, to stagnate.
les AFFAIRES STAGNENT, business is stagnating, slackening.

STAND m, stand.
STAND D'EXPOSITION exhibition stand.

STANDARD a, standard, standardized.
COÛT STANDARD, standard costs.
DÉVIATION STANDARD, standard deviation.
la MOYENNE DE DÉVIATION EST ÉGALE AUX 4/5e DE LA DÉVIA-
TION STANDARD, the mean deviation is equal to 4/5 of the stan-
dard deviation.
OR STANDARD, standard gold.

STANDARD m, standard; switchboard.
STANDARDS DE PRIX, price standards.
STANDARDS DE QUALITÉ ET DE QUANTITÉ, physical standards
STANDARD DE VIE, standard of living.

STANDARDISATION f, standardization, standardizing.
STANDARDISATION DANS LA FABRICATION, standardization
of manufacture.

STANDARDISÉ a, standardized, standard.
DIMENSION STANDARDISÉE, standardized size.
PRODUCTION STANDARDISÉE, standardized production.

STANDARDISER v, to standardize.

STANDARDISTE m ou f, telephone operator.

STATION f, station, resort.
RÉSEAU DE STATIONS RADIOPHONIQUES, broadcasting network.
RÉSEAU DE STATIONS DE TÉLÉVISION, television network.
STATION BALNÉAIRE, seaside resort.
STATION TERMINALE, terminal unit.
STATION THERMALE, health resort; spa.

STATIONNAIRE a, stationary.
ÉCONOMIE STATIONNAIRE, stationary economy.
ÉQUILIBRE STATIONNAIRE, stationary equilibrium.
ÉTAT STATIONNAIRE, stationary state.

STATIONNEMENT m, standing; parking.
DROITS DE STATIONNEMENT, standage.
TAXE DE STATIONNEMENT, demurrage charge.

STATIQUE a, static(al).
ANALYSE STATIQUE, static analysis.
ÉCONOMIE STATIQUE, static economy.
MODÈLE STATIQUE, static model.
THÉORIE DE L'ÉQUILIBRE STATIQUE, static equilibrium theory.

STATISTICIEN m, statistician.
ÉCONOMISTE-STATISTICIEN, analyst.

STATISTIQUE a, statistical.
AJUSTEMENT STATISTIQUE, curve fitting; fitting (of) a curve;
fitting process; statistical fitting; statistical reconciliation.
ANALYSE STATISTIQUE, statistical analysis.
APPAREIL STATISTIQUE, statistical apparatus.
ÉCART STATISTIQUE, statistical discrepancy.
ENQUÊTE STATISTIQUE, statistical enquiry; statistical inquiry.
ÉTAT STATISTIQUE, statistical statement.
GÉOGRAPHIE ÉCONOMIQUE ET STATISTIQUE, economic and
statistical geography.
INDICATEUR STATISTIQUE, statistical indicator.
INDUCTION STATISTIQUE, statistical induction: statistical inference.
MÉTHODE STATISTIQUE, statistical method.
UNITÉS STATISTIQUES, statistical units.

STATISTIQUE f, statistic, statistics, return.
ANNUAIRE DE STATISTIQUES, annual abstract of statistics.
BULLETIN MENSUEL DE STATISTIQUES, Monthly Digest of Sta-
tistics.
DROIT DE STATISTIQUE, statistical tax.
PRÉCIS DE STATISTIQUES, abstract of statistics.
STATISTIQUES DU COMMERCE EXTÉRIEUR, external trade sta-
tistics.
STATISTIQUE COMPARATIVE, comparative statistics.
STATISTIQUES DÉMOGRAPHIQUES, vital statistics.
STATISTIQUES DE L'ÉTAT CIVIL, vital statistics.
STATISTIQUES FONDAMENTALES, basic statistics.
STATISTIQUE SOUS FORME DE TABLEAU, statistics in tabular
form.

STATISTIQUE(S) DU MINISTÈRE DU COMMERCE, *U.K:* Board of Trade returns.
STATISTIQUES DE LA MORTALITÉ, death statistics.
STATISTIQUE DES NAISSANCES, natality statistics.
les STATISTIQUES SONT TOUJOURS EN RETARD SUR LES FAITS, statistics always lag behind the events.
STATISTIQUES DU REVENU NATIONAL, national income statistics.
STATISTIQUES SOCIALES, social statistics.
STATISTIQUES DE TRANSPORT, transport statistics.

STATUER *v,* to decree, to order.
SURSIS À STATUER, stay of proceedings.

STATUT *m,* status, constitution, statute, article, regulation.
CLAUSES DES STATUTS*, articles of association.
PRÉVU PAR LES STATUTS, provided by the articles.
RÈGLEMENT INTÉRIEUR FAISANT PARTIE DES STATUTS D'UNE SOCIÉTÉ, *U.K:* articles of association.
STATUT LÉGAL, legal status.
STATUTS ET RÈGLEMENTS, rules and regulations.
STATUTS (DE SOCIÉTÉ)*, statute; *UK:.* Memorandum and Articles of Association; *U.S:* by-laws; charter and by-laws.

STATUTAIRE *a,* statutory, statutable, provided by the articles.
AMORTISSEMENT STATUTAIRE, statutory writing off.
RÉSERVE STATUTAIRE, reserve provided by the articles.

STELLAGE *m,* double option, put and call.
DONNEUR DE STELLAGE, taker for a put and call.

STÉNOGRAPHIE *f,* stenography, shorthand.

STÈRE *m,* stacked metre.

STÉRILE *a,* unproductive, fruitless, barren, jejune; sterile.
TERRE STÉRILE, unproductive land.

STÉRILITÉ *f,* unproductiveness, fruitlessness, sterility.

STERLING *m,* sterling.
BALANCES STERLING, sterling balances.
DÉVALORISATION DU STERLING, devalorization of sterling.
LIVRE STERLING, pound sterling; sterling.
ZONE STERLING, sterling area.

STIMULANT *a,* stimulating.

STIMULANT *m,* stimulant, stimulus, incentive; incitement, incitation·
STIMULANTS DE LA PRODUCTION, production incentives.

STIMULER *v,* to stimulate, to incite.
l'EXPORTATION STIMULE LA PRODUCTION, exportation stimulates production.

STIPULATION *f,* stipulation, provision, covenant.
STIPULATION D'UN CONNAISSEMENT, provisions of a bill of lading.
STIPULATIONS D'UNE POLICE D'ASSURANCE, provisions of an insurance policy.

STIPULÉ *a,* stipulated, provided.
PRIX STIPULÉ AU CONTRAT, contract price.
RÉSERVES STIPULÉES DANS UN CONTRAT, exceptions stipulated in a contract.

STIPULER *v,* to stipulate, to provide.
le CONTRAT STIPULE QUE, the contract provides that.
STIPULER UNE GARANTIE, to stipulate a guarantee.

STOCHASTIQUE *a,* stochastic.
CONTINUITÉ STOCHASTIQUE, stochastic continuity.
MODÈLES STOCHASTIQUES, stochastic models.
PROGRAMME STOCHASTIQUE, stochastic program.
VARIABLE STOCHASTIQUE, stochastic variable.

STOCK *m,* stock, stock-in-trade, inventory; supply.
ACCROISSEMENT DES STOCKS, increase in stocks; addition to the stocks.
ACCUMULATION DE STOCKS INVENDUS, accumulation of unsold stocks.
AJUSTEMENT POUR PLUS-VALUE DES STOCKS, adjustment for stock valuation.
AJUSTEMENT POUR TENIR COMPTE DES VARIATIONS DES STOCKS, adjustment for changes in stocks.
COÛT DE CONSERVATION DES EXCÉDENTS DE STOCKS, carrying costs of surplus stocks.
COÛT DE RUPTURE DE STOCK, shortage cost.
DÉGONFLEMENT DES STOCKS, working off stocks.
ÉCOULER LES STOCKS, to get rid of (old) stock.
FORMATION DES STOCKS, building up of stocks.
GESTION AUTOMATISÉE DE STOCKS, computer control of inventory; computer control of stocks.
GESTION DE(S) STOCK(S), stock control; management of inventories; investment in inventories; investment in stocks.
INVESTISSEMENT DANS LES STOCKS, inventory investment; investment in inventories; investment in stocks.
LIQUIDATION DES STOCKS, liquidation of inventories; liquidation of stoks.
PRÉLÈVEMENT SUR LES STOCKS, drawing on stocks.

RÉALISATION DES STOCKS, clearance of stocks.
RÉÉVALUATION DES STOCKS, inventory revaluation; stocks revaluation.
ROTATION DES STOCKS, turn-over of stocks.
STOCK DE CAPITAL RÉEL, stock of real capital.
STOCK CYCLIQUE, cyclical stock.
les STOCKS S'ÉPUISENT, stocks are running low.
STOCKS EXCÉDENTAIRES, *U.K:* surplus stocks; *U.S:* excessive inventories.
STOCK D'UN FONDS DE COMMERCE, whole stock of a business.
STOCK DE MARCHANDISES, stock of goods.
STOCK MONÉTAIRE, money supply.
STOCK D'OR, stock of gold; gold stock.
STOCKS DE RÉGULARISATION, buffer stocks.
STOCK DE SÉCURITÉ, safety stock.
STOCK DE TITRES, stock of shares.
TENUE DE STOCK, inventory control; stock control.
VARIATIONS DE(S) STOCKS, changes in inventories; changes in stocks.
VENDRE TOUT LE STOCK, to sell out.
VENTE TOTALE DES STOCKS, selling off of stocks.

STOCKAGE *m,* stocking; carrying of stocks, of inventory.
CAPACITÉ DE STOCKAGE, storage capacity.
COÛT DE STOCKAGE, costs of carrying inventory.

STOCKER *v,* to stock.

STOP *m,* stop.
ORDRE STOP, stop order.

STRATE *f,* stratum, layer.
ÉCHANTILLONNAGES PAR STRATES, stratified sampling.

STRATÉGIE *f,* strategy.
STRATÉGIE DU DÉVELOPPEMENT ÉCONOMIQUE, strategy of economic development.

STRATÉGIQUE *a,* strategic(al).
CONTRÔLE DES MATIÈRES STRATÉGIQUES, strategic controls.

STRATIFICATION *f,* stratification.

STRATIFIÉ *a,* stratified, layered.
SONDAGE(S) STRATIFIÉ(S), stratified sampling.

STRATIFIER *v,* to stratify.

STRICT *a,* strict, exact.
OBLIGATION STRICTE, strict obligation.

STRICTION *f,* striction.
LIGNE DE STRICTION, line of striction; curve of striction.

STRUCTURAL *a,* structural.

STRUCTURE *f,* structure, set-up, frame; fabric; design, pattern regimen.
REMANIEMENT DE LA STRUCTURE (DU BUDGET DE RÉFÉRENCE), change of regimen.
STRUCTURE PAR ÂGE, age structure.
STRUCTURE ALVÉOLAIRE, honeycomb structure.
STRUCTURE FINANCIÈRE, capital structure; *U.S:* capitalization.
STRUCTURE FINANCIÈRE DES CHEMINS DE FER, *U.S:* capitalization of railroads.
STRUCTURE DE L'INDUSTRIE, structure of industry.
STRUCTURE LOGIQUE, logical design.
STRUCTURE DE(S) PRIX, price pattern; price structure.

STRUCTURÉ *a,* stratified.
ÉCHANTILLON ALÉATOIRE STRUCTURÉ PAR CLASSES, stratified random sample.

STUDENT *n.pr,* Student .
LOI DE STUDENT-FISHER (DISTRIBUTION DE t), t-distribution.

STUPÉFIANT *m,* narcotic, opiate.
TRAFIC DES STUPÉFIANTS, illicit trade in opiates; *U.K:* drug traffic.

STYLE *m,* style.

SUBALTERNE *a,* subaltern; subordinate.
PROPOSITION SUBALTERNE, subaltern proposition.

SUBDIVISER *v,* to subdivide.

SUBDIVISION *f,* subdivision.
SUBDIVISION D'ACTIONS, subdivision of shares.

SUBIR *v,* to undergo, to suffer, to sustain, to incur.
SUBIR UNE ÉPREUVE, to undergo a test.
SUBIR UN ESCOMPTE PAR RAPPORT À, to stand at a discount relatively to.
SUBIR UNE PERTE, DES PERTES, to suffer a loss; to sustain a loss; to meet with losses.
SUBIR DES PERTES SENSIBLES, to incur large losses.
SUBIR UN TEST, to undergo a test.
SUBIR UN TEST AVEC SUCCÈS, to pass a test.
VALEUR QUI SUBIT UNE DÉPRÉCIATION, security which suffers a depreciation.

SUBJECTIF *a*, subjective.
THÉORIE DE LA VALEUR SUBJECTIVE, theory of subjective value.

SUBJECTIVISME *m*, subjectivism.

SUBJECTIVITÉ *f*, subjectivity.

SUBORDONNÉ *a*, subordinate.

SUBROGATION *f*, subrogation, substitution.

SUBROGATOIRE *a*, of subrogation.
ACTE SUBROGATOIRE, act of substitution.

SUBSÉQUENT *a*, subsequent, later.
TESTAMENT SUBSÉQUENT, later will.

SUBSIDE *m*, subsidy.

SUBSIDIAIRE *a*, subsidiary, auxiliary, accessory, additional.
CONDITION SUBSIDIAIRE, subsidiary condition.

SUBSISTANCE *f*, subsistence, sustenance, keep.
CONSOMMATION DE SUBSISTANCE, subsistence consumption.
MINIMUM PUR ET SIMPLE DE SUBSISTANCE, bare minimum of subsistence.
MOYENS DE SUBSISTANCE, means of subsistence; means of sustenance.
NIVEAU DE SUBSISTANCE, subsistence level.
TERRE ASSURANT LA SUBSISTANCE D'UNE FAMILLE, *U.S*: subsistence homestead: subsistence farm.

SUBSISTER *v*, to subsist; to live.
CRÉANCES QUI SUBSISTENT, live claims.
SUBSISTER D'AUMÔNES, to subsist on charity.

SUBSTANCE *f*, substance; material, stuff, matter; gist.

SUBSTANTIEL *a*, substantial.

SUBSTANTIF *a*, substantive.

SUBSTITUABILITÉ *f*, substitutability.
DEGRÉ DE SUBSTITUABILITÉ, degree of substitutability.

SUBSTITUER *v*, to substitute, to replace.
SUBSTITUER DE L'ÉLECTRICITÉ AU CHARBON, to replace coal by (with) electricity.

SUBSTITUT *m*, substitute, deputy.
CHAÎNE DES SUBSTITUTS, chain of substitutes.
la MONNAIE ET LES TITRES CONSTITUENT DES SUBSTITUTS, money and securities are substitutes.
PROCHES SUBSTITUTS DE LA MONNAIE, close substitutes for money.
SUBSTITUTS PARFAITS, perfect substitutes.

SUBSTITUTION *f*, substitution, replacement; reversion.
EFFET DE SUBSTITUTION, substitution effect.
ÉLASTICITÉ DE SUBSTITUTION, elasticity of substitution.
ÉLASTICITÉ DE SUBSTITUTION DES FACTEURS, elasticity of factor substitution.
ÉLASTICITÉ DE SUBSTITUTION PARTIELLE, elasticity of partial substitution.
FACTEURS DE SUBSTITUTION, substitute factors.
LOI DE SUBSTITUTION, law of substitution.
PRINCIPE DE DIMINUTION DES COÛTS PAR SUBSTITUTION, least-cost substitution principle.
PRODUITS DE SUBSTITUTION, substitute products.
RAPPORT DE SUBSTITUTION, substitution ratio.
SUBSTITUTION ENTRE LES FACTEURS, substitution among factors.
SUBSTITUTION LOISIR-CONSOMMATION, substitution between leisure and consumption.
SUBSTITUTION DANS LE TEMPS, substitution over time.
TAUX MARGINAL DÉCROISSANT DE SUBSTITUTION, diminishing marginal rate of substitution.
TAUX MARGINAL DE SUBSTITUTION, marginal rate of substitution.
VALEUR RELATIVE DE SUBSTITUTION, relative substitution value.

SUBSTRAT *m*, substratum.

SUBTERFUGE *m*, subterfuge.

SUBURBAIN *a*, suburban.
ZONE SUBURBAINE, suburban area.

SUBVENIR *v*, to provide.
SUBVENIR AUX BESOINS D'UNE FAMILLE, to support a family.

SUBVENTION *f*, subsidy, subvention, grant, bounty, *U.K*: deficiency payment (to farmers).
EXCÉDENT DES IMPÔTS INDIRECTS SUR LES SUBVENTIONS, excess of indirect taxes over subsidies.
sans SUBVENTION, unsubsidized.
SUBVENTIONS À L'AGRICULTURE, subsidies to agriculture.
SUBVENTIONS À L'ALIMENTATION, food subsidies.
SUBVENTIONS EN CAPITAL, capital grants.
SUBVENTIONS AUX CONSOMMATEURS, price subsidies.
SUBVENTION DE L'ÉTAT, grant-in-aid; State grant.
SUBVENTIONS AU LOGEMENT, housing subsidies.

SUBVENTIONNÉ *a*, subsidized, subventioned, aided
INDUSTRIE SUBVENTIONNÉE, subsidized industry.
non SUBVENTIONNÉ, unsubsidized.
SUBVENTIONNÉ PAR L'ÉTAT, grant-aided; State-aided.

SUBVENTIONNER *v*, to subsidize.

SUCCÉDANÉ *m*, substitute.

SUCCÉDER *v*, to succeed.

SUCCÈS *m*, success, successful outcome.
AUTEUR À SUCCÈS, best-seller.
CHANCES DE SUCCÈS, prospects of success.
LIVRE À SUCCÈS, best-seller.
PASSER UN EXAMEN AVEC SUCCÈS, to pass an examination; to sit an examination.
PASSER UN TEST AVEC SUCCÈS, to pass a test.
PROBABILITÉ DU SUCCÈS, probability of the successful outcome.
SUBIR UN TEST AVEC SUCCÈS, to pass a test.
à SUCCÈS, best-selling.
sans SUCCÈS, unsuccessful.

SUCCESSEUR *m*, successor.

SUCCESSIF *a*, successive, sequent, sequential, succeeding, successional.
chaque ANNÉE SUCCESSIVE, each succeeding year.
par APPROXIMATIONS SUCCESSIVES, by successive approximation.
DROITS SUCCESSIFS, right to succeed.
ÉCHANTILLONAGE SUCCESSIF, sequential sampling.
GRAPHIQUE D'ANALYSE GÉNÉRALE DES ACTIVITÉS SUCCESSIVES, operation process chart.
MÉTHODE DES APPROXIMATIONS SUCCESSIVES, method of successive substitutions; method of continual approaches.
RÉSOUDRE UNE ÉQUATION PAR APPROXIMATIONS SUCCESSIVES, to solve an equation by approximation.

SUCCESSION *f*, succession, sequence, series; inheritance, deceased estate, estate, decedent's estate.
ADMINISTRATEUR D'UNE SUCCESSION, administrator of an estate.
CHARGES D'UNE SUCCESSION, charges on an estate.
DROIT DE SUCCESSION, right of succession; right of inheritance.
DROITS DE SUCCESSION, death duties; estate duty; legacy-duty.
DROITS DE SUCCESSION (PAR TESTAMENT), probate-duty.
IMPÔTS SUR DONATIONS ET SUCCESSIONS, death and gift duties.
PARTAGE D'UNE SUCCESSION, distribution of an estate.
RENONCIATION À UNE SUCCESSION, relinquishment of decedent's estate.
RÉSERVE LÉGALE D'UNE SUCCESSION, legal share in an estate.
SUCCESSION DE TERMES, sequence of numbers.
SUCCESSION VACANTE, estate without a claimant.
TRIBUNAL DES SUCCESSIONS ET DES TUTELLES*, *U.S*: probate court; Orphans' Court; *U.K*: Chancery Division (of the High Court).

SUCCESSORAL *a*, successional.

SUCCURSALE *f*, sub-office, branch office, branch.
MAGASIN À SUCCURSALES (MULTIPLES), multiple store; chain store.
SUCCURSALE D'UNE BANQUE, branch bank.
SUCCURSALE DE PROVINCE, country branch.

SUCRE *m*, sugar.
BAISSE SUR LE SUCRE, drop in sugar.
CANNE À SUCRE, sugar-cane.
CONSEIL INTERNATIONAL DU SUCRE, International Sugar Council.
COURTIER EN SUCRE, sugar-broker.
RAFFINAGE DU SUCRE, sugar-refining.
RAFFINERIE DE SUCRE, sugar-refinery.

SUCRIER *a*, pertaining to sugar-manufacturing.
INDUSTRIE SUCRIÈRE, sugar industry.

SUD-AFRICAIN *a*, South-African.
VALEURS SUD-AFRICAINES, Kaffirs.

(SE) **SUFFIRE** *v*, to suffice, to be sufficient.
INDUSTRIES QUI SE SUFFISENT À ELLES-MÊMES, self-contained industries.
qui SUFFIT À SES BESOINS, self-supporting.
UNITÉ ÉCONOMIQUE SE SUFFISANT À ELLE-MÊME, self-sufficient economic unit.

SUFFISAMMENT *adv*, sufficiently.
les HYPOTHÈSES FAITES SONT SUFFISAMMENT RÉALISTES, the assumptions made are sufficiently realistic.

SUFFISANCE *f*, sufficiency, adequacy.

SUFFISANT *a*, sufficient, adequate.
CONDITION SUFFISANTE, sufficient condition.
DÉFAUT DE DONNÉES SUFFISANTES, lack of sufficient data.
JUSTE SUFFISANT, just sufficient.
SALAIRE À PEINE SUFFISANT POUR VIVRE, bare subsistence wage.
SUFFISANT POUR ABSORBER L'EXCÈS DE, sufficient to absorb the excess of.

SUFFRAGE m, suffrage, franchise; vote.
MAJORITÉ DES SUFFRAGES, majority of votes.
NOMBRE DE SUFFRAGES, number of votes cast.
SUFFRAGES EXPRIMÉS, votes recorded.
SUFFRAGE UNIVERSEL, franchise for all; universal suffrage; votes for all.

SUISSE a, Swiss.
FRANC SUISSE, Swiss franc.

SUITE f, succession, series.
PRENDRE LA SUITE DES AFFAIRES D'UNE MAISON, to succeed to a business.
SUITE DE NOMBRES, series of numbers.
SUITE DE TERMES, series of terms.

SUIVANT a, following, ensuing, next, succeeding.
COUP SUIVANT, next move.
DÉMARCHE SUIVANTE, next move.
LIQUIDATION SUIVANTE, following settlement; ensuing settlement; following account; ensuing account; succeeding account.

SUIVI a, persistent, consistent; coherent.
ACHATS SUIVIS, consistent buying.
DEMANDE SUIVIE, persistent demand; steady demand.

SUIVRE v, to follow, to trace.
le COMMERCE SUIT LE PAVILLON, trade follows the flag.
de cette DÉFINITION IL S'ENSUIT, it follows from this definition.
PRIÈRE DE FAIRE SUIVRE, please forward.

SUJET a, subject, liable.
DÉPÔT D'ÉPARGNE SUJET À RETRAIT PAR CHÈQUE, saving deposit subject to cheque.
DÉPÔT SUJET À AVIS DE RETRAIT, deposit at notice; notice deposit.
MARCHANDISES SUJETTES À DES DROITS, dutiable goods.
MARCHANDISES SUJETTES À DES DROITS D'ENTRÉE, goods liable to import duty.
SUJET À DES CHANGEMENTS FRÉQUENTS, in a state of flux.
SUJET À UNE TAXE OU EXONÉRÉ, dutiable or free of duty.
SUJET À DES VARIATIONS, variational; subject to variation.

SUJET m, subject, matter; subject-matter.
VIF DU SUJET, gist of the matter.

SUJÉTION f, subjection, constraint.

SULFATE m, sulphate, U.S: sulfate.

SULFURE m, sulphide, U.S: sulfide.

SULFURIQUE a, sulphuric, U.S: sulfuric.
ACIDE SULFURIQUE, sulphuric acid.

SUPERBÉNÉFICE m, surplus profit, excess profit.
IMPÔT SUR LES SUPERBÉNÉFICES, excess profits duty; excess profits tax(es).

SUPERCHERIE f, fraud, juggle.

SUPERDIVIDENDE m, surplus dividend.

SUPERFICIE f, surface, superficies, area, territory, acreage.
MESURES DE SUPERFICIE, superficial measures; square measures.
SUPERFICIE CULTIVÉE, cultivated territory; cultivated area.
SUPERFICIE DÉLIMITÉE PAR LA COURBE DE GAUSS, area under the normal curve.
SUPERFICIE MOYENNE PAR OUVRIER, amount of land per worker.
SUPERFICIE TERRESTRE, land area.

SUPERFICIEL a, superficial.

SUPERFLU a, superfluous, unnecessary, needless.

SUPÉRIEUR a, upper, superior, top, prime, higher, further, advanced.
ASYMPTOTE SUPÉRIEURE, upper asymptote.
CADRE SUPÉRIEUR, high executive; senior executive.
CLASSES SUPÉRIEURES, higher classes.
COURBE D'INDIFFÉRENCE SUPÉRIEURE, higher indifference curve.
s'ÉLEVER À UNE COURBE D'INDIFFÉRENCE SUPÉRIEURE, to attain a higher indifference curve.
ENSEIGNEMENT SUPÉRIEUR, higher education.
GÉOMÉTRIE SUPÉRIEURE, higher geometry.
INDICE SUPÉRIEUR, superscript.
MATHÉMATIQUES SUPÉRIEURES, higher mathematics; advanced mathematics.
NOMBRE SUPÉRIEUR, superior number.
OFFRE SUPÉRIEURE, further bid; higher bid.
QUALITÉ SUPÉRIEURE, prime quality; fineness.
QUALITÉ (TOUT À FAIT) SUPÉRIEURE, top-grade quality.

SUPERIMPOSITION f, supplementary taxation.

SUPÉRIORITÉ f, superiority.

SUPERMARCHÉ m, supermarket.

SUPERPOSER v, to superpose.
SUPERPOSER DEUX TRIANGLES, to superpose two triangles.

SUPERSTRUCTURE f, superstructure.

SUPERVISION f, supervision.

SUPPLÉMENT m, supplement, additional payment, addition, extra, extra fare, extra charge(s), excess fare.
SUPPLÉMENT D'UN ANGLE, supplement of an angle.

SUPPLÉMENTAIRE a, supplementary, supplemental, additional, extra, further.
ANGLE SUPPLÉMENTAIRE D'UN AUTRE, angle supplemental to another.
COÛT SUPPLÉMENTAIRE, supplementary cost; extra cost.
CRÉDITS BUDGÉTAIRES SUPPLÉMENTAIRES, supplementary estimates.
CRÉDIT SUPPLÉMENTAIRE, further credit.
DIVIDENDE SUPPLÉMENTAIRE, bonus on shares.
FAIRE DES HEURES SUPPLÉMENTAIRES, to work overtime.
FRAIS SUPPLÉMENTAIRES, extras.
HEURE SUPPLÉMENTAIRE, hour of overtime.
HEURES SUPPLÉMENTAIRES, overtime; extra work.
les HEURES SUPPLÉMENTAIRES SE PAIENT 50 % PLUS CHER, overtime counts time and half.
IMPÔT SUPPLÉMENTAIRE SUR LE REVENU, super-tax; U.K: surtax.
INVESTISSEMENT SUPPLÉMENTAIRE, additional investment.
MARGE SUPPLÉMENTAIRE, further margin; further cover.
RAISON SUPPLÉMENTAIRE, further reason.
REVENU(S) SUPPLÉMENTAIRE(S), additional income.
SOMME PAYÉE POUR LES HEURES SUPPLÉMENTAIRES, amount paid for overtime.
TAXE SUPPLÉMENTAIRE, supplementary charge.
TRAIN SUPPLÉMENTAIRE, relief train.

SUPPLÉTIF a, suppletive.
COÛTS SUPPLÉTIFS, implicit costs.

SUPPORT m, medium; bracket, rack.
SUPPORT MONÉTAIRE, circulating medium; medium of circulation.
SUPPORTS PUBLICITAIRES, advertising media.

SUPPORTABLE a, supportable, bearable, tolerable.

SUPPORTER m, supporter.

SUPPORTER v, to support, to bear, to tolerate, to carry, to undergo.
SUPPORTER UNE PERTE, to bear a loss.
SUPPORTER LES RISQUES DES TRANSACTIONS D'UN CLIENT MOYENNANT UNE AVANCE MINIME, to carry a customer for all save a small deposit.

SUPPOSÉ a, supposed, suppositional, assumed.
SUPPOSÉ (PAR VOIE DE DÉDUCTION), constructive.

SUPPOSER v, to suppose, to assume, to presume.
à SUPPOSER QUE, assuming that.
SUPPOSONS QUE, let us assume that; let us presume that.
SUPPOSER TOUTES LES DIFFICULTÉS RÉSOLUES, to assume the difficulties away.

SUPPOSITION f, supposition, surmise, assumption, conjecture, postulation.
SUPPOSITION GRATUITE, groundless assumption.

SUPPRESSION f, suppression, suppressing, abolition.
SUPPRESSION DE LA CONCURRENCE, suppression of competition.
SUPPRESSION DU RATIONNEMENT, abolition of rationing.

SUPPRIMÉ a, suppressed.

SUPPRIMER v, to suppress, to abolish, to cancel, to strike off.
PREMIÈRE DÉPENSE SOMPTUAIRE À SUPPRIMER, first luxury to go.

SUPPUTATION f, reckoning, calculation, computation.

SUPPUTER v, to reckon, to calculate, to compute.
SUPPUTER LA RECETTE ET LA DÉPENSE, to reckon the receipts and expenses.

SUPRANATIONAL a, supranational.

SUPRÉMATIE f, supremacy.

SUPRÊME a, supreme, paramount.

SÛR a, secure, safe, certain, sure, reliable.
PLACEMENT SÛR, safe investment; secure investment.
PORT SÛR, safe port.
peu SÛR, insecure.

SURABONDANCE f, superabundance, surfeit, glut, plethora, over-stock.
SURABONDANCE D'OR SUR LE MARCHÉ, surfeit of gold on the market.

SURABONDANT a, superabundant, over-abundant; redundant.

SURACTIVITÉ f, over-activity.

SURANNÉ a, out-of-date, old-fashioned.

SURCAPITALISATION f, overcapitalization.

SURCAPITALISÉ a, overcapitalized.

SURCHARGE f, overcharge, overload, surcharge.

SURCHARGÉ *a*, overloaded.
MARCHÉ SURCHARGÉ DE TITRES, market overloaded with stock.

SURCHARGER *v*, to overcharge, to overload, to overburden; to surcharge, to overtax.

SURCHAUFFE *f*, overheating.

SURCHAUFFÉ *a*, overheated.

SURCROÎT *m*, increase, addition, *U.S:* superaddition.
SURCROÎT DE DÉPENSES, additional expenditure.
SURCROÎT DE TRAVAIL, extra work.

SURENCHÈRE *f*, outbidding, overbid, further bid.

SURENCHÉRIR *v*, to outbid, to overbid, to bid higher.

SURENCHÉRISSEUR *m*, overbidder.

SURÉQUILIBRE *m*, overbalance.
BUDGET EN SURÉQUILIBRE, overbalanced budget.
SURÉQUILIBRE BUDGÉTAIRE, overbalanced budget.

SURESTARIE *f*, demurrage.

SURESTIMATION *f*, overvaluation, over-estimate.

SURESTIMER *v*, to overvalue, to overrate.
SURESTIMER LA VALEUR D'UNE ACTION, to overrate the value of a share.

SÛRETÉ *f*, security, safety, surety, guarantee, sureness, reliability, additional security.
PRENDRE DES SÛRETÉS, to obtain security.
en SÛRETÉ, safe.
SÛRETÉ EN GARANTIE D'UNE CRÉANCE, security for a debt.

SURÉVALUATION *f*, overvaluation, over-estimate.
SURÉVALUATION DES AVOIRS, overvaluation of assets.

SURÉVALUÉ *a*, overvalued.
MARCHÉ SURÉVALUÉ, over-bought market.
MONNAIE SURÉVALUÉE, overvalued currency.

SURÉVALUER *v*, to overvalue, to overrate.

SURFACE *f*, surface, area, plane, face.
COURBURE D'UNE SURFACE, curvature of a surface.
INTÉGRALE DE SURFACE, surface integral.
SURFACE D'APPUI, bearing surface.
SURFACE FINANCIÈRE, financial standing.
SURFACE GAUCHE, skew surface.
SURFACE INDÉVELOPPABLE, skew surface.
SURFACE DE PLANCHER, floor space.
SURFACE DE RÉVOLUTION, surface of revolution.
SURFACE DE ROTATION, surface of revolution.
SURFACE DE SECTION, sectional surface; sectional area.
SURFACE SITUÉE EN-DESSOUS DE LA COURBE DE DEMANDE, area under the demand curve.
SURFACE TOTALE DE PLANCHER, total floor area.
SURFACE D'UTILITÉ, utility surface.
UNITÉ DE SURFACE, square measure.

SURIMPOSER *v*, to overtax.

SURIMPOSITION *f*, overtaxation, over-assessment.

SURINVESTISSEMENT *m*, overinvestment.
THÉORIE MONÉTAIRE DU SURINVESTISSEMENT, monetary over-investment theory.
THÉORIE DU SURINVESTISSEMENT, overinvestment theory.

SURMENAGE *m*, overstrain, overwork, overworking.

SURNOMBRE *m*, redundancy.
OUVRIERS EN SURNOMBRE, redundancy of workers.
en SURNOMBRE, redundant.

SUROFFRE *f*, overbid, better bid, better offer.

SURPASSER *v*, to surpass, to exceed.
SURPASSER UNE ÉMISSION, to over-subscribe.

SURPAYE *f*, overpayment, extra pay, bonus.

SURPAYÉ *a*, overpaid.

SURPAYER *v*, to overpay.
SURPAYER UN EMPLOYÉ, to overpay an employee.

SURPEUPLÉ *a*, over-populated.

SURPEUPLEMENT *m*, over-population.

SURPLUS *m*, surplus, overplus, surplusage, excess, over, redundancy.
ACTIONS DE NUMÉRAIRE DE SURPLUS, surplus cash shares.
ACTIONS DE SURPLUS, surplus shares.
RÉSORBER UN SURPLUS, to absorb a surplus.
les SURPLUS, left-overs; left-over stock.
SURPLUS ACQUIS, acquired surplus.
SURPLUS DE CAISSE, surplus in the cash.
SURPLUS DU CONSOMMATEUR, consumer's surplus.
SURPLUS DISPONIBLE, disposable surplus.
SURPLUS EXPORTABLE, exportable surplus.

SURPLUS IMPOSABLE, taxable surplus.
SURPLUS MAXIMAL, maximum surplus.
SURPLUS DE LA POPULATION, surplus population.
SURPLUS DU PRODUCTEUR, producer's surplus.
SURPLUS DE PRODUIT, surplus product.
THÉORIE DES SURPLUS, theory of surplus.

SURPRIME *f*, extra premium.

SURPRISE *f*, surprise.
GRÈVE SURPRISE, snap strike; lightning strike.

SURPRIX *m*, excess price.

SURPRODUCTION *f*, overproduction.

SURSALAIRE *m*, extra pay, bonus, supplementary wage.

SURSIS *m*, respite, delay, reprieve.
SURSIS DE PAIEMENT, respite of payment.
SURSIS À STATUER, stay of proceedings.

SURTAXE *f*, surtax, super-tax, surcharge.
PERSONNES ASSUJETTIES À LA SURTAXE, people assessed for surtax.
SURTAXE DE CHANGE, exchange surcharge.
SURTAXE FISCALE, *U.S:* tax surcharge; *U.K:* surtax.
SURTAXE POSTALE, additional postage.
TAXES ET SURTAXES D'ÉCHANGE, exchange taxes and surcharges.

SURTAXER *v*, to overtax, to surcharge, to overrate.

SURVEILLANCE *f*, superintendence, supervision, inspection; monitoring.
COMITÉ DE SURVEILLANCE, inspection committee.

SURVEILLANT *m*, superintendent, supervisor, surveyor.

SURVIE *f*, survival, survivorship.
GAIN DE SURVIE, right of survivorship.
TABLES DE SURVIE, survival tables; expectation of life table(s).

SURVIVANCE *f*, survival, survivorship.

SURVIVANT *m*, survivor.

SUSCEPTIBLE *a*, capable; susceptible.
non SUSCEPTIBLE D'AMÉLIORATION, incapable of improvement.
SUSCEPTIBLE D'AUGMENTATION, increasable.
SUSCEPTIBLE D'ÊTRE ÉMIS, issuable.

SUSPENDRE *v*, to suspend, to stop; to defer.
SUSPENDRE LE(S) PAIEMENT(S), to suspend payment; to stop payment.
SUSPENDRE LE PAIEMENT D'UN CHÈQUE, to stop a cheque.

EN **SUSPENS** *adv*, in suspense.
AFFAIRE EN SUSPENS, matter in suspense.
INTÉRÊTS EN SUSPENS, interest in suspense.

SUSPENSIF *a*, suspensive.
CONDITION SUSPENSIVE, condition precedent.

SUSPENSION *f*, suspension, abeyance, cessation, discontinuance, stoppage.
SUSPENSION DE L'EXÉCUTION D'UN JUGEMENT, stay of execution.
SUSPENSION DE PAIEMENT, stoppage of payment.
SUSPENSION DU TRAVAIL, cessation from work.

SUZERAIN *m*, overlord.

SYLVICULTURE *f*, forestry.

SYMBOLE *m*, symbol.
SYMBOLE MNÉMONIQUE, mnemonic symbol.

SYMBOLIQUE *a*, symbolic(al), nominal.
LOYER SYMBOLIQUE, nominal rent.
PAIEMENT SYMBOLIQUE (EN RECONNAISSANCE D'UNE DETTE), token payment (in recognition of a debt).

SYMÉTRIE *f*, symmetry.
AXE DE SYMÉTRIE, symmetry axis.
MANQUE DE SYMÉTRIE, lack of symmetry; lopsidedness.
PLAN DE SYMÉTRIE, symmetry plane.

SYMÉTRIQUE *a*, symmetric(al).
COURBES SYMÉTRIQUES ET DISSYMÉTRIQUES, symmetrical and asymmetrical curves.
COURBES SYMÉTRIQUES ET OBLIQUES, symmetrical and asymmetrical curves.
DISTRIBUTION SYMÉTRIQUE, symmetrical distribution.
MATRICE SYMÉTRIQUE, symmetric(al) matrix.

SYMÉTRISATION *f*, symmetrization.

SYMPTOMATIQUE *a*, symptomatic.

SYMPTÔME *m*, symptom, indication.
SYMPTÔMES GRAVES, grave symptoms.
SYMPTÔMES DE L'INFLATION, symptoms of inflation.

SYNALLAGMATIQUE *a*, synallagmatic.
CONTRAT SYNALLAGMATIQUE, synallagmatic contract; bilateral contract; indenture.

SYNARCHIE f, synarchy.

SYNCHRONISATION f, synchronization, synchronizing.

SYNCHRONISÉ a, synchronized.

SYNCHRONISME m, synchronism.

SYNDIC* m, syndic, assignee.
SYNDIC DE FAILLITE*, official receiver; receiver in bankruptcy; receiver and manager; trustee in bankruptcy.

SYNDICAL a, syndical; unionist.
ACTE SYNDICAL, underwriting agreement; underwriting contract.
CHAMBRE SYNDICALE DES AGENTS DE CHANGE, Stock Exchange Committee.
MOUVEMENT SYNDICAL, trade-union movement.

SYNDICALISME m, unionism, trade-unionism; syndicalism.
SYNDICALISME CLANDESTIN, NON OFFICIEL, SAUVAGE, black unionism.

SYNDICALISTE m, unionist, trade-unionist, syndicalist.

SYNDICAT* m, union, trade-union, labour-union; syndicate, ring; association, federation.
FORMER UN SYNDICAT, to form a union.
GÉRANT D'UN SYNDICAT DE PLACEMENT, manager of an underwriting syndicate.
MEMBRE D'UN SYNDICAT DE GARANTIE, underwriter.
PART DE SYNDICAT, share of underwriting.
PROMOTEUR D'UN SYNDICAT, promoter of a syndicate.
QUALITÉ DE MEMBRE D'UN SYNDICAT, membership of a syndicate.
SYNDICAT ARBITRAGISTE, arbitrage syndicate.
SYNDICAT DE BANQUIERS, syndicate of bankers.
SYNDICAT DE BOURSE, market syndicate.
SYNDICAT D'ÉMISSION, issue syndicate.
SYNDICAT DE (D'UNE) FAILLITE*, official receivership; trusteeship of a bankruptcy.
SYNDICAT FINANCIER, finance syndicate; financial syndicate.
SYNDICAT DE GARANTIE, underwriting syndicate; underwriters.
SYNDICAT OUVRIER, trade-union.
SYNDICATS OUVRIERS BIENS ORGANISÉS, well-organized trade-unions.
SYNDICAT PATRONAL, employers' federation; federations of employers.
SYNDICAT DE PLACEMENT, underwriting syndicate; pool.
SYNDICAT DE PRODUCTEURS, producers' association.

SYNDICATAIRE m, underwriter.

SYNDIQUÉ a, syndicated.
ACTIONS SYNDIQUÉES, syndicated shares.
n'ADMETTANT QUE DES TRAVAILLEURS SYNDIQUÉS, closed shop.
ENTREPRISE QUI ADMET DES OUVRIERS NON SYNDIQUÉS, open shop.
OUVRIERS NON SYNDIQUÉS, non-union men.

SYNDIQUÉ m, trade-unionist.

(SE) **SYNDIQUER** v, to syndicate; to form a union.
DROIT DE SE SYNDIQUER, right of combination.
SYNDIQUER UNE INDUSTRIE, to syndicate an industry.

SYNERGIE f, synergy.

SYNOPSIS f, synopsis.

SYNTHÈSE f, synthesis.
SYNTHÈSE PROVISOIRE, provisional synthesis.

SYNTHÉTIQUE a, synthetic(al), consolidated.

BILAN SYNTHÉTIQUE, consolidated balance-sheet.
CAOUTCHOUC SYNTHÉTIQUE, synthetic rubber.
INDICE SYNTHÉTIQUE, parity index.

SYSTÉMATIQUE a, systematic, constant.
ÉCHANTILLON AVEC ERREUR SYSTÉMATIQUE, biased sample.
ERREUR SYSTÉMATIQUE, systematic error; constant error; bias.

SYSTÉMATISATION f, systematization.

SYSTÉMATISER v, to systematize.

SYSTÈME m, system, scheme, method, plan, organization.
ANALYSE DE SYSTÈMES, systems analysis.
COHÉRENCE INTERNE DU SYSTÈME, internal consistency of the system.
CONFIGURATION D'UN SYSTÈME, system configuration.
DÉFAUTS DU SYSTÈME ÉCONOMIQUE, defects of the economic system.
ENSEMBLE DU SYSTÈME LÉGAL, fabric of law.
ÉVALUATION DU COÛT D'UN SYSTÈME, systems costing.
FONCTIONNEMENT DU SYSTÈME, working of the system.
LOGIQUE D'UN SYSTÈME, system logic.
SOUS-SYSTÈME, sub-system.
SYSTÈME AUTOMATIQUE DE TRAITEMENT DE L'INFORMATION, automatic data processing system.
SYSTÈME BICAMÉRAL, double chamber system.
SYSTÈME BINAIRE, binary system; binary number system.
SYSTÈME DE CARTELS, cartel(l)ization.
SYSTÈME DE CASTES, caste system.
SYSTÈME DE COORDONNÉES, frame of reference.
SYSTÈME DE CRÉDIT PUR, pure credit system.
SYSTÈME DÉCIMAL, decimal system.
SYSTÈME D'ÉCONOMIE MIXTE, mixed enterprise system.
SYSTÈME ÉCONOMIQUE, economic system.
SYSTÈME DES ENTREPÔTS, warehousing system.
SYSTÈMES D'ÉQUATIONS LINÉAIRES, systems of linear equations.
SYSTÈME D'EXPLOITATION, operating system.
SYSTÈME FERMÉ, closed system.
SYSTÈME FISCAL, tax system.
SYSTÈME FISCAL FRANÇAIS, French fiscal system.
SYSTÈME INTÉGRÉ, integrated system.
SYSTÈME INTÉGRÉ DE GESTION, management information system.
SYSTÈME D'INVENTAIRE PERMANENT, continuous review system.
SYSTÈME MERCANTILE, mercantile system.
SYSTÈME MÉTRIQUE, metric system.
SYSTÈME MINIMAX, minimax system.
SYSTÈME MONÉTAIRE, monetary organization; monetary system.
SYSTÈME MONÉTAIRE INTERNATIONAL, international monetary system.
SYSTÈME MONOMÉTALLIQUE, monometallic system.
SYSTÈME OUVERT, open system.
SYSTÈME DE PARTICIPATION AUX BÉNÉFICES, profit-sharing scheme.
SYSTÈME DES PRÉLÈVEMENTS, levy system.
SYSTÈMES DE PRESTATIONS EN FAVEUR DES EMPLOYÉS, social benefit schemes for employees.
SYSTÈME DE PRÉVOYANCE, provident scheme.
SYSTÈME DE PRIMES, system of bounties.
SYSTÈME DE PROGRAMMATION, programming system.
SYSTÈME PROTECTIONNISTE, protectionist system.
SYSTÈME DE RÉSERVE FÉDÉRALE, U.S: Federal Reserve System.
SYSTÈMES DE SÉCURITÉ SOCIALE, social security schemes.
SYSTÈME DE TAXATION DÉGRESSIF, regressive tax system.
SYSTÈME TRIBAL, tribalism.
SYSTÈME UNITAIRE D'IMPOSITION, unitary system of taxation.

T *lettre*, T.
DISTRIBUTION DE t (LOI DE STUDENT-FISHER), t-distribution.

TABAC *m*, tobacco.
VALEURS DE TABAC, tobacco shares; tobaccos.

TABLE *f*, table.
ARRANGEMENT EN TABLES, tabulation; tabulating
TABLES DE CONTINGENCE, contingency tables.
TABLE DE CORRÉLATION, correlation table.
TABLE DE DÉCISION, decision table.
TABLE DE LA DISTRIBUTION NORMALE, table of areas under the normal curve.
TABLE DES FRÉQUENCES, frequency table.
TABLE D'INTÉRÊTS, interest table.
TABLE DE(S) LOGARITHMES, logarithmic table; table of logarithms.
TABLES DE LOGARITHMES À CINQ DÉCIMALES, five-figure logarithm tables.
TABLES DE MORTALITÉ, mortality tables; actuaries' tables.
TABLE DE MULTIPLICATION, multiplication table.
TABLE DES PARITÉS, table of par values; parity table(s).
TABLE DE POIDS ET MESURES, table of weights and measures.
TABLE DES SINUS ET COSINUS, table of sines and cosines.
TABLES DE SURVIE, survival tables; expectation of life table(s).

TABLEAU *m*, table, panel, board; diagram; array; picture.
en FORME DE TABLEAU, tabulated.
STATISTIQUE SOUS FORME DE TABLEAU, statistics in tabular form.
TABLEAUX ANALYTIQUES, analytical tables.
TABLEAU D'AVANCEMENT, promotion roster.
TABLEAU DE COMMANDE, control panel.
TABLEAU COMPARATIF, comparative table.
TABLEAU D'ÉCHANGES INTERSECTORIELS, input-output table.
TABLEAU DES ENTRÉES-SORTIES, input-output table.
TABLEAU FERMÉ, closed array.
TABLEAU INDIQUANT LA PONDÉRATION UTILISÉE, weighting diagram.

TABULAIRE *a*, tabular.

TABULATEUR *m*, tabulator.

TABULATRICE *f*, tabulator, tabulating machine.

TÂCHE *f*, task, job, work.
CONFIER UNE TÂCHE À QUELQU'UN, to entrust a task to somebody.
OUVRIER À LA TÂCHE, jobber.
SALAIRE À LA TÂCHE, *U.S:* job wage; piece wage
TÂCHE POUR UN SEUL HOMME, one-man job.
TRAITEMENT MULTI-TÂCHES, multi-task operation.
TRAVAIL À LA TÂCHE, task-work.

TACHYMÈTRE *m*, tachometer.

TACITE *a*, tacit, implied.
CONVENTION TACITE, tacit agreement.

TACTIQUE *a*, tactical.

TACTIQUE *f*, tactics.

TAILLE *f*, size; height; tax.
TAILLE COURANTE, standard size; stock size.
TAILLE DE L'ÉCHANTILLON, sample size.
TAILLE DE L'ENTREPRISE, size of the firm.

TAILLE MOYENNE, middle size; moderate size.
de TAILLE MOYENNE, of average height; medium-sized.

TAILLEUR *m*, tailor.
TAILLEUR À FAÇON, jobbing tailor; bespoke tailor.

TALENT *m*, talent, gift, aptitude, faculty.
TALENT D'ORGANISATEUR, organizing ability.

TALION *m*, talion, retaliation.
LOI DU TALION, law of talion.

TALON *m*, talon, stump; counterfoil, stub.
TALON DU CARNET DE CHÈQUES, counterfoil of the cheque book.
TALON ET VOLANT, counterfoil and leaf.

TAMBOUR *m*, drum.
MÉMOIRE À TAMBOUR MAGNÉTIQUE, drum storage.
TAMBOUR MAGNÉTIQUE, magnetic drum.

TAMPON *m*, pad, buffer.
MÉMOIRE TAMPON, buffer storage.

TANGENCE *f*, tangency.
POINT DE TANGENCE, tangential point; point of contact.

TANGENT *a*, tangent.

TANGENTE *f*, tangent.

TANGENTIEL *a*, tangential, tangent, peripheral.
FORCE TANGENTIELLE, peripheral force.

TANGIBILITÉ *f*, tangibility, tangibleness.

TANGIBLE *a*, tangible.
VALEURS TANGIBLES, tangible assets.

TANTIÈME *m*, percentage, share in (the) profits.
TANTIÈMES D'ADMINISTRATEUR, director's percentage on profits.

TARDIF *a*, late.
ARRIVÉE TARDIVE, lateness; late arrival.

TARE *f*, tare; loss in value, depreciation.
TARE MOYENNE, average tare.

TARIF *m*, tariff, rate, price-list, fare, schedule of charges.
ACCORD GÉNÉRAL SUR LES TARIFS DOUANIERS ET LE COMMERCE, General Agreement on Tariffs and Trade (GATT).
ASSURANCE À TARIF RÉDUIT, low-rate insurance.
BILLET À PLEIN TARIF, ticket at full rate.
BILLET À TARIF RÉDUIT, ticket at reduced rate.
DEMI-TARIF, half-fare.
GUERRE DES TARIFS, tariff war; rate-war.
PÉRÉQUATION DES TARIFS, standardization of tariffs.
PLEIN TARIF, full rate; full tariff; full fare; adult fare.
PRIX DES TARIFS, tariff rates.
PRIX SELON LE TARIF, scheduled prices.
RABAIS DES TARIFS, rate-cutting.
RÉFORME DES TARIFS DOUANIERS, tariff reform.
RELEVER UN TARIF, to raise a tariff.
RÉVISER UN TARIF, to revise a tariff.
TARIFS D'AFFRANCHISSEMENT, postage rates.
TARIF-ALBUM, trade catalogue.
TARIF D'ANNONCES DÉGRESSIF, graded advertising rates.
TARIF D'ASSURANCES, insurance tariff; insurance rate.
TARIF AUTORISÉ, legal fare.

TARIFS DE BASE, basic rates.
TARIF DES CHEMINS DE FER, railway rates.
TARIF COMBINÉ, combined rate.
TARIF TOUT COMPRIS, inclusive charge.
TARIF DES COURTAGES, commission rates; scale of commissions.
TARIF DÉGRESSIF POUR LE GROS, prices shaded for quantities.
TARIF DIFFÉRENTIEL, discriminating tariff ; differential tariff.
TARIFS DOUANIERS, customs tariffs.
TARIF DES ÉCHANTILLONS, sample rate.
TARIF FORFAITAIRE, inclusive rate; through rate.
TARIF IMPRIMÉS, printed paper rate.
TARIF INTÉRIEUR, inland rate.
TARIF LETTRES, letter rate.
TARIF MARCHANDISES, goods rates.
TARIF DE NUIT, night charge.
TARIF OPTIMAL, optimal tariff.
TARIF ORDINAIRE, ordinary rate.
TARIF DES PÉRIODIQUES, newspaper rate.
TARIFS POSTAUX, postage rates; postal rates.
TARIF PRÉFÉRENTIEL, preferential rates; preferential tariff.
TARIF DES PRIX, scale of prices.
TARIF PROHIBITIF, prohibitive tariff.
TARIF PROTECTEUR, protective tariff.
TARIFS DE PUBLICITÉ, advertising rates.
TARIF RÉDUIT, reduced tariff ; reduced rate(s); cheap rate; cheap
fare.
TARIF TÉLEX, telex rate.
TARIF UNIFORME, flat rate.
TARIF D'URGENCE, urgent rate.
TARIFS EN VIGUEUR, rates in force.
TARIF DE VOYAGEURS, passenger rates.
TARIF DES WAGONS COMPLETS, truck load rates.
THÉORIE DES TARIFS DOUANIERS, theory of tariff structure.

TARIFAIRE *a*, relating to tariffs, scheduled.
ACCORD TARIFAIRE, tariff agreement.
LOIS TARIFAIRES, tariff laws.
RÉGIME TARIFAIRE, tariff system; rating system.

TARIFÉ *a*, rated.
MARCHANDISES TARIFÉES, goods rated.

TARIFER *v*, to tariff; to fix the rate of, to rate.

TARIFICATION *f*, tariffication, tariffing; rating.
TARIFICATION DOUANIÈRE, customs tariffication.
TARIFICATION DOUANIÈRE AU POIDS, customs tariffication by
weight.
TARIFICATION DOUANIÈRE AU VOLUME, customs tariffication
by measurement.
TARIFICATION FERROVIAIRE, railway rating; railway tariffication.
TARIFICATION SÉPARÉE DES COÛTS FIXES ET DES COÛTS
MOBILES, multi-part tariff.

TAS *m*, heap.
GRÈVE SUR LE TAS, stay-in strike; sit-down strike.
TAS D'ARGENT, heap of money.

TASSEMENT *m*, set-back, consolidation.

(SE) TASSER *v*, to weaken; to settle, to consolidate.
le MARCHÉ S'EST TASSÉ, the market weakened.

TÂTONNEMENT *m*, tentative effort.
DÉTERMINATION DES PRIX PAR TÂTONNEMENTS, fixing
prices by trial and error.

TAUDIS *m*, hovel; slums.
ÉLIMINATION DES TAUDIS, slum clearance.

TAUTOLOGIE *f*, tautology.

TAUTOLOGIQUE *a*, tautological.

TAUX *m*, rate, price; ratio, percentage.
ABAISSER LE TAUX (OFFICIEL) D'ESCOMPTE, to reduce the
bank rate; to lower the bank rate.
ARGENT EMPRUNTÉ À UN TAUX ÉLEVÉ, high money.
BAISSE DU TAUX DE L'ESCOMPTE, drop in the rate of discount.
BAISSE DU TAUX D'INTÉRÊT, fall in the rate of interest.
CONTRÔLE DES TAUX D'INTÉRÊT, control of interest rates.
DÉTERMINATION DU TAUX D'INTÉRÊT, determination of the rate
of interest.
ESCALADE DES TAUX D'INTÉRÊT, escalation of interest rates.
FIXER LE TAUX DE L'INTÉRÊT, to fix the rate of interest.
HAUSSE DU TAUX DE L'INTÉRÊT, rise in the rate of interest.
MARCHÉ À BAS TAUX D'INTÉRÊT, cheap money market.
NIVELER DES TAUX, to level rates.
OBLIGATION À TAUX PROGRESSIF, graduated-interest debenture.
RALENTISSEMENT DU TAUX DE CROISSANCE, slowing down
the rate of growth.
RÉDUIRE LE TAUX OFFICIEL D'ESCOMPTE, to reduce the bank
rate.
RELÈVEMENT DU TAUX D'ESCOMPTE, rise in the bank rate.
RELÈVEMENT DU TAUX DE NATALITÉ, revival in the birth rate.

RELÈVEMENT DU TAUX OFFICIEL DE L'ESCOMPTE, raising of
the bank rate.
RELEVER LES TAUX DES FRETS, to raise freight rates.
STABILITÉ DU TAUX DE CHANGE, stability of the exchange rate.
TAUX D'ACCROISSEMENT, increment per cent.
TAUX D'ACCROISSEMENT MOYEN, average rate of increase.
TAUX D'ACCROISSEMENT PRÉSUMÉ, assumed rate of increase.
TAUX D'ACCUMULATION DU CAPITAL, rate of capital accumula-
tion.
TAUX ACTUEL DES SALAIRES, current rate of wages.
TAUX D'ADJUDICATION, tender rate.
TAUX D'AMORTISSEMENT, amortization quota.
TAUX ANNUEL, annual rate.
TAUX DE L'ARGENT, money rates.
TAUX DE L'ARGENT HORS BANQUE, money market rates.
TAUX DES ARRIVÉES (DANS UNE FILE), arrival rate.
TAUX HORS BANQUE, market rate.
TAUX BRUTS DE MORTALITÉ, crude death rates.
TAUX BRUTS DE NUPTIALITÉ, crude marriage rates.
TAUX BRUT DE REPRODUCTION, gross reproduction rate.
TAUX DE CAPITALISATION, rate of capitalization; interest yield.
TAUX POUR CENT, rate per cent.
TAUX DE CHANGE, rate of exchange.
TAUX DE CHANGE EN COURS À PARIS, rate of exchange current
in Paris.
TAUX DE CHANGE FIXES, fixed exchange rates.
TAUX DE CHANGE FLOTTANT, floating exchange rate.
TAUX DE CHANGE FLUCTUANTS, fluctuating exchange rates.
TAUX DE CHANGE MULTIPLES, multiple exchange rates.
TAUX DE CHANGE VARIABLES, fluctuating exchange rates.
TAUX DE CHARGE, load per unit.
au TAUX CONVENABLE, at the proper rate.
TAUX DE CONVERSION, conversion rate.
TAUX DE CONVERSION D'UNE MONNAIE, rate of conversion of
money.
TAUX À COURT TERME, short rate.
TAUX DE COUVERTURE, reserve ratio.
TAUX DE CROISSANCE, rate of growth.
TAUX DE CROISSANCE (DIT) GARANTI, warranted rate of growth.
TAUX DE CROISSANCE RÉALISABLE, attainable rate of growth.
TAUX DE DÉFAILLANCE, failure rate.
TAUX DÉGRESSIFS, tapering system of rates.
TAUX DES DÉPORTS, backwardation rate.
TAUX D'ÉCHANGE, ratio of exchange.
TAUX D'ÉCHANTILLONNAGE, sampling rate.
TAUX D'ÉPARGNE, rate of saving.
TAUX D'ESCOMPTE, DE L'ESCOMPTE, rate of discount; discount
rate; discount ratio; bank rate; price of money.
TAUX D'ESCOMPTE HORS BANQUE, market rate of discount;
open market discount rate; discount rate of the open market.
TAUX D'ESCOMPTE DE LA BANQUE DE FRANCE, Bank of France
rate.
TAUX D'ESCOMPTE PRIVÉ, private rate (of discount).
TAUX AUQUEL ON ESCOMPTE LE TEMPS, rate of time discounting.
TAUX D'EXPANSION, rate of expansion.
TAUX DE FAVEUR, special favourable rate.
TAUX DE (LA) FORMATION DU CAPITAL, rate of capital formation;
rate of capital accumulation.
TAUX D'IMPOSITION, tax rate; rate of charge.
TAUX D'INFLATION, rate of inflation.
TAUX D'INTÉRÊT, rate of interest; interest rate.
TAUX D'INTÉRÊT DE L'ARGENT, rate of interest of money.
TAUX D'INTÉRÊT DE L'ARGENT AU JOUR LE JOUR, call money
rate.
TAUX (D'INTÉRÊT) DES AVANCES, rate of interest on advances;
rate for advances.
TAUX (D'INTÉRÊT) DES BONS DU TRÉSOR, Treasury-bill rate.
TAUX D'INTÉRÊT ÉLEVÉ, high rate of interest.
TAUX D'INTÉRÊT MOMENTANÉ, momentary money rate of interest.
TAUX D'INTÉRÊT MONÉTAIRE, money rate of interest.
TAUX D'INTÉRÊT RÉEL, real rate of interest.
TAUX D'INTÉRÊT À TERME, forward rate of interest.
TAUX AU JOUR LE JOUR, day-to-day rate.
TAUX DE LIQUIDITÉ, liquidity ratio.
TAUX À LONG TERME, long rate.
TAUX MARGINAL DÉCROISSANT DE SUBSTITUTION, diminish-
ing marginal rate of substitution.
TAUX MARGINAL DE SUBSTITUTION, marginal rate of substitution.
TAUX MARGINAL DE TRANSFORMATION, marginal rate of trans-
formation.
TAUX MINIMUM (CONSENTI PAR UNE BANQUE À SES MEILLEURS
CLIENTS), *U.S:* prime rate.
TAUX MONÉTAIRES, money rates.
TAUX DE MORTALITÉ, mortality rates; death rates.
TAUX DE MORTALITÉ INFANTILE, infant mortality rates.
TAUX DE NAISSANCES DIFFÉRENTIELS, differential birth rates.
TAUX DE NATALITÉ, birth rate.
TAUX NATUREL, natural rate.

TAUX NET DE REPRODUCTION, net reproduction rate.
TAUX DE NUPTIALITÉ, marriage rate.
TAUX OFFICIEL (D'ESCOMPTE), official rate (of discount).
TAUX DES PRÊTS AU JOUR LE JOUR, call loan rate.
TAUX DU PRÊT SUR TITRES, rate for advances on securities.
TAUX DE LA PRIME, rate of premium.
TAUX DE PROFIT, rate of profit.
TAUX PUREMENT NOMINAL, purely nominal rate.
TAUX DE RÉESCOMPTE, rediscount rate.
TAUX DE RÉMUNÉRATION (DES FACTEURS DE PRODUCTION), rate of remuneration (of the factors of production).
TAUX DE RENDEMENT DES OBLIGATIONS, yield of bonds.
TAUX DE RENOUVELLEMENT, renewal rate (of money).
TAUX DE RENTABILITÉ, *U.S:* rate of profitability.
TAUX DU REPORT, contango; contango-rate.
le TAUX DE REPORT EST AU PAIR, the contango is even.
TAUX DE (DU, DES) SALAIRE(S), wage-rate; rate of wages; *U.S:* standard of wages.
TAUX DE SALAIRE MINIMUM, minimum rate of wages.
TAUX DE SALAIRES NORMALISÉS, standard wage rates.
TAUX UNIFORME DE SALAIRES, flat rate of pay.
TAUX UNITAIRE DE LA PRIME, rate of option.
TAUX D'USURE, rate of wear and tear.
THÉORIE DU TAUX D'INTÉRÊT, theory of the rate of interest.
VARIABILITÉ CYCLIQUE DES TAUX D'INTÉRÊT, cyclical variability of interest rates.

TAXABLE *a*, taxable, dutiable; assessable.
BIEN TAXABLE, taxable article.
CATÉGORIE DE BIENS TAXABLE, taxable class of goods.

TAXATION *f*, taxation, charging, assessment.
SYSTÈME DE TAXATION DÉGRESSIF, regressive tax system.
TAXATION SUR LA JAUGE (DU NAVIRE), charging on the tonnage (of the ship).
TAXATION D'OFFICE, arbitrary assessment.
TAXATION DES PRIX, price control.

TAXE *f*, tax, due, duty, contribution; charge, fee; rate.
FRAPPER D'UNE TAXE, to levy a duty on.
IMPÔTS ET TAXES, taxes and dues.
LEVER, RECOUVRER, IMPÔTS ET TAXES, *U.K:* to collect rates and taxes.
LEVER UNE TAXE SUR, to levy a tax on.
SUJET À UNE TAXE OU EXONÉRÉ, dutiable or free of duty.
TAXE D'AÉROPORT, air(-)port tax.
TAXE DE BORD, ship charge.
TAXES DE CHANGE, exchange taxes.
TAXE SUR LE CHIFFRE D'AFFAIRES, tax on turn-over; turn-over tax; sales tax.
TAXE À LA CONSOMMATION, excise duty.
TAXES À L'EXPORTATION, export taxes.
TAXE DE FACTAGE, porterage charge.
TAXE HYPOTHÉCAIRE, mortgage duty.
TAXES IMPOSÉES PAR PALIERS, taxation by stages.
TAXES INTÉRIEURES, inland duties.
TAXE DE LOCATION (D'UNE PLACE DE THÉÂTRE), reservation fee.
TAXE DE LUXE, luxury tax.
TAXE MARITIME, marine charge.
TAXES MUNICIPALES, borough rates; municipal taxes.
TAXE SUR LES PARIS, betting tax.
TAXE DES PAUVRES, poor-rate.
TAXE PERCEVABLE, collectable tax.
TAXE DE PÉRÉQUATION, equalization tax.
TAXE SUR LA PLUS-VALUE EN CAPITAL, tax on capital profits.
TAXE RESTITUABLE, returnable tax.
TAXE SUR LES SALAIRES, wages tax.
TAXE DE SÉJOUR, visitor's tax.
TAXE SUR LES SPECTACLES, entertainment tax; amusement tax.
TAXES SPOLIATRICES, confiscatory taxation.
TAXE DE STATIONNEMENT, demurrage charge.
TAXE SUPPLÉMENTAIRE, supplementary charge.
TAXES ET SURTAXES D'ÉCHANGE, exchange taxes and surcharges.
TAXE À LA VALEUR AJOUTÉE, value-added tax.
TIMBRE-TAXE, postage due stamp.

TAXÉ *a*, taxed; rated; assessed.
FORTEMENT TAXÉ, highly-taxed.
MARCHANDISES FAIBLEMENT TAXÉES, low-duty goods.
MARCHANDISES FORTEMENT TAXÉES, high-duty goods.
PRIX TAXÉS, controlled prices.

TAXER *v*, to tax, to impose a tax on; to rate; to regulate the price of.
TAXER LES OBJETS DE LUXE, to tax luxuries.

TAYLORISATION *f*, Taylorization.

TAYLORISME *m*, Taylorism.

TECHNICIEN *m*, technician.

TECHNICITÉ *f*, technicality.

TECHNIQUE *a*, technical.
ASSISTANCE TECHNIQUE, technical assistance.
COMPÉTENCE TECHNIQUE, technical skill.
ÉCOLE TECHNIQUE, industrial school; technical college.
EFFICACITÉ TECHNIQUE, technical efficiency.
ENSEIGNEMENT TECHNIQUE, technical education.
FONCTION DE PRODUCTION TECHNIQUE, technical production function.
NIVEAU TECHNIQUE, technical achievement.
TERME TECHNIQUE, technical term.

TECHNIQUE *f*, technique; technics.
TECHNIQUES D'ÉVALUATION ET DE RÉVISION DES PROGRAMMES, Program Evaluation and Review Techniques (P.E.R.T.).
TECHNIQUES DE GESTION, management science.
TECHNIQUE OPÉRATIONNELLE, know-how.

TECHNOCRATIE *f*, technocracy.

TECHNOCRATIQUE *a*, technocratic, managerial.
RÉVOLUTION TECHNOCRATIQUE, managerial revolution.

TECHNOLOGIE *f*, technology, technics.

TECHNOLOGIQUE *a*, technological, technical.
CHÔMAGE TECHNOLOGIQUE, technological unemployment.
DISPARITÉ DE NIVEAU TECHNOLOGIQUE, technological gap.

TÉLÉCOMMANDÉ *a*, remote-operated; remote-controlled.

TÉLÉCOMMUNICATION *f*, telecommunication.
UNION INTERNATIONALE DES TÉLÉCOMMUNICATIONS, International Telecommunication Union.

TÉLÉGRAMME *m*, telegram.

TÉLÉGRAPHE *m*, telegraph.

TÉLÉGRAPHIER *v*, to telegraph.

TÉLÉGRAPHIQUE *a*, telegraphic.
CODE TÉLÉGRAPHIQUE, telegraph code.
MANDAT TÉLÉGRAPHIQUE, telegraph money order.

TÉLÉPHONE *m*, telephone, phone.
ABONNÉ AU TÉLÉPHONE, telephone subscriber.
ANNUAIRE DES TÉLÉPHONES, telephone directory.
APPELER AU TÉLÉPHONE, to ring up, *U.S:* to call up.
NUMÉRO DE TÉLÉPHONE, telephone number.
TÉLÉPHONE AUTOMATIQUE, automatic telephone.

TÉLÉPHONER *v*, to telephone, to phone, *U.S:* to call.

TÉLÉPHONIQUE *a*, telephonic.
APPEL TÉLÉPHONIQUE, (phone) call.
APPEL TÉLÉPHONIQUE INTERURBAIN, trunk call.
CENTRAL TÉLÉPHONIQUE, telephone exchange.

TÉLÉSCRIPTEUR *m*, teleprinter.

TÉLÉTRAITEMENT *m*, teleprocessing.

TÉLÉTYPE *m*, teletype.

TÉLÉVISION *f*, television.
RÉSEAU DE STATIONS DE TÉLÉVISION, television network.

TÉLEX *m*, telex.
RÉSEAU TÉLEX, telex network.
TARIF TÉLEX, telex rate.

TÉMOIGNAGE *m*, testimony, evidence, witness; witnessing.
TÉMOIGNAGE DES SENS, evidence of the senses.

TÉMOIN *m*, witness, evidence.
GROUPE-TÉMOIN, panel.
GROUPE-TÉMOIN DE CONSOMMATEURS, consumer panel.
INTERROGATOIRE ET CONTRE-INTERROGATOIRE D'UN TÉMOIN, examination and cross-examination of a witness.
INTERROGER UN TÉMOIN, to examine a witness.
les TÉMOINS DE L'ACCUSATION, the evidence for the prosecution.

TEMPÉRAMENT *m*, temperament; instalment (system).
BOUTIQUE FAISANT LA VENTE À TEMPÉRAMENT, tally-shop; hire-purchase store.
COMMERCE À TEMPÉRAMENT, tally trade; hire-purchase trade.
CRÉDIT À TEMPÉRAMENT, hire-purchase credit; instalment credit.
PAYER À TEMPÉRAMENT, to pay by instalments.
VENTE À TEMPÉRAMENT, instalment plan; instalment system; deferred payment system; hire-purchase.

TEMPÉRANCE *f*, temperance, moderation, abstinence.

TEMPÉRATURE *f*, temperature, heat.

TEMPORAIRE *a*, temporary, provisional, casual, interim.
ADMISSION TEMPORAIRE, temporary admission.
DÉCLARER DES MARCHANDISES EN ADMISSION TEMPORAIRE, to enter goods for temporary admission.
EMPRUNTS TEMPORAIRES, temporary borrowings.
ÉQUILIBRE TEMPORAIRE, temporary equilibrium.
en FRANCHISE TEMPORAIRE, for temporary importation.
INCAPACITÉ TEMPORAIRE, temporary disablement.

MAIN-D'ŒUVRE TEMPORAIRE, casual labour.
MÉMOIRE TEMPORAIRE, temporary storage.
MISE AU CHÔMAGE TEMPORAIRE, *U.S:* lay-off; *U.K:* standing off (of workers).
MODIFICATIONS TEMPORAIRES DE LA DEMANDE, temporary changes in demand.
OPÉRATIONS À CARACTÈRE TEMPORAIRE (DANS UN BUDGET), below the line.
PERSONNEL TEMPORAIRE, temporary staff; temporary personnel.
PLACEMENTS TEMPORAIRES, temporary investments.

TEMPORAIREMENT *adv*, temporarily.
VÉHICULES TEMPORAIREMENT RETIRÉS DE LA CIRCULATION, vehicles temporarily not in circulation.

TEMPOREL *a*, temporal, chronological.
DIAGRAMME TEMPOREL, time series chart.
ÉLÉMENT TEMPOREL DES GRANDEURS ÉCONOMIQUES, dating of economic quantities.
ÉQUILIBRE TEMPOREL, equilibrium over time.
PROCESSUS TEMPOREL, process in time.
RÉGRESSION TEMPORELLE, time regression.
SÉRIE TEMPORELLE, time series; chronological series.
SPATIO-TEMPOREL, spatio-temporal.

TEMPORISATEUR *a*, temporizing.

TEMPORISATION *f*, temporization, temporizing.
POLITIQUE DE TEMPORISATION, temporizing policy.

TEMPS *m*, time; period.
BARÈME DE TEMPS, time formula.
CONSTANTE DE TEMPS, time-constant.
COORDONNÉES ESPACE-TEMPS, space-time coordinates; spatio-temporal coordinates.
COURS DU TEMPS, lapse of time.
ÉCONOMIE DE TEMPS, time saving.
ÉLÉMENT DE TEMPS, time-element.
ÉPARGNER DU TEMPS, to save time.
ÉQUATION DU TEMPS, equation of time.
ÉTUDE DES TEMPS ET MOUVEMENTS, time and motion study.
le FACTEUR TEMPS EST CAPITAL, time is of the essence.
FAIRE UNE ÉCONOMIE DE TEMPS, to save time.
GAGNER DU TEMPS, to gain time.
GAIN DE TEMPS, saving of time.
LAPS DE TEMPS, interval of time.
LIMITE DE TEMPS, time-limit.
PARTAGE DE TEMPS, time-sharing.
PASSE-TEMPS, hobby.
PERTE DE TEMPS, loss of time.
PRODUCTION QUI DEMANDE DU TEMPS, time-using production.
SUBSTITUTION DANS LE TEMPS, substitution over time.
TAUX AUQUEL ON ESCOMPTE LE TEMPS, rate of time discounting.
entre TEMPS, in the meantime.
TEMPS D'ACCÉLÉRATION, acceleration time.
TEMPS D'ACCÈS, access time.
TEMPS D'ACCÈS MOYEN, average access time.
le TEMPS, C'EST DE L'ARGENT, time is money.
à TEMPS COMPLET, full-time.
TEMPS DE DÉCÉLÉRATION, deceleration time.
TEMPS EMPLOYÉ POUR LA PRODUCTION, time taken in production.
le TEMPS EST L'ESSENCE DU CONTRAT, time is the essence of the contract.
TEMPS MORT, idle period; idle time; dead time.
en TEMPS OPPORTUN, at the proper time.
TEMPS PARTAGÉ, time-sharing.
à TEMPS PARTIEL, part-time.
TEMPS DES SEMAILLES, sowing-time.
en TEMPS UTILE, in good time.
TRAITEMENT EN TEMPS RÉEL, real-time processing.
TRAVAIL À PLEIN TEMPS, whole-time work; full-time work.
TRAVAIL À TEMPS COMPLET, full-time job.
VARIABLES DANS LE TEMPS, historical variables.

TENANCIER *m*, keeper; custodian.

TENDANCE *f*, tendency, trend, propensity, drift.
AJUSTEMENT DE LA TENDANCE, trend fitting.
se DÉBARRASSER DE LA TENDANCE SÉCULAIRE, to get rid of secular trend.
TENDANCE À LA BAISSE, downward tendency; downward trend; bearish tendency.
TENDANCE CENTRALE D'UNE DISTRIBUTION, central tendency of a distribution.
TENDANCE CENTRIPÈTE, centripetal tendency.
TENDANCES DU COMMERCE MONDIAL, trends in world trade.
TENDANCE CONTRAIRE, contrary tendency.
TENDANCES DE CROISSANCE, growth trends.
TENDANCE DÉFLATIONNISTE, deflationary tendency.
TENDANCES DÉMOGRAPHIQUES, population trends.
TENDANCES D'ENSEMBLE DU MARCHÉ, general trend of the market.

TENDANCE FORTEMENT MARQUÉE, strongly marked tendency.
TENDANCE GÉNÉRALE, general trend.
TENDANCE GÉNÉRALE (DU MARCHÉ), prevailing tone (of the market).
TENDANCE À LA HAUSSE, upward tendency; bullish tendency; bullishness.
TENDANCE INDÉCISE, undecided tendency.
TENDANCES INFLATIONNISTES, inflationary tendencies.
TENDANCE IRRÉGULIÈRE, irregular tendency; irregular trend.
TENDANCE LINÉAIRE, linear trend.
TENDANCES DU MARCHÉ, run of the market; tendencies of the market.
TENDANCE DE PLUS EN PLUS MARQUÉE, growing tendency.
TENDANCE À LA MOYENNE, central tendency.
TENDANCES DE LA PRODUCTION, trends in production.
la TENDANCE S'EST RAFFERMIE, the tendency hardened.
TENDANCE SÉCULAIRE, secular trend.

TENDRE *a*, soft.
HOUILLE TENDRE, soft coal.

(SE) TENDRE *v*, to tend, to incline; to tighten, to stiffen, to harden.
les PRIX TENDENT À BAISSER, prices are inclined to fall.
les REPORTS SE TENDENT LORSQUE, contangoes stiffen if.

TENDU *a*, firm, tight, stringent, stiff.

TENEUR *f*, tenor; content, grade.
à HAUTE TENEUR, high-grade.
MINERAI DE HAUTE TENEUR, fines.

TENIR *v*, to hold, to tend, to keep.
TENIR À BAIL, to hold on (under) a lease.
TENIR BOUTIQUE, to keep a shop.
TENIR LA COMPTABILITÉ, to keep the accounts.
TENIR COMPTE DE, to take into account; to make allowance for; to allow.
TENIR COMPTE DES VARIATIONS, to allow for variations.
TENIR CONSTANT LE NIVEAU D'UTILITÉ, to keep the level of utility constant.
TENIR LES CORDONS DE LA BOURSE, to hold the purse strings.
TENIR SES ENGAGEMENTS, to deliver the goods.
s'en TENIR AUX FAITS, to stick to facts.
TENIR LES LIVRES, to keep the accounts.
TENIR UN PARI, to take (up) a bet.
THÉORIE QUI NE TIENT PAS DEBOUT, theory that does not hold water.

TENSEUR *m*, tensor.

TENSION *f*, tension, stiffness, stiffening, firmness, strain, stress.
TENSION DES REPORTS, firmness of contangoes; stiffness of contangoes.

TENTATIVE *f*, attempt, try, endeavour.

TENU *a*, held, kept.
les ACTIONS SONT MIEUX TENUES, stocks are harder.
BIEN TENU INDIVIDUELLEMENT, land held in severalty.
COMPTE TENU DE, in consideration of.
MARCHÉ BIEN TENU, firm market.
REVENU RÉEL COMPTE TENU DE L'INFLATION, income adjusted for inflation.

TENUE *f*, holding, keeping, steadiness, tone.
BONNE TENUE (DE WALL STREET), good tone (of Wall Street).
TENUE DE LIVRES, book-keeping.
TENUE DES PRIX, steadiness of prices.
TENUE DE STOCK, inventory control; stock control.

TENURE *f*, tenure.
TENURE FÉODALE, feudal tenure.

TERME *m*, term; time limit, date limit; period, quarter; quarterly payment.
ACCORDS DE CONTINGENTEMENT MULTILATÉRAUX À LONG TERME, multilateral long-term contracts.
ACHAT À TERME, purchase for future delivery; purchase for settlement.
ACHETER À TERME, to buy upon credit.
ANNUITÉ À LONG TERME, long-term annuity.
ARBITRAGE À TERME, hedging for the settlement.
ASSURANCE À TERME, time insurance.
ASSURANCE À TERME FIXE, endowment insurance.
BAIL À LONG TERME, long lease; real agreement.
BAUX COMMERCIAUX ET INDUSTRIELS À LONG TERME*, long-term lease of business property.
CAPITAUX CONSOLIDÉS À LONG TERME, long-term funded capital.
CAPITAUX À COURT TERME, short-term capital.
CAPITAUX À LONG TERME, long-term capital.
CONTRADICTION DANS LES TERMES, contradiction in terms.
CONTRAT À LONG TERME, long-term contract.
COTATIONS À TERME, futures; quotations for futures.
COURS DES CHANGES À TERME, forward exchange rates.

COURS À TERME, forward rate; price for the account; price for the settlement.
à COURT TERME, at short notice; short-term; short-time.
COÛT EN TERMES DE MONNAIE, money cost.
se COUVRIR EN ACHETANT À LONG TERME, to hedge by buying at long date.
CRÉDIT À COURT TERME, short credit; advance.
CRÉDIT À LONG TERME, long credit.
DEMI-TERME, half a term.
DÉPÔT À COURT TERME, deposit at short notice.
DÉPÔT À TERME, time deposit.
DÉPÔT À TERME FIXE, deposit for a fixed period.
ÉCHÉANCE À TERME, time bill.
ÉCONOMIE À TERME, futures economy.
EMPRUNT À LONG TERME, long-period loan.
EMPRUNTER À COURT TERME, to borrow short.
EMPRUNTER À LONG TERME, to borrow long.
ÉQUILIBRE À COURT TERME, short-term equilibrium.
ÉQUILIBRE À LONG TERME, long-run equilibrium.
EXPRIMER UNE QUANTITÉ EN TERMES D'UNE AUTRE, to express one quantity in terms of another.
FINANCEMENT À LONG TERME, long-term finance.
FINANCEMENT À MOYEN TERME, medium-term finance.
FRET À TERME, time freight.
INVESTISSEMENT DE CAPITAUX À LONG TERME, long-term capital investment.
JOUR DU TERME, quarter-day; rent-day.
LIVRAISON À TERME, future delivery.
LIVRAISONS À TERME, futures; quotations for futures.
à LONG TERME, long; long-term.
LOYER DU TERME, term's rent.
MAIN-D'ŒUVRE SOUS CONTRAT À LONG TERME, indentured labour.
MARCHÉ DES CHANGES À TERME, forward exchange market.
MARCHÉ À COURT TERME, short-term market.
MARCHÉ À LONG TERME, long-term market.
MARCHÉ À TERME, bargain for account; settlement bargain; time-bargain; forward market; terminal market; options market.
MARCHÉ DU TERME, future market; terminal market; options market.
MARCHÉ À TERME DU CRÉDIT, forward market for loans.
à MOYEN TERME, intermediate.
NÉGOCIATIONS DE CHANGE À TERME, forward exchange transactions; forward dealings; exchange for forward delivery.
NÉGOCIATION À TERME, transaction for the settlement; transaction for the account; bargain for account.
NÉGOCIATIONS À TERME, dealings for the account; dealings for the settlement; dealings for time.
OPÉRATIONS DE CHANGE À TERME, forward exchange transactions; forward dealings; exchange for forward delivery; exchange for future delivery.
OPÉRATION À COURT TERME, short-term transaction.
OPÉRATION À LONG TERME, long-term transaction.
OPÉRATION À TERME, transaction for the settlement; transaction for the account; transaction upon (on) credit; future.
OPÉRATIONS À TERME SUR MARCHANDISES, commodity futures.
ORDONNER LES TERMES (D'UN POLYNÔME), to arrange terms (in ascending or descending order).
ORDRE À TERME, order for settlement.
PAIEMENT DU TERME, payment of rent.
PASSIF À LONG TERME, long-term liabilities.
PLACEMENT À COURT TERME, short-term investment.
PLACEMENT À LONG TERME, long-term investment; lock-up holding.
POLICE À TERME, time policy.
PRÊT À COURT TERME, short loan.
PRÊTS À COURT TERME, short lending.
PRÊT À TERME, loan at notice.
PRÊTS À TERME, time-money.
PRÊTER À LONG TERME, to lend long.
PRÉVISIONS À COURT TERME, short-term expectations.
PRÉVISIONS À LONG TERME, long-term expectations.
PRÉVISIONS À MOYEN TERME, medium-term expectations.
PROFIT À LONG TERME, long-term benefit.
PROMESSE DE PAIEMENT À TERME, promise to pay money in the future.
PROPENSION À EMPRUNTER À LONG TERME, propensity to borrow long.
RÈGLEMENT À TERME, credit settlement.
le REVENU, EN TERMES DE CAPITAL, the income, if capitalized.
RISQUE À TERME, time risk.
SÉRIE DE TERMES, series of terms.
SOMMATION DES TERMES, summation of the terms.
SOMMER LES TERMES D'UNE SÉRIE, to find the sum of the terms of a series.
SUITE DE TERMES, series of terms.
SUCCESSION DE TERMES, sequence of numbers.
TAUX À COURT TERME, short rate.
TAUX D'INTÉRÊT À TERME, forward rate of interest.
TAUX À LONG TERME, long rate.

à TERME, forward; future.
les TERMES DE L'ALTERNATIVE, the alternatives.
TERMES DE L'ÉCHANGE, terms of trade; terms of exchange.
TERMES DE L'ÉCHANGE BRUTS, gross barter terms of trade.
TERMES DE L'ÉCHANGE FACTORIELS, factoral terms of trade.
TERME DE GRÂCE, time to pay.
TERMES INTERCHANGEABLES, convertible terms.
en TERMES MONÉTAIRES, in money terms.
TERME MOYEN, middle-term.
au TERME DE CETTE PÉRIODE, at the end of this period.
en TERMES DE PROBABILITÉS, in probability terms.
TERMES RÉELS DE L'ÉCHANGE, barter terms of trade.
TERME DE RIGUEUR, final date; latest date.
TERME TECHNIQUE, technical term.
TERMES DE TROC, swapping terms.
les TERMES EN x S'ANNULENT, terms in x reduce to zero.
TITRES À LONG TERME, long-term securities.
TRAITE À TERME, time draft.
VALEURS À TERME, securities dealt in for the account.
VENDRE À TERME, to sell for the settlement; to sell on credit.
VENTE AU COMPTANT CONTRE RACHAT À TERME, put and take.
VENTE À TERME, sale for the settlement; sale for the account; forward sale.
VENTE À TERME FERME, sale for future delivery.

TERMINAL a, terminal.
CHARGES TERMINALES, terminal charges.
STATION TERMINALE, terminal unit.
UNITÉ TERMINALE, terminal unit.

TERMINAL m, terminal.

TERMINÉ a, completed, finished.

(SE) TERMINER v, to terminate, to complete, to end, to finish.
les ACTIONS ONT TERMINÉ À, shares finished at.
EXERCICE SE TERMINANT AU 31 DÉCEMBRE, year ending 31st December.
la PARTIE S'EST TERMINÉE PAR UN MATCH NUL, the game ended in a draw.

TERMINOLOGIE f, terminology.

TERMINUS a, terminal.
GARE TERMINUS, home station; U.S: terminal; U.K: terminus.

TERMINUS m, terminus, terminal.
TERMINUS D'UNE LIGNE, terminal point of a line.

TERNAIRE a, ternary.

TERNE a, dull.

TERRAIN m, ground, piece of ground, plot, soil, land, parcel of land.
les ACTIONS ONT PERDU DU TERRAIN, shares lost ground.
CONCESSION DE TERRAIN, grant of land.
la LIVRE A PERDU DU TERRAIN, sterling lost ground.
LOT DE TERRAIN NON BÂTI, section of undeveloped land; plot.
LOTIR UN TERRAIN, to lot out a piece of ground.
LOYER DU TERRAIN FIXÉ PAR LE MARCHÉ, market rental value of land.
METTRE EN VALEUR UN TERRAIN À CONSTRUIRE, to develop building ground; to develop a building site.
MISE EN VALEUR D'UN TERRAIN, land development.
MISE EN VALEUR D'UN TERRAIN À CONSTRUIRE, development of building ground, of a building site.
PARTAGER UN TERRAIN, to divide a piece of land.
TERRAIN ET BÂTIMENTS, land and buildings.
TERRAIN À BÂTIR, building ground; building land; building plot; building site.
TERRAINS NON BÂTIS, building ground; unbuilt (on) ground.
TERRAIN EN BORDURE, frontage.
TERRAIN D'EXPÉRIENCE, testing-ground.
TERRAIN RECONQUIS (SUR LA NATURE), reclaimed land.
TERRAINS VAGUES, unbuilt (on) ground; waste land.
TERRAIN NON VIABILISÉ, unimproved land; undeveloped land.
TERRAIN À VENDRE, land to sell; land for sale.

TERRASSEMENT m, earthwork.

TERRE f, land, ground, estate, property.
AMÉLIORATION DE LA TERRE, improvement of land.
ASSOIFFÉ DE TERRE land-hungry.
CONTRIBUTIONS AFFÉRENTES À UNE TERRE, U.K: rates assignable to an estate.
EMPRUNTER DE L'ARGENT SUR UNE TERRE, to borrow money on the security of an estate.
ENSEMENCER UNE TERRE EN, to sow land with.
HÉRITER D'UNE TERRE, to come into a property.
IMPÔT SUR LA VENTE DES TERRES, tax on the sale of land.
METTRE LA TERRE EN JACHÈRE, to lay land fallow.
METTRE UNE TERRE EN VALEUR, to enhance the value of land.
MORCELLEMENT DES TERRES, parcelling out of land into small holdings.

NATIONALISATION DES TERRES, nationalization of land.
OFFRE ET DEMANDE DE TERRE, supply of and demand for land.
PARCELLE DE TERRE lot; parcel of land.
PÉNURIE DE TERRES, scarcity of land.
PLACER DE L'ARGENT EN TERRES, to put money into land.
PRIX COURANT DE LA TERRE, current price of land.
PROPRIÉTÉ COMMUNALE DE LA TERRE, communal ownership of land.
QUANTITÉ INVARIABLE DE TERRE, unchangeable quantity of land.
RARETÉ DE TERRES, scarcity of land.
RENDEMENT, PRODUIT, ANNUEL DE LA TERRE, annual produce of land.
RISQUE DE SÉJOUR À TERRE, shore risk.
sans TERRE(S), landless.
sous TERRE, underground.
TERRES APPARTENANT À LA COURONNE, U.K: Crown land.
TERRE ARABLE, arable land; plough land.
TERRE ASSURANT LA SUBSISTANCE D'UNE FAMILLE, U.S: subsistence homestead; subsistence farm.
TERRES À BLÉ, grain-bearing lands.
TERRE CULTIVÉE, cultivated land.
TERRE EN TANT QUE FACTEUR DE PRODUCTION, land as factor of production.
TERRES ET IMMEUBLES, corporeal hereditament.
TERRE INCULTE, waste land.
TERRE INFERTILE, jejune land; infertile land.
TERRE EN LABOUR, land in tillage.
TERRE SANS MAÎTRE, land in abeyance.
TERRE STÉRILE, unproductive land.
TERRE USÉE, exhausted land.
VALEUR DE LA TERRE, land-value.
VOIE DE TERRE, overland route.
par VOIE DE TERRE, overland.

TERRESTRE a, terrestrial; earthly.
FRONTIÈRE TERRESTRE, land frontier.
RISQUE TERRESTRE, land risk.
SUPERFICIE TERRESTRE, land area.
TRANSPORT(S) TERRESTRE(S), land conveyance; U.S: freight; freightage; freighting.

TERRIEN a, landed, territorial.
ARISTOCRATIE TERRIENNE, landed gentry; landocracy; territorial aristocracy.
ÊTRE PROPRIÉTAIRE TERRIEN, to own land.
les PROPRIÉTAIRES TERRIENS, the landed interest.

TERRIEN m, landowner, landed proprietor.

TERRITOIRE m, territory, area, region, country.
AMÉNAGEMENT DU TERRITOIRE, town and country planning; country planning.
TERRITOIRE DOUANIER, customs area.

TERRITORIAL a, territorial.
EAUX TERRITORIALES, territorial waters.

TERRITORIALITÉ f, territoriality.

TERRORISME m, terrorism.

TERTIAIRE a, tertiary.

TEST m, test, experiment, testing.
PASSER UN TEST (AVEC SUCCÈS), to pass a test.
SUBIR UN TEST, to undergo a test.
SUBIR UN TEST (AVEC SUCCÈS), to pass a test.
TEST D'AJUSTEMENT, goodness of fit test.
TESTS CONJONCTURELS, short-term economic forecasting.
TEST D'ENDURANCE, endurance test.
TEST D'INDÉPENDANCE, test of independence.
TEST DU KHI, chi-square test.
TEST DE LINÉARITÉ, testing of the hypothesis of linearity.
TEST ORTHOGONAL, orthogonal test.
TEST PARAMÉTRIQUE, parametric test.
TEST NON-PARAMÉTRIQUE, non parametric test.
TEST DE PEARSON, chi-square test.
TEST PROFESSIONNEL, trade test.
TEST-RÉPLIQUE, job-test.
TEST DE RÉVERSIBILITÉ DES INDICES, time-reversal test of index-numbers; circular test for index-numbers.
TESTS DE SIGNIFICATION, tests of significance.
TEST DE TRANSFÉRABILITÉ (DES INDICES), factor reversal test (of index-numbers).

TESTAMENT m, testament, will, last will and testament.
DROITS DE SUCCESSION PAR TESTAMENT, probate-duty.
FAIRE SON TESTAMENT, to make one's will.
FAIRE UN TESTAMENT, to execute a will.
HOMOLOGUER UN TESTAMENT, U.S: to probate a will; U.K: to grant probate of a will.
SIGNATURE D'UN TESTAMENT, execution of a will.
TESTAMENT SUBSÉQUENT, later will.
TESTAMENT VALIDE, valid will.

TRANSMETTRE DES BIENS PAR TESTAMENT, to transmit property by will.

TESTAMENTAIRE a, testamentary.
DISPOSITION TESTAMENTAIRE, clause of a will.
EXÉCUTEUR TESTAMENTAIRE, executor.

TESTATEUR m, testator, legator.

TESTER v, to test, to make one's will.

TÊTE f, head, capita, poll, top.
CONSOMMATION PAR TÊTE, consumption per capita.
ÊTRE À LA TÊTE DE, to head.
à la TÊTE DE, at the head of.
par TÊTE, per head; per capita.

TÉTRAGONE m, quadrangle.

TEXTILE a, textile.
FÉDÉRATION INTERNATIONALE DU COTON ET DES INDUSTRIES TEXTILES CONNEXES, International Federation of Cotton and Allied Textile Industries.
INDUSTRIE TEXTILE, textile industry; textile trade.

TEXTILE m, textile.
VALEURS (DE) TEXTILES, textile shares; textiles.

THÉOCRATIE f, theocracy.

THÉORÈME m, theorem, proposition.
THÉORÈME CENTRAL LIMITE, central limit theorem.
THÉORÈME DE NEWTON, binomial theorem.
THÉORÈME DE LA TOILE D'ARAIGNÉE, cobweb theorem.
THÉORÈME DE LA VALEUR MOYENNE, mean value theorem.

THÉORICIEN m, theorist, theoretician.

THÉORIE f, theory, theoretics, principle.
AVANCER UNE THÉORIE, to set forth a theory; to put forward a theory.
CRÉATION DE THÉORIES, theorizing.
ÉLABORER UNE THÉORIE, to elaborate a theory.
ÉQUATION FONDAMENTALE DE LA THÉORIE DE LA VALEUR, fundamental equation of value theory.
ÉTABLIR UNE THÉORIE, to set up a theory.
GRANDES LIGNES DE LA THÉORIE, outline of the theory.
NOUVELLE THÉORIE, new theory.
THÉORIE ABSTRAITE, abstract theory; pure theory.
THÉORIE QUI NE S'ACCORDE PAS AVEC LES FAITS, theory that is not consistent with facts.
THÉORIE ALGÉBRIQUE, algebraic theory.
THÉORIE DE L'AVANTAGE COLLECTIF, economics of welfare; welfare economics.
THÉORIE DES AVANTAGES COMPARÉS, theory of comparative advantage.
THÉORIE DU BIEN-ÊTRE, welfare theory.
THÉORIE DU CAPITAL, theory of capital.
THÉORIE DU CAPITAL ET DE L'INTÉRÊT, theory of capital and interest.
THÉORIE DES CHOIX ÉCONOMIQUES, theory of economic choice.
THÉORIE DU CHÔMAGE, theory of unemployment.
THÉORIE CLASSIQUE, classical theory.
THÉORIE DU COMMERCE INTERNATIONAL, theory of international trade.
THÉORIE DE LA CONCURRENCE IMPARFAITE, theory of imperfect competition.
THÉORIE DE LA CONCURRENCE MONOPOLISTIQUE, theory of monopolistic competition.
THÉORIE DES CONGRUENCES, theory of congruences.
THÉORIE DE LA CONSOMMATION, theory of consumption.
la THÉORIE NE CORRESPOND PAS AUX FAITS, the theory does not tally with the facts.
THÉORIE DES COÛTS COMPARATIFS, COMPARÉS, theory of comparative cost.
THÉORIE DE LA CROISSANCE, theory of growth.
THÉORIES DES CYCLES, trade cycle theories.
THÉORIE DU CYCLE D'APPROVISIONNEMENT, queueing theory.
THÉORIES DU CYCLE ÉCONOMIQUE, theories of the business cycle.
THÉORIE DE LA DÉCENTRALISATION DES POUVOIRS, decentralization of power theory; communalism.
THÉORIE DE LA DÉCISION, decision theory.
THÉORIE DE LA DEMANDE, theory of demand.
THÉORIE DE LA DEMANDE DU CONSOMMATEUR, theory of consumer's demand.
THÉORIE EN DÉSACCORD AVEC LES FAITS, theory at variance with the facts.
THÉORIE DISCRÉDITÉE, exploded theory.
THÉORIE DES ÉCHANGES, theory of exchange.
THÉORIE ÉCONOMIQUE, ecocomic theory.
THÉORIE ÉCONOMIQUE CLASSIQUE, classical economics.
THÉORIE ÉLABORÉE, sophisticated theory.
THÉORIE DES ENSEMBLES, group theory; set theory.

THÉORIE DE L'ÉQUILIBRE GÉNÉRAL DES ÉCHANGES, theory of general exchange equilibrium.
THÉORIE DE L'ÉQUILIBRE STATIQUE, static equilibrium theory.
THÉORIE D'ESSENTIALITÉ, theory of essentiality.
THÉORIE DE L'EXPLOITATION MONOPOLISTIQUE, theory of monopolistic exploitation.
THÉORIE DES FILES D'ATTENTE, queue theory; queueing theory.
THÉORIE DE LA FIRME, theory of the firm.
THÉORIE GÉNÉRALE DES PRIX, general price theory.
THÉORIE DE L'IMPÔT, theory of taxation.
THÉORIE DE L'INFLATION, theory of inflation.
THÉORIE DE L'INNOVATION (DU CYCLE ÉCONOMIQUE), innovation theory (of the business cycle).
THÉORIE DES JEUX, theory of games.
THÉORIE MALTHUSIENNE DE LA POPULATION, Malthusian theory of population.
THÉORIES MARXISTES, Marxian theories.
THÉORIES MERCANTILISTES, mercantilistic theories; mercantile theories.
THÉORIE MÉTALLIQUE, currency principle.
THÉORIE MÉTAMATHÉMATIQUE, metamathematical theory.
THÉORIE MONÉTAIRE DU SURINVESTISSEMENT, monetary over-investment theory.
THÉORIE DE LA MONNAIE, theory of money.
THÉORIE DU MONOPOLE, theory of monopoly.
THÉORIE DES MOTIFS ÉCONOMIQUES DU COLONIALISME, economic colonialism (theory).
THÉORIE DU MULTIPLICATEUR, theory of the multiplier.
THÉORIE NÉO-CLASSIQUE (QUANTITATIVE) DE LA MONNAIE, sophisticated (quantity) theory of money.
THÉORIE DE LA PARITÉ DES POUVOIRS D'ACHAT, purchasing power parity theory.
THÉORIE DE LA POPULATION, theory of population.
THÉORIE DE LA POPULATION OPTIMUM, theory of the optimum population.
la THÉORIE ET LA PRATIQUE, theoretics and practice.
THÉORIE DES PROBABILITÉS, theory of probability.
THÉORIE DE LA PRODUCTION, theory of production.
THÉORIE DU PROFIT, theory of profit.
THÉORIE DES PRIX, theory of prices.
THÉORIE PURE, pure theory.
THÉORIE DES QUANTA, quantum theory.
THÉORIE QUANTITATIVE DE LA MONNAIE, quantity theory of money.
THÉORIE DE LA RENTE, theory of rent.
THÉORIE DE LA RÉPARTITION, theory of distribution.
THÉORIE DE LA RÉPARTITION BASÉE SUR LA PRODUCTIVITÉ MARGINALE, marginal productivity theory of distribution.
THÉORIE DU REVENU, theory of income.
THÉORIE SIMPLISTE, crude theory.
THÉORIE DE LA SOUS-CONSOMMATION, underconsumption theory.
THÉORIE DE LA STABILITÉ DYNAMIQUE, theory of dynamic stability.
THÉORIE DU SURINVESTISSEMENT, overinvestment theory.
THÉORIE DES SURPLUS, theory of surplus.
THÉORIE DES TARIFS DOUANIERS, theory of tariff structure.
THÉORIE DU TAUX D'INTÉRÊT, theory of the rate of interest.
THÉORIE QUI NE TIENT PAS DEBOUT, theory that does not hold water.
THÉORIE DE L'UTILITÉ ET DE LA CONSOMMATION, utility and consumption theory.
THÉORIE DE L'UTILITÉ MARGINALE, theory of marginal utility.
THÉORIE DE LA VALEUR, theory of value.
THÉORIES DES VALEURS INTERNATIONALES, theory of international values.
THÉORIE DE LA VALEUR SUBJECTIVE, theory of subjective value.
THÉORIE DE LA VALEUR-TRAVAIL, labour theory of value.
THÉORIE DE LA VARIANCE, theory of the variance.

THÉORIQUE a, theoretic(al), conceptual; ideal.
CAPACITÉ THÉORIQUE MAXIMUM, theoretical maximum capacity.
CYCLE THÉORIQUE, ideal cycle.
DISTRIBUTIONS EMPIRIQUES ET DISTRIBUTIONS THÉORIQUES, actual and theoretical distributions.
FRÉQUENCES EMPIRIQUES ET THÉORIQUES, actual and theoretical frequencies.
PARTIE THÉORIQUE, theoretics.
PROBABILITÉS THÉORIQUES ET EMPIRIQUES, conceptual and empirical probabilities.
PROFITS THÉORIQUES, paper profits.
TRAITÉ THÉORIQUE, treatise.

THÉRAPEUTIQUE f, therapeutics.

THÉRAPIE f, therapy.

THERMAL a, thermal.
STATION THERMALE, health resort; spa.

THERMIE f, therm.

THERMIQUE a, thermal.
CENTRALE THERMIQUE, steam-generating station; thermal power station.
ÉNERGIE THERMIQUE, heat-energy.
RENDEMENT THERMIQUE, thermal efficiency.

THERMOMÈTRE m, thermometer.

THÉSAURISATION f, hoard; hoarding.
THÉSAURISATION DE L'OR, hoarding of gold.

THÉSAURISÉ a, hoarded up.
MONTANTS THÉSAURISÉS, hoardings.
OR THÉSAURISÉ PAR DES PARTICULIERS, gold in private hoards.

THÉSAURISER v, to hoard, to hoard up, to treasure up.
PROPENSION À THÉSAURISER, propensity to hoard.
THÉSAURISER L'OR, to hoard gold.

THÉSAURISEUR a, accumulative, acquisitive.

THÉSAURISEUR m, hoarder.

THÉSAURUS m, thesaurus.

THÈSE f, thesis, argument, proposition.
THÈSE AXIOMATIQUE, axiomatic proposition.
THÈSE DÉFENDUE DANS CE LIVRE, argument of this book.

TICKET m, ticket; coupon.
RATIONNEMENT PAR LES TICKETS, coupon rationing.

TIERCE a, third.
TIERCE PERSONNE, third person.

TIERCE f, third.

TIERS a, third.

TIERS m, third person, third party; third.
ASSURANCE ACCIDENTS AUX TIERS, third party accident insurance.
ASSURANCE AUX TIERS, third party insurance.
RISQUES AUX TIERS, third party risks.
TIERS PORTEUR, second endorser; endorsee.

TIMBRE m, stamp.
DROITS DE TIMBRE, stamp duty.
DROIT DE TIMBRE À LA CHARGE DU VENDEUR, stamp duty payable by the seller.
DROIT DE TIMBRE À QUITTANCE, receipt stamp duty.
IMPÔT DU TIMBRE, stamp tax.
OBLITÉRER UN TIMBRE, to cancel a stamp.
SOUMIS AU TIMBRE, subject to stamp duty.
TIMBRE D'EFFETS, finance stamp.
TIMBRE-ÉPARGNE, savings stamp.
TIMBRE FISCAL, inland revenue stamp; revenue stamp.
TIMBRE-POSTE, postage stamp.
TIMBRE PROPORTIONNEL, ad valorem stamp.
TIMBRE-TAXE, postage due stamp.

TIMBRÉ a, stamped.
EFFET NON TIMBRÉ, unstamped bill.
PAPIER TIMBRÉ, stamp paper; stamped paper.
non TIMBRÉ, unstamped.

TIMBRER v, to stamp.

TIRAGE m, draw, drawing; pull, pulling; draft.
DROIT DE TIRAGE, drawing right.
DROITS DE TIRAGE SPÉCIAUX, special drawing rights.
OBLIGATIONS AMORTISSABLES PAR TIRAGE AU SORT, bonds redeemable by drawings.
les OBLIGATIONS SONT RACHETÉES PAR VOIE DE TIRAGE, debentures are redeemed by lot.
OBLIGATIONS REMBOURSABLES PAR TIRAGE AU SORT, bonds repayable by drawings.
TIRAGE D'UN CHÈQUE, draft of a cheque.
TIRAGE AU HASARD, randomness in drawing.
TIRAGE DES JOURNAUX, circulation of newspapers.
TIRAGE À LOTS, prize-drawings.
TIRAGE AU SORT, toss; tossing; draw; drawing.
TIRAGE AU SORT DE L'ÉCHANTILLON, sample drawing.
TIRAGES AU SORT PÉRIODIQUES, periodical drawings.

TIRÉ a, drawn.
CHANGE TIRÉ, bill exchange; commercial exchange.
CONCURRENCE À COUTEAUX TIRÉS, cut-throat competition.
ÉCHANTILLON TIRÉ, sample drawn.
ÉCHANTILLON TIRÉ CONSCIENCIEUSEMENT, fairly drawn sample.
EFFET TIRÉ PAR UNE BANQUE SUR UNE AUTRE, bank-bill.

TIRÉ m, drawee.

TIRER v, to draw, to pull, to derive, to get, to cast, to shoot.
REVENU QUE L'ON PEUT TIRER D'UN PLACEMENT, income derivable from an investment.
TIRER DE L'ARGENT DE, to get money out of.
TIRER UNE LIGNE, to draw a line.
s'en TIRER SANS PERTE, to get out without loss.

TIRER PROFIT (DE), to derive profit from; to reap profit; to utilize.
TIRER DU PROFIT D'UNE OPÉRATION, to draw profit from a transaction.
TIRER UN REVENU DE, to make a return on.
TIRER AU SORT, to draw by lot.
TIRER AU SORT LES BONS DESTINÉS À ÊTRE REMBOURSÉS, to draw bonds for redemption.

TIREUR *m*, drawer.

TIROIR-CAISSE *m*, till.

TISSAGE *m*, weaving.

TISSER *v*, to weave.
MÉTIER À TISSER, loom.
MÉTIER À TISSER LE COTON, cotton loom.

TISSU *m*, fabric.

TITRE *m*, title, certificate, proof, evidence, document, deed; muniment, claim, right; standard, fineness; commission, holding, bond, debenture-bond, security, share, stock.
ARGENT AU TITRE, standard silver.
COLPORTAGE DE TITRES, hawking of securities.
CONTRAT À TITRE GRATUIT, bare contract.
DÉDUCTION AU TITRE DE REVENUS SALARIAUX OU PROFESSIONNELS, allowance for earned income.
DÉPOSER DES TITRES EN NANTISSEMENT, to lodge stock as cover.
DÉSIGNATION DES TITRES, description of securities.
DÉTENTEUR DE TITRES, scripholder.
DÉTENTION DE TITRES, holding stock.
ÉCHANGE, TITRE POUR TITRE, exchange, share for share.
EFFETS ET TITRES ÉTRANGERS, foreign bills and securities.
EMPRUNT SUR TITRES, loan on stock; loan against security; advance on securities.
ESTIMATION, ÉVALUATION, DES TITRES, valuation of securities.
FIRME DE COURTAGE DE TITRES, jobbing-house.
FRAIS D'ACQUISITION ET DE CESSION DE TITRES, cost of acquisition and disposal of securities.
GARANTIR UNE ÉMISSION DE TITRES, to guarantee an issue of stock.
GARANTIR DES TITRES, to underwrite shares.
la **HAUSSE OU LA BAISSE DES TITRES DE BOURSE**, the rise or the fall of stocks and shares.
INTÉRÊT SUR LES TITRES EN PORTEFEUILLE, interest on securities owned.
INTRODUCTION DE TITRES SUR LE MARCHÉ, introduction of shares on the market.
LÉGATAIRE À TITRE UNIVERSEL, general legatee.
LEGS À TITRE PARTICULIER, specific legacy.
LEVÉE DE TITRES, taking delivery of shares; taking up of stock.
LEVER DES TITRES, to take up shares; to take up stock; to take delivery of stock.
LIVRER DES TITRES, to deliver stocks.
MARCHAND DE TITRES, jobber.
MARCHÉ SURCHARGÉ DE TITRES, market overloaded with stock.
MESURE À TITRE PRÉVENTIF, preventive measure.
METTRE SOUS DOSSIER DES TITRES POUR LE COMPTE D'UNE AUTRE BANQUE, to earmark securities.
MONNAIE EN TANT QUE TITRE, money as a security.
la **MONNAIE ET LES TITRES CONSTITUENT DES SUBSTITUTS**, money and securities are substitutes.
OR AU TITRE, standard gold.
PAIR D'UN TITRE, par of a stock.
PÉNURIE DE TITRES, dearth of stock; scarcity of stock.
PIÈCES DE MONNAIE AU TITRE LÉGAL, coins of legal fineness.
PLACEMENT DES TITRES, merchandizing of securities.
PORTEFEUILLE TITRES, holdings.
PORTEUR DE TITRES, stockholder; shareholder.
PRENDRE LIVRAISON DE TITRES, to take up shares; to take up stock; to take delivery of stock.
PRENDRE DES TITRES EN REPORT, to take in stock.
PRÊT SUR TITRES, loan on stock; loan against security; advance on securities.
PRÊTER SUR TITRES, to lend on stock.
PROPRIÉTÉ ACQUISE À TITRE ONÉREUX, property acquired for valuable consideration.
RARETÉ DU TITRE, scarcity of stock.
REMISE DE TITRES, delivery of stocks.
REPORTER DES TITRES, to borrow stock; to carry stock; to carry over stock.
SERVICE DES TITRES, stock department.
SOUSCRIPTION À DES ACTIONS À TITRE IRRÉDUCTIBLE, application as of right for new shares.
SOUSCRIPTION À DES ACTIONS À TITRE RÉDUCTIBLE, application for excess shares.
SOUSCRIPTION EN TITRES, subscription by conversion of securities.
STOCK DE TITRES, stock of shares.
TAUX DU PRÊT SUR TITRES, rate for advances on securities.
TITRES NON AMORTIS, outstanding securities.
TITRES D'ARBITRAGE AVEC, arbitrage shares with.

TITRE DE BOURSE, stock certificate.
TITRES DE BOURSE, stock exchange securities.
TITRE (CONSTITUTIF) DE PROPRIÉTÉ, title deed.
TITRE DE CRÉANCE, evidence of indebtedness; proof of indebtedness.
TITRES DÉPOSÉS EN NANTISSEMENT, securities lodged as collateral.
TITRES DÉTENUS EN GAGE, securities held in pledge.
TITRES DÉTENUS EN GARANTIE, stocks held as security.
à **TITRE D'ESSAI**, as an experiment.
à **TITRE D'EXPÉRIENCE**, by way of experiment.
TITRES FIDUCIAIRES, paper securities.
à **TITRE GRATUIT**, by free gift.
TITRE HYPOTHÉCAIRE, mortgage bond.
à **TITRE D'INDEMNITÉ**, by way of indemnification.
TITRE JURIDIQUE, legal claim.
TITRES LIBÉRÉS, fully paid stock.
TITRES À LONG TERME, long-term securities.
TITRES NÉGOCIABLES, negotiable stocks.
TITRES NÉGOCIABLES EN BOURSE, stocks marketable on the stock exchange.
TITRES NOMINATIFS, registered securities.
TITRE D'OBLIGATION, debenture-bond.
à **TITRE ONÉREUX**, for a valuable consideration.
TITRE DE L'OR, DE L'ARGENT, standard of purity of gold, of silver.
TITRES EN PENSION, pawned stocks.
TITRE AU PORTEUR, share warrant to bearer; stock warrant.
TITRE DE PREMIER RANG, floater.
TITRE DE PRÊT, loan certificate.
TITRES PRIS EN REPORT, stocks taken in.
TITRE DE PROPRIÉTÉ, title to property; muniment of title; documents of title; proof of ownership; muniments.
TITRES RAPPORTANT UN INTÉRÊT, interest-bearing securities.
TITRES REMIS EN NANTISSEMENT, securities lodged as collateral.
TITRE DE RENTE, rent certificate.
TITRES EN REPORT, stock carried over.
TITRE DE SECOND ORDRE, second-rate stock.
TITRES DE SPÉCULATION, speculative shares; speculative securities; speculative stocks.
TITRES NE VALANT PAS PLUS QUE LE PRIX DU PAPIER, stock not worth more than the price of the paper.
TITRES SANS VALEUR, valueless securities; worthless bills.
TOLÉRANCE DE TITRE, remedy of (for) fineness; tolerance of fineness.
VENDRE DES TITRES PAR PETITS PAQUETS, to sell shares in small parcels.

TITULAIRE *a*, established.
FONCTIONNAIRES TITULAIRES, established civil servants.

TITULAIRE *m*, holder.
TITULAIRE D'UN BREVET, patentee.
TITULAIRE D'UN COMPTE, holder of an account.

TITULARISATION *f*, appointment.

TOILE *f*, linen, linen cloth.
THÉORÈME DE LA TOILE D'ARAIGNÉE, cobweb theorem.
TOILE D'ARAIGNÉE, cobweb.

TOLÉRABLE *a*, tolerable, bearable.

TOLÉRANCE *f*, tolerance, toleration, allowance; remedy; limit.
TOLÉRANCES MAXIMA ET MINIMA, limits of tolerance.
TOLÉRANCE NULLE, zero allowance.
TOLÉRANCE DE POIDS, remedy of (for) weight; tolerance for error in weight; tolerance of weight.
TOLÉRANCE DE TITRE, remedy of (for) fineness; tolerance of fineness.

TOMBER *v*, to fall, to fall down, to drop, to drop down.
TOMBER EN RUINES, to fall into disrepair; to fall into ruin.
VALEUR QUI EST TOMBÉE À ZÉRO, share which has fallen to zero

TOMBOLA *f*, raffle.

TONNAGE *m*, tonnage.
ABONDANCE DE TONNAGE, abundance of tonnage.
DROIT DE TONNAGE, tonnage duty.
TONNAGE ACTIF, active tonnage.
TONNAGE BRUT, gross tonnage.
TONNAGE GLOBAL, total tonnage.
TONNAGE DE JAUGE, register tonnage; registered tonnage.
TONNAGE EN SERVICE, active tonnage.

TONNE *f*, ton.
AFFRÈTEMENT À LA TONNE, freighting per ton.
TONNE COURTE, short ton; net ton.
TONNE FORTE, long ton; gross ton.
TONNE-KILOMÈTRE, ton-kilometre.
TONNE MÉTRIQUE, metric ton.
TONNE PAR MILLE, ton-mile.

TONNEAU *m*, ton.
TONNEAU D'AFFRÈTEMENT, ton dead weight; shipping ton.
TONNEAU DE CAPACITÉ, measurement ton; ton measurement.

TONNEAU DE DÉPLACEMENT, ton displacement.
TONNEAU D'ENCOMBREMENT, ton measurement.
TONNEAU DE FRET, shipping ton.
TONNEAU DE FRET (DE PORTÉE), freight ton.
TONNEAU DE JAUGE, ton register.
TONNEAU DE JAUGE BRUTE, gross register ton; ton gross register.
TONNEAU DE JAUGE NETTE, net register ton; ton net register.
TONNEAU-POIDS, displacement ton; ton displacement.
TONNEAU DE PORTÉE EN LOURD, ton dead weight.

TORT *m*, wrong, harm.
à TORT, wrongly.

TOTAL *a*, total, entire, full, complete, combined, over-all.
AFFRÈTEMENT TOTAL, full-cargo charter.
CONSOMMATION TOTALE, over-all consumption; total consumption.
COURBE DE RECETTE TOTALE, total revenue curve.
COURBE D'UTILITÉ TOTALE, total utility curve.
COÛT TOTAL, total cost.
COÛT TOTAL MINIMUM, minimum total cost.
COÛT TOTAL MOYEN, average total cost.
DEMANDE TOTALE, total demand.
DÉPENSES TOTALES, total expenses.
EFFET TOTAL DU MULTIPLICATEUR, true multiplier; complete multiplier.
GARANTIE TOTALE, full cover.
LONGUEUR TOTALE D'UN RÉSEAU, mileage of a system.
MAXIMATION DE L'UTILITÉ TOTALE, maximizing total utility.
MONTANT TOTAL, total amount.
NOMBRE TOTAL D'ACTIONS, total number of shares.
NOMBRE TOTAL DE LOGEMENTS COMMENCÉS, total dwellings started.
PERTE CENSÉE TOTALE, constructive total loss.
PERTE TOTALE, total loss.
POPULATION TOTALE, total population.
PRIX DE REVIENT TOTAL, total cost.
PRODUCTION TOTALE D'ÉLECTRICITÉ, total generation of electricity.
PROFIT TOTAL, total profit.
QUANTITÉ TOTALE DE FACTEURS EMPLOYÉS, total input.
QUANTITÉ TOTALE PRODUITE, total output.
RECETTE TOTALE, total revenue.
RENDRE MAXIMUM LE PROFIT TOTAL, to maximize total profit.
REPRÉSENTANT 20 % DE LA PRODUCTION TOTALE, accounting for 20 % of total output.
SINISTRE TOTAL, total loss.
SOMME TOTALE, sum-total; total amount; amount.
SURFACE TOTALE DE PLANCHER, total floor area.
VALEUR TOTALE DES VENTES, total value of sales.
VARIANCE TOTALE, original variance.
VENTE TOTALE DES STOCKS, selling off of stocks.

TOTAL *m*, total, aggregate, amount, sum.
FAIRE LE TOTAL, to add up; to total (up).
TOTAL DE L'ACTIF, total assets.
TOTAL DES DÉPENSES ENCOURUES, total expenses incurred.
TOTAL GÉNÉRAL, grand total.
TOTAUX IDENTIQUES, equal totals.
TOTAL DES IMPORTATIONS ET DES EXPORTATIONS, imports and exports combined; total of imports and exports.
TOTAUX MONDIAUX, world aggregates.
TOTAL DU PASSIF, total liabilities.

TOTALEMENT *adv*, totally, in its entirety.

TOTALISATION *f*, totalization, totalizing.
TOTALISATION DES RECETTES, totalization of receipts.

TOTALISÉ *a*, totalled.

TOTALISER *v*, to totalize, to total, to tot up, to add, to add up, to sum, to sum up.

TOTALITAIRE *a*, totalitarian.

TOTALITÉ *f*, totality, entirety, aggregate, whole.
en TOTALITÉ, in full; in the aggregate.
TOTALITÉ DU DOMAINE, entirety of the estate.
VERSEMENTS FAITS EN TOTALITÉ, payments made in full.

TOUCHER *v*, to receive, to draw, to collect.
le REPORTEUR TOUCHE DU REPORTÉ UNE PRIME, the taker receives a premium from the giver.
TOUCHER DE L'ARGENT, to draw money.
TOUCHER UN CHÈQUE, to cash a cheque.
TOUCHER NET, to net.
TOUCHER UN SALAIRE, to draw a wage.
TOUCHER UN TRAITEMENT, to receive a salary.

TOUR *m*, tour; turn; round.

TOURBE *f*, peat.

TOURISME *m*, travel, touring, tourism.
BUREAU DE TOURISME, tourist office.
CENTRE DE TOURISME, tourist centre.

OFFICE DU TOURISME, tourist board.
TOURISME ÉTRANGER, foreign travel.
VOITURE DE TOURISME, passenger car; private car.

TOURISTE *m*, tourist, holiday-maker, *U.S:* vacationist, traveler, *U.K:* traveller.
TOURISTES ÉTRANGERS, foreign tourists.

TOURISTIQUE *a*, pertaining to travel.
TRAFIC TOURISTIQUE, tourist traffic.

TOURNANT *a*, revolving, rotating.
INVENTAIRE TOURNANT, continuous inventory.

(SE) TOURNER *v*, to turn, to turn round, to turn over, to turn up, to revolve, to wind.
TOURNER DANS UN CERCLE VICIEUX, to reason in a circle.

TOUT *m*, whole, lot.
RÉASSURER TOUT OU PARTIE D'UN RISQUE, to reinsure the whole or part of a risk.
TOUT À L'ÉGOUT, sewage system.
un TOUT INDIVISIBLE, indivisible whole.

TRAÇAGE *m*, tracing.

TRACE *f*, trace.
TRACES D'UNE DROITE, traces of a straight line.

TRACÉ *m*, graph, lay-out; tracing, plotting, setting out.
FAIRE LE TRACÉ D'UN DIAGRAMME, to trace (out) a diagram.
FAIRE LE TRACÉ D'UN PLAN, to trace (out) a plan.
TRACÉ DE DIAGRAMME(S), graphing.
TRACÉ LOGARITHMIQUE, logarithmic plotting.
TRACÉ DE LA MOYENNE CYCLIQUE, high-low mid-points method
TRACÉ SEMI-LOGARITHMIQUE, semi-logarithmic plotting.

TRACER *v*, to trace, to lay out, to plot.
TRACER UNE COURBE, to set out a curve.
TRACER LE GRAPHIQUE D'UNE ÉQUATION, to plot the graph of an equation.

TRACEUR *m*, tracer.
TRACEUR DE COURBES, plotter.

TRACTATION *f*, negotiation, dealing(s), bargaining.

TRACTEUR *m*, tractor.
TRACTEUR AGRICOLE, farm tractor.

TRACTION *f*, traction, tension, draught, pull, hauling.

TRACTOIRE *a*, tractive.
COURBE TRACTOIRE, tractrix.

TRACTOIRE *f*, tractrix.

TRADUCTION *f*, translation.

TRAFIC *m*, traffic.
LIGNE À FORT TRAFIC, heavily-travelled line.
RELEVÉS DE TRAFIC, traffic returns.
TRAFIC AÉRIEN, air traffic.
TRAFIC DES CHEMINS DE FER, rail traffic.
TRAFIC FERROVIAIRE, rail traffic.
TRAFIC GRATUIT, non-revenue traffic.
TRAFIC (DE) MARCHANDISES, goods traffic; merchandise traffic; freight traffic; goods carried.
TRAFIC DES MESSAGERIES, parcel traffic.
TRAFIC PASSAGERS, passenger traffic.
TRAFIC PAYANT, revenue traffic.
TRAFIC DES STUPÉFIANTS, illicit trade in opiates; *U.K:* drug traffic.
TRAFIC TOURISTIQUE, tourist traffic.
TRAFIC DE TRANSIT, transit traffic.
TRAFIC VOYAGEURS, passenger traffic.

TRAFIQUANT *m*, trafficker.

TRAFIQUER *v*, to huckster; to traffic.

TRAIN *m*, train.
MENER UN TRAIN DE VIE EN RAPPORT AVEC SON REVENU, to live up to one's income.
TRAIN DIRECT, through train.
TRAIN EXPRESS, express train.
TRAIN DE MARCHANDISES, goods train; merchandise train; freight train.
TRAIN DE MARCHANDISES DE GRANDE VITESSE, fast goods train.
TRAIN DE MESSAGERIES, parcel train.
TRAIN MIXTE, passenger and goods train.
TRAIN POSTAL, mail train.
TRAIN RAPIDE, fast train.
TRAIN POUR LE SERVICE DE COLIS DE GRANDE VITESSE, express parcel train.
TRAIN SUPPLÉMENTAIRE, relief train.
TRAIN DE VIE, rate of living.
TRAIN DE VOYAGEURS, passenger train.
TRANSBORDEUR DE TRAINS, train ferry.

TRAIT *m*, draught.

BÊTE DE TRAIT, draught animal.
CHEVAL DE TRAIT, draught-horse.

TRAITE f, letter of exchange, exchange, bill of exchange, bill, draft.
ACCEPTER UNE TRAITE, to sign a bill.
ENCAISSER UNE TRAITE, to collect a bill.
s'ENGAGER À PAYER UNE TRAITE, to undertake to pay the bill.
HONORER UNE TRAITE, to honour a draft; to meet a draft.
METTRE UNE TRAITE EN BANQUE POUR ENCAISSEMENT, to hand over a draft to a bank for collection.
PRÉSENTATEUR D'UNE TRAITE, presenter of a bill.
PRÉSENTER UNE TRAITE À L'ACCEPTATION, to present a bill for acceptance.
RETOURNER UNE TRAITE FAUTE DE PAIEMENT, to return a bill unpaid.
TRAITE ACQUITTÉE, honoured bill.
TRAITES EN L'AIR, kites; windmills.
TRAITE DES BLANCHES, white slavery.
TRAITE DOCUMENTAIRE, documentary bill.
TRAITE DES NOIRS, Black ivory trade; slave-trade.
TRAITE PAYABLE EN FRANCE, bill domiciled in France.
TRAITE À TERME, time draft.
TRAITE À VUE, draft (payable) at sight; sight draft.

TRAITÉ m, treaty, agreement.
CONCLURE UN TRAITÉ, to negotiate a treaty.
NÉGOCIER UN TRAITÉ, to negotiate a treaty.
TRAITÉ DE COMMERCE, treaty of commerce; trade treaty.
TRAITÉ DE RÉASSURANCE, reinsurance exchange; reinsurance pool.
TRAITÉ (THÉORIQUE), treatise.

TRAITEMENT m, treatment, processing, operation; salary, pay.
AMÉLIORATION DES TRAITEMENTS, improvements in pay.
ÉGALITÉ DE TRAITEMENT, equality of treatment.
ENSEMBLE DE TRAITEMENT DE L'INFORMATION, data processing system.
MACHINE DE TRAITEMENT, processor.
MACHINE DE TRAITEMENT DE L'INFORMATION, data processor.
MATÉRIEL DE TRAITEMENT DE L'INFORMATION, hardware.
PROGRAMME DE TRAITEMENT, processing programme.
RAPPEL DE TRAITEMENT, back pay.
RÉCIPROCITÉ DE TRAITEMENT, reciprocity of treatment.
SYSTÈME AUTOMATIQUE DE TRAITEMENT DE L'INFORMATION, automatic data processing system.
TOUCHER UN TRAITEMENT, to receive a salary.
TRAITEMENT DES DONNÉES, data processing.
TRAITEMENT ÉLECTRONIQUE DE L'INFORMATION, electronic data processing.
TRAITEMENT DE FAVEUR, preference; preferential treatment.
TRAITEMENT FIXE, fixed salary; regular salary.
TRAITEMENT IMMÉDIAT, on-line processing.
TRAITEMENT DE L'INFORMATION, data processing; information processing.
TRAITEMENT INTÉGRÉ DE L'INFORMATION, integrated data processing.
TRAITEMENT PAR LOTS, batch processing; stacked job processing.
TRAITEMENT MULTI-TÂCHES, multi-task operation.
TRAITEMENT MULTI-TRAVAUX, multi-job operation.
TRAITEMENT DE LA NATION LA PLUS FAVORISÉE, most-favoured nation treatment.
TRAITEMENT NUMÉRIQUE, digital processing.
TRAITEMENT SUR ORDINATEUR, computer processing.
TRAITEMENT AVEC RAPPEL DEPUIS, salary with arrears as from.
TRAITEMENT EN TEMPS RÉEL, real-time processing.
UNITÉ CENTRALE DE TRAITEMENT, central processing unit.

TRAITER v, to transact, to deal, to negotiate.
TRAITER POUR UN NOUVEAU LOCAL, to negotiate for new premises.

TRAJECTOIRE f, trajectory, path.

TRAJET m, journey, haul, transit, trip, passage.
TRAJET D'ALLER, outward journey; outward voyage.
TRAJET PAR MER, sea transit.
TRAJET PAR VOIE FERRÉE, rail haul; U.S: railroad haul.

TRAMP m, tramp.
NAVIRE TRAMP, ocean tramp.

TRAMPING m, tramping.
NAVIGATION AU TRAMPING, tramp navigation.

TRAMWAY m, U.K: tram, tram-car, U.S: street-car, trolley.

TRANCHE f, slice, portion, instalment.
ÉMETTRE UN EMPRUNT PAR TRANCHES, to issue a loan by instalments.
MÉTHODE D'AMORTISSEMENT PAR TRANCHES ANNUELLES ÉGALES, U.S: age-life method of depreciation.
TRANCHE D'ACTIONS, portion of shares.
TRANCHE DE REVENUS, income-bracket.

TRANSACTION f, transaction, deal, bargain; dealing, transacting, trading; composition, compromise, settlement.
SUPPORTER LES RISQUES DES TRANSACTIONS D'UN CLIENT MOYENNANT UNE AVANCE MINIME, to carry a customer for all save a small deposit.
TRANSACTION COMMERCIALE, commercial transaction.
TRANSACTION AU COMPTANT, cash deal; cash transaction.
TRANSACTIONS COULISSIÈRES, outside transactions.
TRANSACTIONS À CRÉDIT, loan transactions.
TRANSACTION ENTACHÉE DE FRAUDE, fraudulent transaction.
TRANSACTION QUI LAISSE TRÈS PEU DE MARGE, tight bargain.
TRANSACTION LUCRATIVE, lucrative transaction.
TRANSACTION À PRIX ERRONÉ, false trading.
TRANSACTIONS TRÈS RESTREINTES, dealings very restricted.
TRANSACTION À TERME, transaction for future delivery.
TRANSACTIONS VÉREUSES, bogus transactions.
VALEUR DE TRANSACTION, transaction value.

TRANSACTIONNEL a, transactional.
SOLUTION TRANSACTIONNELLE, compromise.

TRANSBORDEMENT m, reloading, transhipment.
FRAIS DE TRANSBORDEMENT, reloading charges.
RISQUE DE TRANSBORDEMENT, transhipment risk.

TRANSBORDER v, to tranship.

TRANSBORDEUR m, ferry.
TRANSBORDEUR DE TRAINS, train ferry.

TRANSCENDANCE f, transcendence, transcendency.

TRANSCENDANT a, transcendent(al).
FONCTION TRANSCENDANTE, transcendental function.
GÉOMÉTRIE TRANSCENDANTE, transcendental geometry.

TRANSFÉRABILITÉ f, transferability, shiftability.
TEST DE TRANSFÉRABILITÉ (DES INDICES), factor-reversal test (of index-numbers).
TRANSFÉRABILITÉ DES INDICES, shiftability of base of index-numbers.

TRANSFÉRABLE a, transferable, assignable.
COMPTE TRANSFÉRABLE, external account.
VALEURS TRANSFÉRABLES, transferable securities.

TRANSFÉRÉ a, assigned.

TRANSFÈREMENT m, transference.
TRANSFÈREMENT D'UNE CRÉANCE, transference of a debt.

TRANSFÉRER v, to transfer, to assign.
TRANSFÉRER DES ACTIONS, to transfer shares.
TRANSFÉRER UN BILLET PAR VOIE D'ENDOSSEMENT, to transfer a bill by endorsement.

TRANSFERT m, transfer, transferring, transference, transfer payment, transmission, conveyance, assignation, assignment.
ACTE DE TRANSFERT, deed of assignment.
AGENT COMPTABLE DES TRANSFERTS, registrar of transfers.
EFFECTUER UN TRANSFERT, to execute a transfer.
EFFETS DE TRANSFERTS, transfer effects.
PAIEMENTS DE TRANSFERT, transfer payments.
PAIEMENTS DE TRANSFERTS INDUSTRIELS ET COMMERCIAUX, business transfer payments.
REGISTRE DES TRANSFERTS, transfer register.
TRANSFERT DE... À..., change-over from... to.
TRANSFERT D'ACTIONS, share transfer; transfer of shares; transmission of shares.
TRANSFERTS AUTORISÉS DE CAPITAUX, legal capital transfers.
TRANSFERTS COURANTS, current transfers.
TRANSFERTS DÉCLARÉS, certified transfers.
TRANSFERT DE DÉPENSE DE... À..., transference of expenditure from... to.
TRANSFERTS D'ENTREPÔT, transfers in warehouse.
TRANSFERT D'HYPOTHÈQUE, transfer of mortgage.
TRANSFERTS INVISIBLES, invisible transfers.
TRANSFERT D'ORDRE (GRATUIT), nominal transfer.
TRANSFERTS DE REVENU AU COMPTE DES MÉNAGES, income transfers to households.
TRANSFERTS SOCIAUX, welfare transfers.

TRANSFORMABLE a, transformable.

TRANSFORMATEUR m, transformer.

TRANSFORMATION f, transformation, transforming, alteration; processing.
COURBE DE TRANSFORMATION, transformation curve.
IMPÔT SUR LA TRANSFORMATION D'UNE DENRÉE EN PRODUIT, processing-tax.
TAUX MARGINAL DE TRANSFORMATION, marginal rate of transformation.
TRANSFORMATION DE L'ÉNERGIE, transformation of energy.
TRANSFORMATION D'UNE ÉQUATION, transformation of an equation.
TRANSFORMATION GÉOMÉTRIQUE, geometric transmutation.

TRANSFORMATIONS ET RÉPARATIONS, alterations and repairs.
TRAVAUX DE TRANSFORMATION, alterations.
VITESSE DE TRANSFORMATION DE LA MONNAIE EN REVENU, income-velocity of money.

TRANSFORMER *v*, to transform, to change.
TRANSFORMER UNE ÉQUATION, to transform an equation.
TRANSFORMER DES LINGOTS EN MONNAIE, to coin ingots.

TRANSGRESSER *v*, to transgress.

TRANSGRESSION *f*, transgression.

TRANSIGER *v*, to compound, to compromise.
TRANSIGER SUR LE MONTANT D'UNE DETTE, to compound a debt.

TRANSIT *m*, transit; through traffic.
COMMERCE DE TRANSIT, transit trade.
DROITS DE TRANSIT, transit-duty.
MANIFESTE DE TRANSIT, transit manifest.
MARCHANDISES EN TRANSIT, goods in transit.
PORT DE TRANSIT, port of transit.
TRAFIC DE TRANSIT, transit traffic.
VISA DE TRANSIT, transit visa.

TRANSITAIRE *m*, transit agent, forwarding agent.

TRANSITER *v*, to transit, to pass in transit.

TRANSITION *f*, transition.

TRANSITOIRE *a*, transient, temporary.
MESURES TRANSITOIRES, temporary measures.
VALEURS TRANSITOIRES, transition values.

TRANSLATIF *a*, translative.
RÉDACTION D'ACTES TRANSLATIFS DE PROPRIÉTÉ, conveyancing.

TRANSLATION *f*, translation, shift.
MOUVEMENT DE TRANSLATION, movement of translation.
TRANSLATIONS DE LA DEMANDE, demand shifts.

TRANSMETTEUR *a*, transmitting.

TRANSMETTRE *v*, to transmit, to convey, to assign.
TRANSMETTRE DES BIENS PAR TESTAMENT, to transmit property by will.
TRANSMETTRE UN BREVET À, to assign a patent to.
TRANSMETTRE PAR VOIE D'ENDOSSEMENT UNE LETTRE DE CHANGE, to endorse over a bill of exchange to.

TRANSMIS *a*, transmitted, assigned.
QUANTITÉ DE CHALEUR TRANSMISE, thermal output.

TRANSMISSIBILITÉ *f*, transmissibility, transferability.

TRANSMISSIBLE *a*, transmissible, transmittable.
BIEN TRANSMISSIBLE PAR HÉRITAGE, hereditament.

TRANSMISSION *f*, transmission, transmittal, transmitting, transfer, transferring, conveyance, assignment, communication.
COURROIE DE TRANSMISSION, drive belt.
TRANSMISSION DE BIENS, transfer of property; conveyance of property.
TRANSMISSION DE DONNÉES, data communication; data transmission.
TRANSMISSION HÉRÉDITAIRE, natural inheritance.
TRANSMISSION DE PROPRIÉTÉ D'UN BREVET, conveyance of a patent.
TRANSMISSION D'UNE PROPRIÉTÉ IMMOBILIÈRE, land conveyance.
VITESSE DE TRANSMISSION (DES INFORMATIONS), transfer rate (of data).

TRANSMUTATION *f*, transmutation.

TRANSPORT *m*, transport, transportation, transporting, carriage, forwarding, carrying, carrying over, transit, hauling, haulage, charter, assignation, transfer, conveyance, portage, porterage.
COMMISSIONNAIRE DE TRANSPORT, transport agent.
COMPAGNIE DE TRANSPORT, transport company.
COMPAGNIE DE TRANSPORTS MARITIMES, shipping company.
COÛT DE TRANSPORT, cost of transport.
DISTANCE DE TRANSPORT, length of haul.
ENTREPRENEUR DE TRANSPORTS, haulage contractor; haulier.
ENTREPRISE DE TRANSPORTS, carrying business; carrying company.
FACILITÉS DE TRANSPORT, ease of transport.
FRAIS DE TRANSPORT, transportation cost; transport charges; carriage expenses; haulage; portage.
INDUSTRIE DES TRANSPORTS MARITIMES, shipping industry.
MÉTHODE DES TRANSPORTS, transportation method.
PRIX, Y COMPRIS LE TRANSPORT, price, including transport.
PRIX DE TRANSPORT DES MARCHANDISES, freight; freight rates.
PRIX DE TRANSPORT DES VOYAGEURS, passenger fares.
STATISTIQUES DE TRANSPORT, transport statistics.
TRANSPORT AÉRIEN, air transport.
TRANSPORT-CESSION DE CRÉANCES, assignment of debts.

TRANSPORT PAR CHEMIN DE FER, railway carriage.
TRANSPORTS EN COMMUN, public means of conveyance.
TRANSPORT D'UNE CRÉANCE, transfer of a debt.
TRANSPORT À LA DEMANDE, charters.
TRANSPORTS À FORFAIT, through bookings.
TRANSPORT DES MARCHANDISES, *U.S:* freightage; freighting; *U.K:* conveyance of goods; transport of goods.
TRANSPORT MARITIME, freight; freightage; freighting; sea carriage; marine transport.
TRANSPORT DES PERSONNES, conveyance of passengers.
TRANSPORT PAR ROULAGE OU REMORQUAGE, haul.
TRANSPORTS ROUTIERS, road transport.
TRANSPORT(S) TERRESTRE(S), land conveyance; *U.S:* freight; freightage; freighting.
TRANSPORT PAR VOIE FERRÉE, rail transport; rail carriage.

TRANSPORTÉ *a*, transported, carried.
MARCHANDISES TRANSPORTÉES, goods carried; *U.S:* freight.

TRANSPORTER *v*, to transport, to carry, to haul, to float, to transfer, to convey.
TRANSPORTER UNE CRÉANCE, to transfer a debt.
TRANSPORTER DES MARCHANDISES, to convey goods.

TRANSPORTEUR *a*, transporting.

TRANSPORTEUR *m*, transporter, carrier.

TRANSPOSITION *f*, transposition.

TRANSVERSAL *a*, transversal, transverse, cross, latitudinal.
COUPE TRANSVERSALE, DIVISION TRANSVERSALE, transection.
ÉLASTICITÉ TRANSVERSALE, cross-elasticity.
SECTION TRANSVERSALE, transverse section.

TRANSVERSALE *f*, transversal, transverse line.

TRANSVERSE *a*, transverse.
AXE TRANSVERSE, transverse axis.

TRAPÈZE *m*, trapeze, trapezium.

TRAPÉZIFORME *a*, trapeziform.

TRAPÉZOÏDAL *a*, trapezoidal.

TRAVAIL *m*, work; job; labour, *U.S:* labor; workmanship.
ACCÉLÉRER LES TRAVAUX, to speed (up) the work.
ACTIONS DE TRAVAIL, staff shares.
APTITUDE AU TRAVAIL, ability to work.
ARRÊT DU TRAVAIL, cessation from work.
ARRÊTER LE TRAVAIL, to cease work.
ASSURANCE ACCIDENTS DU TRAVAIL, employers' liability insurance; insurance against injuries to workmen.
BEAU TRAVAIL, fine workmanship.
BOURSE DU TRAVAIL, labour exchange.
BUREAU INTERNATIONAL DU TRAVAIL, International Labour Office.
CAPITAL ET TRAVAIL, capital and labour.
CESSER LE TRAVAIL, to leave off work; to quit work.
CHERCHER DU TRAVAIL, to look for a job.
CONFLITS CAPITAL-TRAVAIL, labour-capital conflicts.
CONTRAT DE TRAVAIL, labour contract.
COÛT DE TRAVAIL, labour cost.
DEMANDE DE TRAVAIL, demand for labour.
DÉSUTILITÉ MARGINALE DU TRAVAIL, marginal disutility of labour.
DIVISION DU TRAVAIL, division of labour.
DROITS DU TRAVAIL, rights of labour.
DURÉE DU TRAVAIL, hours of work.
ÉCONOMIE DE TRAVAIL, labour saving; saving of labour.
ÉCONOMISER LE TRAVAIL, to save labour.
EFFICACITÉ MARGINALE DU TRAVAIL, marginal efficiency of labour.
FAIRE DES PETITS TRAVAUX, to job.
FONCTION DE DEMANDE DU TRAVAIL, demand function for labour.
FONDS DISPONIBLES POUR LA RÉTRIBUTION DU TRAVAIL, wage-fund.
FORCE DE TRAVAIL, labour force; labour-power.
GROUPE DE TRAVAIL, task group.
HEURES DE TRAVAIL, hours of work.
INCAPACITÉ DE TRAVAIL, disablement.
INNOVATION ÉPARGNANT DU TRAVAIL, labour-saving innovation.
INSPECTEUR DU TRAVAIL, factory inspector.
INSPECTION DU TRAVAIL, factory inspection.
JOUR DE TRAVAIL, labouring day; working day.
JOURNÉE DE TRAVAIL, man-day.
JOURNÉE DE TRAVAIL DE HUIT HEURES, eight-hour working day.
LÉGISLATION DU TRAVAIL, labour legislation; labour laws.
LOI SUR LES ACCIDENTS DU TRAVAIL, Factory Act; Workmen's Compensation Act.
LONGUES JOURNÉES DE TRAVAIL, long working hours.
MARCHÉ DU TRAVAIL, labour-market; market for labour.
MÉMOIRE DE TRAVAIL, working storage.
MONOTONIE DU TRAVAIL, monotony of work.
NOMBRE D'HEURES DE TRAVAIL, number of hours worked.

OFFRE DE TRAVAIL, supply of labour; supply of labour services.
l'OFFRE DE TRAVAIL EST-ELLE EXCLUSIVEMENT UNE FONCTION DU SALAIRE RÉEL ? is the supply of labour a function of real wages alone ?
ORGANISATION SCIENTIFIQUE DU TRAVAIL, industrial engineering.
PETITS TRAVAUX, odd jobs.
PRESSER LES TRAVAUX, to speed up the work.
PRINCIPE DU TRAVAIL À LA CHAÎNE, conveyor-belt system.
PRIX DE LA DEMANDE DE TRAVAIL, demand price of labour.
PRODUCTIVITÉ MARGINALE DU TRAVAIL, marginal productivity of labour.
PRODUCTIVITÉ PHYSIQUE MARGINALE DU TRAVAIL, marginal physical productivity of labour.
PRODUCTIVITÉ DU TRAVAIL, labour productivity.
PROGRAMMATEUR DE TRAVAUX, job scheduler.
PROGRAMME DE TRAVAUX PUBLICS, public-works program.
QUALITÉ DU TRAVAIL, workmanship.
QUANTITÉ DE CAPITAL REQUISE PAR UNITÉ DE TRAVAIL, capital intensity required per unit of labour.
QUANTITÉ DE TRAVAIL EMPLOYÉE, quantity of labour employed.
RÉGIME DU TRAVAIL, organization of labour.
RÉGLEMENTATION DU TRAVAIL, regulation of labour.
se RELAYER AU TRAVAIL, to work in shifts.
RÉMUNÉRATION AU PRORATA DU TRAVAIL ACCOMPLI, payment in proportion to work done.
RÉMUNÉRATION DU TRAVAIL, remuneration of labour.
RÉPARTIR LES FRUITS DU TRAVAIL, to apportion the fruits of labour.
REPRENDRE LE TRAVAIL, to resume work.
REPRISE DU TRAVAIL, resumption of work.
REVENUS NE PROVENANT PAS D'UN TRAVAIL, unearned income.
REVENU DU TRAVAIL, income of (from) labour; labour income; earned income.
le SALAIRE EST ÉGAL AU PRODUIT MARGINAL DU TRAVAIL, the wage is equal to the marginal product of labour.
SIMPLIFICATION DU TRAVAIL, work simplification.
SOMME DE TRAVAIL, mass of labour; quantity of labour.
SURCROÎT DE TRAVAIL, extra work.
SUSPENSION DU TRAVAIL, cessation from work.
THÉORIE DE LA VALEUR-TRAVAIL, labour theory of value.
TRAITEMENT MULTI-TRAVAUX, multi-job operation.
sans TRAVAIL, unemployed; workless; jobless; without occupation.
TRAVAIL ABSTRAIT, abstract labour.
TRAVAIL ARDU, strenuous work.
TRAVAIL PEU ASTREIGNANT, non-exacting work.
le TRAVAIL A AVANCÉ, work has advanced.
TRAVAIL DE BUREAU, office-work; clerical work.
TRAVAIL À LA CHAÎNE, belt system of production; flow-production.
TRAVAIL CONCRET, concrete labour.
TRAVAIL COURANT DE BUREAU, office routine.
TRAVAIL EN COURS, work in hand.
TRAVAUX DOMESTIQUES, house work.
TRAVAIL DUR, hard work.
TRAVAIL DES ENFANTS, child work.
TRAVAIL D'ÉQUIPE, team-work.
TRAVAIL PAR EQUIPES, work in shifts.
TRAVAIL EXCESSIF, overwork.
TRAVAIL À FAÇON, special-order work; jobbing.
TRAVAIL EN TANT QUE FACTEUR DE PRODUCTION, labour as a factor of production.
TRAVAUX DE FACTURATION, invoice work.
TRAVAIL FAIT SUR COMMANDE, work done on commission.
TRAVAIL PEU FATIGUANT, light work.
TRAVAIL FORCÉ, forced labour.
TRAVAIL À FORFAIT, job-work.
TRAVAIL À GAGES, journey-work.
TRAVAIL À L'HEURE, time-work.
TRAVAIL INTELLECTUEL, brain-work; intellectual work.
TRAVAIL LIBRE, free labour.
TRAVAIL À LA MAIN, handwork.
TRAVAIL MANUEL, manual work; manual labour; hand-labour; handwork; labouring.
TRAVAIL MONOTONE, humdrum work.
TRAVAIL DE NUIT, night-work.
TRAVAIL OBLIGATOIRE, compulsory labour; coercion of labour.
TRAVAIL PÉNIBLE, strenuous work.
TRAVAIL À LA PIÈCE, AUX PIÈCES, piece-work; task-work.
TRAVAIL DE PIONNIER, pioneer work.
TRAVAIL À PLEIN TEMPS, whole-time work; full-time work.
TRAVAIL DE PREMIÈRE URGENCE, work of immediate urgency.
TRAVAUX PRÉPARATOIRES, preliminary work.
TRAVAIL À LA PRIME, work on the bonus system.
TRAVAUX PUBLICS, public works.
TRAVAUX PUBLICS ORGANISÉS POUR LES CHÔMEURS, relief work.
TRAVAIL REBUTANT, repellent work.
TRAVAUX DE RECHERCHE, research work.

TRAVAIL RÉTRIBUÉ, paid work; work against payment.
TRAVAIL DE ROUTINE, routine work.
TRAVAIL SAISONNIER, seasonal work.
TRAVAIL EN SOUFFRANCE, work in abeyance.
TRAVAUX SOUS-TRAITÉS EN DEHORS DE L'ÉTABLISSEMENT, contract work given out.
TRAVAIL DE SPÉCIALISTES, expert workmanship.
TRAVAIL À LA TÂCHE, task-work.
TRAVAIL À TEMPS COMPLET, full-time job.
TRAVAUX DE TRANSFORMATION, alterations.
TRAVAIL (TRÈS) URGENT, rush-work.
TRAVAIL D'USINAGE, machine-work.
TRAVAIL DE TOUTE UNE VIE, life-work.
VIVRE DE SON TRAVAIL, to live by one's work.

TRAVAILLÉ a, worked, fashioned.

TRAVAILLER v, to work; to toil, to labour, U.S: to labor.
FAIRE TRAVAILLER, to work; to supervise.
OUVRIER QUI TRAVAILLE À L'HEURE, time-worker.
TRAVAILLANT À CAPACITÉ PRESQUE MAXIMA, working at close to capacity.
TRAVAILLER POUR GAGNER SA VIE, to work for one's living.
TRAVAILLER LE MARCHÉ, to manipulate the market.
TRAVAILLER À LA TÂCHE, to job.
l'USINE TRAVAILLE À PLEIN RENDEMENT, the works are going at full blast.

TRAVAILLEUR a, hard-working, labouring, industrious.

TRAVAILLEUR m, worker, workman, labourer.
n'ADMETTANT QUE DES TRAVAILLEURS SYNDIQUÉS, closed shop.
SITUATION DES TRAVAILLEURS, condition of the workers.
TRAVAILLEUR AGRICOLE, land-worker.
TRAVAILLEUR APPLIQUÉ, ASSIDU, steady worker.
TRAVAILLEUR À DOMICILE, home-worker; outside worker; out-worker.
TRAVAILLEURS FAMILIAUX NON RÉMUNÉRÉS, unpaid family workers.
TRAVAILLEUR INTELLECTUEL, intellectual worker.
TRAVAILLEUR À MI-TEMPS, part-time worker; half-timer.
TRAVAILLEUR OCCASIONNEL, casual worker.

TRAVAILLISTE a, labour.
GOUVERNEMENT TRAVAILLISTE, Labour government.
MOUVEMENT TRAVAILLISTE, Labour movement.
PARTI TRAVAILLISTE, Labour party.

TRAVAILLISTE m, socialist.

TRAVERSÉE f, passage, crossing.
PRIX DE LA TRAVERSÉE, passage-money.

TRÉBUCHANT a, stumbling; testing for weight.
ESPÈCES SONNANTES ET TRÉBUCHANTES, hard money; hard cash.

TRÉBUCHER v, to stumble; to test for weight.
TRÉBUCHER UNE PIÈCE DE MONNAIE, to test a coin for weight.

TRÉFONCIER a, pertaining to the subsoil.
REDEVANCE TRÉFONCIÈRE, mining royalties.

TRÉFONCIER m, owner of the soil and subsoil.

TRÉFONDS m, subsoil.
PROPRIÉTAIRE DU FONDS ET DU TRÉFONDS, owner of the soil and subsoil.
VENDRE LE FONDS ET LE TRÉFONDS, to sell soil and subsoil.

TREND m, trend.
AJUSTEMENT AU TREND, trend adjustment.
ÉCARTS AU TREND, deviations from trend.
MÉTHODE DES RAPPORTS AU TREND, method of ratios to trend values.
TREND CALCULÉ, trend value.

TRÉSOR m, treasure, riches, hoard; treasury, public purse, U.K: Exchequer, U.S: Treasury.
BON DU TRÉSOR, Treasury bill; Treasury bonds; treasury-note; U.K: Exchequer bond; Exchequer bill.
TAUX (D'INTÉRÊT) DES BONS DU TRÉSOR, Treasury-bill rate.
TRÉSOR PUBLIC, public moneys; Treasury.

TRÉSORERIE f, finance(s), cash, U.K: Treasury, Exchequer; treasurership.
BESOINS DE TRÉSORERIE, cash requirements.
RÉSERVE DE TRÉSORERIE, liquid reserve.
RÉSERVES DE TRÉSORERIE D'UNE BANQUE, capital reserves of a bank.
SITUATION DE TRÉSORERIE, statement of finances.

TRÉSORIER m, treasurer; paymaster.

TRI m, sorting.

TRIAGE m, picking, sorting(out); marshalling.
GARE DE TRIAGE, railway yard; marshalling yard.

TRIAGE À LA MAIN, hand picking.

TRIANGLE *m*, triangle.
BASE D'UN TRIANGLE, base of a triangle.
SUPERPOSER DEUX TRIANGLES, to superpose two triangles.
dans un TRIANGLE DONNÉ, in a given triangle.
TRIANGLE RECTANGLE, right-angled triangle.
TRIANGLES SEMBLABLES, similar triangles.

TRIANGULAIRE *a*, triangular, trigonal.
ÉLECTION TRIANGULAIRE, triangular election.

TRIANNUEL *a*, triennial.

TRIBAL *a*, tribal.
SYSTÈME TRIBAL, tribalism.

TRIBU *f*, tribe.

TRIBUNAL *m*, tribunal, court, law-court of justice.
INCOMPÉTENCE D'UN TRIBUNAL, lack of jurisdiction.
OPPOSITION ADMISE PAR LE TRIBUNAL, objection sustained
by the Court.
PORTER UNE DEMANDE DEVANT LES TRIBUNAUX, to litigate a
claim.
TRIBUNAL DE COMMERCE, commercial court.
TRIBUNAL COMPÉTENT, court of competent jurisdiction.
TRIBUNAL CONSULAIRE, commercial court.
le TRIBUNAL INFÉRIEUR (EN CAS D'APPEL), the Lower Court.
TRIBUNAL DES SUCCESSIONS ET DES TUTELLES*, *U.S:* probate
court; Orphans' Court; *U.K:* Chancery Division (of the Hight Court).

TRIBUTAIRE *a*, tributary, dependent upon.
ÊTRE TRIBUTAIRE DE L'ÉTRANGER, to depend on foreign supplies.

TRICHER *v*, to cheat.

TRICHERIE *f*, cheating; foul play.

TRICOT *m*, knitted wear.

TRICOTAGE *m*, knitting.

TRIÉ *a*, picked, sorted out.
ACTIONS TRIÉES SUR LE VOLET, *U.S:* blue chip stocks.
HOMMES TRIÉS SUR LE VOLET, picked men.
MINERAI TRIÉ, picked ore.

TRIÈDRE *a*, trihedral.
ANGLE TRIÈDRE, trihedral angle.

TRIÈDRE *m*, trihedron.

TRIENNAL *a*, triennial.

TRIER *v*, to pick, to sort (out).

TRIGONOMÉTRIE *f*, trigonometry.
TRIGONOMÉTRIE RECTILIGNE, plane trigonometry.
TRIGONOMÉTRIE SPHÉRIQUE, spherical trigonometry.

TRIGONOMÉTRIQUE *a*, trigonometric(al).
FONCTION TRIGONOMÉTRIQUE, trigonometric function.
LEVÉ TRIGONOMÉTRIQUE, trigonometrical survey.

TRIMESTRE *m*, quarter, term, three months.

TRIMESTRIEL *a*, quarterly, terminal.
LOYER TRIMESTRIEL, quarter's rent; *U.S:* quarterage.
RÉMUNÉRATION TRIMESTRIELLE, quarterly salary.

TRIMESTRIELLEMENT *adv*, quarterly.

TRINÔME *a*, trinomial.

TRINÔME *m*, trinomial.

TRIPARTITE *a*, tripartite.

TRIPLE *a*, treble, triple, tripartite, triplicate.
TRIPLE DROIT, treble duty.
RAISON TRIPLE, triple ratio.

TRIPLE *m*, treble.

TRIPLÉ *a*, triplicate.
RAISON TRIPLÉE, triplicate ratio.

TRIPLEMENT *m*, trebling, tripling.

TRIPLER *v*, to treble, to triple.

TRIPLICATA *m*, triplicate.

TRIPOTAGE *m*, manipulation, juggle, jobbery.
TRIPOTAGE DE (EN) BOURSE, manipulation of the market; market
jobbery; rigging the market.
TRIPOTAGE FINANCIER, financial juggle.

TRIPOTER *v*, to manipulate, to juggle.
TRIPOTER LES COMPTES, to manipulate accounts.

TRIPOTEUR *m*, manipulator, shady speculator.

TRISANNUEL *a*, triennial.

TRISECTION *f*, trisection.

TROC *m*, barter, exchange and barter, swap, swapping, truck.

PARITÉS DE TROC, swapping terms; terms of trade.
TERMES DE TROC, swapping terms.
TROC PUR ET SIMPLE, pure barter.

TROIS *num*, three.
EFFETS À TROIS MOIS, bill at three months.
FONCTION DU DEUXIÈME DEGRÉ À TROIS VARIABLES, func-
tion of the second degree in three variables.
RÈGLE DE TROIS, rule of three.

TROISIÈME, *num. a*, third.
ÉQUATION DU TROISIÈME DEGRÉ, equation of the third degree
cubic equation.
jusqu'à la TROISIÈME DÉCIMALE, to three places of decimals.

TROISIÈME *m*, third.
TROISIÈME DE CHANGE, third of exchange.

(SE) **TROMPER** *v*, to deceive, to cheat, to make a mistake.
se TROMPER DANS UN CALCUL, to miscalculate.

TROMPERIE *f*, deceit, cheating.

TROMPEUR *a*, deceptive.

TRONC *m*, trunk.

TRONQUÉ *a*, truncated.
CÔNE TRONQUÉ, truncated cone.

TROP *adv*, too, over.
(ayant) TROP DE MAIN-D'ŒUVRE, over-staffed.
RÈGLEMENTS TROP DRACONIENS, unduly severe regulations.

TROP-PERÇU *m*, overpayment, amount overpaid.
REMBOURSEMENT D'UN TROP-PERÇU, return of an amount overpaid.

TROQUER *v*, to barter, to trade, to swap, to exchange, to trade something for.

TROQUEUR *m*, barterer.

TROU *m*, gap; hole.

TROUBLE *m*, trouble.
ÉLÉMENT DE TROUBLE, disturbing element.

TROUPEAU *m*, herd.

TROUVER *v*, to find.
TROUVER DES DÉBOUCHÉS, to market.
ne s'en TROUVER NI MIEUX NI PLUS MAL, to be just as well off.
TROUVER PRENEUR, to find a taker.
TROUVER LA VALEUR DE L'INCONNUE, to find the value of the
unknown quantity.

TRUC *m*, gimmick.

TRUCAGE *m*, fake, faking, cheating.

TRUISME *m*, truism.

TRUMAN *n. pr*, Truman.
DOCTRINE TRUMAN, Truman Doctrine.

TRUQUÉ *a*, faked.
ARTICLE TRUQUÉ, fake.
BILAN TRUQUÉ, faked balance-sheet.

TRUST *m*, trust; pool.
BRAIN TRUST, brains trust.
CONSTITUTION DE TRUST, trust settlement.
DISPOSANT, CONSTITUANT, D'UN TRUST, settlor of a trust.
LOI ANTI-TRUST, anti-monopoly act.
TRUST DE L'ACIER, steel trust.
TRUST D'AFFAIRES, *U.S:* business trust.
TRUST DE BIENFAISANCE, charitable trust.
TRUST DES CHEMINS DE FER, railway pool.
TRUST DU PÉTROLE, oil trust.
TRUST DE PLACEMENT, investment trust.
VALEURS MISES EN TRUST, securities in trust.

TURBORÉACTEUR *m*, turbo-jet.

TUTELLE *f*, tutelage.
TRIBUNAL DES SUCCESSIONS ET DES TUTELLES*, *U.S:* probate
court; Orphans' Court; *U.K:* Chancery Division (of the High Court).

TUYAU *m*, pipe, tip.
DONNER UN TUYAU À, to give a tip to.
GRAPHIQUE EN TUYAU D'ORGUE, bar-chart.
TUYAU DE BOURSE, stock exchange tip.

TYPE *m*, type, standard, pattern.
ANALYSE DE TYPE MARGINAL, marginal analysis.
APPROXIMATION DE L'ÉCART TYPE DE LA MOYENNE D'ÉCHAN-
TILLON, estimated standard error of a sample mean.
CLASSIFICATION ÉCONOMIQUE INTERNATIONALE TYPE, stand-
ard economic classification.
ÉCHANTILLON TYPE, representative sample.
ÉCART TYPE, standard deviation.
ERREUR TYPE, standard error.

ERREUR TYPE DE LA DIFFÉRENCE, standard error of the difference.

ERREUR TYPE DE L'ÉCART TYPE, standard error of the standard deviation.

ERREUR TYPE DE LA MOYENNE, standard error of the mean.

MARCHANDISES EMBARQUÉES SELON LE TYPE DE CARGAISON, goods loaded by type of cargo.

POLICE (D'ASSURANCE) TYPE, standard policy.

VOITURE DE TYPE ÉCONOMIQUE, popular-priced car.

TYPIQUE *a*, typical.

TYPOLOGIE *f*, classification.

TYPOLOGIE DES PIÈCES EN CIRCULATION, coinage.

U *lettre*, U.
DISTRIBUTION EN FORME DE U, U-shaped distribution.

ULTÉRIEUR *a*, ulterior, subsequent, further.
COMMANDES ULTÉRIEURES, further orders.

ULTIMATUM *m*, ultimatum.

ULTIME *a*, ultimate, final.

UNANIME *a*, unanimous.
CONSENTEMENT UNANIME DE TOUS LES ACTIONNAIRES, unanimous consent of all the shareholders.
VOTE (QUASI) UNANIME, solid vote.

UNANIMITÉ *f*, unanimity.

UNI *a*, united, plane, even.
NATIONS UNIES, United Nations.
ORGANISATION DES NATIONS UNIES POUR L'ÉDUCATION, LA SCIENCE ET LA CULTURE, United Nations Educational, Scientific and Cultural Organization (UNESCO).

UNICITÉ *f*, uniqueness.

UNIFICATION *f*, unification, standardization, standardizing; consolidation, amalgamation, merger.

UNIFIÉ *a*, unified, consolidated.
OBLIGATIONS 6% DETTE UNIFIÉE, 6% unified debt bonds.
POIDS UNIFIÉS, standard weights.

UNIFIER *v*, to unify, to standardize; to consolidate, to amalgamate.

UNIFORME *a*, uniform, constant, flat.
ACCÉLÉRATION UNIFORME, constant acceleration.
AUGMENTATION UNIFORME DE TOUS LES SALAIRES, horizontal increase in wages.
TARIF UNIFORME, flat rate.
TAUX UNIFORME DE SALAIRES, flat rate of pay.
VITESSE UNIFORME, uniform velocity.

UNIFORMÉMENT *adv*, uniformly.
VITESSE UNIFORMÉMENT ACCÉLÉRÉE, uniform acceleration.

UNIFORMITÉ *f*, uniformity.

UNILATÉRAL *a*, unilateral, one-sided.
CONTRAT UNILATÉRAL, unilateral contract.
MONOPOLE UNILATÉRAL, unilateral monopoly.

UNINOMINAL *a*, uninominal.
SCRUTIN UNINOMINAL, uninominal voting.

UNION *f*, union, association; unity.
UNION DOUANIÈRE, customs union.
UNION EUROPÉENNE DES PAIEMENTS, European Payments Union.
UNION INTERNATIONALE DES TÉLÉCOMMUNICATIONS, International Telecommunication Union.
UNION (MONÉTAIRE) LATINE, Latin (Monetary) Union.
UNION MONÉTAIRE SCANDINAVE, Scandinavian Monetary Union.
UNION POSTALE (UNIVERSELLE,) (Universal) Postal Union.

UNIONISME *m*, unionism.

UNIONISTE *m*, unionist.

UNIPRIX *a*, one-price.
MAGASIN UNIPRIX, *U.S:* one-price store.

UNIQUE *a*, unique, single, sole.
ARTICLE À PRIX UNIQUE, one-price article.
CIRCULATION À SENS UNIQUE, one-way traffic.
IMPÔT UNIQUE, single tax.
LIGNE À VOIE UNIQUE, single line.
PAQUEBOT À CLASSE UNIQUE, one-class liner.
PREMIÈRE ET UNIQUE RÉPARTITION, first and final dividend.
PRIME UNIQUE, single premium.
PRIX UNIQUE, flat price.

(S') UNIR *v*, to unite, to combine, to link.

UNITAIRE *a*, unitary.
ÉLASTICITÉ UNITAIRE DE LA DEMANDE, unitary elasticity of demand.
INDICE DE LA VALEUR UNITAIRE, unit value index.
INDICES DE LA VALEUR UNITAIRE DES EXPORTATIONS, export unit value index.
INDICES DE LA VALEUR UNITAIRE DES IMPORTATIONS, import unit value index.
PRIX UNITAIRE DU PRODUIT, unit price of output.
SYSTÈME UNITAIRE D'IMPOSITION, unitary system of taxation.
TAUX UNITAIRE DE LA PRIME, rate of option.
VALEUR UNITAIRE MOYENNE, average unit value.
VECTEUR UNITAIRE, unit vector.

UNITÉ *f*, unit, measure, unity.
CHOIX DES UNITÉS, choice of units.
COÛT DE L'UNITÉ, unit cost.
ÉCHELLE D'UNITÉ DE CONSOMMATEUR, consumer unit scales.
ÉMETTRE DES ACTIONS EN UNITÉS, to issue shares in ones.
FRACTION INFÉRIEURE À L'UNITÉ, proper fraction.
INDIVISIBILITÉ DES UNITÉS, indivisibility of units.
MONNAIE EN TANT QU'UNITÉ DE COMPTE, money as a unit of account.
QUANTITÉ DE CAPITAL REQUISE PAR UNITÉ DE TRAVAIL, capital intensity required per unit of labour.
RÉDUIRE UN COEFFICIENT À L'UNITÉ, to reduce a coefficient to unity.
UNITÉ D'AFFICHAGE, display unit.
UNITÉ CENTRALE, central unit.
UNITÉ CENTRALE DE TRAITEMENT, central processing unit.
UNITÉ DE CHALEUR, thermal unit.
UNITÉ DE COMPTE, unit of account.
UNITÉ DE CONSOMMATION, consumption unit.
UNITÉ DE CONTRÔLE ET D'ADAPTATION, data adapter unit.
UNITÉ DE COÛT, cost-unit.
UNITÉ DIRECTRICE, controlling unit.
UNITÉ ÉCONOMIQUE, economic unit.
UNITÉ ÉCONOMIQUE SE SUFFISANT À ELLE-MÊME, self-sufficient economic unit.
UNITÉ D'HABITATION, housing unit.
UNITÉ DE LONGUEUR, measure of length.
UNITÉ MARGINALE D'INVESTISSEMENT, marginal unit of investment.
UNITÉ MÉTRIQUE, metric unit.
UNITÉ MONÉTAIRE, monetary unit; money unit; currency unit.
UNITÉS DE MONNAIE NATIONALE, units of national currency.
UNITÉ NATIONALE, national unity.
UNITÉS PÉRIPHÉRIQUES, peripheral units.
UNITÉ DE PRODUCTION, production unit.

UNITÉ DE RÉSERVE (MONÉTAIRE) ADDITIONNELLE, additional reserve unit.
UNITÉ DE RÉSERVE (MONÉTAIRE) COLLECTIVE, collective reserve unit (c.r.u.).
UNITÉS DE SALAIRE, wage-units.
UNITÉS STATISTIQUES, statistical units.
UNITÉ DE SURFACE, square measure.
UNITÉ TERMINALE, terminal unit.
UNITÉ EN VALEUR, pecuniary unit.

UNIVERS *m*, universe, world.

UNIVERSALISATION *f*, universalization.

UNIVERSALISME *m*, universalism.

UNIVERSALITÉ *f*, universality, universalness.

UNIVERSEL *a*, universal, general.
CALCULATEUR UNIVERSEL, general purpose computer.
EXPOSITION UNIVERSELLE, world fair.
LÉGATAIRE UNIVERSEL, À TITRE UNIVERSEL, residuary legatee; general legatee.
ORDINATEUR UNIVERSEL, general purpose computer.
SUFFRAGE UNIVERSEL, franchise for all; universal suffrage; votes for all.
UNION POSTALE UNIVERSELLE, Universal Postal Union.

UNIVERSITÉ *f*, university.

URBAIN *a*, urban.
CENTRE URBAIN, urban centre.
GRANDES AGGLOMÉRATIONS URBAINES, large urban concentrations.

URBANISATION *f*, urbanization.

URBANISÉ *a*, town-planned.

URBANISME *m*, urbanism, urbanification.
PLAN D'URBANISME, town-planning; city-planning.

URBANISTE *m*, urbanist.
ARCHITECTE-URBANISTE, town-planner.

URGENCE *f*, urgency.
en **CAS D'URGENCE**, in case of emergency.
MESURES D'URGENCE, emergency measures.
TARIF D'URGENCE, urgent rate.
TRAVAIL DE PREMIÈRE URGENCE, work of immediate urgency.
URGENCE ABSOLUE, top priority.

URGENT *a*, urgent, pressing, impelling, exigent.
CAS URGENT, emergency.
COMMANDE URGENTE, rush order.
RÉPARATIONS URGENTES, emergency repairs.
TRAVAIL (TRÈS) URGENT, rush-work.

US *m. pl*, custom, usage, use.
les **US ET COUTUMES**, usages and customs; ways and customs.

USAGE *m*, usage; use, using; wear; custom, practice.
AFFECTER LES RESSOURCES À DES USAGES DIFFÉRENTS, to allocate resources to different uses.
CLAUSE D'USAGE, customary clause.
CONDITIONS D'USAGE, usual terms.
CONSACRÉ PAR L'USAGE, sanctioned by usage.
CONSTRUCTION À USAGE D'HABITATION, residential building.
CONSTRUCTION À USAGE INDUSTRIEL, industrial building.
CONTRAIRE AUX USAGES DU COMMERCE, unbusinesslike.
COÛT D'USAGE, user cost.
COÛT D'USAGE MARGINAL, marginal user cost.
ESCOMPTE D'USAGE, trade discount.
MATÉRIAUX IMPROPRES À CET USAGE, materials unfit for the job.
PLEIN DROIT D'USAGE DE, full right of use of; full right of user of.
sous les **RÉSERVES D'USAGE**, under usual reserve.
d'**USAGE**, customary.
comme il est d'**USAGE**, as is customary.
hors d'**USAGE**; out of use; disused.
USAGES COMMERCIAUX, DE COMMERCE, trade practices usages, of trade.
USAGES CONCURRENTIELS, competing uses.
USAGE COURANT, common usage.
USAGES LOCAUX, local custom.
USAGES DE MÉTIER, usages of trade; trade practices.
USAGES MONÉTAIRES, monetary use.
USAGES DE LA PROFESSION, professional practices.
USAGES SOCIAUX, social practices.
VALEUR D'USAGE (D'UN BIEN), value in use (of a good).

USAGÉ *a*, used, second-hand.

USAGER *m*, user.

USANCE *f*, usance.
EFFET À DOUBLE USANCE, bill at double usance.

USÉ *a*, exhausted; worn, worn-out.

TERRE USÉE, exhausted land.

USER *v*, to use, to make use of; to resort to, to exercise.
USER DU DROIT D'OPTION, to exercise the right of option.
USER D'EXPÉDIENTS, to resort to expedients.

USINAGE *m*, machining, tooling.
TRAVAIL D'USINAGE, machine-work.

USINE *f*, factory, works, mill.
ALIMENTER L'USINE EN COURANT, to furnish a factory with current.
CHÔMAGE D'UNE USINE, closing-down of a factory.
DOTER UNE USINE D'UN ÉQUIPEMENT NEUF, to equip a works with new plant.
FERMETURE D'UNE USINE, closing-down of a factory.
FUMÉES D'USINE, factory fumes.
GAZ D'USINE, manufactured gas.
GRÈVE AVEC OCCUPATION D'USINE, stay-in strike.
INTERDIRE AUX OUVRIERS L'ACCÈS D'UNE USINE, to lock out workmen.
LIVRAISON DES USINES, factory shipments.
OUVRIER D'USINE, factory-hand.
OUVRIÈRE D'USINE, (female) factory-hand.
PRIX (DÉPART) USINE, price ex works; ex factory.
USINES APPARTENANT À L'ÉTAT, government-owned plant.
USINE QUI CHÔME, factory lying idle.
USINE À GAZ, gas-works.
USINE HYDRAULIQUE, waterworks.
USINE MÉTALLURGIQUE, iron-foundry; forge; metal works.
l'**USINE TRAVAILLE À PLEIN RENDEMENT**, the works are going at full blast.
VENTES PAR LES USINES, factory sales.

USINÉ *a*, machine-made.

USITÉ *a*, used, customary.

USTENSILE *m*, utensil, implement.

USUEL *a*, usual, customary, habitual, ordinary, common.

USUFRUCTUAIRE *a*, usufructuary.
DROIT USUFRUCTUAIRE, usufructuary right.

USUFRUIT *m*, usufruct, life-interest, life tenancy.

USUFRUITIER *a*, usufructuary, beneficial.

USUFRUITIER *m*, usufructuary, user, limited owner, beneficial owner, beneficial occupant.

USURAIRE *a*, usurious, exorbitant.
PRIX USURAIRES, usurious price.

USURE *f*, use, wearing, wear, wear and tear, decay; usury.
DEGRÉ D'USURE, degree of wear.
TAUX D'USURE, rate of wear and tear.
l'**USURE, LE DÉPÉRISSEMENT ET LA DÉSUÉTUDE**, use, decay and obsolescence.
USURE NORMALE, fair wear and tear.

USURIER *a*, usurious.

USURIER *m*, usurer.

USURPATION *f*, usurpation; encroachment.

UTILE *a*, useful, good.
CHARGE UTILE, carrying capacity; live weight.
POIDS UTILE, useful weight.
(tous) **RENSEIGNEMENTS UTILES**, relevant information.
en **TEMPS UTILE**, in good time.

UTILISABLE *a*, usable, available, utilizable.

UTILISATION *f*, utilization, use.
DÉFAILLANCE DUE À UNE MAUVAISE UTILISATION, *U.S:* misuse failure.
FRAIS D'UTILISATION, running expenses.
MAUVAISE UTILISATION, misuse.
PÉRIODE D'UTILISATION, economic life.
RÉPARTITION ENTRE DIFFÉRENTES UTILISATIONS D'UN VOLUME DONNÉ DE RESSOURCES, distribution of a given volume of employed resources between different uses.
UTILISATION COLLECTIVE (D'UN ORDINATEUR), time-sharing (of a computer).
UTILISATION EN COMMUN, joint use.
UTILISATION FINALE, end-use.

UTILISÉ *a*, utilized, used.
POTENTIEL NON UTILISÉ, idle capacity.
TABLEAU INDIQUANT LA PONDÉRATION UTILISÉE, weighting diagram.

UTILISER *v*, to utilize, to use, to make use of.
UTILISER L'ARGENT À, to use money to.

UTILITAIRE *a*, utilitarian.
PHILOSOPHIE UTILITAIRE, utilitarian philosophy.
PROGRAMME UTILITAIRE, utility program.
SOUS-PROGRAMME UTILITAIRE, utility routine.

VÉHICULE UTILITAIRE, commercial vehicle.

UTILITARISME *m*, utilitarianism.

UTILITÉ *f*, utility, usefulness.
ACCROISSEMENT D'UTILITÉ, increment of utility.
AUGMENTATION D'UTILITÉ, gain in utility.
COMPARAISONS D'UTILITÉ INTERPERSONNELLES, interpersonal comparisons of utility.
CONTOUR DE MÊME UTILITÉ, equal-utility contour.
COURBE D'UTILITÉ TOTALE, total utility curve.
ÉCHELLE D'UTILITÉ, utility scale.
EXPROPRIATION POUR CAUSE D'UTILITÉ PUBLIQUE, expropriation for public purposes.
FONCTION D'UTILITÉ, utility function.
INCOMMENSURABILITÉ DE L'UTILITÉ, immeasurability of utility.
MAXIMATION DE L'UTILITÉ TOTALE, maximizing total utility.
MONNAIE EN TANT QU'INSTRUMENT DE MESURE DE L'UTILITÉ, money as measurement of utility.
PRINCIPE DE L'UTILITÉ MARGINALE DÉCROISSANTE, principle of diminishing marginal utility.
PROPORTIONNALITÉ ENTRE LES UTILITÉS MARGINALES ET LES PRIX, proportionality between marginal utilities and prices.

SOCIÉTÉ D'UTILITÉ PUBLIQUE, public utility company.
SURFACE D'UTILITÉ, utility surface.
TENIR CONSTANT LE NIVEAU D'UTILITÉ, to keep the level of utility constant.
THÉORIE DE L'UTILITÉ ET DE LA CONSOMMATION, utility and consumption theory.
THÉORIE DE L'UTILITÉ MARGINALE, theory of marginal utility.
UTILITÉ CARDINALE, cardinal utility.
UTILITÉ MARGINALE, marginal utility.
UTILITÉ MARGINALE DÉCROISSANTE, diminishing marginal utility.
UTILITÉ MARGINALE DE LA MONNAIE, marginal utility of money.
l'UTILITÉ SERA MAXIMALE LORSQUE, utility will be maximized when.
UTILITÉ ORDINALE, ordinal utility.
UTILITÉ DE LA PRODUCTION MARGINALE, marginal utility of the product.
UTILITÉ DU SALAIRE, utility of the wage.
UTILITÉ DES SALAIRES NOMINAUX, utility of the money-wage.

UTOPIE *f*, utopia.

521

V

VACANCE *f*, vacancy, vacant post, vacant office.
PRENDRE DES VACANCES, to take a holiday; *U.S:* to vacation.
VACANCES, holiday; recess; *U.S:* vacation.
VACANCES D'ÉTÉ, summer holidays; *U.S:* summer vacation.
VOYAGE DE VACANCES, holiday trip.

VACANCIER *m*, holiday-maker.

VACANT *a*, vacant.
BIENS VACANTS, land in abeyance.
POSTE VACANT, vacancy.
POURVOIR UN POSTE VACANT, to fill a vacancy.
SUCCESSION VACANTE, estate without a claimant.

VACATION *f*, vacation, fee(s).

VACHE *f*, cow.
ANNÉES DE VACHES MAIGRES, lean years.

VAGUE *a*, vague, indefinite; waste.
TERRAINS VAGUES, unbuilt (on) ground; waste land.

VAGUE *f*, wave.
VAGUE DE BAISSE, wave of depression.
VAGUE DE SPÉCULATION, wave of speculation.

VAISSEAU *m*, vessel.

VAISSELLE *f*, plates, dishes.
VAISSELLE D'OR, gold plate.

VALABLE *a*, valid, good.
CRÉANCES VALABLES, live claims.
LETTRE DE CRÉDIT VALABLE DANS LE MONDE ENTIER, world-wide letter of credit.
OBLIGATION NON VALABLE, naked debenture.
PREUVE PRÉSUMÉE VALABLE, prima facie evidence.
QUITTANCE VALABLE, valid receipt; proper receipt; good receipt.

VALANT *a*, worth.

VALENCE *f*, valence; degree.

VALEUR *f*, value, worth; security, holding, share, stock, bond, asset; cash, bill, paper; magnitude.
ACHAT DE VALEURS, purchase of securities.
ACHETEUR DE VALEURS, investor in stocks.
AGRÉGATS DE VALEURS, value aggregates.
ANTICIPER SUR UNE HAUSSE DES VALEURS, to discount a rise in stocks.
ARBITRAGE DE VALEURS, shunting (of) stocks.
ARBITRAGE SUR DES VALEURS, arbitrage in stocks.
ARBITRAGER UNE VALEUR CONTRE UNE AUTRE, to hedge one stock against another.
ATTRIBUER UNE VALEUR À *x*, to give *x* a value.
AUGMENTER DE VALEUR, to increase in value.
AVOIR EN PORTEFEUILLE PLUS DE VALEURS QU'ON NE PEUT EN ÉCOULER, loaded up with stock.
AVOIR DE LA VALEUR, to be of value.
BAISSE DES VALEURS ÉTRANGÈRES, decline in foreign stocks.
BAISSER DE VALEUR, to fall (off) in value.
sur la BASE DE LA VALEUR RÉELLE, on the footing of the actual value.
BOURSE DES VALEURS, stock exchange; stock market; share market.
COMPTE DE VALEURS, property account; real accounts.
COURBE DE VALEUR EN CAPITAL, capital-value curve.

CRÉER UNE ATMOSPHÈRE DE HAUSSE AUTOUR D'UNE VALEUR, to talk up the value of a stock.
DATE D'ENTRÉE EN VALEUR, value date.
DÉTERMINATION DE LA VALEUR DE, determination of the value of.
DIMINUER LA VALEUR DE, to take from the value of.
DIMINUTION DE VALEUR, decrease in value.
DOCUMENT SANS VALEUR INTRINSÈQUE, document without intrinsic value.
DONNER UNE VALEUR À UN PARAMÈTRE, to assign a value to a parameter.
DOUBLE DE LA VALEUR, double the value.
ÉCHANTILLON DE VALEUR, sample of value.
ÉCHANTILLON SANS VALEUR, sample of no valuo.
ÉCHANTILLON SANS VALEUR MARCHANDE, sample of no commercial value.
ÉMISSION DE VALEURS, issue of securities.
ENTRÉE EN VALEUR, coming into value.
ÉQUATION FONDAMENTALE DE LA THÉORIE DE LA VALEUR, fundamental equation of value theory.
ESTIMATION DE LA VALEUR DE, assessment of the value of.
ÉTABLIR LA VALEUR, to ascertain the value.
ÉTALON DE VALEUR, standard of value.
EXAGÉRATION DE VALEUR, exaggeration of value.
FAIRE DES PLACEMENTS EN VALEURS, to invest money in stocks and shares.
FAIRE DES VENTES FICTIVES D'UNE VALEUR, *U.S:* to wash sales of stock.
FLUX DE VALEURS, stream of values.
GAGER, NANTIR, DES VALEURS, to pawn securities.
IMPÔT SUR LE REVENU DES VALEURS MOBILIÈRES, tax on income from securities; stockholder's tax.
INDICE DE LA VALEUR D'ÉCHANGE, exponent of exchangeable value.
INDICE DE LA VALEUR UNITAIRE, unit value index.
INDICES DE LA VALEUR UNITAIRE DES EXPORTATIONS, export unit value index.
INDICES DE LA VALEUR UNITAIRE DES IMPORTATIONS, import unit value index.
INDICES DU VOLUME ET DES VALEURS MOYENNES (DU COMMERCE EXTÉRIEUR), index-numbers of the volume and average value (of external trade).
INTRODUIRE DES VALEURS SUR LE MARCHÉ, to bring out shares on the market.
MARCHANDISES IMPOSABLES À LA VALEUR, goods taxable on value.
MARCHÉ DES VALEURS, security market.
MESURE DE LA VALEUR, standard of value.
MÉTHODE D'AMORTISSEMENT FONDÉE SUR LA VALEUR DU MOMENT, appraisal method of depreciation.
METTRE UNE TERRE EN VALEUR, to enhance the value of land.
METTRE EN VALEUR, to enhance; to develop.
METTRE EN VALEUR UN TERRAIN À CONSTRUIRE, to develop building ground; to develop a building site.
METTRE DES VALEURS EN DÉPÔT, to deposit securities in safe custody; to place securities in safe custody.
MISE EN VALEUR, turning to profit; turning to account.
MISE EN VALEUR D'UN TERRAIN, land development.
MISE EN VALEUR D'UN TERRAIN À CONSTRUIRE, development of building ground, of a bulding site.

MONNAIE EN TANT QUE RÉSERVE DE VALEUR, money as a store of value.

MOUVEMENT DE BAISSE DES VALEURS, downward movement of stocks.

MOUVEMENT DE HAUSSE DES VALEURS, upward movement of stocks.

NANTIR DES VALEURS, to pledge securities; to pawn securities.

OBJET DE VALEUR, valuable good; valuable article; article of value; valuable.

OMNIUM DE VALEURS, omnium investment company.

OPÉRATIONS SUR LES VALEURS, stock operations.

PAPIERS-VALEURS, paper securities; paper holdings.

PAPIER DE VALEUR DOUTEUSE, dubious paper; unsafe paper.

PARADOXE DE LA VALEUR, paradox of value.

PERDRE DE SA VALEUR, to lose in value.

PERTE DE VALEUR, lass in value.

PLACER DE L'ARGENT EN VALEURS, to invest money in securities.

PLACER DE L'ARGENT EN VALEURS IMMOBILIÈRES, to invest money in real estate.

PLACER DES VALEURS DOUTEUSES, to push shares.

PLACEUR DE VALEURS DOUTEUSES, share-pusher.

PLACIER DE VALEURS DOUTEUSES, share-pusher.

QUOTITÉ NÉGOCIABLE DE VALEURS, marketable quantity of shares.

RÉSERVE DE VALEUR, store of value.

SEULE VALEUR D'ÉQUILIBRE, unique equilibrium value.

SPÉCULER SUR LES VALEURS DE BOURSE, to speculate in stocks and shares.

SURESTIMER LA VALEUR D'UNE ACTION, to overrate the value of a share.

TAXE À LA VALEUR AJOUTÉE, value-added tax.

THÉORÈME DE LA VALEUR MOYENNE, mean value theorem.

THÉORIE DE LA VALEUR, theory of value.

THÉORIE DES VALEURS INTERNATIONALES, theory of international values.

THÉORIE DE LA VALEUR SUBJECTIVE, theory of subjective value.

THÉORIE DE LA VALEUR-TRAVAIL, labour theory of value.

TITRES SANS VALEUR, valueless securities; worthless bills.

TROUVER LA VALEUR DE L'INCONNUE, to find the value of the unknown quantity.

UNITÉ EN VALEUR, pecuniary unit.

VALEURS, holding(s); investment (s).

de VALEUR, valuable.

non VALEURS, valueless securities; valueless stock.

sans VALEUR, valueless; worthless.

VALEUR ABSOLUE, absolute magnitude.

VALEUR DES ACTIFS, value of assets.

VALEUR ACTUALISÉE, discounted present value.

VALEUR ACTUELLE, present value; present worth.

VALEURS ADMISES À LA COTE, quoted securities.

VALEURS ADMISES À LA COTE OFFICIELLE, stock quoted officially; listed securities.

VALEURS NON ADMISES À LA COTE OFFICIELLE, unlisted securities.

VALEURS D'ALIMENTATION, food shares.

VALEUR APPROXIMATIVE, approximate value.

VALEUR ARBITRAIRE, arbitrary value.

VALEUR ASSURABLE, insurable value.

VALEUR D'ASSURANCE, insurance value.

VALEURS D'ASSURANCES, insurance shares.

VALEUR ASSURÉE, insured value.

VALEUR D'ATTENTE, expectation value.

VALEURS AURIFÈRES, gold shares.

VALEURS DE BANQUE, bank shares; U.S: bank stock.

VALEURS DE BOURSE, stock exchange securities; stocks and shares.

VALEUR BOURSIÈRE DES ACTIONS, market value of equities.

VALEUR BRUTE DE LA PRODUCTION, gross value of production.

VALEUR CALCULÉE, computed value.

VALEUR EN CAPITAL, capital value.

VALEUR EN CAPITAL DE L'EMPRUNT, capital value of the loan.

VALEUR CAPITALISÉE, capitalized value.

VALEUR À LA CASSE DES MACHINES, scrap value of machinery.

VALEUR CENTRALE, central value.

VALEURS CHANGEANTES, changing values.

VALEUR DU CHARGEMENT, value of the shipment; value of the consignment.

VALEURS DE CHEMINS DE FER, rails; railways; U.S: railroad shares; railway stock.

VALEUR DE LA CHOSE ASSURÉE, value of the thing insured.

VALEURS BIEN CLASSÉES, well placed shares.

VALEUR COMPTABLE, book-value.

VALEURS AU COMPTANT, securities dealt in for cash.

VALEUR EN COMPTE, value in account.

VALEURS CONSERVÉES EN VUE D'UNE HAUSSE, stocks held for a rise.

VALEUR CONSTATÉE, registered value.

VALEUR COTABLE, quotable security.

VALEURS NON COTÉES, unquoted securities.

VALEURS COTÉES EN BOURSE, securities quoted on the stock exchange.

VALEUR COURANTE DES EXPORTATIONS, current value of exports.

VALEURS CUPRIFÈRES, coppers.

VALEUR DÉCLARÉE, declared value.

VALEURS DÉLAISSÉES, neglected stocks.

VALEURS DEMANDÉES, U.S: stocks wanted.

VALEURS DÉTENUES EN GAGE, securities held in pawn.

VALEURS DIAMANTIFÈRES, diamonds.

la VALEUR A DIMINUÉ, the value has gone down.

VALEURS DIVERSES, miscellaneous shares.

VALEUR DOMINANTE, thickest value.

VALEUR DE DOUANE, customs value.

VALEUR DOUTEUSE, doubtful value.

VALEUR D'ÉCHANGE, exchange value; value in exchange; exchangeable value.

VALEUR AUX ÉCHÉANCES, cash at maturity.

VALEUR EN ÉCRITURES, book-value.

VALEUR EFFECTIVE, actual value; real value.

VALEUR EFFICACE D'UNE QUANTITÉ VARIABLE, virtual value of a variable quantity.

VALEUR À L'ENCAISSEMENT, value for collection.

VALEUR ENREGISTRÉE, registered value.

VALEUR ESCOMPTÉE, discounted value; prospective value.

VALEUR ESCOMPTÉE D'ANNUITÉS, discount value of annuities.

VALEUR ESTIMÉE, estimated value; valuation.

VALEURS D'ÉTAIN, tin shares; tins.

VALEURS ÉTRANGÈRES, foreign securities; foreign stock.

VALEURS EXTRÊMES, extreme values.

VALEUR EXTRINSÈQUE, extrinsic value.

VALEUR FACTICE, factitious value.

VALEUR DE FACTURE, invoice value.

VALEUR FERME, firm stock.

VALEUR FUTURE, prospective value.

VALEUR GARANTIE, guaranteed stock.

VALEURS DE GRANDS MAGASINS, stores shares.

VALEUR DES IMMOBILISATIONS, value of fixed assets.

VALEURS IMPERMUTABLES, unexchangeable securities.

VALEUR IMPUTÉE, imputed value.

VALEURS INDUSTRIELLES, industrials.

VALEURS INÉCHANGEABLES, unexchangeable securities.

VALEUR INESTIMABLE, pricelessness.

VALEUR INITIALE, original value.

VALEURS INSCRITES À LA COTE OFFICIELLE, listed securities; listed stock.

VALEURS NON INSCRITES À LA COTE OFFICIELLE, unlisted securities.

VALEUR INTRINSÈQUE, intrinsic value.

VALEURS IRRÉALISABLES, unrealizable securities.

VALEUR LIBREMENT CHOISIE, discretionary value.

VALEUR LIMITE, limit value; boundary value.

VALEUR LOCATIVE, letting value; rental value; U.K: ratal.

VALEUR LOCATIVE ANNUELLE DES LOCAUX, annual rental value of the premises.

VALEUR LOCATIVE IMPOSABLE, rateable value.

VALEUR LOCATIVE AU PRIX DU MARCHÉ, full market rental value.

VALEUR MARCHANDE, market value; sale value; commercial value; saleable value.

VALEUR DES MARCHANDISES PRODUITES, value of goods produced.

VALEUR MARGINALE DÉCROISSANTE, diminishing marginal value; declining marginal value.

VALEURS MATÉRIELLES, tangible assets.

VALEUR MAXIMALE, maximum value.

VALEUR MÉDIALE, media value; class-mark.

VALEURS MINIÈRES, mining shares.

VALEUR MINIMALE, minimal value.

VALEUR MINIME, trifling value.

VALEUR MINIMUM, minimum value.

VALEURS MISES EN TRUST, securities in trust.

VALEURS MOBILIÈRES, stocks and shares; transferable securities.

VALEUR MONÉTAIRE, money value.

VALEUR DE LA MONNAIE, value of money.

VALEUR MOYENNE, central value.

VALEURS DE NAVIGATION, shipping shares.

VALEUR NÉGATIVE, negative value.

VALEURS NÉGOCIABLES, marketable securities.

VALEUR NETTE, net worth.

VALEUR NOMINALE, nominal value; face-value.

VALEUR NORMALE, normal value.

VALEUR NUTRITIVE, food value.

VALEUR OBSERVÉE, observed value.

ces VALEURS OSCILLENT AUTOUR DE, these securities move round.

VALEUR AU PAIR, par value; value at par.

VALEURS PÉTROLIÈRES, oils; oil shares.

VALEURS DE PLACEMENT, investment securities; investment shares; investments stocks.

VALEUR PLEINE, full value.
VALEURS PORTÉES À LA COTE OFFICIELLE, securities shown in the official list.
VALEURS EN PORTEFEUILLE, securities in portfolio.
VALEURS AU PORTEUR, bearer securities.
VALEUR POSITIVE, positive value.
sans VALEUR PRATIQUE, of no practical value.
VALEUR PROBABLE, expected value.
VALEUR LA PLUS PROBABLE, the most probable value.
VALEUR DU PRODUIT MARGINAL, value of marginal product.
VALEUR DE RACHAT, surrender value.
VALEURS RÉALISABLES, realizable securities.
VALEUR EN RECOUVREMENT, value for collection.
VALEUR REÇUE, for value received.
VALEUR RÉELLE, real value.
VALEUR RELATIVE DE SUBSTITUTION, relative substitution value.
VALEURS REMBOURSABLES PAR SÉRIES, securities redeemable in series.
VALEUR DE REMPLACEMENT, value of replacement.
VALEURS DE TOUT REPOS, gilt-edged securities ; gilt-edged stock.
les VALEURS SE RESSAISIRENT, shares picked up.
VALEUR À LA REVENTE, resale value.
VALEUR À REVENU FIXE, fixed-yield security; fixed-interest security.
VALEURS À REVENU VARIABLE, variable-yield securities; determinable interest securities.
VALEUR DE RÉVERSION, discount value of annuities.
VALEURS DE SERVICES PUBLICS, public utility stocks.
VALEURS SIDÉRURGIQUES, iron and steel shares.
VALEURS DE SPÉCULATION, speculative shares; speculative securities; speculative stocks.
VALEUR QUI SUBIT UNE DÉPRÉCIATION, security which suffers a depreciation.
VALEURS SUD-AFRICAINES, Kaffirs.
VALEURS DE TABAC, tobacco shares; tobaccos.
VALEURS TANGIBLES, tangible assets.
VALEURS À TERME, securities dealt in for the account.
VALEUR DE LA TERRE, land-value.
VALEURS (DE) TEXTILES, textile shares; textiles.
VALEUR QUI EST TOMBÉE À ZÉRO, share which has fallen to zero.
VALEUR TOTALE DES VENTES, total value of sales.
VALEUR DE TRANSACTION, transaction value.
VALEURS TRANSFÉRABLES, transferable securities.
VALEURS TRANSITOIRES, transition values.
VALEUR UNITAIRE MOYENNE, average unit value.
VALEUR D'USAGE (D'UN BIEN), value in use (of a good).
VALEUR VEDETTE, leading share.
VALEUR VÉNALE, market value; marketable value; sale value; commercial value.
VARIABLES EN VALEUR, value variables.
VRAIE VALEUR, true value.

VALIDATION f, validation; probate.

VALIDE a, valid, effectual.
LETTRE DE CRÉDIT NON VALIDE, invalid letter of credit.
TESTAMENT VALIDE, valid will.

VALIDITÉ f, validity.

VALOIR v, to be worth.
PRENDRE À VALOIR, to take on account.
REÇU À VALOIR, receipt on account.
TITRES NE VALANT PAS PLUS QUE LE PRIX DU PAPIER, stock not worth more than the price of the paper.
à VALOIR, on account.

VALORISATION f, valorization, valuing.
VALORISATION DE CHÈQUES SUR NEW YORK, valuing of cheques on New York.

VALORISER v, to valorize, to value.
VALORISER DES CHÈQUES SUR NEW YORK, to value cheques on New York.

VAPEUR f, steam.
CHEVAL-VAPEUR, horse-power (h.-p.).
MACHINE À VAPEUR, steam-engine.
NAVIGATION À VAPEUR, steam navigation.
NAVIRE À VAPEUR, steamship.

VARIABILITÉ f, variability, changeability, variableness, variance, unsteadiness.
VARIABILITÉ CYCLIQUE (DES TAUX D'INTÉRÊT), cyclical variability (of interest rates).

VARIABLE a, variable, changeable, fluctuating, varying, unfixed.
CAPITAL VARIABLE, variable capital.
COMBINAISON DE FACTEURS QUI MINIMISE LES COÛTS VARIABLES, combination of input which minimizes variable costs.
COURS LIBRES VARIABLES, fluctuating free market rates.
COÛT VARIABLE, variable cost.
COÛT VARIABLE MOYEN, average variable cost.

chaque FIRME MINIMISE SES COÛTS VARIABLES, each firm minimizes its variable costs.
FRACTION SONDÉE VARIABLE, variable sampling fraction.
PLACEMENTS À REVENUS VARIABLES, variable-yield investments.
PRIX VARIABLES, fluctuating prices.
QUANTITÉ VARIABLE, variable quantity.
REVENUS VARIABLES, income from variable-yield investments.
SOCIÉTÉS D'INVESTISSEMENT À CAPITAL VARIABLE, U.K: Unit Trusts; U.S: Mutual Funds.
TAUX (DE CHANGE) VARIABLES, fluctuating (exchange) rates.
VALEUR EFFICACE D'UNE QUANTITÉ VARIABLE, virtual value of a variable quantity.
VALEURS À REVENU VARIABLE, variable-yield securities; determinable interest securities.

VARIABLE f, variable.
ANALYSE À PLUSIEURS VARIABLES, multivariate analysis.
ANALYSE DE (LA) VARIANCE À PLUSIEURS VARIABLES, multivariate analysis of (the) variance.
DISTRIBUTION À PLUSIEURS VARIABLES, multivariate distribution.
ÉCHANTILLONNAGE À PLUSIEURS VARIABLES, multivariate sampling.
FONCTION DU DEUXIÈME DEGRÉ À TROIS VARIABLES, function of the second degree in three variables.
FONCTION HOMOGÈNE À PLUSIEURS VARIABLES, quantic.
HYPOTHÈSE DE L'ABSENCE DE DÉPENDANCE ENTRE LES VARIABLES, hypothesis that there is no relation between the variables.
quel que soit le NOMBRE DES VARIABLES, for any number of variables.
à PLUSIEURS VARIABLES, multivariate.
VARIABLES AGISSANT DANS LA COURTE PÉRIODE, short-period variables.
VARIABLE ALÉATOIRE, random variable; chance variable; variate.
VARIABLE AUXILIAIRE, auxiliary variable.
VARIABLE CONTINUE, continuous variable.
VARIABLES ENTRE LES CROCHETS, variables within the brackets.
VARIABLE DÉPENDANTE, dependent variable.
VARIABLE DISCONTINUE, discontinuous variable.
VARIABLE DISCRÈTE, discrete variable.
VARIABLE D'ÉCART, slack variable.
VARIABLES ENDOGÈNES ET EXOGÈNES, endogenous and exogenous variables.
VARIABLES EXPLICATIVES, explanatory variables.
VARIABLES GLOBALES, aggregate variables.
VARIABLE INDÉPENDANTE, independent variable.
VARIABLE LIÉE, associated variable.
VARIABLE MUETTE, dummy variable.
VARIABLE PRÉDÉTERMINÉE, PRIMAIRE, predicated variable.
VARIABLE PRINCIPALE, basic variable.
VARIABLE STOCHASTIQUE, stochastic variable.
VARIABLES DANS LE TEMPS, historical variables.
VARIABLES EN VALEUR, value variables.

VARIANCE f, variance.
ANALYSE DE LA VARIANCE, variance analysis.
ANALYSE DE (LA) VARIANCE À PLUSIEURS VARIABLES, multivariate analysis of (the) variance.
COMPOSANTE DE LA VARIANCE, variance component.
RACINE CARRÉE DE LA VARIANCE (ÉCART TYPE), square root of the variance (standard deviation).
THÉORIE DE LA VARIANCE, theory of the variance.
VARIANCE CONDITIONNELLE, variance of the residuals.
VARIANCE CONDITIONNELLE MOYENNE, variance within classes.
VARIANCE DUE À LA RÉGRESSION (INTERCLASSE), variance due to regression (between classes).
VARIANCE DE L'ÉCHANTILLON, sampling variance.
VARIANCE DE L'ERREUR, error variance.
VARIANCE INTERCLASSE, variance between classes.
VARIANCE INTRACLASSE, variance within classes.
VARIANCE LIÉE, explained portion of the variance.
VARIANCE RÉSIDUELLE, residual variance; variance of the residuals; variance within classes.
VARIANCE TOTALE, original variance.

VARIANT a, variant, variable.

VARIATION f, variation, change, fluctuation, swing, shift, varying.
AJUSTEMENT POUR TENIR COMPTE DES VARIATIONS DES STOCKS, adjustment for changes in stocks.
COEFFICIENT DE VARIATION, coefficient of variation.
CORRECTION DES VARIATIONS SAISONNIÈRES, correction for seasonal variations ; seasonal corrections.
INTERVALLE DE VARIATION, range of variation.
MOYENNE CORRIGÉE DES VARIATIONS SAISONNIÈRES, average corrected for seasonal variations.
SUJET À DES VARIATIONS, variational; subject to variations.
TENIR COMPTE DES VARIATIONS, to allow for variations.
VARIATION ALÉATOIRE, random variation.
VARIATIONS ANNUELLES, annual variations; year-to-year variations.

VARIATION COMPENSATRICE DE REVENU, compensating variation in income.
VARIATIONS DANS LA CONSOMMATION, shifts in consumption.
VARIATION CORRESPONDANTE, corresponding change.
VARIATIONS CYCLIQUES, cyclical variations; cyclical changes.
VARIATION ÉQUIVALENTE, equivalent variation.
VARIATIONS IMPRÉVISIBLES, windfall changes; unforeseeable variations.
VARIATIONS DE PRIX, price changes.
VARIATIONS PROPORTIONNELLES, proportionate changes.
VARIATIONS SAISONNIÈRES, seasonal variations; seasonal fluctuations.
VARIATIONS DE(S) STOCKS, changes in inventories; changes in stocks.

VARIÉ a, varied, various, diverse.

VARIER v, to vary, to fluctuate, to change, to diversify.
les PRIX VARIENT ENTRE, prices fluctuate between; prices run from... to.
la RARETÉ FAIT VARIER LES PRIX, scarcity causes prices to vary.
REVENU QUI VARIE ENTRE, income that fluctuates between.
y VARIE COMME L'INVERSE DU CARRÉ DE x, y varies inversely as the square of x.
y VARIE EN RAISON DIRECTE DE x, y varies directly as x.
y VARIE EN RAISON INVERSE de x, y varies inversely with x.
y VARIE DANS LE MÊME SENS ET PROPORTIONNELLMENT À x, y varies as x.

VARIÉTÉ f, variety, variedness, diversity.

VASSAL a, vassal.

VASTE a, vast, immense.

VEBLEN n. pr, Veblen.
EFFET DE VEBLEN, Veblen effect

VECTEUR a, vectorial.
RAYON VECTEUR, radius-vector.

VECTEUR m, vector.
VECTEUR UNITAIRE, unit vector.

VECTORIEL a, vectorial.

VEDETTE a, leading.
VALEUR VEDETTE, leading share.

VEDETTE f, star, leader.

VÉGÉTAL a, vegetable.
HUILE VÉGÉTALE, vegetable oil.
PRODUCTION D'ORIGINE VÉGÉTALE ET ANIMALE, production of crops and livestock products.

VÉHICULE m, vehicle.
VÉHICULES AUTOMOBILES EN CIRCULATION, motor vehicles in use.
VÉHICULES TEMPORAIREMENT RETIRÉS DE LA CIRCULATION, vehicles temporarily not in circulation.
VÉHICULE UTILITAIRE, commercial vehicle.

VEILLER v, to look after, to look out.
VEILLER À SES INTÉRÊTS, to look after one's interests.

VÉLOCITÉ f, velocity, speed.

VÉNAL a, venal, marketable.
VALEUR VÉNALE, market value; marketable value; sale value; commercial value.

VENDABLE a, saleable, marketable, merchantable, vendible.
MARCHANDISES VENDABLES, saleable goods.

VENDEUR m, seller, salesman, vendor, shop-assistant, U.S: sales clerk.
ACHETEURS ET VENDEURS INTERMÉDIAIRES, intermediate buyers and sellers.
COALITION DE VENDEURS, price-ring.
COURS VENDEURS, prices offered; selling rates.
se DÉCLARER VENDEUR, to put the stock
DROIT DE TIMBRE À LA CHARGE DU VENDEUR, stamp duty payable by the seller.
ÉCART ENTRE LE COURS ACHETEUR ET LE COURS VENDEUR, turn of the market.
ÉTRANGLER LES VENDEURS À DÉCOUVERT, to squeeze the bears.
EXCÈS DE VENDEURS, sellers over.
INFLATION DES VENDEURS, sellers' inflation.
POSITION VENDEUR, bear account; bear position; short account; short interest.
PRIME VENDEUR, seller's option.
PRIVILÈGE DU VENDEUR, vendor's lien.
VENDEUR À DÉCOUVERT, bear seller; short seller.
VENDEUR D'UN DONT, seller of a call option; taker for the call.
VENDEUR EMPRESSÉ, eager seller.
VENDEUR DE PRIMES, taker of option money.
VENDEUR D'UNE PRIME DIRECTE, seller of a call option; taker for the call.

VENDEURS ET VENDEUSES, salespeople.

VENDEUSE f, saleswoman, shop assistant.
VENDEURS ET VENDEUSES, salespeople.

VENDRE v, to sell, to market, to vend, to dispose of.
ART DE VENDRE, salesmanship.
DESCRIPTION DE LA PROPRIÉTÉ À VENDRE, particulars of sale.
DIFFICILE À VENDRE, hard to sell.
MAGASIN DE DÉTAIL VENDANT AU RABAIS, discount house.
MAGASIN QUI NE VEND PAS À CRÉDIT, cash-store.
MAISON À VENDRE, house for sale.
PERDRE L'OCCASION DE VENDRE, to miss the market.
TERRAIN À VENDRE, land to sell for sale.
à VENDRE, for sale; to be sold; on the market.
VENDRE ET ACHETER, to job.
VENDRE DES ACTIONS, to sell shares.
VENDRE À BAS PRIX ET SE RATTRAPER SUR LA QUANTITÉ, to sell at a low price and recoup oneself by large sales.
VENDRE MOINS CHER, to undersell; to undercut.
VENDRE À LA COMMISSION, to sell on commission.
VENDRE (AU) COMPTANT, to sell for cash.
VENDRE À COUVERT, to sell for delivery.
VENDRE À CRÉDIT, to sell on credit.
VENDRE À LA CRIÉE*, to auction.
VENDRE À DÉCOUVERT, to sell a bear; to sell short.
VENDRE AU DÉTAIL, to retail.
VENDRE AUX ENCHÈRES*, to sell at auction; to sell by auction; to auction.
VENDRE LE FONDS ET LE TRÉFONDS, to sell soil and subsoil.
VENDRE EN GROS, to sell wholesale; to sell in bulk.
VENDRE UN IMMEUBLE, to demise a property.
VENDRE DES MARCHANDISES, to sell goods.
VENDRE À PERTE, to sell at a loss; to sacrifice.
VENDRE AU POIDS, to sell by weight.
VENDRE À PRIME, to sell at a premium; to take for the call.
VENDRE À TOUT PRIX, to sell at any price.
(se) VENDRE AU RABAIS, to sell at a discount; to be at a discount.
VENDRE TOUT LE STOCK, to sell out.
VENDRE À TERME, to sell for the settlement; to sell on credit.
VENDRE DES TITRES PAR PETITS PAQUETS, to sell shares in small parcels.
VENDRE EN VRAC, to sell in bulk.

VENDU a, sold.
MARCHANDISES VENDUES À L'ACQUITTÉ, goods sold duty paid.
VENDU COMPTANT, sold over the counter.

VENIR v, to come.
l'AFFAIRE VIENT À L'AUDIENCE, the case is coming for hearing.
l'AFFAIRE VIENT À L'AUDIENCE (DEVANT UN JURY), the case is coming for trial.
BIENS PRÉSENTS ET À VENIR, property present and future.
BIENS À VENIR, future estate.
le COURTAGE VIENT EN DÉDUCTION DES VENTES, brokerage is deducted from sales.
COÛTS À VENIR, future costs.
VENANT À ÉCHÉANCE, accruing.
VENIR À ÉCHÉANCE, to fall due.

VENTE f, sale, selling, marketing, clearance, disposal.
ACHAT ET VENTE DE DEVISES, purchases and sales of exchange.
ACTE DE VENTE, bill of sale.
ARTICLE DE GRANDE VENTE, best-seller.
AVIS DE VENTE AUX ENCHÈRES, notice of sale by auction.
BÉNÉFICE SUR UNE VENTE, profit on a sale.
BOUTIQUE FAISANT LA VENTE À TEMPÉRAMENT, tally-shop; hire-purchase store.
COMMISSION DE VENTE, selling commission; selling brokerage.
CAMPAGNE DE VENTE, sales campaign.
COMPTE DE VENTE(S), sales account.
CONDITIONS DE VENTE, conditions of sale.
CONDITIONS D'UNE VENTE, clauses governing a sale.
CONSENTIR À UNE VENTE, to consent to a sale.
CONTRAT DE VENTE, agreement for sale; bill of sale; sale contract.
CONTRAT DE VENTE D'IMMEUBLE (À EXÉCUTION FRACTIONNÉE), deed indented.
COOPÉRATIVE DE VENTE, marketing co-operative.
COURS DE VENTE, selling rate.
COURTAGE DE VENTE, selling commission; selling brokerage.
le COURTAGE VIENT EN DÉDUCTION DES VENTES, brokerage is deducted from sales.
DIFFÉRENCE ENTRE PRIX DE REVIENT ET PRIX DE VENTE, spread between cost price and retail price.
ÉCART CONSIDÉRABLE ENTRE PRIX D'ACHAT ET PRIX DE VENTE, wide quotation.
ÉCART ENTRE PRIX DE REVIENT ET PRIX DE VENTE, difference between cost and the sale price.
FACTURE DE VENTE, sale invoice.
FAIRE DES VENTES FICTIVES D'UNE VALEUR, U.S: to wash sales of stock.

FRAIS DE VENTE, selling costs; expenses of selling.
GRAND LIVRE DE VENTES, goods-sold ledger.
IMPÔT SUR LA VENTE DES TERRES, tax on the sale of land.
LOCATION-VENTE, hire-purchase.
MAGASIN DE VENTE À MARGES RÉDUITES, U.S: discounter; U.K: discount store.
MÉTHODES DE VENTE, selling practices.
MISE EN VENTE, putting up for sale; sale.
MONOPOLE DE VENTE, selling monopoly.
MOYENNE DES VENTES, average sales; mean sales.
la MOYENNE DES VENTES EST DE, sales average (so much).
NÉGOCIER UNE VENTE, to negotiate a sale.
OFFICE DE RÉGULARISATION DE VENTE, marketing board.
OFFRIR À LA VENTE, to offer for sale.
OPTION DE VENTE, put.
ORDRE DE VENTE, selling order.
POURSUIVRE LA VENTE DE L'IMMEUBLE HYPOTHÉQUÉ, to foreclose the mortgage.
PRÉVISION DES VENTES FUTURES, expectation of future sales.
PRIX DE VENTE, selling price; consideration for sale.
PRIX DE VENTE ÉGAUX AUX COÛTS MARGINAUX, marginal cost pricing.
PRODUCTION POUR VENTE DANS LE PAYS, production for domestic sales.
PRODUIT NET D'UNE VENTE, net proceeds of a sale.
PROFIT (RÉALISÉ) SUR UNE VENTE, profit (made) on a sale.
PROMESSE DE VENTE, option; promise of sale.
PROMESSE DE VENTE FAITE AVEC DES ARRHES, promise of sale made with a deposit.
PROMOTION DES VENTES, sales promotion.
RECETTES DE VENTE, sales revenue.
REGAIN DE VENTES, revival of sales.
RENDUS SUR VENTES, sales returns.
RESTRICTIONS À LA VENTE DE, restrictions on the sale of.
SALLE DE VENTE, sale-room.
SALLE DES VENTES, auction-room.
SERVICE VENTES, sales department.
SOUS-VENTE, sub-sale.
VALEUR TOTALE DES VENTES, total value of sales.
en VENTE, on sale; on offer; on the market.
VENTE À L'ACQUITTÉ, sale ex bond; duty-paid sale.
VENTE À L'AMIABLE, sale by private treaty.
VENTE À LA COMMISSION, sale on commission.
VENTE (AU) COMPTANT, sale for money; cash sale.
VENTE AU COMPTANT CONTRE RACHAT À TERME, put and take.
VENTE PAR CORRESPONDANCE, mail-order business; postal trade.
VENTES PAR CORRESPONDANCE, mail-order sales.
VENTE À CRÉDIT, credit sale.
VENTE À DÉCOUVERT, bear sale; short sale; short.
VENTE EN DEMI-GROS, wholesale dealing in small quantities; jobbing.
VENTE AU DÉTAIL, retail; retailing; retail sale.
VENTE DE DISPONIBLE, spot sale.
VENTE DONT, taking for the call.
VENTE SUR ÉCHANTILLON, sale on sample.
VENTE AUX ENCHÈRES, auction-sale.
VENTE EN ENTREPÔT, sale in bonded warehouse.
VENTE À L'ESSAI, sale on approbation.
VENTE AVEC FACULTÉ DE RACHAT, sale with option of redemption; sale with option of repurchase; sale with power of redemption.
VENTE FERME, definite sale.
VENTE FICTIVE, U.S: washed sale.
VENTE À FORFAIT, outright sale.
VENTE DE GRÉ À GRÉ, sale by private treaty.
VENTE EN GROS, wholesale; wholesaling; wholesale sale.
VENTE D'IMMEUBLE, demise; property sale.
VENTE JUDICIAIRE, sale by order of the court.
VENTE À LIVRER, sale for delivery.
VENTES MASSIVES, heavy sales.
VENTE D'UNE PRIME, taking for an option.
VENTE À PRIME DIRECTE, taking for the call.
VENTE À DES PRIX QUI DÉFIENT TOUTE CONCURRENCE, undercutting.
VENTES PROFESSIONNELLES (À LA BOURSE), shop selling.
VENTE RAPIDE, quick sale.
VENTE-RÉCLAME, bargain-sale.
VENTE À RÉMÉRÉ, sale with option of repurchase; sale with power of redemption.
VENTE EN REPRISE, trading-in.
VENTE À SACRIFICE, selling (of goods) at a sacrifice.
VENTE SIMULÉE, sham sale.
VENTE DE SOLDES, clearance (sale); sale of surplus stock.
VENTE À TEMPÉRAMENT, instalment plan; instalment system; deferred payment system; hire-purchase.
VENTE À TERME, sale for the settlement; sale for the account; forward sale.
VENTE À TERME FERME, sale for future delivery.
VENTE TOTALE DES STOCKS, selling off of stocks.

VENTES PAR LES USINES, factory sales.
VENTE DE VOITURES, car sales.

VENTILATION f, apportionment (of expenses).

VENTILER v, to apportion, to allocate.
VENTILER LES FRAIS, to apportion the expenses.

VENU m, comer.
NOUVEAU VENU, late-comer; new-comer.

VER m, worm.
VER À SOIE, silkworm.

VERBAL a, verbal.
CONVENTION VERBALE, simple contract.
OFFRE VERBALE, verbal offer.

VÉREUX a, shady; dishonest.
ENTREPRISE VÉREUSE, bubble scheme.
FINANCIER VÉREUX, shady financier.
TRANSACTIONS VÉREUSES, bogus transactions.

VÉRIFICATEUR m, inspector.
MÉTREUR-VÉRIFICATEUR*, U.K: quantity-surveyor.
VÉRIFICATEURS DE COMPTES*, controller; comptroller; U.K: auditor-general.

VÉRIFICATION f, verification, inspection, checking, check, scrutiny, audit.
BALANCE DE VÉRIFICATION, trial balance.
CONTRE-VÉRIFICATION, cross check.
VÉRIFICATION ET CERTIFICATION (DES ÉCRITURES), auditing.
VÉRIFICATION COMPTABLE*, audit.
VÉRIFICATION PÉRIODIQUE, periodical inspection.

VÉRIFIER v, to verify, to check, to examine; to audit.
VÉRIFIER ET CERTIFIER LES COMPTES, to audit the accounts.
VÉRIFIER UN COMPTE, to examine an account.

VÉRITABLE a, true, genuine, actual.
DIAMANT VÉRITABLE, genuine diamond.
ÉPARGNE VÉRITABLE, genuine saving.
INFLATION VÉRITABLE, true inflation.

VÉRITÉ f, truth.
VÉRITÉS SCIENTIFIQUES, scientific facts.

VERRE m, glass.
ARTICLES DE VERRE, glass-ware.
INDUSTRIE DU VERRE, glass industry.
VERRE MOULÉ, pressed glass.
VERRE À VITRES, window glass.

VERRERIE f, glass-making, glass-work(s).
FOUR DE VERRERIE, glass furnace.

VERRIER m, glass-worker.

VERSÉ a, paid, paid-up, paid-in, deposited.
ACOMPTE VERSÉ, amount paid on account.
CAPITAL-ACTIONS VERSÉ, paid-up share capital.
CAPITAL ENTIÈREMENT VERSÉ, fully paid (up) capital.
CAPITAL VERSÉ, paid-in capital; paid-up capital.
ENTIÈREMENT VERSÉ, fully paid (up).
PARTIELLEMENT VERSÉ, partly paid.
REMBOURSEMENT DE L'ACOMPTE VERSÉ, refund of the money deposited.

VERSEMENT m, payment, paying, paying in; instalment, deposit.
APPEL DE VERSEMENT, call (for payment capital).
BORDEREAU DE VERSEMENT, credit slip.
DERNIER VERSEMENT, final instalment.
ÉCHELONNER UNE SOUSCRIPTION EN PLUSIEURS VERSEMENTS, to spread a subscription into several instalments.
ÉCHELONNER DES VERSEMENTS SUR, to space out payments over.
PAIEMENT PAR VERSEMENTS ÉCHELONNÉS, deferred payment.
REMBOURSABLE PAR VERSEMENTS ÉCHELONNÉS, repayable by instalments.
VERSEMENT D'APPELS DE FONDS, payment of calls.
VERSEMENT À LA COMMANDE, down-payment.
VERSEMENT EN COMPTE COURANT, payment on current account.
VERSEMENTS ÉCHELONNÉS SUR PLUSIEURS MOIS, instalments spread over several months.
VERSEMENTS EFFECTUÉS, moneys paid out.
VERSEMENTS FAITS EN TOTALITÉ, payments made in full.
VERSEMENT MINIMUM, minimum deposit.
VERSEMENT PARTIEL, instalment.
VERSEMENT DE RÉPARTITION, allotment money.
VERSEMENT DE SOUSCRIPTION, application money.

VERSER v, to pay, to pay in; to pay out; to deposit.
VERSER UN ACOMPTE, to pay on account; to pay a deposit.
VERSER DES ARRHES, to give an earnest; to pay a deposit.
VERSER 100 FRANCS D'ARRHES, to deposit 100 francs.
VERSER LE SALAIRE, to pay a salary.
VERSER LE SOLDE, to pay the balance.
VERSER UNE SOMME À UN COMPTE, to pay money into an account.

VERSO *m*, back.
VERSO D'UN EFFET, back of a bill.

VERT *a*, green.
FOURRAGES VERTS, green forage.

VERTICAL *a*, vertical, perpendicular, upright.
CARTELLISATION VERTICALE, vertical trustification.
CONCENTRATION VERTICALE, vertical concentration.
COUPE VERTICALE, sectional elevation.
INTÉGRATION VERTICALE, vertical integration; vertical combination.
INTÉGRATION VERTICALE À PARTIR DE PRODUITS FINIS, backward integration.

VERTICALITÉ *f*, verticality.

VERTU *f*, virtue, quality, property.
CRÉANCIER EN VERTU D'UN CONTRAT SOUS SEING PRIVÉ, simple-contract creditor.
en VERTU DE, in pursuance of.

VÊTEMENT *m*, clothing, garment, wear.
VÊTEMENT POUR DAMES, ladies' wear.
VÊTEMENTS POUR HOMMES, men's wear.

VÉTÉRINAIRE *m*, veterinary surgeon.

VETO *m*, veto.

VEUVE *f*, widow.
PENSION DE VEUVE, widow's pension.

VIABILISÉ *a*, developed.
TERRAIN NON VIABILISÉ, unimproved land; undeveloped land.

VIABILISER *v*, to develop (a building site).

VIABILITÉ *f*, viability.
ÉTAT DE VIABILITÉ D'UNE ROUTE, condition of a road.

VIAGER *a*, for life.
PENSION VIAGÈRE, pension for life.
RENTE VIAGÈRE, life annuity.
RENTE VIAGÈRE AVEC RÉVERSION, survivorship annuity.
RENTIER VIAGER, life annuitant.

VIAGER *m*, income for life, life income, annuity.
ARGENT PLACÉ EN VIAGER, money invested in an annuity; money sunk in an annuity.
BIENS EN VIAGER, life estate.
PLACER DE L'ARGENT EN VIAGER, to invest money at life-interest; to invest money in a life annuity; to buy an annuity; to sink money in an annuity.

VIAGÈREMENT *adv*, for life.

VIANDE *f*, meat.
ÉQUIVALENT EN VIANDE, meat equivalent.
INDUSTRIE DE LA CONSERVE DE LA VIANDE, meat-packing industry.
INDUSTRIE DE LA VIANDE, meat industry.
VIANDE CONGELÉE, frozen meat.
VIANDE DE CONSERVE, preserved meat; canned meat.

VICE *m*, vice, defect, fault, imperfection.
VICE CACHÉ, hidden defect; latent defect; latent fault.
VICE DE CONSTRUCTION, faulty workmanship.
VICE INTRINSÈQUE, intrinsic defect.
VICE PROPRE, inherent vice.

VICE-PRÉSIDENT *m*, vice-chairman, vice-president, deputy chairman.

VICIEUX *a*, vicious, faulty.
CERCLE VICIEUX, vicious circle.
RAISONNEMENT EN CERCLE VICIEUX, circular argument.
TOURNER DANS UN CERCLE VICIEUX, to reason in a circle.

VICINAL *a*, vicinal.
CHEMIN VICINAL, lane.

VICTIME *f*, victim.
FAUTE DE LA VICTIME, contributory negligence.
la VICTIME D'UN ACCIDENT, the injured party.

VIDE *a*, empty, unfurnished; void.

VIDE *m*, vacancy, blank, vacuum.
POIDS À VIDE, tare.

VIDER *v*, to empty, to vacate.
VIDER LES LIEUX, to vacate the premises.

VIE *f*, life, living, existence, lifetime.
ASSURANCE SUR LA VIE, life insurance; life assurance.
s'ASSURER SUR LA VIE, to insure one's life.
COMPAGNIE D'ASSURANCE SUR LA VIE, life-company; life insurance company.
CONDITIONS DE VIE, living conditions.
COÛT DE LA VIE, cost of living.
DURÉE DE VIE, economic life.
ENRAYER LA HAUSSE DU COÛT DE LA VIE, to control the rise in the cost of living.

ESPÉRANCE DE VIE, life expectancy.
FAIRE BAISSER LE COÛT DE LA VIE, to reduce the cost of living.
GAGNER LARGEMENT SA VIE, to earn good money.
GAGNER SA VIE, to earn one's living; to gain one's living; to get one's living.
INDEMNITÉ DE CHERTÉ DE VIE, cost of living allowance.
INDEMNITÉ DE VIE CHÈRE, cost-of-living bonus.
LOCATION À VIE, life tenancy.
LUTTE POUR LA VIE, struggle for existence; struggle for life.
MENER UN TRAIN DE VIE EN RAPPORT AVEC SON REVENU, to live up to one's income.
NIVEAU DE VIE, standard of living; *U.S:* level of living.
POLICE D'ASSURANCE SUR LA VIE, life insurance policy.
PROBABILITÉS DE VIE, expectation of life.
RENCHÉRISSEMENT DU COÛT DE LA VIE, increased cost of living.
REVENU À VIE, income for life; life income.
ROUAGES DE LA VIE COMMERCIALE, machinery of commercial life.
STANDARD DE VIE, standard of living.
TRAIN DE VIE, rate of living.
TRAVAIL DE TOUTE UNE VIE, life-work.
TRAVAILLER POUR GAGNER SA VIE, to work for one's living.
à VIE, for life.

VIEILLARD *m*, old man.
ASSISTANCE AUX VEILLARDS, relief for old people.
HOSPICE DES VEILLARDS, home for the aged.
VIEILLARDS, old people; the aged.

VIEILLESSE *f*, old age.
ASSURANCE VIEILLESSE, old-age insurance.
CAISSE D'ASSURANCE VIEILLESSE, old-age pension fund.
FONDS D'ASSURANCE VIEILLESSE, old-age security fund.
PENSION DE VIEILLESSE, old-age pension.
RÉGIME DE RETRAITES VIEILLESSE, old-age pension scheme; retirement pension scheme.

VIEILLISSEMENT *m*, ag(e)ing, obsolescence.

VIEUX *a*, old, obsolete.
REMPLACER UNE VIEILLE MACHINE (PAR UNE NOUVELLE), to supersede an old machine.

VIEUX *m*, obsolescence.
DIFFÉRENCE DU VIEUX AU NEUF, new for old.

VIF *a*, live, brisk, intense, keen.
FORCE VIVE, momentum.
POIDS VIF, live weight.

VIF *m*, living person; gist.
VIF DU SUJET, gist of the matter.

VIGOUREUX *a*, vigorous, sharp.
REPRISE VIGOUREUSE, sharp rally.

VIGUEUR *f*, vigour, *U.S:* vigor; force.
ENTRER EN VIGUEUR, to become operative.
LÉGISLATION EN VIGUEUR, laws in force.
RESTER EN VIGUEUR, to remain in force.
TARIFS EN VIGUEUR, rates in force.
en VIGUEUR, in force; standing; obtaining; effectual.

VIL *a*, base, cheap.
CÉDER À VIL PRIX, to bargain away
VIL PRIX, knockdown price.

VILLAGE *m*, village.
PRODUCTION COMMERCIALE DE VILLAGE, commercialized village production.

VILLE *f*, town; city; borough.
CENTRE DE LA VILLE, city centre; town centre.
EMPRUNT DE VILLE(S), corporation stocks.
GAZ DE VILLE, town gas.
HÔTEL DE VILLE, municipal buildings; City-Hall; town-hall.
MIGRATION PROGRESSIVE DE LA MAIN-D'ŒUVRE VERS LES VILLES, drift of labour into the towns.
VILLE COMMERÇANTE, trading town.
VILLE D'EAU, spa.
VILLE FRONTIÈRE, frontier town.
VILLE INDUSTRIELLE, manufacturing town.
VILLE LIBRE DE..., Free City of...

VIOLATION *f*, infringement, breach.
VIOLATION DE DOMICILE, breach of domicile.

VIRAGE *m*, turning, bend.

VIREMENT *m*, transfer.
CHÈQUE DE VIREMENT, transfer cheque.
VIREMENT BANCAIRE, bank transfer.
VIREMENT AU CRÉDIT DE, transfer to the credit of.
VIREMENT DE FONDS, transfer of funds.

VIRGULE *f*, comma; (decimal) point.
VIRGULE BINAIRE, binary point.
VIRGULE FIXE, fixed point.

VIRGULE FLOTTANTE, floating point.

VIRTUALITÉ *f*, potentiality.

VIRTUEL *a*, potential, virtual.

VISA *m*, visa.
VISA DE LA DOUANE, customs visa.
VISA DE TRANSIT, transit visa.

VISCOSITÉ *f*, stickiness.
VISCOSITÉ DES SALAIRES, stickiness of wages.

VISÉ *a*, sighted, signed, marked.
CHÈQUE VISÉ, marked cheque.

VISER *v*, to sign, to countersign.

VISIBLE *a*, visible, observable, conspicuous.
EXPORTATIONS VISIBLES, visible exports.
IMPORTATIONS VISIBLES, visible imports.
RÉSERVE VISIBLE, visible reserve.

VISITE *f*, visit, examination, inspection, inspecting, call.
CONTRE-VISITE, re-examination.
VISITE DOUANIÈRE, customs examination.

VISITEUR *m*, visitor, transient visitor.

VISQUEUX *a*, sticky.
PRIX VISQUEUX, sticky prices.

VISUALISATION *f*, visualization; display.

VITAL *a*, vital, paramount.
MINIMUM VITAL, living-wage.
NÉCESSITÉ VITALE, paramount necessity.

VITESSE *f*, speed, velocity, rate, pace, celerity, quickness.
ACQUÉRIR DE LA VITESSE, to gather speed.
ATTEINDRE LA VITESSE DE CROISIÈRE, to get into one's stride.
ESSAI DE VITESSE, speed trial.
EXCÈS DE VITESSE, excess speed; overspeed; exceeding the speed limit.
GRANDE VITESSE, high speed.
LIMITER LA VITESSE DE CIRCULATION SUR UNE ROUTE, to restrict a road; to impose a speed limit.
LUTTER DE VITESSE, to race.
PARALLÉLOGRAMME DES VITESSES, parallelogram of velocities.
PRENDRE DE LA VITESSE, to gather pace.
TRAIN DE MARCHANDISES DE GRANDE VITESSE, fast goods train.
TRAIN POUR LE SERVICE DE COLIS DE GRANDE VITESSE, express parcel train.
VITESSE D'ADAPTATION, rate of adaptation.
VITESSE ÉCONOMIQUE, economical speed.
VITESSE DE PERFORATION, punching rate.
VITESSE DE RÉACTION, rate of response.
VITESSE EN REVENU DE LA CIRCULATION DE LA MONNAIE, income-velocity of circulation of money.
VITESSE DE TRANSFORMATION DE LA MONNAIE EN REVENU, income-velocity of money.
VITESSE DE TRANSMISSION (DES INFORMATIONS), transfer rate (of data).
VITESSE UNIFORME, uniform velocity.
VITESSE UNIFORMÉMENT ACCÉLÉRÉE, uniform acceleration.

VITICULTURE *f*, wine-growing.

VITRE *f*, window-pane.
VERRE À VITRES, window glass.

VIVANT *a*, live, living.

VIVRE *v*, to live; to subsist.
GAGNER DE QUOI VIVRE, to make a living.
SALAIRE À PEINE SUFFISANT POUR VIVRE, bare subsistence wage.
VIVRE DANS L'ABONDANCE, À L'AISE, to live in plenty.
VIVRE SUR SON CAPITAL, to live on one's capital.
VIVRE DE SES ÉCONOMIES, to live on one's savings.
VIVRE AU JOUR LE JOUR, to live from day to day.
VIVRE DE SES RENTES, to live on one's income.
VIVRE DE SON TRAVAIL, to live by one's work.

VIVRES *m. pl*, food, food supplies.
MANQUE DE VIVRES, insufficient food supplies.

VOIE *f*, way, road, roadway, route, track, process.
CÉDER UN BILLET PAR VOIE D'ENDOSSEMENT, to transfer a bill by endorsement.
ÉCARTEMENT DE LA VOIE, gauge of the track.
ÉCONOMIE DES PAYS EN VOIE DE DÉVELOPPEMENT, economics of the developing countries.
IMPÔT FORFAITAIRE, FIXÉ PAR VOIE D'ABONNEMENT, composition tax.
LIGNE À DEUX VOIES, double track.
LIGNE À VOIE UNIQUE, single line.
les OBLIGATIONS SONT RACHETÉES PAR VOIE DE TIRAGE, debentures are redeemed by lot.

TRAJET PAR VOIE FERRÉE, rail haul; *U.S:* railroad haul.
TRANSFÉRER UN BILLET PAR VOIE D'ENDOSSEMENT, to transfer a bill by endorsement.
TRANSMETTRE PAR VOIE D'ENDOSSEMENT UNE LETTRE DE CHANGE, to endorse over a bill of exchange to.
TRANSPORT PAR VOIE FERRÉE, rail transport; rail carriage.
par VOIE D'ADJUDICATION, by tender; by auction.
en VOIE D'AMÉLIORATION, improving.
VOIE D'UNE AUTOROUTE, (traffic) lane.
VOIE DE COMMUNICATION, thoroughfare.
en VOIE DE DÉVELOPPEMENT, in process of development; developing.
VOIE D'EAU, waterway.
par VOIE D'EAU, by water.
VOIE FERRÉE, railway; *U.S:* railroad; right of way.
VOIE (FERROVIAIRE), *U.S:* trackway; *U.K:* track.
VOIE FLUVIALE, interior waterway; *U.K:* inland waterway.
VOIES HONNÊTES, fair means.
VOIES NAVIGABLES INTÉRIEURES, inland waterways.
VOIE D'UNE ROUTE, (traffic) lane.
VOIE DE TERRE, overland route.
par VOIE DE TERRE, overland.

VOILE *f*, sail.
NAVIGATION À VOILE, sail navigation.

VOILE *m*, veil.
VOILE MONÉTAIRE, money as a veil; veil of money.

VOISINAGE *m*, neighbourhood, vicinity, proximity.
RAPPORTS DE BON VOISINAGE, good neighbourliness.
VOISINAGE IMMÉDIAT, immediate vicinity.
dans le VOISINAGE DE LA POSITION D'ÉQUILIBRE, in the neighbourhood of the equilibrium position.

VOITURE *f*, vehicle, car, coach, carriage.
LETTRE DE VOITURE, consignment note; way-bill.
VENTE DE VOITURES, car sales.
VOITURE DERNIER MODÈLE, car of the latest design.
VOITURE DIRECTE, through carriage.
VOITURE PARTICULIÈRE, private car.
VOITURE DE QUALITÉ, quality-car.
VOITURES DE REPRISE, traded-in cars.
VOITURE DE SÉRIE, mass-production car.
VOITURE DE TOURISME, passenger car; private car.
VOITURE DE TYPE ÉCONOMIQUE, popular-priced car.

VOIX *f*, voice, vote.
NOMBRE DE VOIX, number of votes cast.
PARTAGE DE(S) VOIX, equality of votes; equal voting.
VOIX PRÉPONDÉRANTE (DU PRÉSIDENT), (chairman's) casting vote.

VOL *m*, flight, flying; theft.
ASSURANCE CONTRE LE VOL, theft insurance; burglary insurance.
RISQUE DE VOL, theft risk.
VOL AVEC EFFRACTION, burglary.
VOL D'ESSAI, trial flight.

VOLAILLE *f*, poultry.
ÉLEVAGE DE VOLAILLE, poultry-farming.

VOLANT *m*, (loose) leaf.
TALON ET VOLANT, counterfoil and leaf.

VOLÉ *a*, stolen.

VOLET *m*, sorting-board.
ACTIONS TRIÉES SUR LE VOLET, *U.S:* blue chips stocks.
HOMMES TRIÉS SUR LE VOLET, picked men.

VOLONTAIRE *a*, voluntary.
LIQUIDATION VOLONTAIRE, voluntary liquidation; voluntary winding up.

VOLONTÉ *f*, will, desire.
CIRCONSTANCES INDÉPENDANTES DE SA VOLONTÉ, circumstances beyond his control.
DERNIÈRES VOLONTÉS DE, last will and testament of.
VOLONTÉ DE FRUSTRER SES CRÉANCIERS, desire to defraud one's creditors.

VOLUME *m*, volume, quantity; measurement, bulk.
AFFRÈTEMENT AU VOLUME, freighting on measurement.
DIMINUTION DU VOLUME DES DETTES, debt deflation.
INDICES DU VOLUME, volume index.
INDICE DU VOLUME DES EXPORTATIONS, volume index for exports.
INDICE DU VOLUME DES IMPORTATIONS, volume index for imports.
INDICE DU VOLUME PHYSIQUE (DE LA PRODUCTION), physical volume index.
INDICES DU VOLUME ET DES VALEURS MOYENNES (DU COMMERCE EXTÉRIEUR), index-numbers of the volume and average value (of external trade).
MESURES DE VOLUME, solid measures; cubic measures.

RÉPARTITION ENTRE DIFFÉRENTES UTILISATIONS D'UN VO-LUME DONNÉ DE RESSOURCES, distribution of a given volume of employed resources between different uses.
TARIFICATION DOUANIÈRE AU VOLUME, customs tariffication by measurement.
VOLUME DES AFFAIRES, volume of business.
VOLUME DU CAPITAL, quantity of capital.
VOLUME DES ORDRES, volume of orders.
VOLUME DE LA PRODUCTION COURANTE, volume of current output.

VOLUMINEUX a, bulky; voluminous.

VOTANT m, voter.

VOTATION f, voting.

VOTE m, vote, ballot; voting, polling.
DROIT DE VOTE, right to vote; voting right; franchise.
RECOMPTAGE DES VOTES, recount of votes.
VOTE DE CENSURE, vote of censure.
VOTE À LA MAJORITÉ REQUISE, qualified vote.
VOTE (QUASI) UNANIME, solid vote.

VOTER v, to vote, to pass a vote, to cast one's vote.
VOTER DES CRÉDITS, to vote supplies.
VOTER UNE LOI, to pass a law.
VOTER PAR PROCURATION, to vote by proxy.

VOULOIR m, will.
BON VOULOIR, goodwill.

VOULOIR v, to want.

VOYAGE m, journey, voyage, trip, tour; passage; travel, travelling.
AGENCE DE VOYAGES, travel agency.
ALLOCATION DE VOYAGE, travel allowance.
BILLET DE VOYAGE, passage-ticket.
BUREAU DE VOYAGES, travel agency.
CHÈQUE DE VOYAGE, traveller's cheque.
CONTRAT DE VOYAGE, passenger contract.
ORGANISER UN VOYAGE, to arrange a trip.
VOYAGE D'ALLER, outward voyage; outward journey.
VOYAGE EN CHEMIN DE FER, railway trip; railway journey.
VOYAGES À L'ÉTRANGER, foreign travel.
VOYAGE PAR FER, train journey.
VOYAGE À FORFAIT, all-inclusive tour (A.I.T.); package tour.
VOYAGE AU LONG COURS, ocean voyage.
VOYAGE PAR MER, sea journey; sea voyage.
VOYAGE DE RETOUR, home journey; homeward journey; homeward voyage; return journey; return voyage.
VOYAGE DE VACANCES, holiday trip.

VOYAGER v, to travel.

VOYAGEUR a, travelling, U.S: traveling.
COMMIS VOYAGEUR, travelling salesman; commercial traveller
RÉGION ASSIGNÉE À UN COMMIS VOYAGEUR, commercial traveller's territory.

VOYAGEUR m, traveller, U.S: traveler; passenger.
PRENDRE DES VOYAGEURS, to load passengers.
PRIX DE TRANSPORT DES VOYAGEURS, passenger fares.

RECETTES VOYAGEURS, passenger receipts.
SERVICE DE VOYAGEURS, passenger service.
TARIF DE VOYAGEURS, passenger rates.
TRAFIC VOYAGEURS, passenger traffic.
TRAIN DE VOYAGEURS, passenger train.
VOYAGEUR DE COMMERCE, travelling salesman; commercial traveller.

VRAC m, bulk.
CHARGEMENT EN VRAC, loading in bulk.
MARCHANDISES EN VRAC, loose goods; bulk goods.
VENDRE EN VRAC, to sell in bulk.
en VRAC, in bulk.

VRAI a, true, genuine, real.
ESSAIS EN VRAIE GRANDEUR, field experiments.
aussi LONGTEMPS QUE LES POSTULATS CLASSIQUES RESTENT VRAIS, as long as the classical postulates hold good.
VRAI PAR DÉFINITION, true by definition.
à VRAI DIRE, as a matter of fact.
une VRAIE MINE D'OR, a regular gold-mine.
VRAIE VALEUR, true value.

VRAISEMBLABLE a, likely, plausible, probable.

VRAISEMBLANCE f, likelihood, plausibility, probability.
MAXIMUM DE VRAISEMBLANCE, maximum likelihood.
selon toute VRAISEMBLANCE, in all likelihood.

VU a, sighted.
EFFET VU LE..., bill sighted.

VUE f, view, sight, sighting, prospect, looking-out.
ANIMAUX ÉLEVÉS EN VUE DE LA REPRODUCTION, breeding stock.
ARGENT À VUE, loan at call.
BILLET À ORDRE PAYABLE À VUE, demand note.
COMPTE DE DÉPÔT À VUE, drawing account.
(COURS DU) CHANGE À VUE, sight rate.
COURS À VUE, demand rate.
DÉPÔT PAYABLE À VUE, deposit payable at sight.
DÉPÔT À VUE, demand deposit; sight deposit; placing money on current account.
DETTE À VUE, debt on sight.
EFFET EXIGIBLE, PAYABLE, À VUE, bill payable at sight.
ENGAGEMENTS À VUE, demand liabilities.
PAPIER À VUE, sight bills.
PAYABLE À VUE, payable at sight; payable at call.
à PREMIÈRE VUE, on the face of it; at first sight.
REMISE À VUE, sight remittance.
RETRAIT À VUE, withdrawal on demand.
SOLIDE AU POINT DE VUE FINANCIER, financially sound.
TRAITE À VUE, draft (payable) at sight; sight draft.
VALEURS CONSERVÉES EN VUE D'UNE HAUSSE, stocks held for a rise.
à VUE, on demand; at call; at sight.
VUE RÉTROSPECTIVE, retrospect.

VULGARISATION f, popularization.

VULGARISER v, to popularize.

WAGON *m*, car, carriage, coach, truck.
TARIF DES WAGONS COMPLETS, truck load rates.
WAGON DE CHEMIN DE FER, railway coach; railway carriage; railroad car.
WAGON COMPLET, truck load.
WAGON DE MARCHANDISES, wagon; freight car; *U.S:* freighter.

WARRANT *m*, warrant, warehouse warrant.
AVANCES SUR WARRANT, advance on warrant.
WARRANT EN MARCHANDISES, produce warrant.

WARRANTAGE *m*, securing by warrant.

WARRANTER *v*, to warrant, to secure by warrant.

WATT *m*, watt.

X *lettre*, X.
AXE DES X, X-axis.
EXPOSANT DE *x*, power of *x*.
PERFORATION « X », ''X'' punch.
PRODUIT DE *x* PAR *y*, product of *x* into *y*.
les TERMES EN *x* S'ANNULENT, terms in *x* reduce to zero.
y VARIE DANS LE MÊME SENS ET PROPORTIONNELLEMENT À *x*, *y* varies as *x*.

XÉNOPHOBIE *f*, xenophobia.

Y *lettre*, Y.
AXE DES Y, Y-axis.
PRODUIT DE *x* PAR *y*, product of *x* into *y*.
y VARIE DANS LE MÊME SENS ET PROPORTIONNELLEMENT À *x*,
  y varies as *x*.

YARD *m*, yard.
YARD CARRÉ, square yard.
YARD CUBE, cubic yard.

ZÈLE *m*, zeal.

ZÉNITH *m*, zenith.

ZÉRO *m*, zero, cipher, nil, nothing.
DÉVIATION DU ZÉRO, zero error.
INDICE ZÉRO, subscript zero.
LIGNE ZÉRO (D'UN DIAGRAMME), base-line (of a diagram).
VALEUR QUI EST TOMBÉE À ZÉRO, share which has fallen to zero.
ZÉRO ABSOLU, absolute zero.
le ZÉRO ET LES NEUF CHIFFRES, the ten digits.

ZIGZAG *m*, zigzag.

ZINC *m*, zinc.

ZINGUERIE *f*, zinc-trade.

ZONAL *a*, zonal.

ZONE *f*, zone, area.
ZONE À CONSTRUCTION RÉGLEMENTÉE, zoned area.
ZONE DE DÉVELOPPEMENT, development area.
ZONE DOLLAR, dollar area.
ZONE EUROPÉENNE DE LIBRE-ÉCHANGE, European Free Trade
  Area.
ZONE FRANCHE, free zone.
ZONE DE LIBRE-ÉCHANGE, Free Trade Area.
ZONE MONÉTAIRE, currency area.
ZONE DE SALAIRES, wage zone.
ZONE STERLING, sterling area.
ZONE SUBURBAINE, suburban area.

ZONÉ *a*, zoned.

ABBREVIATIONS IN COMMON USE

ABRÉVIATIONS COURANTES

With a few exceptions, in the United Kingdom abbreviations are usually written with full stop. Thus,

L'orthographe habituelle des abréviations utilisées en Grande-Bretagne comporte, sauf exception, un point. Ainsi,

abbr *(U.S.)* = **abbr.** *(U.K.)*

The *decimal point* (.) is used throughout instead of the French decimal comma (,). Thus,

On utilise systématiquement le *point décimal* (.) au lieu de la virgule (,). Ainsi,

0.083 = **0,083**

ABBREVIATIONS IN COMMON USE

A

a	**account,** compte *m*. **acre,** acre *m* (= **4 840 square yards** = 0.4047 hectare).
AA	**arithmetic average,** moyenne *f* arithmétique.
aar a.a.r. AAR	**against all risks,** contre tous risques *m. pl*.
AB	**bachelor of arts,** *U.S*: licencié *m* ès lettres *f. pl*.
abbr	**abbreviation,** abréviation *f*.
abr	**abridged,** abrégé *a*.
abs absol	**absolute,** absolu *a*.
abstr	**abstract,** résumé *m*; abrégé *m*.
abs z	**absolute zero,** zéro *m* absolu (= **—459.5° Fahrenheit** = —273.2° C centésimal).
ac	**account,** compte *m*.
a/c	**account current,** compte *m* courant.
a-c	**alternating-current,** à courant *m* alternatif.
AC	**alternating current,** courant *m* alternatif. *ante Christum,* avant Jésus-Christ. **automatic control,** contrôle *m* automatique.
acc	**account,** compte *m*.
acce	**acceptance,** acceptation *f*.
acct	**account,** compte *m*. **accountant,** comptable *m*.
acdt	**accident,** accident *m*; sinistre *m*.
a/c pay	**accounts payable,** dettes *f. pl* passives.
acpt	**acceptance,** acceptation *f*.
a/c rec	**accounts receivable,** dettes *f. pl* actives.
acrg	**acreage,** superficie *f*.
A/cs Pay	**accounts payable,** dettes *f. pl* passives.
A/cs Rec	**accounts receivable,** dettes *f. pl* actives.
actg	**acting,** par intérim *m* (= p.i.); faisant fonction *f* (= f.f.).
actnt	**accountant,** comptable *m*.
act. val	**actual value,** valeur *f* effective.
act. wt	**actual weight,** poids *m* réel.
acv	**actual cash value,** valeur *f* effective au comptant.

ad	**advertising,** *U.S:* **advertizing,** publicité *f*. **advertisement,** annonce *f* publicitaire. **average deviation,** écart *m* moyen absolu. **after date,** à partir de (*date*); à compter de (*date*).
AD A.D.	**after date,** à partir de (*date*); à compter de (*date*). *Anno Domini (Latin),* après Jésus-Christ.
a/d	**analog to digital (conversion);** (conversion *f*) analogique-numérique.
addn	**addition,** addition *f*; supplément *m*.
addnl	**additional,** additionnel *a*; supplémentaire *a*.
adm admin	**administration,** administration *f*. **administrative,** administratif *a*.
adp ADP	**automatic data processing,** traitement *m* automatisé de l'information *f*.
ADPS	**automatic data processing system(s),** système(s) *m* automatique de traitement *m* de l'information *f*.
adpt	**adapter,** adaptateur *m*.
adr	**address,** adresse *f*.
ads	**advertisements,** annonces *f. pl* publicitaires.
ad val	*ad valorem* (**duty,** etc.) (*Latin*), (droit *m* etc.) *ad valorem*.
advert	**advertising,** *U.S:* **advertizing,** publicité *f*.
adv pmt	**advance payment,** paiement *m* par anticipation *f*.
afft	**affidavit,** déclaration *f* sous serment *m*, par écrit *m*.
Ag	*argentum (Latin)* = **silver,** argent *m*.
AG	**Auditor-General,** vérificateur *m* des comptes *m. pl*.
agcy	**agency,** agence *f*.
agg aggr	**aggregate,** global *a*; agrégé *a*.
agr	**agreement,** accord *m*. **agricultural,** agricole *a*. **agriculture,** agriculture *f*.
agric	**agricultural,** agricole *a*. **agriculture,** agriculture *f*.
agt	**agent,** agent *m*; représentant *m*. **agreement,** accord *m*.
aip	**accident insurance policy,** police *f* d'assurance *f* accidents *m. pl*.
alg	**algebra,** algèbre *f*.
algol Algol ALGOL	**algebraically oriented language,** langage *m* (algorithmique international) ALGOL.
a.m.	*ante meridiem (Latin)* = **before noon,** avant midi *m*; dans la matinée.
Am	**America,** Amérique *n. pr*. **American,** américain *a*.

A.M.	**Air Mail,** *U.S:* par avion *m.*
amp	**ampere,** ampère *m.*
amt	**amount,** montant *m;* somme *f.*
anal	**analogy,** analogie *f.* **analysis,** analyse *f.* **analytical,** analytique *a.*
ann	**annual,** annuel *a.* **annually,** annuellement *adv.* **annuity,** annuité *f.*
annul	**annulment,** annulation *f;* résiliation *f.*
ans	**answer,** réponse *f.* **answered,** répondu *a.*
antilog	**antilogarithm,** antilogarithme *m* (= antilog).
a/o	**account of,** pour compte *m* de.
AP	**arithmetic progression,** progression *f* arithmétique.
app	**appendix,** annexe *f.*
approx	**approximately,** approximativement *adv.*
apt	**apartment,** appartement *m.*
ar	**arrival,** arrivée *f.*
a/r	**all risks,** (contre) tous risques *m. pl.*
arith	**arithmetic,** arithmétique *a.*
arr	**arrival,** arrivée *f.*
Asn	**Association,** association *f;* société *f.*
ASP	**American Selling Price,** prix *m. pl* des importations *f. pl* alignés sur les prix intérieurs américains (par un droit de douane *f* correspondant).
ass Assce	**assurance,** *U.S:* assurance *f.*
assist.	**assistant,** assistant *m;* adjoint *m.*
Assn	**Association,** association *f;* société *f.*
assoc	**associate,** associé *a;* associé *m.*
asst	**assistant,** assistant *m,* adjoint *m.*
assy	**assembly,** assemblée *f.*
att	**attached,** joint *a;* ci-joint. **attention,** (à l') attention *f* de.
atty	**attorney,** *U.S:* avocat *m.*
Au	*aurum (Latin)* = **gold,** or *m.*
aud	**audit,** vérification *f* comptable. **auditor,** expert *m* comptable; commissaire *m* aux comptes *m. pl.*
av	**average,** moyenne *f.* **avoirdupois** *(system of weights),* poids *m* du commerce.
AV	**analysis of variance,** analyse *f* de la variance.
a/v A/V	*ad valorem* **(duty, etc.)** *(Latin),* (droit *m,* etc.) *ad valorem.*
avdp	**avoirdupois** *(system of weights),* poids *m* du commerce.
ave Ave	**avenue,** avenue *f.*
avg	**average,** moyenne *f.*
avionics	**aviation and astronautics electronics,** électronique *f* aéronautique.
avn	**aviation,** aviation *f.*
a/w AW	**actual weight,** poids *m* réel.
ax	**axiom,** axiome *m.*

B

b	**born,** né *a.*
BA	**bachelor of arts,** licencié *m* ès lettres *f. pl.*
back.	**backwardation,** déport *m.*
ba & f	**budget, accounting and finance,** budget *m,* comptabilité *f* et financement *m.*
bag.	**baggage,** bagage *m.*
bal	**balance,** solde *m.*
bank clgs	**bank clearings,** compensations *f. pl* bancaires.
bar	**barometer,** baromètre *m.*
barr.	**barrister,** avocat *m.*
bbl	**barrel,** baril *m* (= **42 U.S. gallons** = **34.97 Imperial gallons** = 1.5899 hectolitre).
bbls/day	**barrels per day,** barils *m. pl* par jour *m.*
BC B.C.	**before Christ,** avant Jésus-Christ.
bcd	**binary coded decimal,** décimal *m* codé binaire (= DCB).
b/d	**bills discounted,** effets *m. pl* escomptés. **(balance) brought down,** solde *m* à nouveau. **barrels per day,** barils *m. pl* par jour *m.*
b/e BE	**bill of exchange,** lettre *f* de change *m;* traite *f.*
Belg	**Belgian,** belge *a.* **Belgium,** Belgique *n. pr.*
b/f BF	**(balance) brought forward,** à reporter; report *m.*
B Fr	**Belgian franc,** franc *m* belge.
bgs	**bags,** sacs *m. pl.*
bilat	**bilateral,** bilatéral *a.*
bin.	**binary,** binaire *a.*
bit	**binary digit,** bit *m;* position *f* binaire.
bk	**bank,** banque *f.*
bkcy	**bankruptcy,** banqueroute *f;* faillite *f.*
bkg	**banking,** affaires *f. pl* bancaires; la banque. **book-keeping,** comptabilité *f;* tenue *f* des livres *m. pl.*
b/l B/L	**bill of lading,** connaissement *m.*
blc blce	**balance,** solde *m.*
bldg	**building,** bâtiment *m;* édifice *m.*
bls	**bales,** balles *f. pl.* **barrels,** barils *m. pl.*
BO	**branch office,** agence *f;* succursale *f.* **buyer's option,** prime *f* acheteur *m.*
B of T	**Board of Trade,** *U.K:* ministère *m* du commerce.
b/p BP B/P bpay	**bills payable,** effets *m. pl* à payer.
bpd BPD	**barrels per day,** barils *m. pl* par jour *m.*
Br	**British,** britannique *a.*

b/r BR brec	**bills receivable,** effets *m. pl* à recevoir.
brl	**barrel,** baril *m* (= **42 U.S. gallons = 34.97 Imperial gallons** = 1.5899 hectolitres).
b/s B/S	**bill of sale,** acte *m* de vente *f*; contrat *m* de vente.
BS	**balance-sheet,** bilan *m*. **bill of sale,** acte *m* de vente *f*; contrat *m* de vente.
BSc B.Sc.	**bachelor of science,** licencié *m* ès sciences *f. pl*.
bsh	**bushel,** boisseau *m*.
bu	**bushel,** boisseau *m*.
bud.	**budget,** budget *m*.
build.	**building,** bâtiment *m*; édifice *m*.
bull Bull	**bulletin,** bulletin *m*.
bur	**bureau,** bureau *m*.
bus	**business,** *U.S:* affaires *f. pl*.
buy	**buyer,** acheteur *m*; acquéreur *m*.
bx	**box,** boîte *f* (postale etc.).

C

c	**carat,** carat *m* (= 200 milligrammes). **cent,** *U.S:* cent *m*. **centime** *(French),* centime *m*. **century,** siècle *m*.
©	**copyright,** droits *m. pl* d'auteur *m*; propriété *f* littéraire.
C	**Celsius,** Celsius *n. pr* (centésimal *a*). **centigrade,** centésimal *m*; centigrade *m*. **century,** siècle *m*. **chairman,** président *m*.
°C	**degree Celsius; degree centigrade,** degré *m* centigrade; degré centésimal.
ca	**current assets,** actif *m* réalisable et disponible; actifs de roulement *m*.
c/a	**capital account,** compte *m* capital *m*. **current account,** compte *m* courant.
CA	**capital account,** compte *m* capital *m*. **chartered accountant,** *U.K:* expert *m* comptable. **chief accountant,** chef *m* comptable. **current account,** compte *m* courant.
cabot	**cabotage,** cabotage *m*.
caf CAF	**cost and freight,** coût *m* et fret *m*.
cal	**calibre,** *U.S:* **caliber,** calibre *m*. **calory, calorie,** calorie *f*.
calc	**calculation, calculus,** calcul *m*. **calculated,** calculé *a*.
can canc	**cancellation,** annulation *f*. **cancel(l)ed,** annulé *a*.
C and F	**cost and freight,** coût *m* et fret *m*.
cap	**capacity,** capacité *f*. **capital,** capital *m*. **capitalize,** capitaliser *v*. **capitalized,** capitalisé *a*.

carr	**carrier,** transporteur *m*.
cat catal	**catalog(ue),** catalogue *m*.
cc ccm	**cubic centimetre,** *U.S:* **cubic centimeter,** centimètre *m* cube (= **0.0610 cubic inch**).
ccp	**credit card purchase,** achat *m* avec (une) carte de crédit *m*.
c.d. C.div.	**cum dividend,** droit *m* attaché; cum dividende *m*.
cem	**cement,** ciment *m*.
cen	**central,** central *a*.
cent	**centigrade,** centigrade *m*; centésimal *m*. **central,** central *a*. **century,** siècle *m*.
centen	**centennial,** séculaire *a*.
cep	**circular error probability,** erreur *f* circulaire probable.
cert	**certificate,** certificat *m*. **certification,** certification *f*. **certified,** certifié *a*; attitré *a*.
cf	**carried forward,** report *m* à nouveau. **centrifugal force,** force *f* centrifuge. **cost and freight,** coût *m* et fret *m*.
cf	*confer* *(Latin),* voir sous; *confer*.
c/f	**carried forward,** report *m* à nouveau.
c & f	**cost and freight,** coût *m* et fret *m*.
cfgd	**cubic feet of gas per day,** pieds *m. pl* cubes de gaz *m* par jour *m*.
cfi CFI	**cost, freight and insurance,** coût *m*, assurance *f* et fret *m* (= c.a.f.).
cfm CFM	**cubic feet per minute,** pieds *m. pl* cubes par minute *f*. **cubic feet per month,** pieds *m. pl* cubes par mois *m*.
cftmn	**craftsman,** artisan *m*.
cgo	**cargo,** cargaison *f*.
CH	**clearing-house,** chambre *f* de compensation *f*. **custom(s)-house,** bureau *m* de douane *f*.
change	**stock exchange, Stock Exchange,** bourse *f* (des valeurs *f. pl*).
chem	**chemical,** chimique *a*. **chemistry,** chimie *f*.
chk	**check,** *U.S:* chèque *m*.
chmn	**chairman,** président *m*.
chq	**cheque,** chèque *m*.
ci CI c/i	**certificate of insurance,** attestation *f* d'assurance *f*. **cost and insurance,** coût *m* et assurance *f*.
cif c.i.f. CIF	**cost, insurance and freight,** coût *m*, assurance *f* et fret *m* (= c.a.f.).
cir circ	**circuit,** circuit *m*. **circular,** circulaire *a*.
civ	**civil,** civil *a*; civique *a*.
cl	**centilitre,** *U.S:* **centiliter,** centilitre *m* (= **0.338 U.S. fluidounce = 0.352 Imperial fluid ounce**).
clc c.l.c.	**circular letter of credit,** lettre *f* de crédit *m* circulaire.
cld	**called,** appelé *a*. **cleared,** dédouané *a*.
clk	**clerk,** employé *m*; commis *m*.

537

clsd	**closed,** fermé *a.*
cm	**centimetre,** *U.S:* **centimeter,** centimètre *m* (= **0.3937 inch**).
cm²	**square centimetre,** *U.S:* **square centimeter,** centimètre *m* carré (= **0.1550 square inch**).
cm³	**cubic centimetre,** *U.S:* **cubic centimeter,** centimètre *m* cube (= **0.0610 cubic inch**).
cmdty	**commodity,** marchandise *f*; produit *m.*
cml	**commercial,** commercial *a.*
cmpnt cmpt	**component,** composante *f.*
cmptr	**computer,** calculateur *m*; ordinateur *m.*
CN c/n **C/N**	**credit note,** note *f* de crédit *m*; note d'avoir *m.*
co	**company,** société *f*; compagnie *f.* **county,** comté *m.*
c/o	**care of,** aux bons soins *m.pl* de.
coax	**coaxial,** coaxial *a.*
cobol Cobol COBOL	**common business oriented language,** langage *m* (algorithmique international) COBOL.
c.o.d.	**cash on delivery,** paiement *m* à la livraison.
COD	**cash on delivery,** paiement *m* à la livraison. **coding,** codage *m.*
coef coeff	**coefficient,** coefficient *m.*
C.O.F.	**compensatory official financing,** financement *m* compensatoire officiel.
C of C	**chamber of commerce,** chambre *f* de commerce *m.*
col	**colonial,** colonial *a.* **colony,** colonie *f.* **column,** colonne *f.* **college,** collège *m.*
c-o-l COL	**cost of living,** coût *m* de la vie.
coll	**collection,** recouvrement *m*; encaissement *m*; perception *f.* **collector,** receveur *m*; percepteur *m*; **college,** collège *m.*
collat	**collateral,** collatéral *a*; complémentaire *a.*
colm	**column,** colonne *f.*
colog	**cologarithm,** cologarithme *m.*
com	**commission,** commission *f.* **committee,** comité *m.* **commercial,** commercial *a.*
comb	**combination,** combinaison *f*; intégration *f*; fusion *f.* **combine,** entente *f* industrielle; cartel *m.*
coml	**commercial,** commercial *a.*
comm	**commerce,** commerce *m.* **commercial,** commercial *a.* **commission,** commission *f.* **committee,** comité *m.*
comp compar	**comparative,** comparatif *a.*
compen	**compensatory,** compensatoire *a.* **compense,** compenser *v.*
comput	**computer,** calculateur *m*; ordinateur *m.*
comt	**comptroller,** vérificateur *m* des comptes *m.pl*; contrôleur *m.*

con	**consolidated,** consolidé *a*; unifié *a.* **contra,** contrepartie *f.*
cond	**condition,** condition *f.*
conf	**conference,** conférence *f.* **confidential,** confidentiel *a.*
conf	*confer (Latin),* voir sous; *conf.*
consol	**consolidated,** consolidé *a*; unifié *a.*
consols	**consolidated annuities,** *U.K:* rente *f* perpétuelle; fonds *m.pl* consolidés.
const	**constant,** constant *a.* **constant,** constante *f.* **constitution,** constitution *f*; statut *m.*
constr	**construction,** construction *f.*
consult	**consultant,** consultant *m*; conseil *m.*
contd cont'd	**continued,** suite *f*; continuation *f*; à suivre *v.*
contr	**contract,** contrat *m.* **contractor,** entrepreneur *m.*
contrib	**contribution,** contribution *f*; cotisation *f*; apport *m.*
conv	**convention,** convention *f*; contrat *m.* **convertible,** convertible *a.*
coop co-op	**co-operation,** coopération *f.* **co-operative,** coopérative *f.*
copy.	**copyright,** droits *m.pl* d'auteur *m*; propriété *f* littéraire.
coroll	**corollary,** corollaire *m.*
corp Corp Corpn	**corporation,** compagnie *f*; société *f*; corporation *f.*
corr	**corrected,** corrigé *a*; rectifié *a.* **correction,** correction *f*; rectification *f.* **correspondence,'** correspondance *f.*
corres	**correspondence,** correspondance *f.*
cos	**cosine,** cosinus *m.* **companies,** sociétés *f.pl*; compagnies *f.pl.*
cot	**cotangent,** cotangente *f* (= cotg).
cp	**compare,** comparer *v.* **coupon,** coupon *m.*
CPA	**certified public accountant,** *U.S:* expert *m* comptable.
cpm	**critical path method,** méthode *f* du chemin *m* critique.
cpu	**central processing unit,** unité *f* centrale de traitement *m* (= U.C.T.).
cr	**credit,** crédit *m*; avoir *m*; créance *f.* **creditor,** créancier *m.* **crown,** couronne *f.* **(Brazilian) cruzeiro,** cruzeiro *m* (brésilien).
Cr	**creditor,** créancier *m.*
cred	**credit,** crédit *m*; avoir *m*; créance *f.* **creditor,** créancier *m.*
cs	**case,** cas *m.* **capital stock,** actions *f.pl*; fonds *m.pl* propres.
c/s	**cycles per second,** cycles *m.pl* par seconde *f.*
CS	**civil service,** administration *f* (publique).
ct	**carat,** carat *m* (= 200 milligrammes). **cent,** *U.S:* cent *m.*
ctf	**certificate,** certificat *m.*
ctn	**cotangent,** cotangente *f* (= cotg).

cts	**carats,** carats *m. pl* (1 carat = 200 milligrammes). **cents,** *U.S:* cents *m. pl.*
cu	**cubic,** cubique *a;* cube *a.*
cu cm	**cubic centimetre,** *U.S:* **cubic centimeter,** centimètre *m* cube (= **0.0610 cu in**).
cu ft	**cubic foot, cubic feet,** pied(s) *m* cube(s) (**1 cu ft = 1 728 cu in** = 28 317 cm³).
cu in	**cubic inch(es),** pouce(s) *m* cube(s) (**1 cu in = 0.00058 cu ft** = 16.38716 cm³).
cum	**cumulative,** cumulatif *a.*
cu m	**cubic metre,** *U.S:* **cubic meter,** mètre *m* cube (= **1.30794 cu yd** = **35.3144 cu ft**).
cum div	**cum dividend,** droit *m* attaché; cum dividende *m.*
cu mm	**cubic millimetre,** *U.S:* **cubic millimeter,** millimètre *m* cube (= **0.000061 cu in**).
cur curr	**currency,** monnaie *f.* **current,** courant *a;* actuel *a.*
cu yd	**cubic yard,** yard *m* cube (= **27 cu ft** = 0.76456 m³).
cvt	**convertible,** convertible *a.*
cwt	**hundredweight,** hundredweight *m* (*U.K:* = **112 pounds** = 0.50802 quintal; *U.S:* = **100 pounds** = 0.45359 quintal).
cy	**calendar year,** année *f* civile. **capacity,** capacité *f.* **currency,** monnaie *f.* **cycle,** cycle *m.*
cyc	**cycle,** cycle *m.*

D

d	**date,** date *f.* **day,** jour *m.* **degree,** degré *m.* **density,** densité *f.* **penny, pence,** penny *m,* pence *m. pl.*
D	**density,** densité *f.* **doctor,** docteur *m.* **dollar,** dollar *m.*
da d/a DA D/A	**deposit account,** compte *m* de dépôt *m.*
dam	**damage,** dommage *m;* dégât(s) *m;* avarie *f.*
db	**debenture,** obligation *f.*
dbl	**double,** double *a.*
dd	**delivered,** livré *a ;* délivré *a.* **due date,** échéance *f.*
d/d	**dated,** daté *a;* à échéance *f* de. **due date,** échéance *f.*
dda DDA	**digital differential analyser,** *U.S:* **analyzer,** intégratrice *f* numérique.
deb	**debenture,** obligation *f.*
dec	**deceased,** décédé *a.* **decimal,** décimal *a.* **decision,** décision *f.*
decd	**deceased,** décédé *a.*
decis	**decision,** décision *f.*
decr	**decrease,** diminution *f;* baisse *f.*

ded deduct.	**deduction,** déduction *f;* défalcation *f.*
def	**defect,** défaut *m;* défectuosité *f;* vice *m.* **deferred,** différé *a.* **definite,** défini *a;* précis *a.* **definition,** définition *f.*
defl	**deflation,** déflation *f.*
defs	**definitions,** définitions *f. pl.*
deg	**degree(s),** degré(s) *m.*
del	**delegate,** délégué *m.*
deld delvd	**delivered,** livré *a;* délivré *a.*
dely	**delivery,** livraison *f;* distribution *f* (postale).
dem	**demand,** demande *f.* **demurrage,** surestarie(s) *f;* magasinage *m.*
demogr	**demographer,** démographe *m.* **demography,** démographie *f.*
dens	**density,** densité *f.*
dep	**depot,** dépôt *m.* **depositor,** déposant *m.* **department,** département *m;* service *m;* bureau *m;* ministère *m.* **deputy,** fondé *m* de pouvoir(s) *m;* substitut *m.* **departure,** départ *m.*
depart	**department,** département *m;* service *m;* bureau *m;* ministère *m.* **departure,** départ *m.*
depend. depn	**dependent,** personne *f* à charge *f.*
depr	**depreciation,** dépréciation *f.*
dept	**department,** département *m;* service *m;* bureau *m;* ministère *m.* **depot,** dépôt *m.* **deputy,** fondé *m* de pouvoir(s) *m;* substitut *m.*
der deriv	**derivation,** dérivation *f.* **derivative,** dérivée *f.*
destn	**destination,** destination *f.*
detn	**determination,** détermination *f;* résiliation *f.*
dev	**deviate,** écart *m.* **deviation,** déviation *f;* écart *m.*
dft	**draft,** traite *f;* lettre *f* de change *m;* tirage *m.*
dia	**diagram,** diagramme *m;* graphique *m.* **diameter,** diamètre *m.*
diag	**diagonal,** diagonale *f.* **diagram,** diagramme *m;* graphique *m.*
diam	**diameter,** diamètre *m.*
dif diff	**difference,** différence *f.* **differential,** différentielle *f;* différence *f.*
diff calc	**differential calculus,** calcul *m* différentiel.
dim	**dimension,** dimension *f.* **dimensional,** dimensionnel *a.*
dir	**direct,** direct *a.* **direction,** direction *f;* sens *m;* administration *f.* **director,** directeur *m.*
direct.	**directory,** répertoire *m;* annuaire *m.*
dis	**discount,** escompte *m;* réduction *f;* remise *f.*
disab	**disability,** incapacité *f;* invalidité *f.*
disb disbmt	**disbursement,** déboursement *m;* débours *m.*
disc disct	**discount,** escompte *m;* réduction *f;* remise *f.*

dist	**distance,** distance *f.* **distribution,** distribution *f;* répartition *f.* **distributor,** distributeur *m.* **district,** district *m.*
distr	**distribution,** distribution *f;* répartition *f.* **distributor,** distributeur *m.*
div	**divide,** diviser *v.* **divided,** divisé *a;* réparti *a;* partagé *a.* **dividend,** dividende *m.* **divisibility,** divisibilité *f.* **division,** division *f.* **divisor,** diviseur *m.*
divs	**dividends,** dividendes *m. pl.*
dk	**dock,** dock *m.*
dkyd	**dockyard,** chantier *m* de constructions *f. pl* navales.
dld	**delivered,** livré *a;* délivré *a.*
dlr	**dealer,** courtier *m* de change *m;* cambiste *m;* marchand *m.* **dollar,** dollar *m.*
dlvr dlvry	**delivery,** livraison *f;* distribution *f* (postale).
DM	*Deutsche Mark,* mark *m* allemand.
dmd	**diamond,** diamant *m.*
dmg	**damage,** dommage *m;* dégât(s) *m;* avarie *f.* **damaged,** endommagé *a;* avarié *a.*
dmst dmstn	**demonstration,** démonstration *f.*
d/o	**delivery order,** bon *m* de livraison *f;* bon d'enlèvement *m.*
doc	**doctor,** docteur *m.* **document,** document *m;* pièce *f.*
Doc	**doctor,** docteur *m.*
docu docum	**document,** document *m;* pièce *f.* **documentary,** documentaire *a.*
dol	**dollar,** dollar *m.*
dom	**domestic,** domestique *a;* intérieur *a;* national *a.* **domicile,** domicile *m.* **dominion,** dominion *m.*
doz	**dozen,** douzaine *f.*
dpo	**depot,** dépôt *m.*
DP's	**displaced persons,** personnes *f. pl* déplacées (réfugiées).
dpst	**deposit,** dépôt *m;* versement *m.*
dpt	**department,** département *m;* service *m;* bureau *m;* ministère *m.*
dpty	**deputy,** fondé *m* de pouvoir(s) *m;* susbtitut *m.*
dr	**debtor,** débiteur *m.*
Dr	**doctor,** docteur *m.*
d & s	**demand and supply,** demande *f* et offre *f.*
dtd	**dated,** daté *a.*
dup dupl	**duplicate,** double *m;* duplicata *m.*
dur	**duration,** durée *f;* longévité *f.*
dwt dwt ton	**deadweight ton,** port *m* en lourd *m* (= 1.016 tonne métrique).
dy	**delivery,** livraison *f.* **dockyard,** chantier *m* de constructions *f. pl* navales. **duty,** droit(s) *m;* taxe *f;* redevance *f;* impôt *m.*

dyn	**dynamic,** dynamique *a.*
dynam	**dynamics,** dynamique *f.*
dz	**dozen,** douzaine *f.*

E

e	**error(s),** erreur(s) *f.*
E	**English,** anglais *a.* **excellent,** excellent *a.* **exempt,** exempt *a.*
eam EAM	**electrical accounting machine,** machine *f* comptable électrique.
E and OE	**errors and omissions excepted,** sauf erreur *f* ou omission *f.*
ec	**economics,** économie *f* (politique).
eco	**ecology,** écologie *f.*
econ	**economic,** économique *a.* **economics,** économie *f* (politique). **economist,** économiste *m.* **economy,** économie *f.*
economet	**econometric,** économétrique *a.*
edcn	**education,** éducation *f;* enseignement *m.*
edp EDP	**electronic data processing,** traitement *m* électronique de l'information *f;* informatique *f.*
edpm EDPM	**electronic data processing machine,** calculateur *m* électronique.
educ	**education,** éducation *f;* enseignement *m.* **educational,** éducationnel *a.*
eff effcy	**efficiency,** efficacité *f;* efficience *f;* rendement *m.*
e.g.	*exempli gratia (Latin),* **for example,** par exemple *m* (= p. ex).
el	**elevation,** élévation *f;* altitude *f.*
elec	**electric(al),** électrique *a.* **electricity,** électricité *f.*
elect	**election,** élection *f.* **electoral,** électoral *a.*
elem	**elementary,** élémentaire *a.*
elev	**elevation,** élévation *f;* altitude *f.*
elig	**eligible,** éligible *a;* admissible *a.*
emb	**embargo,** embargo *m.* **embarkation,** embarquement *m.*
embkn	**embarkation,** embarquement *m.*
emer emerg	**emergency,** cas *m* urgent; urgence *f;* nécessité *f* pressante.
emig	**emigrant,** émigrant *m.* **emigration,** émigration *f.*
enc encl	**enclosed,** inclus *a.*
end.	**endorsement,** endossement *m;* endos *m;* aval *m.*
eng	**engine,** machine *f;* moteur *m.* **engineer,** mécanicien *m;* ingénieur *m.* **engineering,** engineering *m;* construction *f;* organisation *f.*
Eng	**England,** Angleterre *n. pr.* **English,** anglais *a.*
e.o.	*ex officio (Latin),* **by virtue of office,** *ex officio.*

EO	**executive order,** *U.S:* décret-loi *m.*
e & oe	**errors and omissions excepted,** sauf erreur *f* ou omission *f.*
EPT	**excess profits tax,** impôt *m* sur les superbénéfices *m. pl.*
eq	**equal,** égal *a.* **equation,** équation *f.*
eqp eqpt equip.	**equipment,** équipement *m;* outillage *m;* matériel *m.*
equiv	**equivalent,** équivalent *a.* **equivalent,** équivalent *m;* équivalence *f.*
err	**erroneous,** erroné *a.* **error,** erreur *f.*
esp	**especially,** spécialement *adv.*
est	**established,** établi *a;* patenté *a;* fondé *a.* **establishment,** établissement *m;* maison *f.* **estimate,** estimation *f;* devis *m.* **estimated,** estimé *a;* estimatif *a.*
estbl	**establishment,** établissement *m;* maison *f.*
estn	**estimation,** estimation *f.*
Eur	**Europe,** Europe *n. pr.* **European,** européen *a.*
eval	**evaluation,** évaluation *f.*
ex	**example,** exemple *m.* **exchange,** échange *m;* change *m;* bourse *f.* **excess,** excès *m;* excédent *m;* surplus *m.* **extra,** supplément *m;* extra *m.*
exam	**examination,** examen *m.*
exc	**excellent,** excellent *a.* **except,** à l'exception *f* de; sauf.
exch	**exchange,** échange *m;* change *m;* bourse *f.*
Excheq	**Exchequer,** Trésor *m;* fisc *m.*
excl	**excluded,** exclu *a;* non compris *a.* **excluding,** à l'exclusion *f* de.
ex cp	**ex coupon,** coupon *m* détaché.
ex div	**ex dividend,** ex-dividende *m.*
exec	**executive,** exécutif *a.* **executive,** cadre *m;* dirigeant *m.*
exer	**exercise,** exercice *m.*
exhbn	**exhibition,** exposition *f.*
exhib	**exhibit,** document *m* ou pièce *f* à l'appui *m.*
ExO	**executive order,** *U.S:* décret-loi *m.*
ex off.	*ex officio (Latin),* **by virtue of office,** *ex officio.*
exp	**expense,** dépense *f.* **experiment,** expérience *f;* essai *m;* test *m.* **experimental,** expérimental *a.* **exponential,** exponentiel *a.* **export,** exportation *f.* **express,** exprès *adv;* express *a.*
exper	**experiment,** expérience *f;* essai *m;* test *m.* **experimental,** expérimental *a.*
exs	**examples,** exemples *m. pl.* **expenses,** dépenses *f. pl.*
ext	**exterior,** extérieur *a.* **external,** externe *a;* extérieur *a;* étranger *a.*
exten	**extension,** extension *f;* prolongation *f.*
extra.	**extraordinary,** extraordinaire *a.*
exx	**examples,** exemples *m. pl.*

F

f	**female,** féminin *a.* **feminine,** féminin *a.* **force,** force *f.* **franc(s),** franc(s) *m.* **frequency,** fréquence *f.* **function,** fonction *f.*
F	**Fahrenheit,** Fahrenheit *n. pr.* **France,** France *n. pr.* **French,** français *a.* **franc(s),** franc(s) *m.*
°F	**degree Fahrenheit,** degré *m* Fahrenheit.
fa	**family allowance,** allocation(s) *f* familiale(s).
fac	**factor,** facteur *m.* **factory,** fabrique *f.* **faculty,** faculté *f.*
facil	**facility,** facilité *f.*
fact. facty	**factory,** fabrique *f.*
Fahr	**Fahrenheit,** Fahrenheit *n. pr.*
fam	**family,** famille *f.*
faq	**fair average quality,** qualité *f* commerciale.
f.a.s. FAS	**free alongside ship,** franco quai *m.*
fc	**franc,** franc *m.*
f/c	**for cash,** (au) comptant *m.*
fclty	**facility,** facilité *f.*
fcs	**francs,** francs *m. pl.*
fcst	**forecast,** prévision *f.*
fcty	**factory,** fabrique *f.*
fdg	**funding,** consolidation *f* (financière).
fdry	**foundry,** fonderie *f.*
Fed fed	**federal,** fédéral *a.* **Federation,** fédération *f.*
fem	**female,** féminin *a.* **feminine,** féminin *a.*
fert	**fertilization,** fertilisation *f.* **fertilizer,** engrais *m;* fertilisant *m.*
fgn	**foreign,** étranger *a.* **foreigner,** étranger *m.*
fgt	**freight,** fret *m;* cargaison *f.*
fi	**for instance,** par exemple *m.*
fict	**fictitious,** fictif *a.*
fid	**fiduciary,** fiduciaire *a;* scriptural *a.*
fig	**figure,** chiffre *m;* nombre *m.*
figs	**figures,** chiffres *m. pl;* nombres *m. pl.*
fin fin.	**finance,** finance *f;* financement *m;* trésorerie *f.* **financial,** financier *a.*
fl oz	**fluid ounce,** *U.S:* fluidounce *(mesure de capacité)* (= **1/20** Imperial pint = **1/16** U.S. pint).
fluc	**fluctuation,** fluctuation *f;* variation *f.*
flx	**flexible,** flexible *a;* souple *a.*
fman	**foreman,** contremaître *m;* chef *m* d'équipe *f.*
fndd	**founded,** fondé *a;* établi *a.*

fndn	**foundation,** fondation *f.*
fndr	**founder,** fondateur *m.*
f.o.b. FOB	**free on board,** franco bord *m.*
f.o.c. FOC	**free of charge,** sans frais *m. pl;* gratis *adv.*
for	**foreign,** étranger *a.* **foreigner,** étranger *m.*
f.o.r. FOR	**free on rail,** franco gare *f.*
form.	**format,** format *m;* modèle *m.* **formation,** formation *f;* constitution *f.*
fpm	**feet per minute,** pieds *m. pl* par minute *f.*
fps	**feet per second,** pieds *m. pl* par seconde *f.*
Fr	**France,** France *n. pr.* **French,** français *a.*
fraud.	**fraudulent,** frauduleux *a.*
FRBk	**Federal Reserve Bank,** *U.S:* Banque *f* de la Réserve fédérale.
freq	**frequency,** fréquence *f.* **frequent,** fréquent *a.*
FRG	**Federal Republic of Germany,** République *f* fédérale d'Allemagne *n. pr.*
frgt frt	**freight,** fret *m;* cargaison *f.*
F/S	**financial statement,** bilan *m;* état *m* des finances *f. pl.*
ft	**foot, feet,** pied(s) *m* (**1 ft = 12 inches = 30.480** centimètres).
ft²	**square foot, square feet,** pied(s) *m* carré(s) (= **144 sq in = 0.0929** mètre carré).
ft³	**cubic foot, cubic feet,** pied(s) *m* cube(s) (= **1 728 cu in = 28 317** centimètres cubes).
fund	**fundamental,** fondamental *a;* essentiel *a.*
fwd	**forward,** expédier *v;* acheminer *v;* faire suivre *v.* **forwarding,** expédition *f;* envoi *m.*
fx	**fixed,** fixe *a;* fixé *a;* invariable *a.* **foreign exchange,** effet *m* étranger; devise *f.*
fy FY	**fiscal year,** exercice *m* budgétaire; année *f* fiscale.
FYI	**for your information,** pour information *f.*

G

g	**gold,** or *m.* **gram(me),** gramme *m* (= **0.3527 ounces = 15.43** grains). **gravity,** gravité *f;* pesanteur *f.*
ga g/a GA	**general average,** avaries *f. pl* communes.
gal	**gallon,** gallon *m* (**1 U.S. gallon = 231 cu in = 3.7853** litres; **1 Imperial gallon = 277.420 cu in = 4.5450** litres).
gas gaso	**gasoline,** *U.S:* essence *f* (de pétrole *m*).
gaw GAW	**guaranteed annual wage,** salaire *m* annuel garanti.
gaz	**gazette,** gazette *f; journal m* (officiel).

GB	**Great Britain,** Grande-Bretagne *n. pr.*
gcf GCF	**greatest common factor,** le plus grand commun diviseur.
gcm GCM	**greatest common measure,** le plus grand commun diviseur.
gd	**good,** marchandise *f;* produit *m;* article *m.*
gdp GDP	**gross domestic product,** produit *m* national brut.
gds	**goods,** marchandises *f. pl;* produits *m. pl;* articles *m. pl.*
gen	**general,** général *a.*
gen a	**general average,** avaries *f. pl* communes.
genl	**general,** général *a.*
gen pub	**general public,** grand public *m.*
genr	**generation,** génération *f.*
genrl	**general,** général *a.*
geog	**geographic(al),** géographique *a.* **geography,** géographie *f.*
geom	**geometric(al),** géométrique *a.* **geometry,** géométrie *f.*
Ger	**German,** allemand *a.* **Germany,** Allemagne *n. pr.*
gm	**general mortgage,** hypothèque *f* générale. **gram(me),** gramme *m* (= **0.3527 ounces = 15.43** grains).
gnp GNP	**gross national product,** produit *m* national brut.
gnrl	**general,** général *a.*
gov Gov	**government,** gouvernement *m.* **governor,** gouverneur *m.*
govt	**government,** gouvernement *m.*
gp	**group,** groupe *m.*
GP	**geometric(al) progression,** progression *f* géométrique.
gpc	**general purpose computer,** ordinateur *m* universel; calculateur *m* universel.
gpd	**gallons per day,** gallons *m. pl* par jour *m.*
gr	**grade,** grade *m;* rang *m;* teneur *f.* **grain,** grain *m* (= **0.002285 ounces** = 0.0648 gramme). **gram(me),** gramme *m* (= **0.3527 ounces = 15.43** grains). **group,** groupe *m.*
grad	**gradient,** gradient *m;* pente *f.*
grnt	**guarantee,** garantie *f;* sûreté *f;* cautionnement *m.*
gro	**gross,** brut *a.*
grt G.R.T.	**gross register ton,** tonneau *m* de jauge *f* brute.
gr wt	**gross weight,** poids *m* brut.
gt GT	**gross ton,** tonne *f* forte (= **2 240 lbs** = 1.016 tonne métrique). **gross tonnage,** tonnage *m* brut; jauge *f* brute.
Gt Brit	**Great Britain,** Grande-Bretagne *n. pr.*
gtd	**guaranteed,** garanti *a.*
guar	**guarantee,** garantie *f;* sûreté *f;* cautionnement *m.*

H

h	**harbour,** *U.S:* **harbor,** port *m.* **height,** altitude *f.* **hour(s),** heure(s) *f.* **hundred,** cent *num.* **husband,** mari *m;* époux *m.*
ha	**hectare,** hectare *m* (= 2.47 acres = **11 959.85 sq yds**).
hab	**habitation,** habitation *f;* demeure *f.*
handbk	**handbook,** manuel *m.*
har harb	**harbour,** *U.S:* **harbor,** port *m.*
hard.	**hardware,** hardware *m;* matériel *m* de traitement *m* de l'information *f.*
harm.	**harmonic,** harmonique *a.*
h/b	**handbook,** manuel *m.*
HC	**House of Commons,** *U.K:* Chambre *f* des Communes *f. pl.*
HCF	**highest common factor,** le plus grand commun diviseur.
HCL	**high cost of living,** coût *m* de la vie élevé; cherté *f* de vie *f.*
hcp	**handicap,** handicap *m;* désavantage *m.*
hdbk	**handbook,** manuel *m.*
hdqrs	**head(-)quarters,** quartier *m* général.
hdw hdwe	**hardware,** hardware *m;* matériel *m* de traitement *m* de l'information *f.*
hect	**hectare,** hectare *m* (= 2.47 acres = **11 959.85 sq yds**). **hectolitre,** *U.S:* **hectoliter,** hectolitre *m* (= **26.4178 U.S. gallons = 21.9975 Imperial gallons**).
hex	**hexagon,** hexagone *m.*
hf	**half,** moitié *f;* demi *m.* **high frequency,** haute fréquence *f.*
hgt	**height,** altitude *f.*
Hgy	**highway,** *U.S:* route *f* à grande circulation *f;* autoroute *f.*
hhld	**household,** ménage *m;* famille *f.*
hl	**hectolitre,** *U.S:* **hectoliter,** hectolitre *m* (= **26.4178 U.S. gallons = 21.9975 Imperial gallons**).
hm	**harmonic mean,** moyenne *f* harmonique.
hms	**hours, minutes, seconds,** heures *f. pl,* minutes *f. pl,* secondes *f. pl.*
hndbk	**handbook,** manuel *m.*
H.O.	**head office,** siège *m;* bureau *m* central.
hor horiz	**horizontal,** horizontal *a.*
hort	**horticultural,** horticole *a.* **horticulture,** horticulture *f.*
hosp	**hospital,** hôpital *m.*
hp	**horse-power,** cheval-vapeur *m* (= 0.7457 kilowatts).
h-p HP	**half-pay,** demi-salaire *m.* **hire-purchase,** vente *f* à tempérament *m;* location-vente *f.*
hq HQ	**head(-)quarters,** quartier *m* général.
hr	**hour(s),** heure(s) *f.*

HR	**House of Representatives,** *U.S:* Chambre *f* des Représentants *m. pl.*
hrdwe	**hardware,** hardware *m;* matériel *m* de traitement *m* de l'information *f.*
hs	**house,** maison *f;* immeuble *m;* établissement *m.*
hsg	**housing,** logement *m;* habitation *f.*
ht	**height,** altitude *f.*
hun	**hundred,** cent *num.*
h/w	**husband and wife,** mari *m* et femme *f;* époux *m.pl;* conjoints *m.pl.*
hwy	**highway,** *U.S:* route *f* à grande circulation *f;* autoroute *f.*
hyd hydraul	**hydraulics,** hydraulique *f.*
hyp	**hyperbola,** hyperbole *f.* **hyperbolic(al),** hyperbolique *a.* **hypothesis,** hypothèse *f.* **hypothetic(al),** hypothétique *a.*

I

i	**interest,** intérêt *m.* **rate of interest,** taux *m* d'intérêt *m.* **inclination,** inclinaison *f;* pente *f.* **intensity,** intensité *f.*
ib ibid	*ibidem (Latin),* **in the same place,** ibid.
ic i-c	**integrated circuit,** circuit *m* intégré. **internal combustion,** combustion *f* interne.
i/c	**in charge (of),** chargé *a* de; faisant fonction *f* (= f.f.).
id	**identification,** identification *f.*
id	*idem (Latin)* **the same,** idem.
iden	**identification,** identification *f.* **identify,** identifier *v.*
i.e.	*id est (Latin),* **that is,** c'est-à-dire (= c-à-d).
IF	**insufficient funds,** insuffisance *f* de provision *f.*
IG	**Inspector-General,** inspecteur *m* général.
i gal	**Imperial gallon,** gallon *m* anglais (= **1.2009 U.S. gallons** = 4.5460 litres).
imag	**imaginary,** imaginaire *a.*
imit	**imitation,** imitation *f.*
immed	**immediate,** immédiat *a.*
immig	**immigrate,** immigrer *v;* faire venir *v.* **immigration,** immigration *f.*
immy	**immediately,** immédiatement *adv.*
imp	**imperfect,** imparfait *a.* **imperial,** impérial *a.* **import,** importation *f.* **imported,** importé *a.*
imperf impf	**imperfect,** imparfait *a.*
imp gal	**Imperial gallon,** gallon *m* anglais (= **1.2009 U.S. gallons** = 4.5460 litres).
impr improv	**improvement,** amélioration *f;* perfectionnement *m.*
imptr	**importer,** importateur *m.*

in	**inch(es),** pouce(s) *m* (= **0.083 feet** = 2.540 centi-mètres).	insol	**insoluble,** insoluble *a.*
in²	**square inch(es),** pouce(s) *m* carré(s) (= **0.00689 sq ft** = 6.45162 centimètres carrés).	insolv	**insolvent,** insolvable *a.*
in³	**cubic inch(es),** pouce(s) *m* cube(s) (= **0.00058 cu ft** = 16.38716 centimètres cubes).	insp	**inspection,** inspection *f;* vérification *f;* examen *m;* visite *f.* **inspector,** inspecteur *m.*

inch(es), pouce(s) *m* (= **0.083 feet** = 2.540 centimètres).

in	**inch(es),** pouce(s) *m* (= **0.083 feet** = 2.540 centimètres).
in²	**square inch(es),** pouce(s) *m* carré(s) (= **0.00689 sq ft** = 6.45162 centimètres carrés).
in³	**cubic inch(es),** pouce(s) *m* cube(s) (= **0.00058 cu ft** = 16.38716 centimètres cubes).
inactv	**inactive,** inactif *a;* passif *a.*
in bal.	**(vessels) in ballast,** (navires *m. pl*) sur lest *m.*
inc	**incorporated,** incorporé *a;* constitué *a.* **increase,** augmentation *f;* accroissement *m.*
Inc	**incorporated,** incorporé *a;* constitué *a.*
ince	**insurance,** assurance *f.*
incid	**incidence,** incidence *f.* **incidental,** fortuit *a;* afférent à *a.*
incl	**included,** inclus *a;* y compris *a.* **including,** y compris *a.*
incomp	**incomplete,** incomplet *a.*
incompat	**incompatibility,** incompatibilité *f.* **incompatible,** incompatible *a.*
Incorp	**incorporated,** incorporé *a;* constitué *a.*
incr	**increase,** augmentation *f;* accroissement *m.* **increment,** augmentation *f;* plus-value *f.* **increased,** accru *a.* **increasing,** croissant *a;* en augmentation *f.*
ind	**independent,** indépendant *a.* **index,** index *m;* indice *m.* **indicator,** indice *m;* indicateur *m;* signal *m.* **industrial,** industriel *a.* **industry,** industrie *f.*
indef	**indefinite,** indéfini *a;* indéterminé *a.*
indem	**indemnity,** indemnité *f;* dédommagement *m.*
inden	**indenture,** contrat *m* synallagmatique.
indep	**independent,** indépendant *a.*
indic	**indicative,** indicatif *a.* **indicator,** indice *m;* indicateur *m;* signal *m.*
indiv	**individual,** individuel *a.*
induc	**induction,** induction *f.*
indus	**industrial,** industriel *a.* **industry,** industrie *f.*
info	**information,** information *f;* renseignement(s) *m.*
init	**initial,** initial *a.*
in liq in liqn	**in liquidation,** en liquidation *f.*
in n mi	**international nautical mile,** mille *m* marin international (= **2 025 yards** = 1.852 km).
inop	**inoperative,** inopérant *a.*
inorg	**inorganic,** inorganique *a.*
in-out	**input-output,** input-ouput *m;* entrée-sortie *f.*
inq	**inquiry,** demande *f* de renseignements *m. pl;* enquête *f.*
ins	**insurance,** assurance *f.* **insured,** assuré *m.*
insce	**insurance,** assurance *f.*
inscr	**inscribed,** inscrit *a.* **inscription,** inscription *f.*
insd val	**insured value,** valeur *f* assurée.
Ins Gen	**Inspector-General,** inspecteur *m* général.

insol	**insoluble,** insoluble *a.*
insolv	**insolvent,** insolvable *a.*
insp	**inspection,** inspection *f;* vérification *f;* examen *m;* visite *f.* **inspector,** inspecteur *m.*
Insp	**inspector,** inspecteur *m.*
inst	**instant,** instant *a;* immédiat *a.* **instantaneous,** instantané *a.* **institute,** institut *m.* **institution,** institution *f;* établissement *m.* **instruction,** instruction *f;* mandat *m.* **instrument,** instrument *m.*
inst.	**instant,** instant *a,* immédiat *a.* **this month,** courant *m* (= cour. = ct).
Inst.	**institute,** institut *m.* **institution,** institution *f;* établissement *m.*
instl	**installation,** installation *f;* montage *m.* **instalment,** acompte *m;* versement *m* partiel.
instm	**instrument,** instrument *m.*
instr.	**instruction,** instruction *f;* mandat *m.* **instrument,** instrument *m.*
insuf	**insufficient,** insuffisant *a.*
int	**integer,** nombre *m* entier. **integral,** intégrale *f.* **interest,** (taux *m* d') intérêt *m.* **interior,** intérieur *a;* interne *a.* **internal,** interne *a;* intérieur *a.* **international,** international *a.* **intersection,** intersection *f.*
intel	**intelligence,** intelligence *f;* renseignements *m. pl.*
intens	**intensive,** intensif *a.*
inter	**intercalation,** intercalation *f.* **intermediate,** intermédiaire *a.*
interf	**interference,** ingérence *f;* intervention *f.*
intern	**internal,** interne *a;* intérieur *a.*
internat	**international,** international *a.*
interp	**interpolation,** interpolation *f.*
intl	**international,** international *a.*
intmed	**intermediate,** intermédiaire *a.*
intmt	**intermittent,** intermittent *a.*
intpr	**interpretation,** interprétation *f.*
in trans	*in transitu (Latin),* en transit *m.*
Int Rev	**Internal Revenue,** *U.S:* fisc *m;* recettes *f. pl* fiscales.
intvw	**interview,** interview *f.*
inv	**inventor,** inventeur *m.* **invoice,** facture *f.*
inves invest.	**investigation,** investigation *f;* enquête *f.*
i/o	**input-output,** input-output *m;* entrée-sortie *f.*
i & o	**input and output,** input *m* et output *m;* entrée *f* et sortie *f.*
I.O.U.	**I owe you,** reconnaissance *f* de dette *f.*
ip	**incentive pay,** salaire(s) *m* au rendement *m.*
ir	**industrial relations,** relations *f. pl* humaines dans l'entreprise *f.*
IR	**Internal Revenue,** *U.S:* fisc *m;* recettes *f. pl* fiscales.
irr irreg	**irregular,** irrégulier *a.*

ss   **issue,** problème *m*; émission *f.*

it   **item,** article *m*; poste *m*; élément *m.*
itemized, détaillé *a.*

iu
IU   **international unit(s),** unité(s) *f* internationale(s).

iw   **in work,** en cours *m* de production *f.*

J

J   **journal,** journal *m*; revue *f*; livre *m* comptable.

j/a
J/A   **joint account,** compte *m* joint.

jct   **junction,** jonction *f*; nœud *m* (ferroviaire, etc.).

jet   **jet, jet-engine aircraft;** avion *m* à réaction *f.*

Jnl   **journal,** journal *m*; revue *f*; livre *m* comptable.

jnr   **junior,** cadet *a*; jeune *a.*

jnt   **joint,** (con)joint *a*; mixte *a*; commun *a.*

jour   **journal,** journal *m*; revue *f*; livre *m* comptable.
journalism, journalisme *m.*

jr
Jr   **junior,** cadet *a*; jeune *a.*

jt   **joint,** (con)joint *a*, mixte *a*; commun *a.*

jtly   **jointly,** conjointement *adv.*

ju   **joint use,** mitoyenneté *f*; utilisation *f* en commun.

judgt   **judg(e)ment,** jugement *m*; sentence *f.*

juris   **jurisdiction,** juridiction *f.*

jurisp   **jurisprudence,** jurisprudence *f.*

just   **justification,** justification *f.*

juv   **juvenile,** juvénile *a.*

jux   **juxtaposition,** juxtaposition *f.*

jwlr   **jewel(l)er,** joaillier *m*; bijoutier *m.*

jwlry   **jewel(le)ry,** joaillerie *f*; bijouterie *f.*

K

k   **karat,** *U.S:* carat *m* (= *124 part of pure gold in an alloy* = *1/24 d'or fin contenu dans un alliage*). **(1 karat** = 1 carat = 200 milligrammes).
knot(s), nœud(s) *m* (= **1.1513 statute miles per hour** = 1.852 km/heure).

kaf   **kaffirs,** valeurs *f. pl* sud-africaines.

kc   **kilocycle,** kilocycle *m.*

kc/s   **kilocycle per second,** kilocycle *m* par seconde *f.*

ke   **kinetic energy,** énergie *f* cinétique.

kg   **kilogram(me),** kilogramme *m* (= **2.20462 lbs**).

kg cal   **kilogram(me) calorie,** kilocalorie *f* (= 1 000 calories).

kilo   **kilogram(me),** kilogramme *m* (= **2.20462 lbs**).

km   **kilometre,** *U.S:* **kilometer,** kilomètre *m* (= **1 093.611 yds** = **0.62137 statute miles** = **0.539957 international nautical mile**).

km²   **square kilometre,** *U.S:* **square kilometer,** kilomètre *m* carré (= **247.104 acres** = **0.38610 square mile**).

km/h
kmph   **kilometre,** *U.S:* **kilometer, per hour,** kilomètre *m*/heure *f* (= **0.62137 miles per hour** = **0.53995 knots**).

kn   **knot(s),** nœud(s) *m* (= **1.1513 statute miles per hour** = 1.852 km/heure).

K oct   **K octet,** K octet *m* (= **1 024 octets** = 8 192 bits).

kph   **kilometre,** *U.S:* **kilometer, per hour,** kilomètre *m*/heure *f* (= **0.62137 miles per hour** = **0.53995 knots**).

kw   **kilowatt,** kilowatt *m* (= **1.3410 horse-power** = 1.3596 chevaux-vapeur).

kwh
kwhr   **kilowatt hour,** kilowatt *m*/heure *f* (= **1.3410 horse-power-hour** = 1.3596 chevaux-vapeur/heure).

L

l   **land,** terre *f*; sol *m.*
lateral, latéral *a.*
law, loi *f.*
left, gauche *a.*
length, longueur *f.*
line, ligne *f.*
litre, *U.S:* **liter,** litre *m* (= **1.0567 U.S. quarts** = **0.8799 Imperial quart**).

L   **Laspeyres index,** indice *m* Laspeyres *n. pr.*
Lagrange multiplier, multiplicateur *m* de Lagrange *n. pr.*
Lira, lire *f* (*unité monétaire italienne*).
London, Londres *n. pr.*
longitude, longitude *f.*

£   **pound sterling,** livre *f* sterling.

lab   **label,** label *m*; étiquette *f.*
laboratory, laboratoire *m.*
labour, *U.S:* **labor,** travail *m*; main-d'œuvre *f*; ouvriers *m.pl.*

labs   **laboratories,** laboratoires *m.pl.*

lang   **language,** langage *m.*

laser   **light amplification by stimulated emission of radiation** (*abbr.*), laser *m.*

lat   **latéral,** latéral *a.*
latitude, latitude *f.*

lau
laund   **laundry,** blanchisserie *f.*

law.   **lawyer,** avocat *m.*

lb   **pound,** livre *f* (= **16 ounces** = 0.45359 kilogramme).

lb av   **avoirdupois pound,** livre *f* avoirdupois (= **16 ounces** = 0.45359 kilogramme).

lbr   **labour,** *U.S:* **labor,** travail *m*; main-d'œuvre *f*; ouvriers *m. pl.*

lbs   **pounds,** livres *f. pl* **(1 lb** = **16 ounces** = 0.45359 kilogramme).

l/c
LC   **letter of credit,** lettre *f* de crédit *m.*

lcm
LCM   **least common multiple,** le plus petit commun multiple.
lowest common multiple, le plus petit commun multiple.

l/cr   **letter of credit,** lettre *f* de crédit *m.*

lcty   **locality,** localité *f.*

ld	**land,** terre *f*; sol *m*. **load,** charge *f*; chargement *m*.
ldg	**landing,** débarquement *m*; atterrissage *m*. **loading,** chargement *m*; charge *f*.
leg	**legal,** légal *a*; licite *a*. **legislative,** législatif *a*. **legislature,** législature *f*.
legis	**legislative,** législatif *a*. **legislature,** législature *f*.
legit	**legitimate,** légitime *a*.
lg	**landing,** débarquement *m*; atterrissage *m*. **language,** langage *m*. **large,** grand *a*; étendu *a*; élevé *a*. **length,** longueur *f*. **long,** long *a*.
lgth	**length,** longueur *f*.
lg tn	**long ton,** tonne *f* forte (= **20 long hundredweight = 2 240 lbs** = 1.016 tonne métrique).
lib	**liberal,** libéral *a*. **liberalism,** libéralisme *m*.
libr	**library,** bibliothèque *f*.
light.	**lighting,** éclairage *m*.
lin	**linear, lineal,** linéaire *a*.
lip LIP	**life insurance policy,** police *f* d'assurance *f* sur la vie.
liq	**liquid,** liquide *a*. **liquidation,** liquidation *f*. **liquidity,** liquidité(s) *f*.
lit.	**litre,** *U.S:* **liter,** litre *m* (= **1.0567 U.S. quarts = 0.8799 Imperial quart).**
lk	**link,** lien *m*; chaînon *m*; raccord *m*.
ll	**lines,** lignes *f.pl*.
ln	**natural logarithm,** logarithme *m* naturel. **liaison,** liaison *f*.
lo	**local,** local *a*. **low,** bas *a*; faible *a*; bon marché *a*.
loc	**location,** position *f*; localisation *f*.
loc.cit	*loco citato (Latin),* **in the place cited,** *loc.cit.*
loco	**locomotion,** locomotion *f*.
log	**logarithm,** logarithme *m* (log). **logic,** logique *a*. **logic,** logique *f*.
long.	**longitude,** longitude *f*.
longv	**longevity,** longévité *f*.
lp LP	**linear programming,** programmation *f* linéaire; programmes *m.pl* linéaires.
lr LR	**long run,** longue période *f*; long terme *m*.
l/s	**litres,** *U.S:* **liters, per second,** litres *m. pl* par seconde *f* (= **1.0567 U.S. quarts/sec.** = **0.8799 Imperial quart/sec.).**
L s d	*Librae, solidi, denarii (Latin),* **pounds, shillings, pence,** livres *f.pl*, shillings *m.pl*, pence *m.pl* *(ancienne monnaie divisionnaire anglaise).*
LT LTon	**long ton,** tonne *f* forte (= **20 long hundredweight = 2 240 lbs** = 1.016 tonne métrique).
Ltd	**limited,** limité *a*.
l-to-r	**left-to-right,** de gauche *f* à droite *f*.
ltr	**letter,** lettre *f*.

lug	**luggage,** bagage(s) *m*.
lvl	**level,** niveau *m*.
ly	**last year,** année *f* dernière.

M

m	**male,** masculin *a*. **manual,** manuel *a*. **married,** marié *a*. **masculine,** masculin *a*. **metre,** *U.S:* **meter,** mètre *m* (= **39.370 inches = 1.0936 yards).** **mile,** mille *m* (= **5 280 feet** = 1.609 kilomètre). **minute(s),** minute(s) *f*. **month,** mois *m*.
M	**mach speed,** (unité *f* de) vitesse *f* Mach. **median,** médiane *f*; médiale *f*. **medium,** medium *m*; support *m*. **metal,** métal *m*. **moment,** moment *m*. **thousand,** mille *num*.
m²	**square metre,** *U.S:* **square meter,** mètre *m* carré (= **1.19598 sq yd** = **10.7638 sq ft).**
m³	**cubic metre,** *U.S:* **cubic meter,** mètre *m* cube (= **1.307943 cu yd** = **35.31445 cu ft).**
M.A.	*Magister Artium (Latin),* **Master of Arts,** diplômé *m* d'études *f.pl* supérieures (lettres).
m/a	**my account,** mon compte *m*.
mach	**machine,** machine *f*. **machinery,** machines *f.pl*; rouages *m.pl*.
macroeco	**macro-economics,** macro-économie *f*.
mag	**magazine,** magazine *m*; revue *f*. **magnetic,** magnétique *a*.
mag tape	**magnetic tape,** bande *f* magnétique.
maint	**maintenance,** maintenance *f*; entretien *m*.
maj	**major,** majeur *a*. **majority,** majorité *f*.
man	**manual,** manuel *a*.
manf	**manufacture,** fabrication *f*; production *f*. **manufacturer,** fabricant *m*. **manufacturing,** industriel *a*; manufacturier *a*.
manhr	**man-hour(s),** heure(s) *f* d'ouvrier *m*.
manif	**manifest,** manifeste *m*.
manuf	**manufacture,** fabrication *f*; production *f*. **manufacturing,** industriel *a*; manufacturier *a*.
mar	**marine,** marin *a*; maritime *a*. **maritime,** maritime *a*.
marg	**margin,** marge *f*. **marginal,** marginal *a*.
mart(s)	**market(s),** marché(s) *m*; débouché(s) *m*; bourse(s) *f*.
masc	**masculine,** masculin *a*.
maser	**microwave amplification by stimulated emission of radiation** (amplificateur *m*) maser *m*.
mat	**material,** matériel *m*; matériau *m*.
math	**mathematical,** mathématique *a*. **mathematics,** mathématiques *f.pl*.
maths	**mathematics,** mathématiques *f.pl*.
matl	**material,** matériel *m*; matériau *m*.

max	**maximal**, maximal *a*. **maximum**, maximum *a*; maximal *a*. **maximum**, maximum *m*.
mb	**millibar**, millibar *m* (*unit of atmospheric pressure* = unité *f* de pression *f* atmosphérique = 1/1000 bar).
MBA	**Master of Business Administration**, diplômé *m* d'études *f.pl* supérieures de gestion *f* (des entreprises *f.pl*).
mbl	**mobile**, mobile *a*.
mbr	**member**, membre *m*.
mcflm	**microfilm**, microfilm *m*.
mc/s	**megacycle per second**, mégacycle *m* par seconde *f*.
md	**mean deviation, deviation from the mean**, écart *m* à la moyenne.
MD	**doctor of medecine**, docteur *m* en médecine *f*. **Medical Department**, service *m* de santé *f*.
mdse	**merchandise**, marchandise *f*.
meas	**measure**, mesure *f*; unité *f*. **measurement**, (instrument *m* de) mesure *f*; capacité *f*.
mech	**mechanical**, mécanique *a*. **mechanics**, mécanique *f*. **mechanism**, mécanisme *m*.
mecz	**mechanized**, mécanisé *a*.
med	**medecine**, médecine *f*. **medical**, médical *a*. **medium**, medium *m*; moyen *m*; support *m*.
medic	**medical doctor**, docteur *m* en médecine *f*.
medicare	**medical care**, *U.S:* assurance *f* maladie *f*.
meg	**megacycle**, mégacycle *m*. **megaton**, mégatonne *f* (= **1 000 000 tons of T.N.T.** = 1 000 000 tonnes de T.N.T.).
megw	**megawatt**, mégawatt *m* (= 1 million watts).
mem	**member**, membre *m*.
memo	**memorandum**, mémorandum *m*; mémoire *m*.
merch	**merchantable**, vendable *a*.
met	**metal**, métal *m*. **meteorology**, météorologie *f*. **metropolitan**, métropolitain *a*.
metall	**metallurgy**, métallurgie *f*.
meteor. meteorol	**meteorology**, météorologie *f*.
mfd	**manufactured**, manufacturé *a*.
mfg	**manufacturing**, fabrication *f*; industrie *f*.
MFN	**most-favoured nation (clause)**; *U.S:* **most-favored nation (clause)**, (clause de la) nation la plus favorisée.
mfr	**manufacture**, fabrication *f*; production *f*. **manufacturer**, fabricant *m*.
mg	**marginal**, marginal *a*. **milligram(me)**, milligramme *m* (=**0.01543 grains**).
mgmt	**management**, direction *f*; gestion *f*.
mgr Mgr	**manager**, directeur *m*; gérant *m*.
mgt	**management**, direction *f*; gestion *f*.
mi	**mile**, mille *m* (= **5 280 ft** = 1.609 kilomètre). **minute(s)**, minute(s) *f*.
mi²	**square mile**, mille *m* carré (= **640 acres** = 2.590 kilomètres carrés).
mil	**mileage**, distance *f* en milles *m.pl*; parcours *m*. **military**, militaire *a*. **million**, million *num*.
mi/min	**miles per minute**, milles *m.pl* par minute *f*.
min	**minimum**, minimum *a*; minimal *a*. **minimum**, minimum *m*. **minor**, mineur *a*. **minority**, minorité *f*.
mins	**minutes**, minutes *f.pl*.
misc	**miscellaneous**, divers *a*.
misg	**missing**, manquant *a*.
miss.	**mission**, mission *f*.
mix mixt	**mixture**, mélange *m*.
mkd	**marked**, marqué *a*.
ml	**machine language**, langage *m* machine *f*.
mm	**merchant marine**, marine *f* marchande **millimetre**, *U.S:* **millimeter**, millimètre *m* (= **0.03937 in**).
mm²	**square millimetre**, *U.S:* **square millimeter**, millimètre *m* carré (= **0.00155 sq in**).
mm³	**cubic millimetre**, *U.S:* **cubic millimeter**, millimètre *m* cube (= **0.000061 cu in**).
mnem	**mnemonic**, mnémonique *a*.
mnfrs	**manufacturers**, fabricants *m.pl*.
mo	**mail-order (business)**, (vente *f*) par correspondance *f*. **moment**, moment *m*. **month(s)**, mois *m*. **monthly**, mensuellement *adv*.
m.o.	*modus operandi (Latin)*, **method of operation**, méthode *f* d'opération *f* (m.o.).
MO	**mail-order (business)**, (vente *f*) par correspondance *f*. **money-order**, mandat-poste *m*.
mob	**mobilization**, mobilisation *f*.
mod	**model**, modèle *m*. **moderate**, modéré *a*; raisonnable *a*. **modern**, moderne *a*. **modernize**, moderniser *v*. **modification**, modification *f*. **modify**, modifier *v*.
modem	**modulator-demodulator**, modulateur-démodulateur *m* (électronique); modem *m*.
modif	**modification**, modification *f*.
mol mole	**molecular**, moléculaire *a*.
mon	**monetary**, monétaire *a*.
monot	**monotonous**, monotone *a*. **monotony**, monotonie *f*.
mort	**mortality**, mortalité *f*. **mortgage**, hypothèque *f*.
mos	**months**, mois *m.pl*.
mot	**motor**, moteur *m*.
mov	**movement**, mouvement *m*.
moy	**money**, monnaie *f*.
MP	**Member of Parliament**, *U.K:* député *m*; parlementaire *m*.
mpg	**miles per gallon**, milles *m.pl* au (par) gallon *m*.

mph	**miles per hour,** milles *m.pl* par heure *f* (= **5 280 ft per hour** = 1.609 km/h).
mps	**metres per second,** *U.S:* **meters per second,** mètres *m.pl* par seconde *f* (**1 mps** = **3.2808 ft per second** = **2.2386 mi per hour**).
mrg	**margin,** marge *f.* **marginal,** marginal *a.*
mrtm	**maritime,** maritime *a.*
ms	**metric system,** système *m* métrique.
MS MSc	**master of science,** diplômé d'études *f. pl.* supérieures ès sciences *f. pl.*
m sec	**millisecond,** milliseconde *f* (= 1/1000 sec).
msn	**mission,** mission *f.*
mst	**measurement,** (instrument *m* de) mesure *f;* capacité *f.*
mt MT	**measurement ton,** tonneau *m* d'encombrement *m;* tonneau de capacité *f.* **metric ton,** tonne *f* métrique (= **0.9842 long ton** = **1.1023 short ton**).
mtce	**maintenance,** maintenance *f;* entretien *m.*
mtgd	**mortgaged,** hypothéqué *a.*
mtge	**mortgage,** hypothèque *f.*
mtgee	**mortgagee,** créancier *m* hypothécaire.
mtgor	**mortgagor,** débiteur *m* hypothécaire.
mtz	**motorize,** motoriser *v.*
mult	**multiplication,** multiplication *f.*
mun muni munic	**municipal,** municipal *a.* **municipality,** municipalité *f.*
mutu	**mutual,** mutuel *a.* **mutualism,** mutualisme *m.*
mux	**multiplex,** multiplex *m.*
mvmt	**movement,** mouvement *m.*
mxd	**mixed,** mixte *a;* mélangé *a.*
mxm	**maximum,** maximum *a;* maximal *a.* **maximum,** maximum *m.*

N

n	**name,** nom *m.* **national,** national *a.* **nautical,** nautique *a.* **naval,** naval *a.* **negative,** négatif *a.* **net,** net *a.* **new,** nouveau *a.* **norm,** norme *f.* **normal,** normal *a.* **nuclear,** nucléaire *a.* **number,** nombre *m.*
N	**Navy,** marine *f* de guerre *f.*
N Am	**North America,** Amérique *n. pr.* du Nord.
narc	**narcotic,** stupéfiant *m.*
nat	**nation,** nation *f.* **national,** national *a.* **native,** indigène *m.* **natural,** naturel *a.* **naturalization,** naturalisation *f.* **naturalized,** naturalisé *a.*

nation.	**nationality,** nationalité *f.*
natl	**national,** national *a.*
naut	**nautical,** nautique *a.*
nav	**naval,** naval *a.* **navigable,** navigable *a.* **navigation,** navigation *f.*
navig	**navigation,** navigation *f.*
n.b. NB	*nota bene* (Latin), **note well,** *n.b.*
nc n-c n/c	**numerical control,** commande *f* numérique.
ncv	**no commercial value,** sans valeur *f* marchande.
nd	**national debt,** dette *f* nationale. **no date,** sans date *f.* **not dated,** non daté *a.*
neg	**negative,** négatif *a.*
net.	**network,** réseau *m.*
neu neut	**neutral,** neutre *a.* **neutrality,** neutralité *f.*
nfs	**not for sale,** (n'est) pas en vente *f.*
n mi	**nautical mile,** mille *m* marin (**1 international n mi** = **2 025 yards** = 1.852 km; **1 British n mi** = 1.853 km).
no no. No.	**number,** numéro *m.*
No. 1	**number 1,** numéro *m* un; premier *a.*
No. 2	**number 2,** numéro *m* deux; le second; adjoint *m.*
nom	**nominal,** nominal *a.* **nomination,** nomination *f.*
nomen	**nomenclature,** nomenclature *f.*
norm.	**normal,** normal *a.* **normalize,** normaliser *v.*
nos Nos	**numbers,** numéros *m.pl.*
np	**net proceeds,** recette *f* nette; produit *m* net de. **no protest,** absence *f* de protêt *m.*
nr	**near,** proche *a;* près *prép.* **number,** nombre *m;* numéro *m.*
nrml	**normal,** normal *a.*
nrt	**net register ton,** tonneau *m* de jauge *f* nette.
ns	**nanosecond,** nanoseconde *f* (= 10⁻⁹ sec). **new series,** nouvelle série *f.*
n/s	**not sufficient,** insuffisant *a.*
nsec	**nanosecond,** nanoseconde *f* (= 10⁻⁹ sec).
nsf NSF	**not sufficient funds,** insuffisance *f* de provision *f.*
ntfy	**notify,** notifier *v.*
nt wt	**net weight,** poids *m* net.
nuc nucl	**nuclear,** nucléaire *a.*
num	**number,** numéro *m.* **numbered,** numéroté *a.* **numbering,** numérotage *m;* comptage *m.* **numeral,** nombre *m* ; chiffre *m* ; numéral *m.* **numeric(al),** numérique *a.*
N Y	**New York,** New York *n. pr.*
NYC N.Y.C.	**New York City,** ville de New York *n. pr.*

O

o	**observer,** observateur *m*. **oil,** pétrole *m*; huile *f*.
O	**observation,** observation *f*. **ocean,** océan *m*. **old,** vieux *a*; ancien *a*.
o/a	**on account,** à valoir *v*.
oal	**over(-)all length,** longueur *f* hors tout.
ob	**obsolete,** obsolète *a*; désuet *a*; démodé *a*.
obj	**object,** objet *m*; but *m*; objectif *m*. **objective,** objectif *m*; but *m*.
obl	**oblique,** oblique *a*; détourné *a*; indirect *a*. **oblong,** rectangle *m*.
oblig	**obligation,** obligation *f*. **obligatory,** obligatoire *a*.
obln	**obligation,** obligation *f*.
obs	**observation,** observation *f*. **observer,** observateur *m*. **obsolete,** obsolète *a*; désuet *a*; démodé *a*. **obstacle,** obstacle *m*.
obsd	**observed,** observé *a*.
obsol	**obsolete,** obsolète *a*, désuet *a*; démodé *a*.
obsv	**observation,** observation *f*. **observer,** observateur *m*.
oc Oc	**ocean,** océan *m*.
o/c	**overcharge,** surcharge *f*; majoration *f*; prix *m* excessif.
occas	**occasionally,** occasionnellement *adv*.
occup	**occupation,** profession *f*; emploi *m*; occupation *f*.
oct	**octet,** octet *m* (en informatique *f*) ($\doteq$ 8 bits).
o/d	**on demand,** sur demande *f*; à vue *f*.
o & d	**origin and destination,** provenance *f* et destination *f*.
ofc off	**office,** bureau *m*; office *m*.
offic	**official,** officiel *a*; d'office *m*.
oh	**office hours,** heures *f.pl* de bureau *m*. **open hearth (furnace),** four *m* à sole *f*. **overhead(s),** frais *m. pl.* généraux.
ok O.K.	**all correct,** très bien; parfait *a*; approuvé *a*; lu *a* et approuvé. **(to) okay,** approuver *v*; parafer *v*; contresigner *v*.
OKd O.K.d	**okayed,** approuvé *a*; lu *a* et approuvé; contresigné *a*.
old-fash	**old-fashioned,** démodé *a*.
op	**open policy,** police *f* ouverte, non évaluée. **operation,** opération *f*; fonctionnement *m*; traitement *m*. **operational,** opérationnel *a*.
op cit	*opere citato (Latin)*, **in the work cited,** dans l'ouvrage *m* cité *(op. cit.)*.
oper	**operational,** opérationnel *a*.
opp	**opportunity,** occasion *f*; possibilité *f*; opportunité *f*. **opposite,** opposé *a*; inverse *a*; contraire *a*. **opposition,** opposition *f*.
oppor oppy	**opportunity,** occasion *f*; possibilité *f*; opportunité *f*.

opr	**operator,** opérateur *m*.
opt	**optimal,** optimal *a*. **optimum,** optimum *m*. **option,** option *f*; faculté *f*; prime *f*; marché *m* à prime. **optional,** facultatif *a*.
opti	**optimize,** optimiser *v*; rendre *v* optimum. **optimum,** optimum *m*.
or.	**(at) owner's risk,** aux risques *m. pl* et périls *m. pl* du propriétaire *m*.
OR	**operational research,** recherche *f* opérationnelle. **operations research,** recherche *f* opérationnelle.
ord	**order,** ordre *m*; commande *f*. **ordinal,** ordinal *a*.
org	**organic,** organique *a*; organisé *a*. **organization,** organisation *f*; régime *m*; organisme *m*. **organized,** organisé *a*. **organizer,** organisateur *m*.
orig	**origin,** origine *f*; provenance *f*. **original,** original *a*; initial *a*; originaire *a*.
os OS	**old series,** série *f* ancienne.
o/s	**out of service,** hors d'usage *m*; qui ne fonctionne pas.
OSA	**Overseas Sterling Area,** zone *f* sterling d'outre-mer.
ot	**old terms,** aux conditions *f.pl* précédentes; aux mêmes conditions que précédemment. **overtime,** heures *f.pl* supplémentaires.
OT	**overtime,** heures *f.pl* supplémentaires.
otc	**(sold) over the counter,** (vendu *a*) comptant.
o & u	**over and under,** en plus ou en moins.
out.	**outlet,** débouché *m*.
ovpd	**overpaid,** surpayé *a*; trop payé *a*.
ovsp	**overspeed,** excès *m* de vitesse *f*.
oz	**ounce,** once *f* (= **437.5 grains** = 28.3495 grammes).
oz av	**avoirdupois ounce,** once *f avoirdupois* (= **437.5 grains** = 28.3495 grammes).

P

p	**page,** page *f*. **penny,** penny *m*. **perforated,** perforé *a*. **perforation,** perforation *f*. **period,** période *f*; durée *f*. **pint,** pinte *f* (**U.S:** pint = 0.47316 litre; **Imperial pint** = 0.56826 litre). **point,** point *m*; virgule *f* (décimale). **population,** population *f*. **port,** port *m*. **power,** pouvoir *m*; puissance *f*; procuration *f*. **present,** présent *a*; actuel *a*; courant *a*.
pa PA	**particular average,** avarie(s) *f* particulière(s). **power of attorney,** procuration *f*. **private account,** compte *m* « particulier ».
pa p.a.	*per annum (Latin)*, **annually,** par an *m*; annuellement *adv*.
p/a	**power of attorney,** procuration *f*.
P and L	**profit and loss (account),** (compte *m* de) pertes *f.pl* et profits *m.pl*.
par. para	**parallel,** parallèle *a*.

parab	**parabola**, parabole *f.*
paren	**parenthesis**, parenthèse *f.*
part.	**partial**, partiel *a.* **particular**, particulier *a*; spécial *a*; détaillé *a.* **partner**, associé *m*; participant *m*; commanditaire *m.* **partnership**, association *f* (professionnelle ou commerciale); société *f* en nom *m* collectif.
pass	**passenger**, passager *m*; voyageur *m.* **passive**, passif *a*; déficitaire *a.*
pat	**patent**, brevet *m* (d'invention *f*).
patd	**patented**, breveté *a.*
Pat Off	**Patent Office**, office *m* de la propriété industrielle; bureau *m* des brevets *m. pl.*
patt	**pattern**, modèle *m*; dessin *m*; structure *f.*
P.A.Y.E.	**pay-as-you-earn**, *U.K:* impôt *m* cédulaire; retenue *f* à la source.
payt	**payment**, paiement *m*; règlement *m*; versement *m.*
pc	**per cent**, pour cent *num*; taux *m.* **percentage**, pourcentage *m*; taux *m.* **port of call**, port *m* d'escale *f.* **price current**, prix *m* courant; prix du marché *m.*
PC P.C.	**petty cash**, petite caisse *f.*
p/c	**per cent**, pour cent *num*; taux *m.* **percentage**, pourcentage *m*; taux *m.*
p & c	**put and call**, double option *f*; doubles primes *f. pl*; stellage *m.*
pcb	**petty cash book**, livre *m* de petite caisse *f.*
pd	**paid**, payé *a*; acquitté *a.* **period**, période *f*; durée *f.* **port dues**, droits *m. pl* de port *m.* **post(-)dated**, postdaté *a.* **property damage, damage to property**, dommages *m. pl* matériels.
p d.	*per diem (Latin)*, **per day**, (tant) par jour *m.*
PD	*per diem (Latin)* **per day**, (tant) par jour *m.* **postal district**, district *m* postal. **potential difference**, différence *f* de potentiel *m.*
pdic	**periodic**, périodique *a.*
pdn	**production**, production *f.*
p/doz	**per dozen**, par douzaine *f.*
pe PE	**probable error**, erreur *f* probable.
P/E	**price-earnings (ratio)**, quotient *m* cours *m*/bénéfice *m* (par action *f*).
per	**period**, période *f*; durée *f.* **person**, personne *f*; individu *m*; particulier *m.*
perf	**perfect**, parfait *a.* **perforated**, perforé *a.* **performance**, rendement *m*; exécution *f.*
perm	**permanent**, permanent *a*; fixe *a*; stable *a.*
perp	**perpendicular**, perpendiculaire *a*; vertical *a.*
pers	**person**, personne *f*; individu *m*; particulier *m.* **personal**, personnel *a.* **personnel**, personnel *m.*
PERT P.E.R.T.	**Program Evaluation and Review Techniques**, méthode *f* P.E.R.T. (techniques *f. pl* d'évaluation *f* et de révision *f* des programmes *m. pl*).
pet.	**petroleum**, pétrole *m.*
pf	**perfect**, parfait *a.* **preferred**, privilégié *a.* **profile**, profil *m.* **public funds**, fonds *m. pl* publics.
pf	*pro forma (Latin)*, **formal (invoice)**, (facture) *pro forma.*
PF	**power-factor**, facteur *m* de puissance *f.*
pfd	**preferred**, privilégié *a.*
pg	**page**, page *f.*
ph	**phase**, phase *f.*
Ph.D.	**Doctor of Philosophy**, docteur *m* de philosophie *f.*
phil	**philosophy**, philosophie *f.*
phys	**physical**, physique *a*; matériel *a.* **physician**, médecin *m.* **physics**, physique *f.*
pi	**personal income**, revenus *m. pl* des particuliers *m. pl.* **pig-iron**, fonte *f* brute.
pi	π *(Greek letter)*, (lettre grecque) π.
pico sec	**picosecond**, picoseconde *f* ($= 10^{-12}$ sec).
pkt	**packet**, paquet *m*; colis *m.*
pl	**pipe-line**, pipe-line *m.* **place**, lieu *m*; place *f.* **plate**, plaque *f.* **plural**, pluriel *m.*
p.l.	**partial loss**, sinistre *m* partiel; perte *f* partielle.
PL	**programming language**, langage *m* de programmation *f.*
p & l P & L	**profit and loss (account)**, (compte *m* de) pertes *f. pl* et profits *m. pl.*
P & L A/c	**profit and loss account**, compte *m* de pertes *f. pl* et profits *m. pl.*
platf	**platform**, plate-forme *f*; quai *m*; programme *m.*
plcy	**policy**, police *f* (d'assurance *f*, etc.); politique *f.*
plng	**planning**, planification *f*; planning *m.*
plt	**pilot**, pilote *m.*
pltc	**political**, politique *a.*
pltf	**plaintiff**, plaignant *m*; demandeur *m.*
pm	**premium**, prime *f*; agio *m*; indemnité *f.*
p.m.	*post meridiem (Latin)*, **after noon**, après-midi *m.*
PM P.M.	**paymaster**, payeur *m*; trésorier *m.* **postmaster**, receveur *m* (des postes *f. pl*). **prime minister**, *U.K:* premier ministre *m.*
pmt	**payment**, paiement *m*; règlement *m*; versement *m.*
pn PN P/N	**promissory note**, billet *m* à ordre *m*; promesse *f.*
p/n	**positive-negative**, positif *a* - négatif *a.* **promissory note**, billet *m* à ordre *m*; promesse *f.*
pndg	**pending**, pendant *a*; en attente *f.*
PO	**Patent Office**, office *m* de la propriété industrielle; bureau *m* des brevets *m. pl.* **post office**, bureau *m* de poste *f.* **post office order**, mandat-poste *m.*
POB P.O.B.	**post office box (no.)**, boîte *f* postale (N°).
POC	**port of call**, port *m* d'escale *f.*
pod POD	**port of departure**, port *m* de départ *m.*
POE	**port of embarkation**, port *m* d'embarquement *m.*

pol ec pol econ	**political economy,** économie *f* politique.
polit	**political,** politique *a.* **politics,** politique *f.*
pop	**popular,** populaire *a;* courant *a.* **population,** population *f.*
p-o-r	**(to) pay on receipt,** payer *v* à la réception. **payable on receipt,** payable à la réception.
port.	**portable,** portatif *a;* mobile *a.*
pos	**position,** position *f;* situation *f.* **positive,** positif *a.*
poss	**possession,** possession *f;* jouissance *f.*
post.	**postage,** affranchissement *m* (postal). **postal,** postal *a.*
poster.	**posterior,** postérieur *a.*
pp	**pages,** pages *f. pl.* **post paid,** port *m* payé. **postage paid,** port *m* payé. **private property,** propriété *f* privée. **prepaid,** payé *a* d'avance *f;* affranchi *a.*
p.p.	*per procura (Latin), per procurationem (Latin),* **by proxy,** par procuration *f.*
PP	**parcel post,** service *m* des colis *m. pl* postaux. **post paid,** port *m* payé. **prepaid,** payé *a* d'avance *f;* affranchi *a.*
ppa	**per power of attorney,** par procuration *f.*
p.pa.	*per procura (Latin),* **by proxy,** par procuration *f.*
PPBS	**Planning, Programming and Budgeting System,** Rationalisation *f* des choix *m. pl* budgétaires (=R.C.B.).
ppd	**prepaid,** payé *a* d'avance *f;* affranchi *a.*
ppn	**proportion,** proportion *f;* quote-part *f;* prorata *m.* **proportional,** proportionnel *a;* proportionné *a.*
ppty	**property,** propriété *f;* immeuble *m;* terre *f.*
pr	**pair,** paire *f.* **pay(-)roll,** livre *m* de paie *f.* **price,** prix *m;* cours *m.*
PR	**pay(-)roll,** livre *m* de paie *f.* **proportional representation,** représentation *f* proportionnelle. **public relations,** relations *f. pl* publiques.
P/R	**pay(-)roll,** livre *m* de paie *f.*
prag	**pragmatic,** pragmatique *a.* **pragmatism,** pragmatisme *m.*
prc	**procedure,** procédure *f;* procédé *m.*
prec	**precedence,** priorité *f.* **preceding,** précédent *a.* **precision,** précision *f;* exactitude *f.*
pre-em	**pre-emption,** (droit *m* de) préemption *f.* **pre-emptive,** préemptif *a.*
pref	**preference,** préférence *f;* priorité *f;* traitement *m* de faveur *f.* **preferred,** privilégié *a.*
prej	**prejudice,** préjudice *m;* préjugé *m;* prévention *f.*
prelim	**preliminary,** préliminaire *a;* préalable *a;* préparatoire *a.*
prem	**premium,** prime *f;* agio *m;* indemnité *f.*
prepn	**preparation,** préparation *f;* préparatif(s) *m.*
pres	**present,** présent *a;* actuel *a;* courant *a.*
Pres	**president,** président *m.*

prev	**previous,** précédent *a;* préalable *a;* antérieur *a.*
prf	**proof,** preuve *f;* justification *f;* titre *m.*
prfnl	**professional,** professionnel *a.*
prim	**primary,** primaire *a;* premier *a;* primordial *a;* primitif *a.* **primitive,** primitif *a;* primaire *a.*
prin	**principal,** principal *a.*
prior.	**priority,** priorité *f;* antériorité *f;* privilège *m.*
priv	**private,** privé *a;* particulier *a;* personnel *a.*
pro	**procedure,** procédure *f;* procédé *m.* **procurement,** acquisition *f;* obtention *f; U.S:* approvisionnement *m.* **profession,** profession *f;* métier *m.* **professional,** professionnel *a.*
PRO	**public relations officer,** chargé *m* des relations *f. pl* publiques.
prob	**probable,** probable *a;* vraisemblable *a.* **problem,** problème *m.*
proc	**procedure,** procédure *f;* procédé *m.* **proceedings,** poursuite *f* (judiciaire, etc.).
prod	**product,** produit *m;* matière *f;* production *f.* **production,** production *f;* fabrication *f.*
prof	**profession,** profession *f;* métier *m.* **professional,** professionnel *a.*
Prof	**professor,** professeur *m* (d'université *f*).
prog progr	**program(me),** programme *m;* plan *m.* **programmer,** programmeur *m;* programmateur *m.*
prom	**promoter,** promoteur *m.* **promotion,** promotion *f;* avancement *m;* lancement *m.*
proml	**promulgate,** promulguer *v.*
prop	**propaganda,** propagande *f.* **propeller,** propulseur *m.* **property,** propriété *f;* immeuble *m;* terre *f.* **proportion,** proportion *f;* quote-part *f;* prorata *m.* **proportional,** proportionnel *a;* proportionné *a.*
prov	**province,** province *f;* compétence *f.* **provincial,** provincial *a.* **provision,** provision *f;* réserve *f;* clause *f.* **provisional,** provisoire *a;* provisionnel *a;* temporaire *a.* **proviso,** condition *f;* clause *f* conditionnelle.
prox.	*proximo (Latin),* **next,** prochain *a.*
ps	**passenger service,** service *m* de voyageurs *m. pl.* **picosecond,** picoseconde *f* (= 10^{-12} sec).
PS P.S.	*post scriptum (Latin),* **postscript,** post-scriptum *m* (= P.S.). **public school,** *U.K:* école *f* privée; *U.S:* établissement *m* d'enseignement *m* (primaire).
psgr	**passenger,** passager *m;* voyageur *m.*
psgr/mi	**passenger-mile,** passager-mille *m.*
psych psychol	**psychological,** psychologique *a.* **psychology,** psychologie *f.*
pt	**part,** part *f;* partie *f;* portion *f.* **payment,** paiement *m;* règlement *m;* versement *m.* **pint,** pinte *f* (**U.S. pint** = 0.47316 litre; **Imperial pint** = 0.56826 litre). **point,** point *m;* virgule *f* (décimale). **port,** port *m.*
pta	**peseta** *(Spanish monetary unit),* peseta *f* (*unité monétaire espagnole*).
ptbl	**portable,** portatif *a;* mobile *a.*

pto PTO P.T.O.	**please turn over,** tournez s'il vous plaît (= T.S.V.P.).
pt-tm	**part-time,** à temps *m* partiel.
pub publ	**public,** public *a.* **publication,** publication *f.* **publicity,** publicité *f;* réclame *f.* **publisher,** éditeur *m.*
pur	**purchase,** achat *m;* acquisition *f.* **purchaser,** acheteur *m;* acquéreur *m;* preneur *m.* **purchasing,** achat *m;* acquisition *f.*
purch	**purchasing,** achat *m;* acquisition *f.*
pv	**par value,** valeur *f* au pair *m;* parité *f.*
pvt	**private,** privé *a;* particulier *a;* personnel *a.*
pw	**public works,** travaux *m.pl* publics.
p/w	**parallel with,** parallèle *a* à.
pwr	**power,** pouvoir *m;* puissance *f;* procuration *f.*

Q

q	**quart,** quart *m* (**U.S. quart** = 0.94633 litre; **Imperial quart** = 1.13649 litre). **quarter,** quart *m;* trimestre *m;* terme *m;* quartier *m.* **quartile,** quartile *m.* **query,** question *f;* interrogation *f.* **question,** question *f.* **quintal,** quintal *m* (= **220.4622 lbs**).
Q	**quartile,** quartile *m.*
Q & A	**question and answer,** question *f* et réponse *f.*
qc QC	**quality control,** contrôle *m* de qualité *f.*
qda	**quantity discount agreement,** accord *m* pour la réduction sur la quantité.
qe	*quod est (Latin),* **which is,** c'est-à-dire (c-à-d).
q.e.d. QED	*quod erat demonstrandum (Latin),* **which was to be proved,** ce qu'il fallait démontrer, C.Q.F.D.
qk	**quick,** rapide *a;* prompt *a.*
qlty	**quality,** qualité *f.*
qn	**question,** question *f.* **quotation,** cotation *f;* cote *f;* cours *m;* prix *m;* citation *f.*
qnty	**quantity,** quantité *f;* quotité *f;* volume *m;* somme *f.*
qq	**questions,** questions *f.pl.*
qr	**quarter,** quart *m;* trimestre *m;* terme *m;* quartier *m.*
qrtly	**quarterly,** trimestriel *a;* trimestriellement *adv.*
qstnr	**questionnaire,** questionnaire *m.*
qt	**quantity,** quantité *f;* quotité *f;* volume *m;* somme *f.* **quart,** quart *m* (**U.S. quart** = 0.94633 litre; **Imperial quart** = 1.13649 litre).
qtly	**quarterly,** trimestriel *a;* trimestriellement *adv.*
qty	**quantity,** quantité *f;* quotité *f;* volume *m;* somme *f.*
qu	**question,** question *f.*
quad	**quadrangle,** quadrilatère *m;* tétragone *m.* **quadrant,** quadrant *m;* quart *m* de cercle *m.*
qual	**qualitative,** qualitatif *a.* **quality,** qualité *f.*

quant	**quantitative,** quantitatif *a.* **quantum,** quantum *m.*
quar	**quarantine,** quarantaine *f.*
quarr	**quarry,** carrière *f* (exploitation *f*). **quarrying,** exploitation *f* de carrières *f.pl.*
quat	**quaternary,** quaternaire *a.*
ques	**question,** question *f.*
quor	**quorum,** quorum *m.*
quot	**quotation,** cotation *f;* cote *f;* cours *m;* prix *m;* citation *f.*
quotes	**quotation marks,** (entre) guillemets *m.pl.*
qy	**query,** question *f;* interrogation *f.*
qz	**quartz,** quartz *m.*

R

r	**radius,** rayon *m* (de cercle *m*). **range,** étendue *f;* intervalle *m.* **rare,** rare *a.* **rate of interest,** taux *m* d'intérêt *m.* **received,** reçu *a;* pour acquit *m.* **red,** rouge *a.* **registered,** enregistré *a;* recommandé *a.* **relative,** relatif *a.* **report,** rapport *m;* compte rendu *m.* **research,** recherche *f;* étude *f.* **reserve,** réserve *f;* couverture *f;* provision *f.* **restricted,** restreint *a.* **rule,** règle *f;* règlement *m.*
R	**annual rent,** rente *f* annuelle; loyer *m* annuel. **ratio,** ratio *m;* rapport *m;* proportion *f;* quotient *m.* **registered,** enregistré *a;* recommandé *a.* **research,** recherche *f;* étude *f.* **reserve,** réserve *f;* couverture *f;* provision *f.* **right,** droit *a.* **ruble,** rouble *m (unité monétaire soviétique).* **rupee,** roupie *f (unité monétaire indienne, pakistanaise, cingalaise et du Bangla-Desh).*
ra	**radio,** radio *f.*
r/a	**radio-active,** radio-actif *a.*
rad	**radiation,** radiation *f.* **radio,** radio *f.* **radio-active,** radio-actif *a.* **radius,** rayon *m* (de cercle *m*). **radix,** base *f;* racine *f.*
radar	**radio detection and ranging,** radar *m* (détection *f* et réglage *m* radio-électrique).
rail.	**railway,** *U.S:* **railroad,** chemin de fer *m.*
RAM	**random access method,** méthode *f* par accès *m* sélectif, aléatoire.
R and D	**research and development,** recherche *f* et développement *m.*
rap	**rapid,** rapide *a.*
rbl	**ruble,** rouble *m (unité monétaire soviétique).*
RC	**research centre,** *U.S:* **research center,** centre *m* de recherche *f.*
rcd	**received,** reçu *a;* pour acquit *m.*
rcpt	**receipt,** reçu *m;* quittance *f;* recette *f.*
rcu	**remote control unit,** unité *f* de commande *f* à distance *f.*
rcv	**receive,** recevoir *v;* toucher *v.*
rcvr	**receiver,** destinataire *m;* receveur *m.*

rd	**research and development,** recherche *f* et développement *m*.
	road, route *f*, chemin *m*; voie *f*; chaussée *f*.
RD **R/D** **R & D**	**research and development,** recherche *f* et développement *m*.
rdy	**ready,** prêt *a*; disposé *a* (à).
re	**real estate,** biens *m.pl* immobiliers; affaires *f.pl* immobilières.
	reference, référence *f*.
	regarding, en ce qui concerne.
react.	**reaction,** réaction *f*.
real est	**real estate,** biens *m.pl* immobiliers; affaires *f.pl* immobilières.
rec	**receipt,** reçu *m*; quittance *f*; recette *f*.
	receive, recevoir *v*; toucher *v*.
	record, record *m*; procès-verbal *m*.
recap	**recapitulate,** récapituler *v*.
	recapitulation, récapitulation *f*.
recd	**received,** reçu *a*; pour acquit *m*.
recip	**reciprocal,** réciproque *f*.
rect	**rectangle,** rectangle *m*.
	rectangular, rectangulaire *a*; orthogonal *a*.
	rectify, rectifier *v*; corriger *v*.
red.	**reduce,** réduire *v*; abaisser *v*; alléger *v*.
	reduction, réduction *f*; diminution *f*; rabais *m*; baisse *f*; réfaction *f*.
ref	**refer,** (se) référer *v*; (se) rapporter *v*.
	referee, arbitre *m*; avaliste *m*; répondant *m*.
	reference, référence *f*.
refd	**refund,** remboursement *m*; ristourne *f*.
refr **refrg** **refrig**	**refrigeration,** réfrigération *f*.
reg	**region,** région *f*; territoire *m*.
	regular, régulier *a*; courant *a*; réglementaire *a*.
	regulate, régler *v*; réglementer *v*.
	regulation, réglementation *f*; règlements *m.pl*; régulation *f*.
regd	**registered,** enregistré *a*; recommandé *a*.
regis	**register,** enregistrer *v*; recommander *v*; déposer *v*; déclarer *v*.
	register, registre *m*.
	registry, enregistrement *m*; inscription *f*; immatriculation *f*.
reimb	**reimburse,** rembourser *v*.
	reimbursement, remboursement *m*.
rel	**relation,** relation *f*; dépendance *f*; liaison *f*.
	relative, relatif *a*.
	relay, relève *f*; relais *m*.
	relief, assistance *f*; secours *m*; dégrèvement *m*.
	religion, religion *f*; culte *m*.
relig	**religion,** religion *f*; culte *m*.
rem	**remit,** remettre *v*.
	remittal, rémission *f*; remise *f*.
	remittance, remise *f*; versement *m*.
	removable, amovible *a*.
	remove, enlever *v*; déménager *v*.
reorg **reorgn**	**reorganization,** réorganisation *f*; assainissement *m*.
rep	**repair,** réparer *v*.
	represent, représenter *v*.
	reputation, réputation *f*.
Rep	**representative,** représentant *m*.
	Republic, république *f*.
	Republican, républicain *a*.

repl	**replacement,** remplacement *m*; renouvellement *m*; réapprovisionnement *m*.
repo	**repossess,** rentrer en possession *f*.
	repossession, rentrée *f* en possession *f*.
repro	**reproduce,** (se) reproduire *v*.
	reproduction, reproduction *f*.
req	**request,** demande *f*; requête *f*.
	require, exiger *v*; réclamer *v*.
	required, exigé *a*; requis *a*.
	requisition, réquisition *f*; demande *f*.
reqd	**required,** exigé *a*; requis *a*.
res	**research,** recherche *f*; étude *f*.
	researcher, chercheur *m* (scientifique).
	reservation, réservation *f*; location *f*; *U.S*: place *f* retenue.
	reserve, réserve *f*; couverture *f*; provision *f*.
	resolution, résolution *f*.
resig	**resignation,** démission *f*.
resp	**respective,** respectif *a*.
	responsibility, responsabilité *f*.
	responsible, responsable *a*.
rest	**restrict,** restreindre *v*, réduire *v*; limiter *v*.
	restricted, restreint *a*.
	restriction, restriction *f*, réduction *f*; limitation *f*; contrainte *f*.
resup	**resupply,** réapprovisionner *v*.
resvr	**reservoir,** réservoir *m*.
ret	**retirement,** retraite *f*; remboursement *m*; retrait *m*.
	retired, retiré *a*; retraité *a*.
retd	**retired,** retiré *a*; retraité *a*.
	returned, rendu *a*; remboursé *a*.
retl	**retail,** vente *f* au détail *m*.
	retail, vendre au détail *m*; débiter *v*; détailler *v*.
retng	**retraining,** rééducation *f*; recyclage *m*.
retro	**retroactive,** rétroactif *a*.
	retrograde, rétrograde *a*.
rev	**revenue,** revenu *m*; recette *f*.
	reverse, inverse *a*; opposé *a*.
	review, revue *f*; révision *f*; revision *f*.
	revised, revu *a*; rectifié *a*.
	revolution, révolution *f*; rotation *f*.
rew	**reward,** récompense *f*; rémunération *f*; rétribution *f*.
RF	**refunding,** remboursement *m*; restitution *f*.
rgn	**region,** région *f*; territoire *m*.
riv	**river,** rivière *f*; fleuve *m*.
RL	**research laboratory,** laboratoire *m* de recherche *f*.
rl est	**real estate,** biens *m.pl* immobiliers; affaires *f.pl* immobilières.
rlf	**relief,** assistance *f*; secours *m*; dégrèvement *m*.
rltr	**realtor,** *U.S*: agent *m* immobilier.
rltv	**relative,** relatif *a*.
rlty	**realty,** biens *m.pl* immobiliers; immeubles *m.pl*.
rly	**relay,** relève *f*; relais *m*.
Rly	**railway,** chemin *m* de fer *m*.
rm	**raw material,** matière *f* première.
	room, chambre *f*; salle *f*; espace *m*.
rmd	**ready money down,** acompte *m* en argent *m* liquide, en espèces *f.pl*.
rmte	**remote,** lointain *a*; à distance *f*.
rnd	**round,** cercle *m*; tour *m*.

rng	**range,** étendue *f*; intervalle *m*.
rngt	**renegotiate,** renégocier *v*; négocier *v* à nouveau.
rotn	**rotation,** rotation *f*; roulement *m*.
rout	**routine,** routine *f*.
rp RP	**reply paid,** réponse *f* payée.
rprt	**report,** rapport *m*; compte rendu *m*.
rpt	**repeat,** répétition *f*. **report,** rapport *m*; compte rendu *m*.
rqmt	**requirement,** exigence *f*; demande *f*; besoin *m*; condition *f* requise.
rr RR	**railroad,** *U.S*: chemin de fer *m*.
rsch	**research,** recherche *f*; étude *f*.
RSVP R.S.V.P.	*répondez s'il vous plaît (French),* **please reply,** R.S.V.P.
rt	**rate,** taux *m*; cours *m*; tarif *m*; impôt *m*. **right,** droit *a*; correct *a*. **round trip,** aller et retour *m*.
rtd	**returned,** rendu *a*; remboursé *a*.
rte	**route,** route *f*; itinéraire *m*; voie *f*.
rub.	**rubber,** caoutchouc *m*.
R.V. R/V	*rendez-vous,* **appointment,** rendez-vous *m*.
rwy ry	**railway,** chemin de fer *m*.

S

s	**second,** seconde *f*. **section,** section *f*; rubrique *f*. **separate,** séparé *a*; distinct *a*; différent *a*. **series,** série *f*. **share(s),** action(s) *f*. **shilling,** shilling *m (ancienne monnaie divisionnaire anglaise).* **ship,** navire *m*; bateau *m*. **silver,** argent *m*; argenterie *f*. **sine,** sinus *m*. **slope,** pente *f*; inclinaison *f*. **specific,** spécifique *a*. **speed,** vitesse *f*. **steel,** acier *m*. **subject,** sujet *m*; question *f*. **summary,** sommaire *m*; résumé *m*.
S	**senate,** sénat *m*. **society,** société *f*; association *f*; compagnie *f*; œuvre *f*.
sa	**semi-annual,** semestriel *a*.
SA	*sine anno (Latin),* **without date,** sans date *f*.
sabo	**sabotage,** sabotage *m*.
saf	**safety,** sûreté *f*; sécurité *f*.
salv	**salvage,** sauvetage *m*; droit *m* de sauvetage.
sat	**satisfactory,** satisfaisant *a*. **saturate,** saturer *v*.
satd	**saturated,** saturé *a*.
satfy	**satisfactory,** satisfaisant *a*.
sav	**saving(s),** épargne *f*; économie(s) *f*.
sb	**small business,** petite ou moyenne entreprise *f*.

SB	**savings bank,** caisse *f* d'épargne *f*.
sby	**stand(-)by,** réserve *f*; secours *m*.
sc	**scale,** échelle *f*; barème *m*; balance *f*; gamme *f*. **science,** science *f*. **(under) separate cover,** (sous) pli *m* séparé. **statistical control,** contrôle *m* statistique.
sch	**school,** école *f*; institut *m*.
sched	**schedule,** courbe *f*; barème *m*; calendrier *m*; *U.S*: plan *m*.
schem schm	**schematic,** schématique *a*.
sci	**science,** science *f*. **scientific,** scientifique *a*. **scientist,** savant *m*; homme *m* de science *f*.
sctd	**scattered,** dispersé *a*; éparpillé *a*.
scty	**security,** sécurité *f*; sûreté *f*; titre *m* (de bourse *f*); action *f*.
sd	**standard deviation,** écart *m* type; déviation *f* standard.
SD	**sight draft,** traite *f* à vue *f*. *sine die (Latin),* **without date,** sans date *f*. **standard deviation,** écart *m* type; déviation *f* standard.
sdr SDR	**special drawing rights,** droits *m.pl* de tirage *m* spéciaux.
se	**semi-annual,** semestriel *a*. **standard error,** erreur *f* type; erreur aléatoire.
S.E.	**Stock Exchange,** bourse *f* (de valeurs *f.pl*).
s/e	**standardization/evaluation,** normalisation *f* (et) évaluation *f*.
sec	**second,** second *a*; deuxième *a*. **second,** seconde *f*. **secondary,** secondaire *a*. **secret,** secret *a*. **section,** section *f*; rubrique *f*.
Sec	**secretary,** secrétaire *m or f*.
SEC	**Securities and Exchange Commission,** *U.S*: Commission *f* des opérations *f.pl* de bourse *f*.
secr	**secret,** secret *a*.
secs	**seconds,** secondes *f.pl*.
sect	**section,** section *f*; rubrique *f*. **sector,** secteur *m*.
Secty Secy	**secretary,** secrétaire *m or f*.
seg	**segment,** segment *m*. **segregation,** ségrégation *f*.
sel	**select,** sélectionner *v*; choisir *v*. **selected,** sélectionné *a*; choisi *a*. **selection,** sélection *f*; choix *m*.
sen	**senate,** sénat *m*. **senator,** sénateur *m*.
sep	**separate,** séparé *a*; distinct *a*; différent *a*.
seq	**sequence,** séquence *f*; succession *f*; enchaînement *m*.
ser	**serial,** en série *f*. **series,** série *f*; suite *f*; progression *f*.
serv	**service,** service *m*.
sew	**sewage,** eau(x) *f* d'égout(s) *m*. **sewer,** égout *m*.
sf SF	**sinking-fund,** (fonds *m* d') amortissement *m*.

sfgd	**safeguard,** sauvegarde *f*; protection *f*; sauf-conduit *m*.
sftwr	**software,** software *m* (programmes *m. pl*, techniques *f. pl* et systèmes *m.pl* d'exploitation *f* des ordinateurs *m.pl*).
sg	**singular,** singulier *m*. **specific gravity,** poids *m* spécifique.
sgd	**signed,** signé *a*; visé *a*.
sh	**share,** action *f*. **shop,** magasin *m*; boutique *f*. **shopping,** achats *m.pl*; emplettes *f.pl*.
ship. shipmt shipt	**shipment,** embarquement *m*; envoi *m*; livraison *f*.
shr	**share,** action *f*.
shrtg	**shortage,** déficit *m*; pénurie *f*; disette *f*.
sht	**sheet,** feuille *f*; bulletin *m*.
shtg	**shortage,** déficit *m*; pénurie *f*; disette *f*.
sh tn	**short ton,** tonne *f* courte (= **2 000 lbs** = 0.907185 tonne métrique).
sig	**signal,** signal *m*. **signature,** signature *f*.
sil	**silver,** argent *m*; argenterie *f*.
sim	**similar,** similaire *a*; semblable *a*. **simple,** simple *a*; ordinaire *a*.
SIMULA	**simulation language,** langage *m* de simulation *f*.
sin	**sine,** sinus *m*. **single,** seul *a*; unique *a*; simple *a*.
sing	**singular,** singulier *m*.
sit	**situation,** situation *f*; emploi *m*.
sj	**subject,** sujet *m*; question *f*.
sk	**sketch,** croquis *m*; esquisse *f*.
skd	**skilled,** spécialisé *a*; qualifié *a*.
sld	**sealed,** cacheté *a*.
slmgr	**sales manager,** directeur *m* commercial.
slmn	**salesman,** vendeur *m*; représentant *m* de commerce *m*; courtier *m* de commerce.
sm	**small,** petit *a*. **statute mile,** mille *m* terrestre (= **5 280 ft** = 1.609 kilomètre).
smelt.	**smelting,** fonte *f*; fonderie *f*.
s mi	**statute mile,** mille *m* terrestre (= **5 280 ft** = 1.609 kilomètre).
sml	**simulate,** simuler *v*. **simulation,** simulation *f*. **small,** petit *a*.
sn SN	**serial number,** numéro *m* de série *f*; numéro matricule.
so	**seller's option,** prime *f* vendeur ; prime **pour** livrer. **special order,** travail *m* à façon *f*; commande *f* à façon. **standing order,** ordre *m* permanent; ordre à perpétuité *f*. **sub(-)office,** succursale *f*.
SO	**seller's option,** prime *f* vendeur *m*; prime **pour livrer.**
soc	**social,** social *a*. **society,** société *f*; association *f*; compagnie *f*; œuvre *f*. **sociology,** sociologie *f*.

Soc	**socialist,** socialiste *m*. **Society,** société *f*; association *f*; compagnie *f*; œuvre *f*.
sociol	**sociologist,** sociologue *m*. **sociology,** sociologie *f*.
soc sci	**social science,** science *f* sociale.
sol	**soluble,** soluble *a*. **solution,** solution *f*; résolution *f*. **solvent,** solvable *a*.
solv	**solvent,** solvable *a*.
Sov	**Sovietic,** soviétique *a*.
sp	**selling price,** prix *m* de vente *f*. **space,** espace *m*; emplacement *m*. **spare part(s),** pièce(s) *f* de rechange *m*. **special,** spécial *a*; particulier *a*; spécialisé *a*. **specie,** numéraire *m*; espèces *f.pl*. **specific,** spécifique *a*. **specimen,** spécimen *m*; échantillon *m*. **speed,** vitesse *f*. **starting-price,** prix *m* initial. **(to) stop payment,** suspendre *v* les paiements *m.pl*.
Sp	**Spain,** Espagne *n.pr*. **Spanish,** espagnol *a*.
sp del	**special delivery,** distribution *f* (de courrier *m*) par exprès.
spec	**specification,** spécification *f*; norme *f*; devis *m* descriptif. **specimen,** spécimen *m*; échantillon *m*. **speculation,** spéculation *f*.
sp gr	**specific gravity,** poids *m* spécifique.
spl	**simplex,** simplexe *m*. **special,** spécial *a*; particulier *a*; spécialisé *a*.
splf	**simplification,** simplification *f*.
spp	**species,** numéraire *m*; espèces *f.pl*.
spt	**sea port,** port *m* de mer *f*. **spot,** comptant *a*.
sq	**square,** carré *a*. **square,** carré *m*.
Sq	**Square,** square *m*.
sq cm	**square centimetre,** *U.S:* **square centimeter,** centimètre *m* carré (= **0.1550** square inch).
sq ft	**square foot,** pied *m* carré (= **144 square inches** = 0.0929 mètre carré).
sq in	**square inch,** pouce *m* carré (= 6.45162 centimètres carrés).
sq mi	**square mile,** mille *m* carré (= **640 acres** = 2.590 kilomètres carrés).
sr	**scientific research,** recherche *f* scientifique. **senior,** aîné *a*; doyen *a*.
SRI	**scientific research institute,** institut *m* de recherche *f* scientifique.
ss s.s. S.S. s/s	**same size,** même taille *f*; taille identique. **steamship,** paquebot *m*; navire *m* à vapeur *f*.
st	**short ton,** tonne *f* courte (= **2 000 lbs** = 0.907185 tonne métrique). **statement,** déclaration *f*; relevé *m*; bilan *m*; état *m*. **strata,** strates *f.pl*. **street,** rue *f*.
ST	**short ton,** tonne *f* courte (= **2 000 lbs** = 0.907185 tonne métrique).
sta	**station,** station *f*; gare *f*. **stationary,** stationnaire *a*.
stab.	**stabilizer,** stabilisateur *m*.

stag.	**stagger,** échelonner *v.* **staggered,** échelonné *a.*
sta mi	**statute mile,** mille *m* terrestre (= **5 280 ft** = 1.609 kilomètre).
stan	**standard,** standardisé *a;* normalisé *a.* **standing,** pendant *a;* permanent *a;* en vigueur *f.*
standard.	**standardization,** standardisation *f;* normalisation *f;* unification *f.*
sterling silver	**92 % silver, 8 % copper,** alliage *m* à 92 % d'argent *m* et 8 % de cuivre *m.*
St. Exch.	**Stock Exchange,** bourse *f* (de valeurs *f. pl*).
stg	**stage,** étape *f;* phase *f;* palier *m.*
stge	**storage,** entrepôt *m;* mémoire *f* (électronique).
stk	**stock,** stock *m;* inventaire *m;* valeur *f;* action(s) *f.*
stl	**steel,** acier *m.*
Stn	**station,** station *f;* gare *f.*
STon	**short ton,** tonne *f* courte (= **2 000 lbs** = 0.907185 tonne métrique).
stor	**storage,** entrepôt *m;* mémoire *f* (électronique).
str	**steamer,** paquebot *m;* navire *m* à vapeur *f.* **strength,** force *f;* solidité *f.* **structural,** structurel *a.* **structure,** structure *f;* édifice *m.*
strat	**strategic(al),** stratégique *a.* **strategy,** stratégie *f.*
struc	**structure,** structure *f;* édifice *m.*
stud	**student,** étudiant *m.*
sub	**subaltern,** subalterne *a.* **substitute,** substitut *m;* succédané *m;* remplaçant *m.* **suburb,** banlieue *f.*
subcontr	**subcontractor,** sous-traitant *m.*
subj	**subject,** sujet *m;* question *f.*
subor	**subordinate,** subordonné *a;* subalterne *a.*
subq	**subsequent,** postérieur *a;* ultérieur *a.*
subrog	**subrogation,** subrogation *f.*
subs subsis	**subsistence,** subsistance *f;* existence *f.*
subsys	**sub-system,** sous-système *m.*
subtr	**subtraction,** soustraction *f.*
suf	**sufficient,** suffisant *a.*
sum.	**summary,** sommaire *m;* résumé *m.*
sup	**superior,** supérieur *a.* **supplement,** supplément *m.* **supplementary,** supplémentaire *a.* **supplies,** approvisionnements *m. pl;* réserve *f.* **supply,** offre *f;* stock *m;* réserve *f.*
super	**superficial,** superficiel *a;* de superficie *f.* **superior,** supérieur *a.* **supermarket,** supermarché *m;* libre service *m.*
superstr.	**superstructure,** superstructure *f.*
superv	**supervisor,** surveillant *m.*
supp suppl	**supplement,** supplément *m.* **supplementary,** supplémentaire *a.*
supr	**superior,** supérieur *a.* **supreme,** suprême *a.*
supv supvr	**supervisor,** surveillant *m.*
sur	**surface,** surface *f;* superficie *f.*
surv	**survey,** enquête *f* par sondage *m;* étude *f;* expertise *f.* **surveying,** inspection *f;* expertise *f.* **surveyor,** surveillant *m;* contrôleur *m.*
susp	**suspend,** suspendre *v.*
svc svce	**service,** service *m.*
svgs	**savings,** épargne *f;* économie(s) *f.*
sw	**sea water,** eaux *f. pl* maritimes; eau de mer *f.* **short waves,** ondes *f. pl* courtes.
s-w	**short waves,** ondes *f. pl* courtes.
Swed	**Sweden,** Suède *n. pr.* **Swedish,** suédois *a.*
Sw Fr	**Swiss franc,** franc *m* suisse.
Switz	**Switzerland,** Suisse *n. pr.*
sym	**symbol,** symbole *m.* **symbolic,** symbolique *a.* **symmetric(al),** symétrique *a.* **symmetry,** symétrie *f.*
sync synch	**synchronization,** synchronisation *f.* **synchronize,** synchroniser *v.*
synd	**syndicalism,** syndicalisme *m.* **syndicate,** syndicat *m;* consortium *m.*
synop syns	**synopsis,** synopsis *f;* résumé *m.*
sys syst	**system,** système *m;* régime *m;* ensemble *m.* **systematic,** systématique *a.* **systemization,** systématisation *f.*
sz	**size,** dimension *f;* taille *f;* format *m;* modèle *m.*

T

	table, table *f;* tableau *m;* barème *m.* **tare,** tare *f;* poids *m* à vide. **telephone,** téléphone *m.* **temperature,** température *f.* **temporary,** temporaire *a;* provisoire *a;* transitoire *a.* **tentative,** provisoire *a;* expérimental *a.* **time,** temps *m;* heure *f;* période *f;* terme *m.* **ton,** tonne *f.* **town,** ville *f;* cité *f.* **transit,** transit *m;* trajet *m;* transport *m.*
T	**teletype,** télétype *m.* **temperature,** température *f.* **triangle,** triangle *m.*
ta	**travel allowance,** allocation *f* de voyage *m.*
TA	**technical assistance,** assistance *f* technique. **telegraphic address,** adresse *f* télégraphique.
tab.	**table,** table *f;* tableau *m;* barème *m.* **tabulated,** en forme *f* de tableau *m.* **tabulation,** arrangement *m* en tables *f. pl.* **tabulator,** tabulateur *m;* tabulatrice *f.*
tac	**tactical,** tactique *a.* **tactics,** tactique *f.*
tan	**tangent,** tangente *f.* **tangential,** tangentiel *a.*
tar.	**tariff(s),** tarif *m;* prix *m;* barème *m.*
targ	**target,** cible *f;* objectif *m;* but *m.*
taut.	**tautology,** tautologie *f.*
tax	**taxation,** taxation *f;* imposition *f;* fiscalité *f;* impôts *m. pl.* **taxes** taxes *f. pl;* impôts *m. pl;* contributions *f. pl.*

tb TB	**trial balance,** balance *f* d'inventaire *m*.	
tchg	**teaching,** enseignement *m*; doctrine *f*.	
tchr	**teacher,** instituteur *m*: professeur *m*.	
t/d	**time deposit,** dépôt *m* à terme *m*.	
te	**trial and error,** (par) tâtonnements *m. pl*.	
tec	**technical,** technique *a*.	
tech	**technics,** technique *f*. **technique,** technique *f*.	
technol	**technological,** technologique *a*. **technology,** technologie *f*.	
tel	**telegram,** télégramme *m*. **telegraph,** télégraphe *m*. **telegraphic,** télégraphique *a*. **telephone,** téléphone *m*. **telephonic,** téléphonique *a*. **teletype,** télétype *m*.	
telecom	**telecommunications,** télécommunications *f. pl*.	
telev	**television,** télévision *f*.	
telex	**teletype exchange,** télex *m*.	
tel no.	**telephone number,** numéro *m* de téléphone *m*.	
tem	**temporal,** temporel *a*.	
temp	**temperature,** température *f*. **temporary,** temporaire *a*; provisoire *a*; transitoire *a*.	
ten.	**tenant,** locataire *m*. **tender,** soumission *f*; offre *f*.	
tent.	**tentative,** provisoire *a*; expérimental *a*.	
ter	**terminal,** terminal *m*; terminus *m*. **territory,** territoire *m*; superficie *f*. **tertiary,** tertiaire *a*.	
term.	**terminal,** terminal *m*; terminus *m*. **terminology,** terminologie *f*. **terminus,** terminus *m*.	
terr	**territory,** territoire *m*; superficie *f*.	
tex	**telex (= teletype exchange),** télex *m*.	
text.	**textile,** textile *m*.	
tfc	**traffic,** trafic *m*; circulation *f*; navigation *f*.	
tfr	**transfer,** transfert *m*; transmission *f*; cession *f*; virement *m*.	
tg	**telegram,** télégramme *m*. **telegraph,** télégraphe *m*.	
tgt	**target,** cible *f*; objectif *m*; but *m*.	
theor	**theorem,** théorème *m*. **theoretic(al),** théorique *a*.	
theoret	**theoretic(al),** théorique *a*.	
therm	**thermometer,** thermomètre *m*.	
thou	**thousand,** mille *num*.	
TI	**technical institute,** école *f* des arts *m. pl* et métiers *m. pl*.	
tit	**title,** titre *m*.	
tjc	**trajectory,** trajectoire *f*.	
tk	**track,** voie *f*; chemin *m*; poste *f*. **truck,** wagon *m*; *U.S*: camion *m*.	
tkr	**tanker,** bateau-citerne *m*; camion-citerne *m*.	
tkt	**ticket,** billet *m*; ticket *m*, carte *f*; étiquette *f*.	
tl TL	**total loss,** perte *f* totale; sinistre *m* total. **truck load,** wagon *m* complet; charge *f* complète.	

tm TM	**trade(-)mark,** marque *f* de fabrique *f*.
tmo TMO	**telegraph money-order,** mandat *m* télégraphique.
tn	**telephone number,** numéro *m* de téléphone *m*. **ton,** tonne *f*. **train,** train *m*; convoi *m*.
tng	**training,** instruction *f*; formation *f* (professionnelle).
tnge	**tonnage,** tonnage *m*; jauge *f*.
tnpk	**turnpike,** *U.S*: route *f* à péage *m*.
to.	**turn(-)over,** chiffre *m* d'affaires *f.pl*.
t/o	**take off,** décollage *m*; démarrage *m*.
TO	**turn(-)over,** chiffre *m* d'affaires *f. pl*. **take off,** décollage *m*; démarrage *m*.
tob tobac	**tobacco,** tabac *m*.
tol	**tolerance,** tolérance *f*.
tonn	**tonnage,** tonnage *m*; jauge *f*.
tot	**total,** total *m*. **totalize,** totaliser *v*; additionner *v*.
tour.	**tourism,** tourisme *m*. **tourist,** touriste *m*.
tp	**telephone,** téléphone *m*. **treaty-port,** port *m* ouvert (au commerce *m* étranger).
tpd	**tons per day,** tonnes *f. pl* par jour *m*.
tpk	**turnpike,** *U.S*: route *f* à péage *m*.
tr	**ton register,** tonneau *m* (de jauge *f*). **trustee,** dépositaire *m*; mandataire *m*; fidéicommissaire *m*.
traf	**traffic,** trafic *m*; circulation *f*; navigation *f*.
trans	**transactions,** transactions *f. pl*; opérations *f. pl*; négociations *f. pl*; affaires *f. pl*. **transfer,** transfert *m*; transmission *f*; cession *f*; virement *m*. **transit,** transit *m*; trajet *m*; transport *m*. **transport,** transport *m*. **transportation,** transport *m*.
transatl	**transatlantic,** transatlantique *a*.
transf	**transfer,** transfert *m*; transmission *f*; cession *f*; virement *m*. **transference,** transfèrement *m*; transfert *m*.
transpac	**transpacific,** transpacifique *a*.
transport.	**transportation,** transport *m*.
trav	**travel,** voyage *m*; tourisme *m*; parcours *m*.
treas	**treasurer,** trésorier *m*. **treasury,** trésor *m*; Trésor *m*; Trésorerie *f*.
Treas. Bds	**Treasury Bonds,** bons *m. pl* du Trésor *m*.
trg	**training,** instruction *f*; formation *f* (professionnelle).
tri trian	**triangle,** triangle *m*.
trib	**tribal,** tribal *a*. **tribalism,** système *m* tribal. **tribunal,** tribunal *m*.
trig	**trigonometry,** trigonométrie *f*.
trip.	**triple,** triple *a*. **triplicate,** triplicata *m*.
trmt	**treatment,** traitement *m*.
trnsp trsp	**transport, transportation,** transport *m*.

tru	**trustee,** dépositaire *m*; mandataire *m*; fidéicommissaire, *m*.		urb	**urban,** urbain *a*.
trust.	**trusteeship,** fidéicommis *m*; syndicat *m*.		urg	**urgent,** urgent *a*.
tt	**teletype,** télétype *m*.		US U.S.	**United States,** États-Unis *n.pr*.
TU	**trade-union,** syndicat *m* ouvrier.		U.S.A. US of A	**United States of America,** États-Unis d'Amérique *n.pr*.
TV	**television,** télévision *f* (T.V.).		usc	**under separate cover,** sous pli *m* séparé.
tvl	**travel,** voyage *m*; tourisme *m*; parcours *m*.		USSR	**Union of Soviet Socialist Republics,** Union *f* des Républiques *f.pl* socialistes soviétiques (U.R.S.S.).
txn	**taxation,** taxation *f*; imposition *f*; fiscalité *f*; impôts *m.pl*.		usu	**usual,** usuel *a*; habituel *a*.
ty	**type,** type *m*; caractère *m*.		ut	**utilitarian,** utilitaire *a*. **utility,** utilité *f*; entreprise *f* de service *m* public.
typ	**typical,** typique *a*. **typing,** dactylographie *f*. **typewriter,** machine *f* à écrire. **typography,** typographie *f*.		uten	**utensil,** ustensile *m*; outil *m*.
typw	**typewriter,** machine *f* à écrire.		util	**utility,** utilité *f*; entreprise *f* de service *m* public. **utilization,** utilisation *f*.
			u/w UW	**underwriter,** membre *m* d'un syndicat de garantie *f*.

U

u	**unit,** unité *f*. **unknown,** inconnue *f*. **upper,** supérieur *a*.
U	**university,** université *f*.
udc UDC	**universal decimal classification,** classification *f* décimale universelle.
ugt UGT	**urgent,** urgent *a*.
UK U.K.	**United Kingdom,** Royaume-Uni *n.pr*.
ult	**ultimate,** ultime *a*; final *a*; dernier *a*. *ultimo (mense) (Latin),* **last month,** mois *m* dernier.
um	**umpire,** arbitre *m*; juge *m*.
u/m	**unit of measure,** unité *f* de mesure *f*.
UN	**United Nations,** Nations *f.pl* Unies.
unalot	**unalloted,** non réparti *a*; disponible *a*.
unan	**unanimous,** unanime *a*.
unasgd	**unassigned,** non affecté *a*.
uncov	**uncovered,** à découvert.
undwrtr	**underwriter,** membre *m* d'un syndicat de garantie *f*.
unfav	**unfavourable,** *U.S:* **unfavorable,** défavorable *a*; désavantageux *a*.
unfd	**unfurnished,** non meublé *a*; vide *a*.
unif	**uniform,** uniforme *a*; constant *a*. **uniformity,** uniformité *f*; constance *f*; conformisme *m*.
univ	**universal,** universel *a*. **university,** université *f*.
unk unkn	**unknown,** inconnu *a*. **unknown,** inconnue *f*.
U.N.O.	**United Nations Organization,** Organisation *f* des Nations *f.pl* Unies (O.N.U.).
unpd	**unpaid,** impayé *a*; non payé *a*; bénévole *a*.
uns	**unsymmetrical,** asymétrique *a*; dissymétrique *a*.
unsat unsatfy unsatis	**unsatisfactory,** peu satisfaisant *a*; laissant à désirer.
up	**upper,** supérieur *a*.

V

v	**vacuum,** vide *m*. **value,** valeur *f*; prix *m*. **variable,** variable *f*. **variation,** variation *f*; fluctuation *f*. **vector,** vecteur *m*. **velocity,** vélocité *f*; vitesse *f*. **verbal,** verbal *a*. **vertical,** vertical *a*. **vice,** vice *m*; défaut *m*.
V	**volt,** volt *m*. **voltage,** voltage *m*.
va	**variable,** variable *f*. **variance,** variance *f*.
vac	**vacant,** vacant *a*. **vacation,** vacances *f.pl*. **vacuum,** vide *m*.
val	**valuation,** évaluation *f*; estimation *f*; expertise *f*; valeur *f* estimée. **value,** valeur *f*; prix *m*. **valued,** évalué *a*; estimé *a*; précieux *a*.
valid.	**validation,** validation *f*.
var	**variable,** variable *f*. **variation,** variation *f*; fluctuation *f*. **variety,** variété *f*; diversité *f*.
vec	**vector,** vecteur *m*.
Veep	**Vice-President,** *U.S:* vice-président *m*.
vert	**vertical,** vertical *a*.
ves	**vessel,** navire *m*; bateau *m*; vaisseau *m*.
vfy	**verify,** vérifier *v*; contrôler *v*.
vg VG	**very good,** très bon *a*; très bien *adv*.
vh VH	**very high,** très élevé *a*.
vil	**village,** village *m*.
vip VIP	**very important person,** personnalité *f* importante (VIP).
vis	**visible,** visible *a*.
vit stat	**vital statistics,** statistiques *f.pl* de l'état *m* civil; statistiques démographiques.

vltg	**voltage,** voltage *m.*
vo	*verso (Latin),* **back of the page,** verso *m.*
vol	**volume,** volume *m;* niveau *m.*
vou	**voucher,** garant *m;* pièce *f* justificative.
voy	**voyage,** voyage *m* sur mer *f.*
vrbl	**variable,** variable *f.*
vt	**velocity,** vélocité *f;* vitesse *f.*
vtg	**voting,** votation *f;* scrutin *m;* vote *m.*
vulg	**vulgar fraction,** fraction *f* ordinaire.
v.v.	*vice versa (Latin),* **conversely,** *vice versa.*

W

w	**war,** guerre *f.* **waste,** gaspillage *m;* rebut(s) *m.* **water,** eau *f.* **watt,** watt *m.* **week,** semaine *f.* **weight,** poids *m;* charge *f;* pondération *f.* **widow,** veuve *f.* **width,** largeur *f.* **work,** travail *m;* tâche *f.*
war.	**warrant,** warrant *m;* garantie *f;* garant *m.*
warn.	**warning,** avertissement *m.*
warr	**warranty,** garantie *f;* autorisation *f;* justification *f.*
wb WB	**way(-)bill,** lettre *f* de voiture *f.*
wc WC	**working capital,** capital *m* circulant; fonds *m* de roulement *m.* **without charge,** sans frais *m. pl;* gratis *adv.*
wd	**wood,** bois *m.*
wdt	**width,** largeur *f.*
wh w/h	**withholding,** rétention *f.*
whf	**wharf,** entrepôt *m* maritime; quai *m;* débarcadère *m.*
whfg	**wharfage,** embarquement *m;* débarquement *m;* mise *f* en entrepôt *m;* droits *m. pl* de quai *m.*
whol	**wholesale,** (vente *f*) en gros *m.* **wholesaler,** grossiste *m;* commerçant *m* en gros *m.*
whse	**warehouse,** entrepôt *m;* dépôt *m;* magasin *m.*
whsl	**wholesale,** (vente *f*) en gros *m.*
whsng	**warehousing,** entreposage *m;* magasinage *m.*
WI	**wrought iron,** fer *m* forgé.
wk	**week,** semaine *f.* **work,** travail *m;* tâche *f.*
wkds	**week days,** jours *m. pl* ouvrables.
wkr	**worker,** travailleur *m;* ouvrier *m;* ouvrière *f.*
wks	**weeks,** semaines *f. pl.* **works,** usine *f;* atelier *m;* centrale *f.* **workshops,** ateliers *m. pl.*
wl w/l	**wave-length,** longueur *f* d'onde *f.*
w/m W/M	**weight or measure,** poids *m* ou mesure *f;* poids *m* ou volume *m.*
wng	**warning,** avertissement *m.*
wr	**war risk,** risque *m* de guerre *f.*

WR	**with rights,** avec droit *m;* droit attaché.
wrfg	**wharfage,** embarquement *m;* débarquement *m;* mise *f* en entrepôt *m;* droits *m. pl* de quai *m.*
wrnt	**warrant,** warrant *m;* garantie *f;* garant *m.*
wrtd	**warranted,** garanti *a;* autorisé *a.*
ws w sup	**water supply,** réserve *f* en eau *f;* approvisionnement *m* en eau.
wt	**weight,** poids *m;* charge *f;* pondération *f.* **withholding tax,** impôt *m* à la source.
WT w/tax	**withholding tax,** impôt *m* à la source.
WW	**warehouse warrant,** certificat *m* d'entrepôt *m;* warrant *m.* **world war,** guerre *f* mondiale.

X

x	**exchange,** échange *m;* change *m;* bourse *f.* **extra,** supplémentaire *a;* additionnel *a.* **extra,** supplément *m;* extra *m.*
x X	**unknown** *x,* l'inconnue *x.*
x-axis X-axis	axe *m* des abscisses *f. pl.*
xbts	**exhibits,** documents *m. pl* ou pièces *f. pl* à l'appui *m.*
xc	**ex coupon,** coupon *m* détaché.
xch	**exchange,** échange *m;* change *m;* bourse *f.*
xcp	**ex coupon,** coupon *m* détaché.
xcpt	**except,** à l'exception *f* de; sauf.
xd xdiv	**ex dividend,** ex-dividende *m.*
xg	**crossing,** croisement *m;* traversée *f;* passage *m.*
xlnt	**excellent,** excellent *a.*
xpn	**expansion,** expansion *f;* développement *m;* augmentation *f.*
X-rays	rayons *m. pl* X.
xref	**cross reference,** moyen *m* de recoupement *m.*
xtra	**extra,** supplémentaire *a;* additionnel *a.* **extra,** supplément *m;* extra *m.*
xwhf	**ex wharf,** franco à quai *m.*

Y

y	**yard,** yard *m* (= **3 feet** = **36 inches** = 0.914 mètre). **year,** année *f;* an *m.*
Y	**yen** (*Japanese monetary unit*), yen *m* (*unité monétaire japonaise*).
y-axis Y-axis	axe *m* des ordonnées *f. pl.*
YB	**year-book,** annuaire *m.*
yd	**yard,** yard *m* (= **3 feet** = **36 inches** = 0.914 mètre).
yd²	**square yard,** yard *m* carré (= **9 sq ft** = 0.8361 mètre carré).

yd³	**cubic yard,** yard *m* cube (= **27 cu ft** = 0.76456 mètre cube).	yrly	**yearly,** annuel *a*; annuellement *adv*.

yd³ — **cubic yard,** yard *m* cube (= **27 cu ft** = 0.76456 mètre cube).

yearb — **year-book,** annuaire *m*.

yn — **yen** (*Japanese monetary unit*), yen *m* (*unité monétaire japonaise*).

yob — **year of birth,** année *f* de naissance *f*.

yr — **year,** année *f*; an *m*.

yrly — **yearly,** annuel *a*; annuellement *adv*.

Z

z — **zero,** zéro *m*.
zinc, zinc *m*.
zone, zone *f*.

z hr — **zero hour,** zéro *m* heure *f* (0 heure).

ABRÉVIATIONS COURANTES

A

a.	**accélération** *f*, acceleration. **accepté** *a*, accepted. **action** *f*, share, s, sh; stock, stk; security. **are** *m*, are (= 100 square metres = 119.598 sq yds = 0.02471 acres). **association** *f*, association, Asn, Assn; society, soc, Soc; partnership, part.; club.
A.	**acheter** *v*, to buy; to purchase. **ampère** *m*, ampere, amp. **argent** *m*, money, moy; cash; silver, sil. **association** *f*, association, Asn, Assn; society, soc, Soc; partnership, part.; club.
abon.	**abonné** *m*, subscriber; consumer.
abonn.	**abonnement** *m*, subscription.
abrév.	**abréviation** *f*, abbreviation, abbr.
a.b.s.	**aux bons soins (de)**, care of; c/o.
ac.	**acompte** *m*, payment on account; down-payment; instalment, instl.
a.c.	**argent** *m* **comptant**, spot cash; *U.S:* call money. **avaries** *f.pl* **communes**, general average, ga, g/a, GA.
accepn.	**acceptation** *f*, acceptance, acce.
ach. cpt	**j'achète, nous achetons, comptant** *adv*, buying for cash.
act.	**action** *f*, share, s, sh; stock, stk; security.
adj.	**adjudication** *f*, auction; tender, ten.
adm. admin. administr.	**administratif** *a*, administrative, adm, admin. **administration** *f*, administration; direction; civil service.
adr.	**adresse** *f*, address.
adr. tél.	**adresse** *f* **télégraphique**, telegraphic address, TA.
ad val.	*ad valorem (Latin)*, ad valorem (duty, etc.).
aéron.	**aéronautique** *f*, aeronautics.
A.F.	**allocations** *f.pl* **familiales**, family allowances.
agce	**agence** *f*, agency, agcy.
agr. agric.	**agricole** *a*, agricultural, agr, agric. **agriculture** *f*, agriculture, agr, agric; farming.
alg.	**algèbre** *f*, algebra, alg. **algébrique** *a*, algebraic(al).
aliment.	**alimentation** *f*, food; grocery (shop).
all.	**allemand** *a*, German, Ger.
alphab.	**alphabétique** *a*, alphabetical.
A.M.	**(école** *f* **des) arts** *m.pl* **et métiers** *m.pl*, technical institute. **assurance** *f* **mutuelle**, mutual insurance.
A. & M.	**(école** *f* **des) arts** *m.pl* **et métiers** *m.pl*, technical institute.
amér.	**américain** *a*, American, Am.
amort.	**amortissable** *a*, redeemable; amortizable. **amortissement** *m*, redemption; amortization; writing off.
amp.	**ampère** *m*, ampere, amp.
anal.	**analogie** *f*, analogy, anal. **analogique** *a*, analog(ous).
analyt.	**analytique** *a*, analytical, anal.
angl.	**anglais** *a*, English, Eng; British, Br.
anme	**(société** *f*) **anonyme**, (company) Ltd; *U.S:* corporation; business corporation; Inc.
ann.	**annuel** *a*, annual, ann; yearly, yrly. **annuellement** *adv*, annually, ann; yearly, yrly.
antilog	**antilogarithme** *m*, antilogarithm, antilog.
a.p.	**avaries** *f.pl* **particulières**, particular average, pa, PA.
A.P.	**assistance** *f* **publique**, national assistance; poor-law administration.
ap. J.-C.	**après Jésus-Christ**, *anno Domini*, AD.
appt	**appartement** *m*, flat; *U.S:* apartment, apt.
apr. J.-C.	**après Jésus-Christ**, *anno Domini*, AD.
a.r.	**avis** *m* **de réception** *f*, notice of receipt.
A.R.	**aller** *m* **et retour** *m*, return ticket; return fare.
arch.	**archives** *f.pl*, record(s), rec; archives.
archit.	**architecture** *f*, architecture.
arg.	**argent** *m*, money, moy; cash; silver, sil.
arithm.	**arithmétique** *a*, arithmetic(al), arith. **arithmétique** *f*, arithmetic, arith.
arr.	**arrondissement** *m*, district, dist.
art.	**article** *m*, article; good, gd; ware; item, it.
A.S.	**assurances** *f.pl* **sociales**, national insurance; social insurance; State insurance.
A.S.L.V.	**assurance** *f* **sur la vie**, life insurance; life assurance.
asse	**assurance** *f*, insurance, ince; *U.S.:* assurance, ass, assce.
ass. extr.	**assemblée** *f* **extraordinaire**, extraordinary (general) meeting.
assist.	**assistant** *m*, assist., asst.

at.	**atomique** *a*, atomic. **(coupon** *m*) **attaché**, dividend on; cum dividend; cum coupon, c.d., C.div.; cum div.
A.T.	**assurance** *f* **accidents** *m. pl* **du travail** *m*, employers' liability insurance; insurance against injuries to workmen.
atel.	**atelier** *m*, workshop, wks; works, wks.
atm.	**atmosphère** *f*, atmosphere.
att.	**(coupon** *m*) **attaché**, dividend on; cum dividend; cum coupon; c.d.; C.div.; cum div.
auj.	**aujourd'hui** *adv*, today.
auto	**automobile** *f*, motor-car; car; *U.S:* automobile.
aux. auxil.	**auxiliaire** *a*, auxiliary; subsidiary.
av.	**avenue** *f*, avenue, ave, Ave.
Av.	**avoir** *m*, credit, cr; credit side; holding; asset.
a/v A/V	**(droit** *m* etc.**)** ad valorem *(Latin)*, ad valorem (duty, etc.).
avant. socx	**avantages** *m. pl* **sociaux**, (substantial) fringe benefits.
à vdre	**à vendre** *v*, for sale; to be sold.
av. dt	**avec droit** *m*, cum rights; with rights.
aviat.	**aviation** *f*, aviation, avn.
av. J.-C.	**avant Jésus-Christ**, before Christ, BC, B.C.

B

b.	**balle** *f*, bale, bl. **bénéfice** *m*, benefit; profit; return; gain. **billet** *m*, bill; note; paper.
B/	**billet** *m* **à ordre** *m*, promissory note; bill to order; commercial paper.
bac bacc.	**baccalauréat** *m*, bachelor (degree).
balce	**balance** *f*, balance, bal.
banl.	**banlieue** *f*, suburb, sub.
Banq.	**banque** *f*, bank, bk.
bas loy.	**bas loyer** *m*, moderate rent.
bce	**balance** *f*, balance, bal.
bd.	**boulevard** *m*, Boulevard.
B. de F.	**Banque** *f* **de France** *n. pr*, Bank of France.
B.E.	**bureau** *m* **d'études** *f. pl*, research department.
beau	**bordereau** *m*, note; contract note; memorandum, memo.
B.F.	**Banque** *f* **de France** *n. pr*, Bank of France.
bib. Bib. bibl.	**bibliothèque** *f*, library, libr.
bijout.	**bijouterie** *f*, jewel(le)ry.
bl	**baril** *m*, barrel (= **1.5899 hectolitres** = 42 U.S. gallons = 34.97 Imperial gallons), bbl, brl.
bld.	**boulevard** *m*, Boulevard.
bne connaiss.	**bonne connaissance** *f*, good knowledge (of).
bnes réf. bnes référ.	**bonnes références** *f. pl*, good, serious, references.

bout. boutiq.	**boutique** *f*, shop, sh.
B.P. N°	**boîte** *f* **postale N°**, post office box no., POB.
Bque	**banque** *f*, bank, bk.
brit.	**britannique** *a*, British, Br.
bt	**billet** *m*, bill; note; paper. **brut** *a*, gross, gro; unmanufactured; raw.
bté	**breveté** *a*, patent; licensed.
burx	**bureaux** *m. pl*, offices, ofcs, offs.

C

c	**cent** *num*, hundred, c, h. **centigrade** *m*, centigrade, C. **centime** *m*, centime, c. **compte** *m*, account, a, ac, acc. **coupon** *m*, coupon, cp. **coupure** *f*, denomination; currency note. **courant** *a*, current, curr; instant. **cours** *m*, quotation; price; price quotation, quot.
C	**Celsius** *n. pr*, (**centésimal**), Celsius.
°C	**degré** *m* **centigrade**, degree Celsius; degree centigrade, °C.
c.a.	**courant** *m* **alternatif**, alternating current, AC.
C.A.	**chiffre** *m* **d'affaires** *f. pl*, turnover, to; sales figure; *U.S:* billing.
c.-à-d.	**c'est-à-dire**, that is to say, i.e.
c.a.f. C.A.F.	**coût** *m*, **assurance** *f* **et fret** *m*, cost, insurance and freight, cif, c.i.f., CIF; cost, freight and insurance, cfi, CFI.
cage	**courtage** *m*, brokerage; commission, com, comm.
caire	**commissionnaire** *m*, agent, agt.
cal.	**calibre** *m*, calibre; *U.S:* caliber, cal. **calorie** *f*, calorie; calory, cal.
candid.	**candidat** *m*, applicant.
cap.	**capital** *m*, capital, cap.
c.at. c.att.	**coupon** *m* **attaché**, dividend on; cum dividend; cum coupon, c.d., C.div., cum div.
cc.	**centimètre** *m* **cube**, cubic centimetre; *U.S:* cubic centimeter (= 0.0610 cubic inch), cc, ccm, cm³.
c.c.	**cours** *m* **de compensation** *f*, making-up price.
C.C.	**compte** *m* **courant**, current account, c/a, CA.
c/c c/c.	**compte** *m* **courant**, current account, c/a, CA. **cours** *m* **de compensation** *f*, making-up price.
cce	**commerce** *m*, commerce, comm; trade.
ccial cciale cciaux cciales	**commercial(e), commerciaux, commerciales** *a*, commercial, com, coml.
C.C.P.	**compte** *m* **courant postal**, Giro account.
C.D.	**corps** *m* **diplomatique**, diplomatic corps.
c. de f.	**chemin** *m* **de fer** *m*, railway, rail; Rly; *U.S:* railroad, RR.
C.D.U.	**classification** *f* **décimale universelle**, universal decimal classification.
cent.	**centime** *m*, centime, c.
certif.	**certificat** *m*, certificate, cert.

cess.	**cession** f, disposal, assignment,
cf.	*confer (Latin)*, confer, cf.
C.F. C & F	**coût** m **et fret** m, cost and freight, cf, c & f.
cgr	**centigrade** m, centigrade, C, cent.
ch.	**cheval** m, horse-power, hp.
chauff.	**chauffage** m, heating.
chauff. centr.	**chauffage** m **central**, central heating.
chbre de commerce	**chambre** f **de commerce** m, chamber of commerce.
ch. de f. ch. de fer	**chemin de fer** m, railway, rail; Rly; *U.S:* railroad, RR.
chff. centr.	**chauffage** m **central**, central heating.
ch.v. ch.vap.	**cheval-vapeur** m, horse-power, hp.
Cie	**compagnie** f, company, co; corporation, corp, Corp, Corpn.
Cie Gle Transat.	**Compagnie** f **Générale Transatlantique**, French Line.
cion	**commission** f, commission, com, comm; brokerage.
cl	**centilitre** m, centilitre; *U.S:* centiliter (= 0.338 U.S. fluidounce = 0.352 Imperial fluid ounce), cl.
cm	**carat** m **métrique**, metric carat; *U.S:* metric karat. **centimètre** m, centimetre; *U.S:* centimeter (= 0.3937 inch), cm.
cm²	**centimètre** m **carré**, square centimetre; *U.S:* square centimeter (= 0.1550 square inch), cm².
cm³	**centimètre** m **cube**, cubic centimetre; *U.S:* cubic centimeter (= 0.0610 cubic inch), cm³.
c/m.	**cours** m **moyen**, average quotation.
c/n.	**compte** m **nouveau**, new account.
commerçt	**commerçant** m, merchant; trader; shopkeeper.
commiss.	**commission** f, commission, com, comm; brokerage.
compt.	**comptabilité** f, book-keeping, bkg; accountancy. **comptable** a, accounting. **comptable** m, accountant, acct. **comptant** adv, cash; ready money.
comptab.	**comptabilité** f, book-keeping, bkg; accountancy.
compt. analyt. comptab. analyt.	**comptabilité** f **analytique**, analytical accounts.
compt. génér. comptab. génér.	**comptabilité** f **générale**, general accounts.
connaiss.	**connaissance** f, knowledge (of).
connt	**connaissement** m, bill of lading, b/l, B/L.
construct.	**construction** f, construction, constr.
cor.	**corollaire** m, corollary, coroll.
corresp. correspond.	**correspondance** f, correspondence, corr. corres; mail.
cos.	**cosinus** m, cosine, cos.
cotg.	**cotangente** f, cotangent, cot, ctn.
coup.	**coupon** m, coupon, cp. **coupure** f, denomination; currency note.
cour.	**courant** a, current, curr.; instant.
court.	**courtage** m, brokerage; commission, com, comm.
cpt	**comptant** adv, cash; ready money.
cpte	**compte** m, account, a, ac, acc.

C.Q.F.D.	**ce qu'il fallait démontrer**, *quod erat demonstrandum (Latin)*, q.e.d., QED.
cr.	**crédit** m, credit, cr, cred.
C.R.	**compte rendu** m, record, rec; proceedings, proc.
cs	**cours** m, quotation, quot; price; price quotation.
c/s	**cycles** m. pl **par seconde** f, cycles per second.
csse	**caisse** f, pay-office; cashier's office.
ct	**courant** a, current, curr.; instant.
ctg	**cotangente** f, cotangent, cot, ctn. **courtage** m, brokerage; commission, com, comm.
cts	**centimes** m. pl, centimes.
c.u.	**cours** m **unique**, sole quotation.
C.U.	**charge** f **utile**, carrying capacity; live weight.
cub.	**cube** m, cube, cu. **cubique** a, cubic, cu.
cum.	**cumulatif** a, cumulative, cum.
curr. vitae	*curriculum vitae (Latin)*, curriculum vitae.
c.v. CV	**cheval-vapeur** m, horse-power, hp.
C.V.	*curriculum vitae (Latin)*, curriculum vitae.

D

d	**demande** f, demand, dem. **densité** f, density, d, dens. **droit** m, right, rt.
D	**départ** m, departure, dep, depar; starting date. **déport** m, backwardation, back. **doit** m, debit; liability.
DCB	**décimal** m **codé binaire**, binary coded decimal, bcd.
DDP	**différence** f **de potentiel** m, potential difference, PD.
déb.	**débit** m, debit.
débit.	**débiteur** m, debtor, dr.
de g. à dr.	**de gauche** f **à droite** f, (from) left-to-right, l-to-r.
démogr.	**démographie** f, demography, demogr. **démographique** a, demographic, demogr.
dens.	**densité** f, density, d, dens.
dép.	**département** m, department, dep, depart, dept.
dest. destin.	**destinataire** m, addressee; receiver, recr.
dét.	**(coupon** m**) détaché**, ex coupon, ex cp, xc, xcp.
dif.	**différé** a, deferred, def.
dir. direct.	**direction** f, management, mgt, mgmt.
div.	**dividende** m, dividend, div. **division** f, division, div.
D.M.	*Deutsche Mark*, DM.
dne	**douane** f, customs; custom(s)-house, CH.
dol. doll.	**dollar** m, dollar, D, dol, $.
D.O.M.	**départements** m. pl **d'outre-mer**, overseas departments.

don	**direction** *f*, management, mgt, mgmt.
douz.	**douzaine** *f*, dozen, doz, dz.
dr	**débiteur** *m*, debtor, dr. **droit** *m* **de souscription** *f*, application right.
Dr	**docteur** *m*, doctor, D, Doc, Dr.
dt	**débit** *m*, debit. **dont** *m*, option rate; put.
dynam. dynamiq.	**dynamique** *a*, dynamic.
dz.	**douzaine** *f*, dozen, doz, dz.

E

E.	**équivalent** *m* **calorifique**, mechanical equivalent of heat.
e. à p.	**effet** *m* **à payer**, bill payable, b/p, BP, B/P, bpay.
e. à r.	**effet** *m* **à recevoir**, bill receivable, br, BR, brec.
éc. écon.	**économie** *f*, economics; economy, ec, econ. **économique** *a*, economic, ec, econ.
écon. d'entrep.	**économie** *f* **d'entreprise** *f*, business economics.
électr.	**électricité** *f*, electricity, elect. **électrique** *a*, electric(al), elec.
empl.	**emplacement** *m*, site; space, sp. **emploi** *m*, post; situation; job. **employé** *m*, clerk, clk; employee.
empl. de bur.	**employé** *m* **de bureau** *m*, clerical worker; clerk, clk; white-collar worker.
empl. stab.	**emploi** *m* **stable**, permanent post; permanent job.
entrep.	**entreprise** *f*, firm; business; company, co.
en tte ppté	**en toute propriété** *f*, freehold.
e.o.o.e. e. & o.e.	**erreur** *f* **ou omission** *f* **exceptée**, errors and omissions excepted, E and OE, e & oe.
équival.	**équivalent** *a*, equivalent, equiv.
esc. escte	**escompte** *m*, discount, dis, disc, disct.
esp.	**espagnol** *a*, Spanish, Sp.
est.	**estampillé** *a*, stamped.
établ. étabt	**établissement** *m*, establishment, est, estbl.
Ets	**établissements** *m.pl*, establishments, est, estbl.
E.-U.	**États-Unis** *n.pr*, United States, U.S.
Eur. EUR.	**Europe** *n.pr*, Europe, Eur.
ex.	**exemple** *m*, example, ex. **exercice** *m*, trading year; business year.
ex-c. ex-coup.	**ex coupon** *m*, ex coupon, ex cp, xc, xcp.
ex-d.	**ex dividende** *m*, ex dividend, ex div, xd, xdiv.
ex-dr.	**ex-droits** *m.pl*, ex rights.
exempl.	**exemplaire** *m*, copy.
exp.	**expérience** *f*, experience. **exportation** *f*, export, exp.
expér.	**expérience** *f*, experience.
expérim.	**expérimenté** *a*, experienced.

expn	**expédition** *f*, consignment; dispatch(ing).
ex. rép.	**ex-répartition** *f*, ex-bonus.

F

f.	**féminin** *a*, feminine; female, f. **fonction** *f*, function, f. **franc** *m*, franc, f, F. **fréquence** *f*, frequency, f, freq.
F.	**Fahrenheit** *n.pr*, Fahrenheit. **force** *f*, force, f.
°F	**degré** *m* **Fahrenheit**, degree Fahrenheit.
fab.	**fabrication** *f*, make; manufacture, manf, manuf.
f. à b.	**franco à bord**, free on board, f.o.b., FOB.
fabric.	**fabricant** *m*, manufacturer, manf; maker.
Fabric.	**fabrication** *f*, make; manufacture, manf, manuf.
fac.	**faculté** *f*, faculty, fac.
F.B.	**franc** *m* **belge**, Belgian franc, B Fr.
fc	**franc** *m*, franc, f, F.
f.c.	**fin** *f* **courant**, (at the) end of this month.
fco	**franco** *adv*, free; carriage-free; free of charge, f.o.c., FOC.
fcs	**francs** *m.pl*, francs, fs, Fs.
f.ct.	**fin** *f* **courant**, (at the) end of this month.
féd.	**fédéral** *a*, federal, fed, Fed. **fédération** *f*, federation, fed, Fed.
f.f.	**faisant fonction** *f*, acting, actg; in charge (of), i/c.
FF	**franc** *m* **français**, French franc.
F.G.	**frais** *m.pl* **généraux**, overhead(s), oh.
fig.	**figure** *f*, figure, f; form; illustration.
fin.	**finance** *f*, finance, fin; business. **financier** *a*, financial, fin.
fixe	**fixe** *m*, fixed salary.
fixe + %	**(salaire** *m***) fixe et pourcentage** *m*, fixed salary plus bonus.
fond.	**part** *f* **de fondateur** *m*, founder's share.
fonds de comm.	**fonds** *m* **de commerce** *m*, goodwill; *U.S:* business.
fourniss.	**fournisseur** *m*, supplier.
f.p.	**fin** *f* **prochain**, (at the) end of next month.
fque	**fabrique** *f*, factory, fact., facty; works, wks.
fr.	**franc** *m*, franc, f, F. **français** *a*, French, F.
Fr.	**France** *n.pr*, France, F, Fr.
fre	**facture** *f*, invoice, inv; *U.S:* bill.
fro	**franco** *adv*, free; carriage-free; free of charge, f.o.c., FOC.
frs	**francs** *m.pl*, francs, f, F.
F.S.	**franc** *m* **suisse**, Swiss franc, Sw Fr.

G

g.	**gauche** *a*, left, l. **gramme** *m*, gramme, g, gm, gr (= 0.03527 ounces = 15.43 grains). **gravité** *f*, gravity, g.

gal **général** *a*, general, gen, genl.

G.B. **Grande-Bretagne** *n. pr*, Great Britain, GB, Gt Brit.

gén. **génie** *m*, engineering; (the) engineers, eng.

géogr. **géographie** *f*, geography, geog.
géographique *a*, geographic(al), geog.

géom. **géométrie** *f*, geometry, geom.
géométrique *a*, geometric(al), geom.

gest. **gestion** *f*, management, mgt, mgmt.

gest. fin.
gest. financière **gestion** *f* **financière**, *U.S:* business finance.

g.l. **grand livre** *m*, ledger.

gr. **gramme** *m*, gramme, g, gm, gr (= 0.03527 ounces = 15.43 grains).

gratif. **gratification** *f*, gratuity; bonus.

Gr. Br. **Grande-Bretagne** *n. pr*, Great Britain, GB, Gt Brit.

gr. coup. **grosses coupures** *f. pl*, big denominations.

H

h. **heure** *f*, hour, h, hr.
hier *adv*, yesterday.
hypothèque *f*, mortgage, mort, mtge.

H. **hôpital** *m*, hospital, hosp.

ha. **hectare** *m*, hectare, ha, hect (= **2.47 acres** = 11 959.85 sq yds).

h. bur. **heures** *f. pl* **de bureau** *m*, office hours.

h.c. **hors cadre** *m*, not on the staff.
hors classe *f*, unclassified.
hors commerce *m*, not for sale, nfs.
hors concours *m*, not competing.

H.E.C. **(école** *f* **des) hautes études** *f. pl* **commerciales,** school of business administration.
(diplômé *m*) **H.E.C.**, master of business administration, MBA

hist. **histoire** *f*, history.
historique *a*, historic(al).

hl. **hectolitre** *m*, hectolitre; *U.S:* hectoliter (= 26.4178 U.S. gallons = 21.9975 Imperial gallons).

H.L.M. **habitation(s)** *f* **à loyer** *m* **modéré**, (moderate-rent) Council houses.

hme **homme** *m*, man.

H.P.C. **hautes parties** *f. pl* **contractantes,** high contracting parties.

h.s.
H.S. **hors de service** *m*, out of use; unfit for service.

hyp.
hypoth. **hypothèque** *f*, mortage, mort, mtge.

I

i. **intérêt** *m*, interest, i, int.
taux *m* **d'intérêt** *m*, rate of interest.

I. **investissement** *m*, investment, I.

ib.
ibid. *ibidem (Latin)*, **dans le même lieu,** in the same place, *ib, ibid.*

id. *idem (Latin)*, **le même, la même,** the same, *id.*

imm. **immeuble** *m*, building, bldg, build.; property, ppty.
immobilier *a*, real.

imm. comm.
et ind. **immeuble** *m* **commercial et industriel,** business property.

immeub. **immeuble** *m*, building, bldg, build.; property, ppty.

imp. **impayé** *a*, dishonoured (bill, cheque, etc.); *U.S:* dishonored (bill, check, etc.).

impr. **imprimé** *m*, printed matter.

incl. **inclus** *a*, enclosed, enc, encl; included, incl.

ind. **industrie** *f*, industry, ind, indus; manufacturing, mfg.
industriel *a*, industrial, ind, indus.

inéd. **inédit** *a*, unpublished.

inf. **inférieur** *a*, inferior.

inform. **informatique** *f*, (electronic) data processing, EDP.

ing.
ingén. **ingénieur** *m*, engineer, eng.

Insp. gén. **Inspecteur** *m* **général**, Inspector General, IG, Ins Gen.

int.
intér. **intérêt** *m*, interest, i, int.

interm. **intermédiaire** *m*, intermediary; go-between.

inter.
internat.
intl **international** *a*, international, internat, intl.

invest. **investissement** *m*, investment, I.

I.R.P.P. **impôt** *m* **sur le revenu des personnes** *f. pl* **physiques,** income-tax.

J

jce **jouissance** *f*, dividend payable on.

Je
Jne **jeune** *a*, Junior, jr, Jr.

J.O. **Journal** *m* **Officiel,** *U.K:* (the) Gazette.

jou. **jouissance** *f*, dividend payable on.

jr **jour** *m*, day, d.

jur.
jurid. **juridique** *a*, legal.

jurisp. **jurisprudence** *f*, case law.

j/v. **jours** *m. pl* **de vue** *f*, days after sight.

K

k. **kilo** *m*, kilogram(me), kg (= 2.20462 lbs).

kc. **kilocycle** *m*, kilocycle, kc.

kc/s **kilocycle** *m* **par seconde** *f*, kilocycle per second, kc/s.

kg.
kilo **kilogramme** *m*, kilogram(me), kg (= 2.20462 lbs).

km. **kilomètre** *m*, kilometre; *U.S:* kilometer, km (= 1 093.611 yds = 0.62137 statute miles = 0.539957 international nautical miles).

km²	**kilomètre** *m* **carré**, square kilometre; *U.S:* square kilometer, km² (= 247.104 acres = 0.38610 square miles).
km/h.	**kilomètre** *m* **/heure** *f*, kilometre, *U.S:* kilometer hour, km/h, kmph (= 0.62137 miles per hour = 0.53995 knots).
K oct.	**K octet** *m*, K octet, K oct (= 1 024 octets = 8 192 bits).
kw. kW.	**kilowatt** *m*, kilowatt, kw (= 1.3410 horse-power = **1.3596 chevaux-vapeur).**
kwh. kWh.	**kilowatt** *m* **/heure** *f*, kilowatt hour, kwh, kwhr (= 1.3410 horse-power-hour = **1.3596 chevaux-vapeur/ heure).**

L

l.	**liquidation** *f*, liquidation, liq; settlement. **litre** *m*, litre; *U.S:* liter, l, lit (= 1.0567 U.S. quarts = 0.8799 Imperial quarts).
L	**(indice** *m***) Laspeyres** *n.pr*, Laspeyres (index), L. **(multiplicateur** *m* **de) Lagrange** *n.pr*, Lagrange (multiplier), L.
£	**livre** *f* **sterling**, pound sterling, £.
labo. laborat.	**laboratoire** *m*, laboratory, lab.
larg.	**largeur** *f*, width.
laser	**laser** *m*, laser (= light amplification by stimulated emission of radiation).
lat.	**latitude** *f*, latitude, lat.
lb.	**livre** *f*, pound, lb, pd (= 16 ounces = **0.45359 kilogramme).**
l/c.	**leur compte** *m*, their account.
LC l/cr.	**lettre** *f* **de crédit** *m*, letter of credit, l/c, LC.
let.manusc.	**lettre** *f* **manuscrite**, handwritten letter.
lib.	**libéré** *a*, (fully) paid, paid-up.
liq.	**liquidation** *f*, liquidation, liq; settlement.
liq. cte	**liquidation** *f* **courante**, current account; current settlement.
liq. pro.	**liquidation** *f* **prochaine**, next account; next settlement.
lit.	**litre** *m*, litre; *U.S:* liter, l, lit (= 1.0567 U.S. quarts = 0.8799 Imperial quarts).
l_iv. livr.	**livraison** *f*, delivery, dely, dlvr, dlvry, dy.
liv. st.	**livre** *f* **sterling**, pound sterling, £.
l/o.	**leur ordre** *m*, their order.
loc. locat.	**location** *f*, renting; letting; reservation, res.
locat. avec bail	**location** *f* **avec bail** *m*, leasing.
locat. ss pas-de-porte locat. ss p.-d-pte locat. S.S.P.P. locat. ss p.-pte	**location** *f* **sans pas-de-porte** *m*, letting without a premium.
loc.cit.	*loco citato (Latin)*, at the place cited, *loc. cit.*
loc. comm. et ind.	**locaux** *m.pl* **commerciaux et industriels**, business property; business premises.
log	**logarithme** *m*, logarithm, log.
log.	**logement** *m*, accommodation; housing. **logique** *f*, logic.
logt	**logement** *m*, accommodation; housing.
long.	**longitude** *f*, longitude, long. **longueur** *f*, length, l, lgth.
lotiss.	**lotissement** *m*, lotting; parcelling.
loy.	**loyer** *m*, rent.
loy.ann.	**loyer** *m* **annuel**, annual rent; yearly rent.
l.s.	**livre** *f* **sterling**, pound sterling, £.
l/s	**litre** *m* **par seconde** *f*, litre, *U.S:* liter, per second (= 1.0567 U.S. quarts/sec = 0.8799 Imperial quarts/ sec).
Ltée	**(compagnie** *f***) limitée**, Limited (company), Ltd.

M

m.	**masculin** *a*, masculine, m, masc. **mètre** *m*, metre; *U.S:* meter, m (= 39.370 inches = 1.0936 yards). **mois** *m*, month, m. **mort** *a*, deceased, decd.
M.	**(vitesse** *f***) Mach**, mach speed. **mille** *num*, thousand, thou, M. **moment** *m*, moment, M, mo.
m²	**mètre** *m* **carré**, square metre; *U.S:* square meter (= 1.19598 sq yds = 10.7638 sq ft).
m³	**mètre** *m* **cube**, cubic metre; *U.S:* cubic meter (= 1.307943 cu yds = 35.31445 cu ft).
M.A.	**moyen âge** *m*, Middle Ages.
mag. magas.	**magasin** *m*, shop, s, sh; *U.S:* store.
mais.	**maison** *f*, house; firm.
m. à m.	**mot à mot** *m*, word for word.
M. à P.	**mise** *f* **à prix** *m*, reserve price; upset price.
mar.	**marine** *f*, (merchant) marine. **maritime** *a*, maritime; marine, mar; naval, nav.
market. marketg	**marketing** *m*, marketing.
masc.	**masculin** *a*, male, m; masculine, m, masc.
maser	**maser** *m*, maser (= microwave amplification by stimulated emission of radiation).
mat.	**mandat** *m*, order, ord; power of attorney, pa, p/a, PA. **matériel** *m*, material, mat.
math.	**mathématique** *a*, mathematical, math. **mathématiques** *f.pl*, mathematics, math.
mat.prem.	**matières** *f.pl* **premières**, raw materials; raw produce; primary products.
max.	**maximum** *a*, maximum, max, mxm. **maximum** *m*, maximum, max, mxm.
mb.	**millibar** *m*, (unité *f* de pression *f* atmosphérique), millibar, mb, mbar (*unit of atmospheric pressure*) (= 1/1000 bar).
m/b.	**mon billet** *m*, my bill.
m/c.	**mon compte** *m*, my account, m/a.
Mc.	**mégacycle** *m*, megacycle, mc, meg.
Mc/s	**mégacycle** *m* **par seconde** *f*, megacycle per second, mc/s.

md	**marchand** *m*, merchant; trader; dealer.
Me	**Maître** *m*, master; lawyer.
mécan.	**mécanique** *a*, mechanical, mech. **mécanique** *f*, mechanics, mech.
mécanog. mécanogr. mécanograph.	**mécanographie** *f*, mecanography.
méd.	**médecine** *f*, medicine, med; physic. **médiane** *f*, median. **médical** *a*, medical, med.
mens.	**mensuel** *a*, monthly, mo. **mensuellement** *adv*, monthly, mo.
métall.	**métallurgie** *f*, metallurgy, metall.
météo.	**météorologie** *f*, meteorology, meteor, meteorol.
métro	**chemin de fer** *m* **métropolitain**, *U.K:* underground; *U.S:* subway.
mg.	**milligramme** *m*, milligram(me), mg (= 0.01543 grains).
M.G.	**médecin** *m* **généraliste**, general practitioner.
milit.	**militaire** *a*, military, mil.
mill.	**millième** *num*, (one) thousandth, 1000th.
min. mini. minim.	**minimum** *a*, minimum, min. **minimum** *m*, minimum, min.
mise	**marchandise** *f*, goods, gds; merchandise.
mi-tps	**mi-temps** *adv*, part-time, pt-tm; half-time.
mle	**modèle** *m*, model, mod; pattern, patt.
mm.	**millimètre** *m*, millimetre; *U.S:* millimeter, mm (= 0.03937 in).
m/m	**(à) moi-même**, (to) myself.
M.M.	**messageries** *f. pl* **maritime**, shipping company; sea transport (of goods).
mm²	**millimètre** *m* **carré**, square millimetre; *U.S:* square millimeter, mm² (= 0.00155 sq in).
mm³	**millimètre** *m* **cube**, cubic millimetre; *U.S:* cubic millimeter, mm³ (= 0.000061 cu in).
mn.	**minute** *f*, minute, m, mi.
m/o.	**mon ordre** *m*, my order.
mod.	**moderne** *a*, modern, mod.
modem	**modulateur-démodulateur** *m* **(électronique)**, modulator-demodulator, modem.
mol.	**moléculaire** *a*, molecular, mol, mole.
Mon	**maison** *f*, firm.
moy.	**moyen** *a*, average, av, avg; mean.
M.-P.	**mandat-poste** *m*, money order, MO; post office order.
ms	**moins** *adv*, less; minus.
m/s	**mètre** *m* **par seconde** *f*, metre, *U.S:* meter, per second, mps (= 3.2808 ft per second = 2.2386 m. p. h.).
msin	**magasin** *m*, shop, s, sh; *U.S:* store.
M.T.M.	**méthode** *f* **des tables** *f.pl* **de mouvement** *m*, times measurement tables.
m/v.	**mois** *m* **de vue** *f*, month's sight.
mx	**(vendre) au mieux** *adv*, (sell) at best.

N

n.	**neutre** *a*, neutral, neu, neut.
N.	**nom** *m*, name, n. **nominal** *a*, nominal, nom.
Na	*nota bene (Latin)*, note well; *nota bene*, n.b., NB.
national.	**nationalité** *f*, nationality, nation.
navig.	**navigation** *f*, navigation, nav, navig; sailing; shipping.
N.B.	*nota bene (Latin)*, note well; *nota bene*, n.b., NB.
nbrx	**nombreux** *a*, numerous; large.
n/c.	**notre compte** *m*, our account.
N.D.L.R.	**note** *f* **de la rédaction**, editor's note.
N. du T.	**note** *f* **du traducteur** *m*, translator's note.
nécess.	**nécessaire** *a*, necessary; requisite; required, reqd.
nég.	**négociable** *a*, negotiable; marketable. **négociant** *m*, merchant; trader; wholesaler, whol.
négt	**négociant** *m*, merchant; trader; wholesaler, whol.
n.est.	**non estampillé** *a*, unstamped.
nf	**neuf** *a*, new.
N.F.	**normalisation** *f* **francaise**, French standards. **nouveau franc** *m*, new franc.
niv.	**niveau** *m*, level.
n° No N°	**numéro** *m*, number, n, no, no., No., num.
No. 1	**numéro** *m* **un**, number 1, No. 1.
No. 2	**numéro** *m* **deux**, number 2, No. 2.
nom.	**nominatif** *a*, nominal, nom; registered, regd.
nombrx	**nombreux** *a*, numerous; large.
nos	**numéros** *m.pl*, numbers, nos, Nos.
no tél.	**numéro** *m* **de téléphone** *m*, telephone number, tel no.
n.s.	**nanoseconde** *f*, nanosecond, ns (= 10^{-9} sec).
nt	**négociant** *m*, merchant; trader; wholesaler, whol.
nucl.	**nucléaire** *a*, nuclear, nuc, nucl.

O

o/	**à l'ordre** *m* **de**, to the order of.
O.	**officiel** *a*, official, offic. **origine** *f*, origine, orig.
ob. obl. oblig.	**obligation** *f*, debenture, deb, db; obligation, oblig., obln.
O.C.	**ondes** *f.pl* **courtes**, short waves, sw, s-w.
Oct.	**octet** *m* **(électronique)**, (E.D.P.) octet, oct.
off.	**offert** *a*, offered.
ol.	**oleum** *m*, oil, o.
o/m/m.	**à l'ordre** *m* **de moi-même**, to our own order.
O.N.U.	**Organisation** *f* **des Nations** *f.pl* **Unies**, United Nations Organization, U.N.O.

O.P.A.	offre *f* publique d'achat *m*, take-over bid.		P. et C.	Ponts *m.pl* et Chaussées *f. pl*, Highway Department.
op. cit.	*opere citato (Latin)*, in the work cited; *op cit*.		p. et m.	poids *m.pl* et mesures *f.pl*, weights and measures.
ord.	ordinaire *a*, ordinary.		P. et T.	Postes *f.pl* et Télécommunications *f.pl*, the General Post Office, GPO.
org. organ. organis.	organisation *f*, organization, org.		p. ex.	par exemple *m*, for example, e.g.; for instance, fi.
org. trav.	organisation *f* des travaux *m.pl*, industrial engineering.		p.g.c.d.	(le) plus grand commun diviseur, (the) highest commun factor, HCF, H.C.F.
orig.	original *a*, original, orig; novel. origine *f*, origin, orig.		philo.	philosophie *f*, philosophy, phi, phil, Ph.
O.S.	ouvrier(s) *m* spécialisé(s), skilled worker; semi-skilled worker.		phys.	physique *a*, physical, phys. physique *f*, physics, phys.
ouv.	ouverture *f*, opening.		p.i.	par intérim *m*, acting, actg; in charge (of), i/c.

P

p.	page *f*, page, p, pg. pair *m*, par; parity. papier *m*, paper; bill(s). pied *m*, foot, ft (= 12 inches = **30.480 centimètres**). poids *m*, weight, w, wt. pouce *m*, inch, in (= 0.083 ft = **2.540 centimètres**). pour cent *num*; pourcentage *m*, per cent; percentage, pc, p/c. pression *f*, pressure. prime *f*, premium, pm, prem, prm. puissance *f*, power; p, pwr.		P.I.B.	produit *m* intérieur brut; production *f* intérieure brute, gross national product, gnp, GNP; gross domestic product, gdp, GDP.
			P.J.	pièce *f* jointe, enclosed, encl; attached, att.
			pl.	pluriel *m*, plural, pl.
			pl. ou m.	plus *adv* ou moins *adv*, over and under, o & u.
			pl. temps	(à) plein temps *m*, full-time (work).
			plus.	plusieurs *a.pl*, several.
P	(indice *m*) Paasche *n.pr*, Paasche (index), P.		P.L.V.	publicité *f* sur le(s) lieu(x) de vente *f*, window displays and sales aids.
P.	protesté *a*, protested. protêt *m*, protest.		*p.m.*	*post meridiem (Latin)*, après-midi *m*, after noon, p.m.
P.A.	propriété *f* assurée, insured property.		P.M.	premier ministre *m*, U.K: prime minister, PM, P.M.
pable	payable *a*, payable.		P.M.E.	(Confédération *f* générale des) Petites et Moyennes Entreprises *f.pl*, small business (federation).
p. an	par an *m*, per year; *per annum (Latin)*, pa, p.a.		P.N.B.	produit *m* national brut, gross national product, gnp, GNP; gross domestic product, gdp, GDP.
parf.	parfait *a*, perfect, perf, pf.		P.N.N.	produit *m* national net, net national product.
p.c.	pas coté *a*, no quotation. pour cent *num*, per cent, pc, p/c. pourcentage *m*, percentage.		po.	pouce *m*, inch, in (= 0.083 ft = **2.540 centimètres**).
p/c.	pour compte *m*, on account.		p.o.	par ordre *m*, by order; acting, actg.
P.C.C.	pour copie *f* conforme, true copy.		polit.	politique *a*, political, polit. politique *f*, politics, polit.
P.C.V.	(faire une communication téléphonique en P.C.V.) = percevable à l'arrivée *f*, to reverse the charges.		pop.	populaire *a*, popular, pop.
			post.	postal *a*, postal, post.
pd	pied *m*, foot (= 12 inches = **30.480 centimètres**).		pp.	pages *f.pl*, pages, pp.
p.d.	port *m* dû, carriage forward.		p.p.	par procuration *f*, *per procura (Latin)*, per procurationem (Latin); p.p.; per power of attorney, ppa. port *m* payé, postage paid, pp; carriage paid; prepaid, pp, ppd, PP.
p.-de-pte	pas-de-porte *m*, premium on a lease.			
P.D.G.	président *m* directeur *m* général, chairman of the board.		P.P.	pertes *f.pl* et profits *m.pl*, profit and loss (account), p & l, P & L, P and L.
p.é.	(par) parts *f.pl* égales, (in) equal proportions.		p.p.c.m.	(le) plus petit commun multiple, (the) least common multiple; (the) lowest common multiple, lcm, LCM.
per	premier *a*, first, 1st.			
perm.	permanent *a*, permanent, perm.		ppo.	pouces *m.pl*, inches (1 inch = 0.083 ft = **2.540 centimètres**).
perp.	perpendiculaire *a*, perpendicular; upright. perpétuel *a*, perpetual; irredeemable.		p. pon	par procuration *f*, *per procura (Latin)*, per procurationem (Latin); p.p.; per power of attorney, ppa.
perpét.	perpétuel *a*, perpetual; irredeemable.		p.p.s.	périodes *f.pl* par seconde *f*, cycles per second, c/s.
pers.	personne(s) *f*, person, pers. personnel *m*, personnel, pers; staff.		pptaire	propriétaire *m*, proprietor; owner.
			ppté	propriété *f*, property, ppty; estate.
P.E.R.T.	techniques *f.pl* d'évaluation *f* et de révision *f* des programmes *m.pl*, Program Evaluation and Review Techniques, PERT, P.E.R.T.		pr.	prime *f*, premium, pm, prem, prm.
			P.R.	poste *f* restante, poste restante.
			pratiq.	pratique *a*, pratical. pratique *f*, practice.
			préc.	précédent *a*, preceding, prec; previous.

préf.	**préférence** *f*, preference, pref.
prépar. préparat.	**préparation** *f*, preparation, prepn.
priv. privil.	**privilégié** *a*, preferential (share); preferred (share); pref.
probabl.	**probablement** *adv*, probably, prob.
probl.	**problème** *m*, problem, prob.
prod.	**produit(s)** *m*, product, prod; good, gd; commodity.
prof.	**professeur** *m*, professor, Prof. **profession** *f*, profession, prof; occupation, occup. **professionnel** *a*, professional, prof.
profes. libér. prof. libér.	**professions** *f. pl* **libérales**, (the) professions.
profession.	**professionnel** *a*, professional, prof.
programm.	**programmeur** *m*, programmer, prog, progr.
proj.	**projet** *m*, project; plan.
promot.	**promotion** *f*, promotion, prom.
promot. vtes	**promotion** *f* **des ventes** *f. pl*, sales promotion.
prop.	**propriétaire** *m*, proprietor; owner.
proport.	**proportionnel** *a*, proportional, prop; proportionate.
propté	**propriété** *f*, property, ppty; estate.
prov.	**province** *f*, province, prov. **provincial** *a*, provincial, prov.
proxim.	**proximité** *f*, proximity.
pr rens.	**pour renseignements** *m. pl*, for information (apply); inquiry, inq.
pr ts rens.	**pour tous renseignements** *m. pl*, for (full, further) information (apply).
p.s.	**picoseconde** *f*, picosecond, ps, pico sec (= 10^{-12} sec). **poids** *m* **spécifique**, specific gravity, sg, sp gr.
P.S.	*post scriptum (Latin)*, postscript; postscriptum; P.S.
psychan.	**psychanalyse** *f*, psychoanalysis.
psycho-soc.	**psycho-sociologie** *f*, psycho-sociology.
pta	**peseta** *f (unité monétaire espagnole)*, peseta *(Spanish monetary unit)*, pta.
pte	**perte** *f*, loss.
pts	**parts** *f. pl*, parts, pts.
P.T.T.	**Postes** *f. pl*, **Télégraphes** *m. pl* **et Téléphones** *m. pl*, the General Post Office, GPO.
pub. publ.	**public** *a*, public, pub, publ. **publicité** *f*, publicity, pub, publ.
P.V.	**procès-verbal** *m*, record, rec; proceedings, proc.
px	**prix** *m*, price, pr.
px dem.	**prix** *m* **demandé**, demand price; price asked for.
px intéress.	**prix** *m* **intéressant**, attractive price.
px max.	**prix** *m* **maximum**, maximum price.
px tot.	**prix** *m* **total**, total price.

Q

q.	**carré** *a*, square, sq. **carré** *m*, square, sq. **quai** *m*, quay; pier. **quantité** *f*, quantity, qnty, qt. **quintal** *m*, quintal, q (= 220.4622 lbs).

qer	**quartier** *m*, district, dis; area.
Q.G.	**quartier** *m* **général**, head(-)quarters, hq, HQ.
qn	**quelqu'un**, someone.
qq.	**quelques**, some.
qqch.	**quelque chose**, something.
qqf.	**quelquefois**, sometimes.
qqn	**quelqu'un**, someone.
qt.	**quintal** *m*, quintal, q (= 220.4622 lbs).
qtaux	**quintaux** *m. pl*, quintals, qs **(1 quintal = 220.4622 lbs)**.
qual. qualif.	**qualification** *f*, qualification. **qualifié** *a*, qualified; skilled.
quart.	**quartier** *m*, district, dis; area.
qx	**quintaux** *m. pl*, quintals, qs **(1 quintal = 220.4622 lbs)**.

R

r.	**reçu** *a*, received, r, recd. **rue** *f*, street, st; road, Rd. **taux** *m* **d'intérêt** *m*, rate of interest, i.
R.	**recommandé** *a*, registered (letter, parcel, etc.), r, regd. **report** *m*, carry-forward; carry-over; contango.
R.A.	**Régie** *f* **autonome**, public corporation; Authority.
rac.	**racine** *f*, root; radix, rad.
radar	**radar** *m*, radar (= radio detection and ranging).
rapid.	**rapidement** *adv*, rapidly; quickly.
rb.	**rouble** *m (unité monétaire soviétique)*, ruble, R, rbl *(Soviet monetary unit)*.
R.C.	**registre** *m* **du commerce** *m*, Trade Register.
R.C.B.	**Rationalisation** *f* **des choix** *m. pl* **budgétaires**, Planning, Programming and Budgeting System, PPBS.
récipr.	**réciproque** *a*, reciprocal, recip; mutual, mutu.
R.D. R/D R & D	**recherche** *f* **et développement** *m*, research and development, rd, RD, R/D, R & D.
R. du C.	**registre** *m* **du commerce** *m*, Trade Register.
rd.-vs	**rendez-vous** *m*, rendez-vous, R.V., R/V; appointment.
réf. Réf.	**référence(s)** *f*, reference(s), ref; regarding, re.
rég.	**région** *f*, region, reg.
relat. humaines	**relations** *f. pl* **humaines**, human relations; industrial relations.
relat. publ. relat. publiques	**relations** *f. pl* **publiques**, public relations, PR.
relig.	**religion** *f*, religion, relig.
remb.	**remboursable** *a*, redeemable; repayable; reimbursable. **remboursement** *m*, redemption; reimbursement, reimb.
rémunér. rémunérat.	**rémunération** *f*, salary; remuneration; compensation.
rens.	**renseignements** *m. pl*, information, info.
rep.	**report** *m*, carry-forward; carry-over; contango.

rép.	**répartition** f, distribution, dist, distr; allotment.
Rép.	**République** f, republic, Rep.
représent.	**représentation** f, representation.
résid.	**résident** m, resident.
resp. respons. responsab.	**responsabilité** f, responsibility, resp. **responsable** a, responsible, resp.
rev. var.	**revenu(s)** m **variable(s)**, income from variable-yield investments.
R.F.	**République** f **francaise**, (the) French Republic.
R.F.A.	**République** f **fédérale d'Allemagne** n.pr, Federal Republic of Germany, FRG.
ro Ro R°	**recto** m, recto, ro.
R.O.	**recherche** f **opérationnelle**, operational research; operations research; OR.
roy.	**royaume** m, kingdom.
r.p.	**réponse** f **payée**, reply paid, rp, RP.
R.P.	**relations** f.pl **publiques**, public relations, PR. **représentation** f **proportionnelle**, proportional representation, PR.
R.S.	**recherche** f **scientifique**, scientific research, sr.
rse	**remise** f, rebate; discount, disc, disct.
R.S.V.P.	**répondez s'il vous plaît**, please reply, RSVP, R.S.V.P.
rte	**route** f, road, Rd; route, rte.

S

s.	**seconde** f, second, s, sec. **shilling** m (*ancienne monnaie divisionnaire anglaise*), shilling, s. **siècle** m, century, c, C, cent. **signé** a, signed, sgd. **stère** m (*mètre* m *cube*), cubic metre; *U.S:* cubic meter; m³, cu m (= 1.30794 cu yds = 35.3144 cu ft). **surface** f, surface, sur.
S.A.	**société** f **anonyme**, public company; *U.S:* business corporation.
sal.	**salaire** m, wage; salary.
s/b.	**son billet** m, his bill.
s.b.f.	**sauf bonne fin** f, under usual reserve.
sc.	**scientifique** a, scientific, sci.
s.c.	**seul cours** m, sole quotation.
s/c.	**son compte** m, his account. **sous couvert** m (**de**), care of, c/o; under cover.
sce	**service** m, department, dep, depart, dept; service, serv.
Sc. Eco.	**science** f **économique**, economic science.
sce compt.	**service** m **comptable**, accounting department.
sce fin.	**service** m **financier**, budget department.
s.d.	**sans date** f, no date, nd.
sec.	**seconde** f, second, s, sec. **section** f, section, sec, sect.
secr. secrét.	**secrétaire** m or f, secretary, Sec, secty, Secy. **secrétariat** m, secretariat; secretary's office.

sect.	**section** f, section, sec., sect.
self-serv.	**self-service** m, self-service.
s.e. & o. s.e. ou o.	**sauf erreur** f **ou omission** f, errors and omissions excepted, e & oe, E and OE.
sér. réf.	**sérieuses références** f. pl, excellent references.
sér. réf. exig.	**sérieuses références** f.pl **exigées**, excellent references required.
serv.	**service** m, department, dep, depart, dept; service, serv.
serv. ccial	**service** m **commercial**, sales department; marketing department.
S.F.	**sans frais** m.pl, free of charge, f.o.c., FOC. **système** m **français**, French system.
s.g. S.G.	**sans garantie** f, without guarantee.
S.G.D.G.	**(brevet** m**) sans garantie** f **du gouvernement** m, (patent) without government guarantee (of quality).
s.i.	**sans intérêt** m, ex interest.
SI	**système** m **d'unités** f. pl **internationales**, international units system, iu system, IU (system).
sim.	**similaire** a, similar, sim.
SIMULA	**langage** m **de simulation** f, simulation language, SIMULA.
sin.	**sinus** m, sine, sin.
sing.	**singulier** m, singular, sing.
sit. situat.	**situation** f, situation, sit; post; job.
s.l.	**sauf livraison** f, against delivery.
s.l.n.d.	**sans lieu** m **ni date** f, no place and no date; no address and no date.
S.M.	**système** m **métrique**, metric system, ms.
S.M.A.G.	**salaire** m **minimum agricole garanti**, guaranteed minimum wage in agriculture.
S.M.I.C.	**salaire** m **minimum interprofessionnel de croissance** f, guaranteed minimum wage of growth.
S.M.I.G.	**salaire** m **minimum interprofessionnel garanti**, guaranteed minimum wage; guaranteed annual wage, gaw, GAW.
S.N.C.B.	**Société** f **nationale des Chemins de fer** m.pl. **belges**, Belgian Railways.
S.N.C.F.	**Société** f **nationale des Chemins de fer** m.pl **francais**, French Railways.
s.o.	**sauf omission** f, omissions excepted.
s/o.	**son ordre** m, his order.
soc.	**social** a, social, soc. **socialisme** m, socialism, Soc.
sociol.	**sociologie** f, sociology, sociol.
S.P.	**service** m **de presse** f, public relations department, PR dept.
spécial. spécialis.	**spécialisation** f, specialization.
sr	**successeur** m, successor.
ss. S.S.	**paquebot** m, **navire** m, steamship, ss, s.s., S.S., s/s.
S.S.P.	**sous seing** m **privé**, simple contrat (under private seal); private contract.

ss pas-de-porte ss p.-d-pte S.S.P.P. ss p.-pte	**sans pas-de-porte** *m*, (lease) without a premium.
st.	**stère** *m* (*mètre m cube*), cubic metre; *U.S:* cubic meter; m³, cu m (= 1.30794 cu yds = 35.3144 cu ft).
stab.	**stable** *a*, stable; permanent, perm.
stag.	**stagiaire** *m*, probationer; trainee.
statis.	**statistique** *a*, statistical, stat. **statistique** *f*, statistic(s), stat.
Sté	**société** *f*, company, co; corporation, corp, Corp, Corpn.
sténo.	**sténographie** *f*, stenography, steno; shorthand.
sténodact.	**sténo-dactylo(graphe)** *f*, shorthand typist.
succ.	**successeur** *m*, successor.
succle	**succursale** *f*, branch office, BO.
suiv.	**suivant** *a*, following, fol.
sup. supér.	**supérieur** *a*, superior, sup, super.
suppl.	**supplément** *m*, supplement, sup; extra, xtra. **supplémentaire** *a*, supplementary, sup; extra, xtra.
surv.	**surveillant** *m*, supervisor, superv; overseer.
s.v.	**sans valeur** *f*, of no (commercial) value, ncv.
S.V.P.	**s'il vous plaît**, (if you) please.
svt	**suivant** *a*, following, fol.
symb.	**symbole** *m*, symbol, sym. **symbolique** *a*, symbolic, sym.

T

t.	**température** *f*, temperature, t, T, temp. **temps** *m*, time, t. **titre** *m*, title, tit; security; share, s, sh; stock, stk. **tonne** *f*, ton, tn; metric ton, mt, MT (= 0.9842 long tons = 1.1023 short tons). **tonneau** *m*, ton, tn.
T/	**traite** *f*, draft, dft; letter of exchange.
tab. tabl.	**tableau** *m*, table, tab; diagram, dia, diag.
tang.	**tangente** *f*, tangent, tan.
t.c.	**toutes coupures** *f.pl*, all denominations (of bank notes).
T.C.	**taxe** *f* **complémentaire**, supplementary charge; additional tax.
techn.	**technique** *a*, technical, tec, tech.
techniq.	**technique** *f*, technique; technics; tec, tech.
technol.	**technologie** *f*, technology, technol. **technologique** *a*, technological, technol.
tél.	**télégramme** *m*, telegram, tel. **télégraphique** *a*, telegraphic, tel. **téléphone** *m*, telephone, tel. **téléphonique** *a*, telephonic, tel.
télécom.	**télécommunications** *f.pl*, telecommunications, telecom.
téléph.	**téléphone** *m*, telephone, tel. **téléphonique** *a*, telephonic, tel.
télév.	**télévision** *f*, television, telev, tv, TV.

télex	**télex** *m*, telex (= teletype exchange), tex.
text.	**textile** *a*, textile, text. **textile** *m*, textile, text.
tg.	**tangente** *f*, tangent, tan.
th.	**théorème** *m*, theorem, theor. **thermie** *f*, therm.
tit.	**titre** *m*, title, tit; security; share, s, sh; stock, stk.
TMG	**temps** *m* **moyen de Greenwich** *n.pr*, Greenwich mean time, GMT.
T.O.M.	**territoires** *m.pl* **d'outre-mer**, overseas territories.
tp	**tonne** *f* **poids** *m*, metric ton, mt, MT (= 0.9842 long tons = 1.1023 short tons).
t.p.	**tout payé** *a*, all expenses paid.
t.-p.	**timbre-poste** *m*, (postage) stamp.
T.P.	**travaux** *m.pl* **pratiques**, seminar (work).
tr.	**traite** *f*, draft, dft; letter of exchange.
trad.	**traduction** *f*, translation.
tram.	**tramway** *m*, tram-car; *U.S:* street-car; trolley.
transatl.	**transatlantique** *a*, transatlantic, transatl.
transform.	**transformation** *f*, transformation; alteration; processing.
transp.	**transport** *m*, transport; transportation, transport.; carriage.
trav.	**travail** *m*, **travaux** *m.pl*, work, wk; job.
trav. pub.	**travaux** *m.pl* **publics**, public works.
travx	**travaux** *m.pl*, work, wk; jobs.
travx compt.	**travaux** *m.pl* **comptables**, accounting work; invoicing work.
tr.b.	**très bon** *a*, very good; excellent, exc, xlnt.
tr. b. référ.	**très bonnes références**, excellent references.
trib.	**tribunal** *m*, tribunal, trib; law-court.
trig.	**trigonométrie** *f*, trigonometry, trig.
tr. pub.	**travaux** *m.pl* **publics**, public works.
trs	**traites** *f.pl*, drafts; letters of exchange.
tr. urgt	**très urgent** *a*, very urgent; most urgent.
T.S.	**tarif** *m* **spécial**, special rate.
T.S.F.	**téléphonie** *f* **sans fil** *m*, the wireless; a wireless set.
T.S.V.P.	**tournez s'il vous plaît**, please turn over, pto, PTO, P.T.O.
t.t.	**transfert** *m* **télégraphique**, transfer by telegraph.
tte prop. tte propriété	**(en) toute propriété** *f*, freehold.
T.U.	**temps** *m* **universel**, Greenwich mean time, GMT.
T.V.	**télévision** *f*, television, telev, tv, TV.
T.V.A.	**taxe** *f* **à la valeur ajoutée**, value-added tax.
tx	**tonneaux** *m.pl*, tonnage, tnge.

U

u.	**unité** *f*, unit, u.
U.C.T.	**unité** *f* **centrale de traitement** *m*, central processing unit, cpu.

U.E.P.	**Union** *f* **Européenne des Paiements** *m. pl*, European Payments Union.
U.I.C.	**Union** *f* **Internationale des Chemins de Fer** *m. pl*, International Union of Railways.
un.	**unité** *f*, unit, u.
U.P.U.	**Union** *f* **Postale Universelle**, Universal Postal Union.
urg. urgt	**urgent** *a*, urgent, urg.
U.S.A.	**États-Unis** *m. pl* **d'Amérique** *n. pr*, United States of America, US, U.S., U.S.A., US of A.
utilis.	**utilisation** *f*, utilization, util; use.

V

v.	**vendeur(s)** *m*, seller(s). **vendez; vendre** *v*, sell. **vélocité** *f*; **vitesse** *f*, velocity, V; speed, sp. **voir** *v*, see. **volume** *m*, volume, vol.
v/.	**valeur** *f*, security; share, s, sh; stock, stk.
vac.	**vacances** *f. pl*, holidays; *U.S:* vacation.
val.	**valeur** *f*, security; share, s, sh; stock, stk.
val. déc.	**valeur** *f* **déclarée**, declared value.
vap.	**(navire** *m* **à) vapeur** *f*, steamship, ss, s.s., S.S., s/s.
v/c.	**votre compte** *m*, your account.
Ve	**veuve** *f*, widow.
vg vge	**village** *m*, village, vil.
virt	**virement** *m*, transfer, trans, tranf.

vo *vo*	**verso**, verso, vo.
voit.	**voiture** *f*, car.
vol.	**volume** *m*, volume, vol.
V.R.P.	**voyageurs** *m. pl*, **représentants** *m. pl* **et placiers** *m. pl*, travelling salesmen, agents and brokers.
vte	**vente** *f*, sale; disposal.
vte et loc.	**vente** *f* **et location** *f*, disposal and leasing (of property, real estate).
vte par correspond.	**vente** *f* **par correspondance** *f*, mail-order sales; mail-order business; mo, MO.
Vve	**veuve** *f*, widow.
vx	**vieux** *a*, old, O.

W

W. wtt.	**watt** *m*, watt, w.

X

x. bon.	**ex-bonus** *m*, ex-bonus.
x.c. x.coup.	**ex-coupon** *m*, ex coupon, ex cp, xcp.
x.d.	**ex-dividende** *m*, ex dividend, ex div, xd, xdiv.
x.dr.	**ex-droits** *m. pl*, ex rights.

BASIC WEIGHTS, MEASURES

AND

CONVERSION COEFFICIENTS

✳

PRINCIPAUX POIDS, MESURES

ET

COEFFICIENTS DE CONVERSION

The *decimal point* (.) is used throughout instead of the French decimal comma (,). Thus

On utilise systématiquement le *point décimal* (.) au lieu de la virgule (,). Ainsi

0.083 = 0,083

English/anglais   français/French

1. LENGTH — LONGUEUR

U.K. or U.S. units Unités anglaises ou américaines		Abbreviations Abréviations	U.K. or U.S. equivalents Équivalents en mesures anglaises ou américaines		Metric equivalents Équivalents métriques
1 INCH	= pouce	in or "	= 0.083 feet	= 0.027 yards [1]	= 2.540 centimètres
1 FOOT	= pied	ft or '	= 12 inches	= 0.333 yards [1]	= 30.480 centimètres
1 YARD [1]	= yard	yd	= 3 feet	= 36 inches	= 0.914 mètre
1 (STATUTE) MILE	= mille (terrestre)	mi	= 5280 feet	= 1760 yards [1]	= 1.609 kilomètre
1 NAUTICAL MILE [2] (INTERNATIONAL)	= mille marin (international)	in n mi	— 6076 feet	— 2025 yards [1]	= 1.852 kilomètre

Metric units Unités métriques	Abbreviations Abréviations	U.K. or U.S. equivalents Équivalents en mesures anglaises ou américaines		
1 MILLIMÈTRE = *U.K:* millimetre, *U.S:* millimeter	mm	= 0.03937 inches		
1 CENTIMÈTRE = *U.K:* centimetre, *U.S:* centimeter	cm	= 0.39370 inches	= 0.0328 feet	= 0.01093 yards [1]
1 MÈTRE = *U.K:* metre, *U.S:* meter	m	= 39.370 inches	= 3.2808 feet	= 1.0936 yards [1]
1 KILOMÈTRE = *U.K:* kilometre, *U.S:* kilometer	km	= 1093.611 yards [1]	= 0.62137 (statute) miles	= 0.539957 (international) nautical miles

1) *Yard* measurements and equivalents are based on the *U.S. yard* which is about three parts in a million greater than the *British yard*. The metric equivalent of the *British yard* is 0.914399 metres, as against 0.914402 metres for the *U.S. yard*.

Les mesures et équivalents en *yards* sont basés sur le *yard américain*, plus grand que le yard anglais de trois millionièmes. L'équivalent métrique du *yard anglais* est 0.914399 mètre, contre 0.914402 mètre pour le *yard américain*.

2) 1 British nautical mile = 6 080 feet = 1.853 kilomètre.
   1 mille marin anglais = 6 080 feet = 1.853 kilomètre.

2. AREA — SUPERFICIE

U.K. or U.S. units Unités anglaises ou américaines	Abbreviations Abréviations	U.K. or U.S. equivalents Équivalents en mesures anglaises ou américaines	Metric equivalents Équivalents métriques
1 SQUARE INCH = pouce carré	sq in *or* in²	= 0.00689 square feet = 0.00077 square yards	= 6.45162 centimètres carrés
1 SQUARE FOOT = pied carré	sq ft *or* ft²	= 144 square inches = 0.111 square yards (1)	= 0.0929 mètre carré
1 SQUARE YARD (1) = yard carré	sq yd *or* yd²	= 1296 square inches = 9 square feet	= 0.8361 mètre carré
1 ACRE = acre	a	= 43 560 square feet = 4840 square yards (1)	= 0.4047 hectare
1 SQUARE MILE = mille carré	sq mi *or* m²	= 3 097 600 square yards (1) = 640 acres	= 2.590 kilomètres carrés

Metric units Unités métriques	Abbreviations Abréviations	U.K. or U.S. equivalents Équivalents en mesures anglaises ou américaines	
1 MILLIMÈTRE CARRÉ = *U.K:* square millimetre, *U.S:* square millimeter	mm²	= 0.00155 square inch	
1 CENTIMÈTRE CARRÉ = *U.K:* square centimetre, *U.S:* square centimeter	cm²	= 0.15500 square inch	
1 MÈTRE CARRÉ = *U.K:* square metre, *U.S:* square meter	m²	= 1.19598 square yards (1)	= 10.7638 square feet
1 ARE = are	a	= 119.598 square yards (1)	= 0.02471 acres
1 HECTARE = hectare	ha	= 2.47104 acres	= 11 959.8336 square yards
1 KILOMÈTRE CARRÉ = *U.K:* square kilometre, *U.S:* square kilometer	km²	= 0.38610 square mile	= 247.104 acres

3. VOLUME — VOLUME

U.K. or U.S. units Unités anglaises ou américaines	Abbreviations Abréviations	U.K. or U.S. equivalents Équivalents en mesures anglaises ou américaines	Metric equivalents Équivalents métriques
1 CUBIC INCH = pouce cube	cu in *or* in³	= 0.00058 cubic feet = 0.000021 cubic yards (1)	= 16.38716 centimètres cubes
1 CUBIC FOOT = pied cube	cu ft *or* ft³	= 1728 cubic inches = 0.0370 cubic yards (1)	= 28 317 centimètres cubes
1 CUBIC YARD (1) = yard cube	cu yd *or* yd³	= 27 cubic feet = 46 656 cubic inches	= 0.76456 mètre cube

1) *Yard* measurements and equivalents are based on the U.S. *yard* which is about three parts in a million greater than the *British yard*. The metric equivalent of the *British yard* is 0.914399 metres, as against 0.914402 metres for the *U.S. yard*.

Les mesures et équivalents en *yards* sont basés sur le *yard américain*, plus grand que le *yard anglais* de trois millionièmes. L'équivalent métrique du *yard anglais* est 0.914399 mètres, contre 0.914402 mètre pour le *yard américain*.

3. VOLUME *(contd)* — VOLUME *(suite)*

Metric units Unités métriques	Abbreviations Abréviations	U.K. or U.S. equivalents Équivalents en mesures anglaises ou américaines	
1 MILLIMÈTRE CUBE = *U.K:* cubic millimetre, *U.S:* cubic millimeter	mm³	= 0.000061 cubic inch	
1 CENTIMÈTRE CUBE = *U.K:* cubic centimetre, *U.S:* cubic centimeter	cm³	= 0.061023 cubic inch	
1 MÈTRE CUBE = *U.K:* cubic metre, *U.S:* cubic meter	m³	= 1.307943 cubic yards [1]	= 35.31445 cubic feet

4. LIQUID MEASURES - CAPACITÉ

U.K. or U.S. units Unités anglaises ou américaines		Abbreviations Abréviations	U.K. or U.S. equivalents Équivalents en mesures anglaises ou américaines		Metric equivalents Équivalents métriques
U.S. GALLON	= gallon américain	gal	= 0.8327 Imperial gallons = 8 U.S. pints	= 4 U.S. quarts = 231 cubic inches	= 3.7853 litres
IMPERIAL GALLON	= gallon anglais	gal	= 1.2009 U.S. gallons = 8 Imperial pints	= 4 Imperial quarts = 277.420 cubic inches	= 4.5460 litres
U.S. QUART	= quart américain	qt	= 0.8327 Imperial quart	= 2 U.S. pints = 57.75 cubic inches	= 0.94633 litre
IMPERIAL QUART	= quart anglais	qt	= 1.2009 U.S. quarts	= 2 Imperial pints = 69.355 cubic inches	= 1.13649 litre
U.S. PINT	= pinte américaine	pt	= 0.8327 Imperial pint	= 1/8 U.S. gallon = 28.875 cubic inches	= 0.47316 litre
IMPERIAL PINT	= pinte anglaise	pt	= 1.2009 U.S. pint	= 1/8 Imperial gallon = 34.678 cubic inches	= 0.56826 litre
U.S. FLUIDOUNCE	= fluidounce américaine	fl oz	= 0.00780 U.S. gallon	= 1/16 U.S. pint = 1.804 cubic inches	= 0.02957 litre
IMPERIAL FLUID OUNCE	= fluid ounce anglaise	fl oz	= 0.00625 Imperial gallon	= 1/20 Imperial pint = 1.7339 cubic inches	= 0.02841 litre

Metric units Unités métriques	Abbreviations Abréviations	U.K. or U.S. equivalents Équivalents en mesures anglaises ou américaines		
1 HECTOLITRE = *U.K:* hectolitre, *U.S:* hectoliter	hl	= 26.4178 U.S. gallons	= 21.9975 Imperial gallons	= 3.5312 cubic feet
1 LITRE = *U.K:* litre, *U.S:* liter	l	= 1.0567 U.S. quarts	= 0.8799 Imperial quart	= 61.023 cubic inches
1 CENTILITRE = *U.K:* centilitre, *U.S:* centiliter	cl	= 0.338 U.S. fluidounce	= 0.352 Imperial fluid ounce	= 0.61023 cubic inch
1 MILLILITRE = *U.K:* millilitre, *U.S:* milliliter	ml	= 0.034 U.S. fluidounce	= 0.0352 Imperial fluid ounce	= 0.06102 cubic inch

5. WEIGHT *(AVOIRDUPOIS)* — **POIDS**

U.K. or U.S. units Unités anglaises ou américaines		Abbreviations Abréviations	U.K. or U.S. equivalents Équivalents en mesures anglaises ou américaines		Metric equivalents Équivalents métriques
1 LONG TON	= tonne forte	tn *(rare)*	= 20 long hundredweight	= 2240 pounds	= 1.016047 tonne métrique
1 SHORT TON	= tonne courte	tn *(rare)*	= 20 short hundredweight	= 2000 pounds	= 0.907185 tonne métrique
1 LONG HUNDREDWEIGHT	= hundredweight anglais	cwt	= 0.05 long tons	= 112 pounds	= 0.50802 quintal
1 SHORT HUNDREDWEIGHT	= hundredweight américain	cwt	= 0.05 short tons	= 100 pounds	= 0.45359 quintal
1 *avoirdupois* POUND	= livre *avoirdupois*	lb *or* lb av	= 16 ounces	= 7000 grains	= 0.45359 kilogramme
1 *avoirdupois* OUNCE	= once *avoirdupois*	oz *or* oz av	= 437.5 grains		= 28.3495 grammes
1 GRAIN	= grain	gr	= 0.002285 ounces		= 0.0648 gramme

Metric units Unités métriques		Abbreviations Abréviations	U.K. or U.S. equivalents Équivalents en mesures anglaises ou américaines	
1 TONNE MÉTRIQUE	= metric ton	t *or* MT	= 0.984206 long ton	= 1.102311 short tons
1 QUINTAL	= quintal	q	= 220.4622 pounds	
1 KILOGRAMME	= kilogram(me)	kg	= 2.20462 pounds	= 35.27396 ounces
1 GRAMME	= gram(me)	g *or* gm	= 0.03527 ounces	= 15.43 grains
1 MILLIGRAMME	= milligram(me)	mg	= 0.01543 grains	

6. SHIP TONNAGE — TONNAGE DE NAVIRES

U.K. or U.S. units Unités anglaises ou américaines		U.K. or U.S. equivalents Équivalents en mesures anglaises ou américaines	Metric equivalents Équivalents métriques
1 REGISTER TON	= tonne de jauge	100 cubic feet	= 2.832 mètres cubes
1 U.K. SHIPPING TON	} tonneau de fret *or*	42 cubic feet	= 1.189 mètre cube
1 U.S. SHIPPING TON	} tonneau d'affrètement	40 cubic feet	= 1.133 mètre cube
1 DEADWEIGHT TON (dwt ton)	= port en lourd	1 long ton	= 1.016 tonne métrique

Metric units Unités métriques		U.K. or U.S. equivalents Équivalents en mesures anglaises ou américaines	
1 TONNE MÉTRIQUE	= metric ton	= 0.984 deadweight ton	= 0.984 long ton
1 MÈTRE CUBE	= cubic metre	= 0.353 register ton = 0.840 U.K. shipping ton = 0.885 U.S. shipping ton	

7. SPEED — VITESSE

U.K. or U.S. units Unités anglaises ou américaines	U.K. or U.S. equivalents Équivalents en mesures anglaises ou américaines	Metric equivalents Équivalents métriques
1 FOOT PER SECOND = pied/seconde	= 0.6818 mile per hour	= 1.0970 kilomètre/heure
1 FOOT PER MINUTE = pied/minute	= 0.01136 mile per hour	= 0.01828 kilomètre/heure
1 MILE PER HOUR = mile/heure	= 5280 feet per hour	= 1.609 kilomètre/heure
1 KNOT (= 1 nautical = nœud mile per hour)	= 1.1513 statute mile per hour	= 1.852 kilomètre/heure

Metric units Unités métríques	U.K. or U.S. equivalents Équivalents en mesures anglaises ou américaines	
1 MÈTRE/SECONDE = metre per second	= 3.2808 feet per second	= 2.2386 miles per hour
1 KILOMÈTRE/HEURE = kilometre per hour	= 0.62137 mile per hour	= 0.53995 knots

8. RAIL AND AIR TRAFFIC — TRAFIC FERROVIAIRE ET AÉRIEN

U.K. or U.S. units Unités anglaises ou américaines	Metric equivalents Équivalents métriques
1 PASSENGER-MILE = passager-mille	= 1.609 passager-kilomètre
1 LONG TON-MILE = tonne forte-mille	= 1.635 tonne-kilomètre
1 SHORT TON-MILE = tonne courte-mille	= 1.460 tonne-kilomètre
1 POUND-MILE = livre-mille	= 0.730 kilogramme-kilomètre

Metric units Unités métriques	U.K. or U.S. equivalents Équivalents en mesures anglaises ou américaines
1 PASSAGER-KILOMÈTRE = passenger-kilometre	= 0.621 passenger-mile
1 TONNE MÉTRIQUE-KILOMÈTRE = metric ton-kilometre	= 0.685 short ton-mile = 0.612 long ton-mile
1 KILOGRAMME-KILOMÈTRE = kilogram(me)-kilometre	= 1.370 pound-miles

9. APPROXIMATE SPEED LIMITS — LIMITES DE VITESSE APPROXIMATIVES

U.K. or U.S. units Unités anglaises ou américaines	Metric equivalents Équivalents métriques
25 miles per hour	= 40.234 kilomètres/heure
40 miles per hour	= 64.374 kilomètres/heure
50 miles per hour	= 80.467 kilomètres/heure
60 miles per hour	= 96.560 kilomètres/heure
70 miles per hour	= 112.654 kilomètres/heure

Metric units Unités métriques	U.K. or U.S. equivalents Équivalents en mesures anglaises ou américaines
40 kilomètres/heure	= 24.855 miles per hour
50 kilomètres/heure	= 31.069 miles per hour
60 kilomètres/heure	= 37.283 miles per hour
90 kilomètres/heure	= 55.924 miles per hour
110 kilomètres/heure	= 68.520 miles per hour

10. *U.S:* GAS CONSUMPTION — *U.K:* PETROL CONSUMPTION
CONSOMMATION D'ESSENCE

U.S. units Unités américaines	Metric equivalents Équivalents métriques
30 MILES PER U.S. GALLON	= 7.84 litres aux 100 kilomètres
25 MILES PER U.S. GALLON	= 9.41 litres aux 100 kilomètres
20 MILES PER U.S. GALLON	= 11.76 litres aux 100 kilomètres

U.K. units Unités anglaises	Metric equivalents Équivalents métriques
30 MILES PER IMPERIAL GALLON	= 9.41 litres aux 100 kilomètres
25 MILES PER IMPERIAL GALLON	= 11.29 litres aux 100 kilomètres
20 MILES PER IMPERIAL GALLON	= 14.12 litres aux 100 kilomètres

Metric units Unités métriques	U.S. equivalents Équivalents en mesures américaines	U.K. equivalents Équivalents en mesures anglaises
8 LITRES AUX 100 KILOMÈTRES	= 29.40 miles per U.S. gallon	= 35.31 miles per Imperial gallon
10 LITRES AUX 100 KILOMÈTRES	= 22.90 miles per U.S. gallon	= 28.25 miles per Imperial gallon
15 LITRES AUX 100 KILOMÈTRES	= 15.68 miles per U.S. gallon	= 18.83 miles per Imperial gallon

11. CRUDE PETROLEUM — PÉTROLE BRUT

U.K. or U.S. units Unités anglaises ou américaines	U.K. or U.S. equivalents Équivalents en mesures anglaises ou américaines	Metric equivalents Équivalents métriques
1 BARREL = baril	= 42 U.S. gallons = 34.97 Imperial gallons	= 1.5899 hectolitre = 0.15899 mètre cube

11. CRUDE PETROLEUM (contd) — PÉTROLE BRUT (suite)

Metric units Unités métriques	U.K. or U.S. equivalents Équivalents en mesures anglaises ou américaines
1 MÈTRE CUBE = cubic metre	= 6.2898 barrels = 264.17 U.S. gallons = 219.95 Imperial gallons

12. ENERGY EQUIVALENTS — ÉQUIVALENCES EN ÉNERGIE

ELECTRIC ENERGY - ÉNERGIE ÉLECTRIQUE

U.K. or U.S. units Unités anglaises ou américaines	Abbreviations Abréviations	Metric equivalents Équivalents métriques
1 HORSE-POWER = cheval-vapeur (cv)	hp	= 0.7457 kilowatts

Metric units Unités métriques	Abbreviations Abréviations	U.K. or U.S. equivalents Équivalents en mesures anglaises ou américaines
1 KILOWATT = kilowatt	kw	= 1.3410 horse-power
1 KILOWATT-HEURE = kilowatt-hour	kwh	= 1.3410 horse-power-hour

COAL EQUIVALENTS - ÉQUIVALENCES EN HOUILLE

Source of energy Source d'énergie	Units Unités	Abbreviations Abréviations	Coal equivalent Équivalence en houille
Electric energy Energie électrique	1 000 { kilowatt-hour kilowatt-heure	kwh	0.125 tonne métrique
Crude petroleum Pétrole brut	1 { metric ton tonne métrique	t or MT	1.3 tonne métrique
Kerosene Pétrole lampant	1 { metric ton tonne métrique	t or MT	1.5 tonne métrique
Coke Coke	1 { metric ton tonne métrique	t or MT	0.9 tonne métrique
Natural gas Gaz naturel	1 000 { cubic metres mètres cubes	m³	1.33 tonne métrique
Manufactured gas Gaz d'usine	1 000 { cubic metres mètres cubes	m³	0.6 tonne métrique

13. AGRICULTURAL PRODUCE — PRODUITS AGRICOLES

Commodity Produit		1 bushel (bu) 1 boisseau	Equivalent in Équivalence en		Bushels per quintal Boisseaux par quintal
			pounds (lb) livres	quintals quintaux (q)	
WHEAT	= froment	U.S. & U.K.	60	0.2722	3.6743
RYE	= seigle	U.S. & U.K.	56	0.2540	3.9368
		Australia	60	0.2722	3.6743
BARLEY	= orge	U.S.	48	0.2177	4.5931
		U.K.	50	0.2268	4.4092
OATS	= avoine	U.S.	32	0.1451	6.8894
		Canada	34	0.1542	6.4842
		Australia	40	0.1814	5.5115
MAIZE, U.S: CORN	= maïs	U.S. & U.K.	56	0.2540	3.9368
RICE (raw)	= riz (brut)	U.S.	45	0.2041	4.8991
		Australia	42	0.1905	5.2491
POTATOES	= pommes de terre	U.S. & U.K.	60	0.2721	3.6743

14. WHEAT FLOUR — FARINE DE FROMENT

U.K. or U.S. units Unités anglaises ou américaines	U.K. or U.S. equivalents Équivalents en mesures anglaises ou américaines	Metric equivalents Équivalents métriques
1 BARREL = baril	196 pounds (lb)	88.9 kilogrammes

Metric units Unités métriques	U.K. or U.S. equivalents Équivalents en mesures anglaises ou américaines	
1 QUINTAL = quintal	1.1248 barrels	220.46 pounds (lb)
1 TONNE MÉTRIQUE = metric ton	11.2480 barrels	2204.61 pounds (lb)

15. RICE — RIZ

India and Pakistan Inde et Pakistan	100 kg paddy	= 66.66 kg	milled rice riz blanc
Korea Corée	100 kg paddy	= 76 kg	brown rice riz cargo
Malaya Malaisie	100 kg paddy	= 63 kg	milled rice riz blanc
Japan Japon	186.567 kg paddy	= 150 kg	brown rice riz cargo

16. COFFEE — CAFÉ

1 bag 1 sac	kilogram(me) kilogrammes (kg)	pounds (lb) livres	bags per quintal sacs par quintal
Brazil - Brésil Colombia - Colombie Venezuela - Vénézuéla Mexico - Mexique	60	132.28	1.6667
El Salvador - Salvador	69	152.12	1.4493
Haiti - Haïti	84.2	185.63	1.1876

17. WOOL AND COTTON — LAINE ET COTON

WOOL LAINE	1 bale 1 balle		pounds (lb) livres	kilogram(me) kilogrammes (kg)	bales per metric ton balles par tonne métrique
Australia Australie	greasy scoured	= en suint = lavée à fond	300 220	136 100	7.35 10.00
New Zealand Nouvelle Zélande	gross washed	= brute = lavée	335 300	152 136	6.58 7.35

COTTON COTON	1 bale 1 balle		pounds (lb) livres	kilogram(me) kilogrammes (kg)	bales par metric ton balles per tonne métrique
U.S.	gross net	= brut = net	500 480	226.796 217.724	4.41 4.59
India Inde			392	177.808	5.62
Brazil Brésil			397	180	5.55
					kantar per metric ton kantar par tonne métrique
Egypt Egypte	1 kantar ginned	= kantar égrené	99.2	45	22.22

18. ALCOHOL CONVERSION COEFFICIENTS
COEFFICIENTS DE CONVERSION DE L'ALCOOL

U.K. or U.S. units Unités anglaises ou américaines	U.K. or U.S. equivalents Équivalents en mesures anglaises ou américaines	Metric equivalents Équivalents métriques
1 Imperial proof gallon	= 0.57 Imperial gallon of pure alcohol at 51° F (I)	= 2.59 litres d'alcool pur à 10.6 °C (I)
1 U.S. proof gallon	= 0.5 U.S. gallon of pure alcohol at 60° F (I)	= 1.893 litre d'alcool pur à 15.6 °C (I)

1) F = Fahrenheit) see Table of Temperature.
   C = Celsius   ) voir Table des températures.

18. ALCOHOL CONVERSION COEFFICIENTS (contd)
COEFFICIENTS DE CONVERSION DE L'ALCOOL (suite)

Metric units Unités métriques	U.K. or U.S. equivalents Équivalents en mesures anglaises ou américaines	
1 litre, *U.S:* liter, of pure alcohol = 1 litre d'alcool pur	= 0.386 Imperial proof gallon	= 0.528 U.S. proof gallon

19. TEMPERATURE — TEMPÉRATURES

U.K. or U.S. units Unités anglaises ou américaines	Metric equivalents Équivalents métriques
212° Fahrenheit (boiling-point)	= 100° C – centésimal (point d'ébullition)
104° Fahrenheit	= 40° C – centésimal
77° Fahrenheit	= 25° C – centésimal
59° Fahrenheit	= 15° C – centésimal
50° Fahrenheit	= 10° C – centésimal
41° Fahrenheit	= 5° C – centésimal
32° Fahrenheit (freezing-point)	= 0° C – centésimal (point de glace)
23° Fahrenheit	= —5° C – centésimal
14° Fahrenheit	= —10° C – centésimal
0° Fahrenheit	= —17.8° C – centésimal
—4° Fahrenheit	= —20° C – centésimal
—22° Fahrenheit	= —30° C – centésimal
—459.5° Fahrenheit (absolute zero)	= —273.2° C – centésimal (zéro absolu).

20. SYSTEMS OF LARGE DENOMINATIONS — SYSTÈMES DES GRANDS NOMBRES

U.S. system and old French system Système américain et ancien système français	U.K. system in use Nouveau système anglais	French system in use Nouveau système français	Value in powers of 10 Valeur à la puissance 10	Number of zeros Nombre de zéros
thousand	thousand	mille	10^3	3
million	million	million	10^6	6
billion	milliard (*)	milliard	10^9	9
trillion	billion	billion	10^{12}	12
quadrillion	thousand billion	mille billions	10^{15}	15
quintillion	trillion	trillion	10^{18}	18

(*) = thousand million.

21. NATIONAL CURRENCIES — MONNAIES NATIONALES

Country Pays		Unit (English denomination) Unité (dénomination en anglais)	Unit (French denomination) Unité (dénomination en français)	Small coinage equivalents Équivalents en monnaie divisionnaire
Afghanistan	Afghanistan	Afghani	Afghani	= 100 pool
Albania	Albanie	Lek	Lek	= 100 qintar
Algeria	Algérie	Dinar	Dinar	= 100 centimes
Argentina	Argentine	Peso	Peso	= 100 centavos
Australia	Australie	Dollar	Dollar	= 100 cents
Austria	Autriche	Schilling	Schilling	= 100 Groschen
Bahrein	Bahrein	Dinar	Dinar	= 1000 fils
Bangla-Desh	Bangla-Desh	Rupee	Roupie	= 100 paisa
Barbados	Barbade	Dollar	Dollar	= 100 cents
Belgium	Belgique	Franc	Franc	= 100 centimes
Bolivia	Bolivie	Peso	Peso	= 100 centavos
Botswana	Botswana	Rand	Rand	= 100 cents
Brazil	Brésil	Cruzeiro	Cruzeiro	= 100 centavos
Bulgaria	Bulgarie	Lev	Lev	= 100 stotinka
Cambodia (1)	Cambodge	Riel	Riel	= 100 sen
Cameroon	Cameroun	CFA Franc	Franc CFA	= 100 centimes
Canada	Canada	Dollar	Dollar	= 100 cents
Centre-African Republic	République Centrafricaine	CFA Franc	Franc CFA	= 100 centimes
Ceylon	Ceylan	Rupee	Roupie	= 100 cents
Chad	Tchad	CFA Franc	Franc CFA	= 100 centimes
Chile	Chili	Escudo	Escudo	= 100 centesimos
China, People's Republic of	Chine, République populaire	Yuan	Yuan	= 10 chiao = 100 fen
China-Taiwan	Chine-T'ai-Wan	Dollar	Dollar	= 100 cents
Colombia	Colombie	Peso	Peso	= 100 centavos
Congo, People's Republic of	Congo, Républ. Populaire	CFA Franc	Franc CFA	= 100 centimes
Costa Rica	Costa Rica	Colón	Colón	= 100 centimos
Cuba	Cuba	Peso	Peso	= 100 centavos
Cyprus	Chypre	Pound	Livre	= 1000 mils
Czechoslovakia	Tchécoslovaquie	Koruna	Couronne	= 100 haleru
Dahomey	Dahomey	CFA Franc	Franc CFA	= 100 centimes
Denmark	Danemark	Krone	Couronne	= 100 öre
Dominican Republic	République Dominicaine	Peso	Peso	= 100 centavos
Ecuador	Équateur	Sucre	Sucre	= 100 centavos
Egypt	Égypte	Pound	Livre	= 100 piastres
El Salvador	Salvador	Colón	Colón	= 100 centavos
Ethiopia	Éthiopie	Dollar	Dollar	= 100 cents
Finland	Finlande	Mark	Mark	= 100 pennia
France	France	Franc	Franc	= 100 centimes
Gabon	Gabon	CFA Franc	Franc CFA	= 100 centimes
Gambia	Gambie	Dalasi	Dalasi	= 100 bututs
Germany, Federal Republic of	Allemagne, Rép. Fédérale	Deutsche Mark	Mark allemand	= 100 Pfennige
Germany, Democratic Republic of	Allemagne, Rép. Démocratique	DDR Mark	Mark DDR	= 100 Pfennige
Ghana	Ghana	New Cedi	Nouveau Cedi	= 100 pesewas
Greece	Grèce	Drachma	Drachme	= 100 lepta
Guatemala	Guatemala	Quetzal	Quetzal	= 100 centavos

21. NATIONAL CURRENCIES (contd) — MONNAIES NATIONALES (suite)

Country Pays		Unit (English denomination) Unité (dénomination en anglais)	Unit (French denomination) Unité (dénomination en français)	Small coinage equivalents Équivalents en monnaie divisionnaire
Guinea	Guinée	Franc	Franc	= 100 centimes
Guyana	Guyane	Dollar	Dollar	= 100 cents
Haiti	Haïti	Gourde	Gourde	= 100 centimes
Honduras	Honduras	Lempira	Lempira	= 100 centavos
Hungary	Hongrie	Forint	Forint	= 100 filler
Iceland	Islande	Krona	Couronne	= 100 aurar
India	Inde	Rupee	Roupie	= 100 paise
Indonesia	Indonésie	Rupiah	Rupiah	= 100 sen
Iran	Iran	Rial	Rial	= 100 dinars
Iraq	Irak	Dinar	Dinar	= 20 dirhams = 1000 fils
Ireland	Irlande	Pound	Livre	= 100 new pence
Israel	Israël	Pound	Livre	= 10 agorot
Italy	Italie	Lira	Lire	= 100 centesimi
Ivory Coast	Côte d'Ivoire	CFA Franc	Franc CFA	= 100 centimes
Jamaica	Jamaïque	Dollar	Dollar	= 100 cents
Japan	Japon	Yen	Yen	= 100 sen
Jordan	Jordanie	Dinar	Dinar	= 1000 fils
Kenya	Kenya	Shilling	Shilling	= 100 cents
Khmer Republic (1)	Rép. khmère	Riel	Riel	= 100 sen
Korea, Republic of	Corée, Rép. de	Won	Won	= 100 chon
Korea, Democratic Popular Rep.	Corée, Républ. Dém. Populaire	Won	Won	= 100 cheun
Kuwait	Koweit	Dinar	Dinar	= 10 dirhams = 1000 fils
Laos	Laos	Kip	Kip	= 100 at
Lebanon	Liban	Pound	Livre	= 100 piastres
Lesotho	Lesotho	Rand	Rand	= 100 cents
Liberia	Libéria	Dollar	Dollar	= 100 cents
Libyan Arab Republic	Rép. Arabe de Libye	Pound	Livre	= 1000 dirhams
Liechtenstein	Liechtenstein	Swiss Franc	Franc Suisse	= 100 centimes
Luxemburg	Luxembourg	Franc	Franc	= 100 centimes
Macao	Macao	Pataca	Pataca	= 100 avos
Malagasy Republic	Rép. Malgache	Franc	Franc	= 100 centimes
Malawi	Malawi	Kwacha	Kwacha	= 100 tambalas
Malaysia	Malaisie	Dollar	Dollar	= 100 cents
Mali	Mali	Franc	Franc	= 100 centimes
Malta	Malte	Pound	Livre	= 20 shillings = 240 pence
Mauritania	Mauritanie	CFA Franc	Franc CFA	= 100 centimes
Mexico	Mexique	Peso	Peso	= 100 centavos
Monaco	Monaco	French Franc	Franc français	= 100 centimes
Mongolia	Mongolie	Tugrik	Tugrik	
Morocco	Maroc	Dirham	Dirham	= 100 francs
Nepal	Népal	Rupee	Roupie	= 100 pice
Netherlands	Pays-Bas	Guilder	Florin	= 100 cents
New Zealand	Nouvelle Zélande	Dollar	Dollar	= 100 cents
Nicaragua	Nicaragua	Córdoba	Córdoba	= 100 centavos
Niger	Niger	CFA Franc	Franc CFA	= 100 centimes
Nigeria	Nigéria	Pound	Livre	= 20 shillings = 240 pence
Norway	Norvège	Krone	Couronne	= 100 öre

21. NATIONAL CURRENCIES (contd) — MONNAIES NATIONALES (suite)

Country Pays		Unit (English denomination) Unité (dénomination en anglais)	Unit (French denomination) Unité (dénomination en français)	Small coinage equivalents Équivalents en monnaie divisionnaire
Pakistan	Pakistan	Rupee	Roupie	= 100 paisa
Panama	Panama	Balboa	Balboa	= 100 centesimos
Paraguay	Paraguay	Guaraní	Guaraní	= 100 centimos
Peru	Pérou	Sol	Sol	= 100 centavos
Philippines	Philippines	Peso	Peso	= 100 centavos
Poland	Pologne	Zloty	Zloty	= 100 groszy
Portugal	Portugal	Escudo	Escudo	= 100 centavos
Rhodesia, South	Rhodésie du Sud	Dollar	Dollar	= 100 cents
Romania	Roumanie	Leu	Leu	= 100 bani
Rwanda	Ruanda	Franc	Franc	= 100 centimes
Saudi Arabia	Arabie Séoudite	Riyal	Rial	= 20 quirsh
Senegal	Sénégal	CFA Franc	Franc CFA	= 100 centimes
Sierra Leone	Sierra Leone	Leone	Leone	= 100 cents
Singapore	Singapour	Dollar	Dollar	= 100 cents
Somalia	Somalie	Shilling	Shilling	= 100 cents
South Africa	Afrique du Sud	Rand	Rand	= 100 cents
Spain	Espagne	Peseta	Peseta	= 100 centimos
Sudan	Soudan	Pound	Livre	= 100 piastres
Sweden	Suède	Krona	Couronne	= 100 öre
Switzerland	Suisse	Franc	Franc	= 100 centimes
Syrian Arab Republic	Républ. Arabe Syrienne	Pound	Livre	= 100 piastres
Tanzania, United Republic of	République Unie de Tanzanie	Shilling	Shilling	= 100 cents
Thailand	Thaïlande	Baht	Baht	= 100 satangs
Togo	Togo	CFA Franc	Franc CFA	= 100 centimes
Trinidad and Tobago	Trinité-et-Tobago	Dollar	Dollar	= 100 cents
Tunisia	Tunisie	Dinar	Dinar	= 1000 millimes
Turkey	Turquie	Lira	Lire	= 100 kurus
Uganda	Ouganda	Shilling	Shilling	= 100 cents
United Kingdom	Royaume-Uni	Pound	Livre	= 100 new pence
United States	États-Unis	Dollar	Dollar	= 100 cents
Upper Volta	Haute Volta	CFA Franc	Franc CFA	= 100 centimes
Uruguay	Uruguay	Peso	Peso	= 100 centimos
U.S.S.R.	U.R.S.S.	Ruble	Rouble	= 100 kopeks
Venezuela	Vénézuela	Bolívar	Bolívar	= 100 centimos
Viet-Nam, Rep. of	Viet-Nam, Rép. du	Piastre	Piastre	= 100 cents
Viet-Nam, Democratic Republic	Viet-Nam, Républ. Démocratique	Dong	Dong	= 10 hao = 100 xu
Yougoslavia	Yougoslavie	Dinar	Dinar	= 100 paras
Zaire (2)	Zaïre	Zaire	Zaïre	= 100 makuta
Zambia	Zambie	Kwacha	Kwacha	= 100 ngwee

1) Cambodia — Cambodge, { voir / see } Khmer Republic — Rép. khmère.

2) Zaire — Zaïre, { previously / précédemment } { Congo, Democratic Republic of. / Congo, République Démocratique.

Nᵒ 608
ÉDITIONS J. DELMAS et Cⁱᵉ

Imprimé en France sur les presses
de l'Imprimerie MAULDE ET RENOU-SAMBRE

Dépôt légal 2e trimestre 1972